Wege der Aufklärung in Deutschland

Abhandlungen der Sächsischen Akademie der Wissenschaften zu Leipzig · Philologisch-historische Klasse · Band 83

Wege der Aufklärung in Deutschland

Die Forschungsgeschichte von Empfindsamkeit und Jakobinismus zwischen 1965 und 1990 in Experteninterviews

Eingeleitet, bearbeitet, kommentiert und herausgegeben von
Michael Schlott

In Zusammenarbeit mit Lutz Danneberg, Thorsten Ries,
Wilhelm Schernus, Jörg Schönert und Friedrich Vollhardt

Sächsische Akademie der Wissenschaften zu Leipzig · In Kommision bei S. Hirzel Stuttgart/Leipzig

Gedruckt mit Unterstützung des Freistaates Sachsen
(Sächsisches Staatsministerium für Wissenschaft und Kunst)

Herausgeber:
Dr. Michael Schlott
Sächsische Akademie der Wissenschaften zu Leipzig, Karl-Tauchnitz-Straße 1, 04107 Leipzig

Mit 22 Abbildungen

In der Plenarsitzung Drucklegung beschlossen und Manuskript eingereicht am 11.3.2012
Druckfertig erklärt am 24.8.2012

Bibliographische Information der Deutschen Nationalbibliothek

Die Deutsche Nationalbibliothek verzeichnet diese Publikation in der Deutschen
Nationalbibliographie; detaillierte bibliographische Daten sind im Internet
über <http://dnb.d-nb.de> abrufbar.

ISBN: 978-3-7776-2289-7

Satz: Barbara Zwiener, Sächsische Akademie der Wissenschaften zu Leipzig
Druck: druckhaus köthen GmbH
Printed in Germany

Inhalt

Dritter Teil: Interviews

Vierter Teil: Anhang

Vorwort

Der vorliegende Band präsentiert 21 Interviews mit Historikern und Literaturwissenschaftlern, die sich durch ihre Lehr- bzw. Vortragstätigkeit und durch wegweisende Publikationen zur Aufklärungsforschung im weiteren Sinne sowie insbesondere zu den Forschungsfeldern ‚Empfindsamkeit' und ‚Jakobinismus' als Experten ausgewiesen haben.[1] Sie haben die forschungsgeschichtlichen Entwicklungslinien zwischen 1965 und 1990 aufmerksam verfolgt und dabei auch die sozialen und politischen ‚Steuerungselemente' der entsprechenden Wissenschaftsprozesse kritisch registriert und bisweilen kommentiert. Aufgrund ihres Wissens zu den sozialen (‚externen') Bedingungen solcher Prozesse waren die Experten für die Zielsetzung der Interviews von besonderem Interesse.

Das Vorhaben einer mit Instrumenten der qualitativen Sozialforschung gesteuerten exemplarischen Erkundung der „Wege der Aufklärung in Deutschland" in beiden deutschen Staaten im Zeitraum zwischen 1965 und 1990 verdankt seine Entstehung den speziellen methodologischen Vorgaben des ehemaligen DFG-Schwerpunktprogramms „Wissenschaftsforschung", an dem eine Hamburger Forschergruppe um Jörg Schönert, Lutz Danneberg und Friedrich Vollhardt in den Jahren 1992 bis 1995 mit einem Forschungsprojekt „Germanistische Aufklärungsforschung" beteiligt gewesen ist.[2] Der gewählte Untersuchungsansatz (Fallstudien) ist daher in einem umfassenderen theoretischen Kontext verankert.[3] Dieser Kontext ist aus dem Vorhaben zu begründen, eine jüngere, in sich abgeschlossene Phase der Fachgeschichte der germanistischen Literaturwissenschaft zu rekonstruieren, die entsprechenden erklärungsstiftenden Hypothesen und Annahmen jedoch nicht in den Konstellationen einer immanenten Forschungslogik zu suchen, sondern die disziplinäre Binnenperspektive stets mit externen Faktoren zu korrelieren. Dazu wurde ein ‚multimethodischer' Ansatz (Triangulation) gewählt, mittels dessen die theoretischen Vorannahmen sowie die vor-orientierenden Hypothesen über den zu untersuchenden Forschungsverlauf aus ihrem wissenschaftsinternen (rein ‚sachlogischen') Begründungszusammenhang herausgelöst und mit wissenschaftsexternen (sozialen) Faktoren und ‚Entdeckungszusammenhängen' in Verbindung gebracht werden sollten. Hier liegen aus der Sicht des Herausgebers Chancen bzw. Stärken, allerdings auch Nachteile und Schwächen der vorliegenden Untersuchung.

Über die speziellen Probleme und Implikationen des gewählten Zugangs wird in den entsprechenden Abschnitten des ersten Teils gesondert gehandelt. Ergänzend dazu ist indes bereits einleitend festzustellen, daß über die realisierten – dem speziellen „approach" von Fallstudien geschuldeten – Kombinationen bzw. Korrelationen von bibliometrischen Erhebungen und Analysen,[4] problemorientierten Rekonstruktionen[5] und explorativen

---

1   Siehe dazu I, 1.4.
2   Siehe dazu I, 1.1, S. 3.
3   Siehe dazu I, 1.3.
4   Siehe dazu I, 1.3.3.
5   Siehe dazu I, 1.3.2.

Experteninterviews hinaus vier weitere ‚Korrelationsbereiche' im Projekt „Germanistische Aufklärungsforschung" berücksichtigt werden sollten: Geplant war die verknüpfende
Einbeziehung, Auswertung und systematisierende Konzeptualisierung der Recherche-Er-
gebnisse zum quantitativen Umfang sowie zum thematischen und personellen Profil des
universitären Lehrveranstaltungsbetriebes, des disziplinären Rezensionsgeschehens, zu
entsprechenden Tagungs- und Kongreßaktivitäten sowie zu den speziellen Bedingungen
verlagspolitischer Strategien. Zu den Komplexen ‚Lehrveranstaltungen', ‚Rezensionen' und
‚Tagungen' wurden umfangreiche Datensätze angelegt, die im Rahmen der vorliegenden
Studie jedoch allenfalls illustrierenden Charakter besitzen und erst künftig einer konsequenten, umfassenden Auswertung zugeführt werden können.[6] Die Zugänge zu entsprechenden Daten und Informationen im Korrelationsbereich ‚Verlagswesen' erwiesen sich
dagegen als außerordentlich diffizil. Bereits in der Erprobungsphase hat sich gezeigt, daß
der Informationsfluß und die Auskunftsbereitschaft zu den Themenbereichen ‚wirtschaft-
liche Strategien sowie verlagspolitische Kalküle und Positionierungen im wissenschaftlichen Publikationsgeschehen' als gehemmt und gedrosselt bezeichnet werden müssen. Auf
weitere Erhebungen in diesem Bereich wurde daher (vorerst) verzichtet. Der Herausgeber
bedankt sich in diesem Zusammenhang insbesondere bei Herrn Dr. Bernd Lutz, dem ehemaligen Cheflektor des Verlages J. B. Metzler (Stuttgart und Weimar), und bedauert, daß
Bernd Lutz einer Veröffentlichung des mit ihm geführten Interviews seine Zustimmung
leider versagt hat. Ebenso bedauerlich ist in diesem Zusammenhang die mangelnde Inter-
viewbereitschaft anderer führender Fachverlage.

Die an sich bedauerliche Tatsache, daß die Interviews erst jetzt publiziert werden
konnten, hat der Qualität des Bandes aus Sicht des Herausgebers und der beteiligten Ko-
operationspartner eher genutzt als geschadet. Viele kontrovers diskutierte Sachverhalte
und Zusammenhänge konnten erneut geprüft und bewertet werden, wobei nicht zuletzt
die hohe Kooperationsbereitschaft aller Interviewpartner eine entscheidende Rolle gespielt
hat.[7] Daß die hiermit vorgelegten Ergebnisse unter dem Haupttitel „Wege der Aufklärung
in Deutschland" veröffentlicht werden, ist nicht auf das gesamte Epochenspektrum zu beziehen. Es geht primär um die Fallstudien zu den (literatur)geschichtlichen Gegenstands-
bereichen ‚Empfindsamkeit' und ‚Jakobinismus', also um die zweite Hälfte des 18. Jahrhunderts.

Ein letzter, sehr angenehmer „Weg der Aufklärung" ist die ‚Danksagungsstrecke': Der
Herausgeber bedankt sich bei allen Mitgliedern des Plenums der Sächsischen Akademie
der Wissenschaftem zu Leipzig für die Aufnahme des vorliegenden Bandes in die Schriftenreihe „Abhandlungen" der Philologisch-historischen Klasse. Besonderer Dank für nach-
drückliche Förderung gilt den Herren Professoren Pirmin Stekeler-Weithofer, Präsident der
Sächsischen Akademie der Wissenschaften zu Leipzig, und Manfred Rudersdorf in Leipzig, Heiner Lück in Halle, Klaus Manger in Jena sowie Christoph König in Osnabrück.
Für Rat und Hilfe ist zunächst allen Interviewpartnern zu danken, die bei der Erstellung

---

6   Es ist geplant, die entsprechenden Daten sowie auswertende Publikationen unter ‹www.fhh.org›
     zugänglich zu machen; vgl. I, 1.3, S. 15, Anm. 42.
7   Dank gebührt in diesem Zusammenhang Harro Segeberg in Hamburg, der im November 1999 zu
     einem Interview bereit war, das nicht zuletzt einer nochmaligen Überprüfung der bis dahin erar-
     beiteten Ergebnisse dienen sollte.

des Glossarregisters mitgewirkt haben, insbesondere jedoch Jörg Schönert und Wilhelm Schernus in Hamburg, die den Aufbau dieses Registers zu großen Teilen realisiert haben, sowie Leon Robert Schlott in Marburg, der die Zuordnung der Registereinträge zu koordinieren geholfen hat. Jörg Schönert und Wilhelm Schernus haben darüber hinaus Hilfe bei der Kommentierung geleistet. Hans-Dietrich Dahnke in Weimar, Franz Dumont in Mainz, Martin Fontius, Ralf Klausnitzer, Klaus-Georg Popp und Klaus Rüdiger Scherpe in Berlin sowie Axel Kuhn in Stuttgart, Helmut Reinalter in Innsbruck und Gerhard Sauder in Heidelberg haben den Herausgeber in besonderer Weise bei seinen Recherchen unterstützt. Elke Kotthoff, Michael Hübner und Uwe John in Leipzig haben den vorliegenden Band sorgfältig betreut und lektoriert; auch ihnen sei für ihre Geduld und Mühe herzlich gedankt. Ayna Steigerwald in München ist für ihre kundige und sorgsame Arbeit an den bibliographischen Verweisen zu danken. Bei der Literaturrecherche wurde der Herausgeber — wie so oft — von Ute Nitzschner in Leipzig unterstützt. Barbara Zwiener in Leipzig hat die aufwendigen Arbeiten bei der Herstellung der Druckvorlage nicht nur mit dankenswerter, sondern auch bewundernswerter Geduld bewältigt. Zu danken ist ferner der Fritz-Thyssen-Stiftung: Durch sie wurde Thorsten Ries M. A. gefördert. Thorsten Ries gebührt herzlicher Dank dafür, daß er mit großer Umsicht und Kompetenz die inhaltliche, technische und redaktionelle Bearbeitung der Interviews über einen längeren Zeitraum hinweg besorgt hat.

Dem Team der Gottsched-Edition, ihrem Leiter Professor Dr. Dr. Detlef Döring, Franziska Menzel M. A. und Dr. Rüdiger Otto, gebührt Dank für ihre große Toleranz und für die Gewährung der Freiräume.

Lutz Danneberg in Berlin und Friedrich Vollhardt in München ist über die im ersten Teil des vorliegenden Bandes bezeichneten Passagen hinaus auch an dieser Stelle für viele wertvolle Ratschläge, Anregungen und Förderung herzlich zu danken.

Ganz besonderer und persönlicher Dank geht an meinen langjährigen Weggefährten und Freund Dr. Carsten Behle in Hamburg für die Überlassung seiner Forschungsergebnisse zur Hölderlin-Rezeption. Carsten Behle ist dieses Buch in alter Verbundenheit und in Erinnerung an die gemeinschaftliche Forschungstätigkeit freundschaftlich zugeeignet.

Leipzig, im August 2012   Michael Schlott

Erster Teil:

Untersuchungsgegenstand, Problemstellung, Theorie und Methodologie

1.1 Einleitung:
Germanistische Aufklärungsforschung seit den 1960er Jahren

Die Arbeiten an der vorliegenden Publikation reichen zurück bis in das Jahr 1992. Sie resultieren aus einem wissenschaftsgeschichtlichen Projekt zur germanistischen Erforschung der Aufklärungsbewegungen[1] und sind zum einen als vorläufiges Ergebnis, zum anderen jedoch als Ausgangspunkt und Ideenreservoir für entsprechende Anschlußforschungen zu verstehen: Das Projekt war am DFG-Schwerpunktprogramm „Wissenschaftsforschung" beteiligt; sein vornehmliches Erkenntnisinteresse galt den Prozessen der Anerkennung und Zurückweisung literaturwissenschaftlicher Wissensansprüche und Forschungsergebnisse.

Die (heuristischen) Strategien zur Herausbildung von Wissensansprüchen und die Kriterien der Evaluation solchen ‚Wissens' haben in der wissenschaftshistorischen und -theoretischen Forschung zur germanistischen Literaturwissenschaft bis heute wenig Aufmerksamkeit gefunden. Das Ziel des Vorhabens war die Erkundung und Untersuchung sowohl intern als auch extern gesteuerter Prozesse der Wissensproduktion zur Erforschung der neueren deutschen Literatur. Die zentralen Bezugspunkte bildeten die Forschungen zur Literatur der Aufklärung (von etwa 1720 bis 1800) in beiden deutschen Staaten zwischen 1965 und 1990. Zwei komplexe Fallstudien standen im Mittelpunkt der Untersuchungen: die Forschungen zu den Themenkreisen bzw. den kulturellen Konstellationen von Empfindsamkeit und Jakobinismus, die als prominente, zeitweilig gar dominante Forschungsschwerpunkte in einer Epochengeschichte der Aufklärung galten.[2]

In den 1960er und 1970er Jahren wurden die Forschungen zur Literatur des (langen) 18. Jahrhunderts (1690–1815) in der Literaturwissenschaft der Bundesrepublik Deutschland, der deutschsprachigen Schweiz und Österreichs in deutlicher Weise intensiviert; hin-

---

1   Getragen wurde es in den Jahren 1992–1995 von Jörg Schönert (Hamburg), Lutz Danneberg (gegenwärtig: Berlin), Michael Schlott (gegenwärtig: Leipzig) und Friedrich Vollhardt (gegenwärtig: München). Für weitere fachgeschichtliche Forschungen aus dieser Gruppe siehe insbesondere ‹www.fheh.org›.

2   Vgl. dazu die drei ausgreifenderen Beiträge von Jörg Schönert („Konstellationen und Entwicklungen der germanistischen Forschung zur Aufklärung seit 1960"), Friedrich Vollhardt („Aspekte der germanistischen Wissenschaftsentwicklung am Beispiel der neueren Forschung zur ‚Empfindsamkeit'") und Michael Schlott („‚Politische Aufklärung' durch wissenschaftliche ‚Kopplungsmanöver'". Germanistische Literaturwissenschaft und geschichtswissenschaftliche Jakobinerforschung zwischen 1965 und 1990). In: Aufklärungsforschung in Deutschland. Hrsg. von Holger Dainat und Wilhelm Voßkamp. Heidelberg 1999, S. 39–97. Für einen exemplarischen Überblick vgl. Lutz Danneberg u. a.: Germanistische Aufklärungsforschung seit den siebziger Jahren. In: Das Achtzehnte Jahrhundert 19 (1995), H. 2 (20 Jahre DGEJ: Aufklärungsforschung – Bilanzen und Perspektiven), S. 172–192.

ausgehend über die ‚Standard-Autoren' (wie Gottsched, Gellert, Lessing), durch die Aufwertung des Zeitraums 1720–1780 (sowie der Spätaufklärung) und aufwertend gegenüber den Literaturprogrammen von Sturm und Drang, Weimarer Klassik und Romantik. In der DDR setzte dieser Prozeß bereits früher ein, u. a. durch die Akademie-Projekte von Werner Krauss sowie durch die Hallenser Schwerpunktforschung unter der Leitung von Thomas Höhle.[3] Diese institutionell gesteuerten Prozesse hielten auch nach 1990 an und zeigten ihre Wirkungen etwa in der Gründung des „Forschungszentrums Europäische Aufklärung" (FEA) in Berlin (und seiner späteren Verlagerung nach Potsdam) sowie im Aufbau des „Interdisziplinären Zentrums für die Erforschung der europäischen Aufklärung" (IZEA) an der Universität Halle seit 1990.

1975 erfolgte die Gründung der „Deutschen Gesellschaft für die Erforschung des 18. Jahrhunderts"[4] (und ihr Anschluß an die „International Society for Eighteenth-Century Studies") mit ihren regelmäßigen Jahreskonferenzen und dokumentierenden Publikationen sowie einer Intensivierung der Forschungs- und Konferenztätigkeit in Wolfenbüttel an der Herzog August Bibliothek und an der Lessing-Akademie. Im Sommer 1978 wurde ein Forschungsschwerpunkt „Literatur der Spätaufklärung" an der Universität Bremen eingerichtet, der bis zum Ende der 1980er Jahre existierte.[5] Auch die Aktivitäten von Verlagen sind in diesem Zusammenhang anzuführen, etwa das ‚flächendeckende' Faksimileangebot des Olms-Verlags oder die „Deutschen Neudrucke (Texte des 18. Jahrhunderts)" des Metzler-Verlags, durch die vergessene, wenig bekannte oder mindergewertete – ‚unterschätzte' – Texte verfügbar gemacht wurden.

1981 wurde in Innsbruck die internationale Forschungsstelle „Aufklärung – Vormärz – Revolution" gegründet (mit einem entsprechenden Jahrbuch sowie einer regen Konferenz- und Publikationstätigkeit).[6] 1985 war das Gründungsjahr der Zeitschrift *Aufklärung. Interdisziplinäre Halbjahresschrift für die Erforschung des 18. Jahrhunderts und seiner Wirkungsgeschichte*; 1991 folgte das *Lenz-Jahrbuch*, zunächst als „Sturm-und Drang-Studien", ab Band 15 (2008) mit neuem Untertitel: „Literatur – Kultur – Medien". Ebenfalls in die 1990er Jahre fällt die Gründung der Reihe *Kleines Archiv des 18. Jahrhunderts* im Röhrig Verlag St. Ingbert: Weitere vergessene, wenig bekannte oder bis dahin ungedruckte Texte wurden der Forschung zur Verfügung gestellt.

Wichtige Impulse erhielt die germanistische Aufklärungsforschung aus den Nachbarwissenschaften, z. B. aus der Geschichtswissenschaft (Reinhart Koselleck) und der (Sozial-)Philosophie (Jürgen Habermas, Panajotis Kondylis) sowie durch die Wiederbelebung von Forschungsleistungen aus den 1920er und 1930er Jahren (z. B. Leo Balet, Walter H. Bruford und Fritz Valjavec). Die Literaturwissenschaft erfuhr in dieser Zeit eine Ausweitung ihres Gegenstandsbereichs (hinausgehend über die sogenannte Hoch-, Unterhaltungs- und Trivialliteratur sowie über den Kernbereich der ‚schönen' Literatur) etwa zur

---

3   Siehe dazu die Interviews mit Hans-Dietrich Dahnke (S. 218–254, hier S. 221), Martin Fontius (S. 255–270, hier S. 255–260) und Claus Träger (S. 315–332, hier S. 315, 318–320).

4   Vgl. Monika Neugebauer-Wölk u.a.: 25 Jahre Deutsche Gesellschaft für die Erforschung des 18. Jahrhunderts. Zur Geschichte einer Wissenschaftlichen Vereinigung (1975–2000). Wolfenbüttel 2000.

5   Siehe dazu die Interviews mit Hans-Wolf Jäger (S. 500–527, hier S. 519 f.) und Peter Weber (S. 426–455, hier S. 444).

6   Siehe dazu das Interview mit Helmut Reinalter, S. 627–646.

Verhaltenstraktatisitk und zu den Moralischen Wochenschriften. Parallel dazu wurde die Distributions-, Rezeptions- und Leserforschung ('tatsächlich' gelesene Literatur, Lesezirkel und Leihbibliotheken) stark aufgewertet.

In der Phase, in der die im vorliegenden Band präsentierten Interviews geführt wurden (1994 und 1995), hatte sich die dynamische Entwicklung seit den 1960er Jahren verstetigt;[7] noch war die Schließung des Potsdamer Zentrums nicht abzusehen … Während bereits ein renommiertes Institut zur Erforschung der Aufklärung seine Tätigkeit eingestellt hat, befindet sich die forschungs- und fachgeschichtliche sowie wissenschaftstheoretische Erschließung der Phase zwischen etwa 1960 und 1990 noch in den Anfängen.[8] Das ist bemerkenswert: Denn die Aufklärungsforschung hat sich gerade in diesen drei Dekaden als besonders innovationsfreudiges Teilgebiet der Neueren deutschen Literaturwissenschaft erwiesen; sie bildet einige für das Fach insgesamt typische Entwicklungsverläufe ab. Hervorzuheben ist die Erweiterung des Gegenstandsbereiches durch die Einbeziehung sozialhistorischer Fragestellungen sowie eine – über die reine Textwissenschaft hinausgehende – Berücksichtigung kulturanthropologischer Zeugnisse (neue Formen der 'Beredsamkeit', die Geschichte des Körpergefühls, gender etc.), die bis dahin gültige Auffassungen über den Ursprung, die Bedeutung sowie den normativen Anspruch etwa der empfindsam-moralischen Literatur und Verhaltenssemantik modifiziert. Besonders aufschlußreich ist in dieser Hinsicht ein Blick auf die 'Kernphase' des Faches zwischen etwa 1975 und 1980. In diesem Zeitraum entwickelte sich in der Konkurrenz zu dem monoparadigmatischen, von der älteren marxistischen Literaturtheorie inspirierten Ansatz der DDR-Literaturwissenschaft die Sozialgeschichtsschreibung, die sich sowohl in einzelnen Sektoren der Spezialforschung[9] als auch hinsichtlich der bald geforderten Integration neuer *methodischer* Konzepte bewährte.[10] Möglich wurde dies vor allem durch den definitiven Verzicht auf geschichtsphilosophische Annahmen. Die politisierte Literaturwissenschaft der frühen 1970er Jahre mit ihrem eindeutig literatursoziologischen Schwerpunkt und der Funktionalisierung von Literatur als Instrument der politischen Bewußtseinsbildung wurde im Zuge dieser Entwicklung strategisch neutralisiert. So wurde beisielsweise das *Internationale Archiv für Sozialgeschichte der deutschen Literatur* (IASL) gegründet (dazu die wichtige Reihe *Studien und Texte zur*

---

7   Als Spätfolge könnte das seit 2007 laufende Datenbank-Projekt „Verzeichnis der im deutschen Sprachraum erschienenen Drucke des 18. Jahrhunderts" als eine geplante retrospektive deutsche Nationalbibliographie für das 18. Jahrhundert angeführt werden.

8   Vgl. etwa Wilfried Barner: Das 18. Jahrhundert als Erprobungsfeld neuer Forschungsansätze. [1988]. In: W. B.: Pioniere, Schulen, Pluralismus. Studien zu Geschichte und Theorie der Literaturwissenschaft. Tübingen 1997, S. 353–364; Peter-André Alt: Aufklärung. Lehrbuch Germanistik. Stuttgart und Weimar 1996, S. 49–59; Danneberg u. a.: Germanistische Aufklärungsforschung (wie Anm. 2); Aufklärungsforschung in Deutschland (wie Anm. 2).

9   Etwa in den Bereichen der Politischen Geschichte, der Gesellschafts-, Wirtschafts-, Bevölkerungs-, Familien- und Stadtgeschichte sowie schließlich auch in der Literaturgeschichte. Damit einher ging die Ausdifferenzierung der Gegenstände und Gegenstandsbereiche. Sozialgeschichte fokussierte in Einzeluntersuchungen etwa auf die Untersuchungsobjekte Bauern, Adel, Bürgertum, Arbeiter, Juden und Judentum, Jugend oder Frauen.

10 Etwa in der Verhältnisbestimmung zu Struktur-, Erfahrungs-, Begriffsgeschichte sowie zu Mentalitätsgeschichte und Psychohistorie; siehe dazu das Interview mit Eberhard Lämmert (S. 271–298, hier S. 290) zu den addierten Interessen einer kommunikationswissenschaftlichen Forschungsrichtung.

Sozialgeschichte der Literatur),[11] mit dem nun die ursprüngliche Politisierung schrittweise sozialgeschichtlich aufgelöst wurde als eine Fragestellung unter anderen im Pluralismus der Fragestellungen. Nicht zuletzt deswegen verloren die primär politisch und ideologiekritisch motivierten Forschungsansätze allmählich ihre einstige Bedeutung.

1.2 Aufklärungsforschung, Empfindsamkeit und Jakobinismus

Die Forschungsgegenstände ‚Empfindsamkeit' und ‚Jakobinismus' sind für die jüngere Wissenschaftshistoriographie in (mindestens) zweierlei Hinsicht bedeutsam. Beide Literaturströmungen gelten in der Forschungsgeschichte als besonders signifikante ‚Phasen' bzw. Konstellationen der deutschen Aufklärung. Gemeint ist damit zum einen die – in sich widersprüchlich erscheinende – Konstitution einer bürgerlich-aufklärerischen Bewegung in der Mitte des 18. Jahrhunderts, zum anderen der Höhepunkt ihrer emanzipatorischen Bestrebungen und politischen Impulse am Ende des Jahrhunderts. Bei der Festlegung und Beschreibung dieser epochenspezifischen Zuschreibungen erwiesen sich nun auch die von anderen Disziplinen ausgegangenen Impulse zu einer umfassenden kultur- und sozialgeschichtlichen Fragestellung als forschungsbestimmend, denn diese Fragestellung schloß ausdrücklich Hypothesen zur Formation, Entwicklung, Wandlung und – im Zuge einer zunehmenden Politisierung des Faches in den 1970er Jahren – zu den Bedingungen einer Umwandlung der bürgerlichen Gesellschaft ein.

Wilfried Barner hat erklärt, warum sich das 18. Jahrhundert gerade für die Literaturforschung und -historiographie als ein besonders ‚interessantes', prominentes und lohnendes Erprobungsfeld neuer methodischer Ansätze zu eignen schien. Zugleich hat Barner aber auch die Schwierigkeiten benannt, die dieser Entdeckungsfreudigkeit entgegenstehen:

> Aber gerade in der zeitlichen Erstreckung über das ganze Jahrhundert hin, wenngleich mit Modifikationen, liegt ein kardinales Problem. […]. Legt man eingeführte Periodisierungen und Gruppierungen zugrunde wie etwa Gottschedzeit oder Lessingzeit, Empfindsamkeit, Sturm und Drang, Spätaufklärung und dann noch das Weimarer sogenannte ‚Klassische Jahrzehnt'; erinnert man sich ferner der Namen Gottsched und Gellert, Lessing, Klopstock und Wieland, Lenz, Klinger und Leisewitz, Hamann und Herder, Goethe und Schiller (um nicht die Frühromantiker als ‚Kinder des 18. Jahrhunderts' noch hinzuzunehmen), so erscheint das Jahrhundert-Unternehmen vollends als hoffnungslos, wenn nicht gar als gefährlich einebnend.[12]

Dennoch wurde dieser Weg mit anhaltender Wirkung eingeschlagen, so Barner, der dies unter anderem darauf zurückführt, daß es zu einer vergleichsweise effizienten Erforschung etwa der Barockliteratur „besonderer Vorkenntnisse" bedürfe.[13] Barner meint damit offenbar in erster Linie die sichere Beherrschung des Lateinischen sowie die damit einhergehende umfassende Kenntnis der speziellen literarischen Formenwelt des 17. Jahrhunderts. Mit

---

11   Siehe dazu das Interview mit Georg Jäger, S. 334–358, hier S. 357.
12   Barner: Das 18. Jahrhundert (wie Anm. 8), S. 355 f.
13   Ebd., S. 358 f.: „Von Lessing an kann nach verbreiteter Einschätzung jeder Neugermanist über alles schreiben."

Bezug auf die in den 1970er Jahren einsetzende Konjunktur von Modernisierungstheorien und -debatten (mit ihrem Ausgangspunkt im 18. Jahrhundert), zu denen die ausdifferenzierten Sektoren der Sozialhistorie wiederum Material beisteuerten, resümiert Barner:

> Dieses ausschließende Verhältnis vieler zur Barockepoche hat entscheidend dazu beigetragen, daß das 18. Jahrhundert in all seiner Heterogenität perspektivisch für die meisten zu einer Großepoche zusammengezogen wurde. Gerade diese Konstellation aber: die Ursprünge der eigenen Modernität und die innere, widersprüchliche Vielfalt, prädestinieren das 18. Jahrhundert für eine Erprobung neuer methodischer Ansätze.[14]

Was speziell die in der vorliegenden Dokumentation näher zu betrachtende Erforschung der Empfindsamkeit betrifft, hat Barner auch das „methodologische Verdienst" der umfassenden Studien von Gerhard Sauder hervorgehoben. Zweierlei habe Sauders Forschungsbeitrag unübersehbar gemacht:

> [...] den umfassenden Zusammenhang von sozialer Umschichtung, psychischer Bedürfnisweckung und seelentheoretischer Reflexion in der europäischen Sentimentalitätsbewegung, und: die Unangemessenheit der lange Zeit eingeschliffenen Übung, Empfindsamkeit und ‚rationalistische‘ Aufklärung einander schlichtweg entgegenzusetzen (oder sie gar als Abfolge zweier Epochen zu fassen). Beides geht weitgehend, wenn auch nicht in strikter Synchronie, aus gleichen oder ähnlichen sozialen Bedingungen hervor, ist Anwort auf Umwälzungen. Psychohistorie steht hier modellhaft in einem methodischen Zusammenhang, der durch Ansätze wie Psychoanalyse, Mentalitätsgeschichte oder Diskursanalyse nicht ersetzbar ist, vielmehr sinnvoll mit ihnen verknüpft werden kann.[15]

Gerhard Sauders Konzept von Empfindsamkeit, daran läßt Barner keinen Zweifel, hat sich – als Wissensanspruch – in der germanistischen Literaturwissenschaft (schließlich) durchgesetzt. Mit diesem Befund ist zugleich ein zentrales Interesse der vorliegenden Dokumentation formuliert. Die Fragen in den erkundenden Interviews mit Experten der Aufklärungsforschung im allgemeinen sowie mit solchen, die sich in der Empfindsamkeits- und Jakobinismusforschung insbesondere profiliert haben, leiten sich aus den folgenden, von Friedrich Vollhardt[16] beschriebenen vier wissenschaftstheoretischen Beobachtungen ab:

(a) In den Forschungen zur Empfindsamkeit und zum Jakobinismus werden Verschiebungen in den methodischen Konzeptionen nur fallweise, nicht aber generell in einem ‚zeitlichen Wechsel‘ mitvollzogen.

(b) Die Anerkennung neuer Konzeptionen hängt nicht unmittelbar mit der Konsistenz, der Leistungsfähigkeit oder dem intensiveren Gegenstandsbezug einer wissenschaftlichen Theorie zusammen: Ihre mögliche Durchsetzung wird nicht allein durch kognitive Faktoren (Wahrheitskriterien) gesteuert.

(c) Differenzierungen in der Theoriebildung bewirken nicht in jedem Fall eine Beschleunigung der Prozesse zur Problemlösung oder der Verarbeitung neuester Ergebnisse.

(d) Die breite und im Einzelfall rasche Übernahme innovativer Theoriemodelle kann zu einer Hemmung des wissenschaftlichen Fortschritts (gemessen an der innerdisziplinären Informationsvergabe) führen.

---

14 Ebd., S. 359.
15 Ebd., S. 362.
16 Vgl. Vollhardt: Aspekte der germanistischen Wissenschaftsentwicklung (wie Anm. 2), S. 50 f. Vgl. ferner Friedrich Vollhardt: Selbstliebe und Geselligkeit. Untersuchungen zum Verhältnis von naturrechtlichem Denken und moraldidaktischer Literatur. Tübingen 2001, S. 18–23.

No cinema

Für die Wissensansprüche der germanistischen Forschung zum Jakobinismus ist zu spezifizieren: Die zutage geförderten zeitgenössischen Texte und die entsprechenden literaturwissenschaftlichen Untersuchungsergebnisse haben mittlerweile Einzug in entsprechende Quellencorpora, Editionen sowie in die literaturgeschichtlichen Lexika und Handbücher gehalten. Allerdings waren und sind die Forschungsergebnisse der germanistischen Jakobinismusforschung nicht unbestritten und gelten – anders als die durch Gerhard Sauder nachhaltig gefestigte Position der Empfindsamkeitsforschung – weiterhin als anfechtbar. Einschlägige Beiträge der kodifizierenden Literatur[17] sind daher zumeist mit entsprechenden Kautelen versehen. Im verallgemeinernden Konsens hat sich die germanistische Aufklärungsforschung, vor allem im Anschluß an Arbeiten von Inge Stephan[18] und Harro Segeberg[19] darauf verständigt, den Begriff „Literarischer Jakobinismus" zur Erfassung von operativen Formen, Genres und Gattungen politisch funktionalisierter (und von den ästhetischen Konzepten der Weimarer Klassik und der frühen Romantik abzugrenzender) Literatur der deutschen Spätaufklärung zwischen etwa 1790 und 1806 zu verwenden. Dennoch erwies sich das Konzept „Literarischer Jakobinismus" als brüchig und anfällig, was zunächst mit den korrespondierenden Irritationen seiner historiographischen Rückversicherung in der Geschichtswissenschaft zusammenhängt: Der sogenannte deutsche Jakobinismus war trotz umfassender Quellenforschungen in seinen Protagonisten und agitatorischen Schriften nur punktuell dem programmatischen Jakobinismus in Frankreich kommensurabel.[20] Folgerichtig ist in der literaturwissenschaftlichen Perspektive das Grundproblem einer differenzierenden Merkmalszuweisung zur Unterscheidung zwischen oppositionell-reformistisch orientiertem Liberalismus und revolutionärem Demokratismus (als Jakobinismus) ungelöst geblieben. Die genaue Eingrenzung des Gegenstandsbereiches stand weiterhin aus; die Erforschung des Literarischen Jakobinismus glich streckenweise der Untersuchung einer aggregierenden und kaum zu operationalisierenden Materie. Nicht zuletzt deswegen glitt auch die von Pierre Bertaux entfachte (empirisch und ästhetisch-poetologisch bereits in den älteren Arbeiten von Petzold, Lukács, Delorme und Beck präfigurierte) Debatte um Hölderlins vermeintliches Jakobinertum auf die Bahn einer fruchtlosen Kontroverse.[21]

Die von Friedrich Vollhardt unter (b) und (c) formulierten Spezifika zeigen sich in der Jakobinismusforschung deutlicher als in der Empfindsamkeitsforschung. Insbesondere

---

17   Vgl. dazu Wilhelm Schernus: Narratology in the mirror of codifying texts. In: Current trends in Narratology. Hrsg. von Greta Olson. Berlin und New York 2011, S. 277–296.

18   Inge Stephan: Literarischer Jakobinismus in Deutschland (1789–1806). Stuttgart 1976.

19   Harro Segeberg: Literatur als Mittel der Politik im deutschen Jakobinismus. In: Text & Kontext 4 (1976), S. 3–30.

20   Vgl. Jörn Garber: Politische Spätaufklärung und vorromantischer Frühkonservativismus. Aspekte der Forschung. In: Fritz Valjavec: Die Entstehung der politischen Strömungen in Deutschland 1770–1815. Unveränd. Nachdruck der Erstausgabe von 1951. Mit einem Nachwort von J.G. Kronberg/Taunus und Düsseldorf 1978, S. 543–592, hier S. 566. Vgl. ferner Jörn Garbers vorzüglich differenzierendes und überaus lehrreiches Nachwort „Ideologische Konstellationen der jakobinischen und liberalen Revolutionsrezeption in Deutschland (1790–1810)". In: Revolutionäre Vernunft. Texte zur jakobinischen und liberalen Revolutionsrezeption in Deutschland 1789–1810. Hrsg. von J.G. Kronberg/Taunus 1974, S. 170–236.

21   Siehe dazu II, 2.2.3.

die starke politische Instrumentalisierung und die fallweise damit verbundenen Aktualisierungen haben den Forschungsgegenstand in Mißkredit gebracht. In methodischer Hinsicht hat es, neben den genannten Arbeiten von Stephan und Segeberg, indes nur eine nennenswerte innovative Leistung gegeben: Walter Grabs Versuch einer idealtypischen Konstruktion des deutschen Jakobinismus, der den Forschungsprozeß sowie die Sicherung valider Ergebnisse in der literaturwissenschaftlichen Forschung allerdings eher gehemmt, jedenfalls nicht beschleunigt hat: Darauf hat bereits Heiner Wilharm zu Beginn der 1980er Jahre in seiner – zu Unrecht wenig gewürdigten bzw. selten explizit angeführten – Arbeit *Politik und Geschichte. Jakobinismusforschung in Deutschland*[22]aufmerksam gemacht. Wenngleich Wilharm die außerordentliche Fülle seiner Detailbeobachtungen nicht immer adäquat zu integrieren verstanden hat, so ist sein Buch doch ein Markstein in der fach- und wissenschaftsgeschichtlichen Beschäftigung mit der Jakobinismusforschung gewesen. Auch die vorliegende Studie hat davon profitiert und verweist daher nachdrücklich auf Wilharms große Verdienste in der kritischen Auseinandersetzung mit den strittigen Grundlagen, Voraussetzungen und Ergebnissen der Jakobinismusforschung.

1.3 Zur Konzeption der Fallstudien: methodische Konfiguration der leitenden Hypothese

Qualitative Forschung steht in der Startphase vor der Schwierigkeit, allenfalls über ein minimales Set von Hypothesen und Theorien zur Erklärung des Untersuchungsgegenstandes zu verfügen. Diese Theorien müssen zunächst generiert, entwickelt werden. Zweifellos hat jeder routinierte Literaturwissenschaftler oder Historiker eine Vorstellung davon, was mit dem Begriff „Aufklärungsforschung" gemeint ist, was dieser Begriff bedeutet und impliziert. Sollte er ihn indes erklären, sähe er sich mit beträchtlichen Problemen konfrontiert: Allein die genaue Beschreibung der Forschungsaufgabe würde einen immensen Strukturierungsaufwand erfordern. Zu berücksichtigen wären u. a. nationale und disziplinäre Grenzen, institutionelle Voraussetzungen, epochale Binnendifferenzierungen, Periodisierungsfragen, Forschungs- und Begriffsgeschichte sowie wissenssoziologische Fragestellungen und die sozialen Interaktionsfelder der wissenschaftlichen Akteure.

Insbesondere die Rekonstruktion von Wissensbeständen, Wissensansprüchen (und ihrer Durchsetzung) sowie von Deutungsmustern und Interpretationsansätzen von Akteuren der ‚scientific community' stellt einen zwar interessanten, doch überaus komplexen Untersuchungsgegenstand dar. Quantitative Forschung hat von Anbeginn verhältnismäßig deutliche Vorstellungen, wonach sie sucht, wenn sie etwa danach fragt, wo und in welcher Form sich Theorien und ihre Erklärungskraft sozial manifestieren, wo sie also ‚Gestalt' annehmen. Dagegen beginnt qualitative Forschung ohne feste Hypothesen bzw. mit Erklärungsansätzen, die lediglich eine Richtung weisen, die sich im Verlauf der näheren Untersuchung durchaus als falsch erweisen könnte. Zur Bewältigung solcher Forschungsaufgaben kommen in der Regel Fallstudien zum Einsatz. Sie sind besonders geeignet für die

---

22   Heiner Wilharm: Politik und Geschichte. Jakobinismusforschung in Deutschland. Bd. 1: DDR; Bd. 2: Bundesrepublik. Frankfurt/Main u. a. 1984.

Untersuchung komplexer Strukturen und Prozesse, wie Marie Elisabeth Rotter es in ihrer politikwissenschaftlichen Studie *Faktor Bürkratie* dargelegt hat: „Fallstudien ermöglichen das Verständnis komplexer Sachverhalte, indem eine regionale, zeitliche oder sektorale Einschränkung der Untersuchung vorgenommen wird." Rotter beruft sich auf Robert Yin und konstatiert: „Sie sind besonders angebracht, ‚when the boundaries between phenomenon and context are not clearly evident'".[23]

Der methodische Einsatz und die Aussagekraft von Fallstudien sind in der Wissenschaftstheorie nicht unumstritten. „Case studies" gehören nicht nur in den Sozial- und Erziehungswissenschaften, sondern auch in der Rechtswissenschaft und -theorie sowie in der Kriminologie zu den bevorzugten Methoden der qualitativen Forschung. Das Ziel einer Fallstudie ist, zunächst verallgemeinernd festgestellt, eine differenzierte Wahrnehmung multifaktorieller Zusammenhänge (etwa in den Biographien von ‚Akteuren'), um daraus Bausteine zur Abstraktion einer Typik zu gewinnen. Die wissenschaftstheoretische Relevanz von Fallstudien beruht auf der Annahme, daß es Gesetzmäßigkeiten gibt, die exemplarisch und induktiv zu er- und vermitteln sind.

Fallstudien sind keine konkreten Erhebungstechniken oder eigenständigen methodologischen Paradigmata. Wissenschaftstheoretisch besehen haben sie ihren Ort „zwischen konkreter Erhebungstechnik und methodologischem Paradigma".[24] Fallanalysen schließen potentiell das gesamte Spektrum sozialwissenschaftlicher Erhebungsmethoden ein, genauer gesagt: Sie schließen prinzipiell keine qualitative Erhebungsmethode von vornherein aus. Fallstudien werden in der qualitativen Sozialforschung daher mit dem Terminus „approach" klassifiziert,[25] als Forschungsansatz, „der die theoretischen Vorgaben der Methodologie in praktische Handlungsanweisungen umsetzt, ohne selbst Erhebungstechnik zu sein".[26] Qualitative Forschung beginnt zwar ohne feste Hypothesen, ist deswegen jedoch nicht ‚induktivistisch' voraussetzungslos bei ‚Null' angesiedelt, wie im folgenden näher zu erläutern sein wird.[27] Es geht vielmehr darum, bestehendes Wissen und bestehende Theorien über wissenschaftstheoretische und -geschichtliche Zusammenhänge induktiv zu erweitern, zu evaluieren und auf diese Weise neue Wissenszusammenhänge zu mobilisieren.

---

23   Marie Elisabeth Rotter: Faktor Bürokratie. Der Einfluß bürokratischer Politik auf deutsche und amerikanische Demokratieförderung in Polen und in der Ukraine. Berlin 2011 (Phil. Diss. Chemnitz 2011), S. 31; vgl. Robert K. Yin: Case study research. Design and methods. Beverly Hills, CA, u. a. 1984, S. 23.

24   Siegfried Lamnek: Qualitative Sozialforschung. Bd. 2: Methoden und Techniken. München 1989, S. 4.

25   Vgl. John W. Creswell: Qualitative inquiry and research design. Choosing among five approaches. 2nd ed. London und New Delhi 2008, S. 73: „Case study research is a qualitative approach in which the investigator explores a bounded system (a *case*) or multiple bounded systems (cases) over time, through detailed, in-depth data collection involving *multiple sources of information* (e.g., observations, interviews, audiovisual material, and documents and reports), and reports a case *description* and case-based themes" (Kursivierungen im Original).

26   Lamnek: Sozialforschung (wie Anm. 24), S. 5.

27   Vgl. Udo Kelle und Susann Kluge: Vom Einzelfall zum Typus. Fallvergleich und Fallrekonstruktion in der qualitativen Sozialforschung. 2. überarb. Aufl. Opladen 2010, S. 16: „Zahlreiche theoretische Konzepte lassen sich nämlich in der Regel nicht operationalisieren ohne eingehende Kenntnisse über die in bestimmten soziokulturellen Milieus geltenden Deutungsmuster und Handlungsorientierungen."

„Ohne feste Hypothesen" heißt daher: Daten werden nicht als Belege für das angesehen, was man bereits zu wissen meint und ‚testen' möchte, sondern die aus den erhobenen Daten generierten Hypothesen werden in größere theoretische Zusammenhänge transferiert. ‚Neues', d. h. unvorhergesehenes, ‚entdecktes' Wissen wird expliziert und nach Möglichkeit integriert:

> Um die Wissensbestände und Deutungsmuster der Akteure zu rekonstruieren, können sich ForscherInnen […] dem empirischen Feld nicht mit solchen präzis operationalisierten Hypothesen nähern, die durch eine Konfrontation mit Daten empirisch geprüft und ggf. falsifiziert werden können. Am Anfang eines qualitativen Forschungsprozesses steht vielmehr die Erhebung relativ unstrukturierten verbalen Datenmaterials in Form von Feldprotokollen oder Interviewtranskripten. Anhand diesen Materials werden dann Schritt für Schritt jene Sinnstrukturen rekonstruiert, die die untersuchte soziale Lebenswelt (mit)konstituieren.[28]

Was ist ein Fall und was leisten Fallstudien für die Theoriebildung? – In den Sozialwissenschaften, in der Kognitionspsychologie, in der Politologie und in den Rechtswissenschaften etwa sind die Untersuchungsobjekte von Fallstudien in der Regel Personen, soziale Gruppen, soziokulturelle Milieus oder ‚Kulturkreise'. Doch auch Institutionen, ein Krankenhaus etwa, eine Agentur, ein Betrieb, eine Universität, können Fälle der qualitativen Sozialforschung sein. „Functional or dysfunctional, rational or irrational, the case is a system."[29] Entsprechend können Forschungsgegenstände für die Wissenschaftsforschung extensiviert werden, indem disziplinäre Forschungsprogramme, ihre institutionellen und sozialen Bedingungen sowie die mit den Forschungsprogrammen befaßten Akteure insgesamt in den Fokus der Betrachtung gerückt werden. Ein ‚Fall' dieser Art ist komplex: „If we are moved to study it, the case is almost certainly going to be a functioning specific. […] It is an integrated system."[30]

In der vorliegende Studie geht es genaugenommen um zwei Einzelfallstudien: Im Rahmen des Paradigmas „Aufklärungsforschung" wertet sie die Ergebnisse von bibliometrischen Erhebungen, qualitativen Textanalysen, Fragebogen und Experteninterviews aus: Zwei als besonders interessant und aussagekräftig klassifizierte Fälle (Empfindsamkeitsforschung und Jakobinismusforschung) werden über einen bestimmten Zeitraum hinweg beobachtet, beschrieben, befragt, wissenschaftstheoretisch evaluiert. Ein wichtiger Schritt besteht darin, die Fälle zu bereits gesicherten Erkenntnissen in Beziehung zu setzen, um auf diese Weise eine Kontrastfolie zu erhalten, auf der die bestehenden wissenschaftstheoretischen Erkenntnisse erweitert, d. h. die zuvor nicht erkannten Variablen in den Fall als festes Konstrukt integriert werden können.

Einen für die Wissenschaftsforschung der Literaturwissenschaft besonders wertvollen Beitrag zum Einsatz von Fallstudien hat Ralf Klausnitzer geliefert.[31] Seine Ausführungen

---

28 Ebd., S. 17.
29 Robert E. Stake: Case Studies. In: The handbook of qualitative research. Edited by Norman K. Denzin and Yvonna S. Lincoln. 2nd ed. London und New Delhi 2000, S. 435–454, hier S. 436.
30 Ebd.
31 Ralf Klausnitzer: Fallstudien als Instrument der interdisziplinären Wissenschaftsforschung. Am Beispiel der disziplinübergreifenden Rezeption des „Gestalt"-Konzepts in den 1930er/1940er Jahren. In: Literaturwissenschaft und Wissenschaftsforschung. Hrsg. von Jörg Schönert. Stuttgart und Weimar 2000, S. 209–256.

sind geeignet, die wissenschaftstheoretischen Probleme, mit denen die vorliegende Studie konfrontiert war, zu plausibilisieren, zugleich jedoch die damit verbundenen Chancen zur schrittweisen Erweiterung der Erkenntnis zu bezeichnen. Prospektiv und explikativ in bezug auf die ausführlichen (auch ,narrativen') Passagen der einleitenden Studie seien Klausnitzers Beobachtungen angeführt und im Blick auf die entsprechenden Argumentionsverläufe der Studie in exemplarischen Konstellationen appliziert.

> Fallstudien spielen in der Wissenschaftsforschung eine wichtige, wenn auch nicht unproblematische Rolle: Sie sollen wissenschaftstheoretische Aussagen durch die Rekonstruktion exemplarischer wissenschaftsgeschichtlicher Episoden illustrieren, präzisieren und Theorien wissenschaftlicher Rationalität bestätigen oder aber erschüttern.[32]

In der vorliegenden Studie wird für die beobachteten Fälle keine immanente Forschungslogik unterstellt und kein klassischer Forschungsfortschritts-Bericht angefertigt. Mit Blick auf beide Fälle wird deutlich, daß die Forschungsergebnisse der anvisierten Segmente Empfindsamkeits- und Jakobinismusforschung (phenomenons) im Rahmen der Aufklärungsforschung (context) nicht ausschließlich wissenschaftlich rational, methodisch reguliert und kontrolliert erarbeitet worden sind, sondern sich vielmehr von Forschungsinteressen ableiten, die ihrerseits stark von sozialen und politischen Faktoren determiniert sind.

> Mit der Auszeichnung historischer Beispiele für das zwischen den Polen ,Konkurrenz' und ,Kooperation' angesiedelte Spektrum möglicher Relationen zwischen Fächern und Disziplinen bilden Fallstudien ein Instrument, um wissenschaftstheoretische Konzeptionen von Disziplinendifferenzierung und -integration anhand von Wissenschaftsgeschichte konkretisieren, veranschaulichen und im besten Fall bewerten zu können. Ihre Besonderheit (im Vergleich zu Fallstudien innerhalb der intradisziplinären Wissenschaftsforschung) besteht darin, disziplinübergreifende Wissenschaftskonstellationen in den Blick zu nehmen, um Formen des Theorien- und Methodentransfers zwischen Wissenschaftskulturen, Disziplinen und Fächern anhand einer ausgewählten historischen Episode zu rekonstruieren und diese auf theoretische Überlegungen zu Differenzierung und Integration des Wissenschaftssystems zu beziehen.[33]

Exemplarisch werden diese theoretischen Erörterungen sichtbar am Fall „Jakobinismusforschung", der u. a. die von Klausnitzer fokussierte Komponente der interdisziplinären Wissenschaftsbeziehungen (mit ihren Elementen ,Konkurrenz', ,Kooperation', ,Theorien- und Methodentransfer') besonders deutlich in der Vergleichsrelation von Geschichts- und Literaturwissenschaft demonstriert. Ein interdisziplinärer Theorien- und Methodentransfer hat zwischen geschichts- und literaturwissenschaftlicher Jakobinismusforschung nicht stattgefunden. Von einer entsprechenden förderlichen ,Kooperation' kann offensichtlich nur vorübergehend hinsichtlich des großen Quellenfunktionalisierungsvorhabens *Deutsche revolutionäre Demokraten* von Walter Grab die Rede sein.[34] Doch war diese Kooperation zwischen Geschichts- und Literaturwissenschaft wiederum nur um den Preis einer allenfalls ,minimalistisch' zu nennenden Methodendiskussion zur heuristischen Aufbereitung

---

32   Ebd., S. 209.
33   Ebd.
34   Siehe dazu unten, S. 103–107.

des Quellenmaterials zu haben. Der Fall „Jakobinismusforschung" zeigt darüber hinaus in wünschenswerter Deutlichkeit, wie sich innerhalb des Paradigmas das von Klausnitzer benannte Moment der Konkurrenz schließlich für den zügigen Ausbau des Programms in Deutschland als hinderlich, in Österreich indes als förderlich erwiesen hat.

Desweiteren profiliert die beide Fallstudien begleitende vergleichende Perspektive zwischen zwei unterschiedlichen politisch-ideologischen Systemen die konträren Argumentationsgänge innerhalb der wissenschaftlichen Diskussion schärfer. Insbesondere geraten die differierenden methodologischen Zugriffe auf eine gemeinsame Überlieferung bzw. auf ein gemeinsames ‚Erbe‘ in den Blick. Korreliert man die Forschungsergebnisse beider Systeme, so wird (wiederum) erkennbar, daß diese Resultate nicht auf methodologische Entscheidungen, sondern auf (sonstige) kognitive und soziale Prozesse zurückzuführen sind.

> Problematische Aspekte der Verwendung von Fallstudien werden deutlich, wenn man sich die mit ihnen verbundenen Hoffnungen vergegenwärtigt: An der Schnittstelle von Wissenschaftstheorie und Wissenschaftsgeschichte angesiedelt, wird ihnen die Kraft zur Entscheidung zwischen wissenschaftstheoretischen Behauptungen zugesprochen – obwohl weder ihr Status noch ihre methodologische Basis hinreichend geklärt sind. Denn während über die Logik und die Grenzen von ‚case studies‘ in Bereichen der angewandten Forschung wie der Ökologie, der medizinischen Ethik oder der Psychologie nach einer breiteren Diskussion zumindest partiell Einigkeit besteht, herrscht über ihre Reichweite in der Wissenschaftsforschung noch weitgehend Unklarheit.[35]

Klausnitzers skeptische Einschätzung ist, wie die oben angeführten (zum Teil kanonischen) Forschungsbeiträge verdeutlichen, mittlerweile zu relativieren. Auch die vorliegende Studie beansprucht, zumindest den theoretischen Rahmen der literaturwissenschaftlichen Wissenschaftsforschung durch den Einsatz von Fallstudien insoweit geöffnet zu haben, als aufschlußreiche Einblicke in das soziale System Wissenschaft und entsprechende Rückschlüsse auf die externen Einflüsse, denen Forschung unterliegt, möglich wurden. Die traditionelle bzw. ‚klassische‘ Wissenschafts- und Fachhistoriographie hat die Anwendung eines solchen „approach" bislang nur zögerlich erprobt.[36]

> Exponiert herausgestellte Fallstudien, die zwischen wissenschaftstheoretischen Konzeptionen entscheiden sollten, suggerierten ein Bild von Wissenschaftsgeschichte, das als eine Sammlung von Episoden, Fakten und ‚Fällen‘ unmittelbar auf bereitstehende ‚Erklärungen‘ beziehbar wäre – und mündeten in Argumentationen, die sowohl von skeptischen Wissenschaftstheoretikern, die den Wert von Wissenschaftsgeschichte in Frage stellten, als auch von Wissenschaftshistorikern, die Lakatos' historische Demonstrationen kritisierten, moniert wurden.[37]

Wenngleich in der vorliegenden Studie durchaus nicht auf die Evaluierung erhobener Wissensansprüche verzichtet wird, sieht sie ausdrücklich nicht vor, die untersuchten Fälle auf

---

35   Klausnitzer: Fallstudien (wie Anm. 31), S. 209.
36   Was Petra Boden und Rainer Rosenberg unter „Fallstudien" verstehen, bleibt theoretisch unexpliziert; vgl. Deutsche Literaturwissenschaft 1945–1965. Fallstudien zu Institutionen, Diskursen, Personen. Hrsg. von Petra Boden und Rainer Rosenberg. Berlin 1997, S. X.
37   Klausnitzer: Fallstudien (wie Anm. 31), S. 210. Klausnitzer bezieht sich auf Imre Lakatos: „Falsifikation an the Methodology of Scientific Research Programmes" (1965) und „History of Science and its Rational Reconstructions" (1971).

bereitstehende Erklärungen zu beziehen. Genau besehen würde ein solches Vorgehen in der Frage enden, warum die Tatsachen so und nicht anders sind. Es ist beispielsweise nicht zielführend, den Befund, daß etwa eine zirkuläre Struktur eines Arguments vorliegt, in die Frage umzumünzen, warum und auf welche Weise der Urheber dieses Arguments in diese Denkbewegung hineingeraten sein mag. Was indes als Erkenntnispotential etwa im Blick auf den Fall Empfindsamkeitsforschung verbucht werden kann, sind die zahlreichen ‚unvermittelten' Forschungsbemühungen und vermeintlich ‚innovativen' Ansätze, die sich aus sachlich unbegründeten Forschungsvorlieben und -interessen ableiten und die Frage nach den im Prozeß der Forschung jeweils stärksten erklärungsstiftenden Annahmen seitab liegen lassen: Die Annahmen werden entweder ignoriert oder durch neue Annahmen ersetzt, in der Regel jedoch nicht begründet zurückgewiesen.[38]

> Auf jeder Ebene des methodologischen Aufbaus einer Fallstudie sind eine Anzahl von mehr oder weniger restriktiven Entscheidungen zu treffen, die das endgültige Ergebnis der Analyse beeinflussen. Das reicht von der Wahl der heranzuziehenden wissenschaftshistorischen Episode und deren Ablösung aus wissenschaftlichen und kulturellen Prozessen bis zur Abgrenzung unterschiedlicher Phasen einer Episode und der Positionierung der in ihnen agierenden Diskursteilnehmer. Die faktische Unmöglichkeit, im Rahmen einer Fallstudie die komplexen Zusammenhänge und Motive aller oder auch nur einiger individueller und kollektiver Akteure der wissenschaftlichen Kommunikation zu rekonstruieren, macht eine Eingrenzung der Untersuchung auf bestimmte Teilnehmer und Argumente erforderlich.[39]

Da bei der Wahl und beim Aufbau der Fallstudien stets die vergleichende Perspektive auf zwei unterschiedliche politisch-ideologische Systeme gewährleistet sein sollte, wurde der Untersuchungszeitraum zwischen 1965 und 1990 gewählt. Auch die Aufklärungsforschung, so die übereinstimmenden Aussagen von befragten Experten, ist ‚nicht vom Himmel gefallen', d. h. in beiden deutschen Staaten hat es Anschlußmöglichkeiten sowohl zur Empfindsamkeits- als auch zur Jakobinismusforschung gegeben. Die Ergebnisse dieser Forschungen präsentieren sich allerdings mit einer deutlichen Wirkungsverzögerung erst in der Mitte der 1960er Jahre. Dabei zeigen die im Vergleich mit der Empfindsamkeitsforschung ‚erfolgreicheren' Wissensansprüche der ostdeutschen Jakobinismusforschung die ideologischen Restriktionen in der wissenschaftlichen Kommunikation gegenüber einem ‚idealistisch' belasteten Forschungsgegenstand Empfindsamkeit. Exemplarisch ‚lehrhaft' im Hinblick auf die entsprechenden multifaktoriellen externen Steuerungsvariablen des Wissenschaftsprozesses sind beispielsweise die Interviews mit Hans-Dietrich Dahnke, Peter Müller und Peter Weber.

> Das in der retrospektiven Betrachtung unvermeidlich präsente Wissen um den Ausgang einer wissenschaftshistorischen Episode und deren ‚Gewinner' und ‚Verlierer' strukturiert die Aufbereitung des exemplarischen Falles und macht eine ‚objektive' Identifikation und Bewertung der Schlüsselfiguren und ihrer Argumente zu einer höchst diffizilen Angele-

---

[38] Damit sind Klausnitzers Überlegungen zu korrelieren: „Gegenstand der Wissenschaftshistoriographie sind die sozialen und kognitiven Bezüge, in denen Wissensansprüche produziert, diskutiert und modifiziert werden; die materiale Basis für deren Erschließung (und zugleich Zugang zu Entitäten wie ‚Konzepten', ‚Denkkollektiven', ‚Paradigmen' etc.) bilden Texte, deren Interpretationsprinzipien allerdings noch weitergehend zu klären sind"; Klausnitzer: Fallstudien (wie Anm. 31), S. 214.

[39] Ebd., S. 217.

genheit. Zusätzliche Schwierigkeiten bei der Erstellung einer Fallstudie erwachsen aus der unterschiedlichen Visibilität der wissenschaftlichen Kommunikation für den retrospektiven Beobachter. Die in Artikeln, Büchern, Vorlesungen und persönlichen Diskussionen niedergelegten Argumente dienen der Rekonstruktion von Kommunikationszusammenhängen innerhalb einer ‚scientific community‘, obwohl doch nicht zuletzt aufgrund der Viskosität wissenschaftlicher Kommunikation keinesfalls alle Argumente innerhalb der Gemeinschaft in gleicher Weise bekannt sein müssen.[40]

Klausnitzers Ausführungen zu den Schwierigkeiten, angesichts eines vermeintlichen Wissens um den Ausgang einer wissenschaftshistorischen Methode zu einer ‚objektiven‘ oder zumindest zu einer adäquaten Identifikation und Bewertung der Schlüsselfiguren und ihrer Argumente zu gelangen, führen in das methodologische Zentrum der vorliegenden Studie: Fallanalysen sind multipel zu perspektivieren; sie bedürfen der „Triangulation“,[41] eines empirischen Zugangs zu erweiternden Erkenntnismöglichkeiten. Triangulation ist primär kein Instrument zur Überprüfung empirischer Ergebnisse, sondern eine empirische Methode zur Verwendung unterschiedlicher Datentypen, die im Verlauf der Untersuchung immer wieder aufeinander bezogen werden (können). So fungieren auch die vorliegenden Experteninterviews zum einen als Datenquelle, zum anderen sind sie als Bestandteil und Ergebnis eines insgesamt breiteren Methoden- und Analysespektrums anzusehen, das im folgenden ausschnitthaft vorzuführen ist.[42]

Die leitende Forschungshypothese lautet: Es gibt wissenschaftsinterne Kriterien und Gründe für die Akzeptanz literaturwissenschaftlicher Wissensansprüche, auch wenn in der Regel der Prozeß von Akzeptanz und Durchsetzung des Wissens dadurch unterdeterminiert ist: Zwischen (wissenschaftsinterner) Adäquatheit und (wissenschaftsexterner) Akzeptanz von Wissensansprüchen gibt es keine eindeutige Korrespondenz; beide sind aber auch nicht vollkommen unabhängig voneinander. Anhand der Fallstudien soll über die Triftigkeit dieser Hypothese geurteilt werden.

1.3.1 Datenbasis und Deskriptoren

Wie die Ausgangshypothese zu spezifizieren und wo nach Antworten gesucht werden könnte, wurde aufgrund einer Durchsicht der entsprechenden Forschungsliteratur entschieden.[43] Die annähernd 4.000 Titel umfassende bibliographische Datenbasis wurde für

---

40 Ebd.

41 Siehe dazu grundlegend Uwe Flick: Triangulation. Eine Einführung. 3., aktualisierte Aufl. Wiesbaden 2011.

42 Die folgenden Ausführungen beziehen sich auf eine Präsentation von Forschungsergebnissen des DFG-Projekts „Germanistische Aufklärungsforschung“ im Zentrum für interdisziplinäre Forschung in Bielefeld am 18. und 19. März 1993. Zu dieser Präsentation liegt ein 56-seitiges Typoskript vor, das sämtliches Datenmaterial, entsprechende Graphiken sowie alle Analyseschritte und die Bedeutung der verwendeten Termini im Detail dokumentiert und expliziert; ab Januar 2013 einzusehen unter ‹www.fheh.org›.

43 Als Grundlage für die Materialaufnahme dienten die folgenden bibliographischen Standardwerke: Germanistik. Internationales Referatenorgan mit bibliographischen Hinweisen. Tübingen 1960 ff.; Bibliographie der deutschen [1969: Sprach- und] Literaturwissenschaft (‚Eppelsheimer/Köttel-

die Fallstudien in Kern- und Randbereiche sortiert. Innerhalb der Fallstudien wurden die Verlaufsannahmen exemplarisch geprüft, rekonstruiert, exakter beschrieben und entsprechend erweitert. Mit der Korrektur der ursprünglichen Verlaufsannahmen wurde eine erneute Sortierung des Materials und eine genauere Formulierung der Zuordnungskriterien vorgenommen. In weiteren binnendifferenzierenden Zugriffen wurden schließlich auf den Untersuchungsebenen „Begriffsbildung", „Gegenstand", „Kontextbildung" sowie „Strategien der Textanalyse" Deskriptoren formuliert,[44] mit deren Hilfe alle Forschungsbeiträge in ihrem thematischen Bezug erfaßt, das Material formal und inhaltlich charakterisiert und die repräsentativen wissenschaftlichen Akteure der Aufklärungsforschung identifiziert werden konnten. Eine weitere wichtige Funktion erfüllten die Deskriptoren bei der Beschreibung von Argumentationsmustern und der Standardisierung von Kommentaren, die solche Argumentationsmuster inhaltlich erfassen.

Die Entwicklung und Formulierung von Deskriptoren ist aus mehreren Gründen notwendig. Zunächst ist es ein unvertretbarer zeitlicher Aufwand, für alle Beiträge detaillierte problemorientierte Rekonstruktionen (siehe 1.3.2) vorzunehmen. Die erbrachten Analysen haben zudem gezeigt, daß sowohl in der Empfindsamkeits- als auch in der Jakobinismusforschung eine relativ geringe Anzahl von Problembearbeitungsmustern dominant ist und den wissenschaftlichen ‚Diskurs' steuert. Im Hinblick auf die komparative Statuszuweisung bei Wissensansprüchen ist es indes erforderlich, einen vollständigen Überblick über den Forschungskontext zu gewinnen. Diese mit Hilfe der Deskriptoren vorgenommene kommentierende Klassifikation bietet eine Sortierung der Beiträge unter den Aspekten der Verteidigung, Übernahme oder Zurückweisung von Wissensansprüchen (im Rahmen der Problembearbeitung). Über diese Sortierung und vor dem Hintergrund der zeitlichen Entwicklung des jeweiligen Forschungsfeldes sollen diejenigen Stellen in der Diskussion kenntlich werden, in denen Wissensansprüche verhandelt wurden und wo die (implizit) geteilten oder auch (explizit) bestrittenen Kriterien und Normen der Evaluation von Wissensansprüchen zu ermitteln sind. Dieser Schritt besteht wiederum in der problemorientierten Rekonstruktion ausgewiesener Punkte der Forschungsdiskussion; erst an dieser Stelle läßt sich die abschließende Auszeichnung von Wissensansprüchen im jeweiligen Forschungskontext vornehmen.

1.3.2 Problemorientierte Rekonstruktion

Wenn der Prozeß der Bildung, Anerkennung und Zurückweisung literaturwissenschaftlicher Wissensansprüche sowohl innen- als auch außenbestimmt ist, so ist ein Instrument erforderlich, das die jeweiligen Zusammenhänge zwischen wissenschaftsinternen Vorgaben und wissenschaftsexternen Bezügen verdeutlicht. Ein solches ‚Gelenkstück' ist die

---

wesch'). Frankfurt/Main 1945 ff.; Jahresverzeichnis der deutschen Hochschulschriften. Leipzig 1887 ff.; Deutsche Nationalbibliographie. Reihe C: Dissertationen und Habilitationsschriften. Leipzig 1968 ff.; Deutsche Bibliographie. Reihe H: Hochschulschriften-Verzeichnis. Frankfurt/Main 1972 ff.; Internationale Bibliographie zur deutschen Klassik. 1960 ff.

44   Beispiele: {Begriffsbildung: „Aktualisierung"}, {Gegenstand: „Gattungen"}, {Kontextbildung: „Bezug auf literarische Texte" und/oder auf Traktatliteratur}, {Strategien der Textanalyse: „Aktualisierung" bzw. „Applikation", „theoretisch-innovativ", „theoretisch-applikativ", sekundärapplikativ"}.

problemorientierte Rekonstruktion literaturwissenschaftlicher Wissensansprüche. Die folgenden Ausführungen unterliegen der Voraussetzung, daß die Auszeichnung einer Frage als Problem immer eine appellative Wertung darstellt. Es gibt theoretisch besehen zahllose Fragen, deren Beantwortung indes nicht unmittelbar erforderlich erscheint. Eine Frage samt ihrer Wissenspräsupposition als „Problem" zu klassifizieren, besagt hiernach mehr, nämlich: Es wird für wünschenswert gehalten, daß Bemühungen unternommen werden, um die betreffende Frage (befriedigend) zu beantworten.

Literaturwissenschaftliche Wissensansprüche finden sich in den untersuchten Forschungsbeiträgen als Konglomerate von Annahmen. „Annahme" bezeichnet alle sprachlichen Repräsentationen, gleichgültig in welcher Form sie auftreten und welcher kognitive Status ihnen von Literaturwissenschaftlern zugesprochen wird. In solchen Konglomeraten sind die Beziehungen zwischen den jeweiligen Annahmen in der Regel allenfalls partiell formuliert. Sie bedürfen mithin der Rekonstruktion, wenn der Forschungsgehalt und die externen Bezüge ermittelt werden sollen. Die problemorientierte Rekonstruktion hat im Rahmen der Fallanalysen unterschiedliche Funktionen:

(a) Sie liefert Distinktionsmerkmale bei der Erfassung von Mustern der Problembearbeitung. Diese Muster wiederum dienen dazu, unterschiedliche Typen von Beiträgen innerhalb der thematischen Felder der Fallstudien zu differenzieren, etwa im Hinblick auf die neuere Empfindsamkeitsforschung nach theoretisch-innovativen, theoretisch-applikativen oder sekundär-applikativen Beiträgen. Ein weiterer Effekt dieser Auszeichnung besteht darin, daß auch quantitativ beurteilt werden kann, wie sich im engeren Forschungssektor theoretische Innovationen durchsetzen und wie sie auf unterschiedliche sekundär-rezeptive Bereiche ausstrahlen.

(b) Sie bietet einen Rekonstruktionsrahmen und eine Analysesprache. Die behandelten Beiträge werden darüber hinaus vergleichbar sowohl innerhalb einer Fallstudie (zur genaueren Bestimmung von kontinuierlicher und diskontinuierlicher Entwicklung eines Themas) als auch im Hinblick auf beide Fallstudien (zur Bestimmung von Unterschieden zwischen den Fallstudien).

(c) Sie ermöglicht es, die Stellen zu identifizieren, an denen es in der Forschungsdiskussion zu (kontroversen) Verhandlungen von Wissensansprüchen kommt.[45]

1.3.3 Bibliometrische Analysen

Mit Hilfe bibliometrischer Auswertungen der bei der Aufnahme erhobenen Daten wurde versucht, über Publikationsentwicklungen und -verläufe zu Fragen zu gelangen, die auf spezifische Unterschiede zwischen den Fallstudien und auf die Erfassung externer Bezüge bei der Anerkennung von Wissensansprüchen zielen. Exemplarisch sei verdeutlicht,

---

45 Vgl. dazu exemplarisch das von Lutz Danneberg erstellte Muster einer problemorientierten Rekonstruktion in Lutz Danneberg und Friedrich Vollhardt: Sinn und Unsinn literaturwissenschaftlicher Innovation. Mit Beispielen aus der neueren Forschung zu G.E. Lessing und zur „Empfindsamkeit". In: Aufklärung. Interdisziplinäres Jahrbuch zur Erforschung des 18. Jahrhunderts und seiner Wirkungsgeschichte. Bd. 13 (2001). Themenschwerpunkte: Empfindsamkeit (hrsg. von Karl Eibl), Politische Theorie (hrsg. von Diethelm Klippel), S. 33–69, hier S. 55–63.

zu welchen generalisierenden Aussagen diese ‚flankierenden' quantitativen Indikatoren führen. In der westdeutschen Empfindsamkeitsforschung ist beispielsweise ein nahezu gleichmäßiger Anstieg der Publikationskurve in den 1970er Jahren zu verzeichnen, der sich zu Beginn der 1980er Jahre auf einem deutlich höheren Niveau stabilisiert und in der Folge jährlich etwa auf diesem Niveau verbleibt, während eine Empfindsamkeitsforschung in der DDR – quantitativ besehen – nicht existent war. In der westdeutschen Jakobinismusforschung ist in den 1970er Jahren ebenfalls eine Aufschwungphase zu konstatieren; doch zu Beginn der 1980er Jahre sinkt das Publikationsaufkommen signifikant, um am Ende der 1980er Jahre (Bicentenaire der Französischen Revoluton) kurzfristig erneut anzusteigen. In der ostdeutschen Jakobinismusforschung ist der Publikationsverlauf dagegen stabil.

Eine mögliche Erklärung bezieht sich auf die jeweils unterschiedliche fachgeschichtliche ‚Verankerung' der Forschungsfelder. Während die Empfindsamkeitsforschung in Westdeutschland keinerlei Akzeptanzbarrieren zu überwinden hatte, mußte die Jakobinismusforschung sich als Forschungsgegenstand zunächst zu etablieren versuchen. In der DDR war die Jakobinismusforschung ein etablierter Forschungsgegenstand;[46] die Empfindsamkeitsforschung hingegen wurde nur über ‚Platzhalter' wie etwa Lessings *Miß Sara Sampson* oder Goethes *Werther* verhandelt, an denen ideologisch brisante Themen wie „Menschenbild" und „Selbstverwirklichung" zu exemplifizieren waren. Terminologisch jedoch wurde „Empfindsamkeit" – als ‚reaktionär'-bürgerlicher Forschungsgegenstand – marginalisiert und schließlich durch die Arbeiten von Claus Träger in den weltliterarischen Kontext des „Sentimentalismus" transferiert.[47]

Die im Vergleich mit der BRD signifikant höhere bibliographische Visibilität der Jakobinismusforschung in der DDR steht vermutlich ursächlich nicht im Zusammenhang mit der Bearbeitung kanonisierter Gegenstände: Das Forschungsthema war als solches anerkannt. Richtet man den Blick auf die wissenschaftliche Erforschung kanonisierter Autoren, ergibt sich folgender Befund: In der BRD-Forschung beruhte der Versuch, für das Thema Akzeptanz zu gewinnen, nicht allein auf der Orientierung an kanonisierten Gegenständen, sondern es war ein einziger Autor – Friedrich Hölderlin – dem hier beinahe 60 Prozent aller Beiträge in renommierten Fachzeitschriften gewidmet sind. Korreliert man die Zahlen zum Verlauf dieser Diskussion um den vermeintlichen Jakobinismus Hölderlins, die von 1967 bis 1973 reicht und bei der es lediglich 1977 und 1981 zu ‚Nachläufern' gekommen ist, mit dem BRD-Publikationsaufkommen in Fachzeitschriften, so wird erkennbar, das sie zeitlich exakt in die Aufschwungphase der Jakobinismusforschung in der BRD fällt.

---

46 Die literaturwissenschaftliche Jakobinismusforschung wurde in der DDR durch ein entsprechendes Engagement der Geschichtswissenschaft, insbesondere durch Heinrich Scheel, gestützt, während in der BRD einflußreiche Historiker auf Distanz zu Walter Grab gingen, der den Gegenstand in die Literaturwissenschaft zu transferieren versuchte. Nennenswerte Kooperationen sind lediglich im Kontext der Forschungen der Innsbrucker Arbeitsstelle um Helmut Reinalter sowie in den Forschungen von Axel Kuhn zu verzeichnen, der im Gegensatz zu Reinalter jedoch nicht über eine entsprechende institutionelle Infrastruktur zur Beschleunigung seiner Außenwirkung verfügte; siehe dazu die Interviews mit Heinrich Scheel (S. 665–691, hier S. 666), Walter Grab (S. 486–499), Helmut Reinalter (S. 627–664, hier S. 649 f.) und Axel Kuhn (S. 528–560).

47 Siehe dazu das Interview mit Claus Träger, S. 315–332, hier S. 317–321.

Durch den Einsatz problemorientierter Rekonstruktionen ergab sich die erklärungsstiftende Annahme, daß der erkennbare Abschwung der Jakobinismusforschung in der BRD mit dem Scheitern des Versuchs zusammenhängt, Hölderlin als einen jakobinischen Autor zu etablieren.[48] Exemplarisch sei eine Einzelbeobachtung angeführt, die diese Hypothese zu stützen scheint: Der spektakuläre Aufschwung der Jakobinismusforschung in den Jahren 1988 und 1989, der (durch das Bicentinarium der Französischen Revolution) erkennbar extern determiniert ist, findet in der BRD (im Unterschied zur DDR) ohne Anteile der Hölderlin-Forschung statt. „Jakobinismus und Französische Revolution" lautet das Generalthema, nicht aber „Hölderlin und der Jakobinismus". Die bibliometrischen Analysen und die mikrologischen Analysen von Problembearbeitungsabläufen lassen sich für die Jakobinismusforschung – weiterhin exemplarisch – in folgenden Bobachtungen zusammenfassen.

In der Jakobinismusforschung der BRD sind eine Aufschwungphase und eine Phase langsam, aber kontinuierlich abnehmender Forschung zu verzeichnen. Die anscheinend gegenläufige Bewegung in den letzten beiden Jahren des Untersuchungszeitraums ist im wesentlichen extern determiniert. Die Abschwungphase scheint durch stark abnehmende theoretische Diskussionen gekennzeichnet zu sein. Im Zentrum der theoretischen Diskussion stehen zwei Abgrenzungsprobleme: zum einen die Bestimmung von „Jakobinismus" bzw. „Literarischer Jakobininismus", zum anderen die Bestimmung und Charakterisierung „jakobinischer" Literatur – etwa im Bezugspunkt „Klassik" – in der Weise, daß es aufgrund ihrer Besonderheiten sinnvoll erscheint, sich mit ihr unter philologischen und literaturwissenschaftlichen Fragestellungen zu beschäftigen. Für das Abgrenzungsproblem ist für einen großen Teil der Forschung die Option charakteristisch, daß diese begriffliche Bestimmung die Anschließbarkeit an ‚gegenwärtige' Fragen politischer Selbstbestimmung (von Intellektuellen) und der Rolle der Literatur besitzt. Der Versuch, dieser Option Rechnung zu tragen, hat das Wachstum der entsprechenden Forschung wesentlich beeinflußt; indes ist er nicht allein entscheidend für ihren Abschwung.

Bezüglich des Abgrenzungskriteriums ist es in der Jakobinismusforschung der BRD nie zu einem auch nur partiellen Konsens gekommen. Die im Hinblick auf die historischen Gegenstände bestehenden oder neugebildeten Wissensansprüche haben sich durchweg gegenüber solchen Wissensansprüchen durchgesetzt, die sich für diese Gegenstände aus den jeweiligen theoretischen Bestimmungsversuchen ergeben haben und die zugleich auch an dieser Unvereinbarkeit gescheitert sind. Darin kann man ein Indiz dafür sehen, daß im großen und ganzen die herrschenden philologischen Normen der Textinterpretation im Zuge der Problembearbeitung nicht in Zweifel gezogen wurden – eine Vermutung, der zudem in den vorliegenden Interviews durch den Blick auf die wissenschaftliche Sozialisation der beteiligten Akteure nachgegangen wurde. Schließlich zeichnet sich für diese Vermutung eine Bestätigung in den Ergebnissen der Problembearbeitungsanalysen ab. Danach findet im Forschungsfeld Jakobinismus keine elaborierte Diskussion über methodische oder methodologische Probleme der Textinterpretation statt;[49] allerdings wird thematisiert, wie die Adäquatheit von Begriffsbildungen mit den Wissensansprüchen über historische Gegenstände verknüpft ist.

---

48   Vgl. dazu II, 2.2.3.
49   Vgl. dazu unten die analytische Untersuchung zu den ‚philologischen' und ‚quellenkritischen' Maßstäben Walter Grabs, S. 114 f.

Konzentriert man sich im bibliometrischen Spektrum auf die Qualifikations-Visibi-lität (Publikationsverlauf von Qualifikationsschriften) in der Fallstudie Empfindsamkeit und auf ihre Ausstrahlung auf sekundär-rezeptive Bereiche, lassen sich folgende Befunde beschreiben. Wie bereits erwähnt, zeigt die Publikationsentwicklung in der Empfindsam-keitsforschung in den 1970er Jahren ein gleichmäßiges Anwachsen, das sich am Ende die-ser Dekade und zu Beginn der 1980er Jahre auf einem deutlich höheren Niveau stabilisiert. Mit Hilfe der Unterscheidung von Textsorten läßt sich die Frage erörtern, inwieweit be-stimmte Beitragsformen einen besonderen Anteil am Zuwachs bis zur Stabilisierungsphase besitzen. Vergleicht man Aufsätze, selbständige Publikationen und Rezensionen, so zeich-net sich in beiden Fällen ein ähnlicher Kurvenverlauf wie bei der Anzahl der Gesamtpubli-kationen zu diesem Forschungsfeld ab. Es besteht jedoch ein auffallender Unterschied zwi-schen beiden Kurven: Die Anstiegsphasen sind zeitverschoben. Der Prozeß setzt mit den Aufsätzen ein; es folgen die selbständigen Publikationen; die Rezensionen schließen sich an. Der entscheidende Zuwachs in der Empfindsamkeitsforschung erscheint als sukzessive Schichtung dieser drei Zunahmen. Vor dem Hintergrund der wissenschaftsgeschichtlichen Entwicklung der Empfindsamkeitsforschung präsentiert sich die Abfolge der Textsorten nicht als Überraschung. Das Bild verändert sich jedoch, sobald akademische Qualifika-tionsschriften – hier kurz als „Hochschulschriften" bezeichnet – in die Betrachtung ein-bezogen werden. Sieht man von einzelnen Schwankungen ab, so liegt hier eine beständige Zunahme des Publikationsaufkommens vor – im Gegensatz zum Kurvenverlauf der drei zuvor betrachteten Textsorten mit ihrer Aufschwungphase und mit ihren im großen und ganzen auf gleichem Niveau stabilen Publikationszahlen. Einmal mehr scheint sich zu be-stätigen, daß die Empfindsamkeitsforschung bereits vor dem Untersuchungszeitraum zu den eingeführten und akzeptierten Forschungsfeldern in der germanistischen Literaturwis-senschaft zählte. Gleichwohl bleibt irgendwie unklar, warum die Visibilität und Akzeptanz im Rahmen der wissenschaftlichen Qualifikation der allgemeinen Entwicklung dieses For-schungsfeldes nicht ‚vorauseilt' oder nicht an einem entsprechend jährlich angestiegenen Publikationsaufkommen der Hochschulschriften abzulesen ist.

Dieser Befund ist nicht zuletzt deswegen erklärungsbedürftig, weil selbständige Publi-kationen und Hochschulschriften nach der erfolgten Erhebung nicht unabhängig voneinan-der sind: Diejenigen Hochschulschriften, die publiziert wurden, sind bei den selbständigen Publikationen berücksichtigt worden. Die Verteilung bleibt konstant, unabhängig davon, ob für die Hochschulschriften das Abgabe- oder das Publikationsjahr berücksichtigt wird. Auch in diesem Fall führt ein Vergleich zwischen den Fallstudien zu weiteren Differen-zierungen des Befundes; denn einen vollkommen anderen Verlauf zeigt die Verteilung der Hochschulschriften in der Fallstudie Jakobinismusforschung.

Auffällig ist zunächst der diskontinuierliche Anstieg im Publikationsaufkommen der Hochschulschriften zur Jakobinismusforschung: Er konzentriert sich im wesentlichen auf die Zeitspannen zwischen 1970 und 1974 sowie 1979 und 1981. Aufschlußreicher als der Versuch, dieses Auseinanderfallen der Verteilung zu erklären, erscheint in diesem Zusam-menhang die Konzentration auf die folgende Beobachtung: Es gibt in der ersten Spanne (1970–1974) des untersuchten Zeitraums Phasen, in denen die Anzahl der Hochschulschrif-ten im Bereich der Jakobinismusforschung höher liegt als diejenige im Bereich der Emp-findsamkeitsforschung – obwohl die Gesamtanzahl der Beiträge zur Empfindsamkeitsfor-schung mehr als dreimal so groß ist wie in der Jakobinismusforschung. Das Phänomen, das

im Hiblick auf die Akzeptanz von Forschungsfeldern bei der wissenschaftlichen Qualifikation erklärungsbedürftig erscheint, wird in vollem Umfang sichtbar, wenn der jährliche
prozentuale Anteil der Hochschulschriften in beiden Fallstudien mit der Gesamtzahl der
Beiträge zur Empfindsamkeits- und Jakobinismusforschung korreliert wird.

Offenbar besaß das Forschungsfeld Jakobinismus in seiner Aufschwungphase eine
hohe Akzeptanz im Rahmen der universitären Qualifikation. Für das Jahr 1965 ist zunächst
eine statistische Bereinigung durchzuführen: Der exzeptionelle Anteil der Hochschulschriften von 33 % ist ursächlich auf die geringe Anzahl der Gesamtpublikationen zur Jakobinismusforschung zurückzuführen. Doch davon abgesehen ist deutlich erkennbar, daß
allein im Bereich der Jakobinismusforschung die akademischen Qualifikationsschriften zu
einem bestimmten Zeitpunkt (1970) ein Drittel der Gesamtpublikationen ausmachen, während ihr Anteil in der Empfindsamkeitsforschung deutlich geringer ist. Trotz eines kontinuierlichen Wachstums in den 1980er Jahren bleibt der prozentuale Anteil insgesamt geringer
als in der Jakobinismusforschung während einer kurzfristigen ‚Wachstumsphase' zwischen
1970 und 1973. Die durch die leitenden Forschungsthemen im Bereich der Jakobinismusforschung ermöglichte Gegenstandserweiterung dürfte die Entwicklung begünstigt haben;
die Empfindsamkeitsforschung war dagegen – nicht nur in ihrer Anfangsphase – weithin
kanonfixiert.

Die hohe disziplinäre Visibilität und Akzeptanz der Empfindsamkeitsforschung prä-
destinierte dieses Forschungsfeld auch für die Rezeption außerhalb der engeren Disziplin-
grenzen. Um die Entwicklung dieser extern determinierten Applikation von Annahmen
der Empfindsamkeitsforschung genauer in den Blick zu bekommen, ist eine Differenzierung des Publikationsaufkommens nach Beitragsarten zweckmäßig. Werkausgaben
und Rezensionen wurden aus dem zu prüfenden Datensatz ausgeschieden, da sie für die
anvisierte inhaltliche Qualifikation „innovativ" und/oder „applikativ" keine Aussagekraft
haben. Auch die weitere Differenzierung im engeren Forschungsbereich bereitet Schwierigkeiten und kommt nicht ohne das Instrument der problemorientierten Rekonstruktion
ausgewählter Forschungsbeiträge aus. Mit ihrer Hilfe lassen sich zwei Muster der Problembearbeitung identifizieren: theoretisch-innovative und theoretisch-applikative. Betrachtet
man die Verteilung dieser beiden Bearbeitungstypen, so ist festzustellen: Bei den theoretisch-applikativen Beiträgen ist der für die Empfindsamkeitsforschung insgesamt charakteristische Kurvenverlauf deutlich ausgeprägt und hängt mit hoher Wahrscheinlichkeit direkt
mit den theoretischen Innovationen im Bereich der Empfindsamkeitsforschung zusammen.
Der konstante Anteil an theoretisch-innovativen Beiträgen legt die Hypothese nahe, daß die
theoretischen Diskussionen in diesem Bereich zu keinem Zeitpunkt eine Phase erreichten,
in der sie für die beteiligten wissenschaftlichen Akteure als abgeschlossen galten. Eine
weitere starke Vermutung schließt sich an: Es besteht ein Zusammenhang mit der als produktiv eingeschätzten Mobilisierung von Wissenszusammenhängen durch die Entlehnung
leitender theoretischer Ansätze aus anderen Disziplinen: Die Dynamik der Diskussion in
diesen Sektoren des Theorientransfers destabilisiert den partiellen Konsens über orientie-
rende Annahmen der Problemlösung. Diese destabilisierenden Theorieimporte erweisen
sich indes bei genauerer Analyse häufig genug als mimetische Applikationen im Bereich
der Terminologie: Die bereits entwickelten Fragestellungen werden reformuliert, doch der
angestrebte Transfer problemlösender theoretischer Annahmen bleibt in der Regel dahinter
zurück.

Werden die theoretisch-innovativen und theoretisch-applikativen Forschungsbeiträge aus dem Datensatz ausgegliedert, so zeigt die Verteilung der verbleibenden Datenmenge eine ansteigende Tendenz, doch fehlt der für das Publikationsaufkommen in der Empfindsamkeitsforschung insgesamt typische Kurvenverlauf. Der reduzierte Datensatz repräsentiert in der Hauptsache diejenigen Beiträge, die als „sekundär-applikativ" bezeichnet werden können, da sie ein bestimmtes Muster der Problembearbeitung im Rückgriff auf die Empfindsamkeitsforschung (lediglich) exemplifizieren. Daß die Teilmenge der sekundär-applikativen Beiträge einen vom gesamten Publikationsaufkommen der Empfindsamkeitsforschung differierenden Kurvenverlauf abbildet, liegt vermutlich an einem Beitragstypus, der hinsichtlich der geltenden wissenschaftlichen Normen der Verhandlung von Wissensansprüchen besonderes Interesse verdient: Forschungsbeiträge, die im Hinblick auf die jeweils verhandelten theoretischen Fragestellungen als neutral klassifiziert werden können. Daß es solche Beiträge in einem signifikant zu nennenden Umfang gibt und daß die in ihnen aufgestellten Wissensansprüche zudem auch in der theoretisch-innovativen und -applikativen Forschung Akzeptanz finden, ist – so die weitere Hypothese – ein Indikator dafür, daß es zumindest über bestimmte Zeiträume hinweg *theorieunabhängige* und weithin in der Empfindsamkeitsforschung geteilte Normen der Anerkennung von Wissensansprüchen gegeben hat und gibt.

1.4 Zur Konzeption der Interviews

Insgesamt ist Klausnitzers Ausführungen über den heuristischen und erkenntnisstiftenden Wert des wissenschaftstheoretischen und -historiographischen Einsatzes von Fallstudien uneingeschränkt zuzustimmen:

> Der in der Wissenschaftsgeschichte zu entdeckende Reichtum bildet eine fortwährende Herausforderung für wissenschaftstheoretische Konzeptionen, trägt doch eine immer detailliertere Untersuchung exemplifizierender ‚Fälle' durch die historische Forschung mit dazu bei, Aussagen über den rationalen Status von Theorien und Methodologien an geschichtliche Befunde zu binden. Möglicherweise liegen in diesen Limitierungen spezifische Stärken, die Fallstudien trotz der Skepsis gegenüber ihren validierenden Funktionen für eine reflektierte Wissenschaftsforschung attraktiv machen. Als exemplarische Beispiele für wissenschaftshistorische Entwicklungen in bestimmten Konstellationen können sie zeigen, wie Wissensansprüche formuliert, rezipiert, aufgenommen oder verworfen wurden. Ihre Bedeutung liegt dann weniger in einer – wohl stets problematisch bleibenden – Generalisierung des Einzelfalles (der eine Theorie wissenschaftlicher Rationalität affirmieren soll) als in der Rekonstruktion von Mustern der wissenschaftshistorischen Entwicklung, die zu weitergehender Forschung anregen und deren Vergleich mit ähnlichen Episoden Urteile über Regularien in der Entwicklung ausdifferenzierter Wissenssysteme gestattet.[50]

Klausnitzer ergänzt, daß Fallstudien bei der detaillierten Klärung von Fragen helfen, „die wissenschaftstheoretischen Anstrengungen aufgrund problematischer Generalisierbarkeit

---

50   Klausnitzer: Fallstudien (wie Anm. 31), S. 218.

unzugänglich sind, und stellen diesen das Material für weitergehende Aussagen bereit".[51] Zu den mit Hilfe von Fallstudien zu exemplifizierenden Aspekten gehören nach Klausnitzer etwa „wechselseitige Einflußnahme", „Kooperation" und „wechselseitige Ergänzung" wissenschaftlicher Disziplinen. Von besonderem Interesse ist im Rahmen der vorliegenden Studie unter den von Klausnitzer unterschiedenen Mustern „die Rekonstruktion sozialer Interaktionen von Wissenschaftlern", wie sie etwa bei der Rekrutierung und Betreuung des wissenschaftlichen Nachwuchses oder an den „unmittelbaren Austauschbeziehungen in Gestalt informeller Kommunikation von Forschungsergebnissen" zu beobachten ist.[52]

Der Erforschung und Dokumentation dieses vornehmlich sozialen Aspekts im Prozeß der Durchsetzung bzw. Zurückweisung von Wissenschaftsansprüchen diente im Rahmen der Modellierung der beiden Fallstudien das Segment ‚Experteninterviews'. Zugleich sollten dabei die bereits bestehenden Erkenntnisse über den Verlauf der Forschungen im anvisierten Untersuchungszeitraum im Medium mündlich erfragter Wissenschaftsgeschichte überprüft, gegebenenfalls korrigiert und das bisherige ‚positive' Wissen induktiv erweitert werden.

Der methodische Einsatz von Experteninterviews im Rahmen der Fallstudienmodellierung ist u. a. ein Ergebnis des besonderen methodologischen Akzents im Rahmen des Schwerpunktprogramms Wissenschaftsforschung: Insbesondere die Wissenschaftsforschung der philologisch-hermeneutischen Disziplinen sollte demnach möglichst nicht ausschließlich personen-, problem- oder ereignisgeschichtlich operieren, sondern ebenso heuristisch wirkungsvolle Einsätze methodischer Verfahren der empirischen und der qualitativen Sozialforschung erkunden. Vor allem sollten in diesem Zusammenhang quantitative Verfahren,[53] aber auch die explorative sowie prüfende und kontrollierende Funktion von qualitativen Interviews verstärkt berücksichtigt werden. Das Vorhaben „Germanistische Aufklärungsforschung" hat sich nicht nur mit den methodischen Ansprüchen der quantitativen Wissenschaftsforschung (der ‚Forschungsmessung') kritisch auseinandergesetzt, sondern darüber hinaus auch die Frage nach den heuristischen und explorativen Möglichkeiten von Interviews zur Erforschung der Verlaufsgeschichte der beiden oben bezeichneten Fallstudien aufgegriffen.

Zum Einsatz der Interviews führten unterschiedliche Impulse. Der wichtigste unter ihnen war den Ergebnissen einer kritischen Prüfung der Aussagekraft von sogenannten

---

51 Ebd. S. 222.

52 Vgl. ebd., S. 222 f.

53 Vgl. exemplarisch: Lutz Danneberg und Michael Schlott: Über die Reichweite quantitativer Verfahren in der Wissenschaftsforschung zur germanistischen Literaturwissenschaft: ein Werkstattbericht. In: Mitteilungen des Marbacher Arbeitskreises für Geschichte der Germanistik 7/8 (1994), S. 8–17. Die Thesen und Ergebnisse dieses „Werkstattberichts" werden inzwischen auch in der Wissenschaftsforschung zur Geschichtswissenschaft zustimmend diskutiert; vgl. Jaana Eichhorn: Geschichtswissenschaft zwischen Tradition und Innovation. Diskurse, Institutionen und Machtstrukturen der bundesdeutschen Frühneuzeitforschung. Göttingen 2006, S. 106 f. Für eine anwendungsbezogene Perspektive vgl. ferner: Michael Schlott: Wirkungsgeschichtliche Konstanten im Spiegel kodifizierender Literatur – Knigge-Rezeption in der Literaturhistoriographie und -wissenschaft. In: Wirkungen und Wertungen. Adolph Freiherr Knigge im Urteil der Nachwelt (1796–1994). Eine Dokumentensammlung. Eingeleitet, erläutert und hrsg. von Michael Schlott unter Mitarbeit von Carsten Behle. Göttingen 1998, S. XXXIV–LXXXVIII.

Zitationsanalysen geschuldet.[54] Sie erwiesen sich als fragwürdiges Verfahren, das einer differenzierenden Überprüfung selten standhält und nur in wenigen Ausnahmefällen belastbare Ergebnisse liefert. Dagegen wurde für eine ertragreichere, zugleich jedoch sehr viel aufwendigere Möglichkeit, Zitate zu analysieren, plädiert. Es konnte dabei im einzelnen gezeigt werden,[55] daß bei Zitationsanalysen die Perspektive auf die Kontexte einzelner Zitate unterschiedliche Funktionen des Zitierens erkennbar werden läßt: Zitate können etwa als Autoritätsanrufung fungieren, sie können aber auch freundschaftliche oder kollegiale Beziehungen zu Verfassern anderer Texte dokumentieren. Sie können die Stelle ideologischer Bekenntnisse oder theoretischer Ausrichtungen vertreten oder Gruppenzugehörigkeiten bzw. isolierte Positionen innerhalb der ‚scientific community‘ verdeutlichen. In der schlußfolgernden Bewertung von Zitationsanalysen ist daher große Umsicht erforderlich: So korrelieren beispielsweise hohe Visibilität und Akzeptanz nicht zwingend miteinander, und die niedrige Visibilität einflußreicher, bisweilen gar kanonischer Texte ist nicht selten darauf zurückzuführen, daß lediglich indirekt, ohne explizite Referenz Bezug auf sie genommen wird. Geht es dagegen etwa um die Verlaufsanalyse der Einführung und Verbreitung von Konzepten und Begriffen, ist eine kombinierte Anwendung von quantitativer und qualitativer Zitationsanalyse durchaus sinnvoll.

Als Form der Gesprächsführung wurde das Leitfadeninterview als Experteninterview gewählt.[56] Kennzeichnend für Leitfadeninterviews ist ein thematischer Duktus (der wiederkehrende Bezug zu den beiden Fallstudien) mit sowohl standardisiert als auch ‚offen‘ oder gegebenenfalls ‚reaktiv‘ frei formulierten Fragen. Durch den konsequenten Einsatz dieses Leitfadens, auf den immer wieder zu rekurrieren ist, sollte sichergestellt werden, daß wesentliche Aspekte der Forschungsfrage(n) im Interview nicht übersehen werden. Eine besondere Form des Leitfadeninterviews ist das Experteninterview. Als Experte gilt jemand, der auf einem bestimmten Gebiet über ein klares und abrufbares Wissen verfügt. Seine Ansichten und Einschätzungen gründen sich auf langjähriges positives empirisches Wissen sowie auf eigene ausgewiesene Forschungstätigkeit. In der Regel resultiert Expertenwissen aus systeminternen Zusammenhängen, d. h. es handelt sich um eine Art von Erfahrungswissen, das der Teilnahme an Aktivitäten und (Inter)- Aktionen innerhalb bestimmter Systeme entstammt. Dieses Wissen ist also über weite Strecken ein sozial und institutionell angeeignetes Wissen, das infolgedessen auch die internen Differenzen zwischen Personengruppen spiegeln kann. Durch die erkundenden Interviews mit Experten konnte in diesem Zusammenhang erneut die Wahrnehmung dafür geschärft werden, daß die Bildung von Wissensansprüchen der germanistischen Forschung zu den Themenbereichen Jakobinismus und Empfindsamkeit und die Versuche, ihnen disziplinäre Anerkennung zu verschaffen, nicht allein aus einer Logik des Gegenstandes bzw. aus der immanenten Entfaltung

---

54   Vgl. Danneberg und Schlott: Reichweite quantitativer Verfahren (wie Anm. 53).
55   So Eichhorn: Geschichtswissenschaft (wie Anm. 53) in ihrem vorläufigen Resümee.
56   Vgl. zum Folgenden, insbesondere zur terminologischen Fixierung und zu den speziellen methodischen Vorgaben der qualitativen Sozialforschung beispielsweise: Hans Otto Mayer: Interview und schriftliche Befragung. Entwicklung, Durchführung, Auswertung. 4. Aufl. München 2008, S. 37–57. Grundlegend und perspektivenreich: Experteninterviews. Theorien, Methoden, Anwendungsfelder. Hrsg. von Alexander Bogner u. a. 3. Aufl. Wiesbaden 2009. Speziell praxis- und anwendungsbezogen: Christoph Binder: Die Entwicklung des Controllings als Teildisziplin der Betriebswirtschaftslehre. Eine explorativ-deskriptive Untersuchung. Wiesbaden 2006, S. 65–92.

eines theoretischen Forschungsrahmens sowie aus konsistenten methodischen Vorgaben zu erklären sind.

Es liegt in der Natur der Sache, daß Experten, die zu einem thematischen Duktus befragt werden, während dieser Befragung neue Daten und qualitativ neues Wissen generieren. Dieses neue Wissen ist für die Ausgestaltung des Fragehorizonts der Interviews von großem Wert. Man kann seine potentielle Geltung in weiteren Interviews mit anderen Experten zur Disposition stellen. Aus solchen gezielt geführten Erweiterungen des thematischen Duktus entstehen neue Perspektiven und Spielräume für die Bewertung bereits bestehender Wissensansprüche. Exemplarisch sei hier auf einen speziellen Fragetypus hingewiesen: Ein bestimmtes Statement, geäußert von einem Experten, wird anderen Experten zur Stellungnahme vorgelegt, wobei die Anonymität der ursprünglichen Quelle gewahrt bleibt. Wie um einen Kern gruppieren sich differenzierende Einschätzungen und Urteile zu der ursprünglichen Aussage, erweitern auf diese Weise bestehende Kontexte und führen bisweilen zu überraschenden neuen Einsichten. Im Prinzip wäre diese Vorgehensweise unendlich fortführbar; für den vorliegenden Zweck war es jedoch hinreichend, die generierten neuen Erkenntnisse auf den thematischen Duktus zurückzuführen und ihnen ihren systematischen Ort zuzuweisen.

Durch diese explorative Interview-Technik und die ausführlichen Darstellungen wird wissenschaftsgeschichtliches Wissen für eine in sich abgeschlossene Periode der Wissenschaftsgeschichte in bereits strukturierter Weise gesichert, wie es durch die üblichen Auswertungen von Fachliteratur, Briefzeugnissen und autobiographischen Texten vermutlich gar nicht erst sichtbar werden würde.

Im Rahmen der klassischen Terminologie empirischer Sozialforschung kann das hier gewählte Verfahren eingeordnet werden als eine kombinierte Technik von zentriertem, gelenktem und offenem Interview bzw. Tiefeninterview, in dem die Interaktion zwischen Interviewer und Befragtem streckenweise auch ohne feste Interview-Anweisung erfolgte. Dies war in der Regel dann der Fall, wenn im Verlauf des Interviews die Richtung persönlicher Motivationen verfolgt wurde und die Befragten sich beispielsweise über Einstellungen und Orientierungen äußerten, die aus ihrer jeweiligen biographischen und akademischen Sozialisation resultierten. Prinzipiell ging es also darum, „den Gesprächspartner weder in eine verhör-ähnliche noch in eine künstlich ‚non-direktive‘, vielmehr in eine ihm möglichst vertraute Kommunikationssituation zu versetzen, d. h. ein quasi-normales Gespräch mit ihm zu führen".[57] Damit sollte indes keineswegs einem ‚vor-reflexiven‘, naiven Experten-Begriff das Wort geredet und das Risiko ignoriert werden, die vermeintlich unbestrittene Relevanz von Expertenwissen methodisch zu zementieren und somit bestehende Hierarchien unkritisch zu legitimieren.[58] Die im folgenden vorzustellende Liste der Befragten – insbesondere die Explikation der Gründe, warum das Interview mit Hellmut G. Haasis bedauerlicherweise nicht veröffentlicht werden konnte – mag indes anzeigen, daß das zugrundeliegende Verständnis von ‚Experten‘ auf den „Wegen der Aufklärung" sich

---

57   Vgl. Michaela Pfadenhauer: Auf gleicher Augenhöhe. Das Experteninterview – ein Gespräch zwischen Experte und Quasi-Experte. In: Experteninterviews (wie Anm. 56), S. 99–116, hier S. 103.

58   Vgl. Alexander Bogner und Wolfgang Menz: Experteninterviews in der qualitativen Sozialforschung. Zur Einführung in eine sich intensivierende Methodendebatte. In: Experteninterviews (wie Anm. 56), S. 7–31, hier S. 10.

nicht primär an den Aspekten akademischer Hierarchien orientierte. Das Vorhaben „Germanistische Aufklärungsforschung" hat vielmehr über bibliometrische Erhebungen (hohe thematische Visibilität der ‚Akteure' im Publikationsgeschehen) seine eigenen „Wege der Aufklärung" zu den kognitiven und leistungsbezogenen Profilen der Interviewten gefunden.

Die Auswahl der Gesprächspartner erfolgte nicht nach einem strengen statistischen Verfahren. Die Zielgruppe für die Interviews bildeten zum einen Wissenschaftler, die nach allgemeiner Einschätzung als Experten ihres Faches gelten. Als Orientierung für die Auswahl der Interviewpartner dienten auf der Grundlage bibliometrischer Erhebungen sowohl einschlägige Publikationen auf den Forschungsgebieten Empfindsamkeit oder Jakobinismus als auch die Publikationsintensität in führenden Fachzeitschriften. Leitend für die Zusammenstellung der zu befragenden Gruppe war also die Relevanz der Personen für das Thema: ihre *inhaltliche Repräsentation*. Die Auswahl bezog sich mithin auf Personen mit einem möglichst hohen Informationsstand zur Geschichte und Entwicklung der germanistischen Aufklärungsforschung.

Zur inhaltlichen Vorbereitung der Interviews wurden über die bereits aus bibliographischen Daten ermittelten Informationen hinaus erkundende Fragebogen erstellt und an 176 Wissenschaftlerinnen und Wissenschaftler verschickt, die im bibliometrischen Spektrum durch die Anzahl ihrer Publikationen sowie durch deren hohe Visibilität im disziplinären Rezensionsgeschehen und Zitationskontext[59] hervorstechen. Es sei ausdrücklich angemerkt, daß die Fragebogen ausschließlich der Erhebung zusätzlicher Daten zur Erstellung einer vorläufigen Topographie der Forschungslandschaft und zur Profilierung der in diesem Netzwerk dominierenden Akteure dienen sollte. Erfragt wurden:

— persönliche Daten (Name, Geburtsdatum)
— akademischer Werdegang und Qualifikation (Studium, Studienfächer, Hochschulen, Abschlüsse, Titel, Fachrichtung/Disziplin, Lehrstuhlbezeichnung, Position)
— Promotion, Habilitation (Titel, Jahr der Fertigstellung, Betreuer, besondere Förderung durch, Stipendien, Druck, Verlage)
— Forschungs- und Lehrtätigkeit (möglichst dokumentiert durch entsprechende Auflistung)
— Herausgebertätigkeit (Zeitschriften, Reihen, Sammelbände, Editionen)
— Forschungsprojekte zur Aufklärungsforschung (Titel, Förderung durch, Zeitraum, Publikationen)
— Kongresse, Tagungen (Vortragsthemen, Publikationen)
— Bereitschaft zu einem Interview

Die Rücklaufquote betrug exakt 50 Prozent: 88 Wissenschaftlerinnen und Wissenschaftler haben geantwortet. Unter ihnen befanden sich sieben wertungsfreudige Personen, die eine Evaluierung der Erhebung vorab bereits selbst vornahmen, wobei an der Art der Kommentare deutlich wurde, daß diese Personen sich offenbar nicht intensiv mit der Materie befaßt hatten. So war beispielsweise das, was der folgende Kommentar dem Vorhaben unterstellt,

---

59 Die Häufigkeit der Zitationen wurde nicht durch Zugriff auf externe elektronische Datenbanken ermittelt, sondern durch Eigenrecherchen im Zuge der problemorientierten Rekonstruktionen. Zur Effizienz von Zitationsanalysen siehe oben, S. 24.

aus den Fragen- und Antwortformaten nur mit sehr viel Phantasie zu extrapolieren: „Meinen Sie es ernst, daß Sie einzig die erlauchten Herausgeber von ganzen Zeitschriften, Reihen und Sammelbänden im Bereich der Aufklärungsforschung versammeln wollen? Soll das Fußvolk der Forschung, z. B. die Autoren und Autorinnen der einzelnen Artikel, in Ihren Erhebungen nicht auftauchen?" – Ein Mißverständnis liegt offensichtlich auch dieser (freilich launigen und ‚augenzwinkernden') Reaktion zugrunde: „Ihr Fragebogen scheint mir so weit von der Intention Ihrer Erhebung abzuliegen (oder ich selbst so wenig repräsentativ), daß ich nicht einmal als Bußübung oder Beichtspiegel die mindeste Lust verspüre, ihn zu beantworten." Über die Art der Erhebung waren aus dem Fragebogen indes keinerlei Informationen abzuleiten; es wurden im begleitenden Anschreiben lediglich die leitenden Hypothesen und Forschungsziele des Vorhabens „Germanistische Aufklärungsforschung" genannt. Andere Antworten beschränkten sich auf das knappe Urteil „Fehlanzeige!", oder die Akteure verwiesen auf mangelnde Expertise: „[…] muß ich Ihnen mitteilen, daß der Schwerpunkt meiner Arbeit sich verlagert hat." – […] bin ich in dem von Ihnen verstandenen Sinn kein Experte auf dem Gebiet der Aufklärung […]."

83 Befragte (47 %) waren gebeten worden, Auskunft über ihre Bereitschaft zu einem Interview zu geben. Unter den 88 Rückläufen verweigerten 19 Personen (21 %) – darunter nahezu alle Wissenschaftlerinnen – ihre Bereitschaft zu einem Interview; 69 Personen (78 %) erklärten sich zu einem Interview bereit. Aus dem Kreis dieser 69 Befragten wurden 29 Personen (42 %) ausgewählt und um ein Interview gebeten.

Der vorliegende Band präsentiert aus diesem Spektrum 21 Interviews, die zwischen Juni 1994 und Februar 1995 sowie im November 1999 mit Literaturwissenschaftlern und Historikern geführt wurden, die – als Experten – entweder aufgrund ihrer langjährigen Kenntnis des Wissenschaftsbetriebs über fundierte Urteile und weitreichende Hintergrundinformationen zur Forschungsgeschichte verfügten und/oder sich in den Forschungsbereichen „Jakobinismus" und „Empfindsamkeit" mit wegweisenden Beiträgen ausgewiesen hatten. Befragt wurden folgende ‚Akteure' des Wissenschaftsgeschehens (aufgeführt in alphabetischer Reihung): Hans-Dietrich Dahnke, Franz Dumont, Martin Fontius, Walter Grab (†), Georg Jäger, Hans-Wolf Jäger, Axel Kuhn, Eberhard Lämmert, Gert Mattenklott (†), Peter Müller (†), Walter Müller-Seidel (†), Gerhart Pickerodt, Klaus-Georg Popp, Helmut Reinalter, Gerhard Sauder, Heinrich Scheel (†), Klaus R. Scherpe, Harro Segeberg, Claus Träger (†), Wilhelm Voßkamp und Nikolaus Wegmann, Peter Weber.

Zusätzliche Informationen konnten durch weitere Gespräche mit Jörn Garber, Gerhart von Graevenitz, Hans Graßl (†), Hellmut G. Haasis, Bernd Lutz, Wolfgang Martens (†) und Hans-Georg Werner (†) gewonnen werden. Auf Wunsch der Befragten sollten diese Interviews indes nicht veröffentlicht werden.[60] Gleichwohl sind auch diese Informationen

---

60 Das Interview mit Hellmut G. Haasis konnte trotz mehrfacher Verständigungsversuche nicht veröffentlicht werden, weil sich der Interviewpartner mit seinem polemischen Temperament nicht zurückhalten wollte. Er traf Feststellungen, die aus Sicht des Herausgebers, der kooperierenden Kollegen sowie des Verlags justitiabel gewesen wären und somit das Gelingen der Gesamtpublikation erheblich behindert bzw. unmöglich gemacht hätten.
Hellmut G. Haasis (*1942) studierte Evangelische Theologie, Geschichte, Politik und Soziologie in Tübingen, Marburg und Bonn. Nach dem Examen (1966) arbeitete er an einer Dissertation zum Thema *Mündigkeit, Geschichte einer Emanzipationsforderung*. Haasis war Dozent an der Fachhochschule in Reutlingen und lebt als freier Forscher, Schriftsteller und Kleinverleger („Freiheits-

und Erfahrungen bei der Auswertung berücksichtigt worden, ohne die damit verbundenen Einsichten einem interviewten ‚Akteur' zuzuordnen. Die Einbeziehung der geschichtswissenschaftlichen Jakobinerforschung war unerläßlich, weil die entsprechenden Forschungen der germanistischen Literaturwissenschaft in ihren Anfängen erheblich von den Impulsen der Geschichtswissenschaft profitiert haben.

In einigen Fällen war die Wahl der jeweiligen Gesprächspartner geradezu evident, da ihre Namen gleichsam als Programm für die zu untersuchenden Forschungsgebiete fungieren konnten: So wären beispielsweise Untersuchungen zur Verlaufsgeschichte der Fallstudie Empfindsamkeit ohne entsprechende Berücksichtigungen der Rolle von Gerhard Sauder (*1938) ebensowenig denkbar[61] wie entsprechende Forschungen zur Geschichte der Jakobinerforschung, in denen nicht auf die Bedeutung von Heinrich Scheel (1915–1996) oder Walter Grab (1919–2000) eingegangen wird.

Die hier vorliegende Konstellation der ausgewählten Akteure ist also (ungeachtet der zurückgezogenen oder abgelehnten Interviews) repräsentativ, insofern sie – zumindest bezogen auf die Verlaufsgeschichten zu den Schwerpunkten Empfindsamkeit und Jakobinismus – den weitaus größten Teil der wichtigen Akteure berücksichtigt hat. Nicht zuletzt galt es aber auch, aus forschungsökonomischen Gründen eine überschaubare Anzahl von

---

baum"), Journalist, Clown und Kabarettist in Reutlingen.
Haasis hat sich in der Jakobinismusforschung einen Namen gemacht u.a. durch die Edition der Schrift *Über das Recht des Volks zu einer Revolution* des Kant-Schülers Johann Benjamin Erhard (1766–1827). Das Buch erschien 1970 im Hanser Verlag als Nr. 36 in der „Reihe Hanser". Ebenso einschlägig ist in der Jakobinismusforschung die von Haasis erstellte *Bibliographie zur deutschen linksrheinischen Revolutionsbewegung in den Jahren 1792/1793.* Kronberg/Taunus 1976.
Nach anfänglicher Kooperation mit Walter Grab bei der Planung und Realisierung der Reihe *Deutsche revolutionäre Demokraten* kam es zwischen den beiden Forschern schließlich zu erheblichen Differenzen, die auch gerichtlich ausgetragen worden sind. Haasis gehört zu den entschiedensten Kritikern der Jakobinismusforschungen Walter Grabs und vertritt die Ansicht, daß die Jakobinismusforschung nicht zuletzt wegen der fehlenden Verankerung in der universitären Lehre auf Akzeptanzbarrieren stieß. Hellmut G. Haasis ist ein überaus kundiger und erfolgreicher Archivbenutzer; seine Materialien stellte er auch anderen Wissenschaftlern zur Verfügung. An grundlegenden theoretischen Problemen der Jakobinismusforschung (z.B. Fragen zur Begriffsbildung, zur Konstituierung und Grenzbestimmung des Gegenstandsbereiches, zu definitorischen Problemen) hat Haasis weniger Interesse, wenngleich seine Vorschläge zur Definition des „deutschen Jakobinismus" (Johann Benjamin Erhard: Über das Recht des Volks zu einer Revolution. Hrsg. von Hellmut G. Haasis, S. 205 f.) in der Forschung kontrovers diskutiert worden sind. Haasis' generelles Interesse für emanzipative und freiheitliche ‚Bewegungen' ist eindrucksvoll dokumentiert in seiner Edition *Spuren der Besiegten* (3 Bde. Hrsg. von Hellmut G. Haasis. Reinbek 1984. Bd. 1: Freiheitsbewegungen von den Germanenkämpfen bis zu den Bauernaufständen im Dreißigjährigen Krieg; Bd. 2: Von den Erhebungen gegen den Absolutismus bis zu den republikanischen Freischärlern 1848/49; Bd. 3: Freiheitsbewegungen vom demokratischen Untergrund nach 1848 bis zu den Atomkraftgegnern).
Es war geplant, im Rahmen des vorliegenden Bandes exemplarisch einen sich selbst so deklarierenden ‚akademischen Außenseiter' zu Wort kommen zu lassen, dessen Karriereweg nicht dem ‚zunftgemäßen' Muster angepaßt werden konnte, weil er (übrigens auch im Umgang mit dem Herausgeber des vorliegenden Bandes) beharrlich dem ‚APO'-Habitus folgte (mit dem Interesse an Protesthaltungen und strikt ‚emanzipatorischen Persönlichkeiten').

61 Lothar Pikulik war nicht zu einem Interview bereit.

Interviews anzuvisieren. Unter anderem deswegen bleibt das Auswahlverfahren punktuell anfechtbar, die Gründe dafür, daß der eine oder andere fehlende prominente Name als eklatanter Mangel empfunden werden mag, werden in dieser Perspektive indes nachvollziehbar; es sei daher auch an dieser Stelle auf die bereits erwähnten Akteure verwiesen, die sich nicht zu einem Interview bereit fanden. Über die Auswahl der nach allgemeiner Einschätzung als Experten für die Geschichte des *gesamten Faches* eingestuften Gesprächspartner, wie etwa Walter Müller-Seidel (1918–2010), Eberhard Lämmert (*1923) und Claus Träger (1927–2005), ließe sich ernsthaft kontrovers vermutlich allenfalls unter der Frage ihrer Ersetzbarkeit durch andere, ebenso erfahrene und kompetente Fachvertreter diskutieren.

Diejenigen Experten, die – in der Regel mit großem Interesse – kooperierten, haben die per Anschreiben vorab kommunizierten Forschungsinteressen nahezu ausnahmslos nachvollziehen können und mit hoher Kompetenz darauf reagiert. Beinahe alle Beteiligten zeigten sich bereit und in der Lage, im Horizont der oben skizzierten Bedingungen des Forschungsprojektes ihre eigene soziale und disziplinäre Situation zu reflektieren und über ihre Handlungsmotive, über Netzwerke sowie über ihre je eigenen Wahrnehmungen und deren Korrelation mit fachspezifischen Inhalten in ausführlichen und detaillierten Antworten Auskunft zu geben. Allen Interviewpartnern wurden die Transkriptionen der Gespräche zur Redaktion übermittelt. Von dieser Möglichkeit wurde in unterschiedlichem Maß Gebrauch gemacht. Die Lektüre zeigt, daß einigen Interviews der kolloquiale – ‚spontane‘ – Charakter inzwischen fehlt. Andere Interviewtexte wiederum werden hier, gemäß der jeweiligen Entscheidung des Gesprächspartners, in lediglich geringfügig bearbeiteter Fassung abgedruckt. Es ist auf diese Weise ein exemplarisches Kapitel der Wissenschaftsgeschichte entstanden, das Fachinteressen, interdisziplinäre Konstellationen sowie Fachentwicklungen in Ost- und Westdeutschland nicht zuletzt im Bezugspunkt aufschlußreicher politischer und ideologischer Perspektiven verfolgt.

Zweiter Teil:

Retrospektive Studie

Positionen, Probleme und Perspektiven – Beobachtungen zum Verlauf der Forschungsaktivitäten in den Forschungsfeldern Empfindsamkeit und Jakobinismus

2.1 Empfindsamkeitsforschung

2.1.1 Empfindsamkeitsforschung in der Bundesrepublik Deutschland

Das letzte Kapitel des Standardwerkes von Gerhard Sauder zeigt, welche Mühe die germanistische Literaturwissenschaft bis in die Mitte der 1970er Jahre aufgewendet hat, um die überkommenen Epochenbegriffe unter veränderten Voraussetzungen zu differenzieren.[62] Damit sollte zugleich die Aufgabe gelöst werden, tragfähige Epochenbegriffe und Phasenunterteilungen als ‚Leistungsausweis' einer erneuerten Literaturgeschichtsschreibung einzuführen. Kleinteilig wurde unterschieden zwischen zeitlich einander folgenden Ausformungen der Empfindsamkeit, die indes alle im Gesamtzusammenhang der Aufklärungsliteratur lokalisiert werden: Die „Tendenzen" der Empfindsamkeit spiegeln durchweg das Bemühen um eine ‚Aufklärung' über bzw. durch das ‚Gefühl'.

Empfindsamkeit wird also in der neueren kodifizierenden Literatur nicht als eine Epoche, sondern – Gerhard Sauder folgend[63] – als Tendenz bzw. „Bewegung" verhandelt, näherhin als eine „literatur- und mentalitätsgeschichtliche Tendenz" des 18. Jahrhunderts.[64] Der „Begriffsname" vereinige unterschiedliche Gradationen des Fühlens, wie „gesteigertes", „bewußtgemachtes", „positiv bewertetes und genossenes Fühlen (‚Gefühlskult')". Dieses Fühlen verschaffe sich in deutschsprachigen Texten etwa ab 1740 – in Frankreich und England früher – gattungsübergreifend Geltung.[65] Vierings Befund, es sei in der Literaturgeschichtsschreibung des 19. Jahrhunderts nicht zu Darstellungen der Empfindsamkeit „als einer eigenständigen literaturgeschichtlichen Phase" gekommen,[66] ist mißverständlich und sachlich nur unter bestimmten Einschränkungen zutreffend: Denn schon ein flüchtiger Blick in das Kapitel zur Lage der Forschung von Sauders Empfindsamkeits-Buch[67] verdeutlicht, daß die Forschungen zur Empfindsamkeit durchaus bereits im 19. Jahrhundert

---

62 Gerhard Sauder: Empfindsamkeit. Bd. 1: Voraussetzungen und Elemente. Stuttgart 1974; siehe dazu das Interview mit Gerhard Sauder, S. 376–401.

63 Vgl. Sauder: Empfindsamkeit, Bd. 1 (wie Anm. 62), S. XI.

64 Jürgen Viering: [Art.] Empfindsamkeit. In: Reallexikon der deutschen Literaturwissenschaft. Bd. 1. Hrsg. von Klaus Weimar u.a. Berlin und New York 2007, S. 438–441, hier: S. 438. Jutta Heinz spricht von einer mentalitäts- und literaturgeschichtlichen „Bewegung" der Aufklärung; vgl. Jutta Heinz: [Art.] Empfindsamkeit. Metzler Lexikon Literatur. Hrsg. von Dieter Burdorf u.a. 3., völlig neu bearb. Aufl. Stuttgart und Weimar 2007, S. 187 f., hier: S. 187. Als „Bewegung" wurde Empfindsamkeit auch in der älteren kodifizierenden Literatur bezeichnet; vgl. Wolfgang Liepe: [Art.] Empfindsame Dichtung. In: Reallexikon der deutschen Literaturgeschichte. Begründet von Paul Merker und Wolfgang Stammler. 2. Aufl. Neu bearb. und unter redaktioneller Mitarb. von Klaus Kanzog hrsg. von Werner Kohlschmidt und Wolfgang Mohr. Bd. 1. Unveränd. Neuausgabe. Berlin und New York 2001, S. 343–345, hier S. 343. Vgl. dagegen Klaus Garber im Vorwort zu: Das Projekt Empfindsamkeit und der Ursprung der Moderne. Richard Alewyns Sentimentalismusforschungen und ihr epochaler Kontext. Hrsg. von Klaus Garber und Ute Széll. München 2005, S. 8: Was Alewyn in der Folge seiner „Entdeckung der Innerlichkeit" an Beobachtungen und Untersuchungen beibrachte, „war so entwickelt und synthetisiert, daß es weit hinauswies über die Epoche der Empfindsamkeit im engeren Sinn."

65 Viering: [Art.] Empfindsamkeit (wie Anm. 64), S. 438.

66 Ebd., S. 440 f.

67 Vgl. Sauder: Empfindsamkeit, Bd. 1 (wie Anm. 62), S. 12–49, hier S. 12–14.

einsetzten, und zwar (spätestens) mit den Überblicksdarstellungen von Friedrich Christoph
Schlosser (1776–1861) und Friedrich Karl Biedermann (1812–1901). Biedermanns monumentale kulturgeschichtliche Arbeit[68] „enthält die erste umfangreiche Darstellung der
Empfindsamkeit".[69] Biedermann hat sich in der gelehrten Korrespondenz mit dem Literaturhistoriker Hermann Hettner (1821–1882) über die zeitgenössischen Hintergründe und
gesellschaftlichen Ursachen des komplexen und vielschichtigen Phänomens Empfindsamkeit bereits am Ende der 1850er Jahre Klarheit zu verschaffen gesucht. So erläuterte er seinem Kollegen beispielsweise unter dem 3. Oktober 1859:

> Es schwebt mir ein Ideal der Behandlung der Literaturgeschichte vor, dessen Verwirk-
> lichung aber äußerst schwer ist, nämlich die einzelnen Richtungen und Erscheinungen der
> Literatur nicht sowohl aus früheren Erscheinungen (obgleich ja natürlich der anregende
> oder auch förmlich mustergebende Einfluß als solcher immer auch wird berücksichtigt
> werden müssen), oder eben blos aus der individuellen Stimmung und Begabung der Au-
> toren, als vielmehr aus dem *gesamten Bildungs-* und (im weiteren Sinne) *Kulturzustande*
> der *Nation* abzuleiten und zu erklären. Sie selbst haben ja theilweise in Ihrer englischen
> Literaturgeschichte diesen Weg betreten: bei der *deutschen* glaube ich aber nach dieser
> Seite noch viel weiter gehen zu müssen, da gerade in Deutschland – und im vorigen Jahr-
> hundert – die Literatur eine so gar exceptionelle Stellung einnimmt, indem sie fast das
> ganze Interesse der Nation absorbirt und sich selbst an die Stelle *solcher* Lebensinteressen
> und Beschäftigungen setzt, welche bei anderen Völkern *neben* und *vor* ihr den Platz be-
> haupten. Nur daraus läßt sich Vieles, scheint mir, in dem Wesen jener Literatur recht erklä-
> ren, z.B. die Überschwänglichkeit und Empfindsamkeit, der Tugend-, Freundschafts- und
> Humanitätscultus der Gellert, Gleim Klopstockschen – wie der „Sturm und Drang" der
> späteren Periode, und ebenso kann man diesen Gesichtspunkt tief hinein in die einzelnen
> Richtungen, ja die einzelnen Productionen unserer bedeutendsten Dichter aus jener Zeit
> verfolgen.[70]

Auch das folgende Räsonnement verdeutlicht, daß bei Biedermann bereits ein differenziertes (komparatistisches) Problembewußtsein davon existierte, wie die ‚empfindsame
Richtung' sich in ihren literarischen Vertretern in unterschiedlichen Erscheinungsformen
manifestiert:

> Über einen Punkt hat mich schon öfter verlangt, gerade von Ihnen, als dem besten Ken-
> ner, eine mir sehr nöthige Auskunft zu erholen. Wie kam die so männliche englische
> Nation – nachdem sie nur 150 Jahre früher einen Shakespeare erzeugte, zu einer so *emp-
> findsamen* Richtung wie Richardson, Young u.s.w.? Welche Veranlassungen und Nöthi-
> gungen dazu lagen in den *politischen*, *socialen* oder sonstigen allgemeinen Kulturver-
> hältnissen jener Zeit? Bei den Deutschen begreift man leicht, warum sie empfindsam,
> überfliegend, schwärmerisch wurden – aus Mangel großer realer Lebensinteressen, eines

---

68 Friedrich Karl Biedermann: Deutschlands geistige, sittliche und gesellige Zustände im Achtzehn-
    ten Jahrhundert. Leipzig 1854 (Bd. 1), 1867 (Bd. 2.1), 1875 (Bd. 2.2), 1880 (Bd. 2.3).
69 Sauder: Empfindsamkeit, Bd. 1 (wie Anm. 62), S. 13. Sauder bezieht sich auf Bd. 2.1: „Von 1740 bis
    zum Ende des Jahrhunderts. Erste Abtheilung: Von Gellert bis mit [!] Wieland".
70 Heidelberg, Universitätsbibliothek, Nachlaß Hermann Hettner (Heid. Hs. 2751, A: I, 3); vgl.
    Michael Schlott: Hermann Hettner. Idealistisches Bildungsprinzip versus Forschungsimperati-
    tiv. Zur Karriere eines ‚undisziplinierten' Gelehrten. Tübingen 1993, S. 256–259, 281–284 sowie
    S. 361.

erregten öffentlichen Lebens; aber in England! War es noch immer die Reaction des durch das französische Hofwesen der Stuarts und die französische Literatur zurückgedrängten bürgerlichen und familienhaften Wesens, wie sie allerdings z. B. in den „Wochenschriften" sich zeigt, was auch noch in Richardson u. s. w. krankhaft gesteigert sich zeigt? Oder wie sonst erklären Sie diese Richtung?[71]

Sauder konstatiert also zu Recht, daß Biedermann die erste umfangreiche Darstellung der Empfindsamkeit ausgearbeitet hatte; vermittelt doch die Besinnung auf die Kultur- und Literaturhistoriographie des 19. Jahrhunderts Sauders zentrale These: „Die emanzipatorischen Aspekte der Aufklärung – und damit auch der Empfindsamkeit – wurden häufig schon in den sechziger Jahren, intensiver noch nach der Reichsgründung negiert."[72] Sauder setzte sich bekanntlich das Ziel, diesen Befund zu korrigieren und die Empfindsamkeit im sozialhistorischen Kontext der Emanzipationsbestrebungen des Bürgertums im

---

71 Ebd. – Ausführlich und programmatisch hat Biedermann sich bereits im Rahmen kulturhistoriographischer Studien aus den Jahren 1860/61 zur Poesie der Empfindsamkeit geäußert. Friedrich Karl Biedermann: Culturgeschichtliche Briefe über Fragen der deutschen Literatur. An Prof. Dr. Hrm. Hettner in Dresden. In: Westermanns Illustrierte Deutsche Monatshefte. Erster Brief: Ueber Berechtigung und Prinzip einer culturgeschichtlichen Behandlung der Literatur (Nr. 47, August 1860), S. 555–560; Zweiter Brief: Der Gellertcultus und die Poesie der Empfindsamkeit im vorigen Jahrhundert, culturgeschichtlich beleuchtet (Nr. 49, Oktober 1860), S. 47–64; Dritter Brief: Lessing (Nr. 50, November 1860), S. 207–216; Vierter Brief: Die deutsche Literatur nach Lessing (Nr. 52, Januar 1861), S. 425–435.

72 Sauder: Empfindsamkeit, Bd. 1 (wie Anm. 62), S. 14. – Aus der älteren Forschung seien exemplarisch zwei – im wesentlichen auf ‚Objektivität' und ausgleichende Bewertung bemühte – Beispiele zum Thema Goethes ‚Freundeskreis' herangezogen. Düntzer (1813–1901) etwa konstatiert im Zusammenhang mit Friedrich Victor Lebrecht Plessing (1752–1806), dieser könne keine „Beruhigung seiner empfindsamen Seele" finden; vgl. Heinrich Düntzer: Aus Goethe's Freundeskreise. Darstellungen aus dem Leben des Dichters. Braunschweig 1868, S. 349. Appel (1829–1896) spricht von einer „Schwermuthsepidemie" bzw. von einer „Sucht, die Wirklichkeit zu fliehen"; vgl. Johann Wilhelm Appel: Werther und seine Zeit. Zur Goethe-Litteratur. Leipzig 1855, S. 2. Appels Forschungen ergänzt Fritz Adolf Hünich (1885–1964): Aus der Wertherzeit. In: Jahrbuch der Sammlung Kippenberg 4 (1924), S. 249–281. Edmund Kamprath (1845–1899) hat den Gegenstand auf immenser Materialgrundlage 1876 vielfach beleuchtet. Exemplarisch sei die Perspektive der empfindsamen ‚Naturverbundenheit' – und ihrer kulturgeschichtlichen Ursachen – angeführt: „Der empfindsame Städter sucht sich innerhalb der engen Mauern einen Ersatz für das Landleben zu schaffen. Der 30jährige Krieg hatte viele Häuser zerstört; viele wurden nicht wieder aufgebaut. Die Trümmerstätten werden nun zu Anlagen von Gärten benützt. Da ist es leicht, auch in grösseren Städten nahe dem Wohnhause einen Garten zu haben. Man speist des Mittags in der Laube zwischen Blumen, welche die Mädchen des Hauses gepflanzt. In den Beeten prangen die Aurikel, die Muskathyacinthe, die Tazette, die Nelke, die Rose, der spanische Pfeffer, der Goldlack, die Nachtviole, die Lilie, die Tulpe. Es ist eine Freude für die Mädchen, des Abends Wasser aus dem Schöpfbrunnen zu holen und Blumen und Salat zu begiessen. Und ist erst die Obsternte gekommen, dann kann man dem Landmanne gleich die Äpfel und Birnen herabschütteln und die lachenden Früchte vom Boden sammeln. Hat man den Garten nicht bei der Wohnung, sondern ausserhalb der Stadt, dann pilgert man des Abends gern hinaus. Gärten nach französischem Muster werden nicht geliebt; die sind zu todt und einförmig für empfindsame Seelen." Edmund Kamprath: Das Siegwartfieber. Culturhistorische Skizzen aus den Tagen unserer Grossväter. In: Programm des K. K. Staats-Ober-Gymnasiums zu Wr.-Neustadt am Schlusse des Schuljahres 1876/77. Wiener-Neustadt 1877, S. 3–26, hier S. 11.

18. Jahrhundert zu verorten.[73] Was diesem Vorhaben (zumindest bis zum Erscheinen von Georg Jägers Dissertation[74]) erschwerend entgegenstand und nicht nur für die Kultur- und Literaturhistoriographie galt: „Ein präziser Begriff von Empfindsamkeit oder eine Abgrenzung zum Sturm und Drang wird nicht geliefert."[75]

In den älteren großen Versuchen (bis etwa 1930), den Begriff und das Phänomen Empfindsamkeit zu beschreiben und zu ‚modellieren‘ bzw. terminologisch zu fixieren, wurde immer wieder auf anthropologisch-psychologische Kategorien zurückgegriffen, die nicht selten ihrerseits wenig distinkt und für die Konstitution des Forschungsgegenstandes eher hinderlich als aufschlußreich waren. „Seele" etwa – als ‚Legat‘ des Pietismus das vielleicht bedeutungsschwerste Element der empfindsamen Literatur – wurde ohne analytisch-diskursive bzw. begrifflich-terminologische Prüfung seiner heuristischen Funktion gleichermaßen als ‚explanans‘ und als ‚explanandum‘ verwendet. Das Interview mit Georg Jäger im vorliegenden Band vereinigt die bibliographischen Angaben zu den wichtigsten Vorarbeiten im Feld der Empfindsamkeitsforschung.[76]

Bereits 1906 hatte der ‚Nestor‘ der Empfindsamkeitsforschung, Max Freiherr von Waldberg (1858–1938), in einer Überblicksdarstellung die Ergebnisse seiner Forschungen zu den empfindsamen ‚Interieurs‘ der französischen Romanwelt vorgelegt und begriffliche Signale gesetzt: Weltflucht, Melancholie, Rührung, Sinnlichkeit, Sentimentalität, Tränen, Entsagung – um nur einige anzuführen. Von Waldbergs Arbeit über die „Vorgeschichte des empfindsamen Romans"[77] in Deutschland umriß ausblickhaft mit wenigen Strichen das Aufgabenfeld der künftigen Forschungsaktivitäten: „Dadurch dass die *breiten Schichten des Bürgertums* zu immer stärkerer Bedeutung im Leben und in der Kunst gelangen, werden die für andere Kreise konstruierten Begriffe von chevaleresker Moral, von heroischem Ehrgefühl durch neue, durch andere Werte verdrängt."[78] „Die ersten Vorboten des modernen Weltschmerzes melden sich! Es ist, als ob jetzt ein Bann von den Menschen gelöst worden wäre! Belles âmes! Schöne Seelen! Wir sind in das Zeitalter der Empfind-

---

73 Bei Biedermann findet sich im übrigen bereits die in der germanistischen Aufklärungsforschung der 1970er Jahre so oft zitierte Formel von den „Emanzipationsbestrebungen des deutschen Bürgertums"; vgl. Friedrich Karl Biedermann: Deutschland im 18. Jahrhundert. Ausgabe in einem Band. Hrsg. und eingel. von Wolfgang Emmerich. Frankfurt/Main u. a. 1979, S. 403. Gellert wird von Biedermann als „Hoherpriester der Empfindsamkeit" bezeichnet (S. 406).

74 Georg Jäger: Empfindsamkeit und Roman. Wortgeschichte, Theorie und Kritik im 18. und frühen 19. Jahrhundert. Stuttgart u. a. 1969. Sie trug ursprünglich den Titel „Aufklärung und Empfindsamkeit. Empfindung, Roman, Stil. Diskussion und Theorie" und war wie folgt gegliedert: I. Das Recht und die Grenzen der Empfindung. Das Schlagwort empfindsam und die Kritik am Subjektivismus. II. Pädagogik und Kunst. Die Diskussion um die Lektüre und die Theorie des Romans. III. Der Emotionalismus in der Rhetorik. Die Stil- und Tontheorie. IV. Bibliographie (441 Seiten Typoskript); siehe dazu das Interview mit Georg Jäger, S. 334–358, hier S. 337.

75 Sauder: Empfindsamkeit, Bd. 1 (wie Anm. 62), S. 16 sowie (zu den Vorarbeiten der Empfindsamkeitsforschung) S. 19–49.

76 Die genauen bibliographischen Angaben sind den entsprechenden Kommentarstellen des Interviews zu entnehmen.

77 Max von Waldberg: Der empfindsame Roman in Frankreich. Erster Teil. Die Anfänge bis zum Beginne des XVIII. Jahrhunderts. Straßburg und Berlin 1906, Vorwort, S. V.

78 Ebd., S. 423 (Hervorhebung M. S.).

samkeit getreten!"[79] 1910 ließ Max von Waldberg seine flankierende Studie „Zur Entwicklungsgeschichte der ‚schönen Seele' bei den spanischen Mystikern" folgen;[80] 1922 schlossen sich die Bücher von Herbert Schöffler (1888–1946) („Protestantismus und Literatur")
und Paul Kluckhohn (1886–1957) („Die Auffassung der Liebe in der Literatur des 18. Jahrhunderts und in der Romantik") an. Weitere zwei Jahre später folgten der Obraldruck von
Erich Schmidts (1853–1913) Studie über „Richardson, Rousseau und Goethe" (zuerst 1875)
und Max Wiesers methodisch eigenwilliger Entwurf „Der sentimentale Mensch", mit den
bohrenden tiefenpsychologischen Fragen nach dessen „leiblich-seelischen Grundlagen"[81]
und seinen ‚Objektivationen' „in allen ordentlichen Lebensformen: Ethik, Politik, Religion
u. a.".[82] Selbst einen „Entwicklungsgang der modernen Sentimentalität bei den einzelnen
Völkern"[83] skizzierte Wieser, dessen Wissensansprüche über die (soziale) Funktion des
Gefühls[84] in Kunst, Literatur und Kultur immer wieder von der neueren Forschung kritisch
befragt worden sind. 1929 schließlich erschien Hugo Friedrichs (1904–1978) „Abbé Prevost
in Deutschland".[85]

---

79 Ebd., S. 427. – Bereits Erich Schmidt hatte, Julian Schmidt folgend, über die direkte Quelle von
    Rousseaus „belle âme" hinausgehend, auf den pietistischen Herkunftsbereich der „Seelen"-
    Semantik mit ihren Verbindungen zum Vokabular, zu den Wortbildungen, den Ausdrucks-
    varianten und den Attribuierungen im semantischen Feld ‚Empfindsamkeit' verwiesen; vgl. Erich
    Schmidt: Richardson, Rousseau und Goethe. Ein Beitrag zur Geschichte des Romans im 18. Jahr-
    hundert. Jena 1875 (Obraldruck Jena 1924), S. 318–327.

80 In den „Exclamationes" der heiligen Therese etwa sah von Waldberg das literarhistorische Bin-
    deglied auf dem Weg zum „modernen Menschen mit seinem reichen und vielgestaltig entwickel-
    ten Seelenleben": „Es wird sich ja wohl kaum feststellen lassen, wieviel zu dieser Ausbildung
    und Erweiterung der Seele ihre neuropathologische Konstitution, wieviel das visionäre Leben, die
    Steigerung ihres inneren Daseins durch die Ekstase beigetragen hat. Jede noch so scharfe Analyse
    wird doch einen unlöslichen Rest, das Geheimnis der Individualität, nicht bestimmen können,
    aber dennoch ist der grosse Zuwachs unverkennbar, und dass er durch ihre Werke auch Gemeingut
    der kommenden Geschlechter geworden ist, das macht die Erscheinung der hl. Therese historisch
    bedeutungsvoll, weit über den Rahmen der Religionsgeschichte und erhebt sie zu jenen grossen
    Geistern, die als Mehrer im Reiche des Lebens und der Kunst Beachtung beanspruchen." Von
    Waldberg spricht in diesem Zusammenhang auch von der „neumodische[n] Seelenkrankheit"; vgl.
    Max von Waldberg: Zur Entwicklungsgeschichte der „schönen Seele" bei den spanischen Mysti-
    kern. Berlin 1910, S. 45 und 53.

81 Max Wieser: Der sentimentale Mensch. Gesehen aus der Welt holländischer und deutscher Mysti-
    ker im 18. Jahrhundert. Gotha und Stuttgart 1924, S. 7.

82 Ebd., S. 10.

83 Ebd., S. 38.

84 Vgl. dazu exemplarisch die einleitenden Passagen Wiesers; ebd., S. 1.

85 Auch für Friedrich, einen Schüler Waldbergs, stellt sich das 18. Jahrhundert nicht nur als das Zeital-
    ter der Aufklärung, sondern ebenso der Empfindsamkeit dar. Gleichwohl konnte er das Phänomen
    nicht umfassend beschreiben, scharf konturieren und in einer Typik verorten. Empfindsamkeit sei
    „eine Form des erotischen Erlebnisses, die im Gegensatz zum heldischen Draufgängertum oder
    zur gemessenen Idylle einer ruhigen Liebesentwicklung bei den Momenten äußerer und innerer
    Hemmung stehen bleibt, um den Rausch des Schmerzes und das Höchstmaß an Erschütterung zu
    genießen, daß nur in der leidenden, nicht in der aktiven Seele zugänglich ist. [...] Wir haben mit
    dieser einleitenden Definition nur den Rahmen gegeben für eine Fülle einzelner Empfindsamkeits-
    typen, [...]." Hugo Friedrich: Abbé Prevost in Deutschland. Ein Beitrag zur Geschichte der Emp-

Max von Waldbergs Schüler Richard Alewyn (1902–1979) musterte schließlich das bis etwa 1930 entwickelte gesamte Spektrum der Forschungsliteratur sowie der entsprechenden Referenzen im Bereich der schönen Literatur und machte es für seine eigene Konzeption dessen, was Empfindsamkeit – Begriff und Materie – in der europäischen Literatur- und Kultur(geschichte) bedeuten, verfügbar.[86] Empfindsamkeit „impliziert für ihn eine ästhetische und eine mentale Revolutionierung weitesten Ausmaßes, nur vergleichbar mit dem Einbruch des Christentums in die alte Welt".[87] Während indes Alewyns publizistische Produktivität zum Barock und zu den ,Aufgipfelungen' empfindsamer Mentalität in der Literatur der Romantik (bei Eichendorff, Brentano, Tieck und Hoffmann) sowie in der klassischen Moderne bei Hofmannsthal inhaltsschwere Zeugnisse aufweist, lebte er im 18. Jahrhundert mit „Fiktionen, die darauf verwiesen, daß es an dieser Stelle eine besondere Bewandtnis zwischen ihm und seinem Gegenstand hatte".[88] Alewyn erkannte als Signatur des 18. Jahrhunderts seine „Achsenstellung" als Vermittlungsinstanz zwischen dem Ende von „mehr als tausend Jahre[n] alteuropäischer Geistesgeschichte" und dem Übergang in die Moderne: „Das aber hieß, daß keine Chance mehr bestand, mit vereinzelten Vorstößen […] auch nur eine Ahnung zu vermitteln von dem, was Sache war und nach dem universalen Historiker verlangte."[89] So ergibt sich aufs Ganze gesehen, daß Alewyns ,Projekt' in seinem komplexen Zuschnitt seinesgleichen suchte und daher allerdings das „Produkt eines *ungeschriebenen* Lebenswerkes" blieb,[90] das seine Spuren in unterschiedlichen Ausformungen in der Vorlesungstätigkeit und im Seminarbetrieb des akademischen Lehrers fand. Überliefert ist indes ein „Eigenbericht des Referenten" anläßlich eines am 20. Juni 1931 in Berlin gehaltenen Vortrags, der den im Sinne Alewyns epochalen Charakter der Empfindsamkeit bis hinein in entlegendste soziologische und psychogenetische bzw. psychohistorische Verästelungen umreißt:

> Die Entdeckung und d. h. Entstehung des Individuums vollzieht sich (nach vielen Anläufen) endgültig im Pietismus, der, von der äußeren Kirche und ihrer objektiven Dogmatik unbefriedigt, die Heilsgewißheit in der Innerlichkeit des Subjekts im religiösen ,Erlebnis' sucht. Der positive Ertrag dieser Wendung nach innen ist die Entdeckung der ,Seele' im modernen Sinn als einer unendlich reichen und tiefen Welt, die nunmehr gleichbedeutend neben die äußere Wirklichkeit tritt. Denn gleichzeitig mit der Seele emanzipiert sich auch

---

findsamkeit. Heidelberg 1929, S. 1.

86 Ich beziehe mich im folgenden auf die Beiträge von Friedrich Vollhardt: Der Ursprung der Empfindsamkeitsdebatte in der ,Tafelrunde' um Richard Alewyn (S. 53–63); Klaus Garber: Die Geburt der ,Kunst-Religion'. Richard Alewyns Empfindsamkeits-Projekt im Spiegel der späten Bonner Vorlesungen (S. 67–87); Carsten Zelle: „Zerstörung der Vernunft"? Alewyns Sentimentalismus-Entwurf und Viëtors Fin de siècle-Projekt – ein Vergleich (S. 89–102) und Gerhard Sauder: Die andere Empfindsamkeit. Richard Alewyns Kritik an den Thesen von Gerhard Sauder (S. 103–112) in: Das Projekt Empfindsamkeit (wie Anm. 64).

87 So Alewyns Schüler Klaus Garber im Vorwort zu: Das Projekt Empfindsamkeit (wie Anm. 64), S. 7.

88 Garber: Geburt der ,Kunst-Religion' (wie Anm 86), S. 68.

89 Ebd., S. 69.

90 Ebd. (Hervorhebung M. S.); siehe dazu auch das Interview mit Eberhard Lämmert, S. 271–298, hier S. 278 f.

die Wirklichkeit aus ihrer konventionalen Gebundenheit, oder anders gesagt: die konventionalen Institutionen (als Kirche, Staat, Gesellschaft, Familie, Sitte), in denen Seele und Wirklichkeit ineinander gebunden gewesen waren, lösen sich unaufhaltsam auf. So wird die Seele, nachdem die religiöse Substanz, die am Ursprung dieser Emanzipation gestanden hatte, der Subjektivität anheimgegeben, bald sich zur Metapher verflüchtigt hat, mit dem Genuß ihrer Einmaligkeit schnell genug auch ihrer qualvollen Vereinzelung (im soziologischen wie im metaphysischen Sinne) bewußt. Indem der Pietismus sich zur Empfindsamkeit säkularisiert, wird ‚Leiden‘ ein typischer Seelenzustand als Folge einer Lebensfremdheit, die sich bei wachsendem Überschwang zur Lebensunfähigkeit steigert. Damit ist aus dem chronischen Leiden die akute Krise geworden, die im ‚Werther‘ dargestellt ist.[91]

Alewyn war es, wie bereits erwähnt, nicht möglich, diesen ‚kondensierten‘ Entwurf in einem größeren Werk vollumfänglich zu realisieren.[92] Nach dem Zeugnis Gerhard Sauders konnte Alewyn sich am Ende des Jahres 1970 nicht mehr an den Inhalt seines Vortrags erinnern; auch wußte er, Alewyn, nicht, wie er „heute" dazu stehen würde.[93] Einen „Niederschlag" seiner Gedanken könne Sauder jedoch bei Alewyns Schülern Lothar Pikulik[94] (*1936) und Heinz Birk[95] (*1932) finden.

Mit Blick auf den Untersuchungszeitraum (1965–1990) gehören die Arbeiten von Pikulik und Birk nicht mehr zur ‚Vorgeschichte‘. Nachdem zwischen 1930 und 1965 weitere verdienstvolle und wegweisende Studien zum Themenkreis Empfindsamkeit von Wolfdietrich Rasch (1903–1986), August Langen[96] (1907–1983), Hermann Boeschenstein (1900–1982) und Gerhard Kaiser (*1927) erschienen waren,[97] zeitigten nunmehr in der Mitte der 1960er Jahre auch Alewyns Forschungen in den Arbeiten seiner Schüler Wirkung. Sauder

---

91 Richard Alewyn: Bericht zu den Veranstaltungen der Berliner Ortsgruppe der Gesellschaft für Ästhetik und allgemeine Kunstwissenschaft im Winter 1931/32 und im Sommer 1932 [darin zum Vortrag „Die Empfindsamkeit und die Entstehung der modernen Dichtung" von Richard Alewyn am 20. Juni 1932]. In: Zeitschrift für Ästhetik und Allgemeine Kunstwissenschaft 26 (1932), S. 387–397, hier S. 394 f.

92 Carsten Zelle verweist auf zwei Exposés zum Sentimentalismus-Projekt, die Alewyn im amerikanischen Exil der 1940er Jahre verfaßt hat. Demnach hatte er seine Empfindsamkeitsforschungen als „integralen Teil" einer umfassenden „History of Modern Civilization" konzipiert; vgl. Zelle: „Zerstörung der Vernunft?" (wie Anm. 86), S. 89.

93 Vgl. Sauder: Die andere Empfindsamkeit (wie Anm. 86), S. 104 f. (Brief Alewyns an Sauder vom 6. November 1970).

94 Vgl. Lothar Pikulik: „Bürgerliches Trauerspiel" und Empfindsamkeit. Köln und Graz 1966; siehe dazu auch das Interview mit Eberhard Lämmert, S. 271–298, hier S. 281.

95 Heinz Birk: Bürgerliche und empfindsame Moral im Familiendrama des 18. Jahrhunderts. Bonn 1967.

96 Vgl. dazu die Diskussion bei Sauder: Empfindsamkeit, Bd. 1 (wie Anm. 26), S. 8–10, 25 f.

97 Siehe dazu die entsprechenden Angaben im Interview mit Georg Jäger, S. 334–358, hier S. 338 f. 1949 erschien in den USA die Studie von Stuart Pratt Atkins: The testament of Werther in poetry and drama. Cambridge, MA. Atkins' Vorarbeiten reichen allerdings zurück bis in das Jahr 1937; vgl. ebd. Preface, S. vii. Zu den Spezifika der Arbeit von Peter Michelsen (Laurence Sterne und der deutsche Roman des achtzehnten Jahrhunderts, Göttingen 1962) sowie zu der voluminösen pressegeschichtlichen Darstellung von Wolfgang Martens (Die Botschaft der Tugend, Stuttgart 1968) siehe die einschlägigen Passagen im Interview mit Georg Jäger (S. 334–358, hier S. 342).

hat sich sehr sorgfältig insbesondere mit den „ideologischen Grundpositionen" Birks und Pikuliks auseinandergesetzt; es kann daher summarisch auf das Kapitel „Zur Lage der Forschung"[98] sowie auf die zahlreichen Äußerungen in den Interviews mit Georg Jäger, Gerhard Sauder, Wilhelm Voßkamp und Nikolaus Wegmann sowie mit Eberhard Lämmert verwiesen werden. Sauders zentrale These sei hier noch einmal angeführt, um die daran sich entzündende heftige Polemik zu skizzieren, die nicht nur von Seiten Richard Alewyns, sondern, wie Sauder bezeugt, ebenso von seinem Lehrer Arthur Henkel (1915–2005) sowie von Peter Michelsen (1923–2008) erfolgte:[99] „Empfindsamkeit im Kontext der Aufklärung ist in die Aufstiegsbewegung des Bürgertums eingebunden. [...] Die Gegenthese von der antibürgerlichen Empfindsamkeit wurde vorwiegend in Arbeiten der Alewyn-Schule vertreten."[100] Damit war, wie Friedrich Vollhardt feststellt, „eine für den Wissenschaftshistoriker aufschlußreiche Konstellation entstanden: Innerhalb eines methodischen Paradigmas treten zwei Theorievarianten miteinander in Konkurrenz, die einander explizit widersprechen und auf eine Entscheidungsfrage zielen."[101] Zur Vervollständigung des Bildes ist hinzuzufügen, daß Sauder sich mit den Forschungsergebnissen von Georg Jäger und denen der durch August Langen angeregten Dissertation von Wolfgang Doktor[102] (*1942) nicht nur weitestgehend einverstanden erklärte, sondern sie in ihrer erkenntnisstiftenden Funktion ausdrücklich würdigte. Auf die Frage, welche Erklärung er für Alewyns Rezension in der „Frankfurter Allgemeinen Zeitung"[103] habe, antwortete Sauder:

> Ich kann das vielleicht rekonstruieren: Es ist zum einen, das hat mir auch Wolfgang Martens gesagt, ein Ausdruck der Verärgerung über sich selbst gewesen, daß da jetzt ein anderer kam, der eine größere Arbeit vorlegt, die Alewyn immer schreiben wollte. Und dann kam hinzu, daß die ästhetisierende und psychologisierende These zur moralischen Qualität der Empfindsamkeit im Gegensatz steht, ja im Gegensatz zu dem ganzen Strang, der aus der Pietismus-Forschung übertragen worden war (wie etwa Stemmes Buch zu Pietismus und Erfahrungsseelenkunde) – als sei der Pietismus schon durchweg die Institution gewesen, die psychologisch außerordentlich stark differenziert hätte. Ich hatte damals monatelang pietistische Texte gelesen und das nicht bestätigt gefunden.[104]

---

98 Sauder: Empfindsamkeit, Bd. 1 (wie Anm. 62), S. 12–33, hier S. 29–31. Sauder kritisiert u.a. (S. 31), „daß ein Gegensatz zwischen Familie, Liebes- und Freundschaftsbeziehungen und Gesellschaft überhaupt nur aus dem Birk-Pikulikschen Systemzwang heraus zu konstruieren" sei.

99 Siehe dazu die Interviews mit Gerhard Sauder (S. 376–401, hier S. 384, 388 f.) und Eberhard Lämmert (S. 271–298, hier S. 283 f.).

100 Sauder: Empfindsamkeit, Bd. 1 (wie Anm. 62), S. XIII. Ebenfalls in Ablehnung eines von Alewyn entwickelten Axioms: „Der Pietismus kann als günstige Voraussetzung für die Aufnahme empfindsamer Tendenzen betrachtet werden – die bisher allenthalben vertretene Kausalität hält der Überprüfung nicht stand. Innerhalb so komplexer Prozesse sind oft keine Entscheidungen im Sinne einer linearen Kausalität zu treffen" (S. XVIII).

101 Vollhardt: Aspekte der germanistischen Wissenschaftsentwicklung (wie Anm. 2), S. 49.

102 Wolfgang Doktor: Die Kritik der Empfindsamkeit. Bern u. a. 1975 (Phil. Diss. Saarbrücken 1974).

103 Richard Alewyn: [Rez.] Was ist Empfindsamkeit? Gerhard Sauders Buch ist überall da vortrefflich, wo es nicht von seinem Thema handelt. In: Frankfurter Allgemeine Zeitung (Nr. 263 vom 12. November 1974), S. L 4.

104 Siehe dazu die Interviews mit Gerhard Sauder (S. 376–401, hier S. 389) und Eberhard Lämmert (S. 271–298, hier S. 283 f.).

Auf die Genese des Konflikts hat Sauder mehr als drei Jahrzehnte nach dem Erscheinen seiner Habilitationsschrift auch in seinem Beitrag „Die andere Empfindsamkeit" reflektiert,[105] so daß die von Alewyn vorgetragenen und von Sauder ‚in extenso' referierten Monita hier nicht vollständig aufgelistet werden müssen. Alewyns Kritik gipfelte in der vernichtenden Feststellung: „Gerhard Sauders Buch ist überall da vortrefflich, wo es nicht von seinem Thema handelt."[106] Sauders Problembearbeitung und seine Deutung der Empfindsamkeit wurde von Vertretern der Alewyn-Schule hartnäckig bestritten. Noch in einer 1984 erschienenen Studie hat Lothar Pikulik[107] die zentralen Annahmen des älteren Paradigmas gegen die Thesen Sauders verteidigt, indem er die vorhandenen (und im Bereich der Traktatliteratur ergänzten) Quellen der empfindsam-sentimentalen Literatur eher als eine Modeströmung und als Kompensationsprodukt des auf Affektkontrolle bestehenden ‚homo oeconomicus' denn als Ausdruck bürgerlicher Werthaltungen auslegte. Als Voraussetzung des kontrastiven Vergleichs (Empfindsamkeit versus Bürgerlichkeit) mußte er dabei jedoch die Inhalte einer ‚bürgerlichen' Mentalität umschreiben – gegen die aufgrund differenzierter sozialhistorischer Studien gewonnene Einsicht, daß (auch gegenwärtig noch nicht) von einem einheitlichen *Stand* des Bürgertums im 18. Jahrhundert gesprochen werden kann. Die Forschung erkannte zunehmend die Defizite einer ständespezifischen Interpretation und der daraus gezogenen epochencharakterisierenden Konsequenzen. Die Mängel sind zum einen terminologischer Art (Was heißt ‚bürgerlich'?), zum anderen empirisch (Wie läßt sich schichten- oder standesspezifisches Denken und Fühlen interpretationsrelevant identifizieren?), so daß es insgesamt zu einer Differenzierung der heuristischen Forschungslinien kam. Die Kontroverse hat allerdings kein greifbares Ergebnis hervorgebracht und muß in ihrer prinzipiellen Polarisierung als unfruchtbar eingeschätzt werden. Bezeichnenderweise hat Pikuliks Studie von 1984 allein im Rezensionsteil der Fachzeitschriften eine überwiegend kritische Resonanz gefunden.[108]

Sauders neue, erklärungsstiftende Annahme wurde in der Bundesrepublik verhältnismäßig rasch akzeptiert: Dabei wurde kontinuierlich auf disziplinübergreifendes Wissen gesetzt; die literaturwissenschaftlichen Fragestellungen wurden an sozial- und kulturgeschichtliche Prozeßtheorien gebunden, vor allem an das seit den 1960er Jahren diskutierte Modell eines Strukturwandels der Öffentlichkeit des Sozialphilosophen Jürgen Habermas (*1927).[109]

Die sozialhistorische und soziologische Konzentration auf den Prozeß der gesellschaftlichen Transformation im 18. Jahrhundert, auf den vielzitierten ‚Aufstiegsprozeß des Bürgertums' und die mit seiner Emanzipationsgeschichte verbundene Selbstverständigung über moralische Normen in einem egalitären Diskurs, stößt inzwischen kaum noch auf Ak-

---

105 Vgl. Sauder: Die andere Empfindsamkeit (wie Anm. 86), S. 103–112.

106 Alewyn: [Rez.] Was ist Empfindsamkeit? (wie Anm. 103).

107 Lothar Pikulik: Leistungsethik contra Gefühlskult. Bürgerlichkeit und Empfindsamkeit in Deutschland. Göttingen 1984.

108 Vgl. etwa die Beiträge von Eckhardt Meyer-Krentler in: Lessing Yearbook 18 (1986), S. 285–287; Carsten Zelle in: Archiv für das Studium der neueren Sprachen und Literaturen 223 (1986), S. 141–146; Arnold Heidsieck in: Colloquia Germanica 20 (1987), S. 92–94, und Jürgen Schröder in: Arbitrium 7 (1989), S. 313–315.

109 Jürgen Habermas: Strukturwandel der Öffentlichkeit. Untersuchungen zu einer Kategorie der bürgerlichen Gesellschaft. Neuwied 1962. 12. Aufl.: Frankfurt/Main 2010.

zeptanzbarrieren.[110] Das hat indes nicht, wie man es unter den Prämissen einer immanenten Forschungslogik mit ‚guten Gründen' hätte erwarten dürfen, zu einer problemorientierten argumentativen Auflösung der Kontroverse geführt: Gerhard Sauder sowie Wilhelm Voßkamp und Nikolaus Wegmann haben dies überblicksweise in ihrer Skizze der Publikationslandschaft zwischen etwa 1975 und 1985 zum thematischen Umfeld Empfindsamkeit dokumentiert:[111] Vielmehr begann sich am Ende der 1980er Jahre mit der Aufhebung bzw. Relativierung der beiden von Gerhard Sauder und Lothar Pikulik vertretenen Orientierungen eine neue Konstellation in der germanistischen Forschung zur Empfindsamkeit abzuzeichnen. In der Untersuchung von Nikolaus Wegmann[112] wurden die beiden nur ihrem Inhalt, nicht ihrer Strategie nach als unterschiedlich erkannten Positionen zusammengefaßt und mit einem neuen Ansatz konfrontiert, der die Forschung auf ein höheres Abstraktionsniveau zu heben versprach und damit einen ‚Paradigmawechsel' ankündigte. Mit einer Kombination aus diskurstheoretischen und strukturfunktionalistischen Annahmen kam es zu einer Auflösung intraepochaler Phasen, wie sie von Gerhard Sauder skizziert worden waren. Beobachtet wurde die Bewegung des „semantischen Materials"; gesellschaftliche Schichten als Träger der Wandlungen innerhalb der Kommunikations- und Interaktionssemantik wurden in der funktionalen Betrachtung für überflüssig erklärt, da sich diese Wandlungsvorgänge kovariativ zum evolutionären Prozeß der gesellschaftlichen Ausdifferenzierung verhielten, der sich auf der Grundlage von Niklas Luhmanns (1927–1998) Thesen zur Entwicklung der neuzeitlichen Gesellschaft[113] beschreiben lasse. Entscheidend war nicht die Übernahme dieser mit den vorangegangenen soziologischen Modellen konkurrierenden Prozeßtheorie, sondern die Tatsache, daß diese erst jetzt in die Problemkonstellation der Empfindsamkeitsforschung eingeführt wurde – ohne daß etwa neue Quellencorpora erschlossen oder Einzelbeobachtungen der Werkinterpretation in Frage gestellt werden mußten. Zur Erläuterung dieses Prozesses sei hingewiesen auf die entsprechenden Erklärungen im Interview mit Nikolaus Wegmann.

---

110 Neben der Rezeption des Werkes *Über den Prozeß der Zivilisation* (1969) von Norbert Elias (22., neu durchges. und erw. Aufl. Frankfurt/Main 1998) wären hier als ‚Klassiker' die 1972 und 1979 erfolgten Neuauflagen der Studie von Leo Balet und E. Gerhard (Eberhard Rebling) anzuführen: Die Verbürgerlichung der deutschen Kunst, Literatur und Musik im 18. Jahrhundert. Straßburg 1936. Ferner: Reinhart Kosellecks Arbeiten zur „Pathogenese der bürgerlichen Welt" (Kritik und Krise, Freiburg/Breisgau 1959; 6. Aufl.: 1989) und Wolf Lepenies' Thesen zu den kompensatorischen Fluchtbewegungen des von der politischen Macht ausgeschlossenen Bürgertums (Melancholie und Gesellschaft, 1969; in einer Taschenbuchausgabe seit 1972; mit einer neuen Einleitung Frankfurt/Main 1998 wiederaufgelegt).

111 Siehe dazu die Interviews mit Gerhard Sauder (S. 376–401, hier S. 397), Wilhelm Voßkamp und Nikolaus Wegmann (S. 402–425, hier S. 409 f.); ferner: Klaus Peter Hansen: Neue Literatur zur Empfindsamkeit. In: Deutsche Vierteljahrsschrift für Literaturwissenschaft und Geistesgeschichte 64 (1990), S. 514–528.

112 Nikolaus Wegmann: Diskurse der Empfindsamkeit. Zur Geschichte eines Gefühls in der Literatur des 18. Jahrhunderts. Stuttgart 1988; siehe dazu das Interview mit Wilhelm Voßkamp und Nikolaus Wegmann, S. 402–425, hier S. 409, 424 f.

113 Vgl. Niklas Luhmann: Soziologische Aufklärung. Aufsätze zur Theorie sozialer Systeme. Opladen 1970; Soziologische Aufklärung 3. Soziales System, Gesellschaft, Organisation. Opladen 1981. 5. Aufl. Wiesbaden 2009.

Vermutlich nur in wenigen anderen Fällen läßt sich eine solche Verbindung von Kontinuität und Diskontinuität beobachten und zugleich verdeutlichen, wie die Zurückweisung leitender Forschungsannahmen ohne eine nennenswerte Ergänzung des Quellenmaterials nur aufgrund der Problembearbeitung eine Chance zur Durchsetzung erhält, wie Vollhardt überzeugend nachweisen konnte:[114] „Vermutlich kaum eine andere Debatte in der germanistischen Aufklärungsforschung weist so klare Polarisierungen in ihrer Entwicklung auf; kaum eine zeigt so deutlich, wie sich leitende Annahmen herausbilden, ihre heuristische Kraft entfalten und zugleich die Grenzen des mit ihnen verknüpften Wissensanspruchs aufgezeigt erhalten."[115] Vollhardts Beitrag – auf dessen grundlegende Bedeutung für die Rekonstruktion des Forschungsverlaufes nachdrücklich hinzuweisen ist – mustert ferner die Bedingungen, Prozesse und Mechanismen des sowohl thematisch gerichteten als auch handlungsbezogenen Reputationszuwachses, d. h. die die „alltäglichen Entscheidungen des Wissenschaftlers"[116] betreffenden Aspekte. Dieser Ansatz ist insofern erhellend, als der Blick auf Reputationskontexte zugleich die Perspektive auf Geltungsansprüche wissenschaftlicher Argumentation(en) eröffnet. Zwar gehört es zu den allgemein anerkannten sozialen Normen innerhalb der ‚scientific community‘, daß „die Orientierung an Reputationen […] nicht selbst in guten Ruf kommen" dürfe;[117] gleichwohl ist eine solche handlungsmotivierende Orientierung kaum vermeidbar, denn es gilt gleichermaßen: „*Jede* anerkannte Leistung bringt […] unabhängig von ihren wirklichen Ursachen Reputation ein."[118] Oder, mit den Worten Vollhardts: „Obwohl die Bildung von Reputation kein legitimierbares Ziel des Handelns darstellt, bestimmt das Wissen über die Funktion von Reputation dennoch die alltäglichen Entscheidungen des Wissenschaftlers: die Wahl (oder die Vermeidung) von Themen, die Nennung von Namen, die Form der Zitation, schließlich die Kodifizierung des Wissens in Lehr- und Handbüchern."[119] Aus seinen anschließenden Beobachtungen zum Kodifizierungsgeschehen und zu den entsprechenden Auswahlkriterien ergeben sich für Vollhardt die folgenden Resümees:

(a) Literaturhistoriographie: Die Forschungsleistungen Sauders bilden am Ende des Untersuchungszeitraumes einen eigenen Reputationskontext aus. Dieser liefert für die Darstellung der Empfindsamkeit in literaturgeschichtlichen Handbüchern Leitlinien und bestimmt sowohl die Auswahl als auch die Anordnung des gegenstandsbezogenen Wissens entscheidend mit und festigt somit seine Geltung. Flankierende Rezensionsanalysen stützen diese Beobachtung.[120]

(b) Forschungsberichte und Handbucharticel: „Die ‚Bürgerlichkeitsthese‘ wird als verbindlicher Erklärungsansatz in die Projekte einer Sozialgeschichte der Literatur aufgenommen. Die Problematik der These wird diskutiert, was die Aufmerksamkeit der Fachöffentlichkeit erhöht. Die Modifikation der Ausgangsthese (‚bürgerliche Mentalität‘) erhöht die Integrationskraft des Ansatzes und sichert – verbunden mit einer signifikanten Häufung

---

114 Vollhardt: Aspekte der germanistischen Wissenschaftsentwicklung (wie Anm. 2).

115 Ebd., S. 49 f.

116 Ebd., S. 51.

117 Niklas Luhmann: Selbststeuerung der Wissenschaft. In: N.L.: Soziologische Aufklärung 1. Aufsätze zur Theorie sozialer Systeme. 8. Aufl. Wiesbaden 2009, S. 291–316, hier S. 302.

118 Ebd., S. 302 f.

119 Vollhardt: Aspekte der germanistischen Wissenschaftsentwicklung (wie Anm. 2), S. 51 f.

120 Ebd., S. 53 f.

von Publikationen – der erfolgreicheren Variante des sozialgeschichtlichen Paradigmas bleibende Reputation. Der Verschiebung von der sozial- zur mentalitätsgeschichtlichen Fragestellung folgt seit den späten achtziger Jahren eine Entkoppelung der Empfindsamkeitsforschung von der auf das ‚Bürgertum‘ des 18. Jahrhunderts als sozialer Trägerschicht fixierten Ideen- und Literaturgeschichte.“[121]

(c) Rezensionswesen: „Die Fachkritik fordert von der Forschung seit ca. 1968 eine stärkere Berücksichtigung soziologischer Instrumentarien. Die ‚innerästhetischen‘ […] Forschungsansätze, die sich auf gattungstypologische, erzähltheoretische und motivgeschichtliche Fragestellungen beschränkten, erweisen sich zur Erklärung des übergreifenden Phänomens der Empfindsamkeit als ungenügend, ältere geistesgeschichtliche Erklärungsmuster (‚Irrationalismus‘) werden zurückgewiesen. Umstritten ist das Verhältnis der Empfindsamkeit zur Aufklärung bzw. zum Bürgertum.“[122]

Wie sich innerhalb einer solchen Gemengelage vermeintlich ‚neue‘ Wissensansprüche formieren und sich durch das Lancieren eines neuen Vokabulars scheinbar legitimieren, indes nicht zur (unmittelbaren) Klärung bestehender Forschungsprobleme beitragen, demonstrieren Danneberg und Vollhardt in der Analyse des Zusammenspiels von (a) Wissens-, (b) Fragen- und (c) Wertungskomponenten im Interpretationsgeschehen.[123] Interpretieren, so die leitende Annahme, heißt: Antworten auf Fragen finden. Antworten wiederum erheben den Anspruch, Wissen darzubieten. Es lassen sich dabei mit Blick auf die genannten Komponenten folgende Situationen unterscheiden: (a) Eine Frage erscheint als inakzeptabel und generiert neue Fragen, die sich auf einen problematisierten Wissensanspruch beziehen. (b) Ein Wissensanspruch wird als mögliche Antwort auf eine bestimmte Frage ausgewiesen und die Frage-Antwort-Beziehung auf diese Weise genauer charakterisiert. (c) Die Menge möglicher Antworten wird nach Kriterien strukturiert, wie etwa in der Sortierung nach Maßgabe akzeptabler oder ‚überzeugenderer‘ Antworten.[124] Überinterpretationen erweisen sich in dieser Perspektive gewissermaßen als Antworten auf unterdeterminierte Fragen. In der Regel heißt das: Es handelt sich um Fragen, die, gemessen am aktuellen Problemüberhang des Forschungsstandes, sachlich unmotiviert erscheinen. Danneberg und Vollhardt verfolgen exemplarisch den Prozeß der Aufweichung minimaler Bedingungen philologischer Rationalität, wie Kontinuität der Forschung, Anschließbarkeit der Ergebnisse, Bezugnahme auf das Fach und nachvollziehbare und überprüfbare Argumentation. Diese Kriterien verlieren auch in den Forschungen zur Empfindsamkeit zusehends an Geltung:

> Wie könnte es auch anders sein in einer Disziplin, die ‚Innovationen‘ gerade umgekehrt von einem Diskontinuität erzeugenden Wechsel der methodischen Konzepte, Gegenstände und Rahmentheorien erwartet. Auf Kontinuität zu setzen heißt dagegen, ein hohes Risiko des wissenschaftsstrategischen Scheiterns in Kauf zu nehmen. Gegebene Voraussetzungen eines Forschungsfeldes oder -problems zu akzeptieren, an die bisherige Forschung anzuschließen und dennoch in diesem Rahmen anerkannte innovative Ergebnisse zu erzielen, ist schwieriger und vor allem zeitraubender, als Voraussetzungen aufzugeben und neue einzuführen […].[125]

---

121 Ebd., S. 63.
122 Ebd., S. 71.
123 Vgl. Danneberg und Vollhardt: Sinn und Unsinn (wie Anm. 45).
124 Vgl. ebd., S. 36 f.
125 Ebd., S. 50 f.

Am Beispiel der Empfindsamkeitsforschung können die Verfasser zeigen, daß die Leistung der auf Diskontinuität bauenden, vorhandene Wissensbestände ignorierenden (oder durch ‚Theorie' verdrängenden) Innovationen verhältnismäßig einfach zu prüfen ist. Bei wissenschaftlichen Unternehmen, die auf die Anschließbarkeit ihrer Ergebnisse setzen, damit Erfolg haben und dennoch keinen realen Fortschritt erzielen, gelingt dies indes in aller Regel erst in der Retrospektive auf den wissenschaftlichen Forschungsverlauf: Hier erst erweist eine Problembearbeitung ihre ‚Zeitlosigkeit' in der Relation zu aktuellen Forschungen. Danneberg und Vollhardt exemplifizieren dies im Bezugspunkt des durch Sauder inaugurierten und der Disziplin zur weiteren Bearbeitung respektive Evaluierung überlassenen Forschungsproblems:

> Gleichwohl bildet sich die erfolgreichere Theorievariante um die Gleichung von {Aufklärung = Empfindsamkeit = Bürgertum}, deren Bedeutung durch allgemeinere, nicht epochengebundene Annahmen über historische Verläufe (Emanzipationsprozeß etc.) entschlüsselt wird. Die zur Stützung der Theorie notwendigen Variationen werden in den Komplex eingebaut und seine Stabilität durch die in der Fachöffentlichkeit hierfür vorgesehenen Publikationsformen (Literaturgeschichte, Handbucharitkel, Forschungsbericht) gesichert. Obwohl der von Sauder formulierte Ansatz eine beachtliche Integrationskraft zeigt – die literatursoziologische Ausgangsthese wird in das Konzept einer ‚bürgerlichen Mentalität' überführt –, bewahrt die ursprüngliche, Innovation verheißende These ihre Attraktivität für nachfolgende Publikationen; die in das Modell bereits eingebauten Korrekturen und Differenzierungen, durch die der Autor eine höhere Konsistenz der literarhistorischen Begriffs- und Theoriebildung anstrebt, werden ignoriert. Dieser erklärungsbedürftige Vorgang läßt sich bei zahlreichen Arbeiten der achtziger Jahre beobachten. Was ist der Grund dafür, daß ein zunächst als innovativ eingeschätzter, dann rasch als korrekturbedürftig und – fähig erkannter Forschungsansatz in seiner ursprünglichen, also nicht unsere Kenntnisse revidierenden oder erweiternden, sondern in einer den Fortschritt hemmenden Weise rezipiert wird?[126]

Sauders Arbeit aus dem Jahr 1974 hatte sich gezielt in die Kontinuität der Forschung gestellt. Sorgfältig hatte Sauder sich ‚genealogisch' rückversichert, die Problemgeschichte seines Gegenstandes präsent gehalten, um seine Lösung zu plausibilisieren. „In der Folge sind alle diese zunächst noch mitgesetzten ‚Unbekannten' aus der Gleichung Sauders herausgekürzt worden: Aufklärung konnte mit Empfindsamkeit und dem Emanzipationsstreben des Bürgertums gleichgesetzt werden, ohne daß noch lange Argumentationen notwendig erschienen – der Anschluß an die vorausgegangene Forschung bricht ab."[127] Die vermeintlich ‚innovativen' Beiträge zur Empfindsamkeitsforschung sind in der Regel dadurch charakterisiert, daß sie gegebene Voraussetzungen des Forschungsfeldes ignorieren bzw. sie im Rahmen der gesetzten theoretischen Annahmen als belanglose Wissensbestände erscheinen lassen – und: Auch die Frage eines möglichen Anschlusses an den eigenen Beitrag wird gänzlich offengelassen.[128]

---

126 Ebd., S. 52.
127 Ebd., S. 54.
128 Vgl. ebd., S. 68. – Gerhard Kaiser hat diese ‚Strategie' folgendermaßen beschrieben: „Problemlagen der bisherigen Forschung werden nicht aufgegriffen, sondern mit einem Gewaltstreich beiseitegeschoben, zugedeckt durch vermeintlich überlegene Ansätze, deren Überlegenheit vorwiegend

Für Gerhard Sauder, der sich differenziertere Anschlußforschungen sowie kontextuell stabilisiertere Ergebnisse als Reaktion auf sein Buch hätte erhoffen dürfen, lautete bereits 1994 ein vorläufiges Resümee: „Der Aufklärungsforschung scheint in der Tat ein wenig die Luft ausgegangen zu sein".[129] Sauder hat den Forschungsverlauf aufmerksam verfolgt und seine Beobachtungen dankenswerterweise im Jahr 2001 – nicht ohne Ironie – unter dem Titel „Empfindsamkeit. Tendenzen der Forschung aus der Perspektive eines Betroffenen" veröffentlicht.[130] Sorgfältig hat der Verfasser ein weiteres Mal seine Prämissen plausibilisiert, sich mit seinen Kritikern auseinandergesetzt, ‚neue' Ansätze eingehend gewürdigt und, wo es ihm geboten schien, Rechenschaft abgelegt. Sein Resümee fiel alles in allem verhältnismäßig positiv aus, wenngleich es sich nicht auf die von ihm der Forschung als Aufgabe übermittelte These von der ‚Bürgerlichkeit' der Empfindsamkeit bezieht, sondern auf die generell zu begrüßende Erhellung einer Vielfalt kontextueller Wissensbestände.

> Insgesamt hat die kontinuierliche Auseinandersetzung um das Verständnis von Empfindsamkeit in allen seit 1984 erschienenen Untersuchungen wichtige Beiträge zur Differenzierung geleistet. Sei es die genauere Beschreibung bürgerlicher Mentalität, der empfindsamen Kommunikation, der naturrechtlichen oder neologischen Fundierung des ‚moral sense' oder des Spektrums empfindsamer Kulturtechniken und der kulturellen Auswirkung von Schriftlichkeit: Die Einsprüche und Oppositionen gegen früher bezogene Positionen erweisen sich als fruchtbar.[131]

Zehn Jahre später indes muß Sauder anläßlich eines Bandes mit Vorträgen der Tagung „Gellert und die empfindsame Aufklärung. Wissens- und Kulturtransfer um 1750"[132] einigermaßen resigniert feststellen, daß die meisten Beiträge gewissermaßen in direkter Zusammenhangslosigkeit zum Thema Empfindsamkeit stehen. Der Gegensatz zwischen dem „neuesten Methodendesign und den bescheidenen Ergebnissen" stellt sich ihm dar als Zelebrierung hoher Ansprüche bei dürftigen Mitteln, so daß auch Sauder den oben beschriebenen Mangel an Kontinuität der Forschung konstatiert:

> In den meisten Aufsätzen wuchert ein neuer, keineswegs erkenntnisfördernder Jargon: Es wimmelt von ‚Transport' und ‚Transfer'-Aktionen, als befände man sich mit dem guten Gellert bei einer Spedition oder Bankfiliale. Dem Titel des Bandes zufolge dürften Aufschlüsse

---

darin besteht, daß sie nicht kritisch überprüft worden sind." Gerhard Kaiser: Zum Syndrom modischer Germanistik. Bemerkungen über: Klaus Scherpe, Werther und Wertherwirkung. [1971]. In: G.K.: Antithesen. Zwischenbilanz eines Germanisten 1970–1972. Frankfurt/Main 1973, S. 185–196, hier S. 186.

129 Siehe dazu das Interview mit Gerhard Sauder, S. 376–401, hier S. 399.

130 Vgl. Gerhard Sauder: Empfindsamkeit. Tendenzen der Forschung aus der Perspektive eines Betroffenen. In: Aufklärung 13 (wie Anm. 86), S. 307–338.

131 Ebd., S. 331. – Das Resümee erweckt den Anschein, als stelle Sauder die Position von Danneberg und Vollhardt (vgl. Anm. 86) grundsätzlich in Frage. Doch gilt es hier von den jeweils unterschiedlichen Konzepten für (innovative) Wissenschaftsentwicklung aus zu differenzieren: Danneberg und Vollhardt argumentieren für eine Steuerung der Wissensproduktion, für den Verzicht auf (nachweislich) nicht zielführende Varianten und für einen zügigen Ausbau der zu favorisierenden Position. Sauder dagegen überläßt die Wissensproduktion und -anwendung dem ungeregelten Diskurs und geht offenbar davon aus, daß sich der Prozeß der Ausdifferenzierung der definitiv validen Wissensbestände selbst organisiert.

132 Gellert und die empfindsame Aufklärung. Vermittlungs-, Austausch- und Rezeptionsprozesse in Wissenschaft, Kunst und Kultur. Hrsg. von Sibylle Schönborn und Vera Viehöver. Berlin 2009.

zur Empfindsamkeit zu erwarten sein. Aber weder in der Einleitung noch in den Beiträgen – mit Ausnahme von Dehrmann – wird auch nur einmal erklärt, was man darunter verstehen will. Ist es die diskursanalytische Empfindsamkeit Wegmanns oder die mediologische von Koschorke, auf die in einigen Fußnoten en passant hingewiesen wird? Die vom Rezensenten 1974 und zuletzt 2003 beschriebene Empfindsamkeit wird es nicht sein (*eine* Erwähnung). So bleibt die schöne Rede vom ‚empfindsamen Aufklärer‘ oder der ‚empfindsamen Anthropologie‘ meist ohne Textbasis und wird wie die Wissenskulturen einfach beschworen.[133]

2.1.2 Empfindsamkeitsforschung in der Deutschen Demokratischen Republik

Während ‚Empfindsamkeit‘ als einer der Leitbegriffe der Aufklärungsepoche in Westdeutschland seit Beginn der 1970er Jahre nicht länger ideengeschichtlich, etwa als Säkularisat des Pietismus oder als irrationalistische Strömung der Geistesgeschichte ausgelegt wurde, hat sich die DDR-Literaturwissenschaft von diesem Erklärungsansatz bis etwa zum Beginn der 1980er Jahre kaum gelöst. Ein entwickeltes und vermessenes Forschungsfeld Empfindsamkeit hat es (auch) in der DDR am Beginn der 1960er Jahre nicht gegeben. Orientiert man sich indes an der ersten Auflage (1986) des renommierten *Wörterbuchs der Literaturwissenschaft*, so ist der auffällige Befund festzuhalten, daß Gerhard Sauders Forschungsansatz – ‚mutatis mutandis‘ – am Ende des Untersuchungszeitraumes Eingang in die kodifizierende Literatur der DDR-Literaturwissenschaft gefunden hat. Was daran ‚befremdlich‘ erscheinen mag: „Interessanterweise deuten zunächst die Stellungnahmen der DDR-Literaturwissenschaftler auf eine Veränderung des Reputationskontextes im Bereich der Forschung zur Empfindsamkeit.“[134] Vollhardt bezieht sich dabei u. a. auf den Rezensenten Peter Weber (*1935), der sich als Verfasser einer Studie *Das Menschenbild des bürgerlichen Trauerspiels*[135] bereits zu Beginn der 1970er Jahre als exzellenter Kenner

133 Gerhard Sauder: [Rez.] Gellert und die empfindsame Aufklärung. Hrsg. von Sibylle Schönborn und Vera Viehöver. In: Monatshefte 103 (2011), H. 3, S. 446–450, hier S. 449 f. Der angeführte Beitrag von Mark-Georg Dehrmann: Moralische Empfindung, Vernunft, Offenbarung. Das Problem der Moralbegründung bei Gellert, Spalding, Chladenius und Mendelssohn. In: Gellert und die empfindsame Aufklärung (wie Anm. 132), S. 53–65. Die „mediologische“ Empfindsamkeit von Albrecht Koschorke: Körperströme und Schriftverkehr. Mediologie des 18. Jahrhunderts. München 1999. Koschorkes Arbeit wurde von Sauder ausführlich und sehr positiv besprochen; vgl. Sauder: Empfindsamkeit. Tendenzen der Forschung (wie Anm. 130), S. 325–330. Koschorkes Ansatz wurde aufgenommen von Ingo Berensmeyer: Empfindsamkeit als Medienkonflikt. Zur Gefühlskultur des 18. Jahrhunderts. In: Poetica 39 (2007), S. 397–422. Sauders Hinweis auf seine Publikation aus dem Jahr 2003 bezieht sich auf: Theorie der Empfindsamkeit und des Sturm und Drang. Hrsg. von Gerhard Sauder. Stuttgart 2003. Vgl. dazu auch: Gefühlskultur in der bürgerlichen Aufklärung. Hrsg. von Achim Aurnhammer u. a. Tübingen 2004, S. 1: „Die Erforschung der Empfindsamkeit und Gefühlskultur spiegelt den Methodenwandel der Germanistik wider, der zu einer kulturwissenschaftlichen Interessen- und Gegenstandserweiterung führte. […] und längst ist die Empfindsamkeitsforschung metatheoretisch selbst zum Gegenstand weiterreichender literaturwissenschaftlicher Debatten avanciert.“
134 Vollhardt: Aspekte der germanistischen Wissenschaftsentwicklung (wie Anm. 2), S. 74.
135 Peter Weber: Das Menschenbild des bürgerlichen Trauerspiels. Entstehung und Funktion von Lessings „Miß Sara Sampson“. Berlin 1970 (2. Aufl.: 1976); siehe dazu das Interview mit Peter Weber, S. 426–455.

der westdeutschen Forschungslandschaft ausgewiesen und damit dokumentiert hatte, wie
genau die DDR-Literaturwissenschaft in Ermangelung eines komplexen, die partikulären
Phänomene von ‚Empfindsamkeit' integrierenden Konzepts neue Entwürfe der westdeutschen Germanistik beobachtet hat.

Der Verlauf der Forschungen zur Empfindsamkeit in der DDR ist insgesamt gesehen
heterogen und wenig strukturiert zu nennen. Ihre Ansatzpunkte fanden diese Forschungen nicht in einer komplexen sozial- bzw. mentalitätsgeschichtlichen oder kulturwissenschaftlichen Grundannahme über Genese und Entwicklung der Empfindsamkeitsliteratur,
sondern in schematischen Zurechnungen marxistischer Ideologiekritik auf literarhistoriographisch begrenzte Areale, wie im folgenden exemplarisch an den Forschungsbeiträgen von Peter Müller, Peter Weber und Olaf Reincke zu demonstrieren ist. Eine problemorientierte Einführung in die zeit- und wissenschaftsgeschichtlichen Hintergründe
vermitteln die Überlegungen der Interviewpartner Hans-Dietrich Dahnke) und Martin
Fontius:

> Empfindsamkeit war ein untergeordneter Teilaspekt eines vielschichtigeren Zusammen-
> hangs, und bereits der Begriff wurde, soweit überhaupt, mit kritischer Distanz benutzt,
> weil er in die Nähe solcher Termini und Konzepte wie Gefühlskultur und Irrationalismus
> führte. Gegen sie gab es eine grundsätzliche, in der Frontstellung gegen die bürgerliche
> Geistesgeschichte begründete Abwehrhaltung, denn mit ihnen verband sich nach dama-
> ligem Verständnis – und sicher auch aus heutiger Sicht zu Recht – eine antiaufklärerische
> Position, die Tendenz zu einer Aufspaltung der Aufklärungsbewegung. Wenn dann gar
> noch der Aspekt Präromantik ins Spiel kam, war die Ablehnung radikal.[136]

Zum näheren Verständis dieser von Dahnke in einer bereits sehr synthetisierten Form vorgetragenen Position gehört die terminologische Rückversicherung bei älteren Forschungsansätzen, wie sie etwa von Wilhelm Dilthey (1833–1911) und Rudolf Unger (1876–1942), in
der Geschichtswissenschaft hauptsächlich von Friedrich Meinecke (1862–1954), repräsentiert wurden und – ‚grosso modo' – das 18. Jahrhundert in zwei einander ausschließende
geistes- bzw. literaturgeschichtliche Epochen gliederten: rationalistische Aufklärung auf
der einen und antiaufklärerische, irrationalistische bzw. subjektivistische Präromantik auf
der anderen Seite. Zwei Elemente sind zum angemessenen Verständnis zu akzentuieren:
Der historische Ursprung der Präromantik wurde im Pietismus verortet, und ihre historische Funktion wurde als Ablösung der rationalistischen Aufklärung in der zweiten Hälfte
des 18. Jahrhunderts definiert. Die korrespondierenden Forschungsansätze zum „préromantisme" in Frankreich beriefen sich hauptsächlich auf Rousseau und den Rousseauismus
als eine neben der Aufklärung existente und schließlich gegen deren Rationalismus oppo-
nierende Strömung, Bewegung bzw. Tendenz.[137] Diesem bis in die 1950er Jahre dominierenden Ansatz war, wie Martin Fontius erläutert, von Werner Krauss

> methodologisch das geschichtliche Selbstbewußtsein der Aufklärungsbewegung als ent-
> scheidendes Kriterium entgegengestellt und 1955 in den *Grundpositionen der franzö-
> sischen Aufklärung* stark gemacht worden. Aus diesem Ansatz ergab sich dann für die
> Entwicklung in Deutschland, daß auch die Bewegung des Sturm und Drang als integraler

---

136 Siehe dazu das Interview mit Hans-Dietrich Dahnke, S. 218–254, hier S. 236.
137 Vgl. Winfried Schröder: [Art.] Präromantik. In: Wörterbuch der Literaturwissenschaft. Hrsg. von
     Claus Träger. 2. Aufl. Leipzig 1986, S. 410.

Bestandteil der deutschen Aufklärung zu sehen war, und nicht nur als die Vorbereitung zur Klassik. So gesehen, war die Empfindsamkeit ein durch die Präromantiktheorie okkupiertes Phänomen, das durch die tiefer ansetzende Frage nach der Mittelalterrezeption in der Aufklärung und in der Romantik in den Hintergrund rückte.[138]

Anfang 1964, als der Literaturwissenschaftler Peter Müller aus der zweiten Generation der Scholz-Schüler[139] seine Dissertation *Zeitkritik und Utopie in Goethes Roman „Die Leiden des jungen Werthers"*[140] bei der Philologischen Fakultät der Humboldt-Universität zu Berlin einreichte, hatte sich dieser von Krauss inaugurierte Wissensanspruch verfestigt. Vom kritikstrategischen Standpunkt einer ‚immanenten Forschungslogik' aus betrachtet, bot Müllers Ansatz also auf dieser Linie Angriffsfläche. Müller war sich dessen bewußt, wie aus seinen Erläuterungen zum Terminus bzw. Problemfeld Empfindsamkeit hervorgeht. Er hielt den Terminus für unzureichend, das Phänomen des Sturm und Drang adäquat zu erfassen bzw. die „gravierenden Differenzen zu Anakreontik und Aufklärung" zu fixieren:

---

138 Siehe dazu das Interview mit Martin Fontius, S. 255–270, hier S. 261 f., sowie Werner Krauss: Zur Periodisierung der Aufklärung. In: Grundpositionen der französischen Aufklärung. Hrsg. von W. K. und Hans Mayer. Berlin 1955, S. VII–XVI.

139 Gerhard Scholz (1903–1989) war einer der einflußreichsten und wirkungsmächtigsten Literaturwissenschaftler in der Gründungsphase der DDR-Germanistik. Er galt als „Pionier der Germanistik der DDR". Aus der sogenannten Scholz-Schule gingen – außer Peter Müller – hervor: Edith Braemer, Knut Borchardt, Inge Diersen, Horst Eckert, Hans-Jürgen Geerdts, Manfred Häckel, Gerhard Hartwig, Horst Haase, Rosemarie Heise, Manfred Jelenski, Lore Kaim, Gerhard Kaiser, Eva Kaufmann, Hans Kaufmann, Leonore Krenzlin, Erich Kühne, Eva-Maria Nahke, Heinz Nahke, Ursula Püschel, Olaf Reincke, Dieter Schiller, Dieter Schlenstedt, Silvia Schlenstedt, Heinz Stolpe, Elisabeth Stoye-Balk, Siegfried Streller, Hans-Günther Thalheim, Hedwig Voegt, Frank Wagner, Peter Weber, Ursula Wertheim und Günther Wirth; vgl. Ursula Wertheim: Die marxistische Rezeption des klassischen Erbes. Zur literaturtheoretischen Position von Gerhard Scholz. In: Positionen. Beiträge zur marxistischen Literaturtheorie in der DDR. Hrsg. von Werner Mittenzwei. Leipzig 1969, S. 473–527; Studien zur Literaturgeschichte und Literaturtheorie. Gerhard Scholz anläßlich seines 65. Geburtstages gewidmet von Schülern und Freunden. Hrsg. von Hans-Günther Thalheim und Ursula Wertheim. Berlin 1970; Eva-Maria Nahke: [Art.] Scholz, Gerhard. In: Internationales Germanistenlexikon 1800–1950. Hrsg. und eingel. von Christoph König. Bd. 3. Berlin und New York 2003, S. 1649–1651; Leonore Krenzlin: Gerhard Scholz und sein Kreis. Bemerkungen zu einem unkonventionellen Entwurf von wirkender Literatur und Literaturwissenschaft. In: Gerhard Scholz und sein Kreis. Zum 100. Geburtstag des Mitbegründers der Literaturwissenschaft in der DDR. Beiträge eines Kolloquiums. Berlin 2004 (Pankower Vorträge, H. 63), S. 5–26; Reinhard Hahn: „Sein Einflußpotential bestand in seinen Schülern": Gerhard Scholz und sein Kreis. Zur Schulenbildung in der Germanistik der DDR. In: Jahrbuch für Universitätsgeschichte 12 (2009), S. 133–156; Ralf Klausnitzer: „So gut wie nichts publiziert, aber eine ganze Generation von Germanisten beeinflußt". Wissenstransfer und Gruppenbildung im Kreis um Gerhard Scholz (1903–1989). In: Zeitschrift für Germanistik, N. F. 20 (2010), S. 339–368. Siehe dazu ferner die Interviews mit Hans-Dietrich Dahnke (S. 218–254, hier S. 232–235), Martin Fontius (S. 255–270, hier S. 262, 264 f.), Peter Müller (S. 359–375, hier S. 359–365), Peter Weber (S. 426–455, hier S. 428 f., 432–436) und Claus Träger (315–332, hier S. 315 f.).

140 Peter Müller: Zeitkritik und Utopie in Goethes Roman „Die Leiden des jungen Werthers". Analyse zum Menschenbild der Sturm- und Drang-Dichtung Goethes. Phil. Diss. Humboldt-Universität zu Berlin. Berlin 1965.

Wenn man Empfindsamkeit als Realisierung der Empfindungen, als empfindungsgegründetes Leben begreift, so gilt das gleichermaßen für Anakreontik und Sturm und Drang, erfaßt also keineswegs das Charakteristische des *Werther* und der frühen Goethe-Lyrik. […]
Daß der Terminus Empfindsamkeit in der Aufklärungs- und Sturm-und-Drang-Forschung
der DDR nicht zum Zuge kam, lag weniger an der Furcht vor dem Irrationalismus als in der
Unbrauchbarkeit dieses Begriffes, die von Herder entwickelte Konstellation ,Erkennen und
Empfinden' zu erfassen, solche literarischen Figuren wie Faust, Werther, Prometheus und
andere adäquat zu analysieren.[141]

Ende 1965 hatte Peter Müller seine Arbeit erfolgreich verteidigt. Nichts deutete zum damaligen Zeitpunkt darauf hin, daß nicht wissenschaftlich-terminologische bzw. litera-
turhistoriographische Wissensansprüche, sondern politisch-ideologische Konstellationen
diesen Beitrag zur Empfindsamkeitsforschung, genauer: seinen Verfasser nachhaltig belasten sollten. Die zeitliche Differenz zwischen Einreichung und Verteidigung hatte ursächlich nichts mit kritischen Einwänden zu tun. Der Zweitgutachter Gerhard Scholz, der
für die Verzögerung verantwortlich war, hatte „magna cum laude" beurteilt, Hans-Günther Thalheim, der Erstgutachter, hatte „summa cum laude" erteilt. Die Buchfassung der
Dissertation erschien 1969 unter dem Titel *Zeitkritik und Utopie in Goethes „Werther"*
in der von Hans Kaufmann (1926–2000), Gerhard Scholz und Hans-Günther Thalheim
(*1924) herausgegebenen Reihe *Germanistische Studien*.[142] Auch diese Verzögerung stellt
kein Indiz für ,parteioffizielle' Bedenken oder Einwände dar, sondern war durchaus nicht
ungewöhnlich bei der Publikation wissenschaftlicher Arbeiten, hinter denen nicht ein un-
mittelbares, aktuelles politisches Interesse stand, und genau dieses Interesse stand eben
nicht hinter Müllers Arbeit. Diese Erläuterung von Hans-Dietrich Dahnke ist insofern aufschlußreich, als Müllers Arbeit dennoch, und zwar bereits vor ihrem Erscheinen, erheb-
liches öffentliches Aufsehen erregte. Der Verfasser hatte, nach eigener Aussage, seinen
Gegenstand einerseits bewußt ,textzentriert' konstituiert, d. h. ungeachtet eines am Ende
der 1960er Jahre auch in der DDR bereits erweiterten Literaturbegriffs „an der schönen
Literatur als Analysegegenstand" festgehalten.[143] Andererseits hatte er – hierin dem Beispiel Gerhard Scholz' folgend – durch seine starke Akzentuierung des Sturm und Drang
die ideologisch dominante Position der Aufklärungsepoche ernsthaft in Frage gestellt
und somit Raum geschaffen für die naheliegende Vermutung, er betrachte diese als „geschichtlich überholt".[144] Die Druckfassung folgt dem Dissertationsmanuskript; lediglich
der Teil über Karl Wilhelm Jerusalem (1747–1772) sollte auf Wunsch des Verlages Rütten & Loening aus Platzgründen ausgespart bleiben: Das Manuskript umfaßte (auf Druckseiten umgerechnet) etwa 700 Seiten. Peter Müller: „In der Grundlinie sind also Buch
und Dissertation identisch."[145] Inhaltlich folgt Müller der Grundidee, Goethes Briefroman weniger in einem expliziten und literaturgeschichtlich klar umrissenen Kontext der
Empfindsamkeit zu erörtern, sondern zunächst und vor allem mit Bezug auf das Problem
der Selbstverwirklichung des Individuums in der sich formierenden bürgerlichen Gesell-

---

141   Siehe das Interview mit Peter Müller, S. 359–375, hier S. 363.
142   Peter Müller: Zeitkritik und Utopie in Goethes „Werther". Berlin 1969.
143   Siehe dazu das Interview mit Peter Müller, S. 359–375, hier S. 370.
144   Siehe dazu das Interview mit Martin Fontius, S. 255–270, hier S. 262–265.
145   Siehe dazu das Interview mit Peter Müller, S. 359–375, hier S. 368.

schaft. Öffentlichkeitswirksam – und kritikanfällig – wurde dieser Ansatz, der von Studierenden der Literaturwissenschaft vorab durch Vorlesungen und Seminare rezipiert worden war, im November 1967 durch eine Umfrage unter Schülern, Studenten und jungen Intellektuellen über die Aktualität des Werther-Problems.[146] Das Thema erhielt dadurch eine politisch brisante „aktuelle Zuschärfung und Placierung", die, wie Hans-Dietrich Dahnke sich erinnert,

> die Verbindung zwischen Vergangenheit und Gegenwart, zwischen dem Schicksal Werthers und dem Spannungszustand zwischen Utopie und Wirklichkeit im Sozialismus, speziell in Hinsicht auf die Persönlichkeit, die Individualität, herstellte. An diesem Punkt muß man ansetzen, […]. Ähnlich wie in damaligen Werken der DDR-Literatur wurde die kritische Frage nach dem Schicksal der Individualität gestellt beziehungsweise die Kritik über die poetische Konfiguration vermittelt. Es ging um das autonome, sich selbst bestimmende Subjekt, das sich, ermuntert durch den Anspruch der Überführung der Utopie in die Wirklichkeit, mit der Gesamtgesellschaft in Übereinstimmung finden möchte, dem das aber gerade verwehrt wird.[147]

Zu berücksichtigen gilt es im zeitgeschichtlichen Kontext ferner, daß Müllers Buch nach dem 11. Plenum des Zentralkomitees der SED sowie nach den Ereignissen um den „Prager Frühling" erschienen war.[148] „Peter Müller geriet mit seinem Buch mitten in diese

---

146 Die Umfrage und mehrere Beiträge zur Dissertation und zu ihrem Verfasser erschienen in der Wochenzeitung des Kulturbundes *Der Sonntag* (Nr. 48 vom 26. November 1967), S. 3–8. Die vollständigen bibliographischen Angaben finden sich in den Interviews mit Hans-Dietrich Dahnke (S. 218–254, hier S. 249) und Peter Müller (S. 359–375, hier S. 368).

147 Siehe dazu das Interview mit Hans-Dietrich Dahnke im vorliegenden Band, S. 218–254, hier S. 249. Hans-Dietrich Dahnke hat dem Herausgeber freundlicherweise das Manuskript seiner autobiographischen Aufzeichnungen zur Verfügung gestellt. Zu den Ereignissen um die Arbeit von Peter Müller heißt es darin: „Müller hatte am literaturhistorischen Gegenstand tatsächlich wichtige, ja grundsätzliche Probleme der gegenwärtigen Realität zur Sprache gebracht. Es ging ihm um die Frage geschichtlicher Realisierbarkeit der Utopie menschlicher Selbstverwirklichung. Mit entschiedener Konsequenz war – in weitgehender und dadurch problematischer Identifizierung des Dichters Goethe mit seinem Romanhelden – die Frage der ‚Modernität' an Werthers Naturbeziehung und Individualitätsstreben festgemacht. Beides hing in dieser Sicht untrennbar zusammen: Natur stand der Unnatur der gegebenen gesellschaftlichen Verhältnisse, in die sich zu fügen Werther weder fähig noch bereit war, positiv entgegen, und die Entfaltung der eigenen Individualität wurde zur Bürgschaft für die Selbstverwirklichung. Indem dieses Konzept den Kern eines neuartigen Moderne-Begriffs bildete, schlug es eine Brücke zwischen der im Roman gestalteten historischen Zeitebene und der unmittelbaren sozialistischen Gegenwart und Zukunft. Werther wurde zum Protagonisten des Kampfes um radikale Selbstbefreiung der Menschheit, der, in seinem Streben bis zum tragischen Ende ungebrochen, auf seiner geschichtlichen Entwicklungsstufe zwar scheiterte, aber ungeachtet dessen zur Identifikationsfigur für gegenwärtige und künftige Menschen werden konnte." Hans-Dietrich Dahnke: Autobiographische Aufzeichnungen (S. 24).

148 Das 11. Plenum des Zentralkomitees der SED fand im Dezember 1965 statt und unterzog faktisch das gesamte aktuelle Kunstschaffen in der DDR einer rigiden dogmatischen Kritik. Die Materialien sind veröffentlicht in der Broschüre: Bericht des Politbüros an die 11. Tagung des Zentralkomitees der SED, 15. bis 18. Dezember. Berichterstatter war Erich Honecker. Berlin 1966. Im Gefolge der Unterdrückung des sogenannten Prager Frühlings wurden die politisch-ideologischen Krisenprobleme der sozialistischen Entwicklung von Partei- und Staatsseite noch

Geschichte hinein, und es gehörte auch tatsächlich genau in diesen Zusammenhang hinein."[149] In seinen autobiographischen Aufzeichnungen analysiert Dahnke die damalige Situation:

> Die Reaktion der politischen Instanzen, nicht nur in der DDR, sondern in allen involvierten sozialistischen Ländern, auf die Krise in der Tschechoslowakei beschränkte sich natürlich nicht auf das militärische und politische Eingreifen. Konsequent im Sinne damaliger marxistisch-leninistischer Ideologiepolitik wurde die Aufmerksamkeit auf die vermeintlichen Ursachen der Fehlentwicklung, will sagen: auf die Denkweisen, Überzeugungen, Intentionen der Menschen und natürlich besonders der Intellektuellen gerichtet. Da ging es keineswegs nur um direkte feindliche Gegenpositionen. Nicht nur nicht erwünscht, sondern als störend und subversiv empfunden und entschieden zurückgewiesen wurden kritische Stimmen, die sich auf die – ironischerweise in Agitation und Propaganda bis zum Exzeß verkündeten – hehren Zukunftsideale beriefen und an ihnen die enttäuschende Gegenwart der sozialistischen Verhältnisse maßen. Gewiß nicht unnormal war, daß überholte politische Zielstellungen und Losungen aufgegeben wurden; sie wurden, auch das üblich, freilich zumeist durch ähnlich großsprecherisch-illusionäre Programme ersetzt. In dieser Hinsicht war den DDR-Bürgern bereits in den fünfziger und sechziger Jahren nicht wenig zugemutet worden. Jetzt ging es offenbar darum, die Anstrengungen der gesamten Gesellschaft und jedes einzelnen ihrer Mitglieder noch intensiver als ohnehin auf die Bewältigung der Tagesaufgaben zu richten. Zwar wurde dabei auf die Beschwörung großartiger Vorgaben für eine erwiesenermaßen ferne Zukunft überhaupt nicht verzichtet, aber es ging um die Akzeptanz einer Gegenwart, die, gemessen an den großen Idealen – und im übrigen auch konfrontiert mit den Errungenschaften des westdeutschen Wirtschaftswunders –, weit hinterher hinkte. Angesichts der tiefen Kluft zwischen Ideal und Wirklichkeit, ideologischer Propaganda und alltäglicher Praxis, deutlich sichtbar und erfahrbar für alle, sollten die Intellektuellen, die Schriftsteller und Künstler ebenso wie die Wissenschaftler der Politik unmittelbar helfen, sie sollten, statt die Defizite der Realität öffentlich wahrnehmbar und allgemein bewußt zu machen, gleichsam als Agitatoren und Propagandisten aktiv voranschreitend mitwirken. Aber immer wieder dominierte, zumal in den besten und wirksamsten Werken der Literatur und Kunst, eine kritische Haltung, die sich in der ganzen Bandbreite zwischen resignativ-elegischen und aggressiv-anklagenden Tendenzen entfaltete. Dagegen richtete sich der Zorn der politischen Instanzen. In diesem Sinne war bereits das berüchtigte 11. Plenum des Zentralkomitees Ende 1965, ursprünglich als reines Wirtschaftsplenum geplant, in letzter Minute zu einem ideologischen und kulturpolitischen Scherbengericht, zu einem radikalen Rundum- und Vernichtungsschlag gegen die in kritischer Hinsicht weitgehendsten und innovativsten Positionen in Literatur und Filmwesen umfunktioniert worden. Nachdem die Avantgarde der tschechoslowakischen Intellektuellen, zumindest nach der Meinung der parteioffiziellen Politiker und Ideologen, vom sozialistischen Weg abgefallen war und ihr Land nahezu in den Abgrund gestürzt hatte, galt es dafür Sorge zu tragen, daß

---

entschiedener als zuvor einer öffentlichen Diskussion entzogen. Interessant sind in diesem Zusammenhang die unterschiedlichen Wahrnehmungen und Einschätzungen der dazu befragten Interviewpartner; siehe dazu die Interviews mit Hans-Dietrich Dahnke (S. 218–254, hier S. 237 f.), Martin Fontius (S. 255–270, hier S. 257), Eberhard Lämmert (S. 271–298, hier S. 292), Gert Mattenklott (S. 561–589, hier S. 567), Peter Müller (S. 359–375, hier S. 368 f., 371), Klaus-Georg Popp (S. 607–626, hier S. 611–613), Heinrich Scheel (S. 665–691, hier S. 675–677), Claus Träger (S. 315–332, hier S. 317–319) und Peter Weber (S. 426–455, hier S. 431 f.).

149 Siehe dazu das Interview mit Hans-Dietrich Dahnke, S. 218–254, hier S. 249.

sich in der DDR solche Tendenzen nicht entfalten konnten. Das bestimmte seit dem Herbst 1968 dezidiert die Intentionen und Maßnahmen der politisch-ideologischen Arbeit in allen Partei- und Staatsorganen.[150]

Daß Peter Müller in die Schußlinie fundamentaler ideologischer Kritik geriet, ist vor diesem Hintergrund mehr als verständlich: Hans-Dietrich Dahnke perspektiviert treffend die politischen Spielräume, wenn er darauf hinweist, daß Müllers *Werther*-Interpretation ein „radikales Beispiel von Individualitätsanspruch gegenüber einer gesellschaftlichen Realität" vorführte, „die nicht nur gleichsam versteinert in sich ruhte, sondern auf das emanzipatorische Streben des Helden mit Unverständnis und Feindseligkeit antwortete und zum Scheitern brachte".[151] Dahnke erläutert weiter, daß Müllers Argumentation sich zwar durchaus eindeutig auf die Durchsetzung eines revolutionären neuzeitlichen Persönlichkeitsideals gegenüber der feudalabsolutistischen Gesellschaft der Werther-Zeit bezog; doch zugleich war diese Argumentation „auf theoretischen Prämissen aufgebaut, die eine anhaltende Gültigkeit, vor allem in der engen Beziehung der humanen Existenz auf die menschliche Natur sowie in der Einbindung in ein übergreifendes Moderne-Verständnis, nicht zuletzt für die Gegenwart der sozialistischen Gesellschaft im 20. Jahrhundert nahelegten".[152] Eben diese – wenngleich weitgehend inhärent bzw. immanent angelegte – Tendenz war durch die oben erwähnte Befragung von Studierenden manifest geworden, und dies wiederum verursachte eine ideologische Debatte, die sich bis zur politischen Disqualifizierung und Bestrafung Peter Müllers intensivierte.

Müller selbst rief in der Retrospektive des Interviews einen weiteren Aspekt ins Bewußtsein:

> Die Resonanz unter den Befragten war lebhaft, wobei sich hinter dem Stichwort Werther-Problem Fragen der Individualitätsentwicklung der jungen Leute verbargen. Das hat wohl die Aufmerksamkeit auf das *Werther*-Buch gelenkt, das dann 1969 erschien und heftige Äußerungen hervorrief, die natürlich auch auf das bereits 1968 publizierte Buch von Christa Wolf *Nachdenken über Christa T.*[153] reagierten, andererseits wiederum nur Teil einer internen Diskussion unter Juristen, Philosophen und Germanisten über das Problem der Selbstverwirklichung war. Plenzdorfs *Die neuen Leiden des jungen W.*[154] brachte dieses Problem dann Anfang der 1970er Jahre erneut öffentlich zur Sprache, signalisierte also ein größeres gesellschaftliches Problem.[155]

In der Konsequenz der Debatte[156] hatte Peter Müller sich schließlich im Rahmen eines Parteiverfahrens zu verantworten.[157] Hans-Dietrich Dahnke erinnert sich:

---

150 Dahnke: Autobiographische Aufzeichnungen (wie Anm. 147), S. 25 f.

151 Ebd., S. 27.

152 Ebd.

153 Christa Wolf: Nachdenken über Christa T. Halle 1968.

154 Ulrich Plenzdorf: Die neuen Leiden des jungen W. Rostock 1973.

155 Siehe dazu das Interview mit Peter Müller, S. 359–375, hier S. 368 f..

156 Siehe dazu Hans Kortum und Reinhard Weisbach: Unser Verhältnis zum literarischen Erbe. Bemerkungen zu Peter Müllers „Zeitkritik und Utopie in Goethes ‚Werther'". In: Weimarer Beiträge 16 (1970), H. 5, S. 214–219; Rita Schober: Unser Standpunkt. In: Weimarer Beiträge 16 (1970), H. 7, S. 5–9; Hans-Georg Werner: [Rez.] Peter Müller, Zeitkritik und Utopie in Goethes „Werther". In: Weimarer Beiträge 16 (1970), H. 7, S. 193–199.

157 Hans-Dietrich Dahnke hielt es ebenfalls nicht für zufällig, „daß das Parteiverfahren gegen Peter

Die Fakten, die ich den Terminnotaten in meinen Jahreskalendern entnehmen kann, verweisen eindeutig darauf, daß es zum Jahresende 1969 hin bereits auffallend viele Diskussionen und Beratungen zu dem Buch gab, daß diese aber sich zu Anfang 1970 in einem Maße häuften, das hätte mehr aufmerken lassen müssen. Mehr noch freilich war es die Veränderung der Austragungsebenen für diese Debatten, die für sich sprach. Es ging nicht mehr nur um innerwissenschaftliche Kreise, sondern plötzlich waren alle möglichen politischen Leitungsinstanzen an der Universität und darüber hinaus, bis hoch zum Zentralkomitee und zum Hochschulministerium, mitbeteiligt oder sogar die Hauptveranstalter, und diese waren dann, wie das so üblich war, auch zumeist nicht mehr die Einladenden, sondern die Beordernden.[158]

Für eine umfassendere und detailliertere Darstellung der Vorgänge sei auf die ausführlichen Erörterungen sowie auf die entsprechenden bibliographischen Hinweise in den Interviews mit Peter Müller, Hans-Dietrich Dahnke und Peter Weber verwiesen. Eine *wissenschaftliche* Auseinandersetzung mit Müllers These (Überakzentuierung des Sturm und Drang gegenüber der Aufklärung), wie sie möglicherweise der Rezensent und Krauss-Schüler Hans Kortum (1923–1997) beabsichtigt hatte, wurde unter den obwaltenden Umständen zunehmend erschwert, wie Peter Weber zu verstehen gab: „Dann kam also diese Diskussion in der Partei, und damit war eine wissenschaftliche Auseinandersetzung um die Sache selbst gar nicht mehr möglich. Es war eigentlich bloß die Frage: Prügelt man auf Müller, oder prügelt man nicht auf Müller?"[159] Auch Martin Fontius' Aussage konturiert den politisch-ideologischen Kontext der Ereignisse um Peter Müllers Arbeit *Zeitkritik und Utopie in Goethes „Werther"* und liefert weitere Antworten auf die Frage, warum die Debatte um Müllers Buch für die Empfindsamkeitsforschung letztlich folgenlos geblieben ist: „Signifikant an der Rezension ist aber vor allem der Ort: Sie erschien in dem Heft der *Weimarer Beiträge*, in dem sich das neu gegründete Zentralinstitut für Literaturgeschichte an der Akademie der kulturpolitischen Öffentlichkeit präsentierte,[160] und sie war dort die einzige Polemik. Der neugewählte Parteisekretär des Instituts polemisierte gegen einen Vertreter der jüngeren Scholz-Schule, der gegenüber auch der Gründungsdirektor Werner Mittenzwei in unverhohlener Distanz stand. Wenn man so will, sollte eine Veränderung der Kräfteverhältnisse gezeigt werden."[161]

Peter Müller hat sowohl die in seiner Dissertation vorgelegten Thesen in der publizierten Fassung inhaltlich wiederholt[162] als auch gegenüber Werner Krauss und seinen Schülern

---

Müller zusammen mit den Parteiverfahren gegen Inge Diersen und Sigrid Töpelmann lief, denen ein unkritisches Verhalten gegenüber Christa Wolfs ‚Nachdenken über Christa T.' vorgeworfen wurde"; siehe dazu das Interview mit Hans-Dietrich Dahnke, S. 218–254, hier S. 249. Zu Inge Diersen siehe Dorit Müller: Die Erzählforscherin Inge Diersen (1927–1993). Ein Beitrag zur Konfliktgeschichte der DDR-Germanistik. In: Zeitschrift für Germanistik, N.F. 20 (2010), H. 2, S. 369–387.

158 Dahnke: Autobiographische Aufzeichnungen (wie Anm. 147), S. 25.

159 Siehe dazu das Interview mit Peter Weber, S. 426–455, hier S. 450.

160 Vgl. Werner Mittenzwei: Aufgaben und Auftrag des Zentralinstituts für Literaturgeschichte. In: Weimarer Beiträge 16 (1970), H. 5, S. 10–30.

161 Siehe dazu das Interview mit Martin Fontius, S. 255–270, hier S. 263.

162 Vgl. die „Vorbemerkung" in Peter Müller: Zeitkritik und Utopie in Goethes „Werther". 2., überarb. Aufl. Berlin 1983: „Die erste Auflage des Buches ist 1969 erschienen. Seitdem sind beachtliche

die aus der Scholz-Schule stammende Fokussierung auf den Sturm und Drang beibehalten. Anzumerken bleibt, daß sich an Müllers Buch darüber hinaus eine Debatte mit dem westdeutschen Literaturwissenschaftler Klaus Rüdiger Scherpe entzündete, die mittlerweile als „Müller-Scherpe-Kontroverse" Gegenstand der fach- und rezeptionsgeschichtlichen Forschung geworden ist.[163]

> Es fehlt in der Auflage von 1983 kein Jota von der ursprünglichen Analyse der Werther-Figur und meiner ursprünglichen Sicht auf sie, hinzugekommen ist die für einen sozialgeschichtlich Arbeitenden wünschenswerte Erhellung der Wechselwirkung von großen sozialen Umbrüchen und literarischen Themen und Motiven. Dies war für mich notwendig, um die mir von Weisbach und Kortum angelastete Überbewertung der Rolle des Individuums im historischen Prozeß für ein marxistisches Literaturkonzept zurückweisen zu können, aber auch um die bei Klaus Scherpe bemerkte Distanz zum Goetheschen Individualitätskonzept in das für mich richtige Licht zu stellen.[164]

1978 gab Müller (gemeinsam mit Hans-Dietrich Dahnke) flankierend eine zweibändige Ausgabe mit Schriften des Sturm und Drang heraus. In der ausführlichen Einleitung macht er erneut auf die „Eigenart und Leistung dieser Literatur" aufmerksam.[165] Dies nicht ohne Grund: Die Bemerkung richtete sich gegen die Kritik von Martin Fontius, dem es ebenfalls um die Bewertung des erkenntnisstiftenden Potentials der Literatur der sogenannten Genie-Periode ging. Fontius' Kritik war unmißverständlich; er forderte eine differenziertere historische Analyse als diejenige der beiden Herausgeber des Auswahlbandes *Frankfurter Gelehrte Anzeigen 1772*: „[...] wenn nur die Projektion der Probleme unserer Zeit in die Vergangenheit etwas anderes als Konfusion stiften würde!" – So verlieh der Rezensent

---

gesellschaftliche Wandlungen zu verzeichnen, habe ich wissenschaftliche und persönliche Erfahrungen gesammelt, die Akzentsetzungen und genauere Zuordnungen verlangen. Die Grundlinie des Buches ist mir nicht in Frage gestellt worden. Der vorliegende Text versucht, in den Grenzen einer Überarbeitung des ursprünglichen Manuskriptes genauer zu historisieren. Es waren vor allem die Voraussetzungen ins Blickfeld zu ziehen, die für die Genesis von Werk, Problem und Wirkung bestimmend waren. Hierin eingeschlossen ist auch das angestrengte Nachdenken über die ästhetischen Voraussetzungen dafür, daß sich von allen Werken Goethes dieser Roman über Jahrhunderte hinweg die lebendigste Wirkung erhalten hat und besonders für die junge Generation immer aufs neue Medium widerspruchsgeladener Welterfahrung gewesen ist."

163 Siehe dazu die Interviews mit Peter Müller (S. 359–375, hier S. 374 f.) und Klaus R. Scherpe (S. 692–712, hier S. 702, 710–712); ferner Karl Robert Mandelkow: Goethe in Deutschland. Rezeptionsgeschichte eines Klassikers. Bd. 2. 1919–1982. München 1989, S. 242 f.; Bingjun Wang: Rezeptionsgeschichte des Romans „Die Leiden des jungen Werther" von Johann Wolfgang Goethe in Deutschland seit 1945. Frankfurt/Main u. a. 1991, S. 85–95.

164 Siehe dazu das Interview mit Peter Müller, S. 359–375, hier S. 370. Ein Vergleich zeigt gleichwohl abweichende Nuancen in der zweiten Auflage. So ist 1983 nicht mehr vom „anthropologisch-weltanschaulichen Profil des modernen Menschen", sondern lediglich von den „Eigenarten des modernen Menschen" die Rede. Darüber hinaus hat Müller vor das Kapitel über die „Eigenarten des modernen Menschen" einen Abschnitt „Konflikte des Epochenübergangs" gestellt. An die Stelle des „totale[n] Mensch[en]" ist schließlich der „harmonisch ausgebildete Mensch" als „Aufgabe von Werthers Gegenwart" getreten. Es bleibt unklar, ob und inwieweit diese Änderungen den beschriebenen Ereignissen zu Beginn der 1970er Jahre geschuldet sind.

165 Sturm und Drang. Weltanschauliche und ästhetische Schriften. Hrsg. von Peter Müller. 2 Bde. Berlin und Weimar 1978, Bd. 1, S. XI–CXXIV, hier S. XII.

seinem Unmut Ausdruck[166] und monierte darüber hinaus: Bei der Darlegung des Inhalts der in den *Frankfurter Gelehrten Anzeigen* entwickelten Programmatik könne er den Herausgebern „nur bedingt Gefolgschaft leisten". Problematisch erscheine ihm, „daß ‚der empfindende Mensch als Zentrum des Menschenbilds' aus Gegensatz und Überwindung der ‚nivellierenden Wirkung' der feudalen Ständegesellschaft begriffen werde: „[...] – diese Theorie signalisiert die Emanzipation des bürgerlichen Individuums, aber sie erklärt sie uns nicht." Fontius hielt dagegen: „Gezeigt werden müßte, wie das bürgerliche Individuum durch den Prozeß der Emanzipation eine neue Sensibilität erwirbt und zu erwerben gezwungen war."[167]

Eben diese Forderung nach einer überzeugenden wissenschaftlichen Erklärung blieb in der Empfindsamkeitsforschung der DDR uneingelöst: Eine naheliegende ‚Vermittlung' bzw. weiterführende Diskussion des westdeutschen Forschungsansatzes von Sauder wurde entweder pauschal zurückgewiesen[168] oder affirmativ (indes mit skeptischen Kautelen versehen) geführt, wie das folgende Beispiel zeigen wird. Eine dritte Variante verzichtete schließlich – ohne Angabe von Gründen – vollends auf eine Auseinandersetzung mit Gerhard Sauders Forschungsergebnissen. Diese Strategie der wortlosen Negation wurde bereits im Zusammenhang mit den westdeutschen Beiträgen zur Empfindsamkeitsforschung der 1980er Jahre beschrieben. Daß die wissenschaftliche Diskussion im Forschungsfeld Empfindsamkeit in der DDR durch Peter Müllers Buch erheblich ‚gedrosselt' und alles andere als ergebnisoffen geführt worden ist, kann man darüber hinaus an den neuralgischen ideologischen Punkten wie Erbeverständnis und -pflege bzw. Tradition und Klassenkampf ausmessen. Zwei Jahre vor dem Erscheinen der zweiten Auflage von Müllers *Werther*-Buch formulierte die bewußtseinsbildende Leitwissenschaft der DDR ihre Sicht der Dinge: Helmut Bock (*1928) trug am 30. Juni 1981 auf dem VII. Kongreß der URANIA, Arbeitsgruppe „Sozialismus und Tradition – der Beitrag der URANIA zur Ausprägung des sozialistischen Geschichtsbewußtseins" die von der Partei erwartete Haltung gegenüber dem ‚fortschrittlichen Erbe' vor:

> Vom so betitelten Studentenforum des ‚Sonntags' bis zu Ulrich Plenzdorfs Bühnenstück ‚Die neuen Leiden des jungen W.' vollzog sich zu Beginn der siebziger Jahre eine gezielte Aktualisierung freiheitlicher Ideen und Empfindungen des 18. Jh., der literarischen Bewegung des ‚Sturm-und-Drang'. Die öffentliche Diskussion thematisierte die ‚Selbstverwirklichung des Individuums', das seinen heutigen Anspruch mit der einstmaligen Forderung des Literaturrebellen und der Autorität des größten deutschen Nationaldichters verknüpfte. Der Historiker, der hinter der verbalen Kongruenz dieser beiden Anspruchserhebungen selbstverständlich nicht die völlige Verschiedenheit der angesprochenen Gesellschaftsverhältnisse ignorieren kann, durfte hier einen Versuch erkennen, die individuelle Selbstverwirklichung, die Goethe mit dem Anspruch des bürgerlichen Menschen gegen die feudale Ständeordnung – folglich noch im Geiste des bürgerlichen Individualismus – vertreten hatte, in einfacher Kontinuität auf die Lebensverhältnisse des Sozialismus zu übertragen.

---

166 Vgl. Martin Fontius: [Rez.] Frankfurter Gelehrte Anzeigen 1772. Hrsg. von Hans-Dietrich Dahnke und Peter Müller. Leipzig 1971. In: Referatedienst zur Literaturwissenschaft 4 (1972), H. 2, S. 171–174.
167 Vgl. ebd., S. 172 f.
168 Siehe dazu das Interview mit Peter Müller, S. 359–375, hier S. 363 f., 366 f.

Auf diese Weise aber, so lautete die historische Kritik, würde das Erbe der Vergangenheit nicht kritisch angeeignet, sondern der Gegenwart als ein aktuelles Programm hingestellt, das sie zu erfüllen habe.[169]

In der zweiten Auflage seines Buches *Das Menschenbild des bürgerlichen Trauerspiels*[170] setzt Peter Weber im Überblick zum Forschungsstand seit 1970 mit der Feststellung ein, in der „einschlägigen bürgerlichen Forschung" hätten sich „bemerkenswerte Wandlungen" vollzogen.[171] Nach dem richtunggebenden Beispiel von Jürgen Habermas' *Strukturwandel der Öffentlichkeit*[172] habe die Aufklärungsrezeption breiten Raum in der bürgerlichen Literaturwissenschaft eingenommen und sich „zum größten Teil in Übereinstimmung mit sozialdemokratischer und linksliberaler Kulturtheorie" konsolidiert.[173] Doch sowohl Habermas' Entwurf als auch die zweite dominante Bezugsgröße linksliberaler Wissenschaft – Reinhart Kosellecks Buch *Kritik und Krise*[174] – entkoppelten in ihren Argumentationen – so Weber – aufklärerisches Denken „von den materiellen Determinanten des historischen Prozesses" und korrumpierten es auf diese Weise ideologiekritisch und sozialgeschichtlich als „Aktualisierung dieses Denkens zur Triebkraft der gesellschaftlichen Entwicklung anstelle des Klassenkampfes".[175] Strukturell besehen gehört diese Form der Kritik in dieselbe Kategorie wie Helmut Bocks Kritik an den aus marxistischer Perspektive ideologisch ‚unvermittelten' Aktualisierungen von Peter Müller. Ihr theoretischer Hintergrund ist die historische Dialektik bzw. die ‚klassische' dialektische Methode des historischen Materialismus: Dieser, nicht aber ‚bürgerlich-idealistische' Theoreme muß die ‚Wirklichkeit' erklären. Mit Hilfe dieses ‚Schibboleths' konnte Weber unter Vermeidung komplexer Argumentationsverläufe die westdeutschen Forschungen zur Empfindsamkeit seit dem ersten Erscheinen seiner Arbeit[176] durchmustern und auf ihre Anschlußfähigkeit bzw. auf ihre ‚Störpotentiale' hin prüfen und bewerten. Dieser Prozeß muß hier nicht im einzelnen nachgezeichnet werden; es genügt, die vorläufige Summe zu ziehen, die Weber – mit geringen Abweichungen – in der oben bezeichneten Gefahr des „idealistischen Aktualisierens" meinte näher bestimmen zu können. Gekonnt wurden vor allem die heterogenen Tendenzen im Spektrum des sogenannten seelengeschichtlichen Paradigmas selbst („In der breiten Differenzierung der neuen Aufklärungsrezeption seit den sechziger Jahren [...]")[177] gegeneinander ausgespielt. Insgesamt konstatiert Weber indes „einen Trend zum Abbau idealistischer Geschichtsphilosophie und zur Orientierung auf materialistische Analyse

---

169 Helmut Bock: Es gibt kein historisches „Niemandsland". Zu aktuellen Problemen des Erbes und der Tradition im Sozialismus von heute. In: Erbe und Tradition in der DDR. Die Diskussion der Historiker. Hrsg. von Helmut Meiner und Walter Schmidt. Köln 1988, S. 218–239, hier: S. 221 f.

170 Peter Weber: Das Menschenbild des bürgerlichen Trauerspiels. Entstehung und Funktion von Lessings „Miß Sara Sampson". 2., erg. Aufl. Berlin 1976.

171 Ebd., S. 229.

172 Habermas: Strukturwandel (wie Anm. 109).

173 Weber: Menschenbild (wie Anm. 170), S. 229.

174 Koselleck: Kritik und Krise (wie Anm. 110).

175 Weber: Menschenbild (wie Anm. 170), S. 230.

176 Ebd.

177 Ebd., S. 232.

des Ideologie- und Literaturprozesses".[178] So gelange etwa Jochen Schulte-Sasse „trotz des eingestandenen Abstandes zum historisch-materialistischen Verfahren" zu „wesentlichen Ergebnissen".[179] Eine „noch wichtigere Erweiterung" jedoch gebe Gerhard Sauder mit dem ersten Band seines Buches *Empfindsamkeit*. Weber pflichtet Sauder bei in der Einschätzung des „Scheiterns der ‚seelengeschichtlichen' Orientierung: „In dieser Frage rückt Sauder an die marxistische Literaturgeschichtsschreibung heran", gleichwohl bleibe das „Abzielen auf idealistisches Aktualisieren" Zielpunkt der Kritik.[180] Nimmt man die ein Jahr später erschienene Rezension Webers zu Sauders Empfindsamkeits-Buch hinzu, so zeichnet sich sehr klar ab, daß Gerhard Sauders Ansatz nun auch die bis etwa Mitte der 1970er Jahre bestehenden Akzeptanzbarrieren in der DDR-Literaturwissenschaft passiert hatte: Was Sauder vortrage, lasse zwar „viele Fragen offen", doch trage er es für „seine richtige These" vor.[181] Eine aus marxistischer Sicht befriedigende Antwort auf die Frage, wie das Verhältnis der Elemente ‚Empfindsamkeit', ‚Aufklärung' und ‚Bürgertum' literaturgeschichtlich schlüssig zu definieren sei, stand also weiterhin aus; Gerhard Sauder jedenfalls, so könnte man Webers vorläufige Einschätzung überspitzt reformulieren, war auf einem falschen Weg an den richtigen Ort gelangt. Es muß offen bleiben, ob die weitere Entwicklung des Forschungsverlaufes in der DDR in den 1980er Jahren auf gezielte ‚innovative' Steuerungen zurückgeführt werden kann. Diese Unsicherheit resultiert nicht zuletzt aus der Beobachtung, daß das Spektrum der Forschungsbeiträge sich nicht als Resultat eines geregelten Kommunikationszusammenhanges präsentiert. Exemplarisch kann dies an einem Vortrag demonstriert werden, den der Krauss-Schüler Claus Träger im Mai 1978 im Goethe-Nationalmuseum in Weimar hielt:[182] Träger löst das festgefügte Epochenschema und konterkariert den argumentativen Ansatz, je einzelne Perioden der Aufklärungsepoche kleinteilig zu operationalisieren. Intraepochale Zäsuren, differenzierte Phasenbildungen, nationale, mentalitätsgeschichtliche und psychohistorische Spezifikationen, Gattungsprobleme und autorenbezogene Charakteristika werden als Bestandteile einer übergreifenden „Bewegung" terminologisch ‚bereinigt': „[...], so erscheint doch die ganze Bewegung in ihrer weiteren Dimension, und zwar als ein Bestandteil der Aufklärung – von Richardson, Sterne und Goldsmith über Marivaux und zum Teil Rousseau, sodann Sophie La Roche, den Werther oder Siegwart bis zu Karamsin – als sogenannter Sentimentalismus".[183]

---

178 Ebd.

179 Weber: Menschenbild (wie Anm. 170), S. 233. Weber bezieht sich auf Schulte-Sasses Kommentar zur Neuausgabe des Trauerspiel-Briefwechsels: Briefwechsel über das Trauerspiel. Gotthold Ephraim Lessing, Moses Mendelssohn, Friedrich Nicolai. Hrsg. und kommentiert von Jochen Schulte-Sasse. München 1972.

180 Weber: Menschenbild (wie Anm. 170), S. 234 f.

181 Peter Weber: [Rez.] Gerhard Sauder, Empfindsamkeit. In: Weimarer Beiträge 23 (1977), H. 4, S. 177–181, hier S. 178.

182 Zu Claus Trägers fach- und wissenschaftsgeschichtlichen Aktivitäten siehe Helmut Peitsch: Die Ausnahme und die Regel: Zur Vorgeschichte von Claus Trägers Beiträgen zur Wissenschaftsgeschichte. In: Kritische Fragen an die Tradition. Festschrift für Claus Träger zum 70. Geburtstag. Hrsg. von Marion Marquardt u. a. Stuttgart 1997, S. 310–331.

183 Claus Träger: Aufklärung – Sturm und Drang – Klassik – Romantik. Epochendialektik oder „Geist der Goethezeit"? In: C. T.: Studien zur Erbetheorie und Erbeaneignung. Leipzig 1981, S. 247–271, hier S. 250.

„Literaturwissenschaftliche Horizonterweiterung" nennt Träger diese neue Bestimmung,[184] die sich am Ende des Untersuchungszeitraums im *Wörterbuch der Literaturwissenschaft* wiederfindet, nun allerdings gestützt von zentralen Theoremen aus den
Untersuchungen Gerhard Sauders: Die deutsche Entsprechung von „Sentimentalismus"
sei „Empfindsamkeit", es handele sich um eine europäische Literaturströmung „innerhalb der Aufklärung", die hinsichtlich ihrer weltanschaulichen Wurzeln auf den „Sensualismus Lockescher Provenienz",[185] vermittelt „vor allem durch die Moralphilosophie
und Ästhetik Shaftesburys"[186] und „schließlich auch noch geprägt von der Naturphi-
losophie Rousseaus".[187] Und: Der Sentimentalismus bildete einen „spezifisch ideologisch-ästhetischen Ausdruck des sich emanzipierenden Bürgertums".[188] Die bibliographischen Angaben zum Artikel umfassen sowohl die älteren Forschungsbeiträge, etwa
von Max Wieser[189] und Hugo Friedrich,[190] als auch die Arbeiten von Lothar Pikulik[191]
und Gerhard Sauder.[192] Wenngleich also durch die Formulierung, der Sentimentalismus bilde einen „spezifisch ideologisch-ästhetischen Ausdruck des sich emanzipierenden Bürgertums", das seelengeschichtliche Paradigma als auch die ständespezifische
Fokussierung explizit ausgeschlossen sind, werden die Problemlagen der älteren Forschung im bibliographischen Apparat überliefert und – zumindest auf der Ebene der
Materialerhebung – präsent gehalten. Die in Sauders Arbeit grundsätzlich reflektierten
und produktiv ‚operationalisierten' älteren Forschungsansätze bargen (und bergen)
offenbar ausreichend Potential, um über Sauders ‚Empfindsamkeit' hinaus wirksam zu
bleiben.

Zu illustrieren ist dieser Befund abschließend an einer analytisch und diskursiv in sehr
engen Grenzen operierenden Darstellung von Olaf Reincke. Als habe es eine Diskussion
um die Problemüberhänge im Forschungsfeld Empfindsamkeit nicht gegeben, setzen seine
Überlegungen im Nachwort einer Edition zum Themenkreis „Deutsche Modelektüre um
1800" ein. Reincke geht offenbar davon aus, es handele sich bei der folgenden Passage um
eine Position des Autors Sterne: „Wenn Kummer und Not mich arg bedrängen und es in
dieser Welt keinen Zufluchtsort mehr gibt, dann schlage ich einen neuen Kurs ein: – ich
verlasse sie – …" Sterne, so die überraschende Auskunft des Herausgebers, plaudere damit
nicht weniger als „das Geheimnis der spätaufklärerischen Empfindsamkeit" aus. Oder mögen die folgenden Zeilen als eine ‚hommage' an Reinckes Kollegen Peter Müller interpretiert werden?

Als dem Bürger klar wird, daß die ihn umgebende Welt vielleicht doch nicht die beste
aller möglichen ist, ihre Moral gebrechlich, ihre Einrichtungen fragwürdig sind, da wird

---

184 Ebd., S. 254; siehe dazu auch das Interview mit Claus Träger, S. 315–332, hier S. 316 f., 320.
185 Vgl. Sauder: Empfindsamkeit, Bd. 1 (wie Anm. 62), S. 65–72 (3.3. Empirismus und Sensualismus),
     mit den Folgerungen und Wirkungen S. 118–124.
186 Vgl. ebd., S. 73–86.
187 Vgl. ebd., S. 89–95, passim.
188 Vgl. Claus Träger und Christel Schulz: [Art.] Sentimentalismus. In: Wörterbuch der Literaturwis-
     senschaft (wie Anm. 137), S. 471–473, hier S. 471.
189 Wieser: Der sentimentale Mensch (wie Anm. 81).
190 Friedrich: Abbé Prevost in Deutschland (wie Anm. 85).
191 Pikulik: Leistungsethik (wie Anm. 107).
192 Sauder: Empfindsamkeit, Bd. 1 (wie Anm. 62).

sein Selbstgefühl melancholisch; statt selbstgewiß und unternehmungslustig wie sonst um sich zu schauen, blickt er zweifelnd in sich hinein und entdeckt, daß er ein Individuum ist und eine Seele besitzt. So geht ihm in seinem Innern eine neue, schönere Welt auf, in die er sich zurückzieht, wenn ihm sein wirkliches Dasein allzu häßlich erscheint. In dem Maße, wie sich das bürgerliche Subjekt selbst zum Problem wird, weil ihm seine Welt zum Problem geworden ist, bestätigt es sich seine Subjektivität zunehmend nicht mehr nur handelnd und denkend, sondern leidend und in seinem Gefühl selbstentfremdet.[193]

Die Tatsache, daß es sich um eine Ausgabe handelt, die sich an ein ‚breites' Publikum wendet, mag hier in Rechnung gestellt werden. Doch legen derartige (apologetische) Erwägungen angesichts der Tatsache, daß diese Ausgabe am Ende des Untersuchungszeitraumes, drei Jahre nach dem „Sentimentalismus"-Artikel im *Wörterbuch der Literaturwissenschaft*, bereits in unveränderter dritter Auflage erschienen war – im Rückblick auf die ostdeutsche Empfindsamkeitsforschung den Befund nahe, daß das von der literaturhistoriographischen Forschung generierte ‚Wissen' als unsortierte Fülle von Varianten vornehmlich im internen disziplinären Kreislauf verblieben ist.

2.2 Jakobinismusforschung

2.2.1 Jakobinismusforschung in der Deutschen Demokratischen Republik und in der Bundesrepublik Deutschland

Der Forschungsgegenstand Jakobinismus ist umstritten. Walter Grab, der Begründer der westdeutschen Jakobinismusforschung, hat in vielen Publikationen die These zu erhärten versucht, das deutsche Bürgertum habe am Ende des 18. Jahrhunderts zahlreiche jakobinische Revolutionäre hervorgebracht, die die demokratischen Errungenschaften Frankreichs auf Deutschland zu übertragen, politische Gleichheit und Freiheit aller Bürger, unabhängig von Herkunft, Besitz und sozialer Stellung zu realisieren und das Volk zur Revolution zu motivieren versucht hätten.[194] Diese demokratischen Traditionen gelte es gegenüber einer ‚konservativ-reaktionären' Historiographie dokumentarisch zu sichern und für die gegenwärtige historische Demokratieforschung operationalisierbar zu halten. Nicht nur von Walter Grab wurde der deutschen Historiographie des 19. und 20. Jahrhunderts vorgeworfen, diese demokratisch-revolutionäre Überlieferung vernachlässigt, mißdeutet, moralisch diskreditiert oder verschwiegen zu haben. Auch Heinrich Scheel, der Begründer der ostdeutschen geschichtswissenschaftlichen Jakobinismusforschung, hat immer wieder darauf hingewiesen, daß die deutsche Geschichtswissenschaft „dem jakobinischen Flügel der deutschen Aufklärung die Anerkennung" versagt, diese revolutionären Demokraten sogar als Landesverräter und Mietlinge Frankreichs verleumdet und den deutschen Jakobinismus ungenügend

---

193   Olaf Reincke: Nachwort. In: O Lust, allen alles zu sein. Deutsche Modelektüre um 1800. Hrsg. von O.R. Leipzig 1978 (3. Aufl.: 1989), S. 395–416, hier S. 395.

194   Vgl. Walter Grab: Leben und Werke norddeutscher Jakobiner (siehe unten Anm. 394). Stuttgart 1973, S. 2; siehe auch das Interview mit Walter Grab, S. 486–499.

gewürdigt habe, um ihn „aus dem Geschichtsbewußtsein des deutschen Volkes zu eliminieren".[195]

Demgegenüber wurde, insbesondere in der Perspektive auf die literaturwissenschaftliche Forschung zum deutschen revolutionär-demokratischen bzw. jakobinischen Schrifttum die These vertreten, die Jakobinismusforschung sei der Versuch, eine Fiktion wissenschaftlich zu begründen, wobei die „Rekonstruktion einer deutschen republikanischen und demokratischen Tradition in die Konstruktion, die Auffindung vergessener Jakobiner in deren Erfindung", umschlage.[196] Mit dieser rigiden Einschätzung – die hier zu referieren, nicht aber zu vertreten ist – wird nicht nur die Existenz eines deutschen Jakobinismus als Forschungsgegenstand bestritten, sondern folgerichtig darüber hinaus seine Funktion und Relevanz für die geschichtliche Entwicklung Deutschlands.[197] Andere Meinungen stehen dafür, daß dieser „Jakobinismus doch weit mehr gewesen ist, als eine bloße Randerscheinung"[198] und daß der deutsche Jakobinismus unter dem wachsenden Einfluß der französischen Jakobiner „eine gewisse Position im politischen Kräftespiel Deutschlands gewinnen konnte"[199] sowie eine tiefgreifende Wirkung bis in unsere Gegenwart gezeitigt habe. Fortschreitende empirische Forschung sowie die Öffnung der Untersuchungsperspektive auf Mitteleuropa insgesamt, insbesondere durch die von Helmut Reinalter[200] initiierte und zu Beginn der 1980er Jahre einsetzende Arbeit der Innsbrucker Internationalen Forschungsstelle „Demokratische Bewegungen in Mitteleuropa 1770–1850", führten schließlich zu dem vorläufigen Befund, der mitteleuropäische (also auch der deutsche) Jakobinismus sei derart vielgestaltig, daß er sich „nicht allgemeingültig definieren und beschreiben" lasse.[201]

Wenn also der Gegenstand ‚changiert‘ und wenn, wie Walter Grab es formuliert hat, „jede Schematisierung [...] der Wirklichkeit Gewalt" antue,[202] so kann die wissenschaftliche Forschung – vor allem aber die auf sie reflektierende Theorie – nicht von der Frage absehen, aufgrund welcher Kriterien Begriffe wie ‚jakobinisch‘ bzw. ‚Jakobiner‘ wissenschaftlich verwendet werden können und unter welchen Voraussetzungen von einem *deutschen* (Literarischen) Jakobinismus gesprochen werden kann. Versuche, das Phänomen klassifikatorisch zu erfassen und aus der Bestimmung gemeinsamer Merkmale einen vali-

195 Heinrich Scheel: Das Verhältnis der Klassiker des Marxismus zu den Anfängen der bürgerlichen revolutionären Demokratie in Deutschland. In: Sitzungsberichte der Akademie der Wissenschaften der DDR, 1975, Nr. 11/G, S. 5–7; siehe dazu auch das Interview mit Heinrich Scheel, S. 665–691.

196 Gerhard Kaiser: Über den Umgang mit Republikanern, Jakobinern und Zitaten. In: Deutsche Vierteljahrsschrift für Literaturwissenschaft und Geistesgeschichte 49 (1975). Sonderheft „18. Jahrhundert", S. *226–*242, hier S. *226; Sieglinde Graf: Bayerische Jakobiner? Kritische Untersuchung sog. „jakobinischer" Flugschriften aus Bayern Ende des 18. Jahrhunderts. In: Zeitschrift für bayerische Landesgeschichte 41 (1978), S. 117–171, hier S. 171.

197 Vgl. dazu bereits Valjavec: Entstehung der politischen Strömungen (wie Anm. 20), S. 181–206.

198 Elisabeth Fehrenbach: Deutschland und die Französische Revolution. In: Geschichte und Gesellschaft. Sonderheft 2: 200 Jahre amerikanische Revolution und Revolutionsforschung. Hrsg. von Hans-Ulrich Wehler. Göttingen 1976, S. 232–253, hier S. 239.

199 Grab: Leben und Werke (wie Anm. 194), S. 11.

200 Siehe dazu das Interview mit Helmut Reinalter, S. 627–664.

201 Vgl. Helmut Reinalter: Der Jakobinismus in Mitteleuropa. Eine Einführung. Stuttgart 1981, S. 24 f.; siehe dazu auch das Interview mit Helmut Reinalter, S. 627–664.

202 Grab: Leben und Werke (wie Anm. 194), S. 121.

den Begriff von Jakobinismus zu abstrahieren, haben vorläufig keine allgemein anerkannten Ergebnisse präsentieren können. In der Forschung können dabei zwei Tendenzen bzw. Richtpunkte ausgemacht werden:

(1) Von deutschen Jakobinern könne nur dann die Rede sein, wenn eine klare und unmißverständliche, das heißt: explizit dokumentierte ideologische Ausrichtung am politischen Programm der französischen Jakobiner von 1793/94 erkennbar sei. Diese (im weiteren Verlauf dieses Überblicks aufzugreifende) Position wurde aus marxistischer Perspektive bereits in den 1950er Jahren formuliert, exemplarisch etwa von Paul Reimann (1902–1976) (siehe unten).[203] In der westdeutschen Forschung haben (‚mutatis mutandis‘) beispielsweise Jost Hermand,[204] Hellmut G. Haasis,[205] Gert Mattenklott und Klaus R. Scherpe,[206] Axel Kuhn,[207] Inge Stephan,[208] Christoph Prignitz[209] und Sieglinde Graf[210] für eine solche Bestimmung argumentiert.

(2) Dagegen hat sich im Rahmen der klassifikatorischen Bestimmungsversuche bis hinein in jüngere Forschungen die Position profiliert, die den Befund einer strikten ideologischen deutsch-jakobinischen Orientierung am französischen Vorbild als unzutreffend und heuristisch abwegig ablehnt. Adolf Beck[211] kann in diesem Zusammenhang ebenso angeführt werden wie Hans-Wolf Jäger,[212] wiederum Inge Stephan (deren Argumentation beide Varianten umfaßt),[213] Helmut Reinalter,[214] Walter Markov[215] und Heinrich Scheel.[216] Einen zunächst erfolgversprechenden Vorstoß zur terminologischen Bereinigung unter-

203 Vgl. Paul Reimann: [Rez.] Hedwig Voegt: Die deutsche jakobinische Literatur und Publizistik. In: Weimarer Beiträge 2 (1956), H. 3, S. 394–399, hier: S. 395 f.
204 Vgl. Jost Hermand: In Tyrannos. Über den politischen Radikalismus der sogenannten „Spätaufklärer“. In: J. H.: Von Mainz nach Weimar (1793–1919). Stuttgart 1969, S. 9–52, hier S. 47.
205 Vgl. Johann Benjamin Erhard: Über das Recht des Volks zu einer Revolution. Hrsg. von Hellmut G. Haasis (wie Anm. 60), S. 205 f.
206 Vgl. Gert Mattenklott und Klaus R. Scherpe: Demokratisch-revolutionäre Literatur in Deutschland: Jakobinismus. In: Demokratisch-revolutionäre Literatur in Deutschland: Jakobinismus. Hrsg. von Gert Mattenklott und Klaus R. Scherpe. Kronberg/Taunus 1975, S. 1–10; siehe auch die Interviews mit Gert Mattenklott (S. 561–589) und Klaus. R. Scherpe (S. 692–712).
207 Vgl. Axel Kuhn: Jakobiner im Rheinland. Der Kölner konstitutionelle Zirkel von 1798. Stuttgart 1976, S. 175; siehe dazu das Interview mit Axel Kuhn, S. 528–560.
208 Vgl. Stephan: Literarischer Jakobinismus (wie Anm. 18), S. 46 f.
209 Vgl. Christoph Prignitz: Friedrich Hölderlin. Die Entwicklung seines politischen Denkens unter dem Einfluß der Französischen Revolution. Hamburg 1976, S. 63, 97, 118, 124; siehe dazu II, 2.2.3, S. 152, 180–184.
210 Vgl. Graf: Bayerische Jakobiner? (wie Anm. 196), S. 119.
211 Vgl. Adolf Beck: Hölderlin als Republikaner. In: Hölderlin-Jahrbuch 15 (1967/68), S. 28–52, hier S. 28 ff., 45, 47; siehe dazu II, 2.2.3, S. 152, 168, 173, 179.
212 Vgl. Hans-Wolf Jäger: Politische Metaphorik im Jakobinismus und im Vormärz. Stuttart 1971, S. 10; siehe dazu das Interview mit Hans-Wolf Jäger, S. 500–527.
213 Vgl. Stephan: Literarischer Jakobinismus (wie Anm. 18), S. 46.
214 Vgl. Reinalter: Jakobinismus in Mitteleuropa (wie Anm. 201), S. 25; siehe dazu das Interview mit Helmut Reinalter, S. 627–664.
215 Vgl. Walter Markov: Jakobiner in der Habsburger-Monarchie. In: Jakobiner in Mitteleuropa. Hrsg. von Helmut Reinalter. Innsbruck 1977, S. 291–312, hier S. 305, Anm. 1.
216 Vgl. Jakobinische Flugschriften aus dem deutschen Süden Ende des 18. Jahrhunderts. Eingeleitet und hrsg. von Heinrich Scheel. Berlin 1965, S. 3 f.

nahm schließlich Walter Grab, indem er auf die heterogene Forschungsdiskussion mit der Akzentuierung des *idealtypischen* Charakters seiner Annahmen reagierte.[217] Sehr bald indes erwies sich auch dieser Weg als wenig aussichtsreich, da sich bei genauerer Betrachtung im Anwendungsfall herausstellte, daß Grabs Vorschlag schließlich auf eine Transformation der Weberschen Idealtypen zu fiktiven Hypothesen hinauslief (siehe unten, S. 116 f.).

Diese (exemplarisch) angeführten klassifikatorischen Differenzen finden ihren Niederschlag schließlich im inhomogenen Begriff des Jakobinismus: Stellvertretend sei auf die Untersuchungen von Axel Kuhn,[218] Rainer Kawa,[219] Heinrich Scheel,[220] Stephan Padberg[221] oder Harro Segeberg[222] verwiesen. Den auch in der Begriffsdebatte wirkungsvollsten Beitrag lieferte wiederum Walter Grab mit seiner Akzentuierung des demokratischen Prinzips und der umfassenden Begriffsbildung „Deutsche revolutionäre Demokraten". Für zusätzliche Irritationen sorgte die (zeitgenössische) diffamierende Konnotation des Begriffs sowie die Vielfalt seiner Bedeutung aus der Zuordnung synonymer Begriffe wie etwa Volksaufwiegler, Ruhestörer, Empörer, Illuminaten oder Demokraten, die wiederum keine folgerichtige bzw. notwendige Festlegung auf radikal-demokratische Prinzipien bedingte oder zweifelsfrei auf revolutionär-demokratische Begriffsinhalte verwies. Die folgenreiche, da verwirrende Begriffsersetzung von „Demokraten" durch „Jakobiner" war ein Legat der DDR-Forschung,[223] das durch Walter Grab in die westdeutsche Forschung eingeführt wurde. Jörn Garber nannte diese Ersetzung bereits am Ende der 1970er Jahre einen schwerwiegenden Fehlgriff, nicht nur aufgrund seiner semantischen Unbestimmtheit, sondern vor allem,

> weil damit eine Korrelation zwischen deutschen Demokraten und der radikalsten Phase der Französischen Revolution angedeutet wird, die aus Gründen des Fehlens revolutionärer Erfahrung, der für Deutschland nicht nachweisbaren Vermittlungsfunktion der „Jakobiner" zwischen Sansculotten und „Kleinbürgern" und der in Deutschland nicht auftretenden Spannung zwischen diktatorischem Zentralismus und politischem Egalitarismus („Terror" und 93er Verfassung) falsche Assoziationen erweckt. Wer in Deutschland trotz

---

217 Vgl. Walter Grab: Demokratische Strömungen in Hamburg und Schleswig-Holstein zur Zeit der ersten französischen Republik. Hamburg 1966, S. 14–20; W. G.: Norddeutsche Jakobiner. Demokratische Bestrebungen zur Zeit der Französischen Revolution. Frankfurt/Main 1967, S. 78 ff., 99 ff.; W. G.: Leben und Werke (wie Anm. 194), S. 3, 8 ff.

218 Vgl. Axel Kuhn: Der schwierige Weg zu den deutschen demokratischen Traditionen. In: Neue Politische Literatur 18 (1973), S. 430–452; Jakobiner im Rheinland (wie Anm. 207), S. 11–14, hier S. 172; Linksrheinische deutsche Jakobiner. Aufrufe, Reden, Protokolle, Briefe und Schriften (siehe oben Anm. 194). Stuttgart 1978, S. 38 f.

219 Vgl. Rainer Kawa: Georg Friedrich Rebmann (1768–1824). Studien zu Leben und Werk eines deutschen Jakobiners. Bonn 1980, S. 26–33.

220 Vgl. Scheel: Jakobinische Flugschriften (wie Anm. 216), S. 3.

221 Vgl. Stephan Padberg: Forsters Position im Mainzer Jakobinismus. Politische Reden und praktische Erfahrungen beim Aufbau des „rheinisch-deutschen Freistaats". In: Georg Forster in seiner Epoche. Hrsg. von Gerhart Pickerodt. Berlin 1982, S. 39–93, hier S. 45.

222 Vgl. Harro Segeberg: Literarischer Jakobinismus in Deutschland. Theoretische und methodische Überlegungen zur Erforschung der radikalen Spätaufklärung. In: Deutsches Bürgertum und literarische Intelligenz 1750–1800. Hrsg. von Bernd Lutz. Stuttgart 1974, S. 509–568, hier S. 511–515.

223 Vgl. Garber: Ideologische Konstellationen (wie Anm. 20), S. 170–236, hier S. 180 f.

Robespierre, trotz des Terrors und trotz dirigistischer, den deutschen Zeitgenossen an den Merkantilismus gemahnender staatlicher Wirtschaftssteuerung an den Idealen der zumeist auf die ‚Déclaration' bezogenen Revolutionsbegeisterung festhielt, tat dies aus Gründen der generellen Ablehnung von ‚Feudalismus' und ‚Despotismus' (Absolutismus).[224]

Begriff, Forschungsgegenstand und Gegenstandsbereich „Jakobinismus" konturieren sich also in sehr unterschiedlichen Problemkreisen:[225] In der disziplinären Perspektive ist Jako-

---

224 Garber: Politische Spätaufklärung (wie Anm. 20), S. 543–592, hier S. 560 f.

225 Die wissenschaftsgeschichtliche Entwicklung der Jakobinismusforschung kann und soll hier nicht im einzelnen oder gar mit dem Anspruch auf Vollständigkeit nachgezeichnet werden. Einen repräsentativen Überblick vermitteln Heinz-Otto Sieburg: Literaturbericht über französische Geschichte der Neuzeit. Veröffentlichungen 1945 bis 1963. In: Historische Zeitschrift. Sonderheft 2: Literaturberichte über Neuerscheinungen zur außerdeutschen Geschichte. Hrsg. von Walther Kienast. München 1965, S. 277–427, hier: S. 315–340; Heinrich Scheel: Die Mainzer Republik im Spiegel deutscher Geschichtsschreibung. [1969]. In: H.S.: Die Mainzer Republik. Bd. 3. Die erste bürgerlich-demokratische Republik auf deutschem Boden. Berlin 1989, S. 295–335; Kuhn: Der schwierige Weg (wie Anm. 218); Walter Grab: Französische Revolution und deutsche Geschichtswissenschaft. In: Jahrbuch des Instituts für Deutsche Geschichte 3 (1974), S. 11–43; Segeberg: Literarischer Jakobinismus (wie Anm. 222); Kaiser: Über den Umgang (wie Anm. 196); Haasis: Bibliographie (wie Anm. 60); Stephan: Literarischer Jakobinismus (wie Anm. 18); Karl-Georg Faber: Wo steht die rheinische Jakobinerforschung heute? In: Rheinische Vierteljahrsblätter 42 (1978), S. 503–515; Helmut Reinalter: Aufklärung, Bürgertum und Revolution. Versuch eines Literaturüberblicks in historischer Absicht. In: Innsbrucker Historische Studien 1 (1978), S. 291–320, bes.: S. 308–320; Wilhelm Kreutz: Zwischen Aktualität und Traditionsvermittlung. Zur neuen Jakobinismusforschung in Deutschland. In: Neue Politische Literatur 25 (1980), S. 189–201; Reinalter: Jakobinismus in Mitteleuropa (wie Anm. 201); Axel Kuhn: Jakobiner im Rheinland. ein neues Resümee. In: Aufklärung – Vormärz – Revolution 1 (1981), S. 29–36; Marita Gilli: Französische Arbeiten über den Jakobinismus in Mitteleuropa (1960–1983). In: Aufklärung – Vormärz – Revolution 3 (1983), S. 33–38; Monika Wölk: Jakobiner und Frühliberale in Norddeutschland im Jahrzehnt der Französischen Revolution. In: Aufklärung – Vormärz – Revolution 3 (1983), S. 38–53; Claudia Güssmer: Revolutionär-demokratische Literatur in Deutschland 1790–1800. Ein Forschungsbericht. In: Weimarer Beiträge 29 (1983), H. 12, S. 2151–2160; Heinrich Scheel: Forschungen zum deutschen Jakobinismus. Eine Zwischenbilanz. In: Zeitschrift für Geschichtswissenschaft 31 (1983), H. 4, S. 313–324; Wilharm: Politik und Geschichte (wie Anm. 22); Jean-René Suratteau: Sur les travaux des historiens des deux Allemagnes intéressant la Révolution française. Essai d'historiographie comparée et tendances actuelles. In: Annales historiques de la Révolution française 56 (1984), S. 190–203; Harro Segeberg: „Was gehen uns im Grunde alle Resultate an, wenn wir Wahrheiten feststellen!" Überlegungen zum Stand der Jakobinismusforschung, veranlaßt durch zwei Neuerscheinungen über Georg Friedrich Rebmann (1768–1824). In: Internationales Archiv für Sozialgeschichte der deutschen Literatur, 1. Sonderheft. Forschungsreferate. Tübingen 1985, S. 160–182; Helmut Reinalter: Neue Forschungen zur Geschichte des Jakobinismus in Mitteleuropa. In: Archiv für Sozialgeschichte 25 (1985), S. 557–563; „Mainz ist ein fürchterliches Jakobinernest …". Zu einigen Neuerscheinungen über den deutschen Jakobinismus. In: Archiv für Sozialgeschichte 27 (1987), S. 529–533; Monika Jentzsch: Jakobinerforschung in Österreich. In: Aufklärung – Vormärz – Revolution 8/9 (1988/89), S. 11–16; Matthias Middell: Jakobinismusforschung in der DDR – Ein Resümee. In: Aufklärung – Vormärz – Revolution 8/9 (1988/89), S. 32–45; Helmut Reinalter: Der Jakobinismusbegriff in der neueren Forschung. In: Französische Revolution und deutsche Klassik. Beiträge zum 200. Jahrestag. Hrsg. von Erhard Lange. Weimar 1989, S. 120–134; Walter Weber: „Jakobinismus": Zum Topos einer zweiten Aufklärung nach 1968. In:

binismus ein Forschungsgegenstand der Geschichtswissenschaft und wurde zunächst als Bezeichnung für eine Phase der Französischen Revolution verwendet, die sich von der Errichtung der konstitutionellen Monarchie (1789–92) über die Konventsherrschaft und die spätere Diktatur des Wohlfahrtsausschusses (1792–94) bis hin zur bürgerlichen Republik (1795–99) unter der Herrschaft des Direktoriums erstreckt.[226] „Jakobinismus" als Strategie politischen Handelns bezeichnet innerhalb dieses Prozesses die Konventsherrschaft der Girondisten und Jakobiner, die in ihrer zweiten Hälfte die Diktatur des Wohlfahrtsausschusses („La Terreur") unter Robespierre (1758–1794) umschloß, im engeren Sinne also die Begründung einer revolutionären Diktatur im Jahr 1793.[227] (Der Ausdruck „Jakobinismus" geht dabei zurück auf den Versammlungsort des „Club des Jacobins de Paris" in dem säkularisierten Dominikanerkloster Saint Jacques.) Monika Neugebauer-Wölk hat inzwi-

---

Schreckensmythen, Hoffnungsbilder: die Französische Revolution in der deutschen Literatur. Essays. Hrsg. von Harro Zimmermann. Frankfurt/Main 1989; S. 346–372; Claude Mazauric: [Art.] Jakobiner. In: Europäische Enzyklopädie zu Philosophie und Wissenschaften. Hrsg. von Hans Jörg Sandkühler. Bd. 2. Hamburg 1990, S. 716– 721; Walter Grab: [Art.] Jakobinismus. In: Europäische Enzyklopädie zu Philosophie und Wissenschaften, Bd. 2, S. 721–733; Bernd Blisch und Hans-Jürgen Bömelburg: 200 Jahre Mainzer Republik. Von den Schwierigkeiten des Umgangs mit einer sperrigen Vergangenheit. In: Mainzer Geschichtsblätter. Veröffentlichungen des Vereins für Sozialgeschichte Mainz e.V. (1993), H. 8, S. 7–29; Volker Reinhardt: Reformer oder Revolutionäre? Deutscher und italienischer Jakobinismus im Vergleich. In: Zeitschrift für historische Forschung 21 (1994), H. 2, S. 203–220; Monika Neugebauer-Wölk: Jakobinerklubs in der Typologie der Sozietätsbewegung – Ein Versuch zur politischen Bewegung der Spätaufklärung im Alten Reich. In: Ambivalenzen der Aufklärung. Festschrift für Ernst Wangermann. Hrsg. von Gerhard Ammerer und Hanns Haas. Wien und München 1997, S. 253–273, hier: S. 253–256; Helmut Reinalter: Rebmann und der mitteleuropäische Jakobinismus. In: Georg Friedrich Rebmann (1768–1824) – Autor, Jakobiner, Richter. Hrsg. von Elmar Wadle und Gerhard Sauder. Sigmaringen 1997, S. 81– 88; Michael Wagner: Die „deutschen Jakobiner" im internationalen Vergleich. Anmerkungen zu einem vernachlässigten Forschungsgegenstand. In: Francia (1998), S. 211–224; Wirkungen und Wertungen (wie Anm. 53), S. XV–LXXXVIII und passim; Schlott: „Politische Aufklärung" (wie Anm. 2), S. 79–97; Wolfgang Reinbold: Mythenbildung und Nationalismus. „Deutsche Jakobiner" zwischen Revolution und Reaktion (1789–1800). Frankfurt/Main 1999, S. 23–49; Matthias Middell: La Révolution française et l'Allemagne: du paradigme comparatiste à la recherche des transferts culturels. In: Annales historiques de la Révolution française 317 (1999), S. 427–454; Michael Schlott: [Art.] Jakobinismus. In: Reallexikon der deutschen Literaturwissenschaft. Bd. 2. Hrsg. von Harald Fricke u. a. Berlin und New York 2000, S. 193–196; Elisabeth Fehrenbach: Vom Ancien Régime zum Wiener Kongreß. München u. a. 1981 (5. Aufl.: 2008), S. 159–169; Oliver Lamprecht: Das Streben nach Demokratie, Volkssouveränität und Menschenrechten in Deutschland am Ende des 18. Jahrhunderts. Zum Staats- und Verfassungsverständnis der deutschen Jakobiner. Berlin 2001, S. 42–47, 140–150; Anne Cottebrune: „Deutsche Freiheitsfreunde" versus „deutsche Jakobiner". Zur Entmythisierung des Forschungsgebietes „Deutscher Jakobinismus". Bonn-Bad Godesberg 2002, S. 6–11; Lucas Chocomeli: Jakobiner und Jakobinismus in der Schweiz. Wirken und Ideologie einer radikalrevolutionären Minderheit 1789–1803. Bern u. a. 2006, S. 18–36.

226 Frank-Rutger Hausmann: Oppositionelle Literatur zur Zeit der Französischen Revolution. In: Literatur der Französischen Revolution. Eine Einführung. Hrsg. von Henning Krauß. Stuttgart 1988, S. 192–209, hier: S. 193 f.

227 Mazauric: [Art.] Jakobiner (wie Anm. 225), S. 712; Hans-Ulrich Thamer: [Art.] Jakobiner. In: Lexikon der Aufklärung. Hrsg. von Werner Schneiders. München 1995, S. 191–193, hier: S. 191.

schen gegenüber Martin Fontius[228] und anderen skeptischen Forschern auf die impliziten Vorentscheidungen dieser Eingrenzung hingewiesen und die daraus resultierenden Konsequenzen für ein verengtes historiographisches Forschungsinteresse thematisiert. Sie ruft in Erinnerung, daß der christliche Ordensname der „Jacobins" bereits seit Jahresbeginn 1790 politisiert wurde und auf die im ehemaligen Kloster St. Jacques tagenden Anhänger eines verfassunggebenden Prozesses in Frankreich überging. „Die Ablösung des Jakobinismusbegriffs von dieser ersten (konstitutionellen) Phase der Französischen Revolution und sein ausschließlicher Bezug auf die Herrschaftszeit Robespierres ist eine Reduzierung und bedeutet die Entscheidung für die Heraushebung einer bestimmten Phase aus der Entwicklungsgeschichte des Jakobinismus als Gesamtphänomen."[229] Damit wird gewissermaßen in der Retrospektive auf den Forschungsverlauf die ‚Instabilität' des Gegenstandes verdeutlicht, der sich – je nachdem, wie hoch der Begriff Jakobinismus heuristisch ‚aggregiert' bzw. ‚gedrosselt' wird – entweder einengt oder ausdehnt. Demgegenüber hat Neugebauer-Wölk die Forderung erhoben, den historischen Gesamtzusammenhang von 1790 bis (mindestens) 1794 im Blick zu behalten: „Der Jakobinismus des Alten Reiches entwickelte sich also über längere Zeit parallel zum französischen und differenzierte sich dann entsprechend den großen nationalen Unterschieden."[230] Es sei wichtig, diese Differenzierungen zu kennen und ihnen im Verständnis des Gesamtphänomens Rechnung zu tragen, doch erscheine es nicht notwendig, „auf die Verwendung dieses Begriffes im deutschen Sprachraum generell zu verzichten, jedenfalls nicht mit dem Hinweis auf fehlende politische Radikalität".[231]

Was den Begriff Jakobiner bzw. Jakobinismus betrifft, so können diese Klärungsansätze differenziert und fortgeführt werden: Im Zuge der Auswirkungen des französischen Revolutionsgeschehens auf weite Teile von Mittel- und Osteuropa diversifizierten sich die politische Struktur und die ideologischen Grundlagen des französischen Jakobinismus nach territorialen und soziokulturellen Besonderheiten. Diese unterschiedlichen Ausprägungen sind daher mit dem ursprünglichen französischen Jakobinismus nicht gleich-

---

228 Martin Fontius: Französische Revolution und deutsche Aufklärung (Festvortrag Kamenzer Lessing-Tage Jan./Febr. 1989.) In: Erbepflege in Kamenz. Schriftenreihe des Lessing-Museums, H. 11. Kamenz 1991, S. 5–18; siehe dazu das Interview mit Martin Fontius, S.255–270, hier S. 268.

229 Neugebauer-Wölk: Jakobinerklubs (wie Anm. 225), S. 254. Ebenfalls 1997 formulierte Neugebauer-Wölk wichtige „offene Forschungsfragen" zur genaueren Beschreibung der Strukturen deutscher Jakobinerklubs in ihrem Verhältnis zu den entsprechenden französischen ‚Vorbildern': „Wann griff die französische Entwicklung der Gründung von Gesellschaften, die den Verfassungsumbruch tragen und fördern sollten, von Konstitutionsgesellschaften, wie es zunächst hieß, auf Deutschland über? Gab es ein solches Übergreifen schon vor den Revolutionskriegen? Wie sahen deutsche Konstitutionsgesellschaften unter den so anders gearteten politischen Bedingungen im Heiligen Römischen Reich aus? Versuchten sie so genau wie möglich das französische Vorbild zu kopieren? Wie genau kannten sie es? Oder gab es eine eigenständige Verbindung mit deutschen Politiktraditionen ebenso wie mit der Entwicklungsgeschichte der Gesellschaftsbildung des aufgeklärten Jahrhunderts?" Monika Neugebauer-Wölk: Die Statuten des Stuttgarter Jakobinerklubs. Strukturen für Konstitutionsgesellschaften in Deutschland. In: Europa in der Frühen Neuzeit. Festschrift für Günter Mühlpfordt. Bd. 2: Frühmoderne. Hrsg. von Erich Donnert. Weimar u. a. 1997, S. 455–480, hier S. 455.

230 Vgl. Neugebauer-Wölk: Jakobinerklubs (wie Anm. 225), S. 254.

231 Ebd., S. 254 f.

zusetzen, was übrigens Walter Grab bereits sieben Jahre vor Monika Neugebauer-Wölk konzediert hatte.[232] Der konstatierte Sachverhalt gilt insbesondere für diejenigen politisch-literarischen Gruppierungen, die mit dem Sammelbegriff ‚deutsche Jakobiner‘ bezeichnet werden: Seit etwa 1793 (‚Schreckensherrschaft‘ der französischen Jakobiner) dominierte im Verständnis der Zeitgenossen die begriffliche Identifikation von ‚Jakobinismus‘ und ‚Terror‘.[233] Unter dem Einfluß ‚konterrevolutionärer‘ Pressebeiträge[234] erweiterte sich der Begriffsumfang und umfaßte gegen Ende des 18. Jahrhunderts zum einen Positionen, die auch nach der Terreur den demokratischen bzw. republikanischen Grundgedanken der Revolution bejahten, darüber hinaus aber auch solche, die ihre politischen Ziele durch gewaltsame Aktionen durchzusetzen bereit waren. Zudem – auch diese Variante gilt es in der Diskussion stets mitzubedenken – wurde ‚Jakobinismus‘ mit der Gesamtbewegung der Revolution identifiziert und in den Kontext einer Verschwörungstheorie gestellt, derzufolge das revolutionäre Jakobinertum und seine europäischen Folgeerscheinungen das Ergebnis einer subversiven Allianz von französischer Aufklärungsphilosophie, Freimaurerei und Illuminatismus seien.[235]

Aus diesen wort- und begriffsgeschichtlichen Erläuterungen ergibt sich für die Sachgeschichte des *Literarischen* Jakobinismus eine Reihe von Konsequenzen: Angesichts der jakobinischen ‚Schreckensherrschaft‘ differenzierte sich (nicht nur in Deutschland) nach zunächst überwiegend hoffnungsvollen Reaktionen das Meinungsbild innerhalb der Bildungs- und Gelehrtenelite,[236] so daß die literarische Verarbeitung jakobinischer Leitvorstellungen insgesamt kein homogenes Rezeptionsmuster darstellt. Die überregionale Beschreibung dieses Konglomerats als „mitteleuropäischer Jakobinismus"[237] umfaßt sowohl liberal-idealistische als auch demokratisch-republikanische oder radikaldemokratische (mit dem französischen Jakobinismus partiell übereinstimmende) Optionen. Die radikalen Positionen bildeten indes eine deutliche Minderheit.[238]

Modifikationen im Umkreis der Mainzer Republik als eines speziellen Falls externer „Revolutionierung" sind dabei jedoch zu berücksichtigen:[239] Dieser von Franz Dumont breit dokumentierte Befund war offenbar bereits untersuchungsleitend gewesen für die Begrün-

---

232 Vgl. Grab: [Art.] Jakobinismus (wie Anm. 225), S. 726.
233 Vgl. etwa die ältere Darstellung von Albert Soboul: Les Sans-culottes parisiens en l'an II. Paris 1958.
234 Vgl. etwa Holger Böning: Eudämonia, oder deutsches Volksglück. Ein Beitrag zur Geschichte konservativer Publizistik in Deutschland. In: Text & Kontext 13, H. 1 (1985), S. 7–36.
235 Vgl. etwa Johannes Rogalla von Bieberstein: Die These von der Verschwörung 1776–1945. Frankfurt/Main u. a. 1976 (2. Aufl.: 1978); Johann Joachim Bode: Journal von einer Reise von Weimar nach Frankreich. Hrsg. von Hermann Schüttler. München 1994.
236 Vgl. exemplarisch Deutschland und die Französische Revolution. Hrsg. von Theo Stammen und Friedrich Eberle. Darmstadt 1988, S. 235–238, 273–277; Die Französische Revolution im Spiegel der deutschen Literatur. Hrsg. von Claus Träger unter Mitarbeit von Frauke Schaefer. Leipzig 1975, S. 192–194.
237 Vgl. Reinalter: Jakobinismus in Mitteleuropa (wie Anm. 201).
238 Vgl. Helmut Reinalter: Aufgeklärter Absolutismus und Revolution. Zur Geschichte des Jakobinertums und der frühdemokratischen Bestrebungen in der Habsburgmonarchie. Wien u. a. 1980.
239 Vgl. Franz Dumont: Die Mainzer Republik von 1792/93. Studien zur Revolutionierung in Rheinhessen und der Pfalz. Alzey 1982 (2., erw. Aufl.: 1993); siehe dazu das Interview mit Franz Dumont, S. 458–485.

derin und Altmeisterin der ostdeutschen literaturwissenschaftlichen Jakobinerforschung: Hedwig Voegt (1903–1988). Ihre Dissertation erschien 1955 in der Ostberliner Niederlassung des Publikumsverlags Rütten & Loening im Druck.[240] Auch mit Blick auf die noch näher zu beschreibenden Ausgangsbedingungen der germanistischen Forschungen zum Literarischen Jakobinismus sei zunächst in kurzen Zügen die Forschungslage skizziert, wie sie sich bis zum Auftreten Heinrich Scheels und Walter Grabs im Anschluß an die Forschungen von Hedwig Voegt entwickelt hatte. Denn es wird gegenwärtig kaum noch wahrgenommen, daß nicht Scheel und Grab die Initiatoren der Erforschung des Literarischen Jakobinismus waren, sondern Hedwig Voegt. Scheel und Grab haben indes Voegts Anregungen und Linienführungen aufgegriffen, und insbesondere Grab hat sie multipel verwertet.

Hedwig Voegt charakterisiert „jene jakobinischen Publizisten" als „Erben der deutschen und europäischen Aufklärungsbewegung", die „nicht allein ihre Klasse, sondern die ganze Menschheit befreien" wollten.[241] Dennoch hat die Autorin sich ihrem Gegenstand, der ‚deutschen jakobinischen Literatur', unter Hinzuziehung entsprechender Kautelen genähert, indem sie konzediert, daß es Jakobiner „im klassischen Sinne während der Jahre 1793 und 1794 in Deutschland niemals gegeben hatte", ausgenommen allerdings den „*Versuch der Mainzer Jakobiner*".[242] Doch die skeptische Reaktion auf die seinerzeit literarhistoriographisch (noch) unvermittelte Thematik ließ nicht lange auf sich warten. Der Prager Germanist Paul Reimann[243] formuliert in seiner Rezension aus dem Jahr 1956 unmißverständlich diejenigen problembehafteten Kriterien, die in der Jakobinismusforschung bis zum gegenwärtigen Zeitpunkt nicht vollends in einer differenzierteren Perspektive aufgelöst werden konnten.

Infolge der territorialen Zersplitterung Deutschlands bildeten die linken demokratischen Schriftsteller keine Einheit. Auch ideologisch gab es unter ihnen verschiedene Schattierungen. Das muß man sich zum Bewußtsein bringen, wenn man die Frage der „deutschen Jakobiner", die Hedwig Voegt in ihrer Arbeit aufrollt, richtig beantworten will. Als Jakobiner in vollem Sinne des Wortes kann man nur diejenigen Schriftsteller bezeichnen, die aktiv an der revolutionären Bewegung teilnahmen und sich mit dem Standpunkt der Jakobiner solidarisierten. […] Der Ausdruck „Jakobiner" wurde manchmal in weiterem Sinne für Schriftsteller gebraucht, die in der Zeit der französischen Revolution einen mehr oder weniger radikalen Standpunkt einnahmen, ohne daß sie Jakobiner gewesen wären. So hat z. B. Georg Lukács Hölderlin als einen „verspäteten Jakobiner" bezeichnet, so wurde auch für Fichte auf Grund seiner Jugendschriften vielfach die Bezeichnung Jakobiner angewendet. Hedwig Voegt verwendet den Ausdruck Jakobiner vielfach als Sammelbezeichnung für die Gruppe revolutionärer Schriftsteller, die in der damaligen reaktionären Presse als

---

240 Hedwig Voegt: Die deutsche jakobinische Literatur und Publizistik 1789–1800. Berlin 1955. Der ursprüngliche Titel der Dissertation aus dem Jahr 1952 lautet: Der demokratische Patriotismus in der deutschen jakobinischen Literatur und Publizistik. Zu Hedwig Voegts Biographie siehe unten, Anm. 262.

241 Voegt: Die deutsche jakobinische Literatur (wie Anm. 240), S. 13.

242 Ebd., S. 18 (Hervorhebung M. S.).

243 Reimann war Parteifunktionär und Mitglied der Ideologischen Kommissiion des ZK der KPČ. Vgl. von ihm auch den programmatischen Aufsatz „Legendenbildung und Geschichtsfälschung in der deutschen Literaturgeschichte". In: Unter dem Banner des Marxismus 4 (1930), H. 2, S. 264–275, 376–400; siehe ferner Peitsch: Die Ausnahme und die Regel (wie Anm. 182)..

„Jakobiner" angefeindet wurden, im gleichen Sinne etwa, wie die Hitlerfaschisten Arnold Zweig oder H. Mann als „Bolschewiken" bezeichneten. Die Bezeichnung „deutsche Jakobiner" ist also diskussionsbedürftig. In einem weiteren Sinn muß der Ausdruck mit Vorsicht gebraucht werden, weil er es erschwert, die Differenzierungen und Schattierungen zu beleuchten, die damals im Lager der Demokratie in Deutschland existierten. [...] Die Zusammenfassung sehr verschiedenartiger Schriftsteller unter dem Sammelnamen der „deutschen Jakobiner" erweist sich auch deshalb als unhistorisch, weil in Deutschland keine Voraussetzungen für die Entwicklung einer ähnlichen revolutionären Partei existierten, wie sie die Jakobiner darstellten.[244]

Die Kritik vereinigt mithin (wenigstens) drei Monita, deren ‚Bremswirkung' erst in den folgenden zehn Jahren bis etwa 1965 durch die raumgreifenden Forschungen Heinrich Scheels aufgehoben werden sollte. Erstens: Das Spektrum der deutschen jakobinischen Literaten und Publizisten sei zu heterogen, um es in einem umfassenden Begriff bündeln zu können. Zweitens: Wer den fraglichen Begriff anwende, laufe Gefahr, mit einem pejorativ konnotierten Ausdruck zu operieren, der eben nicht auf die ursprüngliche politische Bedeutung rekurriere, sondern in rezeptionsgeschichtlicher Hinsicht bereits als Resultat opponierender Zuschreibungen fungierte (‚Jakobiner' und ‚Bolschewiken'). Drittens: Die marxistisch-leninistische Ideologie setzte bei der Entwicklung der sozialistischen Gesellschaft auf die Vorreiterrolle der Sozialistischen Einheitspartei Deutschlands. Eine vergleichbare Formation mit entsprechendem avantgardistischen Profil habe es jedoch am Ende des 18. Jahrhunderts in Deutschland nicht gegeben.

Dennoch sind Hedwig Voegts prospektive Hinweise auf die ‚Virtualität' eines künftigen Forschungsgegenstandes ‚Deutscher Jakobinismus' nicht ungehört verhallt. „Verschiedentlich" habe sie erwähnt, „daß die Gedanken der Aufklärungsbewegung wie der deutschen Klassik in der jakobinischen Publizistik politisiert dargestellt worden sind. Diesen Prozeß im einzelnen zu untersuchen wäre eine lohnende wissenschaftliche Aufgabe."[245] War das Thema ‚Mainz' in den 1950er Jahren fast ausschließlich von der Forster-Forschung besetzt gewesen,[246] so sorgte bis in die Mitte der 1960er Jahre Heinrich Scheel im Anschluß an die Pionierleistung Hedwig Voegts durch die Erhebung immenser Quellencorpora für eine historiographische Erweiterung und Aufklärung des Bildes von den revolutionären Vorgängen in der Mainzer Republik.

Zu Recht hat Jörn Garber, einer der profiliertesten Kenner der Jakobinismusforschung, die grundlegende Funktion von Fritz Valjavec' Arbeit *Die Entstehung der politischen Strömungen in Deutschland 1770–1815* (1951) für die Forschungen zur Spätaufklärung hervorgehoben und eingehend gewürdigt.[247] Mit seinem Verzicht auf die Formulierung von „gegenwartszentrierten Kontinuitätshypothesen" stehe Valjvec' Buch „quer zu den meisten Forschungsprämissen heutiger Untersuchungen" und garantiere damit einerseits eine „wohltuende Sachlichkeit", bewirke indes andererseits „die weitgehende Ignorierung und

244 Reimann: [Rez.] Voegt, Die deutsche jakobinische Literatur (wie Anm. 203), S. 395 f.
245 Günter Mieth: Vier Fragen an Hedwig Voegt, In: Weimarer Beiträge 29 (1983), H. 12, S. 2037–2039, hier S. 2039.
246 Siehe dazu das Interview mit Klaus-Georg Popp, S. 607–626.
247 Vgl. Garber: Politische Spätaufklärung (wie Anm. 20); Ideologische Konstellationen (wie Anm. 20).

Unterschätzung dieses ertragreichen Buches". Die auf Valjavec (implizit oder explizit) rekurrierenden Forschungen hatten die von ihm gezogenen Traditionslinien „lediglich systematisch auf regionaler und lokaler Ebene" zu überprüfen und durch „übergreifende systematische Fragestellungen" zu ergänzen:[248]

> Daß dies in der Bundesrepublik weder durch die Historie noch durch die auf den Idealismus (Kant, Fichte, Hegel) fixierte Philosophiegeschichte oder die klassikzentrierte Germanistik geschah, mag ein Indiz für das Fehlen liberaler und demokratischer politischer Impulse auf die Forschung in der Adenauerära sein. Umgekehrt hat die DDR-Historie, -Philosophiegeschichte und -Germanistik einseitig die demokratischen Traditionen, den deutschen Materialismus und den utopischen Frühsozialismus in grundlegenden Untersuchungen gewürdigt, die komplementären Bewegungen des Liberalismus und Konservativismus aber nicht berücksichtigt. Trotz wohlmeinender Rezensionen in der Fachpresse blieb das Valjavecsche Werk wirkungslos. Die spätere Forschung hat sich der dort ausgebreiteten Fundstellen gern bedient, *ohne dies immer hinreichend zu kennzeichnen.*[249]

Handelte es sich also darum, die eigentliche Gründerfigur der Jakobinismusforschung auszumachen, so wäre zunächst und vor allem auf Fritz Valjavec zu verweisen,[250] wenngleich er gerade nicht, wie Garber betont, die ideologischen und politikgeschichtlichen Rückwirkungen der Französischen Revolution, nicht die Krisenerscheinungen des deutschen Absolutismus in der Spätzeit Josephs II. und Friedrich Wilhelms II. von Preußen, nicht die altständischen Oppositionsbewegungen gegen die absolutistische Machtmonopolisierung, nicht die einschneidenden Neuordnungsbestrebungen Napoleons in Deutschland, nicht die Auflösung des alten Reiches als evozierende Potentiale im Prozeß der Ausdifferenzierung der politischen Öffentlichkeit ansah:

> Alle Umbrüche der Folgezeit wirken lediglich verstärkend, keinesfalls aber strukturierend auf diesen Prozeß der sich polarisierenden Öffentlichkeit. Die Aufklärung ist nach Valjavec der ideologische Ursprungsort von Liberalismus, Demokratismus, Frühsozialismus und (in negativer Vermittlung) auch des gegenaufklärerischen Konservativismus.[251]

Die politische Strömung des „Demokratismus" (Jakobinismus) wertete Valjavec als historisches Ergebnis liberaler Theorie: Dies ist die entscheidende Station, auf der sich die nachfolgende Forschung von Valjavec verabschiedete, um andere Wege einzuschlagen. Das marxistische (respektive sozialistische) Forschungsinteresse favorisierte eine historiographische „Zielutopie",[252] die den deutschen Jakobinismus auf der Suche nach historischen Präfigurationen der sozialistischen Gesellschaftsordnung als „theoretische Verwirklichung der politischen Aufklärung"[253] anvisierte. Damit sind die ‚Politizität'[254] und das Aktua-

---

248 Garber: Politische Spätaufklärung (wie Anm. 20), S. 553.

249 Ebd., S. 553 f. (Hervorhebung M. S.).

250 Vgl. exemplarisch seine Ausführungen über „Die demokratische Bewegung" in: Valjavec: Entstehung der politischen Strömungen (wie Anm. 20), S. 180–206.

251 Garber: Politische Spätaufklärung (wie Anm. 20), S. 549.

252 Vgl. Hans-Ulrich Wehler: Geschichtswissenschaft heutzutage: Aufklärung oder „Sinnstiftung"? [1989]. In: H. U. W.: Die Gegenwart als Geschichte. Essays. München 1995, S. 189–201, hier S. 195.

253 Garber: Politische Spätaufklärung (wie Anm. 20), S. 563.

254 Vgl. Heinrich Bußhoff: Komplementarität und Politik. Zu einer interdisziplinär orientierten Begründung des Politischen und der Politischen Wissenschaft. Würzburg 1990, S. 196–215. Fragen

lisierungs- und Instrumentalisierungspotential des Forschungsgegenstandes ‚Deutscher Jakobinismus' deutlich genug formuliert, und aus diesem Grund wird es im folgenden nicht darum gehen, den Beweis zu führen, daß die deutsche Jakobinismusforschung über weite Strecken eine politisch inspirierte – und instrumentalisierte – Forschungsrichtung (gewesen) sei.[255] Die unmißverständliche Auskunft eines prominenten Jakobinismusforschers verhilft an dieser Stelle bereits zur angemessenen Orientierung und würde unter Nennung des Namens angeführt werden, wenn der Urheber nicht darauf bestanden hätte, seine Aussage – wenn überhaupt –, so lediglich anonymisiert abzudrucken. So bleibt nur die Versicherung des Herausgebers, daß diese Äußerung in einem der hier vorliegenden Interviews wörtlich so gefallen ist: „Eines muß Ihnen klar sein: Wir reden hier über Politik, ausschließlich über Politik, nicht über Wissenschaft!"

So viel erscheint außerdem vertretbar, ohne sich den Vorwurf der Indiskretion zuzuziehen: Es handelte sich nicht um einen Vertreter der ostdeutschen Jakobinismusforschung. Ein solcher hätte sich vermutlich gewundert, warum das sogenannte Prinzip der Parteilichkeit – ein wissenschaftlicher Standpunkt im Interesse der Arbeiterklasse – eigens zu erläutern sei: Die politisch-ideologische Befrachtung der Wissenschaft liege nicht nur ‚auf der Hand', sie sei sogar ausdrücklich erwünscht, um das mindeste zu sagen. „Parteilich" zu denken und zu handeln wird von jedem konsequenten Marxisten prinzipiell positiv bewertet. Der Marxismus-Leninismus, die „wissenschaftliche" Weltanschauung der Arbeiterklasse, muß seinem Selbstverständnis zufolge den parteilichen Charakter nicht verschleiern, wie die „bürgerliche" Ideologie, weil er per se „Objektivität", das heißt „Wissenschaftlichkeit" bedeute und gleichermaßen als praktisches ethisches Postulat und als Erkenntnismethode fungiert. Auf diese prinzipiellen Eigenheiten marxistischen Argumentierens ist – gewissermaßen zur Markierung der entsprechenden ‚Topik' –, hinzuweisen, ohne sie im Detail anhand der ‚Klassiker' zu belegen. Eine weitere, zum Verständnis der ‚wissenschaftlichen' Fundamente der ostdeutschen Jakobinismusforschung unerläßliche Voraussetzung ist das Konzept vom Primat der Praxis: Aus der erfahrenen und sicheren Kenntnis beider Systeme, der (ehemaligen) DDR und der (ehemaligen) BRD, schildert Gerhard Kaiser, ein Kenner (und Kritiker) der Jakobinismusforschung,[256] die ‚Mechanik' des Primats der Praxis sowie deren argumentative Funktion. Kaisers Wertungen und Schlußfolgerungen sind als Ergebnis seiner autobiographischen Reflexion anzuführen. Wenngleich sie in der politischen Debatte selbstverständlich weiterhin zur Disposition stehen (sollten), schließt sich der Herausgeber den folgenden Ausführungen im großen und ganzen an. Auch werden von Kaiser wissenschaftstheoretische Erwägungen formuliert, die noch einmal streiflichtartig markieren,

---

nach der Politizität beziehen sich auf das, was durch die Politik prozessiert wird. Politische Theorie entsteht und besteht aus dem Handlungsinteresse der Akteure, während die Thematisierung dieses Handlungsinteresses nach wissenschaftlichen Kriterien den Inhalt der politikwissenschaftlichen Theorie bildet.

255 Vgl. dazu unten Kapitel 2.2.2 (Exemplarische Demonstration eines Argumentationsverlaufs unter kanonisierten Voraussetzungen).

256 Vgl. Kaiser: Über den Umgang (wie Anm. 196). Gerhard Kaiser studierte am Deutschen Theaterinstitut und an der Humboldt-Universität in Ost-Berlin. Er gehörte zum Kreis der Scholz-Schüler (siehe Anm. 139), verließ die DDR 1950, wurde als Historiker in München bei Franz Schnabel promoviert, wandte sich jedoch wieder der Germanistik zu, habilitierte sich in Mainz und wurde 1966 Ordinarius an der Universität Freiburg im Breisgau.

welche (analytisch-theoretischen) Voraussetzungen für die vorliegende kritische Darstellung des Verlaufs der Jakobinismusforschung leitend gewesen sind :

> Erst bei der Wiederbegegnung mit dem Nachlaß der DDR wurde mir klar, daß die Erwartung oder Forderung einer marxistischen Grundsatzdebatte grundsätzlich falsch war und daß wir bei unserer einstigen Prätention, als marxistische Wissenschaftler die Theorie der Praxis des wissenschaftlichen Sozialismus zu entwickeln, die dialektische Umkehr dieses Verhältnisses vergessen oder unterschlagen hatten: Der wissenschaftliche Sozialismus führt eine sozialistische Wissenschaft herauf, deren Wissenschaftlichkeit sich an diesem praktisch gewordenen Sozialismus bestimmt und ermißt und vor ihm zu rechtfertigen hat. Damit „löst" die Praxis das Theorieproblem. Die berühmte Marxsche Feuerbach-These, welche die Philosophen auffordert, von der Interpretation zur Veränderung der Welt überzugehen, also Theorie in Praxis zu überführen, liefert die Theorie an die Praxis aus. Eine Theorie, die, wie der Marxismus, praktisch so gründlich gescheitert ist, hat sich aus der Perspektive dieser These widerlegt. Kants Erkenntnistheorie kann man nur theoretisch bestreiten. Noch Hegel konnte aus der Position des absoluten Geistes, der im Kopf des Philosophen zu sich selbst gekommen war, sagen: ‚Um so schlimmer für die Tatsachen!' Aber da, wo die Praxis zum entscheidenden Argument erklärt wird, erübrigen sich andere Gegenargumente, wenn diese ihr letztes Wort gesprochen hat – und zwar gerade für die Vertreter dieses Ansatzes. Es war naiv von mir, vor vierzig Jahren zu beklagen, daß die marxistische Philosophie zur Dienstmagd der SED-Parteipolitik verkomme. Das war ja gerade die äußerste, wenn vielleicht von vielen auch ungewollte und ungeliebte Konsequenz dieser Philosophie. Aus dem Systemzusammenhang gelöst, können marxistische Hypothesen heuristisch von Wert bleiben. Als universale Theorie hat sich der Marxismus selbst erledigt.[257]

Über die Auswirkungen dieser ideologischen Steuerungsmomente auf die „Gesellschaftswissenschaften" (insbesondere auf die Geschichtswissenschaft der DDR) sowie über die Integrität und Verantwortung ihrer Historiker ist nach der sogenannten Wende viel Kundiges,[258] beeindruckend Authentisches[259] geschrieben worden. Es bleibt weiterhin darüber zu debattieren, ob das scharfe Verdikt von Kocka, die DDR-Geschichtswissenschaft sei eine „Geschichtswissenschaft in der Diktatur" gewesen,[260] ohne jede Einschränkung bestehen kann, vor allem aber: Wenn es nur bedingt bestehen kann, dann sind die entsprechenden Bedingungen zu explizieren. Auch dazu sollen die Interviews im vorliegenden Band verhelfen. Festzuhalten bleibt vorerst, daß „die Vertretung eines sozialistischen historischen Ansatzes in der Vergangenheit nicht an sich zu einer Verurteilung der wissen-

---

257 Gerhard Kaiser: Rede, daß ich dich sehe. Ein Germanist als Zeitzeuge. Stuttgart und München 2000, S. 117 f.

258 Vgl. etwa Georg G. Iggers: Geschichtswissenschaft in der ehemaligen DDR aus der Sicht der USA. In: Zwischen Parteilichkeit und Professionalität. Bilanz der Geschichtswissenschaft der DDR. Hrsg. von Konrad H. Jarausch. Berlin 1991, S. 57–73; Krise – Umbruch – Neubeginn. Eine kritische und selbstkritische Dokumentation der DDR-Geschichtswissenschaft 1989/90. Hrsg. von Rainer Eckert u. a. Mit einem Nachwort von Jürgen Kocka. Stuttgart 1992.

259 Vgl. etwa Karlheinz Blaschke: Als bürgerlicher Historiker am Rande der DDR. Erlebnisse, Beobachtungen und Überlegungen eines Nonkonformisten. In: Historiker in der DDR. Hrsg. von Karl Heinrich Pohl. Göttingen 1997, S. 45–93; vgl. in dem Band auch (S. 28–44) Werner Bramke: Freiräume und Grenzen eines Historikers im DDR-System. Reflexionen sechs Jahre danach.

260 Jürgen Kocka: Vereinigungskrise. Zur Geschichte der Gegenwart. Göttingen 1995, S. 47.

schaftlichen Leistung führen, sondern nur die Unterwerfung dieses Ansatzes unter andere als wissenschaftliche Kriterien".[261] Als Legitimationswissenschaft, deren Grundannahmen nicht der öffentlichen Kritik unterworfen wurden, war indes die DDR-Geschichtswissenschaft geradezu genötigt, ihre Forschungen anderen als wissenschaftlichen Kriterien zu unterwerfen.

Ein drittes Moment muß bei der Betrachtung der ostdeutschen Jakobinismusforschung angeführt werden. Für die Anfänge sowohl der literatur- als auch der geschichtswissenschaftlichen Jakobinismusforschung in der DDR ist stets zu berücksichtigen, daß ihre Ursprünge in der Auseinandersetzung mit dem deutschen Faschismus liegen und die konsequente Fokussierung der westeuropäischen Demokratietradition bei vielen Akteuren stark autobiographisch motiviert war. Was zunächst die Gründerfiguren der DDR-Jakobinismusforschung, Hedwig Voegt und Heinrich Scheel, betrifft: Sie haben sich nicht unter Zwang zum Aufbau einer sozialistischen Gesellschaftsordnung bekannt. Nach ihren Erfahrungen in und mit der nationalsozialistischen Diktatur sahen sie nichts weniger als ihre Lebensaufgabe darin, an der Konstitution und Konsolidierung einer ,antifaschistisch-demokratischen Ordnung' aktiv mitzuwirken. Ideologisch ging es dabei (auch) um die Überzeugung und um den historischen Nachweis, daß die kommunistische deutsche Arbeiterbewegung schließlich über den Faschismus gesiegt habe. Hedwig Voegt und Heinrich Scheel waren nicht nur, wie so viele der sogenannten passiven Widerständler, ,gegen die Nazis' gewesen: Sie haben im Widerstand gegen die nationalsozialistische Diktatur ihr Leben eingesetzt.[262] Hedwig

---

261 Karl Heinrich Pohl: Einleitung: Geschichtswissenschaft in der DDR. In: Historiker in der DDR (wie Anm. 259), S. 5–27, hier S. 19.

262 Siehe dazu das Interview mit Claus Träger, S. 315–332, hier S. 322. „Man kann sagen, es ging quer durch einige Fakultäten ein Zug von Antifaschismus. Mit Unterschieden freilich, die einen hatten nur nicht mitgemacht, und andere waren zum Tode verurteilt wie [Werner] Krauss." Hedwig Voegt schloß sich 1925 der KPD an, war Arbeiterkorrespondentin der Hamburger Volkszeitung und gab die illegale Betriebszeitung des Fernsprechamts in Hamburg heraus. Hedwig Voegt war mehrfach politische Gefangene im Konzentrationslager Hamburg-Fuhlsbüttel (Kola Fu). 1933 wurde sie nach dem Gesetz zur Wiederherstellung des Berufsbeamtentums aus dem Postdienst entlassen und arbeitete illegal für die KPD. 1934 wurde Hedwig Voegt vom Hanseatischen Oberlandesgericht wegen Vorbereitung zum Hochverrat zu einer zweijährigen Zuchthausstrafe verurteilt, die sie bis Oktober 1936 in der Strafvollzugsanstalt Lübeck-Lauerhof verbüßte. 1938 wurde Hedwig Voegt erneut verhaftet und war bis Ende März 1939 im Konzentrationslager Fuhlsbüttel inhaftiert. Als Deutschland im Juni 1941 die Sowjetunion angriff, wurde Hedwig Voegt in Geiselhaft genommen. Nach dem Ende des Zweiten Weltkriegs nahm Hedwig Voegt ihre politische Arbeit für die KPD wieder auf und war Mitglied der Bezirksleitung Wasserkante; sie arbeitete beim Landesarbeitsamt in Hamburg. Die KPD delegierte Hedwig Voegt 1948 zum Studium in die Sowjetische Besatzungszone. Sie war wissenschaftliche Hilfskraft am Goethe- und Schiller-Archiv in Weimar und studierte ab 1949 Publizistik in Leipzig. Im selben Jahr wurde sie Mitglied der SED. Nach Abschluß ihrer Promotion über die deutsche jakobinische Publizistik erhielt sie 1953 einen Lehrauftrag für Geschichte der deutschen Literatur an der Universität Leipzig. 1955 wechselte sie von der Philosophischen Fakultät an die Fakultät für Journalistik, wurde 1959 Professorin und lehrte literarische Publizistik und Stilistik. Gleichzeitig leitete sie das Institut für literarische Publizistik und Stilistik und war ab 1961 Prodekanin für den wissenschaftlichen Nachwuchs. 1963 wurde sie vom Dienst entpflichtet. Hedwig Voegt war Inhaberin der Medaille für Kämpfer gegen den Faschismus 1933 bis 1945. – Auf die Frage, wie sie zu der Thematik ihrer Dissertation gefunden habe, erklärte Hedwig Voegt in der Retrospektive: „In den Jahren etwa von 1950 bis 1951 war im

Voegt und Heinrich Scheel sahen die Geschichte des antifaschistischen Widerstandskampf-
es als eine Art Vorgeschichte der DDR und rechneten sie zu den besten Traditionen ihres
Staates, denn auch aus ihrer Sicht leistete die Kommunistische Partei Deutschlands – wie
es Kurt Finker formulierte – als einzige Partei während der gesamten Dauer der nationalsozialistischen Diktatur organisierten Widerstand, hatte ein klares Programm für den Sturz
des Nazi-Regimes und für den Aufbau einer antifaschistisch-demokratischen Ordnung
ausgearbeitet und stellte die größte Zahl aktiver Widerstandskämpfer, „die am meisten zur
Schwächung der faschistischen Diktatur beitrugen".[263] Daß es auch in der Bundesrepublik
Deutschland ehemalige aktive Widerstandskämpfer gab, wie sich umgekehrt nicht die gesamte Deutsche Demokratische Republik in ihren Anfängen aus ehemaligen Gegnern des
NS-Regimes rekrutierte, ist mittlerweile bekannt, steht hier indes nicht zur Diskussion.

Bei der Betrachtung des Forschungsverlaufes der Jakobinismusforschung sind also stets
die ideologischen Ursachen ihrer Entstehung mit zu bedenken, auch wenn dies in der vorliegenden Darstellung nicht permanent expliziert wird. Für Heinrich Scheel, der die literaturwissenschaftliche Pionierleistung Hedwig Voegts auf dem Forschungsfeld Mainzer Republik fortführte, ging es also – in der Reflexion auf seine Erfahrungen mit der faschistischen
Diktatur des Nationalsozialismus – um die historische Rückversicherung an ‚progressiven‘,
demokratisch-revolutionären Traditionen, um die politisch-ideologische Bestimmung der historischen Anfänge einer „auf revolutionärem Weg von unten erkämpften Volksdemokratie":

Goethe- und Schiller-Archiv in Weimar ein Sonderlehrgang für Germanisten organisiert worden,
von dem unter der Leitung von Prof. Dr. Gerhard Scholz für alle Teilnehmer Anregungen und
Impulse ausgegangen sind, die bis heute – vielfach modifiziert – nachwirken. Ich hatte das große
Glück, an diesem Kursus teilnehmen zu können. Was die deutsche jakobinische Literatur und
Publizistik betrifft, so lag dieses Thema keinesfalls in der Luft; und kein Lehrplan bestimmte, die
Studenten darüber zu informieren. Von den Kursusteilnehmern wurde zumeist zu Themen aus
der deutschen Klassik gearbeitet. Das Thema, das ich mir für meine Doktorarbeit wählte, war von
vornherein abwegig. In keiner Literaturgeschichte war darüber nachzulesen. […] Ich habe lange
auf eine Resonanz meiner Arbeiten gewartet. Meine Editionen blieben echolos. Dies zu untersuchen ist nicht meine Sache. Was in dem letzten Jahrzehnt dann zu diesem Thema erschien, hat
mich überrascht." Mieth: Vier Fragen an Hedwig Voegt (wie Anm. 245).
Walter Grab erklärt in seiner Autobiographie: Hedwig Voegt „hatte einer Gruppe von Kommu-
nistinnen angehört, die nach dem Attentat vom 20. Juli 1944 verhaftet und zum Tode verurteilt
worden waren; da der Richter jedoch die Niederlage Nazideutschlands voraussah und sich ein
Alibi verschaffen wollte, setzte er den Vollzug des Todesurteils aus". Vgl. Walter Grab: Meine
vier Leben. Gedächtniskünstler – Emigrant – Jakobinerforscher – Demokrat. Köln 1999, S. 167 f;
siehe dazu auch das Interview mit Walter Grab, S. 486–499, hier S. 489. Die kundigste biographische Arbeit über Hedwig Voegt hat Ursula Suhling vorgelegt: Rebellische Literatur – Quelle
moralischer Kraft. Hedwig Voegt (1903 bis 1988). Erinnerungen und Biographisches. Mit einem
Beitrag von Dr. Evamaria Nahke. Nachwort Dr. Wolfgang Beutin. Hamburg 2007 (Willi-Bredel-
Gesellschaft, Geschichtswerkstatt e.V.).
Für Heinrich Scheel, der als Mitglied der Widerstandsgruppe „Rote Kapelle" gearbeitet hatte, war
die Todesstrafe beantragt worden; vgl. dazu die entsprechenden Passagen in seinen autobiographischen Aufzeichnungen. Heinrich Scheel: Vor den Schranken des Reichskriegsgerichts. Mein Weg
in den Widerstand. Berlin 1993, S. 330–348, hier S. 345.
263   Kurt Finker: Zum Widerstandskampf kleinbürgerlicher und bürgerlicher Nazigegner in Deutschland. [1979]. In: Erbe und Tradition in der DDR. Die Diskussion der Historiker. Hrsg. von Helmut
Meier und Walter Schmidt. Berlin 1989, S. 103–111, hier S. 103.

Das parteiliche und darum wissenschaftlich gesicherte Eintreten für eine spezifische Form der politischen Regelung bürgerlich-sozialer Verhältnisse, d. h. für einen Staat, dessen Konstitution mit dem Höhepunkt der Großen Revolution in Aussicht gestellt wurde, verbürgt für Scheel, daß die sozialgeschichtliche Entwicklung Deutschlands seit der Wende vom 18. zum 19. Jahrhundert korrekt, geradezu ‚kongenial‘ erfaßt wird. Zu den konzeptionellen Merkmalen dieser spezifischen Form historischer Demokratieforschung gehört der Primat der politischen Perspektive im allgemeinen, die bestimmte, auf den ‚revolutionären bürgerlichen Demokratismus‘ gerichtete politische Perspektive im besonderen. Diese inhaltliche Orientierung gilt in universalhistorischer wie in nationalgeschichtlicher Sicht.[264]

Zur genaueren Deskription und analytischen Evaluation von Heinrich Scheels Forschungsansatz ist es notwendig, Distanz zur marxistischen Basis-Semantik aufzubauen, um (a) seine wissenschaftliche „Zielutopie“[265] in den Blick zu nehmen, (b) nach seinen Begründungen des ‚erkenntnisleitenden Interesses‘ zu fragen und diese (c) mit den von Scheel als erfolgträchtig avisierten epistemologischen Operationen (einschließlich ihrer Folgen für den Forschungsverlauf) zu korrelieren. Dieses Analyseverfahren verhilft zu Differenzierungen von Argumentationsverläufen. Es handelt sich also nicht um die breit aufgestellte ideologische Abwehr geschichtsphilosophischer ‚Großthesen‘, etwa der Überzeugung, daß die Menschen, die Geschichte machen, nicht wissen, welche Geschichte sie machen, und daß die Arbeit des Historikers darin bestehe, diese unbewußten Vorstellungen kritisch aufzulösen. Es geht vielmehr (nur) darum, die behaupteten Wissensansprüche unter Wahrung ihrer semantischen Qualitäten aus den komplexen inhaltlichen Zusammenhängen zu abstrahieren, terminologisch zu sichern und sie auf diese Weise zu Objekten des Wissens ‚sui generis‘ zu machen. Was das im einzelnen konkret bedeutet, erschließt sich nicht, wenn man verbal im marxistischen ‚Jargon‘ verbleibt und vermeintliche Brüche, Inkonsequenzen oder logische Irritationen der Argumentation inhaltlich innerhalb des marxistischen Theorierahmens zu benennen versucht. Ein solches Vorgehen wäre von vornherein zum Scheitern verurteilt, weil es hohe Ansprüche mit dürftigen Mitteln befriedigen müßte: Das Werkzeug paßt nicht zu der zu unternehmenden Arbeit. Vielmehr gilt es, die Bestandteile der marxistischen Argumentation in eine alternative Begrifflichkeit zu überführen, ohne die Substanz der zu untersuchenden Argumente zu zerstören. Die solcherart ‚aufgehobenen‘ Wissensansprüche können differenzierter aufeinander bezogen werden als die sehr komplexen und ‚abgeschlossenen‘ Parameter der marxistischen Theorie.

Für den Forschungsansatz Scheels läßt sich folgende (nach der Auffassung Scheels bereits realisierte) Zielutopie rekonstruieren, wobei der oben bezeichnete Konnex zwischen antifaschistischer Grundeinstellung und wissenschaftlicher Legitimation des Forschungsgegenstandes exemplarisch belegt ist:[266]

Das Schicksal der deutschen Nation hängt von der Entwicklung der Demokratie ab. Das ist eine Erkenntnis, die zu begreifen nicht schwerfallen sollte, nachdem die Diktatur der

---

264 Wilharm: Politik und Geschichte (wie Anm. 22), Bd. 1, S. 72.
265 Vgl. Wehler: Geschichtswissenschaft (wie Anm. 252), S. 195.
266 Siehe dazu auch die Interviews mit Heinrich Scheel (S. 665–691) und Hans-Dietrich Dahnke (S. 218–254, hier S. 225 f.).

deutschen Imperialisten und Militaristen bereits zwei verheerende Kriege über die Völker gebracht hat. […]
Eine solche auf der Basis des Marxismus-Leninismus entwickelte nationale Konzeption bestimmt heute die Politik der Deutschen Demokratischen Republik, des ersten Arbeiter- und Bauernstaates auf deutschem Boden. Sie betrachtet als den Kern der nationalen Frage in der Gegenwart die Beseitigung des deutschen Imperialismus und Militarismus, deren Kriegsvorbereitungen die physische Existenz des ganzen deutschen Volkes bedrohen.[267]

Die in der Zielutopie bereits angedeutete Begründung des erkenntnisleitenden Interesses wird erweitert durch eine Evaluation der bisherigen Forschungsaktivitäten:

Die bürgerliche Historiographie hat zu keiner Zeit eine solche zuverlässige Orientierung besessen. Imperialistisch entartet, verfälscht sie die Vergangenheit, um die antinationale Politik der Imperialisten und Militaristen mit historischen Argumenten zu versorgen. Es ist bezeichnend, daß die deutsche bürgerliche Geschichtsschreibung in mehr als einem Jahrhundert kein Werk zustande gebracht hat, das sich in umfassender Weise mit dem Problem des Einflusses der Französischen Revolution auf Deutschland auseinandersetzt. Ihr war nichts daran gelegen, eine Problematik zu untersuchen, die geeignet wäre, den Kampf der deutschen Arbeiterklasse um eine demokratische Entwicklung Deutschlands nach innen und außen durch die Aufdeckung der revolutionären und demokratischen Traditionen des deutschen Volkes zu unterstützen.[268]

Die als erfolgträchtig avisierte epistemologische Operation ist die Applikation historisch-materialistischer Theorie-Elemente:

Die vorliegende Arbeit […] möchte Voraussetzungen schaffen helfen, die eine umfassende *wissenschaftliche, das heißt marxistische* Untersuchung des Gesamtproblems ermöglichen. […]
Die Mißachtung der Volksmassen ist eine generelle Erscheinung in der bürgerlichen Historiographie. Sie versperrt ihr den Zugang zum wirklichen Verständnis der historischen Entwicklung, denn wie will man die Geschichte eines Volkes schreiben, wenn man das eigentliche Volk, die werktätigen Massen, negiert! Die deutsche Geschichte im Zeitalter der Französischen Revolution liegt wie ein riesiges, kaum beackertes Feld vor der marxistischen Geschichtsforschung, die allein die Mittel besitzt, es gründlich zu erschließen. […] Für den marxistischen Historiker, der die Geschichtsforschung nicht um ihrer selbst willen treibt, ist es selbstverständlich, daß er solchen Fragen den Vorzug gibt, deren Lösung einen unmittelbaren ideologischen Beitrag für den Sieg der friedliebenden Kräfte des deutschen Volkes in der Gegenwart darstellt.[269]

Es ist nicht die zugrundeliegende Zirkularität der programmatischen Aussagen und der damit begründete Alleinvertretungsanspruch, der den vorgetragenen Wissensanspruch zu einem lohnenden Untersuchungsobjekt macht. Problematisch erscheint vielmehr die Engführung von Zielutopie und Epistemologie, die zu der Frage berechtigt, wie begründet das vermeintliche Wissen unter den formulierten Voraussetzungen ist, und das heißt: Woran

---

267 Heinrich Scheel: Süddeutsche Jakobiner. Klassenkämpfe und republikanische Bestrebungen im deutschen Süden Ende des 18. Jahrhundert. Berlin 1962, S. VII und IX.
268 Ebd., S. IX f.
269 Ebd., S. VII und XII (Hervorhebung M. S.).

erkennt man, daß dieses Wissen tatsächlich aufgrund von Erkenntnis angeboten wird? Wenn Zielutopie und epistemologische Mittel im Prinzip keine Unterscheidungskriterien formulieren, wenn historiographische Forschung explizit und dezidiert nur „solchen Fragen den Vorzug gibt", die „einen unmittelbaren ideologischen Beitrag" für vorab definierte Zielutopien darstellen, dann liegt der Sachverhalt der Politisierung bzw. der politischen Instrumentalisierung vor, gleichgültig wie anerkennenswert die zugrundeliegende moralische bzw. ideologische Motivation auch sein mag. Es ist nicht auszuschließen, daß ein solches ‚Wissen' auch der Evaluierung durch andere Forscher ‚standhält', doch muß dieses Wissen in der sachgebundenen Beweisführung diskussionsfähig gehalten werden. Denn: Erkenntnis und die theoretische Reflexion auf sie sind zwei Aspekte eines Sachverhalts. Deswegen ergibt es in der Forschung keinen Sinn, das generierte Wissen methodologisch selber zu evaluieren, anstatt es anderen Fachkollegen zur Prüfung zu überlassen, die es – auch unter alternativen methodischen Zugängen – billigen, verwerfen, unterstützen oder begründet anzweifeln können.

Scheels Forschungsbeiträge, die nicht hinreichend zwischen Zielutopie und Epistemologie unterscheiden, verfügen über einen relativ begrenzten argumentativen Spielraum, da sie ihre Wissensansprüche und Forderungen nur aus sich selbst heraus zu begründen vermögen. Scheel operiert daher im Prozeß der argumentativen Evaluierung von Wissensansprüchen häufig mit bestimmten Strategien der Immunisierung. Er transformiert beispielsweise Sachfragen in moralische Zusammenhänge und versucht, sie auf diese Weise der Kritik zu entziehen. Er reagiert auf Sachfragen offensiv, d.h. Sachfragen werden nicht expliziert, sondern in einer Art Beweislastumkehr zu ‚Gegenargumenten' modelliert . Er unterstellt, daß widersprechende Beobachtungen auf politisch oder moralisch ‚objektiv' zu verurteilende persönliche Einstellungen zurückzuführen sind. Er erweitert im Zweifelsfall das Gefüge seiner definitorischen Voraussetzungen oder er versucht, diese Voraussetzungen an neuen Forschungsobjekten zu verifizieren. Eine besondere Funktion kommt in diesem Zusammenhang den moralisierenden Attacken zu. Die ‚wissenschaftliche' Auseinandersetzung wird häufig mit dem Gestus und Habitus der Entrüstung bzw. Empörung befrachtet, um die Integrität und Wahrhaftigkeit der eigenen Position vorzuführen und zu bekräftigen: „Ja, Valjavec erlaubt sich sogar die Ungeheuerlichkeit, [...]."[270] – „Zu welchen politischen verderblichen Konsequenzen ein solcher Standpunkt führt, zeigt der ungeheuerliche Satz, [...]."[271]

Die kritische Beleuchtung dieser sprachlichen Eigenheiten richtet sich nicht auf die – möglicherweise berechtigten – sachlichen Einwände, sondern auf das Pathos der Moral. In der wissenschaftlichen Auseinandersetzung genügt es bekanntlich vollkommen, den angefochtenen Standpunkt zu verteidigen; die Stilisierung des Kontrahenten zu einem ‚Ungeheuer' ist nicht sachdienlich, sondern diffamierend. Die Grundlinien dieses Normengefüges zur Sicherung der (inter-)disziplinären Kommunikation von Wissensbeständen sind jedem Wissenschaftler geläufig. Deswegen erscheint die Vermutung unsinnig, (ausgerechnet) Heinrich Scheel habe diese ‚Spielregeln' nicht gekannt. Vielmehr ist davon auszugehen, daß er sie bewußt ignoriert bzw. konterkariert hat. Das (vorgeblich) sichere Bewußtsein, auf der Grundlage eines wissenschaftlich unanfechtbaren Standpunktes zu argumentieren, läßt

---

270 Ebd., S. X.
271 Ebd., S. XII.

Scheel nicht nur als Wissenschaftler, sondern zugleich als Agitator und Propagandisten ‚argumentieren'. Scheel verstand sich nicht nur als Entdecker, sondern auch als Hüter des revolutionären Erbes, das er – wo immer es galt – gegen ‚falsche', ‚bürgerliche' Vereinnahmungen durch die westdeutsche Forschung abgrenzte. Aus seiner Perspektive wäre es vermutlich einer Verletzung seiner wissenschaftlichen Pflichten gleichgekommen, dies nicht zu tun. Rainer Rosenberg hat die entsprechenden diskursiven Signaturen und Strukturen eines solchen Kommunikationsverhaltens extrapoliert:

> Auffällig ist zunächst der assertorische Charakter der Rede – ein autoritärer Sprachgestus aus der Sicherheit der „wissenschaftlichen Weltanschauung", der auch noch auf Texte durchschlägt, die keine weltanschaulichen Grundsatzfragen thematisieren. […] Diesem Gestus eignet eine Rhetorik der Ausschließlichkeit, die – weil die vom Schreiber *gewußte Wahrheit auch durchgesetzt werden soll* – abweichende Anschauungen als oberflächlich oder irreführend verurteilt und damit zugleich einen polemisch-didaktischen Zug annimmt. Da die Anerkennung der Wahrheit auch als ethisches Postulat gesetzt werden kann, erhält die Polemik überdies oft eine moralisierende Note.[272]

Rosenberg macht ein entsprechendes „rhetorisches Schema" aus. Exakt entlang den Leitlinien dieses Schemas kann man die oben zitierten programmatischen Aussagen Heinrich Scheels sortieren:

> Vorstellung des Problems – Versicherung, daß die Problemlösung nur auf der Grundlage des Marxismus-Leninismus möglich ist – marxistisch-leninistische Problemlösungsthese – Zurückweisung der „bürgerlichen" und häretischen Lösungsvorschläge und Hinweise auf deren schädliche Folgen – Darstellung der Problemlösung als einer moralischen Handlung, weil wichtig für den Sieg des Sozialismus – argumentative Begründung der These in Anwendung von Lehrsätzen des Marxismus-Leninismus und untermauert durch Zitate aus den Schriften der „Klassiker".[273]

Die marxistischen Klassiker – dies ist wohl die für das Verständnis von Scheels Agitationen ausschlaggebende Voraussetzung – sind nicht kritisierbar, „wohingegen auf ‚bürgerliche' Philosophie nach Marx nur kritisch Bezug genommen werden darf".[274]

Rosenbergs Beobachtungen wären zu ergänzen durch die bereits 1991 von Klaus Städtke angestellten Überlegungen:[275] Mit Lyotard vermutet Städtke im Blick auf „die Dialogsituation derjenigen, die vormals in der DDR gegeneinander gelebt haben, ohne miteinander reden oder streiten zu können", daß Sätze unterschiedlicher Regelsysteme nicht ineinander übersetzt werden können.[276] Auf dieser Linie, wenngleich mit einigen

---

272 Rainer Rosenberg: Zur Begründung der marxistischen Literaturwissenschaft der DDR. In: Deutsche Literaturwissenschaft 1945–1965 (wie Anm. 36), S. 203–240, hier S. 205 (Hervorhebung M. S.).

273 Ebd., S. 208.

274 Ebd., S. 211.

275 Klaus Städtke: Beispiele der Deformation wissenschaftlichen Denkens in den Geisteswissenschaften der früheren DDR. In: Leviathan. (Berliner) Zeitschrift für Sozialwissenschaft 19 (1991), H. 1, S. 32–43.

276 Vgl. ebd., S. 33 f. – Jean-François Lyotard: Der Widerstreit. [Le Différend. Paris 1983]. Übers. von Joseph Vogl. Mit einer Bibliographie zum Gesamtwerk Lyotards von Reinhold Clausjürgens. München 1987, S. 92. In Ergänzung zu Städtke ist hier allerdings zu bemerken, daß Lyotard sich auf lexikalische, grammatikalische und syntaktische Aspekte von Regelsystemen und Diskurs-

Akzentverschiebungen, scheint sich auch Rosenbergs Resümee zu bewegen, wenn er für den marxistisch-leninistischen „Diskurs" der Gesellschaftswissenschaften in der DDR festhält:

> Man kann diesen Diskurs nach der Art, in der er spezialwissenschaftliche auf prinzipielle Weltanschauungsfragen zurückführte und mit ethischen und politischen Fragen verband, in bestimmtem Sinn als fundamentalistisch bezeichnen, muß ihn aber gleichwohl als wissenschaftlichen Diskurs gelten lassen, sofern er argumentativ geführt wurde und nicht mit einem (quasi-)religiösen Verkündigungsgestus auftrat.[277]

Unabhängig davon, daß mit dem Rekurs auf die Beiträge von Städtke und Rosenberg zwei ‚Unbekannte' in die ‚Gleichung' geraten (der Diskurs-Begriff und die Implikationen von Lyotards Überlegungen zu unterschiedlichen diskursiven Regelsystemen): Es kann auf der Grundlage dieser Beiträge erneut demonstriert werden, daß bei Scheel die Parameter der Zielutopie zugleich als epistemologische Steuergrößen fungieren. Die folgenden zwei Beispiele sind geeignet, das Problem zu verdeutlichen. Das Kapitel III, die Frage nach der „Zusammenarbeit antifeudaler Kräfte mit Frankreich",[278] bildet in Scheels Darstellung eine Gelenkstelle: Es gilt, den für Scheels Ansatz unverzichtbaren, indes durchgehend unspezifizierten Begriff der „Massen" bzw. des „Volkes" jakobinisch zu konturieren oder – anders gewendet – die historische Gestalt der Zielutopie[279] zu modellieren. Mit diesem Problem ist schließlich die wichtige Doppelfrage nach dem sogenannten Charakter der Französischen Kriege und den revolutionären Geschehnissen um die Mainzer Republik verknüpft: Waren die Französischen Kriege Eroberungsfeldzüge oder Befreiungskriege? War die Mainzer Republik das Ergebnis einer revolutionären Koalition von französischen Besatzungstruppen, deutschen Jakobinern und jakobinisch inspirierten und agitierten „Volksmassen" oder handelte es sich um einen oktroyierten Revolutionsimport, um eine externe Revolutionierung?[280]

Für die Jahre 1792 bis 1796 innerhalb des Ersten Koalitionskrieges konstatiert Scheel einleitend die Existenz einer „antifeudalen Bewegung in Süddeutschland".[281] Das Kräfteverhältnis zwischen „herrschender Klasse und antifeudaler Bewegung" sei indes ungünstig für einen revolutionären Umsturz gewesen. Minutiös rekonstruiert Scheel anhand von Verhörprotokollen die konspirative Zusammenarbeit zweier deutscher ‚Jakobiner' mit der französischen „Propaganda- und Nachrichtenzentrale"[282] bzw. mit dem „Propaganda- und Nachrichtendienst".[283] Einer von ihnen, der Wetzlarer Hofmeister Damm, äußerte sich folgendermaßen:

> Revolutionen sind ein Werk der Naturnotwendigkeit. Sie sind das Fieber, das die kränkelnde Maschine reinigt oder zerstört. – Revolutionen werden unausbleiblich … Revolu-

---

varianten bezieht. Es geht ihm also in erster Linie um Transformationsblockaden aufgrund unterschiedlicher Formations-, Verkettungs- und Validierungsregeln.

277 Rosenberg: Begründung der marxistischen Literaturwissenschaft (wie Anm. 272), S. 208.
278 Scheel: Süddeutsche Jakobiner (wie Anm. 267), S. 147–191.
279 Vgl. Wehler: Geschichtswissenschaft (wie Anm. 252), S. 195.
280 Diese These hat Franz Dumont in der Kritik an Scheels Ansatz breit entfaltet; siehe dazu das Interview mit Franz Dumont, S. 458–485.
281 Scheel: Süddeutsche Jakobiner (wie Anm. 267), S. 149.
282 Ebd., S. 151.
283 Ebd., S. 153.

tion räumt uns den großen Schutt hinweg, sie endigt unsere Arbeit nicht, sie öffnet erst das
Feld unserer großen Wirksamkeit als Gesellschaft.[284]

Diese Aussage, die – für sich genommen – nicht zwingend als jakobinisches Bekenntnis
gewertet werden muß, kann also nicht ‚punktgenau‘ in Scheels Zielutopie ‚verrechnet‘ werden. Sie muß daher in der kritischen Beurteilung ‚didaktisch‘ aufbereitet, von den Legaten
‚bürgerlich-reaktionären‘ Bewußtseins gereinigt werden. Das Ergebnis ist in seiner naiven
interpretatorischen Willkür bemerkenswert:

> Obwohl hier noch deutlich die Voreingenommenheit des bürgerlichen Aufklärers zu spü-
> ren ist, der die mit den revolutionären Ereignissen verbundene Unordnung als schrecklich
> empfindet, obwohl weiter die typische Überheblichkeit des aufklärerischen Intellektuellen
> sichtbar wird, der den Massen bloß die Arbeit des Schuträumens zuweist und zur positiv
> schöpferischen Leistung nur sich und seinesgleichen für fähig hält, so ist dennoch die-
> ses Bekenntnis zur Notwendigkeit der Revolution ein hervorragendes Beispiel fortschritt-
> lichen Denkens im Deutschland jener Zeit.[285]

Auch die folgende (exemplarisch anzuführende) zeitgenössische Aussage kann nicht ohne
weiteres als Beleg für „die faktische Fortexistenz der jakobinischen Partei" nach dem
9. Thermidor gewertet werden:

> Es gab Schurken unter den Jakobinern, und die es waren, sind es noch, müssen verzwei-
> feln oder des Verrätertodes sterben, und die braven Männer, die unter ihnen waren, waren
> und sind noch gute Republikaner, die fürs beste der Republik nun nicht weniger tätig sein
> können, obschon sie aufhören, Jakobiner zu heißen, wodurch sie nichts als einen Namen
> verloren haben.[286]

Die Aussage ist vielschichtig und komplex, zumal in ihrem semantischen Anspielungs-
reichtum zwischen den Bezugsgrößen Republikanismus–Jakobinismus, der es immerhin
naheliegend erscheinen läßt, daß dem Begriffseinsatz in diesem speziellen Fall keine fest-
umrissene ideologische Konzeption zugrundeliegt und daß er auf eine zeitgenössische begriffliche Verengung, aber inhaltliche Erweiterung des Problemfeldes ‚Jakobinismus‘ deuten könnte. Derartige Modellierungen des Untersuchungsgegenstandes passen indes nicht
zu den normativen Vorgaben der Zielutopie, die daher wiederum die argumentative Steuerungsfunktion übernimmt, wobei die „Revolutionäre" überdies ausdrücklich ‚gelobt‘ werden, weil sie die ‚richtige‘ Empfindung hatten:

> Das war im Grunde ein Bekenntnis zu den Jakobinern als den treuesten Republikanern.
> Die deutschen Revolutionäre empfanden, daß der 9. Thermidor die Gefahr einer konter-
> revolutionären Entwicklung begünstigte. Unbekannt mit der Lehre vom Klassenkampf,
> getrennt durch die Voreingenommenheit der Gebildeten von den Massen, begriffen sie
> nicht, daß in der Tat die Französische Revolution ihren Höhepunkt unwiderruflich über-
> schritten hatte. Sie suchten nach Gegengründen, um ihre Befürchtungen zu widerlegen,
> und nahmen dabei den Schein für das Sein. In der revolutionären Diktatur Robespier-
> res sahen sie monarchistische Züge, in den konterrevolutionären Äußerungen der Presse
> nichts als die üble Gesinnung einzelner. Allerdings darf bei der Bewertung der Fehl-
> einschätzung nicht vergessen werden, daß erstens darin eine Wunschvorstellung wirk-

---

284 Ebd., S. 155.
285 Ebd.
286 Ebd., S. 159.

sam war, die den Revolutionären Ehre machte, und daß zweitens Frankreich auch nach dem 9. Thermidor die Förderung revolutionärer Bestrebungen in Deutschland zunächst fortsetzte.[287]

Historiographie, es sei wiederholt, bedeutete für den Marxisten Scheel: Klassenkampf. Sein geschichtstheoretisches Konzept ist, mit Harro Segebergs Worten, „ein durch die Existenz der DDR verbürgter Sinnzusammenhang der Geschichte, in den die Rezeption des Jakobinismus eingefügt ist: was die bürgerlich-demokratischen Revolutionäre am Ende des 18. Jahrhunderts erstrebten, hat die DDR, auf einer ganz neuen Stufe der historischen Entwicklung, verwirklicht".[288] Scheel wollte in dieser Perspektive auf eine Revolutionen privilegierende marxistische Dogmatik verweisen. Den parteipolitisch verbrieften Anspruch seiner Forschungen hat Scheel stets – wenngleich mit den semantischen Formeln einer standardisierten marxistischen Propagandasprache – expliziert; die folgenden Beispiele mögen genügen: Die erklärte Absicht seines Werkes *Süddeutsche Jakobiner* sei es, „die historischen Wurzeln der Kräfte des Fortschritts und der Reaktion von heute" bloßzulegen,[289] d. h. „den Kampf der deutschen Arbeiterklasse um eine demokratische Entwicklung Deutschlands nach innen und außen durch die Aufdeckung der revolutionären und demokratischen Traditionen des deutschen Volkes zu unterstützen".[290] „Das Ganze ist ein Stück Geschichte des Klassenkampfes der feudal ausgebeuteten und unterdrückten Volksschichten gegen die bestehende und für die Errichtung einer bürgerlichen Gesellschaftsordnung."[291]

Heinrich Scheel hat seine Position bis in die 1980er Jahre in zahlreichen Aufsätzen und mit Hilfe weiterer Quellenpublikationen kontinuierlich ausgebaut und gefestigt, dennoch: Keine der von ihm präsentierten agitatorischen Schriften konnte im strengen Sinne einer Jakobinismus-Definition, die nach konsequenten bürgerlichen Revolutionären im Sinne der zweiten radikalen Phase der Französischen Revolution suchte, genügen. Die ursprüngliche externe Motivation der Forschungen zum deutschen Jakobinismus – genauer: die politische Instrumentalisierung der Historiographie – wird von den befragten Akteuren der DDR-Literaturwissenschaft kaum ernsthaft in Zweifel gezogen. In diesem Sinne etwa äußerten sich Martin Fontius; aber auch Hans-Dietrich Dahnke, der in einem umfassenderen Sinne auf die politisch-bewußtseinsbildende Funktion historiographischer Forschung in der DDR zu sprechen kommt:

> Sicher ist das völlige Desinteresse der deutschen Historikerzunft für revolutionär-demokratische Traditionslinien in der eigenen Geschichte ein entscheidender Punkt gewesen. Aber welchen Gegenständen sich die Forschung, ausgehend von den Problemen der eigenen Zeit, dann konkret zuwendet, ist kaum weniger wichtig. Die Forschungen von Krauss über die Aufklärung oder Heinrich Scheels über die süddeutschen Jakobiner, die historisch-kritische Ausgabe zu Georg Forster oder Untersuchungen zur revolutionär-demokra-

---

287 Ebd.

288 Segeberg: Literarischer Jakobinismus (wie Anm. 222); vgl. dazu Scheel: Süddeutsche Jakobiner (wie Anm. 267), S. 712 f., sowie das Interview mit Harro Segeberg, S. 713–725.

289 Scheel: Süddeutsche Jakobiner (wie Anm. 267), S. VII.

290 Ebd., S. VIII f.

291 Ebd., S. 698.

tischen Publizistik in Deutschland boten sich an, um die Zielsetzungen der DDR zu legitimieren und zugleich die konservative Grundhaltung in der Bundesrepublik zu kritisieren. Von solchen Orientierungen ist in Westdeutschland damals wenig zu spüren.[292]

Eine marxistisch orientierte Literaturwissenschaft ist ohne eine literarhistorische Schwerpunktbildung für das Aufklärungsjahrhundert, wie immer es im einzelnen betrachtet und gewertet wird, letztlich nicht vorstellbar. Insofern war auch die Entwicklung von literaturgeschichtlicher Arbeit in der DDR von Anfang an mit auf Aufklärung gerichtet, und Aufklärung nahm einen wichtigen Platz im Bild von Geschichte und Literaturgeschichte ein. Richtig verstehen läßt sich das wohl nur im Kontext der Grundintentionen wie der damals aktuellen Fragen von Bewußtseinsbildung.[293]

Fontius' Ausführungen benennen erneut den ‚Nestor‘ der DDR-Aufklärungsforschung: Werner Krauss. Seine Bedeutung für die Begründung und wissenschaftliche Kultivierung – nicht nur der ostdeutschen – Aufklärungsforschung muß hier nicht eigens erörtert werden. Es sei statt dessen auf die dankenswerte Edition seiner Werke, auf die zahlreichen Würdigungen von ‚Person und Werk‘ durch ehemalige Schüler und Weggefährten sowie auf die kundigen und detaillierten Schilderungen von Hintergründen und Zusammenhängen in den vorliegenden Interviews verwiesen. Eine der einschneidenden Korrekturen im dominierenden Verständnis der Aufklärungsepoche war bekanntlich Krauss' auf genauer Kenntnis der europäischen Wirkungsgeschichte Rousseaus beruhende Herauslösung des ‚irrationalistischen‘ deutschen Sturm und Drang aus dem Vexierbild von ‚rationalistischer‘ Aufklärung und ihrer ‚vorklassischen‘ Überwindung; eine Konstellation, die – wie oben bereits angedeutet – auch für die Erforschung der Empfindsamkeit bzw. des Sentimentalismus von einiger Tragweite werden sollte. Doch auch bei der Erforschung des Jakobinismus hat Krauss' Neuperspektivierung und -bewertung dieser Phase der Aufklärungsliteratur Veränderungen ermöglicht. Claus Träger, einer der profiliertesten Krauss-Schüler, sei mit dem denkwürdigen Satz eingeführt: „Das Ergebnis der Französischen Revolution ist eben nicht der Jakobinismus, sondern das Directoire gewesen und schließlich Napoleon und so weiter."[294] Diese Aussage könnte als ideologisches Gelenkstück zwischen geschichts- und literaturwissenschaftlicher Jakobinismusforschung bezeichnet werden. Träger weitete den Rahmen der Jakobinerforschung und argumentierte mit einem alternativen Erbe- und Klassik-Verständnis.[295] Seines Erachtens betraf dieses Problem nicht nur die Geschichtswissenschaft und wäre auch nicht auf Mainz zu verengen, sondern habe für die Germanistik weitergehende Bedeutung: „Es versteht sich von selbst, daß damit die bürgerlich-demokratische Umwälzung des Mainzer Staates, der Prozeß seiner Verwandlung aus einem Kurfürstentum in eine Republik, über ihre historische Bedeutung hinaus auch ein Ereignis der deutschen *Literaturgeschichte* gewesen ist."[296] Zu koppeln ist dieser Befund an das, was Fontius zu bedenken gibt, um vollends zu realisieren, wie über die innovative

---

292 Siehe dazu das Interview mit Martin Fontius, S. 255–270, hier S. 268 f.

293 Siehe dazu das Interview mit Hans-Dietrich Dahnke, S. 218–254, hier S. 218. Siehe ferner Jens Saadhoff: Germanistik in der DDR. Literaturwissenschaft zwischen „gesellschaftlichem Auftrag" und disziplinärer Eigenlogik. Heidelberg 2007, S. 177–182, sowie II, 2.2.3.

294 Siehe dazu das Interview mit Claus Träger, S. 315–332, hier S. 330.

295 Siehe dazu ebd.

296 Mainz zwischen Rot und Schwarz. Die Mainzer Revolution 1792–93 in Schriften, Reden und Briefen. Hrsg. von Claus Träger. Berlin 1963, S. 47 (Hervorhebung M. S.).

Problembearbeitung von Claus Träger die Forschungen Heinrich Scheels effizient genutzt, zugleich jedoch aus ihrer isolierten und forcierten Revolutionstopik gelöst worden sind: Werner Krauss' breites Konzept von Aufklärungsforschung, so Fontius,

> unterscheidet sich erheblich von dem, *was in der Sowjetunion gemacht wurde*. Es galt zwar auch den vernachlässigten Materialisten und den utopischen Sozialisten des 18. Jahrhunderts, umspannte aber außerdem die Entdeckung des geschichtlichen Denkens und der Fortschrittsidee, berücksichtigte institutionelle und soziale Veränderungen und galt nicht zuletzt begriffsgeschichtlichen Fragen und Gattungsveränderungen im Prozeß der Aufklärung. Das war ein bis dahin unbekanntes Konzept.[297]

Mit etwa zehnjähriger Wirkungsverzögerung waren somit nach Hedwig Voegts Pionierarbeit die Startbedingungen für die Erforschung des Literarischen Jakobinismus neu definiert. Claus Trägers Arbeiten zum Themenkomplex ‚Deutsche Literatur und Französische Revolution' orientierten sich immer auch an der Fragestellung, welchen Wert Kunstepochen, tradierte Werke und Autoren für nachfolgende Gesellschaftsformationen haben und welche ästhetischen Normen oder politisch-ideologischen Grundsätze (zu Unrecht) negiert bzw. vergessen wurden.

> Da bin ich von der Frage Deutschland – Frankreich zum Zeitpunkt der Revolution ausgegangen und habe mich thematisch immer vor- und rückwärts bewegt. Es bewegte sich dann eigentlich immer im Rahmen von Aufklärung – deswegen Herder, Lessing –, mit Bezug auf den deutschen Intellektuellen zur Zeit der Französischen Revolution bis zur Romantik. Ich habe auch dies und jenes, was davor und später liegt, gemacht. Aber die Aufklärung war eigentlich das Zentrum, genauer: die geistig-politischen Beziehungen zwischen Deutschland und Frankreich zur Zeit der Französischen Revolution.[298]

Auch diese ideologischen Bezugspunkte – insbesondere die für die Erforschung des Literarischen Jakobinismus sehr wichtige Voraussetzung einer Erweiterung des Klassik-Begriffs – waren bereits am Ende der 1950er Jahre gesetzt worden. Exemplarisch kann dies in der erneuten Besinnung auf die entsprechenden Aktivitäten von Paul Reimann verdeutlicht werden. Er, der die Arbeit Hedwig Voegts entschieden kritisiert hatte, versammelte in seiner Literaturgeschichte[299] eine veritable Anzahl von Autoren, die traditionell dem literaturhistoriographischen Nebenkanon zugeordnet worden waren, und argumentierte vor dem Hintergrund der Versuche einer „sowjetische[n] Importästhetik",[300] um das von

---

297 Siehe dazu das Interview mit Martin Fontius, S. 255–270, hier S. 256 (Hervorhebung M.S.), sowie die von Horst F. Müller erarbeitete *Werner-Krauss-Bibliographie* in: Werner Krauss: Sprachwissenschaft und Wortgeschichte. Hrsg. von Bernhard Henschel. Mit einer Bibliographie von Horst F. Müller. Berlin und New York 1997 (Werner Krauss: Das wissenschaftliche Werk, Bd. 8), S. 475–622, hier S. 564 f. (Programm der *Schriftenreihe der Arbeitsgruppe zur Geschichte der deutschen und der französischen Aufklärung* im Akademie-Verlag).

298 Siehe dazu das Interview mit Claus Träger, S. 315–332, hier S. 329 f.

299 Vgl. Paul Reimann: Hauptströmungen der deutschen Literatur 1750–1848. Beiträge zu ihrer Geschichte und Kritik. Berlin 1956, S. 302 ff.

300 Vgl. dazu Manfred Naumann: Literaturgeschichte oder Politästhetik? Erinnerungen an die Literaturwissenschaft nach 1945 in der Ostzone. In: Wissenschaft im geteilten Deutschland. Restauration oder Neubeginn nach 1945? Hrsg. von Walter H. Pehle und Peter Sillem. Frankfurt/Main 1992, S. 164–176, hier: S. 170. Grundlegend zum Verständnis der zeitgenössischen Kontroversen: Karl Robert Mandelkow: Die literarische und kulturpolitische Bedeutung des Erbes. In: Die

Georg Lukács[301] errichtete ästhetisch-literarhistorische Theoriegebäude zu demontieren. In diesem Sinne hat sich Reimann sehr deutlich darüber ausgesprochen, daß „durch die literaturkritischen Theorien von Lukács […] tatsächlich die Kontinuität der Entwicklung der marxistischen Literaturwissenschaft unterbrochen" worden sei; denn: „Was Lukács in Frage stellte, war im Grunde das Prinzip der Parteilichkeit, die Klassenorientierung, ohne die eine konsequent marxistische Literaturwissenschaft undenkbar ist."[302] Reimann ging es in seiner Kritik vor allem um die ‚richtige' Bestimmung des Begriffs Jakobiner, und er nahm – wie bereits zwei Jahre zuvor in seiner Rezension von Hedwig Voegts Dissertation[303] – seinen Ausgang bei dem Urteil Lukács', „wonach Hölderlin ein ‚verspäteter Jakobiner'" gewesen sei.[304] Diese Interpretation wird von Reimann als „völlig willkürlich" zurückgewiesen: „Der Ausgangspunkt der sozialistischen Literaturwissenschaft ist der Hinweis Lenins auf die Notwendigkeit der kritischen Verarbeitung des gesamten Erbes der Kultur der vergangenen Perioden als Weg zum Aufbau der neuen sozialistischen Kultur."[305] Was in diesem Zusammenhang „kritisch" heißt, wird von Reimann anläßlich eines Vergleichs zwischen Hölderlin und Bürger explizit: Es gehe dabei „nicht um die ästhetische, sondern um die politische Beurteilung der beiden Dichter",[306] und in dieser Hinsicht gehen dem

---

Literatur der DDR. Hrsg. von Hans-Jürgen Schmitt. München 1983 (Hansers Sozialgeschichte der deutschen Literatur vom 16. Jahrhundert bis zur Gegenwart, hrsg. von Rolf Grimminger, Bd. 11), S. 78–119; Norbert Kapferer: Das Feindbild der marxistisch-leninistischen Philosophie in der DDR 1945–1988. Darmstadt 1990, S. 36–43 und 120–154; ferner Helmut Peitsch: Tradition und kulturelles Erbe. In: Kulturpolitisches Wörterbuch Bundesrepublik Deutschland/Deutsche Demokratische Republik im Vergleich. Hrsg. von Wolfgang R. Langenbucher u. a. Stuttgart 1983, S. 687–692; für die kulturpolitische Diskussion zum Erbe-Konzept seit den 1960er Jahren vgl. etwa die materialreiche Dokumentation: Erbe und Gegenwart. Studienmaterial zur Kulturpolitik und ästhetischen Erziehung an Ingenieur- und Fachschulen. 9. neubearbeitete Auflage. Leipzig (VEB Verlag Enzyklopädie) 1972; ferner Anita Liepert und Camilla Warnke: Bemerkungen zur marxistisch-leninistischen Erbe-Diskussion. In: Deutsche Zeitschrift für Philosophie 7/21 (1973), S. 1096–1110; Walter Dietze: Klassisches literarisches Erbe und sozialistisches Traditionsverständnis. In: Impulse. Aufsätze, Quellen, Berichte zur deutschen Klassik und Romantik. Folge 1. Berlin und Weimar 1978, S. 9–43 (darin S. 391–393 auch ein kurzer Bericht von Wolfgang Hecht über ein Kolloquium zum Thema *Das kulturelle Erbe in unserer sozialistischen Gesellschaft*, das im Oktober 1975 stattgefunden hat); Hans Kaufmann: Versuch über das Erbe. Leipzig 1980; Wolfgang Thierse und Dieter Kliche: DDR-Literaturwissenschaft in den siebziger Jahren. Bemerkungen zur Entwicklung ihrer Positionen und Methoden. In: Weimarer Beiträge 31 (1985), H. 2, S. 267–308; Dorothea Dornhof: Forschungsfeld: Gesellschaftswissenschaften. Legitimations- und Geltungsansprüche marxistischer Literaturwissenschaft in der frühen DDR. In: Jahrbuch für Internationale Germanistik 27 (1995), H. 1, S. 14–35.

301 Vgl. dazu die Ausführungen bei Saadhoff: Germanistik in der DDR (wie Anm. 293), S. 84–93, 209–228 und passim, sowie II, 2.2.3, S. 196–210.

302 Paul Reimann: Bemerkungen über aktuelle Aufgaben der Literaturwissenschaft. In: Weimarer Beiträge 4 (1958), H. 3, S. 400–412, hier: S. 402 f.

303 Reimann: [Rez.] Voegt, Die deutsche jakobinische Literatur (wie Anm. 203).

304 Der entsprechende Aufsatz von Lukács – „Hölderlins Hyperion" – erschien 1934 und wurde wiederabgedruckt in den *Werken*, Bd. 7 (Deutsche Literatur in zwei Jahrhunderten). Frankfurt/Main 1964, S. 164–184; siehe dazu II, 2.2.3, S. 152.

305 Reimann: Bemerkungen (wie Anm. 302), S. 407.

306 Ebd., S. 408.

Kritiker die auf einer „einseitige[n] Überbetonung der sogenannten klassischen Etappe" basierenden Überlegungen Lukács' nicht weit genug. Entscheidend ist für Reimann die Frage, unter welchen leitenden Voraussetzungen sich eine Neubewertung der literarischen Tradition im Sinne eines anzueignenden Erbes vollziehen müsse. Schlüsselfunktion erhält dabei der Begriff der ‚Volksmassen'. Erhellend ist an dieser Stelle ein weiterer Blick in Reimanns *Hauptströmungen*: Er vollzieht – in der Perspektive auf die „Verbundenheit mit den fortschrittlichen Bestrebungen [...] [des] Volkes"[307] – die dazu notwendige Erweiterung des Wertungsspektrums. Zwar fühlt sich auch Reimann dem „klassische[n] Erbe der deutschen Literatur" verpflichtet,[308] doch bezeichnenderweise beginnt der Abschnitt über den „Widerhall der bürgerlichen Französischen Revolution – Der Klassizismus (1790–1805)" mit ausführlichen Darstellungen zu Autoren wie Knigge und Forster, bevor Hölderlin, Goethe und Schiller behandelt werden: Unter diesem modifizierten Klassik-Begriff[309] zielte Reimann auch in seiner Kritik an Hedwig Voegt auf eine unmißverständliche Abgrenzung zu den ‚idealistisch' definierten Prämissen von Georg Lukács: „Als Jakobiner in vollem Sinne des Wortes kann man nur diejenigen Schriftsteller bezeichnen, die aktiv an der revolutionären Bewegung teilnahmen und sich mit dem Standpunkt der Jakobiner solidarisierten."[310]

Bis zum Beginn der 1980er Jahre war die historiographische Jakobinerforschung zur Mainzer Republik die unbestrittene Domäne Heinrich Scheels, obschon Jörn Garber bereits zu Beginn der 1970er Jahre mit guten Gründen vermerkt hatte:

> Selbst wenn man der immer wiederholten These zustimmt, daß die bürgerliche Geschichtsforschung sich nur wenig oder fast ausschließlich aversiv mit den deutschen Jakobinern beschäftigt hat, wird man den Anspruch der marxistischen Geschichtsschreibung, einzig autorisierte Interpretin fortschrittlicher Traditionen zu sein, zurückweisen müssen.[311]

---

307 Reimann: Hauptströmungen (wie Anm. 299), S. 6.

308 Ebd., S. 7.

309 Vgl. auch die entsprechenden Ausführungen „zur Koexistenz historischer Orientierung auf Nationalkultur und Klassenkampf" bei Wilharm: Politik und Geschichte (wie Anm. 22), Bd. 1, S. 144–148, sowie den Abschnitt „Der Klassik-Diskurs in der literaturwissenschaftlichen Germanistik der DDR" bei Saadhoff: Germanistik in der DDR (wie Anm. 293), S. 311–342.

310 Vgl. Reimann: [Rez.] Voegt, Die deutsche jakobinische Literatur (wie Anm. 203). Ferner: Hans-Günther Thalheim: Kritische Bemerkungen zu den Literaturauffassungen Georg Lukács' und Hans Mayers. Zur Frage der Unterschätzung der Rolle der Volksmassen in der Literatur. In: Weimarer Beiträge 4 (1958), H. 2, S. 138–171: „Trotz mancher Verdienste um die marxistische Geschichtsschreibung der deutschen Literatur [...] gelangt Lukács auf Grund der idealistischen Züge in seiner Geschichts- und Literaturtheorie zu einer Unterschätzung der schöpferischen Rolle der Volksmassen in der Literatur, der Volksdichter und didaktischen Dichtung [...]. Letzten Endes bleibt die Dichtung bei Lukács [...] das ‚Privateigentum einiger feinen, gebildeten Männer', an dem die bäuerlichen und plebejischen Schichten der Vergangenheit wie die revolutionären Massen des Proletariats in der Gegenwart keinen Anteil haben [...]" (S. 154 f.). Alexander Abuschs ‚Abrechnung' mit Lukács stammt aus demselben Jahr: Lukács' revisionistischer Kampf gegen die sozialistische Literatur. In: A. A.: Humanismus und Realismus in der Literatur. Aufsätze. Leipzig 1969, S. 166–180. Abusch hebt besonders die bei Lukács fehlende Würdigung des sozialistischen Realismus hervor, die seinem Verlust der „sozialistischen Perspektive" korrespondiere (S. 176).

311 Garber: Ideologische Konstellationen (wie Anm. 20), S. 181.

Doch erst die Forschungen von Franz Dumont haben Scheels Alleinvertretungsanspruch bei der Erforschung des süddeutschen Jakobinismus im Umfeld der Mainzer
Republik relativiert – und schließlich gegenstandslos gemacht. Die Positionen der Konkurrenten sind in den entsprechenden Interviews ausführlich dokumentiert und bibliographisch erschlossen. Dennoch soll an dieser Stelle ein Blick auf die Form der Auseinandersetzung geworfen werden, um die bereits skizzierten Charakteristika von Scheels
propagandistischem und agitatorischem Wissenschaftsbegriff zu verdeutlichen.

Die Mainzer Republik von 1792/93 bildete in der deutschen Jakobinismusforschung
gewissermaßen das Gravitationszentrum der kontroversen Debatten um Extension und
Auswirkungen sowie um den politischen Status der Ereignisse der Französischen Revolution in Deutschland. Die Forschungslage zur Mainzer Republik wäre folgerichtig exzellent
zu nennen, handelte es sich darum, die vorliegenden Ergebnisse in einer synthetisierenden
wissenschaftlichen Anstrengung als Forschungsleistung zu konzentrieren: Die Aussich-
ten auf neue Erkenntnisgewinne wären also vielversprechend. Doch gerade am Beispiel
der (Jakobinismus-)Forschungen zur Mainzer Republik kann gezeigt werden, daß auch
historische Forschung nicht zwangsläufig in einem Prozeß kontinuierlich gesuchter Anschlußmöglichkeiten verläuft. Kaum ein anderer Forschungsgegenstand ist so sehr Streit-
objekt und so wenig gemeinsame Forschungsaufgabe gewesen wie die Mainzer Republik.

Auch Scheels imposante Forschungsleistung hatte wesentliche und strittige Fragen
keineswegs obsolet werden lassen. Solche Fragen betrafen etwa die zeitliche Streckung und
die politischen Wirkungen: War die Mainzer Republik eine Episode oder war sie so etwas
wie eine ‚Keimzelle‘ mit weitreichenden, also gegenwärtig noch faßbaren Folgen? War die
Mainzer Republik das Ergebnis externer Revolutionierung bzw. ein französischer Revolutionsimport oder war sie ein erster autonomer Versuch, demokratische Prinzipien und
Strukturen auf deutschem Boden zu etablieren? Waren die Prinzipien und Ideen der Mainzer Republik mental in der breiten Bevölkerung verankert, oder wäre die Mainzer Republik
ohne die französische Okkupation nicht entstanden? Gab es 1792/93 am Rhein eine Demokratie? Waren die Mainzer Klubisten – genauer: die „Freunde der Freiheit und Gleichheit",
die bis in die Gegenwart hinein wie selbstverständlich als „Mainzer Jakobiner" tituliert
werden –, ‚Demokraten‘? Inwieweit hatten die Wahlen zum Rheinisch-deutschen Nationalkonvent im Februar/März 1793 ‚demokratischen‘ Charakter? Schließlich und überwölbend:
Wie ist der ‚historische Ort‘ der Mainzer Republik näher zu definieren, d. h. welchen ‚Stellenwert‘ hatten die demokratischen Traditionen in Deutschland, und welche Auswirkungen
hatte die Beantwortung dieser Frage für das künftige Geschichtsbild der Bundesrepublik
Deutschland: War die Bundesrepublik Deutschland der ‚legitime‘ zweite Anlauf einer Republik auf deutschem Boden – oder war es die Deutsche Demokratische Republik?

Die politische Brisanz und die Anfälligkeit für externe Instrumentalisierungen des
Forschungsgebietes muß also nicht erneut demonstriert werden. Während den als ‚konservativ‘ bis ‚reaktionär‘ eingestuften Historikern im Rückgriff auf die ältere Forschung des
19. Jahrhunderts ideologische Verblendung und bewußte Auslassung ‚objektiver‘ historischer Sachverhalte attestiert wurden, reagierte die Gegenseite mit dem Vorwurf unzulässi-
ger Aktualisierungen und sachlich nicht fundierter Analogiebildungen. Durch die kontinuierliche externe (publizistische) Intervention nahm diese Auseinandersetzung zusätzlich an
Fahrt auf bis hin zur Vermengung der Standards wissenschaftlich-rationalen Argumentie-

rens mit denjenigen politischer Polemik und persönlicher Beleidigung. Gegenüber konkurrierenden, vermeintlich überholten Ansätzen hat Heinrich Scheel sich ausschließlich auf die
Prinzipien marxistischer Historiographie berufen und die Tatsache ignoriert, daß sowohl
die Lösung historischer Detailprobleme als auch die Methoden und Prinzipien, nach denen
das Material sortiert und interpretiert wird, variieren können. Argumentativ unzureichend
abgesicherte Verabsolutierungen, punktuelle Überschätzungen eigener Wissensansprüche
und das polemische Beharren auf festgefügten ideologischen Positionen führten Scheel
schließlich in die diskursive Isolation.

An der Kontroverse um das Forschungsobjekt Rheinisch-deutscher Freistaat waren auf
wissenschaftlich professionalisierter, d. h. disziplinär und akademisch institutionell veran-
kerter Seite im wesentlichen drei Hauptakteure beteiligt: Heinrich Scheel, Hermann Weber
(*1922) und Franz Dumont (*1945).[312] Zur detaillierten und faktisch unterlegten Rekonstruktion und zur Profilierung der sonstigen (externen) Akteure sei hier auf die Interviews
mit Heinrich Scheel und Franz Dumont verwiesen. Die Positionen Hermann Webers können leider nicht durch ein entsprechendes Interview expliziert und dokumentiert werden.[313]
Es lassen sich im wesentlichen drei Stationen der Debatte ausmachen (1976, 1981, 1993),
von denen zwei vor dem Hintergrund öffentlichkeitswirksam inszenierter Ereignisse zu betrachten sind: 1981 organisierte die Stadt Mainz in Kooperation mit dem Bundesarchiv eine

---

312 Einen sehr guten Überblick über die strittigen Positionen und die wichtigsten Akteure vermitteln die folgenden Beiträge: Heinrich Scheel: Die Mainzer Republik 1792/93, ein deutsch-französisches Phänomen. In: Sitzungsberichte der Akademie der Wissenschaften der DDR, 1986,
Nr. 10/G. Berlin 1987 [auch in: Jahrbuch des Instituts für Marxistische Studien und Forschungen
14 (1988), S. 341–355]. Es handelt sich um einen Vortrag, den Scheel am 12. Dezember 1985 in
Mainz gehalten hat. Franz Dumont: Die Mainzer Republik von 1792/93 (wie Anm. 239), 2., erw.
Aufl., S. 540–559 (Historie und Politikum. Die Mainzer Republik in Wissenschaft und Öffentlich-
keit der Achtziger Jahre). Dumont konstatiert hier eine „anhaltende ‚Politisierung‘" des Themas
und schließt mit folgendem Resümee: „So stehen am Ende dieses Überblicks fast die gleichen
Fragen wie am Anfang. Kein Zufall, denn schon seit geraumer Zeit dreht sich die Diskussion im
Kreise, weil die Mainzer Republik eben nicht nur ‚Historie‘, sondern stets auch ‚Politikum‘ ist.
Zumal inzwischen Quellen und Fakten so gut bekannt sind wie bei keinem anderen vergleich-
baren Thema der Regionalgeschichte, während die Grundsatzfragen weiter umstritten bleiben."
Siehe ferner Aufklärung in Mainz. Hrsg. von Hermann Weber. Wiesbaden 1984. Der Band prä-
sentiert die Beiträge eines Kolloquiums, das die Mainzer Philosophische Fakultätsgesellschaft am
23. und 24. April 1982 durchführte. Es ging den Veranstaltern darum, „gegenüber einer in jüngster
Zeit einseitigen und isolierten Betonung und Verherrlichung der Vorgänge von 1792/93, der sog.
‚Mainzer Republik‘, die Jahrzehnte zuvor in Erinnerung zu bringen und nach ihrer Bedeutung
zu fragen". „Niemand leugnet zwar, daß diese Jahre unter dem Zeichen der Aufklärung standen.
Dieser Aufklärung aber wird die Kraft und der Wille zu entscheidenden Veränderungen abgesprochen. Sie wird eingestuft auf die Ebene höfischen Dekors, fürstlichen Prestigebedürfnisses
und akademischen Theoretisierens. Erst die Mainzer Republik vollzog – auf dem Hintergrund der
welthistorischen Ereignisse der Französischen Revolution – den entschlossenen Schritt zur Ablösung der Zustände eines überfälligen Ancien Régime. Revolution wird damit zugleich legitimiert
als notwendiges Mittel zur Durchführung von Veränderungen, die auf dem Wege der Reform
nicht – oder noch nicht – zustandekommen konnten" (Hermann Weber, Vorwort, S. 3).

313 Mit Schreiben vom 2. Juli 1994 reagierte Weber auf eine diesbezügliche schriftliche Anfrage mit
der Auskunft, er sei „nicht der richtige Adressat" für ein solches Anliegen und habe „nicht verstanden […], um was es sich bei dieser Untersuchung handelt".

Ausstellung im Foyer des Mainzer Rathauses. Die Ausstellung ist vorzüglich dokumentiert durch einen dreibändigen Katalog,[314] dessen erster Teil mit Beiträgen nahezu aller am Beginn der 1980er Jahre ausgewiesenen Jakobinismusforscher aufwartet. Das zweite große medien- und publikumswirksame Ereignis war der Bicentenaire im Jahr 1993.

(1) In der Mitte der 1970er Jahre hatten Heinrich Scheels marxistisch inspirierte Arbeiten nach einer etwa zehnjährigen Rezeptionsphase Wirkung gezeigt und wurden nunmehr auch innerhalb der westdeutschen Debatte um die demokratischen Traditionen zur Festigung der ‚fortschrittlichen‘ Positionen als Belege angeführt. 1970 hatte der damalige Bundespräsident Gustav Heinemann (1899–1976) mit seiner Rede auf der Bremer Schaffermahlzeit die Erforschung der fortschrittlichen demokratischen Traditionen öffentlich zur politisch positiv bewerteten normativen Anforderung erhoben.[315] Seit Ende der 1960er Jahre hatte sich auch Walter Grab auf den „schwierigen Weg zu den deutschen demokratischen Traditionen"[316] begeben (siehe unten): Es lagen neue Erkenntnisse über norddeutsche Jakobiner vor, und vier der auf zunächst 20 Bände angelegten Quellenedition unter dem Titel *Deutsche revolutionäre Demokraten* waren veröffentlicht worden. Axel Kuhn publizierte seine Forschungsergebnisse über linksrheinische Jakobiner,[317] und mit Hans-Wolf Jägers Untersuchungen über politische Metaphorik im Jakobinismus, mit den Westberliner Projekt-Initiativen von Gert Mattenklott[318] und Klaus Rüdiger Scherpe[319] sowie mit Inge Stephans Darstellung des „Literarischen Jakobinismus" schien nun auch die Union zwischen geschichts- und literaturwissenschaftlicher Jakobinismusforschung geschlossen. Indes waren die in der Bundesrepublik aktiven geschichtswissenschaftlichen Jakobinismusforscher im disziplinären Milieu eher Außenseiter, so daß es – auf Dauer gesehen – zwischen historiographischer und literaturwissenschaftlicher Jakobinismusforschung nicht zu einer vehementen und stabilen Allianz kam. Damit war ein Spiel von Zug und Gegenzug bereitet, das zumal in Westdeutschland die Diskussion der 1970er Jahre prägen sollte: Mit stupendem Fleiß wurden fortwährend neue spätaufklärerische Schriften zu Tage gefördert. Vor der skeptischen konservativen Kritik in Geschichts- und Literaturwissenschaft entfaltete sich das Spektrum einer politisch-literarischen Öffentlichkeit am Ende des 18. Jahrhunderts, die reaktionäre, reformkonservative, liberale, radikal-liberale und bürgerlich-demo-

---

314 Deutsche Jakobiner. Mainzer Republik und Cisrhenanen 1792–1798. Ausstellung des Bundesarchivs und der Stadt Mainz im Foyer des Mainzer Rathauses. Mainz 1981. Bd. 1: Handbuch. Beiträge zur demokratischen Tradition in Deutschland; Bd. 2: Bibliographie zur deutschen linksrheinischen Revolutionsbewegung in den Jahren 1792/93, ein Nachweis der zeitgenössischen Schriften mit den heutigen Standorten, zusammengestellt von Hellmut G. Haasis; Bd. 3: Katalog.

315 Gustav Heinemann: Die Geschichtsschreibung im freiheitlich demokratischen Deutschland. Gerechtigkeit für die Kräfte im Kampf um die politische Mündigkeit des deutschen Volkes. Verantwortung des Bürgers für die freiheitlichen Traditionen und ihre moralische Verpflichtung. [13. Februar 1970]. In: Bulletin des Presse- und Informationsamtes der Bundesregierung Nr. 21 vom 17. Februar 1970, S. 203 f.

316 Vgl. Kuhn: Der schwierige Weg (wie Anm. 218).

317 Siehe dazu das Interview mit Axel Kuhn, S. 528–560. Zur Spezifik von Kuhns Ansatz siehe ferner das ausführliche Kapitel „Sozialgeschichte von unten – Der ‚normale Jakobinismus‘ – Zur Deutung des Jakobinismus bei Axel Kuhn" in Wilharm: Politik und Geschichte (wie Anm. 22), Bd. 2, S. 128–149.

318 Siehe dazu das Interview mit Gert Mattenklott, S. 561–589.

319 Siehe dazu das Interview mit Klaus R. Scherpe, S. 692–712.

kratische Strömungen einschloß – in der Regel aber Positionen, die nur im Ausnahmefall mit denen des französischen Jakobinismus vergleichbar gewesen wären. Darüber hinaus ist auf Hellmut G. Haasis' Forschungen hinzuweisen, die in Anlehnung an das französische Vorbild den Nachweis autochthoner revolutionärer Strömungen in Deutschland führten.

In dieser Gemengelage kam es 1976 zu einem öffentlichen Schlagabtausch zwischen dem Mainzer Bürgermeister und SPD-Kulturdezernenten Anton-Maria Keim (*1928) und dem Historiker Hermann Weber, der seit 1968 als ordentlicher Professor Allgemeine und Neuere Geschichte an der Universität Mainz lehrte. In der Mainzer *Allgemeinen Zeitung* erklärte Keim:

> [...] die kommunistische DDR hat den Bundesrepublikanern, und leider ganz besonders den Historikern der Mainzer Universität, ein wichtiges Thema für das Selbstverständnis der demokratischen Bewegung in Deutschland weggeschnappt, eigentlich nicht weggeschnappt. Denn man hat den Eindruck, die Geschichtsbeflissenen unserer Republik waren den ungeliebten Kollegen von ‚drüben' gar nicht gram, als sie solche Themen an Land zogen. Der Ludergeruch der Revolution, das Aufbegehren und Aufkündigen alter Ordnungen, das wischte man lieber vom Tisch.[320]

Diese Vorwürfe erregten den Unmut der als ‚konservativ' angesprochenen Historikerprofession um Hermann Weber, der zwei Wochen später konterte:

> Spektakulär ist, daß er [Keim] noch nicht gemerkt hat, daß es sich bei der Mainzer Republik nicht um eine ‚demokratische Mainzer Republik' handelt und daß dieses Thema auch kein ‚wichtiges Thema für das Selbstverständnis der demokratischen Bewegung in Deutschland' ist. [...] Er weiß, daß nicht nur der Jakobinerklub, sondern der ganze Prozeß der ‚Revolutionierung' in Mainz selbst und im flachen Land schon seit Jahren Gegenstand gründlichster Untersuchungen sind.[321]

Wie auch immer diese Einlassungen im einzelnen zu verifizieren oder auch zu falsifizieren wären;[322] sie verdeutlichen aufs genaueste die semantischen und politisch-ideologischen Signaturen der Kontroverse, „in der sich Politik und historische Wissenschaft auf allen beteiligten Seiten von Anfang an vermischten *und Polemik an die Stelle historischer Auseinandersetzung trat*".[323] Mit seiner Feststellung, Keim wisse sehr genau, daß die Mainzer Ereignisse von 1792/93 „seit Jahren Gegenstand gründlichster Untersuchungen" seien, zielte Weber auf die von ihm seit 1971 betreute Dissertation seines ‚Schülers' und Mitarbeiters Franz Dumont, der nun seinerseits in den Status eines Akteurs dieser Kontroverse geriet:

> Die Polemik ließ von beiden Seiten nichts zu wünschen übrig. Von da an, muß ich schon sagen, geriet ich zwischen die Fronten. Ich muß aber hinzufügen: An diesem Artikel von Weber – er hat ihn ganz allein gemacht – finde ich nichts Verkehrtes; es ist ein grober Keil,

---

320 Anton Maria Keim: Die „Mainzer Republik". Zu einer Edition aus der DDR. In: Allgemeine Zeitung (Mainz), (Nr. 269 vom 25. November 1976).

321 Hermann Weber: Der Herr Bürgermeister und die „Mainzer Republik". Eine Entgegnung des Mainzer Historikers Professor Dr. Hermann Weber. In: Allgemeine Zeitung (Mainz), (Nr. 279 vom 7. Dezember 1976).

322 Weber wies darauf hin, daß die Mainzer Republik Thema zweier Dissertationen sei und daß es kontinuierlich Lehrveranstaltungen zu diesem Thema gebe.

323 Anton Maria Keim: Einführung. In: Deutsche Jakobiner. Ausstellung des Bundesarchivs und der Stadt Mainz im Foyer des Mainzer Rathauses (wie Anm. 314), Bd. 1, S. 13 f., hier S. 13 (Hervorhebung M. S.).

aber auf einen groben Klotz, denn der von Keim war sehr grob. In der Folgezeit bauten sich die Spannungen zwischen Keim einerseits und Weber und mir andererseits nicht ab, sondern nahmen zu.[324]

Bewußt wurde in der Anbahnung dieses Zitats der Ausdruck Schüler in einfache Anführungszeichen gesetzt, und bewußt wurde das Wort „geriet" gewählt. Denn im weiteren Verlauf der Auseinandersetzungen verweigerte Heinrich Scheel sich einer differenzierten Wahrnehmung der durchaus erkennbaren Unterschiede zwischen den wissenschaftlichen Positionen Webers und Dumonts: Von den differierenden punktuellen Nuancen beider Wissenschaftler in den Bewertungen der historischen Fakten und den daraus abgeleiteten Folgerungen soll in diesem Zusammenhang gar nicht erst die Rede sein. Scheel ließ es zu einer sachlich ausdifferenzierten Diskussion nicht kommen, sondern verortete Dumont als unselbständigen „Famulus" und Sprachrohr seines akademischen Lehrers Weber,[325] reduzierte seine wissenschaftliche Qualifikation auf das Format eines dilettierenden Lokalhistorikers, insinuierte mangelnde Diskussions- und Konfliktbereitschaft auf Seiten Dumonts[326] und besiegelte dieses Urteil nach dem Erscheinen von Dumonts voluminöser Dissertation[327] mit einer vernichtenden Rezension.

(2) In seiner Rezension knüpfte Scheel an die erste Phase des Konflikts an:

Als der Rez. vor einem halben Jahrzehnt das erste Mal mit dem Ordinarius der Mainzer Universität H. Weber in einem öffentlichen Streitgespräch über die Mainzer Republik die Klingen kreuzte, stellte dieser die Vorlage von Arbeiten zu diesem Thema in nahe Aussicht, woran der Rez. damals die Hoffnung knüpfte, daß um der Mainzer Republik willen nicht Weber ihr Tutor sein möge. Diese Hoffnung hat getrogen. Was *Dumont* hier gedruckt vorlegt, ist die Überarbeitung einer bereits 1978 angenommenen und von Weber betreuten Dissertation, dem sich der Famulus ‚für wichtige Impulse und fördernde Kritik' sogar noch zu außerordentlichem Dank verpflichtet fühlt.[328]

Das „christlich-demokratische Mäntelchen", so Scheel weiter, „mit seinen wohlklingenden Ansprüchen, die die Blößen der Diktatur der Monopole in der BRD immer weniger zu bedecken vermag, gaben dem Doktorvater die Gewähr, daß die Bearbeitung des Themas der angestrebten reaktionären Zielsetzung entsprechen würde".[329] Was Scheel für seine eigene historiographische Arbeit offensiv einforderte, Parteilichkeit bzw. Parteinahme, wurde also Dumont nicht nur vorgeworfen, sondern versagt. Der Rezensent unterzog sich nicht der Mühe, etwa den Inhalt und den Aufbau der Arbeit, die Stringenz der Argumentation oder sonstige wissenschaftliche Kriterien zu skizzieren und zu bewerten. Es wird nahezu ausschließlich auf den ideologischen Standort des Verfassers gezielt und die vermeintliche Unselbständigkeit respektive mangelnde intellektuelle Fähigkeit der Person Franz Dumont

---

324   Siehe dazu das Interview mit Franz Dumont, S. 458–485, hier S. 472.

325   „Aber er erfüllte das von keiner nennenswerten Sachkenntnis belastete Postulat seines Meisters mit einer Dissertation, [...]"; siehe dazu das Interview mit Heinrich Scheel, S. 665–691, hier S. 670.

326   „[...], von der Anwesenheit Dumonts war wieder nichts zu spüren"; siehe dazu das Interview mit Heinrich Scheel, S. 665–691, hier S. 670.

327   Dumont: Die Mainzer Republik (wie Anm. 239).

328   Heinrich Scheel: [Rez.] Franz Dumont: Die Mainzer Republik von 1792/93. In: Zeitschrift für Geschichtswissenschaft 32 (1984), H. 1, S. 71–74, hier: S. 71 f. Die von Scheel zitierten Dankesworte bei Dumont: Die Mainzer Republik (wie Anm. 239), S. XI.

329   Scheel: [Rez.] Dumont, Die Mainzer Republik (wie Anm. 328), S. 72.

ins Visier genommen. Was dieser auf „rund einem halben tausend Seiten" biete, belege „die fleißige Sammeltätigkeit des Autors, der jedoch bar jedes theoretischen, ja selbst jedes historischen Sinnes" sei. Dumont beherrsche seinen Stoff nicht, sondern vermöge ihn „nur schülerhaft zu ordnen". Die Lektüre sei „dementsprechend qualvoll". Vom „philatelistischen Instrumentarium des Autors" ist die Rede, bevor Scheel auf Dumonts fundamentale These – „Revolutionierung" – zu sprechen kommt. Bezeichnenderweise indes müsse – „aus Platzgründen" – die von Dumont „zur Bestimmung dieses Terminus aufgebrachte Denkleistung" ungewürdigt bleiben. Genug Raum aber nahm sich Scheel für einen erneuten Vorstoß in den Bezirk der ideologischen Entstehungsbedingungen: Dumonts „Galimathias" (die vorgetragenen Charakteristika von Revolutionierung) sei

> das Vehikel, mit dessen Hilfe D. dem vorwissenschaftlichen Auftrag entsprechen zu können glaubte, den Weber bei der Vergabe des Themas erteilte, nämlich die Mainzer Republik als untaugliches Objekt für die historische Fundierung radikal-demokratischer Gedankengänge heute darzustellen. Eine bloße ,Revolutionierung', wie sie der Autor begriffen wissen will, die nur von außen oder nur von oben betrieben wurde, aber keinen Boden unter den Füßen fand, war bestens geeignet, die Mainzer Republik substantiell gründlich zu reduzieren, ohne sie gänzlich leugnen zu müssen.[330]

Nachdem ein weiteres Mal die „schülerhaften Denkleistungen" des Verfassers vorgeführt wurden, läßt der Rezensent sich auf eine vordergründige Erörterung der „logischen" Geltung von Dumonts Argumenten zum Verzicht auf das Selbstbestimmungsrecht der Mainzer Bevölkerung ein und zieht das Resümee:

> Daß hier ein Klassenkampf gegen die Konterrevolution geführt werden mußte, die sich auf dem rechten Rheinufer am Ende des Jahres wieder formierte und in zunehmendem Maße wühlte und hetzte und drohte, [...] – all dies und anderes, was die gegebene historische Situation wirklich [!] zu kennzeichnen vermag, wird vom Verfasser konsequent verdrängt.[331]

Unter Berufung auf eine „verfassungstheoretische Betrachtung"[332] von Axel Azzola und Michael-Peter Werlein wurde Dumont schließlich nahegelegt, daß das von ihm zugrundegelegte Demokratieverständnis unhistorisch sei; auch die Auswahl des Quellenmaterials sei „parteiisch im Sinne seines politischen Auftrages und häufig genug wissenschaftlich unredlich".[333]

Abgesehen von einer fehlenden eingehenden Prüfung der von Dumont im einzelnen dargebotenen Belege: Der Rezensent hatte, um es auf eine einprägsame Formel zu bringen, die allgemein verbindlichen Standards einer (gegebenenfalls auch kontrovers verlaufenden) wissenschaftlichen Diskussion konterkariert und eine breit unterlegte wissenschaftliche Fragestellung in eine politische Entscheidungsfrage umgemünzt.

Die von Scheel herangezogene „verfassungstheoretische Betrachtung" war in der

---

330 Ebd.

331 Ebd., S. 73.

332 Axel Azzola und Michael-Peter Werlein: Demokratie in Mainz – Eine verfassungstheoretische Betrachtung. Heinrich Scheel in freundschaftlicher Verbundenheit gewidmet. In: Ausstellung des Bundesarchivs und der Stadt Mainz im Foyer des Mainzer Rathauses: Deutsche Jakobiner (wie Anm. 314), Bd. 1, S. 37–44.

333 Scheel: [Rez.] Dumont, Die Mainzer Republik (wie Anm. 328), S. 74.

begleitenden Publikation zur Ausstellung „Deutsche Jakobiner – Mainzer Republik und Cisrhenanen 1792–1798" erschienen. „Wabernde Rüpelspiele im Zwielicht der Halbwissenschaft waren nicht gefragt", erklärte der amtierende Kulturdezernent Anton-Maria Keim in der Einführung, um gleich darauf mit einem sprechhandlungstheoretisch aufschlußreichen (illokutionär-assertiven) Akt seiner ‚Zufriedenheit' über das Gelingen des Vorhabens Ausdruck zu verleihen: „Die Enge der lokalhistorischen Verteufelung" sei damit „gesprengt", die „Nationalbeflissenen des 19. Jahrhunderts, die Bösartigen, die allenthalben zeitbedingt Separatismus oder dessen Vorläufertum witterten, die ‚Abendländer', denen Fortschritt und Veränderung mit dem ‚Ludergeruch der Revolution' verbunden war, sie sind hier nur noch Bestandteil gelassener Betrachtung".[334] – „Wabernde Rüpelspiele im Zwielicht der Halbwissenschaft" … Ausgewogener urteilte Dumont: Die Ausstellung habe „jedenfalls die Minderheitensituation der deutschen Jakobiner, ihre Grenzen und Widersprüche nicht verschwiegen, zugleich aber ihre Bedeutung als erste deutsche Demokraten betont".[335]

Heinrich Scheel sah es erwartungsgemäß anders und attackierte Dumont erneut in einem öffentlichen Vortrag am 23. November 1981, zu dem der Allgemeine Studentenausschuß der Universität Mainz den Redner eingeladen hatte. Hauptsächlich aus drei Gründen: Zum ersten zeichne Dumont für den Teil der Ausstellung verantwortlich, der ausschließlich der Mainzer Republik gewidmet sei. Zum zweiten habe er im *Handbuch* einen Artikel abgedruckt, der unmittelbar auf Scheels Artikel folge, ebenfalls so etwas wie eine historische Ortsbestimmung unternehme und zur Auseinandersetzung geradezu zwinge. Drittens lasse Dumont keine Gelegenheit aus – „genauer: kaum eine, denn solche Gelegenheiten wie die heutige, in der er Rede und Antwort stehen müßte, meidet er" – sich an Scheel zu reiben: „Über die Art, wie er sich an mir reibt, ließe sich viel Ergötzliches berichten. Reibung erzeugt Wärme, und so kann er mir nicht verübeln, wenn ich ihn an dieser Wärme teilhaben lasse."[336]

Im sachbezogenen Teil seiner Ausführungen macht Scheel die bereits bekannten Monita geltend: Die Ausstellung mache an keiner Stelle deutlich, daß Custines Vorstoß in die Pfaffengasse am Rhein „aus der eindeutigen Verteidigung gegen die konterrevolutionäre

---

334 Anton-Maria Keim: Einführung (wie Anm. 323), S. 14.
335 Franz Dumont: Mainzer Jakobiner-Nachlese. Eine Bilanz der Ausstellung im Rathaus. In: Allgemeine Zeitung (Mainz) vom 10. Dezember 1981. Einen Eindruck über das Spektrum der ‚kulturellen' Ereignisse im Zusammenhang mit der Ausstellung vermittelt die Mainzer Tagespresse. Am 26. November 1980 wurde die Uraufführung von Rolf Schneiders Theaterstück *Die Mainzer Republik* im Staatstheater Mainz von der Allgemeinen Zeitung als das „gewichtigste Premieren-Ereignis der Saison" angekündigt und die Mainzer Republik als „ein kurzes, aber großes Kapitel unserer Demokratie" beschrieben. Siehe ferner: Allgemeine Zeitung vom 10. November 1980 (Bewältigung unserer Gegenwart. „Die Mainzer Republik". Rolf Schneider im Dialog mit den Theaterfreunden; 24. November 1980 (Im Theater blüht der Freiheitsbaum doch); 28. November 1980 (Lehrstück in Sachen Demokratie. „Die Mainzer Republik". Eine Uraufführung in Mainz; 6. und 7. Dezember 1980 (Zwischen Dichtung und Wahrheit); 20. Januar 1981 (Die „Mainzer Republik". Große stadthistorische Ausstellung in Vorbereitung; 30. Oktober 1981 (Freiheitslied im Rathaus. Ausstellung „Mainzer Republik" wird heute eröffnet).
336 Heinrich Scheel: Die Mainzer Republik – Historie oder Politikum? Kritische Anmerkungen aus Anlaß einer Ausstellung. In: Zeitschrift für Geschichtswissenschaft 30 (1982), H. 6, S. 498–510, hier: S. 498 f.

Intervention feudaler Mächte heraus erfolgte".[337] Entgegen dieser „historischen Wahrheit" indes „verteufelt" Dumont diesen Verteidigungskrieg „als schlechthin expansionistisch". Im Handbuch finde man dagegen den Ausdruck „expansionistisch" gerade nicht, wenn es um die „Kriegführung der Feinde Frankreichs" gehe. Dahinter stecke die Absicht, die französischen militärischen Aktivitäten „moralisch" herabzusetzen.[338] Die besondere Funktion des „Klischees von der französischen Expansionspolitik" bestehe darin, „der Mainzer Republik die Bodenständigkeit bestreiten zu helfen".[339] Doch die These von der Bodenständigkeit, so Scheel, sage „ja nichts anderes aus, als daß die Revolutionspropaganda der siegreichen Truppen Custines auf fruchtbaren Boden fiel, so daß eben auf diesem Boden am Ende sogar eine Mainzer Republik entstehen konnte". Dumont indes „biegt auf unzulässige Weise Bodenständigkeit in Autarkie um und hat dann keine Schwierigkeiten mehr, mit dieser fehlinterpretierten Bodenständigkeit fertig zu werden und uns bei dieser Gelegenheit wieder einmal mit der ‚Expansion der Franzosen' zu kommen."

Die von Scheel vorgetragenen Einwände werden sprachlich immer wieder ‚ironisiert', indem der Vortragende sich vordergründig mit dem Auditorium solidarisiert und die Forschungstätigkeit Dumonts als detailbesessene Mühe eines moralisierenden Ideologen charakterisiert: „Bürgerliches Besitzstreben kann – das wissen wir nur zu gut – bis zur imperialistischen Gier nach Maximalprofiten ausarten und außerordentliche expansionistische Züge annehmen."[340] Dumont komme „uns bei dieser Gelegenheit wieder einmal mit der ‚Expansion der Franzosen'".[341] „Ein durchaus neuer Tupfer gelingt Dumont, [...]".[342] „Hier ist Dumont wirklich ein durchaus neuer Tupfer gelungen."[343]

„Unredliche Zahlenmanipulation" und „grobe Geschichtsfälschung"[344] sind noch die harmlos zu nennenden Vorwürfe, gemessen an dem folgenden: „Dumont täuscht nicht nur bewußt, er schießt – wenn es sein muß – auch Kobolz, um seinem politischen Auftrag zu genügen, [...]".[345] Auch der bereits bekannte Vorwurf, Dumont arbeite auf dem Niveau eines „Philatelisten", wird einmal mehr präsentiert, um abschließend eben genau das zu beanspruchen, was dem attackierten ‚Klassenfeind' verwehrt bleiben sollte: „Wissenschaftliche Geschichtsbetrachtung vollendet sich nicht in der bloßen Betrachtung, sondern läuft in Handeln aus und hält sich die Dimension der Zukunft geöffnet."[346] Daß bei dieser Form der Auseinandersetzung die elementaren methodischen Probleme gar nicht thematisiert werden, liegt auf der Hand: Wenn Dumont in umfassenden Quellenrecherchen zu eruieren versucht, wieviele bzw. welche Bürger, wann und wo wie agiert haben, so handelt es sich nicht um „kleinkarierte"[347] Lokalhistorie oder um die bemühte Anstrengung eines „Philatelisten", sondern um die notwendige sozialgeschichtliche Grundlagenforschung zur

---

337 Ebd., S. 499.
338 Ebd., S. 500.
339 Ebd., S. 501.
340 Ebd., S. 499.
341 Ebd., S. 501.
342 Ebd., S. 502.
343 Ebd.
344 Ebd., S. 504.
345 Ebd., S. 505.
346 Ebd. S. 510.
347 Siehe dazu das Interview mit Heinrich Scheel, S. 665–691, hier S. 669.

genaueren Analyse der zeitgenössischen sozialen Stratifikation. Wenn dagegen Scheel von den „Massen" bzw. vom „Volk" oder in der kombinierenden Version von „werktätigen Massen" spricht, so ist das bereits die Anwendung einer als hinreichend supponierten Theorie sozialökonomischer Strukturanalyse. Die „klassenanalytisch bedeutsame soziale Differenzierung" wird als bereits geleistet unterstellt und vorausgesetzt. Die (sozial-)historische Komplexität der gesellschaftlichen Kommunikations-, Verkehrs- und Produktionsbeziehungen wird dabei jedoch „nach Maßgabe des Rezeptionszwecks" ausgeblendet.[348]

(3) Der Bicentenaire anläßlich der Mainzer Republik, drei Jahre nach der sogenannten deutschen Vereinigung, markiert die dritte Station der Kontroverse. Es trifft nur bedingt zu und betrifft vermutlich zunächst den ‚atmosphärischen' Aspekt der Debatte, was Blisch und Bömelburg konstatieren: „In dem Maße, in dem sich die beiden Hauptakteure dieser Auseinandersetzung aus aktiven Positionen des Wissenschaftsbetriebes zurückzogen (H. Scheel ist seit 1980, H. Weber seit 1987 emeritiert), konnte zu einer wissenschaftlichen Auseinandersetzung mit dem Thema unter Vermeidung von überflüssiger Polemik zurückgefunden werden."[349] Vielmehr ist davon auszugehen, daß die Kontrahenten und ihre jeweiligen Parteigänger ihre Ausgangspositionen unverändert beibehielten und diese auch offensiv vertraten. Dumont hatte sich in den Jahren seit 1981 sowohl in der Geschichtswissenschaft als auch in der Mainzer Öffentlichkeit hohe Reputation als Kenner der Materie erworben. Scheels zurückliegende – und auch 1993 fortgesetzte – Versuche, Dumont als einen abhängigen ‚Adlatus' Hermann Webers zu charakterisieren, hatten letztlich nicht dazu geführt, Dumonts Ansehen zu schmälern. Im Gegenteil: Selbst die überregionale Presse sprach nun von dem „innige[n] Streit zwischen Dumont und Scheel,"[350] was zum mindesten auf die mittlerweile unbezweifelte Ebenbürtigkeit der Kontrahenten schließen ließ: „Franz Dumont, Jahrgang 1945, ist dank seines Buches über ‚Die Mainzer Republik von 1792/93' die Autorität für diese Zeit – neben Scheel, Jahrgang 1915."[351] Hatte Scheel von Anbeginn der Kontroverse sich günstigenfalls ‚herbeigelassen', auf die vorzügliche Qualität von Dumonts Quellenkenntnissen zu verweisen, so urteilte nunmehr die Presse über Scheels Leistungen:

> Heinrich Scheel ist besonders wegen seiner Quellenarbeit zur Mainzer Republik als Fachmann ausgewiesen. Er hatte nebenbei als Präsident der Historiker-Gesellschaft der DDR im Februar 1989 die Gelegenheit, Erich Honecker zu versichern, ‚im Sinne der Beschlüsse des XI. Parteitages der SED und mit Blick auf den XII. Parteitag, von einem festen marxistisch-leninistischen Standpunkt aus, verantwortungsbewußt alle unsere Kräfte für eine hohe Geschichtsforschung und -propaganda' einzusetzen.[352]

Drei Tage zuvor hatte Scheel im Wappensaal des Deutschhauses eine von der Stadt Mainz und dem Mainzer Landtag veranstaltete Reihe von Abendvorträgen mit seinem Referat „Die Mainzer Republik im Urteil der Geschichtsschreibung" eröffnet. Erneut attackierte er die aus seiner Sicht „kleinkarierte Lokalhistorie" und schloß seine Ausführungen mit einem

---

348 Vgl. Wilharm: Politik und Geschichte (wie Anm. 22), S. 62.
349 Blisch und Bömelburg: 200 Jahre Mainzer Republik (wie Anm. 225), S. 15.
350 René Wagner: 1793 ein absolutes Novum. Vor zweihundert Jahren wurde die Mainzer Republik gegründet. In: Frankfurter Allgemeine Zeitung (18. März 1993).
351 Ebd.
352 Ebd.

Zitat aus einem Artikel von Dumont, der ihm „zwar nicht vielversprechend, aber doch bemerkenswert" erschien. Aus dem Beitrag, den Dumont zum Jubiläums-Buch des Landtags beigesteuert hatte, zitierte Scheel die folgenden „so noch nicht von ihm gehörten" Sätze:

> Zu einer „demokratischen Kultur" (die Dumont allerdings in einer verklausulierten und schwer verständlichen Weise begriffen wissen wollte) hat die Mainzer kurze Republik regional einen großen Beitrag geleistet. Er steigert ihre historische Bedeutung, die sie ohnehin als Beispiel für die ‚expansion révolutionnaire' Frankreichs und als erstes demokratisches Experiment in Deutschland besitzt. Dies zitierend, schloß ich mit zwei Worten: ‚Nun denn!' Es erübrigt sich beinahe zu erwähnen, daß Dumont bei diesem meinem Vortrag nicht zu meinen Hörern gehörte.[353]

Franz Dumont hat sich durch die unausgesetzten Attacken Scheels nicht in seiner Forschungstätigkeit beirren lassen und dabei bemerkenswertes Stehvermögen bewiesen. Die in seiner Dissertation präsentierte Faktenmenge, flankiert von differenzierten Untersuchungen zu Einzelaspekten der Mainzer revolutionären Ereignisse, hatte den ideologischen Anspruch Scheels schließlich wissenschaftlich gegenstandslos werden lassen.

Der Begründer der westdeutschen Jakobinismusforschung – ihr „Vater"[354] – ist Walter Grab. Wie bei Hedwig Voegt und Heinrich Scheel war auch bei ihm das Forschungsinteresse stark autobiographisch motiviert. In Wien geboren und jüdischer Abstammung, war er im Alter von 19 Jahren beim Anschluß Österreichs an Nazideutschland zur Emigration gezwungen, um sein Leben zu retten.[355] Nach eigenem Bekunden wollte Grab indes nicht auf seine „geistige Heimat, die deutsche Sprache und Kultur", verzichten:

> Ich suchte eine Antwort auf die Frage, weshalb die Demokratie in Deutschland und Österreich seit dem Zeitalter der Französischen Revolution niemals aus eigenen Kräften gesiegt hat. Das hat mit meinem Lebensschicksal zu tun: denn als naiver Jugendlicher in Wien hoffte ich, in Österreich als gleichwertiger und gleichberechtigter Mensch leben zu können.[356]

Von 1942 bis 1956 war Grab Mitglied der Kommunistischen Partei Palästinas,[357] blieb aber auch nach 1956 „der emanzipatorischen Idee des Sozialismus und der marxistischen Bewegung" weiterhin „in engagierter kritischer Solidarität" verbunden.[358] Seine Forschungen zum Thema „Jakobinismus und Demokratie" haben gleichermaßen inspi-

---

353 Siehe dazu das Interview mit Heinrich Scheel, S. 665–691, hier S. 671; vgl. Franz Dumont: Die Mainzer kurze Republik. In: Die Mainzer Republik. Hrsg. vom Landtag Rheinland-Pfalz. Redaktion: Doris M. Peckhaus und Michael-Peter Werlein. Mainz 1993, S. 107–120.

354 Uwe Martin: Vorwort. In: Deutschland und die Französische Revolution 1789/1989. Eine Ausstellung des Goethe-Instituts zum Jubiläum des welthistorischen Ereignisses. Leitung: Uwe Martin. Stuttgart 1989, S. 7 f., hier S. 7. Martin nennt Grab allerdings den „Vater der westdeutschen *Republikanismus*-Forschung" (Hervorhebung M. S.).

355 Vgl. Grab: Meine vier Leben (wie Anm. 262), S. 7.

356 Ebd.; vgl. dazu Walter Grab: „Nicht aus Zionismus, sondern aus Österreich". In: Hajo Funke: Die andere Erinnerung. Gespräche mit jüdischen Wissenschaftlern im Exil. Frankfurt/Main 1989, S. 115–148.

357 Vgl. Mario Keßler: Jakobinismus, Demokratie und Arbeiterbewegung. Der Historiker Walter Grab. In: Jahrbuch für Forschungen zur Geschichte der Arbeiterbewegung 1 (2002), S. 55–67, hier S. 56 f.

358 Grab: Meine vier Leben (wie Anm. 262) , S. 8.

rativ und programmatisch auf die westdeutsche Geschichts- und Literaturwissenschaft
gewirkt:[359] 1962 stieß Grab bei Recherchen im Staatsarchiv Hamburg auf die Wochenschrift *Niedersächsischer Merkur* (1792–1793) von Friedrich Wilhelm von Schütz
(1758–1834).

> Ich hatte die deutsche Jakobinerdichtung entdeckt – meine Überraschung, daß es eine sol-
> che Literatur gab, war unbeschreiblich. Ich las die beiden Bändchen durch, die Aufforde-
> rungen an das deutsche Volk enthielten, die Franzosen nachzuahmen, die sich von ihren
> Tyrannen selbst befreit hatten, [...]. Ich wußte, daß ich auf eine *wissenschaftliche Gold-
> mine* gestoßen war.[360]

Nach Hedwig Voegt und Fritz Valjavec kann also Walter Grab als dritte Gründerfigur der
literaturwissenschaftlichen Jakobinismusforschung gelten.

In Tel Aviv unterhielt Grab sich und seine Familie zunächst als Handwerker und
Kaufmann, bevor er als ‚late starter‘ die akademische Karriere einschlug. Durch Vermittlung von Jakob Moneta (1914–2012),[361] eines Freundes seines Schwagers Paul Ehrlich, lernte Grab Günter Grunwald (1924–2011),[362] Vorstandsmitglied der Friedrich-
Ebert-Stiftung, kennen. Gemeinsam mit Alfred Nau (1906–1983)[363] und Willi Eichler

---

359 Vgl. Walter Grab: Jakobinismus und Demokratie in Geschichte und Literatur. 14 Abhandlungen.
     Mit einer Einführung von Hans Otto Horch. Frankfurt/Main u. a. 1998.
360 Grab: Meine vier Leben (wie Anm. 262), S. 160 (Hervorhebung M. S.).
361 Nach einem Pogrom in seiner Heimatstadt Blasow in Ostgalizien im Jahr 1918 floh Monetas
     Familie 1919 nach Köln, in die Heimatstadt seines Vaters, eines Textilfabrikanten. Nach dem
     Abitur 1933 schloß sich Moneta dem Sozialistischen Jugendverband (SJVD), der Jugendorganisa-
     tion der Sozialistischen Arbeiterpartei, an. Ende 1933 ging Moneta nach Palästina, kehrte 1947 als
     überzeugter Internationalist und Trotzkist nach Köln zurück, wurde Redakteur des SPD-Blattes
     Rheinische Zeitung sowie Mitglied der SPD. Seit 1951 arbeitete er als Sozialreferent und Kultur-
     attaché an der bundesdeutschen Botschaft in Paris, kehrte 1962 nach Deutschland zurück, wo er
     Chefredakteur der beiden IG Metall-Zeitungen *Metall* und *Der Gewerkschafter* wurde. Seit 1969
     war Moneta Mitglied der Gruppe Internationale Marxisten (GIM) und nach deren Vereinigung
     mit der KPD/ML auch der Vereinigten Sozialistischen Partei (VSP). 1990 nach 40-jähriger Mit-
     gliedschaft aus der SPD ausgeschlossen, trat Moneta in die PDS ein und war bis 1995 Mitglied des
     Parteivorstandes.
362 Nach der Entlassung aus amerikanischer Kriegsgefangenschaft studierte Grunwald Geschichte,
     Geographie und Politische Wissenschaften an der Universität Köln; 1951 Promotion bei Theodor
     Schieder über das Problem der Staatsraison im Zeitalter der Gegenreformation; anschließend war
     er in der Sozialabteilung und der Auslandsabteilung der Firma Henkel in Düsseldorf tätig. Grun-
     wald arbeitete vier Jahre im Bundesvorstand des Deutschen Gewerkschaftsbundes (DGB) und
     war in der Auslandsabteilung (zuletzt als Leiter) zuständig für die Kulturarbeit des DGB im Aus-
     land sowie für die Zusammenarbeit mit den Vereinten Nationen und den europäischen Gremien.
     Im April 1956 wurde er Leiter des Kulturpolitischen Referats im SPD-Parteivorstand und kurz
     danach Geschäftsführer der Friedrich-Ebert-Stiftung (Mai 1956 bis April 1986). Bis 2004 war
     Grunwald Mitglied des Vorstands der Friedrich-Ebert-Stiftung.
363 Alfred Nau, Ehrenpräsident der Sozialistischen Internationale, war eines der wichtigsten SPD-
     Mitglieder für die interne Parteiorganisation und spielte eine zentrale Rolle bei der Etablierung
     der Friedrich-Ebert-Stiftung nach 1945. 1925 trat er der SPD bei. Der gelernte Versicherungskauf-
     mann kam 1928 als Volontär zum Parteivorstand nach Berlin und wurde 1929 Assistent des Haupt-
     kassierers, floh 1933 in die Tschechoslowakei, war nach seiner Rückkehr als Bezirksvertreter einer
     Versicherung tätig und arbeitete im Widerstand. Vierzehnmal wurde Nau von der Gestapo verhaf-

(1896–1971)[364] suchte Grunwald Grab im Dezember 1961 in Tel Aviv auf. Grab, der zu diesem Treffen seinen akademischen Mentor Charles Bloch (1921–1987) hinzugezogen hatte, berichtet: „Wir unterhielten uns drei Stunden lang über israelische und deutsche Politik und über den Methodenwandel in der Geschichtswissenschaft."[365] Auf diesen Methodenwandel in der Geschichtswissenschaft kam Grab auch in dem Interview vom Sommer 1994 zu sprechen:

> Die durch die Studentenbewegung von 1967–73 akzentuierte Aufbruchstimmung und der Beginn der sozialliberalen Koalition 1969 führten zu der Abkehr von der traditionellen Sicht der neueren deutschen Geschichte, die in der Reichseinigung Bismarcks den Gipfel der politischen Bestrebungen erblickte. Sozialgeschichte, Geschichte der Arbeiterbewegung, Alltagsgeschichte und Untersuchung verschollener und unterschlagener demokratischer Bewegungen nahm größeren Raum ein; die Gründung von Universitäten im Ruhrgebiet bedeutete, daß der von Kaiser Wilhelm 1889 ausgesprochene Bann aufgehoben wurde, den Sprößlingen von Arbeitern keine höhere Bildung zuteil werden zu lassen.[366]

Nachdem Grab im März 1962 von der Friedrich-Ebert-Stiftung die Zusage für ein Stipendium erhalten hatte, begab er sich, einem Vorschlag von Charles Bloch folgend, nach Hamburg, um bei Fritz Fischer (1908–1999)[367] ein Dissertationsvorhaben in Angriff zu nehmen.

---

tet und saß 1935 und 1936 14 Monate in Untersuchungshaft, bevor er aus Mangel an Beweisen freigesprochen werden mußte. Von 1942 bis 1945 war er Soldat. 1946 wurde Nau als Parteikassierer, später als Schatzmeister, in den Bundesvorstand der SPD berufen.

364 Willi Eichler, der Schöpfer des Godesberger Programms, war von Beruf Kaufmann. Seit 1922 war er hauptberuflich Sekretär des Göttinger Philosophen Leonard Nelson (1854–1929), der den Internationalen Sozialistischen Kampfbund (ISK) begründet hatte. 1923 trat Eichler in die SPD ein, blieb aber Anhänger Nelsons und wurde nach dessen Tod 1927 Vorsitzender des ISK. 1932/33 war er Chefredakteur der vom ISK eigens zum Kampf gegen die Nazis gegründeten Tageszeitung *Der Funke*. 1933 emigrierte Eichler nach Frankreich, leitete in Paris die Auslandszentrale des ISK, floh 1939 nach England und näherte sich erneut der SPD an. 1946 kehrte er nach Deutschland zurück, beteiligte sich am Wiederaufbau der SPD, gründete die Zeitschrift *Geist und Tat*, die er bis 1971 herausgab, und arbeitete bis 1951 zugleich als Chefredakteur der *Rheinischen Zeitung*. Zudem war er von 1945 bis 1949 Herausgeber der „Sozialistischen Presse-Korrespondenz". Er war Vorsitzender des SPD-Bezirksverbandes Mittelrhein und 1947/48 Mitglied des nordrhein-westfälischen Landtags. Von 1946 bis 1968 gehörte er dem Parteivorstand der SPD an, seit dem Tode Kurt Schumachers zum engeren Vorstand; außerdem war er Vorsitzender der Kommission zur Vorbereitung des Godesberger Programms. Eichler war Mitglied des Deutschen Bundestages und seit 1952 stellvertretender Vorsitzender des Bundestagsausschusses für Fragen der Presse, des Rundfunks und des Films und hauptamtliches Vorstandsmitglied der Friedrich-Ebert-Stiftung.

365 Grab: Meine vier Leben (wie Anm. 262), S. 154.

366 Siehe das Interview mit Walter Grab, S. 486–499, hier S. 487.

367 Fischer engagierte sich bereits in den frühen Jahren der Weimarer Republik in der völkischen Jugendbewegung, war Mitglied des rechtsradikalen Freikorps „Bund Oberland", trat 1933 der SA, 1937 der NSDAP bei und wurde 1939 Stipendiat des NS-Historikers (1905–1945) Walter Frank. 1942 wurde Fischer zum außerordentlichen Professor in Hamburg ernannt und hielt noch während des Krieges Vorträge über „das Eindringen des Judentums in Kultur und Politik Deutschlands in den letzten 200 Jahren" sowie über „das Eindringen des jüdischen Blutes in die englische Oberschicht" oder über „die Rolle des Judentums in Wirtschaft und Staat der USA". 1948 trat Fischer seine schon 1942 bewilligte Stelle als Extraordinarius an der Universität Hamburg an, die er bis zur Emeritierung 1973 behielt. Als Historiker entwickelte Fischer später eine kritisch-distanzierte

Ich habe 1962 nach Erhalt eines Doktoranden-Stipendiums der Friedrich-Ebert-Stiftung meine Studien bei Fritz Fischer in Hamburg aufgenommen, weil er in seinem ein Jahr zuvor erschienenen Werk *Griff nach der Weltmacht* bewiesen hatte, daß die Kriegsziele des kaiserlichen Deutschland 1914 mit jenen der Nazis 1939 nahezu identisch waren und daß daher eine Kontinuität besteht, die von den konservativen Historikern stets geleugnet wurde; diese sahen Hitler als „Betriebsunfall" an und behaupteten, alle Länder seien 1914 in den Krieg „hineigeschlittert". In einem zweiten Werk, *Krieg der Illusionen*, untersuchte Fischer die Vorgeschichte des Ersten Weltkrieges seit dem Beginn der „Weltpolitik" Kaiser Wilhelms II. 1896, die zum Flottenbau und daher zur Feindschaft Englands führte.[368]

Fischer erklärte sich zwar bereit, als ‚Doktorvater' zu fungieren, verwies Grab indes zur erstgutachterlichen Betreuung an den Romanisten und Direktor der Hamburgischen Staatsbibliothek, Hermann Tiemann (1899–1981),[369] der sich in dem von Grab anvisierten Untersuchungszeitraum gut auskenne: Tiemann arbeitete zu Beginn der 1960er Jahre zum Thema „Hanseaten im revolutionären Paris".[370] 1965 wurde Walter Grab in Hamburg mit einer Arbeit zum Thema „Demokratische Strömungen in Hamburg und Schleswig-Holstein zur Zeit der ersten französischen Republik" promoviert.[371]

Ebenso wie die Forschungen von Heinrich Scheel unterliegen auch Walter Grabs Untersuchungen zu demokratischen und jakobinischen Traditionen einer speziellen Zielutopie. Doch gilt es im Vergleich mit Scheel die unterschiedlichen Nuancen in der Logik des Ansatzes zu betonen. Grab bekannte sich ideologisch zum Marxismus, und seine Forschungen waren, worauf er selber immer wieder hingewiesen hat, politisierte Forschungen: Auch sie dienten der Durchsetzung eines aktuellen politischen Interesses. Doch in zweierlei Hinsicht ist hier gegenüber den Forschungen Scheels zu differenzieren: (a) ideologisch und (b) epistemologisch.

(a) Trotz unverkennbarer Affinitäten mit den erkenntnisleitenden Voraussetzungen Scheels unterscheidet sich Grabs Ansatz in der Zielutopie. Nicht der Weg in den Sozia-

Ansicht zu den imperialistischen Programmen des Deutschen Kaiserreichs. Mit seinem 1961 erschienenen Buch *Griff nach der Weltmacht. Die Kriegszielpolitik des kaiserlichen Deutschland 1914–1918* löste er mit der nach ihm benannten Fischer-Kontroverse eine der wichtigsten historiographischen Debatten der westdeutschen Nachkriegszeit aus. Das Buch erlebte in den folgenden Jahren weitere Auflagen und wurde zu einem wissenschaftlichen ‚Bestseller'. Vgl. Fritz Fischer: Griff nach der Weltmacht. Die Kriegszielpolitik des kaiserlichen Deutschland 1914/18. Düsseldorf 1961; F.F.: Krieg der Illusionen. Die deutsche Politik von 1911 bis 1914. Düsseldorf 1969. Zu Fischers prominentesten wissenschaftlichen Kontrahenten zählten Gerhard Ritter (1888–1967) und Karl Dietrich Erdmann (1910–1990).
368 Siehe das Interview mit Walter Grab, S. 486–499, hier S. 488.
369 Hermann Tiemann studierte Romanistik, Anglistik und Germanistik in Berlin und Tübingen und wurde 1923 in Göttingen mit „Studien zur spanischen Dramatik in Flandern" promoviert. 1928 wurde Tiemann Bibliotheksrat an der Staatsbibliothek Hamburg, habilitierte sich 1945 und war seitdem lange Jahre Bibliotheksdirektor der Staats- und Universitätsbibliothek Hamburg. 1947 war er Mitgründer sowie Mitherausgeber der Zeitschrift *Romanistisches Jahrbuch*. Tiemann machte sich auch als Germanist und Herausgeber von Klopstocks Briefen einen Namen.
370 Hermann Tiemann: Hanseaten im revolutionären Paris (1789–1803). Skizzen zu einem Kapitel deutsch-französischer Beziehungen. In: Zeitschrift des Vereins für Hamburgische Geschichte 49/50 (1964), S. 109–146.
371 Grab: Demokratische Strömungen (wie Anm. 217).

lismus, sondern der „Weg der bürgerlichen Demokratie" sollte historisch rekonstruiert werden.[372]

(b) Im Gegensatz zu den Arbeiten von Heinrich Scheel ist bei Grab eine deutliche Differenz zwischen Zielutopie und epistemologischer Operation erkennbar. Auch Grabs Ansatz ist von einer komplexen geschichtsphilosophischen Annahme motiviert, die bezeichnenderweise den Eingang zu seinen Lebenserinnerungen rahmt:

> Meine Autobiographie und meine historischen Forschungen sind unlöslich miteinander verbunden. Mein wissenschaftliches Interesse gilt der Demokratie, die (wie schon Montesquieu im 18. Jahrhundert feststellte) auf dem Gleichheitsprinzip beruht. Davon ausgehend bin ich der Überzeugung, daß der der gesamten Menschheitsgeschichte grundlegende Sinn darin besteht, zur Gleichheit, also zur Gleichwertigkeit aller Menschen, zu streben.[373]

Alle folgenden programmatischen und theoretischen Aussagen waren lediglich Funktionen dieser Zielutopie, die ihre autobiographische Ursache in dem traumatischen Erlebnis der unterdrückten Menschenwürde, der Mißachtung der Menschenrechte, der Verhinderung freier politischer Bewußtseins- und Meinungsbildung und der massenhaften Vernichtung ‚unwerten' Lebens hat: „Das hat mit meinem Lebensschicksal zu tun: denn als naiver Jugendlicher in Wien hoffte ich, in Österreich als gleichwertiger und gleichberechtigter Mensch leben zu können."[374]

Fragt man nach Grabs Begründung der Zielutopie bzw. des erkenntnisleitenden Interesses, so wird man nicht, wie bei Heinrich Scheel, dezisionistisch rückverwiesen auf die politische und moralische Superiorität der Zielutopie, sondern mit einem differenzierenden und problematisierenden Fragenkomplex konfrontiert:

> In meinem Taschenbuch ‚Norddeutsche Jakobiner' suchte ich die Frage zu beantworten, die ich in meinem ersten Gespräch mit Professor Fischer zu Beginn meiner Hamburger Studien gestellt hatte – weshalb die demokratischen Ideen von der Gleichwertigkeit der Menschen in Deutschland nicht die Massen ergriffen hatten, weshalb das deutsche Volk sich im Gegensatz zum französischen nicht aus eigener Kraft von der traditionellen Privilegienordnung befreit hatte, weshalb in der Epoche Napoleons romantisch-antiaufklärerische und nationalistische Tendenzen die Oberhand gewonnen hatten.[375]

Eine derart komplexe Fragestellung erfordert hochdifferenzierte Bearbeitungsinstrumente: Wer sind „die Massen"? Wer ist das „deutsche Volk"? Wer ist das „französische Volk"? Welche „Privilegienordnung" ist gemeint? Was heißt „romantisch-antiaufklärerisch"? Zur Beantwortung dieser und inhaltlich verwandter Fragen hat Grab indes nicht im Spektrum der einleitend skizzierten sozialgeschichtlichen Ansätze[376] argumentiert, sondern den geistes- und ideengeschichtlichen Standpunkt favorisiert. Noch am Ende der 1980er Jahre, nachdem die sozialhistorische Forschung sich in allen Teilbereichen der philologischen und geschichtswissenschaftlichen Disziplinen mit komplexen und forschungsleitenden Ergebnissen durchgesetzt hatte, favorisierte Walter Grab die geistesgeschichtliche Perspektive.

---

372 Vgl. Grab: Leben und Werke (wie Anm. 194), S. 1; Garber: Ideologische Konstellationen (wie Anm. 20), S. 183; siehe dazu das Interview mit Walter Grab, S. 486–499, hier S. 493.

373 Grab: Meine vier Leben (wie Anm. 262), S. 7.

374 Ebd.

375 Ebd., S. 193.

376 Siehe oben Anm. 9 und 10.

Das gesamte 18. Jahrhundert war vom geistesgeschichtlichen Standpunkt aus sowohl in
Frankreich als in Deutschland nichts anderes als die ideenmäßige Vorbereitung der Revolution, also des Übergangs der politischen Macht von den aus dem Mittelalter tradierten
aristokratischen Eliten der vornehmen Geburt und Herkunft auf jene gesellschaftlichen
Kräfte, die ihren Führungsanspruch aus dem bürgerlichen Besitz herleiteten.[377]

Bereits Valjavec hatte die „politischen Strömungen" gemäß der historischen Wissens-
soziologie Karl Mannheims[378] differenzierter untersucht: mit Bezug auf die soziale und
politische Standortgebundenheit des zeitgenössischen Wissens, unter steter gegenseitiger
‚Verrechnung' von Wertvorstellungen, Denkstrukturen, Bräuchen und Mentalitäten, um das
Verhältnis von Denken und Gesellschaft in den Blick zu bekommen. Auch Valjavec ging es
dabei letztlich um ein „Zurechnungstheorem" zur Bestimmung und Darstellung der geistigen „Ausdrucksbeziehung des Sozialen".[379] Nicht zuletzt deswegen hat Valjavec die politischen Einzelströmungen immer wieder auf die politische Gesamtströmung seit 1770 rückbe-
zogen und analysiert.[380] Von dem großflächigen heuristischen Potential dieses Ansatzes hat
Walter Grab methodisch kaum profitiert, obwohl er sich der erkenntnisstiftenden Möglichkeiten der Strategie-Kombinationen innerhalb des von Valjavec vermessenen Spielraumes
durchaus bewußt gewesen zu sein scheint.[381] Auf die Frage, welche Bedeutung Valjavecs
Buch für seine Forschungen hatte, antwortete Grab: „Valjavecs Buch über die politischen
Strömungen in Deutschland 1770–1815 ist wichtig, weil es bis dahin unbekanntes Archivmaterial, insbesondere aus Wiener Archiven, auswertet."[382] Vornehmlich der Materialbezug
wird hier als vorteilhafte, d. h. Forschungsfortschritt garantierende Anschlußstelle gesehen,
und auf dieser (empirischen) Linie haben Grabs Forschungen zum ‚deutschen' Jakobinismus in der Tat beispielhaft innovativ gewirkt. Dennoch ist es nur ansatzweise gelungen,
diesem deutschen Jakobinismus ein Gesicht zu verleihen, denn Grabs Definitionen waren
von (zu) hoher Komplexität. Dadurch wurden ihre Gegenstände kognitiv überfrachtet; die
Vielzahl von Aspekten konnte nicht strukturiert bewältigt werden. Es fehlte an Erkenntnis-

---

377 Walter Grab: Politische Ideale und Illusionen der deutschen Intelligenz in der Epoche der Französi-
     schen Revolution. In: Deutschland und die Französische Revolution (wie Anm. 354), S. 9–13, hier
     S. 9.
378 Vgl. etwa Karl Mannheim: Konservatismus. Ein Beitrag zur Soziologie des Wissens. Hrsg. von
     David Kettler u. a. Frankfurt/Main 1984.
379 Vgl. Ralf Walkenhaus: Konservatives Staatsdenken. Eine wissenssoziologische Studie zu Ernst
     Rudolf Huber. Berlin 1997, S. 17.
380 In diesem Sinne argumentiert Jörn Garber: „Eine einlinige Theoriegeschichte, die lediglich anti-
     zipierende und utopische Gesellschaftsentwürfe zur Kenntnis nimmt, das Argumentationsarsenal
     der literarischen Gegner aber ignoriert, kann den natürlichen Spannungsbogen zwischen system-
     stabilisierender Apologetik und gesellschaftsüberwindender Kritik nicht ausloten. Die nahezu
     totale Ignorierung komplementärer zeitgenössischer Ideologien (Staatslehre, Politische Ökonomie,
     Erziehungsschriften) sowie die einseitige Messung aller Äußerungen an dem fortgeschrittenen
     französischen Gesellschaftsmodell droht den Zusammenhang zwischen Theorie und politisch-
     sozialem Kontext aus den Augen zu verlieren. Der deutsche ‚Jakobinismus' und Liberalismus sind
     nur im Zusammenhang mit den Widerständen zu deuten, die der Durchsetzung der modernen
     bürgerlichen Gesellschaft im Deutschland des ausgehenden 18. Jahrhunderts entgegenstanden."
     Garber: Ideologische Konstellationen (wie Anm. 20), S. 184.
381 Vgl. etwa Grab: Demokratische Strömungen (wie Anm. 217), S. 13.
382 Siehe dazu das Interview mit Walter Grab, S. 486–499, hier S. 490.

mitteln, mit deren Hilfe die strukturellen Probleme verstehbar werden. Verständlichkeit und Beherrschbarkeit des Untersuchungsgegenstandes wurden erschwert und die Möglichkeiten zur erfolgreichen Beschreibung von historischen Prozessen und Strukturen nahmen ab.

> Die revolutionär-demokratische Strömung der deutschen Aufklärung sprach im Gegensatz zur liberal-gemäßigten Richtung nicht der Erziehung und Bildung des einzelnen den Primat zu, sondern forderte zuerst den Sturz der Willkürherrschaft und die Befreiung der Volksmassen vom feudalen Joch. Das Ideal der deutschen Jakobiner war die Errichtung eines bürgerlichen, säkularen, parlamentarischen Verfassungsstaates, in dem die Gewaltenteilung durchgeführt und die höchste Entscheidungsgewalt einer gewählten Volksvertretung übertragen sein sollte. Dabei beschränkten die Jakobiner den Begriff der Volkssouveränität nicht auf die Gebildeten und Begüterten, sondern wollten sie allen Staatsbürgern, unabhängig von Herkunft und Besitz, zukommen lassen. Sie suchten die jenseits des Rheins erkämpften demokratischen Errungenschaften in Mitteleuropa geltend zu machen und riefen die in feudale Fesseln geschlagene Bevölkerungsmehrheit zu aktivem Kampf um ihre Rechte auf, um das Prinzip der Gleichheit nicht mehr nur im formal-rechtlichen, sondern auch im politischen Bereich zu verwirklichen. Da die demokratischen Publizisten die theoretischen Postulate der Aufklärung nach Volksverbundenheit und Völkerfreundschaft in die Praxis umzusetzen suchten, wurden sie von den Machthabern mit Recht als Revolutionäre angesehen und verfolgt.[383]

Sieht man von den ,Bausteinen' der Zielutopie ab („Prinzip der Gleichheit", garantiert durch „parlamentarischen Verfassungsstaat", „Gewaltenteilung" und „gewählte Volksvertretung") und nimmt die konkreten Bestimmungsmerkmale ins Visier, so wird deutlich, wie plakativ und holzschnittartig die Kriterien formuliert sind: „Befreiung der Volksmassen vom feudalen Joch", „demokratische Errungenschaften", „aktiver Kampf", „politischer Bereich". Die Tatsache, daß es sich um einen Katalogtext mit weitem Publikumsbezug handelt, fällt dabei nicht ins Gewicht, denn Grab hat sich auch in anderen Forschungsbeiträgen derselben Argumentation und desselben Vokabulars bedient.[384] Garber hat gezeigt, daß Grabs Deutungsansatz zu ähnlichen Interpretationsschwierigkeiten bei Einzelproblemen führe, wie in der DDR-Forschung:

> Der Versuch, eine scharfe Trennlinie zwischen Liberalismus und Jakobinismus zu ziehen, bleibt fragwürdig, da in Deutschland eine Spaltung der ideologischen Position zwischen (großbürgerlichen) Girondisten und (kleinbürgerlichen) Jakobinern schwerlich nachzuweisen ist. Der zeitgenössische Terminus ,Jakobiner' figurierte zumeist als negativ gefaßter, diffamierender Kampfbegriff des Konservatismus gegen alle revolutionsfreundlichen Publizisten. Es empfiehlt sich deswegen, den reformistischen Liberalismus von radikal-

---

383 Grab: Politische Ideale und Illusionen der deutschen Intelligenz (wie Anm. 377), S. 11.

384 Vgl. etwa Walter Grab: Politische Ideale und Illusionen konservativer und liberaler Denker im Revolutionszeitalter. [1978]. In: W. G.: Ein Volk muß seine Freiheit selbst erobern. Zur Geschichte der deutschen Jakobiner. Frankfurt/Main und Wien 1984, S. 13–32, hier S. 15: „Vom geistesgeschichtlichen Standpunkt aus war das gesamte 18. Jahrhundert – das ,tintenklecksende Säkulum', wie es Schiller nannte – sowohl in Frankreich wie in Deutschland nichts anderes als die ideenmäßige Vorbereitung der Revolution, also des Übergangs der politischen Macht von den aus dem Mittelalter tradierten aristokratischen Eliten der vornehmen *Geburt* und *Herkunft* auf jene gesellschaftlichen Kräfte, die ihren Führungsanspruch aus dem bürgerlichen, durch Arbeit erworbenen *Besitz* herleiteten" (Kursivierungen im Original).

demokratischen Bestrebungen zu unterscheiden, denen es in konsequenter Verwirklichung eines alle Bevölkerungsschichten erfassenden demokratischen Repräsentativsystems um die gewaltsame Beseitigung des Ancien régime zu tun war. Selbst dieser Definitionsversuch wird sich als Klassifikationskriterium für einzelne Aufklärer aber nur bedingt anwenden lassen, da ein wiederholter Positionswechsel bei zahlreichen „Demokraten" zum „Liberalismus" zu beobachten ist, der durch eine unterschiedliche Bewertung der wechselnden französischen Revolutionsszenerie bewirkt wurde. Den Zeitgenossen ist der Unterschied zwischen liberalen und demokratischen Optionen ohnehin nicht in voller Schärfe bewußt gewesen, [...].[385]

Deutlicher und eindringlicher konnten die historiographischen und wissenschaftstheoretischen Bedenken nicht formuliert werden; doch Walter Grab hat an der undifferenzierten Montur seiner Instrumente festgehalten, und mit diesem offenkundig von politischen Interessen verzerrten Erkenntnisanspruch gewann die westdeutsche Geschichts- und Literaturwissenschaft durch Walter Grabs Forschungen Anschluß an die spezialisierte Jakobinerforschung der DDR.[386]

Wenigstens skizzenhaft sind im folgenden die Rezeptionsvorgaben und Anschlußmöglichkeiten zu schildern, denen sich vornehmlich die westdeutschen reformgermanistischen Aktivitäten zum Literarischen Jakobinismus gegenübersahen. Die Anfänge der westdeutschen germanistischen Jakobinismusforschung sind sehr gut faßbar im Blick auf die parallelen Entwicklungen in der Geschichtswissenschaft. Am Ende der 1960er und zu Beginn der 1970er Jahre sind in beiden Disziplinen wissenschafts- und ideologiekritische Orientierungen zu beobachten, die sich als wechselseitig ergänzende Konstellation in dem Publikationsunternehmen der *Ansichten einer künftigen Germanistik* bzw. der *Ansichten einer künftigen Geschichtswissenschaft* darstellen.[387] Für die Geschichtswissenschaft ist in diesem Zusammenhang zunächst auf die Auseinandersetzung mit den Leitlinien des sogenannten borussischen Geschichtsverständnisses der „orthodoxen Zunft" hinzuweisen. So erklärt Imanuel Geiss,[388] daß nach dem Ende des deutschen Faschismus und des Dritten Reiches „die führenden bürgerlichen Historiker, die noch in der sicheren Selbstverständlichkeit des Deutschen Reichs aufgewachsen waren, in Westdeutschland von ihrer Weltanschauung und Praxis als Historiker so viel wie möglich in die ungewisse Zukunft hinüberzuretten" suchten.[389] Demgegenüber formuliert Geiss als vor-

---

385 Garber: Ideologische Konstellationen (wie Anm. 20), S. 183 f.
386 Vgl. ebd., S. 183.
387 Ansichten einer künftigen Germanistik. Hrsg. von Jürgen Kolbe. München 1969 (Reihe Hanser 29, 2., durchges. und erg. Aufl.: 1969, 4. rev. Aufl.: 1970, 5. Aufl.: 1971); Neue Ansichten einer künftigen Germanistik. Hrsg. von J. K. München 1973 (Reihe Hanser 122); Ansichten einer künftigen Geschichtswissenschaft. Hrsg. von Imanuel Geiss und Rainer Tamchina. Bd. 1: Kritik – Theorie – Methode, Bd. 2: Revolution – ein historischer Längsschnitt. München 1974 (Reihe Hanser 153/154); eine „durchgesehene" Ausgabe erschien 1980 als Ullstein Buch Nr. 35042/43).
388 Imanuel Geiss (1931–2012) studierte nach einer Dolmetscherausbildung ab 1955 Geschichte und Politik in München und Hamburg. Er wurde 1959 bei Fritz Fischer in Hamburg über das Thema „Der polnische Grenzstreifen 1914–1918" promoviert. Nach seiner Habilitation 1968 lehrte er als Dozent in Hamburg, 1973 wurde er Professor für Neuere Geschichte an der Universität Bremen.
389 Imanuel Geiss: Restauration – Stagnation – produktive Krise. In: Ansichten einer künftigen Geschichtswissenschaft (wie Anm. 387), Bd. 1, S. 15–23, hier: S. 17 f. Vgl. dazu auch Peter

läufiges Ergebnis der Auseinandersetzung zwischen „orthodoxer" und „neuer" Historiker-generation:

> Inzwischen wurde die orthodoxe Zunft in den 60er Jahren auf ihrem klassischen Lieblings-feld – der diplomatischen und politischen Geschichte – vor den Augen einer nachrückenden Historikergeneration nach allen Regeln der traditionellen Akten-Kunst aufs Kreuz gelegt. Es wirft ein Schlaglicht auf die ideologische Verquickung von Wissenschaft und Politik der alten Zunft in konservativer Richtung, daß sie ihre empfindlichste Niederlage dort er-litt, wo sie mit ihrem Prestige die deutsche Reichspolitik der Vergangenheit am eifrigsten und wirkungsvollsten sanktioniert hatte, zugleich aber wissenschaftlich am schwächsten war – auf dem Gebiet der sog. Kriegsschuldfrage 1914 und der deutschen Kriegszielpolitik im Ersten Weltkrieg.[390]

Einer künftigen Geschichtswissenschaft, so lautete die wissenschaftspraktische Konse-quenz dieses Befundes, dürfe „die Vergangenheit nicht mehr als Selbstzweck erscheinen, sondern sie muß die historische Dimension zum Verständnis der Gegenwart heranziehen, als Beitrag zur rationalen und humanen Gestaltung der Zukunft. [...] Ihre wissenschaft-liche Praxis muß so angelegt sein, daß sie sich in politische Aufklärung umsetzen läßt."[391] Es ging also um die Forderung nach einer Politisierung des wissenschaftlichen Tuns: Wis-senschaft wurde nunmehr als Funktion politischen Handelns definiert:

> Die Historiker müssen sich der gesellschaftlichen und politischen Verantwortung ihrer Arbeit und der Vermittlungsproblematik ihrer Ergebnisse bewußt sein. Das schließt ein Engagement in Medien und Politik der Gesellschaft, in Schule und Erwachsenenbildung ein. Es darf nicht länger als ehrenrührig gelten, wenn ein Historiker neben seiner wissen-schaftlichen Forschung publizistisch und politisch aktiv wird.[392]

Walter Grabs Dissertation lag bereits auf dieser Linie einer gegenstandsgebundenen Po-litisierung; seine Großthese von den revolutionär-demokratischen deutschen Traditionen und die entsprechende Begründung des Forschungsinteresses waren in dieser Schrift aber noch nicht voll ausgeprägt. Öffentlichkeitswirksamkeit und somit die Möglichkeit, den angemeldeten Wissensanspruch durchzusetzen – eine effiziente und gegebenenfalls auch institutionell rückversicherte Forschung zum deutschen Jakobinismus auf den Weg zu brin-gen –, erlangte Grab erst im Medium einer übergreifenden innovativen These. Es gab nur wenige philologische Vorarbeiten, auf die er hätte zurückgreifen können.[393] Anfang der 1970er Jahre projektierte Grab eine quellenfundierte Langzeitstudie über demokratische ‚Gegentraditionen' bzw. von politischen Gegenströmungen zum Konservatismus. Die-ses Projekt *Deutsche revolutionäre Demokraten* wurde, laut Grab, von Hellmut G. Haasis

---

Schumann: Gerhard Ritter und die deutsche Geschichtswissenschaft nach dem Zweiten Welt-krieg. In: Mentalitäten und Lebensverhältnisse. Beispiele aus der Sozialgeschichte der Neuzeit. Rudolf Vierhaus zum 60. Geburtstag. Hrsg. von Mitarbeitern und Schülern. Göttingen 1982, S. 399–415.

390 Geiss: Restauration – Stagnation – produktive Krise (wie Anm. 389), S. 19. Geiss bezieht sich auf Fischer: Griff nach der Weltmacht. (wie Anm. 367).

391 Geiss: Restauration – Stagnation – produktive Krise (wie Anm. 389), S. 23.

392 Ebd.

393 Vgl. etwa Renate Erhardt-Lucht: Die Ideen der Französischen Revolution in Schleswig-Holstein. Neumünster 1969.

initiiert, der wiederum mit Bernd Lutz, dem Cheflektor des Stuttgarter Metzler-Verlages, in Kontakt stand.[394] Mit Lutz hatte Grab bereits von Tel Aviv aus korrespondiert; Ende Oktober begab sich Grab von einem Forschungsaufenthalt in Wien[395] aus nach München, wo ihn Bernd Lutz aufsuchte, um das Unternehmen zu beraten. Grab mußte dazu Mitarbeiter gewinnen, „die weitere archivalische Forschungen im Rheinland und in Süddeutschland unternehmen sollten".[396] Die Verhandlungen über dieses Projekt, das ursprünglich auf 20 Bände angelegt gewesen war, dauerten mehrere Monate; zudem hatte Grab Schwierigkeiten, „geeignete Mitarbeiter zu finden, die die nötigen Kenntnisse besaßen, weil die gesamte Problematik des deutschen Jakobinismus ein unbeackertes Feld war".[397] Grab zeichnete für die gesamte Reihe verantwortlich, während die Mitarbeiter für ihre jeweiligen Einzelbände die Texte auszuwählen und zu kommentieren hatten. Begonnen wurde das Unternehmen mit zunächst zwei Mitarbeitern: Hans-Werner Engels (1941–2010)[398] und Alfred Körner (*1925), der bei Adam Wandruszka (1914–1997)[399] in Köln seine Dissertation über den Wiener radikalen Demokraten Andreas Riedel (1748–1837) verfaßt hatte.[400]

---

394 Deutsche revolutionäre Demokraten. Hrsg. von Walter Grab. 5 Bde. Stuttgart. Bd. 1 (1971): Hans-Werner Engels: Gedichte und Lieder deutscher Jakobiner; Bd. 2 (1978): Axel Kuhn: Linksrheinische deutsche Jakobiner. Aufrufe, Reden, Protokolle, Briefe und Schriften 1794–1801; Bd. 3 (1972): Alfred Körner: Die Wiener Jakobiner; Bd. 5 (1973): Walter Grab: Leben und Werke norddeutscher Jakobiner (wie Anm. 194); siehe dazu die Interviews mit Walter Grab (S. 486–499, hier S. 496) und Franz Dumont (S. 458–485, hier S. 459, 471). In seiner Autobiographie erwähnt Grab in diesem Zusammenhang lediglich den Namen von Bernd Lutz; vgl. Grab: Meine vier Leben (wie Anm. 262), S. 218. Zu Hellmut G. Haasis' Rezeptionsansatz in der Jakobinismusforschung siehe Wilharm: Politik und Geschichte (wie Anm. 22), Bd. 2, S. 66–70.

395 Auch diese Forschungsreise, über die Grab ausführlich in seiner Autobiographie berichtet, wurde von der Friedrich-Ebert-Stiftung gefördert; vgl. Grab: Meine vier Leben (wie Anm. 262), S. 215–218.

396 Ebd., S. 218.

397 Ebd., S. 223.

398 Hans-Werner Engels studierte seit 1962 Geschichte und Germanistik in Münster/Westfalen, seit 1964 in Hamburg, legte dort 1968 das Erste Staatsexamen ab und begann an einem Promotionsprojekt bei Fritz Fischer über den deutschen ‚Jakobiner' Friedrich Christian Laukhard (1757–1822) zu arbeiten. Engels war bis 1995 – zuletzt als Oberstudienrat am Harburger Friedrich-Ebert-Gymnasium – im Hamburgischen Schuldienst beschäftigt.

399 Wandruszkas Schüler Hartmut Lehmann: „Ich wußte von Wandruszka, der Jahrgang 1914 und beim ‚Anschluß' 1938 also 24 Jahre alt war, daß er ein österreichischer Nazi gewesen, daß er genauso wie Otto Brunner, wie übrigens auch sein Lehrer Srkib, großdeutsch und pro-nationalsozialistisch eingestellt war. Ich wußte freilich auch, daß er sich längst vor 1945 davon abgekehrt hatte. Wandruszka war Soldat im Afrika-Korps, kam schon 1943 in amerikanische Kriegsgefangenschaft, dort im Gefangenenlager in den USA begann er nachzudenken und sich eines Besseren zu besinnen." – Interview mit Hartmut Lehmann zum Thema: „Neubeginn und Entwicklung der deutschen Geschichtswissenschaft in den 1950/60er Jahren"; ⟨http://hsozkult.geschichte.hu-berlin.de/beitrag/interview/lehmann.htm⟩ (eingesehen am 27.04.2012).

400 Alfred Körner: Andreas Riedel. Ein politisches Schicksal im Zeitalter der Französischen Revolution. Phil. Diss. Köln 1969. Alfred Körner hat 1949 und 1950 ein zweisemestriges Studium der Geschichte, Pädagogik und Psychologie an der Pädagogischen Fakultät in Jena absolviert. 1955 bis 1958 studierte er in Jena und Leipzig Germanistik, seit 1959 Geschichte in Köln. Körner war als Lehrer und Schulleiter tätig.

Engels übernahm die Arbeiten für den Band *Gedichte und Lieder deutscher Jakobiner*, Körner bearbeitete den Band *Die Wiener Jakobiner*, während Grab selbst für den Band *Leben und Werke norddeutscher Jakobiner* Verantwortung übernahm. Einen vierten Band *Jakobinerschauspiel und Jakobinertheater* betreute der ostdeutsche Forster-Spezialist Gerhard Steiner (1905–1995).[401] Der fünfte Band über die Mainzer Republik, der schließlich unter dem Titel *Linksrheinische deutsche Jakobiner* erschien, sollte ursprünglich von Hellmut G. Haasis bearbeitet werden. Doch infolge eines Zerwürfnisses zwischen Haasis und Grab wurde schließlich Axel Kuhn mit der Aufgabe betraut.[402]

Walter Grabs Forschungsprogramm nahm zu Beginn der 1970er Jahre durch die politische Wende zusätzlich an ideologischer Fahrt auf: Nachdem die politische Dominanz der christlich-liberalen bzw. christlich-sozialen Politik bereits während der Großen Koalition mit Willy Brandts Vizekanzlerschaft und seiner erfolgreichen „Politik der kleinen Schritte" als Außenminister erheblich reduziert worden war, löste Brandt am 28. September 1969 den amtierenden (CDU-) Kanzler Kurt Georg Kiesinger in seinem politischen Amt ab. Dazu Walter Grab im autobiographischen Rückblick:

> Dieses Ereignis erfüllte uns mit Freude, und wir waren äußerst befriedigt, als er in seiner Antrittsrede ankündigte: „Mehr Demokratie wagen!" Die Studentenbewegung hatte, so hofften wir, eine radikale politische Änderung bewirkt, und wir glaubten, daß nunmehr mit der neuen Ostpolitik und dem Verschwinden von Figuren wie Globke und Kiesinger eine neue Ära beginnen werde.[403]

---

401 Gerhard Steiner studierte von 1925 bis 1929 Germanistik, Theaterwissenschaften, Geschichte, Philosophie und Psychologie in München sowie „Philologie" und Pädagogik in Jena. 1929 wurde er in Jena bei Peter Petersen (1884–1952), dem Vertreter der „nordischen Pädagogik", promoviert und legte zugleich die Lehramtsprüfung ab. Von 1929 bis 1940 war Steiner Volksschullehrer im thüringischen Staatsdienst. Nach 1933 wurde er nach eigener Aussage aufgrund „politischer Unzuverlässigkeit" nicht befördert; 1937 wurde er Mitglied der NSDAP, 1940 absolvierte er in Leipzig die Bibliothekarsprüfung und war anschließend bis 1945 Wehrmachtsangehöriger. 1945 bis 1951 war Steiner Leiter der Ernst-Abbe-Bücherei in Jena und Dozent an der Volkshochschule sowie der Bibliothekarsschule in Jena, 1951 Abteilungsleiter und stellvertretender Leiter des Zentralinstituts für Bibliothekswesen in Ostberlin, 1960 Professor mit Lehrauftrag für Deutsche Literaturgeschichte in Greifswald, 1963 bis 1970 Abteilungsleiter. Seit 1965 bis zu seinem Ruhestand (1970) war Steiner stellvertretender Direktor des Instituts für Deutsche Sprache und Literatur an der Deutschen Akademie der Wissenschaften. In Jena wurde Steiner durch seinen Lehrer Albert Leitzmann mit den Schriften des Mainzer Revolutionärs Georg Forster bekannt; vgl. Internationales Germanistenlexikon (wie Anm. 139), Bd. 3, S. 1799–1801, sowie das Interview mit Klaus-Georg Popp, S. 607–626, hier S. 620f., Anm. 40 (auch zu Steiners bislang nicht untersuchter Rolle als pädagogischer Propagandist der NS-Rassenideologie und Vererbungslehre).

402 Siehe dazu die Interviews mit Walter Grab (S. 486–499, hier S. 496) und Axel Kuhn (S. 528–560, hier S. 546 f.).

403 Grab: Meine vier Leben (wie Anm. 262), S. 218. Hans Josef Maria Globke (1898–1973) war Verwaltungsjurist im Preußischen und im Reichsinnenministerium, Kommentator der Nürnberger Rassegesetze und seit 1953 unter dem damaligen Bundeskanzler Adenauer Chef des Bundeskanzleramts. Der ‚Fall Globke' gilt als lehrreiches Beispiel für die personelle Kontinuität der Verwaltungseliten zwischen dem nationalsozialistischen Deutschland und der frühen Bundesrepublik Deutschland. Wegen seiner Tätigkeit während der nationalsozialistischen Diktatur blieb Globke in der Bundesrepublik stets umstritten. 1929 war er Regierungsrat im Preußischen Innenmini-

Im März desselben Jahres hatte sich Grab im Einvernehmen mit Imanuel Geiss[404] aus
Tel Aviv schriftlich bei dem neugewählten Bundespräsidenten Gustav Heinemann mit den
Worten eingestellt: „Es erfüllt uns mit tiefster Befriedigung, einen Mann von Ihrer Integrität und Ihren Überzeugungen an der Spitze der Bundesrepublik zu sehen, und es ist keine
Übertreibung zu sagen, daß Deutschland in Ihnen das beste Staatsoberhaupt besitzen wird,
das es jemals besaß."[405]
Im darauffolgenden November wurde Grab in die Villa Hammerschmidt eingeladen
und hatte Gelegenheit, dem Bundespräsidenten seine Dissertation zu überreichen. Heinemann habe sich sehr interessiert gezeigt und dem Ehepaar Grab private Erinnerungen an-
vertraut, in denen er den „revolutionären Aufstandsversuch deutscher Demokraten", die
Reichsverfassungskampagne von 1849, sehr positiv beurteilt habe. Die von Heinemann
im Februar 1970 bei der Bremer Schaffermahlzeit gehaltene Rede, insbesondere die folgenden Passagen, führte Grab ursächlich auf Heinemanns Lektüre seiner Dissertation zurück:

> Traditionen gehören nicht in die alleinige Erbpacht von Reaktionären, obwohl diese am
> lautesten von ihnen reden. Glücklicherweise hat es auch in Deutschland lange vor der Re-
> volution von 1848 nicht wenige freiheitlich und sozial gesinnte Männer und Frauen gege-
> ben, auch ganze Gruppen und Stände, die sich mit der Bevormundung der Herrschenden
> nicht abfinden wollten. Einer demokratischen Gesellschaft steht es schlecht zu Gesicht,
> wenn sie auch heute noch in aufständischen Bauern nichts anderes als meuternde Rotten
> sieht, die von der Obrigkeit schnell gezähmt und in die Schranken verwiesen werden. So
> haben die Sieger Geschichte geschrieben. Es ist Zeit, daß ein freiheitlich-demokratisches
> Deutschland unsere Geschichte bis in die Schulbücher anders schreibt.[406]

Diese politischen Bestrebungen, zu einer Vertiefung des demokratisch-republikanischen
Bewußtseins in Deutschland beizutragen, schufen als steuernde Normen überaus günstige Rezeptionsvoraussetzungen für die gesellschaftliche Aufnahme und Verarbeitung
von Walter Grabs innovativem Programm. Insbesondere, was den Aspekt der weiterverar-
beitenden – produktiven – Aktualisierungsprozesse über die wissenschaftliche Rezeption
hinaus betrifft, sah Grab sich somit idealen kommunikativen und ‚bewußtseinsbildenden'
Bedingungen gegenüber: Noch am 26. Juni 1974, fünf Tage vor seinem Ausscheiden aus

---

sterium. Im November 1932 entstanden unter Globkes Federführung zunächst eine Verordnung
und ein Runderlaß des Preußischen Innenministeriums zum Namenrecht und im Dezember die
dazu gehörigen Ausführungsrichtlinien. Sie sollten es Juden erschweren, einen als spezifisch jü-
disch geltenden Familiennamen abzulegen. Diese Ungleichbehandlung der Juden bereits in der
Endphase der Weimarer Republik, an der Globke maßgeblich mitwirkte, gilt in der Forschung als
Vorstufe zu den namensrechtlichen Diskriminierungen in der Zeit des Nationalsozialismus. Auch
über die NS-Vergangenheit des ehemaligen Bundeskanzlers Kurt Georg Kiesinger herrschte in der
Bundesrepublik lange Zeit Unklarheit.

404 Im Anschluß an seine Münchener Studienzeit arbeitete Geiss bei der Gesamtdeutschen Volkspar-
tei im Büro ihres Sprechers Gustav Heinemann; vgl. Interview mit Imanuel Geiss zum Thema:
„Neubeginn und Entwicklung der deutschen Geschichtswissenschaft in den 1950/60er Jahren";
‹http://hsozkult.geschichte.hu-berlin.de/beitrag/interview/geiss.htm› (eingesehen am 27.04.2012).
1969 hielt Geiss sich als Gastdozent an der Universität Tel Aviv auf; vgl. Grab: Meine vier Leben,
(wie Anm. 262), S. 211.
405 Grab: Meine vier Leben (wie Anm. 262), S. 211 f.
406 Heinemann: Geschichtsschreibung (wie Anm. 315).

dem Amt, hatte Heinemann dieses Programm noch einmal unmißverständlich formuliert: „Mir geht es darum, bestimmte Bewegungen in unserer Geschichte, die unsere heutige Demokratie vorbereitet haben, aus der Verdrängung hervorzuholen und mit unserer Gegenwart zu verknüpfen." – „Mir liegt daran bewußtzumachen, daß unsere heutige Verfassung durchaus eigenständige Wurzeln hat und nicht nur eine Auflage der Sieger von 1945 ist."[407] Grab hat diese Anschluß- und Aktualisierungsmöglichkeiten konsequent genutzt und auf dieser Grundlage sein Forschungsprogramm profiliert:

> Diese Worte des Bundespräsidenten [...] verweisen auf die Notwendigkeit, die fortschrittlichen Bewegungen früherer Jahrhunderte in ihrer gegenwartsbezogenen Bedeutung aufzuzeigen und die Emanzipationskämpfe der unterdrückten und entrechteten Klassen im Lichte der gesellschaftlichen Entwicklung zu untersuchen. Nur durch die Aneignung des lange vernachlässigten, unbeachteten und unterschlagenen demokratischen Erbes kann die deutsche Geschichtsschreibung neue, zukunftsweisende Traditionen an die Stelle der alten und überlebten setzen. Ein historischer Knotenpunkt, an dem politische Weichen für viele Jahrzehnte gestellt wurden, war die Epoche der französischen Revolution. [...] Zu Unrecht ist es weitgehend unbekannt, daß das deutsche Bürgertum am Ende des 18. Jahrhunderts eine Anzahl jakobinischer Revolutionäre hervorbrachte, die die demokratischen Errungenschaften Frankreichs auf Deutschland zu übertragen versuchten. [...] Im Gegensatz zu den französischen Jakobinern hinterließen die deutschen Demokraten der Revolutionsepoche weder in geistesgeschichtlicher noch in politischer Hinsicht tiefe Spuren im Leben der Nation. Ihre deutschfranzösische Freundschaftsidee wurde durch den deutschtümelnden Franzosenhaß der Romantik überwuchert. [...] Es ist eine wichtige Aufgabe der Geschichtsforschung, die längstentschwundenen Streiter um eine volksverbundene und völkerverbindende Erneuerung Deutschlands der unverdienten Vergessenheit zu entreißen. [...] Um eine bessere Kenntnis der fortschrittlichen Strömungen Deutschlands zu gewinnen, ist es notwendig, die in zahlreichen Archiven verstreuten und zum Teil schwer zugänglichen Quellen über die republikanische demokratische Bewegung zu Ende des 18. Jahrhunderts zu erschließen und der Öffentlichkeit zugänglich zu machen. [...] Die Auswahl von Schriften deutscher Jakobiner soll Traditionen aufzeigen, die bisher achtlos beiseitegeschoben wurden, zu ihrem vertieften Studium anregen und einer zeitgemäßen Geschichtsschreibung neue Impulse verleihen.[408]

Aus politisch-ideologischen Erwägungen und – wie die entsprechenden Interview-Aussagen zur verlagsinternen Perspektive belegen – aus dem sicheren Investionskalkül heraus, dieses Programm werde ‚am Markt' profitabel sein, wurde somit ein ‚wissenschaftliches' Angebot unterbreitet, das die Tendenzen zur Politisierung der germanistischen Literaturwissenschaft (im Zeichen einer Wissenschaft zur ‚Aufklärung der Gesellschaft') aufgriff, ohne indes ein konsistentes und homogenes Konzept des entsprechenden Gegenstandsbereichs sowie der ihm zuzuordnenden Fragestellungen zu liefern. Grab selber hat auf die Schwierigkeiten einer „Definition" des „deutschen Jakobinismusbegriffs" (soll heißen: des Begriffs ‚deutscher Jakobinismus') hingewiesen. 1984, in einer revidierten Kombination zweier Aufsätze aus den Jahren 1973 und 1980 erklärt Grab unter Berufung auf den fran-

---

407 Zitiert nach Helmut Lindemann: Gustav Heinemann. Ein Leben für die Demokratie. Stuttgart u. a. 1978, S. 253.

408 Walter Grab: Die deutschen Jakobiner. In: Engels: Gedichte und Lieder (wie Anm. 394), S. VII–XXXV, hier S. VII und XXXV.

zösischen Revolutionsforscher Claude Mazauric, es nehme nicht wunder, daß die Definition des deutschen Jakobinismus „auf Schwierigkeiten" stoße, denn auch in Frankreich,
wo die Revolution zu den am besten erforschten Ereignissen der nationalen Geschichte
gehöre, „ist es bisher keinem Historiker gelungen, einen allgemein anerkannten Jakobinismusbegriff vorzulegen".[409] Abgesehen davon, daß es dazu in der Forschung immer schon
anderslautende – vor allem jedoch: genauere – Einschätzungen gab[410] (auf die man sich
ebenso hätte berufen können), hatte Grab also einen von ihm selbst als undefiniert fest-
gestellten Begriff unentwegt wider bessere Einsicht unkritisch weiterbenutzt und ihn auf
dem Wege fortwährender Wiederholung ‚terminologisch' fixiert. Demgegenüber ist indes
erneut darauf hinzuweisen, daß für das französische Jakobinismus-‚Vorbild' ein klar um-
rissener Untersuchungszeitraum markiert ist, innerhalb dessen durch fortlaufende Detail-
forschung das Gesamtbild schärfere Konturen erhalten kann: Institutionalisierung (6. April
1793) und spätere Diktatur des Wohlfahrtsausschusses, Verhaftung der Girondisten (2. Juni
1793) und 25.000 bis 40.000 Tote des „terreur" bis zum 9. Thermidor (27. Juli 1794). Eine
historisch korrespondierende ‚deutsche' Form dieser Ereignisse hat es nachweislich nicht
gegeben, und genau dieser Sachverhalt würde – unter der Voraussetzung einer rationalen
Forschungslogik – zu der Fragestellung leiten: Was genau hat man in jedem biographischen
Einzelfall, bei jedem literarischen ‚jakobinischen' Dokument, bei jedem historisch ver-
bürgten ‚jakobinischen' Prozeß in Deutschland unter ‚jakobinisch' zu verstehen? Statt dessen faßt Walter Grab unter einem „Sammelbegriff" ‚Deutsche Jakobiner' „vielschichtige
Strömungen in Staat und Gesellschaft" zusammen. Der Begriff gelte „für drei ineinander
übergehende, jedoch durch sozialen Standort, Kampfmethoden und Adressaten unterschiedene Bewegungen im deutschsprachigen Raum, der trotz seiner politischen und konfessio-
nellen Zerrissenheit eine *soziokulturelle Einheit* bildete".[411]

Auf die erforderliche präzisierende Explikation der heuristischen Funktion und Angemessenheit des ‚schweren' Begriffs „soziokulturelle Einheit" wurde verzichtet, und der
Untersuchungsgegenstand diffundierte in Teilbereiche, in denen wiederum unspezifizierte
Begriffe, wie „Plebejer", eingesetzt wurden. Es wird daher im folgenden exemplarisch her-
zuleiten und zu zeigen sein, daß dieser inadäquate Einsatz eines Begriffs aus der römischen
Bürgerrechtsgeschichte den intendierten Sachverhalt ‚deutscher Jakobinismus' nicht auf-
klärt, sondern verschleiert:

{A} „kosmopolitische, bürgerliche Aufklärer und Publizisten",

{B} „die sporadisch und meist spontan entstehenden Volksunruhen und Protestbewegungen der Bauern und Stadtplebejer",

{C} „die konstitutionellen Klubs, die zur Zeit des Direktoriums in dem von Frankreich
annektierten Rheinland entstanden".[412]

Jede „Strömung" wird von Grab nach ihrer als *erkannt* vorausgesetzten Manifestation
konturiert:

---

409 Walter Grab: Die Theorie und Praxis der deutschen Jakobiner. In: Ein Volk muß seine Freiheit
      selbst erobern (wie Anm. 384), S. 33–62, hier S. 37.
410 Erneut sei auf Garbers Beiträge verwiesen: Politische Spätaufklärung (wie Anm. 20); Ideologische
      Konstellationen (wie Anm. 20).
411 Grab: Theorie und Praxis (wie Anm. 409), S. 35 (Hervorhebung M. S.).
412 Ebd.

{A} räume {A.1} „der politischen Emanzipation den Vorrang vor der sittlichen" ein, versuche {A.2} „die jenseits des Rheins erkämpften demokratischen Errungenschaften auf Mitteleuropa zu übertragen" und {A.3} orientiere sich {A.3.a} „in ideologischer Hinsicht während der Gesamtdauer der französischen Republik auf den Sieg der Revolution", in {A.3.b} „sozialer Hinsicht" auf die {A.3.b.1} „wirtschaftlichen Bedürfnisse" und {A.3.b.2} „gesellschaftlichen Interessen" der {A.3.b.1.a} „mittleren" und {A.3.b.2.a} „unteren" Schichten.

{B} trat historisch {B.1} „zunächst" in {B.1.a} Sachsen und {B.1.b} Schlesien, und {B.2} „in der zweiten Hälfte der neunziger Jahre" besonders {B.2.a} in Süddeutschland auf. Es ging {B} „vor allem" um {B.α} „Beseitigung der aristokratischen Privilegien", {B.β} „Aufhebung von Steuern", {B.χ} „Verbesserungen der Lebensbedingungen" und {B.δ} „Beendigung des Krieges", wobei die {B.ε} „praktische Aktion der Volksmassen" der „Agitation bürgerlicher Publizisten übergeordnet" gewesen sei.

{C} könne {C.1} „als Teil der Bewegung zur Demokratisierung des öffentlichen Lebens" betrachtet werden. Es handele sich um {C.1.a} „Volksgesellschaften", die sich vorwiegend aus {C.1.a.1} Handwerkern und {C.1.a.2} Bauern rekrutiert hätten. {C} unterscheide sich von der {C.2} „eigentlichen [!] Jakobinerbewegung" insofern, als sie es „nicht als ihre Aufgabe ansahen", {C.α} „die Bevölkerung zu revolutionären Aktionen anzufeuern", {C.β} „daß sie keine Strafe durch die traditionellen Machthaber zu befürchten hatten" und {C.χ} „daß sie Kritik an den Ausbeutungstendenzen der französischen Okkupanten übten". Diese „soziale Bewegung", deren {C.δ} „wichtigstes Kampfmittel die Massenpetition an die französischen Verwaltungsbehörden war", sei als „Neojakobinismus" zu bezeichnen.[413]

Erschwert wird die Erkenntnis des gesuchten Gegenstandes {C.2} dadurch, daß die „deutsche Jakobinerbewegung" weder „ein genau umrissenes Programm" besessen habe, noch von „Beginn bis Ende der französischen Revolution" ein „feststehendes Phänomen" gewesen sei.[414]

Das von Walter Grab anvisierte Erkenntnisobjekt ‚deutscher Jakobinismus' schillerte also, um das mindeste zu sagen. Die exemplarisch vorgeführte ‚Zerschlagung' der von Grab ‚ideen- und geistesgeschichtlich' kondensierten Materie verdeutlicht überdies den Reichtum an sozialphilosophischen, sozialhistorischen und soziologischen Fragestellungen, die nicht nur für sich zu bearbeiten (gewesen) wären, sondern darüber hinaus aufeinander bezogen werden müßten, um den modellierten Gegenstand ‚deutscher Jakobinismus' zu erkennen und aus seiner angenommenen historischen Erscheinungsvielfalt *Typen* zu bilden. Statt dessen hatte Grab in seiner Bestimmung *Mengen* gebildet, die sich gegeneinander aufheben oder im Verhältnis von Teil- und Schnittmengen zueinander stehen, wie etwa {A.2}, {B.α} und {C.1}. Deutlich werden diese Defizite auch im Vergleich mit Heinrich Scheels Versuch, differenzierende Merkmalszuweisungen bei der Typisierung von Liberalismus und Demokratismus vorzunehmen. Eine strikte Unterscheidung zwischen revolutionärem Demokratismus (als „Jakobinismus") und gemäßigtem, oppositionell-reformistisch orientiertem Liberalismus[415] leistet zu wenig: Sie muß wichtige strukturelle und funktionale Aspekte ihres Gegenstandes unberücksichtigt lassen. Die Charakterisierung des politischen

---

413 Ebd.
414 Ebd., S. 36.
415 Vgl. Scheel: Süddeutsche Jakobiner (wie Anm. 267), S. 696.

Standortes der ‚deutschen Jakobiner' unter einem kollektivierenden Begriff „für drei ineinander übergehende, jedoch durch sozialen Standort, Kampfmethoden und Adressaten
unterschiedene Bewegungen'"[416] leistet dagegen zu viel: Die avisierten Theorie-Elemente
sind in ihrer Gesamtheit (erstens) für keinen einzelnen ‚jakobinischen' Demokraten nachweisbar; entsprechend können sie (zweitens) nicht als verbindliche Kriterien der Distinktion gegenüber liberalen Positionen angeführt werden.[417] Ohne analytische Differenzierungen zwischen zeitgenössischen Aktionen und den Formen ihrer Repräsentation wurden
den Akteuren des Revolutionsgeschehens zielgerichtete Intentionen unterstellt, wobei, wie
Furet es bereits 1971 kritisch für die Geschichtsschreibung von François-Alphonse Aulard
(1849–1928) charakterisiert hat, „die vermutete Psychologie" der Akteure „der Psychologie
eines abstrakten Wesens" untergeordnet wird, „nämlich dem Volk, das jedoch mit einem
subjektiven Willen begabt ist und kämpft, um über Feinde zu triumphieren, die nicht weniger abstrakt, dafür aber ebenso unseliger Absichten und verbrecherischer Taten fähig sind:
die Aristokraten.'"[418]

Die von Grab nach Ordnungskriterien anvisierte Beschreibung von Strukturmerkma-
len konnte indes nicht zur Erstellung einer Typik des ‚deutschen Jakobinismus' vordringen,
weil die Hypothesen zu komplex formuliert waren. 1977, nachdem Grab und andere Jakobinismusforscher, die sich argumentativ auf seiner Linie befanden, zunehmend mit der
Forderung ihrer Kritiker nach einer präziseren und analytisch weitgreifenderen Definition
von ‚Jakobinismus' konfrontiert sahen, erklärte Grab, es gehe darum, „mit Hilfe eines den
Quellenaussagen adäquaten Vokabulars einen Begriffsapparat auszuarbeiten, der von dem
Zuwachs an theoretischen Erkenntnissen profitiert".[419] Sieben Jahre später (1984) behauptete Grab, die Jakobinerforschung habe „in den letzten fünfzehn Jahren bedeutende Fortschritte gemacht", und es sei ihm, Grab, gelungen, „mit Hilfe eines den Quellenaussagen
adäquaten Vokabulars einen Begriffsapparat aus[zu]arbeiten, der vom Zuwachs theoretischer Erkenntnisse ebenso profitiert wie von der quantitativen Erweiterung und qualitativen Verbesserung des empirischen Wissens.'"[420]

Damit hatte Grab indes selbst auf die Theoriebedürftigkeit des aggregierenden Forschungsgegenstandes Jakobinismus hingewiesen und zugleich implizit das Folgeproblem

---

416 Grab: Theorie und Praxis (wie Anm. 409), S. 35.

417 Zudem differenzieren sich, wie bereits Valjavec dargelegt hat, die demokratischen Stimmen –
      nicht nur im Bezug auf ihre je individuellen Optionen etwa zum Modus der monarchischen Staats-
      form – in mindestens dreierlei Hinsichten; vgl. Valjavec: Entstehung der politischen Strömungen
      (wie Anm. 20), S. 339.

418 François Furet: Drei mögliche Geschichten der Französischen Revolution. [1971]. In: F.F.: 1789 –
      Jenseits des Mythos. Hamburg 1989, S. 97–227 („Augustin Cochin: die Theorie des Jakobinis-
      mus"), hier S. 188.

419 Walter Grab: Zur Definition des mitteleuropäischen Jakobinismus. In: Die demokratische Be-
      wegung in Mitteleuropa im ausgehenden 18. und frühen 19. Jahrhundert. Ein Tagungsbericht
      (Arbeitstagung „Die demokratische Bewegung in Mitteleuropa im aus gehenden 18. und frühen
      19. Jahrhundert" vom 19. bis 21. Mai 1977). Bearbeitet und hrsg. von Otto Büsch und Walter Grab
      unter Mitarbeit von Jürgen Schmädeke und Monika Wölk. Berlin 1980, S. 3–22, hier S. 4. Karl-
      Ludwig Ay hat berechtigte Zweifel an den definitorischen Engrenzungsversuchen angemeldet und
      in seinem Diskussionsbeitrag den verständlichen Wunsch geäußert, daß „hinterher noch einige
      Jakobiner übrigbleiben sollten" (ebd., S. 26).

420 Grab: Vorwort. In: Ein Volk muß seine Freiheit selbst erobern (wie Anm. 384), S. 10.

thematisiert: die Problematik der Generierung von Theorien und ihrer Applikation auf den fraglichen Gegenstand. Wenn für den vorliegenden Fall das minimale bzw. elementare Begriffsniveau von „Theorie" zugrundegelegt wird – die Entwicklung konsistenter Begriffs- und Kategoriensysteme, die den historischen Gegenstand erschließen, jedoch nicht aus den Quellen abgeleitet werden können –, so wird deutlich, daß Grabs Ausführungen bereits im Ansatz keine klare Trennung zwischen dem Sektor der Quellen und dem geforderten begrifflichen Instrumentarium vorgesehen haben. Die eigentlich erforderliche, mit Hilfe von Theorien zu realisierende semantische Transformation der Quellenaussagen in einen theoretisch fundierten Begriffsapparat wird in dieser Aussage nicht thematisiert. Anders gewendet: Die Quellen müßten mit Werkzeugen zum Sprechen gebracht werden, die sich zum Quellen-Corpus in einem semantisch unmißverständlich distinkten Verhältnis befinden. Daß dies vornehmlich auch ein Problem des Ausdrucks, der Denkfiguren, der Sprache und ihrer Bildhaftigkeit ist, liegt auf der Hand. Darauf hatte bereits 1976 Hellmut G. Haasis, einer der schärfsten Kritiker der „rechtsliberalen Interpretation", die „vor allem Walter Grab mit seiner Schule" vertrete, hingewiesen. Haasis vergleicht Grabs historische Arbeit mit „einem mit vergilbten Schriftstücken angefüllten Ramschladen" und konstatiert, daß Grabs Sprache entsprechend „von Altertümlichkeiten" überquelle: „aus Frankreich drang 1789 eine Kunde; die erlauchtesten Geister begrüßten die Revolution; die revolutionären Prinzipien wirkten entflammend; der Funkenflug der Revolutionsideen hat die Gemüter entflammt; die Flut der Revolution scheint Deutschland zu überschwemmen."[421]

Der Forschungsgegenstand Jakobinismus erschließt sich zwar nicht ohne weiteres und ausnahmslos durch beliebige Konzeptualisierungen; doch entgegen seiner Forderung, der „Begriffsapparat" solle vom „Zuwachs an theoretischen Erkenntnissen" profitieren, hat Grab nicht einmal einen relativ begrenzten Spielraum unterschiedlicher Theorien zur Erschließung des Gegenstandes hypothetisch konzeptualisiert. Und er hat auch weiterhin nicht scharf (genug) getrennt zwischen dem zu untersuchenden Gegenstand selbst, aus dem er die Kriterien seiner genaueren Bestimmung ableiten wollte, und den angestrebten politisch definierten Erkenntniszielen, über deren gesellschaftlich vermittelte Interessen und Funktionen weiterhin zu diskutieren gewesen wäre. Statt dessen berief er sich auf die „biographische Methode", da diese „am besten geeignet" sei, „die Ideale und Illusionen, Hoffnungen und Enttäuschungen der revolutionären Demokraten, die an ihren Überzeugungen trotz aller Verfolgungen festhielten, anhand des historischen Prozesses zu deuten."[422]

---

421 Vgl. Haasis: Bibliographie (wie Anm. 60), S. 11 (die entsprechenden Nachweise: S. 32). Eine ebenso ,schwülstige' und martiale Revolutionsrhetorik findet man bei Ernst Wangermann: „Diese Opposition brachte die österreichischen Aufklärer auf das Schlachtfeld der politischen Auseinandersetzung, auf dem sie die Reformen mit Waffen aus der ideologischen Rüstkammer der Aufklärung feurig rechtfertigten und verteidigten." Ernst Wangermann: Österreichische Aufklärung und Französische Revolution. In: Die schwierige Geburt der Freiheit. Das Wiener Symposion zur Französischen Revolution. Hrsg. von E. W. u. a. Wien 1991, S. 183–192, hier S. 183 f.

422 Grab: Vorwort. In: Ein Volk muß seine Freiheit selbst erobern (wie Anm. 384), S. 9–11, hier S. 9; siehe dazu auch das Interview mit Walter Grab, S. 486–499, hier S. 488: „Daher machte ich es mir zur Aufgabe, die Jakobiner Deutschlands, die Revolutionäre des Vormärz und von 1848 zu

Quantitativ betrachtet hat Grab mit diesem Verfahren nach eigenen Angaben „rund dreihundert deutsche[n] Jakobiner[n]" bzw. „Volkstribunen"[423] ermittelt,[424] die es sich im Zeichen von „Volksverbundenheit und Völkerfreundschaft" zur Aufgabe gemacht hätten, „die Plebejer in Stadt und Land über ihre Interessen aufzuklären" bzw. die „soziale Besserstellung der plebejischen Massen" herbeizuführen.[425] Um 1800 gab es etwa 20 Millionen Menschen in den Gebieten des späteren deutschen Reiches.[426] Gemessen an dieser Bevölkerungszahl hätte der Anteil ‚deutscher Jakobiner' Grabs Forschungen zufolge also bei etwa 0,0015 % gelegen. Es erscheint immerhin fraglich, wie es dieser „soziokulturelle[n] Einheit"[427] gelungen sein soll, nachhaltigen Einfluß zu nehmen auf die „plebejischen Massen": Die Zahl der erwachsenen Leser am Ende des 18. Jahrhunderts betrug überdies in Deutschland etwa 10 Prozent.[428]

Während Walter Grabs Forschungen sich weiterhin im Rahmen einer – positiv gewendet – Funktionalisierungstheorie (mit Aktualitätsbezug) bewegten (ohne diesen wissenschaftstheoretischen Zusammenhang indes zu explizieren), widmen sich die zunehmend spezialisierter arbeitenden (sozial-)historischen Teildisziplinen bzw. ‚Sektorwissenschaften' seit Beginn der 1980er Jahre der Erforschung eben jener Fragen und Desiderate, die aus dem komplexen Zuschnitt des Grabschen Ansatzes resultierten. Exemplarisch ist dies etwa an den detaillierten und ergebnisreichen Untersuchungen von Arno Herzig zum Forschungssektor „Unterschichtenprotest" nachzuvollziehen.

Herzig geht davon aus, daß es nahe liege, Unterschichtenproteste mit radikalen Theorien und politischen Anschauungen der jeweiligen Zeit in Verbindung zu bringen: „die der 1790er Jahre mit den Aktionen und Forderungen der französischen Sansculotten, die im Vormärz mit dem Kommunismus, die von 1848 mit den Ideen der demokratischen Bewegung."[429]

---

untersuchen; ich habe 18 Biographien dieser Freiheitskämpfer geschrieben."

423 Vgl. Grab: Theorie und Praxis (wie Anm. 409), S. 57
424 Vgl. ebd., S. 50.
425 Vgl. ebd., S. 51. Bereits Lukács hatte mit dem vagen Begriff der „demokratisch-plebejischen Elemente[n]", bzw. des „plebejischen Revolutionarismus" operiert; vgl. Lukács: Hölderlins Hyperion (wie Anm. 304), S. 171; siehe dazu II, 2.2.3, S. 152, 196–210.
426 Vgl. Christian Pfister: Bevölkerungsgeschichte und historische Demographie. 2. Aufl. München 2007, S. 10.
427 Vgl. Grab: Theorie und Praxis (wie Anm. 409), S. 35.
428 Vgl. Hans-Gerd Winter: Gesellschaft und Kultur von der Jahrhundertmitte bis zur Französischen Revolution. Wandlungen der Aufklärung. In: Geschichte der deutschen Literatur. Vom 18. Jahrhundert bis zur Gegenwart. Hrsg. von Victor Žmegač. 4. unveränd. Aufl. Weinheim 1996, S. 175–193, hier S. 192.
429 Arno Herzig: Unterschichtenprotest in Deutschland 1790–1870. Göttingen 1988, S. 98. Vgl. dazu auch Arno Herzig: Der Einfluß der Französischen Revolution auf den Unterschichtenprotest in Deutschland während der 1790er Jahre. In: Soziale Unruhen in Deutschland während der Französischen Revolution. Hrsg. von Helmut Berding. Göttingen 1988, S. 202–217; Der Sturm auf das Haus des Metzgermeisters Lanz 1794 in Altona. In: Die Französische Revolution, Mitteleuropa und Italien. Hrsg. von Helmut Reinalter. Frankfurt/Main u. a. 1992, S. 109–111. Herzig resümiert hier: „Jakobinische Vorstellungen finden wir in Hamburg lediglich bei einigen Intellektuellen, die sich als freie Schriftsteller betätigten; in Altona dagegen auch in kleinbürgerlichen Kaufmanns- und Handwerkerkreisen, die Ende 1792 einen geheimen Jakobinerclub bildeten und mit mehreren Flugblättern an die Öffentlichkeit traten. Als politische Gruppe sind die 22 Mitglieder in der

Herzig ergänzt diese Überlegung allerdings durch einen entscheidenden quellenkritischen Hinweis:

> Für die bürgerlichen Beobachter des 18. Jahrhunderts und die Beamten des ausgehenden Ancien régime bestand zumindest eine Parallele zwischen den Unterschichtenprotesten und den Aktionen der französischen Sansculotten. Sie übertrugen diese Bezeichnung deshalb auch vorbehaltlos auf die deutschen Unterschichten, *ohne nach Unterschieden zu fragen*.[430]

Herzig entwirft anhand der zeitgenössischen Quellen ein sehr differenziertes Bild der überaus heterogenen Rezeptionsbedingungen, unter denen die Nachrichten von den französischen revolutionären Verhältnissen nach und in Deutschland kommuniziert wurden. Allenthalben herrschte in Regierungskreisen und bei den administrativen Eliten die Vorstellung, daß französische Emissäre oder deutsche Jakobiner flächendeckend durch ihre Schriften das Volk aufhetzten. Dagegen gibt Herzig zu bedenken, daß dieses über die Quellen ermittelte Bild sehr kritisch zu prüfen sei, denn er halte es für „wenig wahrscheinlich", daß beispielsweise die schlesischen Weber „den literarisch anspruchsvollen Stil der 1793 von dem deutschen Jakobiner v. Trenck herausgegebenen Monatsschrift ‚Proserpina' verstanden haben und darüber ‚kommunizieren' konnten. Eher informierte man sich aus Zeitungen, so 1790 in Sachsen, wo Bauern sie sich im Wirtshaus von Lehrern vorlesen ließen. Manches erfuhr man auch durch Berichte von Soldaten, die am Koalitionskrieg gegen Frankreich teilgenommen hatten.'"[431]

Herzig stellt angesichts dieser Rezeptions- und Kommunikationsbedingungen die berechtigte Frage, ob man sich aufgrund solcher Nachrichten „ein Bild von der politischen Situation in Frankreich" machen konnte.[432] Zu differenzierten Bewertungen und sachgerechten Interpretationen gelangt Herzig durch die Rekonstruktion der Genese des historischen Quellenmaterials, d. h. er erarbeitet seine Ergebnisse unter einem Fundamentalsatz der Quellenkritik: Die Grundbedingung historischen Verstehens liegt in der Rückführung von Texten in ihre Kontexte, in ihre Entstehungsbedingungen, auf ihre Verfasserschaften, Adressatenkreise sowie in der Analyse ihrer Überlieferungsbedingungen. Auf diese Weise kann Herzig nachweisen, „wie wenig die Protestaktionen der 1790er Jahre tatsächlich von Frankreich beeinflußt waren".[433]

> Hinter solchen Äußerungen stand sowohl der Gedanke, daß sich an der drückenden Situation der 1790er Jahre etwas ändern müsse, als auch die Vorstellung, daß die Unterschichten in der Lage seien, durch Aktionen etwas zu verändern. Insofern hat es sicher einen Einfluß der Französischen Revolution auf das Bewußtsein der Unterschichten und ihre Protestaktionen gegeben. Was aus den eben angeführten Zitaten nicht geschlossen werden kann, das ist eine totale Übereinstimmung mit der Ideologie der französischen Revolutionäre oder der deutschen Jakobiner. Allenfalls in der Forderung nach Abschaffung oder wenigstens

---

Öffentlichkeit jedoch nicht hervorgetreten. Zu ihnen zählte vermutlich auch der Metzgermeister Lanz, dessen ‚Jakobinismus' die Unterschichten bekämpften. [...] Die politischen und sozio-ökonomischen Vorstellungen der Hamburg-Altonaer Jakobiner und der dortigen Unterschichten divergierten also in einem erheblichen Maß" (S. 110).

430 Herzig: Unterschichtenprotest (wie Anm. 429) S. 98 (Hervorhebung M. S.).
431 Ebd., S. 99.
432 Ebd.
433 Ebd., S. 100.

einer Herabsetzung der Feudallasten mag eine gewisse Übereinstimmung zwischen den Revolutionären in Frankreich und den protestierenden deutschen Bauern bestanden haben. Es kam ja nicht nur in Schlesien, sondern auch in Westfalen unter dem Einfluß der Revolution zur Verweigerung von Feudallasten.[434]

Im Vergleich mit den wuchtigen Formulierungen und plakativen Wendungen Walter Grabs fällt der Informations- und Detailreichtum von Herzigs Ermittlungen auf. Besonders signifikant sind seine Forschungsergebnisse zu dem von Grab so genannten „plebejischen Jakobinerzirkel",[435] der im Winter 1792/93 in Altona wirkte und bislang der einzige sei, der sich in Deutschland nachweisen lasse.[436] Die ‚Entdeckung' dieses Klubs geht übrigens nicht auf Walter Grab zurück, sondern auf Fritz Valjavec, der sich wiederum auf einen Artikel von Joseph Gierlinger in den *Altonaer Nachrichten* vom 23./24. März 1928 stützte.[437] Nach Grabs Interpretation seien die entsprechenden Quellen[438] „Belege für die politische Verdrossenheit der unteren Volksschichten", die „von starken sozialen Spannungen und vom Klima eines aufrührerischen Geistes" zeugen.[439]

> Die Pamphlete beweisen das Interesse sozial tiefer stehender Kreise an den großen politischen Erschütterungen der Zeit. Das geistige Mündigwerden der Unterschichten zeigt sich darin, daß sie vor der Öffentlichkeit das Wort ergriffen. Im Gegensatz zu den gebildeten Demokraten besaßen die Schichten des einfachen Volks keine Zeitschrift, die ihre Gedanken und Wünsche zum Ausdruck brachte. Der ‚gemeine Mann' ließ nichts drucken; auch Manuskripte, in denen das Volk selbst das Wort ergreift, sind in der Revolutionsepoche eine Seltenheit.[440]

Die Losung „Freiheit oder Mord und Tod" zeige einen „blutrünstigen Beigeschmack, den sie im Original nicht besaß. Gerade aber darin kommt die revolutionäre Bereitschaft zum

---

434 Ebd., S. 100f. Herzig führt die folgenden Zitate an: „So verweigerten die Bewohner von Niederlangenau im schlesischen Kreis Löwenberg 1792 die Zahlung des Grundzinses und drohten, wenn man mit militärischer Exekution gegen sie vorginge, ‚alsdann würde es ihnen [den Grundherren] so gehen wie in Frankreich'. Ein Häusler und ehemaliger Soldat im schlesischen Kreis Freistadt erklärte im Mai 1793 zur Nachricht von den Weberaufständen: ‚Es kann nicht anders kommen als in Frankreich, und auch bei uns wird es ebenso noch werden'. Ein anderer Häusler im Kreis Goldberg meinte: ‚[...] er wolle gleich, daß die Franzosen hereinkämen, er würde nicht der letzte sein, der mitginge, und er wollte ein Stengel nehmen und eine Sense daran binden'. Eine ähnliche Äußerung registrierten die Beamten im Kreis Reichenbach: ‚es wäre nichts besser, als daß man mit Spießen und Stangen auf sie [die Gutsherrn] losginge, sie durchbohrte und die Häuser ruinierte'."

435 Walter Grab: Der Jakobinerklub von Altona [1966/67]. In: Ein Volk muß seine Freiheit selbst erobern (wie Anm. 384), S. 319–344. Es handelt sich um eine „teilweise neu formulierte Fassung von Forschungsergebnissen, die ich im Buch ‚Demokratische Strömungen in Hamburg und Schleswig-Holstein zur Zeit der ersten französischen Republik' [...] und in ‚Norddeutsche Jakobiner' [...] publiziert habe."

436 Vgl. Herzig: Unterschichtenprotest (wie Anm. 429), S. 101.

437 Vgl. Valjavec: Entstehung der politischen Strömungen (wie Anm. 20), S. 159 und 422 f.; ferner: Erhardt-Lucht: Ideen der Französischen Revolution (wie Anm. 393), S. 189 f.

438 Vgl. Grab: Der Jakobinerklub von Altona (wie Anm. 435), S. 324–333; Erhardt-Lucht: Die Ideen der Französischen Revolution (wie Anm. 393), S. 212.

439 Grab: Der Jakobinerklub von Altona (wie Anm. 435), S. 343.

440 Ebd., S. 321 f.

Ausdruck."[441] An diesen wenigen ‚quellenkritischen' Aussagen ist bereits abzulesen, daß Grab den Untersuchungsgegenstand nicht mit der gebotenen Sorgfalt analysierte und kontextuierte. Die ausführliche Beschreibung der formalen Beschaffenheit des Informationsträgers belehrt lediglich über sein äußeres Erscheinungsbild, den Erhaltungszustand und sonstige Merkmale. Daraus lassen sich jedoch keine Rückschlüsse auf die soziale Herkunft bzw. Zugehörigkeit der Verfasser ziehen, ebensowenig aus den orthographischen, grammatikalischen, syntaktischen oder stilistischen Eigenheiten. Bis zum Beginn des 19. Jahrhunderts gab es keine allgemein verbindliche Rechtschreibung. Das orthographische Regelsystem beruhte weitestgehend auf Konvention, Vorbildern und Überlieferung, und die Verfasser von Texten entschieden häufig spontan und nach eigenem Gutdünken. Schreibweisen variierten unter Umständen im selben Text, manchmal im selben Satz. Regionalspezifische Unterschiede sorgten für weitere Unregelmäßigkeiten, und erst zu Beginn des 19. Jahrhunderts bildeten Johann Christoph Adelungs (1732–1806) Orthographievorschläge die Grundlage für den Rechtschreibunterricht in den deutschen Schulen.[442]

Die Kriterien, anhand derer Grab den Untersuchungsgegenstand näher zu bestimmen versucht, werden nicht genannt; es heißt lediglich: „Aus Handschrift und Orthographie der erhaltenen Flugblätter geht hervor, daß ihr unbekannter Schreiber nicht der Gebildetenschicht entstammte."[443] Die Unbestimmtheit der Argumentation zeigt sich folgerichtig in der instabilen soziologischen Kontextuierung bzw. in der mangelnden unmißverständlichen Benennung der sozio-strukturellen Zusammenhänge und konkreten Einordnung im Koordinatensystem der zeitgenössischen sozialen Stratifikation: Der Schreiber entstamme „nicht der Gebildetenschicht" – „sozial tiefer stehende Kreise" – „radikale Plebejer". Arno Herzig dagegen nimmt genau diese Zusammenhänge ins Visier und bietet in der soziologischen Vergleichsrelation ein sehr viel schärferes Bild der historischen Zusammenhänge, vor allem jedoch in bezug auf die Frage nach der Wirksamkeit ‚jakobinischer' Agitation der ‚Massen':

> Es ist nie herausgekommen, wer zu den zweiundzwanzig „plebejischen Jakobinern" gehörte, die ihr politisches Programm zum Teil im Umgangsdeutsch der Unterschichten formuliert haben. Trotz der Sprache ist fraglich, ob sie den Unterschichten oder ob sie nicht vielmehr der Schicht der kleinen Handwerksmeister und Ladenbesitzer angehörten, die vom Staat sparsamen Umgang mit den Steuergroschen forderten. Auf die in den 1790er Jahren revoltierenden Altonaer Unterschichten, darunter die Handwerksgesellen, haben weder diese unbekannt gebliebenen „plebejischen Jakobiner" noch diejenigen einen Einfluß ausgeübt, die sich in Altona als „Jakobiner" ausgaben. Im Gegenteil: diese waren für die protestierenden Unterschichten rücksichtslose „Wucherer", die auf Kosten der Bevölkerung die Lebensmittel verteuerten, um am Export zu verdienen. Prototyp eines solchen „Jakobiners" war der Altonaer Metzger und Gastwirt Lanz, der im Oktober 1794 sechzig Fässer Fleisch, insgesamt 8000 kg, nach Frankreich exportieren ließ, nicht ohne dem Ganzen einen politischen Anstrich zu geben, indem er am Hausgiebel seiner Gastwirtschaft einen Freiheitsbaum mit roter Jakobinermütze, dazu die französische, schwedische, dä-

---

441 Ebd., S. 334.

442 Vgl. Jakob Ossner: Geschichte der Didaktik des Rechtschreibens. In: Didaktik der deutschen Sprache. Hrsg. von Ursula Bredel u.a. Bd. 1. 2., durchges. Aufl. Paderborn 2006, S. 355–368, hier S. 356.

443 Grab: Der Jakobinerklub von Altona (wie Anm. 435), S. 321.

nische und amerikanische Flagge anbrachte. Der Pöbel, der in sein Haus eindrang, um „zu spolieren und die Einrichtung zu zerstören", nahm in dialektischer Umkehrung die politischen Losungen des Metzgermeisters Lanz auf und wandte sie gegen ihn, indem er rief: „Es lebe Christian VII., wir wollen von keiner Gleichheit und Freiheit wissen, aber der Schlachter Lanz muß gleichgemacht werden!"

Radikaler hätte das Programm, zumindest der deutschen Jakobiner, für die es keine Sansculotten-Bewegung gab, von den Unterschichten nicht abgelehnt werden können.[444]

Herzigs Ausführungen können als späte Einlösung der Forderungen Jörn Garbers gelesen werden: Garber hatte bereits zu Beginn der 1970er Jahre auf einer grundlegenden Analyse der soziologischen bzw. sozial- und wirtschaftsgeschichtlichen Zusammenhänge im revolutionären Frankreich als einer notwendigen Voraussetzung für die historische Bestimmung des sogenannten deutschen Jakobinismus insistiert.[445] 1978 hat Garber die Kritik erneut vorgetragen, die Ersetzung des Begriffs „Demokraten" durch „Jakobiner" als schwerwiegenden Fehlgriff bezeichnet, auf die für Deutschland nicht nachweisbare Vermittlungsfunktion der ‚Jakobiner' zwischen Sansculotten und ‚Kleinbürgern' sowie auf die fehlende Spannung zwischen diktatorischem Zentralismus und politischem Egalitarismus hingewiesen. Aufgrund der semantischen Unbestimmtheit des Terminus ‚Jakobiner' müsse eine Definition angestrebt werden, die hinsichtlich des Theoriegehalts *typusbildend* vorgehe, hinsichtlich der Funktion der ‚Jakobiner' sozialgeschichtliche Gesichtspunkte (Herkunft, Beruf, Adressaten, soziales und politisches Bezugsfeld) berücksichtige.[446]

Grabs Forschungsprogramm reagierte indes nur auf die Frage nach der Modellierung der Theorie, und auch in dieser Hinsicht ist es an seine Grenzen gestoßen, insbesondere was seinen Vorschlag der Konstruktion eines Idealtypus des ‚deutschen' Jakobiners betrifft: Heiner Wilharm hat bereits zu einem forschungsgeschichtlich sehr frühen Zeitpunkt darauf aufmerksam gemacht, daß Grab von Anbeginn den Anspruch erhoben habe, „Sozialgeschichte" des deutschen Jakobinismus zu schreiben. Dennoch habe sich sein Ansatz in den 1970er Jahren nicht ausgeweitet auf die Anwendung von Theorien der sozialen Schichtung, der Demographie, auf die Anwendung analytischer Theorien der Soziologie, der Wirtschaftsgeschichte oder der Politischen Wissenschaft. Statt dessen sei der Ansatz in erster Linie texthermeneutischen Verfahren verpflichtet geblieben.[447] Es sei evident, so Wilharm, daß auf diese Weise ein weiter Argumentationsspielraum eröffnet werde, der es erlaube, die vorliegenden Quellen im Rahmen einer Verschränkung von Definition und zeitgenössischem Sprachgebrauch zu interpretieren: Der Analogieschluß setze das historische Maß, das der idealtypischen Voraussetzung entspreche und an dem sich der jeweils neue Untersuchungsgegenstand zu messen habe.[448]

Wilharms Kritik sei auf die entscheidende Frage zugespitzt: Was sollen Idealtypen leisten?[449] (a) Je schärfer und eindeutiger die gebildeten Typen sind, desto besser leisten sie

---

444 Herzig: Unterschichtenprotest (wie Anm. 429), S. 102; vgl. dazu auch Herzig: Französische Revolution und Unterschichtenprotest (wie Anm. 429), S. 211–214.

445 Vgl. Garber: Ideologische Konstellationen (wie Anm. 20), S. 174–176.

446 Vgl. Garber: Politische Spätaufklärung (wie Anm. 20), S. 560 f.

447 Vgl. Wilharm: Politik und Geschichte (wie Anm. 22), Bd. 2, S. 57.

448 Vgl. ebd., S. 26.

449 Vgl. beispielsweise Helmut Girndt: [Art.] Idealtypus. In: Historisches Wörterbuch der Philosophie. Hrsg. von Joachim Ritter und Karlfried Gründer. Bd. 4. Darmstadt 1976, Sp. 47 f.

ihren Dienst: terminologisch, klassifikatorisch und heuristisch; (b) Idealtypen sind nicht das Ziel der Erkenntnis, sondern Mittel zur Erkenntnis; (c) das Begreifen sozialer und historischer Phänomene bedeutet daher Zuordnung, nicht Subsumtion unter eine gedankliche Konstruktion; (d) Idealtypen haben die heuristische Funktion der Vereinfachung: Sie dienen der Strukturierung komplexer Gegenstände und reduzieren Komplexität.

Walter Grab und die im Anschluß an seine Konstruktion eines idealtypischen ‚deutschen Jakobiners' unternommenen Forschungen haben diese Kriterien nicht mit der notwendigen Trennschärfe zur Anwendung gebracht und darüber hinaus nicht zwischen der Feststellung und der Analyse idealtypischer Merkmale unterschieden. Die daraus resultierenden begrifflichen Irritationen wurden (auch von der germanistischen) Forschung im empirischen Bereich aufgenommen, konnten bislang jedoch nicht beseitigt werden, weil die anvisierte idealtypische Maximaldefinition prinzipiell offen bleibt für aktuelle Ausweitungen in der ideologischen Auseinandersetzung,[450] und das wiederum heißt: Die Ausgangsthese ist bei Grab so formuliert, daß sie durch empirische Forschung kaum widerlegt werden kann, weil im Rahmen der idealtypischen Konstruktion keine Unterscheidung zwischen definitorischer und empirischer Fragestellung getroffen wird. Empirische Wissenschaft formuliert ihre Hypothesen und Theorien gerade mit dem erklärten Ziel, sie mit Beobachtungsresultaten in Widerspruch zu bringen, d. h. sie versucht aktiv, ihre Theorien zu falsifizieren. Grab hat genau den umgekehrten Weg gewählt und permanent versucht, seine ‚Theorie' zu verifizieren. Dies ist indes kontraproduktiv, denn logisch betrachtet sind Idealtypen fiktive Grenzbegriffe, die sich bei fortlaufender empirischer Forschung durch Hinzufügung einschränkender neuer Merkmale konkretisieren sollen. Gedacht ist dabei eben nicht an eine unbegrenzte Akkumulation empirischen Wissens, sondern an die Abstraktion eines allgemeinen Begriffs, dessen Definition die Kontrastfolie zur Bestimmung der Besonderheiten des Einzelfalles bildet. Was Grab bei der Applikation des Weberschen Erkenntnismittels offenbar unberücksichtigt läßt: Die soziologischen und sozialwissenschaftlichen Kategorien sind nach Weber reine Konstrukte, analytische Hilfsmittel, denen in der Realität keine identischen Phänomene korrespondieren. Grab hingegen faßt Webers Ansatz offensichtlich in der Weise auf, daß die gedankliche Konstruktion eines ‚deutschen Jakobiners' durch einfache Zusammenfassung gemeinsamer Merkmale konkretisiert werden könne. Der Idealtypus ist jedoch nicht identisch mit der erklärenden Hypothese, sondern ebnet lediglich die Bahn zu ihr. Entscheidend indes ist in diesem Zusammenhang, daß Grab nicht die vermutlich wichtigste erkenntnistheoretische Konsequenz in der Verwendung von Idealtypen gezogen hat: Wird der Idealtypus erkenntnistheoretisch ‚unbrauchbar', beginnt die eigentliche Arbeit des Historikers. Er muß nun erklären, warum bestimmte historische Erscheinungen sich gerade nicht in den Idealtypus integrieren lassen. – 1984 hat Grab erklärt, er verlasse diesen Weg: „Einige früher benutzte ungenaue oder mißverständliche Formulierungen habe ich erklärt oder abgeändert und die Konstruktion eines ‚idealtypischen' deutschen Jakobiners, an der die Kritiker Anstoß nahmen, fallengelassen."[451] Das heißt indes: Grab hat sich von seiner Konstruktion verabschiedet, als er die oben bezeichneten Probleme hätte klären müssen.

---

450 Vgl. Wilharm: Politik und Geschichte (wie Anm. 22), Bd. 2, S. 69.
451 Grab: Vorwort. In: Ein Volk muß seine Freiheit selbst erobern (wie Anm. 384), S. 10.

Dennoch haben die Forschungen Walter Grabs in der geschichtswissenschaftlichen Jakobinerforschung zu neuen Einsichten geführt, wenngleich diese Erkenntnisse sich nicht der konsequenten Anwendung der von Grab konzipierten ‚Suchlogik' verdankten, sondern sich zu deren epistemologischen und theoretischen Vorgaben ‚ex negativo' verhielten. Affirmativ indes waren sie auf der Ebene des Objektbereiches, dessen genauere soziologische und sozialhistorische Bestimmung allerdings ebenfalls zu deutlich anderen Ergebnissen und ‚Bildern' führte, als zu denjenigen, die Walter Grabs ‚deutscher Jakobinismus' und seine Vorstellung von den Agitationen der Altonaer ‚Stadtplebejer' vorgesehen hatte:

> Es liegt die Vermutung nahe, daß jakobinische Ansichten nicht von den Unterschichten, aber von *den* Gruppen des Kleinbürgertums rezipiert wurden, die sich von der Logik der *moral economy* gelöst hatten und als Metzger, Bäcker oder Gastwirte der Logik einer kapitalistischen am Markt orientierten Ökonomie aufgeschlossen gegenüberstanden, wie der Metzger und Exporteur Lanz in Altona und vermutlich auch der Ratsgastwirt Voelkel in Neurode. Aus dieser Schicht dürften auch die 22 Mitglieder des „plebejischen Jakobinerkonventikels" gekommen sein, die sich von den ‚plebejischen' Schichten allerdings bereits entfernt hatten. Auch wenn sie noch deren Sprache sprachen, mit den Forderungen der Altonaer Unterschichten hatten ihre Forderungen nichts zu tun. Die Protestierenden der Unterschichten – ihre große Zahl bildet einen deutlichen Kontrast zu den 22 ‚plebejischen' Jakobinern – wollten den König nicht abschaffen, sondern ließen ihn hochleben und drückten damit unmißverständlich aus, daß sie anders dachten als die Jakobiner.[452]

Es ist nicht die Aufgabe der vorliegenden Darstellung, die Entwicklung der geschichtswissenschaftlichen Jakobinerforschung über den Untersuchungszeitraum hinaus bis hinein in die Gegenwart zu referieren. Soviel ist indes – mit Blick auf den Forschungsverlauf seit etwa 1980 – zu skizzieren: Nach dem Abschwung der akademischen Konjunktur für die Jakobinismusforschung konnte die Kontinuität entsprechender wissenschaftlicher Interessen institutionell in einem weitaus breiteren zeitlichen und thematischen Spektrum gesichert werden durch die Initiative Helmut Reinalters zur Gründung der Innsbrucker Forschungsstelle unter dem erweiterten ‚Forschungsdesign' „Demokratische Bewegungen in Mitteleuropa, bzw. Zentraleuropa".[453] Seither (1981) tragen Projektforschungen, Arbeitstagungen und Konferenzen des Instituts sowie ihm zugeordnete Publikationsreihen dazu bei, daß auch Perspektiven und Ergebnisse der Jakobinismusforschung in einen interdisziplinären und methodologisch differenzierteren Erschließungs- und Diskussionszusammenhang eingebracht werden können – beispielsweise in Hinsicht auf die Geschichte von politischen Ideen und Mentalitäten, der gesellschaftlichen Praxis und des Alltags sowohl in regionalen als auch in internationalen Konstellationen. Die historiographische Jakobinismusforschung hat mit

---

452 Herzig: Unterschichtenprotest (wie Anm. 429), S. 104.

453 Siehe dazu das Interview mit Helmut Reinalter, S. 627–664, hier S. 629 f. „Zentraleuropa' wird von den Mitarbeitern der Innsbrucker Forschungsstelle nicht als „politischer", sondern als „pragmatischer" Begriff aufgefaßt. Einen Überblick über die breit aufgestellte Revolutionsforschung der Innsbrucker Forschungsstelle vermittelt etwa die Dokumentation des internationalen Historikerkongresses „Die Französische Revolution, Mitteleuropa und Italien", der aus Anlaß des 200. Jahrestages der Französischen Revolution vom 19. bis 23. Oktober 1988 im Kongreßhaus in Innsbruck stattfand. Die Themenvielfalt verdeutlicht: Die Jakobinismusforschung dominiert nicht das Feld, sondern bildet *ein* Thema im Pluralismus der sozialgeschichtlichen Forschungsfragen; vgl. Französische Revolution, Mitteleuropa und Italien (wie Anm. 429).

der Gründung der Innsbrucker Forschungsstelle den engen instrumentellen Politikbegriff der 1970er Jahre verabschiedet. Ihrem eigenen Anspruch zufolge hatte die Forschungsstelle das Programm einer idealtypisch fundierten Quellenfunktionalisierung bereits aufgegeben, bevor Walter Grab sich von der Ineffizienz dieses Weges hatte überzeugen lassen. Im Unterschied zu den Forschungen Grabs betrachtet die Innsbrucker Forschungsstelle speziell ihre Quelleneditionen als Forschungsvoraussetzungen für die Arbeit am ‚Begriffs-Problem‘, die – über den methodischen Zugriff des Biographischen und Ideengeschichtlichen hinaus – auch sozial-, mentalitäts- und alltagsgeschichtliche Konzepte heranzieht, um zu einer akzeptablen Definition des Jakobinismus-Begriffes zu gelangen. Auch Reinalters frühe Versuche, zu einem effizienten Jakobinismus-Begriff zu gelangen, zeigen das Folgeproblem der bereits angeführten fehlenden Unterscheidung zwischen definitorischer und empirischer Fragestellung. In seiner Kritik an Sieglinde Graf[454] erklärt Reinalter:

> Dabei übersieht sie die Tatsache, daß der mitteleuropäische Jakobinismus verschiedene Erscheinungsformen umfaßt und sich daher nicht allgemeingültig definieren und beschreiben läßt. Zudem fehlt ihm ein einheitliches politisches Programm, da nicht selten widersprüchliche Auffassungen revolutionärer Demokraten nebeneinander standen oder auch ineinander übergingen, wie Grab in seinen Forschungen nachweisen konnte.[455]

Nach solchen Vorgaben bleibt unklar, was erforscht werden und wie die genaue Bezeichnung des Forschungsgegenstandes lauten soll. 1997 hat Reinalter einen weiteren Vorschlag unterbreitet:

> Der gemeinsame Nenner für die historische Einordnung des außerfranzösischen (deutschen) Jakobinismus besteht für die Innsbrucker Forschungsstelle in seiner Funktion als politische Bewegung im Gesamtgefüge der antifeudalen Opposition, die sehr komplexe Erscheinungsformen im ausgehenden 18. Jahrhundert im Zuge des Ideologisierungs- und Politisierungsprozesses entwickelt hat. Dabei müssen allerdings noch wesentliche Fragen der sozialen Ursprünge, der theoretischen Voraussetzungen, der Programmatik und der realen Wirkung untersucht werden.[456]

Das Zentralproblem der Jakobinerforschung bleibt indes auch mit dieser ‚Eingrenzung‘ bestehen, weil diese wissenschaftstheoretisch gesehen auf einen prinzipiell unabschließbaren Prozeß hinausläuft, den Umfang des Begriffs ‚deutscher Jakobinismus‘ durch fortwährende empirische Funde zu erweitern.

Walter Grab hat die mangelnde akademisch-disziplinäre Akzeptanz seines Ansatzes indes nicht in erster Linie auf theoretische und methodische Defizite zurückgeführt, sondern die Gründe hauptsächlich auf dem (hochschul)politischen Terrain angesiedelt:

> Für die konservativen Ordinarien vom Schlage Kaiser und Vierhaus, Fehrenbach und Aretin wurde die Jakobinerforschung zu einer läppischen Marginalie der deutschen Geschichte, die es nicht lohnend macht, sich mit ihr abzugeben; damit sollen die frühen

454 Graf: Bayerische Jakobiner? (wie Anm. 196).
455 Reinalter: Jakobinismus in Mitteleuropa (wie Anm. 201), S. 24 f.
456 Helmut Reinalter: Georg Friedrich Rebmann und der mitteleuropäische Jakobinismus. In: Georg Friedrich Rebmann (1768–1824) – Autor, Jakobiner, Richter. Hrsg. von Elmar Wadle und Gerhard Sauder. Sigmaringen 1997, S. 83–93, hier S. 86 f.

demokratischen Bewegungen und Persönlichkeiten in den Hades der Vergessenheit gestoßen werden.[457]

Eine Erörterung der Frage, ob die Aktivitäten der Innsbrucker Forschungsstelle weiterführende Ergebnisse etwa im Hinblick auf das Problem der Unterscheidung zwischen empirischer Frage und Definitionsfrage erbracht haben, bleibt späteren Studien und Untersuchungen überlassen: Die historiographische Forschung ist sich dieses Problems bewußt
und sie arbeitet(e) daran,[458] wie effizient oder ineffizient auch immer. Dagegen hat die germanistische Jakobinerforschung, mit den beiden genannten Ausnahmen (Inge Stephan und
Harro Segeberg), keine ernsthaften Anstrengungen unternommen, die bereits seit der Mitte
der 1970er Jahre erkannten (und benannten) methodischen und theoretischen Probleme der
Erforschung des Literarischen Jakobinismus durch gezielte Einzeluntersuchungen zu lösen. Ohne Anspruch auf Systematik und (bibliographische) Vollständigkeit seien die wichtigsten Themenbereiche und Sektorenforschungen genannt, die sich zwischen etwa 1965
und 1990 aus dem historiographischen Paradigma Jakobinismusforschung ausdifferenziert
haben: Theater und Schauspiel,[459] Revolutionspropaganda,[460] politische Metaphorik,[461]
jakobinische Lyrik,[462]republikanische Rhetorik,[463] Klassik und Jakobinismus,[464] Poesie
der Demokratie,[465] jakobinische Publizistik, literarische Formen jakobinischer Agitation,[466]

---

457   Siehe dazu das Interview mit Walter Grab, S. 486–499, hier S. 497.

458   Vgl. dazu II, 2.2.2, S. 146 (Exemplarische Demonstration eines Argumentationsverlaufs unter
      kanonisierten Voraussetzungen).

459   Gerhard Steiner: Theater und Schauspiel im Zeichen der Mainzer Revolution. Ein Beitrag zur Ge-
      schichte des bürgerlich-revolutionären Theaters in Deutschland. In: Studien zur neueren deutschen
      Literatur. Hrsg. von Hans-Werner Seiffert. Berlin 1964, S. 97–163; G. S.: Jakobinerschauspiel und
      Jakobinertheater. Stuttgart 1973; G. S.: Das Theater der deutschen Jakobiner. Dramatik und Bühne
      im Zeichen der Französischen Revolution. Berlin 1989. Zu Steiner siehe auch die entsprechenden
      Informationen in den Interviews mit Walter Grab (S. 486–499, hier S. 491) und Klaus-Georg Popp
      (S. 607–626, hier S. 616 f.). Siehe ferner oben Anm. 401.

460   Walter Grab: Die Revolutionspropaganda der deutschen Jakobiner 1792/93. In: Archiv für Sozial-
      geschichte 9 (1969), S. 113–156.

461   Jäger: Politische Metaphorik (wie Anm. 212); siehe dazu ferner das Interview mit Hans-Wolf
      Jäger, S. 500–527.

462   Hans-Werner Engels: Gedichte und Lieder deutscher Jakobiner (wie Anm. 394).

463   Ralph-Rainer Wuthenow: Republikanische Rede. In: Jahrbuch des Instituts für Deutsche Ge-
      schichte 1 (1972), S. 29–51.

464   Walter Grab: Klassik und literarischer Jakobinismus. Ideale und Illusionen der deutschen Intel-
      ligenz im Zeitalter der Französischen Revolution. In: 2. Duisburger Akzente, 4.–23. April 1978:
      „Goethe & Co. Traum und Wirklichkeit der deutschen Klassik, Vorträge, S. 43–54; Gert Mat-
      tenklott: Ästhetischer Überfluß und revolutionäre Askese. Zum Verhältnis von literarischem
      Jakobinismus und deutscher Klassik. In: Annali. Studi Tedeschi 21 (1978), H. 3, S. 113–124; siehe
      dazu auch das Interview mit Gert Mattenklott, S. 561–589; Inge Stephan: Klassik und Jakobinis-
      mus. Eine noch immer aktuelle Kontroverse. In: Französische Revolution und deutsche Klassik
      (wie Anm. 225). S. 81–94.

465   Klaus R. Scherpe: Poesie der Demokratie. Literarische Widersprüche zur deutschen Wirklichkeit
      vom 18. bis zum 20. Jahrhundert. Köln 1980; siehe dazu auch das Interview mit Klaus R. Scherpe,
      S. 692–712.

466   Klaus R. Scherpe: Literarische Praxis des deutschen Jakobinismus. Revolutionsliteratur im Spie-
      gel konterrevolutionärer Literatur. In: Weimarer Beiträge 29 (1983), H. 12, S. 2169–2175.

Jakobinismus und Reiseliteratur,[467] Patriotismus.[468] Dieser (exemplarische) Katalog enthält einige Gegenstandsbereiche und Themen, die bereits in älteren Abhandlungen und Quellensammlungen bearbeitet worden waren, insbesondere das Feld der politischen Lyrik und – im Rahmen der Problemvorgabe ,Französische Revolution und deutsche Literatur'[469] – das Thema ,Jakobinismus und Klassik'. Die germanistische Jakobinismusforschung partizipierte im Rahmen dieser Forschungsaktivitäten an dem bereits skizzierten Begriffs- und Definitionsproblem,[470] das gleichfalls als diffiziles Legat aus der älteren Forschung überkommen ist und im Rahmen der vorliegenden Darstellung exemplarisch im Exkurs über Hölderlins vermeintliches Jakobinertum zu demonstrieren sein wird.[471] Im Rahmen der damit erforderlichen theoretischen Besinnung auf die Grenzen des Gegenstandsbereiches hat sich die germanistische Jakobinismusforschung indes eher zurückhaltend geäußert. Harro Segeberg und Inge Stephan gebührt das Verdienst, in diesem Punkt auf Plausibilität und Eindeutigkeit gedrungen zu haben;[472] doch konnten auch diese Beiträge das Problem nicht lösen, wie in dem folgenden – exemplarisch angelegten – Überblick über die Entwicklung der germanistischen Jakobinismusforschung in den 1970er Jahren zu zeigen sein wird.

Auf sehr spezielle Weise wurden die Signale einer auf ,gesellschaftliche Relevanz' und kritischen Praxisbezug pochenden Literaturwissenschaft zu Beginn der 1970er Jahre von Hans-Wolf Jäger aufgenommen. 1970 und 1971 legte er in der Reihe *Texte Metzler* zwei Bände vor, die bereits in ihren Titeln programmatisch bekunden, daß sie sich der Funktionalisierung von Literatur als Instrument der politischen Bewußtseinsbildung verschrieben hatten: *Politische Kategorien in Poetik und Rhetorik der zweiten Hälfte des*

---

467 Reise und soziale Realität am Ende des 18. Jahrhunderts. Hrsg. von Wolfgang Griep und Hans-Wolf Jäger. Heidelberg 1983; Johannes Weber: Wallfahrten nach Paris – Reiseberichte deutscher Revolutionstouristen von 1789 bis 1802. In: Reisekultur. Von der Pilgerfahrt zum modernen Tourismus. Hrsg. von Hermann Bausinger u. a. München 1991, S. 179–188; Wallfahrten ins gelobte Land der Freiheit. Deutsche Revolutionsbegeisterung in satirischen Reiseromanen. In: Europäisches Reisen im Zeitalter der Aufklärung. Hrsg. von Hans-Wolf Jäger. Heidelberg 1992, S. 340–359; siehe dazu das Interview mit Hans-Wolf Jäger, S. 500–527, hier S. 519 f. Bereits zu Beginn der 1980er Jahre lagen wertvolle, doch leider kaum beachtete Vorschläge zu einer Theorie der Reise(literatur) vor: Justin Stagl: Der wohl unterwiesene Passagier. Reisekunst und Gesellschaftsbeschreibung vom 16. bis zum 18. Jahrhundert, In: Reisen und Reisebeschreibungen im 18. und 19. Jahrhundert als Quellen der Kulturbeziehungsforschung. Hrsg. von Boris Il´ich Krasnobaev u. a. Berlin 1980, S. 353–384.

468 Klaus R. Scherpe: Der „allgemeine Freund – das Vaterland": Patriotismus in der Literatur der Mainzer Republik 1792/93. In: Monatshefte für deutschen Unterricht 81 (1989), H. 1, S. 19–26.

469 Vgl. dazu etwa: Deutsche Literatur und Französische Revolution. Sieben Studien. Göttingen 1974 (mit Beiträgen von Richard Brinkmann, Claude David, Gonthier-Louis Fink, Gerhard Kaiser, Walter Müller-Seidel, Lawrence Ryan und Kurt Wölfel).

470 Siehe oben, S. 61–64.

471 Siehe dazu II, 2.2.3.

472 Segeberg: Literarischer Jakobinismus (wie Anm. 222); „Was gehen uns …" (wie Anm. 225); ferner Stephan: Literarischer Jakobinismus (wie Anm. 18). Segeberg begegnete den Positionen Stephans und Grabs allerdings mit einiger Skepsis; siehe dazu das Interview mit Harro Segeberg, S. 713–725, hier S. 714, 716 f., 719 f.

18. Jahrhunderts[473] und *Politische Metaphorik im Jakobinismus und im Vormärz*.[474] Das Jahr 1970 bezeichnet in Deutschland bekanntlich die „Wende der Rhetorikrezeption".[475] Die sogenannte Tübinger Rhetorik um Walter Jens und Gert Ueding eröffnete mit ihrem konsequenten Rückbezug auf die rhetorische Tradition „eine entscheidende Neuorientierung des Rhetorikbegriffs", befreite diesen von seinen pejorativen Konnotationen und gab „ihm vor allem seine historische Bedeutungskomponente zurück".[476] Zuvor bereits hatte Klaus Dockhorns ganzheitliche – emotivistische – Definition der Rhetorik dafür sensibilisiert, daß literaturwissenschaftliche Poetik und Poetologie insgesamt in einem lange vernachlässigten wirkungsmächtigen Zusammenhang mit den Gesetzen der antiken Rhetorik stehen.[477] Hans-Wolf Jägers Untersuchung zu *politischen Kategorien* konnte also einerseits von dem neubegründeten positiven Image der Rhetorikforschung profitieren; anderseits nutzte er die Gelegenheit, seinen Gegenstand eindeutig philologisch-literaturwissenschaftlich zu konturieren:

> In der zweiten Hälfte des 18. Jahrhunderts besinnen sich Literaten und Kritiker in zunehmendem Maß auf die politisch-gesellschaftliche Stellung von Rhetorik und Poesie. Das erweist sich in einer intensiven Politisierung der Erklärung, Zwecksetzung und Wertung literarischer Erzeugnisse. Dieser Prozeß, der politische Begriffe selbst in die Strukturbeschreibung und Definition literarischer Werke und Gattungen eindringen läßt, findet seinen Höhepunkt im Jahrzehnt der französischen Revolution. Selbst die Gegner einer Politisierung der Poesie, und gerade sie, brauchen jetzt zur Artikulation ihrer poetologischen Vorstellungen politische Begriffe.[478]

Wie zuvor bereits Walter Grab, so profitierte auch Hans-Wolf Jäger entschieden von den Untersuchungsergebnissen Fritz Valjavecs, der nach Jäger „das Erwachen des politischen Bewußtseins beim Bürgertum in der zweiten Hälfte des 18. Jahrhunderts" nachgewiesen habe. Dagegen sei „die Spiegelung jenes politischen Erwachens in der *Literatur*" wenig untersucht,[479] und dieses Defizit versuchte Jäger mit seinem „Florilegium",[480] wie er es bescheiden nannte, zu korrigieren. Bescheiden fiel indes auch Jägers Explikation der zentralen Begrifflichkeit aus: Was bedeutet „politisch", und was genau soll in diesem Zusammenhang der Ausdruck „Kategorie" bezeichnen? Bei der Bestimmung dessen, was unter „politisch" zu verstehen sei, schloß Jäger sich im großen und ganzen dem Erklärungsansatz von Fritz Valjavec an. Die Bestimmung des Bedeutungsgehalts von „Kategorie" gelang Jäger dagegen nur ex negativo:

> Bewußt wird von „Kategorie" und nicht von „politischen Aspekten" oder „politischen Implikationen" gesprochen. Solche „Aspekte" und „Implikationen" bietet *jeder* Gegenstand, zumindest jeder menschliche oder gesellschaftliche. Uns geht es darum, aufzuzeigen, daß

---

473 Hans-Wolf Jäger: Politische Kategorien in Poetik und Rhetorik der zweiten Hälfte des 18. Jahrhunderts. Stuttgart 1970.

474 Jäger: Politische Metaphorik (wie Anm. 212).

475 Vgl. Urs Meyer: Rhetorik. Begriffsgeschichte: 20. Jahrhundert. In: Rhetorik. Begriff – Geschichte – Internationalität. Hrsg. von Gert Ueding. Tübingen 2005, S. 71–78, hier S. 75.

476 Ebd.

477 Ebd., S. 72 f.

478 Jäger: Politische Kategorien (wie Anm. 473), S. 6.

479 Ebd.

480 Ebd., S. 7.

politische Hinsichten *reflektiert* und *ausdrücklich* die Betrachtung, Erklärung und Bewertung literarischer Gegenstände leiten.[481]

Man wird demnach unter „politische Kategorien" literarische und rhetorische Denk- und Ausdrucksformen im Prozeß der „gesellschaftlichen Emanzipation"[482] zu verstehen haben. Jäger erweiterte sein methodisches Instrumentarium jedoch und unterlag nicht der Versuchung, allein auf Inhalte zu fokussieren und eine bloße Sammlung vermeintlich politischer ‚Äußerungen' von Schriftstellern anzulegen. Die philologische Stoßrichtung seines Unternehmens exemplifiziert Jäger anhand von Herders *Fragmenten*. Dies mit gutem Grund, denn Jäger hatte sich, einer ‚Bitte' seines akademischen Lehrers Friedrich Sengle folgend, am Ende der 1960er Jahre sehr intensiv mit Herder befaßt. Im Ergebnis dieser Studien stand der Artikel über Herder in der *Neuen Deutschen Biographie*.[483] Jäger erläutert:

> Die Fragmente entfalten den Gedanken, daß jedes Volk seine dichterische Ausdrucksweise besitzt, die sich nach dem Stand seiner Sprache richtet, wie diese nach den natürlichen und politischen Verhältnissen. Uns hineinversetzend in die verschiedenen Dichtungen, in die Bedingung ihrer Entstehung und Wirkung auf ein ganz bestimmt strukturiertes Publikum, lernen wir leichter die Bedingungen und Forderungen *unserer* nationalen Lage erkennen und ihr dichterisch genügen.[484]

Diesen Leitgedanken greift Jäger in den *Politischen Kategorien* auf, um die genuin literaturwissenschaftlich ausgerichtete Absicht seiner Untersuchung zu verdeutlichen:

> Nicht nur die Abhängigkeit der Literatur überhaupt von der Politik, nicht nur die Zugehörigkeit ihrer Qualität zu einer bestimmten politischen Verfassung wird behauptet; auch das Auftreten und Vorherrschen gewisser *formaler* Eigenheiten, die kräftige Verbreitung einzelner *Gattungen* wird als Funktion bestimmter politischer Verhältnisse erklärt. Bekanntlich leitet Herder schon in den *Fragmenten* den Aufbau und die Gepflogenheiten der *Sprache* aus der ökonomischen Struktur der sie sprechenden Gemeinschaft ab – um wieviel mehr die Besonderheiten der Dichtung.[485]

Die poetologische und erkenntnistheoretische Verankerung seines Untersuchungsgegenstandes läuft bei Jäger also über weite Strecken als Rückversicherung bei Herders psychologischen und anthropologischen Thesen zur Entstehung und Funktion von Sprache.[486] Dennoch ist nicht immer evident, wie die bei Herder vorfindlichen weitreichenden

---

481 Ebd.

482 Ebd.

483 Hans-Wolf Jäger: [Art.] Johann Gottfried Herder. In: Neue Deutsche Biographie. Bd 8 (1969), S. 595–603. Der Artikel sollte ursprünglich von Benno von Wiese verfaßt werden, dem das indes zu wenig lukrativ erschien. Darauf hatte man ihn Friedrich Sengle angetragen, der jedoch nach eigener Auskunft „mit diesem Präfaschisten nichts zu tun haben" mochte und den Artikel an seinen Assistenten Jäger delegierte; siehe dazu auch das Interview mit Hans-Wolf Jäger, S. 500–527, hier S. 502.

484 Jäger: Herder (wie Anm. 483), S. 596.

485 Jäger: Politische Kategorien (wie Anm. 473), S. 12 f.

486 Jäger erklärt dazu im Interview, die Beschäftigung mit Herder habe ihn schließlich auf den Untersuchungsgegenstand „politische Kategorien" geführt. Er sei aufmerksam geworden „auf politische Ausdrucksweisen, auch politische Metaphern, politische Wertungen innerhalb der Literaturkritik, innerhalb der Poetik und Rhetorik. So entstand dieses erste Büchlein *Politische Kategorien in Poetik und Rhetorik der zweiten Hälfte des 18. Jahrhunderts*"; vgl. dazu das Interview mit Hans-Wolf Jäger, S. 500–527, hier S. 503.

Homogenitätsannahmen über das Verhältnis von Denken, Sprechen und Sprache[487] den von Jäger ins Auge gefaßten „kausalen Zusammenhang[s] von Politik und Literatur"[488] letztlich begründen sollen. Insgesamt jedoch präsentierte Jäger eine überaus ideen- und material-reiche literaturwissenschaftliche Studie, die – und darauf kommt es hier allerdings an – mit erprobten Mitteln der Philologie einen bis dahin kaum erschlossenen Gegenstandsbereich kultivierte.

Seinem zweiten Untersuchungsgegenstand, der *politischen Metaphorik*, legte Jäger indes andere Fundamente. Nicht die Germanistik, als „Kunst, durch Fixierung auf die *Form* schriftlich überlieferte *Inhalte* zu neutralisieren", sei sein Metier.[489] Er frage nicht, so Jäger, ob es sich „hier oder da um einen Vergleich, eine Metapher, eine Allegorie oder gar ein Symbol" handele. Er wolle vielmehr über „Bild*inhalte*" sprechen.[490] Die Tradition einiger Bilder oder Bildbereiche verweise auf eine historische Kontinuität „geistiger und politischer Befreiung".[491] Dies ist der Bezugspunkt, von dem aus Jäger seine zentrale lite-raturhistoriographische These präsentiert: „Zum Selbstverständnis des Vormärz gehört die Erbschaft der Jakobiner, und so tut man gut daran, auch seine *Bildlichkeit* mit dem Bildge-brauch der Zeit zusammenzusehn, [...]."[492] Ersichtlich liegt hier eine Akzentverschiebung in der Ansatzlogik vor. Jäger geht es in dieser Studie offensichtlich nicht mehr so sehr um die philologische Operationalisierbarkeit seines Gegenstandes, sondern um eine ‚offensive' Strategie der Akkumulation von Text- bzw. ‚Bild'-Beispielen, die den programmatisch ein-geforderten ideologischen Epochenzusammenhang von Jakobinismus und Vormärz ‚veri-fizieren' könnten. Dabei darf nicht übersehen werden, daß die Epochenbezeichnungen ‚Ja-kobinismus' und ‚Vormärz' zu Beginn der 1970er Jahre in der westdeutschen Germanistik terminologisch umstritten waren und eher zum Begriffsinventar der marxistischen Litera-turhistoriographie gerechnet wurden. Jäger hat diesen Sachverhalt offen thematisiert:

> Bei den Namen Heine, Laube oder Büchner wird man bemerkt haben, daß der hier lei-tende Vormärzbegriff nicht im engern Sinne die acht Jahre vor 1848 treffen soll, sondern den Zeitraum zwischen französischer Juli- und deutscher Märzrevolution erfaßt, wie es heute in der DDR-Germanistik üblich ist. [...] Der Begriff „jakobinisch" ist nicht im prä-zisen Sinn der pariser Montagne genommen oder ihrer direkten deutschen Anhänger, der Clubbisten, sondern bezeichnet die Generation der, ungefähr, zwischen 1745 und 1770 ge-borenen Progressiven, die „den Ursprung aller Souveränität vom Volke herleiten und die Rechtmäßigkeit und Notwendigkeit politischer Reformen behaupten". Diese Definition von „Jakobiner" gibt Würzers *Revolutions-Katechismus* 1793 und bezeugt die zeitgenössische Synonymität der Benennungen „Jakobiner" und „Demokrat".[493]

Unter dieser Leitvorstellung ‚revolutionärer Kontinuität' entfaltet Jäger seinen „prä-marxistischen Bilderbogen", dessen Systematisierung indes weniger überzeugend aus-

---

487 Siehe dazu bereits die grundlegende Studie von Gottfried Seebaß: Das Problem von Sprache und Denken. Frankfurt/Main 1980.

488 Jäger: Politische Kategorien (wie Anm. 473), S. 16.

489 Jäger: Politische Metaphorik (wie Anm. 212), S. 7.

490 Ebd.

491 Ebd., S. 9.

492 Ebd.

493 Ebd., S. 10; vgl. dazu auch die frühen Versuche zur Begriffsbestimmung bei Walter Grab: Die deutschen Jakobiner (wie Anm. 408), S. VII.

gefallen ist als die philologische Durchdringung der „politischen Kategorien". Doch die hieb- und stichfeste Anlage seiner Studie scheint für Jäger nur von untergeordnetem Interesse gewesen zu sein, zumal der Metzler-Verlag – mit Blick auf den rasanten Absatz der *Politischen Kategorien* – auf rasche Fertigstellung drängte: „[...], und dann mußte ich schnell sein. Und auch deswegen ist es nicht so gründlich geworden."[494] Diese Information korrespondiert mit der selbstbewußten Auskunft am Schluß der Einleitung: „So fällt auch leichter dem oder jenem ein weiteres Bildexempel ein, auf das er die politische Probe machen kann. Gewiß findet manch einer mit Lust und in Menge zu jedem Beleg Gegenbeispiele – und so hätte den [!] unser germanistisches Juste milieu auch wieder zu tun, um Einseitigkeiten zu korrigieren."[495]

Im Rückblick bewertet Hans-Wolf Jäger sowohl die historiographische Jakobinismusforschung, wie sie von Walter Grab und seiner ‚Schule' betrieben wurde, als auch die literaturwissenschaftliche Jakobinismusforschung insgesamt kritisch:

> Ich meine, daß dieser Begriff Jakobinismus zunächst ein wenig etikettenhaft und schlagwortartig genutzt worden ist. Nicht, daß ich dem abschwören möchte, aber er war damals eine Fanfare, unter deren Schall vieles mitmarschieren mußte, was sicher nicht jakobinisch war. Der Begriff war zu unscharf. Wir haben danach gelernt, etwa durch die Betrachtung der *französischen* Parteiungen in der Revolution auch in Deutschland zu differenzieren. Es gab nur ganz wenige, die in Deutschland die Richtung der Montagne vertreten hätten. Die Grenzen verliefen hier viel weniger scharf, es existierte ein breiteres Spektrum von Liberalen, Demokraten, Republikanern, jakobinisch Gesonnenen, so daß ich nicht festhalten würde an einer eigenen Jakobinismusforschung. Eine solche hätte vielleicht damit geendet, daß der Gegenstand immer kleiner geworden wäre.[496]

Jäger hat sich im Laufe der 1970er Jahre anderen Forschungsgegenständen zugewendet, wobei sein besonderes Interesse an der Dichtung Friedrich Hölderlins schließlich den Weg zur Gründung einer speziellen Forschungsstelle an der Universität Bremen eröffnen sollte. Der Primat des ‚Politischen' blieb für Jäger weiterhin bestimmend. So entwickelte er 1973 eine politisch normative Perspektive auf die traditionelle Hölderlin-Forschung. Seine Replik auf einen Beitrag von Lawrence Ryan beendet Jäger mit den Worten:

> Wenn Hölderlin noch ein Anrecht auf unsere rationale und demokratisch normierte Aufmerksamkeit haben soll, so leitet es sich von seinem politischen Engagement und seinem politischen Wort her. [...] Hölderlin ist ein Anhänger der Revolution, auch noch nach 1796. Wenn gesagt wird, er sympathisiere nicht mit dem Brutum der politischen Revolution, er wünsche sich eine allgemeinere, ganzheitlichere herbei, eine, die alles, die Sprache, die Dichtung, die Geselligkeit, das Naturempfinden, die Religion, umfaßt – mag das zutreffen. Doch ist dieses mehr-als-‚bloß Politische' für uns nicht Grund zu größerer Verehrung, sondern Anhalt für Kritik des idealistischen und damit weithin unrealistischen Revolutions- oder Reformgedankens bei Hölderlin und seinen Freunden (Rebmann, Forster oder Erhard denken schon anders).[497]

---

494 Siehe dazu das Interview mit Hans-Wolf Jäger, S. 500–527, hier S. 507.
495 Jäger: Politische Metaphorik (wie Anm. 212), S. 11.
496 Siehe dazu das Interview mit Hans-Wolf Jäger, S. 500–527, hier S. 512.
497 Hans-Wolf Jäger: Diskussionsbeitrag: Zur Frage des ‚Mythischen' bei Hölderlin. In: Hölderlin ohne Mythos. Hrsg. von Ingrid Riedel. Göttingen 1973, S. 88–90; siehe dazu II, 2.2.3, S. 176.

Im Sommer 1978 wurde auf Jägers Initiative hin ein Forschungsschwerpunkt ‚Literatur der Spätaufklärung' an der Universität Bremen eingerichtet; eines der Arbeitsgebiete der Forschungsstelle bildete die Frankfurter Hölderlin-Edition.[498] Um ein möglichst breites Spektrum von Forschungs-Initiativen präsentieren zu können, wurden weitere Themen aufgegriffen,[499] unter anderem das von Johannes Weber kultivierte Arbeitsgebiet ‚Biographien aus dem Umkreis Hölderlins', Holger Bönings Projekt ‚Volksaufklärung' und die von Wolfgang Griep initiierte Reiseliteraturforschung, in der sich schließlich auch Grieps akademischer Lehrer Hans-Wolf Jäger mit wegweisenden Beiträgen auszuweisen wußte.[500] Die Reiseliteraturforschung war vielleicht einer der spektakulärsten Innovationsbereiche der Spätaufklärungsforschung, bot (und bietet) sie doch genügend Integrationspotential auch für Spätaufklärungsforschung mit ‚jakobinischem' Bezugspunkt, etwa unter dem thematischen Leitbild ‚Reisen in das revolutionäre Frankreich'. ‚(Literarischer) Jakobinismus' hätte also auf diese Weise in einem höher aggregierten Themenschwerpunkt aufgehoben und weiterverhandelt werden können; doch nicht nur Hans-Wolf Jäger und die Mitarbeiter der Bremer Forschungsstelle haben sich seit dem Ende der 1970er Jahre der Erforschung anderer Gegenstände gewidmet. Aufgrund eines Evaluationskolloquiums am 6. März 1986 empfahlen die Gutachter Gerhard Sauder und Jörg Schönert der Leitung der Universität Bremen die Fortführung des Forschungsschwerpunktes (antragsgemäß) für den Zeitraum 1987 bis 1990. Die Arbeit der Forschungsstelle wurde indes, wie bei ihrer Einrichtung vorgesehen, 1988 beendet. Nicht ohne Bedauern und Verbitterung konstatiert Hans-Wolf Jäger im Rückblick, daß der Reiseliteraturforschung in Bremen mit dem Weggang von Wolfgang Griep[501] die empirische Materialgrundlage entzogen worden ist: „Er hat die Materialien mitgenommen nach Eutin. Daran tat er gut, denn das Land hier hat nicht wissen wollen, was es an ihm und seiner Forschung hat, und ihn gehen lassen. Er hatte das Archiv aufgebaut, die Reiseliteratur-Forschung in Bremen in Gang gesetzt und geleitet."[502]

Die von Hans-Wolf Jäger in der Studie *Politische Metaphorik* eingeführte Rezeptionsprämisse, nicht auf Formen, sondern auf Inhalte zu fokussieren, ist am Beginn der 1970er

---

498   Vgl. Friedrich Hölderlin. Sämtliche Werke, Briefe und Dokumente. [„Frankfurter Ausgabe"]. Historisch-Kritische Ausgabe. Hrsg. von Dietrich E. Sattler, im Auftrag des Vereins zur Förderung der wissenschaftlichen Forschung in der Freien Hansestadt Bremen e.V. Frankfurt/Main 1975 ff. Vgl. auch Hans-Wolf Jäger: Hölderlin-Edition an einer Gewerkschaftsuniversität. In: Innovation und Modernisierung. Germanistik von 1965 bis 1980. Hrsg. von Klaus-Michael Bogdal und Oliver Müller. Heidelberg 2005, S. 109–116; vgl. H.-W.J.: „Die Literatur der Spätaufklärung". Ein Forschungsschwerpunkt der Universität Bremen. In: Jahrbuch der Wittheit zu Bremen 27 (1983), S. 141–163; Arbeitsprogramm des Forschungsschwerpunkts „Literatur der Spätaufklärung an der Universität Bremen". Bremen 1983, sowie den Forschungsbericht der Universität Bremen, Bd. 1 (1980–1982), Universität Bremen 1983, S. 82–85.

499   Siehe zum Folgenden die ausführlichen bibliographischen Angaben im Interview mit Hans-Wolf Jäger, S. 500–527, hier S. 519–523.

500   „Es war damals so: Wurde jemand zu einer Tagung eingeladen, dann eben nicht der Mitarbeiter, sondern der Professor. Das war ich. Ich mußte mich darum in die Reiseliteratur einarbeiten und mich auch darin unterweisen lassen." Siehe dazu das Interview mit Hans-Wolf Jäger, S. 500–527, hier S. 521.

501   Wolfgang Griep ist seit 1991 Leiter der Forschungsstelle zur historischen Reisekultur in Eutin (Schleswig-Holstein).

502   Siehe dazu das Interview mit Hans-Wolf Jäger, S. 500–527, hier S. 520.

Jahre nicht ohne Einfluß auf die Forschungen zum Literarischen Jakobinismus um Walter
Grab geblieben. Exemplarisch ist dies abzulesen an Hans-Werner Engels' Nachwort zu seiner Edition der Lieder und Gedichte deutscher Jakobiner.[503] Wie es vor ihm bereits Walter
Grab und Uwe Friesel in ihrer Anthologie politischer Lyrik vorgeführt hatten,[504] faßt nun
auch Engels – allerdings unter Berufung auf Hans-Wolf Jägers Studie *Politische Kategorien in Poetik und Rhetorik der zweiten Hälfte des 18. Jahrhunderts* – die ,revolutionär-
demokratische' Dichtung als „*historische* Dokumente jakobinischer Propaganda":

> Bei der Auswahl waren daher nicht formale oder ästhetische Aspekte, sondern überwie-
> gend die politischen Inhalte und die Wirksamkeit der Verse als jakobinische Agitation
> maßgebend. Den Dichtern kam es weniger darauf an, künstlerisch ausgereifte Werke zu
> schreiben – dazu fehlte ihnen meist wegen der Verfolgungen und Polizeischikanen seitens
> der herrschenden Mächte Ruhe und Gelassenheit –, sondern sie waren vielmehr davon
> überzeugt, ihre Auffassungen mit den Mitteln der Kunst am wirkungsvollsten artikulieren
> zu können.[505]

Eine „Abkehr von der herkömmlichen literaturwissenschaftlichen Betrachtungsweise"
lasse „die Arbeit von Hans-Wolf Jäger [...] erhoffen".[506] Die Argumentation folgt in ihrer
,antitraditionalistischen' Stoßrichtung der Strategie Walter Grabs, seiner „zeitgemäßen Geschichtsschreibung" im Medium der Kritik des ,borussischen' Geschichtsverständnisses
„neue Impulse" zu verleihen.[507] Einmal mehr wird dabei indes deutlich, daß weder bei Grab
noch bei Engels eine methodische Neuorientierung vorliegt, etwa durch den Einsatz alternativer analytischer Verfahren oder sozialgeschichtlicher bzw. soziologischer Fragestellungen. Es geht vielmehr um eine grundlegende, indes argumentativ unvermittelte hermeneutische Vorentscheidung: Die Quellen werden funktionalisiert; ihr Verständnis unterliegt
der steuernden Rezeptionsprämisse, derzufolge sie ausschließlich als Dokumente jakobinischer Propaganda auszuwerten seien. Dies gilt auch, wenngleich in methodischer Hinsicht
elaborierter konzipiert, für die Jakobinismusforschungen von Gert Mattenklott und Klaus
R. Scherpe. Sie verstehen ihre Forschungen als spezialisierte Gesellschaftswissenschaft in
praktischer Absicht.[508] Mattenklott und Scherpe argumentieren unter dem marxistisch fundierten Eindruck, daß „der Fortschritt der sozialistischen Gesellschaftssysteme und die
immer deutlicher ins Bewußtsein tretenden Widersprüche der spätkapitalistischen Gesellschaften" die Wissenschaftspraxis und -theorie „auch innerhalb der Bundesrepublik und
Westberlins unübersehbar zu verändern begonnen" habe.[509] Ein Indiz für diese Veränderung sehen die Herausgeber in der „Wiederbelebung des Interesses an einer materialistischen Theorie der Literatur und ihr verwandter Medien". Im Gegensatz zur traditionellen
Literatursoziologie gilt das Interesse einer materialistischen Literaturwissenschaft „der

---

503 Engels: Gedichte und Lieder (wie Anm. 394), S. 219–242.
504 Walter Grab und Uwe Friesel: Noch ist Deutschland nicht verloren. Eine historisch-politische Analyse unterdrückter Lyrik von der Französischen Revolution bis zur Reichsgründung. München
 1970; vgl. auch Wilharm: Politik und Geschichte (wie Anm. 22), Bd. 2, S. 64.
505 Engels: Gedichte und Lieder (wie Anm. 394), S. 225.
506 Ebd., S. 221 f.
507 Ebd., S. XXXV.
508 Vgl. Wilharm: Politik und Geschichte (wie Anm. 22), Bd. 2, S. 106–115.
509 Gert Mattenklott und Klaus R. Scherpe: Editorial der Herausgeber. In: Demokratisch-revolutionäre Literatur (wie Anm. 206), S. vii–xi, hier S. vii.

Bestimmung des Ortes der Literatur im historischen Prozeß".[510] Damit ist die ‚Spezifik' dieses Ansatzes bereits vollauf charakterisiert: Der Literarische Jakobinismus ist – nicht mehr und nicht weniger als – eines der zahlreichen Paradigmen des historischen Prozesses. Bei der systematischen Aneignung des literaturgeschichtlichen Wissens werden allerdings – hierin gibt es unübersehbare Entsprechungen zu den epistemologischen Grundlagen der Forschungen von Heinrich Scheel – die Ebenen der Theoriebildung und der Forschungspraxis nicht voneinander geschieden: „Das Bewußtsein von der historischen Relativität der Literaturfunktion […] bietet nicht nur die Chance eines historisch-materialistisch fundierten Studiums der Literaturgeschichte; es eröffnet darüber hinaus die zumindest theoretische Möglichkeit, *auf die literarischen Prozesse der Gegenwart bewußt einzuwirken.*"[511] Die ideologische Steuerung des Verhältnisses der Literaturwissenschaft zu ihrer eigenen Wissenschaftsgeschichte sowie zu ihrem traditionellen Gegenstand – der (schönen) Literatur – bildet also eines der zentralen Anliegen dieser Unternehmung: „Konstitutiv und stets vorgängig für die literarische Produktion ebenso wie für deren wissenschaftliche Durchdringung ist beider Verhältnis zur Tradition. Dafür, daß die Form dieses Verhältnisses veränderbar wird, ist die Erkenntnis der Gesetzmäßigkeiten, unter denen es sich geschichtlich entwickelt hat und noch entwickelt, eine Bedingung."[512]

Erkenntnis wird vermittelt. Aus diesem Grunde ist in Mattenklotts und Scherpes Programm der didaktischen Komponente einer „sozialethischen Wertbildung"[513] ein prominenter Ort vorbehalten. „Fundamental ist die Lehre insofern, als ihr Verhältnis zu den Inhalten, die in ihr gelehrt werden, kein äußerliches ist: sie tritt nicht als eine Technik der Vermittlung theoretischer Inhalte zu diesen bloß hinzu."[514] Etwas einfacher (re)formuliert bedeutet dies: Auch die Vermittlung der „Erkenntnis der Gesetzmäßigkeiten" sei Teil der zu erkennenden Gesetzmäßigkeiten und daher auch nur mit den Mitteln der materialistischen Theorie zu bewerkstelligen. Und diese Aufgabe sei angesichts fortwährender Agitation seitens des ‚Klassenfeindes' „besonders dringlich".

> Die Dringlichkeit ergibt sich zusätzlich aufgrund einer Situation, in der von staatlicher Seite sowie von den mächtigen Nachlaßverwaltern der bürgerlichen Wissenschaft in allen Bereichen des kulturellen Lebens der historische Materialismus erbittert bekämpft wird, wenn er seine politische Konsequenz: entschiedenen demokratischen Antikapitalismus, nicht verleugnet. Bei dieser Bekämpfung scheint fast jedes Mittel recht zu sein. Eine ihrer wirksamsten Formen ist die massive Be- oder Verhinderung materialistischer Forschung und Lehre. Deren Entfaltung ist aber – um der weitreichenden Isolation von Wissenschaftlern mit entsprechender Arbeitsrichtung entgegenzuwirken – auf den Austausch von Kenntnissen und Erfahrungen dringend angewiesen. Das gilt allgemein, in besonderem Maße aber gerade auch für die Didaktik wegen ihrer großen bildungspolitischen Wichtigkeit.[515]

---

510 Ebd.

511 Ebd. (Hervorhebung M. S.). Zu den Details und Eigenheiten des Projekts „Literatur im historischen Prozeß" – vor allem in der Vergleichsrelation zu ‚klassischen' marxistisch-leninistischen Positionen, siehe die Rezension von Rainer Rosenberg in: Weimarer Beiträge 22 (1976), H. 10, S. 162–174.

512 Demokratisch-revolutionäre Literatur (wie Anm. 206), S. viii.

513 Ebd., S. x.

514 Ebd.

515 Ebd., S. x f.

In der folgenden näheren Eingrenzung des Jakobinismus gerieten Mattenklott und Scherpe indes auf die von Heinrich Scheel und Walter Grab entworfenen plakativen Argumentationslinien; von der hochdifferenzierten (marxistisch inspirierten) Theorie der „sozialethischen Wertbildung" ist dabei nicht länger die Rede: „Die Jakobiner glaubten eine vernünftige Relation herstellen zu können zwischen dem als notwendig anerkannten Privateigentum an den Produktionsmitteln und der freien Souveränität der Volksmassen. Indem sie die Gesetze der Vernunft als Gesetze des praktischen Lebens zu begreifen suchten, waren sie die radikalen Vollstrecker der Aufklärung."[516] Die kurzlebige radikal-demokratische Bewegung der 1790er Jahre „erwies sich fruchtbar für die Entfaltung einer bislang noch nicht gekannten literarischen Produktion in politisch-praktischer Absicht".[517] Im weiteren Verlauf sprechen die Autoren von Ansatzpunkten „für eine politisch-operative Literatur" und signalisieren damit ihr methodisches Einverständnis mit den entsprechenden Untersuchungen von Harro Segeberg (siehe unten). Doch – auch ohne eine eingehendere Analyse des Entwurfes von Mattenklott und Scherpe – zeigen sich die Monita dieser Konzeption; Heiner Wilharm hat sie benannt: Es handelt sich genaugenommen um die Fortsetzung eines Gedankens, der bereits in den Argumentationen von Heinrich Scheel eine zentrale Rolle gespielt hat: „[D]ie bürgerliche Fortschrittlichkeit erweist sich generell immer vor dem Horizont der bürgerlichen Welt, und ihr Selbstbewußtsein ist an die Grenzen gebunden, die ihm bis zum Hervortreten eines neuen Geschichtssubjekts gesetzt sind."[518] Aus diesem Grund biete sich die akademische Disziplin ,spezialisierte Gesellschaftswissenschaft' zugleich als Analyse und Therapie an.[519]

„Im Kontext theoretischer und methodologischer Neubesinnung der Germanistik und Literaturgeschichte in Westdeutschland"[520] präsentierte sich Harro Segebergs Vorschlag Mitte der 1970er Jahre.[521] Zurecht hat Wilharm auf den Publikationskontext dieser Studie hingewiesen: Der Literarische Jakobinismus in Deutschland, dem sich Segebergs Aufsatz zuwende, sei eine Variante des thematisierten Verhältnisses zwischen literarischer Intelligenz und deutschem Bürgertum am Ende des 18. Jahrhunderts.[522] Zu den tragenden Säulen von Segebergs Konzeption gehört die kritische Reflexion auf den normativen Bezug zu Klassik und Romantik, und zwar sowohl in der bürgerlichen als auch in der materialistischen Literaturwissenschaft in BRD und DDR. Beide Richtungen „hätten letztlich auf das verpflichtende Programm der klassischen Humanität gezielt".[523] Segeberg hat seine Überlegungen mit deutlicher Kritik an den funktionalisierenden Ansätzen von Walter Grab und Hans-Werner Engels verbunden[524] und demgegenüber (im Rekurs auf Walter Benjamins Theorie des ,operierenden' Schriftstellers) sein Verständnis von jakobinischer Literatur als einer „operativen" Gattung entwickelt: „Im Begriff der schriftstellerischen Technik wird der untaugliche Gegensatz von Form und Inhalt aufgehoben und die Konvergenz von pro-

---

516 Demokratisch-revolutionäre Literatur (wie Anm. 206), S. 3.
517 Ebd., S. 7.
518 Wilharm: Politik und Geschichte (wie Anm. 22), Bd. 2, S. 110.
519 Vgl. ebd., S. 115.
520 Ebd., S. 84.
521 Segeberg: Literarischer Jakobinismus (wie Anm. 222).
522 Wilharm: Politik und Geschichte (wie Anm. 22), Bd. 2, S. 85.
523 Ebd.
524 Segeberg: Literarischer Jakobinismus (wie Anm. 222), S. 509–512.

gressiver politischer Tendenz und fortgeschrittenen formalen Qualitäten zur Voraussetzung für die operative Verwendbarkeit politischer Literatur erklärt."[525] Wilharm hat demgegenüber geltend gemacht, daß Segeberg die Probleme dieses Theoriebezugs nicht im Hinblick auf sein eigenes Vorhaben diskutiere und diese Benjaminsche (und Brechtsche) Theorie operativer Literatur und literarischer Technik als verfügbare Methode voraussetze.[526] Wilharm bezweifelt, daß Segebergs Vorhaben, eine „jakobinische Handlungstheorie" zu begründen, durch die Theorie operativer Literatur und Technik zu sichern sei, denn diese Theorie könne nicht ohne weiteres – „relativ gleichgültig gegenüber dem geschichtlichen und gesellschaftlichen Zusammenhang zwischen Rezeption und zu rezipierender Literatur" – einfach appliziert werden.[527] Segeberg dagegen hat seinen Ansatz noch zwei Jahrzehnte später verteidigt:

> Es war richtig, einen externen Begriff zu nennen, wie etwa „operative Ästhetik", und zu sagen, was er bedeutet, damit man eine klare Vorstellung von dem hat, was man eigentlich sucht. Und im nächsten Schritt versucht man dann, induktiv über das historische Material herauszufinden, welche Phänomene es gibt, die sich mit diesem Begriff decken. Das Problem beim Jakobinismus ist einfach, daß die Deckung immer nur im Ausnahmefall zustandekommt. Jakobinismus ist keine Regelerscheinung, sie kann keine sein unter den damaligen politischen und literarisch-ästhetischen Bedingungen in Deutschland. Deshalb ist die radikale Jakobinerforschung auch dadurch zusammengebrochen, daß sie diesen Punkt nie hat einsehen wollen: Wie auch immer man es aufzieht – man kommt zum Ergebnis, es ist eine Ausnahme-Erscheinung, die man in den Rahmen einer Radikalisierung von politischer Spätaufklärung stellen kann.[528]

Harro Segeberg hat sich mit seinem Aufsatz aus dem Jahr 1974 den Zorn Walter Grabs zugezogen: Segeberg, einer der profiliertesten Kenner der Materie, wurde nicht zu der Tagung „Die demokratische Bewegung in Mitteleuropa im ausgehenden 18. und frühen 19. Jahrhundert" eingeladen:

> Diese Geschichte mit Berlin habe ich dann über Jörn Garber erfahren, und ihm soll Grab sinngemäß gesagt haben: Alle ja, aber Segeberg nicht! Da wußte ich sozusagen, wo ich nicht hingehörte.
> Nun muß ich aus der Rückschau sagen, daß der Ton meines Aufsatzes schon ein bißchen heftig war. Aber so ist das eben, man schreibt den ersten Aufsatz, ist Ende zwanzig, gerade Assistent geworden und glaubt nun, man müsse die Germanistik neu erfinden.[529]

Von Harro Segebergs Hamburger Kollegin Inge Stephan, die, wie Segeberg, wissenschaftiche Assistentin bei Heinz Nicolai gewesen ist, stammt die bis heute umfassendste und gründlichste Studie zur genaueren Bestimmung der Spezifik des deutschen Literarischen Jakobinismus. Inge Stephans Arbeit bildet eine hervorstechende Leistung der Jakobinismusforschung, weil sie nahezu den gesamten einschlägigen Quellenbestand

---

525   Ebd., S. 513.
526   Vgl. Wilharm: Politik und Geschichte (wie Anm. 22), Bd. 2, S. 87.
527   Ebd.
528   Siehe dazu das Interview mit Harro Segeberg, S. 713–725, hier S. 721 f.
529   Siehe dazu ebd.; siehe ferner die ausführliche Kritik an Segebergs Ansatz bei Wilharm: Politik und Geschichte (wie Anm. 22), Bd. 2, S. 84–104.

vorstellt. Stephan knüpft an die Forschungsergebnisse von Hedwig Voegt und Heinrich Scheel an und pointiert den nach ihrer Auffassung wichtigen Sachverhalt, daß der publizistische Kampf gegen den ‚konterrevolutionären‘ Koalitionskrieg ein „Kernstück der deutschen jakobinischen Literatur" gewesen sei.

> Zwei Gründe vor allem waren entscheidend für die Stellungnahme der Jakobiner gegen den Koalitionskrieg. Zum einen die grundsätzliche Übereinstimmung mit den französischen Revolutionsidealen, die zur Solidarität mit den Franzosen und zur Rechtfertigung ihres Kampfes gegen die Koalitionstruppen als Freiheitskrieg führte. Diese Position finde sich nicht nur bei den deutschen Jakobinern. […] Der andere Grund hängt mit der Befürchtung der Jakobiner zusammen, daß die Bevölkerung durch den Koalitionskrieg von ihren eigenen Interessen abgelenkt und in eine Einheitsfront mit den Fürsten getrieben würde, die eine Revolutionierung Deutschlands unmöglich machen könnte.[530]

Im Gegensatz zu der unverrückbaren Position Heinrich Scheels gelangt Stephan zu dem ausgewogeneren Ergebnis, daß die bis „dahin relativ einheitliche jakobinische Bewegung in Deutschland" sich vor dem Hintergrund der folgenden Frage gespalten habe: Sollen die Revolutionsideale „mit Hilfe der Franzosen oder vielmehr gegen die Franzosen als auch gegen die herrschenden Kräfte in Deutschland durchgesetzt werden"?[531]

In den Kreis der als „deutsche Jakobiner" zu bezeichnenden Personen nahm Stephan diejenigen Befürworter der Revolution auf, „die eine grundlegende Umgestaltung der deutschen Verhältnisse im Interesse breiterer Bevölkerungskreise anstrebten, sich dafür in Wort und Tat einsetzten und vor der Revolution als Mittel der Veränderung nicht zurückschreckten".[532] Entscheidend ist indes der von Stephan ins Feld geführte Literaturbegriff: In der Literaturproduktion lasse sich „jenes Element der Volksverbundenheit" konkret fassen, das „in der politischen Theorie und Praxis oft schemenhaft" bleibe.

> Die Entwicklung einer Vielfalt von politisch-operativen Literaturformen, die für die 90er Jahre zu verzeichnen sind, war eindeutig ausgerichtet auf die ideologische Stärkung, Mobilisierung und Organisierung der unterdrückten Volksklassen; sie führte einen entscheidenden qualitativen Schritt über die ältere didaktische Aufklärungsliteratur vor 1789 hinaus.[533]

Inge Stephan betont darüber hinaus die Vermittlungsfunktion der Lesegesellschaften, gelangt jedoch zu der Einschätzung, daß diese Einrichtungen – anders als in Frankreich – die Politisierung der Bevölkerung nur in einigen Fällen, wie z. B. in Mainz, gefördert hätten.[534] Aufgrund solcher im weitesten Sinne literatursoziologischen Beobachtungen hat Heiner Wilharm Stephans Ansatz in die Nähe der Konzeption von Gert Mattenklott und Klaus R. Scherpe gerückt. Die übergreifende gemeinsame Perspektive sieht Wilharm in dem Versuch, „mit spezifisch sozialgeschichtlichen und literatursoziologischen Mitteln […] die komplexen Bezüge zwischen Literaturproduktion, -funktion und -rezeption, ideologischer

---

530 Stephan: Literarischer Jakobinismus (wie Anm. 18), S. 79. Vgl. zu diesem Problemkreis auch den Diskussionsbericht „Zur Kontinuität der verhinderten Demokratisierung" in: Die demokratische Bewegung in Mitteleuropa (wie Anm. 419), S. 457 f.

531 Stephan: Literarischer Jakobinismus (wie Anm. 18), S. 80.

532 Ebd., S. 47.

533 Ebd.

534 Ebd., S. 58.

und politisch-praktischer Wirksamkeit im Kontext der jeweiligen historisch konkreten Umstände hinsichtlich der besonderen Stellung eines literarisch in Erscheinung getretenen Personenkreises auszuloten".[535]

Stephans Darstellung bietet mehr als eine Rekapitulation bereits bestehender Forschungsergebnisse. Ihre Funktionsbestimmung der jakobinischen literarischen Produktion als „Praxis", als Appell an breite Bevölkerungskreise, und ihre historische Reflexion auf die zeitgenössischen theoretischen Varianten der Erklärung des revolutionären Geschehens, verbunden mit einer literaturwissenschaftlichen Aufarbeitung des jakobinischen Gattungsspektrums,[536] präsentieren insgesamt eine bemerkenswert detaillierte und eigenständige Konzeption des Literarischen Jakobinismus. Weiterhin unbefriedigend bleiben allerdings die auch in dieser Arbeit vorfindlichen Defizite der Begriffsbestimmung, die in ihren Ausgangsbedingungen {A und A.1} zu weite Argumentations- und Zuordnungsspielräume eröffnen, in der weiteren Spezifikation {B und C} indes so eng geführt werden, daß bei einer strikten Applikation der Kriterien von der Existenz eines deutschen Literarischen Jakobinismus nicht mehr ernsthaft die Rede sein kann: Deutsche Jakobiner strebten demnach {A} eine grundlegende Umgestaltung der deutschen Verhältnisse im {A.1} Interesse breiterer Bevölkerungskreise an. Sie setzten sich dafür {B} in Wort *und* Tat ein und schreckten {C} vor der Revolution als Mittel zur Veränderung nicht zurück.[537] Es ist daher nur folgerichtig, daß Inge Stephan im jeweils konkreten Fall mit einschränkenden und erläuternden Modifikationen und Kautelen arbeiten mußte, dabei jedoch die Existenz eines deutschen Jakobinismus – hierin Walter Grab folgend – durch die fortwährende Verwendung des Begriffs im Grunde genommen als gegeben voraussetzt. Exemplarisch ist dies etwa an Stephans Ausführungen über Knigge zu verdeutlichen. Stephan konstatiert zwar eingangs, daß Knigge „sich einer Einordnung in das jakobinische Lager in vielfacher Weise" entziehe und daß die von ihr zuvor entwickelten Bestimmungsmerkmale „nur mit Einschränkung auf ihn Anwendung finden können".[538] Zwei Seiten weiter heißt es indes ergänzend (und durch die Wendung „anderen Jakobinern" insinuierend, auch Knigge sei ein Jakobiner gewesen):

> Eine Verbindung zu den Volksmassen, die sich bei den anderen Jakobinern zumindest ansatzweise in der konkreten politischen Arbeit herstellte, suchen wir bei Knigge vergeblich. Er wandte sich vielmehr gegen eine ‚übermäßige' Aufklärung der niederen Stände, wollte die Volksmassen andererseits aber nicht generell von den Fortschritten der Aufklärung ausgeschlossen wissen. Abgelöst von einer revolutionären Praxis, wie wir sie etwa bei den Mainzer Jakobinern finden, kam für Knigge als Adressat nur das Bürgertum in Frage, zu

---

535   Wilharm: Politik und Geschichte (wie Anm. 22), Bd. 2, S. 74. Vgl. dazu den Aufsatz von Klaus R. Scherpe: „...daß die Herrschaft dem ganzen Volk gehört!" Literarische Formen jakobinischer Agitation im Umkreis der Mainzer Revolution. In: Demokratisch-revolutionäre Literatur (wie Anm. 206), S. 139–204. Weitere Gemeinsamkeiten ergeben sich beispielsweise in der Perspektive Stephans (S. 54–57; 186 f.) und Scherpes (S. 142–150) auf die Verwurzelung der jakobinischen Literatur in der Tradition des Sturm und Drang.

536   Vgl. vor allem das Kapitel „Die Praxis des Literarischen Jakobinismus" in Stephan: Literarischer Jakobinismus (wie Anm. 18), S. 147–184.

537   Vgl. ebd., S. 47.

538   Ebd., S. 125.

dessen Emanzipation er durch seine Tätigkeit als Illuminat und als Schriftsteller beitragen wollte.[539]

Eine argumentativ schlüssige Vermittlung der Begriffe ‚Volksmassen‘, ‚revolutionäre Praxis‘ und ‚Bürgertum‘ sucht man in dieser Bestimmung vergebens. Stephan wiederholt lediglich die bis dahin bereits bekannten Forschungsergebnisse, die Knigge als einen sehr komplexen ‚politischen‘ Charakter, aber eben nicht als einen ‚lupenreinen‘ Jakobiner ausgewiesen hatten.[540] Bereits diese einschränkenden Bemerkungen hätten es außerordentlich fraglich erscheinen lassen müssen, Knigges Schriften für den Literarischen Jakobinismus zu reklamieren. Statt dessen hält Stephan es mit dem Hinweis auf die unbefriedigende Forschungslage „dennoch für vertretbar, ihn im Zusammenhang eines Bandes über ‚Literarischen Jakobinismus‘ zu behandeln“.[541] Die Frage, ob Knigge ein Jakobiner gewesen sei, bleibt unbeantwortet; bis auf weiteres, so Stephan, „wird sich der Leser anhand eigener Lektüre ein Urteil bilden müssen“.[542] Angesichts einer solchen ‚Beweisführung‘ drängt sich die Frage auf, warum „dem Leser“ an dieser Stelle statt eines Ergebnisses eine Aufgabe präsentiert wird. An anderer Stelle argumentiert Stephan entschiedener, wiederholt dabei jedoch unwissentlich eine gravierende Fehleinschätzung und führt auf diese Weise vor, daß ihre Konzeption des Literarischen Jakobinismus mindestens ebenso ‚störanfällig‘ ist wie diejenige Walter Grabs: Die „jakobinischen Intellektuellen“ Albrecht, Würzer und Meyer seien letztlich isoliert geblieben, stellt Stephan fest. „Verbindungen zu den Jakobinerklubs in Altona und Kiel, die hauptsächlich von den Unterschichten getragen wurden, sind nicht nachweisbar und auch unwahrscheinlich.“[543] Ob es Verbindungen zu den genannten Jakobinerklubs gegeben hat, sei dahingestellt. Eindeutig falsch indes ist die Aussage, diese Klubs seien „von den Unterschichten“ getragen worden.

Die Auseinandersetzung mit der These vom „plebejischen“ Jakobinerklub in Altona, die Walter Grab bereits 1966 nur ungenügend nachweisen konnte, später indes durchweg als gesichert unterstellt, sollte u. a. verdeutlichen, daß die Jakobinismusforschung in bestimmten Sektoren unter gezielter Anwendung erprobter Standards der Quellenkritik sowie durch den Einbezug sozialgeschichtlicher Forschungsstrategien bemerkenswerte Erkenntnisfortschritte erzielen konnte. Möglich wurde dies durch den Verzicht auf vorgängige politisch-ideologische Entscheidungen über den Aktualitätsbezug des Untersuchungsgegenstandes. Deswegen erscheint es mehr als fraglich, ob die (auch in der wissenschaftstheoretischen und wissenschaftsgeschichtlichen Diskussion) herangezogene – ausschließlich politische – Argumentationsvariante mit ihrer um den Begriff „Macht“ kreisenden Begründungsbemühung wirklich überzeugen kann:

> In Wahrheit handelt es sich [...] um ein Verhältnis von Macht und Nicht-Macht, in dem sich ein altes Muster spiegelt. Jakobinismus ist als Forschungsgegenstand ebenso marginal im Forschungs- und Wissenschaftsbetrieb der BRD geblieben, wie es seinerzeit der

---

539 Ebd., S. 127 f.
540 Vgl. dazu die umfassend rekonstruierte Wirkungsgeschichte Knigges: Wirkungen und Wertungen (wie Anm. 53).
541 Stephan: Literarischer Jakobinismus (wie Anm. 18), S. 125.
542 Ebd.
543 Ebd., S. 110.

Jakobinismus als politische und literarische Strömung am Ende des achtzehnten Jahrhunderts gewesen ist.[544]

Die Jakobinismus-Forschung wird von maßgebenden Ordinarien abgelehnt, weil sie politisch links ist, das heißt: die demokratischen Tendenzen der deutschen Geschichte bejaht und die Ursachen untersucht, weshalb sie niemals maßgebenden Einfluß erhielten. Großordinarien, die die Richtung bestimmen, was erforscht und was als Marginalie links liegengelassen werden soll, wie Gerhard Kaiser und Rudolf Vierhaus, schätzen den Jakobinismus weder als politische Richtung noch als Untersuchungsobjekt.[545]

Wenn zudem Axel Kuhns Feststellung zutrifft, daß es in der „offiziellen" historiographischen Wissenschaftstheorie ein erstes „Tabu" gebe („keine Aktualisierung"),[546] so haben Walter Grab und der größere Teil der germanistischen Jakobinismusforscher gegen diese disziplininterne Norm verstoßen. Bei der im folgenden zitierten Interview-Aussage von Klaus R. Scherpe etwa handelt es sich um eine selbstkritische Stellungnahme, die allerdings ergänzt werden kann, um die Reichweite dieser disziplininternen Norm bis hinein in das Feld akademischer Karrierebedingungen zu verfolgen – und an dieser Grenze wandelt sich die Funktion der internen (Wissenschafts-) Norm. Sie wird zur sozialen Norm, wie Gerhart Pickerodt in der Retrospektive zu verstehen gibt: „Man kommt aus dem Fachinternen, und dann gibt es – sage ich so gern – ein Kopplungsmanöver: hin zu gesellschaftlichen Wirkungen vom Gegenstand aus und in der Methode."[547]

> Desweiteren spielten sicherlich wissenschaftsintern die akademischen Biographien vieler Leute eine Rolle. Vielen ließ eine solche Wendung es möglich erscheinen, die Aura einer linken Fixierung aufzubrechen und sich in den kanonisierten Wissenschaftsbetrieb wieder einzuordnen. Die Verleugnung der eigenen linken Biographie zugunsten des Eintritts oder des Wiederaufgenommenwerdens in den wissenschaftlichen Betrieb hat eine ganz wichtige Rolle gespielt.[548]

Im Gegensatz zur geschichtswissenschaftlichen Jakobinerforschung, die sich in bestimmten Sektoren als stabil erwiesen hat – es also in den 1980er und 1990er Jahren wirklich wissen wollte und auch gegenwärtig wissen will –,[549] hat sich die germanistische Jakobinerforschung nach einer relativ stabilen Konjunkturphase in den 1970er Jahren in der Sicht der ehemaligen Akteure als ein eher ertragsschwaches Unternehmen erwiesen. Die Defizite in den Bereichen des konzeptuellen Wissens, der Wissensrepräsentation, der Konfiguration und Strukturierung des Forschungsobjektes sowie in der Begriffs- bzw. Theoriebildung und bei der anzuvisierenden ‚Grundmenge' wohldefinierter Aussagen blieben insgesamt unbearbeitet. Aber auf der Ebene empirischer Forschung wurde flächendeckend Neuland erschlossen, und obgleich die Forschungen zum Literarischen Jakobinismus aufs Ganze gesehen aus dem Prozeß der literarischen Verarbeitung jakobinischer Leitvorstellungen kein stabiles Rezeptionsmuster abstrahieren konnten, zeigt bereits ein flüchtiger Blick auf die

---

544 Stephan: Klassik und Jakobinismus (wie Anm. 464), hier S. 82.
545 Siehe dazu das Interview mit Walter Grab, S. 486–499, hier S. 492.
546 Siehe das Interview mit Axel Kuhn, S. 528–560, hier S. 556.
547 Siehe das Interview mit Klaus R. Scherpe, S. 692–702, hier S. 698.
548 Siehe das Interview mit Gerhart Pickerodt, S. 590–606, hier S. 595.
549 Vgl. dazu II, 2.2.2, S. 146, sowie oben, S. 118–121.

differenzierte Autorenphilologie sowie auf das erschlossene Gattungsspektrum bemerkenswerte Leistungen, denen viel Gewicht zubemessen werden muß. Weiterreichende Wirkungen erreichte die Erforschung des Literarischen Jakobinismus jedenfalls dort, wo sie sich, wie etwa Rainer Kawas Arbeit über Rebmann zeigt, in das umfassendere historiographische Feld der Spätaufklärungsforschung transformiert bzw. integriert hat.[550] Weitere bedeutende Repräsentanten dieser politisch-literarischen ‚revolutionär-demokratischen‘ Strömung wurden (wieder)entdeckt und intensiven Einzeluntersuchungen unterzogen, unter ihnen: Georg Forster, Carl Gottlieb Clauer, Georg Wedekind, Christoph Friedrich Cotta, Friedrich Wilhelm von Schütz, Eulogius Schneider, Friedrich von der Trenck, Franz Theodor Biergans, Matthias Metternich, Aloys Blumauer, Andreas Riedel und Franz Hebenstreit, um nur diese anzuführen. Das bearbeitete Gattungsspektrum umfaßt – außer direkten meinungsbildenden Aufrufen in periodisch erscheinenden Presse-Organen – Lieder und Gedichte, Schauspiele, Reiseberichte, Reden, Essays und Flugblattverse, Briefe, Aphorismen, Dialoge sowie Adaptationen liturgischer Formen wie Gebet und Katechismus. Schließlich wurden einheitlichere Linienführungen und schärfere Abgrenzungen in der Diskussion des historiographischen Konzepts ‚Spätaufklärung‘ erreicht: Von den radikal-demokratischen Schriftstellern annähernd französisch-jakobinischer Provenienz gilt es mittlerweile gemäßigte Autoren wie Adolph Freiherr Knigge, Joachim Heinrich Campe, Georg Anton von Halem, August von Hennings oder Johann Gottfried Seume zu unterscheiden: Ihre Schriften belegen keine Aufrufe zu gewaltsamen revolutionären Aktionen, sondern plädieren für politische Reformen.

Dieses ‚Leistungsprofil‘ verdeutlicht den Reichtum an bereits bewältigten Forschungsaufgaben, führt indes zugleich auf die Frage, warum die literaturwissenschaftliche Jakobinismusforschung ihren einstigen Status als Domäne der Spätaufklärungsforschung nicht erhalten konnte. Daß sozial-, kultur- und mentalitätsgeschichtliche Theorie- und Methodeninnovationen in den 1980er Jahren zu Verlagerungen und Differenzierungen der Fragestellungen auf Gebiete führten, die sich nicht mehr oberflächlich politisch instrumentalisieren ließen, ist vermutlich nur eine vorläufige Antwort auf diese Frage. Denn der Blick auf die parallele Entwicklung der historiographischen Jakobinismusforschung hat gezeigt, daß diese Forschungsaktivitäten sich sowohl gegenüber massiver intradisziplinärer Kritik behaupten konnten als auch auf die entsprechenden methodischen Innovationen produktiv zu reagieren wußten.

2.2.2 Exemplarische Demonstration eines Argumentationsverlaufs unter kanonisierten Voraussetzungen[551]

Simplifikation, etwa die Einengung eines Leistungsprogramms (als wirtschaftspolitische Gegenstrategie zur Diversifikation), kann eine durchaus sinnvolle Maßnahme unternehmerischer Wertschöpfung sein. „Simplifikation“ ist also nicht per se pejorativ besetzt. Auch in der Methodologie und Wissenschaftstheorie wird mit Simplifikationen gearbeitet; jedes Modell

---

550 Vgl. Kawa: Rebmann (wie Anm. 219).

551 Kanonisierte Voraussetzungen zählen nach Heinrich Scholz (1884–1956) zu den logisch unzulässigen Voraussetzungen. Sie liegen dann vor, wenn der Obersatz apodiktisch fixiert ist: „Was meinen wohlerworbenen, wohlgeprüften philosophischen oder religiösen oder politischen oder

ist nichts anderes als eine vereinfachende Darstellung komplizierter Sachverhalte zum Zweck
der Erkenntnis des Wesentlichen innerhalb eines komplexen Entdeckungszusammenhangs.
Nicht nur nicht hilfreich, sondern unvertretbar und besonders kritikwürdig sind dagegen
Simplifikationen in der Wissenschaft, wenn sie beispielsweise die wesentlichen Elemente
einer Theorie oder die Kernbestandteile einer Argumentation bereits in den reflektierenden
bzw. paraphrasierenden Passagen (bewußt) verschweigen, verzerren oder verfälschen.

Eben dieser Fall, eine unvertretbare Simplifikation, liegt Ernst Wangermann zufolge
in Wolfgang Reinbolds Studie *Mythenbildung und Nationalismus* vor:[552] „Gänzlich abzulehnen", belehrt Wangermann, sei „die Art und Weise, in der Reinbold die Interpretationen
jener Historiker präsentiert, die er widerlegen zu müssen glaubt. [...] Wenn Forschungsergebnisse derart verzerrt wiedergegeben werden, fällt es leicht zu behaupten, daß davon
‚nichts mehr übriggeblieben' ist."[553] Reinbold wird darüber hinaus vorgeworfen, er „nehme
ganz allgemein für sich [in] Anspruch, anders als seine Vorgänger auf diesem Gebiet, das
historische Material nicht nach ideologischen Gesichtspunkten vereinnahmt zu haben, sondern eine von allen voreingenommenen Positionen unberührte Interpretation seiner ‚Texte'
zu bieten".[554] Wangermann beschließt seine Rezension mit der bemerkenswerten Feststellung:

> Ich erwarte jedoch, daß wir uns mit den unverfälschten Forschungsergebnissen von Scheel,
> Grab, Ruiz, Neugebauer-Wölk und vielen anderen Forschern auf dem Gebiet des deutschen
> und österreichischen Jakobinismus noch lange werden auseinandersetzen müssen, nach-
> dem Reinbolds Buch allenfalls am Rande erwähnt und der Vollständigkeit halber in den
> einschlägigen Bibliographien angeführt werden wird.[555]

Es ist hier nicht von Interesse, was Ernst Wangermann in der Manier „persönlich gefärb-
ter Professorenprophetie" (Max Weber)[556] von der künftigen Jakobinismusforschung „erwartet", wenngleich es eine Formulierung wie „Kommende Zeiten werden zu entscheiden
haben ..." in diesem Zusammenhang auch getan hätte. Doch einmal abgesehen von dem
selbstverliebten, autoritären Gestus des Rezensenten und dem assertorischen Charakter seiner Diktion: Hat Wangermann Reinbolds Ansatz korrekt reformuliert? Die Antwort lautet
zweifelsfrei: Nein. Denn Reinbold hat sein Untersuchungsziel folgendermaßen formuliert,
und es ist ein selbstverständliches Gebot der Fairneß, den Autor angesichts der von Ernst
Wangermann sachlich unzutreffend wiedergegebenen Passagen in extenso zu zitieren:

---

sozialen Überzeugungen entgegenkommt, ist entweder unwidersprechlich oder mit der grössten
   Wahrscheinlichkeit wahr. Was sie stört, ist in hohem Grade verdächtig. Was ihnen widerspricht,
   ist entweder nicht ernst zu nehmen oder erweislich falsch." Vgl. Arie L. Molendijk : Aus dem
   Dunklen ins Helle. Wissenschaft und Theologie im Denken von Heinrich Scholz. Amsterdam und
   Atlanta GA 1991, S. 151 f.

552 Reinbold: Mythenbildung (wie Anm. 225).

553 Ernst Wangermann: [Rez.] Reinbold, Mythenbildung und Nationalismus, 1999. In: Das achtzehnte
   Jahrhundert und Österreich. Jahrbuch der Österreichischen Gesellschaft zur Erforschung des
   18. Jahrhunderts 16 (2001), S. 166–167, hier: S. 167.

554 Ebd., S. 166 f.

555 Ebd., S. 167.

556 Für Weber war sie „von allen Arten der Prophetie" die „einzige ganz und gar unerträgliche"; vgl.
   Marianne Weber: Max Weber. Ein Lebensbild. Mit einer Einleitung von Günther Roth. München
   u. a. 1989, S. 335.

Von konservativer Seite bis heute also verunglimpft und allgemein ignoriert, entdeckten vor allem politisch links stehende Wissenschaftler des 20. Jahrhunderts die „deutschen Jakobiner" wieder und befaßten sich mit ihren Vorstellungen. Sie taten dies jedoch auf eine Art und Weise, die den Quellen nie gerecht geworden ist. Sie bedienten sich mit Vorliebe aus dem Zusammenhang gerissener Ausschnitte, um ihre Thesen zu stützen. In keinem Fall ist das gesamte Quellenmaterial zur Beurteilung herangezogen worden. Allein schon hieraus ergibt sich die Notwendigkeit dieser Arbeit. Eine Synthese, die auf einer breiten Quellenbasis aufbaut, ist ein Forschungsdesiderat. Darüber hinaus verstellten ideologische Prämissen häufig den Blick auf eine ganze Reihe von Merkmalen „deutschjakobinischer" Texte. Diese spezifischen Charakterzüge wurden oft genug einfach verschwiegen, schon gar nicht analytisch diskutiert oder interpretiert. Unkritisch wurde und wird ein französischer Jakobinismus-Begriff auf Deutschland übertragen, unter den man diejenigen zwingt, die dafür am ehesten in Betracht kommen. Einen analytischen Zugriff hat die Jakobinismusforschung mit ihren Monographien zu einzelnen Autoren, mit ihren Anthologien und Spezialstudien zu einzelnen Gebieten nie wirklich entwickelt. Stattdessen verlor sie sich positivistisch in Details. Festzuhalten bleibt: Eine umfassende kritische Betrachtung „jakobinischer" Texte, eine Synthese, die zudem den Anforderungen kritischer Geschichtswissenschaft genügt, steht bis heute aus. Diese Arbeit setzt an den genannten Forschungsdefiziten an. Sie versucht, den „deutschen Jakobinern", die im folgenden „deutsche Republikaner" genannt werden, jenseits von pauschaler Diffamierung oder verherrlichender Indienstnahme für aktuelle Zwecke, durch eine genaue Quellenlektüre gerecht zu werden. Angestrebt wird eine umfassende Synthese auf der Basis der kompletten Quellen. Nur so sind verläßliche Resultate möglich. Die Thesen sollen durch einen ständigen Rückgriff auf die Quellen entfaltet werden, insofern ist das Vorgehen durchaus empirisch. Es steht somit in erster Linie in einem deutlichen Gegensatz zur bisherigen Forschung und deren Ausschnittsprinzip. Im übrigen werden die Quellen ernst genommen, das heißt sie werden nicht auf dem Hintergrund einer bestimmten Ideologie und zugunsten einer möglichst bequemen Theorie ‚angepaßt', sondern möglichst differenziert behandelt.[557]

Zugegebenermaßen stellt sich damit ein ambitiöses Unternehmen vor, und ‚kommende Zeiten werden zu entscheiden haben', ob Reinbold seinem selbstgesetzten Anspruch gerecht geworden ist. Wichtig ist im vorliegenden Zusammenhang die Feststellung, daß Reinbold nicht behauptet, eine von „allen voreingenommenen Positionen unberührte Interpretation seiner ‚Texte' zu bieten". Vielmehr wirft er der Jakobinismusforschung (a) einen undifferenzierten und selektiven Umgang mit den Quellen vor, dem er (b) eine „genaue" Lektüre der „kompletten Quellen" entgegensetzen möchte, um seine Thesen (c)

---

557 Reinbold: Mythenbildung (wie Anm. 225), S. 16 f. Siehe dazu das Interview mit Georg Jäger, S. 334–358, hier S. 354 f.: „Wenn man versucht, die Jakobinismusforschung wissenschaftsgeschichtlich zu resümieren, muß man sagen: Da ist nur sehr wenig herausgekommen, soweit ich das sehe. Es ist nicht klar geworden, wie Politik und Literatur zueinander stehen, obwohl man ungeheuer viel über operative Genres geschrieben hat, über die jakobinischen Dramen und sonstige jakobinische Literatur wie Romane und Lyrik. Es ist eine tüchtige Flugschriftenforschung entstanden. Es wurde sogar die Form des Katechismus erforscht mit Bezug auf seine gesellschaftspolitische Wirksamkeit. Aber es sind weder die Textbegriffe geklärt worden, noch wurde erschlossen, wie sich die Systeme Politik und Literatur in strukturierten Zusammenhängen zueinander verhalten. Es ist eigentlich alles nur angesprochen worden in der Jakobinismusforschung. Sie hat aufgehört, als sie diese Fragen hätte klären müssen."

im „ständigen Rückgriff auf die Quellen" zu entfalten. Darüber hinaus unterwirft er sich
(d) dem Anspruch, die Qellen „ernst" zu nehmen, was im Rahmen seiner ‚Axiomatik' nur
konsequent erscheint, da er sein Forschungsanliegen aus der vermeintlich nie erreichten
„Synthese" in der Betrachtung „jakobinischer" Texte legitimieren möchte. Sodann erklärt
er (e) – und darauf kommt es allerdings an –, daß seine Arbeit etwas „versucht"! Reinbold
ist sich mithin der Gefahr des Scheiterns bewußt; vor allem behauptet er nicht, er biete
eine „von allen voreingenommenen Positionen unberührte Interpretation". Indes, wie zu
zeigen sein wird, nimmt Ernst Wangermann seinerseits es mit den Veröffentlichungen anderer Forscher nicht eben genau, wenn es darum geht, vermeintliche Kontrahenten in die
Schranken zu weisen: Ernst Wangermann vereinfacht dann bisweilen gerne, vor allem aber
billigt er sich das Recht zu, genau jenes Verfahren zu praktizieren, das er an der Arbeit von
Wolfgang Reinbold kritisieren zu müssen meint: Er verfälscht, verzerrt und vereinfacht.

In einer kürzlich erschienenen Publikation wartet Wangermann mit der zunächst
trivial anmutenden Erkenntnis auf:

> Alle Historiker gehen in ihren wissenschaftlichen Arbeiten von bestimmten Vorausset-
> zungen aus, die sowohl die Wahl ihrer Forschungsthemen als auch ihre Interpretation des
> erforschten Materials und dessen Darstellung beeinflussen. Viele scheinen sich dessen
> nicht bewusst zu sein. Wenige Historiker waren sich jedoch ihrer Voraussetzungen so klar
> bewusst oder haben darüber so offen Rechenschaft abgelegt wie Walter Grab.[558]

Walter Grab habe „scharfe Kritik von Seiten jener Historiker hervorgerufen, die glauben
(oder jedenfalls behaupten), dass ihre Forschungen und Darstellungen voraussetzungsfrei
seien und in diesem Glauben (oder mit dieser Behauptung) einen Exklusivanspruch auf
Wissenschaftlichkeit und Objektivität geltend machen wollen. Sie beschuldigen Walter
Grab, seiner ideologischen Voraussetzungen zuliebe die historische Bedeutung der Demokraten im deutschsprachigen Bereich im Zeitalter der französischen Revolution maßlos
übertrieben zu haben."[559]

Es geht Wangermann also um das Problem der sogenannten Voraussetzungslosigkeit
der Wissenschaft, und er ist davon überzeugt, die Kritik an den „unverfälschten" Ergebnissen der Jakobinismusforschung versuche sich über den Nachweis zu legitimieren, die
Jakobinismusforschung sei ideologisch vorbelastet und komme daher notwendigerweise
zu verzerrten Forschungsergebnissen, während die Kritiker selbst, laut Wangermann, in
dem Wahn befangen seien, sie forschten ‚objektiv', voraussetzungsfrei. Wangermann wird
dagegen nicht müde, auf den Voraussetzungsreichtum historischer Forschung zu verweisen. Er formuliert es freilich stereotyp und holzschnittartig, so daß man bei dem Versuch,
seine Position zu verstehen, auf Vermutungen angewiesen bleibt. Was versteht Wangermann unter „wissenschaftlichen" Arbeiten? Meint er ausschließlich die historiographische
Forschung? Schließt er die sogenannten positiven, exakten, ‚objektiven' – die ‚strengen' –
Wissenschaften von seinem Urteil aus? In welcher Bedeutung verwendet er den Ausdruck

---

558 Ernst Wangermann: Ansätze des demokratischen Denkens in Österreich im späten 18. Jahrhun-
      dert. In: Aufklärung, Demokratie und die Veränderung der gesellschaftlichen Verhältnisse. Texte
      über Literatur und Politik in Erinnerung an Walter Grab (1919–2000). Frankfurt/Main u. a. 2011,
      S. 9–18, hier S. 9.
559 Ebd.

‚voraussetzungsfrei'? Meint er, daß die historiographische Forschung und der wissenschaftliche Apparat Gegenstände erschließen, von denen die Forscher vorgängig immer bereits
etwas verstanden haben müssen? Verfolgt er (im weitesten Sinne) den Ansatz einer ‚dialektischen Theorie'? Meint er, die sogenannte Objektivität der Wissenschaft lasse sich nicht
aus sich selbst begründen? Hat Wangermann bei der Verwendung des Begriffs „Voraussetzung" Prinzipien und Interessen im Sinn, die ursächlich nicht auf die Wissenschaft selbst,
d. h. auf die Spezifik ihrer Gegenstände und ihrer Methoden zurückzuführen sind, sondern
durch Religion, Kirche, Politik oder Partei-Interessen ‚von außen' an sie herangetragen
werden? Oder meint Wangermann, daß der geschichtswissenschaftlichen Forschung ideologische Voraussetzungen per se inhärent seien?

Ersichtlich operiert Wangermann auf dem Feld der Begriffsbildung wenig skrupulös
und bemerkenswert undifferenziert. Die Bedeutungsvielfalt von „Voraussetzung(en)" erscheint ihm offenbar nicht einmal ansatzweise als Problem, und es scheint ihn darüber
hinaus nicht zu interessieren, daß in der Konsequenz seiner These von der generellen Vor-
aussetzungsbelastung jeglicher historischen Forschung die Reflexion auf das eigene wissen-
schaftlich-methodische Handeln nur allzuschnell umschlagen kann in eine unreflektierte
Betonung kanonisierter Voraussetzungen. Auf diese Weise entsteht ein Gedankengbäude,
in das niemand eindringen kann: Was den eigenen politischen, sozialen und ideologischen
Überzeugungen entgegenkommt, ist als Wahrheit anzusehen und durch Forschungsergebnisse zu ‚verifizieren'. Was dagegen die eigenen Überzeugungen in Frage stellt, sie also
‚stört', ist als falsch zu erweisen. Zu den Spezifika solcher Auseinandersetzungen um kanonisierte Voraussetzungen gehört es, daß die an ihnen beteiligten Kontrahenten sich eine
ideologiefreie Debatte nicht vorstellen können und genau besehen auch nicht vorstellen
wollen können, weil sie damit den Anspruch auf die Legitimität ihrer kanonisierten Voraussetzungen aufgeben würden. In diesem Sinne wurde oben bereits die unmißverständliche Auskunft eines Jakobinerforschers zitiert: „Eines muß Ihnen klar sein: Wir reden hier
über Politik, ausschließlich über Politik, nicht über Wissenschaft!"[560] Wissenschaftstheoretische Erwägungen spielen in dieser Art von ‚Forschung' in der Regel allenfalls eine untergeordnete Rolle. Man könnte diese Art von voraussetzungsbelasteter Forschung mit der
Kurzformel ‚viel Schneid–wenig Strategie' charakterisieren: Nicht die permanente Prüfung
der Voraussetzungen und der methodischen Mittel zu ihrer wissenschaftlichen Bewahr-
heitung oder Verwerfung stehen im Vordergrund, sondern die ‚Langlebigkeit' der kanonisierten Voraussetzung(en), und sei es auch im defizienten Modus einer Häufungsstelle von
vagen Behauptungen.

Wissenschaft und Forschung sollen jedoch nicht der Vagheit Vorschub leisten, sondern
„Klarheit" erzeugen.[561] Nicht zuletzt deswegen ist es wichtig, den von Wangermann schil-
lernd belassenen Begriff der Voraussetzung respektive seine Bedeutung in der Wendung
‚Voraussetzungslosigkeit der Wissenschaft' näher zu beleuchten, um wenigstens annähernd
zu ergründen, was genau Wangermann meint, wenn er behauptet, daß „alle Historiker" in
ihren wissenschaftlichen Arbeiten von „bestimmten Voraussetzungen" ausgehen.

---

560 Siehe oben, S. 71.
561 Vgl. Friedrich Tenbruck: Die Wissenschaftslehre Max Webers. Voraussetzungen zu ihrem Ver-
    ständnis. [1986]. In: F. T.: Das Werk Max Webers. Gesammelte Aufsätze zu Max Weber. Hrsg. von
    Harald Homann. Tübingen 1999, S. 219–260, hier S. 257.

Die von Wangermann geltend gemachten Bedenken sind – um nur das mindeste zu sagen: nicht gerade neu, wie im folgenden u. a. der bewußt gewählte bibliographische Rückgriff auf entsprechende ältere („klassische") philosophisch-wissenschaftstheoretische Publikationen verdeutlichen soll. Wangermanns Kritik dokumentiert zunächst das, was Lujo Brentano in der privaten Korrespondenz mit Theodor Mommsen und später Mommsen selbst 1901 in der Debatte um den „Fall Spahn" in die populär gewordene Formulierung kleidete: „Die Voraussetzungslosigkeit aller wissenschaftlichen Forschung ist das ideale Ziel, dem jeder gewissenhafte Mann zustrebt, das aber keiner erreicht noch erreichen kann. Religiöse, politische, soziale Überlegungen bringt jeder von Haus aus mit und gestaltet sie aus je nach dem Maße seiner Arbeits- und Lebenserfahrung; [...]."[562] Angesichts der Unerreichbarkeit dieses ‚Ideals' appelliert Mommsen an die Pflicht des Wissenschaftlers zur Ehrlichkeit und Wahrhaftigkeit bei der Verfolgung wissenschaftlicher Ziele sowie in der Wahrnehmung und entsprechenden Würdigung divergierender Auffassungen. Unter „Voraussetzungslosigkeit" versteht Mommsen konkret die Freiheit des Wissenschaftlers von politischen und religiösen Bindungen: Die deutsche Universität sollte nach seiner Auffassung der „große Fechtboden des deutschen Geistes" bleiben, und die wissenschaftliche Auseinandersetzung nicht nach einer weltanschaulichen „Zaunordnung" in unterschiedlichen „Kämmerchen", sondern „auf demselben Waffenplatz" ausgetragen werden.[563]

Max Weber hat sich in seiner *Wissenschaftslehre* schließlich dem Problem zugewandt, warum das Postulat der Freiheit der wissenschaftlichen Forschung und Lehre von außerwissenschaftlichen Zwecken und Bindungen mit dem mißverständlichen Begriff „Voraussetzungslosigkeit" bezeichnet worden ist. Um dieses Mißverständnis und daraus resultierende semantische Irritationen zu vermeiden, ist strikt zu unterscheiden zwischen den Postulaten (a) der Wertfreiheit und (b) der Voraussetzungslosigkeit wissenschaftlichen Erkennens. (a) besagt, daß Werturteile nicht mit wissenschaftlichen Instrumenten und Methoden begründet werden können, denn, so Weber: „[...] praktisch-politische Stellungnahme und wissenschaftliche Analyse politischer Gebilde und Parteistellung ist zweierlei."[564] (b) dagegen formuliert das bereits eingeführte Postulat der Freiheit des Wissenschaftlers von

---

562 „Mommsens Replik auf den Protest v. Hertlings" (Münchener Neueste Nachrichten vom 24. November 1901), zitiert nach Kurt Rossmann: Wissenschaft, Ethik und Politik. Erörterung des Grundsatzes der Voraussetzungslosigkeit in der Forschung. Mit erstmaliger Veröffentlichung der Briefe Theodor Mommsens über den „Fall Spahn" und der Korrespondenz zu Mommsens öffentlicher Erklärung über „Universitätsunterricht und Konfession" aus dem Nachlaß von Lujo Brentano. Heidelberg 1949, S. 35. Bereits 1835 hatte David Friedrich Strauß den Begriff ‚Voraussetzungslosigkeit' – allerdings nicht in dem später von Mommsen gemeinten Sinn – in die akademisch-theologische Debatte eingeführt: „Den gelehrtesten und scharfsinnigsten Theologen fehlt in unsrer Zeit meistens noch das Grunderfordernis einer solchen Arbeit, ohne welches nichts auszurichten ist: die innere Befreiung des Gemüths und Denkens von gewissen religiösen und dogmatischen Voraussetzungen, und diese ist dem Verfasser durch philosophische Studien frühe zu Theil geworden. Mögen die Theologen diese Voraussetzungslosigkeit seines Werkes unchristlich finden: er findet die gläubigen Voraussetzungen der ihrigen unwissenschaftlich." David Friedrich Strauß: Das Leben Jesu, kritisch bearbeitet. Bd. 1. (Vorrede zur ersten Auflage). 2., verb. Aufl. Tübingen 1837.
563 Vgl. „Mommsens Replik auf den Protest v. Hertlings" (wie Anm. 562), S. 35.
564 Max Weber: Wissenschaft als Beruf. [1919]. In: M. W.: Gesammelte Aufsätze zur Wissenschaftslehre. Hrsg. von Johannes Winckelmann. 6., ern. durchges. Aufl. Tübingen 1985, S. 582–613, hier S. 601.

politischen und religiösen Bindungen. Was also meint Ernst Wangermann, wenn er erklärt: „Alle Historiker gehen in ihren wissenschaftlichen Arbeiten von bestimmten Voraussetzungen aus"? Es kann mit guten Gründen unterstellt werden, daß auch Wangermann die Unabhängigkeit der wissenschaftlichen Forschung von politischer Fremdbestimmung als eine unabdingbare ‚Voraussetzung' (b) ansieht. Seine Einlassungen zielen demnach auf (a), denn er expliziert zumindest: „Viele [Historiker] scheinen sich dessen nicht bewusst zu sein" und möchte damit offenbar zum Ausdruck bringen, daß wissenschaftliche Prozesse von Voraussetzungen abhängen, die sich nicht ausschließlich auf rationale Kriterien ‚richtiger' Erkenntnis zurückführen lassen. Wenn Wangermann dies meint, so wäre ihm uneingeschränkt beizupflichten. Zu bezweifeln bliebe indes seine Unterstellung, die Kritiker der Jakobinismusforschung seien allesamt naiv und borniert genug anzunehmen, sie könnten das Problem der Voraussetzungslosigkeit durch aprioristische oder empiristische Unmittelbarkeit des Zugangs zu ihrem Forschungsgegenstand durchbrechen. Genau dies ist das Mißverständnis, dem Ernst Wangermann ausgesetzt zu sein scheint, wie im folgenden zu zeigen sein wird.

In einer kürzlich erschienenen Publikation berichtet Wangermann, nach der „sogenannten Wende" habe sich die Kritik an Walter Grabs Jakobinismusforschungen „radikal verschärft":

> Im Sommer 1995 nahm ich am 9. Internationalen Kongress zum Zeitalter der Aufklärung in Münster teil. Dort stellte Michael Schlott (damals Universität Hamburg) in einer Sektion die Ergebnisse einer aus öffentlichen Mitteln finanzierten Enquete über „Germanistische Jakobinismusforschung 1965–1990" vor. In deren Verlauf waren angeblich hundert ungenannte Experten interviewt worden.
>
> Hinsichtlich der Forschungen Walter Grabs kam die Enquete ungefähr zu folgendem Ergebnis: Grab stelle keine wissenschaftlichen Thesen auf, sondern trage apodiktisch ideal-typische Definitionen vor, und zwar auf eine Weise, dass sie sich wissenschaftlicher Diskussion und kritischer Prüfung entzögen. Seine Arbeiten hätten als historische Schützenhilfe für die längst nicht mehr aktuelle Politik des Alt-Bundespräsidenten Gustav Heinemann gedient und könnten daher im Jahre 1995 als Historiographie *ad acta* gelegt werden. Derart glaubt man also in gewissen Kreisen, das nach der Wende nicht mehr zeitgemäß scheinende Werk des Historikers Walter Grab quasi „entsorgen" zu können. Solche Aussagen richten sich selbst.[565]

Da der Adressat dieser Kritik sich nicht entsinnen konnte, jemals in der von Ernst Wangermann ‚referierten' Weise argumentiert zu haben (zu keinem Zeitpunkt hat er etwa behauptet, „hundert" Interviews geführt zu haben!), vergewisserte er sich der von Wangermann herangezogenen Quelle. Diese Quelle heißt: Ernst Wangermann. In der entsprechenden Anmerkung stößt man auf das treuherzige Bekenntnis: „Nach meiner Erinnerung an die Sitzung, […]. Ich weiß nicht, was, wenn überhaupt, davon veröffentlicht worden ist."[566]

Am 4. November 2011 hat der Herausgeber des vorliegenden Bandes einen Brief an Ernst Wangermann geschrieben und ihn darauf aufmerksam gemacht, daß er den Forschungsverlauf im Bereich der wissenschaftshistoriographischen Untersuchungen zur

---

565 Wangermann: Ansätze (wie Anm. 558), S. 9 f.
566 Ebd., S. 10, Anm. 4.

Jakobinismusforschung offenbar nicht mit der erforderlichen Sorgfalt zur Kenntnis genommen habe. Ferner sandte er Ernst Wangermann Sonderdrucke einiger seiner Publikationen zu, um das Informationsdefizit zu mildern und gegebenenfalls in eine Diskussion über die monierten Sachverhalte einzutreten.[567] Daran hat Ernst Wangermann aber offenkundig kein Interesse. Es sei daher an dieser Stelle der bereits brieflich übermittelte Wunsch wiederholt: Sollte Ernst Wangermann die Absicht hegen, sich auch künftig öffentlich über diese Materie zu äußern, so wäre es sachdienlich, wenn er sich dabei nicht nur auf seine „Erinnerung", sondern ebenso auf die dokumentierten Fakten stützen würde. Da er inzwischen entsprechendes Material zur Hand hat, sollte ihm dies wohl möglich sein. Auch erscheinen suggestive und undeterminierte Wendungen wie „in gewissen Kreisen" als unangebracht; sie führen in der sachgebundenen Diskussion nicht weiter und sind als ,atmosphärische Störmanöver' ebenso leicht durchschaubar, wie die offenbar weise anmuten sollende ,Prophezeiung' „Solche Aussagen richten sich selbst".[568] Wie wichtig es allerdings im Sinne einer sachlich fundierten Diskussion wäre, daß Ernst Wangermann sich der Mühe unterzöge, die von ihm offenbar als unerwünscht empfundenen Forschungsbeiträge zu lesen, mag die seit 1996 (!) gedruckt vorliegende Zusammenfassung des kritisierten Münsteraner Vortrags erweisen. Der von Wangermann höchst unvollständig ,memorierte' und aus dem Zusammenhang gerissene Sachverhalt wurde seinerzeit folgendermaßen zur Diskussion gestellt:

> H. Wilharm hat zurecht darauf hingewiesen, daß die im Anschluß an Grab unternommenen Forschungen zum Jakobinismus nicht zwischen der *Feststellung* und der *Analyse* idealtypischer Merkmale unterschieden haben. Anders gewendet: Die Ausgangsthese ist bei Grab so formuliert, daß sie durch empirische Forschungen nicht widerlegt werden kann, weil im Rahmen der idealtypischen Konstruktion keine Unterscheidung zwischen *definitorischer* und *empirischer* Fragestellung getroffen wird. Im Unterschied dazu hat die geschichtswissenschaftliche Jakobinerforschung mit der Gründung der Innsbrucker Forschungsstelle (1981) sowohl den „idealtypischen Ansatz" als auch den engen instrumentellen Politikbegriff der siebziger Jahre verabschiedet.[569]

Die eigentliche Stoßrichtung des Arguments hatte Wangermann, wie seinerzeit bereits an seiner „Intervention"[570] deutlich geworden war, nicht realisiert, sonst hätte er die logisch notwendigen Zwischenglieder (mangelnde Unterscheidung zwischen Feststellung und Analyse idealtypischer Merkmale sowie zwischen definitorischer und empirischer Fragestellung) in seiner ,Paraphrase' des Referats nicht unterschlagen. Darüber hinaus ging es, wie es Wangermann bei intensiver ,Erinnerungsarbeit' wieder einfallen sollte, an diesem Punkt der Argumentation in erster Linie um „den engen instrumentellen Politikbegriff der siebziger Jahre", denn daß Walter Grab sich bereits zu Beginn der 1980er Jahre von seiner

---

567 Wirkungen und Wertungen (wie Anm. 53), mit entsprechenden Hinweisen auf die Einleitung zu diesem Band (S. XV–LXXXVIII); „Politische Aufklärung" (wie Anm. 2); [Art.] Jakobinismus (wie Anm. 225).

568 Vgl. Wangermann: Ansätze (wie Anm. 558), S. 10.

569 Michael Schlott: Germanistische Jakobinismusforschung 1965–1990. In: Transactions of the Ninth International Congress on the Enlightenment, Münster 23–29 July 1995. Vol. III. Oxford 1996, S. 1539–1543, hier S. 1542; vgl. unten, S. 116 f.

570 „Nach meiner Erinnerung an die Sitzung, in der ich in der Diskussion intervenierte." Wangermann: Ansätze (wie Anm. 558), S. 10, Anm. 4.

Konstruktion eines idealtypischen ‚deutschen Jakobiners' verabschiedet hatte, war auch dem Referenten nicht verborgen geblieben.[571] Diese Ausführungen mögen (vorläufig) genügen, einen bestimmten Diskussionsstil ‚politisierter' Wissenschaft und ihrer kanonisierten Voraussetzungen exemplarisch vorzuführen.

Um ein Mißverständnis handelt es sich schließlich, weil das Problem der ‚Voraussetzungslosigkeit der Wissenschaft' in der vorliegenden Dokumentation von Experteninterviews zur Empfindsamkeits- und Jakobinismusforschung nicht einmal von nachgeordneter Bedeutung ist, geht es doch ausdrücklich – und insbesondere in der vorliegenden Auseinandersetzung mit der Jakobinismusforschung – darum, den Voraussetzungsreichtum dieser Forschungsrichtung in den Blick zu bekommen. Und an keiner Stelle der vorliegenden Darstellung wird man (weder wörtlich noch sinngemäß) die Erklärung finden, es handele sich dabei um eine ‚objektive' oder ‚voraussetzungslose' Studie. Wangermanns Kritik gleicht damit einem überflüssigen ‚Vernichtungsfeldzug' gegen ein sehr interessantes Problem. Er nimmt seine Zuflucht bei der Frage nach der Voraussetzungslosigkeit der Wissenschaft, geht also gänzlich an der Sache vorbei und unterstellt einen vollkommen abwegigen Sachzusammenhang. Denn spätestens seit den Erkenntnissen Eduard Sprangers, der in der sogenannten Werturteilsdiskussion den Standpunkt vertrat, es liege geradezu in der Eigenart der Geisteswissenschaften, Werturteile („auf Grund von Erkenntnis") zu fällen,[572] oder Nicolai Hartmanns, der von „dem ungeheuren Unsinn einer ‚voraussetzungslosen Wissenschaft'" sprach,[573] ist die undifferenzierte Berufung auf „wertfreie" Verfahren der Forschung und entsprechende „objektive" Erkenntnis gleichbedeutend mit einem Rückfall hinter den Stand relativ stabiler wissenschaftstheoretischer Erkenntnisse. Aus diesem Grunde wäre es eine ebenso überflüssige Bemühung, Ernst Wangermanns diesbezügliche Aussage widerlegen zu wollen. Im Gegenteil: Seine vermeintlich ‚entlarvende' Belehrung ist in ihrer Schlichtheit derart trivial, daß niemand auf die Idee käme, etwas dagegen einzuwenden: Eine voraussetzungslose Wissenschaft kann es aus den skizzierten Gründen nicht geben, denn sie wäre genaugenommen eine Wissenschaft, die von ihren eigenen Voraussetzungen nichts wüßte, ein leeres Sausen gewissermaßen. Welcher Wissenschaftler sollte dies ernsthaft wollen?

Damit ist allerdings der Punkt erreicht, an dem analytische Wissenschaftstheorie als Methodenkritik und kritische Prüfung von Argumentationszusammenhängen (und ihrer sprachlichen Realisation) ansetzt. Die Analyse der Erkenntnisweise ist eine zentrale Aufgabe der Philosophie und Wissenschaftstheorie. Jeder Forscher muß es sich nicht nur gefallen lassen, sondern im Sinne wissenschaftlicher Rationalität als wünschenswert erachten, daß die Wege, auf denen er zu seinen ‚Ergebnissen' gelangt ist, durch andere Forscher überprüft werden. Auch die historiographische Jakobinismusforschung kann sich nicht

---

571 Siehe dazu oben, S. 117, Anm. 451.

572 „Vielmehr werden wir zeigen, daß es in der Eigenart der Geisteswissenschaften liegt, ‚Werturteile auf Grund von Erkenntnis' zu fällen, und daß ein genau zu bestimmender Unterschied zwischen diesem Standpunkte und dem des Parteimannes oder Agitators besteht." Eduard Spranger: Die Stellung der Werturteile in der Nationalökonomie. In: Schmollers Jahrbuch für Gesetzgebung, Verwaltung und Volkswirtschaft im Deutschen Reiche 38 (1914), H. 2, S. 33–57; ferner E.S.: Der Sinn der Voraussetzungslosigkeit in den Geisteswissenschaften. Berlin 1929.

573 Vgl. Nicolai Hartmann: Der Aufbau der realen Welt. Grundriß der allgemeinen Kategorienlehre. 2. Aufl. Berlin 1949, S. X.

von der Pflicht einer permanenten Prüfung ihrer methodischen Voraussetzungen dispen-
sieren, wenn anders sie im Dogmatismus enden will. Und wenn sich in bestimmten Fällen beispielsweise herausstellt, daß die definitorische Verschwommenheit bzw. übermäßige
Formbarkeit zentraler Begriffe dazu führt, daß jeder aus ihnen das herauslesen kann, was
ihm ‚passend' erscheint, so ist die Kritik, die solche Monita benennt, kein Grund zur Be-
schwerde, sondern dankenswert. Jeglicher Erkenntnisversuch ist grundsätzlich fehlbar und
also revidierbar: Wahrheitsgarantien und Gewißheit gibt es auch in der Jakobinismusforschung nicht.

Wissenschaftliches Denken ist vor allem methodisches Denken, d. h. jedoch, die Erkenntnisziele müssen so präzise wie möglich definiert und die Verfahren, um die Erkenntnisziele zu erreichen, reflektiert und effizient gewählt werden. Dies wiederum bedeutet,
wie oben in der ausführlichen Darstellung der Forschungsprogramme Heinrich Scheels
und Walter Grabs gezeigt werden sollte: Forschungsvoraussetzungen und Forschungsergebnisse dürfen nicht miteinander verwechselt werden; Forschungsergebnisse sind nicht
bereits als Voraussetzung ‚mitzubringen'; es kann nicht als richtig vorausgesetzt werden,
was es erst zu beweisen gilt. Und wenn auch die ‚voraussetzungslose', ‚wertfreie', ‚positivistische' Forschung weder denk- noch wünschbar ist, so muß wissenschaftliches Denken
stets bestrebt sein, sich unabhängig zu machen von den persönlichen Interessen, durch
die es hervorgerufen wird sowie von allen Voraussetzungen hinsichtlich der Ergebnisse,
zu denen es gelangt. Unter anderem deswegen hat bereits Eduard Spranger dargelegt, daß
zwischen Urteilen, die aufgrund von Erkenntnis gefällt werden, und denen eines ‚Parteimannes' oder Agitators ein sehr genau zu bestimmender Unterschied besteht.[574]

Ernst Wangermann ist offenbar so sehr von der These der generellen Voraussetzungs-
belastung wissenschaftlicher Forschung überzeugt, daß eine ideologiefreie Debatte in den
Grenzen analytischer Wissenschaftstheorie außerhalb seines Vorstellungsvermögens liegt.
Daher sei (mit den Worten von Ernst Topitsch) erneut konzediert, daß „Wissenschaft eine
soziale Realität von größter Bedeutung" ist und „selbstverständlich in intensivster Wechselwirkung mit dem gesellschaftlichen Wertgeschehen" steht.[575] Es ist ferner anzumerken,
daß Wissenschaft und Forschung grundsätzlich politisch und ideologisch inspiriert bzw.
motiviert sein können. Es besteht jedoch ein gravierender Unterschied zwischen politisch-
ideologisch oder ethisch inspirierter wissenschaftlicher Forschung auf der einen und ihrer
Politisierung und Instrumentalisierung auf der anderen Seite. Was das Moment der Inspiration oder die jeweilige Frage nach den ethischen Motiven betrifft, ist eine weitere Einschränkung zu explizieren. Es ist nicht beabsichtigt, etwaige zugrundeliegende politische
oder moralische Wertentscheidungen von Akteuren der Jakobinismusforschung zu kritisieren: Derlei Erwägungen liegen ausdrücklich nicht im Untersuchungsinteresse der vorliegenden Studie; und das bedeutet im ursprünglichen Sinne des Wortes: Sie interessieren
hier nicht! Allerdings gehört zu den leitenden Voraussetzungen der vorliegenden Studie die
Annahme, daß auch die Erkenntnisse der Geschichtswissenschaft immer nur vorläufig sein
können und daß aus diesem Grunde auch ein hoher moralischer Impetus nicht per se die
Erkenntnis ‚der' Wahrheit garantiert. Daher beschäftigt sich die vorliegende Studie gerade

---

574 Vgl. Anm. 572
575 Ernst Topitsch: Die Freiheit der Wissenschaft und der politische Auftrag der Universität. [1968].
      2., um ein Nachw. erw. Aufl. Neuwied und Berlin 1969, S. 9.

mit der Frage, ob es sich bei den Forschungsergebnissen der ‚politisierten‘ Jakobinismusforschung um epistemologisch differenziert entwickelte Erkenntnisse oder um Schein-
begründungen vorausgesetzter politischer Ziele handelt. Und deswegen wiederum ist dieses Anliegen nicht mit dem ‚Argument‘ zu entkräften, daß die Jakobinismusforschung ihre
politische Motivation niemals verschwiegen habe: Ein Architekt kann die Fundamentschä-
den und die statischen Mängel seiner Konstruktion nicht mit dem Argument rechtfertigen,
er habe doch schließlich ‚schön‘ bauen wollen. Es sei daher ein weiteres Mal die vielleicht
schwerwiegendste Voraussetzung der vorliegenden Studie benannt: Es handelt sich um die
forschungsstrategische Absicht, den Nachweis zu erbringen, daß eine wissenschaftliche
Theorie so sehr politisiert werden kann, daß diese Theorie selbst darunter Schaden leidet.
Diese Aussage basiert auf der weiteren Voraussetzung,[576] daß Wissensansprüche, die aus
der „Homogenität der Perspektiven des Denkenden und Handelnden" begründet werden
und dem wissenschaftlich Handelnden sein ‚richtiges‘ Handeln vorstellen möchten, wissenschaftstheoretisch inakzeptabel sind: Die Wissenschaft kann und darf prinzipiell anders denken, als sie es vom Handelnden selbst erwartet, und sie muß sich keineswegs den
spezifischen Beschränkungen eines bestimmten „Handlungshorizontes" fügen. Ihr ‚Sinn‘
muß nicht im Handeln nachvollziehbar sein; ihre Vorstellungen müssen nicht „zu Rezepten
werden können", wie sie etwa von Heinrich Scheel und Walter Grab programmatisch für
die politisch-ideologische Funktion der Geschichtswissenschaft formuliert worden sind.
Schließlich sei – in Anlehnung an Lakatos – die grundlegende kritikstrategische Frage
formuliert, wieviel ‚Kredit‘ einem Forschungsprogramm gegeben werden muß, bis es als
degeneriert erklärt und aufgegeben werden soll.[577]

Unter den drei möglichen Antworten, die bereits Heinrich Gomperz auf die Frage nach
dem „Verhältnis der Wissenschaft zur Tat" skizziert hat, betrifft die zweite die „Haltung",
in der Wissenschaft um ihrer selbst willen getrieben, „und die Art der Befriedigung, die
von ihr erhofft werden kann":

> Jene Haltung nämlich muß die stete Bereitschaft einschließen, jedes Ergebnis wieder in
> Frage gestellt zu sehen, auf jeden, auch auf jeden scheinbar abgeschlossenen, Gedanken-
> gang zurückzukommen. Nicht aller *Meinungen* wird sich der Wissenschaftler als solcher
> enthalten, wohl aber jeder *Festlegung* auf eine bestimmte Meinung. Er wird aufgeschlossen
> bleiben müssen für jede neue Tatsache, für jeden Einwand, für jeden neuen Gegengrund.
> Eben in dieser beständigen Bereitschaft, jede Frage neuerlich zu erwägen, jedes Ergebnis
> neuerlich in Frage zu ziehen, besteht die eigentlich wissenschaftliche Haltung. Und daraus
> folgt, daß von der Wissenschaft als solcher, nämlich von der um ihrer selbst willen getrie-
> benen Wissenschaft, nicht Freude an dem Besitz der Wahrheit, vielmehr Freude an dem
> Erfassen und Durchdenken schwieriger Fragen, an dem Ersinnen von Lösungsversuchen
> und deren Abwägung gegeneinander, mit zwei Worten: Freude am Denken und Forschen,
> erwartet werden darf. Nicht der Wissens- sondern der Forschungstrieb macht den Wissen-

---

576 Zum Folgenden vgl. die entsprechenden Ausführungen in Niklas Luhmanns *Soziologischer Aufklärung* (1970, Ausarbeitung der Münsteraner Antrittsvorlesung vom 25. Januar 1967); zitiert
nach: Erforschung der deutschen Aufklärung. Hrsg. von Peter Pütz. Königstein/Taunus 1980,
S. 32–58, hier S. 34.

577 Vgl. Volker Gadenne: Empirische Forschung und normative Wissenschaftstheorie. Was bleibt von
der Methodologie des kritischen Rationalismus? In: Methoden der Sozialforschung. Hrsg. von
Andreas Diekmann. Wiesbaden 2006, S. 31–50, hier S. 37.

schaftler aus. Gewiß ist dieser in Wirklichkeit auch Mensch und wird als solcher auch von Rechthaberei und Ehrgeiz nicht frei sein. […] Dem Wissenschaftler aber, sofern er eben dies ist, muß es gleich gelten, ob er eine eigene oder eine fremde Meinung widerlegt, eine eigene oder eine fremde Behauptung zu Ehren bringt.[578]

Dabei war sich auch Gomperz der Schwierigkeit bewußt, daß auf einer „Wissenschaft", die niemals zum Abschluß gelangt, kaum jemals eine „Tat" gegründet werden kann, und er sah darin mehr als „eine Haarspalterei", der man mit dem Hinweis auf die verschiedenen Aufgaben „des Denkenden und des Handelnden" begegnen könnte.[579] Vielmehr müsse Wissenschaft auch dort Entscheidungen treffen, wo ihre Voraussetzungen noch der gedanklichen Klärung bedürfen, auch auf die Gefahr hin, zu irren.[580] Aber die Wissenschaft höre auf, Wissenschaft zu sein, „sowie sie sich auf eine bestimmte Antwort endgültig festlegt, sich den Rückweg zur Widererwägung jeder Frage, zur Berichtigung ihrer Mutmaßungen, zur Zurücknahme ihrer vorläufigen Annahmen nicht offen hält".[581]

Offenbar hat Ernst Wangermann niemals auf die Struktur und auf den Gehalt dieser Aussage reflektiert, sonst würde er nicht mit konstanter Hartnäckigkeit erklären, was er von der Forschung „erwartet". Auch würde er es wohl mit größerer Gelassenheit registrieren, daß andere Forscher – aus „gewissen Kreisen" – es für außerordentlich interessant und wichtig halten, über die von Heinrich Scheel, Walter Grab und Teilen der sogenannten reformgermanistischen, politisierten Literaturwissenschaft der 1970er Jahre vorgetragenen politisch-ideologischen Voraussetzungen hinaus nach der logischen und wissenschaftstheoretischen Stabilität dieses politisierten ‚Jakobinismus-Modells' mit Aktualitätsbezug zu fragen. Wangermann hat vermutlich auch nicht „erwartet", daß diese Forscher unabhängig voneinander in der kritischen Bewertung des Problemkreises einer Begriffsbildung und Definition des ‚deutschen Jakobinismus' zu weitgehend übereinstimmenden Ergebnissen, wenngleich zu unterschiedlichen Lösungsvorschlägen gelangen würden.[582] Was Wangermann indes mit an Sicherheit grenzender Wahrscheinlichkeit nicht „erwartet" haben dürfte, ist die Tatsache, daß der Herausgeber des vorliegenden Bandes jenseits aller Polemik respektvoll anerkennt: „Die grundlegenden Arbeiten der Jakobinismusforschung stammen von F. Valjavec und Ernst Wangermann, der das Forschungsinteresse auf die Habsburger-Monarchie gelenkt hat."[583]

---

578 Heinrich Gomperz: Die Wissenschaft und die Tat. Wien 1934 (Vortrag, in gekürzter Fassung gehalten in der Philosophischen Gesellschaft zu Wien am 12. Januar 1934), S. 10 f.
579 Vgl. ebd., S. 13.
580 Vgl. ebd., S. 14.
581 Ebd., S. 13.
582 Vgl. Reinbold: Mythenbildung (wie Anm. 225), S. 23–49; Lamprecht: Streben nach Demokratie (wie Anm. 225), S. 42–47, 140–150; Anne Cottebrune: „Deutsche Freiheitsfreunde" versus „deutsche Jakobiner". Zur Entmythisierung des Forschungsgebietes „Deutscher Jakobinismus". Bonn (Bad Godesberg) 2002, S. 6–11; Susanne Lachenicht: Information und Propaganda. Die Presse deutscher Jakobiner im Elsaß (1791–1800). München 2004, S. 15–17; Chocomeli: Jakobiner und Jakobinismus (wie Anm. 225), S. 18–36. Die rechtshistorische Dissertation von Lamprecht entstand bei Thomas Würtenberger in Freiburg (Breisgau); die Dissertationen von Reinbold und Chocomeli sind bei Volker Reinhardt in Freiburg (Schweiz) entstanden.
583 Vgl. Schlott: [Art.] Jakobinismus (wie Anm. 225), S. 194.

Ebensowenig hätte Ernst Wangermann „erwartet", daß der Herausgeber bereits 1998 Monika Neugebauer-Wölk beigepflichtet hat, die in der Festschrift für Ernst Wangermann feststellte, daß ungeachtet aller kritischen Einwände ein unbestrittener Gewinn der Jakobinismusforschung in der Erschließung und Aufbereitung von Quellenmaterial liege, das „vorher nicht oder nicht systematisch Gegenstand der historischen Untersuchung" gewesen ist, sowie darin, daß diese Forschungen „unseren Blick auf die Epoche der Spätaufklärung und auf die Differenzierung der politischen Strömungen im letzten Jahrzehnt der Reichsgeschichte maßgeblich erweiterten."[584] Zu diesem Urteil steht der Herausgeber auch gegenwärtig, weil er es – bis auf weiteres – für wissenschaftlich erwiesen und unstrittig erachtet und weil er selbstverständlich auch die Schriften derjenigen Forscher zur Kenntnis nimmt, deren ‚Forschungsinteressen' er mit einiger Skepsis begegnet.

2.2.3 Exkurs: Konstellationen und Prozesse der Hölderlin-Rezeption im Zeichen politischer Aktualisierung (1965–1990) in der DDR und in der BRD

2.2.3.1 Ausgangsüberlegungen zur Durchsetzung von Wissensansprüchen

Im folgenden soll am Beispiel der Hölderlin-Forschung für den Untersuchungszeitraum zwischen 1965 und 1990 der Versuch unternommen werden, die Wirkungen einer Strategie der Bewahrung wissenschaftlicher Kontinuität bei gleichzeitiger Zurückweisung orientierender und erklärungsstiftender Annahmen zu plausibilisieren. Diese Strategie bezieht ihre Wirksamkeit aus zwei Hauptkomponenten: der Re-Interpretation und der (reflexiven) Re-Problematisierung: In der historisierenden Beobachtung der Forschung werden dabei ehemals zentrale Annahmen – die es im Rahmen der Forschung zu bestätigen galt und denen die entscheidenden Erklärungsleistungen abverlangt wurden – neu interpretiert bzw. im Rückgriff auf ältere, bis dahin als ‚überholt' bzw. entproblematisiert eingestufte Forschungsergebnisse neu problematisiert. Im Falle der Re-Interpretation geht es in erster Linie um den Status der leitenden Grundannahmen: Sie werden lediglich als Bestandteile einer erschließenden Heuristik deklariert, die sich zunehmend erschöpft hat. Auf diese Weise können geltende Annahmen in Frage gestellt werden und zugleich große Teile bestehender und akzeptierter Wissensansprüche – deren Akzeptanz indes ehemals von eben jenen zentralen Annahmen abhing –, konserviert und operationalisierbar gehalten werden. Als inhärente Funktion dieser ‚Mechanik' ist ein weiteres Element zu beschreiben: Es betrifft die Strategien der Anerkennung von Forschungsproblemen im wissenschaftsinternen und -externen Bereich. Die auf unterschiedlichen Untersuchungsebenen (also etwa: lokal-, epochen-, werk-, gattungs- oder textspezifisch) präsentierten Forschungsgegenstände können mit anderen Forschungsgegenständen gekoppelt werden, die wiederum, vermittelt über eine lange Forschungstradition mit entsprechenden Ergebnissen, hohe Akzeptanz und Anerkennungsgewichte besitzen. In Verbindung mit solchen ‚reputationsgesättigten' Forschungsgegenständen kann das wissenschaftsinterne Prestige bestimmter Forschungsprobleme verbessert und somit auch die wissenschaftsexterne Akzeptanz erhöht werden. Wenn also die Absicht besteht, das Prestige und die Akzeptabilität eines Forschungsproblems zu verbessern, kann

---

584 Vgl. Wirkungen und Wertungen (wie Anm. 53), S. LXXXVIII.

der beschriebene Zusammenhang durchaus forschungsleitend und die erwünschte Anerkennung evoziert und verstärkt werden.

Die im Anschluß an die Forschungen des französischen Germanisten Pierre Bertaux
(1907–1986) gestellte Frage, ob Hölderlin ein Jakobiner gewesen sei, ist das vermutlich prominenteste Beispiel im Zusammenhang mit dem sogenannten Literarischen Jakobinismus:
Ein bis dahin wenig erschlossener Gegenstandsbereich, dessen Text-Corpus in der kontem-
porären Vergleichsrelation als zweitrangig eingestuft wird, gewinnt in der Kopplung mit
einem kanonischen Autor ein bedeutenderes Gewicht. Man kann die gleichlaufenden Aktivitäten der literaturhistorischen Jakobinismusforschung als den Versuch interpretieren,
das bereits etablierte und aufgrund einer hoch ausdifferenzierten Autorenphilologie sowie
eines unbestrittenen ästhetischen Bildungswerts angesehene Forschungsfeld ‚Hölderlin‘ mit
dem in Entstehung begriffenen und zunächst skeptisch wahrgenommenen Forschungsfeld
‚Jakobinismus‘ zu koppeln. Dabei geht es im folgenden weniger um die ausführliche Untersuchung und Analyse der Thesen von Pierre Bertaux, sondern um die wissenschafts- und
fachgeschichtlichen Prozesse im Anschluß an die kontroversen Debatten um diese Thesen und ihre Akzentuierungen in den germanistischen Literaturwissenschaften der DDR
und BRD.

In einem Vortrag auf der Tagung der Hölderlin-Gesellschaft 1968 führte Bertaux seine
These – Hölderlin sei ein Jakobiner gewesen – ein[585] und stellte sie in einer wenig später
erschienenen umfassenderen Studie in den Zusammenhang einer als „deutsche Jakobiner“
bezeichneten politischen Bewegung am Ende des 18. Jahrhunderts.[586] Bertaux’ Charakterisierung, die den Dichter nicht länger als schwärmerischen Anhänger abstrakt-naturrecht-
licher Ideale, sondern als radikalen Parteigänger der Französischen Revolution porträtiert,
löste eine breite und kontroverse Debatte in der deutschen Hölderlin-Forschung aus, die
in der Bundesrepublik und in der DDR unter verschiedenen Vorzeichen geführt wurde. Zu
fragen ist zum einen nach den jeweiligen Bedingungen der Akzeptanz oder Zurückweisung
dieser These. Zum anderen, ob und inwiefern Bertaux’ programmatischer Anspruch
einer umfassenden Erneuerung des Hölderlin-Bildes auf der Grundlage einer aktualisierenden Aneignung seiner Auseinandersetzung mit der Französischen Revolution[587] anhand der auf seine Ausführungen folgenden Rezeptionsperspektiven als erfüllt betrachtet
werden kann.

---

585 Vgl. Pierre Bertaux: Hölderlin und die Französische Revolution. In: Hölderlin-Jahrbuch 15
     (1967/68), S. 1–28.

586 Vgl. Pierre Bertaux: Hölderlin und die Französische Revolution. Frankfurt/Main 1969. Das erste
     Kapitel über „Deutsche Jakobiner“ nimmt mehr als ein Drittel der Gesamtstudie ein. Zur Funktion
     dieser ‚Kontextuierung‘ siehe unten, S. 158, 162, 190.

587 Ein Anspruch, den Bertaux 1969 einleitend wie folgt kennzeichnet: „In der folgenden Untersu-
     chung soll nicht der Anspruch erhoben werden, etwas entdeckt zu haben, was ‚man‘ noch nicht
     wüßte oder nicht schon gesagt hätte. Alle oder fast alle Fakten habe ich dem großartigen Monu-
     ment der *Stuttgarter Ausgabe* entlehnt (einiges jedoch auch hinzugefügt) – doch habe ich versucht,
     daraus ein ganzes Bild zu machen, ein Bild, das allerdings anders aussieht als das herkömmliche.
     […] Hölderlins ganzes Werk scheint eine ‚durchgehende Metapher‘ der Revolution zu sein, ein
     laufender Kommentar zur Problematik der Revolution, und im spezielleren Sinne zum Problem
     des Mannes (ob Dichter, ob Held) in revolutionärer Zeit: Wie kann der Mann, da wo er steht, das
     Seine tun, um ‚das Notwendige möglich zu machen‘, wie Carlo Schmid sagte.“ (S. 9 und 11 f.).

Im Mittelpunkt steht die wissenschaftliche Rezeption, die zu unterscheiden ist von literarischer oder anderer ästhetischer (‚produktiver') Rezeption[588] und dem als ‚Alltags- rezeption' zu bezeichnenden Eingang Hölderlins, etwa in die nicht-wissenschaftliche Pu- blizistik. Mit dieser Unterscheidung soll indes nicht die Möglichkeit einer trennscharfen Abgrenzung behauptet werden.[589] Die Unterscheidung dient zunächst der notwendigen Ein- grenzung des Gegenstandsbereichs und zieht so die methodisch notwendige Konsequenz aus der wirkungsgeschichtlichen Studie von Helen Fehervary, die auf eine Unterscheidung zwischen wissenschaftlicher und ‚produktiver' Rezeption verzichtet.[590] Für den Bereich der ‚produktiven' Hölderlin-Rezeption hat der schwedische Germanist Sture Packalén eine Studie erarbeitet.[591] Komplementär dazu konzentriert sich die vorliegende Skizze auf die Analyse der wissenschaftlichen Rezeption.

Wissenschaftshistoriographische Fragestellungen werden in der Regel nicht in die unterschiedlichen rezeptions- bzw. wirkungsgeschichtlichen Konzepte einbezogen. Deren Interesse beschränkt sich zumeist auf die oben bezeichneten Sektoren der ‚produktiven' und der ‚Alltagsrezeption'.[592] Gunter E. Grimms Feststellung, daß eine methodisch reflektierte

---

588 Dazu Gunter E. Grimm: Rezeptionsgeschichte. Grundlegung einer Theorie. Mit Analysen und Bibliographie. München 1977, S. 147 ff.

589 Zu den terminologischen Unschärfen und Überschneidungen im Bereich der Rezeptionstheorie sei generell verwiesen auf die Artikel „Rezeption" (S. 283–285) und „Rezeptionsästhetik" (S. 285–288) von Helmut Pfeiffer sowie auf den Artikel „Rezeptionsforschung" (S. 288–290) von Norbert Groeben. In: Reallexikon der deutschen Literaturwissenschaft. Bd. 3. Hrsg. von Jan-Dirk-Müller u. a. Berlin und New York 2003. Einen informativen Überblick über die Probleme der Rezeptions- forschung und ihrer Theorie vermittelt Tina Simon: Rezeptionstheorie. Einführung und Arbeits- buch. Frankfurt/Main 2003.

590 Vgl. Helen Fehervary: Hölderlin and the left. The search for a dialectic of art and life. Heidelberg 1977. Die Dissertation ist bei Jost Hermand in den USA entstanden. Es geht darin im wesentlichen um die Erkundung eines linken (sozialistischen) Selbstverständnisses im Umgang mit kulturellen Traditionen, für das die Prozesse der Hölderlin-Rezeption exemplarischen Charakter haben: „In this sense, the differences within the *Erbe* debate provide us with a better understanding of the dialectical forces at work within the development of the socialist culture. The *Erbe* debate was a historical dialogue within and about socialism, and it demonstrated that socialist culture is not a monolithic edifice but a historical process" (S. 51); vgl. dazu unten, S. 200–213.

591 Sture Packalén: Zum Hölderlin-Bild in der Bundesrepublik Deutschland und der DDR, anhand ausgewählter Beispiele der produktiven Hölderlin-Rezeption. Stockholm 1986.

592 Weiterhin grundlegend für die Theorie und Methodologie der historischen Rezeptionsforschung: Karl Robert Mandelkow: Probleme der Wirkungsgeschichte. In: Jahrbuch für Internationale Ger- manistik 2 (1970), H. 1, S. 71–84; Hans Robert Jauß: Racines und Goethes Iphigenie. Mit einem Nachwort über die Partialität der rezeptionsästhetischen Methode. In: neue hefte für philosophie 4 (1973), S. 1–44; Eberhard Lämmert: Rezeptions- und Wirkungsgeschichte der Literatur als Lehr- gegenstand. In: Neue Ansichten einer künftigen Germanistik. Hrsg. von Jürgen Kolbe. München 1973; S. 160–173; Grimm: Rezeptionsgeschichte (wie Anm. 588); Wilfried Barner: Rezeptions- und Wirkungsgeschichte. In: Literaturwissenschaft. Grundkurs 2. Hrsg. von Helmut Brackert und Jörn Stückrath in Verbindung mit Eberhard Lämmert. Reinbek 1981, S. 102–124; Hans-Harald Müller: Wissenschaftsgeschichte und Rezeptionsforschung. Ein kritischer Essay über den (vorerst) vorletzten Versuch, die Literaturwissenschaft von Grund auf neu zu gestalten. In: Polyperspekti- vik in der literarischen Moderne. Studien zu Theorie, Geschichte und Wirkung der Literatur. Karl Robert Mandelkow gewidmet. Hrsg. von Jörg Schönert und Harro Segeberg. Frankfurt/Main u. a.

und nicht bloß deskriptive Rezeptionsgeschichte für eine „Fundierung der Rezeptionsmo-
tivationen und -modalitäten" auf Fragestellungen und Ergebnisse einer „Distributionsfor-
schung" angewiesen sei, „die den Einfluß von Schule und Universität, [...] von Mäzena-
tentum, kulturellen Vereinen, literarischen Gesellschaften, Stiftungen, Akademien, von
Theater, Film, Funk und Fernsehen auf die literarische Rezeption" zu untersuchen hätte,[593]
hat nichts von ihrer Gültigkeit verloren. Sie verdeutlicht, daß auch wissenschaftshistorische Fragestellungen einen integralen Bestandteil historischer Rezeptionsforschung bilden.
Damit haben sie jedoch zugleich teil an den Problemen des Forschungsfeldes: Eine zentrale Schwierigkeit der Rezeptionsforschung liegt in der terminologischen Klärung ihrer
leitenden Begriffe von Rezeption und Wirkung. Es handelt sich um ein Problem, das auf
unterschiedliche Erkenntnisziele der unter dieser gemeinsamen Bezeichnung firmierenden
Forschungsrichtungen zurückzuführen ist.[594] Die Klagen über die Uneindeutigkeit und De-
finitionsvielfalt des „Rezeptions"-Begriffs sind in der Literatur ebenso häufig vertreten wie
die Versuche zu seiner Neudefinition. Die prominenteste Unterscheidung zwischen Rezeption und Wirkung dürfte trotz der von verschiedenen Seiten angebrachten Kritik noch
immer diejenige sein, die Hans Robert Jauß bereits zu Beginn der 1970er Jahre vorgeschlagen hat: Wirkung als vom Text bedingte und Rezeption als vom Adressaten bedingte
Konkretisation oder Traditionsbildung.[595] Als Alternative zu dieser Unterscheidung, die
einen Prozeß ohne genauere Bestimmung des wechselseitigen Bedingungsverhältnisses der
unterschiedenen Faktoren analytisch zerlegt, favorisiert eine Reihe von Forschern – mit je
eigenen Akzentuierungen – eine Fassung des Rezeptionsbegriffs, die diesen als konkreten
Vollzug der Textaneignung von der Wirkung als den durch diese Aneignung bedingten Folgen für den literarischen und den außerliterarischen Bereich unterscheidet.[596]
    Ohne auf die ‚unendlichen' terminologischen Implikationen der theoretischen Diffe-
renzierung in der Rezeptionsforschung im einzelnen einzugehen, läßt sich für die vorliegende Skizze der Rezeptions-Begriff pragmatisch vom Gegenstand her bestimmen: Da es
sich um Formen des Umgangs mit Hölderlin als einem Teil der literarischen Tradition im
Zeichen politischer Aktualisierung handelt, wird auf die Unterscheidung von Jauß zurückgegriffen, weil sich von ihr aus die zielgerichtete Eigenaktivität des Rezipierenden nachdrücklich herausstellen läßt. Rezeption im Zeichen politischer Aktualisierung soll hier also
heißen, daß sich die wissenschaftliche Beschäftigung mit Hölderlin über den Ausweis der

---

1988, S. 452–479.

593 Grimm: Rezeptionsgeschichte (wie Anm. 588), S. 30.

594 Hans-Harald Müller unterscheidet in einem kritischen Rückblick „ohne weitere Feindifferenzie-
     rung" drei Forschungsrichtungen innerhalb der Rezeptionsforschung: (1) Rezeptionsgeschichte,
     Wirkungsgeschichte, Urteilsgeschichte; (2) die Rezeptionsästhetik der ‚Konstanzer Schule' und
     (3) die historische und aktuelle empirische Leserforschung; Müller: Wissenschaftsgeschichte und
     Rezeptionsforschung (wie Anm. 592), S. 457.

595 Jauß: Racines und Goethes Iphigenie (wie Anm. 592), S. 33. Abstrahierend von konkreten Kon-
     stellationen schließt dieses Verständnis der Begriffe „Wirkung" und „Rezeption" auch den (inter-
     textuellen) Bezug zwischen einem Text und anderen Texten ein, denn genaugenommen sind die
     sogenannten Text-Wirkungen auch an Adressaten gebunden.

596 Vgl. etwa Barner: Rezeptions- und Wirkungsgeschichte (wie Anm. 592), S. 106; Grimm: Rezep-
     tionsgeschichte (wie Anm. 588), S. 23 ff.; Lämmert: Rezeptions- und Wirkungsgeschichte (wie
     Anm. 592), S. 165 f.

aktuellen politischen Relevanz des Autors legitimiert, im Unterschied – und zumindest teilweise in expliziter Absetzung – zu einer Beschäftigung mit der kulturellen Tradition aufgrund ihres ‚aus sich selbst‘ begründeten Eigenwertes. Diese Art von Besinnung auf eine kulturelle Tradition, ohne Reflexion auf die Frage, warum die Pflege dieser Tradition hier und heute von Interesse sei, wäre entsprechend als Wirkung auf der ‚Text-Seite‘ zu verbuchen. Denn hier sind es Text bzw. Autor als geschlossenes ‚System‘, das die Kategorien der Aufnahme vorgibt, während Rezeption die Mobilisierung der Aneignungskategorien aus der Richtung des Rezipierenden meint. So wird – um diese Bestimmung anhand des zentralen Bezugstextes der Untersuchung exemplarisch anzuwenden – in dem skizzierten ‚innovativen‘ Programm von Bertaux deutlich werden, daß die Veränderung des Hölderlin-Bildes nicht auf der Grundlage neuer Fakten, sondern aufgrund einer neuen Perspektive auf altbekannte Fakten erfolgen sollte, die sich über den Ausweis zu legitimieren versuchte, es lasse sich von Hölderlins Auseinandersetzung mit der Französischen Revolution abstrahieren auf das „Problem des Mannes […] in revolutionärer Zeit“ überhaupt, was wiederum die „Aktualität von Hölderlins ‚zeitloser‘ Botschaft“ ausmache.[597]

Zum Verständnis der Debatte um die Bertaux-These ist es unverzichtbar, vorab die These selbst einer eingehenden Betrachtung zu unterziehen. Zunächst ist der Stand der Forschung in der Bundesrepublik unmittelbar vor dem Auftreten Bertaux’ (als eines innovativen Akteurs der Hölderlin-Rezeption) zu skizzieren. Seine Argumentation wird anschließend in ihren Grundzügen vorgestellt, um in einem abschließenden Abschnitt nach den Traditionslinien der politisierenden Perspektive in der deutschen Hölderlin-Rezeption seit dem 19. Jahrhundert zu fragen. Auf diese Weise wird der pauschale Hinweis auf ‚eine‘ bzw. ‚die‘ politisierende Tradition in den 1970er Jahren vermieden, und es geraten die konkreten argumentativen ‚Präfigurationen‘ in den Blick. Die weiteren Ausführungen gelten den Auswirkungen der Bertaux-These auf die Forschungen in der BRD und in der DDR. Zur Plausibilisierung des Forschungsverlaufs in der DDR erwies sich ein weiterer historischer Rückgriff auf die Tradition sozialistischer Hölderlin-Rezeption vor Bertaux als hilfreich. Auf eine abschließende Zusammenschau konnte verzichtet werden: Am Ende des Untersuchungszeitraums steht im Rezeptionsprozeß in der DDR ein Beitrag, der als integrierende Zusammenfassung der Kontroversen um den politischen Hölderlin gelesen werden kann und in dieser Funktion ausführlich vorzustellen sein wird.

Um einen ersten orientierenden Überblick über den Debattenverlauf zu ermöglichen, seien vor den differenzierenden Rekonstruktionen die grundlegenden Konstellationen wenigstens angedeutet. Die Debatte um Hölderlins vermeintliches Jakobinertum wurde in der bundesrepublikanischen Literaturwissenschaft etwa bis in die Mitte der 1970er Jahre hinein geführt und verlor in den folgenden Jahren innerhalb der Hölderlin-Forschung sichtlich an Relevanz: Bereits ein Streifblick auf die in der Debatte bewegten Inhalte zeigt, daß die für diese Fragestellung wesentlichen Argumente in der direkten Auseinandersetzung mit der Bertaux-These bis zum Beginn der 1970er Jahre als ausgetauscht betrachtet werden können. Dabei sind im wesentlichen drei Positionen zu unterscheiden: Auf der einen Seite stehen die (a) ‚traditionellen‘, ‚etablierten‘, von ihren Kritikern als ‚konservativ‘ bzw. ‚reaktionär‘ wahrgenommenen Hölderlin-Forscher, die unterschiedliche Strategien der Abweisung Bertaux’ verfolgen. Repräsentativ für diese Linie sind die Reaktionen von Paul

---

597 Bertaux: Hölderlin und die Französische Revolution (wie Anm. 586), S. 9 und 12.

Böckmann (1899–1987) und Lawrence Ryan (*1932). Ihnen gegenüber formiert sich eine Reihe jüngerer Literaturwissenschaftler, die (b) ihre Forderung nach methodischer Erneuerung der Disziplin sowie nach systematischer Einbeziehung sozialhistorischer Untersuchungskategorien und -kontexte auch auf die traditionellen Gegenstände angewendet sehen wollten und von dieser Voraussetzung aus gegenüber Bertaux ebenfalls zu einer kritischen Position gelangten. Exemplarisch dokumentiert ist diese Position mit und durch die Forschungsbeiträge von Jürgen Scharfschwerdt (*1938). Schließlich ist eine vermittelnde Position auszumachen, die (c) einerseits die Berechtigung des forschungskritischen Ansatzes Bertaux' anerkennt, auf der anderen Seite jedoch vor einer entsprechenden Verabsolutierung der neu eingeführten politischen Positionierung aus inhaltlichen oder methodischen Gründen warnt und die Diskussion zu genuin literaturwissenschaftlichen Fragestellungen zurückzuführen suchten. Adolf Beck (1906–1981) und Walter Müller-Seidel (1918–2010) seien stellvertretend für diese Vermittlungsbemühungen angeführt.

1976 erschien die Dissertation von Christoph Prignitz (*1948) *Friedrich Hölderlin. Die Entwicklung seines politischen Denkens unter dem Einfluß der Französischen Revolution.* Prignitz versucht zu einem resümierenden Abschluß der Debatte zu gelangen. Wenngleich in der Retrospektive an dem inhaltlichen Erfolg des Unternehmens Zweifel angebracht erscheinen, so läßt sich doch feststellen, daß etwa seit Mitte der 1970er Jahre die Problematik der Jakobinismus-Debatte in den Hintergrund trat. An Bedeutung gewannen nun unterschiedlich akzentuierte Versuche der Integration neuer (sozial)historischer Erkenntnisse in ein neues, komplexeres Hölderlin-Bild. Die Arbeiten von Gerhard Kurz (*1943), Rainer Nägele (*1943) und Christoph Jamme (*1953) gehören zu dieser Gruppierung.[598]

Während die Position des ‚relativen Konsenses‘ der westdeutschen Hölderlin-Forschung bereits 1968 in der direkten Reaktion von Adolf Beck auf die Studie Bertaux' nahezu vollständig ausformuliert vorlag,[599] erarbeitete die germanistische Literaturwissenschaft der DDR erst 1970 auf dem Jenaer Hölderlin-Colloquium eine ‚neue‘ Version auf der Grundlage des Verhältnisses, das der Dichter zur Französischen Revolution eingenommen habe. Dieses Bild wurde auf die Arbeiten Bertaux' zurückgeführt, deren Ausrichtung programmatisch in das ‚fortschrittliche kulturelle Erbe‘ integriert und für die kulturpolitische Verständigung über ein sozialistisches gesellschaftliches Selbstverständnis verfügbar gemacht. Doch lag eine solche Einordnung bereits seit den 1930er Jahren vor in den Studien von Georg Lukács (1885–1971) zu „Hölderlins Hyperion". Da Lukács aus politischen Gründen in den 1960er und 1970er Jahren in der DDR nicht länger als ‚zitierfähig‘ gehandelt werden konnte, wurde dieses ‚Vakuum‘ mit der Adaptation und Re-Interpretation des Bertaux'schen Ansatzes unter materialistischen Prämissen aufgefüllt. Dieser erfuhr zwar die eine oder andere Korrektur, blieb jedoch in seinen wesentlichen Zügen der zentrale Bezugspunkt der Hölderlin-Rezeption in der DDR. Im Anschluß an diese ‚neue‘ Selbstvergewisserung über ein adäquates sozialistisches Hölderlin-Verständnis verlor die Beschäftigung mit dem Dichter in der DDR-Literaturwissenschaft an Interesse. Die Studie

---

598 Gerhard Kurz: Mittelbarkeit und Vereinigung. Zum Verhältnis von Poesie, Reflexion und Revolution bei Hölderlin. Stuttgart 1975; Rainer Nägele: Literatur und Utopie. Versuche zu Hölderlin. Heidelberg 1978; Christoph Jamme: „Ein ungelehrtes Buch". Die philosophische Gemeinschaft zwischen Hölderlin und Hegel in Frankfurt 1797–1800. Bonn 1983.

599 Vgl. Beck: Hölderlin als Republikaner (wie Anm. 211).

von Günter Mieth (*1931) über Hölderlin als „Repräsentant[en] der bürgerlich-demokratischen Revolution" von 1978 verdeutlicht eine mit der bundesrepublikanischen Forschung
vergleichbare Tendenz zur Integration der historisch und empirisch erarbeiteten politisch-
gesellschaftlichen Wissensbestände in ein erweitertes sozialistisches Hölderlin-Bild.[600]
Wiederum Mieth entwickelte schließlich 1989 eine Position, die es ermöglichte, sämtliche – in ‚beiden deutschen Staaten' – bis dahin vertretenen Forschungsansätze zu einem
homogenen, empirisch unterlegten und historisch differenzierten Bild von Werk und Persönlichkeit des Dichters zu fügen.

2.2.3.2 Hölderlin und die Französische Revolution: Pierre Bertaux und das traditionelle Hölderlin-Bild

> In Deutschland wurde die politische Dimension von Hölderlins Leben·und Werk unter-
> schätzt, ja sie blieb unberücksichtigt. Sie wurde als belanglos abgetan, wenn nicht gar
> falsch dargestellt. […]
> Um mich bildlich auszudrücken: Wenn im Vierfarbendruck eine Farbe fehlt, mag das Bild
> noch so scharf sein – es ist arg entstellt. Dem deutschen Hölderlin-Bild, das „in lieblicher
> Bläue blühet", fehlt eine Farbe: das Rote. Als ob die deutsche Forschung rotblind wäre;
> oder vielleicht rotscheu.[601]

1967, also unmittelbar vor Bertaux' Publikationen zu Hölderlin, war in zweiter, verbes-
serter Auflage die von Lawrence Ryan für die „Sammlung Metzler" besorgte Einführung
erschienen.[602] Ryans Entwicklung der „Hauptaspekte der Forschung" verdeutlicht, daß
Bertaux' Kritik am herrschenden deutschen Hölderlin-Bild nicht gänzlich abwegig genannt
werden konnte:

> In den letzten Jahren sah man die vielleicht dringlichste Aufgabe […] darin, den kom-
> plexen und schillernden Anschauungen Hölderlins in sorgfältiger Analyse nachzugehen,
> weniger um das Verhältnis zur Philosophie oder zur Theologie, vielmehr um den inneren
> Zusammenhang der Hölderlinschen Gedankenwelt in sich zu erkennen. Diese Aufgabe läßt
> sich etwas zuversichtlicher in Angriff nehmen, seitdem den schwer erschließbaren philo-
> sophischen und ästhetischen Aufsätzen Hölderlins größere Beachtung geschenkt wird. […]
> Darauf gestützt, hat man nun verschiedentlich versucht, von der inneren Gesetzlichkeit
> der Hölderlinschen Welt her die „strukturelle" Einheit von Gehalt und Form zu erken-
> nen.[603]

Wenn Hölderlin also überhaupt zu einem Gegenstand ins ‚Verhältnis' gesetzt werden sollte,
der sich (auch) außerhalb seines Werkes finden ließ, so allenfalls zu Philosophie und Theologie, die indes offenbar auch weniger von Interesse waren als ‚geistesgeschichtliche' Kon-

---

600 Vgl. Günter Mieth: Friedrich Hölderlin. Dichter der bürgerlich-demokratischen Revolution. Ver-
      such eines Grundrisses. Berlin 1978.
601 Bertaux: Hölderlin und die Französische Revolution (wie Anm. 585), S. 1 und 3.
602 Vgl. Lawrence Ryan: Friedrich Hölderlin. 2., verb. und erg. Auflage. Stuttgart 1967. Eine vollstän-
      dige Neubearbeitung, an der sich die Veränderungen des Hölderlin-Bildes im Zuge der Bertaux-
      Debatte ablesen lassen, erschien 1985. Stephan Wackwitz: Friedrich Hölderlin. Stuttgart 1985.
      2., überarb. und erg. Aufl. 1997; siehe unten, S. 191 f.
603 Ryan: Hölderlin (wie Anm. 602), S. 6 f.

texte des Werkes. Das Verhältnis zu historischen Ereignissen und Prozessen oder gar zur zeitgenössischen Politik spielte nicht einmal als untergeordnete Perspektive eine Rolle. Zwar erweiterte Ryan diesen Blickwinkel wenig später durch die Feststellung, Hölderlin könne nicht nur aus sich selbst, sondern müsse auch aus seiner Zeit verstanden werden: „[…] aus einer Zeit nämlich, die in mannigfacher Ausprägung gerade der dichterischen Phantasie eine auszeichnende Fähigkeit zur Wiedererschaffung einer im geschichtlichen Leben verlorengegangenen Totalität zuerkannte".[604] Das „geschichtliche Leben" kommt jedoch lediglich als negativer Bezugspunkt für den dichterischen Aufschwung zur Sprache. Statt dessen erscheint Hölderlins Dichten als Gegenmodell zum Geschichtlichen schlecht- hin. Was Ryan für die geforderte Einbindung in den zeitgenössischen Kontext anstrebte, macht er im unmittelbaren Anschluß deutlich: Es geht um die Parallelen zwischen Höl- derlin und den epochalen Literaturbewegungen von Klassik und Romantik, insbesondere darum, „die seit geraumer Zeit als solche immer wieder untersuchte Einzigartigkeit Höl- derlins wieder zu relativieren durch seine Eingliederung in eine umfassende, um 1800 zur Entfaltung kommende literarisch-philosophische Bewegung".[605] Daß der Verfasser bei der Behandlung des Jugendwerkes und im Zuge der biographischen Schilderung von Hölder- lins Zeit im Tübinger Stift nicht umhin kommt, das Zeitereignis der Französischen Revolu- tion wenigstens zu erwähnen, ist evident. Doch Ryans Einlassungen zu diesem Gegenstand bleiben, wie es angesichts seiner einleitenden Gesamtperspektive folgerichtig erscheint, nahezu minimalistisch: Die Bedeutung der Französischen Revolution für die intellektuelle und psychische Entwicklung Hölderlins wird in einem Absatz abgehandelt:

> Auch an den Zeitereignissen, besonders an der Französischen Revolution, haben die Stift- ler lebhaften Anteil genommen. Von Hölderlins Einstellung zur Revolution sind wenige Zeugnisse überliefert (er scheint allerdings revolutionär gesinnten Studenzirkeln na- hegestanden zu haben […]); aber schon die in Tübingen entstandenen Hymnen mit ihrer ekstatischen Verherrlichung der Freiheit lassen etwas von dem revolutionären Geist jener Zeit ahnen. Doch beschäftigte er sich im Gegensatz zu einigen seiner Freunde nicht aus- gesprochen praktisch-politisch. Die Losung „Reich Gottes", mit der Hölderlin und Hegel beim Abschied vom Stift auseinandergingen […], verstanden die Freunde sowohl religiös als politisch; in der religiös bestimmten Welt der Tübinger Dichtung wird daher dem poli- tischen Bereich keine selbständige Bedeutung beigemessen.[606]

Die Revolution erschien also allenfalls als „revolutionäre[r] Geist", dem kein Handeln in der Praxis korrespondierte. Daß Hölderlins fehlende „praktisch-politisch[e]" Betätigung auch eine Auseinandersetzung mit praktisch-politischem Handeln anderer ausschließe,

---

604 Ebd., S. 8.

605 Ebd. Es soll indes unbestritten bleiben, daß eine solche Einbindung möglich bzw. gar geboten gewesen ist: Die Entstehung von Hölderlins (volks)pädagogischem Ästhetikkonzept in der Aus- einandersetzung mit Schiller (und in der phasenweisen Zusammenarbeit mit Hegel), die Ver- wandtschaft seiner Mythos-Rezeption zu entsprechenden frühromantischen Positionen (Friedrich Schlegel), das pantheistische Naturkonzept seien als mögliche Parallelen angedeutet. Auch be- deutet die Integration Hölderlins wenigstens in seine ‚geistige Umwelt' bereits eine Veränderung gegenüber einer rein immanent um seine Einzigartigkeit kreisenden Forschung. Es sollte aber deutlich werden, daß Bertaux' Forderung einer konsequenten politisch-historischen Einordnung Hölderlins am Ende der 1960er Jahre in der Tat Neuland für die Forschung avisierte.

606 Ebd., S. 18 f.

wird allenfalls suggeriert, keineswegs begründet. Wie aus der Losung „Reich Gottes" geschlossen werden konnte, daß dem „politischen Bereich" keine „selbständige Bedeutung" beigemessen wurde, bleibt ebenfalls unklar. In der Summe stand also der Befund, daß der Verfasser einer Hölderlin-Einführung am Ende der 1960er Jahre das Verhältnis des Dichters zur Französischen Revolution in vier Sätzen abhandeln und als irrelevant ausweisen zu können meinte.

Mit dem 1963 erfolgten Neudruck der Arbeit *Das Leben Friedrich Hölderlins* von Wilhelm Michel (1877–1942) lag eine entsprechende Einschätzung auch für den biographischen Bereich vor. Michels abschließende emphatische Betonung von „Hölderlins deutsche[r] Bedeutung" läßt eine um historische Objektivität bemühte Würdigung der Bedeutung der Französischen Revolution für Hölderlins Sozialisation nur wenig Raum:[607] Dem historischen Ereignis der Revolution wurde in dieser Arbeit ein marginaler Status eingeräumt. Zunächst wird der aus den Schriften Rousseaus abstrahierte naturrechtliche Freiheitsbegriff als „Wahn" und „schlimmes Irrlicht" qualifiziert angesichts „des geschichtlichen Menschen, vor dessen Augen und in dessen Herzen die Göttlichkeit der Natur erloschen ist".[608] Das Verdikt erscheint lediglich dadurch gemildert, daß „in Württemberg ja besonderer Anlaß [bestand], die Sache der Freiheit zu verfechten".[609] Dominant indes bleibt die Grundeinschätzung: „Wesentlich aber an der Verarbeitung der Zeitereignisse durch Hölderlin und seine Freunde ist, daß sie sich, wenn sie auch Freiheitshoffnungen auf die französische Revolution setzten, in keiner Weise mit ihrem wirklichen Leben auf das politische Gebiet abdrängen ließen."[610]

---

607   Wilhelm Michel: Das Leben Friedrich Hölderlins. 3. Aufl. Bremen 1949, S. 527 ff. (zuerst: Bremen 1940, Neudruck mit einem Geleitwort von Friedrich Beißner: Darmstadt 1963). Jürgen Scharfschwerdt hält die früheren Forschungen Michels zum Werk Hölderlins für Vorarbeiten einer faschistischen Hölderlin-Rezeption; vgl. Jürgen Scharfschwerdt: Die pietistisch-kleinbürgerliche Interpretation der Französischen Revolution in Hölderlins Briefen. Erster Versuch zu einer literatursoziologischen Fragestellung. In: Jahrbuch der Deutschen Schillergesellschaft 15 (1971), S. 174–230, hier S. 176, sowie oben, S. 169. Kurt Bartsch dagegen situiert Michels frühe Arbeiten im Umkreis des deutschen Expressionismus; vgl. Kurt Bartsch: Die Hölderlin-Rezeption im deutschen Expressionismus. Frankfurt/Main 1974, S. 11. Wilhelm Michel wurde in Metz geboren, studierte Jura in München und Würzburg und widmete sich daneben historischen und sprachwissenschaftlichen Studien. Seit 1901 lebte er in München, seit 1913 in Darmstadt als freier Schriftsteller. 1923 erhielt Michel den Georg-Büchner-Preis, nachdem er ein Jahr zuvor mit der „Streitschrift zur Judenfrage" *Verrat am Deutschtum* hervorgetreten war; vgl. Deutsches Literatur-Lexikon. Biographisch-bibliographisches Handbuch. Begründet von Wilhelm Kosch. Dritte, völlig neu bearbeitete Auflage. Bd. 10. Hrsg. von Heinz Rupp und Carl Ludwig Lang. Bern 1986, Sp. 1046 f. Michels „Streitschrift zur Judenfrage" ist – anders als der Titel vermuten läßt – eine beispielhaft couragierte Abrechnung mit den bereits in den 1920er Jahren gesellschaftlich fest verankerten antisemitischen Ressentiments in Deutschland.

608   Michel: Leben Friedrich Hölderlins (wie Anm. 607), S. 63.

609   Ebd.

610   Ebd., S. 64. Die Subsumierung und Qualifizierung der Französischen Revolution unter die bzw. innerhalb der „geistigen Kräfte" der Zeit, die den „Idealismus der Besten" beflügelt habe, geht auf die Forschungen Wilhelm Diltheys zurück; vgl. Wilhelm Dilthey: Das Erlebnis und die Dichtung. Lessing – Goethe – Novalis – Hölderlin. Leipzig 1906 (16. Aufl.: Göttingen 1985), S. 250 f.

Die charakteristische Leistung Hölderlins besteht für Michel also in seinem Widerstand gegen die weltlichen Tendenzen der Revolution. Hölderlin habe dem verführerischen
„Wahn" des Naturrechts nicht nachgegeben und die Sphäre reiner Geistigkeit nicht zugunsten der politischen Aktion verlassen. Das Bild Hölderlins erschien in der bundesdeutschen
Rezeption der 1960er Jahre als das eines weltabgewandten, schwärmerisch-jenseitigen und
idealistisch-introvertierten Dichters. Die revolutionären Zeitereignisse seiner Jugend habe
Hölderlin zu einem dichterischen Aufschwung zu nutzen gewußt, der ihn fortan unabhän-
gig von allen historischen Bedingtheiten im reinen Äther seines Hellenentums allein dem
Formgesetz der Dichtung folgen ließ.

Daß auch diesem Bild ein in der Tradition verbürgtes ‚Vor-Bild' der deutschen Hölderlin-Rezeption zugrundelag, zeigt Georg Lukács in seinem Aufsatz „Hölderlins Hyperion"
aus dem Jahr 1934: Auf der Suche nach den Wurzeln der nationalsozialistischen Vereinnahmung Hölderlins verweist Lukács auf eben jene Tendenz zur historischen Isolierung
des Dichters: sowohl auf die zeitgenössischen geistig-mentalen Einflußfaktoren als auch –
entscheidender – auf die historisch-politische Bedingtheit seiner Dichtung. Lukács' Kritik
am Hölderlin-Bild Diltheys und Gundolfs gipfelt in dem Vorwurf, daß es ihre politische
Enthaltsamkeit gewesen sei, ihre Entpolitisierung des aus dem Fortschrittsgeist der Französischen Revolution Dichtenden, die jene im Werk selbst liegenden Abwehrkräfte gegen
die Vereinnahmung gelähmt und den Dichter damit der faschistischen Aneignung preisge-
geben hätten. Für Lukács handelt es sich mithin um Verrat an einem deutschen Demokraten
durch einen geschichtsblinden Liberalismus:

> Dilthey und Gundolf bilden sich ein, den Wesenskern Hölderlins durch Weglassung der
> „zeitbedingten" Züge herausarbeiten zu können. […] Die „Verfeinerung" der Analyse
> durch Dilthey und Gundolf, das Vertilgen aller Spuren der großen gesellschaftlichen Tra-
> gik aus dem Leben und dem Werk Hölderlins bildet die Grundlage für die grob-demago-
> gische, kraß-lügenhafte Schändung seines Andenkens durch die Braunhemden der Lite-
> raturgeschichte. […] Aber die ‚Methodologie' dieser Umfälschungen zeigt trotzdem ein –
> ungewolltes – Ergebnis: nämlich den inneren Zusammenhang zwischen der liberalen
> Unfähigkeit zum Verständnis der deutschen Geschichte und ihrer imperialistisch-faschi-
> stischen, immer bewußteren Fälschung.[611]

Lukács' Kritik am idealistischen Hölderlin-Bild zeigt, daß die Bertaux-These von der ‚Rotblindheit' der deutschen Hölderlin-Forschung ihrerseits auf eine eigene, die politischen und
historischen Dimensionen des Werkes akzentuierende Rezeptionskonstante zurückblicken
konnte. Diesen Aneignungsstrategien wird im Anschluß an die Darstellung von Bertaux'
Neuansatz in einem eigenen Abschnitt nachzugehen sein. Hier ging es zunächst um das in
den 1960er Jahren dominierende westdeutsche Hölderlin-Bild, an dem Bertaux sich in kritischer Perspektive orientierte.

---

611 Georg Lukács: Hölderlins Hyperion (wie Anm. 304), S. 172 f. Es wäre zu untersuchen, ob die
     politische Abstinenz der Nachkriegsgermanistik ihrerseits als Reaktion auf die vorangegangene
     ideologische Vereinnahmung durch den Nationalsozialismus zu verstehen sei. Zur nationalsozia-
     listischen Hölderlin-Rezeption und ihrer institutionellen Verflechtung mit der Nachkriegsfor-
     schung in der Geschichte der 1943 unter der Schirmherrschaft von Joseph Goebbels gegründeten
     Hölderlin-Gesellschaft vgl. auch Robert Minder: Hölderlin unter den Deutschen. In: R.M.: Dichter
     in der Gesellschaft. Frankfurt/Main 1966, S. 63–83, hier S. 80 ff.

Skepsis hinsichtlich der entpolitisierenden Tendenz der Hölderlin-Forschung wird in den 1950er Jahren formuliert, etwa in der forschungsgeschichtlichen Studie von Alessandro Pellegrini (1897–1985), die 1965 in deutscher Sprache erschien (und in den bibliographischen Angaben Ryans vermerkt ist).[612] Es handelt sich um eine Arbeit aus dem Jahr 1956, deren letzte Kapitel („‚Friedensfeier‘ – Die Krise in der Hölderlin-Forschung" und „Die neueste Hölderlin-Forschung") allerdings für die deutsche Ausgabe neu verfaßt wurden, so daß sie in unmittelbarer Nachbarschaft sowohl zur Einführung Ryans als auch zum Erneuerungsprogramm von Bertaux stehen. Pellegrini kritisiert im Anschluß an Maurice Delorme[613] die Vernachlässigung der zeitgeschichtlichen Kontexte durch die deutsche Hölderlin-Forschung: „Die deutsche Forschung berücksichtigte eingehender Hölderlins Beziehungen zum Griechentum als zu seiner Gegenwart", aber „Hölderlins Hellenismus wendet sich in ‚Hyperion‘ nicht Vergangenem, sondern der Zukunft zu."[614] In diesem Zusammenhang erklärt er es für „unerläßlich, die Beziehungen zwischen dem Dichter und seiner Zeit klarer herauszuarbeiten, um so mehr, als man zu berücksichtigen hat, welch bedeutsame Rolle die Geschichtsvorstellung in Hölderlins Gedanken spielte".[615] Pellegrini stellt ebenfalls klar,

> daß Hölderlin eine revolutionäre Erneuerung seiner Epoche wirklich herbeigesehnt hatte. In Deutschland gab es aber keinen Stand, der fähig gewesen wäre, ein solches Erneuerungswerk durchzuführen; die Wünsche des Dichters konnten sich nicht erfüllen. Man kann es auch so ausdrücken: Die Einsamkeit des Dichters war teilweise das Ergebnis politischer Enttäuschung, wenn man diesen Ausdruck im weitesten Sinne gebraucht, d. h. als bewußte Anteilnahme am öffentlichen Leben. […] Hölderlin blieb dem revolutionären Geiste treu, den ihm Fichtes Lehre und Hegels Freundschaft bestätigten; und Hegel hatte die Kritik am Christentume bewußt mit dem Kampfe gegen den absoluten Feudalismus verbunden. Der Glaube an das Reich Gottes und die Hoffnung auf eine neue streitbare Kirche, die Hölderlin und seine Tübinger Studiengefährten erfüllten, bleiben im Dichter auch über die gemeinsamen Tage hinaus lebendig; die Freundschaft mit dem revolutionären Ideen ergebenen Sinclair läßt keinen Zweifel über Hölderlins politische Ansichten offen, die unter anderem durch die Tragödie ‚Empedokles‘ ausreichend klargestellt werden.[616]

Pellegrinis Forschungsüberblick verdeutlicht also, daß spätestens seit Mitte der 1960er Jahre Anknüpfungspunkte für ein historisch konkretisiertes Hölderlin-Bild bestanden. Auffällig ist jedoch, daß diese Relativierung von ‚ausländischen‘ Germanisten auf den Weg gebracht worden ist.[617] Die Arbeiten von Delorme, Pellegrini und Minder sind bei Ryan zwar in den bibliographischen Angaben zu einzelnen Kapiteln verzeichnet; sie finden indes an keiner

---

612 Alessandro Pellegrini: Friedrich Hölderlin. Sein Bild in der Forschung. Berlin 1965; Ryan: Hölderlin (wie Anm. 602), S. 13. Ryan hat die Arbeit rezensiert; vgl. Germanistik 7 (1966), S. 610 f.

613 Maurice Delorme: Hölderlin et la révolution française. Monaco 1959.

614 Pellegrini: Friedrich Hölderlin (wie Anm. 612), S. 455.

615 Ebd., S. 453.

616 Ebd., S. 454.

617 Hinzuzufügen ist der Aufsatz von Minder, für den Hölderlin bereits – im Vergleich zu Hegel – „in einem viel strikteren Sinne Jakobiner geblieben" sei und der entsprechende biographische „Enthüllungen" von Bertaux ankündigt; vgl. Robert Minder: Hölderlin unter den Deutschen (wie Anm. 611), S. 73 und 77.

Stelle Erwähnung. Wenn Ryan diese Arbeiten[618] jedoch kannte und anführte, erscheint die entproblematisierende Ausblendung des historischen Kontextes in dem der Französischen Revolution gewidmeten Abschnitt kaum vertretbar. In bezug auf die entsprechenden Passagen bei Pellegrini zeigt sich, daß dort exakt diejenigen Sachverhalte und Zusammenhänge als Belege für eine bewußte und historisch-konkrete politische Haltung Hölderlins gewertet werden, auf deren Grundlage Ryan ohne weitere Diskussion die Verabschiedung des Politischen und Historischen aus der Hölderlin-Forschung begründet. Angesichts dieser vielleicht nicht unbeabsichtigten Marginalisierung (z. B. durch Ryan) erscheint das pauschale Urteil Bertaux' über die ‚Rotblindheit' der deutschen Hölderlin-Forschung, zumindest in der Perspektive auf die kontemporäre Forschungsmeinung durchaus berechtigt. Diese Berechtigung wird Bertaux schließlich 1968 durch den renommierten Hölderlin-Forscher Adolf Beck in seiner Replik auf Bertaux' Vortrag von 1968 ausdrücklich zugestanden.[619]

Bereits in jenem Vortrag Bertaux' auf der Tagung der Hölderlin-Gesellschaft 1968 finden sich die wesentlichen Elemente und Argumente seiner politisierenden Hölderlin-Interpretation, die er wenig später in seiner umfassenderen Studie über „Hölderlin und die Französische Revolution" mit einer ausführlicheren Begründung und in einem erweiterten historischen Kontext erneut aufgriff.[620] Im folgenden wird von der komprimierteren Fassung des Vortrags ausgegangen und im Anschluß daran auf die Ergänzungen und Erweiterungen verwiesen, die die Studie von 1969 bietet. Wie erwähnt, beginnt Bertaux seine Ausführungen mit einem kritischen Rückblick auf die Tradition der Hölderlin-Forschung. Deren fehlende Berücksichtigung der politischen Dimensionen erklärt er mit dem mangelnden „eingefleischte[n] Vertrautsein mit der Geschichte der Französischen Revolution, wie es der Franzose hat",[621] um sogleich seine Berufung zur Korrektur des Bildes auf der Grundlage eines emphatisch-identifikatorischen Zugangs zu betonen: „Vielleicht gehört es auch zu dieser besonderen Art von Verständnis, in begeisterter Jugend die Geschichte der Französischen Revolution mit Herzklopfen gelesen zu haben, in der [...] so manche Stelle wie eine Übersetzung aus dem ‚Hyperion' klingt."[622] Der zunächst nur angedeutete identifikatorische Ansatz von Bertaux' Analyse des politischen Hölderlin gewinnt deutlichere Kontur, wenn von Hölderlins jakobinischer Gesinnung behauptet wird: „Eher als einer Konstruktion des Geistes entspricht es [das jakobinische Ideal] einem Gefühl des Herzens. Es ist Temperamentssache. Man gehört zu den ‚Freigeborenen' oder nicht."[623] Unter dieser Prämisse läßt sich der politische Standpunkt Hölderlins nicht rational nachvollziehen, sondern mußt vielmehr vom gefühls- und seelenverwandten Interpreten nachgefühlt werden. Seine persönliche Verbundenheit mit dem Fühlen und Denken des Dichters läßt Bertaux bereits einleitend feststellen, daß „Hölderlin ein begeisterter Anhänger der Französischen Revolution, ein Jakobiner war und es im tiefsten Herzen immer geblieben ist".[624]

---

618 Vgl. Pellegrini: Friedrich Hölderlin (wie Anm. 612); Delorme: Hölderlin et la révolution (wie Anm. 613); Minder: Hölderlin unter den Deutschen (wie Anm. 611).

619 Vgl. oben, S. 179 f.

620 Vgl. Bertaux: Hölderlin und die Französische Revolution (wie Anm. 585 und 586).

621 Bertaux: Hölderlin und die Französische Revolution (wie Anm. 585), S. 1.

622 Ebd.

623 Ebd., S. 7.

624 Ebd., S. 2. Zum identifikatorischen Gehalt von Bertaux' Beschäftigung mit Hölderlin vgl. dessen grundlegende Ausführungen zu einem theorieentlasteten hermeneutischen Standpunkt von 1972:

Zur Begründung korreliert er zunächst die Chronologie der Revolutionsereignisse mit der Biographie des Dichters und schließt von der Zeitgenossenschaft zur Französischen Revolution auf die politische Gesinnung Hölderlins:

> Von Hölderlins drei großen Erlebnissen, dem Wesen der Griechen, der Liebe zu Susette Gontard und der Revolution, ist das letztere das entscheidende gewesen. [...] Die politische Meinung des Dichters hat sich im Tübinger Stift zwischen 1789 und 1793 gebildet. Mit der Zeit hat sie sich kaum geändert [...] Seine Begeisterung galt dem Ideal der Jakobiner, nämlich der auf Freiheit, Gleichheit und Brüderlichkeit gegründeten demokratischen Republik.[625]

Der Schluß von der – kaum je bestrittenen – Revolutionsbegeisterung der Stiftsjahre auf Hölderlins konstante jakobinische Gesinnung beruht auf einer wenig später explizierten terminologischen Prämisse:

> Genauer definiert entspricht Hölderlins Gesinnung derjenigen der Girondisten, die dem Jakobinismus, wie man in Deutschland fälschlich meint, nicht entgegengesetzt war. Die Girondisten vertraten den rechten, gemäßigten Flügel der Jakobiner, bis die ‚Montagnards‘, die zum Äußersten entschlossen waren, um die bedrohte Republik zu retten, sie politisch und physisch liquidierten.[626]

Die Voraussetzung besteht also in der Einebnung der historischen Differenzierungen, denen die im weitesten Sinne revolutionären Positionen im Verlaufe der Revolution unterlagen, und ihre Zusammenfassung unter dem Begriff des Jakobinismus. Bertaux weicht mit dieser Ausweitung des Jakobinismus-Begriffs einem zentralen methodischen Problem der Jakobinismusforschung aus, der es nicht gelungen war, den schlüssigen Nachweis zu erbringen, daß eine der französischen Fraktionierung analoge Begrifflichkeit auch auf die Positionierungen deutscher ‚Revolutionsanhänger‘ anzuwenden wäre.[627] Bertaux' Kritiker nehmen in der Hauptsache auf diese historische Vereinfachung Bezug und weisen auf die zugrundeliegende terminologische Unschärfe hin. Ein weiteres Problem für die Zuordnung Hölderlins zum Jakobinismus ist die Beschränkung auf das Dichtertum, auf die Enthaltsamkeit gegenüber dem politischen Handeln, konkret: gegenüber der revolutionären Tat.[628]

„Diese lebendige, persönliche Beziehung zu Verfassern bewirkte es, daß ich ein anderes als nur papiernes Verhältnis zur Welt des Schrifttums gewann. [...] Für mich ist der Schreibende eine Person, die eine Kommunikation herzustellen versucht. Soll ich ihm nicht entgegenkommen und das Meine tun, um seinen Wunsch nach Kommunikation zu erfüllen? [...] Zu einer Methodik, zu einer Theorie gibt dieses Hinhören auf Stimmen, dieses versuchte Einspielen auf das Spiel des Partners keinen Anlaß." Kurz darauf ist von – offenbar auf diese Weise zu erreichendem – „familiärem Umgang mit Hölderlin" die Rede. Pierre Bertaux: Wie ich Germanist wurde. In: Wie, warum und zu welchem Ende wurde ich Literarhistoriker? Eine Sammlung von Aufsätzen aus Anlaß des 70. Geburtstages von Robert Minder. Hrsg. von Siegfried Unseld. Frankfurt/Main 1972, S. 27–38, hier S. 34 f. und 37.

625 Bertaux: Hölderlin und die Französische Revolution (wie Anm. 585), S. 6 f.

626 Ebd., S. 8.

627 Vgl. Segeberg: Literarischer Jakobinismus (wie Anm. 222), S. 511–515; Stephan: Literarischer Jakobinismus (wie Anm. 18), S. 41–45; Garber: Politische Spätaufklärung (wie Anm. 20); Segeberg: „Was gehen uns ...?" (wie Anm. 225), S. 161 ff.

628 Die Bedeutung eines auf politisch-gesellschaftliche Praxis (bis hin zur Revolution) gerichteten Literaturbegriffs für die Bestimmung eines ‚jakobinischen‘ Autors betonen u.a. Segeberg:

Auch dieser Schwierigkeit begegnet Bertaux mit einer schwerlich nachprüfbaren und erneut allein durch die von ihm reklamierte ‚Herzensverwandtschaft‘ mit dem Dichter zu erklärende Feststellung:

> Wenn schon Hölderlins politische Ansichten ziemlich eindeutig zu definieren sind, so bleibt die Frage: Wie stand er zur politischen Aktion? Die Frage wird allgemein damit abgetan, daß man ihn als einen verträumten, wirklichkeitsfremden Phantasten betrachtet. Ja er selbst bezeichnet sich als einen Schwärmer. Doch gerade von Schwärmern, nicht von kalten Realisten, werden die Revolutionen gestiftet, wird die Welt verändert. Ein Schwärmer – unter Umständen nur ein Schwärmer – kann ein Mann der Tat sein.[629]

Mit der anschließenden Spezifikation, daß die dem Dichter adäquate Tat seine Dichtung sei, der bei Hölderlin als „Stimme des Volks" die Aufgabe zukomme, „die Völker vom Schlafe zu wecken",[630] hat Bertaux mit seiner Argumentation den Punkt erreicht, von dem aus er den entscheidenden hermeneutischen Grundsatz zu formulieren vermag, der nicht mehr nur das Bild des Dichters, sondern ebenso das seiner Dichtung nachhaltig zu verändern bestimmt ist: „In diesem Sinne darf man sagen, Hölderlins ganzes Werk sei eine einzige Spekulation oder Reflexion der Problematik der Revolution, eine fortgehende, eine durchgängige Metapher dieser Problematik."[631] Bertaux hat Hölderlins Schriften auszugsweise herangezogen, um für verschiedene Phasen den unmittelbaren, lediglich chiffrierten Bezug zur Revolution aufzuweisen. Die Unklarheit, ob dieser kursorische Lektürevorgang noch dem Beleg oder bereits der Anwendung seiner These galt (ob es sich also im strikten Sinne noch um eine These oder um eine aus der Sicht des Interpreten bereits hinreichend gerechtfertigte Prämisse handelt), zeigt die Zirkularität von Bertaux' Re-Interpretation: Die interpretatorische Arbeit liefert ihm genau jene Ergebnisse, die er selbst zuvor, auf biographische Erwägungen gestützt, ‚erfühlt‘ hatte.

Schlüsselfunktion kommt Bertaux zufolge den *Empedokles-Fragmenten* zu,[632] deren erste Fassung für ihn „in der Perspektive der erhofften Revolution in Schwaben verfaßt worden war, sozusagen als Festspiel der jungen schwäbischen Republik",[633] während die folgenden Fassungen den erfolglosen Versuch einer den Verhältnissen nach der Zerschlagung der politischen Hoffnungen angepaßten Umarbeitung darstellen. Dieser schwäbischen Republik widmet Bertaux in seiner Studie von 1969 ein eigenes Kapitel, in das er die Forschungen Heinrich Scheels aus dessen *Süddeutschen Jakobinern* ausführlich einarbeitet.[634] Wie er den antiken Schauplatz des *Empedokles* und „das Griechische als Kostüm,

---

Literarischer Jakobinismus (wie Anm. 222) und Stephan: Literarischer Jakobinismus (wie Anm. 18).

629   Bertaux: Hölderlin und die Französische Revolution (wie Anm. 585), S. 9.

630   Ebd., S. 12. Bertaux legt also einerseits den sogenannten operativen Literaturbegriff zugrunde und wendet zugleich das Kriterium der „Volksverbundenheit" auf Hölderlins Werk an; zur Bedeutung dieser Kategorie siehe Stephan: Literarischer Jakobinismus (wie Anm. 18), S. 45.

631   Bertaux: Hölderlin und die Französische Revolution (wie Anm. 585), S. 13; vgl. ferner Bertaux: Hölderlin und die Französische Revolution (wie Anm. 586), S. 11.

632   Stuttgarter Hölderlin-Ausgabe. Hrsg. von Friedrich Beißner. 1946–1985. Bd. 4.1., S. 66.

633   Bertaux: Hölderlin und die Französische Revolution (wie Anm. 585), S. 15.

634   Vgl. Bertaux: Hölderlin und die Französische Revolution (wie Anm. 586), S. 85–113, 164–166. Scheel: Süddeutsche Jakobiner (wie Anm. 267).

als Metapher des Politisch-Aktuellen" versteht, so versucht er (innerhalb seines Kalküls
folgerichtig), auch die poetologischen und philosophischen Aufsätze und Fragmente als
eine getarnte politisch-historische Selbstbesinnung ihres Autors zu interpretieren.[635] Auch
die späte Lyrik wird als poetische Konsequenz enttäuschter politischer Hoffnungen, als –
einem freundschaftlichen Wink Hegels folgend – den politischen Umständen angepaßte
Chiffrierung seines nach wie vor intakten jakobinischen Freiheitsideals ausgewiesen.[636]
Auch in der Fassung von 1969 hält Bertaux sich weitgehend an die skizzierten Leitlinien,
führt indes zwei weitere Aspekte ein: Neben der Erschließung des Kontextes der schwäbischen Republik mit Hilfe der Jakobinismusforschungen Scheels fügt Bertaux ein einlei-
tendes Kapitel hinzu, in dem er eine Reihe ,deutscher Jakobiner' vorstellt, nachdem er in
einer kurzen historischen Skizze zunächst die Differenzierung der politischen Positionen
im Zuge des Revolutionsverlaufes angedeutet, diese jedoch im Blick auf die deutschen Verhältnisse als irrelevant wieder verworfen hatte.[637] Auffällig ist jedoch, daß Bertaux für
die Liste ,deutscher Jakobiner' neben den einschlägigen Werken der DDR-Jakobinismusforschung[638] lediglich eine ältere Studie von Alfred Stern[639] heranzieht, während die Arbeiten Walter Grabs ungenutzt bleiben (und auch in der Bibliographie nicht erscheinen).
Schließlich fügt Bertaux ein Kapitel ein, das den Niederschlag des Jakobinismus im Werk
Hölderlins anhand seiner theoretischen Entwürfe zu einer ,Neuen Religion' zu demonstrieren versucht, indem er diese mit den jakobinischen Versuchen zur Gründung einer Ver-
nunftreligion, dem ,Kult des höchsten Wesens', in Beziehung setzt.[640] Trotz der erheblich
erweiterten Materialbasis finden sich jedoch neben den neuen Belegen für den politisch-
historischen Kontext kaum neue Argumente für die These von der konstant jakobinischen
Gesinnung des Dichters, die weiterhin von der hermeneutischen Vorentscheidung abhängt,
das Werk als „Metapher" der Revolution zu lesen. Ob die dargelegte Verbindung mit der
Jakobinismusforschung strategischen Überlegungen im Hinblick auf die Anbindung der
eigenen Position an ein breit entfaltetes Forschungsfeld entsprang, läßt sich aufgrund
der verfügbaren Fakten nicht entscheiden. Festzuhalten bleibt allerdings der Hinweis auf
die ,Schnittstellen', an denen eine solche Anbindung erfolgen konnte: Neben der Erschließung historischer Kontexte ergaben sich Parallelen im Bereich terminologischer Über-
tragungsversuche der politischen Fraktionen der Französischen Revolution auf politische
Positionen in Deutschland sowie hinsichtlich der insinuierten metaphorischen Maskierung

---

635 Bertaux: Hölderlin und die Französische Revolution (wie Anm. 585), S. 17.

636 Vgl. ebd., S. 18 ff.

637 Vgl. Bertaux: Hölderlin und die Französische Revolution (wie Anm. 586), S. 13–20: „Nun zu den
      deutschen Jakobinern – Jakobiner im ersten [dem historisch-technischen als Mitglieder von Jako-
      binerclubs] und im zweiten [im ideologischen als Anhänger der Ideale der Revolution] Sinne des
      Wortes; der Unterschied ist nur schwer zu machen und hat in der Sache wenig zu sagen." Diese er-
      neute Einebnung historischer Differenzen ermöglicht es Bertaux, sehr viel ausführlicher als noch
      1967/68 die girondistische Position Hölderlins herauszuarbeiten, ohne mit seiner eigenen These
      vom Jakobinismus des Dichters in Widerspruch zu geraten (S. 20; vgl. u. a. ebd: S. 61 f.).

638 Voegt: Die deutsche jakobinische Literatur (wie Anm. 240); Scheel: Süddeutsche Jakobiner (wie
      Anm. 267).

639 Alfred Stern: Der Einfluß der Französischen Revolution auf das deutsche Geistesleben. Stuttgart
      und Berlin 1928.

640 Vgl. Bertaux: Hölderlin und die Französische Revolution (wie Anm. 586), S. 65–84.

politischer Aussagen im griechischen Kostüm bzw. in der abstrakten Begrifflichkeit der theoretischen Aufsätze und Fragmente, die nur wenig später zu einem Thema der literaturwissenschaftlichen Beschäftigung mit dem Jakobinismus werden sollte. Exemplarisch sind dafür die Forschungsergebnisse von Hans-Wolf Jäger anzuführen.[641]

Anhaltspunkte dafür, daß Bertaux um den Anschluß seiner Forschung an bestehende Konzepte bemüht war, gibt seine wenige Jahre später im Rekurs auf *Empedokles*[642] vorgenommene Steigerung der These: Hölderlin erscheint nun als „ein Ultra-Jakobiner auf dem Weg zum Sozialismus".[643] Diese Radikalisierung der ursprünglichen These mag ursächlich damit zusammenhängen, daß Bertaux im wesentlichen in der DDR-Literaturwissenschaft ein positives Echo auf seine These fand. Die literaturwissenschaftliche Forschung der DDR verfolgte ihrerseits den Gedanken, Hölderlins dialektisches Denken als eine Vorstufe zu betrachten, in der die Grundlagen einer materialistischen Dialektik wenigstens präfiguriert bzw. implizit angelegt seien.[644] So mag die Neubewertung des *Empedokles*-Zitats als Reaktion auf eine Kritik zu verstehen sein, die Klaus Pezold in seiner Rezension der Bertaux-Studie vortrug:

> Obwohl er den ‚roten jakobinischen Terror' frei von jeder bürgerlichen Borniertheit in seiner historischen Notwendigkeit anerkennt, faßt er die Differenz zwischen den „radikalen ‚Montagnards' … die vor nichts zurückschreckten, um die Republik zu retten", und den „Girondisten, die sich als ‚humaner' ausgaben, denen es jedoch an Energie und Entschlossenheit fehlte", rein subjektiv, ohne nach dem Klassengehalt dieser politischen Richtungen zu fragen.[645]

Bertaux' weitere Arbeit an einer Modifikation des etablierten Hölderlin-Bildes war mit der Jakobiner-These keineswegs abgeschlossen. Nachdem seine Überlegungen ab etwa Mitte der 1970er Jahre an provokativem Potential zu verlieren begannen, veröffentlichte Bertaux 1978 eine weitere Studie, in der er eine erweiterte Neuauflage seiner ursprünglichen These vornahm. Hölderlin erscheint nun nicht mehr nur als Jakobiner: Die daraus resultierende politische Isolierung sowie die Angst vor staatlicher Verfolgung sollten ihn nunmehr veranlaßt haben, nicht nur den politischen Gehalt seiner Dichtung sowie seiner poetologischen und philosophischen Reflexion zu chiffrieren; darüber hinaus habe Hölderlin – konsequent bis zu seinem Tod – auch die vermeintliche geistige Zerrüttung vorgetäuscht. Um diese

---

641   Vgl. Jäger: Politische Kategorien (wie Anm. 473); Politische Metaphorik (wie Anm. 212); siehe dazu das Interview mit Hans-Wolf Jäger, S. 500–527, hier S. 501–505, sowie oben, S. 126 f.

642   Vgl. Hölderlin: Stuttgarter Ausgabe (wie Anm. 632), Bd. 4.1, S. 66.

643   Pierre Bertaux: War Hölderlin Jakobiner? In: Hölderlin ohne Mythos (wie Anm. 497), S. 7–17, hier S. 9. Das gleiche Zitat war 1969 im zeitgenössischen Kontext der Theorien Babeufs gedeutet worden; vgl. Bertaux: Hölderlin und die Französische Revolution (wie Anm. 586), S. 109. Gleichwohl finden sich auch in der Studie von 1969 bereits Ansätze zu einer materialistischen Re-Interpretation der Hölderlinschen Dialektik, wenn ihm etwa die Ansicht unterstellt wird, „daß die Änderung der Strukturen in kürzester Zeit […] den Charakter der Menschen ändert", mithin also bereits eine materialistische Vorstellung von Sein und Bewußtsein unterstellt wird; vgl. ebd., S. 113. In die gleiche Richtung weisen die Versuche einer Auslegung von Hölderlins Forderung nach einer ‚Neuen Religion' zur „politischen Religion" des Marxismus; vgl. ebd., S. 73 f.

644   Siehe unten, S. 203 f.

645   Klaus Pezold: [Rez.] Bertaux, Hölderlin und die Französische Revolution, 1969. In: Weimarer Beiträge 17 (1971), H. 1, S. 213–219, S. 215.

Variation und Erweiterung der These[646] entstand eine weitaus schärfere Kontroverse als um die Fassung von 1968, ohne daß ihr jedoch eine vergleichbare Wirkung auf die Forschung der folgenden Jahre zugeschrieben werden könnte. Renate Reschke wirft Bertaux in ihrer ausführlichen Rezension der Arbeit in den Weimarer Beiträgen vor, die alte „Legende" von Hölderlins Geisteskrankheit gegen eine neue von der dreißigjährigen Verstellung des Dichters auszutauschen und durch die psychoanalytischen Kategorien seiner Deutung (Mutter-Sohn-Konflikt) die durch seine erste Studie erfolgreich in die Forschung eingeführte Historisierung des Hölderlin-Bildes revidiert zu haben.[647] Ein Blick auf die Rezensionen der bundesdeutschen Literaturwissenschaft verdeutlicht, daß Bertaux offenbar den Anschluß an die Folgen seiner ersten These verpaßt hat: Während die ältere Generation ‚etablierter' Literaturwissenschaftler in der Regel mit Verständnislosigkeit reagierte, hatten jüngere Wissenschaftler weitere Kontexte erschlossen und historisch akzentuiert. Die neuen Erkenntnisse waren indes nicht mit Bertaux' Methode der subjektiven Einfühlung in einen als wesensverwandt verstandenen Dichter kompatibel.[648] Als Beleg für die erstgenannte Gruppe sei hier aus der betont scharf formulierten Rezension Adolf Becks zitiert, der auf die Jakobinismus-These noch wohlwollend-kritisch reagiert hatte:

> Und wenn ein Gelehrter von Ruf [...] seinen Lesern und seiner breiten Zuhörerschaft seit Jahren unermüdlich suggerieren will, der ‚größte Elegiker der Deutschen' (so Arnim) habe sich in der ganzen zweiten Hälfte seines Lebens verstellt – verstellt auch dann, wenn er in seinem Zimmer allein war –, so ist das eine Zumutung, die das Maß dessen überschreitet, was einem mit- und nachdenkenden, nicht nach Sensationen lüsternen Publikum zumutbar ist.[649]

Dagegen zeigt beispielsweise die Rezension von Detlef Horster in den *Frankfurter Heften*, daß auch die reformorientierte Wissenschaftlergeneration sich so weit von den Forschungsansätzen Bertaux' in die Richtung soziologisch und sozialgeschichtlich orientierter Literaturforschung entfernt hatte, daß sie nicht einmal mehr mit den von ihm aufgeworfenen

---

646 Daß beide Thesen nicht unabhängig voneinander zu verstehen sind, sondern sowohl strategisch als auch inhaltlich aufeinander aufbauen, bestätigt Bertaux 1984: „Ich ärgerte mich über das verzerrte romantische Bild Hölderlins, das in der deutschen Tradition florierte, das veilchenblaue harmlose Bild eines frommen deutschen Dichters, eines weltfremden Poeten und schließlich eines Umnachteten, der nicht einmal mehr wußte, wie er hieß. Nach streng wissenschaftlichen Methoden arbeitend, wurde es mir möglich, zuerst unter Beweis zu stellen, Hölderlin sei ein deutscher Jakobiner gewesen, dann, in einer zweiten Phase, daß Hölderlin kein Geisteskranker gewesen sei, wie es nur zu lange behauptet wurde." Pierre Bertaux: Zwischen Deutschland und Frankreich. Marburg 1984, S. 15.

647 Vgl. Renate Reschke: Vom Wagnis der Legendenzerstörung. Anmerkungen zu einem neuen Hölderlin-Buch von Pierre Bertaux. In: Weimarer Beiträge 26 (1980), H. 12, S. 14–35, hier S. 24 und 34.

648 Siehe unten die Ausführungen zur Erweiterung des Forschungsfeldes in der BRD, S. 184 ff.

649 Adolf Beck: Zu Pierre Bertaux' „Friedrich Hölderlin". In: Hölderlin-Jahrbuch 22 (1980/81), S. 399–424, hier S. 422. Vgl. auch die Rezension von Benno von Wiese: Bertaux sei zum „Märchenerzähler" geworden, der „den Anspruch aufgibt, noch ernst genommen zu werden" und sich statt dessen auf seine „unersättliche, auf Sensationen bedachte Erfindungsgabe" zurückziehe; vgl. Benno von Wiese: Listiger Träumer im Tübinger Turm? Pierre Bertaux' These vom „völlig gesunden Hölderlin". In: Die Welt vom 17. Februar 1979 (Geistige Welt, S. V).

Fragen – zu schweigen von den Ergebnissen – etwas anzufangen wußte.[650] Die weitere
Rekonstruktion der Bertaux-Debatte kann sich mithin auf die Auseinandersetzungen um
die ursprüngliche These beschränken; ihre Erweiterung von 1978 brachte der Diskussion
um die politische Aktualität von Hölderlins vermeintlichem Jakobinertum keinerlei neue
Impulse.

Im Zuge seiner Kritik der traditionellen Hölderlin-Forschung nahm Bertaux 1969
eine ausdrückliche Einschränkung vor: „Im deutschen Sprachraum bildete Georg Lukács
eine Ausnahme. [...] Georg Lukács nennt Hölderlin einen verspäteten Jakobiner und
seinen *Hyperion* den Entwurf eines Citoyen-Romanes. [...] Aber Georg Lukács ist kein
Deutscher."[651] Die in der Tat bemerkenswerte Nähe der Bertaux-These zu Lukács' bereits
1934 erschienenem Aufsatz „Hölderlins Hyperion" wird im weiteren Verlauf der vorliegenden Skizze zu erörtern sein.[652] Doch kann bereits an dieser Stelle verdeutlicht werden,
daß auch Lukács – ob Deutscher oder nicht – keineswegs so isoliert stand, wie Bertaux dies
unterstellte. Lukács steht vielmehr für eine spezielle Rezeptionskonstante, deren Zeugnisse
die emphatische Betonung der Neuartigkeit von Bertaux' Hölderlin-Bild stark relativieren: Die Wurzeln einer auf politische Dimensionen setzenden Hölderlin-Rezeption lassen
sich weiter zurückverfolgen, als Bertaux es nahezulegen versucht. So ist beispielsweise ein
Hinweis des Philosophen Hans-Georg Gadamer (1900–2002) auf ein nicht realisiertes Forschungsvorhaben anzuführen, das er zu Beginn der 1930er Jahre im Rahmen einer Arbeit
über die Wirkung der Französischen Revolution auf die deutsche Kultur geplant hatte.[653]
Auch die weniger kulturhistorisch orientierte Hölderlin-Forschung ist offenbar bereits früh
bemüht gewesen, den historischen Kontext des Werks aufzuarbeiten und auf diesem Wege
einen Gegenpol zum ‚zeitenthoben-ästhetizistischen' Hölderlin-Bild des George-Kreises
zu schaffen. Dies verdeutlicht Emil Petzolds (1859–1932) Interpretation *Hölderlins Brot*
[!] *und Wein*, die bereits 1896 erschien und 1967 von Friedrich Beißner (1905–1977) als
Faksimiledruck neu ediert wurde.[654] Petzold greift offenbar – wenngleich implizit – auf
ein in der Vormärz-Literatur erstmals in Ansätzen auftauchendes Interpretament zurück:
Hölderlin als kritischer und auf konkrete gesellschaftliche Veränderungen bedachter Dichter. Petzold hätte sich damit auf Georg Herweghs Aufsatz „Ein Verschollener" von 1839
berufen können.[655] Herwegh feierte Hölderlin als den „eigentlichste[n] Dichter der Jugend,
dem Deutschland eine große Schuld abzutragen hat, weil er an Deutschland zu Grunde

---

650 Vgl. Detlef Horster: [Rez.] Bertaux, Friedrich Hölderlin. In: Frankfurter Hefte. Zeitschrift für Kul-
     tur und Politik 34 (1979), S. 69 f.
651 Bertaux: Hölderlin und die Französische Revolution (wie Anm. 586), S. 141, Anm. 1.
652 Siehe unten, S. 197 ff.
653 Vgl. Hans-Georg Gadamer: Die Gegenwärtigkeit Hölderlins. In: Hölderlin-Jahrbuch 23 (1982/83),
     S. 178–181, hier S. 181. Der Herausgeber hat sich 1993 schriftlich bei Hans-Georg Gadamer nach
     den Einzelheiten erkundigt. Gadamer konnte indes keine näheren Angaben machen.
654 Emil Petzold: Hölderlins Brot [!] und Wein. Ein exegetischer Versuch. Sambor 1896. Nachdruck.
     Hrsg. von Friedrich Beißner. Darmstadt 1967. Petzold vertritt die These, daß „Hyperion" ohne den
     Vorgänger „Ardinghello" „nie entstanden" wäre (S. 22 f.); vgl. dazu ausführlicher: Leonhard Herr-
     mann: Klassiker jenseits der Klassik. Wilhelm Heinses ‚Ardinghello' – Individualitätskonzeption
     und Rezeptionsgeschichte. Berlin und New York 2010, S. 265 f.
655 Herwegh, ein geborener Schwabe, hatte einige Semester im Tübinger Stift zugebracht.

gegangen ist", um „uns voranzuschreiten, und uns ein Schlachtlied zu singen".[656] Petzold beschränkt sich allerdings nicht auf die Verkündigung eines bestimmten Hölderlin-Bildes, wie Herwegh es vermutlich im wesentlichen aus Hyperions „Scheltrede an die Deutschen" abgeleitet hatte,[657] sondern erarbeitet es auf der Grundlage eines breit erschlossenen geistes- und sozialgeschichtlichen sowie biographischen Kontextes. Dabei muß erstaunen, daß sich fast alle wesentlichen argumentativen Standards der späteren Jakobinismus-Debatte bereits hier angelegt finden: die Forderung nach historischer Kontextuierung zum adäquaten Verständnis des Werkes,[658] biographisch orientierte Nachweise einer frühen republikanischen Gesinnung anhand der unterschiedlichen Freundschaften mit deutschen Befürwortern der Revolution[659] sowie der erniedrigenden persönlichen Erfahrungen im Frankfurter großbürgerlichen Haus Gontard,[660] Hinweise auf die Bestrebungen zu einer theologischen Erneuerung im Sinne einer zu schaffenden Volksreligion,[661] schließlich die Ausleuchtung des zeitgeschichtlichen Hintergrundes der revolutionären Bestrebungen im süddeutschen Raum in der Folge der französischen Besatzung, der Hölderlin verbunden gewesen sei.[662] Was durch Bertaux (in dessen Literaturverzeichnis Petzolds Studie nicht erscheint) und in den durch ihn inspirierten Anschlußforschungen hinzugefügt wurde, beschränkt sich also weitgehend auf die begriffliche Zuspitzung der Zusammenhänge bzw. auf ihre Adaptation an die argumentativen Fundamente der marxistischen Hölderlin-Interpretation sowie die Anknüpfung an die seinerzeit prosperierende historiographische Jakobinismusforschung. Auch die politische Aktualisierung ist bei Petzold bereits zu finden, wenn er beispielsweise im Analogieschluß von Hölderlins utopisch-prophetischer Hoffnung auf den Anbruch eines neuen Zeitalters, auf die nunmehr aktuell gewordene sozialistische (bzw. anarchistische) Utopie verweist:

> Die intelligente bürgerliche Masse, der Hölderlin angehörte, hat seither eine hundertjährige Geschichte hinter sich. […] Aber neue Massen drängen sich heran, mit noch nicht abgenützten Hirnen und Nerven, und ringen nach dem Rechte, sich zu betätigen. Jene sagen mit müdem oder cynischem Lächeln: „Decadenz!" und „fin de siecle!" Diese, frisch und stark wie erobernde Barbaren, stärker noch durch den neuen Glauben, der selbst über ihre Kreise hinaus wirkt, begrüssen das kommende Jahrhundert: „Unsere Zeit ist nahe!" Hölderlin gehörte jenen Kreisen an, die ebenfalls erst auf die politische Arena sollten. Wer heute eine möglichst treue Analogie für die Ideenrichtung suchen wollte, in der es den Dichter zog und trieb, der müsste, glaub' ich, unter die Utopisten gehen, die Socialdemokraten, oder, was noch zutreffender wäre, unter die Anarchisten nach Art der Brüder Réclus.[663]

Hinweise auf derartige „Parallelen" finden sich auch in Kurt Bartschs 1974 veröffentlichter Dissertation *Die Hölderlin-Rezeption im deutschen Expressionismus*:

---

656 Georg Herwegh: Ein Verschollener. (In: Deutsche Volkshalle. Hrsg. von Johann Georg August Wirth. Nr. 40 vom 8. November 1839). Zitiert wurde nach: G. H.: Über Literatur und Gesellschaft (1837–1841). Bearb. u. eingel. von Agnes Ziegengeist. Berlin 1971, S. 92–95, hier S. 94.
657 Vgl. Stuttgarter Hölderlin-Ausgabe (wie Anm. 632), Bd. 3, S. 153–156.
658 Vgl. Petzold: Hölderlins Brot [!] und Wein (wie Anm. 654), S. 76.
659 Vgl. ebd., S. 17 und 20.
660 Vgl. ebd., S. 18 f.
661 Vgl. ebd., S. 39.
662 Vgl. ebd., S. 66.
663 Vgl. ebd., S. 75.

Die Vorgänge zu Beginn des 20. Jahrhunderts weisen einige nicht zu übersehende Parallelen zu denen am Ausgang des 18. Jahrhunderts auf. In beiden Fällen treffen innerstaatliche Emanzipationsbestrebungen einzelner Gesellschaftsschichten – des Bürgertums im 18., des Arbeiterstandes im 20. Jahrhundert – zusammen mit übernationalen Auseinandersetzungen in Europa und in der Welt. Hölderlin und die Expressionisten leben also in einer unsicheren Zeit der Revolutionen und Kriege (wobei stets zu beachten wäre, daß die Ereignisse am Anfang des 20. Jahrhunderts wesentlich stürmischer verlaufen).[664]

Allerdings kann Bartschs Ansatz schon deswegen nicht überzeugen, weil bei entsprechender Akzentuierung auch das 19. Jahrhundert als eine „Zeit der Revolutionen und Kriege" bezeichnet werden könnte. Das von Bartsch herangezogene Quellenmaterial belegt zudem, daß es neben der ästhetizistischen bereits in den 1920er Jahren eine ‚kritische' Hölderlin-Rezeption gegeben hat, die jedoch nicht im engeren Sinne politisch, sondern eher kulturkritisch zu nennen sein dürfte. Ihren Ausdruck fand diese (nicht wissenschaftlich zu nennende) Rezeptionslinie etwa in einigen literarischen Essays und Vorträgen, die ebenfalls den Aspekt der ‚Juvenilität' von Hölderlins Denken betonen,[665] deutlicher jedoch in kulturkritisch ausgerichteten Publikationen.[666] Wenn sich auch eine im engeren Sinne (partei)politische Hölderlin-Rezeption in der Literatur der Weimarer Republik nicht nachweisen läßt, so bleibt doch bemerkenswert, daß sich in diesen Jahren eine kulturkritisch akzentuierte Beschäftigung mit Hölderlin herausbildete[667] und daß Bertaux diese Traditionen ebenso wie die bei Petzold angelegten wissenschaftlichen Versuche einer politisch-historischen Akzentuierung Hölderlins aus seinem Pauschalurteil über den unpolitischen Charakter der deutschen Hölderlin-Rezeption ausblendet. Darüber hinaus weist Norbert Oellers (*1936) 1992 auf eine frühe Arbeit von Pierre Bertaux hin:

> Irgendwann änderte sich etwas an diesem Bild [einer Forschung, die allein die „seherische Geistigkeit" Hölderlins akzentuierte]. Pierre Bertaux deutete 1936 in seiner wenig beachteten Schrift „Hölderlin. Essai de biographie intérieure" an, daß die deutsche Germanistik in ihren Hölderlin-Betrachtungen nicht nur zu ergänzen, sondern wesentlich zu revidieren sei: Hölderlins politisches, vor allem sein soziales Engagement, sein Eintreten für die Forderungen der Französischen Revolution und seine jakobinische Gesinnung [...] seien ganz entscheidende Charakteristika seines Erfahrungshorizontes und seiner [...] Wirksamkeit gewesen.[668]

---

664 Bartsch: Hölderlin-Rezeption (wie Anm. 607), S. 9.

665 Vgl. etwa Carl Müller-Rastatt: Hölderlin (geboren 20. März 1779, gestorben 7. Juni 1843), Vortrag, gehalten bei der Gedenkfeier der Literarischen Gesellschaft in Hamburg am 26. Januar 1920. Hamburg 1920; Friedrich Sieburg: Hölderlin. In: Die neue Schaubühne 2 (1920), S. 121–124.

666 Vgl. etwa die Ode „An die Deutschen". In: Der Revolutionär, H. 1 (1919). S. 3 f.; Hyperions „Scheltrede an die Deutschen". In: Die Gemeinschaft. Hrsg. v. L. Rubiner. Potsdam 1929. S. 9–13, wo Hölderlin neben Marat, Marx, Rousseau, Lunatscharskij und dem „Manifest der kommunistischen Internationale" erscheint. Weitere Dokumente bei Bartsch: Hölderlin-Rezeption (wie Anm 607), S. 8–44. Nicht erwähnt bei Bartsch: die politisierende Rezeption der „Scheltrede" als Vorrede zu Kurt Tucholsky: Deutschland, Deutschland ueber alles. Ein Bilderbuch von Kurt Tucholsky und vielen Fotografen. Montiert von John Heartfield. Faksimiledruck der Ausgabe von 1929. Reinbek 1973, S. 9.

667 Die sicherlich nicht – wie Stephan Wackwitz es in der 1985 neu bearbeiteten Hölderlin-Einführung (Sammlung Metzler) vorschlägt – ohne Unterschied im „Zeichen einer konservativen Kulturrevolution" verbucht werden kann; vgl. Wackwitz: Hölderlin (wie Anm. 602), S. 142.

668 Norbert Oellers: Vision und Revolution 1790 und 1970. Peter Weiss' Hölderlin-Drama. In: Litera-

Dieser frühe Versuch, Hölderlins Werk in einen politischen Kontext zu stellen, führte in Kombination mit der Studie *Le lyrisme mythique de Hölderlin*[669] zu Bertaux' Habilitation, blieb jedoch, wie Oellers bemerkt hat, ohne feststellbare Wirkungen in der Hölderlin-Forschung. Offenbar unterbrochen durch die nationalsozialistische Hölderlin-Aneignung und den – wohl nicht zuletzt daraus resultierenden – Verzicht der deutschen Nachkriegsgermanistik auf historische oder gar politische Kontextuierungen, wurden die Überlegungen Bertaux' erst in den 1950er Jahren in den bereits erwähnten Arbeiten von Delorme und Minder wieder aufgegriffen. 1965 erschien zudem ein Aufsatz von Theodor W. Adorno (1903–1969), der sich ebenfalls darum bemühte, die politischen Dimensionen von Hölderlins Denken zu erfassen. Adorno ging es jedoch nicht um eine politisch aktualisierende Aneignung. Vielmehr wollte er ein Gegengewicht zu den mythologisch überhöhenden Interpretationen Martin Heideggers (1889–1976) schaffen.[670] Mit Blick auf diese frühen Rezeptionszeugnisse läßt sich also feststellen, daß Bertaux' Betonung der politischen Dimensionen des Werks und der Biographie Hölderlins die Wiederbelebung einer unterbrochenen und vergessenen Linie der Hölderlin-Rezeption darstellt.

Daß seine These gleichwohl als aktuelle Provokation und als Herausforderung an die Hölderlin-Forschung verstanden wurde, soll die folgende Darstellung der Debatte in der BRD nachzeichnen. Dazu sind mit Hilfe einiger exemplarischer Analysen zunächst Positionen zu rekonstruieren, die die im unmittelbaren Anschluß an die Veröffentlichung der These stattfindende Debatte prägten. Sodann wird nach den Konsequenzen zu fragen sein, die sich aus dieser Debatte für die Hölderlin-Rezeption ergaben. Wie veränderte Bertaux' These die wissenschaftliche Hölderlin-Rezeption in der Bundesrepublik Deutschland? – Bertaux' Überzeugung von der ‚Rotblindheit' der deutschen Hölderlin-Forschung initiierte bereits auf der erwähnten Jahrestagung eine lebhafte Diskussion, die sich in den folgenden Jahren in einer Reihe von Publikationen niedergeschlagen hat. Auffällig ist zunächst, daß innerhalb der Debatte niemand kritiklos die Position Bertaux' vertreten hat. Das ist ursächlich vermutlich nicht ausschließlich mit den referierten Übertreibungen und Simplifikationen zu erklären: So hat Bertaux beispielsweise Hölderlins explizite Jakobinismus-Kritik anläßlich der Ermordung Marats bzw. der Exekution Robespierres darauf zurückgeführt, daß Hölderlin nicht mehr in der Lage gewesen sei, den politischen Entwicklungen zu folgen.[671] Oder, wie erwähnt, Hölderlins eindeutig zustimmende Stellungnahmen zur Position der Gironde werden von Bertaux zu einem Argument für seine Jakobinismus-These gewendet, indem er die Girondisten zu Jakobinern erklärt, wodurch sein Jakobinismus-Begriff zu einem nivellierenden, undifferenzierten Sammelbegriff wird, unter den sich sämtliche wie auch immer republikanischen Tendenzen subsumieren lassen. Auch Adolf Beck hat einen solchen Sammelbegriff, den des Republikaners, vorgeschlagen,[672] um auf diese Weise Bertaux' Provokation den Stachel zu nehmen, die verhärteten Fronten zugun-

---

tur, Ästhetik, Geschichte. Neue Zugänge zu Peter Weiss. Hrsg. von Michael Hofmann. St. Ingbert 1992, S. 79–97.

669 Vgl. Pierre Bertaux: Le lyrisme mythique de Hölderlin. Contribution à l'etude des rapports de son hellénisme avec sa poesie. Paris 1936; Hölderlin: Essai de biographie intérieure. Paris 1936.

670 Vgl. Theodor W. Adorno: Parataxis. Zur späten Lyrik Hölderlins. In: T. W. A.: Noten zur Literatur 3. Frankfurt/Main 1965, S. 156–209.

671 Vgl. Bertaux: Hölderlin und die Französische Revolution (wie Anm. 586), S. 62.

672 Vgl. unten, S. 180.

sten einer Integration der politischen Aspekte in die Hölderlin-Forschung zu überwinden
und neue Zugänge für literaturwissenschaftliche Fragestellungen zu eröffnen. Daß Bertaux
diesen Vorschlag auch in seiner Ausarbeitung von 1969 nicht in Erwägung zieht, ihn nicht
einmal erwähnt – wiewohl er Becks Aufsatz in sein Literaturverzeichnis aufgenommen
hat –, mag als Beleg dafür angesehen werden, daß er keine Veranlassung gesehen hat,
seine These zu modifizieren.[673] Doch nicht nur darin sind die Gründe für die isolierte Position Bertaux' zu suchen,[674] sondern ebenso in der Diskrepanz zwischen vermeintlich innovativem Inhalt und traditioneller (hermeneutisch ‚einfühlender') Methodik seiner Arbeiten. So hielt beispielsweise Jürgen Scharfschwerdt in seinem Vortrag auf dem Marbacher
Hölderlin-Colloquium von 1970 – in strikter Abgrenzung von Versuchen, „Hölderlin zu
einem idealistischen Jakobiner hoch zu stilisieren"[675] – als Desiderat der Forschungen zu
Hölderlins Verhältnis zur Französischen Revolution fest: „Was gerade im Falle dieses Dichters not tut, […] ist eine differenziert entwickelte literatursoziologische Fragestellung."[676]
Scharfschwerdt entwickelt diese Fragestellung zwar , beschränkt sich in diesem Stadium
indes auf die Formulierung von Thesen, die einer im engeren Sinne literatursoziologischen Fragestellung den Weg weisen sollten: So stellt er die Frage, „ob diese Kritik [der
„Hymne an die Menschheit" an der schwächlichen Unselbständigkeit und Kleingeistig-
keit der ‚Jünglinge'] nicht gleichzeitig eine Hauptstruktur gesellschaftlicher Wirklichkeit
in Württemberg und Deutschland indirekt oder direkt trifft",[677] und schließt die weitere
Überlegung an, „ob nicht die Konzentrierung auf die innere Revolution als Bedingung
der Möglichkeit für eine äußere, politisch-gesellschaftliche Revolution die innere Haltung
einer auch in weiterer Bedeutung zu verstehenden kleinbürgerlichen Wirklichkeitssicht"
reproduziere.[678] Dieser Ansatz wurde von Scharfschwerdt in einem nahezu zeitgleich erschienenen Aufsatz über „Die pietistisch-kleinbürgerliche Interpretation der Französischen
Revolution in Hölderlins Briefen" auf der Grundlage einer ausführlichen, soziologisch akzentuierten Analyse der Briefzeugnisse Hölderlins zu einer eigenen, allerdings erstaunlich
wirkungslosen Position innerhalb der Debatte ausgearbeitet. Scharfschwerdt, der seinen
Ansatz im Untertitel als einen ersten „Versuch zu einer literatursoziologischen Fragestellung" kennzeichnete, betont hier zunächst die methodische Nähe Bertaux' zu den ent-
historisierenden Arbeiten Wilhelm Michels zur ‚vaterländischen Umkehr' des späten Hölderlin, die er als Grundlage der faschistischen Hölderlin-Rezeption nach 1933 versteht,[679]

---

673 Vgl. Beck: Hölderlin als Republikaner (wie Anm. 211). Auf den im selben Beitrag erhobenen Vor-
     wurf Becks, Hölderlins pro-girondistische Äußerungen nicht zitiert zu haben, reagierte Bertaux
     zwar, indes ohne Beck zu erwähnen; vgl. Beck: Hölderlin als Republikaner (wie Anm. 211), S. 43;
     Bertaux: Hölderlin und die Französische Revolution (wie Anm. 586), S. 61 f.
674 Bertaux scheint diese Isolation nicht wahrgenommen zu haben. 1973 behauptete er, seine These
     sei inzwischen „allgemein als diskutabel, wenn nicht akzeptabel angenommen worden" und: „Daß
     Hölderlin jakobinisch gesinnt war, wird kaum noch bestritten […]." Bertaux: War Hölderlin Jako-
     biner? (wie Anm. 643), S. 7 und 9.
675 Jürgen Scharfschwerdt: Die Revolution des Geistes in Hölderlins „Hymne an die Menschheit". In:
     Hölderlin-Jahrbuch 17 (1971/72), S. 56–73, hier S. 72.
676 Ebd., S. 73.
677 Ebd., S. 72.
678 Ebd.
679 Scharfschwerdt: Die pietistisch-kleinbürgerliche Interpretation (wie Anm. 607), S. 176.

und bemüht sich um ein methodisches Fundament für eine „kritische Literaturwissenschaft":

> [...] worin beide Richtungen übereinstimmen, das ist der für eine methodische, soziologisch-politisch differenzierte Fragestellung wichtige Sachverhalt, daß der Dichter in eine weite und scharfe Distanz zur umgebenden breiten gesellschaftlichen Wirklichkeit des Volkes gesetzt wird, um seinen abstrakten Vorbildcharakter für die allgemeinen Ideen eines neuen Vaterlandes oder der Französischen Revolution herausarbeiten zu können. [...] Ob ich Hölderlins Werk den positiven Charakter eines ‚geistigen deutschen Imperialismus' für die gesamte Menschheit zuspreche oder ob ich sein Werk als eine von vornherein legitimierte Verkündigung der französischen Revolutionsideen für Deutschland ansehe, insofern Hölderlin der „Gesinnung nach zu den deutschen Jakobinern" gehörte, – in beiden Fällen wird die methodische Perspektive ausgeschlossen, die erst eine kritische Literaturwissenschaft ermöglichen würde, nämlich die grundsätzliche Fragestellung nach den gesellschaftlich-politischen Bedingungen der Möglichkeit für die Verwirklichung dieses Imperialismus in der übrigen Menschheit, nach den gesellschaftlich-politischen Bedingungen der Möglichkeit für die Übertragung der Französischen Revolution auf Deutschland.[680]

Indem er die unterschiedlichen, zum Teil widersprüchlichen Deutungsebenen der zeitgenössischen Ereignisse aus den Briefen Hölderlins herausarbeitet und sie mit den ebenso differierenden Vorstellungen über die in Deutschland zu schaffende neue Gesellschaftsordnung in Verbindung bringt, gelangt Scharfschwerdt schließlich zu einem insgesamt schärferen Gesamtbild der politisch-gesellschaftlichen Positionen Hölderlins. So macht er unter anderem deutlich, in welcher Weise Hölderlin die politischen Ziele der Französischen Revolution in einer umfassenderen kulturkritischen Perspektive auf anthropologischer Grundlage aufhebt, die wiederum bestimmt sei von einem – allerdings in wesentlichen Punkten modifizierten – pietistischen Weltbild. Auf diese Weise gelange Hölderlin zu einer Verbindung der ‚emanzipativen' Zielsetzungen der Französischen Revolution bei gleichzeitigem Festhalten an traditionellen Vorstellungen einer geistigen, sozialen und emotionalen ‚Heimat' des einzelnen in häuslich-familiären Kleinstrukturen. Diese Verbindung von traditionellen und fortschrittlichen Momenten in Hölderlins Denken markiert für Scharfschwerdt Hölderlins „kleinbürgerliches" Gesellschaftsideal, das „nur durch eine charakteristische Einfachheit, kleinräumige Genügsamkeit, leichte Überschaubarkeit der gesellschaftlich-wirtschaftlichen Arbeitsverhältnisse gekennzeichnet sein kann".[681] Dieses Ideal sieht Scharfschwerdt bei Hölderlin zudem verkoppelt mit einer Verinnerlichung des revolutionären Prinzips, aus der sich Hölderlins Primat der „innere[n] Umkehr" ergebe.[682] Beide Aspekte, das „kleinbürgerliche" Gesellschaftsideal und die Akzentuierung der „innere[n]

---

680 Ebd., S. 178 f. Daß Bertaux überdies an dem überkommenen Bild Hölderlins als einem ‚zeitlosen Sänger' festhielt, belegt Scharfschwerdt am Ende seiner Ausführungen zusätzlich an Bertaux' Beitrag in der „Welt" vom 21. März 1970: „Auch für Bertaux gilt Hölderlin noch ‚als der Dichter überhaupt, an dem sich par excellence die Macht der Dichtung offenbart': ‚Hölderlins dichterischer Ausdruck hat an sich den Zug des Zeitlosen, der jedem hohen Kunstwerk eigen ist'." (S. 230, Anm. 68); vgl. Pierre Bertaux: Ist Hölderlin heute noch aktuell? In: Die Welt (21. März 1970), Geistige Welt, S. I.
681 Scharfschwerdt: Die pietistisch-kleinbürgerliche Interpretation (wie Anm. 607), S. 224.
682 Ebd., S. 205.

Umkehr", führen Scharfschwerdt schließlich zu einer Bertaux entgegengesetzten Aktualisierung:

> Es ergibt sich also zusammenfassend die interessante Folgerung, daß die religiös-pietistische Umdeutung und Beschränkung der Französischen Revolution auf eine innere Revolution, eine Revolution in der begrenzten Innerlichkeit des Menschen, ergänzt und bestätigt wird durch einen kleinbürgerlichen Deutungsvorgang dieser inneren Revolution im engeren gesellschaftlich-wirtschaftlichen Sinne, so daß beide Seiten zusammen eine kleinräumige, kleinbürgerliche Interpretation der Französischen Revolution, der erwarteten Revolution für Deutschland ergeben, die in ihrer Komplexheit eine Ausweglosigkeit dokumentiert, die wohl erst in unserem Jahrhundert in ihrer Tragweite voll erkannt und zum Problem erhoben werden kann.[683]

Scharfschwerdt betont im Zusammenhang mit seiner Forderung nach soziologischer Fundierung im wesentlichen die traditionellen Elemente des politischen, gesellschaftsbezogenen Denkens Hölderlins. Deren nicht immer widerspruchsfreie Erweiterungen, die Hölderlin im Lichte zentraler Ideen der Aufklärung (explizit erwähnt wird allerdings lediglich Rousseau) sowie der aktuellen politischen Ereignisse vornahm, werden zwar angeführt, treten jedoch in den Hintergrund angesichts der ausführlich entwickelten Traditionsgebundenheit. Dieser Umstand, der sich auch in der bereits im Titel angekündigten begrifflichen Fassung von Hölderlins Vorstellungen als ‚pietistisch-kleinbürgerlich' spiegelt, mag unter anderem darauf zurückzuführen sein, daß Scharfschwerdt sich auf eine soziologische Perspektive beschränkt: Er vermag Hölderlins gesellschaftlichen Erfahrungshintergrund lediglich statisch zu fassen und bestimmt ihn durch die biographischen Determinanten seiner pietistischen und – in weiterer Bedeutung zu verstehenden – kleinbürgerlichen Sozialisation[684]. So erscheint nun auch Hölderlins Stellung zu den politisch-gesellschaftlichen Zeitereignissen nicht als eine sich im historischen Prozeß entwickelnde und wandelbare, sondern als statische. Weder der Verlauf der Französischen Revolution von der antifeudalen Befreiung zum Jakobinerterror noch die aus der widerspruchsvollen Rolle der französischen Revolutionsarmeen in Deutschland resultierenden Kontroversen um die Möglichkeiten des Revolutionsexports spielten in Scharfschwerdts Sicht eine Rolle für die Bestrebungen Hölderlins. Mit dieser Beschränkung auf die Darstellung eines statischen soziologischen Fundaments für Hölderlins Geschichts-, Gesellschafts- und Menschenbild geht der Verzicht auf die dynamisierenden Aspekte einer Sozialgeschichte einher: Aus der Datierung der Briefe etwa wäre eine Erschließung der jeweiligen konkreten historischen Vorgänge durchaus möglich gewesen. Doch betont Scharfschwerdt erneut, bei seiner Arbeit handele es sich lediglich um eine „Vorstufe zur Differenzierung derjenigen literatursoziologischen Probleme, die für das dichterische Werk dann noch einmal neu aufgenommen werden müssen".[685] Zu ergänzen wäre hier also lediglich, daß die Ergebnisse der Studie nicht nur einer weiteren Bearbeitung im Hinblick auf das Gesamtwerk,[686] sondern darüber hinaus einer historischen Differenzierung bedürften. Gleichwohl ist es Scharfschwerdt

---

683 Ebd., S. 227.
684 Vgl. ebd., S. 227–230.
685 Ebd., S. 180.
686 Vgl. dazu die entsprechenden Forderungen von Adolf Beck und Walter Müller-Seidel (unten, S. 179 f.

gelungen, eine Gesamtdeutung des ‚politischen Hölderlin' zu modellieren, die sich durch die Einbeziehung der geistigen und gesellschaftlichen Verhältnisse in Deutschland von den terminologischen Diskussionen um Zuordnungsfragen zu dieser oder jener Fraktion der Französischen Revolution löst. Die Grundmotive der von Hölderlin schließlich eingenommenen Position (denn letztlich handelt es sich lediglich um die Darstellung derjenigen Position, die Hölderlin nach seiner unmittelbaren, wenn auch nicht aktiven Teilnahme an den historischen Vorgängen eingenommen hat) werden ausführlich und differenzierend vorgeführt. Damit hat Jürgen Scharfschwerdt im Hinblick auf die Methodologie einer ‚kritischen Literaturwissenschaft' das geleistet, was die germanistische Jakobinismusforschung ihrem eigenen Anspruch nach erwarten ließ, aber nicht erfüllte. Was für die Hölderlin-Forschung weiterhin ausstand, war eine flankierende Untersuchung, die die konkreten historischen Anlässe für den Rückgriff auf bestimmte Traditionsbestände einerseits sowie für das Festhalten an revolutionären Idealen andererseits mit in den Blick genommen hätte.

Um so erstaunlicher ist es, daß eine solche an das Differenzierungsvermögen Scharfschwerdts heranreichende Arbeit in der Folge ausgeblieben ist. Erst 1983 erschien (als Band 10 der *Studien und Texte zur Sozialgeschichte der Literatur* im Niemeyer Verlag) die überarbeitete Fassung einer im Wintersemester 1981/82 an der Universität München bei Jürgen Scharfschwerdt eingereichten Dissertation von Meinhard Prill (*1954) zu *Bürgerliche Alltagswelt und pietistisches Denken im Werk Hölderlins*, die sich im Untertitel als „Kritik des Hölderlin-Bildes von Georg Lukács" ankündigte und den Versuch unternimmt, die Überlegungen Scharfschwerdts auf die Analyse des *Hyperion* und des *Empedokles* zu übertragen. Unter explizitem Bezug auf Scharfschwerdt macht Prill einleitend deutlich, wodurch sich sein Vorgehen von dem der bis dahin politisierenden Hölderlin-Forschung unterscheide. Ungeachtet der inhaltlichen Differenzen etwa zwischen Bertaux und Beck sieht Prill diesen Teil der Hölderlin-Forschung methodisch mit einem durchgehenden Defizit belastet. Es bestehe darin,

> daß sie sich dem Werk über eine Analyse der Gesinnung des Autors zu nähern versuchen. Damit verhandeln sie bereits vor jeder Untersuchung des Textes über den darin enthaltenen politischen Standpunkt, ohne weitere Reflexion wird die rekonstruierte Gesinnungslage des Dichters identifiziert mit der interpretatorisch-argumentativ zu verifizierenden Werkaussage. Diese Vorgehensweise bewegt sich letztlich auf der Ebene eines subjektiven Einfühlens in die Erfahrungs- und Erlebniswelt des Autors und kann ihre Affinität zu Diltheys hermeneutisch-lebensphilosophischer Interpretationsmethode kaum verleugnen.[687]

---

687 Meinhard Prill: Bürgerliche Alltagswelt und pietistisches Denken im Werk Hölderlins. Zur Kritik des Hölderlin-Bildes von Georg Lukács. Tübingen 1983, S. 5. – Lukács' Interpretation wird als der methodisch reflektierteste und avancierteste Versuch in dieser Richtung ausgewählt, um ihr mit einem dezidiert soziologischen Ansatz entgegenzutreten, den Prill wie folgt kennzeichnet: „Deshalb versucht die vorliegende Arbeit nicht, persönliche politisch-gesellschaftliche Erfahrungen des Dichters selbst zu analysieren, sondern es soll an den beiden hier zur Diskussion stehenden Werken untersucht werden, welche historisch-soziologisch bestimmten Bilder gesellschaftlicher Wirklichkeit Hölderlin darin aufbaut und welche theoretisch-praktischen Reaktionsmöglichkeiten darauf er thematisiert. [...] Es wird also nicht vor der Textinterpretation eine Bestimmung der „historischen Umstände" versucht, sondern aus der Analyse der Werke selbst sollen die Gegenwartsbezüge und damit die politisch-gesellschaftliche Problemstellung des Dichters gewonnen werden" (S. 5 f.). Dabei greift Prill nur am Rande auf die Forschungen zum deutschen Jakobinis-

Problematisch an Prills Untersuchung erscheint, daß der Verfasser sich darauf beschränkt hat, Hölderlins Gebundenheit an das Weltbild des schwäbischen Pietismus – für
den repräsentativ das Werk Oetingers (1702–1782) herangezogen wurde – sowohl terminologisch (etwa im zentralen Begriff der „göttlichen Natur") als auch systematisch (für das zy-
klisch-teleologische Geschichtsmodell) herauszuarbeiten. Hölderlins – zwar angemerkte –
Überschreitungen der Tradition[688] werden nicht gemäß ihrer zentralen Stellung für das
von der Theologie emanzipierte politische Denken Hölderlins herausgestellt.[689] Prill hat
diesen Überschreitungen traditioneller Weltbilder nicht den gehörigen systematischen Ort
zugewiesen; Hölderlin erscheint bei ihm als Vertreter einer „systematisch ausgeführten,
religiös fundierten Ideologie, die zugleich eng gekoppelt ist an die Ordnungs- und Moral-
vorstellungen eines kleinen und mittleren Bürgertums des ausgehenden 18. Jahrhunderts
und wodurch der Dichter in letztlich kulturkritisch-konservativer Weise auf die Säkulari-
sierungs- und Pluralisierungstendenzen seiner Zeit reagiert".[690] Damit erfährt der Begriff
des Kleinbürgerlichen bei Prill eine andere Interpretation und Bewertung als bei Scharfschwerdt, der das Kleinbürgertum als das „vielleicht beste deutsche[n] Bürgertum[s]" beschreibt und keineswegs mit Konservativismus in Verbindung bringt.[691] An dieser Stelle
manifestiert sich vermutlich ein Defizit von Scharfschwerdts Arbeit, die ihren differenzierten Ergebnissen keine adäquaten begrifflichen Präzisierungen zur Seite stellt. Bleibt
der Pietismus-Begriff recht pauschal und die genaue Bestimmung der Beziehung Hölderlins zur pietistischen Tradition eingestandenermaßen vorläufig,[692] so legt der nicht näher

---

mus zurück: Jeweils eine Arbeit von Scheel: Süddeutsche Jakobiner (wie Anm. 267); Hermand: In
Tyrannos (wie Anm. 204) und Fehrenbach: Vom Ancien Régime zum Wiener Kongreß (wie Anm.
225) finden sich im Literaturverzeichnis. Die Arbeiten etwa von Hedwig Voegt und Walter Grab
wurden nicht aufgenommen. – Zur Problematik, die Ansätze Bertaux' und Lukács' gleichermaßen in der Kategorie „subjektiven Einfühlens" zu binden: Daß Prill damit in der Tat ein methodisches Defizit der Arbeiten Bertaux' trifft, erscheint evident. Im Fall Lukács' scheint indes die
Kategorie des „subjektiven Einfühlens" unangemessen, weil sie die für den Marxisten Lukács
selbstverständlichen Paradigmen des Historischen Materialismus unterschlägt, die ihn zwar in
die Nähe Diltheys rücken mögen, insofern er eine Interpretation auf ,geistesgeschicht-
licher' Grundlage' vorlegt. Jedoch unterscheidet sie sich von ihrer idealistischen – oder auch
„lebensphilosophischen" – Variante dadurch, daß sie die Notwendigkeit des „subjektiven Einfühlens" mit ,objektiven historischen Kategorien vertauscht, an denen das zu untersuchende Werk zu
messen ist.

688   Etwa im pantheistisch gefaßten Gottes-Begriff oder in der emphatischen Betonung der Autonomie
       des Subjekts sowie der menschlichen Gattung, die den historischen Endzustand nicht kraft gött-
       licher Fügung, sondern einzig aus sich selbst heraus zu erreichen befähigt wird.

689   Scharfschwerdt hat dagegen deutlich werden lassen, daß sowohl der Autonomie-Begriff als auch
       die diesseitige Erreichbarkeit einer möglichen Erlösung aufgrund des zugrundeliegenden, an
       Rousseau orientierten positiven Menschenbildes einschneidende Modifikationen der pietistischen
       Vorlage bedeuten und diese sich daher im wesentlichen nur noch in der Struktur der auf das In-
       nere ausgeweiteten Revolutionsvorstellungen erkennen lasse; vgl. Scharfschwerdt: Die pietistisch-
       kleinbürgerliche Interpretation (wie Anm. 607), S. 197 und 202, Anm. 32 u. ö.

690   Prill: Bürgerliche Alltagswelt (wie Anm. 687), S. 216.

691   Scharfschwerdt: Die Revolution des Geistes (wie Anm. 675), S. 72.

692   Vgl. ebd., S. 196, Anm. 28, wo das Fehlen einer „grundlegende[n] Arbeit" zu diesem Themenkreis
       als „kaum zu überschätzende[r] Mangel" bezeichnet wird. Daraus darf abgeleitet werden, daß
       Scharfschwerdts eigener Arbeit ein wirklich sicheres Fundament noch fehlte.

bestimmte Kleinbürger-Begriff den Verdacht einer ahistorischen Projektion nahe. Prills methodische und inhaltliche Orientierung an Lukács' Hölderlin-Interpretation führt durch die von Scharfschwerdt übernommene Begrifflichkeit zu dem problematischen Ergebnis, daß über den Weg der berechtigten Methodenkritik auch die Inhalte eines historisch akzentuierten Hölderlin-Bildes pauschal zurückgewiesen werden: Hölderlin erscheint auf diese Weise erneut einseitig „sakralisiert",[693] als ein vor den historischen Umständen in die Hoffnung auf einen „religiösen Erweckungsprozeß" Fliehender.[694] Dadurch wurde schließlich die Chance vergeben, aus den interpretatorischen Dualismen auszubrechen und zu einer vermittelnden Position zu gelangen. Insofern kann die Arbeit von Prill nur bedingt als Einlösung der bei Scharfschwerdt angelegten Perspektiven angesehen werden. Beide Defizite wurden erst in der 1994 erschienenen Hölderlin-Studie Scharfschwerdts[695] ansatzweise kompensiert: In einem entsprechenden Exkurs werden nun ergänzend einschlägige sozialgeschichtliche Arbeiten rezipiert.[696]

In seiner Studie *Friedrich Hölderlin. Der Dichter des „deutschen Sonderweges"* geht Scharfschwerdt den mentalitäts- und denkgeschichtlichen Signaturen des „deutschen Sonderweges"[697] nach. Er sieht sie in Hölderlins Zivilisationskritik angelegt, wie sie repräsentativ in Hyperions „Scheltrede an die Deutschen" erscheine:[698] Weniger ihrer gesellschafts- als vielmehr ihrer insgesamt moderne-kritischen Tendenz wegen sei sie zum Anknüpfungspunkt sämtlicher ideologisierender und aktualisierender Rezeptionsmodelle der unterschiedlichsten politischen Lager geworden, die sich also weniger in ihrer Perspektive auf den Dichter, sondern einzig in ihrer politisch-gesellschaftlichen Zielstellung unterschieden.[699] Eine solche Betrachtungsweise verkenne jedoch, daß sowohl Hölderlins eigener Lösungsansatz als auch sein notwendiges Scheitern nicht aus dem geistesgeschichtlichen Kontext zu lösen seien: Hölderlins Jenaer Kant-Rezeption Reinholds habe in Verbindung mit dem pietistischen Traditionshintergrund zu einer historisch einmaligen Konstellation geführt.[700] Diese Konstellation sei zudem sozialhistorisch geprägt durch die Existenz einer an harmonischer „Häuslichkeit", „Genügsamkeit" und kleinräumig-familiärer Gemeinschaft orientierten „mittelständisch-bürgerlichen Lebensform", deren Vertreter Hölderlin als Zielgruppe seines gesellschaftlichen Ideals anvisiere.[701] Aufgrund des illusionären Charakters von Hölderlins eschatologischer Hoffnung auf eine Versöhnung des durch die Aufklärung

---

693 Beck: Hölderlin als Republikaner (wie Anm. 211), S. 31.

694 Prill: Bürgerliche Alltagswelt (wie Anm. 687), S. 172.

695 Vgl. Jürgen Scharfschwerdt: Friedrich Hölderlin. Der Dichter des „deutschen Sonderweges". Stuttgart u. a. 1994.

696 Vgl. ebd., S. 110 ff. Allerdings verzichtet Scharfschwerdt auch hier auf Bezugnahmen zu sozialhistorischen und literatursoziologischen Diskussionen über die Konzeption eines den deutschen Verhältnissen im 18. Jahrhundert angemessenen Bürger-Begriffs. Doch Scharfschwerdt geht es hier weniger um die Herkunft als vielmehr um die (verhängnisvolle) Fortsetzung der als kleinbürgerlich charakterisierten Ideale; vgl. zur Anwendung des Kleinbürger-Begriffs auf die Verhältnisse im Deutschland des ausgehenden 18. Jahrhunderts auch Garber: Politische Spätaufklärung (wie Anm. 20), S. 561 f.

697 Vgl. Scharfschwerdt: Dichter des „deutschen Sonderweges" (wie Anm. 695), S. 9–23.

698 Vgl. ebd., S. 17 ff.

699 Vgl. ebd., S. 24–43.

700 Vgl. ebd., S. 20 ff., 40 ff., 157 ff.

701 Ebd., S. 112.

in die Welt getretenen und von Kant verfestigten Dualismus von empirischer und intelligibler Existenz in einer „Revolution der Gesinnungen und Vorstellungsarten"[702] verbiete sich jeder aktualisierende Anschluß an diese Utopie.[703] Da deren kleinbürgerliche Trägergruppe die ihr zugetraute Resistenz gegen gesellschaftliche Differenzierungs- und Pluralisierungstendenzen lediglich in regressiver Weise auf Kosten des autonomen Subjekts zu erweisen vermochte, bildeten die Versuche zu einem solchen Anschluß vielmehr die verhängnisvolle Konstanz des „deutschen Sonderweges".[704] Daraus zieht Scharfschwerdt die Konsequenz, daß die Verhältnisse einer pluralistisch ausdifferenzierten Gesellschaft „prinzipiell keinerlei utopische […] Sinnkonstruktion mehr zu[lassen], die eine die Empirie verstärkt aufhebende ‚Totalität' von kollektivem Lebenssinn als Ziel neu setzen […] müßte".[705] Nebenbei bemerkt ordnet Scharfschwerdt Hölderlin damit jener Traditionslinie zu, deren Überwindung die Forschungen Walter Grabs beabsichtigten,[706] so daß seine Konkretisierung der gesellschaftlich-politischen Position Hölderlins also letztlich zu einem den Intentionen der (bundesrepublikanischen) Jakobinismusforschung entgegengesetzten Ergebnis geführt hat.

In der weiteren Argumentation bemerkt Scharfschwerdt, der moderne Leser könne sich durch Hölderlins Dichtung der alten „Erlösungssehnsucht" vergewissern, die „gleichzeitig bei ihm aber mit dem Wissen verbunden ist, daß der Traum in der ehemals beanspruchten Authentizität heute und wohl auch in Zukunft kaum mehr träumbar ist".[707] Erst 1994 konkretisiert Scharfschwerdt damit das Ergebnis, auf das schon seine Arbeiten aus den 1970er Jahren hindeuteten und das eine mögliche Erklärung dafür bietet, warum eine Aufnahme und Ausarbeitung seiner Ansätze durch andere Forscher in den 1970er Jahren nicht erfolgte: Dieser Umstand ist desweiteren vermutlich auch darauf zurückzuführen, daß bereits die erste Arbeit Scharfschwerdts gezeigt hatte, wie die Anwendung methodisch innovativer Analysekonzepte die vermeintliche Revolutionsbegeisterung Hölderlins relativierten. Sie konnten somit kaum dazu genutzt werden, den Dichter als einen radikalen Verfechter jakobinischer Ideen oder gar als Propheten einer die Bedingungen seiner Zeit weit überschreitenden sozialistischen Gesellschaftsordnung auszuweisen. Dadurch mag ferner auch die Unvereinbarkeit methodisch innovativer Ansätze mit den erwünschten und von Bertaux exemplarisch vorgeführten inhaltlichen, normativ aktualisierbaren Innovationen des Hölderlin-Bildes deutlich geworden sein: Das Interesse einer an aktuellen Anknüpfungsmöglichkeiten interessierten Literaturwissenschaft wandte sich von dem kanonischen Autor Hölderlin wieder ab. Zwar waren literatursoziologische Ansätze dazu geeignet, der bis weit in die 1960er Jahre hinein dominierenden ‚immanenten' und geistesgeschichtlichen Hölderlin-Interpretation entgegenzutreten, aber sie führten gerade nicht zu den von Bertaux in Aussicht gestellten Ergebnissen, sondern hoben nach der Betonung der politischen und gesellschaftlichen Dimensionen im Denken Hölderlins weniger

---

702 Brief an Johann Gottfried Ebel vom 10. Januar 1797. Stuttgarter Ausgabe. Bd. 4.1, S. 228–230; Zitat S. 229.

703 Vgl. Scharfschwerdt: Dichter des „deutschen Sonderweges" (wie Anm. 695), S. 41 und 159–161; Ferner die von ihm bereits 1971 betonte „Ausweglosigkeit" der Hölderlinschen Konzeption (siehe oben, S. 169 f.

704 Vgl. Scharfschwerdt: Dichter des „deutschen Sonderweges" (wie Anm. 695), S. 112 f.

705 Ebd. S. 160.

706 Siehe oben S. 168–170.

707 Scharfschwerdt: Dichter des „deutschen Sonderweges" (wie Anm. 695), S. 161.

deren aktualisierende Anwendbarkeit als vielmehr ihre historisch gebundene Komplexität ins Bewußtsein. Deren Rekonstruktion führte schließlich zu Scharfschwerdts Feststellung der ideologischen „Ausweglosigkeit" von Hölderlins Position,[708] deren historische Authentizität sich grundsätzlich gegen normativ aktualisierende Zugriffe versperre. So wurde mit Scharfschwerdts Versuch einer sozialhistorischen Fundierung der durch Hölderlin repräsentierten geistesgeschichtlichen Entwicklung deutlich, daß sich Hölderlin den Forderungen einer reformierten, „kritische[n] Literaturwissenschaft" und den von ihr erwünschten politischen Aktualisierungen versperre.[709] Der scheinbar ‚revolutionäre' Ansatz Bertaux' erwies sich überdies als methodisch ‚konservativ' und an einem wissenschaftshistorisch überholten Literaturbegriff festhaltend,[710] was einen Anschluß an seine Ergebnisse für eine ihrem Selbstverständnis zufolge (methoden-)kritische Literaturwissenschaft erschweren mußte.[711]

---

708 Ebd.

709 Allerdings eröffnete Hölderlins Einsicht in die Begrenztheit einer pluralistisch auseinanderstrebenden und allein über den Mechanismus der Arbeitsteilung und der materiellen Bedürfnisbefriedigung integrierten Gesellschaft recht bald neue Aktualisierungsmöglichkeiten, über die Hölderlin unter den Kategorien der „Dialektik der Aufklärung" in die Aufklärungskritik des deutschen Idealismus (insbesondere der Frühromantik) einbezogen und seine Arbeit an dem Problem der Vermittlung des autonomen Individuums in eine über bloß funktionalistische Zusammenhänge hinausreichende Gemeinschaft als frühe Einsicht in die Begrenztheit des Rationalismus ausgewiesen wurde (siehe unten, S. 185 f., 187 ff.) Auch diese neuen Aktualisierungsansätze wurden von Scharfschwerdt 1994 jedoch in die zurückgewiesene Konstanz enthistorisierender und ‚ideologisierender' Hölderlin-Rezeption eingereiht; vgl. Scharfschwerdt: Dichter des „deutschen Sonderweges" (wie Anm. 695), S 159 f.

710 Auf dessen Grundlage scheint Bertaux auf der beständigen Suche nach aktualisierenden Anknüpfungsmöglichkeiten, die sich keineswegs auf die jakobinische Perspektive beschränkten, gewesen zu sein: Daß sich darüber hinaus unter leicht veränderten politischen Rahmenbedingungen eine mögliche Renaissance Hölderlins auch aus seinem pantheistisch geprägten Naturverständnis ergeben könnte, hat Bertaux offenbar ebenfalls erkannt, als er 1970 in seinem Beitrag für die Welt einen „tiefere[n] Sinn" in der Beziehung zwischen Hölderlins Geburtsjahr 1770 und dem Jahr des Naturschutzes 1970 vermutete; vgl. Bertaux: Ist Hölderlin heute noch aktuell? (wie Anm. 680). Auch seine These zu Hölderlins Geisteskrankheit (siehe oben, S. 163) sowie die an anderer Stelle lancierte Vermutung einer homosexuellen Beziehung zwischen Hölderlin und Sinclair müssen wohl unter diesem Gesichtspunkt der Aktivierung eines potentiellen aktuellen Interesses gesehen werden; vgl. Pierre Bertaux: Hölderlin-Sinclair: „ein treues Paar"? In: Homburg vor der Höhe in der deutschen Geistesgeschichte. Studien zum Freundeskreis um Hegel und Hölderlin. Hrsg. von Christoph Jamme und Otto Pöggeler. Stuttgart 1981, S. 189–193.

711 So hält auch Hans-Ulrich Hauschild in seiner 1974 eingereichten und 1977 erschienenen Dissertation Bertaux – bei aller Unterstützung seiner Intention, ein erweitertes Hölderlin-Bild zu etablieren – erhebliche methodische Defizite vor und gelangt zu dem Schluß: „Bertaux' These ist rein idealistisch begründet und deshalb, auf eine andere Weise, als er selber meint, ‚rotblind'." Hans-Ulrich Hauschild: Die idealistische Utopie. Untersuchungen zur Entwicklung des utopischen Denkens Friedrich Hölderlins. Frankfurt/Main und Bern 1977, S. 49.
 Bertaux' traditioneller Literaturbegriff mag auch der Grund für die Frage von Klaus Opitz sein, mit der er seine Kurzbesprechung der Bertaux-Studie von 1969 beschließt: „Die These [von der politischen Verschlüsselung des Spätwerks] ist plausibel, aber verändert sie wirklich unser Hölderlin-Bild nachhaltig?" Klaus Opitz: [Rez.] Bertaux, Hölderlin und die Französische Revolution. In: Germanistik 11 (1970), S. 758.

Diese Befunde zeigen, daß Bertaux' Umgang mit Literatur sich erheblich unterschied von demjenigen der in den 1970er Jahren qualifizierten Generation von Literaturwissenschaftlern, die sich durch das Aufgreifen neuer Methoden und Gegenstandsbereiche Profilierungsfelder erschlossen und zugleich einen neuen, auf Gesellschaftsrelevanz gerichteten Anspruch an ihre Disziplin herantrugen. So beispielsweise Hans-Wolf Jäger (*1936), der 1973 eine politisch normative Perspektive auf die traditionellen Gegenstände entwickelte: Seine Replik auf einen Beitrag von Lawrence Ryan beendet Jäger mit den Worten:

> Wenn Hölderlin noch ein Anrecht auf unsere rationale und demokratisch normierte Aufmerksamkeit haben soll, so leitet es sich von seinem politischen Engagement und seinem politischen Wort her. [...] Hölderlin ist ein Anhänger der Revolution, auch noch nach 1796. Wenn gesagt wird, er sympathisiere nicht mit dem Brutum der politischen Revolution, er wünsche sich eine allgemeinere, ganzheitlichere herbei, eine, die alles, die Sprache, die Dichtung, die Geselligkeit, das Naturempfinden, die Religion, umfaßt – mag das zutreffen. Doch ist dieses mehr-als-‚bloß Politische‘ für uns nicht Grund zu größerer Verehrung, sondern Anhalt für Kritik des idealistischen und damit weithin unrealistischen Revolutions- oder Reformgedankens bei Hölderlin und seinen Freunden (Rebmann, Forster oder Erhard denken schon anders).[712]

Setzten sich diese jüngeren Wissenschaftler eingehender mit Bertaux' Arbeiten auseinander, mußte ihnen schnell klar werden, daß hier nicht das angestrebte ‚Neuland‘ zu erwarten war; weder neue Forschungsgegenstände noch neue Methoden konnten im Anschluß an Bertaux' Arbeiten erschlossen werden. Der Ansatz Bertaux' läßt sich insofern als eine paradoxe Synthese von forschungsinnovativem Anspruch und traditionellem Verständnis vom ‚Wesen‘ der (Hölderlinschen) Dichtung verstehen, in der gerade die Erarbeitung – allerdings sehr allgemein gehaltener – historischer Kontexte zu einer erneuten Stilisierung des Werks als esoterische Verschlüsselung (nunmehr politischer Ansichten) führte. Es steht zu vermuten, daß es nicht zuletzt eben dieser Widerspruch war, der das Forschungsfeld nachhaltig belebte, insofern denjenigen, die mit den von Bertaux eingeführten Inhalten sympathisierten, die Aufgabe gestellt war, diese nicht nur strategisch durchzusetzen, sondern überdies Methoden zu erarbeiten, mit deren Hilfe sie überzeugender zu vertreten waren. Wenn diese Versuche ihr Ziel auch nicht erreichten, so führten sie doch zur Erschließung der historischen Bedingungen, die von der Forschung künftig nicht länger ignoriert werden konnten. Die traditionelle Hölderlin-Forschung ist sich offenbar von Anbeginn dieser Erweiterungsmöglichkeiten durch eine – wenn auch in sich widersprüchliche – Re-Interpretation ihres Gegenstandes bewußt gewesen. Diese Aussage legt beispielsweise die Reaktion Paul Böckmanns von 1970 nahe. Sein Angriff auf Bertaux präsentiert zugleich eine Generalabrechnung mit den methodischen Innovationen der Literaturwissenschaft:

> Sofern die Dichter die Frage nach dem Menschen, seinen Möglichkeiten und Schicksalen als die ihnen wesentlichen Fragen festhielten, waren sie bereit, das politisch-gesellschaftliche Geschehen zwar als einen wesentlichen Erfahrungsbereich des Menschen anzuerkennen, aber nur um ihn der allgemeinen Frage nach der individuellen Selbsterfahrung im Zeitenwandel unterzuordnen. Im Gegensatz zu solchem Verhalten ist unser heutiges

---

712 Jäger: Diskussionsbeitrag: (wie Anm. 497), S. 88 f.; siehe dazu das Interview mit Hans-Wolf Jäger, S. 500–527, hier S. 504.

geistiges Leben geneigt die Werke und Aussagen der Dichter nicht in dem von ihnen gemeinten Sinn und Zusammenhang aufzusuchen, sondern sie als etwas anderes auszulegen, als sie von sich aus aussagen und bedeuten, und sie auf ihre gesellschaftlichen Voraussetzungen hin zu befragen. Kunst ist dann nicht mehr Kunst, sondern politische Stellungnahme, Sublimierung verdrängter Triebe, Flucht aus politischer Repression, Maskierung eigentlicher Absichten oder Selbstbetrug und täuschende Verunklärung gesellschaftlicher Konflikte. Damit wird das Eigengewicht menschlicher Erfahrungen und Einsichten ebenso verleugnet wie die erhellende, ordnende und überzeitlich gültige Bedeutung der künstlerischen Form.[713]

Böckmann trat also an, das Bild des über jegliche ‚empirische‘ Bedingtheit erhabenen Dichters Hölderlin gegen die aktuellen Versuche zu verteidigen, Dokumente der literarischen Tradition aus den historischen, sozialen und individuellen Bedingungen ihrer Produktion zu erklären und dadurch die immanente Interpretation des ‚autonomen‘ Werks zu ersetzen. Dabei fällt auf, daß er der These Bertaux' unter anderem dadurch den Boden zu entziehen versucht, daß er die von Bertaux selbst in die Diskussion eingeführte Studie Heinrich Scheels[714] heranzieht, um ein Kernstück der Argumentation zu entkräften: Es habe sich, so interpretiert Böckmann Scheel, im Zuge der ‚Verschwörung‘ in Württemberg keineswegs um revolutionäre, sondern um reformerische Ziele gehandelt, die Hölderlin und Sinclair miteinander verbunden hätten. Scheels Studie wird in diesem Zusammenhang als „materialreiche und sorgfältig differenzierende Arbeit" bezeichnet; sie betrachte „zwar die Vorgänge ganz aus dem Blickwinkel eines klassenbewußten Proletariats, kommt aber zu genaueren Unterscheidungen zwischen Revolutionären und Reformern".[715] Mit Hilfe dieser – marxistisch gegründeten – Arbeit demontiert Böckmann also Bertaux' Jakobinismus-Begriff und stützt seinen Befund: „Es ist der Mangel des obengenannten Vortrags von P. Bertaux, daß er den Begriff ‚Jakobiner‘ so ausweitet, daß eine genauere Eingrenzung der jeweiligen Positionen unmöglich wird."[716] Böckmann hat also sehr genau erkannt, daß eine materialistisch ausgerichtete Geschichtswissenschaft ungeachtet ihres Klassenstandpunktes gleichwohl materialerschließend und differenzierend verfahren kann; erst die ‚ungefilterte‘ Übertragung ihrer Forschungsergebnisse auf die Literaturwissenschaft führt zu den beschriebenen vehementen Abwehrreaktionen. Ähnlich – wenngleich um einiges moderater und durchaus bereit, die neuen Anstöße in das traditionelle Hölderlin-Bild zu integrieren – reagierte Lawrence Ryan bereits 1968 auf die politisierenden Tendenzen in der Hölderlin-Forschung.[717] Auch Ryan besteht darauf, das Charakteristische des dichterischen

---

713 Paul Böckmann: Die Französische Revolution und die Idee der ästhetischen Erziehung in Hölderlins Dichten. In: Der Dichter und seine Zeit. Politik im Spiegel der Literatur. 3. Amherster Kolloquium zur modernen deutschen Literatur 1969. Hrsg. von Wolfgang Paulsen. Heidelberg 1970, S. 83–112, hier S. 84. Vgl. in diesem Zusammenhang auch die geradezu verbittert klingende Kritik Böckmanns an der Diskussionsleitung der Jahrestagung, die Bertaux aus seiner Sicht offenbar zu verständnisvoll begegnete (S. 83).

714 Scheel: Süddeutsche Jakobiner (wie Anm. 267).

715 Böckmann: Französische Revolution (wie Anm. 713), S. 102; siehe dazu das Interview mit Heinrich Scheel, S. 665–691.

716 Ebd., S. 88.

717 Vgl. Lawrence Ryan: Hölderlin und die Französische Revolution. In: Festschrift für Klaus Ziegler. Hrsg. von Eckehard Catholy und Winfried Hellmann. Tübingen 1968. S. 159–179. Seine Ausfüh-

Umgangs mit der Wirklichkeit bei Hölderlin auch in bezug auf die Französische Revolution festzuhalten und im methodischen Vorgehen zu berücksichtigen:

> Einfach vom politischen Geschehen Kategorien abzuziehen (Hölderlin als Jakobiner) ist methodisch bedenklich, eben weil Hölderlin damit nicht an der Revolution als geistig-sozialer Gesamterscheinung, sondern an deren politischer Erscheinungsform im engeren Sinne gemessen wird: Das Schwanken, das dann in seinem Verhalten festgestellt wird, fällt eher der Unangemessenheit der Kategorien zur Last.[718]

Der von Lukács konstatierte Rückfall Hölderlins in eine „hoffnungslose Mystik" nach der Enttäuschung seiner politischen Hoffnungen[719] wird in Ryans Perspektive zu dem konsequenten Versuch, das singuläre Ereignis der Revolution ganzheitlich aufzuheben und „einzuordnen [...] in einen allgemeineren Erneuerungsprozeß".[720] Das sei letztlich nichts anderes als der Versuch, „die Revolution gleichsam mit anderen Mitteln fortzusetzen, und zwar mit solchen, die den ursprünglichen Impuls eher zu bewahren und fruchtbar zu machen vermöchten als jene, die schon einmal in Paris in die Sackgasse geführt hatten".[721] Von dieser Position aus gelangt Ryan zu einem hölderlinspezifischen Begriff von Republikanismus: Das in Absetzung von Schillers „Monarchie der Vernunft" in Hölderlins auf Ganzheitlichkeit ausgerichtetem Denken liegende „‚republikanische' Prinzip der Verbindung des Gegensätzlichen zur sich selbst ‚organisierenden' Ganzheit".[722] Damit waren für Ryan die Voraussetzungen erfüllt, um Hölderlins Verhältnis zur Französischen Revolution sowie den Republikanismus-Begriff von den konkreten politischen Konnotationen vollständig zu befreien:

> Die Dichtkunst hat also nach Hölderlins Vorstellung gleichsam eine republikanische Verfassung – darin zeichnet sie sich vor jeder anderen Ausprägung des revolutionären Geistes aus. [...] Wenn man davon ausgeht, daß der Begriff der Französischen Revolution nur den gemeinsamen Nenner darstellt, auf die [!] die wesentlichen ‚Tendenzen' des Zeitalters am bequemsten zu bringen sind, dann gehört Hölderlins Dichtung noch zu den mittelbaren Erscheinungsformen der Revolution, sie ist nicht so sehr auf ihre ausdrückliche Stellungnahme zur Revolution abzufragen als vielmehr in die geistige Erneuerungsbewegung der Revolution einzuordnen.[723]

Mit dem letzten Satz befand sich Ryan wieder vollständig auf der Linie, die das Zeitereignis der Revolution zum Anlaß für Hölderlins geistigen und poetischen Aufschwung nahm. Ryans Ansatz, die neuen politisierenden Anstöße zu integrieren, deute auf die Versuche einer weiteren, die Debatte um Bertaux' Politisierung des Hölderlin-Bildes prägende Position voraus: Deren Vertreter gingen ihrerseits daran, die von Bertaux zweifelsohne neu ins

---

rungen sind jedoch noch nicht explizit gegen Bertaux gerichtet, dessen Thesen offenbar gleichzeitig mit Ryans Aufsatz erschienen. Ryan bezieht sich noch auf die vor Bertaux liegenden Politisierungsbestrebungen von Robert Minder und Georg Lukács. Weder Minder noch Lukács werden indes in der Neuauflage seiner Hölderlin-Einführung angeführt.

718 Ebd., S. 179.
719 Siehe unten, S. 198 f.
720 Ryan: Hölderlin und die Französische Revolution (wie Anm. 717), S. 162.
721 Ebd., S. 165.
722 Ebd., S. 167.
723 Ebd., S. 177 und 179.

Blickfeld gerückten und (über)interpretierten Fakten aufzunehmen und nach ihren spezifisch literarhistorischen Konsequenzen zu fragen, um das Bild sowohl der Persönlichkeit
als auch des Werks Hölderlins einer vorsichtigen Revision zu unterziehen. Diese stilisierte
ihn weder zum reinen religiös-schwärmerischen Idealisten noch zum Produzenten politischer Gebrauchsliteratur im griechischen Kostüm. Die Position wurde bereits im direkten
Anschluß an den Auftakt der Debatte (Bertaux' Vortrag von 1968) markiert: Dem Abdruck
des Vortrags im „Hölderlin-Jahrbuch" wurde eine Replik von Adolf Beck angefügt, der
zunächst die Betonung der politischen Dimensionen Hölderlins würdigte:

> Es ist [...] ein entscheidendes Verdienst der so regen französischen Hölderlin-Forschung,
> daß sie mehrmals, besonders in Delormes, Bertaux' und Minders Arbeiten, der deutschen
> Forschung den Star stechen wollte, der sie – sagen wir es ruhig mit Bertaux – ,rotblind'
> zu machen drohte. [...] Vielleicht ist wirklich in Deutschland an dem ,deutschesten aller
> deutschen Dichter' manches übersehen worden. Vielleicht haben wir ihn früher zu sehr –
> das ist ja wohl das Stichwort des Tages – ,sakralisiert'. Vielleicht machen wir ihn heute
> zu einseitig zum tiefsinnigen, esoterischen Poetologen, zum Lehrer und Komponisten des
> ,Wechsels der Töne'.[724]

In diese Würdigung wird die Jakobinismusforschung „diesseits wie jenseits des Eisernen
Vorhangs" eingeschlossen, in deren Zusammenhang die Bertaux-These stehe und deren
Arbeiten das Verdienst zugestanden wird, „Versunkenes heraufgeholt, Vergessenes der
geschichtlichen Betrachtung – sei diese nun im Einzelfall treffend oder nicht – zurück-
gewonnen zu haben".[725] Die in dieser Würdigung enthaltene Einschränkung führt Beck
jedoch weiter zu einem Hinweis auf das zentrale methodische Problem der Jakobinismusforschung: Der Jakobinismus-Begriff führe entweder – wie in seiner exklusiven Anlage
in den Arbeiten der DDR-Historiographie und -Literaturwissenschaft – zu einer eingeschränkten Perspektive auf die politische Publizistik im Deutschland der Revolutionsjahre,
„wenn die Publizisten, die entschiedene Republikaner, aber nicht Jakobiner waren [...], so
weit, und so bewußt, in den Hintergrund gedrängt werden",[726] oder – wie in den Arbeiten
Walter Grabs – in seiner generalisierenden Anlage zur Verzeichnung der Binnendifferenzierungen zwischen :,Jakobiner[n] und Demokrat[en], wozu übrigens die Bezeichnung: Republikaner hinzukommt".[727] Beck folgt im weiteren Verlauf der Argumentationsstruktur
Bertaux', indem er zunächst den Verlauf der Revolutionsereignisse mit der Biographie Hölderlins parallelisiert, um in der Folge an einzelnen Stationen der Biographie die vorhandenen Zeugnisse und Dokumente für die politische Haltung Hölderlins zu sichten. Dabei
gelangt er für die Stiftsjahre zu einer Bestätigung der Bertaux-These, meldet indes in einem
zweiten Abschnitt fundamentale methodische und inhaltliche Zweifel an:

> Bertaux' These, daß Hölderlin ein ,begeisterter Anhänger der Französischen Revolution'
> war, wird für die Studienjahre voll bestätigt, die These, daß er ,ein Jakobiner war', durch
> einiges gestützt. Bertaux koppelt aber die beiden Begriffe: ,ein begeisterter Anhänger
> der Französischen Revolution, ein Jakobiner.' Ist der zweite Begriff Erläuterung des er-
> sten, also diesem gleich, oder Steigerung? Wie dem auch sei: besteht diese Koppelung zu

---

724 Beck: Hölderlin als Republikaner (wie Anm. 211), S. 30 f.
725 Ebd., S. 31.
726 Ebd., S. 32.
727 Ebd., S. 33.

Recht? – Bertaux meint ferner, Hölderlin sei Jakobiner ‚im tiefsten Herzen immer geblieben'. Mit Recht? Das ist im folgenden zu prüfen.[728]

Im Ergebnis arbeitet Beck heraus, daß erst die problematische Generalisierung die Anwendung des Jakobiner-Begriffs auch auf den späteren Hölderlin angesichts seiner expliziten Jakobinismus-Kritik sowie seiner eindeutigen Parteinahme für die Gironde ermöglichte.[729] Damit wird Bertaux' Arbeit also das gleiche methodische Defizit attestiert wie zuvor der durch Walter Grab repräsentierten Jakobinismusforschung. Wie Bertaux Hölderlin in den Umkreis (vermeintlich) jakobinisch gesinnter Freunde stellt, so ‚umgibt' ihn Beck mit solchen, die „entschieden nicht-jakobinisch, aber auch keineswegs ‚obskurantistisch', sondern einfach republikanisch eingestellt"[730] waren, um den Blick schließlich von den Kontroversen der Zurechnung zu einer bestimmten Fraktion zu einer literaturwissenschaftlichen Fragestellung zurückzuwenden: „Wir denken aber nicht daran, den Dichter nun als ‚Girondisten' auszurufen. Es geht hier weder um den ‚Jakobiner' noch den ‚Girondisten' Hölderlin. Es geht um den Republikaner – und die Art seines Republikanertums, d. h. um dessen Verhältnis zu seinem Dichtertum."[731]

Die Untersuchung dieses Verhältnisses zwischen Republikanismus und Dichtertum wird von Beck als vornehmliche Aufgabe der weiteren Forschung formuliert, im Zusammenhang mit einem umfassenden Programm für eine angekündigte „wesentlich weiter greifende" Studie über Hölderlin und die Französische Revolution.[732] Aus Krankheitsgründen kam es nicht mehr zur Realisierung dieses Projektes;[733] die formulierten Aufgabenstellungen wurden indes von unterschiedlichen Forschern aufgenommen und in Separatstudien bearbeitet. Deren Publikation markiert das Ende der Bertaux-Debatte. Die wesentlichen (und wirkungsmächtigsten) Arbeiten hierzu legten Gerhard Kurz und Christoph Prignitz

---

728 Ebd., S. 40. Beck bezieht sich im wesentlichen auf ein Briefzeugnis Christoph Theodor Schwabs, in dem Hölderlin explizit – gemeinsam mit Hegel – als Jakobiner bezeichnet wird. Bertaux hatte diesen Beleg nicht herangezogen.
    Ebd., S. 40.
729 Vgl. ebd., S. 41 ff.
730 Ebd., S. 45. Er nennt Konrad Engelbert Oelsner und Johann Gottfried Ebel.
731 Ebd. S. 47. – Die Zurückführung der Kontroverse auf eine im engeren Sinne literaturwissenschaftliche Fragestellung hält Beck jedoch nicht davon ab, seinerseits mit einer aktualisierenden Aneignung des Hölderlinschen Vermächtnisses zu schließen: „In dem Brief an Landauer schließt der Dichter sein Bekenntnis mit dem Satze: ‚Mit Krieg und Revolution hört auch jener moralische Boreas, der Geist des Neides auf, und eine schönere Geselligkeit, als nur die ehern-bürgerliche [!] mag reifen!' Ein Satz, vor dem die Frage nach möglichen geschichtlichen Zusammenhängen wohl einmal verstummen darf. Hier liegt, so will uns scheinen, ein Vermächtnis Hölderlins, das noch einzuholen ist. ‚Eine schönere Geselligkeit als nur die ehern-bürgerliche [!]': lassen wir sie reifen. Tun wir das Unsre, daß sie reifen kann" (S. 52).
732 Vgl. ebd. S. 29. Walter Müller-Seidel, der diese Arbeit gemeinsam mit Beck vorbereitete, vertrat auf dem Hölderlin-Kolloquium 1970 die Position Becks und bemühte sich ebenfalls, die Hölderlin-Forschung von der Bertaux-These zu einer genuin literaturwissenschaftlichen Fragestellung zurückzuführen; vgl. Walter Müller-Seidel: Hölderlins Dichtung und das Ereignis der Französischen Revolution. Zur Problemlage. In: Hölderlin-Jahrbuch 17 (1971/72), S. 119–128, hier S. 120 f. Siehe ferner das Interview mit Walter Müller-Seidel, S. 299–314, hier S. 367 f.
733 Siehe ebd..

vor. Sie sind Gegenstand der folgenden Analysen, denn der mit ihnen dokumentierte Abschluß der Debatte legt zugleich die Konturen des aus dieser Debatte entstandenen neuen Hölderlin-Bildes frei.

2.2.3.3 Das neue Hölderlin-Bild in der bundesrepublikanischen Forschung: nach der Bertaux-Debatte

In seiner 1976 erschienenen Dissertation hat Christoph Prignitz es sich zur Aufgabe gemacht, eben jene differenzierende Begrifflichkeit zu entwickeln, deren Notwendigkeit für die Bestimmung des politischen Standorts Hölderlins im Verlauf der Debatte offensichtlich geworden war.[734] Prignitz führt eine Unterscheidung ein, deren Anwendung auf Hölderlin deutlich macht, warum der generalisierende Jakobinismus-Begriff – insbesondere Walter Grabs – in bezug auf Hölderlin zu widersprüchlichen Ergebnissen führen mußte. Dazu dient ihm die als paradigmatisch herangezogene Entwicklung der politischen Positionen Georg Forsters[735] als Maßstab, um im Rückblick auf diese Entwicklung zu konstatieren:

> Die […] Jakobinerdefinition Bertaux' erweist sich angesichts der nachgezeichneten Entwicklung Georg Forsters [vom Liberalen zum Jakobiner] als viel zu allgemein, viel zu undifferenziert; nicht der ‚Anhänger der Ideale der Französischen Revolution' kann schon als deutscher Jakobiner bezeichnet werden. Gegenüber dem gleichsam inflationären Jakobinerbegriff von Teilen der modernen Forschung muß festgehalten werden, daß ein deutscher Beobachter der Revolution, den man als Jakobiner einstufen will, in seinen direkten Stellungnahmen und auf der Ebene prinzipieller Erwägungen den kompromißlosen Einsatz der „terreur" verstanden und gerechtfertigt haben muß.[736]

„Verstanden und gerechtfertigt haben muß." – Diese formale und strategische Begriffsbestimmung, ‚Einsicht' in die historische und strategische Notwendigkeit der „terreur" zur Sicherung der revolutionären Ziele) ergänzt Prignitz durch inhaltliche Erwägungen zum Staats- und Gesellschaftsmodell der Jakobiner, das sich von dem der Liberalen durch ein kollektivistisch ausgerichtetes Verhältnis des Einzelnen zur Allgemeinheit des Staates unterscheide.[737] Hinzu kommt die kritische Sicht auf die staatliche Gewalt, ein „Element des Totalitären", das gegen das Individuum und seine Freiheit gerichtet" sei.[738] Auf dieser Grundlage setzt Prignitz die im *Hyperion* (in der Auseinandersetzung zwischen Hyperion und Alabanda über die Grenzen staatlicher Gewalt) zum Ausdruck kommende ‚liberale'

---

734 Vgl. Prignitz: Hölderlin (wie Anm. 209). Die Arbeit entstand in Hamburg bei Heinz Nicolai (1908–2002).

735 Ebd., S. 123: „Die Entwicklung Georg Forsters vermag den Maßstab zur inhaltlichen Definition des deutschen Jakobinismus zu liefern, es lassen sich hier die geistigen Grundstrukturen erkennen, die es rechtfertigen, auch in Deutschland von Jakobinern zu sprechen."

736 Ebd., S. 124.

737 Ebd., S. 119 ff. – Implizit übernimmt Prignitz damit die für die materialistische Historiographie und Literaturwissenschaft zentrale Unterscheidung zwischen Citoyen und Bourgeois; siehe unten, S. 197 f.

738 Ebd., S. 169.

Position Hölderlins von einer explizit jakobinischen (sowohl den revolutionären Terror in seiner historischen Notwendigkeit erkennenden als auch dem jakobinischen Citoyen-Ideal verbundenen) Position ab:

> Damit erhält die Jakobinerthese Bertaux' vom liberalen Bekenntnis Hölderlins her den entscheidenden Stoß. Der liberale Staatsbegriff, den Hölderlin Hyperion an so zentraler Stelle vertreten läßt, zeigt, daß der Dichter selbst der Jakobinerdiktatur fremd gegenübersteht. Sie bedeutet für ihn einen Verstoß gegen die Freiheiten, die er den Individuen unverlierbar zubilligt.[739]

Der von Prignitz im Rückgriff auf die Jakobinismusforschung entwickelte und – vergleichsweise – differenzierte Jakobinismus-Begriff hätte eine sichere Grundlage geboten, um zu einem ebenso differenzierten Bild des politischen Denkens Hölderlins zu gelangen und dieses mit den zeitgenössischen politischen Kontroversen zu korrelieren. Prignitz hat seine Untersuchung indes nicht in dieser Richtung vorangetrieben. Dies ist vor allem aus den ‚Startbedingungen‘ seines Ansatzes zu erklären: Es entging Prignitz nahezu der gesamte Komplex von Hölderlins Kritik an der ‚Zerrissenheit‘ einer individualistischen, allein über den Mechanismus der Arbeitsteilung zur materiellen Bedürfnisbefriedigung vermittelten Gesellschaft.[740] Lediglich in der abschließenden Interpretation der Fassungen des *Empedokles* wird dieser Aspekt erwähnt.[741] Eine weitere Konstellation scheint Prignitz entgangen zu sein. Das in den Reden des *Empedokles* erkannte Gleichheitspathos verweist auf einen zentralen Aspekt von Hölderlins Denken, das in diesem Punkt mit den zeitgenössischen Fraktionierungen unvermittelbar erscheint und sich deshalb auch in den überkommenen historischen Begrifflichkeiten nicht adäquat erfassen läßt: Zwar führt Prignitz seinen Befund auf Rousseau zurück und verweist darauf, daß sich derartige Vorstellungen in den Programmen der Jakobiner wiederfinden lassen, nimmt ihn indes nicht zum Anlaß festzustellen, daß Hölderlins politische Vorstellungen aufgrund ihrer hohen Komplexität nicht eindimensional und restlos mit den zeitgenössischen politischen Fraktionierungen verrechnet werden können. Die anthropologisch begründete Kritik an der „ehern-bürgerliche[n]“ Ordnung[742] macht auf einen entscheidenden Widerspruch in seinen politischen Stellungnahmen aufmerksam: Diese tragen inhaltlich durchaus jakobinische Züge (kollektivistisches Gesellschaftsbild, sozialer Aspekt der Gleichheitsforderung); im Hinblick auf die Umsetzung der Ziele sind sie allerdings insofern liberal zu nennen, als sie das Recht und die Freiheit des einzelnen in jeder Phase der Revolution zu erhalten bestrebt und auf eine ‚freiheitliche‘ respektive ‚frei-willige‘ Entwicklung zu einem kollektivistischen Gemeinwesen gerichtet sind. Diese atypische (besser vielleicht: hoch individualisierte) Position im Kontext des politischen Spektrums seiner Zeit motiviert letztlich die Hölderlins Werk prägende Abwendung von der konkreten politischen ‚Agenda‘ hin zu einer universellen geschichtsphilosophischen Perspektive, die wiederum als Fundament der „vaterländische[n] Umkehr“ – somit als Situierung der Utopie auf dem Boden einer

---

739 Ebd., S. 171; vgl. Stuttgarter Hölderlin-Ausgabe (wie Anm. 632), Bd. 3, S. 31 f.

740 Vgl. die bereits mehrfach herangezogene „Scheltrede an die Deutschen“ im *Hyperion*.

741 Vgl. Prignitz: Hölderlin (wie Anm. 209), S. 310 ff.

742 Vgl. den bereits von Beck herangezogenen Brief an Christian Landauer: Stuttgarter Hölderlin-Ausgabe (wie Anm. 632), Bd. 4.1, S. 415–417, hier S. 417.

abgeschlossenen ‚geistigen‘ Entwicklung – fungiert.[743] Eine intensivere Berücksichtigung der bereits von Scharfschwerdt und Prill anvisierten pietistischen ‚Legate‘ in Hölderlins Denken hätte den skizzierten Sachverhalt durch weitere Differenzierungen profiliert. Statt dessen verschwimmen jedoch die Einzelaspekte in einem zwar nicht unzutreffenden, aber zu den Rändern hin sehr unscharfen Bild: Hölderlin erfahre die „Reinheit“ und ihr nahestehende Begriffe wie „Tugend“, „Friede“, „Unschuld“, „Liebe“ und „Einfalt“ als universale Wirkungsmächte. Hölderlin nehme aber zugleich – und das ist hier entscheidend – das „Unreine“, „Alltägliche“ in sein Denken auf. Er versöhnt das Ideal mit dem Stofflichen, mit der Wirklichkeit, gerade auch der Wirklichkeit politischer Art. Weil das gelinge, könne Hölderlin sich dem Wesen des geschichtlichen Werdens seiner Epoche stellen, sich letztlich zum ‚Zeitgeist‘ bekennen; „im Ganzen und Großen ist alles gut“.[744] Prignitz’ Untersuchung hätte die Bertaux-Debatte zu einem endgültigen Abschluß führen können – wenn deutlich(er) geworden wäre, daß die kontroversen Positionen ihre Ursache im Gegenstand der Untersuchungen haben und die Widersprüche der Debatte sich als Widersprüche in Hölderlins eigenem Denken nachweisen lassen. Damit hätte sich Hölderlins ‚Versöhnung‘ des in der historischen Situation Inkompatiblen durch den abstrahierenden Blick auf die allgemeinen geschichtsbestimmenden Kräfte zugleich für eine ‚Versöhnung‘ der Forschungskontroversen nutzen lassen. Im Ergebnis wäre als ‚Gewinn‘ zu verbuchen gewesen, daß es sich bei Hölderlins philosophischer Spekulation weder um eine Flucht in „hoffnungslose Mystik“ (Lukács), noch – und zwar ausschließlich – um chiffrierte affirmative Kommentare zum Revolutionsgeschehen (Bertaux) handelt.

Erst drei Jahre später, in einem Aufsatz für das von Walter Grab herausgegebene *Jahrbuch des Instituts für deutsche Geschichte*, gelingen Prignitz entscheidende ‚Nachbesserungen‘, indem er die drohende Dichotomie zwischen formal-strategischen und inhaltlichen politisch-gesellschaftlichen Ideen als Grund für Hölderlins Weg zur Abstraktion und poetischen Idealisierung seiner Gesellschaftsvorstellungen interpretiert.[745] In der Summe

---

743 Im Sinne der „künftige[n] Revolution der Gesinnungen und Vorstellungsarten, die alles Bisherige schamrot machen wird“ und der für die geistige Entwicklung Deutschlands eine bedeutende Rolle zukomme; Brief an Johann Gottfried Ebel vom 10. Januar 1797. In: Stuttgarter Hölderlin-Ausgabe (wie Anm. 632), Bd. 4.1, S. 228–230, hier S. 229.

744 Prignitz: Friedrich Hölderlin (wie Anm. 209), S. 248. Da ihm die immanente, zur Aufhebung in der Allgemeinheit des geschichtsphilosophischen Entwurfes drängende Widersprüchlichkeit von Hölderlins Position vermutlich erst im Anschluß an dessen Darstellung der *Empedokles*-Interpretation in Ansätzen klar wurde, wählte Prignitz überdies den Weg, für den Übergang von der konkreten Parteinahme zur philosophischen Spekulation psychologisierende Erklärungsmuster zu bemühen (vgl. S. 249 f.).

Hier kommt der 1989 gegenüber Gerhard Kurz (dessen Arbeit noch vorzustellen sein wird) erhobene Vorwurf zum Tragen, daß die erfolgte ‚Historisierung‘ des Hölderlin-Bildes bei der näheren Beschäftigung mit dem Werk wieder verloren zu gehen drohe, weil hier unvermittelt doch wieder auf überzeitliche poetisch-hermeneutische bzw. psychologische Kategorien zurückgegriffen werde; vgl. Oscar van Weerdenburg: Hölderlin, ein poetischer Clausewitz? Hölderlin und die Französische Revolution. In: Les Romantiques allemands et la Révolution française. Die deutsche Romantik und die Französische Revolution. Actes du Colloque International. Strasbourg 2.–5. Nov. 1989. Hrsg. von Gonthier-Louis Fink. Strasbourg 1989, S. 65–77, S. 73.

745 Vgl. Christoph Prignitz: Hölderlin als Kritiker des Jakobinismus und als Verkünder einer egalitä-

bleibt es bei dem Befund, daß die von Prignitz aus der kritischen Reflexion auf die Jakobinismusforschung gewonnene differenzierte, historisch adäquate Begrifflichkeit zu einer
genaueren und dadurch weniger plakativen Einordnung Hölderlins in die zeitgenössischen
Konstellationen geführt hat. Prignitz hat Hölderlins politisches Denken erstmalig in der
Debatte historisch – in und mit den Zeitereignissen entwickelt – erfaßt,[746] was nicht zuletzt
aufgrund einer (im Vergleich zu den Anfängen der Debatte) größeren ideologischen Distanz
zum Gegenstand gelungen sein durfte. Bezüglich der von Beck und Müller-Seidel erhobenen Forderung nach einer Untersuchung der poetischen und poetologischen Konsequenzen
von Hölderlins politisch-gesellschaftlichen Standpunkten weist Prignitz in der Einleitung
zu seiner Arbeit ausdrücklich darauf hin, daß es sich bei seinen Untersuchungen lediglich
um Vorarbeiten handele, auf deren Grundlage erst in der nachfolgenden Forschung die
ästhetischen Implikationen der politischen Kontexte thematisiert werden könnten:

> Die vorliegende Arbeit will ihr Ziel in konsequenter Bescheidung verfolgen, es sollen hier
> inhaltliche Fragen diskutiert, es soll die Reaktion Hölderlins auf die geschichtliche Realität
> nachgezeichnet werden. […] In gewissem Sinne ist eine solche Fragestellung vor-dichte-
> risch, sie zeigt Hölderlins Stellung zur Wirklichkeit auf, kann aber den Aspekt der Bezie-
> hung zwischen politischer Situation und dichterischer Darstellung in ästhetischer Hinsicht
> nicht erschöpfend beantworten. Dennoch erscheint die Fragestellung dieser Studie von der
> gegenwärtigen Forschungssituation her gerechtfertigt. Es ist – was von Bertaux nur ange-
> regt, nicht geleistet wurde – notwendig, den Reflex der politischen Realität seiner Zeit in
> Hölderlins Denken differenziert zu beschreiben […]. Erst auf dieser Grundlage wird sich
> die Forschung mit der eigentlich ästhetischen Problematik der politisch-dichterischen Ziel-
> setzungen Hölderlins beschäftigen können.[747]

In diesem Sinne legte Prignitz' Studie Fundamente für die um die Mitte der 1970er Jahre er-
folgende Rückbesinnung von der Gesinnung auf das Werk Hölderlins, bei der die politisch-
gesellschaftliche Positionierung jedoch nicht fallengelassen, sondern in die auf das Werk
gerichteten Fragestellungen integriert wurde. Als Akteure sind hier neben Prignitz anzuführen: Christoph Jamme (seit Beginn der 1980er Jahre), Gerhard Kurz, Rainer Nägele,
Johannes Mahr (*1941), Hans-Ulrich Hauschild (*1944) und Gisbert Lepper (*1938). Ungeachtet der allerdings bestehenden Unterschiede im methodischen Vorgehen und bei den
inhaltlichen Schwerpunktsetzungen ist allen diesen Arbeiten gemeinsam, daß sie sich von
den begrifflichen Vorgaben der Bertaux-Debatte gelöst haben und ihre Interessen nicht
länger darauf richten, Hölderlin einer bestimmten revolutionären Fraktion zuzuordnen. Dabei verliert keiner der Genannten den historischen Hintergrund des Werks aus den Augen.
Vielmehr bilden der Verlauf der Französischen Revolution sowie ihre Auswirkungen auf
Deutschland die selbstverständliche Basis, von der aus sie ihre Überlegungen und Untersuchungen entfalten. Ob es sich um

(a) die an den konkreten zeitgenössischen Strömungen anknüpfende ideologiegeschichtliche Orientierung von Prignitz,

(b) die mit Ernst Bloch (1885–1977) und der Kritischen Theorie entwickelte und für

---

ren Gesellschaftsutopie. In: Jahrbuch des Instituts für Deutsche Geschichte 8 (1979), S. 103–123,
hier S. 117 ff.
746 Vgl. ebd., S. 362 ff.
747 Prignitz: Hölderlin (wie Anm. 209), S. 3.

den späten (,enttäuschten') Hölderlin mit dekonstruktivistischen Kategorien bearbeitete utopische Tendenz des Hölderlinschen Dichtens und Denkens bei Rainer Nägele[748] oder um

(c) die aus der „Dialektik der Aufklärung" ‚rückversicherten' Untersuchungen von Gerhard Kurz oder Christoph Jamme handelt:[749] In keiner dieser Studien geht es um den Nachweis eines ‚politisierten' Hölderlins. Statt dessen wurde die Integration in eine allgemeinere, ‚Sozial- und Geistesgeschichte' verbindende kulturkritische Tradition angestrebt. Die konkrete historische Erfassung und terminologische Fixierung von Hölderlins politisch-gesellschaftlicher Position interessiert dabei nur noch am Rande. Diese Entwicklung zu einer (auch) aufklärungskritischen Perspektive seit der Mitte der 1970er Jahre entspricht einem in der Aufklärungsforschung generell zu beobachtenden Trend. 1975 erklärte beispielsweise Gerhard Kurz:

> Das Bewußtsein der Epoche um 1800 wurde durch das Ereignis der Französischen Revolution erregt und gezeichnet. Gleichermaßen wurden von ihr politisches Handeln und philosophisches Denken in Bann geschlagen. Die universelle und beispiellose Bedeutung der Revolution, die Fichte „wichtig für die gesamte Menschheit" schien und von der Georg Forster schrieb, daß sie „die größte, die wichtigste; die erstaunenswürdigste Revolution der sittlichen Bildung und Entwicklung des ganzen Menschengeschlechts" sei, schrieb philosophischem und politischem Denken unausweichlich vor, auf sie eine Antwort zu suchen. Noch vermeintlich abstinente Ideen und Entwürfe tragen daher ihre Male. Diese geschichtliche Vorschrift […] hatte eine Krise des Denkens zur Folge, eine „Erschütterung aller bisher bekannten Systeme, Theorien und Vorstellungsarten, von deren Umfang und Tiefe die Geschichte des menschlichen Geistes kein Beispiel aufzuweisen hat".[750]

Dieser Ausschnitt zeigt, daß die Tendenz zur Entproblematisierung des zeitgeschichtlichen Hintergrundes gelegentlich dazu führte, eine Reihe nicht unwichtiger historischer Differenzierungen aufzugeben. Auch die Versuchung eines ‚holzschnittartigen', vereinfachenden Blicks auf die Situation des ausgehenden 18. Jahrhunderts galt es im Bewußtsein zu halten: Die Französische Revolution – hierin lag wiederum das unbezweifelte Verdienst der politisierenden Beschäftigung mit Hölderlin – konnte nicht länger als bloßer ‚Epochenumbruch' behandelt werden, an dem sich Handeln und Reflexion ‚ex post' abzuarbeiten haben. Dennoch ist die Arbeit von Gerhard Kurz ein Beispiel für die angesprochene Transformation der Fragestellungen: Nicht die Gesinnung des Dichters, sondern sein Werk und dessen Genese wurden wieder fokussiert und als entscheidende Bezugspunkte bei der Erforschung und Deutung von Hölderlins politischer Ideenwelt ausgewiesen. Kurz' Darstellung zielt darauf ab, Hölderlin nicht in einer wie auch immer gearteten Einzigartigkeit zu erkennen, sondern seine charakteristische Stellung im zeitgenössischen Kontext von

---

748 Vgl. Nägele: Literatur und Utopie (wie Anm. 598), insbesondere S. 151 ff. Der dekonstruktivistische Zugang ist noch deutlicher markiert bei Nägele: Text, Geschichte und Subjektivität in Hölderlins Dichtung: „Uneßbarer Schrift gleich". Stuttgart 1985.

749 Vgl. Kurz: Mittelbarkeit und Vereinigung (wie Anm. 598); Jamme: „Ein ungelehrtes Buch" (wie Anm. 598).

750 Kurz: Mittelbarkeit und Vereinigung (wie Anm. 598), S. 2; vgl. ferner Kurz: Höhere Aufklärung. Aufklärung, und Aufklärungskritik bei Hölderlin. In: Idealismus und Aufklärung. Kontinuität und Kritik der Aufklärung in Philosophie und Poesie um 1800. Hrsg. von Christoph Jamme und Gerhard Kurz. Stuttgart 1988, S. 259–282 und seine (S. 259) Verbindung der deutschen Spätaufklärung mit den Kategorien der „Dialektik der Aufklärung".

Spätaufklärung und Idealismus zu profilieren. Das nachrevolutionäre Denken insgesamt sehe sich auf das Ereignis der Revolution verwiesen. Daher versteht Kurz auch den nach-kantischen Idealismus insgesamt als eine Reaktion nicht nur auf die Kantische Philosophie, sondern zugleich auf ihr zeitgeschichtliches Äquivalent, die Revolution:[751] Hölderlin wurde von denselben Phänomenen und Problemen umgetrieben wie seine Zeitgenossen. In der Folge beschränkt Kurz sich auf textnahe, weitgehend immanent verfahrende Untersuchungen, auf deren Grundlage er zu dem Schluß gelangt, daß auch Hölderlins Dichtung als ein Akt der Reflexion zu verstehen sei und sich daher ebenso wie seine theoretischen Schriften in den Gesamtzusammenhang des deutschen Idealismus einfüge. In diesem vermittelten Zusammenhang von Hölderlins Werk mit den Ereignissen der Französischen Revolution spielten einzelne tagespolitische Stellungnahmen des Autors – denen in der Bertaux-Debatte noch eine entscheidende Stelle eingeräumt wurde – eine untergeordnete Rolle. Zwar werden sie in einem eigenen Abschnitt auf die Jakobinismusforschung bezogen und mit den politischen Positionen anderer ‚jakobinischer‘ Autoren in Verbindung gebracht. Doch die Bestimmung von Hölderlins politischer Position wird nicht zum Hauptzweck erklärt. Diese Frage interessiert ausschließlich in der Perspektive auf ihre Erklärungskraft für die weitere Entwicklung der theoretischen Reflexion und dichterischen Produktion Hölderlins.[752] Kurz urteilt schließlich: Jakobiner sei Hölderlin in dem Sinne gewesen, „den der Name als nom de guerre in Deutschland schnell erhielt: für Revolutionär, Insurgent, synonym mit ‚Demokrat‘ und ‚Patriot‘“.[753] Als entscheidende Merkmale der Gironde – in ihrer deutschen Rezeption bei Hölderlin und anderen – hebt Kurz den „revolutionäre[n], fraternelle[n] Kosmopolitismus und das Ideal einer Art athenischer Demokratie“ hervor.[754] Hölderlins Parteinahme für die Gironde sei jedoch im wesentlichen auf die Einsicht zurückzuführen, „daß die Revolutionierung Deutschlands vom Erfolg der girondistischen revolutionären Außenpolitik abhing“.[755] In ihr sei noch die Idee des Revolutionsexports wirksam gewesen, die „die jakobinische und nachthermidorianische […] Politik […] einzig als Eroberung und machtstaatliche Arrondierung verwirklichte“.[756] Kurz weist ausdrücklich darauf hin, daß eine bruchlose Einordnung Hölderlins in die Fraktionen der Französischen Revolution unmöglich sei. Sein Girondismus sei „weniger ein dezidiertes politisches Programm, sondern, wie bei vielen seiner Zeitgenossen, eine atmosphärische Verbindung von demokratischen Überzeugungen, Sehnsüchten, Ängsten, Hoffnungen und Einschätzungen der realen Möglichkeiten in Deutschland“.[757] Eingedenk dieser Kautelen und in bezug auf direkte Stellungnahmen zum Jakobinerterror sowie auf die für Deutschlands Entwicklung wichtige girondistische Außenpolitik ordnet Kurz den Dichter der Gironde zu. Auf diese Weise konnte es auch gelingen, sehr genau den Zeitpunkt zu bestimmen, von dem an Hölderlins Denken sich auf das Ganze eines die revolutionäre Epoche umfassenden geschichtsphilosophischen

---

751   Vgl. Kurz: Mittelbarkeit und Vereinigung (wie Anm. 598), S. 2–15.

752   Das deutet bereits der Titel des entsprechenden Abschnitts an: Nicht Hölderlins Stellung innerhalb des Spektrums revolutionärer Fraktionierung steht zur Debatte, sondern – allgemeiner – der Zusammenhang von „Revolution und Dichtung“; vgl. ebd., S. 126–156.

753   Ebd., S. 128.

754   Ebd., S. 129.

755   Ebd.

756   Ebd., S. 131.

757   Ebd., S. 129.

Entwurfs zuwendete: Am 16. März 1799 gab General Jourdan bekannt, daß revolutionäre Erhebungen in den französisch kontrollierten Gebieten nicht unterstützt, sondern im Gegenteil niedergeschlagen würden, und enttäuschte damit alle Hoffnungen auf eine ‚Befreiung‘. Entlang dieser Leitlinie begibt sich Kurz daran, den Niederschlag von Hölderlins geschichtsphilosophischer Spekulation in seiner Dichtung nachzuzeichnen. Er beginnt mit den theoretischen Entwürfen, erklärte ihren bestimmenden Einfluß auf die poetologische Konzeption und interpretiert auf dieser Folie die Dichtung vom *Hyperion* bis hin zur „vaterländischen Umkehr" der späten Hymnen. Der konkrete politisch-zeitgeschichtliche Kontext, auf den die Bertaux-Debatte sich ausschließlich konzentriert hatte, wird hier also nur noch am Rande zur Kenntnis genommen und argumentativ für die Bestimmung der spezifischen Implikationen der ästhetischen, poetologischen und geschichtsphilosophischen Zusammenhänge ‚disponibel‘ gehalten.

Der Ansatz von Gerhard Kurz wurde hier als exemplarisch, nicht aber als repräsentativ für alle Beiträge der neuen Forschungstendenz nach der Bertaux-Debatte vorgestellt. Konzeptuelle Eigenheiten und spezielle Ergebnisse der Forschungen, die das neue Hölderlin-Bild prägten, lassen sich also nur unter der Einschränkung ‚mutatis mutandis‘ mit dem Ansatz von Gerhard Kurz verrechnen. Doch erscheint es vertretbar, auf weitere Differenzierungen zu verzichten. Festzuhalten bleibt: Bei den angesprochenen Forschungsbeiträgen handelt es sich nicht mehr um unmittelbar politisierende Jakobinismusforschung, sondern um die entproblematisierende Applikation der von Bertaux beanspruchten Akzentuierung des historischen Kontextes der Französischen Revolution für einen neuen, umfassenderen Zugang zum poetischen, poetologischen und philosophischen Werk Hölderlins. Weiterhin ist festzuhalten: Ungeachtet aller strittigen Aspekte der argumentativen Struktur hat Bertaux – wenngleich in einem anderen als in dem von ihm intendierten Sinn – eine Debatte eingeleitet, die das Forschungskonzept merklich veränderte.

Die skizzierte Entwicklung wirkte sich entsprechend auf die editorische Praxis aus: Auf der Linie einer Auflösung des hermetischen Werkcharakters und der Ausrichtung des Werkes auf seine Entstehungsbedingungen im historischen Prozeß widmet sich die seit 1975 im Verlag „Roter Stern" erscheinende *Frankfurter Hölderlin-Ausgabe* der Aufgabe, den ‚Entwurfscharakter‘ von Hölderlins Dichtung deutlich zu machen. Es werden keine vereinheitlichten Werke mit einem Apparat von Lesarten gedruckt, sondern sämtliche Lesarten in chronologischer Folge präsentiert. Seine Editionspraxis setzt das Herausgebergremium, Dietrich E. Sattler (*1939), Michael Leiner (*1942) und Karl Dietrich Wolff (*1943), im Einleitungsband der *Frankfurter Ausgabe* gegenüber den editorischen Richtlinien der bisherigen Ausgaben kritisch ab:

> Orientiert an der im tradierten Sinn ästhetisch vollkommenen Werkmitte ließen die Herausgeber bisheriger Textausgaben alles, was den beabsichtigten Gesamteindruck stören könnte, als pathologisch ungedruckt oder verbannten es in den ‚Apparat‘. So wird in der Stuttgarter Ausgabe die wichtigste Funktion der ‚Lesarten‘: ‚die Reinigung des Wortes nämlich von den zumal bei Hölderlin besonders häufigen Verderbnissen und Entstellungen.‘ […]
> Hier richtet sich der editorische Skrupel gegen den Text und beseitigt, was dem Desiderat zweifelsfreier Zitierfähigkeit im Wege steht. Dieses editorische Verfahren ist offenbar auch ästhetisch motiviert. Als müsse der Gesang vor Selbstverwundung bewahrt werden, wird ihm die Zwangsjacke eines nachklassischen Formidols angelegt. Die Vor-

liebe fürs ‚Vollendete' bleibt an der Erscheinung kleben und eliminiert, was den formalen Eindruck stört.[758]

Dieselbe Intention verfolgt Dietrich Sattler 1976 in einem Vortrag auf der 14. Jahresversammlung der Hölderlin-Gesellschaft: „Zum Werk Hölderlins gehört aber untilgbar die Spur des Mißlingens, das Unbewältigte, der Sturz. Das macht seine Wahrhaftigkeit aus; das ist noch zu lernen."[759] Entsprechend richten sich die Editionsprinzipien der *Frankfurter Ausgabe* vornehmlich gegen den ‚klassischen' Werkbegriff, der in bezug auf Hölderlin nur um den Preis radikaler „Textselektion" zu haben sei. Der Präsentation eines autorisierten, zitierfähigen (statischen) Textes wird eine „dynamische Edition der Textentstehung"[760] entgegengesetzt, der „jede Form der Textselektion [...] als unzulässig"[761] gilt und die sich neben der faksimilierten Wiedergabe der Handschriften auf die chronologisch in Phasen gegliederte „lineare Textdarstellung des Entwurfsprozesses" beschränkt: „Ein ‚endgültiger Lesetext' [...] erscheint nur noch dann [...], wenn Hölderlin selbst einen Werkkomplex entweder in einer Reinschrift zum Abschluß gebracht oder zum Druck gegeben hat und wenn dieser Werkkomplex nicht wieder zu einem beliebig späteren Zeitpunkt durch Änderungen und Umgestaltungen aufgelöst wurde."[762] Der erste Band der *Frankfurter Ausgabe* verdeutlicht darüber hinaus, daß diese neuen Erkenntnisse ursächlich mit der Entdeckung des ‚revolutionären Hölderlin' zusammenhingen:

> Hölderlins späte Notiz ‚Die Apriorität des Individuellen über das Ganze' umreißt einen revolutionären Zusammenhang: das Individuelle spiegelt nicht nur das Ganze, es behauptet seine Autonomie gegen den Herrschaftsanspruch des Allgemeinen. Das Heilige mit all seinen Namen, das Hölderlins Gesang dem Mißbrauch entwindet, steht für jene Freiheit. Die Schwierigkeit, die Hölderlins Texte dem Verständnis entgegensetzen, entspricht der Schwierigkeit, Zwang und Normen abzuwerfen. Die Mühe Hölderlin zu verstehen, gleicht darum jener, die keiner schon hinter sich hat.[763]

Sattler nimmt diesen Gedanken in seinem Vortrag von 1976 auf und setzt einen unmißverständlich aktualisierenden Akzent:

758 Friedrich Hölderlin: Sämtliche Werke (wie Anm. 498), Bd. 1a, S. 16 f. Die vermutlich kundigste und ausgewogenste Beurteilung der *Frankfurter Hölderlin Ausgabe* bietet Dieter Burdorf: Edition zwischen Gesellschaftskritik und ‚Neuer Mythologie'. Zur ‚Frankfurter Hölderlin Ausgabe'. In: Hölderlin entdecken. Lesarten 1826–1993. Beiträge zu der Ausstellung ‚Hölderlin entdecken. Zur Rezeption seiner Dichtungen 1826–1993', gezeigt in der Universitätsbibliothek Tübingen vom 7. Juni bis 2. Juli 1993 anläßlich der Jahrestagung der Hölderlin-Gesellschaft. Tübingen 1993, S. 165–199; D.B.: Wege durch die Textlandschaft. Zum Stand der Edition von Hölderlins später Lyrik. In: Wirkendes Wort 2 (2004), S. 171–190.
759 Dietrich E. Sattler: Friedrich Hölderlin. ‚Frankfurter Ausgabe'. Editionsprinzipien und Editionsmodell. In: Hölderlin-Jahrbuch 19/20 (1975–1977), S. 112–130, hier S. 113.
760 Ebd., S. 118.
761 Ebd., S. 116. Die Radikalität dieser Forderung betrifft auch die aktiv autorisierten Varianten: Denn erst „das von ihm selbst oder anderen unterdrückte Wort deckt die realen und irrealen Zwänge auf, unter denen er litt und die, in gleichem Maße, seine Hoffnungen weckten" (S. 124).
762 Ebd., S. 127.
763 Stuttgarter Hölderlin-Ausgabe (wie Anm. 632), Bd. 1a, S. 19. – Vgl. dazu jedoch Gerlinde Wellmann-Bretzigheimer: Zur editorischen Praxis im Einleitungsband der Frankfurter Hölderlinausgabe. In: Hölderlin-Jahrbuch 19/20 (1975–1977), S. 476–509, hier S. 508 f.

[Hölderlin] hinterließ seine Leiden und sein Frohlocken nicht Linken, nicht Rechten, erst recht nicht Unentschiednen, sondern Menschen. [...] Dieses wahrhaft unverbindliche Menschenbild deckt erst die Schande auf, die den Menschen in ihren Ordnungen, wohin man sieht und von Tag zu Tag schlimmer, widerfährt. [...]

Wenn wahr ist, was Hölderlin sagt: wenn sein Gesang noch irgend etwas von dem Stromgeist hat und wenn dieses Land einem Gewässer gleicht, weder Land noch Wasser, das stagniert und fault, dann wollen wir diesem in Sümpfen steigenden Strom ein Bett graben und warten, was geschieht.[764]

Offenbar im Anschluß an die Kategorien der „Dialektik der Aufklärung" steht nicht mehr die Perspektive auf eine bestimmte gesellschaftliche Ordnung im Vordergrund: Hölderlins Botschaft wird nun vielmehr zu einem ‚Residuum' des authentischen Subjekts jenseits seiner gewaltsamen Integration in gesellschaftliche Ordnungsmuster.[765] Dieser neue politische ‚Auftrag', den die *Frankfurter Hölderlin-Ausgabe* stellt, die Hervorhebung und aktualisierende Nutzung von Hölderlins grundsätzlicher ‚Systemfeindlichkeit', äußert sich in einem Appell an die „mündigen Leser[n]",[766] „denen eine Intensität des Lesens zugemutet wird, die selber nur noch als Widerstand gegen das Überangebot an minderwertigen und mittelmäßigen Feuilletons verstanden werden kann", mithin ein Lesen, „das unter den herrschenden Umständen erst zu lernen ist".[767] Gleichwohl stieß der programmatische Anspruch der Herausgeber, ihre Edition nicht lediglich als Ergänzung (etwa wegen der in der *Stuttgarter Ausgabe* fehlenden Faksimile-Drucke und der ausführlicheren Darstellung der Lesarten), sondern als exklusive Alternative zur *Stuttgarter Ausgabe* auf den Markt zu bringen,[768] auf Akzeptanzbarrieren. Bereits die ersten Besprechungen und Diskussionsbeiträge zum Einleitungsband stellten übereinstimmend fest, daß die Herausgeber ihren eigenen hohen Ansprüchen nicht genügen konnten. Schwerer als der Nachweis einer Reihe von sachlichen (bis zu einem gewissen Grad entschuldbaren) Fehlern in der Transkription der Handschriften wogen dabei die Bedenken hinsichtlich der mangelnden Transparenz der subjektiven Herausgeberentscheidungen[769] und der Inkonsequenz gegenüber den eigenen Editionsprinzipien (insbesondere in der chronologischen Hierarchie des Phasenmodells, das – ungeachtet der gegenteiligen Betonungen Sattlers – grundsätzlich die frühere als durch die spätere Fassung ersetzt betrachte).[770]

---

764 Sattler: ‚Frankfurter Ausgabe' (wie Anm. 759), S. 122.

765 Eine politisierende Interpretation, die Sattler 1981 schließlich in einem „zivilisationskritischen Rundumschlag" (Scharfschwerdt) zu einem Bild Hölderlins als „grüngefärbter Anarcho-Radikaler" (Scharfschwerdt) ausbaute. Sattler wendet sich pauschal gegen „den Geist der Aufklärung, dessen Spätgeburt wir sind", vgl. Dietrich E. Sattler: Friedrich Hölderlin. 144 fliegende Briefe. 2 Bde. Darmstadt und Neuwied 1981. Bd. 2, S. 329; Scharfschwerdt: Dichter des „deutschen Sonderweges" (wie Anm. 695), S. 9 und 40.

766 Sattler: ‚Frankfurter Ausgabe' (wie Anm. 759), S. 128.

767 Ebd., S. 125.

768 Vgl. ebd., S. 130.

769 Vgl. insbesondere Wellmann-Bretzigheimer: Zur editorischen Praxis (wie Anm. 763), S. 482 ff.; Wolfgang Binder: Votum zur Diskussion der Frankfurter Hölderlin-Ausgabe. In: Hölderlin-Jahrbuch 19/20 (1975/1977), S. 510–518, hier S. 512 ff.; Dietrich Uffhausen: Der Wanderer. Anmerkungen zum Erstling der Frankfurter Hölderlin-Ausgabe. In: Hölderlin-Jahrbuch 19/20 (1975–1977), S. 519–554, hier S. 530.

770 Vgl. etwa Wellmann-Bretzigheimer: Zur editorischen Praxis (wie Anm. 763). Zur Problematik des

Entscheidend für die kritische Rezeption der Ausgabe dürfte jedoch der Umstand gewesen sein, daß Sattlers ablehnende Position gegenüber dem Hölderlin-Bild der *Stuttgarter Ausgabe* letztlich auf ästhetischem Dezisionismus beruht.[771] Wenn nicht bereits durch das identifikatorische Pathos, mit dem ‚das Scheitern‘ als der eigentliche Kern der Hölderlinschen Dichtung ausgewiesen wurde,[772] hinreichend belegt, so wurde die Problematik spätestens an dem Punkt deutlich, an dem Sattler die Totalität des Fragmentarischen unvermittelt wieder zu dem werden ließ, was er in der Auseinandersetzung mit der *Stuttgarter Ausgabe* programmatisch und mit Vehemenz zurückgewiesen hatte: zum ‚organisch in sich selbst ruhenden‘, autonomen Werk:

> [...] das Gesamtwerk wird in seiner prozessualen Totalität als ein einzigartiges Beispiel dafür ediert, wie das Individuelle, jeweils neu, gegen die jeweils herrschenden Bedingungen denken soll und zu denken vermag. Die prozessuale Edition des Gesamtwerks, dessen einzelne Glieder [...] miteinander verbunden sind wie kommunizierende Röhren, gilt also nicht allein der literarischen Kategorie, sondern zugleich auch dem exemplarischen Protokoll einer individuellen Selbstbehauptung, wie sie unter dem ‚Übergewicht der Verhältnisse über die Menschen‘ zumeist nur an triumphalen Untergängen zu lernen ist.[773]

Dennoch sollte die dynamisierende Wirkung dieses editorischen Schrittes nicht gering veranschlagt werden. Hölderlin wurde nicht zuletzt in dieser ‚offensiven‘ Rezeptionsvariante zu einem literaturwissenschaftlichen Gegenstand, der unterschiedliche methodische Zugänge zuließ, ohne daß diese sich gegenseitig ihre Legitimation und Relevanz bestreiten mußten.[774] Die durch die *Frankfurter Ausgabe* begünstigte Tendenz zur Öffnung des ‚Forschungsfeldes Hölderlin‘ wurde offenbar durch den Generationswechsel der 1970er Jahre begünstigt: Literaturwissenschaftler und Philologen wie Lawrence Ryan oder Adolf Beck, die bis dahin die Forschung um Hölderlin dominiert hatten, wichen einer Generation, die ihre wissenschaftliche Sozialisation im Klima der sogenannten Studentenbewegung erfahren hatte und entsprechende Forschungsinteressen präferierte. Daß es sich bei der beschriebenen Tendenz um eine neue ‚Hölderlin-Schule‘ handelt, läßt sich nicht nur an den Rezensionen derjenigen Arbeiten ablesen, die seit Mitte der 1970er Jahre erschienen sind: Die ‚moderat-kritischen‘ Rezensionen, die die Forschungsperspektive des jeweils Rezensierten insgesamt nicht in Frage stellen – und somit einen entsprechenden Reputationskontext stabilisieren – lieferte sich die neue Generation von Hölderlin-Experten gewissermaßen als Assekuranzunternehmen auf Gegenseitigkeit: Jamme rezensierte Prignitz, Kurz rezensierte Nägele, Mahr rezensierte Hauschild, Kurz rezensierte Lepper, Kurz rezensierte Mahr.[775]

Begriffs ‚Fassungen‘ in bezug auf Hölderlin siehe Binder: Votum (wie Anm. 769).

771 Vgl. Gregor Thurmair: Anmerkungen zur Frankfurter Hölderlin-Ausgabe. In: Hölderlin-Jahrbuch 22 (1980/81), S. 371–389, hier S. 377.

772 Vgl. etwa Sattler: ‚Frankfurter Ausgabe‘ (wie Anm. 759), S. 112.

773 Ebd., S. 124.

774 So bot der aus einer historischen Verortung Hölderlins gewonnene Text- und Werkbegriff Sattlers beispielsweise Anschlußmöglichkeiten für die dekonstruktivistisch ausgerichteten Ansätze Nägeles; vgl. Nägele: Literatur und Utopie (wie Anm. 598); deutlicher: Nägele: Text, Geschichte und Subjektivität (wie Anm. 749), wo sich der Verfasser ausschließlich auf die „Frankfurter Ausgabe" stützt, ohne daß diese von vornherein im Widerspruch zu – nach wie vor dominierenden – sozial- und geistesgeschichtlich verfahrenden Ansätzen geraten mußten.

775 Vgl. Christoph Jamme: [Rez.] Prignitz, Friedrich Hölderlin. 1976. In: Hegel-Studien 17 (1982),

Der Konnex ,Hölderlin–Jakobinismus' ließ schließlich beide Forschungsfelder voneinander profitieren, indem einerseits die Hölderlin-Forschung die für eine Historisierung nötigen zeitgeschichtlichen Kontexte, andererseits die Jakobinismusforschung – wenngleich nur vorübergehend – mit Hölderlin Zugriff auf einen Gegenstand von hohem Ansehen und entsprechenden wissenschaftlichen Reputationsgewichten erhielt.[776] Dennoch separierten sich die Gegenstandsbereiche erneut: Die Ursache lag nicht allein in der fehlenden (philologischen) Durchsetzungskraft der Bertaux-These, sondern auch in den weiterhin unausgeräumten methodischen Differenzen. Während die Hölderlin-Forschung ungeachtet aller historischen Kontexte stark texthermeneutisch und ideengeschichtlich orientiert blieb, spielte die Textanalyse in der Jakobinismusforschung nur eine untergeordnete Rolle, so daß die bis dahin als ,Kooperationspartner' agierenden Jakobinismus- und Hölderlin-Forscher nach dem Scheitern der Bertaux-These nicht länger voneinander profitieren konnten.[777] Die Erweiterung des Hölderlin-Bildes in der Folge der Bertaux-Debatte zeigt sich auch in entsprechenden kodifizierenden Darstellungen. Bemerkenswert erscheint in diesem Zusammenhang die von Stephan Wackwitz (*1952) vorgelegte Neubearbeitung des entsprechenden Realienbandes in der „Sammlung Metzler".[778] Wackwitz weist in einem Exkurs (mit einer Bibliographie der einschlägigen Publikationen) ausdrücklich auf die Bertaux-Debatte hin, die er historisch bis zu Lukács zurückverfolgt. In bezug auf die Jakobinismusforschung bewertet er die Bertaux-Diskussion als eine im wesentlichen begrifflich determinierte Kontroverse. Wackwitz vertritt die Position Becks und stellt in einem abschließenden Überblick zur Rezeptionsgeschichte fest:

> Obwohl sie Bertaux' These in ihrer ursprünglichen Form nicht übernahmen, änderte Bertaux' Intervention den Blickwinkel der deutschen Germanisten. Die Bedeutung des politischen Utopismus in Hölderlins Werk ist seither nicht mehr umstritten. Bertaux' Anregung verband sich in den 70er Jahren zum Teil mit der von Ryan und anderen aufgewor-

---

S. 261 f.; Gerhard Kurz: [Rez.] Nägele, Literatur und Utopie. In: Germanistik 20 (1979), S. 488; Johannes Mahr: [Rez.] Hauschild, Die idealistische Utopie. In: Germanistik 21 (1980), S. 675; Gerhard Kurz: [Rez.] Lepper, Friedrich Hölderlin. In: Germanistik 13 (1972), S. 728; Gerhard Kurz: [Rez.] Mahr, Mythos und Politik in Hölderlins Rheinhymne. In: Germanistik 14 (1973), S. 657.

776 Vgl. jedoch die Rezeption der Bertaux-These durch Walter Grab im 5. Band der von ihm herausgegebenen Reihe *Deutsche revolutionäre Demokraten* (vgl. Anm. 394), wo in einer Anmerkung auf Lukács (als eigentlichem Urheber der Jakobinismus-These) verwiesen und Bertaux eine „etwas gewaltsam[e]" Interpretation Hölderlins vorgehalten wird; vgl. Grab: Leben und Werke (wie Anm. 194), S. 293, Anm. 68. Dies war möglicherweise auch eine Reaktion auf Bertaux' mangelnde Berücksichtigung der Forschungen Walter Grabs.

777 Dies zeigt sich exemplarisch etwa an der Arbeit von Sabine und Manfred Ott: An ihrem einleitend programmatisch erhobenen Anspruch einer Berücksichtigung der zeitgenössischen „sozioökonomischen und politischen Verhältnisse" für eine angemessene Interpretation des literarischen Werkes „sowohl aus zeitgenössischer Sicht als auch im Hinblick seiner Bedeutung für die Gegenwart" scheitern die Verfasser, indem die Arbeit in zwei beziehungslos nebeneinander stehende Teile zerfällt. Die Erschließung des zeitgenössisch-politischen Jakobinismus und die (werkimmanente) Rekonstruktion von Hölderlins politischem Weltbild bleiben unvermittelt; vgl. Manfred Ott und Sabine Ott: Hölderlin und revolutionäre Bestrebungen in Württemberg unter dem Einfluß der Französischen Revolution. Köln 1979, S. VII.

778 Wackwitz: Hölderlin (wie Anm. 602); vgl. Johannes Mahr: [Rez.] Wackwitz, Friedrich Hölderlin. In: Germanistik 29 (1988), S. 932 f.

fenen philosophischen Fragestellung, etwa in der einflußreichen Monographie von Gerhard Kurz [...].[779]

Ob die durch Bertaux inaugurierte, stark polarisierende, inhaltlich jedoch nicht besonders ergiebige Debatte eine notwendige Bedingung für die Erweiterung und historische Konkretisierung des Hölderlin-Bildes war, mag dahingestellt bleiben. Jedenfalls lassen sich in der Rekonstruktion die externen, d. h. jenseits einer immanenten Forschungslogik liegenden Faktoren nicht übersehen. So ist es vermutlich kein Zufall, daß Bertaux das bereits in seinen Qualifikationsschriften aus den 1930er Jahren angelegte Programm in den Jahren kurz vor dem 200. Geburtstag Hölderlins reaktivierte und auf die griffige Formel vom Jakobinertum des Dichters brachte. Damit war dem Thema Öffentlichkeitswirksamkeit gesichert, und nicht zuletzt aus diesem Umstand läßt sich wohl auch der bemerkenswert polemische Impetus verstehen, mit dem die etablierte Hölderlin-Forschung auf diese Provokation reagierte. Der Dichter war nicht länger ‚auratisch' besetzt, sein Werk nicht länger ‚hermetisch' und zeitenthoben. Unverhofft wurde (auch) Hölderlin ‚gesellschaftsrelevant'. Wie instabil Bertaux' philologische ‚Verifikation' im einzelnen auch gewesen sein mag: Es ist ihm gelungen, einen gegenwartsbezogenen Zugang zu Hölderlin zu schaffen, der es auch gesellschaftskritischen Künstlern und Schriftstellern wieder lohnend erscheinen ließ, sich mit ihm zu beschäftigen – so etwa Peter Weiss (1916–1982) und Peter Härtling (*1933) in Westdeutschland;[780] so die Adaptationsversuche von Stephan Hermlin (1915–1997) oder Gerhard Wolf (*1928) in Ostdeutschland.[781] Wissenschaftlich betrachtet stand Bertaux' These also auf schwachen Beinen und konnte entsprechend schnell zurückgewiesen werden. Doch auf Bertaux' Intervention ist es schließlich zurückzuführen, daß die darauf folgende Debatte den literaturwissenschaftlichen Forschungsgegenstand Hölderlin für die Erschließung differenzierterer Fragestellungen neu profiliert hat.

2.2.3.4 Fortschrittliches Erbe: Das sozialistische Hölderlin-Bild und die Bertaux-Rezeption in der DDR

Zur Annäherung an die kulturpolitischen Voraussetzungen des sozialistischen Hölderlin-Bildes ist zunächst auf Norbert Oellers' Beobachtung einzugehen, derzufolge die DDR-Forschung sich zu Beginn der 1970er Jahre, also vor dem 200. Geburtstag des Dichters, lediglich ausnahmsweise mit Hölderlin beschäftigt habe. Diese Einschätzung ist in ihrer ‚großflächigen' Wertung nicht haltbar. Es ist vielmehr davon auszugehen, daß es für die DDR-Literaturwissenschaft unter ideologischen Aspekten keinen dringenden Handlungsbedarf gab, Hölderlin für das ‚progressive' sozialistische Gesellschaftsbewußtsein zu re-interpretieren bzw. ‚zurückzuerobern', im Gegensatz etwa zur ‚reaktionären' Romantik: Höl-

779 Wackwitz: Hölderlin (wie Anm. 602), S. 148.

780 Vgl. Der andere Hölderlin. Materialien zum ‚Hölderlin'-Stück von Peter Weiss. Hrsg. von Thomas Beckermann und Volker Canaris. Frankfurt/Main 1972; Hartwig Schultz: „Revolutionäre Verse" bei Hölderlin und Weiss. In: Text und d Kritik (1973), H. 37, S. 19–25; Oellers: Vision und Revolution (wie Anm. 668).

781 Vgl. Stephan Hermlin: Scardanelli. Ein Hörspiel. Berlin 1970; Gerhard Wolf: Der arme Hölderlin. Stuttgart, 2. Aufl. 1972. Ansätze zur Analyse dieser produktiven Hölderlin-Rezeption finden sich in der Dissertation von Packalén: Zum Hölderlin-Bild (wie Anm. 591).

derlin galt der DDR-Literaturwissenschaft als gesichertes Erbe und wurde nicht unmittelbar als Gegenstand des Klassenkampfes um eben dieses Erbe angesehen.[782] Die Wurzeln dieses sozialistischen Hölderlin-Bildes reichen vermutlich zurück bis in die sogenannte vagabundische Revolution der Literatur vor dem Ersten Weltkrieg.[783] In den 1930er Jahren war Hölderlins *Hyperion* mit seiner „Klage über die Deutschen" Bestandteil des kommunistischen Katalogs oppositioneller Verständigungsmöglichkeiten gegen den Nationalsozialismus.[784] Johannes R. Becher hatte sich stets dagegen gewehrt, „daß die linke Literatur vor Hitlers Machtergreifung die Inanspruchnahme des Vaterländischen den Reaktionären überließ", und bekräftigte seine Position in der Rückversicherung auf Friedrich Hölderlin.[785] Sowohl diese als auch die folgenden – streiflichtartig anzuführenden – Arbeiten haben als Synthese Eingang gefunden in Hans-Dietrich Dahnkes Hölderlin-Kapitel in der *Geschichte der deutschen Literatur von den Anfängen bis zur Gegenwart*.[786]

Im Vorwort zur ersten Sammlung von Hölderlin-Gedichten, die 1952 in der DDR herausgegeben und von Lukács' Hölderlin-Aufsatz eingeleitet wurde, schreibt Becher u. a:

> In Hölderlin hat die deutsche Sprache ihren Höhepunkt erreicht: […]. Das Reich der Poesie ist bei Hölderlin keineswegs ein vom Leben abgesondertes, kein Irgendwie, nie und nirgendwo ein Jenseits oder gar ein Nirgendsheim, nie Niemandsland. Es ist ein Reich erhöhten menschlichen Lebens, reales Diesseits, ein Reich von dieser und nur von dieser Welt.[787]

1954 erschien als Victorsche Ausgabe der Band *Hölderlin. Ein Lesebuch für unsere Zeit*,[788] 1950 bereits war die bei Hermann-August Korff angefertigte Dissertation von Johannes-Lothar Markschies über *Das Heilige bei Hölderlin* vorgelegt worden,[789] 1955 schloß sich Kurt Kanzogs Ausgabe *Hyperion oder Der Eremit in Griechenland* an,[790] zwei Jahre später legte Kanzog seine ebenfalls bei Korff angefertigte Dissertation *Hölderin im Urteil seiner Zeit* vor.[791] 1957 erschienen die von Hans-Dietrich Dahnke (seinerzeit Wissenschaftlicher

782 Herzlicher Dank gebührt Hans-Dietrich Dahnke für seine hilfreichen ‚Kurskorrekturen' aus der erfahrungsgesättigten ‚Binnenperspektive'.

783 Vgl. Frank Trommler: Sozialistische Literatur in Deutschland. Ein historischer Überblick. Stuttgart 1976, S. 355.

784 Vgl. ebd., S. 617.

785 Fritz J. Raddatz: Traditionen und Tendenzen. Materialien zur Literatur der DDR. Frankfurt/Main 1972, S. 69.

786 Vgl. Hans-Dietrich Dahnke: Friedrich Hölderlin. In: Geschichte der deutschen Literatur von den Anfängen bis zur Gegenwart. Bd. 7 (1789 bis 1830). Leitung und Gesamtbearbeitung Hans-Dietrich Dahnke und Thomas Höhle in Zusammenarbeit mit Hans-Georg Werner. Berlin 1978, S. 317–346.

787 Friedrich Hölderlin. Dichtungen. Eine Auswahl von Johannes R. Becher mit einer Einführung von Georg Lukács. Berlin 1952.

788 Hölderlin. ein Lesebuch für unsere Zeit. Hrsg. von Walther Victor. Weimar 1954 (1956: 11.–15. Tausend, 1960: 16.–25. Tausend).

789 Johannes-Lothar Markschies: Das Heilige bei Hölderlin. Eine literarhistorische Untersuchung über den Grundwert der Hölderlinschen Dichtung. Phil. Diss. Leipzig 1950.

790 Hyperion oder Der Eremit in Griechenland. Mit einem Nachwort von Kurt Kanzog. Leipzig [1955].

791 Kurt Kanzog: Hölderlin im Urteil seiner Zeit. Ein Beitrag zur Wirkungsgeschichte Hölderlins. Phil. Diss. Leipzig 1957.

Aspirant und Lehrbeauftragter am Germanistischen Institut der Humboldt-Universität zu Berlin) verfaßten „Lehrbriefe für das Fernstudium der Oberstufenlehrer" *Geschichte der deutschen Literatur von 1789 bis 1806* mit einem ausführlichen Kapitel zu Friedrich Hölderlin.[792] 1963 erschien die Hölderlin-Ausgabe von Herbert Greiner-Mai,[793] ebenfalls 1963 legte Hans Mayers Schüler Horst Nalewski seine Dissertation über Hölderlins *Naturbegriff und politisches Denken* vor,[794] zwei Jahr später folgte ihm Günter Mieth mit seiner gleichfalls von Hans Mayer betreuten Dissertation zu *Hölderlins Tübinger Hymnen*.[795] Zwei Jahre vor Hölderlins 200. Geburtstag erschien Evelyn Radczuns Dissertation *Zu der Bewältigung der Wirklichkeit und der Gestaltung der Menschheitsperspektive in Hölderlins Roman „Hyperion oder der Eremit in Griechenland".*[796] Vergegenwärtigt man sich darüber hinaus, daß die DDR-Literaturwissenschaft in ihrer Konstitutions- und Aufbauphase bis etwa 1970 erhebliche Arbeitsaufgaben, jedoch wenig Personal hatte[797] und daß bei der Erschließung und ideologischen Sicherung des kulturellen Erbes die Priorität auf dem literaturgeschichtlichen Sektor des klassizistisch-romantischen Kunstprogramms lag,[798] so erscheint Oellers' Zäsurierung unangemessen. Vor allem aber ist in diesem Zusammenhang erneut auf die ideologische Präsenz der Schriften von Georg Lukács hinzuweisen, an dessen Hochschätzung selbst das Hölderlin-Kapitel in Reimanns *Literaturgeschichte* keinen Zweifel läßt.[799]

So ist die von Oellers herangezogene Rede Alexander Abuschs (1902–1982) aus Anlaß einer Festveranstaltung im Nationaltheater Weimar zum 200. Geburtstag Hölderlins[800] sicherlich nicht als kulturpolitischer ‚Fanfarenstoß' nach zwei Jahrzehnten Funkstille bzw.

792 Hans-Dietrich Dahnke: Lehrbriefe für das Fernstudium der Oberstufenlehrer. Geschichte der deutschen Literatur von 1789 bis 1806. Für das Fernstudium verfaßt. Als Manuskript gedruckt. Hrsg. von der Pädagogischen Hochschule Potsdam, 1958, S. 189–218.
793 Hölderlins Werke in zwei Bänden. Ausgewählt und eingeleitet von Herbert Greiner-Mai. Weimar 1963.
794 Horst Nalewski: Friedrich Hölderlin. Naturbegriff und politisches Denken. Phil. Diss. Leipzig 1963.
795 Günter Mieth: Hölderlins Tübinger Hymnen. Wirklichkeit und Dichtung. Phil. Diss. Leipzig 1965.
796 Evelyn Radczun: Zu der Bewältigung der Wirklichkeit und der Gestaltung der Menschheitsperspektive in Hölderlins Roman „Hyperion oder der Eremit in Griechenland". Phil. Diss. Berlin (Humboldt-Universität) 1968.
797 Vgl. dazu begleitend die materialreiche Arbeit von Annette Vogt: Die Berliner Humboldt-Universität von 1945/1946 bis 1960/1961. Berlin 2012 (Reprint; gekürzte Fassung des Kapitels 2 in: Geschichte der Universität Unter den Linden 1810–2010. Biographie einer Institution, Bd. 3: Von 1945 bis zur Gegenwart. Hrsg. von Konrad H. Jarausch, Matthias Middell und Heinz-Elmar Tenorth. Berlin 2012).
798 Grundlegend dazu noch am Ende der 1970er Jahre Walter Dietze: Klassisches literarisches Erbe und sozialistisches Traditionsverständnis. In: Impulse. Aufsätze, Quellen, Berichte zur deutschen Klassik und Romantik. Folge 1. Berlin und Weimar 1978, S. 9–43.
799 Vgl. Reimann: Hauptströmungen (wie Anm. 299); ferner das Kapitel „Die diskursive Hegemoniestellung Lukács' in der marxistisch-leninistischen Literaturwissenschaft der DDR" in Saadhoff: Germanistik in der DDR (wie Anm. 293), S. 209–216.
800 Vgl. Alexander Abusch: Hölderlins poetischer Traum einer neuen Menschengemeinschaft. In: Weimarer Beiträge 16 (1970), H. 7, S. 10–26. Alexander Abusch war bis 1971 als Stellvertreter des Vorsitzenden des Ministerrats der DDR zuständig für die Bereiche Kultur und Erziehung. Siehe dazu auch das Interview mit Hans-Dietrich Dahnke, S. 218–254, hier S. 219.

als grundsätzliche Revision von zuvor entwickelten Positionen zu Hölderlin überzubewerten. Oellers würdigt die Bedeutung dieser Rede 1992 in seinem Rückblick auf die Entwicklung der Hölderlin-Forschung der DDR folgendermaßen:

> Zweifellos wurde die Hölderlin-Forschung in der DDR, die es 20 Jahre kaum gab, durch die Staatsrede begünstigt [...]. So hat Pierre Bertaux – etwas vereinfacht gesagt – keinen geringen Anteil daran, daß seit Hölderlins 200. Geburtstag die Beschäftigung mit dem Dichter in der DDR in Gang kam – wenn dieser Gang auch mühsam und schleppend geblieben ist.[801]

Auch Oellers Einschätzung, wonach Abuschs Rede lediglich aus „Zitate[n] und Paraphrasen"[802] der Studie von Bertaux bestehe, scheint übertrieben. Doch ist ihm insofern zuzustimmen, als Abusch explizit auf Bertaux zurückgreift: In der Folge wurden die Bemühungen verstärkt, Hölderlin in das kulturelle Erbe der DDR zu integrieren. In der Rekapitulation dieses Prozesses wird ein geradezu grotesker Sachverhalt manifest: Lukács' Hölderlin-Studie, 1934 verfaßt, wurde 1950 erstmals in der DDR gedruckt und erschien in großer Auflage, während *Fortschritt und Reaktion* (mit einer affirmativen Hölderlin-Passage) bereits seit 1947 rezipierbar gewesen ist. Ideologisch geächtet, gleichwohl normsetzend und kanonisierend wirkte Lukács nahezu ungebrochen weiter; doch erst Bertaux mit seiner keineswegs ‚neuen' These brach die Rezeptionsstereotypen in Ost und West auf.

> Lukács, ohne den Bertaux kaum denkbar ist, wurde von der westdeutschen Forschung übergangen und so gut wie nicht zur Kenntnis genommen. Aber Bertaux kam zu einer gleichsam epochemachenden Wirksamkeit in der BRD; das ist kein innerwissenschaftlicher Vorgang. Forschungsgeschichte ist immer auch Ideologiegeschichte, und auch in dieser Hinsicht ist sie immer ganz konkret.[803]

Abusch hatte für diese „Ideologiegeschichte" die Vorlage geliefert, indem er ein Diktum Thomas Manns bemühte, demzufolge es um Deutschland erst gut stehen werde, „wenn Karl Marx den Friedrich Hölderlin gelesen habe". Eben dieser Thomas Mann habe nun 1949 „unseren ersten Nationalpreis" empfangen, „womit auch gesagt war, daß bei uns der Bund von Friedrich Hölderlin und Karl Marx in einem realen Humanismus geschaffen worden ist".[804] Diese ‚Synthese' aus Bewahrung des kulturellen Erbes und gesellschaftlichem Fortschritt eröffnete den Weg für die emphatisch vorgetragene aktualisierende Aneignung Hölderlins:

> In unserer Deutschen Demokratischen Republik wird der visionäre Traum des jakobinischen Dichters durch die wissenschaftlich begründete, revolutionäre Tat vollzogen: die

---

801 Oellers: Vision und Revolution 1790 bis 1970 (wie Anm. 668), S. 79.

802 Ebd.

803 Hans Dietrich Dahnke schrieb dem Herausgeber am 16. Februar 2012 diese Erläuterung zu dessen mündlichen Nachrecherchen vom 10. Februar 2012 in Weimar.

804 Abusch: Hölderlins poetischer Traum (wie Anm. 800), S. 25. Vgl. Thomas Mann: Kultur und Sozialismus. [1928]. In: T. M.: Gesammelte Werke in dreizehn Bänden. Bd. 12: Reden und Aufsätze 4. Frankfurt/Main 1960. S. 639–649, hier S. 649. Thomas Mann bezieht sich auf eine entsprechende frühere Bemerkung in: T. M.: Goethe und Tolstoi. [1921]. In: T. M.: Gesammelte Werke, Bd. 9: Reden und Aufsätze 1. Frankfurt/Main 1960. S. 58–173, hier S. 170. Die Bemerkung findet sich ebenfalls in einer einleitenden Anmerkung bei Bertaux: Hölderlin und die Französische Revolution (wie Anm. 586), S. 142, Anm. 1.

Einheit von Friedrich Hölderlin und Karl Marx als Produkt der Dialektik der Geschichte. Ja, unsere heutige Tat für die sozialistische Menschengemeinschaft ist auch Geist vom Geiste Hölderlins: erhöhtes menschliches Leben, Verteidigung und Verwirklichung der Poesie in seinem und Johannes R. Bechers Sinne […]. So ist unser Leben und Streben wahrhaftige Nachfolge von Hölderlins Ganzheitsstreben für den Menschen. […] Weil sich bei uns das Sozialistische und das Vaterländische im Leben vereinen, ist und bleibt Hölderlin mit uns – und wir sind in der revolutionären Umgestaltung der Welt mit Friedrich Hölderlin, dem ewig jungen Genius deutscher Poesie, dem Dichter der Menschheit.[805]

Worüber Abusch indes schweigt: Nicht nur die Arbeiten von Bertaux aus den 1930er Jahren präsentieren frühe Ansätze für eine politisierende Hölderlin-Rezeption. Auch die frühe materialistische Literaturwissenschaft verfügte (in Reaktion auf die Vereinnahmung Hölderlins durch den deutschen Nationalsozialismus) bereits über das Bild des in seinem Denken wesentlich von den Auswirkungen der Französischen Revolution beeinflußten und insofern in die demokratische Tradition einzubeziehenden Dichters. Abusch verschweigt diese Tradition eines sozialistischen Hölderlin-Bildes, weil sie sich mit dem Namen Georg Lukács' verbindet. Um die Prozesse der Neuaneignung Hölderlins mit Hilfe der Bertaux-These in der DDR zu verstehen, ist eine Besinnung auf diese Fundamente der sozialistischen Hölderlin-Rezeption unumgänglich.

Neben einigen Versuchen zur literarischen Rezeption Hölderlins jenseits des Ästhetizismus des George-Kreises, etwa bei Johannes R. Becher und Bertolt Brecht,[806] finden sich erste wissenschaftliche Ansätze zu einer Beschäftigung der materialistischen Literaturwissenschaft mit Hölderlin in einem frühen Aufsatz des sowjetischen Germanisten Anatolij Lunačarskij (1875–1933).[807] Vollständig ausgearbeitet wurde der politisierende Ansatz erstmals 1934 in Georg Lukács' Aufsatz „Hölderlins Hyperion".[808] In beiden Arbeiten wird Hölderlin zwar nicht im Sinne Bertaux' als Jakobiner bezeichnet,[809] doch stellt insbesondere Lukács ihn in einen unmittelbaren Zusammenhang mit den französischen Vertretern des Jakobinismus. Für die Identifikation der Positionen Hölderlins mit denen der französischen Jakobiner fehlt aus Lukács' Sicht lediglich die zeitliche Nähe sowie eine vergleichbare gesellschaftliche Grundkonstellation für eine bürgerliche Revolution in Deutschland. Wären die gesellschaftlichen Verhältnisse also den französischen im großen und ganzen vergleichbar gewesen, so hätte sich Hölderlin zum Jakobiner entwickeln müssen.[810] Er sei

---

805 Abusch: Hölderlins poetischer Traum (wie Anm. 800), S. 26.

806 Vgl. Fehervary: Hölderlin and the left (wie Anm. 590), S. 66–79, 89–97.

807 Vgl. Anatolij Lunačarskij: Das Schicksal Hölderlins. In: Internationale Literatur. Zentralorgan der Internationalen Vereinigung Revolutionärer Schriftsteller 5 (1935), H. 6, S. 92–95. Zitiert nach: Der andere Hölderlin (wie Anm. 780), S. 11–18.

808 Vgl. Lukács: Hölderlins Hyperion (wie Anm. 304).

809 Dagegen findet sich in den Überlegungen Lunačarskijs, der die damals aktuellen Ergebnisse der Schizophrenie-Forschung heranzog, bereits der Hinweis auf mögliche soziale Ursachen von Hölderlins pathologischem Ende; vgl. Lunačarskij: Schicksal Hölderlins (wie Anm. 807), S. 14 ff.

810 Im Hinblick auf die fehlende zeitliche Parallele zum französischen Jakobinismus bezieht Lukács sich offenbar auf den Zeitpunkt der Veröffentlichung der von ihm herangezogenen endgültigen Fassung des *Hyperion* (1797/99). Daß die Arbeit am *Hyperion* sich bis zum Beginn der 1790er Jahre zurückverfolgen läßt, wurde von Lukács indes nicht berücksichtigt, was daran liegen mag, daß die Vorveröffentlichung in der *Thalia* 1793 zwar bereits durch dasselbe Einheits- und Ver-

aber Jakobiner gewesen in einer Zeit und in einer Gesellschaft, in denen die historischen Aufgaben dieser ‚heroischen Vertreter der bürgerlichen Revolution' nicht erfüllt werden konnten, sich nicht einmal real stellten. Nicht zuletzt daraus erkläre sich Hölderlins Tragik:

> Bei allen geschichtlich notwendigen Illusionen über die Erneuerung der Polisdemokratie schöpften die revolutionären Jakobiner Frankreichs ihren Schwung und ihre Tatkraft aus der Verbundenheit mit den *demokratisch-plebejischen* Elementen der Revolution, mit den kleinbürgerlichen und halbproletarischen Massen der Städte und mit der Bauernschaft. Auf sie gestützt, konnten sie – freilich nur sehr zeitweilig und sehr widerspruchsvoll – die egoistische Niedertracht, die Feigheit und Habgier der französischen Bourgeoisie bekämpfen und die bürgerliche Revolution auf plebejische Weise weitertreiben. Der antibürgerliche Zug dieses plebejischen Revolutionarismus ist in Hölderlin sehr stark. [...] Eine solche Gesinnung bedeutete in Deutschland 1797 eine hoffnungslose, trostlose Vereinsamung; es gab keine Gesellschaftsklasse, an die diese Worte gerichtet sein konnten, keine, in der sie auch nur ideologisch einen Widerhall hätte finden können.[811]

In enger Anlehnung an die hermeneutischen Prinzipien der Verstehenslehre Diltheys[812] und bei gleichzeitiger Berücksichtigung der geschichtsphilosophisch-teleologischen Perspektive des historischen Materialismus erarbeitete Lukács einen Jakobinismus-Begriff, der für die materialistische Forschung (der Literaturwissenschaft ebenso wie der Historiographie) weithin bestimmend bleiben sollte. Von zentraler Bedeutung war dabei die Unterscheidung zwischen Bourgeois und Citoyen: Während sich im bourgeoisen Bewußtsein die materiellen Widersprüche manifestieren, die zu einer revolutionären Lösung drängen, stiftet der Citoyen mit seinem utopischen Bewußtsein den ‚heroischen' Überschuß, mit dessen Hilfe der Klassenkampf zu einem Kampf ums Menschenrecht idealisiert und real duchgefochten werden kann. In diesem Sinne stellt der Historiker Walter Markov (1909–1993) in der Mitte der 1950er Jahre im Anschluß an Ernst Bloch fest: „Die aufsteigende, ökonomisch fällige Klasse benötigte [...] auch inwendig eine weitausgreifende Leidenschaft im damaligen Gewirre der Gefühle, um, wie Marx sagt, ,den bürgerlich beschränkten Inhalt ihrer Kämpfe sich selbst zu verbergen'."[813]

---

einigungspathos geprägt war wie die spätere vollendete Fassung von 1797/99. Auch das Modell der „Exzentrischen Bahn" in der Vorrede war bereits vorgestellt worden. Die von Lukács hervorgehobenen politischen Konnotationen dieses Denkmodells klingen jedoch allenfalls am Rande als Preisen der klassisch-griechischen Lebensform an (ohne das Modell der Polisdemokratie explizit zu erwähnen). Die entsprechenden Aktualisierungen durch den Bezug auf den griechischen Freiheitskampf gegen die Türken sowie die politischen Auseinandersetzungen Hyperions mit Alabanda sind lediglich in der späteren Fassung zu finden. Die aus der sog. „Scheltrede an die Deutschen" herausgelesene Kritik an der Vereinzelung der bürgerlichen Gesellschaft ist in den frühen Fassungen noch nicht greifbar, sondern erhält erst im zweiten Band der endgültigen Fassung (1799) Kontur; vgl. hierzu das Fragment in: Stuttarter Hölderlin-Ausgabe (wie Anm. 632), Bd. 3, S. 163–184.

811 Lukács: Hölderlins Hyperion (wie Anm. 304), S. 171 (Hervorhebung im Original).

812 Vgl. dazu auch die Ausführungen bei Prill: Bürgerliche Alltagswelt (wie Anm. 687), S. 36.

813 Walter Markov: Die Utopia des Citoyen. In: Festschrift Ernst Bloch zum 70. Geburtstag. Hrsg. von Rugard Otto Gropp. Berlin 1955. S. 229–240, hier S. 236. – Die gemeinsame Basis im Historischen Materialismus, das zeigt die Übereinstimmung zwischen Lukács und Markov, sicherte den sozialistischen Gesellschaftswissenschaften a priori die Kompatibilität ihrer Forschungen. Diese Einheitlichkeit führte dazu, daß – anders als in der bundesrepublikanischen Diskussion – kaum

Diesen ‚heroischen Überschuß' sieht Lukács in Hölderlins Griechenland-Ideal repräsentiert:

> Wenn Hölderlin die Feste des alten Griechenlands feiert, so feiert er die verloren gegangene
> demokratische Öffentlichkeit des Lebens. Er geht hier nicht nur dieselben Wege, die sein
> Jugendfreund Hegel vor seiner entscheidenden Wandlung gegangen ist, sondern ist auch
> ideologisch auf den Wegen Robespierres und der Jakobiner. [...]
>
> Der Kontrast des verlorenen und revolutionär zu erneuernden Griechentums mit der Mi-
> serabilität der deutschen Gegenwart ist der ständige, immer variiert wiederholte Inhalt
> seiner Klage. [...] Es ist die Klage der besten bürgerlichen Intelligenz über die verloren-
> gegangene revolutionäre „Selbsttäuschung" der heroischen Periode der eigenen Klasse.[814]

Damit war zugleich der Schluß von Hölderlins politischem Bewußtsein (seinem ‚Citoyen-
Ideal') auf das Werk erfolgt, das Lukács als Ausdruck seines nicht mehr (bzw. für Deutschland noch nicht) zeitgemäßen ‚heroischen' Bewußtseins las. Angesichts der gesellschaftlichen Realität habe Hölderlin keinen anderen Weg als den des tragischen Scheiterns nehmen
können. Doch gerade in diesem Scheitern zeigt sich für Lukács die Größe des Dichters:

> Die heroische Kompromißlosigkeit Hölderlins mußte in eine verzweifelte Sackgasse füh-
> ren. Er ist wirklich ein einzigartiger Dichter, der keine Nachfolge gehabt hat und haben
> konnte. [...] Er ist nicht nur als verspäteter Märtyrer an einer verlassenen Barrikade des
> Jakobinismus tapfer gefallen, sondern er hat auch dieses Martyrium – das Martyrium der
> besten Söhne einer einst revolutionären Klasse – zu einem unsterblichen Gesang gestaltet.
> Auch der Roman „Hyperion" hat einen solchen lyrisch-elegischen Grundcharakter. [...]
> Auch hier ist sein Scheitern nicht nur heroisch, sondern wird zum Heldenlied: er stellt dem
> Goetheschen „Erziehungsroman" zur Anpassung an die kapitalistische Wirklichkeit einen
> „Erziehungsroman" zum heroischen Widerstand gegen diese Wirklichkeit entgegen. Er
> will die „Prosa" der Welt des „Wilhelm Meister" nicht romantisch „poetisieren", wie Tieck
> oder Novalis, sondern stellt dem deutschen Paradigma des großen Bourgeoisromanes den
> Entwurf eines Citoyenromans entgegen.[815]

Selbst die im Weg Hyperions gestaltete Flucht in die „hoffnungslose Mystik"[816] läßt Lukács
an Hölderlin festhalten, denn „diese Naturmystik [...] ist keineswegs einheitlich reaktio-

---

je Kontroversen um den angemessenen Jakobinismus-Begriff entstanden sind (vgl. jedoch Renate
Reschkes terminologische Kritik an der bisherigen Forschung, siehe unten, S. 207 ff. Die Differenzen im Hinblick auf die Bertaux-Rezeption kreisen weniger um terminologische Fragen als
vielmehr um solche der Einordnung und Bewertung von Hölderlins nachrevolutionärem Denken.

814 Lukács: Hölderlins Hyperion (wie Anm. 304), S. 177 f. und 180.

815 Ebd., S. 182 f.; vgl. dazu Dahnke: Friedrich Hölderlin (wie Anm. 786), S. 195 und S. 218: „Hölderlin aber dachte nicht daran, sich mit der schlechten Wirklichkeit, die ihn umgab, abzufinden.
Er war glühender Anhänger der bürgerlichen Revolution und hat ihr auch nach dem jakobinischen
Terror und nach dem Sturz der Jakobiner, also länger als die weit überwiegende Mehrheit der bürgerlichen Intelligenz, unbedingte Treue gehalten. Diese Kompromißlosigkeit brachte ihn in eine
ausweglose Situation, sie nahm ihm jegliche Existenzmöglichkeit. Hierin beruht letztlich seine
Tragödie." – „Sein oberstes Ziel ist die *Wiederherstellung der großen Harmonie in Gesellschaft
und Natur*. ‚Hölderlin', so schrieb *Lukacs* [!], ‚ist nicht nur als ein verspäteter Märtyrer an einer
verlassenen Barrikade des Jakobinismus tapfer gefallen, [...].'"

816 Lukács: Hölderlins Hyperion (wie Anm. 304), S. 172.

när": In ihr bleibe sowohl die „rousseauistisch-revolutionäre Quelle sichtbar" als auch ihr „pantheistisch-antireligiöse[r] Charakter".[817]

Den Anlaß für diese Besinnung auf Hölderlin bildete für Lukács dessen faschistische Vereinnahmung. Es war das offensichtliche Ziel des Aufsatzes, gegenüber der national-sozialistischen Hölderlin-Aneignung die Zugehörigkeit des Dichters zu den ‚progressiven‘ gesellschaftlichen Kräften zu reklamieren:

> Wie die faschistischen Ideologen mit der Verzweiflung der ihres Weges nicht oder noch nicht bewußten Kleinbürger Schindluder treiben, so besudelt die literarische SA das An-denken vieler ehrlich verzweifelter deutscher Revolutionäre, indem sie die wirklichen so-zialen Ursachen ihrer Verzweiflung wegeskamotiert, indem sie sie daran verzweifeln läßt, daß sie das „erlösende" Dritte Reich, den „Erlöser Hitler" noch nicht erblicken konnten.[818]

Auf dem Weg von dieser ‚Verteidigung‘ des Erbes hin zu seiner offensiven Proklamierung bedurfte es keiner neuen theoretischen oder inhaltlichen Voraussetzungen. Es fehlte ledig-lich ein staatlich verfaßtes, dem sozialistischen Ideal verpflichtetes Gemeinwesen, wie ein gut zwei Jahrzehnte nach Lukács verfaßter Aufsatz von Claus Träger zeigt. Ohne wesent-liche inhaltliche Abweichungen von Lukács konnte Träger konstatieren:

> Der Citoyen ist demnach eine Forderung, ein Ideal. Er ist das Bild des vollendeten Staats-bürgers, des politisch und menschlich emanzipierten Individuums. Er ist der Bürger eines Gemeinwesens, der, sich selbst vollendend, die einige Gemeinschaft bildet und sie höher-entwickelt. Er ist der Ausdruck des aufgehobenen Widerspruchs zwischen Privat- und Ge-meininteresse. Damit aber kann er nur dort entstehen, wo der Widerspruch zwischen dem gesellschaftlichen Charakter der Produktion und dem privaten Charakter der Aneignung beseitigt ist. Also nach der Durchführung der sozialistischen Revolution wird ein solcher Staatsbürger überhaupt erst möglich. Die Entwicklung der Sowjetgesellschaft und des So-wjetmenschen beweist es.[819]

Die Nähe dieser emphatischen Bestätigung des sozialistischen Staates durch Hölderlins Citoyen-Ideal zu der oben angeführten Reklamierung des ‚legitimen Hölderlin-Erbes‘ durch Abusch ist unübersehbar. Deutlich wird darüber hinaus: Die Demontierung von Lukács ging nicht zuletzt einher mit einer Neukonzeption des Erbe-Modells, das sich vom früheren ‚Klassikzentrismus‘ abkehrte und der Rolle der „Volksmassen" (auch) in der Ge-schichte der literarischen Zeugnisse zuwandte. In dieser Literaturgeschichte aber konnten weder Lukács mit seiner Orientierung an den Leistungen „eines einzelnen außergewöhn-lich begabten Individuums"[820] noch das ‚außergewöhnlich begabte Individuum‘ selbst einen zentralen Platz einnehmen: Beide hatten sich als ungeeignet erwiesen, die „direkte Betei-ligung der Volksmassen und ihrer Literatur am Werden der Kunstdichtung" zu betonen.[821]

---

817   Ebd., S. 178.

818   Ebd., S. 175.

819   Claus Träger: Hölderlins „Hyperion" als Widerspiegelung der progressivsten Tendenzen der Fran-zösischen Revolution. In: Wissenschaftliche Zeitschrift der Karl-Marx-Universität Leipzig. Ge-sellschafts- und sprachwissenschaftliche Reihe 4/5 (1952/53), H. 9/10, S. 511–516, hier S. 512.

820   Thalheim: Kritische Bemerkungen (wie Anm. 310), S. 145.

821   Ebd. Vgl. Reimann: Hauptströmungen (wie Anm. 299), S. 6: Dort wurden bereits 1956 durch die Akzentuierung der „Verbundenheit mit den fortschrittlichen Bestrebungen [...] [des] Volkes" die Kategorien literarhistorischer Wertung erweitert. Daraus ergab sich eine neue normative Per-

Auch ein Aufsatz von Jürgen Kuczynski (1904–1997) aus dem Jahr 1969 ist vermutlich
in diesem Kontext zu situieren.[822] Der Verfasser wählt zwar einen ähnlichen Ansatz wie
Lukács, gelangt jedoch – unter Ausblendung des Jakobiner-Begriffs – zu einer eher skeptischen Position, indem er die Rückwärtsgewandtheit von Hölderlins Naturbegriff betont
und sein Scheitern aus der Unmöglichkeit erklärt, dieses unzeitgemäße Denken mit den
gesellschaftlichen Fortschritten (in Frankreich) in Einklang bringen zu können.[823] In ihrer wirkungsgeschichtlichen Dissertation *Hölderlin and the left* versuchte Helen Fehervary
einen fundamentalen inhaltlichen Bruch zwischen der Hölderlin-Rezeption in der Folge des
Lukács-Essays vor 1970 und derjenigen im Anschluß an Kuczynskis Aufsatz nach 1970
herauszuarbeiten. Allerdings gelingt dies nur ansatzweise, weil die Verfasserin nicht zwischen produktiver literarischer Rezeption einerseits und literaturwissenschaftlicher Forschung andererseits unterscheidet.[824] Bereits ihre Nachzeichnung zweier Rezeptionslinien
in der Zeit des Exils wird durch die fehlende Differenzierung zwischen literarischer und
literarhistorischer Rezeption undeutlich und läßt vermuten, daß sie weniger inhaltliche als
vielmehr regionale bzw. allgemein poetologische Differenzen markieren wollte. So sieht
sie eine ,Moskauer Linie‘, repräsentiert durch Becher und Lukács, und hebt diese von einer
,USA-Linie‘ ab, für die Brecht, Eisler (1898–1962) und Bloch stehen sollen. Die Moskauer
Linie, so ihre These, habe ein ,harmonisierendes‘, dem Gesellschaftsentwurf Hölderlins
verpflichtetes Hölderlin-Bild vertreten, während in den USA der bürgerliche Charakter der
Dichtung Hölderlins zum Anlaß einer kritischen Auseinandersetzung genommen wurde:

> Hölderlin's reception by the left took two different directions during the exile period,
> and they correspond to the two sides of the realism debate which were represented by the
> Moscow group, on the one hand, and, on the other, primarily by Ernst Bloch, Hanns Eisler,
> and Bertolt Brecht. If for the first group „the other Hölderlin“ ultimately implied cultural
> harmony, for the other he became a vehicle for cultural critique. [...] For Bloch, Eisler, and
> Brecht the driving force in the developing socialist culture was not the preservation of the
> past, but production for the future based on the accumulation of historical knowledge. [...]

---

spektive, in der Reimann einem Autor wie Knigge nicht nur mehr Raum zubilligt als Hölderlin,
sondern auch dessen Einsicht in „die Interessen der Menschen als wichtigen Faktor der Entwicklung“ positiv hervorhebt (S. 306). Hölderlin dagegen sei durch die Auswegslosigkeit der historischen Situation „in die Arme der philosophischen Spekulation“, später gar: „dem Wahnsinn in die
Arme“ getrieben worden (S. 383 f.) und habe lediglich „dumpf die Widersprüche der sich entwik-
kelnden kapitalistischen Gesellschaft empfunden“ (S. 386). Reimann bereits entwickelte also diese
Position unter Verzicht auf Lukács, der in der gesamten Darstellung lediglich eine Erwähnung –
im Zusammenhang mit Goethe – erfährt (S. 158).

822 Vgl. Jürgen Kuczynski: Hölderlin – Die Tragödie des revolutionären Idealisten. In: J. K.: Gestalten
und Werke. Soziologische Studien zur deutschen Literatur. Berlin und Weimar 1969, S. 83–107
und 457 f.

823 Der Autor tritt offenbar mit dem Anspruch auf einen ,Paradigmenwechsel‘ in der Literaturwissenschaft auf, worauf der Untertitel des Sammelbandes verweist, in dem auch der Hölderlin-Aufsatz
erschien („Gestalten und Werke. Soziologische Studien zur deutschen Literatur“). Daß dieser Anspruch eingelöst wurde, erscheint zweifelhaft: Zwar geht Kuczynski von – im weitesten Sinne –
soziologisch zu nennenden Grundannahmen (etwa über die Notwendigkeit revolutionären Terrors)
aus, entwickelt indes seine Thesen nahezu ausschließlich textimmanent am *Hyperion*-Roman; vgl.
Kuczynsi: Hölderlin (wie Anm. 822).

824 Vgl. unten, S. 149.

In this sense, the bourgeois poet Hölderlin did not serve as a model to be emulated, but like the other classics, simply provided what Brecht in the 1920s had called material for use in the production of a materialist, that is, a post-bourgeois, popular culture.[825]

Daß für den Dichter Becher, der aus seiner expressionistischen Phase das Gefühl einer Art Seelenverwandtschaft mit Hölderlin bewahrt hatte, eine harmonisierende Tendenz im Hinblick auf die erhabene Überzeitlichkeit dichterischer Praxis nachgewiesen werden kann, legt Fehervary in der Folge überzeugend dar, ihr Versuch indes, eine ähnliche Tendenz aus Lukács' Hölderlin-Essay herauszulesen, führt sie nur deshalb nicht in einen offenen Widerspruch, weil sie Lukács' Betonung von Hölderlins Rückfall in „hoffnungslose Mystik" übergeht. Wie bereits erwähnt, hatte Lukács zwar das Citoyen-Ideal Hölderlins positiv akzentuiert, jedoch zugleich betont, daß es notwendig zum Scheitern verurteilt sein müsse, solange es als bürgerliches formuliert und an die ‚bürgerliche Klasse' gerichtet wurde. Die Begrenztheit und Ausweglosigkeit des bürgerlichen Bewußtseins hatte Lukács mithin durchaus im Blick und war weit davon entfernt, Hölderlin in „cultural harmony" aufgehen zu lassen. Betont hatte er in diesem Zusammenhang lediglich, daß Hölderlins Scheitern ihn weder zur Goetheschen ‚Anpassung' noch zum ‚romantischen Obskurantismus' verführt habe,[826] sondern daß sich selbst in seiner Mystik noch die progressiven Elemente ihrer Ideale auffinden ließen. Gleichwohl handele es sich um Mystik, um eine „Flucht in die Mystik und eine Mystik der Flucht",[827] die für den Materialisten Lukács keineswegs ein Modell zukünftiger Harmonie, sondern, im Gegenteil, ein Symptom des Scheiterns am falschen Bewußtsein bleibt. Ein um diese kritische Dimension verkürztes Lukács-Bild führte Fehervary folgerichtig zur Feststellung einer Differenz zwischen Lukács einerseits und Kuczynskis Betonung des regressiven Moments in Hölderlins Berufung auf die Macht der Natur andererseits. Eine genauere Lektüre Kuczynskis macht jedoch deutlich, daß er sich keineswegs grundsätzlich von Lukács absetzt. Er ergänzt dessen Ansatz lediglich um den Aspekt der Notwendigkeit des revolutionären Terrors, die Hölderlin aus seiner historischen Position nicht zu erkennen vermocht habe:[828] Dieser Aspekt stellt Lukács' Hölderlin-Bild indes keineswegs in Frage,[829] sondern bestätigt es insofern, als Hölderlin durch den Aufweis eines weiteren Defizits in seinem historischen Bewußtsein nicht nur inhaltlich, sondern auch strategisch jenseits der ‚objektiven' historischen Bedingungen stand, woraus sich sein ‚tragischer' Rückfall in den ‚Mystizismus' ergeben habe. Anfechtbar allerdings wird Fehervarys Argumentation, wenn sie die Aneignung Hölderlins in der DDR auf Becher zurückführt und den Eindruck erweckt, als gelte dies lediglich für die Zeit vor 1970: „Consequently, what Becher called his „inner kinship" with Hölderlin necessarily took on national proportions. Similar to Becher's own role in the GDR, Hölderlin has also come to function as a kind of GDR poet laureate."[830] Daß aber die definitive Eingliederung Hölderlins in das Erbe-Modell der DDR-Literaturwissenschaft erst nach 1970 erfolgte, wird anhand der zitierten, Becher und Hölderlin preisenden Rede von Alexander Abusch bereits

825 Fehervary: Hölderlin and the left (wie Anm. 590), S. 48 f.
826 Eine Differenzierung, die im Bezug auf das ‚reaktionäre' Mittelalter-Ideal der Romantik auch von Kuczynski vorgenommen wurde; vgl. Kuczynski: Hölderlin (wie Anm. 822), S. 94.
827 Lukács: Hölderlin Hyperion (wie Anm. 304), S. 178.
828 Vgl. Kuczynski: Hölderlin (wie Anm. 822), S. 96 ff.
829 Vgl. etwa Lukács: Hölderlins Hyperion (wie Anm. 304), S. 170 f.
830 Fehervary: Hölderlin and the left (wie Anm. 590), S. 78.

angedeutet und soll im folgenden näher ausgeführt werden. Der von Fehervary um das Jahr 1970 datierte inhaltliche Bruch, so viel kann bereits an dieser Stelle festgestellt werden, gilt allenfalls für die produktiv-literarische Rezeption; für die literaturwissenschaftliche läßt er sich nicht überzeugend nachweisen.[831]

Wenngleich Alexander Abuschs Rede nicht den von Fehervary vermuteten Bruch markierte, so steht sie doch für eine neue Phase in der Beschäftigung der DDR-Wissenschaft mit Hölderlin. Zu Hölderlins 200. Geburtstag häuften sich die Aktivitäten für eine Renaissance der wissenschaftlichen Rezeption – aber auch für eine Popularisierung seines Werkes:

> This Hölderlin bicentennial marked the culmination of his classical reception in the GDR. Formally proclaimed by the Political Bureau of the SED as „eine höhere Stufe der Aneignung, Bewahrung und Weiterführung des humanistischen Erbes," it was celebrated in all parts of the nation. A five-volume edition of the poet's works, edited by Günther [!] Mieth, was published specially for the occasions. A ceremonial, arranged by the *Schriftstellerverband*, took place at the *Deutsche Akademie der Künste* in Berlin. Another ceremonial was held at National Theater in Weimar […].
> The first academic GDR conference on Hölderlin was held in Jena in 1970. Here further suggestions were made for the poet's popularization: recordings of his poetry, a popular handbook documenting his life and work; reading circles and related activities that would reach a larger public, especially workers. A similar symposium was arranged in Berlin by the *Deutscher Kulturbund.* The lectures, followed by a special section documenting Becher's reception of Hölderlin, were published in a separate brochure. Furthermore, throughout the year newspapers and journals printed articles and other literature relating to Hölderlin.[832]

Die wieder aufgenommene wissenschaftliche Hölderlin-Rezeption folgte im wesentlichen der ideologiegeschichtlichen Einordnung Hölderlins durch Lukács. Dieser wurde indes nicht als Urheber eines politisch akzentuierten Hölderlin-Bildes benannt. Zu vermerken sind lediglich methodische und inhaltliche Akzentverschiebungen, die Lukács' Linienführungen jedoch keineswegs negieren: So läßt sich einerseits zeigen, daß sich die Forschung verstärkt um eine nicht mehr nur ideologisch-abstrakte, sondern auch empirische Erarbeitung der für Hölderlin wesentlich erscheinenden sozialhistorischen Kontexte bemühte. So wurde beispielsweise – wie in der Argumentation Bertaux' angelegt – in der Regel auf die

---

831 Sollte sich – was im Rahmen der vorliegenden Skizze nicht erörtert werden kann – dieser Bruch für die produktive Rezeption in der DDR tatsächlich nachweisen lassen; so ergäbe sich daraus ein bemerkenswerter Befund für den Zusammenhang von wissenschaftlicher und produktiver Rezeption in der DDR und BRD. Im Gegensatz zu den impulsgebenden Faktoren, die in der BRD von der wissenschaftlichen Rezeption ausgingen, hat sich in den 1970er Jahren innerhalb der ,Literaturlandschaft DDR' offenbar eine kritische intellektuelle ,Gegenöffentlichkeit' gebildet, die dem offiziell an den Universitäten und Akademien vertretenen Kulturbild entgegentrat. In diesem Sinne könnten gerade die unterschiedlichen Formen der Aneignung der literarischen Tradition, die in der literarischen und in der wissenschaftlichen Öffentlichkeit praktiziert wurden und in bezug auf Hölderlin besonders deutlich divergierten, über den Gegenstand ,Hölderlin' hinaus ein Licht auf den Zusammenhang von literarisch-wissenschaftlichen (disziplin-internen) und gesellschaftlichen (externen) Entwicklungen in der DDR werfen.

832 Fehervary: Hölderlin and the left (wie Anm. 590), S. 110 f.

Arbeiten Heinrich Scheels zurückgegriffen, um die politische Situation in Württemberg im Gefolge der Revolution zu beleuchten. Was sich hier veränderte, war jedoch nicht das Lukács'sche Hölderlin-Bild selbst, sondern lediglich die Begründungsstrategie, auf deren Grundlage es entwickelt worden war. Die Betonung der konkreten regionalen und internationalen zeitgeschichtlichen Situation beschreibt im Sinne des Historischen Materialismus nichts anderes als die Basis, auf der sich der ideologische Überbau des zeitgenössischen und auch des Hölderlinschen Denkens erhebe. Daher kam es in allen im weitesten Sinne auch sozialgeschichtlich verfahrenden Arbeiten letztlich zu derselben ideologiegeschichtlichen Positionierung Hölderlins, die bereits Lukács auf der Grundlage allgemeiner Annahmen über den notwendigen Verlauf bürgerlicher Revolutionen im Zusammenhang mit der spezifischen ökonomischen Rückständigkeit der deutschen Länder vertreten hatte.

Eine Tendenz zur sozialgeschichtlichen Konkretisierung läßt sich in nahezu allen in der Folge der ‚Neuauflage' des sozialistischen Hölderlin-Bildes entstandenen Arbeiten feststellen. Als Beleg dafür, daß diese neue Begründungsstrategie an den Ergebnissen Wesentliches nicht änderte, sei hier vorläufig auf die Dissertation von Renate Reschke (* 1944) hingewiesen. Einerseits kritisiert die Verfasserin die Betonung vermeintlich utopisch-kommunistischer Positionen Hölderlins. Sie erklärt, daß die Gleichheitsforderungen in seinem Werk in bezug auf die – keineswegs kapitalistisch, sondern vielmehr feudalistisch geprägte – gesellschaftliche Situation in Deutschland zu lesen seien,[833] betont indes an anderer Stelle, daß Hölderlins Hoffnungen auf revolutionäre Veränderungen in Süddeutschland erst mit der Niederlage der französischen Truppen schwanden und nicht schon mit der Absage General Jourdans an ‚ausländische' revolutionäre Erhebungen.[834] Dennoch bereitet dies die übergreifende ideologiegeschichtliche Perspektive lediglich vor, die Renate Reschke wenige Seiten später – im Anschluß an Adorno – entwickelt. Sie gelangt zu eben jenem Hölderlin-Bild, das die Erfüllung von Hölderlins Utopie in der sozialistischen Gesellschaft der DDR sieht, weil erst in ihr die historischen Grundlagen für eine seinen Vorstellungen entsprechende Gemeinschaft gelegt seien:

> Er war nicht gewillt, die sich herausbildende bürgerlich-kapitalistische Wirklichkeit als Realisierung der bürgerlichen Idealvorstellungen anzuerkennen. Aus der Bewußtheit, daß die entstandenen und entstehenden sozialen Verhältnisse nicht den Zielvorstellungen entsprachen, definiert er die Gegenwart als Übergangsphase. [...] die Abstraktheit steht hier für ein vom progressiven Bürgertum selbst formuliertes Ideal, das in der unmittelbaren Wirklichkeit keine Entsprechung finden konnte, das aber, einmal formuliert, von Hölderlin nicht zurückgenommen wurde, sondern historisch verlagert wird. Erst durch diese zeitlich-historische Transponierung des Ideals in eine nicht konkret fixierte Zukunft wird es schließlich als „heroische Illusion" begreiflich. [...] Die Lösung der von Hölderlin aufgeworfenen Problematik konnte erst fast fünfzig Jahre später vorgeschlagen werden, als die sozialen Kräfte sich formierten, die nicht nur theoretisch das Rätsel der bürgerlichen Sphinx lösen, sondern diese auch real in den Abgrund stürzen konnten und können.[835]

---

833 Vgl. Renate Reschke: Geschichtsphilosophie und Ästhetik bei Friedrich Hölderlin. Über den Zusammenhang von Epochenwandel und Ästhetik. Phil. Diss. Berlin 1972, S. 150–156.

834 Ebd., S. 224. Vgl. auch die bereits vorgestellte Position von Gerhard Kurz, die in der Situierung Hölderlins im Umkreis des Girondismus begründet ist; vgl. unten, S. 186 f.

835 Reschke: Geschichtsphilosophie und Ästhetik (wie Anm. 833), S. 227 und 240.

„Und können": Der ‚utopische Überschuß' wird von der Verfasserin gleichsam aus und *mit* dem Akt der Interpretation aktualisiert; damit ist eine weitere Akzentverschiebung thematisiert: Zusehends setzte sich eine Tendenz durch, diese vermeintliche ‚Mystik' als eine allein aufgrund der rückständigen historischen Situation noch nicht sprachlich adäquat zum Ausdruck zu bringende, an sich jedoch den ‚objektiven' Verhältnissen der bürgerlich-kapitalistischen Gesellschaft angemessene Utopie zu interpretieren. Ungeachtet der Tatsache, daß flankierende Arbeiten fehlten, aus denen die weitreichenden Homogenitätsannahmen über den Zusammenhang zwischen Sprache und Bewußtsein zweifelsfrei hätten belegt werden können, finden sich entsprechende Ansätze bereits in dem angeführten Aufsatz von Claus Träger sowie in einer frühen Rezension von Klaus Pezold.[836] 1968 schließlich stellt Evelyn Radczun (* 1930) in ihrer Dissertation einleitend fest (und wiederum sind die aktualisierenden sozial-und wirtschaftsgeschichtlichen Anspielungen unüberhörbar):

> So sehr das ideale Bild einer menschlichen Gesellschaft, die „neue Kirche", wie es Hölderlin aus der säkularisierten christlichen Mythologie und aus der Überlieferung der antiken Polisdemokratie im Zusammenhang mit seiner Konzeption der Natur gewinnt, ihn an einer positiven und sei es nur partiell positiven Anerkennung seiner Zeit hindert, so kann weder von dem Verharren auf einer anachronistischen Position noch von einer mystischen Religionsverkündigung gesprochen werden.
> Hölderlin knüpft an die heroische Illusion des Bürgertums an, aber er konzipiert sie neu im Zusammenhang mit seinen Erfahrungen seit der Mitte der 90er Jahre. Indem er besonders in Frankfurt die negativen Erscheinungen der kapitalistischen Entwicklung als Erfahrung aufnimmt, so den Reichtum mit seinen Folgerungen für das soziale Leben der Menschen, und negiert, suchte er mit seinem Ideal der vollkommenen Menschennatur über die Menschenfeindlichkeit der Klassengesellschaft illusionär hinauszugehen.[837]

Lukács hatte noch eindeutig unterschieden zwischen den Positionen Hölderlins und Hegels. Er legte Wert auf diese Unterscheidung, weil nach seiner Interpretation nicht etwa Hölderlin, sondern Hegel es war, der sich auf der ideologischen Höhe seiner Zeit befunden und die notwendige Grundlage gelegt habe für die in der materialistischen Dialektik theoretisch erreichte und auf dieser Grundlage real zu vollziehende Aufhebung der Klassengesellschaft:

> Hegel findet sich mit der nachthermidorianischen Epoche, mit dem Abschluß der revolutionären Periode der bürgerlichen Entwicklung ab und baut seine Philosophie gerade auf der Erkenntnis dieser neuen Wendung in der Weltgeschichte auf. Hölderlin schließt keinen Kompromiß mit der nachthermidorianischen Wirklichkeit, er bleibt dem alten revolutionären Ideal der zu erneuernden Polisdemokratie treu und zerbricht an der Wirklichkeit, in der für diese Ideale nicht einmal dichterisch-denkerisch ein Platz vorhanden war.
> Beide Wege widerspiegeln die ungleichmäßige Entwicklung des bürgerlich-revolutionären Gedankens in Deutschland in einer widerspruchsvollen Weise. Und diese Ungleichmäßigkeit der Entwicklung [...] äußert sich vor allem darin, daß Hegels gedankliche Akkommodation an die nachthermidorianische Wirklichkeit ihn auf jene große Heerstraße der ideologischen Entwicklung seiner Klasse geführt hat, wo der Vormarsch der gedanklichen Entwicklung bis zum Umschlagen der bürgerlich-revolutionären Denkmethoden in proletarisch-revolutionäre möglich geworden ist. (Die materialistische Umstülpung der

---

836 Vgl. Träger: Hölderlins „Hyperion" (wie Anm. 819), S. 516; Pezold: [Rez.] Bertaux, Hölderlin und die Französische Revolution (wie Anm. 645), S. 523 f.
837 Radczun: Bewältigung der Wirklichkeit (wie Anm. 796), S. IV f.

Hegelschen idealistischen Dialektik durch Marx.) Hölderlins Kompromißlosigkeit blieb eine tragische Sackgasse: unbekannt und unbeweint ist er als vereinsamter dichterischer Leonidas der Ideale der jakobinischen Periode an den Thermopylae des einbrechenden Thermidorianismus gefallen.[838]

Während Lukács also Hölderlins idealistische ‚Begrenztheit' ausdrücklich betont und darauf verweist, daß die materialistische Dialektik ihren Ausgang vom Hegelschen und gerade nicht von Hölderlins Idealismus (einer „tragische[n] Sackgasse") darstelle, läßt sich in den zu Beginn der 1970er Jahre entstandenen Arbeiten der DDR-Literaturwissenschaft die bei Träger, Pezold und Radczun angelegte Tendenz verzeichnen: Die Interpretation wird unter politischen Vorzeichen so weit vorangetrieben, daß Hölderlin nicht nur im Status eines Autors politischer ‚Gebrauchsliteratur', sondern überdies in seiner geistigen Entwicklung als Wegbereiter des Materialismus erscheint. Diese Tendenz zur materialistischen Umdeutung der Hölderlinschen ‚Dialektik' findet sich in einer Reihe von Beiträgen zum Hölderlin-Colloquium und wird besonders deutlich in Günther Deickes (1922–2006) Beitrag „Zum 200. Geburtstag Friedrich Hölderlins". Der Verfasser nimmt das ‚ganzheitliche' Moment von Hölderlins Denken auf; allerdings finden die verschiedenen Prinzipien ihre Synthese nicht wie bei Hölderlin im Begriff des „Harmonischentgegengesetzten", der das Wesen der „schönen Empfindung" bezeichnet und damit den Primat der Dichtung vor der Einseitigkeit der in ihr aufzuhebenden theoretischen Reflexion sowie der materiell im Sinnlichen wurzelnden Tat begründet.[839] Umgekehrt setzt er den Begriff der Revolution und somit Hölderlins politisches Anliegen in das Zentrum der dialektischen Bewegung, das die Bedingungen für die poetologische Theorie (als einem ihm verpflichteten Teil) formuliere. So gelangt er in der Konsequenz zu einem ‚materialistisch gewendeten Hölderlin':

> Liebe, Freundschaft, Gedicht: in der Wirklichkeit einer geträumten oder wahrhaftigen, weil zukünftig notwendigen Veränderung der Gesellschaft wird all das untrennbar im Bereich des Vaterländischen, das identisch ist mit dem Revolutionären. [...] Und wir müssen ihn neu begreifen von seinem politischen Anliegen her, das auch seinem poetischen Anliegen die Zeichen gab.[840]

In dieser Beziehung läßt sich also durchaus eine gewisse Abwendung von Lukács feststellen. Im Gegensatz zu Fehervarys These läuft diese jedoch gerade nicht auf eine Ablösung harmonisierender Tendenzen seiner Interpretation hinaus, sondern führt vielmehr dazu, daß selbst diejenigen Aspekte, die Lukács noch kritisch betont hatte, harmonisierend aufgehoben werden in der Heilsperspektive einer in Hölderlins Namen zu schaffenden sozialistischen Gesellschaft.[841] Insofern ist also nicht von einem inhaltlichen, son-

---

838 Lukács: Hölderlins Hyperion (wie Anm. 304), S. 165 f.

839 Hölderlin: [Über die Verfahrungsweise des poetischen Geistes]. In: Stuttgarter Hölderlin-Ausgabe (wie Anm. 632), Bd. 4.1, S. 241–265. Zitate passim. Vgl. auch die frühen Forderungen des sogenannten „Ältesten Systemprogramms des Deutschen Idealismus" (S. 297–299).

840 Günther Deicke: Zum 200. Geburtstag Friedrich Hölderlins. In: Sinn und Form 22 (1970), S. 865–872, hier S. 870 f.

841 Dieser Umstand wirft ein eigenes Licht auf den gegenüber Lukács erhobenen Revisionismusvorwurf: Seine primär politische, inhaltlich schwerlich zu rechtfertigende Motivierung wird auch dadurch deutlich, daß derselbe Vorwurf in verschärfter Form folgerichtig diejenigen Forschungen hätte treffen müssen, die sich in dieser Weise von seinem ‚Klassizismus' zu emanzipieren versuchten.

dern von einem politisch motivierten und verordneten Bruch mit Lukács' Hölderlin-Bild auszugehen. Und dieser Bruch verhinderte auch nicht, daß die wesentlichen Gehalte unter anderen Vorzeichen weitertransportiert wurden. Denn derjenige, der Hölderlins mystifiziertes Gesellschaftsideal als ein bewußt verschlüsseltes politisches Programm zu lesen versuchte und damit den oben angeführten Umdeutungen sehr entgegenkam, war Bertaux.

Lukács' ,Paradigma' wurde gegen Ende der 1960er Jahre (Pezold bezieht sich 1963 bereits auf Bertaux' Studie von 1936) unter dem Namen Bertaux' reanimiert. Dieselben Inhalte wurden transportiert, indem die Arbeiten Bertaux' lediglich einer leichten Kritik seitens der materialistischen Gesellschafts- und Geschichtstheorie unterzogen wurden[842] – einer Kritik mithin, die wohl auch Lukács selbst an Bertaux geübt hätte. Der von Bertaux wie auch von den Arbeiten der DDR-Forschung seit den 1960er Jahren aus den Jakobinismusforschungen Heinrich Scheels übernommene Kontext zeigt darüber hinaus, daß sich Hölderlin erst auf diese Weise als ,klassischer' und revolutionär-jakobinischer Autor in das erweiterte Erbe-Modell geradezu ideal einpassen ließ. Sowohl das klassisch-kulturelle als auch das revolutionäre Erbe vermochte dieses Modell zu repräsentieren, was wiederum in der Folge zu einer materialistischen Umdeutung seiner ästhetischen Dialektik genutzt wurde.[843] Hatte bei Lukács die Isolierung des Dichters zur Hoffnungslosigkeit nicht nur seiner gesellschaftlichen Existenz, sondern auch seiner ideologischen Position geführt, so bot die Jakobinismusforschung – speziell Scheels *Süddeutsche Jakobiner* – die Möglichkeit, ihn über die Integration in eine revolutionäre Bewegung wenigstens ideell in Beziehung zu setzen zu den „Volksmassen" und ihren den Fortschritt der Geschichte bedingenden Interessen: Gerade das Schicksal der gesellschaftlichen Isolierung habe ihn mit den Vertretern einer revolutionär-demokratischen Tradition verbunden. Bertaux bot also über den impliziten Rückgriff auf Lukács hinaus die Möglichkeit, die Entwicklung der politischen Positionen Hölderlins nicht allein aus der Richtung einer marxistisch interpretierten Ideengeschichte, sondern – neuen sozialhistorischen Ansätzen entsprechend – verstärkt von sozial-, mentalitäts- und damit zusammenhängenden biographischen Fakten abhängig zu machen (Freundschaft zu Sinclair, eigenes Erleben gesellschaftlicher Marginalisierung während der Hofmeister-Tätigkeit in Frankfurt, Beteiligung an Umsturzplänen in Württemberg etc.). Gleichwohl scheint der allgemeine ideologische Zusammenhang, wie er von Lukács entwickelt worden war, implizit weiterhin hinter nahezu allen Arbeiten zu stehen, die in direkter Folge der Bertaux-Adaptation Abuschs entstanden sind. Entsprechend generalisiert, entproblematisiert und undifferenziert taucht das von Lukács vorgegebene und nunmehr in der Tendenz auf die verwirklichte sozialistische Gesellschaft harmonisierte Muster zur ideologischen Einordnung Hölderlins auf. Im Vergleich zu Bertaux gewinnen die betreffenden Arbeiten jedoch in der Regel den Vorteil, daß sie sich möglichen

---

842 Vgl. die bereits zitierte Rezension Pezolds in den Weimarer Beiträgen (wie Anm. 645). Diese Form
     der Rezeption hat vermutlich wiederum die Radikalisierung bei Bertaux bedingt: Ihm wurde Höl-
     derlin 1973 zum „Ultra-Jakobiner auf dem Weg zum Sozialismus"; vgl. unten, S. 162.

843 Die Widersprüche, die sich daraus in bezug auf Hölderlin ergaben, lassen sich als direkte Folge
     der widersprüchlichen Konzeption der Erbe-Theorie selbst interpretieren, von der Harro Segeberg
     bereits 1974 – allerdings für die Weimarer Klassik – feststellte, daß sie mit dem klassischen und
     dem revolutionären Erbe „intentional entschieden Entgegengesetztes zusammen[zwingt]"; vgl.
     Segeberg: Literarischer Jakobinismus (wie Anm. 222), S. 511.

Kontroversen um die angemessene Begrifflichkeit zur Bezeichnung von Hölderlins Positionen entziehen. So heißt es beispielsweise in dem Beitrag von Ingeborg Hochmuth zum Hölderlin-Colloquium·in Jena:

> Hölderlin geht mit seiner Forderung auf Teilung des Guts über das soziale Programm der Jakobiner hinaus und sprengt damit die Grenzen, die der bürgerlichen Revolution gesetzt sind. [...] Hölderlins utopisch-kommunistische Vorstellungen von einem freien Bund der Menschheit, dessen Voraussetzung die Gütergleichheit ist, überfordert weit die Konstellation der historischen Stunde und muß im zurückgebliebenen Deutschland erst recht zu seiner Vereinsamung führen. Die revolutionären Programme der Franzosen gehen in die künstlerische Verallgemeinerung von *Hölderlins* Bildersprache auf, [!] so daß es kaum möglich ist, ihn konsequenten Anhänger einer bestimmten Richtung in der Französischen Revolution zu nennen.[844]

Die erzwungene Ausblendung Georg Lukács' durch die DDR-Forschung hat unter anderem dazu geführt, die von Bertaux erneut aufgedeckten Möglichkeiten einer ‚revolutionären‘ Aneignung jener Adaptation zuzuführen, die, selbst bei großzügiger Auslegung, bar jeder historischen und geistesgeschichtlichen Differenzierung, Hölderlin zum direkten Vorläufer (freilich noch schwärmendem Sänger) der sozialistischen Gesellschaft macht. Auf dieses Ziel der schwunghaft ansteigenden Beschäftigung mit Hölderlin hatte bereits die Rede Alexander Abuschs hingewiesen, und in ihrem Einleitungsreferat zum Hölderlin-Colloquium nimmt Ursula Wertheim (1919–2006) diese Vorgabe explizit auf und formuliert sie als Anspruch an die gesamte Veranstaltung:

> Die bedeutsame Festrede des Stellvertretenden Ministerpräsidenten Dr. Alexander Abusch [...] legte die kulturpolitische Linie unserer Rezeption dar, die sich auf die Tradition der fortschrittlichen Demokraten des 19. Jahrhunderts wie auf die Vorhut der Arbeiterklasse der KPD, [!] stützen kann. [...] Die Zusammensetzung unseres Colloquiums gewährleistet, daß wir nicht in einem bloß akademischen Gespräch verharren, sondern eine kulturpolitische und propagandistische Breitenwirkung unserer Anstrengungen um das Werk eines unserer bedeutendsten klassischen Dichter erzielen.[845]

2.2.3.5 Differenzierung, Konsolidierung, Synthese: Der Forschungsverlauf bis zum Revolutionsjubiläum 1989

Angesichts dieser ‚forcierten‘ gesellschaftlichen Relevanz einer sozialistischen Hölderlin-Rezeption ist erneut auf Oellers' Feststellung aufmerksam zu machen, daß die Beschäftigung mit dem Dichter nach den Jubiläumsbeiträgen und dem Hölderlin-Colloquium in

---

844 Ingeborg Hochmuth: Menschenbild und Menschheitsperspektive in Hölderlins Trauerspielfragmenten „Der Tod des Empedokles". In: Wissenschaftliche Zeitschrift der Friedrich-Schiller-Universität Jena. Gesellschafts- und Sprachwissenschaftliche Reihe 21 (1972), H. 3 (Hölderlin-Colloquium), S. 437–446, hier S. 441 f.

845 Ursula Wertheim: Gesellschaftliche Verantwortung des Dichters und nationale Aufgabe der Dichtung in der poetischen Konzeption Friedrich Hölderlins. In: Wissenschaftliche Zeitschrift der Friedrich-Schiller-Universität Jena. Gesellschafts- und Sprachwissenschaftliche Reihe 21 (1972). H. 3 (Hölderlin-Colloquium), S. 375–394, hier S. 376 f. (Hervorhebung im Original).

der DDR-Literaturwissenschaft an Bedeutung verlor.[846] Die Vermutung liegt nahe, daß die
latente Widersprüchlichkeit der erneuten Hölderlin-Aneignung eine produktive wissenschaftliche Beschäftigung mit dem Gegenstand eher behindert als gefördert hat, weil unter
den Vorgaben der Erbe-Konzeption nicht zu dem erwünschten (widerspruchsfreien) gesell-
schaftsrelevanten Hölderlin-Bild zu gelangen war. Vor diesem Hintergrund leitet Renate
Reschke ihre bemerkenswerte Dissertation mit einer expliziten und umfassenden Kritik
an der Jakobinismus-These von Bertaux ein und erklärt sie als einen provokativen Reflex
auf die bis dahin herrschende Ignoranz der bürgerlichen Literaturwissenschaft:[847] Reschke
führt damit Überlegungen ihres akademischen Lehrers Wolfgang Heise (1925–1987) fort,
der in seiner letzten, posthum veröffentlichten umfassenden Studie *Hölderlin. Schönheit
und Geschichte* unmißverständlich erklärt hat:

> So ist die hochbewußt komponierte künstlerische Einheit des Romans [*Hyperion*] Form, in
> der ein widerspruchsvolles, letztlich keinen realen Ausweg findendes Verhalten zur Wirk-
> lichkeit der Epoche sich artikuliert. „Hyperion" ist ein politischer und philosophischer Ci-
> toyen-Roman in nachthermidorianischer Epoche. Er hält die allgemeinen Ideale der Fran-
> zösischen Revolution fest gegen die halbfeudale deutsche Welt in ihrer Bewegungslosigkeit
> und Veränderungsfähigkeit, behauptet sie gegen die prosaische Praxis der nachthermido-
> rianischen Bourgeoisie: gegen die „schmutzige Wirklichkeit". Er bewahrt den Traum einer
> erneuerten Gemeinschaft in der desillusionierenden „eiskalten Geschichte des Tags". Aber
> er lehnt implizit auch die Diktatur der Jakobiner grundsätzlich und tief schockiert ab. Die
> Reinheit des Ideals findet keinen Weg in die brutale Wirklichkeit.[848]

Entsprechend führt Renate Reschke aus: Die Begriffsunsicherheit der Bertaux-These, die
aus der problematischen Transformation des historiographischen Jakobinismus-Begriffs
Heinrich Scheels in philosophische, ästhetische und literaturwissenschaftliche Arbeiten
entstanden sei, führe – diese Position hatte Beck bereits fünf Jahre zuvor formuliert – zu
einer generalisierenden Tendenz,[849] die es unmöglich mache, Hölderlins Position gegenüber denen seiner Zeitgenossen zu differenzieren.[850] Zudem – dies in kritischer Wendung
gegen Georg Lukács – könne eine solche Generalisierung dazu führen, insbesondere die
späten Arbeiten Hölderlins lediglich evasionistisch, als Flucht in die Mystik zu verstehen.
Dies wiederum stehe der Erkenntnis der in ihnen erreichten Synthese zwischen politischem
Handeln und ästhetischer Produktion entgegen.[851] Außerdem – und hier wendet sich die
Verfasserin ausdrücklich gegen die DDR-Literaturwissenschaft und gegen Bertaux – sei
diese These nur aufrechtzuerhalten, wenn man die zahlreichen explizit antijakobinischen

---

846   Vgl. dazu unten, S. 192–195, sowie die statistische Veranschaulichung bei Packalén: Zum Hölder-
      lin-Bild (wie Anm. 591), S. 64.
847   Vgl. Reschke: Geschichtsphilosophie und Ästhetik (wie Anm. 833), S. 37.
848   Wolfgang Heise: Hölderlin. Schönheit und Geschichte. Berlin und Weimar 1988, S. 37.
849   Reschke: Geschichtsphilosophie und Ästhetik (wie Anm. 833), S. 45 ff.
850   Angeführt wird hier insbesondere das Verhältnis zur deutschen Klassik (vor allem zu Schiller),
      das auf dieser Grundlage zu Fehlinterpretationen führe (S. 44), weil die Verwandtschaft von Höl-
      derlins Sozialutopie mit denen der „klassische[n] bürgerliche[n] deutsche[n] Philosophie" (S. 144)
      – gemeint sind im wesentlichen Hegel, Schiller und Schelling – übersehen werde, die insgesamt
      auf eine Citoyen-Utopie gerichtete verstanden werden könnte.
851   Vgl. ebd., S. 45.

Textbelege ignoriere.[852] Zudem werde diese These für eine Fehlinterpretation genutzt: für die Stilisierung Hölderlins zu einem utopischen Kommunisten.[853] Zwar habe Hölderlins Antikebild die Funktion eines Korrektivs im Verhältnis zur bürgerlichen Gesellschaft erfüllen sollen, doch seien seine Gleichheitsforderungen nicht antikapitalistisch auszulegen: Der moderne ‚bürgerliche' Kapitalismus habe, historisch betrachtet, noch gar nicht existiert. Hölderlins Opposition sei also nicht antikapitalistisch, sondern antifeudalistisch, und diesen Schritt teile er mit der klassischen Philosophie und auch mit der Weimarer Klassik.[854] Wenngleich diese Differenzierungen die Verfasserin auch nicht davon abhalten, emphatische Aktualisierungen vorzunehmen, so bleibt doch der Befund, daß die im Untersuchungsverlauf vorgenommenen historischen Konkretisierungen und Differenzierungen eine solche identifikatorische Rezeption strenggenommen nicht mehr zulassen. Eine weitere Diskussion dieser Thesen hat in der DDR-Literaturwissenschaft dann auch offensichtlich nicht stattgefunden. 1978 erschien eine umfassende Monographie von Günter Mieth, dem Herausgeber der Hölderlin-Ausgabe von 1970, die Hölderlin – wie im Untertitel angekündigt wird – als „Dichter der bürgerlich-demokratischen Revolution" auszuweisen versucht.[855] Mieth macht so gut wie keine Anleihen bei den zu Beginn der 1970er Jahre erschienenen Veröffentlichungen, sondern rekurriert auf die ideologie- und geistesgeschichtlichen Ansätze Lukács', mit deren Hilfe er Hölderlins Position gleichsam als Synthese der Positionen Schillers und Forsters begreift:

> Das Entstehen neuer Parteien und Fraktionen [in Frankreich] [...] zog zwei grundsätzlich verschiedene Positionen der deutschen Ideologen nach sich: die Abwendung von der revolutionären Tat und die Hinwendung zu einer geistigen Evolution, die Propagierung der menschlich-moralischen Emanzipation als Voraussetzung der bürgerlich-politischen Befreiung – der reformerische Weg Schillers; oder die Identifizierung mit den revolutionären Ereignissen trotz der inneren Widersprüche und der Schritt von der Theorie zur Praxis – der revolutionäre Weg Georg Forsters. In Hölderlin [...] kreuzen sich diese beiden Möglichkeiten und führen zu einer spannungsreichen Existenz ohnegleichen.[856]

Hölderlin als Synthese von Schiller (geistige Evolution) und Forster (revolutionäre Tat): Damit wird der Dichter auch hier zum geradezu paradigmatischen Autor der erweiterten Erbe-Konzeption, wenngleich seine „spannungsreiche Existenz" auch nicht explizit harmonisierend in der Zukunftsperspektive auf die sozialistische Gesellschaft versöhnt er-

---

852 Vgl. ebd., S. 44.

853 Vgl. ebd.

854 Ebd., S. 154.

855 Vgl. Mieth: Dichter der bürgerlich-demokratischen Revolution (wie Anm. 600). Sowohl die Position ihres Verfassers (als Herausgeber der Werke Hölderlins) als auch die Tatsache, daß es sich um die einzige nach der erneuten Hinwendung zu Hölderlin als Forschungsgegenstand in der DDR erschienene Hölderlin-Monographie handelt, rechtfertigen die Perspektive, diese Arbeit als richtungweisende Zusammenfassung der zu Beginn der 1970er Jahre erfolgten Neuorientierung der sozialistischen Hölderlin-Rezeption in der DDR zu betrachten.

856 Ebd., S. 27. Entsprechend stellt Mieth im Blick auf Hölderlins Antikerezeption sowohl gegenüber Bertaux' ‚Camouflage-Theorie' als auch gegenüber dem von Lukács unterstellten Rückfall in „hoffnungslose Mystik" die Einheit von Zeitkritik und Eskapismus heraus: „die Antike als revolutionäres Ideal für die reale Bewältigung der Gegenwart und die Antike als idealer Zufluchtsort vor der gegenwärtigen Realität" (S. 31).

schien. Im Zuge der wenig später getroffenen Unterscheidung zwischen ‚Citoyen-Ideal'
und ‚Bourgeois-Realität' greift Mieth schließlich explizit und anerkennend auf Lukács als
denjenigen zurück, der dieses Ideal bei Hölderlin erstmals aufgedeckt habe.[857] Allerdings
gelangt er damit zu einer recht eigenwilligen *Hyperion*-Deutung:

> Nun ist Hyperion selbstredend nicht das poetische Abbild Robespierres, aber doch ver-
> körpert sich in ihm das durch die französischen Jakobiner am eindrucksvollsten reprä-
> sentierte Ideal des Citoyen. Auch seine Existenz ist bestimmt von der radikalen Kritik an
> der Gesellschaft und von der Suche nach einer Idealform der Demokratie [...], aber auch
> er abstrahiert vom bürgerlichen Charakter der Revolution, verliert sich in der Utopie einer
> harmonischen Welt ohne jeden Klassenantagonismus und endet bei einer eigentümlichen
> Synthese politischer und religiöser Auffassungen.[858]

Abgesehen von der entproblematisierenden zweifelhaften Unterstellung einer Identität der
Positionen Hölderlins und Hyperions (die sich auch bei Lukács findet), führt die Ausblendung von Hyperions Terreur-Kritik sowie seines Streitgesprächs mit Alabanda[859] zu folgender Fehleinschätzung: Mieth übersieht, daß Hölderlin in der Konstellation Hyperion–
Alabanda vielmehr den Versuch unternommen zu haben schien, die jakobinische Position
zu differenzieren und das Potential der Citoyen-Vorstellung mit eher girondistischen Ideen
über die Staatsverfassung und die Strategien zu ihrer Durchsetzung zu verbinden. In der
Konsequenz dieser Auslegung liegt die Einsicht, daß es unmöglich ist, Hölderlins Position
als eindeutig jakobinisch (wegen der Terreur-Kritik) oder zweifelsfrei girondistisch (wegen
des Citoyen-Ideals) zu identifizieren. Bei Lukács war dieser Lösungsansatz zwar nicht ausgeführt, aber durchaus angedeutet worden:

> Es ist sehr interessant zu beobachten, daß Hölderlin stets, und im *Hyperion* besonders
> scharf, gegen die Überschätzung des Staates kämpft, daß seine utopische Konzeption
> des kommenden Staates, auf ihren wahren Kern reduziert, ganz in der Nähe der Kon-
> zeption der ersten liberalen Ideologen Deutschlands, z. B. eines Wilhelm von Humboldt,
> liegt.[860]

Daß Mieth die weitere Untersuchung dieser Zusammenhänge anmerkungsweise als Forschungsdesiderat kennzeichnet,[861] muß retrospektiv nicht nur im Hinblick auf Mieths
eigene Ausführungen, sondern auch angesichts des skizzierten Forschungsverlaufs als
Rückschritt hinter die seinerzeit bereits vorliegenden Diskussionsergebnisse erscheinen.
Darüber hinaus verlangt Mieth die Einbeziehung der „marxistisch-leninistische[n] Literatur zum französischen Jakobinismus" und bezieht sich zustimmend auf die Arbeiten Walter
Markovs,[862] mithin auf eben jenen begrifflichen Ansatz, den Lukács ausgearbeitet hatte.
Daß Mieth als Summe dennoch eine Aufgabe statt eines Ergebnisses formuliert, erklärte
er wenige Passagen später mit einem kritischen Blick auf Bertaux: „Darüber hinaus wäre
sehr sorgsam Pierre Bertaux' These [...] zu prüfen, wobei das Problem allerdings tiefer

---

857 Ebd., S. 46.
858 Ebd., S. 62.
859 Vgl. unten, S. 181 f.
860 Lukács: Hölderlins Hyperion (wie Anm. 304), S. 168 f.
861 Vgl. Mieth: Dichter der bürgerlich-demokratischen Revolution (wie Anm. 600), S. 214 f., Anm. 283.
862 Ebd., S. 215.

angegangen werden müßte."[863] Wenngleich sich also auch keine erneute Dynamisierung der Hölderlin-Forschung der DDR im Anschluß an diese Feststellung des vorläufigen Charakters der Ergebnisse nachweisen läßt, so zeigt der Vortrag, den Mieth 1989 auf der in Los Angeles veranstalteten Konferenz „1789 – Weltwirkungen einer großen Revolution" gehalten hat, daß der Verfasser inzwischen das integrative Potential der ‚Vorarbeiten' erkannt hatte. Die Tatsache, daß diese Rede im westlichen Ausland gehalten wurde, mag auf ihren Inhalt nicht ohne Einfluß geblieben sein. Doch gerade deshalb kann sie als Beleg dafür angesehen werden, daß die Hölderlin-Forschung der DDR nach der emphatischen Reklamierung Hölderlins als einer kulturpolitischen Leitfigur der sozialistischen Gesellschaft (welcher allein das legitime Erbe des Dichters zukomme) nun zu einem Hölderlin-Bild gelangt war, das einen Anschluß an nicht-sozialistische Forschungen möglich machte: Indem es sich inhaltlich und methodisch den dort vertretenen Positionen annäherte und zugleich darauf verzichtete, der ‚bürgerlichen' Hölderlin-Forschung ‚a priori' das Recht und die Qualifikation abzusprechen, (auch) den ‚politischen Hölderlin' adäquat zu verhandeln. Mieth beginnt seine Ausführungen mit einer Skizze des sozialhistorischen Zusammenhanges, an dem die neuere Hölderlin-Forschung nicht mehr vorbeikomme:

> Untersucht man aus gegebenem Anlaß, dem 200. Jahrestag der großen Revolution der Franzosen, abermals Hölderlins Erfahrung dieses weltgeschichtlichen Ereignisses, was gleichzeitig heißen will: dessen ideologisch-theoretische und poetische Verarbeitung, so kommt man nicht umhin, zuallererst auf die Voraussetzungen zu verweisen, wodurch Hölderlins Bild und Begriff der Revolution nicht unwesentlich mitgeprägt wurde. Da ist zunächst der politische Raum und die geistige Atmosphäre, in die er hineingeboren wurde: Das Herzogtum Württemberg mit der ihm eigenen Geschichte, der württembergische Pietismus mit seinen Besonderheiten und die relativ ausgeprägte Politisierung des öffentlichen Lebens und der Literatur. Da sind weiter seine familiäre Herkunft und sein Bildungsgang: Aus der württembergischen „Ehrbarkeit" hervorgegangen, durchlief er die Ausbildung eines zum evangelisch-lutherischen Pfarrer bestimmten Jünglings: über die Klosterschulen zum Tübinger Stift. Eben dort erlebte der bereits nach dem dichterischen „Lorbeer" strebende 19 Jahre alte Theologiestudent unter miserablen Bedingungen das Jahr 1789.[864]

Das einleitende „abermals" ist als Reaktion auf Beiträge und Diskussionen der Konferenz zu verstehen, aber auch als Signal dafür, an eine unterbrochene, nicht konstant weitergeführte Forschungstradition aus Anlaß eines aktuellen Jubiläums anzuknüpfen. So erhielt in der Skizze insbesondere der Hinweis auf den württembergischen Pietismus und seine Funktion für die Sozialisation des Dichters Kontur. Mieth schien also bereits in bezug auf die herangezogenen historischen Kontexte Wert darauf zu legen, keine neuen Kontroversen herbeizuführen und auf einen möglichen Konsens – nicht nur auf eine beziehungslose Koexistenz – von ‚bürgerlicher' und sozialistischer Hölderlin-Forschung hinzuarbeiten. Für einen solchen Konsens schuf er die Voraussetzung durch einen ideologisch befreiten Blick auf die historischen Daten: Neben der „Politisierung des öffentlichen Lebens" wird nun auch dem pietistischen Einfluß auf Hölderlins Denken Rechnung getragen. Zugleich wird bereits in der einleitenden Passage deutlich, daß es dem Redner nicht mehr um eine

---

863 Ebd.
864 Günter Mieth: Friedrich Hölderlin. Dichter einer revolutionären Übergangszeit. In: Weimarer Beiträge 35 (1989), H. 5, S. 773–780, hier S. 773.

unbezweifelbare politische Einordnung Hölderlins geht, sondern um die im engeren Sinne literaturwissenschaftliche Frage nach der „ideologisch-theoretische[n] und poetische[n] Verarbeitung" der historisch-politischen Ereignisse im Werk des Dichters: Die Hölderlin-Forschung wird von den historischen und politischen Fragestellungen zurückgeführt zu literaturwissenschaftlichen Problemen und Verfahren, die sich um die Bedeutung der erarbeiteten Kontexte im Werk zu bemühen haben.[865] Im weiteren Verlauf ergänzt Mieth die sozialhistorische durch eine geistesgeschichtliche Fragestellung, die Hölderlin nicht nur sozial-, sondern auch literarhistorisch situiert und ihn aus der isolierenden Sonderstellung als einsamer und unverstandener ‚Seher des Künftigen' oder als ‚erhaben-zeitloser Sänger' herauslöst: Nachdem die Namen Hegel, Schubart, Stäudlin, Schneider, Schiller, Bürger, Rousseau, Kant, Fichte und Schelling gefallen sind, faßt Mieth zusammen:

> Dieser historische Kontext ist unabdingbar, um wenigstens annähernd zu verstehen, in welch komplexes ideologisches Bedingungsgefüge der sich entwickelnde Dichter integriert war. Und er war in der Tat integriert: mit seinen Erwartungen, die er an den Revolutionskrieg band, mit seiner geistigen und persönlichen Verstrickung in die philosophiehistorische Entwicklung dieser Jahre und durch die ständige Konfrontation mit bereits vorliegenden literarischen Werken oder in Form von vielfältigen Begegnungen mit den „Großen" der Literatur: mit Herder, mit Schiller, mit Goethe.[866]

Diese auf differenzierende Einordnung gerichteten sozial-, geistes- und literaturgeschichtlichen Kontexte erschwerten eine ‚restlose', punktgenaue politische Einordnung Hölderlins. Deren Freiheitspathos war in der politisierenden Hölderlin-Forschung bis dahin beinahe ausnahmslos als unleugbarer Beleg für den Revolutionsenthusiasmus, zumindest des jungen Hölderlin, gewertet worden. Dagegen stellt Mieth klar, daß selbst diesen Texten nicht gerecht zu werden sei, wenn man sie allein in der Fokussierung auf das historische Ereignis der Revolution lese:

> Sein Revolutionsenthusiasmus artikulierte sich von vornherein in einer auf das ganze Universum bezogenen und die gesamte Geschichte der Menschheit im Blick habenden Hymnik. [...] So wird in der frühen Hymnik die Erwartung politischer und menschlicher Emanzipation ästhetisch überformt, um nicht zu sagen poetisch überfrachtet. Dies ist allerdings keineswegs mit einer Flucht in den ästhetischen Schein zu verwechseln.[867]

Auch hier scheint Mieth auf einen möglichen Konsens abzuzielen, der einerseits die Besonderheit einer ins Allgemeine gewendeten poetischen Rezeption der Ereignisse anerkennt, ohne sich dadurch jedoch von den politischen Implikaten zu verabschieden. Ganz in diesem Sinne fällt Mieths resümierendes Urteil aus. Es schloß mit einer unmißverständlichen Absage an das in den 1970er Jahren die Forschung der DDR dominierende Hölderlin-Bild:

---

865 Vgl. dazu die bereits erörterten, von Adolf Beck und Walter Müller-Seidel formulierten Aufgabenstellungen; vgl. unten, S. 180.
866 Mieth: Friedrich Hölderlin (wie Anm. 864), S. 774. Diese Einordnung Hölderlins erscheint als Ergebnis der nicht mehr ausschließlich auf Hölderlin bezogenen Forschungen Mieths in den 1980er Jahren. Er verweist in einer Anmerkung auf zwei Aufsätze, die sich mit Periodisierungsfragen der Literatur des ausgehenden 18. Jahrhunderts sowie mit den „Tangenten zwischen der Literaturwissenschaft und der historischen Kulturbeziehungsforschung" beschäftigen (S. 780, Anm. 2).
867 Ebd., S. 773 f.

Nicht zuletzt deshalb [i. e. wegen Hölderlins Tendenz, sich mit dem „Totaleindruck" zufrieden zu geben und auf alles bloß „Akzidentelle" zu verzichten] mußte auch jeder Versuch
scheitern, diesen Dichter auf eine politische Fraktion festzulegen oder *seine Poesie in einem
engen Verständnis politisch zu instrumentalisieren.* Gerade der hohe Abstraktionsgrad, in
dem das zeitgeschichtliche Geschehen in seinen Briefen erscheint und in Gedichten aufgehoben ist, wobei das Politische immer nur ein Moment darstellt, eröffnete der Rezeption
einen weiten Sinnhorizont und bot gar mit der heroisch-revolutionären Komponente seines
Ideals Möglichkeiten zu konträren Verständnisweisen: zur reaktionären Sinnentstellung
seiner Auffassung von Krieg und Opfer einerseits oder zur einseitigen Herausfilterung der
,jakobinischen' Gehalte andererseits. [...] Sollte ein literaturhistorischer Begriff vonnö-
ten sein, der Hölderlins Einzigartigkeit in ein welthistorisches Bezugsfeld einordnet, dann
bliebe vielleicht der Terminus revolutionärer Klassizismus übrig.
[...] Sein Verständnis des von ihm zunächst erwarteten, dann nur mehr erhofften oder
künftig ersehnten historischen Übergangs ist weitaus komplexer und greift nicht nur über
die politischen Verhältnisse hinaus, sondern transzendiert wohl jedwede real mögliche
gesellschaftliche Existenzform.[868]

Mieths Vortrag wurde nicht zuletzt deshalb so ausführlich zitiert, weil er eine mögliche
Zusammenführung nahezu sämtlicher Aspekte der Auseinandersetzung der Hölderlin-
Forschung beider deutscher Staaten mit der Bertaux-These enthält und ihre Integration zu
einem Bild unter dem neu eingeführten Begriff des „revolutionäre[n] Klassizismus" unternimmt. Dieser Begriff war gewissermaßen auf breiter Basis konsensfähig, von Ryans poe-
tischem Republikanismus-Begriff bis hin zu Thalheims Erbe-Konzeption. Jede Position
konnte sich in ihm wiederfinden, ohne indes als einzig mögliche ausgewiesen zu werden.[869]
    Daran ist abzulesen, wie am Ende der 1980er Jahre im Anschluß an die Bertaux-De-
batte und auf der Grundlage eines Konsenses über die Notwendigkeit einer historischen
Einordnung des ,Einzigartigen', des Individuellen schlechthin, ein vergleichsweise einheit-
liches, aber nicht einseitig bzw. gewaltsam ,vereindeutigendes' Hölderlin-Bild möglich geworden ist. In diesem Sinne läßt sich die nach Bertaux geführte Debatte als Beginn eines
historisierten Hölderlin-Verständnisses bezeichnen, das zunächst zu unterschiedlichsten
Irritationen über die Anwendung der neuen Perspektive führte. Durch die Aufarbeitung der
komplexen historischen Zusammenhänge differenzierte sich indes ein neues, diese Komplexität nicht einseitig reduzierendes Verständnis aus. Die Literaturwissenschaft sowohl
der (,ehemaligen') Deutschen Demokratischen Republik als auch der (,ehemaligen') Bundesrepublik Deutschland konnten gleichermaßen ,legitimen' Anspruch auf die Geltung des
,neuen Hölderlin' erheben – und von ihm profitieren.

---

868 Ebd., S. 776 f. und 779 (Hervorhebung M. S.)
869 Wenngleich der terminologische Konnex von ,Revolution' und ,Klassizismus' seinen Ursprung in
     der erweiterten Erbe-Konzeption kaum verbergen konnte bzw. sollte.

Dritter Teil:

Interviews

C'est tout l'art de l'interview, si vous voulez que les autres vous parlent, il faut leur parler, il faut créer un petit marché, un échange de nouvelles, dire vous-même ce que vous savez, et l'autre veut surenchérir.

Hédi Kaddour, Savoir-vivre

3.1 Aufklärungsforschung

Hans-Dietrich Dahnke

HANS-DIETRICH DAHNKE (* 1929), 1948 Studium der Germanistik und Kunstgeschichte in Greifswald und an der Humboldt-Universität zu Berlin, 1952 Diplomabschluß, Wissenschaftlicher Assistent, 1954 Wissenschaftlicher Aspirant (A) und Lehrbeauftragter an der Humboldt-Universität, 1956 Promotion, Wissenschaftlicher Aspirant (B) und Lehrbeauftragter, 1959 Dozent und Leiter der Deutsch-Abteilung am Institut für Fremdsprachen der Universität Bagdad, 1962 Dozent am Germanistischen Institut der Humboldt-Universität, 1966 Habilitation und Professor für Neuere deutsche Literatur an der Humboldt-Universität zu Berlin.

1978 bis 1991 Direktor des Instituts für klassische deutsche Literatur an den Nationalen Forschungs- und Gedenkstätten der klassischen deutschen Literatur (NFG) in Weimar, 1991 Wissenschaftlicher Mitarbeiter an den NFG (seit 1992 Klassik-Stiftung Weimar), 1994 Ruhestand.

Weimarer Klassik und Romantik waren die bevorzugten Forschungsgebiete von HANS-DIETRICH DAHNKE, der im übergreifenden Zusammenhang der ‚Goethezeit‘ (1770–1830) auch die dorthin führenden literarischen Entwicklungen im 18. Jahrhundert und die alternativen Konstellationen zur ‚ästhetischen Erziehung‘ (wie den Jakobinismus) im Blick hatte. Zudem verfolgte er aufmerksam die fachgeschichtlichen Entwicklungen der Germanistik unter den kulturpolitischen Bedingungen der DDR.

Das Interview wurde am 16. September 1994 in Weimar geführt.

Michael Schlott: Herr Dahnke, können Sie den Beginn der germanistischen Aufklärungsforschung in der DDR datieren? Welche Berührungspunkte beziehungsweise Anschlußmöglichkeiten bestanden (a) zur Geschichtswissenschaft und (b) zu literaturwissenschaftlichen Nachbardisziplinen, etwa zur Romanistik oder zur Anglistik? Vielleicht können Sie Protagonisten nennen, die wichtigsten Akteure, auch eine grobe Phaseneinteilung geben?

Hans-Dietrich Dahnke: Der Beginn ist, aufs Ganze und Grundsätzliche gesehen, früh anzusetzen. Eine marxistisch orientierte Literaturwissenschaft ist ohne eine literarhistorische Schwerpunktbildung für das Aufklärungsjahrhundert, wie immer es im einzelnen betrachtet und gewertet wird, letztlich nicht vorstellbar. Insofern war auch die Entwicklung von literaturgeschichtlicher Arbeit in der DDR von Anfang an mit auf Aufklärung gerichtet, und Aufklärung nahm einen wichtigen Platz im Bild von Geschichte und Literaturgeschichte ein. Richtig verstehen läßt sich das wohl nur im Kontext der Grundintentionen wie der damals aktuellen Fragen von Bewußtseinsbildung.

Der Marxismus in seiner damaligen historischen Ausprägung – diese Einschränkung ist generell wichtig: durch nichts ist der Marxismus so korrumpiert und ruiniert worden wie durch die Nichtanwendung des historischen Prinzips auf sich selbst – begriff die Geschichte der Neuzeit, durchaus in aufklärerischem Denken wurzelnd und sich selbst bewußt in diesen Zusammenhang stellend, als wichtige Stufe im umfassenden Prozeß der Emanzipation der Menschheit. Diese Vorstellung stieß sich übrigens nicht an dem Faktum, daß das Bild von Geschichte von Grund auf europa-, ja westeuropazentriert war. Wie immer auch Möglichkeiten widersprüchlicher und retrograder Entwicklung eingerechnet wurden, dieser Emanzipationsprozeß galt in seiner Gänze als unaufhaltsam, weil nämlich mit historischer Notwendigkeit, in Erfüllung geschichtlicher Gesetzmäßigkeit sich vollziehend. Die europäische Neuzeit stand im Zeichen des Aufbruchs der bürgerlichen Klasse zu ihrer eigenen Befreiung und Vollentfaltung, wobei sie in ihrer vorrevolutionären Phase von der Vorstellung getragen war, mit ihrer eigenen Befreiung die der ganzen Menschheit zu vollziehen, während die nachrevolutionäre Wirklichkeit diese Vorstellung als heroische Illusion, als Selbsttäuschung beziehungsweise auch als Camouflage enthüllte. Nach dem Überschreiten der geschichtlichen Schwelle zwischen vorrevolutionärer und nachrevolutionärer Entwicklung schlug die Stunde der Arbeiterbewegung, die – gestützt auf die wissenschaftliche Theorie des Marxismus und insofern in Übereinstimmung mit der Gesetzmäßigkeit der Geschichte – ihre Berufung erfüllt und die Menschheit zum Kommunismus führt. Das etwa war der grundsätzliche Rahmen marxistischen Denkens.

Nach der Niederwerfung des faschistischen Deutschlands erhielt dieses Geschichtskonzept, in dem also Aufklärung eine zentrale Rolle spielte, eine besondere Bedeutung, insofern es in einem ganz entscheidenden Maße bei der Korrektur der spezifischen deutschen Fehlentwicklung mitwirken sollte. Denn das Ausbleiben einer konsequenten revolutionären Umwälzung sowohl unter bürgerlichen als auch unter proletarischen Auspizien, das Fehlschlagen der nationalen Einigung beziehungsweise die nicht gebrochene Vorherrschaft reaktionärer anti-emanzipatorischer Kräfte und Entwicklungsvarianten hatten in Deutschland den Irrweg einer Nation – so der Titel eines Buches von Abusch – heraufbeschworen.[1] Diese Entwicklung galt es umzukehren, und dabei war Aufklärung eine generelle Aufgabe ebenso wie eine wichtige geschichtliche Traditionslinie und Leitinstanz. Dabei ist noch folgendes als konkrete Voraussetzung zu berücksichtigen: Angesichts der schwierigen realen Ausgangsbedingungen – dazu gehörten ein geringes Potential an Kadern, Mangel an jederlei infrastrukturellen Voraussetzungen, Beanspruchung der wenigen Kräfte und materiellen Möglichkeiten durch ganz andere praktische, lebensnotwendige Aufgaben – bekamen die quantitativ relativ geringen Vorleistungen für die marxistische Aufarbeitung der Traditionslinien aufklärerisch-emanzipatorischen Denkens und Wirkens eine besondere Gewichtigkeit und Dominanz: Marx, Engels, Mehring, Lukács sind die Hauptnamen in diesem Kontext.

---

1   Alexander Abusch: Der Irrweg einer Nation. Ein Beitrag zum Verständnis deutscher Geschichte [Mexico 1945]. Berlin 1946, 8., neu durchges. und erw. Aufl. mit Nachworten des Autors von 1949 und 1960. Berlin 1960. In den frühen Jahren der DDR hat die Debatte um die ,deutsche Misere' eine wichtige Rolle gespielt; vgl. dazu das *Jahrbuch zur Literatur in der DDR* (Bd. 2) mit „Die deutsche Misere einst und jetzt. Die deutsche Misere als Thema der Gegenwartsliteratur. Das Preußensyndrom in der Literatur der DDR". Hrsg. von Paul Gerhard Klussmann und Heinrich Mohr. Bonn 1982.

Für die Sicht auf die germanistische Aufklärungsforschung ist noch eine Spezifikation wichtig. Das ideologisch bestimmte Interesse für Aufklärung rückte diese mit ins Zentrum allgemeiner historischer Orientierung. Das galt jedoch nicht in gleicher Weise in Hinsicht auf aufklärerische Literaturkonzepte und Poesie-Programmatik. Bereits bei Mehring, der in ästhetischen Fragen stark von klassischen Positionen beeinflußt war, wurde das deutlich; in vollem Ausmaß zeigte es sich bei Lukács, der durch seine normative Ausrichtung auf klassisch- und kritisch-realistische Konzepte, Methoden und Schaffenspraktiken für die im engeren Sinne aufklärerische Literatur des 18. Jahrhunderts in Deutschland wenig übrig hatte. Und insofern Lukács, wie immer seine Rezeption sonst in der DDR verlaufen sein mag, eine breite und tiefe ästhetisch-theoretische wie literaturgeschichtliche Wirkung hatte, prägte er auch die dann in der DDR einsetzende Literaturgeschichtsarbeit, während die Mehring'sche Tradition – man denke an die Lessing-Legende[2] – entschieden weniger zum Zuge kam: Rilla, der dafür am ehesten prädestiniert gewesen wäre, starb bereits früh und hatte auch nicht solche dominanten Arbeiten vorgelegt wie Lukács, dessen Arbeitserträge aus der Emigrationszeit in Moskau umfangreicher waren und bald Zug um Zug publizistisch erschlossen wurden. In dieser Hinsicht ist die Geschichte des Aufbau-Verlags meines Erachtens längst nicht annähernd aufgearbeitet.

Bei alledem ist noch zu bedenken, daß die Entwicklung und Etablierung marxistischer Forschungspotentiale unter den gegebenen Bedingungen trotz mancher positiver Voraussetzungen ihre Zeit brauchte. Von heute aus stellt man mit Erstaunen fest, wie zielstrebig diese Aufgabe in Angriff genommen wurde, wie bald Entwicklungskerne geformt und institutionalisiert wurden. In dieser Hinsicht standen meines Erachtens insbesondere die Universitäten in Berlin und Leipzig im Zentrum der Bemühungen. Schon in den frühen 1950er Jahren zeichneten sich klare Entwicklungen ab.

In der germanistischen Aufklärungsforschung ist allerdings keine gleichmäßige Entwicklung zu verzeichnen. Das hing eben von den jeweils zur Verfügung stehenden Kräften und ihren Intentionen ab. An der Humboldt-Universität, deren Germanistik nach der Gegengründung der Freien Universität in Westberlin schwach besetzt war und vor allem im literaturwissenschaftlichen Bereich keine attraktiven Lehrkräfte aufzuweisen hatte, ergaben sich dadurch gute Chancen für marxistisch orientierte Nachwuchswissenschaftler, die mit dem Beginn der 1950er Jahre in die Lücken eintraten.[3] Dabei kamen vorzugsweise jüngere

---

2   Franz Mehring: Die Lessing-Legende. Zur Geschichte und Kritik des preußischen Despotismus. Berlin 1893; Neudruck Berlin 1953.

3   Vgl. zur Germanistik an der Humboldt-Universität in den ersten Jahrzehnten nach 1945 u. a.: Materialien zur Geschichte der marxistischen germanistischen Literaturwissenschaft in der DDR. Gespräch mit Hans-Günther Thalheim. In: Zeitschrift für Germanistik 3 (1982), H. 3, S. 261–277; Petra Boden: Universitätsgermanistik in der SBZ/DDR. Personalpolitik und struktureller Wandel 1945–1958. In: Deutsche Literaturwissenschaft 1945–1965. Fallstudien zu Institutionen, Diskursen, Personen. Hrsg. von P. B. und Rainer Rosenberg. Berlin 1997, S. 119–149; Rainer Rosenberg: Zur Begründung der marxistischen Literaturwissenschaft in der DDR. In: Deutsche Literaturwissenschaft 1945–1965, S. 203–240; Jens Saadhoff: Germanistik in der DDR. Literaturwissenschaft zwischen „gesellschaftlichem Auftrag" und disziplinärer Eigenlogik. Heidelberg 2007; Holger Dainat: Germanistische und klassische Philologien seit 1945. In: Geschichte der Universität Unter den Linden 1810–2010. Hrsg. von Heinz-Elmar Tenorth. Bd. 6: Selbstbehauptung einer Vision. Berlin 2010, S. 441–460.

Wissenschaftler aus dem Scholz-Kreis zum Zuge.[4] Durch diese Herkunft literaturgeschichtlich insbesondere auf Klassik, noch mehr aber auf den Sturm und Drang ausgerichtet, der in ästhetisch-poetischer Hinsicht in starkem Maße als aufklärungskritisch, als innovativ die mit Aufklärung verbundene Moraldidaktik überwindend interpretiert wurde, standen sie der Aufklärungsliteratur im eigentlichen Sinne ziemlich distanziert gegenüber. Hinzu kam, daß sich in Berlin keine Impulse beziehungsweise Bündnismöglichkeiten in Hinsicht auf Geschichtswissenschaft und literaturwissenschaftliche Nachbardisziplinen ergaben. Das eben war anders in Leipzig,[5] wo – bei Fortwirkung von Korff – eine Gruppe marxistisch profilierter Wissenschaftler sehr aktiv wurde, die eine ausgesprochen starke Neigung zur Aufklärung hatte und entsprechende wissenschaftliche Entwicklungen prägten: Hans Mayer im Bereich der – keineswegs nur auf Germanistik beschränkten – Literaturwissenschaft, Bloch im Bereich der Philosophie, Markov in der Geschichte und – last not least – Krauss in der Romanistik.[6] Diese Ballung wirkte dann auch kräftiger in die Germanistik hinein, obwohl wesentliche Arbeiten auf literaturwissenschaftlichem Gebiet vor allem im romanistischen Bereich geleistet wurden, was wiederum darin begründet liegt, daß die französische Aufklärung eine entschiedene Präferenz gegenüber der deutschen genoß. Im übrigen hat sich im Bereich der Anglistik selbst in späteren Jahren nichts Vergleichbares gezeigt; das hing eben von den Personen ab und möglicherweise auch davon, daß die englische Aufklärung mit ihrer Prägung durch den großen Klassenkompromiß im Vergleich zur revolutionären Disposition der französischen Aufklärung weniger Interesse weckte.

Zu erwähnen ist noch, daß sich etwas später an der Hallenser Universität ein Zentrum germanistischer Aufklärungsforschung herausbildete. Ich kann nicht sagen, welche Rolle hierbei Ferdinand Josef Schneider als ein bekannter in Halle lehrender Aufklärungsforscher früherer Jahre und dann Ernst Hadermann, der von der Pädagogischen Hochschule Potsdam nach Halle wechselte, gespielt haben, doch waren später mit Thomas Höhle, dem Mehring-Editor,[7] Hans-Georg Werner und Günter Hartung Germanisten in Halle tätig, die in vielfacher Hinsicht in der Aufklärungsforschung tätig geworden sind. Nicht zufällig wurden in den 1970er und 1980er Jahren wichtige Konferenzen zu führenden Autoren der deutschen Aufklärung wie etwa Klopstock und Lessing in Halle durchgeführt.[8]

---

4   Siehe dazu II, 2.1.2, S. 49, Anm. 139, sowie die Interviews mit Martin Fontius (S. 255–270, hier S. 257), Peter Müller (S. 359–375, hier S. 359–365), Claus Träger (S. 315–332 hier S. 315) und Peter Weber (S. 426–455, hier S. 428 f., 432–436).

5   Vgl. zur Germanistik an der Universität Leipzig in den ersten Jahrzehnten nach 1945 u. a.: Geschichte der Universität Leipzig 1409–2009. Bd. 3: Das zwanzigste Jahrhundert 1909–2009. Hrsg. von Ulrich von Hehl u. a. Leipzig 2010, S. 227–232; Anna Lux: Die Leipziger Germanistik von der Novemberrevolution bis zur frühen DDR im Vergleich mit den Germanistischen Instituten in Berlin und Jena. Phil. Diss. Leipzig 2010.

6   Siehe dazu die Interviews mit Martin Fontius (S. 255–270, hier S. 255–257) und Claus Träger (S. 315–332, hier S. 315 f., 319–321).

7   Höhle wurde 1955 an der Universität Leipzig promoviert mit einer Dissertation zu Franz Mehring – Thomas Höhle: Franz Mehring. Vom bürgerlichen Demokraten zum proletarischen Revolutionär. Phil. Diss. Leipzig 1955; publiziert als: Franz Mehring: Sein Weg zum Marxismus 1869–1891. Berlin 1956. Höhle wurde dann gemeinsam mit Hans Koch und Josef Schleifstein Herausgeber der *Gesammelten Schriften* Mehrings – Franz Mehring: Gesammelte Schriften. Hrsg. von Thomas Höhle u. a. Berlin 1960–1968.

8   Die Klopstock-Konferenz fand im Juli 1974, die Lessing-Konferenz im Mai 1979 statt; die wich-

Michael Schlott: Wie war es mit der Geschichtswissenschaft?

Hans-Dietrich Dahnke: Auch die Geschichtswissenschaften hatten ihre schwierigen Anlaufphasen zu durchlaufen; da gibt es keinen großen Unterschied zur Literaturwissenschaft zu konstatieren. Wo es markante Köpfe gab, wie Markov in Leipzig, für den im Zusammenhang mit seinen Forschungen zur Französischen Revolution die Aufklärung eine große Rolle spielte, gab es auch Impulse und Wirkungen. In Berlin war in dieser Hinsicht nichts los. Davon unabhängig war die Ausrichtung der Literaturgeschichtsforschung auf geschichtliche Sachverhalte – und insofern auf den spezifischen Gegenstand der Geschichtswissenschaft – eminent groß.

Michael Schlott: Hat Heinrich Scheel damals bereits zum Jakobinismus geforscht?[9]

Hans-Dietrich Dahnke: Meines Erachtens war Scheel in den frühen Jahren noch nicht präsent. Er kam wohl erst zu Anfang der 1960er Jahre ins Blickfeld. Auf alle Fälle müßte Berücksichtigung finden, daß die Jakobinerforschung bei aller politischen Bedeutung und Wertschätzung, die ihr zugesprochen wurde, über längere Zeit doch zunächst nur mehr eine Nebenrolle gespielt hat. Immerhin hat sich im literaturwissenschaftlichen Bereich aus dem Scholz-Kreis Hedwig Voegt schon früh diesem Gegenstand zugewendet.[10] Richtig en vogue kam diese Forschungsrichtung aber erst in späteren Jahren, vielleicht in den 1970ern.

Michael Schlott: Parallel zu den Bewegungen in der BRD?

Hans-Dietrich Dahnke: Ich denke schon, daß es hier Berührungspunkte gegeben hat. Aber ich bin nicht kompetent genug, darüber zu sprechen. Über solche Wechselbeziehungen wäre meines Erachtens noch nachzudenken.

Michael Schlott: Trifft es zu, daß die Universitäten in der DDR bis etwa 1969/70 über relativ autonome Strukturen verfügten, das heißt also, daß erst nach den Prager Geschehnissen der staatliche Zugriff auf den Wissenschaftsbetrieb einsetzte?[11]

Hans-Dietrich Dahnke: In dieser Absolutheit könnte ich das nicht bestätigen; ich meine eher, daß die Aussage anfechtbar, weil vereinfachend, monolinear ist. Welche wichtigen Zäsuren auch immer am Ende der 1960er Jahre – und das heißt: im Zusammenhang mit der Entwicklung in der damaligen ČSSR – zu verzeichnen sind, sieht doch die Festsetzung eines solchen Umschlagpunktes viel zu sehr von den komplexen Entwicklungsprozessen, von den objektiven Voraussetzungen und subjektiven Intentionen wie ihrem Zusammen-

tigsten Vorträge und Konferenzberichte sind gedruckt in: Weimarer Beiträge 20 (1974), H. 11: Hans-Georg Werner: Klopstock und sein Dichterberuf (S. 5–38); Günter Hartung: Wirkungen Klopstocks im 19. und 20. Jahrhundert (S. 39–64); Klaus-Dieter Hähnel: Wissenschaftliche Konferenz zu Ehren des 250. Geburtstages von Friedrich Gottlieb Klopstock (S. 166–172); Weimarer Beiträge 25 (1979), H. 11: Wolfgang Heise: Lessings „Ernst und Falk" (S. 5–20); Rolf Rohmer: Lessing und das europäische Theater (S. 21–38); Volker Riedel: Lessings „Philotas" (S. 61–88); Weimarer Beiträge 26 (1980), H. 3: Heinz Härtl: Lessing-Konferenz in Halle 1979 (S. 154–162).

 9   Siehe dazu das Interview mit Heinrich Scheel, S. 665–691.

10   Hedwig Voegt: Die deutsche jakobinische Literatur und Publizistik 1789–1800. Berlin 1955.

11   Diese standardisierte Frage geht zurück auf eine Aussage von Martin Fontius: „In den Anfangs-
     jahren verfügten die Universitäten in der DDR noch über relativ autonome Strukturen, erst später
     sind die aufgehoben worden"; siehe dazu dazu das Interview mit Martin Fontius (S. 255–270, hier
     S. 257) sowie II, 2.1.2, S. 51 f., Anm. 148.

und Widerspiel ab. Im übrigen müßte man sich über das, was Autonomie in diesem Konnex beinhaltet, im einzelnen einig werden. Ich denke, daß es einen autonomen Status wissenschaftlicher Institutionen und Personen wie ihrer Bestrebungen und Arbeiten zunächst
noch tatsächlich in dem Maße gegeben hat, wie die Partei und die für ihre Ziele und Programme arbeitenden Institutionen, Gruppen und Personen noch nicht über die Kraft verfügten, das wissenschaftliche Leben und Arbeiten nach ihren Vorstellungen zu prägen und
ihrem Einfluß zu unterwerfen. Das hat natürlich die politischen Linienführungen wie die
institutionellen Strukturen in hohem Maße bestimmt. Darüber hinaus ist zu berücksichtigen, daß es unabhängig von allen Vereinheitlichungsbestrebungen wie -zwängen, unabhängig auch von aller Einheitsrhetorik immer auch unterschiedliche Auffassungen unter denen
gab, die im Sinne der Partei tätig waren.

Die SED hat von Anfang an ganz bewußt und zielstrebig am Ausbau ihrer Positionen an den Universitäten und Hochschulen gearbeitet. Vorstellungen von Autonomie lagen
nicht in ihrem Sinne, waren sogar unvereinbar mit ihrem Wollen; vorübergehende Duldung autonomer oder relativ autonomer Formen und Strukturen ergab sich als unvermeid-
bare politische Notwendigkeit, wobei immer die Neigung zur Ungeduld hineinspielte und
schwere politische Fehler heraufbeschwor. Nach Lage der Dinge kann kein Zweifel daran
bestehen, daß das Wollen der Partei-Instanzen darauf hinauslief, auch in dem – für sehr
wichtig erachteten – Bereich der Wissenschaft die Macht in die Hände zu bekommen, das
wissenschaftliche Leben im Sinne des (wie immer aufgefaßten) Marxismus zu gestalten
und auf diese Weise der Realisierung des Gesamtziels dienstbar zu machen.

So sind also in Berlin und Leipzig, an den größten Universitäten der DDR, Kerne
marxistischer Wissenschaftsarbeit gebildet worden. Auf unterschiedliche Weise wiederum:
In Leipzig konnten erfahrene und profilierte marxistische Wissenschaftler, die neben bekannten bürgerlichen Wissenschaftlern wie etwa Frings und Korff wirkten, Anhänger und
Schüler gewinnen und auf diese Weise die bürgerliche Wissenschaft Zug um Zug zurück-
drängen. In Berlin wurde, wie schon gesagt, aus Mangel an solchen erfahrenen und pro-
filierten Kräften der Weg von „unten", also über Nachwuchskader beschritten. Sie kamen
vornehmlich aus dem Kreis, den Gerhard Scholz seit seiner Ernennung zum Direktor des
Goethe- und Schiller-Archivs 1949 aus jungen Nachwuchsleuten, die zum größten Teil
noch nicht einmal ein Abschlußexamen hatten, um sich geschart hatte; Scholz selbst hat
erst einige Zeit später, wenn ich mich recht erinnere, in den 1960er Jahren, eine Professur
an der Humboldt-Universität bekommen und lehrend gewirkt, im übrigen weniger unter
Studenten als in der Betreuung des wissenschaftlichen Nachwuchses zwar war bereits mindestens seit 1950 mit Alfred Kantorowicz ein Marxist und Parteimitglied als Professor am
Germanischen Seminar installiert, doch war er weniger Wissenschaftler als Publizist. Nach
seiner Flucht in den Westen im Herbst 1956 übernahm dann mit Hans-Günther Thalheim
ein Angehöriger des Weimarer Scholz-Kreises, der zeitweilig auch bereits als Referent
für Germanistik im Staatssekretariat für das Hoch- und Fachschulwesen in einer wichtigen wissenschaftspolitischen Funktion gewirkt hatte, das Direktorat des Germanistischen
Instituts der Humboldt-Universität. Die Entwicklung des Instituts nach diesem Wechsel
zeigt an, in welchem Maße der Einfluß der Partei zunahm. Als Beispiel verweise ich auf die
1958 durchgeführte Konferenz, die der Abrechnung mit Lukács und Mayer in mehr oder
minder direktem Zusammenhang mit den ungarischen Ereignissen von 1956 diente. Die
wichtigsten Referate sind 1958 in einem Sonderheft der *Weimarer Beiträge* veröffentlicht

worden.[12] Eröffnet worden war die Diskussion bereits in Hans-Günther Thalheims Aufsatz „Kritische Bemerkungen zu den Literaturauffassungen Georg Lukács' und Hans Mayers. Zur Frage der Unterschätzung der Rolle der Volksmassen in der Literatur".[13]

Die Aufhebung der Autonomie wissenschaftlicher Institutionen und Arbeiten darf man sich übrigens nicht so vorstellen, als seien gewissermaßen Politkommissare an der Spitze von Universitäten und ihrer Fakultäten und Institute eingesetzt und tätig gewesen. Es waren vielmehr Wissenschaftler, die in enger Verbindung mit der Partei beziehungsweise in enger Bindung an die Partei deren Maßgaben erfüllten. Und es versteht sich, daß von diesem subjektiven Faktor, von der Profilierung und Fähigkeit, von der Ausstrahlungskraft und dem Durchsetzungsvermögen dieser Wissenschaftler, enorm viel abhing.

Im Gegensatz zu den herkömmlichen und offenbar jetzt noch geltenden Formen akademischer Lehre im Westen Deutschlands wurden bereits in frühen Jahren Rahmenstudienpläne entwickelt und mit staatlicher Autorität vorgegeben; durch sie wurde die Ausbildung geregelt. In diesem Sinne war dann bereits seit der 2. Hochschulreform von 1951[14] die Autonomie der einzelnen Institutionen und Personen nicht zu erkennen. Ich kann hier von eigenen Erfahrungen sprechen: Nach dem im Sommer 1952 erfolgten Abschluß meines vierjährigen Studiums wurde ich, da keine andere Lehrkraft verfügbar war, als junger Assistent mit einer im Rahmen eines solchen Studienprogramms festgelegten Hauptvorlesung zur Geschichte der deutschen Literatur von 1815 bis 1830 beauftragt. Vorgegeben waren bestimmte Themen und Gegenstände, aber auszufüllen war der Rahmen nach meinem eigenen Ermessen; auch die Einflußnahme erfahrener Hochschullehrer war denkbar gering. Es war selbstverständlich eine riesige Chance, aber zugleich eine Aufgabe, der ich noch in keiner Weise gewachsen war, wenn man an die Themen und Gegenstände denkt, die zu behandeln waren. Ob das vorgegebene Ausbildungsprogramm allenthalben in voller Konsequenz abgearbeitet worden ist, kann ich nicht sagen. Im übrigen gab es für Spezialvorlesungen und Seminare keine vergleichbaren Festlegungen – das gilt mindestens bis zur 3. Hochschulreform vom Ende der 1960er Jahre,[15] und auch danach gab es Möglichkeiten spezieller, auch individueller Themenstellung für bestimmte Seminartypen. An der Modifizierung solcher Ausbildungsprogramme ist, das sei angemerkt, stetig gearbeitet

---

12 Zu Problemen des sozialistischen Realismus in Deutschland. Konferenz des Germanistischen Instituts der Humboldt-Universität zu Berlin, 9. und 10. Mai 1958 – vgl. Weimarer Beiträge 4 (1958), Sonderheft. Siehe dort u. a. Inge Diersen: Zu Georg Lukács' Konzeption der deutschen Literatur im Zeitalter des Imperialismus (S. 18–25); Wolfgang Heise: Zur ideologisch-theoretischen Konzeption von Georg Lukács (S. 26–41); Hans Kaufmann: Bemerkungen über Realismus und Weltanschauung (S. 42–50).

13 Weimarer Beiträge 4 (1958), H. 2, S. 138–171.

14 Die 2. Hochschulreform (1951) hatte „die Durchsetzung des Marxismus-Leninismus sowie die systematische Planung und Zentralisierung auf den Gebieten der Forschung und Lehre" zum Ziel; dementsprechend wurden ab 1. September 1951 „das Zehn-Monate-Studienjahr, das obligatorische gesellschaftswissenschaftliche Grundstudium und ein Praktikum für alle Fachrichtungen eingeführt"; vgl. Deutsche Geschichte in Daten. Hrsg. vom Institut für Geschichte der Deutschen Akademie der Wissenschaften zu Berlin. Berlin 1967, S. 884.

15 Die 3. Hochschulreform fand in den Jahren 1965 bis 1968 statt; vgl. Hubert Laitko: Umstrukturierung statt Neugründung. Die dritte Hochschulreform der DDR. In: Berichte zur Wissenschaftsgeschichte 21 (1998), H. 2/3, S. 143–158.

worden. Es gab Fachkommissionen, in denen im Auftrag des Hochschul- wie des Volks-bildungsministeriums und unter Mitwirkung von deren Vertretern Ziele und Probleme be-raten und Empfehlungen für die Entscheidungen der staatlichen Instanzen ausgearbeitet wurden.

Das Autonomie-Problem sollte auch noch unter einem anderen Aspekt bedacht wer-den. Die gezielte und systematische Verdrängung der bürgerlichen Wissenschaft wurde mit dem Wahrheitsanspruch der marxistischen Lehre begründet. Dieser Wahrheitsanspruch hatte in den frühen Jahren der DDR, als Stalin noch lebte und stalinistische Konzepte in der Theorie wie in der Praxis marxistischer Wissenschaft uneingeschränkt dominierten, eine entsprechend dogmatische und intolerante Konsequenz. Das Noch-Nebeneinander mit bürgerlicher Wissenschaft und bürgerlichen Wissenschaftlern mitsamt der Bereitschaft zur Kooperation im Rahmen eines Bündnisses auf der Basis humanistischer und antifaschi-stisch-demokratischer Gemeinsamkeiten schloß eine bei aller Traditionsschwäche (und insofern auch Quellen- und Traditionsarmut) hochgemute Selbstsicherheit, ein Überlegen-heitsbewußtsein auf Seiten der marxistischen Konkurrenten nicht aus. Ebenso warf dieser dem marxistischen Konzept innewohnende Anspruch auf Wahrheit und also Überlegen-heit dann aber auch seinen Schatten auf das Neben- und Miteinander unterschiedlicher Auffassungen, die sich selbst als marxistisch begriffen. Damals galt, daß es nur eine ge-schichtliche Wahrheit geben könne, die marxistische nämlich. In einem solchen Konzept lag freilich nur zu sehr von Anfang an die fatale Konsequenz zum Anspruch auf Absolut-heit und Endgültigkeit enthalten. Und unter stalinistischen Vorzeichen hieß das zugleich, daß „nicht-marxistisch", was immer das sein und wie subjektiv-bedingt die Ausdeutung erfolgen mochte, sehr schnell „anti-marxistisch" heißen konnte. Eher noch war die – zeit-weilige – Duldung ‚bürgerlicher', also per se irriger und überholter Auffassungen möglich als die Akzeptierung von Konzepten, die sich als marxistisch verstanden, aber mit der vor-herrschenden offiziell-marxistischen und aktuell-politischen Linie nicht vereinbar waren. Ich erinnere mich an kontroverse interne und öffentliche Debatten zwischen Berliner und Leipziger Germanisten, also zwischen Scholz- und Mayer-Schule. In den 1950er Jahren führte die Rivalität immerhin zur produktiven Konkurrenz in Publikationen, beispiels-weise kamen zwei wichtige wissenschaftliche Buchreihen in Gang,[16] was der Entwicklung des Niveaus in der marxistischen Literaturwissenschaft selbstverständlich förderlich war. Zum Ende der 1950er Jahre nahm die Konkurrenz schon ungute Formen an. Die bereits erwähnte Konferenz in Berlin[17] diente nicht nur zur Distanzierung von dem politisch ge-ächteten Georg Lukács, sondern auch zur scharfen Attacke auf Hans Mayer, dem im Kern bürgerlicher Liberalismus in seinem Konzept wie in seiner Praxis vorgeworfen wurde – das

---

16 Ab 1954 erschienen die *Neuen Beiträge zur Literaturwissenschaft*, hrsg. von Werner Krauss und Hans Mayer; ab 1959 die *Germanistischen Studien*, hrsg. von Hans Kaufmann und Hans-Günther Thalheim (dazu trat nach wenigen Jahren Gerhard Scholz). Eine weitere Buchreihe existierte be-reits ab 1955: *Beiträge zur deutschen Klassik*, hrsg. von den Nationalen Forschungs- und Gedenk-stätten der klassischen deutschen Literatur in Weimar. Ursprünglich war dies der Ort, in dem auch die Arbeiten der Scholz-Schule erschienen; indessen beruhte die Begründung der *Germa-nistischen Studien* neben dem Bestreben, das thematische Spektrum über die ‚Klassik' hinaus zu erweitern, auch darauf, daß die Beziehungen zwischen Holtzhauer und Scholz bzw. dessen Schule angespannt waren.

17 Vgl. Anm. 12.

hieß aus der Sicht der Kritiker eindeutig, daß Mayer aus dem Kreis marxistischer Wissenschaftler ausgeschlossen wurde. In einer in den – damals von Vertretern der Scholz-Schule
beherrschten – *Weimarer Beiträgen* begonnenen, aber bald wieder abgebrochenen Debatte
versuchten Leipziger Germanisten, hinter dem unverletzbar machenden Schutzschild der
Sowjetwissenschaft – den Angriff führte Konstantin Roshnowski,[18] der zeitweilig in Leipzig arbeitete – in die Offensive zu kommen. Anfang der 1960er Jahre, als die Position
der Leipziger durch die Angriffe auf Hans Mayer und vollends dann nach dessen Flucht
schwach geworden war, gab es mündliche Debatten. Immerhin endete das alles nicht mit
irgendwelchen Siegen und Niederlagen, aber immer noch schwebte über dem allen die Voraussetzung einer monolithischen und unteilbaren marxistischen Wahrheit. Im Vergleich
mit diesem frühen Stand der Dinge konnte sich in späteren Jahren – bei aller praktischen
Einschränkung, die das oftmals zu erleiden hatte – eine Tendenz durchsetzen, die innerhalb der marxistischen Wissenschaft unterschiedliche Konzepte, Methoden, Praktiken und
Ergebnisse zuließ. Die Möglichkeit freilich, solche Unterschiede nicht nur zu vertreten,
sondern auch ‚öffentlich‘ – was wiederum zu differenzieren ist – zur Geltung zu bringen,
hing immer wieder auch von dem Maß ab, in dem die Gegenstände Fragen und Probleme
der aktuellen Politik berührten.

Michael Schlott: Ihre Aussagen veranlassen mich zu fragen, was genau marxistische
Literaturwissenschaftler gemeint haben und meinen, wenn sie in ihren Argumentationen
die Begriffe ‚progressiv‘ und ‚reaktionär‘ benutzten. Ich frage das mit Blick auf die sachliche Grundlage einer solchen Argumentation, eine bestimmte Position als reaktionär beziehungsweise progressiv zu charakterisieren. Dabei setzte man etwas voraus. Sicherlich
hat das mit dem marxistischen Geschichtsverständnis zu tun; aber was ist daran sozusagen
noch Substanz? Wo liegt der vernünftige Kern, wenn wir es streng sachbezogen beurteilen
wollen?

Hans-Dietrich Dahnke: Der Zusammenhang mit dem marxistischen Geschichtsverständnis ist wichtig, und im Spiel ist dabei auch der Zusammenhang des marxistischen
Geschichtsverständnisses mit dem Denken der Aufklärung. Aufklärung definierte sich
als Prozeß der Emanzipation der Menschheit. Dabei stand gewiß das ‚Denken‘, das Bewußtsein im Vordergrund, aber daß dabei auch reale gesellschaftliche Verhältnisse und
deren Veränderung im Visier waren, dürfte unzweifelhaft sein. Die marxistische Sicht auf
die Menschheitsgeschichte hat den aufklärerischen Emanzipationsgedanken übernommen
und materialistisch interpretiert; ein wichtiger historischer Meilenstein war dabei die elfte
Feuerbach-These,[19] in der Marx das Verhältnis von Denken und Sein, von Theorie und Praxis radikal umformulierte.

Es ist sicher nicht schwer, sich vorzustellen, daß unter bestimmten geschichtlichen
Bedingungen diese Zielstellung eine große Attraktivität gewann, so eben nach dem Zu-
sammenbruch Nazideutschlands und der Befreiung vom Faschismus zugleich haben diese
Bedingungen auch die Ausgestaltung, die Konkretisierung des Konzepts in Theorie und

---

18   Vgl. Konstantin Roshnowski: Für eine marxistisch-leninistische Darstellung der Rolle der Volks-
     massen in der Literatur. Kritische Gedanken zu den kritischen Bemerkungen Hans-Günther Thal-
     heims. In: Weimarer Beiträge 5 (1959), H. 2, S. 237–251.

19   „Die Philosophen haben die Welt nur verschieden interpretiert, es kommt aber darauf an, sie zu
     verändern." Karl Marx und Friedrich Engels: Werke. Bd. 3, Berlin 1958, S. 535.

Praxis spezifisch geprägt. So haben sich unter ihrer Wirksamkeit bestimmte Widersprüche verhängnisvoll entfalten können, die entgegen der Grundtendenz materialistischen, marxistischen Denkens nicht ernst genommen, sondern harmonisiert oder tabuisiert wurden. Ich meine damit das ziemlich hochgradige teleologische Moment, das im Konzept historischer Gesetzmäßigkeit zur Geltung kam, sowie die finalistische Tendenz, die sich mit der Vorstellung von Menschheitsbefreiung verband. Es ist klar, daß in diesem Kontext Urteile über den progressiven oder reaktionären Charakter geschichtlicher Erscheinungen mit radikaler Schärfe gefällt wurden. Für die Literaturgeschichtsforschung im Osten Deutschlands und ihre Urteilsbildung gewann diese Problematik ein großes Gewicht. Die Klassiker des Marxismus, noch mehr dann des Marxismus-Leninismus waren mit scharfen Urteilssprüchen vorangegangen, ihre Autorität war außerordentlich groß. Eine bestimmende Rolle hat dann vor allem Georg Lukács mit seinem Essay *Fortschritt und Reaktion in der deutschen Literatur*[20] gespielt, in dem ein Aufriß der deutschen Literaturgeschichte von der Aufklärung bis zur Gegenwart gegeben ist.

Ich erinnere mich, daß ich 1949/50 in Vorbereitung auf meine Zwischenprüfungen in Literaturgeschichte, für die ich Georg Büchner beziehungsweise Gottfried Keller als Schwerpunkte gewählt hatte, nach enttäuschender Lektüre bürgerlicher Interpretationen auf gerade greifbar gewordene Arbeiten von Lukács beziehungsweise Hans Mayer stieß.[21] Was ich darin fand, überzeugte mich in hohem Maße, und mein Prüfer, Professor Magon, ein Germanist bürgerlich-humanistischer Richtung, nahm mir ab, was ich ihm vortrug. Durch diese Anstöße bin ich im übrigen überhaupt erst auf den Marxismus richtig aufmerksam geworden. Wenn die obligaten Lehrveranstaltungen zu politischen Problemen der Gegenwart es nicht vermocht hatten, mich zu interessieren, zu fesseln, zu überzeugen, so erreichten das Lukács und Mayer. Danach begann ich, sicher auch aufgrund weiterer Anregungen, mit eingehenderen Studien der ‚Klassiker‘, Stalins Werke natürlich eingeschlossen. Gerade in dem erwähnten Aufriß hatte Lukács die Frage nach Fortschritt und Reaktion in der deutschen Literatur gleichsam zum Scheidewasser gemacht und sehr dezidierte Antworten darauf bereitgestellt. Wenn auch die scharfen Aufteilungen und Zuordnungen, die in jenen Jahren generell, nicht nur im literaturgeschichtlichen Bereich, gang und gäbe waren, nicht ewig gültig blieben und im Zuge der geschichtlichen Entwicklung wie auch des tieferen Eindringens in Sachverhalte und Texte in Bewegung kamen; die Unterscheidung nach Fortschrittlichem und Reaktionärem blieb ein unangezweifeltes Urteilsmaß. Fortschrittlich und reaktionär – das waren dann gewiß nicht mehr nur Schubfächer, in die eine geschichtliche Erscheinung hineingezwängt wurde. Es gab Unterscheidungen in den Objekten selbst, es veränderten sich die Maßstäbe für das, was als fortschrittlich oder reaktionär angesehen wurde. Auseinandersetzungen fanden statt, die mit erheblicher Erbitterung ausgetragen wurden und problematische Konsequenzen haben konnten, wenn sie das Zentrum offizieller Ideologie und Kulturpolitik tangierten. Andererseits wirkte aber

---

20 Vgl. Georg Lukács: Fortschritt und Reaktion in der deutschen Literatur. Berlin 1947. Die Darstellung schließt mit der Nachmärz-Periode ab; sie ist bis zur Gegenwart weitergeführt in G. L.: Deutsche Literatur im Zeitalter des Imperialismus. Eine Übersicht ihrer Hauptströmungen. Berlin 1945.

21 Vermutlich sind der Essay „Gottfried Keller" (1939) von Georg Lukács und Hans Mayers Studie *Georg Büchner und seine Zeit* (Wiesbaden 1946; Lizenzausgabe für den Verlag Volk und Welt, Berlin 1947) gemeint.

die wissenschaftliche Arbeit durchaus auch auf Ideologie und Kulturpolitik zurück. Das Instrumentarium wurde also nach wie vor in Anwendung gehalten, aber zunehmend differenziert gebraucht. Es wuchs das Verständnis für objektive Widersprüche und Zwischenlagen sowie für subjektive Faktoren und Eigenheiten.

Michael Schlott: Wenn ich es richtig sehe, wurde doch eher mit dem Begriff ‚progressiv‘ gearbeitet. Also: progressive Traditionen eröffnete beispielsweise Forster. Während man nach meiner Beobachtung mehr und mehr Abstand davon genommen hat, bestimmte Autoren direkt als reaktionär zu bezeichnen?

Hans-Dietrich Dahnke: Die Grundtendenz war, und das hing eng mit dem siegesgewiß-optimistischen Geschichtskonzept zusammen, immer mehr geschichtliche Erscheinungen, im Ganzen wie zu Teilen, in den Bereich des Fortschrittlichen hineinzuziehen und ihnen das Odium des Reaktionären zu nehmen. Etwas als fortschrittlich zu bewerten erschien produktiver, als es dem Reaktionären zuzuschlagen. Jedenfalls ist der Kreis derer, die pauschal oder überwiegend als reaktionär gekennzeichnet und verurteilt wurden, ständig kleiner geworden. Am Ende enthielt er nur noch wenige Namen, wenn man einmal von dem Gesamtfeld präfaschistischer und faschistischer Ideologen und Autoren absieht – aber selbst da gab es schließlich gewisse Differenzierungen über das pauschale Verdikt hinaus. Eigentlich gab es im Bereich der Ideologie- und Literaturgeschichte in den 1980er Jahren nur noch einen einzigen herausragenden Fall, in dem die Bemühungen zur Differenzierung und wenigstens partiellen Umwertung nicht ans Ziel kamen: Nietzsche. Ich erinnere mich, daß in den frühen 1980er Jahren, nachdem die alten dogmatischen Urteilssprüche über Luther, Friedrich II., Bismarck, um nur die wichtigsten zu nennen, einer Revision unterzogen worden waren, auch in Hinsicht auf Nietzsche entschiedene Bestrebungen im Gange waren, wenn schon nicht ihn umzuwerten und dem Fortschritt zuzuschlagen, so doch ernsthaft an das Problem heranzugehen und sich mit den Texten auseinanderzusetzen.

Michael Schlott: Vieles von dem, was Nietzsche geschrieben hat, ist auch gar nicht ohne weiteres zugänglich gewesen?

Hans-Dietrich Dahnke: Werke Nietzsches sind in der DDR nicht veröffentlicht worden, selbst zu Studienzwecken nicht. Die einzige ernstzunehmende Ausnahme – nach dem Abdruck eines Nietzsche-Gedichts in Stefan Hermlins *Deutschem Lesebuch* von 1978[22] – war eine zu Anfang der 1980er Jahre von Karl-Heinz Hahn herausgegebene Faksimile- und Reprint-Ausgabe von *Ecce Homo* mit geringer Auflage und vergleichsweise hohem Preis.[23] Sie indizierte indessen doch eine neue Sachlage von Interessen und Bestrebungen. Ich erinnere mich, daß in Weimar zur Mitte der 1980er Jahre, nicht zuletzt veranlaßt durch die unumgänglich notwendig gewordene Rekonstruktion des Nietzsche-Hauses beziehungsweise des Nietzsche-Archivs am Silberblick, eine Arbeitsgruppe installiert wurde. Zusammengesetzt aus den relativ wenigen ernsthafteren Nietzsche-Kennern, die es in der

---

22 Deutsches Lesebuch. Von Luther bis Liebknecht. Hrsg. von Stephan Hermlin. Leipzig 1978. Es handelt sich um Nietzsches Gedicht „An den Mistral. Ein Tanzlied“.

23 Friedrich Nietzsche: Ecce homo. Faksimileausgabe und Transkription der Handschrift. Hrsg. von Karl-Heinz Hahn. Bd. 1: Faksimilie; Bd. 2: Transkription von Anneliese Clauss; Bd. 3: Kommentar von Karl-Heinz Hahn und Mazzino Montinari. Leipzig; Wiesbaden 1985. Dem Faksimile liegt das für den Verlag von C. G. Naumann (Leipzig) vorgesehene eigenhändige Druckmanuskript Nietzsches aus dem Jahr 1889 zugrunde.

DDR gab, sollte sie Vorstellungen entwickeln, was mit den Räumen des Hauses, die als Memorialräume zuvor strikt der Öffentlichkeit vorenthalten worden waren, obwohl ihre Innenarchitektur von van de Velde stammte, geschehen könnte. Noch bevor da etwas wirklich in Gang gekommen war, erfolgte der Bannspruch aus Berlin: Hager, Politbüromitglied und Ideologiechef der SED, erneuerte die Tabuisierung mit dem Argument, angesichts des Vermächtnisses der deutschen Antifaschisten könne nicht zugelassen werden, daß Werke dieses präfaschistischen Ideologen in der DDR publiziert würden.[24] Grotesk genug, daß Hager dann durch Wolfgang Harich und seinen Aufsatz in Sinn und Form,[25] der die alten Lukács-Thesen über den präfaschistischen Nietzsche wieder aufwärmte, eine eigentlich unerwünschte Schützenhilfe erhielt.

Ich denke, daß sich an dem Problemfeld Fortschritt und Reaktion sehr deutlich zeigt, daß pauschale und statuarische Blickwinkel ungeeignet sind, den wirklichen Zusammenhängen und Entwicklungen gerecht zu werden: Es handelt sich um – immerhin nahezu über ein halbes Jahrhundert sich erstreckende – langfristige Prozesse. Man mag sie marginal und uninteressant finden und ihre Inhalte, Methodenfragen und Resultate nicht des Aufhebens wert erachten, doch sollte man, wenn man darauf Bezug nimmt, die Tatsachen für sich sprechen lassen.

Michael Schlott: Welche Bedeutung messen Sie den Beiträgen von Hans Mayer und Werner Krauss auf der Leipziger Romantik-Tagung 1962[26] im Hinblick auf die Aufweichung dieses Schemas ‚progressiv-reaktionär‘ zu, und vor allen Dingen: im Hinblick auf die Rehabilitierung der deutschen Romantik, wie Krauss und Mayer sie vorgenommen haben. Die beiden

---

24 Kurt Hagers Äußerung liegt nach Hans-Dietrich Dahnkes Kenntnis nicht schriftlich fixiert vor. Sie wurde aber seines Wissens in intellektuellen Kreisen intensiv kolportiert. Das Nietzsche-Verdikt geht auf Wilhelm Pieck und Otto Grotewohl zurück. Die Nietzsche-Kritik in der frühen DDR konnte sich auf Positionen von Lenin und (insbesondere) Lukács stützen. Mit Kurt Hagers Beitrag „Tradition und Fortschritt. Festvortrag zum 35jährigen Bestehen der Akademie der Künste der DDR" in *Sinn und Form* (Jg. 37 [1985], H. 3, S. 437–456) sollte eine neue Diskussion zu differenziertem Umgang mit dem ‚kulturellen Erbe‘ eröffnet werden; vgl. dazu u.a. Renate Reschke: Nietzsche stand wieder zur Diskussion. Zur marxistischen Nietzsche-Rezeption in der DDR der 80er Jahre. In: Ausgänge. Zur DDR-Philosophie in den 70er und 80er Jahren. Hrsg. von Hans-Christoph Rauh und Hans-Martin Gerlach. Berlin 2009, S. 203–244; für einen Gesamtüberblick zur Nietzsche-Rezeption in der DDR siehe u.a. (in knapper Form) Ulrich Busch: Friedrich Nietzsche und die DDR. In: Utopie Kreativ. Hrsg. von der Rosa-Luxemburg-Stiftung. H. 118, August 2000, S. 762–777, sowie (ausführlicher) Stefania Maffeis: Zwischen Wissenschaft und Politik. Transformationen der DDR-Philosophie 1945–1993. Frankfurt und New York 2007, Teil II: Fallstudie der Nietzsche-Rezeption 1945–1994, S. 143–220.

25 Wolfgang Harich: Revision des marxistischen Nietzschebildes? In: Sinn und Form 39 (1987), H. 5, S. 1018–1053.

26 Hans Mayer: Zur heutigen Lage der Romantikforschung (S. 493–496); Werner Krauss: Französische Aufklärung und deutsche Romantik (S. 496–501). In: Wissenschaftliche Zeitschrift der Karl-Marx-Universität Leipzig. Gesellschaftswissenschaftliche Reihe 12 (1963), S. 493–501. Die Materialien der Leipziger Romantikkonferenz wurden – Hans-Dietrich Dahnkes Einschätzung zufolge „mit Sicherheit nicht zufällig" – nicht in den *Weimarer Beiträgen* publiziert, sondern erschienen in der *Wissenschaftlichen Zeitschrift* der Leipziger Universität. Die *Weimarer Beiträge* indessen brachten einen zwar umfangreichen, zugleich aber grundsätzlich kritischen Konferenzbericht von Klaus Hammer u.a.: Fragen der Romantikforschung. Zur Arbeitstagung in Leipzig vom 2. bis 4. Juli 1962. In: Weimarer Beiträge 9 (1963), H. 1, S. 173–182.

haben die generelle Abwertung der Romantik als reaktionäre Bewegung nicht mitvollzogen. Mayer argumentierte, daß Progressives und Reaktionäres da durchaus nebeneinander stehen, und man könne auch nicht mehr so eindeutig sagen, die Klassik sei die progressive Epoche schlechthin gewesen. Und Krauss hat erklärt, daß die Mittelalter-Begeisterung oder die Beschäftigung der Romantiker mit mittelalterlichem Gedankengut und Kulturgut letztlich ein Legat der französischen Aufklärung gewesen sei. War Lukác als Wissenschaftler bereits indiskutabel, ‚tot‘? Oder könnte man Mayer und Krauss als diejenigen bezeichnen, die ein für alle Mal dieses Schema demontiert haben?

Hans-Dietrich Dahnke: Es geht hier um mehrere Fragenkomplexe und – wenigstens zum Teil – um gewisse Legendenbildungen. Zunächst: Die Romantik war bereits in den Jahren vor der Leipziger Konferenz ein durchaus ernsthafter Forschungsgegenstand. Freilich wogen die Lukács'schen Urteilssprüche schwer, und nicht minder gewichtig war die Wertschätzung, die die Romantik in der bürgerlichen Literaturwissenschaft gefunden hatte und fand; es waren doch übrigens auch im Westen immerhin Stimmen der Kritik, der Distanzierung laut geworden. Schließlich war es damals auch eben so, daß ein ‚reaktionärer‘ Forschungsgegenstand weniger Beachtung fand als ein ‚progressiver‘. Das hat sich in späteren Jahrzehnten ziemlich grundsätzlich verändert. Die noch geringen und am Anfang der Arbeit stehenden Kräfte widmeten sich vor allem jenen Gegenständen, aus denen geschichtliche Bestätigung und aktuelle Unterstützung zu gewinnen waren. Aber schon in den frühen 1950er Jahren gab es erste – noch sehr grob ideologisierende und aktualisierende – Ansätze einer Differenzierung, Versuche, volkstümliche Züge und realistische Elemente in der Romantik zu entdecken und geltend zu machen. Sodann kann ich auf zwei zumindest ernsthaften Ansprüchen sich stellende Arbeiten verweisen, die sogar im Druck erschienen und der Öffentlichkeit zugänglich wurden. Zum einen auf meinen umfangreichen *Lehrbrief zur Geschichte der deutschen Literatur von 1789 bis 1806*, herausgegeben im Rahmen des Fernstudiums der Oberstufenlehrer von der Pädagogischen Hochschule Potsdam – 1958 „als Manuskript gedruckt", in vierter Auflage 1965 erschienen[27] – in dem von insgesamt über 330 Seiten Darstellung etwa 90 der deutschen Frühromantik gewidmet waren, zum anderen auf den Band *Studien zur deutschen Romantik*[28] von meinem Freund und Kollegen Gerhard Schneider, meines Erinnerns ein Teilstück jenes Textes, der ursprünglich im Rahmen der Lehrbriefe die Fortsetzung für den Zeitraum von 1806 bis 1830 liefern sollte, der aber – mit Sicherheit aus ideologischen Gründen, ich weiß jedoch nicht mehr konkret, woran die Ablehnung sich entzündete – nicht akzeptiert wurde und dann endlich 1962 im Leipziger Verlag Koehler & Amelang, der meines Wissens der CDU gehörte, erschien. Wenigstens erwähnt sei, daß ich als wissenschaftlicher Aspirant von 1956 bis 1959 an einer Habilitationsschrift zur Frühromantik arbeitete, die allerdings wegen meines dreijährigen Einsatzes an der Universität Bagdad abgebrochen wurde. Es sei hinzugefügt, daß die Ergebnisse dieser Studien in das von mir geschriebene Frühromantik-Kapitel des Romantik-Bandes der *Erläuterungen zur deutschen Literatur*[29] eingingen.

---

27   Lehrbriefe für das Fernstudium der Oberstufenlehrer. Geschichte der deutschen Literatur von 1789 bis 1806. Für das Fernstudium verfaßt von Dr. Hans-Dietrich Dahnke. Als Manuskript gedruckt. Hrsg. von der Pädagogischen Hochschule Potsdam, 1958, darin das Kapitel IV „Die deutsche Frühromantik", S. 245–334.

28   Gerhard Schneider: Studien zur deutschen Romantik. Leipzig 1962.

29   Erläuterungen zur deutschen Literatur. Romantik. Hrsg. vom Kollektiv für Literaturgeschichte im

Meine erste Vorlesung nach der Rückkehr aus Bagdad im Herbstsemester 1962 war übrigens eine Spezialvorlesung zur Romantik, und den Auftrag dazu hatte ich von Hans-Günther Thalheim zu einem Zeitpunkt erhalten, als ich von der bevorstehenden Leipziger Konferenz nichts wußte. Die unmittelbare Vorgeschichte der Leipziger Konferenz nämlich entzieht sich meiner genaueren Kenntnis, weil ich in den drei Jahren der Tätigkeit in Bagdad nicht nur weit vom Schuß war, sondern auch ganz andere als literaturgeschichtliche Aufgaben zu bewältigen hatte. Ich muß hier betonen, daß es nicht um Persönliches geht. Ich versuche lediglich klarzumachen, wie es mit dem Thema ‚Romantik‘ in jenen Jahren beschaffen war und in welchem Zusammenhang und Umfeld die Leipziger Konferenz stand.

Sodann zu dieser Konferenz selbst. Ich halte den Begriff Rehabilitierung nicht für angemessen. Sowohl Krauss als auch Hans Mayer hatten derartiges kaum vor. Ich glaube, es ging ihnen um Objektivierung und Versachlichung im Sinne der Befreiung der Romantik von dem Ruch des bloß Reaktionären, den Lukács über und um sie verbreitet hatte, und natürlich auch im Sinne der Freilegung weiterführender Problemstellungen und Impulse in der Romantik selbst. Krauss machte auf eine tatsächliche Kontinuität gegenüber der Aufklärung aufmerksam, und Mayer arbeitete reale Widersprüche und geschichtliche Intentionen der Romantik heraus. Dabei wurde die Konfrontation von Progressivem und Reaktionärem entdogmatisiert und aufgelöst. Was die Leipziger Konferenz meiner Meinung nach leistete und was demnach ihr wissenschaftshistorisches Verdienst ist: Sie warf ein neues, starkes Licht auf eine bisher am Rande stehende und zumeist mit pauschalen Verurteilungen bedachte Literaturbewegung; sie erweiterte und vertiefte den Blick auf deren Intentionen und Resultate, und sie ging damit in die Öffentlichkeit.

Dann noch zu Lukács: Ich erinnere mich nicht genau, aber ich glaube auch kaum, daß Lukács in den Referaten und Diskussionen der Leipziger Konferenz des öfteren genannt worden ist. Aus dem einen Grund, daß Lukács nach den Ereignissen des Herbstes 1956 in Ungarn als ‚Konterrevolutionär‘ politisch inkriminiert war und in den Debatten, zumal solchen, die öffentlich waren, entweder politisch wie literaturwissenschaftlich kritisch distanziert beurteilt oder nicht erwähnt wurde. Aus dem anderen Grund, daß bei aller berechtigten Tendenz zur Kritik und Überwindung der Urteile von Lukács über die Romantik die Veranstalter und Protagonisten der Leipziger Konferenz kaum geneigt sein konnten, einem offiziell Verfemten und ‚Begrabenen‘ noch gleichsam nachzuspucken. Lukács wurde erst in den 1970er Jahren, vor allem auch durch Bemühungen von Werner Mittenzwei,[30] wieder in die Öffentlichkeit der DDR zurückgeholt. Da hatten die politischen Inkriminierungen ihre Aktualität und Schärfe bereits verloren, und auch zu Lukács' ästhetischen und literaturgeschichtlichen Positionen war inzwischen eine nicht geringe Distanz wirksam geworden. Dabei bleibt es immer denkwürdig – und das wäre ein interessantes Forschungsthema –, in welchem Maße ästhetische und literarische Konzepte des bedeutenden ungarischen Wissenschaftlers ungeachtet aller Verdrängung und Tabuisierung für das geistige Leben wirksam geblieben waren; es ist vielleicht sogar so zu sehen, daß die Verdrängung und Tabuisierung diese Wirkung eher verstärkt als reduziert hat.[31]

Volkseigenen Verlag Volk und Wissen unter Leitung von Kurt Böttcher. Berlin 1967. Darin das Kapitel „Die Frühromantik", S. 77–228.

30 Vgl. vor allem: Dialog und Kontroverse mit Georg Lukács. Der Methodenstreit deutscher sozialistischer Schriftsteller. Hrsg. von Werner Mittenzwei. Leipzig 1975.

31 Siehe dazu II, 2.2.3.

Michael Schlott: Welche Bedeutung messen Sie der sogenannten Scholz-Schule für die Entwicklung der Aufklärungsforschung zu? Können Sie vielleicht einen Überblick geben über die personellen Konstellationen innerhalb der Scholz-Schule, wobei man „Schule" doch wohl besser immer in Anführungszeichen setzen muß. Welche wichtigen Veränderungen und Umbrüche sehen Sie – verbunden mit welchen Personen innerhalb der Scholz-Schule? Und: Wer war Gerhard Scholz?[32]

Hans-Dietrich Dahnke: Ich muß hier offen bekennen, daß mir die Bestimmung dessen, was die Scholz-Schule für die Aufklärungsforschung geleistet hat, schwer fällt. Es wäre nämlich dazu nötig, sich erneut die Arbeitsschwerpunkte und Publikationsthemen zu vergegenwärtigen und die Positionen aus heutiger Sicht gründlich zu überdenken. Selbstverständlich hat die Scholz-Schule der Aufklärung große geschichtliche Bedeutung zugesprochen, aber bei der Betrachtung der Aufklärung eine Haltung eingenommen, die viele Facetten enthielt. So ist die deutsche Aufklärung im Vergleich zur westeuropäischen entschieden geringer geschätzt, andererseits sind etwa Lessing und Winckelmann gebührend gewürdigt worden. Die Sturm-und-Drang-Bewegung, die als eine entschiedene Weiterführung und Aufhebung vorangehender Aufklärungsstufen angesehen wurde, galt dabei selbst als eine Entwicklungsphase aufklärerischen Denkens. Auch die Klassik war in letzter Instanz integrierender Bestandteil von Aufklärung. In welcher Weise diese Problematik von Entwicklungsstufen, von Tendenzen der Ablösung, Weiterführung und Höherhebung beantwortet wurde, läßt sich in den Einführungskapiteln von Arbeiten, die aus der Scholz-Schule kamen oder von ihr inspiriert waren, gut beobachten.[33] Gerade in der Phase der eigenen Konstituierung sind da oftmals sehr weitgreifende Positionsbestimmungen vollzogen worden. Zu Scholz persönlich verweise ich auf den Artikel im Lexikon *Schriftsteller der DDR*[34] und auf den Aufsatz „Die marxistische Rezeption des klassischen Erbes" von Ursula Wertheim in dem Reclam-Band *Positionen*.[35] Es zeigt sich eine wechselvolle, interessante Biographie. Unter dem hier im Vordergrund stehenden wissenschaftsgeschichtlichen Aspekt gibt es aber Schwierigkeiten, das Profil und die Wirksamkeit von Scholz wirklich angemessen zu erfassen, und zwar deshalb, weil er als wissenschaftlicher Autor relativ wenig und – mit Ausnahme der *Faust-Gespräche*[36] – schon gar nicht mit aufsehenerregenden, Marksteine setzenden Arbeiten in Erscheinung getreten ist. Es gibt nicht viele Publikationen von ihm, und die meisten sind, welche für ihn charakteristische Seiten sie

---

32   Vgl. dazu die bibliographischen Hinweise in II, 2.1.2, S. 49, Anm. 139.

33   Vgl. etwa Heinz Stolpe: Die Auffassung des jungen Herder vom Mittelalter. Ein Beitrag zur Geschichte der Aufklärung. Weimar 1955 (hier besonders im Teil II, S. 219 ff.). Dann vor allem bei Edith Braemer: Goethes Prometheus und die Grundpositionen des Sturm und Drang. Weimar 1959, S. 11–122.

34   Vgl. Schriftsteller der DDR. Hrsg. von Günter Albrecht u. a. Leipzig 1974, S. 491–493.

35   Ursula Wertheim: Die marxistische Rezeption des klassischen Erbes zur literaturtheoretischen Position von Gerhard Scholz. In: Positionen. Beiträge zur marxistischen Literaturtheorie in der DDR. Hrsg. von Werner Mittenzwei. Leipzig 1969, S. 473–527.

36   Faust-Gespräche mit Prof. Dr. Gerhard Scholz. Wissenschaftliche Mitarbeit Ursula Püschel. Berlin 1967. Die *Gespräche* waren 1964/65 im *Forum*, einem vierzehntägig erscheinenden Organ des Zentralrats der Freien Deutschen Jugend, veröffentlicht worden und hatten ein vergleichsweise starkes Echo gefunden. Eine zweite Auflage kam 1982 im Verlag Philipp Reclam jun. in Leipzig heraus; darin ein für Leben und Schaffen von Gerhard Scholz aufschlußreiches Nachwort „Eine Zeitung, ein Autor, ein Buch" von Ursula Püschel.

auch enthalten mögen, unter dem Niveau seiner eigentlichen Leistung. Seine Ausstrahlung, sein Denk- und Anregungsvermögen entfaltete sich im persönlichen Gespräch, im engeren Kreis. Da war er ein ungemein produktiver Geist. Was er tatsächlich vermochte, läßt sich noch am ehesten an dem ermessen, was seine Schüler an Publikationen vorlegten und an Positionen in der DDR-Wissenschaft erreichten. So nämlich hat er einen Einfluß gewonnen, der von außen schwer zu begreifen, überhaupt schwer zu fassen ist. Das Phänomen läßt sich für mich nicht im Vorübergehen darstellen.

Scholz-Schule: Ich würde sie aus heutiger Sicht ohne Anführungsstriche schreiben. Es hat einen entsprechenden Zusammenhang im Konzeptionellen und Methodischen gegeben, obwohl die in Weimar um 1950 vollzogene Kernbildung nur kurze Zeit dauerte und Scholz nach seinem Scheitern in Weimar keine vergleichbare Wirkungschance mehr hatte. Diejenigen, auf die er Einfluß gewann, haben sich sehr dezidiert als seine Schüler verstanden und zu erkennen gegeben; und selbst bei den Schülern der Schüler wird man noch den Zusammenhalt konstatieren können. Demgegenüber gibt es, was die generellen Möglichkeiten für die Bildung und Entwicklung einer Schule betrifft, insofern ein Problem, als ein solcher Vorgang eigentlich nicht ohne eine Pluralität von relativ konsistenten und in aller Öffentlichkeit miteinander konkurrierenden Lehrmeinungen und Methoden denkbar ist. Gerade dies aber erwies sich angesichts des Anspruchs, den die damals praktizierte Ideologie- und Wissenschaftspolitik für eine unteilbare marxistische Wahrheit erhob, als unerreichbar, ja auch als nicht erstrebenswert. Ich kann nicht mit Sicherheit sagen, wie es mit dieser Problematik in den frühen Jahren der DDR aussah, ich erinnere mich indessen gut daran, wie in der Mitte der 1960er Jahre der Begriff ‚Schule‘ durch wissenschaftspolitische Funktionäre kritisch beäugt und zurückgewiesen wurde. Da waren immerhin einige Wissenschaftler auf die dringliche Notwendigkeit von Konkurrenz und Disput aufmerksam geworden. Ob zu diesem Zeitpunkt allerdings noch eine Chance für die Bildung wissenschaftlicher Schulen auch von den subjektiven Voraussetzungen her vorhanden war, ist immerhin eine Frage. Als Jahre später vernünftige Wissenschaftspolitiker, die die bedrohlichen Entwicklungsprobleme wahrnahmen, die Bildung von Schulen befürworteten, war es längst zu spät. Es hätte viel früher einer rigorosen Umkehr im Denken bedurft, aber dagegen stand die Parteilinie.

Unabhängig von dieser Problematik hat es eben wirklich eine Scholz-Schule gegeben, wobei unter den Personen, die ihr zugeordnet werden können, sicherlich zu differenzieren ist. Es gab Schüler, die Scholz sehr nahe standen, und andere, die sich lose anlehnten. Es gab Schüler, die faktisch nur mehr die Anregungen des Lehrers ausführten, ohne tatsächlich eigenständig produktiv zu werden, und andere, die sich von den Anregungen inspirieren ließen und dann partiell eigene Wege gingen. Auch von den Arbeitsgegenständen und Themen her zeigen sich erhebliche Unterschiede. Scholz selbst, der in einem außerordentlich starken Maß auf gegenwärtige Wirksamkeit setzte und insofern auch der gegenwärtigen Literatur (freilich kaum in dem engen dogmatischen Sinn der Kulturpolitik) eine ziemliche Aufmerksamkeit zuwandte, hatte innerhalb des Zeitraums seit dem 18. Jahrhundert verschiedene Schwerpunkte und war auch außerhalb der deutschen Literatur zu Hause. Insbesondere hatte er naturgemäß durch seine schwedischen Emigrationsjahre eine intime Kenntnis der skandinavischen Literatur.

Als Scholz, der nach seiner Rückkehr aus dem Exil zunächst in der Zentralverwaltung für Volksbildung tätig gewesen war, nach dem Tod von Hans Wahl 1949, also im Goethe-

Jahr, die Leitung des Goethe- und Schiller-Archivs in Weimar übernahm, richtete er einen Kreis von Nachwuchswissenschaftlern ein, dem Dozenten und Lehrer, beispielsweise von den sogenannten Vorstudienanstalten, den späteren Arbeiter- und Bauern-Fakultäten, sodann Studenten aus sehr unterschiedlichen Jahrgängen und von unterschiedlicher Herkunft, wie sich das damals oft so ergab, angehörten.

Michael Schlott: Heißt das, daß er den Auftrag dazu hatte?

Hans-Dietrich Dahnke: Das darf man sich allerdings nicht einschichtig und monolinear vorstellen. Scholz war ein Wissenschaftler mit eigenen Vorstellungen und Ideen. Er dürfte im Rahmen der allgemeinen politischen Aufgabenstellung, das geistige Leben zu erneuern, Vorschläge entwickelt haben, die für nützlich erachtet wurden. Vielleicht wurde dann auf dieser Basis ein „Parteiauftrag" formuliert. So etwa könnte seine Berufung nach Weimar und das, was weiter daraus resultierte, erfolgt sein.

In Weimar entfaltete er in dem relativ bald versammelten Kreis eine zielbewußte, intensiv konzipierte und geplante, auch systematisch disponierte Arbeit. Soweit davon Dokumente – über die daraus hervorgegangenen Publikationen, auch Diplomarbeiten und Dissertationen hinaus – erhalten geblieben sind, zeigt sich – bei allen zeitbedingten politisch-ideologischen und methodischen Einschlägen – eine enorme Komplexität und Intensität, Weite und Vielfalt der Interessen und Aufgabenstellungen. Und es ist nicht zuletzt dabei zu bedenken, in welchem Zustand sich demgegenüber damals die bürgerliche deutsche Germanistik befand, die Scholz mit seinem Kreis herausforderte und perspektivisch zu verdrängen gedachte.

Ich enthalte mich des Versuchs, eine Namensliste aller Scholz-Schüler zu erstellen. Ich war nicht mit dabei, und als der Scholz-Kreis in meinen Horizont gelangte, stand ich nicht nahe genug; auch hatte er dann, zumindest für mich, bereits etwas Legendarisches, demgegenüber ich mit großem Respekt Distanz einhielt. Ich denke, daß man zwischen einem engeren und einem weiteren Kreis unterscheiden muß. Die Zuordnung der einzelnen Personen ist aber außerordentlich schwierig. Besonders eng war der Kontakt jener Nachwuchswissenschaftler zu Scholz, die in Weimar oder in Jena Arbeitsmöglichkeiten fanden, etwa im Zusammenhang mit der 1949 bereits eröffneten Goethezeit-Ausstellung.[37] Dadurch allerdings, daß Scholz schon nach wenigen Jahren von der Direktorenfunktion in Weimar abgelöst wurde, kamen die weitgespannten Ansätze nicht zur Entfaltung. Dennoch ist erstaunlich, wie nach so kurzer Zeit so starke Impulse ihre Kraft bewahrten und weiterwirkten.

Im übrigen hat es auch Teilnehmer an den Weimarer Lehrgängen gegeben, die wieder absprangen oder sogar in den Westen gingen. Mit einiger Sicherheit haben dabei die politischen Implikationen und Konsequenzen, die sich mit der Arbeit im Scholz-Kreis verbanden und die mit hoher Wahrscheinlichkeit den damals allgemein gegebenen politi-

---

37 Im Goethe-Jahr 1949 wurde in Weimar, inspiriert von Gerhard Scholz und weithin ausgeführt von seinem jungen Schülerkreis, die Ausstellung „Gesellschaft und Kultur der Goethezeit" eröffnet. Scholz, der nach dem Tod von Hans Wahl die Leitung der Weimarer Klassik-Stätten übernommen hatte, konnte die mit dieser Ausstellung begonnene Arbeit zunächst weiterführen; das Unternehmen firmierte unter dem Titel „Goethe-Museum (im Aufbau)". Der zweite Teil der Ausstellung wurde 1951 eröffnet. Die Arbeit wurde abgebrochen, als Scholz 1952 von der Leitung der Weimarer Stätten entbunden wurde.

schen Gegebenheiten in der gerade gegründeten DDR entsprachen, eine Rolle gespielt. Der namhafteste mir bekannte Fall ist Gerhard Kaiser, Emeritus der Universität Freiburg im Breisgau.

Michael Schlott: Claus Träger gehörte nicht zur Scholz-Schule?

Hans-Dietrich Dahnke: Träger bezeichnete sich immer dezidiert als Krauss-Schüler.[38]

Michael Schlott: Und Sie?

Hans-Dietrich Dahnke: Weder war ich in Weimar mit dabei noch bin ich bei Scholz promoviert worden. Ich hatte immer nur eine mehr oder minder lockere Tuchfühlung zur Scholz-Schule. Ich hätte ihr aber gern angehört, weil ich vieles daran sehr anregend und vielversprechend fand. Ich habe mich für ihre Positionen und Ergebnisse sehr interessiert und vielfältig eingesetzt. Freilich hatte ich auch lange Zeit den Eindruck, als ob das ein sehr eng geschlossener und eingeschworener Kreis wäre. Dann kam ich indessen mit Angehörigen des Scholz-Kreises in näheren Kontakt, und da entwickelte sich eine – zumindest für mich – fruchtbare Zusammenarbeit. Noch heute bin ich bei aller inzwischen gewonnenen Distanz der Meinung, daß das, was von Scholz und seinen Schülern entwickelt worden ist, unverdient verdrängt worden ist. Natürlich liegt das alles weit zurück und ist in vieler Hinsicht überholt. Eine genaue Aufarbeitung indessen, die sich von den Pauschalurteilen freihält, die heute über die DDR-Geschichte verhängt werden, wäre nicht nur unter wissenschaftsgeschichtlichem Aspekt durchaus wünschenswert.

Michael Schlott: Ich habe hier einen Diskussionsbeitrag von Peter Müller,[39] zu finden in dem Band *Parallelen und Kontraste*.[40] Es war für mich interessant zu sehen, welche Position Müller einnimmt, auch wenn er nicht so recht zum Zuge kam, sich aber nicht entmutigen ließ und insistierte. Mich interessiert dieser Passus im Zusammenhang mit den Forschungen zur Empfindsamkeit. Müller argumentiert: „Die Dinge liegen bei Diderot und Lessing verschieden. Werner Krauss hat eine schlüssige Antwort gegeben, wenn er sagte, daß die Konstellation der französischen Aufklärung anders ist als die der deutschen […] So ist hier schon die Unterscheidung in der Grundkonstellation sichtbar. Mich überzeugt Olaf Reinckes These[41] von der Notwendigkeit einer Kultursoziologie in Hinsicht auf die Adelskultur nicht. Warum klammerst Du, Olaf, die geselligen Kreise aus dem sozialen Felde der Gesellschaft aus? Gerhard Scholz hat darauf hingewiesen, daß die geselligen Kreise Kristallisationspunkte und Zentren einer neuen Form von Gesellschaftlichkeit sind. Warum

---

38 Siehe dazu auch das Interview mit Claus Träger, S. 315–332, hier S. 315 f., 319 f.

39 Siehe dazu das Interview mit Peter Müller, S. 359–375.

40 Parallelen und Kontraste. Studien zu literarischen Wechselbeziehungen in Europa zwischen 1750 und 1850. Hrsg. von Hans-Dietrich Dahnke in Zusammenarbeit mit Alexander S. Dmitrijew u. a. Berlin 1983. Der Band war das Ergebnis einer mehrjährigen Kooperation von germanistischen Literaturwissenschaftlern der Humboldt-Universität zu Berlin, Sektion Germanistik, der Staatlichen Lomonossow-Universität Moskau, Lehrstuhl für westeuropäische Literaturen, und der Universität Warschau, Germanistisches Institut.

41 Einleitung: Diskussion zum Generalthema. In: Parallelen und Kontraste (wie Anm. 40), S. 9–38, hier S. 32 f.; ferner: Olaf Reincke: Germaine de Staëls Abhandlung über Deutschland und ihre Auseinandersetzung mit dem deutschen Sentimentalismus. In: Parallelen und Kontraste (wie Anm. 40), S. 140–173.

willst Du das so weit voneinander trennen? Es ist doch eine Tatsache, daß die bürgerliche Gesellschaft sich schon in der feudalen entwickelt, wenngleich sie sich staatlich und politisch erst nachträglich konstituiert."[42] Ist die Scholz-Schule eine Keimzelle der Empfindsamkeitsforschung gewesen?

Hans-Dietrich Dahnke: Nur in einem eingeschränkten und indirekten Sinne. Nur insofern sich über das Stichwort „gesellige Kreise",[43] das Scholz – wie manches andere – direkt dem Goetheschen Sprachgebrauch entlehnt hatte, das Phänomen der Empfindsamkeit hereinholen ließ. Es ging um soziale Kommunikations- und Organisationsprozesse, um Abgrenzung, Absonderung und Distanzierung bestimmter, sich neu herausbildender Gruppen gegenüber traditionellen Formen sozialen Kontakts, um die Herausbildung antifeudaler und antiabsolutistischer, bürgerlich orientierter Kreise und deren Vordringen in die Öffentlichkeit, letztlich mit dem Ziel politischer Einflußnahme und gesellschaftlicher Umgestaltung. Das war die Form, in der sich das Zusammenfinden und Zusammenwirken von Adligen und Bürgern in der insgesamt noch intakten feudalständischen Gesellschaft vollzog. Insofern war das Stichwort ‚Adelskultur' bereits wieder eine Einschränkung und Vereinseitigung des komplexen Ansatzes, im Sinne von Scholz ein Rückfall auf herkömmliche Sichtweisen und demgegenüber Peter Müllers Insistieren die Behauptung einer weit vielschichtigeren Betrachtungsweise. Im übrigen ergab sich dieser Gegensatz im speziellen Rahmen der Zusammenarbeit mit germanistischen Fachkollegen aus Polen, in dessen Geschichte die Adelskultur eine ganz andere Dimension und Funktion gehabt hat.

Peter Müllers Fragestellung ist meines Erachtens nicht ohne weiteres in den Kontext der Frage nach einer Empfindsamkeitsforschung einzuordnen. Empfindsamkeit war ein untergeordneter Teilaspekt eines vielschichtigeren Zusammenhangs, und bereits der Begriff wurde, soweit überhaupt, mit kritischer Distanz benutzt, weil er in die Nähe solcher Termini und Konzepte wie Gefühlskultur und Irrationalismus führte. Gegen sie gab es eine grundsätzliche, in der Frontstellung gegen die bürgerliche Geistesgeschichte begründete Abwehrhaltung, denn mit ihnen verband sich nach damaligem Verständnis – und sicher auch aus heutiger Sicht zu Recht – eine antiaufklärerische Position, die Tendenz zu einer Aufspaltung der Aufklärungsbewegung. Wenn dann gar noch der Aspekt Präromantik ins Spiel kam, war die Ablehnung radikal.

Scholz und seine Schüler hatten keineswegs eine eindimensionale Sicht auf die Aufklärung; mir scheint jedenfalls, daß sie gegenüber Lukács erheblich differenzierter operierten. Kritisch gegen den Rationalismus gerichtete Positionen wurden durchaus ernst genommen, dann aber wohl wieder unterschätzt und vernachlässigt, insofern sie nicht dem großen Ziel politischer Emanzipation oder gar Revolutionierung zustrebten, sondern eher in der Gegenrichtung wirkten.

---

42   Einleitung: Diskussion zum Generalthema. In: Parallelen und Kontraste (wie Anm. 40), S. 9–38, hier S. 34; siehe auch das Interview mit Peter Müller, S. 359–375, sowie Peter Müller: Epochengehalt und nationales Kolorit des deutschen Sentimentalismus in frühen ästhetischen Schriften Goethes und im „Werther". In: Parallelen und Kontraste (wie Anm. 40), S. 108–139.

43   Thema und Stichwort „Gesellige Kreise" entwickelte Scholz vor allem im Bezug auf Goethes Aufsatz „Epochen geselliger Bildung", aus dem Nachlaß veröffentlicht in der Weimarer Goethe-Ausgabe, 1. Abt., Bd. 41.2, S. 361 f.

Michael Schlott: Eigentlich steckt doch hinter Müllers Diskussionsbeitrag die Forderung nach Literatursoziologie, und das hat man in der DDR nicht gerne gesehen, oder?

Hans-Dietrich Dahnke: Ich glaube, daß die Tendenz, die Sie da wirksam sehen, sowohl bei Peter Müller als auch bei Olaf Reincke vorzufinden ist. Es gehörte mit zu den dogmatischen Einengungen der wissenschaftlichen Arbeit in der DDR, daß jegliche Form von Soziologie mit Mißtrauen bedacht wurde, weil nach offiziellem Verständnis der Gegenstand von Soziologie im Marxismus generell aufgehoben war und eine Verselbständigung von Soziologie eher eine potentielle Infragestellung dieses übergreifenden Anspruchs der marxistischen Theorie enthielt. Sowohl Müller als auch Reincke jedoch stellten diese Auffassung der Tendenz nach in Frage. Wie überhaupt davon auszugehen wäre, daß sich in der Sicht auf konkrete Probleme in Werkinterpretationen weitaus öfter der offiziellen Meinung entgegenstehende Positionen artikulierten als in grundsätzlichen, theoretischen und programmatischen Erklärungen.

Michael Schlott: Können Sie für das Jahrzehnt zwischen 1970 und 1980 die wichtigsten Veränderungen und Bewegungen in der kulturpolitischen Landschaft der ehemaligen DDR skizzieren, gegebenenfalls auch Konsequenzen für den Wissenschaftsbetrieb beschreiben?[44]

Hans-Dietrich Dahnke: In den 1960er Jahren hatten sich, nachdem es nach dem Bau der Mauer 1961 zunächst Hoffnungen auf eine nunmehr leichter möglich scheinende ungestörte und deshalb auch freiere Entwicklung in der DDR gegeben hatte, die Widersprüche bald wieder zugespitzt. Das 11. Plenum 1965 brachte enorme ideologie- und kulturpolitische Repressionen, dann folgten die Ereignisse in der ČSSR 1968 und deren Konsequenzen für die DDR.[45] Ich erinnere mich an ein ausgeprägtes Bewußtsein für die darin und dahinter sich verbergenden Probleme, an intensive, aber intern bleibende Diskussionen. Es zeigte sich eine zunehmende Sensibilität gegenüber den alten dogmatischen, mechanistischen und vulgärsoziologischen Positionen auf allen Gebieten des geistigen Lebens und zugleich für neue Fragestellungen und Entwicklungen. Sie führte indessen auf den mir damals zugänglichen oder überschaubaren Ebenen keineswegs zu irgendwelchen grundsätzlichen und massiven Oppositionshaltungen. Soweit ich sehe, beruhte das nicht nur darauf, daß es – selbstverständlich – einen starken Druck von oben und außen gab, sondern nicht minder eine große innere Widersprüchlichkeit, in der sich mancherlei höchst unterschied-

---

44   Die Frage diente dazu, möglichst viele Informationen über die Wissenschaftsprozesse im Jahrzehnt zwischen etwa 1970 und 1980 in der DDR zu erhalten, um beurteilen zu können, ob und gegebenenfalls inwieweit die soziologisch-sozialgeschichtliche Öffnung des disziplinären Profils der westdeutschen Germanistik von Forschungsansätzen der DDR profitiert hat; siehe dazu die Interviews mit Peter Müller (S. 359–375, hier S. 375), Heinrich Scheel (S. 665–691, hier S. 682) und Klaus-Georg Popp (S. 607–626, hier S. 614).

45   Das 11. Plenum des Zentralkomitees der SED fand im Dezember 1965 statt und unterzog faktisch das gesamte aktuelle Kunstschaffen in der DDR einer rigiden dogmatischen Kritik. Die Materialien sind veröffentlicht in der Broschüre: Bericht des Politbüros an die 11. Tagung des Zentralkomitees der SED, 15. bis 18. Dezember. Berichterstatter Erich Honecker. Berlin 1966. Die „Ereignisse in der ČSSR 1968" meinen den „Prager Frühling", in dessen Gefolge die politisch-ideologischen Krisenprobleme der sozialistischen Entwicklung von Partei- und Staatsseite noch entschiedener als zuvor einer öffentlichen Diskussion entzogen wurden; siehe dazu II, 2.1.2, S. 51 f., Anm. 148.

liche Tendenzen mischten. Dazu gehört nicht zuletzt, daß sich die krisenhaften Ereignisse in den westlichen, in den kapitalistischen Ländern – und der Blick für das Krisenhafte überdeckte den für das Produktive darin bei weitem –, also die Studentenrevolten, die Außerparlamentarische Opposition, der Aufschwung der Marxismus-Studien etc. in Übereinstimmung mit der offiziellen Ideologie als Folgeerscheinungen der gesetzmäßigen Krise der kapitalistischen Welt, als Ausdruck von deren Niedergang interpretieren ließen. Das unterstützte die herrschenden Kräfte in Partei und Staat in ihrem Bemühen, alles im Griff zu behalten. Neue, offenere Tendenzen kamen meiner Erinnerung nach bereits am Ende der 1960er Jahre darin zur Erscheinung, daß es – scheinbar ganz im Sinne der offiziellen Ideologie, aber zugleich mit deutlich neuen Sichtweisen – Bemühungen um eine Neubetrachtung und Neuinterpretation der sogenannten Klassiker des Marxismus-Leninismus gab. Dabei war insbesondere der Blick für den jungen Marx ein wichtiges neues Moment. Diese neue Lektüre schloß zwei durchaus kontroverse Tendenzen in sich: zum einen die Absage an alte Positionen und das Streben nach neuen Ufern, zum anderen eine grundsätzliche politische Bestätigung und Stabilisierung des Verhältnisses zur offiziellen Politik und zur gegebenen gesellschaftlichen Realität. Für mich war die positive Seite dieser Entwicklung sehr wichtig, und zwar gerade auch deshalb, weil damit frustrierende Realitätserfahrungen kompensiert werden konnten, von denen noch zu reden ist. Meine Erinnerung liefert für diese Jahre um 1970 das Bild einer zum Zerreißen gespannten Gegensätzlichkeit von Repression und Resignation einerseits, von Hoffnungen auf Erneuerung andererseits.

Solche Hoffnungen fanden, jedenfalls bei mir, wesentliche Bestätigung durch den Übergang von der Ulbricht- zur Honecker-Ära. Den VIII. Parteitag 1971[46] empfand ich – und ich denke, das war in meinem damaligen Umkreis generell nicht anders – als eine enorme Entlastung, ja als eine Befreiung von äußerem und innerem Druck. Er schien wegzuführen vom Dogma und heranzuführen an die Wirklichkeit – natürlich: wie wir damals diese Wirklichkeit im Kontext unseres bei allen Differenzierungen doch grundsätzlich marxistischen, ja marxistisch-leninistischen Geschichtsbildes sahen und begriffen. Dieses Herankommen an die Wirklichkeit bezog sich nicht nur auf die Gegenwart, sondern es sollte auch Folgen für den Umgang mit der Vergangenheit und somit für die konkrete literaturgeschichtliche Arbeit haben. Das war damals für mich in einem unmittelbaren Sinne aktuell, steckte ich doch tief in der Arbeit am Siebenten Band der im Verlag Volk und Wissen in Berlin vorbereiteten *Literaturgeschichte*, für dessen erste Hälfte ich als Hauptautor verantwortlich war.[47] Durch die neuen Akzente in Ideologie- und Kulturpolitik, die durch den VIII. Parteitag gesetzt schienen und zunächst in den Mate-

---

46 Der VIII. Parteitag der SED, der im Zeichen des von Honecker bestimmten und repräsentierten Kurses stand, fand im Juni 1971 statt; vgl. dazu: Dokumente des VIII. Parteitages der Sozialistischen Einheitspartei Deutschlands. VIII. Parteitag der Sozialistischen Einheitspartei Deutschland, Berlin 15. bis 19. Juni 1971. Berlin 1971; Kurt Hager: Die entwickelte sozialistische Gesellschaft. Aufgaben der Gesellschaftswissenschaften nach dem VIII. Parteitag der SED. Referat auf der Tagung der Gesellschaftswissenschaftler am 14. Oktober 1971. Berlin 1971.

47 Geschichte der deutschen Literatur. Bd. 7: 1789–1830. Von einem Autorenkollektiv. Leitung und Gesamtbearbeitung Hans-Dietrich Dahnke (1789–1806) und Thomas Höhle in Zusammenarbeit mit Hans-Georg Werner (1806–1830). Berlin 1978; siehe auch die ausführliche Darstellung zum Gesamtprojekt der *Geschichte der deutschen Literatur* im weiteren Verlauf dieses Interviews, S. 244 f.

rialien des 6. Plenums des ZK der SED vom Juni 1972[48] eine deutliche Weiterführung und Konkretisierung fanden, erschien wissenschaftliche Arbeit wieder sinnvoll, interessant, fruchtbar.

Daß dann die politische Entwicklung bald wieder davon wegführte und die alten Widersprüche und Frustrationen erzeugte, war lähmend, ja zeitweilig vernichtend. Die Biermann-Ausbürgerung[49] war in diesem Sinne der absolute Tiefpunkt. Es war angesichts dessen nicht nur Ausdruck von Naivität, sondern auch der Versuch einer Taktik aus der Ohnmacht heraus, sich nach den gemachten Erfahrungen auf die Gültigkeit und Abrufbarkeit der durch das 6. Plenum gegebenen kulturpolitischen Leitlinien zu berufen und zu meinen, in der Berufung darauf Hoffnungen erhalten, vielleicht aber auch nur sich selbst bergen zu können. Man wußte, daß die Bereitschaft der politisch Verantwortlichen, sich in schwierigen Lagen sowohl theoretisch-konzeptionell als auch praktisch-politisch in alte Verhältnisse und Denkweisen zurückfallen zu lassen und den Knüppel aus dem Sack zu holen, immer sehr groß war. Und je offener und widerspruchsvoller die Entwicklung verlief, desto realitätsnäher erwies sich ja auch dieses Bewußtsein. Letztlich begriff man, daß es bergab ging, und es war dann nur noch eine Sache individueller Neigung und Entscheidung, welche Überlebensstrategien entwickelt und praktisch wirksam gemacht wurden. Für mich muß ich gestehen, daß eine ziemliche Menge an Selbsttäuschung und Selbstbeschwichtigung mit im Spiele war. Meine Entscheidung, die Humboldt-Universität zu verlassen und an die Nationalen Forschungs- und Gedenkstätten in Weimar[50] zu gehen, stand auch im Zeichen des Ausweichens vor den realen Widersprüchen.

Ich will hier nur kurz darauf verweisen, daß die konkrete Situation am Germanistischen Institut der Humboldt-Universität – beziehungsweise an der Sektion, in der die Germanisten steckten (1968–1973 Sektion Philologien/Germanistik, danach Sektion Germanistik) – eine wesentliche Rolle bei alledem spielte. Der Weg war für die Literaturwissenschaftler bereits seit der Mitte der 1960er Jahre immer steiniger geworden. Um 1970 gab es dramatische politische und ideologische Verwicklungen und Auseinandersetzungen, die sowohl für geschätzte Kollegen und enge Freunde als auch für mich selbst teilweise existentiell folgenreich waren. Meine Erinnerungen daran hoffe ich zukünftig noch aufschreiben zu können.[51]

Michael Schlott: Wie ging es weiter?

48   Die Leitlinie wurde gegeben im Referat von Kurt Hager: Zu Fragen der Kulturpolitik der SED. Berlin 1972.

49   Wolf Biermann, der schon jahrelang als ideologischer Feind behandelt worden war, wurde im November 1976 nach einem Konzert vor den Teilnehmern eines DGB-Kongresses in Köln die DDR-Staatsbürgerschaft aberkannt. In Gegenwehr zu diesem Willkürakt formierte sich in der DDR-Intelligenz erstmals eine breitere, unterschiedliche Positionen zusammenführende Opposition; vgl. dazu u.a.: In Sachen Biermann. Protokolle, Berichte und Briefe zu einer Ausbürgerung. Hrsg. von Roland Berbig. Berlin 1994.

50   Am 1. September 1978 wurde an den Nationalen Forschungs- und Gedenkstätten das Institut für klassische deutsche Literatur gegründet, dessen Leitung Hans-Dietrich Dahnke übernahm.

51   Inzwischen liegt eine (ungedruckte) Darstellung im Rahmen autobiographischer Aufzeichnungen vor. Hans-Dietrich Dahnke hat dem Herausgeber des vorliegenden Bandes das umfangreiche Typoskript dankenswerterweise zur Einsicht überlassen; siehe dazu auch die entsprechenden Passagen in II, 2.1.2, S. 51–54.

Hans-Dietrich Dahnke: Die Ereignisse im Zusammenhang mit der Biermann-Ausbürgerung traten ein, als die Berliner Germanistik sich gerade von den Erschütterungen zwischen 1968 und 1972 etwas hatte beruhigen und erholen können. Mir sind zwar keine Tendenzen in Erinnerung, sich offen mit Biermann zu solidarisieren und sich etwa dem Protest der Schriftsteller anzuschließen, aber der Schock war ungeheuer groß. Die einige Jahre zuvor mühsam regenerierten und dann heftigen neuen Attacken ausgesetzten Hoffnungen auf eine positive Entwicklung brachen zusammen. Das Bewußtsein, daß ein schwerwiegender politischer Fehler begangen worden war, ja daß sich hier etwas letztlich nicht mehr Korrigierbares begeben hatte, war bei vielen von uns vorhanden. Es waren freilich nicht nur Resignation und Duckmäusertum bei dem untätigen Kuschen und Schweigen im Spiel. Vielmehr gab es auch ein nicht geringes Maß an innerer Distanz zu den offen opponierenden Schriftstellern, nicht so sehr in Hinsicht auf Ästhetisches und Literarisches, sondern auf Politisch-Strategisches und -Taktisches.

Was indessen die literaturgeschichtliche Arbeit betrifft, so kamen bei dem allem – wie paradox das zunächst erscheinen mag – auch relativ positive Wirkungen heraus. Seit der Biermann-Geschichte konzentrierte sich die Aufmerksamkeit und die schwächer werdende Kraft des Partei- und Staatsapparats nahezu ausschließlich auf die Gegenwartsliteratur, speziell die DDR-Literatur. Zu mehr reichten einerseits die Möglichkeiten nicht mehr aus, andererseits ließ sich auch beim besten Willen vieles nicht mehr auf einen anachronistischen Stand zurückdrehen. Im übrigen saßen auch im Partei- und Staatsapparat nicht wenige Leute, die – wie gehorsam sie auch funktionieren mochten – den Blick für die wachsenden Defizite hatten und gelegentlich auch in vorsichtiger Tuchfühlung mit ähnlich denkenden Wissenschaftlern an Universitäten und Akademien sowohl Schadensbegrenzung als auch Öffnung für neues Denken möglich zu halten versuchten. Für Literaturgeschichte jedenfalls entstand in dieser Konstellation eine relative, aber doch vergleichsweise friedliche und geräumige Nische. Sie habe ich – wie viele andere – zu nutzen versucht. Meine Weimarer Tätigkeit seit 1978 war darauf voll ausgerichtet. Dabei will ich keineswegs außer acht gelassen wissen, daß das, was sich im Bereich literaturgeschichtlicher Arbeit begab, dem Gang der Dinge, den eigentlichen Erfordernissen des Lebens immer nachhinkte. Die aktuellen Fragen wurden von Schriftstellern und Theaterleuten gestellt, und auch deren Antworten waren viel rigoroser. An der Klassik-Debatte in *Sinn und Form* 1973[52] kann man gerade diese Diskrepanz wahrnehmen.

Michael Schlott: Hat es – und wenn ja, welche? – Formen von Kooperation zwischen den Nationalen Forschungs- und Gedenkstätten und der Aufklärungsforschung in Halle gegeben zwischen 1970 und 1980?

Hans-Dietrich Dahnke: Über die Geschichte der Aufklärungsstudien in Halle kann ich keine verläßliche Auskunft geben. Ich muß solche Fragen offen lassen wie: Welche ältere Tradition war wirksam? Noch möglicherweise von Ferdinand Josef Schneider her? Welche Rolle hat Ernst Hadermann in der Bestimmung des wissenschaftlichen Profils gespielt? War Aufklärung offiziell designierter Schwerpunkt? Auf alle Fälle war es, was die litera-

---

52   Die Materialien der Debatte sind veröffentlicht in dem Band: Wer war Brecht. Wandlung und
     Entwicklung der Ansichten über Brecht. Hrsg. von Werner Mittenzwei. Berlin 1977; darin Hans-
     Dietrich Dahnkes Beitrag: „Sozialismus und deutsche Klassik", S. 555–579.

turgeschichtliche Forschung zur deutschen Aufklärungsliteratur betraf, ein Schwerpunkt der Arbeit. Den Hallenser Kollegen wurde nicht zufällig bei der Planung wichtiger, besonders auch im Rahmen staatlicher Ehrungen stattfindender Konferenzen wie etwa für die Klopstock- und die Lessing-Konferenz der Zuschlag gegeben.[53] Die Hallenser Germanisten werden sich ihrerseits langfristig in dieser Richtung engagiert haben. Bis in die letzten Jahre hinein war diese Schwerpunktbildung übrigens wirksam. Ich denke an etliche Kolloquien, die unter Hallenser Ägide im Gleim-Haus in Halberstadt durchgeführt wurden.[54] Bedenkenswert ist gewiß auch die Rolle, die konzeptionelle Probleme für die Hallenser Schwerpunktsetzung spielten. Ich denke, es war auch eine kritische Abwehr der relativ geringen Wertschätzung, die der Aufklärungsliteratur als ästhetischem Phänomen und in Bezug auf deren poetologisches Konzept durch die Scholz-Schule gewährt wurde. Das geht bis in die Arbeiten der Nachwuchswissenschaftler, die bei Höhle, Hartung und Werner arbeiteten, hinein.

Michael Schlott: Wie war das Verhältnis zwischen Halle und den Nationalen Forschungs- und Gedenkstätten (NFG)?

Hans-Dietrich Dahnke: Bis an die Mitte der 1970er heran sicher nicht besser als das aller Universitäts- und Akademieeinrichtungen in der Germanistik zu den NFG in Weimar. Das hing damit zusammen, daß mit Holtzhauer persönlich und konzeptionell keine ersprießliche Zusammenarbeit möglich war. So herrschte überwiegend Funkstille, sofern nicht eine engere Kooperation unumgänglich war – wie beispielsweise in der Arbeit an der *Literaturgeschichte*, wo Weimar, vertreten durch Hans-Heinrich Reuter und Regine Otto, den zweiten Teil des Sechsten Bandes,[55] die Periode von etwa 1770 bis 1789 zu bearbeiten hatte. Entsprechend schwierig und auseinandersetzungsreich verlief dann aber auch wiederum selbst diese Kooperation. Ich habe den miserablen Stand dieser Beziehungen außerhalb der Arbeit an der *Literaturgeschichte* beispielsweise unmittelbar als Beiträger zu dem *Lexikon der deutschen Klassik*,[56] das in Weimar entwickelt wurde, erfahren: Ich war aufgrund gutmütiger Naivität nahezu der einzige Universitätsgermanist, der sich daran mit

---

53   Vgl. Anm. 8.

54   Etwa (ohne Anspruch auf Vollständigkeit) die Konferenz zum 250. Geburtstag von Wieland im September 1983, das Kolloquium zur deutschen Reiseliteratur im Umfeld der Französischen Revolution im September 1985 und das Kolloquium zum Spätwerk Wielands im November 1987.

55   Geschichte der deutschen Literatur. Bd. 6: Vom Ausgang des 17. Jahrhunderts bis 1789. Von einem Autorenkollektiv. Leitung: Erster Teil (1700–1770) Werner Rieck in Zusammenarbeit mit Paul Günter Krohn; Zweiter Teil (1770–1789) Hans-Heinrich Reuter in Zusammenarbeit mit Regine Otto. Berlin 1979; siehe auch die ausführliche Darstellung zum Gesamtprojekt der Literaturgeschichte im weiteren Verlauf dieses Interviews, S. 244 f.

56   Holtzhauer, von 1953 bis zu seinem Tode 1973 Direktor bzw. Generaldirektor der Weimarer Klassikerstätten, initiierte – vermutlich als Versuch einer Gegenwirkung zur zunehmend kritischer werdenden Sicht auf die Klassik und deren Rezeption auch in der DDR, nicht zuletzt auf die von ihm selbst dezidiert vertretenen Positionen – in der zweiten Hälfte der 1960er Jahre das großangelegte Projekt eines *Lexikons der deutschen Klassik*. Die Texte lagen Anfang der 1970er Jahre so gut wie vollständig vor, kamen aber nicht mehr zum Druck. Nach der Übernahme der Leitung der Weimarer Stätte durch Walter Dietze 1975 wurde durch Literaturwissenschaftler ein Gutachten erarbeitet, das zu dem Ergebnis kam, das Lexikon als in vielen Kernpunkten überholt nicht mehr zu veröffentlichen.

einigen Beiträgen beteiligte – und dann kam es im Zusammenhang mit meinen Romantik-Artikeln[57] auch noch zum entschiedenen Bruch.

Nach Holtzhauers Tod und mit der Installation Walter Dietzes als Generaldirektor der NFG änderte sich diese Sachlage grundsätzlich. Nachdem 1975 noch einmal mit einer sehr stark kulturpolitisch und theoretisch ausgerichteten Erbe-Konferenz[58] offizielle Wegmarken gesetzt worden waren, fanden spätestens ab 1978 regelmäßige jährliche Treffen aller zum 18. und frühen 19. Jahrhundert arbeitenden Literaturhistoriker der DDR in Weimar statt. Für diese sogenannten Frühjahrsberatungen wurden die Themen in Weimar, von mir in Zusammenarbeit mit Walter Dietze und Peter Goldammer sowie mit meinen Institutskollegen Bernd Leistner, Jochen Golz und Regine Otto, gestellt, und das waren dann konkrete literaturgeschichtsbezogene Themen, auch zur Aufklärung.

Wichtig war übrigens noch, daß in Weimar alle zwei Jahre die Hauptversammlungen der Goethe-Gesellschaft stattfanden.[59] Das Zusammentreffen mit westdeutschen und nicht-deutschen Germanisten, gerade auch aus westlichen Ländern, brachte für Weimar eine besondere Chance mit sich.

Michael Schlott: Seit wann nahmen an den Beratungen Vertreter der offiziellen Kulturpolitik teil?

Hans-Dietrich Dahnke: Sie waren immer dabei: Vertreter der entsprechenden Abteilungen Wissenschaft und Kultur im Zentralkomitee der Sozialistischen Einheitspartei Deutschlands und im Ministerium für Hoch- und Fachschulwesen, und auch Wissenschaftler von der Akademie für Gesellschaftswissenschaften beim Zentralkomitee. Sie wurden so selbstverständlich eingeladen wie sie teilnahmen. Es waren überwiegend umgängliche Leute, relativ undogmatisch, problematisch nur in politischen Konfliktsituationen, wo sie dann die offizielle politische Linie zu vertreten hatten und auch vertraten. Ich habe die meisten dieser Beratungen in guter Erinnerung. Sie verliefen in produktiver Atmosphäre – was um so eher begreiflich ist, als angesichts der sonstigen Kontakt- und Wirksamkeitsbeschränkungen hier eben ein gutes Forum für Begegnungen und Gespräche existierte. Politische Anforderungen, insbesondere Rituale, wurden, wenn unvermeidbar, zumeist ziemlich lässig und ganz formal bedient. Das machte diese Treffen doppelt erträglich und erfreulich.

---

57   Auf Einladung Holtzhauers hatte Hans-Dietrich Dahnke etwa acht Artikel, nahezu ausschließlich zur Romantik, übernommen, darunter einen längeren Artikel zu „Wesen und Geschichte der Romantik" sowie kürzere zu den Stichworten „Romantische Naturauffassung", „Progressive Universalpoesie" und „Romantischer Nihilismus". Dahnkes Sicht auf die Romantik stand in fundamentalem Gegensatz zu derjenigen Holtzhauers, und so wurden Dahnkes Artikel von Holtzhauer nicht akzeptiert. Über den Artikel zum „Romantischen Nihilismus" kam es zum endgültigen Bruch.

58   Das kulturelle Erbe in unserer sozialistischen Gesellschaft. Wissenschaftliches Kolloquium 21. bis 23. Oktober 1975 in Weimar. Hrsg. von der Akademie für Weiterbildung in Berlin. Berlin 1976; vgl. dazu auch den Bericht von Dieter Schiller u. a.: Probleme des Erbes, des Erbens, der Erben. Notizen über ein wissenschaftliches Kolloquium im tausendjährigen Weimar. In: Weimarer Beiträge 22 (1976), H. 2, S. 126–143. Das Kolloquium fiel praktisch mit dem Beginn der Tätigkeit Walter Dietzes als Generaldirektor der Nationalen Forschungs- und Gedenkstätten zusammen.

59   Zur Tätigkeit der Goethe-Gesellschaft und zur Bedeutung von deren Hauptversammlungen siehe Hans-Dietrich Dahnke: Klassisches Erbe in der DDR. In: Genius huius Loci. Weimarer kulturelle Entwürfe aus fünf Jahrhunderten. Ausstellungskatalog Weimar 1992, S. 203–227; Lothar Ehrlich: Die Goethe-Gesellschaft im Spannungsfeld der Deutschland- und Kulturpolitik der SED. In: Weimarer Klassik in der Ära Ulbricht. Hrsg. von L. E. und Gunter Mai. Köln u. a. 2000, S. 251–282.

Michael Schlott: Gab es Kooperationen zwischen den Nationalen Forschungs- und Gedenkstätten und dem Bremer Forschungsschwerpunkt ‚Spätaufklärung‘?

Hans-Dietrich Dahnke: Nein.

Michael Schlott: Aber es gab die Kooperation zwischen den Hallensern und den Bremern?

Hans-Dietrich Dahnke: Ich weiß es nicht. Vielleicht noch in den allerletzten Jahren der DDR.

Michael Schlott: Dann wollen wir uns auch nicht lange damit aufhalten und zu interessanteren Dingen kommen: zur Klassik-Debatte. Der Siebente Band der *Geschichte der deutschen Literatur* gliedert zunächst von 1789 bis 1806, und die Binnengliederung lautet 1789–94 und 1794–1806. In den *Ansichten der deutschen Klassik* hat Günter Mieth widersprochen. Er äußerte den Verdacht, für eine solche Phasenbildung seien nur Denktraditionen wirksam, „die den wirklichen literarischen Entwicklungsprozeß dieser Periode durch ein von der bürgerlichen Literaturwissenschaft übernommenes Periodisierungsschema ersetzten“.[60] Vielmehr: Er hat als Frage formuliert, ob das so sei. Er sagte, die entscheidende Zäsur in der deutschen Literaturgeschichte am Ausgang des 18. Jahrhunderts seien nicht die Jahre 1794–95, sondern die Jahre 1796–97. Was hat er mit dieser knappen Verschiebung um wenige Jahre bezweckt?

Hans-Dietrich Dahnke: Hinter den solchermaßen diskutierten Fragen steckt eine ziemlich komplexe Problematik, die ich zu erläutern versuchen will.

Man muß dabei berücksichtigen, welche gewichtige, ja manchmal vorrangige, entscheidende Rolle die Periodisierung damals, also im Kontext der Arbeit an der *Geschichte der deutschen Literatur*, spielte. Hier ging es um eine grundsätzliche methodische, konzeptionelle Opposition marxistischer Literaturgeschichtsschreibung gegenüber der „bürgerlichen“. Es ist bezeichnend, daß Mieths kritische Nachfrage und Gegenthese zur Periodisierungslösung des Siebenten Bandes der *Geschichte der deutschen Literatur* in durchaus üblicher Weise die Tradition bürgerlicher Periodisierung der Literaturgeschichte am Ende des 18. Jahrhunderts zur Negativfolie hat. Marxistische Literaturgeschichtsschreibung unterschied sich im Kern von der bürgerlichen durch die strikte Überwindung von deren ahistorischer Betrachtungsweise, von deren Abtrennung der Literatur von Realgeschichte. Hier ist weder das Problem marxistische contra bürgerliche Literaturwissenschaft noch das Problem zu diskutieren, ob diese bürgerliche Literaturwissenschaft und in welchem Maße sie ahistorisch verfuhr. Es geht um die Sichtweise jener Jahre, für die zu berücksichtigen ist, daß ja tatsächlich sowohl Geistesgeschichte als auch Stilkritik ein höchst problematisches Verhältnis zur Geschichte hatten. Die marxistische Literaturwissenschaft ging grundsätzlich von Realgeschichte aus (was vor allem soziale und politische Geschichte, bei weitem nicht etwa Kulturgeschichte bedeutete) weshalb ja auch „Realismus“ und „Widerspiegelung“ so zentrale ästhetische und poetologische Kategorien waren. Dabei war zu dem Zeitpunkt, als es an die Erarbeitung der *Geschichte der deutschen Literatur* ging, also in der zweiten Hälfte der 1960er Jahre, den Wissenschaftlern zumindest theoretisch durchaus bewußt, daß es nicht um eine mechanische Übernahme realgeschichtlicher Prozeßverläufe

---

60 Günter Mieth: Krise und Ausklang der deutschen Aufklärung? Gedanken zur Periodisierung der deutschen Literatur am Ausgang des 18. Jahrhunderts. In: Ansichten der deutschen Klassik. Hrsg. von Helmut Brandt und Manfred Beyer. Berlin und Weimar 1981, S. 301–312, hier S. 302.

in der Darstellung von Literaturgeschichte gehen konnte. Ich füge hinzu, daß aus heutiger Sicht Periodisierungsfragen bei weitem nicht mehr der Rang zukommen dürfte wie damals. Für mich jedenfalls sind das vergleichsweise mehr arbeitshypothetische und darstellungs-methodische Probleme.

Zu Ihrer Frage nach Mieths Periodisierungsvorschlag: Nachdem ich mir Mieths Text, von dem Sie ausgingen, noch einmal angesehen habe, glaube ich guten Gewissens sagen zu können, daß er – einmal abgesehen von der gängigen Warnung, in Übereinstimmung mit bürgerlicher Literaturgeschichtsschreibung zu geraten – auf eine ganz eindeutige, legitime Sachdebatte zielte. Also einen Hintersinn kann ich da nicht entdecken. Ich habe auch da-mals (die Beratung im April 1979, auf welcher der Siebente Band der *Literaturgeschichte* zur Diskussion stand und auch Mieth referierte, habe ich selbst geleitet) einen solchen nicht gesehen, aber andererseits auch nicht ganz begriffen, worauf Mieth hinauswollte. Ich erin-nere mich sogar an einen gewissen Unmut, der zum einen auf dem gründete, was noch zu berichten ist, und zum anderen damit zusammenhing, daß Mieth es als Unbeteiligter an der Literaturgeschichte und in gewissem Sinne Ahnungsloser leicht hatte zu kritisieren.

Ich muß jetzt etwas weiter ausholen. In den 1960er Jahren wurde die Erarbeitung einer *Geschichte der deutschen Literatur* aus marxistischer Sicht und durch Literaturwissen-schaftler der DDR gleichsam zu einem Partei- und Staatsauftrag erhoben. Die Orientierung auf ein solches Projekt war schon in den 1950er Jahren in konkrete Arbeit übergegangen. Davon zeugen die beiden Bände zum 16. und 17. Jahrhundert, die im Volk und Wissen Verlag erschienen sind.[61] Anfang der 1960er Jahre, also nach dem Bau der Mauer, gewann das Projekt ein immer stärker offizielles und repräsentatives Profil. Damit wurde auch die ideologische Bedeutung und Belastung immer stärker. 1964–65 – ich war noch nicht lange aus Bagdad zurück und saß an meiner Habilitationsschrift über Fritz Reuter – wurde, ge-wissermaßen als eine Vorstufe zu der großen Darstellung, eine „Skizze zur Geschichte der deutschen Nationalliteratur von den Anfängen der deutschen Arbeiterbewegung bis zur Gegenwart"in Auftrag gegeben und erarbeitet; sie erschien 1964 in Jahrgang 10, Heft 5 der *Weimarer Beiträge*.[62] Dieses Unternehmen, das in relativ kurzer Zeit unter Mitwirkung vieler Literaturwissenschaftler der DDR konzipiert und abgeschlossen wurde, war gleich-

---

61   *Geschichte der deutschen Literatur. Von den Anfängen bis zur Gegenwart.* Berlin 1960–1990. Die Bände 1/1 und 1/2 sowie 4 und 5 erschienen 1960–1965; die Herausgeber-Funktion hatte ein „Kollektiv für Literaturgeschichte" (Klaus Gysi, Kurt Böttcher, Günter Albrecht, Paul Günther Krohn). Band 2 (Mitte des 12. bis Mitte des 13. Jahrhunderts) wurde 1990 publiziert; Band 3 ist nicht erschienen. Herausgeber der Bände 6–11 (für die deutsche Literatur ab 1700) war folgendes Kollektiv: Hans-Günther Thalheim (Vorsitzender), Günter Albrecht, Kurt Böttcher, Hans Jürgen Geerdts, Horst Haase, Hans Kaufmann, Paul Günther Krohn, Dieter Schiller; die Bände erschie-nen 1973–1979. Band 12 (Literatur der BRD) wurde von einem Autorenkollektiv unter Leitung von Hans Joachim Bernhard 1983 veröffentlicht.

62   Siehe dort S. 641–812; vgl. auch in Heft 1 desselben Jahrgangs Elisabeth Simons Beitrag „Aufga-ben der ‚Thesen zur Geschichte der deutschen Nationalliteratur von den Anfängen der deutschen Arbeiterbewegung bis zur Gegenwart'" (S. 56–76) und in Heft 2 die Ausführungen zur Konfe-renz zu den „Thesen zur Geschichte der deutschen Nationalliteratur von den Anfängen der deut-schen Arbeiterbewegung bis zur Gegenwart". Die "Skizze" folgte in entscheidenden konzeptionel-len Punkten dem *Grundriß zur Geschichte der deutschen Arbeiterbewegung* (veröffentlicht Berlin 1963); er ging der Ausarbeitung der achtbändigen *Geschichte der deutschen Arbeiterbewegung* voraus.

sam gedacht als literaturgeschichtlicher Ergänzungsteil zu der achtbändigen *Geschichte der deutschen Arbeiterbewegung*,[63] deren monumentale Disposition ja allein schon darin zum Ausdruck kam, daß Walter Ulbricht höchstpersönlich als Vorsitzender des Autoren-kollektivs fungierte. Danach wurde die große *Literaturgeschichte* ins Zentrum gerückt, wofür so gut wie alle Kräfte der DDR-Germanistik aufgeboten wurden. Es ist mir heute kaum begreiflich, daß und warum Günter Mieth nicht aktiv mit dabei war. Die Histori-ker ihrerseits wurden mit dem ebenso monumentalen, aber politisch-ideologisch sicher als noch wichtiger angesehenen Unternehmen einer *Geschichte des deutschen Volkes* beauf-tragt, und parallel dazu war die *Literaturgeschichte* zu erarbeiten. Wie üblich waren die Vorstellungen der Auftraggeber, die von den zuständigen Funktionären des Partei- und Staatsapparats bei den Wissenschaftlern durchgesetzt werden sollten, viel zu kurzfristig und illusionär. In vielerlei Hinsicht gab es somit bedeutungsvolle und folgenschwere Paral-lelen zwischen beiden Projekten.

Es versteht sich, daß in den konzeptionellen Debatten am Anfang der Arbeit an der *Literaturgeschichte* der Periodisierung aus den bereits angedeuteten Gründen ein zentra-ler Rang zufiel. Wir sahen für das endende 18. Jahrhundert die Französische Revolution als entscheidende Zäsur an. Daß mit ihr eine neue Epoche eingeleitet worden war, war für uns keine Frage – ist es auch heute nicht. Klar war aber auch, daß der Bezug der Ent-wicklung deutscher Literatur zu dieser Epochenzäsur nicht unmittelbar, mechanisch her-gestellt werden konnte. Wir haben intern darüber eingehend diskutiert und versucht, die relative Eigenständigkeit der Literaturentwicklung, zumal der deutschen gegenüber der von Frankreich ausgehenden Realgeschichte, in Rechnung zu stellen. Überlegungen, eventuell statt 1789 etwa einige Jahre davor anzusetzen, um die Differenz zwischen Realgeschichte und Literaturgeschichte noch deutlicher zu betonen, konnten sich nicht durchsetzen, hat-ten auch sicher nicht genügend Substanz und Kraft hinter sich. Ich erinnere mich, daß wir dann noch eine Chance gegeben sahen, die Periodisierungsfrage erneut aufzuwerfen, als die Historiker einen gewissen Schwenk vollzogen (vielleicht erschien uns das aber auch nur als ein solcher), indem sie – mit der durchaus berechtigten Argumentation, daß ein Un-ternehmen wie das ihrige weit mehr Zeit, vor allem aber auch Vorarbeiten bräuchte – ihre Termine entschieden hinausschoben. Ihre Arbeit konzentrierte sich vorerst auf ein neues konzeptionelles Überdenken. Das Resultat liegt meines Erachtens in dem 1979 erschiene-nen Grundriß-Band *Klassenkampf, Tradition, Sozialismus*[64] vor, der gewiß durch tausend Mühlen gegangen ist und somit seinerseits den üblichen Widerspruch zwischen legitimer und notwendiger Bedenk- sowie Erörterungsfunktion und offizieller Repräsentanz doku-mentiert. Die unter Berufung auf den besagten Schwenk erhoffte neue Chance, auch un-sererseits noch einmal nachzudenken, wurde nicht zugestanden. Es ist völlig offen, ob sie, wäre sie zugelassen worden, zu einem besseren Ergebnis geführt hätte. Es ist auch mit zu

---

63 Geschichte der deutschen Arbeiterbewegung in acht Bänden. Autorenkollektiv: Walter Ulbricht (Vorsitzender), Horst Bartel, Lothar Berthold (Sekretär), Ernst Diehl, Friedrich Ebert, Ernst Engelberg, Dieter Fricke, Fritz Globig, Kurt Hager, Werner Horn, Bernard Koenen, Wilhelm Koenen, Albert Schreiner, Hanna Wolf. Berlin 1966.

64 Klassenkampf, Tradition, Sozialismus. Von den Anfängen der Geschichte des deutschen Volkes bis zur Gestaltung der entwickelten sozialistischen Gesellschaft in der Deutschen Demokratischen Republik. Grundriß. Hrsg. vom Zentralinstitut für Geschichte der Akademie der Wissenschaften der DDR. Berlin 1974.

berücksichtigen, daß die Jahre um 1970 innerhalb der Berliner Germanistik schreckliche, dramatische Jahre waren – ich habe darauf hingewiesen.

Die Erinnerung an diesen Kontext machte mir den Kopf heiß, als Günter Mieth mit seiner Kritik daherkam, die von wirklich sachlichen Motiven getragen war, obwohl sie – wären wir seiner Linie gefolgt – wohl auch keine andere Qualität geschaffen hätte. Mir stand damals durchaus nicht der Sinn nach einer Neuauflage der Periodisierungsdiskussion.

Michael Schlott: Sie haben 1981 in den *Ansichten der deutschen Klassik* in Ihrem, wie ich finde, besonders gelungenen Aufsatz über „Schönheit und Wahrheit" hingewiesen „auf den notwendigen Vorgang der Überwindung eines harmonisierenden und idealisierenden Klassikbildes".[65] Sie stellen dann aber klar: „Spätestens jedoch, seit Martin Fontius den großen ideologischen Vorschlaghammer genommen hat, um der Ideologie der Kunstperiode und natürlich erst recht ihren heutigen – mehr vermeintlichen als wirklichen – Anhängern den Garaus zu machen, ist es an der Zeit, die historisch-kritische Sicht erneut zu differenzieren [...]."[66] Herr Dahnke, was hat Sie zu dieser Polemik veranlaßt?

Hans-Dietrich Dahnke: Es ging um Fragen und Streitpunkte im Kontext der um 1980 herum geführten Debatte über die „Kunstperiode", einer spezifischen Filiation der Klassik-Debatte. Am Zentralinstitut für Literaturgeschichte der Akademie der Wissenschaften war seit der Akademie-Reform eine Arbeitsgruppe von Romanisten und Germanisten tätig, in der von romanistischer Seite unter anderem Martin Fontius und Winfried Schröder, von germanistischer Seite unter anderem Peter Weber und Anneliese Klingenberg tätig waren. Sie hatten 1977 den Band *Literatur im Epochenumbruch* herausgebracht,[67] sich derweilen und danach aber zerstritten. Die Weiterführung der Arbeit in der germanistischen Gruppe unter Leitung von Peter Weber ergab dann den Band *Kunstperiode* von 1982.[68] Ich fand die Problemstellung akzeptabel und fruchtbar, wehrte mich aber gegen einen rein auf ideo-

---

65   Hans-Dietrich Dahnke: Schönheit und Wahrheit. Zum Thema Kunst und Wissenschaft in Schillers Konzeptionsbildung am Ende der achtziger Jahre des 18. Jahrhunderts. In: Ansichten der deutschen Klassik (wie Anm. 60), S. 84–118, hier S. 86.

66   Dahnke: Schönheit und Wahrheit (wie Anm. 65), S. 86.

67   Literatur im Epochenumbruch. Funktionen europäischer Literaturen im 18. und beginnenden 19. Jahrhundert. Hrsg. von Günther Klotz u. a. Berlin und Weimar 1977. Im Zuge der 1968 begonnenen und 1972 abgeschlossenen Reformen zur Organisationsstruktur wurde 1972 die „Deutsche Akademie der Wissenschaften zu Berlin" umbenannt in „Akademie der Wissenschaften der DDR". Die Zentralinstitute wurden 1969 gegründet. Werner Mittenzwei war der erste Direktor des Zentralinstituts für Literaturgeschichte (mit Schwerpunkt zur interphilologischen Theoriediskussion); vgl. Werner Mittenzwei: Aufgaben und Auftrag des Zentralinstituts für Literaturgeschichte. In: Weimarer Beiträge 16 (1970), H. 5, S. 10–30; Modernisierung ohne Moderne. Das Zentralinstitut für Literaturgeschichte an der Akademie der Wissenschaften der DDR (1969–1991). Hrsg. von Petra Boden und Dorothea Böck. Heidelberg 2004.

68   Kunstperiode. Studien zur deutschen Literatur des ausgehenden 18. Jahrhunderts. Von einem Autorenkollektiv. Leitung: Peter Weber. Berlin 1982. Daraus ergab sich eine Debatte in den *Weimarer Beiträgen*; eine Rezension von Waltraud Beyer erschien 1983 (Jg. 29, H. 3, S. 545–551); unmittelbar davor (S. 526–544) steht ein Artikel von Martin Fontius: Nachlese zum Begriff „Kunstperiode"; es folgt (H. 11, S. 1998–2002) ein Artikel von Wolfgang Albrecht: „Kunstperiode" als Epochenbegriff?. Weitere Stellungnahmen gaben 1985 (H. 4, S. 679–685) Tadeusz Namowicz: Der Streit um die „Kunstperiode"; Helmut Peitsch: Rückblick von außen auf eine Diskussion: „Kunstperiode" (S. 685–694) und Hans-Georg Werner: Nochmals: „Kunstperiode" (H. 9. S. 1551–1565).

logische und kommunikative Funktionen reduzierten, die Spezifik einer poetischen Literatur faktisch abweisenden Literaturbegriff, in dem ich vorrangig einen Reflex der völlig einseitigen Klassik-Schelte bei den Linken in der Bundesrepublik sah. Für richtig befand ich einen nicht nur auf das Poetische beschränkten Literaturbegriff, also die Einbeziehung von Sachliteratur und Publizistik und die Relativierung der zuvor von der Realgeschichte abgeschnittenen und verabsolutierten Poesie. Nicht einverstanden war ich vor allem mit der Abqualifizierung beziehungsweise Nichtbeachtung der schönen Literatur, der eigentlichen Dichtung, die ich insbesondere bei den Romanisten vorherrschen sah. In einem solchen problematischen Sinne hatte Martin Fontius bereits 1977 in seinem Aufsatz „Zur Ideologie der deutschen Kunstperiode"[69] argumentiert. Ich fand – und sehe es heute noch genau so – in solchen Tendenzen gleichsam eine Neuauflage der Jenisch-Kritik an der klassischen deutschen Literatur von 1795,[70] die Goethe in dem Aufsatz „Literarischer Sanscülottismus"[71] polemisch und zugleich eminent historisch beantwortet hatte. Ich verweise in diesem Zusammenhang auf einen wenig bekannten Text von mir: „Zur Situation der Klassik-Forschung in der DDR", der in dem Band *Deutsche Klassik und Revolution. Texte eines literaturwissenschaftlichen Kolloquiums*[72] erschienen ist. Faktisch war der nicht unbedingt elegante polemische Seitenhieb auf Fontius in dem Band *Ansichten der deutschen Klassik*[73] von 1981 nur eine Wiederholung der bereits 1978 in Rom vorgetragenen kritischen Auseinandersetzung, die in dem eben genannten Aufsatz nachzulesen ist.

Folgende Problematik sollte man als erweiterten Kontext einbeziehen: Fontius kam aus der Krauss-Schule, ich fühlte mich – bei allem großen Respekt für Krauss – konzeptionell entschieden mehr mit dem verbunden, was Scholz und seine Schule wollten. Meine Polemik war auch ein Reflex der Spannungen, beruhte aber auf einer sachlichen Differenz. Wenn ich es auf einen zentralen Punkt bringe, ging es dabei tatsächlich darum, zumindest im Bereich der Literaturgeschichte – aber in der DDR wurden in diesem Bereich viele Debatten und Kontroversen ausgetragen, die sich an gegenwärtigen Literaturentwicklungen nicht austragen ließen – den Anspruch der Ideologie auf die Poesie zurückzuweisen.

Mit Martin Fontius, den ich erstaunlicherweise bis dahin kaum persönlich kennengelernt hatte, fand ich später übrigens sehr schnell einen guten persönlichen Kontakt. Mitte der 1980er Jahre stand bei einer unserer Weimarer Frühjahrsberatungen das Thema ‚Spätaufklärung' auf der Tagesordnung. Dazu hatte ich Fontius eingeladen. Er hat da referiert, und es gab nicht die Spur von Verstimmung mehr ob der ja nur kurze Zeit zurückliegenden Polemik.

---

69   Martin Fontius: Zur Ideologie der deutschen Kunstperiode. In: Weimarer Beiträge 23 (1977), H. 2, S. 19–42.

70   Daniel Jenisch: Ueber Prose und Beredsamkeit der Deutschen. In: Berlinisches Archiv der Zeit und ihres Geschmacks 1 (1795), Teil 1: S. 249–256; Teil 2: S. 373–377.

71   Johann Wolfgang von Goethe: Litterarischer Sanscülottismus. In: Die Horen. 2. Bd., 5. St. (1795), S. 50–56; dazu Daniel Jenisch: Berichtigung eines auffallenden Mißverständnisses in den Horen (1795, St. V, S. 50–56: Litterarischer Sansculottismus). Nebst einer Nacherinnerung der Redaktoren. In: Berlinisches Archiv der Zeit und ihres Geschmacks 2 (1795), September, S. 23–145.

72   Hans-Dietrich Dahnke: Zur Situation der Klassik-Forschung in der DDR. In: Deutsche Klassik und Revolution. Texte eines literaturwissenschaftlichen Kolloquiums. Hrsg. von Paolo Chiarini und Walter Dietze. Rom 1981, S. 15–50.

73   Siehe Anm. 65.

Michael Schlott: Wir kommen jetzt, wenn es Ihnen recht ist, noch einmal auf Peter Müller zurück. Die Sturm-und-Drang-Literatur wird in DDR-Literaturgeschichten grosso modo als ‚volksverbunden‘ charakterisiert. Es ist die Rede von einer ‚Partnerschaft‘ zu den unteren Volksschichten, Bürgern, Bauern und Plebejern. Jetzt fragt sich der literaturwissenschaftlich Informierte sofort, was ist eigentlich mit dem *Werther*? Man muß das am konkreten Fall überprüfen. Peter Müller hat in seiner 1969 erschienenen Dissertation,[74] Sie wissen das besser als ich, den *Werther* als Überwindung der Aufklärung durch den Sturm und Drang charakterisiert, als Prototyp des Modernen. Warum hat sein Buch in der DDR eine so einhellig ablehnende Kritik provoziert?[75] Soll ich die Frage differenzieren? Ich denke aber, Sie haben genügend Hintergrund …

Hans-Dietrich Dahnke: Eher zuviel, so daß ich mich konzentrieren muß, und ich weiß nicht, wieweit das gelingt.

Michael Schlott: Dann wissen Sie auch etwas über ein angebliches Parteiverfahren gegen Müller?

Hans-Dietrich Dahnke: Ja. Es war übrigens ein sehr reales Parteiverfahren …

Michael Schlott: Und Sie wissen auch, warum die Druckfassung erst vier Jahre später erschien und ob es sich dabei um eine ‚entschärfte‘ Fassung handelte? Wie waren die Hintergründe und Zusammenhänge?

Hans-Dietrich Dahnke: Zunächst zweierlei: Erstens: Mit Peter Müller bin ich seit fast 40 Jahren befreundet – was nicht zugleich Differenzen in wissenschaftlichen Fragen ausschließt –, und es fällt mir auch deshalb nicht leicht, in diesem Gesprächskontext die Probleme präzise und gedrängt darzustellen. Zumal: Es mischt sich, nachdem Peter Müller – ich meine: 1992 – die Humboldt-Universität verlassen hat und in den Vorruhestand gegangen ist, sehr viel an Problemaspekten ein, die alles sehr komplizieren. Ich würde mich auch nur sehr bedingt befugt fühlen, das alles hier und heute auszubreiten. Zweitens: Die ganze Angelegenheit – rund um Peter Müllers *Werther*-Arbeit und das damalige Parteiverfahren – gehört zu jenem unseligen Kapitel der Germanistik an der Humboldt-Universität, das ich gern einmal so genau wie möglich darstellen möchte.

Zu den Fakten: Peter Müller hatte seine Dissertation über den *Werther* bereits 1963 fertiggestellt und eingereicht. Daß das Promotionsverfahren erst 1965 abgeschlossen wurde, hatte – soweit ich weiß – keine anderen Gründe, als daß damals fast immer soviel Zeit zwischen Einreichung und Abschluß verging. Auch daß die Buchausgabe erst 1969 erschien

---

74 Peter Müller: Zeitkritik und Utopie in Goethes „Werther“. Analyse zum Menschenbild der Sturm- und Drang-Dichtung. Berlin 1965 (Phil. Diss. Humboldt-Universität); Buchpublikation: Berlin und Weimar 1969; 2., überarb. Aufl.: Berlin 1983.

75 Grundsätzlich kritisch, teilweise scharf ablehnend, waren zwei Artikel in den *Weimarer Beiträgen*: Hans Kortum und Reinhard Weisbach: Unser Verhältnis zum literarischen Erbe. Bemerkungen zu Peter Müllers „Zeitkritik und Utopie in Goethes ‚Werther‘“. In: Weimarer Beiträge 16 (1970), H. 5, S. 214–219; nahezu vernichtenden Charakter hatte die Kritik an dem Buch, die intern im Rahmen der Partei und der staatlichen Institutionen geübt wurde. Die Dissertation war von den Gutachtern (Hans-Günther Thalheim und Gerhard Scholz) mit sehr guten bzw. guten Noten beurteilt worden und fand bereits vor ihrer Veröffentlichung in der Reihe *Germanistische Studien* große Beachtung und Zustimmung, bevor 1970 die Kritik einsetzte; siehe dazu auch das Interview mit Peter Müller, S. 359–375, hier S. 368 f.

– und zwar meines Wissens ohne irgendwelche inhaltlichen Abbiegungen oder Entschär-
fungen –, ist der Normalität des wissenschaftlichen Lebens damals in der DDR zuzurechnen. Wichtig ist aber einiges im zeitgeschichtlichen Kontext: 1965 hatte das berüchtigte
11. Plenum stattgefunden,[76] 1968 der „Prager Frühling" und dessen Unterdrückung. Peter
Müller geriet mit seinem Buch mitten in diese Geschichte hinein, und es gehörte auch
tatsächlich genau in diesen Zusammenhang hinein. 1967 war man in der Redaktion des
Sonntag – der Wochenzeitung des Kulturbundes, deren Redaktion im Hause des Aufbau-
Verlags saß, wo die Dissertation für den Druck vorbereitet wurde – auf die Arbeit auf-
merksam geworden. Die Fragestellung erhielt im *Sonntag*, nämlich in der Befragung von
Studenten, genau die aktuelle Zuschärfung und Placierung, die die Verbindung zwischen
Vergangenheit und Gegenwart, zwischen dem Schicksal Werthers und dem Spannungs-
zustand zwischen Utopie und Wirklichkeit im Sozialismus, speziell in Hinsicht auf die
Persönlichkeit, die Individualität, herstellte.[77] An diesem Punkt muß man ansetzen, um
zu begreifen, worum es bei der Kritik an Peter Müllers Buch und bei dem Parteiverfahren
gegen ihn ging. Ähnlich wie in damaligen Werken der DDR-Literatur wurde die kritische
Frage nach dem Schicksal der Individualität gestellt beziehungsweise die Kritik über die
poetische Konfiguration vermittelt. Es ging um das autonome, sich selbst bestimmende
Subjekt, das sich – ermuntert durch den Anspruch der Überführung der Utopie in die Wirklichkeit – mit der Gesamtgesellschaft in Übereinstimmung finden möchte, dem das aber gerade verwehrt wird. Es ist kein Zufall, daß das Parteiverfahren gegen Peter Müller zusammen mit den Parteiverfahren gegen Inge Diersen und Sigrid Töpelmann lief,[78] denen ein

---

76   Vgl. Anm. 45.

77   Vgl. Sonntag. Die kulturpolitische Wochenzeitung. Hrsg. vom Deutschen Kulturbund, Nr. 48 vom
     26. November 1967. Drei Jahre vor der Generalattacke von 1970 wurden (als Thema der Wo-
     che in der Reihe „Disput") unter dem Titelbeitrag „Wenn nicht alle Blütenträume reifen. Ist die
     Werther-Problematik noch aktuell?" (S. 3 f.) über sechs Seiten hinweg Auszüge aus der Disser-
     tation Peter Müllers (S. 4), Artikel über „Stil und Ausdruck in wissenschaftlichen Arbeiten" (von
     Günter Rose, S. 5) und über den „Germanisten Dr. PeterMüller" (von Uwe Kant, S. 5) veröffent-
     licht. Studenten antworteten auf eine Umfrage „Halten Sie die Werther-Problematik für aktuell?"
     (S. 6 und 8), ergänzt von einem analysierenden Beitrag zu diesen Auskünften (von Jutta Voigt,
     S. 7), dazu kam ein Interview „Wissenschaftlichkeit plus essayistische Darlegung. Zur Publika-
     tion von Dissertationen" (Jutta Voigt mit Jürgen Jahn, S. 8). In allen diesen Texten gab es keinen
     einzigen grundsätzlich kritischen Akzent, sondern durchgehend positive, ja enthusiastische Aus-
     sagen zur Arbeit von Peter Müller; siehe dazu das Interview mit Peter Müller, S. 359–375, hier
     S. 368 f.

78   Inge Diersen kam aus dem Scholz-Kreis, war aber – was durchaus zu Scholzens Intentionen ge-
     hörte – auf Literatur des 20. Jahrhunderts spezialisiert (Dissertation 1954 über Thomas Mann,
     Habilitation 1963 über Anna Seghers; beide Arbeiten erschienen 1959 bzw. 1965 in den *Germa-
     nistischen Studien*). Ab 1965 hatte sie eine Professur am Germanistischen Institut der Humboldt-
     Universität inne, zeitweilig war sie amtierende Institutsdirektorin. Laut Lexikon *Schriftsteller der
     DDR* (hrsg. von Günter Albrecht u.a., Leipzig 1974) übte sie 1970–1973 eine „kulturpolitische
     Tätigkeit im Chemiekombinat Bitterfeld" aus, d.h. sie war zur Strafe ‚in die Produktion geschickt'
     worden – ironischerweise übrigens fast genau zu dem Zeitpunkt, als die SED von dem „Bitter-
     felder Weg" endgültig abging. Sigrid Töpelmann war Assistentin bzw. Oberassistentin am Ger-
     manistischen Institut, wurde mit einer Arbeit über DDR-Literatur promoviert und erarbeitete ge-
     meinsam mit Inge Diersen 1969 einen Aufsatz „Persönlichkeit und Sozialismus zu thematischen
     Tendenzen und Aufgaben der neuesten DDR-Literatur", der zur Veröffentlichung in den *Weimarer*

unkritisches Verhalten gegenüber Christa Wolfs *Nachdenken über Christa T.* vorgeworfen wurde.

Übrigens ist 1983 eine zweite Auflage des *Werther*-Buches erschienen – überarbeitet, wie ausdrücklich hervorgehoben ist, und doch, soweit ich es bei eingehendem Vergleich feststellen konnte, in den entscheidenden inhaltlichen Punkten nicht verändert.

Michael Schlott: Welche Konsequenzen konnte ein Parteiverfahren zeitigen?

Hans-Dietrich Dahnke: Inge Diersen beispielsweise wurde für drei Jahre in die ‚sozialistische Praxis‘ geschickt und hat dann eben diese Zeit als ‚Literaturpropagandistin‘ in Bitterfeld gearbeitet. Sigrid Töpelmann hat nach einigen Jahren die Universität verlassen und ist als Lektorin zum Aufbau-Verlag gegangen. Bei Peter Müller hat sich die Berufung zum Dozenten um Jahre verzögert.

Michael Schlott: Wissen Sie, wie es mit Peter Müllers Karriere weiterging?

Hans-Dietrich Dahnke: Ich weiß nicht mehr genau, wann seine Berufung zum Dozenten erfolgte, etwa in der Mitte der 1970er Jahre – jedenfalls nachdem sich diese unheilvolle Konstellation um 1970 gelockert hatte, nach dem VIII. Parteitag und dem 6. Plenum. Als ich 1978 die Humboldt-Universität verließ und nach Weimar ging, wurde er mein Nachfolger auf dem Lehrstuhl für Neuere deutsche Literatur.

Michael Schlott: Und diese Position hat er noch heute?

Hans-Dietrich Dahnke: Eben nicht. Aber das ist wieder eine ganz neue Geschichte, die mit der Nachwende-Entwicklung zusammenhängt und von der man nur mit erneuter großer Bitterkeit erzählen kann.

Michael Schlott: Verständigen wir uns darauf, im folgenden den Terminus ‚Empfindsamkeit‘ zu verwenden: Wann setzten in der ehemaligen DDR Forschungen zu diesem Bereich ein? Ich hatte bereits Gerhard Scholz genannt, Peter Müller ist mit seinem Buch über *Werther* eine zentrale Figur. Haben Forschungen von Alewyn zum Beispiel und später von Alewyns Schüler Pikulik gewirkt? Hat Sauder gewirkt? Hat die westdeutsche Literaturwissenschaft überhaupt eine nennenswerte Rolle gespielt in diesem Bereich?

Hans-Dietrich Dahnke: In den früheren Jahrzehnten hat die westdeutsche Literaturwissenschaft eigentlich immer eine Rolle gespielt, aber überwiegend nur als Kontrastfolie, als Gegenstand polemischer Abgrenzungen. Das ergab sich vor allem im Zusammenhang mit den sehr unterschiedlichen, ja gegensätzlichen politischen Auffassungen. In dem Maße, wie sich innerhalb der DDR-Wissenschaft ein eigenes Kommunikations- und auch Spannungsfeld herausbildete, stand die Auseinandersetzung nicht mehr so im Zentrum. Mitwirkte gewiß auch der Umstand, daß die westdeutschen Publikationen in den Bibliotheken nicht immer so zur Verfügung standen und erreichbar waren. Und dann scheint es mir auch, daß man bestrebt war, eine größere Freiheit gegenüber den vielfachen Irrungen-Wirrungen zu erlangen. Wenn ich da von mir selbst sprechen darf: Ich hatte eine lange, über etliche Jahre

---

Beiträgen vorgesehen war, aber nicht erschien und statt dessen zum Auslöser der heftigen Kritik wurde, in deren Gefolge Inge Diersen nach Bitterfeld geschickt wurde. Sigrid Töpelmann wurde einige Jahre später Lektorin am Aufbau-Verlag und erwarb sich Verdienste nicht zuletzt um die Publikation von Werken Christa Wolfs; vgl. auch Dorit Müller: Die Erzählforscherin Inge Diersen (1927–1993). Ein Beitrag zur Konfliktgeschichte der DDR-Germanistik. In: Zeitschrift für Germanistik, N. F. 20 (2010), H. 2, S. 369–387.

gehende Phase – in der ich, nicht zuletzt unter dem Druck der Universitätsanforderungen – in einem für mich heute fast sträflich zu nennenden Maße die Sekundärliteratur, die Forschungsdiskussion vernachlässigte. Da war für mich allein der Text von Interesse. Zu einem Teil war vielleicht auch noch ein Moment von – sagen wir es ruhig – ideologischer Überheblichkeit mit im Spiel. Schließlich ließ sich der Auf- und Umbruch in der westdeutschen Germanistik seit dem Ende der 1960er Jahre auch als ein Schritt in eine Richtung sehen, die man selbst schon längst eingeschlagen hatte. Ich kann das nicht im einzelnen bestimmen, aber ich meine, solche Konstellationen haben eine Rolle gespielt. Unabhängig davon: Über vieles in der fachwissenschaftlichen Entwicklung kann man auch heute sehr kritisch denken. Für mich jedenfalls war damals entscheidend, den Text zu sehen. Natürlich hat auch die andere Arbeitskonstellation, die ich hier in Weimar ab 1978 am Institut für klassische Literatur an den NFG hatte, ihre Früchte getragen.

Michael Schlott: In der Vorbemerkung zur zweibändigen Publikation *Debatten und Kontroversen* findet sich ein Passus, der mich veranlaßt nachzufragen. Ich zitiere: „Es war uns nur allzu wichtig, gerade den Bedingungen, Bewandnissen und Weisen öffentlich geführter *Auseinandersetzung* nachzufragen, ihrem Stil, ihrer Methoden, ihrer Bewegkraft, nicht minder dem jeweils registrierbaren Effekt. Geschrieben haben wir die Beiträge in einer Zeit, in der sich in der DDR an vergleichbarer öffentlicher Kommunikation nur wenig zutrug. Um so größer daher unser Interesse für literarische Debatten und Polemiken, die es in so beträchtlicher Fülle vor etwa zweihundert Jahren gegeben hat und an die denn auch nicht nur aus rein literarhistorisch gerichtetem Antrieb erinnert werden sollte. In manchem, was hervorgegraben wird, steckt Aufforderndes, der gegenwärtigen Situation Impulse Gebendes genug; und nicht zuletzt deswegen *haben* wir es hervorgegraben.“[79] Ich interpretiere demnach richtig, wenn ich diesem Passus Appellcharakter zuspreche, und zwar im Sinne eines kritischen Appells, die öffentliche Diskussionskultur in der ehemaligen DDR zu verbessern im Sinne aufklärerischer Programmatik, vielleicht auch im Sinne frühneuzeitlicher Disputationskultur, wie Sie es andeuten, streng sachbezogen mit Höflichkeit, mit sachkundiger Akkuratesse, gemeinsam zur Wahrheitsfindung beizutragen, ohne die jeweiligen Kontrahenten zu vernichten.

Hans-Dietrich Dahnke: So ist es. Ich kann das nur ganz einfach bestätigen und sagen, so ist es.

Michael Schlott: Bleiben wir einen Moment bei Ihrem Aufsatz zur Gelehrtenrepublik in der *Debatten und Kontroversen*-Publikation und den damit verbundenen Forderungen nach akkurater Polemik.[80] Sie bewegen sich dort in einem semantischen Umfeld, das mich sehr stark an literaturtheoretische und literatursoziologische Positionen erinnert, wie sie – etwa ausgehend von Jürgen Habermas – zu Beginn der 1970er Jahre in der BRD ausgebildet worden sind. Stichworte wären etwa „Öffentlichkeit“, natürlich „Kommunikationsverhält-

---

79 Debatten und Kontroversen. Literarische Auseinandersetzungen in Deutschland am Ende des 18. Jahrhunderts. Hrsg. von Hans-Dietrich Dahnke und Bernd Leistner. 2 Bde. Berlin und Weimar 1989, Bd. 1, S. 11 (Hervorhebungen im Original).

80 Hans-Dietrich Dahnke und Bernd Leistner: Von der „Gelehrtenrepublik“ zur „Guerre ouverte“. Aspekte eines Dissoziationsprozesses. In: Debatten und Kontroversen (wie Anm. 79), Bd. 1, S. 13–38.

nisse", „Dissoziationsvorgang", „Divergenz" etc. Sind solche Termini auch zu begreifen als Legate einer im weitesten Sinne verstandenen Theorie des kommunikativen Handelns, oder würden Sie sich dadurch gründlich mißverstanden fühlen?

Hans-Dietrich Dahnke: Nein, ganz im Gegenteil. Wir haben bewußt darauf hingearbeitet, mit dem, was wir taten, nicht nur etwas für Literaturgeschichtsschreibung zu tun, sondern darüber hinaus möglichst weiter zu wirken. Aber es war sozusagen die Konsequenz, die in der Methodenentscheidung lag – worüber man im nachhinein immer wieder noch streiten kann. Wir sind damit jedenfalls nicht zu Dissidenten geworden, sondern sahen danach, was im Rahmen der Gegebenheiten möglich war. Und da kann man heute sagen, vielleicht wäre mehr möglich und notwendig gewesen. Wir hatten uns damals ganz streng, wirklich streng, darauf geeinigt, die historische Ebene methodisch exakt einzuhalten und vordergründig oder ahistorisch erscheinende Aktualisierungen zu verbieten und statt dessen derlei Schlußfolgerungen einem mündigen Leser zu überlassen.

Michael Schlott: Das ist eigentlich ein eminent aufklärerischer Gedanke, wenn man sich überlegt, daß wissenschaftliches Handeln in der Regel keine Wirkung auf die Moral hat …

Hans-Dietrich Dahnke: Ja, wir haben das genau in einem solchen umfassenden, aber dann auch speziell gerichteten Sinne gemeint. Wir haben im Zusammenhang mit der Erarbeitung der beiden Bände *Debatten und Kontroversen* sehr intensive Diskussionen gehabt; Sie haben die Intentionen, die uns leiteten, völlig richtig genannt.

Michael Schlott: Die beiden Bände erschienen 1989, vorne steht allerdings noch das Jahr 1987.

Hans-Dietrich Dahnke: Das ist den Produktionsvorgängen geschuldet. Redigiert und korrigiert worden sind die Bände mit einer Akkuratesse, die ich vielen heutigen Publikationen nur wünschen kann.

Michael Schlott: Das Gesamtgutachten hatte Peter Weber: Wie ist in diesem Zusammenhang „Gutachten" zu verstehen? Hat er einfach nur redigiert oder war er autorisiert, bestimmte Auflagen für die Drucklegung zu bestimmen?

Hans-Dietrich Dahnke: Die Redaktion lag bei uns – auch das Lektorat des Verlags brachte seine Meinung mit ein; Auflagen in einem verpflichtenden Sinne (etwa wie bei Zensur) gab es zu dem Zeitpunkt in unserem Arbeitsbereich längst nicht mehr. Es ging darum, Probleme zu benennen und Vorschläge zu machen. Das Gutachten von Peter Weber, der übrigens auch zum weiteren Freundeskreis gehörte, ist für mich heute noch eine spannende Lektüre.

Michael Schlott: 1987 zur Drucklegung gekommen, 1989 erschienen – die Fertigstellung datiert also kurz vor den Geschehnissen, die von vielen vorschnell als ‚Vereinigung' bezeichnet worden sind. Ich meine das nicht polemisch. Wollten Sie unter anderem durch die prononcierten Ausführungen des Vorworts Ihrerseits zur weiteren Annäherung beider deutscher Staaten beitragen, oder muß man Ihre Ausführungen als Argumentation auf der Spitze der Zeit begreifen? Sind diese Ausführungen also letztlich als Ausdruck oder Reflex – jetzt nicht im Sinne einer Widerspiegelungstheorie – dessen zu lesen, was sich in der ehemaligen DDR ohnehin bereits als öffentliche politische Tendenz kundtat? Würden Sie im nachhinein sagen: Wir wollten damit sicherlich Zeichen setzen, aber man soll es nicht überbewerten? Es drückt sozusagen eine allgemeine Tendenz aus; oder kann man es deutlicher fassen und sagen, dies ist ein programmatischer Akt gewesen, möglicherweise auf das hinzuwirken, was wir dann später als die sogenannte Vereinigung erlebt haben?

Hans-Dietrich Dahnke: Nein, also da kann ich ganz eindeutig antworten und sagen, daß die erste Variante die zutreffende ist. Wir haben uns mit der Intention unserer Arbeit in einem Gesamtprozeß gesehen, innerhalb dessen die Furcht mitwirkte, daß die Entwicklung in der DDR schief läuft. Aber neben der Furcht gab es die Hoffnung, ganz bescheiden etwas beizutragen, bessere Verhältnisse zu schaffen. Es gab da keine direkten Vereinigungshoffnungen im Hintergrund; meine Vorstellungen gingen vielmehr in die Richtung, erst einmal in eine anständige Kommunikation und friedliche Kooperation zu gelangen. Wie die Vereinigung dann gelaufen ist, das ist etwas ganz anderes. Ich glaube, historisch war es in mancher Hinsicht nicht anders möglich, und dennoch ist es schlimm gelaufen. Sie müssen bedenken, seit 1985 waren die Hoffnungen, die es zuvor kaum noch gab, wieder geweckt unter denen, die sich mit der DDR verbunden, allerdings leidvoll verbunden fühlten. Es waren Hoffnungen, geweckt durch Gorbatschow, durch dessen ‚Perestroika‘ und ‚Glasnost‘. In diesem Sinne können Sie auch diese zwei Bände, das Projekt der *Debatten und Kontroversen*, einordnen, das allerdings schon Jahre davor (ganz zu Anfang meiner Weimarer Zeit) konzipiert worden ist. Aus heutiger Sicht gibt es ohnehin schon wieder mancherlei kritisch in Frage zu stellen. Dennoch betrachte ich diese beiden Bände – auch über die Literaturgeschichte hinaus – als das Wichtigste, was ich bis dahin als Germanist und Literaturhistoriker machen konnte. Und ich empfinde es fast als tragisch, daß diese Bände (was ihre Wirkung betrifft) fast völlig in den Wendewirren und im Agoniestadium der DDR untergegangen sind. Diese waren dann freilich auch die Widerlegung unserer Illusionen. Anderseits hatten wir eben diese Hoffnungen auf eine mögliche Wirkung. Heute, nach etlichen Jahrzehnten der Arbeit, stehe ich allerdings den Wirkungsmöglichkeiten literaturwissenschaftlicher Arbeit mit einer gebührenden Skepsis gegenüber, aber das ist auch ein weites Feld.

Michael Schlott: Eine letzte Frage zu den besagten Bänden: Sie haben sich 1971 in Ihrem Aufsatz „Literarische Prozesse in der Periode von 1789 bis 1806"[81] – bitte korrigieren Sie mich gegebenenfalls – deutlich gegen eine historisch-philologisch nicht zu rechtfertigende politische Instrumentalisierung sogenannter progressiver Schriftsteller wie Georg Forster ausgesprochen. Wie beurteilen Sie – ungeachtet der jeweiligen ideologischen Voraussetzungen – die Forschungen in der DDR und in der BRD zu den sogenannten deutschen Jakobinern, wobei ich betone, „deutschen" Jakobinern?

Hans-Dietrich Dahnke: Darin liegt ja schon das ganze Problem beschlossen – in den „deutschen" Jakobinern …

Michael Schlott: Die deutschen Jakobiner: Teilen Sie Fontius' Ansicht, daß diese Forschung unter falschen Prämissen gearbeitet hat?[82] Fontius hat kürzlich die Rebmann-Ausgabe rezensiert[83] und in Kamenz einen Vortrag[84] gehalten …

---

81   Hans-Dietrich Dahnke: Literarische Prozesse in der Periode von 1789 bis 1806. In: Weimarer Beiträge 27 (1971), H. 11, S. 46–71.

82   Siehe dazu das Interview mit Martin Fontius, S. 255–270, hier S. 268.

83   Martin Fontius: [Rez.] G. F. Rebmann: Werke und Briefe in drei Bänden, 1990. In: Referatedienst zur germanistischen Literaturwissenschaft 24 (1992), S. 361–364.

84   Martin Fontius: Französische Revolution und deutsche Aufklärung (Festvortrag Kamenzer Les-

Hans-Dietrich Dahnke: Ich habe da nicht alles verfolgt. Wahrscheinlich ist das, was Fontius gesagt hat, polemisch etwas überzogen. Die Jakobinismusforschung war von Anbeginn zu einem gehörigen Teil unter dem Aspekt politischer Instrumentalisierung angesetzt, das scheint mir klar. Daß es so völlig daneben gegangen sein sollte und völliger Mißbrauch gewesen ist, das glaube ich auch wieder nicht. Da würde ich zumindest in eine genauere Diskussion eintreten wollen.

Michael Schlott: Sie haben bereits 1971 den Spielraum eröffnet in dem eben angesprochenen Aufsatz, der ursprünglich als Einleitung zum Siebenten Band der *Literaturgeschichte* gedacht war.[85]

Hans-Dietrich Dahnke: Den genannten Aufsatz habe ich in schlimmer Erinnerung.

Michael Schlott: Sie schreiben hier: „Nicht zufällig hat die bürgerliche Literaturwissenschaft diese Traditionslinie progressiver deutscher Literatur totgeschwiegen und aus ihren Literaturgeschichtsdarstellungen ausgeschlossen."[86] – Angesprochen sind hier die sogenannten vergessenen Spätaufklärer. Darin ist Ihnen auch beipflichten. Aber ich meine das, was in der Folge geschehen ist (nicht nur in der DDR). Wie erklären Sie das?

Hans-Dietrich Dahnke: Ich meine, das hängt nun wirklich mit den politischen, ideologischen, kulturellen, kulturpolitischen Konstellationen zusammen, in denen sich eben die Linken befunden haben. Die Jakobinismusforschung hatte in der DDR so eine Art Sonderstellung gegenüber der Gesamtliteraturgeschichtsschreibung. Ich finde, daß das unglücklich gelaufen ist, wie vieles andere auch. Aber mir wäre eigentlich daran gelegen, diese Dinge wirklich sehr komplex auf den verschiedenen Ebenen von politisch-historischen, sozial-, mentalitätsgeschichtlichen und literaturgeschichtlichen Fragestellungen aufzuarbeiten. Auf diese Weise könnte man zu einem überzeugenden, dann wieder auch neu zu bedenkenden, zumindest für einen Augenblick überzeugenden Gesamtbild von Literaturbeziehungen und -verhältnissen kommen und Angebote machen. Aber ich weiß nicht, ob ein breiteres Publikum mit so einer Literaturgeschichte etwas anfangen könnte.

Michael Schlott: Herr Dahnke, ich danke Ihnen für dieses informative Gespräch. Ich habe heute sehr viel gelernt.

---

sing-Tage Jan./Feb. 1989). In: Erbepflege in Kamenz. Schriftenreihe des Lessing-Museums 11 Kamenz 1991, S. 5–18.

85   Dahnke: Literarische Prozesse (wie Anm. 81). Die endgültige Fassung der Einleitung zu Bd. 7 der *Geschichte der deutschen Literatur* bekam eine wesentlich andere Gestalt.

86   Ebd., S. 60.

Martin Fontius

MARTIN FONTIUS (* 1934), 1953 Studium der Klassischen und Französischen Philologie in Jena, 1958 Examen, Wissenschaftlicher Mitarbeiter an der Universitäts- und Landesbibliothek Halle, 1960 Wissenschaftlicher Mitarbeiter an der Akademie der Wissenschaften zu Berlin, 1964 Promotion in Leipzig, 1988 Dr. sc. (Habilitation), 1989 Professor an der Akademie der Wissenschaften, 1997 Professor für Romanistik an der Universität Potsdam als Leiter des Forschungszentrums Europäische Aufklärung, 1999 Ruhestand.

1994 bis 1996 Präsident der Deutschen Gesellschaft für die Erforschung des 18. Jahrhunderts.

Seit 1960 war MARTIN FONTIUS Mitglied in der 1955 von Werner Krauss gegründeten „Arbeitsgruppe zur Geschichte der deutschen und französischen Aufklärung" an der Akademie der Wissenschaften zu Berlin (ab 1972 „Akademie der Wissenschaften der DDR"). In der Sichtweise der Romanistik erscheint das 18. Jahrhundert als eine spannungsvolle Einheit unterschiedlicher aufklärerischer Tendenzen, so daß FONTIUS die germanistische Praxis, die Literaturentwicklungen im 18. Jahrhundert in divergierenden und gegenläufigen Bewegungen (wie Empfindsamkeit und Jakobinismus) zu beschreiben, mit einer distanzierten Beobachtungshaltung verfolgte. Er verstand sich als ‚Dixhuitiemist' und war kontinuierlich bis zu seiner Emeritierung mit entsprechenden Forschungsleistungen in die internationalen philologischen Diskussionen eingebunden.

Das Interview wurde am 8. September 1994 in Berlin geführt.

Michael Schlott: Herr Fontius, ich möchte mit Ihnen sowohl über Empfindsamkeits- und der Jakobinismusforschung als auch über die Bedingungen und Strukturen des Wissenschaftsbetriebes in der DDR sprechen, die ich lediglich aus der Außenperspektive kenne. Wann etwa würden Sie den Beginn der Aufklärungsforschung in der DDR datieren? Könnten Sie vielleicht Hauptphasen skizzieren, Protagonisten, wichtige Akteure und einschlägige Werke nennen?

Martin Fontius: Es liegt nahe, daß ich mit Werner Krauss beginne. Er siedelte 1947 von Marburg nach Leipzig über, setzte zunächst allerdings seine hispanistischen Studien und seine Untersuchungen zum klassischen Jahrhundert in Frankreich fort.[1] Erst unter den spezi-

---

1   Das zeigt die detaillierte, von Horst F. Müller erarbeitete *Werner-Krauss-Bibliographie* in Werner Krauss: Sprachwissenschaft und Wortgeschichte. Hrsg. von Bernhard Henschel. Mit einer Bibliographie von Horst F. Müller. Berlin und New York 1997, S. 475–622. Die Werkausgabe wird inzwischen vom Verlag de Gruyter betreut.

fischen Bedingen der DDR erkannte er dann die besondere Aktualität der Aufklärung
für die Ausbildung der Studenten wie für die öffentliche Meinung, in der die Aufklärung
bis dahin in Deutschland noch nie eine gute Presse gehabt hatte. Ich glaube, sein zweiter Vortrag an der Sächsischen Akademie in Leipzig galt dem Thema „Kulturpolitik der
französischen Akademien",[2] in dem er, wie das Stichwort Kulturpolitik verrät, geschichtliche Prozesse mit aktuellen Problemstellungen verknüpfte. Dahinter stand das Credo von
einem geschichtlichen Auftrag der Literaturgeschichtsschreibung, also die Verpflichtung
zur Konzentration auf jene historischen Gegenstände, die mit bestimmten Tendenzen oder
Fragestellungen noch unmittelbar an die Gegenwart rührten. Zur Aufklärung hat Krauss
also erst in einem Suchprozeß gefunden. Nachdem er 1949 auch Mitglied der Akademie in
Berlin geworden war, hat er versucht, dort zusammen mit Walther von Wartburg ein romanistisches Institut zu gründen. Da gab es verschiedene Probleme, auch mit Victor Klemperer, ich habe darüber im letzten Heft von *lendemains* berichtet.[3] Schließlich hat sich Krauss
in die Klasse für Geschichte versetzen lassen und 1955 eine Arbeitsgruppe zur Geschichte
der deutschen und französischen Aufklärung gegründet. Bei der Evaluierung der Akademie durch den Wissenschaftsrat ist diese strukturelle Verlagerung der Forschung von der
Universität weg an die Akademie als „sowjetisches Modell"[4] verurteilt worden. Nun ja, die
junge Sowjetunion hatte sich die Institute der Kaiser-Wilhelm-Gesellschaft zum Vorbild
genommen. Krauss hat gewiß nicht nur Schüler gefunden, die seine Erwartungen erfüllten. Aber es ist schon bald von einer Krauss-Schule gesprochen worden. Und sein breites
Konzept von Aufklärungsforschung unterscheidet sich erheblich von dem, was in der Sowjetunion gemacht wurde. Es galt zwar auch den vernachlässigten Materialisten und den
utopischen Sozialisten des 18. Jahrhunderts, umspannte aber außerdem die Entdeckung
des geschichtlichen Denkens und der Fortschrittsidee, berücksichtigte institutionelle und
soziale Veränderungen und galt nicht zuletzt begriffsgeschichtlichen Fragen und Gattungs-
veränderungen im Prozeß der Aufklärung. Das war ein bis dahin unbekanntes Konzept.[5]
Die Verbindung mit der Aktualität hat Krauss später übrigens abgeschwächt. So erschien

---

2 Über den Vortrag vom November 1953 berichtete im Februar 1954 die *Deutsche Literaturzeitung*
   (H. 2, Sp. 118 ff.). Der erste Vortrag im Dezember 1950 galt der „Entstehung des geschichtlichen
   Weltbildes in der Frühaufklärung"; er erschien in erweiterter Fassung erst als „Einleitung" in:
   Antike und Moderne in der Literaturdiskussion des 18. Jahrhunderts. Hrsg. und eingeleitet von
   Werner Krauss und Hans Kortum. Berlin 1966, S. IX–LX. Die „Einleitung" besteht aus zwei Tei-
   len: W. K.: Der Streit der Altertumsfreunde mit den Anhängern der Moderne und die Entstehung
   des geschichtlichen Weltbildes (S. IX–LX); H. K.: Die Hintergründe einer Akademiesitzung im
   Jahre 1687 (S. LXI–CXI). Vgl. auch das Nachwort „Vom Hispanisten zum Dixhuitiemisten" in
   W. K.: Aufklärung III. Deutschland und Spanien. Hrsg. von Martin Fontius. Berlin und New York
   1996, S. 621–635.

3 Martin Fontius: Werner Krauss und die Deutsche Akademie der Wissenschaften. In: lendemains
   18 (1993), H. 69/70, S. 225–238; siehe dazu das Interview mit Claus Träger, S. 315–332, hier
   S. 315–320.

4 Wissenschaftsrat: Stellungnahmen zu den außeruniversitären Forschungseinrichtungen der ehemaligen Akademie der Wissenschaften der DDR auf dem Gebiet der Geisteswissenschaften und zu
   den Forschungs- und Editionsabteilungen der Akademie der Künste zu Berlin. Köln 1992, S. 17.

5 Vgl. in der Bibliographie (wie Anm. 1) das auf S. 564–566 abgedruckte Programm der *Schriftenreihe der Arbeitsgruppe zur Geschichte der deutschen und der französischen Aufklärung* im
   Akademie-Verlag.

der erwähnte Vortrag in der Sächsischen Akademie 1960 unter dem unverfänglichen Titel „Tendenzen der Akademien im Zeitalter der Aufklärung".[6] Nur auf der ersten Seite kann man noch erkennen, daß er mit Aktualitätspathos begonnen worden war. Wie Sie wissen, wirkte in Leipzig auch Hans Mayer, doch für ihn war die Aufklärung kein zentrales Thema. Ein anderer wichtiger Lehrer für die Entwicklung der Germanistik in der DDR in den 1950er Jahren war Gerhard Scholz, von dessen Schülern eine Reihe bedeutsamer Arbeiten zum 18. Jahrhundert in Deutschland stammen.[7]

Michael Schlott: Meine zweite Frage zielt auf institutionelle und wissenschaftsorganisatorische, aber auch kulturpolitische Bedingungen. Gab es so etwas wie eine Kooperation zwischen den Disziplinen? Gab es kulturpolitische Auflagen? Wie ist in dem Zusammenhang etwa das Verhältnis zwischen Germanistik und Romanistik zu beschreiben? Da lägen Berührungspunkte wie etwa Diderot und Lessing auf der Hand. Wurde zentral eine transdisziplinär organisierte Aufklärungsforschung über die Grenzen der einzelnen Disziplinen hinweg verordnet?

Martin Fontius: Nein, das gab es zunächst sicher nicht. Erst mit der Akademiereform nach 1968 wurden die Disziplinen gebündelt und am Zentralinstitut für Literaturgeschichte Germanisten, Slawisten, Romanisten und Anglisten sowie einige Kunsthistoriker zusammengefaßt.[8] Aus dieser von Werner Mittenzwei als Gründungsdirektor geprägten Periode sind dann eine ganze Reihe interdisziplinärer Bände hervorgegangen.[9] In den Anfangsjahren verfügten die Universitäten in der DDR noch über relativ autonome Strukturen, erst später sind die aufgehoben worden. Aber auch die Einflußnahmen von oben in den 1950er Jahren sollte man nicht zu einseitig sehen. Es gab an den Hochschulen die progressiven Kräfte, die sich nach Haft oder Emigration mit der Zielsetzung einer sozialistischen Gesellschaft verbunden fühlten, zu denen in Leipzig Krauss und Markov gehörten. Ein anderer Vertreter ist der Musikwissenschaftler Georg Knepler, ein gebürtiger Wiener, der als Kommunist und Jude in die Emigration gehen mußte und 1949 bestellt wurde zum Grün-

---

6   Der Erstdruck erschien in: Spektrum. Mitteilungsblatt für die Mitarbeiter der Deutschen Akademie der Wissenschaften 7 (1960), S. 121–127; siehe zudem in der Edition *Werner Krauss: Das wissenschaftliche Werk* den Wiederabdruck in: W. K.: Aufklärung III (wie Anm. 2), S. 177–191.

7   Siehe dazu II, 2.1.2, S. 49, Anm. 139, sowie die Interviews mit Hans-Dietrich Dahnke (S. 218–254, hier S. 232–235), Peter Müller (S. 359–375, hier S. 359–365), Claus Träger (S. 315–332, hier S. 316) und Peter Weber (S. 426–455, hier S. 428 f., 432–436).

8   Im Zuge der 1968 begonnenen und 1972 abgeschlossenen Reformen zur Organisationsstruktur wurde 1972 die „Deutsche Akademie der Wissenschaften zu Berlin" umbenannt in „Akademie der Wissenschaften der DDR". Die Zentralinstitute wurden 1969 gegründet. Werner Mittenzwei war der erste Direktor des Zentralinstituts für Literaturgeschichte (mit Schwerpunkt zur interphilologischen Theoriediskussion); vgl. Werner Mittenzwei: Aufgaben und Auftrag des Zentralinstituts für Literaturgeschichte. In: Weimarer Beiträge 16 (1970), H. 5, S. 10–30; Modernisierung ohne Moderne. Das Zentralinstitut für Literaturgeschichte an der Akademie der Wissenschaften der DDR (1969–1991). Hrsg. von Petra Boden und Dorothea Böck. Heidelberg 2004.

9   Internationale Beachtung fanden z. B.: Gesellschaft – Literatur – Lesen. Literaturrezeption in theoretischer Sicht. Von Manfred Naumann (Leitung und Gesamtredaktion) u. a. Berlin 1973; 2. Aufl. 1975; Literatur im Epochenumbruch. Funktionen europäischer Literaturen im 18. und beginnenden 19. Jahrhundert. Hrsg. von Günther Klotz u. a. Berlin und Weimar 1977, aber auch die von Werner Mittenzwei initiierten sieben Bände zum Exil (*Kunst und Literatur im antifaschistischen Exil: 1933–1945*), die zwischen 1978 und 1981 in Leipzig bei Reclam erschienen.

dungsrektor der Musikhochschule in Berlin, die am 1. Oktober 1950 eröffnet wurde und inzwischen nach Hanns Eisler benannt ist. Anläßlich des 25jährigen Jubiläums hat Knepler eine Rede gehalten,[10] die kritisch auf die seinerzeit von ihm vertretenen Positionen einging, das heißt: Überschätzung der Volksmusik, falsche Polemik gegen Jazz-Musik. Wenn das auf der offiziellen Linie des Kampfes gegen die „amerikanische Unkultur" gelegen hat, bedurfte es keiner Weisung von oben. Eine ganze Reihe von Wissenschaftlern setzte sich aus Überzeugung dafür ein und berieten in diesem Sinne auch die Regierung. Was sich in Leipzig ganz ohne Auflagen entwickelte, war eine enge Zusammenarbeit mit Walter Markov, den Krauss überhaupt erst auf die Französische Revolution orientiert hat, wie mir Markov einmal erzählte. Das Interessenspektrum von Krauss war, wie gesagt, breit. Zwei seiner Schüler saßen an Dissertationen über Brissot und Bonneville, Publizisten der Französischen Revolution.[11] Krauss hat auch selbst in *Annales Historiques de la Revolution française* eine Miniatur über einen Schulfreund Robespierres veröffentlicht,[12] an dem ihn wohl die unverändert klassische Sprachgesinnung faszinierte.

Michael Schlott: Wenn ich da einmal nachfragen darf: Markov wurde von Krauss auf sein späteres Hauptforschungsgebiet orientiert?

Martin Fontius: Das ist richtig. Krauss war es auch, der ihn veranlaßte, die neue Orientierung durch den Artikel „Zur Krise der deutschen Geschichtsschreibung" gebührend zu betonen, der dann im gleichen Jahr und in der gleichen Zeitschrift *Sinn und Form* erschien wie sein eigener Aufsatz „Literaturgeschichte als geschichtlicher Auftrag".[13] Enge Beziehungen gab es ebenso zu Ernst Bloch, den Krauss ja mit nach Leipzig geholt hatte. Schwierig war wohl das Verhältnis zu der bald tonangebenden marxistischen Germanistik, die sich aus Schülern von Gerhard Scholz zusammensetzte. In Weimar hatte Scholz am Anfang der 1950er Jahre eine Reihe von Lehrgängen für junge Germanisten durchgeführt. Was mich an den Arbeiten dieser Schule, wenn sie mir begegneten, fast durchweg irritierte, war die deutliche Überhöhung ihrer Forschungsgegenstände beziehungsweise die Reduktion einer kritischen Perspektive. Deutsche Klassik und die Bildung der Nation wurden in

---

10 Georg Knepler: Nach 25 Jahren. Rede anläßlich des Jubiläums der Berliner Musikhochschule. In G. K.: Gedanken über Musik. Reden, Versuche, Aufsätze, Kritiken. Berlin 1980, S. 8–18.

11 Wolfgang Techtmeier: Brissot und der Cercle social. Ein Beitrag zum Problem Aufklärung und Revolution. Berlin 1960 (Phil. Diss. Akademie der Wissenschaften), publiziert unter dem Titel: Brissot und die Kritik am Eigentum in der zweiten Hälfte des 18. Jahrhunderts. Berlin 1961; Claus Werner: Die französische und deutsche Freimaurerei des 18. Jahrhunderts und ihr Verhältnis zur Aufklärung. Berlin 1966 (Phil. Diss. Akademie der Wissenschaften). 1964 war Claus Werner in dem von Werner Krauss und Walter Dietze herausgegebenen Band *Neue Beiträge zur Literatur der Aufklärung* mit der Studie „Zur Geschichtsauffassung Nicolas Bonnevilles" vertreten (S. 221–237).

12 Werner Krauss: Le cousin Jacques, Robespierre et la Révolution française. In: Annales Historiques de la Révolution française 32 (1960), S. 305–308; wiederabgedruckt in der Edition *Werner Krauss: Das wissenschaftliche Werk* in: W. K.: Aufklärung I: Frankreich. Hrsg. von Winfried Schröder. Bearb. von Renate Petermann und Peter-Volker Springborn. Berlin und Weimar 1987, S. 738–741.

13 Walter Markov: Zur Krise der deutschen Geschichtsschreibung. In: Sinn und Form 2 (1950), S. 108–155; Werner Krauss: Literaturgeschichte als geschichtlicher Auftrag. In: Sinn und Form 2 (1950), S. 65–126; auch in: W. K.: Literaturtheorie, Philosophie und Politik. Hrsg. von Manfred Naumann. Bearb. von Renate Petermann und Peter-Volker Springborn. Berlin 1984, S. 7–61.

einer Weise gefeiert, die für jemand, der bei Krauss gelernt hatte, schwer nachvollziehbar war. Trotz gemeinsamer politischer Überzeugungen gab es aus methodischen Gründen
erhebliche Spannungen.

Michael Schlott: Werner Krauss und Hans Mayer, die beiden renommierten Vertreter
der romanistischen und der germanistischen Literaturwissenschaft, haben zu Beginn der
1960er Jahre die im Rückblick auf Lukács vollzogene, allgemeine Abwertung der Frühromantik nicht mitgetragen. Krauss ist 1962 auf der Leipziger Tagung so weit gegangen,
Lukács Schwarzweißmalerei vorzuhalten, also einen zu stark schematisierten Zugriff auf
die Phänomene gehabt zu haben. In seinem Beitrag „Französische Aufklärung und deutsche Romantik" hat Krauss die Entwicklungslinien der Mittelalterrezeption in der Aufklärung nachgezeichnet.[14] Wissen Sie etwas über die Hintergründe dieses Vorstoßes?

Martin Fontius: Hans Mayer hatte Krauss, der 1961 nach Berlin umgezogen war, am Jah-
resanfang für seine Romantik-Tagung im Juli 1962 eingeladen und um einen Beitrag über
die Auswirkungen der französischen Aufklärung auf die deutsche Geistesentwicklung der
Jahrhundertwende gebeten. Ende Mai teilte er ihm dann mit, gerne etwas zu hören, das
endlich das Lukács'sche Verdikt der reaktionären Romantik in Deutschland diskreditiere.
Krauss saß aber gerade an einem Vortrag über vergleichende Literaturgeschichte für die
Akademie und wollte am liebsten mit dem gleichen Vortrag in Leipzig antreten, wegen
Zeitknappheit. Am Ende mußte er sich aus der Bredouille retten, indem er einen großen
Teil eines fertigen Festschriftbeitrages „Das Mittelalter in der Aufklärung" einfach übernahm.[15] Krauss und Mayer kannten und schätzten sich durch ihre Schriften, längst bevor
sie sich in Leipzig begegnet sind. Eine Kritik an Lukács war nach dem Aufstand in Ungarn,
an dem er ja als Minister beteiligt war, und nach dem von Ulbricht geforderten Prozeß
gegen Wolfgang Harich kein Wagnis.[16] Damals verschwanden ja alle vom Aufbau-Verlag
verlegten Bücher von Lukács aus dem Handel. Der Verlag hatte den politisch geforderten
Kurswechsel mit dem Sammelband *Georg Lukács und der Revisionismus* 1960 dokumentiert.[17] Vielleicht kann auch Claus Träger hierzu noch weitere Auskünfte geben.[18] Er war
Schüler von Hans Mayer, damals Oberassistent bei Krauss und hat an der Konferenz teilgenommen, während ich erst 1960 zur Arbeitsgruppe kam.

---

14 Die Tagung fand vom 2. bis 4. Juli 1962 am Institut für Deutsche Literaturgeschichte der Karl-
    Marx-Universität Leipzig statt – vgl. Wissenschaftliche Zeitschrift der Karl-Marx-Universität
    Leipzig. Gesellschaftswissenschaftliche Reihe 12 (1963), S. 493–528. Eröffnet wurde die Tagung
    mit dem Referat „Zur Lage der Romantikforschung" von Hans Mayer (Kurzfassung siehe ebd.,
    S. 493–496); als zweiter Redner sprach Werner Krauss über „Französische Aufklärung und deut-
    sche Romantik" (ebd., S. 496–501; jetzt auch in der Edition *Werner Krauss: Das wissenschaftliche
    Werk* in W. K.: Aufklärung III [wie Anm. 2], S. 216–230).

15 Die Briefe von Mayer an Krauss vom 16. Januar 1962 und 29. Mai 1962 sowie von Krauss an Mayer
    vom 4. Juni 1962 in: Werner Krauss. Briefe 1922 bis 1976. Hrsg. von Peter Jehle. Frankfurt/Main
    2002, S. 746 f., S. 749 f. und S. 751. Der Artikel „Das Mittelalter in der Aufklärung" erschien zu-
    erst in: Medium Aevum Romanicum. Festschrift für Hans Rheinfelder. Hrsg. von Heinrich Bihler.
    München 1963, S . 223–231.

16 Vgl. dazu u. a.: Der Prozess gegen Walter Janka und andere. Eine Dokumentation. Hrsg. von
    Brigitte Hoeft. Reinbek 1990; Harich wurde 1990 rehabilitiert.

17 Georg Lukács und der Revisionismus. Eine Sammlung von Aufsätzen. Hrsg. von Hans Koch.
    Berlin 1960.

18 Siehe dazu das Interview mit Claus Träger, S. 315–332, hier S. 326–328.

Michael Schlott: Aber vermute ich richtig, daß es darum ging, das von Lukács installierte Modell von progressiven und reaktionären Kräften in der Literaturgeschichte zugunsten einer weniger vorurteilsbehafteten Geschichtsbetrachtung zu relativieren?

Martin Fontius: Sicherlich, aber das begann viel früher. Schon 1956 hatte Hans Mayer die beiden Nachkriegsdekaden in der deutschen Literatur verglichen und den 1920er Jahren „literarische Opulenz" zugesprochen, während beide deutsche Staaten nach 1945 nur Magerkost aufzuweisen hätten. Ein solcher Vergleich ist mit dem Lukács'schen Schema von Fortschritt und Reaktion in der Literaturgeschichte unvereinbar, und der Artikel im *Sonntag* löste ja auch eine massive Polemik aus.[19] Die Romantikkonferenz von 1962 hat aber, denke ich, über akademische Kreise hinaus kaum gewirkt. Erst die Entdeckung bzw. die Aufwertung der Romantik durch die Schriftsteller der DDR in den 1970er Jahren hat dann einen durchgreifenden Wandel des Romantikbildes gebracht.[20]

Michael Schlott: Herr Fontius, wenn man davon ausgeht, daß es sich bei den beiden Ausdrücken ‚progressiv' und ‚reaktionär' nicht um Worthülsen oder Topoi handelt, die irgendwann ihren Bedeutungsgehalt verloren haben: Was genau hat man in der DDR darunter verstanden, wenn man von progressiven und reaktionären Kräften sprach?

Martin Fontius: Hier muß man wohl historisch genauer unterscheiden. Lukács hatte seine nach Kriegsende erscheinenden Schriften ja im Exil geschrieben, als das Nazi-System in Deutschland noch an der Macht war. Was damals progressiv oder reaktionär bedeutete, war evident. Für eine erste Orientierung in geistiger Trümmerlandschaft konnte auf den Gebrauch eines so groben Begriffspaares wohl nicht verzichtet werden. Und da die Bundesrepublik in ihren frühen Jahren erzkonservativ blieb und kein Mentalitätswandel stattfand, wie die Marburger Gespräche von 1946 und 1947 zeigen,[21] sind Leute wie Krauss und Mayer nach Leipzig gegangen.

Michael Schlott: Also progressiv bedeutete demnach …?

Martin Fontius: Progressiv wurde für geschichtliche Kräfte oder Ideen gebraucht, die zum Sturz unhaltbar gewordener Verhältnisse beitrugen, wie eben die Gedanken der Aufklärung in der ersten Etappe der Französischen Revolution. Reaktionär stand für jene, die sich für den Erhalt des Ancien Régime einsetzten. Daraus ließen sich entsprechende Traditionslinien ableiten und natürlich auch politisch argumentieren.

Michael Schlott: Es waren also keine wissenschaftlichen Orientierungen und Begriffe? Ich meine, die Rede von ‚progressiv und reaktionär' setzt ja immer schon etwas voraus. Wie müßte man solche Begriffe füllen?

---

19 Hans Mayer: Zur Gegenwartslage unserer Literatur. In: Sonntag vom 2. Dezember 1956.

20 Vgl. etwa Christa Wolf und Gerhard Wolf: Ins Ungebundene gehet eine Sehnsucht. Gesprächsraum Romantik. Prosa, Essays. Berlin 1985; darin u.a. C. W.: Kein Ort, nirgends (zuerst 1979); C. W.: Der Schatten eines Traumes. Karoline von Günderode. Ein Entwurf (zuerst 1979).

21 Teilnehmer der Zweiten Marburger Hochschulgespräche vom 28. bis 31. Mai 1947 waren u.a. Hans-Georg Gadamer und Herbert Marcuse. Werner Krauss berichtete darüber konsterniert in verschiedenen Briefen an Erich Auerbach; vgl. W. K.: Briefe (wie Anm. 15), S. 352–354 (am 25. April 1947): „Gadamer […] war jetzt hier bei den Universitätsgesprächen, aber doch reichlich entsetzt über die totale Stagnation, in der wir uns hier befinden"; S. 355 f. (am 2. Juni 1947): „Die Marburger Hochschulgespräche waren konsternierend. Erfreulich nur die Bekanntschaft von H. Marcuse, der ja ganz vorzüglich ist."

Martin Fontius: Die Voraussetzung ist ein Geschichtsbild, das eine solche Unterscheidung rechtfertigt. Das glaubte die marxistische Geschichtswissenschaft mit ihrem Verständnis universaler Gesetzmäßigkeiten zu besitzen. Und in den ersten Nachkriegsjahren hat Lukács mit seinem Schwarzweißraster in Ostdeutschland begeisterte Leser gefunden. Aber die schwere Hypothek war natürlich ein Blindwerden für die Bedeutung all jener Kräfte und Tendenzen, die sich dem Schema von Fortschritt und Reaktion nicht einfach zuordnen ließen.

Michael Schlott: Sie haben sich in Ihrer wissenschaftlichen Arbeit auch mit Fragen der Literaturgeschichtsschreibung befaßt. Ist es Ihre Habilitationsschrift oder Ihre Dissertation gewesen?

Martin Fontius: Meine ‚Habilitationsschrift' ist eine Bündelung vorangehender Arbeiten, die 1988 an der Akademie als Doctor scientiarum angenommen wurde. Sie trägt den Titel *Literaturgeschichte im Prisma von Begriffsgeschichte*, behandelt aber nicht Periodisierungsfragen, sondern sollte allgemein die Bedeutung begriffsgeschichtlicher Fragestellungen bei der Erhellung literaturgeschichtlicher Prozesse deutlicher machen.[22] Es waren Versuche zu Schlüsselbegriffen wie classique, critique, Nachahmung oder Kunstperiode, deren Bündelung durch das in Vorbereitung befindliche Unternehmen der *Ästhetischen Grundbegriffe* veranlaßt wurde.[23]

Michael Schlott: Wie wurde das Problem der Periodisierung von Aufklärung, Empfindsamkeit, Sturm und Drang, Klassik und Frühromantik gelöst? Ich frage auch vor dem Hintergrund solcher Debatten, wie sie von Werner Krauss und Hans Mayer initiiert worden waren. Man konnte ja nicht mehr ohne weiteres sagen, die Romantik sei insgesamt eine reaktionäre Epoche gewesen.

Martin Fontius: Für eine Antwort bin ich eigentlich nicht kompetent und kann nur andeuten, wie ich die Problemstellung von Krauss her sehe. Sein erster Einspruch erfolgte gegen den „Préromantisme", eine am Beginn des Jahrhunderts aufgekommene Theorie, die die Aufklärung mit Rationalismus identifizierte und die Vorromantik in Frankreich mit Rousseau einsetzen ließ.[24] Das „Siècle des lumieres" war damit in der Mitte zerschnitten. Dem ist von Krauss methodologisch das geschichtliche Selbstbewußtsein der Aufklärungsbewegung als entscheidendes Kriterium entgegengestellt und 1955 in den *Grundpositionen der französischen Aufklärung* stark gemacht worden.[25] Aus diesem Ansatz ergab sich dann für

---

22   Martin Fontius: Literaturgeschichte im Prisma von Begriffsgeschichte. Berlin 1988 ([Habil.-Schrift], Typoskript).

23   Ein Band, der das Unternehmen vorstellen sollte, erschien 1990 im Akademie-Verlag in Berlin unter dem Titel *Ästhetische Grundbegriffe. Studien zu einem historischen Wörterbuch*. Hrsg. von Karlheinz Barck, Martin Fontius und Wolfgang Thierse. Nach Veränderung der Voraussetzungen und Erweiterung des Herausgeberkreises erschien dann seit dem Jahre 2000 nach einem neuen Anlauf beim Metzler-Verlag in Stuttgart *Ästhetische Grundbegriffe. Historisches Wörterbuch in sieben Bänden*. Hrsg. von Karlheinz Barck, Martin Fontius, Dieter Schlenstedt, Burkhart Steinwachs und Friedrich Wolfzettel. Stuttgart und Weimar 2000–2005.

24   Vgl. Winfried Schröder: [Art.] Präromantik. In: Wörterbuch der Literaturwissenschaft. Hrsg. von Claus Träger. 2. Aufl. Leipzig 1989, S. 410.

25   Vgl. Werner Krauss: Zur Periodisierung der Aufklärung. In: Grundpositionen der französischen Aufklärung. Hrsg. von W. K. und Hans Mayer. Berlin 1955, S. VII–XVI.

die Entwicklung in Deutschland, daß auch die Bewegung des Sturm und Drang als integraler Bestandteil der deutschen Aufklärung zu sehen war, und nicht nur als die Vorbereitung zur Klassik. So gesehen, war die Empfindsamkeit ein durch die Präromantiktheorie okkupiertes Phänomen, das durch die tiefer ansetzende Frage nach der Mittelalterrezeption in der Aufklärung und in der Romantik in den Hintergrund rückte.

Michael Schlott: Warum ist Empfindsamkeit überhaupt nicht thematisiert worden, wenn doch die Problemkreise, die in diesem Forschungsfeld behandelt wurden – wie Irrationalismus, Antifeudalismus, Gefühlskultur – durchaus eine Rolle spielten?

Martin Fontius: Als der wichtigere, ja zentrale Begriff wurde Sturm und Drang angesehen, gerade von Gerhard Scholz und seinen Schülern. Für sie war deshalb 1770 die fundamentale Zäsur. In der von Hans-Günther Thalheim herausgegebenen elfbändigen Literaturgeschichte gliedert der sechste Band bezeichnenderweise „vom Ende des 17. Jahrhunderts bis 1770" und „von 1770 bis 1789".[26] Ganz ähnlich ist die viel benutzte Reihe *Erläuterungen zur deutschen Literatur* strukturiert in die Einzelbände *Aufklärung, Sturm und Drang, Klassik*.[27] So blieb die Aufklärung in Deutschland in gewisser Weise immer noch amputiert. Die Position Hans Mayers zeigt der erste Band seiner *Meisterwerke deutscher Literaturkritik* mit dem Untertitel *Aufklärung. Klassik. Romantik*.[28] Es gab also eine starke Konkurrenz zwischen den Schulen, die verstärkend dazukam, wenn die Probleme der Empfindsamkeit kaum Beachtung fanden. Außerdem hatte Goethe späterhin das Stichwort von der „literarischen Revolution" gegeben, was ganz andere Anschlußmöglichkeiten als Empfindsamkeit bot, aber auch dazu verleiten konnte, Autoren wie Hamann und Herder auszugliedern, wie in der umfangreichen Sammlung ästhetischer Schriften zum Sturm und Drang durch Peter Müller.[29]

Michael Schlott: Wie beurteilen Sie in diesem Zusammenhang die Dissertation von Peter Müller?[30] Müller hatte das irrationale Streben nach Selbstverwirklichung in das Zentrum seiner Argumentation gestellt. Und mit der Rezension, die Kortum und Weisbach in den *Weimarer Beiträgen* brachten,[31] wurde sehr klar, daß das nicht die erwünschte Linie war.

Martin Fontius: Müllers Dissertation erschien in einer Reihe, die Gerhard Scholz zusammen mit Hans Kaufmann und Hans-Günther Thalheim herausgab. Hans Kortum, von allen

---

26   Geschichte der deutschen Literatur. Bd. 6: Vom Ausgang des 17. Jahrhunderts bis 1789. Von einem Autorenkollektiv. Leitung: Erster Teil (1700–1770) Werner Rieck in Zusammenarbeit mit Paul Günter Krohn; Zweiter Teil (1770–1789) Hans-Heinrich Reuter in Zusammenarbeit mit Regine Otto. Berlin 1979.

27   Erläuterungen zur deutschen Literatur. Hrsg. vom Kollektiv für Literaturgeschichte im Volkseigenen Verlag Volk und Wissen unter Leitung von Kurt Böttcher. Berlin 1952 ff.; u. a. mit den Einzelbänden zu Aufklärung, Sturm und Drang, Romantik und Vormärz.

28   Meisterwerke deutscher Literaturkritik. Hrsg. von Hans Mayer. Bd. 1. Berlin 1954; 3. Aufl. 1964.

29   Sturm und Drang. Weltanschauliche und ästhetische Schriften. Hrsg. von Peter Müller. Berlin und Weimar 1978, Bd. 1, S. XIV, XVIII und XXII.

30   Peter Müller: Zeitkritik und Utopie in Goethes „Werther". Berlin 1969; siehe dazu auch das Interview mit Peter Müller, S. 359–375.

31   Hans Kortum und Reinhard Weisbach: Unser Verhältnis zum literarischen Erbe. Bemerkungen zu Peter Müllers „Zeitkritik und Utopie in Goethes ‚Werther'". In: Weimarer Beiträge 16 (1970), H. 5, S. 214–219.

Krauss-Schülern diesem am nächsten stehend, war sicher irritiert, wie bei Peter Müller die Aufklärung durch den Sturm und Drang als geschichtlich überholt dargestellt war. Signifikant an der Rezension ist aber vor allem der Ort: Sie erschien in dem Heft der *Weimarer Beiträge*, in dem sich das neu gegründete Zentralinstitut für Literaturgeschichte an der Akademie der kulturpolitischen Öffentlichkeit präsentierte,[32] und sie war dort die einzige Polemik. Der neugewählte Parteisekretär des Instituts polemisierte gegen einen Vertreter der jüngeren Scholz-Schule, der gegenüber auch der Gründungsdirektor Werner Mittenzwei in unverholener Distanz stand. Wenn man so will, sollte eine Veränderung der Kräfteverhältnisse gezeigt werden. Ich persönlich habe die Institutsgründung übrigens in durchaus zwiespältiger Erinnerung, als eine Periode, in der die schützende Gestalt von Werner Krauss nicht mehr vor uns stand und die Akademiereform als eine Reaktion Ulbrichts auf den Prager Frühling durchgesetzt wurde, um die eigene Intelligenz besser unter Kontrolle zu halten. Im Grunde ist dann aber, denke ich, eher ein gegenteiliger Effekt eingetreten. Die individuellen Spielräume waren in den Zentralinstituten ungleich größer als vorher. Es gab die Möglichkeit, bei neuen Projekten zwischen den Forschungsgruppen zu wechseln. Und politische Gewitter, die vordem in den kleinen Instituten beeindruckend sein konnten, verloren spürbar an Wirkung.

Michael Schlott: Gab es um 1969 bis 1971 herum in der DDR bereits Tendenzen zum Thema Selbstverwirklichung? Ich erinnere noch einmal an die Dissertation von Peter Müller, sodann an das Erscheinen von Ulrich Plenzdorfs *Die neuen Leiden des jungen W.*[33] – und, was mir ex negativo als Indiz erschien, an einen Aufsatz von Rita Schober in den *Weimarer Beiträgen*, der den Titel *Unser Standpunkt* trägt.[34]

Martin Fontius: Dazu kann ich etwas erzählen, was sich mir sehr eingeprägt hat. Das Institut war kaum gegründet, da wurden wir in kleinerem Kreise vom Direktor schon wieder zusammengerufen, weil ein Artikel, den der Germanist Dieter Schlenstedt einige Jahre zuvor unter dem Titel *Ankunft und Anspruch* veröffentlicht hatte, auf dem Schriftstellerkongreß 1969 unter Beschuß geraten war.[35] Der Artikel war im Zusammenhang mit Analysen zum deutschen Roman im 20. Jahrhundert entstanden, ein Projekt, das dann nicht veröffentlicht wurde, und die Vorwürfe an den Verfasser lauteten, Reform-Ideen aus der ČSSR anzuhängen und den Menschen ein Recht auf Selbstverwirklichung geben zu wollen. Wer nicht an derartige Veranstaltungen gewöhnt war, die bei solchen Vorfällen innerhalb der Partei wohl obligatorisch waren, mußte das Ritual bedrückend finden. Ich war sprachlos, als mir ein Slavist beim Verlassen des Raumes auf eine entsprechende Bemerkung sagte, im Grunde könne der Geprügelte doch zufrieden sein mit der Aufmerksamkeit, die er gefunden habe. Vielleicht darf ich hier anfügen, was für mich an der bisherigen Diskussion zur deutschen Wiedervereinigung fatal ist. Es wird stets nur pauschal und disqualifizierend von den Mitgliedern der SED gesprochen, ohne jede Rücksicht darauf, daß es die Idealisten

32   Vgl. Mittenzwei: Aufgaben und Auftrag (wie Anm. 8).
33   Ulrich Plenzdorf: Die neuen Leiden des jungen W. Rostock 1973; Frankfurt/Main 1973.
34   Vgl. Rita Schober: Unser Standpunkt. In: Weimarer Beiträge 16 (1970), H. 7, S. 5–9.
35   Dieter Schlenstedt: Ankunft und Anspruch. Zum neueren Roman in der DDR. In: Sinn und Form 18 (1966), H. 3, S. 814–835. Die massive Kritik erfolgte durch einen „Diskussionsbeitrag" Fritz Selbmanns in: VI. Deutscher Schriftstellerkongreß vom 28. bis 31. Mai 1969. Protokoll. Berlin 1969, S. 155–162.

aus der Partei waren, die von den künftigen Zielen her die realen Zustände kritisierten; diese Idealisten können die meisten Narben vorweisen. Zu diesem Typus gehört Dieter Schlenstedt. Für sein Nachwort zu Volker Brauns *Hinze-Kunze-Roman*[36] wurde er 1985 auf einer Sonderkonferenz der *Weimarer Beiträge* erneut scharf attackiert, diesmal von Vertretern aus dem ZK-Institut.[37] Wenn dieses pauschale Verurteilen wegen Parteizugehörigkeit nicht korrigiert wird, kann von einer inneren Vereinigung noch lange Zeit keine Rede sein. Es sind oft die Besten, die so diskriminiert werden. Aber ich will nicht zu sehr abschweifen.

Michael Schlott: Herr Fontius, wie beurteilen Sie die Rolle der sogenannten Scholz-Schule, also zunächst einmal, wer gehörte nach Ihrer Kenntnis dazu?

Martin Fontius: Dazu gehört der Philosoph Wolfgang Heise, und möglicherweise auch seine Frau Rosemarie. Dazu gehören Dieter und Silvia Schlenstedt. Dazu gehört auch Heinz Stolpe, den Krauss dann in seine Forschungsgruppe an die Akademie holte, weil Stolpe in seinem Buch über Herder und das Mittelalter[38] zu ähnlichen Ergebnissen wie Krauss gekommen war. Neben älteren Scholz-Schülern gab es eine jüngere Generation.

Michael Schlott: Hedwig Voegt?

Martin Fontius: Die muß an der Fakultät für Publizistik in Leipzig gearbeitet haben. Von daher auch ihr Zugriff auf die deutschen Jakobiner.

Michael Schlott: Hedwig Voegt erklärt, sie habe das Glück gehabt, an einem „Germanisten-Lehrgang" bei Gerhard Scholz teilnehmen zu dürfen.[39]

Martin Fontius: Diese Lehrgänge muß es über verschiedene Jahre gegeben haben, und alle, die daran teilnehmen durften, haben dann von ihrem Lehrer Gerhard Scholz mit Verehrung gesprochen. Ich selbst habe ihn erst zum Schluß seiner Tätigkeit in Berlin erlebt. Peter Weber, ein Schüler Thalheims, nahm mich mit zu einem Vortrag im germanistischen Institut über *Rameaus Neffen* von Diderot … Die armen Studenten! Scholz mag in jüngeren Jahren zündend gewirkt haben. Auf mich wirkte er wie ein von Inspirationen besessener Gymnasiallehrer aus den 1920er Jahren.

Michael Schlott: Welche Aufgaben hatte er?

---

36   Dieter Schlenstedt: Schöngeistige Lesehilfe. Nachwort. In: Volker Braun: Hinze-Kunze-Roman. Halle/Saale und Leipzig 1985, S.197–223; sowie: „Ein Oberkunze darf nicht vorkommen". Materialien zur Publikationsgeschichte und Zensur des Hinze-Kunze-Romans von Volker Braun. Hrsg. von York-Gotthart Mix. Wiesbaden 1993.

37   Gemeint ist vermutlich das Institut für Gesellschaftswissenschaften beim ZK der SED. Es war verantwortlich für die parteigemäße ideologische Ausrichtung der gesellschaftswissenschaftlichen Praxis in der DDR.

38   Heinz Stolpe: Die Auffassung des jungen Herder vom Mittelalter. Ein Beitrag zur Geschichte der Aufklärung. Weimar 1955.

39   Vgl. Günther Mieth: Vier Fragen an Hedwig Voegt. In: Weimarer Beiträge 29 (1983), H. 12, S. 2037–2039; vgl. auch im Nachwort zu Hedwig Voegt: Die deutsche jakobinische Literatur und Publizistik 1789–1800. Berlin 1955, S. 249: „Ganz besonders verpflichtet bin ich meinem Lehrer, Herrn Prof. Gerhard Scholz, Weimar, dem ich hier noch einmal für seine reichen Anregungen meinen herzlichen Dank ausspreche."

Martin Fontius: Er hatte in Weimar als Direktor des Goethe-und Schiller-Archivs und der Klassischen Stätten zunächst die Goethe-Feiern 1949 mit vorzubereiten und trug dann die Verantwortung für die Gestaltung des Goethezeit-Museums im Weimarer Schloß. Während der Nazidiktatur mußte Scholz in die Emigration nach Schweden gehen, seine Dissertation ist erst zum Ende der 1950er Jahre eingereicht worden.[40]

Michael Schlott: Herr Fontius, gab es im Wissenschaftsbetrieb der DDR so etwas wie eine Zensur oder zumindest eine „innere Zensur"?

Martin Fontius: Natürlich, die gab es.

Michael Schlott: Wie war das Gutachterwesen organisiert? Können Sie dazu aus Ihrer eigenen Erfahrung berichten? Gab es so etwas wie eine „innere Zensur"?

Martin Fontius: Darüber habe ich bisher noch nicht nachgedacht, aber natürlich gab es auch die „innere Zensur". Ich habe beim Schreiben, auch bei Rezensionen, zunächst etwas möglichst deutlich formuliert und dann erst geprüft, was für den Druck zumutbar war. Von Werner Mittenzwei habe ich noch die in einem Gespräch gefallene Äußerung im Ohr, die Zivilcourage der Literaturwissenschaftler sei unterentwickelt, und ich stimme ihm zu. Es wäre sicher mehr möglich gewesen, als versucht worden ist. Man erfuhr früh, daß bei Jahrbüchern, etwa bei den Historikern, für jeden Artikel Gutachten eingeholt wurden. Bei Buchpublikationen waren stets mehrere Gutachten nötig, aus dem betreffenden Verlag selbst und von außerhalb. Auch im *Referatedienst* des Zentralinstituts,[41] dessen Herausgebergremium ich zeitweise angehörte, war zu erleben, wie das Rezensionsgeschäft lief. Hans Kaufmann als Verantwortlicher, der alles lesen mußte, sagte in diesem Kreis einmal, zwischen Ost und West werde völlig blind über die Mauer geschossen, und was da herauskäme, wäre nicht Erkenntnis, sondern nur ein Bekunden der eigenen Position. Es mag auch Tragödien gegeben haben. Insgesamt war die Situation an der Akademie aber eine privilegierte. An der Universität zu arbeiten war ungleich schwieriger. Deshalb erhielten Lehrkräfte an den Hochschulen wohl auch höhere Gehälter.

Michael Schlott: Wie war das Gutachterwesen organisiert?

Martin Fontius: Von unten gesehen etwa so: Man bekam eines Tages von einem Verlag die Anfrage, ob man zu einem Manuskript ein Gutachten schreiben wolle. Und da es dafür etwa das Zehnfache an Honorar gab, das man für eine Rezension bekam, war das ein verlockendes Angebot. So hatte ich einmal über das Manuskript eines Lukács-Schülers zur Entwicklung des Dramas ein Votum zu schreiben. Der Verlag hatte dann zu entscheiden, ob das Geschäft ein Risiko bot oder sich lohnte. Die von mir begutachtete Arbeit aus Ungarn ist dann meines Wissens nicht erschienen. Wie das Gutachten aber auch ausfiel, man war ein Teil der Zensur, was ich mir damals freilich nicht bewußt gemacht habe. Zum Gutachter- und Berichtewesen darf ich vielleicht noch eine Erfahrung hinzufügen, die ich

---

40   Gerhard Scholz: Der Dramenstil des Sturm und Drang im Lichte der dramaturgischen Arbeiten des jungen Friedrich Schiller: Stuttgarter Aufsatz von 1782 und Mannheimer Rede 1784. Interpretation unter Berücksichtigung der frühen Dramen der sog. „Klassischen Periode". Phil. Diss. Rostock 1957 (nicht im Druck erschienen).

41   Der *Referatedienst zur germanistischen Literaturwissenschaft*, hrsg. vom Zentralinstitut für Literaturgeschichte, erschien seit 1969.

als „Reisekader" machte. So hießen in der DDR jene Wissenschaftler, die ins nichtsozia-
listische Ausland fahren und an Tagungen teilnehmen konnten. Ich bin erst relativ spät
in diese Lage gekommen, hatte dann aber auch die üblichen Reiseberichte zu schreiben.
Es gab dabei zwei unterschiedliche Sorten: ein formaler Kurzbericht, der an die Staatssicherheit ging, und man konnte kritisiert werden, wenn die Zimmernummer im Hotel nicht
angegeben war. Als ich für die Abfassung meines ersten inhaltlichen Berichts in der Kader-
abteilung unseres Instituts um eine Art von Modell gebeten hatte, erlebte ich eine Überraschung: In diesen zehn oder zwölf Seiten steckte viel mehr Arbeit als in den üblichen Rezensionen des *Referatedienstes* zwischen der nichtöffentlichen Berichterstattung und der
öffentlichen schien ein Rangunterschied zu bestehen. Auch zu den inhaltlichen Berichten
gab es manchmal Rückmeldungen von den Leitungsorganen. Das alles war dazu angetan,
zu Schizophrenie oder Zynismus zu erziehen.

Michael Schlott: Gab es so etwas wie ein staatlich geordnetes Gutachterwesen oder staatlich bestellte Gutachter? Mußten wissenschaftliche Publikationen ein solches Netzwerk
passieren, bevor sie die Öffentlichkeit erreichten?

Martin Fontius: Alle Publikationen mußten mit Gutachten versehen und zuvor in den
Verlagsplänen genehmigt werden, ehe sie in Druck gehen konnten. Es gab aber keine festen
und vom Staat bezahlten Zensorenstellen, wie im Ancien Régime Frankreichs; die Herstel-
ler der Gutachten wechselten. Die Zensur war eine sich in der Anonymität vollziehende
Funktion eines Systems, das offiziell Druckgenehmigungsverfahren hieß und als „Hauptverwaltung Verlage und Buchhandel" beim Ministerium für Kultur angesiedelt war.[42] Bevor ein Werk wie Werner Mittenzweis Brecht-Biographie 1986 erscheinen konnte, in der
vor allem ein Kapitel über den 17. Juni 1953 den Stein des Anstoßes bildete,[43] war es zwei
Jahre durch die Zensur blockiert – und es gehörte Charakter dazu, so etwas zu wagen
und durchzustehen. Der Zeitpunkt, an dem dieses Gutachtersystem durchgesetzt wurde,
dürfte in den 1950er Jahren liegen. Aus dem Krauss-Nachlaß kenne ich ein Schreiben Walter Markovs[44] von 1955 an den Verlag Rütten & Loenig, in dem es um den späteren Band
Jakobiner und Sansculotten[45] geht. Zu den Konferenzbeiträgern gehörten außer Markov,
Krauss, Soboul und anderen Koryphäen der Direktor des Instituts für europäische Geschichte in Mainz, Martin Göhring. Das scheint der Zensur politisch verdächtig gewesen
zu sein, und der Herausgeber mußte eine Einschätzung der Mitarbeiter liefern. Markov
reagierte empört und schrieb, es sei durchaus ungewöhnlich, daß bei einem Buch außer
der wissenschaftlichen Qualität auch die politische Orientierung der Beiträger in Betracht
kommen solle, aber auch daraus brauche er kein Geheimnis zu machen. Sein Schreiben
wurde ein Preislied auf Martin Göhring, der sich für eine Mitarbeit unter DDR-Regie hätte

---

42   Vgl. dazu Joachim Walther: Sicherheitsbereich Literatur. Schriftsteller und Staatssicherheit
     in der Deutschen Demokratischen Republik. Durchges. Ausg. Berlin 1999; darin (S. 695–701)
     exemplarisch die Angaben zur MfS-Tätigkeit der Literaturwissenschaftlerin Anneliese Löffler
     (*1928).

43   Werner Mittenzwei: Das Leben des Bertolt Brecht oder der Umgang mit den Welträtseln. Berlin
     1986, Bd. 2, S. 482–510.

44   Walter Markov: Notiz für den Verlag Rütten & Loening vom 30. April 1955; eine Kopie ging an
     Werner Krauss; dazu W. K.: Briefe 1922 bis 1976 (wie Anm. 15), S. 626 f.

45   Jakobiner und Sansculotten. Beiträge zur Geschichte der französischen Revolutionsregierung
     1793–1794. Hrsg. von Walter Markov. Berlin 1956.

gewinnen lassen und aus der westdeutschen Historikerzunft wohl sobald keinen Nachfolger finden werde.

Michael Schlott: Sie hatten den Unterschied zwischen Akademie und Universität thematisiert. Ich möchte Sie gerne zu den universitätsinternen Strukturen befragen. War die Hierarchie des Lehrpersonals politisch geprägt? Also, konnte man bestimmte Positionen nur innehaben oder besetzen, wenn es sozusagen kulturpolitisch von offizieller Seite her goutiert war?

Martin Fontius: Ja, besonders im gesellschaftswissenschaftlichen Bereich sollten die bürgerlichen Professoren durch eine eigene, aus der Arbeiterklasse stammende Intelligenz abgelöst werden. Auch an der Akademie war es nach der Reform 1969 so, daß man eine Leitungsfunktion innehaben mußte, ehe man eine „Dissertation B", wie das nach sowjetischem Vorbild hieß, schreiben konnte. Das politische Moment war klar dem wissenschaftlichen vorgeordnet, eine für die Wissenschaft verhängnisvolle Entscheidung. Ich kann ein Beispiel aus unserem Institut nennen. Wir haben als Gastwissenschaftler gerade Klaus Städtke hier, ein Slavist, der jetzt den Lehrstuhl für Kulturgeschichte in Bremen innehat und bis in die Mitte der 1980er Jahre an unserem Akademie-Institut arbeitete. Er hatte sich früh habilitiert, war aber kein Parteimitglied. Als er 1981 bei Reclam in Leipzig einen Band mit Arbeiten Juri Lotmans[46] herausgebracht hatte, der sich in Tartu für strukturell-semiotische Methoden einsetzte, sagte ihm ein prominentes Mitglied unseres alten Instituts, mit solchen Sachen werde er nie eine Professur bekommen.

Michael Schlott: Wurden auch Studenten mit Blick auf ihre politsche Integrität bewertet?

Martin Fontius: Ich glaube, das gab es schon sehr früh. In Jena, wo ich seit 1953 studierte, hieß es, in jeder Seminargruppe gebe es einen Berichterstatter. Kurz vor dem Ende der DDR erzählte der Theaterwissenschaftler Rudolf Münz nach einer Tagung in kleinem Kreis von einem Dozenten der Humboldt-Universität, der um 1960 gleich zu Beginn eines Semesters in den Hörsaal gefragt hatte: „Na, wer unter Euch ist es denn nun?" Mit diesem System lebte man. Da ich selbst nicht an einer Hochschule gearbeitet habe, kann ich darüber nichts sagen.

Michael Schlott: Herr Fontius, ich möchte Ihnen noch einige Fragen zur Jakobinismusforschung stellen. Sie haben in einer 1990 erschienenen Rezension der dreibändigen Rebmann-Edition von Voegt, Greiling und Ritschel[47] davon gesprochen, daß „die Theorie von den deutschen Jakobinern am Beispiel Rebmann einmal mehr ihre fatale Verkehrtheit" erweise.[48] Das würde ja bedeuten, wenn man diesen Gedanken zu Ende denkt, daß die Forschungen der germanistischen Literaturwissenschaft, auch der Geschichtswissenschaft, etwa von Hedwig Voegt, Heinrich Scheel und von Claus Träger von abwegigen Prämissen ausgingen. Sie halten also die Theorie von den „deutschen" Jakobinern für verkehrt?

---

46 Jurij M. Lotman: Kunst als Sprache. Untersuchungen zum Zeichencharakter von Literatur und Kunst. Hrsg. von Klaus Städtke. Aus dem Russ. von Michael Dewey. Leipzig 1981.

47 Georg Friedrich Rebmann: Werke und Briefe in drei Bänden. Hrsg. von Hedwig Voegt u. a. Berlin 1990.

48 Martin Fontius: [Rez.] G. F. Rebmann: Werke und Briefe in drei Bänden, 1990. In: Referatedienst zur germanistischen Literaturwissenschaft 24 (1992), S. 361–364, hier S. 363.

Martin Fontius: Ich fühle mich mit meiner Ansicht nicht in schlechter Gesellschaft. Für Walter Markov sind die außerfranzösischen Jakobiner ja auch bloße Metaphern. Wenn man von der Weltgeschichte ausgeht, sind die Jakobiner ein französisches Phänomen, und sie stehen für eine bestimmte Position in einem Revolutionsprozeß, in dem die Auseinandersetzung zwischen Bourgeoisie und Aristokratie den Appell an die Sansculotten erforderte, die dabei ihren eigenen Boden verteidigen. In Deutschland hat es eine solche Konstellation, das heißt: ein substanzielles Jakobinertum, nicht gegeben. Rebmann ist dafür ein signifikantes Beispiel, weil das, was man den Höhepunkt seiner politischen Entwicklung nennt, in der Begegnung mit Benjamin Constant seine Grundlage hat,[49] also mit dem Bilderbuchliberalen aus der Schweiz. Rebmann setzt in seinen *Ideen über Revolutionen in Deutschland* Constantsche Gedanken und Begriffe um, und er sagt das auch.[50] Ich habe das etwas ausführlicher in einem Vortrag in Kamenz „Französische Revolution und deutsche Aufklärung"[51] anläßlich der letzten Verleihung eines Lessing-Preises in der DDR dargestellt. Eine solche Kritik bei einer solchen Gelegenheit wurde von einigen Teilnehmern freilich als ungehörig empfunden.

Michael Schlott: Im Grunde vertreten Sie die Position Hedwig Voegts, obwohl sie in Ihrer Rezension auch nicht so glimpflich davonkommt. Sie hat wahrscheinlich stark idealisiert. Aber es gibt bei ihr den charakteristischen Hinweis, daß es Jakobiner im eigentlichen Sinne in Deutschland nie gegeben habe, ausgenommen vielleicht die Mainzer Republik. Und in diese Debatte haben sich später Träger und Scheel eingeschaltet.[52] Träger zufolge betrifft dieses Problem nicht nur die Geschichtswissenschaft und wäre auch nicht auf Mainz zu verengen, sondern habe für die Germanistik weitergehende Bedeutung. Dem würden Sie ja gerade widersprechen. Wie ist es wohl zu erklären, daß die Forschungen zu diesem Bereich gerade in der DDR eine solche Bedeutung erlangten, und zwar früher als in der BRD? Sie weisen ja eingangs in Ihrer Rezension darauf hin, daß solche Forschungen vom Staat gefordert und gefördert wurden. Ist das die einzige Erklärung?

Martin Fontius: Sicher ist das völlige Desinteresse der deutschen Historikerzunft für revolutionär-demokratische Traditionslinien in der eigenen Geschichte ein entscheidender Punkt gewesen. Aber welchen Gegenständen sich die Forschung, ausgehend von den Problemen der eigenen Zeit, dann konkret zuwendet, ist kaum weniger wichtig. Die Forschungen von Krauss über die Aufklärung oder Heinrich Scheels über die süddeutschen Jakobiner, die historisch-kritische Ausgabe zu Georg Forster[53] oder Untersuchungen zur

49   Vgl. Fontius: [Rez.] Rebmann (wie Anm. 48), S. 363.

50   Vgl. Georg Friedrich Rebmann: Ideen über Revolutionen in Deutschland. Politische Publizistik [1797]. Hrsg. mit einem Essay „Rebmanniana, die Publizistik eines deutschen Jakobiners" von Werner Greiling. Leipzig; Köln 1988, S. 143, passim.

51   Martin Fontius: Französische Revolution und deutsche Aufklärung (Festvortrag Kamenzer Lessing-Tage Jan./Feb. 1989). In: Erbepflege in Kamenz. Schriftenreihe des Lessing-Museums, H.11 (1991), S. 5–18.

52   Siehe dazu die Interviews mit Heinrich Scheel (S. 665–691) und Claus Träger (S. 315–332).

53   Georg Forsters Werke. Sämtliche Schriften, Tagebücher, Briefe. Berlin 1958 ff. Diese erste Edition des Gesamtwerks wurde 1953 an der Deutschen Akademie der Wissenschaften zu Berlin für 18 Bände konzipiert. Zur Durchführung des Vorhabens wurde im damaligen Akademie-Institut für deutsche Sprache und Literatur eine Arbeitsstelle gegründet, die zunächst Gerhard Steiner

revolutionär-demokratischen Publizistik in Deutschland[54] boten sich an, um die Zielsetzungen der DDR zu legitimieren und zugleich die konservative Grundhaltung in der Bundesrepublik zu kritisieren. Von solchen Orientierungen ist in Westdeutschland damals wenig zu spüren. Noch heute ist man verblüfft, wenn man das repräsentative *Reallexikon der deutschen Literaturgeschichte* in die Hand nimmt, dessen zweite Auflage ab 1958 erschien, wie ungebrochen an die geistesgeschichtliche Tradition von vor 1933 angeschlossen wurde, als sei dazwischen nichts gewesen.[55] Es ist kein Zufall, daß Bundespräsident Heinemann 1970 in seiner Bremer Rede[56] dazu auffordern mußte, die demokratischen Traditionslinien nicht der DDR zu überlassen.

Michael Schlott: Es hat auch in der DDR immer schon Forscher gegeben, die von der Theorie der „deutschen" Jakobiner nicht überzeugt gewesen sind?

Martin Fontius: Ich bin kein Historiker und übersehe das nicht. Aber bei Markov ist diese Haltung ausgeprägt und nicht nur gegenüber „deutschen Jakobinern". Vielleicht darf ich noch auf einen sehr guten vergleichenden Rückblick auf die Revolutionsforschung in den beiden deutschen Staaten hinweisen, den Rolf Reichardt aus Mainz zum Jubiläumsjahr 1989 vorlegte.[57] Ich war betroffen, als er mir den mit der Bemerkung zuschickte, für die Aufklärungsforschung gelte wohl etwa das gleiche, daß nämlich aus dem ehemaligen Vorsprung im Osten längst das umgekehrte Verhältnis entstanden sei. Der Artikel stellt die Bedeutung der Forschungen Markovs mit Nachdruck heraus, der zusammen mit den Franzosen das offizielle Robespierre-Kolloquium[58] in Leipzig durchführte

---

und von 1970 bis 1981 Horst Fiedler leitete. Ab 1972 war die Akademie der Wissenschaften der DDR mit dem Zentralinstitut für Literaturgeschichte der Träger der Edition; in den 1990er Jahren wurden die Editionsarbeiten ohne Unterbrechung von der Berlin-Brandenburgischen Akademie fortgeführt, um die Bände 19 (Chronik von Leben und Werk, Nachträge und Berichtigungen, Verzeichnisse und Register) und 20 (Georg-Forster-Bibliographie) ergänzt und als Editionsprojekt im Jahr 2000 abgeschlossen. Als erster Band erschien 1958 Band 9; bis 1989 waren zudem die Bände 1 bis 5, 7 und 8 sowie 11 bis 18 publiziert worden. Bis 2011 stand die (im Akademie Verlag Berlin erscheinende) Werk-Ausgabe noch nicht vollständig zur Verfügung. Vgl. zur Konzeption und zur Publikationsgeschichte der Edition sowie zu den Bearbeitern der einzelnen Bände ‹http://forster.bbaw.de› (eingesehen am 02.04.2012). Siehe dazu auch das Interview mit Klaus-Georg Popp, S. 607–626, hier S. 607 f., 616–619, sowie II, 2.2.1, S. 105, Anm. 401.

54 Voegt: Die deutsche jakobinische Literatur (wie Anm. 39).

55 Ein Beispiel ist Berthold Emrichs Artikel „Literatur und Geschichte". In: Reallexikon der deutschen Literaturgeschichte. Begründet von Paul Merker und Wolfgang Stammler. 2. Aufl. neu bearb. und […] hrsg. von Werner Kohlschmidt und Wolfgang Mohr. Bd. 2. (1965); unveränd. Neuausgabe Berlin und New York 2001, S. 111–143.

56 Gustav Heinemann: Die Geschichtsschreibung im freiheitlich demokratischen Deutschland. Gerechtigkeit für die Kräfte im Kampf um die politische Mündigkeit des deutschen Volkes. Verantwortung des Bürgers für die freiheitlichen Traditionen und ihre moralische Verpflichtung. (Rede bei der Schaffermahlzeit in Bremen vom 13. Februar 1970). In: Bulletin des Presse- und Informationsamtes der Bundesregierung, Nr. 21 vom 17. Februar 1970, S. 203 f.

57 Rolf Reichardt: Von der politisch-ideengeschichtlichen zur soziokulturellen Deutung der Französischen Revolution. Deutschsprachiges Schrifttum 1946–1988. In: Geschichte und Gesellschaft 15 (1989), H. 1, S. 115–143.

58 Maximilien Robespierre 1758–1794. Beiträge zu seinem 200. Geburtstag. Hrsg. von Walter Markov in Verbindung mit Georges Lefèbvre. Berlin 1958.

und mit seinen Arbeiten über den linken Priester Jacques Roux[59] bis 1970 weltweite An-erkennung fand. Es ist schade, daß Sie Markov nicht mehr selbst befragen können, der anders als der persönlich zurückhaltende Krauss im Gespräch sehr spontan und kommuni-kativ war.

Michael Schlott: Herr Fontius, für dieses lehrreiche und anregende Gespräch bedanke ich mich bei Ihnen.

---

59   Walter Markov: Jacques Roux oder vom Elend der Biographie. Berlin 1966; W. M.: Die Freiheiten des Priesters Roux. Berlin 1967; W. M.: Jacques Roux, Scripta et Acta. Berlin 1969; W. M.: Ex-kurse zu Jacques Roux. Berlin 1970.

Eberhard Lämmert

EBERHARD LÄMMERT (* 1924), 1942 und 1946 bis 1952 Studium der Geologie und Mineralogie, seit 1948 der Germanistik, Geschichte und Geographie in Bonn und München, 1952 Promotion in Bonn, bis 1955 Forschungsstipendium, 1955 Wissenschaftlicher Assistent, 1961 Habilitation in Älterer und Neuerer Germanistik in Bonn, 1961 Professor für Deutsche Philologie und Allgemeine Literaturwissenschaft an der Freien Universität Berlin, 1970 an der Universität Heidelberg, 1977 Professor für Allgemeine und Vergleichende Literaturwissenschaft an der Freien Universität Berlin, 1992 Ruhestand.

1976 bis 1983 Präsident der Freien Universität Berlin, 1988 bis 2002 Präsident der Deutschen Schillergesellschaft, 1991 bis 1999 Gründungsdirektor des Zentrums für Literaturwissenschaft in Berlin, 1998 bis 2004 Direktor am Zentrum für Europäische Aufklärungsforschung in Potsdam.

EBERHARD LÄMMERT hat sich seit den 1960er Jahren in besonderer Weise für die jüngere Fachgeschichte der Germanistik engagiert; zudem übernahm er – bereits emeritiert – wichtige Aufgaben für die Integration der Literaturwissenschaftlerinnen und Literaturwissenschaftler aus der ehemaligen DDR in das Wissenschaftsgeschehen der neuen Bundesrepublik. Zu seinen Forschungsschwerpunkten zählen die Methodengeschichte, die Literatur- und Erzähltheorie, die historische Poetik, die Geschichte der literarischen Gattungen, die Sozialgeschichte des Schriftstellers und die Wirkungsgeschichte der Literatur vom 18. Jahrhundert bis zur Gegenwart.

Das Interview wurde am 3. Februar 1995 in Berlin geführt.

Michael Schlott: Sie sehen, ich habe mich ein wenig über Ihre Person informiert, angesichts einer von der *FAZ* verbreiteten Aussage, Sie hätten sich 1960 bei Benno von Wiese habilitiert.[1]

Eberhard Lämmert: Ja, ich habe damals deswegen schon an die *FAZ* geschrieben. Der Fehler geht auf einen Hinweis im Munzinger-Lexikon zurück. Tatsächlich war Benno von Wiese nicht einmal der Titel meiner Habilitationsschrift vertraut.[2] Meinen Haupt-Autor Heinrich den Teichner hat er konstant „Heinrich den Taucher" genannt, was man ihm nicht verdenken konnte. Ich selbst kam zu Mittelalter-Studien dadurch, daß mein Doktorvater, Günther Müller, noch ein Enkel der Berliner Schule

---

1   Jürgen Busche: „Kein unbequemer Mann". In: FAZ, 25. Juni 1976, Nr. 136, S. 12.
2   Eberhard Lämmert: Reimsprecherkunst im Spätmittelalter. Eine Untersuchung der Teichnerreden. Stuttgart 1970.

war.[3] In der Berliner Schule war es Usus, daß man sich in beiden Bereichen, der Älteren und der Neueren deutschen Literatur, auswies. Karl Stackmann mußte beispielsweise außer seiner mediävistischen Habilitationsschrift über Heinrich von Mügeln[4] noch 90 Seiten über Achim von Arnim schreiben.[5] Für mich stand im Jahr 1953 das Spätmittelalter offen als eine fast unbetretene Landschaft. So habe ich mir bald nach meiner Promotion den damals noch nahezu unedierten Heinrich den Teichner ausgesucht, während Johannes Kibelka, als Assistent von Werner Richter mein Nachbar aus der Älteren Abteilung, eine Arbeit über Heinrich von Mügeln in Angriff nahm.[6] Als dann Karl Stackmann nach Bonn kam, bildeten wir unter seiner ermunternden Anleitung ein regelrechtes Arbeitsteam. Unser Anreger, der auch für die Berufung Stackmanns gesorgt hatte, war Werner Richter. Er kam mit Erinnerungen an die frühen 1930er Jahre aus der Emigration in den USA zurück und sah die spätmittelalterliche Forschung, die Arthur Hübner um 1930 verheißungsvoll aufgenommen hatte,[7] noch in einem nahezu jungfräulichen Stadium, zumal viele Sammelhandschriften immer noch ungelesen in den Bibliotheken ruhten. Ich selbst habe noch eine ganze Reihe von Jahren in Wien, in München und in Heidelberg Texte abgeschrieben, bis ich – so dürftig war damals die Nachrichtenübermittlung – plötzlich erfuhr, daß in der Akademie der Wissenschaften der DDR Heinrich Niewöhner längst eine Ausgabe vorbereitete,[8] deren Registerband ich dann noch in den Fahnen nutzen konnte. Bevor meine Arbeit fertig wurde, starb nach Günther Müller auch Werner Richter, und so habe ich mich dann in beiden Abteilungen, in der Älteren und der Neueren deutschen Literatur – von meinen beiden Lehrern gewissermaßen doppelt verwaist – habilitiert. Hugo Moser, der auch der Kommission vorsaß, leitete die Disputation, die neuere Literatur vertrat in der Nachfolge Günther Müllers Benno von Wiese, und so ist dieser Zusammenhang zwischen ihm und meiner Habilitation entstanden.

Michael Schlott: Richard Alewyn hatte bereits in einem Brief vom 14. Juli 1976 an die Redaktion der *FAZ* richtiggestellt, Sie hätten sich nicht, wie Jürgen Busche behauptete, bei Benno von Wiese, sondern bei Werner Richter habilitiert. Und er fügt charakteristischerweise hinzu: „[…] bei einem soeben aus der Emigration zurückgekehrten Juden, übrigens mit einer Arbeit zu der damals noch alles andere als modischen Soziologie der Literatur des Mittelalters."[9]

---

3   Die sogenannte Berliner Schule wurde vor allem von den Germanisten Wilhelm Scherer (1841–1886), Erich Schmidt (1853–1913) und Julius Petersen (1878–1941) geprägt.

4   Karl Stackmann: Der Spruchdichter Heinrich von Mügeln. Vorstudien zur Erkenntnis seiner Individualität. Heidelberg 1958.

5   Stackmanns Arbeit über Achim von Arnim blieb unveröffentlicht.

6   Johannes Kibelka: der ware meister – Denkstile und Bauformen in der Dichtung Heinrichs von Mügeln. Berlin 1963.

7   Arthur Hübner: Die deutschen Geisslerlieder. Studien zum geistlichen Volkslied des Mittelalters. Berlin und Leipzig 1931.

8   Die Gedichte Heinrichs des Teichners. Hrsg. von Heinrich Niewöhner. Berlin 1953–1956.

9   Die von Alewyn hinterlassenen Briefe werden vom Deutschen Literaturarchiv Marbach verwaltet; vgl. Heidrun Fink: Der Nachlaß von Richard Alewyn im Deutschen Literaturarchiv. In: Mitteilungen des Marbacher Arbeitskreises für Geschichte der Germanistik 4 (1992) S. 16–18; ⟨http://www.dla-marbach.de/dla/elektronische_publikationen/kussmaul/bestandsliste/nachlass_alewyn_richard/index.html⟩ (eingesehen am 02.04.2012).

Eberhard Lämmert: Die Literatur des späten Mittelalters bis hin zur ‚Lutherischen Pause‘ war im Grunde seit Wilhelm Scherers Wellentheorie[10] fast unbeachtet geblieben, und bevor Hugo Kuhn in München eine Reihe von Schülern, voran Hanns Fischer, auf das späte Mittelalter ansetzte, war es das Verdienst Werner Richters gewesen, nach seiner Rückkehr auf diese Lücke hinzuweisen.[11] Sein Blick von außen war schärfer und natürlich auch kritischer auf das gerichtet, was inzwischen in Deutschland geschehen war, und so regte er zusammen mit seinen früheren Berliner Freunden, zu denen auch Ulrich Pretzel gehörte, diese Forschungen zum späten Mittelalter an. Das war notwendigerweise eine auch soziologische Forschung, weil es hier nicht um große Dichtergestalten gehen konnte, dafür aber um die Frage, wie weit diese Texte als Ausdruck der Wißbegier und auch der Moralkonvention breiter Bevölkerungsschichten ihrer Zeit gelten konnten. Dabei vertrat Heinrich von Mügeln die gelehrte Spruchdichtung, während Heinrich der Teichner eher einer Laienprediger-Tradition zuzurechnen war. Es ist sogar wahrscheinlich, daß die Schlußklausel „Also sprach der Teichner" aus der Bezeichnung für einen Autor bald schon übergegangen war in eine Art Summenformel für einen ganzen Berufsstand von womöglich landfahrenden Geistlichen oder ehemaligen Mönchen, die sich mit derartigen Moralsprüchen durchbrachten. Methodisch war diese Untersuchung deshalb so reizvoll, weil es sich nicht nur um Texte von zweifelhafter Verfasserschaft handelte, sondern auch um solche, die je nachdem, ob sie vor Städtern oder in der Landbevölkerung, vor Reichen oder vor Armen vorgetragen wurden, aus einem Reservoir von Exempeln und Mahnsprüchen wie Mosaiksteine oder auch vorgefertigte Predigtstücke zusammengesetzt werden konnten. Der Witz meiner Habilitationsschrift, mindestens ihres ersten Teils, bestand gerade darin, an die Stelle der alten Stammbaumfrage, die einem verschwundenen Original und damit vor allem der Person des Dichters und ihren Intentionen nachspürt, die Frage nach der Struktur eines Komplexes von Texten zu setzen, der wie ein großer Repertoire-Sack existiert und je nach Gelegenheit von Sprechern aus dem Kopf oder von Schreibern nach diversen Quellen genutzt wird, um aus Hunderten von Eingangsformeln, Beispielen und Moralsätzen eine aktuelle Vortragsfolge oder auch eine Sammelhandschrift zusammenzustellen. Deshalb läuft meine Habilitationsschrift auch auf eine Poetik dieser Texte hinaus, die sich an der damaligen Homiletik orientiert. Diese Poetik rechnet damit, daß es ein eigentliches Original

---

10 Vgl. zu Scherers „Wellentheorie" u.a. Dietrich Grohnert: Wilhelm Scherers „Wellentheorie" oder wie man Literaturgeschichte in ein System zwingen kann. In: Jahrbuch Ostrava 4 (1998), S. 19–34; Wolfgang Achnitz: Frühling, Sommer, Herbst und Winter. Herkommen und Nachwirken der „Wellentheorie" Wilhelm Scherers. In: Vorschen, denken, wizzen. Vom Wert des Genauen in den „ungenauen Wissenschaften". Festschrift für Uwe Meves zum 14. Juni 2009. Hrsg. von Cord Meyer und Ralf G. Päsler. Stuttgart 2009, S. 287–308. Als weiteres Ordnungsmuster für literaturgeschichtliche Entwicklungen entwarf Scherer eine Theorie wiederkehrender ‚Blüte- und Verfallszeiten‘ zur Kennzeichnung der Epochen deutschsprachiger Dichtung. Nach Scherers Ansicht wechselten etwa alle 300 Jahre blütenhafte (frauenhafte) Epochen mit (männlichen) Epochen des Verfalls. Die Phasen der höchsten Blüte würden dabei um 1200 und um 1800 anzusetzen sein; Blüte-Epochen wären damit die Zeiten zwischen 1050 bis 1350 und 1650 bis 1950; Perioden des Verfalls wären 750 bis 1050 und 1350 bis 1650. In diese Periodisierungstheorie gingen Aspekte einer biologisch determinierten Deutung von Literaturgeschichte ein, die sich am Wechsel der Jahreszeiten und Konstellationen in der Lebensgeschichte der Menschen anschlossen.

11 Nach Auskunft des Interviewten war dies Richters ‚ceterum censeo‘ in Seminaren, in Einzelgesprächen und in Diskussionen mit befreundeten Kollegen (wie beispielsweise Ulrich Pretzel).

dieser Texte so gut wie nie gegeben hat, daß vielmehr von Fall zu Fall verschiedene Stücke zu neuen Originalen, also zu einmaligen Vortragsstücken zusammengestellt worden sind. Dies läßt sich auch aus der Vergesellschaftung der einzelnen Texte in den verschiedenen Sammelhandschriften schließen. Das Wort ‚Vergesellschaftung‘, das mir bei dieser Gelegenheit über die Lippen kommt, war übrigens eines, das mir damals, gegen Ende der 1950er Jahre, von Hugo Moser aus der Habilitationsschrift weggestrichen wurde. Die aus der Vorkriegs- und Kriegszeit noch gängige Polarisierung von ‚Gesellschaft‘ und ‚Gemeinschaft‘ verband auch ein Jahrzehnt nach dem Kriege den Begriff Gesellschaft noch mit pejorativen Assoziationen. Obwohl sich darin eine leichte Spannung zwischen den Generationen schon abzeichnet, danke ich es Hugo Moser, daß er meine Habilitation mit eigenem Engagement über die Bühne gebracht hat.

Danken muß ich auch Benno von Wiese, daß er mir den Platz des Assistenten der Neueren Abteilung weiter einräumte, denn damals konnte ein Ordinarius beim Frühstück sagen: „Heute will ich den nicht mehr", und niemand hätte ihm das Recht bestritten, nach gehöriger Kündigungsfrist einen Assistenten seiner Wahl einzustellen. Nun hatte Günther Müller allerdings eine Serie von über 30 Dissertationen hinterlassen, die der morphologischen Analyse einzelner Romane galten.[12] Nachdem sich die Fakultät unter spannungsreichen Auseinandersetzungen in der Frage seiner Nachfolge mit knapper Mehrheit gegen Wolfgang Kayser und für Benno von Wiese entschieden hatte, stellte sich rasch heraus, daß dessen eigene Forschungsinteressen davon denkbar weit entfernt lagen, und so lag es dann bei mir, diese Doktoranden weiterhin zu beraten und auch die Gutachten vorzubereiten. So konnte ich denn auch, nachdem ich eine Einladung Wolfgang Kaysers, zu ihm nach Göttingen zu kommen, aus familiären Gründen ausgeschlagen hatte, meine Stelle behalten, ohne das Gefolge, mit dem Benno von Wiese aus Münster einzog, zu dezimieren. Mit ihm kamen der sehr lebendige Schrimpf und der große Redner Rohrmoser, der danach einen ganz merkwürdigen Weg genommen hat, Inge Schmidt, die der Männerriege mit kluger Bestimmtheit ihren Ort zuwies, und – unvergeßlich in dieser Reihe – Vincent J. Günther, ein überaus ideenreicher Kopf, der nach einem Ruf nach Mainz leider viel zu früh starb. Angesichts des vehementen Studentenzudrangs, der gerade 1957 einsetzte, kamen bald auch Heinz Hillmann und Helmut Koopmann zu diesem vielseitig beschäftigten Kreis von Mitarbeitern hinzu und beendeten damit gründlich die Epoche, die der Neueren Abteilung des Seminars nur einen Assistenten gegönnt hatte. Vor allem aber kamen kurze Zeit danach auch Richard Alewyn und mit ihm Herbert Singer nach Bonn.

Michael Schlott: *Das überdachte Labyrinth*:[13] „Den Freunden vom Stimbekhof und Peter Szondi, der dort nicht sein konnte."[14] – Wer hat den Stimbekhof-Kreis ins Leben gerufen? Warum wurde er ins Leben gerufen?[15]

---

12   Eine Auswahl findet sich in Rainer Baasner: Günther Müllers morphologische Poetik und ihre Rezeption. In: Zeitenwechsel. Germanistische Literaturwissenschaft vor und nach 1945. Hrsg. von Wilfried Barner und Christoph König. Frankfurt/Main 1996, S. 256–267, hier S. 267, Anm. 28.

13   Eberhard Lämmert: Das überdachte Labyrinth. Ortsbestimmungen der Literaturwissenschaft 1960–1990. Stuttgart 1991.

14   Peter Szondi sah sich außerstande, einen Ort in der Nähe von Bergen-Belsen aufzusuchen; siehe dazu die folgenden Ausführungen von Eberhard Lämmert.

15   Vgl. hierzu sowie zu weiteren Themen des Interviews [Eberhard Lämmert: Gespräch mit Petra Boden. In:] Petra Boden: Reformarbeit als Problemlösung. Sozialgeschichtliche und rezeptions-

Eberhard Lämmert: Ich denke, das war zunächst Herbert Singer. Es könnte auch sein, daß Karl Heinz Borck, der der Lüneburger Heide am nächsten wohnte, den Ort (ein Hotel in Bispingen) bestimmt hat. Aber soweit ich mich erinnere, war Singer damals der schreibende und werbende Organisator dieser Gruppe, auf dessen Rührigkeit wir uns auch verließen. Singer konnte diese Gruppe, deren Zusammenhang locker war, wenn wir uns auch meist von anderen Gelegenheiten her kannten, von Fall zu Fall zusammenbinden. So kamen beispielsweise auch die Stimmen zusammen, die Boehlich seinerzeit in der ZEIT sammelte,[16] als Hugo Moser Rektor von Bonn geworden war und wir, darunter Richard Alewyn und ich als ehemaliger Bonner, meinten, das glossieren zu müssen und ihm zu raten, sich nicht derart in den Vordergrund zu stellen. Dies war eigentlich keine Affektation gegen die Person von Moser, wohl aber Besorgnis darüber, daß die Universität in Bonn schon wieder instinktlos handelte,[17] indem sie sich als Repräsentanten jemanden suchte, der, wenn auch – das muß man immer wieder einräumen – in jungen Jahren, dem Nationalsozialismus und seiner Bewegung unumwunden seine Sympathie entgegengebracht hat. Dies und der Umstand, daß von Wiese und Moser den Germanistenverband wie selbstverständlich als ihre Domäne betrachteten und danach auch bei einer Neuwahl nur ‚Bäumchen-wechsel-Dich‘ spielten, indem sie die Posten des Vorsitzenden und des Stellvertreters tauschten, hat dann den Anlaß zur zweiten [und letzten] Versammlung im Stimbekhof gegeben, der anschließend, nach weiteren Gesprächen in Bonn, eine außerordentliche Zusammenkunft aller Ordinarien der Germanistik in Mainz folgte.[18] Dort wurde dann

---

theoretische Forschungsansätze in der deutschen Literaturwissenschaft der 60er und 70er Jahre – eine Vorbemerkung und drei Interviews. In: Internationales Archiv für Sozialgeschichte der deutschen Literatur 28 (2003), H. 1, S. 111–170, hier S. 137–157.

16   Die *Zeit* veröffentlichte am 23. Oktober 1964 einen Artikel Walter Boehlichs zur Wahl von Hugo Moser zum Rektor der Universität Bonn. Unter Anspielung auf die Aberkennung der Ehrendoktorwürde Thomas Manns im Jahre 1936 brachte er Zitate aus einem Aufsatz Mosers zum Volkslied und Texte aus einem von ihm mit herausgegebenen Liederbuch bei, in denen er Mosers Einverständnis mit der nationalsozialistischen Kulturpolitik belegt sah. Weitere Stimmen dazu sammelte Boehlich für die Ausgabe der *Zeit* vom 6. November und vom 20. November 1964, darunter eine Äußerung der Bonner Universität, Mosers „zeitbedingte Diktion" gehe „über das Maß des damals Üblichen und zur Abwehr politischer Verdächtigungen mitunter sogar Notwendigen nicht hinaus". Vgl. auch Richard Alewyn: Die Universität als moralische Anstalt. In: Die Zeit vom 27. November 1964, S. 17; darauf bezugnehmend: Erklärung der Sieben. In: Die Zeit vom 4. Dezember 1964, S. 17; diese Erklärung ist unterzeichnet von Karl Heinz Borck (Hamburg), Karl Otto Conrady (Kiel), Arthur Henkel (Heidelberg), Eberhard Lämmert (Berlin), Karl Ludwig Schneider (Hamburg), Herbert Singer (Hamburg), und Peter Wapnewski (Heidelberg).

17   Der in Leipzig aufgrund der Protektion von Hermann August Korff (1882–1963) und anderen seit 1926 als Extraordinarius lehrende Karl Justus Obenauer (1888–1973) trat 1934 in die SS ein und wurde 1935 gegen den Willen der Fakultät zum ordentlichen Professor für Neuere deutsche Literaturgeschichte an der Universität Bonn ernannt. Seine Antrittsvorlesung hielt er in SS-Uniform. Als Dekan der Philosophischen Fakultät war er 1936 verantwortlich für die Aberkennung der Ehrendoktorwürde Thomas Manns.

18   Als Vorsitzender des Deutschen Germanistenverbandes lud Benno von Wiese die Ordinarien der Germanistik an den Universitäten der Bundesrepublik vom 14. bis 17. April 1965 zu einer Aussprache nach Mainz ein. Die erhaltene Einladungsliste enthält 52 Namen. Über die dort ausgetragenen Konflikte berichtet Karl Otto Conrady: Miterlebte Germanistik. Ein Rückblick auf die Zeit vor und nach dem Münchner Germanistentag von 1966. In: Diskussion Deutsch, H. 100, April 1988, S. 126–143.

der im Stimbekhof vorformulierte Entwurf zu einer Arbeitsstelle für die Erforschung der Geschichte der Germanistik vorgelegt und die Forderung vorgetragen, auf dem nächsten Germanistentag solle über die Reform der Germanistik verhandelt und dabei im Rückblick auch auf die Gründe eingegangen werden, die eine solche Reform so dringend machten.

Die rasche Reaktion der Leitung des Germanistenverbandes, nicht nur über den Nationalismus in der Germanistik, sondern auch in der gesamten Dichtung zu sprechen, machte dann die Mainzer Versammlung sehr spannungsreich, und ich erinnere mich noch, daß Hugo Kuhn sich wie ein freiwilliger Sebastian zwischen die Stimbekhofer und die Leitung warf und damit den Zusammenprall allerdings um seine Wirkung brachte, so daß er auf dem Münchener Germanistentag sich dann vollends ereignete.[19] Dies hat übrigens Karl Otto Conrady sehr ins Einzelne beschrieben,[20] und der Nachhall hat, wenn auch zögernd, seine Wirkung entfaltet. – In Erinnerung dieser „bewegenden" Zusammenkünfte habe ich mein Buch über Ortsbestimmungen der Literaturwissenschaft 1960–1990[21] den Freunden vom Stimbekhof gewidmet.

Michael Schlott: War der Stimbekhof-Kreis identisch mit Alewyns sogenannter Tafelrunde?

Eberhard Lämmert: Alewyns „Tafelrunde" war wesentlich kleiner. Allerdings kamen auch neue Freunde hinzu, so Ingrid Strohschneider-Kohrs und Uvo Hölscher. Insofern war die Runde nicht identisch, wohl aber gaben die Zusammenkünfte im Stimbekhof dazu einen Anstoß.

Michael Schlott: Alewyn zählt in einem Brief an Szondi vom 25. April 1969[22] in alphabetischer Reihenfolge auf: Alewyn, Allemann, Gruenter, Killy, [Strohschneider-] Kohrs, Lämmert, Schöne, Singer, Stackmann, Szondi, Wapnewski.

Eberhard Lämmert: Das trifft zu bis auf Uvo Hölscher und Joachim Bumke, die von Anfang an dazu gehörten. Beda Allemann war wohl nur anfangs dabei, zuletzt kam auch Horst Rüdiger dazu. Wir haben uns zuerst in Göttingen, dann auf der Bühler Höhe, später auch einmal bei Killy in der Nähe von Bern getroffen, doch meistens auf der Reisensburg bei Ulm gleich neben der Donau, aus der übrigens, neben unserem wechselseitigen Vortrag von unfertigen Schreibtischmanuskripten, Albrecht Schöne einmal drei riesige Barsche gefischt hat.

---

19 Tagung des Deutschen Germanistenverbandes vom 17. bis 22. Oktober 1966 in München; vgl. dazu Walter Boehlich: Der deutsche Germanistentag. Aufforderung, das Kind mit dem Bade auszuschütten. In: Die Zeit vom 28. Oktober 1966; Nationalismus in Germanistik und Dichtung. Dokumentation des Germanistentages in München vom 17. bis 22. Oktober 1966. Hrsg. von Benno von Wiese und Rudolf Henß. Berlin 1967; außerdem separat: Germanistik – eine deutsche Wissenschaft. Beiträge von Eberhard Lämmert, Walter Killy, Karl Otto Conrady und Peter von Polenz, Frankfurt/Main 1967; 4. Aufl.: 1970.

20 Conrady: Miterlebte Germanistik (wie Anm. 18); dazu auch Eberhard Lämmert: Der Weg nach München. Eine historische Versuchsstrecke für den verantwortungsvollen Umgang mit einer Nationalphilologie. In: Mitteilungen des Marbacher Arbeitskreises für Geschichte der Germanistik, H. 21/22 (2002): Germanistik – eine politische Wissenschaft. Ein Kolloquium im Jüdischen Museum Wien am 11. September 2000. Hrsg. von Christoph König u. a., S. 19–25.

21 Vgl. Lämmert: Das überdachte Labyrinth (wie Anm. 13).

22 Die von Alewyn hinterlassenen Briefe werden vom Deutschen Literaturarchiv Marbach verwaltet; siehe Anm. 9.

Michael Schlott: Durch welche gemeinsamen wissenschaftlichen, gegebenenfalls auch wissenschaftspolitischen Interessen und Ziele würden Sie in der Retrospektive Ihr Verhältnis zu Peter Szondi charakterisieren?

Eberhard Lämmert: Unser Verhältnis war von Anfang an von freundschaftlicher Sympathie geprägt, zu der wohl auch die ungarische Herkunft meiner mütterlichen Familie beitrug. Wissenschaftlich war es einerseits auf benachbarte Gegenstände, die Dramatik und die Erzählkunst, und den beiderseitigen Willen zu ihrer theoretischen Durchdringung gerichtet und andererseits vom beiderseitigen Versuch bestimmt, die Praxis der wissenschaftlichen Germanistik von den unheilvollen Kontinuitäten zu befreien, die ihr aus der Zeit des Nationalsozialismus als unkorrigierte oder auch als unbewußte Verhaltensweisen noch anhafteten. Ich lernte ihn in Berlin nach seiner Habilitation näher kennen und war alsbald zu einer deutlichen Stellungnahme gezwungen. Da in der Fakultät ein verbreiteter Unmut über den essayistischen Ton seiner Habilitationsschrift[23] herrschte, war dort eine deutliche Gegnerschaft vorhanden, als wir uns, während Szondi in Göttingen war, um seine Berufung nach Berlin bemühten. Sehr zur Seite stand mir dabei mein verstorbener Freund Hans-Egon Hass, aber auch die anderen Germanisten gaben Szondi vollen Rückhalt. In der konkreten Situation haben dann Hans-Egon Hass, Michael Landmann und ich für ihn einen Lehrstuhl und – um das zu begründen – auch ein neues Institut für Allgemeine und Vergleichende Literaturwissenschaft beantragt. Dadurch waren wir von seiner Rückkunft nach Berlin an erneut und noch enger verbunden, denn ich hatte mit der Ablehnung eines Hamburger Rufes auch meine Venia in „Deutsche Philologie und Allgemeine Literaturwissenschaft" verändert, und so hatten wir anschließend eine ganze Reihe von gemeinsamen Schülern. Zusammen haben wir dann auch die Studienordnung für die Allgemeine und Vergleichende Literaturwissenschaft[24] entwickelt und daraus dann wieder das Programm für unsere Studien zur Allgemeinen und Vergleichenden Literaturwissenschaft, die wir 1968 mit den Dissertationen unserer beiden Schüler Gert Mattenklott und Klaus R. Scherpe eröffneten.[25] Szondi wollte damals nicht, daß wir ausdrücklich als Herausgeber zeichneten, und dem Metzler-Verlag war es sehr recht, die Herausgeberschaft sozusagen bei sich zu behalten. Später allerdings traten Jurij Striedter, Karlheinz Stierle und Klaus Reichert dem Herausgebergremium bei. Als nach dem Erlaß des neuen Hochschulgesetzes[26] Ein-Mann-Institute nicht mehr fortzuführen waren, planten Szondi und ich die Aufnahme des Romanisten Gerhard Göbel und nach seiner

---

23 Peter Szondi: Versuch über das Tragische. Frankfurt/Main 1961; 2. durchges. Aufl.: 1964.

24 Die Studienordnung sah unter anderem vor, daß Nationalliteraturen nicht nur vergleichend behandelt, sondern auch Gründe für die Herausbildung von Nationalliteraturen untersucht werden sollten.

25 Die Studien erschienen im Metzler-Verlag Stuttgart. Bd. 1: Gert Mattenklott: Melancholie in der Dramatik des Sturm und Drang (1968; 2. erw. und durchges. Aufl.: Königstein/Taunus 1985); Bd. 2: Klaus R. Scherpe: Gattungspoetik im 18. Jahrhundert. Historische Entwicklung von Gottsched bis Herder (1968); vgl. auch die Interviews mit Gert Mattenklott (S. 561–589) und Klaus R. Scherpe (S. 692–712).

26 Das neue Gesetz sah in § 20 (3) und (4) für wissenschaftliche Einrichtungen ein Direktorium vor, aus dessen Mitte ein Geschäftsführender Direktor zu wählen war – Gesetz über die Universitäten des Landes Berlin (Universitätsgesetz) vom 16. Juli 1969. In: Gesetz- und Verordnungsblatt für Berlin, 25. Jg., Nr. 56, S. 909–927.

Habilitation auch die von Gert Mattenklott in ein neues, gemeinsames Direktorium des Instituts.

Michael Schlott: Herr Lämmert, mehrfach wurde mir von Interviewpartnern, und zwar mit Blick auf die Einführung literatursoziologischer Probleme in die Literaturwissenschaft, erklärt, Alewyn sei gerade in dieser Hinsicht fachgeschichtlich eine zentrale Figur. Darauf deutet möglicherweise auch der eingangs zitierte Passus, in dem er auch Ihre Habilitation im Kontext einer Soziologie der Literatur des Mittelalters ansiedelt.[27] Wie beurteilen Sie die Rolle Alewyns im Zusammenhang mit der Einführung literatursoziologischer Betrachtungsweisen und Arbeitsmethoden?

Eberhard Lämmert: Alewyn hatte mehr als andere Blick für die Ausstrahlung der Literatur und ihr Publikum, ob das Autoren der höfischen Feste waren oder Klopstock und sein Freundeskreis. Alewyn hatte auch mehr als andere Sinn für das soziale Umfeld der Autoren, mit denen er zu tun hatte. Bei Beer, den er regelrecht entdeckte,[28] zahlte sich das besonders aus. Auch in seinen Vorlesungen umnebelte er die Person des Dichters nicht mit Erbauungsrhetorik, sondern ließ ihn in den Bedingungen seiner Zeit und seiner Menschenumgebung erscheinen, so daß sich mit seinem Vortrag die ganze Epoche belebte. Das setzte viel Materialkenntnis voraus, und dabei hielt er seine Vorlesungen durchweg nur mit einem Bündel kleiner Zettel in der Hand. Er war übrigens durchaus kein Rhetor wie mancher seiner Kollegen. Deshalb gab es auch in seinen Kollegs Passagen von unterschiedlichem Glanz, aber dann wieder riß er seine Hörer mit, so daß sie förmlich in der vorgestellten Epoche lebten. Mehr noch bewunderten wir allerdings, wie er den höchsten Anspruch an sich und an andere stellte, makellos und dabei verständlich zu schreiben. Er ruhte bei eigenen Manuskripten nicht, allerdings auch nicht über den Texten seiner Schüler, bis der Schliff der Aussage dem Gegenstand des Nachdenkens ein Optimum an Strahlkraft abgewonnen hatte. Der soziale Ausgriff in die Zeit, den er auch von den Arbeiten seiner Schüler forderte, war keineswegs schon von der lähmenden Begrifflichkeit der Soziologie durchsetzt, und die Literatursoziologie, die er tatsächlich betrieb, hatte damals noch nicht einmal diesen ausdrücklichen Namen.

Michael Schlott: Alewyn selbst hatte also kaum ein Bewußtsein davon?

Eberhard Lämmert: Jedenfalls hat er kaum ein Programm daraus gemacht. Ähnlich haben wir ja auch in den 1950er Jahren Strukturalismus getrieben, ohne schon den Begriff einzuführen: einen ‚Prästrukturalismus‘, wie man heute erkennen kann.[29] Ebenso betrieb Alewyn Literatursoziologie, ohne sie in Formeln zu fassen. Es war einfach das Perspektiv oder der Fokus seiner Interessenahme an einem Zeitalter. Denke ich an andere bedeutende

---

27   Siehe Anm. 9.
28   Richard Alewyn: Johann Beer. Studien zum Roman des 17. Jahrhunderts. Leipzig 1932.
29   Vgl. Eberhard Lämmert: Ein Weg ins Freie. Versuch eines Rückblicks auf die Germanistik vor und nach 1945. In: Zeitenwechsel (wie Anm. 12), S. 411–417; E. L.: Strukturale Typologien in der Literaturwissenschaft zwischen 1945 und 1960. In: Strukturalismus in Deutschland. Literatur- und Sprachwissenschaft 1910–1975. Hrsg. von Hans-Harald Müller u. a. Göttingen 2010, S. 229–272; zudem Helga Bleckwenn: Morphologische Poetik und Bauformen des Erzählens zum Formalismus in der deutschen Literaturwissenschaft. In: Erzählforschung 1. Theorien, Modelle und Methoden der Narrativik. Mit einer Auswahlbibliographie zur Erzählforschung. Hrsg. von Wolfgang Haubrichs. Göttingen 1976, S. 43–77.

Vorlesungen, etwa die von Ernst Robert Curtius, so hatten sie, wenn sie ein Zeitalter umgriffen, doch vorwiegend das Gelehrtentum einer Epoche zum Gegenstand, und darin war Curtius versiert wie kein anderer. Aber ich könnte mir nicht denken, daß er wie beispielsweise Huizinga oder eben auch Alewyn so die Farbigkeit einer Epoche entfaltet hätte. Es war erstaunlich, bis zu welchem Grade Alewyn auch in die Geschichtswissenschaft eingedrungen war und wie weitreichend er – ob im späten Mittelalter oder im 17. Jahrhundert – tatsächlich über Dinge informiert war, um die sich eher Historiker, Kunsthistoriker oder Volkskundler kümmern als in der Regel Literaturwissenschaftler.

Michael Schlott: Herr Lämmert, hielten Sie die Aussage, der Stimbekhof-Kreis sei als eine Keimzelle der Literatursoziologie nach dem Zweiten Weltkrieg anzusehen, für haltbar, für völlig abwegig oder mit gewissen Einschränkungen für akzeptabel?

Eberhard Lämmert: Nein, diese These ist nicht haltbar. Wenn man den Kreis überblickt, der im Stimbekhof versammelt war, so kann man zwar sagen, daß dort neue Richtungen – also auch literatursoziologische – initiiert wurden, aber gewiß nur von einigen Mitgliedern der Gruppe. Insgesamt war dieser Kreis ganz indifferent gegen bestimmte methodische Strömungen.

Michael Schlott: Welche Erinnerungen verbinden Sie mit Szondis Vortrag „Zur Sozialpsychologie des bürgerlichen Trauerspiels"?[30] Wie ist dieser Vortrag aufgenommen und diskutiert worden?

Eberhard Lämmert: Eine breitere Resonanz hat dieser Vortrag erst nach seiner posthumen Veröffentlichung erreicht, und die fiel schon in die 1970er Jahre. Aber auch in der Alewyn-Runde war die Diskussion darüber 1969 bereits kontrovers. Bei Alewyn selbst traf Szondi übrigens auf volle Zustimmung mit seiner These, für Diderot sei die Aufkündigung der Ständeklausel im Trauerspiel um die Mitte des 18. Jahrhunderts kein klassenkämpferischer Ansatz, wie es seit Lukács' „Soziologie des modernen Dramas"[31] neuerdings wieder in aller Munde war. Sie entspreche vielmehr der neuen bürgerlichen Moralauffassung, nach der die Heldinnen und Helden einer Tragödie, gleich welchen Standes, ihren Gefühlen und Leidenschaften unverstellt Ausdruck geben sollten. Diese Dramaturgie Diderots zielt nach Szondis Auffassung nicht nur auf eine neue Nähe der Bühnenfiguren zum Publikum, sie soll auch der ungeteilten Darstellung menschlicher Güte und Tugendhaftigkeit zugute kommen. Tatsächlich hat auch Peter Szondi in diesen Jahren den Versuch gemacht, eine kritische Literaturwissenschaft, in Ableitung und doch auch in Absetzung von der Kritischen Theorie der Frankfurter Schule, mit dem engeren Begriff ‚Literatursoziologie' zu versehen. Doch war ihm, der auf Unterscheidungen bedacht war, dabei an übergreifenden soziologischen Klassifikationen gewiß weniger gelegen als an einer genauen Bezeichnung der soziologischen Befunde, die aus Textinterpretationen zu gewinnen waren.

---

30 Peter Szondi: Tableau und coup de théâtre. Zur Sozialpsychologie des bürgerlichen Trauerspiels. Mit einem Exkurs über Lessing. In: P. S.: Lektüren und Lektionen. Versuche über Literatur, Literaturtheorie und Literatursoziologie. Hrsg. von Jean Bollack. Frankfurt/Main 1973, S. 13–43; vgl. auch P. S.: Die Theorie des bürgerlichen Trauerspiels im 18. Jahrhundert. Der Kaufmann, der Hausvater und der Hofmeister. Hrsg. von Gert Mattenklott. Mit einem Anhang über Molière von Wolfgang Fietkau. Frankfurt/Main 1973, S. 91–147.

31 Georg Lukács: Zur Soziologie des modernen Dramas [1909]. In: G. L.: Schriften zur Literatursoziologie. Neuwied 1961, S. 261–295.

Michael Schlott: Alewyn schlug Szondi im April 1969 vor, ein Beispiel gemeinsam durchzuinterpretieren: „Es könnten bei diesem Exerzitium erst einmal sämtliche Aspekte", und dann der Zusatz, „und nicht nur der soziologische, zur Geltung kommen."[32]

Eberhard Lämmert: Es war eben so, daß 1969 die Soziologie in aller Munde war. Wir sprachen vorhin vom Stimbekhof und von 1964. Das muß man wirklich unterscheiden. Es gibt da einen merklichen Sprung, denn von 1966/67 an wurde das, was viele schon praktisch trieben, sozusagen terminologiefähig. Natürlich habe ich für eine Vorlesung im Winter 1965/66 über die Literatur in der Zeit des Nationalsozialismus[33] die politischen und sozialen Verhältnisse aus der Erinnerung und aus damals verfügbaren Quellen neu erarbeitet, schon um die Spielräume auszumessen, die die NS-Diktatur den Lesern wie den Autoren überhaupt noch einräumte. Ebenso war es notwendig, nicht nur die Programme, sondern auch die Praxis der Partei im Auge zu halten, um die Beiträge der Literatur zum Sozialverhalten der Jugend oder der Jubelmassen besser einzuschätzen, und anderseits, um die literarischen Lizenzen auszumachen, die beherzte Autoren noch in Anspruch nehmen konnten. Im Zuge der ersten Reformansätze und bald auch der Studentenbewegung richtete sich dann allerdings schnell die allgemeine Aufmerksamkeit auf solche sozialen Erkundungen, ohne daß sie damit schon den Fachterminus Literatursoziologie bekommen hätten.

Auch bei Szondi ist es ganz deutlich, daß er für seine gattungstheoretischen Erwägungen erst in dem Moment, als er sich mit der konkreten Erscheinung des Bürgerlichen Trauerspiels im 18. Jahrhundert befaßte – und das war schon in der zweiten Hälfte der 1960er Jahre – den Titel „Literatursoziologie" in Anschlag brachte.[34] Aber man muß sehen, daß dies bei Szondi schließlich eine ziemlich spekulative Sache geblieben ist, und er hat, soweit ich sehe, auch nicht, wie Alewyn, außerhalb der Literatur, die er behandelte, eigene sozialhistorische Studien getrieben.

Michael Schlott: Können Sie etwas sagen über die Bedeutung der Habermas-Rezeption bei Szondi? Also *Strukturwandel der Öffentlichkeit*[35]?

Eberhard Lämmert: Selbstverständlich war Szondi über Adorno auch früh mit Habermas verbunden, und dort, wo dessen Ableitungen eines allgemein veränderten Sozialverhaltens aus den Tugendregeln der bürgerlichen Kleinfamilie im 18. Jahrhundert die Literatur oder auch Ansprüche an die Literatur nachhaltig berührten, hat Szondi ihnen stets – ausdrücklich übrigens in dem vorhin genannten Vortrag über Diderot – Beachtung geschenkt. Für die Literaturwissenschaft war Szondi durchaus tonangebend darin, daß er die Geschichte seines literarischen Gegenstandes keineswegs mehr etwa nur als eine Geschichte der Dramen, sondern ebenso als eine Geschichte der Produktionsbedingungen für Theaterstücke und deren Resonanz in der Öffentlichkeit betrachtete. Auch die Rezeptionstheorie hat sich

---

32 Brief vom 25. April 1969. Die von Alewyn hinterlassenen Briefe werden vom Deutschen Literaturarchiv Marbach verwaltet; siehe Anm. 9.

33 „Deutsche Literatur in der Zeit des Nationalsozialismus"; Freie Universität Berlin, Wintersemester 1965/66.

34 In dieser Zeit schlug Szondi „Literatursoziologie" auch als eines der Rahmenthemen für die Alewyn-Runde vor – siehe den Brief an Alewyn vom 26. März 1969. In: Peter Szondi: Briefe. Hrsg. von Christoph König und Thomas Sparr. Frankfurt/Main 1993, Brief Nr. 109, S. 264.

35 Jürgen Habermas: Strukturwandel der Öffentlichkeit. Untersuchungen zu einer Kategorie der bürgerlichen Gesellschaft. Neuwied 1962; 12. Aufl.: Frankfurt/Main 2010.

übrigens, wenn sie sich in Konstanz auch theoretisch enger auf die Korrespondenz zwischen Autor und Publikum bezog, gegen Ende des Jahrzehnts aus dieser allgemein gesteigerten Aufmerksamkeit für die öffentliche Resonanz der Literatur rasch entfaltet, weil auch dort die Literatur nicht mehr nur nach der Wiedergabe von sozialen Bewegungen, sondern auch nach ihrer Rolle als Impulsgeber für solche Bewegungen befragt wurde. Aber Szondi ist letzten Endes doch näher an der Literatur geblieben als viele seiner rasch beweglichen Berliner Zeitgenossen. Ihn interessierte – insbesondere in seinen späten Arbeiten über Celan – eher, welcher Realitätscharakter der Literatur als Ausdruck geschichtlicher Erfahrung zukam.

Michael Schlott: Meines Wissens hat Szondi sich auf Habermas berufen, um sich gegen die Untersuchungen von Pikulik abzugrenzen, insbesondere, was dessen Interpretation des Wortes ‚bürgerlich‘ im Zusammenhang mit dem Bürgerlichen Trauerspiel angeht.[36]

Eberhard Lämmert: Wir sehen heute, daß für ‚Bürger‘ und ‚bürgerlich‘ auch schon im 18. Jahrhundert verschiedene Bedeutungen im Umlauf waren, wie es der lang sich anbahnenden Krise, aber auch der bemerkenswerten Haltbarkeit des ständischen Denkens entspricht. Während Szondi mit Habermas zu Recht vom Denkhorizont eines aufstrebenden Bürgertums – oder sogar Kleinbürgertums – spricht und dennoch an Diderots Dramaturgie deren ständeübergreifenden Charakter herausarbeiten kann, hat Pikulik offensichtlich die Dichotomie Bürger–Mensch im Auge, der beispielsweise Friedrich von Blanckenburg große Teile seines „Vorberichts“ zum *Versuch über den Roman* gewidmet hat. Da ist der Begriff ‚Bürger‘ eher pejorativ gebraucht. Der Roman, heißt es dort, solle uns den „Menschen“ zeigen, nicht den „Bürger“ in seinen ständischen Grenzen.[37] Ähnlich abgelöst von jeglichen Standesmerkmalen sieht Pikulik, zugegeben allzu einfach, den ‚Empfindsamen‘ eher als Gegenpol zum gesellschaftlich eingebundenen Bürger. Ein wenig moderne Antibürgerlichkeit mag da als unreflektierter Hintergrund ins Spiel kommen.

Michael Schlott: Szondi hingegen vertrat die philologisch begründete Auffassung, daß der Ausdruck ‚bürgerlich‘ in der Kombination ‚Bürgerliches Trauerspiel‘ doch ‚domestic‘ bedeute.[38] Auf diese Weise ließ sich sehr wohl einsehen, warum im Bürgerlichen Trauerspiel auch Adelige agieren.

Eberhard Lämmert: Mindestens sollte das die französischen Verhältnisse treffen, aber auch für Lessing gelten. Es war übrigens die Lehre Alewyns, die er wiederholt in Vor-

---

36 Lothar Pikulik: „Bürgerliches Trauerspiel" und Empfindsamkeit. Köln und Graz 1966. Dazu Peter Szondi: Die Theorie des bürgerlichen Trauerspiels (wie Anm. 30), S. 68 f. und 110 f.; vgl. dazu auch einen Brief an Alewyn vom 22. April 1969 in P.S.: Briefe (wie Anm. 34), Brief Nr. 110, Anm. 2, S. 266.

37 Friedrich von Blanckenburg: Versuch über den Roman. [1774]. Mit einem Nachwort hrsg. von Eberhard Lämmert. Stuttgart 1965, bes. S. XIII–XVII.

38 Vgl. Peter Szondi an Richard Alewyn am 22. April 1969 (wie Anm. 36): „Es wird kein Zufall sein, dass meine Kritik an Pikulik – wie Sie sehen werden, keine ausdrückliche – gerade den Punkt berührt, der nicht von Ihnen, sondern von ihm selbst stammt. Eine wortgeschichtliche Untersuchung wäre zwar interessant, sie ist aber insofern vielleicht auch überflüssig, als die englische Entsprechung ‚domestic‘ die Pikuliksche Wortinterpretation ja bestätigt, nur ist das Bürgerlich-Häusliche, was Pikulik nicht wahrhaben wollte, ein bürgerliches Phänomen (im soziologischen Wortsinn). Hier ist Habermas, ‚Strukturwandel der Öffentlichkeit‘, sehr wichtig." Die von Alewyn hinterlassenen Briefe werden vom Deutschen Literaturarchiv Marbach verwaltet; siehe Anm. 9.

lesungen, Seminaren und persönlichen Gesprächen vertrat, daß das sogenannte Bürgerliche im 18. Jahrhundert vorwiegend vorangetrieben sei von depravierten Adeligen, also
auch von jüngeren Söhnen der Adelsgeschlechter, die nicht mehr den Grund und Boden zu
verwalten und den Namen weiterzutragen hatten. So ähnlich war das übrigens noch einmal
im Rußland des späten 19. Jahrhunderts der Fall, wo die politischen Gärungen sehr weitgehend vom jungen Adel getragen wurden – aber gerade von einem Adel, der nicht mehr in
großem Stile über Grundbesitz verfügte.

Michael Schlott: Wie hat Alewyn selbst das Phänomen Empfindsamkeit aufgefaßt; können Sie sich daran erinnern? Meinen Informationen zufolge war für ihn Empfindsam-
keit – was immer er darunter verstand – gewissermaßen existentialistisch besetzt, in der
Weise etwa, wie man die Künstlerproblematik bei Thomas Mann vorfindet. Ein unveröf-
fentlichtes Fragment von Alewyn, „Ad me ipsum" überschrieben,[39] macht deutlich, daß
Alewyn sich selbst, zumindest in seiner Jugend, als eine außerordentlich problematische
Natur begriff, voller Ängste und sehr einsam. Ich habe darüber mit Wolfgang Martens in
München gesprochen, der das bestätigen konnte. Ich würde gern Ihre Ansicht dazu hören.

Eberhard Lämmert: Ich kann dazu wenig mehr sagen, als Sie schon wissen, weil Alewyn in diesem Punkte sehr verschlossen war. Es trifft zu, daß er sehr viel empfindsamer
war als er sich gab, und daß er deshalb auch historischen Zeugnissen der Empfindsamkeit
sehr viel feines Gespür entgegenbrachte. Auch wenn er sie als Daseinsform nicht auf das
18. Jahrhundert eingegrenzt wissen wollte, wüßte ich doch nicht zu sagen, daß er sich
mit dem Begriff anders als mit einer historischen Erscheinung auseinandergesetzt
hätte.

Michael Schlott: Die Frage zielt auf seine spätere Rezension des Buches von Gerhard
Sauder.[40] Sauder verwendet in seinem Empfindsamkeits-Buch den Ausdruck Alewyn-
Schule,[41] und zwar ohne Anführungszeichen. Alewyn selber hat sich offenbar nicht als
Begründer einer Schule gesehen. Gab es so etwas wie eine Alewyn-Schule oder gab es
allenfalls Alewyn-Schüler?

Eberhard Lämmert: Es gab einen ‚empfindsamen' Alewyn-Schüler. Das war Alfred Anger. Er ist in die USA gegangen und war lange am City-College in New York. Er lebte in
New Jersey nicht weit von der Hudson-Brücke. Er kann auch gesehen werden als ein Opfer
von Alewyns Rigorismus gerade dem Empfindsamen gegenüber. Alewyn hat seine Schüler
mit Perfektionsforderungen sondergleichen eher von sich weggetrieben, und deshalb ist es
in mehr als einem Sinne richtig, daß er keine Schule gegründet hat. Herbert Singer ging, um
sich und seine Entwicklung zu schützen, nach Italien, Anger stand als Alewyns Assistent
bereit zur Habilitation und floh dann doch in die USA. Alewyn konnte, solange Arbeiten
nicht gedruckt waren und er sie in die Hand bekam, mit einer unerbittlichen Kritik, eben
mit der Kritik eines übermächtigen Kenners, selbst fähige Leute zur Verzweiflung bringen.

---

39   Richard Alewyn: Ad me ipsum. In: Richard Alewyn. Mit unveröffentlichten Dokumenten und
     Fragmenten aus dem Nachlaß und einem Beitrag von Klaus Garber. (Ausstellungsführer). Univer-
     sitätsbibliothek der Freien Universität Berlin 1982, S. 31–34.
40   Gerhard Sauder: Empfindsamkeit. Bd. 1: Voraussetzungen und Elemente. Stuttgart 1974.
41   Ebd., S. XIII, pass; vgl. dazu auch den Einspruch von Lothar Pikulik in: Leistungsethik contra Ge-
     fühlskult. Über das Verhältnis von Bürgerlichkeit und Empfindsamkeit in Deutschland. Göttingen
     1984, S. 8.

Und so haben es manche dann zuerst mit ihm, aber schließlich doch ohne ihn geschafft, eine eigene Position zu gewinnen. Es ist kein Wunder, daß Anger Ihnen nicht in den Blick gekommen ist, denn er hat sich auch in Amerika nicht so, wie er es verdiente, ansiedeln können. Er hat Kluges über die Rokokodichtung und die Idylle geschrieben[42] und Anthologien zum 18. Jahrhundert vorgelegt:[43] Wenn Sie einen suchen, der heute über Alewyns Stellung zur Empfindsamkeit etwas sagen könnte, dann wäre es Alfred Anger.

Michael Schlott: Alewyn hat Sauders Buch vernichtend rezensiert.[44] Ein Interviewpartner erklärte dazu, auch Henkel und Michelsen hätten ihre Vorbehalte gehabt. Michelsen sei in informellen Gesprächen sogar soweit gegangen zu behaupten, er hätte das Buch nie als Habilitationsleistung akzeptiert. Sauder werde scheitern, wenn er versuche, seine Thesen anhand der ‚Schönen Literatur' zu verifizieren. Wie erklären Sie Alewyns damalige Reaktion? Es hat zunächst zwischen Sauder und Alewyn einen Briefwechsel gegeben; Sauder hat ihn mir freundlicherweise zur internen Information zur Verfügung gestellt.[45] Und dann erfolgte dieser Bannstrahl von Alewyn. Sauder hat darauf verständlicherweise empfindlich reagiert. Haben Sie eine Erklärung für Alewyns damalige Reaktion?

Eberhard Lämmert: Die Heftigkeit dieser Reaktion ist schwer erklärbar. Denkbar ist jedoch, daß Alewyn – für den Empfindsamkeit, wo er sie in der Literatur antraf, mit Einsamkeit, Leiden und auch einer Art von Auserwähltheit verbunden war – der Gedanke tief widerstand, sie mit einer kämpferischen Bewegung (und gar mit einer klassenkämpferischen) zu verbinden. Selbst dort, wo sie mit Freundschaft und Sorge um die Nächsten verbunden war, zeichnete sie den Einzelnen aus. Umgekehrt kennzeichnet die Entschiedenheit, mit der Sauder ihr eine gesellschaftliche Rolle zuschreibt, sehr gut den bewußten Vorsatz seiner Generation, den bislang vorwiegend ideengeschichtlichen Ansatz der Aufklärungsforschung durch einen konsequent sozialgeschichtlichen abzulösen. Daß Michelsen und Henkel sich hernach von Sauder distanzierten, hatte damals womöglich auch hochschulpolitische Gründe. Sauder war jemand, der keineswegs mit den Studenten Bruderschaft schloß, der aber auf ihre Sorgen einging und redebereit war und sich dem stellte, was da vor sich ging. Das reichte manchen schon, sich über ihn heftig aufzuregen, und von dem Moment an fiel die Jalousie herunter. Es ist sehr merkwürdig, daß gerade Michelsen Sauders Arbeit hernach so verwarf, da er sie nicht nur mit angeregt, sondern ihr auch als Habilitationsschrift seinen Segen gegeben hatte. Dabei ist sein Einwand, Sauder hätte mehr als ästhetische Programme die ‚Schöne Literatur' in den Blick nehmen sollen, nicht ganz unbegründet. Doch war es gerade das Ziel dieser jüngeren Generation, Literaturtheorie und Gesellschaftstheorie miteinander in Verbindung zu bringen.

Unmutswellen hat Sauder auch späterhin noch zu ertragen gehabt. In Heidelberg, diesem kleinen Ort, galt es schon als unfein, nicht zur klagenden Elite zu zählen. In den Arbeiten von Michelsen und von Sauder sehe ich jedenfalls nicht, was sie in ihren Ergebnissen

---

42   Alfred Anger: Literarisches Rokoko. Stuttgart 1962; 2. durchges. und erg. Aufl.: 1968. Anger widmete das Buch „Richard Alewyn zu seinem 60. Geburtstag".

43   Dichtung des Rokoko. Nach Motiven geordnet und hrsg. von Alfred Anger. Tübingen 1958.

44   Richard Alewyn: Was ist Empfindsamkeit? Gerhard Sauders Buch ist überall da vortrefflich, wo es nicht von seinem Thema handelt. In: Frankfurter Allgemeine Zeitung, Nr. 263 vom 12. November 1974, S. 4L.

45   Siehe dazu das Interview mit Gerhard Sauder, S. 376–401, hier S. 387 f.

abgründig voneinander trennen könnte. Es ist aber denkbar, daß die Konsequenzen, die der wissenschaftliche Nachwuchs um diese Zeit aus dem allgemeinen Aufruf zu einer politisch bewußten Sozialgeschichte zog, sich letzten Endes auch für Alewyn zu weit jenseits des von ihm abgesteckten Feldes der Literaturgeschichte abspielten. Ich sage das mit aller Vorsicht, denn zu einem sichereren Urteil müßte ich mich neu in die Kontroverse einlesen.

Michael Schlott: Sie können aber sicherlich im Rückblick auf Ihre Heidelberger Zeit Urteile abgeben und die Frage beantworten, ob es fachliche Kontakte der Germanistik zu anderen Disziplinen gegeben hat, etwa zur Geschichtswissenschaft um Conze und Koselleck, zur Philosophie um Henrich, zur Romanistik um Köhler? Sie können dabei auch gerne anekdotisch verfahren, Geschichten erzählen.

Eberhard Lämmert: Erich Köhler war nicht mehr da zu meiner Zeit, aber es gab einige kluge Studenten, die von ihm kamen. Man merkte das jedenfalls den Arbeiten an, die sie schrieben. Die lebhaftesten Kontakte gab es zur Philosophie. Das sehen Sie schon daran, daß es mir später als FU-Präsident zusammen mit Peter Glotz als Senator gelungen ist, Tugendhat und Theunissen gleichzeitig nach Berlin zu berufen. Von den Heidelberger Philosophen hatte ich meine besten Schüler, wie Günter Peters, der mit mir nach Berlin ging und inzwischen eine C4-Stelle in Chemnitz bezogen hat. Zu Conze war der Kontakt gut, solange Koselleck noch da war. Er zerbrach jedoch dann ebenfalls an hochschulpolitischen Gegensätzen, weil Conze sich doch sehr stark auf die Seite derer schlug, die dem studentischen Protest nicht anders als disziplinarisch zu begegnen wußten. Es ist schlimm genug gewesen, daß die Studentenbewegung auch wissenschaftliche Kontakte interrumpiert oder zumindest in enge Bahnen gelenkt hat, denn gerade in Heidelberg drängten die Unruhen fast jeden dahin, sich nur noch mit Kollegen der eigenen hochschulpolitischen Richtung zu verständigen. Da waren in der Anglistik Horst Meller und allenfalls Rudolf Sühnel als der altersweise Gelehrte, der in seiner irenischen Umgangsart weit über diesen Gegensätzen stand. Offen und ergiebig war der Umgang mit Arnold Rothe, auch mit Klaus Heitmann, aber aufs Ganze gesehen, warf die Studentenrevolte viele Wissenschaftler auf ihren näheren Gesprächsumkreis oder auf sich selbst zurück. Eine Ausnahme bildeten, was die Absprache über Arbeitsthemen und auch öffentliche Diskussionen anging, allein die Philosophen und einige evangelische Theologen und schließlich auch die beiden vorzüglichen Psychologen Graumann und Weinert. Immerhin stammt auch der erste Übersichtsband über Literatursoziologie von einem Heidelberger, Hans Norbert Fügen,[46] und später hat der Psychologe Norbert Groeben von dort aus die empirische Literaturwissenschaft in Gang gebracht.[47]

Michael Schlott: Es hat aber nicht so etwas wie transdisziplinäre bzw. interdisziplinäre Forschung stattgefunden?

---

46   Hans Norbert Fügen: Die Hauptrichtungen der Literatursoziologie. Ein Beitrag zur literatursoziologischen Theorie. Bonn 1962; 3. Aufl.: 1968. Vgl. zu Vorläufern: Wilhelm Voßkamp: Literatursoziologie: Eine Alternative zur Geistesgeschichte? „Sozialliterarische Methoden" in den ersten Jahrzehnten des 20. Jahrhunderts. In: Literaturwissenschaft zwischen 1910 bis 1925. Hrsg. von Christoph König und Eberhard Lämmert. Frankfurt/Main 1993, S. 291–303.

47   Norbert Groeben: Literaturpsychologie. Literaturwissenschaft zwischen Hermeneutik und Empirie. Stuttgart u. a. 1972; N. G.: Rezeptionsforschung als empirische Literaturwissenschaft. Paradigma- durch Methodendiskussion an Untersuchungsbeispielen. Kronberg/Taunus 1977; 2. überarb. Aufl.: Tübingen 1980.

Eberhard Lämmert: Selbst die berühmten jours fixes und die wissenschaftlichen Konversationsrunden, die das Heidelberger Gelehrtenleben zuvor so sichtbar ausgezeichnet hatten, starben in dieser Zeit ab oder wurden zum Konventikel politisch Gleichgesinnter. Allerdings darf ich Sühnel nicht vergessen, mit dem mich ein sehr herzlicher Kontakt und viele Gespräche verbanden und der fast allein noch Mittler, auch zwischen den Generationen, sein konnte. Bei Sühnel konnte man noch am ehesten unterschiedliche Sichten und auch Probleme bei einem Glas Wein austauschen und auf diese Weise jederzeit auch persönliche Anregungen gewinnen, doch für eine regelrecht organisierte Zusammenarbeit in der Forschung war Heidelberg damals nicht der Ort, und womöglich war auch die Zeit nicht danach.

Zu den besonderen Geschichten gehören jedoch zu dieser Zeit die Versuche, eine Zusammenarbeit mit Rundfunkanstalten zu organisieren. So untersuchte ein Team von etwa acht Mitarbeitern und Studenten des Seminars in Vereinbarung mit dem Südwestfunk einige Monate lang das Zusammenspiel von Moderation und musikalischem Programm in der täglichen Sendung *Pop shop*. Nach bestimmten, von den Psychologen erfragten Methoden der content analysis wurden dabei die gesprochenen Texte der Moderation samt Einblendungen nach ihren kulturellen oder auch politischen Themen aufgelistet und die darin enthaltenen positiven oder negativen Wertungen in graduierenden Rubriken statistisch festgehalten und schließlich noch mit Titeln und Texten des Musikprogramms abgeglichen. Zu einer publikationsreifen Auswertung ist es dann allerdings nach meiner etwas plötzlichen Rückkehr nach Berlin nicht mehr gekommen.

Fortgeführt wurde jedoch noch das zusammen mit Helmut Brackert in Frankfurt und in Heidelberg geplante *Funk-Kolleg Literatur*,[48] das mit dem Hessischen Rundfunk seit 1974 abgesprochen war. In einer gemeinsamen Redaktion mit Leo Kreutzer, Karl Riha, Karlheinz Stierle, Jörn Stückrath und Wilhelm Voßkamp hat es dann von 1976 an von Bremen bis Basel für einen neuen Zuschnitt literaturwissenschaftlicher Lehre und damit auch für einige Aufregung gesorgt. Denkwürdig war unter anderem ein gemeinsames Interview mit Emil Staiger, Hans Robert Jauß und Pierre Bertaux, bei dem im Studio Baden-Baden ‚Welten aufeinanderstießen‘ bei allem gemeinsamen Bemühen, vor einem anonymen Publikum einander nicht weh zu tun. So war Heidelberg doch ein Ort, in dessen wissenschaftlichem Milieu die Literaturwissenschaft für mich ein neues Gesicht bekam.

Michael Schlott: Können Sie sich daran erinnern, wie das Seminar oder die Lehrveranstaltung von Klaus Rüdiger Scherpe zu den deutschen Jakobinern 1972[49] aufgenommen worden ist? Scherpe selber hatte nur flüchtige Erinnerungen.[50]

Eberhard Lämmert: Nein, einzelnes darüber weiß ich nicht. Ich kann mich nur erinnern, daß wir ehemaligen Berliner mit manchen unserer Themen schon bei der Besprechung des Vorlesungsverzeichnisses einiges Stutzen auslösten. Immerhin war gerade Pierre Bertaux mit seiner Jakobiner-These[51] bei der Mehrheit der deutschen Hölderlin-Forscher auf eine

48 Funk-Kolleg Literatur. Hrsg. von Helmut Brackert und Eberhard Lämmert. 2 Bde. Frankfurt/Main 1977–1978; dazu: Reader zum Funk-Kolleg Literatur. 2 Bde. Hrsg. von H. B. und E. L. Frankfurt/Main 1976–1977.
49 Übung „Jakobinische Literatur", Universität Heidelberg, Sommersemester 1972.
50 Siehe dazu das Interview mit Klaus R. Scherpe, S. 692–712, hier S. 698 f.
51 Vgl. Pierre Bertaux: Hölderlin und die Französische Revolution. In: Hölderlin-Jahrbuch 15

Wand der Ablehnung gestoßen. Ich vermute auch heute noch, daß viele unserer Studenten es damals als Erlösung empfanden, daß solche Themen nun auch vom Lehrkörper angeboten wurden. Scherpe hatte dies und benachbarte Arbeitsfelder schon in seinen Berliner Seminaren traktiert, und deshalb ist ihm die Heidelberger Situation in diesem Punkte vielleicht nicht so erinnerlich.

Michael Schlott: Wann ist das Paradigma der Werkimmanenz gefallen – vorausgesetzt, Sie meinen, es sei gefallen?[52]

Eberhard Lämmert: Ich meine, das ist wie das Wort ‚Romantiker' eigentlich erst von den Gegnern geprägt worden, und zwar ziemlich spät in den 1950er, vielleicht sogar erst in den 1960er Jahren. Wir empfanden es schon als Studenten um 1950 als einen großen Fortschritt, mit Literatur so umzugehen, wie Leser mit ihr umgehen. Kein Leser von Goethes *Egmont* oder gar von dem Gedicht „Gefunden" wird sein erstes Interesse darauf wenden, es historisch einzuordnen; er will erst einmal auffassen, was dort gesagt wird und dabei hören oder auch sehen, wie das Gesagte gefaßt ist. So empfanden wir uns damals vor allem als diejenigen, die von der Last einer historisch vorgegebenen Einordnung abwichen, den Text für sich nahmen und in Erfahrung zu bringen suchten, was er einem Leser, der nicht als Experte liest, an Aussagen und auch an Formqualitäten anträgt. Zu der Energie, mit der wir uns dazu ein neues Handwerkszeug zurechtlegten, trieb uns auch die Hoffnung, so am ehesten den bisherigen Mustern einer vorwiegend erbaulichen Dichtungsauslegung zu entkommen und für die Dichtung – den damals nicht nur zentralen, sondern nahezu einzigen Gegenstand der Literaturwissenschaft – eigene, und zwar gegenstandsspezifische, Kategorien zu entwickeln. Das war auch eine Art von Szientifizierungseifer, wie er die Angehörigen der ‚ungenauen' Geisteswissenschaften in Abständen immer wieder befällt, bis hin zu der Frage nach den „Aufschreibesystemen", die heute der traditionellen Hermeneutik mit bestimmteren Aussagen entgegenwirken will.[53] Wir wären dabei übrigens nie auf den Gedanken gekommen, uns etwas einzubilden auf eine ‚Werkimmanenz' oder unsererseits darauf zu achten, daß wir ja kein anderes, auch historisches Wissen beizögen. Das ist übrigens, entgegen den von ihm deklarierten Prinzipien, auch bei Emil Staiger keineswegs der Fall gewesen. Unsere hauptsächliche Genugtuung lag damals darin, die Literatur auf diesem Wege von ihren bisherigen Instrumentalisierungen zu befreien.

Michael Schlott: War es vielleicht auch ein Gegengift zu dem, was Sie als „Weltdeutungsgehabe"[54] bezeichnet haben?

(1967/68), S. 1–27; P. B.: Hölderlin und die Französische Revolution. Frankfurt/Main 1969; P. B.: War Hölderlin Jakobiner? In: Hölderlin ohne Mythos. Hrsg. von Ingrid Riedel. Göttingen 1973, S. 7–17. Siehe dazu auch II, 2.2.3.

52   Vgl. Lutz Danneberg: Zur Theorie der werkimmanenten Interpretation. In: Zeitenwechsel (wie Anm. 12), S. 313–342; 1955–2005. Emil Staiger und „Die Kunst der Interpretation" heute. Hrsg. von Joachim Rickes u. a. Bern u. a. 2007; Bewundert und viel gescholten. Der Germanist Emil Staiger (1908–1987). Vorträge des Internationalen Forschungskolloquiums und der Ausstellung zu Emil Staigers 100. Geburtstag vom 5. bis 9. Februar 2008 in Zürich. Hrsg. von J. R. Würzburg 2009.

53   Friedrich A. Kittler: Aufschreibesysteme 1800, 1900. München 1985; 3. vollst. überarb. Aufl.: 1995.

54   Vgl. Eberhard Lämmert: Ein Weg ins Freie (wie Anm. 29), S. 415.

Eberhard Lämmert: Das will ich damit sagen. Wir waren auf der Suche nach einem neuen, unserem Gegenstand spezifischen Orientierungsraster. Hinzu kam, daß wir tatsächlich in der Lage waren, neu lesen zu müssen. Texte, die uns ausgelegt worden waren in der Weise, in der wir es nicht mehr hören wollten, mußten neu gelesen werden, um nicht von den alten Assoziationen, Einordnungen und Wertungen besetzt zu bleiben. Wenn man etwas mit neuer Findelust liest, fackelt man nicht lange, auch anders darüber zu schreiben. Jedenfalls war dies ein Prozeß, der – soweit ich mich erinnere – in den späten 1940er und bis zur Mitte der 1950er Jahre niemals ‚werkimmanent‘ genannt worden wäre.

Michael Schlott: Herr Lämmert, Sie haben sich wiederholt sehr anerkennend, um das mindeste zu sagen, über Herbert Singers Verdienste um das, wenn ich so sagen darf, öffentliche Image der Germanistik geäußert, unter anderem auch in dem Band *Das überdachte Labyrinth.*[55] Könnten Sie bitte erläutern, welche herausragenden Leistungen Sie Herbert Singer in der jüngeren fachgeschichtlichen Entwicklung attestieren?

Eberhard Lämmert: Einmal ist es Singer gelungen, unter Nutzung vernachlässigter und neu erschlossener Materialien den Roman der frühen Aufklärung neu zu erschließen, sowohl was dessen Verhältnis zum Barock-Roman als auch was seine Beziehung zu den westeuropäischen Literaturen angeht. Die neue Genauigkeit der Sehweise und der Formulierung, mit der er dies tat, war damals vorbildlich. Zweitens aber, und das ist womöglich entscheidender gewesen, hat er einer ganzen Reihe von jüngeren Germanisten Mut gemacht, sich mit ihrem Wissen und Können auch in die Öffentlichkeit zu wagen. Er selbst hat eine ganze Weile lang in einem viel größeren Umfang, als die meisten von uns wahrnahmen, Zeitungsrezensionen geschrieben. Er hatte eine sehr ‚salzige‘ Art, zu schreiben, übrigens auch zu reden, und dieser Voltairesche Ton war von einer erstaunlichen Anstekkungskraft. Freilich erregte es auch Ärgernis unter Kollegen, daß sich jemand auf diesem Felde so selbständig bewegte und nicht etwa nur ausgewählte historische Gegenstände, sondern vielfach Erscheinungen des gegenwärtigen literarischen Lebens aufgriff. So hat er auch eine ganze Reihe von Rezensionen zu literarischen Neuerscheinungen geschrieben.

Michael Schlott: Warum erregte das Ärgernis?

Eberhard Lämmert: Ja, dazu muß man sich erinnern, wie ungebräuchlich es zu dieser Zeit war, daß man sich mit Gegenwartsliteratur befaßte. Der Schimpf, mit dem Zarncke einstmals Scherer belegt hatte, nämlich daß mit ihm der Feuilletonismus in die Wissenschaft eingezogen sei,[56] hallte auch um die Jahrhundertmitte noch stark nach. Erst die Studentenbewegung hat uns in größerem Maße, dann allerdings exzessiv, dazu gebracht, Gegenwartsliteratur zu behandeln.

---

55 Eberhard Lämmert: Ein Zeuge seiner Generation. Zur Beisetzung Herbert Singers am 24. Juni 1970. In: E. L.: Das überdachte Labyrinth (wie Anm. 13), S. 69–72.

56 Friedrich Zarncke hatte 1876 im *Literarischen Zentralblatt* anonym eine heftige Attacke gegen Scherers *Geistliche Poeten der deutschen Kaiserzeit und Geschichte der deutschen Dichtung im 11. und 12. Jahrhundert* geführt. Zarncke monierte den „Touristenton" von Scherers Veröffentlichungen: „Scherer hat sich ein unläugbares Verdienst um die Germanistik erworben, er hat sie zuerst eingeführt in die Journalistik." Siehe dazu Wilhelm Scherer – Erich Schmidt, Briefwechsel. Mit einer Bibliographie der Schriften von Erich Schmidt. Hrsg. von Werner Richter und Eberhard Lämmert. Berlin 1963 (Scherer an Schmidt, 17. September 1877, Brief Nr. 84 und Erläuterung S. 269).

Michael Schlott: Wenn man soziologisch nach den Motiven der Handelnden fragen würde: Sehen Sie direkte Zusammenhänge einerseits zwischen dem, was Singer getan hat für die ,Öffnung' der Germanistik und andererseits den Anregungen, die vielleicht auf Alewyn zurückgehen könnten?

Eberhard Lämmert: Ich glaube, daß viel auf Alewyn zurückgeht. Gewiß hat Singer seinen eigenen Weg gesucht, indem er nach Italien ging, und das war unerläßlich für seine Selbständigkeit. Dennoch kann man nicht sagen, daß er sich von Alewyn weg oder außerhalb von Alewyn entwickelt hätte. Gewiß hat er sich mehr für Gegenwartserscheinungen auch innerhalb seiner Disziplin interessiert als Alewyn, der seinen Weg ja großenteils außerhalb der deutschen Germanistik nehmen mußte. Aber vielleicht gerade deshalb hat er sich als Alewyn-Schüler mit um so größerer Vehemenz kritisch mit den gar nicht so geringen Überresten derjenigen wissenschaftlichen und politischen Haltungen beschäftigt, die Alewyn auf diesen Weg getrieben hatten. Was ihn von Alewyn unterschied, war allerdings der stets bereite Impetus, in Organisation und Praxis umzusetzen, was wir alle beredeten und untereinander austauschten. Er war der unermüdliche Briefeschreiber, Organisator, Erinnerer, Mahner, später auch als Federführer des Alewyn-Kreises. Seine Besonderheit liegt in der Entschlußkraft, auch fachpolitisch und sozial umzusetzen, was an Ideen, Wünschen und Forderungen an die Zukunft in unseren Köpfen war.

Michael Schlott: Sehen Sie Verbindungen zwischen dieser Öffnung der Germanistik und den seit dem Berliner Germanistentag 1968[57] nicht mehr abreißenden Forderungen nach einer Integration der Literatursoziologie in das methodische Spektrum der Germanistik?

Eberhard Lämmert: Ich habe immer noch meine Schwierigkeiten mit diesem festen Terminus ,Literatursoziologie'. Seit Fügens Buch über Literatursoziologie[58] konnte man absehen, was es sein konnte, aber außer Kreuzers eindruckvoller Musterung der „Boheme"[59] ließen nur wenige erkennen, wie sie praktisch zu betreiben war. Szondis Vorschlag, eine Literatursoziologie zu entwickeln, entsprang nicht zuletzt dem Wunsch, nicht bei einer großflächig ideologiekritischen Geschichtsbetrachtung stehenzubleiben. Gewiß war Ende der 1960er Jahre der Trend allgemein, Literatur als gesellschaftliches Phänomen zu behandeln. Und da in den 1970er Jahren die Theorien einander jagten, liefen auch die Überlegungen zu ihrer möglichen Spannweite in verschiedene Richtungen auseinander. So blieben zwischen dem, was etwa Erich Köhler lehrte, und dem, was man von Lucien Goldman lernen konnte, die Abstände groß.[60] Was aber an konkreten Textstudien damals entstand, blieb doch großenteils ein mehr oder minder geschichtsphilosophisch dirigiertes Stück Sozialgeschichte der Literatur. Treffende Einzelstudien kamen am ehesten von den Mediävisten. Denen kam zugute, daß in ihren Jahrhunderten der erheblich langsamere Wandel der sozialen Verhältnisse zuverlässigere Brücken zu literarischen Erscheinungen schlagen ließ. Aber auch dort

---

57   Vgl. Der Berliner Germanistentag 1968. Vorträge und Berichte. Hrsg. von Karl Heinz Borck und Rudolf Henß. Heidelberg 1970; Walter Boehlich: Der deutsche Germanistentag. Oder: Lehren aus einen unfreiwilligen Lernprozeß. In: Die Zeit, Nr. 43 vom 25. Oktober 1968, S. 22 f.

58   Vgl. Fügen: Die Hauptrichtungen der Literatursoziologie (wie Anm. 46).

59   Helmut Kreuzer: Die Bohéme. Beiträge zu ihrer Beschreibung. Stuttgart 1968.

60   Aufschlußreich für die Vielfalt der Richtungen: Literatursoziologie. 2 Bde. Hrsg. von Joachim Bark. Stuttgart u.a. 1974; darin auch Texte von Erich Köhler und Lucien Goldmann.

war noch häufig genug das Urteil am Platze, das Roland Barthes, wohl mit Blick auf die Braudel-Schule, für Verfasser von Literaturgeschichten noch eingangs der 1960er Jahre übrig hatte: Während die Historiker die Sozialverhältnisse entdeckt hätten, schrieben die Literarhistoriker ihre Geschichte immer noch wie die Geschichte von Königschroniken.[61] Diese Art von Geschichtsschreibung zu durchbrechen, war tatsächlich der Wunsch der nun aufbrechenden Generation. Dies hat dann tatsächlich die Aufmerksamkeit nicht nur auf neue Bereiche der politischen Literatur vom Jungen Deutschland über die 1848er Literatur bis hin zur Neubewertung des Expressionismus gelenkt, sondern auch die Notwendigkeit erkennen lassen, die gesamte Literaturgeschichte neu zu schreiben. Das ist dann in den 1970er Jahren auch gleich von mehreren Verlagen vielbändig ins Werk gesetzt worden.[62]

Michael Schlott: Wie beurteilen Sie die Ergebnisse?

Eberhard Lämmert: Die Ergebnisse sind deshalb trotz mancher neuen Einsicht insgesamt karger geblieben als erhofft, weil nicht genügend empirische Forschung begleitend betrieben werden konnte. Das hängt wieder damit zusammen, daß wir nicht früh genug, wie die Historiker, ein Max-Planck-Institut hatten, das Forschung in Team-Arbeit über mehrere Jahre kontinuierlich hätte betreiben können. Auf diese Weise blieb auch die Rezeptionsgeschichte und die sie grundierende Rezeptionsästhetik immer viel spekulativer als es gut war. Letzten Endes hat sie sogar an Interesse verloren, weil sie nicht genügend Materialbasis hatte.

Michael Schlott: Es ist, denke ich, schwierig, etwa Jauß' „Thesen"[63] von der Ebene des Abstrakten auf die Ebene des Konkreten zu heben oder, wenn man so will, zu senken.

Eberhard Lämmert: Das trifft zu. Aber es gab auch viel mehr theoretisierende Haarspaltereien über Isers „impliziten Leser",[64] als daß historisch reale Leser außerhalb der Zunft aufgetrieben und mit ihren Urteilen zitiert worden wären – etwa nach ihren Briefwechseln, Tagebuchnotizen oder Memoiren. Dasselbe gilt meines Erachtens für eine empirisch arbeitende Literatursoziologie. Hier würde ich übrigens auch Szondi einschließen, der ein vorzüglicher Textphilologe war, der aber eben auch Zeit seines Lebens ein Ein-Mann-Unternehmen gewesen ist. Das ist unsere Crux, daß sich das, was wir in den 1960er Jahren an neuen Feldern der Forschung ins Auge faßten, nicht hinreichend mit neuem Quellenmaterial grundieren ließ, weil uns damals die Möglichkeiten gefehlt haben, kontinuierliche Arbeitsgruppen für drei bis fünf Jahre einzurichten. Die saure Arbeit, die gerade Rezep-

---

61 Roland Barthes: Histoire et littérature. In: Annales 15 (1960), S. 524–537, hier S. 530; R. B.: Literatur oder Geschichte. In: R. B.: Literatur oder Geschichte. Aus dem Franz. übers. von Helmut Scheffel. Frankfurt/Main 1969, S. 11–35, hier S. 22.

62 Vgl. zu den Verlagsprojekten ‚Sozialgeschichte der Literatur' u.a. Jörg Schönert: Vom gegenwärtigen Elend einer Sozialgeschichte der deutschen Literatur. [zuletzt] In: J.S.: Perspektiven zur Sozialgeschichte der Literatur. Beiträge zu Theorie und Praxis. Tübingen 2007, S. 5–22.

63 Die sieben Thesen zur „Erneuerung der Literaturgeschichte", fundiert in einer „Rezeptions- und Wirkungsästhetik", trug Hans Robert Jauß erstmals vor in seiner Konstanzer Antrittsvorlesung; erweitert in: H.R.J.: Literaturgeschichte als Provokation der Literaturwissenschaft. Konstanz 1967; auch in H.R.J: Literaturgeschichte als Provokation. Frankfurt/Main 1970, S. 144–207.

64 Wolfgang Iser: Der implizite Leser. Kommunikationsformen des Romans von Bunyan bis Beckett. München 1972.

tionsforschung braucht als eine Form von Soziologie der Literatur, d.h. die Kärrnerarbeit, die notwendig ist, um die Wirkungsbreite eines Textes auch nur im Zeitraum von fünf Jahren zu erfassen, die Rezensionen, die man bis in die Tageszeitungen suchen muß, die Reflexe auf den Bühnen und so weiter. Das sollte man eigentlich nicht im einsamen Gelehrtenstübchen machen. Daß Teamforschung damals nicht organisiert und institutionalisiert werden konnte, hat im Grunde genommen die soziologische und auch die rezeptionsgeschichtliche Arbeit immer mehr Versprechen als Erfüllung sein lassen.

Michael Schlott: Herr Lämmert, wir unterscheiden in der Rekonstruktion des wissenschafts- und fachgeschichtlichen Prozesses zwei Hauptrichtungen, die sich am Ende der 1960er und zu Beginn der 1970er Jahre ausdifferenziert haben: Politisierung und Soziologisierung. Wie beurteilen Sie im Rückblick diese fachgeschichtliche Entwicklung, und welche wichtigen wissenschafts- und gesellschaftspolitischen Konsequenzen hat sie gezeigt?

Eberhard Lämmert: Für meinen Blick trennen sich in der Literaturwissenschaft der 1970er Jahre vor allem eine politisch und sozial engagierte von einer kommunikationswissenschaftlichen Forschungsrichtung. Beide waren gleichermaßen nötig, sichtbarer war zunächst diejenige, die aus der allgemeinen Politisierung der jüngeren Generation hervorging. Wenn eine Gesellschaft ihrer eigenen vergangenen Literatur nicht mehr ohne weiteres einen hohen Rang im eigenen Bildungsgefüge gibt, dann ist die Wissenschaft, die das zuvor wie selbstverständlich und unter allgemeinem Zuspruch vermittelt hat, gezwungen, sich neue Felder zu suchen, um ihren Gegenstand weiterhin bedeutend – zeitgenössisch hieß das „relevant" – zu machen. Da lag das Bestreben, politische Aussagefähigkeit von Literatur und politische Wirkung von Literatur zu einem Erkenntnisgegenstand zu machen, sehr nahe. Zwischen ‚politisch' und ‚sozial' wurde übrigens nicht immer scharf unterschieden, weil soziale Bewegungen als politische erkannt wurden. Wenn man auch nur den Hauch einer Geschichtstheorie im Hinterkopf hat, zu der auch Klassenkämpfe gehören, dann ist es kaum denkbar, soziale Zustände oder soziale Bewegungen nicht auch politisch auszulegen.

Michael Schlott: Wenn ich es richtig verstanden habe, sprechen Sie davon, daß man etwa die politische Wirkung von Literatur auch zum Erkenntnisgegenstand machen wollte. Dagegen ist prinzipiell nichts einzuwenden. Aber gab es nicht auch Stimmen, die argumentierten: Nicht der Gegenstand oder die Wirkungen des Gegenstandes sollten zum Erkenntnisobjekt werden, sondern die Wissenschaft, die sich mit diesen Gegenständen auseinandersetzt, sollte selber politisch agieren?

Eberhard Lämmert: Ja sicher. So, wie marxistische Theoreme in dieser späten und heftigen Nachholbewegung der 1960er Jahre von einer erheblichen Zahl von Geisteswissenschaftlern aufgenommen und verstanden wurden, wollten viele mit ihrer Wissenschaft auch agitatorisch wirken, denn sie wollten ja nicht weniger als die Welt, jedenfalls die Gesellschaftszustände, verändern. Dazu sollte auch Literatur und deren Auslegung taugen. Ich lasse dabei diejenigen, die das hauptsächlich mit vulgärmarxistischen Stereotypen verbrämten, hier beiseite. Gerade unter denjenigen 68ern, für die Literatur nicht bloß ein profaner Text war, haben nicht wenige sich eine Weile lang zum Ziel gesetzt, mit ihrer Arbeit an der Literatur auch einiges an der Gesellschaft um sie her zu verändern. Dabei kam es gewiß auch – nicht nur unter Studenten – zu manchem großsprecherischen Aktionismus.

Aber schon an der Frage, ob Wissenschaft direkt und aktionistisch oder doch eher vermittelt politisch sei, schieden sich natürlich bald die Geister.[65]

Michael Schlott: Auch dann, wenn man das Verhältnis dieser beiden Richtungen, Politisierung und Soziologisierung, im Sinne einer Teilmenge zu denken hat: Wo liegen Ihrer Ansicht nach die gravierenden Unterschiede, und welche Namen fallen Ihnen dazu ein?

Eberhard Lämmert: Wir haben gerade hier Jost Hermand als Gast.[66] Er hat seinerzeit verdienstvolle Anthologien für eine republikanische Literaturgeschichte zusammengestellt.[67] Und natürlich war auch, was er schrieb, durchdrungen vom Ernst eines politischen Ansatzes, schon in der Vergangenheit die politische Rolle der Literatur zu erkennen und sie damit auch ins Bewußtsein der Gegenwart zu bringen. Das sollte sichtbar machen, was alles von Dichtern und Schriftstellern in der Literatur schon angemahnt worden ist und doch nicht historisch vollzogen wurde: ein Appell zu politischer Wachsamkeit. Nur fällt mir da die Abgrenzung schwer, weil dieser politische Impetus immer mit Literatur als sozialer Erscheinung arbeitete. Ich könnte anderseits Wilhelm Voßkamp nennen als einen, der mit besonderer Energie seine Utopie-Forschung betrieb, die ja notwendig Sozialverfassungen im Auge hat.[68] Sicher gibt es da Unterschiede in der Art des Appellcharakters. Gewiß ist Voßkamp auch etliche Jahre jünger, und das ist dabei nicht unwichtig. Aber ich würde ohnehin nach diesen Kategorien, offen gesagt, beide nicht gerne sortieren.

Michael Schlott: Wie würden Sie die Phase des gemeinsamen Wirkens von Mattenklott und Scherpe kommentieren?

Eberhard Lämmert: Für ihre Assistentenzeit und bis in ihre ersten Jahre als Hochschullehrer geht ihre politische Einstellung und Wirkungsabsicht klar aus ihrer gemeinsam gegründeten Schriftenreihe *Literatur im historischen Prozeß* hervor.[69] Damals schon lassen ihre eigenen Arbeiten zu Georges Ästhetik[70] und zur Werther-Wirkung[71] sehen, daß

---

65 Siehe dazu die Interviews mit Gert Mattenklott (S. 561–589) und Klaus R. Scherpe (S. 692–712).

66 Jost Hermand (Universitiy of Madison, Wisconsin, USA) war im Wintersemester 1994/95 Gastprofessor am Germanischen Seminar der Freien Universität Berlin.

67 Das Junge Deutschland. Texte und Dokumente. Hrsg. von Jost Hermand. Stuttgart 1966; Der deutsche Vormärz. Texte und Dokumente. Hrsg. von J. H. Stuttgart 1967; Von deutscher Republik. 1775–1795. Bd. 1: Aktuelle Provokationen, Bd. 2: Theoretische Grundlagen. Hrsg. von J. H. Frankfurt/Main 1968. Vgl. auch J. H.: In Tyrannos. Über den politischen Radikalismus der sogenannten „Spätaufklärung". In: Von Mainz nach Weimar (1793–1919). Studien zur deutschen Literatur. Hrsg. von J. H. Stuttgart 1969, S. 9–52.

68 Vgl. u. a. Utopieforschung. Interdisziplinäre Studien zur neuzeitlichen Utopie. 3 Bde. Hrsg. von Wilhelm Voßkamp. Stuttgart 1982; siehe dazu das Interview mit Wilhelm Voßkamp und Nikolaus Wegmann, S. 402–425, hier S. 407, 411–413.

69 Literatur im historischen Prozeß. Ansätze materialistischer Literaturwissenschaft. Analysen, Materialien, Studienmodelle. Hrsg. von Gert Mattenklott und Klaus R. Scherpe. Kronberg/Taunus 1973 ff. Ab 1981 erschien diese Reihe als Neue Folge im Argument-Verlag und wurde herausgegeben von Karl-Heinz Götze, Jost Hermand, Gert Mattenklott, Klaus R. Scherpe, Jürgen Schutte und Lutz Winckler.

70 Gert Mattenklott: Bilderdienst. Ästhetische Opposition bei Beardsley und George. München 1970.

71 Klaus R. Scherpe: Werther und Wertherwirkung. Zum Syndrom bürgerlicher Gesellschaftsordnung im 18. Jahrhundert. Bad Homburg vor der Höhe u. a. 1970; 2. Aufl.: 1975; 3. Aufl. 1980.

Scherpes Interessen sich eher in Richtung auf Sozialphänomene, die von Mattenklott eher in Richtung auf ästhetische Ausdrucksformen entwickelten. Auch dort ermittelte Mattenklott politische Tendenzen. Aber er ist mehr ein Historiker ästhetischer Formen geworden, während Scherpe mehr ein Historiker von Sozialerscheinungen der Literatur wurde. Man überspitzt freilich, indem man es so auf den Begriff bringt, immer etwas. Aber wenn man diese Begriffe vorsichtig gebraucht, hilft es immerhin, Richtungen anzugeben.

Michael Schlott: Herr Lämmert, ich wechsele zu einem anderen Aspekt, der insbesondere in unseren Interviews mit Wissenschaftlern aus der DDR thematisiert wurde: Trifft es zu, daß die Universitäten in der DDR bis etwa 1969/70 über relativ autonome Strukturen verfügten, das heißt also, daß erst nach den Prager Geschehnissen der staatliche Zugriff auf den Wissenschaftsbetrieb einsetzte? Welche Konsequenzen ergaben sich daraus für die Entwicklung der germanistischen Aufklärungsforschung, vor allen Dingen im Zusammenhang mit der Funktion des Akademiewesens?[72]

Eberhard Lämmert: Die Zeit um 1969 wird von vielen DDR-Wissenschaftlern als eine Zeit der veränderten Verhältnisse genannt. Freilich fiele es mir etwas schwer zu sagen, daß sie vorher an den Universitäten ihrer Wissenschaft und sonst nichts nachgehen konnten. Das glaube ich, stimmt so nicht. Sonst hätten sich nicht an der Akademie vor allen Dingen Wissenschaftler versammelt, denen man Mißtrauen gegen ihre universitäre Lehre entgegenbrachte.

Michael Schlott: Das deckt sich mit der Aussage Heinrich Scheels, daß die Akademie ein Auffangbecken für „Gestrauchelte" gewesen sei.[73] Für Werner Krauss galt das aber nicht?

Eberhard Lämmert: Zieht man seine Schüler mit in Betracht, so ist das kritische Potential, das Krauss ausstrahlte, nicht zu unterschätzen. Jedenfalls ist es absolut voreilig gewesen, nach dem Beitritt von 1990 die Universitäten zunächst weitgehend so zu belassen und die Akademie aufzulösen.[74] Man hat auf diese Weise tatsächlich durchweg die – im westlichen Sinne – fähigeren Leute in derart unsichere Positionen gebracht, daß sie jahrelang keine längerfristig konzipierte Forschung treiben konnten. Indes hat man sich an den Universitäten zum Teil schwer getan, die Lehre zu reformieren. Das hat man dann den vom Westen Berufenen überantwortet, was nicht notwendig gewesen wäre, wenn man die Universitätslehrstühle in größerem Maße mit den Akademieleuten besetzt hätte.

Michael Schlott: Können Sie für die 1970er Jahre das politische Kräftespiel an den deutschen Universitäten skizzieren, also eine vereinfachende Topographie der Kontroversen entwickeln: Personen, Programme und Hauptschwierigkeiten, mit denen sich die Universitäten konfrontiert sahen?

---

72 Diese standardisierte Frage geht zurück auf eine Aussage von Martin Fontius: „In den Anfangsjahren verfügten die Universitäten in der DDR noch über relativ autonome Strukturen, erst später sind die aufgehoben worden." Siehe dazu II, 2.1.2, S. 51 f., Anm. 148.
73 Siehe dazu das Interview mit Heinrich Scheel, S. 665–691, hier S. 676.
74 Im Einigungsvertrag war festgelegt, daß die Akademie der Wissenschaften der DDR aufzulösen sei; der Wissenschaftsrat richtete daraufhin Evaluierungskommissionen ein, um die aussichtsreichsten Projekte oder auch einzelne Wissenschaftler mit einem zeitgebundenen Unterstützungsprogramm weiter zu fördern.

Eberhard Lämmert: Um mit dem letzten anzufangen: Die Hauptschwierigkeiten für die Universitäten lagen in unseren Fächern bei der ständig fortschreitenden Überlastung der Seminare und der damit verbundenen Anonymisierung des wissenschaftlichen Unterrichts. Vorlesungen mit Hunderten von Hörern – na ja. Aber Seminare, in denen hundert oder mehr saßen und doch nur zehn zu Wort kamen: Von einem intensiven Lehrer-Schüler-Verhältnis, das noch für mich den Hauptreiz des Studiums ausmachte, fanden sich kaum noch Spuren.

Um 1970 hatten wir die große Welle des Dokumentarismus in der Literatur und entsprechend auch in den Seminaren – und überhaupt sehr viel Aufmerksamkeit für die Gegenwartsliteratur. Es stellte sich im Laufe der Zeit heraus, daß diese Themen nicht so dankbar waren, wie man sich das vorstellte, weil man mit den herkömmlichen Werkzeugen literarischer Interpretation wenig Ergiebiges zu Tage brachte, das Auszusagende lag zu sehr auf der Hand. Die viel beredete Verinnerlichung trat an den Universitäten, an denen ich damals tätig war, nicht so ausdrücklich wie an anderen ein. Es gab aber dann bald eine neue Weichenstellung: auf der einen Seite die Sozialgeschichte,[75] und auf der anderen Seite die Kommunikationstheorie.[76] Auf diesem zweiten Wege entstand, durch eine neue Einstellung auf den Leser bzw. Hörer, ein Arbeitsfeld mit eigenen Kategorien und auch einer neuen Terminologie rund um das Dreieck „Sender, Medium, Empfänger", allerdings auch manches terminologische Geklapper. Erfrischend schien einen Moment lang die Ausweitung der Linguistik zu einer Textlinguistik wie sie etwa Ehlich und Raible betrieben.[77] Aber ebenso wenig wie die Rezeptionstheorie konnte diese neue Vorgabe zur Textinterpretation auf die Dauer Fuß fassen.

Am folgenreichsten für die Literaturwissenschaft wurden aus meiner Sicht die schon aus den 1960er Jahren herüberreichenden Konferenzen und Bände der Konstanzer Gruppe „Poetik und Hermeneutik",[78] die Auswirkungen des Konstruktivismus auf Sprach- und Literaturforschung[79] und der Ansatz zu einer systemtheoretischen Aufarbeitung der

---

75   Vgl. u. a. Jörg Schönert: [Art.] Sozialgeschichte. In: Reallexikon der deutschen Literaturwissenschaft. Bd. 3. Hrsg. von Jan-Dirk Müller u. a. Berlin und New York 2003, S. 454–458; Gerhard Sauder: Sozialgeschichte der Literatur: ein gescheitertes Experiment? In: KulturPoetik 10 (2010), H. 2, S. 250–263.

76   Vgl. etwa: Literarische Kommunikation. Hrsg. von Rolf Fieguth. Kronberg/Taunus 1975; Niels Werber: Literatur als System. Zur Ausdifferenzierung literarischer Kommunikation. Opladen 1992; Roger D. Sell: Literature as communications. The foundations of mediating criticism. Amsterdam und Philadelphia 2000.

77   Vgl. u. a. Konrad Ehlich: Zum Textbegriff. In: Text – Textsorten – Semantik. Hrsg. von Annely Rothkegel und Barbara Sandig. Hamburg 1984, S. 9–25; K. E.: Textsorten – Überlegungen zur Praxis der Kategorienbildung in der Textlinguistik. In: Textsorten, Textmuster in der Sprech- und Schriftkommunikation. Festschrift zum 65. Geburtstag von Wolfgang Heinemann. Hrsg. von Roger Mackeldey. Leipzig 1990, S. 17–30, sowie als Bibliographie: Konrad Ehlich: Schriften 1968–2009. Red.: Diana Kühndel. München 2010. – Wolfgang Raible: Zum Textbegriff und zur Textlinguistik. In: Text vs. sentence. Basic questions of Text Linguistics. First Part. Hrsg. von Janos S. Petöfi. Hamburg 1979, S. 63–73; W. R.: Was sind Gattungen? Eine Antwort aus semiotischer und textlinguistischer Sicht. In: Poetica 12 (1980), S. 320–349.

78   Vgl. dazu den Schwerpunkt „Wissenschaftsgeschichte der Geisteswissenschaften. Am Beispiel von ‚Poetik und Hermeneutik'" mit fünf Beiträgen in: Internationales Archiv für Sozialgeschichte der deutschen Literatur 35 (2010), H. 1, S. 46–142.

79   Vgl. u. a. Siegfried J. Schmidt: Diskurs und Literatursystem: Konstruktivistische Alternativen zu diskurstheoretischen Alternativen. In: Diskurstheorien und Literaturwissenschaft. Hrsg. von

Wissenschaftsgeschichte.[80] Es war die Zeit, in der die kleinen, abgelegenen Universitäten (Konstanz, Bielefeld, Siegen) am Zuge waren, während die großen mehr mit sich zu tun hatten.

Michael Schlott: Herr Lämmert, ich möchte Ihnen nun Fragen zu unserer zweiten Fallstudie, Jakobinismusforschung, stellen. Vielleicht beginnen wir mit der Hölderlin-Problematik in der Jakobinismusforschung. Walter Müller-Seidel hat 1970 auf dem Marbacher Hölderlin-Kolloquium unter anderem folgendes dazu erklärt: „Die Provokation vom Jakobiner, als die sie angesehen wurde, hat vieles in Bewegung gebracht. Sie hat das Interesse belebt, und die auf philologische Redlichkeit verpflichtete Wissenschaft fährt nicht schlecht mit solchen, ihr verdächtigen Aktualisierungen, wenn es nur gelingt, die Probleme zu erkennen, um die es jeweils geht."[81] Bitte erläutern Sie, wenn möglich, auf welche Forscherpersönlichkeiten und auf welche Traditionen die „Provokation vom Jakobiner" zurückging, also über Bertaux hinaus.[82] Und erläutern Sie bitte weiter, um welche Probleme es zum damaligen Zeitpunkt, also zu Beginn der 1970er Jahre, ging. Auch dazu haben Sie bereits recht früh geschrieben, in den *Neuen Ansichten einer künftigen Germanistik* (1973) – nämlich zum Thema „Rezeptions- und Wirkungsgeschichte der Literatur als Lehrgegenstand". Dort schlagen Sie vor: „Hölderlin-Interpretationen von Dilthey bis Bertaux, unter Beachtung des jeweiligen Argumentationsstils".[83] Das fand ich bezeichnend, da Sie dort schon nicht nur eine Theorie, sondern auch eine konkrete empirische Erfahrung vorliegen hatten, daß der Argumentationsstil von Dilthey bis Bertaux sich möglicherweise gar nicht so gravierend gewandelt hat. Ich habe versucht, das zu rekonstruieren, Bertaux ist meines Erachtens ein Idealist.

Eberhard Lämmert: Das ist richtig, aber er kam eben aus einer ganz anderen Tradition, und hat deshalb auch einen ganz anderen Blick gehabt. Für ihn war das kein ungeheurer Affront, daß Hölderlin womöglich den Jakobinern angehangen habe. Die Jakobiner spielen in der französischen Tradition eine andere Rolle als in der deutschen. Da sind sie eben nicht nur die Brandstifter, sondern sie sind tatsächlich die Erneuerer einer Epoche.

Michael Schlott: Haben Sie einmal eine solche Lehrveranstaltung angeboten, oder ist es bei dem Vorschlag geblieben?

Eberhard Lämmert: Das müßte ich erst recherchieren Es ist nämlich eigentümlich, daß ich in dem Labyrinth-Band eine Einführung zu Bertaux veröffentlicht habe, bei der ich

---

Jürgen Fohrmann und Harro Müller. Frankfurt/Main 1988, S. 134–158; S. J. S.: Der Kopf, die Welt, die Kunst. Konstruktivismus als Theorie und Praxis. Wien 1992.

80 Vgl. die Forschungsprojekte der Gruppe um Wilhelm Voßkamp und Jürgen Fohrmann; z. B. Wissenschaftsgeschichte der Germanistik im 19. Jahrhundert. Hrsg. von Jürgen Fohrmann und Wilhelm Voßkamp. Stuttgart und Weimar 1994.

81 Walter Müller-Seidel: Hölderlins Dichtung und das Ereignis der Französischen Revolution. Zur Problemlage. In: Hölderlin-Jahrbuch 17 (1971/72), S. 119–125, hier S. 119 f.

82 Siehe dazu II, 2.2.3.

83 Eberhard Lämmert: Rezeptions- und Wirkungsgeschichte als Lehrgegenstand. In: Neue Ansichten einer künftigen Germanistik. Hrsg. von Jürgen Kolbe. München 1973, S. 160–173, hier S. 173. Der Vorschlag bezieht sich auf eine Reihe von Lehrgegenständen, die geeignet sind, die „Geschichte eines Textes" als „die Kette seiner Interpretationen" aufzufassen.

einige Rekurse von Philologen und Autoren auf Hölderlin zitiert habe.[84] Mir fallen im Augenblick nur ein: Uvo Hölscher, Szondi, Martin Walser.[85] Das kann die Frucht eines Seminars gewesen sein. Jedenfalls war mir bei dieser Gelegenheit wieder aufgegangen, daß es gerade bei der Forschung über Hölderlin eine ganz bestimmte Sprechweise gibt – bekannt von Hellingrath her und aus dem George-Kreis: Häufiger als sonst redet man im Grunde genommen von sich oder doch von seinen Idealen, indem man über Hölderlin redet. Das war mir aufgefallen an der ausschweifenden Abgrund-Philosophie aus der Zeit nach 1945 bis eben zu diesem neuen kessen Vorschlag aus Frankreich. Sie haben ganz recht: Der Affront von Bertaux bestand sehr viel mehr im Inhalt seiner Thesen, als daß er auf ganz neue Weise von Hölderlin geredet hätte. Aber es wäre weiterhin untersuchenswert, warum das noch um 1970 ein so aufregender Affront war.[86]

Michael Schlott: Auf die Frage nach den externen Faktoren, und hier meine ich in erster Linie die politischen Entstehungsbedingungen der Jakobinismusforschung, wurde mir auch geantwortet, das habe „doch in der Luft gelegen". Haben Sie eine weitgreifendere und umfassendere Antwort auf die Frage nach den externen Entstehungsbedingungen der Jakobinismusforschung?

Eberhard Lämmert: Schon seit dem ideologiekritischen Schub in den späten 1950er Jahren maß man die Felder der deutschen Literaturgeschichte neu aus nach dem, was bisher breit dargestellt und was nicht oder kaum genannt worden war. Es ist interessant genug, daß das für das späte Mittelalter schon ein Jahrzehnt früher eintrat. Da beschränkte es sich aber noch vor allem auf eine Korrektur des bisherigen Kanons. Jetzt aber kam, wie bereits früher in der DDR, das Interesse an republikanischen Bewegungen auf deutschem Boden hinzu und damit natürlich an ihrem Ursprung in der Französischen Revolution. Man muß sich erinnern: 1964 brachte Peter Weiss mit seinem *Marat* schon Jakobiner auf die Bühne und hatte damit weite Resonanz.[87] In der Germanistik der Bundesrepublik war aber auf diesem Feld noch allzu wenig geschehen.

Michael Schlott: Vordergründig betrachtet ist es nur ein quantitatives Problem, aber doch mit großen inhaltlichen Auswirkungen.

Eberhard Lämmert: Mit großen Auswirkungen auch für den akademischen Unterricht, weil nun rasch Nischen aufgefüllt wurden, die vorher aus einer bestimmten Kulturtradition eben unbeachtet geblieben waren.

---

84 Eberhard Lämmert: Bertaux, Hölderlin und die Deutschen. In: E.L.: Das überdachte Labyrinth (wie Anm. 13), S. 232–238.

85 Vgl. ebd., Fußnoten 9–11: Uvo Hölscher: Empedokles und Hölderlin. Frankfurt/Main 1965; Peter Szondi: Der andere Pfeil. Zur Entstehungsgeschichte von Hölderlins hymnischem Spätstil. Frankfurt/Main 1963; Martin Walser: Hölderlin zu entsprechen. Rede, gehalten zum 200. Geburtstag des Dichters am 21. März 1970 im Württembergischen Staatstheater Stuttgart. In: Hölderlin-Jahrbuch 16 (1969/70), S. 1–18.

86 Vgl. zu dieser Diskussion Anm. 83 sowie u.a. Peter Weiss: Hölderlin. Stück in zwei Akten. Frankfurt/Main 1971; Uraufführung 1971 in Stuttgart; Der andere Hölderlin. Materialien zum „Hölderlin"-Stück von Peter Weiss. Hrsg. von Thomas Beckermann und Volker Canaris. Frankfurt/Main 1972.

87 Peter Weiss: Die Verfolgung und Ermordung Jean Paul Marats dargestellt durch die Schauspielgruppe des Hospizes zu Charenton unter Anleitung des Herrn de Safe. Frankfurt/Main 1965; Uraufführung 1964 in Berlin.

Michael Schlott: Nun stellen diejenigen, die es betrifft, z. B. Klaus R. Scherpe,[88] auch Gert Mattenklott,[89] die in der Jakobinismusforschung ehedem aktiv gewesen sind, diesen Erklärungsansatz in Frage; das sei in der Tat nur eine vordergründige Erklärung.

Eberhard Lämmert: Das mag vordergründig sein, aber nimmt man es zusammen mit den Textanthologien zum Jungen Deutschland und zum Vormärz, so zeichnet sich die Interessenahme an der Geschichte republikanischer und demokratischer Prozesse doch deutlich genug ab. Dazu kam, daß die Jakobiner für Bewegung in der Geschichte, ja für Umwälzung standen. Und gewiß war auch Neugier im Spiel auf eine Literatur jenseits der abgegrasten Höhenkämme, die obendrein als politische Tendenzliteratur bisher verfemt war. Ich denke, das sind gerade für den akademischen Nachwuchs Gründe genug.

Michael Schlott: Sie schreiben 1984, im *Labyrinth*: „Wird jedoch, wie gegenwärtig, der Konkurrenzdruck allzu vieler um Arbeitsplätze ringender Wissenschaftler seinerseits zur causa prima der individuellen wissenschaftlichen Bewährung, dann tritt, während die Publikationen sich häufen, eine Wissenschaft oft unvermerkt auf der Stelle, Säbelkämpfe um Haaresbreiten beherrschen die Szene, und ein Nomenklaturbarock verbirgt mehr oder weniger notdürftig die thematische Harmlosigkeit vieler Auseinandersetzungen."[90] Das ist noch eine etwas andere Stoßrichtung, um in der Metaphorik zu bleiben.

Eberhard Lämmert: Das ist Mitte der 1980er Jahre eine andere Lage und deshalb auch eine andere Stoßrichtung. Es ging da weniger um neue Felder als darum, daß sich auf denselben Feldern ganze Legionen treffen. Nach den 1980er Jahren wird das Gedränge bei beginnendem Stellenabbau eher noch größer. 1960 hat der Wissenschaftsrat mit den Empfehlungen zur Aufstockung der Assistenten- und Mitarbeiterstellen begonnen[91] – und da waren mit einem Male vier Stellen, wo vorher eine war. Das galt aber schon damals nicht auch für die Professorenstellen. Immer mehr war der Nachwuchs deshalb im Konkurrenzdruck angewiesen auf zusätzliche Publikationen vor der immer anspruchvolleren Habilitationschrift. Da wuchsen dann die Bibliographien zu einem beliebten Gegenstand rascher als die neuen Einsichten über ihn.

Aber wir sprachen über die 1960er Jahre. Nachdem die Veränderung ihrerseits thematisch und zugleich eine Art von Tugend geworden war, kann eine gewisse Sprunghaftigkeit nicht unbedingt verwundern. Auch schoß nach 1970 vor allem die Theorie ins Kraut. Ich kann mich allerdings nicht erinnern, daß es an Untersuchungen zu den sozialen Bewegungen des 18. und 19. Jahrhunderts, auch zum Jakobinismus, gemangelt hätte.

Michael Schlott: Merkwürdig ist, daß die ehemaligen Akteure es in der Selbstwahrnehmung nicht so sehen.

---

88   Siehe dazu das Interview mit Klaus R. Scherpe, S. 692–712, hier S. 707 f.
89   Siehe dazu das Interview mit Gert Mattenklott, S. 561–589, hier S. 564 f.
90   Eberhard Lämmert: Die Geisteswissenschaften in der Hochschulpolitik des letzten Jahrzehnts (zur Eröffnung des Deutschen Germanistentages in Passau 1984). In: E. L.: Das überdachte Labyrinth (wie Anm. 13), S. 136–159, hier S. 150.
91   Der Wissenschaftsrat veranlaßte in seinen Empfehlungen von 1960, daß die Stellen für das Lehrpersonal stärker am Wachstum der Studentenzahlen in den einzelnen Fächern auszurichten seien. Diese Tendenz zur Öffnung der Universitäten, die 1977 auch der Bundestag förmlich beschloß, brachte der Germanistik naturgemäß einen überdurchschnittlichen Aufwuchs, vor allem im sogenannten Mittelbau. Siehe dazu auch das Interview mit Georg Jäger, S. 334–358, hier S. 351 f.

Eberhard Lämmert: Ich denke, das ist ihr gutes Recht. Schon daß Ihre Arbeitsgruppe in den 1990er Jahren die Aufarbeitung der Jakobiner-Literatur zu einem Paradigma der Aufklärungsforschung gewählt hat, zeigt den Nachhall eines ungewöhnlichen, damals auch gleich mehrfach reizvollen Unternehmens, an dem helle Köpfe beteiligt waren. Dabei hatten diejenigen, die sich in den bewegten 1960ern den Jakobinern zuwandten, mehr im Sinn als nur ein Stück ungepflügten Acker der Literaturgeschichte zu bearbeiten. An den Jakobinern war zu zeigen, daß auch Deutsche den Mut zu revolutionärem Handeln aufbrachten und dazu andere literarische Praktiken wählten als die damals und hernach von den Gebildeten im Lande so einseitig angehimmelte klassische Literatur. Daß dieses Randgebiet der deutschen Literaturgeschichte, zu dem es dann wieder wurde, nach dem Abschwung der 1968er Bewegung und im Zuge der aufkommenden Kritik der Ideologiekritik an wenige Beharrliche zurückfiel, entspricht nur, könnte man etwas schnippisch sagen, den deutschen Verhältnissen. Aber wer möchte schon lebenslang unter Jakobinern leben?

Michael Schlott: Trifft es Ihrer Ansicht nach zu, daß viele ehedem in der literaturwissenschaftlichen Jakobiner-Forschung aktive Wissenschaftler ihre Forschungsinteressen peu à peu anderen, und zwar erfolgsträchtigeren Gegenständen zugewandt haben?

Eberhard Lämmert: Also erstens einmal möchte ich es keinem jüngeren Wissenschaftler wünschen, daß er sich schon in jungen Jahren festlegt auf das Gebiet, das ihn eine Zeit lang gefesselt hat. Zweitens halte ich es sogar für ein Glück, daß diejenigen, die sehr stark von den politischen Herausforderungen ihrer Zeit gelenkt waren, die Augen für andere Aufgaben der Literaturwissenschaft offen hielten. Denn die Literatur hat viel weitere Spielräume als den, sich unvermittelt als Instrument politischer Praxis einsetzen zu lassen.

Michael Schlott: Es folgt eine Einschätzung, die mir in informellen vorbereitenden Gesprächen zu diesen Interviews vorgestellt worden ist. Sie richtet sich nicht bzw. nicht speziell und ausschließlich auf die Inhalte der Jakobinerforschung und lautet sinngemäß: Die deutsche Jakobinismusforschung muß als letztes Paradigma politisch ausgerichteter Historiographie und Literaturwissenschaft angesehen werden, das durch Methodenwechsel und Modernisierungstheorien der Sozialgeschichte erledigt wurde. Die Jakobinismusforschung ist aus der Aufklärungsforschung völlig ausgeschieden. Die unmittelbare politische Instrumentalisierung des Forschungsgegenstandes verstellte die Möglichkeit einer produktiven Reaktion auf neue sozial-, mentalitäts- und kulturgeschichtliche Ansätze. Soweit dieses, wie ich finde, sehr rigorose Urteil, skizziert im Blick auf die weitere Entwicklung der Empfindsamkeitsforschung, die also offenbar genügend Anschlußstellen aufweisen konnte.

Eberhard Lämmert: Es leuchtet unmittelbar ein, daß die Forschungen zur Empfindsamkeit bessere Anschlußstellen fanden in einer Zeit, in der die Sensibilisierung für eine eigene poetische Realität und auch für die Ambiguität literarischer Texte sich erneuerte. Die letzte Äußerung, daß nämlich die Verführung, eine seinerzeit politisch instrumentalisierte Literatur als wissenschaftlichen Gegenstand neuerlich politisch einzusetzen, ihn nicht gehörig hat ausschöpfen lassen, möchte ich gerne unterstreichen.

Michael Schlott: Ist die literaturwissenschaftliche Jakobinismusforschung Ihrer Ansicht nach gescheitert? Hat sich der von der Jakobinismusforschung erhobene Wissensanspruch durchgesetzt oder nicht? Vielleicht ein paar Stichworte oder Fluchtpunkte: tradiertes

Epochenschema, Klassik-Debatte, Reiseliteratur, Literaturbegriff, Gegenstände, kodifizierende Literatur, Handbücher, Lexika, Literaturgeschichten, Institutionen.

Eberhard Lämmert: Ich meine, wenn Sie sagen „gescheitert", dann müßte man zuviel davon erwartet haben. Ich finde überhaupt nicht, daß sie gescheitert ist. Aber Jakobinismus in Deutschland konnte unmöglich ein Thema werden, das die Gewichtungen innerhalb der Epoche zum Einsturz bringt, die man im Umgang mit der deutschen Literaturgeschichte entwickelt hat. Vernünftigere Teilnehmer an der Jakobinismusforschung haben von vornherein der Klassik ihren Rang nicht abgesprochen. Ich finde, es ist wichtig, daß auch diese jähe Welle politischer Literatur wie andere nach ihr sichtbar gemacht worden ist. Aber nur wer erwartet, daß sie alle anderen (auch die ästhetischen) Maßstäbe unter sich begraben hätte, kann von einem Scheitern sprechen.

Michael Schlott: Ich stelle die Frage vor dem Hintergrund einer Äußerung Walter Grabs. Er hat mir gegenüber am Rande unseres Gesprächs geäußert, er sei mit seinem Programm bereits 1978 gescheitert.

Eberhard Lämmert: Ich glaube, da muß man einrechnen, daß Walter Grab sich mit seinen Forschungen zur Französischen Revolution, die er dem deutschen Volk auch als Beispiel politischer Selbstbefreiung vorgehalten hat, vor allem von seinen deutschen Historiker-Kollegen im Stich gelassen sah. Er hat ja nicht nur die glanzvollen Historiker des 19. Jahrhunderts schonungslos der Staatsfrömmigkeit geziehen, er war vor allem darüber erbittert, daß sich aus seiner Sicht – und es ist ja nicht nur die seine – an ihrem mehrheitlich steifen Konservativismus auch unter den Erfahrungen der jüngsten Geschichte in den ersten Jahrzehnten der Bundesrepublik nur allzu wenig geändert hatte. Da wollte er mit seiner aus Tel Aviv auf Deutschland gerichteten Forschungsarbeit wegweisend sein, aber: Die Verhältnisse waren nicht so. Ich meine jedenfalls, auf die Literaturwissenschaft der eben angesprochenen Generation läßt sich das nicht übertragen.

Michael Schlott: Grab meinte allerdings auch, daß die Jakobinismusforschung zu wenig institutionalisiert worden sei.

Eberhard Lämmert: Es sind eben viel zu viele wichtige Arbeitsbereiche der Geisteswissenschaften nicht hinreichend institutionalisiert, das heißt interdisziplinären und dabei mittelfristig konstanten Arbeitsgruppen übertragen worden. Die Chance dazu hätte es noch einmal nach der ‚Vereinigung' gegeben. Aber da haben die alten Bundesländer nicht mitgezogen. Die sechs Geisteswissenschaftlichen Zentren, die dann nach einem kaum glaublichen Hin und Her erstritten werden konnten, sind kaum in Ansatz zu bringen gegenüber der stattlichen Reihe natur- und ingenieurwissenschaftlicher Forschungsinstitute, die der Neuordnung nach 1990 ihre Entstehung verdanken. Dabei hätten die neuen, kultur- und mentalitätsgeschichtlichen Interessen, die eine Zusammenarbeit zwischen Historikern, Philologen und Kunstwissenschaftlern geradezu herausforderten, auch die Max Planck-Gesellschaft zu einer Lockerung ihrer Abstinenz von geisteswissenschaftlichen Experimenten veranlassen können. So stehen auch der Aufklärungsforschung, gerade was die neuen Formen literarischer Kommunikation, aber auch die sozialen Beweggründe der Genieästhetik angeht, noch hinreichend neue Aufgaben ins Haus. Ein Schuß von zukunftsgestaltender Energie, wie Walter Grab sie bewiesen und anderen gewünscht hat, täte uns dabei gut.

Michael Schlott: Herr Lämmert, ich danke Ihnen herzlich, daß Sie sich Zeit genommen haben für dieses Gespräch.

Walter Müller-Seidel

WALTER MÜLLER-SEIDEL (1918–2010), 1937 bis 1944 Studium der Germanistik, Anglistik, Geschichte und Philosophie an den Universitäten Leipzig, Berlin und Heidelberg, Unterbrechungen des Studiums durch Kriegseinsatz und amerikanische Kriegsgefangenschaft, 1945 Volksschullehrer in Burgsinn bei Gemünden, 1946 Hilfsassistent am Deutschen Seminar der Universität Heidelberg, 1947 Staatsexamen für die Fächer Deutsch, Geschichte und Englisch, 1949 Promotion, 1952 Wissenschaftlicher Assistent am Deutschen Seminar der Universität Heidelberg, 1958 Habilitation in Köln, Privatdozent für Neue Deutsche Philologie in Köln, 1958/59 Lehrstuhlvertretung in Bonn, 1961 Professor für Neuere deutsche Literaturwissenschaft an der Universität München, 1986 Ruhestand.

1969 bis 1972 Erster Vorsitzender des Deutschen Germanistenverbandes.

Im Hinblick auf das 18. Jahrhundert bezogen sich WALTER MÜLLER-SEIDELS Forschungen im Schwerpunkt auf die Weimarer Klassik. Die Literatur der Aufklärung galt ihm als die wichtige Vorbereitungsphase für die Literaturentwicklungen von Klassik und Romantik. Aus seinen entsprechend angelegten Lehrveranstaltungen erwuchsen zahlreiche von ihm betreute Qualifikationsschriften zur Aufklärungsforschung. Im Zusammenhang mit seinem wissenschaftlichen Interesse für Friedrich Hölderlin hat sich Walter Müller-Seidel mit der ‚Jakobiner-These' von Pierre Bertaux sowie mit der Jakobinismusforschung mehrfach auseinandergesetzt.

Das Interview wurde am 5. Oktober 1994 in München geführt.

Michael Schlott: Herr Müller-Seidel, wann etwa würden Sie den Beginn der germanistischen Erforschung der Aufklärung in der Bundesrepublik Deutschland datieren und wann in der DDR?

Walter Müller-Seidel: Das ist nicht so einfach zu beantworten, weil man zunächst über die lange nachwirkende Voreingenommenheit gegenüber der Aufklärung sprechen muß, die in der früheren Geistesgeschichte verbreitet war. Ich meine, daß die gesamte Forschungsrichtung der Geistesgeschichte ausgesprochen oder unausgesprochen Vorbehalte gegenüber der Aufklärung hatte – auch zu ihrer Glanzzeit mit Vertretern wie Rudolf Unger und Paul Kluckhohn. Diese Voreingenommenheit sehe ich erst in der Zeit nach dem Zweiten Weltkrieg reduziert oder beseitigt – sie wurde sogar manchmal bis zur Verkehrung beseitigt, so daß die Aufklärung dann fast als Norm der Klassik entgegenstand.

Michael Schlott: Sie spielen auf Hermann August Korffs *Geist der Goethezeit* an?[1]

Walter Müller-Seidel: Ja, bei ihm ist zudem das Vorurteil gegenüber dem Sturm und Drang immer hörbar. Die Klassik stellt er dann entsprechend als Überwindung der Aufklärung dar. Insofern ist zumindest teilweise Gottfried Willems zuzustimmen, dessen Beitrag in der *Germanisch-Romanischen Monatsschrift*[2] wir im *Schiller-Jahrbuch* zum Anlaß für eine Diskussion genommen haben[3]. Aber ich stimme Willems eben nur teilweise zu, weil er den Begriff Klassik, den ich gleichfalls nicht normativ verwende,[4] überhaupt als ein Relikt der nationalen Literaturgeschichtsschreibung für Wertungen bestehen läßt. Insgesamt erscheint dieser Ansatz aber im Zeichen einer unvoreingenommenen Erforschung der Aufklärung in der Nachkriegszeit – einer Erforschung, die übrigens auch zum Guten beeinflußt wurde durch die marxistische Literaturwissenschaft, etwa durch Werner Krauss.[5]

Michael Schlott: Ein wichtiges Datum für die Aufklärungsforschung war das Lessing-Jahr 1954 (zum 225. Geburtstag) auch für die Literaturwissenschaft der DDR.[6]

Walter Müller-Seidel: Bei den Veranstaltungen zum Lessing-Jahr 1954 und zum Schiller-Jahr 1955 (zum 150. Todestag)[7] war Lukács noch der führende Mann – gerade noch, denn im selben Jahr kam es zu neuen Einschätzungen.

Michael Schlott: Wer hat das Lukács-Paradigma zu Fall gebracht?

Walter Müller-Seidel: Das ist überhaupt nicht zu Fall gebracht worden, sondern die Bewertungen der Person Georg Lukács änderten sich – und zwar aus rein politischen Gründen. Sein Engagement in der Regierung Imre Nagy war ein wichtiger Auslöser dafür, und später folgte der Schauprozeß gegen Walter Janka. Im Grunde sind Lukács Thesen trotz der heftigen Kritik an der Person immer intakt geblieben – seine Denunzierung der Moderne blieb unterschwellig immer ein bestimmendes Element. Auch Lukács' Einbeziehung von

---

1   Vgl. Hermann August Korff: Geist der Goethezeit. Versuch einer ideellen Entwicklung der klassisch-romantischen Literaturgeschichte. 4 Bde. Leipzig 1923–1953; 2. Aufl.: 1954.

2   Gottfried Willems: Goethe – ein „Überwinder der Aufklärung"? Thesen zur Revision des Klassik-Bildes. In: Germanisch-Romanische Monatsschrift, N. F. 40 (1990), S. 22–40. Willems kritisiert die These von der Überwindung der Aufklärung durch die Klassik und führt für seine Revision des Klassik-Bildes Goethe an, wo „aufklärerisches Denken […] fast auf jeder Seite seines Werks mit Händen zu greifen" sei (S. 23).

3   Vgl. die Beiträge von Walter Müller-Seidel, John A. McCarthy, Dieter Borchmeyer, Christoph Jamme und Anthony Stephens in: Jahrbuch der Deutschen Schillergesellschaft 36 (1992), S. 409–456.

4   Vgl. beispielsweise Walter Müller-Seidel: Die Geschichtlichkeit der deutschen Klassik. Literatur und Denkformen um 1800. Stuttgart 1983.

5   Siehe dazu die Interviews mit Claus Träger (S. 315–332, hier S. 315–320) und Martin Fontius (S. 255–270, hier S. 255–257).

6   So hielt etwa Hans Mayer im Leipziger Schauspielhaus am 24. Januar 1954 eine Festrede; sie wurde publiziert als: Lessing, Mitwelt und Nachwelt. In: Sinn und Form 6 (1954), H. 1, S. 5–33.

7   Die Schiller-Feiern fanden im Mai 1955 in Weimar statt. Thomas Mann und Johannes R. Becher hielten im Nationaltheater die Festreden. Thomas Mann: Versuche über Schiller (8. Mai 1955); Johannes R. Becher: Denn er ist unser: Friedrich Schiller – der Dichter der Freiheit (9. Mai 1966); vgl. hierzu: Schiller in unserer Zeit. Beiträge zum Schillerjahr 1955. Redaktion: Franz Fabian. Weimar 1955; Julia Roßberg: Der „geteilte Schiller". Die Schillerfeiern 1955 und 1959 in beiden deutschen Staaten. Weimar 2009.

Sturm und Drang in die Aufklärung, statt einer Entgegensetzung, ist beibehalten worden. Lukács ist nicht in der Sache abgesetzt worden, sondern in der Person. Ein interessanter Fall in dieser Hinsicht ist Thalheim, der einerseits gegen Lukács ausfällt[8] und dennoch am strengsten am Lukács'schen Paradigma festhält.

Michael Schlott: Und wie ist es mit den Anfängen der germanistischen Aufklärungsforschung in der Bundesrepublik Deutschland gewesen?

Walter Müller-Seidel: Da sind die noch wirksamen Ansätze der Geistesgeschichte ja recht bald durch die jüngere Generation revidiert worden – noch vor 1968, spätestens 1966 mit dem Münchener Kongreß.[9]

Michael Schlott: Welche sachlichen, gegenstandsbezogenen oder auch methodischen Zusammenhänge beziehungsweise Gemeinsamkeiten sehen Sie zwischen der bundesrepublikanischen Aufklärungsforschung und der Aufklärungsforschung in der DDR?

Walter Müller-Seidel: Also zunächst einmal gar keine. Die Literaturwissenschaft in der Bundesrepublik ist bis Ende der 1950er Jahre von der Staigerschen Schule abhängig geblieben.[10] Staiger hat es ja überhaupt abgelehnt, ein Ereignis wie die Französische Revolution als literaturrelevant anzusehen.[11] Ich erinnere mich, daß mir damals, als ich in Bonn eine Vertretung hatte,[12] meine kritische Haltung gegenüber Staiger bei manchen unangenehm vermerkt wurde. Man war doch sehr auf die Staiger-Linie festgelegt. Daß es dann eine Abwendung davon gegeben hat, würde ich einem Trend zur Sozialgeschichte zuschreiben, der Mitte der 1970er Jahre stark ausgeprägt war. Ich erinnere mich sehr genau:

8   Hans-Günther Thalheim: Kritische Bemerkungen zu den Literaturauffassungen Georg Lukács' und Hans Mayers zur Frage der Unterschätzung der Rolle der Volksmassen in der Literatur. In: Weimarer Beiträge 4 (1958), H. 2, S. 138–171; dazu auch das Sonderheft 1958 der Zeitschrift als Dokumentation der Wissenschaftlichen Konferenz an der Humboldt-Universität zu Berlin, 9. bis 10. Mai 1958, zu Problemen des Sozialistischen Realismus in Deutschland. In seiner „Eröffnung" (S. 5–7) gibt Thalheim den Auftakt zur Kritik am Realismus-Konzept von Georg Lukács; vgl. auch die Konferenz-Beiträge von Inge Diersen (S. 18–25), Wolfgang Heise (S. 26–41) und Hans Kaufmann (S. 42–50). Zur Lukács-Kritik siehe auch die Interviews mit Martin Fontius (S. 255–270, hier S. 259 f.), Peter Müller (S. 359–375, hier S. 360 f., 365), Claus Träger (S. 315–332, hier S. 326 f.) und Peter Weber (S. 426–455, hier S. 439) sowie II, 2.2.3.

9   Vgl. Nationalismus in Germanistik und Dichtung. Dokumentation des Germanistentages in München vom 17. bis 22. Oktober 1966. Hrsg. von Benno von Wiese und Rudolf Henß. Berlin 1967; siehe auch Eberhard Lämmert, Walther Killy, Karl Otto Conrady, Peter von Polenz: Germanistik – eine deutsche Wissenschaft. Frankfurt/Main 1967; 4. Aufl. 1970.

10 Vgl. dazu u.a.: 1955–2005. Emil Staiger und „Die Kunst der Interpretation" heute. Hrsg. von Joachim Rickes u. a. Bern u. a. 2007; Bewundert und viel gescholten. Der Germanist Emil Staiger (1908–1987). Vorträge des Internationalen Forschungskolloquiums und der Ausstellung zu Emil Staigers 100. Geburtstag vom 5. bis 9. Februar 2008 in Zürich. Hrsg. von Joachim Rickes. Würzburg 2009; ferner: Lutz Danneberg: Zur Theorie der werkimmanenten Interpretation. In: Zeitenwechsel. Germanistische Literaturwissenschaft vor und nach 1945. Hrsg. von Wilfried Barner und Christoph König. Frankfurt/Main 1996, S. 313–342.

11 Vgl. etwa Jost Hermand: Emil Staigers Goethe-Bild. In: Bewundert und viel gescholten (wie Anm. 10), S. 41–53, hier S. 43, 49 f., 52. Hermand bezieht sich auf Staigers dreiteilige Goethe-Monographie (Goethe. 1749–1786. Zürich 1952; Goethe. 1786–1814. Zürich 1956; Goethe. 1814–1832. Zürich 1959).

12 Als Privatdozent im Wintersemester 1958/59.

Wir waren 1974 im Kreis um Böckmann zu dessen 75. Geburtstag zusammen. Dort haben wir festgestellt – ich glaube, ich bin es gewesen, der es gesagt hat –, daß die Wendung von der Geistesgeschichte zur Sozialgeschichte der große, neue Paradigma-Wechsel sei.[13] Das wurde in dieser Runde allgemein akzeptiert, auch von Böckmann, der ja im Sinne der Formgeschichte arbeitete.[14]

Michael Schlott: Wie beurteilen Sie in der Retrospektive die aus den politischen Differenzen zwischen BRD und DDR resultierenden Konsequenzen für die wissenschaftliche Beschäftigung mit der Epoche der Aufklärung?

Walter Müller-Seidel: Die geschichtsphilosophisch-utopische Komponente in der Forschung der DDR ist im Laufe der 1950er Jahre gefallen. Und ich denke, sie wird auch für die früheren DDR-Wissenschaftler, die seriöse Wissenschaft betrieben haben, gefallen sein – falls sie nicht damals schon längst gefallen war, denn viele haben sich nicht daran gehalten.

Michael Schlott: Herr Müller-Seidel, welche Anschlüsse beziehungsweise Anschlußmöglichkeiten der germanistischen Aufklärungsforschung bestanden zur Geschichtswissenschaft und zu literaturwissenschaftlichen Nachbardisziplinen wie etwa der Romanistik und Anglistik in der DDR?

Walter Müller-Seidel: Ich glaube, Werner Krauss ist von Germanisten nicht so häufig zitiert worden. Zwischen Hans Robert Jauß und Krauss hingegen bestand ein sehr enges Verhältnis. Wir sind hier eher über Jauß, der ja sehr für Krauss geworben hat, auf dessen Arbeiten aufmerksam geworden.

Michael Schlott: Wie war es mit der Geschichtswissenschaft, ich denke etwa an Walter Markov?

Walter Müller-Seidel: Nein, da gab es kaum Kontakte. Die Beziehung zu den Historikern der DDR war sehr früh heikel, weil die Ideologisierung dort sehr viel stärker war als in der Literaturwissenschaft.

Michael Schlott: Können Sie im Rahmen der Ausgangsfrage ein wenig genauer zäsurieren? Wann setzten in den beiden deutschen Staaten die Forschungen zum Jakobinismus ein – und wann zur Empfindsamkeit?

Walter Müller-Seidel: Ich weiß gar nicht, ob in der DDR der Begriff der Empfindsamkeit so kultiviert wurde – ich glaube nicht.

Michael Schlott: 1972 ist Renate Krügers Buch *Das Zeitalter der Empfindsamkeit* erschienen.[15] Es ist allerdings ein Buch mit begrenztem wissenschaftlichen Anspruch. Es erschien bereits im folgenden Jahr eine zweite Auflage.

---

13   Siehe dazu [Walter Müller-Seidel: Gespräch mit Petra Boden. In:] Petra Boden: Reformarbeit als Problemlösung. Sozialgeschichtliche und rezeptionstheoretische Forschungsansätze in der deutschen Literaturwissenschaft der 60er und 70er Jahre – eine Vorbemerkung und drei Interviews. In: Internationales Archiv für Sozialgeschichte der deutschen Literatur 28 (2003), H. 1, S. 111–170, hier S. 117–137.

14   Paul Böckmann: Formgeschichte der deutschen Dichtung in zwei Bänden. Bd 1: Von der Sinnbildsprache zur Ausdruckssprache. Der Wandel der literarischen Formsprache vom Mittelalter zur Neuzeit. Hamburg 1949; 4. Aufl.: 1973 [nur Bd. 1 erschienen].

15   Renate Krüger: Das Zeitalter der Empfindsamkeit. Kunst und Kultur des späten 18. Jahrhunderts. Leipzig 1972.

Walter Müller-Seidel: Hier in der Bundesrepublik ist das Thema Empfindsamkeit besonders – wie ich damals aus nächster Nähe beobachten konnte – durch Friedrich Sengle gefördert worden. Auf seine Anregung hin sind schon in den frühen 1960er Jahren eine Reihe von Arbeiten entstanden.[16] Ich denke, Sengle hatte schon sehr früh eine Wendung zu so etwas wie Sozialgeschichte im Hinterkopf. Das kann man ähnlich bei Habermas sehen, der ja von Erich Rothacker promoviert wurde.[17] Ich habe auch im Gespräch mit ihm bestätigt gesehen, daß die Geisteswissenschaft das Paradigma der Sozialgeschichte als eine ihrer fruchtbaren Komponenten aus sich entlassen hat.

Michael Schlott: Wie schätzen Sie den Einfluß von Habermas – insbesondere den seines Buches *Strukturwandel der Öffentlichkeit*[18] – für die germanistische Aufklärungsforschung ein?

Walter Müller-Seidel: Der war sehr stark. Das Buch ist sehr früh in der Germanistik aufgenommen worden. Habermas war seit 1968 ohne Frage die bestimmende außergermanistische Potenz.

Michael Schlott: Worauf führen Sie das zurück, Herr Müller-Seidel?

Walter Müller-Seidel: Ich denke, daß sich auch außerhalb der Germanistik ein Paradigma-Wechsel von der Geistesgeschichte zur Sozialgeschichte ankündigte. Es ist gar nicht so leicht zu entscheiden, ob es sich bei Habermas' *Strukturwandel der Öffentlichkeit* um eine philosophische oder nicht schon sehr stark eine sozialphilosophische oder soziologische Arbeit handelt. Am ehesten wohl um das letztere.

Michael Schlott: Und die Forschungen zum Jakobinismus, wann setzten die ein – in der DDR und in der Bundesrepublik Deutschland? Mir ist klar, daß man keinen Stichtag angeben kann. Aber wann etwa?

Walter Müller-Seidel: Walter Grab war, allerdings von der Geschichtswissenschaft her, zunächst am stärksten dafür engagiert. Für die Germanistik kann man, glaube ich, ganz klar sagen: nicht vor 1968. Das ist ein Phänomen der 1968er-Bewegung. In der DDR scheint es mir nicht so deutlich zu trennen zu sein von der Erforschung der Französischen Revolution und ihrer Hochbewertung im allgemeinen.

Michael Schlott: Herr Müller-Seidel, auf die Frage nach den externen Faktoren, und hier meine ich in erster Linie die politischen Entstehungsbedingungen der Jakobinismusforschung, wurde mir auch geantwortet, das habe „doch in der Luft gelegen". Ich finde eine solche Erklärung historisch kurzschlüssig und unzureichend – das betrifft die 1968er Bewegung und so weiter. Haben Sie eine befriedigendere, das heißt, weitgreifendere und umfassendere Antwort auf die Frage nach den externen Entstehungsbedingungen der Jakobinismusforschung? Sie haben das ja auch angedeutet.

Walter Müller-Seidel: Ja, Sie haben recht. Das Thema Jakobinismus wurde von außen angestoßen, die anhaltende Befassung mit der Französischen Revolution hingegen war als Zeichen einer deutlichen Korrektur an der Werkimmanenz mehr durch eine wissenschafts-

---

16   Siehe dazu die entsprechenden Hinweise im Interview mit Georg Jäger, S. 334–358, hier S. 338 f.

17   1954 wurde Jürgen Habermas an der Universität Bonn mit der Arbeit *Das Absolute und die Geschichte. Von der Zwiespältigkeit in Schellings Denken* promoviert.

18   Jürgen Habermas: Strukturwandel der Öffentlichkeit. Untersuchungen zu einer Kategorie der bürgerlichen Gesellschaft. Neuwied 1962; 12. Aufl.: Frankfurt/Main 2010.

interne Logik bestimmt. Als Beispiel für eine solche wissenschaftsimmanente Entwicklung wäre der im Jahr 1974 bei Vandenhoeck erschienene Band *Deutsche Literatur und Französische Revolution*[19] anzuführen, in dem unter anderen Gerhard Kaiser, Richard Brinkmann und ich vertreten sind.

Michael Schlott: Ich halte die Antwort, die Jakobinismusforschung sei ein Ergebnis von 1968, für nicht erschöpfend – gleichwohl ist an dieser Antwort etwas Wahres, das konzediere ich. Ich halte aber dagegen, daß die gesellschaftlichen Veränderungen der 1960er Jahre in der damaligen Bundesrepublik nicht pauschal mit der 1968er-Bewegung gleichzusetzen sind.

Walter Müller-Seidel: Also, ich stimme dem nicht zu. Ich meine, daß die in Rede stehende Literatur selbst, sofern man sie mit dem Stichwort Jakobinismus zusammenbringt, nicht sehr viel zu bieten hat und daß das Forschungsinteresse stärker bei der politischen Durchsetzung einer Forschungsposition lag als bei den literarischen Texten.

Michael Schlott: Wie stehen Sie zu den Ausführungen Richard Brinkmanns anläßlich einer Regionaltagung der Alexander von Humboldt-Stiftung in Oxford 1982?[20] Er verweist in diesem Vortrag auf eine grundsätzliche Tatsache, die zunächst lediglich quantitativer Natur zu sein scheine, die jedoch zugleich – wie Brinkmann anfügt – eine einschneidende qualitative Veränderung der Situation in den Literaturwissenschaften bewirkt habe: die ungeheure Vermehrung des an Forschung und Lehre beteiligten Personals. Diese habe zwar schon bald nach dem Zweiten Weltkrieg eingesetzt, explosive Formen aber habe sie erst am Anfang und im Verlauf der 1960er Jahre angenommen. Wir versuchen in unserem Projekt, das Forschungsgeschehen und die Wissenschaftsentwicklung – bezogen auf Jakobinismus- und Empfindsamkeitsforschung – auch mit den gleichzeitigen Strukturschwierigkeiten des Faches in Beziehung zu setzen. Konkret auf die Ausführungen Brinkmanns bezogen: Seit Beginn der 1960er Jahre wächst eine große Zahl von Forschern heran, die sich für bestimmte Stellungen an den Hochschulen in erster Linie durch den Nachweis eigener Forschungen und Publikationen von entsprechenden Ergebnissen qualifizieren müssen. In der Konsequenz – so jedenfalls Brinkmann – mußten diese Universitätsgermanisten nach neuen, lohnenden Objekten für ihre Forschungen suchen, und dabei wurden der überkommene Kanon, aber auch der Literaturbegriff erweitert und Gegenstandsbereiche erschlossen beziehungsweise wiedererschlossen. Es handelte sich also Brinkmann zufolge nicht primär um politische Ursachen, sondern um strukturelle sowie Karriereprobleme eines

---

19 Deutsche Literatur und Französische Revolution. Sieben Studien von Richard Brinkmann, Claude David, Gonthier-Louis Fink, Gerhard Kaiser, Walter Müller-Seidel, Lawrence Ryan, Kurt Wölfel. Göttingen 1974. Inhalt: Gonthier-Louis Fink: Wieland und die Französische Revolution (S. 5–38); Walter Müller-Seidel: Deutsche Klassik und Französische Revolution (S. 39–62); Claude David: Goethe und die Französische Revolution (S. 63–86); Gerhard Kaiser: Idylle und Revolution. Schillers „Wilhelm Tell" (S. 87–128); Lawrence Ryan: Hölderlin und die Französische Revolution (S. 129–148); Kurt Wölfel: Zum Bild der Französischen Revolution im Werk Jean Pauls (S. 149–171); Richard Brinkmann: Frühromantik und Französische Revolution (S. 172–191).

20 Richard Brinkmann: Deutsche Literaturwissenschaft in der Bundesrepublik Deutschland. In: Alexander von Humboldt Stiftung. Mitteilungen, H. 40 (1982), S. 23–30; siehe dazu die Interviews mit Eberhard Lämmert (S. 271–298, hier S. 296), Georg Jäger (S. 334–358, hier S. 351 f.), Hans-Wolf Jäger (S. 500–527, hier S. 524 f.), Gert Mattenklott (S. 561–589, hier S. 564 f.) und Klaus R. Scherpe (S. 692–712, hier S. 707 f.).

Massenfaches. Wie beurteilen Sie diesen Erklärungsansatz, bezogen auf die Entwicklung in der Empfindsamkeits- und Jakobinismusforschung?

Walter Müller-Seidel: Ob man es auf die Karriereabsichten reduzieren kann, scheint mir zweifelhaft. Ich denke eher, daß die Ausweitung des Literaturbegriffs von der Sache her gegeben war.

Michael Schlott: Und auch zu rechtfertigen war?

Walter Müller-Seidel: Und auch zu rechtfertigen war, ja. Das gehört ergänzend zu Brinkmanns etwas vereinfachender These, daß die neuen Gebiete erschlossen wurden, damit der Nachwuchs sich Arbeitsfelder und Karrierechancen sichern konnte. Also mir erscheint der Ansatz nicht gerade überzeugend.

Michael Schlott: Zur nächsten Frage: Man kann, Sie haben es ja bereits angedeutet, bei der Rekonstruktion des wissenschafts- und fachgeschichtlichen Prozesses zwei Hauptrichtungen ausmachen, die sich am Ende der 1960er und zu Beginn der 1970er Jahre ausdifferenziert haben: Politisierung und Soziologisierung. Einmal vorausgesetzt, Sie können dieser Einteilung zustimmen: Wie beurteilen Sie im Rückblick diese fachgeschichtliche Entwicklung und welche wichtigen wissenschafts- und gesellschaftspolitischen Konsequenzen hat diese Entwicklung gezeitigt?

Walter Müller-Seidel: So wie ich sie verstehe, wurden die Begriffe Soziologisierung und Politisierung in der Literaturwissenschaft nicht ohne Wertung gebraucht. Sie wären wohl berechtigt, wenn man sie nicht inkriminierend verwendet. Hinter ‚Politisierung‘ scheint mir ein Konzept der Parteinahme, der Parteilichkeit zu stehen. Ohne einer Literaturwissenschaft das Wort zu reden, die eine grundsätzliche politische Enthaltsamkeit übt: Eine Instrumentalisierung des Faches würde ich nicht wollen. Zu ‚Soziologisierung‘ will ich anmerken, daß die Wendung zur Sozialgeschichte etwas von der Wissenschaftsentwicklung notwendig Gefordertes war, so daß ich eher sagen würde: Ich halte Soziologisierung für eine Errungenschaft im Sinne des wissenschaftlichen Fortschrittes. Ob man das dann Soziologisierung nennt, ist mir gleichgültig.

Michael Schlott: Pierre Bertaux und Hölderlin:[21] Sie haben 1970 auf dem Marbacher Hölderlin-Colloquium unter anderem folgendes erklärt: „Die Provokation vom Jakobiner, als die sie angesehen wurde, hat vieles in Bewegung gebracht. Sie hat das Interesse belebt, und die auf philologische Redlichkeit verpflichtete Wissenschaft fährt nicht schlecht mit solchen ihr verdächtigen Aktualisierungen – wenn es nur gelingt, die Probleme zu erkennen, um die es jeweils geht.“[22] Bitte erläutern Sie, auf welche Personen und Traditionen die „Provokation vom Jakobiner“ zurückgeht – also über Pierre Bertaux hinaus –, und um welche Probleme es zum damaligen Zeitpunkt, also zu Beginn der 1970er Jahre, ging.

Walter Müller-Seidel: Die deutsche Literaturwissenschaft hat, sofern sie sich mit Hölderlin befaßte, seit Hellingrath – mit Ausnahme Diltheys – auf unstatthafte, fast unent-

---

21 Vgl. Pierre Bertaux: Hölderlin und die Französische Revolution. In: Hölderlin-Jahrbuch 15 (1967/68), S. 1–27; P. B.: Hölderlin und die Französische Revolution. Frankfurt/Main 1969; P. B.: War Hölderlin Jakobiner? In: Hölderlin ohne Mythos. Hrsg. von Ingrid Riedel. Göttingen 1973, S. 7–17; siehe dazu II, 2.2.3.

22 Walter Müller-Seidel: Hölderlins Dichtung und das Ereignis der Französischen Revolution. Zur Problemlage. In: Hölderlin-Jahrbuch 17 (1971/72), S. 119–125, hier S. 119 f.

schuldbare Weise den ganzen Komplex der Französischen Revolution ausgeklammert. Und daher hat sie sich auch nicht die Frage gestellt, ob Hölderlin vielleicht Girondist oder Jakobiner gewesen sei. Das meinte ich damals in Marbach, als ich von Bertaux's „Provokation vom Jakobiner" sprach – das war übrigens nicht seine ureigene Idee; 1961 bereits ist das Buch von Maurice Delorme erschienen, das Bernhard Böschenstein in der *Germanistik* angezeigt hat.[23]

Michael Schlott: Es geht meines Wissens noch weiter, bis in die 1920er Jahre, zurück. Gadamer hat im *Hölderlin-Jahrbuch* auf drei oder vier Seiten, meine ich, über die „Gegenwärtigkeit Hölderlins" geschrieben und dabei erklärt, bereits in den 1920er Jahren seien diese Dinge im Schwange gewesen, und er habe ebenfalls vorgehabt, darüber zu arbeiten.[24]

Walter Müller-Seidel: Das kann ich so nicht bestätigen. Ich bin sehr früh mit Hölderlin bekannt geworden, bin auch deswegen zu Böckmann gegangen, um zu promovieren. Aber ich muß gestehen, von all diesen Dingen habe ich nichts gehört. Böckmann war ja zunächst völlig konsterniert, daß dieses Thema 1968 auf der Tagung der Hölderlin-Gesellschaft behandelt wurde.[25] Er ist dann auch ausgetreten aus der Gesellschaft. Und ich war allerdings überrascht, daß er unter den Anwesenden das, was Sie eben aus meinem Vortrag von 1970 zitiert haben, so tolerant aufgenommen hat. Ich bleibe also dabei: Es ist damals noch ein ausgeblendetes Thema gewesen. Nachdem Hellingrath verdienstvoll Hölderlin einschließlich des Spätwerks neu ediert und in die Diskussion zurückgeholt hatte, wurde damit jedoch zugleich die nationale Komponente wirksam, die nicht zuließ, daß man die Französische Revolution ins Spiel brachte. Und wenn Sie an Korff[26] denken: Die Französische Revolution – Hans Mayer hat das in seiner Autobiographie angemerkt[27] – kommt im *Geist der Goethezeit* in einem thematischen Bezug nicht vor.[28]

Michael Schlott: Sie haben, wenn ich das richtig verstanden habe, Reminiszenzen dieser Einschätzung auch noch bei Bertaux entdecken können, wenn Sie darauf verweisen, daß

---

23 Bernhard Böschenstein: [Rez.] Maurice Delorme: Hölderlin et la Révolution française, 1959. In: Germanistik 1 (1960), S. 345.

24 Hans-Georg Gadamer: Die Gegenwärtigkeit Hölderlins. In: Hölderlin-Jahrbuch 23 (1982/83), S. 178–181, hier S. 181.

25 Diese Jahresversammlung fand vom 7. bis 9. Juni 1968 in Düsseldorf statt; siehe dazu Hölderlin-Jahrbuch 15 (1967/68) sowie II, 2.2.3.

26 Walter Müller-Seidel studierte sechs Semester in Leipzig: vom Wintersemester 1937/38 bis zum Wintersemester 1938/39, im ersten Trimester 1941 sowie im Sommersemester 1942 und im Wintersemester 1942/43. Von Anfang 1941 bis 1943 war Walter Müller-Seidel aufgrund einer Verwundung, die er sich bereits im Mai 1940 im Westfeldzug unweit Gent zugezogen hatte, zum Studium beurlaubt. Er besuchte in Leipzig Lehrveranstaltungen des Germanisten und Sprachwissenschaftlers Theodor Frings (1886–1968), der Literaturwissenschaftler Hermann August Korff (1882–1963), Eudo Mason (1901–1969), eines Schülers Korffs, und Wolfgang Kayser (1906–1960), des Anglisten Levin Ludwig Schücking (1878–1964), der Philosophen Hans-Georg Gadamer (1900–2002) und Arnold Gehlen (1904–1976) sowie der Historiker Erich Maschke (1900–1982), Hermann Heimpel (1901–1988) und Otto Vossler (1902–1987); siehe dazu Michael Schlott: „Freiräume" und „Gegengewichte" – Walter Müller Seidels Leipziger Studienzeit (2011). In: ⟨http://www.walter-mueller-seidel.de/symposium_2-7-11.php⟩ (eingesehen am 02.04.2012).

27 Vgl. Hans Mayer: Ein Deutscher auf Widerruf. Erinnerungen. Bd. 2. Frankfurt/Main 1984, S. 110.

28 Korff: Geist der Goethezeit (wie Anm. 1).

auch bei ihm noch Diltheysche Einflüsse bemerkbar seien; daß er im Grunde nicht erklären könne, wie der Zusammenhang zwischen der in der Literatur dargestellten Wirklichkeit und der ‚realen' Wirklichkeit zu fassen wäre.[29]

Walter Müller-Seidel: Ja, das ist mir damals deutlich geworden. Ich habe 1961 eine Hölderlin-Vorlesung in München gehalten und habe eine ganze Stunde über Hölderlin und die Französische Revolution geredet. Da habe ich unter anderem Delorme behandelt, den viele gar nicht kennen. Jürgen Scharfschwerdt, der bei mir habilitiert worden ist, hat das weitergeführt.[30]

Michael Schlott: Sie haben ebenfalls darauf hingewiesen, daß Bertaux das eigentliche Problem unerörtert gelassen habe, nämlich die Art und Weise, wie wir uns die Umsetzung der politischen Wirklichkeit in die dargestellte Wirklichkeit denken sollen.[31] Nimmt man Ihre kritischen Überlegungen zu Staigers Thesen über das Verhältnis von Schrifttum und Gesellschaft[32] auf, dann stellt sich die Frage nach den aus der Provokation vom Jakobiner Hölderlin abzulesenden gesellschaftlichen Erkenntnisinteressen. Welche Erkenntnisinteressen waren es denn, von denen sich die Germanistik vor 24 Jahren leiten ließ? Und wie ist die Abkehr von traditionellen philologischen Verfahrensweisen erklärbar – wie konnte es zu einer solchen Dominanz der politisierenden Wissenschaft kommen?

Walter Müller-Seidel: Hier muß man zweierlei anmerken: Zum einen sind bis in die 1960er Jahre zahlreiche Wissenschaftler aus der DDR in die Bundesrepublik gekommen, für die politisierte Wissenschaft selbstverständlich war. In der DDR war es ja üblich, auf jeder Tagung, zum Beispiel der Goethe-Gesellschaft, einen positiven Zusammenhang zwischen Goethe und Schiller einerseits und der Französischen Revolution andererseits herzustellen, was dann Widerspruch von Seiten der West-Kollegen erregte. Zum anderen war die politische Enthaltsamkeit in der bürgerlichen Literaturwissenschaft der Bundesrepublik eine Folge der Verpflichtung auf Werkimmanenz – und dazu hatte sich 1968 sehr viel geändert. Die Thesen von Bertaux fallen in diese Zeit. Sein Verdienst bleibt bestehen: Er hat den Stein ins Rollen gebracht, der unbedingt ins Rollen gebracht werden mußte. Daß er es übertrieben hat, ist dann eine andere Frage – ebenso, daß er den Zusammenhang nicht richtig gefaßt hat. Aber das ist ein zusätzliches Problem.

Michael Schlott: Sie meinen also: Die Debatte war fällig.

Walter Müller-Seidel: Ja, überfällig sogar.

Michael Schlott: Sie wollten damals gemeinsam mit Adolf Beck, wenn ich richtig informiert bin, eine Gegenschrift verfassen.

Walter Müller-Seidel: Ja. Wir hatten eine gemeinsame Schrift vor, aber nicht zum Thema Hölderlin und die Revolution,[33] sondern zu Bertaux' These, Hölderlin sei gar nicht erkrankt

---

29 Vgl. Müller-Seidel: Hölderlins Dichtung (wie Anm. 22), S. 120f.

30 Die Habilitation erfolgte an der Universität München 1976; auf der Habilitationsschrift basiert Jürgen Scharfschwerdt: Friedrich Hölderlin. Der Dichter des „deutschen Sonderweges". Stuttgart u.a. 1994; siehe dazu auch II, 2.2.3, S. 173–175.

31 Vgl. Müller-Seidel: Hölderlins Dichtung (wie Anm. 22), S. 120f.

32 Vgl. Walter Müller-Seidel: Deutsche Klassik und Französische Revolution (wie Anm. 19), S. 39–62, hier S. 40f.

33 „Der Frage nach Hölderlins Republikanertum ist Adolf Beck in vorbildlicher Behutsamkeit nach-

gewesen. Die Schrift erschien dann nicht, weil Beck 1981 gestorben ist. Bertaux erschien mir progressiv in seiner These zu Hölderlins Verhältnis zur Revolution, er kam mir jedoch eher konservativ vor in seinem geradezu ideologischen Beharren auf Hölderlins geistiger Gesundheit. Das kam mir altmodisch vor. Heute sieht man doch insbesondere in der Literatur der Moderne einen engen Zusammenhang von Kreativität und Krankheit, man denke an Martin Walsers Rede über Hölderlin[34] oder an Thomas Bernhard.[35] Und Beck hat sich in diesem Punkt immens bewegt: Er hatte ja selbst die Gewohnheit, hochstilisiert zu sprechen. Die Befassung mit Themen wie Krankheit oder gar Wahnsinn mußten ihm von seiner Herkunft her ganz suspekt sein. Aber seine Redlichkeit, alles und jedes genauestens zu erforschen, ist bewundernswert. Die hat ihn als Kommentator der Briefe eben auch in die Geschichte der Psychiatrie hineingeführt. Er war ziemlich gut beschlagen, er hat sich beispielsweise in Tübingen außerordentlich umgehört und dazugelernt. Das alles war nicht selbstverständlich in seinem Werdegang. Im Gegensatz zu Bertaux ist er dem Problem nicht ausgewichen – ohne daß dadurch Hölderlins Person und literarische Geltung belastet worden wären. Bertaux argumentierte ja so, als würde man Hölderlin herabsetzen, wenn man zugibt, daß er unter einer Krankheit gelitten hat.

Michael Schlott: Welche methodischen und inhaltlichen Defizite sind Ihrer Ansicht nach der literaturwissenschaftlichen Jakobinismusforschung anzulasten?

Walter Müller-Seidel: Eine zu unkritische Einstellung gegenüber dem Gegenstand. Bei Walter Grab ist das stark ausgeprägt, aber er hatte als Historiker ja auch weniger mit Literatur zu tun.[36]

Michael Schlott: Könnten Sie versuchen, für das Jahrzehnt zwischen 1970 und 1980 die wichtigsten Veränderungen und Bewegungen in den kulturpolitischen Landschaften der beiden deutschen Staaten zu skizzieren und gegebenenfalls Konsequenzen für den Wissenschaftsbetrieb aufzuzeigen?

Walter Müller-Seidel: Die Literaturwissenschaften beider Staaten sind sich in dieser Zeit sehr viel nähergekommen. Manchmal sogar, wie bei Jürgen Schröder,[37] allzusehr – bezo-

---

gegangen – der Frage vor allem, ob wir es mit einem Jakobiner oder Girondisten zu tun haben. Um eine letztlich biographische Frage handelt es sich auch hier, wenn man sie nicht als eine solche der allgemeinen Geschichtswissenschaft ansehen will. Daß die entscheidenden Auskünfte aus der Dichtung selbst, aus den Gedichten Hölderlins, zu erhoffen wären deutet Beck gegen Ende seines Beitrags [Hölderlin als Republikaner. In: Hölderlin-Jahrbuch 15 (1967/68), S. 28–52, hier S. 47] an: ,Es geht hier weder um den ,Jakobiner' noch den ,Girondisten' Hölderlin. Es geht um den Republikaner – und die Art seines Republikanertums, d.h. um dessen Verhältnis zu seinem Dichtertum.' So ist es in der Tat! Aber gerade in diesem Punkt bleibt uns Bertaux alles schuldig. Er argumentiert – bloß biographisch und auf einer Reflexionsstufe, die dem heutigen Stand der Literaturwissenschaft kaum entspricht."

34   Martin Walser: Hölderlin zu entsprechen. Rede, gehalten zum 200. Geburtstag des Dichters am 21. März 1970 im Württembergischen Staatstheater Stuttgart. In: Hölderlin-Jahrbuch 16 (1969/70), S. 1–18.

35   Vgl. etwa Renate Langer: Kunst und Krankheit. Über einen zentralen Themenkomplex bei Thomas Bernhard. In: Informationen zur Deutschdidaktik 29 (2005), H. 4, S. 44–50.

36   Siehe dazu das Interview mit Walter Grab, S. 486–499.

37   Vgl. beispielsweise die bis ins Jahr 2000 reichende Bibliographie von Jürgen Schröders wissenschaftlichen Publikationen in: Geschichtserfahrung im Spiegel der Literatur. Festschrift

gen auf die Argumentationsweise –, ohne daß es auf dieser Seite schon marxistische Literaturwissenschaft gewesen wäre. Andererseits hat die Literaturwissenschaft der DDR im Laufe der Jahre aufgehört, in jedem Aufsatz zuerst einmal Marx zu zitieren. Das hat sich derart angeglichen, daß auch in den Diskussionen der Goethe-Gesellschaft die Divergenz immer mehr abgebaut wurde. Ich erinnere mich, daß ich 1983 in der Goethe-Gesellschaft eine Diskussion zu leiten hatte. Der Redner war Streller, also ein Kleist-Forscher, der sprach über Goethe und den Mythos des Prometheus.[38] Es waren einige Studenten aus Bremen zugegen, die uns beide – also auch Streller – angriffen, weil wir angeblich zu viel Gemeinsames hätten. In diesem Fall erschien die linke Position wohl eher auf der Seite der Bundesrepublik. Zudem ging die Wendung zur Sozialgeschichte der Literatur einher mit einem – wie ich kritisch anmerken möchte – durch die Verlage bedingten voreiligen Verfahren bei der Produktion von Literaturgeschichten. Leider ist zu den Literaturgeschichten als Sozialgeschichten wenig Rühmliches zu sagen.[39]

Michael Schlott: Wie würden Sie die einzelnen Projekte, sofern sie zustandegekommen sind, bewerten – ich denke zum Beispiel an die von Rolf Grimminger begründete Hanser-Sozialgeschichte.[40]

Walter Müller-Seidel: Richtig. Grimminger habe ich damals doch sehr kritisch gelesen, weil ich meinte, man kann nicht eine Literaturgeschichte des 18. Jahrhunderts schreiben und Hamann auslassen. So interessant manches im einzelnen war, so viel fehlte mir im Ganzen. Auch da muß ich sagen: verfrüht und voreilig, das hätte anders ausreifen müssen. Die von Viktor Žmegač,[41] die das Sozialgeschichtliche allerdings nicht übertreibt, kommt mir doch als die Gelungenste vor. Weniger gelungen finde ich die von Horst Albert Glaser[42] – aber das hat noch andere Gründe, unter anderem den, daß es nur kleine Aufsätze sind.

Michael Schlott: Ich kehre noch einmal zurück zum Band *Deutsche Literatur und Französische Revolution*, 1974 bei Vandenhoeck & Ruprecht erschienen:[43] Können Sie etwas über die Entstehungsgeschichte dieses Buches berichten? Wie kam es zu der Thematik und zu der Zusammensetzung des Beiträger-Kreises?

Walter Müller-Seidel: Hans Steffen, der damals Direktor des Deutschen Hauses[44] in

---

38 Siegfried Streller: Der gegenwärtige Prometheus. In: Goethe-Jahrbuch 101 (1984), S. 24–41.

39 Siehe dazu das Interview mit Wilhelm Voßkamp und Nikolaus Wegmann, S. 402–425. hier S. 414 f., 503 f.

40 Hansers Sozialgeschichte der deutschen Literatur vom 16. Jahrhundert bis zur Gegenwart. 12 Bde. Hrsg. von Rolf Grimminger. München 1980–2009; siehe dazu das Interview mit Gerhard Sauder, S. 376–401, hier S. 389 f.

41 Geschichte der deutschen Literatur vom 18. Jahrhundert bis zur Gegenwart. 3 Bde. Hrsg. von Viktor Žmegač. Königstein/Taunus 1978–1984.

42 Deutsche Literatur. Eine Sozialgeschichte. Hrsg. von Horst Albert Glaser. Bd. 1–9: Reinbek 1980–1991; Bd. 10: Bern u. a. 1995.

43 Deutsche Literatur und Französische Revolution (wie Anm. 19).

44 Seit 1956 wird in Paris das Deutsche Haus (auch Maison Heinrich Heine) in der Cité Internationale Universitaire de Paris betrieben. Diese Institution soll den internationalen Wissenschaftsaustausch und die deutsch-französischen Kulturbeziehungen mit einem breiten Spektrum von Veranstaltungen und Ausstellungen fördern. Zudem bietet das Heinrich-Heine-Haus Studierenden und

Paris war, hatte 1961/62 dort mit Vortragsreihen begonnen, die auch durch Publikationen in der *Kleinen Vandenhoeck-Reihe* dokumentiert wurden.[45] Ich bin in mehreren dieser Bände vertreten.[46] Er war nur wenige Jahre jünger als ich und einer der treuesten Besucher meiner Proseminare in Heidelberg. Später organisierte er diese Vortragsreihen in Paris. Der von Ihnen angesprochene Band ist meines Wissens nicht als Dokumentation einer dieser Vortragsveranstaltungen herausgekommen. Aber ich glaube, daß ursprünglich Steffen noch dahinterstand und daß der Vandenhoeck-Verlag es ihm dann aus der Hand genommen hat. Aber ich kann das nicht genau sagen. Über die Zusammensetzung des Kreises der Beiträger kann ich sonst gar nichts weiter sagen, weil das nicht meine Sache war. Ich bin auch nicht mehr von Steffen zur Mitarbeit eingeladen worden, sondern vom Verlag. Das muß zwischen Steffen und dem Verlag geklärt worden sein.

Michael Schlott: Es wäre also abwegig, mit Blick auf die Zusammenstellung der Beiträge eine zielgerichtete Strategie des Verlags zu vermuten?

Walter Müller-Seidel: Ja, das glaube ich überhaupt nicht. Das Thema war natürlich en vogue.

Michael Schlott: Aber Sie, Gerhard Kaiser und Claude David haben sich in den Beträgen klar distanziert von dem, was etwa gleichzeitig in der Jakobinismusforschung en vogue war.[47]

Walter Müller-Seidel: Ja, ich habe immer (bei Goethe und anderen) den dritten Weg gesehen, der weder eine Zustimmung zur Revolution noch eine affirmative Bestätigung des Alten, des Ancien Régime bedeutet, sondern eine Auseinandersetzung. Und das lag nicht auf der Parteilinie von Walter Grab.

Michael Schlott: Herr Müller-Seidel, Sie haben sowohl bei Metzler[48] als auch bei Vandenhoeck[49] publiziert. Wie schätzen Sie die Rolle und den Einfluß von Verlagen für das Forschungsfeld ein, über das wir sprechen?

Walter Müller-Seidel: Diese Rolle war mitunter problematisch. Natürlich sind viele Jüngere, froh, wenn sie etwas unterbringen können. Und gerade der Metzler-Verlag hat ja eine

---

Wissenschaftlern Wohnmöglichkeiten; dazu ⟨http://www.maison-heinrich-heine.fr/fr/⟩ (eingesehen am 20.12.2011).

45 Vgl. dazu die Vorbemerkung des Herausgebers zu: Formkräfte der deutschen Dichtung vom Barock bis zur Gegenwart. Hrsg. von Hans Steffen. Göttingen 1963, S. 3. Viel beachtet wurden u. a. auch: Der deutsche Expressionismus. Hrsg. von H. S. Göttingen 1965; Aspekte der Modernität. Hrsg. von H. S. Göttingen 1965.

46 Beispielsweise in: Die deutsche Romantik. Hrsg. von Hans Steffen. Göttingen 1967 (mit einem Beitrag zu Kleist); Das deutsche Lustspiel. 2 Bde. Hrsg. von H. S.. Göttingen 1968–69 (mit einem Beitrag zu Komik und Komödie in Goethes *Faust*).

47 Vgl. Walter Müller-Seidels Beitrag „Deutsche Klassik und Französische Revolution", Claude Davids Beitrag „Goethe und die Französische Revolution" und Gerhard Kaisers Beitrag „Idylle und Revolution" in Brinkmann u. a. 1974 (wie Anm. 19).

48 Der Verlag J. B. Metzler gehört zu den wichtigsten deutschen geisteswissenschaftlichen Fachverlagen. 1969 trat Bernd Lutz (*1940) als Cheflektor in den Verlag ein und trug wesentlich dazu bei, im Verlagsprogramm für die Geistes- und Sozialwissenschaften den Impulsen der jüngeren Wissenschaftlergeneration zu disziplinären Entwicklungen – so auch zu sozialwissenschaftlichen und sozialgeschichtlichen Neuorientierungen der Literaturwissenschaft – Raum zu geben.

49 Der Verlag Vandenhoeck&Ruprecht gilt als einer der wichtigen deutschen Universitätsverlage mit Schwerpunkt in den Geisteswissenschaften. Die Publikationen zu Literatur- und Geschichtswissenschaft seit den 1960er Jahren beziehen sich auf ein breites Spektrum methodologischer Positionen.

ganze Schar von sehr jungen Wissenschaftlern gleichsam ins Brot gesetzt. Ich habe allerdings in einem Statement im *Schiller-Jahrbuch* zu bedenken gegeben,[50] daß damit ein Faktor, der nicht der Wissenschaftslogik zugehört, in die Wissenschaft eingeht, der unter anderem die Ausbildung akademischer Moden begünstigt. So muß man die Produktion einer groß angelegten Reihe zur Literaturgeschichte als Sozialgeschichte bei Metzler auch übereilt nennen. Sie werden unter den bisher erschienenen Bänden nur ganz wenige finden, die noch zitierbar sind.

Michael Schlott: Sie meinen die Bände der Reihe *Literaturwissenschaft und Sozialwissenschaften.*[51]

Walter Müller-Seidel: Ja. Das ist ziemlich vergessene Literatur heute.

Michael Schlott: Können Sie etwas über die wissenschaftliche Frühphase von Gerhard Kaiser und in diesem Zusammenhang auch über seine Herkunft aus der sogenannten Scholz-Schule[52] berichten?

Walter Müller-Seidel: Ich habe Kaiser 1949 erlebt; er war Aspirant an der Humboldt-Universität, ich nur zu Besuch in Berlin. Kaiser hat Ost-Berlin sehr früh – 1950 – verlassen, aus familiären Gründen.[53] Er hat – so schätzte ich es ein – viele fruchtbare Fragestellungen aus der DDR mitgebracht; dazu gehörte auch eine frühe Perspektive auf die Sozialgeschichte der Literatur. Sein Weg führte ihn über München und Mainz 1963 nach Saarbrücken und 1966 nach Freiburg im Breisgau. Er hat im Laufe der Jahre eine eher konservative Richtung genommen und hat sich gegen vieles gewandt, was neu am Horizont war. Er hat aber auch mit Friedrich A. Kittler ein Buch herausgegeben über *Dichtung als Sozialisationsspiel.*[54] Die Wege der beiden trennten sich dann allerdings später wieder. Alles, was Kaiser gemacht hat, besitzt Hand und Fuß. Er gehört zu den Führenden unseres Faches.

---

50 Walter Müller-Seidel: [Zur Eröffnung einer] Diskussion über das Neue in der Literaturwissenschaft. In: Jahrbuch der Deutschen Schillergesellschaft 37 (1993), S. 1–8, hier S. 5 f.

51 Von 1971 bis 1979 erschienen in der Reihe „Literaturwissenschaft und Sozialwissenschaften" (J. B. Metzlersche Verlagsbuchhandlung Stuttgart) 11 Bände. (Bd. 1:) Literaturwissenschaft und Sozialwissenschaften. Grundlagen und Modellanalysen. Mit Beiträgen von Horst A. Glaser u .a. 1971; (Bd. 2:) Germanistik und deutsche Nation 1806–1848. Hrsg. von Jörg J. Müller [d. i. Jörg J. Berns]. 1974; (Bd. 3:) Deutsches Bürgertum und literarische Intelligenz 1750–1800. Hrsg. von Bernd Lutz. 1974; (Bd. 4:) Erweiterung der materialistischen Literaturtheorie durch Bestimmung ihrer Grenzen. Hrsg. von Heinz Schlaffer. 1974; (Bd. 5:) Literatur im Feudalismus. Hrsg. von Dieter Richter. 1975, (Bd. 6:) Einführung in Theorie, Geschichte und Funktion der DDR-Literatur. Hrsg. von Hans-Jürgen Schmitt. 1975; (Bd. 7:) Der liberale Roman und der preußische Verfassungskonflikt. Analyseskizzen und Materialien. Hrsg. von Bernd Peschken und Claus-Dieter Krohn. 1976; (Bd. 8:) Zur Modernität der Romantik. Hrsg. von Dieter Bänsch. 1977; (Bd. 9:) Wolfgang Hagen: Die Schillerverehrung in der Sozialdemokratie. Zur ideologischen Formation proletarischer Kulturpolitik vor 1914. 1977; (Bd. 10:) Kunst und Kultur im deutschen Faschismus. Hrsg. von Ralf Schnell. 1978; (Bd. 11:) Legitimationskrisen des deutschen Adels 1200–1900. Hrsg. von Peter U. Hohendahl und Paul M. Lützeler. 1979.

52 Siehe dazu II, 2.1.2, S. 49, Anm. 139.

53 1956 wurde Kaiser in München in Geschichte von Franz Schnabel promoviert; er wechselte dann in die Germanistik und habilitierte sich an der Universität Mainz; siehe dazu auch II, 2.2.1, S. 71 f.

54 Gerhard Kaiser und Friedrich A. Kittler: Dichtung als Sozialisationsspiel. Studien zu Goethe und Gottfried Keller. Göttingen 1979.

Michael Schlott: Das sehe ich ebenso. Aber zur Scholz-Schule: Was können Sie uns über Gerhard Scholz berichten?

Walter Müller-Seidel: Er war ein Autodidakt ohnegleichen. Er hat in den 1920er Jahren auch eine Zeitlang an der Universität Heidelberg bei Gundolf studiert. Aus gemeinsamen Heidelberger Studienjahren kannte ihn Benno von Wiese. Es wird erzählt, Scholz habe eine Dissertation noch vor Anbruch des Dritten Reiches fertiggestellt; die sei durch die Verhältnisse entweder verloren- oder untergegangen, so daß er in sehr späten Jahren erst promoviert wurde – das ist erst 1958 geschehen.[55] Ich habe ihn erlebt als einen Feuerkopf, sprudelnd und auch etwas undiszipliniert, aber befeuernd auf die jungen Leute damals. Für die war das eine Erleuchtung, eine Offenbarung – er hatte etwas Missionarisches. Er hat sehr wenig veröffentlicht. Zu seiner Schule gehörten unter anderem Hans-Günther Thalheim, Hedwig Voegt, Ursula Wertheim, Hans-Dietrich Dahnke …

Michael Schlott: … Dahnke?

Walter Müller-Seidel: Er hat sich selbst immer dazugerechnet. Er wird auch in einem in der DDR herausgebrachten Band dazugerechnet.[56] Heinz Stolpe, der verstorbene Herder-Forscher, gehörte dazu. Die strengste marxistische Literaturwissenschaft, die es nach dem Zweiten Weltkrieg gab, ist von der Scholz-Schule ausgegangen. Sie war fast ausschließlich auf die Goethezeit beschränkt, weit mehr auf Goethe als auf Schiller – die Scholz-Schule ist dafür allerdings auch innerhalb der DDR berechtigterweise sehr kritisiert worden.

Michael Schlott: Zu Beginn der 1970er Jahre hat nach meinen Informationen in der Scholz-Schule so etwas wie eine Wachablösung stattgefunden.

Walter Müller-Seidel: Ich denke schon, daß man etwas von der starren Linie wegkam – das habe ich vorhin schon gesagt. Man näherte sich uns eher an. Mit dem Scholz-Kreis hätte es eigentlich viele Kollisionen geben müssen.[57]

Michael Schlott: Wie ist die ideologische Ausrichtung der Scholz-Schule zu charakterisieren?

Walter Müller-Seidel: Sie ist nicht ganz leicht von Lukács abzugrenzen, denn viele der dort vertretenen Thesen sind denen von Lukács ganz nah, obwohl gerade der Scholz-Kreis sich dann so vehement gegen Lukács gewandt hat.[58]

Michael Schlott: Herr Müller-Seidel, ich möchte mit Ihnen über Walter Grabs Ausführungen zum Thema Deutsche Klassik und Französische Revolution auf der Veranstaltungs-

---

55 Gerhard Scholz: Der Dramenstil des Sturm und Drang im Lichte der dramaturgischen Arbeiten des jungen Friedrich Schiller: Stuttgarter Aufsatz von 1782 und Mannheimer Rede 1784. Interpretation unter Berücksichtigung der frühen Dramen der sog. „Klassischen Periode". Phil. Diss. Rostock 1957 [nicht im Druck erschienen].

56 Studien zur Literaturgeschichte und Literaturtheorie. Gerhard Scholz anläßlich seines 65. Geburtstages gewidmet von seinen Schülern und Freunden. Hrsg. von Hans-Günther Thalheim und Ursula Wertheim. Berlin 1970. Hans-Dietrich Dahnke ist in diesem Band mit einem Aufsatz über „Geschichtsprozeß und Individualitätsverwirklichung in Goethes ‚Egmont'" vertreten (S. 58–100). Über Dahnkes Stellung zur Scholz-Schule siehe das Interview im vorliegenden Band, S. 218–254, hier S. 232–235; siehe dazu ferner das Interview mit Peter Müller, S. 359–375, hier S. 359–365.

57 Manifeste Friktionen und Kollisionen konnten nicht ermittelt werden.

58 Vgl. Anm. 8 zum Sonderheft der *Weimarer Beiträge* von 1958.

reihe *Duisburger Akzente*, dem zweiten dieser Kulturfestivals (im Jahr 1978), sprechen.[59] Wie würden Sie die Strategie und das Ziel von Walter Grabs Vortrag beschreiben?[60] Vor allen Dingen: Worin liegt die literaturwissenschaftliche und die wissenschaftspolitische Brisanz? Warum hat Grab so vehement gegen Sie – und nicht nur gegen Sie – polemisiert?

Walter Müller-Seidel: Ich habe das jetzt nicht mehr gegenwärtig. Mich hat das nicht tangiert, als ich es gelesen habe. Ich fand es ziemlich irrelevant und nehme auch weiterhin Anstoß an der offen zur Schau getragene Parteilichkeit. Ich habe ihn einmal erlebt bei einem Kolloquium über Judentum, veranstaltet von der Reimers-Stiftung.[61] Er stand ganz isoliert mit seinen Ansichten und wurde auch von Margarita Pazi, die gleichfalls aus Israel kam, attackiert.[62] Im übrigen ist das Jakobinismus-Thema, nicht die Befassung mit der Französischen Revolution, heute ziemlich verschwunden.

Michael Schlott: Gerhart Pickerodt, mit dem ich kürzlich gesprochen habe,[63] erklärt in der Einleitung zu dem von ihm veranstalteten Sammelband *Georg Forster in seiner Epoche*[64], daß „der politisierte Intellektuelle um 1970 in Georg Forster einen literarisch-politischen Kampfgenossen" erblickte. Zugleich entheroisiert Pickerodt das entsprechende Forster-Bild und spricht vom „desillusionierte[n] Intellektuelle[n] von heute" – das war 1982 –, der die Aufklärung insgesamt als einen „Prozeß der Selbstkonditionierung bürgerlichen Bewußtseins für die Notwendigkeit der Kapitalverwertung, als Sozialisationsagentur eines die Sinne unterdrückenden rationalistischen Zwangsapparates" interpretiere.[65] Könnten Sie aus Ihrer Sicht den von Pickerodt konstatierten Desillusionierungsprozeß kommentieren?

Walter Müller-Seidel: Ist das nicht eine Sache derer, die damals Illusionen hatten und dann desillusioniert sein mußten? Das ist doch eher die Frage einer bestimmten Generation, zu der ich nichts zu sagen habe als einer, der nicht dazugehört. Ich denke, diese Frage ist nicht unbedingt von wissenschaftsgeschichtlicher Relevanz.

---

59 2. Duisburger Akzente, 4. bis 23. April 1978: „Traum und Wirklichkeit der deutschen Klassik". Dokumentation der Vorträge von Karl Richter, Lothar Bornscheuer, Hans Schwerte, Walter Grab, Fritz Martini, Bodo Lecke und Karlheinz Nowald. Hrsg. von der Stadt Duisburg 1978; siehe dazu das Interview mit Walter Grab, S. 486–499.

60 Walter Grab: Klassik und literarischer Jakobinismus. In: 2. Duisburger Akzente (wie Anm. 59), S. 29–42.

61 Die hier angesprochene zweite Sequenz der im März 1987 begonnenen Tagungsreihe fand vom 14. bis 19. März 1988 in Bad Homburg statt, dokumentiert als: Conditio Judaica. Judentum, Antisemitismus und deutschsprachige Literatur vom 18. Jahrhundert bis zum Ersten Weltkrieg. Interdisziplinäres Symposion der Werner-Reimers-Stiftung Bad Homburg, 2. Teil. Hrsg. von Horst Denkler und Hans Otto Horch. Tübingen 1989, darin (S. 313–336) der Abdruck von Walter Grabs öffentlichem Vortrag „‚Jüdischer Selbsthaß' und jüdische Selbstachtung in der deutschen Literatur und Publizistik 1890 bis 1933".

62 In dem (die Tagung dokumentierenden) Sammelband der Herausgeber Horch und Denkler (wie Anm. 61) sind Zusammenfassungen der Diskussionen nicht aufgenommen.

63 Siehe dazu das Interview mit Gerhart Pickerodt, S. 590–606, hier S. 594 f.

64 Georg Forster in seiner Epoche. Hrsg. von Gerhart Pickerodt. Berlin 1982.

65 Vgl. Gerhart Pickerodt: Aspekte der Aktualität Georg Forsters. In: Georg Forster in seiner Epoche (wie Anm. 64), S. 4–8, hier S. 5.

Michael Schlott: Das schließt jedoch nicht aus, daß Sie als Angehöriger einer anderen Generation dazu auch eine Meinung haben und vielleicht sogar bestimmte Tendenzen vorausgesehen haben.

Walter Müller-Seidel: Ja, ich fand schon damals, daß einige derer, die sich sehr exponiert haben, nicht der Entwicklungslogik der Wissenschaft folgten. Mich beunruhigt, daß man die Fehlentwicklungen, denen man folgte, gar nicht so rasch als solche erkennen konnte. In dem, was ich 1968 erlebt habe, war ein solches Maß an vorurteilsvoller Ideologie – zu den Vertretern gehörten unter anderen Pickerodt, Mattenklott und Scherpe –, daß ich ideologiekritisch dagegenhielt. Ich wandte mich aber auch gegen andere, die einen allzu bürgerlichen Standpunkt vertraten.

Michael Schlott: Wie ist die Ideologisierung zu erklären?

Walter Müller-Seidel: Sie ist erklärbar dadurch, daß es zu lange gedauert hatte, bis eine Besinnung auf einen Paradigmawechsel nicht nur im Fach, sondern in der allgemeinen Kulturlandschaft erfolgte. Der Hauptgrund ist wohl die lange Stagnation in der Adenauerzeit.

Michael Schlott: Und dann hat eine verspätete Reaktion eingesetzt, dafür aber um so massiver?

Walter Müller-Seidel: Ja, und die eben zur Aufarbeitung all dessen geführt hat, was die vorige Generation gegenüber dem Dritten Reich liegengelassen hat. So kam es zur überschäumenden Wut über das, was man an den eigenen Lehrern gesehen hatte. Und dafür haben die 1968er meine Sympathie. Ich will auf keinen Fall sagen, daß es nicht seriöse Jakobinismusforscher geben könne. Ich hätte sie nur eher in der Geschichtswissenschaft gesucht als in der Literaturwissenschaft. Der erweiterte Literaturbegriff läßt es durchaus als seriös erscheinen, sich mit jakobinischem Schrifttum zu befassen, nur die politisch motivierte Überbewertung dieser Texte zeigt wenig seriöse Wissenschaftlichkeit.

Michael Schlott: Ich möchte Sie um einen Kommentar bitten zu einer Einschätzung, die mir in informellen vorbereitenden Gesprächen zu diesen Interviews vorgestellt worden ist. Sie lautet sinngemäß: Die deutsche Jakobinismusforschung muß als letztes Paradigma politisch ausgerichteter Historiographie und Literaturwissenschaft angesehen werden, das durch Methodenwechsel und Modernisierungstheorien der Sozialgeschichte erledigt wurde. Die Jakobinismusforschung ist aus der Aufklärungsforschung völlig ausgeschieden. Die unmittelbare politische Instrumentalisierung des Forschungsgegenstandes verstellte die Möglichkeit einer produktiven Reaktion auf neue sozial-, mentalitäts- und kulturgeschichtliche Ansätze.

Walter Müller-Seidel: Interessant – das ist ein sehr hartes Urteil, an dem mich überzeugt, daß in dem, was an die Stelle der Jakobinismusforschung getreten ist, eine differenziertere Verfahrensweise in Anschlag gebracht wird – Mentalitätsgeschichte, Kulturgeschichte. Das führt also etwas heraus aus der allzu einsinnigen Perspektive.

Michael Schlott: Recht herzlichen Dank, Herr Müller-Seidel, für das aufschlußreiche Gespräch.

Claus Träger

CLAUS TRÄGER (1927–2005), 1949 Vorstudienanstalt (Arbeiter- und Bauern-Fakultät), 1951 Abitur und Studium der Germanistik in Leipzig, 1955 Staatsexamen für das Lehramt an Institutionen der Erwachsenenbildung, Wissenschaftlicher Mitarbeiter in der Forschergruppe zur Geschichte der deutschen und französischen Aufklärung (Deutsche Akademie der Wissenschaften zu Berlin, Gründung und Leitung: Werner Krauss), 1959 Promotion in Leipzig, 1964 Habilitation in Greifswald und Dozent an der Universität Leipzig, 1965 Professor für Neuere und Neueste deutsche Literaturgeschichte in Leipzig, 1969 Professor für Allgemeine Literaturwissenschaft, 1992 Ruhestand.

Präsident der Gesellschaft für Germanistik der DDR und Leiter des Herausgebergremiums der 1975 gegründeten *Zeitschrift für Germanistik*.

CLAUS TRÄGER wurde 1955 in die von Werner Krauss gegründete Arbeitsgruppe zur Geschichte der deutschen und französischen Aufklärung an der Akademie der Wissenschaften aufgenommen und gehörte ihr bis zum Winter 1963/1964 an. In diesem Zusammenhang entstanden seine ersten literaturgeschichtlichen Arbeiten zum Jakobinismus in Deutschland. Auch in den nachfolgenden Jahren hat er wesentlich zur Jakobinismusforschung in der DDR beigetragen, ehe er sich in den 1970er Jahren verstärkt breiteren Arbeitsgebieten zur Literatur der Aufklärung, der Klassik und Romantik sowie literaturtheoretischen und methodologischen Problemen zuwandte.

Das Interview wurde am 25. November 1994 in Markkleeberg bei Leipzig geführt.

Michael Schlott: Herr Träger, wann etwa würden Sie den Beginn der germanistischen Aufklärungsforschung in der DDR datieren und welche Berührungspunkte bzw. Anschlußmöglichkeiten bestanden zur Geschichtswissenschaft und zu literaturwissenschaftlichen Nachbardisziplinen, also etwa zur Romanistik – ich denke an Werner Krauss? Können Sie versuchen, in Ihrer Antwort Protagonisten und wichtige Akteure zu benennen, gegebenenfalls auch eine paradigmatische Phaseneinteilung vorzunehmen – also auch Hinweise auf kulturpolitische Bedingungen und institutionelle Rahmendaten zu geben?

Claus Träger: Man kann sagen, daß die Aufklärungsforschung schon angelegt war in unseren Lehrern. Mit dem Eintreffen beziehungsweise der Berufung von Krauss und Hans Mayer, auch Gerhard Scholz, später Edith Braemer, Heinz Stolpe und anderen ging die Beschäftigung mit diesem Zeitraum los – obwohl diese Gruppe entgegen herkömmlicher Meinung durchaus nicht homogen war. Nun ist der Begriff der Aufklärung ja auch eini-

germaßen umstritten bis zu diesem Tage. Aber wenn man die ganze europäische Strömung des Sentimentalismus, wozu dann der deutsche Sturm und Drang gehört, mit darunter faßt, dann ist alles das, was Scholz[1] und seine Leute schon sehr früh in Weimar
gemacht haben, nämlich Sturm und Drang, also Aufklärungsforschung. Was Krauss angeht, über den Sie ja schon viel erfahren haben,[2] gehörte für ihn die Aufklärung zu den
Quellen des Marxismus. Und mit seinem Eintreffen oder kurz danach inszenierte er das,
was auch institutionalisiert worden ist – nämlich mit der Arbeitsgruppe zur Geschichte
der deutschen und französischen Aufklärung.[3] Das war am Anfang der 1950er Jahre,
aber da hatte Krauss schon einiges vorgearbeitet. Ihm ging es um die französische im
besonderen, aber insgesamt um die europäische Aufklärung.[4] Er selber hat ja auch dies
und jenes zur deutschen Aufklärung gemacht beziehungsweise zu den Wechselbeziehungen.[5]

Hans Mayer – um nur ein paar herauszugreifen – war nicht berufsmäßig auf derlei festgelegt, aber es war der Zug der Zeit, und es war sein eigener Zug, daß er mit Lessing und
Herder, und Goethe namentlich, immer zu schaffen hatte, von Anfang an. Im engeren Sinne
Aufklärungsforschung ist eigentlich nur bei Krauss und seinem Kreis betrieben worden –
das ist einleuchtend –, während es bei Scholz und seinen Schülern dann vom Sturm und
Drang in die Weimarer Klassik hineinging. Aber solche Arbeiten wie die von der vorhin
genannten Edith Braemer, *Goethes Prometheus und die Grundpositionen des Sturm und
Drang,*[6] und die Herder-Dissertation von Stolpe[7] sind paradigmatisch – sowohl im methodologischen als auch im historischen Sinne – für das Herangehen an diese Epoche. Krauss
setzte anders an – und zwar in Frankreich, bei Fontenelle etwa.[8]

Michael Schlott: Der Ansatz von Krauss war übergreifender.

---

1   Siehe dazu II, 2.1.2, S. 49, Anm. 139, sowie die Interviews mit Hans-Dietrich Dahnke (S. 218–254,
     hier S. 232–235), Martin Fontius (S. 255–270, hier S. 257), Peter Müller (S. 359–375, hier S. 359–
     365) und Peter Weber (S. 426–455, hier S. 428 f., 432–436).
2   Siehe dazu das Interview mit Martin Fontius, S. 255–270.
3   1955 gründete Werner Krauss in Leipzig in Kooperation mit der Deutschen Akademie der Wis-
     senschaften (später Akademie der Wissenschaften) der DDR eine Arbeitsgruppe zur Geschichte
     der deutschen und französischen Aufklärung; vgl. auch die *Schriftenreihe der Arbeitsgruppe zur
     Geschichte der deutschen und französischen Aufklärung* (1959–64); dazu Martin Fontius: Wer-
     ner Krauss und die Deutsche Akademie der Wissenschaften. In: lendemains 18 (1993), H. 69/70,
     S. 225–238; Manfred Naumann: Ein aufgeklärter Gelehrter aus Deutschland: Werner Krauss. In:
     lendemains 18 (1993), H. 69/70, S. 211–224.
4   Vgl. etwa: Die französische Aufklärung im Spiegel der deutschen Literatur des 18. Jahrhunderts.
     Eingel. und hrsg. von Werner Krauss. Berlin 1963; W. K.: Die Aufklärung in Spanien, Portugal
     und Lateinamerika. München 1973.
5   Das zeigt die detaillierte, von Horst F. Müller erarbeitete *Werner-Krauss-Bibliographie* in: Wer-
     ner Krauss: Sprachwissenschaft und Wortgeschichte. Hrsg. von Bernhard Henschel. Mit einer
     Bibliographie von Horst F. Müller. Berlin und New York 1997, S. 475–622. Die Gesamtausgabe
     der Schriften von Werner Krauss wird inzwischen vom Verlag de Gruyter betreut.
6   Edith Braemer: Goethes Prometheus und die Grundpositionen des Sturm und Drang. Weimar
     1959.
7   Heinz Stolpe: Die Auffassung des jungen Herder vom Mittelalter. Ein Beitrag zur Geschichte der
     Aufklärung. Weimar 1955.
8   Vgl. Werner Krauss: Fontenelle und die Aufklärung. München 1969.

Claus Träger: Ja, das auf alle Fälle. Und es kommen noch andere hinzu wie zum Beispiel der Historiker Eduard Winter, der auch der slawischen Sprachen mächtig war. Er hat eine ganze Reihe von Dingen deutlich gemacht, mit denen der Aufklärungsgedanke nach Südost- und Osteuropa weitergeführt worden ist: so zum „Josefinismus", zur „Frühaufklärung" in Deutschland, Österreich, den Ländern der böhmischen Krone, Ungarn, Polen, Rußland.[9] Eduard Winter war derjenige, der als altgedienter Historiker mit jenem Gebiet vertraut war, dessen Ortsbezeichnungen, Namen und dergleichen heute noch in der phantastischsten Form einem in den Medien der Bundesrepublik Deutschland begegnen. Eduard Winter war seit 1955 in Berlin an der Akademie der Wissenschaften und der älteren Generation zugehörig.[10] Er ist höchst verdienstvoll in diesem Zusammenhang, vor allem weil die Welt bei ihm nicht schon an der Oder aufhört.

Michael Schlott: Sie haben in einem Gespräch mit Leonore Krenzlin darauf hingewiesen, daß es damals – und Sie meinten wohl in den 1950er Jahren – keine Forschungspläne im heutigen Sinne gegeben habe.[11] Es kann also offenbar nicht die Rede davon sein, daß die Aufklärungsforschung auf der Grundlage verbindlicher Richtlinien und Orientierungspunkte, gewissermaßen disziplinenübergreifend, organisiert gewesen sei.

Claus Träger: Mitnichten.

Michael Schlott: Trifft es zu, daß die Universitäten in der DDR bis etwa 1969/70 über relativ autonome Strukturen verfügten, daß also erst nach den Prager Geschehnissen der staatliche Zugriff auf den Wissenschaftsbetrieb einsetzte? Nach meinem derzeitigen Kenntnisstand wurden erst nach 1969, in Reaktion auf den Prager Frühling, mit der sogenannten Akademiereform die großen Zentralinstitute gegründet,[12] um die Funktion ideologisch-politischer Kontrolle besser zu gewährleisten.[13] Die vorangehende Periode gehört

---

9   Eduard Winter: Der Josefinismus und seine Geschichte. Beiträge zur Geistesgeschichte Österreichs 1740–1848. Brünn u. a. 1943; E. W.: Frühaufklärung. Der Kampf gegen den Konfessionalismus in Mittel- und Osteuropa und die deutsch-slawische Begegnung. Zum 250. Todestag von Gottfried Wilhelm Leibniz im November 1966. Berlin 1966; Wegbereiter der deutsch-slawischen Wechselseitigkeit. Hrsg. von E. W.. Berlin 1983.

10   Über Eduard Winters wissenschaftliche Tätigkeit im Dritten Reich siehe jetzt: Jochen Staadt: Der Rußlandspezialist. Von der Heydrich-Stiftung zur Humboldt-Universität. Eine Karriere in zwei Diktaturen. In: Zeitschrift des Forschungsverbundes SED-Staat 26 (2009), S. 68–77.

11   Materialien zur Geschichte der marxistischen germanistischen Literaturwissenschaft in der DDR. Leonore Krenzlin im Gespräch mit Claus Träger. In: Zeitschrift für Germanistik 4 (1983), H. 2, S. 142–155, hier S. 147.

12   Im Zuge der 1968 begonnenen und 1972 abgeschlossenen Reformen zur Organisationsstruktur wurde 1972 die „Deutsche Akademie der Wissenschaften zu Berlin" umbenannt in „Akademie der Wissenschaften der DDR". Die Zentralinstitute wurden 1969 gegründet. Werner Mittenzwei war der erste Direktor des Zentralinstituts für Literaturgeschichte (mit Schwerpunkt zur interphilologischen Theoriediskussion); vgl. Werner Mittenzwei: Aufgaben und Auftrag des Zentralinstituts für Literaturgeschichte. In: Weimarer Beiträge 16 (1970), H. 5, S. 10–30; Modernisierung ohne Moderne. Das Zentralinstitut für Literaturgeschichte an der Akademie der Wissenschaften der DDR (1969–1991). Hrsg. von Petra Boden und Dorothea Böck. Heidelberg 2004.

13   Diese standardisierte Frage geht zurück auf eine Aussage von Martin Fontius: „In den Anfangsjahren verfügten die Universitäten in der DDR noch über relativ autonome Strukturen, erst später sind die aufgehoben worden"; siehe dazu II, 2.1.2, S. 51 f., Anm. 148.

dagegen noch zu dem Kapitel der Nachkriegsgeschichte, als der Ausbau der Akademie gewissermaßen die gesetzmäßige Überlegenheit des sozialistischen Weges demonstrieren sollte.

Claus Träger: Ich weiß nicht, ob es eine Reaktion auf die Prager Ereignisse war, aber der Zeitpunkt müßte etwa stimmen. Nach der Interpretation ‚post festum‘ – wie gewöhnlich – soll es also nun eine Maßnahme gewesen sein, die die Kontrolle besser ermöglichte. Ich war ziemlich lange mehr oder weniger – in solchen zentralen Gremien, aus denen ich mich, wenn es sich irgendwie machen ließ, dann wieder wegstahl – darin war ich übrigens wohl ein Krauss-Erbe. Wenn ich das richtig sehe, was ich da erlebt habe, so wäre es natürlich unsinnig zu sagen, daß die DDR immer nur aus den Negationen heraus funktioniert habe. Das spielte selbstverständlich immer eine Rolle, das Sicherheitsbedürfnis, das international bekannt war und als solches immer bezeichnet wurde. Das reichte von Wladiwostok bis nach Eisenach und von Rostock bis an die Gestade des Schwarzen Meeres – das ist nicht unbekannt, aber es zeugt von einem ungewöhnlichen historischen Verstand zu meinen, man könnte ein Staatswesen – wie immer es heißen mag – aus Negationen heraus aufbauen. Das Bedürfnis war vielmehr ein anderes. Das Bedürfnis war primär die Einsicht, daß der individualistische Wissenschaftsbetrieb nicht mehr taugte, obwohl er ziemlich lange funktioniert hat, weil Köpfe an den Spitzen – wie zum Beispiel Krauss – standen. Deshalb war auch in der Bundesrepublik, wenn ich mich recht erinnere, wenig später von einer Hochschulreform die Rede.[14] Als Kuriosum sei angemerkt, daß Helmut Kreuzer – ich meine den Siegener, nicht den Kleist-Kreutzer – eines Tages an mich schrieb und mich fragte, wie wir es denn eigentlich gemacht hätten. Und da ich immer nicht bei den Oberen anfragte, was ich tun darf oder was nicht, schrieb ich es ihm weitläufig, so daß er dann auch informiert war, wie wir das mit der Hochschulreform gemacht haben. Denn die steht ja in diesem Zusammenhang. Die Forschung lief doch nicht nebenher, auch wenn Institutionen wie die Akademie die eigentlichen zentralen Einrichtungen der Forschung waren, weswegen sie auch geschleift werden mußten.[15]

Also, das war offensichtlich die Einsicht und ein Bedürfnis. Und da ich unseren Minister[16] ziemlich lange kannte, und auch seine Handlungen einigermaßen beurteilen kann, ist es absurd anzunehmen, daß das eine Abwehrmaßnahme gegen einen Prager Frühling gewesen sei. Man muß ja nicht die Welt der Wissenschaft verändern, weil irgendwo irgendwelche Leute etwas – in dem Fall etwas Vernünftiges – tun und man sich dagegen wehren muß. Dann müßten ja alle Forschungspläne der Bundesrepublik auch eine Abwehr sein bis zu diesem Tage – ich weiß nicht, gegen wen. Inzwischen sind die Feinde tot, aber die For-

---

14   Wichtige Maßnahmen zur Hochschulreform wurden in der BRD seit Mitte der 1960er Jahre eingeleitet und bis 1975 abgeschlossen. In der DDR wurde die sogenannte Dritte Hochschulreform 1967 begonnen; neu geregelt wurden u. a. die Zuordnungen und Abgrenzungen für die Hochschulen und die Akademie der Wissenschaften in Berlin.

15   Diese Aussage bezieht sich auf die Maßnahmen, die auf dem Gebiet der ehemaligen DDR nach 1990 durchgeführt wurden; vgl. Wissenschaftsrat: Stellungnahme zu den außeruniversitären Forschungseinrichtungen der ehemaligen Akademie der Wissenschaften der DDR auf dem Gebiet der Geisteswissenschaften und zu den Forschungs- und Editionsabteilungen der Akademie der Künste zu Berlin. Köln 1992; siehe dazu ferner das Interview mit Eberhard Lämmert, S. 271–298, hier S. 292.

16   Klaus Gysi, 1966 bis 1973 Bildungs- und Forschungsminister der DDR.

schung muß sich dagegen wehren, oder wie? Also, das ist dummes Zeug! Daß das immer eine Rolle spielt, steht außer Frage; das spielt in jedem Staat eine Rolle.

Das bewegt sich beinahe auf dem Niveau der *BILD-Zeitung*. Aber da sich manche Wissenschaftler auf dieses Niveau inzwischen begeben in ihren Urteilen, ist das also logisch. Daß es eine Rolle spielt, ist völlig klar, aber die positiven Ansätze, etwas zu erreichen, die muß man schon woanders suchen. Und heute kann keiner in Abrede stellen – dann müßte man also den ganzen Wissenschaftsrat in Frage stellen –, daß dies die Anlässe waren.

Inwieweit die Reform gelungen ist, ist eine andere Frage. Aber es gab seit dieser Zeit etwa – ich nehme an, der Zeitpunkt stimmt, bloß der Grund ist ein anderer – gab es zentrale Forschungspläne, die sich aber nicht auf Hinz und Kunz erstreckten, sondern Hauptforschungslinien festlegten. Und daß das also an den Akademien in Berlin anders zu organisieren war, wo die Leute nichts anderes taten als forschen, ist auch klar. Die Universitäten waren mit ihren Hauptlinien eingebunden. Aber das ging nicht bis zum letzten befristeten Assistenten, der dann auch mitmachen mußte. Was mich angeht, habe ich das immer ziemlich großzügig behandelt – auch ein Krauss'sches Erbe. Um überhaupt dies und jenes abzudecken, habe ich dann auch meine Qualifizierungsthemen aus unterschiedlichen Bereichen genommen. Das waren vor allem vergleichende Literaturwissenschaft, Literaturtheorie, deutsche Literatur- und Wissenschaftsgeschichte. Und solche Anstöße zur Wissenschaftsgeschichte sind ja alle wieder mehr oder weniger von Krauss ausgegangen. Die Germanisten bekundeten dafür weniger Sinn. Krauss hatte schon in den 1960er Jahren mit der historischen Akademieproblematik begonnen,[17] und in dem Sinne habe auch ich das auf andere Gebiete wissenschaftsgeschichtlich ausgedehnt. Deswegen schätze ich die Arbeiten von Voßkamp und seiner Gruppe sehr, weil die im Rahmen größer angelegter Forschungen auch die Möglichkeit hatten, was namentlich die Geschichte der Germanistik angeht, ziemlich ins Detail zu gehen.[18] So, ist das damit einigermaßen abgedeckt?

Michael Schlott: Ja. Sie haben es bereits angesprochen, Herr Träger, ich frage noch einmal nach: Welche Bedeutung messen Sie in diesem Zusammenhang der sogenannten Scholz-Schule für die Entwicklung der Aufklärungsforschung zu? Könnten Sie vielleicht einen Überblick über personelle Konstellationen innerhalb der Scholz-Schule geben – also welche wichtigen Veränderungen und Umbrüche sehen Sie, verbunden mit welchen Personen, und vor allem: Wer war Gerhard Scholz? Können Sie Biographisches beisteuern – und zwar über das hinausgehend, was dazu bereits publiziert ist?

Claus Träger: Das überfordert mich so ‚ad hoc', aber ich erinnere mich, daß es zwischen Scholz – um nur herausragende Persönlichkeiten zu nennen –, Krauss und Hans Mayer immer Spannungen gegeben hat, aus den verschiedensten Gründen. Die sind zum Teil auch persönlich begründet. Obwohl Krauss immer sehr großzügig war, aber, weil er immer international dachte, war er nicht besonders angetan von der etwas provinziellen Art, den

---

17 Vgl. etwa Werner Krauss: Tendenzen der Akademien im Zeitalter der Aufklärung. In: Spektrum. Mitteilungsblatt für die Mitarbeiter der Deutschen Akademie der Wissenschaften 7 (1960), S. 121–127; vgl. auch das Interview mit Martin Fontius, S. 255–270, hier S. 256 f.

18 Vgl etwa: Von der gelehrten zur disziplinären Gemeinschaft. Hrsg. von Jürgen Fohrmann und Wilhelm Voßkamp. Stuttgart 1987; Wissenschaft und Nation. Studien zur Entstehungsgeschichte der deutschen Literaturwissenschaft. Hrsg. von J.F. und W.V. München 1991; Wissenschaftsgeschichte der Germanistik im 19. Jahrhundert. Hrsg. von J.F. und W.V. Stuttgart und Weimar 1994.

Sturm und Drang zu etwas zu stilisieren, was er nicht war. Er ist einzubetten in gesamteuropäische Strömungen, die in der Tat von Reims bis Moskau reichen – was die Slawisten immer den Sentimentalismus genannt haben.[19]

Michael Schlott: Was also in der westdeutschen Forschung Empfindsamkeit genannt wird?

Claus Träger: Empfindsamkeit ist der alte Ausdruck, den haben die Positivisten, wenn ich mich recht entsinne, schon erfunden. Man kann es etwa so ins Deutsche übersetzen, was ja Lessing auch getan hat, ohne zu wissen, was der Sentimentalismus später in der Slawistik des 20. Jahrhunderts sein würde. Lessing hat also den Hinweis gegeben, sentimental mit empfindsam zu übersetzen –, aber dadurch wird eben deutlich, daß das eine gesamteuropäische Strömung ist, in die – ungeachtet seines ‚revolutionären‘ Impetus – auch der Sturm und Drang letztlich gehört. In Frankreich gibt es entsprechend Mercier, und das reicht bis in die russische Literatur. Die Scholz-Schule betrieb das aber – ich sage das ‚sine ira et studio‘ – ein bißchen provinziell. Es war Weimar und die Umgebung. Herder aber war ganz anders. Er hatte einen weltweiten Horizont. Und er kam übrigens aus der letzten polnisch-deutschen Ecke des Alten Reiches und hatte also zu den Polen, den Balten und den Deutschen ursprünglich ein Verhältnis, wie man es sich heute wieder wünschen könnte. Durch den Geburtsort, durch sein Studium in Königsberg und seine Schullehrertätigkeit in Riga und seine große Reise[20] wird eigentlich schon klar, daß Weimar für Herder nur ein Tüpfelchen in einer großartig angelegten europäischen Bewegung gewesen ist. Die Scholz-Schule stilisierte den Sturm und Drang, der – wie Lukács auch schon damals ausgeführt hat – in den weiteren Zusammenhang der Aufklärung gehört. Der deutsche Sturm und Drang ist keine besondere Erscheinung, sondern nur eine Variante von etwas, das viel weiter ist und eben ins Zeitalter der Aufklärung gehört.

Das ist das eine, aber das andere ist, daß Krauss immer zu schätzen wußte, was andere trieben. Krauss war eigensinnig, aber auf eine großzügige Weise. Er wollte aus diesem Grunde ein Verhältnis zu Scholz und seiner Schule herstellen, was ihm aber, wenn ich mich recht erinnere, nie gelungen ist. Was Hans Mayer angeht, so war es wohl ähnlich. Hans Mayer und Krauss waren befreundet, aber ich wüßte jetzt nicht zu sagen, mit wem Scholz befreundet war. Scholz stand ein bißchen am Rande, was mit seinen Verdiensten nichts zu tun hatte. Die Damen Hedwig Voegt und Edith Braemer kamen – übrigens beide Hamburgerinnen – von da her, waren schließlich Professorinnen in Leipzig und machten, allerdings auf ihre eigene Weise, weiter. Und was dabei herausgekommen ist, namentlich also die Ausgaben, Leseausgaben, die Hedwig Voegt hergestellt hat, – das hat noch immer Bestand.[21] Also, es sind höchst unterschiedliche Individualitäten, die daran gearbeitet haben. Und im Unterschied zu der Fama, daß jeder machen mußte, was das Politbüro beschloß, machten die alle, was sie wollten. Ich kann es nicht genug betonen und ich habe es alles erlebt und

---

19 Vgl. Claus Träger und Christel Schulz: [Art.] Sentimentalismus. In: Wörterbuch der Literaturwissenschaft. Hrsg. von Claus Träger. 2. Aufl. Leipzig 1989, S. 471–473.

20 Diese Reise führte Herder u.a. nach Nantes, Paris, Brüssel, Antwerpen, Amsterdam und Hamburg; vgl. sein *Journal meiner Reise im Jahre 1769* (1846 erstmals publiziert).

21 Siehe dazu Wolfgang Beutin: Nachwort. Hedwig Voegts literaturgeschichtliche Beiträge zur Wiedergewinnung demokratischer Tradition. In: Ursula Suhling: Rebellische Literatur – Quelle moralischer Kraft. Hedwig Voegt (1903 bis 1988). Erinnerungen und Biographisches. Mit einem Beitrag von Dr. Evamaria Nahke. Hamburg 2007, S. 72–78, hier S. 75–78.

kenne die Charaktere ganz gut – ich war zehn Jahre bei Krauss, ich wurde bei Hans Mayer und Krauss promoviert, habilitiert auch mit Krauss, war mit Edith Braemer und mit Hedwig Voegt befreundet. Es waren alles sehr eigenwillige Persönlichkeiten. Eigenwillig und prinzipiell, aber sie hingen nicht an persönlichen Animositäten.

Michael Schlott: Gab es gravierende ideologische Gegensätze?

Claus Träger: Auch keine ideologischen Gegensätze, es waren doch mehr unterschiedliche Auffassungen von Wissenschaft. Und bei den drei genannten Namen – also Scholz, Krauss und Mayer – können Sie höchst unterschiedliche methodologische Ansätze beobachten. Das machte Krauss nichts aus, aber zustandegekommen ist eine Zusammenarbeit eigentlich nicht. Aber das ist für mich immer wieder ein Zeichen dafür, daß unterschiedliche Positionen bei allgemeiner ideologischer Übereinstimmung möglich waren, daß es sich hier also um Antifaschisten, Verknackte, Kommunisten oder Halbkommunisten handelte. – Hans Mayer etwa war nie Kommunist, Werner Krauss ist auch erst zum Marxismus im essentiellen Sinn des Worts nach 1945 gekommen, während das bei Scholz schon früher der Fall war. Also, es sind sehr unterschiedliche Wege, die aber doch alle auf ein linkes Demokratieverständnis hinausliefen. Eben dies hat bei Hans Mayer zu einem Problem geführt, als die Verhältnisse strenger, härter oder dogmatischer wurden, und welche Hans Mayer veranlaßt haben, da nicht mehr mitzumachen. Bei Krauss gab es ebensolche Animositäten gegenüber dem Dogmatismus, aber er hat den Schritt aus der DDR nicht getan. Das trifft auch für Walter Markov zu, der ja bekanntermaßen kurz nach der Promotion zehn Jahre im Zuchthaus gesessen hatte. Das war also unsere Lehrergeneration, und da schließt sich die weitere Frage an, daß es sich dabei nicht nur um höchst unterschiedliche Persönlichkeiten, um unterschiedliche Fachvertreter, sondern auch um ein weitgespanntes Feld dessen handelt, was heute gemeinhin wieder im Sinne der Geistesgeschichte als Geisteswissenschaft bezeichnet wird. Wir haben ja den Begriff der Gesellschaftswissenschaften eingeführt, und der war uns vollkommen geläufig, außerdem ist er logischer und vernünftiger. Daß Leipzig das Zentrum war (wenn wir mal von der Berliner Akademie absehen, die aber erst wesentlich später an Bedeutung gewinnt), hat sich herausgestellt. Dort war also in der Germanistik Hermann August Korff, den wir als junge Leute, geschult an Lukács, so sonderlich nicht mochten. Aber je abgeklärter man wurde, stand man da doch drüber und lernte Korffs historischen Sinn schätzen.

Michael Schlott: Korffs *Geist der Goethezeit*[22] wurde von der westdeutschen Germanistik auch nach 1945 intensiv rezipiert, während sein Buch über Voltaire[23] dort nicht geradezu vergessen war, aber doch eine eher marginale Rolle spielte.

Claus Träger: Ja, genau, Krauss hat mir einmal erzählt: „Ich war bei Hermann August Korff und habe nun nach ich weiß nicht wieviel Jahren meinen Antrittsbesuch gemacht. Und da habe ich dem Korff gesagt" – sie wohnten nur um die Ecke –, „wie gut mir doch sein Voltaire gefallen hat", was Hermann August Korff natürlich nicht gefallen hat. Krauss konnte sich derlei nicht verkneifen.[24] Eben weil das Lebenswerk von Hermann August

---

22 Hermann August Korff: Geist der Goethezeit. Versuch einer ideellen Entwicklung der klassisch-romantischen Literaturgeschichte. 4 Bde. Leipzig 1923–1953; 2. Aufl.: 1954.

23 Hermann August Korff: Voltaire im literarischen Deutschland des XVIII. Jahrhunderts. Ein Beitrag zur Geschichte des deutschen Geistes von Gottsched bis Goethe. Heidelberg 1917.

24 Provokativ schätzt der Romanist Krauss das Engagement Korffs für Voltaire höher ein als das für

Korff der *Geist der Goethezeit* war. Aber wenn Sie heute in den *Geist der Goethezeit* hineinsehen – wie immer Sie dazu stehen – es ist ein erstaunliches Werk. Und das erstaunlichste ist die in den 1950er Jahren hinzugeschriebene Einleitung,[25] die ich schon bei anderen Gelegenheiten evoziert habe. Also, Hermann August Korff gehört eigentlich dazu, denn das Werk geht ja mit dem Sturm und Drang los, und Korff sieht auch alles über den deutschen Horizont hinaus. Korff war kein Pfennigfuchser und Flohknacker. Der andere Ordinarius hieß Frings, der hatte nun nichts mit der Aufklärung zu tun, aber er gehörte auch zu denen, die nicht mit dem Nazismus marschiert waren.[26] Hinzu kam Hans Mayer, er hatte es nicht einfach in diesem eingefleischten Philologenkreise, aber er hat sich da behauptet. Und dann kam er zu Krauss, Markov und Ernst Bloch, die es ja auch immer mit der Aufklärung hatten. In Leipzig lehrte zudem der Theologe Emil Fuchs, der Vater von Klaus Fuchs, und dann war noch der Jurist Erwin Jacobi da, der auch kein Nazi gewesen war, und es kam aus der Sowjetunion der Staatsrechtler Karl Polak, und es war Eva Lips da, die Witwe von Julius Lips. Man kann sagen, es ging quer durch einige Fakultäten ein Zug von Antifaschismus. Mit Unterschieden freilich, die einen hatten nur nicht mitgemacht, und andere waren zum Tode verurteilt wie Krauss. Und nicht zu vergessen Franz Dornseiff. Der hat sein ganzes Leben lang den Stachel wider die Nazizeit gelöckt. Ich habe sie noch gar nicht alle genannt – es war noch der Nordist Baetke da, der auch kein Nazi gewesen war, er hatte den Lehrstuhl für nordische Philologie und Religionsgeschichte, wobei er im wesentlichen germanische Mythologie betrieben hat. Es war eine ganz große Phalanx höchst unterschiedlicher Individualitäten, methodologischer Richtungen und Anschauungen, die aber alle sich einig waren in dem einen, daß sie gegen den Nationalsozialismus waren. Ob sie alle für den Sozialismus waren, ist eine völlig andere Frage. Das war weder Hermann August Korff, noch war es Frings. Frings leistete sich solche Sachen wie in einer Vorlesung: „Ich war gerade in Petersburg bei meinem alten Freund Žirmunski, ach nein, verzeihen Sie, Leningrad." Das wurde Anfang der 1950er Jahre mit schallendem Gelächter quittiert, und dann hatte sich das erledigt. Also, Frings war nicht einmal gewillt anzuerkennen, daß St. Petersburg inzwischen Leningrad hieß, das machte gar nichts. Frings war natürlich kein Sozialist, aber Krauss war es, Hans Mayer war es in einem gewissen Sinne auch bis zu einem bestimmten Punkte. Krauss ist es nicht eingefallen, nach dem Westen zu gehen. Außerdem hat er gemacht, was er wollte, und ließ sich überhaupt nicht hineinreden. Und Hans Mayer war im Grunde auch nicht anders, nur daß er nicht von dieser Konsequenz war, daß er auch das trug. Aber Stefan Heym bietet uns ja gerade gegenwärtig ein glänzendes Beispiel dafür, daß man gegen manches sein kann und trotzdem bei sich

---

den deutschen Nationaldichter. Er könnte damit auch ‚Revanche' geleistet haben für die Tatsache, daß Korff den dritten Band seiner *Goethezeit* (der im Zweiten Weltkrieg erschien) anläßlich des Einmarsches der deutschen Truppen in Frankreich den Kameraden des Ersten Weltkrieges gewidmet hatte.

25   Siehe „Einleitung" in: Korff: Goethezeit, Bd. 1 (wie Anm. 22), 2. Aufl. Leipzig 1954, S. 1–66.

26   Diese Einschränkung scheint wiederum auf Korffs ‚Anpassungsfähigkeit' anzuspielen; vgl. Anm. 24; vgl. zu den Konstellationen in den Geisteswissenschaften an der Universität Leipzig während der NS-Zeit etwa Michael Schlott: *„Freiräume" und „Gegengewichte".* Walter Müller-Seidels *Leipziger Studienzeit* (2011), siehe ‹http://www.walter-mueller-seidel.de/symposium_2-7-11. php›; dort auch der Hinweis auf weiter ausgreifende Arbeiten von Anna Lux und Ulrich von Hehl.

bleibt.[27] Und für Walter Markov gilt das auch. Er ist ja noch einmal gemaßregelt worden nach 1945 – was Krauss nicht passiert ist –, indem man ihm jugoslawische Beziehungen angedichtet hat, weil er die Merkwürdigkeit besaß, aus dem Habsburgischen zu stammen (und auch noch einen slawischen Namen zu haben, Markov mit ‚v' hinten) und in Ljubljana zur Schule gegangen war und überhaupt solcher Zungen mächtig war. Er konnte unter anderem tatsächlich Slowenisch und Serbokroatisch.

Michael Schlott: Herr Träger, auch wenn es in den 1950er Jahren dirigierte Forschung im heutigen Sinne noch nicht gab, so ist die damalige Forschung ja gewiß nicht planlos verlaufen.

Claus Träger: Nein.

Michael Schlott: Werner Krauss schreibt Ende Dezember 1957: „Die Forschung, die wir betreiben, geht nun aber gerade von der Voraussetzung aus, daß die Aufklärung nicht das Ende einer vergangenen Geschichtsepoche herbeiführt, sondern im Anfang unserer eigenen Epoche liegt, daß also Aufklärungsforschung als ein Kapitel der Zeitgeschichte betrieben werden muß."[28] Dazu ein Interviewpartner aus der DDR: „Aufklärungsgeschichte als ein Kapitel der Zeitgeschichte – prägnanter ist der innere Zusammenhang zwischen den Kraussschen Forschungen zum Aufklärungsjahrhundert und dem Experiment des Sozialismus schwerlich auf den Begriff zu bringen, und das Scheitern des einen Unternehmens läßt den Erfolg des anderen nur um so schärfer hervortreten."[29]

Claus Träger: Das klingt nach Fontius.

Michael Schlott: Es ist Martin Fontius, ja. Wie stehen Sie zu dieser Aussage?

Claus Träger: Krauss hat das als erster und einziger so dezidiert ausgesprochen und hat damit etwas ausgesprochen, was implizit bei Marx selber auch drin ist, aber niemals – auch bei ihm nicht – so ausgesprochen war. Aber der These kann und muß man beitreten. Und Fontius hat recht, man kann es gar nicht treffender sagen. Wenn man die Geschichte von vorne betrachtet, ist das gut, wenn man sie von hinten betrachtet, ist es anders. Im allgemeinen wird sie dann zwangsläufig etwas von hinten betrachtet. Und dann ist die Verführung immer sehr groß, daß man von den Resultaten auf die Ursprünge zurückschließt – je nach dem, wie sie sind, dann die Ursprünge beurteilt. Fontius hat sich darum herumgedrückt (um das etwas deutlicher zu sagen), aber ich glaube, es hat beides nichts miteinander zu tun. Erstens ist die Aufklärung – und wenn Sie so wollen, gehört ja die Französische Revolution dazu – ein unabgegoltenes Ding der Weltgeschichte. Ich habe neulich geschrieben, wir stehen nicht mal im Jahre 1793, wir laufen jetzt schon wieder rückwärts, von 1793

---

27 Heym stand seit 1956 in einem spannungsvollen Verhältnis zur Staatsführung der DDR. In den Jahren nach 1990 äußerte er sich wiederholt kritisch über den aus seiner Sicht benachteiligten Status der Ostdeutschen im Prozeß der Vereinigung von DDR und BRD. 1994 kandidierte Heym als Parteiloser auf der offenen Liste der PDS für den Bundestag und gewann ein Direktmandat im Wahlkreis Berlin-Mitte/Prenzlauer Berg.

28 Vgl. Werner Krauss an Kurt Hager (Zentralkomitee der SED) in einem Brief vom 28. Dezember 1957. In: Werner Krauss: Briefe 1922–1976. Hrsg. von Peter Jehle. Frankfurt/Main 2002, Nr. 390, S. 645 f.

29 Martin Fontius: Werner Krauss und die Deutsche Akademie der Wissenschaften. In: lendemains 18 (1993), H. 69/70, S. 225–238; siehe dazu das Interview mit Martin Fontius, S. 255–270, hier S. 257.

rückwärts, also von Jakobinern ist noch gar keine Rede. Der Sozialismus war der Versuch, Dinge, die in der Französischen Revolution zwischen 1789 und 1795 – oder, wenn Sie so wollen, bis 1815, wo das Zeitalter dann endlich zu Ende geht – festgeschrieben scheinen, aber bloß festgeschrieben sind, in Wirklichkeit zu überführen. Wenn man der Krauss'schen These folgt, kann man das so sagen. Daß da noch einiges andere zugehört, versteht sich – unter anderem der ganze Marx. Aber, wie alle historischen Versuche, Ideen in Wirklichkeit zu verwandeln, sind sie natürlich oft nicht mehr miteinander zusammenzubringen, beziehungsweise man erkennt in der Verwirklichung die Ideen nicht mehr. Genau das ist in der Tat in der Stalin-Periode, zu der also ein großer Teil der Geschichte der DDR gehört, geschehen. Sonderbarerweise sind die Grundideen des Sozialismus dabei eigentlich nie angetastet worden, aber sie wurden derart dogmatisiert, daß man in ihnen streckenweise schon wieder Marx nicht mehr erkannte. Aber wahrscheinlich ist das bei allen solchen historischen Versuchen der Fall. Das heißt aber nicht, daß die Ideen des Sozialismus aus der Welt sind. Man vergißt ja immer wieder, daß es inzwischen eine ganze Menge Leute gibt, die immer noch diesen Ideen anhängen, ich meine nicht die drei DDR-Leute, die sind ja vollkommen uninteressant. In China sollen über eine Milliarde leben. Und dann gibt es auch irgendwo noch in Asien, „weit hinten in der Türkei"[30] auch noch solche Leute. Und dann gibt es auch noch Christen in Südamerika, Angehörige der katholischen Kirche, die auch noch solche merkwürdigen Ideen haben.[31] Also, die Blüm'sche These, daß Marx tot ist und Christus lebt,[32] ist natürlich dummes Zeug.

Michael Schlott: Ich meine, verstanden zu haben, wie Ihre Position dazu ist. Wie stehen Sie zu folgendem Zitat? Wolfgang Klein in den *Mitteilungen der Deutschen Gesellschaft für die Erforschung des 18. Jahrhunderts*: „Dem Teilnehmer [d. i. Werner Krauss] an den Sitzungen des Parteivorstandes der SED dürfte klar gewesen sein, daß zwischen diesem in guter marxistischer Tradition stehenden Forschungsprogramm und der politischen Praxis der Partei, der er angehörte, eine Kluft bestand. Der SED kann man manches vorwerfen, nicht aber ein Bündnis von Aufklärung und Herrschaft. Für ihre Herrschaft brauchte sie die Rationalisierungspotentiale der aufklärerischen Vernunft nicht, und deren Kritikpotentiale lehnte sie ab."[33]

Claus Träger: Das ist sehr global. Man könnte ja geradezu die Krauss'sche Position als eine subversive Position bezeichnen. Ob es Krauss so bewußt war, obwohl er immer alles wußte, ohne alles zu sagen – man könnte darin den Versuch sehen, auf eine seriöse wissenschaftliche Weise das, was mit solchen Namen wie Stalin oder Shdanow etwa verbunden

---

30 Vgl. in Goethes *Faust I* (Vor dem Tor): „Anderer Bürger: Nichts bessers weiß ich mir an Sonn- und Feiertagen,/ Als ein Gespräch von Krieg und Kriegsgeschrei,/ Wenn hinten, weit, in der Türkei,/ Die Völker auf einander schlagen." Träger spielt im Interview vermutlich auf die Kurdische Arbeiterpartei PKK an.

31 Damit dürften die Vertreter der Befreiungstheologie oder Theologie der Befreiung gemeint sein. Diesen Namen erhielt die Bewegung 1971 durch das Buch *Teología de la liberacíon* von Gustavo Gutiérrez.

32 So Norbert Blüm vor Danziger Werftarbeitern 1989; vgl. das Interview mit Heinrich Scheel, S. 665–691, hier S. 677.

33 Wolfgang Klein: „Aufklärer fehlen". Das 18. Jahrhundert in SED-Akten 1945–1950. In: Das 18. Jahrhundert. Mitteilungen der Deutschen Gesellschaft zur Erforschung des 18. Jahrhundert 18 (1994), H. 2, S. 138–149, hier S. 149.

ist, zu unterlaufen: Also die direkte Anknüpfung an eine geistige Tradition, die aus dem 18. Jahrhundert über Marx in die Gegenwart führt und in der Gegenwart mit einer machtpolitischen Wirklichkeit kollidierte. Und zu dieser Kollision hätten sich Partei und Staat in der DDR, in Polen, Böhmen oder der Slowakei verhalten müssen. Daß das über den Horizont des normalen Parteifunktionärs ging, versteht sich am Rande – und daß die mit der Aufklärung nun nicht allzuviel zu tun hatten, das kam auch nicht unerwartet. Aber, es gab ja auch solche Männer wie Brecht, der es andauernd mit der Aufklärung hatte – auch wenn er so tat, als ob er nichts damit zu tun haben wollte. Das war ja auch so ein Mensch, der immer das sagte, was er dachte – oder zumindest, was sich aus dem Ganzen für ihn ergab. Aber das setzte so viele Kenntnisse voraus, daß ein normaler Funktionär es nicht verstehen konnte – und da waren ja unsere noch vergleichsweise gebildet. Es gab ja zu Zeiten Leute von eminentem Verstand, etwa Anton Ackermann oder Otto Grotewohl, das waren goldene Zeiten der Sozialdemokratie. Grotewohl ließ sich seine Reden, seine Goethe-Rede zum Beispiel,[34] nicht von einem obskuren Referenten machen, sondern von Hans Mayer schreiben. So eng waren die Beziehungen zwischen diesem und jenem Funktionär und einem Hochschullehrer.

Michael Schlott: Das kam und kommt in der BRD sicherlich auch vor; das ist nichts Ungewöhnliches.

Claus Träger: Es ist nichts Ungewöhnliches, nur steht dann meistens etwas anderes drin. Denn Otto Grotewohl stand ja auch auf dieser Linie, und Wilhelm Pieck – obwohl nicht so gebildet wie Otto Grotewohl – gehört ebenfalls dahin. Das waren Köpfe mit einem eminenten historischen Verstand. Und jetzt sind wir wieder bei dem Krauss-Zitat, das etwas mit dem, was gegenwärtig erreicht werden sollte, zu tun hatte. Nun gebe ich zu, da gibt es ‚Knicke‘: Der erste Knick war Anfang der 1950er Jahre, und den zweiten gibt es dann eben in einem anderen Sinne so um 1968 bis 1970 – da war Grotewohl nicht mehr. Aber es lag alles auf dieser Generallinie, wobei der Krauss'sche Gedanke eben doch der Versuch war, die Tradition in die Gegenwart zu überführen, sie damit also auch in Kollision zu bringen mit dem, was Machtpolitik im schlichten Sinne des Wortes damals hieß. Außerdem hatte es etwas mit dem Kalten Krieg und mit dem politischen Weltsystem der Zeit zu tun. Es versteht sich unter uns am Rande, es versteht sich nicht am Rande für die Medien und dergleichen, denn die sehen ja immer bloß von gestern bis morgen, und dann ist das schon Weitblick. Daß also dieses Ideengut etwas mit der Gegenwart zu tun hat, auch mit der damaligen, war klar. Und daß es mit der Machtpolitik im internationalen Kontext – ich muß das dreimal unterstreichen – kollidieren mußte, das ist ebenfalls klar. Aber das war immer so. Das war bei den Aufklärern selber auch so, und das war auch bei den enttäuschten Aufklärern in der Revolution so – bekanntermaßen gingen da auch einige ins Gefängnis. Das Schicksal der Intellektuellen ist also nichts Neues. Aber die Frage ist, ob nicht zu allen Zeiten, durch alle Gesellschaftsformationen oder politische Verhältnisse – vor allem akute politische Verhältnisse – hindurch das aufrechterhalten werden muß, was an Ideen, vernünftigen Einsichten, gesellschaftlichen Veränderungen und Möglichkeiten aufrecht-

---

34 Otto Grotewohl: Amboß oder Hammer. Rede an die deutsche Jugend zum Todestage von Goethe, gehalten auf der Goethefeier in Weimar am 21. und 22. März 1949. In: Deutsche Kulturpolitik. Reden von Otto Grotewohl. Mit einer Einleitung von Nationalpreisträger Johannes R. Becher. Dresden 1952, S. 57–79.

erhalten werden muß. Die Reaktionen darauf waren sehr unterschiedlich: Daß Bloch auf einmal im Westen landete, ist das eine – daß er im Westen aber genauso nicht mehr paßte,[35] wie er hier schon nicht gepaßt hatte, ist auch klar. Ganz sicher hat Krauss das gewußt – ich weiß es, daß er das gewußt hat –, aber die Frage ist ja, wie man sich in diesen Momenten entscheidet. Sie haben alle eigentlich so reagiert, wie sie als aufgeklärte Menschen reagieren mußten. Auch Hans Mayer nicht anders, er hat nicht aufgehört, der zu sein, der er hier war. Und Bloch auch nicht. Und das gilt ebenso für diejenigen, die hiergeblieben sind – Krauss oder Markov, um zwei hervorragende Persönlichkeiten zu nennen – völlig abgesehen von ihren individuellen Eigenarten.

Michael Schlott: Können Sie erklären, warum Krauss und mit ihm Hans Mayer die generelle Abwertung der Romantik im Gefolge von Lukács nicht mitvollzogen haben? Ich denke an die Leipziger Romantik-Tagung von 1962.[36] Warum haben die beiden die generelle Abwertung der Romantik nicht mitvollzogen? Und welche Konsequenzen ergaben sich aus dieser Neubewertung der Romantik für die literaturwissenschaftliche Bewertung der Spätaufklärung?

Claus Träger: Sie haben verdammt gescheite Fragen. 1962 war die Konferenz. So ernst, wie man es heute nehmen kann, haben wir es damals gar nicht genommen, wenn ich mich recht erinnere. Sie haben Lukács erwähnt, der eine der Säkulargestalten ist.

Michael Schlott: Die Demontierung von Lukács beginnt mit den Ereignissen von 1956?[37]

Claus Träger: Ja, die war rein politischer Natur.

---

35 Vgl. dazu Jürgen Rühle: Das warme und das kalte Rot. Ernst Bloch im Netzwerk der SED. In: Bloch-Almanach 4 (1984), S. 75–84; auch Ernst Bloch: Offener Brief. Protest gegen Anwürfe der Parteileitung der SED am Institut für Philosophie der Karl-Marx-Universität Leipzig (22. Januar 1957). In: Bloch-Almanach 3 (1983), S.19–32.

36 Die Tagung fand vom 2. bis 4. Juli 1962 am Institut für Deutsche Literaturgeschichte der Karl-Marx-Universität Leipzig statt – dazu: Wissenschaftliche Zeitschrift der Karl-Marx-Universität Leipzig. Gesellschaftswissenschaftliche Reihe 12 (1963), S. 493–528. Eröffnet wurde die Tagung mit dem Referat „Zur Lage der Romantikforschung" von Hans Mayer (Kurzfassung siehe ebd., S. 493–496). Als zweiter Redner sprach Werner Krauss über „Französische Aufklärung und deutsche Romantik" (der Beitrag ist veröffentlicht ebd., S. 496–501; jetzt auch in: Werner Krauss: Aufklärung III. Hrsg. von Martin Fontius. Berlin und New York 1996, S. 216–230. Die angesprochene Äußerung von Krauss lautet (S. 501): „Georg Lukács hat in seinen gleich nach Kriegsende erschienen Schriften die deutsche Romantik als Reaktionsbewegung ‚en bloc' verurteilt. Darin kam der Standpunkt jener vor uns liegenden Jahre vorzüglich zum Ausdruck. Es mußte überhaupt erst einmal der Ariadnefaden in der deutschen Literaturentwicklung gefunden werden. Vielleicht konnte nur ein grob antithetisches Verfahren, einer Schwarz-Weiß-Malerei, dem Bedürfnis der ersten Stunden gerecht werden."

37 Im Zuge des Budapester Aufstands von 1956 wurde Georg Lukács Kulturminister der Regierung von Imre Nagy und nach dem Scheitern des Aufstands verhaftet. Zur nachfolgenden Distanzierung in der DDR-Literaturwissenschaft vgl. etwa Hans-Günther Thalheim: Kritische Bemerkungen zu den Literaturauffassungen Georg Lukács' und Hans Mayer zur Frage der Unterschätzung der Rolle der Volksmassen in der Literatur. In: Weimarer Beiträge 5 (1958), H. 2, S. 138–171; Georg Lukács und der Revisionismus. Eine Sammlung von Aufsätzen. Hrsg. von Hans Koch. Berlin 1960; Dialog und Kontroverse mit Georg Lukács. Der Methodenstreit deutscher sozialistischer Schriftsteller. Hrsg. von Werner Mittenzwei. Leipzig 1975.

Michael Schlott: Aber seine Theoreme lebten fort.

Claus Träger: Ja, die lebten weiter. Sie waren ja auch einleuchtend – sie waren aber geboren aus einer Situation, die weder Krauss noch Mayer – weil Sie die beiden nannten, man kann da noch andere hinzufügen – selbst so nicht erlebt hatten. Krauss war Romanist gewesen, für den bestanden solche Fragestellungen gar nicht – das ist doch eine rein germanistische Fragestellung, die Franzosen kommen doch gar nicht auf solchen Unsinn und die Russen erst recht nicht. Lukács hat immer polemisiert vom Standpunkt eines aktiven Antifaschisten, wo immer, ob nun in Ungarn, in Deutschland oder in der Sowjetunion. – Lukács ist die Generation von Korff, Frings und nicht Mayer, Krauss. Und damit polemisierte er auch immer zugleich gegen die Verballhornung der deutschen Literaturgeschichte – er polemisierte eigentlich nicht gegen die Romantik.

Michael Schlott: Sondern gegen die Literaturgeschichtsschreibung?

Claus Träger: Natürlich. Für Mayer, der ganz woanders herkam – Sie wissen ja: Jurist von Hause und dann Büchner und Thomas Mann –, der hatte irgendwie gar nichts damit zu tun gehabt und Krauss als Romanist eigentlich auch nicht. Das war ihm schon geläufig, mit Krauss konnte man sich über sonstwen unterhalten. Krauss hatte auch das Talent, sich dumm zu stellen, um etwas Gescheites zu sagen, und er redete da einfach von Spaniern und Franzosen, um zu zeigen, daß das Mittelalterbild ja aus der Aufklärung kam, wenn nicht älter war. So, und weil wir vorhin von Hermann August Korff sprachen: Für Hermann August Korff waren das auch keine Gegensätze; das ist noch, wenn Sie so wollen, echter Dilthey oder im weiteren Umkreis von Hegel bis Dilthey, für die der Horizont noch da war. Übrigens war Krauss von höchstem Lob über die kleine Einleitung von Dilthey in *Das Erlebnis und die Dichtung*,[38] wo der große Bogen geschlagen wird. Und Hermann August Korff nochmal in der Zusammenfassung der „Einleitung" in den *Geist der Goethezeit*.[39] Für Krauss stand das gar nicht zur Debatte; für Hans Mayer, der furchtbar viel wußte, war das kein Lebensproblem gewesen, aber er hatte ein Gespür dafür, was geht und was nicht geht. Er war einfach nicht gewillt zu ignorieren, was zwischen Friedrich Schlegel und Novalis und Eichendorff passiert ist. Das war also der Standpunkt eminenter, kenntnisreicher Köpfe, die ihr Leben lang mit der Literatur intensiv zugebracht hatten und nicht gewillt waren, etwas davon aufzugeben. Das war die unterschiedliche Position gegenüber Lukács, der übrigens von den beiden Herren immer akzeptiert und geschätzt worden ist. Ich sprach vorhin von Krauss' Großzügigkeit; wenn er im Ansatz nicht übereinstimmte, eine andere Konzeption hatte, hatte das nichts damit zu tun.

Michael Schlott: Persönliche Wertschätzung und wissenschaftlicher Dissens sind ja auch zweierlei.

Claus Träger: Richtig, das war nicht bei allen so, aber bei Krauss durchaus schon. Vielleicht darf ich auch etwas über mich selbst sagen: Ich habe von Anfang an nicht nur die Anregungen meiner Lehrer mit der akademischen Muttermilch eingesogen, und als relativ junger Mann war ich auch nicht gewillt, die Romantik abzuschreiben – ich lese nach wie vor

---

38   Wilhelm Dilthey: Das Erlebnis und die Dichtung. Lessing. Goethe, Novalis, Hölderlin. Leipzig 1906; 15. Aufl.: Göttingen 1970.

39   Diese „Einleitung" erschien erstmals in der zweiten Auflage von 1954; vgl. Anm. 25.

mit dem größten Vergnügen Heine, etwas Gescheiteres ist dazu seitdem gar nicht geschrieben worden. Aber bei Heine wird ja auch nichts desavouiert. Heine polemisiert doch nicht gegen die Romantik, sondern gegen den Ultramontanismus: „Das zischelt in Berlin, das zischelt in München, und während du auf dem Boulevard Montmartre wandelst, fühlst du plötzlich den Stich in der Ferse".[40] Wogegen Lukács polemisierte, das war für die anderen genannten Herren nicht das entscheidende Problem. Sie kamen mit einer anderen Sicht auf die Gesamtheit der Dinge und fanden es unsinnig, auf einmal etwas davon abstreichen zu sollen, das erste, was ich über die Romantik geschrieben habe, war von Lukács inspiriert.[41] Und dann kam auch ich langsam dahinter, daß das ja eigentlich nicht geht, und schrieb den Aufsatz über die ursprüngliche Stellung der Romantik.[42] Und die sieht wesentlich anders aus, was aber auch dazu beigetragen hat, von diesem Romantik-Bild sich zu verabschieden – das war nur ein paar Jahre nach der Romantik-Konferenz. Das hat übrigens Richard Brinkmann an irgendeiner Stelle herausgestrichen[43] und Klaus Peter in Amerika dann mit dem Abdruck im Romantik-Handbuch.[44] (Letzteren habe ich übrigens jetzt wieder getroffen in Wiederstedt in Sachsen-Anhalt, wo meine Schülerin Gabriele Rommel die Novalis-Forschungsstelle und das Museum leitet). Und da nun also die Romantik nicht ohne die Aufklärung und ohne die Weimarer Klassik existiert und das alles zusammenhängt, muß man es schon ein bißchen differenzierter betrachten. Das war es, was Krauss und Mayer eigentlich ja schon mit der 1962er Konferenz in die Wege geleitet hatten. Man muß hinzusetzen, dieser Standpunkt, an dem ich mit gewerkelt habe, hat sich auch in der Kulturpolitik der DDR durchgesetzt – und nicht der Lukács'sche. Ich habe damals den Satz geschrieben: „Man kann die Romantik nicht rechts liegen lassen."[45] Die Vereinnahmung der Romantik nicht durch Hermann August Korff, sondern auf der Seite der rechten Geistesgeschichte für den deutschen Nationalismus bis hin zu ‚Blut und Boden', das war der Gegenstand der Lukács'schen Polemik.

Michael Schlott: War diese Neubewertung nicht auch gekoppelt an einen parallel laufenden fachgeschichtlichen Selbstverständigungsprozeß, daß man sich auf sogenannte progressive Traditionen berufen wollte, also nicht mehr Herder, die Schlegel, die Grimm, sondern Heine, Gervinus, Hettner; Danzel gehört ja in gewisser Weise auch dazu – Mayer wollte doch immer Danzel berücksichtigt wissen.

Claus Träger: Ja, der hing natürlich auch mit Leipzig zusammen.

---

40 Heinrich Heine: Die romantische Schule. In: Historisch-kritische Gesamtausgabe der Werke. Bd. 8.I. Bearb. von Manfred Windfuhr. Hamburg 1979, S. 121–249, hier S. 241.

41 Gemeint ist vermutlich Claus Träger: Ideen der französischen Aufklärung in der deutschen Romantik. In: Weimarer Beiträge 14 (1968), H. 1, S. 175–186.

42 Claus Träger: Ursprünge und Stellung der Romantik. In: Weimarer Beiträge 21 (1975), H. 2, S. 37–73.

43 Richard Brinkmann: Romantik als Herausforderung. Zu ihrer wissenschaftlichen Rezeption. Einführungsvortrag. In: Romantik in Deutschland. Ein interdisziplinäres Symposion. Hrsg. von R. B. Stuttgart 1978, S. 7–37, hier S. 31–33.

44 Romantikforschung seit 1945. Hrsg. von Klaus Peter. Königstein/Taunus 1980; Claus Trägers Beitrag „Ursprünge und Stellung der Romantik" ist dort wiederabgedruckt, S. 304–334.

45 Träger: Ursprünge und Stellung der Romantik (wie Anm. 42), S. 37: „Es ist niemand gezwungen, die Romantik zu mögen oder sie nicht zu mögen. Aber es kann keinem gestattet sein, sie einfach rechts liegen zu lassen."

Michael Schlott: Nun ist aber die Frage, *wie* man die Dinge differenziert. Wie bekommt man denn nun die progressiven und die reaktionären Traditionen oder Tendenzen sortiert, bei Schlegel und bei Herder meinetwegen? Vielleicht ist das der geeignete Punkt, um das Gespräch auf Ihre Forschungen zum Jakobinismus und zur Spätaufklärung zu lenken: Zunächst, aus welchen Gründen haben auch Sie einen nicht geringen Teil Ihrer Forschungen auf den deutschen Jakobinismus konzentriert? Und: Galt Ihr Interesse zunächst eher methodischen oder methodologischen Fragen, oder galt Ihr Interesse primär dem Gegenstand? Denn die methodologischen Fragen, die Theorie der Methoden, stand doch für Sie eigentlich immer im Vordergrund. Nun gibt es aber, das weiß jeder, der sich mit Fragen der Literaturgeschichtsschreibung auseinandersetzt, Gegenstände, an denen man bestimmte methodologische Fragen besonders gut demonstrieren kann. Also, noch einmal zurück zur Ausgangsfrage: Warum haben Sie einen beträchtlichen Teil Ihrer Forschungen auf den deutschen Jakobinismus konzentriert?

Claus Träger: Ja, das ist wieder so eine Frage. Also zunächst einmal würde ich sagen, daß man aus methodologischen Gründen keine Forschungen betreiben kann, um der methodologischen Gründe wegen. Denn die Methodologie ist doch nichts Abstraktes, Abgezogenes, das auf einen beliebigen Gegenstand aufgeprägt werden kann, um den Gegenstand zu modellieren, sondern sie ergibt sich ja mehr oder weniger aus ihm – abgesehen davon, daß sie primär philosophisch bestimmt ist.

Michael Schlott: Aber es gibt doch auch den gegensätzlichen Standpunkt – ich sage nicht, daß ich ihn vertrete.

Claus Träger: Wenn nicht subjektive Vorlieben vielleicht vorwalten – was auch vorkommen kann, dagegen ist ja nichts zu sagen –, ist doch das Interesse am Gegenstand zentral, der den historischen Untergrund abgibt für ein gegenwärtiges Erkenntnisinteresse. Und das gilt natürlich auch für meine Arbeit, denn da ist das Interesse am Süden – die Sachsen tendieren nach Süden; Böhmen ist gleich um die Ecke, Böhmen war Habsburg, und die Slawen haben hier diese Gegend besiedelt – also wir leben geradezu in einer Fülle genetisch überlieferter Beziehungen zu einer anderen Welt, die man jetzt langsam im Westen entdeckt, ohne daß man auch schon sich Mühe gemacht hätte, sie wirklich entdecken zu wollen. Wir tendieren also hier nach Süden, nach Böhmen, nach Österreich, und irgendwann kam ich auf Aufklärung, Joseph II., Mozart, Haydn und so weiter, von der *Zauberflöte* bis zu Grillparzer, das Volkstheater dazwischen. Wenn ich davon absehe, daß ich mich eines Tages entschied, eine solche Dissertation[46] zu schreiben, ich wollte den ganzen Grillparzer einmal aufschlüsseln bis zur Ahnentafel, und ich Hans Mayer das dann anbot, nahm er es auch – er schrieb ein glänzendes Gutachten, ich habe es neulich entdeckt im Universitätsarchiv. Wenn ich davon absehe, bin ich doch mehr oder weniger von der Französischen Revolution aus nach vor- und rückwärts gegangen. Um die Zeit meiner Promotion, 1958 oder 1959, war ich bei Krauss angestellt an der Akademie, und da habe ich beschlossen – nach Mainz und nach Straßburg zu fahren. Da bin ich von der Frage Deutschland–Frankreich zum Zeitpunkt der Revolution ausgegangen und habe mich thematisch immer vor- und rückwärts bewegt. Es bewegte sich dann eigentlich immer im Rahmen von Aufklärung –

---

46 Claus Träger: Das dramatische Frühwerk Franz Grillparzers. Studien zur Krise des bürgerlichen Geschichtsbewußtseins. Phil. Diss. Leipzig 1958; vgl. ferner Franz Grillparzer: Werke. 3 Bde. Ausgew. und eingel. von C. T. Berlin 1967.

deswegen Herder, Lessing –, mit Bezug auf den deutschen Intellektuellen zur Zeit der Französischen Revolution bis zur Romantik. Ich habe auch dies und jenes, was davor und später liegt, gemacht. Aber die Aufklärung war eigentlich das Zentrum, genauer: die geistig-politischen Beziehungen zwischen Deutschland und Frankreich zur Zeit der Französischen Revolution. Ich habe das stellenweise ausgedehnt bis in die russische Literatur. Diese Anregungen, die natürlich von Krauss kamen und durchaus nicht germanistisch waren, habe ich dann immer aufgenommen. Aber es war in erster Linie sachliches Interesse und nicht ein methodologisches, weil es eben um die Krauss'sche Frage ging, wie diese Aufklärung der Anfang der Gegenwart sei und nicht das Gegenteil davon.

Und da gehört auch die Romantik mit hinein. Romantik und Französische Revolution sind das entscheidende Problem – die Geschichte ist in Frankreich und in Deutschland unterschiedlich verlaufen. Das Ergebnis der Französischen Revolution ist eben nicht der Jakobinismus, sondern das Directoire gewesen und schließlich Napoleon und so weiter. Deswegen geht es ja in Deutschland mit der Romantik eben auch weiter, der Anti-Napoleonismus und diese Zwiespältigkeit, die sich dann natürlich in solchen Leuten wie Arndt dokumentiert. Es ist jedenfalls nach meinem Dafürhalten von dieser Frage nach dem Verhältnis von Französischer Revolution und deutscher Literatur aus vor- und rückwärtsgehend manches in den Griff zu kriegen, weswegen ich mich besonders mit diesen Zeitraum befaßt habe.

Michael Schlott: Ich möchte die Frage konkretisieren: War das Forschungsfeld – gemeint ist Spätaufklärung im Zuge der Französischen Revolution – für Sie, wenn Sie es aus der Retrospektive beurteilen sollen, dazu prädestiniert, die Anwendung paradigmatischer – das heißt theoretischer – Fragestellungen zu demonstrieren und Grundsatzfragen etwa der Literaturgeschichtsschreibung zu entscheiden, also etwa die Frage nach der Reichweite historisch-materialistischer Literaturwissenschaft?

Claus Träger: Solche Fragen können – wenn überhaupt – nur relevant sein, wenn sie mit Blick auf die historischen Fragen an einem Höhepunkt europäischer und sogar der Weltgeschichte gestellt werden, nämlich dem Zeitraum zwischen 1750 und 1815, beziehungsweise 1830.

Michael Schlott: Wie bedeutsam war oder ist für Sie in diesem Zusammenhang die disziplinäre oder interdisziplinäre, fächerübergreifende Orientierung? Wenn ich das richtig sehe, haben Sie als einer der ersten, wenn nicht als erster – und zwar im Vorwort zu *Mainz zwischen Rot und Schwarz* – auf die Notwendigkeit fächerübergreifender Forschung – in diesem Fall natürlich Geschichtswissenschaft und Literaturwissenschaft – hingewiesen. Sie haben es indirekt formuliert, aber das Postulat ist schon deutlich – Zitat: „Es versteht sich von selbst, daß damit die bürgerlich-demokratische Umwälzung des Mainzer Staates, der Prozeß seiner Verwandlung aus einem Kurfürstentum in eine Republik, über ihre historische Bedeutung hinaus auch ein Ereignis der deutschen Literaturgeschichte gewesen ist.“[47] Sie haben es wiederholt ein Jahr später in den *Weimarer Beiträgen* in Ihrem Aufsatz „Aufklärung und Jakobinismus in Mainz",[48] und ich vermutete nun bei der Lektüre dieser Sätze, daß dies ein gezielt eingesetztes Postulat zur interdisziplinären Orientierung war. Bestanden

---

47   Mainz zwischen Rot und Schwarz. Die Mainzer Revolution 1792/93 in Schriften, Reden und Briefen. Hrsg. von Claus Träger. Berlin 1963, S. 5–47, hier S. 47.

48   Claus Träger: Aufklärung und Jakobinismus in Mainz 1792/93. In: Weimarer Beiträge 9 (1963), H. 4, S. 684–704, hier S. 704.

denn Konkurrenzen zwischen Geschichtswissenschaft und Literaturwissenschaft? Wie waren die Zusammenhänge? Wie verhielt es sich mit der fächerübergreifenden Orientierung?

Claus Träger: Also, ich muß wieder sagen, das habe ich bei Krauss mit der Muttermilch eingesogen – erstmal gar nicht so sehr reflektiert. Das ist wahrscheinlich natürlich. Ich nannte vorhin diejenigen, die ich als Lehrer ansehe – eher direkt, wie Hans Mayer oder Werner Krauss während meiner Assistentenzeit, oder indirekt, wie Markov, Engelberg, auch Bloch oder ein Mann wie Winter. Letzteren habe ich aber mehr durch Lektüre kennengelernt. Das war mir also schon gegeben, längst ehe es eigentlich als methodologisches Problem ins Bewußtsein trat, und längst ehe auch in der DDR von Interdisziplinarität gesprochen wurde. Wahrscheinlich werden Ihnen andere Krauss-Schüler ebenfalls sagen, daß ihnen das sozusagen mitgegeben wurde.

Michael Schlott: Herr Träger, eine ganz andere Frage: Was können Sie über die Rolle bzw. Funktion der Klassischen Philologie im Wissenschaftsbetrieb der DDR sagen?[49]

Claus Träger: Die Beantwortung dieser Frage führt in die Pädagogik. Natürlich hatten wir altsprachliche Zweige, die Thomas-Schule hier in Leipzig hat immer Griechisch und Latein angeboten. Dann hatten wir aber einen modernistischen Tick und beließen nur einige Schulen damit. Ich habe damals meine große Tochter auch auf die Thomas-Schule geschickt, weil die Englisch, Russisch und Latein in einem Zweig besaß. Wir hatten in Leipzig den alten Dornseiff, nach ihm ging der Lehrstuhl für Klassische Philologie ein.[50] Und da mir das wider den Strich ging, habe ich dann mit dafür gesorgt, daß dieser Lehrstuhl wieder eingerichtet und mit einer entsprechenden Persönlichkeit besetzt wurde, die heute noch da Professor ist.[51] Ich habe 1984 auf einem Konzil der Universität vor aller Öffentlichkeit gesagt: „Die Universität kann sich rühmen, im 475. Jahr[52] ihres Bestehens keinen Lehrstuhl für Klassische Philologie zu besitzen!" Und prompt war dann irgendwann wieder der Lehrstuhl da. Ich habe damals auch, weil ich die Möglichkeiten hatte, ein paar Klassische Philologen auf Germanistik umgepolt, um sie zu retten. Das kippte aber wieder in den 1980er Jahren. Aber, am Schluß waren wir soweit: Der Minister[53] sagte – ich hatte damals ein Amt in diesem Zusammenhang:[54] „Und wenn wir bloß einen Studenten haben, das Fach muß da sein." Das galt für Byzantinistik und viele andere. Wir haben die Ägyptologie nicht eingehen lassen und die Arabistik nicht und weitere ebenfalls. Wir hatten sogar einen Lehrstuhl für Ukrainisch. Also, es hing mit der allgemeinen Wissenschafts- und Volksbildungspolitik zusammen, daß das als eine Sonderbarkeit erscheint.

---

49   Siehe dazu in I, 1.2, die Ausführungen von Wilfried Barner zu den Gründen für eine bevorzugte Wahl der Aufklärungsepoche als Forschungsobjekt (S. 6 f.); ferner das Interview mit Peter Weber, S. 426–455, hier S. 426 f.

50   Franz Dornseiff (*1888) starb 1960.

51   Dornseiffs Lehrgebiet vertrat später Jürgen Werner (*1931); nach seiner Promotion 1957 habilitierte er sich 1965 an der Universität Leipzig und war dort zunächst als Dozent tätig. Von 1977 bis 1990 leitete er als Professor den Fachbereich ‚Antike Literatur'; von 1990 bis zu seiner Emeritierung 1996 war er Direktor des neuen Instituts für Klassische Philologie und Neogräzistik.

52   Claus Träger meint vermutlich: im 575. Jahr ihres Bestehens.

53   Kulturminister der DDR und Nachfolger von Klaus Gysi war von 1973 bis 1989 Hans-Joachim Hoffmann (1929–1994).

54   1972 wurde Claus Träger zum Vorsitzenden im „Beirat für Kultur-, Kunst- und Sprachwissenschaften beim Ministerium für Hoch- und Fachschulwesen der DDR" ernannt.

Der Professor für Mittelalterliche Deutsche Literatur, den ich damals umgepolt habe, ist ein studierter Latinist.[55] Also, Sie finden Latinisten oder überhaupt Klassische Philologen unter Umständen ganz woanders, und so kam etwa Martin Fontius – ich weiß nicht durch welche Umstände – eben zu Krauss. Und Besseres kann einem ja gar nicht passieren, als mit einer Klassischen Philologie-Ausbildung in die Romanistik zu kommen. Von Romanistik hatte er noch gar keine Ahnung, das hat er sich erst in der Assistentenzeit angeeignet und hat sich dann zum Aufklärungsforscher entwickelt. Also, das gab es sehr wohl, und es war nicht zum Schlechtesten. Allerdings in der modernen Wissenschaftspolitik sind derartige Eskapaden nicht mehr sehr üblich.

Michael Schlott: Ich finde diesen Gesichtspunkt außerordentlich interessant, daß die Romanistik eine viel weitreichendere oder weitgreifendere Perspektive zu Problemen der Aufklärungsforschung entwickeln konnte als die Germanistik.

Claus Träger: Das hängt hier natürlich im wesentlichen an der Person von Krauss. Meine Beziehungen sind immer zur Romanistik gegangen und gehen bis zu diesem Tage dorthin, zur Geschichte und zur Philosophie – auch die persönlichen Beziehungen.

Michael Schlott: Herr Träger, sehr herzlichen Dank für dieses informative Gespräch.

---

55   Rainer Kößling (*1936), Altphilologe und Germanist an der Universität Leipzig, wurde 2001 emeritiert.

3.2 Empfindsamkeitsforschung

Georg Jäger

GEORG JÄGER (* 1940), 1960 Studium der Deutschen Philologie, der Geschichte und Politischen Wissenschaften in Heidelberg und München, 1969 Promotion in München, 1969 Doktorassistent in Freiburg
(Schweiz), 1970 Wissenschaftlicher Assistent am Institut für Deutsche Philologie der Universität München (Lehrstuhl Friedrich Sengle), 1981 Habilitation in München, 1982 Professor für Neuere deutsche
Literaturgeschichte in München, 2005 Ruhestand.

Über Begriffsgeschichte und historische Poetologie eröffnete GEORG JÄGER einen wichtigen Zugang zur
Erforschung empfindsamer Romanliteratur in der zweiten Hälfte des 18. Jahrhunderts. In der Fortsetzung seiner wissenschaftlichen Arbeiten zu „Aufklärung" und „Goethezeit" (1770–1830) erweiterte er
sein methodologisches Konzept im Hinblick auf „Sozialgeschichte der Literatur", für die er konzeptionell sowie in der Erforschung des Distributionsbereichs und der schulischen Vermittlung von Literatur
grundlegende Publikationen erarbeitete.

Das Interview wurde am 6. Oktober 1994 in München geführt.

Michael Schlott: Herr Jäger, wie sind Sie zur Empfindsamkeitsforschung gekommen?

Georg Jäger: Zunächst war ich Hilfskraft und Forschungsassistent bei Friedrich
Sengle, als er sein großes Biedermeierbuch geschrieben hat.[1] Beim zweiten Band
war ich selbst sehr eingebunden. Sengle hat die Biedermeierzeit aus der Tradition des
18. Jahrhunderts und noch weiter zurückgehend aus dem Barock hergeleitet. Das hängt
auch mit seinem Ansatz in der Biedermeierforschung zusammen. Neben der Aufklärung
war immer die Empfindsamkeit der Haupttraditionsstrang, den er in der Biedermeier-Li-
teratur nachzuweisen versuchte. Das bezog sich auf die Idyllen von Voß, auf den Göttinger Hain, auf den Briefroman und anderes mehr. So kam Sengle relativ konsequent
in seiner Forschung von der Empfindsamkeit des Biedermeier zur Empfindsamkeit des
18. Jahrhunderts – und daraus entstand auch mein Forschungsvorhaben. Die Dissertation sah übrigens ursprünglich anders aus. Gedruckt wurde die Fassung, die durch

---

1   Friedrich Sengle: Biedermeierzeit. Deutsche Literatur im Spannungsfeld zwischen Restauration
     und Revolution 1815–1848. Stuttgart 1971–1980; Bd. 1 (1971): Allgemeine Voraussetzungen, Rich-
     tungen, Darstellungsmittel; Bd. 2 (1972): Die Formenwelt; Bd. 3 (1980): Die Dichter.

den Promotionsausschuß ging.[2] Es gab eine frühere Fassung,[3] in der ich, an Sengles These[4] anknüpfend, versuchte, die Rhetoriktradition, welche die Biedermeierkultur bestimmt, ins 18. Jahrhundert zurückzuverfolgen.

Michael Schlott: Warum ist die Dissertation in der um diesen Komplex gekürzten Fassung erschienen?

Georg Jäger: Ich glaube, daß sie ohnhin sehr heterogen ist. Ich habe verschiedene Aspekte daraus dann später weiter verfolgt, aber damals gab es eigentlich keinen theoretisch reflektierten Ansatz und keine methodisch durchgängige Leitlinie. Der Teil über die Rhetoriktradition stand da als Block etwas isoliert, und deswegen meinte Sengle, das müßte man herausnehmen. Er wollte mich immer dazu bringen, daß ich dann einen großen Aufsatz oder gar ein Buch über die Töne-Rhetorik schreibe. Das hatte er sogar in seiner Formenlehre angekündigt.[5] Ich habe dazu auch einiges gesammelt, aber es kam nie dazu.

Michael Schlott: Wollen Sie vielleicht etwas über den damaligen Mitarbeiterkreis des Biedermeier-Projekts berichten? Hans-Wolf Jäger war meines Wissens damals Assistent[6] – wer hat außerdem bei Sengle gearbeitet?

Georg Jäger: Die Biedermeierzeit-Forschungen haben sich sehr lange hingezogen. Als Sengle nach Heidelberg berufen wurde, hat er das im großen Maßstab angesetzt. Er hatte große Mittel für die Anschaffung antiquarisch sehr entlegener Veröffentlichungen aus der Biedermeierzeit zur Verfügung. Zu der Zeit hat noch Manfred Windfuhr mitgearbeitet. Sengle hat seine Lehrveranstaltungen ganz konsequent auf diesen Bereich ausgerichtet: auf Verbindungen zwischen dem 18. Jahrhundert und dem Biedermeier. In München hat er eher Lehrveranstaltungen gegeben über die Abgrenzung von Biedermeierzeit und Realismus. Frau Gansberg hat über das Thema eine der wichtigen Arbeiten geschrieben.[7] Zu meiner Zeit war Gansberg noch Assistentin bei Sengle, wie Hans-Wolf Jäger. Letzterer hat die Geschichte des Lehrgedichts von der ersten Hälfte des 19. bis in das 18. Jahrhundert zurückverfolgt. Die Habilitationsschrift ist nie erschienen, wohl aber ein großer Aufsatz über das Lehrgedicht.[8] Seine Ehefrau, Hella Jäger, hat damals über Naivität und Idylle gear-

2 Georg Jäger: Empfindsamkeit und Roman. Wortgeschichte, Theorie und Kritik im 18. und frühen 19. Jahrhundert. Stuttgart u. a. 1969.
3 Sie trug den Titel *Aufklärung und Empfindsamkeit. Empfindung, Roman, Stil. Diskussion und Theorie* (Typoskript, 441 S.) und war wie folgt gegliedert: I. Das Recht und die Grenzen der Empfindung. Das Schlagwort ‚empfindsam‘ und die Kritik am Subjektivismus, II. Pädagogik und Kunst. Die Diskussion um die Lektüre und die Theorie des Romans, III. Der Emotionalismus in der Rhetorik. Die Stil- und Tontheorie, IV. Bibliographie.
4 Vgl. Sengle: Biedermeierzeit (wie Anm. 1), Bd. 1, in dem mehrfach „Das Wiederaufleben vorromantischer Traditionen" (S. 110) betont wird; zum Aspekt ‚Rhetorik‘ siehe zusammenfassend das Kapitel „Töne (generelle Stillagen)", S. 594 ff.
5 Vgl. Friedrich Sengle: Vorschläge zur Reform der literarischen Formenlehre. Stuttgart 1967; 2. verb. Aufl.: 1969, S. 49.
6 Siehe dazu das Interview mit Hans-Wolf Jäger, S. 500–527, hier S. 501–503.
7 Vgl. Marie Luise Gansberg: Der Prosa-Wortschatz des deutschen Realismus, unter besonderer Berücksichtigung des vorausgehenden Sprachwandels 1835–1855. Bonn 1965.
8 Hans-Wolf Jäger: Zur Poetik der Lehrdichtung in Deutschland. In kritischen Zusätzen zu L. L. Albertsens Buch „Das Lehrgedicht". In: Deutsche Vierteljahrsschrift für Literaturwissenschaft und Geistesgeschichte 44 (1970), S. 544–576.

beitet.[9] Das heißt: Anders als heute üblich haben alle in Sengles Umkreis auf irgendeine Weise an diesem Projekt gearbeitet und nahmen an seinen Veranstaltungen teil. Dieser Arbeitszusammenhang hatte auch für meine eigene Dissertation Folgen.

Ich habe in München bei Sengle und bei Werner Betz in Linguistik meine Prüfungen gemacht. Bei letzterem habe ich die traditionelle Form der Sprach- und Wortgeschichte kennengelernt. Er hatte damals Hermann Pauls *Deutsches Wörterbuch*[10] bearbeitet und war Herausgeber der *Zeitschrift für deutsche Wortforschung*.[11] Ich habe seinerzeit bereits über die Wörter „empfindsam" und „sentimental" referiert[12] und das dann ausgebaut, weil mir dieser begriffsgeschichtliche Zugang eingeleuchtet hatte. Bis heute gibt es Schwierigkeiten zu erläutern, was Empfindsamkeit ist. Aber es ist zunächst wichtig, die Begriffsgeschichte zu kennen. Auch Sauder rekapituliert in seinem Standardwerk eingangs die Geschichte von Begriffen wie „empfindsam", „zärtlich" und „sentimental".[13] Mit der Begriffsgeschichte hängt wohl auch mein bibliographisches Interesse zusammen. Ich war eine Zeitlang in der Arbeitsgruppe für germanistische Bibliographie,[14] die von der DFG-Kommission für Germanistische Forschung eingesetzt worden war, und in der Leihbibliotheks-Forschung[15] tätig und habe eigene bibliographische Interessen verfolgt.[16] Ein weiterer Impuls kam nun entschieden von Sengle: Sein Ansatz war, daß der Roman keine in erster Linie ästheti-

---

9   Vgl. Hella Jäger: Naivität. Eine kritisch-utopische Kategorie in der bürgerlichen Literatur und Ästhetik des 18. Jahrhunderts. Kronberg/Taunus 1975.

10   Hermann Paul: Deutsches Wörterbuch. 5., völlig neubearb. und erw. Aufl. von Werner Betz. Tübingen 1966.

11   Zeitschrift für Deutsche Wortforschung. Begründet von Friedrich Kluge. Hrsg. von Werner Betz (ab Bd. 16, 1960); ab Bd. 20 (1964): Zeitschrift für Deutsche Sprache.

12   Vgl. Jäger: Empfindsamkeit und Roman (wie Anm. 2), Teil A, Empfindsamkeit, S.11–43.

13   Vgl. Gerhard Sauder: Empfindsamkeit. Bd. 1: Voraussetzungen und Elemente. Stuttgart 1974, Kapitel 1: „Zur Geschichte zentraler Begriffe".

14   Von 1971 bis 1989 war Georg Jäger Mitglied der Ständigen Arbeitsgruppe für germanistische Bibliographie in der Deutschen Forschungsgemeinschaft.

15   Vgl. Georg Jäger: Die deutsche Leihbibliothek im 19. Jahrhundert. Verbreitung – Organisation – Verfall. In: Internationales Archiv für Sozialgeschichte der deutschen Literatur 2 (1977), S. 96–133); G.J.: Die Leihbibliothek als literarische Institution im achtzehnten und neunzehnten Jahrhundert – ein Problemaufriß (gemeinsam mit Jörg Schönert). In: Die Leihbibliothek als Institution des literarischen Lebens im 18. und 19. Jahrhundert. Organisationsformen, Bestände und Publikum. Arbeitsgespräch in der Herzog-August-Bibliothek Wolfenbüttel, 30. September bis 1. Oktober 1977. Hrsg. von G.J. und J.S. Hamburg 1980, S. 7–60; G.J.: Die Bestände deutscher Leihbibliotheken zwischen 1815 und 1860. Interpretation statistischer Befunde. In: Buchhandel und Literatur. Festschrift für Herbert G. Göpfert. Hrsg. von Reinhard Wittmann und Bertold Hack. Wiesbaden 1982, S. 247–313; G.J.: Die deutschen Leihbibliotheken zwischen 1860 und 1914/18. Analyse der Funktionskrise und Statistik der Bestände (gemeinsam mit Valeska Rudek). In: Zur Sozialgeschichte der deutschen Literatur im 19. Jahrhundert, Teil 2. Hrsg. von Monika Dimpfl und G.J. Tübingen 1990, S. 198–296.

16   Vgl. Jäger: Empfindsamkeit und Roman (wie Anm. 2), Verzeichnis der Titel, „in denen empfindsam (bzw. Empfindsamkeit, Empfindsame, Empfindelei) vorkommt", S. 39–44; G.J.: Der Forschungsbericht. Begriff – Funktion – Anlage. In: Beiträge zur bibliographischen Lage in der germanistischen Literaturwissenschaft. Kolloquium der Deutschen Forschungsgemeinschaft. Hrsg. von Hans-Henrik Krummacher. Bonn 1981, S. 73–92; G.J.: Das Zeitungsfeuilleton als literaturwissenschaftliche Quelle. Probleme und Perspektiven seiner Erschließung. In: Bibliographische Probleme im Zeichen eines erweiterten Literaturbegriffs. Zweites Kolloquium zur bibliographi-

sche oder im engeren Sinne poetologische Form ist – die Rhetorik habe auch nicht viel zu sagen gehabt über den Roman.[17] Er sei, von der alten Gelehrtenwelt her gesehen, ein „Wildwuchs" gewesen und habe als solcher Karriere gemacht. Das war seine Auffassung, und er meinte, daß noch die Romankultur des Biedermeier davon geprägt sei. Das habe ich aufgenommen in den Kapiteln über den Roman in der Empfindsamkeit,[18] wobei ich diesen Sengleschen, eher poetologisch ausgerichteten Ansatz sozialgeschichtlich erweitert habe. Aber das alles war noch im Sinne Sengles. Ich habe die Romankritik, die Fragen des Für und besonders des Wider der Romanlektüre behandelt und Fragen nach der Funktion des Romans gestellt. Dabei habe ich Anschluß gewonnen an die damals noch nicht sehr fortgeschrittene Trivialliteraturforschung, die Forschungen zur Bürgerlichkeit und schließlich an das, was dann später Sozialgeschichte der Literatur genannt wurde. Das wurde dann auch zu einem Schwerpunkt meiner Arbeit. Inzwischen verfolge ich eine doppelte Linie: Die Buchhandelsgeschichte oder Buchwissenschaft kam hinzu. Ich habe mich einmal gefragt, wie ich darüber hinaus zu dem erziehungswissenschaftlichen Schwerpunkt gekommen bin. Dieser Aspekt hat im Fach Karriere gemacht, Sauder hat das ebenfalls behandelt.[19] Ich denke, ich bin schlichtweg über die Bibliographie dahin gekommen. Ich erinnere mich aber auch an einen dieser Titel, ein heute ganz vergessenes Buch: *Die Entstehung des modernen Erziehungswesens in Deutschland.*[20] Dort wird mit einem relativ modernen Ansatz gearbeitet. Wilhelm Roessler geht von Lebenskreisen, Lebensformen aus und fragt, wie sich solche traditionalen Lebensformen so transformieren, daß eine moderne Pädagogik entstehen kann. Von daher hat er mir über die Zuordnung von Mentalität, Weltauffassung, Weltdeutungen zu sozialen Gruppen sehr viel gegeben. Bekanntlich hat sich dieses Interesse in meiner Habilitationsschrift niedergeschlagen,[21] die übrigens auch die Rhetorikforschung aufgenommen hat, die Friedrich Sengle mir aus der Dissertation gestrichen hat.

Michael Schlott: Eine komplexe Frage: Wann würden Sie den Beginn der germanistischen Aufklärungsforschung in der Bundesrepublik Deutschland und in der DDR datieren? Welche sachlichen, gegenstandsbezogenen oder auch methodischen Zusammenhänge beziehungsweise Gemeinsamkeiten sehen sie, bezogen auf die BRD und die DDR? Wie

---

schen Lage in der germanistischen Literaturwissenschaft. Hrsg. von Wolfgang Martens. Weinheim 1988, S. 53–71.

17 Vgl. Friedrich Sengle: Der Romanbegriff in der ersten Hälfte des 19. Jahrhunderts. In: F.S.: Arbeiten zur deutschen Literatur 1750–1850. Stuttgart 1965, S. 175–196; F.S.: Biedermeierzeit (wie Anm. 1), Bd. 2, Kapitel 7: Erzählprosa; vgl. auch die bei Sengle entstandene Dissertation von Eva D. Becker: Der deutsche Roman um 1780. Stuttgart 1964.

18 Vgl. Jäger: Empfindsamkeit und Roman (wie Anm. 2), Teil B: Roman und Lektüre, S. 57–126. Das Kapitel „Moral und Autonomie des Kunstwerks. Die Diskussion um Goethes ‚Werther'" (S. 93–103), wurde ausgeführt in Jägers Aufsatz: Die Wertherwirkung. Ein rezeptionsästhetischer Modellfall. In: Historizität in Sprach- und Literaturwissenschaft. Vorträge und Berichte der Stuttgarter Germanistentagung 1972. Hrsg. von Walter Müller-Seidel. München 1974, S. 389–409.

19 Vgl. Gerhard Sauder: Empfindsamkeit. Bd. 3: Quellen und Dokumente. Stuttgart 1980, S. 3–26; Theorie der Empfindsamkeit und des Sturm und Drang. Hrsg. von G.S. Stuttgart 2003.

20 Wilhelm Roessler: Die Entstehung des modernen Erziehungswesens in Deutschland. Stuttgart 1961.

21 Vgl. Georg Jäger: Schule und literarische Kultur. Sozialgeschichte des deutschen Unterrichts an höheren Schulen von der Spätaufklärung bis zum Vormärz. Bd. 1: Darstellung. Stuttgart 1981.

beurteilen Sie in der Retrospektive die aus den politischen Differenzen der beiden deutschen Staaten resultierenden Konsequenzen für die wissenschaftliche Beschäftigung mit der Epoche der Aufklärung?

Georg Jäger: Ich meine, daß es 1960 bereits eine Empfindsamkeitsforschung gegeben hat. Sie ist also nicht erst dann entstanden. Nur wird man in der Retrospektive sagen: Das war kein strukturiertes Feld. Es lagen gute, solide Forschungen auf verschiedenen Gebieten, unter verschiedenen Perspektiven vor. Die hatten sich jedoch noch nicht zu einem Komplex ‚Empfindsamkeitsforschung' zusammengefunden. Es waren erhebliche dokumentarische und bibliographische Vorleistungen entstanden – bis hin zu den eher populär- und kulturgeschichtlichen Studien. Bücher wie das von Atkins[22] sind viel zu wenig beachtet worden. Atkins hatte die ganze *Werther*-Wirkungsgeschichte minutiös bibliographisch aufgearbeitet und beschrieben. Es gab allerdings noch weitere geistesgeschichtliche Studien. Mich hat etwa das Buch Max von Waldbergs[23] mit seinen weit zurückreichenden Herleitungen aus mystischen Quellen sehr angeregt. Und da war natürlich die Arbeit von Schöffler,[24] von der für mich ein wichtiger Ansatzpunkt aus der Anglistik kam. Dann sind allerdings auch Kluckhohn[25] und Rasch[26] mit ihren Studien über Liebe und Freundschaft zu nennen. Von Boeschensteins *Deutsche Gefühlskultur* lag 1954 bereits der erste Band vor.[27] Ich erinnere mich noch, daß ich das sehr überraschend fand – aber immerhin hat es mich auf diese älteren geistesgeschichtlichen Traditionen aufmerksam gemacht.

Michael Schlott: Wie ist es mit dem Buch von Max Wieser, *Der sentimentale Mensch*?[28]

Georg Jäger: Ja, den habe ich auch in der Bibliographie gehabt. Das Buch war mir nicht so wichtig. Bedeutender waren mir die komparatistischen Studien von Erich Schmidt,[29] die schätze ich noch heute. Wenn man das in moderne Terminologie übersetzt, hat er präzise herausgearbeitet, was am *Werther* ‚eigenartig' ist. Zu nennen ist noch Hugo Friedrichs intelligent angelegte komparatistische Studie.[30] Die wortgeschichtlichen Studien erwähnte ich schon; hierzu gehören auch Forschungen zum Pietismus. Für diesen Bereich stand vor

---

22	Stuart Pratt Atkins: The testament of Werther in poetry and drama. Cambridge, MA 1949.

23	Max von Waldberg: Zur Entwicklungsgeschichte der „schönen Seele" bei den spanischen Mystikern. Berlin 1910; vgl. auch M. v. W.: Der empfindsame Roman in Frankreich. Erster Teil. Die Anfänge bis zum Beginne des XVIII. Jahrhunderts. Straßburg und Berlin 1906.

24	Herbert Schöffler: Protestantismus und Literatur. Neue Wege zur englischen Literatur des achtzehnten Jahrhunderts. Leipzig 1922.

25	Paul Kluckhohn: Die Auffassung der Liebe in der Literatur des 18. Jahrhunderts und in der Romantik. Halle/Saale 1922.

26	Wolfdietrich Rasch: Freundschaftskult und Freundschaftsdichtung im deutschen Schrifttum des 18. Jahrhunderts. Vom Ausgang des Barock bis zu Klopstock. Halle/Saale 1936.

27	Hermann Boeschenstein: Deutsche Gefühlskultur. Studien zu ihrer dichterischen Gestaltung. 2 Bde. Bern 1954–1966.

28	Max Wieser: Der sentimentale Mensch. Gesehen aus der Welt holländischer und deutscher Mystiker des 18. Jahrhunderts. Gotha 1924.

29	Erich Schmidt: Richardson, Rousseau und Goethe. Ein Beitrag zur Geschichte des Romans im 18. Jahrhundert. Jena 1875; Obraldruck 1924; siehe dazu das Interview mit Peter Müller, S. 359–375, hier S. 365.

30	Hugo Friedrich: Abbé Prevost in Deutschland. Ein Beitrag zur Geschichte der Empfindsamkeit. Heidelberg 1929.

allen Dingen August Langen mit seiner Wort- und darüber hinaus seiner Stil- und Formengeschichte.[31]

Michael Schlott: „Seelengeschichte" …

Georg Jäger: Richtig, „Seelengeschichte". Bereits 1961 erschienen ist Gerhard Kaisers *Pietismus und Patriotismus*.[32] Für mich besonders wichtig waren die Aufsätze von Klaus Dockhorn: *Macht und Wirkung der Rhetorik*.[33] Der wichtigste – „Die Rhetorik als Quelle des vorromantischen Irrationalismus"[34] – wurde bereits 1949 publiziert. Der hat deutlich gemacht, wie stark die ganze Emotionslehre und Emotionspraxis des „Irrationalismus" bereits in der Rhetorik steckt. Die Beschäftigung mit der Rhetorik ist dann auch mein Ausgangspunkt gewesen. Das meinte ich, als ich sagte: Es lag viel vor. Man konnte zu der Zeit aber noch nicht von einem Komplex Empfindsamkeitsforschung sprechen.

Was die Aufklärungsforschung betrifft, erinnere ich mich, daß mich damals auch die Frage bewegt hat, ob die Empfindsamkeit ein Teil der Aufklärung sei oder nicht. Da gab es die verschiedenen Richtungen, vor allem in der älteren Geistesgeschichte, die den Zusammenhang von ‚Empfindsamkeit' und ‚Aufklärung' favorisierte. Später wurde das ja eher verneint. Deutschland wurde mit irrationalen Entwicklungen gegenüber rationalen empfindsamen Entwicklungen im französischen Bereich abgesetzt. Hierfür steht insbesondere Rudolf Unger mit seinem Hamann-Buch[35] und verschiedenen Aufsätzen.[36] Umgekehrt ist dann die Dockhorn-These angelegt, daß sich sogar der Irrationalismus aus der Rhetorik entwickelte – und die ist schließlich nichts Deutsches, sondern eine allgemein europäische Erscheinung.

Michael Schlott: Wie stehen Sie zu Pikuliks Ansatz der Empfindsamkeitsforschung?[37] Er hat das Konzept „Seelengeschichte" verfolgt, das vor ihm Langen bereits umtrieb. Sehen Sie Zusammenhänge zwischen den methodischen Annäherungen an das Problem, wie Unger sie praktiziert hat und später dann Pikulik?

Georg Jäger: Bei Unger liegt da ja keine psychologische, mentalitäts- oder zivilisationsgeschichtliche Theorie zugrunde. Er geht begrifflich vor, ausgehend von zentralen Stellen in Texten. Diese Textzentrierung würde ich bei Pikulik wiedererkennen. Es gab bei ihm dann zwar später den Ansatz *Leistungsethik contra Gefühlskult* [38] – allerdings hat auch

---

31   August Langen: Der Wortschatz des deutschen Pietismus. Tübingen 1954.

32   Gerhard Kaiser: Pietismus und Patriotismus im literarischen Deutschland. Ein Beitrag zum Problem der Säkularisation. Wiesbaden 1961.

33   Klaus Dockhorn: Macht und Wirkung der Rhetorik. Vier Aufsätze zur Ideengeschichte der Vormoderne. Bad Homburg u. a. 1968.

34   Klaus Dockhorn: Die Rhetorik als Quelle des vorromantischen Irrationalismus in der Literatur- und Geistesgeschichte. In: Nachrichten von der Akademie der Wissenschaften in Göttingen aus dem Jahre 1949. Philologisch-Historische Klasse. Göttingen 1949, S. 109–150.

35   Rudolf Unger: Hamann und die Aufklärung. Jena 1911; 2. Aufl. 1925.

36   Vgl. etwa Rudolf Unger: Hamann und die Empfindsamkeit. Ein Beitrag zur Frage nach der geistesgeschichtlichen Struktur und Entwicklung des neueren deutschen Irrationalismus. In: R.U.: Aufsätze zur Literatur- und Geistesgeschichte. Berlin 1929, S. 17–39.

37   Vgl. Lothar Pikulik: „Bürgerliches Trauerspiel" und Empfindsamkeit. Köln und Graz 1966 (Phil. Diss. Bonn).

38   Vgl. Lothar Pikulik: Leistungsethik contra Gefühlskult. Über das Verhältnis von Bürgerlichkeit und Empfindsamkeit in Deutschland. Göttingen 1984.

Pikulik, soweit ich sehe, nie den Schritt zu einer wirklichen Mentalitätsgeschichte gemacht oder zu einem Modell, in dem sozialgeschichtliche Prozesse verbunden werden mit psychologie-, charakter- oder wissensgeschichtlichen Entwicklungen.

Michael Schlott: Ihre Dissertation vereinigt mehrere Ansätze literaturwissenschaftlicher Methodik, vor allem rezeptionsgeschichtliche, aber auch sozialgeschichtliche und gattungsgeschichtliche. Wie beurteilen Sie im Rückblick die Methodendiskussion um 1970?

Georg Jäger: Meine Dissertation hat keine durchgehende Methode. Vielleicht erklärt sich gerade daraus die große Anregungskraft, die sie offensichtlich gehabt hat. Sie wird ja bis heute immer wieder zitiert. Vielleicht hätte ich das nie zu dem Ende geführt, wenn ich mich wie Wegmann[39] gleich auf einen diskurstheoretischen Ansatz verlegt hätte. Die Dissertation ist 1969 herausgekommen. Natürlich ist sie durch den dramatischen Methodenstreit der 1960er Jahre und den Streit in der Universität geprägt – auch dem mit Friedrich Sengle. Zwischen seinen Mitarbeitern und ihm ging es häufig recht rüde zu, auch bei mir verbindet sich damit eine biographisch sehr bedeutsame Geschichte. Sengle hat sich immer geweigert, Literaturwissenschaft als Interpretationswissenschaft, Interpretationspraxis oder Interpretationskunst zu definieren. Er hat darauf bestanden, daß man sich den historischen Kontext ansieht. Und auch diesen sah er nicht beschränkt auf Texte oder so etwas wie ‚Interdiskurse‘, sondern hat – ohne das besonders zu reflektieren – stets reale Faktoren der Buchhandelsgeschichte oder der Sozialgeschichte im Auge gehabt.

Michael Schlott: Das war bei Sengle offenbar eher eine unmittelbare Korrelation mit externen Bedingungen, keine Sozialgeschichte ‚im‘ Text?

Georg Jäger: Ja, so war es. Andererseits hat er durchaus auch gefragt, wie sich äußere Faktoren innerhalb des Textes widerspiegeln, allerdings ohne kontrollierten methodischen Zugang zu dem Stellenwert der Faktoren. Dafür wurde er auch viel angegriffen. Ich erinnere mich, daß die Henkel-Schüler in Heidelberg ihn nicht für einen rechten Germanisten angesehen haben. Und hier in München war es Walter Müller-Seidel,[40] der sich immer als der Textwissenschaftler von ihm abgesetzt hat. Obwohl die beiden gut miteinander auskamen, war auch hier im Hause lange Zeit diese Spannung vorhanden, die sich übrigens methodengeschichtlich entwickelt hat. Von den Mitarbeitern Müller-Seidels wurde ein strikter Strukturalismus vertreten, etwa von Michael Titzmann, der sich zunächst ausschließlich auf Texte und deren Strukturen konzentrierte und Fragen, wie diese sich zu außertextlichen Gegebenheiten verhalten, abgeschnitten hat. Für ihn gab es also – wie bei Lotman – wenig Möglichkeiten, etwas über das Verhältnis von Textstrukturen zu sozialen Verhältnissen auszusagen. Die Sengle-Schüler untersuchten sozialgeschichtliche Faktoren, einige von ihnen waren dabei auch marxistisch inspiriert. Sie standen in Opposition zu der Gruppe strukturalistisch orientierter Literaturwissenschaftler um Walter Müller-Seidel, der selbst ja nie Strukturalist gewesen ist. Jedenfalls hat es die zunächst geltende Liberalität in Sengles Kreis ermöglicht, Fragestellungen nach der Funktion der Literatur für soziale Prozesse im Sinne des Marxismus zu stellen. So hat sich Hans-Wolf Jäger sicherlich zeitweilig

---

39 Nikolaus Wegmann: Diskurse der Empfindsamkeit. Zur Geschichte eines Gefühls in der Literatur des 18. Jahrhunderts. Stuttgart 1988; siehe dazu auch das Interview mit Wilhelm Voßkamp und Nikolaus Wegmann, S. 402–425, hier S. 409 f., 418 f.

40 Siehe dazu auch das Interview mit Walter Müller-Seidel, S. 299–314.

als Marxist verstanden. Viel stärker allerdings noch Marie Luise Gansberg, die auch entsprechende Programme für die methodische Entwicklung der Germanistik entworfen hat.[41] Auf diese Weise wurde Sengle dann von seinen ‚Schülern‘ mit einer Theorie konfrontiert, mit der er sich nie anfreunden konnte. Er ordnete das mit dem Begriff der ‚Sozialgeschichte der Literatur‘ ein. Damit war damals keine Methode oder Theorie gemeint, sondern lediglich eine Fragerichtung. Und als solche war sie ein Haus mit vielen Wohnungen, in denen dann unterschiedliche Besitzer residieren konnten – also ähnlich wie die Geistesgeschichte, die ja auch nie eine eigenständige Methode hatte.

Auch in meiner Dissertation laufen viele Ansätze und Fragestellungen zusammen. Das liegt auch daran, daß ich selbst ein vielfältig orientierter Mensch bin, der bis heute auch einen ganz heterogenen Schülerkreis um sich hat. Da sind Systemtheoretiker, die nie Texte um ihrer selbst willen lesen, da sind Liebhaber avantgardistischer experimenteller Literatur wie auch ganz handfeste Historiker und Buchhandelsmenschen. Die können auch alle nicht recht miteinander. Ich nehme an, daß dies eine Widerspiegelung der Heterogenität in meiner Dissertation ist.

Aber vielleicht darf ich noch anmerken, weshalb die Empfindsamkeitsforschung dafür prädestiniert war, nicht als ‚reine‘ Textwissenschaft betrieben zu werden. Schon nach dem, was an Forschung bereits vorlag, ist die Empfindsamkeit als ein Phänomen der Rezeption gefaßt worden, nicht als eine rein textimmanente Erscheinung. Für die Betrachtung der Empfindsamkeit als Epoche ist die Rezeption und die Auseinandersetzung mit diesen Texten wesentlich, also die Reaktion auf Texte. Das ist schon in den ersten Aufsätzen über Empfindsamkeit im 19. Jahrhundert so gesehen worden.[42] Sodann taucht es auch in den kulturgeschichtlichen Studien wieder auf.[43] Der Forschungsgegenstand ‚Empfindsamkeit‘ verlangt eine Methode, die Texte als Kommunikationselemente sieht. Das ist ganz wichtig, meine ich. Dann kommt noch etwas anderes hinzu: Schon sehr früh gab es eine Diskussion, wie die Empfindsamkeit sozialgeschichtlich einzuordnen sei. Da wurde die These vertreten, die Empfindsamkeit sei als bürgerliche Erscheinung aufzufassen – was dann Sauder zu einer seiner zentralen Thesen gemacht hat. Dem entgegengesetzt ist die von Pikulik vorgetragene Auffassung, daß Empfindsamkeit und Bürgerlichkeit als eine Opposition zu sehen seien, da man Bürgerlichkeit mit Begriffen wie Leistung, moderne Arbeitsmoral, dem ‚Arbeitsmenschen‘ und so weiter assoziiere.

Michael Schlott: Die von Alewyn betriebenen Forschungen zur Empfindsamkeit wurden durch Sauders Fokussierung auf Traktatliteratur im Grunde genommen konterkariert oder gar blockiert. Könnten Sie dieser Aussage beipflichten?

Georg Jäger: Das habe ich nie so gesehen, was wohl mit der Vorgabe aus der Sengle-Schule zusammenhängt. Aber das leuchtet mir sehr ein. Das wäre ja auch ein Weg, auf

---

41 Vgl. Marie Luise Gansberg und Paul Gerhard Völker: Methodenkritik der Germanistik. Materialistische Literaturtheorie und bürgerliche Praxis. Stuttgart 1970.

42 Vgl. etwa Edmund Kamprath: Das Siegwartfieber. Culturhistorische Skizzen aus den Tagen unserer Großväter. In: Programm des k. k. Staats-Ober-Gymnasiums zu Wiener-Neustadt am Schlusse des Schuljahres 1876/77. Wiener-Neustadt 1877, S. 3–26.

43 Vgl. Heinrich Moritz Richter: Aus der Messias- und Wertherzeit. Wien 1882; Johann Wilhelm Appell: Werther und seine Zeit. Zur Goethe-Literatur. Leipzig 1855; 4. verb. und verm. Aufl. Oldenburg 1896; Fritz Adolf Hünich: Aus der Wertherzeit. In: Jahrbuch der Sammlung Kippenberg 4 (1924), S. 249–281.

dem Literaturwissenschaftler, die geprägt sind durch Interesse an ästhetisch hochwertigen Texten, den Zugang zum Phänomen der Empfindsamkeit finden konnten.

Michael Schlott: Vermutlich deswegen wurde Sauder bei Erscheinen seines Buches auch mit der Kritik konfrontiert, es würde ihm nie gelingen, seine Thesen an Texten der sogenannten schönen Literatur zu verifizieren. Damit würde er scheitern.[44]

Georg Jäger: Ich will das einmal von einer Außensicht her relativieren. Ich kann mir sehr gut vorstellen, daß das die Innensicht von Alewyn und anderen gewesen ist, aber es gibt doch ein fast bruchloses Kontinuum von Alewyn zu Martens: Wenn ich mir den späten Aufsatz von Alewyn „Klopstocks Leser"[45] ansehe, dann bleibt ja nichts von der Künstlerproblematik übrig. Sondern hier wird gezeigt, wie Leute über Lektüreprozesse Gruppen konstituieren, beispielhaft gezeigt an hoher Literatur, an Klopstocks *Messias*. Aber es wird doch von einer Art Jugendbewegung gesprochen und gezeigt, daß die Generationenproblematik durch den Dichter funktionalisiert wird und er seine Karriere darauf gründet. Das ist doch unmittelbar das, was Wolfgang Martens – viel nüchterner und weniger an schöner Literatur orientiert – in seinen Aufsätzen zeigt. Ich sehe da eine ähnliche Linie bei Michelsen: Sein Buch über Sterne in Deutschland[46] ist ja zu einem nicht unerheblichen Teil schlichtweg eine Bibliographie mit Beschreibungen von bestimmten Texten, die zum großen Teil alles andere als ästhetisch geglückt sind, also keineswegs ‚hohe Literatur'. Da zeigt sich ein Ansatz, der weit ins kommunikative Feld führt und jedenfalls über eine Textgeschichte hinaus. Ich meine, daß die beiden Kollegen wahrscheinlich die Entwicklungsmöglichkeiten und Folgerungen der Ansätze nicht wahrhaben wollten, die sie selbst angelegt haben.

Die Empfindsamkeitsforschung fragte immer nach der Rezeption von Texten, nach ihrer Funktion in der Gesellschaft, also nach Kommunikation. Sie hat nicht nur die Frage gestellt, wie man die Empfindsamkeit sozial einordnen soll, sondern sie hat – da mag die alte „Seelengeschichte" eine Rolle spielen – immer auch gefragt, ob es so etwas wie eine Geschichte der Seele im Sinne einer kulturellen Formung gibt. Wenn man nun statt ‚Seele' ‚Psyche' einsetzt, dann hat man im Ansatz schon eine breite Palette von modernen Fragestellungen, die sich in der Folgezeit entwickelt haben. Insofern war die Empfindsamkeitsforschung – so meine ich – viel mehr als die Aufklärungsforschung dafür geschaffen, die Textwissenschaft in viel weiter gehende Fragestellungen zu überführen.

Michael Schlott: Wie bewerten Sie heute die begriffsgeschichtliche Methodik Ihrer Arbeit? Würden Sie sagen, daß sie etwas grundlegend Neues zum damaligen Zeitpunkt gewesen ist – und welchen Einfluß hatte dabei die sogenannte Heidelberger Schule, also der Historikerkreis um Werner Conze? Hatten Sie Kontakte zu diesem Kreis oder über Sengle möglicherweise eine ‚Witterung' aufgenommen zu dem, was da in Heidelberg vor sich ging?

Georg Jäger: Was den Conze-Kreis betrifft: Ich schwankte lange, wo eigentlich mein Schwerpunkt liegt, in der Literaturwissenschaft oder in der Geschichtswissenschaft. Ich

---

44 Siehe dazu das Interview mit Gerhard Sauder, S. 376–401.

45 Richard Alewyn: Klopstocks Leser. In: Festschrift für Rainer Gruenter. Hrsg. von Bernhard Fabian. Heidelberg 1978, S. 100–121.

46 Peter Michelsen: Laurence Sterne und der deutsche Roman des achtzehnten Jahrhunderts. Göttingen 1962.

bin historisch ausgebildet worden im Kreis von Conze. Ich habe auch einmal an einem Oberseminar oder einem Kolloquium teilgenommen, das Conze mit seinen Schülern veranstaltet hat. Bei Reinhart Koselleck habe ich ein Proseminar besucht. Außerdem war ich zwei Semester lang Hilfsassistent bei Hans Mommsen. Für ihn habe ich damals schon begriffsgeschichtliche Vorlagen angefertigt.

Ich hatte damals allerdings keine Kenntnis von der begriffsgeschichtlichen Methode, wie sie dem Lexikon *Geschichtliche Grundbegriffe*[47] zugrunde lag. Ich bin genau in diesem Kontext der Conze-Schule ‚aufgewachsen‘ und wollte zunächst auch meine Promotion in Geschichte machen. Was im übrigen die Begriffsgeschichte betrifft, meine ich, daß sie damals nicht als prominente Methode galt, aber in der Geistesgeschichte eine Tradition hatte. Wenn man ältere Literatur über Empfindsamkeitsforschung liest, dann kommt man schnell auf begriffsgeschichtliche Konstruktionen. Das Wort ‚empfindsam‘ war in den 1960er Jahren wiederentdeckt worden und hatte ein ganzes Feld von verwandten Begriffen, in dem die positivistische wortgeschichtliche Forschung schon sehr tätig war. Ich habe später die begriffsgeschichtliche Verfahrensweise aufgegeben, und sie ist mir eigentlich erst neuerdings wieder angekreidet worden: nämlich im Zusammenhang mit dem *Reallexikon*, das ja jetzt neu herausgegeben wird.[48] Da haben Klaus Weimar und seine Mitstreiter eine ganz strikte begriffsgeschichtliche Methode angelegt.[49] Ich hoffe, daß man ihn zu dem Thema für das *Internationale Archiv für Sozialgeschichte der Literatur* interviewen kann.[50] Mir scheint heute das begriffsgeschichtliche Vorgehen, so wie ich es betrieben habe, nicht besonders fruchtbar. Ich würde sagen: Es ist alles ein Konstrukt, und man muß fragen, wie etwas konstruiert wird. Ein Begriff ist ja die Summe seiner Verwendungsweisen. Da mag die Begriffsgeschichte historische Anhaltspunkte geben, um weiterzufragen. Aber zur Sache selbst kommt man mit ihr, glaube ich, nicht.

Michael Schlott: Wie bewerteten und bewerten Sie die Vorarbeiten zu dieser Problematik in der Forschung? Ihre Untersuchungen stützen sich ja ganz überwiegend auf Quellenarbeit, und Sie haben Vorarbeiten nur vereinzelt einbezogen und schienen der Ansicht zu sein, daß auf dem Gebiet der Begriffsgeschichte noch einiges zu leisten sei, um dem Phänomen ‚Empfindsamkeit‘ überhaupt auf die Spur zu kommen. Ist die Literaturwissenschaft auf diesem Gebiet seit Max von Waldberg[51] entscheidend vorangekommen?

Georg Jäger: Ich meine, von meiner Arbeit,[52] die ich wirklich nicht überschätzen will, führt ein Weg zu Sauder[53] und dort an einen gewissen Schlußpunkt. Dieser gesamten Phase

---

47 Geschichtliche Grundbegriffe. Historisches Lexikon zur politisch-sozialen Sprache in Deutschland. Hrsg. von Otto Brunner u.a. 8 Bde. in 9. Stuttgart 1972–1997.
48 Reallexikon der deutschen Literaturwissenschaft. 3 Bde. 3., neubearb. Aufl. Hrsg. von Harald Fricke u.a. Berlin und New York 1997–2003.
49 Vgl. Harald Fricke und Klaus Weimar: Begriffsgeschichte im Explikationsprogramm. Konzeptuelle Anmerkungen zum neubearbeiteten „Reallexikon der deutschen Literaturwissenschaft". In: Archiv für Begriffsgeschichte 39 (1996), S. 7–18.
50 Vgl. Klaus Weimar und Harald Fricke: Das neue „Reallexikon der deutschen Literaturwissenschaft" (Ein Interview). In: Internationales Archiv für Sozialgeschichte der deutschen Literatur 22 (1997), H. 1, S. 177–186.
51 Vgl. von Waldberg: Zur Entwicklungsgeschichte (wie Anm. 23).
52 Siehe Anm. 2 und 3.
53 Sauder: Empfindsamkeit, Bd. 1 (wie Anm. 13); Empfindsamkeit, Bd. 3 (wie Anm. 19).

der Forschungsentwicklung fehlt im heutigen Sinne eine methodische Reflexion, ein theoretischer Zugriff. Ich habe geschaut – und das Verfahren habe ich bei Sengles Biedermeier-
zeit-Studien[54] gelernt –, was überhaupt auf dem Buchmarkt des 18. Jahrhunderts erschienen ist. Ich habe mir Publikationen, auch wenn sie noch nie jemand in der Hand hatte,
aus großen Bibliotheken kommen lassen – gleich, ob die als Hochliteratur oder anders zu
bewerten waren. Es ging mir darum, möglichst vollständig das im Druck Vorliegende zu
erfassen. Das hat dann zur Folge, daß man irgendwann nicht mehr weiß, was man noch bestellen soll. Ich denke mir, daß die Begriffsgeschichte hier eine gewisse Kontrollfunktion
ausgeübt und mir ein gewisses Suchraster gegeben hat: Die Begriffsgeschichte hat bei mir
teilweise einen methodisch-theoretischen Zugriff ersetzt.

Michael Schlott: Gerhard Sauder hat mir erklärt, daß Ihre Arbeit ihn bei ihrem Erscheinen beunruhigt habe, weil sie ja einiges von seiner Arbeit vorwegnahm. Auf der anderen
Seite sei Ihre Arbeit ihm sehr hilfreich gewesen.[55] Wie schätzen Sie Sauders Verdienste um
die Forschungsdiskussion zur Empfindsamkeit ein?

Georg Jäger: Ich meine, daß Sauders Publikation[56] diese Forschungsrichtung entschieden
weitergebracht hat. Sauder hat zudem eine Reihe von Schülern gewonnen. Reiner Wild etwa
hat sich bei ihm habilitiert[57] und in der Folge die Pädagogik der Empfindsamkeit aufgearbeitet mit Bezug auf Kinderbücher, Jugendliteratur, unter psychohistorischen und mentalitätsgeschichtlichen Fragestellungen. Nehmen Sie auch die Arbeit von Doktor,[58] die eine
gute Zusammenfassung gibt und erschöpfend die Kritik an der Empfindsamkeit dokumentiert. Ich habe lange mit ihm in Briefverkehr gestanden, ursprünglich wollte er auch meine
Bibliographie, nochmals überarbeitet und in doppeltem Umfang, herausbringen. Daraus ist
dann nichts geworden. Man kann Martens mit seiner pressegeschichtlichen Perspektive hin-
zunehmen.[59] Man kann auch Erich Schön nennen mit seiner Mentalitätsgeschichte des Lesens.[60] Aber ich denke, im Zentrum hat Sauder gestanden, auch durch seinen produktiven
Schülerkreis. Heute könnte man kritisch fragen, ob er wirklich innovativ gewesen ist und
nicht vielmehr nur die Dinge zusammengefaßt und auf einen viel solideren Stand gebracht
hat. Er hat die internationale ästhetische Diskussion mit eingebracht und eine ganze Zahl
von Texten ediert. Er hat die Textgattungen umfassend aufgearbeitet. Vernachlässigt hat
er den kulturhistorischen Aspekt, da fehlt bei ihm etwas in der Dokumentation. Es besteht
die Gefahr, daß er mit dem noch auszuarbeitenden Band und der Kulturgeschichte zu spät
kommt.[61] Will man jetzt Kulturgeschichte schreiben, kann man die Systemtheorie nicht

---

54 Vgl. Sengle: Biedermeierzeit (wie Anm. 1).
55 Siehe dazu das Interview mit Gerhard Sauder, S. 376–401, hier S. 377.
56 Sauder: Empfindsamkeit, Bd. 1 (wie Anm. 13); Empfindsamkeit, Bd. 3 (wie Anm. 19).
57 Reiner Wild: Die Vernunft der Väter. Zur Psychographie von Bürgerlichkeit und Aufklärung in
    Deutschland am Beispiel ihrer Literatur für Kinder. Stuttgart 1987.
58 Wolfgang Doktor: Die Kritik der Empfindsamkeit. Bern u. a. 1975.
59 Wolfgang Martens: Die Botschaft der Tugend. Die Aufklärung im Spiegel der deutschen Mora-
    lischen Wochenschriften. Stuttgart 1968.
60 Erich Schön: Der Verlust der Sinnlichkeit oder die Verwandlungen des Lesers: Mentalitätswandel
    um 1800. Stuttgart 1987; zugleich Phil. Diss. Konstanz 1984 unter dem Titel *Über die Entstehung
    unserer Art zu lesen.*
61 Gemeint ist der zweite (bislang noch nicht erschienene) Band des auf drei Bände angelegten Pro-
    jekts *Empfindsamkeit.*

mehr übergehen – das konnte man noch vor ein paar Jahren. Heutzutage ist, glaube ich, der Anspruch auf einen theoretischen Zugriff wieder größer geworden.

Michael Schlott: Herr Jäger, ich würde gern noch einmal auf den Sengle-Kreis zurückkommen. Wir sprachen bereits darüber: In welche Gruppen zerfiel dieser doch eher heterogene Kreis?

Georg Jäger: Es gab innerhalb des Sengleschen Schülerkreises eine marxistisch orientierte Gruppe, in deren Zentrum Frau Gansberg stand. Ich weiß nicht, ob Sie noch Werner Weiland[62] kennen, der jetzt an der Universität Marburg arbeitet? Der gehörte auch zu diesem „harten Kern". Hans-Wolf Jäger sympathisierte mit dieser Richtung, war jedoch nicht so kompromißlos. Wieder andere Temperamente waren Rolf Schröder[63] und Günter Häntzschel.[64] Aufgrund vielfacher interner Spannungen ist der Sengle-Kreis zerbrochen. Man begann damals, auch bei Hochschullehrern zu überprüfen, wie sie sich in fachlichen Äußerungen zur Zeit des Nationalsozialismus verhalten hatten. Friedrich Sengle hatte einen Aufsatz zu Börne geschrieben,[65] da steht hinter jedem Namen eines Juden ein Ausrufezeichen. Das hatte er uns natürlich nie gesagt, irgendwann wurde diese Publikation ermittelt.[66] Von da an gab es mit ihm heftige Auseinandersetzungen. Es kam hinzu, daß er die Fragen über seine Einstellung zum Dritten Reich schwer verkraftete. Er hat sich nie zu seinem Verhalten geäußert, sich weder verteidigt noch etwas plausibel zu machen versucht – etwa mit Hinweisen auf den Druck, unter dem er gestanden habe, oder auf eine Notwendigkeit bezüglich seiner Karriere. Heftig wurde er von studentischen Aktivitäten bedrängt, die sich damals an der Universität München gegen das professorale ‚Establishment' richteten. Er hat diese Situation psychisch nicht verkraftet; seine Anspannung steigerte sich bis hin zu absurden Vorstellungen, die auch mir galten, indem er mich als klandestinen ‚Marxisten' ansah und zudem diese Vermutung Dritten mitteilte.

Michael Schlott: Wie haben Sie darauf reagiert?

Georg Jäger: Wie soll ich das sagen? Es hat keinen weiteren Kontakt zwischen uns gegeben. Und doch – man versteht ja vieles. Wir meinten um seine Lebensumstände zu wissen: Er wurde in Indien geboren und stammt aus einem pietistischen Pfarrhaus, einem Missionshaushalt. Dort ging es so pietistisch zu, wie man es sich nur vorstellen kann. Seine Braut etwa wurde von den Eltern ausgesucht. Wenn man sich solche Strukturen, die völlig von der Individualität absehen, vergegenwärtigt, findet man auch Erklärungen. Friedrich Sengle hat sich später völlig vom Pietismus abgewandt; er wurde ein areligiöser Mensch. Die Wieland-

---

62 Werner Weiland: Der junge Friedrich Schlegel oder Die Revolution in der Frühromantik. Stuttgart 1968 (Phil. Diss. Heidelberg).

63 Rolf Schröder: Novelle und Novellentheorie in der frühen Biedermeierzeit. Tübingen 1970 (Phil. Diss. Heidelberg).

64 Günter Häntzschel: Tradition und Originalität. Allegorische Darstellung im Werk Annette von Droste-Hülshoffs. Stuttgart 1968 (Phil. Diss. München).

65 Friedrich Sengle: Baruch-Börne als Kritiker Deutschlands und deutscher Dichtung. In: Weltkampf 19 (1941), H. 3, S. 129–144.

66 Joachim Dyck: Die Dauerkrise der Germanistik. Methodenrausch im Vakuum. Ein Plädoyer für historische Selbstbesinnung statt Anpassung an ungewisse Zukünfte. In: Die Zeit, Nr. 43 vom 16. Oktober 1987, S. 71 f.

Biographie[67] hat ihn wohl auch lebensgeschichtlich geprägt. Er war ein Spötter, mitunter auch ein „Kyniker", der gleichwohl über seine eigene Vergangenheit nie hinweggekommen ist.

Michael Schlott: Noch einmal zu Gerhard Sauder: Sie haben die Frage zumindest teilweise, schon beantwortet. Wie denken Sie über die Aussage, daß die Forschung zur Empfindsamkeit eigentlich erst mit Sauder begonnen habe?

Georg Jäger: Ich glaube, daß ein entscheidendes Stadium der stark quellenorientierten Aufarbeitung mit Sauder und den an seine Arbeit angelehnten Dissertationen einen Abschluß gefunden hat. Danach kamen eher methodisch perspektivierte Forschungen, sei es mentalitätsgeschichtlich, sei es lesegeschichtlich wie bei Schön[68] oder auf die Historisierung der Fiktion bezogen wie bei Berthold.[69] Die letztgenannte Studie ist bei Wilhelm Voßkamp entstanden.

Michael Schlott: Sie haben im Vorwort zu Ihrer Dissertation betont, daß die Mitarbeit an Sengles Biedermeier-Forschung Ihnen entscheidende Impulse für Ihre Arbeit gegeben habe.[70] Welche inhaltlichen und methodischen Verbindungen sehen Sie zwischen den Forschungen zur Empfindsamkeit und der Biedermeier-Forschung?

Georg Jäger: Also, von der Biedermeierforschung her kannte ich die wichtigsten Topoi und Motive in ihrem textlichen Zusammenspiel. Ich kannte die „Spielmarken", wie Sengle das wohl genannt hätte, die ich dann im 18. Jahrhundert wiedergefunden habe. Ich hatte da bereits ein gewisses Suchraster ausgebildet. Die Mitarbeit bei Sengle bestand wesentlich darin, daß ich ihm konzise Zusammenfassungen mit literaturgeschichtlicher Einschätzung zu bestimmten Textkorpora liefern sollte. Ich mußte für Sengle übrigens auch relativ viel Begriffsgeschichtliches schreiben, denn er war der Meinung, daß Begriffsgeschichte eine Grundlage für die Literaturgeschichtsschreibung sei.

Michael Schlott: Martino hat in seinem Buch zur *Geschichte der dramatischen Theorien* Pikuliks Ansatz scharf kritisiert: „soziologischer Schematismus", „simplifizierend", „unwissenschaftlich" heißt es dort.[71] Martino vertritt apodiktisch die Meinung, daß der soziologische Träger der Empfindsamkeit das Bürgertum gewesen sei. Wie haben Sie damals darüber gedacht? Sie selbst haben sich ja wesentlich differenzierter geäußert, indem Sie sowohl die antibürgerlichen Ansätze analysierten, die Sie dann mit dem Terminus „Empfindelei" charakterisierten, als auch den moraldidaktischen, bürgerlichen Ansatz herausstellten.[72]

Georg Jäger: Insgesamt habe ich die Empfindsamkeit damals als eine bürgerliche Erscheinung angesehen. Allerdings nur ‚grosso modo'. Ohne daß ich das damals reflektiert hatte, ist mir bei der Quellenarbeit klar geworden, daß die Empfindsamkeit in verschiedene Diskurse oder verschiedene Richtungen zerfällt. Zudem kann man nicht ohne Probleme

---

67   Friedrich Sengle: Wieland. Stuttgart 1949; Nachdruck 1961.
68   Schön: Der Verlust der Sinnlichkeit (wie Anm. 60).
69   Christian Berthold: Fiktion und Vieldeutigkeit. Zur Entstehung moderner Kulturtechniken des Lesens im 18. Jahrhundert. Tübingen 1993.
70   Vgl. Jäger: Empfindsamkeit und Roman (wie Anm. 2), S. 10.
71   Vgl. Alberto Martino: Geschichte der dramatischen Theorien in Deutschland im 18. Jahrhundert I: Die Dramaturgie der Aufklärung (1730–1780). Tübingen 1972, S. 123–125, Anm. 34.
72   Vgl. Jäger: Empfindsamkeit und Roman (wie Anm. 2), S. 20–27 und 53–56.

eine Gefühlskultur als bürgerlich bezeichnen, wenn man Bürgerlichkeit mit dem Philanthropismus verbindet, mit dessen Strategie der Vermittlung von Leistung und Arbeitsmoral und mit der Formung des bürgerlichen Arbeitsmenschen. Diese beiden Entwicklungslinien grenzen sich auch polemisch voneinander ab.[73] Mir wurde klar, daß es über den *Werther* so etwas wie eine innerbürgerliche Opposition gibt. Weiter ist mir während der Beschäftigung mit dem Bürgerlichen Trauerspiel aufgefallen, daß es so etwas wie eine bürgerlich-ideologische Front gibt, die man nicht einfach mit irgendwelchen sozialen Konstellationen verrechnen kann. Es gibt so etwas wie eine bürgerliche Formation hinter der Ideologie, zu der aber zum Beispiel auch Teile des Adels gehören. Man kann ja auch von einem bürgerlichen Adel im 19. Jahrhundert sprechen. Ich habe dieses Problem damals nicht über Habermas gelöst, sondern mittels Ideologiekritik oder Ideologiegeschichte, auch marxistischer Provenienz.[74] Die sieht durchaus vor, daß Ideologien nicht einfach bestimmten soziologischen Formationen gleichgesetzt werden können. Ich habe von daher immer den Unterschied von begriffs- oder ideengeschichtlichen Entwicklungen, literarischen Ausprägungen und den soziologischen Strukturen beachtet. Heute würde ich das noch radikaler sehen, weil ich denke, daß man bereits im 18. Jahrhundert von einem Trend zur funktional differenzierten Gesellschaft sprechen kann. Der wurde zwar lange Zeit angehalten durch die Klassenbildung und die Bildung entsprechender horizontaler Formationen, die für die Zeitgenossen im späteren 19. Jahrhundert plausibel waren. In diesem Sinne gab es dann wirklich ein Proletariat, die Entwicklung verläuft jedoch insgesamt in Richtung einer funktional ausdifferenzierten Gesellschaft. Die kann man dann auch ,bürgerlich' oder ,modern' nennen.

Michael Schlott: Wie bewerten Sie im Licht dieser Aussage den Stand der Literatursoziologie und den der sozialgeschichtlichen Literaturgeschichtsschreibung zum damaligen Zeitpunkt?

Georg Jäger: Ich hatte erstaunt festgestellt, daß sich die Bürgerlichkeits-These ja bereits 1925 findet.[75] Ich habe das damals auch zitiert.[76] Da sind bereits eine Reihe von Arbeiten

---

73 Vgl. Jäger: Empfindsamkeit und Roman (wie Anm. 2), S. 47–53; G.J.: Die Leiden des alten und neuen Werther. Kommentare, Abbildungen, Materialien zu Goethes „Leiden des jungen Werthers" und Plenzdorfs „Neuen Leiden des jungen W.". Mit einem Beitrag zu den Werther-Illustrationen. München 1984, Kapitel 1.1.: Die dominante gesellschaftskritische Interpretation – Der gekreuzigte Prometheus.

74 Jäger führt exemplarisch an: Franz Jakubowski: Der ideologische Überbau in der materialistischen Geschichtsauffassung. Frankfurt/Main 1968 [Nachdruck der Dissertation Basel 1935, eingeleitet von Arnhelm Neusüss], sowie Georg Lukàcs: Geschichte und Klassenbewußtsein. Studien über marxistische Dialektik. Amsterdam 1967 (Nachdruck der Ausgabe 1923). Weiterhin verweist er auf einschlägige Themenhefte der Zeitschriften *alternative* und *Das Argument* in den 1960er und 1970er Jahren. Vgl. ferner die von Jäger betreute Dissertation von Angelika Jodl: Der schöne Schein als Wahrheit und Parteilichkeit. Zur Kritik der marxistischen Ästhetik und ihres Realismusbegriffs. Frankfurt/Main 1989.

75 Vgl. Fritz Brüggemann: Der Kampf um die bürgerliche Welt- und Lebensanschauung in der deutschen Literatur des 18. Jahrhunderts. In: Deutsche Vierteljahrsschrift für Literaturwissenschaft und Geistesgeschichte 3 (1925), S. 94–127; F.B.: Gellerts Schwedische Gräfin. Der Roman der Welt- und Lebensanschauung des vorsubjektivistischen Bürgertums. Eine entwicklungsgeschichtliche Analyse. Aachen 1925.

76 Vgl. Jäger: Empfindsamkeit und Roman (wie Anm. 2), S. 146.

zu beachten, etwa Kurt Mays *Weltbild Gellerts in der Dichtung*.[77] Ich erinnere mich an eine ganze Reihe von Arbeiten, die in diese Richtung argumentierten, besonders einschlägig war Brüggemann.[78] Neues brachten die frühen Arbeiten von Engelsing[79]und die von Haferkorn 1963: *Der freie Schriftsteller*[80] – eine ganz durchschlagende Arbeit; Engelsing ist später noch einmal bei Metzler erschienen und dabei ideologisch verwässert worden.[81] Dann gab es auch schon ganz früh ideologiekritische Arbeiten wie etwa *Geld und Geldeswert im bürgerlichen Schauspiel*.[82] Hinzu kam das Buch von Roessler.[83] Es gab also durchaus eine Richtung, die sich neu unter dem Dach der Sozialgeschichte zusammenfand. So war hier auf eine Menge sehr guter Arbeiten zurückzugreifen, die einluden, die Empfindsamkeit als bürgerliche Strömung einzuordnen.

Michael Schlott: Wie beurteilen Sie die Rolle Peter Szondis in diesem Zusammenhang? Welche methodischen und welche inhaltlichen Impulse hat Szondi gegeben?

Georg Jäger: Ich habe Szondi erst später rezipiert. Der Sengle-Kreis war gegenüber solchen, von der Textgeschichte ausgehenden Verfahrensweisen weitgehend abgeschottet. Die Forschungen dieser Richtung, der Szondi angehörte, schlossen Ideologiegeschichte und Textgeschichte hermeneutisch kurz. Eine Methode im strengeren Sinn hat Szondi nie entwickelt, weder eine Theorie der Bürgerlichkeit, noch eine der Literatur in Kommunikationsverhältnissen. Er hat aber sehr treffend Texte analysiert und ideologiegeschichtliche Schemata an diesen Texten festgemacht. Ähnliches finden Sie in Mattenklotts Melancholie-Buch;[84] er machte das in der Art von Szondi. Ich meine, Mattenklott thematisiert deutlicher als Szondi, was er als ‚Verformung der deutschen Bürgerlichkeit' ansieht, den deutschen Irrweg und die Lukács-Problematik. Aber er vermittelt auch sehr abstrakte, soziologische Theoriebildungen mit Arbeit direkt am Text und unterstellt dann eine Korrelation zwischen den Ergebnissen aus beiden Verfahren. Eigentlich fehlt ihm dafür ein Bindeglied. Wenn ich mich recht erinnere, fehlt das auch bei Szondi. Das mag an dem hermeneutischen Hintergrund gelegen haben.

Michael Schlott: Wie beurteilen Sie das Verhältnis zwischen Richard Alewyn und Friedrich Sengle? Alewyns Publikationsliste ist im Vergleich mit derjenigen Sengles recht über-

---

77 Kurt May: Das Weltbild Gellerts in der Dichtung. Frankfurt/Main 1928.
78 Vgl. Brüggemann: Bürgerliche Welt- und Lebensanschauung (wie Anm. 75).
79 Rolf Engelsing: Der Bürger als Leser. Die Bildung der protestantischen Bevölkerung Deutschlands im 17. und 18. Jahrhundert am Beispiel Bremens. Frankfurt/Main 1961, Sp. 205–368.
80 Hans Jürgen Haferkorn: Der freie Schriftsteller. Eine literatursoziologische Studie über seine Entstehung und Lage in Deutschland zwischen 1750 und 1800. In: Börsenblatt für den Deutschen Buchhandel. Archiv für Geschichte des Buchwesens 33, Frankfurter Ausgabe, 19. Jg., Nr. 8a vom 28. Januar 1963, S. 125a–219b.
81 Rolf Engelsing: Der Bürger als Leser in Deutschland 1500–1800. Stuttgart 1974.
82 Hans-Richard Altenhein: Geld und Geldeswert im bürgerlichen Schauspiel des 18. Jahrhunderts. Köln 1952 (Phil. Diss.,Typoskript); ferner H.-R.A.: Geld und Geldeswert. Über die Selbstdarstellung des Bürgertums in der Literatur des 18. Jahrhunderts. In: das werck der bucher. Von der Wirksamkeit des Buches in Vergangenheit und Gegenwart. Horst Kliemann zum 60. Geburtstag. Hrsg. von Fritz Hodeige. Freiburg/Breisgau 1956, S. 201–213.
83 Vgl. Roessler: Die Entstehung des modernen Erziehungswesens (wie Anm. 20).
84 Gert Mattenklott: Melancholie in der Dramatik des Sturm und Drang. Stuttgart 1968; siehe auch das Interview mit Gert Mattenklott, S. 561–589, hier S. 561, 563 f.

schaubar geblieben. Alewyn und Sengle standen in Briefkontakt. Ich habe diese Briefe in Marbach eingesehen,[85] die Haltung Alewyns gegenüber Sengle ist etwa so zu paraphrasieren: Sengle solle ihn schonend behandeln – er, Alewyn, wisse, daß er wenig publiziere. Und ebenso kann man eine entsprechende Haltung aus den Gegenbriefen Sengles an Alewyn herauslesen: Alewyn ist derjenige, der sich mit Bitten an Sengle wendet, und Sengle ist derjenige, der zum gegebenen Zeitpunkt klar sagt, daß er bestimmte Ansätze rundheraus ablehne. Gab es damals in Ihrem Kreise Hinweise darauf, wie sich das Verhältnis zwischen Alewyn und Sengle gestaltete? Und was hielt Sengle von den Arbeiten Alewyns, wie schätzte er ihn ein?

Georg Jäger: Sie wissen sicher, daß Alewyn zum Schluß hier in München war. Er hat sich frühzeitig pensionieren lassen – er hat das übrigens auch sehr schlau gefunden, wie er das gemacht hat, und hat Kollegen Rat gegeben, wie man frühzeitig pensioniert wird. Er hat die Freistellung wohl auch sehr genossen und hier eine Art Schattendasein geführt. Er hat unregelmäßig Lehrveranstaltungen gegeben.

Michael Schlott: Hatte Sengle ursächlich etwas mit Alewyns Wechsel nach München zu tun?

Georg Jäger: Das weiß ich nicht. Darüber wurde auch nicht gesprochen. Jedenfalls, wenn es späte Briefe sind, müßte man quellenkritisch prüfen, ob nicht schlicht der Status eine Rolle spielt. Sengle war noch fest installierter C4-Professor, mit entsprechendem Zugriff auf Ressourcen, und Alewyn eben nicht. Ich meine, Alewyn war hier nur Honorarprofessor. Ich weiß, daß Sengle Alewyn geschätzt hat, daß er des öfteren auf seine Forschungen hingewiesen hat, insbesondere auf seine Forschungen zur Empfindsamkeit oder zu Klopstock und seinen Lesern.[86] Ich nehme an, daß er auch die Beer-Arbeiten[87] geschätzt hat, weil er hier gewisse bürgerliche Züge auch bis zum Barock zurückverfolgen konnte. Mir sind keine despektierlichen Äußerungen bekannt oder daß er Alewyn ein ,Ranggefälle' hätte spüren lassen.

Michael Schlott: Haben Sengle und Alewyn beim Thema Empfindsamkeit gegenseitig voneinander profitiert?

Georg Jäger: Ich denke mir, daß Sengle die Offenheit Alewyns für kommunikationsgeschichtliche Aspekte wie Zeitschriftenwesen und Buchhandel geschätzt hat. Möglicherweise war Alewyn hierin ein Vorbild für ihn. Sengle hat auch die Berufung von Wolfgang Martens hierher als seinen Nachfolger befürwortet. Ich erinnere mich, weil ich damals in der Kommission war und mit Martens allerhand telefoniert habe in dieser Angelegenheit.

---

85   Die von Alewyn hinterlassenen Briefe werden vom Deutschen Literaturarchiv Marbach verwaltet; vgl. Heidrun Fink: Der Nachlaß von Richard Alewyn im Deutschen Literaturarchiv. In: Mitteilungen des Marbacher Arbeitskreises für Geschichte der Germanistik 4 (1992), S. 16–18; siehe auch ⟨http://www.dla-marbach.de/dla/elektronische_publikationen/kussmaul/bestandsliste/nachlass_alewyn_richard/index.html⟩ (eingesehen am 10.02.2012).

86   Vgl. Alewyn: Klopstocks Leser (wie Anm. 45).

87   Richard Alewyn: Johann Beer. Studien zum Roman des 17. Jahrhunderts. Leipzig 1932; Johann Beer: Das Narrenspital sowie Jucundi Jucundissimi Wunderliche Lebens-Beschreibung. Hrsg. von R. A. Mit einem Essay „Zum Verständnis seiner Werke" und einer Bibliographie. Hamburg 1957.

Michael Schlott: Noch einmal zu Alewyn: In seiner Rezension zu Ihrer Dissertation bemängelt er, daß Sie Brief, Lyrik und Drama als empfindsame Gattungen nicht berücksichtigt hätten und daß nur eine, wie er sagt, „Systematik der Erscheinung Empfindsamkeit" eine endgültige Klärung ergeben könne.[88] Vier Jahre später wirft er Sauder vor, daß dieser Empfindsamkeit sehe, wo sie gar nicht sei – nämlich unter anderem im Drama. Ebenso sei eine Systematik der Empfindsamkeit durch eine Klärung der Traktatliteratur nicht zu erreichen.[89] Wie erklären Sie diese eklatante Widersprüchlichkeit und die begrifflichen Unschärfen?

Georg Jäger: Ich lese Rezensionen in der Regel nicht. Diese habe ich vermutlich gelesen. Was wohl waren Alewyns Beweggründe? Man sieht nicht gern Testamentsvollstrecker. Das ist das eine. Zum anderen hat Alewyn, könnte ich mir vorstellen, des öfteren widersprüchliche Aussagen gemacht – einfach deshalb, weil er nie begrifflich eine Konstellation definitiv geklärt hat. Das fehlte allen seinen Arbeiten: Bei Hofmannsthal[90] kann man das noch viel schöner sehen, wie er das immer gescheut hat. Er vermied, was jetzt das Reallexikon leistet: eine begriffliche Explikation möglichst kurz voranzustellen, schrittweise zu erweitern, und dann kommt erst die Sachgeschichte. Dem wäre Alewyn immer als einem Zwangskorsett aus dem Weg gegangen. Zu dem, was er in der Rezension zum Bürgerlichen Trauerspiel anmerkt, wäre zu fragen, ob die Forschung sich nicht geändert hatte in der Zeit zwischen diesen beiden Rezensionen.

Michael Schlott: Wie schätzen Sie die Bedeutung von Pikuliks Dissertation[91] für die Empfindsamkeitsforschung ein? Er hat Ihnen ja vorgeworfen, Sie zögen aus Ihren zutreffenden wortgeschichtlichen Beobachtungen „nicht nur forsche, sondern auch falsche Schlüsse".[92]

Georg Jäger: Ich finde Pikuliks Vorwurf ungerecht, weil ich einer der ersten war, der die ganze Lesedebatte mit eingeschlossen hat.[93] Ich meine damit Fragen nach dem Bild, das ein Autor sich vom Romanleser macht, und danach, was man als Funktion des Romans anstrebt, was er leisten soll oder was man ablehnt. Das spielt bei mir eine größere Rolle als bei Pikulik.

Michael Schlott: Ich würde jetzt gern einige Fragen zur Jakobinismusforschung anschließen. Ich weiß, daß Lakatos' Unterscheidung ‚intern – extern'[94] nie unumstritten gewesen ist, aber ich hoffe, daß Sie das Folgende so akzeptieren können: Auf die Frage nach

---

88   Vgl. Richard Alewyn: [Rez.] Georg Jäger: Empfindsamkeit und Roman, 1969. In: Germanistik 11 (1970), S. 315.
89   Vgl. Richard Alewyn: [Rez.] Was ist Empfindsamkeit? Gerhard Sauders Buch ist überall da vortrefflich, wo es nicht von seinem Thema handelt. In: Frankfurter Allgemeine Zeitung, Nr. 263 vom 12. November 1974, S. 4 L.
90   Richard Alewyn: Über Hugo von Hofmannsthal. Göttingen 1958.
91   Vgl. Pikulik: „Bürgerliches Trauerspiel" und Empfindsamkeit(wie Anm. 37).
92   Vgl. Pikulik: Leistungsethik (wie Anm. 38), S. 215–218, hier S. 215.
93   Vgl. Jäger: Empfindsamkeit und Roman (wie Anm. 2), Teil B: Roman und Lektüre; siehe auch G. J.: Historische Lese(r)forschung. In: Die Erforschung der Buch- und Bibliotheksgeschichte in Deutschland. Hrsg. von Werner Arnold u. a. Wiesbaden 1987, S. 485–507.
94   Vgl. Imre Lakatos: Die Geschichte der Wissenschaft und ihre rationalen Rekonstruktionen. (History of Science and Its Rational Reconstructions. [1971]). In: Theorien der Wissenschaftsgeschichte. Hrsg. von Werner Diederich. Frankfurt/Main 1974, S. 55–119.

den externen Entstehungsbedingungen des Forschungsfeldes Jakobinismus habe ich auch die Antwort erhalten, das habe „in der Luft gelegen". Zu bedenken bliebe dabei aber, daß man sich bei einer Auseinandersetzung mit den gesellschaftlichen Veränderungen in den 1960er Jahren davor hüten muß, diese ausschließlich mit der 1968er-Entwicklung gleichzusetzen. Das ist doch wohl eher ein Bild, das Intellektuelle von den Ereignissen um 1968 herum pflegen. Haben Sie eine befriedigendere, das heißt weitergreifende und vor allen Dingen historisch umfassendere Antwort auf die Frage nach den externen Entstehungsbedingungen der Jakobinismusforschung? Oder meinen auch Sie, daß der Erklärungsansatz mit Blick auf die 1968er-Bewegung hinreicht?

Georg Jäger: Der reicht nicht hin. Ich würde generell zunächst einmal einen ganz anderen Erklärungsansatz anpeilen und mich fragen, wann das Fach personell ‚explodiert' ist. In einer solchen Situation muß sich ein Fach neue Forschungsgegenstände erschließen. Dies gilt um so mehr, wenn es nicht mehr primär über eine Methode oder Theorie zusammenhängt. Man konnte also vor allem mit Rückgriff auf noch nicht Aufgearbeitetes Karriere machen. Das kann man am Beispiel von Hans-Wolf Jäger sehen, der ja noch an der Habilitation über das Lehrgedicht[95] gearbeitet hat, als die 1968er in Bewegung kamen. Es gibt nichts, das man weniger funktionalisieren könnte für eine Gesellschaftskritik als das Lehrgedicht. Daß er das Buch letztlich nicht geschrieben hat, mag damit zusammenhängen, daß Siegrist mit seiner Baseler Dissertation[96] schneller war. Vielleicht auch damit, daß er schließlich den Ruf nach Bremen erhalten hat. Jedenfalls sehe ich all diese neuen Forschungsrichtungen und Aufarbeitungen, die man sich zu dieser Zeit vorgenommen hat, durch fachinterne Faktoren begründet. Daß die Jakobinismusforschung – ich würde das vergleichen mit der Arbeiterliteraturforschung – eine gewisse motivationale Ressource hatte im Selbstbild einiger Kollegen, das scheint mir hinzuzukommen und mag deren Wahl gelenkt haben.

Michael Schlott: Die Klagen von Hochschullehrern wegen einer Überfüllung des ehemals als ‚umfassend bildend' nobilitierten Faches Germanistik setzten ja bereits in den 1950er Jahren ein. Und auch die Klagen, daß die Sekundärliteratur die Literatur überschwemme, daß es keine „Grenzen des Bücherwachstums"[97] gebe, schließen sich an. Hier allerdings, denke ich, muß man differenzieren: anwachsendes Lehr- und Forschungspersonal einerseits, anwachsende Bücherproduktion andererseits. Würden Sie zustimmen, daß der quantitative Faktor der Vermehrung des an Forschung und Lehre beteiligten Personals qualitative Veränderungen in der Situation der Literaturwissenschaft bewirkt hat, nämlich die Veränderung von Forschungsfeldern und die Ausbildung neuer Forschungsrichtungen?

Georg Jäger: Heute würde ich – im Gegensatz zu damals, als ich an eine gesellschaftskritische Sinnbildung glaubte – sogar sagen, daß man die Erklärungsansätze für bestimmte Entwicklungen im Bereich des Nicht-Sinnhaften finden kann. Vielleicht kennen Sie Heinz-Elmar Tenorths Arbeiten?[98] Er ist der Auffassung, daß die meisten bildungsgeschichtlichen

---

95   Vgl. H. W. Jäger: Zur Poetik der Lehrdichtung (wie Anm. 8).

96   Christoph Siegrist: Das Lehrgedicht der Aufklärung. Stuttgart 1974.

97   Wolfgang Clemen: Keine Grenzen des Bücherwachstums? Wie Sekundärliteratur die Literatur zu überwuchern droht. In: Süddeutsche Zeitung, Nr. 76 vom 30./31. März 1974, S. 97.

98   Der Bildungshistoriker Heinz-Elmar Tenorth gehört, wie auch Georg Jäger, zu den Herausgebern des *Handbuchs der deutschen Bildungsgeschichte. Gesamtwerk in sechs Bänden*. Hrsg. von

Veränderungen aus den Interessen von Formationen der Bildungsträger resultieren. Zum Beispiel die Volksschullehrer: Eine Universitätsausbildung wollte diese Gruppe hauptsächlich deshalb, um dann genauso bezahlt zu werden wie die Gymnasiallehrer. Es ging ihnen nicht primär um die bessere Bildung oder Ausbildung, es ging ihnen um ein bestimmtes Interesse: um ihr Salär. Es ging wahrscheinlich auch nicht primär um die gesellschaftliche Stellung, aber das hängt eng damit zusammen. Man kann sich ganze bildungsgeschichtliche Entwicklungen sehr schlüssig erklären, wenn man sich Interessen ihrer Träger vor Augen führt. Und bei dem von Ihnen genannten Beispiel würde ich ebenso sagen: Das waren schließlich Leute, die alle Karriere machen mußten. Die haben sich – sicherlich auch gelenkt von ihren eigenen Motivationen – auf wenig aufgearbeitete Forschungs- oder Problembereiche geworfen. Hierbei kommt noch hinzu, daß auf diese Weise Karriere zu machen nur möglich ist, weil sich unser Fach nicht primär methodologisch organisiert.[99]

Michael Schlott: Wir unterscheiden in der Rekonstruktion des wissenschafts- und fachgeschichtlichen Prozesses zwei Hauptrichtungen, die sich am Ende der 1960er und zu Beginn der 1970er Jahre ausdifferenziert haben: Politisierung und Soziologisierung. Einmal vorausgesetzt, Sie können dieser Einteilung zustimmen: Wie beurteilen Sie im Rückblick diese fachgeschichtliche Entwicklung und welche wissenschafts- und gesellschaftspolitischen Konsequenzen hat sie Ihrer Ansicht nach gezeitigt?

Georg Jäger: Ich gehe zunächst von der Soziologisierung aus, um den entscheidenden Unterschied festzumachen. Die Soziologisierung eines Faches wie Neuere deutsche Literatur oder Germanistik muß nicht zur Folge zu haben, daß die Tätigkeiten der Gegenwart und den Gegenwartsproblemen gelten. Sie können eine Soziologie des Barock schreiben, ohne damit Handlungsanweisungen für die Gegenwart zu verbinden. Obwohl die Dinge damals sehr häufig beieinander gelegen haben, hat ,Soziologisierung' zunächst nichts zu tun mit einer größeren Gegenwartsnähe oder Verwertbarkeit des Faches. Es handelt sich um eine Verwissenschaftlichung des Faches Neuere deutsche Literatur, insofern sie sich von Emil Staigers ,Interpretationskunst'[100] fortbewegt, weil ganz andere Ansprüche an Überprüfbarkeit und auch der Lehr- und Lernbarkeit zu stellen sind. Damit hat Soziologisierung

Christa Berg, August Buck, Christoph Führ, Carl-Ludwig Furck, Notker Hammerstein, Ulrich Herrmann, Georg Jäger, Karl-Ernst Jeismann, Dieter Langewiesche, Peter Lundgreen, Detlef K. Müller, Karl Wilhelm Stratmann, Heinz-Elmar Tenorth und Rudolf Vierhaus. München 1987– 1998. In Bd. 3 (1800–1870. Von der Neuordnung Deutschlands bis zur Gründung des Deutschen Reiches. Hrsg. von Karl-Ernst Jeismann und Peter Lundgreen. 1987) haben Jäger und Tenorth gemeinsam das Kapitel „Pädagogisches Denken" (S. 71–104) verfaßt. Vgl. ferner: Heinz-Elmar Tenorth: Schulmänner – Volkslehrer – Unterrichtsbeamte: Ergebnisse und Probleme neuerer Studien zur Sozialgeschichte des Lehrers in Deutschland. In: Internationales Archiv für Sozialgeschichte der deutschen Literatur 6 (1981), S. 198–222.

99 Siehe dazu die Interviews mit Eberhard Lämmert (S. 271–298, hier S. 296), Walter Müller-Seidel (S. 299–314, hier S. 304 f.), Hans-Wolf Jäger (S. 500–527, hier S. 524 f.), Gert Mattenklott (S. 561– 589, hier S. 564 f.) und Klaus R. Scherpe (S. 692–712, hier S. 707 f.).

100 Emil Staiger: Die Kunst der Interpretation. Studien zur deutschen Literaturgeschichte. Zürich 1955 und öfter. Vgl. Lutz Danneberg: Zur Theorie der werkimmanenten Interpretation. In: Zeitenwechsel. Germanistische Literaturwissenschaft vor und nach 1945. Hrsg. von Wilfried Barner und Christoph König. Frankfurt/Main 1996, S. 313–342; 1955–2005. Emil Staiger und „Die Kunst der Interpretation" heute. Hrsg. von Joachim Rickes u. a. Bern u. a. 2007; Bewundert und viel gescholten. Der Germanist Emil Staiger (1908–1987). Vorträge des Internationalen Forschungskolloqui-

übrigens eine Konsequenz, die Politisierung nicht hat, nämlich: Es wird schwieriger, gesellschaftlich zu vermitteln, warum es überhaupt ein solches Fach wie Germanistik gibt. Die Antwort, die ich mir zu geben angewöhnt habe, lautet: Das Fach Neuere deutsche Literatur ist groß geworden, wird gestützt und finanziert von der Gesellschaft, weil es Bildung tradiert – etwas, was die Gesellschaft meint, weitergeben zu müssen, zum Beispiel über die Schule. Es ist also ein Stück Formation der Gesellschaft, die wir leisten und die offensichtlich so gewollt ist. Das ist eine Funktion, die mehr mit Pädagogik als mit Wissenschaft zu tun hat. Insofern schafft eine Soziologisierung der Neueren deutschen Literatur eine ungeklärte Frage nach unserer Legitimation.

Das ist das eine – Politisierung ist sicherlich das weniger weitreichende Phänomen. Sie setzt ja selbst voraus, daß unser Fach schon immer politisch funktioniert hat – nur eben nicht kritisch-politisch. Es heißt also: Was wir bisher unbewußt gemacht haben, müßte bewußt und eben dann mit anderen Zielrichtungen gemacht werden, um die Gesellschaft anders auszurichten. Insofern kann diese Gesellschaft sich als Weiterführung – sozusagen in der Negation – bisheriger Standards verstehen. Man kann auch politisch lesen, indem man textimmanent arbeitet. Das ist keine Frage, man kann sich an der politisch engagierten Klientel beziehungsweise an politischen Zielvorstellungen orientieren. Das würde ich als Unterschied sehen. Es kommt hinzu, daß die Politisierung natürlich zunächst das viel Wichtigere war, weil nämlich die kultur- und hochschulpolitischen Fragen daran hingen: In der sogenannten Bildungskatastrophe haben vor allem die SPD-regierten Länder alle ihre Assistenten zu Professoren gemacht und damit den Mittelbau beseitigt. Das Problem kennen Sie aus Hamburg. Das hat übrigens wiederum Konsequenzen für das Fach selbst, weil diese Leute, nun selbst Professoren, wieder publizieren müssen. Die müssen ja viel mehr schreiben. Wenn einer eine Dauerstelle im akademischen Mittelbau hat, dann ist der ja eigentlich nicht verpflichtet zu forschen. Aber von einem professoralen Hochschulvertreter erwartet man, daß er sich wissenschaftlich profiliert. Das machen viele trotzdem nicht, der Druck besteht dennoch – zumal dann, wenn bestimmte hochschulpolitische Interessen bedient werden sollen. Solche Aspekte spielen bei der ‚Soziologisierung‘ der Germanistik keine Rolle.

In der Empfindsamkeitsforschung zeigt sich genau dieser Unterschied. Auf der Seite der Politisierung könnte man Klaus R. Scherpe verorten, mit dem ich meine Schwierigkeiten gehabt habe.[101] Ich habe einen anderen Weg gesucht und mich der ‚Verwissenschaftlichung‘ unseres Faches verschrieben – etwa in Aufsätzen wie dem über „Freundschaft und Liebe“.[102] Und so kam es immer wieder zur Auseinandersetzung mit Kollegen wie Klaus R. Scherpe.

ums und der Ausstellung zu Emil Staigers 100. Geburtstag vom 5. bis 9. Februar 2008 in Zürich. Hrsg. von J. R. Würzburg 2009.

101 Klaus R. Scherpe: Werther und Wertherwirkung. Zum Syndrom bürgerlicher Gesellschaftsordnung im 18. Jahrhundert. Bad Homburg vor der Höhe u. a. 1970; 2. Aufl.: Wiesbaden 1975; 3. Aufl.: 1980.; K. R. S.: Natürlichkeit und Produktivität im Gegensatz zur „bürgerlichen Gesellschaft“. Die literarische Opposition des Sturm und Drang: Johann Wolfgang Goethes „Werther“. In: Westberliner Projekt: Grundkurs 18. Jahrhundert. Die Funktion der Literatur bei der Formierung der bürgerlichen Klasse Deutschlands im 18. Jahrhundert, Teil 1: Analysen. Hrsg. von Gert Mattenklott und K. R. S. Kronberg/Taunus 1974, S. 189–215; vgl. dazu kritisch: Jäger: Die Leiden des alten und neuen Werther (wie Anm. 73), Kapitel 1.1.

102 Georg Jäger: Freundschaft, Liebe und Literatur von der Empfindsamkeit bis zur Romantik: Produktion, Kommunikation und Vergesellschaftung von Individualität durch „kommunikative Muster ästhetisch vermittelter Identifikation“. In: SPIEL 9 (1990), H. 1, S. 69–87.

Michael Schlott: Sehen Sie in der literaturwissenschaftlichen Jakobinismusforschung methodische und inhaltliche Defizite?

Georg Jäger: Ja nun, das kommt darauf an, was man unter Wissenschaft versteht. Wolfgang Frühwald hat die Geisteswissenschaften auf die Funktion der Memoria festgelegt.[103] Die Jakobinismusforschung hat unendlich Wichtiges geleistet, indem sie großenteils unbekannte Texte ediert hat – darunter auch sehr gute Texte (Rebmann zum Beispiel) –,[104] die auch in den Kanon aufgenommen werden könnten. Ich weiß nicht, ob das mit Rebmann tatsächlich geschehen ist.

Michael Schlott: Ich denke, Knigge,[105] Rebmann und Seume[106] beispielsweise sind bereits Anfang der 1970er Jahre im Kanon angekommen.

Georg Jäger: Jedenfalls hat man die jakobinische Literatur ediert, es sind auch Monographien zu diesen ‚vergessenen Autoren‘ entstanden. Über Rebmann gibt es inzwischen schon mehrere.[107] Man weiß über deren Leben, Einstellungen, Schaffensumstände nun Bescheid. Insofern ist an der Memoria hier mit Erfolg gearbeitet und eine Korrektur der germanistischen Auswahlprinzipien des Kanons erreicht worden. Die Germanistik war ja eher konservativ und auf Hochliteratur gerichtet und solcher eingreifenden Literatur höchst abgeneigt. Ich finde meine Antwort selbst unbefriedigend. Ich gebe sie hier auch eher in dieser Weise, weil viele Kollegen heute so antworten würden. Unser Fach ist auf die Memoria und damit auf kulturelle Funktionen immer noch festgelegt.

Wenn man versucht, die Jakobinismusforschung wissenschaftsgeschichtlich zu resümieren, muß man sagen: Da ist nur sehr wenig herausgekommen, soweit ich das sehe. Es ist nicht klar geworden, wie Politik und Literatur zueinander stehen, obwohl man ungeheuer viel über operative Genres geschrieben hat, über die jakobinischen Dramen und sonstige jakobinische Literatur wie Romane und Lyrik.[108] Es ist eine tüchtige Flugschriftenfor-

---

103 Frühwald kam 1996 auf diese Festlegung zurück: „Die auf Erinnerung und kulturelles Gedächtnis ausgerichteten Geisteswissenschaften könnten ihnen in Gestalt der Kulturwissenschaften ihr verlorenes Definitionsmonopol für Wissenschaft zurückholen." So in: Palimpsest der Bildung. Kulturwissenschaft statt Geisteswissenschaft. In: Frankfurter Allgemeine Zeitung vom 8. Mai 1996, S. 41.

104 Vgl. etwa Georg Friedrich Rebmann: Kosmopolitische Wanderungen durch einen Teil Deutschlands. Hrsg. und eingel. von Hedwig Voegt. Frankfurt/Main 1968.

105 Adolph Freiherr Knigge: Des seligen Herrn Etatsraths Samuel Conrad von Schaafskopf hinterlassene Papiere; von seinen Erben herausgegeben. Mit einem Nachwort von Iring Fetscher. Frankfurt/Main 1965; Joseph's von Wurmbrand, Kaiserlich abyssinischen Ex-Ministers, jezzigen Notarii caesarii publici in der Reichsstadt Bopfingen, politisches Glaubensbekenntniß, mit Hinsicht auf die französische Revolution und deren Folgen. Hrsg. von Gerhard Steiner. Frankfurt/Main 1968.

106 Johann Gottfried Seume: Prosaschriften. Mit einer Einleitung von Werner Kraft. Darmstadt 1974.

107 Vgl. Rainer Kawa: Georg Friedrich Rebmann (1768–1824). Studien zu Leben und Werk eines deutschen Jakobiners. Bonn 1980; Maria Anna Sossenheimer: Georg Friedrich Rebmann und das Problem der Revolution. Revolutionserfahrungen, Revolutionsinterpretationen und Revolutionspläne eines deutschen Republikaners. Frankfurt/Main 1988.

108 Vgl. etwa Walter Grab: Norddeutsche Jakobiner. Demokratische Bestrebungen zur Zeit der Französischen Revolution. Frankfurt/Main 1967; Von deutscher Republik 1775–1795. 2 Bde. Hrsg. von Jost Hermand. Frankfurt/Main 1968; Bd. 1: Aktuelle Provokationen; Bd. 2: Theoretische Grundlagen; Hans-Werner Engels: Gedichte und Lieder deutscher Jakobiner. Stuttgart 1971; Gerhard Steiner: Jakobinerschauspiel und Jakobinertheater. Stuttgart 1973; Demokratisch-revolutionäre Lite-

schung entstanden. Es wurde sogar die Form des Katechismus erforscht mit Bezug auf seine gesellschaftspolitische Wirksamkeit.[109] Aber es sind weder die Textbegriffe geklärt worden, noch wurde erschlossen, wie sich die Systeme Politik und Literatur in strukturierten Zusammenhängen zueinander verhalten. Es ist eigentlich alles nur angesprochen worden in der Jakobinismusforschung. Sie hat aufgehört, als sie diese Fragen hätte klären müssen.

Michael Schlott: Ist die literaturwissenschaftliche Jakobinismusforschung also gescheitert? Ich meine, hat sich der von ihr erhobene Wissensanspruch durchgesetzt oder nicht? Wenn man an tradierte Epochenschemata, an die Erweiterung des Gegenstandsbereiches und an die Bedeutung der literaturbezogenen Institutionen denkt?

Georg Jäger: Von Scheitern würde ich nicht sprechen, aber sie hat aufgehört, als sie bestimmte weitere Probleme hätte behandeln müssen. Sie hat viel geleistet, gemessen an der Zahl der Monographien in den Bibliotheken. Ich sehe gleichwohl nicht, daß die Forschungen als Allgemeingut auf Dauer integriert worden wären. Da gibt es nur einige Ausnahmen, Knigge etwa. Bei Rebmann ist es schon problematisch, obwohl ich diesen Autor für sehr wichtig halte. Aber andere Jakobiner wie Hebenstreit sind nicht kanonisiert worden, es sei denn über die Gattungsgeschichte. Auch die Flugschriftenforschung ist praktisch eingeschlafen. Ich meine, daß immer noch die alte Funktion des Bildungswissens in der Literaturwissenschaft dominiert. Man tendiert dazu, nicht gesellschaftlich eingreifende Literatur in den Unterricht zu nehmen, sondern die, der man bildende Werte entnimmt. Das können dann auch nur formal bildende Werte sein, die man meistenteils in der Jakobinerliteratur nicht findet, weil die für die zeitgenössische Gegenwart gedacht war und auch keine weitergehenden Ansprüche erhebt. So steht es auch mit der Arbeiterliteratur, da haben Sie genau dasselbe Phänomen. Das ist ein Indiz dafür, daß unser Fach nicht wesentlich methodologisch in seiner Entwicklung gesteuert wird, sondern durch Neuerungen im Gegenstandsbereich, die sich Einzelne zuschreiben können. Die wenigsten Karrieren sind bei uns methodisch ausweisbar, wie es etwa in der Physik der Fall ist. Dort gibt es die Experimentalphysik und die Theoretische Physik, das heißt: Diese beiden Zweige sind eigentlich diejenigen, die über die Gelder verfügen. In der Theoretischen Physik muß man sich, um Karriere zu machen, mit einer neuen theoretischen Erkenntnis ausweisen.

Michael Schlott: Herr Jäger, wie schätzen Sie die Einflußmöglichkeiten von Verlagen auf den Wissenschaftsbetrieb ein? Welche Auswahlkriterien legen wissenschaftliche Verlage für die Übernahme von Arbeiten an? Zählt einzig methodische Solidität? Welches Gewicht haben ökonomische Erwägungen?

---

ratur in Deutschland: Jakobinismus. Hrsg. von Gert Mattenklott und Klaus R. Scherpe. Kronberg/Taunus 1975; Inge Stephan: Literarischer Jakobinismus in Deutschland 1789–1806. Stuttgart 1976; Walter Grab: Freyheit oder Mordt und Todt. Revolutionsaufrufe deutscher Jakobiner. Berlin 1979; zudem: Ausstellung des Bundesarchivs und der Stadt Mainz im Foyer des Mainzer Rathauses: Deutsche Jakobiner. Mainzer Republik und Cisrhenanen 1792–1798. Mainz 1981 (Bd. 1: Handbuch. Beiträge zur demokratischen Tradition in Deutschland; Bd. 2: Bibliographie zur deutschen linksrheinischen Revolutionsbewegung in den Jahren 1792/93. Ein Nachweis der zeitgenössischen Schriften mit den heutigen Standorten, zusammengestellt von Hellmut G. Haasis; Bd. 3: Katalog).

109 Vgl. Politische Katechismen. Volney, Kleist, Heß. Hrsg. von Karl Markus Michel. Frankfurt/Main 1966.

Georg Jäger: Dazu kann ich etwas sagen. Es gibt Verlage, insbesondere Wissenschaftsverlage, die praktisch nicht lektorieren, sondern die Sicherung des Standards den Empfehlungen und den jeweiligen Herausgebern überlassen. Ein gutes Beispiel dafür ist Niemeyer. Das hat für den Verlag sehr viele Vorteile. Er wählt sich für Begutachtungen die angesehenen Fachvertreter oder diejenigen, die im Fach die Machtpositionen besetzen. Dadurch wird garantiert, daß ein gewisser Standard nicht unterschritten wird. Die meisten Bücher, die bei Niemeyer erscheinen, sind ja akademische Laufbahnschriften, die sich an Standards orientieren müssen. Oder die Publikationen erscheinen in Reihen, die durch Herausgeber lektoriert oder mitverantwortet werden. Und was wichtig ist beim Verlag, das entscheiden die Fachvertreter – die zieht er sich als Herausgeber heran. Nun ging es dem Niemeyer-Verlag ja zu der Zeit, als der Metzler-Verlag sehr engagiert war, schlecht. Man ging damals zu den engagierten Verlagen, die entsprechend aktive Lektoren hatten. Im Niemeyer-Verlag hat sich seit den 1970er Jahren wenig geändert: Der Verlag läßt sich nicht politisieren und nicht vor den Karren irgendwelcher ideologischer Entwicklungen spannen. Er macht schlichtweg im fachlichen Bereich solide, gute Bücher. Er geht auch kaum Risiken ein – er kalkuliert mit wenigen verkauften Exemplaren und setzt größtenteils auf Druckkostenzuschüsse, die er dann meist auch bekommt, weil die Bücher schon vorkontrolliert sind und die entsprechenden Schleusen schon durchlaufen haben. Es gibt andererseits auch Verlage, die engagierte Lektoren im Hause haben. Dazu zählen der Metzler-Verlag mit Bernd Lutz und Uwe Schweikert, der Fink-Verlag mit Raimar Zons und Reclam mit Karl-Heinz Fallbacher. Karl-Heinz Fallbacher war im Reclam-Verlag für Redaktion und den Bereich Öffentlichkeitsarbeit und Werbung zuständig. Später leitete er meines Wissens die Abteilung Marketing und Vertrieb. Ich habe einmal über den Zusammenhang von Wissenschaftsentwicklung und Verlagen geschrieben.[110] Das ist zwar an einem historischen Beispiel aufgezogen, einiges gilt aber auch allgemein für das Zusammenspiel von Wissenschaft und Verlag. Sicherlich gibt es die von Ihnen angesprochene Steuerungsfunktion, aber da muß man eben unterscheiden: Woran haben Verlage ein Interesse? Wirtschaftlich haben die Verlage ein Interesse, ihre Bücher in hoher Stückzahl zu verkaufen. Das sind entweder Lehrbücher, akademische Standardwerke oder eben Bücher, die einen breiteren Publikumskreis ansprechen. Das können Studenten, Lehrer oder ein gebildetes Publikum sein oder eben auch Fachvertreter. In diesem Sektor sind Verlage häufig auch von sich aus aktiv. Bernd Lutz hat in den 1960er, wahrscheinlich auch in den 1970er Jahren ganz entschieden die Politik betrieben, die 1968er-Bewegung möglichst an den Verlag zu binden. Durch ihn ist das Verlagsprogramm mit dieser Richtung eine Art Fusion eingegangen. Er hat deswegen später auch Schwierigkeiten bekommen. Und natürlich steuert ein Verlag durch die Publikation von spektakulärer Literatur, die den Betrieb anheizt. Bernd Lutz hat zum Beispiel die Jakobinismus-Reihe begonnen.[111] Da agiert man dann als Leiter und schreibt einen Beitrag in einem Sammelband oder Buch und nimmt diese oder jene Dis-

---

110 Georg Jäger: Buchhandel und Wissenschaft. Zur Ausdifferenzierung des wissenschaftlichen Buchhandels. Siegen 1990; siehe dazu auch das Interview mit Wilhelm Voßkamp und Nikolaus Wegmann, S. 402–425, hier S. 420 f.

111 Deutsche revolutionäre Demokraten. Hrsg. von Walter Grab. 5 Bde. Stuttgart 1971–1978; Bd. 1 (1971): Hans-Werner Engels: Gedichte und Lieder deutscher Jakobiner; Bd. 2 (1978): Axel Kuhn: Linksrheinische deutsche Jakobiner. Aufrufe, Reden, Protokolle, Briefe und Schriften 1794–1801; Bd. 3 (1972): Alfred Körner: Die Wiener Jakobiner; Bd. 4 (1973): Gerhard Steiner: Jakobiner

sertation in die Reihe hinein. Wenn Sie dagegen nach der Begründung von Karrieren oder auch theoretischen Entwicklungen im Fach und deren Zusammenhang mit Verlagen fragen, verhält es sich anders. Da ist in der Regel die Dominanz bei der Wissenschaft, die Verlage sind mehr oder weniger interessierte Dienstleister. Sie übernehmen es dann, aber machen meist kein großes Geschäft. Das müßte schon eine durchschlagende Publikation sein, die in großen Stückzahlen verkauft wird. In der Regel sind es ja bei uns 300 bis 500 Stück. Auch STSL[112] verkaufen um 400 Stück herum. Das ist ein guter Verkauf. Im Lang-Verlag habe ich eine Dissertationsreihe.[113] Da kann man froh sein, wenn man 150 Stück verkauft. Was die wissenschaftlichen Zeitschriften betrifft: *editio* hat, glaube ich, eine verkaufte Auflage von 200 Exemplaren. IASL[114] erreicht auch nicht 500. Da ist kein großer Verlagsgewinn zu machen. Im ganzen gesehen rentiert es sich schon – die Masse und die Zuschüsse machen es. Ich glaube, bei den im engeren Sinne wissenschaftlichen Entwicklungen haben Verlage wenig Einfluß. Das, was in Verlagen entscheidend geschieht, bestimmen nämlich viele Wissenschaftler selbst: Sie müssen in den wichtigen Zeitschriften publizieren. Dort bestimmen Herausgeber, die sehr genau analysieren und entschiedene Kritiken von Kollegen einholen; der Beitrag muß das alles bestehen. Allerdings: Unser Fach ist anfällig für Einflüsse von außen – besonders in den Zeiten, in denen das Feuilleton wichtiger ist als die Fachkritik.

Michael Schlott: Noch einmal zur Empfindsamkeitsforschung: Welche ungelösten Probleme sehen Sie hier?

Georg Jäger: Ich sehe derer zwei: Einmal ist es das Problem des Begriffs der Bürgerlichkeit. Die sozialhistorische Zurechnung der Empfindsamkeit ist in der kontroversen Debatte verblieben, ohne daß eine Lösung gefunden worden wäre. Ich meine, daß man da heute neuere systemtheoretische oder auch ideologiekritische Ansätze anwenden müßte, um Bürgerlichkeit neu zu bestimmen – sei es als Diskurs oder als ideologische Formation. Dann käme man auch weiter, denn ich glaube, mit einer Verrechnung auf ein soziales Datum hin muß man scheitern. Heute würde ich das Stichwort geben: funktional differenzierte Gesellschaft. Bürgerlichkeit ist aber nicht mehr im Sinne der stratifizierten Semantik direkt einer sozialen Formation zuzurechnen, das geht nicht mehr. Mir scheint auch, daß der Historiker-Arbeitskreis um Conze, Koselleck und andere im wesentlichen gescheitert ist, weil er versuchte, das Problem über das, was für Historiker Empirie ist, zu lösen. Das ist ja wie das Hornberger Schießen ausgegangen. Das Beste sind noch die begriffsgeschichtlichen Studien, die sie durchgeführt haben.[115] Was die Literaturwissenschaft betrifft und Sie vielleicht überrascht: Das Thema Empfindsamkeit als Gegenstand der Formengeschichte wurde gar nicht erst aufgegriffen.

---

schauspiel und Jakobinertheater; Bd. 5 (1973): Walter Grab: Leben und Werke norddeutscher Jakobiner; siehe dazu II, 2.2.1, S. 103–107.

112 Studien und Texte zur Sozialgeschichte der Literatur. Hrsg. von Wolfgang Frühwald u. a. Tübingen 1981 ff.; Georg Jäger war Mitherausgeber bis Bd. 100.

113 Münchener Studien zur literarischen Kultur in Deutschland. Mitherausgeber: Renate von Heydebrand und Jürgen Scharfschwerdt. Frankfurt/Main u. a. 1986 ff., der aktuelle Herausgeber ist Oliver Jahraus.

114 Internationales Archiv für Sozialgeschichte der deutschen Literatur. 1976 ff. Georg Jäger war Mitherausgeber bis Bd. 26; siehe dazu das Interview mit Gerhart Pickerodt, S. 590–606, hier S. 595.

115 Vgl. etwa Ulrich Engelhardt: „Bildungsbürgertum". Begriffs- und Dogmengeschichte eines Etiketts. Stuttgart 1986.

Michael Schlott: Was aber ist mit Paul Böckmann?[116]

Georg Jäger: Ja, Böckmann wäre hier zu nennen, aber auch das, was August Langen[117] gemacht hat oder was Sengle mit den rhetorischen Tönen meinte.[118] Ich meine, daß sich in der Empfindsamkeit ein Stück Abstraktionsgeschichte abspielt. Es werden reine Formen gefunden, die sich herausbilden und emanzipieren. Diese haben nicht mehr primär mit begrifflich faßbaren Inhalten zu tun, auch nicht mehr mit den Aussage-Intentionen; sie stellen vielmehr ein abstraktes Muster medienmäßig dar. So wäre unsere Mediengeschichte überhaupt großenteils als Formengeschichte schreibbar. Das wäre mit dem Begriff ‚Emergenz' zu fassen. Ich meine, daß die Empfindsamkeit so etwas wie formale Elemente herausbildete, die man eigens mit einer mediengeschichtlich inspirierten Formengeschichte untersuchen müßte. Also Empfindsamkeit als eine Medienkultur, die eine Gesellschaft zusammenhalten soll – das wäre als These immer noch zu verfolgen. Das ist ja schon eine zeitgenössische Perspektive gewesen – etwa bei Lessing, ich gebe nur als Stichworte: „*Der mitleidigste Mensch ist der beste Mensch*",[119] also seine Verweise auf das Theater, der Rekurs auf dieses Medium. Von dort aus würde ich weiterfragen: Was ist da geschehen? Wie sieht es heute mit Hollywood aus? Was hat sich da getan?

Michael Schlott: Vielen Dank, Herr Jäger, daß Sie Zeit für dieses Gespräch erübrigt haben. Es war außerordentlich lehrreich für mich.

---

116 Paul Böckmann: Formgeschichte der deutschen Dichtung in zwei Bänden. Bd. 1: Von der Sinnbildsprache zur Ausdruckssprache. Der Wandel der literarischen Formsprache vom Mittelalter zur Neuzeit. Hamburg 1949 [Bd. 2 ist nicht erschienen].

117 Vgl. Langen: Der Wortschatz des deutschen Pietismus (wie Anm. 31).

118 Vgl. Sengle: Vorschläge zur Reform der literarischen Formenlehre (wie Anm. 5), 2. verb. Aufl. Stuttgart 1969, S. 35–45. Das Material aus den Rhetorik-Lehrbüchern hat, wie Sengle in Anm. 39 festhält, Georg Jäger zutage gefördert. Der von ihm angekündigte Beitrag ist jedoch im Druck nicht erschienen; vgl. die erste Fassung von Jägers Dissertation (wie Anm. 3).

119 Vgl. Gotthold Ephraim Lessing: Briefwechsel über das Trauerspiel. [1756/57]. In: G. E. L.: Werke. Bd. 4: Dramaturgische Schriften. Bearb. von Karl Eibl. München 1973, S. 159–165, hier S. 163 (Hervorhebung im Original): Lessing an Friedrich Nicolai, im November 1756.

Peter Müller

PETER MÜLLER (1936–2010), 1954 Studium der Germanistik und Geschichte an der Humboldt-Universität zu Berlin, 1958 Assistent am Germanistischen Institut der Humboldt-Universität, 1965 Promotion, 1973 Dozent, 1976 Habilitation (Dr. sc.), 1978 Professor für Neuere deutsche Literatur an der Humboldt-Universität zu Berlin, 1987 Direktor der Sektion Germanistik, 1992 Vorruhestand.

In PETER MÜLLERS literaturwissenschaftlicher Tätigkeit erscheint das 18. Jahrhundert als Schwerpunkt – insbesondere mit der Literatur des Sturm und Drang und des jungen Goethe. Die 1969 im Druck erschienene Dissertation zu Goethes *Werther* zog heftige Kritik in der DDR (bis hin zu einem Parteiverfahren) und auch kritische Äußerungen in der westdeutschen Germanistik nach sich. MÜLLER erörterte Goethes Briefroman nicht im Kontext der Empfindsamkeit, sondern mit Bezug auf das Problem der Selbstverwirklichung des Individuums in der sich formierenden bürgerlichen Gesellschaft. Seine Kritiker in der DDR befürchteten, daß eine solche Goethe-Interpretation einbezogen werden könnte in die seit den späten 1960er Jahren verstärkte (und insbesondere in Literatur und Philosophie geführte) Debatte, inwieweit dem Individuum im Sozialismus ein größerer Freiraum zugestanden werden müsse.

Das Interview wurde am 8. September 1994 in Berlin geführt.

Michael Schlott: Herr Müller, könnten Sie bitte über Ihre akademische Sozialisation in Berlin berichten?

Peter Müller: Meine wichtigsten Lehrer waren Hans-Günther Thalheim,[1] Gerhard Scholz[2] und Wolfgang Heise. Heise war Philosoph, hat aber sehr stark durch Publikationen und Vorlesungen in die Germanistik hineingewirkt.[3] Sie wissen ja um die Situation dieser Jahre. Der Großteil der alten Professoren war nach Westdeutschland bzw. an die Freie Universität in Westberlin gegangen, die ja ausdrücklich als politische Gegengründung gegen die Humboldt-Universität installiert worden war. Es war ein kalter Krieg, also eine Zeit der Systemauseinandersetzung zwischen Ost und West. Zu Beginn meines Studiums trugen daher meist jüngere Leute den Lehrbetrieb, von den älteren (neu an die Humboldt-Universität berufenen) Professoren habe ich Vorlesungen von Leopold Magon besucht. Damals haben

---

1   Siehe dazu das Interview mit Hans-Dietrich Dahnke, S. 218–254, hier S. 223–226.
2   Siehe dazu II, 2.1.2, S. 49, Anm. 139.
3   Siehe dazu den II, 2.2.3, S. 208.

Hans Mayer und Victor Klemperer sporadisch Vorlesungen gehalten,[4] die ich natürlich nach Möglichkeit besucht habe. Die zweifellos größte Wirkung ging jedoch von den Büchern von Georg Lukács aus, dessen Publikationen auch von meinen Lehrern aufgenommen wurden, ideeller Hintergrund auch der Arbeiten des Scholz-Kreises waren. Bei den Mitgliedern dieser aus gemeinsamen Studien bei Gerhard Scholz in Weimar hervorgegangenen Gruppe, also bei Thalheim, Wolfgang Heise, Evamaria Nahke, Lore Kaim-Kloock, Inge Diersen, Hans Kaufmann, Silvia und Dieter Schlenstedt sowie Dieter Schiller und Hans-Dietrich Dahnke, ging ich in die wissenschaftliche Lehre. Erst später wurde Gerhard Scholz nach Berlin berufen und hat durch seine unorthodoxen Vorlesungen zur deutschen Exilliteratur, zur Weltliteratur und zum *Faust* Goethes methodologisch prägend auf mich gewirkt. Von den Historikern hat mich besonders Heinrich Scheel beeindruckt, der in diesen Jahren an seinen Büchern zum deutschen Jakobinismus gearbeitet hat.[5]

Michael Schlott: Könnten Sie ein wenig ausführlicher über Gerhard Scholz berichten, etwa über seine akademische Herkunft?

Peter Müller: Die Arbeit von Ursula Wertheim über ihn gibt zuverlässige Auskunft über sein akademisches Herkommen,[6] auch Hans-Günther Thalheims Interview in den *Weimarer Beiträgen*[7] charakterisiert überzeugend den theoretischen Ansatz seines Lehrers. Ich habe Gerhard Scholz durch die Arbeiten seiner Schüler kennengelernt. Vor allem Heinz Stolpes Buch zu Herders Auffassung vom Mittelalter[8] resümiert die Arbeit der Weimarer Gruppe unter Leitung von Scholz. Unmittelbar habe ich Gerhard Scholz als Wissenschaftler kennengelernt, der die Erfahrungen des Exils stets im Auge hatte. Die Bekanntschaft mit Bertolt Brecht im schwedischen Exil hat ihn stark geprägt, sein Werk und seine Denk-

---

4   Vgl. zur Germanistik an der Humboldt-Universität in den ersten Jahrzehnten nach 1945 u.a.: Materialien zur Geschichte der marxistisch-germanistischen Literaturwissenschaft in der DDR. Gespräch mit Hans-Günther Thalheim. In: Zeitschrift für Germanistik 3 (1982), H. 3, S. 261–277; Petra Boden: Universitätsgermanistik in der SBZ/DDR. Personalpolitik und struktureller Wandel 1945–1958. In: Deutsche Literaturwissenschaft 1945–1965. Fallstudien zu Institutionen, Diskursen, Personen. Hrsg. von P. B. und Rainer Rosenberg. Berlin 1997, S. 119–149; Rainer Rosenberg: Zur Begründung der marxistischen Literaturwissenschaft in der DDR. In: Deutsche Literaturwissenschaft 1945–1965, S. 203–240; Jens Saadhoff: Germanistik in der DDR. Literaturwissenschaft zwischen „gesellschaftlichem Auftrag" und disziplinärer Eigenlogik. Heidelberg 2007; Holger Dainat: Germanistische und klassische Philologien seit 1945. In: Geschichte der Universität Unter den Linden 1810–2010. Hrsg. von Heinz-Elmar Tenorth. Bd. 6: Selbstbehauptung einer Vision. Berlin 2010, S. 441–460.

5   Heinrich Scheel: Süddeutsche Jakobiner. Klassenkämpfe und republikanische Bestrebungen im deutschen Süden Ende des 18. Jahrhunderts. Berlin 1962; Jakobinische Flugschriften aus dem deutschen Süden Ende des 18. Jahrhunderts. Hrsg. von H.S. Berlin 1965; siehe dazu auch das Interview mit Heinrich Scheel, S. 665–691.

6   Ursula Wertheim: Die marxistische Rezeption des klassischen Erbes zur literaturtheoretischen Position von Gerhard Scholz. In: Positionen. Beiträge zur marxistischen Literaturtheorie in der DDR. Hrsg. von Werner Mittenzwei. Leipzig 1969, S. 473–527; siehe dazu auch II, 2.1.2, S. 49, Anm. 139.

7   Materialien zur Geschichte der marxistisch-germanistischen Literaturwissenschaft. Gespräch mit Hans-Günther Thalheim (wie Anm. 4).

8   Heinz Stolpe: Die Auffassung des jungen Herder vom Mittelalter. Ein Beitrag zur Geschichte der Aufklärung. Weimar 1955.

weise haben die von Lukács ausgearbeitete Grundlinie des Geschichts- und Literaturprozesses seit dem 18. Jahrhundert von Anfang an in ein kritisches Licht gestellt, bei aller Übereinstimmung in wichtigen Belangen. Die unorthodoxe Art seiner Vorlesungen und Seminare, seine enthusiastische Zuneigung zu den poetischen Werken der Klassik, besonders Goethes, haben mich beeindruckt. Nach dem Exil hat er die Weimarer Klassischen Gedenkstätten aufgebaut, auf Grund seiner Auseinandersetzung mit den Volksbildungsbehörden (vor allem mit dem Minister Paul Wandel) wurde er in Ungnade entlassen und ist dann nach einigen Irrfahrten an die Humboldt-Universität berufen worden. Sein Nachfolger in Weimar wurde Helmut Holtzhauer, dem wir in der DDR ein starres, konservatives Goethe-Bild verdanken.

Michael Schlott: Gehörten Thomas Höhle und Hans-Georg Werner zur Scholz-Schule?

Peter Müller: Nein. Thomas Höhle war nach langen Jahren seiner Auslandstätigkeit zunächst in Berlin, ging dann sehr schnell nach Halle. Er hat in seinen Arbeiten die enge Verbundenheit mit den Positionen von Franz Mehring[9] und Paul Rilla betont, deren Aufklärungszentrismus lag der Scholz-Schule fern. Hans-Georg Werners wissenschaftliches Herkommen kenne ich nicht, der Scholz-Schule gegenüber hielt er (auch gesprächsweise) Distanz. Ich habe versucht, im Nachwort zu der von Hans-Günther Thalheim besorgten Aufsatzsammlung von Heinz Stolpe *Aufklärung, Fortschritt, Humanität*[10] den theoretischen Ansatz, historischen und politischen Kontext und Grenzen von Stolpes Konzept darzustellen.

Michael Schlott: Wann würden Sie den Beginn der germanistischen Aufklärungsforschung in der ehemaligen DDR datieren, wann etwa?

Peter Müller: Das läßt sich weder an einem Namen noch mit einem Datum festmachen. Den eigenständigen marxistischen Ansatz hat Heinz Stolpe in seinem Herder-Buch formuliert,[11] das ja Resultat der Debatten in Weimar war. Das war aus meiner Sicht der erste und wichtigste Aufklärungsforscher in der DDR, der Aufklärungsforschung in einem engeren Sinne. Das war Anfang bis Mitte der 1950er Jahre. Die Arbeiten von Werner Krauss zur französischen und europäischen Aufklärung lagen etwa zeitgleich, gewannen dann vor allem in den 1960er und 1970er Jahren zunehmend Einfluß auch in der germanistischen Aufklärungsforschung, die aber insgesamt doch andere Wege ging als die Romanistik.

Michael Schlott: Stolpe kam also aus der Scholz-Schule ...

Peter Müller: Er war ein Scholz-Schüler der ersten Stunde. Er hat zunächst gemeinsam mit Edith Braemer, Ursula Wertheim und Hans-Günther Thalheim in Weimar gearbeitet.

---

9   Höhle wurde 1955 an der Universität Leipzig promoviert mit einer Dissertation zu Franz Mehring. Thomas Höhle: Franz Mehring. Vom bürgerlichen Demokraten zum proletarischen Revolutionär. Leipzig 1955 (Phil. Diss.); publiziert als: Franz Mehring: Sein Weg zum Marxismus 1869–1891. Berlin 1956. Höhle wurde dann gemeinsam mit Hans Koch und Josef Schleifstein Herausgeber der *Gesammelten Schriften* Mehrings (15 Bde. Berlin 1960–1968).

10 Peter Müller: Heinz Stolpe (1922–1976) als marxistischer Klassikforscher. In: Heinz Stolpe: Aufklärung, Fortschritt, Humanität. Studien und Kritiken. Hrsg. von Hans-Günther Thalheim. Berlin und Weimar 1989, S. 500–525.

11 Vgl. Stolpe: Die Auffassung des jungen Herder (wie Anm. 8).

Als dann Weimar durch Holtzhauer okkupiert wurde, ist er nach Berlin an das Literaturin-stitut der Akademie der Wissenschaften gegangen.[12] Leider hat es über die Akademie der Wissenschaften hinaus keine erquickliche Zusammenarbeit von Krauss und seinen Schü-lern mit den germanistischen Literaturhistorikern gegeben; seine von der französischen Aufklärung herkommenden Positionen wurden für uns jedoch mit den Jahren zunehmend wichtig.

Michael Schlott: Herr Müller, ich berufe mich auf die Aussage eines Interviewpartners:[13] Trifft es zu, daß die Universitäten in der DDR bis 1969/70 über relativ autonome Struk-turen verfügten, daß also erst nach den Prager Geschehnissen der staatliche Zugriff auf den Wissenschaftsbetrieb einsetzte? Wenn Sie dem zustimmen könnten, wäre die weitere Frage: Welche Konsequenzen ergaben sich daraus für die Entwicklung der germanistischen Aufklärungsforschung, und wie würden Sie in diesem Zusammenhang die Funktion des Akademiewesens beschreiben?

Peter Müller: Immer bezogen auf 1968?

Michael Schlott: Ja, nach meinen Information verfügten die Universitäten bis etwa 1969/70 über relativ autonome Strukturen; erst nach den Prager Geschehnissen habe sich der staatliche Zugriff verschärft.

Peter Müller: Und autonom meinen Sie jetzt bezogen auf die Gegenstände der Wissen-schaft?

Michael Schlott: Beides ist wohl gemeint. ‚Autonom‘ ist wahrscheinlich eine Reminis-zenz an das Humboldtsche Universitätsmodell, das ja impliziert, daß Forschung frei sein müsse und nicht staatlich reglementiert werden dürfe: ‚Einsamkeit und Freiheit‘.

Peter Müller: In diesem Sinne ist Ihre Frage von mir nicht zu beantworten, weil ich denke, daß es in der DDR immer ein Spannungsfeld zwischen zentral festgelegten Aufgaben und individuell gewählten Themen und Projekten gegeben hat. Die elfbändige Literaturge-schichte[14] war ein solches zentrales Projekt, das unter anderem vom Ministerium für das

---

12   Im Zuge der 1968 begonnenen und 1972 abgeschlossenen Reformen zur Organisationsstruktur wurde 1972 die „Deutsche Akademie der Wissenschaften zu Berlin“ umbenannt in „Akademie der Wissenschaften der DDR“. Die Zentralinstitute wurden 1969 gegründet. Werner Mitten-zwei war der erste Direktor des Zentralinstituts für Literaturgeschichte (mit Schwerpunkt zur interphilologischen Theoriediskussion); vgl. Werner Mittenzwei: Aufgaben und Auftrag des Zentralinstituts für Literaturgeschichte. In: Weimarer Beiträge 16 (1970), H. 5, S. 10–30; Mo-dernisierung ohne Moderne. Das Zentralinstitut für Literaturgeschichte an der Akademie der Wissenschaften der DDR (1969–1991). Hrsg. von Petra Boden und Dorothea Böck. Heidelberg 2004.

13   Diese standardisierte Frage geht zurück auf eine Aussage von Martin Fontius: „In den Anfangs-jahren verfügten die Universitäten in der DDR noch über relativ autonome Strukturen, erst später sind die aufgehoben worden.“ Siehe dazu II, 2.1.2, S. 51 f., Anm. 148.

14   Geschichte der deutschen Literatur. Von den Anfängen bis zur Gegenwart. 12 Bde. Berlin 1960–1990. Die Bände 1.1 und 1.2 sowie 4 und 5 erschienen 1960–1965; die Herausgeber-Funktion hatte ein „Kollektiv für Literaturgeschichte“ (Klaus Gysi, Kurt Böttcher, Günter Albrecht, Paul Gün-ther Krohn). Band 2 (Mitte des 12. bis Mitte des 13. Jahrhunderts) wurde 1990 publiziert; Band 3 ist nicht erschienen. Herausgeber der Bände 6–11 (für die deutsche Literatur ab 1700) war fol-gendes Kollektiv: Hans-Günther Thalheim (Vorsitzender), Günter Albrecht, Kurt Böttcher, Hans Jürgen Geerdts, Horst Haase, Hans Kaufmann, Paul Günther Krohn, Dieter Schiller; die Bände

Hoch- und Fachschulwesen veranlaßt wurde und dann von Germanisten verschiedener Universitäten ausgearbeitet wurde. Daneben gab es unzählige andere Projekte, die den persönlichen Interessen und Forschungen der einzelnen Wissenschaftler entsprangen.

Michael Schlott: Sie wurden 1965 mit einer Arbeit über den *Werther* promoviert.[15] Für Sie ist der *Werther* ein Werk des Sturm und Drang, der Terminus Empfindsamkeit, sei es als Epoche oder als anderer Ordnungsbegriff, taucht in Ihrem Buch nicht auf, obwohl zentrale Probleme dieses Forschungsfeldes behandelt werden. Ist dies durch die damalige Forschungssituation in der DDR bedingt gewesen?

Peter Müller: Zum Terminus und Problemfeld Empfindsamkeit: Ich halte den Terminus für nicht so treffend, daß er beispielsweise das Phänomen des Sturm und Drang wirklich fassen könnte, die gravierenden Differenzen zu Anakreontik und Aufklärung tatsächlich fixiert. Wenn man Empfindsamkeit als Realisierung der Empfindungen, als empfindungsgegründetes Leben begreift, so gilt das gleichermaßen für Anakreontik und Sturm und Drang, erfaßt also keineswegs das Charakteristische des *Werther* und der frühen Goethe-Lyrik. Denn Goethes Formulierung, daß Werther ein junger Mann sei, der mit „tiefer reiner Empfindung" und „wahrer Penetration"[16] begabt ist, betont geradezu programmatisch das Zusammenwirken von Erkenntnis- und Empfindungskräften, deren unauflösliche Wechselwirkung in einem dynamischen Weltverhalten. Daß der Terminus Empfindsamkeit in der Aufklärungs- und Sturm-und-Drang-Forschung der DDR nicht zum Zuge kam, lag weniger an der Furcht vor dem Irrationalismus als in der Unbrauchbarkeit dieses Begriffes, die von Herder entwickelte Konstellation ,Erkennen und Empfinden' zu erfassen, solche literarischen Figuren wie Faust, Werther, Prometheus und andere adäquat zu analysieren. Mir ist auch nicht bekannt, daß Sauder[17] (auch in anderen seiner Arbeiten) seinen Begriff der Empfindsamkeit vor dem Hintergrund der Herderschen Fragestellung *Übers Erkennen und Empfinden in der menschlichen Seele*[18] unter anderem problematisiert oder eingegrenzt

---

erschienen 1973–1979. Band 12 (Literatur der BRD) wurde von einem Autorenkollektiv unter Leitung von Hans Joachim Bernhard 1983 veröffentlicht.

15 Peter Müller: Zeitkritik und Utopie in Goethes Roman „Die Leiden des jungen Werthers". Analyse zum Menschenbild der Sturm- und Drang-Dichtung Goethes. Berlin 1965 (Phil. Diss. Humboldt-Univ.); publiziert als: Zeitkritik und Utopie in Goethes „Werther". Berlin 1969; 2., überarb. Aufl.: Berlin 1983; siehe dazu II, 2.1.2, S. 49–57.

16 Vgl. Müller: Zeitkritik und Utopie (wie Anm. 15), S. 6. Die beiden Zitate stammen aus Goethes Brief an Gottlieb Friedrich Ernst Schönborn, 1. Juni bis 4. Juli 1774 . In: Johann Wolfgang Goethe: Briefe. Historisch-kritische Ausgabe. Im Auftrag der Klassik-Stiftung Weimar / Goethe- und Schiller-Archiv hrsg. von Georg Kurscheidt und Elke Richter. Bd. 2.1. Texte. Berlin 2009, Brief 123, S. 95–100, hier S. 9 f.: „Allerhand neues hab ich gemacht. Eine Geschichte des Titels: die Leiden des iungen Werthers, darinn ich einen jungen Menschen darstelle, der mit einer tiefen reinen Empfindung, und wahrer Penetration begabt, sich in schwärmende Träume verliert, sich durch Spekulation untergräbt, biss er zulezt durch dazutretende unglückliche Leidenschafften; besonders eine endlose Liebe zerrüttet, sich eine Kugel vor den Kopf schiesst."

17 Gerhard Sauder: Empfindsamkeit. Bd. 1: Voraussetzungen und Elemente. Stuttgart 1974; siehe dazu das Interview mit Gerhard Sauder, S. 376–401.

18 Herders Schrift trägt den Titel „Vom Erkennen und Empfinden der menschlichen Seele". Johann Gottfried Herder: Vom Erkennen und Empfinden der menschlichen Seele. In: J. G. H.: Schriften zu Philosophie, Literatur, Kunst und Altertum 1774–1787. Hrsg. von Jürgen Brummack und Martin Bollacher. Frankfurt/Main 1994, S. 327–393.

hätte. Aus einer solchen Sicht bot der Sauder'sche Ansatz keineswegs ein durchschlagendes Konzept an, schon gar nicht in der kanonischen Bedeutsamkeit, die Ihr Fragenkatalog in diesem Bereich immer unterstellt.

Michael Schlott: Dies ist kein „Fragenkatalog". Ich fasse zusammen, daß es ein kultiviertes Forschungsfeld ‚Empfindsamkeit' vor dem Buch von Gerhard Sauder (1974) in der DDR nicht gegeben hat?

Peter Müller: Nein, das hat es nicht gegeben.

Michael Schlott: Es gab das Buch von Renate Krüger, 1972 meine ich, 1973 kam die zweite Auflage, aber das war eher eine populärwissenschaftliche Arbeit.[19]

Peter Müller: Dieses Buch ist mir entgangen.

Michael Schlott: Und die Ansätze in Peter Webers Arbeit *Das Menschenbild des bürgerlichen Trauerspiels*?[20]

Peter Müller: Peter Weber gehörte seinerzeit zur Gruppe von Scholz-Schülern der zweiten Generation; seine Positionen paßten sehr gut zu meinen Vorstellungen von dieser Sache, haben aber auch anderwärts keinen Widerspruch hervorgerufen.

Michael Schlott: Ich denke, daß Webers Buch Ansätze enthält; aber eine Forschungsdiskussion gab es nicht?

Peter Müller: Darüber hat es keine gegeben, nein.

Michael Schlott: Wir kommen später vielleicht noch einmal darauf zurück. Wurde Gerhard Sauder Ende der 1970er, Anfang der 1980er Jahre stärker rezipiert? Hat sich etwas zu diesem Thema entwickelt, wenn auch keine Debatte, so doch vielleicht einige Publikationen?

Peter Müller: Aus der Sicht eines Berliner Germanisten ist zu sagen, daß es nie eine interne oder verordnete Barriere gegen die Aufnahme westlicher literaturwissenschaftlicher Publikationen gab. Das *Melancholie*-Buch von Mattenklott[21] ist zum Beispiel eines, das sehr bald nach seiner Publikation zur Kenntnis genommen wurde, ohne große Sympathie indessen. Ich habe auch eine Rezension zu diesem Buch geschrieben,[22] die ich heute so nicht mehr schreiben würde, weil damals die Kenntnis des hinter der literaturwissenschaftlichen Analyse stehenden theoretischen Ansatzes nicht ausreichend war. Sie müssen zur Erklärung, nicht zur Entschuldigung, etwas ganz Praktisches bedenken: Wenn in unseren Arbeiten wenig auf westliche Publikationen eingegangen (Sauder will ich hier nicht speziell nennen), wenn die Auseinandersetzung nicht geführt wurde, dann war es in der Regel Folge des Fehlens dieser Bücher. Sie kennen ja die Devisensituation einerseits und die horrenden Preise wissenschaftlicher Bücher in der Bundesrepublik andererseits. Folge war, daß jeder eine Menge Rezensionen geschrieben hat, allein darum, wenigstens einen

---

19   Renate Krüger: Das Zeitalter der Empfindsamkeit. Kunst und Kultur des späten 18. Jahrhunderts in Deutschland. Leipzig 1972.

20   Peter Weber: Das Menschenbild des bürgerlichen Trauerspiels. Entstehung und Funktion von Lessings „Miß Sara Sampson". Berlin 1970; 2., erg. Aufl.: 1976.

21   Gert Mattenklott: Melancholie in der Dramatik des Sturm und Drang. Stuttgart 1968; 2., erw. und durchges. Aufl.: Königstein/Taunus 1985.

22   Peter Müller: [Rez.] Gert Mattenklott: Melancholie in der Dramatik des Sturm und Drang, 1968. In: Referatedienst zur germanistischen Literaturwissenschaft 1 (1969), H. 3, S. 27 f.

Teil der Fachbücher zur Hand zu haben. Diese Situation hatte sich auch Ende der 1980er Jahre nicht grundlegend verändert.

Michael Schlott: Welche Bedeutung messen sie der ‚Gleichung' Empfindsamkeit–Irrationalismus zu?

Peter Müller: Das war ein vereinfachender Gedanke von Georg Lukács, der in der DDR sehr stark gewirkt hat. Ich denke, daß es ein Verdienst der Scholz-Schule war, sich von diesem Klischee zu trennen. Die eigentliche Reserviertheit gegen Begriff und Theorie der Empfindsamkeit entsprang vielmehr aus dem Ungenügen an einer durch sie bestimmten Welthaltung, die allein auf die Empfindung setzt, den rationalen Part außer acht läßt, also an die Stelle einer aus dem Verbund von Empfinden und Denken hervorgehenden aktiven Welthaltung stets nur ein kontemplativ-passives Verhalten zuläßt. Im übrigen hat ja bereits Erich Schmidt in seinem Buch *Rousseau, Richardson und Goethe*[23] den Versuch unternommen, Goethe und den Sturm und Drang auf eine rein kontemplative Haltung eines aufklärerischen Sentimentalismus festzulegen. Umgekehrt ist zu sagen, daß der von den Hallensern und Potsdamern forcierte Lessing-Kult Elemente einer schematischen Entgegensetzung von Verstand und Empfindung und so weiter auswies, aber eine Generalüberzeugung von der Schädlichkeit der Empfindsamkeit ist mir nicht bekannt. Es trifft zu, daß es beträchtliche wissenschaftliche Gegensätze zwischen den einzelnen Wissenschaftlergruppen in der DDR gab. Aber die Differenzen waren dann Positionen einzelner Autoren. Zwischen ihnen gab es keine Verständigung zum Terminus der Empfindsamkeit.

Michael Schlott: 1969 haben Sie einen Dokumenten-Band zum jungen Goethe vorgelegt,[24] und Sie betonen darin, die Auswahl erfolgte nach „literatursoziologischen Gesichtspunkten". Was verbanden und was verbinden Sie mit diesem Terminus?

Peter Müller: Ich war und bin ein marxistischer Literaturhistoriker, der von der Wechselbeziehung von Literatur und Wirklichkeit ausgeht, sich jedoch von einer schematischen Beziehung von Basis und Überbau abgrenzt, von daher auch die Reduktionsmodelle als unzulässige Vereinfachung, die der Kunst nicht entsprechen, ablehnt, aber natürlich geistesgeschichtlichen Methoden skeptisch gegenüberstand und -steht. Die von mir seinerzeit anvisierten literatursoziologischen Gesichtspunkte sollten den sozialen Kontext von Literatur wie die spezifischen Bedingungen von Produktion, Distribution und Rezeption von Literatur ins Blickfeld rücken, das, was so glänzend im Begriff des literarischen Lebens gefaßt ist. Eine solche Sichtweise setzte sich vornehmlich mit Mehrings und Brechts Ansatz auseinander. Brechts Vorstellungen, die ja in der DDR-Literaturwissenschaft bei Mittenzwei[25] und anderen eine große Rolle spielten, brachte (bezogen auf die Literatur von Sturm und Drang, Klassik, Romantik) die Beziehung von Literatur und Wirklichkeit auf die Formel, daß in Deutschland eine miserable Wirklichkeit eine miserebehaftete Literatur hervorgebracht

---

23 Erich Schmidt: Richardson, Rousseau und Goethe. Ein Beitrag zur Geschichte des Romans im 18. Jahrhundert. Jena 1875; Obraldruck 1924; siehe dazu das Interview mit Georg Jäger, S. 334–375, hier S. 338.

24 Der junge Goethe im zeitgenössischen Urteil. Hrsg. von Peter Müller. Berlin 1969.

25 Vgl. etwa Werner Mittenzwei: Brechts Verhältnis zur Tradition. Berlin 1972; W.M.: Erprobung einer neuen Methode. Zu Brechts ästhetischer Position. In: Positionen. Beiträge zur marxistischen Literaturtheorie in der DDR. Hrsg. von W.M. Leipzig 1969, S. 59–100 und 612–619.

hatte – siehe seine *Hofmeister*-Bearbeitung,[26] seine *Urfaust*-Version[27] und so weiter. Eine solche kurzschlüssige Formel verengt natürlich den Kontext dieser Literatur auf eine nationale Wirklichkeit und vermag die Weltgeltung dieser Literatur nicht tatsächlich zu erklären.

Michael Schlott: Gab es literatursoziologische Bezugspunkte in den Forschungen der DDR, auf die Sie hätten zurückgreifen können?

Peter Müller: Nein, hier lag ein großes Defizit.

Michael Schlott: Haben Sie mit der Konzeption des Materialienbandes[28] Aspekte der Rezeptionsästhetik verbunden, wie sie, von Jauß ausgehend, formuliert worden sind?

Peter Müller: Nein. Der Ansatz von Jauß ist in der DDR erst spät aufgenommen worden, er ist, wie unter anderem Naumanns Buch *Gesellschaft – Literatur – Lesen* bezeugt,[29] erst zu Beginn der 1970er Jahre auch im Sinne eines wissenschaftlichen Polemik-Hintergrundes fruchtbar geworden.

Michael Schlott: Welche Personen würden Sie ‚ad hoc‘ nennen, wenn ich Sie nach den wichtigsten Forschungsträgern im Bereich der Empfindsamkeit frage?

Peter Müller: Nun erreicht das Interview das ärgerliche Niveau der Klippschule. Aber Peter Szondi will ich doch nennen, der mir mit seinen Arbeiten zum Bürgerlichen Trauerspiel und zur Hermeneutik wichtige Anregungen gegeben hat.[30]

Michael Schlott: Und in der DDR?

Peter Müller: Da es in der Literaturgeschichtsschreibung der DDR aus den genannten Gründen keine Empfindsamkeitsforschung gab, kann ich auch keine solchen Forscher nennen. Im Bereich der Aufklärungsforschung war gewiß Heinz Stolpe der methodisch für mich wichtigste Autor. Obwohl auch Stolpe eine sehr vereinfachte Basis-Überbau-Beziehung annahm, war er doch für uns besonders dadurch anregend, daß er den internationalen Kontext (Schweiz und andere) in die Darstellung der Genesis des Sturm und Drang einbezog, den engen nationalen Rahmen sprengte.

Michael Schlott: Wie beurteilen Sie generell die Wirkungen, die Sauders Buch[31] in der DDR hervorgerufen hat? War das Buch allgemein zugänglich?

Peter Müller: Ich sagte schon, daß für mich und andere – Webers Rezension sagt da nichts anderes[32] – Sauders Buch keineswegs einen überzeugenden wissenschaftlichen Ansatz bot,

---

26 Bertolt Brecht: Der Hofmeister von Jakob Michael Reinhold Lenz (Bearbeitung). In: B. B.: Große kommentierte Berliner und Frankfurter Ausgabe. Stücke 8. Berlin und Weimar; Frankfurt/Main 1992, S. 319–371.

27 Vgl. dazu die Dokumentation von Bernd Mahl: Brechts und Monks Urfaust-Inszenierung mit dem Berliner Ensemble 1952/53. Materialien, Spielfassung, Szenenfotos, Wirkungsgeschichte. Stuttgart 1986.

28 Vgl. Der junge Goethe (wie Anm. 24).

29 Gesellschaft – Literatur – Lesen. Literaturrezeption aus theoretischer Sicht. Von Manfred Naumann (Leitung und Gesamtredaktion) u. a. Berlin und Weimar 1973; 2. Aufl. 1975.

30 Vgl. Bibliographie der Schriften Szondis. In: Peter Szondi: Schriften II. Hrsg. von Jean Bollack u. a. Frankfurt/Main 1978, S. 447–455.

31 Vgl. Sauder: Empfindsamkeit, Bd. 1 (wie Anm. 17).

32 Peter Weber: [Rez.] Gerhard Sauder: Empfindsamkeit. B. 1, 1974. In: Weimarer Beiträge 23 (1977), H. 4, S. 177–181.

dem unbedingt und mit Überzeugung zu folgen wäre. Es ist gewiß richtig, daß Sauders Buch nur spärlich in den Fachbibliotheken der DDR vorhanden war, aber das lag an den begrenzten Devisenmitteln, nicht aber an der Furcht vor einer explosiven Wirkung eines Buches über die Empfindsamkeit. Wenn ein Wissenschaftler der DDR dieses Buch hätte aufarbeiten wollen, hat er es auch können, sei es über Rezensionen, sei es über die ja vorhandenen Kontakte zu den Kollegen aus den alten Bundesländern.

Michael Schlott: Gingen für die DDR-Forschung Impulse von diesem Buch aus?

Peter Müller: Mir ist da nichts bekannt, aber ich habe Ihnen auch die Gründe darzustellen versucht, warum dieses Buch in der literaturhistorischen Forschung der DDR nicht auf fruchtbaren Boden traf. Wir hatten andere Ansätze.

Michael Schlott: Ist Webers Rezension zu Sauders Buch repräsentativ für die DDR-Literaturwissenschaft?

Peter Müller: Ich kann nur noch einmal wiederholen, daß Sie die Bedeutung des Buches von Sauder für uns beträchtlich überschätzen. Nur weil es aus dem Westen kam, war es noch lange nicht das Nonplusultra der Forschung, es war aber auch kein ärgerliches Buch, das man kollektiv und damit offiziös hätte verurteilen wollen. Ich weiß nicht, wer Ihnen dieses Bild der DDR-Germanistik vermittelt hat, daß sie stets in Bereitschaft stand, westliche Wissenschaftspositionen geschlossen und frontal zurückzuweisen. Aber vielleicht könnte man bedenken, daß wir als Marxisten einen eigenen wissenschaftlichen Ansatz bei der Erforschung von Empfindsamkeit, Aufklärung, Sturm und Drang, Klassik und Romantik hatten, für den Sauders Buch interessant war, aber keineswegs ins Zentrum einer für uns neuen Fragestellung zielte. Die zum 18. Jahrhundert Arbeitenden haben sich ziemlich regelmäßig in Weimar getroffen, aber eine Angleichung der Ansichten wurde nicht angestrebt, nach meiner Kenntnis wurde auch nie der Versuch dazu unternommen.

Michael Schlott: In Ihrem Lessing-Aufsatz[33] im Band *Ansichten der deutschen Klassik* zitieren Sie zwar Guthke, Szondi und Habermas, aber nicht Sauder? Welche Hintergründe hat dieses Zitierverhalten?

Peter Müller: Ich erinnere mich an zwei Gründe. Einmal an die schon genannte Tatsache, daß Sauders Buch nicht ins Zentrum meiner Fragestellung traf. Zum anderen, und das war nicht weniger wichtig, befiel mich mit den Jahren eine Unlust an der Polemik. Ich war ja selbst ein gebranntes Kind und hatte auch die wechselseitige Auseinandersetzung mit Scherpe und Mattenklott in keiner guten Erinnerung.[34] Lust auf Wiederholung solcher Polemik hatte und habe ich darum nicht.

---

33 Peter Müller: Glanz und Elend des deutschen „bürgerlichen Trauerspiels". Zur Stellung der „Emilia Galotti" in der zeitgenössischen Dramatik. In: Ansichten der deutschen Klassik. Hrsg. von Helmut Brandt und Manfred Beyer. Berlin 1981, S. 9–44.

34 Siehe dazu Klaus R. Scherpe: Werther und Wertherwirkung. Zum Syndrom bürgerlicher Gesellschaftsordnung im 18. Jahrhundert. Bad Homburg vor der Höhe u. a. 1970; dazu Peter Müller: Angriff auf die humanistische Tradition. Zu einer Erscheinung bürgerlicher Traditionsbehandlung. In: Weimarer Beiträge 19 (1973), H. 1, S. 109–127, H. 3, S. 92–109; darauf Klaus R. Scherpe: Natürlichkeit und Produktivität im Gegensatz zur „bürgerlichen Gesellschaft". Die literarische Opposition des Sturm und Drang: Johann Wolfgang Goethes „Werther". In: Westberliner Projekt: Grundkurs 18. Jahrhundert. Die Funktion der Literatur bei der Formierung der bürgerlichen Klasse Deutschlands im 18. Jahrhundert. Bd. 1: Analysen. Hrsg.

Michael Schlott: Liege ich mit der Einschätzung richtig, daß die ostdeutsche Literaturwissenschaft, die sich mit der Klassik und dem Sturm und Drang befaßte, im Gegensatz zur westdeutschen eigentlich keine Ausweitung des Literaturbegriffs vorgenommen hat, zumindest nicht bis Mitte der 1970er Jahre?

Peter Müller: Das ist sicher richtig. Was mich angeht, so habe ich immer an der schönen Literatur als Analysegegenstand festgehalten. Das hat mir die Kritik der Romanisten eingebracht, aber auch von Peter Weber und seinen Leuten, die ja mit dem weiten Literaturbegriff gearbeitet haben. Ich sehe bis heute nicht, daß der erweiterte Literaturbegriff neue Einsichten über literarische Prozesse, über ästhetische Entwicklungen oder gar über den Prozeß von Produktion, Distribution und Rezeption von Literatur gebracht hat.

Michael Schlott: Nach meiner Information hat Ihre Dissertation ein Parteiverfahren zur Folge gehabt. Können Sie uns die näheren Umstände, die Hintergründe schildern?

Peter Müller: Es war nicht meine Dissertation, die Anlaß und Gegenstand des Parteiverfahrens war, sondern das 1969 publizierte Buch *Zeitkritik und Utopie in Goethes „Werther"*.[35] Das Buch folgt dem Dissertationsmanuskript von 1965, ist nur um den Jerusalem-Teil gekürzt, den der Verlag aus Platzgründen nicht ins Buchmanuskript hineinnehmen wollte. Das Manuskript hatte immerhin (auf Druckseiten umgerechnet) einen Umfang von 700 Seiten. In der Grundlinie sind also Buch und Dissertation identisch; die Dissertation hat auch bis auf eine sehr lange Zeit der Begutachtung (gute zweieinhalb Jahre) zu keinen gravierenden Beanstandungen geführt. Durch Kenntnis des Dissertationstextes, den Germanistik-Studenten durch Vorlesungen und Seminare kannten, veranstaltete der *Sonntag* 1967 eine Umfrage unter Studenten, Schülern und jungen Intellektuellen über die Aktualität des *Werther*-Problems und stellte meine Dissertation innerhalb dieser Umfrage vor.[36] Die Resonanz unter den Befragten war lebhaft, wobei sich hinter dem Stichwort *Werther*-Problem Fragen der Individualitätsentwicklung der jungen Leute verbargen. Das hat wohl die Aufmerksamkeit auf das *Werther*-Buch gelenkt, das dann 1969 erschien und heftige Äußerungen hervorrief, die natürlich auch auf das bereits 1968 publizierte Buch von Christa Wolf *Nachdenken über*

---

von Gert Mattenklott und K. R. S. Kronberg/Taunus 1974, S. 189–215; siehe ferner die Interviews mit Gert Mattenklott (S. 561–589, hier S. 580, 583 f.) und Klaus R. Scherpe (S. 692–712, hier S. 702, 710–712) sowie Bingjun Wang: Rezeptionsgeschichte des Romans „Die Leiden des jungen Werther" von Johann Wolfgang Goethe in Deutschland seit 1945. Frankfurt/Main u. a. 1991, S. 85–95.

35 Müller: Zeitkritik und Utopie (wie Anm. 15).

36 Vgl. Sonntag. Die kulturpolitische Wochenzeitung. Hrsg. vom Deutschen Kulturbund, Nr. 48 vom 26. November 1967. Drei Jahre vor der Generalattacke von 1970 wurden (als Thema der Woche in der Reihe „Disput") unter dem Titelbeitrag „Wenn nicht alle Blütenträume reifen. Ist die Werther-Problematik noch aktuell?" (S. 3 f.) über sechs Seiten hinweg Auszüge aus der Dissertation Peter Müllers (S. 4), Artikel über „Stil und Ausdruck in wissenschaftlichen Arbeiten" (von Günter Rose, S. 5) und über den „Germanisten Dr. Peter Müller" (von Uwe Kant, S. 5) veröffentlicht. Studenten antworteten auf eine Umfrage „Halten Sie die Werther-Problematik für aktuell?" (S. 6 und 8), ergänzt von einem analysierenden Beitrag zu diesen Auskünften (von Jutta Voigt, S. 7), dazu kam ein Interview „Wissenschaftlichkeit plus essayistische Darlegung. Zur Publikation von Dissertationen" (Jutta Voigt mit Jürgen Jahn, S. 8).

Christa T.[37] reagierten, andererseits wiederum nur Teil einer internen Diskussion unter Juristen, Philosophen und Germanisten über das Problem der Selbstverwirklichung war. Plenzdorfs *Die neuen Leiden des jungen W.*[38] brachte dieses Problem dann Anfang der 1970er Jahre erneut öffentlich zur Sprache, signalisierte also ein größeres gesellschaftliches Problem. Dieser Gesamtkontext war es wohl, der nach der Publikation meines *Werther*-Buches 1969 erst zu einem Parteiverfahren und dann zu der publizistischen Debatte (Kortum/Weisbach, Hans-Georg Werner) führte.[39] Ohne die Zuspitzung der internationalen Situation wäre die Art und Weise der Auseinandersetzung um mein Buch nicht zu denken. Wir lebten in einer Zeit des kalten Krieges, der Systemauseinandersetzung zwischen Ost und West. Die Vorbereitung des Prager Frühlings, deren Folge der Einmarsch in die ČSSR war, waren für die Parteiführung in der DDR das Beispiel einer auch durch die Literatur eingeleiteten Destabilisierung der politischen Verhältnisse. Der vom Westen forcierte Kafka-Kult, die Kafka-Konferenz in Liblice[40] und anderes trugen dazu bei, auch diesem Bereich große Aufmerksamkeit zu schenken und den vermeintlichen Anfängen innerhalb der DDR zu wehren. Als die Parteiführung durch einen ausländischen Literaturwissenschaftler darüber informiert wurde, daß in der ausländischen Presse mein *Werther*-Buch als Buch auf dem Weg zum Prager Frühling gehandelt wurde, begann die interne und öffentliche Auseinandersetzung. Im Zentrum der Kritik an meinem Buch stand das Problem der Selbstverwirklichung. Darin schien mir der Anspruch dieses reich begabten, mit „tiefer reiner Empfindung" und „wahrer Penetration"[41] (Goethe) ausgestatteten jungen Menschen zusammengefaßt zu sein, durch den er mit Gesellschaft, Natur, seinen Freunden und schließlich mit seiner geliebten Lotte in unauflösliche Konflikte gerät, ein Anspruch, der ihn schließlich in den Selbstmord treibt. Dieser an der historischen Figur beobachtete und bejahte Anspruch war offenbar mit einer Gesellschaftsauffassung unvereinbar, in der zwar die Gesellschaft Ansprüche und Forderungen an den einzelnen stellen konnte, nicht aber umgekehrt das Individuum das Recht auf Forderungen an die Gesellschaft besaß.

Michael Schlott: Was hat Sie dazu veranlaßt, diese Frage ins Spiel zu bringen? Welche Motive oder sagen wir, welcher gesellschaftliche und wissenschaftliche Kontext wäre zu umreißen, um plausibel zu machen, warum Sie dieses Thema oder dieses Problem bearbeitet haben? War Ihnen bewußt, daß Sie damit ein ‚heißes Eisen' anfassen würden?

Peter Müller: Ich glaube mich ganz gut zu erinnern, daß es für mich nicht nur einen Grund gab, mich dem Goethe-Werk und dem Problem zu nähern. Meine wissenschaftlichen Lehrer Thalheim und Scholz haben mein Interesse an der Sturm-und-Drang-Literatur geweckt. Diese Literatur fand sofort mein Interesse, weil sie im Verhältnis zur Aufklärung, deren Literatur ich hoch schätze, von einer starken poetischen Schönheit und lebenszugewandten

---

37 Christa Wolf: Nachdenken über Christa T. Halle/Saale 1968.

38 Ulrich Plenzdorf: Die neuen Leiden des jungen W. Rostock 1973.

39 Rita Schober: Unser Standpunkt. In: Weimarer Beiträge 16 (1970), H. 7, S. 5–9; Hans Kortum und Reinhard Weisbach: Unser Verhältnis zum literarischen Erbe. Bemerkungen zu Peter Müllers „Zeitkritik und Utopie in Goethes ‚Werther'". In: Weimarer Beiträge 16 (1970), H. 5, S. 214–219; Hans-Georg Werner: [Rez.] Peter Müller: Zeitkritik und Utopie in Goethes „Werther", 1969. In: Weimarer Beiträge 16 (1970), H. 7, S. 193–199.

40 Vgl. dazu: Weltfreunde. Konferenz über die Prager deutsche Literatur [18. bis 20. November 1965, Schloß Liblice]. Hrsg. von Eduard Goldstücker. Prag 1967.

41 Vgl. Müller: Zeitkritik und Utopie (wie Anm. 15), S. 71; zu den beiden Zitaten vgl. Anm. 16.

Kraft war. Der *Werther* interessierte mich zuallererst durch den Reichtum der Romanfigur in ihrem Verhältnis zur Welt, durch seine Kraft, seinem großen Anspruch treu zu bleiben und lieber den Tod auf sich zu nehmen, als von diesem Anspruch zu lassen. Im historischen poetischen Text fand ich viele Wünsche und Ansprüche von mir und Leuten meiner Generation vorgebildet. Ich fand, daß im poetischen Text diese Problematik eingeschrieben war, die meine Analyse ans Tageslicht fördern sollte. Es war die in vielem vorhandene Korrespondenz der Zeiterfahrung und der Lebensansprüche, die mich auf die Spur Goethes und des *Werther* brachten. In diesem Sinne war mein *Werther*-Buch ein naives Buch, das erfreut und erstaunt Möglichkeiten und Grenzen eines ins Bild gesetzten Lebensanspruches nachzeichnete, auf ideologische oder politische Implikationen und Konsequenzen nicht eingerichtet war. Darum hat mich die Radikalität der öffentlichen und internen Kritik hart getroffen. Das Bewußtsein, daß ich ein heißes Eisen angefaßt hatte, hatte ich seinerzeit nicht, denn ich hatte weder eine konträre politische Absicht noch war ich Dissident oder Oppositioneller. Die *Sonntag*-Diskussion von 1967 „Ist die Werther-Problematik heute noch aktuell?"[42] bestätigte dann nachträglich mein Interesse an Werk und Fragestellung. Plenzdorfs *Die neuen Leiden des jungen W.* hat die Korrespondenz des Goethe-Textes mit Lebenserfahrungen und Lebenserwartungen heutiger Menschen dann später literarisch thematisiert.

Der zur Diskussion stehende Vorgang liegt lange zurück und hat mich keineswegs von meinem wissenschaftlichen Überzeugungen abgebracht. Die 1983 erschienene zweite Auflage des *Werther*-Buches betont die zwischen der ersten und zweiten Auflage vorhandene Kontinuität, „Die Grundlinie des Buches ist mir nicht in Frage gestellt worden", heißt es dort,[43] verweist also auf die Fortsetzung meines einmal begonnenen wissenschaftlichen Weges.[44] Die dort auch angedeutete Historisierung des Problems im Gefolge der Diskussion und der Auseinandersetzung mit den DDR-Kritikern und Klaus Scherpe bedeutete keinen Abstrich an meiner ersten Position, sondern zielte darauf, daß ich versucht habe, die von Goethe dargestellte Individualitätsproblematik als historisches und soziales Phänomen des Übergangs von der feudalen zur bürgerlichen Gesellschaft zu erfassen. Es fehlt in der Auflage von 1983 kein Jota von der ursprünglichen Analyse der Werther-Figur und meiner ursprünglichen Sicht auf sie, hinzugekommen ist die für einen sozialgeschichtlich Arbeitenden wünschenswerte Erhellung der Wechselwirkung von großen sozialen Umbrüchen und literarischen Themen und Motiven. Dies war für mich notwendig, um die mir von Weisbach und Kortum[45] angelastete Überbewertung der Rolle des Individuums im historischen Prozeß für ein marxistisches Literaturkonzept zurückweisen zu können, aber auch um die bei Klaus Scherpe bemerkte Distanz zum Goetheschen Individualitätskonzept in das für mich richtige Licht zu stellen.

Michael Schlott: Wie konnte es 1967 bereits zu einer Diskussion über Ihr Buch kommen, das ja erst 1969 erschienen ist?

Peter Müller: 1967 gab es keine Diskussion über mein Buch, vielmehr eine im *Sonntag* durch meine Dissertation ausgelöste Debatte, die in den Grundpositionen identisch war mit dem späteren Buch von 1969. Das Manuskript der Dissertation war 1962 fertig, dann hat es gut zwei Jahre bei den Gutachtern gelegen, die im Umgang mit der Arbeit keine rechte

---

42 Vgl. Anm. 36.
43 Vgl. die „Vorbemerkung" in Peter Müller: Zeitkritik und Utopie in Goethes „Werther". 2., überarb. Aufl. Berlin 1983.
44 Siehe dazu II, 2.1.2, S. 54, Anm. 162.
45 Vgl. Anm. 39.

Freude hatten. Die ziemlich prononcierte Kritik an der Aufklärung, speziell an Lessings empfindsamer Kritik am *Werther*, war nicht Sache und Überzeugung von Scholz, der die Arbeit lange liegen ließ, am Ende doch ein positives Gutachten schrieb. Durch Vorlesungen und Seminare von mir kannten Studenten die Positionen der Dissertation bereits vor der Buchveröffentlichung und haben dann als Redakteure des *Sonntag* Umfrage und Vorstellung der Arbeitshypothesen gestartet.

Also zunächst lag die Dissertation vor, dann kam das Buch und erst nach der Buchpublikation gab es die Diskussion und das Parteiverfahren. Die Länge der Zeit zwischen Promotion und der Publikation als Buchmanuskript war in erster Linie der Praxis im DDR-Verlagswesen geschuldet, so daß (aus Gründen der Druckkapazität und der Begutachtung durch das Ministerium für Kultur) stets viel Zeit ins Land ging.

Michael Schlott: Dann hat offenbar keine Kontrolle oder Zensur stattgefunden? Wenn bereits im Vorwege bekannt gewesen ist, daß Ihr Buch eine unerwünschte gesellschaftspolitische Wirkung haben könnte, und es obendrein in einer nicht ‚bearbeiteten‘ Fassung publiziert wurde, war das doch ein bemerkenswerter Vorgang …

Peter Müller: Das vermute ich nicht. Das Buchmanuskript ist sicherlich in der ‚Hauptverwaltung Verlage‘ begutachtet worden, wie das üblich war. Ich weiß nicht, wer die Ministeriums-Gutachter waren, aber ich vermute, daß sie keinen explosiven Sprengstoff entdecken konnten. Daß 1969 ein 1965 geschriebenes, politisch noch unschuldiges Manuskript beziehungsweise Buch Gegenstand öffentlicher Polemik geworden war, lag an der inzwischen eingetretenen Veränderung der internationalen Großwetterlage, mit dem Prager Frühling und dem Einmarsch in Prag. Ich vermute mal, daß Klaus Scherpes *Werther*-Buch[46] auch im Kontext mit einem einschneidend veränderten gesellschaftlichen Zusammenhang, ich meine die Studentenrevolution 1968, entstanden war und in diesem Zusammenhang gewertet wurde.

Michael Schlott: Hatte das Parteiverfahren einen Parteiausschluß zur Folge?

Peter Müller: Nein.

Michael Schlott: Haben Sie Selbstkritik geübt?

Peter Müller: Ich denke, daß, wenn man Mitglied einer Partei ist, sich diese Partei auch zumutet, ihre Mitglieder nach den Normen und Festlegungen ihres Programms zu beurteilen. Das galt nicht nur für die SED, sondern ist auch die heutige Praxis der CDU, SPD und anderer Parteien. Dieser Kritik hatte ich mich zu stellen, das war unangenehm, eine Sache mit der zu rechnen war, aber eine interne Sache war und bleibt.

Michael Schlott: Haben Sie Selbstkritik geübt? Sind Sie aufgefordert worden, bestimmte Positionen schriftlich zu revidieren?

Peter Müller: Die Parteikritik hatte viele Facetten. Einige Kritiker störte, daß im Personenregister meines Buches die Namen von Marx und Engels nicht häufig genug auftauchten bzw. Parteibeschlüsse und -dokumente nicht zitiert worden waren. Sieht man von dem Bornierten und Vordergründigen einer solchen Forderung ab, so war ein rationales Element dieser Kritik doch das, daß Dissertation und Buch keine sozialgeschichtliche Analyse des Phänomens der bürgerlichen Individualität, die auch nach meiner Überzeugung Goethes Fragestellung mit hervorgebracht hatte, versuchten. Dies als Fazit einer auch vordergrün-

---

46 Scherpe: Werther und Wertherwirkung (wie Anm. 34).

digen und mitunter primitiven Kritik zu akzeptieren, sollte einem Marxisten in der Sache nicht schwerfallen. Dies galt um so mehr, als Marx in den *Grundrissen der Kritik der Politischen Ökonomie*[47] eine vorzügliche und überzeugende Darstellung der großen Epochen der Individualitätsentwicklung geliefert hatte, die aufzuarbeiten mir keine Strafe, sondern eine Entdeckung war. Diese Aufarbeitung habe ich in der Auseinandersetzung mit Klaus Scherpes *Werther*-Buch versucht.[48] In der Begründung meiner Position sehe ich in der Sache, also der historischen Plazierung des Individualitätsproblems, keinen Grund zur Korrektur, wohl aber in der Art ihres Vortrags. Es hatte mich niemand veranlaßt, Scherpe derart schulmeisterlich zu belehren. Diesen Gestus bedaure ich, weil er einer seriösen wissenschaftlichen Auseinandersetzung nicht angemessen ist.

Was nachträgliche Korrekturen meiner wissenschaftlichen Überzeugungen angeht, so habe ich sie nicht vorgenommen. Der Hinweis zur zweiten Auflage des *Werther*-Buches[49] und auch meine Auseinandersetzung mit Heinz Stolpe[50] sind zwei Belege dafür.

Michael Schlott: Ich würde Ihnen gern zwei Zitate vorlesen und Ihre Meinung dazu hören. Das erste ist neueren Datums: „Mit der Hervorhebung der normsprengenden Kraft des *Werther*-Romans trägt Müller den Bedürfnissen Rechnung, die sich in der aktuellen Forderung nach gesellschaftlicher Veränderung und der Bewältigung der Individualitätsproblematik in der sozialistischen Gesellschaft der DDR artikulieren."[51] Man könnte es so auslegen, daß Ihnen ein gezieltes Vorgehen unterstellt wird.

Peter Müller: Wenn dieses Zitat darauf zielt, das *Werther*-Buch in das Umfeld eines umfassenden Bestrebens zu stellen, dem Individuum im Sozialismus einen größeren Freiraum zu verschaffen, kann ich dem zustimmen. Den Zwang, hier politisch-konzeptionelles Vorgehen im Sinne eines geplanten Umsturzes vorauszusetzen, kann ich nicht erkennen.

Michael Schlott: Das zweite Zitat gibt die Ansicht von Rita Schober wieder: „Nicht ein im Kopf des Kritikers zusammengezimmertes kleinbürgerlich-subjektives Menschenbild, nicht ein abstraktanarchischer Selbstverwirklichungsanspruch des Individuums kann Maßstab für Beurteilung der Helden unserer Gegenwartsepik sein, sondern Maßstab ist das Menschenbild, wie es sich im Ringen um die Durchsetzung des Neuen im Sinne des Fortschritts, um die Meisterung der technisch-wissenschaftlichen Revolution, in der Unduldsamkeit gegen Mittelmaß und Konservatismus, in der schöpferisch vorwärtsdrängenden Unruhe des Revolutionärs unserer Tage formt und entwickelt."[52] Wenn man das Wörtchen „Gegenwartsepik" wegläßt, bezeichnet das Zitat die kritische Hauptstoßrichtung?

Peter Müller: Ja, Rita Schober gehörte zu den hauptsächlichen Kritikern innerhalb der Universität.

Michael Schlott: Welche Funktion hatte Rita Schober?

Peter Müller: Rita Schober war damals Direktorin des Instituts für Romanistik, später war sie Dekanin der Philosophischen Fakultät.

---

47   Karl Marx: Grundrisse der Kritik der politischen Ökonomie. In: Karl Marx und Friedrich Engels. Werke. Bd. 42 und 43. Berlin 1983 und 1990.

48   Müller: Angriff auf die humanistische Tradition (wie Anm. 34).

49   Vgl. Müller: Zeitkritik und Utopie (wie Anm. 15).

50   Müller: Heinz Stolpe (wie Anm. 10).

51   Vgl. Wang: Rezeptionsgeschichte (wie Anm. 34), S. 86 f.

52   Schober: Unser Standpunkt (wie Anm. 39).

Michael Schlott: Ich würde Ihnen gerne mein Verständnis der Vorwürfe rekapitulieren, die Ihr Buch in der ostdeutschen Kritik auf sich gezogen hat. Der zentrale Vorwurf, den man Ihnen machte – er wurde sowohl von Kortum und Weisbach als auch von Werner erhoben – ist Ihre falsche Einschätzung des historischen Ranges der *Werther*-Dichtung. Von Ihnen wurde der *Werther* als Überwindung der Aufklärung durch den Sturm und Drang charakterisiert, als Prototyp des modernen, extrem subjektbezogenen Menschen. Nach Ihrer Auffassung war damit auch ein politisches Anliegen verbunden, nämlich die Kritik an der feudalen Ständegesellschaft. Eine präfigurierte politische Haltung im Sinne des marxistischen Klassenkampfes haben Sie jedoch im *Werther* nicht entdecken können. Das Entscheidende war nach Ihrer Ansicht die Subjektbezogenheit. Wurde Ihnen diese politische Ansicht auch im Parteiverfahren zum Vorwurf gemacht? Ich möchte von Ihnen also gerne wissen, ob es Diskrepanzen gab zwischen der wissenschaftlichen Kritik, die auf literaturwissenschaftliche Maßstäbe reflektiert, und dem Parteiverfahren, in dem man ja wohl eher politische Maßstäbe anlegte?

Peter Müller: Auf Ihre Frage habe ich Ihnen schon nach Kräften geantwortet. Die wissenschaftliche und politische Kritik in der DDR an meinem *Werther*-Buch drehte sich, von politischen Äußerlichkeiten, wie etwa meinem Zitierverhalten, abgesehen, um Rolle und Stellung des Individuums im geschichtlichen Prozeß und im marxistischen Menschenbild. Diese Differenzen sind nicht ausgeräumt worden, haben auch stets in der Kritik meiner Lehrer und anderer Mitglieder der Scholz-Schule wie Heinz Stolpe und (wie ich von ihm weiß) Ursula Wertheim gestanden.

Michael Schlott: Die Kritik hat nicht zu einer Revision Ihrer Einschätzung des Sturm und Drang geführt. Der Eindruck entsteht nämlich, wenn man Ihre späteren Publikationen mit der Dissertation vergleicht. Ich denke hier insbesondere an den Goethe-Aufsatz in den *Weimarer Beiträgen* 1976[53] und den Lessing-Aufsatz in den *Ansichten der deutschen Klassik*[54]. Besonders beim Goethe-Aufsatz, der ja bezeichnenderweise mit *Sinn und Urbild bürgerlichen Emanzipationsanspruchs* untertitelt ist, fällt auf, daß Sie Ihre eigene Arbeit nicht zitieren. Haben die Erfahrungen, die Sie gemacht haben, dazu geführt, daß Sie späterhin bestimmte Themen ausgeblendet haben, wenn Sie Ihnen zu brisant erschienen? Ich meine gewisse Diskontinuitäten in Ihren Arbeiten feststellen zu können.

Peter Müller: Ich halte Ihre Beobachtungen für nicht richtig. Mit dem Wegfall der 1969 bei der Publikation des *Werther*-Buches ausgebildeten politischen Situation erlosch auch das mißtrauische und aufgeregte Interesse der Öffentlichkeit an meinen literarhistorischen Arbeiten, natürlich auch an denen anderer. Ihren Eindruck von Diskontinuität in meinen Arbeiten kann ich nicht widerlegen, bestätigen kann ich ihn aber auch nicht. Meine wissenschaftlichen Ansichten haben sich seither sicher geändert, das ist bei jedem, der über Jahrzehnte hin wissenschaftlich arbeitet, ähnlich, sie haben sich hoffentlich präzisiert, sind der Sache angemessener geworden, aber umgewälzt im Sinne von ängstlichem Abrücken oder Verwerfen gewonnener Einsichten haben sie sich nicht. Akzentverschiebungen in diesem Rahmen halte ich für möglich, ich habe darüber aber zu keiner Zeit nachgedacht.

---

53 Peter Müller: Goethes „Prometheus". Sinn- und Urbild bürgerlichen Emanzipationsanspruchs. In: Weimarer Beiträge 22 (1976), H. 3, S. 52–82.
54 Müller: Glanz und Elend (wie Anm. 33).

Michael Schlott: Herr Müller, Ihre Auseinandersetzung mit Klaus Scherpe hat inzwischen als Müller-Scherpe-Kontroverse Eingang in die Fachgeschichte gefunden.[55] Sie sind mit dem Buch *Werther und Wertherwirkung* von Scherpe in den *Weimarer Beiträgen* scharf ins Gericht gegangen. Sie nannten Scherpe einen pseudolinken Avantgardisten.[56] Ohne Ihnen abermals zu nahe treten zu wollen: War diese Rezension der Versuch, auf die Parteilinie einzuschwenken? Insbesondere Ihr Vorwurf, daß Scherpe die besondere Rolle des deutschen Bürgertums im internationalen Vergleich nicht bemerkt habe, erinnert sehr an das, was Ihnen wiederum von Kortum und Weisbach vorgeworfen worden war.[57]

Peter Müller: Richtig ist, daß die Polemik gegen Scherpes *Werther*-Buch im Umfeld der Auseinandersetzung um mein Buch entstanden ist. Die Richtung, in die mein Nachdenken ging, habe ich eingangs mit dem Stichwort Historisierung der Individualitätsproblematik umschrieben. Wenn die Abweisung eines vereinfachten, noch dazu historisch falschen Individualitätskonzepts bei Weisbach und Kortum die eine Kritikrichtung war, so war mir die scheinbare Inkonsequenz des analytischen Ansatzes bei Scherpe ein schwer verstehbares Phänomen. Mandelkow hat in Passagen seines *Goethe in Deutschland*,[58] die mir in den Wertungen teilweise unverständlich sind, über die Diskussion dieser Jahre bemerkt, daß es erstaunlich sei, daß der DDR-Marxist die Rolle des Individuums so hoch ansetzt, während der Literaturhistoriker aus dem Westen zu einem kritischen bis negativen Urteil über die Rolle und die Möglichkeit eben dieses Individuums kommt.[59] Scherpes Kritik an Figur und Autor enthielt aus meiner Sicht den Vorwurf, daß der von Werther angetretene Weg nach innen Flucht aus einer veränderungswürdigen Welt und damit Ersatz für tatsächliches Handeln sei, ein Ansatz, dem er zum Beispiel auch in der *Räuber*-Analyse[60] folgt und der auch die Grundlinie seines damaligen Sturm-und-Drang-Bildes ausmachte. Während ich, gestützt auf den poetischen Text und die Marxsche Darstellung der historischen Rolle des „vereinzelten Einzelnen" im Übergangsprozeß von der feudalen zur bürgerlichen Gesellschaft sowie auf seine Skizze der weltgeschichtlichen Phasen der Individualitätsentwicklung, vom bedeutenden Zuwachs an Produktivität des Individuums auch der Werther'schen Art innerhalb eines weltgeschichtlichen sozialen Kontextes ausging, schien mir dieser Vorgang bei Scherpe mit dem Makel einer zu Subjektivismus und Passivität führenden Haltung belastet zu sein, die abzuweisen sei. Dies betraf den sachlichen Kern der Differenzen, die gewiß auch ihren gesellschaftlichen Hintergrund hatten, denn die 1968er Studentenrevolution hatte gründlich mit einem Individualitätskonzept Goethescher Art aufgeräumt.

---

55 So die Überschrift des Kapitels 4.1 in Wang: Rezeptionsgeschichte (wie Anm. 34), S. 85.

56 Vgl. Müller: Angriff auf die humanistische Tradition (wie Anm. 34), S. 110; siehe ferner die in Anm. 34 genannten Publikationen; dazu auch das Interview mit Klaus R. Scherpe, S. 692–712, hier S. 702, 710–712.

57 Vgl. Kortum und Weisbach: Unser Verhältnis zum literarischen Erbe (wie Anm. 39).

58 Karl Robert Mandelkow: Goethe in Deutschland. Rezeptionsgeschichte eines Klassikers. 2 Bde. München 1980 und 1989.

59 Vgl. ebd., Bd. 2, S. 242.

60 Klaus R. Scherpe: Die Räuber. In: Schillers Dramen – Neue Interpretationen. Hrsg. von Walter Hinderer. Stuttgart 1979, S. 9–36 (auch in: Dramen des Sturm und Drang. Interpretationen. Hrsg. von Rainer Nägele. Stuttgart 1987, S. 161–211); „Räuber" – theatralisch. In: Der Deutschunterricht (1983), H. 1, S. 61–77 (auch in: Studien zur Ästhetik und Literaturgeschichte der Kunstperiode. Hrsg. von Dirk Grathoff. Frankfurt/Main u. a. 1985, S. 209–232).

Unzulässig in meinem Artikel war damals wie heute die besserwisserische Art meines Angriffs und die kritisch-abwertende Überführung einer wissenschaftlichen Fragestellung in die politische Auseinandersetzung. Hier habe ich in den Jahrzehnten gelernt und bedaure, daß sich eine produktive Diskussion mit Scherpe und Mattenklott nicht ergeben hat. Natürlich steckte hinter dieser Art von Kritik auch weitgehende Unkenntnis der hinter solchen wissenschaftlichen Positionen stehenden gesellschaftlichen Konzepte und Bewegungen in der BRD, was für mich auch zu der schiefen und vereinfachenden Kritik an Mattenklotts *Melancholie*-Buch führte.[61]

Michael Schlott: Gehen wir noch einmal zurück zum Anfang der 1970er Jahre und zu den kulturpolitischen Verhältnissen in der DDR. Können Sie für das Jahrzehnt zwischen 1970 und 1980 die wichtigsten Veränderungen und Bewegungen in der kulturpolitischen Landschaft skizzieren, und welche Konsequenzen leiten Sie in der Retrospektive daraus für den Wissenschaftsbetrieb ab?[62] Das ist eine sehr umfassende Frage, aber was würden Sie ‚ad hoc‘ thematisieren, was fällt Ihnen dazu ein?

Peter Müller: Diese umfassende Frage ist ‚ad hoc‘ nicht seriös zu beantworten.

Michael Schlott: Vielleicht abschließend noch einige Fragen, die sich mit der Zukunft befassen, auch wenn Sie sich dazu vielleicht nur spekulativ äußern können: Welche Perspektiven sehen Sie für die Empfindsamkeitsforschung, nach allem, was (auch nach dem sogenannten Vereinigungsprozeß) jetzt an Forschung vorliegt? Gibt es Entwicklungsmöglichkeiten in diesem Forschungsfeld? Welche Probleme sind liegengeblieben? Welche Haupttendenzen lassen sich erkennen?

Peter Müller: Eine schwierige Frage, zumal ich aus den geschilderten Gründen diesem Gegenstand keine besondere Aufmerksamkeit geschenkt habe. Ironisch könnte ich sagen: Warten wir den zweiten Band von Herrn Sauder ab. Meine geringe Auskunftsfähigkeit hängt damit zusammen, daß ich völlig abgeschnitten bin von der wissenschaftlichen Diskussion, von Tagungen u. a.

Michael Schlott: Wie beurteilen Sie Ihre wissenschaftliche und berufliche Perspektive?

Peter Müller: Eine berufliche Perspektive habe ich nicht. Was die wissenschaftliche angeht, so will ich den mit der Lenz-Dokumentation, die im Juni im Lang-Verlag erschienen ist,[63] begonnenen Weg noch ein Stück fortsetzen. Da ich über keine Forschungsmittel verfüge, muß ich mich an Editionen anderer beteiligen.

Michael Schlott: Herr Müller, ich bedanke mich für dieses offene Gespräch und wünsche Ihnen viel Erfolg bei Ihren weiteren Unternehmungen.

---

61   Vgl. Müller: [Rez.] Mattenklott (wie Anm. 22).

62   Die Frage diente dazu, möglichst viele Informationen über die Wissenschaftsprozesse im Jahrzehnt zwischen etwa 1970 und 1980 in der DDR zu erhalten, um beurteilen zu können, ob und gegebenenfalls inwieweit die soziologisch-sozialgeschichtliche Öffnung des disziplinären Profils der westdeutschen Germanistik von Forschungsansätzen der DDR profitiert hat; siehe dazu auch die Interviews mit Hans-Dietrich Dahnke (S. 218–254, hier S. 250–254.) und Heinrich Scheel (S. 665–691, hier S. 682).

63   Jakob Michael Reinhold Lenz im Urteil dreier Jahrhunderte. Texte der Rezeption von Werk und Persönlichkeit, 18.–20. Jahrhundert. Hrsg. von Peter Müller unter Mitarbeit von Jürgen Stötzer. Bern u. a. 1995.

Gerhard Sauder

GERHARD SAUDER (* 1938), 1958 Studium der Germanistik, Romanistik, Kunstgeschichte und Philosophie in Heidelberg und Paris, 1963 Erstes Staatsexamen in Heidelberg, 1964 Gymnasiallehrer in Karlsruhe, 1966 Wissenschaftlicher Assistent am Germanistischen Seminar der Universität Heidelberg, 1967 Promotion, 1973 Habilitation in Heidelberg, 1976 Professor für Neuere deutsche Literaturwissenschaft in Saarbrücken, 2006 Ruhestand.

GERHARD SAUDER gab – ausgehend vom Konzept einer Sozialgeschichte der Literatur – entscheidende Impulse für (auf umfassende Erschließung historischer Quellen gestützte) Forschungen zur „Empfindsamkeit" als einer mentalitäts-, themen- und stilbestimmten Orientierung in der deutschsprachigen Literatur der zweiten Hälfte des 18. Jahrhunderts.

Das Interview wurde am 28. September 1994 in Saarbrücken geführt.

Michael Schlott: Herr Sauder, wir beginnen das Gespräch mit einem Zitat, mit einer Äußerung von Wilhelm E. Liefland, *Frankfurter Rundschau* vom 3. Januar 1974: „Wer keine Geduld hat, soll sich mit Gerhard Sauder zusammensetzen und möglichst schnell begreifen, daß Germanisten auch Menschen sind, die den blöden Betrieb weitertreiben können."[1] Dieses Statement wurde anläßlich Ihrer Studie *Empfindsamkeit. Voraussetzungen und Elemente*[2] geäußert. Es läßt sich auch unserer Ansicht nach nicht leugnen, daß Ihre Arbeit den „blöden Betrieb" weitergetrieben hat. Deshalb lautet die erste Frage: In der Einleitung zu Ihrer Habilitationsschrift erwähnen Sie, daß Ihr ursprüngliches Anliegen eigentlich nur gewesen sei, ein Bändchen für die Reihe *Sammlung Metzler* zu verfassen. Wie kam es zu dieser Idee, wer hat das initiiert?

Gerhard Sauder: Die Idee dazu geht zurück auf die Arbeit an meiner Dissertation über Moritz August von Thümmels *Reise in die mittäglichen Provinzen von Frankreich*.[3] Bei dieser Arbeit hatte ich im wesentlichen nur ältere Literatur zur Verfügung, und die neuesten Arbeiten waren aus den 1920er Jahren. Da wurde immer auch von Anteilen der Empfindsamkeit an diesem Text gesprochen, aber das konnte ich nicht so richtig fassen. Ich habe

---

1   Wilhelm E. Liefland: Die Einheit des Jahrhunderts des Lichts. Empfindsamkeit – ein Germanist auf dem Wege zum Materialismus. In: Frankfurter Rundschau vom 3. Januar 1974, S. 18.
2   Gerhard Sauder: Empfindsamkeit. Bd. 1: Voraussetzungen und Elemente. Stuttgart 1974.
3   Gerhard Sauder: Der reisende Epikureer. Studien zu Moritz August von Thümmels Roman „Reise in die mittäglichen Provinzen von Frankreich". Heidelberg 1968.

dann natürlich versucht, mich kundig zu machen, was es zu diesem Phänomen gibt. Da gab es nur die alten Geschichten wie Wiesers *Der sentimentale Mensch*,[4] ein gräßliches Buch, und was dann von ihm an Dissertationen sich inspirieren ließ. Ich war damit alles andere als zufrieden und habe in meiner Dissertation irgendwo eine Fußnote angebracht, daß die Empfindsamkeit dringend einer neuen Untersuchung bedarf. Und so machte ich es dann wie Jean Paul im *Wutz*:[5] Die Bücher, die es nicht gibt, muß man selbst schreiben. Wenn man mehr Leben hätte, würde man mehr schreiben, aber das germanistische Leben ist sehr eingeschränkt. Ich dachte zunächst einmal an eine bescheidene Form der Bestandsaufnahme, und das war mit dem Metzler-Verlag auch so besprochen. Ich wurde dann mehrfach gemahnt vom damaligen Lektor, das eine Mal sogar mit einem Telegramm.

Michael Schlott: Uwe Schweikert?

Gerhard Sauder: Nein, sein Vorgänger Ernst Metelmann, ein großer Bibliograph, der in den 1930er und 1940er Jahren im *Inneren Reich*[6] zu einer Art von konservativer, innerer Emigration oder Opposition manches geschrieben hat. Ein sehr kluger Mann, der noch die alten Techniken angewendet hat – daher das Telegramm damals, mit dem er mein Manuskript anforderte. Mit dem Manuskript war ich natürlich noch nicht sehr weit. Ich habe ihm angedeutet, daß es damit noch etwas länger dauern würde. Dann erschien Georg Jägers Dissertation *Empfindsamkeit und Roman*.[7] Das war für mich ein teilweise deprimierendes, teilweise außerordentlich hilfreiches Buch, weil ich sah, wieviel er nun schon gemacht hatte. Er hatte auch eine Fülle von mir unbekannten Quellen erschlossen auf der Suche nach seiner romanpoetischen Geschichte, und das hat mich dann beflügelt. Ich kannte Georg Jäger;[8] unsere gemeinsame Heimatstadt ist Karlsruhe, und da haben wir uns auch gelegentlich getroffen.

Michael Schlott: Kannten Sie ihn schon während der Schulzeit oder während des Studiums?

Gerhard Sauder: Nein. Wir haben uns irgendwann einmal gesehen oder nach Erscheinen seines Buches getroffen, um uns zu unterhalten – in Heidelberg oder in Karlsruhe, ich weiß es jetzt nicht mehr genau. Jedenfalls wußte ich dann von ihm, daß für ihn dieses Kapitel vorläufig abgeschlossen sei, und er hat mich ermuntert, dieses Projekt weiterzutreiben. Ich sah mit der Zeit, daß es zu einem Metzler-Bändchen eigentlich gar nicht reichen würde. Es war einfach zu wenig da. Ich hätte in so vielen Fällen sagen müssen: Das taugt nichts, wir müssen das alles noch einmal überarbeiten.

Michael Schlott: Es fehlten die Realien?

Gerhard Sauder: Es waren kaum Realien da. Dann habe ich mich also entschieden, diese Sache als Habilitationsprojekt zu betrachten. Damals waren die Zeiten noch etwas härter,

---

4   Max Wieser: Der sentimentale Mensch. Gesehen aus der Welt holländischer und deutscher Mystiker des 18. Jahrhunderts. Gotha und Stuttgart 1924.

5   Jean Paul: Leben des vergnügten Schulmeisterlein Maria Wutz in Auenthal. Eine Art Idylle. Berlin: Matzdorff, 1793.

6   Das Innere Reich. Zeitschrift für Dichtung, Kunst und deutsches Leben, herausgegeben von 1934 bis 1944 im Münchner Verlag Langen/Müller.

7   Georg Jäger: Empfindsamkeit und Roman. Wortgeschichte, Theorie und Kritik im 18. und frühen 19. Jahrhundert. Stuttgart u. a. 1969.

8   Siehe dazu auch das Interview mit Georg Jäger, S. 334–358, hier S. 336 f., 341 f.

was die Förderung solcher Projekte anging. Ich war, das müßte ich vielleicht noch dazu sagen, nach dem Staatsexamen 1963 zwei Jahre im Schuldienst. Ich war Studienreferendar. Damals hat man die Zeit stark verkürzt auf eineinviertel Jahre, da man so viele Lehrer brauchte, und so war ich ab Ostern 1965 schon Studienassessor. Und im Sommer 1966 war ich einigermaßen fertig mit der Dissertation; dafür kamen ja auch immer nur die großen Ferien in Frage. Ich fuhr nach Heidelberg zu meinem Lehrer Arthur Henkel und sagte ihm, daß ich etwa im Herbst damit rechne, abzuschließen. Plötzlich fragte er mich: „Möchten Sie nicht wiederkommen?" Nichts hatte ich mir ja sehnlicher gewünscht, ab Dezember 1966 war ich wieder an der Universität. Wegen meiner vorausgegangenen Assessorentätigkeit stand ich in einer Akademischen Rats-Laufbahn, was gar nicht so übel war. Nach den Laufbahnvorschriften wurde ich zunächst Studienrat an der Universität, dann Akademischer Rat. Mit Arthur Henkel, meinem ‚Chef', den ich prinzipiell sehr schätzte, hatte ich einmal wegen politischer Dinge ein Jahr hindurch einen ungeheuren Krach, der sich dann aber wieder einigermaßen befrieden ließ. Seither sind wir uns aber wieder ziemlich grün. Ich habe ihn erst kürzlich in der Pfalz bei einer gemeinsamen Bekannten wieder getroffen – 79jährig und ungeheuer quick; wir verstehen uns jetzt wieder ganz gut.

Michael Schlott: Sie haben auch zu den Festschriften für Henkel beigetragen.[9] Wir hatten übrigens auch Herrn Henkel um ein Interview gebeten; er hat uns aber nicht geantwortet. Was mag dahinterstecken? Meinen Sie, wir sollten es noch einmal versuchen oder ist das eine eindeutige Reaktion?

Gerhard Sauder: Nur eine Vermutung: Er hält von Wissenschaftsgeschichte nicht viel. Wir haben gerade neulich darüber gesprochen; ich habe ihm auch angedeutet, was es an abschließenden Darstellungen zu Voßkamps Projekt gibt (vor allem diesen dicken Band[10]) und daß Wolfgang Adam über Wissenschaftsgeschichte im Spiegel der Zeitschrift Euphorion, geschrieben habe;[11] Adam hat die Zeitschrift ja lange Zeit mit Rainer Gruenter zusammen redaktionell verantwortet. Darauf hat Henkel nur gesagt: „Leider bricht Adams Bericht ja früh ab." Und wieder kam er ins Klagen; er hatte ja viele Sträuße mit Gruenter auszufechten. Die beiden haben sich nicht mehr verstanden, und es war ihm alles letzten Endes leid. Deshalb gab er die Zeitschrift auch gerne aus der Hand.[12] Hinzugesetzt hat er: „Ich finde es nicht gut, wenn die jungen Leute so viel über Wissenschaftsgeschichte arbeiten, das ist doch das Sekundäre. Sie sollten über die Texte schreiben, das ist das Wichtige."

Michael Schlott: Das ist eine in Henkels Generation weitverbreitete Ansicht. Man kann doch das eine tun und das andere nicht lassen.

---

9   Gerhard Sauder: Anfänge des „neuen" Günter Eich (mit Blick auf Kulka). In: Geist und Zeichen. Festschrift für Arthur Henkel. Hrsg. von Herbert Anton u. a. Heidelberg 1977, S. 333–350.

10 Wissenschaftsgeschichte der Germanistik im 19. Jahrhundert. Hrsg. von Jürgen Fohrmann und Wilhelm Voßkamp. Stuttgart und Weimar 1994.

11 Wolfgang Adam: Einhundert Jahre „Euphorion". Wissenschaftsgeschichte im Spiegel einer germanistischen Fachzeitschrift. In: Euphorion 88 (1994), S. 1–72.

12 Arthur Henkel gab zusammen mit Rainer Gruenter von 1962 bis 1984 die Zeitschrift *Euphorion* heraus. Nach einem Zerwürfnis zwischen den beiden Herausgebern war ab 1975 Gruenter für den mediävistischen Bereich, Henkel für den Bereich der Neueren deutschen Literatur zuständig; vgl. Wolfgang Adam: Arthur Henkel (13. März 1915 bis 4. Oktober 2005). In: Euphorion 100 (2006), S. 5–9, hier 7 f.

Gerhard Sauder: Genau. Ich gestehe, wenn Voßkamps Projekt[13] allmählich seinen Abschluß findet, ist das eine großartige Leistung – zusammen mit dem Buch von Fohrmann;[14] und dazu Weimar[15] und seine Fachgeschichte. Schön, daß wir es haben. Aber ich glaube, es würde uns auch wieder schaden, wenn wir jetzt nur einen emporstrebenden Blütenzweig der Germanistik in der Selbstbespiegelung und Dauerreflexion ihrer Geschichte hätten. Es bleibt zweifellos noch viel aufzuarbeiten, aber die Lebhaftigkeit, ja geradezu Betriebsamkeit der letzten paar Jahre hat mich manchmal ein bißchen darin geängstigt, ob wir jetzt bei einer Endstation ankommen.

Michael Schlott: Diese Befürchtung wird allenthalben geäußert. Nun kann man die Münze natürlich auch wenden und sagen, daß fachgeschichtliche Selbstreflexion lange – allzu lange – hat auf sich warten lassen. Im übrigen handelt es sich dabei meines Erachtens um Resultate von Reflexionsprozessen, die ja schon seit Mitte der 1970er Jahre laufen – und an denen ja auch Sie nicht unbeteiligt gewesen sind. Aber noch einmal zurück zum Metzler-Bändchen. Also die Idee stammt von Ihnen, es war keine Anregung des Verlages.

Gerhard Sauder: Nein.

Michael Schlott: Herr Sauder, Sie haben bereits einige Faktoren genannt, die Sie gereizt haben, das Forschungsthema Empfindsamkeit aufzunehmen. Gab es weitere Faktoren, und wie würden Sie im Rückblick die Situation dieses Forschungsfeldes allgemein charakterisieren? Welche Aspekte müssen wir unbedingt berühren?

Gerhard Sauder: Vielleicht müßte man den Kontext noch ein wenig weiter fassen. Die Beschäftigung mit Thümmel war ja aus damaliger Sicht antiquarisch. Ein völlig verschollener Autor; wem ich damals unter Germanisten sagte, über was ich arbeite, der hat die Stirn gerunzelt und gesagt: „Wer ist das?" Gelesen hatte so gut wie niemand etwas von ihm, es gab ja auch keine neuen Ausgaben, noch nicht einmal von der *Wilhelmine*.[16] Da fühlte ich mich in einer etwas einsiedlerhaften Position, auch im Blick auf die ganze Aufklärungsforschung, die ja Ende oder Mitte der 1960er Jahre (da habe ich begonnen) – nicht gerade blühend war. Das Neueste war zum Teil sechs, acht bis zehn Jahre alt, das meiste stammte aus der Zeit der Weimarer Republik oder – mit Quellenarbeiten – aus dem 19. Jahrhundert. Irgendein Impetus von einem der damals wichtigeren Germanisten war nicht zu spüren. Aufklärung hat im Grunde niemanden interessiert. Ich könnte jetzt niemanden nennen als eine ‚rara avis' – einen seltenen Vogel; es war nicht das Forschungsgebiet seinerzeit. In einer Art Verbissenheit, daß man auch solche weißen Flächen unserer Literatur irgendwann mal ausfüllen sollte, fing ich an. Mit der Zeit habe ich dann allerdings auch die Aspekte gesehen, die Aufklärung zu einem fast emotionalen, auch spannenden Thema gemacht haben,

---

13 Vgl. dazu etwa: Von der gelehrten zur disziplinären Gemeinschaft. Hrsg. von Jürgen Fohrmann und Wilhelm Voßkamp. Stuttgart 1987; Wissenschaft und Nation. Studien zur Entstehungsgeschichte der deutschen Literaturwissenschaft. Hrsg. von J. F. und W. V. München 1991; Wissenschaftsgeschichte der Germanistik im 19. Jahrhundert (wie Anm. 10).

14 Jürgen Fohrmann: Das Projekt der deutschen Literaturgeschichte. Entstehung und Scheitern einer nationalen Poesiegeschichtsschreibung zwischen Humanismus und Deutschem Kaiserreich. Stuttgart 1988.

15 Klaus Weimar: Geschichte der deutschen Literaturwissenschaft bis zum Ende des 19. Jahrhunderts. München 1989.

16 Moritz August von Thümmel: Wilhelmine, oder der vermählte Pedant. Leipzig: Weidmann 1764.

was dann in der Endphase der 1960er Jahre mündete in die damals einsetzende Wiederentdeckung der Aufklärung im Zusammenhang mit einer Neubewertung der Französischen Revolution und einer Neubewertung von Frühformen der Demokratie und so weiter. Ende der 1960er Jahre war das ein starker Trend.

Michael Schlott: Welche Namen fallen Ihnen dazu ein?

Gerhard Sauder: Es waren seinerzeit vor allem jüngere Germanisten – jünger als ich, der ich ja Zeit im Schuldienst verloren hatte. Einer meiner wichtigsten Gesprächspartner war damals Reiner Wild, der bei mir später Assistent war und der damals bei Henkel eine Hamann-Arbeit vorbereitete. Ein weiterer Gesprächspartner war Gerhard Kurz, jetzt in Gießen, der ursprünglich gerne mit mir als Assistent irgendwohin gegangen wäre, wäre ich früher mit meiner Promotion fertig geworden. Herbert Anton hatte es schneller geschafft, und so ging er mit ihm nach Düsseldorf. Von den Etablierteren wirkte vielleicht am Rande sehr stark Peter Szondi mit seiner Arbeit über das Bürgerliche Trauerspiel.[17] Ich habe ihn ein Vierteljahr lang auch persönlich kennengelernt. Henkel brauchte eine kurzfristige Vertretung (ich glaube, er ging nach England oder Amerika), und Szondi als Privatdozent hatte damals noch keine feste Stelle und kam dieses Vierteljahr als Vertreter nach Heidelberg. Ich war in seiner Vorlesung über Hölderlins späte Hymnen und in einem Seminar über Theorie des Romans: ungeheuer anspruchsvoll, didaktisch nicht immer optimal. Wenn detaillierte Fragen zu Kant nicht beantwortet wurden – wir waren so etwa fünfzehn in dem Seminar –, dann konnte er drei bis vier Minuten warten. Das erzeugte eine Eisesstille, die man nicht leicht ertrug. Aber er hat mich außerordentlich beeindruckt, vor allem durch die Arbeiten, die in der Folgezeit erschienen. In jenen Jahren habe ich auch sehr viel Französisches gelesen, mein zweites Studienfach war Romanistik, wo die Aufklärungsforschung ja immer viel intensiver betrieben wurde. Da floß dann so manches zusammen. Einer meiner Lehrer in der Romanistik war Jauß, 1958/59 noch als Privatdozent. Später, als ich von einem einjährigen Studienaufenthalt in Paris zurückkam, war er schon nicht mehr in Heidelberg. Ich hielt mich dann an Erich Köhler. Zudem erinnere ich mich an einen Vortrag von Werner Krauss, der offenbar insgeheim in Heidelberg schnell aus dem Zug gestiegen war, der ihn nach Paris bringen sollte, um im Köhlerschen Hauptseminar vorzutragen.[18] Das durfte niemand weitererzählen – wegen eventueller politischer Folgen für Köhler und Krauss, der gewiß kein Visum für die BRD hatte.

Ich habe etwas vergessen, das müßte ich noch hinzufügen. Ich habe vorhin gesagt, daß mein Entrée in die Aufklärungsforschung und damit auch in die Empfindsamkeit zunächst einmal Thümmel war; daneben aber auch die Romanistik: Bei Jauß habe ich den französischen Briefroman und so manches andere bearbeitet, bei Köhler mich intensiv mit Diderot beschäftigt. Und ich habe die ganze Studienzeit hindurch auch Kunstgeschichte studiert, war lange unschlüssig, ob ich nicht dort promovieren sollte. Allerdings hat mich die Be-

---

17 Peter Szondi: Die Theorie des bürgerlichen Trauerspiels im 18. Jahrhundert. Der Kaufmann, der Hausvater und der Hofmeister. Hrsg. von Gert Mattenklott. Mit einem Anhang über Molière von Wolfgang Fietkau. Frankfurt/Main 1973.

18 Kontakte von Wissenschaftlern aus der Bundesrepublik Deutschland zu Werner Krauss bestanden bereits früher; vgl. etwa Hans Robert Jauß: Werner Krauss – wiedergelesen. In: lendemains 18 (1993), Nr. 69/70, S. 192–219, wo über einen Ausflug des Heidelberger Seminars nach Leipzig berichtet wird (vgl. S. 193 f.).

rufsperspektive immer wieder zurückgestoßen, damals gab es eigentlich nur zwei Möglich-keiten: irgendwo an einem Museum als Konservator anzukommen oder die akademische Laufbahn, woran ich nicht zu denken wagte. Ich war früh Hilfskraft bei Klaus Lankheit, der in Heidelberg nur Honoraprofessor war, seine Professur an der damaligen Technischen Hochschule (der heutigen Universität) Karlsruhe hatte. Eines seiner Spezialgebiete war Bildhauerei im deutschen Südwesten. Er hat jahrelang an einer Monographie gearbeitet über Paul Egell,[19] einen kurpfälzischen Hofbildhauer, der die letzten dreißig Jahre seines Lebens in Mannheim verbrachte. Nach Meinung aller Kenner gilt er als der eigenwilligste, interessanteste Bildhauer des deutschen Rokoko – besser noch als die Bayern, Ignaz Gün-ther oder Joseph Anton Feuchtmayer etwa, oder als die Stukkateure der Rokoko-Kirchen in Südwestdeutschland. Diese Arbeit als Hilfskraft in den Semesterferien führte mich auch in die Archive, bis in die Speicher von Pfarrhäusern, um nach Akten über Altäre und sonstige Arbeiten dieses Paul Egell, der bis 1752 lebte, zu suchen. Das war ein zusätzliches Moment meines vielfältigen Interesses am 18. Jahrhundert.

Michael Schlott: Sie wurden 1967 bei Arthur Henkel promoviert; die Habilitationsschrift wurde von ihm begutachtet, auch von Peter Michelsen. Wie würden Sie Ihr damaliges Ver-hältnis zu Henkel charakterisieren?

Gerhard Sauder: Es war nicht immer einfach. Ich habe Ihnen ja vorhin angedeutet, daß wir einmal eine Auseinandersetzung hatten, die für die damalige Zeit nicht untypisch war. Henkel habe ich von meinem ersten Semester an außerordentlich geschätzt, ja verehrt, weil er eine unkonventionelle Germanistik betrieb. Man merkte immer ein bißchen die Nähe zu Kommerell, bei dem er ja nicht lange war, der aber für ihn das Maß einer ästhetisch außerordentlich sensiblen, hermeneutisch fundierten, die Geistes- und Ideengeschichte selbstverständlich voraussetzenden Germanistik mit teilweise nicht schlechtem philoso-phischen Anspruch darstellte. Daß die Gruppe mit Kommerell in Marburg in Kontakt mit Gadamer, in Kontakt mit der dort so interessanten protestantischen Theologie aufwuchs; daß Henkel von seinen Eltern her, von seiner Frau her mit all diesen Leuten ständig Um-gang hatte, beleuchtet das ein wenig. Das waren ja Exponenten der besten Qualität einer älteren deutschen Kultur. Das merkte man. Ich ging zudem manchmal zu Sengle, nur um mich selbst zu prüfen, ob das nicht interessanter sei. Ich habe es kaum zwei Vorlesungen bei ihm ausgehalten, es war mir eine solche Stoffhuberei; in einer Doppelstunde beispiels-weise Kleist, Mörike und noch einer. Da dachte ich: „Wie kommt das zusammen? Das kann ich nicht ertragen." Ich wußte, daß Sengle als ein wichtiger Wissenschaftler galt. Trotzdem zog es mich zurück zu Henkel. Ich habe mich öfter über ihn und über seine Positionen geärgert. Aber als ich anfing, war er ein außerordentlich liberaler Mann. Er hat gegen die wieder stark werdenden Studentenverbindungen gewettert, was nicht ganz ohne war da-mals 1958/59. Die haben ihm auch ab und an das Leben sauer gemacht. Er hat bei einer der ersten Demonstrationen gegen Atombewaffnung vor der Universität gesprochen. Er ging dann voran in einem großen Demonstrationszug; das war einer der ersten Demonstrations-züge politischer Art, an dem ich mich beteiligte. Insofern bestand eine sehr starke Identi-fikationsmöglichkeit. Natürlich kommt hinzu, daß er mein erstes Referat gleich sehr schön fand und mich förderte. Klar, das war schon eine tiefergehende Lehrer-Schüler-Bezie-hung.

---

19 Vgl. Klaus Lankheit: Der kurpfälzische Hofbildhauer Paul Egell 1691–1752. München 1988.

Michael Schlott: Geht die Anregung zu Ihrer Dissertation, aus der dann wiederum das Buch über Empfindsamkeit entstand, auf Henkel zurück?

Gerhard Sauder: Nicht direkt. Mit Thümmel hatte ich mich im ersten oder zweiten Semester beschäftigt – in einem Proseminar (heute würde man sagen: „Einführung in die Literaturwissenschaft") von Herbert Heckmann. Er war damals Assistent bei Henkel; ihm habe ich sehr viel zu verdanken. Er hatte auch seinen kleinen lockeren Zirkel, der sich alle vierzehn Tage in Handschuhsheim in einem Wirtshaus traf. Da haben wir gemeinsam Texte gelesen. Dazu kamen auch Manfred Windfuhr und Dietrich Bode, der Assistent bei Sengle war und heute Geschäftsführer des Reclam-Verlags ist, ebenso Heinrich Küntzel, der eine Zeit lang eine Assistentenstelle bei Henkel hatte. Das waren zum Teil erhitzte Debatten bis Mitternacht, und wir Jüngeren saßen dabei und haben andächtig zugehört und nicht allzu oft etwas gesagt.

Heckmann jedenfalls war von der Germanistik her der intensivste Anreger dafür, daß ich mich mit dem Rokoko weiter beschäftigen sollte. Er hat mir Franz Blei genannt. Er sagte: „Lesen Sie alle seine Bücher, der wußte viel übers Rokoko." Er wies mich auf eine besonders schöne Edition hin, die *Bücher der Abtei Thelem*, ich solle mir das ansehen. Und wir haben uns über französische Autoren dieser Zeit unterhalten, bis hin zu öbszöner Literatur des französischen Rokoko. Da kannte Heckmann sich vorzüglich aus. Also habe ich zuerst ihn gefragt, ob ich das Empfindsamkeitsprojekt machen sollte. Ich hatte während des Studienaufenthaltes in Paris durch Vorlesungen von Claude David auch ein bißchen einen Narren an Stifter gefressen, was ich mir vorher nie hätte vorstellen können. Aber er hat es so spannend und gut gemacht (etwa im Vergleich der verschiedenen Textfassungen der *Studien*), daß ich dachte, da könnte man ja weiterforschen. Ich habe dann gesehen, daß Henkel ein wenig die Nase gerümpft hat über Stifter. Ich habe daraufhin mit Heckmann gesprochen, der hat gesagt: „Nehmen Sie doch den Thümmel. Das ist interessanter, und da ist nichts gemacht worden in letzter Zeit." So kam es zu meiner Dissertation.

Ich habe vorhin diesen Exkurs begonnen über Henkel, was das Politische angeht. Er hat, wie die meisten Älteren liberalerer Gesinnung, nicht verstanden, daß die 1968er gerade diese Gruppe attackierten. Henkel wirkte auf verschiedene Richtungen des Sozialistischen Deutschen Studentenbundes, der in Heidelberg sehr stark wurde, und auch auf die sich abspaltenden Splittergruppen offenbar sehr provokativ wegen dieser Liberalität. Es gab da eine Vollversammlung, zu der auch Schüler kamen, die einen Klub gegründet hatten: den Sozialistischen Deutschen Schülerbund oder so ähnlich. Die haben dann so getan, als wüßten sie aus dem Effeff, wie Henkel bis dahin agiert hatte, und schrien dazwischen: „Sie alternder Schauspieler, treten Sie doch ab!" Oder: „Was Sie hier machen, ist doch alles elitäre Scheiße." Das waren die Sprüche, die ihn ungeheuer getroffen haben.

Michael Schlott: Da war er nicht der einzige.

Gerhard Sauder: Eben, wobei er anders reagiert hat als etwa Michelsen, der dann gleich kämpferisch war. Michelsen ging durch die Heidelberger Hauptstraße und ließ sich mit Eiern bewerfen; das hätte Henkel nicht mitgemacht. Da entstanden auch merkwürdige neue Koalitionen; Henkel und Köhler, der Marxist, hatten sich in früheren Jahren sicher nicht so gut verstanden. Plötzlich aber wurde Köhler zu Geburtstagsfesten oder Parties bei Henkel eingeladen. Das waren Konstellationen, die man schwer nachvollziehen konnte, aber aus der damaligen Situation heraus sind sie sehr gut verständlich. Erst neulich sagte

Henkel, als das Gespräch auf diese Zeit kam, er habe einmal den Studenten zugerufen: „Setzen Sie sich doch mit Ihren Vätern auseinander, ich bin nicht Ihr Vater." Das war nicht ganz falsch. Einer seiner erbittertsten Gegner damals, der zum Lager der Spontis gerechnet wurde, war Michael Buselmeier.

Michael Schlott: Wie hat Henkel auf die alternative Festschrift der Universität Heidelberg reagiert?[20]

Gerhard Sauder: Dazu kenne ich keine Äußerungen. Die Verbindungen nach Heidelberg liefen immer über meinen Kollegen Dietrich Harth, der die Fahne hochhielt, als wir alle gegangen waren.

Michael Schlott: Sie hatten also einen Disput mit Henkel?

Gerhard Sauder: Das war eigentlich eine lächerliche Geschichte. Ich kann es kurz andeuten: Peter von Polenz war damals Fachleiter, heute würde man sagen Fachbereichsvorsitzender. Zur Fachgruppenkonferenz gehörten gewählte Mitglieder aus der Studentenschaft, aus dem Mittelbau und der Professoren. Da ging es eigentlich immer um politische Dinge; die Studenten des Marxistischen Studentenbunds Spartakus forderten z. B. ein „grünes Brett" für studentische Verlautbarungen.

Michael Schlott: Eine Lappalie.

Gerhard Sauder: Eben! Und die Professoren waren strikt dagegen. Wir Jüngeren und Eberhard Lämmert[21] – er war als einziger Ordinarius unser „Rammbock" in diesen Gefechten – sagten: „Was ist denn dagegen einzuwenden? Ein Brett ist ein Brett, und irgendwann hängen da auch wieder andere Sachen." So hat es sich ja auch gezeigt. Die Diskussion schaukelte sich aber hoch, und dann gab es ein Flugblatt von einem Studenten, der in unserem Tutoren-Programm angestellt war. Der nannte Henkel einen „alternden Schauspieler". Michelsen stellte schließlich den Antrag, wir sollten diesen Studenten aus seinem Vertrag als Tutor wegen seiner Äußerungen in dem Flugblatt entlassen. Wir „Mittelbauer" argumentierten: „Wir wenden uns gegen jede beleidigende Äußerung, aber wenn wir dem Antrag von Michelsen folgen, wird uns die Verwaltung postwendend den Vorgang zurückgeben und darauf hinweisen, wir als Fachgruppe Germanistik seien nicht legitimiert, einen Vertrag aufzukündigen, denn der werde mit der Verwaltung geschlossen." Das haben die älteren Kollegen nicht kapiert, und die Diskussion dauerte bis spät in die Nacht hinein. Von Polenz hatte akute gesundheitliche Probleme und war an diesem Abend schließlich völlig weggetreten. Da ich sein Stellvertreter war, sagte er: „Übernehmen Sie die Leitung der Diskussion." Dann haben sich der Student und Henkel angeschrien – mit *Faust*-Zitaten und „Sie sind der Koch in dieser Sudelküche"; ich mußte die beiden zu zivileren Umgangsformen ermahnen. Ganz zum Schluß – wir tagten seit 15.00 Uhr ohne Pause – ging kurz vor 23.00 Uhr unser Antrag (Mittelbau und Lämmert) mit kleinem Stimmenvorsprung durch. Da stand Henkel auf, rannte roten Kopfes raus. Als ich ihn nach Schluß der Sitzung traf – unsere Zimmer lagen genau gegenüber –, sagte er zu mir: „Ich wußte nicht, daß Sie ein Verräter sind." Dann verließ er sämtliche Kommissionen, in denen ich auch Mitglied war.

---

20 Auch eine Geschichte der Universität Heidelberg. Hrsg. von Karin Buselmeier u. a. Mannheim 1985; 2. unveränd. Aufl.: 1986; Gerhard Sauder ist darin vertreten mit dem Beitrag „Goebbels in Heidelberg" (S. 307–314).

21 Siehe dazu das Interview mit Eberhard Lämmert, S. 271–298, hier S. 283–285.

Diese Mißstimmung dauerte über ein Jahr. Es war das Jahr vor dem Einreichen meiner Habilitation 1972. 1975 hatte dann Henkel seinen 60. Geburtstag; dazu wurden meine Frau und ich wieder eingeladen, das war eine Art Wiedergutmachung. Ich nehme an, daß Frau Henkel dabei sehr aktiv mitgewirkt hat. Bei den kurzen Gesprächen zum Ablauf der Habilitation war er die Korrektheit in Person. Sein Gutachten gab er schon im Sommer 1973 ab. Michelsen ließ mich schmoren, und erst auf eine Anfrage des Dekans hin hat er sein Gutachten endlich geliefert. Dazu ein Nachspiel: Ich hatte mich in den 1980er Jahren auf Henkels Lehrstuhl in Heidelberg beworben, nachdem Schings nach Berlin gegangen war. Harth und andere hatten mich dazu aufgefordert. Zu meiner Bewerbung hat Michelsen – so sagte man mir später – im „Sole d'oro", dem germanistischen Stammlokal in Heidelberg, erzählt, er sei damals gegen meine Habilitation gewesen.

Als ich davon vor zwei oder drei Jahren hörte, habe ich Michelsen geschrieben. Ja, wir haben unterschiedliche Positionen; ich weiß, daß er manche von meinen Thesen zur Literaturgeschichte im 18. Jahrhundert nicht akzeptiert. Aber daß er nach so vielen Jahren in der Öffentlichkeit eines Heidelberger Lokals mir quasi die Habilitation entzieht, das fand ich alles andere als menschenfreundlich. Daraufhin hat er mir postwendend handschriftlich geschrieben und lamentiert: Jetzt habe er es sich wohl mit allen verscherzt, die einmal in Heidelberg waren. Das alles war so ja nicht gemeint gewesen. Wenn er meine Arbeit in manchen Punkten nicht für gut hielte, dann könne er das doch laut sagen. Das habe ich ihm auch nie bestritten, es ging ja um etwas anderes. Seither ist absolute Funkstille; seine Philippika gegen mich, die er irgendwo in einem Aufsatz vor drei Jahren untergebracht hat,[22] muß ich nicht sonderlich ernst nehmen.

Michael Schlott: Was hatte Michelsen an Ihrer Habilitation auszusetzen?

Gerhard Sauder: Ich nehme stark an, daß es das Rüchlein war, das man einem damals schnell anhängte: Man sei Marxist. Wer meine Arbeit liest, wird darüber lachen. Ich habe ausdrücklich erklärt, auf welcher Position ich mich befinde, und habe das auch den Studenten immer deutlich gemacht. Wir sind stets miteinander gut ausgekommen. Ich war einer derjenigen, mit denen man noch sprechen konnte, bei dem man auch wußte, so weit kann man gehen und dann ist Schluß.[23] Da waren dann auch philosophische Probleme, die ich mit verschiedenen Positionen des Marxismus hatte; das habe ich immer klar und deutlich gesagt. Das wußte sicher auch Michelsen. Aber allein dieses ja nicht so umfangreiche Kapitel „Empfindsamkeit und Bürgertum"[24] war für ihn wie ja auch für Alewyn eine ungeheure Provokation. Ich verstehe das bis heute nicht.

Michael Schlott: Schade, denn ich werde danach fragen. Alewyn ist die Person, die in unserem nächsten Fragenkomplex im Zentrum steht. Vorab aber möchte ich, bevor ich

---

22 Vgl. Peter Michelsen: Der unruhige Bürger. Studien zu Lessing und zur Literatur des achtzehnten Jahrhunderts. Würzburg 1990: im Kapitel I (Der unruhige Bürger. Der Bürger und die Literatur im 18. Jahrhundert) S. 33 f., Anm. 74a; im Kapitel IV (Der Dramatiker: Die Problematik der Empfindungen. Zu Lessings „Miß Sara Sampson") S. 195, Anm. 91. Gerhard Sauder teilte dem Herausgeber dazu ergänzend mit, daß es am 4. Oktober 1997 im Anschluß an den Festakt „175 Jahre C. Winter Verlag" in der Alten Aula der Universität Heidelberg „zu einem irenischen Gespräch mit Peter Michelsen" gekommen sei.
23 Siehe dazu das Interview mit Eberhard Lämmert, S. 271–298, hier S. 283.
24 Vgl. Sauder: Empfindsamkeit, Bd. 1 (wie Anm. 2), S. 50–57.

es vergesse, noch einmal nach Henkel fragen. Henkel hat einen Aufsatz verfaßt: „Was ist eigentlich romantisch?"[25]

Gerhard Sauder: Ja, in der Festschrift für Alewyn.

Michael Schlott: In diesem Aufsatz gibt es eine Passage, die Sie beinahe wortwörtlich, ohne Henkel zu zitieren, in Ihren Aufsatz „Empfindsamkeit und Frühromantik"[26] aufgenommen haben, um Ihre Thesen daran zu entwickeln.

Gerhard Sauder: Ja, das ist richtig. Dieser Aufsatz hat mir immer imponiert, weil er einer der wenigen ist, der Thesen entwirft und scheinbar Disparates in der Frühromantik zu bündeln versuchte. Also zum Beispiel, daß er die Mittelalterwendung und das Katholisieren zusammenbrachte oder auch den kulturkritischen Aspekt der frühen Romantik, was ich so damals bei kaum jemandem fand.

Michael Schlott: Wen zählen Sie zur „Alewyn-Schule"? Sie haben den Ausdruck Alewyn-Schule ja in Ihrem Buch benutzt, und zwar ohne Anführungszeichen, wenn ich es recht erinnere.

Gerhard Sauder: Dazu muß ich vorausschicken, daß Alewyn sich dagegen verwahrt hat.

Michael Schlott: Eben.

Gerhard Sauder: Was die Übernahme von Thesen zur Empfindsamkeit im Sinne Alewyns angeht, behaupte ich nach wie vor, daß es so etwas wie eine Schule gibt. Dazu gehörte Wierlacher, dazu gehörten Birk und Pikulik,[27] die über Empfindsamkeit und Drama schrieben. Alle gingen sie aus seiner Schule hervor und haben im Grunde seine Thesen repetiert. Von Pikulik bis hin zu Vierings *Schwärmerische Erwartung bei Wieland, im trivialen Geheimnisroman und bei Jean Paul.*[28] Da wird die Glaubensformel dieser Schule, formuliert in der Alewyn-Rezension meiner Arbeit in der *FAZ*,[29] immer wieder zitiert, meist zustimmend.

Michael Schlott: Und Herbert Singer?

Gerhard Sauder: Von ihm kenne ich keine Äußerungen zur Empfindsamkeit. Alfred Anger gehört zur Alewyn-Schule, hat sich aber zur Empfindsamkeit nicht geäußert. Er hat mir aber einmal in einer langen Nacht sein Leiden unter und mit Alewyn erzählt. Pikulik hat sich als der standhafteste Verteidiger der Alewynschen Thesen gezeigt. Mit ihm habe ich

---

25 Arthur Henkel: Was ist eigentlich romantisch? In: Festschrift für Richard Alewyn. Hrsg. von Herbert Singer und Benno von Wiese. Köln und Graz 1967, S. 292–308.

26 Gerhard Sauder: Empfindsamkeit und Frühromantik. In: Die literarische Frühromantik. Hrsg. von Silvio Vietta. Göttingen 1983, S. 85–111.

27 Vgl. (als Dissertationen) Alois Wierlacher: Das bürgerliche Drama. Seine theoretische Begründung im 18. Jahrhundert. München 1968; Heinz Birk: Bürgerliche und empfindsame Moral im Familiendrama des 18. Jahrhunderts. Bonn 1967; Lothar Pikulik: „Bürgerliches Trauerspiel" und Empfindsamkeit. Köln und Graz 1966.

28 Vgl. Jürgen Viering: Schwärmerische Erwartung bei Wieland, im trivialen Geheimnisroman und bei Jean Paul. Köln 1976.

29 Richard Alewyn: [Rez.] Was ist Empfindsamkeit? Gerhard Sauders Buch ist überall da vortrefflich, wo es nicht von seinem Thema handelt. In: Frankfurter Allgemeine Zeitung (Nr. 263 vom 12. November 1974), S. 4 L.

mich gelegentlich getroffen, und wir verstehen uns, wenn wir nicht über Empfindsamkeit sprechen, ganz gut.

Michael Schlott: Wie verstehen Sie sich denn, wenn Sie über Frühromantik sprechen?

Gerhard Sauder: Das war damals wohl auch nicht unser Thema.

Michael Schlott: Aber das ist Pikuliks Thema.

Gerhard Sauder: Ja, das stimmt.

Michael Schlott: In seinem neuesten Buch gibt es auch eine Passage über den Zusammenhang von Frühromantik und Empfindsamkeit.[30]

Gerhard Sauder: Ich muß gestehen, daß ich das Buch noch nicht gründlich gelesen habe, deshalb will ich dazu nichts sagen. Ich habe vor, das Buch demnächst zu lesen.

Michael Schlott: Welche methodischen und inhaltlichen Charakteristika sind Ihrer Meinung nach für die Alewyn-Schule signifikant?

Gerhard Sauder: Bei diesen Arbeiten ist der Versuch zu erkennen, eine solide, relativ werkimmanente Interpretation zu verbinden mit Fragen nach epochalen Tendenzen, die dann mit geistesgeschichtlichen, aber auch sehr vorsichtig (fast könnte man sagen: vorsoziologisch) mit gesellschaftlichen Prozessen korreliert werden. Und da fangen eben die Bedenken an, die ich immer hatte, Pikulik eingeschlossen. Er hat ja auch Entsprechendes bei Szondi zu hören bekommen in einer langen Anmerkung zu seiner Trauerspiel-Arbeit:[31] daß da vulgarisierend verfahren wurde. Wenn es in einem Trauerspiel nur Adlige gibt, ist es nach der Lehre dieser Schule ganz klar, daß es sich um aristokratische Mentalitäten handelt, um es einmal modern auszudrücken. In vielen Auseinandersetzungen nimmt ja Michelsen im Grunde bis heute Alewyns Position ein. Es wird so getan, als hätte ich nie eingesehen, daß Empfindsamkeit ein Phänomen war, das allmählich – in den 1770er Jahren – sehr stark alle lesenden Gesellschaftsschichten erfaßt hat und natürlich auch an Höfen rezipiert wurde. Wir haben ja die schönen Briefe der Fürstin Luise von Anhalt-Des-

---

30   Vgl. Lothar Pikulik: Frühromantik. Epoche – Werke – Wirkung. München 1992, S. 25–33: „In der Sphäre von Pietismus und Empfindsamkeit".

31   „[…] zu welch grotesken Thesen ein prononciert antiliteratursoziologischer Ansatz beim bürgerlichen Trauerspiel führt, zeigt die Arbeit von Lothar Pikulik über *‚Bürgerliches Trauerspiel‘ und Empfindsamkeit* […]." In einem der Exzerpthefte zur Vorlesung stehen dazu die folgenden – von Szondi jeweils mit *sic!* kommentierten Passagen aus Pikuliks Buch: „es fehlt unserer Überzeugung nach an einwandfreien Beweisen, daß das Ideal der Menschlichkeit soziologisch an eine bestimmte Klasse geknüpft gewesen wäre. Soviel man sehen kann, wurzelte es vielmehr in einer Sphäre, die unabhängig vom Begriff der gesellschaftlichen Klasse ist: in dem Bereich von Liebe, Freundschaft, Familie. Das sind damals die sozialen, doch psychologisch und ethisch begründeten Standorte für das Menschliche und das Unmenschliche: Mensch ist man in der begrenzten Gefühlsgemeinschaft, Unmenschlichkeit dagegen herrscht in der Gesellschaft, in der Großen Welt, besonders ihrer schlimmsten Abart, der höfischen Welt. So ist dieser Begriff der Menschlichkeit überhaupt ausgesprochen gesellschaftsfeindlich. (S. 152) Der soziologische Begriff des Bürgerlichen [läßt] sich allenfalls auf Gottsched und seine Schüler anwenden. Was jedoch das Drama noch einmal und gegen den Willen Gottscheds umgestaltete und damit die Reform reformierte, war eine im Kern unbürgerliche Erscheinung, die Empfindsamkeit" (S. 170). Szondi: Die Theorie des bürgerlichen Trauerspiels (wie Anm. 17), S. 19, Anm. 4.

sau,[32] und am Darmstädter Hof gab es allerlei Treiben dieser Art, wobei die Große Landgräfin[33] sich heraushielt, sie hat das nicht mitgemacht. Das weiß ich ja.

Michael Schlott: Das haben sie im Aufsatz „Empfindsamkeit in Darmstadt" dargelegt.[34]

Gerhard Sauder: Es wundert mich deshalb bis heute, daß man mich so krude auf ein Muster festlegen wollte. Ich werde in dem zweiten Band, an den ich im nächsten Jahr herangehen will,[35] schon sagen, daß man da stärker differenzieren muß, als ich das in dem Kapitel getan habe. Das stand ja sowieso unter mehreren Kautelen. Seinerzeit, also Anfang bis Mitte der 1970er Jahre, gab es bei uns ja noch kaum so etwas wie Sozialgeschichte von seiten der Historiker für das 18. Jahrhundert. Was Wehler in seiner Gesellschaftsgeschichte jetzt ausbreiten konnte, das sind ja großenteils neuere Arbeiten, die nach diesem Zeitraum erschienen sind. Deshalb wußte ich, daß mein Terrain nicht sehr gut bestellt war und habe mir einige Hilfskonstruktionen gebildet, wie die Entgegensetzung Bürger versus Adlige in der Literatur und in popularphilosophischen Texten der Zeit. Das müßte man heute fortführen im Sinne einer größeren Offenheit im Laufe der Entwicklung, und da sehe ich auch überhaupt keine Schwierigkeiten. Trotzdem würde ich dabei bleiben: Die Erfinder der Empfindsamkeit in Deutschland sind bürgerliche Schriftsteller. Durch neue Arbeiten in der Romanistik und Anglistik – ganz besonders schätze ich die Arbeit von Frank Baasner[36] – ist ja klar geworden, daß dort das Phänomen möglicherweise auch unter anderen philosophischen Prämissen viel früher einsetzte, als ich das annahm. Da ist die Entwicklung auch stärker mit der Aristokratie verquickt. Von daher – das will ich auch noch einmal in einem größeren Forschungsbericht darstellen – ist die Differenzierung auch historisch jetzt gegeben. Da würde ich mit Sicherheit auch mit Alewyn auf einen ‚modus vivendi' kommen. Ich habe übrigens von Alewyn einige Briefe erhalten. Sind sie in Marbach?

Michael Schlott: Sie sind da. Sie haben seit 1970 mit Richard Alewyn korrespondiert, zumindest gibt es Briefe an Alewyn von Ihnen aus den Jahren von 1970 bis 1978, umgekehrt nur von 1974 bis 1975; ich habe das in Marbach recherchiert, durfte die Briefe aber – versteht sich – nicht einsehen.

Gerhard Sauder: Sie erhielten nur Namen, Empfänger und Daten?

Michael Schlott: Richtig.

---

32 Fürstin Luise von Anhalt-Dessau (1750–1811); vgl. Gerhard Sauder: Empfindsamkeit. Bd. 3: Quellen und Dokumente. Stuttgart 1980, S. 223–225, hier S. 347.

33 Caroline (Karoline) von Hessen-Darmstadt (1721–1774), als „Große Landgräfin" wird sie von Goethe in *Dichtung und Wahrheit* bezeichnet; vgl. auch Marita A. Panzer: Die Große Landgräfin Caroline von Hessen-Darmstadt. Regensburg 2005.

34 Vgl. Gerhard Sauder: Der empfindsame Kreis in Darmstadt. In: Darmstadt in der Zeit des Barock und Rokoko. (Ausstellung) Mathildenhöhe: 6. September bis 9. November 1980. Katalog. Bearbeitet von Brita Götz-Mohr u. a. Bd. 1. Darmstadt 1980, S. 167–175.

35 Gerhard Sauder: Empfindsamkeit. Bd. 2: Ästhetische, literarische und soziale Aspekte. Der Band war vom Metzler-Verlag ursprünglich mit dem Erscheinungsdatum 1982/83 angekündigt worden, ist bislang jedoch nicht erschienen.

36 Frank Baasner: Der Begriff „sensibilité" im 18. Jahrhundert. Aufstieg und Niedergang eines Ideals. Heidelberg 1988.

Gerhard Sauder: Ich muß vorausschicken, daß sich der Briefwechsel 1970 ergab aus Anlaß meines Aufsatzes „Positivismus und Empfindsamkeit. Erinnerung an Max von Waldberg".[37] Da wußte ich, daß Alewyn *der* Ansprechpartner sei, und er hat mir, wie Sie sehen, doppelseitige, freundlichste Briefe geschrieben; er hat sich gefreut, daß jemand seinen alten Lehrer wieder aus der Versenkung hervorholte. Dazu habe ich noch eine Karte aus St. Tropez mit einem Kompliment Alewyns zu meinem Waldberg-Aufsatz. Dann ist hier mein langer Brief als Erwiderung auf die Rezension, vier Seiten. Hier sind die anderen Briefe, die wollte mir einst Herr Garber abjagen; er hat ja eine Alewyn-Sammlung. Das waren alles sehr freundliche Briefe. Ich habe Alewyn meine Eindrücke mitgeteilt; ich dachte, er habe das Buch nur zur Hälfte gelesen. Dagegen hat er sich verwahrt, er habe das Buch zweimal gelesen. Die Überschrift der Rezension war ja etwas infam: Überall, wo das Buch nicht von seinem Thema spreche, sei es vortrefflich.[38] Das, so Alewyn, sei eine Tat der Redaktion gewesen, er könne das nicht verantworten. Er warf mir vor, es sei falsch gewesen, daß ich so wenig literarische Texte benutzt und mich so sehr auf die popularphilosophischen Traktate verlassen hätte.

Michael Schlott: Also mit der Erweiterung des Literaturbegriffs hatte er seine Schwierigkeiten, obwohl er ja selber im weitesten Sinne literarsoziologisch gearbeitet hat. Wie geht so etwas zusammen?

Gerhard Sauder: Das ist wieder die Position von Michelsen, die auch er bis heute hält. Eine seiner Prophezeiungen heißt, ich sei gar nicht in der Lage, den zweiten Band zu schreiben, weil meine Thesen dann zusammenbrechen würden. Wenn ich endlich dazu käme, meine Thesen auch an Dramen, Romanen und Gedichten zu demonstrieren, würde ich sehen: Es funktioniert nicht. Dabei habe ich darüber inzwischen etwa 15 Aufsätze geschrieben. Ich habe irgendwann meinen Mitarbeiter Reiner Marx angewiesen: „Sollte ich den zweiten Band nicht zustande bringen, mach' eine Ausgabe dieser Aufsätze, zu fast allen wichtigen Fragen steht dazu etwas drin." Es funktioniert also nicht, daß die Texte mich widerlegen würden, wie es eben auch Alewyn meinte: Wenn ich nur den *Werther* richtig gelesen hätte, und so weiter.

Michael Schlott: Alewyn ist wirklich eine interessante Figur.

Gerhard Sauder: Alewyn war schon eine graue Eminenz. Henkel hat ihn einmal zu einem Vortrag eingeladen, das war denkwürdig. Alewyn wollte eigentlich nicht kommen, Heidelberg war für ihn traumatisch besetzt. Er war ja da nur ein halbes Jahr und wurde dann geschaßt. Wie er immer formulierte: wegen einer ‚falschen' Großmutter.[39] In der Einführung zum Vortrag sagte Henkel: Wir müßten uns bewußt sein, welches Opfer es für Alewyn bedeute, in Heidelberg einen Vortrag zu halten; wir seien sehr dankbar, daß er diese Hemmungen überwunden habe.

---

37 Gerhard Sauder: Positivismus und Empfindsamkeit. Erinnerung an Max von Waldberg (mit Exkursen über Fontane, Hofmannsthal und Goebbels). In: Euphorion 65 (1971), S. 369–408; ferner G.S.: Max von Waldbergs Heidelberger Seminarbuch (1912–1921/22). In: Mitteilungen des Marbacher Arbeitskreises für Geschichte der Germanistik 3 (1992), S. 24–29.

38 Vgl. Alewyn: [Rez.] Was ist Empfindsamkeit? (wie Anm. 29).

39 Alewyns Großmutter mütterlicherseits war Jüdin; mit Bezug auf das NS-Gesetz „Zur Wiederherstellung des Berufsbeamtentums" wurde er (als „Vierteljude") im August 1933 von seiner Heidelberger Professur vertrieben.

Darf ich noch eines einfügen: Dem Entwurf, den Carsten Zelle veröffentlicht hat,[40] kann man ja entnehmen, wie stark Alewyn die Empfindsamkeit als ästhetische, künstler-problematische Angelegenheit betrachtet hat. Dazu würde ich sagen, daß er im Falle Wak-kenroder völlig recht hat, aber in der mittleren Aufklärung ist die Empfindsamkeit so inten-siv moralorientiert, daß ich den ästhetischen Valeurs keine große Bedeutung geben kann.

Michael Schlott: Welche Erklärung haben Sie für Alewyns Rezension in der FAZ?[41]

Gerhard Sauder: Ich kann das vielleicht rekonstruieren: Es ist zum einen – das hat mir auch Wolfgang Martens gesagt –, ein Ausdruck der Verärgerung über sich selbst gewesen, daß da jetzt ein anderer kam, der eine größere Arbeit vorlegt, die Alewyn immer schreiben wollte. Und dann kam hinzu, daß die ästhetisierende und psychologisierende These zur mo-ralischen Qualität der Empfindsamkeit im Gegensatz steht, ja im Gegensatz zu dem ganzen Strang, der aus der Pietismus-Forschung übertragen worden war (wie etwa Stemmes Dis-sertation zu Pietismus und Erfahrungsseelenkunde)[42] – als sei der Pietismus schon durch-weg die Institution gewesen, die psychologisch außerordentlich stark differenziert hätte. Ich hatte damals monatelang pietistische Texte gelesen und das nicht bestätigt gefunden. Das hat mich auf einen anderen Weg geführt und in die Richtung der „moral sense"-Theo-rie gebracht. Und zu meiner Freude – ich habe damals immer gedacht, vielleicht erfinde ich da eine unglaubliche Geschichte, über die alle lachen – hat sich diese Position durchgesetzt. Darauf geht Alewyn erstaunlicherweise so gut wie nicht ein in der Rezension. Er sieht eigentlich nur eine Abkehr von seinen ästhetisch-literarischen Interessen.

Michael Schlott: Ihre Arbeit hat nicht nur inhaltlich andere Akzente gesetzt, sondern auch methodisch. Welche Erinnerungen haben Sie an die damaligen Diskussionen über sozialgeschichtliche Arbeitsweisen?

Gerhard Sauder: Ich glaube, daß das sozialgeschichtliche Programm erst danach in Gang kam. Ein Indikator dafür dürfte sein, daß ich (wohl 1976) mit Horst Steinmetz, Wil-helm Voßkamp und Uwe Ketelsen eingeladen wurde, an einer neuen Literaturgeschichte mitzuarbeiten,[43] die dann gescheitert ist.[44] Sie sollte bei Beck und Metzler herauskom-men, sehr stark gattungs-, aber natürlich auch sozialgeschichtlich orientiert. Dann fing das

---

40 Carsten Zelle: Von der Empfindsamkeit zum l'art pour l'art. Zu Richard Alewyns geplantem Sen-timentalismus-Buch. In: Euphorion 87 (1993), S. 90–105.

41 Alewyn: [Rez.] Was ist Empfindsamkeit? (wie Anm. 29).

42 Vgl. Fritz Stemme: Karl Philipp Moritz und die Entwicklung von der pietistischen Autobiographie zur Romanliteratur der Erfahrungsseelenkunde. Marburg 1950 (Phil. Diss., Typoskript); F. S.: Die Säkularisierung des Pietismus zur Erfahrungsseelenkunde. In: Zeitschrift für deutsche Philologie 72 (1953), S. 144–158.

43 Geschichte der deutschen Literatur vom 17. Jahrhundert bis zur Gegenwart; geplant waren sieben Bände, ein erster Band sollte ursprünglich 1978 erscheinen. Hier angesprochen ist der Band 2 (1680–1780), für den Wilhelm Voßkamp ein Konzeptionspapier („Vorüberlegungen zu einem Plan ‚Geschichte der deutschen Literatur im 18. Jahrhundert'" vom 1. November 1973) ausge-arbeitet hatte. Voßkamp war als Herausgeber dieses Bandes vorgesehen; vgl. Gerhard Sauder: „Sozialgeschichte der Literatur": ein gescheitertes Experiment? In: KulturPoetik 10 (2010), H. 2, S. 250–263, S. 259 f. Siehe dazu auch das Interview mit Wilhelm Voßkamp und Klaus Wegmann, S. 402–425, hier S. 414 f., 503 f.

44 Briefe zur Entscheidung der beiden Verlage, das Projekt zu beenden, wurden im Januar 1988 ver-schickt.

Projekt bei Hanser an mit Rolf Grimminger als Herausgeber.[45] Ich war bei den frühesten Gesprächen seit 1976 dabei. Ich habe neulich die Briefe herausgesucht, denn ich glaube, Hanser hat uns genasführt, weil wir überhaupt keine Honorare für Zweit- und Drittauflagen bekommen haben. Bei dtv erscheint jetzt unser Band in dritter Auflage;[46] wir bekommen aber weder ein Belegexemplar noch einen Pfennig Geld dafür zu sehen. Es begann mit Gesprächen im Verlag, als der Verleger Carl Hanser noch lebte. Das war sehr mühselig, andererseits haben wir uns damals sehr oft getroffen, auch für die bei Beck und Metzler geplante Voßkampsche Literaturgeschichte. Es war außergewöhnlich förderlich, weil methodisch vieles zusammenkam. Von Voßkamp her etwa die Bielefelder sozialhistorische Richtung von Jürgen Kocka. Da hat man viel gelernt, als jemand, der nicht im Fach Geschichte zu Hause ist. Ich war dann allerdings ein bißchen traurig, daß die Diskussion so schnell verflachte und plötzlich abbrach.

Michael Schlott: Warum ist das Beck-Metzler-Projekt gescheitert?[47]

Gerhard Sauder: Einer der Gründe war ständige Belastung durch anderes. Ich bin da auch schuld gewesen. Ich hätte die nichtfiktionalen Gattungen darzustellen gehabt. Der einzige, der frühzeitig sein Manuskript geliefert hat, war Horst Steinmetz. Sein Manuskript über das Drama erschien dann separat bei Metzler.[48] Voßkamp ist ja fix, wenn das Wetter wechselt. Er sieht sich selbst wohl auch so. Es hat ja einen positiven Aspekt: Er ist beim Auftauchen neuer Tendenzen immer schnell dabei. Da wir so lange gewartet hatten, war die Luft schon ziemlich raus aus der Sozialgeschichte-Diskussion, und davon war auch Voßkamps Konzept von der Funktionsgeschichte der Gattungen betroffen. Er meinte, wir müßten einen völlig neuen Rahmen konstruieren. Ob das dann wirklich die neue Literaturgeschichte ergeben hätte, hat er womöglich selbst bezweifelt. So haben wir das Ganze einfach beerdigt.

Michael Schlott: Und an Hansers Sozialgeschichte haben Sie mitgewirkt auf Grimmingers Initiative hin?

Gerhard Sauder: Das könnte sein. Ich weiß gar nicht mehr, wer mich bei Hanser zuerst eingeladen hat. Vielleicht war es ein Vorschlag von Grimminger.

Michael Schlott: Wann wurde Literatursoziologie zum dominanten Thema der Diskussionen, und welche Personen bzw. Programme verbinden Sie damit?

Gerhard Sauder: Ich glaube schon, daß das in den späten 1960er Jahren allmählich interessant wurde, sehr stark unter dem Druck der Studenten. Wir hatten ein großes Seminar in Heidelberg – so etwa 1970/71 – zu viert mit Hilmar Kallweit, der berühmt war durch seine

---

45 Hansers Sozialgeschichte der deutschen Literatur vom 16. Jahrhundert bis zur Gegenwart. Hrsg. von Rolf Grimminger. 12 Bde. München 1980–2009.

46 Deutsche Aufklärung bis zur Französischen Revolution 1680–1789. Hrsg. von Rolf Grimminger. München 1980; Gerhard Sauder verfaßte folgende Beiträge: ‚Galante Ethica‘ und aufgeklärte Öffentlichkeit in der Gelehrtenrepublik (S. 219–238); Christian Thomasius (S. 239–250); Erbauungsliteratur, (S. 251–266); Moralische Wochenschriften (S. 267–279); Geniekult im Sturm und Drang (S. 327–340).

47 Vgl. Sauder: „Sozialgeschichte der Literatur" (wie Anm. 43), S. 259 f.

48 Horst Steinmetz: Das deutsche Drama von Gottsched bis Lessing. Ein historischer Überblick. Stuttgart 1987.

Thesen zu Goldmann (formuliert mit Wolf Lepenies),[49] dann Bernhard Gajek, der jetzt in Regensburg emeritiert wurde, Hans-Norbert Fügen und ich. Wir haben nach Interessen Arbeitsgruppen gebildet. Gajek mußte die Linksaußen, die Marxisten und Maoisten, bändigen, ich hatte mit Kallweit zusammen die französischen Strukturalisten, also vor allem Lucien Goldmann und Jacques Leenhardt. Das war sehr interessant, und wir haben manches noch gemeinsam besprochen, auch manches noch zusammen geplant. Ich gestehe, daß mich weder die Soziologie von Fügen, mit dem ich öfter diskutiert habe, noch der Strukturalismus von Goldmann völlig überzeugt haben. Sie gingen mir beide immer zu sehr an der Ästhetizität der Texte vorbei. Das hat ein wenig später der Goldmann-Schüler Jacques Leenhardt in seinem Buch über Robbe-Grillets *Die Jalousie oder die Eifersucht* korrigiert.[50] Aber er war der einzige, und danach scheint mir auch in Frankreich die Diskussion über Goldmann völlig abgebrochen zu sein.

Michael Schlott: Wie würden Sie Alewyns Position charakterisieren? Könnte man Alewyn als ‚Vorreiter‘ in der Anwendung literatursoziologischer Methoden bezeichnen?

Gerhard Sauder: Ich meine schon. Die Fragen, die dazu führten, hat er früh gestellt. Sein späteres Interesse an den Lesern, an Klopstocks Lesern,[51] zeigt das ja. Ich finde die Entwicklung überhaupt ziemlich spannend, ähnliches läßt sich ja bei Wolfgang Kayser beobachten, der kurz vor seinem Tod sogar ganz empirisch und soziologisch über das Taschenbuch und dergleichen zu arbeiten begann.

Michael Schlott: Das lag für Kayser in seinem speziellen Interessenbereich des Problems der literarischen Wertung.

Gerhard Sauder: Richtig, aber außerhalb dieser Thematik stehende Fragestellungen scheinen aufgetaucht zu sein. Bei Alewyn war es vielleicht eine Zentrierung um die Existenz des Künstlers und dessen soziale Position, etwa das Herkommen der freischwebenden Intelligenz; ich glaube der Begriff stammt von Karl Mannheim. Solche Themen zogen bei ihm andere Fragestellungen nach sich, und das hat ihn auch an der Empfindsamkeit interessiert. Da meinte er eben, die künstlerischen Aspekte seien die dominanten auch bei den Empfindsamen.

Michael Schlott: Wie würden Sie heute die Möglichkeiten und die Reichweite der Sozialgeschichte in der Literaturwissenschaft einschätzen?

Gerhard Sauder: Ich meine, wenn man so etwas heute nochmals versuchen wollte, müßte man einiges hinzufügen. Nicht, daß das damals Versuchte nun ganz ‚ad acta‘ zu legen wäre. Wir haben damit doch eine beträchtliche Historisierung – im guten Sinne – von Literatur erreicht, wenn auch nicht in allen Bereichen, wo man es hätte erreichen können. Mein Vorschlag bei den Planungen für Beck und Metzler war seinerzeit, Mentalitätsgeschichte noch viel stärker zu integrieren, um Sozialgeschichte und Funktionsgeschichte in diesem

---

49 Vgl. Hilmar Kallweit und Wolf Lepenies: Literarische Hermeneutik und Soziologie. In: Ansichten einer künftigen Germanistik. Hrsg. von Jürgen Kolbe. München 1969, S. 131–142, hier S. 135 ff.

50 Jacques Leenhardt: Politische Mythen im Roman am Beispiel von Alain Robbe-Grillets „Die Jalousie oder die Eifersucht“. Mit einem Nachwort von André Stoll. Übers. von Jochen und Renate Hörisch. Frankfurt/Main 1976.

51 Vgl. Richard Alewyn: Klopstocks Leser. In: Festschrift für Rainer Gruenter. Hrsg. von Bernhard Fabian. Heidelberg 1978, S. 100–121.

Vierergrüppchen um Voßkamp weiter zu entwickeln. Ich habe damals konkrete Vorschläge gemacht. So wie man im 19. Jahrhundert gerne Illustrationen verwendete, könnte man in die literaturgeschichtliche Darstellung jeweils zwei, drei Seiten (unabhängig vom Textumfeld) einschalten, wo es etwa um Melancholie geht (und einen sehr knappen Abriß zur vielschichtigen Valenz dieses Phänomens geben). Dasselbe könnte mit Themen zur Frau, zur Kindererziehung, zur Anthropologie in ihren verschiedenen Phasen, zur Sexualität und so fort geschehen. Das läßt sich bei einzelnen Funktionsanalysen nicht befriedigend darstellen und müßte daher in einer geschickten Weise integriert werden. Ich habe damals schon immer gesehen: Es ist primär ein Darstellungsproblem, wie man so etwas integriert. Dahinter aber wollte ich nicht mehr zurück.

Michael Schlott: Methodisch sehen Sie keine unabgegoltenen Probleme?

Gerhard Sauder: Sicher, die gibt es auch. In manchen Gattungen konnten wir nicht weit genug gehen, weil es auch an Material fehlte. Deswegen wurde gelegentlich auch völlig traditionelle Gattungsgeschichte geschrieben. Da sind Lücken bis heute nicht aufgefüllt.

Michael Schlott: Aber Ihr Votum für eine Öffnung der Sozialgeschichte in Richtung Mentalitätsgeschichte und vielleicht auch mit Blick auf eine integrierende Kulturwissenschaft bestehen weiterhin? Und dafür sehen Sie auch Perspektiven?

Gerhard Sauder: So ist es. Wenn ich nur meine ewigen Publikationsschulden einmal abgearbeitet hätte – gerade heute morgen hat jemand angerufen, wo denn mein Beitrag zum Goethe-Handbuch bliebe;[52] das ist mir ungeheuer peinlich, denn ich wollte den eigentlich längst abschließen. Ich hatte allerdings alle möglichen Kongreß-Beiträge fertigzumachen und arbeite wie ein Irrer. Wenn ich das alles mal hinter mir hätte, auch den zweiten Band der Empfindsamkeit, dann würde ich gern so etwas schreiben wie „Alltag der Aufklärung" als Alltagsgeschichte eines Bürgers im 18. Jahrhundert. Mich würde auch reizen, was Norbert Elias gemacht hat in seinem *Prozeß der Zivilisation*,[53] der Tageslauf eines Ritters. Das könnte man einmal in den erfaßbaren sozialen Schichten versuchen, falls die Quellen es erlauben. Also das ganz Alltägliche – wie sieht beispielsweise das Mobiliar eines Tagelöhners aus? Das wäre für mich sehr reizvoll.

Michael Schlott: Welche externen Faktoren haben die Forschungen zur Empfindsamkeit in den 1970er Jahren beeinflußt, und wie schätzen Sie den Einfluß der sogenannten Studentenbewegung in diesem Zusammenhang ein?

Gerhard Sauder: Ich hatte damals den Eindruck, daß ich mich mit etwas sehr Antiquarischem beschäftigte, mit dem man auch keine Revolution machen kann. Aber die Studenten haben auch nicht jeden Tag danach gefragt, was man so treibt. Es wäre nicht ganz leicht zu vermitteln gewesen; ich habe in den ersten Vorlesungen nach der Habilitation (so in Vorlesungen über das Bürgerliche Trauerspiel) schon versucht darzustellen, daß die Identitätsfindung über Literatur durch Bürgerliche auch Empfindsamkeit als eine Möglichkeit einbezogen hat. Das haben die Studenten sehr wohl akzeptiert. Ich habe erst dann gese-

---

52   Vgl. die Beiträge von Gerhard Sauder in: Goethe-Handbuch. Bd. 1: Gedichte. Hrsg. von Regine Otto und Bernd Witte. Stuttgart und Weimar 1996, S. 82–87; S. 127–132. Bd. 2: Drama. Hrsg. von Theo Buck. Stuttgart und Weimar 1996, S. 309–340.

53   Vgl. Norbert Elias: Über den Prozeß der Zivilisation. Soziogenetische und psychogenetische Untersuchungen. Bern u. a. 1969; 22., neu durchges. und erw. Aufl.: Frankfurt/Main 1998.

hen, daß ich vielleicht mit nicht nur antiquarischen Fragen meine Jahre verbracht hatte, als von Peter Schneider *Lenz*[54] erschien. Das war ja der Bruch – zumindest literarisch und innerhalb der Studentenbewegung selbst präfiguriert – mit der (bei den Deutschen) ewigen Theoriediskussion, aus der der subjektive Faktor verbannt war. Das ist jetzt ein bißchen plakativ, aber so hat man es damals gesehen. Das war das erste Buch der 1968er Bewegung, das gezeigt hat, man muß auch mit den Gefühlen wieder leben lernen, und der Fortgang des Politischen ist nicht denkbar ohne die Integration des Subjektiven. Das konnte man wohl in Italien lernen bei den dortigen Genossen. Daran knüpften sich ja viele Diskussionen über Emotionalität, das Subjekt, das Recht des Subjekts, von dem man ja lange besser gar nicht gesprochen hatte, denn es war ja immer nur das miese bürgerliche Subjekt. All das gewann plötzlich wieder eine ungeahnte Dimension, und das hat mich durchaus ein bißchen beflügelt; aber erst, nachdem ich den ersten Band geschrieben hatte, also im Sinne einer Rechtfertigung. Einen Anschub oder Antrieb aus der Studentenbewegung hat es für mich nicht gegeben. Zumindest könnte ich ihn jetzt nicht wiedergeben.

Michael Schlott: Wie verhält es sich beispielsweise mit dem *Grundkurs 18. Jahrhundert*[55] von Mattenklott und Scherpe und ähnlichen Publikationen, die die Formierung der bürgerlichen Klasse rekonstruieren. Das hat ja – zumindest von den behandelten Texten her – Berührungspunkte mit Ihren Forschungen zur Empfindsamkeit.

Gerhard Sauder: Ja, dieses Westberliner Projekt war mir wegen seiner intensiven Aufklärungsarbeit schon willkommen, nur hatte ich fast immer den Eindruck, wenn es sich nicht um Arbeiten von Mattenklott oder Scherpe selbst handelte, daß etwas fortgeschrittenere Studenten da ihre Seminararbeiten veröffentlichen durften. Klare Linien waren erkennbar vorgegeben, die dann mit Fleisch, also Texten, gefüttert wurden. Mir fehlte dabei fast immer die nötige Differenzierung. Das habe ich auch Scherpe ab und zu gesagt, wir waren ja mehrere Jahre Kollegen in Heidelberg.[56] Einmal habe ich ihm geschrieben: Manches sei durchaus imposant, aber die Holzschnittmanier störe mich. Darauf schrieb er jahrelang, wenn er mir was geschickt hat: „in der bewährten Holzschnittmanier, mit besten Grüßen." Wenn Sie heute beispielsweise zu Lichtenbergs Hogarth-Interpretationen[57] eine Arbeit aus der Zeit nehmen, dann sehen Sie, wie ungeheuer dünn sie allein von der Materialarbeit her ist. Man hätte das besser oft noch ein halbes Jahr durch mehrere kritische Gespräche gehen lassen sollen und nicht so schnell veröffentlichen. Das waren ja meistens Schnellschüsse, auch mit klarem literatur- und wissenschaftspolitischen Aspekt.

Michael Schlott: Sie haben in der Einleitung zum Empfindsamkeits-Buch auf eine mögliche Aktualisierung Ihrer Forschungsergebnisse hingewiesen. Sollte Ihnen die Textstelle

---

54 Peter Schneider: Lenz. Eine Erzählung. Berlin 1973.

55 Westberliner Projekt: Grundkurs 18. Jahrhundert. Die Funktion der Literatur bei der Formierung der bürgerlichen Klasse Deutschlands im 18. Jahrhundert. Bd. 1: Analysen; Bd. 2: Materialien. Hrsg. von Gert Mattenklott und Klaus R. Scherpe. Kronberg/Taunus 1974.

56 Klaus Rüdiger Scherpe war von 1970 bis 1972 an der Universität Heidelberg Wissenschaftlicher Assistent bei Eberhard Lämmert; siehe dazu die Interviews mit Eberhard Lämmert (S. 271–298, hier S. 277, 285 f., 291 f., 296 f.) und Klaus R. Scherpe (S. 692–712, hier S. 700).

57 Georg Christoph Lichtenberg: Ausführliche Erklärung der Hogarthischen Kupferstiche. Göttingen: Diterich 1794–1799; vgl. dazu etwa: Westberliner Projekt (wie Anm. 55), Bd. 1, S. 1–40, hier S. 40, Anm. 68.

im Moment nicht präsent sein, zitiere ich kurz: „Die Empfindsamkeit der Aufklärung war keine Tendenz *gegen* die Vernunft, sondern der Versuch, mit Hilfe der Vernunft auch die Empfindungen aufzuklären. Hier wird versucht, ein Modell zu rekonstruieren, das unter anderen Prämissen auch für die Gegenwart notwendig wäre."[58] (S. XV). Das habe ich nicht verstanden.

Gerhard Sauder: Das ist der Punkt, den ich eben mit Peter Schneiders *Lenz* umschreiben wollte. Das heißt, es geht nicht an, wie es lange Zeit in der öffentlichen Diskussion üblich war, nur auf die Fortschritte einer neuen Aufklärung, das heißt der Vernunft, zu setzen. Die „Dialektik der Aufklärung" ließ man damals gern beiseite. Ich wollte zeigen, daß eine moderne Anthropologie eben auch eine differenzierte Analyse des emotionalen Menschen bräuchte. Und zwar in der öffentlichen Diskussion, nicht nur bei den Psychologen oder Medizinern.

Michael Schlott: Sie haben die entsprechenden Forschungen in der DDR zum damaligen Zeitpunkt aus für mich durchaus nachvollziehbaren Gründen als unzulänglich bezeichnet. Das bezog sich ja nicht nur auf die Materialbasis. Hat sich diese defizitäre Situation, die sie damals konstatierten, nach der Veröffentlichung Ihres Buches entscheidend verändert?

Gerhard Sauder: Leider nicht. In dem letzten großen literaturwissenschaftlichen Wörterbuch von Claus Träger finden Sie die Uralt-Position zur Empfindsamkeit.[59] Mein Buch wird zwar erwähnt, aber das hat niemand gelesen. Ich habe gelegentlich mit Kollegen aus der DDR gesprochen. Sie haben gesagt: „Sie dürfen uns das nicht übel nehmen, in der DDR gibt es nur drei Exemplare." Eins war in Berlin, in der Akademie, eines in Leipzig und eines in Weimar.

Michael Schlott: Haben Sie einmal mit Peter Weber über Ihr Buch gesprochen?[60]

Gerhard Sauder: Wir haben zunächst nur korrespondiert. Über andere habe ich damals seine Position erfahren. 1987 war ich in Weimar bei der Jahresversammlung der Goethe-Gesellschaft; dabei habe ich Peter Weber persönlich kennengelernt und mit ihm über die nicht allzu unterschiedlichen Standpunkte gesprochen, wenn man die marxistische Dogmatik beiseite lassen konnte.

Michael Schlott: Aber ein anhaltender, kontinuierlicher Austausch hat nicht stattgefunden?

Gerhard Sauder: Nein. Ich muß dazu sagen, daß ich keine Verwandten in der DDR hatte und erst spät über die Goethe-Gesellschaft einmal dorthin gekommen bin. Da habe ich fast alle mich interessierenden Leute auch getroffen; dann brach das wieder ab. Wir hatten ab 1986 eine Partnerschaft zwischen der Universität des Saarlandes und der Universität Leipzig. Ich war 1988 mit einem Seminar „Sozialgeschichte der Weimarer Klassik" einmal in Weimar, und auf der Heimfahrt haben wir Station gemacht in Leipzig. Dort trafen wir Claus Träger und seine Ehefrau Christine Träger sowie den mir durch sein ausgezeichnetes

---

58   Sauder: Empfindsamkeit, Bd. 1 (wie Anm. 2), S. XV.

59   Vgl. Claus Träger und Christel Schulz: [Art.] Sentimentalismus. In: Wörterbuch der Literaturwissenschaft. Hrsg. von C. T. Leipzig 1986; 2. Aufl.: 1989, S. 471–473; ferner II, 2.1.2, sowie das Interview mit Claus Träger, S. 315–332, hier S. 316, 321.

60   Siehe dazu II, 2.1.2, S. 47 f., 57 f., 59 f., sowie Interview mit Peter Weber, S. 426–455, hier S. 437 f.

Hölderlin-Buch bekannten Günter Mieth.[61] Dieter Pilling hat uns einen schönen Vortrag gehalten und seine Position sehr solide vorgeführt.[62] Die Zeit war leider sehr kurz. Wir vereinbarten, uns gelegentlich einzuladen. Dieter Pilling war einmal hier, und dann kam schon 1989/90 die Wende.

Michael Schlott: Wie schätzen Sie die Bedeutung von Webers Buch[63] für die Empfindsamkeitsforschung ein?

Gerhard Sauder: Ich habe nicht soviel davon profitiert, das muß ich sagen, vielleicht auch, weil es mir von seiner Argumentation her zu psychologisch erschien in der Pikulikschen Art.

Michael Schlott: Also gar nicht so sehr die marxistische Position?

Gerhard Sauder: Nein, das habe ich von vornherein unterstellt. Die anderen Aspekte waren mir zu grobschlächtig oder dann auch wieder in ihrer Trivialpsychologie zu wenig überzeugend.

Michael Schlott: Es ist interessant, daß sie sagen „in der Pikulikschen Art"; gerade mit der ‚Bürgerlichkeits-These' kommt Pikulik ja bei Weber sehr schlecht weg.

Gerhard Sauder: Ja, aber warum sollen sie sich im Psychologisieren nicht treffen? Das sind genuine literaturwissenschaftliche Methoden, die immer wieder einmal aufgetaucht sind, und das kann auch der Marxist, da begibt er sich auch nicht auf Glatteis.

Michael Schlott: Herr Sauder, Sie selbst haben Ihre These von der bürgerlichen Empfindsamkeit ja modifiziert, vor allem in Ihrem Aufsatz „‚Bürgerliche' Empfindsamkeit?".[64] Sie haben die Empfindsamkeit als „einheitsstiftendes Modell der bürgerlichen Selbstverständigung" bezeichnet. Dabei haben Sie konzediert, das müsse man „mutatis mutandis" verstehen. Sie haben auch auf die immer noch vorhandenen sozialgeschichtlichen Defizite hingewiesen. Sehen Sie heute entscheidende Fortschritte in der Begriffsbildung?

Gerhard Sauder: Ja, da ist doch inzwischen vieles geschehen an übergreifenden Arbeiten. Wenn ich mich noch einmal damit beschäftige, brauche ich nur Wehlers Anmerkungen zu lesen,[65] der ja phantastisch gründlich gearbeitet hat. Dann gibt es großartige Detailstudien. In Saarbrücken entstand zum Beispiel eine Habilitationsschrift über Bürgertum in Wetzlar im 18. Jahrhundert bis hin zur ersten industriellen Entwicklung.[66] Solche Arbeiten haben damals absolut gefehlt. So gesehen kann man jetzt mehr sagen.

---

61 Günther Mieth: Friedrich Hölderlin. Dichter der bürgerlich-demokratischen Revolution. Berlin 1978; siehe dazu II, 2.2.3, S.153, 209–213.

62 Siehe auch Dieter Pilling: Christian Thomasius' „Monatsgespräche". Untersuchung zur literarischen Form. Phil. Diss. Leipzig 1988.

63 Peter Weber: Das Menschenbild des bürgerlichen Trauerspiels. Entstehung und Funktion von Lessings „Miß Sara Sampson". Berlin 1970; 2., erg. Aufl.: 1976.

64 Vgl. Gerhard Sauder: „Bürgerliche" Empfindsamkeit? In: Bürger und Bürgerlichkeit im Zeitalter der Aufklärung. Hrsg. von Rudolf Vierhaus. Heidelberg 1981, S. 149–164.

65 Die Bemerkung bezieht sich vermutlich auf Hans-Ulrich Wehler: Deutsche Gesellschaftsgeschichte. Bd. 1: Vom Feudalismus des Alten Reiches bis zur defensiven Modernisierung der Reformära 1700–1815. München 1987.

66 Hans-Werner Hahn: Altständisches Bürgertum zwischen Beharrung und Wandel. Wetzlar 1689–1870. München 1991.

Michael Schlott: Und Sie werden in dem noch ausstehenden zweiten Band zur Empfind-samkeit davon profitieren?

Gerhard Sauder: Auf jeden Fall! Ich bin hier in engem Kontakt mit meinem Kollegen Richard van Dülmen, der demnächst ein Kolloquium gründen möchte über Anthropologie und Geschichte und dazu auch Leute von außerhalb einladen will. Das sind die in Teil-bereichen neuen methodischen Aspekte, so auch der von Schings herausgegebene Tagungs-band zur Anthropologie im 18. Jahrhundert.[67]

Michael Schlott: Sie haben darauf hingewiesen, daß das positivistische Modell von Hy-pothesenbildung – also Verifizierung und Falsifizierung – bei Texten versage, die, ich zi-tiere, „auf hermeneutische Bemühungen angewiesen sind". Enthält das auch eine Kritik an der reinen sozialgeschichtlichen Interpretation? Sie kritisieren beispielsweise Guthke in einer Reihe mit Pikulik. Ich habe das nicht verstanden, will sagen: Texte sind doch immer auf hermeneutische Bemühungen angewiesen.

Gerhard Sauder: Damit meine ich ganz einfach, daß es nicht angeht, literarische und Traktat-Texte einfach wie historische Dokumente einzusetzen, die von sich aus dann spre-chen. Ohne sie zu interpretieren, sie auf ihren Kontext, auf die Gattungsspezifik, auf Leser-funktionen und so weiter zu befragen, kann man da nur in die Irre gehen. Und ich meine, wenn man en détail die Arbeiten von Pikulik und anderen kritisieren wollte, käme man auf solche Mängel. Dort werden zu voreilig und ohne hermeneutische Interpretationen Texte zu Belegen gemacht. Mit der Kritik am positivistischen Modell berief ich mich unter anderem auf Karl Popper.

Michael Schlott: 1971 in Ihrem Aufsatz über Max von Waldberg und seine Forschungen zur Empfindsamkeit[68] haben Sie mehrfach auf die Forschungsgeschichte hingewiesen. Ha-ben Sie damals – entschuldigen Sie, wenn ich das so unumwunden sage, aber es wäre ja mehr als verständlich – ein strategisches Interesse verfolgt in dem Sinne, daß Sie dieses Forschungsfeld in die Diskussion bringen wollten?

Gerhard Sauder: Das war nicht meine Absicht. Der Aufsatz entstand aus der Sammel-arbeit für das Empfindsamkeitsprojekt.[69] Ich habe früh gesehen, daß Waldberg der Inter-essanteste in Deutschland war, der sich mit dem Thema überhaupt beschäftigt hat. Dann wollte ich wissen, was aus seinem Nachlaß geworden ist, weil er ja einen zweiten Band über Roman und Empfindsamkeit veröffentlichen wollte. Da ich in Heidelberg war, lag das ja nahe. Dann geriet ich in diese Geschichten vom akademischen Schicksal der Juden im NS-Staat, über Waldbergs Zurücksetzung in der Heidelberger Universität und so weiter. Das Empfindsamkeits-Thema war der Anlaß, dann hat mich aber das andere – das jüdische Schicksal, die Wissenschaftsgeschichte – noch viel mehr gepackt.

Michael Schlott: Welche durchgreifenden Veränderungen bezüglich der Relevanz des Forschungsfeldes Empfindsamkeit sehen Sie? Vielleicht kann man Zäsuren setzen – zu-nächst für den Zeitraum zwischen 1975 und 1980, dann für die 1980er Jahre bis 1990. Es hat ja doch einiges stattgefunden.

---

67 Der ganze Mensch. Anthropologie und Literatur im 18. Jahrhundert. DFG-Symposium 1992. Hrsg. von Hans-Jürgen Schings. Stuttgart 1992.
68 Sauder: Positivismus und Empfindsamkeit (wie Anm. 37).
69 Sauder: Empfindsamkeit, Bd. 1 (wie Anm. 2); Bd. 3 (wie Anm. 32).

Gerhard Sauder: Ich frage mich jetzt, was Sie konkret meinen. Ich könnte es so verstehen, daß es eine längere Zeit gedauert hat, bis diese Aspekte überhaupt wahrgenommen worden sind, bis sie in Literaturgeschichten verarbeitet wurden, in Arbeiten zur Literatur des 18. Jahrhunderts relativ oft erschienen. Das ist erst in den 1980er Jahren geschehen. Wir lassen hier die bedeutsame romanistische Forschung (Werner Wolf,[70] Frank Baasner,[71] Rainer Warning[72] und andere), aber auch die anglistische (Michael Gassenmeier,[73] Jochen Barkhausen,[74] Wolfgang Herrlinger,[75] Klaus Peter Hansen[76]) außer Betracht. Wenn Sie die neueste Phase ansprechen, also das Ende der 1980er Jahre, mit den diskurstheoretischen Versuchen (also Wegmann[77]), dann muß ich doch eine gewisse Enttäuschung ausdrücken. Die Arbeit hat mich, gerade weil sie aus Voßkamps Schule kommt, sehr enttäuscht.

Michael Schlott: Warum?

Gerhard Sauder: Ich habe keinen Gedanken darin gefunden, der nicht schon vorher formuliert worden wäre, sei es bei Georg Jäger[78] oder auch bei Wolfgang Doktor[79] in Andeutungen oder bei mir. Der Anspruch, jetzt alle Fragen nach dem Woher und Wohin abzuschneiden, erscheint mir nicht als methodischer Gewinn, sondern als Ausflucht. Voßkamp hat mir auf der letzten Tagung, bei der wir zusammen waren (bei der Deutschen Gesellschaft für die Erforschung des 18. Jahrhunderts, 1987 in Wolfenbüttel) meine „Beharrlichkeit" vorgehalten. Ich hatte vorgetragen zu „Spielarten der Empfindsamkeit in England, Frankreich und Deutschland".[80] Da meinte er, diese Fragen nach bürgerlichem Ursprung oder „moral sense" oder Pietismus, das sei heute alles uninteressant. Wir sehen nur die

---

70 Werner Wolf: Ursprünge und Formen der Empfindsamkeit im französischen Drama des 18. Jahrhunderts (Marivaux und Beaumarchais). Frankfurt/Main 1984.

71 Baasner: Der Begriff „sensibilité" (wie Anm. 36).

72 Rainer Warning: Die Komödie der Empfindsamkeit: Steele/Marivaux/Lessing. In: Gallo-Germanica: Wechselwirkungen und Parallelen deutscher und französischer Literatur (18.–20. Jh.). Festschrift für Roger Bauer. Hrsg. von Eckhard Heftrich und Jean-Marie Valentin. Nancy 1986, S. 13–28; R. W.: Einige Hypothesen zur Frühgeschichte der Empfindsamkeit. In: Frühaufklärung. Hrsg. von Sebastian Neumeister. München 1994, S. 415–423.

73 Michael Gassenmeier: Der Typus des Man of Feeling: Studien zum sentimentalen Roman des 18. Jahrhunderts in England. Tübingen 1972.

74 Jochen Barkhausen: Die Vernunft des Sentimentalismus. Untersuchungen zur Entstehung der Empfindsamkeit und empfindsamen Komödie in England. Tübingen 1983.

75 Wolfgang Herrlinger: Sentimentalismus und Postsentimentalismus. Studien zum englischen Roman bis zur Mitte des 19. Jahrhunderts. Tübingen 1987.

76 Klaus Peter Hansen: Die empfindsame Theologie Nathaniel Hawthornes. Rheinbach-Merzbach 1986; Empfindsamkeiten. Passauer Interdisziplinäre Kolloquien II. Hrsg. von K. P. H.. Passau 1990; K. P. H.: Neue Literatur zur Empfindsamkeit. In: Deutsche Vierteljahrsschrift für Literaturwissenschaft und Geistesgeschichte 64 (1990), 514–528.

77 Nikolaus Wegmann: Diskurse der Empfindsamkeit. Zur Geschichte eines Gefühls im 18. Jahrhundert. Stuttgart 1988; siehe dazu das Interview mit Wilhelm Voßkamp und Nikolaus Wegmann, S. 402–425, hier S. 409, 424 f.

78 Jäger: Empfindsamkeit und Roman (wie Anm. 7).

79 Wolfgang Doktor: Die Kritik der Empfindsamkeit. Bern u. a. 1975 (Phil. Diss. Saarbrücken 1974).

80 Gerhard Sauder: Spielarten der Empfindsamkeit in England, Frankreich und Deutschland. In: Europäische Aufklärung(en). Einheit und nationale Vielfalt. Hrsg. von Siegfried Jüttner und Jochen Schlobach. Hamburg 1992, S. 106–116.

spezifischen Ausprägungen der Diskurse, und das wird beschrieben. Ziemlich gemäß dieser Maxime hat ja dann Nikolaus Wegmann seine Arbeit geschrieben. Wie mir einer der Kölner Kollegen einmal erzählte: Es war eine Magisterarbeit. Es wäre schön gewesen, er hätte daran noch mehr gearbeitet. Ein Beispiel: Ich hatte gedacht, im Brief-Kapitel – darüber will ich ja auch etwas schreiben – müßte eigentlich etwas Neues kommen. Aber es kommt nichts, es ist nur ein Abhub – allerdings nicht ganz so schlimm wie die Literaturgeschichte des 18. Jahrhunderts von Siegfried J. Schmidt.[81] Bei Wegmann ist nur alles ein bißchen anders und ein bißchen schicker formuliert, sonst sehe ich nichts Neues. Ich habe auch keine Besprechung geschrieben; ich mache aber in nächster Zeit eine Sammelbesprechung, dann werde ich ein Wort dazu sagen.[82] Es ist gut, wenn man selbst das Emotionale dann bereits verarbeitet hat. Ich werde die Kritik kurz halten können, genauso wie die Repliken zu Pikuliks letztem Buch,[83] wo er an den *Buddenbrooks* den Begriff des Bürgerlichen entwickelt.

Michael Schlott: Welche wichtigen Perspektiven der Aufklärungsforschung sehen Sie heute noch? Welche hauptsächlichen Desiderate wären zu nennen? Sie haben bereits auf die Mentalitätsgeschichte hingewiesen. Wie beurteilen Sie in diesem Zusammenhang die Funktion und Rolle der Deutschen Gesellschaft für die Erforschung des 18. Jahrhunderts (DGEJ)?[84] Könnte sie weiterhin Impulsgeberin für die Aufklärungsforschung sein, wie sie es lange Zeit gewesen ist? Es gibt Stimmen, die behaupten, mit der Aufklärungsforschung sei es bald vorbei.

Gerhard Sauder: Die letzte Einschätzung teile ich ein wenig, allerdings nicht so sehr deshalb, weil sich der starke Impetus abgeschwächt hat, sondern aus der Beobachtung der nicht mehr vorhandenen Erwartungen – verglichen mit der in den 1970er Jahren spürbaren Nähe vieler zu dem 18. Jahrhundert und seinen Bemühungen. Ich habe den Eindruck, daß die Aufklärung jetzt schnell wieder zurück sinkt in den Status der vielen vergangenen Jahrhunderte. Das 18. Jahrhundert ist uns heute nicht näher als das 17. oder 16. Jahrhundert. Da mittlerweile sehr viel Detailarbeit vorliegt, schiene mir die Zeit gekommen für synthetische Darstellungen, wie ich sie vorhin nannte, die nicht im engeren Sinne die Literaturgeschichte oder Geschichtswissenschaft tangieren. Ich würde gerne ein Buch schreiben, das auch Nichtfachleute interessieren könnte. Das gefällt mir immer an der französischen Situation. Dort gibt es seit langem ein breites Spektrum der Alltags- und Kulturgeschichte, wie wir es altmodisch nennen würden. Auf diesem Feld, so meine ich, könnten wir verlorenes Terrain zurückgewinnen, nur dürfte es nicht so aussehen wie das letzte Buch von

81   Siegfried J. Schmidt: Die Selbstorganisation des Sozialsystems Literatur im 18. Jahrhundert. Frankfurt/Main 1989.
82   Vgl. Gerhard Sauder: Empfindsamkeit. Tendenzen der Forschung aus der Perspektive eines Betroffenen. In: Aufklärung. Interdisziplinäres Jahrbuch zur Erforschung des 18. Jahrhunderts und seiner Wirkungsgeschichte 13 (2001), S. 307–338.
83   Lothar Pikulik: Leistungsethik contra Gefühlskult. Über das Verhältnis von Bürgerlichkeit und Empfindsamkeit in Deutschland. Göttingen 1984, S. 16–67 („A. Gedichtete Bürgergeschichte als Denkanstoß und Modell: Thomas Manns ‚Buddenbrooks'").
84   Vgl. Monika Neugebauer-Wölk u.a.: 25 Jahre Deutsche Gesellschaft für die Erforschung des 18. Jahrhunderts. Zur Geschichte einer Wissenschaftlichen Vereinigung (1975–2000). Göttingen 2000.

Ulrich im Hof;[85] ich habe es in unserem letzten *Lenz-Jahrbuch* besprochen.[86] Der Aufklärungsforschung scheint in der Tat ein wenig die Luft ausgegangen zu sein, und es ist nicht böser Wille, daß ich in den letzten Jahren nicht mehr zu den DGEJ-Tagungen gegangen bin. Ich muß sagen, daß die Wiederholung vieler Fragestellungen – wie dieses Jahr auch in Halle, wo wir mindestens zum zweiten oder dritten Mal Universitätsgeschichte im 18. Jahrhundert haben („Universitäten und Aufklärung")[87] – nicht eben motivierend wirkt. Es wiederholt sich sehr viel, und spannende neue Sachen kommen nicht mehr. Da kann natürlich jeder sagen, Voßkamp zuerst: „Schlagt etwas vor, macht doch etwas Neues." Wir haben hier in Saarbrücken zur Zeit einige neue Projekte: Wir machen das *Lenz-Jahrbuch*. Ich arbeite noch an einem Beitrag zu den neu edierten *Philosophischen Vorlesungen für empfindsame Seelen*.[88] Ich bin dabei, den von mir mitherausgegebenen Maler-Müller-Briefwechsel bei der DFG für den Druckkostenzuschuß begutachten zu lassen.[89] Nächstes Jahr im Herbst plane ich ein größeres Sturm-und-Drang-Symposion.[90] Das absorbiert mich einfach.

Michael Schlott: Wissen Sie Genaueres über die Entstehung der Wuppertaler Arbeitsstelle für das 18. Jahrhundert?[91]

Gerhard Sauder: Ich müßte das zu rekonstruieren versuchen; das ist nämlich ein mehrschichtiges Gebilde gewesen. Zunächst gab es eine Zusammenarbeit zwischen Bernhard Fabian, dem Anglisten in Münster, und Rainer Gruenter in Wuppertal. Irgendwann haben sie sich dann zusammengetan und gemeinsame Veranstaltungen organisiert, und daraus ist dann auch die Deutsche Gesellschaft für die Erforschung des 18. Jahrhunderts erwachsen. Wie die Filiation genau beschaffen war, kann ich nicht sagen, da müßte man einen der alten Assistenten von Gruenter fragen.

Michael Schlott: Sie haben auch über Reiseliteratur gearbeitet. Haben Sie in diesem Zusammenhang Kontakte nach Bremen gehabt, zu Hans-Wolf Jäger?[92]

Gerhard Sauder: Ja. Ich wurde mehrfach gebeten, bei der Begehung des „Forschungsschwerpunkts Spätaufklärung" mitzuwirken, und dazu gehörte ja das Projekt von Wolfgang Griep über Reiseliteratur. Die Bremer hatten damals schon eine erstaunliche Sammlung von Büchern, Kopien, Karteien.

Michael Schlott: Sie sind Fachgutachter der DFG?

---

85 Ulrich im Hof: Das Europa der Aufklärung. München 1993.

86 Gerhard Sauder: [Rez.] Ulrich im Hof: Das Europa der Aufklärung. In: Lenz-Jahrbuch 3 (1993), S. 228–232.

87 Vgl. dazu: Universitäten und Aufklärung. Hrsg. von Notker Hammerstein. Göttingen 1995.

88 Gerhard Sauder: Konkupiszenz und empfindsame Liebe. J. M. R. Lenz' „Philosophischen Vorlesungen für empfindsame Seelen". In: Lenz-Jahrbuch 4 (1994), S. 7–29.

89 Friedrich Müller, genannt Maler Müller: Werke und Briefe. Hrsg. von Rolf Paulus und Gerhard Sauder. Heidelberg 1996.

90 Das für 1995 geplante Symposion über ‚Sturm und Drang' fand nicht statt, da Marita Gilli zu einem Symposion „Le Sturm und Drang: une rupture?" am 17. November 1995 nach Besançon eingeladen hatte, an dem Gerhard Sauder teilnahm. Matthias Luserke und Christoph Weiß haben die Forschung auf diesem Gebiet intensiviert und vorangetrieben.

91 Die Arbeitsstelle wurde an der Gesamthochschule Wuppertal 1975 durch Erlaß des Kultusministeriums des Landes Nordrhein-Westfalen gegründet. Nach dem Tod Rainer Gruenters (1993) wurde sie nicht mehr fortgeführt.

92 Siehe dazu das Interview mit Hans-Wolf Jäger, S. 500–527, hier S. 519.

Gerhard Sauder: Bin ich nie gewesen. Aber die „Begehung" erfolgte nicht im Auftrag der DFG; die Universität Bremen war der Auftraggeber, sie hat den Forschungsschwerpunkt finanziert. Da ging es um mögliche Verlängerungen des Projekts; ich bin aus diesem Anlaß mindestens zweimal dort gewesen, wenn nicht sogar dreimal.[93]

Michael Schlott: Wer hat den Artikel „Empfindsamkeit" für das *Wörterbuch des Christentums* angeregt?[94]

Gerhard Sauder: Das war eine Aufforderung der Redaktion. Da gibt es eine Reihe literaturwissenschaftlicher Titel; der germanistische Berater war Martin Bollacher, der hat das veranlaßt.

Michael Schlott: Gab es zum Kolloquium „Empfindsamkeiten", veranstaltet von Klaus Peter Hansen,[95] Vorgaben, wie die Bearbeitung der Themen inhaltlich und methodisch ausgerichtet sein sollte? Bitte mißverstehen Sie das nicht: Ich finde, es geht in diesem Band streckenweise sehr ‚munter' zu. Ich lese dort etwa: „Noch vor dem 18. Jahrhundert ist wahrscheinlich die Antike die große Epoche des Gefühls."[96] War Ihnen das nicht zu holzschnittartig?

Gerhard Sauder: Ja, mir hat auch nicht alles gefallen.

Michael Schlott: Gab es Vorgaben?

Gerhard Sauder: Nein, überhaupt nicht. Ich wollte halt kein abgedroschenes Thema bringen. Der Beitrag ist eine Folge der psychoanalytischen Präokkupation meiner Mitarbeiter, Reiner Marxens vor allem. Oder auch Matthias Luserke, dessen Arbeit (seine Habilitationsschrift von 1993) im nächsten Jahr bei Metzler erscheint.[97] Sie sollte ursprünglich „Literatur und Leidenschaft" heißen, der Titel ist aber schon anderweitig vorgekommen. Es geht vor allem um die Wirkungsästhetik der Aristotelischen Poetik, die Pathos-Thematik und die Literatur bis zum Ende des 18. Jahrhunderts. Marx ist seit Beginn meiner Saarbrücker Zeit – erst als Hilfskraft, dann als Assistent, jetzt als Oberassistent – mein Mitarbeiter. Wir

---

93   Der Forschungsschwerpunkt „Literatur der Spätaufklärung" wurde an der Universität Bremen im Herbst 1978 zunächst für drei Jahre eingerichtet und anschließend zweimal drei Jahre verlängert; vgl. Hans-Wolf Jäger: Die Literatur der Spätaufklärung. Ein Forschungsschwerpunkt der Universität Bremen. In: Jahrbuch der Wittheit zu Bremen 27 (1983), S. 141–162; Arbeitsprogramm des Forschungsschwerpunkts „Literatur der Spätaufklärung an der Universität Bremen". Bremen 1983, Forschungsbericht der Universität Bremen, Bd. 1 (1980–1982), Universität Bremen 1983, S. 82–85. Aufgrund eines Evaluationskolloquiums am 6. März 1986 empfahlen die Gutachter Gerhard Sauder und Jörg Schönert der Leitung der Universität Bremen die Fortführung des Forschungsschwerpunktes (antragsgemäß) für den Zeitraum 1987 bis 1990. Die Arbeit der Forschungsstelle wurde allerdings – wie es bei ihrer Einrichtung vorgesehen war – 1987 beendet; siehe dazu auch die Interviews mit Hans-Wolf Jäger (S. 500–527, hier S. 519) und Peter Weber (S. 426–455, hier S. 444).

94   Gerhard Sauder: [Art.] Empfindsamkeit. In: Wörterbuch des Christentums. Hrsg. von Volker Drehsen u. a. Gütersloh und Zürich 1988, S. 282 f.

95   Dazu: Empfindsamkeiten (wie Anm. 76); darin Gerhard Sauder: Empfindsamkeit – Sublimierte Sexualität, S. 167–177.

96   Vgl. Klaus P. Hansen: Emotionalität und Empfindsamkeit. In: Empfindsamkeiten (wie Anm. 76), S. 7–13, hier S. 9.

97   Matthias Luserke: Die Bändigung der wilden Seele. Literatur und Leidenschaft in der Aufklärung. Stuttgart und Weimar 1995.

haben viele gemeinsame Kolloquien über Psychoanalyse gehabt, über Canetti, Massenpsychologie und so weiter. Davon habe ich etwas gelernt, und das einmal für einen Beitrag anzuwenden, schwebte mir schon lange vor.

Michael Schlott: Herr Sauder, abschließend ein Blick zurück auf Ihre Heidelberger Zeit und den damaligen Lehr- und Forschungsbetrieb – mit Lämmert, Sauder, Henkel, Harth, Wolf, Manfred Riedel, Koselleck, Conze, Arndt, Pikulik, Scherpe, Köhler. Wie ist die Kommunikation zwischen den einzelnen Disziplinen gewesen? Auffällig in den Vorlesungsverzeichnissen ist beispielsweise die disziplinenübergreifende verstärkte Hinwendung zum 18. Jahrhundert.

Gerhard Sauder: Also der Kontakt mit Koselleck lief über die jüngeren Freunde, die auch Geschichte studierten, etwa Reiner Wild, oder Philosophie, wie Gerhard Kurz. Ich kannte Mitarbeiter an dem Wörterbuch *Geschichtliche Grundbegriffe*;[98] so kam ich an die Fahnen von Riedels Artikel über Bürgertum,[99] bevor der Band erschienen war. Sonst gab es nicht so viele direkte Beziehungen, außer der persönlichen und freundschaftlichen mit Dietrich Harth. Ich habe einmal mit Dolf Sternberger ein Seminar über Heine gemacht, nachdem sein Buch *Abschaffung der Sünde*[100] erschienen war. Das gestaltete sich in der politisch so turbulenten Zeit alles etwas schwierig. In meinem letzten Heidelberger Semester habe ich zusammen mit Harth, Heitmann, einem Romanisten, und Meller, einem Anglisten, ein Seminar gehalten über Reiseliteratur der Aufklärung: zu Swifts *Gulliver*, Voltaires *Candide* und Wezels *Belphegor*.

Michael Schlott: Herr Sauder, recht herzlichen Dank für dieses offene und sehr informative Gespräch.

---

98 Geschichtliche Grundbegriffe. Historisches Lexikon zur politisch-sozialen Sprache in Deutschland. 8 Bde. in 9. Hrsg. von Otto Brunner u. a. Stuttgart 1972–1997.
99 Manfred Riedel: Bürger, Staatsbürger, Bürgertum. In: ebd., Bd. 1. Stuttgart 1972, S. 672–725.
100 Dolf Sternberger: Heinrich Heine und die Abschaffung der Sünde. Hamburg u. a. 1972.

Wilhelm Voßkamp und Nikolaus Wegmann

WILHELM VOSSKAMP (* 1936), Studium der Germanistik, Philosophie und Geschichte in Münster, München, Göttingen und Kiel, 1965 Promotion, 1972 Habilitation, 1972 Professor für Literaturwissenschaft an der Universität Bielefeld, 1987 Professor für Neuere deutsche Literatur und Allgemeine Literaturwissenschaft an der Universität zu Köln, 2001 Ruhestand.

1978 bis 1982 Direktor des Zentrums für interdisziplinäre Forschung der Universität Bielefeld, 1992 bis 1994 Präsident der Deutschen Gesellschaft für die Erforschung des 18. Jahrhunderts.

In den 1970er und 1980er Jahren trug WILHELM VOSSKAMP mit wichtigen und viel beachteten Veröffentlichungen zur Erforschung der Geschichte der deutschsprachigen Literatur und Poetik im 18. Jahrhundert in sozial- und mentalitätshistorischer Hinsicht bei. In der Folgezeit konzentrierte er sich für diesen Gegenstandsbereich insbesondere auf Untersuchungen zur Autobiographik, zum Entwicklungs- und Bildungsroman sowie zur utopischen Literatur. Im Zuge seines wegweisenden Engagements für die Fachgeschichte der Germanistik publizierte er auch zur Aufklärungsforschung in Deutschland.[1]

*

NIKOLAUS WEGMANN (* 1954), 1973 Studium der Linguistik, Literaturwissenschaft und Philosophie in Bielefeld, 1980 Staatsexamen in Deutsch und Philosophie, 1982 Forschungsassistent an der Cornell University (Ithaca, New York), 1984 Promotion in Bielefeld, 1985 Wissenschaftlicher Mitarbeiter im Bielefelder DFG-Projekt zur Wissenschaftsgeschichte der Germanistik, 1988 Wissenschaftlicher Assistent in Köln, 1998 Habilitation in Köln, 1999 bis 2004 Lehrstuhlvertretungen in Köln und Potsdam, 2006 Professur an der Princeton University New Jersey (Department of German).

Ein Schwerpunkt in NIKOLAUS WEGMANNS germanistischen und komparatistischen Forschungsarbeiten zur Mentalitäts-, Wissens-, Diskurs- und Mediengeschichte liegt in der Literatur- und Kulturgeschichte des 18. und 19. Jahrhunderts. Den Gegenstandsbereich Empfindsamkeit erschloß er sich vor allem mit seiner diskursanalytisch orientierten Dissertation, die 1988 veröffentlicht wurde.

Das Interview wurde am 11. November 1994 in Köln geführt.

(Nikolaus Wegmann konnte nicht von Anbeginn an dem Gespräch teilnehmen.)

---

1   Aufklärungsforschung in Deutschland. Hrsg. von Holger Dainat und Wilhelm Voßkamp. Heidelberg 1999.

Michael Schlott: Herr Voßkamp, ich habe zunächst einige Fragen zu Ihrem wissenschaftlichen Werdegang. Welche Fächer haben Sie studiert, an welchen Universitäten? Wenn Sie dabei bitte auch auf ihre wichtigsten akademischen Lehrer zu sprechen kommen könnten?

Wilhelm Voßkamp: Ich habe 1957 mit dem Studium begonnen und von Anfang an ein, wie man heute sagen würde, interdisziplinäres geisteswissenschaftliches Studium mit einem starken Schwerpunkt in der Geschichtsphilosophie absolviert. Deswegen habe ich vor allem bei Joachim Ritter in Münster gehört. Danach wechselten die Schwerpunkte, einmal mehr Geschichte, dann mehr Literatur. Münster war damals sehr interessant, weil außer Joachim Ritter noch Jost Trier und Erich Trunz dort waren.

Michael Schlott: War Benno von Wiese zu der Zeit auch in Münster?

Wilhelm Voßkamp: Der war gerade nach Bonn gegangen. Zwischenzeitlich kam dann Höllerer hinzu. Es war eine anregende Mischung von Professoren. Dazu gehörte auch der temperamentvolle Clemens Heselhaus. Er hielt Goethe-Vorlesungen, in denen er mir durch seinen provozierenden Umgang mit dem Dichter wieder einen Zugang ermöglichte, nachdem mir Goethe etwas verleidet worden war durch die Schule. Das war der Anfang. Ich bin dann allerdings bald nach München gewechselt. In München habe ich mich auch ein wenig in der Kunstwissenschaft umgesehen und bei anderen wichtigen akademischen Lehrern gehört. Vor allem bei dem Anglisten Wolfgang Clemen und dem Kunsthistoriker Sedlmayer. Damals war die ältere Generation noch präsent, zum Beispiel Hermann Kunisch mit seinen großen Goethe-Vorlesungen. Am meisten beeindruckten mich Hugo Kuhn in der Germanistik und Franz Schnabel in der Geschichtswissenschaft. Ich hatte überlegt, eine Arbeit über Justus Möser zu schreiben und in München zu bleiben, wozu mich Franz Schnabel ermuntert hatte. Da er aber ein historisches Thema für mich ausgesucht hatte, das mich nicht so interessierte, ging ich zu Wolfgang Kayser nach Göttingen. Die damalige Alternative war: Staiger in Zürich oder Kayser in Göttingen. Ich ging zu letzterem mit der festen Absicht, bei ihm zu promovieren, weil ich mich relativ früh neben der Geschichtsphilosophie für Mentalitäts- und Kulturgeschichte und für Poetik interessierte. Wolfgang Kayser betrieb, im Unterschied zu Emil Staiger, auch vergleichende Literaturwissenschaft und interessierte sich als einer von wenigen seiner Generation für Poetik.

Michael Schlott: Auch schon im Zusammenhang mit Fragen der literarischen Wertung?

Wilhelm Voßkamp: Eher weniger in den Vorlesungen als auf Vortragsreisen, bei denen er sich auch mit dem modernen Roman auseinandersetzte, etwa in der Kritik an Kafka und mit der Gegenwartsliteratur. In den Vorlesungen spielten Textinterpretationen die Hauptrolle. Es waren brillante Interpretationen, die Kayser in den Vorlesungen vortrug. Daneben beschäftigte er sich mit der Theorie der Literatur und der Poetik, was ja zum Teil in *Das sprachliche Kunstwerk* sehr gut nachlesbar ist.[2]

Michael Schlott: Darf ich kurz unterbrechen, Herr Voßkamp, um noch einmal auf München zu sprechen zu kommen: Haben Sie sich bereits bei Hugo Kuhn für literatursoziologische Fragestellungen interessiert?

---

2 Wolfgang Kayser: Das sprachliche Kunstwerk. Eine Einführung in die Literaturwissenschaft. Bern 1948; 20. Aufl.: Tübingen und Basel 1992.

Wilhelm Voßkamp: Kuhn hat methodologisch vieles versucht. Er vertrat die Theorie von den „Faszinationstypen".[3] Man würde heute sagen: Es waren Ansätze im Blick auf eine Kulturtheorie oder vielleicht sogar auf eine Kulturanthropologie. Im Zentrum stand bei ihm – ähnlich wie bei Kayser – die Poetik. Kuhn war ein glänzender Lehrer, der in seinem Seminar bei den Studenten sehr beliebt war und Feste feiern konnte. Der eigentliche Lehrer in München neben Schnabel war für mich Hugo Kuhn. Wie gesagt: Dann stellte sich für mich die Frage: Soll man in München bleiben oder geht man lieber weg. Ich bin dann doch Kaysers wegen nach Göttingen gegangen. Dann passierte das Unglück: Wolfgang Kayser starb ganz überraschend. Allerdings hatte ich auch Glück, weil bedeutende Historiker wie Percy Ernst Schramm, Hermann Heimpel, Richard Nürnberger und Reinhart Wittram, in der Philosophie Josef König, ein Kant-Spezialist, in Göttingen waren.

Michael Schlott: Sie waren also fächerübergreifend orientiert?

Wilhelm Voßkamp: Das kann man im nachhinein so sagen, weil ich nie entschieden war, nur Literatur, nur Philosophie oder nur Geschichte zu studieren, sondern mich für bestimmte Fragen, die im Zusammenhang von Geschichte und Literatur, von Geschichte und Kultur standen, interessierte, besonders die Problematik von ‚Zeit', auch in der Literatur. Von daher war das naheliegend, später auch über ‚Zeit und Geschichte' zu promovieren.[4] In der Zusammenarbeit mit Reinhart Koselleck ging es dann später für mich weiter in dieser Richtung. Das ist eine andere Geschichte, die ich vielleicht später erzählen kann. Als Wolfgang Kayser sehr früh starb, stellte dies für alle, die seinetwegen nach Göttingen gekommen waren, eine Katastrophe dar. Hier sieht man, wie Wissenschaftsgeschichte auch durch solche Todesfälle einen Einschnitt erfahren kann. Ich hatte Glück im Unglück insofern, als Conrady bei einer Klausur die Aufsicht führte. Er war von Münster nach Göttingen umhabilitiert worden. Er erkannte mich wieder bei der Abgabe der Klausur und sagte: „Wir kennen uns doch." Bei ihm hatte ich in meinem ersten Semester in Münster ein Proseminar gemacht. Er hatte ein so gutes Gedächtnis, daß er mich wiedererkannte: „Ja, wenn Sie Lust haben, kommen Sie doch einmal in mein Seminar." So kam ich sehr früh über ein Hauptseminar zu Hofmannsthal in sein Oberseminar. Dieses Oberseminar ging, ich glaube, ein Jahr über Barockliteratur und Manierismus. Das hing mit der Habilitationsschrift von Herrn Conrady zusammen, die damals gerade im Druck war.[5] Ich habe relativ schnell den Anschluß unter den älteren Studenten und Doktoranden gefunden. Daraus hat sich dann das Thema für meine Doktorarbeit entwickelt, so daß einerseits mein geschichts-

---

3   Nach Hugo Kuhn eröffnen „Faszinationstypen" (Gattungs- und Typus-Diskussionen erweiternde) Fragen zu kultur- und mentalitätsgeschichtlich bedingten Einstellungen von Lesern gegenüber bestimmten Stoffbereichen der Literatur; siehe dazu Hans Ulrich Gumbrecht: Faszinationstyp Hagiographie. Ein historisches Experiment zur Gattungstheorie. In: Deutsche Literatur im Mittelalter. Kontakte und Perspektiven. Hugo Kuhn zum Gedenken Hrsg. von Christoph Cormeau. Stuttgart 1979, S. 37–84, hier S. 42–47. Gumbrecht bezieht sich insbesondere auf Kuhns Vortrag „Versuch über das fünfzehnte Jahrhundert in der deutschen Literatur" beim Kolloquium ‚Sozialgeschichte und Literatur des Spätmittelalters' am Zentrum für interdisziplinäre Forschung der Universität Bielefeld im April 1977.

4   Wilhelm Voßkamp: Untersuchungen zur Zeit- und Geschichtsauffassung im 17. Jahrhundert bei Gryphius und Lohenstein. Bonn 1967.

5   Karl Otto Conrady: Lateinische Dichtungstradition und deutsche Lyrik des 17. Jahrhunderts. Bonn 1962.

philosophisches Interesse für das Thema ‚Zeit' und mein durch Conrady entwickeltes Interesse für das 17. Jahrhundert zusammenkamen. Ich fing an mit einer Seminararbeit über „Krieg und Frieden in der Literatur des 17. Jahrhunderts". Dann schlug mir Conrady vor, weiterzumachen in dieser Epoche, und so kam ich auf mein Dissertationsthema. Conrady erhielt 1961 zuerst einen Ruf nach Saarbrücken und 1962 nach Kiel. Er bot mir eine Stelle in Kiel an, und so habe ich dann auch in Kiel promoviert. Dort hatte ich insofern Glück, als Karl-Otto Apel in Kiel war und ich meine philosophischen Interessen und Neigungen weiter betreiben konnte. Apel widmete sich damals gerade der Hermeneutik, auch der Kritik an Gadamers *Wahrheit und Methode*.[6] Das waren unglaublich interessante Oberseminare, weil sie über jedes normale Maß einer solchen Veranstaltung hinaus außerordentlich stimulierend waren. Durch ein Empfehlungsschreiben meines Lehrers Richard Nürnberger in Göttingen kam ich auch in den Oberseminarkreis von Karl Dietrich Erdmann, so daß die Kieler Zeit am Ende sehr interessant war durch meine drei Lehrer Conrady, Apel und Erdmann. 1965 wurde ich in Kiel promoviert; ich habe mich auch ziemlich früh in der Assistentenbewegung engagiert. Das war möglich, weil Conrady uns Assistenten als Liberaler freien Raum ließ und wir Rückendeckung hatten, während andere Professoren im Zuge der Studentenrevolte entweder verzweifelten, in die ‚innere Emigration' gingen oder auch ins rechtskonservative Lager abdrifteten.

Michael Schlott: Können Sie das etwas näher erläutern? Warum in die „innere Emigration"?

Wilhelm Voßkamp: Erich Trunz, den ich im ersten Semester in Münster als Lehrer gehabt hatte, war zweiter Referent für meine Dissertation in Kiel. Erich Trunz war einer derjenigen, der von den Studenten am meisten attackiert wurde. Er wurde hauptsächlich von einem der Professorensöhne an der Universität Kiel angegriffen. Ich habe beobachtet, daß er dem gegenüber ganz hilflos war. Sie kennen vermutlich die Biographie von Trunz, er hat sich mit der eigenen Geschichte in den 1930er Jahren in Prag immer wieder auseinandergesetzt.[7] Immer wenn wir bei ihm eingeladen waren, wurde über das Dritte Reich und die Rolle der Professoren diskutiert. Es blieb für ihn ein Stachel. Das mag auch ein Grund dafür sein, daß Trunz nicht in der Lage war, auf die Attacken zu reagieren, die mit einer Heftigkeit geführt wurden, die man sich heute kaum noch vorstellen kann.

Michael Schlott: So ging es wohl vielen Ordinarien; sie hatten vermutlich auch mit dem Ton und der Heftigkeit Schwierigkeiten. Sie waren sicherlich nicht ausnahmslos nicht dialogbereit, aber viele waren offenbar mit dem ungewohnten Gesprächsklima und dem Ton überfordert.

Wilhelm Voßkamp: Genauso ist es gewesen. Und da blieb nur der Rückzug ins Innere und die Abkapselung nach außen, um möglichst nicht mehr sichtbar zu sein. Bei anderen Professoren wie Conrady war es kompliziert. Er gehörte zu jener liberalen Gruppe, die sich sehr für Reformen stark gemacht hatte und in Bedrängnis geriet zwischen den Studenten,

---

6   Hans-Georg Gadamer: Wahrheit und Methode. Grundzüge einer philosophischen Hermeneutik. Tübingen 1960; 7. Aufl.: 2010.

7   Erich Trunz (1905–2001) war seit dem Sommersemester 1942 Leiter des „Amtes Wissenschaft" in Prag. Ab 1943 distanzierte Trunz sich allmählich vom NS-Regime; siehe dazu: Internationales Germanistenlexikon 1800–1950. Hrsg. und eingel. von Christoph König. Bd. 3. Berlin und New York 2003, S. 1909–1911, hier S. 1910.

die ihn von links überholten, und jenen Kollegen, die nichts verändern und keinen Dialog mit den Studenten wollten. Die Gruppe der Assistenten hätte vielleicht die Basis für eine Universitätsreform bilden können, wenn genügend liberale reformwillige Professoren da gewesen wären. Daß dies nicht stattgefunden hat, liegt insbesondere daran, daß ein Konsens dieser verschiedenen Gruppen innerhalb der Universität nicht zustande kam. Man müßte darüber viel eingehender diskutieren, und vieles beurteilt man heute anders als aus der damaligen Situation. Für meine Altersgruppe waren das nicht nur universitätshistorische Ereignisse, sondern es war auch die Zeit der Diskussion über die Notstandsgesetzgebung.[8] Die Studentenbewegung war eben nicht nur eine universitätsinterne Angelegenheit.

Michael Schlott: Herr Voßkamp, wir unterscheiden in der Rekonstruktion des wissenschaftlichen und fachgeschichtlichen Prozesses zwei Hauptrichtungen, die sich Ende der 1960er Jahre und zu Beginn der 1970er Jahre herausgebildet haben: Politisierung und Soziologisierung. Beide Begriffe sind vorläufig und nicht pejorativ gemeint. Einmal vorausgesetzt, Sie können dieser Einteilung zustimmen, wie beurteilen Sie im Rückblick diese fachgeschichtliche Entwicklung und welche wichtigen wissenschafts- und gesellschaftspolitischen Konsequenzen hat sie gezeitigt?

Wilhelm Voßkamp: Seit 1968?

Michael Schlott: 1968, Anfang der 1970er Jahre. Das ist zumindest in etwa das Bild, das sich ergibt, wenn man die Tagespresse studiert, aber auch entsprechende wissenschaftliche Publikationen zu Rate zieht.

Wilhelm Voßkamp: Für die Fachentwicklung war mit dem Münchener Germanistentag 1966 ein wichtiger Einschnitt gegeben. Das war auch ein Ergebnis von Diskussionen, an denen ich als Assistent von Conrady teilnehmen konnte. Ich erinnere mich zum Beispiel, daß ich auf dem Weg zum Münchener Germanistentag über diese Fragen mit ihm diskutiert habe. Unter den damals Jüngeren, in der Altersgruppe Conradys, gab es eine ganze Reihe von Germanisten, die der Meinung waren, daß eine Aufarbeitung der Geschichte der Germanistik im Dritten Reich längst überfällig gewesen sei. Damit war gemeint, man müsse nicht nur Wissenschaftsgeschichte, sondern auch Wissenschaftskritik treiben. Als Assistenten waren wir damit natürlich vollkommen solidarisch. Damals bin ich zum ersten Mal mit der Wissenschaftsgeschichte des Dritten Reiches konfrontiert worden. Ob ich in München, Münster oder Göttingen war: Ich habe niemals etwas davon zu hören bekommen, daß etwa Wolfgang Kayser in Lissabon nicht nur in der Emigration war, sondern dort auch die nationalsozialistische Kulturpolitik vertreten mußte.[9] Oder etwa, daß Erich Trunz

---

8 Mit den Notstandsgesetzen, die für Krisensituationen (wie Naturkatastrophen, Aufstände, Kriege) die Handlungsfähigkeit des Staates sichern sollten, wurde in der 17. Änderung des Grundgesetzes der BRD eine ‚Notstandsverfassung' eingefügt. Der Gesetzgebungsprozeß wurde von zahlreichen Protesten der sogenannten Außerparlamentarischen Opposition (Protestveranstaltungen an den Universitäten eingeschlossen) begleitet. Am 30. Mai 1968 wurden die Gesetze in der Zeit der ersten Großen Koalition vom Deutschen Bundestag verabschiedet.

9 Wolfgang Kayser (1906–1960) war von 1933 bis 1938 Mitglied der SA, seit 1937 Mitglied der NSDAP. 1941 bis 1946 war Kayser durch Vermittlung des Auswärtigen Amtes außerordentlicher Gastprofessor für Deutsche Literatur an der Faculdade de Letras der Universität Lissabon; Kayser wurde 1950 entnazifiziert und als „Mitläufer" (Kategorie IV) eingestuft; siehe dazu: Internationales Germanistenlexikon (wie Anm. 7), Bd. 2, S. 904–906, hier S. 904.

in Prag eine ziemlich heikle Position hatte,[10] darauf wäre ich früher niemals gekommen. Erst nach 1966 war ich dafür sensibilisiert, was sich dann auch auf meine Arbeit auswirkte.

Meine Dissertation[11] war noch ganz ideen- und philosophiegeschichtlich orientiert. Danach bin ich in den späten 1960er und 1970er Jahren, wohl auch durch Diskussionen mit Historikern wie Karl Dietrich Erdmann, auf den Zusammenhang von Literatur und Geschichte aufmerksam geworden. Relativ früh habe ich mich dann mit Johann Gottfried Schnabel auseinandergesetzt, der mich im Rahmen der Utopieforschung noch lange beschäftigt hat.[12] Durch die Anregungen von Wolfgang Kayser habe ich mich früh für romantheoretische Fragen interessiert und kam dadurch auf die Ausdifferenzierung der literarischen Gattungen im 18. Jahrhundert. Dabei spielten Fragen des Zusammenhangs von Gattung und historischer Institution eine Rolle, also etwa der Rolle des Publikums von Literatur. Dies führte auch zu meiner Beschäftigung mit dem Briefroman.[13] Das Ganze fand wohl im Rahmen einer mentalitäts- und sozialgeschichtlichen Orientierung statt. Was die Politisierung betraf, so hat sich das bei mir im Interesse für die Institution Universität ausgewirkt.

Michael Schlott: Aber Sie haben doch immer getrennt zwischen Ihrer politischen Einstellung, Ihren politischen Aktivitäten auf der einen Seite und der Wissenschaft auf der anderen Seite?

Wilhelm Voßkamp: Das ist eine gute Frage. Dies hängt sicher mit der literaturwissenschaftlichen Sozialisation in meiner Generation zusammen. Eine Politisierung der Wissenschaft im gesellschaftspolitischen Sinne stand hier nicht zur Debatte. Bei mir läßt sich eine Trennung zwischen der Beschäftigung mit den Gegenständen des Fachs auf der einen Seite und der politischen Aufmerksamkeit für institutionelle Verhältnisse in der Universität beobachten. Wenn man von Politisierung sprechen will, dann nur in dem Sinne, daß eine Verwissenschaftlichung von Fragestellungen stattfand im Zeichen neuer methodischer Verfahrensweisen, wie Sozialgeschichte und Kulturgeschichte.

Michael Schlott: Ich habe über dieses Thema mit Gert Mattenklott gesprochen.[14] Mit Klaus Scherpe werde ich mich Ende Januar in Berlin treffen.[15] Bei Mattenklott und Scherpe ist die Politisierung der Wissenschaft und die Politisierung des Gegenstandes Literatur meines Erachtens offensichtlicher gewesen.

---

10 Siehe Anm. 7.
11 Voßkamp: Untersuchungen (wie Anm. 4).
12 Vgl. u. a. Wilhelm Voßkamp: Theorie und Praxis der literarischen Fiktion in Johann Gottfried Schnabels Roman „Die Insel Felsenburg". In: Germanisch-Romanische Monatsschrift 49, N. F. 18 (1968), S. 131–152; Literaturgeschichte als Funktionsgeschichte der Literatur (am Beispiel der frühneuzeitlichen Utopie). In: Literatur und Sprache im historischen Prozeß. Hrsg. von Thomas Cramer. Bd. 1: Literatur. Tübingen 1983, S. 32–54; Utopie als Antwort auf Geschichte. Zur Typologie literarischer Utopien in der Neuzeit. In: Geschichte als Literatur. Formen und Grenzen der Repräsentation von Vergangenheit. Hrsg. von. Hartmut Eggert u. a. Stuttgart 1990, S. 273–283.
13 Vgl. Wilhelm Voßkamp: Dialogische Vergegenwärtigung beim Schreiben und Lesen. Zur Poetik des Briefromans im 18. Jahrhundert. In: Deutsche Vierteljahrsschrift für Literaturwissenschaft und Geistesgeschichte 45 (1971), S. 80–116; Romantheorie in Deutschland von Martin Opitz bis Friedrich von Blanckenburg. Stuttgart 1973.
14 Siehe dazu das Interview mit Gert Mattenklott, S. 561–589.
15 Siehe dazu das Interview mit Klaus R. Scherpe, S. 692–712.

Wilhelm Voßkamp: Hier liegt sicher genau der Unterschied. Die Arbeiten von Mattenklott und Scherpe wurden intensiv diskutiert, und auch der politische Wille wurde respektiert im Blick auf das empanzipatorische Interesse. Auf der anderen Seite bestand aber, auch bei mir, eine Zurückhaltung im Blick auf den wissenschaftlichen Weg. Es mag vielleicht auch daran gelegen haben, daß ich damals nicht in Berlin war, sondern in Kiel.

Michael Schlott: Sie sagten bereits, man müsse, um diese Debatten zu verstehen, auch tiefer in die einzelnen Universitäten hineinblicken.

Wilhelm Voßkamp: In der Tat wird man die Situation innerhalb der einzelnen Universitäten bedenken müssen. Wenn man Einblick in die Situation verschiedener Universitäten nimmt, wird einem beispielsweise auch klar, wie ausweichend und ironisierend etwa auf die Studentenbewegung in Köln reagiert wurde.

Michael Schlott: Wir haben uns für die Aufklärungsforschung das Lehrveranstaltungsangebot von elf Universitäten zwischen 1965 und 1990 angesehen. In Köln hat eine einzige Veranstaltung stattgefunden, von der man vermuten könnte, es sei dabei auch um den Jakobinismus bzw. um den Literarischen Jakobinismus gegangen: Karl Otto Conrady über Forster.[16] In Marburg und Berlin wäre das natürlich nichts Besonderes gewesen.

Wilhelm Voßkamp: Und in Kiel war so ein Ausweichen nicht möglich; es kam zu heftigen Kontroversen – aber trotzdem lag Kiel nicht im Zentrum wie Berlin, sondern eben an der Peripherie. Ich hatte damals zudem ein Habilitationsstipendium, so daß ich in der Zeit nicht immer vor Ort war.

Michael Schlott: Ich habe noch eine Frage zu Karl Otto Conrady. Sie sagten, er habe zu den eher Liberalen gehört. Worauf bezog sich das?

Wilhelm Voßkamp: Herr Conrady spielte insofern in der Universität politisch eine Sonderrolle, als er eine wichtige Funktion in der SPD-Politik in Schleswig-Holstein hatte. Er war als Kandidat für das Amt des Kultusministers vorgesehen. Er war also nicht nur ein Liberaler an der Universität, er war sozialdemokratischer Politiker.

Michael Schlott: Ich möchte Sie mit Blick auf die Frage nach den externen Entstehungsbedngungen der Jakobinismusforschung mit folgender Einschätzung konfrontieren: Seit Beginn der 1960er Jahre wächst eine große Zahl von Forschern heran, die sich für bestimmte Stellen an den Hochschulen in erster Linie um den Nachweis eigener Forschung und durch Publikation von entsprechenden Ergebnissen qualifizieren müssen. In der Konsequenz mußten diese Universitätsgermanisten nach neuen lohnenden Objekten für ihre Forschungen suchen. Es handelte sich demnach auch um implizite Karriereprobleme eines Massenfaches. Wie beurteilen Sie diesen Erklärungsansatz?[17]

Wilhelm Voßkamp: Er ist mir in großen Teilen ganz plausibel. Wir haben bereits über den politischen Kontext von 1968 gesprochen, und ich würde das auch nicht nur als eine universitätsinterne Diskussion ansehen. Da hat es Wechselwirkungen zwischen ‚Innen‘ und

---

16   Im Wintersemester 1989/90 bot Karl Otto Conrady ein Hauptseminar „Georg Forster (1754–1794): Weltreisender, Naturforscher, Schriftsteller, Politiker" an.

17   Siehe dazu die Interviews mit Eberhard Lämmert (S. 271–298, hier S. 296), Walter Müller-Seidel (S. 299–314, hier S. 304 f.) und Georg Jäger (S. 334–358, hier S. 351 f.).

‚Außen' gegeben, zum Beispiel in der Diskussion über Literatur und Kanon. Bis in die Mitte der 1960er Jahre wurde Literatur doch weitgehend als Dichtung verstanden. Ich erinnere mich genau an die Vorlesungen bei Kayser. Während meiner Göttinger und Münchener Studienzeit war von Jakobinismus oder von der Unterhaltungsliteratur ebenso wenig die Rede wie von nichtfiktionaler oder expositorischer Literatur. Allerdings interessierten sich für diese Fragen die Mediävisten, etwa Karl Bertau, den ich in Göttingen als Hochschullehrer kennenlernte. Bertau etwa war in der ersten Hälfte der 1960er Jahre einer der wenigen, die sich mit Adorno und Benjamin auseinandersetzten. Die Öffnung des gesicherten humanistischen Kanons war ein längerer Prozeß, der nicht erst 1968 begann, allerdings nachhaltig auch den Literaturbegriff veränderte.

Michael Schlott: Spielte die Konkurrenzsituation also keine Rolle?

Wilhelm Voßkamp: Ich selbst bin damals auf diese Fragen nicht über die neuere deutsche Literatur gekommen, sondern über die Mediävistik, die Philosophie und die Geschichtswissenschaft. Hier werden Wissenschaftler wichtig wie Erdmann, Nürnberger und Franz Schnabel. Bei letzterem war Literatur und Kultur immer Teil der Geschichtsschreibung. Die Erweiterung des Kanons und des Literaturbegriffs wurde maßgeblich durch die Nachbarfächer initiiert und nicht durch das Fach selbst. Karrieregründe scheinen mir für diese Frage erst später, nicht schon in den 1960er und frühen 1970er Jahren relevant zu sein, obwohl Assistentenstellen auch damals schon sehr knapp waren.

Michael Schlott: Wenn Sie, sehr vorläufig, für die Empfindsamkeitsforschung Kontinuitäten und Diskontinuitäten bestimmen sollten, welche groben Linien würden Sie skizzieren, etwa ausgehend von Wieser[18] und Waldberg[19]?

Wilhelm Voßkamp: Ich denke, daß man drei Phasen unterscheiden kann: eine geistes- und ideengeschichtliche, eine sozial- und mentalitätsgeschichtliche und eine diskursgeschichtliche. Meine Altersgruppe ist zunächst mit der älteren Forschung bekannt gemacht worden, die Sie schon angedeutet haben. Diese Altersgruppe wurde in den späten 1960er Jahren hauptsächlich von den Nachbarfächern her inspiriert, sich mit Kontext- und Begründungsproblemen zu befassen und kam auf diese Weise zur Empfindsamkeit. Der diskursgeschichtliche Ansatz hat noch kaum anschlußfähige Ergebnisse erzielt, so daß man sich die Frage stellt: Wie geht das eigentlich weiter?

Michael Schlott: Genau diese Frage stellte sich mir. Dazu müßte man natürlich auch Nikolaus Wegmann befragen. Hat es eigentlich außer seiner Arbeit[20] andere erwähnenswerte neuere Leistungen auf diesem Gebiet gegeben?

Wilhelm Voßkamp: Das ist eine sehr gute Frage. Nikolaus Wegmann kann sicher Näheres dazu sagen, weil er die Forschungen auch im internationalen Bereich sehr genau verfolgt. Anschlußforschung im strengen Sinne sehe ich eher kaum. Man könnte die Arbeit von

---

18 Max Wieser: Der sentimentale Mensch. Gesehen aus der Welt holländischer und deutscher Mystiker des 18. Jahrhunderts. Gotha und Stuttgart 1924.

19 Max von Waldberg: Der empfindsame Roman in Frankreich. Erster Teil: Die Anfänge bis zum Beginne des XVIII. Jahrhunderts. Straßburg und Berlin 1906; Zur Entwicklungsgeschichte der „schönen Seele" bei den spanischen Mystikern. Stuttgart und Berlin 1910.

20 Nikolaus Wegmann: Diskurse der Empfindsamkeit. Zur Geschichte eines Gefühls in der Literatur des 18. Jahrhunderts. Stuttgart 1988.

Georg Stanitzek über *Blödigkeit* nennen,[21] in der das Dreieck von Begriffs-, Literatur- und Mentalitätsgeschichte eine Rolle spielt. Hier kann man auch einen Zusammenhang sehen, weil Stanitzek bei Koselleck und mir gearbeitet hat. Mittelbare Anschlüsse lassen sich aber auch zu den bei mir entstandenen Dissertationen von Ursula Geitner,[22] Kerstin Stüssel[23] oder Gabriele Kalmbach[24] feststellen. Ich denke aber auch an Arbeiten, in denen die Empfindsamkeitsforschung mittelbar eine Rolle spielt, wie die von Walter Erhart[25] oder Werner Frick.[26] Generell würde ich in diesem Zusammenhang auf die Tendenz verweisen, anthropologische Fragen stärker in die Literaturwissenschaft einzubeziehen, wie es Pfotenhauer[27] und Schings[28] getan haben, aber auch auf Arbeiten zur Physiognomie, etwa von Claudia Schmölders,[29] vielleicht aber auch eine Arbeit wie die jetzt entstandene von Heiko Christians.[30] Von daher lassen sich Arbeiten nennen, die zwar nicht unmittelbar an die Empfindsamkeitsforschung anschließen, aber doch vermittelt auf sie Bezug nehmen.

Michael Schlott: Aber Wegmann hat sicherlich als erster mit seiner Dissertation – methodologisch betrachtet – neue Perspektiven eröffnet?

Wilhelm Voßkamp: Das ist sicher so.

Michael Schlott: Hat es Ihrer Meinung nach um 1960 eine entwickelte Empfindsamkeitsforschung gegeben? Wenn das, auch mit Einschränkungen, zu bejahen ist, mit welchen Namen, hinausgehend über Alewyn, wurde die Forschung verbunden und für welche methodischen Ansätze bzw. Erklärungsangebote standen die prominentesten Vertreter der älteren Forschergeneration? Meine Frage zielt auch darauf, ob man das, was Alewyn gemacht hat, überhaupt methodisch und begrifflich-terminologisch fixieren, d.h. verallgemeinern kann.

Wilhelm Voßkamp: Das ist auch meine Frage. Ich hatte schon darauf hingewiesen, daß ich von einer Dreiphasigkeit ausgehe: geistes- und ideengeschichtliche, sozial- und mentalitätsgeschichtliche und diskursgeschichtliche Forschung. Die Arbeiten bis in die zweite Hälfte der 1960er Jahre müßte man wohl im weitesten Sinne als ideengeschichtliche charakterisieren.

---

21 Georg Stanitzek: Blödigkeit. Beschreibungen des Individuums im 18. Jahrhundert. Tübingen 1989 (Phil. Diss. Bielefeld 1985).

22 Ursula Geitner: Die Sprache der Verstellung. Studien zum rhetorischen und anthropologischen Wissen im 17. und 18. Jahrhundert. Tübingen 1988 (Phil. Diss. Bielefeld).

23 Kerstin Stüssel: Poetische Ausbildung und dichterisches Handeln. Poetik und autobiographisches Schreiben im 18. und beginnenden 19. Jahrhundert. Tübingen 1993 (Phil. Diss. Köln 1991).

24 Gabriele Kalmbach: Der Dialog im Spannungsfeld von Schriftlichkeit und Mündlichkeit. Tübingen 1996 (Phil. Diss. Köln 1992).

25 Walter Erhart: Entzweiung und Selbstaufklärung. Christoph Martin Wielands „Agathon"-Projekt. Tübingen 1991 (Phil. Diss. Tübingen 1990).

26 Werner Frick: Providenz und Kontingenz. Untersuchungen zur Schicksalssemantik im deutschen und europäischen Roman des 17. und 18. Jahrhunderts. Tübingen 1988 (Phil. Diss. Kiel 1986).

27 Helmut Pfotenhauer: Literarische Anthropologie. Selbstbiographien und ihre Geschichte – am Leitfaden des Leibes. Stuttgart 1987.

28 Hans-Jürgen Schings: Melancholie und Aufklärung. Melancholiker und ihre Kritiker in Erfahrungsseelenkunde und Literatur des 18. Jahrhunderts. Stuttgart 1977.

29 Claudia Schmölders: Das Vorurteil im Leibe. Eine Einführung in die Physiognomik. Berlin 1995, 3. Aufl.: 2007.

30 Heiko Christians: Über den Schmerz. Eine Untersuchung von Gemeinplätzen. Berlin 1999 (Phil. Diss. Köln 1996).

Dazu rechne ich Arbeiten von Richard Alewyn, aber auch von Erich Trunz. Er sprach von der „seelischen Kultur" der Goethe-Zeit.[31] Auch hier lassen sich also kulturgeschichtliche Ansätze beobachten, aber ohne strenge methodische Verfahren. Jedenfalls haben sowohl Alewyn als auch Trunz immer wieder auf kulturgeschichtliche Fragestellungen aufmerksam gemacht und Literatur nie als isoliertes Phänomen gesehen, sondern in den Zusammenhang auch kultur- und mentalitätsgeschichtlicher Entwicklungen gestellt.

Michael Schlott: Woher hat wohl Trunz solche Anregungen erhalten? Er kommt doch aus dem Petersen-Kreis?

Wilhelm Voßkamp: Das ist richtig. Trunz kam zusammen mit Alewyn und Kayser und anderen später einflußreichen Germanisten aus dem berühmten Seminar bei Julius Petersen.[32] Petersen war einerseits Philologe und somit sicher der Repräsentant der Germanistik der 1930er Jahre. Er betreute die Schiller-Edition wie die Jean Paul-Edition. Andererseits versuchte er in seinen theoretischen Arbeiten nicht nur Philologie oder Geistesgeschichte zu treiben (hier zeigt sich auch ein Generationenproblem), sondern „Problemgeschichte", wie es Rudolf Unger später nennen wird.[33] Trunz war sicher auch von diesen Ansätzen bei Petersen mit bestimmt. Dabei erhielten neben biographischen Faktoren auch große Autoren besondere Bedeutung. Bei Trunz Goethe und die Barockliteratur; bei Alewyn: Eichendorff, Hugo von Hofmannsthal. Bei Trunz spielte zudem auch die religiöse Tradition eine große Rolle. Zur Frage der Empfindsamkeitsforschung möchte ich noch darauf aufmerksam machen, daß die Beschäftigung mit der Melancholieforschung nicht unwichtig war. Als ich 1975 zusammen mit Wolf Lepenies ein Symposion am Bielefelder Zentrum für interdisziplinäre Forschung über den Zusammenhang von Utopie und Melancholie veranstaltete,[34] waren gerade die wichtigen Arbeiten von Lepenies,[35] Mattenklott[36] und Schings[37] zu Fragen der Melancholie in der Literatur- und Geistesgeschichte

---

31 Vgl. Erich Trunz: Seelische Kultur. Eine Betrachtung über Freundschaft, Liebe und Familiengefühl im Schrifttum der Goethezeit. In: Deutsche Vierteljahrsschrift für Literaturwissenschaft und Geistesgeschichte 24 (1950), S. 214–242.

32 Die Oberseminare des Berliner Germanisten Julius Petersen gaben wichtige Impulse für die Erforschung der deutschsprachigen Literatur des 17. Jahrhunderts (der sogenannten Barock-Literatur). Teilnehmer dieser Seminare (wie beispielsweise Richard Alewyn, Wolfgang Kayser, Hans Pyritz oder Benno von Wiese) zählten nach 1945 zur Gruppe der besonders einflußreichen Fachvertreter für die Neuere deutsche Literatur; vgl. dazu Petra Boden: Julius Petersen. Ein Wissenschaftsmanager auf dem Philologenthron. In: Euphorion 88 (1994), S. 82–102; P. B. und Bernhard Fischer: Der Germanist Julius Petersen (1878–1941). Bibliographie, systematisches Nachlaßverzeichnis und Dokumentation. Marbach/Neckar 1994.

33 Vgl. etwa Rudolf Unger: Literaturgeschichte als Problemgeschichte. Zur Frage geisteshistorischer Synthese, mit besonderer Beziehung auf Wilhelm Dilthey. Berlin 1924.

34 Vgl. zum Kolloquium von 1975 über den Zusammenhang von Utopie und Melancholie: Wilhelm Voßkamp: Einleitung. In: Utopieforschung. Interdisziplinäre Studien zur neuzeitlichen Utopie. Hrsg. von W. V. 3 Bde. Stuttgart 1982, Bd. 1, S. 1–10, hier S. 1.

35 Wolf Lepenies: Melancholie und Gesellschaft. Frankfurt/Main 1969; vgl. auch W. L.: Melancholie und Gesellschaft. Mit einer neuen Einleitung: Das Ende der Utopie und die Wiederkehr der Melancholie. Frankfurt/Main 1998.

36 Gert Mattenklott: Melancholie in der Dramatik des Sturm und Drang. Stuttgart 1968. 2., erw. und durchges. Aufl.: Königstein/Taunus 1985.

37 Schings: Melancholie und Aufklärung (wie Anm. 28).

erschienen. Insofern könnte man auch von einem Zusammenhang zwischen Empfindsam-keits- und Melancholieforschung sprechen. Bei dem ZiF-Kolloquium waren übrigens auch die Romanisten Werner Krauss und Fritz Schalk anwesend.

Michael Schlott: Und Erich Köhler?

Wilhelm Voßkamp: Erich Köhler habe ich später im Zusammenhang mit meinen Arbeiten zur Gattungstheorie[38] und -geschichte kennengelernt.

Michael Schlott: Köhler und Krauss standen, soweit ich informiert bin, zu dieser Zeit bereits seit längerem in Kontakt.

Wilhelm Voßkamp: Es bestanden intensive Kontakte, übrigens auch zwischen Köhler und Jauss.

Michael Schlott: Herr Wegmann, schön, daß Sie nun auch dabei sind. Ich versuche jetzt Fragen zu stellen, auf die Sie beide antworten und sich gegenseitig ergänzen können. Also zunächst, Herr Wegmann, was hat Sie dazu bewogen, Ihre Forschungstätigkeit auf den Bereich Empfindsamkeit zu konzentrieren? Stand zunächst eher ein methodisches Interesse im Vordergrund oder eher ein inhaltliches, ein Interesse am Gegenstand?

Nikolaus Wegmann: Interesse am Gegenstand war es definitiv nicht. Es verliert sich irgendwo im Zufälligen. Aber zu der Geschichte, die man von hinten her erzählen kann, im nachhinein: Irgendwann ist mir klar geworden, daß die Empfindsamkeit groß genug ist, um etwas auszuprobieren, und klein genug, um das in den Griff zu kriegen. Die Aufklärungs-forschung war ja in den späten 1970er und frühen1980er Jahren sehr weit vorangekommen, aber insgesamt ist das 18. Jahrhundert zu groß, um eine Theorie im Ganzen anwenden zu können. Empfindsamkeit, das zeichnet diesen Gegenstand wohl aus, hat gerade die rich-tige Größe, um damit etwas in der Richtung machen zu können. Und ich weiß noch, am Anfang belächelten mich meine Freunde – ich war damals politisch sehr aktiv: ‚Gott, was machst du mit der Empfindsamkeit? Da hat man es doch nur mit seltsamen Texten zu tun, mit Zärtlichkeit und Gellert‘ – also eben nur Stichworte und ‚Null-Texte‘. ‚Wie kann man so etwas machen?‘

Michael Schlott: Da schließt sich gleich eine Frage an. Sehen Sie denn Alternativen zum Gegenstand Empfindsamkeit, also einen Gegenstand, an den man die Theorie ebenso plau-sibel erproben könnte, wie Sie es bereits getan haben?

Nikolaus Wegmann: Heute ist natürlich die Aufklärungsforschung insgesamt wei-ter, auch in der Frage, was Aufklärung nicht ist. Möglicherweise ist heute der Zeitpunkt, zu dem man es mit der Aufklärung selbst versuchen würde. Das ist dann sicherlich ein doppeltes Problem: also einerseits das historische Korpus, die Epochenbestimmung, und andererseits genau das, was damit nicht abgegolten ist und nicht aufgeht, was uns jetzt noch daran interessiert.

Wilhelm Voßkamp: Für mich war die Utopieforschung sowohl ein Äquvalent wie eine Alternative zur Empfindsamkeitsforschung. Das hängt damit zusammen, daß ich mich einerseits für Fragen der Sozialisation und für gesellschaftliche Formen interessiert habe

---

38   Vgl. u. a. Wilhelm Voßkamp: Gattungen als literarisch-soziale Institutionen. Zu Problemen sozial- und funktionsgeschichtlich orientierter Gattungstheorie und -historie. In: Textsortenlehre – Gat-tungsgeschichte. Hrsg. von Walter Hinck. Heidelberg 1977, S. 27–42; ferner: Anm. 13.

und andererseits für Fragen der Individualität und deren literarischer Geschichte. Das zeigt sich jetzt etwa in meiner Beschäftigung mit dem Thema ‚Bildungsroman und Autobiographie'. Hier schließe ich an die Diskussionen der Empfindsamkeitsforschung um Individualitätskonzepte an. Die Utopieforschung sehe ich deshalb als ein Pendant zur Empfindsamkeitsforschung, weil die Erforschung literarischer Utopien deutlich macht, in welchem Maße soziale Disziplinierung, staatliche Macht und staatlicher Druck Empfindsamkeit hervortreibt und später moderne Subjektivität erst entstehen läßt.

Nikolaus Wegmann: Aber da liegen doch schon Ergebnisse vor. Das ist ja auch schon gut gemacht worden, die Subjektivitäts- und Individualisierungsforschung. Die Frage ist, ob man etwas gewinnt, wenn man noch mehr an Komplexität hineinnimmt und die dann wieder reduziert. Das Feld Utopie sehe ich auch, das ist in der Tat ein Nenner, unter den man die Aufklärung gerade noch fassen kann. Ich weiß allerdings nicht, was nun das ‚größere' von beiden ist.

Wilhelm Voßkamp: Sicher stand in der Diskussion der späten 1960er und 1970er Jahre und weitgehend auch noch Anfang der 1980er Jahre Aufklärung für Utopie. Diese Gleichsetzung ist in den späten 1980er und 1990er Jahre nicht mehr selbstverständlich. Die Diskussion um die *Dialektik der Aufklärung*[39] hat da natürlich etwas ins Rollen gebracht.

Nikolaus Wegmann: Die angesteuerte Perspektive mußte genau diese Begriffe, diese Sachverhalte wiedergewinnen können. Ich stimme dem sehr zu. Die alte Utopie, die Plausibilität der Aufklärung ist ja weg. Die Frage ist, wie kommt man zurück, wenn man ‚abgeklärt' ist?

Michael Schlott: Eine Frage an Sie beide: Wurde das Phänomen Empfindsamkeit von Anbeginn nur disziplinspezifisch gestellt oder auch über die Grenzen der germanistischen Aufklärungsforschung hinaus?

Wilhelm Voßkamp: Wann ist denn der Beginn der Empfindsamkeitsforschung?

Michael Schlott: Wann würden Sie den Beginn datieren?

Nikolaus Wegmann: Ich glaube, die ersten Beiträge kamen von Alewyn 1932.[40] Das war für mich eher eine Art Kulturgeschichte. Das las sich gut, war aber wenig reflektiert.

Wilhelm Voßkamp: Wir haben vorhin darüber gesprochen. Herr Schlott fragte, wie diese Anfänge bei Alewyn waren. Ich sagte, Alewyn hat es von Julius Petersen in Berlin gelernt, und Trunz habe es Anfang der 1950er Jahre wieder aufgenommen.

Michael Schlott: Und wie stellte sich die Situation gut 20 Jahre später dar? 1974 erschien ja Sauders Buch.[41]

Nikolaus Wegmann: Ja, zu der Zeit habe ich mit dem Studium angefangen. Sauders Buch

---

39 Max Horkheimer und Theodor W. Adorno: Dialektik der Aufklärung. Amsterdam 1947; intensive Diskussionen erfolgten nach der Publikation von 1969 im S. Fischer Verlag Frankfurt/Main.

40 Vgl. Bericht der Berliner Ortsgruppe der Gesellschaft für Ästhetik und allgemeine Kunstwissenschaft im Winter 1931/32 und im Sommer 1932 [darin zum Vortrag „Die Empfindsamkeit und die Entstehung der modernen Dichtung" von Richard Alewyn]. In: Zeitschrift für Ästhetik und Allgemeine Kunstwissenschaft 26 (1932), S. 387–397, hier S. 394 f.

41 Gerhard Sauder: Empfindsamkeit. Bd. 1: Voraussetzungen und Elemente. Stuttgart 1974.

ist eine große Leistung, weil er mit dem Befragen der Archive und dem großen Radius der Untersuchung einen Komplexitätsschub erreicht hat.[42] Also Komplexität meine ich ganz sachlich. Dieses Buch ist eine kolossale Quellenarbeit, sie war in der Menge des verarbeiteten Materials gar nicht zu überbieten. Die folgenden Arbeiten konnten nur versuchen, eine These zu finden, die diese Materialmasse wieder zu reduzieren vermochte. Im Titel des Buchs steht *Voraussetzungen und Elemente*. Das muß man wörtlich nehmen. Da wird nicht nach größeren Thesen gesucht. Alles löst sich im Detail auf. Sauder verhält sich ungemein vorsichtig und archivarisch, spricht nicht von Zusammenhängen oder Kausalitäten, sondern von Interdependenz. Auch schreibt er nicht „Empfindsamkeit", sondern nur „empfindsame Tendenz". Das ist ja in Begriff-Form das niedrigste Integrationsniveau, das man sich vorstellen kann.

Michael Schlott: Im 19. Jahrhundert sagte man ‚Richtung'. War das Forschungsgebiet Ihrer Ansicht nach besonders geeignet, die Anwendung paradigmatischer, also theoretischer Fragestellungen zu demonstrieren und Grundsatzfragen der Literaturgeschichtsschreibung zu entscheiden? Etwa die Frage nach soziologischen beziehungsweise sozialhistorischen Entwürfen?

Nikolaus Wegmann: Ich denke, die Frage wäre, ob von der Empfindsamkeit eine Provokation ausging in dieser Zeit, irgendein Anreiz. Das könnte in der Tat sein. Wie gesagt, die Aufklärungsforschung florierte – nehmen Sie als Beispiel Nickischs Briefgeschichte:[43] In diesem Buch fügt sich die Geschichte wunderbar, und am Ende des 18. Jahrhunderts ist alles groß – bis am Schluß die Verständigung zweier empfindsamer Seelenlagen wie eine Seifenblase platzt. Und ich glaube, zu diesem Zeitpunkt – ich studierte ja in Bielefeld – sagte man: ‚Also nein, das ist zu glatt, das ist die Wiederholung der Gewinnergeschichte.' Dieses Gebiet war sehr geeignet für eine Provokation: Kann man das nicht mal anders sehen, gegen den Strich und weniger idealisierend? Das halte ich für einen wichtigen Impuls, mit den Topoi der Empfindsamkeits- und der Subjektivitätsthese einen Schnitt zu machen. Das war wirklich sehr attraktiv.

Michael Schlott: Jetzt habe ich ‚Brief' gehört und dabei sofort an Herrn Voßkamp gedacht. Also die unausweichliche Frage an Sie, Herr Wegmann: Haben in Ihrer akademischen Ausbildung bestimmte Lehrerpersönlichkeiten und Universitätsorte bei der Wahl des Forschungsgegenstandes eine Rolle gespielt?

Nikolaus Wegmann: Wie gesagt: Die Forschung zum 18. Jahrhundert florierte. In Bielefeld gab es damals eine gute Konstellation. Wir hatten eben nicht nur Voßkamp, sondern auch Grimminger. Hinzu kam Koselleck. Letztlich war auch Luhmann sehr wichtig für uns, weil das Modell des Übergangs von der ständischen zur funktionalen Gesellschaft für uns weit attraktiver war als etwa der sozialgeschichtliche Ansatz von Wehler und dessen Mikrologie und Statistik. Das haben wir vielleicht nicht immer so klar sehen können, denn zunächst war die Mikrogeschichte sehr attraktiv. Sie bedeutete ja den Bruch mit der bisherigen Geschichtsschreibung, die sofort mit der Spekulation einsetzte. Aber wir haben

---

42   Gerhard Sauder: Empfindsamkeit. Bd. 3: Quellen und Dokumente. Stuttgart 1980; Bd. 2 (zu ästhetischen, literarischen und sozialen Aspekten) war ursprünglich mit dem Erscheinungsdatum 1982/83 vom Metzler-Verlag angekündigt worden, ist bislang jedoch nicht erschienen.

43   Reinhard M. G. Nickisch: Die Stilprinzipien in den deutschen Briefstellern des 17. und 18. Jahrhunderts. Göttingen 1969.

als Germanisten das Problem gehabt, uns von dieser in Bielefeld sehr starken und guten Sozialgeschichte zu unterscheiden.

Michael Schlott: Herr Voßkamp, 1971 erschien Ihr Aufsatz „Dialogische Vergegenwärtigung beim Schreiben und Lesen".[44] Sie arbeiten in diesem Aufsatz eher traditionell-philologisch, wenn ich das so sagen darf: Sie analysieren Rhetoriken, Poetiken, Sie arbeiten auch rezeptionstheoretisch, aber, wie gesagt, traditionell. 1977 erschien Ihr Aufsatz über „Gattungen als literarisch-soziale Institutionen".[45] Was ist passiert in diesen sechs Jahren zwischen 1971 und 1977? Ich habe eine Veränderung auch Ihrer Forschungsaktivitäten, Forschungsinteressen festgestellt und einen Zusammenhang gesehen zwischen Fragestellungen, die Herr Wegmann später ausführlich bearbeitet hat. Ist das richtig?

Wilhelm Voßkamp: Das ist richtig. Meinen Aufsatz zum Briefroman habe ich vor meinem Wechsel nach Bielefeld konzipiert und abgeschlossen. Ich war damals mit einem Habilitationsstipendium von Kiel nach Köln gewechselt, weil Conrady den Ruf an die Kölner Universität annahm. Ich hatte Glück und mußte keinen Unterricht geben, konnte also neben meiner Habilitation dieses Projekt zum Briefroman abschließen. Während der Arbeit an der Habilitationsschrift zur Romantheorie[46] hatte ich ursprünglich die Absicht, eine Reihe von einzelnen Romangattungen mit Blick auf ihre Poetik zu beschreiben. Und aus diesem Vorhaben ist das Projekt zum Briefroman hervorgegangen. Der Beitrag nahm bereits philologische, rezeptionsästhetische und rezeptionshistorische Fragestellungen auf, aber auch bereits die Kritische Theorie, vor allem nach Habermas. Und dann kam ich nach Bielefeld. Dorthin hatte ich eigentlich die besten Kontakte über Koselleck, bessere noch als über die Fakultät für Linguistik und Literaturwissenschaft. Über geschichtstheoretische Konzeptionen von Reinhart Koselleck und die soziologischen von Luhmann kam ich dann zu neuen Fragestellungen und zur Ablösung von der Kritischen Theorie. Dazu gehörte für mich auch die Beschäftigung mit Institutionen und mit Luhmann die Auseinandersetzung mit den Arbeiten von Helmut Schelsky. Insofern bin ich über die Geschichtstheorie und Rezeptionsgeschichte zur Institutionengeschichte und Systemtheorie gekommen. Die Verbindung von Poetik und Institutionengeschichte führte dann zu meinen gattungstheoretischen Überlegungen.

Michael Schlott: Herr Wegmann sagte, 1974 habe er mit dem Studium begonnen, er könne also nur bedingt Auskunft geben darüber, ob Sauders Studie von 1974 ein erwartetes Ergebnis der vorangegangenen Forschungsanstrengungen gewesen sei. Wie wäre Ihre Antwort darauf, vor allen Dingen auch bezogen auf die methodische Konzeption, auf die Auswahl der Quellentexte und auf die Präsentation der Ergebnisse?

Wilhelm Voßkamp: Ich würde sagen, Sauders Arbeit ist sicher auch in der Folge vorangegangener Arbeiten zu sehen – einmal was die Quellenerschließung angeht, aber auch in der Aufnahme rezeptionsgeschichtlicher, sozial- und mentalitätshistorischer Fragen. Darüber hinaus löste er die Beschränkung der Empfindsamkeitsforschung auf den deutschsprachigen Bereich, indem er Entwicklungen in England und Frankreich berücksichtigte, so daß die europäischen Zusammenhänge sichtbar wurden.

---

44 Voßkamp: Dialogische Vergegenwärtigung (wie Anm. 13).
45 Voßkamp: Gattungen als literarisch-soziale Institutionen (wie Anm. 38).
46 Voßkamp: Romantheorie in Deutschland (wie Anm. 13).

Michael Schlott: Herr Wegmann, welche Bedeutung hatten für Sie die Arbeiten von Peter Uwe Hohendahl?[47] Hatten sie für Sie vielleicht in erster Linie die Funktion eines Korrektivs bisheriger Forschungen? Sie schreiben ja, daß Sie das Glück hatten, Ihre Ergebnisse mit ihm diskutieren zu können.[48] Also: „Empfindsamkeit und gesellschaftliches Bewußtsein" (1972) und „Der europäische Roman der Empfindsamkeit" (1977).

Nikolaus Wegmann: Er gab mir, ähnlich wie Sauder, Abstoßpunkte. Hohendahl war für mich jemand, der es noch einmal mit aller Macht wissen wollte: Ist die Empfindsamkeit nun bürgerlich oder ist sie nicht bürgerlich? Das war ja damals eine …

Wilhelm Voßkamp: … Weltanschauungsfrage.

Nikolaus Wegmann: Richtig. Das war die einzige große Frage, die um diesen Berg von Archivmaterialien kursierte, den schon Sauder aufgespürt hatte und der nun abzuarbeiten und in den Griff zu bekommen war. Hohendahl ist Marxist, aber als kluger Marxist konnte er die Frage nur so beantworten: Das ist irgendwie unklar. Er hat die marxistische Linie durchgehalten, aber es kamen so viele schöne Formulierungen, die zeigten, daß man die Semantik so schematisch nicht fassen konnte. Es war für mich ein sehr lehrreicher Text, so daß ich dann mit ihm auch heftig diskutieren konnte. Bei ihm steht richtigerweise die Wahrnehmung der Epoche des 18. Jahrhunderts eben auch unter politischen Vorzeichen, fachpolitischen wie allgemein-gesellschaftspolitischen Vorzeichen. Ich weiß noch, wie wir über seinen Aufsatz diskutierten. Er hat gekontert, ich hätte Carl Schmitt, Koselleck und Luhmann zitiert, und mein Text lebe von dieser unseligen Trias. Das war seine Art zu diskutieren.

Wilhelm Voßkamp: Sehr richtig. Das gehört für ihn sehr zum Thema. Bis heute spielt in Hohendahls wissenschaftsgeschichtlichen Arbeiten und in den Arbeiten zum 19. Jahrhundert die Kritik an unserem wissenschaftsgeschichtlichen Konzept eine zentrale Rolle.[49] Deutlich durch das bestimmt, was Herr Wegmann gerade sagte.

Michael Schlott: Herr Voßkamp, Sie haben auf bestimmte Studien zur Empfindsamkeit auch als Rezensent reagiert, 1968 etwa zu Norbert Miller *Der empfindsame Erzähler*.[50] Die *Zeitschrift für deutsche Philologie* hat für diese Besprechung sechs Druckseiten zur Verfügung gestellt. Sie haben in einer Schlußbemerkung ein Defizit markiert, Sie sagen: „Die gestellte Aufgabe einer Analyse des Gefühls- und Gedankenhorizonts der untersuchten Romane und Romananfänge im 18. Jahrhundert ist allerdings nur unvollständig gelöst."[51]

---

47 Peter Uwe Hohendahl: Empfindsamkeit und gesellschaftliches Bewußtsein. Zur Soziologie des empfindsamen Romans am Beispiel von „La Vie de Marianne", „Clarissa", „Fräulein von Sternheim" und „Werther". In: Jahrbuch der Deutschen Schillergesellschaft 16 (1972), S. 176–207; Der europäische Roman der Empfindsamkeit. Wiesbaden 1977.

48 Nikolaus Wegmann war von 1982 bis 1983 Doctoral Student an der Cornell University, Ithaca, und als Research Assistant Peter Uwe Hohendahl zugeordnet; siehe die „Vorbemerkung" in Wegmann: Diskurse der Empfindsamkeit (wie Anm. 20).

49 Vgl. etwa: A history of German literary criticism, 1730–1890. Hrsg. von Peter Uwe Hohendahl. Lincoln 1988.

50 Norbert Miller: Der empfindsame Erzähler. Untersuchungen an Romananfängen des 18. Jahrhunderts. München 1968.

51 Wilhelm Voßkamp: [Rez.] Norbert Miller: Der empfindsame Erzähler, 1968. In: Zeitschrift für deutsche Philologie 88 (1969), S. 621–626.

Das hänge unter anderem zusammen mit einem auffallenden Mangel historisch-soziologischer Betrachtungsweise. Was haben Sie damals mit diesem Ausdruck „historisch-soziologische Betrachtungsweise" verbunden, und wie würden Sie in der Retrospektive urteilen: Ist dieser Mangel mittlerweile behoben worden?

Wilhelm Voßkamp: Es ist natürlich bezeichnend, daß es 1968/69 war, als ich in Kiel war. Im Rückblick würde ich sagen, daß ich damals auf Rezeptionsgeschichte und Sozialgeschichte im Horizont der Kritischen Theorie aufmerksam machen wollte. Es war gewissermaßen die erste Stufe in meiner wissenschaftlichen Biographie, auf der ich Texte und Kontexte miteinander in Verbindung bringen wollte. Die Bielefelder Konstellation war dann insofern besonders produktiv, als wir als Literaturhistoriker einerseits durch die sozialgeschichtlichen Arbeiten von Kocka und Wehler und durch die geschichtsphilosophisch orientierte Arbeit von Reinhart Koselleck und durch die systemtheoretischen von Niklas Luhmann bestimmt wurden. Durch die Sozialgeschichte war also eine wichtige Grundlage vorhanden. Allerdings wurde Sozialgeschichte nicht als Abschluß aufgefaßt. Die großen begrifflichen Vermittlungsprobleme der Literatur, die sich schon aus der Adorno-Diskussion ergeben hatten, rückten so wieder in den Mittelpunkt: Wie sollten die sozialgeschichtlichen Daten mit Literatur oder mit der Literaturinterpretation vermittelt werden? Da boten sich vor allem Konzepte von Koselleck und Luhmann an.

Michael Schlott: Also hat sich die Forschungslage dadurch insgesamt verbessert?

Wilhelm Voßkamp: Ich denke, das kann man sagen. Die Frage ist nur, was kommt nach dieser diskurs- oder institutionengeschichtlichen Phase. Vielleicht erlebt man noch eine bessere Antwort. Ich sehe noch nicht so ganz genau, ob das zu einem gewissen Abschluß gekommen ist, ob es weitere Anschlußmöglichkeiten gibt.

Michael Schlott: Vielleicht stellen wir diese Frage einen Augenblick zurück. Ich möchte noch einmal an einen früheren Punkt anknüpfen, Herr Voßkamp. Wir haben vorhin auch über Soziologisierung und Politisierung gesprochen. Ich würde die eben zitierte Rezension der ersteren Richtung zuschlagen. Das macht mich gleichzeitig stutzig: Ich frage mich, ob solche Tendenzen sich nicht auch gewissermaßen im Reißverschlußverfahren entwickelt haben? Wenig später, nämlich 1971, erscheint eine Rezension von Klaus Berghahn,[52] der am Beispiel einer zweiten Neuerscheinung des Jahres 1968, der Arbeit von Wierlacher,[53] ganz ähnlich argumentiert. Berghahn erklärt, Wierlachers Arbeit versage „vor den politischen Fragen des bürgerlichen Zeitalters". Wierlacher versuche, den politischen Begriff des Bürgers zu kastrieren, den Fragen nach der Aufwertung des Bürgertums bei stillschweigender Herabsetzung des Adels weiche der Verfasser aus. Was er dazu schreibt, seien „Rückzugsgefechte eines literaturwissenschaftlichen Puristen".[54] Besteht ein Zusammenhang zwischen Ihrer und Berghahns Rezension – und wenn nicht, worin besteht der Unterschied?

Wilhelm Voßkamp: Den Unterschied zwischen Madison und Bielefeld kann man klar formulieren. Das Dreigestirn Jost Hermand, Reinhold Grimm und Klaus Berghahn setzte

---

52 Klaus L. Berghahn: [Rez.] Alois Wierlacher: Das bürgerliche Drama, 1968. In: German Quarterly 44 (1971), S. 109–111.

53 Alois Wierlacher: Das bürgerliche Drama. Seine theoretische Begründung im 18. Jahrhundert. München 1968.

54 Berghahn: [Rez.] Wierlacher (wie Anm. 52), S. 111.

von Anfang an auf einen politischen, emanzipatorischen Impetus. Das läßt sich insbesondere an den von ihnen veranstalteten Workshops ablesen. Diese Politisierung der Wissenschaft war nicht das Bielefelder Programm. Ich wollte mich zudem so auch nicht auf diesen Ansatz einlassen, weil ich das nicht für den angemessenen Zugang auf die Phänomene der Literatur halte.

Michael Schlott: Also liege ich mit meiner Überlegung nicht falsch?

Wilhelm Voßkamp: Genau, das trifft zu. Man muß dabei bedenken, daß Madison damit auch im amerikanischen Kontext eine besondere Rolle spielte und spielt. Das zeigt sich etwa an der starken Orientierung an der Kritischen Theorie in den German Studies oder in der Zeitschrift *New German Critique*.[55]

Nikolaus Wegmann: Das würde ich genauso sehen. Die amerikanische Germanistik, soweit sie von Exil-Germanisten betrieben wird, hat nach wie vor diese Eigentümlichkeit, daß sie ein Kontrastprogramm zur Anglistik, zur Romanistik bieten muß. Das kann sie mit Hilfe der Kritischen Theorie, was dann eben auch zu einer Politisierung der Gegenstände und der Methoden führt. Das hatte sicherlich zu tun mit den amerikanischen Verhältnissen und der Lage der Germanistik in den USA. Das hält sich bei denen, die jetzt um sechzig sind, durch. Sie sind sehr einflußreich und machen noch Department-Politik. Sie sorgen dafür, daß diese Organisationsform bleibt. New German Criticism gibt es eigentlich nicht – da sind schon in der zweiten und dritten Generation Leute nachgeholt worden, da wird die Burg geschlossen.

Wilhelm Voßkamp: Das läßt sich auch an Klaus Berghahns emanzipatorischen Interessen in der Utopieforschung[56] oder seinen Rezensionen zu Arbeiten über die Klassik ablesen.

Michael Schlott: Noch einmal zur Empfindsamkeit: Was leistet Ihrer Ansicht nach der Terminus Empfinsamkeit? Was leistet er für ein literaturwissenschaftliches Forschungsprogramm – und was leistet er nicht? Welche interdisziplinären Anschlußmöglichkeiten verbaut er etwa?

Wilhelm Voßkamp: Auf drei unterschiedliche Etappen in der Empfindsamkeitsforschung hatte ich bereits hingewiesen. Ich möchte noch einmal betonen, daß ich durchaus – wenn auch mittelbar – Anschlüsse an die diskursorientierte Empfindsamkeitsforschung in den Arbeiten von Stanitzek,[57] Geitner,[58] Pfotenhauer[59] oder Erhart[60] sehe.

---

55   *New German Critique* erschien mit der Nummer 1 im Winter 1973/74 als ein „interdisciplinary journal of German Studies" am German Department der Cornell University, Ithaca. Schwerpunktmäßig wurden Texte des 20. Jahrhunderts u. a. aus den Bereichen politischer und gesellschaftsbezogener Theorie, der Philosophie, der ‚schönen Künste‘ und der Medien in der Perspektive aktueller theoretischer Debatten erörtert.

56   Vgl. etwa: Literarische Utopien von Morus bis zur Gegenwart. Hrsg. von Klaus L. Berghahn und Hans U. Seeber. Königstein/Taunus 1983; Utopian vision – technological innovation – poetic imagination. Hrsg. von K. L. B. und Reinhold Grimm. Heidelberg 1990.

57   Stanitzek: Blödigkeit (wie Anm. 21).

58   Geitner: Die Sprache der Verstellung (wie Anm. 22).

59   Pfotenhauer: Literarische Anthropologie (wie Anm. 27).

60   Erhart: Entzweiung und Selbstaufklärung (wie Anm. 25).

Nikolaus Wegmann: Es hat sich auch viel geändert. Als ich meine Arbeit schrieb, da glaubte man noch Geschichte zu schreiben. Der einzige Ort, wo man das damals versuchen konnte, war Bielefeld. In Bielefeld gab es, so beschreiben wir ja beide unsere Situation, diese kritische Masse. Es gab weder ein Department noch einen Lehrstuhl oder eine einzelne Person. Es gab immer das Zusammenspiel, so daß man heute gar nicht mehr genau sagen kann, wo man im einzelnen nun was her hat. Wir haben die Sozialgeschichtler, die eben alles auflisten, was es gibt. Wir haben Koselleck, der alle wichtigen philosophischen Konzepte beherrscht. Wir haben das diskursgeschichtliche Grundbegriffe-Projekt,[61] was ja immer im Hintergrund mitläuft. Und wir haben Luhmann, der sagt, Evolution müsse ganz anders gedacht werden. Die bundesdeutsche Germanistik hatte zu dem Zeitpunkt kein vergleichbares Niveau. Da gab es zwar Projekte von Verlagen, die gerne etwas publiziert hätten, aber die epistemologische Realisierung dieser Projekte wurde ja zugleich immer schwieriger, immer anspruchsvoller, immer unwahrscheinlicher. In dieser Phase konnte man nur die Geschichte noch einmal schreiben, die immer betont: bloß keine allzu großen Erklärungsansprüche, Kontingenz mitbedenken, Zufall mitbedenken. Später haben die guten Leute das abgehakt, vielleicht gab es da auch nichts mehr zu bestellen.

Wilhelm Voßkamp: Die Bemerkungen von Nikolaus Wegmann zum Problem Literaturgeschichte lassen sich ergänzen durch Hinweise auf unser Projekt, eine Literaturgeschichte des 18. Jahrhunderts zu schreiben.[62] In diesem Band, den ich herausgeben sollte, übernahm Herr Sauder den theoretischen Teil, Herr Steinmetz das Kapitel über die Dramengeschichte, Herr Ketelsen den Teil über die Lyrik und ich selbst das Gesamtkonzept sowie die Geschichte des Romans. Ich habe sowohl das Kapitel über den empfindsamen als auch über den utopischen und den satirischen Roman abgeschlossen. Aber dabei blieb es. Uns wurde mehr und mehr klar, daß eine Epochen-Literaturgeschichte kaum noch realisierbar ist. Das wurde von allen Beteiligten sehr bedauert, Steinmetz gab seine Dramengeschichte separat heraus.[63] Wir machten dann zuerst Utopieforschung und interessanterweise danach Wissenschaftsgeschichte.[64]

Michael Schlott: Andere literaturgeschichtliche Projekte sind aber realisiert worden, ebenfalls im Zeichen der Sozialgeschichte.

---

61   Geschichtliche Grundbegriffe. Historisches Lexikon zur politisch-sozialen Sprache in Deutschland. 8 Bde. in 9. Hrsg. von Otto Brunner u. a. Stuttgart 1972–1997.

62   Geschichte der deutschen Literatur vom 17. Jahrhundert bis zur Gegenwart; geplant waren sieben Bände, ein erster Band sollte ursprünglich 1978 erscheinen. Für den Band 2 (1680–1780) hatte Wilhelm Voßkamp ein Konzeptionspapier („Vorüberlegungen zu einem Plan ‚Geschichte der deutschen Literatur im 18. Jahrhundert‘" vom 1. November 1973) ausgearbeitet. Voßkamp war als Herausgeber dieses Bandes vorgesehen; vgl. auch Gerhard Sauder: „Sozialgeschichte der Literatur": ein gescheitertes Experiment? In: KulturPoetik 10 (2010), H. 2, S. 250–263, 259 f.; siehe ferner das Interview mit Gerhard Sauder, S. 376–401, hier S. 389 f.

63   Horst Steinmetz: Das deutsche Drama von Gottsched bis Lessing. Ein historischer Überblick. Stuttgart 1987.

64   Vgl. etwa: Von der gelehrten zur disziplinären Gemeinschaft. Hrsg. von Jürgen Fohrmann und Wilhelm Voßkamp. Stuttgart 1987; Wissenschaft und Nation. Studien zur Entstehungsgeschichte der deutschen Literaturwissenschaft. Hrsg. von J. F. und W. V. München 1991; Wissenschaftsgeschichte der Germanistik im 19. Jahrhundert. Hrsg. von J. F. und W. V. Stuttgart und Weimar 1994.

Nikolaus Wegmann: Es werden wohl immer neue Literaturgeschichten erscheinen. Das sind dann aber meistens Ein-Mann-Unternehmungen statt – wie zuvor – ambitionierte Kollektivprojekte.

Wilhelm Voßkamp: Was die Darstellung der Empfindsamkeit im 18. Jahrhundert betrifft, so kann man jetzt an der Beck-Literaturgeschichte von Bohnen und Jørgensen sehen, wie schwierig ein epochengeschichtlicher Ansatz zu realisieren ist. Deren Literaturgeschichte hat sich eher zu einem gelungenen Nachschlagewerk entwickelt.[65]

Nikolaus Wegmann: Eine Ergänzung, parallel: Was macht Metzler, der Verlag, der eigentlich eine Literaturgeschichte bringen müßte, auf diesem Niveau? Literaturchronik.[66]

Michael Schlott: Vielleicht ist das der Punkt, an dem ich die folgende Frage stellen kann: Wie schätzen Sie die Möglichkeiten des Zusammenspiels von Wissenschaft und Verlagen ein? Sind Ihnen Projekte bekannt, die dezidiert von Verlagen an Lehrstühle herangetragen worden sind oder umgekehrt? Sind Ihnen Projekte bekannt, wo jüngere Wissenschaftler gezielt an Verlage herangetreten sind?

Wilhelm Voßkamp: Bei den Verlagen lassen sich durchaus unterschiedliche Akzente beobachten.[67] Bei Metzler erscheinen immer noch gute Bücher, aber vorwiegend Nachschlagewerke, Enzyklopädien und Überblickswerke. Die Risikobereitschaft ist geringer geworden, was man etwa an der Druckkostenzuschußfrage ablesen kann. Gerade der Niemeyer-Verlag finanziert sehr viel über Druckkostenzuschüsse. Risiken geht vielleicht eher ein Verlag wie Fink ein, und Raimar Zons hat damit gelegentlich auch Erfolg. Sucht man ein großes Publikum, wird man versuchen, das Buch bei Suhrkamp unterzubringen. Auch eine gelehrte Habilitationsschrift wie die von Michael Giesecke wurde bei Suhrkamp gedruckt.[68] Mit einigem Erfolg, aber auch erheblichen Risiken bemühen sich kleinere Verlage, heute ein plausibles Programm zu machen. Ich denke hier vor allem an den Aisthesis-Verlag in Bielefeld.

Nikolaus Wegmann: Ich möchte da gerne Anmerkungen machen. Bei Wissenschaftsverlagen, nicht nur in der Germanistik, müssen wir uns von Illusionen, von Gewohnheiten verabschieden. Es gibt keinen Markt. Und insofern gibt es auch keine Risiken. Das mag etwas überzogen klingen. Die allermeisten Bücher, die noch erscheinen auf unserem Sektor, sind aber subventioniert. Das heißt, schon mit dem ersten Exemplar macht der Verlag Gewinn. Wenn aber das Kalkül des Verlegers darin besteht, bestehen muß, vorher Geldquellen anzuzapfen, dann ist Ihre Frage, ob es da noch ein Zusammenspiel gibt, nach Risiken oder Forschungsvisionen, obsolet.

65 Sven Aage Jørgensen u.a.: Aufklärung, Sturm und Drang, frühe Klassik. 1740–1789. München 1990.

66 Vgl. Volker Meid: Metzler-Literatur-Chronik. Werke deutschsprachiger Autoren. Stuttgart und Weimar 1993.

67 Siehe dazu auch das Interview mit Georg Jäger, S. 334–358, hier S. 355 f.

68 Michael Giesecke: Der Buchdruck in der frühen Neuzeit. Eine historische Fallstudie über die Durchsetzung neuer Informations- und Kommunikationstechnologien. Frankfurt/Main 1991; dieser Publikation liegt Michael Gieseckes Bielefelder Habilitationsschrift von 1989 zugrunde.

Wilhelm Voßkamp: Ich glaube, ich würde Sie sehr ermutigen, da nachzuhaken. Ich bin mir aber nicht ganz sicher, ob die Verlage bereit sind, alle Informationen zur Verfügung zu stellen. Aber ich halte das strukturell für Ihr Vorhaben für unglaublich wichtig.

Michael Schlott: Wie hat sich Ihrer Einschätzung nach die Empfindsamkeitsforschung seit 1980 entwickelt? Welche Haupttendenzen lassen sich erkennen, welche Erklärungsansätze haben sich bewährt, welche Aufgaben sind ungelöst geblieben?

Nikolaus Wegmann: Was mir plausibel scheint, ist, daß die Diskursgeschichte der Empfindsamkeit in den 1980er Jahren – technisch gesprochen – eine Komplexitätsreduktion in Gestalt einer These, in Gestalt einer geschichtlichen Erzählung geleistet hat. Insofern konnte dann auch der zweite Band aus Saarbrücken nicht mehr erscheinen.[69] Das hängt auch mit der Art und Weise zusammen, wie das Material im ersten Band aufbereitet wurde. Ich bin skeptisch (auch aus den Bielefelder Erfahrungen), ob über eine solche Materialbreite noch eine Verdichtung, eine Reduktion, eine These oder Synthese hinzukriegen ist. Es ist ja nichts mehr nachgekommen, außer ich hätte etwas übersehen.

Wilhelm Voßkamp: Man sollte vielleicht nicht nur nach der Fortsetzung der Empfindsamkeitsforschung fragen, sondern nach den damit zusammenhängenden Aspekten. Etwa: Wo sind die zentralen Fragestellungen von damals geblieben, wo werden sie vielleicht heute beantwortet? Ich könnte mir denken, daß die heutige Subjektivitätsdiskussion eine Art Fortsetzung der Empfindsamkeits-Debatten darstellt. Hier wäre eine ganze Reihe von Arbeiten zur Autobiographieforschung zu nennen. Meine These wäre, daß heute in der Diskussion über Authentizität die Schriftlichkeit besonders wichtig ist. Autobiographisches Schreiben wird im Zusammenhang mit den Arbeiten von Roland Barthes[70] als Selbstverschriftlichung diskutiert.[71] Als ich etwa eine zweisemestrige Autobiographie-Vorlesung gehalten hatte, wurde ich beispielsweise sofort ermuntert, den Text in einem Taschenbuch drucken zu lassen.

Nikolaus Wegmann: Was mir weiter einfällt, ist, daß mit der Empfindsamkeit zwangsläufig das Wissen im 18. Jahrhunderts thematisiert werden müßte, Physiologie, Nervenkunde, Diätetik, endlos … Und da blüht natürlich so eine Art Poetik des Wissens richtig, da gibt es revolutionäre Geschichten.

Wilhelm Voßkamp: Ich teile die Meinung von Herrn Wegmann, daß die ‚Wissens‘-Problematik – zu nennen wäre Kallweit[72] – heute neben den Aspekten von Physiognomie und Anthropologie eine große Rolle spielt. Und diese Felder wären ebenso von Foucault beeinflußt wie die Empfindsamkeitsforschung.

Michael Schlott: Haben Sie in Ihren Lehrveranstaltungen die in der jüngeren Empfindsamkeitsforschung geleistete Gegenstandserweiterung berücksichtigt? Haben Sie dabei stär-

---

69 Siehe. Anm. 42.

70 Vgl. etwa Roland Barthes par Roland Barthes. Paris 1975; Gabriele Schabacher: Topik der Referenz. Theorie der Autobiographie, die Funktion ‚Gattung‘ und Roland Barthes’ „Über mich selbst“. Würzburg 2007.

71 Vgl. etwa Philippe Lejeune: Der autobiographische Pakt. Frankfurt/Main 1994.

72 Siehe etwa Hilmar Kallweit: Zur „anthropologischen“ Wende in der zweiten Hälfte des 18. Jahrhunderts – aus der Sicht des „Archäologen“ Michel Foucault. In: Geschichtsdiskurs. Bd. 2: Anfänge modernen historischen Denkens. Hrsg. von Wolfgang Küttler u. a. Frankfurt/Main 1994, S. 17–47.

ker auf Neuinterpretation kanonischer Texte gesetzt, also etwa als Stichwort ‚Der junge Goethe'? Gibt es hier so etwas wie eine Trennung von Forschung und Lehre, oder läßt sich das, was man in der Forschung vorantreibt, wiederentdecken im Profil der Lehrveranstaltungen?

Wilhelm Voßkamp: Ich habe noch in Bielefeld ein Seminar über den empfindsamen Roman veranstaltet und insofern sind von da aus sicher Anregungen auf die damaligen Teilnehmerinnen und Teilnehmer, etwa Stanitzek und Geitner, ausgegangen. Später habe ich dann Lehrveranstaltungen zum Thema Autobiographie und zum Bildungsroman abgehalten. Neben meinen Oberseminaren habe ich noch die Möglichkeit gehabt, im Rahmen von Seminaren der Studienstiftung die Einheit von Forschung und Lehre zu praktizieren. Hier möchte ich insbesondere ein gemeinsam mit dem Historiker Johannes Kunisch veranstaltetes Seminar über den Roman des 18. Jahrhunderts erwähnen. Auch hier boten sich eine Reihe von Anschlußmöglichkeiten in der Forschung; etwa zum Thema Autobiographie oder auch zum Bildungsroman.

Nikolaus Wegmann: Ich habe Empfindsamkeit nie unterrichtet. Mich beschäftigt Ihre Frage: Lehre, geht das noch? Ich bin sehr skeptisch geworden. Wenn es ein Massenfach gibt, dann ist es die Germanistik.

Michael Schlott: Herr Wegmann, die folgenden Fragen nehmen hier und dort den provokanten Duktus einiger Äußerungen anderer Interviewpartner auf. Bitte mißverstehen Sie also einzelne Formulierungen nicht. Wenn Sie einem Literaturwissenschaftler, der die Diskussion zur Empfindsamkeitsforschung nur am Rande verfolgt hat, erklären sollten, worin das innovative Potential und das forschungsfördernde Moment Ihrer Dissertation liege, wie würden Sie dann vorgehen?

Nikolaus Wegmann: Als ich Ende der 1970er Jahre mit meinen Arbeiten begann, lag mit Sauders Arbeit sehr viel Archivmaterial publiziert vor. Wenn ich mich recht entsinne, gab es auch eine Bibliographie von Jäger.[73] Die Ausmaße des Forschungsgegenstandes waren durch diese Veröffentlichungen unglaublich ausgedehnt worden. Das lag wie eine Provokation auf dem Tisch – was macht man damit? Wie kriegt man diese Stoffülle klein, wie macht man eine Erzählung daraus? Das war mein Startimpuls: Ich wollte mit dieser riesigen Masse an Texten unterschiedlicher Gattungen eine Geschichte erzählen, die natürlich Komplexität reduziert, aber nicht schematisch, mechanistisch, reduktionistisch, kausalistisch oder national begrenzt sein durfte. Wenn man mein Buch einschätzen will, ist die Frage: Inwieweit ist es diesen Ansprüchen gerecht geworden? Diese Überlegung halte ich für wichtiger als die Frage, ob das nun diskursanalytisch so oder anders zu bewerten ist oder ob jener Aspekt systemtheoretisch so oder anders zu sehen ist. Die Frage ist, was man damit macht, wenn man diese Ansätze als Werkzeuge benutzt. Weiter habe ich etwas beigetragen zu der Debatte, ob Empfindsamkeit als bürgerlich zu bewerten ist oder nicht, und das vor allen Dingen im Beitrag, der bei Müller und Fohrmann in den Diskurstheorien erschienen ist.[74] Es war eine sehr große Anstrengung, die historische Semantik wegzurücken

---

73   Georg Jäger: Empfindsamkeit und Roman. Wortgeschichte, Theorie und Kritik im 18. und frühen
      19. Jahrhundert. Stuttgart u.a. 1969, S. 127–152; siehe dazu auch das Interview mit Georg Jäger,
      S. 334–358.
74   Nikolaus Wegmann: Zurück zur Philologie? Diskurstheorie am Beispiel einer Geschichte der
      Empfindsamkeit. In: Diskurstheorien und Literaturwissenschaft. Hrsg. von Jürgen Fohrmann und
      Harro Müller. Frankfurt/Main 1988, S. 349–364.

von angeblich tieferen Erklärungsinstanzen, sei es ein Bürgertum, sei es das Subjekt, die Individualität, sei es der Gang der Geschichte. Diese theoretisch motivierte Distanz und die Abstraktionsebene, die ich da gesucht habe, waren nicht leicht durch eine historisch erkenntnishaltige Erzählung einzuholen.

Michael Schlott: Wir haben diese Frage bereits berührt: Welche Anwendungsmöglichkeiten sehen Sie für Ihr diskursgeschichtliches Verfahren? Denken Sie etwa an frühneuzeitliche Texte, etwa an anonym verfaßte. Würde Sie das beeinflussen in der Anwendung dieses Verfahrens?

Nikolaus Wegmann: In keiner Weise. Ich erinnere mich an eine Rezension, in der mir vorgeworfen wurde: Der nennt ja gar nicht die Namen, wer hat denn jeweils einen Text geschrieben? Ich glaube, ausschlaggebend für die Frage, ob man diese Art des Zugriffs noch einmal anwenden will, ist eher, ob man noch einmal an einer solchen historischen Erzählung interessiert ist. Aber ich sehe diesen Impuls nicht mehr. Ich erinnere mich nur an die Dissertation von Jutta Greis zum 18. Jahrhundert,[75] über Schiller, die sich noch einmal stark auf meine Sachen bezieht.

Michael Schlott: Und was genau verstehen Sie unter Diskurs oder: Was haben Sie darunter verstanden?

Nikolaus Wegmann: Ich höre die leichte Polemik in der Frage. In dem Buch wird das durch Analogiebildungen beantwortet – wodurch viele Fragen bleiben. Dabei ist Luhmanns Konzept des historisch symbolisch generalisierten Kommunikationsmediums ebenso wichtig wie Foucaults Diskursdispositiv. Das heißt für das Buch, die Empfindsamkeit ist eine semantische Formation, die mit Foucault unter strategischen Gesichtspunkten gesehen wird. Weiter heißt das: Was leistet sie zum Beispiel mit Blick auf die Foucault'schen Fragen nach Unterwerfung, Subjektbildung, Idealisierung einerseits und andererseits mit Blick auf Luhmanns Begriff des symbolisch generalisierten Kommunikationsmediums? Weiter öffnet der Diskursbegriff die historische Semantikforschung für allgemeine Funktionsüberlegungen: Was leistet historische Kommunikation für eine evolutionierende Gesellschaft? Was also fehlt – und daher kenne ich die Frage –, ist eine textnähere Definition von Diskurs im engeren Sinne. Aus diesem Grund habe ich auch den Aufsatz zur „Soziophilologie" geschrieben.[76] Ich sage dort, die Philologie muß am Text festhalten, sie muß eine eigene Geschichte erzählen, eine andere Geschichte als die Geschichtswissenschaft, die Soziologie oder die historische Kommunikationsforschung. Ich versuche mit der Rezeption des Strukturalismus und des Poststrukturalismus, eine Richtung anzugeben, wo man sich hinbewegen muß. Ich habe versucht, das in einem Aufsatz zu entwickeln, den ich zusammen mit Harro Müller geschrieben habe.[77] Da geht es darum, den Diskurs zu definieren als Textfortsetzungsregel, als eine Art Grammatik oder Poetik, die plausibel macht, daß man nach einem bestimmten Muster weitere Texte schreiben kann. Ich habe mir eine gewisse Beweglichkeit bewahrt und mich nicht nur festgelegt auf dieses ganz und gar historische Projekt.

---

75 Jutta Greis: Drama Liebe. Zur Entstehungsgeschichte der modernen Liebe im Drama des 18. Jahrhunderts. Stuttgart 1991 (Phil. Diss. Münster 1989).
76 Wegmann: Zurück zur Philologie? (wie Anm. 74).
77 Harro Müller und Nikolaus Wegmann: Tools for a genealogical literary historiography. In: Poetics 14 (1985), S. 189–196.

Michael Schlott: Welche Funktion hat das erste Kapitel Ihrer Arbeit[78] für den Gesamt-kontext Ihrer Argumentation? Sind Sie sicher, daß der Befund eines erhöhten Verständi-gungsbedarfes oder eines beschleunigten Wandels in der Kommunikationsweise ein Spezi-fikum, und vor allem einzig ein Spezifikum der Aufklärung ist? Reicht das zur Erklärung der Ausdifferenzierung empfindsamer Diskurse aus?

Nikolaus Wegmann: Sie meinen so eine Frage wie: Wie eng darf man ein Allgemeines und ein Besonderes überhaupt führen? Die ersten Einlassungen von mir lauten, daß die Aufklärung, in dem Maße, wie sie Erfolg hat, für die von ihr aufgeklärten Verhältnisse einen Explikationsbedarf schafft. Dieser Bedarf muß dann durch eine Spezialsemantik wie zum Beispiel die Empfindsamkeit wieder gedeckt werden. Aufklärung ist eine Sache, die im 18. Jahrhundert zwar besonders strukturbildend vorgekommen ist, aber dieses Prinzip setzt sich in der Geschichte fort. Wenn man jetzt fragt, ob dieses Prinzip spezifisch für die Empfindsamkeit ist, würde ich antworten: in keiner Weise. Die Empfindsamkeit ist da nur eines von vielen möglichen Themen, das in diesen Sog, in diesen Mechanismus gerät. Man könnte sicherlich sagen, daß es solche Kommunikationsverhältnisse auch schon im 17. Jahrhundert gegeben hat. Damit hätte ich keine Probleme.

Michael Schlott: Was hat man darunter zu verstehen, wenn Luhmann vorschlägt, das im einzelnen nicht zu verfolgende Gedankenmaterial wie eine evolutionäre Masse zu betrach-ten, die selbsttätig und fortgesetzt Variationen erzeugt?[79] Man könnte bei solchen Formu-lierungen auf die Idee kommen, daß es sich dabei um Metaphysik handelt.

Nikolaus Wegmann: Man kann das Metaphysik nennen, wenn man miteinander im Clinch liegt. Mein Buch verwendet weniger eine geschichtsspekulative als eine technische Metaphorik, die etwas beschreibt und plausibel macht, das vielleicht gar nicht zu verste-hen ist. Dadurch, daß die historische Erzählung dann nur ein geschichtsphilosophisches Minimum braucht, ist sie konsensfähiger als alle anderen Varianten und Vorschläge, die schon auf dem Tisch liegen. Die begrifflichen Anleihen und Analogien zu den Naturwis-senschaften, die wird es letztlich immer geben. Das sind klassische Erkenntnismittel. Man könnte vermuten, daß heute ganz allgemein die Forschung solche überkomplexen Vorgänge besser in den Griff kriegt. In den USA gibt es schon längst eine Faszination für die Idee, die Literatur als einen Chaos-Prozeß zu begreifen. Das scheint mir in diese Richtung zu gehen, in der die Literaturwissenschaft versucht, ihre eigene Theoriebildung auszurichten an der härteren, auch effektiver geführten Debatte der Naturwissenschaften. Da sehe ich Möglichkeiten – aber man muß aufpassen, daß man dann nicht einfach das Chaos selbst umstandslos zum Fachbegriff macht.

Michael Schlott: Dieser Ansatz würde sich richten gegen eine traditionelle Weise der Selbstversicherung der Literaturwissenschaft, die darauf ausgeht, das Quellenkorpus expandieren zu lassen und das als Ausweis von Wissenschaftlichkeit und Erhärtung von Thesen zu begreifen?

---

78 Vgl. Wegmann: Diskurse der Empfindsamkeit (wie Anm. 20), Kapitel 1, S. 11–17: „Die Strategie der Aufklärung. Überwindung der Tradition durch Entgrenzung sozialer Kommunikation".

79 Vgl. Wegmann: Diskurse der Empfindsamkeit (wie Anm. 20), S. 24 – mit Bezug auf Niklas Luh-mann: Selbstreferenz und binäre Schematisierung. In: N. L.: Gesellschaftsstruktur und Semantik. Bd. 1. Frankfurt/Main 1980, S. 301–313, hier S. 303.

Nikolaus Wegmann: Und nicht wahrhaben will, was Luhmann sagt, daß das uferlose Anschwellenlassen von Detailwissen jede These kaputtmachen kann.

Michael Schlott: Wann und unter welchen Bedingungen kann legitimerweise davon gesprochen werden, daß bestimmte Wissensansprüche und Wissensbestände irrelevant, also im einzelnen nicht mehr weiterzuverfolgen sind? Also wann kann getrost darauf verzichtet werden, bestimmte Frage- und Problemstellungen in Sinne kausaler Filiationen zu erforschen?

Nikolaus Wegmann: Ich sehe zwei Antwortmöglichkeiten. Zum einen gibt es sicherlich Fortschritte in der Theorie-Bautechnik in Richtung auf Frage- und Konstruktionsniveaus. Das andere, was mir einfällt, auch gerade mit Blick auf die Aufklärungsforschung, ist, daß man von der Höhe der Zeit ausgehen muß, wenn man seine Forschung zuschneidet. Was die Höhe der Zeit ist, ist schwer zu beantworten – aber als Anspruch muß sie in das Forschungsdesign eingehen.

Michael Schlott: Es fällt auf, daß Sie einige ältere Arbeiten zur Empfindsamkeit überhaupt nicht berücksichtigen, zum Beispiel von Max Wieser[80] und Max von Waldberg,[81] ich hoffe, ich irre mich nicht. Sind diese Wissensansprüche, die doch als Legat auch in der jüngeren Forschungsgeschichte weiterexistieren, Ihrer Ansicht nach irrelevant, nur weil sie alt sind?

Nikolaus Wegmann: Sicherlich nicht, weil sie alt sind. Vielleicht muß man auch noch einmal sagen, daß mein Forschungsbericht nicht der typische Forschungsbericht einer Qualifikationsarbeit in der Germanistik ist. Ich stelle stärker auf Problemstellungen ab. Das Buch ist ja so kurz. Aber ich meine, das gehört dazu; die Schreibweise des Buches ist eine andere als die einer klassischen Dissertation – ein großes Verdienst meines Doktorvaters, bei dem das möglich war. Das Buch fängt ja auch sofort an, es fällt mit der Tür ins Haus. Da könnte man vieles sagen, warum es so kurz ist.

Michael Schlott: Ich finde es vor allen Dingen sehr mutig. Solche Arbeiten kann man offenbar nur anpacken, wenn man den entsprechenden Rückenwind hat.

Nikolaus Wegmann: Das Bielefelder Klima damals hat erheblich dazu beigetragen.

Michael Schlott: Ein schönes Schlußwort, oder? Ich möchte Ihnen sehr herzlich für dieses Gespräch danken.

---

80 Wieser: Der sentimentale Mensch (wie Anm. 18).
81 Waldberg: Der empfindsame Roman; Waldberg: Zur Entwicklungsgeschichte (wie Anm. 19).

Peter Weber

P<small>ETER</small> W<small>EBER</small> (* 1935), 1954 Studium der Germanistik, Altphilologie und Pädagogik an der Humboldt-Universität zu Berlin, 1959 Staatsexamen, Schuldienst in Berlin, 1960 Wissenschaftlicher Assistent in der Abteilung Neuere Deutsche Literatur des Germanistischen Instituts der Humboldt-Universität zu Berlin, 1966 Redakteur der Zeitschrift *Weimarer Beiträge* im Aufbau-Verlag Berlin, 1967 Wissenschaftlicher Mitarbeiter am Institut für Deutsche Sprache und Literatur der Deutschen Akademie der Wissenschaften (seit 1969 Zentralinstitut für Literaturgeschichte der Akademie der Wissenschaften der DDR) in Berlin, 1969 Promotion an der Humboldt-Universität, 1976 Promotion B (Dr. sc.) an der Akademie der Wissenschaften, dort Leiter der Forschungsgruppe Deutsche Literatur um 1800, 1987 Akademie-Professor, 1992 befristete, 1996 projektfinanzierte Mitarbeit am Berliner Forschungsschwerpunkt bzw. Potsdamer Forschungszentrum Europäische Aufklärung, 1998 Ruhestand.

P<small>ETER</small> W<small>EBERS</small> Dissertation *Das Menschenbild des bürgerlichen Trauerspiels. Entstehung und Funktion von Lessings „Miß Sara Sampson"* (1970, 2. erg. Aufl.: 1976) hätte für die Germanistik der DDR durchaus Impulse für die Entwicklung von Forschungen zur Empfindsamkeit geben können. Dazu kam es jedoch nicht; W<small>EBER</small> erhielt als Leiter der Forschungsgruppe Deutsche Literatur um 1800 ein neues Arbeitsgebiet.

Das Interview wurde am 21. Oktober 1994 in Berlin geführt.

Michael Schlott: Herr Weber, beschreiben Sie bitte kurz Ihren wissenschaftlichen Werdegang.

Peter Weber: Ich wollte ursprünglich ein Diplom-Studium aufnehmen, doch wurde seinerzeit für das Lehramt geworben. Ich habe mich damit befreundet, hatte also eine gewisse Neigung, Lehrer zu werden, ehe ich den Schuldienst in der Praxis kennenlernte. Das Studium war ursprünglich auf vier Jahre angesetzt, also für mich ein Ein-Fach-Studium der Germanistik mit Pädagogik. Während dieser Zeit, 1957, kam man zu der Erkenntnis, daß diese Beschränkung nicht gut sei für Lehrer. Es wurde uns dann freigestellt, ein zweites Fach zu wählen, und wir bekamen ein fünftes Jahr bis zum Examen dazu. Ich habe Latein gewählt, um nicht noch ein weiteres ‚zerfließendes‘ Fach wie etwa Geschichte zu nehmen; das haben die meisten genommen.

Michael Schlott: Brachten Sie Kenntnisse der klassischen Sprachen mit auf die Universität?[1]

---

1   Siehe dazu in I, 1.2 (S. 6) die Ausführungen von Wilfried Barner zu den Gründen für eine bevor-

Peter Weber: Ja, ich habe in der Schule Latein gehabt. 1959 habe ich das Staatsexamen gemacht; anschließend war ich ein Jahr im Schuldienst, in den ich eigentlich schon nicht mehr wollte, aber es gab Schwierigkeiten, da herauszukommen. 1960 bin ich an die Humboldt-Universität zurückgekehrt, wo neue Stellen für die Lehrer-Ausbildung geschaffen waren. Damals wurde in den Schulen die polytechnische Ausbildung eingeführt, und alle Lehrer sollten polytechnischen Unterricht geben. Das war sehr abenteuerlich, denn die Lehrer mußten an der Universität ausgebildet werden, und da gab es dafür kein Personal – deshalb wurden Betreuungsassistenten für die Lehrerausbildung in der Polytechnik gesucht. Unter diesen Vorzeichen bin ich zunächst eingestellt worden, bin dann mit Studenten in Betriebe gegangen, habe ihnen also Aufgaben technischer Art gegeben, von denen ich eigentlich selbst kaum etwas verstand. Ich habe gleichzeitig angefangen, germanistische Lehrveranstaltungen anzubieten: Seminare zum Sturm und Drang und zur Klassik. Ich habe bald diese Betreuertätigkeit hinter mir lassen können. Zusammen mit einigen anderen bin ich in die Gruppe der Wissenschaftlichen Assistenten übernommen worden. Das war meine Tätigkeit bis März 1966; ich hatte dann irgendwie den Universitätsbetrieb satt und bin als Redakteur zu den *Weimarer Beiträgen* gewechselt.[2] Dort bin ich bis 1967 geblieben und dann als Wissenschaftlicher Mitarbeiter an die Akademie gegangen, an das Institut für Deutsche Sprache und Literatur. 1968 begann die Akademie-Reform;[3] die philologischen Institute wurden in Sprach- und Literaturwissenschaft geteilt und jeweils wieder in Zentralinstituten zusammengefaßt. So entstanden das Zentralinstitut für Sprachwissenschaft und das Zentralinstitut für Literaturgeschichte. In den 1970er Jahren wurde die zwölfbändige *Geschichte der deutschen Literatur von den Anfängen bis zur Gegenwart* erarbeitet;[4]

  zugte Wahl der Aufklärungsepoche als Forschungsobjekt; siehe ferner das Interview mit Claus Träger, S. 315–332, hier S. 331 f.

2 Die literatur- und kulturwissenschaftliche Zeitschrift *Weimarer Beiträge* wurde 1954 begründet; die ersten Herausgeber waren Hans-Günther Thalheim und Louis Fürnberg; vgl. „Weimarer Beiträge". Fachgeschichte aus zeitgenössischer Perspektive. Zur Funktion und Wirkung einer literaturwissenschaftlichen Zeitschrift der DDR. Hrsg. von Wolfgang Adam u. a. Frankfurt/Main u. a. 2009.

3 Im Zuge der 1968 begonnenen und 1972 abgeschlossenen Reformen zur Organisationsstruktur wurde 1972 die „Deutsche Akademie der Wissenschaften zu Berlin" umbenannt in „Akademie der Wissenschaften der DDR". Die Zentralinstitute wurden 1969 gegründet. Werner Mittenzwei war der erste Direktor des Zentralinstituts für Literaturgeschichte (mit Schwerpunkt zur interphilologischen Theoriediskussion); vgl. dazu Werner Mittenzwei: Aufgaben und Auftrag des Zentralinstituts für Literaturgeschichte. In: Weimarer Beiträge 16 (1970), H. 5, S. 10–30; Modernisierung ohne Moderne. Das Zentralinstitut für Literaturgeschichte an der Akademie der Wissenschaften der DDR (1969–1991). Hrsg. von Petra Boden und Dorothea Böck. Heidelberg 2004.

4 Geschichte der deutschen Literatur. Von den Anfängen bis zur Gegenwart. Berlin 1960–1990. Die Bände 1.1 und 1.2 sowie 4 und 5 erschienen 1960–1965; die Herausgeber-Funktion hatte ein „Kollektiv für Literaturgeschichte" (Klaus Gysi, Kurt Böttcher, Günter Albrecht, Paul Günther Krohn). Band 2 (Mitte des 12. bis Mitte des 13. Jahrhunderts) wurde 1990 publiziert; Band 3 ist nicht erschienen. Herausgeber der Bände 6–11 (für die deutsche Literatur ab 1700) war folgendes Kollektiv: Hans-Günther Thalheim (Vorsitzender), Günter Albrecht, Kurt Böttcher, Hans Jürgen Geerdts, Horst Haase, Hans Kaufmann, Paul Günther Krohn, Dieter Schiller; die Bände erschienen 1973–1979. Band 12 (Literatur der BRD) wurde von einem Autorenkollektiv unter Leitung von Hans Joachim Bernhard 1983 veröffentlicht; siehe dazu das Interview mit Hans-Dietrich Dahnke, S. 218–254, hier S. 230, 238, 241, 243 f.

der siebente Band, an dem ich speziell mitgearbeitet habe, ist 1978 erschienen.[5]

Michael Schlott: Haben Sie in diesem Zusammenhang eine Gutachtertätigkeit ausgeübt?

Peter Weber: Ich war anfangs der Sekretär des Gesamtherausgebers. Der war dann aber mit mir nicht zufrieden.

Michael Schlott: Wer war der Gesamtherausgeber?

Peter Weber: Hans-Günther Thalheim. Er hat dann einen anderen genommen. Ich bin aber als Autor für die projektierte Literaturgeschichte geblieben; aus dieser Tätigkeit ist 1975 meine Habilitation (wie man heute sagen würde) hervorgegangen, damals die Promotion B. Die ungekürzte Fassung zum Abschnitt ‚Deutsche Literatur 1789 bis 1794‘, (so war die Einteilung vorgegeben) war die Habilitationsleistung. 1976 erhielt ich den Auftrag, am Zentralinstitut eine Forschungsgruppe zur Deutschen Klassik zu gründen. Ich wollte die Arbeiten jedoch nicht nur auf die Klassik beziehen, da gab es ohnehin schon die Weimarer Institutionen, und ich war inzwischen auch vom ‚Klassik-Enthusiasmus‘ abgekommen – so wurde das also eine Forschungsgruppe Deutsche Literatur um 1800. Und die hat, zumindest formal, bis zur Abwicklung der Akademie 1991 bestanden.

Michael Schlott: Wen zählen Sie zu Ihren wichtigsten akademischen Lehrern?

Peter Weber: In der Germanistik waren das Thalheim und Scholz.[6] Ich weiß nicht, wen Sie inzwischen bereits interviewt haben, inwieweit diese Namen gleich etwas sagen. Eine gewisse Rolle spielte auch Dahnke, der schon zur jüngeren Generation zählte. Philosophiegeschichte habe ich bei Harich gehört. Außerdem habe ich mit großem Interesse, obwohl ich das nicht belegt hatte, Französische Literatur bei Klemperer gehört. Vielleicht nicht bedeutend für die weitere wissenschaftliche Karriere, aber doch recht interessant war Entwicklungspsychologie bei Gottschaldt, einem Westberliner Professor. Das dürften die wichtigsten akademischen Lehrer gewesen sein.

Michael Schlott: In welchen weiteren akademischen Zusammenhängen bewegten Sie sich damals?

Peter Weber: Ursprünglich war die Doktorandengruppe, die Thalheim unter sich hatte, infolge der Scholz-Tradition auf den Sturm und Drang konzentriert.[7] Diese Scholz-Tradition hatte sich in Weimar etabliert, als Scholz dort seinen berühmten Kurs gehalten

---

5   Geschichte der deutschen Literatur 1789–1830. Von einem Autorenkollektiv. Leitung und Gesamtbearbeitung Hans-Dietrich Dahnke (1789–1806) und Thomas Höhle in Zusammenarbeit mit Hans-Georg Werner (1806–1830). Berlin 1978; siehe dazu das Interview mit Hans-Dietrich Dahnke, S. 218–254, hier S. 230, 238, 241, 243 f.

6   Siehe dazu II, 2.1.2, S. 49, Anm. 139.

7   Bereits 1947 gründete Scholz einen germanistischen Arbeitskreis („Literatursoziologie") für Nachwuchswissenschaftler und Studierende zur Ausarbeitung einer marxistisch-leninistischen germanistischen Literaturwissenschaft; daraus ergaben sich u. a. wichtige Impulse für die Goethe-Forschung der DDR. Der Arbeitskreis gilt als Keimzelle für die sogenannte Scholz-Schule; siehe II, 2.1.2, S. 49, Anm. 139, sowie die Interviews mit Hans-Dietrich Dahnke (S. 218–254, hier S. 232–235), Martin Fontius (S. 255–270, hier S. 257), Peter Müller (S. 359–375, hier S. 359–365) und Claus Träger (S. 315–332, hier S. 315 f., 319–321).

hatte,[8] sich auf den Sturm und Drang konzentrierte, auf den jungen Goethe. Thalheim wollte seine Doktoranden (ursprünglich waren das vier oder fünf Leute) ab 1960 alle auf Herder ansetzen; er wollte ein Forschungsseminar zu Herder machen. Dieses Forschungsseminar ist nie in Gang gekommen; es hat nicht eine Sitzung stattgefunden. Es sind also auch nur sehr wenige bei diesem Herder-Thema geblieben; meines Wissens war Wolfgang Stellmacher der einzige, der auch wirklich eine Dissertation zu Herder zustandegebracht hat.[9] Mir war das von Anbeginn suspekt, daß die ganze Gruppe sich auf ein Thema zu konzentrieren hatte – ich wußte nicht, wozu das gut sein sollte. Ich hielt das für unpraktisch in der Lehre und auch unter Forschungsaspekten für unsinnig. Ich habe mir das Dissertationsthema, woraus mein Buch über das bürgerliche Trauerspiel entstanden ist,[10] eigentlich selbständig gesucht. Ich habe dann damit angefangen, nach Eigeninteressen zur Literatur der Aufklärungszeit zu arbeiten. Daraus sind auch die Vorlesungen entstanden, die ich gehalten habe. Die Dissertation hat eine Unterbrechung erfahren, als ich 1966 zu den *Weimarer Beiträgen* gegangen bin. Ungefähr 1963 hatte ich angefangen, an dieser Dissertation zu arbeiten und habe sie an der Akademie Ende 1967 abgeschlossen und eingereicht. Es war damals so üblich, daß man ungefähr anderthalb Jahre warten mußte, bis man ein Gutachten von seinem Betreuer bekam. Dadurch war die Promotion erst Ende 1968 abgeschlossen. Im Frühjahr 1969 erhielt ich die Urkunde, und 1970 ist die Arbeit dann im Druck erschienen, also ziemlich schnell.

Michael Schlott: Sie sagten, Thalheim sei mit Ihnen als Sekretär nicht zufrieden gewesen. Welche Gründe hatte er?

Peter Weber: Er hatte einen sehr eifrigen Mitarbeiter (Georg Wenzel, der später noch eine Professur in Greifswald erhielt, ein älterer Kollege), der einfach besser funktionierte, weil wir – Thalheim und ich – Schwierigkeiten hatten mit den Protokollen, die anzufertigen waren. Ich will mich nicht gar so abfällig äußern, aber diese *Literaturgeschichte* war wissenschaftspolitisch – da kann man das wirklich einmal sehen – ein ganz hoch angelegtes Unternehmen: In dieser Zeit – das erinnerte fast an eine Kulturrevolution – sollten fünf große Projekte gemacht werden, für die fünf großen ideologischen Schläge sozusagen: Das eine war die *Geschichte der Deutschen Literatur*, das andere war die *Geschichte des Alltags des deutschen Volkes*,[11] dann gab es noch etwas zur Theorie des Sozialistischen

---

8 Gerhard Scholz war von 1949 bis 1953 Direktor des Goethe-Schiller-Archivs und (ab 1950) der Klassischen Stätten in Weimar. Im Winter 1950/51 veranstaltete er – unterstützt von Eva-Maria und Heinz Nahke, Heinz Stolpe und Hedwig Voegt – in Weimar einen Lehrgang zur Neueren deutschen Literatur für den akademischen Nachwuchs, Lehrer an den Arbeiter- und Bauernfakultäten sowie für junge Wissenschaftlerinnen und Wissenschaftler, die in der Kulturarbeit tätig werden wollten. Zu den etwa 40 Teilnehmern zählten u.a. Inge Diersen, Lore Kaim, Hans Kaufmann, Siegfried Streller, Hans-Günther Thalheim, Hedwig Voegt und Ursula Wertheim.

9 Wolfgang Stellmacher: Herders Shakespeare-Bild. Shakespeare-Rezeption im Sturm und Drang. Dynamisches Weltbild und bürgerliches Nationaldrama. Berlin 1978; zudem ging aus der Scholz-Schule die Studie von Heinz Stolpe hervor: Die Auffassung des jungen Herder vom Mittelalter. Ein Beitrag zur Geschichte der Aufklärung. Weimar 1955.

10 Peter Weber: Das Menschenbild des bürgerlichen Trauerspiels. Entstehung und Funktion von Lessings „Miß Sara Sampson". Berlin 1970; 2. erg. Aufl.: 1976.

11 Jürgen Kuczynski: Geschichte des Alltags des deutschen Volkes 1600–1945. 5 Bde. Berlin; Köln 1980–1982; Bd. 6: Nachträgliche Gedanken. Berlin; Köln 1985.

Realismus[12] (soweit ich mich erinnere, gehörte dieses Projekt dazu). Ich weiß nicht mehr, ob dann noch die *Geschichte der Arbeiterbewegung*[13] und etwas weiteres Grundlegendes kam. Es war die Vorstellung, ein ganzes Gebiet mit fundamentalen und zugleich irgendwie offiziösen Darstellungen abzudecken. Entsprechend wurde das angegangen im Verständnis des Herausgebers und seinen Planungen, so daß eigentlich immer die Hauptsache in den gemeinsamen Beratungen und ihren Protokollen lag. Die Beratungen dienten vor allem dazu, die Arbeiten mit dem neuesten Stand der politischen Verlautbarungen aus dem Politbüro in Übereinstimmung zu bringen und weniger die eigentlichen Arbeitsprobleme darzustellen. Das entsprechende Protokollieren habe ich nicht gelernt und wollte es auch nicht lernen. Die Protokolle waren zum Vorzeigen nach oben, und ich habe sie immer verfaßt, als ob sie zur Arbeit nach innen dienten – das war eigentlich der Grund der Unzufriedenheit mit mir. Aus der Sicht von heute mag das wie Subversion klingen – doch ein Dissident war ich nie, das möchte ich gleich sagen.

Michael Schlott: Herr Weber, gehen wir noch einmal zurück in die Zeit vor 1965. Wenn wir auf einer Ebene unserer Untersuchung den Verlauf der Forschungen zur Aufklärung beschreiben, dann wollen wir natürlich darauf achten, daß das Bild zu den Rändern hin nicht unscharf wird. So erklärt sich also die folgende Frage: Wann etwa würden Sie den Beginn der germanistischen Aufklärungsforschung in der DDR datieren, und welche Berührungspunkte bzw. Anschlußmöglichkeiten bestanden einerseits zur Geschichtswissenschaft und andererseits zu literaturwissenschaftlichen Nachbardisziplinen, etwa zur Romanistik und Anglistik? Hilfreich wäre es, wenn Sie bei der Beantwortung der Frage auch auf Protagonisten und wichtige Akteure eingehen könnten.

Peter Weber: Also, ich fürchte, meine Antwort wird furchtbar dünn ausfallen, denn ich habe damals meine Arbeit an diesem Thema ausgesprochen naiv und isoliert begonnen. Ich bin tatsächlich von folgendem ausgegangen: Thalheim hatte eine Vorlesung gehalten über Literatur der Aufklärung, die im wesentlichen darin bestand, einen philosophischen Abriß zu geben, dann bei Lessing mit der Literatur anzufangen und in dem Zusammenhang einmal Gottsched zu erwähnen (wie schlecht dieser gewesen sei und daß er gewissermaßen nur den Absprungpunkt für Lessing bildete). Lessing wiederum war auch nicht sehr gut, denn Lessing war nur die Vorstufe zum Sturm und Drang. So hatte ich den Eindruck gewonnen, eine deutschsprachige Literatur, die ernstzunehmen sei, hat es eigentlich vor dem jungen Goethe nicht gegeben. Das hat mich nicht befriedigt, und ich habe mir das näher ansehen wollen. Das war ein Impuls, der auch etwas mit der Emanzipation vom Lehrer zu tun hatte. Ich kann mich überhaupt nicht entsinnen, auf die Idee gekommen zu sein, daß es ringsherum weitere Leute geben könnte, die sich mit solchen Dingen oder ähnlichen beschäftigen. Auch nachträglich ist mir in der Reaktion auf meine Dissertation dieser (unbegründete) Eindruck bestätigt worden. Ich habe erst später gemerkt, daß es eine

---

12   Zur Theorie des sozialistischen Realismus. Hrsg. vom Institut für Gesellschaftswissenschaften beim ZK der SED, Lehrstuhl für Marxistisch-Leninistische Kultur- und Kunstwissenschaften. Gesamtleitung: Hans Koch. Berlin 1974; 2. Aufl.: 1975.

13   Geschichte der deutschen Arbeiterbewegung in acht Bänden. Autorenkollektiv: Walter Ulbricht (Vorsitzender), Horst Bartel, Lothar Berthold (Sekretär), Ernst Diehl, Friedrich Ebert, Ernst Engelberg, Dieter Fricke, Fritz Globig, Kurt Hager, Werner Horn, Bernard Koenen, Wilhelm Koenen, Albert Schreiner, Hanna Wolf. Berlin 1966.

Empfindsamkeitsforschung gibt, spätestens mit Sauder.[14] Wie Schuppen ist mir von den Augen gefallen, wie naiv ich herangegangen bin an dieses Projekt, und daß ich das später vielleicht gar nicht mehr so gewagt hätte. Insofern muß ich Sie wirklich enttäuschen: Ich habe also nicht auf Historiker geachtet, ich habe zwar einmal den Namen Krauss gehört – aber auch nur mit der Akzentuierung, das bringe für die Literatur nicht viel, was sich mir auch bestätigte, als ich den Krauss angelesen habe (da fand ich also nicht ein Drama oder einen Roman oder irgendetwas genauer untersucht; das waren mehr große Linien, die mir im einzelnen auch nicht so überzeugend erschienen). Erst nach 1969 am Zentralinstitut, wo ich mit den Romanisten konfrontiert war, sind mir eigentlich die Qualitäten von Krauss aufgegangen –, daß das jemand wäre, auf den ich mich in der Abnabelung von meiner speziellen germanistischen Herkunft beziehen könnte. Das habe ich, soweit das möglich war, auch getan. Auch von anglistischer Aufklärungsforschung habe ich erst nach 1969 erfahren, wobei das nicht so umwerfend war. Wir hatten am Zentralinstitut den Kollegen Günter Klotz, der in dieser Richtung etwas einbringen konnte. Wie gesagt: Ich bin also ein sehr naiver Mensch gewesen, als ich 1963 mein Dissertationsprojekt begann; ich hatte keinerlei Überblick, wie sich das wissenschaftlich einordnete.

Michael Schlott: Sie haben bereits auf die Akademien hingewiesen: Trifft es zu, daß die Universitäten in der DDR bis etwa 1969/1970 über relativ autonome Strukturen verfügten, daß also erst nach den Prager Geschehnissen der staatliche Zugriff auf den Wissenschaftsbetrieb einsetzte?[15] Welche Konsequenzen ergaben sich daraus für die Entwicklung der germanistischen Aufklärungsforschung? Wie würden Sie in dem Zusammenhang die Funktion der Akademien beschreiben?

Peter Weber: Das müssen zum Teil – ich nenne es sehr grob – westliche Vorurteile sein, denn bei der Evaluierung anläßlich der Auflösung unseres Akademie-Instituts haben Kollegen der Evaluierungskommission immer wieder ähnliches gefragt,[16] was wir damals nicht bestätigt haben und was ich auch so nicht bestätigen kann. Ich kann diesen 1968er–1969er-Termin nicht als einen Einschnitt empfinden, wissenschaftspolitisch gesehen.

Insgesamt würde ich hier einen sehr ambivalenten Prozeß sehen. In den 1950er und 1960er Jahren, so würde ich sagen, herrschte das Gefühl: Es gibt eigentlich bei uns kaum etwas, wir müssen alles selber neu machen (so erklärt sich auch das naive Zustandekommen meiner Arbeit). Man konnte immer sicher sein: Wenn man etwas schreibt, was einigermaßen gut ist, wird es auch gebraucht, es wird gedruckt usw. Gleichzeitig war damals – ich erzähle jetzt nur von mir – das subjektive Gefühl sehr stark, daß alles, was man macht, auch unmittelbar mit kulturpolitischen Interessen zusammenhängt, daß es da eine Übereinstimmung gibt. Man hatte dabei auch stets das Gefühl, man müsse sich selbst kontrollieren, damit

14 Gerhard Sauder: Empfindsamkeit. Bd. 1: Voraussetzungen und Elemente. Stuttgart 1974; siehe dazu auch das Interview mit Gerhard Sauder, S. 376–401.

15 Diese standardisierte Frage geht zurück auf eine Aussage von Martin Fontius: „In den Anfangsjahren verfügten die Universitäten in der DDR noch über relativ autonome Strukturen, erst später sind die aufgehoben worden." Siehe dazu II, 2.1.2, S. 51 f., Anm. 148.

16 Im Einigungsvertrag war festgelegt, daß die Akademie der Wissenschaften der DDR aufzulösen sei; der Wissenschaftsrat richtete daraufhin Evaluierungskommissionen ein, um die aussichtsreichsten Projekte oder auch einzelne Wissenschaftler mit einem zeitgebundenen Unterstützungsprogramm weiter zu fördern; siehe dazu das Interview mit Eberhard Lämmert, S. 271–298, hier S. 292.

man sozusagen als parteilicher Wissenschaftler arbeitet. Etwa ab der Mitte der 1970er, hat sich nach meinem Eindruck dieser enge Konnex wieder gelöst. Die Wissenschaft ist breiter und spezieller geworden; man hat gemerkt, daß es auch im Rahmen der DDR-Wissenschaft unterschiedliche Trends gibt, unterschiedliche Schulen. Man wußte dies auch schon früher, hat es aber nie so akzeptiert, sondern es immer für eine Abweichung von der wahren Lehre gehalten, obwohl diese nirgends formuliert war, nur in ihren groben Zügen. Dann bestand dieser selbstverständliche Konnex nicht mehr: daß man mit dem, was man wissenschaftlich arbeitet, irgendetwas für die Kultur der DDR schafft. Es wurde fraglicher, was man da macht, es wurde stärker eigenbegründet, warum man das macht. So sehe ich das. – Wenn ich Ihre Frage richtig verstanden habe, sind Sie der Meinung, daß an der Akademie die Freiräume größer gewesen sind, während an der Universität der kulturpolitische Einfluß größer gewesen ist. Vielleicht hat sich das, was an Arbeiten geleistet wurde, nicht so unterschieden. Aber es ist sicher so, daß das, was an der Universität gemacht und über die Studenten multipliziert wurde, einer viel schärferen Betrachtung unterlegen hat, mit einer viel strengeren politischen Beurteilung und von daher die Universitätswissenschaftler viel stärker beaufsichtigt waren und auch viel stärker reglementiert wurden, während an der Akademie zumindest ein gewisses Zugeständnis gegeben war: ‚Laß die mal forschen, laß die mal was rauskriegen; was wir damit machen, das ist ja dann eine andere Frage.‘ Es gab natürlich auch da Konstellationen, die zu Konflikten führten. Doch die bezogen sich nicht auf unser Arbeitsgebiet, das war zu weit entfernt von unmittelbar politischen Zusammenhängen. Aber die Kollegen, die an der Akademie zur DDR-Literatur geforscht haben, sind öfter in solche obrigkeitlichen Konflikte gekommen, was ich von der Germanistik für ein zeitlich früheres Gebiet nicht sagen kann und was für die Fremdsprachenphilologien noch viel weniger zutraf. Die Germanistik hat ja, nicht nur in der DDR, sondern auch in ihrer Tradition ein wenig die Funktion einer Staatswissenschaft; so wurde sie auch in der DDR behandelt. Das führte kurioserweise dazu, daß sich die Romanisten als die eigentlichen Wissenschaftler fühlten. Das habe ich erst so empfunden, als ich am Zentralinstitut mit Romanisten zusammengearbeitet habe. Die dachten, daß die Germanisten ein bißchen dumm sind und dumm sein müssen: Erstens, weil sie keinen Kontakt zur Welt haben; zweitens, weil sie viel stärker kulturpolitische Dinge bedienen müssen. Es war sicherlich auch so, daß Anglisten und Romanisten einen anderen Blick auf die Wissenschaft hatten, einen viel mehr international ausgeprägten Blick, viel größere Freizügigkeit in wissenschaftlichen Kontakten besaßen, viel mehr an Theorien, die international diskutiert wurden, aufgenommen haben und selber eine andere Rolle gespielt haben im internationalen Konzert als diese (doch immer mit dem Verdacht einer Staatswissenschaft belasteten) Germanisten. Dies hat sich wohl auch gegenseitig hochgeschaukelt, weil es in der Bundesrepublik ja ähnlich war, zumindest in der frühen Zeit, sagen wir mal in den 1950er Jahren. Sehr verändert hat sich das um 1970 mit der 68er-Generation. Anfang der 1970er Jahre war eigentlich die beste Zeit für Kontakte in die Bundesrepublik (zumindest habe ich es so erlebt) mit linken Leuten, die dann auch unmittelbar unsere Forschungsergebnisse aufgenommen haben.

Michael Schlott: Welche Bedeutung messen Sie der sogenannten Scholz-Schule[17] für die Entwicklung der Aufklärungsforschung zu?

---

17   Vgl. Anm. 7 und 8.

Peter Weber: Das ist sehr schwierig zu sagen, denn eigentlich ist es schwierig, in Verbindung mit der Scholz-Schule von Aufklärungsforschung zu reden. Die Scholz-Schule setzte literarhistorisch an beim jungen Goethe und Herder als dem theoretischen Mentor (das nannte man Frühklassischen Realismus) und ging dann bis in die sozialistische Literatur; das war sozusagen die vorbildliche Traditionslinie. Lessing konnte man nicht ignorieren, aber er wurde immer mit der Sturm und Drang-Dramatik verglichen. So zumindest sehe ich das. Der einzige aus der Scholz-Schule, der gewisse Leistungen für die Aufklärungsforschung erbracht hat, war meines Erachtens Heinz Stolpe mit seinem großen Herder-Buch.[18] Durch die Kommentierung Herders ist er in den Bereich der internationalen Aufklärungsforschung hineingekommen. Ich sehe das aber als singulär, ich wüßte nicht, wer aus der Scholz-Schule Entsprechendes gemacht hätte.

Michael Schlott: Wenn man Aufklärungsforschung auch auf Spätaufklärung bezieht, auf den sogenannten Jakobinismus, Hedwig Voegt?[19]

Peter Weber: Ich kann die Scholz-Schule nicht rekonstruieren, weil ich sozusagen ein Enkel bin. Ich sage das also mit Vorbehalt: Hedwig Voegt ist ihren eigenen Weg gegangen. Sie hat zwar Anregungen von Scholz aufgegriffen, aber sie hat mit der Jakobinismusforschung doch ihren eigenen Weg eingeschlagen. Ich muß allerdings einräumen, daß man – wenn man also die Scholzsche Art kannte – Entsprechendes auch bei Hedwig Voegt wiedergefunden hat. Ich habe einen Brief von ihr, den sie mir auf eine Rezension geschrieben hat. Ich hatte ihren *Traum des Herrn Brick*[20] rezensiert, weil mir die Voegtsche Methode irgendwie vertraut war und ich in der Rezension gleichsam ihre Methode, wie ich sie auch von Scholz kannte, nachempfunden hatte.[21] Das hat Hedwig Voegt mir dann auch bestätigt, obwohl ich von Knigge und den Jakobinern keine Ahnung hatte.

Michael Schlott: Können Sie uns etwas mehr über die Person Scholz sagen? Aus welchem geistig-kulturellen Umfeld kam er?

Peter Weber: Scholz behauptete immer von sich, daß er bei den Prager Strukturalisten studiert und eine Dissertation über Lichtenberg geschrieben habe, die in den Kriegswirren verlorengegangen sei.[22] Er hat dann 1957 noch einmal promoviert, in Rostock bei Edith Braemer über *Kabale und Liebe*.[23] Er war in der Emigration in Schweden, kannte also sowohl Brecht wie Willy Brandt und hat sich gelegentlich auch mit schwedischer Literatur beschäftigt. Er war, würde ich sagen, ein echter Literaturliebhaber, ein Mann, der fasziniert

---

18 Stolpe: Die Auffassung des jungen Herder (wie Anm. 9).

19 Hedwig Voegt: Die deutsche jakobinische Literatur und Publizistik 1789–1800. Berlin 1955.

20 Adolph Freiherr Knigge: Der Traum des Herrn Brick. Essays, Satiren, Utopien. Hrsg. von Hedwig Voegt. Berlin 1968.

21 Peter Weber: [Rez.] Adolph Freiherr Knigge: Der Traum des Herrn Brick, 1968. In: Referatedienst zur germanistischen Literaturwissenschaft 1 (1969), S. 39 f.

22 Ausarbeitungen zu dieser Dissertation kamen Scholz 1936 bei einer Hausdurchsuchung in Breslau abhanden; vgl. Ralf Klausnitzer: „So gut wie nichts publiziert, aber eine ganze Generation von Germanisten beeinflußt". Wissenstransfer und Gruppenbildung im Kreis um Gerhard Scholz (1903–1989). In: Zeitschrift für Germanistik, N. F. 20 (2010), S. 339–368, hier S. 343.

23 Gerhard Scholz: Der Dramenstil des Sturm und Drang im Lichte der dramaturgischen Arbeiten des jungen Friedrich Schiller: Stuttgarter Aufsatz von 1782 und Mannheimer Rede 1784. Interpretation unter Berücksichtigung der frühen Dramen der sog. „Klassischen Periode". Phil. Diss. Rostock 1957 (nicht im Druck erschienen).

war von Literatur und der diese Begeisterung für Literatur und die damit verbundene Interpretationsmethode gut vermitteln konnte. Bei Vorträgen lief er immer begeistert auf dem Podium hin- und her, bis er seitlich herunterfiel, weil er die Treppe nicht mehr gesehen hat. Er war auch chaotisch; er hat ja nie eine vernünftige größere Publikation zustandebekommen. Ich habe neulich die Autobiographie von Heiner Müller gelesen, da kommt zu meiner großen Überraschung sogar Scholz vor, weil offenbar Heinz Nahke mit Müller bekannt war. Eva Nahke war auch aus diesem Scholz-Kreis. Heinz hat offenbar dem Müller erzählt, daß Scholz der einzige wahre Marxist in der DDR-Literaturwissenschaft war, und Müller interpretiert das so, daß Scholz als der wahre Marxist zugunsten von Leuten wie Mayer aus der Germanistik herausgedrängt worden sei. Das habe ich mit großer Belustigung gelesen; es gibt offenbar die verschiedensten Möglichkeiten, bestimmte Konstellationen zu sehen und zu beurteilen.

Michael Schlott: Könnten Sie für das Jahrzehnt zwischen 1970 und 1980 die wichtigsten Veränderungen und Bewegungen in der kulturpolitischen Landschaft der DDR skizzieren und gegebenenfalls Konsequenzen für den Wissenschaftsbetrieb beschreiben?

Peter Weber: Die frühen 1970er Jahre standen im Zeichen des großen *Literaturgeschichte*-Projekts.[24] Als es abgeschlossen war – die *Literaturgeschichte* war ja sehr viel eher fertig als sie dann gedruckt wurde (wie das ja bei solchen Monsterunternehmen immer ist), sie war also so um die Mitte der 1970er Jahre fertig –,[25] da waren wir an der Akademie in diesem speziellen Zusammenhang relativ streng an der Leine der Kulturpolitik, wobei eigentlich immer galt, daß die Kulturpolitik ja nicht selbst eine Literaturgeschichte schreiben konnte. Ich habe es damals so empfunden, daß es trotz dieser strikten Anbindung unseres Unternehmens und seiner kulturpolitischen Bedeutung eigentlich möglich war, aus fast allen wissenschaftsinternen Erwägungen diese Geschichte zu erstellen, wobei diese Möglichkeit durch die Herausgeber nicht vollständig genutzt wurde. Ich schätze den potentiellen Freiraum als sehr groß ein. Er war insofern auch gegenüber den 1950er und 1960er Jahren erweitert, als es gar nicht mehr möglich war, mit irgendwelchen Gemeinurteilen über die Literaturgeschichte zurechtzukommen. Das war praktisch ad absurdum geführt, wenn man so eine groß angelegte Literaturgeschichte schreiben wollte. Probleme, die heute gängig sind – wie Trivialliteratur, nichtklassische Strömungen und so weiter – waren damals schon präsent und mit keinerlei offiziellen Restriktionen verbunden. Nach dem Abschluß dieser *Literaturgeschichte* – wobei das natürlich nicht nur damit zusammenhing – haben die wieder freigesetzten Individuen sehr nachdrücklich auf ihrer wissenschaftlichen Individualität insistiert, wollten also nicht noch einmal eine kooperative Literaturgeschichte schreiben, was auch niemand verlangt hat. Kurzum, es gab danach eine stärkere Individualisierung in der Forschung. Ich wüßte eigentlich nicht, wer dem kulturpolitisch entgegengesteuert hätte. Obwohl ich mich nicht mehr genau entsinnen kann, glaube ich, daß es aus der Partei von der Abteilung Wissenschaft gelegentlich Unmutsäußerungen dazu gab, daß man sich so individualisierte. Das ließ sich ja dann auch nicht mehr leiten, wenn jeder sein eigenes Unternehmen macht; man konnte es ihm nicht streitig machen, wenn man sah, daß sich so

---

24 Siehe dazu Anm. 4.
25 Jedoch erschienen erst 1983 Band 12 (zur Literatur der BRD) und 1990 Band 2 (zum Hochmittelalter).

ein wissenschaftlicher Fortschritt bewerkstelligen ließ. Ab 1976 habe ich die Forschungsgruppe ‚Deutsche Literatur um 1800' geleitet, und ich kann mich nicht entsinnen, daß mich
dabei irgendwelche Rücksichten auf kulturpolitische Vorgaben bestimmt hätten. Gelenkt
haben mich wissenschaftsinterne Überlegungen, allerdings ständig mit wissenschaftsin-
stitutionellen Bedenken: Wie verhält sich unser Vorgehen zu den Weimarer Institutionen,
die ‚ex officio' die Klassik verwalten müssen. Unser Bestreben war auch, aus der ‚Klassik-
Verwaltung' möglichst herauszukommen. Es kamen nämlich anläßlich von Jubiläen usf.
auch wiederholt Anforderungen, die schon mit konkreten Vorstellungen belastet waren,
was unsere Forschungsarbeit erheblich behinderte.

Michael Schlott: Nach meiner Kenntnis hatte sich um 1970 etwa eine Generation heran-
gebildet hatte, die sich weitgehend von der sogenannten bürgerlichen Literaturwissenschaft
und Literaturgeschichtsschreibung löste. Für die 1950er Jahre kann man einen starken Einfluß bürgerlicher Wissenschaft wohl noch annehmen; ich denke etwa an Hermann August
Korff?

Peter Weber: Ich hatte mit Korff persönlich nichts zu tun. Magon habe ich noch kennengelernt, der leitete das Theaterinstitut. Das war ein lieber alter Herr, der seine Zigar-
ren rauchte, manchmal im Institut vorbeischaute und seine Assistenten hat machen lassen. Assistenten wie etwa Münz haben nichts Nennenswertes von Magon fortgesetzt, sie
standen aber persönlich in bestem Verhältnis mit Magon. Ich habe als Anfänger eine Einführung in die Philologie bei Simon gehört, aber die Wissenschaftler, die mich geprägt
haben, das waren Leute, die aus dem Scholz-Kreis kamen. Da fanden sich nicht nur keine
bürgerlichen Reminiszenzen, sondern die Gruppe hatte sich mit Entschiedenheit gegen
die bürgerliche Forschung entwickelt. Die bürgerliche Forschung der 1950er Jahre war ja
auch so beschaffen, daß es einem nicht schwer fiel (mir zumindest nicht), sich dagegen zu
positionieren. Gerade das änderte sich ja ab 1970. Die bürgerliche Forschung hatte sich so
verändert, daß man sich nicht mehr so einfach abgrenzen konnte, ja daß sogar dieses Ge-
gensatzschema marxistische Forschung versus bürgerliche Forschung fraglich geworden
war. Denn diese jungen Wissenschaftler etwa in West-Berlin – wie Scherpe und andere –,
waren das Vertreter bürgerlicher Wissenschaft?[26] Die Gegensätze waren aufgebrochen
worden, und es hat sich ein anderer Wissenschaftszusammenhang entwickelt. Ich hatte
Sie so verstanden, daß wir am Anfang der 1970er Jahre nicht mehr aus der bürgerlichen
Tradition kamen, aber ich bin von Anfang an nicht aus der bürgerlichen Tradition gekommen, sondern ich bin aus der Scholz-Schule gekommen – und die war ja nun der rabiateste
Bruch mit der bürgerlichen Tradition oder wollte es sein; ich will das jetzt nicht im einzelnen untersuchen. Ich habe die Jahre nach 1970 also anders empfunden. Ich habe das –
überspitzt gesagt – empfunden als eine Erlösung aus den Prämissen der Scholz-Schule
oder der Prädominanz der Scholz-Anhänger. Wenn ich zu Scherpe gehen konnte oder von
anderen linken Wissenschaftlern der BRD eingeladen wurde und dort meinen Vortrag halten konnte, hat sich ein ganz anderes Beziehungsfeld aufgebaut, und ich war auch politisch

---

26 Vgl. z.B. Westberliner Projekt: Grundkurs 18. Jahrhundert. Die Funktion der Literatur bei der
    Formierung der bürgerlichen Klasse Deutschlands im 18. Jahrhundert. Bd. 1: Analysen; Bd. 2:
    Materialien. Hrsg. von Gert Mattenklott und Klaus R. Scherpe. Kronberg/Taunus 1974; siehe
    ferner dazu die Interviews mit Gert Mattenklott (S. 561–589) und Klaus R. Scherpe (S. 692–
    712).

vor mir selbst völlig legitimiert. Das war ja politisch auch respektabler als immer wieder die Scholz-Thesen als die wahren marxistischen Leitsätze zu beten. Ich formuliere das jetzt recht zugespitzt. Man muß allerdings auch sehen, daß diese Herkunft aus der Scholz-Schule nicht für die gesamte DDR gegolten hat. Wenn man einen Leipziger Literaturwissenschaftler befragte, hat das anders ausgesehen. Die redeten von Hans Mayer oder von Bloch. Bloch hat bei uns einmal einen Vortrag gehalten: Da habe ich mehr als einen ästhetischen Genuß empfunden. Der kam braungebrannt aus dem Urlaub und hat von Schiller und Weimar als Höhe und Abbiegung geredet;[27] das war prima. 1961 war er nach dem Westen entschwunden, und mich hat das kaum berührt.

Michael Schlott: Herr Weber, Sie wurden mit einer Arbeit über das *Menschenbild des bürgerlichen Trauerspiels* promoviert.[28] Was hat Sie damals dazu bewogen, Ihre Forschungen auf diesen Bereich zu konzentrieren?

Peter Weber: Das war die Absicht, hier ein Lehr- und Forschungsgebiet selbständig zu etablieren, nicht in der Sturm und Drang-Forschung unterzugehen. Das war das eine, und dann schien mir eben die Art, wie bei uns die Verbindung zwischen Lessing und dem Sturm und Drang geleistet wurde, indem man eben nur den Bruch herausarbeitete, den Zugang zu versperren zu dem, was eigentlich vorher geleistet worden ist.

Michael Schlott: War es unter Karrieregesichtspunkten notwendig, sich ein eigenes Forschungsfeld abzustecken?

Peter Weber: Im Grunde ja. Ich habe damals nicht auf eine eigentliche Karriere gerechnet. Das war gar nicht abzusehen. Man muß beachten, daß es in der DDR in den 1960er Jahren kein Überangebot an Intellektuellen gab. Nach dem Bau der Berliner Mauer (1961) hat sich das allmählich geändert. Angst, daß man als Wissenschaftler keine Stelle erhalten könnte, ist mir damals nie gekommen. Für mich bestand einfach das Problem, selbständig zu einem Gebiet zu arbeiten, wo mir nicht Herr Thalheim ständig hineinredet, wo ich den Studenten etwas anderes erzählen kann als das, was alle anderen Kollegen erzählen, die nur zum Sturm und Drang forschen (das schien sich mir bald totzulaufen). Ich konnte ja trotzdem Sturm und Drang-Lehrveranstaltungen machen, die habe ich dann auch gemacht. Das erst einmal als eine etwas banale Antwort. Als ich gemerkt habe, daß ich anhand der *Miß Sara Sampson* wirklich zu einer konturierten Vorstellung über etwas größere Literaturzusammenhänge komme, habe ich Lust bekommen, weiterzumachen. Ich wollte zu der Literatur des 18. Jahrhunderts selber etwas herausfinden.

Michael Schlott: In der zweiten Auflage Ihres Buches, 1976, geben Sie im Anmerkungsteil unter anderem auch Forschungsergebnisse zur Empfindsamkeit aus der BRD wieder. Wurde in der DDR die Frage nach dem Phänomen Empfindsamkeit bereits vor dem Erscheinen von Sauders Arbeit[29] 1974 diskutiert? Oder einfacher gefragt: Wann begann in der ehemaligen DDR die Forschung zur Empfindsamkeit?

---

27 Ernst Bloch: Schiller und Weimar als seine Abbiegung und seine Höhe. In: Schiller in unserer Zeit. Beiträge zum Schillerjahr 1955. Hrsg. vom Schiller-Komitee 1955. Redaktion Franz Fabian. Weimar 1955, S. 155–170. Wiederabdruck unter dem Titel „Weimar als Schillers Abbiegung und Höhe". In: E. B.: Literarische Aufsätze, Gesamtausgabe. Bd. 9. Frankfurt/Main 1977, S. 96–117.

28 Weber: Menschenbild (wie Anm. 10).

29 Sauder: Empfindsamkeit, Bd. 1 (wie Anm. 14).

Peter Weber: Das ist eine schwierige Frage. Ohne der DDR-Forschung zu nahe treten zu wollen: Mir ist als spezielle DDR-Publikation zur Empfindsamkeit eigentlich erst Renate Krügers *Das Zeitalter der Empfindsamkeit* bekannt,[30] was doch aber mehr eine populäre Nachgeburt der Empfindsamkeitsforschung gewesen ist. Ich muß allerdings sagen, daß ich auch meine Dissertation – weder als ich sie geschrieben habe, noch eine Zeit danach – im eigentlichen Sinne als Projekt der Empfindsamkeitsforschung verstanden habe. Ich habe dann gemerkt, das ist durchaus ein Bereich, zu dem spezielle Forschungen angebracht wären, was mir dann also der Sauder bewiesen hat. Sauders Publikation[31] fand ich wirklich großartig. Ich habe hier auch Briefe zu meinem Forschungsprojekt. Die habe ich nicht gesammelt, weil mich alle gelobt haben, sondern weil sie sich auf Rezensionen beziehen, an denen ich richtig gearbeitet habe. Man schreibt ja unterschiedlich Rezensionen; nicht jedes Buch, das man rezensiert, berührt einen so, daß man wirklich einsteigt. Bei Sauder war das der Fall.[32] Daß man Empfindsamkeit so systematisch erforschen kann, das war schon etwas.

Michael Schlott: Ich möchte Ihnen ein längeres Zitat aus Ihrer Dissertation vorlesen, weil Sie sagten, Ihnen sei das Problem der Empfindsamkeitsforschung eigentlich erst 1974 bewußt geworden: „Die vorliegende Untersuchung mußte sich darauf beschränken, das bürgerliche Trauerspiel am historischen Standort seiner Entstehung zu charakterisieren. Es stellt sich hier dar als künstlerischer Ausdruck der Emanzipation bürgerlicher Ideologie aus jener höfischen Bindung, die das Schaffen Gottscheds kennzeichnet. Grundlage der neuen Dramatik ist ein Menschenbild, das nicht mehr den aufgeklärten Herrscher in den Mittelpunkt des Interesses rückt und im Stoizismus die Gravamina der nichtprivilegierten Schichten ignoriert, sondern vielmehr das Leiden des Menschen in der gegebenen Gesellschaftsordnung voraussetzt und im empfindenden und durch seine Empfindsamkeit zu Mitleiden und entsprechendem Handeln bewegten Menschen die Voraussetzung harmonischer geselliger Beziehungen erblickt.“[33] Ich denke, dies ist die Kernthese Ihres Buches.

Peter Weber: Das stimmt. Sie fragen jetzt: „Wo kommt das her?“ Ich habe mich zu Beginn meiner Arbeit mit Gottsched und Gellert beschäftigt. Ja, wo kommt das her? Ich meine, das sind vor allem Lektüre-Wirkungen zu Wieser[34] und Rasch.[35] In den Überlegungen zum Freundschaftskult, da hat das Buch von Rasch eine große Rolle gespielt.

Michael Schlott: Wenn ich Ihnen auch den folgenden Satz vorlesen darf; hier taucht die Frage auf, ob die Problematik durch Sauder eine Differenzierung, eine andere Akzentuierung gefunden hat: „Diese frühe Entwicklungsstufe bürgerlicher Ideologie beschränkt sich in diesem Sinne auf das Sozial-Moralische; eine spezifisch politische Gegenkonzeption

---

30   Renate Krüger: Das Zeitalter der Empfindsamkeit. Kunst und Kultur des späten 18. Jahrhunderts in Deutschland. Leipzig 1972.

31   Sauder: Empfindsamkeit, Bd. 1 (wie Anm. 14).

32   Peter Weber: [Rez.] Gerhard Sauder: Empfindsamkeit. Bd. 1, 1974. In: Weimarer Beiträge 23 (1977), H. 4, S. 177–181.

33   Weber: Menschenbild (wie Anm. 10), 2. Aufl. 1976, S. 223.

34   Max Wieser: Der sentimentale Mensch. Gesehen aus der Welt holländischer und deutscher Mystiker des 18. Jahrhunderts. Gotha 1924

35   Wolfdietrich Rasch: Freundschaftskult und Freundschaftsdichtung im deutschen Schrifttum des 18. Jahrhunderts. Vom Ausgang des Barock bis zu Klopstock. Halle/Saale 1936.

zur höfisch orientierten Aufklärung vermag sie noch nicht zu entwickeln."[36] Das ist doch eine These, die in der auf Sauder folgenden Rezeption ins Wanken gerät. Politisch im Sinne einer politischen Theorie sicherlich nicht, aber doch antifeudal?

Peter Weber: Das erklärt sich hier daraus, daß ich meine Untersuchungen zu Lessing als eine Musteranalyse verstanden habe für die Zeit der Aufklärung – insofern ist das, was ich da gemacht habe, für mich zumindest auch nicht ins Wanken gekommen. Gedacht war es sozusagen als Pendant zu dieser Scholzschen Sturm und-Drang-Arbeit, die ja nirgends gedruckt ist. Scholz hat an *Kabale und Liebe* die Ensemble-Dramatik des Sturm und Drang paradigmatisch entwickelt und hat gezeigt, welche politische Bedeutung das hat, also beispielsweise welche Amerika-Beziehung (das wurde ziemlich hochgezogen). Ich füge mich in diesen Rahmen ein, indem ich die Bedeutung der Empfindsamkeit dagegen abgrenze. Das muß man im Horizont der Scholz'schen Sturm und Drang-Forschung sehen; ich habe freilich nicht beweisen wollen, daß das empfindsame Drama durchschlagender ist oder bedeutender als die Sturm und Drang-Dramatik (wie sie Scholz an Schiller entwickelt hatte). In den Sturm und Drang wurde ja auch der junge Goethe einbezogen – und alles wurde in seiner politischen Bedeutung ziemlich hoch gehängt. Dem habe ich im Sinne einer begrenzten Reichweite der Empfindsamkeit auch indirekt zugestimmt. Insofern ist meine Arbeit also nicht als Forschung zum Phänomen der Empfindsamkeit angelegt – es lag überhaupt nicht in meinem Blick, daß damit ein durchgehender kultur- und literaturgeschichtlicher Strang angelegt sein könnte –, sondern ich habe mich auf das empfindsame bürgerliche Trauerspiel beschränkt. Ich habe damals die Bedeutung der Empfindsamkeit nur in diesem Rahmen gesehen.

Michael Schlott: Es gibt eine Dissertation von Walter Moschek – ich weiß nicht, ob Ihnen der Name etwas sagt, wahrscheinlich nicht –, die 1972 in Leipzig eingereicht wurde: *Schillers zeitkritisches Drama „Kabale und Liebe".* Darin heißt es: „Dabei bestimmen nicht nur moralische Aspekte den Inhalt der Szenen, sondern vor allem der alles einschließende Kreis des realen, antagonistischen Widerspruchs zwischen Adel und Bürgertum." [...] „Religiöse Probleme spielten zu jener Zeit bei Schiller eine ebenso große Rolle wie die der Empfindsamkeit."[37] Ich habe noch andere Arbeiten recherchieren können, in denen Versuche einer Begriffsklärung der Empfindsamkeit zu finden sind – nicht nur in Abgrenzung zum Sturm und Drang, sondern auch als defizitäre Vorstufe dieser Bewegung. Trotzdem scheint sich eine Empfindsamkeits-Debatte in der DDR nie entwickelt zu haben.

Peter Weber: Das würde ich auch so sehen.

Michael Schlott: Worin sehen Sie die Ursachen?

Peter Weber: Ich kann hierzu nur Vermutungen anstellen, die ich nicht belegen kann. Es ist immer problematisch zu sagen, die DDR-Wissenschaft war die marxistische; das ist eine Globalbezeichnung, mit der man nichts anfangen kann. Selbst, wenn jeder behauptet hat, er arbeite marxistisch; in den einzelnen Konsequenzen hat man sich dann gegenseitig den Nicht-Marxismus vorgeworfen.

---

36   Weber: Menschenbild (wie Anm. 10), 2. Aufl. 1976, S. 223.

37   Walter Moschek: Schillers zeitkritisches Drama „Kabale und Liebe" und die Möglichkeiten seiner unterrichtlichen Behandlung in der sozialistischen Schule. Phil. Diss. Leipzig 1972, S. 14 und 18.

Aber ich meine schon, daß es eine Gemeinsamkeit gab in dem sozialgeschichtlichen Ansatz, der eine spezielle Forschung zur Empfindsamkeit als einem eigentlich geistesgeschichtlichen Paradigma aus dem Horizont grundlegender Fragestellungen ausgeschlossen hat. Empfindsamkeit wurde zwar wahrgenommen, aber nicht eigentlich thematisiert. Ich habe ja auch zu erklären versucht, worin seine gesellschaftliche Bedeutung bestanden haben könnte und warum schon deshalb dieser Strang Empfindsamkeit nicht verfolgt worden ist. Noch kurz zu Wiesers *Der sentimentale Mensch*: Ich wäre ja nie auf die Idee gekommen und hätte das auch für tief idealistisch gehalten, dem Phänomen des sentimentalen Menschen durch die Zeiten nachzugehen oder einem Phänomen Empfindsamkeit. Wahrscheinlich ist es mir bei Sauder erst aufgegangen, daß man das durchaus machen kann, ohne in eine öde Geistesgeschichte zu verfallen. So würde ich das jetzt sehen.

Michael Schlott: Was verbanden Sie um 1970 mit den Begriffen Irrationalismus und Bürgerlichkeit?

Peter Weber: Von meinen persönlichen Voraussetzungen her hätte ich es nicht akzeptiert, daß man Empfindsamkeit mit Irrationalismus gleichsetzt. Das Rationalismus-Irrationalismus-Problem ist ja noch immer nicht gelöst. Es gab den Ansatz – ich weiß nicht, ob das jetzt auf Krauss zurückgeht oder auf wen sonst –, daß man Aufklärung nicht an Rationalismus und Irrationalismus festmachen könne, sondern daß das zwei Seiten und verschiedene Aspekte seien, die auch dialektisch verbunden werden können.[38] Das sind Fragen, die noch immer aktuell sind, weil sie in ihrer speziellen Funktion noch nie umfassend aufgearbeitet worden sind. Auch weil sie – so könnte man jetzt vielleicht richtig geisteswissenschaftlich sagen – menschliche Grundstrukturen betreffen, die wir vielleicht nie auflösen werden. Es kann schon sein, daß einige Wissenschaftler bei uns mit Empfindsamkeit Irrationalismus verbunden haben und ,Irrationalismus' in der Lukácsschen Tradition als etwas Auszuschließendes ansahen. Meinem Verständnis hat das jedenfalls nicht entsprochen.

Michael Schlott: Und eine Forschungs-Debatte zu diesem Komplex hat es Ihres Wissens um 1970 in der DDR nicht gegeben?

Peter Weber: Nein, meines Wissens nicht. Womöglich wissen Sie das besser, denn Sie haben sich ja jetzt einen Überblick verschafft, das habe ich ja nie gemacht.

Michael Schlott: Im Rückblick, Herr Weber: War das Forschungsfeld, über das wir gerade sprechen, Ihrer Ansicht nach dazu geeignet, die Anwendung paradigmatischer, also theoretischer Fragestellungen zu demonstrieren und beispielsweise Grundsatzfragen der Literaturgeschichtsschreibung in marxistischer Perspektive zu entscheiden?

Peter Weber: Mir erschien das damals so, wie es sich auch im Titel meiner Dissertation zeigt, wo ich zwei Dinge verschränke, deren Verschränkung für mich damals eigentlich der Ansatz war: Das waren „Menschenbild" und „Funktion". Ich weiß jetzt leider nicht mehr genau zu rekonstruieren, in welcher Ausprägung der Menschenbild-Begriff damals in der Debatte war. Unzweifelhaft habe ich ihn damals aus der Debatte aufgegriffen. Sicher primär von der sozialistischen Gegenwartsliteratur her oder aber vom sozialistischen Menschenbild, da von dem immer die Rede war. Aber für mich ist es sozusagen ein Durchbruch gewesen, in Richtung dessen, was man heutzutage Mentalitätsgeschichte nennen würde. Da ist also auch die Wieser-Lektüre nicht ganz spurlos an mir vorbeigegangen.

---

38 Siehe dazu II, 2.1.2, S. 49, 54 f.; II, 2.2.1, S. 82.

Damit war eine Dimension gegeben, die mir vorher nicht so klar war, obwohl eine solche Perspektive eigentlich schon von der Sturm und Drang-Forschung nahegelegt, jedoch
vom Scholz-Kreis nicht deutlich genug bezeichnet und im Hinblick auf seine Funktionen
erörtert wurde. Es wurde durchaus ein Sturm und Drang-Menschenbild herauspräpariert.
Zudem kam das Menschenbild Lessings immer in der Weise vor, daß es ein konstruiertes
sei. Also beispielsweise wäre in *Emilia Galotti* sozusagen ein antifeudales Menschenbild
konstruiert, damit es antifeudal funktioniert. Mir war die Entdeckung interessant, daß es
ein originär mentalitätsgeschichtliches Menschenbild in der Aufklärung gegeben hat, das
sich vom Sturm und Drang unterscheidet und das sich trotzdem nicht darin erschöpft hat,
etwas Unverbindliches zu sein. Ich habe das als paradigmatisch empfunden. Dieses Paradigma im Sinne eines Dramenbeispiels zu verfolgen, ist ein Vorgehen, das sich an Scholz
orientiert, wie ich eingangs sagte. Auf diese Weise wollte ich versuchen, mehr über die
Aufklärung herauszufinden.

Michael Schlott: Herr Weber, könnten Sie in der Retrospektive erklären, wann und warum Sie zu der Überzeugung gelangt sind, daß man das Forschungsfeld Empfindsamkeit
unter dem Aspekt der bürgerlichen Emanzipation untersuchen müßte?

Peter Weber: Das würde ja voraussetzen, daß ich von dem Problem Empfindsamkeit ausgegangen bin, was man so nicht sagen kann. Die von Ihnen angesprochenen Bezüge habe
ich gleich als in einem Zusammenhang stehend angesehen. Das war sozusagen das Heureka-
Erlebnis, als ich Gottsched gelesen habe im Vergleich zu Gellert. Was Gellert über Freundschaft geschrieben hat, das ist sozusagen der Kern der Sache (womit natürlich Empfindsamkeit verbunden war), es war für mich ein Kontext, wobei ich ‚Empfindsamkeit‘ nicht
auf irgendetwas angewandt habe, sondern aus diesem Komplex für mich herausgeholt habe.

Michael Schlott: Sie haben in Ihrer Kritik an Lothar Pikulik geschrieben: „Pikulik behauptet zum Beispiel, Lessings Werk sei nicht bürgerlich, sondern (!) empfindsam.“[39] Nach
meiner Interpretation deutet das Ausrufungszeichen darauf, daß Sie Emfindsamkeit und
Bürgerlichkeit gewissermaßen im Sinn einer wechselseitigen Enthalteneinsbeziehung aufgefaßt haben. Ist das so?

Peter Weber: Nein. Meine Kritik geht dahin, daß das inadäquate Kategorien sind, die man
nicht alternativ gegenüberstellen kann. Daß etwas empfindsam ist, bedeutet nicht, daß es
nicht bürgerlich ist.

Michael Schlott: Empfindsamkeit ist also ein bürgerliches Phänomen?

Peter Weber: Ich habe versucht zu zeigen, was für ein soziales Phänomen diese Empfindsamkeit ist, von der ich hier handele. Also sozusagen Kultur der Mittelklasse, wie sie etwa
von Gellert vertreten wird. Damit ist Empfindsamkeit auch wieder ein bürgerliches Phänomen, doch ‚bürgerlich‘ wäre in diesem Sinne nun wieder ein solcher Globalbegriff, denn
wäre dann Gellert bürgerlich und Gottsched dagegen nicht? Man kann also nicht sagen:
Wenn etwas empfindsam ist, ist es nicht bürgerlich – genauso wenig wie man sagen kann:
Alles was empfindsam ist, ist bürgerlich. Es sind inadäquate Kategorien. Gegen ‚empfindsam‘ würde ich also ‚stoizistisch‘ stellen, gegen ‚bürgerlich‘ würde ich etwas anderes stellen, etwa ‚feudal‘ oder ‚höfisch‘.

---

39   Weber: Menschenbild (wie Anm. 10), S. 18.

Michael Schlott: Wie beurteilen Sie vor diesem Hintergrund Sauder, der gerade aufgrund seiner These, Empfindsamkeit sei kein oppositionelles sondern ein integratives Moment von Bürgerlichkeit, kritisiert wurde. Sie haben ihn sehr wohlwollend rezensiert.[40] Wie beurteilen Sie Sauders Ansatz vor diesem Hintergrund?

Peter Weber: Ich müßte dazu eigentlich noch einmal lesen, was ich damals geschrieben habe und mir das Sauder-Buch noch einmal ansehen. Ich glaube, es war so, daß ich von Sauder begeistert war – bei allem, was ich auch dagegen eingewendet habe. Mich hat eigentlich weniger eine These beschäftigt. Das, was ich immer schätze (und was mir auch immer Schwierigkeiten eingebracht hat) ist, wenn jemand einen größeren Zusammenhang materialreich und wissenschaftlich zuverlässig aufarbeitet. Das begeistert mich entschieden mehr, als mich eine seiner Thesen stören würde, die ich ja leicht beiseite lassen kann – oder ich kann aus seinen Arbeiten andere Schlußfolgerungen ziehen. Solche abweichenden Meinungen im einzelnen haben mich offenbar viel weniger gestört als mich diese Arbeit insgesamt begeistert hat – aus dem einfachen Grund, daß mir klargemacht wurde, was ich noch alles zu dem Problem Empfindsamkeit – wie ich es angesprochen habe – hätte einbeziehen können und vielleicht auch müssen; aber dann wäre die Dissertation ja nie fertig geworden. Primär war also meine Dankbarkeit für solch ein Aufarbeiten. Und zudem kann man ja nicht sagen, daß Sauder eine Position vertreten hätte, die gesellschaftliche Beziehungen außer Acht läßt. Dieser Aspekt ist ein Spezialproblem seiner Interpretation – über Vorgehensweisen und Ergebnisse dazu kann man reden oder gar streiten. Das mindert jedoch den Wert des Buches nicht im geringsten. Ich war damals auch nicht mehr so versessen auf dieses ideologische Hickhack.

Michael Schlott: Aber Ihre Rezension zum *Briefwechsel über das Trauerspiel*, der von Schulte-Sasse ediert wurde,[41] spricht eine andere Sprache. Sie schreiben dort: „Diese Publikation gehört in den Kreis wesentlich weltanschaulich-methodologischer Auseinandersetzungen, die sich seit einigen Jahren auch an einem scheinbar abgetanen Gegenstand entzünden."[42] Eine solche Äußerung kann man so oder so lesen: etwa in dem Sinne, wie Sie es gerade ausgeführt haben, oder auch als Appell, daß man diese „weltanschaulich-methodologische Auseinandersetzung" gerade nicht aufgeben, d.h. nun erst recht angehen sollte.

Peter Weber: Ich denke, daß letzteres gemeint war; ich habe es jetzt auch nicht völlig gegenwärtig.

Michael Schlott: Wenn ich ein weiteres Zitat anführen darf: „Die Akzentverlagerung vom ideologiekritischen Decouvrieren zum utopischen Rekonstruieren der Aufklärung ist seit Jürgen Habermas' *Strukturwandel der Öffentlichkeit* (1962) innerhalb der Tradition der Frankfurter Schule zur bestimmenden Tendenz geworden. Sie hat zu Beginn der siebziger Jahre durch das Vordringen sozialdemokratischer und linksliberaler Reform-Ambitionen kräftigen Auftrieb erfahren."[43] Sie gehen hier bereits sehr deutlich auf westdeutsche

---

40   Weber: [Rez.] Sauder: Empfindsamkeit, Bd. 1 (wie Anm. 32).
41   Gotthold Ephraim Lessing, Moses Mendelssohn, Friedrich Nicolai. Briefwechsel über das Trauerspiel. Hrsg. und komm. von Jochen Schulte-Sasse. München 1972.
42   Peter Weber: [Rez.] G. E. Lessing, M. Mendelssohn, F. Nicolai, Briefwechsel, 1972. In: Weimarer Beiträge 22 (1976), H. 3, S. 179–182, hier S. 180.
43   Weber: [Rez.] Sauder: Empfindsamkeit, Bd. 1 (wie Anm. 32), S. 178.

wissenschaftsexterne Bedingungen ein. Haben Sie in diesem Zusammenhang auch darauf reflektiert, welche Bedeutung solche Entwicklungen für die DDR-Literaturwissenschaft erhalten könnten?

Peter Weber: Ich glaube, daß das eher eine distanzierte Beschreibung ist, wenn ich versuche, mich in die Zeit zurückzuversetzen. Ich entsinne mich, daß zum Beispiel in diesem Westberliner *Grundkurs*[44] Habermas' Öffentlichkeitsmodell[45] ziemlich stark kritisiert wurde. Ich glaube, daß ich mich eher mit den Autoren des Westberliner *Grundkurs* identifiziert habe als mit Habermas, wodurch eine DDR-politische Position sichtbar wird. Politisch betrachtet war die in der BRD dominierende Habermas-Position ja eine starke Konkurrenz für die DDR. Ich entsinne mich auch, daß man damals mit sehr großer Aufmerksamkeit auf diese Diskussionen zu Habermas gesehen hat – nicht zuletzt in der Meinung: Das kann ja nichts werden, richtig machen nur wir das. Das ist sozusagen der politische Untergrund meiner distanzierten Beschreibung, wobei mir klar war, daß diese BRD-Positionen in der Forschung zum 18. Jahrhundert viel ernster zu nehmen waren als alles das, womit ich es bis dahin zu tun hatte (wenn ich mich zum Beispiel mit Otto Mann beschäftigt hatte). Das war eine ganz andere Ebene, da kam man mit schroffer Ablehnung nicht mehr aus. Insofern ist meine Äußerung ein Versuch sachlicher Beschreibung, die aber zugleich (kritisch zu füllende) Distanz zum Beschriebenen markieren soll. Das sollte keine Annäherung an BRD-Positionen sein, sondern die prinzipielle Konkurrenz im Politischen verdeutlichen, die im Wissenschaftlichen dann viel diffizilere Probleme für Abgrenzung aufwarf.

Michael Schlott: Ist Ihre Äußerung zur Schulte-Sasse-Edition, die ich vorhin zitiert habe, repräsentativ für die damalige wissenschafts- und kulturpolitische Position der DDR-Literaturwissenschaft wieder?

Peter Weber: Würden Sie das noch mal zitieren?

Michael Schlott: „Diese Publikation gehört in den Kreis wesentlich weltanschaulich-methodologischer Auseinandersetzungen, die sich seit einigen Jahren auch an einem scheinbar abgetanen Gegenstand entzünden."

Peter Weber: Was ich dazu sagen könnte, das könnte etwas ganz Hirnrissiges werden. Ich kann mich jetzt schlecht an Einzelheiten erinnern. Sicher war das für mich eine faszinierende Sache, wie Schulte-Sasse an den *Briefwechsel* herangegangen ist. Welche Rolle dabei Abgrenzungssignale spielten, das weiß ich nicht mehr. Naja, man muß bei DDR-Leuten wie mir voraussetzen, daß das Bestreben der Abgrenzung immer da war. Dieses Geschäft wurde fortschreitend komplizierter, je näher die Positionen einander kamen. Man mußte dennoch stets signalisieren (wenn ich sage „muß", so ist das nicht als äußerer Zwang gemeint): Ich war schon immer davon überzeugt, mich abgrenzen zu müssen als marxistischer Wissenschaftler und die eigene Position gegen die BRD-Position zu stellen. Das hat im einzelnen nicht irgendjemand von mir verlangt, sondern es entsprach meinem wissenschaftlichen Selbstverständnis. Je besser diese Forschung auf der Gegenseite wurde, je näher sie an mich herankam, desto intensiver habe ich mich damit beschäftigt, desto ein-

---

44   Westberliner Projekt: Grundkurs 18. Jahrhundert (wie Anm. 26).

45   Jürgen Habermas: Strukturwandel der Öffentlichkeit. Untersuchungen zu einer Kategorie der bürgerlichen Gesellschaft. Neuwied 1962; 12. Aufl.: Frankfurt/Main 2010.

gehender und differenzierter habe ich versucht, die Unterschiede herauszustellen. Das ist sicher auch bei der Sauder-Rezension der Fall. Es widerstrebte mir zu sagen: Jawohl, so und so ist meine Position. Ich habe wohl auch immer etwas Sachliches gefunden, worauf man für die grundsätzlichen Differenzen hinweisen konnte. Das wurde zunehmend schwierig, denn man hätte im gleichen Umfang wie die Forschung in der BRD und mit vergleichbaren Ergebnissen dazu arbeiten müssen. Ich habe dann auch irgendwann aufgegeben, zu diesen Konstellationen zu rezensieren, denn ich hatte meine eigenen Arbeiten zu diesem Gebiet ja auch eingestellt. Dennoch bin ich im Rahmen der DDR-Wissenschaft stets als Lessing-Spezialist angesprochen worden, was ich schließlich auch von mir gewiesen habe. Wenn man zu der Forschung, die in diesem Gebiet stark aufkam, fünf Jahre lang nicht mehr arbeitete, dann war da nichts mehr zu bestellen. Da konnte man sich nicht mehr als Spezialisten bezeichnen.

Michael Schlott: Haben diese Konkurrenz- und Abgrenzungsprobleme in der DDR der Forschung zum Gegenstand ‚Bürgerliches Trauerspiel‘ neue Impulse gegeben?

Peter Weber: Ich meine, das alles ist relativ folgenlos geblieben. Das ist wohl auch paradigmatisch für einen Prozeß insgesamt. Es mag Gebiete geben, für die das nicht zutrifft, aber insgesamt gesehen (wenn man das ganz objektiv betrachtet) ist die DDR-Wissenschaft, was den Wissenschaftsfortschritt betrifft, in den zurückliegenden 25 Jahren wirklich abgehängt worden. Es hat Gebiete gegeben, wo es vielversprechende Ansätze gab, die aber nicht verfolgt worden sind. Dazu ein ganz anderes Beispiel aus dem Gebiet der Rechtsgeschichte; es geht um das Allgemeine Preußische Landrecht von 1794. Dazu hat 1960 Uwe-Jens Heuer (heute ein Bundestagsabgeordneter) eine für die damalige Zeit und die Umstände hervorragende Arbeit vorgelegt,[46] die weit vorn war – aber auch marxistisch sehr forciert, mit Kritik an Hans Thieme und diesen Größen, die in der BRD damals die entsprechenden Diskussionen bestimmten und sehr wütend reagiert haben, andererseits wurde die Arbeit auch von jemanden wie Epstein anerkannt. Aber etwas Vergleichbares wie das, was Koselleck dann geleistet hat,[47] ist aus der DDR nie gekommen. Heuers Konzept ist – wie vielfach – ein Ansatz gewesen, der nicht weitergeführt worden ist. Ich glaube, es gibt viele solche Forschungsprojekte aus der DDR, zu denen man sagen kann: Warum haben die das nicht weitergemacht? Oder Projekte aus der BRD, bei denen man in Richtung DDR sagen kann: Warum haben die das nicht auch einmal gemacht? Ich wüßte dazu im einzelnen auch keine Antworten, doch sind solche Versuche und Ansätze von allen möglichen anderen Anforderungen, aber auch von strukturellen Wissenschaftsentwicklungen einfach überrollt worden. Es hat ja nie – außer dieser Forschungsgruppe von Krauss, Deutsche und Französische Aufklärung,[48] die mehr oder weniger gestorben ist, als Krauss sie nicht mehr geleitet hat – ein richtiges Zentrum der Aufklärungsforschung in der DDR gegeben. Mir

---

46 Uwe-Jens Heuer: Allgemeines Landrecht und Klassenkampf. Die Auseinandersetzungen um die Prinzipien des Allgemeinen Landrechts Ende des 18. Jahrhunderts als Ausdruck der Krise des Feudalsystems in Preußen. Berlin 1960.

47 Reinhart Koselleck: Preußen zwischen Reform und Revolution. Allgemeines Landrecht, Verwaltung und soziale Bewegung von 1791 bis 1848. Stuttgart 1967.

48 1955 gründete Werner Krauss in Leipzig in Kooperation mit der Deutschen Akademie der Wissenschaften zu Berlin (später Akademie der Wissenschaften der DDR) eine Arbeitsgruppe zur Geschichte der deutschen und französischen Aufklärung. Siehe dazu die Interviews mit Martin Fontius (S. 255–270, hier S. 255–257) und Claus Träger (S. 315–332, hier S. 315 f., 319–321).

ist zumindest keines bekannt; vielleicht kennen Sie eines. In den allerletzten Jahren, in den
1980er Jahren, hat Hans-Georg Werner Ambitionen dazu formuliert und riet, so etwas in
Halle zu entwickeln. Aber Werner ist jetzt in Pisa, und Thomas Höhle steht auch nicht mehr
zur Verfügung. Also damit ist es aus.

Michael Schlott: Warum haben Sie seinerzeit nicht die Initiative ergriffen?

Peter Weber: Das wäre eine Ein-Mann-Arbeit geworden. Meine Dissertation war abgeschlossen, und schon hieß es: Mach Literaturgeschichte, schreib zum Ende des achtzehnten Jahrhunderts! Dann hieß es: Gründe eine Gruppe Deutsche Literatur um 1800! usw.
Die Decke war einfach zu schmal. Die institutionelle Geschichte der literaturwissenschaftlichen Forschung zum 18. Jahrhundert ist ja auch in der Bundesrepublik mit erheblichen
Schwierigkeiten verlaufen; es ist ja auch vieles abgebrochen worden. Zum Beispiel dieser
Forschungsschwerpunkt Spätaufklärung in Bremen. Der wurde 1987 bis 1988 (nach Jahren
erfolgreicher Arbeit) einfach abgeschafft[49] – zu einem Zeitpunkt, wo man erst hätte richtig
anfangen können. In der DDR kam es dann zu solchen Ereignissen,wie der Akademie-Reform von 1968 bis 1972.[50] Wenn damals irgendwo in der Akademie einer gewesen wäre, der
Empfindsamkeitsforschung betrieben hätte, der wäre bei der Reform glatt beseitigt worden.
Da wurde das alles neu strukturiert in bedeutsame Zusammenhänge, da hätte die Wissenschaftspolitik gesagt: Was macht der? Empfindsamkeitsforschung? Was hilft uns das? Und
Heuer hätte natürlich nicht mehr weiter zum Preußischen Landrecht forschen dürfen. Der
durfte das für seine Dissertation, dann wurde gesagt: Jetzt wissen wir das, nun soll der mal
etwas machen, das uns wirklich etwas bringt.

Michael Schlott: Dann ist wahrscheinlich die weitere Frage abwegig, ob die Erforschung
der Empfindsamkeit in der DDR im wesentlichen als weltanschaulich-methodologische
Auseinandersetzung der beiden Staaten angesehen wurde?

Peter Weber: Offiziell?

Michael Schlott: Offenbar hat es eine geplante und organisierte Forschung in diesem Bereich ja nicht gegeben.

Peter Weber: Es hat nie jemand gesagt, daß ich über Empfindsamkeit arbeiten soll; es
hat aber auch nie jemand gesagt, ich soll damit aufhören, aber es hat auch nie jemand gesagt, das müßten wir ausbauen, das müßten wir fortsetzen. Damit war das im Grunde auch
erledigt.

---

49   Der Forschungsschwerpunkt „Literatur der Spätaufklärung" wurde an der Universität Bremen
      im Herbst 1978 zunächst für drei Jahre eingerichtet und anschließend zweimal drei Jahre ver-
      längert – vgl. Hans-Wolf Jäger: „Die Literatur der Spätaufklärung". Ein Forschungsschwerpunkt
      der Universität Bremen. In: Jahrbuch der Wittheit zu Bremen 27 (1983), S. 141–162; Arbeitspro-
      gramm des Forschungsschwerpunkts „Literatur der Spätaufklärung an der Universität Bremen".
      Bremen 1983; Forschungsbericht der Universität Bremen. Bd. 1 (1980–1982), Universität Bremen
      1983, S. 82–85. Aufgrund eines Evaluationskolloquiums am 6. März 1986 empfahlen die Gutach-
      ter Gerhard Sauder und Jörg Schönert der Leitung der Universität Bremen die Fortführung des
      Forschungsschwerpunktes (antragsgemäß) für den Zeitraum 1987 bis 1990. Die Arbeit der For-
      schungsstelle wurde allerdings – wie bei ihrer Einrichtung vorgesehen war – 1987 beendet; siehe
      dazu auch die Interviews mit Hans-Wolf Jäger (S. 500–527, hier S. 519–521) und Gerhard Sauder
      (S. 376–401, hier S. 399 f.).
50   Siehe dazu Anm. 3.

Michael Schlott: Aber Lessing hat sich als Forschungsgegenstand ja etablieren können. Auch Klassik wurde in der DDR immer hoch gehandelt, gerade im Zusammenhang mit der Erbe-Konzeption. Warum war dieser Ausbau im Anschluß an die Thesen Sauders und an Ihre Arbeit nicht möglich? Warum hat man hier nicht das frühe Erbe des Antifeudalismus und der bürgerlichen Emanzipation entdecken können?

Peter Weber: Mit dem Erbe ist das ja so eine Sache. Diese Erbe-Anforderungen laufen ja immer darauf hinaus, möglichst eine bündige Erkenntnis zu gewinnen, die sich seitens der Wissenschaft auch im Sinne von Weltanschauung propagieren lässt. Wenn der Weber also so ein Buch schreibt, wo er überzeugend zeigt, was die Empfindsamkeit in dieser Hinsicht bedeutet, ist das gut. Dann haben wir das ja für den Marxismus. Aber es ist nicht gut, wenn man sich nun ewig damit beschäftigen würde – wir wissen ja nun, was sich daran zeigen läßt (ich überspitze das ein bißchen). Das ist auch nur scheinbar bei Lessing anders als bei Goethe. Zunächst sagt die Kulturpolitik: Das ist unser Erbe – womit zusammenhängt, daß man Jahrestage begehen muß oder die Jahrestagungen der Goethe-Gesellschaft zu veranstalten hat, wobei hier vielleicht auch etwas anderes gilt, nämlich den ständigen wissenschaftlichen Diskurs im Gange zu halten, um in der Forschung mit dem Westen im Gespräch bleiben zu können. Aber auf anderen Gebieten hieß es. Wir haben doch jemanden, der zu Lessing gearbeitet hat, also soll der zu diesem Anlaß wieder reden. Das hieß aber nicht, daß dieser Experte nun ständig zu Lessing forschen sollte, sondern er war längst für andere Themen verplant. Diese Erbe-Konzeption ist ja nicht nur methodisch sehr kurzatmig, sondern es ist auch wissenschaftsorganisatorisch nicht so zu verstehen, daß es eine organisierte riesenhafte Forschung dazu gab. Denn die Erbe-Konzeption implizierte im Grunde immer: Wir haben die Grundthese, und die muß illustriert werden. Wenn das geleistet werden kann, ist es schon einmal gut. Und um das zu leisten – ich sage es jetzt übertrieben – muß man eigentlich nur den guten Willen haben und sich ein bißchen anstrengen. Ich entsinne mich an die Arbeit zu dieser großen Literaturgeschichte der Akademie, in die ich voll eingebunden war. Im Laufe der Arbeit wurde plötzlich festgestellt, wir müßten doch einmal die Konzeption öffentlich vorstellen; wir müssen das in den *Weimarer Beiträgen* tun. Da saßen wir dann beisammen, dann hieß es auf einmal: „Wer schreibt denn jetzt die Konzeption zur Romantik? Weber, Du hast noch nichts, Du schreibst die Konzeption zur Romantik." Ich sagte: „Entschuldigt, aber ich habe doch noch nie etwas zur Romantik geforscht." Da sagte Thalheim: „Das haben wir jetzt satt, die Partei erwartet mehr Einsatz, und wenn man sich anstrengt, dann kann man das auch." Ich sage das jetzt nicht, um Thalheim anzuschwärzen, aber der hat genau so reagiert, wie die Kulturpolitik ihm das aufgetragen hat. Das werfe ich ihm vor, daß er das einfach so weitergegeben hat. Ich wurde also dazu verdonnert, die Konzeption zur Romantik zu schreiben und habe dann irgendetwas zusammengeschrieben. Ich bin froh, daß darüber in der Öffentlichkeit nicht weiter diskutiert worden ist: Wie hätte ich denn diese Konzeption verteidigen sollen, der ich nie zur Romantik geforscht hatte. Aber so läuft das unter diesem Erbe-Aspekt, und wenn das Projekt der Literaturgeschichte unter einem solchem Erbe-Aspekt steht, dann gibt es zwar einen gewissen Schub von Forschung – aber das heißt nicht, daß so etwas wirklich umschlägt in einen relativ selbständigen und angemessen ausgebauten wissenschaftlichen Forschungsprozeß. Das ist ein Irrtum, daß von diesen Erbe-Konzeptionen her sozusagen riesenhafte und innovative Forschungen angeregt worden wären. Ganz im Gegenteil: Die tiefergehenden Forschungen haben sich eigentlich immer mehr an den Rändern situiert, mit bestimmten Ausnahmen. An der Goethe-Forschung wurde zum Beispiel ständig moniert, daß es keine kontinuierliche Goethe-Forschung gibt. Es hatte aber niemand recht Lust, das kontinuierlich zu tun – vielleicht gerade deshalb, weil es immer gefordert wurde. Man hätte überhaupt auf sehr vielen Gebieten viel machen können. Das haben uns ja auch unsere ehemals linken Bundesgenossen aus der Bundesrepublik vorgeworfen. Die sagen: Wir haben ja an Euch gesehen, wie die DDR zugrunde geht, Ihr habt ja Eure Aufgaben nicht erfüllt. Ihr habt etwas angefangen und habt es dann wieder liegen lassen. Und von woher sind denn Euch in den 1970er Jahren die originären Konzeptionen gekommen? Ihr habt Euch dann mehr oder weniger zum Westen geöffnet und einiges übernommen und ein bißchen was mitgemacht, aber nichts Richtiges geleistet, wie Ihr das doch bis zum Beginn der 1970er Jahre gemacht hattet. Diese Defizite waren sozusagen offenkundig: Uns fehlte es in der DDR an allem, und wir müßten eigentlich zu allem arbeiten. So war uns alles, was das Gesamtbild der Literaturgeschichte konturierte, willkommen. Aber diese willkommenen Aneignungen wurden nicht ausgebaut, so daß man hätte sagen können: So, jetzt vertiefen wir das und machen es richtig.

Michael Schlott: Unter diesem Aspekt würde ich gern zu den vorangegangenen Ausführungen noch einmal fragen: Könnte es nicht so gewesen sein (entschuldigen Sie bitte, wenn ich das vielleicht ein wenig dilettantisch formuliere), daß Thalheim seinerseits unter kulturpolitischen Auflagen stand und Weisungen erhalten hatte, daß etwas passieren müsse, und sei es, daß zum Beispiel das Konzept der großen *Literaturgeschichte* auch öffentlichkeitswirksam vertreten wird, damit nach außen hin signalisiert werde, daß etwas passiert. Ist eine solche Überlegung plausibel? Gab es solche ‚Drahtzieher‘?

Peter Weber: Also, das mit den ‚Drahtziehern‘ ist ein sehr schönes Bild, weil es eine bestimmte Vorstellung präzise faßt. Doch mit den ‚Drahtziehern‘ war es ab den 1980er Jahren nicht mehr ‚so doll‘. Also, die letzte große ‚Drahtziehung‘, an die ich mich entsinne, hat – glaube ich – Träger versucht, als die Systemtheorie ‚en vogue‘ war. Er hat versucht zu entwickeln, welches System Literaturwissenschaft im System des Sozialismus darstellt und was sie zu leisten hat. Ein völlig verunglückter Versuch, der irgendwie aber noch korrespondierte mit den großen Unternehmungen der wissenschaftspolitischen Positionsbestimmungen. Ich sagte es schon vorhin: Nach diesen (weithin erfolglosen) Unternehmungen lief im Grunde alles auseinander. Das ist zunächst einmal ein mentales Problem: Wenn man zu so einem Gemeinschaftsunternehmen verdonnert ist, was dann irgendwie zu Ende dirigiert wird, hat man die Nase voll. Dann kommt die Erkenntnis: Wir müssen erst mal wieder für uns arbeiten – jeder auf seinem Gebiet –, sonst haben wir eigentlich nichts mehr zu sagen. Wir hatten zu diesem Zeitpunkt mühsam das zusammengerafft, worüber wir verfügten, und versucht, das möglichst auf den modernen Stand der Forschung zu bringen, was schon bedeutete, daß es ein internationaler Forschungsstand war, den wir da im Auge hatten. Dabei waren etwa solche aktuellen Probleme zu berücksichtigen wie Trivialliteraturforschung oder empirisch zu erforschende Literaturkommunikation. In diese Richtung haben sich dann auch einzelne Wissenschaftler bewegt. Allerdings wurde es dann überdeutlich, daß die individuellen Potenzen so schwach entwickelt waren, daß man eigentlich sein Heil nur darin suchen konnte, sich an eine bestimmte Schule oder Richtung im Westen anzuhängen oder sich daran zu orientieren und mitzuhalten. Aber eine Literaturwissenschaft der DDR ‚en bloc‘ dieser Entwicklung noch entgegenzuhalten, war völlig illusionär. Das mußte auch jede Wissenschaftsleitung akzeptieren. Und von dem Augenblick an haben die

,Drahtzieher' – wenn überhaupt eine Rolle – eine völlig hilflose Rolle gespielt. Wer sollte da noch Drähte ziehen? Man hat nicht aufgegeben und an bestimmten Punkten – wie im Literaturgeschichte-Projekt – auch gehandelt. In solchen Großunternehmen wurde mit Brachialgewalt organisiert, um auf diese Weise etwas hinzustellen, aber man kann diese Methode nicht perpetuieren. Wissenschaftsgeschichtlich läßt sich daraus eine Bilanz ziehen: eine Bilanz von Ergebnissen und eine Bilanz dessen, was man machen müßte. Und was man machen müßte, das war so nicht zu leisten, indem man etwas verordnet und einfordern will. Hinter der Akademie-Reform hat der Gedanke gestanden, die Wissenschaft wieder lenkbar zu machen. Durch Großinstitute wie die Zentralinstitute an der Akademie der Wissenschaften wollte man das überschaubar gestalten.[51] Die Planung wurde dann oben irgendwo abgesegnet, bestimmte Projekte, die besonders wichtig erschienen, wurden in Parteiverantwortung genommen. Da war dann die Parteigruppe der jeweiligen Institution verantwortlich, daß dieses wissenschaftliche Projekt gesichert wird und es durchkommt. Aber faktisch hatte sich die forschungsfördernde Initiative immer mehr auf bestimmte Leute verlagert. Wenn da nicht jemand war, der etwas Kreatives angefangen hatte und auch in der Lage war, andere Leute dafür zu motivieren, ist nichts passiert.

Michael Schlott: Herr Weber, wie beurteilen Sie in der Retrospektive die westdeutschen Ansätze materialistischer Literaturwissenschaft? Ich bringe ein Beispiel: Peter Müller, auf den wir noch zu sprechen kommen werden, hat Klaus Rüdiger Scherpe attestiert, er sei ein pseudolinker Avantgardist.[52] Wie dachten und wie denken Sie über die bundesrepublikanische Diskussion zu diesem Themenkomplex?

Peter Weber: Ich kann zu der Scherpe-Kontroverse nur sagen, daß ich Müllers Ansicht dazu nicht teile und daß ich selbst bei Müller, ohne daß das unsere Freundschaft getrübt hat, in den Geruch eines pseudolinken Avantgardisten gekommen bin. Er hat sich nicht ausreden lassen, daß auch ich in die Richtung ginge, die Klassik so ein bißchen auszubauen. Es stellt sich für mich auch nicht so dar, daß es seit Beginn der 1970er Jahre so etwas wie die linke westdeutsche Germanistik gab, und es stellt sich mir auch nicht so dar, daß dann einem allseits gelungenen literaturwissenschaftlichen Materialismus, was immer das sein mag, sozusagen klägliche Versuche im Westen gegenüberstehen, auch materialistisch zu arbeiten. Ich kann das schon deshalb nicht so beurteilen, weil es selbst bei uns immer große Diskussionen gegeben hat, was materialistische Literaturwissenschaft sei. Um das ein wenig zu illustrieren: Ich kann mich zum Beispiel an eine Diskussion mit dem Romanisten Winfried Schröder erinnern. Wenn Sie ihn auch auf Ihrer Interview-Liste hätten, wäre das für Sie sehr interessant, weil er immer sehr dezidierte Ansichten vertreten hat und sicher auch noch vertritt. Schröder hat das Projekt Französische Aufklärung geleitet, mit einer Publikation bei Reclam 1974.[53] Als unsere Arbeit für die große Literaturgeschichte beendet war, wurden wir mit den Romanisten zu einer interphilologischen Gruppe zusammengespannt und haben versucht, uns Orientierung zu schaffen, was wir gemeinsam machen wollen. Ich kann mich entsinnen, daß Schröder mir und meinesgleichen

---

51   Siehe dazu Anm. 3.
52   Siehe dazu die Interviews mit Peter Müller (S. 359–375, hier S. 367, 370–372) und Klaus R. Scherpe (S. 692–712, hier S. 702, 710–712).
53   (Autorenkollektiv unter Leitung von) Winfried Schröder (Hrsg.): Französische Aufklärung. Bürgerliche Emanzipation, Literatur und Bewußtseinsbildung. Leipzig 1974.

immer den Althusser um die Ohren gehauen hat und auf dem theoretischen A-Humanis-mus[54] als dem wirklichen Marxismus und Materialismus bestanden und uns als elende Lukácsianer und Hegelianer in die Pfanne gehauen hat. Wir haben dann immer nur gesagt: Es ist überhaupt nicht materialistisch, was du da vertrittst. Hinzu kommt, daß eben von dieser Seite aus uns gegenüber immer mit der Materialismus-Keule argumentiert worden ist, so daß ich also seither wenig Lust habe, mich auf Materialismus zu berufen. Was ist das: Materialismus in der Literaturwissenschaft?

Michael Schlott: Vielleicht zäumen wir das Pferd von der anderen Seite auf, indem wir über die Kontakte sprechen, die zu bundesrepublikanischen materialistischen Literatur-wissenschaftlern bestanden haben. Einer der wichtigsten Arbeitskontakte war offenbar der zu Klaus Rüdiger Scherpe und Gert Mattenklott. Die beiden haben in ihrem *Grundkurs 18. Jahrhundert*[55] sehr dezidiert dargelegt, was sie unter einem materialistischen Pro-gramm verstehen. Wie sind diese Kontakte entstanden, wer hat sie initiiert? Gingen sie von westlicher Seite aus oder wurden sie von Wissenschaftlern der Akademie aus angeknüpft? Welche Kooperationsformen entstanden aus diesen Kontakten?

Peter Weber: Zunächst muß ich sagen, daß alle Kontakte – jedenfalls soweit sie mich be-treffen – von westlicher Seite ausgegangen sind. Weil ich von mir aus, das muß ich wohl so eingestehen, es gar nicht gewagt habe, solche Kontakte anzuknüpfen; weil man da nie wußte, in welche Nesseln man sich hier bei uns setzt. Wenn zum Beispiel Müllers Ein-schätzung von Scherpe offiziell aufgegriffen worden wäre, und ich hätte von mir aus Be-ziehungen zu Scherpe aufgenommen, wäre das nicht empfehlenswert gewesen. Sie sehen, ich bin nicht gerade ein Held, ich bin da immer etwas vorsichtig gewesen. Die Kontakte gingen also von westlicher Seite aus, und es wäre übertrieben, Arbeitskontakte zu sagen. Es waren mehr freundschaftlich-kollegiale Kontakte, Scherpe ist öfter hierher gekommen. Die Hauptanknüpfungspunkte haben sich bei einer Reihe von Konferenzen ergeben. Scherpe habe ich persönlich auf dieser Weimarer Herder-Konferenz – ich glaube 1975[56] – kennen-gelernt. Über verschiedene Besuche hinaus hat sich das eigentlich nicht fortgesetzt; von Arbeitskontakten zu sprechen, wäre eben zuviel gesagt.

Mattenklott kenne ich auch, wobei er um einiges kapriziöser ist als Scherpe. Mit ihm hätte ich sowieso einen Arbeitskontakt nur schwer entwickeln können; das lag aber auch gar nicht in seinem Interesse. Warum sollte Mattenklott mit mir einen Arbeits-kontakt entwickeln? Den besten Kontakt, der aber im eigentlichem Sinne auch kein spezieller Arbeitskontakt ist, habe ich 1977 auf einer Kleist-Konferenz in Frankfurt an der

---

54 Althussers Konzeption des Anti-Humanismus wendet sich gegen den „*theoretische*[n] Anspruch einer humanistischen Auffassung, die Gesellschaft und die Geschichte ausgehend vom mensch-lichen Wesen, vom freien menschlichen Subjekt als Subjekt seiner Bedürfnisse, der Arbeit, der Begierde, als Subjekt des moralischen und politischen Handelns, zu erklären. Ich erhalte aufrecht, daß Marx die Wissenschaft der Geschichte nur hat begründen und das ‚Kapital' nur hat schreiben können unter der Bedingung, mit dem *theoretischen* Anspruch jedes Humanismus dieser Art zu brechen." Louis Althusser: Ist es einfach, in der Philosophie Marxist zu sein? [1975]. In: L.A.: Ideologie und ideologische Staatsapparate. Aufsätze zur marxistischen Theorie. Hamburg und Berlin 1977, S. 51–88, hier S. 82 (Hervorhebung im Original).

55 Westberliner Projekt: Grundkurs 18. Jahrhundert (wie Anm. 26).

56 Gemeint ist vermutlich das Herder-Kolloquium in Weimar, 18. bis 20. Dezember 1978, aus Anlaß des 175. Todestages; vgl. Herder-Kolloquium 1978. Hrsg. von Walter Dietze. Weimar 1980.

Oder[57] zu Dirk Grathoff gefunden, der damals in Gießen war und jetzt an der Universität Oldenburg ist. Der hat ungeheuer viel unternommen und publiziert in den letzten Jahren; er hatte erhebliche Schwierigkeiten, überhaupt eine feste Stelle zu erhalten. Grathoff hatte mich 1979 zu einer Konferenz in Bad Homburg eingeladen: Literaturgeschichte und Sozialgeschichte;[58] da habe ich das Kunstperiode-Konzept vorgestellt – es war eine sehr schöne Diskussion, auch mit Odo Marquard und anderen renommierten Wissenschaftlern. Das war sehr interessant.

Michael Schlott: Gab es Kontakte nach Bremen, zu Hans-Wolf Jäger?[59]

Peter Weber: Ich war in Bremen, ja. Zu Harro Zimmermann gab es Kontakte; der war auch einmal hier, und Wolfgang Griep habe ich jetzt wieder in Halle getroffen. Die Bremer Gruppe hat mich sehr interessiert. Stellen Sie sich einmal den Hohn der Geschichte vor: Ich war zuletzt 1987 oder 1988 in Bremen, bei dem Forschungsschwerpunkt Spätaufklärung. Ich habe mir das angesehen und war begeistert. Doch wurde mir dann erzählt: „Es ist bald Sense hier."[60] Damals gab es Kulturverhandlungen zwischen der DDR und der BRD, da war der Klaus Höpcke der Ansprechpartner. Ich habe den Bremer Kollegen gesagt, daß ich versuchen werde, über Klaus Höpcke das Interesse der DDR an einer Zusammenarbeit mit diesem Forschungsschwerpunkt geltend zu mache: „Vielleicht bekommt Ihr so Geld, damit Ihr bestehen bleibt, weil die BRD daran interessiert ist, einen Forschungsschwerpunkt zu erhalten, auf dessen Grundlage man die Kontakte mit der DDR entwickeln kann." Wenig später gab es keine DDR mehr. Ich habe dann auch über unseren Direktor an Höpcke geschrieben, habe allerdings nichts mehr dazu gehört. Jetzt kann man sich denken, warum: Höpcke hatte zu dem Zeitpunkt andere Sorgen. Aber ich wollte das Interesse der Politiker in der Bundesrepublik wecken, denn solche Wissenschaftskontakte wurden ja immer gefördert. Grathoff hat mir wiederholt gesagt: „Deine Leute dürfen das nicht wissen: Ich habe vom Gesamtdeutschen Ministerium Mittel;[61] wir können bald wieder eine Konferenz machen und Euch einladen." Ich konnte natürlich hier nicht sagen, das Gesamtdeutsche Ministerium gibt mir Mittel, damit ich in die BRD fahren kann. Das waren einige Beispiele für Kontakte und ihre Finanzierungen.

Michael Schlott: Um das noch einmal zusammenzufassen: Es gab keine koordinierte und organisierte literaturwissenschaftliche Zusammenarbeit zwischen Ost und West.

---

57 Gemeint ist die sogenannte Romantik-Konferenz in Frankfurt an der Oder, 19. bis 21. Oktober 1977, im Rahmen der Heinrich-von-Kleist-Ehrungen der DDR zum 200. Geburtstag; vgl. Olaf Reincke: Romantik-Konferenz in Frankfurt/Oder. In: Weimarer Beiträge 24 (1978), H. 7, S. 147–157.

58 Internationales Symposium „Literaturgeschichte und Sozialgeschichte: ihre Beziehung als theoretisches Problem der Literaturwissenschaft", 29. bis 22. März 1979, Bad Homburg; vgl. dazu: Studien zur Ästhetik und Literaturgeschichte der Kunstperiode. Hrsg. von Dirk Grathoff. Frankfurt/Main u. a. 1985.

59 Siehe dazu das Interview mit Hans-Wolf Jäger, S. 500–527.

60 Siehe dazu Anm. 49.

61 1949 wurde das Bundesministerium für gesamtdeutsche Fragen errichtet und 1969 umbenannt in Bundesministerium für innerdeutsche Beziehungen. Im Zuge des sogenannten Kulturabkommens zwischen der BRD und DDR, unterzeichnet am 6. Mai 1986, wurden in der Folgezeit von diesem Ministerium Einladungen für Wissenschaftlerinnen und Wissenschaftler aus der DDR zu Arbeitstreffen in der BRD finanziert.

Peter Weber: Nein. Ich habe in den Tagungsbänden publiziert,[62] und das hat mir auch sehr geholfen, den Partnern in der BRD hat es auch geholfen – immer auch unter wissenschaftspolitischen Gesichtspunkten, denn es war ja damals dazu aufgefordert worden, Wissenschaftler aus der DDR heranzuziehen. Die 1970er und 1980er Jahre waren eine gute Zeit.

Michael Schlott: Gehen wir zurück zur Debatte um die Empfindsamkeit. Sie haben sich immer deutlich gegen die Thesen gewandt, die Pikulik und Wierlacher vorgebracht haben.[63] Hatten Sie davon Kenntnis, aus welcher Schule diese Arbeiten hervorgegangen waren?

Peter Weber: Eigentlich nicht.

Michael Schlott: Also, der Name Alewyn war Ihnen in dem Zusammenhang nicht bekannt?

Peter Weber: Doch, natürlich, mit Alewyn konnte ich Erfahrungen und Vorstellungen verbinden. Das war mir schon klar, daß diese Thesen nicht Produkte einer neuen linken Position sind; sie fügten sich für mich ein in die Linie der Auseinandersetzung mit älterer bürgerlicher Germanistik der 1950er Jahre. So weit konnte ich das zuordnen.

Michael Schlott: *Werther*: Peter Müller hat in seiner 1969 erschienenen Dissertation[64] den *Werther* als Überwindung der Aufklärung durch den Sturm und Drang charakterisiert, als Prototyp des modernen und extrem subjektbezogenen Menschen, und zugleich hat er die These vertreten, Goethe habe im *Werther* das „totale Individuum" gestaltet. Müller hat das durchaus mit einer Kritik an der feudalen Ständegesellschaft verbunden, dennoch hat er sich offenbar nicht im Einklang mit bestimmten Zügen des – da haben wir es wieder – sozialistischen Menschen- und Gesellschaftsbildes befunden. Warum hat nach Ihrer Meinung und nach Ihrer Kenntnis Peter Müllers Buch in der DDR eine derart ablehnende Kritik erfahren?

Peter Weber: Das ist eine schwierige Geschichte. Ich habe dazu auch noch ein Papier. Das ist eine umfassende Selbstkritik von ihm, die ihm ‚von oben‘ abgefordert wurde.[65] Müller ist nach Veröffentlichung seiner Dissertation schwer in Beschuß gekommen. Es wurde sogar behauptet, sein Buch sei im faschistischen Spanien positiv rezensiert worden. Das war dann wohl der ‚Sackzubinder‘. Es gab an unserem Institut auch zwei Mitarbeiter, die die fällige Kritik am Vorgesetzten geliefert haben. Es war eine schwierige Situation. Ich hatte damals durchaus starke Bedenken gegen diese Art der Hochstilisierung des *Werther*. Was soll man jetzt dazu sagen? Müller ist ein hochbegabter Mann, und wie er sich mit seinem Thema beschäftigte, ja identifizierte, das hatte schon etwas. Dann kam also diese Diskussion in der Partei, und damit war eine wissenschaftliche Auseinandersetzung um die Sache selbst gar nicht mehr möglich. Es war eigentlich bloß die Frage: Prügelt man auf Müller, oder prügelt man nicht auf Müller?

---

62   Vgl. beispielsweise Peter Weber: Zum Begriff der „Kunstperiode". In: Studien zur Ästhetik und Literaturgeschichte (wie Anm. 58), S. 77–102.

63   Vgl. insbesondere Lothar Pikulik: „Bürgerliches Trauerspiel" und Empfindsamkeit. Köln und Graz 1966; Alois Wierlacher: Das bürgerliche Drama. Seine theoretische Begründung im 18. Jahrhundert. München 1968; siehe ferner das Interview mit Gerhard Sauder, S. 376–401, hier S. 385.

64   Peter Müller: Zeitkritik und Utopie in Goethes „Werther". Berlin 1969; siehe dazu die Interviews mit Hans-Dietrich Dahnke (S. 218–254, hier S. 248–250) und Peter Müller (S. 359–375, hier S. 368 f.).

65   Siehe dazu das Interview mit Peter Müller, S. 359–375, hier S. 371 f.

Michael Schlott: Warum kam es zu einem Parteiverfahren?

Peter Weber: Irgendwelche Leute hatten sich empört und sich gegenseitig angespitzt und dazu noch diesen Beleg gehabt, daß die Arbeit im faschistischen Spanien positiv rezensiert worden sei. Diese Kritik kam dann von oben wieder runter: Dann wird der Betreuer zur Verantwortung gezogen, aber Thalheim ließ Müller im Regen stehen. Das war eine harte Geschichte.

Michael Schlott: Wissen Sie etwas über die Hintergründe des Parteiverfahrens gegen Müller, von wem das ausging und warum er eine so einhellig ablehnende Kritik provoziert hat? Also, es ging um die Individualisierungsproblematik im *Werther* …

Peter Weber: Worum es im einzelnen ging, über die Hintergründe – wer, wie und was –, das weiß ich nicht. Ich weiß auch nicht, ob Müller das weiß, denn so etwas hat man schwerlich erfahren. Aber Sie müssen dabei berücksichtigen, daß solche Angelegenheiten, sobald sie diese Art von Offizialität erreicht hatten, irrationale Dimensionen einschlossen. Denn wenn sich dieser Apparat entschließt, zu einem ganz bestimmten Buch, zu einer ganz bestimmten Person Maßnahmen zu ergreifen, aus welchem Grunde auch immer, müssen mehrere merkwürdige Konstellationen zusammenkommen. Das ist dann zumeist nicht mehr als Ganzes rational nachvollziehbar; das schaukelt sich also hoch. Der Betroffene ist dann gut beraten, sich gar nicht lange zu sträuben, sondern zu sagen: Jawohl, ich habe Fehler gemacht. Das wird Sie alles an stalinistische Prozesse erinnern. Es ist das Beste, die Fehler möglichst selbst zu formulieren. Denn die Fehler, die ihm vorgeworfen worden sind, sind gar nicht exakt formuliert. Er muß sich sozusagen überlegen, was er als seine Fehler angibt und mit welchen Konsequenzen er sie bereut. Das ist der Trick dabei. Nur so ist das aus der Welt zu schaffen oder einigermaßen zu überstehen. Man muß dazu sagen, daß das Verfahren im Kollegenkreis für Müller nicht zur Isolation geführt hat. Darin besteht ein Unterschied zu den stalinistischen Prozessen: Nicht alle haben gesagt: Von Müller nehmen wir Abschied.

Michael Schlott: Peter Müller ist später Professor an der Humboldt-Universität geworden?

Peter Weber: Nein, Müller stand allerdings an erster Stelle auf der Neuberufungsliste. Aber als Müller Sektionsdirektor[66] war, wurde auf Betreiben der Staatssicherheit ein dissidentischer Student hinausgeworfen. Den entsprechenden Beschluß mußte Müller unterzeichnen, und dazu sollte er vorgeladen werden. Aber er hat sich das ersparen wollen – und darum ist er aus dem Berufungsverfahren ausgeschieden.

Michael Schlott: Ich habe von anderen Interviewpartnern gehört, daß die Kritik an Müller auch im Zusammenhang mit seinerzeit aktuellen gesellschaftlichen Tendenzen in der DDR zu sehen sei, mit Diskussionen zur Gegenwartsliteratur: zu Christa Wolf, Ulrich Plenzdorf und anderen.

Peter Weber: Sicher, die werden sich gesagt haben: Jetzt fangen die in der Germanistik zum 18. Jahrhundert auch schon so an wie unsere Schriftsteller! Das ist sicher ein wichtiger Gesichtspunkt gewesen: dem vorzubeugen, daß diese Tendenz der Gegenwartslitera-

---

66   „Sektion" war seit den späten 1960er Jahren an den Hochschuleinrichtungen der DDR die Bezeichnung für eine größere Organisationseinheit für Lehre und Forschung und ersetzte Bezeichnungen wie Fakultät oder Institut.

tur[67] ein historisches Fundament erhält. Sicherlich ist die Stimmung, die von den Schriftstellern artikuliert wurde, in Müllers *Werther*-Buch eingeflossen.

Michael Schlott: Wenn ich dazu ein Zitat bringen darf: „Mit der Hervorhebung der normsprengenden Kraft des *Werther*-Romans trägt Müller den Bedürfnissen Rechnung, die sich in der aktuellen Forderung nach gesellschaftlicher Veränderung und der Bewältigung der Individualitätsproblematik in der sozialistischen Gesellschaft der DDR artikulieren." Dieses Zitat entstammt der Dissertation *Rezeptionsgeschichte des Romans „Die Leiden des jungen Werther"* von Bingjun Wang.[68] Die Formulierung gibt in etwa wieder, was man Müller vorgeworfen hat. Meinen Sie, daß Müller bewußt versucht hat, sich in einen solchen Prozeß mit einem etwas entlegeneren historischen Gegenstand hineinzuschreiben?

Peter Weber: Das ist ja die Stärke der Müllerschen Arbeit. Während ich mein Bürgerliches Trauerspiel als einen Aspekt des 18. Jahrhunderts mit dem entsprechenden Abstand behandele und unter wissenschaftlich-objektivierten Kriterien, hat Müller zum Werther ein ganz anderes Verhältnis entwickelt: Er hat den Text sozusagen als aktueller Leser gelesen. Das ist ja ein Problem, das wir überhaupt noch nicht berührt haben und das wir hier wohl auch nicht eingehend diskutieren können: Wie überhaupt dieses Herangehen an historische Konstellationen möglich ist und inwieweit man sich als gegenwärtiges Individuum dabei einbringt. Von einem objektivistischen Wissenschaftsbegriff aus gesehen (dem ich sehr zuneige), ist man mit diesem Problem nicht so sehr konfrontiert. Wenn man jedoch ernst nimmt, daß Literatur etwas ist, das gelesen, auch heute gelesen wird und dadurch erst eigentlich relevant ist – und so ist Müller vorgegangen – dann muß zu allem, was sich dem literarhistorischen Prinzip und Instrumentarium erschließt, noch etwas hinzukommen. Bei Müllers Werther-Buch zeigt sich ein hoher Identifikationsgrad; es werden Probleme artikuliert, die nicht nur Literaturwissenschaftler angehen. Auch Christa Wolf hat sich die Probleme für die Figuren ihrer Erzählungen nicht ausgedacht; das sind mentale Probleme gewesen, die einem jeden bekannt waren.

Michael Schlott: Wenn man so will, sind das doch Resultate einer Theoriedebatte, die in der Bundesrepublik seit Ende der 1960er Jahre gelaufen ist: Rezeptionsästhetik, Literatur und Leser …

Peter Weber: Wobei kurioserweise Peter Müller mit der Rezeptionsästhetik überhaupt nichts am Hut hatte, soweit ich das beurteilen kann. Aber dieses Individualismus-Problem war gar nicht so reflektiert; es war mehr ein intuitiver Ansatz, das ernstzunehmen. Dieses Problem mag auch bei mir eine Rolle gespielt haben, daß ich nicht vom Sturm und Drang weiter in die Gegenwart sondern zurück ins 18. Jahrhundert gegangen bin zu einem Gegenstand, den man wissenschaftlich traktieren kann. Dann kommt man nicht in die Gefahr, sich selber als Individuum zu artikulieren.

Michael Schlott: Herr Weber, Sie haben im Fragebogen, den Sie uns freundlicherweise zugeschickt haben, darauf hingewiesen, daß Sie an einem Forschungsprojekt „Funktionen Europäischer Literaturen im 18. und beginnenden 19. Jahrhundert" arbeiten oder gearbeitet haben.

---

67 Vgl. dazu insbesondere Ulrich Plenzdorf: Die neuen Leiden des jungen W., als Bühnenstück mit der Uraufführung 1972 in Halle, als Prosatext Rostock 1973.

68 Bingjun Wang: Rezeptionsgeschichte des Romans „Die Leiden des jungen Werther" von Johann Wolfgang Goethe in Deutschland seit 1945. Frankfurt/Main u. a. 1991, S. 86 f.

Peter Weber: … gearbeitet habe. Ich sitze jetzt an der Berliner Publizistik im ausgehenden 18. Jahrhundert.[69]

Michael Schlott: Darf ich fragen, wie sich Ihr Werdegang gestaltet hat seit den Ereignissen 1989?

Peter Weber: Ich gehöre zur Gruppe 2 derjenigen Akademie-Mitglieder, die positiv evaluiert wurden; es hat dafür drei Gruppen gegeben.[70] Die Einteilung ist nach Projekten vorgenommen worden, wobei auch immer Personen betroffen sind. Die erste Gruppe waren Projekte, die erhalten wurden, um sie in eine zukünftig neu zu gründenden Akademie aufzunehmen, was inzwischen erfolgt ist. Das waren hauptsächlich editorische Langzeitprojekte, die es zum Ende zu führen gilt – wie die Leibniz-Edition, die Forster-Edition, bestimmte Teile der Wieland-Edition. Die Mitarbeiter sind inzwischen auch an die Berlin-Brandenburgische Akademie der Wissenschaften angeschlossen.[71] Die zweite Gruppe waren Projekte, deren außeruniversitäre Fortführung gewährleistet werden sollte durch Neugründung von Instituten. Damit wurde die Max-Planck-Gesellschaft beauftragt, die aber keine neuen Institute gegründet hat, weil sie sich nicht alle diese Flöhe in den Pelz setzen wollte. Sie hat eine Tochtergesellschaft gegründet, die nennt sich „Förderungsgesellschaft Wissenschaftliche Neuvorhaben mbH". Diese hat mehrere Forschungsschwerpunkte; ein Forschungsschwerpunkt ist „Europäische Aufklärung", geleitet von Martin Fontius.[72] Dazu gehöre ich jetzt. Der ursprüngliche Vertrag war für alle auf drei Jahre befristet; er läuft Ende dieses Jahres aus, und wir haben die Zusage, daß er für nächstes Jahr noch verlängert wird. Ob und wie diese Forschungsschwerpunkte installiert werden, ist derzeit noch nicht im Detail ausgearbeitet. Unsere Projekte kommen nächstes Jahr nach Potsdam, sollen also primär in Kooperation mit der Potsdamer Universität arbeiten.[73] Ob es dann weitergeht, ist ungeklärt, weil die Finanzberatungen dazu verschoben worden sind. Die dritte Gruppe sind Wissenschaftler, deren Projekte als irgendwie ‚erhaltbar' bezeichnet wurden; die Betroffenen sollten in die Universitäten integriert werden. Das ist das WIP im HEP, das Wissenschaftlerintegrationsprogramm im Hochschulerneuerungsprogramm. Das betrifft die Hauptmenge der ehemaligen Akademie-Mitarbeiter; die arbeiten nun an

---

69 Peter Weber: Literarische und politische Öffentlichkeit. Studien zur Berliner Aufklärung. Hrsg. von Iwan Michelangelo D'Aprile und Winfried Siebers. Berlin 2006.

70 Vgl. u.a. Wissenschaftsrat: Stellungnahme zu den außeruniversitären Forschungseinrichtungen der ehemaligen Akademie der Wissenschaften der DDR auf dem Gebiet der Geisteswissenschaften und zu den Forschungs- und Editionsabteilungen der Akademie der Künste zu Berlin. Köln 1992; Burkhart Steinwachs: Bericht über die Lage der geisteswissenschaftlichen Forschung in der ehemaligen DDR. In: Geisteswissenschaften in der ehemaligen DDR. Berichte. Hrsg. von B.S. 2 Bde. Konstanz 1993, Bd. 1, S. 11–91, 11–26; Eberhard Lämmert: Der lange Anlauf. Von der Evaluierung zur Chancengleichheit der Wissenschaftler in Ost und West. In: Merkur 526, 47. Jg. (1993), S. 30–45.

71 Die Akademie wurde 1992 durch einen Staatsvertrag zwischen den Bundesländern Berlin und Brandenburg in der Tradition der Preußischen Akademie der Wissenschaften neu konstituiert.

72 Siehe dazu das Interview mit Martin Fontius, S. 255–270.

73 Nachfolgend und als eigenständige außeruniversitäre Einrichtung wurde 1996 das Forschungszentrum Europäische Aufklärung in Potsdam gegründet; getragen von einem gleichnamigen Verein und gefördert durch das Land Brandenburg und die Deutsche Forschungsgemeinschaft. 2007 wurde es aufgelöst; der letzte amtierende Direktor war von 1999 bis 2007 der Historiker Günter Lottes; vgl. dazu auch das Interview mit Martin Fontius, S. 255–270.

verschiedenen Universitäten – die größte Gruppe, soweit ich das übersehe, findet sich an der Humboldt-Universität zu Berlin. Alle haben zumeist erhebliche Schwierigkeiten, in die neue Arbeitsumgebung hineinzukommen, da ja zugleich an den Universitäten Kapazitäten abgebaut und umstrukturiert werden. Die Mitglieder dieser Gruppe 3 haben, soweit ich weiß, zumindest an der Humboldt-Universität Verträge bis Ende 1996 und fangen jetzt lebhaft an, ihre Rechte einzufordern. Daß diese verordnete Integration nicht so einfach zu bewerkstelligen ist, hätte man sich ja eigentlich vorstellen können. Für diejenigen, die keiner der drei Gruppen zugewiesen wurden, gibt es zum Teil ABM-Projekte. Darüber hinaus sind es nicht allzu viele gewesen, die gänzlich herausgefallen sind. Einigermaßen gesichert sind nur die Langzeitvorhaben in Gruppe 1; aber auch die laufen irgendwann aus oder sie werden gekürzt, also Lebenszeit-Stellen sind das in der Regel nicht. Das ist vor allem ein Problem für die jüngeren Wissenschaftler. Was soll dagegen mir noch groß passieren? Ich gehe auf meine letzten Jahre womöglich in die Arbeitslosigkeit und dann in die Rente. Aber bei den Jüngeren … – dazu brauche ich Ihnen wahrscheinlich nichts zu erzählen.

Michael Schlott: Ich komme mit meinen Fragen zum Schluß: Welche Ergebnisse Ihrer Untersuchungen zum *Menschenbild des bürgerlichen Trauerspiels* halten Sie heute für revisionsbedürftig, welche dagegen werden Sie weiterhin vertreten können?

Peter Weber: Oh, das ist schwierig. Vielleicht bin ich arrogant, aber mir ist bis jetzt nichts untergekommen, was mich zu entschiedenen Revisionen nötigen würde. Mir ist nur untergekommen, daß mir zu meiner an die Dissertation anschließenden Minna von Barnhelm-Interpretation[74] von Hans-Georg Werner vorgeworfen wurde, daß ich das Sara-Modell unkontrolliert verlängere und sozusagen zu einem sozialhistorischen Schematismus gelangt sei.[75] Das hat mich schwer getroffen, obwohl diese Kritik nicht allgemein geteilt wird. Ich habe dazu von westdeutschen Kollegen und Kollegen aus Nordamerika, die meine Interpretation wieder ausgegraben haben, ganz andere Reaktionen gehört. Wolfgang Wittkowski, mit dem mich sonst nichts verbunden hat, ist immer noch begeistert. Ungeachtet dessen hat sich mir der Verlauf der Kritik so dargestellt: Sara war gut, aber die Verlängerung zur Minna ist nicht haltbar. Es gab auch im Grundkurs von Helmut Peitsch gewisse Vorbehalte zu der Sezessionismus-These.[76] Aber ich habe das mit ihm nie ausgetragen, obwohl ich seit Jahren mit ihm befreundet bin; wir haben das nicht weiter diskutiert.

Michael Schlott: Aber die Beiträger im *Grundkurs* haben sich Ihnen doch weithin angeschlossen.

Peter Weber: Ja sicher, aber es wurde Kritik angedeutet – was ja bei der insgesamt positiven Aufnahme um so mehr zu beachten ist.

---

74   Peter Weber: Lessings „Minna von Barnhelm". Zur Interpretation und literarhistorischen Charakteristik des Werkes. In: P. W.: Literarische und politische Öffentlichkeit (wie Anm. 70), S. 61–104; zuerst in P. W.: Studien zur Literaturgeschichte und Literaturtheorie. Gerhard Scholz anläßlich seines 65. Geburtstages gewidmet von Schülern und Freunden. Hrsg. von Hans-Günther Thalheim und Ursula Wertheim. Berlin 1970, S. 10–57.

75   Lessing-Konferenz Halle 1979. 2 Bde. Hrsg. von Hans-Georg Werner. Halle/Saale 1980; Bausteine zu einer Wirkungsgeschichte: Gotthold Ephraim Lessing. Hrsg. von H.-G. W. Berlin 1984, S. 425 f.

76   Vgl. Helmut Peitsch: Das Allgemeinmenschliche im Konzept des bürgerlichen Nationaltheaters. Gotthold Ephraim Lessings Mitleidstheorie. In: Westberliner Projekt: Grundkurs 18. Jahrhundert (wie Anm. 26), Bd. 1, S. 147–188, hier S. 177, Anm. 21.

Michael Schlott: Ich habe noch zwei Fragen, Herr Weber. Zum einen: Sie sind in Ihrer Forschungstätigkeit zu keinem Zeitpunkt durch parteipolitisch gelenkte Eingriffe behindert gewesen?

Peter Weber: Zu meinen Forschungsgegenständen war eigentlich nicht soviel zu sagen, was hätte stören können.

Michael Schlott: Die letzte Frage: Wie funktionierte das Gutachterwesen in der Literaturwissenschaft der DDR? Wer bestellte Gutachter, nach welchen Kriterien wurden sie ausgewählt, welche Aufgaben hatten sie?

Peter Weber: Für Projekte oder für Qualifikationsarbeiten?

Michael Schlott: Für Publikationen, bevor sie der Öffentlichkeit zugänglich gemacht wurden.

Peter Weber: Also, bei dem Trauerspiel-Buch kam ich an dem Herausgeber der Reihe „Germanistische Studien" nicht vorbei, das war Thalheim. Der hatte ein etwas zwieschlächtiges Gutachten geschrieben, der hat das erstmal sehr gelobt, hat dann – etwas übertrieben gesagt – bemängelt, daß ich die Sache nicht bis Brecht durchziehe und daß ich doch gewisse Schwächen in der marxistischen Analyse habe. Ich habe das nie ganz verstanden; ich habe eine Abschrift des Gutachtens hier liegen, aber wir wollen uns jetzt nicht so lange damit aufhalten. An Thalheim kam ich also nicht vorbei; er hat dann auch gesagt: „Wir müssen noch einmal zusammen daran arbeiten." Ich bin auch zu ihm gegangen, aber es kam dann nicht allzu viel; ich habe eigentlich nichts verändert. Ich habe nur noch dieses markige Vorwort geschrieben, wie wichtig es für den Sozialismus ist, was ich da treibe. Das entsprach zwar meiner Überzeugung, entspricht ihr irgendwo immer noch – sofern eine solche Bemerkung nicht hinfällig ist, da es ja keinen Sozialismus mehr in Europa gibt. Dennoch hätte ich das nicht so kräftig prononciert, wenn nicht dieser Hammer nötig gewesen wäre, um Thalheim die Bedenken zu nehmen. Er hatte auch Bedenken dazu, daß ich in meiner Dissertation die DDR-Forschung kritisiere: Ich habe ja nicht nur die West-Forschung kritisiert. Das gefiel ihm alles nicht. Nach meinem markigen Vorwort war die Sache erledigt; die Arbeit ging in den Druck. Zensor war in diesem Falle also der Herausgeber, zugleich mein Vorgesetzter an der Akademie.

Oder es lief eigentlich über die Zeitschriftenredaktionen; es kamen Änderungshinweise oder ähnliches. Es gab dann sehr spät erst – institutionell gesehen – an der Akademie eine sogenannte Publikationsordnung. Dort war genau festgelegt, welche Publikation vorab von wem zu lesen war. Kleinere Sachen, also ein Aufsatz zu irgendetwas Unverfänglichem, wurden vom Forschungsgruppenleiter geprüft. Für wichtigere Publikationen ging es immer höher hinauf, und Veröffentlichungen im westlichen Ausland mußten vom Direktor genehmigt werden. Man legte das Manuskript vor, erhielt das Okay oder wurde mit Bedenken konfrontiert. So sahen offizielle Verfahren aus, wobei es noch spezielle Genehmigungsverfahren in den Verlagen für die Publikation von Büchern gegeben hat.

Michael Schlott: Herr Weber, wir haben uns sehr lange unterhalten: Recht herzlichen Dank für dieses aufschlußreiche Gespräch!

3.3 Jakobinismusforschung

Franz Dumont

FRANZ DUMONT (* 1945), 1964 Studium der Geschichte, Philosophie, Altphilologie, Politikwissenschaft und Geographie in Bonn und Mainz, Engagement in der studentischen Selbstverwaltung als AStA-Mitglied und Fakultätssprecher, 1970 Erstes Staatsexamen für das Höhere Lehramt, 1971 Assistent und Wissenschaftlicher Mitarbeiter am Historischen Seminar I und der Senatskommission Lehrerbildung der Universität Mainz, 1978 Promotion in Mittlerer und Neuerer Geschichte, Politikwissenschaft und Geographie, 1978 Wissenschaftlicher Mitarbeiter am Archiv für Christlich-demokratische Politik der Konrad-Adenauer-Stiftung in St. Augustin (Bonn), 1979 Wissenschaftlicher Mitarbeiter an der Akademie der Wissenschaften und der Literatur in Mainz und des Medizinhistorischen Instituts der Universität Mainz (Edition der Werke, insbesondere der Korrespondenz und der Tagebücher des Anatomen und Naturforschers Samuel Thomas Soemmerring), 2007 Ruhestand.

1971 und 1973 Stipendiat des Deutschen Historischen Instituts Paris, 2008 Verleihung des Römischen Kaisermedaillons durch die Stadt Mainz.

FRANZ DUMONTS Forschungstätigkeit begann in den 1970er Jahren mit der Erarbeitung der Quellen zu seiner Dissertation über die Mainzer Republik. Zu seinem anderen Forschungsobjekt, Leben und Werk des Anatomen und Naturforschers Samuel Thomas Soemmerring (1775–1830), insbesondere der Edition seiner Korrespondenz und Tagebücher, kam DUMONT über die Persönlichkeit des Forschungsreisenden Georg Forster (1754–1794), dem in der Mainzer Republik eine führende Rolle zukam. DUMONT lieferte zudem zahlreiche Beiträge zur Mainzer Stadt- und Medizinhistorie sowie zur regionalen Kirchengeschichte.

Das Interview wurde am 23. September 1994 in Mainz geführt.

Michael Schlott: In Ihrer Rezension zu Sigfrid Gauchs Arbeit über Emerich[1] – Sie nennen dieses Buch „ein großes Buch" – von 1986 schreiben Sie, daß die Erforschung des deutschen Jakobinismus „seit ihren Anfängen in den 60er Jahren [...] stark literaturhistorisch ausgerichtet" gewesen sei, „ja man erhob die literarische Praxis zum bestimmenden Kriterium deutscher Jakobiner. Und bei manchem Anhänger dieser ‚literarischen' Jakobinismus-Definition hatte man den Eindruck, daß er stets nur mit gedruckten, nie aber mit handschriftlichen Quellen gearbeitet hatte. Fehlinterpretationen, besonders die [...] Überschätzung des behandelten Werkes beziehungsweise Autors oder eine mangelnde Berücksichtigung histo-

---

1   Sigfrid Gauch: Friedrich Joseph Emerich – ein deutscher Jakobiner. Studien zu Leben und Werk. Frankfurt/Main u. a. 1986.

rischer Realien waren oft genug die Folgen dieser Art von Jakobinerforschung". Könnten Sie Ihre Sicht der Anfänge der Forschungen zum deutschen Jakobinismus näher erläutern?[2]

Franz Dumont: Also ich sehe das so: Man ist meistens über die Prosa-Texte (zum Teil ist es auch Lyrik gewesen) der Jakobiner in das Problemfeld eingestiegen – zumindest hier in Westdeutschland. In Ostdeutschland war das mit der sehr frühen Edition von Scheel über die süddeutschen Jakobiner[3] ein bißchen anders. Aber in Westdeutschland stieg man so ein, fand meist in sehr abgelegenen Bibliotheken oder an sehr entlegenen Stellen irgendwelche Flugschriften und analysierte sie dann: im Hinblick auf den ideologischen Gehalt, auf – sagen wir einmal – den sprachlichen Duktus, den geistesgeschichtlichen Hintergrund und so weiter; eine Befassung mit den politischen Zusammenhängen fand nur allmählich statt. Ich sehe es so: Die frühen Jakobinerforscher sind stark germanistisch eingefärbt. Das ist kein Vorwurf, aber sie waren weniger Historiker im klassischen Sinne.

Das war eine Welle, die in der alten Bundesrepublik – ganz grob gesagt – am Ende der 1960er Jahre oder in der zweiten Hälfte der 1960er Jahre anhob mit Walter Grab und etwa der Reihe *Deutsche revolutionäre Demokraten* im Metzler-Verlag.[4] Wenn man sich diese Publikationen einmal anschaut, zum Beispiel von einem Forscher wie Hans-Werner Engels in Hamburg, der Gedichte und Lieder deutscher Demokraten oder deutscher Jakobiner ediert hat, aber auch die anderen Publikationen, so sind sie vielfach literarhistorisch ausgerichtet – nicht zuletzt ein sehr guter Band von Gerhard Steiner über das Theater. Auch wenn er von der ostdeutschen Seite kommt, ist er typisch für die dominierend literarhistorische Ausrichtung dieser Reihe. Auch die anderen Publikationen, jenseits dieser Reihe, gewinnen in diesem Zeitraum erst allmählich historisches Profil (im Sinne von konventioneller Historiographie). Sehr prägend zum Beispiel für die gesamte Diskussion wirkten Leute wie Inge Stephan,[5] die ja explizit auf den literarischen Jakobinismus abhebt. Dazu zu zählen wären wohl auch frühe Arbeiten etwa von Hans-Wolf Jäger über Reiseliteratur,[6] die das herausfiltern, was mehr oder minder „jakobinisch" ist. Und die realhistorischen Bezüge oder der real existierende Jakobinismus, schwerpunktmäßig natürlich hier am Rhein, aber auch in Hamburg und sonstwo, kamen weder biographisch noch in seinen politischen Zusammenhängen noch in seinem lokal- oder regionalgeschichtlichen Hintergrund in den Blick. Insofern, muß ich sagen, ist dieses Buch von Gauch eher die Ausnahme. Ich habe die Entwicklung der Pu-

---

2   Franz Dumont: [Rez.] Sigfrid Gauch: Friedrich Joseph Emerich – ein deutscher Jakobiner, 1986. In: Aufklärung – Vormärz – Revolution. Jahrbuch der internationalen Forschungsstelle „Demokratische Bewegungen in Mitteleuropa 1770–1850" 7 (1988), S. 180 f.

3   Heinrich Scheel: Süddeutsche Jakobiner. Klassenkämpfe und republikanische Bestrebungen im deutschen Süden Ende des 18. Jahrhunderts. Berlin 1962; Jakobinische Flugschriften aus dem deutschen Süden Ende des 18. Jahrhunderts. Hrsg. von H. S. Berlin 1965.

4   Deutsche revolutionäre Demokraten. Hrsg. von Walter Grab. 5 Bde. Stuttgart 1971–1978 – Bd. 1 (1971): Hans-Werner Engels: Gedichte und Lieder deutscher Jakobiner; Bd. 2 (1978): Axel Kuhn: Linksrheinische deutsche Jakobiner. Aufrufe, Reden, Protokolle, Briefe und Schriften 1794–1801; Bd. 3 (1972): Alfred Körner: Die Wiener Jakobiner; Bd. 4 (1973): Gerhard Steiner: Jakobinerschauspiel und Jakobinertheater; Bd. 5 (1973): Walter Grab: Leben und Werke norddeutscher Jakobiner; siehe dazu II, 2.2.1, S. 103–107.

5   Inge Stephan: Literarischer Jakobinismus in Deutschland (1789–1806). Stuttgart 1976.

6   Reisen im 18. Jahrhundert. Neue Untersuchungen. Hrsg. von Wolfgang Griep und Hans-Wolf Jäger. Heidelberg 1986.

blikationen verfolgen können und kann sagen, ich habe selten einen Germanisten gesehen, der vielfach das Stadtarchiv konsultiert hat und Berge von Akten, in denen man dann jeweils ein Zettelchen findet, durchackert. So etwas ist eher die Ausnahme.

Michael Schlott: Sie haben die Frage damit eigentlich schon beantwortet, was es heißt, daß man die literarische Praxis zum bestimmenden Kriterium für die deutschen Jakobiner erhoben habe.

Franz Dumont: Ja, das kann man ziemlich genau nachlesen bei Inge Stephan. Erst später kommt das, was in Frankreich, aber auch in der DDR in einer schon länger betriebenen Perspektive der Erforschung der Französischen Revolution thematisiert wurde, dieser innerfranzösische terminologische Unterschied zwischen Jakobinern im engeren Sinne, also den Montagnards, und den Girondisten. Das kommt bei uns erst später an.

Michael Schlott: Sie kritisieren Inge Stephans These vom Literarischen Jakobinismus, weil sie – wie Sie schreiben – „in ihrer Ausschließlichkeit doch alle jene unberücksichtigt läßt, die sich nur verbal oder durch Aktionen für die Revolution engagierten".[7] Aber aus eben diesem Grunde ist ja die Rede vom ‚Literarischen Jakobinismus', im Sinne einer attributiven Kennzeichnung einer bestimmten Form von Jakobinismus. Sehen Sie das anders?

Franz Dumont: Ihr Einwand ist durchaus berechtigt. Nur hatte ich damals, 1987, und habe ich zum Teil auch heute noch den Eindruck, daß sich diese Kennzeichnung des Literarischen Jakobinismus verselbständigt hat. Das Attribut wurde mehr oder minder zur Hauptsache. Dagegen richtete sich damals meine Kritik. Auf die heutige Forschungslage angewandt wäre dieser Einspruch nicht mehr so stimmig. Damals war es zwar zunächst wichtig, sich den ersten Zugang über das gedruckte (zumeist literarische oder publizistische) Material zu verschaffen, aber ich empfand dies schon bei meinen Arbeiten zur Mainzer Republik[8] als unbefriedigend. Ich muß dazu einen Freund nennen, der mitgearbeitet hat und eigentlich über den Club promovieren sollte, Gerhard Hauck, der darüber eine Examensarbeit[9] geschrieben und immer wieder kleine Aufsätze verfaßt hat,[10] aber leider nicht zur Doktorarbeit kam. Wir beide haben versucht, sozusagen die kleinen Leute mit heranzuziehen. Irgendein Handwerker in Mainz, Worms oder in Speyer, der äußert sich nicht groß, der unterschreibt etwas, der macht eine Aktion oder pflanzt einen Freiheitsbaum. Und wenn man die nicht berücksichtigt, die sich unter Umständen jakobinischer als andere verhalten haben, und sich nur noch um die Feinheiten – ich überpointiere jetzt ein wenig – diverser literarischer Gattungen, die da gesammelt werden, kümmert, dann wird das Jakobinerbild verengt.

---

7 Dumont: [Rez.] Gauch, Emerich (wie Anm. 2), S. 181.
8 Franz Dumont: Die Mainzer Republik von 1792/93. Studien zur Revolutionierung in Rheinhessen und der Pfalz. Alzey 1982; 2., erw. Aufl.: 1993. Zur zweiten Auflage siehe: Die Mainzer Republik. Historie und Politikum. Ein Interview [von Bernd Blisch] mit Franz Dumont zur Neuauflage seines Buches zur Mainzer Republik. In: Mainzer Geschichtsblätter 8 (1993), S. 45–48.
9 Gerhard Hauck: Die Zusammensetzung des Mainzer Jakobinerklubs von 1792/93. Mainz 1973 (Staatsexamensarbeit, Typoskript).
10 Vgl. etwa Gerhard Hauck: Die personelle Zusammensetzung des Mainzer Jakobinerklubs verglichen mit der des Landauer Jakobinerklubs. In: Die Mainzer Republik. Hrsg. vom Landtag Rheinland-Pfalz. Redaktion: Doris M. Peckhaus und Michael-Peter Werlein. Mainz 1993, S. 165–171.

Michael Schlott: Inge Stephan ist auch Historikerin. Sie hat mit Walter Grab zusammengearbeitet.

Franz Dumont: Wobei man sagen muß, daß Walter Grab, der – bei allem, was wir miteinander an Dissens haben – doch zu den Pionieren auf diesem Gebiet gehört und sich stärker historisch orientiert, sich aber auch gerne nur festmacht etwa an ein paar Flugschriften. Das war uns, Gerhard Hauck und mir, eine zu enge Sicht – wir hatten das damals aufgeteilt, Hauck beschäftigte sich mehr mit der Stadt Mainz und ich mit dem Land, wobei wir uns gut ergänzt haben. Es ist schade, daß er seine sozialhistorische Arbeit über den Club nicht fertigstellen konnte.

Michael Schlott: Heinrich Scheel hat behauptet, das Thema Ihrer Dissertation[11] sei Ihnen von Ihrem Betreuer nicht zufällig, sondern justament in der Zeit der Studentenrevolte gestellt worden.[12] Es gibt in Ihrer Dissertation auch einen entsprechenden Passus, der aber nicht so lautet, wie Scheel das beschrieben hat. War es so, wie Scheel es hier – offensichtlich überpointiert – geschildert hat? Wenn nicht, wie war es dann?

Franz Dumont: Ich glaube, Sie beziehen sich, was mein Buch angeht, auf das Vorwort von 1982, wo ich geschrieben habe: „Das Thema stellte Herr Professor Dr. Hermann Weber, dem ich für jahrelange Betreuung, wichtige Impulse und fördernde Kritik außerordentlich dankbar bin."[13] Dieser Passus mußte natürlich erscheinen – also offiziell mußte der ‚Doktorvater' das Thema stellen, das ging ja gar nicht anders. Ich glaube, ich sage nicht zuviel, wenn ich feststelle, daß die eigentliche Idee, dieses Thema aufzugreifen, von mir selbst kam.

Michael Schlott: Warum mußte das offiziell so sein? Ich habe mir mein Thema auch selber gesucht.

Franz Dumont: Ja, natürlich. Hier war es aber so, daß er vom Dekanat aufgefordert wurde, das Thema zu formulieren und einzureichen, damit es mir mitgeteilt werden konnte – das war der Dienstweg. Zur Vorgeschichte: Weber kam 1967 hierher. Man datiert die Studentenbewegung immer auf 1968, aber man muß in Mainz bei vielem mit einer gewissen Verzögerung rechnen. Jemand sagte einmal: „Mainz liegt 1000 Kilometer von Frankfurt entfernt." Daran können Sie ersehen, daß die Zugkraft der Studentenbewegung in Mainz zunächst sehr gering war, daß es eine erhebliche Phasenverschiebung gab bis etwa in das Frühjahr 1970. Erst dann ging das hier richtig los. Aber Scheel unterschätzt zwei Dinge: (a) die Eigeninitiative von Studenten damals und (b) die Mainzer lokale Situation. Es war für uns – und da muß ich einen ganzen Kreis von Studenten, von denen die meisten heute Lehrer geworden sind, einschließen – schon faszinierend, wie solche Themen auf einmal aktuell wurden: „Wie beeinflusse ich eine Bevölkerung, wie versuche ich, sie politisch zu mobilisieren?" Wenn man auf die Mainzer Republik blickt, dann war sie in der Mainzer und hiesigen Lokal- und Regionalhistorie immer ein Thema – selbst wenn sie tabuisiert

---

11 Dumont: Die Mainzer Republik (wie Anm. 8).
12 Vgl. Heinrich Scheel: [Rez.] Franz Dumont: Die Mainzer Republik von 1792/93, 1982 In: Zeitschrift für Geschichtswissenschaft 32 (1984), H. 1, S. 71–74, hier S. 72; siehe dazu die Interviews mit Heinrich Scheel (S. 665–691, hier S. 670), Axel Kuhn (S. 528–560, hier S. 550) und Helmut Reinalter (S. 627–664, hier S. 646 f.) sowie II, 2.2.1, S. 89–91.
13 Dumont: Die Mainzer Republik (wie Anm. 8), S. XI.

war, aber dann wußte man, das ist eine heiße Sache, da geht man nicht ran. Es war schon faszinierend, auf einmal wiederzuentdecken, daß 1792/93 ein ähnlicher Versuch lief wie mit der APO (Außerparlamentarischen Opposition): Da will also – um es jetzt ganz verkürzt zu sagen (das ist nicht meine Meinung, aber es war in etwa die Perspektive, die wir damals hatten) – eine intellektuelle Avantgarde die Massen mobilisieren, damit es eine Revolution gibt. Das war ja 1968 durchaus ein Thema. Ich muß dazu sagen: Ich war damals – für Mainzer Studentenverhältnisse – politisch sehr aktiv, seit 1966 im Studentenparlament, war Sprecher der Philosophischen Fakultät, die ja bekanntermaßen auch selbst in Mainz die unruhigste war – wenngleich harmlos im Vergleich zu Frankfurt. Und ich war schließlich stellvertretender AStA-Vorsitzender, so daß eine politische Sensibilisierung schon eine Rolle spielte, eine aktive Mitgestaltungstätigkeit im kleinen Mainzer Sandkasten. Das ist sicher richtig, aber es wäre völlig naiv anzunehmen, Weber wäre gekommen und habe gesagt: „Sie machen das jetzt!"

Michael Schlott: Unterstellt Scheel womöglich DDR-Verhältnisse?

Franz Dumont: Ja, er unterstellt DDR-Verhältnisse, oder besser: die alte Ordinarien-Herrlichkeit, wie sie dort, unter rotem Mäntelchen, im Grunde fröhlich weiterexistiert hat. Er kann wohl gar nicht verstehen, daß man unter einem Ordinarius selbständig arbeiten kann, daß eben keine Weisungen, kein Auftrag existierten, daß Weber das Thema zwar auch wichtig fand, daß er aber wohl nicht sonderlich davon begeistert war. Er wäre begeisterter gewesen, wenn ich die vorausgegangene Mainzer Aufklärung behandelt hätte oder – was er dann später selbst gemacht hat – wenn ich einen bestimmten Mainzer Professor wie etwa den Niklas Vogt[14] (bei dem der Staatskanzler Metternich unter anderem Geschichte gehört hatte in seinen Mainzer Jahren) mit seinem Gleichgewichtsmodell, sowohl außenpolitisch als auch ständestaatlich orientiert (sagen wir gemäßigt konservativ, das geht auch in die Richtung von Gentz), bearbeitet oder etwas ähnliches gemacht hätte. Wobei Weber aber – das muß ich auch noch sagen, ich habe es in dem einen Interview im Gymnasium Moguntinum[15] zum Ausdruck zu bringen versucht – offen war durch die *Annales-Schule* für Themen, die sonst nicht so gang und gäbe waren und offen auch für – wenn man so will – politisch brisante Themen. Es ist also völlig naiv zu sagen: Der Ordinarius hat das als ideologisch heiß ausgeguckt und hat dann einen Doktoranden rangesetzt, um an einer Gegenschraube zu drehen. Ich darf noch einen zweiten Punkt erwähnen: Man muß – und das verkennt Scheel ebenfalls vollkommen – die spezielle Mainzer Situation sehen: daß dieses Thema in Mainz damals noch vorbelastet war, und zwar gar nicht aus dem Grund ‚Revolution‘, sondern aus dem Grund ‚Franzosen‘. Hier spielt, anders als andernorts in Deutschland, die sogenannte Separatistenzeit von 1923 eine große Rolle, also der Versuch kleiner Cliquen von Rheinländern, die das Rheinland zumindest von Preußen, ‚de facto‘ aber vom Reich loslösen wollten. Ein Versuch, der von allen Parteien, von den Kommunisten bis hin

14 Vgl. Hermann Josef Peters: Niklas Vogt, der letzte Geschichtsprofessor an der kurfürstlichen Universität Mainz. In: Tradition und Gegenwart. Studien und Quellen zur Geschichte der Universität Mainz. Besorgt durch Hermann Weber. Teil 1: Aus der Zeit der kurfürstlichen Universität. Wiesbaden 1977, S. 241–249 (mit weiteren Hinweisen).
15 Ein Standardwerk in zweiter Auflage: Franz Dumont: „Die Mainzer Republik". Gymnasium Moguntinum im Gespräch mit dem Autor. In: Gymnasium Moguntinum. Blätter des Freundes- und Förderkreises des Rabanus-Maurus-Gymnasiums Mainz, Nr. 56, Juni 1993, S. 142–145.

zu den Deutschnationalen, strikt abgelehnt worden ist, auch von den Gewerkschaften. Also der passive Widerstand gilt nicht nur dem Ruhrgebiet, sondern auch dieser Sache. Und in Mainz wurden damals die „Clubisten" von 1792/93 vielfach noch gleichgesetzt mit den Separatisten von 1923, woran die Franzosen selber nicht unschuldig sind, weil sie 1923 die Jakobiner für das separatistische Projekt benutzt hatten.

Michael Schlott: Könnten Sie dazu vielleicht einige Namen nennen? Gab es Publikationen?

Franz Dumont: Es gibt die *Revue rhénane*[16] oder *Le Rhein illustre*[17]. Darauf bezieht sich ein Aufsatz im *Archiv für Kulturgeschichte* von Jürgen Voss[18] (der jetzt in Paris am Deutschen Historischen Institut[19] ist) zur Instrumentalisierung dieses Geschichtsbildes. Das bezog sich natürlich nicht nur auf Clubisten, wie zum Beispiel Forster. Und manche Aspekte in der französischen Besatzungspolitik oder Kulturpolitik für die französische Zone nach 1945, wozu wir ja auch wieder gehörten, bewerten den Club, die Jakobiner, sehr hoch. Im Rahmen dieser Bewertung ist auch zu nennen der Name des französischen leitenden Kulturoffiziers, Raymond Schmittlein, der verwandtschaftlich mit der Gegend hier verbunden ist – mit dem Elsaß und mit Mainz. Der hat ein großes, dreibändiges Werk herausgegeben: *Le Siège de Mayence*[20] – 1949 zum 200. Geburtstag Goethes, also Goethes *Belagerung von Mainz*,[21] übersetzt ins Französische, mit einem riesigen Dokumentenanhang, mit einem Bildband und mit einer fulminanten Einleitung. Also Mayence gerinnt (in dieser Version) zu einer leider abhanden gekommenen französischen Festung. Das ist etwas verkürzt, aber es ist eine Einstellung, die mir bei den Archivstudien in Paris im übrigen immer wieder begegnet ist. Deshalb muß man hier den Faktor Frankreich ganz erheblich einbeziehen. Auch aus diesem Grund geht die von Ihnen referierte Einschätzung Scheels schlicht an der Wirklichkeit vorbei.

Michael Schlott: Scheel spricht von „vorwissenschaftlichen Maßstäben", und auch Sie haben diesen Ausdruck gebraucht, „zu denen sich der Promovent bekannte und bekennt", sagt Scheel, wie zum Beispiel „das christlich-demokratische Mäntelchen mit seinen wohlklingenden Ansprüchen"[22] – er bezieht sich dabei auf die Anmerkung 21 in Ihrer Disser-

---

16   Le Revue rhénane, Mainz 1 (1920/21) ff.

17   Le Rhein illustre, Mayence 1919.

18   Ingrid Voss und Jürgen Voss: Die ‚Revue Rhénane' als Instrument der französischen Kulturpolitik am Rhein (1920–1930). In: Archiv für Kulturgeschichte 64 (1982), S. 403–451.

19   Das Deutsche Historische Institut Paris wurde 1958 als Auslandsinstitut gegründet; es wird vom Bundesministerium für Bildung und Forschung unterhalten. Das Institut betreibt – zumeist mit Partnern aus Westeuropa – Forschungsprojekte (so auch zur neueren und neuesten Geschichte), es veranstaltet Kolloquien sowie Vorträge und beteiligt sich an deutsch-französischen und internationalen Historiker-Tagungen. Zudem werden Stipendien vergeben – insbesondere an deutsche Doktoranden und Habilitanden, die zur französischen, deutsch-französischen oder westeuropäischen Geschichte forschen. Habilitierte Wissenschaftlerinnen und Wissenschaftler aus Deutschland erhalten einjährige Gastdozenturen.

20   Raymond Schmittlein: Un récit de Guerre de Goethe: Le Siège de Mayence. Bd. 1: Vérité et Roman; Bd. 2: Traduction et Notes historiques; Bd. 3: Iconographie. Mainz und Baden-Baden 1951–1961.

21   Goethes zweiteiliger autobiographischer Prosatext *Campagne in Frankreich 1792, Belagerung von Mainz* wurde erstmals 1822 publiziert.

22   Vgl. Scheel: [Rez.] Dumont (wie Anm. 12), S. 72.

tation. Trifft es zu, daß Sie sich zu vorwissenschaftlichen Maßstäben bekannten und bekennen?

Franz Dumont: Ja.

Michael Schlott: Könnten Sie diese Maßstäbe bitte erläutern?

Franz Dumont: Das ist das große Thema ‚Standortgebundenheit' – also das muß ich langsam entwickeln. Ich muß noch einmal die Anmerkung 21 nachschlagen, auf die sich Scheel mit diesem „christlich-demokratischen Mäntelchen" bezieht.

Michael Schlott: Die Frage zielt darauf, ob Ihre Dissertation eine parteipolitisch forcierte Angelegenheit gewesen sei oder nicht.

Franz Dumont: Ich weiß, ich habe eine Anmerkung gemacht zur Demokratiekonzeption.

Michael Schlott: Ich zitiere: „Die für den Verfasser erstrebens- und erhaltenswerte Staatsordnung ist eine Demokratie, die auf den Prinzipien der Volkssouveränität, der Mehrheitsentscheidung und Gewaltentrennung sowie auf dem Recht zur organisierten Opposition beruht und die politische Freiheit, Gleichheit vor dem Gesetz und soziale Gerechtigkeit in ein ausgewogenes Verhältnis zueinander bringt"[23] – sozusagen ein klassisches Demokratieverständnis. „In meinen Auffassungen über Aufgaben und Methoden des Historikers schließe ich mich im wesentlichen Karl-Georg Faber an."[24] Und dann haben Sie eine kleine biographische Anmerkung: „[…] wurde in der Spätphase der ‚Studentenrevolte' aufgenommen, als die revolutionäre Mobilisierung [...]"[25]

Franz Dumont: Ja, das ist das, was ich vorhin angesprochen habe.

Michael Schlott: Und daß „die Eltern des Verfassers aus dem deutsch-französischen bzw. deutsch-belgischen Grenzgebiet stammen".[26] Also, das sind die Fakten. Was hat es nun auf sich mit dem „christlich-demokratischen Mäntelchen"?[27]

Franz Dumont: Also mit dem „christlich-demokratischen Mäntelchen" – wenn damit von Scheel auf die CDU angespielt wird – hat es nichts auf sich, denn die von mir angeführten Charakteristika der westlichen Demokratie kann ein Sozialdemokrat genauso unterschreiben wie ein Freidemokrat ohnehin, und ich denke, weite Teile der Grünen auch. Das ist also nicht spezifisch parteipolitisch. Also insofern stehe ich auf dem Boden eines westlichen Demokratiemodells. An einer anderen Stelle[28] sage ich auch, daß die Bezeichnung Demokrat bei den Jakobinern ja nicht ganz kongruent ist mit dem heutigen Begriff – auch nicht kongruent sein kann, weil es Demokratie in unserem heutigen Verständnis ja um 1800 nicht gab. Ich kann mich im übrigen auch gut daran erinnern, daß mir verschiedene Kollegen damals geraten haben, nicht von Demokraten zu sprechen, sondern von Republikanern. Ich bin heute aus diversen Gründen froh, daß ich das nicht getan habe. Allerdings hatten die Mainzer Jakobiner ja eine Zeitschrift, die hieß: *Der Fränkische Republikaner.*[29]

---

23   Dumont: Die Mainzer Republik (wie Anm. 8), S. 12, Anm. 21.
24   Ebd.; vgl. dazu Karl-Georg Faber: Theorie der Geschichtswissenschaft. München 1971.
25   Dumont: Die Mainzer Republik (wie Anm. 8), S. 12, Anm. 20.
26   Ebd.
27   Scheel: [Rez.] Dumont (wie Anm. 12), S. 72.
28   Vgl. Dumont: Die Mainzer Republik (wie Anm. 8), S. 171–178.
29   Der Fränkische Republikaner. Eine Wochenschrift für die ganze Menschheit, vorzüglich aber für

Michael Schlott: Das „christlich-demokratische Mäntelchen" kann sich also nur darauf beziehen, daß Sie und Ihre Vorfahren katholisch (gewesen) sind?

Franz Dumont: Nein, nein, da müssen Sie Scheel selber fragen. Ich glaube, Scheel zielt hier weniger auf den katholischen oder den christlichen Kontext, sondern eindeutig auf die Nähe oder Mitgliedschaft zur CDU.

Michael Schlott: Sie sind CDU-Mitglied?

Franz Dumont: Ich bin CDU-Mitglied, aber erst seit Mitte der 1970er Jahre. Und die CDU in Mainz und in Rheinland-Pfalz (und die CDU überhaupt) hat sich zunächst einmal um das Thema Mainzer Republik so gut wie nicht gekümmert. Davon wußte kaum einer etwas. Natürlich gibt es und gab es in der CDU – manches ist eher Vergangenheit – starke konservative Kreise, die mit dem Phänomen Revolution überhaupt nichts zu tun haben wollten.

Michael Schlott: Was hatte es mit der eben erwähnten autobiographischen Fußnote auf sich?

Franz Dumont: Der Passus über die Eltern hat einen ganz anderen Hintergrund, der bezieht sich eindeutig auf den Faktor Frankreich – gewissermaßen auf die Beeinflussung von Westen, positiv wie negativ, wenn man so will; da sind auch Reibungsflächen eingeschlossen. Mein Vater stammt aus dem letzten deutschen Ort, Perl an der Obermosel, gegenüber liegt das jetzt bekannte Schengen, ein ganz kleines Dorf in Luxemburg; man geht über die Felder und ist in Frankreich bzw. im ehemaligen Elsaß-Lothringen. Meine Mutter stammt aus der Nähe von Malmedy, das ist jener kleine Teil Deutschlands, der 1920 mit einer mehr oder minder ‚freien' Volksabstimmung an Belgien kam. Mein Vater war in französischer Kriegsgefangenschaft und konnte sich nur durch gute Französisch-Kenntnisse daraus retten – das sind Dinge, die fließen natürlich nicht direkt in die Arbeit ein, aber sie sind gegenwärtig in der Familie. Meine Schwester ist Romanistin, und wir haben selber immer wieder Frankreich besucht (bei mir ist es hauptsächlich Paris), Besuch aus Frankreich gehabt, das ist zwar eine nicht ganz spannungslose, aber selbstverständliche Nachbarschaft.

Michael Schlott: Heinrich Scheel bezieht sich unter anderem auf eine Podiumsdiskussion von 1981. Weber soll damals geäußert haben: „Und hier sage ich in aller Entschiedenheit, die Praxis der Mainzer Republik als ein revolutionäres Zustandekommen und eine revolutionäre agierende Republik kann und darf kein Lehrstück für unsere heutige Demokratie werden."[30] Ich möchte Sie bitten, zunächst zu erläutern, wie man diese Äußerungen zu verstehen hat – einmal vorausgesetzt, daß Scheel hier der Wahrheit gemäß berichtet hat.

Franz Dumont: Ich war bei dieser Diskussion nicht dabei, weil ich schlicht und einfach wegen Soemmerring[31] in Göttingen war. Ich kenne die Diskussion also auch nur aus der Zeitung beziehungsweise aus Erzählungen. Scheel zitiert, soweit ich sehe, korrekt – das

---

Mainz. – Die Zeitschrift wurde herausgegeben von dem Hofgerichtsrat Kaspar Hartmann und dem Jurastudenten Dominikus Meuth, erschien erstmals am 16. November 1792 und wurde im Februar 1793 wieder eingestellt.

30   Vgl. Scheel: [Rez.] Dumont (wie Anm. 12), S. 73 f.

31   Soemmerring begann 1774 an der Universität Göttingen ein Studium der Medizin; 1778 wurde er dort zum Doktor der Medizin promoviert; vgl. auch Samuel Thomas von Sömmering: Briefwechsel 1761/65 – Oktober 1784. Hrsg. und eingel. von Franz Dumont. Stuttgart 1996; Briefwechsel November 1792–April 1805. Hrsg. und eingel. von F. D. Basel 2001.

zum einen. Zum anderen muß ich aber dazu sagen: Da hatte Scheel wieder andere Vorstellungen, als sie der westdeutschen Realität der 1970er und auch der frühen 1980er Jahre entsprechen. Er hatte so eine Großordinarien-Vorstellung. Er glaubte, der ‚Schüler‘ wisse ganz genau, was im Hirn des ‚Lehrers‘ vor sich gehe. So konnte er sich kaum vorstellen, daß Hermann Weber und ich just über diesen Punkt verschiedener Meinung waren und sind. Nicht unbedingt über den Punkt der Revolution als Vorbild für heute, sondern über die Einschätzung einer Mainzer Revolution – deren Zustandekommen ich ja letztendlich bestreite – oder gar deren Einordnung in die große Französische Revolution. Da hat Weber ein anderes Gesamtbild als ich; seines tendiert eher zum Negativen hin. Er bejaht die Französische Revolution in ihren Anfängen von 1789. Das ist der Grundkonsens fast aller Franzosen, wenn man die Rechtsaußen abzieht. Damit nicht unbedingt identisch sind die strammen Rechten, die rechtskatholischen Kreise, zum Beispiel Lefèbvre, die von Anfang an da den Sündenfall sehen, also letztlich noch monarchistische Kreise sind. Ansonsten kann den 14. Juli jeder noch mitfeiern in Frankreich – schwierig wird es dann mit dem weiteren Verlauf der Revolution ab dem Sturz des Königs, erst recht mit der Hinrichtung, dann kommt die große Gabelung zur Terreur. Und Weber hatte – wie gesagt – mit 1789, gemäßigter Monarchie, Menschenrechten, nicht unbedingt Probleme, allenfalls mit der Revolution als Revolution. Und das hat, denke ich mir, viel zu tun mit Webers Biographie – das ist meine Interpretation seiner Ansichten: Kurz vor seinem Wechsel nach Mainz war er nämlich in Paris und ist auch während seiner Mainzer Zeit immer wieder dorthin gefahren, unter anderem im berühmten Mai 1968. Wer in Paris jemals eine Demonstration miterlebt hat (was wir in Deutschland vielleicht aus Berlin oder aus Frankfurt, vielleicht aus Hamburg, aber nur aus den ganz großen Städten kennen, aber viel weniger als aus Frankreich), diesen Sog, der da entsteht, diese Revolutionsstimmung, diese massenpsychologischen Aspekte, die sich da ergeben, der kann vielleicht nachfühlen, daß ein nicht unbedingt auf Revolution Gestimmter sich davon bedroht fühlen konnte. Und in diesen französischen Dimensionen denke ich mir die Revolutionseuphorie, die hier mit der Studentenrevolte in Deutschland Ende der 1960er Jahre begann, sich dann aber nicht auf die Studenten beschränkte, sondern das große Porträt der gesellschaftlichen Veränderung, der Reform und bei manchen schon der Revolution zeichnete. Wo ich durchaus übereinstimme mit Weber, ist in dem Punkt, daß eine revolutionäre Veränderung der Bundesrepublik Deutschland – das bezieht sich sowohl auf die alte als auch auf die neue – meines Erachtens weder notwendig noch sinnvoll ist. Das ist mein Standpunkt, und so kann man das auch lesen, wenn er sagt, die Mainzer Republik sei kein Lehrstück für unsere heutige Demokratie. Da muß man auch sehen, daß ja noch eine andere Podiumsdiskussion 1978 vorausging.[32] Da war ich wieder nicht dabei. Haben Sie dieses Schriftchen von dem AStA?

Michael Schlott: Nein, danach wollte ich Sie fragen: Heinrich Scheel, *Der Herr Professor Dr. Hermann Weber und die ‚Mainzer Republik‘*?

Franz Dumont: Ja, da gibt es einen sehr schlechten Nachdruck, da müßte ich Ihnen fast das Original der AStA-Dokumentation schicken. Darin ist der Schlagabtausch zwischen

---

32 asta-info. Hrsg. vom AStA der Uni Mainz – Fachschaftsrat Geschichte: Die Mainzer Republik 1792/93 im ideologischen Kreuzfeuer. Dokumentation des AStA und des Fachschaftsrates Geschichte aus Anlaß des Vortrages von Prof. Dr. Dr. Heinrich Scheel an der Universität Mainz am 28. Juni 1978.

Blanning und Scheel enthalten, und zudem geht es um den früheren Streit zwischen Keim und Weber – ich weiß nicht, ob Sie darauf noch kommen werden. Zu der Diskussion von 1981 ist allerdings eine eigene Dokumentation erschienen.[33]

Was Heinrich Scheel betrifft, ist es natürlich schwer für mich, mich mit ihm völlig unbefangen auseinanderzusetzen nach allem, was gelaufen ist. Und das wird für ihn jetzt vielleicht auch nicht mehr so ganz einfach sein und war – dazu kommen wir vielleicht auch noch – aus einem ganz persönlichen Grund auch nicht einfach. Ich erkläre mir diese Rezension, die er 1984 veröffentlicht hat,[34] vor allem daraus, daß ich ihn, was eine Gesamtdarstellung angeht, schlicht zeitlich überholt habe. Noch einmal zur Rolle von Hermann Weber als meinem Doktorvater. Ich bin mit dem Thema Mainz zu ihm gekommen – und hatte die Mainzer Republik übrigens auch schon in meiner Examensarbeit behandelt. Später habe ich das Thema – ich habe es in dem Interview im *Gymnasium*[35] angedeutet – in einer Art Facharbeit erneut aufgegriffen. Das war 1964, da bestand eine solche Arbeit aus ein paar aneinandergehefteten Schreibmaschinenseiten. Das Thema kam also – wie gesagt – von mir her. Ich bin hier in Mainz aufgewachsen und immer schon lokalhistorisch interessiert gewesen. Und Weber sprang darauf an, auch aufgrund – nehme ich an – seiner Pariser Erfahrungen. Er ist ja Mitbegründer des Deutschen Historischen Instituts in Paris, und er hat mir gleich zu einem Stipendium dort verholfen. Allerdings stellte sich allmählich heraus (schon in meiner Examensarbeit, die 1970 fertig war, 1971 habe ich dann mit der Promotion angefangen), daß ich einen anderen, (ich vereinfache jetzt einmal) einen revolutionsfreundlicheren Standpunkt einnahm als Weber. Ich sage nicht zuviel, wenn ich bemerke, daß es zwischen uns darüber durchaus Auseinandersetzungen gab. Das ist nachlesbar; in seinem Gutachten zu meiner Dissertation spiegelt sich seine wesentlich distanziertere Haltung zu den deutschen Jakobinern auch wider. Aber es ist ein sehr faires Gutachten, und der erwähnte Dissens ist nicht Kriterium für die Bewertung gewesen. Er macht zwar deutlich, der Verfasser – also ich – habe einen anderen Standpunkt als er, dann aber arbeitet er sehr fair Stärken und übrigens auch Schwächen der Dissertation heraus.

Ich begegne jetzt Weber noch hin und wieder; ich habe auch ein viel lockereres Verhältnis zu ihm, als Scheel unterstellt. Heinrich Scheel denkt in den Kategorien Meister und Schüler – als ob da ein Auftrag erteilt würde und so weiter … Ein aktuelles Beispiel zu unserem Umgang miteinander: Ich hatte hier im Geschichtsverein im Januar 1994 einen Vortrag über Georg Forster, zu dessen 200. Todestag,[36] und da habe ich auch der allgemeinen Forster-Euphorie entgegentreten wollen, die sich von der *ZEIT* bis in die *Süddeutsche Zeitung* und in ein paar Berliner Zeitungen erstreckte. Es waren renommierte Forster-Forscher dort, und die Veranstaltung hing mit dieser Forster-Ausstellung von Reichardt zusammen.[37] Im ersten Teil des Vortrags habe ich das Positive zu Forster gebracht und im zweiten Teil

---

33 Hrsg. vom AStA der Uni Mainz (Redaktion: Michael-Peter Werlein u. a.): Wir und die Mainzer Republik. Zur Aktualität deutscher Jakobiner. asta-dokumentation zur mainzer jakobinerwoche [23. bis 28. November 1981]. Mainz 1981.

34 Scheel: [Rez.] Dumont (wie Anm. 12).

35 Ein Standardwerk (wie Anm. 15).

36 Franz Dumont: Georg Forster als Demokrat. Theorie und Praxis eines deutschen Revolutionärs. In: Georg-Forster-Studien I. Hrsg. von Horst Dippel und Helmut Scheuer. Berlin 1997, S. 125–153.

37 Vgl. Weltbürger – Europäer – Deutscher – Franke. Georg Forster zum 200. Geburtstag. Ausstellungskatalog. Hrsg. von Rolf Reichardt und Geneviève Roche. Mainz 1994.

einige kleine Einschränkungen. Nach dem Vortrag kam Hermann Weber zu mir und sagte: „Das hat mir gut gefallen, vor allem der zweite Teil." Dabei hatte ich am Schluß versucht, Positives und Negatives gegeneinander zu stellen und damit den zweiten Teil auch zu relativieren. Doch hatte ich von Weber keine viel andere Reaktion erwartet.

Michael Schlott: Hatten Sie persönliche Erfahrungen im Umgang mit Karl Otmar von Aretin?

Franz Dumont: Ja, er hatte mich eingeladen zu einem Vortrag im Institut für Europäische Geschichte,[38] das ja für Mainz eine der bekanntesten überregionalen Institutionen ist. Ich war sehr erfreut, meine Dissertation (gedruckt 1982) war noch nicht einmal veröffentlicht. Doch der Einladende selber erschien gar nicht an dem Abend. Es war schon deutlich, daß es auch mit dem Thema zusammenhing. Noch eine weitere, spätere Begebenheit: Aretin veranstaltete 1989 beim allgemeinen Bicentenaire einen Kongreß in Mainz – Die Einwirkung der Französischen Revolution auf Deutschland[39] – und lud alle möglichen Leute zum Referieren ein, nur meine Wenigkeit nicht (was auch anderen auffiel). Zur Teilnahme war ich jedoch eingeladen. Er hat den Eröffnungsvortrag im Rathaus gehalten, bei dem es zu einer für Mainzer Verhältnisse fast gespenstischen Koalition kam – wenn sich nämlich Herr Keim und Herr Dumont verstehen, dann ist irgendetwas faul. Wie kam es dazu? Aretin hat in diesem Vortrag behauptet, nicht die jakobinischen Flugschriften oder die Aktivitäten der Jakobiner seien in den 1790er Jahren das eigentlich Erregende für die Zeitgenossen gewesen, sondern die Auseinandersetzungen der Reichsritter mit den sich durch die Mediatisierung und die Säkularisierung vergrößernden Fürsten. Das hat Keim und mich gemeinsam schon im Rathaus hochgebracht, und am nächsten Morgen bei der Kaffeepause sprach ich Aretin darauf an, daß ich ihm darin überhaupt nicht folgen könne. Darauf hat er gesagt, diese Jakobiner könne man sowieso vergessen, das sei wie bei den RAF-Leuten, die seien alle psychisch krank. Da habe ich erwidert: „Das Modell kennen wir doch irgendwoher, nämlich aus der Sowjetunion" (die damals gerade am Zusammenbrechen war), „den politischen Gegner zu pathologisieren, und dann ist die Sache erledigt. Ab in die Psychiatrie!" Mein Vergleich galt seiner Argumentation – und damit war unser persönliches Verhältnis beendet. Aretin hat ganz unbestritten seine Verdienste, aber er hat auch Grenzen, über die er nicht hinausgeht. Oft hat es den Anschein, als ginge er sozusagen als Teil des Regensburger Reichstages spazieren. Oft schiebt er auch Nichtverstehen vor. Er weiß aber genau, worum es geht.

---

38 Das Institut für Europäische Geschichte in Mainz ist ein selbständiges Forschungsinstitut und Mitglied der Arbeitsgemeinschaft historischer Forschungseinrichtungen in der Bundesrepublik Deutschland (AHF). Es wurde 1950 gegründet und bis 1976 von der Gemeinschaft der Länder der Bundesrepublik getragen. Seither ist es im Haushalt des Landes Rheinland-Pfalz beim Ministerium für Bildung, Wissenschaft, Weiterbildung und Kultur etatisiert. Satzungsgemäße Hauptaufgaben des Instituts sind: „Forschungen zu den religiösen und geistigen Traditionen Europas, ihren Wandlungen und Krisen, speziell zu den kirchlichen Spaltungen, ihren Wirkungen und den Möglichkeiten ihrer Überwindung, mit Blick auf die europäische Identität" sowie „europabezogene Grundlagenforschung, die geeignet ist, den Prozeß des Zusammenwachsens Europas zu begleiten und abzustützen, und die Analyse der je individuellen geschichtlichen Wege der europäischen Staaten und Völker". ⟨http://www.ieg-mainz.de⟩

39 Vgl. dazu: Revolution und konservatives Beharren. Das Alte Reich und die Französische Revolution. Hrsg. von Karl Otmar von Aretin und Karl Härter. Mainz 1990.

Michael Schlott: Können Sie etwas über Elisabeth Fehrenbachs Rolle sagen?

Franz Dumont: Ja, es waren bei diesem Kongreß 1989[40] auch mehrere Schülerinnen und Schüler von Frau Fehrenbach, die inzwischen promoviert sind; sie hatten sich Themen zu regionalen Teilaspekten aus der Mainzer Republik herausgegriffen. Ich bin ein bißchen stolz darauf, daß der Rahmen, den ich seinerzeit angelegt habe, so ungefähr auch der ist, den die Fehrenbach-Gruppe nutzte; selbstverständlich gab es auch Kritik und Neuerungen. Frau Fehrenbach hatte mich sehr gut rezensiert in der Historischen Zeitschrift,[41] worauf sich Scheel ja auch polemisch bezog – er tut so, als sei das ein Komplott der bürgerlichen Historiographie. Dabei sieht er gar nicht, wie unterschiedlich die Wertungen sind.

Michael Schlott: Frau Fehrenbach geht im Oldenbourg-Band[42] mit dem Jakobinismus und den Jakobinerforschern doch ganz moderat um.

Franz Dumont: Ich sage ja: Sie ist moderat kritisch.

Michael Schlott: Eine sehr komplexe Frage: Könnten Sie versuchen, für den Mainzer Kultur- und Wissenschaftsbetrieb – mit Blick auf die Jakobinismusforschung, wie sie sich zwischen 1965 und 1990 entwickelt hat – das politische Kräftespiel zu skizzieren, also gewissermaßen eine Topographie der Kontroversen zu geben? Welche Personen und Institutionen haben mit welchen Programmen gewirkt, und wie haben sich diese Konstellationen auf den Wissenschaftsbetrieb ausgewirkt? Was gibt es an relevanten Institutionen? Welche Personen fallen mir ein: Werlein, Keim, Mathy … Gibt oder gab es Verbindungen zu Walter Grab? Wie sah das parteipolitische Spektrum aus?

Franz Dumont: Also, ich versuche erst einmal chronologisch vorzugehen. Von 1965 bis 1993 wäre mir lieber, das ist das Jubiläum der Mainzer Republik. Ich will nacheinander ein paar Personen nennen, an denen ich dann – soweit nicht schon geschehen – bestimmte Phasen, Konstellationen und so weiter festmache. Erstens Anton Maria Keim, zweitens Helmut Mathy, drittens Hermann Weber, viertens Heinrich Scheel, fünftens Michael-Peter Werlein, und meine Wenigkeit gehört zeitlich direkt nach Weber mit hinein, dann Axel Azzola und Peter Schneider. Also, ich versuche jetzt einmal, das zunächst chronologisch zu entwickeln. 1966 wurde hier in Mainz eine deutsch-französische Woche veranstaltet. Das lief auf der Schiene der deutsch-französischen Aussöhnung im Sinne Adenauers: die enge und frühe Partnerschaft von Rheinland-Pfalz mit Burgund auf Vereinsebene, die Honoratioren und so weiter; das ging ja schon sehr früh los. In diesem Zusammenhang hat Anton Maria Keim – damals noch (wenn ich es richtig weiß) Geschichtslehrer an einem Mainzer Gymnasium – die Mainzer Republik in einer Artikelserie behandelt, und zwar (ich sage es einmal so) entdämonisierend, mit deutlicher Distanz zu den Wertungen der DDR-Forschung.[43] Diese Artikelserie in einer Kulturzeitschrift schließt sinngemäß etwa:

---

40   Ebd.

41   Elisabeth Fehrenbach: [Rez.] Franz Dumont: Die Mainzer Republik von 1792/93, 1982. In: Historische Zeitschrift 237 (1983), S. 722–723.

42   Vgl. Elisabeth Fehrenbach: Vom Ancien Régime zum Wiener Kongreß. München u. a. 1981 (5. Aufl.: 2008), S. 152–161.

43   Anton Maria Keim: Die Mainzer Republik. Verdammung und Mythos einer bürgerlichen Revolution [7 Folgen]. In: Das Neue Mainz (1967), H. 3, S. 2–4; H. 4, S. 8 f.; H. 5, S. 9; H. 6, S. 4 f.; H. 7, S. 3 f.; H. 8, S. 6 f.; H. 9, S. 4 f.; siehe dazu das Interview mit Helmut Reinalter, S. 627–664, hier S. 649.

Es wäre doch interessant, sich mit dieser frühen Bewegung, die die westlichen Werte (so ähnlich heißt es da) vertreten hat, wieder einmal zu befassen und über den Schatten des Separatistenspuks hinauszutreten.[44] Das ist es, was ich vorhin meinte, was in Mainz immer wie ein Alp auf der Betrachtung der Zeit der Republik lastet. Keim, damals noch Lehrer, wurde bald darauf – von Seiten der SPD – Kulturdezernent der Stadt Mainz. Herr Mathy (ob damals schon CDU, weiß ich nicht, aber auf jeden Fall ist er schon lange in der CDU und vertritt auch die Partei hier im Stadtrat) war damals noch in der Staatskanzlei unter Kohls Vorgänger Altmeier. Er nahm – erst recht unter Kohl und Vogel – sozusagen die Rolle eines ‚Landeshistorikers' ein. Offiziell war er Ministerialrat, aber er hat das Geschichtsbild von Rheinland-Pfalz sehr stark mit beeinflußt. Helmut Mathy hatte Mitte der 1960er Jahre drei umfangreiche Jakobiner-Biographien (zu Dorsch, Blau und Wedekind) herausgegeben – nicht von großen Jakobinern, aber von sehr prägenden Gestalten,[45] und daran anschließend immer wieder Arbeiten zur intellektuellen Führungsgruppe des Clubs publiziert.[46] Ich bin der Ansicht, daß man innerhalb dieser Veröffentlichungsreihe eine Entwicklung feststellen kann. Das zu Beginn sehr skeptische Bild wandelt sich deutlich bis hin zu seinen Äußerungen in Handbüchern über Rheinland-Pfalz, wo die Mainzer Republik – oft mich zitierend – deutlich positiver gesehen wird als anfangs, als sie entweder überhaupt nicht erwähnt oder nur als Kollaboration verstanden wurde. Wenn man also einmal die Positionen von Keim und Mathy betrachtet – sie waren parteipolitisch nicht gerade diametral, aber doch sehr deutlich unterschieden, haben im übrigen immer viel gemeinsam über Mainzer Geschichte gemacht –, so wird man viele Übereinstimmungen feststellen, etwa 1982 beim Hambach-Jubiläum.[47] Mathy vertritt nämlich durchaus kein konservatives Geschichtsbild, sondern eines, das beispielsweise revolutionäre Umbrüche nicht einfach ausblendet. Diese moderat moderne Sicht hing sicher auch damit zusammen, daß in der Folge von Kohls

44   „Die durch den Versailler Friedensvertrag von 1919 stimulierte ‚Historikerschlacht um den Rhein' […] und die weithin böswillig und nationalistisch interpretierte Rheinlandräumung 1930 hat dann das ihre zur Verwirrung der Geister hinsichtlich der Mainzer Republik beigetragen. Der ‚Kampf um den Rhein' überwucherte auf dem Boden des deutschen Irrationalismus und Antiwestlertums jegliche pragmatische Überlegung. […] Aber noch in unseren Tagen wird längst nicht genügend berücksichtigt, daß die ‚Mainzer Republik' einen ganz beachtlichen Stellenwert besitzt bei einer Untersuchung der Ursprünge eines modernen Verfassungslebens in Deutschland." Keim: Die Mainzer Republik (wie Anm. 43), H. 9, S. 4.

45   Helmut Mathy: Anton Joseph Dorsch (1758–1819). Leben und Werk eines rheinischen Jakobiners. In: Mainzer Zeitschrift 62 (1967), S. 1–55; H.M.: Georg Wedekind. Die politische Gedankenwelt eines Mainzer Medizinprofessors. In: Festschrift für Ludwig Petry. Hrsg. von Johannes Bärmann u.a. Teil 1. Wiesbaden 1968, S. 177–205; H.M.: Felix Anton Blau (1754–1789). Ein Mainzer Lebensbild aus der Zeit der Aufklärung und der Französischen Revolution. In: Mainzer Zeitschrift 67/68 (1972/1973), S. 1–39; siehe dazu das Interview mit Helmut Reinalter, S. 627–664, hier S. 648 f.

46   Vgl. etwa Helmut Mathy: Andreas Josef Hofmann (1752–1849). Professor für Philosophie in Mainz und Präsident des rheinisch-deutschen Nationalkonvents. In: Jahrbuch der Vereinigung „Freunde der Universität Mainz" (1973), S. 15–45; H.M.: Eine neue Quelle zur Jugendgeschichte von Andreas Josef Hofmann, Präsident des Rheinisch-Deutschen Nationalkonvents. In: Landesgeschichte und Reichsgeschichte. Festschrift für Alois Gerlich zum 70. Geburtstag. Hrsg. von Winfried Dotzauer. Stuttgart 1995, S. 321–334.

47   Anton Maria Keim und Helmut Mathy: Hambach 1832–1982. Ereignis, Grundwerte, Perspektiven. Ein politisches Lese- und Bilderbuch zur Geschichte von Freiheit und Demokratie. Mainz 1982.

Regierungsantritt auf allen Gebieten eine Modernisierung von Rheinland-Pfalz stattfand und viel mehr Zugluft hier herrschte als unter Altmeier, der quasi gedanklich stehenblieb in diesen Jahren nach dem Zweiten Weltkrieg. Dann hat Mathy 1967 in *Als Mainz französisch war* (herausgegeben von der Landeszentrale für politische Bildung)[48] sehr scharf Trägers Einleitung zu *Mainz zwischen Rot und Schwarz*[49] angegriffen. Bei Träger geht es allerdings auch munter zu, das ist ja beinahe O-Ton des Politbüros. Dagegen setzte sich Mathy sehr entschieden ab, was in den späteren Auseinandersetzungen Scheel immer wieder aufstieß. Aber es begann so eine allmähliche Annäherung an das Thema – und einer der Vorkämpfer war Anton Maria Keim. Er selbst hat kaum etwas darüber publiziert, immer nur kleine Sachen. Doch war er sehr daran interessiert, daß das näher erforscht wurde. Weil Keim sehr viel mit der Geschichte des Mainzer Judentums zu tun hatte, kam er sehr früh mit Grab in Berührung. Der hatte gerade seine *Norddeutschen Jakobiner* veröffentlicht.[50] Die beiden kennen sich also sehr gut. So wurde die sehr emphatisch wertende Linie, die Grab vertreten hat, von Keim übernommen. Diese Zusammenarbeit führte letztlich auch zu der Jakobiner-Ausstellung von 1981.[51]

Michael Schlott: Das hat also lange angehalten.

Franz Dumont: Ja gut, man muß dabei sehen, Grab war ja mit seinen *Norddeutschen Jakobinern* 1967 herausgekommen,[52] und dann kam 1971 die Veröffentlichung zu *Eroberung oder Befreiung*.[53] Es verging also einige Zeit, ehe Grab sich den Mainzer Jakobinern näherte. Anfang der 1970er Jahre hat er die Reihe *Deutsche revolutionäre Demokraten*[54] begründet. Der Mainzer Band, den Haasis machen sollte,[55] blieb ja außen vor, den gibt es nicht. Statt dessen erschien Engels unter anderem mit *Lieder der Mainzer Jakobiner*,[56] aber einen speziellen Mainzer Band gab es nicht. Keim hat, wie gesagt, gesehen, daß hier – ja, dann hieß es schon so – revolutionäre Traditionen gepflegt wurden. Sicher spielte für diese Wahrnehmung auch der Machtwechsel 1969 in Bonn eine Rolle.[57]

---

48 Helmut Mathy: Als Mainz französisch war. Studien zum Geschichtsbild der Franzosenzeit am Mittelrhein 1792/93 und 1789–1814. Hrsg. vom Institut für Staatsbürgerliche Bildung in Rheinland-Pfalz. Mainz 1968.

49 Mainz zwischen Rot und Schwarz. Die Mainzer Revolution 1792/93 in Schriften, Reden und Briefen. Hrsg. von Claus Träger. Berlin 1963; siehe auch das Interview mit Claus Träger, S. 315–332.

50 Walter Grab: Norddeutsche Jakobiner. Demokratische Bestrebungen zur Zeit der Französischen Revolution. Frankfurt/Main 1967.

51 Ausstellung des Bundesarchivs und der Stadt Mainz im Foyer des Mainzer Rathauses: Deutsche Jakobiner. Mainzer Republik und Cisrhenanen 1792–1798. Mainz 1981. Bd. 1: Handbuch. Beiträge zur demokratischen Tradition in Deutschland; Bd. 2: Bibliographie zur deutschen linksrheinischen Revolutionsbewegung in den Jahren 1792/93. Ein Nachweis der zeitgenössischen Schriften mit den heutigen Standorten, zusammengestellt von Hellmut G. Haasis; Bd. 3: Katalog.

52 Grab: Norddeutsche Jakobiner (wie Anm. 50).

53 Walter Grab: Eroberung oder Befreiung? Deutsche Jakobiner und die Franzosenherrschaft im Rheinland 1792–1799. Trier 1971.

54 Deutsche revolutionäre Demokraten (wie Anm. 4).

55 Siehe dazu I. 1.4, S. 27 f.; II, 2.2.1, S. 103 f.

56 Deutsche revolutionäre Demokraten (wie Anm. 4), Bd 1.

57 Der Wechsel von der CDU/CSU-SPD-Koalition unter Kurt Georg Kiesinger zur SPD-FDP-Koalition unter Willy Brandt.

Michael Schlott: Und die Heinemann-Rede?[58]

Franz Dumont: Ja gut, wobei ich immer für mich sagen muß: Ich brauchte keinen Herrn Heinemann, um darauf zu kommen. Und nicht nur ich, sondern auch beispielsweise Keim nicht. Dann gab es schon den ersten ‚Knatsch‘ – wenn ich so salopp sagen darf – zwischen Keim und Weber, dadurch, daß Keim 1975 Scheels ersten Band mit den Club-Protokollen[59] übermäßig positiv rezensiert und in dieser Rezension unter anderem zu Unrecht behauptet, dies sei ein Thema, an dem die Mainzer Universitätshistoriker schnöde vorbeigingen.[60] Ich sage das auch deshalb so schroff, weil ich 1973 zu Keim gegangen bin, als er eine Sendung im Südwestfunk über die „Mainzer Jakobiner" gemacht hatte. Das ist in diesem Gang passiert, hier vorn, ich kann Ihnen die Stelle zeigen, das war hier früher das Stadthaus. Da habe ich mich vorgestellt und erwähnt, daß ich bei Professor Weber zur „Mainzer Republik" promoviere und so weiter. Ich habe ihn schließlich gefragt, ob er irgendwelche weiteren Unterlagen habe. Keim fand das toll, daß da endlich mal etwas gemacht würde, und er sagte, ich sollte mich wieder melden. Er habe an sich nichts Neues (und hatte auch nichts). Aber dann kam sein Ausfall gegen die Mainzer Universitätshistoriker! Weber schlug in einem Artikel zurück,[61] in dem es hauptsächlich gegen die Behauptung geht, die Jakobiner würden an der Mainzer Uni nicht berücksichtigt – also nicht so, wie Scheel und viele andere ihn lesen, daß da die Jakobiner selbst in Frage gestellt wurden. Inzwischen war schon folgendes geschehen: Bereits 1971 – da war von Scheels Club-Protokollen[62] noch gar keine Rede – hatte Weber mit mir, seinem Assistenten, zusammen ein Seminar über die Mainzer Republik gehalten, von dem ich auch noch einen Teil der Seminararbeiten habe. Es war ein überaus spannungsreiches, aber auch ertragreiches Seminar. Da habe ich etliches gelernt, konnte natürlich auch umgekehrt etliches weitergeben – ich hatte 1969/70 ja gerade meine Examensarbeit abgeschlossen. Insofern mußte sich Weber sehr zu Unrecht durch Keim attackiert fühlen. Keim wirft im Feuilleton der hiesigen Zeitung den Uni-Historikern vor, sie befaßten sich überhaupt nicht mit der Mainzer Republik, und Weber hält dagegen. Die Polemik ließ von beiden Seiten nichts zu wünschen übrig. Von da an, muß ich schon sagen, geriet ich zwischen die Fronten. Ich muß aber hinzufügen: An diesem Artikel von Weber – er hat ihn ganz allein gemacht – finde ich nichts Verkehrtes; es ist ein grober Keil, aber auf einen groben Klotz, denn der von Keim war sehr grob. In der Folgezeit bauten sich die Spannungen zwischen Keim einerseits und Weber und mir andererseits nicht ab, sondern nahmen zu.

---

58 Gustav Heinemann: Die Geschichtsschreibung im freiheitlich demokratischen Deutschland. Gerechtigkeit für die Kräfte im Kampf um die politische Mündigkeit des deutschen Volkes. Verantwortung des Bürgers für die freiheitlichen Traditionen und ihre moralische Verpflichtung. (Rede bei der Schaffermahlzeit in Bremen vom 13. Februar 1970). In: Bulletin des Presse- und Informationsamtes der Bundesregierung, Nr. 21 vom 17. Februar 1970, S. 203 f.

59 Die Mainzer Republik I. Protokolle des Jakobinerclubs. Hrsg., eingel., komm. und bearb. von Heinrich Scheel. Berlin 1975.

60 Anton Maria Keim: Die „Mainzer Republik". Zu einer Edition aus der DDR. In: Allgemeine Zeitung (Mainz), Nr. 269 vom 25. November 1976.

61 Der Herr Bürgermeister und die „Mainzer Republik". Eine Entgegnung des Mainzer Historikers Professor Dr. Hermann Weber. In: Allgemeine Zeitung (Mainz), Nr. 279 vom 7. Dezember 1976.

62 Scheel: Die Mainzer Republik I (wie Anm. 59).

Aus meiner Sicht hängen diese Konflikte nicht nur, aber zum großen Teil an den Personen selbst, die zudem in ideologischen Zusammenhängen stehen. Sicher war auch Keims andauernde Behauptung von Bedeutung, daß man zu Grab nach Tel Aviv oder nach Ost-Berlin gehen müsse, um etwas über die Mainzer Jakobiner zu erfahren. Das hat der Mainzer Uni und der Historiker-Zunft geschadet. Ich war schon länger Mitglied im Altertumsverein, das ist ein Geschichtsverein in Mainz, dessen Vorsitzender Herr Mathy war und ist. Ich hatte mit Mathy zusammengearbeitet bei der Geschichte der Mainzer Universität – 1976 oder 1977 begann bereits die Zusammenarbeit – das war und ist eine gute Zusammenarbeit. Mathy zieht (wie in meinem Falle) immer wieder junge Leute zur Mitarbeit heran und läßt sie auch vortragen. Ich habe dann nicht jedes Jahr, aber so alle eineinhalb, zwei Jahre über den Club, über die Mainzer Republik überhaupt, über Forster und Soemmerring, über Jakobiner auf dem Land (das sind Kapitelchen meiner Arbeit) nach und nach vorgetragen und wurde dadurch auch in diesem Kreis relativ rasch bekannt. Das ist also Mathys Rolle in meiner Arbeit gewesen, und es war auch Mathy, der seinerseits anfangs versucht hat, Keim und mich im guten Sinne zusammenzubringen. Das hat aber aufgrund der geschilderten Ereignisse keinen Erfolg gehabt. Keim sah in mir nur einen Vertreter der ‚Weber-Partei‘, und ich habe mit Keim nicht nur Grab, sondern auch sehr schnell Scheel assoziiert – noch nicht aufgrund der Rezension zu meiner Dissertation (die erschien erst später, 1984),[63] sondern aufgrund dessen, was Scheel inzwischen veröffentlichte und verlauten ließ – in der *Zeitschrift für Geschichtswissenschaft* finden sich ja diverse Aufsätze[64].

Michael Schlott: In welchem Verhältnis standen Werlein und Scheel zueinander? Bestanden gemeinsame parteipolitische Interessen?

Franz Dumont: Also ich bin ein bißchen skeptisch gegenüber diesem Einbinden nur in parteipolitische oder allgemeine politische Zusammenhänge. Ich mache das eher an Personen fest. Als ich hier 1970 oder 1971 im Stadtarchiv anfing, an die ungedruckten Quellen zu gehen, nämlich die Munizipalitätsprotokolle,[65] las ich eines Tages im Benutzerbuch: Werlein, Bad Mergentheim – „Jakobiner“ stand da als Betreff. Also man hat sich irgendwie zusammengefunden, und wir hatten anfangs ein sehr gutes Verhältnis miteinander.

Michael Schlott: Werlein ist Lehrer?

Franz Dumont: Nein. Er hat, in München, meine ich, Germanistik studiert. Er ist literarisch sehr gebildet, sehr belesen. Er dürfte sechs bis sieben Jahre älter sein als ich. Und durch Werlein lernte ich Haasis kennen, beide damals noch als Schüler von Grab, mit Engels zusammen – ich weiß nicht, ob Sie ihn kennen.

Michael Schlott: Hans-Werner Engels ist Lehrer in Hamburg.

Franz Dumont: Haasis und Werlein haben sich allerdings mit dem Meister hoffnungslos überworfen. Werlein hat mir damals Druckfahnen seiner Edition (war es zugleich die Dissertation …, ich weiß nicht genau) gezeigt über diesen Ferdinand Wilhelm Weckherlin. Werlein hat sich dann von Grab abgekoppelt, ging in schärfste Opposition zu ihm und ist –

---

63 Scheel: [Rez.] Dumont (wie Anm. 12).

64 Siehe dazu die bibliographischen Angaben in Dumont: Die Mainzer Republik (wie Anm. 8), 2. Aufl., S. 556.

65 Munizipalität ist die administrative Organisationseinheit, die auf Gemeinde-Ebene 1807 in den französisch besetzten Gebieten des Rheinlandes eingeführt wurde.

so denke ich mir das wenigstens – durch das Absetzen von Grab zu Scheel übergegangen. Wenn man die Kreise parteipolitisch orten will, mit denen Werlein hier in Mainz zusammengearbeitet hat, dann war das die allerlinkeste SPD – die Grünen spielten damals noch keine Rolle – und die DKP.

Es gab hier 1971 im Schloß eine Veranstaltung mit Renate Riemeck von der DFU (der Deutschen Friedensunion, ganz entschiedene Atomwaffengegner mit engen Verbindungen zur DKP) – die Wiederbegründung des Mainzer Jakobiner-Clubs sollte das werden. Auf dieser Veranstaltung wurde also die Ost-Berliner Version der Mainzer Republik in Reinkultur geboten, ohne daß ich damals mit dem Namen Scheel viel hätte anfangen können. Und Werlein hat dann nicht mehr mit Grab zusammengearbeitet, sondern mit Scheel.

Haasis hatte mit Scheel oder mit der DDR anscheinend zunächst Schwierigkeiten – ich denke an jenes Erlebnis, das er mir mal erzählte, wie er beim Grenzübertritt Bahnhof Friedrichstraße 1974 oder 1975 gefilzt und längere Zeit festgehalten wurde, weil er ein von ihm selbst herausgegebenes Buch bei sich hatte: Erhards *Über das Recht des Volkes auf Revolution*.[66] Das hat also ein Volkspolizist in die Hand bekommen, und dann war sofort der Verdacht auf ‚Subversion‘ da. Haasis war immer für verbale Rundumschläge gut; er ist aber ein ausgesprochen kluger Kopf, sehr kenntnisreich. Er ist zum Beispiel einer der ganz wenigen, die ich von dieser anfangs geäußerten Kritik – der Konzentration des Forschungsinteresses auf nur wenige Quellen – vollkommen ausnehmen würde: Er ist überaus findig im Archiv und versucht zu berücksichtigen, wo ein Jakobiner sozial herkommt, was er im Alltag eigentlich tut. Er übersieht jedoch aus meiner Sicht, daß nicht jedes Schwenken eines blau-weiß-roten Bändchens schon eine Revolution bedeutet.

Ob Haasis und Werlein zwischendurch Differenzen hatten, weiß ich nicht, aber zwischen Werlein und Scheel bildete sich eine immer engere Verbindung heraus. Entsprechend kühlte sich das anfangs sehr gute Verhältnis zwischen Werlein und mir ab. Ich bin 1978 ja von Mainz nach Bonn gegangen in das CDU-Parteiarchiv, das damals noch im Aufbau war. Kohl hatte das in Gang gesetzt, als er (1973) gerade Parteivorsitzender geworden war. Mit Werlein habe ich weiterhin Kontakt gehalten, aber bald war klar, daß es auseinanderlaufen würde. Es kam dann zu dieser Diskussion im Institut für Europäische Geschichte,[67] wo Werlein zusammen mit Axel Azzola, den ich bis dahin nicht kannte, auftrat. Es gibt ja zwei Azzolas, Friedrich Karl Azzola ist Landeshistoriker in Marburg für oberhessische Geschichte, und der eben erwähnte Axel Azzola lehrt an der Technischen Hochschule Darmstadt als Staatsrechtler. Für den ist die alte und sicher auch die neue Bundesrepublik im Sinne einer – ich sage es mal vergröbernd – Variante der marxistischen Staatstheorie nur der Arm des Kapitals. Auf jeden Fall steht er nicht auf dem Boden der klassischen Demokratie-Theorie und hat mich nach diesem Vortrag heftig angegriffen, was dann 1981 fast wortwörtlich in diesem Aufsatz erschien, den Azzola und Werlein gemeinsam geschrieben haben.[68] In diesem Jakobiner-Handbuch kamen erst kurz vor Drucklegung die Beiträge von Werlein und Azzola hinzu. Das 1993er-Jubiläum setzte den vorläufigen Schlußpunkt

66   Johann Benjamin Erhard: Über das Recht des Volks zu einer Revolution und andere Schriften. Hrsg. und mit einem Nachwort von Hellmut G. Haasis. München 1970.

67   Siehe dazu Anm. 38.

68   Axel Azzola und Michael-Peter Werlein: Demokratie in Mainz, eine verfassungstheoretische Betrachtung. Heinrich Scheel in freundschaftlicher Verbundenheit gewidmet. In: Deutsche Jakobiner (wie Anm. 51), Bd. 1, S. 37–44.

für die ganze Affäre. Werlein ist aus meiner Sicht seit langer Zeit der Nuntius von Herrn Scheel in Mainz. Der Kontakt zwischen ihm und mir ist so gut wie abgebrochen, auch und vor allem aufgrund der eben erwähnten scharfen Attacke von 1981.

Michael Schlott: Wie beurteilen Sie die Rolle und den Einfluß von Verlagen im Hinblick auf Akzeptanz beziehungsweise Ablehnung von Wissensansprüchen? Oder ist das eher eine Frage, die sich an das Herausgebergremium[69] richtet? Wie sind diese Konstellationen zu beurteilen?

Franz Dumont: Nicht vom Verlag her. Die Verlage sind hier nur in rein drucktechnischen und finanziellen Angelegenheiten involviert gewesen – der 1981er Band[70] hat im Grunde keinen Verlag, Träger ist die Stadt Mainz. Für den 1981er Aufsatz[71] ist letzten Endes nicht das Herausgebergremium verantwortlich; der entscheidende Mann bei der Zusammenstellung des Handbuchs war Herr Keim.

Michael Schlott: Und Sie meinen, daß die fragliche Angelegenheit über diese Verbindung gelaufen sein müsse?

Franz Dumont: Ja, weil damals nach den Kontroversen von 1975 und 1978 das Verhältnis zwischen Keim und mir einen Tiefpunkt erreicht hatte. Das schloß allerdings nicht aus, daß ich den Auftrag bekam, mit Axel Kuhn diese 1981er Ausstellung[72] zu gestalten. Kuhn war mehr für den allgemeinen und Nicht-Mainzer Rahmen zuständig, ich für die Mainzer Republik beziehungsweise die Franzosenzeit. Kuhn und ich haben uns in Rastatt kennengelernt; wir waren da von Herrn Booms vom Bundesarchiv bestellt. Und ich muß sagen, bei meiner Beauftragung mit der Ausstellung hat Herr Mathy wohl eine entscheidende Rolle gespielt – aber nicht, wie Herr Scheel es irgendwo in einem Aufsatz vermutete, in dem Sinne, daß dem bedauernswerten sozialdemokratischen Bürgermeister der CDU-Mann Dumont übergestülpt worden wäre. Die Vorgabe lautete vielmehr, junge Wissenschaftler heranzuziehen, und in Mainz bot – das klingt jetzt komisch, aber es war wohl so – nur ich mich an, weil ich als einziger mit etwas Effektivem dastand, nämlich mit einer bereits abgeschlossenen Dissertation, die sich zwar noch in der Phase der Kürzung und Drucklegung befand, aber auch mit mehreren Aufsätzen, Vorträgen und so weiter. Es wurde mir dann allerdings ein Beirat beigegeben, der mir auf die Finger geguckt hat: Den Vorsitz hatte der Leitende Archivdirektor Heinz Boberach vom Bundesarchiv, Ludwig Falck war als der Stadtarchivdirektor dabei, Anton Maria Keim kam über die politische Schiene hinzu, dann noch – wie erwähnt – Kuhn und schließlich Mathy, Werlein und Friedrich Schütz, der aber wirklich nur eine stark koordinierende Rolle innehatte. Tilman Koops, der in Rastatt diese Erinnerungsstätte unter sich hatte,[73] war der Mann, der vom Bundesarchiv ‚de facto‘ das

---

69 Der verantwortliche Koordinator für das dreibändige Katalogwerk war Oberarchivrat Friedrich Schütz (Stadtarchiv Mainz).

70 Deutsche Jakobiner (wie Anm. 51).

71 Azzola und Werlein: Demokratie in Mainz (wie Anm. 68).

72 Deutsche Jakobiner (wie Anm. 51); siehe dazu das Interview mit Axel Kuhn, S. 528–560, hier S. 550.

73 Der Standort Rastatt des Bundesarchivs dient als „Erinnerungsstätte für die Freiheitsbewegungen in der deutschen Geschichte". Sie wurde 1974 als Außenstelle des Bundesarchivs auf Anregung des damaligen Bundespräsidenten Heinemann eingerichtet; siehe dazu das Interview mit Axel Kuhn, S. 528–560, hier S. 535.

Projekt ausführen mußte. Als Grafikerin Valy Schmidt-Heinicke, das ist die heutige Frau von Herrn Wahl. Der ist wiederum auch selbst zu nennen und war auch mit einem kleinen Aufsatz vertreten.[74] Herr Wahl ist eher auf dem linken Flügel der Sozialdemokratie zu sehen. An diesen Mainzer Besprechungen, an denen weder Boberach noch Falk noch Koops teilgenommen haben, trafen zumeist nur drei oder vier der Genannten im Sitzungszimmer der öffentlichen Bücherei zusammen, da hat vor allem Herr Werlein sich geäußert, zudem auch Herr Wahl – und zwar recht kritisch beispielsweise gegenüber meiner Einbeziehung der Franzosen und der gegenrevolutionären Zeit und gegen manche meiner Tafeltexte, so wie sie im wesentlichen auch abgedruckt sind. Die abgedruckten Texte sind nicht ganz identisch; darüber beklagt sich Kuhn in seiner Rezension auch.[75] Diese Abweichungen gehen allerdings auf keinen politischen Einfluß zurück, sondern das waren einfach drei Zeilen zuviel, und schon war Text gestrichen.

Michael Schlott: Wir haben noch nicht über Peter Schneider gesprochen.

Franz Dumont: Also Peter Schneider ist hier bis zu seiner Emeritierung Ende der 1980er Jahre Professor gewesen – so etwa die Generation von Hermann Weber. Er war Schweizer, soweit ich weiß. Sein Fach war Staatsrecht, er war lange Jahre Rektor beziehungsweise Präsident der Uni Mainz, eine sehr prägende Figur gerade in der Reform der Ordinarien-Universität unter den Ministerpräsidenten Helmut Kohl und Bernhard Vogel, alles in allem sehr maßvoll. Für manche ältere Professoren allerdings war das eine sehr radikale Veränderung der Hochschullandschaft. Dieses rheinland-pfälzische Hochschulgesetz hielt etwa die Mitte zwischen den radikaleren hessischen Modellen und beispielsweise dem späteren Hochschulrahmengesetz, das unter Schmidt und Leussink verabschiedet wurde. In der Hochschulpolitik hat Schneider den Part der Uni Mainz virtuos gespielt und war als Präsident eine sehr einflußreiche Persönlichkeit. Zudem hat er sich wiederholt zu aktuellen staatspolitischen oder staatsrechtlichen Fragen geäußert – so ein bißchen im Sinne eines ‚elder statesman'. Für uns alle überraschend kündigte er auf einmal für 1989 einen Vortrag über die Mainzer Republik an, im Studium Generale der Mainzer Universität. Ich war zu der Zeit wohl schon unterwegs zum Revolutionskongreß in Paris, aber Mathy kam zum Vortrag und etliche andere auch. Aus meinem Bekanntenkreis hörte ich viel Kritik darüber. 1990 kam dieser Vortrag gedruckt heraus, in einem kleinen Heftchen.[76] Die Lektüre hat mich, ehrlich gesagt – das kann man ja auch in meinem Buch nachlesen[77] –, entsetzt über die sehr oberflächliche Weise, mit der an das Thema herangegangen wurde.

Michael Schlott: Welche Verbindungen bestehen zwischen Walter Grab und Mainzer Jakobinerforschern bzw. Mitgliedern des Mainzer Kulturbetriebes?

Franz Dumont: Zu Herrn Keim bestand allemal eine Verbindung. Das war sehr deutlich in der 1981er Ausstellung.[78] Ich darf von dem Eindruck berichten, den Friedrich Schütz hatte, der Grab vom Hotel zum Rathaus begleitete. Vor dem Rathaus stand ein Freiheitsbaum, und

---

74   Rainer Wahl: „Meine Geschichte" – Aus den Erinnerungen von Andreas Wasserburg. In: Deutsche Jakobiner, (wie Anm. 51), Bd. 1, S. 245–250.

75   Vgl. Axel Kuhn: [Rez.] Deutsche Jakobiner. Mainzer Republik und Cisrhenanen 1792–1798 [Ausstellung], 1981. In: Aufklärung – Vormärz – Revolution 2 (1982), S. 13–16.

76   Peter Schneider: Mainzer Republik und Französische Revolution. Mainz 1990.

77   Dumont: Die Mainzer Republik (wie Anm. 8), 2. Aufl., S. 548.

78   Deutsche Jakobiner (wie Anm. 51).

Grab war fast zu Tränen gerührt – sozusagen seine ganze Arbeit fand hier und jetzt eine gewisse Erfüllung, denn das Thema wurde öffentlich gemacht, blieb nicht mehr nur in irgendwelchen kleinen Zirkeln und hatte ja auch Widerhall gefunden. Zu dieser öffentlichen Wertschätzung des Grabschen Projektes hatte Anton Maria Keim erheblich beigetragen.

Michael Schlott: Herr Dumont, haben Sie für Ihre Forschungen Drittmittel einwerben können, oder haben Sie das versucht, und ist es gelungen?

Franz Dumont: Ja, einmal bei dem Stifterverband der Deutschen Wirtschaft. Also im Vorwort zur zweiten Auflage der Buchausgabe meiner Dissertation (1993) ist das erwähnt.[79]

Michael Schlott: Dort bedanken Sie sich auch bei der Dresdner Bank.

Franz Dumont: Ja, das kann ich auch erklären: Die Ehefrau von Hans Friderichs, dem Wirtschaftsminister der sozialliberalen Koalition 1972–1977, ist historisch sehr interessiert (und hat sich zudem in der Mainzer Stadtpolitik als Vertreterin der FDP engagiert). Hans Friderichs war in der Folgezeit bei der Dresdner Bank in wichtiger Position und hat sich für meinen Förderungsantrag beim Stifterverband der Deutschen Wirtschaft eingesetzt. Weitere Förderungen aus Drittmitteln waren – wenn Sie so wollen – die Stipendien am Deutschen Historischen Institut in Paris,[80] wo ich einmal zweieinhalb Monate und einmal eineinhalb Monate war.

Michael Schlott: Ich muß noch einmal nachfragen, auch wenn Sie mehrfach darauf hingewiesen haben, daß es sich dabei möglicherweise um Irrwege handelt: War die Verbindung zu Friderichs und der Dresdner Bank auf parteipolitische Interessen zurückzuführen?

Franz Dumont: Ja, das kann sein. Mir gegenüber ist nichts derartiges ausgesprochen worden – ich habe damals mit Herrn Friderichs sowieso nur schriftlich verkehrt und hatte Webers sowie Mathys Gutachten beigelegt. Es kann durchaus sein, daß solche Erwägungen im Spiel waren. Aber ich muß umgekehrt sagen, ich hätte auf den Zuschuß verzichtet, wenn es geheißen hätte: Du mußt aber inhaltlich etwas ändern. Und letztlich haben die Vertreter im Vergabegremium das Buch erst gesehen, als es gedruckt vorlag, und das war die um 400 Seiten gekürzte Fassung der Dissertation.

Michael Schlott: Wie hoch war die erste Auflage?

Franz Dumont: Die erste Auflage, die in den Buchhandel kam, zählte 1000 Stück.

Michael Schlott: Und nach etwa zehn Jahren waren die verkauft?

Franz Dumont: Nein, die erste Auflage war zum Weihnachtsgeschäft 1982 herausgekommen und war Ende 1985 praktisch vergriffen.

Michael Schlott: Und warum ist das Buch nicht früher wieder aufgelegt worden?

Franz Dumont: Na ja, Sie wissen selber, was so etwas kostet.

Michael Schlott: Und das ist jetzt wieder eine 1000er-Auflage?

Franz Dumont: Nein, das ist eine 500er-Auflage. Der Verlag und die Druckerei sind in diesem Fall eins, die Rheinhessische Druckwerkstätte Alzey, die – was mir damals nicht

---

79 Im „Vorwort" heißt es: „Das Kultusministerium von Rheinland-Pfalz und die Dresdner Bank AG förderten die Drucklegung durch großzügige Zuschüsse"; Dumont: Die Mainzer Republik (wie Anm. 8), 2. Aufl., S. XII.

80 Vgl. Anm. 19.

bekannt war – zum Beispiel die *Vierteljahresschrift fürr Sozial- und Wirtschaftsgeschichte*
druckt. Mir war diese Adresse ansonsten mehr durch regionale, sogar populäre Literatur
über Wein, Dialekt und so weiter bekannt. Die drucken aber auch diverse orts- und re-
gionalgeschichtliche Dinge, unter anderem die *Alzeyer Geschichtsblätter.* Ich wollte die
Dissertation ursprünglich im Oldenbourg-Verlag veröffentlichen, in dieser Reihe von Rolf
Reichardt und Eberhard Schmitt,[81] aber die Forderungen des Oldenbourg-Verlages waren
mir erstens zu hoch, und dann wurde mir gesagt (da war gerade der dritte Band der Reihe
herausgekommen): „Na ja, bei Band zehn oder elf ist Platz für Ihre Arbeit." Mir war aber
klar: Die Studie muß rasch erscheinen, nicht zuletzt um – und dazu stehe ich auch weiter –
der damals noch vorrangig von Herrn Scheel dominierten Sicht etwas entgegenzusetzen.

Michael Schlott: Dazu wollte ich noch einmal nachfragen: Meinen Sie, daß Ihnen Scheels
Rezension[82] geschadet hat?

Franz Dumont: Nein, die Rezension erschien 1984, und mein Buch war Ende 1985 nahezu
vergriffen. Ich habe die Abrechnung für 1986, da waren noch sieben Exemplare vorhanden.

Michael Schlott: Also hat Scheels Rezension keinen negativen Einfluß gehabt.

Franz Dumont: Umgekehrt: Es hat mehrere Anfragen aus der DDR über Drittleute gegeben, wie man an die Publikation herankommen könnte. Daraufhin hat zum Beispiel ein
Kollege bei einer Fahrt nach Berlin mein Buch mitgenommen. Und in einem anderen Fall
habe ich es einfach losgeschickt: „Internationaler Schriftentausch" oder irgendsoeine Formulierung mußte auf den Umschlag – mit einem Stempel der Akademie; das ist anstandslos
angekommen. Übrigens – sagt Ihnen der Name Greiling etwas?

Michael Schlott: Ja.

Franz Dumont: Herrn Greiling lernte ich kennen 1988 in der Endzeit der DDR (von Endzeit hat allerdings damals kaum einer etwas geahnt), in West-Berlin auf einer Tagung über
Preußen und die revolutionäre Herausforderung.[83] Ich habe mich da nur einmal für das Linksrheinische gemeldet,[84] es ging gar nicht um die Mainzer Jakobiner. Daher wußte er also, daß
ich dort war, und wir kamen dann kurz ins Gespräch. Da habe ich gesagt: „Über die Mainzer
Republik habe ich auch etwas gemacht, vielleicht haben Sie den Titel schon mal gehört." Da
hat er gesagt: „Das blaue Buch." Und wenn ich ihn richtig verstanden habe, dann war das
damals so mehr oder minder in Fachkreisen bekannt (er war, glaube ich, in Jena). In Paris
1989 auf dem Revolutionskongreß erfuhr ich, daß die Scheel-Rezension in der DDR etliche
hatte aufhorchen lassen. Also es hat mir nicht geschadet, im Gegenteil. DDR-intern bekam
man mit: Aha, wenn so massiv darauf gedroschen wird, dann muß da etwas dran sein.

Michael Schlott: Ich würde Sie gerne mit einigen Urteilen und Kommentaren konfrontieren, die mir in informellen vorbereitenden Gesprächen zu diesen Interviews vorgestellt
worden sind. Doch zunächst eine Frage: Wie beurteilen Sie die folgende Auskunft: „Die

---

81 Rolf Reichardt und Eberhard Schmitt (Hrsg.): Handbuch politisch-sozialer Grundbegriffe in
    Frankreich 1680–1820. München 1985 ff. (H. 1–10, hrsg. von R. R. und E. S; H. 11–15, hrsg. von
    Hans-Jürgen Lüsebrink in Verbindung mit Gerd van den Heuvel und Annette Höfer).

82 Scheel: [Rez.] Dumont (wie Anm. 12).

83 Vgl. Preußen und die revolutionäre Herausforderung seit 1789. Hrsg. von Otto Büsch und Monika
    Neugebauer-Wölk. Berlin und New York 1991; Nachdruck 2011.

84 Dumont bezieht sich nicht auf einen schriftlichen Beitrag, sondern auf eine Wortmeldung.

Jakobinismus-Forschung wird von maßgebenden Ordinarien abgelehnt, weil sie politisch links ist, das heißt: die demokratischen Tendenzen der deutschen Geschichte bejaht und die Ursachen untersucht, weshalb sie niemals maßgebenden Einfluß erhielten. Großordinarien, die die Richtung bestimmen, was erforscht und was als Marginalie links liegengelassen werden soll." Es fielen in diesem Zusammenhang u. a. die Namen von Rudolf Vierhaus, Elisabeth Fehrenbach und Karl Otmar von Aretin, die daran interessiert gewesen seien, daß die „frühen demokratischen Bewegungen und Persönlichkeiten in den Hades der Vergessenheit gestoßen werden."[85] Wie ist Ihre Meinung zu solchen Überlegungen, die ja – etwas verkürzt – so etwas wie eine Gruppenbildung und Verschwörung innerhalb der Historikerzunft unterstellen? Gibt es so etwas?

Franz Dumont: Also da muß ich ganz pauschal sagen: In die Gepflogenheiten der Historiker in der alten oder auch der neuen Bundesrepublik habe ich zu wenig Einblick, weil ich mich nicht auf der universitären Schiene bewege. Herrn Vierhaus kann ich in dieser Hinsicht schlecht einschätzen; es würde mir aber sehr schwer fallen, ihn in eine sozusagen antijakobinische Ecke zu stellen. Letzteres würde mir jedoch bei Aretin sehr leicht fallen (aus den erwähnten Gründen) und auch bei Frau Fehrenbach nicht unbedingt schwer. Allerdings halte ich diese Verschwörungstheorie nicht für sinnvoll. Das spielt sich weniger dramatisch und genauso auf der linken Seite ab. Nehmen wir einmal in Hamburg Fritz Fischer. Der hat seine Leute – und Walter Grab gehörte ja dazu[86] – von Hamburg aus quasi in die akademische Welt entsandt. Dennoch war Hamburg sicher nicht der Schwerpunkt für das neue Forschungsprogramm. Ich denke, in Bremen ist seinerzeit mit ganz eindeutigen politischen Vorgaben auch vieles in Gang gesetzt worden. Ist das eine Verschwörung, wenn es heißt: Wir schaffen jetzt einen Lehrstuhl für die Geschichte der Arbeiterbewegung? Man könnte es freilich auch negativ wenden, indem man sagt: Wir wollen gerade diesen Lehrstuhl anstelle von …

Michael Schlott: Ich denke, es hatte niemand etwas gegen Jakobinerforschung, sondern nur gegen bestimmte methodische Begründungen.

Franz Dumont: So einfach ist das nicht. Also gegen Jakobinerforschung hätte selbst ich etwas, wenn sie sich (auf Dauer institutionalisiert) ausschließlich nur mit der doch zahlenmäßig zumindest recht kleinen Gruppe von Jakobinern befassen würde – wen immer man jetzt darunter nimmt, ob mit einem literarischen oder einem weiteren historischen Begriff. Ich wäre dann eher dafür, beispielsweise hier in der Region des linken Rheinufers (die ja nun 20 Jahre zu Frankreich gehört hatte) in einer dafür geschaffenen Institution diese Periode – aber dann bitte insgesamt – zu erforschen mit all den Modernisierungen, die es seit 1798 gegeben hat.

Michael Schlott: Aber Tendenzen zur Erweiterung des Spektrums der Jakobinerforschung – jetzt nicht gerade die von Ihnen angedeuteten regionenbezogenen – sind doch seit Mitte bzw. Ende der 1970er deutlich geworden über die Illuminatenforschung. Es ging seither nicht mehr ausschließlich um die Jakobiner; ich meine, die Quellensammlung von Schüttler hat es mittlerweile bereits auf etwa 4000 Einträge gebracht.[87]

---

85   Siehe dazu das Interview mit Walter Grab, S. 486–499, hier S. 497.

86   Siehe dazu ebd., S. 487–489.

87   Vgl. Hermann Schüttler: Die Mitglieder des Illuminatenordens. München 1991.

Franz Dumont: Ja, aber wer alles darunter rangiert! Beispielsweise feiern Mainz, Erfurt, Regensburg, Worms, auch Mannheim, gemeinsam Dalberg, den Coadjutor des Mainzer Kurfürsten. Dalberg war auch Illuminat, und zwar ein führender, woran man schon sieht, wie heterogen ein solcher Kreis bschaffen ist.

Michael Schlott: Aber im Sinne einer gemeinsamen Tendenz sind es doch ähnliche Bewegungen?

Franz Dumont: Ja, und deshalb begrüße ich, daß jetzt auf einer breiteren Linie Aufklärungsforschung betrieben wird. Da haben nun die literarisch orientierten Jakobinismusforscher auf ihre Weise wieder recht: Die Spitzen der Jakobinerbewegung, wenn man sie denn als Einheit auffaßt, kommen ja als Intellektuelle ganz eindeutig aus dem Aufklärungsmilieu. Insofern müßte man den ganzen Strom in den Blick nehmen. Das halte ich für wichtiger und für richtiger, als sich nur auf die Jakobiner zu beschränken, weil nämlich ein Großteil dieser Jakobiner in einer radikalisierten Aufklärung steckenbleibt – wie etwa bei Knigge. Ich finde, wenn man sich auf die Jakobiner beschränkt, dann wäre das eine sehr enge Perspektive. Selbst hier, wenn man nur den Rahmen der Stadt Mainz nimmt und sieht, wie die Leute, die 1792/93 etwas unternommen haben, dazu gekommen sind (beziehungsweise was aus ihnen geworden ist), dann würden links und rechts so viele herunterfallen, die eigentlich in den breiten Strom der Aufklärung hineingehören, der sich später dann teilweise auffächert, teilweise versickert. Einer meiner letzten Aufsätze handelt über Jakobiner: „Von Mainz nach Hambach?"[88] Ich versuche klarzumachen, daß diese Mainzer Republik und die Zeit der französischen Besatzung eine große Politisierung vieler Intellektueller mit sich brachten, die aber dann in verschiedene Richtungen gingen. Ein Beispiel: Wir haben hier die Biographie von Wedekind in unserer Soemmerring-Reihe publiziert.[89] Die Lebensgeschichte reicht zwar nur bis 1808, aber das ist schon typisch: Dieser Jakobiner stirbt als Freiherr von Wedekind.

Michael Schlott: Günter de Bruyn hat darüber geforscht.[90]

Franz Dumont: Ja, das war für mich fast wie eine Offenbarung, dieses Buch, als ich das noch zu DDR-Zeiten las. Es richtete sich auch gegen die Zwänge, jeden, der irgendwann einmal für die Französische Revolution gejubelt hatte, gleich zum Jakobiner zu machen. Ich bin gar nicht angetan von einer solchen zwanghaften Jakobinerforschung – ich meine auch, irgendwo in meiner Dissertation setze ich mich davon ab. Also insofern sehe ich keine Verschwörung gegen die Jakobinerforschung, sondern eher die Einsprüche, daß Leute, die einer dogmatischen Jakobinerforschung skeptisch gegenüberstehen, sagen: „Nein, das

---

88   Franz Dumont: Von Mainz nach Hambach? Kontinuität und Wandel im Lebensweg rheinischer und pfälzischer Jakobiner. In: Die Französische Revolution und die Oberrheinlande (1789–1798). Hrsg. von Volker Rödel. Sigmaringen 1991, S. 205–221; vgl. dazu: Walter Grab: Von Mainz nach Hambach. Zur Kontinuität revolutionärer Bewegungen und ihrer Repression 1792–1832. In: Deutschland in der Weltpolitik des 19. und 20. Jahrhunderts. Fritz Fischer zum 65. Geburtstag. Hrsg. von Imanuel Geiss und Bernd J. Wendt. Düsseldorf 1973; 2. Aufl.: 1974, S. 50–69.

89   Martin Weber: Georg Christian Gottlieb Wedekind 1761–1831. Werdegang und Schicksal eines Arztes im Zeitalter der Aufklärung und der Französischen Revolution. Stuttgart und New York 1988.

90   Günter de Bruyn: Märkische Forschungen. Erzählung für Freunde der Literaturgeschichte. Halle/Saale u. a. 1978.

machen wir nicht." Das ist, glaube ich, ihr gutes Recht – wie umgekehrt auch, dazu „Ja" zu sagen. Nur so kommt eine Vielzahl von Projekten ins Laufen.

Michael Schlott: Warum aber gelingt es der Jakobinismusforschung nicht, Strukturen zu entwickeln, warum bleibt sie bei der traditionellen Personen- und Regionalgeschichte stehen?

Franz Dumont: Dazu habe ich eine Gegenfrage: Was soll Strukturen heißen?

Michael Schlott: Die Jakobinerforschung (im engeren Sinn) bewegt sich doch in der Regel auf dem Niveau der traditionellen Erlebnisgeschichte: Eine Biographie nach der anderen erscheint, wobei Sie selber sagen – ich finde diese Beobachtung sehr scharfsinnig und überlegenswert –, daß man nicht davon ausgehen kann, daß die Forschungslage einfacher wird, wenn man weitere Biographien hat, sondern das Bild wird dann zumindest zu den Rändern hin immer unschärfer, und man hat neue Probleme. Ich meine Strukturen in dem Sinne: Ist nicht eigentlich schon ein Zeitpunkt erreicht, an dem eine gewisse Komplexitätsreduktion stattfinden könnte, daß man einige Details bündeln kann? Die Buchpublikation Ihrer Dissertation weist ja bereits in diese Richtung.

Franz Dumont: Ja, das ist mir von ganz anderer Seite als von Heinrich Scheel vorgeworfen worden, daß ich politologisch zusammengefaßt hätte aus einer zu modernen Sicht. Zu solchen Strukturen sind auch in meinem Aufsatz Von „Mainz nach Hambach?"[91] Ansätze angelegt: etwa mit dem Stichwort Kollektivbiographie; man muß den Typus herausarbeiten und fragen, wie der zu erreichen wäre. Man muß weiter fragen, was es bringt, den Idealtypus auf die real existierenden einzelnen Jakobiner oder Gruppen zu projizieren. Man könnte Strukturen erarbeiten, wenn man sich von den Personen löst und beispielsweise auf typische Konstellationen von Schriften zurückgreift – also auf der Ebene der Literaturwissenschaft arbeitet. Ich selbst bin da aber nicht kompetent. Kuhn hat für die Kölner Jakobiner Gruppenzusammenschlüsse erarbeitet,[92] was ich auf Grundlage von Hauck auch für Mainz gemacht habe. Dotzauer hat es für die Illuminaten, Freimaurer und so weiter geleistet.[93] Dahin zu kommen, ist sehr wichtig. Auf der anderen Seite scheue ich mich ein wenig davor, aus Biographien und Ereignissen bloße Abstraktion werden zu lassen.

Michael Schlott: Aber arbeiten Sie einer solchen strukturgeleiteten Geschichtsbetrachtung nicht auch selber – ich will gar nicht unterstellen: bewußt – entgegen? Mir ist beispielsweise bei Ihnen (in der Buchveröffentlichung Ihrer Dissertation) dieser Passus zur Publizistik aufgefallen: „Mit dem Zentrum in Mainz bildete sich eine demokratische Publizistik, die Bedeutung für die deutsche Literaturgeschichte gewann." – Anmerkung: Träger, Hocks, Engels, Scherpe.[94] Weiter: „Uns interessieren allerdings mehr Gestaltung, Tendenz

---

91   Vgl. Dumont: Von Mainz nach Hambach? (wie Anm. 88); siehe dazu das Interview mit Axel Kuhn, S. 528–560, hier S. 554 f.

92   Axel Kuhn: Jakobiner im Rheinland. Der Kölner konstitutionelle Zirkel von 1798. Stuttgart 1976.

93   Winfried Dotzauer: Freimaurergesellschaften am Rhein. Aufgeklärte Sozietäten am linken Rheinufer vom Ausgang des Ancien Régime bis zum Ende der napoleonischen Herrschaft. Wiesbaden 1977; W. D.: Quellen zur Geschichte der deutschen Freimaurerei im 18. Jahrhundert unter besonderer Berücksichtigung des Systems der Strikten Observanz. Frankfurt/Main u. a. 1991.

94   Dumont: Die Mainzer Republik (wie Anm. 8), S. 138, Anm. 185; mit Hinweis auf Claus Träger: Aufklärung und Jakobinismus in Mainz 1792/93. In: Weimarer Beiträge 9 (1963), H. 4, S. 684– 704; Paul Hocks und Peter Schmidt: Literarische und politische Zeitschriften 1789–1805. Von der

und Verbreitung dieses politischen Schrifttums, um seine Funktion bei der Revolutionierung bestimmen zu können."[95] Jetzt unterstellen Sie, daß die Literaturwissenschaft das nicht interessiere – es ist aber exakt das Problem von Scherpe, und – soweit ich informiert bin – auch von Hocks und Schmidt, weniger von Träger. Auf Seite 145 dann, in Anmerkung 210, führen Sie just Scherpe und Stephan als Beleg für Ihre Thesen über den Zweck der Flugschriften an.[96] Also hier bestünde doch beispielsweise die Möglichkeit einer Zusammenführung historiographischer und literaturwissenschaftlicher Ergebnisse, wovon Sie sich aber in der Einleitung zu diesem Abschnitt über Publizistik distanzieren.

Franz Dumont: Ja, ich gebe gerne zu: Da zeigt sich eine gewisse Diskrepanz, die will ich auch gar nicht wegdiskutieren. Was ich anfangs sagen wollte, war und ist: Scherpe, Stephan und insbesondere auch Tervooren[97] beziehen sich sehr entschieden auf den Inhalt der einzelnen Schriften, sie greifen die einzelnen Argumente heraus, versuchen die in den Zusammenhang eines Ideenprogramms zu bringen und einzuordnen: Hier ist radikale Spätaufklärung, dort ist konventionelle Spätaufklärung, und an jener Stelle kippt es schon um ins Revolutionäre. Dabei betonen sie stark den volkstümlichen Duktus.

Michael Schlott: Ja, so findet sich das ‚mutatis mutandis' bei Inge Stephan. Scherpe aber entwickelt so etwas wie eine Theorie der Agitation und fragt auch: Wie muß eine solche Literatur eigentlich aussehen? Er greift zudem etwa Fragen der Distribution auf.

Franz Dumont: Ja, aber bei dieser Theorie fehlt mir sozusagen das Gegenüber. Es mag sein, daß ich auch pointiert dagegen halte, wenn ich sage: Ich lasse mich auf dieses literaturwissenschaftliche Vorgehen gar nicht erst ein. Da war und ist ohnehin viel gemacht worden. Ich muß es ja als Historiker in meine Verfahrensweisen einordnen und komme dann beispielsweise zu Relationen mit den Kartoffelpreisen. Prinzipiell versuche ich für Textanalysen mehr die Empfängerseite zu berücksichtigen. Das kam mir zu kurz bei Scherpe[98] und bei Inge Stephan[99] – und ein Extremfall ist beispielsweise Tervooren,[100] der groß über die Rezeption auf dem Land ausholt – aber lesen Sie dazu nur das, was die Jakobiner über ihre eigenen Erfolge auf dem Land berichten.

Michael Schlott: Zudem gibt es, wenn ich das richtig erinnere, kaum Hinweise darauf (also bei Tervooren jedenfalls nicht), wer überhaupt lesen konnte.

Franz Dumont: Die Lesekultur ist noch ein besonderes Problem. Es wird in meiner Dissertation in Kapiteln berührt wie ‚Jakobiner im Land' oder ‚Vorlesen in Wirtshäusern'.

politischen Revolution zur Literaturrevolution. Stuttgart 1975; Deutsche revolutionäre Demokraten (wie Anm. 4), Bd. 1; Klaus R. Scherpe: „… daß die Herrschaft dem ganzen Volk gehört!" Literarische Formen jakobinischer Agitation im Umkreis der Mainzer Revolution. In: Demokratischrevolutionäre Literatur in Deutschland: Jakobinismus. Hrsg. von Gert Mattenklott und K.R.S. Kronberg/Taunus 1975, S. 139–204.

95 Dumont: Die Mainzer Republik (wie Anm. 8), S. 138.
96 Dumont: Die Mainzer Republik (wie Anm. 8), S. 145, Anm. 210; mit Hinweis auf Scherpe, „… daß die Herrschaft (wie Anm. 94) und Stephan: Literarischer Jakobinismus (wie Anm. 5).
97 Klaus Tervooren: Die Mainzer Republik 1792/93. Bedingungen, Leistungen und Grenzen eines bürgerlich-revolutionären Experiments in Deutschland. Frankfurt/Main 1982.
98 Vgl. Scherpe: „… daß die Herrschaft (wie Anm. 94).
99 Vgl. Stephan: Literarischer Jakobinismus (wie Anm. 5).
100 Vgl. Tervooren: Die Mainzer Republik (wie Anm. 97).

Auch weist ein rheinhessischer Forscher nach, daß die Lesefähigkeit doch viel weiter verbreitet war, als man gemeint hat.[101] Und wir haben jede Menge Unterschriftenlisten aus der Franzosenzeit und können so auch die Schreibfähigkeit zumindest bezüglich des eigenen Namens einschätzen – da muß man mit weiterreichenden Schlußfolgerungen immer sehr vorsichtig vorgehen, das ist klar. Also, da ist sicher noch viel zu tun; meinerseits wollte ich nur verdeutlichen, daß ich jetzt nicht groß eine inhaltliche Analyse ansteure, sondern versuche zu sehen, wie bestimmte Mitteilungen und Texte bei ihren Rezipienten ankommen.

Michael Schlott: Herr Dumont, ich möchte Ihnen nun die angekündigten Urteile und Einschätzungen vortragen und Sie bitten, Stellung zu beziehen:

Die deutsche Jakobinismusforschung muß als letztes Paradigma politisch ausgerichteter Historiographie und Literaturwissenschaft angesehen werden, das durch Methodenwechsel und Modernisierungstheorien der Sozialgeschichte erledigt wurde. Die Jakobinismusforschung ist aus der Aufklärungsforschung völlig ausgeschieden. Die unmittelbare politische Instrumentalisierung des Forschungsgegenstandes verstellte die Möglichkeit einer produktiven Reaktion auf neue sozial-, mentalitäts- und kulturgeschichtliche Ansätze.

Franz Dumont: Ja, es hat sehr viele sehr skeptisch gemacht, so würde ich es sagen.

Michael Schlott: Andere Forschungsbereiche haben höhere Akzeptanz erreicht, weil sie sich nicht von vornherein so verengt haben auf die politische Instrumentalisierung.

Franz Dumont: Ja, das würde ich auch so sehen. Aber eine Schwierigkeit mit diesen ganzen Themen liegt darin, daß bestimmte Haltungen zu Zeiten der sozialliberalen Koalition – Stichwort Heinemann-Rede[102] – fast eine Art Staatsdoktrin wurden. Das ist jetzt freilich überpointiert. Für Leute, die damals nicht mit dieser Regierung und mit diesem Präsidenten einverstanden waren, wurden dadurch Hürden aufgebaut. Also wenn wir jetzt die interne und externe Beeinflussung der Wissenschaft nehmen, dann denke ich, ist da schon etwas dran – allerdings nicht in der krassen Form, daß etwas ausgeschieden wurde. Aber es gab schon die politische Instrumentalisierung – das hat ja Karl-Georg Faber sehr deutlich in der Schrift „Wo steht die rheinische Jakobinerforschung heute?" aufgegriffen,[103] das geht in seinem Fall gegen Kuhn, aber das kann man sicher auch gegen etliche andere – wie gegen Grab – wenden.

Ich meine aber, daß die Festlegung eines Forschungsinteresses auf eine politische Position nur wenig aussagt. Es gibt im Spiel der Kräfte immer auch die Gegenkräfte. Das läßt sich am Beispiel meiner Arbeiten illustrieren. Wie gesagt, ich bin CDU-Mitglied, doch stehen meine Forschungen nicht für die CDU-Version der Mainzer Republik – schon deshalb nicht, weil die CDU diesem Thema vollkommen fernstand. Wir haben zu diesem Thema bei der Adenauer-Stiftung[104] jetzt eine Veröffentlichung herausgebracht,[105] hier in Mainz

---

101 Vgl. Stefan Grus: Die frühen Mainzer Lesegesellschaften 1782–1793. In: Mainzer Zeitschrift 81 (1986), S. 123–41.

102 Siehe dazu Anm. 58.

103 Karl-Georg Faber: Wo steht die rheinische Jakobinerforschung heute? In: Rheinische Vierteljahrsblätter 42 (1978), S. 503–515.

104 Politische Bildung ist ein zentrales Aufgabengebiet der 1955 gegründeten (CDU-nahen) Konrad-Adenauer-Stiftung.

105 Als die Revolution an den Rhein kam. Die Mainzer Republik 1792/93. Jakobiner – Franzosen –

beim Bildungswerk, extra für die Schulen. Da sind zahlreiche Autoren mit kleinen Aufsätzen vertreten; u. a. findet sich darunter eine Populär-Version meines Buches zur Mainzer Republik,[106] es sind aber auch andere Akzente gesetzt. Am Schluß ist der aktuelle Stand aufgelistet zu 200 Jahren Streit um die Mainzer Republik. Daß die Adenauer-Stiftung das gemacht hat, betrachte ich parteiintern als großen Erfolg, weil man früher von diesem Thema überhaupt nichts wissen wollte – unter anderem deshalb, weil das Thema hier in Mainz durch die SPD besetzt wurde.

Michael Schlott: Herr Dumont, wie beurteilen Sie folgende Position:

Die Kontroversen um die Mainzer Republik hatten symbolischen Charakter. Es handelte sich um die Fokussierung aktueller politischer Kontroversen auf die Mainzer Republik, gewissermaßen um einen Wettlauf beider deutscher Staaten um demokratische, revolutionäre Traditionen.

Franz Dumont: Sicher spielt die Konkurrenz eine Rolle. Sagen wir einmal so: Herrn Scheel wäre es sicher lieber gewesen, wenn ich die Mainzer Republik entweder ganz auf seiner Linie interpretiert hätte oder in Bausch und Bogen gesagt hätte: Weg damit! Dadurch, daß nicht nur ich, sondern auch etwa Helmut Mathy die Mainzer Republik mit hereingeholt haben in die Entwicklung unserer (alten) bundesrepublikanischen Demokratie, entstand so etwas wie eine Konkurrenzsituation.

Da wir sagten, die Mainzer Republikaner vertreten auch unsere westlichen Essentials oder Teile der westlichen Werte, ist sofort der politische Wettstreit da. Und mir ist das umgekehrt in eigenen Kreisen so ungefähr vorgehalten worden: Da übernimmst Du etwas, was die Kommunisten angefaßt haben. Es bedurfte – das ist jetzt weitgehend überwunden – eines langen Überzeugungsprozesses, um zu sagen: Da steckt auch anderes drin. Insofern trifft der zitierte Befund durchaus zu; nur – denke ich – ist der Aneignungsvorgang für solche Überzeugungen zu differenzieren.

Michael Schlott: Gab es deutsche Jakobiner? – Georg Forster einmal ausgenommen?

Franz Dumont: Ja, es gab deutsche Jakobiner. Aber ich würde nicht die französische Unterteilung verwenden, etwa mit Montagnards und so weiter. Damit bin ich allerdings ziemlich nah bei Grab mit seiner Gleichsetzung von Jakobiner und Demokrat und an seiner – wenn man so will – schwammigen (man kann aber auch sagen offeneren) Definition. Ich möchte für ‚Jakobiner‘ auch nicht die Leute ausschließen, die unter Napoleon weiter mitgemacht haben im französischen Bereich. Dann müßte ich nämlich fast 90 Prozent aller derjenigen, die noch länger aktiv waren, ausschließen. Der Begriff Jakobiner muß in Deutschland meines Erachtens ungenau, das heißt offen bleiben.

Michael Schlott: Ja, aber Sie sprechen davon, daß es nicht damit getan sei, geschichtliche Erscheinungen mit abstrakten oder metaphorischen Begriffen zu beschreiben, denen nur ein mehr oder minder reflektiertes Vorverständnis zugrunde liegt – und das ist ja ohne Frage zumindest bei vielen, die diesen Begriff – deutsche Jakobiner – verwenden, der Fall.

Franz Dumont: Das ist richtig, ja. Ich habe in einer meiner Thesen versucht, genauer zu definieren. Mein Versuch ist sicher angreifbar, aber es sind viele Kriterien eingegangen. Ich

---

Cisrhenanen. Beiträge und Materialien für den Unterricht. Hrsg. von Helmut Klapheck und Franz Dumont. Mainz 1994.
106 Dumont: Die Mainzer Republik (wie Anm. 8).

bin gegen die Inflation des Begriffs Jakobiner, d.h. aus jedem Revolutionsbegeisterten zur Zeit der Französischen Revolution einen Jakobiner zu machen. Und dazu tendiert die frühe Jakobinerforschung sehr; also beispielsweise: Hölderlin als Jakobiner.[107]

Michael Schlott: Herr Dumont, ich bedanke mich bei Ihnen für dieses interessante und sehr aufschlußreiche Gespräch.

---

107 Siehe dazu II, 2.2.3.

Walter Grab

WALTER GRAB (1919–2000), 1938 Studium der Rechtswissenschaften und Geschichte in Wien, Emigration nach Palästina, Grossist (Taschenhandel, Lederwaren), 1958 Studium der Geschichte und Philosophie an der Universität Tel Aviv (Abu Kabir), 1961 Baccalaureus Artis, 1962 Stipendiat der Friedrich-Ebert-Stiftung, Studium der Geschichte, Literaturgeschichte und Politologie (Politische Philosophie) in Hamburg, 1965 Promotion in Hamburg, Dozent für Neuere europäische Geschichte an der Universität Tel Aviv, 1972 ordentlicher Professor für neuere Geschichte an der Universität Tel Aviv, 1986 Ruhestand.

1971 gründete GRAB das Institut für Deutsche Geschichte an der Universität Tel Aviv und gab bis 1986 dessen Jahrbuch heraus. GRAB war Dr. h. c. der Universität Duisburg und erhielt 1994 die Ehrenmedaille der Bundeshauptstadt Wien in Gold.

WALTER GRAB gehörte zu den renommiertesten Historikern, die mit der Erforschung der Ursachen und Folgen der Französischen Revolution befaßt waren. Zu seinen weiteren Forschungsgebieten zählten die demokratischen Bewegungen im Vormärz, das österreichische Judentum, demokratische und sozialistische Bewegungen in Europa und Israel. Insbesondere hat GRAB sich mit den Wirkungen des französischen Jakobinertums auf die „Demokratischen Strömungen" in Deutschland auseinandergesetzt. In zahlreichen Büchern und Aufsätzen hat er biographische Forschungen zu den sogenannten deutschen Jakobinern vorgelegt. Seine diesbezüglichen Ausgangsüberlegungen und Thesen sind in der Geschichtswissenschaft sehr kontrovers diskutiert worden. GRABS Arbeiten gaben darüber hinaus vielen Jakobinismusforschern der germanistischen Literaturwissenschaft Impulse.

Das Interview wurde am 3. Juni 1994 in Hamburg geführt.

Walter Grab hat keine Audio-Aufzeichnung des Gesprächs gewünscht. Die Mitschrift ist von ihm stark redigiert worden. Aus diesem Grund werden im folgenden die durch Grab von Grund auf neu verfaßten Antworten in ihrer Fassung vom 21. Juni 1994 diplomatisch wiedergegeben. Wo immer er lediglich die Angemessenheit der Mitschrift bestätigt hat, wird diese – in einer kleineren Schrifttype – zugrunde gelegt. Der vorliegende Text bietet also die Dokumentation des gesprochenen Wortes aus den vorliegenden, von Walter Grab autorisierten Quellen. Zudem hat Walter Grab aus dieser Fassung einzelne mündliche Äußerungen, auf deren Formulierung in Interviews mit anderen Teilnehmern Bezug genommen wurde, getilgt oder gemildert.

Michael Schlott: Herr Grab, in seinem Buch über die deutsche Geschichtswissenschaft (1968) spricht Georg Iggers von einem Wachwechsel („change of guard"), der die nach 1945 ausgebildeten Historiker auf universitäre Lehrstühle bringen werde.[1] Er fügt hinzu, dieser Wachwechsel habe gerade begonnen. Iggers erwähnt die Namen von Schieder, Conze und Wagner, die eine neue Generation von Schülern ausgebildet hätten, zu denen Fritz Fischer und Hans Herzfeld gehörten. Iggers meint dazu: Die kommenden Jahre werden zeigen, ob diese Schüler mit ihren demokratischen Ansätzen und Bestrebungen („commitments") und einer erweiterten sozialen Perspektive von Geschichte („social perspective") eine dominierende Position in der deutschen Geschichtswissenschaft einnehmen werden. Das war 1968. – Sie wurden 1965 bei Fritz Fischer in Hamburg promoviert.[2] Wie beurteilen Sie in der Rückschau die Entwicklung der deutschen Geschichtswissenschaft seit den 1960er Jahren? Hat die von Iggers benannte jüngere Generation mit ihren demokratischen Ansätzen eine dominierende Position erreicht?

Walter Grab: Ich habe Iggers 1972 kennengelernt und mit ihm Freundschaft geschlossen, war viermal bei ihm in Buffalo zu Gast und habe dort Vorträge in seinem Seminar gehalten.[3] Er ist zweifellos ein bedeutender Fachmann für die Geschichte der deutschen Historiographie, kennt alle Strömungen und Tendenzen seit dem Ende des 18. Jahrhunderts. Ich stimme seiner Beurteilung im allgemeinen zu, bin jedoch nicht sicher, ob die von ihm konstatierte demokratische Richtung der Geschichtswissenschaft nach dem Zusammenbruch der DDR die Oberhand behalten wird.

Die durch die Studentenbewegung von 1967–73 akzentuierte Aufbruchstimmung und der Beginn der sozialliberalen Koalition 1969 führten zu der Abkehr von der traditionellen Sicht der neueren deutschen Geschichte, die in der Reichseinigung Bismarcks den Gipfel der politischen Bestrebungen erblickte. Sozialgeschichte, Geschichte der Arbeiterbewegung, Alltagsgeschichte und Untersuchung verschollener und unterschlagener demokratischer Bewegungen nahm größeren Raum ein; die Gründung von Universitäten im Ruhrgebiet bedeutete, daß der von Kaiser Wilhelm 1889 ausgesprochene Bann aufgehoben wurde, den Sprößlingen von Arbeitern keine höhere Bildung zuteil werden zu lassen.

Michael Schlott: Sie haben 1974 im dritten Band des *Jahrbuchs des Instituts für deutsche Geschichte* die Einschätzung geäußert, daß die Forschungsergebnisse Fritz Fischers „nicht nur international anerkannt" seien, sondern „auch in der Bundesrepublik kaum noch einen ernstzunehmenden Widersacher" hätten.[4] Sie fügen hinzu: „Die gründliche und umfas-

---

1 Vgl. Georg G. Iggers: The German conception of history. The national tradition of historical thought from Herder to the present. Middletown, CT 1968.

2 Walter Grab: Demokratische Strömungen in Hamburg und Schleswig-Holstein zur Zeit der ersten französischen Republik. Hamburg 1966.

3 Vgl. Walter Grab: Meine vier Leben. Gedächtniskünstler – Emigrant – Jakobinerforscher – Demokrat. Köln 1999, S. 317.

4 Die geschichtswissenschaftliche Fachzeitschrift wird vom Minerva Institut für Deutsche Geschichte der Universität Tel Aviv seit 1972 herausgegeben; Walter Grab war der erste Herausgeber. Die ersten 15 Jahrgänge wurden als *Jahrbuch des Instituts für Deutsche Geschichte* im israelischen Nateev-Verlag veröffentlicht. Ab Band 16 (1987) erschien die Zeitschrift als *Tel Aviver Jahrbuch für deutsche Geschichte* im Bleicher-Verlag Gerlingen. Mit Band 30 (2002) wurde das Jahrbuch vom Wallstein Verlag Göttingen übernommen. Das im Interview angeführte Zitat

sende Kenntnis des für die deutsche Geschichte entscheidenden französischen Staatsum-
sturzes ist schon deswegen ein dringendes Desiderat, weil es im Hinblick auf das von Fischer und seinen Schülern aufgeworfene Kontinuitätsproblem notwendig ist, den Ursprung
der deutschen Fehlentwicklung, der um die Wende vom 18. zum 19. Jahrhundert anzusetzen ist, aufzudecken." Erste Schritte „in Richtung dieser neuen Konzeption" seien bereits
getan, schrieben Sie, durch Untersuchungen und Quelleneditionen, „die die revolutionären
Demokraten Deutschlands gebührend würdigen". Allen voran nennen Sie Hedwig Voegts
Arbeit von 1955.[5] Welche Bedeutung hatte Hedwig Voegts Arbeit für Ihre eigenen Forschungen?

Walter Grab: Ich habe 1962 nach Erhalt eines Doktoranden-Stipendiums der Friedrich-
Ebert-Stiftung meine Studien bei Fritz Fischer in Hamburg aufgenommen, weil er in seinem
ein Jahr zuvor erschienenen Werk *Griff nach der Weltmacht*[6] bewiesen hatte, daß die Kriegsziele des kaiserlichen Deutschland 1914 mit jenen der Nazis 1939 nahezu identisch waren und
daß daher eine Kontinuität besteht, die von den konservativen Historikern stets geleugnet
wurde; diese sahen Hitler als ‚Betriebsunfall' an und behaupteten, alle Länder seien 1914 in
den Krieg ‚hineingeschlittert'. In einem zweiten Werk, *Krieg der Illusionen*,[7] untersuchte
Fischer die Vorgeschichte des Ersten Weltkrieges seit dem Beginn der ‚Weltpolitik' Kaiser
Wilhelms II. 1896, die zum Flottenbau und daher zur Feindschaft Englands führte.

Während meiner Arbeit über die norddeutschen Jakobiner[8] erkannte ich, daß die Vorherrschaft der antidemokratischen, irrationalen, nationalistischen politischen Strömungen
seit dem Beginn des 19. Jahrhunderts gut mit Fischers Kontinuitäts-These in Übereinstimmung zu bringen war, weil die Vorstellung eines „Griffs nach der Weltmacht" schon in
den politischen Tendenzen Preußens seit dem Sieg über das Mutterland der Revolution
und den französischen ‚Erbfeind' in den Koalitionskriegen 1792–1815 angelegt war. Mit
anderen Worten – während die Kathederfürsten, die seit Rankes und Treitschkes Zeiten
als Mentoren und Praeceptoren Deutschlands auftraten, die antirevolutionären, konservativen, reaktionären Obrigkeiten guthießen, die den verderblichen Weg in die deutsche Vor-
machtstellung Europas und die beiden Weltkriege beschritten, mußte es das Interesse des
demokratischen Historikers sein, die freiheitlichen, radikalen, weltbürgerlichen, volksver-
bundenen Strömungen und Persönlichkeiten zu erforschen, die zwar niemals zur Macht
gelangten, aber seit 1789 existierten oder von einer konterrevolutionären Historiographie
entweder verschwiegen und als harmlose oder gefährliche ‚Querköpfe' dargestellt wurden.
Daher machte ich es mir zur Aufgabe, die Jakobiner Deutschlands, die Revolutionäre des
Vormärz und von 1848 zu untersuchen; ich habe 18 Biographien dieser Freiheitskämpfer
geschrieben.[9]

---

stammt aus Grabs *Jahrbuch*-Beitrag (Bd. 3, 1974) „Französische Revolution und deutsche Geschichtswissenschaft" (S. 11–43, die angeführten Passagen: S. 38 und 40 f.)

5   Hedwig Voegt: Die deutsche jakobinische Literatur und Publizistik 1789–1800. Berlin 1955.
6   Fritz Fischer: Griff nach der Weltmacht. Die Kriegszielpolitik des kaiserlichen Deutschland
     1914/18. Düsseldorf 1961.
7   Fritz Fischer: Krieg der Illusionen. Die deutsche Politik von 1911 bis 1914. Düsseldorf 1969.
8   Walter Grab: Norddeutsche Jakobiner. Demokratische Bestrebungen zur Zeit der Französischen
     Revolution. Frankfurt/Main 1967.
9   Vgl. dazu die Bibliographien in: Revolution und Demokratie in Geschichte und Literatur. Zum
     60. Geburtstag von Walter Grab. Hrsg. von Julius H. Schoeps und Imanuel Geiss unter Mitwir-

Mein Doktorvater Fritz Fischer war kein Fachmann der Demokratieforschung im 18. und 19. Jahrhundert, gab mir jedoch Schützenhilfe, indem er seine Reputation mir zuteil werden ließ; besonders in den DDR-Archiven half mir der Umstand sehr, daß ich Fischer-Schüler war. Als geistige Lehrer betrachtete ich Georg Lukács und Franz Mehring, deren Schriften mir schon lange vor dem Beginn der Promotionsstudien über die Jakobiner bekannt waren.

Michael Schlott: Hedwig Voegt hatte in ihrer Arbeit auf die Schwierigkeit aufmerksam gemacht, generell von „deutschen Jakobinern" zu sprechen. Sie konzedierte, daß es „im klassischen Sinne während der Jahre 1793/94 in Deutschland niemals Jakobiner gegeben hatte"[10] – allerdings setzte sie hinzu, „der Versuch der Mainzer Jakobiner" sei hier ausgenommen. Können Sie erklären, warum Heinrich Scheel in seiner Arbeit über die süddeutschen Jakobiner die Arbeit von Voegt nur ein einziges Mal – anmerkungsweise – erwähnt,[11] ohne sie einer umfassenden Würdigung zu unterziehen?

Walter Grab: Das Buch Hedwig Voegts über die deutsche jakobinische Literatur und Publizistik war eine Pionierleistung, beschränkte sich jedoch vorwiegend auf den Jakobiner G. F. Rebmann. Hedwig Voegt, die zu den KPD-Mitgliedern in der Widerstandsgruppe des 20. Juli 1944 gehörte, zum Tode verurteilt, jedoch nicht hingerichtet wurde, weil der zuständige Richter, der sich vermutlich für die Zeit nach der Niederlage der Nazis ein Alibi verschaffen wollte, das Urteil aussetzte.[12] Sie studierte erst nach dem Krieg Literaturwissenschaft. Ihr Urteil, daß es in strengem Sinn in Deutschland keine Jakobiner gegeben habe, ist natürlich insofern richtig, als die radikalen Demokraten nur in Frankreich an die Macht gelangten (und 1793/94 die Revolution retteten). Dennoch ist der Begriff ‚Jakobiner' keineswegs lediglich ein zeitgenössischer Kampfbegriff, wie reaktionäre Historiker immer wieder betonen, sondern wird in der Politik und der Wissenschaft seit zwei Generationen angewendet.

Unter den zahlreichen Werken über außerfranzösische und außerdeutsche Jakobiner seien erwähnt:

- Carl B. Cone: The English Jacobins. New York 1968.
- Günther Lottes: Politische Aufklärung und plebejisches Publikum. Zur Theorie und Praxis des englischen Radikalismus im späten 18. Jahrhundert. München 1979.
- Kálmán Benda: Magyar jakobinusok iratai (Schriften ungarischer Jakobiner). Budapest 1952–57, 3 Bände.
- Boguslav Leśnodorski: Les Jacobins polonais. Paris 1965.

Nähere Einzelheiten finden sich in meinem ausführlichen Lexikon-Artikel „Jakobinismus".[13]

---

kung von Ludger Heid. Duisburg 1979, S. 397–406; Die bürgerliche Gesellschaft zwischen Demokratie und Diktatur. Festschrift zum 65. Geburtstag von Prof. Dr. Walter Grab. Gestaltet von Kasseler und Marburger Freunden und Kollegen. Mit einem Vorwort von Wolfgang Abendroth. Marburg 1985, S. 219–225; dazu Grab: Meine vier Leben (wie Anm. 3), S. 410–417.
10 Voegt: Die deutsche jakobinische Literatur (wie Anm. 5), S. 18.
11 Vgl. Heinrich Scheel: Süddeutsche Jakobiner. Klassenkämpfe und republikanische Bestrebungen im deutschen Süden Ende des 18. Jahrhunderts. Berlin 1962, S. 40.
12 Siehe dazu II, 2.2.1, S. 74, Anm. 262.
13 Walter Grab: [Art.] Jakobinismus. In: Europäische Enzyklopädie zu Philosophie und Wissenschaften. Hrsg. von Hans Jörg Sandkühler. Bd. 2. Hamburg 1990, S. 721–733.

Michael Schlott: Welche Bedeutung hatte Fritz Valjavecs Buch über die *Entstehung der politischen Strömungen in Deutschland 1770–1815*[14] für Ihre Forschungen?

Walter Grab: Valjavecs Buch über die politischen Strömungen in Deutschland 1770–1815 ist wichtig, weil es bis dahin unbekanntes Archivmaterial, insbesondere aus Wiener Archiven, auswertet.[15] Ernst Wangermann aus Leeds (seit 1984 in Salzburg) wurde dadurch auf die österreichischen Jakobiner aufmerksam, die er in seinem Werk *From Joseph II to the Jacobin trials* erforschte.[16]

Als ich meine Dissertation und die folgenden Publikationen bis 1975 vorlegte, dachte ich, daß ich meine oben dargelegte These über die Notwendigkeit der Erforschung der demokratischen Strömungen und ihrer Kontinuität im 19. Jahrhundert zu einem etablierten Thema machen könne, das systematisch aufgearbeitet und an Universitäten gelehrt wird. Bei der Mainzer Tagung *Deutschland und Italien im Zeitalter Napoleons* (Mai/Juni 1975)[17] mußte ich jedoch erkennen, daß die „offizielle" Geschichtsschreibung die Jakobinismusforschung nicht als etabliertes Thema wollte. Elisabeth Fehrenbach (Saarbrücken) warf mir vor, Zitate verfälscht zu haben, weil ich die Dokumente der Jakobiner nicht vollständig, sondern mit Auslassungen publiziert habe; Karl Otmar von Aretin, Wolfgang Schieder und andere lehnten ebenfalls meine Forschungsrichtung ab. Daher hat kein Lehrstuhlinhaber die Jakobinismusforschung zu seinem Lebensthema gemacht. Daß es noch eine Unmenge zu erforschen gibt, beweist u. a. der französische Gelehrte Alain Ruiz, der bisher in Marseille/Aix, jetzt in Bordeaux lehrt. Er hat einige Archive besucht, die ich nicht aufsuchte, und fand in Jena, Leipzig und Dresden Unterlagen, die er zu seinen Biographien für die vergessenen deutschen Jakobiner Franz Jacob Brechtel und Johann Friedrich Hilscher verwendete.[18]

Außerdem erschienen noch Forschungen über deutsche Jakobiner von folgenden Wissenschaftlern:

Uwe Schmidt: Südwestdeutschland im Zeichen der französischen Revolution. Ulm 1993.
Axel Kuhn: Jakobiner im Rheinland. Stuttgart 1978.
Sigfrid Gauch: Friedrich Joseph Emerich – ein deutscher Jakobiner. Frankfurt 1986.
Gerhard Junger: Johann Jacob Fetzer. Reutlingen 1988.
Monika Neugebauer-Wölk: Revolution und Constitution. Die Brüder Cotta. Berlin 1989.
Erwin Dittler: Jakobiner am Oberrhein. Kehl 1976.

Zusätzlich gibt es noch zahlreiche Abhandlungen in Sammelwerken und Periodika. Ich habe im *Jahrbuch des Instituts für Geschichte* in Tel Aviv, das ich bis 1986 herausgab, mehrere Abhandlungen veröffentlicht, die aus der Feder verschiedener Wissenschaftler stammen und sich mit Fragen des Jakobinismus beschäftigen. Aber zu einer institutionalisierten Forschungsrichtung hat es die Jakobinerforschung in Deutschland nicht gebracht.

---

14   Fritz Valjavec: Die Entstehung der politischen Strömungen in Deutschland 1770–1815. Unveränd. Nachdruck der Erstausgabe von 1951. Mit einem Nachwort von Jörn Garber. Kronberg/Taunus; Düsseldorf 1978.
15   Vgl. ebd., S. V.
16   Ernst Wangermann: From Joseph II to the Jacobin trials. Oxford 1959.
17   Vgl. dazu: Deutschland und Italien im Zeitalter Napoleons. Deutsch-italienisches Historikertreffen in Mainz vom 29. Mai bis 1. Juni 1975. Hrsg. von Armgard von Reden-Dohna. Wiesbaden 1979.
18   Vgl. Alain Ruiz: Universität Jena Anno 1793/94. Ein jakobinischer Student und Geheimagent im Schatten Reinholds und Fichtes. In: Revolution und Demokratie (wie Anm. 9), S. 95–132.

Michael Schlott: Wie beurteilen Sie den Einfluß des von Claus Träger herausgegebenen Buches *Mainz zwischen Rot und Schwarz*[19] auf die Jakobinismusforschung – speziell, was Trägers Verdikt angeht, daß „die bürgerlich-demokratische Umwälzung des Mainzer Staats … über ihre historische Bedeutung hinaus auch ein Ereignis der deutschen Literaturgeschichte gewesen" sei?[20] – Stichwort Forster …

Walter Grab: Die DDR-Germanisten Träger und Steiner publizierten in den 1960er und 1970er Jahren wichtige Arbeiten. Trägers Dokumentensammlung *Mainz zwischen Rot und Schwarz* ist durch die Publikation von Heinrich Scheel *Die Mainzer Republik*[21] teilweise überholt. Steiner war oder ist der wichtigste Forscher über Georg Forster und fungierte als Leiter der Georg-Forster-Ausgabe in Ostberlin bis 1970,[22] als er – vermutlich nach einer Intrige – seiner Stellung enthoben wurde. Daher war es ihm möglich, den Band *Jakobinerschauspiel und Jakobinertheater* 1973 unter meiner Herausgeberschaft in Stuttgart zu publizieren.[23] Steiner hatte keine Parteifunktion – im Gegensatz zu Heinrich Scheel.

Michael Schlott: Herr Grab, der Literaturwissenschaftler Gerhard Kaiser hat 1975 den Verdacht geäußert, es handele sich bei der Jakobinismusforschung letztlich um die wissenschaftliche Beschäftigung mit einer bloßen Fiktion.[24] Sieglinde Graf hat sich 1978 in

---

19 Mainz zwischen Rot und Schwarz. Die Mainzer Revolution 1792/93 in Schriften, Reden und Briefen. Hrsg. von Claus Träger. Berlin 1963.
20 Vgl. Mainz zwischen Rot und Schwarz (wie Anm. 19), S. 47.
21 Die Mainzer Republik. Hrsg. von Heinrich Scheel. 3 Bde. Berlin 1975–1989 (Die Mainzer Republik I. Protokolle des Jakobinerclubs. Berlin 1975; Die Mainzer Republik II. Protokolle des Rheinisch-deutschen Nationalkonvents mit Quellen zu seiner Vorgeschichte. Berlin 1981; Die Mainzer Republik III. Die erste bürgerlich-demokratische Republik auf deutschen Boden).
22 Georg Forsters Werke. Sämtliche Schriften, Tagebücher, Briefe. Berlin 1958ff. Diese erste Edition des Gesamtwerks wurde 1953 an der Deutschen Akademie der Wissenschaften zu Berlin für 18 Bände konzipiert. Zur Durchführung des Vorhabens wurde im damaligen Akademie-Institut für deutsche Sprache und Literatur eine Arbeitsstelle gegründet, die zunächst Gerhard Steiner und von 1970 bis 1981 Horst Fiedler leitete. Ab 1972 war die Akademie der Wissenschaften der DDR mit dem Zentralinstitut für Literaturgeschichte der Träger der Edition; in den 1990er Jahren wurden die Editionsarbeiten ohne Unterbrechung von der Berlin-Brandenburgischen Akademie fortgeführt, um die Bände 19 (Chronik von Leben und Werk, Nachträge und Berichtigungen, Verzeichnisse und Register) und 20 (Georg-Forster-Bibliographie) ergänzt und als Editionsprojekt im Jahr 2000 abgeschlossen. Als erster Band erschien 1958 Band 9; bis 1989 waren zudem die Bände 1 bis 5, 7 und 8 sowie 11 bis 18 publiziert worden. Bis 2011 stand die (im Akademie Verlag Berlin erscheinende) Werk-Ausgabe noch nicht vollständig zur Verfügung. Vgl. zur Konzeption und zur Publikationsgeschichte der Edition sowie zu den Bearbeitern der einzelnen Bände ‹http://forster.bbaw.de› (eingesehen am 02.04.2012); siehe dazu auch das Interview mit Klaus-Georg Popp im vorliegenden Band, S. 607–626, hier S. 616–619, sowie II, 2.2.1, S. 105, Anm. 401.
23 Deutsche revolutionäre Demokraten. Hrsg. von Walter Grab. 5 Bde. Stuttgart 1971–1978. Bd. 1 (1971): Hans-Werner Engels: Gedichte und Lieder deutscher Jakobiner; Bd. 2 (1978): Axel Kuhn: Linksrheinische deutsche Jakobiner. Aufrufe, Reden, Protokolle, Briefe und Schriften 1794–1801; Bd. 3 (1972): Alfred Körner: Die Wiener Jakobiner; Bd. 4 (1973): Gerhard Steiner: Jakobinerschauspiel und Jakobinertheater; Bd. 5 (1973): Walter Grab: Leben und Werke norddeutscher Jakobiner; siehe dazu II, 2.2.1, S. 103–107.
24 Vgl. Gerhard Kaiser: Über den Umgang mit Republikanern, Jakobinern und Zitaten. In: Deutsche Vierteljahrsschrift für Literaturwissenschaft und Geistesgeschichte 49 (1975), Sonderheft „18. Jahrhundert", S. 226*–242*, hier S. 226*.

hrer Arbeit über „bayerische Jakobiner"[25] ähnlich geäußert. Damit ist ja nicht nur die bloße Existenz eines deutschen Jakobinismus als Forschungsgegenstand umstritten, sondern folgerichtig darüber hinaus seine Funktion und Relevanz für die geschichtliche Entwicklung Deutschlands. Sind die Einwände von Kaiser und Graf Ihrer Ansicht nach berechtigt?

Walter Grab: Die Jakobinismusforschung wird von maßgebenden Ordinarien abgelehnt, weil sie politisch links ist, das heißt: die demokratischen Tendenzen der deutschen Geschichte bejaht und die Ursachen untersucht, weshalb sie niemals maßgebenden Einfluß erhielten. Großordinarien, die die Richtung bestimmen, was erforscht und was als Marginalie links liegengelassen werden soll, wie Gerhard Kaiser und Rudolf Vierhaus, schätzen den Jakobinismus weder als politische Richtung noch als Untersuchungsobjekt.

Rainer Kawa, der seine Dissertation über den Jakobiner G. F. Rebmann schrieb,[26] versucht diesen mutigen Freiheitskämpfer und Publizisten nach rechts zu rücken, bezweifelt, daß er Jakobiner war, und scheut vor ironisch sein sollenden und läppischen Angriffen auf Hedwig Voegt (und auch mich) nicht zurück. Ich habe seine Behauptungen in einem Essay „Die politischen Konzeptionen und Kämpfe des deutschen Jakobiners Georg Friedrich Rebmann" zurückgewiesen.[27]

Michael Schlott: Herr Grab, wie bewerten Sie die folgende Position, die mir bei den Vorarbeiten zu unseren Interviews mitgeteilt worden ist: Die Kontroversen um die Mainzer Republik hatten in der Jakobinismusforschung auch symbolischen Charakter. Es handelte sich um eine Fokussierung aktueller politischer Kontroversen, gewissermaßen um einen Wettlauf beider deutscher Staaten um die demokratisch-revolutionären Traditionen. Signifikant sei in diesem Zusammenhang die Kontroverse zwischen Ihnen und Heinrich Scheel, die unter dem Titel *Eroberung oder Befreiung* geführt wurde.[28]

Walter Grab bestätigt diese These und kommt in der Folge auf die Genese seiner Auseinandersetzung mit Heinrich Scheel zu sprechen:[29]

Um Quellenrecherchen für seine Dissertation anzustellen (es handelte sich um die „Spitzelberichte" der preußischen Regierungsbeauftragten,) habe Walter Grab sich 1963 bei der Ostberliner Akademie der Wissenschaften um Zugang zu den Preußischen Staatsarchiven bemüht. Dabei habe er Heinrich Scheel getroffen, der ihn nach seinem Forschungsvorhaben befragte. Scheels Publikation über „süddeutsche Jakobiner"[30] sei nur sechs Monate zuvor erschienen (Walter Grab jedoch bis zu diesem Zeitpunkt nicht bekannt). Scheel habe bezweifelt, daß es vergleichbare Strömungen auch in Norddeutschland gegeben habe und stand dem Vorhaben Grabs skeptisch und mißtrauisch gegenüber, bis er

---

25   Sieglinde Graf: Bayerische Jakobiner? Kritische Untersuchung sog. „jakobinischer Flugschriften" aus Bayern Ende des 18. Jahrhunderts. In: Zeitschrift für bayerische Landesgeschichte 41 (1978). S. 117–171.

26   Rainer Kawa: Georg Friedrich Rebmann (1768–1824). Studien zu Leben und Werk eines deutschen Jakobiners. Bonn 1980.

27   Walter Grab: Die politischen Konzeptionen und Kämpfe des deutschen Jakobiners Georg Friedrich Rebmann. In: Jahrbuch des Instituts für deutsche Geschichte 11 (1982), S. 389–397.

28   Vgl. Walter Grab: Eroberung oder Befreiung? Deutsche Jakobiner und die Franzosenherrschaft im Rheinland 1792–1799. Trier 1971.

29   Der Interviewtext von „Walter Grab bestätigt diese These" bis „ein weiteres Mal abgebrochen und bislang nicht wieder aufgenommen worden" ist der Mitschrift vom 3. Juni 1994 entnommen. Walter Grab hat die Passage in seiner eingangs erwähnten Korrektur durch den Vermerk „Kann so stehenbleiben […]." bestätigt.

30   Scheel: Süddeutsche Jakobiner (wie Anm. 11).

erfahren habe, daß dieser aus Israel komme. Weitere biographische Details seien nicht nötig gewesen, um Scheel das Interesse Walter Grabs an den Forschungen einsichtig zu machen. Scheel habe erkannt, daß es sich um ein Interesse handelte, das dem seinen verwandt sei und habe daraufhin Walter Grab für drei Wochen Zugang zum Zentralen Staatsarchiv in Merseburg verschafft.

Das dort befindliche Material habe Walter Grabs „kühnste Erwartungen" übertroffen. Insbesondere der reiche Fundus an beschlagnahmten Büchern, die Walter Grab nach 200 Jahren offenbar als erster zur Hand genommen und zum Teil noch habe aufschneiden müssen, habe ihn mit so reichhaltigem Material versorgt, daß er mit dem sicheren Gefühl zurückgefahren sei, das Gerüst seiner Dissertation „in der Tasche" zu haben. Zugleich – so Walter Grab – sei sein damaliger Aufenthalt in der DDR auch ein prägendes persönliches Erlebnis gewesen. Er habe die eingeschränkten Bewegungsmöglichkeiten am eigenen Leib erfahren und sei zu dem Schluß gelangt, daß nicht der Staat der verwirklichten Freiheit sein könne, wie ihn die Jakobiner im 18. Jahrhundert angestrebt hatten.

1966 erschien Walter Grabs Dissertation und fand bei Heinrich Scheel begeisterte Aufnahme. Insbesondere der Schlußsatz, ein Rebmann-Zitat,[31] das eine Verbindung zwischen der Französischen und der Russischen Revolution herstellte, wird in der freundlichen Rezension Scheels in der *Zeitschrift für Geschichtswissenschaft* hervorgehoben.[32]

Heinrich Scheel habe ihm dann die Mitarbeit an seinen Forschungen zur Mainzer Republik angeboten, und Grab habe für das *Jahrbuch für Geschichte* den Aufsatz „Revolutionspropaganda der Mainzer Jakobiner" geschrieben. Walter Grab habe das Manuskript aus Tel Aviv nach Ostberlin gesandt, und Scheel habe sich in einer ersten Reaktion zufrieden gezeigt mit der abgelieferten Arbeit. Als 1967 jedoch der Sechs-Tage-Krieg die politischen Verhältnisse im Nahen Osten veränderte, habe Walter Grab vergeblich auf ein Belegexemplar des *Jahrbuchs* mit seinem Aufsatz gewartet. Aus einem Brief von Walter Markov habe er schließlich erfahren, daß das *Jahrbuch* bereits erschienen sei – allerdings ohne seinen Aufsatz. Markov habe ihm klargemacht, daß er in der gegenwärtigen politischen Situation nicht damit rechnen könne, daß Scheel den Aufsatz eines Israelis – unabhängig welchen Inhalts – in seinem *Jahrbuch* veröffentlichen würde. Scheel seinerseits erklärte jedoch, das *Jahrbuch* sei so umfangreich gewesen, daß für Walter Grabs Aufsatz kein Platz mehr zu finden gewesen sei. Dabei sei es geblieben, und der Aufsatz erschien schließlich 1970 im *Archiv für Sozialgeschichte*.[33]

1971 veröffentlichte Walter Grab dann seine Studie „Eroberung oder Befreiung?"[34] und sei von Scheel in der *Zeitschrift für Geschichtswissenschaft* wegen der aktuellen zeitgeschichtlichen und politischen Implikationen (Parallele des Verhältnisses Mainz-Frankreich zum Verhältnis DDR-Sowjetunion) „vernichtend rezensiert" worden.[35] Im gleichen Jahr erschien eine Veröffentlichung Scheels

31 Vgl. Grab: Demokratische Strömungen (wie Anm. 2), S. 255: „Wahrheiten, die im Drängen der Leidenschaften, im Gebrause der Volkswut am Ufer der Seine verlorengingen, wurden vielleicht am Gestade der Newa vernommen und tragen einst herrliche Früchte." Georg Friedrich Rebmann: Historisch=politische Miscellen aus dem Jahrhundert der Contraste für unbefangene Leser [Mainz 1805]. In: G. F. R.: Hans Kiekindiewelts Reisen in alle vier Weltteile und andere Schriften. Hrsg. von Hedwig Voegt. Berlin 1958, S. 517–527, hier S. 524.
32 Heinrich Scheel: [Rez.] Walter Grab: Demokratische Strömungen in Hamburg und Schleswig-Holstein zur Zeit der ersten französischen Republik, 1966. In: Zeitschrift für Geschichtswissenschaft 16 (1968), S. 236–238.
33 Walter Grab: Die Revolutionspropaganda der deutschen Jakobiner 1792/93. In: Archiv für Sozialgeschichte 9 (1969), S. 113–156.
34 Vgl. Grab: Eroberung oder Befreiung? (wie Anm. 28).
35 Heinrich Scheel: [Rez.] Walter Grab: Eroberung oder Befreiung? Deutsche Jakobiner und die Franzosenherrschaft im Rheinland 1792–1799, 1971. In: Zeitschrift für Geschichtswissenschaft 19 (1971), S. 1583–1585.

zu den Statuten des Mainzer Jakobinerclubs,[36] in der er von Walter Grab aufgefundene Quellen ausgewertet habe, ohne dies entsprechend zu erwähnen. Walter Grab habe seiner tiefen Enttäuschung
über dieses Verhalten in einem ausführlichen Brief an Scheel Ausdruck gegeben, woraufhin er 1972
nach Ostberlin eingeladen worden sei.

Dort habe ihm Scheel zu verstehen gegeben, daß er ihn (mit der Veröffentlichung von „Eroberung oder Befreiung?") politisch enttäuscht hätte. Er hätte von Walter Grab nicht erwartet, daß er
sich zum Apologeten der bürgerlichen Demokratie würde machen lassen. Dennoch wolle er „nicht
mit ihm brechen". Zu einer weiteren Zusammenarbeit sei es jedoch nicht gekommen.

Für die Konferenz *Die demokratische Bewegung in Mitteleuropa* (1977) habe Walter Grab
einen Beitrag verfaßt, der sich intensiv mit der Aneignung der deutschen Jakobiner durch die DDR-
Historiographie beschäftigt.[37] Dort sei er zu dem Schluß gelangt, daß die Mainzer Jakobiner nicht
als Vorläufer der DDR in ihrer konkreten historischen Gestalt betrachtet werden könnten. Der Tagungsband sei 1980 erschienen, 1983 habe Scheel in der *Zeitschrift für Geschichtswissenschaft* mit
„seinem kommunistischen Bannstrahl" reagiert: Der persönliche Kontakt sei daraufhin erneut abgebrochen.

Nach einer etwa halbjährigen Vortragsreise durch Europa und die USA zum Revolutionsjubiläum habe Walter Grab bei seiner Rückkehr Scheels dritten Band zu *Die Mainzer Republik*[38]
erhalten, gemeinsam mit der kurzen Notiz: „Trotz der Kröte, die mir noch im Halse steckt, sende ich
Ihnen als langjährigem Weggefährten dieses Buch." Walter Grab sei darauf zu der Auffassung gekommen, daß Scheel noch immer an weiterem Kontakt interessiert gewesen sei und habe ihm einen
langen, das gesamte gemeinsame Verhältnis rekapitulierenden Brief geschrieben, der mit dem Vorschlag einer erneuerten, aber diesmal gleichberechtigten Freundschaft geendet habe. Zusätzlich habe
er Scheel ein Exemplar seines zum Revolutionsjubiläum herausgegebenen Bildbandes übersandt.[39]
Scheels Reaktion am 3. Oktober 1989, nur wenige Wochen nach der ‚Wende' in der DDR habe in
einem distanzierten Antwortschreiben bestanden, in welchem er Walter Grab als noch immer über-
empfindlich und rechthaberisch charakterisiert habe. Daraufhin sei der Kontakt ein weiteres Mal
abgebrochen und bislang nicht wieder aufgenommen worden.

Michael Schlott: Zu den Hauptintentionen der literaturwissenschaftlichen Jakobinismusforschung der 1970er Jahre gehörte es, Kriterien zur Beurteilung einer praxisorientierten
oder – wie es in der Forschung genannt wird – „operativen Literatur" zu erarbeiten, da eine
Annäherung aus der normativen Perspektive der Weimarer Klassik, wie sie die traditionelle Literaturwissenschaft versucht hatte, dem Selbstverständnis und der Qualität der jakobinischen Literatur nicht gerecht werden könne. Die jakobinische Literatur sei volksverbunden, realistisch und emanzipiert gewesen und habe dadurch, daß sie sich behutsam auf
die Rezeptionsgewohnheiten eines nicht oder wenig lesenden Publikums einstellte, auch
die zur Schaffung einer revolutionären Situation notwendige weite Verbreitung der literarischen Erzeugnisse ermöglicht.

---

36   Heinrich Scheel: Die Statuten des Mainzer Jakobinerklubs. In: Jahrbuch für Geschichte 5 (1971),
      S. 303–341, sowie in Scheel: Die Mainzer Republik III (wie Anm. 21), S. 351–385.
37   Walter Grab: Zur Definition des mitteleuropäischen Jakobinismus. In: Die demokratische Be-
      wegung in Mitteleuropa im ausgehenden 18. und frühen 19. Jahrhundert. Ein Tagungsbericht.
      (Arbeitstagung „Die demokratische Bewegung in Mitteleuropa im aus gehenden 18. und frühen
      19. Jahrhundert" vom 19. bis 21. Mai 1977). Bearbeitet und hrsg. von Otto Büsch und Walter Grab
      unter Mitarbeit von Jürgen Schmädeke und Monika Wölk. Berlin 1980, S. 3–22.
38   Scheel: Die Mainzer Republik III (wie Anm. 21).
39   Walter Grab: Die Französische Revolution. Aufbruch in die moderne Demokratie. Stuttgart 1989.

Walter Grab:[40] Mit Inge Stephan habe ihn ehemals eine Freundschaft verbunden. Es gebe aber disziplinäre Unterschiede in der Perspektive von Geschichts- und Literaturwissenschaft. ‚Klassik' sei keine historiographische Kategorie. Walter Grab interessiere sich lediglich für die politische Stellung der Klassik (zum Beispiel Goethes Abgrenzung gegen die Französische Revolution und Schillers vorrevolutionäre Annäherungen an demokratische Positionen, die er dann aber, als dem französischen König der Prozeß gemacht wurde, zurücknahm). Es gebe jedoch gelegentlich disziplinäre Überschneidungen, zum Beispiel wenn der Idyllen-Dichter Voß als Übersetzer der Marseillaise hervortrete,[41] wobei den Historiker (zum Beispiel in Zusammenhang mit Schiller) konkrete Daten interessierten. Etwa Schillers Liebäugeln mit einer Position in Mainz, welches am 3. Dezember [1792] mit Beginn des Prozesses gegen Ludwig XVI. abrupt endete und in einen Gesinnungswandel Schillers mündete.[42] Ein weiteres Beispiel disziplinärer Überschneidungen sei die bürgerliche Instrumentalisierung der Klassiker; Walter Grab selbst sei noch in diesem Sinne sozialisiert worden: Es gebe nur die ewige Wahrheit der Klassik.

Michael Schlott: Herr Grab, ich nenne die Namen einiger Autoren, die in der Jakobinismusforschung eine Rolle gespielt haben: Rebmann, Forster, Seume, Knigge, Eulogius Schneider, Hölderlin. Welcher dieser Autoren war nach Ihrer Ansicht für die Jakobinismusforschung der wichtigste und warum?

Walter Grab: Der bedeutendste deutsche Jakobiner war Forster, eine Persönlichkeit von Weltrang: Weltreisender, Kulturphilosoph und Revolutionär. Sehr wichtig auch Rebmann, Seume und Knigge; über Eulogius Schneider habe ich eine Biographie geschrieben,[43] er war derjenige deutsche Jakobiner, der sich am meisten mit den besitzlosen Sansculotten identifizierte und vor allem deshalb von den bürgerlichen Jakobinern Robespierre und Saint-Just auf das Schafott gebracht wurde.

Hölderlin hingegen war kein Jakobiner, weil er niemals öffentlich die deutsche Bevölkerung zum Kampf gegen die privilegierten Stände und für die französischen Revolutionsprinzipien aufgerufen hat. Ich habe in meinem Vortrag bei der Konferenz in Berlin im Mai 1977 unter dem Titel „Zur Definition des mitteleuropäischen Jakobinismus", der im Sammelband *Die demokratische Bewegung im ausgehenden 18. und 19. Jahrhundert* gedruckt erschien,[44] meine Kriterien des Jakobinismus-Begriffs angegeben, Hölderlin gab

---

40 Der Interviewtext von „Mit Inge Stephan habe ihn ehemals eine Freundschaft verbunden" bis „Es gebe nur die ewige Wahrheit der Klassik" ist der Mitschrift vom 3. Juni 1994 entnommen. Walter Grab hat die Passage in seiner eingangs erwähnten Korrektur durch den Vermerk „Kann so stehenbleiben […]." bestätigt.

41 Als freie Nachdichtung der „Marseillaise" schrieb Voß 1792 den „Hymnus der Freiheit", später in „Gesang der Neufranken" geändert; vgl. Johann Heinrich Voß: Gesang der Neufranken. Für Gesetz und König. Melodie des Marseillermarsches. In: Sämtliche Gedichte von J. V. Vierter Teil. Oden und Lieder. Königsberg 1802, S. 212–219.

42 Der Prozeß begann am 3. Dezember 1792 mit der Rede Robespierres vor dem Nationalkonvent. Friedrich Schiller hatte die Französische Revolution mit verhaltener Sympathie verfolgt, die Hinrichtung des Königs und den jakobinischen Terror jedoch verurteilt. Auf Antrag des Straßburger Abgeordneten Philippe Jacob Rühl (1737–1795) wurde auch Schiller in die Liste derjenigen Persönlichkeiten aufgenommen, die sich laut Beschluß der Nationalversammlung von 1792 um Freiheit und Humanität verdient gemacht hätten. Erst 1798 hielt Schiller das Bürgerdiplom in Händen.

43 Walter Grab: Eulogius Schneider – ein Weltbürger zwischen Mönchszelle und Guillotine. In: W. G.: Ein Volk muß seine Freiheit selbst erobern. Zur Geschichte der deutschen Jakobiner. Frankfurt/Main und Wien 1984, S. 109–166.

44 Vgl. Grab: Zur Definition (wie Anm. 37).

seine Ansichten nur in Privatbriefen kund; sein oft zitiertes Diktum „Dies ist die Zeit der Könige nicht mehr" im *Empedokles*[45] reicht nicht aus, um ihn zum Jakobiner zu stempeln.

Michael Schlott: Wie ist es Ihnen gelungen, Interesse für Ihre Jakobinismusforschungen bei Verlagen zu wecken? Speziell: Wie ist Ihre Dissertation[46] finanziert worden?

Walter Grab: Erstgutachter meiner Dissertation war der Direktor der Hamburger Universitätsbibliothek, der Romanist Hermann Tiemann, der über „Hanseaten im revolutionären Paris"[47] geschrieben hatte und sich in der Problematik auskannte. Er hat mir einen Druckkostenzuschuß bei der Joachim-Jungius-Gesellschaft verschafft unter der Bedingung, daß ich aus dem Text der Dissertation die Erwähnung des marxistischen Historikers Heinrich Laufenberg streiche, der ein wichtiges Buch über *Hamburg und sein Proletariat im 18. Jahrhundert* veröffentlicht hatte,[48] denn Laufenberg war 1918/19 Vorsitzender des Hamburger Arbeiter- und Soldatenrates, und die Geldgeber waren angeblich nicht bereit, eine Arbeit zu finanzieren, in der dieser Mann positiv bewertet wurde. Laufenberg kommt daher in meiner Dissertation nur in den Anmerkungen vor. Ich erhielt auch 2000 DM von der Universität Tel Aviv als Druckkostenzuschuß zum Buch, das in einer Auflage von 500 Exemplaren im Hans Christians-Verlag in Hamburg erschien.

Die Metzler-Bände[49] entstanden auf Initiative von Hellmut Haasis,[50] der mit dem Lektor des Metzler-Verlags, Bernd Lutz, befreundet war. Aus den ursprünglich geplanten 20 Bänden wurden schließlich fünf, wobei ich bei dem letzten Band, den der Stuttgarter Historiker Axel Kuhn zusammenstellte,[51] keine Verantwortung mehr trug. – Der Vorwurf von Haasis, ich sei ein Plagiator, bezog sich auf mein Buch *Noch ist Deutschland nicht verloren*, in dessen Nachwort ich ausdrücklich dem Hallenser Germanisten Hans-Georg Werner für seine hilfreiche Unterstützung danke.[52] Haasis wollte mich dennoch wegen Plagiats verklagen, weil ich mich auf Werners Forschungen stützte;[53] erst als ich nachwies, daß dieser eine

---

45   Friedrich Hölderlin: Empedokles. Erste Fassung. In: Sämtliche Werke. Hrsg. von Friedrich Beißner. Bd. 4.1 Stuttgart 1962, S. 1–85, hier S. 66; siehe dazu auch II, 2.2.3, S. 157, 160, 162, 171, 182 f., 207.

46   Grab: Demokratische Strömungen (wie Anm. 2).

47   Hermann Tiemann: Hanseaten im revolutionären Paris (1789–1803). Skizzen zu einem Kapitel deutsch-französischer Beziehungen. In: Zeitschrift des Vereins für Hamburgische Geschichte 49/50 (1964), S. 109–146; siehe dazu II, 2.2.1, S. 98.

48   Heinrich Laufenberg: Hamburg und sein Proletariat im achtzehnten Jahrhundert. Eine wirtschaftshistorische Studie zur Geschichte der modernen Arbeiterbewegung im niederelbischen Städtegebiet. Hamburg 1910.

49   Deutsche revolutionäre Demokraten (wie Anm. 23).

50   Siehe dazu I, 1.4, S. 25, 27 f., Anm. 60.

51   Siehe dazu das Interview mit Axel Kuhn, S. 528–560, sowie II, 2.2.1, S. 103–107.

52   Walter Grab und Uwe Friesel: Noch ist Deutschland nicht verloren. Eine historisch-politische Analyse unterdrückter Lyrik von der Französischen Revolution bis zur Reichsgründung. München 1970; 3. Aufl.: 1980. In der 1. Auflage wird in einem „Vorwort" (S. 9–15) von Uwe Friesel Hans-Georg Werner für „intensivste Anregungen", die Walter Grab von Hans-Georg Werner erhalten habe, gedankt (S. 15).

53   „Eine andere Veröffentlichung (Walter Grab / Uwe Friesel: Noch ist Deutschland nicht verloren, 1970), der man bisher im Gegensatz zu den anderen ständigen Wiederholungen Originalität bescheinigte, grenzt über weite Strecken sowohl im Aufbau als auch in der Dokumentation und in der Analyse an ein Plagiat von: Hans-Georg Werner: Geschichte des politischen Gedichts 1815 bis

sehr lobende Rezension meines Buches in der *Deutschen Literaturzeitung* in Jena publiziert hatte,[54] zog Haasis seine Klage zurück. Ich hatte also gegen drei Kontrahenten zu kämpfen: für Heinrich Scheel war ich nicht marxistisch-leninistisch genug, weil ich die russische Revolution nicht als Vollendung der französischen ansah; für Haasis war ich ein rechtsliberaler Bourgeois, der die gemeinsame Unterdrückung des deutschen und des französischen Proletariats im Revolutionszeitalter guthieß,[55] und für die konservativen Ordinarien vom Schlage Kaiser und Vierhaus, Fehrenbach und Aretin wurde die Jakobinerforschung zu einer läppischen Marginalie der deutschen Geschichte, die es nicht lohnend macht, sich mit ihr abzugeben; damit sollen die frühen demokratischen Bewegungen und Persönlichkeiten in den Hades der Vergessenheit gestoßen werden.

Michael Schlott: Mehrfach haben Sie in Vorworten zu den *Deutschen revolutionären Demokraten*[56] auf die Heinemann-Rede[57] zur Schaffermahlzeit in Bremen am 13. Februar 1970 hingewiesen. War Heinmanns Rede für Sie lediglich ein willkommener Anknüpfungspunkt, um der Relevanz Ihrer Forschungen Nachdruck zu verleihen? Oder müssen Ihre diesbezüglichen Ausführungen in einem umfassenderen Kontext gesehen werden?

Walter Grab: Als Heinemann am 5. März 1969 zum Bundespräsidenten gewählt wurde, schrieb ich ihm aus Tel Aviv einen Gratulationsbrief, und er bat mich in seinem Antwortschreiben, ihn bei meinem nächsten Besuch in Deutschland zu besuchen. Am 27. November 1969 kamen meine Frau und ich daher in das Palais Schaumburg in Bonn, und ich schenkte ihm meine Dissertation. Er war erstaunt, daß es so frühe demokratische Bewegungen gegeben habe und sagte, daß er das Buch sicher lesen werde, weil er in der eigenen Familie Revolutionäre aufzuweisen habe; sein Großvater mütterlicherseits, Jakob Walter, und seine beiden Brüder Carl und Friedrich Walter, alle drei Dachdecker aus Elberfeld, kämpften in der „Reichsverfassungskampagne" in Baden im Frühjahr 1849 mit. Carl Walter wurde in der Festung Rastatt, die von preußischen Truppen belagert wurde, verletzt und starb dort;[58] Friedrich Walter entkam nach Amerika; und Jakob Walter, der Großvater des nachmaligen

---

1840. Berlin/DDR 1969, [...]." Hellmut G. Haasis: Bibliographie zur deutschen linksrheinischen Revolutionsbewegung in den Jahren 1792/1793. Die Schriften der demokratischen Revolutionsbewegung im Gebiet zwischen Mainz, Worms, Speyer, Landau, Sarre-Union, Saarbrücken und Bad Kreuznach. Kronberg/Taunus 1976, S. 31.

54 Hans-Georg Werner: [Rez.] Walter Grab und Uwe Friesel: Noch ist Deutschland nicht verloren, 1970. In: Deutsche Literaturzeitung 93 (1972), Sp. 350–352.

55 Vgl. Haasis: Bibliographie (wie Anm. 53), S. 11–15.

56 Deutsche revolutionäre Demokraten (wie Anm. 23).

57 Gustav Heinemann: Die Geschichtsschreibung im freiheitlich demokratischen Deutschland. Gerechtigkeit für die Kräfte im Kampf um die politische Mündigkeit des deutschen Volkes. Verantwortung des Bürgers für die freiheitlichen Traditionen und ihre moralische Verpflichtung. (Rede bei der Schaffermahlzeit in Bremen vom 13. Februar 1970). In: Bulletin des Presse- und Informationsamtes der Bundesregierung, Nr. 21 vom 17. Februar 1970, S. 203 f.

58 Nach ‹http://rhein-neckar-wiki.de/Badische_Revolution› (eingesehen am 03.05.2012) hatte der Gefallene den Vornamen ‚Gustav'; siehe ebd.: „Speziell nachdem sich Bundespräsident Gustav Heinemann in den Jahren 1973/74 vehement für das Gedenken an die Badisch-Pfälzische Revolution eingesetzt hatte (ein Vorfahr von ihm, Gustav Walter, war in Rastatt gefallen), und auf seine Anregung hin die ‚Erinnerungsstätte Deutsche Freiheitsbewegungen' in Rastatt gegründet wurde, ist dieses Datum auch Teil der Traditionspflege der Bundesrepublik und ihrer Institutionen (zum Beispiel der Bundeswehr) geworden."

Bundespräsidenten, erzählte diesem Enkel von den Kämpfen für ein freiheitliches und demokratisches Deutschland. Die drei Briefe, die Friedrich Walter seinem Bruder Jakob 1850 aus Philadelphia und St. Louis schrieb, sind in Heinemanns Privatbesitz und wurden im Buch *Aufstand der Bürger* abgedruckt.[59] Heinemann erzählte mir im November 1969 von diesen Vorfahren, die für ein demokratisches Deutschland ihr Blut vergossen hatten. Drei Monate nach meinem Gespräch mit ihm, am 13. Februar 1970, erwähnte Heinemann in der Rede bei der Bremer Schaffermahlzeit, daß „lange vor der Revolution von 1848 Männer und Frauen gegeben" habe, die für die deutsche Demokratie kämpften; das bezog sich natürlich auf die Lektüre meines Buchs über die norddeutschen Jakobiner,[60] und ich habe die Kernsätze dieser Rede sowohl in meinem Buch *Noch ist Deutschland nicht verloren*[61] als Motto, als auch in der Reihe *Deutsche revolutionäre Demokraten*[62] in extenso wiedergegeben.

Jakob Moneta, der beste Freund meines Schwagers Paul Ehrlich, des Bruders meiner Frau, mit dem er gemeinsam 1933 bis 1947 im Kibbuz Dalia in Palästina arbeitete, kehrte nach Deutschland zurück, wurde von der SPD als Sozialattaché der deutschen Botschaft in Paris entsandt und war 1962 bis 1978 als Redakteur der Gewerkschaftszeitung *Metall* in Frankfurt am Main linke Hand Otto Brenners.[63] Er machte Günther Grunwald, den Geschäftsführer der Friedrich-Ebert-Stiftung, auf mich aufmerksam, und daher kamen die drei Herren der ersten Garde der SPD im Dezember 1961, als sie bei einem Kongreß der israelischen Sozialdemokratischen Partei anwesend waren, zu mir nach Hause, um mich kennenzulernen: Grunwald, Alfred Nau, Schatzmeister der SPD, und Willi Eichler, Verfasser des Godesberger Programms. Durch sie erhielt ich im März 1962 das Stipendium der Friedrich-Ebert-Stiftung.

Michael Schlott: Herr Grab, Sie haben bereits 1966 als ein Ergebnis Ihrer Untersuchung zusammengefaßt, daß die Versuche, „mit den sozial Unterprivilegierten in unmittelbaren Kontakt zu kommen", gescheitert seien: „Die oppositionellen Schriftsteller Deutschlands waren nicht nur durch ihre Bildung vom Volk getrennt, sondern hatten auch untereinander sehr wenig Verbindung." Auch in späteren Veröffentlichungen haben Sie versucht, den Jakobinismus über seine literarischen Aktivitäten genauer zu bestimmen.[64] Trifft es zu, daß damit bereits der Weg für eine Beurteilung geebnet war, wie sie später zum Beispiel Inge Stephan ins Auge faßte?[65]

Walter Grab: Inge Stephan wollte ihre Karriere auf die Jakobinismusforschung aufbauen und veröffentlichte eine sehr gute Dissertation über Seume[66] und das wichtige Realienbuch

---

59 Vgl. Aufstand der Bürger. Revolution 1849 im westdeutschen Industriezentrum. Hrsg. von Klaus Göbel und Manfred Wichelhaus. Wuppertal 1974, S. 214–219.
60 Vgl. Grab: Demokratische Strömungen (wie Anm. 2); W.G.: Norddeutsche Jakobiner (wie Anm. 8).
61 Vgl. Grab und Friesel: Noch ist Deutschland nicht verloren (wie Anm. 52).
62 Vgl. etwa: Deutsche revolutionäre Demokraten (wie Anm. 23), Bd. 1, S. VII.
63 Siehe dazu II, 2.2.1, S. 96.
64 Vgl. Grab: Demokratische Strömungen (wie Anm. 2), S. 162–218, 250–255; W.G. und Friesel: Noch ist Deutschland nicht verloren (wie Anm. 52), S. 73.
65 Inge Stephan: Literarischer Jakobinismus in Deutschland (1789–1806). Stuttgart 1976.
66 Inge Stephan: Johann Gottfried Seume: Ein politischer Schriftsteller der deutschen Spätaufklärung. Stuttgart 1973 (Phil. Diss. Hamburg 1971).

über *Literarischen Jakobinismus in Deutschland*.[67] – Sie ging jedoch zum Feminismus über, als sie erkannte, daß das Jakobinismus-Thema unbeliebt war. – Inge Stephan ist jetzt Professorin an der Humboldt-Universität in Berlin und hat ihr Ziel erreicht.

Michael Schlott: In der Einleitung zum Tagungsband *Die demokratische Bewegung in Mitteleuropa*[68] haben Sie festgestellt, daß sich der deutsche Jakobinismus, der nicht nur ein politisch-soziales, sondern ebensosehr ein literarisches Phänomen war, nicht auf ökonometrische und bevölkerungsstatistische Angaben reduzieren lasse. „Es geht darum, mithilfe eines den Quellenaussagen adäquaten Vokabulars einen Begriffsapparat auszuarbeiten, der von dem Zuwachs an theoretischen Erkenntnissen profitiert."[69]

Walter Grab:[70] Ja, das sollte der Abgrenzung gegen die Auffassung dienen, ‚Jakobinismus‘ sei ein „zeitgenössischer Kampfbegriff" gewesen.

Michael Schlott: Karl Otmar Freiherr von Aretin hat Ihnen und Heinrich Scheel in dem Band *Vom Deutschen Reich zum Deutschen Bund* „souveräne Mißachtung der historischen Tatsachen" vorgeworfen.[71] Ihr Bild von der historischen Entwicklung Deutschlands 1789 bis 1800 entspreche „der borussischen Historiographie der Jahrhundertwende".[72] Wie erklären Sie diese Kritik?

Walter Grab: Ich kenne diese Bemerkung von Aretin nicht, sie wundert mich aber nicht. Die Jakobinismusforschung ist nicht nur aus wissenschaftlich-historischen Gründen von großer Bedeutung, weil hier die demokratischen Wurzeln aufgedeckt werden, die immer wieder von einer konservativen Historiographie verschüttet wurden. Außerdem handelt es sich hier um ein eminent politisches Problem: Hätten die deutschen Jakobiner und ihre politischen Erben im Jahr 1848 gesiegt, so wäre es nicht zur verderblichen Vorherrschaft des erzkonservativen und antidemokratischen Preußen gekommen, das der gesamten Geschichte bis 1945 den Stempel aufdrückte. Wer von Jakobinern spricht, ohne sie zu verdammen, gilt daher schon als Befürworter von Umsturz und als Gegner der bestehenden Ordnung. Das ist mit einer akademischen Karriere an einer deutschen Universität nicht in Übereinstimmung zu bringen.

Michael Schlott: Herr Grab, ich danke Ihnen sehr für dieses offene und aufschlußreiche Gespräch.

---

67   Stephan: Literarischer Jakobinismus in Deutschland (wie Anm. 65)
68   Grab: Zur Definition (wie Anm. 37).
69   Ebd., S. 4.
70   Der Interviewtext von „Ja, das sollte" bis „gewesen" ist der Mitschrift vom 3. Juni 1994 entnommen. Walter Grab hat die Passage in seiner eingangs erwähnten Korrektur durch den Vermerk „Kann bleiben" bestätigt.
71   Karl Otmar von Aretin: Vom Deutschen Reich zum Deutschen Bund. Göttingen 1980, S. 65.
72   Ebd., S. 63.

Hans-Wolf Jäger

HANS-WOLF JÄGER (* 1936), 1955 Studium der Philosophie, Psychologie und Religionswissenschaften in Saarbrücken und Freiburg im Breisgau, 1960 Promotion, 1961 Studium der Katholischen Religionslehre und Germanistik in München, 1962 Assistent für Philosophie an der Pädagogischen Hochschule Stuttgart-Ludwigsburg, 1963 Staatsexamen, 1964 Vertretung einer Philosophie-Dozentur an der Pädagogischen Hochschule Esslingen, 1966 Wissenschaftlicher Assistent am Deutschen Seminar der Universität München, 1972 Professor für deutsche Literaturgeschichte an der Universität Bremen, 2001 Ruhestand.

HANS-WOLF JÄGER schrieb über poetische Didaktik als charakteristische Literaturgattung der Aufklärungsepoche, weckte Aufmerksamkeit für politische Kategorien in der literaturkritischen Begrifflichkeit und im Bildgebrauch vom späten 18. Jahrhundert bis zum Vormärz; er wirkte initiativ bei der Erforschung und Neubewertung der Spätaufklärung, insbesondere der Reiseliteratur.

Das Interview wurde am 18. November 1994 in Bremen geführt.

Michael Schlott: Herr Jäger, Sie haben in Saarbrücken und in Freiburg studiert. Haben Sie in Freiburg auch bei Walter Rehm gehört?

Hans-Wolf Jäger: Bei Rehm habe ich gehört. Ab und zu auch bei Baumann, doch hat der mir weniger imponiert. Rehm war jemand, der viel wußte und gut erzählen konnte. Meine eigentlichen Fächer waren Philosophie, Psychologie und Religionswissenschaften; Philosophie studierte ich vornehmlich bei Max Müller und Eugen Fink; Psychologie vor allem bei Heiß, Religionswissenschaft bei Vögtle und Stegmüller. Promoviert habe ich über das Thema: „Die Resignation als Gefühl – Stimmung – Haltung".[1] Es war eine phänomenologisch-existentialphilosophische Arbeit, wie man sie damals wohl nur in Freiburg schreiben konnte; solche Arbeiten gab es etwa über die Langeweile, den Ekel oder die Angst. Ich ging zunächst in einer Art von Innenschau phänomenologisch beschreibend vor, dann auch mit Beispielen aus der Literatur – vor allem Kierkegaard, Husserl und Sartre.

Michael Schlott: Bei wem haben Sie die Arbeit angefertigt?

Hans-Wolf Jäger: Bei Max Müller, im Hauptfach Philosophie. Max Müller erhielt 1960

---

1   Hans-Wolf Jäger: Die Resignation als Gefühl – Stimmung – Haltung. Phil. Diss. Freiburg/Breisgau 1960.

einen Ruf nach München und hat mich als wissenschaftliche Hilfskraft mitgenommen. Ich habe im Münchener Philosophischen Seminar auch gelehrt, habe Seminare gehalten, vor allem über Heidegger und Platon – das hieß damals noch „Professor durch …". Der Professor kassierte auch das Hörgeld. Max Müller sagte: „Wenn Sie bei mir was werden wollen – so halte ich es mit jedem, der bei mir bleiben will –, müssen Sie noch ein zweites Studium abschließen." Ich habe darum mit Germanistik angefangen, belegte weiterhin Katholische Religionslehre als Staatsexamensfach und machte 1963 Staatsexamen in den Fächern Deutsch und Katholische Religionslehre.

Allerdings war ich seit 1962 bereits als Assistent für Philosophie an der Pädagogischen Hochschule in Stuttgart beschäftigt, mußte zunächst zwischen München und Stuttgart hin- und herfahren; blieb bis 1966 an der Pädagogischen Hochschule. Seit 1964 durfte ich auch die Philosophie in Esslingen als Dozent mitbetreuen, der dortige Dozent war wegen seines allzu aggressiven Katholizismus rausgeflogen. Ich war in Esslingen in meinem Fach allerdings nicht der einzige Lehrende, es gab einen zweiten Philosophie-Dozenten. Die Pädagogische Hochschule Stuttgart wurde 1966 nach Ludwigsburg verlegt; ich bin dahin aber nicht mehr umgezogen, da inzwischen Sengle als Professor aus Heidelberg nach München berufen worden war und meine früheren Lehrer und Prüfer, Walter Müller-Seidel und Hugo Kuhn, mich Sengle empfahlen. So kam ich 1966 als Assistent nach München.

Michael Schlott: Bei Sengle waren Sie Forschungsassistent?

Hans-Wolf Jäger: Nein, das war Georg Jäger,[2] ich war regulärer Assistent, mit Gansberg und Weiland zusammen. Sengle hatte drei Assistenten und zwei Forschungsassistenten. Ich weiß nicht, wie lange Rolf Schröder noch Forschungsassistent war, er erhielt jedenfalls bald eine akademische Ratsstelle. Georg Jäger scheint indessen noch länger als Forschungsassistent tätig gewesen zu sein.

Michael Schlott: Auf Sengle und die Münchener Konstellation wollte ich ohnehin zu sprechen kommen. Vorab möchte ich Sie bitten zu schildern, warum Sie einen Teil Ihrer Forschungsarbeit dem deutschen Jakobinismus gewidmet haben. Ich denke dabei etwa an Ihre Publikation aus dem Jahre 1971 *Politische Metaphorik im Jakobinismus und im Vormärz*.[3] Gleich eine Zusatzfrage: Ging es Ihnen dabei primär um politische Metaphorik? Oder ging es Ihnen um die Epoche Jakobinismus – es handelt sich offenbar Ihrer Ansicht nach um einen geeigneten Epochenbegriff, der Epochenbegriff Vormärz war ja auch nicht ganz unproblematisch.

Hans-Wolf Jäger: Damals, ja.

Michael Schlott: Und „Jakobinismus" wurde erst allmählich etabliert.

Hans-Wolf Jäger: Etabliert – das scheint mir übertrieben, er ist doch schon wieder in Frage gestellt.

Michael Schlott: Ich denke etwa an Inge Stephan, „Literarischer Jakobinismus",[4] und „Vormärz" wird ebenfalls entproblematisiert eingesetzt.[5] Aber das wäre die Zusatzfrage,

---

2   Siehe auch das Interview mit Georg Jäger, S. 334–358, hier S. 335.

3   Hans-Wolf Jäger: Politische Metaphorik im Jakobinismus und im Vormärz. Stuttgart 1971.

4   Inge Stephan: Literarischer Jakobinismus in Deutschland (1789–1806). Stuttgart 1976.

5   Vgl. etwa Hansers Sozialgeschichte der deutschen Literatur vom 16. Jahrhundert bis zur Gegenwart, Bd. 5: Zwischen Restauration und Revolution: Literatur des Vormärz 1815–1848. Hrsg. von

zunächst einmal: Wie sind Sie dazu gekommen, einen Teil Ihrer Forschungsarbeit auf den deutschen Jakobinismus zu konzentrieren?

Hans-Wolf Jäger: Es ist merkwürdig: Wenn man so gefragt wird, macht man sich zum erstenmal Gedanken, und ob das nun genau die richtigen sind, ob sie die Geschichte treffen oder man stilisiert, weiß ich nicht – ich versuche es. Ein bißchen etwas gegen den geläufigen Kanon zu tun, das war schon in mir, als ich noch in Stuttgart gewesen bin. Ich habe dort Seminare über Marx' Frühschriften angeboten. Dies war nicht üblich und hat auch Befremden hervorgerufen. Ich kam dann aber ziemlich brav nach München und traf dort bei Sengle auf Kollegen, die – so sollte ich sagen – politisch bewußter waren als ich. Wir wollen nicht entscheiden, ob sie in der richtigen Richtung bewußter waren, aber bewußter waren sie schon, das war deutlich. Gansberg, Weiland und auch eine Hilfskraft, die später meine Frau wurde und schon von Heidelberg her politisiert war.

Michael Schlott: Hella Jäger?

Hans-Wolf Jäger: Ja, sie hat ein Buch über „Naivität" geschrieben.[6] Wir sind nicht mehr verheiratet. Ein einschneidendes Erlebnis für mich kam, als Sengle sagte (damals konnte ein Assistent ja noch beauftragt werden vom Professor): „Sie machen den Artikel über Herder für die NDB [*Neue Deutsche Biographie*]. Man hat ihn Benno von Wiese angeboten, dem ist das zu wenig lukrativ; dann hat man mich gefragt", sagte Sengle, „ich mag aber mit diesem Präfaschisten nichts zu tun haben. Also, machen Sie das mal." Ich hatte damals einen ähnlichen Eindruck von Herder wie Sengle, begab mich widerwillig an die Lektüre Herders und vor allem der Sekundärliteratur zu ihm, darunter auch die Bücher von Rasch[7] und Benno von Wiese,[8] und merkte, wie dieser Herder verfälscht worden war. So gewann ich unabhängig – Sengle hat mir später unterstellt, ich hätte DDR-Positionen zu Herder übernommen – ein ganz anderes Bild. Nämlich: Herder ist ein entschiedener Aufklärer, mit Gedanken und zum Teil auch Formulierungen, die später bei Heine und bei Marx auftreten. Ich habe den Herder-Artikel verfaßt für die NDB;[9] er konnte auch erscheinen, weil der Redakteur der NDB ihn gegen Widerstände durchgesetzt hat. Dieser Redakteur war von meiner Denkrichtung, Dr. Glaubrecht; er wurde später in Hannover nicht in ein festes Professorenverhältnis übernommen, privatisiert jetzt irgendwo, ich habe keinen Kontakt mehr zu ihm. Sengle hat dieser Artikel nicht gefallen, und schon war bei ihm ein gewisses Mißtrauen erwacht.

Bei den kritischen Schriften Herders ging mir auf, wie die Politik, wie das politische Denken in die Literatur des Sturm und Drang und der Spätaufklärung eingreift, bis in die Formulierungen, bis in die Begrifflichkeit. Ich bekam Lust, dem nachzugehen und syste-

Gert Sautermeister und Ulrich Schmidt. München 1998; Deutsche Literatur. Eine Sozialgeschichte. Hrsg. von Horst Albert Glaser. Bd. 6: Vormärz – Biedermeier – Junges Deutschland – Demokraten 1815–1848. Hrsg. von Bernd Witte. Reinbek 1980; vgl. auch Udo Roth: [Art.] Vormärz. In: Reallexikon der deutschen Literaturwissenschaft. Bd. 3. Hrsg. von Jan-Dirk Müller u. a. Berlin und New York 2003, S. 803–805.

6   Hella Jäger: Naivität. Eine kritisch-utopische Kategorie in der bürgerlichen Literatur und Ästhetik des 18. Jahrhunderts. Kronberg/Taunus 1975.

7   Wolfdietrich Rasch: Herder. Sein Leben und Werk im Umriß. Halle/Saale 1938.

8   Benno von Wiese: Herder. Grundzüge seines Weltbildes. Leipzig 1939.

9   Hans-Wolf Jäger: [Art.] Johann Gottfried Herder. In: Neue Deutsche Biographie. Bd 8. (1969), S. 595–603.

matischer zu suchen. Das lief gut nebenher, denn ich hatte mir als Habilitationsthema eine Arbeit über die Lehrdichtung vorgenommen,[10] eine eher trockene Sache, worüber ich später mehrere Aufsätze schrieb.[11] Damals mußte ich, soweit sie erreichbar waren, alle Poetiken, literarischen Kritiken und Polemiken jener Zeit etwa zwischen 1750 und 1820 lesen. Dabei habe ich selbstverständlich auf die Lehrdichtung geachtet, zugleich aber auf das, worauf ich aufmerksam geworden war: politische Ausdrucksweisen, auch politische Metaphern, politische Wertungen innerhalb der Literaturkritik, innerhalb der Poetik und Rhetorik. So entstand dieses erste Büchlein *Politische Kategorien in Poetik und Rhetorik der zweiten Hälfte des 18. Jahrhunderts*.[12] Dessen Gedanken habe ich 1967 in Bochum auf jenem Germanistentag vorgetragen,[13] der eigens dazu angelegt war, junge Leute sich in einer Musterschau profilieren zu lassen, auf einem Markt, wo man sehen wollte, wer demnächst zu berufen sei. Ob ich meine Chancen dort verbessert habe, weiß ich nicht. Es gab Zuspruch, es gab natürlich auch Abwehr – ich glaube, zum ersten Mal wurde so etwas wie das Genre der Idylle in einem progressiven politischen Kontext gesehen – also Voß, der Göttinger Hain, selbst Gessner.

Ungefähr so war das gelaufen: über Herder, über diese voran gegangene Verfälschung, die mein Mißtrauen gegen die etablierte Germanistik weckte, und die Empörung darüber, wie es möglich war, daß selbst ein Mann wie Sengle darauf hereinfällt und Herder als Präfaschisten mißversteht. Es war also die doppelte Richtung, erst einmal in der Literatur selbst, der realen Literaturgeschichte, Progressives und Politisches aufzufinden, und zweitens in der Literaturgeschichtsschreibung, in der Germanistik also, zu sehen, wie da verdreht worden war.

Michael Schlott: Wie kam es zu den Bezeichnungen „Jakobinismus" und „Vormärz"? Ich sagte ja vorhin, die Begriffe waren damals sicherlich nicht unproblematisch als Epochenbezeichnungen.

---

10   Die Habilitationsschrift ist nicht abgeschlossen worden; vgl. in diesem thematischen Zusammenhang Hans-Wolf Jäger: Zur Poetik der Lehrdichtung in Deutschland. In kritischen Zusätzen zu L. L. Albertsens Buch „Das Lehrgedicht". In: Deutsche Vierteljahrsschrift für Literaturwissenschaft und Geistesgeschichte 44 (1970), S. 544–576.

11   Vgl. Hans-Wolf Jäger: Zur Poetik der Lehrdichtung (wie Anm. 10); ferner: H.-W.J.: Lehrdichtung. In: Hansers Sozialgeschichte der deutschen Literatur, Bd. 3: Deutsche Aufklärung bis zur Französischen Revolution. Hrsg. von Rolf Grimminger. München 1980, S. 500–544; H.-W.J.: Weltbürgertum in der deutschen Lehrdichtung des 18. Jahrhunderts. In: Cosmopolitisme, Patriotisme et Xénophobie en Europe au Siècle des Lumières. Hrsg. von Gonthier-Louis Fink. Strasbourg 1986, S.175–186; H.-W.J.: Landschaft in Lehrdichtung und Prosa des 18. Jahrhunderts. In: Landschaft und Landschaften im achtzehnten Jahrhundert. Hrsg. von Heike Wunderlich. Heidelberg 1995, S. 117–141; ferner H.-W.J.: Didaktische Dichtung. In: Goethe Handbuch in vier Bänden. Hrsg. von Bernd Witte u. a. Bd. 4.1. Hrsg. von Hans-Dietrich Dahnke und Regine Otto. Stuttgart und Weimar 1998. S. 203–206; H.-W.J.: Anakreontiker als Lehrdichter. In: Anakreontische Aufklärung. Hrsg. von Manfred Beetz und Hans-Joachim Kertscher. Tübingen 2005, S. 223–238.

12   Hans-Wolf Jäger: Politische Kategorien in Poetik und Rhetorik der zweiten Hälfte des 18. Jahrhunderts. Stuttgart 1970.

13   Die Tagung fand statt vom 11. bis 14. Oktober 1967; Veranstalter war die „Vereinigung der deutschen Hochschulgermanisten im Deutschen Germanisten-Verband"; vgl. den Tagungsbericht in: Mitteilungen des Deutschen Germanisten-Verbandes 15 (1968), H. 3, S. 2–5.

Hans-Wolf Jäger: Dabei hat selbstverständlich Bertaux mit seiner Hölderlin-Deutung eine Rolle gespielt.[14] Hölderlin war ein Lieblingspoet für viele junge Leute, und wie manch anderer auch las ich ihn zunächst als erhabenen Dichter. Dann behandelte ich in einer Lehrveranstaltung den „Archipelagus" – ein Gedicht, das ich gerne vornahm und auswendig kannte. In diesem Proseminar in München saß ein Grieche, der mich mit einem Oratorium von Theodorakis bekannt machte: *Axion Esti*[15] – ich weiß nicht, ob dies von Interesse ist, aber das sind so die Wege –, also mit einem Griechenland bekannt machte, das auch von der Antike her besungen und hergeleitet und zugleich mit den Ideen von Freiheit in Verbindung gebracht wird. Das übertrug sich mir in seltsamer Weise geradezu unwillkürlich auf Hölderlin. Und ich las ihn dann auch einmal anders und habe vieles entdeckt, im „Archipelagus" und auch in anderen Gedichten – zum Beispiel in „Saturn und Jupiter".[16] Schließlich las ich das Gedicht politisch. Auch schien schon aus der Biographie Hölderlins selbst der Überstieg zur Französischen Revolution gegeben. Das war noch unabhängig von Bertaux. Der erregte dann mit seiner These Aufsehen, daß Hölderlin ein Jakobiner sei, was ich sehr gern aufgegriffen und dann weiter bedacht habe. Ich meinte, wenn das ein Jakobiner ist, dann gibt es wahrscheinlich noch mehr Leute, die in ähnlicher Weise gedacht und gedichtet haben, und glaubte, daß mir das an ihrem Bildvorrat aufgehen könnte, an der Metaphorik bei vielen, die um Hölderlin herum dichteten. Es gibt den schönen Band von Böckmann *Hymnische Dichtung im Umkreis Hölderlins*.[17] Diesen habe ich durchgelesen und festgestellt, wie viele Parallelen, zumindest ähnliche und gleiche Motive, da auftauchen, Bilder von Morgenrot und Vulkanausbruch, von Tag und Nacht, von Winter und Sommer, Eisbruch, Strom, Feuer oder auch verschiedene mythologische Bilder, die denen Hölderlins sehr glichen und Politisches meinten oder *auch* meinten – die jedenfalls so auslegbar waren.

Der nächste Schritt war, daß ich mich in die Reden der Französischen Revolution und ihre Revolutionsdeklamatorik eingelesen habe – es gab damals ein dtv-Bändchen von Peter Fischer: *Reden der Französischen Revolution*[18] – und sah, daß es dort ähnlich stand. Und, sehr übertreibend natürlich, auch um dem Klassiker-Kult entgegenzutreten, wurde also ein Begriff wie ‚Jakobinismus' nicht von mir erschaffen, aber gerne übernommen – ich glaube, Inge Stephan hatte ihn damals auch schon verwendet;[19] Grab vielleicht ebenfalls, doch er mehr auf der historischen Ebene.[20]

---

14 Vgl. Pierre Bertaux: Hölderlin und die Französische Revolution. In: Hölderlin-Jahrbuch 15 (1967/68), S. 1–28; P. B.: Hölderlin und die Französische Revolution. Frankfurt/Main 1969; P. B.: War Hölderlin Jakobiner? In: Hölderlin ohne Mythos. Neue Positionen der Hölderlin-Forschung. Hrsg. von Ingrid Riedel. Göttingen 1973, S. 7–17; siehe dazu II, 2.2.3, S. 148, 153–192.

15 Zu Axion Esti vgl.: ‹http://de.mikis-theodorakis.net/index.php/article/articleview› (eingesehen am 12.04.2012).

16 Dazu Hans-Wolf Jäger: Diskussionsbeitrag: Zur Frage des ‚Mythischen' bei Hölderlin. In: Hölderlin ohne Mythos (wie Anm. 14), S. 81–90.

17 Hymnische Dichtung im Umkreis von Hölderlin. Eine Anthologie. Mit Einleitung und Erläuterungen hrsg. von Paul Böckmann. Tübingen 1965.

18 Reden der Französischen Revolution. Hrsg. von Peter Fischer. München 1974.

19 Stephan: Literarischer Jakobinismus (wie Anm. 4).

20 Vgl. etwa Walter Grab: Norddeutsche Jakobiner. Demokratische Bestrebungen zur Zeit der Französischen Revolution. Frankfurt/Main 1967; W. G.: Leben und Werke norddeutscher Jakobiner. Stuttgart 1973.

Michael Schlott: Welche Bedeutung hatten für Sie die von der Historiographie und der germanistischen Literaturwissenschaft der DDR zu Beginn der 1960er Jahre vorgelegten Arbeiten zum Jakobinismus, ich denke etwa an Claus Träger?[21]

Hans-Wolf Jäger: Voegt …

Michael Schlott: Ja, an Hedwig Voegt, an Gerhard Steiner?[22] Hedwig Voegt hatte bereits Mitte der 1950er Jahre über jakobinische Publizistik geschrieben,[23] Claus Träger werde ich in der kommenden Woche besuchen und ihn dazu befragen. Haben für Sie diese Arbeiten damals eine Rolle gespielt, eine Bedeutung gehabt? War das nur eine anregende Funktion, war das vielleicht ein Korrektiv auch zu bestimmten Fragen der Literaturgeschichtsschreibung? Wenn Sie sich daran erinnern können, was würden Sie ‚ad hoc' sagen über die Bedeutung dieser Arbeiten und Autoren für Sie?

Hans-Wolf Jäger: Hedwig Voegt war für mich bestätigend, doch war ich natürlich stolz, auf anderem Weg zu verwandten Urteilen gekommen zu sein.

Michael Schlott: Das ist ein sehr wichtiger Aspekt: Ich denke, Sie gehören zu denjenigen Germanisten, die an literaturwissenschaftlichen und germanistischen Arbeitsweisen und Methoden festgehalten haben bei der Erschließung dieses neuen Gegenstandes.

Hans-Wolf Jäger: Weniger von Biographien her, das ist richtig; auch weniger über die programmatischen Aussagen, wie es Voegt und Träger gemacht haben. Es gab zu Klopstock auch eine kleinere Arbeit, ebenso eine über das Bild des Vulkanausbruchs bei Forster. So etwas hat mich nicht so sehr angeregt, aber doch sicherer gemacht. Ich freute mich über die Entdeckung politisch geladener Bildlichkeit, die auch an Beispielen der Malerei auszumachen war, etwa im Frühwerk von Joseph Anton Koch, Tobias Sergel oder Caspar David Friedrich.[24]

Michael Schlott: Haben Sie die Frühphase der Debatte innerhalb der DDR-Historiographie verfolgt? Heiner Wilharm referiert die Frühphase der Debatte, die schon Mitte bis Ende der 1950er Jahre in der DDR stattgefunden hat, sehr detailliert – ich weiß nicht, ob Sie

---

21   Vgl. etwa: Mainz zwischen Rot und Schwarz. Die Mainzer Revolution 1792/93 in Schriften, Reden und Briefen. Hrsg. von Claus Träger. Berlin 1963; C. T.: Aufklärung und Jakobinismus in Mainz 1792/93. In: Weimarer Beiträge 9 (1963), H. 4, S. 684–704.

22   Deutsche revolutionäre Demokraten. Hrsg. von Walter Grab. 5 Bde. Stuttgart 1971–1978 – Bd. 1 (1971): Hans-Werner Engels: Gedichte und Lieder deutscher Jakobiner; Bd. 2 (1978): Axel Kuhn: Linksrheinische deutsche Jakobiner. Aufrufe, Reden, Protokolle, Briefe und Schriften 1794–1801; Bd. 3 (1972): Alfred Körner: Die Wiener Jakobiner; Bd. 4 (1973): Gerhard Steiner: Jakobinerschauspiel und Jakobinertheater; Bd. 5 (1973): Walter Grab: Leben und Werke norddeutscher Jakobiner; siehe dazu auch II, 2.2.1, S. 103–107. Zu Gerhard Steiner siehe das Interview mit Klaus-Georg Popp (S. 607–626, hier S. 616–619) sowie II, 2.2.1, S. 105, Anm. 401.

23   Hedwig Voegt: Die deutsche jakobinische Literatur und Publizistik 1789–1800. Berlin 1955.

24   Zu Koch siehe Jäger: Politische Metaphorik (wie Anm. 3); ferner Werner Hofmann: Rollentausch oder: „Wer allgemein sein will, wird nichts …". In: Johan Tobias Sergel (1740–1814). Kunst um 1800. Hrsg. von W. H. München und Hamburg 1975, S. 23, Anm. 19; Caspar David Friedrich und die deutsche Nachwelt. Hrsg. von Werner Hofmann. Frankfurt/Main 1974, S. 18.

die Arbeit von Wilharm kennen; sie ist bei Peter Lang erschienen Mitte der 1980er Jahre.[25] Aber, das war offenbar für Sie nicht von Bedeutung.

Hans-Wolf Jäger: Richtig.

Michael Schlott: Wie war es mit den Arbeiten von Walter Grab[26] und Heinrich Scheel?[27]

Hans-Wolf Jäger: Sie haben mich beeinflußt. Walter Grab hat sich auch einmal bei mir vom Historischen Institut in München aus gemeldet. Er hielt dort einen Vortrag und lud mich ein. Da haben wir uns länger unterhalten. Auch Jost Hermand muß ich nennen.[28] Aber Grab, das ist wahr, seine Jakobinismusforschung wirkte anfangs euphorisch, fast auch euphorisierend. Er entdeckte viele Jakobiner, zu viele dann möglicherweise. Wenn er hörte, daß (so um 1790) aus einer Tiroler Landgaststätte einer rausgeflogen war und dabei „Freiheit!" gerufen hatte: Schon war da ein neuer Jakobiner – hierbei wurde es mir allerdings etwas mulmig.

Michael Schlott: Sie haben München erwähnt und auch schon erklärt, daß Sie damals Assistent bei Sengle gewesen seien als einer von dreien, also Herr Weiland, Frau Gansberg und Sie. Georg Jäger war Forschungsassistent, wie Sie sagten, im Biedermeierzeit-Projekt,[29] wie Georg Jäger wiederum mir sagte. Können Sie die Mitarbeiterkonstellation beschreiben und dabei auch darauf eingehen, wie der gesamte Arbeitszusammenhang in dem Biedermeierzeit-Projekt organisiert gewesen ist? Waren auch Sie daran beteiligt?

Hans-Wolf Jäger: Ich war daran nicht unmittelbar beteiligt. Die drei Assistenten von Sengle waren dem Biedermeierzeit-Projekt nicht direkt angeschlossen, höchstens insofern, als Sengle jahre- oder jahrzehntelang Seminare über Biedermeier abgehalten und fast nur Arbeiten – ob nun Seminar-, Magister-, Doktor- oder Staatsexamensarbeiten – aus diesem Themenfeld vergeben hat, die in der Regel wir Assistenten korrigieren mußten. Bisweilen sollten wir mal etwas exzerpieren und ihm zur Verfügung stellen, während hingegen Georg Jäger strikt zugearbeitet, das heißt die Bücher gezielt in der Bibliothek bestellt, sie gelesen, ausgewertet und Ergebnisse für Sengle vorformuliert hat. Jägers Vorgänger war

25 Heiner Wilharm: Politik und Geschichte. Jakobinismusforschung in Deutschland. Bd. 1: DDR; Bd. 2: Bundesrepublik. Frankfurt/Main u. a. 1984.

26 Vgl. etwa Grab: Norddeutsche Jakobiner; Leben und Werke norddeutscher Jakobiner (wie Anm. 20); siehe dazu das Interview mit Walter Grab, S. 486–499.

27 Vgl. etwa Heinrich Scheel: Süddeutsche Jakobiner. Klassenkämpfe und republikanische Bestrebungen im deutschen Süden Ende des 18. Jahrhunderts. Berlin 1962; Jakobinische Flugschriften aus dem deutschen Süden Ende des 18. Jahrhunderts. Hrsg. von H. S. Berlin 1965.

28 Jost Hermand, der 1955 an der Universität Marburg promoviert wurde, gehört zur ‚ersten Generation' von Friedrich Sengles Schülern; vgl. Zur Literatur der Restaurationsepoche 1815–1848. Forschungsreferate und Aufsätze. Friedrich Sengle zum 60. Geburtstag von seinen Schülern. Hrsg. von Jost Hermand und Manfred Windfuhr. Stuttgart 1970. Seit der zweiten Hälfte der 1960er Jahre brachte ihn seine literaturwissenschaftliche Orientierung in kritische Distanz zu seinem ‚Doktor-Vater'; siehe etwa: Von deutscher Republik. 1775–1795. Texte radikaler Demokraten. Hrsg. von Jost Hermand. Bd. 1: Aktuelle Provokationen, Bd. 2: Theoretische Grundlagen. Frankfurt/Main 1968.

29 Friedrich Sengle: Biedermeierzeit. Deutsche Literatur im Spannungsfeld zwischen Restauration und Revolution 1815–1848. Stuttgart 1971–1980; Bd. 1 (1971): Allgemeine Voraussetzungen, Richtungen, Darstellungsmittel; Bd. 2 (1972): Die Formenwelt; Bd. 3 (1980): Die Dichter.

Rolf Schröder. Als dieser in München ebenfalls Assistent von Sengle wurde, war er wohl nicht mehr mit dem Biedermeier beschäftigt – aber das hatten wir schon.

Michael Schlott: Gab es aus dem Umkreis des Biedermeierzeit-Projekts damals bereits Anregungen zu Ihrer späteren Beschäftigung mit politischer Metaphorik?

Hans-Wolf Jäger: Nein, es war nur meine eigene Marotte, das habe ich nebenbei geschrieben. Ich sollte mich ja habilitieren über Lehrdichtung,[30] das wurde etwas zurückgestellt und diese beiden Bändchen[31] gemacht – sehr schnell, muß ich sagen. Sie konnten nicht einmal Korrektur gelesen werden. Ich weiß nicht, ob Sie das noch erlebt haben – aber es war eine hektische Zeit, auf Kleinigkeiten kam es nicht an, sondern die Büchlein mußten heraus. Ein Buch wie das über die Metaphorik hätte natürlich viel gründlicher und besser ausformuliert sein müssen und auch besser nachgewiesen in einzelnen Zitaten – es wäre viel dicker, aber vielleicht auch langweiliger geworden.

Michael Schlott: Wer war damals Lektor bei Metzler? Uwe Schweikert, Bernd Lutz?

Hans-Wolf Jäger: Bernd Lutz. Der zeigte sich angetan davon und mußte das rasch haben; er wollte diese Bändchen auch an bestimmte Stellen setzen: Nummer zehn und Nummer zwanzig.[32]

Michael Schlott: Warum?

Hans-Wolf Jäger: Er sagte nur, das sei gut so – warum nun dezimal? – vielleicht irgendeine Zahlenmystik. Also, er wollte sie haben, und ich mußte flink sein. Auch deswegen ist es nicht so gründlich geworden.

Michael Schlott: Sind alle Exemplare verkauft worden?

Hans-Wolf Jäger: Ich denke, die erste Auflage wurde so ziemlich verkauft.

Michael Schlott: Es hat keine zweite gegeben?

Hans-Wolf Jäger: Nein, Gerhard Sauder meinte, ich solle zur Revolutionsfeier 1989 den Metaphorik-Band noch einmal neu auflegen, aber dazu hatte ich keine Lust. Lutz sagte mir übrigens während der Buchmesse 1970, an seinem Stand in Frankfurt sei *Politische Kategorien* das meistgeklaute Buch gewesen. Bücherklauen war für manche Studenten damals Ehrensache, wenn man dann noch das Richtige klaute … naja.

Michael Schlott: Ich muß noch einmal zurückkommen auf Ihre Münchener Zeit: Die Zusammenarbeit mit Sengle war offenbar nicht immer unproblematisch. Mögen Sie sich dazu äußern? Georg Jäger hat sich ebenfalls dazu geäußert.[33] Sie haben bereits Andeutungen gemacht, im Zusammenhang mit der Herder-Sache. Wie war die Zusammenarbeit mit Sengle? Was ist Ihnen in Erinnerung geblieben an problematischen Situationen?

Hans-Wolf Jäger: Vielleicht darf ich den Rahmen schildern: Als ich zu Sengle kam, sagte er dem Sinn nach: „Ich weiß, Sie kommen von einem katholischen Professor", er meinte Max Müller, „und hier im katholischen München bilden die Konservativ-Christlichen

---

30   Siehe dazu Anm. 10.
31   Jäger: Politische Kategorien (wie Anm. 12); Politische Metaphorik (wie Anm. 3).
32   Ebd.
33   Siehe auch das Interview mit Georg Jäger, S. 334–358, hier S. 334–340.

eine ganz starke Fraktion. Ich selbst gelte als Freigeist und stehe unter starkem Verdacht, linksliberal zu sein; deswegen ist es mir ganz recht, wenn ich Sie als ersten habilitieren kann, um Widerstände auszuschalten." Ich habe das weitererzählt, da gab es Ärger mit den Assistentenkollegen; es erfolgte erst einmal ein Aufstand von der älteren Assistentin Frau Gansberg gegen mich, daß ich das einfach so hingenommen hatte, und auch gegen Sengle. Sie hat es ihm sehr deutlich gesagt. Da war – wie soll ich sagen – die Stimmung verdorben.

Michael Schlott: Das habe ich noch nicht ganz verstanden: Welche Interessen hat Frau Gansberg in diesem Zusammenhang verfolgt?

Hans-Wolf Jäger: Frau Gansberg wollte als älteste Assistentin natürlich auch als erste habilitiert werden. Sengle sagte mir ungefähr: „Demnächst geht der Rasch aus Münster weg, da könnte man Sie dann …" Ich habe das in meiner Einfalt zunächst gar nicht recht verstanden, entnahm dem aber Angenehmes, war auch noch ziemlich autoritätshörig und erzählte Sengles Äußerung so weiter. Da setzte es Empörung, auch bei meiner späteren Frau.

Michael Schlott: Ihre vorgezogene Habilitation war also gewissermaßen politisch und strategisch motiviert?

Hans-Wolf Jäger: Ja, Sengle hatte das wohl weiterhin vor, ist dann aber bitter enttäuscht worden, als ich mich ebenfalls links gebärdet habe und sicherlich nicht mehr gern von der klerikalen oder katholischen Fraktion, wie Sengle sich ungefähr ausdrückte, als Habilitand akzeptiert worden wäre. Das andere war, daß er nun auch im Fachlichen einen gewissen Verfall einhergehen sah – erst einmal, daß ich Herder, wie er meinte, falsch interpretierte; sein Mißtrauen hat sich bei ihm bald als Mißtrauen überhaupt gegen meine wissenschaftliche Qualifikation ausgedrückt. Dieses Jakobinismus-Zeug und die *Politischen Kategorien*, das stimme ja alles nicht und das sei alles modisch oder kurzbeinig, hat er gesagt, soziologistisch, politisierend, also Literaturgeschichte mit Auftrag,[34] es werde parteilich – da tauchten allerlei diffamierende Ausdrücke auf.

Michael Schlott: Sengle hat sich doch, wenn ich das richtig recherchiert habe, als Sozialhistoriker verstanden.

Hans-Wolf Jäger: Er fühlte sich zu unrecht links überholt, so etwas kennt man.

Michael Schlott: Also, Sie führen das auch auf persönliche Animositäten und Ressentiments zurück?

Hans-Wolf Jäger: Auch Ängstlichkeit kommt hinzu.

Michael Schlott: War Sengle ängstlich?

Hans-Wolf Jäger: Er war damals ängstlich. Er hat nach Vorlesungen, als wir noch gut miteinander standen, gefragt: „Haben Sie die zwei Nonnen gesehen? Die sind immer da, sie schreiben für den Kardinal mit." Er fürchtete eben, durch seine drei Schüler beim Ministerium oder bei der Mehrheit in den Fakultäten diskreditiert zu werden.

Michael Schlott: Er hat Georg Jäger unterstellt, Marxist zu sein.

---

34 Vgl. dazu Friedrich Sengle: Literaturgeschichtsschreibung ohne Schulungsauftrag: Werkstattberichte, Methodenlehre, Kritik. Tübingen 1980.

Hans-Wolf Jäger: Was mir völlig unbegreiflich ist. Das war ein so solider und leidenschaftsloser, ich meine: politisch leidenschaftsloser Arbeiter, daß ich es nicht verstanden habe. Ich
habe über solche Vorwürfe zwar von ihm selbst gehört, wollte es aber kaum glauben.

Michael Schlott: Gab es weitere schwierige Situationen mit Sengle? Wie hat sich das
Verhältnis gestaltet, nachdem Sie durch Ihre Forschungsarbeit zu einer „Enttäuschung"
geworden waren?

Hans-Wolf Jäger: Nun, das Habilitationsstipendium hatte er mir versprochen, und ich
habe ihm gesagt: „Ich bin unter diesen Voraussetzungen aus Stuttgart weggegangen, wo ich
verbeamtet worden wäre. Und jetzt möchte ich das Stipendium auch bekommen." Er setzte
das Stipendium dann bei der Deutschen Forschungsgemeinschaft auch durch, und ich habe
zwei Jahre lang arbeiten können, nicht nur an diesem Thema, aber daran auch, und habe
dazu ja auch etwas veröffentlicht.[35] Dann kam der Ruf aus Bremen. Der gefiel ihm natürlich
nicht, weil ich vor der Habilitation berufen worden bin. Er hat sich abfällig geäußert, über
Bremen natürlich ebenfalls.

Michael Schlott: Wann haben Sie den Ruf nach Bremen erhalten?

Hans-Wolf Jäger: Im Sommer 1972, ein Jahr nach Gründung der neuen Universität.

Michael Schlott: Sie hatten sich dort beworben?

Hans-Wolf Jäger: Ich habe mich dort beworben; ich habe mich auch in Hamburg und in
Oldenburg beworben.

Michael Schlott: Wissen Sie noch, wer damals konkurrierte?

Hans-Wolf Jäger: Ja, es waren dieselben drei Bewerber an allen drei Stellen, in Hamburg,
in Oldenburg und in Bremen, und alle drei wurden berufen. Briegleb als erster in Hamburg,
Promies wurde in Oldenburg berufen, dort war ich auf Platz drei. Das ist schön aufgegangen: Promies, Briegleb und ich.

Michael Schlott: Sie haben 1978 Ihren Aufsatz „Gegen die Revolution" im Schiller-Jahrbuch[36] Walter Müller-Seidel zum 60. Geburtstag gewidmet. In einer Anmerkung[37] weisen
sie darauf hin, daß Müller-Seidel ein bestimmtes Klassik-Bild favorisiere, Schiller als den
deutschen Klassiker ausweise, der mit der Problematik der Französischen Revolution und
den politischen Konsequenzen, die sie für die deutsche Geistesgeschichte hatte, sozusagen
glücklichst fertig geworden sei. Dieses Bild haben Sie angezweifelt. Steht das in einem Zusammenhang mit der Widmung, oder hatten Sie generell eine so hohe Meinung von Müller-
Seidel, daß Sie meinten, Sie müßten ihm einen Aufsatz widmen?

---

35 Siehe dazu Anm. 11 sowie – zu den von Hans-Wolf Jäger im folgenden angesprochenen Bewerbun-
    gen in Hamburg, Bremen und Oldenburg – das Interview mit Gert Mattenklott, S. 561–589, hier
    S. 571.

36 Hans-Wolf Jäger: Gegen die Revolution. Beobachtungen zur konservativen Dramatik in Deutsch-
    land um 1790. Walter Müller-Seidel zum 60. Geburtstag. In: Jahrbuch der Deutschen Schiller-
    gesellschaft 22 (1978), S. 362–404.

37 Vgl. Jäger: Politische Kategorien (wie Anm. 12), S. 70, Anm. 88 (mit Verweisen auf Walter Müller-
    Seidels Schiller-Vorlesung an der Universität München im Sommersemester 1967 sowie auf dessen
    Beitrag „Schillers Kontroverse mit Bürger und ihr geschichtlicher Sinn". In: Formenwandel. Fest-
    schrift für Paul Böckmann. Hrsg. von Walter Müller-Seidel und Wolfgang Preisendanz. Hamburg
    1964, S. 294–318).

Hans-Wolf Jäger: Dem lag eher etwas Persönliches zu Grunde. Im Vergleich zu Sengle wurde Müller-Seidel heftiger attackiert, auch von mir, und zwar ziemlich polemisch. Ich war Assistentenvertreter und koalierte auch mit Studenten. Müller-Seidel war eine größere Feind-Gestalt als Sengle.[38] Sie kennen das, „scheißliberal" hieß das damals, *das* waren die richtigen Feinde; nicht die Rechten, Betz oder Kunisch in München, mit denen hat man sich fast überhaupt nicht angelegt, sondern mit den linkeren, liberaleren. Und Müller-Seidel war so einer, der war manchen nicht radikal, nicht entschieden genug. Aber, was ich Müller-Seidel hoch angerechnet habe: er zeigte sich so gut wie nie persönlich beleidigt. Er hat nichts nachgetragen, im Unterschied zu Sengle, der jahrelang verschnupft war, sich in demselben Jahrgang des *Schiller-Jahrbuchs*, in dem mein Aufsatz erschien, denunziatorisch geäußert hat über den „BRD-Marxisten Jäger"[39] – da hatte mir vorher noch Martini[40] geschrieben, ich solle nicht erschrecken, wenn in demselben Band Sengle mich in solcher Weise diffamiere. Sengle konnte es nicht lassen und hat überall ähnlich Unerfreuliches wie gegen Georg Jäger, allerdings ohne diesen Spitzel-Vorwurf, gesagt. Müller-Seidel tat Ähnliches nie, er hat den Kontakt nicht abreißen lassen, war stets daran interessiert, was ich arbeite, hat mich immer grüßen lassen und hat dann – ebenfalls etwas Persönliches, das ich mitteilen darf – meine Schwester, die beim Goethe-Institut in München beschäftigt war, gefragt, ob sie seine Sekretärin werden wolle. Sie erkundigte sich bei mir, ob ich etwas dagegen hätte. Gut, so kam auch über diese persönliche Sache wieder eine Verbindung zustande, und ich habe einfach angefragt beim *Jahrbuch*, ob sie einen Aufsatz von mir nehmen möchten. Von dort hieß es, das nächste *Jahrbuch* sei als Geburtstagsgabe für Müller-Seidel gedacht, ob ich denn auch schreiben möchte, mein Beitrag sei ihm zu Ehren; dies habe ich getan und mich danach öfter mit Müller-Seidel in München getroffen. In Bremen ist er etwas später auch zu einem Gastvortrag gewesen.

Michael Schlott: Es wäre also übertrieben, von einer Versöhnungsgeste zu sprechen?

Hans-Wolf Jäger: Nein, das war gar nicht nötig. Anders bei Sengle, ich weiß nicht, ob Sie darauf noch kommen: Da ließ mich Herr Schönert vor drei Jahren, als Sengle seinen 80. Geburtstag feierte, wissen, er habe mit Sengle gesprochen und Sengle sähe es nicht ungern, wenn ich ihm zu seinem „Achtzigsten" einen Aufsatz widmete. Was ich denn auch tat.

Michael Schlott: Wo ist der Aufsatz erschienen?

Hans-Wolf Jäger: Im *Goethe Yearbook*.[41] Sengle war davon angetan und hat mir seither alles geschickt, was er veröffentlichte. In den letzten drei Jahren war er also wieder versöhnlich. Das ging von ihm aus. Ich weiß, manche haben es mir als Charakterschwäche

---

38 Vgl. dazu Jörg Schönert: Walter Müller-Seidel in Konfliktkonstellationen an den Seminaren für Deutsche Philologie der LMU München in den Jahren um 1970 (2011). In: ⟨http://www.walter-mueller-seidel.de/materialien.php⟩ (eingesehen am 02.04.2012).

39 Vgl. Friedrich Sengle: Binsenwahrheiten. Vorläufige Bemerkungen zu dem Thema Fehlerquellen der sozialgeschichtlichen Literaturwissenschaft. In: Jahrbuch der Deutschen Schillergesellschaft 22 (1978), S. 657–673, hier S. 662.

40 Fritz Martini war von 1957 bis 1987 Herausgeber des *Jahrbuchs der Deutschen Schillergesellschaft*.

41 Hans-Wolf Jäger: Goethe reist auch traditionell. Ein Vortrag. Friedrich Sengle zum 80. Geburtstag. In: Goethe Yearbook 5 (1990), S. 65–84.

ausgelegt, daß ich ihm diesen Aufsatz gewidmet habe. Jost Hermand etwa ließ es mich merken.[42] Aber sollte ich einen alten Mann brüskieren?

Michael Schlott: Hermand hat Ihnen das als Charakterschwäche ausgelegt?

Hans-Wolf Jäger: In diese Richtung gingen seine Vorbehalte. Er selbst schien da unversöhnlich und hat ja auch die neuen Enthüllungen von Dyck über einen Heine-Aufsatz von Sengle aus der Nazi-Zeit,[43] über Börne und Heine, sehr erregt aufgegriffen: „Das hätte ich nicht gedacht, auch das noch!" – Bei mir war es dann doch auch wieder Dankbarkeit, weil ich von niemandem so viel gelernt habe wie von Sengle – was ich erst merkte und zunehmend immer noch merke, seit ich selbst verantwortlich lehre. Nicht weil er ein glänzender Lehrer gewesen wäre oder ein guter Rhetor; aber dieses breite Wissen und der nüchterne Blick auf die Gesamtheit der Literatur, wo nicht eines herausgehoben und als Sensation verkauft wird; Sengles literaturhistorische Einordnungen, die gattungsgeschichtliche Sehweise, die Motivgeschichte seit der Antike – das war bei niemandem sonst so zu lernen.

Michael Schlott: Herr Jäger, wir haben bereits über Walter Grab und seine Jakobinismusforschungen gesprochen. Walter Grab gab mir in einem Interview zu verstehen, er habe sein Forschungsprogramm nicht durchsetzen können.[44]

Hans-Wolf Jäger: Ach …

Michael Schlott: Zitat: „Zu einer institutionalisierten Forschungsrichtung hat es die Jakobinerforschung in Deutschland nicht gebracht."[45] Walter Grab hat dafür Gründe angeführt, ich würde gerne Ihre Meinung dazu hören. Warum konnte er sich mit seiner Forschungsrichtung in Deutschland institutionell nicht durchsetzen?

Hans-Wolf Jäger: Wollte er eine Akademie oder ein Max-Planck-Institut für Jakobinerforschung? Ich weiß nicht genau, was er sich vorgestellt hat.

---

42 Siehe dazu Anm. 28.
43 Vgl. Joachim Dyck: Die Dauerkrise der Germanistik. Methodenrausch im Vakuum. Ein Plädoyer für historische Selbstbesinnung statt Anpassung an ungewisse Zukünfte. In: Die Zeit (Nr. 43 vom 16. Oktober 1987), S. 71 f.: „Wir wußten es zwar, aber wir schwiegen doch, als ‚vernünftige Germanisten'. Und es ist eben diese Vernunft, die dann auch verschweigt, dass Sengle im selben Jahr, in dem deutsche Juden den Zusatznamen Sara und Israel annehmen mußten und ihnen der Einkauf auf dem Darmstädter Wochenmarkt verboten wurde, in der NS-Zeitschrift *Weltkampf. Die Judenfrage in Geschichte und Gegenwart* 1941 einen umfangreichen Aufsatz mit dem Titel: ‚Baruch-Börne als Kritiker Deutschlands und deutscher Dichtung' veröffentlichte. Die Wahrheit, die man von ‚nationalsozialistischen Forschern' erwartete, wird im Geleitwort festgeschrieben: ‚Die Erkenntnis, daß die Judenfrage als Rassenfrage zu beurteilen ist, setzt sich gegenüber allen anderen Versuchen durch. Eine dauernde Lösung kann nur durch eine totale Aussiedlung des Judentums in Europa erreicht werden.' Sengles Artikel, der beflissen gleich mit der ersten Fußnote die treffenden Bemerkungen zur Wertung Börnes bei Josef Nadler lobt, ist – wie in dieser Umgebung nicht anders zu erwarten – ein krudes, antisemitisches Elaborat, das sich ans gewünschte Klischee hält, etwa so: Börne, der ‚überreizte Journalist', ist in seiner ‚hemmungslos einseitigen Kritik keiner eigentlichen Beziehung zu dem Gegenstande seines Interesses fähig. Die Vieldeutigkeit des wirklich großen Kunstwerks beängstigt den Assimilationsjuden, der durch den Verstand nicht ersetzen kann, was ihm bluts- und gefühlsmäßig versagt blieb'." Vgl. Friedrich Sengle: Baruch-Börne als Kritiker Deutschlands und deutscher Dichtung. In: Weltkampf 19 (1941), H. 3, S. 129–144.
44 Siehe dazu das Interview mit Walter Grab, S. 486–499, hier S. 497.
45 Ebd., S. 490.

Ich meine, daß dieser Begriff Jakobinismus zunächst ein wenig etikettenhaft und schlag-wortartig genutzt worden ist. Nicht, daß ich dem abschwören möchte, aber er war damals eine Fanfare, unter deren Schall vieles mitmarschieren mußte, was sicher nicht jakobinisch war. Der Begriff war zu unscharf. Wir haben danach gelernt, etwa durch die Betrachtung der *französischen* Parteiungen in der Revolution auch in Deutschland zu differenzieren. Es gab nur ganz wenige, die in Deutschland die Richtung der Montagne vertreten hätten. Die Grenzen verliefen hier viel weniger scharf, es existierte ein breiteres Spektrum von Libe-ralen, Demokraten, Republikanern, jakobinisch Gesonnenen, so daß ich nicht festhalten würde an einer eigenen Jakobinismusforschung. Eine solche hätte vielleicht damit geendet, daß der Gegenstand immer kleiner geworden wäre. Die Definition des Jakobiners faßte nämlich auch Grab in einem Sammelband, wo er beim Definieren immer enger wurde, immer mehr Kautelen in die Begriffsbestimmung hinein brachte,[46] so daß ich glaube, eine wirklich institutionalisierte Jakobinismusforschung hätte am Ende keinen Gegenstand mehr gehabt oder nur noch zwei bis drei historische Personen – diese dann per Institut zu erforschen wäre lächerlich gewesen.

Michael Schlott: Das ist interessant: eine Erklärung des Phänomens aus der Einschrän-kung der Definition, die dazu führt, daß am Ende kein Gegenstand mehr übrigbleibt. Wenn man es auf Grabs Konstruktion eines Idealtypus' des ‚deutschen Jakobiners‘ bezieht,[47] hatte er am Ende mehr Idealtypen als Jakobiner, um es polemisch auszudrücken.

Hans-Wolf Jäger: So kann man es sagen. Es gab immer weniger Personen, auf welche diese Definitionen in allen Einzelteilen zutrafen.

Michael Schlott: Dennoch wurden immer mehr Jakobiner ‚entdeckt‘. Die Definition wurde immer enger, aber die Forschung hat sich offenbar nicht darum gekümmert. Wie ist es dazu gekommen, daß viele Jakobinerforscher sich empirisch abgearbeitet haben und im Grunde keine Kenntnis davon genommen haben, daß die begriffliche Steuerung schon lange nicht mehr funktionierte?

Hans-Wolf Jäger: Können Sie Namen nennen? Reinalter, oder wen meinen Sie?

Michael Schlott: Helmut Reinalter, zum Beispiel.

Hans-Wolf Jäger: Kuhn, nein, Kuhn war ja skeptisch.

Michael Schlott: Axel Kuhn war skeptisch; Hellmut Haasis nicht.

Hans-Wolf Jäger: Der sucht immer noch Jakobiner.

Michael Schlott: Inge Stephan hat sich irgendwann verabschiedet aus der Jakobiner-forschung.

Hans-Wolf Jäger: Segeberg früher schon.

Michael Schlott: Harro Segeberg auch recht früh, ja.

---

46   Die demokratische Bewegung in Mitteleuropa im ausgehenden 18. und frühen 19. Jahrhun-dert. Ein Tagungsbericht. (Arbeitstagung „Die demokratische Bewegung in Mitteleuropa im ausgehenden 18. und frühen 19. Jahrhundert", 19. bis 21. Mai 1977). Bearb. und hrsg. von Otto Büsch und Walter Grab unter Mitarbeit von Jürgen Schmädeke und Monika Wölk. Berlin 1981, S. 3–22.

47   Siehe dazu II, 2.2.1, 116 f.

Hans-Wolf Jäger: Er hat ja auch bei Grab Ärger erregt.[48] – Die „echten" Jakobiner wurden auch immer – wie soll ich sagen – unbedeutender. Die großen und wichtigeren Autoren hat man gelernt differenziert zu sehen: Forster, Knigge, Rebmann oder Kerner. Es waren nur eine Handvoll, was am Ende an Jakobinern in einer exakten Bedeutung übrig blieb, und die anderen, die dann kamen …

Michael Schlott: War Knigge Jakobiner?

Hans-Wolf Jäger: Der wurde erst einmal munter dazugezählt.[49] Heute würde ich das nicht mehr so einfach sehen. Er war für manche schon darum als Jakobiner geheiligt, weil er wegen der Französischen Revolution – nicht unter der Französischen Revolution – zu leiden hatte und Verdächtigungen ausgesetzt war oder denunziatorische Angriffe von der Wiener Zeitschrift ertragen mußte.[50]

Michael Schlott: Das reichte schon, ja.

Hans-Wolf Jäger: Das reichte. Die *Eudämonia*[51] stigmatisierte ähnlich. Jeder, der in den konservativen oder auch reaktionären Zeitungen und Zeitschriften erwähnt war, galt dann schon als Jakobiner. Und umgekehrt: Diejenigen, die da angriffen, galten recht pauschal als reaktionär – zum Beispiel Schirach in Hamburg, worüber mein Mitarbeiter Holger Böning gerade einen Aufsatz schreibt und den Mann als sehr differenzierten Kopf zeichnet.[52] Ich selbst habe Schirach noch als starken Obskuranten angesehen, weil er ja in Rebmanns *Obscuranten-Almanach*[53] vorkommt. Danach rückten durch die Forschung, durch ein genaues Hinblicken, manche Fronten auch wieder zusammen, sogenannte Jakobiner und sogenannte Finsterlinge. Es gibt aber welche, von denen würde ich schon sagen, sie bleiben finster, zum Beispiel Leopold Aloys Hoffmann in Wien.

Michael Schlott: Hatten Sie Arbeitskontakte zu Walter Grab?

Hans-Wolf Jäger: Er war zu Gastvorträgen hier, die allerdings nicht immer erfreulich waren, denn er brachte oft dasselbe, und es waren manchmal Lexikonartikel, die er uns vorgelesen hat.

Michael Schlott: Von wem ging die Initiative aus? Haben Sie ihn eingeladen?

Hans-Wolf Jäger: Ja, meistens war ich es, der Grabs Selbsteinladungen nachkam; aber

---

48   Siehe dazu das Interview mit Harro Segeberg, S. 713–725, hier S. 714, 716 f.
49   Siehe dazu die Einleitung II, 2.2.1, S. 132 f.
50   Vgl. Wirkungen und Wertungen. Adolph Freiherr Knigge im Urteil der Nachwelt (1796–1994). Eine Dokumentensammlung. Eingel., erl. und hrsg. von Michael Schlott. Unter Mitarbeit von Carsten Behle. Göttingen 1998. S. 1–7.
51   Vgl. Wirkungen und Wertungen (wie Anm. 50), S. 8–17.
52   Holger Böning: „Ein wahrer Philosophischer Royalist": Gottlob Benedict von Schirach und seine publizistische Tätigkeit. In: Von „Obscuranten" und „Eudämonisten". Gegenaufklärerische, konservative und antirevolutionäre Publizisten im späten 18. Jahrhundert. Hrsg. von Christoph Weiß in Zusammenarbeit mit Wolfgang Albrecht. St. Ingbert 1997, S. 403–444; ferner H. B.: Eudämonia, oder deutsches Volksglück. Ein Beitrag zur Geschichte konservativer Publizistik in Deutschland. In: Text & Kontext 13 (1986), H. 1, S. 7–36; detailliert zur konservativen Presse H. B.: Periodische Presse. Kommunikation und Aufklärung. Hamburg und Altona als Beispiel. Bremen 2002.
53   Andreas Georg Friedrich Rebmann: Obscuranten-Almanach. Paris 1789–1801. Hildesheim 1997 (Mikrofiche).

dann, vor drei Jahren, glaube ich, wurde es mir zuviel, da habe ich ihn einmal nicht ein-, oder vielmehr habe ich ihn ausgeladen.

Michael Schlott: Warum?

Hans-Wolf Jäger: Ich habe ihm verwehrt, zum sechsten oder achten Male einen Vortrag wieder zu seinem Thema zu halten. Ich wußte, er wird mit demselben Pathos wieder dasselbe erzählen. Er hat dann einen bösen Brief geschrieben. Ich habe mich entschuldigt. Er sagte, er nehme die Entschuldigung an. Kontakt besteht seither aber nicht mehr.

Michael Schlott: Walter Grab ist eine starke Persönlichkeit?

Hans-Wolf Jäger: Er monopolisiert jede Gesprächsrunde und läßt niemanden sonst zu Wort kommen.

Michael Schlott: Meinen Sie, daß auch das sich negativ ausgewirkt haben könnte auf die Organisation einer Forschungsrichtung Jakobinismus, daß er auch Mitarbeiter verprellt, abgeschreckt haben könnte?

Hans-Wolf Jäger: Ja, also wir – einige, die sich kannten – Steiner, Werlein aus Mainz, Inge Stephan, auch Segeberg – haben – sinngemäß – früh gesagt: ‚Da gibt es welche, die sind dazu geboren, ihm hörig zu sein, und einen solchen haben wir auch in Hamburg …‘

Michael Schlott: Hans-Werner Engels?[54]

Hans-Wolf Jäger: Den nennen Sie. Es ist richtig, daß Grab kaum eine Gegenmeinung aufkommen ließ und auch keine Kritik duldete. Haasis hat ihn ja mit einem Plagiatsvorwurf kritisiert.[55] Und der andere Fall hatte vorher stattgefunden: Segeberg hatte in einem Aufsatz auf sachliche Art einiges zurechtgerückt,[56] daraufhin wurde er von Grab zu dem Symposium, von dem ich vorhin sprach, 1977 in Berlin,[57] nicht eingeladen. Das war eine Provokation, denn Segeberg war damals schon einer der profiliertesten Kenner der Materie.

Michael Schlott: „Politisierung der Wissenschaft", „progressive Traditionen"; können Sie dazu etwas sagen?

Hans-Wolf Jäger: Ja, gute Traditionen erarbeiten, sie ‚zur Verfügung stellen', daraus Ermunterung schöpfen und im eigentlichen Sinne – wie ich jetzt Nietzsche sehe, gegen einen Historismus, der die Sachen nur registriert und in ein Museum verweist – das Gewesene

---

54 Vgl. Deutsche revolutionäre Demokraten (wie Anm. 22), Bd. 1, sowie II, 2.2.1, S. 103–107.

55 „Eine andere Veröffentlichung (Walter Grab / Uwe Friesel: Noch ist Deutschland nicht verloren, 1970), der man bisher im Gegensatz zu den anderen ständigen Wiederholungen Originalität bescheinigte, grenzt über weite Strecken sowohl im Aufbau als auch in der Dokumentation und in der Analyse an ein Plagiat von: Hans-Georg Werner: Geschichte des politischen Gedichts 1815 bis 1840. Berlin/DDR 1969, […]." Hellmut G. Haasis: Bibliographie zur deutschen linksrheinischen Revolutionsbewegung in den Jahren 1792/1793. Die Schriften der demokratischen Revolutionsbewegung im Gebiet zwischen Mainz, Worms, Speyer, Landau, Sarre-Union, Saarbrücken und Bad Kreuznach. Kronberg/Taunus 1976, S. 31; siehe dazu das Interview mit Walter Grab, S. 486–499, hier S. 496.

56 Harro Segeberg: Literarischer Jakobinismus in Deutschland. Theoretische und methodische Überlegungen zur Erforschung der radikalen Spätaufklärung. In: Deutsches Bürgertum und literarische Intelligenz 1750–1800. Hrsg. von Bernd Lutz. Stuttgart 1974, S. 509–568.

57 Siehe dazu Anm. 46.

fruchtbar machen für die Zukunft. Da kann man vielleicht manches fruchtbar machen und – wie man selber glaubt – Progressives und Gesellschaftsförderndes (Freiheit, Gleichheit, soziale Gerechtigkeit, Mitentscheidung), was man selber für zukunftsträchtig hält, mit historischen und philologischen Mitteln der Geschichte und ihren Zeugnissen entlocken. Wenn unter politischer Instrumentalisierung dieses gemeint ist, habe ich dagegen nichts einzuwenden. Wenn damit aber so etwas wie Verfälschen gemeint ist, wollte ich mich dagegen wehren.

Ich habe ja am Anfang von einem Aha-Erlebnis erzählt, als ich die Herder-Literatur las, und da – etwa Benno von Wiese oder Rasch unter Berufung auf Alfred Rosenberg (in der Einleitung seines Herder-Buchs) und ganz im Sinne der offiziellen Nazi-Ideologie deklariert, Herder sei Förderer eines „germanisch geprägten Weltbildes" gewesen; ihm seien, wohl schon vermöge seines eigenen „Bluterbe[s]", die „Grundeinsichten der Rasse-lehre" einer „rassischen Gliederung der Menschheit" und der „bluthaften Bindung, in der die völkische Eigenart gegründet ist", nahe gewesen; darum habe er die „Reinerhaltung des Blutes [als] Grundbedingung für die Erhaltung der völkischen Sonderart" gesehen und propagiert.[58] Ich denke, in dieser schamlosen Art ideologisierten die linken Germanisten um 1970 nicht. Daß manches ausgeblendet wurde, daß man zu sehr den Lichtkegel auf bestimmte progressive Seiten von einzelnen Leuten oder überhaupt nur auf einige progressive Leute und auf andere kaum gerichtet hat, das mag sein; aber eine derart plumpe Anbiederung an eine herrschende Doktrin, oder Fälschungen, zumal von Zitaten, fielen wohl nicht vor. Wolfgang Martens wollte mir an einer Stelle nachweisen, ich hätte ein Zitat unkorrekt und verkürzt wiedergegeben.[59] Ich habe nachgesehen – Martens hatte recht; doch bewirkte dieser Zitier-Irrtum, wie ich meine, keine entscheidende Veränderung des Sinns.

Michael Schlott: In der Einleitung zum Sammelband *Georg Forster in seiner Epoche* von 1982 erklärt Gerhart Pickerodt, daß „der politisierte Intellektuelle um 1970 in Georg Forster einen literarisch-politischen Kampfgenossen erblickte".[60] Zugleich hat Pickerodt das entsprechende Forster-Bild aber entheroisiert und spricht in diesem Zusammenhang vom „desillusionierte[n] Intellektuellen von heute, der die Aufklärung insgesamt als einen Prozeß der Selbstkonditionierung bürgerlichen Bewußtseins für die Notwendigkeit der Kapitalverwertung, als Sozialisationsagentur eines die Sinne unterdrückenden rationalistischen Zwangsapparates" interpretiere. Das ist sozusagen die Version des desillusionierten Intellektuellen von „heute" – wohlgemerkt, das war 1982. Teilen Sie diese Einschätzung?

Hans-Wolf Jäger: Das zweite – das vom „desillusionierten Intellektuellen" – erscheint mir modischer als das erste. Sie haben ja zwei Charakteristiken vorgelesen.

Michael Schlott: Ja, die des politisierten Intellektuellen …

Hans-Wolf Jäger: … und dann eines solchen, der in der Aufklärung all das angelegt sehen möchte, was wir heute schlecht finden, beispielsweise Waldsterben, Überpopulation,

58 Wolfdietrich Rasch: Herder. Sein Leben und Werk im Umriß. Halle/Saale 1938, S. VII, S. 2, 47.

59 Wolfgang Martens: Der Literat als Demagoge. In: Presse und Geschichte. Beiträge zur historischen Kommunikationsforschung. Hrsg. von Elger Blühm. Bremen 1977, S. 100–136, hier S. 132, Anm. 6.

60 Gerhart Pickerodt: Aspekte der Aktualität Georg Forsters. In: Georg Forster in seiner Epoche. Hrsg. von G. P. Berlin 1982, S. 4–8, hier S. 5.

Triebunterdrückung, und das auf ihre, der Aufklärung, Rechnung setzen – es kann ja sein, daß etwas davon zutrifft … wenn Pickerodt das so sieht. Aber es kommt mir etwas modisch vor, weil hier nicht wenige Kennwörter stehen, die in den letzten 15 Jahren gegen die Aufklärung verwendet worden sind.

Michael Schlott: Ich habe mit Gerhart Pickerodt darüber gesprochen.[61] Es ist wohl kein affirmatives Zitieren gewesen, sondern eher ein kritisches, denn er hat seine Ausführungen verbunden mit einem – wie ich finde – geradezu moralischen Appell. Er hat zu verstehen gegeben, daß er doch von vielen ehemaligen Weggefährten enttäuscht gewesen sei, weil sie sich aus Karrieremotiven von bestimmten Positionen zurückgezogen hätten. Er verbindet das auch mit dem zeitpolitischen Geschehen, indem er hier von einem Desillusionierungsprozeß und einer in den Köpfen vollzogenen Tendenzwende seit Beginn der 1980er Jahre spricht.

Hans-Wolf Jäger: Da hat er nicht unrecht. Selbst wenn man persönlich kein reales Land zum Ideal verklärt hat – nicht die DDR oder Kuba oder China oder Albanien –, ist so vieles diskreditiert worden an Ideen, denen man trotzdem anhing, sozialistischen, darf ich ruhig sagen, daß solche Erfahrungen beinahe zwangsläufig eine Desillusionierung mit sich bringen. Und im kleineren Kreise auch die Anstrengungen, die man selber gemacht hat, sei es in der Partei oder in der Gewerkschaft – da wird man ja auch müde, wenn sich das als richtig Gedachte und Gewünschte nicht durchsetzen läßt. So wird es wahrscheinlich jedem gehen; es ist wohl ein natürlicher Verlauf, daß der Optimismus abnimmt, Kleinmut sich einstellt und weniger Glaube in Ermunterungen gesetzt wird, die aus der Geschichte entspringen können; daß vor allem bei uns Philologen und Germanisten der Glaube an die Wirksamkeit der Literatur schwindet. Es sind ganz neue Mächte auf den Plan getreten oder spürbar geworden, die Presse und andere Medien, Video, Rundfunk, vor allem Fernsehen. Daß nun ein Germanist, der sich noch dazu mit vergangener Literatur beschäftigt, der nicht selbst Romane oder Gedichte schreibt, nicht mehr heftig daran glaubt, durch sein Tun käme manches gesellschaftlich voran: Es ist nachvollziehbar.

Michael Schlott: Hat die sogenannte Wende, also der Regierungswechsel,[62] dazu beigetragen, bestimmte Forschungstendenzen zu blockieren?

Hans-Wolf Jäger: Kann sein, aber dazu wüßte ich für mich persönlich nichts zu sagen. Ich will etwas anderes erwähnen, wieder persönlich: Ich war in München in der Gewerkschaft aktiv, habe in Bayern im Hochschulbereich die Gewerkschaft Erziehung und Wissenschaft gegründet, war dann auch in der SPD in München – das war dort und damals nicht karrierefördernd. Aber als ich hierherkam, war nur das karrierefördernd – und ich muß sagen, seither habe ich weder in Gewerkschaft noch SPD weitere Aktivität entfaltet. Was ich hier sah, erschien mir qualitativ nicht so viel anders als dort. So habe ich es nach 1972 empfunden. Außerdem kam ich jetzt an eine Universität, an der in den ersten Semestern oder in den ersten Jahren ja praktisch nur Brecht, *Linkskurve*[63] und „Werkkreis"-

61   Siehe dazu das Interview mit Gerhart Pickerodt, S. 590–606, hier S. 594f.
62   Die von Helmut Schmidt (SPD) geführte Regierung der Bundesrepublik Deutschland zerbrach am 1. Oktober 1982 nach einem erfolgreichen Mißtrauensvotum, das Helmut Kohl (CDU) eingebracht hatte.
63   Die Linkskurve. Monatsschrift des Bundes proletarisch-revolutionärer Schriftsteller Deutschlands. Berlin 1929/1–1932/4. Hrsg. von Johannes R. Becher u.a. Frankfurt/Main 1971, unveränd. Neudruck 1978; vgl. auch: Erobert die Literatur! Proletarisch-revolutionäre Literaturtheorie und -debatte in der

Literatur[64] behandelt wurden und ich bei nicht wenigen schon als reaktionär angesehen war, allein weil ich mich mit dem 19. oder dem 18. Jahrhundert beschäftigt habe, mit so alten Sachen. Das nimmt einem manche Lust. Wenn etwas kanonisiert und verordnet ist, Jakobinismus oder Vormärz oder noch modernere eingreifende Literatur, dann erzeugt das einen gewissen Widerwillen. Man möchte dann auch mal etwas anderes machen, und – ich sage auch – etwas Solides, nicht zuletzt wieder den alten Kanon. So nach und nach stieg die Achtung vor Sengle. Ich halte seit einigen Jahren Vorlesungen über Renaissance und Barock, Frühaufklärung und Biedermeierzeit – gegen ein enges, allzusehr auf Verwertbarkeit oder auch Agitation bedachtes Studieren. Es kommt aus einer biographischen Erfahrung, und aus Zorn über Schmalspurigkeit.

Michael Schlott: Das konnte man aber damals wahrscheinlich nicht absehen.

Hans-Wolf Jäger: Überhaupt nicht. Mitte der 1970er Jahre kam dann ja eine neue Ideologie auf mit dem Stichwort Sensibilität. Das habe ich nicht mitgemacht, bin rasch zur Literaturgeschichte gegangen. Jene Mode mochte ich nicht.

Michael Schlott: Wie beurteilen Sie die Rolle und den Einfluß von Verlagen im Hinblick auf die Akzeptanz bzw. die Ablehnung von Wissensansprüchen innerhalb der Jakobinismusforschung? Welche Verlage waren besonders daran interessiert, die Ergebnisse dieser Forschung zu publizieren?

Hans-Wolf Jäger: Der Metzler-Verlag natürlich.

Michael Schlott: Sie sagen „natürlich", ich sage auch „natürlich", aber wenn Sie das jetzt explizieren sollten: Meinen Sie, daß es nur auf die Person von Bernd Lutz zurückzuführen ist, daß vieles aus dem Bereich der sogenannten progressiven Literatur bei Metzler veröffentlicht wurde? Es ist dazu ja nachweislich mehr bei Metzler als etwa bei Vandenhoeck & Ruprecht erschienen.

Hans-Wolf Jäger: Ich glaube schon, daß Lutz eine große Rolle gespielt hat. Der alte Verlagsleiter Leins war davon nicht angetan, Sengle hat gewarnt, und Martens ist vom Verlag weggegangen.

Michael Schlott: Aber die *Botschaft der Tugend* ist dort noch erschienen.[65]

Hans-Wolf Jäger: Die ist da noch erschienen, dann aber ging Martens zu Fink. Ihm war Metzler jetzt zu links. Ich weiß, Lutz hat mich animiert zu meinem ersten Bändchen. Er

---

Linkskurve 1929–1932. Hrsg. von Frank Rainer Scheck. Köln 1932; dazu Helga Gallas: Marxistische Literaturtheorie. Kontroversen im Bund proletarisch-revolutionärer Schriftsteller. Berlin 1971.

64   Der „Werkkreis Literatur der Arbeitswelt" ist eine Vereinigung für Berufs- und Laienschriftstellerinnen und -schriftsteller, die Darstellungen zur Arbeitswelt der zeitgenössischen Industriegesellschaft fördern will. Sie wurde 1970 mit neun lokalen „Werkstätten" in der BRD gegründet und expandierte auch in die Schweiz und nach Österreich. In den 1970er Jahren wurde der „Werkkreis" in der politischen Perspektive der CDU/CSU als ‚kommunistisch unterwandert' angesehen (‹http://de.wikipedia.org/wiki/Werkkreis_Literatur_der_Arbeitswelt; http://www.werkkreis-literatur.de/de/home›, eingesehen am 03.05.2012); vgl. dazu etwa Hans-Wolf Jäger: Beschreiben, um zu verändern. Hinweise auf den Werkkreis Literatur der Arbeitswelt. In: Jahrbuch für internationale Germanistik 3 (1971), H. 2, S. 107–118.

65   Wolfgang Martens: Die Botschaft der Tugend. Die Aufklärung im Spiegel der deutschen Moralischen Wochenschriften. Stuttgart 1968.

hatte in der Mainzer Studentenzeitung einen Aufsatz von mir gefunden, der in einem Flug-blatt aus München nachgedruckt war. Er kam zu mir und fragte, ob ich nicht in dieser Weise etwas machen möchte, ob ich eine Idee hätte. Ich nannte ihm die Idee von den *Kategorien*. Und er versprach, mich in der neuen Reihe, die mit einem Sengle-Bändchen[66] begonnen hatte, zu bringen.

Michael Schlott: Haben Sie diesen Aufsatz noch oder das Flugblatt?

Hans-Wolf Jäger: Es war ungefähr der Text, der in den *Ansichten einer künftigen Germa-nistik* erschienen ist, ein Flugblatt aus der Münchener Fachschaft, das nachgedruckt wurde und ein bißchen angereichert später in jenen Hanser-Sammelband kam.[67]

Michael Schlott: Wer steuert die Innovation, treten Verlage an Wissenschaftler heran oder an Lehrstühle und setzen Programme in Gang? Oder treten die Wissenschaftler an die Verlage heran? Wie ist das Zusammenspiel definiert, wie ist dabei sozusagen das Schwer-gewicht verteilt zwischen wissenschaftlichem Interesse und Profitstreben?

Hans-Wolf Jäger: Eine spannende Frage. Bei Metzler sehe ich die Initiative vom Verlag ausgehen. Er hatte ja auch andere Autoren, die im traditionellen Sinn sozusagen eher „so-lide" veröffentlichten.

Michael Schlott: Können Sie etwas zur damaligen Rolle des Insel-Verlages sagen? Wissen Sie Näheres über Programm, Lektorat, Honorarfragen? Insel war auch sehr aktiv damals, ich denke etwa an Jost Hermand mit *Von deutscher Republik 1775–1795*.[68]

Hans-Wolf Jäger: Richtig, diese kleinen schwarzen Bändchen; auch Rebmann war da zu finden, Knigge ebenfalls.[69]

Michael Schlott: Boehlich hat einen Band über Gervinus gemacht.[70]

Hans-Wolf Jäger: Boehlich – auf ihn wollte ich zu sprechen kommen. Er war initiativ, hat mich auch persönlich gefragt, ob ich einen Text wüßte, den ich bei ihm edieren möchte. Ich habe ihm den *Faustin* von Johann Pezzl vorgeschlagen, einem Spätaufklärer aus Öster-reich. Boehlich hat den Text gelesen und ihn mir zurückgeschickt; er meinte, das sei nicht scharf genug. *Faustin oder Das philosophische Jahrhundert* ist eine Voltairiade in der *Can-dide*-Nachfolge. Es wurde später in der Reihe Olms veröffentlicht.[71] Wolfgang Griep – ich

---

66   Friedrich Sengle: Vorschläge zur Reform der literarischen Formenlehre. Stuttgart 1967; 2. Aufl.: 1969.

67   Hans-Wolf Jäger: Gesellschaftkritische Aspekte der Germanistik. In: Ansichten einer künftigen Germanistik. Hrsg. von Jürgen Kolbe. München 1969, S. 60–71.

68   Siehe dazu Anm. 28.

69   Georg Friedrich Rebmann: Kosmopolitische Wanderungen durch einen Teil Deutschlands. Hrsg. und eingel. von Hedwig Voegt. Frankfurt/Main 1968; Adolph Freiherr Knigge: Des seligen Herrn Etatsraths Samuel Conrad von Schaafskopf hinterlassene Papiere, von seinen Erben her-ausgegeben. Mit einem Nachwort von Iring Fetscher. Frankfurt/Main 1965; A. Frh. K.: Joseph's von Wurmbrand, Kaiserlich abyssinischen Ex-Ministers, jezzigen Notarii caesarii publici in der Reichstadt Bopfingen, politisches Glaubensbekenntniß, mit Hinsicht auf die französische Revolu-tion und deren Folgen. Hrsg. von Gerhard Steiner. Frankfurt/Main 1968.

70   Georg Gottfried Gervinus: Einleitung in die Geschichte des neunzehnten Jahrhunderts. Hrsg. von Walter Boehlich. Frankfurt/Main 1967; Der Hochverratsprozeß gegen Gervinus. Hrsg. von W. B. Frankfurt/Main 1967.

71   Johann Pezzl: Faustin oder Das philosophische Jahrhundert. Mit Erläuterungen, Dokumenten und

weiß nicht, ob Ihnen der Name etwas sagt – habe ich Pezzl und vornehmlich seinen *Faustin* als Dissertationsthema vorgeschlagen. Er wurde damit promoviert[72] und hat den *Faustin* ediert. – Ja, seinerzeit war Boehlich initiativ für den Insel-Verlag. Er mußte dann gehen oder ist freiwillig gegangen, das weiß ich nicht. Boehlich war auch auf dem Germanistentag 1968 in Berlin[73] sehr präsent. Er griff in die Diskussionen ein, ist nach vorne geeilt, hat jungen Leuten, vor allem den Studenten, recht gegeben – ich sage nicht: nach dem Munde geredet. Eine imposante Erscheinung.

Michael Schlott: Welche Lehrveranstaltungen haben Sie zum Thema Jakobinismus durchgeführt? Und welche Qualifikationsschriften sind zu diesem Thema bei Ihnen entstanden? Jakobinismus ist jetzt vielleicht ein bißchen zu eng gefaßt, natürlich auch Lehrveranstaltungen im weiteren Sinne zur Spätaufklärung, die das Thema Jakobinismus berühren.

Hans-Wolf Jäger: In München behandelte ich vor allem Vormärz, dabei ist ein Bändchen entstanden, mit Erstsemestern erarbeitet: mit Weber, Werbick und anderen (bei List).[74] Hier in Bremen lehrte ich auch über Konservatismus, habe dazu Seminare veranstaltet, auch Arbeiten vergeben.

Michael Schlott: Herr Jäger, etwa zu Beginn der 1980er Jahre haben insbesondere Themen zur Reiseliteratur Einzug in das Forschungsfeld gehalten.

Hans-Wolf Jäger: Paris-Reisen, natürlich, Campe …

Michael Schlott: Sie sind maßgeblich an der Reiseliteratur-Forschung beteiligt, auch mit einem Forschungsschwerpunkt inzwischen, der seit 1978 existiert …[75]

---

einem Nachwort von Wolfgang Griep. Reprografischer Druck der 1. Ausgabe Zürich 1783. Hildesheim 1984.

72 Wolfgang Griep: Johann Pezzls Jugendjahre (1756–1780). Bremen 1983. Dieser Beitrag ist Teil von Grieps kumulativer Dissertation *Studien zur Reiseliteratur und satirischen Novellistik in der Spätaufklärung* (Bremen 1984).

73 Vom 7. bis 12. Oktober 1969 fand der Germanistentag in Berlin statt; vgl. dazu: Der Berliner Germanistentag 1968. Vorträge und Berichte. Hrsg. von Karl Heinz Borck und Rudolf Henß. Heidelberg 1970; Walter Boehlich: Der deutsche Germanistentag. Oder: Lehren aus einem unfreiwilligen Lernprozeß. In: Die Zeit (Nr. 43 vom 25. Oktober 1968), S. 22f.; vgl. dazu Borcks Bericht in der oben genannten Dokumentation (S. 9–12), der auf studentische Forderungen und Boehlichs Artikel in der *ZEIT* eingeht.

74 Wolfgang Behrens, Gerhard Bott, Hans-Wolf Jäger, Ulrich Schmid, Johannes Weber, Peter Werbick: Der literarische Vormärz 1830 bis 1847. München 1973.

75 Der *Forschungsschwerpunkt* „Literatur der *Spätaufklärung*" wurde an der Universität *Bremen* im Herbst 1978 zunächst für drei Jahre eingerichtet und anschließend zweimal drei Jahre verlängert; vgl. Hans-Wolf Jäger: „Die Literatur der Spätaufklärung". Ein Forschungsschwerpunkt der Universität Bremen. In: Jahrbuch der Wittheit zu Bremen 27 (1983), S. 141–162; Arbeitsprogramm des Forschungsschwerpunkts „Literatur der Spätaufklärung an der Universität Bremen". Bremen 1983, sowie den Forschungsbericht der Universität Bremen, Bd. 1 (1980–1982), Universität Bremen 1983, S. 82–85. Aufgrund eines Evaluationskolloquiums am 6. März 1986 empfahlen die Gutachter Gerhard Sauder und Jörg Schönert der Leitung der Universität Bremen die Fortführung des Forschungsschwerpunktes (antragsgemäß) für den Zeitraum 1987 bis 1990. Die Arbeit der Forschungsstelle wurde, wie bei ihrer Einrichtung vorgesehen, 1987 beendet; siehe dazu auch im vorliegenden Band die Interviews mit Gerhard Sauder (S. 376–401, hier S. 399 f.) und Peter Weber

Hans-Wolf Jäger: Existierte. – Denn Wolfgang Griep ist weggegangen. Er hat die Materialien mitgenommen nach Eutin. Daran tat er gut, denn das Land hier hat nicht wissen wollen, was es an ihm und seiner Forschung hat, und ihn gehen lassen. Er hatte das Archiv aufgebaut, die Reiseliteratur-Forschung in Bremen in Gang gesetzt und geleitet.

Michael Schlott: Das ging also von Wolfgang Griep aus?

Hans-Wolf Jäger: Ja. Er hat mich praktisch hineingezogen. Vielleicht kann ich es kurz in einen größeren Zusammenhang stellen: Die Universität Bremen war ja zunächst als eine Lehrerbildungsanstalt, was die Geisteswissenschaften angeht, gegründet worden; dann kam die sogenannte Lehrerschwemme, mit ihr die Krise der Lehrerausbildung; die Universität Bremen selbst wollte natürlich als volle Universität gelten und nunmehr auch Forschung in Gang setzen. Es wurden deswegen vier Forschungsschwerpunkte gegründet, darunter ein geisteswissenschaftlicher, den habe ich initiiert, er bekam den Namen „Spätaufklärung"– das war 1978. Einen Teil davon bildete die Hölderlin-Edition, die Frankfurter Ausgabe.[76] Das reichte aber nicht. Es sollte ein breiteres Spektrum von Forschungs-Initiativen präsentiert werden. So kamen einige andere Themen dazu, unter anderem Reiseliteratur,[77] was Griep als Idee eingebracht hatte; Johannes Weber mit Biographien aus dem Umkreis Hölderlins …

Michael Schlott: Weber ist auch im Bereich Reiseliteratur tätig?

Hans-Wolf Jäger: Inzwischen auch, ja.[78] Dann kam Holger Böning mit Volksaufklärung,[79] und dann gesellten sich kleinere Sachen dazu.

Michael Schlott: Helga Gallas?

(S. 426–455, hier S. 444).

76   Vgl. Friedrich Hölderlin. Sämtliche Werke, Briefe und Dokumente. („Frankfurter Ausgabe"). 20 Bde. und 3 Supplemente.. „Frankfurter Ausgabe". Historisch-Kritische Ausgabe. Hrsg. von Dietrich E. Sattler, im Auftrag des Vereins zur Förderung der wissenschaftlichen Forschung in der Freien Hansestadt Bremen e.V. Frankfurt/Main und Basel 1975–2008. Vgl. auch Hans-Wolf Jäger: Hölderlin-Edition an einer Gewerkschaftsuniversität. In: Innovation und Modernisierung. Germanistik von 1965 bis 1980. Hrsg. von Klaus-Michael Bogdal und Oliver Müller. Heidelberg 2005, S. 109–116; siehe dazu II, 2.2.3, S. 187–190.

77   Vgl. für Ergebnisse u.a.: Reise und soziale Realität am Ende des 18. Jahrhunderts. Hrsg. von Walter Griep und Hans-Wolf Jäger [Symposium über Reiseliteratur und Soziale Realität im ausgehenden 18. Jahrhundert, Bremen 1979]. Heidelberg 1983; Reisen im 18. Jahrhundert. Neue Untersuchungen. Hrg. von W. G. und H.-W. J. Heidelberg 1986.

78   Vgl. etwa Johannes Weber: Aus der Jugendreise eines Franzosenfressers. Ernst Moritz Arndt in Paris (1799). In: Reisen im 18. Jahrhundert (wie Anm. 77), S. 241–270; J.W.: Wallfahrten nach Paris – Reiseberichte deutscher Revolutionstouristen von 1789 bis 1802. In: Reisekultur. Von der Pilgerfahrt zum modernen Tourismus. Hrsg. von Hermann Bausinger u.a. München 1991, S. 179–186. Im Forschungsschwerpunkt untersuchte Weber hauptsächlich Dichterbiographien im Umkreis Hölderlins, woraus seine Habilitationsschrift hervorging: Goethe und die Jungen. Über die Grenzen der Poesie und vom Vorrang des wirklichen Lebens. Stuttgart 1989; ebenso die annotierte Neuedition von Johann Gottfried Pahl: Ulrich Höllriegel. Kurzweilige und lehrreiche Geschichte eines Württembergischen Magisters aus dem Jahre 1802. Frankfurt/Main. 1989.

79   Holger Böning: Heinrich Zschokke und sein „Aufrichtiger und wohlerfahrener Schweizerbote". Die Volksaufklärung in der Schweiz. Bern u.a. 1983 (Phil. Diss. Bremen 1982: Die Volksaufklä-

Hans-Wolf Jäger: ... war auch da; sie dachte u. a. daran, Hölderlin psychoanalytisch zu untersuchen, schrieb dann aber über Kleist. – Es war damals so: Wurde jemand zu einer Tagung eingeladen, dann eben nicht der Mitarbeiter, sondern der Professor. Das war ich. Ich mußte mich darum in die Reiseliteratur einarbeiten und mich auch darin unterweisen lassen.

Michael Schlott: Können Sie mir über die Hintergründe der Entstehung des Forschungsschwerpunkts „Spätaufklärung" in Bremen berichten?

Hans-Wolf Jäger: Ein wichtiger Mann der Universität war Hans-Dieter Müller, der später SPD-Vorsitzender in Bremen wurde und 1986 in den Pyrenäen plötzlich einem Herzschlag erlag – ein hoffnungsvoller Mann, viele glaubten, er sei der künftige Bürgermeister. Müller stand in freundschaftlicher Verbindung mit den Brüdern Markus und Konrad Wolf. Er war Schwiegersohn von Kommerell, besaß von daher also nicht nur sozialdemokratisches Profil, sondern auch Bildung und Lebensart. Müller wollte die Hölderlin-Ausgabe nach Bremen holen und stieß damit an einer pragmatisch und gewerkschaftlich ausgerichteten Universität auf Widerstand. Daher kam es, daß man die Hölderlin-Edition als einen Bereich in den Forschungsschwerpunkt einbaute. Und erst, als sie an der Universität in Bremen etabliert war, konnten für sie Mittel von der DFG eingeworben werden. Sattler, der Herausgeber, hat sich ja später verabschiedet, aber der Schwerpunkt und die Edition waren immerhin für zehn Jahre gesichert.

Michael Schlott: Ist die Aktenlage so, daß man Material zusammenstellen und es als Vorgang rekonstruieren könnte?

Hans-Wolf Jäger: Also diese Dinge mit Hans-Dietrich Müller und den Brüdern Wolf, dem späteren Verlag Roter Stern und Dietrich E. Sattler – das ist wohl nicht in penibler Weise dokumentiert, jedenfalls sind mir solche Unterlagen nicht zur Verfügung. Ich kann es Ihnen nur so erzählen. Es schadet auch nichts, wenn Sie es in dieser Art veröffentlichen.

Michael Schlott: Mir wurde während der Vorbereitung der Interviews bedeutet, daß sich die Erforschung des ‚Literarischen Jakobinismus' als nachteilig für die Karriere von Nachwuchswissenschaftlern erwiesen habe. Können Sie derartige Erwägungen aus eigener Erfahrung bestätigen?

Hans-Wolf Jäger: Bestätigen kann ich sie grob; es sind mir Fälle bekannt, in denen sich die Beschäftigung mit diesem Gegenstand negativ auf die akademische Karriere ausgewirkt hat. Wenn Ihnen das reicht, mehr kann ich dazu nicht sagen.

Michael Schlott: Noch einmal zu den Drittmitteln, die Sie für die Forschungen zum 18. Jahrhundert eingeworben habe. Könnten Sie einige Beispiele geben?

---

rung in der Schweiz); H. B. und Reinhart Siegert: Volksaufklärung. Biobibliographisches Handbuch zur Popularisierung aufklärerischen Denkens im deutschen Sprachraum von den Anfängen bis 1850. Stuttgart-Bad Cannstatt 1990–200; Bd. 1: H. B.: Die Genese der Volksaufklärung und ihre Entwicklung bis 1780. Stuttgart-Bad Cannstatt 1990; Bd. 2, Teilbd. 1 und 2: R. S. und H. B.: Der Höhepunkt der Volksaufklärung 1781–1800 und die Zäsur durch die Französische Revolution. Mit Essays zum volksaufklärerischen Schrifttum der Mainzer Republik und dem der Helvetischen Republik von H. B. und Heinrich Scheel. Stuttgart-Bad Cannstatt 2001.

Hans-Wolf Jäger: Ja, Griep hatte zwei Jahre ein Thyssen-Stipendium,[80] und Böning erhält immer noch Mittel von VW für die Forschung zur Volksaufklärung.[81]

Michael Schlott: Welche Themen und Gegenstände haben Sie seit etwa 1980 weiterverfolgt? Welche neuen Bereiche haben Sie in Ihre Forschungsarbeit einbezogen? Welche Kontinuitäten und welche innovativen Schübe gibt es?

Hans-Wolf Jäger: Die Reiseliteratur ist seit Beginn der 1980er Jahre mehr in den Vordergrund getreten. Und das letzte, was in dieser Richtung im letzten Jahr erschienen ist, war eine Handschriften-Edition hier aus dem Hause, der Staats- und Universitätsbibliothek Bremen, allerdings aus dem Anfang des 18. Jahrhunderts von einem Bremischen Reisenden, der Italien, Frankreich und die Schweiz bereiste. Diese habe ich ediert, das war vielleicht das letzte.[82] Im Moment bin ich auf der Suche nach einem neuen Gegenstand. Ich muß aber zugleich sagen: Ich verlagere mich sehr stark auf die Lehre; sie macht mir Freude, hier vermute ich meine Begabung. Ab und zu schreibe ich auch noch etwas.

Michael Schlott: Wenn Sie Ihre Forschungsarbeiten mit den Themen Ihrer Lehrveranstaltungen vergleichen – könnte man sagen, daß es eine Trennung gibt zwischen Forschung und Lehre?

Hans-Wolf Jäger: Sehr stark.

Michael Schlott: Woran liegt das?

Hans-Wolf Jäger: Möglicherweise ist es – könnte komisch klingen – Bescheidenheit: Ich möchte den Studierenden nicht meine Richtung und meine thematischen Liebhabereien aufdrängen. Ich habe nur einmal eine Vorlesung gemacht über Reiseliteratur, weil mich jemand von der Primarstufen-Ausbildung darum gebeten hat. Das Angebot galt für alle Primarstufen-Lehrer und hat mir auch Freude bereitet; aber es hielt sich natürlich nicht auf dem Niveau der Forschung. Über Jakobinismus – weil Sie das vorhin fragten – habe ich zwei, drei Seminare gehalten, damals als die Seminare klein waren. Aber eine Vorlesung gab es damals nicht. Und eine solche würde ich auch zu diesem Thema jetzt nicht halten.

Ich habe früher einmal gemeinsam mit Studierenden etwas wissenschaftlich erarbeitet, und zwar nicht in einem Oberseminar, sondern in einem Proseminar in München, jenen Vormärz-Band,[83] den ja wirklich fünf Erstsemester mit mir zusammen gemacht haben –

---

80   Vgl. als Arbeitsergebnisse u. a. Gerhard Anton von Halem: Blicke auf einen Theil Deutschlands, der Schweiz und Frankreichs bey einer Reise vom Jahre 1790. Neuausgabe hrsg. von Wolfgang Griep und Cord Sieberns. Bremen 1990; Friederike von Riedesel: Mit dem Mut einer Frau. Erlebnisse und Erfahrungen im amerikanischen Unabhängigkeitskrieg. Hrsg. nach Dokumenten von Wolfgang Griep. Stuttgart und Wien 1989; dazu zahlreiche Aufsätze in verschiedenen Zeitschriften und Sammelbänden.

81   Daraus gingen beispielsweise hervor: Volksaufklärung. Ausgewählte Schriften. Hrsg. von Holger Böning und Reinhart Siegert. Stuttgart-Bad Cannstatt. 1990 ff.; ferner: Volksaufklärung. Eine praktische Reformbewegung des 18. und 19. Jahrhunderts. Hrsg. von H. B. u. a. Bremen 2007.

82   [Hermann Post]. Tagebuch seiner Reise in den Jahren 1716 bis 1718 (= Diarium itineris sui per Germaniam, Italiam, Helvetiam, Galliam & Belgium ex observationibus, literis et schedulis post reditum patriam). Nach der Handschrift hrsg., eingel. und komm. von Hans-Wolf Jäger. Mit einem Beitrag von Heikki Solin. Bremen 1993.

83   Behrens u. a.: Der literarische Vormärz (wie Anm. 74); siehe darin aus der „Vorbemerkung" (S. 10): „Dieses Vormärz-Buch ist aus einem germanistischen Proseminar an der Universität Mün-

ich war damals Assistent. Derartiges kann ich mir im Moment nicht vorstellen. Im Oberseminar gemeinsam Ähnliches zu produzieren – dazu fehlt ein Selbstbewußtsein, wie es Sengle noch hatte, der alle Leute mit dem eigenen Thema beschäftigte. In Bremen verläuft ein Oberseminar zur Zeit in der Regel so, daß die Leute ihre Arbeiten vortragen. Heute darf man nicht mehr voraussetzen, daß alle in einer Richtung arbeiten, alle etwa über die Gründerzeit oder über das Fin-de-siècle.

Michael Schlott: Welche Arbeitskontakte zu literaturwissenschaftlichen Jakobinismus- und Spätaufklärungsforschern der DDR waren für Sie und Ihre Forschungen besonders wichtig? Also, wenn Sie an Tagungen und Kongresse denken, an institutionelle Vernetzungen: Haben Sie DDR-Wissenschaftler nach Bremen eingeladen? Hat es gemeinsam geplante Forschungstätigkeiten gegeben?

Hans-Wolf Jäger: Nein, ich habe nur Steiner kennengelernt auf jener Berliner Tagung von 1977.[84] Wir haben uns ab und zu geschrieben. Ich habe ihn um Rat gebeten, ihm eine Liste von antirevolutionären Dramen geschickt und gefragt, ob er die Liste billigen könne und zum Thema Weiteres wisse. Das war alles. Sonst hatte ich zur DDR keinen Kontakt.

Michael Schlott: Ich hätte auf Halle getippt.

Hans-Wolf Jäger: Sie helfen mir auf die Sprünge! In Halle bin ich zwar nicht gewesen, aber zweimal in Halberstadt zu einer Tagung im Gleim-Haus;[85] Es ging dabei nicht um Gleim, sondern es wurde über Reisen nach Paris gesprochen, vor allem Revolutionsreisen. Das dürfte 1988 oder 1989 gewesen sein. Erinnere ich mich richtig, waren aus Bremen einmal noch Wolfgang Griep dabei, das zweite Mal Holger Böning; während dieses letzten Aufenthaltes erlebten wir am Dom die abendlichen Lichterketten, die das Ende der alten DDR-Regierung einleuchteten. Auch Kollegen aus Polen und Frankreich nahmen an den Halberstädter Treffen teil, einmal auch Gerhard Sauder aus Saarbrücken. Ich selbst sprach beim zweiten Symposium über Paris-Reisen des Herzogs Carl Eugen von Württemberg.[86]

Michael Schlott: Ist das publiziert worden?

---

chen hervorgegangen, das vorwiegend Anfangssemester besuchten. Versuche mit Gruppen- und Kollektivarbeiten, die Fragen der schulischen oder publizistischen Verwertung universitärer Arbeit bestimmten maßgeblich den Ablauf dieses Seminars. Seine Lernziele waren neben der fachspezifischen Wissensaneignung die Weckung von Spontaneität und Kooperationswilligkeit. Das hier vorliegende Teilergebnis des Seminars könnte zu der fachöffentlichen Urteilsbildung darüber beitragen, ob die ersten Semester eines Germanistikstudenten mit motivationsarmer Aneignung des ‚Handwerkszeugs' und asketischer Einübung fundamentaler fachwissenschaftlicher ‚Handgriffe' angefüllt werden sollen."

84 Siehe dazu Anm. 46.

85 Das Gleimhaus in Halberstadt, eingerichtet im Jahr 1862 im ehemaligen Wohnhaus des Dichters und Sammlers Johann Wilhelm Ludwig Gleim (1719–1803), verfügt als Literaturmuseum über wichtige Bücher-, Kunst- und Handschriften-Sammlungen, die auf den Nachlaß Gleims zurückgehen. Zudem hat es sich in den zurückliegenden Jahrzehnten zunehmend als Forschungsstätte mit einem wissenschaftlichen Programm profiliert, das Tagungen und Workshops einschließt.

86 Vom 1. Februar bis 30. April 1791 reiste Herzog Carl Eugen mit Franziska von Hohenheim, Reisebegleitern und Bediensteten über Heidelberg und Mainz rheinabwärts nach Holland und über Utrecht, Amsterdam, Den Haag, Rotterdam, Antwerpen und Brüssel in das revolutionäre Frankreich. Dort besuchte er eine öffentliche Sitzung der Nationalversammlung, die Oper und das Nationaltheater. Am 18. April 1791 wurde Carl Eugen Zeuge der Gefangennahme Ludwigs XVI.

Hans-Wolf Jäger: Nein, dazu kam es damals nicht. Es sollte anderswo veröffentlicht werden: in der Dokumentation einer Luxemburger Tagung; aber das läßt auf sich warten.[87]

Michael Schlott: Wer hatte Sie eingeladen?

Hans-Wolf Jäger: Ich meine, es war Professor Thomas Höhle. Er hatte an einem Reise-Symposium in Bremen teilgenommen, das wir 1986 veranstalteten, ist aber in dem 1986er-Band[88] nicht dokumentiert, weil er seinen Vortrag nicht fertig geschrieben und uns nichts geschickt hat.

Michael Schlott: In der DDR-Germanistik hat es ebenfalls – und zwar früher als hier – Forschungsaktivitäten zur Reiseliteratur gegeben. Ich denke etwa an die von Gotthard Erler edierten Bände.[89] Das war bereits 1975; 1983 folgte die Ullstein-Taschenbuchausgabe,[90] als hier in Bremen diese Forschungen bereits liefen. Es wäre interessant zu wissen, auf welche Anregungen das zurückging.

Hans-Wolf Jäger: Das weiß Griep besser. Er hat sehr selbständig gearbeitet. Es gab die Anregung durch Stewart,[91] es gab das Buch von Wuthenow,[92] und Griep wollte sich dagegen profilieren. Das hat er auch geschafft. Ich weiß aber nicht, ob er aus der DDR Anregungen bekam; eher nicht, denke ich. Er wurde in die DDR eingeladen und erzählte, man sei dort sehr begierig auf das, was hier – nicht nur in Bremen, sondern im Westen – zur Reiseliteratur geforscht und ediert werde.

Michael Schlott: Herr Jäger, wie beurteilen Sie den folgenden Erklärungsansatz, den Sie wahrscheinlich kennen: Seit Beginn der 1960er Jahre wächst eine große Anzahl von Forschern heran, die sich für bestimmte Stellen an den Hochschulen in erster Linie um den Nachweis eigener Forschung und durch Publikation entsprechende Ergebnisse qualifizieren müssen. In der Konsequenz mußten diese Universitätsgermanisten nach neuen lohnenden Objekten für ihre Forschungen suchen. Dabei wurden der überkommene Kanon, aber auch der Literaturbegriff erweitert und Gegenstandsbereiche erschlossen beziehungsweise wieder erschlossen. Fazit: Es handelt sich also nicht nur um modischen Opportunismus, sondern um implizite Karriereprobleme eines Massenfaches.[93] Erscheint Ihnen dieser Ansatz

---

87   Vgl. Hans-Wolf Jäger: Fürst auf Reisen. Herzog Carl Eugen im revolutionären Paris. In: Studia Germanica Gedanensia 3 (1997), S. 139–149; auch in H.-W.J.: Vergnügen und Engagement. Ein gutes Dutzend Miszellen. Bremen 2001, S. 169–183.
88   Vgl. Reisen im 18. Jahrhundert (wie Anm. 77).
89   Wanderschaften und Schicksale. Hrsg. von Gotthard Erler. Reisebilder von Goethe bis Chamisso. Rostock 1975; Spaziergänge und Weltfahrten. Reisebilder von Heine bis Weerth. Hrsg. von G. E. Rostock 1976; Streifzüge und Wanderungen. Reisebilder von Gerstäcker bis Fontane. Hrsg. von G. E. Rostock 1978. Bereits zu Beginn der 1980er Jahre lagen wertvolle, doch leider kaum beachtete Vorschläge zu einer Theorie der Reise(literatur) vor; dazu Justin Stagl: Der wohl unterwiesene Passagier. Reisekunst und Gesellschaftsbeschreibung vom 16. bis zum 18. Jahrhundert. In: Reisen und Reisebeschreibungen im 18. und 19. Jahrhundert als Quellen der Kulturbeziehungsforschung. Hrsg. von Boris Il´ich Krasnobaev u. a. Berlin 1980, S. 353–384.
90   Als Lizenz-Ausgabe des Verlages Hinstorff, Rostock.
91   William E. Stewart: Die Reisebeschreibung und ihre Theorie im Deutschland des 18. Jahrhunderts. Bonn 1978.
92   Ralph-Rainer Wuthenow: Die erfahrene Welt. Europäische Reiseliteratur im Zeitalter der Aufklärung. Mit zeitgenössischen Illustrationen. Frankfurt/Main 1980.
93   Siehe Richard Brinkmann: Deutsche Literaturwissenschaft in der Bundesrepublik Deutschland.

plausibel zur Erklärung von Entstehungsbedingungen, bezogen auf die Jakobinismus- und Empfindsamkeitsforschung?

Hans-Wolf Jäger: Zu einem Teil. Bei Empfindsamkeit weiß ich es nicht, beim Jakobinismus kommt mehrerlei hinzu; denn es gab ja andere, (politisch) neutralere Felder, auf denen Entdeckungen zu machen waren – Geschichte des Buchbetriebs und der Verlage, Geschichte der Zensur, Spätmittelalter, die Epoche um 1600, also Frühe Neuzeit zwischen Humanismus und Barock, spätbarocke Zeit. Es existiert beziehungsweise existierte da eine Menge von Feldern, auf denen man sich profilieren konnte. Die Barockforschung hat ja einen großen Aufschwung genommen am Ende der 1960er Jahre. Zur Wahl des Jakobinismus als Gegenstand reicht das also nicht aus, es trat noch der politische Impetus hinzu, der entweder von 1968 oder aus der DDR oder von Frankreich, das heißt vor allem Bertaux,[94] kommen mußte.

Michael Schlott: Also müßte man schon beide Impulse, die hier formuliert worden sind, zusammenführen.

Hans-Wolf Jäger: Ja. Ihnen sind sicher auch andere Gebiete genannt worden, die in dieser Zeit entdeckt wurden. Das geschieht ja auch heute noch – Holger Böning beispielsweise hat Volksaufklärung und Pressegeschichte in neue Beleuchtung gerückt.[95] Da gibt es mehr Felder, ihre Hypothese reicht nicht aus, um die Jakobinismusforschung zu erklären. Es mag ein Anstoß sein, ähnlich wie beim Vormärz. Was war Ihr alternativer Erklärungsansatz?

Michael Schlott: Die Alternative war, das Phänomen als ‚Modeerscheinung‘ der 1960er Jahre zu betrachten, die unter anderem auch aus opportunistischen Motiven gepflegt wurde.

Hans-Wolf Jäger: Opportunismus hat uns Sengle vorgeworfen – aber da waren wir bereits zu Anfang.

Michael Schlott: Herr Jäger, können Sie für die 1970er Jahre das politische Kräftefeld an den deutschen Universitäten skizzieren? Wer waren die aktiven Personen, was waren die Programme, Paradigmen? Vor welche Hauptschwierigkeiten sahen sich die Universitäten politisch gestellt?

In: Alexander von Humboldt Stiftung. Mitteilungen H. 40 (1982), S. 23–30; vgl. dazu die Interviews mit Eberhard Lämmert (S. 271–298, hier S. 296), Walter Müller-Seidel (S. 299–314, hier S. 304 f.), Georg Jäger (S. 334–358, hier S. 351 f.), Gert Mattenklott (S. 561–589, hier S. 564 f.) und Klaus R. Scherpe (S. 692–712, hier S. 707 f.).

94   Siehe dazu Anm. 14.

95   Französische Revolution und deutsche Öffentlichkeit. Wandlungen in Presse und Alltagskultur am Ende des 18. Jahrhunderts. Hrsg. von Holger Böning. München 1992; Deutsche Presse. Biobibliographische Handbücher zur Geschichte der deutschsprachigen periodischen Presse von den Anfängen bis 1815. Kommentierte Bibliographie der Zeitungen, Zeitschriften, Intelligenzblätter, Kalender und Almanache sowie biographische Hinweise zu Herausgebern, Verlegern und Drukkern periodischer Schriften. Hrsg. von H. B.; bisher erschienen: Bd. 1.1, 1.2, und 1.3, bearb. von H. B. und Emmy Moepps: Hamburg und Stuttgart-Bad Cannstatt 1996; Bd. 2, bearb. von H. B. und E. M.: Altona, Bergedorf, Harburg, Schiffbek, Wandsbek. Stuttgart-Bad Cannstatt 1997; Bd. 3.1 und 3.2, bearb. von Britta Berg und Peter Albrecht: Braunschweig-Wolfenbüttel, Goslar, Blankenburg, Braunschweig, Clausthal, Goslar, Helmstedt, Hildesheim, Holzminden, Schöningen, Wolfenbüttel. Stuttgart-Bad Cannstatt 2003.

Hans-Wolf Jäger: Ein großer Teil der Geisteswissenschaftler studierte damals, um Lehrer zu werden. Dann stellte sich eine Situation ein, worin sich zumindest andeutete, viele würden keine Lehrerstelle mehr bekommen. Also, was macht man mit ihnen? Man mußte das Fach verändern, daß es in mehrfacher Weise Qualifikationen vermittelt, die auch über den Lehrerberuf hinausreichen und außerhalb seiner Verwirklichung, auch Anwendbarkeit, bringen könnten. Das fällt mir als erstes ein. In größerem, auch politischem Zusammenhang wurde auch das Problem aufgeworfen, was die Geisteswissenschaften sollten, wobei solche Fragen mehr in der zweiten Hälfte der 1980er Jahre thematisiert wurden, und die Antworten: Erziehungswissenschaft im weiteren Sinne, Anleitungswissenschaft, Entlastungswissenschaft.

Michael Schlott: Gab es Abgrenzungen oder gar so etwas wie Feindbilder anderer Universitäten, von denen man sich auch in der eigenen Forschungsaktivität ‚ex negativo‘ distanzierte?

Hans-Wolf Jäger: Ich erinnere mich – um eine Anekdote einzubringen –, gegen Ende der 1970er Jahre ein Seminar über Lessing durchgeführt zu haben, da sagte eine Studentin: „Dasselbe könnte ich auch in Heidelberg hören." Geboten war in der betreffenden Lehrveranstaltung einigermaßen solide Philologie – die Kommilitonin hatte etwas anderes erwartet. Das hat mich damals dazu gebracht, von einem Bremischen Hochmut zu sprechen, denn vieles, was wir für uns hier beanspruchten, etwa Literatursoziologie zu betreiben, wurde woanders, auch in Heidelberg, auch in München, betrieben – möglicherweise solider. Ich mochte bei solchen Abgrenzungen nicht mitmachen. Heutzutage wüßte ich schon, was ich in Bremen ungern hätte oder mittragen müßte – zum Beispiel Dekonstruktion, Diskursanalyse oder anderes, was beispielsweise in Siegen von einigen Germanisten favorisiert wird.[96] Obwohl ich in Helga Gallas auch hier eine, im Ganzen sonst wunderbar kooperative, Kollegin habe, die in ähnlicher oder vergleichbarer Richtung eine – wie ich meine – Form von Literaturalchimie betreibt.[97]

Michael Schlott: War denn schon in den 1970er Jahren der Anspruch hier voll ausgebildet, Literatursoziologie zu betreiben oder betreiben zu müssen?

Hans-Wolf Jäger: Wenn wir hier lieber von Sozialgeschichte der Literatur, inbegriffen auch der Gegenwartsliteratur, sprechen: Ja, und bestimmt bei Kollegen wie Sautermeister oder Richter oder Emmerich. Sie haben sich auf bestimmte Themen konzentriert, Emmerich sehr stark auf die aktuelle, auch auf die Exil- und DDR-Literatur,[98] Richter auf Felder, die bisher eher abseits lagen – da haben wir wieder etwas, wo man sich profilieren konnte –: volkstümliche Erzählstoffe mit Verbindung zur Volkskunde oder zur Kulturwissenschaft, Märchenforschung, Kinderliteratur.[99] Was in München und anderswo in speziellen Institu-

---

96   Gemeint ist die Arbeitsgruppe um Siegfried J. Schmidt mit ihren Publikationen zur Theorie und Praxis der empirischen Literaturwissenschaft; vgl. etwa: Grundriß der empirischen Literaturwissenschaft. 2 Bde. Braunschweig 1980 und 1982.

97   Wohl mit Bezug auf Helga Gallas: Das Textbegehren des „Michael Kohlhaas". Die Sprache des Unbewußten und der Sinn der Literatur. Reinbek 1983.

98   Vgl. beispielsweise Wolfgang Emmerich: Lyrik des Exils. Stuttgart 1985; W. E.: Kleine Literaturgeschichte der DDR. Darmstadt 1981 [mit Neuausgaben und Erweiterungen in der Folgezeit].

99   Vgl. beispielsweise Dieter Richter: Das politische Kinderbuch. Eine aktuelle Dokumentation. Darmstadt 1973; D. R.: Märchen, Phantasien und soziales Lernen. Berlin 1974.

ten betrieben wurde, fand hier Eingang in die Germanistik, auch in die Lehre des Faches Deutsch. Es gab eine Gegnerschaft gegen die akademische Tradition; es existierten darum auch unter den Kollegen Gegner etwa der Hölderlin-Ausgabe, als wir hier eine Edition machen wollten.[100] Aber dafür habe ich mich ja eingesetzt: Derartig „Traditionelles", „Objektives" oder „Solides" sollte es hier jedenfalls auch geben.

Michael Schlott: Und das war einigen zu ‚langweilig'?

Hans-Wolf Jäger: Zu langweilig vielleicht, vor allem zu etabliert und traditionell, zu sehr 19. und frühes 20. Jahrhundert, etwas, das mit Friedrich Beißner abgeschlossen sein sollte.

Michael Schlott: Aber die Debatte um theoretische Probleme der Editionsphilologie war doch mit Beißner nicht abgeschlossen.

Hans-Wolf Jäger: Das stimmt, aber etwas wie Edition, gar historisch-kritische, wünschten viele nicht. Dagegen skeptisch äußerte sich etwa ein Avantgarde-Theoretiker wie Beispiel Peter Bürger.[101] – Ich spreche jetzt sehr ins Unreine und kann keine klaren Fronten konturieren. Es war damals eher eine Art des Lehrens, die wir nicht wollten, die aber damals, glaube ich, an kaum einer Universität noch stattfand, also autoritäre Vorlesungen oder das Zwingen von sehr vielen Arbeitskräften oder Köpfen, solchen von Assistenten und Hilfskräften und Studenten unter ein Thema, wie es als Ordinarius etwa Sengle gehalten hatte. Das erstrebten wir auf keinen Fall mehr; und nicht die persönlichen Abhängigkeiten, die damit ja einher gingen.

Michael Schlott: Herr Jäger, besten Dank für dieses offene und aufschlußreiche Gespräch!

* * *

Im Nachgang des Interviews und im Zuge der kritischen Durchsicht teilte Hans-Wolf Jäger dem Herausgeber die folgenden zusätzlichen Erläuterungen zu den Themen ‚Jakobinismus' und ‚Französische Revolution' mit:

„Professor Thomas P. Saine lud mich im Sommer 1986 für ein Gastsemester nach Irvine (University of California) ein, auch, damit ich ihm bei der Fertigstellung seines Buches *Black Bread – White Bread. German Intellectuals and the French Revolution* helfe.[102] Meine Arbeiten über die oben genannte Thematik führten dazu, daß mir die Herausgeber der neuen Auflage des *Reallexikons* den Artikel Jakobinismus anvertrauen wollten. Ich lehnte aber ab, hätte mich dafür zu sehr mit eigenen vergangenen Positionen auseinandersetzen müssen.[103] (Den Artikel Reisebeschreibung habe ich indessen verfaßt).[104]

---

100 Siehe Anm. 76.

101 Peter Bürger: Theorie der Avantgarde. Frankfurt/Main 1974.

102 Thomas P. Saine: Black Bread – White Bread. German Intellectuals and the French Revolution. Columbia, SC 1988.

103 Der Artikel „Jakobinismus" ist inzwischen vom Herausgeber des vorliegenden Bandes verfaßt worden. Michael Schlott: [Art.] Jakobinismus. In: Reallexikon der deutschen Literaturwissenschaft. Bd. 2. Hrsg. von Harald Fricke u. a. Berlin und New York 2000, S. 193–196.

104 Hans-Wolf Jäger: [Art.] Reisebeschreibung. In: Reallexikon der deutschen Literaturwissenschaft. Bd. 3. Hrsg. von Jan-Dirk Müller u. a. Berlin und New York 2003, S. 258–261.

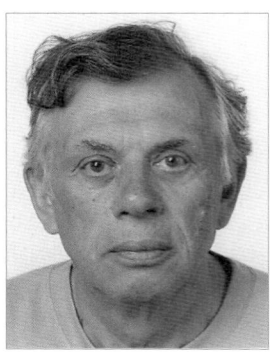

Axel Kuhn

AXEL KUHN (* 1943), 1962 Studium der Germanistik und Geschichte in Münster, Hamburg und Kiel, 1968 Staatsexamen, Wissenschaftlicher Assistent am Historischen Institut der Universität Stuttgart, 1969 Promotion in Neuerer Geschichte, 1975 Habilitation in Neuerer Geschichte, 1982 außerplanmäßiger Professor für Neuere Geschichte in Stuttgart, 2008 Ruhestand.

Der Historiker AXEL KUHN erwarb sich mit seiner Habilitationsschrift zu den Jakobinern des Rheinlandes (1976) eine wichtige Position in der Jakobinismusforschung, die für ihn auch in der Folgezeit für sein Forschungsinteresse an der Entwicklung demokratischer Traditionen in Deutschland einen Schwerpunkt bildete; er stand dabei im kritischen Austausch mit wichtigen Fachvertretern der Geschichts- und Literaturwissenschaft. KUHN war mit vielen eigenen selbständigen und ‚kooptierten' Beiträgen zur Jakobinismusforschung an den Projekten der Innsbrucker Forschungsstelle von Helmut Reinalter beteiligt.

Das Interview wurde am 29. November 1994 in Stuttgart geführt.

Michael Schlott: Herr Kuhn, wer waren Ihre wichtigsten akademischen Lehrer?

Axel Kuhn: In der Literaturwissenschaft vor allem Conrady in Kiel, in Alter Geschichte auch Braunert. Für Erdmann hatte ich immer Respekt übrig, obwohl ich nicht seiner Meinung war.

Michael Schlott: Mit welchem Thema wurden Sie promoviert?

Axel Kuhn: Bei Eberhard Jäckel über Hitlers außenpolitisches Programm, und zwar seine Entstehung in den Jahren bis 1924.[1] Jäckel hat dann auch meine Habilitationsschrift betreut.[2]

Michael Schlott: Können Sie bitte erläutern, wie und warum Sie einen nicht geringen Teil Ihrer Forschungsarbeit dem sogenannten deutschen Jakobinismus gewidmet haben?

Axel Kuhn: Darüber muß ich länger sprechen. Vielleicht kann ich mit dem Aha-Erlebnis beginnen, das ich damals in der kleinen Bibliothek unseres Historischen Instituts in Stuttgart hatte, als ich frisch promoviert an der Bibliothek entlangging und mich fragte, welches

---

1   Axel Kuhn: Hitlers außenpolitisches Programm. Entstehung und Entwicklung 1919–1939. Stuttgart 1970.
2   Axel Kuhn: Jakobiner im Rheinland. Der Kölner konstitutionelle Zirkel von 1798. Stuttgart 1976.

Buch ich mit in den Urlaub nehmen könnte. Da sah ich den Titel *Norddeutsche Jakobiner*.[3] Ich habe gedacht: ‚Was ist denn das?‘ und habe es mir angeschaut. Wenig später fand ich natürlich auch heraus, daß es ein Buch von Scheel über *Süddeutsche Jakobiner* gab.[4] Dann habe ich gedacht: ‚Jetzt muß ich eines über westdeutsche Jakobiner schreiben!‘ Das Thema war damals Ende der 1960er Jahre beinahe unbekannt. Man hatte es auch an der Universität nie im Unterricht, so daß es mir also interessant und neu vorkam. Ursprünglich wollte ich über den Wiener Kongreß arbeiten und die Neuordnungspläne Deutschlands, dann aber dachte ich: ‚Das ist etwas Neues, darüber möchte ich gerne arbeiten.‘ Diese Motivation hat eigentlich bis heute angehalten. Ich kann vielleicht noch einen größeren Bogen ziehen: Ich habe mit dem Thema Nationalsozialismus angefangen, habe dann auch noch ein Buch über Faschismustheorien geschrieben.[5] Das waren die dunklen Seiten der deutschen Geschichte – und ich konnte nach einiger Zeit nicht mehr freudig an diesem Thema weiterarbeiten. Ich hatte einfach die Nase voll und dachte, jetzt müßte ich einmal versuchen, die positiven Elemente der deutschen Geschichte zu finden. Dadurch bin ich zum Anfang der bürgerlichen Gesellschaft gekommen. Ich sehe das auch als einen gespannten Bogen an: das düstere Ende im Faschismus auf der einen Seite und die positiven, hoffnungsvollen Ansätze der ersten deutschen Demokraten am Ende des 18. Jahrhunderts auf der anderen. Dazwischen spannt sich die Entstehung und Entwicklung der bürgerlichen Gesellschaft in Deutschland auf.

Michael Schlott: Welche Bedeutung hatten in diesem Zusammenhang für Sie die von der Historiographie und der germanistischen Literaturwissenschaft der DDR zu Beginn der 1960er Jahre vorgelegten Arbeiten zu dem Thema? Sie haben Scheel und Grab genannt. Es gab aber auch Arbeiten von Claus Träger,[6] Gerhard Steiner[7] und Hedwig Voegt[8] – letztere hatte bereits Mitte der 1950er Jahre zu diesem Thema publiziert. In der umfangreichen und sehr detaillierten Arbeit von Wilharm ist auch von der Debatte in der Historiographie der 1950er Jahre in der DDR über deutschen Jakobinismus die Rede.[9] Wenn ich das richtig verstanden habe, haben zu Beginn Ihrer Forschungen zu diesem Thema diese Überlegungen keine Rolle gespielt?

Axel Kuhn: Ich berichtete, daß der erste Anstoß die Arbeit von Grab war. Ich bin dann ziemlich schnell darauf gekommen, daß es eigentlich in der damaligen DDR schon eine

---

3   Walter Grab: Norddeutsche Jakobiner. Demokratische Bestrebungen zur Zeit der Französischen Revolution. Frankfurt/Main 1967.

4   Heinrich Scheel: Süddeutsche Jakobiner. Klassenkämpfe und republikanische Bestrebungen im deutschen Süden des 18. Jahrhunderts. Berlin 1962.

5   Axel Kuhn: Das faschistische Herrschaftssystem und die moderne Gesellschaft. Hamburg 1973.

6   Mainz zwischen Rot und Schwarz. Die Mainzer Revolution 1792/93 in Schriften, Reden und Briefen. Hrsg. von Claus Träger. Berlin 1963; C. T.: Aufklärung und Jakobinismus in Mainz 1792/93. In: Weimarer Beiträge 9 (1963), H. 4, S. 684–704.

7   Deutsche revolutionäre Demokraten. Hrsg. von Walter Grab. 5 Bde. Stuttgart 1971–1978. – Bd. 1 (1971): Hans-Werner Engels: Gedichte und Lieder deutscher Jakobiner; Bd. 2 (1978): Axel Kuhn: Linksrheinische deutsche Jakobiner. Aufrufe, Reden, Protokolle, Briefe und Schriften 1794–1801; Bd. 3 (1972): Alfred Körner: Die Wiener Jakobiner; Bd. 4 (1973): Gerhard Steiner: Jakobinerschauspiel und Jakobinertheater; Bd. 5 (1973): Walter Grab: Leben und Werke norddeutscher Jakobiner; siehe dazu II, 2.2.1, S. 103–107.

8   Hedwig Voegt: Die deutsche jakobinische Literatur und Publizistik 1789–1800. Berlin 1955.

9   Vgl. Heiner Wilharm: Politik und Geschichte. Jakobinismusforschung in Deutschland. 2 Bde. Bd. 1: DDR; Bd. 2: Bundesrepublik. Frankfurt/Main u. a. 1984, Bd. 1, S. 46–61.

ausgebreitete Forschungsrichtung in Literatur- und Geschichtswissenschaft gegeben hat. Die dazugehörigen Arbeiten haben für mich dann auch ziemlich bald eine große Bedeutung gehabt, also das Buch von Träger habe ich selber zu Hause, Frau Voegts Arbeit über Rebmann[10] habe ich natürlich gleich gelesen. Am meisten Einfluß hat dann aber Steiner auf mich ausgeübt. Ich habe ihn dann auch persönlich kennengelernt, ihn für ein Seminar nach Stuttgart eingeladen. Er hat dann hier Vorträge über Georg Forster gehalten,[11] und ich bin immer noch in losem Kontakt mit ihm. Aus der Richtung hat es schon einen großen Einfluß auf mich gegeben. Allerdings war es in der Situation der 1960er und 1970er Jahre nicht nur auf dem Gebiet des Jakobinismus so, daß wir in der DDR viele Themen bearbeitet sahen, die bei uns in der Bundesrepublik nicht behandelt wurden. Da haben wir uns schon als junge Studenten – und auch später noch – auf diese Bücher als Alternative gestürzt. Wir haben dann immer den politischen Teil weggelassen und einfach die solide wissenschaftliche Forschungsarbeit und das Herausgraben von neuen Quellen sehr geschätzt – und wir haben damit selbst dauernd gearbeitet.

Michael Schlott: Können Sie bitte auch die Bedeutung der Forschungen Walter Grabs für Ihre Arbeiten näher beschreiben?

Axel Kuhn: Ja, Walter Grab war der große Anreger in der Bundesrepublik, und ich habe mich mit seinen Arbeiten auseinandergesetzt – und, wie mit Scheel, gleichermaßen kritisch. Da war ich aber, glaube ich, in der Situation des jungen Habilitanden, der einen eigenen Weg gehen mußte. Man mußte dann an allen, die vorher etwas geschrieben haben, schon ein bißchen was kritisieren, damit es eine eigene Schiene ergab.

Michael Schlott: Sie haben das sicherlich nicht ohne Grund getan. Sie meinen *Der schwierige Weg zu den deutschen demokratischen Traditionen*[12] – das waren doch aber sachlich fundierte Vorwürfe?

---

10 Hedwig Voegt: Robespierres Reden im Spiegel der Publizistik Georg Friedrich Rebmanns. In: Maximilien Robespierre 1758–1794. Beiträge zu seinem 200. Geburtstag. Hrsg. von Walter Markov in Verbindung mit Georges Lefèbvre. Berlin 1958, S. 505–517; Georg Friedrich Rebmann: Hans Kiekindiewelts Reisen in alle vier Weltteile und andere Schriften. Hrsg. von H. V. Berlin 1958; Georg Friedrich Rebmann: Kosmopolitische Wanderungen durch einen Teil Deutschlands. Hrsg. und eingel. von H. V. Frankfurt/Main 1968.

11 Georg Forsters Werke. Sämtliche Schriften, Tagebücher, Briefe. Berlin 1958 ff. Diese erste Edition des Gesamtwerks wurde 1953 an der Deutschen Akademie der Wissenschaften zu Berlin für 18 Bände konzipiert. Zur Durchführung des Vorhabens wurde im damaligen Akademie-Institut für deutsche Sprache und Literatur eine Arbeitsstelle gegründet, die zunächst Gerhard Steiner und von 1970 bis 1981 Horst Fiedler leitete. Ab 1972 war die Akademie der Wissenschaften der DDR mit dem Zentralinstitut für Literaturgeschichte der Träger der Edition; in den 1990er Jahren wurden die Editionsarbeiten ohne Unterbrechung von der Berlin-Brandenburgischen Akademie fortgeführt, um die Bände 19 (Chronik von Leben und Werk, Nachträge und Berichtigungen, Verzeichnisse und Register) und 20 (Georg-Forster-Bibliographie) ergänzt und als Editionsprojekt im Jahr 2000 abgeschlossen. Als erster Band erschien 1958 Band 9; bis 1989 waren zudem die Bände 1 bis 5, 7 und 8 sowie 11 bis 18 publiziert worden. Bis 2011 stand die (im Akademie Verlag Berlin erscheinende) Werk-Ausgabe noch nicht vollständig zur Verfügung. Zur Konzeption und zur Publikationsgeschichte der Edition sowie zu den Bearbeitern der einzelnen Bände vgl. ‹http://forster.bbaw.de›. Zu Steiners langjähriger Mitarbeit bei der Akademie-Ausgabe der Werke und Briefe Forsters siehe das Interview mit Klaus-Georg Popp, S. 607–626, hier S. 616–619, sowie II, 2.2.1, S. 105, Anm. 401.

12 Axel Kuhn: Der schwierige Weg zu den deutschen demokratischen Traditionen. In: Neue Politische Literatur 18 (1973), S. 430–452.

Axel Kuhn: Ja, merkwürdigerweise ist der Aufsatz falsch aufgenommen worden, ich habe den Beifall von der falschen Seite bekommen.

Michael Schlott: Nämlich von wem?

Axel Kuhn: Von denen, die eigentlich gegen die Jakobinerforschung waren. Die haben sich gefreut, daß jemand mal etwas gegen Grab und Scheel sagte, obwohl mein Versuch, was die Definitionen betraf, ein dritter Weg zwischen beiden war. Da das eine Zeit lang meine allererste und einzige Veröffentlichung über Jakobinismus war, wurde ich von den falschen Leuten eingeladen – in Wolfenbüttel zum Beispiel zu einer Tagung über geheime politische Gesellschaften.[13]

Aber lassen Sie mich auf Walter Grab zurückkommen: Der hat dann schon einen großen Einfluß auf meine Arbeiten gehabt. Ich bin dauernd mit ihm in Kontakt, auch jetzt noch; es war immer so eine Art Dreiecksverhältnis zwischen ihm, Scheel und mir. Wir haben uns immer gegenseitig kollegial kritisiert.

Michael Schlott: Spielten in diesem Zusammenhang auch persönliche Sympathien und Antipathien eine Rolle? Was Sie da berichten, hört sich nicht nach einem ausschließlich rationalen Diskurs von Wissenschaftlern an, sondern auch nach einer starken Fraktionierung und immer neuen Sympathiekonstellationen? Es sind offensichtlich ständig neue ‚Soziogramme' entstanden.[14]

Axel Kuhn: Das kann ich nicht so durchschauen. Ich weiß nicht, wie das mit den persönlichen Animositäten ist. Ich habe versucht, mir das politisch zu erklären: Je kleiner eine Gruppe ist, desto mehr innere Auseinandersetzungen gibt es. Ich habe es immer bedauert, aber es war offenbar so, daß es eine neue Forschungsrichtung gab, die aber von Anfang an auch untereinander nicht immer an einem Strang zog – das wäre sehr wichtig gewesen. Ich habe sicherlich auch meinen Beitrag zu den Auseinandersetzungen geleistet, das will ich gar nicht verheimlichen. Aber ich glaube, das war so ein Phänomen der Gruppenbildung. Man hätte denken können, daß man eher zusammenrückt, wenn die eigene Richtung von der restlichen Zunft angegriffen wird. Aber es war das Gegenteil der Fall.

Michael Schlott: Gehen wir noch einmal zurück in Ihre Studienzeit: Sie erwähnten Conrady. Er hat in Köln, wenn ich richtig recherchiert habe, ein Seminar über Forster angeboten.[15] Hatte er in Kiel bereits entsprechende Seminarthemen? Ging also möglicherweise auch eine Anregung von Conrady aus?

Axel Kuhn: Nur indirekt: Er hat keine Seminare über deutsche Jakobiner angeboten. Er hat allerdings in Kiel eine meines Erachtens phantastische Vorlesung über Romantik gehalten, wo er – und das war Ende der 1960er Jahre völlig neu – auch kritisch zu den Romantikern Stellung nahm. Also die Frühromantik war natürlich das große Vorbild, und die Romantik der zweiten Phase wurde dann auch kritisiert. Vor allen Dingen hat mich beeindruckt, daß dabei auch sehr viele kritische Worte über die Entstehung der deut-

---

13   Es handelte sich um ein von Peter Christian Ludz durchgeführtes Arbeitsgespräch „Geheime Gesellschaften im 18. Jahrhundert", Wolfenbüttel 6. bis 8. Juni 1977; vgl. auch den Band: Geheime Gesellschaften. Hrsg. von Peter Christian Ludz. Heidelberg 1979.

14   Siehe dazu das Interview mit Franz Dumont, S. 458–485, hier S. 473.

15   Im Wintersemester 1989/90 bot Karl Otto Conrady ein Hauptseminar „Georg Forster (1754–1794): Weltreisender, Naturforscher, Schriftsteller, Politiker" an.

schen Germanistik fielen. Das war damals das Neue, daß auch Selbstkritik geübt wurde. Dann kam dieses Taschenbuch *Einführung in die Neuere deutsche Literaturwissenschaft*[16] von ihm heraus. Also, der Einfluß von Conrady war eher ein indirekter: Er machte klar, daß man selbstkritisch mit der traditionellen Literaturgeschichte sein mußte oder sein konnte.

Michael Schlott: In der Einleitung zu Ihrem Buch *Jakobiner im Rheinland* schreiben Sie über den deutschen und französischen Jakobinismus: „Jakobinischer Patriotismus äußerte sich vielmehr in der Verbundenheit mit gleichgesinnten Bürgern, mochten sie diesseits oder jenseits des Rheines wohnen. Diese bürgerliche Variante internationaler Solidarität (die fraternité) verkennen, heißt den Schlüssel zum deutschen Jakobinismus nicht zu besitzen."[17] Gegen wen richtete sich diese These?

Axel Kuhn: Also sie richtete sich in erster Linie gegen die konservative Geschichtswissenschaft, die seit dem 19. Jahrhundert diese deutschen linksrheinischen Freiheitsfreunde als Vaterlandsverräter betrachtete und den Vaterlandsbegriff im deutsch-nationalen Sinne definierte. Ich habe den Begriff dann immer im Sinne von Robespierre verwendet, der unter Patriotismus Tugend und Mitbestimmung verstanden hat – und ich glaube, daß der Begriff am Ende des 18. Jahrhunderts von jungen fortschrittlichen Schriftstellern so verwendet wurde. Ein typischer Fall ist Hölderlin, sind seine *Vaterländischen Gesänge*, mit denen wahrscheinlich die Studenten 1914 in den Krieg gezogen sind. Aber das Hölderlinsche „Vaterland" war etwas anderes, es war jedenfalls nicht dieses Deutschland. Ob es überhaupt Deutschland war, ist zweifelhaft.[18]

Michael Schlott: War Hölderlin ein Jakobiner?

Axel Kuhn: Diese Diskussion ist ziemlich lange in Gang. Ich habe dazu jetzt folgende Meinung: Bertaux hat diese These aufgestellt in einer Phase, als die Jakobinerforschung noch in den Anfängen, als auch der Jakobiner-Begriff noch relativ weit und schwammig war.[19] Ich glaube, daß wir jetzt weiter sind. Vor allen Dingen die Arbeiten von Inge Stephan gerade zum Literarischen Jakobinismus haben das viel klarer gemacht.[20] Insbesondere finde ich die Definition richtig, welche die Verbundenheit mit dem Volk einbezieht. Das heißt also: Auch das Volk muß das lesen können. In dem Sinne sind Hölderlins Gedichte nicht für das Volk, sondern für einen kleinen Kreis von Leuten, die etwas von griechischer Antike verstehen. Insofern würde ich jetzt vorsichtiger sein – ich bleibe aber dabei, daß Hölderlin ein Freiheitsfreund ist, daß er immer auf der Seite der Anhänger der Französi-

---

16   Karl Otto Conrady: Einführung in die Neuere deutsche Literaturwissenschaft. Reinbek 1966; mit einem umfangreichen „Anhang" (S. 137–235) zur aktuellen Situation der Literaturwissenschaft und mit „Textbeispielen zur Geschichte der deutschen Philologie".

17   Vgl. Kuhn: Jakobiner im Rheinland (wie Anm. 2), S. 16.

18   Zu Hölderlins *Vaterländischen Gesängen* vgl. Ulrich Gaier: Späte Hymnen, Gesänge, Vaterländische Gesänge? In: Hölderlin-Handbuch. Leben – Werk – Wirkung. Hrsg. von Johann Kreuzer. Stuttgart und Weimar 2002, S. 162–174.

19   Vgl. Pierre Bertaux: Hölderlin und die Französische Revolution. In: Hölderlin-Jahrbuch 15 (1967/68), S. 1–28; P.B.: Hölderlin und die Französische Revolution. Frankfurt/Main 1969; P.B.:War Hölderlin Jakobiner? In: Hölderlin ohne Mythos. Neue Positionen der Hölderlin-Forschung. Hrsg. von Ingrid Riedel. Göttingen 1973, S. 7–17; siehe dazu II, 2.2.3.

20   Inge Stephan: Literarischer Jakobinismus in Deutschland (1789–1806). Stuttgart 1976.

schen Revolution gestanden und sich mit großer Sensibilität und Erregtheit auf die Seite der Freiheit geschlagen hat.

Michael Schlott: Das ist, meine ich, beim heutigen Forschungsstand unbestritten. Es geht eher um die Begrifflichkeit, um die terminologische Fixierung, aber darauf kommen wir sicherlich noch zu sprechen. Kehren wir zunächst noch einmal zurück zu Ihrer Wendung vom „Schlüssel zum deutschen Jakobinismus": Sie sagten, diese Überlegung war gerichtet gegen die konservative Historiographie. Richtete sie sich eventuell auch gegen bestimmte Überlegungen und Ergebnisse der sogenannten progressiven Geschichtsschreibung etwa um Walter Grab? Er selbst hat sich auch in dieser Tradition verstanden und wollte entsprechende progressive Traditionen in der Geschichte aufdecken. Richtete sich diese neue Überlegung vielleicht auch gegen Ihnen eigentlich nahestehende Historiker?

Axel Kuhn: Gegen Grab weniger, aber wenn ich jetzt weiter darüber nachdenke, dann richtete sich das vielleicht auch gegen Scheel: vor allen Dingen in einer bestimmten Phase der DDR, wo noch die offizielle politische Ausrichtung das gemeinsame Gesamtdeutschland war. Da war meines Erachtens in den Arbeiten von Scheel zuviel auf die Frage gerichtet: Sind die Akteure schon für ein gesamtes Deutschland oder nur für einen regionalen Freistaat? Wenn sie für ein Gesamtdeutschland dachten, dann hat er es als den großen Fortschritt gesehen im Sinne der ganzen Geschichte des 19. Jahrhunderts mit Richtung auf die Entstehung des Einheitsstaates und so weiter. Das fand ich etwas übertrieben. Also mir hätte schon ein Kranz von vielen kleinen, selbständigen Staaten um Frankreich herum als definierendes politisches Ziel ausgereicht. Ich fand es auch zu sehr von gegenwärtigen beziehungsweise zukünftigen Entwicklungen in die Vergangenheit projiziert, wenn man danach abgeprüft hat, ob nun diese deutschen Jakobiner von Anfang an ein Gesamtdeutschland im Kopf hatten.

Michael Schlott: Ja, das kann den Blick stark trüben. Waren Sie seinerzeit der Ansicht, nun Ihrerseits den Schlüssel zum deutschen Jakobinismus zu besitzen? Die Frage liegt auf der Hand …

Axel Kuhn: Ja, in der Anfangszeit vielleicht schon. Mein Ansatz war immer der, daß man nicht fortfahren sollte, nur einzelne Personen zu untersuchen. Das ist natürlich wichtige Arbeit, und ich habe mich auch oft genug daran beteiligt. Dieses biographische Lexikon ist dann die letzte Zusammenfassung von solcherart biographischer Forschung.[21] Aber das ist, wie ich finde, ein bißchen zu wenig und wissenschaftstheoretisch nichts anderes als auf die kleinen Leute gewendete personalistische Geschichtsschreibung. Deshalb war meine Idee von Anfang an, Gruppen und Gruppenbildung zu untersuchen, also die Klubs. Das gipfelte in meiner These, daß diese deutschen Jakobinerklubs die Vorform der ersten Parteien gewesen sind.

Michael Schlott: Würden Sie Ihre These in der Form, wie Sie sie 1976 in Ihrem Buch vertreten haben, auch heute noch aufrechterhalten können?

Axel Kuhn: Die mit den Patrioten? Ja.

---

21 Biographisches Lexikon zur Geschichte der demokratischen und liberalen Bewegungen in Mitteleuropa. 2 Bde. Hrsg. von Helmut Reinalter u. a. Frankfurt/Main u. a. 1992–2011; siehe dazu das Interview mit Helmut Reinalter, S. 627–664, hier S. 635.

Michael Schlott: Ohne Konzessionen?

Axel Kuhn: Ja. Wenn Jakobiner in Württemberg am Ende des 18. Jahrhunderts vom ‚Vaterland‘ reden, dann meinen die Württemberg. Wenn die sagen: ‚Keine Ausländer!‘ – was heute eine fatale Parole ist –, dann meinen die: ‚Keinen aus Baden!‘ Das sind völlig andere Vaterlands- und demzufolge auch Ausländer- oder Fremden-Begriffe am Ende des 18. Jahrhunderts. Das darf man überhaupt nicht vermischen mit dem 19. und 20. Jahrhundert.

Michael Schlott: Sie sprechen von internationaler Solidarität, oder habe ich das mißverstanden?

Axel Kuhn: Damit ist gemeint, daß man in der Heimat, in einer Region, wo die Grenzen vielleicht auch gar nicht festliegen – es müssen nicht die des Herzogtums oder des Kurfürstentums sein – einen Freistaat schafft. Dieser kann dann in internationaler Solidarität mit anderen Freistaaten zusammenarbeiten und entweder in Reunion oder als halbsouveräner oder souveräner Bundes-Staat existieren. Das heißt in diesem Zusammenhang in erster Linie: Solidarität zu Frankreich oder vielleicht auch zu Polen, wenn man mehr an den Osten Deutschlands denkt.

Michael Schlott: Welche Passagen und Thesen Ihrer Habilitationsschrift halten Sie heute nach knapp 20 Jahren für revisionsbedürftig?

Axel Kuhn: Da fallen mir im ersten Moment nur ein paar Bemerkungen ein, die ich so im ersten Überschwang geschrieben habe, die auch in dem Buch gar nicht richtig belegt sind. Zum Beispiel der Zusammenhang zwischen Wirtschaftskrise und politischem Aufbegehren: Ich habe etwa geschrieben, daß dort, wo das Brot am teuersten, die Unruhe am größten sei. Das würde ich heute nicht mehr aufrechterhalten. Diese These zieht sich auch gar nicht durch das ganze Buch. Ich glaube, daß das zu platt materialistisch ist.

Michael Schlott: Kommen wir noch einmal auf den Betreuer Ihrer Habilitationsschrift. War es ein rein formales Procedere, daß Jäckel diese Arbeit begutachtete, oder hatte er auch großes Interesse daran? Hat er Sie ermuntert oder bestärkt?

Axel Kuhn: Also, Jäckel ist in diesen Bereichen des Wissenschaftsbetriebes ein höchst liberaler Mensch, und ich wußte das zu schätzen. Ich bin mit dem Thema zu ihm gekommen, und er hat es angenommen. Aber er hat es inhaltlich nicht unterstützt, also keine Anregungen gegeben, sondern hat nur gesagt: „Machen Sie's!" Er hat es dann auch angenommen. Dafür bin ich dankbar, denn ich habe läuten gehört, daß andere die Arbeit nicht angenommen hätten, zum Beispiel Herr Wehler.

Michael Schlott: Wer außerdem?

Axel Kuhn: Nun, ich weiß es von Wehler. Ich habe gehört, daß gesagt wurde: „Die Arbeit wäre bei mir nicht angenommen worden." Von anderen weiß ich es nicht.

Michael Schlott: Herr Kuhn, auf die Frage nach den externen Faktoren, und hier meine ich in erster Linie die politischen Entstehungsbedingungen der Jakobinismusforschung, wurde mir auch geantwortet, das habe „doch in der Luft gelegen". Haben Sie eine weiter reichende Erklärung anzubieten?

Axel Kuhn: Ich glaube nicht. Es lag insofern in der Luft, als in den 1950er bis Mitte der 1960er Jahre wirklich ein sehr konservatives Wissenschaftsklima herrschte, nicht nur was den Jakobinismus anging, sondern die Arbeiterbewegung war kein Thema, ein Bertolt Brecht durfte auf dem Theater nicht gespielt werden. Ich interpretiere das so: Die Änderung des allgemeinen politischen Klimas, also nicht nur durch die Studentenbewegung, artikulierte an vielen Stellen der Gesellschaft einen Wandel, dem auch das Klima in den Wissenschaften folgte. Dazu gehört die sozialliberale Koalition: „Wir wollen mehr Demokratie wagen",[22] und wie Heinemann als Bundespräsident mit der berühmten Rede auf der Schaffermahlzeit die Freiheitsbewegungen zur deutschen Geschichte zählte.[23] Ich will nicht sagen, daß durch diese Reden die Wissenschaftler sich dann plötzlich umorientiert haben, sondern die Politiker sind Sprachrohre eines derart gewandelten Klimas geworden.

Michael Schlott: Ich habe mich lange mit Walter Grab über dieses Thema unterhalten. Der Tenor unter Historikern – also nicht nur bei Grab – lautet: ‚Um das zu tun, brauchten wir nicht den Bundespräsidenten Heinemann.' Der hat uns jedenfalls nicht angestiftet. Heinemann ist offenbar erst nach seinem Treffen mit Grab auf diese Materie gestoßen und war dann selbst aus biographischen Motiven daran interessiert. So ist es – zumindest Grab zufolge – dann auch zu dieser Rede gekommen.[24]

Axel Kuhn: Ich denke, daß die auch ein Historiker geschrieben hat. Vielleicht kann ich da noch etwas zur Rolle von Jäckel ergänzen, der mit Heinemann das „Museum für die Freiheitsbewegungen der deutschen Geschichte in Rastatt"[25] gegründet hat oder jedenfalls an dem Projekt beteiligt war. Von Jäckel hier am Institut in Stuttgart gingen viele Impulse aus für andere Gebiete – das betrifft gerade die 1848er und 1849er Revolution und die Badische Revolution, die Heinemann interessierte. Das hat man später als Vorgeschichte der Demokraten von 1849 mit aufgenommen, und die Forschungen kamen insofern auch der Jakobinerforschung zugute.

Michael Schlott: Worin besteht nach Ihrer Ansicht der Unterschied zwischen Demokraten, Republikanern, Liberalen und Jakobinern, bezogen natürlich auf die historisch-zeit-genössischen Verhältnisse?

Axel Kuhn: Vielleicht habe ich mich geändert, heute würde ich sagen: Es besteht kein Unterschied. Ich kann den Begriff Republikaner heute leider nicht mehr verwenden aufgrund der aktuellen politischen Debatte.[26] Wenn ich Vorträge auf dem Land halte, dann steht am nächsten Tag in der Zeitung: ‚Er hat das Wort Republikaner benutzt und nicht genug politisch differenziert.' Im heutigen politischen Klima ist es schwierig, beispielsweise von

---

22 Bundeskanzler Willy Brandt in seiner Regierungserklärung am 28. Oktober 1969.

23 Gustav Heinemann: Die Geschichtsschreibung im freiheitlich demokratischen Deutschland. Gerechtigkeit für die Kräfte im Kampf um die politische Mündigkeit des deutschen Volkes. Verantwortung des Bürgers für die freiheitlichen Traditionen und ihre moralische Verpflichtung. (Rede bei der Schaffermahlzeit in Bremen vom 13. Februar 1970). In: Bulletin des Presse- und Informationsamtes der Bundesregierung, Nr. 21 vom 17. Februar 1970, S. 203 f.

24 Siehe dazu das Interview mit Walter Grab, S. 486–499, hier S. 497 f.

25 Gemeint ist die Erinnerungsstätte für die Freiheitsbewegungen in der deutschen Geschichte im Rastatter Schloß; ‹http://www.erinnerungsstaette-rastatt.de› (eingesehen am 22.12.2011); siehe dazu das Interview mit Franz Dumont, S. 458–485, hier S. 475.

26 Den Namen „Die Republikaner" gab sich die 1983 von ehemaligen Mitgliedern der CSU gegründete deutsche Partei, die sich als ‚rechtskonservativ' versteht. Im Zeitraum von 1992 bis 2006 wurde sie vom Bundesamt für Verfassungsschutz unter dem Verdacht rechtsextremistischer Bestrebungen registriert und beobachtet.

Mainzer Republikanern zu sprechen. Darunter verstehen Leute, die nicht im Thema sind, etwas anderes. Deshalb spreche ich jetzt lieber von Demokraten *und* Jakobinern, was für mich ohnehin identisch ist. Das habe ich schon immer so gehalten und gesagt. Zu den Liberalen will ich noch etwas sagen, weil es damals bereits eine Debatte darum gab und Grab so eine scharfe Trennung zwischen Liberalen und Demokraten beziehungsweise Jakobinern herstellte.[27] Ich glaube, ich habe diese Unterscheidung damals schon kritisiert. Jedenfalls bin ich heute ziemlich davon überzeugt, daß das ein historischer Prozeß ist. Es gibt dazu ein sehr gutes Buch über die Gebrüder Cotta von Frau Neugebauer-Wölk.[28] Sie stellt die beiden Brüder einander gegenüber, der eine ist für liberale Reformen, der andere ist Jakobiner. Dann stellt sie – das ist nicht nur eine Metapher, ich glaube das ist inhaltlich richtig – die Liberalen und die Jakobiner als brüderliche Leute dar, mit Prinzipien der Brüderlichkeit. Es gibt viele Beispiele, die zeigen, wie Leute, die man damals vielleicht als Liberale klassifiziert hätte, durch historisch-politische Entwicklungen sich zu Demokraten und Jakobinern weiterentwickelt haben. Ein gutes Beispiel ist die Mainzer Republik: Denken Sie an all die Professoren, die seit der Reform der Mainzer Universität 1784 angestellt waren – sämtlich liberale, aufgeklärte Menschen, Anhänger von Kant. Sobald die Französische Revolution ausbricht, gibt es von oben einen Restaurationskurs, und die Gelehrten radikalisieren sich. Dann wiederum kommen die Franzosen, und sie treten dem Jakobinerklub bei. Vielleicht werden sie nachher im Alter wieder ein bißchen liberaler, weil ihnen der Rückhalt einer revolutionären Macht fehlt. Da kann man nicht differenzieren – das ist ein Leben. Ich glaube, daß das ein Prozeß ist, der in den historischen Fluß hineingehört und auch in den Lebenslauf der Menschen. Ich würde also am Ende des 18. Jahrhunderts nicht scharf zwischen Liberalen und Demokraten unterscheiden. Ich halte es auch wissenschaftlich nicht für sinnvoll, diese Definitionsdebatten weiter auszubauen.

Michael Schlott: Vielleicht liegt ein Vorteil der personalistischen Geschichtsschreibung genau darin, daß man anhand der einzelnen Biographien klar verfolgen kann, wie sich Gruppierungen herausgebildet und entwickelt haben. Walter Grab hat diese Differenzierungen nach Personen sehr intensiv betrieben.

Axel Kuhn: Ich weiß nicht, ob er heute noch so sehr zu diesem Schematismus steht. Ich glaube, daß diese Differenzierung vielleicht in der damaligen Situation zu Beginn der deutschen Jakobinerforschung politisch sinnvoll war, aber wissenschaftlich ist sie es nicht.

Michael Schlott: Wie beurteilen Sie die Bedeutung der Forschungen zum Freimaurertum und zum Illuminatismus im Hinblick auf ein differenzierteres Bild des ‚deutschen Jakobinismus‘? Sie haben 1977 an der bereits erwähnten Tagung teilgenommen.[29] Sollten Ihrer Ansicht nach die Freimaurer- und die Jakobinerforschung gemeinsame Wege gehen? Oder sind dies zwei voneinander isoliert zu untersuchende Forschungsgegenstände?

---

27 Siehe dazu Jörn Garber: Politische Spätaufklärung und vorromantischer Frühkonservativismus. Aspekte der Forschung. In: Fritz Valjavec: Die Entstehung der politischen Strömungen in Deutschland 1770–1815. Unveränd. Nachdruck der Erstausgabe von 1951. Mit einem Nachwort von Jörn Garber. Kronberg/Taunus; Düsseldorf 1978, S. 543–592, hier S. 560 f.

28 Monika Neugebauer-Wölk: Revolution und Constitution. Die Brüder Cotta. Eine biographische Studie zum Zeitalter der Französischen Revolution und des Vormärz. Berlin 1989.

29 Siehe dazu Anm. 13.

Axel Kuhn: Gemeinsame Wege kann man immer gehen. Es gibt diesen Spezialisten für Freimaurer- und Illuminaten im Rheinland: Winfried Dotzauer, der immer wieder bewiesen hat, daß die Mehrheit der Jakobiner in den politischen Klubs zum Beispiel, in Mainz und anderswo, nicht in Freimaurer-Orden gewesen sind.[30] Ich sehe das so: In der Entstehungszeit der bürgerlichen Gesellschaft gibt es verschiedene Formen der Organisation der bürgerlichen Elite. Der erste Schritt sind die Orden, die Freimaurerorden und ihre radikaleren Varianten, Illuminaten und Deutsche Union und so weiter. In dieser Zeit trifft sich die bürgerliche Elite noch im Geheimen mit den Aristokraten. Aber es ist ein Anfang von politischer Organisation. Insofern gehört diese Organisationsform mit in die Geschichte der politischen Organisation. Eine weitere Stufe sind die Jakobiner-Klubs. Die sind von den Orden zu unterscheiden. Dazwischen sind noch die Lesegesellschaften, die zweite Form der Organisation, und die politischen Klubs. Alle drei – Orden, Lesegesellschaften und Jakobiner-Klubs – sind eigenständige Phänomene. Ich halte es auch nicht für notwendig, personelle Kontinuitäten zwischen denen herzustellen. Es ist nicht nötig zu beweisen, wieviel Prozent von den Freimaurern bei den Lesegesellschaften sind und wie viele aus der Lesegesellschaft später in den Jakobiner-Klub kommen. Das mache ich zwar auch – es ist auch schön, wenn man feststellt, zehn von zwanzig sind es –, aber es geht um strukturelle Übergänge zu Formen von bürgerlicher Organisation. Genau da hängen sie zusammen. Es sind verschiedene Formen, wo es Stück für Stück politischer wird – und am Ende steht im 19. Jahrhundert die politische Partei. Insofern gehören die Forschungen – strukturell – zusammen.

Michael Schlott: Sie sagten vorhin, Sie seien aufgrund Ihres Forschungsberichtes „Der schwierige Weg zu den deutschen demokratischen Traditionen" von den „falschen Leuten" eingeladen worden. Können Sie vielleicht skizzieren, wie das Klima bei diesem Arbeitsgespräch an der Herzog August Bibliothek in Wolfenbüttel im Juni 1977 war? Sollten Exposés eingereicht werden? Sollte die Jakobinerforschung kritisch aus Sicht der Freimaurerforschung beleuchtet werden?

Axel Kuhn: Die Tagung hieß: „Die geheimen Gesellschaften im 18. Jahrhundert", und ich bin dazu eingeladen worden. Nein, wir wurden zu nichts aufgefordert. Es war eine normale Tagung: Man kam hin und hielt den Vortrag. Nur einige wenige hatten Papers, die sie verteilt haben, Herr von Bieberstein etwa. Aber im Vorfeld wurde überhaupt nichts festgelegt.

Michael Schlott: Sind alle Beiträge veröffentlicht worden?[31]

Axel Kuhn: Meiner ist im Tagungsband nicht veröffentlicht worden, weil ich den woanders veröffentlicht habe. Als ich sagte, ich sei von den falschen Leuten eingeladen worden, so war es im Unterschied zu späteren Kongressen eine angenehme Atmosphäre. Ich will hier keinen falschen Eindruck entstehen lassen. Alle waren sehr höflich. Jemand sagte

---

30 Vgl. dazu Walter Grab, der pauschal behauptet hat: „Die meisten Jakobiner waren Freimaurer." W. G.: Leben und Werke norddeutscher Jakobiner. Stuttgart 1973, S. 2; siehe dazu das Interview mit Helmut Reinalter, S. 627–664, hier S. 634 f.

31 Der thematisch zugeordnete Band (siehe Anm. 13) dokumentierte das oben genannte Arbeitsgespräch sowie ein Symposion der Lessing-Akademie Wolfenbüttel, das vom 6. bis 10. April 1976 stattgefunden hatte. Beide Tagungen hatten viel Material erbracht, so daß nicht alle Beiträge in *Geheime Gesellschaften* aufgenommen werden konnten; vgl. Peter Christian Ludz: Zur Einführung und zum Forschungsstand. In: P. C. L.: Geheime Gesellschaften (wie Anm. 13), S. 9–21, hier S. 9.

allerdings hinterher zu mir: „Nachdem ich Ihren Vortrag gehört habe, weiß ich, daß ich nichts von den Jakobiner-Klubs halte – das ist wie die Leninsche Partei."

Michael Schlott: Warum haben Sie Ihren Beitrag woanders veröffentlicht?

Axel Kuhn: Das weiß ich nicht mehr. Vielleicht aus dem Grunde, weil ich mit denen nicht zusammen erscheinen wollte. Einen Monat vorher fand die erste Tagung von Walter Grab in Berlin statt.[32]

Michael Schlott: „Die demokratischen Bewegungen in Mitteleuropa"?

Axel Kuhn: Ja, und dort habe ich gesprochen über „Die Stellung der deutschen Jakobiner-Klubs in der Frühgeschichte deutscher Parteien" – das war fast dasselbe wie mein Vortrag kurz darauf in Wolfenbüttel, so ist der Text im Band zur Berliner Tagung erschienen.[33] Ich lasse Beiträge nur ungern zweimal an verschiedenen Orten erscheinen.

Michael Schlott: Herr Kuhn, wir haben bereits über Walter Grab und seine Jakobinismusforschungen gesprochen. Walter Grab gab mir in einem Interview zu verstehen, er habe sein Forschungsprogramm nicht durchsetzen können. Zitat: „Zu einer institutionalisierten Forschungsrichtung hat es die Jakobinerforschung in Deutschland nicht gebracht."[34]

Grabs Resümee deckt sich in etwa mit den Überlegungen des Marburger Literaturwissenschaftlers Gerhart Pickerodt, der in einer 1982 erschienenen Aufsatzsammlung über *Georg Forster in seiner Epoche*[35] ein sehr nüchternes Fazit gezogen hat: Forster sei zu Beginn der 1970er Jahre zum Kampfgenossen des revolutionär gesinnten Intellektuellen gemacht worden, zehn Jahre später jedoch sei im kollektiven Bewußtsein eine allgemeine Tendenz sichtbar geworden, die ehemals revolutionären Ideale, den Willen zur Veränderung der Gesellschaft, zugunsten eines auf Ernüchterung beruhenden Verständnisses gesellschaftlicher Phänomene zu verabschieden.[36] Pickerodt wertet das nicht gerade positiv. Er ließ durchblicken, daß er diese Tendenzwende auch unter politisch-moralischen Gesichtspunkten für kritikwürdig hielt.[37] Wie stehen Sie zu solchen Überlegungen?

Axel Kuhn: Also ich kann nicht verstehen, wie Walter Grab zu dieser Meinung gekommen ist. Ich glaube nicht, daß sie am Ende ist. Die Bücher von Grab werden weithin rezipiert, er ist in aller Munde. Ich weiß nicht, was er noch wollte, aber die Jakobinismusforschung hat sich meiner Meinung nach sogar ein Stück weit mehr durchgesetzt als in den 1960er und 1970er Jahren. Ich würde übrigens unterscheiden, das habe ich schon seit längerem beobachtet: Meiner Meinung nach hat sie sich in der Literaturwissenschaft stärker durchgesetzt als in der Geschichtswissenschaft. Ich bin der Meinung, daß die Geschichtswis-

32 Vgl. dazu: Die demokratische Bewegung in Mitteleuropa im ausgehenden 18. und frühen 19. Jahrhundert. Ein Tagungsbericht. (Arbeitstagung „Die Demokratische Bewegung in Mitteleuropa im ausgehenden 18. und frühen 19. Jahrhundert", 19. bis 21. Mai 1977). Bearb. und hrsg. von Otto Büsch und Walter Grab unter Mitarbeit von Jürgen Schmädeke und Monika Wölk. Berlin 1980.

33 Axel Kuhn: Die Stellung der deutschen Jakobinerklubs in der Frühgeschichte deutscher Parteien. In: Die demokratische Bewegung (wie Anm. 32), S. 73–82.

34 Siehe dazu das Interview mit Walter Grab, S. 486–499, hier: S. 490.

35 Georg Forster in seiner Epoche. Hrsg. von Gerhart Pickerodt. Berlin 1982.

36 Vgl. Gerhart Pickerodt: Aspekte der Aktualität Georg Forsters. In: Georg Forster in seiner Epoche (wie Anm. 35), S. 4–8, hier S. 5.

37 Siehe dazu das Interview mit Gerhart Pickerodt, S. 590–606, hier S. 594 f.

senschaft noch die konservativere Wissenschaft ist – wenn ich zum Beispiel bedenke, daß die Metzler-Literaturgeschichte von Inge Stephan u. a. immerhin den Jakobinismus mit Klassik und Romantik als gleichwertige Strömung darstellt,[38] dann finde ich, daß viel erreicht worden ist. In den Geschichtsbüchern, dem *Handbuch der deutschen Geschichte*[39] etwa, da hinken wir weiter hinterher. Ich glaube, die Beobachtung, daß man zu einer nüchterneren Phase der Erforschung gekommen ist, stimmt. Ich halte ein solches Umdenken aber inzwischen für richtig. Damals war wirklich ein politisches Postulat dabei. Wenn man dauernd seine politische Gesinnung mit vorträgt, dann verprellt man auch andere, die vielleicht eigentlich bereit zur Aufnahme wären. Ich habe inhaltlich nichts geändert an meinen Ansichten, aber ich muß nicht dauernd sagen: „Wir treten für die deutschen demokratischen Traditionen ein und finden das andere schlecht." Es wird, meine ich, einfach weiter geforscht. Vielleicht spürt Grab, daß er nicht mehr der Promoter ist, sondern im internationalen deutschsprachigen Bereich Helmut Reinalter seine Rolle übernommen hat.[40] Natürlich setzt er das Programm nicht in derselben Richtung fort, aber es wird weiter geforscht. Vielleicht ist er auch verbittert, daß sein *Jahrbuch*[41] nicht in der gleichen Richtung weitergeführt werden konnte. Das finde ich auch sehr bedauerlich, denn das war wirklich ein wichtiges Organ. Aber das bedeutet noch lange nicht, daß diese Forschung am Ende ist.

Michael Schlott: In welcher „Richtung" ist das *Jahrbuch* weitergeführt worden?

Axel Kuhn: Ich habe das nicht genauer verfolgt. Ich habe es bloß abbestellt, weil mich an der Zeitschrift unter Grabs Leitung die Schwerpunkte der Forschungen zum deutschen Jakobinismus und zu anderen Freiheitsbewegungen wie auch zur jüdischen Geschichte interessiert haben. Jetzt ist es viel breiter gefächert – die spezifisch Grab'sche Forschungsrichtung ist geöffnet worden in Richtung eines allgemeinen historischen Jahrbuchs, wie es viele gibt.

Michael Schlott: Ich hatte Grabs Aussage dahingehend interpretiert, daß er es bedaure, daß nur sehr wenige Wissenschaftlerinnen und Wissenschaftler die Erforschung des ‚deutschen Jakobinismus' zu ihrer Lebensaufgabe gemacht haben.

Axel Kuhn: Also ich mache das zu meiner Lebensaufgabe. Allerdings hat Grab mir schon vor vielen Jahren – als ich bei der Habilitationsschrift war – gesagt, daß ich mit diesem Thema in der Bundesrepublik Deutschland keinen Lehrstuhl bekommen werde. Ich habe auch keinen.

Michael Schlott: Sie haben keinen Lehrstuhl?

---

38 Wolfgang Beutin u.a: Deutsche Literaturgeschichte. Von den Anfängen bis zur Gegenwart. Stuttgart 1979. Das Hauptkapitel „Kunstepoche" hat das Unterkapitel „Reaktionen auf die Französische Revolution: Klassik – Romantik – Jakobinismus".

39 Walter Demel: Gebhardt. Handbuch der deutschen Geschichte. Bd. 12: Reich, Reformen und sozialer Wandel, 1763–1806. Jetzt: 10., völlig neu bearb. Aufl. Stuttgart 2005; Jürgen Kocka: Gebhardt. Handbuch der Geschichte, Bd. 13: Das lange 19. Jahrhundert. Jetzt: 10., völlig neu bearb. Aufl. Stuttgart 2002.

40 Siehe dazu das Interview mit Helmut Reinalter, S. 627–664, hier S. 638–641.

41 Jahrbuch des Instituts für deutsche Geschichte. Hrsg. von der Universität Tel Aviv, Forschungszentrum für Geschichte, Tel Aviv 1972–1986; ab 1987 unter dem Titel Tel Aviver *Jahrbuch für deutsche Geschichte*.

Axel Kuhn: Nein, ich bin seit 1968 auf einer Assistentenstelle beschäftigt und habe, wie üblich, sechs Jahre nach der Habilitation den Professorentitel bekommen. Aber ich habe eine in eine Universitätsdozentur umgewandelte Assistentenstelle.

Michael Schlott: Ist die Beschäftigung mit der Thematik karriereschädlich?

Axel Kuhn: Ich habe mich in der Zeit, in der ich habilitierte – man hoffte damals noch, sich kumulativ habilitieren zu können – und danach mehrfach beworben. Aber nicht mehr als 25mal. Irgendwann habe ich dann beschlossen, daß ich das einfach nicht mehr mache. Das hat persönliche Gründe: Ich muß jetzt nur vier Stunden Lehre in der Woche machen. An der Universität Stuttgart hat man eine Grundordnung geschaffen, nach der ich nicht Geschäftsführender Direktor oder Dekan werden kann. Ich kann also keine höheren Verwaltungsaufgaben wahrnehmen und habe ein relativ ruhiges Universitätsleben mit einer guten finanziellen Sicherheit. Ich habe seit den 1970er Jahren die Strategie verfolgt, ein zweites Bein außerhalb der Universität zu haben. Ich habe dann verschiedene außeruniversitäre Bildungsprojekte betrieben.

Michael Schlott: Was für Projekte waren das?

Axel Kuhn: Ich will den Bericht über meine wissenschaftliche Entwicklung zunächst so vollenden: Ich habe eigentlich einen Fehler gemacht (obwohl mir das auch wichtig war) und bin nach den ersten Arbeiten zum Jakobinismus zuerst weiter gegangen zur deutschen Arbeiterbewegung. Darüber habe ich kaum etwas publiziert, aber Vorlesungen und Seminare veranstaltet, um deutsche demokratische Traditionen weiterzuverfolgen. In der Folge habe ich dann jede politische Splittergruppe in Deutschland einmal zum Seminarthema gemacht, bis hin zu den Anarchisten und zur Frauenbewegung. Das war zwar sehr wertvoll, ich halte es aber heute für einen Umweg. Ich bin dann erst nach fünf oder sechs Jahren wieder zum Jakobinismus zurückgekommen und hatte dann eine Menge aufzuholen. Ich habe also viele andere Unternehmungen in Gang gesetzt. In dieser Zeit habe ich in verschiedenen Projekten außerhalb der Universität zunächst mit den Gewerkschaften zusammengearbeitet. Teilweise habe ich auch versucht, sie an die Universität zu binden: Wir haben Seminare mit Studenten und Gewerkschaftern gemacht, etwa eine Ton-Bild-Schau zur Geschichte der deutschen Arbeiterbewegung erarbeitet, die in Schulen und in der gewerkschaftlichen Bildung behandelt werden sollte. Dann habe ich so etwas wie eine Geschichtswerkstatt gegründet, die Franz-Mehring-Gesellschaft. Das war noch in meiner sozialistischen Phase. In dieser Gesellschaft haben wir mit Studenten und Leuten von außerhalb der Universität Bildungsarbeit betrieben, haben zum Beispiel vier *Jahrbücher* veröffentlicht.[42] Schließlich haben wir die Gesellschaft beendet. Dort wurde immer auch über die deutschen demokratischen Traditionen diskutiert und gearbeitet – so wurden zum Beispiel Vorträge gehalten. Der dritte Punkt war dann Volkshochschularbeit, da stecke ich bis heute noch intensiv drin. In der Region, hauptsächlich in Stuttgart, habe ich Veranstaltungen zur alternativen Weiterbildung mitkonzipiert, wo auch Demokratie-Geschichte eine Rolle spielt. Da trage ich regelmäßig über Deutschland und die Französische Revolution vor.

Michael Schlott: Gibt es dazu Unterrichtsmodelle und -konzepte? Wir würden gern auch den Bereich der sogenannten grauen Literatur wenigstens ansatzweise dokumentieren.

---

42   Demokratie- und Arbeitergeschichte. Jahrbuch. Hrsg. von der Franz-Mehring-Gesellschaft. Bd. 1–4/5 (1980–1985).

Axel Kuhn: Ich habe diese vier *Jahrbücher* der Franz-Mehring-Gesellschaft erwähnt; da findet sich in dem ersten Band ein Unterrichtsmodell von einem Doktoranden von mir, der über Bonner Jakobiner gearbeitet hat.[43]

Michael Schlott: Das kenne ich, ja. Sie erwähnen es, meine ich, auch in „Jakobinismus im Rheinland: ein neues Resümee."[44]

Wir sind mit diesen Komplex noch nicht ganz fertig. Wie verhält es sich mit dem von Pickerodt thematisierten Wandel des intellektuellen Bewußtseins seit den 1980er Jahren? Wie haben sich Wissenschaftler und Forscher, die sich ehedem progressiven Traditionen verpflichtet fühlten, darauf eingestellt? Haben sie sich überhaupt darauf eingestellt? Ist eine solche Tendenz zu beobachten?

Axel Kuhn: Ja, es ist die Tendenz zu beobachten, daß mit der politischen Wende Anfang der 1980er Jahre auch eine geistig-wissenschaftliche Wende einhergeht. Nun sind andere Themen als die Demokratie-Themen und die Jakobinerforschung aktuell. Das beste Beispiel sind die Verlage: Der Metzler-Verlag hat die Reihe *Deutsche revolutionäre Demokraten*[45] eingestampft, und es ist schwierig, Verlage zu finden, die solche Bücher auf den Markt bringen. Es ist also offenbar weniger Markt da. Wenn ich gefragt werde, wie man sich darauf eingestellt hat, so kann ich nur von mir sprechen: Ich habe mich darauf eingerichtet zu überwintern. Das wird sich irgendwann auch wieder ändern, und ich arbeite einfach weiter. Eine Erfahrung ist, daß in der Landesgeschichte eine hohe Akzeptanz herrscht, ich arbeite seit Jahren mehr über württembergische, also über südwestdeutsche Jakobiner. Ich habe gerade von Herrn Maurer, dem scheidenden Leiter des Hauptstaatsarchivs – in seiner Festschrift hatte ich gerade einen Beitrag[46] –, einen Brief bekommen mit der Bemerkung, daß sich alles, was ich schreibe, zu einem eindrucksvollen Mosaik zusammensetze. Ich glaube, daß sich das in diesen Bereichen der Landesgeschichte durchsetzt.

Michael Schlott: Den Eindruck hatte ich auch. Wenn man beispielsweise nach Mainz fährt – ich habe vor etwa einem Monat mit Franz Dumont gesprochen –, stößt man auf ein anderes Akzeptanzverhalten. Worauf führen Sie das zurück? Walter Grab vertritt die Ansicht, daß konservative Ordinarien die Jakobinerforschung zu einer läppischen Marginalie der deutschen Geschichte erklärten, die es nicht lohnend mache, sich mit ihr abzugeben. Damit sollten die frühen demokratischen Bewegungen und Persönlichkeiten in den Hades der Vergessenheit gestoßen werden.[47] Sehen Sie das ähnlich?

---

43 Hansjürgen Geisinger: Freiheitswille gegen Untertanengeist. Die linksrheinische deutsche Jakobinerbewegung im Schulunterricht. In: Demokratie- und Arbeitergeschichte (wie Anm. 42), Bd. 1 (1980), S. 126–139.

44 Axel Kuhn: Jakobinismus im Rheinland: ein neues Resümee. In: Aufklärung – Vormärz – Revolution 1 (1981), S. 29–36.

45 Siehe dazu Anm. 7.

46 Axel Kuhn: „Die besten jungen Köpfe Wirttembergs gewinnen". Reinhard und die Wetzlarer „Freunde der Wahrheit", Kerner und die Tübinger Studentenbewegung 1794/95. In: Aus südwestdeutscher Geschichte. Festschrift für Hans-Martin Maurer. Dem Archivar und Historiker zum 65. Geburtstag. Im Auftrag des Württembergischen Geschichts- und Altertumsvereins und der Kommission für Geschichtliche Landeskunde hrsg. von Wolfgang Schmierer u. a. Stuttgart u. a. 1994, S. 560–579.

47 Siehe dazu das Interview mit Walter Grab, S. 486–499, hier S. 497.

Axel Kuhn: Ja, aber es stört mich nicht, solange man veröffentlichen kann. Allerdings setzen sich solche Zustände auf die Dauer durch.

Michael Schlott: Drittmitteleinwerbung läuft beispielsweise über das Gutachterwesen. Wenn es richtig ist, was Grab konstatiert – und was Sie, wenn auch vorsichtig, bestätigen –, dann hatten und haben diese sogenannten konservativen Historikergruppen offenbar auch im Gutachterwesen eine starke Präsenz und können bestimmte Forschungsaktivitäten gegebenenfalls blockieren …

Axel Kuhn: Das ist richtig, aber das habe ich seit langem gespürt. Das ist auch meine einzige Klage – wenn ich denn eine habe: daß ich natürlich am liebsten eine Gruppe von Doktoranden und Habilitanden hätte, mit denen ich gemeinsam an den Themen arbeiten könnte, die mich interessieren. Das ist nicht drin; aber wenn ich so etwas erkannt habe, versuche ich, es zu unterlaufen und arbeite mit den Studenten zusammen. Ich habe zwei Projekt-Seminare gemacht, und die Leute, die ich durch fehlende Drittmittel als Mitarbeiter nicht bekomme, hole ich mir in den Hauptseminaren durch Projekt-Seminare. Dann arbeiten wir zu zwölft mit elf Studenten an dem Thema.

Michael Schlott: Ein Beispiel wäre die Publikation zur Hohen Carlsschule?[48]

Axel Kuhn: … und mit den Volksunruhen in Württemberg.[49] Das habe ich alles mit Studierenden unternommen. Zwei Jahre sitzt man an so einem Projekt, und die ersten beiden sind gut gelaufen. Ich habe jetzt ein drittes,[50] das ist schwieriger. Ich möchte eine Geschichte der deutschen Studentenbewegung am Ende des 18. Jahrhunderts schreiben. Meine These ist – das wird Ihnen nicht neu sein –, daß die Politisierung der Studenten nicht erst unter dem Eindruck der Befreiungskriege, sondern schon am Ende des 18. Jahrhunderts unter dem Einfluß der Französischen Revolution stattgefunden hat. Die ganze Entwicklung zu den Burschenschaften verlief in drei bzw. vier Schritten: erst geheime Studentenorden – über die Organisationsform sprachen wir vorhin schon bei den Freimaurern –, dann kommt die Politisierung durch die Französische Revolution, dann kommt die Nationalisierung durch die Befreiungskriege. Diese These besagt, daß die Politisierung nicht gegen Frankreich gerichtet war, sondern kosmopolitisch auf die Fraternité, auf ein internationales Zusammenwirken orientiert. Sie ist auch nicht antisemitisch gewesen – am Anfang der Politisierung der deutschen Studenten standen diese demokratischen Linien, in die sich erst im zweiten Schritt durch die Befreiungskriege auch die dunklen, nationalistischen Elemente mischen. Es gibt, glaube ich, 30 Universitäten in Deutschland, die man dazu untersuchen müßte. Das ist ein wunderbares Forschungsprojekt. Das kann man aber nicht alleine machen. Ich habe seit mehreren Semestern Hauptseminare zu dem Thema gemacht und die Studenten auf verschiedene Universitäten angesetzt. Das Problem ist natürlich, daß sie in die Universitätsarchive fahren müßten und dazu das Geld nicht da ist. Vor allen Dingen bei

---

48 Revolutionsbegeisterung an der Hohen Carlsschule. Ein Bericht von Axel Kuhn und Birgitta Gfrörer, Cornelia Hahn, Amadeus Hoffmann, Sonja Jira, Kai Kanz, Wilfried Kühner, Beatrice Lavarini, Friederike Neuser-Bostel, Tabea Nonnenmann, Otto Nübel, Barbara Picht, Susanne Stadler. Stuttgart-Bad Cannstatt 1989.

49 Volksunruhen in Württemberg, 1789–1801. Hrsg. von Axel Kuhn. Stuttgart-Bad Cannstatt 1991.

50 Axel Kuhn und Jörg Schweigard: Freiheit oder Tod! Die deutsche Studentenbewegung zur Zeit der Französischen Revolution. Köln u. a. 2005.

Anfängern, die kaum Handschriften lesen können und dann entsprechend länger im Archiv bleiben müßten, ist das schwierig.

Michael Schlott: Hatten oder haben Sie Arbeitskontakte zu literaturwissenschaftlichen Jakobinismusforschern?

Axel Kuhn: Die hatte ich: Ich habe Herrn Steiner schon erwähnt, mit Inge Stephan war ich auch bekannt. Aber diese Kontakte sind ein bißchen eingeschlafen.

Michael Schlott: Inge Stephan ist nicht mehr in der Jakobinismusforschung aktiv.

Axel Kuhn: Ja. Das war auch kein längerer Kontakt. Aber ich habe die optimistische Einstellung, daß es mal einen Durchhänger gibt und daß es dann wieder weiter geht. Reinhard Döhl und ich hatten einen gemeinsamen Doktoranden, der gerade den Wandel studentischer Mentalitäten von 1740 bis 1800 untersucht hat: *Von der Tugend zur Freiheit*.[51] Er hat über 300 studentische Stammbücher darauf hin untersucht, welche Schriftsteller die Studenten von 1740 bis 1800 zitieren. Er hat rund 5000 Einträge gesammelt und auf der Grundlage hat er unter anderem eine ‚Hitliste‘ der beliebtesten Schriftsteller der Studenten des 18. Jahrhunderts erstellt. Das Spannende daran ist, wie er sagt, daß er auf dem Weg zu einer alternativen Literaturgeschichte sei. Es geht nicht um die Geschichte der in einer Epoche produzierten Literatur, sondern um die Geschichte der in einer Epoche gelesenen Literatur. Dazu gehören natürlich alle Arten von Titeln – auch die Bibel. Über 60 Jahre war Horaz der beliebteste Ideengeber der Studenten, aber dann kommt gleich Schiller. Weil der erst seit 1780 überhaupt rezipiert werden kann, ist er zur Zeit der Französischen Revolution der Ideengeber der Studenten, die ihn – wie es der Doktorand sagt – gegen seine eigene politische Meinung revolutionär umkodieren. Sie zitierten nur die revolutionären Sprüche. Der historische Ertrag ist der Nachweis in einer quantitativen Studie über das, was Jost Hermand schon immer gesagt hat, daß nämlich Freiheitsbewegungen oder Freiheitsforderungen in Deutschland schon vor Ausbruch der Französischen Revolution stark vertreten sind. Auch die Valjavec-These[52] wird letztlich bestätigt. Die Französische Revolution ist nur noch ein erneuter Schub, aber die Tugendforderungen haben sich in der Mentalität der studentischen Avantgarde in Deutschland längst zu Freiheitsforderungen entwikkelt. Man könnte noch viel weiter arbeiten. Bürger etwa wird revolutionär rezipiert, Pfeffel wird revolutionär rezipiert – Goethe hingegen kommt überhaupt nicht vor, der steht erst an 13. Stelle auf der ‚Hitliste‘.

---

51   Horst Steinhilber: Von der Tugend zur Freiheit. Wandel studentischer Mentalitäten von 1740 bis 1800 (auf der Basis von Stammbüchern). Hildesheim 1995.

52   Valjavec wertete die politische Strömung des „Demokratismus“ (Jakobinismus) als historisches Ergebnis liberaler Theorie(n) und sah, wie Garber bemerkt hat, nicht die ideologischen und politikgeschichtlichen Rückwirkungen der Französischen Revolution, nicht die Krisenerscheinungen des deutschen Absolutismus in der Spätzeit Josephs II. und Friedrich Wilhelms II. von Preußen, nicht die altständischen Oppositionsbewegungen gegen die absolutistische Machtmonopolisierung, nicht die einschneidenden Neuordnungsbestrebungen Napoleons in Deutschland und schließlich nicht die Auflösung des alten Reiches als evozierende Potentiale im Prozeß der Ausdifferenzierung der politischen Öffentlichkeit an: „Alle Umbrüche der Folgezeit wirken lediglich verstärkend, keinesfalls aber strukturierend auf diesen Prozeß der sich polarisierenden Öffentlichkeit. Die Aufklärung ist nach Valjavec der ideologische Ursprungsort von Liberalismus, Demokratismus, Frühsozialismus und (in negativer Vermittlung) auch des gegenaufklärerischen Konservativismus.“ Garber: Politische Spätaufklärung (wie Anm. 27), S. 549.

Michael Schlott: Offenbar handelt es sich in erster Linie um solche Schriftsteller, die auch in der Jakobinismusforschung untersucht wurden.

Axel Kuhn: Eben – die Studenten haben sie gelesen und kannten deren Verse. Das ist aber ein völlig neuer Ansatz gegenüber den Untersuchungen, die etwa Rolf Reichardt in Mainz macht, wo es nur nach gedruckten Büchern geht, bei denen er nie beweisen kann, ob sie auch gelesen worden sind.

Michael Schlott: Stammbücher sind offenbar ein aussagekräftigeres Quellenmaterial. Aber vielleicht sind 300 ein bißchen wenig.

Axel Kuhn: Es gibt nicht viel mehr.[53] Der Doktorand hat sämtliche großen Stammbuchsammlungen in Deutschland untersucht. Er hat eine Stichprobe gemacht nach 200, und da kam schon dasselbe heraus wie nach 300. Er hat insgesamt 30 000 Einträge untersucht, 5000 davon hat er herausgefiltert. Wie waren wir darauf gekommen?

Michael Schlott: Über die Frage nach Arbeitskontakten zu Literaturwissenschaftlern. Gab es Kontakte nach Bremen zu Hans-Wolf Jäger?

Axel Kuhn: Kaum, ich habe immer nur seine Arbeiten gelesen.

Michael Schlott: Wo lagen Ihrer Ansicht nach gravierende Defizite der literaturwissenschaftlichen Jakobinismusforschung, vorausgesetzt, Sie sehen solche Defizite?

Axel Kuhn: Dazu kann ich nichts sagen. Ich habe das nie darauf hin untersucht. Ich habe immer wieder viel von den Büchern profitiert. Ich glaube, daß vielfach die saubere, detaillierte historische Fundierung fehlt. Ich habe das bei Hölderlin gemerkt: Ich habe für eine Tübinger Universitätszeitung einen großen Aufsatz über die Tübinger Studentenbewegung zur Zeit Hölderlins und Hegels geschrieben.[54] Dafür habe ich erstmalig 26 Tübinger Stammbücher herangezogen. Die habe ich chronologisiert und damit jeden Studenten Tag für Tag der Reihe nach im Zettelkasten. Dadurch weiß ich, wann welche Studenten welche revolutionären Formeln in Tübingen gesagt haben. Ich konnte dadurch präzise erstmals den Anfang der Tübinger Studentenbewegung – also jedenfalls den Moment, von dem an sie sich artikulieren – auf Mai 1791 festlegen. Ich weiß genau, welche Leute das sind und wie es weitergeht. Es ergibt ein anderes Bild, wenn man Hölderlins Tübinger Freiheitsgedichte oder die Briefe zur ersten, nicht erhaltenen Fassung des *Hyperion* da hineinstellt. Man denke daran, wie er am gleichen Tag, an dem sich in Tübingen auf dem Marktplatz randalierende Studenten schlagen, zu Hause sitzt und seiner Schwester einen Brief schreibt, worin er sie auffordert, für den Sieg der Franzosen zu beten.[55] Da sieht man ganz andere Zusammenhänge. Wenn ich das verallgemeinern darf:

53   Vgl. dazu jetzt: REPERTORIVM ALBORVM AMICORVM ⟨http://www.raa.phil.uni-erlangen.
     de/index.shtml⟩ (eingesehen am 10.03.2012); ferner: „Ins Stammbuch geschrieben…". Studentische Stammbücher des 18. und 19. Jh. aus der Sammlung des Stadtarchivs Göttingen. Bearb. von
     Maria Hauff u. a. Göttingen 2000.

54   Axel Kuhn: Schwarzbrot und Freiheit. Die Tübinger Studentenbewegung zur Zeit Hölderlins und
     Hegels. In: Bausteine zur Tübingen Universitätsgeschichte. Hrsg. von Volker Schäfer. Folge 6,
     Tübingen 1992, S. 9–62.

55   „Bete für die Franzosen, die Verfechter der menschlichen Rechte", schrieb Hölderlin an seine
     Schwester, denn bei einem Sieg der Österreicher drohe schrecklicher Mißbrauch der fürstlichen
     Gewalt; vgl. Friedrich Hölderlin: Sämtliche Werke, Briefe und Dokumente. („Frankfurter Aus-

Der eigentliche Fortschritt bei einer solchen Betrachtungsweise wäre der, daß man detaillierte historische Untersuchungen mit den literaturwissenschaftlichen Dingen zusammenbringt.

Michael Schlott: Können Sie die wichtigsten Ergebnisse der 1977er Tagung *Demokratische Bewegung in Mitteleuropa*[56] skizzieren? Es gibt darüber einen umfangreichen Band, aber ich bin natürlich, über die offiziellen Publikationen hinaus, an weiteren Informationen interessiert. Also: Warum war – zumindest im Titel – nicht mehr von revolutionär-demokratischen Bewegungen oder gar vom Jakobinismus die Rede, sondern von *der* „demokratische[n] Bewegungen in Mitteleuropa"?

Axel Kuhn: Das weiß ich nicht mehr. Dieser anders lautende Titel scheint mir heute nicht problematisch. Meiner Meinung nach war das bundesweit die erste Tagung zur Jakobinerforschung. Das war der Durchbruch, bei dem sich die Jakobinerforschung etabliert und auf einer Tagung mit Vorträgen aus verschiedenen Richtungen und mit einem Tagungsband artikuliert hat. Wenn Sie an solchen Interna interessiert sind, dann kann ich dazu etwas zur Vorgeschichte sagen. Im Unterschied zur Wolfenbütteler Tagung[57] habe ich da nämlich eine klare Erinnerung daran. Offenbar haben sich am Vorabend einige Teilnehmer mit Grab getroffen, auch Kollegen aus Berlin. Ich hatte den Eindruck, daß die eine politische Strategie entwickelt haben, wie das auf der Tagung zu laufen habe. Grab sah das sehr politisch. Interessant für mich waren zwei Dinge. Erstens: Den Hellmut G. Haasis haben sie überhaupt nicht eingeladen.[58] Das war also derjenige, der bei dieser Konstituierung der deutschen Jakobinerforschung außen vor blieb als linksradikale Alternative. Das zweite war: Ich hatte das deutliche Gefühl, daß sie mich eingeladen hatten, um einen Buhmann zu haben. Ich wurde eingeladen, weil sie einen internen Gegner brauchten, mit dem sie diskutieren konnten. Nach meinem Vortrag – auch vorher schon in meinen Diskussionsbeiträgen, aber vor allem nach meinem Vortrag – sind die über mich hergefallen, wie ich es nicht erwartet hatte.

Michael Schlott: Dann stimmt es also – wenn ich das kurz einflechten darf –, daß sich Walter Grabs Einleitungsreferat[59] zur Tagung gegen Ihre und wahrscheinlich ebenso gegen Molitors[60] Forschungsergebnisse und Methoden richtete.

Axel Kuhn: Das kann sein. Scherpe und Denkler aus Westberlin – also niemand aus der DDR – haben mit Grab vorab so eine Richtung festgeklopft. Ich hatte das Gefühl, der Kuhn wird deshalb kritisiert, weil er – ich weiß auch nicht aus welchen Gründen – zu sehr diese politischen Traditionen betont. Als ich dann diese Brückenschlagtheorie von den Jakobinern über die 1848er beziehungsweise 1849er Revolution zur Arbeiterbewegung

---

gabe"). Historisch-kritische Ausgabe. Hrsg. von Dietrich E. Sattler. Bd. 6. Hg. von D. E. S. und Wolfram Groddeck. Frankfurt/Main und Basel 1999, S. 77.

56 Siehe dazu Anm. 32.

57 Siehe dazu Anm. 13.

58 Siehe dazu I, 1.4, S. 27 f., Anm. 60.

59 Vgl. Walter Grab: Zur Definition des mitteleuropäischen Jakobinismus. In: Die demokratische Bewegung (wie Anm. 32), S. 3–22.

60 Vgl. Hansgeorg Molitor: Vom Untertan zum Administré. Studien zur französischen Herrschaft und zum Verhalten der Bevölkerung im Rhein-Mosel-Raum von den Revolutionskriegen bis zum Ende der napoleonischen Zeit. Wiesbaden 1980.

vorstellte,[61] wurde mir das von denselben Leuten als unhistorisch vorgeworfen, von denen ich dachte, die arbeiten in derselben Richtung wie ich.

Michael Schlott: Aber *Von Mainz nach Hambach*[62] war ein ähnlicher Ansatz.

Axel Kuhn: Ja, die machen es genauso, aber merkwürdigerweise wurde es mir trotzdem vorgeworfen. Ich habe jedenfalls in Erinnerung, daß diese Brückenschlagtheorie wahnsinnig umstritten war, wie sich die demokratischen Traditionen in Deutschland bis in die Arbeiterbewegung hinein verlängert haben. Auch die These von den Jakobiner-Klubs als Vorform der politischen Partei, die ich da vertreten habe, war sehr umstritten. Ich hatte da allerdings den Eindruck, daß es da weniger um politische Abgrenzung ging, sondern da verliefen die Fronten völlig durcheinander: Also die Franzosen, die anwesend waren, waren wider Erwarten völlig dagegen. Dabei haben die über den jungen Marx und die Arbeiterparteien in den 1840er Jahren geschrieben, und ich dachte, die müßten da zustimmen. Wahrscheinlich waren sie der Meinung – ich weiß nicht, wie nah die damals der KPF standen –, die erste Partei sei eine Arbeiterpartei gewesen, und das dürfen keine Jakobiner-Klubs sein. Dann kam dieser komische Einwand, daß es keine zentrale Leitung gegeben habe bei den Jakobiner-Klubs, also keinen Parteivorsitzenden – deshalb sei es keine Partei gewesen. Da wurden dann also merkwürdigerweise konservativ-liberale Vorstellungen von der Honoratiorenpartei – also es müsse eine zentrale Spitze geben – auf alle Parteien übertragen. Man konnte sich gar nicht vorstellen, daß so etwas auch spontan an der Basis entstehen kann, als sich verbrüdernde Ortsgruppen. Also ich habe in Erinnerung, daß es ein wahnsinniges Gefecht war. Dabei bin ich dorthin gefahren und dachte: ‚Jetzt komme ich in eine Gruppe von Leuten, die alle in dieselbe Richtung arbeiten.‘ Dann mußte ich mich dauernd verteidigen. Hinterher haben sie gesagt, ich hätte mich gut verteidigt und bin offenbar aufgenommen worden. Aber währenddessen hatte ich das Gefühl, die wollten mich abschießen.

Michael Schlott: Warum ist Hellmut Haasis nicht eingeladen worden?

Axel Kuhn: Den hielten sie für einen linken Chaoten – Grab konnte gar nicht mit ihm. Haasis hat sich in den letzten Jahren allerdings schon sehr verändert. Es gab diese Geschichte, daß er in Grabs Reihe[63] den Band über Mainz machen sollte.

Michael Schlott: Das war der zweite Band, meine ich, den Sie dann später gemacht haben?

Axel Kuhn: Ich habe den dann später gemacht, ja.[64] Die Geschichte war aber die: Haasis sollte den Band machen. Er war fast fertig und hatte ein Vorwort dazu geschrieben ... Also wenn Jakobinismus Volksverbundenheit ist, dann hätte Haasis zumindest anders schreiben sollen. Sein Buch über die Zeit der deutschen Jakobiner ist wunderbar zu lesen.[65] Aber

---

61 Kuhn: Die Stellung der deutschen Jakobinerklubs (wie Anm. 33).
62 Vgl. Walter Grab: Von Mainz nach Hambach. Zur Kontinuität revolutionärer Bewegungen und ihrer Repression 1792–1832. In: Deutschland in der Weltpolitik des 19. und 20. Jahrhunderts. Fritz Fischer zum 65. Geburtstag. Hrsg. von Imanuel Geiss und Bernd J. Wendt. Düsseldorf 1973, S. 50–69; 2. Aufl.: 1974 Franz Dumont: Von Mainz nach Hambach? Kontinuität und Wandel im Lebensweg rheinischer und pfälzischer Jakobiner. In: Die Französische Revolution und die Oberrheinlande (1789–1798). Hrsg. von Volker Rödel. Sigmaringen 1991, S. 205–221.
63 Deutsche revolutionäre Demokraten (wie Anm. 7).
64 Ebd., Bd. 2.
65 Hellmut G. Haasis: Gebt der Freiheit Flügel. Die Zeit der deutschen Jakobiner 1789–1805. 2 Bde. Reinbek 1975.

was ich einfach unverschämt fand, war, daß man ihm sein Manuskript offenbar nicht zurückgegeben hat. Das blieb beim Metzler-Verlag. Haasis war damals so unschuldig, keinen Durchschlag davon zurückzubehalten. So war – wenn ich das richtig erinnere – seine ganze Quellenarbeit mehr oder weniger dahin. Im Zusammenhang mit diesem geplanten zweiten Buch hat es dann große Probleme mit dem Verlag gegeben; nur die Bibliographie hat Haasis dann separat veröffentlicht.[66]

Michael Schlott: Es gab einen Prozeß …

Axel Kuhn: Davon weiß ich nichts. Jedenfalls ist das so gelaufen. Ich habe dann *Der schwierige Weg zu den deutschen demokratischen Traditionen*[67] geschrieben. Später rief mich der Lektor von Metzler an und fragte, ob ich nicht als Ersatz für den ausgefallenen Band so etwas machen wollte. Ich habe lange nachgedacht und mir dann gesagt: Das ist eine Chance, dann mache ich es. Es ist nicht meine Schuld, daß der Haasis-Band gekippt wurde, dann schreibe ich einen.

Michael Schlott: Herr Kuhn, noch eine Frage zur „Kornpreisdebatte": Was hatte es damit auf sich? Sie haben vorhin angesprochen, daß Sie das heute auch etwas anders sehen.

Axel Kuhn: Ich weiß gar nicht, ob das wirklich eine echte Debatte war. Sie ist meiner Meinung nach auch nicht lange geführt worden. Ich habe das in die Arbeit noch reingeschrieben, weil zu meinen Überlegungen die Frage gehörte, ob man das Ganze nicht besser fundieren kann als bloß durch Personen, die sich durch Ideen der Revolution verändern. Da ich schon bei Mitgliedern der Klubs war und auch bei Köln Bewegungen aus den Unterschichten mitstudiert hatte, fiel mir auf, daß die Lebensmittelpreise dort in den 1770er Jahren und in den 1790er Jahren noch einmal gestiegen sind. Da dachte ich sofort: Aha, es sind in den 1770er Jahren auf dem Kontinent die Lebensmittelpreise gestiegen, und es beginnt – wie Jost Hermand sagt – die deutsche Republikforderung.[68] In den 1790er Jahren ist das Brot wieder teurer geworden – dann haben wir den Jakobinismus als eine Bewegung. Aber das ist – wie ich schon sagte – einfach zu platt. Die Studien zu Revolutionen, auch die zur Französischen Revolution, argumentieren nicht so. 1788 gab es zwar auch eine Krise, und ich meine mich zu erinnern, daß am 14. Juli 1789 das Brot auch besonders teuer war – aber

---

66 Hellmut G. Haasis: Bibliographie zur deutschen linksrheinischen Revolutionsbewegung in den Jahren 1792/93. Die Schriften der demokratischen Revolutionsbewegung im Gebiet zwischen Mainz, Worms, Speyer, Landau, Sarre-Union, Saarbrücken und Bad Kreuznach. Kronberg/ Taunus 1976; Deutsche Jakobiner. Mainzer Republik und Cisrhenanen 1792–1789. Ausstellung des Bundesarchivs und der Stadt Mainz im Foyer des Mainzer Rathauses. Bd. 2: Bibliographie zur deutschen linksrheinischen Revolutionsbewegung in den Jahren 1792/93. Ein Nachweis der zeitgenössischen Schriften mit den heutigen Standorten, zusammengestellt von Hellmut G. Haasis. Mainz 1981.

67 Kuhn: Der schwierige Weg (wie Anm. 12).

68 Vgl. Von deutscher Republik. 1775–1795. Texte radikaler Demokraten. Hrsg. von Jost Hermand. Frankfurt/Main 1975. In der „Vorbemerkung" (S. 9–25) heißt es (S. 12): „Denn schließlich geht diese ‚republikanische' Gesinnung nicht allein auf den Bastillesturm zurück. Einmal ganz grob gesprochen, ist sie eher das ideologische Sammelbecken aller aufklärerischen Tendenzen des 18. Jahrhunderts, ja läßt sich in manchen Zügen bis zum lutherischen Konzept der Gewissensfreiheit zurückverfolgen. Und zwar erreicht diese Strömung ihren ersten Höhepunkt in der Mitte der siebziger Jahre. […]. Sogar das Schlagwort von der ‚deutschen Republik' wird bereits in diesen Jahren in die Debatte geworfen."

das ist einfach bloß ein Anlaß. Die Frage bleibt weiterhin bestehen, ob man auf irgendeine Weise begründen kann, warum welche jakobinischen Zentren wo in Deutschland entstanden sind. Ich bin der Meinung, daß das eher politisch als ökonomisch zu erklären ist, und neige jetzt mehr der Erklärung zu, daß je näher man an Frankreich herankommt, desto intensiver ist der deutsche Jakobinismus zu erfahren.

Michael Schlott: Wie ist Ihre Position im Hinblick auf die These von der Kontinuität zwischen Mainz und Hambach?

Axel Kuhn: Die finde ich richtig.

Michael Schlott: Aber nicht in jedem Fall – wir haben vorhin schon darüber gesprochen. Es gibt Brüche in den Biographien.

Axel Kuhn: Ich würde es auch nicht so sehr an den Personen festmachen. Es ist schwierig, dazu Genaueres zu sagen. Ich glaube, es gibt so eine Kontinuität. Es gibt da merkwürdige Beispiele: Ich denke an die Familie Heinzen, wo der Vater Jakobiner und der Sohn 1848er war, der letztere vom politischen Engagement seines Vaters aber gar nicht wußte. Der hat erst nach dessen Tod den Nachlaß gesehen und festgestellt, daß sein Vater im Bonner Jakobiner-Klub politische Reden gehalten hat. Also, es muß nicht alles so direkt über personelle Kontinuitäten gehen, aber ich glaube, daß eine geistige Kontinuität besteht.

Michael Schlott: Ich komme noch einmal auf Ihre Habilitationsschrift, und zwar auf die Einleitung, in der es heißt: „Nimmt man alle positiven Inhalte aus den zeitgenössischen Begriffsbestimmungen zusammen, so ergibt sich, daß deutsche Jakobiner in Nachahmung der Revolution des französischen Bürgertums die Fürstenherrschaft in Deutschland beenden und sie durch eine Demokratie, die Herrschaft des Volkes, ersetzen wollten. Solche Bewegungen haben in dem heute vorherrschenden Geschichtsbild der Bundesrepublik immer noch keinen festen Platz. In welchem Schulbuch steht dieses frühe Kapitel einer Geschichte der demokratischen und republikanischen Bestrebungen des deutschen Bürgertums verzeichnet?"[69] Das ist wahrscheinlich ein Hinweis auf die Heinemann-Rede, zumindest deckt es sich mit seinen Ausführungen.[70] Steht aber Ihre engagierte Äußerung nicht in einem gewissen Widerspruch zu den Schlußsätzen Ihres Buches: „Die deutschen Jakobiner waren eine Minderheit. [...] Diese ihre Rolle als Oppositionsbewegung gegen das damals in Deutschland herrschende Gesellschaftssystem sollte die deutschen Jakobiner heute, da ihre Organisationsform, ihre soziale Zusammensetzung und ihr Programm zu Selbstverständlichkeiten geworden sind, davor schützen, zur ideologischen Stabilisierung jedweden politischen Herrschaftssystems herangezogen zu werden."[71] Ich sehe zwischen diesen beiden Positionen eine Diskrepanz. Sind Sie der Ansicht, daß Sie diese Problematik ohne – ich sage einmal so – vorwissenschaftliche Maßstäbe bearbeitet haben? Denn auf der einen Seite fragen Sie, in welchen Geschichtsbüchern das verzeichnet stehe, auf der anderen Seite wenden Sie sich gegen einen instrumentalisierenden Zugriff.

Axel Kuhn: Ich habe mich gegen eine Geschichtsbetrachtung gewandt, die nur die Inhalte betrachtet oder die Ziele. Viele der Ziele der deutschen Jakobiner sind in der Bundesrepublik oder in der DDR – das ist mir egal – weitgehend verwirklicht gewesen. Ich wende

---

69   Kuhn: Jakobiner im Rheinland (wie Anm. 2), S. 11.
70   Vgl. Heinemann: Die Geschichtsschreibung (wie Anm. 23).
71   Kuhn: Jakobiner im Rheinland (wie Anm. 2), S. 181.

mich auch gegen eine Vereinheitlichungstendenz in der politisch-pädagogischen Weiterentwicklung unserer wissenschaftlichen Arbeit. Die 1848er-Revolution wird von allen heute im Bundestag vertretenen Parteien getragen. Sie wird in eine christliche, eine liberale und eine Arbeitertradition eingeordnet, und so sieht es auch für Hambach aus. Heute sind wir alle für diese Inhalte, und es sind plötzlich keine Gegner mehr da. Es ist vergessen, daß die Jakobiner für ihre Ideen ins Gefängnis gekommen sind. Meine Argumentation ging darauf hinaus, diese funktionelle Betrachtung beizubehalten: Die damaligen Oppositionellen in der Geschichte der demokratischen Traditionen kann man nur in späteren Geschichtsphasen mit anderen Oppositionellen vergleichen, die im weitesten Sinne ähnliche emanzipatorische Ziele haben. Man müßte also heutige Oppositionsbewegungen hernehmen – 1968 gab es welche, ob es heute noch welche gibt, weiß ich nicht. Die würden zu dieser Tradition passen. Insofern halte ich die beiden Statements nicht für widersprüchlich: Es sollte durchaus schon in den Geschichtsbüchern stehen, daß die Wurzeln der Demokratie in der Revolution liegen. Man muß sich das klarmachen. Es wurde damals erkämpft, und die Männer und Frauen sind dafür ins Gefängnis gekommen. Aber ich sage auch, daß die deutschen demokratischen Traditionen zwar schwächer sind als vielleicht in England oder in gewissen Teilen und Gruppierungen Frankreichs, daß sie aber durchaus nicht so klein und so schwach sind, wie es vorherrschende Meinung ist. Es gibt sehr viel längere Traditionen. Insofern halte ich das nicht für einen Widerspruch: Es sollte in die Geschichtsbücher, aber es sollte nicht zur Verherrlichung der Bundesrepublik dort stehen.

Michael Schlott: Ich nenne Ihnen im folgenden einige Namen, und Sie versuchen bitte, die Position der jeweils genannten Forscherpersönlichkeit – es sind aber nicht nur Forscher – gegenüber dem Jakobinismus-Problem zu charakterisieren: Rudolf Vierhaus …

Axel Kuhn: … hat mit dem Jakobinismus nichts zu tun.

Michael Schlott: Hermann Weber …[72]

Axel Kuhn: … macht Arbeiterbewegung.[73]

Michael Schlott: Elisabeth Fehrenbach …

Axel Kuhn: … ist die schärfste Gegnerin der Jakobinismusforschung.

Michael Schlott: Karl Otmar von Aretin …

Axel Kuhn: … ist älter, aber ist auch ein Gegner.

Michael Schlott: Helmut Berding …

Axel Kuhn: … kann ich nicht einschätzen. Ich habe ihn persönlich kennen- und schätzen gelernt als Herausgeber dieses Buches über soziale Unruhen.[74] Zu seiner These habe ich aber jetzt eine andere Position – und er hat mich damals gefragt, ob Hölderlin ein Jakobiner

---

72 Die Frage bezieht sich auf Hermann Weber (* 1922), von 1968 bis 1987 ordentlicher Professor für Allgemeine und Neuere Geschichte an der Universität Mainz; siehe dazu das Interview mit Franz Dumont, S. 458–485, hier S. 461 f., sowie II, 2.2.1, S. 87, 89, 94.

73 Kuhn antwortet mit Bezug auf Hermann Weber (* 1928), 1975 bis 1993 ordentlicher Professor für Politische Wissenschaft und Zeitgeschichte an der Universität Mannheim.

74 Helmut Berding: Soziale Unruhen in Deutschland während der Französischen Revolution. Göttingen 1988.

war. Er könne es nicht verstehen, ich solle es ihm endlich mal erklären. Ich würde gerne mal länger mit ihm reden.

Michael Schlott: Franz Dumont …

Axel Kuhn: … wie soll ich ihn charakterisieren? Wir kennen uns sehr gut und haben auch mehrere Ausstellungen zusammen gemacht. Ich weiß natürlich, daß er CDU-Mitglied ist und daß er die Gegenschrift zu Scheel über die Mainzer Republik schreiben sollte.[75] Unter diesen Umständen hat er noch ein erstaunlich liberales Buch geschrieben. Seine Hauptthesen teile ich nicht.[76]

Michael Schlott: … schreiben sollte?

Axel Kuhn: Das weiß ich nicht, aber es hat für mich diese Funktion. Es hat lange gedauert, bis es erschienen ist und wurde jahrelang angekündigt. Es ist auf jeden Fall das Pendant zu Scheel.

Michael Schlott: Franz Dumont ist CDU-Mitglied. Sind Sie parteipolitisch gebunden?

Axel Kuhn: Ich war zu der Zeit, als ich die Habilitationsschrift und den Quellenband schrieb, SPD-Mitglied – allerdings ein kritisches. Ich habe zum Beispiel Heinemann einen Brief geschrieben über die Eröffnung des Freiheitsmuseums;[77] ferner habe ich die Konzeption des Museums auf einer ganzen Seite im *Vorwärts* kritisiert.[78] Heinemann hat mir auch in einem Brief geantwortet, warum es politisch notwendig war, dennoch diese Konzeption zu machen. Ich habe noch den Originalbrief von ihm. Ich war also im großen und ganzen politisch ein linker Sozialdemokrat. Ich bin dann späterhin aus der Partei ausgetreten, als Helmut Schmidt Kanzler war. Ich nahm seine Rede über die Aufgaben des Historikers[79] auf dem Historikertag – ich glaube in Hamburg – zum Anlaß. Das war zuviel, und ich bin ausgetreten. Ich war dann jahrelang in keiner Partei und bin es immer noch nicht. Ich bin seit kurzem Vertreter für die Grün-Alternative Bürgerliste bei uns im Stadtrat von Leonberg. Vielleicht trete ich bei den Grünen demnächst ein. Wenn die mir eine Mitgliedserklärung geben, dann unterschreibe ich sie. Ich bin aufgrund meiner Person auf der Grünen Liste in den Stadtrat gewählt worden.

Michael Schlott: Helmut Mathy …

Axel Kuhn: … ist mir im Zusammenhang mit meiner Arbeit über die Studentenbewegung[80] wiederholt begegnet, weil er viele Aufsätze über die Mainzer Landesgeschichte und

---

75 Siehe dazu das Interview mit Franz Dumont, S. 458–485, hier S. 461.
76 Siehe dazu das Interview mit Franz Dumont, S. 458–485.
77 Siehe dazu Anm. 25.
78 Nicht ermittelt.
79 Ansprache des Bundeskanzlers auf dem Deutschen Historikertag am 4. Oktober 1978 in Hamburg. „Auftrag und Verpflichtung der Geschichte." In: Helmut Schmidt: Helmut Schmidt. München 1988, S. 12–45.
80 Kuhn: Die besten jungen Köpfe (wie Anm. 46); A. K. und Schweigard: Freiheit oder Tod! (wie Anm. 50); A. K.: Schwarzbrot und Freiheit (wie Anm. 54); A. K. und Jörg Schweigard: Studentenbewegungen zur Zeit der Französischen Revolution, vornehmlich an der Stuttgarter Hohen Carlsschule. In: Studentische Burschenschaften und bürgerliche Umwälzung. Hrsg. von Helmut Asmus. Berlin 1992, S. 54–64.

Universität geschrieben hat. Die sind alle inhaltlich sehr wertvoll. Ich glaube, er ist inzwischen auch politisch im Ministerium tätig. Seine Arbeiten sind wunderbar als Steinbruch zu gebrauchen.

Michael Schlott: Anton Maria Keim ...

Axel Kuhn: ... ist der Kulturdezernent von Mainz, den ich sehr dafür respektiere, daß er die erste Jakobiner-Ausstellung in Mainz[81] initiiert hat, und weil er für Anna Seghers die Ehrenbürgerschaft der Stadt Mainz 1981 durchgesetzt hat. Außerdem hat er diese herrliche These aufgestellt, daß der Mainzer Karneval das abgesunkene Jakobinertum ist.[82] Das gefällt mir.

Michael Schlott: Zu Haasis haben Sie sich bereits geäußert. Ist noch mehr über ihn zu sagen?

Axel Kuhn: Ich bemühe mich um Kontakt mit Haasis. Da ist es so ähnlich wie in der Beziehung zu Grab: Es ist recht kompliziert und auch nicht ganz spannungsfrei. Wir schicken uns immer unsere Veröffentlichungen, und brieflich gratuliert er mir wieder zu der jüngsten Veröffentlichung. Geärgert habe ich mich, daß er über die *Volksunruhen in Württemberg* einen Verriß geschrieben hat,[83] den ich für unsolidarisch halte. Einerseits findet er es toll, daß ich nun mit Studierenden zusammenarbeite und andererseits behandelt er die Arbeiten der Studierenden so, als wären sie die ausgebufftesten Professoren. Da wirft er einer Studentin vor, daß sie nicht nach Wien ins Archiv gefahren ist und dort noch etwas nachgeschaut hat. Da gibt es auch keine Solidarität, oder jedenfalls ist es ein sehr zartes Pflänzchen.

Michael Schlott: Haben Sie eine Erklärung dafür, warum die Büchergilde Gutenberg anläßlich des 60. Jahrestages ihrer Gründung gerade Grabs Aufsätze in einem umfassenden Band herausgab?[84]

Axel Kuhn: Muß man dafür eine Erklärung geben? Grab hat gesagt, daß er alles politisch sieht. Er ist sehr rührig. Er hat es zum Beispiel erreicht, daß er in der *Frankfurter Rundschau* mehr oder weniger alle Jakobinismus-Bücher rezensiert.[85] Da ist er schon im linksliberalen Spektrum in der einzigen Zeitung, wo überhaupt etwas läuft – die *taz* gibt keine Rezensionen. Die Büchergilde Gutenberg hat etwas mit der Arbeiterbewegung zu tun, also gehört er dahin. So stelle ich mir das vor.

Michael Schlott: Worauf beziehen Sie sich, wenn Sie in *Freiheit, Gleichheit, Brüderlich-*

---

81   Deutsche Jakobiner (wie Anm. 66).

82   Vgl. Anton Maria Keim: 11mal politischer Karneval. Weltgeschichte aus der Bütt. Geschichte der demokratischen Narrentradition vom Rhein. Mainz 1966.

83   Axel Kuhn kann sich nicht daran erinnern, welche Rezension er gemeint hat. Er vermutet, es handele sich um eine Sammelrezension.

84   Vgl. Walter Grab: Ein Volk muß seine Freiheit selbst erobern. Zur Geschichte der deutschen Jakobiner. Frankfurt/Main und Wien 1984, S. 11.

85   Vgl. die Bibliographie seiner Schriften in: Revolution und Demokratie in Geschichte und Literatur. Zum 60. Geburtstag von Walter Grab. Hrsg. von Julius H. Schoeps und Imanuel Geiss unter Mitwirkung von Ludger Heid. Duisburg 1979, S. 397–406; Die bürgerliche Gesellschaft zwischen Demokratie und Diktatur. Festschrift zum 65. Geburtstag von Prof. Dr. Walter Grab. Gestaltet von Kasseler und Marburger Freunden und Kollegen. Mit einem Vorwort von Wolfgang Abendroth. Hrsg. von Jörn Garber und Hanno Schmidt. Marburg 1985, S. 397–406, hier S. 400–406.

keit konstatieren: „Auch die Literaturwissenschaft hat den Jakobinismus als eigenständige Gattung neben Klassik und Romantik entdeckt".[86]

Axel Kuhn: Das ist ein Fehler.

Michael Schlott: Ja, denn Sie setzen in Klammern hinzu: „vgl. 8b"; dort ist aber vom Literarischen Jakobinismus als eigenständiger Gattung nicht die Rede.

Axel Kuhn: „Richtung" muß das heißen.

Michael Schlott: Welche Bedeutung messen Sie Haasis' Arbeiten für die Entwicklung der Jakobinismusforschung zu?

Axel Kuhn: Er ist inzwischen darauf spezialisiert, sehr viele und gute neue Quellen zu finden, seine letzten Bücher bestehen aus kommentierten Quellensammlungen.[87] Das ist auch toll, da kann man überhaupt nicht mehr an ihm vorbei, aber es fehlt immer noch die Gesamtdarstellung, die auch er nicht bringt.

Michael Schlott: Was hat die Jakobinismusforschung durch die Mitteleuropa-Perspektive hinzugewonnen, und was steckt hinter diesem Programm? Ist das eine neue (politische) Programmatik der Jakobinismusforschung?

Axel Kuhn: Das müßte Reinalter beantworten.[88]

Michael Schlott: Grab hat bereits 1977 von der „demokratische[n] Bewegung in Mitteleuropa" gesprochen.[89]

Axel Kuhn: Also ich habe gegen den Begriff nichts einzuwenden; ich sehe ihn aber nicht politisch. Vielleicht verbinden einige damit ein politisches Programm. Ich halte folgendes für richtig: Das ist für mich ein Fortschritt insofern, als sich die Erforschung des deutschen Jakobinismus erweitern kann. Ich halte es für ein richtiges Forschungsprogramm, zu untersuchen, welche Auswirkungen die Französische Revolution auf Europa hatte. Das muß nicht Mitteleuropa sein, das darf auch Osteuropa sein. Mitteleuropa habe ich immer zunächst so verstanden, daß Reinalter da Österreich mit einbeziehen wollte und möglicherweise noch Italien. Ich hätte das dringende Bedürfnis, neben der Beschäftigung mit dem Jakobinismus in Deutschland die zeitgleichen Bewegungen in Belgien, in Polen und vor allen Dingen in Italien – jedenfalls am Ende des Jahrhunderts – mit zu sehen. Da entsteht überall ein ähnliches Problem: Hoffnung auf die französischen Truppen, Enttäuschung davon und so weiter. Wie das mit der Literatur ist, weiß ich überhaupt nicht – ob es in der italienischen Literatur überhaupt „Jakobiner" gibt. Das würde mich sehr interessieren. Ich kann jetzt ein wenig Italienisch. Ich hätte Lust, in den nächsten Jahren da auch noch etwas zu machen. Also das halte ich für einen Fortschritt. Da gibt es einen Forschungsbericht von Kreutz: „Von der deutschen zur europäischen Perspektive".[90]

---

86   Axel Kuhn: Freiheit, Gleichheit, Brüderlichkeit. Debatten um die Französische Revolution in Deutschland. Hannover 1989, S. 60.

87   Haasis: Bibliographie[n] (wie Anm. 66).

88   Siehe dazu das Interview mit Helmut Reinalter, S.627–664, hier S. 629 f.

89   Vgl. Grab: Zur Definition des mitteleuropäischen Jakobinismus (wie Anm. 59).

90   Wilhelm Kreutz: Von der „deutschen" zur „europäischen" Perspektive. Neuerscheinungen zu den Auswirkungen der Französischen Revolution in Deutschland und der Habsburger Monarchie. In: Neue politische Literatur 31 (1986), S. 415–441.

Michael Schlott: Sie halten dafür, daß die deutsche Jakobinerforschung auf dem Wege sei, die bisher dominierende nationale Perspektive zu überwinden und Anschluß an die auf eine 200-jährige Entwicklung zurückblickende internationale Revolutionsforschung zu finden. Dies könne nur durch die kontinuierliche Zusammenarbeit aller Experten gelingen. Ich möchte Sie daher um einen Kommentar bitten zu einer Einschätzung, die mir in informellen vorbereitenden Gesprächen zu diesen Interviews vorgestellt worden ist. Sie lautet sinngemäß: Die deutsche Jakobinismusforschung muß als letztes Paradigma politisch ausgerichteter Historiographie und Literaturwissenschaft angesehen werden, das durch Methodenwechsel und Modernisierungstheorien der Sozialgeschichte erledigt wurde. Die Jakobinismusforschung ist aus der Aufklärungsforschung völlig ausgeschieden. Die unmittelbare politische Instrumentalisierung des Forschungsgegenstandes verstellte die Möglichkeit einer produktiven Reaktion auf neue sozial-, mentalitäts- und kulturgeschichtliche Ansätze.

Axel Kuhn: Ja, das ist eine Wunschvorstellung – oder es ist ein älteres Zitat. Was ich daran anerkenne, ist, daß die deutsche Jakobinismusforschung sich in der ersten Phase politisch so ausgerichtet hat, daß sie sich Gegner geschaffen hat. Da wurde uns immer vorgeworfen, daß wir uns dadurch aus dem Wissenschaftsprozeß ausklinken. Da hatten wir – Grab hat es zugegeben, ich gebe es auch zu – sehr starke politische Interessen, einer demokratischen Erneuerung der Bundesrepublik das historische Gewand zu geben. Aber soweit ich sehe, hat die Jakobinismusforschung in Deutschland sich jetzt in eine zweite Phase weiter entwickelt, in der sie diese politische Ausgerichtetheit nicht mehr so als Fahne vor sich herträgt. Das hat ihr in meinen Augen die Möglichkeit gegeben, sich mit den bereits angesprochenen neueren Richtungen sozial-, mentalitäts- und kulturgeschichtlicher Art auseinanderzusetzen. Das beste Beispiel ist die bereits genannte Doktorarbeit von Steinhilber.[91] Da wird der mentalitätsgeschichtliche Ansatz mit der Jakobinerforschung verbunden.

Michael Schlott: Kann man das als Jakobinerforschung bezeichnen? Dann müßte man auch Arbeiten etwa von Jarausch[92] zu dieser Problematik als Jakobinerforschung bezeichnen.

Axel Kuhn: Ja, das ist wieder so eine Art Schublade und Schubladendenken. Alle Arbeiten, die dazu beitragen, die Entstehung des deutschen Jakobinismus am Ende des 18. Jahrhunderts besser kennenzulernen, gehören irgendwie dazu. Wenn ich zum Beispiel die Geschichte der Politisierung der deutschen Studenten schreiben will, dann ist das ein Teil davon, wenn jemand mir zuarbeitet und die Mentalitätsgeschichte der Studenten beschreibt und zu dem Ergebnis kommt, daß die studentische Mentalität gegen Ende des Jahrhunderts voll von Freiheits- und Revolutionsforderungen ist. Es ist egal, wie man das nennt – es gehört zusammen. Also insofern finde ich diese Aussage nicht richtig.

Michael Schlott: Auch darüber hatten wir gesprochen: Wie beurteilen Sie die Rolle und den Einfluß von Verlagen im Hinblick auf die Akzeptanz beziehungsweise Ablehnung von Wissensansprüchen der Jakobinismusforschung?

Axel Kuhn: Ja, die Rolle ist schon stark gewesen – gerade das Beispiel mit dem Metzler-Verlag, der erst die Reihe *Deutsche revolutionäre Demokraten* mit dem Grab

---

91 Steinhilber: Von der Tugend zur Freiheit (wie Anm. 51).
92 Konrad H. Jarausch: Deutsche Studenten 1800–1970. Frankfurt/Main 1984.

macht,[93] aber jetzt nicht mehr weiterarbeitet. Die beiden Bücher über Revolutionsbegeisterung an der Hohen Carlsschule[94] und über die Volksunruhen in Württemberg[95] sind nicht bei Metzler erschienen. Eines von beiden wurde dezidiert abgelehnt, ich hatte es ihnen angeboten.

Michael Schlott: Welches?

Axel Kuhn: Die *Volksunruhen*, wenn ich mich recht erinnere. Nun kann man schon sagen, Metzler mache mehr ein Literaturprogramm, aber das Argument war ein anderes: Die Begründung war, es sei nichts Neues drin. Das ist lächerlich. Ich habe den Eindruck, daß der Verlag, dem Markt folgend, nicht mehr an der Reihe *Deutsche revolutionäre Demokraten* weiterarbeitet. Der Verlag hatte ja auch dieses großartige Konzept *Literaturwissenschaft und Sozialwissenschaften*.[96] Das war die Zeit, in der Metzler auch die Jakobinismusforschung gefördert hat, auch als so ein interdisziplinäres geschichtlich-literaturwissenschaftliches Projekt. Vermutlich hat man dort einfach kalt gesagt: ‚Das läuft nicht mehr, da ist kein Markt mehr dafür; wir machen jetzt etwas anderes.‘ Momentan ist Herr Lutz – wie er mir erzählte – begeistert von der Philosophie des 19. Jahrhunderts. Ich hätte wirklich mal Lust, ihn direkt zu fragen, ob er nicht in diesen Realienbänden, diesen kleinen blauen, einen Band über Georg Kerner herausgeben will.

Michael Schlott: Der Jakobinismus ist inzwischen für mehrere geographische Regionen beschrieben worden, stichwortartig: Norddeutschland, Süddeutschland, Mainz, Rheinland, Mitteleuropa. Außerdem gibt es eine beträchtliche Reihe von Biographien. Kann die Jakobinismusforschung zu befriedigenden Erkenntnissen gelangen, solange sie sich auf regional- und personengeschichtliche Arbeiten konzentriert, und zwar ohne unter einem gemeinsamen begrifflichen Konsens zu agieren? Die Frage zielt darauf, daß die Jakobinismusforschung im Grunde genommen weiterhin Geschichte bzw. Geschichten erzählt und weniger Strukturen entwickelt.[97]

Axel Kuhn: Erstens meine ich, daß es wissenschaftsgenetisch richtig war, so anzufangen. Wenn man ein Feld, das völlig brachliegt, erforschen will, muß man mit Personen

---

93   Deutsche revolutionäre Demokraten (wie Anm. 7).

94   Revolutionsbegeisterung an der Hohen Carlsschule (wie Anm. 48).

95   Kuhn: Volksunruhen (wie Anm. 49).

96   Von 1971 bis 1979 erschienen in der Reihe „Literaturwissenschaft und Sozialwissenschaften" (J.B. Metzlersche Verlagsbuchhandlung Stuttgart) 11 Bände (der angesprochene Aufsatz findet sich in Band 3). Bd. 1: Literaturwissenschaft und Sozialwissenschaften. Grundlagen und Modellanalysen. Mit Beiträgen von Horst A. Glaser u.a. 1971; Bd. 2: Germanistik und deutsche Nation 1806–1848. Hrsg. von Jörg J. Müller [d.i. Jörg J. Berns]. 1974; Bd. 3: Deutsches Bürgertum und literarische Intelligenz 1750–1800. Hrsg. von Bernd Lutz. 1974; Bd. 4: Erweiterung der materialistischen Literaturtheorie durch Bestimmung ihrer Grenzen. Hrsg. von Heinz Schlaffer. 1974; Bd. 5: Literatur im Feudalismus. Hrsg. von Dieter Richter. 1975, Bd. 6: Einführung in Theorie, Geschichte und Funktion der DDR-Literatur. Hrsg. von Hans-Jürgen Schmitt. 1975; Bd. 7: Der liberale Roman und der preußische Verfassungskonflikt. Analyseskizzen und Materialien. Hrsg. von Bernd Peschken und Claus-Dieter Krohn. 1976; Bd. 8: Zur Modernität der Romantik. Hrsg. von Dieter Bänsch. 1977; Bd. 9: Wolfgang Hagen: Die Schillerverehrung in der Sozialdemokratie. Zur ideologischen Formation proletarischer Kulturpolitik vor 1914. 1977; Bd. 10: Kunst und Kultur im deutschen Faschismus. Hrsg. von Ralf Schnell. 1978; Bd. 11: Legitimationskrisen des deutschen Adels 1200–1900. Hrsg. von Peter U. Hohendahl und Paul M. Lützeler. 1979.

97   Siehe dazu das Interview mit Franz Dumont, S. 458–485, hier S. 481.

und Regionen anfangen und Lokalstudien treiben. Das ist auch etwa in der Geschichte des Widerstands oder in der Geschichte der deutschen Arbeiterbewegung so gelaufen. Das ist das eine. Das zweite ist die Frage, was man bewirken will. Da gibt es zwei Möglichkeiten: Erstens – darauf zielt Ihre Frage – wie sich diese Jakobinerforschung wissenschaftlich durchsetzen kann. Wissenschaftlich durchsetzen – einfach gesprochen – würde dann heißen, daß sie im *Handbuch der deutschen Geschichte* oder sonstwie Aufnahme findet in kodifizierender Literatur. Dazu wäre wahrscheinlich eine Gesamtdarstellung dringend nötig, die sich von diesen beschriebenen Ebenen des Biographischen und des Regionalen löst. Es wäre keine Gesamtdarstellung – das hatte Reinalter angefangen –, wenn dann in dem dicken Buch steht: Die Bewegung im Norden, im Süden, im Westen und im Osten. Eine durchgehende Chronologisierung müßte Grundlage der Gesamtdarstellung sein. Sie müßte gesamtdeutsch, wenn auch mit Schwerpunkten, geschrieben werden. Das ist nach wie vor ein dringendes Desiderat. Ich selber habe angefangen zu überlegen, wie denn so eine Gliederung sein könnte, wie das chronologisiert werden könnte, aber ich will das erst einmal nur für die Studentengeschichte machen. Denn da ist dasselbe Problem mit den 30 Universitäten: Ich könnte die Studenten an der Universität, an jener und jener alle nacheinander beschreiben, dann hätten wir wieder diese regionalen Studien. Ich versuche eine durchgehende Chronologisierung, um das zusammenzubringen. Das wäre ein erster Versuch zu einer Gesamtdarstellung. Der zweite Aspekt ist aber, daß die Jakobinerforschung nach meinem Verständnis – und ich glaube, Grab meinte das genauso – von Anfang an nicht nur in die universitäre Wissenschaft hineinwirken, sondern politisches Bewußtsein schaffen will. Das geschieht aber anders, dazu ist eine Gesamtdarstellung vielleicht auch gar nicht nötig. Da müßte man dann auch über Wissenschaftskonzepte reden: Zum Beispiel liebäugle ich manchmal mit der alten Vorstellung, daß man Vorbilder braucht. Junge Menschen in der Schule und auch an der Universität brauchen Vorbilder. Mein Vorwurf gegen die neueren Richtungen der Geschichtswissenschaft, die strukturalistische und die sozialgeschichtliche, besteht darin, daß die vor lauter Theorie, Struktur und Quantifizierung dieses weite Bedürfnis von jungen Menschen nicht berücksichtigen. Deshalb bleibe ich von diesen politisch-pädagogischen Gesichtspunkten her bei dem Konzept, daß es auch sinnvoll sein kann, Vorbilder zu schaffen. Nach dem Motto: ‚Schaut mal, da haben vor 200 Jahren die Studenten das und das gemacht, und wenn ihr heutigen Studenten das lest, dann könnt ihr damit vielleicht für euren Alltag etwas anfangen.‘ Das ist also ein anderes Konzept, das nicht innerhalb der wissenschaftlichen Community, sondern außerhalb wirken will. Ich bin stolz, daß wir für die *Revolutionsbegeisterung an der hohen Carlsschule* – das ist ein Krimi (ich habe geschrieben, wie wir das erforscht haben) – den Schubart-Preis der Stadt Aalen bekommen haben.[98] Da kommt eine Akzeptanz von Kreisen, die nicht aus der Universität sind. Für eine trockene Gesamtdarstellung, so wie sich die modernen Matadoren der Geschichtswissenschaft das wünschen, bekommt man keine solche Akzeptanz.

Michael Schlott: Das denke ich auch, nur habe ich eines nicht verstanden: Sie sagten, das Programm sei so angelegt gewesen, daß es nicht nur in die Universitäten wirken sollte,

---

98 Der Schubart-Literaturpreis wurde 1955 von der Stadt Aalen gestiftet und 1956 erstmals vergeben. Der Preis wird an einen deutschsprachigen Autor verliehen, „dessen literarische oder journalistische Leistung in der Tradition des freiheitlichen und aufklärerischen Denkens des Dichters, Komponisten und ersten deutschen Journalisten Christian Friedrich Daniel Schubart (1739–1791) steht." ‹ dbpedia.org/page/Schubart-Literaturpreis› Axel Kuhn erhielt diesen Preis 1993.

sondern auch in das politische Bewußtsein. Aber worin liegt der Unterschied? Das eine ist Bedingung des anderen.

Axel Kuhn: Das ja, aber nicht nur, denn es sind unterschiedliche Arten der Vermittlung gegeben. Wenn man an der Universität oder auf dem Historikertag Vorträge hält, ist es etwas anderes, als wenn man Vorträge an den Volkshochschulen hält oder mit Gewerkschaftern oder in anderen Institutionen etwas über die deutsche Vergangenheit und über den deutschen Jakobinismus vermitteln will.

Michael Schlott: Worauf führen Sie es zurück, daß ein Buch wie etwa das über die *Hohe Carlsschule* in der ‚Scientific Community‘ keine bzw. wenig Akzeptanz findet, vorausgesetzt, das stimmt? – Daß also, ähnlich wie bei der Tagung über *Geheime Gesellschaften*, die Reaktion eher aus außeruniversitären Kreisen erfolgt? Warum hat ein solches Buch es schwerer, sich in der Disziplin durchzusetzen?

Axel Kuhn: Weil es gegen die Tabus der offiziellen Wissenschaftstheorie verstößt. Das erste Tabu heißt: keine Aktualisierung – man muß nur über die Vergangenheit schreiben. Aber das Buch hat den Standpunkt von heute. Ich fange damit an, daß ich in Stuttgart da vorbeigehe und sehe, wo die Carlsschule gestanden hat und so weiter – das gehört nicht in ein klassisches Geschichtsbuch. Also diese Beziehungen zu heute, das Schreiben wie in einem Roman, um den Leser dort abzuholen, wo er steht und ihn dann langsam in die Vergangenheit zu führen – das ist das erste Tabu, diese Beziehungen zwischen Vergangenheit und Gegenwart herzustellen. Zweitens: Auch zu sagen, daß man eine politische Meinung hat und daß aus dem Buch natürlich die Begeisterung von mir und den Studenten über diese Leute damals auf jeder Seite hervorscheint – das widerspricht dem Prinzip der Objektivität. Das dritte ist der demokratische Wissenschaftsprozeß – daß das mit den Studenten gemeinsam erarbeitet wird. Da habe ich auch Kritik gehört: Nein, das mache ich nicht, da wird das Buch nur schlecht; die Studenten können nicht schreiben, die machen nur Fehler – das muß man alleine machen. Die Anwendung des Jakobinismus auf die eigene Wissenschaftspraxis, was ich stellenweise schon früher angefangen habe, indem ich in Literaturverzeichnisse Standortkataloge hineingeschrieben habe, damit es jeder sofort nachvollziehen konnte: Alle diese Dinge sind Verstöße gegen die klassische Geschichtstheorie.

Michael Schlott: Aber das gehört doch zu einer soliden historisch-philologischen Arbeit, daß man gegebenenfalls den Standort desjenigen Exemplares angibt, nach dem man zitiert hat.

Axel Kuhn: Das vielleicht noch, ja.

Michael Schlott: Welcher Verlag hat das Buch letztlich herausgegeben?

Axel Kuhn: Frommann-Holzboog in Stuttgart. Da ist das Buch ein bißchen verschütt gegangen, weil das ein klassischer Verlag ist, der Geistesgeschichte des 18. Jahrhunderts macht und dennoch teure, große Bücher herausgibt. Von denen kommen auch die Hegel-Ausgabe und die Schelling-Ausgabe. So ein kleines Bändchen dazwischen geht dann irgendwie verloren. Das ist auch eine Frage der Werbung, glaube ich. Der Verlag war nicht bereit, nachdem wir den Schubart-Preis der Stadt Aalen bekommen hatten, so eine Binde darum zu machen oder wie im *Spiegel* vielleicht so ein Dreieck mit „Gewinner des Schubart-Preises" oder so etwas.

Michael Schlott: Wie ist es finanziert worden?

Axel Kuhn: Die *Revolutionsbegeisterung* ist von Herrn Holzboog in der ersten Begeisterung so angenommen worden, da haben wir keinen Pfennig dazu bezahlt. Natürlich auch kein Honorar bekommen. Vom 1001. Exemplar an gibt es Honorar, 500 sind verkauft. Der zweite Band über die *Volksunruhen in Württemberg* – das sollte ja eine Reihe werden *Aufklärung und Revolution* – dazu haben wir 7.000 DM Druckkostenzuschuß locker gemacht von vielen kleinen Geldgebern, von den Kommunen. Wir haben alle Städte angeschrieben, über die wir da Artikel drinhaben. Die haben dann 500 DM gegeben oder 1.000 DM oder mal 50 Exemplare bestellt oder ähnliches. Wir haben hier in Stuttgart eine Gesellschaft der Freunde des Historischen Instituts.[99]Also alles kleine Geldgeber, und den letzten Rest von 2.000 DM bekamen wir von der Baden-Württembergischen Bank. Um das weiter zu erzählen: Manuskripte für den dritten und vierten Band lagen vor, nur waren da so hohe Druckkostenzuschüsse – einmal wieder 7.000, einmal 11.000 DM –, daß die nicht erscheinen konnten. Eigentlich ist, denke ich, diese Reihe damit gestorben, denn ich kann nicht jedesmal 7.000 oder 11.000 DM Druckkostenzuschuß einwerben. Das eine sollte eine Veröffentlichung über das Wartburgfest sein, das andere war von Werner Greiling, der auch Jakobinerforscher ist. Der wollte einen Rebmann-Band *Briefe über Jena* herausgeben.[100]

Michael Schlott: War Rebmann ein Jakobiner?

Axel Kuhn: Das weiß ich erst, nachdem ich das Hauptseminar gemacht habe mit dem Kollegen Döhl im nächsten Jahr.

Michael Schlott: Wie ist es mit Knigge?

Axel Kuhn: Das Problem ist bei den beiden, daß sie starke Individuen sind – und die gehören weniger zu meinen Favoriten, weil sie sich nie an eine konkrete Bewegung angebunden haben, zum Beispiel Mitglieder in irgendeinem Klub gewesen sind. Das sind also ehrenwerte Männer, die fortschrittliche Literatur geschrieben haben. Aber eigentlich untersuche ich als Historiker mehr die 200 Mitglieder vom Kölner Jakobiner-Klub oder die 490 von Mainz, die als Gruppe etwas bewirken. Ich finde die auch für die demokratischen Traditionen wichtiger. Ich hätte mir gewünscht (aber vielleicht bekomme ich das noch heraus), daß der Knigge in Braunschweig noch einen geheimen Klub unterhalten hätte, wo die Studenten von Helmstedt hingekommen sind – dann wäre die Geschichte ein bißchen besser. Es gibt zwei Hinweise in studentischen Stammbüchern, da heißt es: „der Klub in Brauschweig", und der andere sagt: „Ich gehe nie wieder hin in den Klub."

Michael Schlott: Noch einmal grundsätzlich gefragt, Herr Kuhn: Welche wichtigen externen Faktoren – also alles, was nicht zum sogenannten rationalen Diskurs unter Wissenschaftlern gehört – müssen in der wissenschaftsgeschichtlichen Beschreibung und Analyse der deutschen Jakobinismusforschung unbedingt berücksichtigt werden?

Axel Kuhn: Die politische Situation, und zwar einerseits der Bundesrepublik – also Stichwort Studentenbewegung und sozialliberale Koalition –, aber auch der Gegensatz zwischen DDR und Bundesrepublik.

---

99 Verein der Freunde des Historischen Instituts der Universität Stuttgart e.V. ⟨http://www.uni-stuttgart.de/hivdf⟩ (eingesehen am 20.02.2012).

100 Andreas Georg Friedrich Rebmann: Jena fängt an, mir zu gefallen. Stadt und Universität in Schriften und Briefen. Mit einem Anhang. Hrsg. von Werner Greiling. Jena 1994.

Michael Schlott: Gut, das ordne ich zum politisch-ideologischen Kontext. Dann wäre da noch das Verlagswesen, die Käuferinteressen und so weiter.

Axel Kuhn: Ja, das sind aber abgeleitete Dinge von diesem politischen Klima. Natürlich ist das Verlagswesen wichtig, ebenso die Presse, das gesamte Rezensionswesen und die Jubiläumsartikel. Zum Beispiel „200 Jahre Mainzer Republik" und solche Sachen.[101] Über wen und über welche Bewegungen wurden in welchen Zeitungen Artikel geschrieben? In der *Stuttgarter Zeitung*, die ich abbestellt habe und boykottiere, gibt es samstags immer „Die Brücke zur Welt", wo so schöngeistige, ganzseitige Artikel geschrieben werden. Die haben es nicht fertiggebracht, zum 200. Todestag von Schubart darüber zu schreiben. Das durfte ich in einem kleinen Artikel auf Seite zwei, auf der Rückseite.[102] So etwas sind Signale.

Michael Schlott: Inwieweit ist es der deutschen Jakobinismusforschung gelungen, Forschungsergebnisse in die bundesrepublikanischen Lehrpläne und Geschichtsbücher zu überführen? Es gibt hier und da vereinzelte Unterrichtsmodelle und Materialsammlungen, aber generell ist hier nach wie vor ein Defizit zu verzeichnen.

Axel Kuhn: Das ist tatsächlich nicht gelungen. In den 1970er Jahren habe ich ein paar Schulbücher gesammelt, in denen etwas vorkam – zum Beispiel über die Mainzer Republik mit Quellenzitaten. Die bayerische Ausgabe hat dann die Teile rausgelassen mit dem Argument, sie brächten dafür bayerische Landesgeschichte – also vordergründig nicht aus politischen Gründen. Vielmehr nach dem Motto: ‚Was interessiert uns Mainz hier in Bayern', hat also die bayerische Ausgabe an derselben Stelle einen anderen Text. Aber das sind wenige Beispiele. Ich vermute, daß es dann sogar einen Rückschritt gegeben hat und daß darüber nicht mehr viel in den Schulbüchern auftaucht.

Michael Schlott: Zum Forschungsbericht in *Jakobiner im Rheinland*: Sie konstatieren und kritisieren dort das Schwergewicht auf den Jahren 1792/93, also eine Überbetonung der Mainzer Revolution. Worauf ist diese Kritik zurückzuführen? Richtet sich das eher gegen Dumonts Forschungsansatz oder tatsächlich gegen die quantitative Überbetonung?

Axel Kuhn: Ich weiß nicht mehr. Diese Kritik liegt, glaube ich, schon länger zurück. Ich würde heute schon sagen, daß die Mainzer Republik das bedeutendste Beispiel des deutschen Jakobinismus ist. Ich würde jedoch auch weiterhin kritisieren, wenn man es als einziges heraushebt. Übrigens ist es schon interessant, was das Durchsetzen der Jakobinismusforschung in der Öffentlichkeit, und zwar außerhalb der Universität, betrifft: Ich komme öfter mit Leuten zusammen, Naturfreunde etwa, die aber für so etwas aufgeschlossen sind. Wenn ich dann ein Thema ankündige wie *Deutschland und die Französische Revolution* oder *Die ersten Demokraten*, dann sagen die: ‚Ah ja, Mainzer Republik.' Daß es so etwas wie eine erste Republik gab, hat sich also im Bewußtsein von Interessierten schon durchgesetzt. Das finde ich wichtig, und das ist auch richtig. Der Hintergrund meiner damaligen Kritik war höchstwahrscheinlich folgender: Daß es natürlich noch andere Bewegungen gab, und wahrscheinlich war ich ein bißchen beleidigt, daß die Cisrhenanische Republik, die ich untersucht habe, nicht so stark berücksichtigt wurde. Da läuft 1797/98 strukturell

---

101 Vgl. etwa Bernd Blisch und Hans-Jürgen Bömelburg: 200 Jahre Mainzer Republik. Von den Schwierigkeiten des Umgangs mit einer sperrigen Vergangenheit. In: Mainzer Geschichtsblätter. Veröffentlichungen des Vereins für Sozialgeschichte Mainz e.V. (1993), H. 8, S. 7–29.
102 Stuttgarter Zeitung (Nr. 237 vom 12. Oktober 1991).

dasselbe wie in der Mainzer Republik, nur vor dem Hintergrund der weiter fortgeschrittenen Französischen Revolution. Ich denke, daß die auch gebührend berücksichtigt werden sollte. Vor allen Dingen denke ich, daß die süddeutschen Revolutionsversuche, die Scheel als erster, aber nicht mehr als einziger untersucht, in jedes Geschichtsbuch gehören – insbesondere die Pläne zur Sprengung des Rastatter Kongresses.[103] Wenn man also in Kürze sagen will, was die deutschen Jakobiner denn zur Zeit der Französischen Revolution wirklich gemacht haben, abgesehen davon, daß sie etwas Kluges gedacht haben und sich konspirativ getroffen haben, dann würde ich also spontan antworten: Es hat zwei kurzfristige Republiken gegeben in Deutschland, die sie monatelang – so lange es ging – getragen haben. Sie haben Aufstandsversuche gemacht, und der wichtigste ist der von 1798/99 in der Gegend von Rastatt. Dort waren die Pläne so weit, daß sie drauf und dran waren, den Rastatter Gesandtenkonkreß zu sprengen. Es war eine Verfassungsurkunde (die Scheel ediert hat)[104] schon längst geschrieben für eine süddeutsche, späterhin gesamtdeutsche Republik. Das könnte nun wirklich in jedem Geschichtsbuch stehen.

Michael Schlott: Am Schluß des Forschungsberichtes zu *Jakobiner im Rheinland* richten Sie noch einmal einen Appell an die Fachwelt zur kontinuierlichen Zusammenarbeit aller Experten, um die Regionalisierung der Jakobinerforschung zu überwinden. Was steht einer solchen Zusammenarbeit entgegen, oder ist es im verflossenen Jahrzehnt zu einer intensivierten Kooperation gekommen? Reinalter hat eine scharfe Kritik gerade zu diesem Forschungsbericht geschrieben.[105]

Axel Kuhn: Ja, aber nicht zur Forderung zur Zusammenarbeit, sondern ich habe sein Buch dort kritisiert, weil es haarsträubende Fehler hatte. Man ist eine Gruppe. Ich finde, die sollte zusammenarbeiten. Ich verstehe das aber nicht als kritiklose Zusammenarbeit. Ich nehme mir auch das Recht heraus zu sagen, wenn es Fehler gibt. Wenn man merkt, wo Schwächen sind, muß man diese drei, vier, fünf Fehler nennen und darf nicht aus bloßer Freundschaft das Buch hochloben. Deshalb dürfen natürlich Grab und Haasis mich auch kritisieren, wenn die Kritik solidarisch ist. Also es muß in der Gruppe eine Zusammenarbeit vorhanden sein, aber auf kritischer Basis. Natürlich ist das schwer, aber anders kann es gar nicht gehen. Ich glaube nicht, daß sich die Zusammenarbeit in den letzten Jahren sehr intensiviert hat. Dieses *Biographische Lexikon*[106] und die Arbeiten, die sonst bei Reinalter erschienen, haben alle eine lange Vorgeschichte und sind Mitte der 1980er Jahre beinahe fertig gewesen. Wie das so ist, wenn 30 Leute mitarbeiten – da fehlte zwei Jahre lang ein Beitrag, und dann kommt es viel später heraus. Auch Reinalter hat natürlich recht, wenn er sagt: Wir haben erstmal genug Kongresse gemacht, und vorläufig ist erstmal Ruhe. Dann waren da natürlich auch die finanziellen Sachen, wenn man schon sehr weit auseinander wohnt, also Alain Ruiz ist in Marseille. Mit dem würde ich auch gerne viel häufiger zusammenarbeiten, aber wann trifft man sich mal? Eigentlich nur auf Kongressen. Aber es

---

103   Vgl. Axel Kuhn: Rastatt – ein Zentrum südwestdeutscher Revolutionsversuche 1797/99. In: Stadt und Revolution. Hrsg. von Bernhard Kirchgässner und Hans-Peter Becht. Stuttgart 2001, S. 37–53.

104   Jakobinische Flugschriften aus dem deutschen Süden Ende des 18. Jahrhunderts. Hrsg. von Heinrich Scheel. Berlin 1965, S. 130–182.

105   Helmut Reinalter: „Antikritik". Eine Stellungnahme zu Axel Kuhns Literaturbericht. In: Aufklärung – Vormärz – Revolution 1 (1981), S. 37; siehe dazu das Interview mit Helmut Reinalter, S. 627–664, hier S. 656 f.

106   Biographisches Lexikon (wie Anm. 21).

gibt zwei in näherer Zukunft: Es soll einen Kant-Kongreß geben 1995 zur 200. Wiederkehr der Schrift *Zum ewigen Frieden* in Königsberg, wo die Rezeption der Friedensschrift von Kant diskutiert werden soll. Ich soll vortragen über die Kant-Rezeption unter den deutschen Jakobinern, aber die Finanzierung ist nicht gesichert.[107] Reinalter veranstaltet 1997 wieder einen Kongreß zum Millenium von Österreich über Republikvorstellungen vom 18. bis zum 20. Jahrhundert.[108]

Michael Schlott: Hat es solche Kooperation auch bei Ausstellungen gegeben?

Axel Kuhn: Also bei der ersten Ausstellung über die Mainzer Republik[109] erinnere ich mich, daß da der damalige Leiter des Bundesarchivs – ich glaube, es war Heinz Boberach – ungefähr mit den Worten zu mir kam: „Herr Kuhn, Sie sind zwar mein Gegner, aber ich bitte Sie, Sie sind der einzige, der diese Ausstellung machen kann. Franz Dumont macht dann den Mainzer Teil."[110] Dann habe ich die Gesamtkonzeption gemacht und den Ort festgelegt, in den dann die Mainzer Teile von Dumont hineinkamen. Ich hatte schon ein bißchen Erfahrung mit Ausstellungen – jedenfalls wußte ich, daß man da nicht so viele Texte hineinnehmen kann. Das Lustige war dann, daß Dumont immer mit Entwürfen kam, die völlig von Text überfrachtet waren. Da hat es dann – deshalb ist die Vorgeschichte mit dem Wort von Boberach interessant – eine Koalition zwischen Boberach und mir gegeben. Wir haben immer nur gesagt: „Streichen, streichen, streichen, zu viel Text!" Franz Dumont war unglücklich darüber, daß ihm da so viele differenzierte historische Aussagen herausgestrichen wurden. Übrigens weiß ich gar nicht, wo diese Ausstellung derzeit ist. Die muß irgendwo in den Kellern vermodern.

Michael Schlott: Schade eigentlich … Herr Kuhn, recht herzlichen Dank für dieses aufschlußreiche Gespräch.

---

107 Vermutlich hat sich dieser Kongreß in Königsberg nicht realisieren lassen; in Kuhns Schriftenverzeichnis wird keine zuzuordnende Publikation verzeichnet.
108 Siehe dazu Axel Kuhn: Republikvorstellungen deutscher Jakobiner. In: Republikbegriff und Republiken seit dem 18. Jahrhundert im europäischen Vergleich. Hrsg. von Helmut Reinalter. Frankfurt/Main u. a. 1999, S. 83–99.
109 Deutsche Jakobiner (wie Anm. 66).
110 Siehe dazu das Interview mit Franz Dumont, S. 458–485, hier S. 475 f.

Gert Mattenklott

GERT MATTENKLOTT (1942–2009), Studium der Allgemeinen und Vergleichenden Literaturwissenschaft, Philosophie, Germanistik und Geschichte in Berlin, Göttingen und Grenoble, 1967 Promotion an der Freien Universität Berlin, 1968 Research Fellow an der Yale University, 1969 Habilitation an der Freien Universität Berlin, 1972 Professor für Neuere deutsche Literatur und Vergleichende Literaturwissenschaft in Marburg, 1986 Adjunct Professor an der University of Massachusetts at Amherst, 1994 Professor für Allgemeine und Vergleichende Literaturwissenschaft an der Freien Universität Berlin, 2007 Ruhestand.

In der zweiten Hälfte der 1960er und der ersten Hälfte der 1970er Jahre konzentrierte sich das literaturgeschichtliche Engagement von GERT MATTENKLOTT vorzugsweise auf die Literatur der Aufklärung mit ihren Protestbewegungen des Sturm und Drang und des Jakobinismus. Bestimmend dafür waren seine Erwartungen an politische und moralische Funktionen von Literatur. MATTENKLOTTS Interesse galt sowohl literarischen Formationen von Empfindsamkeit und Irrationalismus als auch dem politischen Impetus der sogenannten Jakobinerliteratur. In der Folgezeit wandte er sich verstärkt den theoretischen Problemen und historischen Konstellationen für den komplexen ästhetischen Status von Kunst und Literatur zu.

Das Interview wurde am 20. Oktober 1994 in Berlin geführt.

Michael Schlott: Herr Mattenklott, Sie wurden mit einer Arbeit über die Literatur des Sturm und Drang promoviert.[1] Welches Verhältnis hatte Ihr Lehrer Peter Szondi zur Literatur des Sturm und Drang?

Gert Mattenklott: Für Szondi war das eine Pointierung, die ihm als Staiger-Schüler wichtig war – wenn man die Bildungs- und Lesebiographie eines Zürcher Studenten der Germanistik rekonstruiert, ist es keine besonders naheliegende Tradition. Ich weiß, daß ihm selbst die Literatur des Sturm und Drang relativ neu war. Als er ein Seminar darüber veranstaltete, befragte ich ihn über diese Traditionen, weil er damals anregte, ich sollte doch meine eigene Dissertation womöglich sogar aus diesem Bereich wählen. Ich hatte eigentlich über etwas ganz anderes promovieren wollen, und kam erst durch Szondi auf diesen Teil der Literaturgeschichte. Und da sagte er ganz freimütig, vom Material, von der

---

1   Gert Mattenklott: Melancholie in der Dramatik des Sturm und Drang. Stuttgart 1968; erw. und durchges. Aufl.: Königstein/Taunus 1985.

Lektüre her könnte er mir wenig helfen, weil er selbst dieses Seminar veranstalte, um die Literatur des Sturm und Drang kennenzulernen. Bei Staiger hätte man natürlich Goethe, Goethe und noch einmal Goethe gelesen, aber doch nicht mit dem selben Eifer den Sturm und Drang, und schon gar nicht die Folgetradition wie etwa Vormärz, Büchner und so weiter. Das waren für Szondi auch in seiner eigenen Lesebiographie erst Erschließungen. Seine bevorzugte literarische Tradition war im Grunde genommen eine andere; das sieht man ja, wenn man sich seine Publikationen in dieser Zeit in der *Neuen Rundschau*[2] anschaut. Er war Besucher von Rudolf Hirsch im Hochstift, schätzte ihn und ließ sich von ihm auch zu Publikationen anregen. Mitte der 1960er Jahre hat er z.B. über Hofmannsthal (autorbezogen) und über „Das lyrische Drama des Fin de siècle" (genrebezogen) gelesen.[3] Die klassische, die neuklassische, neuromantische – wenn man das mit solch einem Label etikettieren will –, das war eigentlich seine Literatur, die er – nächst der modernen Dramatik – liebte. Die republikanische, die hat er, glaube ich, mit einem politischen Blick gesehen als eine Art Arznei für die Deutschen. Ich erinnere mich auch, als ich meinen eigenen Habilitationsvortrag hielt in Berlin, da hatte ich mir ein Thema gewählt, damals aus eigenen starken politischen Impulsen, über Lessings frühes Fragment *Samuel Henzi*,[4] ein revolutionäres Dramenfragment. Das wurde von Emrich und anderen als eine Provokation aufgenommen und entsprechend mit fast rasendem Zorn kommentiert. An meiner Habilitation und der öffentlichen Veranstaltung in ihrem Rahmen war Szondi beteiligt; bleich und in dieser Situation zu meiner Verteidigung entschlossen. Er schrieb mir dann anschließend noch einen aufrichtenden Brief als Kommentar dieser Veranstaltung. Darin standen die Zeilen, die dann später auch publiziert worden sind in dem Bändchen *Das bürgerliche Trauerspiel*, daß die Deutschen sich lieber umbrächten als Revolution zu machen.[5] Eine historisch sicher ganz ungerechte Lessing-Kritik, aber sein mittelbarer Kommentar zur politischen Situation der späten 1960er Jahre. Politischer Literatur im engeren Sinn hat er sich langfristig dennoch mit weniger Interesse zugewandt.[6]

Michael Schlott: Sehen Sie Zusammenhänge zwischen Ihrem Habilitationsvortrag und der Habilitationsschrift von Klaus Briegleb?[7]

---

2   Vgl. Peter Szondi: Schriften I und II. Hrsg. von Jean Bollack u.a. Frankfurt/Main 1978, dort die Bibliographie der Schriften Szondis in: Schriften II, S. 447–455.

3   Vgl. Peter Szondi: Studienausgabe der Vorlesungen. Aus dem Nachlaß hrsg. von Jean Bollack u a. 5 Bde. Frankfurt/Main 1973–1975, hier Bd. 4: Das lyrische Drama des Fin de siècle. Hrsg. von Henriette Beese. Frankfurt/Main 1975.

4   Gotthold Ephraim Lessing: Samuel Henzi (1749), u.a. in: G.E.L.: Werke. Hrsg. von Herbert G. Göpfert. Bd. 2. München 1971, S. 371–389.

5   Peter Szondi: Die Theorie des bürgerlichen Trauerspiels im 18. Jahrhundert. Der Kaufmann, der Hausvater und der Hofmeister. Hrsg. von Gert Mattenklott. Mit einem Anhang über Molière von Wolfgang Fietkau. Frankfurt/Main 1973, S. 163 f.: „Daß der Ohnmächtige den politisch-sozialen Verhältnissen sich selbst zum physischen Opfer bringt, ist, wenngleich in anderer Form als bei Lessing, das Motiv jenes Werkes, das vielleicht als Endpunkt der Entwicklung des bürgerlichen Trauerspiels im 18. Jahrhundert angesehen werden darf: ich meine den Lenzschen Hofmeister, der sich entmannt. Bei Lessing wie bei Lenz ist die Aggression des machtlosen Bürgers gegen sich selbst gerichtet und nicht gegen die, die ihm die Macht verweigern."

6   Vgl. die Szondi-Bibliographie (wie Anm. 2).

7   Klaus Briegleb: Lessings Anfänge 1742–1746. Zur Grundlegung kritischer Sprachdemokratie. Frankfurt/Main 1971.

Gert Mattenklott: Es gab zumindest einen anekdotisch belegbaren Zusammenhang, weil Briegleb sich in diesen Jahren auf eine Berliner Professur beworben hatte, und ich selbst als Vertreter des Mittelbaus in dieser Berufungskommission saß. Ich glaube, ich war selbst Berichterstatter für Briegleb.

Michael Schlott: Sie waren Assistent?

Gert Mattenklott: Als Privatdozent Vertreter des Mittelbaus. Ich nahm an dieser Berufungskommission teil und hatte über Briegleb zu berichten. Ich erinnere mich, daß damals (1971) gerade Brieglebs Lessing-Buch vorlag und Briegleb mein Kandidat war. Mir war sofort bewußt, ohne den Autor persönlich zu kennen, daß uns ähnliche Konzepte vorschwebten. Das war deutlich. Wir haben uns dann später kennengelernt und diese Verwandtschaft bestätigt gefunden. Als ich meinen eigenen Habil-Vortrag hielt, da war mir nur deutlich, daß dies die Tradition war, mit der ich meinen akademischen Unterricht anfangen wollte. Das war insofern eine unbewußte Parallelaktion zu Brieglebs Gedanken, der damals allerdings schon weiter war. Den Ruf nach Berlin hat er damals übrigens nicht bekommen.

Michael Schlott: Sie wollten ursprünglich worüber promovieren?

Gert Mattenklott: Ich wollte ein Melancholie-Buch schreiben. Das war mir ganz gewiß. Ich habe es dann auch geschrieben,[8] aber meine Autoren der ersten Wahl waren die des 20. Jahrhunderts. Schon als Schüler war ich im Antiquariat auf die Bücher von Kassner[9] und Eugen Gottlob Winkler[10] gestoßen. Letzterer lag mir näher und er interessiert mich heute noch. Dann kam dieses Seminar über Sturm und Drang, das lag mir zunächst noch fern. Ich hätte es sicher gar nicht besucht, wenn es nicht Szondi gehalten hätte. Ich fand es dann aber doch auch von der Sache her interessant, weil die literarischen Erfrischungsimpulse, die von dieser Bewegung ausgingen, mich sehr beeindruckt haben. Zudem hatte Szondi unter den Themen, mit denen er dieses Seminar bestritt, das Melancholie-Thema angegeben. Da dachte ich, es wäre eine Gelegenheit, eine historische Dimension dieses Themas, das mich interessierte, zu entdecken.

Michael Schlott: Warum, meinen Sie, hat er dieses Thema vorgeschlagen?

Gert Mattenklott: Beobachtungen an den Texten, die Blicklenkung durch Walter Benjamins *Trauerspiel*-Buch, in dem Melancholie ein Schlüsselthema für die Dramatik des Barock ist, schließlich persönliches Interesse. Bei den Beratungsgesprächen ergab sich, daß er die psychologische Literatur zum Thema zu dieser Zeit noch besser zu kennen schien als die Dramen von Lenz, Klinger und Leisewitz. Übrigens war er zufrieden, daß ich in dem Seminar damals dieses Melancholie-Thema betreute. Er sagte zu mir in meinem fünften Semester: „Sie sollten sehen, daß Sie sich ein Dissertationsthema suchen." Er war bei so etwas sehr bestimmt, sehr fordernd. Er war dann ganz zufrieden mit dem Melancholie-Thema. Als ich es selbst dann aber in das 20. Jahrhundert verlegen wollte, riet er davon ab und sagte – ich erinnere mich dunkel – das wäre so pleonastisch, und man müsse in der Wissenschaft solche Kurzschlüsse, solche Pleonasmen und Tautologien vermeiden. Man

---

8   Mattenklott: Melancholie (wie Anm. 1).

9   Rudolf Kassner: Melancholia. Eine Trilogie des Geistes. 2. Aufl. Leipzig 1915.

10 Vgl. Eugen Gottlob Winkler: Gestalten und Probleme. Hrsg. von Hermann Rinn. Leipzig 1937;
    E.G.W.: Dichtungen, Gestalten und Probleme. Nachlaß. In Verbindung mit Hermann Rinn und
    Johannes Heitzmann hrsg. von Walter Warnach. Pfullingen 1956.

hätte noch einen Lebtag lang Zeit, sich auszusprechen über sich selbst. Er würde mir vor-schlagen, „etwas Nettes" dazwischen zu bringen. Ich sollte bei der Melancholie bleiben, aber warum denn nicht auch beim Sturm und Drang, also beim Näherliegenden.

Michael Schlott: Auf die Frage nach den externen Entstehungsbedingungen (damit meine ich in erster Linie die politischen Entstehungsbedingungen) der Jakobinismusforschung, wurde mir auch geantwortet, das habe „doch in der Luft gelegen". Haben Sie eine weitgrei-fendere und umfassendere Antwort? Immerhin sind doch wichtige fachgeschichtliche Pro-zesse damit verbunden, auch gesellschaftspolitische Entwicklungen seit Beginn der 1960er Jahre vorausgegangen. Zu denken wäre etwa an Strukturprobleme des Faches, also an die Vermehrung des an Forschung und Lehre beteiligten Personals, die zwar bald nach 1945 einsetzte, explosive Ausmaße aber erst am Beginn und im Verlauf der 1960er Jahre an-nahm. Richard Brinkmann hat es einmal so formuliert:

Seit Beginn der sechziger Jahre wächst eine Riesenzahl von ‚Forschern' heran, von Leuten, die sich für bestimmte Stellen an den Hochschulen, auch z.T. in anderen For-schungsinstitutionen in erster Linie durch den Nachweis eigener Forschung und durch Publikationen von entsprechenden Ergebnissen qualifizieren müssen und die nur mit der Präsentation weiterer Forschungsleistungen weiterkommen, ja auch nur eine Gehalts-erhöhung erwarten können. Da mußten nun die Mengen von Universitätsgermanisten nach lohnenden Objekten für ihre Forschungen suchen. Nahe lagen natürlich zunächst die standardisierten und kanonisierten Autoren und Themen, die bis zur Erschöpfung abgegrast wurden. Dann wurden neue Namen und Bereiche entdeckt, oder man muß eher sagen: meist *wieder* entdeckt, wenn man an die damals zum großen Teil verges-senen Leistungen der Literaturgeschichtsschreibung im 19. Jahrhundert denkt, in der schon unendlich viel an historischem Material mindestens faktographisch aufgearbei-tet, wenn auch nicht immer zureichend und befriedigend ausgewertet und interpretiert war.[11]

Unter diesem ‚Innovationsdruck' verfielen „einige Kollegen von der neueren Litera-tur" in „modischen Opportunismus", fahndeten „weil es schick war, nach jeder Jakobi-nermütze", und deckten „mit einer wahren Lust am Zwang und an der Notwendigkeit – in merkwürdigem Gegensatz zu dem gleichzeitigen Ruf nach Freiheit, nach Befreiung auf allen Gebieten – überall gesellschaftliche Zwänge, Kausalitäten, Repressionen" auf, „nur teilweise übrigens, um sie wirklich abzuschaffen."[12] Sehen wir einmal ab vom polemischen Vorwurf des modischen Opportunismus, so ließe sich folgern, die Entstehung der Jako-binismusforschung sei u.a. auf implizite Karriereprobleme eines Massenfaches zurück-zuführen. Wie beurteilen Sie diesen Erklärungsansatz?

Gert Mattenklott: Ich glaube, daß er einige richtige Beobachtungen enthält, die sogar quantitativ gesehen für diese Generation in der Phase der Reformierung der alten Univer-sität größeres Gewicht haben, als es ohnehin immer gegeben ist. Immer muß eine neue

11 Richard Brinkmann: Deutsche Literaturwissenschaft in der Bundesrepublik Deutschland. In: Alexander von Humboldt Stiftung. Mitteilungen H. 40, (1982), S. 23–30, hier S. 24; siehe dazu im vorliegenden Band die Interviews mit Eberhard Lämmert (S. 271–298, hier S. 296), Walter Müller-Seidel (S. 299–314, hier S. 304 f.), Georg Jäger (S. 334–358, hier S. 351 f.), Hans-Wolf Jäger (S. 500–527, hier S. 524 f.) und Klaus R. Scherpe (S. 692–712, hier S. 707 f.).
12 Brinkmann: Deutsche Literaturwissenschaft (wie Anm. 11), S. 24 f.

Generation versuchen, eine Nische zu entdecken, über die sie sich empfiehlt und die sie besetzen kann. Das trifft jede Generation neu, hier zusätzlich die Frauen, die in höheren Positionen der Universität in den 1960er Jahren noch akademische Neubürger waren. Gerade in dieser Zeit gab es in der Tat eine besonders große Zahl von akademischen Anwärtern, die sich zu qualifizieren hatten. Das mag ein wichtiger Faktor gewesen sein. Aber gibt es nicht immer zahllose Nischen? Warum gerade Jakobinismus? Was mich betrifft, hat der noch unbesetzte Ort kaum eine Rolle gespielt. In meinen Augen – vielleicht auch gelenkt durch den Blick meines eigenen Lehrers, aber nicht nur durch ihn – war für die Entdeckung der Aufklärungsliteratur ganz stark ein kritischer Impuls wirksam, der die Kunst pauschal und frontal betraf. In der aufklärerischen Literatur schien eine Kunstpraxis bestanden zu haben, deren Hauptimpuls ein moralischer war: Kunst gegen das Künstliche. Diese Instrumentalisierung der Künste zu moralischen Zwecken war ein starkes Argument für mich, aber auch für andere in meiner Umgebung, gerade hier und in diesem Augenblick Fuß zu fassen und das literarische Spektrum, welches sich unter diesem Gesichtspunkt bot, neu zu entfalten und für die eigene Gegenwart zu interpretieren.

Michael Schlott: Also der gesamte Bereich des Wert(e)setzens, der später im *Grundkurs 18. Jahrhundert*[13] wichtig wurde.

Gert Mattenklott: Richtig, das ging da in sehr starkem Maße ein. Ich glaube, daß auch in meiner eigenen Generation Wissenschaftler – etwa gleich alt – andere Themen als die Aufklärung mit vergleichbaren Motiven, ebenso stark moralisierend besetzt haben. Man wandte sich aber der Aufklärung als einem Rückzugsgebiet noch unentschlossen und mit dem Verdacht zu, daß es sich da letztlich doch ‚nur' um Kunst mit – politisch gesehen – eher quietistischen Impulsen handele. Deshalb also nach Lessing die Zuwendung zur Jakobinerliteratur.

Michael Schlott: Sie meinen also, es sei nicht in erster Linie ein karrieristischer Impetus, der für viele entscheidend gewesen ist, auch das Politische nicht? Sie würden doch eher von fachinternen Faktoren ausgehen und von dort die Verbindung zu den beiden anderen Komponenten herstellen wollen?

Gert Mattenklott: Ja und nein. Fachintern meine ich jetzt nicht in dem Sinne, daß sich da irgendwie eine Forschungslücke aufgetan hätte, die hätte besetzt werden müssen, sondern ein politischer Grund. Moral war hier das Politische. Es war ein externer Grund in gewisser Weise, weil, in die Wissenschaft hineingetragen, die moralische Option eine Angriffsspitze gegen konventionelle Haltungen des Wissenschaftlers war.

Michael Schlott: Worauf zielte diese Option?

Gert Mattenklott: Die Option beruhte auf einem generellen Verdacht gegen das nur Künstlerische. Es war eine Ästhetizismus-Kritik, die auf die Selbstgenügsamkeit der Beschäftigung akademischer Würdenträger mit den Künsten zielte und von dort aus sich ausweitete auf die Gegenstände, mit denen sie sich beschäftigten. Die aufklärerische Literatur schien einen Literaturbegriff anzubieten, der weiter war, weil der Begriff von autonomer Kunst bis dahin kaum entwickelt war. Entsprechend breit war das Spektrum dessen, was

---

13 Westberliner Projekt: Grundkurs 18. Jahrhundert. Die Funktion der Literatur bei der Formierung der bürgerlichen Klasse Deutschlands im 18. Jahrhundert. Bd. 1: Analysen, Bd. 2: Materialien. Hrsg. von Gert Mattenklott und Klaus R. Scherpe. Kronberg/Taunus 1974.

da auftauchte, zum Beispiel neben den traditionellen Genres der Gattungspoetik die essayistische und biographische Literatur, Texte der Popularphilosophie, literarische Zeugnisse
früher Anthropologie, die politische Erweiterung der Publizistik und so weiter. Das hat den
großen Reiz ausgemacht.

Michael Schlott: Aber in der Verlängerung liegt doch die Perspektive der gesellschaftlichen Relevanz, ein stark gesellschaftspolitisch motiviertes Anliegen.

Gert Mattenklott: Ja, aber da schieden sich damals die Geister der verschiedenen politischen Fraktionen. Es gab eine Linke, die sich mit einer skurrilen Option für Peking verband, eine andere mit einer wohl nicht realitätstüchtigeren für Moskau. Die einen wollten
sehr viel stärker den explizit politischen Charakter der Literatur betont sehen und nahmen
deshalb auch die Flugschrift, das Pamphlet, wie überhaupt die politische Propaganda in
literarischer Form, sehr viel ernster als andere. Mir selbst waren damals politische Qualitäten etwa der Moral oder etwa eines bestimmten ästhetischen Formengebrauchs wichtiger
(vermeintlich die Moskauer Option). Das fand in politischen Entzweiungen Ausdruck, die
mit der damals eigenen Verve alles ergriffen. Literarische und politische Optionen waren
wechselseitig Proben auf die wissenschaftliche und politische Glaubwürdigkeit.

Michael Schlott: Was hat Sie seinerzeit bewogen, Sie haben das ja in Ansätzen beantwortet, einen Teil Ihrer Forschung dem Literarischen Jakobinismus zu widmen? Ich betone
dabei ‚Literarischen‘ Jakobinismus.

Gert Mattenklott: Mein Interesse hat sich in einem Spannungsverhältnis zu Studien-
freunden und akademischen Lehrern entwickelt. Das Milieu, in dem ich mich bewegte,
war vehement auf die Künste gerichtet. Ich habe das wissenschaftsbiographisch als einen
gewissermaßen anarchischen Impuls empfunden, der mich zu den Künsten zog und der für
mich auch gar nicht preiszugeben war. Andererseits waren die Herausforderungen der Politisierung sehr stark. Daher spürte ich einen moralischen Druck, auch darauf einzugehen. Er
schien mir vernünftig zu sein. In diesem Spannungsverhältnis habe ich studiert. Zwar kam
es für mich nicht in Frage, mit einer Parole wie „Der Tod der Literatur"[14] in die Fabriken
zu gehen, und die Literatur dranzugeben, nicht einmal zeitweilig. Aber mir war klar: Wenn
Literatur, dann auch Jakobinismus – wenn Jakobinismus, dann das jakobinische Theater.

Michael Schlott: Welche Bedeutung hatten in diesem Zusammenhang für Sie die Vorgaben der DDR-Historiographie und -Literaturwissenschaft? Hedwig Voegt,[15] Heinrich
Scheel,[16] Claus Träger[17] … Sie haben das natürlich zur Kenntnis genommen, Sie haben das
gelesen; aber welche Bedeutung hatten diese Publikationen für Sie?

---

14 Vgl. Hans Magnus Enzensberger: Gemeinplätze, die Neueste Literatur betreffend. In: Kursbuch
    15 (1968), S. 187–197, hier S. 188: „Auch gibt zu denken, daß der ‚Tod der Literatur‘ selber eine
    literarische Metapher ist, und zwar die jüngste nicht." Vgl. auch: Literaturmagazin 4: Die Literatur
    nach dem Tod der Literatur. Hrsg. von Hans Christoph Buch. Reinbek 1975.
15 Hedwig Voegt: Die deutsche jakobinische Literatur und Publizistik 1789–1800. Berlin 1955.
16 Heinrich Scheel: Süddeutsche Jakobiner. Klassenkämpfe und republikanische Bestrebungen im
    deutschen Süden Ende des 18. Jahrhunderts. Berlin 1962; siehe dazu das Interview mit Heinrich
    Scheel, S. 665–691.
17 Mainz zwischen Rot und Schwarz. Die Mainzer Revolution von 1792/93 in Schriften, Reden und
    Briefen. Hrsg. von Claus Träger. Berlin 1963; siehe dazu das Interview mit Claus Träger, S. 315–
    332.

Gert Mattenklott: Mit Klaus Scherpe zusammen war ich der Germanist dieser Jahre, der die stärksten Beziehungen zur DDR-Literaturwissenschaft unterhalten hat. Das waren zum Teil – und sehr bestimmend – persönliche Beziehungen, bei denen neben Heinrich Scheel Werner Krauss die größte Rolle gespielt hat. Für mich war er eigentlich der Kern dieser Beziehungen.[18]

Michael Schlott: Er war einer der Begründer der Aufklärungsforschung in der DDR.

Gert Mattenklott: Natürlich, er war für uns eigentlich der Bezugsmann. Wir kannten ihn, wir hatten Umgang mit ihm.

Michael Schlott: Haben Sie den Kontakt gesucht oder hat er ihn aufgenommen? Liefen solche Kontakte auch über Heidelberg, zum Beispiel über Köhler?

Gert Mattenklott: Nein, es lief nichts über Heidelberg. Ich glaube, daß er ihn hergestellt hat und daß daraufhin Einladungen kamen zu Besuchen. Ihm lag daran, auch mit jüngeren Wissenschaftlern Verbindung zu halten. Später haben wir auch Schüler von ihm kennengelernt. Es waren ja damals die politisch unliebsamen unter seinen Schülern isoliert worden von der Lehre an der Humboldt-Universität und in die Akademie der Wissenschaften verbannt. Die bildeten dort eine sehr tüchtige Mannschaft romanistischer Forschung. Naumann, Fontius, Schröder und Barck waren sehr wichtig, dann noch ein paar mehr, deren Namen mir im Moment gerade nicht über die Lippen kommen.

Michael Schlott: Handelte es sich also um eine Ausgliederung aus der Universität, um eine Verbannung, wie Sie es nennen? Wann war das?

Gert Mattenklott: Das habe ich nicht im Kopf; das kann ich selbst nicht datieren. Aber als ich da jedenfalls hinkam in diese Akademie der Wissenschaften, da gab es diese Gruppe bereits.

Michael Schlott: Nach dem Prager Einmarsch?[19]

Gert Mattenklott: Ja. Die waren ja zum Teil im Gefängnis gewesen, Schröder gehörte zum Beispiel auch dazu. Die waren aber nicht wieder an die Humboldt-Universität gekommen, sondern waren isoliert in dieser Sektion Literaturwissenschaft der Akademie und hatten dort ihre eigenen Forschungsprojekte. Die Verbindungen, die Scherpe und ich – übrigens auch Hans Robert Jauß – damals hatten, die gingen nicht zur Universität. Da wurden wir auch gar nicht hingelassen, nicht in die Lehrstätten. Sondern die gingen zur Akademie der Wissenschaften, und da mindestens so stark zu den Romanisten wie zu den Germanisten, auch zu Naumann. Meine Bitte, auch mal vor und mit Studenten sprechen zu können, wurde höflich ins Ungewisse verschoben.

Michael Schlott: Hatten Sie auch Verbindungen zu Träger?

---

18 Siehe dazu die Interviews mit Claus Träger (S. 315–332, hier S. 315 f., 319–321), Martin Fontius (S. 255–270, hier S. 255–257) und Heinrich Scheel (S. 665–691, hier S. 666).

19 Siehe das Interview mit Martin Fontius, S. 255–270, hier S. 257: „In den Anfangsjahren verfügten die Universitäten in der DDR noch über relativ autonome Strukturen, erst später sind die aufgehoben worden." Siehe dazu ferner II, 2.1.2, S. 51 f., Anm. 148.

Gert Mattenklott: Träger, ja, zu dem hatten wir dann Verbindungen, auch persönliche, wegen der Anthologie Mainz zwischen Rot und Schwarz,[20] aber sie wurden eigentlich nicht eng, wurden nicht dicht. Nach Leipzig gab es noch anderen Kontakt, aber zu Träger eigentlich nicht. Zu Kaufmann und seiner Frau in Berlin bestanden Verbindungen, zu Kaufmann, der ja damals dieses gewaltige Projekt einer Literaturgeschichte betreute.[21] Aber wie gesagt, da hatte Werner Krauss wirklich das größere Gewicht.

Michael Schlott: Hans Mayer war auch nicht unwichtig in dem Zusammenhang. Ich denke an die Leipziger Konferenz von 1962 zur Romantik,[22] wo es um eine Neubewertung von Lukács ging. Das ging im wesentlichen von Krauss und Mayer aus?

Gert Mattenklott: Ja, ich erinnere mich an unser *Westberliner Projekt* zum 18. Jahrhundert.[23] Einer der ersten Texte, die wir vorbereitend gelesen haben, war die in *Rowohlts Enzyklopädie* erschienene Krauss-Einführung in die Literaturwissenschaft[24] und dann weitere Publikationen von Krauss-Schülern und so weiter. Das war eigentlich das Tor, durch das wir gingen in die Aufklärungsforschung. Hans Mayer hat dabei – für mich wenigstens in diesem Zusammenhang – keine größere Rolle gespielt.

Michael Schlott: Wie würden Sie die politisch-ideologische Position charakterisieren, aus der heraus sich die Forschungsaktivitäten Walter Grabs definieren? Ist er Marxist? Ist er Sozialdemokrat?

Gert Mattenklott: Ich habe viele Stunden mit Grab diskutiert, ich besuche ihn auch heute immer wieder, wenn ich in Israel bin, und wir sprechen dann miteinander. Er war und ist Kommunist. Das, glaube ich, ist sein Selbstverständnis. Er ist ja früh zur Partei, zur KPÖ gekommen. Er ist bis heute, glaube ich, auch im wesentlichen dabei geblieben, ob mit oder ohne Parteibuch. Wiewohl die feste kommunistische Linie, die ich jedenfalls in seinen Erzählungen und Selbstdarstellungen gegenüber der Linken in der Bundesrepublik und speziell auch der Aufklärungsforschung zu erkennen meine, immer wieder durch Abweichungen irritiert wird, die er wahrzunehmen glaubt. Er ist übrigens ja in gewisser Weise ein wissenschaftlicher Dilettant und kein Philologe, ein Historiker, und auch als solcher im Grunde keiner vom akademischen Metier. So ist er zu diesem Thema und seinen Stoffen –

20   Mainz zwischen Rot und Schwarz (wie Anm. 17).

21   Geschichte der deutschen Literatur. Von den Anfängen bis zur Gegenwart. Berlin 1960–1990. Die Bände 1/1 und 1/2 sowie 4 und 5 erschienen 1960–1965; die Herausgeber-Funktion hatte ein „Kollektiv für Literaturgeschichte" (Klaus Gysi, Kurt Böttcher, Günter Albrecht, Paul Günther Krohn). Band 2 (Mitte des 12. bis Mitte des 13. Jahrhunderts) wurde 1990 publiziert; Band 3 ist nicht erschienen. Herausgeber der Bände 6–11 (für die deutsche Literatur ab 1700) war folgendes Kollektiv: Hans-Günther Thalheim (Vorsitzender), Günter Albrecht, Kurt Böttcher, Hans Jürgen Geerdts, Horst Haase, Hans Kaufmann, Paul Günther Krohn, Dieter Schiller; die Bände erschienen 1973–1979. Band 12 (Literatur der BRD) wurde von einem Autorenkollektiv unter Leitung von Hans Joachim Bernhard 1983 veröffentlicht.

22   Die Tagung fand vom 2. bis 4. Juli 1962 am Institut für Deutsche Literaturgeschichte der Karl-Marx-Universität Leipzig statt; vgl. Wissenschaftliche Zeitschrift der Karl-Marx-Universität Leipzig. Gesellschaftswissenschaftliche Reihe 12 (1963), S. 493–528; siehe dazu das Interview mit Martin Fontius, S. 255–270, hier S. 259 f.

23   Vgl. Westberliner Projekt (wie Anm. 13).

24   Werner Krauss: Grundprobleme der Literaturwissenschaft. Zur Interpretation literarischer Werke. Mit einem Textanhang. Reinbek 1968.

also zur Jakobinerforschung – ja auch nicht durch eine akademische Tradition gekommen, sondern, wie ich glaube, als begeisterter Kommunist. Seine Verbindung, die er zur Philologie hatte, ist insofern sehr vitalen Charakters, zuerst kam die Politik; sodann: Er hat ja früher Theater gespielt, also eine literarisch-ästhetische Affinität. Er ist übrigens ein glänzender Erzähler. Diese Seite ist es, die ihn zu diesem Fach und der Jakobinerforschung bringen mag – nicht die philologische im engeren Sinne.

Michael Schlott: Ihr Marburger Kollege Pickerodt, ebenfalls ein Szondi-Schüler, erklärt in der Einleitung zum Sammelband *Georg Forster in seiner Epoche*, daß der „politisierte Intellektuelle um 1970 [...] in Georg Forster einen literarisch-politischen Kampfgenossen" erblickt habe. Zugleich hat Pickerodt das entsprechende Forster-Bild aber entheroisiert und in diesem Zusammenhang vom „desillusionierte[n] Intellektuellen von heute" – das ist 1982 – gesprochen, der die Aufklärung „insgesamt als einen Prozeß der Selbstkonditionierung bürgerlichen Bewußtseins für die Notwendigkeit der Kapitalverwertung als Sozialisationsagentur eines die Sinne unterdrückenden rationalistischen Zwangsapparates" interpretiere.[25] Ich habe Herrn Pickerodt kürzlich dazu befragt.[26] Er hat noch einmal bekräftigt, daß er diese Sätze durchaus in moralischer Hinsicht sehr kritisch gemeint habe, da doch viele der seinerzeit revolutionär enthusiasmierten Intellektuellen sich selbst und ihren politischen Zielen etwa seit Beginn der 1980er Jahre untreu geworden seien. Können Sie aus Ihrer Sicht diesen Befund bestätigen und gegebenenfalls auch die wichtigsten Leitlinien dieses Desillusionierungsprozesses skizzieren im Blick auf die von Pickerodt ebenfalls konstatierte, „in den Köpfen vollzogene ,Tendenzwende'"?[27]

Gert Mattenklott: Ich bin ziemlich anderer Ansicht in diesem Punkt. Es mag Illusionen gegeben haben, die sich auf die Möglichkeiten bestimmter politischer und revolutionärer Perspektiven für die 1960er Jahre ergeben, die sind jedoch relativ rasch verflogen. Im Grunde genommen frage ich mich, ob man sie eigentlich Mitte der 1970er Jahre noch ernsthaft haben konnte. Das war nach meiner Wahrnehmung eigentlich doch eine relativ kurze Phase, in der Intellektuelle annehmen konnten, daß sich in der Bundesrepublik dieser Jahre unter Anleitung und Führung der Sozialdemokratie Prozesse vollzogen, die wie ein Weg zur Revolution zu sehen gewesen wären. Das war für einen Augenblick die Wahrnehmung, 1968 und noch ein wenig drumherum. Aber schon im Zuge der Diskussion damals wurde dann doch ziemlich schnell klar, daß die Studentenbewegung Teil eines allgemeinen Modernisierungsvorgangs war und diese Position einbüßen würde, wenn dieser Vorgang im wesentlichen sein Ziel erreicht haben würde. Und das geschah schnell. Ich glaube nicht, daß man heute über dieses relativ klar Definierte im Rahmen von Illusion und Desillusion hinaus in so einer fundamentalen Weise, wie Herr Pickerodt das vorschlägt, von Wende und Desillusionierung womöglich bis heute, von Kehre und Verrat durch die Intellektuellen reden sollte. Es gibt einen Formen- und Funktionswandel der Intellektuellen in diesen letzten zwei, drei Jahrzehnten, der den eindrucksvollsten Leitfiguren der deutschsprachigen Intelligenz erlaubt hat, doch mit einer erstaunlichen Kontinuität sich selbst treu zu bleiben. Zum Beispiel sehe ich bei Enzensberger einen sich treu bleibenden Kritizismus von ganz

---

25 Vgl. Gerhart Pickerodt: Aspekte der Aktualität Georg Forsters. In: Georg Forster in seiner Epoche. Hrsg. von G. P. Berlin 1982, S. 4–8, hier S. 5.

26 Siehe dazu das Interview mit Gerhart Pickerodt, S. 590–606, hier S. 594 f.

27 Vgl. Pickerodt: Aktualität Georg Forsters (wie Anm. 25), S. 5.

frühen Positionen bis zu seinen allerletzten. Sein letztes Buch ist ein Diderot-Buch.[28] Die Entdeckung der Aufklärung Diderots stand in den 1960er Jahren am Anfang. Wenn das keine Kontinuität ist … Ich glaube, es gibt ein Stichwort, das Enzensberger selbst in diesem Band *Tod der Literatur*[29] ausgegeben hat. Die Aufmerksamkeit für die Todes-Metaphorik, der er selbst Nahrung gegeben hat, dieser Vorstellung, daß irgendwas dann tot sein könnte und dann keine Rolle mehr spielt. Also zum Beispiel Tod der Moderne, Tod der Literatur oder Tod der Geschichte und so weiter. Ich glaube, daß Intellektuelle in den letzten drei Jahrzehnten die Erfahrung machen konnten, daß nichts so tot ist, daß es nicht in ein paar Jahren in einer anderen Sprache, in einer anderen Gestalt Auferstehung feiern würde. Nichts ist so dumm, daß es schlechthin aus der Welt geschafft werden müßte und nicht in anderen Zusammenhängen und in anderen Missionen einmal wieder zur Geltung gebracht werden könnte und sogar sollte. Ich sehe, daß die Geschmeidigkeit, die Gewandtheit, die Elastizität, mit der etwa Enzensberger die relativen Wahrheiten wieder hervorgeholt und zur Sprache gebracht hat, nachdem sie totgesagt worden sind, mit Opportunismus verwechselt worden sind. Ich denke, daß das ein grundsätzliches Mißverständnis auch der Funktion der Intellektuellen ist. Generell gehören sie auf die Seite von Schwachen. Pickerodts Moralismus also in allen Ehren, aber ist ‚Gesinnungstreue‘ ein zuverlässiger Maßstab?

Michael Schlott: Es ist ein, wie ich meine, anerkennenswerter Moralismus, der sich allerdings bestimmte Entwicklungsmöglichkeiten versperrt …

Gert Mattenklott: Es müßte ja wunderbar sein, wenn jemand die gleiche Ansicht in der gleichen Sprache über 30 Jahre lang vertreten könnte. Das kann ich mir eigentlich gar nicht vorstellen.

Michael Schlott: Ich bin nicht sicher, ob Pickerodt es so gemeint hat. Trifft es Ihrer Ansicht nach zu, daß viele ehedem in der literaturwissenschaftlichen Jakobinerforschung aktive Literaturwissenschaftler ihre Forschungsinteressen nach und nach geändert hätten und sich anderen, nämlich erfolgsträchtigeren Gegenständen zugewandt haben? Sie spüren natürlich heraus, daß es mir zu wenig wäre, in diesem Zusammenhang auf Opportunismus oder Karrierismus abzuzielen. Mich würden schon weitergehende Erklärungen interessieren.

Gert Mattenklott: Es gibt solche Wendungen und es gibt solches Vertauschen oder Aufgeben von Arbeitsfeldern und -plätzen und Zuwendung zu anderem. Das kann ja sehr unterschiedliche Gründe haben. Es hat einen Grund meines Erachtens darin, daß die Aufklärungsforschung in diesen Jahrzehnten ungemein effizient gearbeitet hat und ein weites Feld von Materialien bearbeitet worden ist – zum Teil in Editionen oder Analysen oder in welcher Form auch immer. Das hängt auch ab von den Mitteln, die die Philologie dafür anbietet. Schon von daher liegt es nahe, sich neuen und anderen Bereichen zuzuwenden, nachdem diese Arbeit für eine ganze Generation mit einem gewissen Erfolg auch geleistet worden ist.

Michael Schlott: Wie zum Beispiel die Erforschung der Frühen Neuzeit, wo noch etwas zu holen war, und vielleicht auch in ganz abseitigen Gebieten der Frühaufklärung?

---

28   Denis Diderot: Gründe, meinem alten Hausrock nachzutrauern. Zwei Essays. Aus dem Franz. von Hans Magnus Enzensberger. Berlin 1992.
29   Enzensberger: Gemeinplätze (wie Anm. 14).

Gert Mattenklott: Das stimmt. Man kann natürlich auch darin immer ein Moment der Anbahnung akademischer Karrieren sehen. Sicher ist das so, warum soll es auch nicht so sein? Man hat eigentlich keinen Grund, diesen Impuls zu denunzieren. Unvernünftig wird er dadurch noch nicht. Das Arbeitsfeld zu wechseln, das übersetzt ist und das auch relativ große Erfolge brachte, erscheint mir vernünftiger als ein Versuch, vom Hölzchen aufs Stöckchen zu kommen, um auf diesem Feld zu bleiben.

Michael Schlott: Der Grundvorwurf – ich nenne hier keine Namen – lautet, daß das politische Engagement jener Intellektuellen, die später Professoren und Professorinnen wurden, im Grunde genommen nicht authentisch gewesen sei. Der Gesprächspartner drückte sich so aus: „Sie dürfen nicht vergessen, die wollten natürlich alle an die Fleischtöpfe, und sie sind alle etwas geworden", und es folgte der kaustische Zusatz: „nämlich Professoren".

Gert Mattenklott: Ich bin da ganz anderer Ansicht. Ich glaube, daß das ein Vorwurf aus Ressentiment, ein schmälernder Vorwurf ist, der die Lage verkennt. Wenn die Aufklärungsforschung sich durch linke Vertreter an der Universität etablieren konnte, dann nicht, weil das eine Empfehlung für die Universität gewesen ist, sondern sie konnten sich trotzdem etablieren. Ich weiß, daß Briegleb in Berlin gescheitert ist mit seiner Bewerbung als linker Lessing-Spezialist.[30] Es war in allen Fällen, die ich beobachten konnte, ein Karrierehindernis. In anderen gab es ein Schlupfloch, zum Beispiel die Neugründung der Universitäten in Norddeutschland, Bremen, Osnabrück und Oldenburg, wo die Aufklärungsforschung dann Positionen einnehmen konnte, weil da die Gunst der Stunde es für einen Augenblick lang erlaubte.[31] Aber das waren Ausweichbewegungen, weil südlich der Rhein-Main-Linie zum Beispiel zu dieser Zeit überhaupt von denen niemand eine Chance gehabt hätte. Ich glaube, man konnte nicht in der Vorstellung, Karriere zu machen, sich der Aufklärungsforschung zuwenden. Das halte ich für eine Verkennung der wirklichen Machtverhältnisse. Ein Schüler von Klaus Scherpe und mir, Helmut Peitsch, ein Kommunist, hat über Georg Forster geschrieben[32] und konnte in Deutschland keine Stelle erhalten. Es war klar, daß es ein Karrierehindernis sein würde – er lehrt inzwischen in England. Es gibt andere Beispiele. Ich hielte das für einen ganz schiefen Blick auf die Dinge. Davon einmal abgesehen gibt es allenthalben solche Schwenks von der Aufklärungsforschung zu anderen Gebieten. Wenn ich selbst beobachte, wie ich in den letzten zwei Jahrzehnten eigene Arbeitsgebiete gewechselt habe, dann sehe ich darin bereits eine gewisse Signifikanz. Ich habe etwa Mitte der 1970er Jahre mich immer stärker wegentwickelt von der Aufklärungsforschung hin zu einer stärkeren Gewichtung des Ästhetizismus, des Erotismus und seinen verschiedenen Ausdrucksformen. Die „ästhetische Opposition" hat in meiner Forschung immer schon eine Rolle gespielt. Ich habe 1970 über George geschrieben,[33] da war dieses Ästhetisch-Erotische ja auch bereits sehr stark gewichtet. Aber das wurde verstärkt durch politische Erfahrungen, nämlich meine Beobachtung, daß die stärker sich ans Parteipolitische bindende Politisierung infolge der Studentenbewegung immer deutlicher auch dazu führte, daß die antiautoritär-anarchischen Impulse, die ich stark empfunden habe, immer rigider diszipliniert wurden und

---

30 Vgl. dazu Briegleb: Lessings Anfänge (wie Anm. 7).

31 Siehe dazu das Interview mit Hans-Wolf Jäger, S. 500–527, hier S. 509.

32 Helmut Peitsch: Georg Forsters „Ansichten vom Niederrhein". Zum Problem des Übergangs vom bürgerlichen Humanismus zum revolutionären Demokratismus. Frankfurt/Main 1978.

33 Gert Mattenklott: Bilderdienst. Ästhetische Opposition bei Beardsley und George. München 1970.

keinen Platz mehr fanden. Das war für mich eine schier unerträgliche und unmögliche Geschichte, in dieser Weise mich selbst zu disziplinieren zugunsten einer politischen Option.
1974/75 war für mich der Anlaß, wo mir klar wurde, daß ich auch in meiner eigenen Wissenschaftspraxis dem Rechnung tragen und stärker machen müßte, was ich sonst nebenher
hatte laufen lassen. Wiederum in einer späteren Orientierung wurde mir immer deutlicher,
daß es eine komplette Tradition gab, die in Deutschland für unsere Bildungsgeschichte nahezu bedeutungslos gewesen war und die sichtbar gemacht werden sollte. Das war die Tradition deutscher und europäischer Judaica, über die ich seit zehn, zwölf Jahren arbeite.[34] Ich
glaube, daß auch in diesem Bereich Signifikanz in der Fachgeschichte zu beobachten ist – es
gibt inzwischen eine ziemlich breite Aufarbeitung all dieser jüdisch-deutschen, europäisch-
jüdischen Kultur. Auch da kann man natürlich schmälernd und denuzierend sagen, das seien
desillusionierte, enttäuschte politisierte Linke, die kein Anwendungsgebiet für ihren Moralismus in der Gegenwart finden und sich deshalb ,wiedergutmachungspolitisch' der jüngeren
deutschen Geschichte zuwenden würden. Das wird gesagt, man kann das leicht sagen. Und
es ist auch immer etwas Richtiges daran – aber muß man das eigentlich immer denunzie-
rend sagen? Man kann es auch sagen im Sinne einer Phänomenologie dieser Intelligenzgeschichte. Mir ging es eigentlich mehr darum, daß ich, wenn ich teilhabe an dieser oder jener
Wissenschaftspraxis, auch an ihrem Umschwung und an ihren Umschichtungen, daß ich das
nicht kann, ohne mir dabei selbst über die Schulter zu schauen. Von einem Intellektuellen
kann man erwarten, daß er diese Teilhabe auch problematisiert, die Grenzen seiner eigenen
Borniertheit erkennt und dies mit einbezieht in den Reflexionsprozeß seiner eigenen Rolle.

Michael Schlott: Das allerdings geschieht seltener.

Gert Mattenklott: Ja, aber das, finde ich, ist eine Voraussetzung. Selbst wenn ich über
deutsche Judaica schreibe, dann thematisiere ich auch diesen Impetus, mit dem eine linke
Kultur sich in bestimmten Situationen durch dieses Nadelöhr fädelt. Ich denke an andere
Formen des moralischen Engagements, mit dem sie sich erinnerungspolitisch artikuliert
und plötzlich sich eine Erinnerungsgeschäftigkeit eröffnet, über die ich zur Zeit nur noch
spotten kann. Aber ich denke, das ist eigentlich die Form, an der man selbst zwar auch
teilhat – wie sollte man da nicht teilhaben –, aber diese Teilhabe auch relativiert, gewissermaßen auf dem Sprung liegt, sich von sich selbst zu unterscheiden.

Michael Schlott: Teilen Sie die Ansicht, daß es gravierende methodologische Defizite in
der literaturwissenschaftlichen Jakobinismusforschung gab und daß diese Forschungsrichtung auch deswegen am Ende sei? Vorausgesetzt, Sie würden dem zustimmen, wo lagen
oder liegen Ihrer Meinung nach diese Defizite?

Gert Mattenklott: Ich glaube eigentlich nicht, daß sie am Ende ist und könnte mir selbst
vorstellen, daß die Emphase, in der sie begonnen wurde, hauptsächlich der Erschließung
von unbekannten Materialien zugute kam, der Beschreibung von politischen Optionen
in dem Zusammenhang, einer Differenzierung des politischen Spektrums der deutschen
Intelligenz dieser Jahre, der Rekonstruktion von europäischen Verhältnissen. Arbeiten, die
sich auf die spezifisch ästhetisch-künstlerischen, auf die spezifisch-rhetorischen Aspekte
beziehen, also eigentlich im engeren Sinne philologische und kunsthistorische, kunsttheo-

---

34   Vgl. ‹http://www.geisteswissenschaften.fu-berlin.de/we03/mitarbeiter/ehemalige/mattenklott/in-
     dex.html› (eingesehen am 02.04.2012).

retische Arbeiten, sind jedoch relativ selten geblieben. Es hat sie gegeben zu Rhetorik oder Agitation bei den Jakobinern.

Michael Schlott: „Verdeckte Schreibweisen".[35]

Gert Mattenklott: Nicht wahr, zum Beispiel „verdeckte Schreibweisen".

Michael Schlott: Ich möchte Sie um einen Kommentar bitten zu einer Einschätzung, die mir in informellen vorbereitenden Gesprächen zu diesen Interviews vorgestellt worden ist. Sie lautet sinngemäß: Die deutsche Jakobinismusforschung muß als letztes Paradigma politisch ausgerichteter Historiographie und Literaturwissenschaft angesehen werden, das durch Methodenwechsel und Modernisierungstheorien der Sozialgeschichte erledigt wurde. Die Jakobinismusforschung ist aus der Aufklärungsforschung völlig ausgeschieden. Die unmittelbare politische Instrumentalisierung des Forschungsgegenstandes verstellte die Möglichkeit einer produktiven Reaktion auf neue sozial-, mentalitäts- und kulturgeschichtliche Ansätze.

Gert Mattenklott: Das ist vermutlich so gewesen. Ich weiß nicht, ob es das einzige war, was den Weg zu mentalitätsgeschichtlichen Dingen und anderem verstellt hat. Im wesentlichen würde ich dem jedoch zustimmen. Man muß sehen, daß es eine andere Generation ist, die jetzt von der Historiographie her in Deutschland die Aufnahme etwa der Arbeiten aus dem Kontext der *Annales* propagiert. Die hat sich von den scharfen politischen Fraktionen der 1968er bis 1970er und frühen 1980er Jahre abgesetzt. Wenn ich etwa denke an jemanden wie Ulrich Raulff, der so kontinuierlich und einflußreich etwa über die *Annales* publiziert,[36] – das ist die Generation etwa meiner akademischen Schüler, also einige Generationen versetzt, die diese Aneignung betreibt und von denen wir Älteren die Dinge aufnehmen und uns zeigen lassen.

Michael Schlott: Ist die literaturwissenschaftliche Jakobinismusforschung gescheitert, das heißt, hat sich der von der Jakobinismusforschung – und darauf kommt es uns ja an – hat sich dieser erhobene Wissensanspruch durchgesetzt oder nicht? Ich nenne einige Bezugspunkte, die hier vielleicht eine Rolle spielen könnten, also etwa Epochenschemata, die Klassikdebatte, der gesamte Bereich der kodifizierenden Literatur, Literaturbegriff, Gegenstandserweiterung, Reiseliteratur, und dann natürlich das gesamte Feld der Institutionen.

Gert Mattenklott: Ich denke, im Bereich der Historiographie sind die Erfolge sehr groß und deutlich. Man braucht sich doch nur die Ansätze von Literaturgeschichtsschreibung anzuschauen, die seitdem unter diesem Eindruck von Sozialgeschichte und stärker politischer Geschichte geschrieben worden sind, sei es bei Grimminger,[37] sei es in der Rowohlt-Literaturgeschichte.[38] Wo man aufschlägt, sind doch sehr überraschende Erfolge.

---

35 Siehe dazu Sigfrid Gauch: Friedrich Joseph Emerich – ein deutscher Jakobiner. Studien zu Leben und Werk. Frankfurt/Main u. a. 1986; als Phil. Diss. Mainz 1985 unter dem Titel *Offene und verdeckte Schreibweisen im literarischen Jakobinismus*.

36 Vgl. etwa Ulrich Raulff: Ein Historiker im 20. Jahrhundert. Marc Bloch. Frankfurt/Main 1995.

37 Hansers Sozialgeschichte der deutschen Literatur vom 16. Jahrhundert bis zur Gegenwart. 12 Bde. Hrsg. von Rolf Grimminger. München 1980–2009.

38 Deutsche Literatur. Eine Sozialgeschichte. 9 Bde. Hrsg. von Horst Albert Glaser. Reinbek. 1980–1991; Bd. 10. Bern 1995.

Michael Schlott: Das wäre doch eher ein Ergebnis der Soziologisierung der Literaturwissenschaft, die in die sozialgeschichtliche Betrachtung überführt worden ist. Also bei Grimminger etwa finden wir wenig oder nichts zum Jakobinismus.

Gert Mattenklott: Das ist richtig, aber da zeigt sich vielleicht noch dieses Defizit, das ich vorhin antippte im Zusammenhang mit der Jakobinerforschung. Ich glaube, einig ist man sich über die Erweiterung des Literaturbegriffs, über die Bedeutung, die der Jakobinismus als literarische Erscheinung gegenüber der klassischen deutschen Literatur gehabt hat. Niemand kann heute dieses Konzept der deutschen Klassik mehr so aufrechterhalten, wie es in den Lehrbüchern unserer Lehrer noch stand. Es ist inzwischen als eine Weimarer Episode im europäischen Maßstab relativiert, während entsprechend der europäische Jakobinismus als Form aufklärerischer Literatur doch deutlich profiliert vor Augen steht. Aber eine Schwäche, die aus meiner Sicht geblieben ist, ist eine Soziologisierung, die sich zu stark auf das Umfeld der Literatur beschränkt und die Texte selbst nicht entsprechend thematisiert hat.

Michael Schlott: Sie fordern eine Sozialgeschichte ‚im‘ Text?

Gert Mattenklott: Ja, eine Sozialgeschichte im Text, das ist nicht nur die soziale Geschichte, das ist auch die Seelengeschichte, auch Psychologie, das Psychosoziale, das ist die Mentalitätsgeschichte.

Michael Schlott: Wir unterscheiden in der Rekonstruktion des wissenschafts- und fachgeschichtlichen Prozesses für unseren Untersuchungszeitraum zwei Hauptrichtungen, die sich am Ende der 1960er und zu Beginn der 1970er Jahre ausdifferenziert haben: Politisierung und Soziologisierung; das ist nicht pejorativ zu verstehen. Einmal vorausgesetzt, Sie können dieser Einteilung zustimmen, unter der Voraussetzung also, daß man diese beiden Richtungen im Sinne einer schwachen wechselseitigen Enthaltenseinsbeziehung zu denken habe: Wo liegen die gravierenden Unterschiede, und welche Namen fallen Ihnen dazu ein?

Gert Mattenklott: Jetzt muß ich noch einmal zurückfragen. Glauben Sie, daß diese Einteilung Soziologisierung und Politisierung ein Schema trägt, das bis heute gelten würde?

Michael Schlott: Nein, das denke ich nicht; ich habe jedoch den Eindruck, und der ist durch Recherchen untermauert worden, daß die Soziologisierung sich – im Gegensatz zur Politisierung – als Trend durchgesetzt hat. Ich weiß nicht, ob das Ihre Frage hinreichend beantwortet.

Gert Mattenklott: Ja, ich glaube, daß ich Ihre Aufteilung jetzt besser verstehe. Dann kann man vielleicht das, was Sie als Politisierung bezeichnen, als ein Votum gewissermaßen, als eine Option charakterisieren. Mir scheint, daß es kurzzeitig Ende der 1960er Jahre, in den frühen 1970ern wohl, eine gewisse Konjunktur des Romantizismus im Umgang sowohl mit Politik als auch Literatur gegeben hat – mit einer krassen Überschätzung der politischen Möglichkeiten, die überhaupt mit Literatur verbunden sind, und ein romantischer Umgang mit Politik, indem man angenommen hat, daß diese Intelligenzpolitiken überhaupt von erheblicher Bedeutung sind für modernes Politikverständnis, für die moderne politische Praxis. Das galt für einen kurzen Zeitraum – wenn man bis heute an dieser Art von Politisierungs-Vorstellungen festhält, dann muß man allerdings sagen, daß dies ein großes Projekt des Scheiterns des Moralischen gewesen ist. Andererseits hat sich die Soziologisierung behauptet und sich über alle politischen Optionen hinweg als Gewinn für die Literaturwissenschaft herausgestellt. Hinter diese gesellschaftswissenschaftliche Begriffsbildung kann man eigentlich nicht mehr zurückfallen, ohne sich lächerlich zu machen.

Michael Schlott: Laut Aussagen von Studenten, die in den 1970er Jahren bei Ihnen in Marburg gehört haben, sei Marburg keineswegs ein Zentrum der literaturwissenschaftlichen Jakobinismusforschung gewesen. Das könne man so nicht behaupten, wohl aber hätten das 18. Jahrhundert bzw. die Aufklärung in den Lehrveranstaltungen besondere Berücksichtigung gefunden. Welche Gründe gab es in den 1970er Jahren für eine verstärkte Hinwendung zur Literatur und Kultur des 18. Jahrhunderts? Wir haben das bereits berührt. Das wäre die Einstiegsfrage, um auf Ihre Marburger Zeit zu kommen.

Gert Mattenklott: Die Beobachtung teile ich, daß die Jakobinismusforschung dort keine ganz besonders große Rolle gespielt hat, bei meinem Kollegen Pickerodt schon stärker, der über Forster publiziert hat.[39] Bei mir selbst war das weniger stark. Der Grund ist der, über den wir im anderen Zusammenhang zuvor sprachen, daß für mich die künstlerische Bedeutung der jakobinischen Literatur vielleicht aus Mangel an Beschäftigung, das möchte ich nicht ausschließen, weniger wahrnehmbar war.

Michael Schlott: Sie haben Forster behandelt, Gottsched, Gellert, Lessing, Schiller, Goethe, Moritz …[40]

Gert Mattenklott: Ja genau, Forster war für mich auch als intellektuelle Figur, als Intellektueller, auch immer interessant und ist es auch bis heute. Aber, da mein Interesse früh und bis heute sehr stark auf Literatur als Kunst gerichtet war, habe ich die jakobinische Literatur mit ihren stärker politisch gebundenen Formen weniger bearbeitet und habe mich statt dessen den stärker ästhetisch-formgeprägten Dingen zugewandt.

Michael Schlott: Können Sie – hinaus über das, was Sie dazu publiziert haben – etwas sagen zu der Frage, welche konzeptionellen und methodischen Schwerpunkte das *Westberliner Projekt Grundkurs 18. Jahrhundert* bestimmt haben?

Gert Mattenklott: Ich glaube, daß das in meiner eigenen Wissenschafts-Biographie wohl der äußerste Punkt der Zuwendung zu marxistischer Literaturinterpretation gewesen ist und der angestrengteste Versuch, auch mit den methodisch sich dann anbietenden Mitteln Literatur als ‚imitatio naturae‘ – jetzt im weitesten Sinn – zu deuten. Ich habe danach kaum mehr in dieser Richtung publiziert.

Michael Schlott: Das fiel mir auch auf, diese Tendenz bricht dann irgendwann ab – übrigens auch bei Scherpe.

Gert Mattenklott: Ja, obwohl er bis heute stärker in dieser Richtung experimentiert. Ich selbst habe schon während der Arbeit an diesen Dingen, aber danach erst besonders intensiv mich mit symbolischem Marxismus und solchen Dingen beschäftigt, dann die Zuwendung zu Cassirer und zur Warburg-Schule. Schließlich spielten auch die „symbolischen Formen"[41] über die Kunst hinaus als Zeugnisse einer allgemeinen Geschichte der

---

39 Vgl. Pickerodt: Aktualität Georg Forsters (wie Anm. 25).
40 Vgl. Westberliner Projekt (wie Anm. 13), Inhaltsverzeichnis Bd. 1 (Analysen).
41 Vgl. Ernst Cassirer: Philosophie der symbolischen Formen. 3 Bde. Berlin 1923–1929.

Einbildungskraft eine große Rolle. In dieser Zeit, jedenfalls für diesen *Grundkurs*,[42] war es ein relativ derb holzgeschnitztes Modell, die Materie marxistisch deutende Philosophie, mit der Anstrengung, auf literarische Formenentwicklung Rücksicht zu nehmen, das nicht herausfallen zu lassen. Natürlich würde ich heute viel stärkere Aufmerksamkeit dem ästhetischen Symbolismus und der Phantasiekultur überhaupt schenken, als ich es damals getan habe.

Michael Schlott: Welche Personen haben dieses Projekt getragen; außer Ihnen und Scherpe? Und welche Kooperationsformen gab es mit Nachbardisziplinen oder anderen Universitäten? Ich denke, Berlin liegt auf der Hand. Das liegt ja wohl auch in Ihrer Person begründet – aber welche Personen außer Scherpe und Ihnen haben das Projekt getragen? Es gab in Marburg dazu Vorlesungen von Pickerodt, Fülberth und Kühnl (von der politischen Wissenschaft), auch von Köhler. War das eine Organisationsform, die lange Vorbereitungszeiten benötigte, was mußte von langer Hand geplant und vorbereitet werden?

Gert Mattenklott: Marburger Kollegen oder solche anderer Universitäten – selbst nur von Berliner Instituten – haben dabei weder zu dieser Zeit noch später irgendeine Rolle gespielt. Nein, diese Arbeitsgruppe war unmittelbar aus dem Berliner akademischen Unterricht, aus Seminaren, hervorgegangen. Es waren Examenskandidaten oder Tutoren von Klaus Scherpe und mir, die das trugen. „Von langer Hand" waren sicherlich Lämmert (bei Scherpe) und Szondi (bei mir) wichtiger als die klassische Linke und eine bewußt verfolgte Strategie. Die Verbindung mit Marburg entstand eigentlich erst später und, wie ich glaube, sogar erst nach meinem beruflichen Weggang nach Marburg. Die Beziehungen zur Marburger Linken waren von Anfang an problematisch und gespannt. Ich wurde nach Marburg berufen mit der Vorstellung, ich wäre politisch fest gebunden in Organisationen, die der DKP nahe standen und wäre in diesem Sinne ein willkommener Bündnisgenosse an deren Seite. Als ich dort eines meiner ersten Gespräche mit Studenten und linksgebundenen Kollegen über Literatur hatte und man mich nach meiner Position fragte, da hieß es dann, an „dem George" und „dem Ästhetischen" hätte man eigentlich nicht so starkes Interesse. Es genüge, „diese blaue Reihe aus dem Dietz-Verlag"[43] zu kennen, das wären die Grundbücher. Da sah auch ich rot und sagte, das sähe ich anders und mein Interesse wäre nicht nur darauf gerichtet. Das würde ich ja auch deutlich machen in dem, was ich publiziert hätte. Das war eine Situation, die gar nicht vermittelbar war. Ich habe deshalb auch keinen einzigen fachlichen oder freundschaftlichen Kontakt zu irgendeinem dieser Marburger Sozialwissenschaftler aufbauen können.

Michael Schlott: Das haben Sie damals nicht gekonnt?

Gert Mattenklott: Nein, ich hatte zu denen keinerlei fachlichen oder persönlichen Kontakt, es blieb bei dieser kurzen Orientierung. Ich bin von denen, seit ich das erste Mal in Marburg war, geschnitten worden und habe meinerseits auch gar keine Verbindung dahin gesucht. Das äußerste war, daß wir uns höflich gegrüßt haben und daß wir gemeinsame Studenten hatten. Aber es kam zu keiner Zusammenarbeit, konnte es auch nicht kommen.

---

42   Westberliner Projekt (wie Anm. 13).
43   Die SED gründete am 18. August 1947 mit Karl Dietz, dem Verlagsleiter des Greifenverlags zu Rudolstadt, als Gesellschafter, die Dietz Verlag GmbH mit Sitz in Berlin; herausgegeben wurden u. a. die Werke von Karl Marx und Friedrich Engels sowie von Lenin und Rosa Luxemburg.

Michael Schlott: Es gab also keine Kontakte zur Abendroth-Schule?

Gert Mattenklott: Nein. Man hat das von außen wohl wenig wahrgenommen. Ich bin in der Wahrnehmung durch Kollegen, glaube ich, für lange Jahre, aufgrund meiner sozialistischen Option in die DKP-Nähe gerückt worden. Aber die Marburger haben ganz schnell gesehen, daß dem nicht so war. Ich konstatiere das nüchtern, weder stolz noch bedauernd.

Michael Schlott: Einer Ihrer ehemaligen Hörer, er ist mittlerweile Oberstudienrat, wollte bei Ihnen über Lessing promovieren. Ich weiß nicht warum, aber er hat es dann irgendwann gelassen. Es habe unter anderem auch daran gelegen, sagte er (und ich meinerseits möchte damit keineswegs ein ursächliches Verhältnis unterstellen), „daß man an Mattenklott gar nicht so richtig rankam. Der flog ja eigentlich immer nur ein, hielt seine Vorlesung, und dann war er wieder weg." Er sprach auch davon, daß Sie gewissermaßen abgeschirmt gewesen seien. Ich habe das nicht genau begriffen: Sie lebten in Berlin zunächst, haben in Marburg Ihre Vorlesung gehalten, sind aber nicht nach Marburg gezogen?

Gert Mattenklott: Ich muß an dieser Stelle die damalige Situation deutlich machen. Ich habe das ja zum Teil auch publizistisch schon in verschiedener Form getan. Privates spielt dabei eine Rolle, in der Stimmungslage der Studentenbewegung trotzig nach außen gewendet. Ich bin 1972/73 nach Marburg berufen worden. Marburg ist eine Kleinstadt. Ich selbst hatte meine Familie in Berlin und ich hatte hohe Hürden, nach Marburg zu ziehen. Dazu kam – dadurch wurde die Kleinstadt-Situation wichtig –, daß meine eigene politische und biographische Entwicklung stark dadurch bestimmt war, daß ich immer so etwas außenseiterisch lebte, indem ich zwar glücklich verheiratet war, aber zugleich auch noch geoutet mit einem Mann zusammenlebte. In dieser Konstellation nach Marburg zu ziehen, hätte ich immer als anstrengend erfahren und ich wäre ziemlich einsam gewesen. Ich habe damals öffentlich und demonstrativ unter Schwulen gelebt, mit ihnen gearbeitet und publiziert. Irgendwann wollten Kollegen meinen Zuzug erzwingen, über das Ministerium und den Universitätspräsidenten. Ich habe damals gesagt: Gut, aber dann müßte die Bürokratie auch billigen, daß ich als C4-Professor und Beamter mit Freund und Frau da auftauchen würde.

Man hat sich zufrieden gegeben, als ich anführte, daß meine skandalierenden Lebensverhältnisse dann Teil des Marburger Universitätslebens würden. Von da ab war nicht mehr die Rede von der Präsenzpflicht. Ich lebte also mit meinem Freund in Frankfurt zusammen und mit meiner Frau und Familie in Berlin, springend in diesem Dreieck. Das war für mich auch als Lebensdatum wichtig, weil es entscheidend war im Sinne einer Abwendung von bestimmten Formen der Politisierung und von politischer Disziplinierung. Wie ich vorhin sagte, habe ich mich Mitte der 1970er Jahre, 1973/74, von diesen Formen der Politik getrennt. Das war der Augenblick, in dem die Linke beim 1.-Mai-Umzug beschloß, daß man die Rosa Liste, wie die Schwulen hießen, nicht mitmarschieren lassen könnte. Das wäre der Arbeiterklasse nicht zumutbar gewesen, hieß es. Ich sagte dann: Wie dem auch sei, ich jedenfalls werde mit der Rosa Liste mitgehen, und ich lasse die Arbeiterklasse warten, bis sie bessere Laune hat. All das spielte für mich in Marburg eine Rolle und erklärt, daß ich da immer wieder abhaute, daß ich da nicht leben konnte und wollte und deshalb vielleicht auch in der Außenwahrnehmung ziemlich unzugänglich war. Ich selbst hatte immer das Gefühl, ich hätte ein Privatleben, das schwierig genug zu stabilisieren war. Und das kostete natürlich ziemlich viel Kraft unter Umständen, die dafür nicht günstig waren. Ich wollte das zwar öffentlich und mit einer gewissen offensiven Verve auch politisch verteidigen – ich habe das nicht geheimgehalten –, aber es brauchte eigene Bedingungen dazu. Ich dachte mir, es wird in Zukunft immer mehr Menschen geben, deren Lebensform in dieser Weise oder auch auf andere unkonventionell wird. Aber das hat eben auch Konsequenzen gehabt für die Unterrichtsformen oder für die Stellung im Kollegium dort. So wurde man zum Beispiel im Kollegium nicht eingeladen, wenn man nicht wußte, kommt der jetzt mit Freund oder Frau oder gar mit beiden.

Übrigens, Marburg ist eine sehr konservative Stadt. Marburg hat den ersten antisemitischen Reichstagsabgeordneten gestellt.[44] Marburg hat eine tiefbraune Vergangenheit. Das rote Marburg ist ein Marburg von Verschwörern gegen diese braune Tradition. Die Mehrheit der Universität, die Mehrheit der Fachbereiche war immer rechts, und selbst die Opposition dagegen war zumindest mental konservativ. Sie hat sich ja deshalb auch dem konservativen Flügel der Linken stark verbunden gefühlt. Sie hatte ein tiefes Mißtrauen gegenüber libertär-anarchischen Impulsen. Die hat sie sogar ziemlich verfemt. Die konservative Linke war immer diszipliniert, in ihrer Bindung an die Arbeiterklasse, mit ihren Organisationen und so weiter. Sie war konservativ auch in ihrer Vorstellung von einem bürgerlichem Leben, von Disziplin und Ordnung im Rahmen allgemeiner Gleichheit, also eine Linke, die sich niemals vertragen konnte mit der Studentenbewegungs-Linken, bei der ich mich angesteckt hatte.

Michael Schlott: Vielleicht ist das eine gute Überleitung zu meiner nächsten, sehr komplexen Frage: Können Sie für die 1970er Jahre das politische Kräftespiel an der Marburger Universität skizzieren, also gewissermaßen eine Topographie der Kontroversen skizzieren? Welche Personen, mit welchen Programmen? Wie haben sich diese Konstellationen auf den Wissenschaftsbetrieb, auf Forschung und Lehre ausgewirkt?

Gert Mattenklott: Meine Antwort muß sich aus der Perspektive des Nomaden – Berlin, Marburg, Frankfurt, und dann auch später USA – relativieren. Wie es sich mir dargestellt hat, gab es im Fachbereich Sozialwissenschaft sehr stabil, sehr traditionsbewußt, auch mit einer festen, größeren Gruppe von Studenten, die Abendroth-Schüler. Die waren von einer abnehmenden Ausstrahlungskraft und machten immer mehr den Eindruck einer Wagenburg. So traten sie gegenüber anderen Fachbereichen auf und auch in ihren Veranstaltungen. Dann aber war man damals gebannt von einer Auseinandersetzung mit dieser Münchener Gruppe, die „Marxistische Gruppe", die mich ja auch attackiert hat. Die hat natürlich auch in diesen Auseinandersetzungen eine große Rolle gespielt.

Michael Schlott: Na gut, die waren aber auch beispielsweise in Hamburg.

Gert Mattenklott: Ja, aber sie hatte in Marburg ziemlichen Massenzulauf und großen propagandistischen Erfolg. Man fand sich nicht immer bei ihr direkt ein, weil die Studenten zunehmend überdrüssig waren. Da gab es diesen marxistisch gebundenen Studentenkreis und so weiter. Marburg hat im Unterschied zu anderen Städten, auch im Unterschied zu Berlin, nie eine wirkliche Studentenbewegung gehabt, sondern es war die alte klassische Linke, die sich in Marburg formierte mit einem großen Mißtrauen gegenüber der Studentenbewegung, gegenüber ihrem Anarchismus und ihrem Hin-und-Her-Denken, und das entlud sich, glaube ich, auch in den Konflikten mit dieser Gruppe.

---

44   Otto Böckel (1859–1923), Bibliothekar und Volksliedforscher.

Michael Schlott: Also es gab die Abendroth-Schüler, die Marxistische Gruppe. Wen gab es außerdem? Wahrscheinlich die traditionelle Sozialdemokratie?

Gert Mattenklott: SHB, Sozialdemokratischer Hochschulbund.

Michael Schlott: Spektakuläre Kontroversen sind Ihnen nicht bekannt?

Gert Mattenklott: Wenn es sie gab (klar gab es sie!), so hatte ich daran mangels Interesse keinen Anteil. Mir schienen sie häufig ein Produkt atmosphärischer Stauungen zwischen den Lahn-Bergen und von geringer überregionaler Bedeutung zu sein. Vielleicht komme ich dennoch Ihrer Frage näher, wenn ich mich erinnere an die Zusammenarbeit mit Hans Heinz Holz, ein dafür ziemlich typisches Beispiel. Er war der einzige in Marburg, mit dem ich selbst mehr zu tun hatte, abgesehen von wirklichen Freunden: fast allen Kunsthistorikern (Klotz, Kunst, Warnke), sodann dem Romanisten Hermann Hofer, dem Philosophen Reinhardt Brandt mit seiner Frau, den Germanisten Dedner und Pickerodt und dem Gräzisten Arbogast Schmitt. Ich habe mit Holz viel zusammen unternommen, doch es ist dann auch nicht mehr weitergegangen. Holz trat sehr offensiv auf, auch als Marxist, der er bis heute geblieben ist. Der war für mich attraktiv, auch weil er außerdem eine sehr weitgespannte Bildung hatte. Er war wohl der einzige unter den Abendroth-Marxisten in Marburg, der umfassend belesen war und ein Mann, mit dem man lange und ausführlich über gemeinsame ästhetische Vorlieben reden konnte. Mich irritierte aber, daß er diese Bildung vor großem studentischen Publikum zurückstellte zugunsten eines Auftretens, wie ich es mir von Volkstribunen vorstellte. Im übrigen gab es spektakuläre Konflikte zwischen Holz auf der Linken und Reinhard Brandt, dem Philosophen, der damals der Rechten zugezählt wurde.[45] Ich war mit beiden befreundet – sie haben sich bis hin zu Prozessen befehdet. Das war für Hochschullehrer eine sehr dramatische Form von Konflikt, an die ich mich erinnere, ohne mich zur Parteinahme gedrängt zu fühlen.

Michael Schlott: Gab es Arbeitskontakte zwischen der Marburger Germanistik und dem Bremer Forschungsschwerpunkt Spätaufklärung,[46] oder sonstige Kooperationen, gemeinsame Vorlesungen, Konferenzen, Tagungen? 1978 wurde er, glaube ich, installiert.

Gert Mattenklott: Nein, es gab keine institutionellen Kontakte. Es gab Verbindungen zwischen Hans-Wolf Jäger und mir, auch mit Sautermeister. Aber in diesem Bereich Aufklärungsforschung, der Sie interessiert, gab es weder zwischen Berlin und Marburg, noch zwischen Bremen und Marburg irgendwelche stabilen Beziehungen.

Michael Schlott: Also keine langfristig angelegte Organisation und Kooperation?

Gert Mattenklott: Nein, nicht in der Art, wie man inzwischen Forschung plant, oder Beziehungen versucht zu stabilisieren, das gab es eigentlich in dieser Phase nicht. Wohl aber natürlich eine selbstverständliche persönliche Kenntnis und Sympathie, weil man wußte, wo die Helfer der eigenen Position sind. Man wußte, wo man hingehört. Es gab auch Einladungen. Das schon, aber nichts, was darüber hinausgeht.

Michael Schlott: Gab es Kontakte und Kooperationen mit der DDR-Germanistik? Ich denke etwa an Thomas Höhle in Halle, an die Nationalen Forschungs- und Gedenkstätten

---

45   Siehe dazu: Deutsche Misere: Die Auseinandersetzungen um den Philosophen Hans Heinz Holz (1970–1973). Hrsg. von Friedrich-Martin Balzer und Helge Speith. Marburg 2001.

46   Siehe dazu das Interview mit Hans-Wolf Jäger, S. 500–527, hier S. 519 f.

der klassischen Literatur in Weimar? Gab es solche Kontakte, und wenn ja, welche waren für Ihre Arbeit besonders wichtig? Sie sagten ja schon, daß Sie und Scherpe zu den ersten gehörten, die auch intensiven Kontakt zu DDR-Wissenschaftlern hatten.

Gert Mattenklott: Wie ich bereits sagte, zu dieser Gruppe um Naumann, diesem Krauss-Schüler in der Akademie, bestand der stärkste Kontakt. Wir hatten auch Verbindungen zu dem Germanisten Dahnke,[47] der seinerzeit noch in Berlin war. Wirklich gute und stetige Verbindungen gab es jedoch kaum – es gab Besuchskontakte, die wurden aber umständlich institutionalisiert. Ich wurde etwa eingeladen zu Krauss-Kolloquien. Das war eben dieses Krauss'sche Milieu – da waren damals aus Westdeutschland nach meiner Erinnerung auch Jauß und Metscher, wobei Metscher eine starke politische Bindung dorthin hatte. Gerade damals in den 1970er Jahren, wo ich ja versuchte, meine politischen Tendenzen wissenschaftlich zu formulieren mit Kurs auf die Widerspiegelungstheorie, da gab es ja keine internationale oder westdeutsche Diskussion, die interessant gewesen wäre. Sondern es gab vor allem dieses Buch *Gesellschaft – Literatur – Lesen*[48] von Naumann, wo er sich mit der Rezeptionstheorie auseinandersetzt, dann gab es natürlich Jaußens Arbeiten und Dahnke später auch. Das Verhältnis zur DDR-Germanistik war durchaus nicht ungestört, sondern im Gegenteil sehr problematisch. Es gab ja, wie Sie vielleicht auch bei Ihren Studien gefunden haben, eine Kontroverse zwischen der DDR-Gemanistik und Klaus Scherpe über dessen Werther-Buch,[49] die sehr leidenschaftlich geführt wurde. Da wurde ja deutlich, daß wir damals im Westen, also Scherpe und ich und andere, noch in einer anderen Weise links waren und links publizierten, als die DDR gern sah.

Michael Schlott: Kommen wir doch gleich darauf zu sprechen: Peter Weber hat 1976 konstatiert, es handele sich bei der Empfindsamkeitsforschung um eine Diskussion „wesentlich weltanschaulich-methodologischer Auseinandersetzungen, die sich seit einigen Jahren auch an einem scheinbar abgetanen Gegenstand"entzünde.[50] Er meint hiermit konkret das bürgerliche Trauerspiel. Diese„ Einschätzung scheint sich auch in Ihren Publikationen wiederzufinden. In Ihrer Dissertation hatten Sie an Fritz Brüggemann[51] angeschlossen und

---

47 Siehe dazu das Interview mit Hans-Dietrich Dahnke, S. 218–254.

48 Gesellschaft – Literatur – Lesen. Literaturrezeption in theoretischer Sicht. Von Manfred Naumann (Leitung und Gesamtredaktion) u. a. Berlin und Weimar 1973; 2. Aufl.: 1975.

49 Klaus R. Scherpe: Werther und Wertherwirkung. Zum Syndrom bürgerlicher Gesellschaftsordnung im 18. Jahrhundert. Bad Homburg vor der Höhe u. a. 1970; 2. Aufl.: Wiesbaden 1975; 3. Aufl.: 1980. Dazu Peter Müller: Angriff auf die humanistische Tradition. Zu einer Erscheinung bürgerlicher Traditionsbehandlung. In: Weimarer Beiträge 19 (1973), H. 1, S. 109–127; H. 3, S. 92–109. Darauf bezogen Klaus R. Scherpe: Natürlichkeit und Produktivität im Gegensatz zur „bürgerlichen Gesellschaft". Die literarische Opposition des Sturm und Drang: Johann Wolfgang Goethes „Werther". In: Westberliner Projekt (wie Anm. 13), Bd. 1, S. 189–215. Siehe dazu die Interviews mit Hans-Dietrich Dahnke (S. 218–254, hier S. 230, 238, 241, 243 f.), Peter Müller (S. 359–375, hier S. 367, 370–372), Klaus R. Scherpe (S. 692–712, hier S. 702, 710–712) und Peter Weber (S. 426–455, hier S. 447–449).

50 Vgl. Peter Weber: [Rez.] G. E. Lessing, M. Mendelssohn, F. Nicolai. Briefwechsel über das Trauerspiel. Hrsg. und komm. von Jochen Schulte-Sasse, 1972. In: Weimarer Beiträge 22 (1976), H. 3, S. 179–182, hier S. 180.

51 Vgl. Fritz Brüggemann: Der Kampf um die bürgerliche Welt- und Lebensanschauung in der deutschen Literatur des 18. Jahrhunderts. In: Deutsche Vierteljahrsschrift für Literaturwissenschaft und Geistesgeschichte 3 (1925), S. 94–127; F. B.: Klingers Sturm und Drang. In: Zeitschrift für

festgestellt, daß der literarische Kampf des Sturm und Drang politisch gegen die Obrigkeit gerichtet, jedoch praktisch ohnmächtig geblieben sei.[52] Das war aber zunächst nur ein Teilaspekt in Ihrer Untersuchung. Sie haben das meines Wissens später aufgenommen, und zwar in dem von Ihnen und Scherpe herausgegebenen *Grundkurs*. Dort argumentieren Sie:

„Die zwangsläufige Widersprüchlichkeit der Sturm-und-Drang-Bewegung als Literaturrevolution ohne revolutionäre Klasse in einer unter der Feudalherrschaft trotz ihrer Krisensymptome noch relativen stabilen Ständegesellschaft erlaubt weder die Zuordnung zur irrational-reaktionären Romantik noch die Behauptung eines für die bürgerliche Klasse schlechthin vorbildlichen Tatendrang- und Fortschrittsoptimismus." [53]

Meine Folgerung: Sturm und Drang wird zwar nicht mit Empfindsamkeit gleichgesetzt, aber schon das Stichwort Irrationalismus läßt eine Verbindung zumindest naheliegend erscheinen. Was hat Sie seinerzeit dazu veranlaßt, diesen Interpretationsansatz zu verfolgen? Sehen Sie primär aktuell-gesellschaftspolitische Ursachen – also etwa die Studentenbewegung – oder in gleichem Maße methodologische Ursachen, etwa die Abkehr von der werkimmanenten Interpretation nach dem Import historiographischer Methoden?

Gert Mattenklott: Diese Fragestellung war motiviert, wie ich bekennen muß, gar nicht so sehr durch literarhistorische oder politische Motive, wie Sie sie jetzt beschrieben haben. Vielmehr rührt sie aus einer ziemlich persönlichen Forschungsoption. Wie ich vorher sagte, hatte ich eigentlich ein Melancholie-Buch schreiben wollen. Da lag mir diese Konstellation, wie sie in der Melancholie-Forschung als manischer Furor und Depression gegenwärtig ist, im Zentrum meiner Aufmerksamkeit – und zwar gedeutet durch Nietzsches Tragödienschrift: als apollinisch und dionysisch.[54] Das waren die Koordinaten, in die ich mein Melancholie-Thema eingetragen hatte und es für das 20. Jahrhundert studieren wollte. Dann habe ich diese Konstellation projiziert in die Deutung der Sturm und-Drang-Bewegung, und heute würde ich sagen, daß diese Projektion nicht so abwegig war. Ich denke, daß man an so einer Gestalt wie Jacobi gute Hinweise darauf findet und daß noch im 19. und 20. Jahrhundert bei manchen Autoren diese Tradition plötzlich sichtbar wird. Es gibt diesen Weg von Jacobi über Kierkegaard bis Nietzsche, den man innerhalb dieser Koordinaten sehr wohl beschreiben könnte. Allerdings, mit Nietzsche zu argumentieren oder ihn in diesem Zusammenhang zu nennen, das wäre damals nicht vermittelbar gewesen. Es gab kein Feld für solche Assoziationen. Ich glaube, ich habe in meiner Dissertation trotzdem Kassner zitiert, aber auch Gundolf mit seinem *Shakespeare*-Buch und habe auf diesem Wege gewissermaßen als Contrebande solche Impulse zur Sprache gebracht.[55] Die waren für mein Verständnis des Sturm und Drang sehr wichtig, und von daher gab es für mich auch kein Problem, Empfindsamkeitsforschung und Sturm und-Drang-Forschung in einem Strang zu betreiben.

---

deutsche Bildung 2 (1926), S. 203–217.

52   Vgl. Mattenklott: Melancholie (wie Anm. 1), S. 48, Anm. 99.

53   Westberliner Projekt (wie Anm. 13), Bd. 1, S. 195.

54   Vgl. Friedrich Nietzsche: Die Geburt der Tragödie aus dem Geist der Musik. Berlin 1872; Nietzsche veröffentlichte 1886 eine zweite Ausgabe unter dem Titel *Die Geburt der Tragödie oder Griechentum und Pessimismus*.

55   Kassner: Melancholia (wie Anm. 9); Friedrich Gundolf: Shakespeare und der deutsche Geist. Berlin 1911.

Michael Schlott: Was bedeutet es eigentlich, wenn man von Irrationalismus/Empfind-
samkeit und von Rationalismus/Klassik spricht? Hat Sie diese Unterscheidung interessiert?

Gert Mattenklott: Nein, was mich eigentlich viel mehr beschäftigt hat, war die Faszination durch eine bestimmte Konstellation von Furor und Depression quer zu den Sektionen
der Literarhistoriker. Sie habe ich als Zeichen einer politisch-mentalen Konstellation der
Intelligenzgeschichte angesehen und dann in verschiedenen Varianten in dem Band aufgegriffen. Dahinter trat die Frage nach Epochenbegriffen zurück. Ich glaube, wenn ich selbst
mit den Epochen herumhantiert habe, hatte das doch mehr didaktische Gründe. Da ging es
mehr darum, in der akademischen Lehre für die Studenten merkbare, erinnerbare Zusammenhänge, Konturen zu schaffen.

Michael Schlott: Melancholie, sagen Sie, sei Ihr altes Thema. Ich denke natürlich auch an
Schings[56] und an Lepenies.[57]

Gert Mattenklott: Das ist sehr eigentümlich gewesen. Als ich an meinem *Melancholie*-
Buch schrieb, habe ich zum Teil in derselben Bibliothek gesessen, in der Lepenies an seinem schrieb – und wir kannten uns nicht. Lepenies wurde in demselben Jahr wie ich mit
seinem *Melancholie*-Buch promoviert. Mit ganz anderen Thesen freilich, für ihn war es das
Phänomen deutscher politischer Ohnmacht, während für mich dieser latente Nietzscheanis-
mus und die Psychologie interessanter waren. Schings hat dann später reagiert und seine
sehr viel gelehrtere, umfassendere, anspruchsvollere Melancholie-Darstellung geschrieben –
zum Teil kritisch auf meine bezogen, die in vielen Punkten nicht historisch-philologisch
genug verdichtet und elaboriert war. Das hat er zurecht bemerkt. Aber wir waren und sind
uns wohlgewogen. Er hat über dieses Buch noch eine Kritik publiziert.[58] Das hat jedoch
nicht zu Auseinandersetzungen geführt. Es gab dafür gewisse Gründe: Ich glaube, weil
Schings für mich einen sehr respektablen, ernstzunehmenden und wichtigen Typus von
deutscher, historischer Philologie verkörpert und ich selbst eigentlich meine Position und
mein Verhältnis zu dieser Forschung etwas anders sehe, etwas entspannter.

Michael Schlott: Ich verstehe. Vertreten Sie heute noch die Meinung, daß man in der Erforschung der politischen und sozialen Emanzipation des Bürgertums im 18. Jahrhundert
mit marxistischen Forschungsmethoden und Maßstäben des Klassenkampfes zu weiter-
führenden Forschungsergebnissen gelangen kann oder könnte?

Gert Mattenklott: Ich mag es eigentlich nicht so recht glauben, jedenfalls nicht, was die
konkrete Individualität literarischer Werke angeht. Was ich mir vorstellen kann, ist, daß
man politische Felder, historische Felder und Literaturverhältnisse in dieser Weise charakterisiert, wie es ja auch immer wieder erfolgreich geschehen ist und insbesondere von
Bourdieu und seiner Schule weiterhin geschieht. Für den Bereich der literarischen Formengeschichte scheint es mir jedoch zunehmend abwegiger, als ein von außen herangetragener
Rubrizierungsversuch. Nicht, daß er völlig blind wäre. Es gibt kaum eine Rubrizierung,

---

56 Vgl. Hans-Jürgen Schings: Melancholie und Aufklärung. Melancholiker und ihre Kritiker in
    Erfahrungsseelenkunde und Literatur des 18. Jahrhunderts. Stuttgart 1977.
57 Wolf Lepenies: Melancholie und Gesellschaft. Frankfurt/Main 1969; jetzt auch: Melancholie und
    Gesellschaft. Mit einer neuen Einleitung: Das Ende der Utopie und die Wiederkehr der Melancho-
    lie. Frankfurt/Main 1998.
58 Hans-Jürgen Schings: [Rez.] Gert Mattenklott: Melancholie in der Dramatik des Sturm und Drang.
    In: arcadia 6 (1971), H. 2, S. 215–219.

die so dumm wäre, daß sie nicht irgendeine vernachlässigte Seite von etwas hervorkehren könnte. Auf diese Weise hat diese Wissenschaft bedeutende Verdienste. Aber im Sinne von Forschungsdynamik kann ich mir nicht vorstellen, daß von den mir bekannten marxistischen Forschungsansätzen ein besonderer Impuls für die ästhetische Charakteristik ausgehen sollte.

Michael Schlott: Wir sind bereits auf Unterschiede zwischen den marxistischen Ansätzen westdeutscher Literaturwissenschaft und denen der DDR eingegangen. Wir haben auch Peter Müller bereits angesprochen, indirekt zwar, im Zusammenhang mit der Kritik, die er an Scherpe geübt hat. Scherpe wurde wegen seines *Werther*-Buches pseudolinker Avandgardismus vorgeworfen und weltanschauliche Unsicherheit.[59] Das hat mich eigentlich nicht gewundert, wohl aber, daß im *Grundkurs* dazu nur eine zaghafte Verteidigung kam. Es heißt dort sehr höflich, daß dieser Vorwurf zwar durchaus berechtig sei, daß Müller sich aber doch nicht in eine Reihe stellen solle mit dem Antimarxisten Gerhard Kaiser.[60] Ist das eine hinreichende Begründung?

Gert Mattenklott: Ich denke, die Äußerung Müllers in dieser Formulierung kam in einer forschungspolitisch delikaten Situation. In dem *Westberliner Projekt*[61] gab es sehr unterschiedlich ausgeprägte politische Voten und Aktionen in Richtung DDR. Der spontane Antrieb zu einer Scherpe verteidigenden Reaktion war zweifellos heftiger und impulsiver. Ich selbst war keineswegs der Ansicht, klein beigeben zu müssen. Aber es gab in unserer Gruppe damals Teilnehmer, die sagten, man muß an dieser Stelle keine Kontroverse führen mit der DDR-Literaturwissenschaft, in der man womöglich den einzigen potentiellen Partner für die eigene wissenschaftliche Entwicklung hätte verlieren können. Würde man auch diese Front noch aufmachen, dann hätte man sich nicht nur mit dem Freiburger Kontrahenten auseinanderzusetzen.[62] Wir waren ziemliche Prügelknaben damals in der Szene. Ich weiß z.B. nicht, die wie viele Bewerbung um eine feste Stelle für mich am Ende in Marburg zum Erfolg führte, das war bestimmt die sechste oder achte. Zwar stand ich auf mehreren Listen auf jeweils den ersten Plätzen, von denen ich dann aber in Fakultät oder Ministerium aufgrund wohl meist einer Intervention durch den „Bund Freiheit der Wissenschaft"[63] entfernt worden bin. Es war schon eine wissenschaftspolitisch ziemlich gespannte, in manchen Fällen dramatische Situation. Da war der Rat: – Nun nicht noch ein weiterer Konflikt ausgerechnet mit Leuten, von denen man potentiell auf mehr Verständnis

---

59 Vgl. Müller: Angriff (wie Anm. 49), S. 110; siehe dazu das Interview mit Klaus R. Scherpe, S. 692–712, hier S. 702, 710–712.

60 Vgl. Westberliner Projekt. (wie Anm. 13), Bd. 1, S. 214 f, Anm. 78.

61 Vgl. Westberliner Projekt (wie Anm. 13) sowie das Interview mit Klaus R. Scherpe, S. 692–712, hier S. 702.

62 Gerhard Kaiser: Zum Syndrom modischer Germanistik. Bemerkungen über Klaus Scherpe, Werther und Wertherwirkung. Zum Syndrom bürgerlicher Gesellschaftsordnung im 18. Jahrhundert. Bad Homburg v. d. H. 1970. In: Euphorion 65 (1971), S. 194–199; auch in: G. K.: Antithesen. Zwischenbilanz eines Germanisten 1970–72. Frankfurt/Main 1973. S.185–196. G. K.: Über den Umgang mit Republikanern, Jakobinern und Zitaten. In: Deutsche Vierteljahrsschrift für Literaturwissenschaft und Geistesgeschichte 49 (1975), Sonderheft, S. 226*–242*.

63 Der „Bund Freiheit der Wissenschaft" wurde am 18. November 1970 als Reaktion auf die Studentenbewegung in Bonn-Bad Godesberg gegründet; vgl. hierzu: Notizen zur Geschichte des Bundes Freiheit der Wissenschaft. Hrsg. von Hans Joachim Geisler. Berlin 2001.

rechnen könnte als das von Peter Müller – durchaus naheliegend. Tatsächlich wurden dann auch Gespräche vermittelt mit Wissenschaftlern der Akademie, die sagten, Peter Müller vertrete da nicht die Meinung der gesamten DDR-Germanistik.

Michael Schlott: Wissen Sie, daß Müller erhebliche Repressalien erdulden mußte?

Gert Mattenklott: Das weiß ich nicht.

Michael Schlott: Darüber, daß sein Buch ein Parteiverfahren nach sich zog, haben Sie keine Informationen?

Gert Mattenklott: Nein. Ich glaube, niemand von uns kennt ihn oder kannte ihn persönlich. Mindestens für mich kann ich das mit Bestimmtheit sagen. Ich habe auch keine Informationen über die weiteren politischen Folgen dieser Geschichte.

Michael Schlott: Seine Dissertation ist 1969 mit vierjähriger Verzögerung im Druck erschienen[64] und sorgte in der Folge für Turbulenzen. Wie beurteilen Sie in diesem Zusammenhang das *Empfindsamkeit*-Buch von Gerhard Sauder;[65] in der DDR wurde es durch Peter Weber recht freundlich aufgenommen.[66] Trifft es Ihrer Ansicht nach zu, daß erst Sauder gezeigt hat, welche Möglichkeiten der Interpretation von Empfindsamkeit auch als gesellschaftpolitisches Phänomen bestehen – also im Sinne einer Möglichkeit, die später von der materialistischen westdeutschen Literaturwissenschaft weiterentwickelt worden ist?

Gert Mattenklott: Ja, ich denke, daß man es so sehen kann. Ich habe die wissenschaftsgeschichtliche Forschung zu wenig gegenwärtig, aber ich könnte mir vorstellen, daß es zutreffend ist.

Michael Schlott: Welche Bedeutung messen Sie aus der Perspektive der materialistischen Literaturwissenschaft retrospektiv der *Werther*-Untersuchung von Müller zu? In Ihrer Marburger Goethe-Vorlesung vom Wintersemester 1978/79 interpretieren Sie den *Werther* so, wie Müller es eigentlich vorgeschlagen hatte: nämlich als Ausdruck des modernen Individuums, dessen radikale Absage an die Gesellschaft zwar auch politische Irritationen in sich berge, jedoch hauptsächlich als moderner Künstlerroman zu lesen sei.[67] War das eine späte Konsequenz des Müllerschen Buches oder konvenierten hier ganz einfach zwei Forschungsansätze und -meinungen?

Gert Mattenklott: Ja, ich glaube das letztere. Ich habe zu dieser Kontroverse zwischen Scherpe und Müller aus gewisser Distanz Zugang, da ich selbst – bis heute zwar ein enger Freund Scherpes – doch auch kein besonders enthusiastischer Verehrer seines *Werther*-Buchs gewesen bin. Für mein Werther-Verständnis war seine Perspektive nicht besonders wichtig, da waren andere Wahrnehmungen bei mir eigentlich viel wichtiger. Es spielte auch innerhalb dieses Projekts eine gewisse Rolle, daß ich mit Scherpes Ansichten wenig anfan-

---

64 Peter Müller: Zeitkritik und Utopie in Goethes „Werther". Berlin 1969; 2., überarb. Aufl.: 1983. siehe auch das Interview mit Peter Müller, S. 359–375, hier S. 368 f..

65 Gerhard Sauder: Empfindsamkeit, Bd. 1: Voraussetzungen und Elemente. Stuttgart 1974; siehe dazu das Interview mit Gerhard Sauder, S. 376–401.

66 Vgl. Peter Weber: [Rez.] Gerhard Sauder: Empfindsamkeit. Bd.1, 1974. In: Weimarer Beiträge 23 (1977), H. 4, S. 177–181; siehe dazu das Interview mit Peter Weber, S. 426–455, hier S. 436–443.

67 Dem Herausgeber standen Typoskripte von Mitschriften und Tonbandaufzeichnungen dieser Vorlesung zur Verfügung.

gen konnte in diesem Punkt. Ich habe mich da aber ganz zurückgehalten und ihm dieses Feld damals überlassen.[68]

Michael Schlott: Auf Ihre und Scherpes Ausführungen im Editorial zu der Reihe *Literatur im historischen Prozeß*[69] habe ich bereits hingewiesen und auf einen Kern der Argumentation, auf das Problem des „Wert(e)nehmens" aus der historischen Epoche der bürgerlichen Geschichte und auch der „Wertsetzung" und so weiter. Wie beurteilen Sie mit Blick auf die in den 1980er Jahren hervorgetretenen Projekte einer sozialgeschichtlichen Literaturgeschichtsschreibung die fachgeschichtliche Entwicklung? Anders gewendet: Ist es gelungen, das Problem der Wertbildung im Sinne des von Ihnen seinerzeit beschriebenen Problemhorizontes zu lösen? Ist es gelungen, Bearbeitungsstrategien zu entwickeln, die auf eine in Ihrem Sinne befriedigende Lösung deuten?

Gert Mattenklott: Ich glaube, daß das Problem liegengeblieben ist. Es taucht in den neueren methodischen Verfahren auf, die größte Attraktivität bei Studenten und Wissenschaftlern haben – ohne daß die Fragen, die damit aufgeworfen waren, eigentlich beantwortet werden. Ich denke, daß das zu einem der Bereiche gehört, von denen ich sagen würde: Es gibt keine Frage, die so dumm ist, daß sie sterben würde mit der Erledigung einer methodischen Richtung oder Schule.

Michael Schlott: Das würde ich ebenso sehen. Doch woran hat es gelegen? Warum ist es seither liegengeblieben?

Gert Mattenklott: Ich glaube, daß die Fragen der Wertbildung in der gesamten Gesellschaft sehr tagesabhängig und pragmatisch beantwortet werden, weil weitergehende Fragen den gesellschaftlichen Konsensus herausfordern würden. Philosophischen Fragen der Wertbildung sind die Gesellschaften auf dem heutigen hohen Entwicklungsniveau immer weniger gewachsen. Sobald Fragen nach dem Konsens über Wertbildung offen gestellt werden, zerbricht plötzlich die protektive Oberfläche, die die Dinge zusammenhält. Ich glaube, daß gerade diese deutsche Gesellschaft in der Weimarer Republik furchtbare Erfahrungen damit gemacht hat, diese Frage nach dem Konsens allzuoft aufzuwerfen. Es gibt eine auf Max Weber zurückgehende Tradition der Vermeidung dieser Konsensfrage, ihrer Inhalte, ihrer Ideologien und so weiter – die sich mehr hält an liberale Umgangsformen und deren konsequente Verrechtlichung. Sie macht also gewissermaßen die Wertung zur Privatsache, während die Umgangsformen wie überhaupt Institutionen und ihre Stabilisierung den ersten Platz einnehmen. So kann man vielleicht die Geschichte der Bundesrepublik traktieren als einen erfolgreichen Versuch, die Frage nach der Wertbildung und nach der Hierarchie, nach der Rangordnung von Werten der Vergessenheit anheim fallen zu lassen. Ein zumindest ästhetisch sehr wenig attraktives, wie ich denke, Herunterschrauben von Ansprüchen auf Authentizität und Verbindlichkeit von Überzeugungen.

Michael Schlott: Vielleicht sind im Moment auch andere Probleme wichtiger.

---

68   Siehe dazu das Interview mit Klaus R. Scherpe, S. 692–712, hier S. 700–702.

69   Literatur der bürgerlichen Emanzipation im 18. Jahrhundert. Hrsg. von Gert Mattenklott und Klaus R. Scherpe. Kronberg/Taunus 1973. Die Reihe *Literatur im historischen Prozeß*, hrsg. von Gert Mattenklott und Klaus R. Scherpe (Kronberg/Taunus 1973 ff.), erschien ab 1981 als *Neue Folge* im Argument-Verlag und wurde herausgegeben von Karl-Heinz Götze, Jost Hermand, Gert Mattenklott, Klaus R. Scherpe, Jürgen Schutte und Lutz Winckler.

Gert Mattenklott: Ja, vielleicht spielt aber auch eine Rolle, und damit kommen wir noch einmal auf Ihre Frage von ganz zu Anfang zurück, nämlich inwiefern die Intellektuellen ihre eigenen Anfänge verraten haben oder ob sie resigniert oder desillusioniert sind. Ich denke, daß sie die Erfahrung gemacht haben, daß Ansichten und Gesinnungen sich womöglich wechseln lassen wie die Hemden. Es hat in diesem Jahrhundert wenig gefruchtet, auf Gesinnungen und Meinungen zu setzen. An sich selbst mußten viele die Erfahrung machen, daß sie nicht vermochten, ihre Ansichten und Gesinnungen über ein halbes Leben bei sich ändernden Verhältnissen stabil zu halten. Bei dieser Erfahrung lag die Frage nahe, worauf am ehesten Verlaß hätte sein können angesichts des regelmäßigen Zusammenbrechens der Gesinnungen, der Ideologien in unserem Jahrhundert. Es gab ja einige solcher Zusammenbrüche. In diesem Zusammenhang spielte dann ein Minimalkonsens über das Einhalten gewisser Formen, gewisser Umgangsformen eine größere Rolle. Man sagte sich: ‚Die Gesinnungen geschenkt, die will ich vielleicht auch gar nicht einmal wissen – wer weiß, ob sie morgen noch dieselben sind. Aber wichtig ist, daß eine Ordnung etabliert wird, die nicht Mord und Totschlag bedeutet.‘

Michael Schlott: Wie beurteilen Sie im Zusammenhang mit dem Problem der Wertsetzung die Erklärungskraft psychoanalytischer Ansätze, vor allem im Hinblick auf die Kopplungsmöglichkeiten solcher Ansätze mit materialistischer Geschichts- und Literaturtheorie? Also ich denke etwa an Ihre Marburger Schiller-Vorlesung aus dem Sommersemester 1978, in der Sie dem Autor „großmäulige Landsknechtsphantasien" und „verdruckste Homoerotik" attestieren und ihn gar als „Chauvi" charakterisieren. [70] Ich frage noch einmal nach, um mir nicht den Vorwurf zuziehen zu müssen, etwas aus dem Kontext zu reißen, auch die Situation, das Ambiente nicht berücksichtigt zu haben. Also: Sie üben massive Kritik an Schiller. Sie brechen, und das war ja überfällig, mit dieser Weimarer Sockelfigur. Warum haben Sie so viel Wert darauf gelegt, diesen Ansatz zu vertreten und das auch zu lehren? Man muß ja als Hochschullehrer auch immer im Kalkül haben, daß da Studenten sitzen, die das schwarz auf weiß nach Hause tragen, leider oft genug nicht kritisch betrachten. Oft regen bestimmte Passagen auch nicht zum Weiterdenken an, sondern führen zum Stillstand des Denkens.

Gert Mattenklott: Da sind vielleicht zwei oder drei Impulse, die da bei mir eine Rolle spielen. Einerseits, daß immer stärker bei mir eine Skepsis gegenüber der Fortschrittsemphase gewachsen ist. Schiller ist, gerade was Fortschrittsdenken und sein Bewahren durch Vertagen, also an etwas Festhalten durch geschichtsphilosophische Projektion, einer der stabilsten und letzten Anwälte dieses Denkbereichs des 18. Jahrhunderts, aber darüber hinaus bis in die Philosophie auch gerade der 1970er Jahre des 20. Jahrhunderts. So ist das geschichtsphilosophisch-utopische Denken dieser Jahre noch etwa durch das Anknüpfen von Herbert Marcuse an Schiller auch wieder zurückgekommen, die Geschichtsphilosophie und das Kunstverständnis auch. Das hatte ich infrage stellen wollen, das war die eine Seite. Die andere, daß Schiller für mich auch, ob zu Recht oder nicht, ein Fall von fast aufdringlicher Verdrängung ist. Es könnte sein, daß ich in dem Zusammenhang auf Kommerells Aufsatz *Schiller als Psychologe*[71] eingegangen bin. Kommerell legt dort nahe, Schiller

---

70   Dem Herausgeber standen Typoskripte von Mitschriften und Tonbandaufzeichnungen dieser Vorlesung zur Verfügung.

71   Max Kommerell: Schiller als Psychologe. In: Jahrbuch des Freien Deutschen Hochstifts 1934/1935, S. 177–219.

sei der Typus des verhinderten Verbrechers. Dieser Blick auf den verhinderten Täter – politisch und auch erotisch –, auf diese Urverdrängungen und ihre Symbolisierung, ist eine typisch deutsche Figur, die hat mich sehr gereizt. Ich hatte dabei auch die Absicht, die Legende einer politisch enthobenen Selbstgenügsamkeit deutscher Klassik zu hintertreiben. Das alles herauszustreichen und natürlich dabei auch eine psychoanalytische Perspektive auszuprobieren, das scheint mir auch heute noch durchaus sinnvoll zu sein, um auf das Widerspruchspotential der klassischen deutschen Literatur aufmerksam zu werden.

Michael Schlott: Sie haben sich in derselben Vorlesung anläßlich der Besprechung von Schillers *Räubern* mit einigen ideologiekritisch-sozialgeschichtlichen Publikationen auseinandergesetzt, in denen der Versuch unternommen wird, etwa die Tätigkeiten süddeutscher Banden im Sinne vorrevolutionärer Erhebungen zu deuten und das Drama dementsprechend als eine Parteinahme für eine republikanische Revolution zu interpretieren. Sie entlarven solche Bemühungen als Uminterpretation der literarischen Emanzipation der bürgerlichen Klasse zu einer politischen Emanzipation und entgegnen: „Nein, sozialgeschichtliche Ableitungen, die in der Feuerrede aus dem Böhmerwald Jakobinerpolitik lesen möchten, sind auf dem Holzweg. Dieses Stück revolutioniert nicht bürgerliche Politik, sondern es revolutioniert den Ausdruck von bürgerlicher Subjektivität." Warum haben Sie auf die Richtigstellung solcher Zusammenhänge so großen Wert gelegt?

Gert Mattenklott: Vielleicht, um eine schiefe Politisierung dieser Literatur zu verhindern oder einen anderen Begriff vom Politischen in der Literatur zu gewinnen. Und zwar kam es mir darauf an, die politische Semantik mehr aus den Zeichen der Rhetorik als aus der Proklamation von Inhalten durch die dramatis personae zu gewinnen. Es gibt den Versuch, die Schillersche Dramatik historisch-hermeneutisch nach den Aussagen ihres Personals aufzuschließen. Mir kam es statt dessen darauf an, den Widerspruch zu entfalten, der darin liegt, daß auf der Ebene dessen, was die Figur sagt, die *Räuber* mir letztlich wie ein Law-and-Order-Stück erscheinen: Die revolutionären Figuren in diesem Stück scheitern ja und geben klein bei. Trotzdem ist es ein Stück, das revolutionär wirken konnte und auch so gelesen wurde. Schiller wurde zum Ehrenbürger von Paris.[72] Das ist aber nur möglich, wenn es nicht auf der Ebene dessen, was gesagt wird, verstanden wird, sondern auf der Ebene der Gestik, der gestischen, sprachmimischen Zeichen, also womöglich auch des hysterischen Ausdrucks. So daß, psychologisierend gesagt, der Ausdruck der Neurose lesbar wird. Der macht die Faszination des Stücks aus.

Michael Schlott: Ich habe darin aber mehr gelesen; auch eine klare Absage an die oberflächliche Politisierung der Jakobinerforschung sowie an bestimmte Tendenzen der sogenannten Studentenrevolte. Ich trage Ihnen Ihre damalige Ansicht vor:

> Das ist eine Klage über die unproduktive Geschäftigkeit des bürgerlichen Lebens, sie verbindet sich mit der Despotismuskritik zur typischen Studentenrevolte. Ihr historisches und aktuelles Grundmuster ist ein fiebriger Schüttelfrost. Hin- und hergeworfen zwischen rebellischem Aktivismus und resümierender Melancholie, nicht die literarische Dokumen-

---

72   Friedrich Schiller hatte die Französische Revolution mit verhaltener Sympathie verfolgt, die Hinrichtung des Königs und den jakobinischen Terror jedoch verurteilt. Auf Antrag des Straßburger Abgeordneten Philippe Jacob Rühl (1737–1795) wurde auch Schiller in die Liste derjenigen Persönlichkeiten aufgenommen, die sich laut Beschluß der Nationalversammlung von 1792 um Freiheit und Humanität verdient gemacht hätten. Erst 1798 hielt Schiller das Bürgerdiplom in Händen.

tation des süddeutschen Sozialbanditentums enthält hier die eigentliche Sprengkraft, wie zu unrecht behauptet worden ist, sondern der Ausdruck unterdrückter Tatphantasien. Taten aber sind in dieser Gesellschaft nur bzw. nur noch als Verbrechen denkbar.

Halten Sie solche Ausführungen heute für revisionsbedürftig oder vertreten Sie sie in Ihren Lehrveranstaltungen nach wie vor in dieser Form?

Gert Mattenklott: Absolut, der Ansicht bin ich nach wie vor. Von wann ist das datiert?

Michael Schlott: 1976.

Gert Mattenklott: Das würde ich auch denken. Ich stelle heute andere Themen in den Vordergrund, die mich im Augenblick mehr interessieren, aber das damals Gesagte halte ich nach wie vor für richtig.

Michael Schlott: Vielleicht als letzte Frage: Welche literaturwissenschaftlichen Gegenstände und Methoden haben Sie seit 1980 kontinuierlich in Ihren Forschungen verfolgt? Was ist neu hinzugekommen; wir haben bislang nur ganz kurz darüber gesprochen?

Gert Mattenklott: Es folgten nach meiner Abwendung von Widerspiegelungstheorien und ihren verschiedenen Varianten …

Michael Schlott: Aber das ist definitiv, die Abwendung? Und wann datieren Sie diese Abwendung? 1974?

Gert Mattenklott: 1974 etwa, also dieser von Ihnen zitierte Text zum Beispiel, das ist ja bereits später.

Michael Schlott: Das ist später, da treffen ja auch schon mehrere Tendenzen zusammen.

Gert Mattenklott: Das ist bereits nicht mehr in dem älteren Kontext gedacht. Ich denke, das war bald nach dem Erscheinen des *Grundkurses*.[73] Ich habe danach auch keine vergleichbaren Arbeiten mit dieser Autoren-Gruppe mehr betrieben und habe mich danach stärker mit der Symboltheorie von Kenneth Burke beschäftigt. Ähnlich gelagert war meine Beschäftigung während der 1970er Jahre – gemeinsam mit Schlaffer und Warnke – mit der Warburg-Schule und deren Theorie.[74] Wir haben zusammen Seminare darüber gegeben, wohl die ersten zu diesem Thema in Deutschland, später über den philosophischen Paten Cassirer.

Michael Schlott: Ich habe gerade draußen einen Aushang gesehen: „Die Poetik des Raumes".

Gert Mattenklott: Ja, „Poetik des Raumes", eigentlich auch anknüpfend an den zweiten Band der *Philosophie der symbolischen Formen* von Cassirer,[75] dann aber auch zurückgehend auf ältere Forschungen zur Warburg-Schule. Auch das ist methodisch also sehr stark angeleitet durch die Symbol-Philosophie. Da spielt noch immer die Frage nach den Repräsentationsformen eine Rolle – die Frage danach, wie diese Realität in unseren Künsten repräsentiert ist. Diese Frage ist ja schon in marxistischen Theorien leitend gewesen. Das habe ich nicht aufgegeben, aber die Antwort ist nun etwas verdrehter geworden. Ich kann vielleicht noch erläutern, weshalb der Grund meiner politischen Fragestellung auch noch

---

73   Westberliner Projekt (wie Anm. 13).
74   Vgl. das Verzeichnis zu Gert Mattenklotts Schriften (wie Anm. 34).
75   Vgl. das Verzeichnis zu Gert Mattenklotts Schriften (wie Anm. 34).

unter methodisch geänderten Perspektiven derselbe geblieben ist. Was mich seit den 1980er Jahren beschäftigt, ist die Frage: Was hat es eigentlich möglich gemacht, daß Rechte und Linke, die sich auf der Ebene der Ansichten, der Überzeugungen, der politischen Optionen spinnefeind waren, in einem historischen Augenblick der Weimarer Republik plötzlich gänzlich d'accord sind? Nämlich, daß diese Demokratie enden muß. Da hat sich meine Forschung seit langem abgewendet von der historisch-politischen Meinungsforschung in der Literatur zugunsten der Analyse von Formen, in denen man denkt, und der Formen, in denen man phantasiert: das Denken in binären Alternativen zum Beispiel, zwischen denen man angeblich wählen müsse oder die Faszination durch die vermeintliche Produktivität der tabula rasa. Da beschäftigen mich dann solche Fragen wie: Waren die nicht einig in bestimmten Phantasien, wie beispielsweise der, daß man erst duch die Talsohle einer Katastrophe gehen muß, damit Neues sich ereignet? Solche Phantasien zu beschreiben in Geschichte und Theorie der Einbildungskraft, das ist eigentlich zunehmend mein Arbeitsgebiet.

Michael Schlott: Herr Mattenklott, ich habe mich während dieser Interview-Reihe öfter für „dieses offene und aufschlußreiche" Gespräch bedankt. Ihnen möchte ich dafür in ganz besonderer Weise danken.

Gerhart Pickerodt

GERHART PICKERODT (* 1938), 1958 Studium der Germanistik, Philosophie und Soziologie in Marburg und Göttingen, 1966 Wissenschaftlicher Assistent in Göttingen, 1968 Promotion, Lektor für deutsche Sprache und Literatur an der Sorbonne in Paris, 1972 Ernennung zum Professor für Neuere deutsche Literatur an der Universität Marburg, 2003 Ruhestand.

Ein literarhistorischer, kunsttheoretischer und ideengeschichtlicher Schwerpunkt in den Forschungsinteressen von GERHART PICKERODT wird für den Zeitraum von 1780 bis 1830 u.a. durch Goethe und Kleist bestimmt. Unter dem Aspekt von Gemeinsamkeiten und Differenzen in einem über die ‚schöne Literatur' hinausreichenden Zusammenhang läßt sich Forster als ein ‚Gegenpol' zu Goethe verstehen. Auf Forster konzentrierte sich PICKERODTS (auch durch eine sozialgeschichtliche Orientierung bedingtes) Engagement für die Erforschung des Jakobinismus als einer späten Konstellation im Zeitalter der Aufklärung.

Das Interview wurde am 21. September 1994 in Marburg geführt.

Michael Sclott: Herr Pickerodt, warum haben Sie einen Teil Ihrer Forschungsarbeit und Ihrer akademischen Lehrtätigkeit dem Gegenstand Georg Forster gewidmet?

Gerhart Pickerodt: Ich denke, daß hier Ihre Unterscheidung zwischen internen und externen Motiven für eine solche Gegenstandswahl eine Rolle spielt. Meine Motive waren insofern interne, als ich von der Klassik- und Kunstperiodenforschung herkommend mich fragte, inwieweit dieses Modell ‚Deutsche Klassik' als ein exklusives andere literarische Strömungen und Richtungen ausschließt. In dem Zusammenhang kam natürlich ein Autor wie Forster in den Blick, der auf der einen Seite sehr enge Beziehungen zu Goethe und zum Bereich Klassik unterhielt, der sich andererseits auf der Ebene der eigenen literarischen Praxis kritisch mit klassischer Ästhetik auseinandergesetzt hat. Das ergab natürlich ein reizvolles Spannungsverhältnis: auf der einen Seite Zugehörigkeit zur Linie der Weimarer Klassik, auf der anderen Seite aber auch biographische und zunehmende literarische Distanz. Er entfernte sich immer mehr von klassischen Mustern, etwa in den *Ansichten vom Niederrhein*[1] oder in den *Historischen Gemälden und Bildnissen*[2] von 1791. Ich habe mich

---

1 Georg Forster: Ansichten vom Niederrhein, von Brabant, Flandern, Holland, England und Frankreich im April, Mai und Junius 1790. Bearb. von Gerhard Steiner. Berlin 1958.

2 Georg Forster: Erinnerungen aus dem Jahr 1790 in historischen Gemälden und Bildnissen von

gerade in jüngerer Zeit anläßlich des letztjährigen Forster-Kongresses in Kassel mit solchen Fragen der Ästhetik neu auseinandergesetzt[3] und werde mich nächste Woche auf der Forster-Tagung in Halle mit Briefästhetik beschäftigen und diese Linie dann noch etwas weiterführen.

Zu den externen Motiven: Die sind sicherlich nicht ausschließlich von Forster her zu beschreiben, da spielt sicher das Interesse für die ganze Forschungsrichtung Jakobinismus eine Rolle, wie sie sich so in den frühen 1970er Jahren auch in der Bundesrepublik etabliert hat. Die Jakobinismus-Debatten, wie sie geführt worden sind, sind im Hinblick auf Forster sowohl intern wie auch extern, insofern sie von der Geschichtswissenschaft her wesentlich beeinflußt gewesen sind.

Michael Schlott: Aber Sie würden es auch so sehen, daß die Initialzündung von der Geschichtswissenschaft ausging?

Gerhart Pickerodt: Durchaus. Man muß sogar feststellen, daß es auf der einen Seite die DDR-Geschichtswissenschaft gewesen ist und auf der anderen Seite Walter Grab, der allerdings in seinen frühen Publikationen noch stark auf DDR-Publikationen und DDR-Theoriebildung Bezug genommen hat.[4] Wenn man sich seine früheren Arbeiten vor Augen hält, fehlt zunächst die Ausbildung des eigenen Ansatzes. Er zitiert, denke ich, noch relativ zustimmend und ungebrochen Scheel[5] Markov[6] und Hedwig Voegt.[7]

Michael Schlott: Fritz Valjavec …[8]

Gerhart Pickerodt: Ja natürlich. Ich denke, daß er zunächst ein breites Feld zu entwickeln versuchte, um diese Forschungsrichtung in der Bundesrepublik zu etablieren. Denn sie war nicht etabliert, sie war nur ganz schwach angedeutet. Dieser Übergang von der Geschichtswissenschaft zur Literaturwissenschaft spielte sicherlich auch für meine Forschungsinteressen eine große Rolle. Ich erinnere mich, daß in den frühen 1970er Jahren bei

---

D. Chodowiecki, D. Berger, Cl. Kohl, J. F. Bolt und J. S. Ringck [1793]. In: G. F.: Kleine Schriften zu Philosophie und Zeitgeschichte. Bearb. von Siegfried Scheibe. Berlin 1974, S. 263–352.

3   Gerhard Pickerodt: Wahrnehmung und Konstruktion. Elemente der Ästhetik Georg Forsters. In: Georg Forster in interdisziplinärer Perspektive. Beiträge des Internationalen Georg-Forster-Symposions in Kassel, 1. bis 4. April 1993. Hrsg. im Auftrag der Georg-Forster-Gesellschaft e.V. von Claus-Volker Klenke in Zusammenarbeit mit Jörn Garber und Dieter Heintze. Berlin 1994, S. 275–285.

4   So etwa Walter Grab: Eroberung oder Befreiung? Deutsche Jakobiner und die Franzosenherrschaft im Rheinland 1792–1799. Trier 1971; siehe auch die Interviews mit Walter Grab (S. 486–499) und Heinrich Scheel (S. 665–691).

5   Vgl. etwa Heinrich Scheel: Süddeutsche Jakobiner. Klassenkämpfe und republikanische Bestrebungen im deutschen Süden Ende des 18. Jahrhunderts. Berlin 1962.

6   Vgl. etwa Walter Markov: Grenzen des Jakobinerstaats. In: Grundpositionen der französischen Aufklärung. Hrsg. von Werner Krauss und Hans Mayer. Berlin 1955, S. 209–242; W.M.: Robespierristen und Jacquesroutins. In: Maximilien Robespierre 1758–1794. Beiträge zu seinem 200. Geburtstag. Hrsg. von W. M. In Verbindung mit Georges Lefèbvre. Berlin 1958, S. 159–217.

7   Hedwig Voegt: Die deutsche jakobinische Literatur und Publizistik 1789–1800. Berlin 1955.

8   Fritz Valjavec: Die Entstehung der politischen Strömungen in Deutschland 1770–1815. Unveränd. Nachdruck der Erstausgabe von 1951. Mit einem Nachwort von Jörn Garber. Kronberg/Taunus; Düsseldorf 1978.

Metzler diese Reihe *Deutsche revolutionäre Demokraten*[9] herauskam und man natürlich mit Spannung beobachtete, was da nun vorgelegt wurde. Wenn ich jetzt den Bogen wieder zu Forster schlage, würde ich sagen, daß das literarische Niveau vieler der dort diskutierten Texte eher enttäuschend ausfiel. Dagegen stand dann meine schon während des Studiums betriebene Forster-Lektüre, und ich wurde notwendig auch zu Vergleichen zwischen den dort dokumentierten Autoren und Forster angeregt. Da wurde ich durch das beträchtliche Niveaugefälle immer wieder auf Forster zurückverwiesen.

Michael Schlott: 1966 hat Walter Grab seine Dissertation vorgelegt;[10] es gab philologische Vorarbeiten, etwa bei Renate Erhardt-Lucht.[11] Ihm fehlte aber eine übergreifende, innovative These. Ich denke, Fritz Fischer hat ihm die entscheidenden Anregungen vermittelt. Habe ich Sie richtig verstanden, daß Sie als Literaturwissenschaftler – Sie sprachen von einem Niveaugefälle im Vergleich zu Forster – die ästhetische Qualität der Texte vermißt haben? Beruhte Ihr literaturwissenschaftlicher Ansatz also in erster Linie auf der Erforschung ästhetischer Gesetzmäßigkeiten, und würden Sie den gesamten Bereich des Sozialgeschichtlichen oder des Literatursoziologischen ausklammern?

Gerhart Pickerodt: Nein, ganz und gar nicht. Ich sehe eben auch die Kategorie des Ästhetischen nicht auf die Autonomieästhetik der Weimarer Klassik beschränkt. Sozialgeschichtliche Motive sind für mich immer von Bedeutung gewesen.

Michael Schlott: Ja, Ihr Beitrag *Forster in Frankreich 1793*[12] etwa stellt eine Verbindung von sozialgeschichtlicher und biographischer Methode dar.

Gerhart Pickerodt: Richtig. Ich meine, man hat sich in der Diskussion der 1970er Jahre um die Frage der eigenständigen ästhetischen Qualität der jakobinischen Texte weitgehend herumgedrückt. Ich würde mich in meiner damaligen Perspektive auch gar nicht ausnehmen. Aber man hat die Frage der Ästhetik zu einer der literarischen Technik funktionalisiert, und damit war man natürlich weitgehend ‚aus dem Schneider‘, was die Niveaubestimmung von Texten anging. Sie erinnern sich vielleicht an den Aufsatz von Segeberg in dem Sammelband *Deutsches Bürgertum und literarische Intelligenz*.[13]

Michael Schlott: Sie meinen den sogenannten operativen Literaturbegriff?

---

9 Deutsche revolutionäre Demokraten. Hrsg. von Walter Grab. 5 Bde. Stuttgart 1971–1978. Bd. 1 (1971): Hans-Werner Engels: Gedichte und Lieder deutscher Jakobiner; Bd. 2 (1978): Axel Kuhn: Linksrheinische deutsche Jakobiner. Aufrufe, Reden, Protokolle, Briefe und Schriften 1794–1801; Bd. 3 (1972): Alfred Körner: Die Wiener Jakobiner; Bd. 4 (1973): Gerhard Steiner: Jakobinerschauspiel und Jakobinertheater; Bd. 5 (1973): Walter Grab: Leben und Werke norddeutscher Jakobiner; siehe dazu II, 2.2.1, S. 103–107.

10 Walter Grab: Norddeutsche Jakobiner. Demokratische Bestrebungen zur Zeit der Französischen Revolution. Frankfurt/Main 1967.

11 Renate Erhardt-Lucht: Die Ideen der Französischen Revolution in Schleswig-Holstein. Neumünster 1969.

12 Gerhard Pickerodt: Forster in Frankreich 1793. Die Krise der Revolution und die Krise des revolutionären Individuums. In: Georg Forster in seiner Epoche. Hrsg. von G.P. Berlin 1982, S. 93–116.

13 Harro Segeberg: Literarischer Jakobinismus in Deutschland. Theoretische und methodische Überlegungen zur Erforschung der radikalen Spätaufklärung. In: Deutsches Bürgertum und literarische Intelligenz 1750–1800. Hrsg. von Bernd Lutz. Stuttgart 1974, S. 509–568.

Gerhart Pickerodt: Ja genau, er schließt deutlich bei Walter Benjamin an. Natürlich war man in den 1970er Jahren insgesamt von einem solchen operativen Literaturbegriff bestimmt. Das lag damals auch sehr nahe. Dennoch habe ich mich nie recht damit begnügen wollen und stellte mir immer auch die Frage nach dem jeweiligen Niveau einer solchen Operativität. Das war ein wichtiges Motiv für meine Forster-Akzentuierung. Ein anderes Motiv war sicherlich auch die Abgrenzung von einer gewissen Beliebigkeit, mit der in Quellendokumentationen ein Gutteil der Aufklärungsliteratur für den Jakobinismus vereinnahmt wurde. Leute wie Johann Heinrich Voß wurden plötzlich zu Jakobinern stilisiert. Da mußte man sich schon die Frage stellen, wo authentische jakobinische Literaturzeugnisse vorliegen.

Michael Schlott: Darauf werden wir sicherlich zurückkommen. Ich würde Ihnen zuvor gern einige Fragen zu Ihrer Biographie und zu Ihrem wissenschaftlichen Werdegang stellen. Sie waren Assistent bei Walther Killy, aber Sie zählen sich nicht zu seinen Schülern?

Gerhart Pickerodt: Richtig, ich war Schüler von Peter Szondi. Als Szondi von Göttingen wieder nach Berlin ging, bin ich in Göttingen geblieben und wurde Assistent von Walther Killy. Aber ich habe mich nie als Killy-Schüler begriffen. Ich lege auf diese Differenz Wert, weil ich glaube, daß es unterschiedliche Modelle sind.

Michael Schlott: Trifft es zu, daß Ihr starkes Interesse an ästhetischen Phänomenen, das auch in der Beschäftigung mit Forster dominierte, auf die akademische Sozialisation bei bzw. durch Peter Szondi zurückgeht? Wäre das ein Ausgangspunkt, um Ihre Akzentuierung des Ästhetischen zu erklären?

Gerhart Pickerodt: Gewiß ist das ein wichtiger Punkt in meinem Werdegang und auch für die Beschäftigung mit Kritischer Theorie. Szondi hat sicher ein Denken geprägt, welches das Ineinander der Momente von Sozialgeschichte und Ästhetikgeschichte integriert. Man hätte allerdings bei Szondi nie arbeiten können, wenn man nicht die philologischen Probleme im Auge gehabt hätte. Aber ihn reizte, glaube ich, letztlich das Verhältnis von textinternen Fragen und soziologischer Motivation. Zumindest haben wir in unseren Diskussionen häufig darüber gesprochen. Das war natürlich auch eine Frage, die in den späten oder mittleren 1970er Jahren in der Luft schwebte. Wenn man den frühen Walter Benjamin und Adorno gelesen hatte, konnte man um diese Dinge gar nicht herumkommen.

Michael Schlott: Wen können Sie außer Szondi als wichtigsten akademischen Lehrer nennen?

Gerhart Pickerodt: Da wäre Albrecht Schöne zu nennen.

Michael Schlott: Sie haben auch Philosophie studiert?

Gerhart Pickerodt: Ja, aber während meines Philosophie-Studiums traf ich nicht auf Lehrer, die meinen Vorstellungen, Wünschen und Ansprüchen in irgendeiner Weise entsprochen hätten. Es gab keine gemeinsame Linie. Ich hatte beispielsweise Schwierigkeiten, jemanden in Göttingen für das Rigorosum zu finden, weil Hegel als ein unwissenschaftlicher Philosoph galt. Er stand einfach nicht auf dem Programm. Das war die Sichtweise von Patzig, den ich dann doch überreden überreden konnte, mich über Hegels Ästhetik zu prüfen. Das ging dann erstaunlicherweise ganz gut.

Michael Schlott: Worüber haben Sie sich habilitiert?

Gerhart Pickerodt: Ich habe nicht habilitiert, weil ich hier 1973 gleich mit einer Professur betraut wurde. Ich hatte auch etwas dagegen, daß ich meine Lehrbefähigung nochmals nachweisen sollte, nachdem ich bereits meine offizielle Bestallung bekommen hatte. Später erwies sich das als strategisch nicht besonders günstig.

Michael Schlott: An welchen Universitäten haben Sie gelehrt, oder sind Sie seit Anfang der 1970er Jahre hier in Marburg bestallt?

Gerhart Pickerodt: Ich war Assistent in Göttingen, dann zwei Jahre Lektor in Paris und habe dort im wesentlichen bei Claude David und Pierre Bertaux gearbeitet. Danach kam ich Anfang der 1970er Jahre nach Marburg und bin dann hier hängengeblieben.

Michael Schlott: 1982 erschien der Argument-Sonderband *Georg Forster in seiner Epoche*.[14] Sie haben 1978/79 auch eine Lehrveranstaltung über Forster angeboten. Ist diese Publikation aus dieser Lehrveranstaltung hervorgegangen?

Gerhart Pickerodt: Ja, die Beiträger des Bandes haben auch an dem Seminar teilgenommen.

Michael Schlott: In Ihrer Einleitung „Aspekte der Aktualität Forsters" erklären Sie, daß „der politisierte Intellektuelle um 1970 in Georg Forster einen literarisch-politischen Kampfgenossen" erblickte. Zugleich entheroisieren Sie dieses Forster-Bild und sprechen vom „desillusionierte[n] Intellektuelle[n] von heute" – das war 1982 –, der die Aufklärung insgesamt als einen „Prozeß der Selbstkonditionierung bürgerlichen Bewußtseins für die Notwendigkeit der Kapitalverwertung, als Sozialisationsagentur eines die Sinne unterdrückenden rationalistischen Zwangsapparates" interpretiere. Könnten Sie aus Ihrer Sicht die wichtigsten Leitlinien dieses Desillusionierungsprozesses skizzieren? Sie thematisieren in diesem Zusammenhang auch die – wie Sie sagen – „nicht zuletzt in den Köpfen vollzogene ‚Tendenzwende'".[15] Ich habe das als offene Kritik gelesen.

Gerhart Pickerodt: Ich muß vielleicht noch etwas vorausschicken: Wenn Sie konstatiert haben, daß darin eine Kritik an diesem Tendenzwendevorgang stecke, so ist das sicherlich richtig. Das bedeutet aber nicht, daß die Stellungnahme zu dem Intellektuellen von 1970, der Forster als Kampfgenossen funktionalisierte, aus der Perspektive von 1980 ungebrochen positiv gewesen wäre.

Michael Schlott: So habe ich es auch nicht verstanden, sondern es als – zumindest latente – Kritik an der politischen Instrumentalisierung begriffen.

Gerhart Pickerodt: Genau, so sollte es auch verstanden werden, und diese beiden Pole wollte ich vermitteln und betonen, daß das eine Extrem ebenso falsch sei wie das andere. Ich habe mich in Anmerkungen zu diesem Aufsatz auch mit einer ungebrochen heroisierenden Betrachtungsweise auseinandergesetzt, welche die Politik auf Kosten des Biographischen und Literarischen als Fahne hochhält. Das schien mir auch in eine falsche Richtung zu weisen im Hinblick auf die Etablierung des neueren Forster-Bildes.

Zu Ihrer Frage nach der Veränderung vom heroischen zum desillusionierten Intellektuellen: Ich denke, daß sowohl wissenschaftsinterne als auch -externe Prozesse eine

---

14 Georg Forster in seiner Epoche (wie Anm. 12).
15 Gerhart Pickerodt: Aspekte der Aktualität Georg Forsters. In: Georg Forster in seiner Epoche (wie Anm. 12), S. 4–8, hier S. 5.

entscheidende Rolle gespielt haben. Um wiederum bei den internen anzufangen: Die politisierte und instrumentalisierte Literaturwissenschaft der frühen 1970er Jahre mit dem eindeutig sozialgeschichtlichen Schwerpunkt wurde nicht zum Gegenstand einer Auseinandersetzung gemacht, sondern in der zweiten Hälfte der 1970er Jahre unterlaufen und neutralisiert. Man gründete ein *Internationales Archiv für Sozialgeschichte der deutschen Literatur*,[16] wo diese politische Färbung nach und nach sozialgeschichtlich aufgelöst wurde als eine Fragestellung unter anderen. Das war natürlich ein Prozeß, der die Besonderheit dieses auch politisch motivierten Ansatzes der frühen 1970er Jahre mehr und mehr in den Hintergrund drängte. Desweiteren spielten sicherlich wissenschaftsintern die akademischen Biographien vieler Leute eine Rolle. Vielen ließ eine solche Wendung es möglich erscheinen, die Aura einer linken Fixierung aufzubrechen und sich in den kanonisierten Wissenschaftsbetrieb wieder einzuordnen. Die Verleugnung der eigenen linken Biographie zugunsten des Eintritts oder des Wiederaufgenommenwerdens in den wissenschaftlichen Betrieb hat eine ganz wichtige Rolle gespielt.

Michael Schlott: Sie meinen Karrieremotive?

Gerhart Pickerodt: Daß solche Gesichtspunkte eine Rolle gespielt haben, scheint mir fraglos, auch wenn man zugunsten einer Kontinuität der eigenen Biographie den Bruch nicht so herausstellte.

Michael Schlott: Welche Überlegungen und welche Ziele haben Sie seinerzeit geleitet, als Sie als das gemeinsame Interesse der Beiträger zum Forster-Band formulierten, „die Konsequenz im Festhalten an Grundsätzen und im Aushalten von Widersprüchen, den persönlichen Mut im Denken und Handeln als aktuelle Haltungen aufzuspüren und zu vermitteln"?[17] Knüpft das nicht unmittelbar an das an, was Sie gerade angesprochen haben?

Gerhart Pickerodt: Durchaus. Es war mir sehr wichtig, daß man auf der einen Seite die eigene Vergangenheit nicht verleugnen sollte und auf der anderen nicht stur an Prinzipien festhalten, wenn sie doch geschichtlichen Modifikationen unterliegen. Das war ein ganz wichtiges Moment, das dann auch bei der Wahl des Gegenstandes Forster eine Rolle gespielt hat. In der Hinsicht ist, das würde ich sogar heute noch sagen, Forster eine gewisse modellhafte Vorbildhaftigkeit eigen. Er hat bei aller Skepsis, Kritik, Enttäuschung in seinen französischen Erfahrungen dennoch den Grundsatz einer demokratischen oder republikanischen Revolution niemals in Frage gestellt. Im Gegenteil hat er zu immer schwierigeren Konstruktionen geschichtstheoretischer Art gegriffen, um dieses Ziel noch gegen die Realitätserfahrungen aufrechterhalten zu können.

Michael Schlott: Warum ist dieser Band im Argument-Verlag erschienen? Boten sich damals keine anderen Publikationsmöglichkeiten?

Gerhart Pickerodt: Ich hatte schon in den frühen 1970er Jahren Kontakte zum Argument-Verlag. In der *Faust*-Debatte hatte ich dort einen Aufsatz publiziert,[18] außerdem in

---

16   Internationales Archiv für Sozialgeschichte der deutschen Literatur. Hrsg. von Wolfgang Frühwald, Georg Jäger, Dieter Langewiesche, Alberto Martino, 1976 ff.; siehe dazu das Interview mit Georg Jäger, S. 334–358.

17   Pickerodt: Aktualität Georg Forsters (wie Anm. 15), S. 7.

18   Gerhart Pickerodt: Geschichte und ästhetische Erkenntnis. Zur Mummenschanz-Szene in Faust II. In: Das Argument 18 (1976), Nr. 99 [Faust-Diskussion] S. 747–771.

einem Brecht-Band einen Aufsatz zu „Die Lehren der Tuis".[19]. Es gab hier in Marburg in den 1970er Jahren eine kleine Gruppe von Doktoranden und Dozenten, die sich speziell um Literaturkritik im *Argument* kümmerten. Das war eine Art Filiation der *Argument*-Redaktion, die sich hier am Ort konzentrierte und die zusammengekommen war, um Fragen der Literaturkritik im *Argument* zu diskutieren. Von daher gab es eine gewisse Affinität.

Michael Schlott: Die Verlagswahl war also nicht zugleich Ausdruck einer politischen Programmatik?

Gerhart Pickerodt: Nein, im Gegenteil. Eigentlich hätte ich mir für die Zielrichtung dieses Bandes mehr Aufmerksamkeit versprochen, wenn er woanders erschienen wäre. Aber dann haben die Herausgeber der Reihe *Literatur im historischen Prozeß*,[20] Mattenklott und Scherpe, angefragt, ob sie das aufnehmen könnten. Und da ich keine Alternative im Auge hatte, habe ich dem zugestimmt – zumal dieses Herausgebergremium auch erweitert worden war und daher mir bekannte und ganz interessante Leute dabei waren. Ich habe auch den Scherpe immer sehr geschätzt.

Michael Schlott: Sie kennen Karl-Heinz Götze, Jost Hermand, Jürgen Schutte und Lutz Winckler?

Gerhart Pickerodt: Ich kenne sie alle, ja.

Michael Schlott: Können Sie etwas über den weiteren beruflichen Werdegang der Beiträger zum *Argument*-Sonderband sagen? Gab es für diese Mitarbeiter später Karrierehindernisse? Ich nehme an, es waren damals Studenten oder Doktoranden?

Gerhart Pickerodt: Ja, teils, teils.

Michael Schlott: Also gehen wir sie durch: Peter Koch?[21]

Gerhart Pickerodt: Peter Koch ist Lehrer geworden; der war damals in der Examensphase, als der Band gemacht wurde.

Michael Schlott: Stefan Padberg?[22]

Gerhart Pickerodt: Stefan Padberg hat eine sehr eigentümliche Geschichte gehabt. Dieser Aufsatz ist ein Extrakt aus seiner Magisterarbeit gewesen. Er wollte immer promovieren, er mußte aber Geld verdienen und ist nach Hamburg gegangen. Dort hat er Kurse für Zivildienstleistende entwickelt, hat aber nie dieses Ziel, eine Dissertation zu schreiben, aufgegeben. Im vergangenen Jahr traf ich ihn auf dem Kasseler Forster-Kongreß wieder, wir haben wieder über mögliche Themen diskutiert. Also, er hat eine etwas unglückliche

---

19   Gerhard Pickerodt: Die Lehren der Tuis. In: Brechts Tui-Kritik. Aufsätze, Rezensionen, Geschichten. (Argument-Sonderband 11.) Karlsruhe 1976, S. 90–110.

20   Literatur im historischen Prozeß. Hrsg. von Gert Mattenklott und Klaus R. Scherpe. Kronberg/ Taunus 1973 ff. Ab 1981 erschien diese Reihe als „Neue Folge" im Argument-Verlag und wurde herausgegeben von Karl-Heinz Götze, Jost Hermand, Gert Mattenklott, Klaus R. Scherpe, Jürgen Schutte und Lutz Winckler.

21   Peter Koch: Selbstbildung und Leserbildung. Zu Form und gesellschaftlicher Funktion der „Ansichten vom Niederrhein". In: Georg Forster in seiner Epoche (wie Anm. 12), S. 8–39.

22   Stefan Padberg: Georg Forsters Position im Mainzer Jakobinismus. Politische Reden und praktische Erfahrungen beim Aufbau des „rheinisch-deutschen Freistaats". In: Georg Forster in seiner Epoche (wie Anm. 12), S. 39–93.

Biographie, in der er viele Pläne ventiliert, aber sich nie zu etwas wirklich hat durchringen können.

Michael Schlott: Wie ist es mit Michael Weingarten?[23]

Gerhart Pickerodt: Der ist noch hier in Marburg, und zwar in der Philosophie. Der macht Philosophie und Geschichte der Naturwissenschaften, also das, was er auch in dem Aufsatz schon angedeutet hatte.

Michael Schlott: Und Hans Gerd Prodoehl?[24]

Gerhart Pickerodt: Der hat mit einer politikwissenschaftlichen Arbeit promoviert[25] und ist dann in die Politik gegangen. Er ist später Pressereferent beim Nordrhein-Westfälischen Ministerpräsidentenbüro geworden, glaube ich. Also seiner Karriere hat es keinen Abbruch getan, daß er in diesem Band veröffentlicht hat.

Michael Schlott: Ich habe während dieser Interviewreihe mit Experten erfahren, daß es ‚Fälle‘ gab, in denen sich die Beschäftigung mit dem Forschungsgegenstand Jakobinismus karriereschädlich auswirkt habe. Sie können das offensichtlich nicht bestätigen.

Gerhart Pickerodt: Nein, ich kann das nicht direkt bestätigen. Ich habe auch nie derartige Vorwürfe gehört und würde auch glauben, daß beispielsweise die Studenten, die diese Beiträge damals geschrieben haben, aufgeklärt genug waren, um sich keine Illusionen im Hinblick auf karrierefördernde oder -verhindernde Auswirkungen einer Beschäftigung mit dem Jakobinismus zu machen. Ich glaube auch nicht daran, daß sich die Beschäftigung mit dem Jakobinismus karrierebehindernd ausgewirkt hätte. Gerade in der Zeit um 1982, als der Band erschien, wandelte sich doch das ganze Wissenschaftsspektrum in eine derartige methodische, sachliche und gegenständliche Beliebigkeit, daß jedem das Recht zuerkannt wurde, sich zu beschäftigen, womit immer er wollte. Aus der Beteiligung an solchen Projekten wurden dann keinerlei Schlüsse gezogen auf wissenschaftliche Reputation oder Perfektibilität, vielmehr richtete die Einschätzung der wissenschaftlichen Verläßlichkeit sich nur noch nach wissenschaftsinternen Kriterien. Dazu gehören Plausibilitätsfragen, Fragen der methodischen Ordentlichkeit, innovative Fähigkeiten waren die entscheidenden Kriterien zumindest in meinem engeren Kollegenkreis.

Michael Schlott: Sie erinnern sich vielleicht, daß bereits Hedwig Voegt in ihrem Buch über die revolutionär-demokratische jakobinische Publizistik[26] konzediert hatte, daß es „Jakobiner" im eigentlichen Sinne in Deutschland nie gegeben habe, vielleicht mit der einzigen Ausnahme der Mainzer Republik. Meine Frage an Sie als Forster-Forscher: Gab es – Forster ausgenommen – ‚deutsche Jakobiner‘?

Gerhart Pickerodt: Mich hat diese Definitions-Frage immer eher amüsiert. Natürlich gab es unter den ganz anders gearteten deutschen Bedingungen nicht das, was man in Frankreich „Jakobiner" nannte. Ich habe den Begriff zunächst einmal, ehe ich mich näher damit beschäftigte, immer als eine Art Metapher verstanden, in etwa folgendermaßen: „Jakobi-

23   Michael Weingarten: Menschenarten oder Menschenrassen. Die Kontroverse zwischen Georg Forster und Immanuel Kant. In: Georg Forster in seiner Epoche (wie Anm. 12), S. 117–148.

24   Hans Gerd Prodoehl: Individuum und Geschichtsprozeß. Zur Geschichtsphilosophie Georg Forsters. In: Georg Forster in seiner Epoche (wie Anm. 12), S. 149–197.

25   Hans Gerd Prodoehl: Theorie des Alltags. Berlin 1983.

26   Voegt: Die deutsche jakobinische Literatur (wie Anm. 7).

ner" meint im deutschen Kontext eine Person, die sich unter den veränderten Umständen
so verhalten würde, wie sie sich in Frankreich als Jakobiner verhalten hätte. Dann habe ich
erst von den Debatten über den Begriff des „deutschen Jakobiners" erfahren. Ich fand, daß
die begriffliche Klärung nie sonderlich weit vorangeschritten, sondern weitgehend in einer
undeutlichen Begrifflichkeit geblieben ist. Ich erinnere mich daran, daß mich auch bei Grab
gestört hat, wie er ‚Jakobinismus' als Oberbegriff verwendet hat. Er unterschied dabei eine
liberale und eine demokratisch-revolutionäre Fraktion.[27]

Michael Schlott: Das wollte er idealtypisch verstanden wissen.

Gerhart Pickerodt: Ja, aber unter dem Oberbegriff ‚Jakobiner'. Ich fand das sehr ver-
unklarend und heuristisch nicht besonders geeignet.[28] Man hat sich dann aus der Affäre
gezogen, indem man sagte: Jeder, der in Deutschland als Demokrat oder revolutionärer
Demokrat eingeschätzt werden konnte, ließe sich als ‚Jakobiner' verstehen. Nur gab es
eben die revolutionären Verhältnisse nicht. Insofern konnte der Definitionsbestandteil des
Revolutionären allenfalls in der Theorie aktualisiert werden, nicht aber in irgendeiner Form
von Praxis. Nun behalf man sich damit, die jakobinische Literatur als Instrument der politischen Praxis zu verstehen. Ich denke, in Deutschland gab es nie diese charakteristische
Form des Jakobinismus, wie sie in Frankreich zu Recht als kleinbürgerliche Fraktion des
Konvents verstanden wurde. Der ‚deutsche Jakobiner' ist eine metaphorische Wendung für
eine Figur, die sich unter anderen Umständen in Frankreich jakobinisch betätigt und verhalten hätte.

Michael Schlott: Also eine Art Konjunktiv-Jakobinismus.

Gerhart Pickerodt: Ja, genau.

Michael Schlott: Sie haben 1973 eine Lehrveranstaltung über deutsche Jakobiner angeboten. In der Ankündigung haben Sie, wenn ich richtig gesehen habe, den Begriff ‚deutsche
Jakobiner' nicht in Anführungszeichen gesetzt, um auf seinen Metapherncharakter hinzu-
deuten.

Gerhart Pickerodt: Das stand in Zusammenhang mit dieser Metzler-Reihe,[29] die damals
im Entstehen begriffen war. Ich wollte auch in der Ankündigung der Lehrveranstaltung
für die Studierenden nicht schon eine Anfangsdistanz zum Begriff aufbauen, sondern sie
einfach sehen lassen, was das Material zeigt.

Michael Schlott: Welches Interesse haben Sie seinerzeit mit dieser Lehrveranstaltung
verbunden? 1971/72 haben Sie die „Französische Revolution im Spiegel der zeitgenössischen deutschen Literatur" behandelt. Mir scheint sich das weitere Thema bruchlos anzuschließen. Haben Sie möglicherweise aus dem größeren Zusammenhang eine Partie ausgegliedert und sich auf ‚deutsche Jakobiner' konzentriert?

Gerhart Pickerodt: Meine Erinnerung im Hinblick auf die frühen 1970er Jahre ist nicht
mehr die präziseste, doch es ist richtig, wie Sie es interpretieren. Ich wollte zunächst die
Rückwirkungen der Französischen Revolution im breiten Spektrum der deutschen Literatur thematisieren – also einschließlich der Revolutionsgegner und der kritischen Kom-

---

27   Siehe dazu das Interview mit Walter Grab, S. 486–499, sowie II, 2.2.1, S. 108 f.
28   Siehe dazu II, 2.2.1, S. 116 f.
29   Deutsche revolutionäre Demokraten (wie Anm. 9).

mentare beispielsweise in Goethes *Unterhaltungen deutscher Ausgewanderten*[30] oder in seinen Revolutionsdramen. In der nächsten Veranstaltung wurden dann im engeren Sinne die Jakobiner zum Thema.

Michael Schlott: Noch einmal zur Lehrveranstaltung „Französische Revolution im Spiegel der zeitgenössischen deutschen Literatur“: Gab es damals Publikationen, die neues Material zutage gefördert hatten und damit eine Seminarveranstaltung nahelegten? Oder war das ein Thema mit einer längeren Tradition? Warum haben Sie die Lehrveranstaltung so genannt, welche Themen und Gegenstände wurden behandelt?

Gerhart Pickerodt: Ich kann mich nicht erinnern, daß es damals schon eine solche Dokumenten-Sammelpublikation gegeben hätte.

Michael Schlott: Es gab einen Band *Deutsche Literatur und Französische Revolution*[31] bei Vandenhoeck & Ruprecht mit Beiträgen von Walter Müller-Seidel, Claude David, Gerhard Kaiser und einigen anderen. Claus Trägers Band, die umfangreiche Veröffentlichung bei Röderberg *Die Französische Revolution im Spiegel der deutschen Literatur*,[32] kam erst 1975. Könnte nicht der Vandenhoeck-Band eine Auslöserfunktion gehabt haben?

Gerhart Pickerodt: Jetzt, wo Sie das sagen, erinnere ich mich. Ich habe diesen Band durchaus zur Kenntnis genommen, aber er bot keine Materialsammlung.

Michael Schlott: Die entscheidende Frage, die in diesem Band aufgeworfen wurde, kam von Müller-Seidel, der – sinngemäß – feststellte: Wir müssen sicherlich auch, was unser tradiertes Klassik-Bild betrifft, dazulernen.[33] Darauf zielte meine Frage, ob Ihre Lehrveranstaltung auch im Kontext solcher Debatten anzusiedeln ist.

Gerhart Pickerodt: Das halte ich für durchaus möglich. Ein Motiv kommt sicherlich noch hinzu: Adolf Muschg hatte eine Bearbeitung von Goethes *Aufgeregten* gemacht[34] und aus seiner Perspektive mit einer etwas phantastischen Wendung gegen Goethes Intention einen eigenen Schluß an das fragmentarische Stück gesetzt. Ich hatte das mit Vergnügen gelesen, und es war dann auch ein Gegenstand des Seminars, weil mich die Verlängerung dieses Themas in die Gegenwart interessierte.

Michael Schlott: Marburg war in den 1970er Jahren zwar kein Zentrum der Jakobinismusforschung, wohl aber der Forschungen zum 18. Jahrhundert beziehungsweise der Aufklärungsforschung. Wo lagen Ihrer Einschätzung nach die Gründe für eine verstärkte Hinwendung zur Literatur des 18. Jahrhunderts?

---

30 Johann Wolfgang Goethe: Unterhaltungen deutscher Ausgewanderten. In: Sämtliche Werke. Briefe, Tagebücher und Gespräche. I. Abtlg., Bd. 9. hrsg. von Wilhelm Voßkamp und Herbert Jaumann. Frankfurt/Main 1992, S. 993–1119.

31 Deutsche Literatur und Französische Revolution. Sieben Studien von Richard Brinkmann, Claude David, Gonthier-Louis Fink, Gerhard Kaiser, Walter Müller-Seidel, Lawrence Ryan, Kurt Wölfel. Göttingen 1974.

32 Die Französische Revolution im Spiegel der deutschen Literatur. Hrsg. von Claus Träger unter Mitarbeit von Frauke Schaefer. Leipzig; Frankfurt/Main 1975.

33 Walter Müller-Seidel: Deutsche Klassik und Französische Revolution. In: Deutsche Literatur und Französische Revolution (wie Anm. 31), S. 39–62.

34 Die Aufgeregten von Goethe. Politisches Drama in 40 Auftritten von Adolf Muschg. Zürich 1971.

Gerhart Pickerodt: Das Interesse galt dem Bürgertum als einer aufstrebenden Klasse, deren Literatur als Zeugnis begriffen wurde einerseits für ein zunehmendes Selbstbewußt-sein, auf der anderen Seite aber auch immer schon als eine Form der kritischen Refle-xion auf die eigenen Bedingungen. Das Bürgerliche Trauerspiel enthielt beides, sowohl das emanzipative Moment als auch das reflexive Moment des Fragens nach den Bedingungen der Möglichkeit von Emanzipation. Das hat man paradigmatisch begriffen als übertrag-baren Weg im Hinblick auf Konzepte einer sozialistischen Kultur, wie man sie im weitesten Sinne im Auge gehabt hat. Man sah den Aufstieg des Bürgertums im 18. Jahrhundert als ein Beispiel, aus dem man Erfahrungen und Gewinne ziehen konnte für eine andere auf-strebende Klasse im 20. Jahrhundert, wenn das Bürgertum an das Ende seiner Herrschaft gelangt sei.

Michael Schlott: Etwa in dem Sinne, wie Marx es in den Randglossen zum *Gothaer Pro-gramm*[35] formuliert hat?

Gerhart Pickerodt: Ja. Obgleich ich bezweifeln würde, daß das in dieser Deutlich-keit damals so verstanden worden ist. Es war eher ein enthusiasmiertes Programm. Und wenn ich sage, daß man neben dem emanzipativen Element der bürgerlichen Literatur des 18. Jahrhunderts auch die Selbstreflexion und die Probleme akzentuiert hätte, dann gilt das vielleicht mehr für meinen persönlichen Ansatz und ist nicht verallgemeinerbar, schon gar nicht für Marburger Verhältnisse. Das ist sowohl ein wissenschaftsinterner als auch -externer Ansatz gewesen, die Politisierung in der Wissenschaft auf der einen Seite und die in der Literatur dokumentierte Emanzipationsbewegung auf der anderen. Aus heutiger Perspektive erscheint es mir fraglich, ob es gelungen ist, die Desillusionierungsprozesse des 18. Jahrhunderts in angemessener Weise mitzuthematisieren. Ich erinnere mich, daß in meinen Lehrveranstaltungen so etwas immer eine Rolle gespielt hat, etwa bei Lessing und im Sturm und Drang. So etwas ist in diesen Bänden über die Literatur des 18. Jahrhunderts, auf die Sie angespielt haben, noch relativ schwach ausgebildet.

Michael Schlott: Sie meinen die *Westberliner Projekt*-Bände?[36]

Gerhart Pickerodt: Die *Projekt*-Bände, ja. In denen ist dieses Moment der kritischen Reflexion, der Desillusionierung noch sehr wenig vertreten.

Michael Schlott: Welche Personen haben in Marburg die Forschungen zum 18. Jahrhun-dert getragen, welche Kooperationsformen gab es mit Nachbardisziplinen?

Gerhart Pickerodt: Meine Erinnerung geht dahin, daß die Forschungen zum 18. Jahrhun-dert von Kollegen ganz unterschiedlicher Herkunft mitgetragen wurde. Reinhardt Habel zum Beispiel war Schüler von Walther Rehm. Gert Mattenklott hingegen kam von Szondi her. Es kamen da sehr unterschiedliche Interessen zusammen. Habels Schwerpunkt lag bei Winckelmann, bezogen auf eine ideengeschichtlich-ästhetische Perspektive. Für Matten-klott war sicherlich das Bürgerliche Trauerspiel von größerer Bedeutung. Dann gab es aber auch andere Ansätze: Ich erinnere mich an gemeinsame Lehrveranstaltungen, die wir gege-

---

35   Karl Marx: Kritik des Gothaer Programms. Randglossen zum Programm der deutschen Arbeiter-
     partei. [1891]. In: K. M. und Friedrich Engels. Werke. Bd. 19. Berlin 1982, S. 13–32.
36   Westberliner Projekt: Grundkurs 18. Jahrhundert. Die Funktion der Literatur bei der Formierung
     der bürgerlichen Klasse Deutschlands im 18. Jahrhundert. Hrsg. von Gert Mattenklott und Klaus
     R. Scherpe. Bd. 1: Analysen; Bd. 2: Materialien. Kronberg/Taunus 1974.

ben haben, größere Projektveranstaltungen mit Begleitvorlesung und Seminaren dazu. Dort wurden auch Bezüge zur Frühaufklärung hergestellt und etwa *Masaniello* von Christian Weise einbezogen und verglichen. Der Kollege Jörg-Jochen Berns, der Spezialist für die frühe Neuzeit ist, brachte immer das barocke Trauerspiel als Gegenmodell schon mit in solche Projekte ein. Daraus entwickelten sich unter den Lehrenden interessante Diskussionen über das Verhältnis von barockem Trauerspiel und bürgerlichem Trauerspiel.

Michael Schlott: Welchen Einfluß hatte die Politikwissenschaft um Abendroth und Kühnl auf die Theorie-Debatte in der Germanistik? Welche Personen agierten mit welchen Programmen, wie haben sich diese Konstellationen ausgewirkt?

Gerhart Pickerodt: Es gab sicherlich Verbindungen zwischen der Politikwissenschaft und der Germanistik. Vor allem bei den Studierenden hat es sicherlich solche Beziehungen gegeben. In der wissenschaftlichen Forschungs- und der Lehrtätigkeit würde ich das kaum sehen wollen. Sicherlich gab es thematische Überschneidungen. Ich erinnere mich beispielsweise, daß ich als Zweitgutachter eine Arbeit über Brecht in der Politikwissenschaft mitbehandelt habe, während das Erstgutachten von Abendroth kam. So etwas gab es, aber das war sporadisch und hat sich nicht bedeutend auf die wissenschaftliche Organisation oder die Schwerpunktwahl ausgewirkt.

Michael Schlott: Gab es Spaltungen oder Fraktionierungen innerhalb der Disziplin?

Gerhart Pickerodt: Die Spaltungen, die es zweifelsohne auch an unserem Institut zu der Zeit gab, waren anders motiviert. Sie waren eher bestimmt durch konservative und, wie man das damals nannte, „gewerkschaftliche" Orientierung. Damit war eine Gruppierung gemeint, die politisch zwischen linker SPD und DDR-Kommunismus zu sehen war. Außerdem gab es noch eine linksradikale Gruppierung, die weder mit der einen noch mit der anderen Fraktion etwas zu tun haben wollte.

Michael Schlott: Gab es nach Ihrer Kenntnis zwischen der Marburger Germanistik und dem Bremer Forschungsschwerpunkt „Spätaufklärung" Kooperationen, also etwa mit Hans-Wolf Jäger?[37] Gab es gemeinsame Lehrveranstaltungen, Projekte, Tagungen oder Kongresse?

Gerhart Pickerodt: Selbstverständlich nahm man die Publikationen zur Kenntnis. An gemeinsame Projekte kann ich mich aber nicht erinnern. Unsere Verbindungen bestanden eben durch diese personellen Dinge auch immer eher mit Berlin als mit Bremen. Die Kontroverse mit Thomas Metscher über *Faust*[38] trug nicht zu einer Intensivierung der Kontakte nach Bremen bei. Das war so ein Marburger Punkt, daß man mit dieser – wie es uns schien – ‚primitiven' Widerspiegelungstheorie abrechnen wollte.

Michael Schlott: Haben Sie für Ihre Forschungen, insbesondere natürlich für Ihre Forschungen zum 18. Jahrhundert, Drittmittel eingeworben?

Gerhart Pickerodt: Nein.

---

37 Siehe dazu das Interview mit Hans-Wolf Jäger, S. 500–527, hier S. 519–521.

38 Vgl. das „Editorial" zur *Faust*-Diskussion in *Das Argument* 18 (1976), Nr. 99 sowie den Beitrag von Thomas Metscher „Faust und die Ökonomie. Ein literarhistorischer Essay" in *Vom Faustus bis Karl Valentin. Der Bürger in Geschichte und Literatur* (Berlin 1976, S. 28–155), auf den sich die Beiträge der *Faust*-Diskussion beziehen.

Michael Schlott: Welche Themen und Gegenstände haben Sie seit 1980 weiterverfolgt, und welche neuen Bereiche haben Sie in Ihre Forschungsarbeit einbezogen? Welches Verhältnis ergibt sich also zwischen Kontinuität und Innovation?

Gerhart Pickerodt: Zur Kontinuität läßt sich sicherlich festhalten die Forster-Beschäftigung und überhaupt die Beschäftigung mit dem späten 18. Jahrhundert, die Kunstperioden-Problematik im Sinne Heines ...

Michael Schlott: Ist „Kunstperiode" nicht eine terminologische Fixierung der DDR-Germanistik?

Gerhart Pickerodt: Nicht nur.

Michael Schlott: Es ist meines Wissens ein Heinescher Ausdruck, der in der DDR-Literaturgeschichtsschreibung als Epochenbegriff verwendet wurde.[39]

Gerhart Pickerodt: Das hat damals in der DDR eine Rolle gespielt, wurde dann aber auch in der Bundesrepublik aufgegriffen, beispielsweise in dem Band von Grathoff mit dem Titel-Elemt „Kunstperiode".[40]

Michael Schlott: Also das, was ehemals bei Korff die „Goethezeit" war.

Gerhart Pickerodt: Ja genau, so ist es. Man wollte von der Personalisierung im Sinne von „Goethezeit" weg, um eine umfassendere und methodisch differenziertere Perspektive auf diese Zeit zu gewinnen. Da bot sich natürlich ein Begriff wie „Kunstperiode" an, weil er bestimmte methodische und inhaltliche Vorgaben schon implizierte. Das ist das eine. Als innovativ würde ich insbesondere seit 1986/87 zunehmend meine Kleist-Beschäftigung betrachten.[41] Das hat natürlich etwas mit meinem breit gefächerten Interesse an diesem Gegenstand zu tun. Da wäre vor allem der sprachästhetische Aspekt zu nennen, beispielsweise die Untersuchung der Metaphernbildung.

Michael Schlott: Das scheint etwas zu sein, das Sie durchgehend verfolgen?

Gerhart Pickerodt: Ja, das ist ein wichtiger Punkt. Ein anderer ist, was man heute mit dem modischen Schlagwort „Intertextualität" bezeichnen würde. Da gilt mein Interesse den jeweiligen Verbindungen von Kleists Texten zu anderen, seine starke Auseinandersetzung mit Goethe und Schiller in den Dramen beispielsweise. Weiter gehören zu meinen Interessen auch genretheoretische Fragen wie Tragödien- und Komödienkonzeption, die kunsttheoretische Fragestellung. Ich habe einen Aufsatz über Organisches und Mechanisches geschrieben.[42]

---

39   Vgl. etwa Martin Fontius: [Art.] Kunstperiode. In: Wörterbuch der Literaturwissenschaft. Hrsg. von Claus Träger. Leipzig 1986, S. 284; M.F.: Nachlese zum Begriff ‚Kunstperiode'. In: Weimarer Beiträge 29 (1983), H. 3, S. 526–544; siehe auch die Interviews mit Hans-Dietrich Dahnke (S. 218–254, hier S. 246 f.) und Peter Weber (S. 426–455, hier S. 449 f.).

40   Studien zur Ästhetik und Literaturgeschichte der Kunstperiode. Hrsg. von Dirk Grathoff. Frankfurt/Main u. a. 1985.

41   Vgl. etwa Gerhart Pickerodt: Penthesilea und Kleist. Tragödie der Leidenschaft und Leidenschaft der Tragödie. In: Germanisch-Romanische Monatsschrift, N. F. 37 (1987), H. 1, S. 52–67; G.P.: „Bin ich der Teufel? Ist das der Pferdefuß?" Beantwortung der Frage, warum Kleists Dorfrichter Adam den linken Fuß zeigt. In: Kleist-Jahrbuch 2004, S. 107–122; G.P.: „zerrissen an Leib und Seele". Studien zur Identitätsfrage bei Heinrich von Kleist. Marburg 2011.

42   Gerhart Pickerodt: Heinrich von Kleist. Der Widerstreit zwischen Mechanik und Organik in

Michael Schlott: Wenn ich es richtig verstanden habe, sind Sie sowohl vom Methodischen als auch vom Interesse an den Gegenständen her immer konstant geblieben. Sie haben sich nicht umorientiert, etwa auf psychoanalytische oder feministische Fragestellungen. Oder habe ich das jetzt verkürzt?

Gerhart Pickerodt: Vielleicht ein klein wenig verkürzt, aber im Prinzip haben Sie recht. Ich würde allerdings gern dahingehend differenzieren, daß ich gerne Fragestellungen der Psychoanalyse und des Feminismus aufnehme, ohne sie allerdings hauptsächlich Thema werden zu lassen. Mir liegt fern, Methodendebatten zu führen, in denen die Gegenstände im Grunde nur noch exemplarische Funktion haben. Mir ist es primär um die literarischen Gegenstände im engeren Sinne zu tun. Insofern kann ich Ihnen da nur zustimmen.

Michael Schlott: Ich möchte Sie um einen Kommentar bitten zu einer Einschätzung, die mir in informellen vorbereitenden Gesprächen zu diesen Interviews vorgestellt worden ist. Sie lautet sinngemäß: Die deutsche Jakobinismusforschung muß als letztes Paradigma politisch ausgerichteter Historiographie und Literaturwissenschaft angesehen werden, das durch Methodenwechsel und Modernisierungstheorien der Sozialgeschichte erledigt wurde. Die Jakobinismusforschung ist aus der Aufklärungsforschung völlig ausgeschieden. Die unmittelbare politische Instrumentalisierung des Forschungsgegenstandes verstellte die Möglichkeit einer produktiven Reaktion auf neue sozial-, mentalitäts- und kulturgeschichtliche Ansätze.

Gerhart Pickerodt: Ich würde zunächst „nein" sagen, aber gerne noch etwas dazu anmerken: Ich glaube grundsätzlich nicht, daß ein historisches Paradigma durch methodische Innovation erledigt werden kann. Das unterstellt doch, daß es eine einheitlich politikgeschichtlich orientierte Jakobinismusforschung gegeben habe, und dem würde ich so nicht zustimmen wollen. Sicherlich gab es in den frühen 1970er Jahren derartige Tendenzen, aber ich würde sagen, daß selbst die jüngeren Publikationen von Walter Grab nicht mehr in diese Richtung hineinpassen würden. Andere Beschäftigungen mit jakobinischer Literatur gingen in ganz andere Richtungen, also beispielsweise Genretheorie und Reiseliteratur. Da gibt es Neues zu Forsters *Ansichten vom Niederrhein*[43] und neue Formen der vergleichenden, kulturtheoretisch angeleiteten Literaturwissenschaft.

Michael Schlott: Da gibt es Neues, allerdings ohne den politischen Impetus. Reiseliteratur ist vermutlich der interessanteste Innovationsbereich, der sich aus der Jakobinismusforschung herausgebildet hat. Rigoros vereinfacht: Während in den 1970er Jahren etwa von revolutionär-demokratischer, jakobinischer Publizistik gesprochen wurde, ist heute von Reisen in das revolutionäre Frankreich die Rede.

Gerhart Pickerodt: Ja, aber das entscheidende Moment ist doch sicherlich, daß in der zitierten Aussage behauptet wird, eine politisch orientierte Literaturgeschichtsschreibung im Hinblick auf die jakobinische Literatur sei erledigt. Ich würde denken, daß das den engen instrumentellen Politik-Begriff impliziert. Ich würde ihn weiter fassen und etwa

---

Kunsttheorie und Werkstruktur. In: Die Mechanik in den Künsten. Studien zur ästhetischen Bedeutung von Naturwissenschaft und Technologie. Hrsg. von Hanno Möbius und Jörg Jochen Berns. Marburg 1990, S. 157–168.

43 Vgl. etwa Rotraut Fischer: Reisen als Erfahrungskunst. Georg Forsters „Ansichten vom Niederrhein": die „Wahrheit" in den „Bildern des Wirklichen". Frankfurt/Main 1990.

Handlungsorientierung, Selbstaufklärungstendenzen, allgemeine emanzipationstheoretische und erziehungswissenschaftliche Fragestellungen einbeziehen. Und dann kann ich dieser Aussage nicht zustimmen. Da liegt sicher auch ein gewandelter Politik-Begriff zugrunde.

Michael Schlott: Wie bewerten Sie die Überlegung, daß die Kontroversen um die Mainzer Republik symbolischen Charakter hatten, daß es sich also um die Fokussierung aktueller politischer Kontroversen auf die Mainzer Republik handelte, gewissermaßen um einen Wettlauf beider deutscher Staaten um demokratisch-revolutionäre Traditionen.

Gerhart Pickerodt: Sicherlich wäre es unsinnig, bestreiten zu wollen, daß das ein wesentlicher Impetus der Mainz-Diskussion gewesen ist.[44] Auch sind aufgrund dieser Aussage manche Zuspitzungen der Kontroverse erklärbar. Ich würde nur wiederum sagen, man müßte da unterscheiden zwischen Anlaß und Wirkung. Der Anlaß mag so beschrieben werden, aber das, was aus diesen Debatten dann erwachsen ist, geht sicherlich über den Anlaß hinaus. In der Geschichtswissenschaft gab es Wirkungen im Hinblick auf die Fragestellung, wann aus der französischen Revolutionsarmee ein imperiales Herrschaftsinstrument wurde, also nach dem Übergang von der Revolutionszeit zum Napoleonismus. In der Literaturwissenschaft haben die Auseinandersetzungen die Unterscheidungsfähigkeit bei literarischen Gattungen und Genres geschärft. Es gab eine Zeit, in welcher der Literatur-Begriff sehr unspezifisch geworden war und man es für emanzipativ hielt, alles und jedes als Literatur zu begreifen. Ich erinnere an die unselige Trivialliteratur-Debatte, die damals geführt worden ist. Durch die Mainz-Debatte hat man wieder unterscheiden gelernt, nicht nur bezüglich operativer und autonomer Genres, sondern zum Beispiel auch Liedformen.

Michael Schlott: Das ist ein sehr interessanter Komplex. Eine Konsequenz der Erweiterung des Literaturbegriffs ist doch, daß das Schrifttum nicht mehr nach literaturwissenschaftlichen Maßstäben klassifiziert wird. Es wird vielmehr nur noch auf die Inhalte zurückgegriffen. Aber die komplizierten Vermittlungsschritte zwischen literarischen Techniken, Überlieferungsfragen, wirkungsästhetischen Kategorien und Rezeptionsprozessen etwa werden ignoriert.

Gerhart Pickerodt: Ja, das ist der eine Punkt. Sie beschreiben es jetzt eher vom Anfang der Debatten her, während ich es von dem Resultat her sehe. Ich meine, daß die Debatten letztlich dazu geführt haben, daß ein Bewußtsein für die Differenzen geschaffen und das Ganze nicht nur von der motivgeschichtlichen oder pragmatischen Ebene her gesehen wurde.

Michael Schlott: Ich meine mich auch zu entsinnen, daß etwa Scherpe und Mattenklott, auch Hans-Wolf Jäger, sich immer wieder bemüht haben, nicht die ursprünglichen literaturwissenschaftlichen Fragestellungen aus den Augen zu verlieren. Wenn sie etwa von Agitationsliteratur sprachen, so haben sie auch versucht, gattungstypische Merkmale zu bestimmen.

Gerhart Pickerodt: Da haben Sie vollkommen recht. Ich denke, daß sich diese Tendenz auch in der Folgezeit eher verstärkt hat, indem man zum Beispiel Katechismusformen in die Geschichte verlängert hat. Man ist den Fragen nachgegangen, wie sie in der Zeit der

---

44   Siehe dazu das Interview mit Franz Dumont, S. 458–485.

Befreiungskriege umfunktioniert wurden, wie ein politischer Katechismus bei Heinrich von Kleist aussieht, und ähnliches mehr.

Michael Schlott: Herr Pickerodt: Die Jakobinismusforschungorschung ist aus der Aufklärungsforschung völlig ausgeschieden. Die unmittelbare politische Instrumentalisierung des Forschungsgegenstandes verstellte die Möglichkeit einer produktiven Reaktion auf neue sozial-, mentalitäts- und kulturgeschichtliche Ansätze. Ist das so?

Gerhart Pickerodt: Ich muß auch bei dieser Aussage wieder unterscheiden: Ja, ich stimme zu, daß es eine Tendenz zur politischen Instrumentalisierung der Jakobinismusforschung gegeben hat, daß es auch eine politische Instrumentalisierung des Forschungsgegenstandes gegeben hat. Es wäre unsinnig, das bestreiten zu wollen. Aber deswegen ist die Jakobinismusforschung nicht vollständig aus der Aufklärungsforschung ausgeschieden. Die Möglichkeit der Selbstaufklärung einer Jakobinismusforschung dürfte doch wohl nicht einfach negiert werden, daß man also in der Lage gewesen wäre, politische Instrumentalisierungen des Forschungsgegenstandes zu revidieren und diesen Forschungsgegenstand neu zu sehen und weiterzuentwickeln. Was ich beispielsweise im vergangenen Jahr auf der Forster-Tagung in Kassel[45] aus unterschiedlichen Perspektiven auch im Hinblick auf das Verhältnis Literatur- und Geschichtswissenschaft neu gehört habe, das war erstaunlich – übrigens auch im Hinblick auf das Verhältnis von Literatur- und Naturwissenschaft, auf Fragestellungen der Naturgeschichte und der Kulturanthropologie. Solche Fragestellungen sind dadurch eher intensiviert worden, als daß man sagen könnte, die Jakobinismusforschung sei dadurch obsolet geworden. Also diesen Schluß kann ich daraus nicht ziehen.

Michael Schlott: Könnte man Georg Forster als einen klassikintegrierten Spätaufklärer bezeichnen, der sich vom Humanitätsideal zur politischen Tat weiterentwickelt hat, ohne die humanistischen Wurzeln zu verleugnen?

Gerhart Pickerodt: Ich stoße mich an dem Wort „klassikintegrierter Spätaufklärer": Diese Formulierung verweist Forster, finde ich, zu stark auf die Herkunft und berücksichtigt zu wenig seine Entwicklung, die nicht nur eine zur politischen Tat gewesen ist. Wenn man sich die späten Schriften Forsters ansieht, dann wäre diese politische Tat nicht das letzte Wort Forsters. Wichtiger wäre dann gerade die Wendung von der politischen Tat, für die er sich nicht mehr zuständig glaubt oder die nicht mehr im Horizont seiner Möglichkeit liegt, zu einer anderen Form der Schriftstellerei. Wirken zu wollen bleibt für ihn als Ziel erhalten, aber nicht durch die unmittelbare politische Tat, sondern im Hinblick auf sein Schreiben. Und nicht von ungefähr kommt, was ich als ein Hauptmoment seiner *Parisischen Umrisse*[46] ansehen würde, die Warnung an Deutschland, daß dort trotz der Reformation keine revolutionäre Situation vorliegt. In Frankreich habe die bürgerliche Revolution stattgefunden, es sei nicht an Deutschland, in dieser Richtung weiterzugehen. Dieser warnende, politisch aufgeklärte Duktus ist viel wichtiger als der der politischen Tat. Das schiene mir, auch was den späten Forster angeht, eine sehr starke Verkürzung zu sein. Wenn man nur anerkennt, daß er sich zur politischen Tat entwickelt habe, ohne die humanistischen Wurzeln

---

45   Siehe dazu Anm. 3.
46   Georg Forster: Parisische Umrisse. In: G. F.: Revolutionsschriften 1792/93. Bearb. von Klaus-Georg Popp. Berlin 1990, S. 593–637; siehe dazu das Interview mit Klaus-Georg Popp, S. 607–626.

zu verleugnen. Das wäre wieder nur der rückwärtsgewandte Blick auf die humanistischen Wurzeln, anstatt weiterzufragen: Was macht ein politisch Aufgeklärter, der durch eine Tat-Phase hindurchgegangen ist und nun am Ende seines Lebens vor der Einsicht steht, daß ihm nun nichts mehr zu tun bleibt? Er wendet sich wieder seiner Literatur zu, allerdings einer anderen, neuen Art, die er aber nur noch ansatzweise hat entwickeln können.

Michael Schlott: Herr Pickerodt, ich danke Ihnen für dieses sehr informative Gespräch.

Klaus-Georg Popp

KLAUS-GEORG POPP (* 1935), 1953 Studium der Germanistik an der Humboldt-Universität in Berlin, 1957 Staatsexamen, 1958 Wissenschaftlicher Assistent, 1970 Wissenschaftlicher Mitarbeiter, 1994 Arbeitsstellenleiter des Vorhabens Georg Forsters Werke (begonnen an der Deutschen Akademie der Wissenschaften zu Berlin, sodann an der Akademie der Wissenschaften der DDR, schließlich an der Berlin-Brandenburgischen Akademie der Wissenschaften), 2000 Ruhestand.

Georg Forster war für die Jakobinismusforschung eine paradigmatische Figur. Aus den Erfahrungen, die KLAUS-GEORG POPP durch seine jahrzehntelange Mitarbeit an der Historisch-kritischen Ausgabe der Sämtlichen Schriften Forsters gewonnen hat, wird deutlich, daß damit lediglich ein Teilaspekt von Forsters Wirken erfaßt wird.

Das Interview wurde am 20. Oktober 1994 in Berlin geführt.

Michael Schlott: Herr Popp, Ihr wissenschaftlicher Werdegang ist eng mit der *Forster*-Ausgabe[1] verknüpft.

Klaus-Georg Popp: Beim Projekt der *Forster*-Ausgabe habe ich zunächst an den einzelnen Bänden mitgearbeitet, im Laufe der Zeit auch an den editorischen Grundlagen mitgewirkt und dann einzelne Bände bearbeitet. Das Projekt wurde von Gerhard Steiner geleitet, dem Initiator dieses Vorhabens, zudem hatten auch andere Wissenschaftler auf die

---

1   Georg Forsters Werke. Sämtliche Schriften, Tagebücher, Briefe. Berlin 1958ff. Diese erste Edition des Gesamtwerks wurde 1953 an der Deutschen Akademie der Wissenschaften zu Berlin für 18 Bände konzipiert. Zur Durchführung des Vorhabens wurde im damaligen Akademie-Institut für deutsche Sprache und Literatur eine Arbeitsstelle gegründet, die zunächst Gerhard Steiner und von 1970 bis 1981 Horst Fiedler leitete. Ab 1972 war die Akademie der Wissenschaften der DDR mit dem Zentralinstitut für Literaturgeschichte der Träger der Edition; in den 1990er Jahren wurden die Editionsarbeiten ohne Unterbrechung von der Berlin-Brandenburgischen Akademie fortgeführt, um die Bände 19 (Chronik von Leben und Werk, Nachträge und Berichtigungen, Verzeichnisse und Register) und 20 (Georg-Forster-Bibliographie) ergänzt und als Editionsprojekt im Jahr 2000 abgeschlossen. Als erster Band erschien 1958 Band 9; bis 1989 waren zudem die Bände 1 bis 5, 7 und 8 sowie 11 bis 18 publiziert worden. Bis 2011 stand die (im Akademie Verlag Berlin erscheinende) Werk-Ausgabe noch nicht vollständig zur Verfügung. Zur Konzeption und zur Publikationsgeschichte der Edition sowie zu den Bearbeitern der einzelnen Bände vgl. ‹http://forster.bbaw.de›.

Ausgabe eingewirkt. Das Projekt war 1953 am Institut für deutsche Sprache und Literatur in der Deutschen Akademie der Wissenschaften zu Berlin installiert worden. Steiner hat es bis zu seiner Pensionierung 1970 geleitet, dann übernahm Horst Fiedler, einer der ersten Mitarbeiter an der Edition, die Leitung. Er hatte neben Steiner den wesentlichsten Anteil an dieser Ausgabe gehabt, was etwa auch die archivalischen und bibliographischen Grundlagen angeht. Fiedler war verantwortlich bis 1982; in diesem Jahr wechselte er zur *Alexander Humboldt*-Forschungsstelle über. Seitdem bin ich in unterschiedlichen institutionellen Zuordnungen für die Akademie-Ausgabe zuständig gewesen. Seit 1993 bzw. 1994 (das ist eine Frage der zeitlichen Zuordnung meiner Arbeitsverträge) bin ich der Leiter der Arbeitsstelle für diese Ausgabe an der Berlin-Brandenburgischen Akademie der Wissenschaften. Ich habe in der langen Zeit als Angestellter der Berliner Akademie ausschließlich an dieser Ausgabe gearbeitet, bin nicht promoviert und niemals an einer Universität tätig gewesen.

Michael Schlott: Sie haben an der Humboldt-Universität zu Berlin studiert; könnten Sie auf wichtige akademische Lehrer eingehen?

Klaus-Georg Popp: Das ist etwas schwierig. Die Zeit von 1953 bis 1957 ist eine Umbruchzeit zumindest in der Ostberliner Germanisik gewesen. Leopold Magon war für neuere Literaturgeschichte zuständig; eine Vorlesung hielt der Leiter der *Wieland*-Ausgabe, Hans-Werner Seiffert, dem ich viel verdanke, Alfred Kantorowicz lehrte neueste deutsche Literatur, Werner Simon die ältere. Der Sprachwissenschaftler Wilhelm Wissmann war schon nach München gegangen, was ein großer Verlust gewesen ist. Besonders mit grammatikalischen Fragen beschäftigte sich Johannes Erben, und Philosophie habe ich ausnahmslos bei Wolfgang Harich betrieben. Das war die Zeit um 1956.

Michael Schlott: Gab es während Ihres Studiums bereits Anstöße zur Beschäftigung mit Forster? Und wenn ja, von wem ging sie aus?

Klaus-Georg Popp: Nein, meine Beschäftigung mit Forster ist von der wissenschaftlichen Entwicklung her ein reiner Zufall: Es war im *Forster*-Projekt eine Stelle zu besetzen. Beschäftigt hatte ich mich vorher – das ist nicht so ganz weit weg – mit Wieland und hatte mir eigentlich auch gewünscht, in die *Wieland*-Ausgabe der Akademie einzutreten. Das gelang aber nicht; ich bekam die Stelle nicht. – Dann wurde es eben diese *Forster*-Ausgabe, die ganz offensichtlich zu jenen Arbeitsstellen gehörte, mit deren Einrichtung die SED seit 1952 versucht hatte, ihre führende Rolle auch an der Akademie durchzusetzen. Aus meiner persönlichen Sicht ist zu sagen: Forster ist nicht unbedingt der Autor, den ich mir selber gesucht haben würde. Ich habe immer ein distanziertes Verhältnis zu diesem Autor gehabt, wenigstens zu seinen politischen Aufschwüngen in der Revolutionszeit. Ich will dies nur sagen, weil jeder wie selbstverständlich annimmt, wer sich mit Forster beschäftige, stehe vemutlich links – eine solche Annahme erzeugt manchmal von vornherein gewisse Verständnisschwierigkeiten, auch Mißverständnisse. Das war bei mir allerdings nicht der Fall, zur gesamten DDR-Zeit nicht: In der Forster-Arbeit ging es um Philologie und Sachkommentare. Dazu bedurfte es nicht unbedingt der besonderen Affinität zum Autor. Der großartige Rang seiner Bücher (in dieser Reihenfolge) *A Voyage round the World*,[2] *Ansich-*

---

2   Georg Forster: A Voyage round the world. Bearb. von Robert L. Kahn. Berlin 1968 (2., unveränd. Aufl.: 1986).

ten vom Niederrhein[3] und seiner Briefe[4] ist ganz unbestritten. Die Gesamtausgabe seiner Schriften habe ich immer und mit der Zeit zunehmend für wissenschaftlich berechtigt und auch für wichtig gehalten.

Michael Schlott: Wann würden Sie den Beginn der germanistischen Aufklärungsforschung in der DDR datieren und welche Berührungspunkte und Anschlußmöglichkeiten bestanden einerseits zur Geschichtswissenschaft und andererseits zu literaturwissenschaftlichen Nachbardisziplinen, etwa zur Romanistik und Anglistik? Wenn Sie vielleicht in Ihrer Antwort auf Protagonisten eingehen könnten, auf wichtige Akteure und vielleicht auch eine Phaseneinteilung geben könnten sowie Hinweise auf kulturpolitische Bedingungen und institutionelle Rahmendaten?

Klaus-Georg Popp: Ja, das gebe ich jetzt an, wie es mir einfällt. Man muß bei der gesamten Entwicklung zunächst von der allgemeinen Wissenschaftentwicklung ausgehen. Das heißt in diesem Falle zurück zur unmittelbaren und weiteren Nachkriegszeit. Dafür muß man zunächst eine grundsätzliche Unterscheidung treffen. Unter marxistischen Voraussetzungen gab es in der sogenannten antifaschistisch-demokratischen Phase eine Zusammenarbeit mit bürgerlichen Wissenschaftlern, die nach wie vor mit wenigen Ausnahmen an den Universitäten und ganz besonders in der Akademie tätig waren. Wenn sie überhaupt Aufklärungsforschung betrieben, dann nicht in einer politisierten Weise – da wurde vollkommen traditionell und seriös vorgegangen, an den älteren Paradigmen orientiert. Ein Germanist wie Leopold Magon verfolgte eine traditionelle Literaturgeschichtsschreibung, die nach der Erfahrung des Zusammenbruchs des nationalsozialistischen Deutschlands sich demokratisch artikulierte und eben auch demokratische Kräfte behandelte. Als Mitglied der Akademie hätte Magon – wie er versichert hat – von sich aus eine *Forster*-Studienausgabe in kleinem Umfange in sein Programm aufnehmen wollen. Das ist das eine. Das andere ist (ich muß auf die historischen oder politischen Voraussetzungen nicht im einzelnen eingehen), daß in der SBZ klare Vorstellungen bestanden, in welche Richtung das Wissenschaftsgeschehen eines Tages laufen sollte. Man muß übrigens für die wissenschaftshistorische Entwicklung auch in Rechnung stellen, daß eine alte Generation noch aktiv war, eine mittlere durch den Krieg weitgehend vernichtet worden war und die junge Generation sich noch im Ausbildungsstadium befand, um zukünftig leitende Stellen einzunehmen. Innerhalb dieser etablierten Wissenschaftslandschaft wurden systematisch – mir stellt sich das jedenfalls so dar – Zug um Zug, mit unterschiedlichem Erfolg marxistische Positionen gefördert. Im wesentlichen war es Leipzig, wo die (nicht nur romanistische) Aufklärungsforschung getragen wurde von Werner Krauss und seiner Schule und bei den Historikern von Walter Markov. Hans Mayer tanzte immer so zwischen allen. Leipzig war ein Zentrum, wo auch Bloch wirkte; während in Weimar marxistische Kader aufgebaut wurden, woraus dann später beispielsweise Hans-Günther Thalheim hervorging. In Berlin

---

3   Georg Forster: Ansichten vom Niederrhein, von Brabant, Flandern, Holland, England und Frankreich im April, Mai und Junius 1790. Bearb. von Gerhard Steiner. Berlin 1958.

4   Georg Forster: Briefe bis 1783. Bearb. von Siegfried Scheibe. Berlin 1978; G. F.: Briefe 1784–Juni 1787. Bearb. von Brigitte Leuschner. Berlin 1978; G. F.: Briefe Juli 1787–1789. Bearb. von Horst Fiedler. Berlin 1981; G. F.: Briefe 1790–1791. Bearb. von Brigitte Leuschner und Siegfried Scheibe. Berlin 1980; G. F.: Briefe 1792–1794 und Nachträge. Bearb. von Klaus-Georg Popp. Berlin 1989 sowie: Briefe an Forster. Bearb. von Brigitte Leuschner, Siegfried Scheibe, Horst Fiedler, Klaus-Georg Popp und Annerose Schneider. Berlin 1982.

waren es jüngere Assistenten, die sich engagierten und sich auch systematisch einarbeiteten (Hans Kaufmann, Hans-Dietrich Dahnke), die aber nicht so hervortraten wie beispielsweise in Leipzig Claus Träger, ein Krauss- und Mayer-Schüler. Krauss, der Akademie-Mitglied war, gründete an der Deutschen Akademie der Wissenschaften eine Forschungsgruppe für deutsch-französische Aufklärung,[5] eine Keimzelle des späteren romanistischen Akademie-Instituts. Das ist eigentlich für die Aufklärungsforschung der DDR die Hauptgruppe, die Hauptschule gewesen und geblieben; zu ihr gehörten insbesondere Manfred Naumann, Martin Fontius und Rolf Geißler. Die Aufklärungsforschung war also vor allem romanistisch geprägt, demgegenüber wurde die Schwäche germanistischer Aufklärungsforschung festgestellt. – Nun noch ein anderer Aspekt: Mit überwältigendem Einfluß war bis 1956 war Lukács der Ausgangspunkt dieser gesamten marxistischen Literaturwissenschaft, und daher galt auch das Paradigma, daß Literaturgeschichte eben Demokratie und Aufklärung war. Ich greife ein Problem heraus, das in unseren Zusammenhang gehört. Die Lukácssche Theorie war ja in erster Linie auch eine der Literatur des klassischen Kanons, der ästhetisch bedeutenden Werke. Daraus schien ein Widerspruch zu resultieren. Um das Beispiel Forster zu nehmen: Er steht für den gescheiterten Avantgardismus der demokratischen Intelligenz. Wie aber verhielt sich dazu die Weimarer Klassik? Die Tatsache, daß in Deutschland eine Revolution, eine offene Politisierung aus historischen Gründen nicht eingetreten war, wurde gerade die Erklärung dafür, daß es hier zu dieser klassischen Entwicklung gekommen war. Um das eine mit dem anderen zu verbinden, wurde die Lukácssche Wertschätzung der Weimarer Klassik dann insofern weiter beibehalten als die ideologische Bewegung der deutschen klassischen Philosophie und Literatur gedanklich eine vertiefte Reaktion auf die Französische Revolution gewesen sein sollte – verbunden mit einer großen Aufwertung von Hegel und Marx. Auf der anderen Seite standen immer die wenigen und literarisch unbedeutenderen eigentlichen Demokraten: Das waren die Jakobiner, denen in der DDR frühzeitig Forschungsinteressen galten (zu diesen Autoren war ja wenig bekannt), die aber nur als Randgruppen mitliefen. Das war immer das Dilemma. Weimarer Klassik und die gleichzeitig aktiven Demokraten – wer ist denn nun eigentlich der wichtigere? – Dabei spielten deutschlandpolitische Interessen mit hinein: Wenn die deutsche Entwicklung nicht mehr gemessen wird an der französischen Entwicklung, an der Großmacht, die die ‚klassische' Revolution gemacht hat, dann wird diese Eigenentwicklung herausgehoben. Das war, um es ganz pauschal zu sagen, eine unter Umständen politisch brisante Theorie. Vielleicht würden Peter Weber und auch Thalheim nicht widersprechen, wenn man sie in diesem Sinne versteht. Es handelt sich letztlich um eine Position, die sich von der russischen Entwicklung (mit einer weiteren ‚klassischen' Revolution) ein wenig abkoppeln will – entsprechende Analogien lagen ja außenpolitisch auf der Hand. Eine solche Sicht führte zu neuen, kritischen Überlegungen (z.B. zu einer positiveren Bewertung des aufgeklärten Absolutismus). In der DDR änderte sich dann auch bei den Historikern etwas, bei Manfred Kossok[6] z.B., indem allgemeinere, umfassendere Revolutionstheorien auf-

---

5   Siehe dazu die Interviews mit Martin Fontius (S. 255–270, hier S. 255–257) und Claus Träger (S. 315–332, hier S. 315f., 319–321).

6   Vgl. etwa: Vergleichende Revolutionsgeschichte. Probleme der Theorie und Methode. Hrsg. von Manfred Kossok. Berlin 1988; 200. Jahrestag der Französischen Revolution. Kritische Bilanz der Forschungen zum Bicentenaire. Hrsg. von Katharina Middell und Matthias Middell in Zusammenarbeit mit Manfred Kossok und Michel Vovelle. Leipzig 1992.

gestellt wurden, die eben nicht immer auf einfache Formeln von ‚revolutionär' zurückgingen (wie etwa: Wer kein Verhältnis zur Gewalt hatte, der war reaktionär), sondern auch eine Reformbewegung einschließen konnten. Im Laufe der Zeit (mit der langsamen Erosion des sowjetischen Imperiums) hat sich diese Richtung gefestigt; Deutschland mußte eben aufgrund anderer Bedingungen einen eigenständigen Weg aus der Feudalgesellschaft gehen – im zeithistorischen Klartext formuliert: Der deutsche Teilstaat DDR samt seiner Wissenschaft und Literatur beanspruchte einen eigenständigen Bewegungsraum. Somit hängt die Bedeutung eines Schriftstellers des 18. Jahrhunderts nicht davon ab, wie er sich zur Französischen Revolution stellt – ich vereinfache rigoros. Das sind jedoch politische Tabus gewesen, die erst einmal gebrochen werden mußten. Letztlich hat eben diese Entwicklung auch innerhalb der Partei zu unabhängigeren Positionen geführt, die mit zur Zersetzung des ganzen Systems beigetragen haben. Daneben gab es weiterhin Wissenschaftler, die – in diesen alten Kategorien – der Ansicht waren, daß die operativ-jakobinische Literatur (etwa mit den publizistischen Texten) die eigentlich fortschrittliche gewesen sei – eine solche Positionen nahm meines Erachtens auch Claus Träger ein.[7] Das sind Positionen, die sich an der Akademie der Wissenschaften vornehmlich vom Institut für Gesellschaftswissenschaften her aufbauten.

Michael Schlott: Trifft es zu, daß die Universitäten in der DDR bis etwa 1969/70 über relativ autonome Strukturen verfügten, das heißt also, daß erst nach den Prager Geschehnissen der staatliche Zugriff auf den Wissenschaftsbetrieb einsetzte?[8] Welche Konsequenzen ergaben sich daraus (wenn Sie das denn so sehen) für die Entwicklung der germanistischen Aufklärungsforschung und wie würden Sie in diesem Zusammenhang die Funktion des Akademiewesens beschreiben?

Klaus-Georg Popp: Grundsätzlich ist das eine unsinnige Feststellung, die vielleicht auch anders gemeint war. Die Wissenschafts- und Hochschulpolitik der SED schließt Autonomie – also Freiheit von Forschung und Lehre – aus. Im Detail jedoch kann ich das schwer beantworten, weil mir diese Konstellationen für einzelne Perioden nur in möglicherweise täuschender Erinnerung gegenwärtig sind. Die vollständige Durchsetzung der Wissenschaftspolitik der SED in den wissenschaftlichen Einrichtungen nahm längere Zeit in Anspruch und gelang auch nicht überall in gleicher Weise. Die Etappen sind bekannt. Näheres läßt sich objektiv nur anhand der Partei-Akten darstellen. Die subjektive Erfahrung dieses Gleichschaltungsprozesses hängt sehr vom jeweiligen Alter des Aussagenden ab, auch von seiner Stellung in diesem Prozeß. Wer die von Ihnen zitierte Aussage macht, gehört sicher zu den Jüngeren. Zu dem möglichen Einschnitt 1968, zu den Prager Ereignissen, kann man wohl nur sagen, daß es eine gänzlich andere Zeit gewesen ist, als die 1970er und 1980er Jahre. Es versteht sich, daß in der Nachkriegszeit die Universitäten – wie alle gesellschaftlichen Institutionen – unvergleichlich weniger gleichgeschaltet gewesen waren als in einer späteren Situation mit völlig gefestigten Machtstrukturen, in der im übrigen auch die

---

7   Siehe dazu etwa: Mainz zwischen Rot und Schwarz. Die Mainzer Revolution 1792/93 in Schriften, Reden und Briefen. Hrsg. von Claus Träger. Berlin 1963; siehe ferner das Interview mit Claus Träger, S. 315–332.

8   Diese standardisierte Frage geht zurück auf eine Aussage von Martin Fontius: „In den Anfangsjahren verfügten die Universitäten in der DDR noch über relativ autonome Strukturen, erst später sind die aufgehoben worden." Siehe dazu II, 2.1.2, S. 51 f., Anm. 148.

sogenannte alte bürgerliche Intelligenz entweder die DDR verlassen hatte oder altershalber ausgeschieden war und auch die Begabteren unter den Jüngeren, die sich oppositionell verstanden haben, bei offenen Grenzen (vor 1961) abgewandert waren. Ich behaupte also, daß Angehörige der Generation, die nur in der DDR aufgewachsen und nur hier ausgebildet worden sind und die das (noch vorhandene) gesamtdeutsche Potential der Nachkriegszeit überhaupt nicht kannten, die nicht miterlebten, wie dieser Staat entstanden war, einen ganz anderen Blickwinkel haben. Für sie mag 1968 der bedeutendste Einschnitt gewesen sein. Aber für die Generation davor liegen solche Einschnitte 1952 (9. bis 12. Juli: 2. Parteikonferenz der SED mit dem Beschluß zum „planmäßigen Aufbau des Sozialismus"),[9] 1956 (14. bis 26. Februar: 20. Parteitag der KPdSU mit dem Beginn der Entstalinisierung) und ohnehin 1953 (mit dem Geschehen vor und nach dem 17. Juni). Die Entwicklungen in Ungarn und Polen spielten damals eine wichtige Rolle. Man kann von dem politischen Geschehen auch nicht so pauschal auf wissenschaftliche Entwicklungen schließen. Davon sind weder alle Disziplinen, noch alle Universitäten gleichmäßig betroffen – wie immer (und unter allen Verhältnissen) hing das meiste von der personalen Besetzung ab. Es hat wohl in Geifswald eine sehr viel retardierendere Entwicklung der Germanistik gegeben als in Leipzig, wo Hans Mayer einen sehr weltoffenen (wenn man das positiv benennen will) Prozeß eingeleitet hatte. Die Auseinandersetzungen, die in Leipzig um Mayer entstanden, haben restriktive Folgen für diese Entwicklung gehabt. Und in Halle war es anders als in Berlin. Im August 1957 setzte sich Alfred Kantorowicz von Ost- nach Westberlin ab, und erst von dem Zeitpunkt an begann nach der Einsetzung Thalheims, der aus Weimar geholt wurde, offenbar eine neue Zeit. Eine Zäsur für die Berliner Germanistik liegt offensichtlich 1957/58. Aber orthodoxe Marxisten wie Thalheim zeichnete auch ein wissenschaftlich-grundkonservativer Zug aus. Da wurde nicht vordergründig politisiert und ideologisiert. Später, nach dem Weggang von Johannes Erben, übernahm Thalheim die Leitung des germanistischen Instituts der Akademie. Mit Thalheim kamen an die Akademie Wissenschaftler wie Dieter Schlenstedt, Dieter Schiller und Peter Weber, die unterschiedliche Entwicklungen genommen haben. Ich nehme an, daß Sie Herrn Weber, einen wichtigen Vertreter der germanistischen Aufklärungsforschung der DDR, ebenfalls befragen.[10] – In Jena hielt sich Joachim Müller, eher ein Vertreter bürgerlicher Literaturwissenschaft. In Jena war bis in die 1960er Jahre der lenkende Zugriff der Partei auf die Germanistik möglicherweise geringer als an anderen Universitäten. Was die Akademie betraf, so ist das in den einzelnen Instituten mit der Gleichschaltung oder der vollkommenen Durchdringung mit Partei-Interessen auch unterschiedlich gewesen. Bei den Historikern geschah dies frühzeitig, bei den Philosophen und auch den Ökonomen von Anbeginn, bei den Altphilologen nie richtig und bei den Germanisten auch nur teilweise. Aussagekräftig dafür ist die charakteristisch unterschiedliche Zahl von Parteimitgliedern in Gremien und Instituten, unter den Akademiemitgliedern, in den Klassen und im Präsidium. – Bei den Literaturwissenschaftlern war es so, daß es zum Schluß praktisch eine Art Partei-Institut war, wo sich allerdings jeder zäh seinen

---

9 Vgl. dazu: Walter Ulbricht: Die gegenwärtige Lage und die neuen Aufgaben der Sozialistischen Einheitspartei Deutschlands. Referat und Schlußwort auf der II. Parteikonferenz der SED, Berlin, 9. bis 12. Juli 1952 (mit Anhang: Beschluß der II. Parteikonferenz der SED zur gegenwärtigen Lage und zu den Aufgaben im Kampf für Frieden, Einheit, Demokratie und Sozialismus). Berlin 1952.

10 Siehe dazu das Interview mit Peter Weber, S. 426–455.

Freiraum in einer ungleich größeren Weise erhalten und schaffen konnte als im Lehrbetrieb einer Universität. Hochschullehrer, die Studenten ausbildeten und von diesen auch kontrolliert werden konnten, hatten von vornherein – sofern sie überhaupt danach strebten – und erst recht nach der Hochschulreform (eingeleitet 1967) deutlich weniger Spielraum. An der Akademie spaltete sich 1969 das Institut für deutsche Sprache und Literatur durch die Akademie-Reform (eingeleitet 1968) in einen sprach- und einen literaturgeschichtlichen Teil, wobei es sich auch um einen Modernisierungsschub handelte.[11] Die DDR-Wissenschaft glaubte, auf diesen Gebieten Nachholbedarf zu haben gegenüber der westdeutschen Wissenschaft, die zur gleichen Zeit ja auch organisatorisch neu ansetzte und die seitdem in der DDR zum immer wichtigeren, Themen und Methoden bestimmenden Bezugspunkt wurde. Was die Aufklärungsforschung angeht, so wurde sie in der DDR von der Krauss-Schule dominiert, von Werner Bahner, Manfred Naumann, Martin Fontius u. a. Zum Unterschied zwischen Akademie und Universität: Der Zugriff der Partei in der Akademie in diesen Jahrzehnten ist schwächer ausgebildet gewesen als in bezug auf die Lehrstätten; an der Akademie ergaben sich also auch interne Diskussionsmöglichkeiten in größerem Maße. Es ging offensichtlich an der Akademie ungleich liberaler zu. Viel hing auch hier von den Personen ab und von deren geistigem Horizont – was nichts daran änderte, daß primär Parteibeschlüsse maßgebend waren. Diese Steuerungen haben jedoch in unterschiedlicher Weise auf Lehre und Forschung gewirkt. Im übrigen war die Vergabe von Professorentiteln nicht an Aufgaben in der Lehre gebunden. Ob die Gesellschaftswissenschaften der Akademie nach ihrer zeitweiligen politischen Forcierung während der Akademie-Reform konsequent nur als bedeutungslos einzustufen wären, wie sich schieres Beharrungsvermögen einer traditionellen Einrichtung (so wurden ja auch traditionelle philologische Unternehmen weiter unterhalten, in den 1980er Jahren auch wieder gefördert) oder ob die Konstellationen gewisser Liberalität beabsichtigt waren, können nur die ehemaligen Verantwortlichen und die Partei-Akten erweisen. Doch ist es durchaus richtig (um zu Ihrer Frage zurückzukehren), daß die gewaltsame Beendigung des Prager Frühlings, der wütende Kampf gegen den Revisionismus usf. eine ausgesprochene ideologische Verschärfung und Verhärtung zur Folge hatten. Die Akademie-Reform erfolgte sicher nicht zufällig etwa zeitgleich.

Michael Schlott: Eine Entwicklungslinie haben wir noch nicht angesprochen, nämlich die Scholz-Schule.[12] Welche Bedeutung messen Sie der sogenannten Scholz-Schule für die Entwicklung der Aufklärungsforschung zu?

Klaus-Georg Popp: Dazu kann ich überhaupt nichts sagen, weil ich dazu über keine eigenen Kenntnisse verfüge. Ich erinnere mich, daß an der Humboldt-Universität die

---

11 Im Zuge der 1968 begonnenen und 1972 abgeschlossenen Reformen zur Organisationsstruktur wurde 1972 die „Deutsche Akademie der Wissenschaften zu Berlin" umbenannt in „Akademie der Wissenschaften der DDR". Die Zentralinstitute wurden 1969 gegründet. Werner Mittenzwei war der erste Direktor des Zentralinstituts für Literaturgeschichte (mit Schwerpunkt zur interphilologischen Theoriediskussion); vgl. Werner Mittenzwei: Aufgaben und Auftrag des Zentralinstituts für Literaturgeschichte. In: Weimarer Beiträge 16 (1970), H. 5, S. 10–30; Modernisierung ohne Moderne. Das Zentralinstitut für Literaturgeschichte an der Akademie der Wissenschaften der DDR (1969–1991). Hrsg. von Petra Boden und Dorothea Böck. Heidelberg 2004.

12 Siehe dazu II, 2.1.2, S. 49, Anm. 139.

Faust-Gespräche einmal eine Rolle gespielt haben.[13] Daran war u. a. wohl Thalheim beteiligt. Gerhard Scholz hatte offensichtlich viele anregende Ideen, hat aber meines Wissens nie etwas richtig fertiggestellt. Vielleicht kann man auch deshalb schwer etwas Eingehenderes über ihn sagen. Ich glaube, eine Scholz-Schule hat für die Wissenschaftsgeschichte der DDR– wenn man alles zusammensieht – keine Bedeutung. Das wäre meine These, die aber auf purer Unkenntnis beruhen mag.

Michael Schlott: Können Sie für das Jahrzehnt zwischen 1970 und 1980 die wichtigsten Bewegungen und Veränderungen in der kulturpolitischen Landschaft der DDR skizzieren? Welche gesellschaftspolitischen Entwicklungen gaben dazu Anstöße, und welche Rückwirkungen ergaben sich für den Wissenschaftsbetrieb? Was würden Sie aus Ihrer Sicht ‚ad hoc‘ thematisieren?

Klaus-Georg Popp: Konkret bekomme ich das unvorbereitet aus dem Gedächtnis nicht alles zusammen. Ich kann zunächst pauschal sagen: Im Grunde schien um 1970 die Nachkriegszeit abgeschlossen zu sein. Der Zyklus der Aufstände und Reformversuche seit Stalins Tod (1953, 1956, 1968) war beendet worden. Das hat dann auch in der westlichen Welt dazu geführt, sich mit dem ‚Status quo‘ abzufinden, von dem man sich in erstaunlicher Fehleinschätzung nicht vorstellen wollte, daß er sich noch einmal ändern würde. Das hängt auch mit dem Modernisierungsschub zusammen, der in der alten Bundesrepublik seit 1968 einsetzte und dessen klare Linkstendenz das bis dahin geltende deutschlandpolitische Wertgefüge völlig durcheinanderbrachte – bis hin zum Bonner Regierungswechsel von 1969. Warum das so eindeutig in diese Richtung ging, ist nicht so einfach zu beantworten; es hätten durchaus auch rechts orientierte, also nationalistische Bewegungen entstehen können – und irrationale Tendenzen waren ja auch in der 1968er Bewegung nicht von der Hand zu weisen. Für die DDR bedeutete der Einschnitt 1970 zunächst den Übergang innenpolitisch von Ulbricht zu Honecker, eine Entwicklung, die in der Deutschlandpolitik insofern Änderungen brachte, als die Sowjetunion jetzt definitiv von der Zweiteilung Deutschlands ausging (bei Aufrecherhaltung einer sowjetischen Option für Gesamtdeutschland). Es folgte ein Prozeß, der politisch zu Helsinki führte,[14] zu der Abmachung, die europäische Lage zu ratifizieren, worauf sich dann auch alle Beteiligten irgendwie einstellten. Allerdings hatte die kommunistische Seite in Helsinki – wie sich bald zeigte – einen nicht ungefährlichen Preis zahlen

---

13 Vgl. dazu: Faust-Gespräche mit Prof. Dr. Gerhard Scholz. Wissenschaftliche Mitarbeit Ursula Püschel. Berlin 1967; 2. Aufl.: Leipzig 1982; die Gespräche waren 1964/65 in der Studentenzeitschrift Forum (hrsg. vom Zentralrat der FDJ) veröffentlicht worden. Eine zweite Auflage erschien 1982 im Verlag Philipp Reclam jun. in Leipzig (siehe darin das Nachwort von Ursula Püschel „Eine Zeitung, ein Autor, ein Buch“); siehe ferner: Faust-Gespräche 1974. Ein Gespräch zwischen Oskar Neumann und Elvira Högemann-Ledwohn mit Gerhard Scholz. In: Kürbiskern 4 (1974), S. 48–58; ferner Ralf Klausnitzer: „So gut wie nichts publiziert, aber eine ganze Generation von Germanisten beeinflußt“. Wissenstransfer und Gruppenbildung im Kreis um Gerhard Scholz (1903–1989). In: Zeitschrift für Germanistik, N. F. 20 (2010), S. 339–368, hier S. 352 und 365; siehe ferner II, 2.1.2, S. 49, Anm. 139.

14 Die Konferenz für Sicherheit und Zusammenarbeit in Europa (KSZE) war eine Folge von blockübergreifenden Konferenzen der europäischen Staaten zur Zeit des Kalten Krieges. Die erste Konferenz fand vor allem auf Initiative des Warschauer Paktes ab dem 3. Juli 1973 in Helsinki statt. Teilnehmer waren 35 Staaten: die USA, Kanada, die Sowjetunion und alle europäischen Staaten mit Ausnahme von Albanien. Die Schlußakte wurde am 1. August 1975 unterzeichnet.

müssen, den Preis einer gewissen geistigen, wissenschaftlichen, politischen Öffnung. „Korb III"[15] (mit den Folgen von Bürgerrechtsbewegungen, Menschenrechtsdiskussionen usw.) war das Geschenk der Danaer. Die Absicherung gegen diesen Teil des Helsinki-Abkommens bildete ein wichtiges Element auch in den Konzeptionen der DDR-Literaturwissenschaft. In diesem Sinne ist 1970 als eine Zäsur zu verstehen. Die außenpolitische Weltlage hatte sich verändert. In der DDR wurde Ulbricht beiseite geschoben. Für seinen Nachfolger Honecker war die sogenannte nationale Frage gelöst; Gesamtdeutschland war abgeschrieben – diese Illusion machte er sich noch 1989. Nun beginnt recht eigentlich das Gerede von einer DDR-Nation, einer sozialistischen deutschen Nation, was Ulbricht immer abgelehnt hatte. Die DDR fügte sich nahtlos in den Ostblock ein, nahtlos in die sowjetische Außenpolitik, die auf der Basis einer Zweiteilung der Machtsphären auf ein Arrangement mit dem Westen zielte und dabei nach wie vor mißtrauisch jede unabhängige Bewegung des deutschen Teilstaates zu unterbinden suchte. In der DDR wurde diese Entwicklung auch von einer neuen wissenschaftlichen Generation mitgetragen. Für sie war die DDR der selbstverständliche, endgültige souveräne Staat: In dessen Rahmen und nach dessen Erfordernissen entwickeln sich die Wissenschaften. Man konnte das auch hier in der Akademie sehr deutlich beobachten. Da rückte die Generation der Mittenzwei ein. Thalheim gehörte dann zu den Älteren. Das ist ein klarer Generationswechsel in der Führung, dort waren alle ausnahmslos SED-Mitglieder. Bürgerliche Wissenschaftler verschwanden oder paßten sich an. 1970 tritt also eine selbstbewußte Wissenschaftlergeneration auf, die nun auch eine eigene, modernere Wissenschaft aufbauen will. Niederschlag fand diese Periode u. a. in der ehrgeizigen Volk-und-Wissen-Literaturgeschichte,[16] auf die alle Kräfte konzentriert wurden. Jede Beschreibung der Literaturwissenschaft der DDR muß ja – hinausgehend über die Einzelveröffentlichungen – diese Literaturgeschichte heranziehen, besser kann man Absichten, Vorstellungswelt und Niveau nicht wahrnehmen. Da hatte sich eine spezifische DDR-Wissenschaft entwickelt, die bestimmte Positionen westlicher und ‚fortschrittlicher' Wissenschaftler aufnimmt, aber niemals über eine Schranke springt: Sie ist immer DDR-Nationalwissenschaft. Viele Positionen werden möglich, aber immer auf dem Boden der DDR. Diese Literaturwissenschaft ist in den 1970er Jahren völlig etabliert. Zugleich ist das der Höhepunkt der Abgrenzungspolitik. Dieser widerspricht nicht, daß die DDR-Wissenschaftler immer öfter auf neuere Entwicklungen der westlichen Literaturwissenschaft reagierten, die Abgrenzung ist vielmehr gerade die Bedingung dafür. Das war auch hier an der Akademie so. Rezeptionsästhetik spielte

---

15   Das Dokument ist in drei sogenannte Körbe gegliedert. Korb III gilt den Grundsätzen der Zusammenarbeit im humanitären und in anderen Bereichen, der Erleichterung von menschlichen Kontakten über die Blockgrenzen hinweg sowie dem Informationsaustausch.

16   Geschichte der deutschen Literatur. Von den Anfängen bis zur Gegenwart. Berlin 1960–1990. Die Bände 1.1 und 1.2 sowie 4 und 5 erschienen 1960–1965; die Herausgeber-Funktion hatte ein „Kollektiv für Literaturgeschichte" (Klaus Gysi, Kurt Böttcher, Günter Albrecht, Paul Günther Krohn). Band 2 (Mitte des 12. bis Mitte des 13. Jahrhunderts) wurde 1990 publiziert; Band 3 ist nicht erschienen. Herausgeber der Bände 6–11 (für die deutsche Literatur ab 1700) war folgendes Kollektiv: Hans-Günther Thalheim (Vorsitzender), Günter Albrecht, Kurt Böttcher, Hans Jürgen Geerdts, Horst Haase, Hans Kaufmann, Paul Günther Krohn, Dieter Schiller; die Bände erschienen 1973–1979. Band 12 (Literatur der BRD) wurde von einem Autorenkollektiv unter Leitung von Hans Joachim Bernhard 1983 veröffentlicht; siehe dazu die Interviews mit Hans-Dietrich Dahnke (S. 218–254, hier S. 230, 238, 241, 243 f.) und Peter Weber (S. 426–455, hier S. 427 f., 445).

beispielsweise eine Rolle.[17] Man gab sich den Anschein, als entsprächen solche Übernahmen eigentlich den wahren marxistischen bzw. sozialistischen Positionen. Zumindest an unserem Zentralinstitut für Literaturgeschichte ergab sich daraus für die 1980er Jahre meines Erachtens eine wichtige Konstellation: Indem man jetzt sich auch des komplizierteren Vokabulars der modernen Literaturwissenschaft, der Theoriedialekte der westdeutschen akademischen Sprachprovinzen der 1960er und 1970er Jahre bediente, hat man sich der politischen Parteiführung möglicherweise ein bißchen entzogen. Die Parteiführer – wie auch andere schlichtere Gemüter – wußten vermutlich nie so recht, was sie von diesem Jargon halten sollten und ob da nicht Konterbande mitlief. Rezeptionsästhetik mußte ja für eine (diktatorisch) führende Partei gefährlich demokratisch sein. Dieser Zugewinn an Bewegungsfreiheit hat es auch ermöglicht, solche Forschungsprogramme nach der Wende weiterzuführen. Bereits zuvor war man auch bestätigt worden durch ‚linke‘ Freunde, die zahlreichen DDR-Sympathisanten auf der anderen Seite. Aber nochmals zurück zu 1970. Als Honecker kam, erschien der zweite Teil vom *Wundertäter* von Strittmatter,[18] ein Zeichen von Tauwetter? Die erste Phase der 1970er Jahre wurde auch als Liberalisierung empfunden, aber der Eindruck trog. Die frühere Politik zur Förderung der Intelligentia war vorbei – es hieß: ‚Jetzt müssen erstmal die Arbeiter etwas sehen.‘ Diese Veränderung setzte sich sehr schnell durch; das merkten dann auch selbst Literaturwissenschaftler. Dazu wäre eine Menge zu sagen, aber im nachhinein sieht man es – wie alles – genauer und ‚janusköpfiger‘. Einerseits ist es für die DDR ein Modernisierungsschub gewesen, auf der anderen Seite stand eine ganz klare Abgrenzung, die Verhinderung jeder Angleichung der Systeme. Doch treten moderne Ideen in Erscheinung, man möchte sich ja auch nicht abhängen lassen von Entwicklungen im Westen – und von daher gesehen tritt zumindest im germanistischen literaturwissenschaftlichen Bereich eine Abkoppelung von der sowjetischen Wissenschaft ein; es kommt zu einer entschiedenen Ausrichtung nach Westen.

Michael Schlott: Herr Popp, einer meiner Interviewpartner[19] erklärte mir folgendes: Die DDR-Germanisten Träger und Steiner[20] publizierten in den 1960er und 1970er Jahren wichtige Arbeiten. Steiner war oder ist der wichtigste Forscher über Georg Forster und fungierte als Leiter der Georg-Forster-Ausgabe in Ostberlin bis 1970, als er – vermutlich nach einer Intrige – seiner Stellung enthoben wurde. Daher war es ihm möglich, den Band *Jakobinerschauspiel und Jakobinertheater* 1973 zu publizieren.[21] Steiner hatte keine Parteifunktion – im Gegensatz zu Heinrich Scheel.

---

17   Vgl. Gesellschaft – Literatur – Lesen. Literaturrezeption in theoretischer Sicht. Von Manfred Naumann (Leitung und Gesamtredaktion) u. a. Berlin und Weimar 1973; 2. Aufl.: 1975; siehe dazu das Interview mit Martin Fontius, S. 255–270, hier S. 257.
18   Vgl. Erwin Strittmatter: Der Wundertäter. Romantrilogie [Bd. 1: 1957, Bd. 2: 1973, Bd. 3: 1980]. 3. Aufl.: Berlin 1999.
19   Siehe dazu das Interview mit Walter Grab, S. 486–499, hier S. 491.
20   Siehe dazu II, 2.2.1, S. 105, Anm. 401.
21   Deutsche revolutionäre Demokraten. Hrsg. von Walter Grab. 5 Bde. Stuttgart 1971–1978. Bd. 1 (1971): Hans-Werner Engels: Gedichte und Lieder deutscher Jakobiner; Bd. 2 (1978): Axel Kuhn: Linksrheinische deutsche Jakobiner. Aufrufe, Reden, Protokolle, Briefe und Schriften 1794–1801; Bd. 3 (1972): Alfred Körner: Die Wiener Jakobiner; Bd. 4 (1973): Gerhard Steiner: Jakobinerschauspiel und Jakobinertheater; Bd. 5 (1973): Walter Grab: Leben und Werke norddeutscher Jakobiner; siehe dazu II, 2.2.1, S. 103–107.

Klaus-Georg Popp: Über die Arbeiten der Genannten soll die Fachwelt urteilen. Von Privatangelegenheiten und Charaktereigenschaften deutscher Gelehrter müssen wir hier nicht sprechen. Mit Heinrich Scheel sollte man sich wissenschaftlich und politisch auseinandersetzen können. Steiner ist übrigens nicht seiner Stellung enthoben worden. Nach Erreichen der Altersgrenze wurde er pensioniert. Steiner hat für die von mir eben skizzierte Entwicklung der germanistischen Wissenschaft seit 1945 keine theoretische Bedeutung. Er hat das Verdienst, 1952 mit Manfred Häckel ein Volkslesebuch über Georg Forster verfaßt zu haben. Dadurch wurde Forster in der u. a. an Schulen sehr verbreiteten Reihe der W. Victorschen Lesebücher[22] einer breiteren Öffentlichkeit in Ostdeutschland zugänglich.[23] Steiner trat dann gemeinsam mit Häckel an die Akademie heran wegen einer Ausgabe von Forsters Schriften. Er konnte dieses Editionsunternehmen auf den Weg bringen und hat in der Anfangsphase eine entscheidende Rolle gespielt. Der Materialbeschaffung kam seine glückliche Fähigkeit, in Archiven fündig zu werden, zugute. Über die Edition hinaus hat er in Aussagen ideologischer Art (die ja auch zum Teil in die Bände hineingeschrieben worden sind) sich immer konform zum Hauptstrom verhalten. Als die Ausgabe in Gang gesetzt wurde, galt Forster als Vorkämpfer für ein demokratisches Gesamtdeutschland. Da war der Jakobiner Forster jemand, der im Rheinland mit der bürgerlichen Revolution begann und ins Reich wirken wollte. Als diese Sicht dann nicht mehr opportun war, kam Steiners vierbändige Insel-Ausgabe[24] in Westdeutschland heraus; sie wurde in Leipzig mitgedruckt. Nun waren Äußerungen Forsters wichtig wie „Raserei wäre es, wenn man jetzt noch an die alten Träume von Unverletzbarkeit und Unzertrennlichkeit des Reichs dächte"[25] – es war also immer Passendes zu finden. Dieses (aus dem Zusammenhang gerissene) Diktum schien übrigens dem Frankfurter Insel-Verlag 1971 so zeitgemäß, daß er damit auf der Bauchbinde des Briefbandes der genannten Ausgabe warb. In die Zeit von Steiners Ausscheiden aus der Akademie fiel auch eine Kritik an der Art, wie er diese mehrbändige Forster-Ausgabe im Insel-Verlag Frankfurt/Main herauszugeben begonnen hatte. Deren Abhängigkeit von der Akademie-Ausgabe war nicht deutlich genug vermerkt; Verlagsrechte der größeren Ausgabe schienen berührt zu sein. Mit einem Wort: Es wurde befürchtet, daß die Insel-Ausgabe der Akademie-Ausgabe das Wasser abgrabe. Einer Einschränkung im Umfang der Edition und der Kennzeichnung des Zusammenhangs mit der von ihm geleiteten größeren Ausgabe, um die er gebeten wurde, kam Steiner dann selbstverständlich nach. In der erregten Zeit der (1968 begonnenen) Akademie-Reform konnten individuelle Verhaltensweisen leicht eine politische Bedeutung bekommen, die sie nüchtern betrachtet nicht hatten. Das in diesem Zusammenhang entstandene Gezeter über die

---

22   Der Schriftsteller und Publizist Walther Victor (1895–1971) kehrte 1947 aus der Emigration in den USA in die damalige SBZ zurück. Er engagierte sich insbesondere für den Deutschen Schriftstellerverband (DSV), für den er in den 1950er Jahren leitende Aufgaben übernahm. Seit 1961 war er Ehrenmitglied des Vorstands. Im Volksverlag Weimar begründete Victor mit Goethe. Ein Lesebuch für unsere Zeit (1949) eine erfolgreiche Reihe populärwissenschaftlicher Monographien zur Literaturgeschichte; vgl. u. a. Werner Voigt: Walther Victor. Ein Weg nach Weimar. Lebens- und Gefühlswelt eines leidenschaftlichen Publizisten. Berlin 1998.

23   Forster. Ein Lesebuch für unsere Zeit. Von Gerhard Steiner und Mangfred Häckel unter Mitarbeit von Lu Märten. Weimar 1952.

24   Georg Forster: Werke in vier Bänden. Hrsg. von Gerhard Steiner. Frankfurt/Main 1967–1970.

25   Vgl. Georg Forster an Christian Friedrich Voß, 27. Oktober 1792. In: Georg Forster: Briefe 1792–1794 (wie Anm. 4), S. 225.

Forster-Ausgabe in einem Westverlag (als wenn es sich nur darum gehandelt hätte) war Part der Partei, der Steiner offensichtlich nicht den Rücken kehren wollte.

Michael Schlott: Was bedeutet: der Akademie-Ausgabe „das Wasser abgraben"; kommerziell oder ideologisch?

Klaus-Georg Popp: Wirtschaftlich und wissenschaftlich. Die Akademie-Ausgabe ist in jeder Hinsicht sehr umfangreich und hat erhebliche Mittel verschlungen. Auf Unterscheidungen zu achten, war eine vernünftige Forderung. Man muß ein Verfahren entwickeln, wie man aus einer Historisch-kritischen Edition eine kleinere Studienausgabe herstellt, in klarer Abhängigkeit und damit auch in gesicherter Qualität. Es kann nicht sinnvoll sein, auf eigene Faust alles nochmals neu zu machen, und es war irgendwie nicht in Ordnung, den erarbeiteten Fundus des Akademie-Unternehmens für die Insel-Ausgabe Frankfurt/Main zu benutzen – unveröffentlichtes Material zu verwenden und zu veröffentlichen. Das betraf insbesondere Forsters Briefe. Eingetreten ist auch folgendes: Da die Akademie-Ausgabe – gerade mit den Briefbänden – eine längere Laufzeit hatte, hat sich die handliche vierbändige Ausgabe der Werke Forsters auch in wissenschaftlichen Publikationen als zitierte Ausgabe durchgesetzt. Ihr Bestand ist auf das Wesentliche konzentriert. Der Band zu den Briefen Forsters,[26] bei dem Steiner bestimmte Einschränkungen eingehalten hat, auf dessen Herausgabe er aber nicht verzichten mochte, ist leider (es ist ja die Publikation mit der weitesten Verbreitung) in einer Form erschienen, die Steiner vielleicht anders angelegt hätte, wenn die Verhältnisse wirklich geklärt gewesen wären. Daran zeigt sich aber, daß das Unternehmen in Schieflage gekommen war; daraus herauszukommen, war – so schade es ist – unmöglich. Inzwischen ist das Editionsgeschichte. Der Forstersche Briefwechsel liegt in der Akademie-Ausgabe vollständig vor. Steiners Verhalten in der Angelegenheit, zu der auch noch rechtliche Ansprüche seinerseits auf die Herausgeberschaft der Akademie-Ausgabe insgesamt traten, (die zu erfüllen die Akademie nicht bereit war), hat dazu geführt, daß Steiner seit seinem Ausscheiden aus der Akademie 1970 nichts mehr mit der Ausgabe zu tun hatte. Er etablierte sich dann als freier Schriftsteller, war sehr gesucht als ein ‚Lexikon-Macher' und als flüssig schreibender Sachbuchautor über alle möglichen Themen und Personen; er fand seine Verlage und ein dankbares Publikum. Mit der Zeit mehrte sich Steiners Ruf als wichtigster Forster-Forscher. Bei erstaunlicher Lebenskraft behielt er ein Gespür für Zeitgemäßes, so schrieb er auch das interessante Buch zu Forster und der Freimaurerei.[27] Er spielte sich dann im Westen möglicherweise ein wenig als Opfer auf. Jedenfalls könnte man diesen Eindruck gewinnen nach der von Ihnen zitierten, vermutlich von Walter Grab stammenden Äußerung.

Steiners Arbeiten zu Forster sind im wesentlichen – von Aufsätzen abgesehen – die folgenden Publikationen: das *Forster-Lesebuch*, das 1952 erschienen ist,[28] dann die Akademie-Ausgabe, wo er die ersten Werkbände (Bände 9, 7, 2 und 3) verantwortet und die Einleitungen dazu geschrieben hat;[29] die vierbändige Insel-Ausgabe, die in dem geschilder-

26   Georg Forster: Briefe. Hrsg. von Gerhard Steiner. Frankfurt/Main 1970.

27   Gerhard Steiner: Freimaurer und Rosenkreuzer. Georg Forsters Weg durch Geheimbünde. Neue Forschungsergebnisse auf Grund bisher unbekannter Archivalien. Berlin 1985.

28   Vgl. Forster. Ein Lesebuch für unsere Zeit (wie Anm. 23).

29   Georg Forsters Werke (wie Anm. 1); die genannten Bände erschienen 1958, 1963 (2. Aufl.: 1990), 1965 (2. Aufl.: 1989) und 1966 (2. Aufl.: 1989).

ten merkwürdigen (für ihn so charakteristischen) Verhältnis von rühriger Buchproduktion zur großen Akademie-Ausgabe steht. Dazu kommt der nützliche Metzler-Realienband über Forster von 1977.[30] Die einzige unabhängige wissenschaftliche Position, mit der sich Steiner versucht hatte, die aber – ich will das im einzelnen nicht ausbreiten – folgenlos geblieben ist, wäre darin zu sehen, daß er sich bemühte, den Begriff des utopischen Sozialismus auf spätaufklärerische Autoren des 18. Jahrhunderts anzuwenden. Dazu hat er je ein Buch geschrieben über einen gewissen Frölich (seine Habilitationsschrift, mit der er seine späte und kurze akademische Karriere einleitete) und über Ziegenhagen.[31] Das ist das einzige Projekt, wo er einmal theoretisch etwas durchsetzen wollte. Aber auch in diesen Fällen liegt sein Verdienst in der gekonnten Auffindung von Material und in recht scharfsinnigen Kombinationen zur Identifizierung von Personen. Sonst hatte er, wie ich schon sagte, ein Gespür gehabt für Trends – immer auch in der Forster-Forschung. Er hat noch zu Akademiezeiten einen wegen des Materials nicht zu umgehenden Aufsatz über Forsters Verhältnis zu Rußland geschrieben,[32] positivistisch, wie es eigentlich seinen Fähigkeiten am besten entspricht. In der *Neuen Deutschen Biographie* stammen die Artikel über Johann Reinhold und Georg Forster von ihm.[33] So etwas konnte niemand besser als er. Das gilt auch für das Buch über Forsters Freimaurerei,[34] woran man Kritik üben mag. Er hat jedoch beispielsweise darin wiederum aus den Quellen gearbeitet, eine von ihm entdeckte Rede Forsters zum ersten Mal abgedruckt – nur ist der Problemkomplex im Ganzen nicht erschöpfend bearbeitet. Das Thema Forster und die Freimaurerei war damit von Steiner besetzt.

Michael Schlott: Wie schätzen Sie die Qualität der Forschungen Walter Grabs ein?

Klaus-Georg Popp: Grab, er möge mir die Vereinfachung verzeihen, folgte der Lukács-These, aus *Zerstörung der Vernunft*.[35] Die Deutschen sind nicht Franzosen, und deswegen kommen sie zu Hitler. Deswegen war er auch gegen die Wiedervereinigung und sah den deutschen Imperialismus schon in Wladiwostok, wieder nach der Weltherrschaft greifend. Grab hat gerade vor einigen Tagen in München einen Vortrag gehalten,[36] wo solche Befürchtungen formuliert worden sein sollen. Bei Grab kommt alles Mögliche zusammen; am besten wäre er wohl im Zusammenhang der Jakobinerforschung der alten Bundesrepublik zu würdigen.

30 Gerhard Steiner: Georg Forster. Stuttgart 1977.
31 Gerhard Steiner: Der Traum vom Menschenglück. Leben und literarische Wirksamkeit von Carl Wilhelm und Henriette Frölich. Berlin 1959; Carl Wilhelm Frölich: Über den Menschen und seine Verhältnisse. Hrsg. und eingel. von G. S. Neudruck der Ausgabe von 1792. Berlin 1960; G. S.: Franz Heinrich Ziegenhagen und seine Verhältnislehre. Ein Beitrag zur Geschichte des utopischen Sozialismus in Deutschland. Berlin 1962; Henriette Frölich: Virginia oder Die Kolonie von Kentucky. Mehr Wahrheit als Dichtung. Hrsg. von G. S.. Berlin 1963.
32 Gerhard Steiner: Johann Reinhold Forsters und Georg Forsters Beziehungen zu Rußland. In: Veröffentlichungen des Instituts für Slawistik der Deutschen Akademie der Wissenschaften zu Berlin. Nr. 28/II. Berlin 1968, S. 245–311 und 430–450.
33 Gerhard Steiner: [Art.] Forster, Johann Reinhold. In: Neue Deutsche Biographie. Bd. 5 (1961), S. 301 f.; G. S.: [Art.] Forster, Johann Georg Adam. In: Neue Deutsche Biographie. Bd. 5 (1961), S. 301.
34 Steiner: Freimaurer und Rosenkreuzer (wie Anm. 27).
35 Georg Lukács: Die Zerstörung der Vernunft. Berlin 1954.
36 Gemeint ist möglicherweise Walter Grab: Reform und Geschichte: Die Modernisierung des deutschen Judentums. In: Deutsche Juden und die Moderne. Hrsg. von Shulamit Volkov und Elisabeth Müller-Luckner. München 1994, S. 1–8.

Michael Schlott: Könnten Sie versuchen, einen biographischen Abriß mit Blick auf Steiners wissenschaftlichen Werdegang zu skizzieren und schwerpunktmäßig das akademische Umfeld beschreiben, dem er entstammt – also: Woher kommt er eigentlich? Was hat ihn wiederum dazu bewogen, sich intensiv mit Forster zu beschäftigen? Kann man in bezug auf die Person Steiners von einer Schulzugehörigkeit sprechen; hat er gar eine eigene Schule gebildet?

Klaus-Georg Popp: Die dürren Daten ab 1945 dürften sich im *Kürschner* finden.[37] Es ist klar, daß Steiner niemals in irgendeiner Weise eine kommunistische oder sozialdemokratische Vergangenheit gehabt hat. Er war Schullehrer, Bibliothekar, Schriftsteller. Die akademische Karriere umfaßt ein knappes Jahrzehnt. Er hat unter anderem studiert bei Albert Leitzmann, auf den er sich beruft. Daher rührt die Verbindung zu Georg Forster.[38] Von seinem ganzen Habitus her scheint Steiner eine gewisse Affinität zu einer Figur wie Forster zu haben (was man auch als etwas Vorteilhaftes ansehen kann). Zu Forster ergeben sich zudem im Freimaurerischen, die Neigung zum Volksschriftsteller, im Idealistisch-Aufklärerischen – insgesamt also unter dem Aspekt ‚Humanität und immer enthusiastisch'. Das ist das eine. Das andere ist: Leitzmann hatte seinerzeit Forster zugunsten Wilhelm von Humboldts beiseite gelegt; seitdem war Forster ein vielversprechendes editorisches Desiderat. Forster lag nach 1945 gewissermaßen unbearbeitet auf der Straße. Man mußte ihn nur aufheben. – Aus dieser Leitzmann-Richtung kommt Steiner. Für mich, der ich 1949–53 zur Oberschule gegangen bin, war *Fortschritt und Reaktion in der deutschen Literatur*[39] von Lukács bestimmend. Das war der Forster, der in der Dachkammer in Paris stirbt usw., die Avantgarde Deutschlands. Aus dieser Richtung kommt Steiner weniger. Er hat im übrigen ein ausgesprochen biographisches und genealogisches Interesse. Er schrieb über das Bauerntum in seiner thüringischen Heimat.[40] Das paßte 1938 gut. Von einer Schulenbildung kann bei Steiner keine Rede sein.

---

37 Kürschners Deutscher Gelehrten-Kalender 1961. Hrsg. von Werner Schuder. Neunte Ausgabe. Berlin 1961, S. 2012; siehe dazu jetzt ausführlicher im Band 3 (S. 1799–1801) des *Internationalen Germanistenlexikons* (hrsg. von Christoph König).

38 Vgl. etwa: Ausgewählte kleine Schriften von Georg Forster. Hrsg. von Albert Leitzmann. Stuttgart 1894; Tagebücher Georg Forster. Hrsg. von Paul Zincke zusammen mit A. L. Berlin 1914. – Ab 1903 erschienen die Gesammelten Schriften Wilhelm von Humboldts in der Herausgeberschaft von Albert Leitzmann, gefördert von der Preußischen Akademie der Wissenschaften.

39 Georg Lukács: Fortschritt und Reaktion in der deutschen Literatur. Berlin 1947.

40 Steiner stand der rassenkundlichen Ideologie des Nationalsozialismus nahe; vgl. dazu Gerhard Steiner: Arteigenes Rechnen. Rechenwerk für das einzelunterrichtliche Verfahren in der Schule. Stuttgart 1934. Seine diesbezüglichen Ausführungen im Vorwort zu diesem Werk (S. 5) bedienen sich zwar des entsprechenden Vokabulars, könnten inhaltlich indes auf ein kritisches Verhältnis zur nationalsozialistischen Ideologie deuten: „Das rassebiologisch begründete Erziehungsstreben darf sich nicht schematisierend über die naturgegebene Begabungsgliederung unserer Schülerscharen hinwegsetzen." „Unser Unterricht muß so aufgebaut sein, daß der deutsche Mensch gesund bleibt, gesund an Leib und Seele." („Wölfis über Arnstadt, den 10. Hornung 1934"). Ebenfalls 1934 publizierte Steiner allerdings ein Unterrichtswerk, das zweifelsfrei affirmativ zur nationalsozialistischen Rassenideologie steht: Lebendige Familienforschung und Familiengeschichte in der Schule. Osterwieck am Harz 1934. Steiner widmete dieses Buch „Dem Gedenken meines lieben Vaters, des 1916 auf der Höhe 304 vor Verdun gefallenen Lehrers Hermann Steiner, Leutnant d. R.". Unter Berufung auf den Regierungspräsidenten Helmut Nicolai

Steiner hat, wenn ich das richtig verstanden habe, ursprünglich vorgehabt, 1954 zum Jubiläum – Forsters 200. Geburtstag – schnell eine vierbändige kritische Ausgabe herauszubringen. Das lag ihm auch so viel mehr. Dadurch daß dieses Unternehmen in den Kreis der großen historisch-kritischen Ausgaben der Akademie geriet, fügte sich Steiner in die dafür geltenden Bedingungen. Dies war – so vermute ich – ursprünglich nicht seine Absicht gewesen. Spätestens in diesem Zusammenhang wurde nun klar, daß zunächst umfangreiche Quellenforschungen angestellt werden mußten. Es wurde auch deutlich, daß das Gesamtwerk Forsters sehr viel komplexer war als dasjenige, das ihm vorrangig als jakobinischem Schriftsteller zugewiesen werden konnte, so daß Forster auch noch in anderen Zusammenhängen mindestens ebenso interessant war: etwa mit seiner Weltreise, mit den naturwissenschaftlichen Interessen, mit seinem Briefwechsel. Dadurch erhielt die Edition einen bedeutenderen Charakter – eine strategisch richtige Entscheidung, wie sich rückblickend sagen läßt.

Michael Schlott: Die *Forster*-Ausgabe wurde also nicht unter offizieller Verordnung und Kontrolle von ‚ausgewählten‘, Wissenschaftlern bearbeitet?

(1895–1955), der maßgeblich an der Entwicklung der rechtstheoretischen Grundlagen des ‚neuen‘ nationalsozialistischen Staatsapparates mitwirkte, erklärte Steiner: „Im nationalsozialistischen Staat wird […] die Familienforschung *amtlich im Dienste der Volksgesundheit* betrieben werden. Es steht die Errichtung eines *Reichs=Sippenamtes* bevor, das sich nicht nur mit der rein geschichtlichen, sondern auch mit der viel wichtigeren „anthropologischen Familienforschung im Sinne der Vererbungslehre" beschäftigen wird. Das Reichs=Sippenamt wird einmal die familiengeschichtlichen Urkunden aller Art erfassen und sicherstellen und ferner an Hand dieser Belege die Abstammung sämtlicher Volksgenossen wie die bei ihnen vermuteten Erbanlagen feststellen und dabei die undeutschen Erbstämme von den wertvollen trennen" (S. 4, Hervorhebung im Original). Zwei Motti eröffnen das Werk: „Kein Volk hat besseren Grund als wir, das Andenken seiner hart kämpfenden Väter in Ehren zu halten" (Heinrich von Treitschke). „Im Zusammenhange mit Rassenkunde und Erbgesundheitslehre vermag die Schule auch durch Einführung der Grundbegriffe der Familienforschung und durch Anleitung zu Aufzeichnungen über die eigenen Voreltern wertvolle Anregungen zu geben" (Wilhelm Frick). Wilhelm Frick (1877–1946), Reichsminister des Innern, betrieb die Durchsetzung der nationalsozialistischen Rassenideologie mit großem Engagement. Er wurde 1946 als Kriegsverbrecher hingerichtet. Steiners Buch *Lebendige Familienforschung* wurde 1935 als „2., vermehrte, nach dem amtlichen Erlaß über ‚Vererbungslehre und Rassenkunde im Unterricht' bearbeitete Auflage" (Osterwieck und Berlin) und 1937 unter identischem Titel in dritter Auflage publiziert.
Erwin Marks schreibt über Steiners berufliche Tätigkeit während des Nationalsozialismus: „Dem Faschismus kritisch gegenüberstehend, galt er seinen 1933 zu den Nazis übergelaufenen Lehramtskollegen als politisch nicht zuverlässig, folglich waren ihm bis zum Beginn des von den Faschisten entfesselten Krieges im Schuldienst keinerlei Entwicklungsmöglichkeiten gegeben." Als „überzeugter Antifaschist" sei Steiner aus dem Krieg heimgekehrt; vgl. Erwin Marks: Gerhard Steiner – ein Mitgestalter der Frühphase des Bibliothekswesens der DDR. In: Zentralblatt für Bibliothekswesen 99 (1985), H. 5., S. 193–233, hier S. 193. Nach dem Krieg verlagerte Steiner seine Forschungsinteressen auf regionalspezifische und landeskundliche Themen; vgl. etwa seine Anthologie: Grüß dich, Deutschland, aus Herzensgrund! Hundert Jahre Deutsche Landschaftsdichtung. Ausgew. und hrsg. von G. S. Weimar 1955. In dem Verzeichnis der „wesentlichen" Schriften (als Appendix zu Erwin Marks' Würdigung) wird diese Publikation angeführt; die Schriften *Arteigenes Rechnen* und *Lebendige Familienforschung* bleiben unerwähnt.

Klaus-Georg Popp: So war das zumindest in jener Zeit nicht oder nur insofern, als die Edition institutionalisiert war. Das von Ihnen angesprochene Verfahren wurde später angestrebt und auch bei anderen Dingen praktiziert. Hier auch deshalb nicht, weil das ja auch eine einmalige, begrenzte Arbeit ist. Forster ist nicht so bedeutend, daß man – wie bei Heine – gleich eine zweite Ausgabe macht.[41] Und bei Goethe gleich mehrere. Die Forster-Edition wurde hier in einem Umfeld betrieben, das politisch günstig war oder sagen wir ideologisch gefördert, weil man Forster gewissermaßen als Identifikationsfigur für ein fortschrittliches Bewußtsein betrachtete. Aber es handelte sich nicht, was Sie vielleicht im Auge haben, um systematische Forschungsplanung. Das ist eine spätere Phase, wo man eine Gruppe bildet und ihr einen Arbeitsauftrag gibt oder gar für existierende Gruppen nach Themen sucht. Im übrigen hat bei guten Sachen immer irgendwie einer die Idee und sollte sich dann, so gut er kann, Mittel und Mitarbeiter suchen. So war es auch hier.

Michael Schlott: Herr Popp: Hat sich die ‚geisteswissenschaftliche Forschung in der DDR um 1963/1964 auf ein Nationenmodell konzentrierte, das mit dem Mauerbau eingeschlafen ist?

Klaus-Georg Popp: Damit ist offensichtlich gemeint, daß 1961 als Datum genommen wird für die endgültige Spaltung, so daß dann im Laufe der 1960er Jahre die Verfassung entsprechend geändert wird. Die ursprüngliche, aus der Arbeiterbewegung stammende Auffassung war ja: Das Bürgertum hat das alles nicht demokratisch geschafft, die Aufgabe der Arbeiterklasse sei die demokratische Einigung Deutschlands und dies im Einklang mit der sowjetischen Außenpolitik nach 1945, die darauf abzielte, die USA vom Kontinent zu verdrängen und ein militärisch neutrales Gesamtdeutschland zu erreichen. Entsprechend verhielten sich auch die KPD und die SED. Man bekämpfte also den ‚Spalter‘ Adenauer im Sinne einer eigenen deutschen Identität. Eine Frage ist, wann man die gesamtdeutsche Perspektive als praktisches Ziel aufgab und von einer sich in der DDR herausbildenden sozialistischen Nation zu sprechen begann. Schon 1952? Dieser Prozeß verstärkte sich nach 1961 und kulminierte, wie ich vorhin sagte, in den 1970er Jahren. Ulbricht hatte immer noch die alten Vorstellungen der KPD, daß man für Gesamtdeutschland wirkte und dafür in dem Teil, den die SED beherrschte (und die sich dieser Herrschaft ja niemals ganz sicher sein konnte) gesellschaftspolitisch unumkehrbare Tatsachen zu schaffen suchte. Dies war der Sinn des seit 1952 forcierten Aufbaus des Sozialismus. Das war Voraussetzung der Außenpolitik und der gesamten Wissenschaftspolitik: Die DDR war der Teil Deutschlands, der sich entsprechend einer fortschrittlichen Traditionslinie konstituierte und entwickelte; so sollte auch der Charakter von Gesamtdeutschland werden. Dann kam 1961 als Zäsur, womit bei erstmals geschlossener Grenze eine starke, konfrontative Abgrenzung auf allen Ebenen und eine eigene Entwicklung einsetzte. Die Bevölkerung der DDR wurde zum Staatsvolk, wobei stets mehr oder weniger die Vorstellung einer eigenen Nation mitschwang, eine Sonderentwicklung (wie Österreich oder gar die Niederlande) denkbar war. Das spielte für die Literatur eine große Rolle mit der Frage: Gibt es eine einheitliche deutschsprachige Literatur, oder gibt es eine DDR-Literatur (und eine Literatur der BRD)? Da kommen die alten

---

41 Heinrich Heine. Säkularausgabe. Werke, Briefwechsel, Lebenszeugnisse. Hrsg. von den Nationalen Forschungs- und Gedenkstätten der deutschen Literatur in Weimar und dem Centre National de la Recherche scientifique in Paris. Berlin; Paris 1970 ff.; Heinrich Heine. Historisch-kritische Gesamtausgabe der Werke. 16 Bde. Hrsg. von Manfred Windfuhr im Auftrag der Landeshauptstadt Düsseldorf. Hamburg 1973–1997.

nationalstaatlichen Vorstellungen wieder, nun bezogen auf die DDR. Die Nationalität war immer deutsch, aber wie schön wäre es gewesen, wenn als Nationalität auch DDR hätte gelten können. Die westdeutsche sozialdemokratische Anerkennungspolitik hat leider in dieser Phase mit in eine solche Richtung gewirkt. So sah nach 1961 das Nationenmodell aus. Auf die begrifflich komplizierte Fiktion, daß sich in der DDR die Arbeiterklasse, die fortschrittlichste Klasse Deutschlands als sozialistische Nation in einem eigenen Nationalstaat DDR konstituiert hätte, der das Erbe der gesamten progressiven deutschen Geschichte antrat, kann ich hier nicht eingehen. Eine solche Annahme war glücklicherweise realitätsfern. Im übrigen hat Deutschland zwischen 1945 und 1989 niemals die Unabhängigkeit besessen, um über seinen Status entscheiden zu können. Was die DDR anlangt, so mußte diese immer fürchten, als politische Manövriermasse schließlich doch noch aufgegeben zu werden – wie es dann auch geschehen ist. Daher auch die verkrampften, abstrusen Bemühungen um die Bildung einer eigenen Nation.

Michael Schlott: Wenn ich es richtig sehe, sind in der der DDR-Forster-Forschung zwei Richtungen zu unterscheiden: Zum einen lief über Forster der Versuch einer eigenen Traditionsbildung. Wichtig sind dabei vor allem die Querverbindungen zu Frankreich im Sinne einer Parallelisierung zur Sowjetunion als Vaterland der Revolution. Eine zweite Richtung betrachtet Forster als klassikintegrierten Spätaufklärer,[42] der sich von Humanitätsidealen zur politischen Tat weiterentwickelt habe, ohne die humanistischen Wurzeln zu verleugnen. In diesem Zusammenhang ist übrigens auch Forsters naturwissenschaftlicher Materialismus gesellschaftstheoretisch verlängert worden.

Klaus-Georg Popp: Das kann man kaum so streng unterscheiden. Das hängt davon ab, wer in welchem Zusammenhang (als Historiker, als Literaturhistoriker) darüber schreibt. Die letztere Richtung, Forster in die Klassik zu integrieren und ihn sich vom klassischen Humanismus zu einer politischen Tätigkeit entwickeln zu lassen, ist sicher eher die Position von Literaturhistorikern. Die andere Position ist mehr die des politischen Historikers. Für diese andere Position drängen sich Analogien zwischen der Situation der DDR in ihrem Verhältnis zur Sowjetunion und zur Bundesrepublik und der Mainzer Republik zu Frankreich auf. Sicher standen solche Überlegungen auch imHintergrund. Man würde aber zum Beispiel Heinrich Scheel mißverstehen, wenn man behauptet, daß er einen solchen Zusammenhang als direkte Analogie aufgefaßt hätte, die Mainzer Republik als Vorläufer der DDR oder so ungefähr.[43] Das ist nur im Sinne der Vorstellungswelt eines marxistisch-leninistischen Geschichtsbildes zu verstehen. Aber in gewisser Weise wirkte sich die jeweilige Situation der DDR schon auf die Wahrnehmung und Interpretation der Mainzer Republik 1792/93 aus, wie man auch an den Arbeiten Scheels gut erkennen kann. Natürlich wird er das in diesem vordergründigen Sinne immer bestreiten. Scheel tritt mit seinen Forschungsprojekten auf, nachdem er sich früher schon mit süddeutschen Jakobinern beschäftigt hatte.[44] Er kommt aus einer sozialdemokratischen Familie, aus mit dem Widerstand ver-

---

42 Siehe dazu das Interview mit Gerhart Pickerodt, S. 590–606, hier S. 605 f.
43 Siehe dazu das Interview mit Heinrich Scheel, S. 665–691.
44 Vgl. Heinrich Scheel: Süddeutsche Jakobiner. Klassenkämpfe und republikanische Bestrebungen im deutschen Süden Ende des 18. Jahrhunderts. Berlin 1962; Jakobinische Flugschriften aus dem deutschen Süden Ende des 18. Jahrhunderts. Hrsg. von H. S. Berlin 1965; siehe dazu das Interview mit Heinrich Scheel, S. 665–691.

bundenen Kreisen, hat also eine ganz andere Entwicklung und auch Stellung als die anderen, die wir bisher genannt haben. Er tritt auf in dieser Honecker-Phase, wo die Zweiteilung Deutschlands, jedenfalls für die SED, die ultima ratio ist. Die Analogie durfte nun nicht so weit getrieben werden, daß man sich wie die Mainzer Jakobiner bedingungslos Frankreich anschließt, die Mainzer Republik als französische Republik auf deutschem Boden, ein deutsches Departement Frankreichs usw., daß gewissermaßen nur Franzosen die Mainzer Revolution gemacht hätten. Die deutschen Kommunisten der DDR hatten natürlich ein Interesse daran zu sagen: Das sind wir, die das gemacht haben, nicht die Russen. Daher kommt ganz dezidiert die Position von Scheel. Die Mainzer Republik wird emphatisch als Ereignis der deutschen Geschichte umständlich, sehr parteilich erforscht, dokumentiert und beschrieben. Das beschreibt in etwa den spezifisch neuen, den politischen, wissenschaftsgeschichtlichen Hintergrund der 1970er und 1980er Jahre. Eine vordergründige Analogie wird man nicht finden. Das ist, wie gesagt, Bestandteil der marxistischen Geschichtsphilosophie. Auf Forster kann Scheel sich hinsichtlich des Anschlusses an Frankreich und der Trennung vom Reich berufen.[45] Doch Forster ist vollkommen kosmopolitisch orientiert bzw. agiert bald als Franzose. – Aber natürlich will auch ich solche historischen Analogien in umgekehrter Weise nicht zu weit bemühen. Wir sind uns sicherlich darüber einig, unabhängig von der Bewertung dieser speziellen terroristischen Phase der Französischen Revolution, daß die Revolution ein klassischer, weltgeschichtlich bedeutender Fall ist, auch wenn er ganz französisch bedingt war und in bestimmer Form dann daraus auch französische Expansion usw. folgt. Das ist eine ganz wesentliche Etappe der neueren Geschichte nach der amerikanischen Revolution oder Unabhängigkeit, indem alle unsere politischen Grundlagen auf den Weg gebracht werden: vorstaatliche Menschenrechte, Volkssouveränität, repräsentative Demokratie, Gewaltenteilung, Rechtsordnung, öffentliche Meinung.

Michael Schlott: Ich möchte Sie um einen Kommentar bitten zu einer Einschätzung, die mir in informellen vorbereitenden Gesprächen zu diesen Interviews vorgestellt worden ist. Sie lautet sinngemäß: Die deutsche Jakobinismusforschung muß als letztes Paradigma politisch ausgerichteter Historiographie und Literaturwissenschaft angesehen werden, das durch Methodenwechsel und Modernisierungstheorien der Sozialgeschichte erledigt wurde. Die Jakobinismusforschung ist aus der Aufklärungsforschung völlig ausgeschieden. Die unmittelbare politische Instrumentalisierung des Forschungsgegenstandes verstellte die Möglichkeit einer produktiven Reaktion auf neue sozial-, mentalitäts- und kulturgeschichtliche Ansätze.

Klaus-Georg Popp: Das würde ich bestätigen. Das trifft aber nicht nur dafür zu. Da gibt es durchaus – zwar zeitlich versetzt – eine Parallelität dieser Art von ideologisch motiviertem Herausgreifen bestimmter Gruppen. Nach dem Krieg ist hier in der DDR mit Forschungen zum Sturm und Drang und natürlich zu den revolutionär-demokratischen Schriftstellern in gewisser Weise eine sich als fortschrittlich identifizierende Literaturwissenschaft entstanden, und auch das war in seiner Einseitigkeit möglicherweise hinderlich und wurde dann ja zunehmend relativiert. Zeitlich versetzt ist 1968 auch eine solche Instrumentalisie-

---

45   Diese Einschätzung bezieht sich auf Forsters Engagement für den von März bis Juli 1793 existierenden Freistaat der Mainzer Republik, dessen politische Führung am 23. März 1793 beim Nationalkonvent in Paris den Anschluß an Frankreich beantragte.

rung der Jakobinerforschung in der Bundesrepublik zu erkennen. Das war, wenn ich das richtig sehe, ein Forschungsgegenstand, der sich gut richten ließ gegen die etablierte germanistische Forschung der Ordinarien. Das ist sicher obsolet und vorbei. Allerdings sind dadurch die Quellen aufgearbeitet worden; vielleicht intensiver, als das im Rahmen einer Gesellschaftsgeschichte oder dergleichen geschehen wäre. Das darf man nicht übersehen. Die Jakobinerforschung bestand ja zum geringeren Teil in theoretischen, politischen Reflexionen. In der Regel wurden einzelne Jakobiner und regionale Gruppen erforscht, die sonst kaum bekannt geworden wären – so z. B. die norddeutschen durchGrab[46] Um noch eine andere Frage aufzuwerfen: Problematisch war auch immer die Definition: Wer ist eigentlich Jakobiner, Jakobiner unter den deutschen Schriftstellern? In der Geschichtswissenschaft ist es einfacher – da geht es um eine politische Gruppierung, eine Art früher politischer Partei. Das sind im Grunde die Montagnards, die Bergpartei, die letzte Phase. In Deutschland kann es das nicht geben. Da sagen die einen: Das ist ein Liberaler. Die anderen sagen: ein Republikaner, usw. Dann faßte man unter Jakobiner nur diejenigen, die sich tatsächlich in einem Klub organisiert hatten – womöglich irgendwo geheim, vielleicht in Hamburg[47] oder in Berlin. Da wurde gesucht und vermutet, ob es solche Konstellationen noch irgendwoanders gab. Das war ja verdienstvoll, aber am Ende – wenn man die politische Organisation zum Konstitutivum macht – sind es doch wieder nur die Mainzer und Straßburger. Zu diesen gehörten aber auch Leute, die gedanklich anders einzuordnen wären. Umgekehrt ist Kant radikaler als manches Klubmitglied. Also, daran sieht man auch, daß eine solche Ideologisierung oder politische Instrumentalisierung, wenn man das Wort benützen will, die realen Verhälnisse verstellen kann und methodisch nicht unbedingt günstig sein muß. Aber das ist lediglich eine Frage von Begriffsbildung und methodisch reflektierter, ernsthafter Untersuchung.

Michael Schlott: Eine letzte Frage, Herr Popp. Sie bezieht sich auf die Arbeiten von Claus Träger, dem ja in der Jakobinismusforschung sicherlich eine hohe Bedeutung zukommt. Träger hat seinen Ausgang, wenn ich das richtig sehe, auch bei Forster und bei der Mainzer Republik genommen. Er hat in den 1950er Jahren allerdings auch schon über revolutionäre Einflüsse bei Hölderlin geschrieben,[48] aber ich denke jetzt an den Jakobinismus. Träger hat als erster, und zwar in dem Buch *Mainz zwischen Rot und Schwarz*[49] für eine disziplinübergreifende Erforschung der Mainzer Geschehnisse plädiert. Also nicht nur Forster, der Schriftsteller, sei Gegenstand der literaturwissenschaftlichen Forschungen, sondern die Mainzer Republik insgesamt, die ja bis zu dem Zeitpunkt, als das Buch erschien (also 1963/64) noch ausschließlich als Gegenstand der Geschichtswissenschaft angesehen wurde. Nach meinen Überlegungen und Recherchen war Träger der erste, der diesen Brückenschlag vollzogen hat, und die Frage wäre jetzt, ob Sie den Befund bestätigen können.

---

46   Walter Grab: Demokratische Strömungen in Hamburg und Schleswig-Holstein zur Zeit der ersten französischen Republik. Hamburg 1966; W. G.: Norddeutsche Jakobiner. Demokratische Bestrebungen zur Zeit der Französischen Revolution. Frankfurt/Main 1967; siehe dazu das Interview mit Walter Grab, S. 486–499.

47   Siehe dazu II, 2.2.1, S. 112–116.

48   Claus Träger: Hölderlins „Hyperion" als Widerspiegelung der progressivsten Tendenzen der Französischen Revolution. In: Wissenschaftliche Zeitschrift der Karl-Marx-Universität Leipzig. Gesellschafts- und sprachwissenschaftliche Reihe 4/5 (1952/1953), H. 9/10, S. 511–516.

49   Mainz zwischen Rot und Schwarz (wie Anm. 7).

Klaus-Georg Popp: Vielleicht strapazieren Sie das Buch etwas, bei dem es sich um eine in einem belletristischen Verlag erschienene Anthologie handelt. Aber der Gedanke ist berechtigt. Wenn man versucht, einen Gedankengang nachzuvollziehen, so entsteht in Mainz praktisch ein staatliches Gebilde, in dem Schriftstellerei eine Rolle spielt in einem Maße wie vielleicht seit den Flugschriften der Reformation in Deutschland nicht mehr. Welche Bedeutung hat das? Nun kann ja nicht in wenigen Monaten ein Roman entstehen, aber diese Literatur, diese Publizistik, wird ausgesprochen operativ auch von den Franzosen gefördert und eingesetzt. Diese Vorstellung war dann auch so ein Modell für eine eingreifende DDR-Literatur, eine Literaturgesellschaft, deren Literatur nicht nur engagiert ist, sondern auch affirmativ in die gleiche Richtung marschiert wie die staatliche Ordnung. Es stellt sich die Frage, welche Formen kommen bei dieser Gelegenheit zur Geltung? Hat das eine Bedeutung auch für die Literatur? Wenn das der Fall ist, dann kann ich diese Literatur auch unter diesen Voraussetzungen beschreiben. Die operativen Formen kommen zum traditionellen Kanon hinzu. – Träger hat dann in *Sinn und Form* noch einen Aufsatz über gewissermaßen ideologische Positionen Forsters veröffentlicht.[50] Dieser Aufsatz neigt zur Scheelschen Richtung hin auf literaturwissenschaftlichem Gebiet. Die politische Relevanz wird wichtiger als die literarische. Das führte zu der Konsequenz (obwohl das so niemand sagt): Da ist einer, der sich zur Französischen Revolution bekennt in besonderem Sinne und ist deswegen bedeutender als Goethe. Das ließ sich ernsthaft auf Dauer nicht vertreten. Ich weiß auch im Augenblick nicht, ob es zutreffend ist, diese Ansicht mit Träger zu verbinden. Wenn es zum Schlagen kommt, sind Goethe und Schiller immer bedeutender als Forster. Also, die Schriftsteller können ja nun nicht vom Parteibuch gewissermaßen abhängen.

Michael Schlott: Sagen Sie …, sage ich. Herr Popp, recht herzlichen Dank für dieses interessante und informative Gespräch.

---

50   Claus Träger: Georg Forster und die Verwirklichung der Philosophie. In: Sinn und Form 14 (1962), S. 625–649.

Helmut Reinalter

HELMUT REINALTER (* 1943), 1964 Studium der Geschichte und Philosophie an der Universität Innsbruck und an der Sorbonne I in Paris, 1971 Promotion, Assistent am Institut für Geschichte an der Universität Innsbruck, 1978 Habilitation im Fach Geschichte der Neuzeit, 1978 Universitäts-Dozent, 1981 Professor für Geschichte der Neuzeit und Politische Philosophie an der Universität Innsbruck und Leiter der Internationalen Forschungsstelle „Demokratische Bewegungen in Mitteleuropa", 2000 Leiter des Privatinstituts für Ideengeschichte, 2009 Ruhestand, Dekan der Philosophischen Klasse der Europäischen Akademie der Wissenschaften und Künste.

Nach dem Abschwung der akademischen Konjunktur für die Jakobinismusforschung konnte die Kontinuität entsprechender wissenschaftlicher Interessen institutionell in einem weitaus breiteren zeitlichen und thematischen Spektrum gesichert werden durch die Initiative HELMUT REINALTERS zur Gründung der Innsbrucker Forschungsstelle. Seither tragen Projektforschungen, Arbeitstagungen und Konferenzen des Instituts sowie ihm zugeordnete Publikationreihen dazu bei, daß auch Perspektiven und Ergebnisse der Jakobinimusforschung in einen interdisziplinären und methodologisch differenzierten Erschließungs- und Diskussionszusammenhang eingebracht werden können – beispielsweise in Hinsicht auf die Geschichte von politischen Ideen und Mentalitäten, der gesellschaftlichen Praxis und des Alltags sowohl in regionalen als auch in internationalen Konstellationen.

Das Interview wurde am 7. Oktober 1994 in Innsbruck geführt.

Michael Schlott: Herr Reinalter, mit welchem Thema sind Sie promoviert worden und welches Thema haben Sie in Ihrer Habilitationsschrift behandelt?

Helmut Reinalter: In meiner Dissertation habe ich mich beschäftigt mit der Aufklärung in Tirol, also einem regionalen Thema, Aufklärung und Spätaufklärung in Tirol, das war eine sozialgeschichtliche Arbeit.[1] Meine Habilitationsschrift hat den Versuch unternommen, eine Gesamtdarstellung der frühen demokratischen und jakobinischen Bewegung in der Habsburger Monarchie zu analysieren.[2] Das ist ein Thema, das über den regionalen Bereich hinausreicht, denn unter der Habsburger Monarchie ist ja nicht nur der deutsch-

---

1   Helmut Reinalter: Aufklärung, Absolutismus, Reaktion. Die Geschichte Tirols in der zweiten Hälfte des 18. Jahrhunderts. Wien 1974.

2   Helmut Reinalter: Aufgeklärter Absolutismus und Revolution. Zur Geschichte des Jakobinertums und der frühdemokratischen Bestrebungen in der Habsburgmonarchie. Wien u. a. 1980.

sprachige Teil zu verstehen, sondern die gesamte Monarchie, das gesamte komplexe Viel-völkergebilde. 1981 wurde ich zum Professor für Neuere Geschichte hier ernannt, und im gleichen Jahr habe ich dann die Internationale Forschungsstelle „Demokratische Bewegungen in Mitteleuropa" gegründet.[3]

Michael Schlott: Können Sie bitte etwas über Ihre akademischen Lehrer sagen?

Helmut Reinalter: Ja sicher, das war vor allem Karl Pivec, der Mediävist hier an der Universität Innsbruck, insbesondere mit seinem ideengeschichtlichen Ansatz, der sich in meinen Arbeiten, wenn auch in modifizierter Form, ausdrückt. Franz Hampl, der Althistoriker, der mich sehr stark beeinflußt hat in geschichtsphilosophischen und geschichtstheoretischen Fragestellungen, dann vielleicht noch in Paris – es versteht sich – die Vertreter der Schule der Annales, denn mein heutiges Geschichtsverständnis ist eine Kombination von historischer Sozialwissenschaft oder moderner Sozialgeschichtsschreibung und Alltagsforschung bzw. Mentalitätshistorie. Dieser Einfluß kam von Paris, von Frankreich, von der französischen Historiographie.

Michael Schlott: Können Sie auch dazu einige Namen nennen?

Helmut Reinalter: An erster Stelle Michel Vovelle, mit dem ich heute noch in enger Verbindung stehe, dann hat mich auch Michel Foucault beeinflußt, der nicht als Vertreter der Schule der Annales gilt, aber Foucault hat sich sicher auch in seiner Problemgeschichte auf die Mentalitätsgeschichte gestützt, die Schule der Annales. Sodann Maurice Agulhon, vor allem die sozialgeschichtliche Seite bei Agulhon; er hat sich ja beschäftigt mit dem Sozietätswesen, das zur Zeit in der Innsbrucker Forschungsstelle eine zentrale Rolle spielt. Ja, und noch andere, die mir jetzt so ad hoc nicht einfallen. Aber die wichtigsten – glaube ich – habe ich genannt. François Furet weiters wäre zu nennen, der Revolutionsforscher.

Michael Schlott: Welche akademischen Lehrer waren für Sie im Studium der Philosophie prägend?

Helmut Reinalter: Also hier war Franz Hampl bestimmend, das habe ich schon erwähnt, der Althistoriker, der in seinen Vorlesungen sich auch intensiv auseinandergesetzt hat mit geschichtsphilosophischen Fragestellungen, insbesondere auch mit wissenschaftstheoretischen Problemen. Sodann am Philosophie-Institut vor allem nicht so sehr die Historiker unter den Philosophen, sondern mehr eigentlich die Wissenschaftstheoretiker, wohl wäre hier zu nennen Gerhard Frey.

Michael Schlott: Herr Reinalter, können Sie bitte schildern, wie und warum Sie einen großen Teil Ihrer Forschungsarbeit dem mitteleuropäischen Jakobinismus gewidmet haben?

Helmut Reinalter: Ich muß etwas weiter ausholen, um zu erklären, wie wir zu dem Schwerpunkt Jakobinismus in Zentraleuropa gekommen sind. Zunächst war unsere Zielsetzung und Intention, die frühe demokratische Bewegung in Zentraleuropa zu untersuchen; diese Zielsetzung ist bis heute erhalten geblieben, sie ist nach wie vor ein wichtiges und vorrangiges Gesamtziel der Innsbrucker Forschungsstelle. Wenn ich hier von früher

---

3   Vgl. dazu: Forschungsprojekt „Demokratische Bewegungen in Mitteleuropa 1770–1850" an der Universität Innsbruck. In: Aufklärung – Vormärz – Revolution 1 (1981), S. 7–9.

demokratischer Bewegung oder von den Anfängen der demokratischen Bewegung spreche, dann meine ich die Entwicklung von der Aufklärung, insbesondere von der Spätaufklärung, etwa 1770, bis zur europäischen Revolution 1848/49. Es gibt zu diesem Zeitraum
interessante und auch wichtige Untersuchungen zum Liberalismus, ich nenne hier den deutschen Historiker Dieter Langewiesche.[4] Aber was noch fehlt, ist die demokratische Entwicklung, wobei man sagen muß, daß früher Liberalismus und Demokratismus sowohl in
der politischen Theorie wie auch in der politischen Praxis, zumindest in weiten Teilen, im
18. Jahrhundert noch weitgehend identisch sind und ein Differenzierungsprozeß eigentlich
erst unter dem Einflußfeld der Französischen Revolution stattfindet. Das sind die Anfänge
der Demokratie-Entwicklung, die Errichtung demokratischer Strukturen in Zentraleuropa –,
und mit Zentraleuropa ist kein politischer Begriff gemeint, sondern ein pragmatischer Begriff. Gemeint sind damit Deutschland, die Habsburger Monarchie und die Schweiz, die
haben wir unter dem Begriff Mitteleuropa bzw. Zentraleuropa zusammengefaßt, verbinden damit aber eigentlich keine geopolitischen Überlegungen. Das ist sehr entscheidend,
weil wir uns somit von dem ideologisch besetzten Begriff Mitteleuropa absetzen. Weil wir
sehr viel mit französischen Historikern zusammenarbeiten, verwenden wir auch immer
häufiger jetzt den Begriff Zentraleuropa anstelle des Begriffes Mitteleuropa. Das wollte
ich gleich vorweg klären. Doch zurück zu Ihrer Frage. Wenn man sich nun mit den Anfängen der Demokratie-Entwicklung in Zentraleuropa beschäftigt, vor allem mit der Französischen Revolution und den zentraleuropäischen Wirkungen der Französischen Revolution,
dann spielt der Jakobinismus eine zentrale Rolle. Und so sind wir dann auf die Erforschung
des zentraleuropäischen Jakobinismus gestoßen. Dieser Jakobinismus ist sozusagen ein
wichtiger Teilbereich der demokratischen Entwicklung – so verstehen wir das.

Michael Schlott: Dann kann ich mir eigentlich die Nachfrage sparen, wie Sie unterscheiden zwischen Liberalismus, Demokratismus und Jakobinismus. Das ist ja in Ansätzen
beantwortet.

Helmut Reinalter: Etwas ist vielleicht sehr wichtig in diesem Zusammenhang. Wir haben ja erste Forschungsergebnisse vorgelegt, einiges bereits publiziert. Im Zusammenhang
mit der Frage nach dem außerfranzösischen Jakobinismus ist es uns gelungen – das darf
ich hier bei aller Bescheidenheit, glaube ich, doch feststellen –, eine größere Differenzierung in die begriffliche Bestimmung von Jakobinismus hineinzubringen. Wir gehen also
nicht von den idealtypischen oder ideologisch besetzten Definitionsversuchen von Heinrich
Scheel[5] bzw. Walter Grab[6] aus, sondern sehen das Problem der begrifflichen Fixierung des
außerfranzösischen Jakobinismus viel differenzierter. Wir sind heute der Meinung – und
wenn ich sage wir, dann sind das meine Projektmitarbeiter –, daß eigentlich die Differenzierung zwischen Liberalismus und Demokratismus nach der Juli-Revolution 1830 anzusetzen ist. Wir meinen, daß diese Unterscheidung strukturell im Grunde schon ausgeprägt
ist während der Zeit der Französischen Revolution und daß diese Unterschiede das wesentliche Kriterium sind für die Bestimmung des zentraleuropäischen Jakobinismus, für den

---

4   Dieter Langewiesche: Liberalismus in Deutschland. Frankfurt/Main 1988; Liberalismus im
     19. Jahrhundert. Deutschland im europäischen Vergleich. Dreißig Beiträge. Hrsg. von D. L. Göt-
     tingen 1988.
5   Siehe dazu das Interview mit Heinrich Scheel, S. 665–691, sowie II, 2.2.1, S. 75–81.
6   Siehe dazu das Interview mit Walter Grab, S. 486–499, sowie II, 2.2.1, S. 98–100.

als erster Punkt – im Sinne der politischen Theorie – eine konsequente Verwirklichung der Idee der Volkshumanität gefordert wird; dadurch unterscheiden sich die sogenannten deutschen Jakobiner oder zentraleuropäischen Jakobiner von den Liberalen, den Spätaufklärern. Der zweite Punkt betrifft die politische Praxis: Die deutschen Jakobiner waren eben der Meinung, daß die notwendigen gesellschaftlichen Veränderungen nur über den Weg einer Revolution erreichbar wären, während die Liberalen nach wie vor sagen, man müßte – das ist der aufklärerische Standpunkt – den Herrscher so weit bringen, daß er aus Vernunftgründen bereit ist, die notwendigen Reformen und Veränderungen von oben einzuleiten. Das war die Position des weitgehend aufgeklärten Absolutismus oder in Österreich des Josephinismus und Reformabsolutismus. Wir meinen, daß diese Unterscheidung in der politischen Theorie und in der politischen Praxis das wesentliche Kriterium ist für die Bestimmung der allerdings wenigen mitteleuropäischen bzw. zentraleuropäischen Jakobiner. Dieser außerfranzösische Jakobinismus war keine Massenbewegung, wie Heinrich Scheel meint. Das war nur eine kleine Gruppe von wirklichen Jakobinern.

Michael Schlott: Es hat ja immer wieder Skeptiker und Zweifler gegeben, die die Ansicht vertreten, deutsche Jakobiner habe es nicht gegeben. Sehen Sie es als erwiesen an – wohlgemerkt unter den Prämissen, die Sie eben erläutert haben –, daß es deutsche Jakobiner gegeben hat? Ich erinnere daran, daß bereits Hedwig Voegt Mitte der 1950er Jahre konzediert hatte, daß es Jakobiner auf deutschem Boden, also Jakobiner im eigentlichen Sinne, nie gegeben habe, vielleicht mit der einzigen Ausnahme der Mainzer Republik.[7] Dieser Hinweis ist in der Regel, soweit ich richtig recherchiert habe, nur von den Kritikern dieser Forschungsrichtung aufgenommen worden.

Helmut Reinalter: Ja, ich sehe das auch so. Natürlich kann man nicht von *der* Forschung sprechen, sondern es gibt ja heute die verschiedensten Verzweigungen, die verschiedensten Richtungen auch in der Jakobinerforschung. Aber anfänglich war das so, wie Sie das darstellen. Nur meine ich, daß es in der Tat zentraleuropäische oder im engeren Sinne deutsche Jakobiner gab. Es war eine kleine Gruppe. Ich darf ein konkretes Beispiel herausgreifen. Also was Mainz betrifft, da bin ich auch nicht so sicher, ob alle sogenannten Mainzer Jakobiner wirklich Jakobiner gewesen sind, aber einige ganz bestimmt, z. B. Forster. Rebmann dagegen war zunächst ein Vertreter des Reformabsolutismus oder aufgeklärten Absolutismus, ein Anhänger der Reformen und kein revolutionärer Demokrat. Er wandelte sich aber dann zum revolutionären Demokraten; innerhalb eines kurzen Zeitraumes befürwortete er eine Revolution in Deutschland, beeinflußt auch von den süddeutschen Demokraten, die einen Aufstand ins Auge gefaßt hatten. Und später wird dann Rebmann wieder eher gemäßigt; er wird wieder zu einem liberalen Reformer. Solche politischen Wandlungsprozesse haben sehr viele sogenannte deutsche Jakobiner durchgemacht. Das muß man berücksichtigen. Rebmann ist ja kein Einzelfall. Aber entscheidend ist für uns, für die Definition der Begriffe außerfranzösische Jakobiner, Jakobinismus oder deutscher Jakobinismus, daß sich jemand wenigstens innerhalb eines kurzen Zeitraumes eindeutig als revolutionärer Demokrat bekannt hat, wobei der Orientierungspunkt immer die Französische Revolution war – Frankreich eben, wobei man den deutschen Jakobinismus zu keiner Zeit mit dem französischen Jakobinismus vergleichen konnte. Da gibt es unterschiedliche Grundvoraussetzungen und weitere Kriterien, die zu maßgeblichen Differenzen führen. Von daher gesehen

---

7   Hedwig Voegt: Die deutsche jakobinische Literatur und Publizistik 1789–1800. Berlin 1955.

gab es deutsche Jakobiner, gab es zentraleuropäische Jakobiner – auch in Österreich und in der Schweiz, aber eben nur eine kleine Gruppe, die wirklich diesen Kriterien standhalten kann.

Michael Schlott: Wenn ich es richtig sehe, besteht allerdings eine große Schwierigkeit der Jakobinismusforschung darin, die Detailinformationen und die persönlichen Biographien zu strukturieren, regionalspezifische Bewegungen zu erforschen, sie in der chronologischen Abfolge zu ordnen und Tendenzen herauszuarbeiten. Wie weit ist die Jakobinismusforschung auf diesem Gebiet vorangeschritten?

Helmut Reinalter: Als wir 1981 begonnen hatten, war hierzu noch relativ wenig Forschung geleistet worden. Es gab die grundlegenden Arbeiten von Walter Grab zu den norddeutschen Jakobinern,[8] allerdings hatten diese Arbeiten von Grab einen großen Nachteil: Grab hat methodisch etwas verengt gearbeitet, sein Schwerpunkt war der biographische Zugang.[9] Diesen geschichtlichen Zugang haben wir ein wenig als Nachteil empfunden. Wir waren der Meinung, man müßte einen sozialgeschichtlichen Ansatz wählen, und wir waren uns von Anfang an klar, daß man viel stärker als bisher regionale Untersuchungen vornehmen müsse, um ein Gesamtbild der jakobinischen Bewegung außerhalb Frankreichs zu bekommen. Wir haben das getan, was Österreich betrifft – was nicht ganz einfach war, denn die Habsburger Monarchie war ja ein Vielvölkerstaat. Für Österreich haben wir ziemlich weitgehend und lückenlos die Jakobinerbewegung erforscht. Was die Schweiz betrifft, sind wir jetzt dabei, die ersten Projekte abzuschließen – das leisten Schweizer Mitarbeiter. Was Deutschland betrifft, konnten wir uns schon auf Vorarbeiten stützen, z. B. für Süddeutschland auf die Forschungen von Heinrich Scheel,[10] nur leiden diese Forschungen unter der ideologischen Prämisse.[11] Aber Scheel hat auch sehr viel empirisches Material bereitgestellt, auf das wir uns stützen konnten. Und dann Walter Grab für Norddeutschland, zum Rheinland Axel Kuhn[12] und zur Mainzer Republik die Arbeiten von Dumont[13] und auch von Heinrich Scheel.[14] Das waren schon wichtige Grundlagen, dennoch gab es sehr wenige regionale Untersuchungen. Wir sind jetzt damit beschäftigt, viele Regionen wissenschaftlich zu erforschen, und dabei stellt sich heraus, daß man hier sehr stark dif-

---

8   Walter Grab: Demokratische Strömungen in Hamburg und Schleswig-Holstein zur Zeit der ersten französischen Republik. Hamburg 1966; W.G.: Norddeutsche Jakobiner. Demokratische Bestrebungen zur Zeit der Französischen Revolution. Frankfurt/Main 1967; W.G.: Leben und Werke norddeutscher Jakobiner. Stuttgart 1973.

9   Siehe dazu II, 2.2.1, S. 111 f.

10 Heinrich Scheel: Süddeutsche Jakobiner. Klassenkämpfe und republikanische Bestrebungen im deutschen Süden Ende des 18. Jahrhunderts. Berlin 1962; Jakobinische Flugschriften aus dem deutschen Süden Ende des 18. Jahrhunderts. Hrsg. von H. S. Berlin 1965.

11 Siehe dazu II, 2.2.1, S. 88, 98 f., 106 f.

12 Axel Kuhn: Jakobiner im Rheinland. Der Kölner konstitutionelle Zirkel von 1798. Stuttgart 1976; A.K.: Linksrheinische deutsche Jakobiner. Aufrufe, Reden, Protokolle, Briefe und Schriften 1794–1801. Hrsg. von A.K. Stuttgart 1978; siehe dazu das Interview mit Axel Kuhn, S. 528–560.

13 Franz Dumont: Die Mainzer Republik von 1792/93. Studien zur Revolutionierung in Rheinhessen und der Pfalz. Alzey 1982; 2. Aufl.: 1993; siehe dazu das Interview mit Franz Dumont, S. 458–485.

14 Die Mainzer Republik. Hrsg., eingel., komm. und bearb. von Heinrich Scheel (I. Protokolle des Jakobinerclubs. Berlin 1975; II. Protokolle des Rheinisch-deutschen Nationalkonvents mit Quellen zu seiner Vorgeschichte. Berlin 1981; III. Die erste bürgerlich-demokratische Republik auf deutschem Boden. Berlin 1989.

ferenzieren muß. Es ist fast keine Region mit einer anderen vergleichbar – und zwar deshalb, weil die soziökonomischen Bedingungen anders waren, die politischen Bedingungen usw. Innerhalb dieses regional sehr unterschiedlichen politischen, gesellschaftlichen, auch kulturellen Rahmens muß man zudem die Frage des außereuropäischen Jakobinismus berücksichtigen. Darum ist meine Innsbrucker Forschungsstelle bemüht. Es wird sicher noch sehr lange dauern, bis wir das Projekt auch für Deutschland abgeschlossen haben werden.

Michael Schlott: Haben Sie die Frühphase der Debatte innerhalb der DDR-Geschichtswissenschaft, wie sie Heiner Wilharm in seiner Dissertation dargestellt hat,[15] verfolgt? Wie würden Sie in der Retrospektive diese Debatte beurteilen, und welche Konsequenzen hatte sie für die Jakobinismusforschung der beiden deutschen Staaten und für die österreichische Jakobinismusforschung, die ja doch hauptsächlich durch Sie, durch Ernst Wangermann[16] und durch Edith Rosenstrauch-Königsberg vertreten ist?

Helmut Reinalter: Zunächst muß man sagen, daß diese Debatte gezeigt hat – und ich glaube, da gibt es keine prinzipiellen Unterschiede zwischen der DDR-Jakobinismusforschung und der bundesrepublikanischen Jakobinismusforschung –, daß die Vertreter dieser Richtung der Meinung waren, es handele sich hier um eine Forschungslücke bzw. um ein Thema, das zu Unrecht als Randphänomen der deutschen Revolutionszeit eingestuft wurde. Kein Geringerer als von Aretin war der Meinung – und er schreibt das auch noch in seinem Beitrag zur deutschen Geschichte –, daß es sich beim Jakobinismus, den er in Frage stellt, höchstens um ein Randphänomen des Revolutionszeitalters gehandelt haben könnte.[17] Diese Forschungskontroverse verdeutlicht zunächst einmal, daß es sich nicht um ein Randphänomen, sondern um einen Forschungsgegenstand handelt, der – vielleicht aus politischen Gründen – bewußt vernachlässigt wurde. Ein zweiter Punkt ist auch sehr wichtig, nämlich die Politisierung des Themas und die unterschiedlichen ideologischen Standpunkte, die dabei deutlich geworden sind, wobei mich eigentlich beide Seiten persönlich enttäuscht haben – beide Seiten, muß ich sagen. Ich meine, diese Auseinandersetzung ist in eine Richtung gelaufen, die für die Forschung nicht besonders fruchtbar war – so ist auch die Meinung der Innsbrucker Forschungsstelle. Zunächst hat die marxistische Forschung den Jakobinismus in die Erbe-Theorie integriert und in den Jakobinern eben fortschrittliche Kräfte im Revolutionszeitalter gesehen, fortschrittliche Kräfte auch, die die nationale Frage im Auge hatten – und dieser Aspekt erhält ja eine maßgebliche Bedeutung in der marxistischen Forschung. Schließlich kommt hier die Leninsche Revolutionsauffassung und Revolutionstheorie zur Geltung, und der Jakobinismus spielte danach eine gewisse Rolle in der Lehre von der Abfolge von den Gesellschaftsformationen – das könnte man jetzt noch weiterspinnen.[18] In der Bundesrepublik – so habe ich den Eindruck – gab es dann zwei Strömungen: eine Strömung, die den Jakobinismus überbewertet hat, die gemeint hat, das wären die Anfänge der deutschen Demokratie, und man müßte diese Tradition hoch-

---

15   Heiner Wilharm: Politik und Geschichte. Jakobinismusforschung in Deutschland. Bd. 1: DDR, Bd. 2: Bundesrepublik. Frankfurt/Main u. a. 1984.
16   Siehe dazu II, 2.2.2.
17   Vgl. Karl Otmar von Aretin: Vom Deutschen Reich zum Deutschen Bund. Göttingen 1980, S. 63–68 („Die ‚deutsche Revolution‘").
18   Siehe dazu etwa II, 2.2.1, S. 76, 78 f.

halten – in diese Richtung argumentierte auch Walter Grab –;[19] eine zweite Strömung nahm dann einen konservativen Standpunkt ein und meinte – wie von Aretin oder andere auch –, man würde den Jakobinismus überschätzen, die Jakobiner wären nur ein unbedeutendes Untersuchungsfeld. Und alle diese Ansätze haben eigentlich wenig zur Motivierung der Forschung beigetragen und auch nicht sehr viel an Erkenntnissen gebracht. Das war übrigens mit ein Grund, weshalb wir dann in Innsbruck 1981 die Forschungsstelle gegründet haben: Wir waren der Meinung, man müßte diese ganze Forschungsrichtung institutionalisieren und dann auch versuchen, sie zu objektivieren.

Michael Schlott: Das ist für uns außerordentlich interessant, weil es in der Bundesrepublik jedenfalls nicht gelungen ist, diese Forschungsrichtung zu institutionalisieren. Ich führe das in erster Linie darauf zurück, daß die Forschung zu stark politisch instrumentalisiert worden ist.

Helmut Reinalter: Das sehen wir auch so.

Michael Schlott: Ich möchte versuchen, diese Fragestellung im weiteren Verlauf des Gesprächs zu entfalten. Sie haben sich vorhin kritisch geäußert im Hinblick auf Walter Grabs idealtypischen Zugriff auf das Phänomen. Ich habe einmal versucht, das wissenschaftstheoretisch zu rekonstruieren, um Grab an seinen eigenen methodischen Prämissen zu messen, habe also versucht, herauszufinden, welche Konsequenzen sich ergeben müßten, wenn man dieses methodische Postulat strikt einhält. Ich bin zu dem Ergebnis gelangt, daß Walter Grab zwangsläufig dazu kommen mußte, gewissermaßen mehr Idealtypen als Jakobiner zu entdecken. Und das hat offenbar das Konzept von vornherein zum Scheitern verurteilt – so sehe ich es. Könnten Sie vielleicht einiges dazu ergänzen, gegebenenfalls korrigieren? Wie beurteilen Sie diesen Erklärungsansatz?

Helmut Reinalter: Ich bin derselben Meinung; wir haben das auch in diesem Sinne untersucht. Die Problematik besteht bei Walter Grab darin, daß er seine idealtypischen Kriterien ausschließlich an den Protagonisten mißt, d. h. er hat einige für ihn typische Jakobiner herausgegriffen (wobei er exemplarisch vorgeht), hat davon ausgehend eben diese idealtypischen Kriterien entfaltet und hat dann als nächsten Schritt alle Jakobiner, die wenigstens mit einem oder zwei Kriterien übereinstimmten, darunter erfaßt, und so – wie Sie richtig sagen – sind schließlich aus den wenigen Jakobinern sehr viele Jakobiner geworden.[20] Ich meine, daß darin bei Grab die Hauptproblematik besteht. Vielleicht tue ich ihm da jetzt unrecht, es ist eine Vermutung, die wir nicht beweisen können, aber irgendwie machen wir uns Gedanken, warum das bei Grab so ist, denn eine solche Vorgehensweise ist ja wissenschaftlich eigentlich problematisch, wie Sie richtig sagen. Ich meine, daß bei Grab ganz wichtig ist der politische Ansatz, der den wissenschaftlichen überlagert, ja geradezu überlappt: Der wissenschaftliche Anspruch tritt hier zurück gegenüber dem politischen. Insofern ist die Kritik an Grab nicht unberechtigt. Er braucht viele Jakobiner, um die Anfänge der Demokratie in Deutschland besser erklären und legitimieren zu können Es kommt ein Problem hinzu bei Grab. Wir sind uns bis heute in der Innsbrucker Forschungsstelle nicht schlüssig geworden, ob seine ideologische Position eine marxistische ist oder nicht. Heinrich Scheel, mit dem ich in enger Verbindung stand, war der Meinung, Wal-

---

19   Siehe dazu das Interview mit Walter Grab, S. 486–499.
20   Siehe dazu II, 2.2.1, S. 116 f.

ter Grab vertrete keine marxistische Position, er würde nur den Anschein des ,als ob' er-
wecken.

Michael Schlott: Grab sagt, er habe Franz Mehring und Georg Lukács als seine geistigen Lehrer betrachtet.[21] Er kann das natürlich als eine marxistische Position werten, aber
sie wäre meines Erachtens kaum zu ,verrechnen' mit der marxistischen Position Heinrich
Scheels.[22]

Helmut Reinalter: Wir sind uns einig, daß Grab dem linken Spektrum zuzuordnen ist,
das steht außer Diskussion. Aber wir tun uns wirklich etwas schwer, ihn eindeutig festzulegen: Ist er wirklich ein marxistischer Geschichtsschreiber oder nicht. Ich neige dazu zu
sagen, er ist ein Geschichtsschreiber, der noch sehr stark der politischen Ideengeschichte
verhaftet ist, also er hat keinen modernen methodischen Ansatz; man findet weder mentalitätsgeschichtliche Ansätze noch alltagsgeschichtliche noch sozialgeschichtliche, sondern
er betreibt politische Ideengeschichte im traditionellen Sinn. Also kann man ihn auch nicht
methodisch als innovativen Jakobinerforscher bezeichnen. Dahin geht die Meinung der
Innsbrucker Forschungsstelle. Aber mit der politischen oder ideologischen Zuordnung tun
wir uns schwer. Im Gespräch mit mir hat Walter Grab noch andere Lehrmeister genannt,
nicht nur Mehring und Lukács; auch neomarxistische Richtungen spielen eine Rolle, die
Frankfurter Schule u. a.

Michael Schlott: Wie beurteilen Sie die Bedeutung der Forschungen zum Freimaurertum
und zum Illuminatismus? Es geht um ein differenzierteres Bild des Jakobinismus. Ich setze
als Erläuterung hinzu, daß Walter Grab ja bereits darauf hingewiesen hatte, daß die meisten
Jakobiner Freimaurer gewesen seien, was im übrigen so ja nicht stimmt.[23] Sollten Ihrer Ansicht zufolge die Freimaurer- und die Jakobinerforschung gemeinsame Wege gehen, oder
sind dies zwei voneinander isoliert zu untersuchende Forschungsgegenstände?

Helmut Reinalter: Die Frage ist sehr wichtig, auch für die Einschätzung der Jakobinerforschung. Die Innsbrucker Forschungsstelle war sich von Anfang an im klaren, daß man
zu den Voraussetzungen der Entstehung des Jakobinismus in Zentraleuropa nicht nur die
Französische Revolution erwähnen kann, sondern den gesamten Komplex der Politisierung
der Aufklärung. Ein wichtiger Teilbereich dieses Komplexes war die breit einsetzende Sozietätsbewegung. Diese Sozietätsbewegung hat wieder sehr interessante Ursachen gehabt,
nämlich – im Sinne der Aufklärung – das Auseinanderfallen von Staat und Gesellschaft in
zwei autonome Bereiche. Durch das Entstehen eines gesellschaftlichen Freiraumes konnte
sich eine Öffentlichkeit entwickeln – das hat Habermas im übrigen auch sehr überzeugend
nachgewiesen.[24] Diese Öffentlichkeit wurde dann politisiert, nicht zuletzt auch aufgrund
der doch sehr breit und sehr kontrovers geführten Diskussion über wahre und falsche Aufklärung. Und erstmals kam es dann im Zuge dieses Diskurses zur Ausformung von ideolo-
gisch-politischen Strömungen wie früher Liberalismus und früher Demokratismus, der die
Innsbrucker Forschungsstelle interessiert, aber auch früher Konservativismus.

---

21 Siehe dazu das Interview mit Walter Grab, S. 486–499, hier S. 489.
22 Siehe dazu II, 2.2.1, S. 98 f.
23 Vgl. dazu Grab: Leben und Werke (wie Anm. 8) S. 2; siehe dazu die Interviews mit Axel Kuhn
    (S. 528–560, hier S. 536 f.) und Heinrich Scheel (S. 665–691, hier S. 688 f.).
24 Jürgen Habermas: Strukturwandel der Öffentlichkeit. Untersuchungen zu einer Kategorie der bür-
    gerlichen Gesellschaft. Neuwied 1962 (12. Aufl.: Frankfurt/Main 2010).

Michael Schlott: Würden Sie so weit gehen, daraus auch die Entstehung der politischen Parteien zu erklären?[25]

Helmut Reinalter: Durchaus, so sehe ich den Zusammenhang, wobei durch die Französische Revolution eine ideologische, politische Verstärkung dieser Ausprägungen stattfand, aber im Grunde genommen strukturell nichts Neues hinzukam. Wir finden eigentlich diese ideologischen Richtungen schon vorgeprägt vor 1789. Durch die Französische Revolution entstehen dann Parteiungen, politische Gruppierungen, die wiederum den Ideologisierungsprozeß in der ersten Hälfte des 19. Jahrhunderts beeinflussen, und nach 1830 entstehen dann in Deutschland fünf politische Gruppierungen, die die Grundlage der 1848/49 entstehenden modernen Parteien bilden. Das ist der Entwicklungszusammenhang, den wir auch in Innsbruck verfolgen: dieses voraussetzende Bedingungsgefüge in der Entstehung des zentraleuropäischen Jakobinismus, nämlich die Politisierung der Aufklärung. Dabei kommt der Sozietätsbewegung große Bedeutung zu. Ich würde im Rahmen dieser Sozietätsbewegung die Freimaurerei und den vielleicht ersten politischen Geheimbund der Neuzeit, nämlich die Illuminaten, nicht überschätzen. Wir haben es auch noch mit anderen interessanten und wichtigen Sozietätsformen zu tun; wir untersuchen z. B. in Innsbruck auch die Lesegesellschaften, die politischer waren als man vielfach annimmt in der Forschung. In bezug auf Österreich haben wir nachweisen können, daß die Lesegesellschaften ausgesprochen politisch orientiert gewesen sind. Das gilt auch für die Akademiebewegung, die Gelehrtengesellschaft, die patriotisch-gemeinnützigen Gesellschaften, die neben dem sozial-karitativen Aspekt zum Teil schon früh politisch-nationale Ziele verfolgten. Das sind sehr interessante Bewegungen, die nicht nur institutionell, sondern auch politisch-ideologisch eine wichtige Vorstufe für den späteren Jakobinismus geworden sind. Der Illuminatenorden ist ja in der neueren Forschung – völlig absurd nach unserer Auffassung – als präjakobinische Organisation bezeichnet worden. Diese Festlegung führt zu einer völlig unsinnigen Ausuferung des Jakobinismus-Begriffes. Hinzufügen muß man noch, daß der Illuminatenorden von der Zielsetzung her diametral dem Streben des Jakobinismus entgegenstand. Günther Mühlpfordt[26] oder Rosenstrauch[27] in Wien (auch andere wären hier noch zu nennen) haben diesen Begriff ‚präjakobinisch‘ in die Forschungsdiskussion eingeführt; heute gibt es sogar Ansätze zu einem Postjakobinismus – das alles halte ich für Unsinn.

Michael Schlott: Wer vertritt solche Auffassungen?

Helmut Reinalter: Ich war kürzlich auf einer Rebmann-Tagung in Homburg,[28] durchgeführt, organisiert und vorbereitet von der Siebenpfeiffer-Stiftung, dort sind in der Diskus-

---

25 Siehe dazu das Interview mit Axel Kuhn, S. 528–560, hier S. 533.

26 Günther Mühlpfordt: Deutsche Präjakobiner. Karl Friedrich Bahrdt und die beiden Forster. In: Zeitschrift für Geschichtswissenschaft 28 (1980), S. 970–989.

27 Edith Rosenstrauch-Königsberg: Jakobinische und präjakobinische Literatur in der Habsburger Monarchie. Hedwig Voegt in Verehrung gewidmet. In: Wissenschaftliche Zeitschrift der Karl-Marx-Universität Leipzig. Gesellschafts- und Sprachwissenschaftliche Reihe 32 (1983), S. 549–562.

28 Vgl. dazu: Georg Friedrich Rebmann (1768–1824). Autor, Jakobiner, Richter. Hrsg. von Elmar Wadle und Gerhard Sauder. Sigmaringen 1997; siehe dazu auch das Interview mit Gerhard Sauder, S. 376–401, hier S. 635 f.

sion schon solche Vorschläge gemacht worden, um etwa im Zusammenhang mit Rebmann, der noch nach 1800 gewirkt hat, von einem Postjakobinismus zu sprechen, ein Sammelbegriff für alle jene, die in einer frühen Phase einmal (wenigstens vorübergehend) Jakobiner gewesen sind und später nicht mehr.

Michael Schlott: Wer hat das vertreten?

Helmut Reinalter: Mir fallen jetzt die Namen nicht ein, aber mehrmals in der Diskussion ist dieser Begriff des Postjakobinismus gefallen. Gerhard Sauder hat den Begriff nicht verwendet, im Gegenteil. Er hat ebenso wie ich plädiert für einen engeren Begriff des Jakobinismus. Ich und auch meine Mitarbeiter in Innsbruck halten diesen Versuch einer Erweiterung des Jakobinismus-Begriffes für nicht zielfördernd. Es müßte im Gegenteil darum gehen, den Begriff Jakobinismus konziser zu fassen. Das ist das Bestreben auch der Innsbrucker Forschungsstelle.

Michael Schlott: Herr Reinalter, wie schätzen Sie die Bedeutung ein, die Habermas für die Erforschung des deutschen Jakobinismus zugesprochen werden kann? Ich denke da vor allen Dingen an *Strukturwandel der Öffentlichkeit*,[29] ich denke natürlich auch an die anschließende Bürgertums-Forschung …[30]

Helmut Reinalter: Zunächst wurde Habermas kaum rezipiert von der Jakobinerforschung, weil der Ansatz von Habermas ein struktureller war im Gegensatz zu Grab. Sozialwissenschaftlich, sozialphilosophisch würde ich sagen, während Grab – das haben wir schon erwähnt – einen ganz anderen Ansatz vertritt, und so verhält es sich auch mit Scheel. Was also sozusagen die Pioniere der Jakobinismusforschung betrifft, da gab es wenig Gemeinsamkeiten mit Habermas. Aber später hat man doch die Bedeutung vor allem von *Strukturwandel der Öffentlichkeit* erkannt, nicht nur für die Jakobinerforschung – da würde man wahrscheinlich Habermas zu einseitig vereinnahmen –, sondern überhaupt für die sozialgeschichtliche Erforschung der Aufklärung. Was mir ganz wichtig bei Habermas erscheint, ist der Begriff von Aufklärung, der für ihn nicht beschränkt bleibt auf die Epoche der Aufklärung, sondern Habermas sieht ja in der Aufklärung und ihrer Weiterführung ein wichtiges Element überhaupt für das Entstehen der Demokratie, für das Entstehen der Moderne. Wie die aktuelle Diskussion um Habermas im Zusammenhang mit Moderne und Postmoderne zeigt, vertritt er eindeutig – und ich unterstütze seine Position – das Programm der Moderne und der Aufklärung. Man kann den Jakobinismus sehen als Weiterführung der Aufklärung, das ist ein interessanter Ansatz, den wir auch hier in Innsbruck verfolgen. Man kann den Jakobinismus auch sehen – und dieser Schwerpunkt interessiert uns forschungsmäßig eigentlich noch mehr – als wichtiges Zwischenglied zwischen den Anfängen der Demokratie und der Weiterführung, der Konkretisierung der Demokratie im 19. Jahrhundert. Für beide Aspekte ist Habermas wichtig. Aber vor allem ist sein Hauptwerk *Strukturwandel der Öffentlichkeit* dabei entscheidend für eine sozialgeschichtliche Einordnung der Aufklärungsbewegung überhaupt und darauf aufbauend – wie Sie richtig sagen – die Erforschung des Bürgertums; ich würde da noch einen Schritt weiter gehen und sagen: der bürgerlichen Gesellschaft.

---

29   Habermas: Strukturwandel (wie Anm. 24).
30   Vgl. etwa Thomas Mergel: Die Bürgertumsforschung nach 15 Jahren. Hans Ulrich Wehler zum 70. Geburtstag. In: Archiv für Sozialgeschichte 41 (2001), S. 515–538.

Michael Schlott: Noch einmal zur Rebmann-Tagung, die Sie vorhin angesprochen haben. Ich war kürzlich bei Gerhard Sauder in Saarbrücken,[31] und wir sprachen ebenfalls über die Tagung. Ich war zunächst überrascht, daß auch er als Empfindsamkeitsforscher an dieser Tagung teilnehmen würde. Worüber haben Sie referiert?

Helmut Reinalter: Ich sprach über die Einordnung Rebmanns in den mitteleuropäischen Jakobinismus.[32] Das Thema hatte mir der Leiter der Tagung vorgeschlagen. Ich habe versucht, Rebmann dem deutschen Jakobinismus zuzuordnen, was nicht ganz einfach war. Der Duktus meiner Ausführungen war: Rebmann war zunächst Reformer und Aufklärer und war dann – nur für kurze Zeit – wirklich deutscher Jakobiner, als er sich zur deutschen Revolution bekannte. Nach 1798 ist er wieder ein liberaler Aufklärer geworden. Das war meine Grundthese. Bei der Tagung wurde die Persönlichkeit Rebmanns aus verschiedenen Blickwinkeln untersucht. Es nahmen Historiker teil, Literarhistoriker, Germanisten, Politologen und Juristen. Rebmann ist ja auch für die Juristen interessant, weil er als Richter tätig war. Die Tagung war sehr stark auf die Persönlichkeit Rebmanns zugeschnitten – mit sehr unterschiedlichen Referaten, auch was die Qualität betrifft. Mein Thema war das Schlußthema, ich sollte sozusagen eine Zusammenfassung bieten.

Michael Schlott: Können Sie sich daran erinnern, ob es Schnittstellen gab in Sauders Referat zwischen seinem Spezialgebiet, der Empfindsamkeitsforschung, und Ihrem Spezialgebiet, der Jakobinismusforschung?

Helmut Reinalter: Ja, durchaus, und zwar hat Sauder das publizistische Werk von Rebmann untersucht und auch andere Schriften, vor allen Dingen Satiren, herangezogen.[33] Sauder ist zu der Auffassung gelangt, daß Rebmann eigentlich als Literat von geringer Bedeutung war; wichtig ist er als Publizist, der politische Inhalte vermitteln und damit auch etwas verändern wollte. Aber von der Originalität eines Literaten wäre da wenig bei Rebmann zu verspüren, meinte Sauder und hat es überzeugend herausgearbeitet. Allerdings wollte Rebmann auch gar nicht originell sein als Literat. Deshalb frage ich mich, ob Sauder bei seiner Einschätzung die Intentionen dieses Autors hinreichend berücksichtigt hat.

Michael Schlott: Herr Reinalter, wir haben bereits über Walter Grab und seine Jakobinismusforschungen gesprochen. Walter Grab gab mir in einem Interview zu verstehen, er habe sein Forschungsprogramm nicht durchsetzen können. Zitat: „Zu einer institutionalisierten Forschungsrichtung hat es die Jakobinerforschung in Deutschland nicht gebracht."[34] Warum ist Walter Grab mit dem Versuch einer Institutionalisierung seiner Forschungsrichtung in Deutschland gescheitert? Wie verhält es sich dagegen in Österreich mit der Jakobinerforschung: Hat sie sich durchsetzen können?

Helmut Reinalter: Ich sage Ihnen ganz offen, daß das Thema Walter Grab für mich ein sehr sensibles Thema darstellt, denn zwischen Walter Grab und mir ist es vor einigen Jahren zu einem Bruch gekommen, der nach meiner Auffassung doch in der Hauptsache

---

31 Siehe dazu das Interview mit Gerhard Sauder, S. 376–401.

32 Publiziert als Helmut Reinalter: Georg Friedrich Rebmann und der mitteleuropäische Jakobinismus. In: Georg Friedrich Rebmann (1768–1824) (wie Anm. 28), S. 83–93.

33 Publiziert als Gerhard Sauder: Empfindsame und andere Reisen von G. F. Rebmann. In: Georg Friedrich Rebmann (1768–1824) (wie Anm. 28), S. 134–145.

34 Siehe dazu das Interview mit Walter Grab, S. 486–499, hier S. 490.

auf Grab zurückgeht, obwohl ich selbstkritisch sagen muß, daß ich Grab, was seine Forschungsrichtung betrifft, auch in Frage gestellt habe. Ich habe mit Kritik nicht gespart, und er mag das vielleicht falsch verstanden haben. Ich habe das vielleicht nicht richtig rübergebracht oder ich konnte ihn nicht von meiner Ehrlichkeit überzeugen. Ich wollte das nur vorausschicken, damit Sie verstehen, was jetzt folgt. Das ist natürlich für mich eine sehr besetzte Sache. Ob ich da objektiv bin, bezweifle ich, und das bitte ich Sie zu berücksichtigen; die Motive habe ich offengelegt. Das wollte ich nur zum besseren Verständnis sagen.

Nun zu Ihren beiden Fragen: Institutionalisierung, besser gesagt Institutionalisierungsversuche dieser Forschungsrichtung, ihr Scheitern in Deutschland und die Etablierung hier in Österreich. Zur ersten Frage: Es sind mehrere Gründe, die aus meiner subjektiven Sicht zum Scheitern dieses Versuches von Walter Grab geführt haben. Zunächst muß man doch das Scheitern zurückführen auf die Persönlichkeit von Walter Grab, der ja im Grunde kein sehr umgängliches Wesen hat, der es offenbar nicht versteht, Leute anzusprechen und zu gewinnen, sondern eher Leute abstößt, indem er sie auch frontal kritisiert. Er ist im Grunde ein Autokrat, der klare Vorstellungen hat, auch politische, und sie genau so durchsetzen will, der aber nicht bereit ist, Kompromisse einzugehen. Es fehlt ihm an Dialog- und Kompromißbereitschaft. Er hat auch jüngeren Kollegen, die durchaus bereit gewesen wären, mitzuarbeiten an der Etablierung dieser Forschungsrichtung, vor den Kopf gestoßen, sie heftig kritisiert (auch in ihrer wissenschaftlichen Qualifikation). Mit einer solchen Vorgangsweise gewinnt man keine Unterstützung, und eine Person allein kann eine solche Forschungsrichtung nicht etablieren, auch wenn sie sehr verdienstvoll ist wie Walter Grab. Ein zweiter Grund ist, daß diese Forschungsrichtung von vornherein in Deutschland an den Universitäten und auch außerhalb nicht überall auf Zustimmung gestoßen ist, weil man vermutet und gesehen hat, daß ideologische, ja parteipolitische Interessen dahinter stehen und man eigentlich solche Versuche abblocken müsse. Und drittens meine ich, daß es womöglich – das ist eine Vermutung von mir – in der Geschichtswissenschaft in Deutschland nicht überall eine liberale Bereitschaft gibt, neue Richtungen anzuerkennen oder diesen neuen Richtungen zumindest die Chance zu geben, sich zu etablieren. Das zeigt sich nach meiner Meinung in Deutschland stärker als in Österreich, daß bestimmte etablierte Richtungen sich behaupten wollen und es nicht zulassen, daß eine neue Richtung plötzlich Unruhe hineinbringen könnte. Ein solches Bündel von Faktoren hat letztlich zum Scheitern dieser Forschungsrichtung geführt. Walter Grab hat diese Schwierigkeiten ja auch erkannt und hat dann gemeint, man müsse Jakobinismusforschung in Österreich machen. Ich verhehle nicht, daß Walter Grab anfänglich die Etablierung dieser Forschungsstelle in Innsbruck tatkräftig unterstützt hat. Er hat mich gefördert.

Michael Schlott: Wie ist er gerade auf Österreich gekommen?

Helmut Reinalter: Das hängt ein wenig mit meiner Person zusammen. Er hat mich zunächst einmal wissenschaftlich sehr geschätzt. Er hat meine ersten Arbeiten ja auch sehr gut eingestuft und war der Meinung, über mich könnte man so etwas an der Universität Innsbruck aufbauen. Im Zusammenhang mit den Vorbereitungsarbeiten zur Errichtung dieser Forschungsstelle ist mir dann klar geworden, daß es sehr schwierig sein würde, mit Walter Grab zusammenzuarbeiten, weil er immer versucht hat, seine Vorstellungen hier durchzusetzen und wir in Innsbruck dann eigentlich nur der verlängerte Arm oder das

Vollzugsinstrument des Grabschen Willens gewesen wären. Diese Einstellung konnten wir nicht akzeptieren, und so kam es zu den ersten Spannungen, die dann auf wissenschaftlicher und privater Ebene in sehr problematischer Weise weitergeführt worden sind. Ich hatte das große Glück, 1981 wissenschaftlich bereits etabliert gewesen zu sein, so daß ich abgesichert war, mir nichts mehr passieren konnte; aber die Vorstöße von Walter Grab waren schon wirklich problematisch.

Michael Schlott: Wie ist Walter Grab auf Sie gekommen? Was meinen Sie, wie er auf die Idee gekommen ist, gerade Sie seien der Mann, mit dem er in Österreich seine Vorstellungen realisieren könnte?

Helmut Reinalter: Er ist auf meine ersten wissenschaftlichen Arbeiten zum österreichischen Jakobinismus gestoßen und hat mich 1977 zu einer Tagung eingeladen nach Berlin,[35] wo wir uns dann noch besser kennengelernt haben. Er hat mich danach eingeladen, im *Jahrbuch für Deutsche Geschichte* zu publizieren, das habe ich auch getan.[36] Er hat zudem verschiedene Projekte und eine konkrete Zusammenarbeit angeregt, hat mich bekannt gemacht mit anderen Jakobinerforschern, mit jüngeren Kollegen, das waren Literaturwissenschaftler, aber auch Historiker, die ich zwar vom Namen her schon kannte, aber nicht persönlich. So hat das begonnen. Und Grab war der Meinung, es wäre vielleicht in Innsbruck – nicht so sehr Wien – ein günstiger Boden, eine solche Forschungsstelle zu errichten, und hat in mir jemanden gesehen, der dieser Forschungsrichtung gegenüber sehr aufgeschlossen ist. Er hatte damit auch persönliche Gründe – was ja nicht unehrenhaft ist – verknüpft und gehofft, es könnte vielleicht ein zweites Standbein für ihn sein hier in Innsbruck, und damit könnte man diese Forschungsrichtung über Österreich hinaus international etablieren. Aber das ging dann aus den besagten Gründen schief, insofern Grabs Vorstellungen betroffen waren. Die Forschungsstelle wurde hier etabliert und hat sich nach meiner Auffassung sehr gut entwickelt; wir haben in der Zwischenzeit über 13 Bände des *Jahrbuchs*[37] herausgebracht, und 16 Bände der *Schriftenreihe*;[38] wir haben Quelleneditionen publiziert. Wir haben eine sehr breite und – ich denke – auch gute Publikationstätigkeit entfaltet und gezeigt, daß hier ernsthaft und intensiv wissenschaftlich gearbeitet wird. Was vielleicht noch zu schwach entwickelt wurde, obwohl wir das ursprünglich wollten, das ist die Interdisziplinarität.

Michael Schlott: Walter Grab hat sehr erschöpfend Auskunft gegeben über Grund, Anlaß und Verlauf der Streitigkeiten, in die er sich mit Ihnen begeben hat. Allerdings hat er mich gebeten, seine Darstellung nicht zu veröffentlichen. Ich bin auch an Ihrer Darstellung

---

35   Vgl. dazu: Die demokratische Bewegung in Mitteleuropa im ausgehenden 18. und frühen 19. Jahrhundert. Ein Tagungsbericht (Arbeitstagung „Die demokratische Bewegung in Mitteleuropa im ausgehenden 18. und frühen 19. Jahrhundert", 19. bis 21. Mai 1977). Bearbeitet und hrsg. von Otto Büsch und Walter Grab unter Mitarbeit von Jürgen Schmädeke und Monika Wölk. Berlin 1980.

36   Helmut Reinalter: Die gesellschaftspolitischen Vorstellungen der österreichischen Jakobiner. In: Jahrbuch des Instituts für Deutsche Geschichte 6 (1977), S. 41–80.

37   Aufklärung – Vormärz – Revolution. Mitteilungen der Internationalen Forschungsgruppe [ab 1985: Forschungsstelle] „Demokratische Bewegungen in Mitteleuropa 1770–1850" an der Universität Innsbruck. 1981 ff.

38   Schriftenreihe der Internationalen Forschungsstelle „Demokratische Bewegungen in Mitteleuropa 1770–1850". Frankfurt/Main u. a. 1990 ff.

interessiert und halte es vor allem für angebracht, Ihnen Gelegenheit zu geben, Ihrerseits den Anlaß und den Verlauf dieser Kontroverse zu schildern.

Helmut Reinalter: Vielleicht kann ich das am besten verdeutlichen an einem konkreten Beispiel. Walter Grab hat im *Archiv für Sozialgeschichte* einige Arbeiten zum mitteleuropäischen Jakobinismus rezensiert und mich dabei massiv kritisiert.[39]

Michael Schlott: Ihre Habilitationsschrift?

Helmut Reinalter: Die Habilitationsschrift,[40] die *Einführung*[41] und noch ein paar kleinere Jakobiner-Arbeiten. Ich habe dann die Gelegenheit bekommen vom Redakteur des *Archivs für Sozialgeschichte*, darauf zu antworten. Das habe ich getan und habe Walter Grab Satz für Satz widerlegt,[42] wobei hinzukommt, daß er mir vorwirft, ich hätte paraphrasiert – das heißt ich hätte andere Forschungsarbeiten nur referiert. Aber dieser Vorwurf war vollkommen unbegründet, denn Walter Grab hätte sich die Mühe machen können, in den Archiven, die ich zitiert habe, nachzuprüfen und nachzuschauen, ob ich dort gearbeitet habe. Er hätte auch auf Grund der Benutzerlisten genau prüfen können, welche Bestände ich eingesehen habe und welche nicht. Alle von mir zitierten Bestände wurden von mir auch benutzt. Ich habe sie durchgesehen und bestimmte Schriftstücke herausgenommen, wie das üblich ist. Jedenfalls war das ein Vorwurf, der ins Leere ging. Ich habe das auch in meiner Antwort geschrieben. Überall liegen diese Benutzerlisten aus. Das von mir zitierte Quellenmaterial, ich habe übrigens auch neue Quellen finden können, wurde von mir auch benutzt. Das ist ein Vorwurf, der unter die Gürtellinie geht, um mich wissenschaftlich anzuschwärzen. Die Intention ist ganz klar.

Michael Schlott: Warum hat Walter Grab diese Rezension geschrieben? Es muß doch etwas vorausgegangen sein …

Helmut Reinalter: Der Streit oder Bruch zwischen ihm und mir ist ja schon vorher erfolgt. Der eine Grund ist diese Forschungsstelle und ihre Entwicklung, das Faktum, daß Walter Grab hier nicht seßhaft werden konnte. Der andere Grund ist, daß ich die Ausrichtung von Grabs Forschung kritisiert habe. Ich war auf einer Tagung in Bad Homburg von der Reimers-Stiftung über „Deutschland und die Französische Revolution", wo in der Diskussion die Auffassungsunterschiede zwischen Walter Grab und mir wieder sehr deutlich geworden sind.[43] Er sah in mir – diesen Vorwurf hat er mir mehrmals gemacht – einen Opportunisten, der sich zunächst von seinen Freunden – wie Grab etwa – unterstützen ließ; und als ich sie nicht mehr brauchte, hätte ich dann den Konflikt und die Trennung gesucht. Ich bin kein Opportunist, und ich habe immer eine klare Linie vertreten. Nur muß ich sagen, wenn jemand mehr aus Eigennutz denn als Unterstützung eines gemeinsamen sachlichen Anliegens etwas fördert, ist er für mich nicht mehr glaubwürdig. Walter Grab

---

39 Walter Grab: Neuerscheinungen über den deutschen Jakobinismus. In: Archiv für Sozialgeschichte 23 (1983), S. 662–669.

40 Reinalter: Aufgeklärter Absolutismus (wie Anm. 2).

41 Helmut Reinalter: Der Jakobinismus in Mitteleuropa. Eine Einführung. Stuttgart u. a. 1981.

42 Helmut Reinalter: Neue Forschungen zur Geschichte des Jakobinismus in Mitteleuropa. In: Archiv für Sozialgeschichte 25 (1985), S. 557–563.

43 Vgl. dazu: Deutschland und die Französische Revolution. 17. Deutsch-französisches Historikerkolloquium des Deutschen Historischen Instituts Paris (Bad Homburg, 29. September bis 2. Oktober 1981). Hrsg. von Jürgen Voss. München und Zürich 1983.

hat mir gegenüber seine Glaubwürdigkeit, seine intellektuelle Redlichkeit verloren, indem er diese Vorgangsweise wählte.

Michael Schlott: Könnte das bei Grab auch biographisch motiviert sein?

Helmut Reinalter: Dieser Aspekt erklärt vieles in der Persönlichkeitsstruktur von Walter Grab, er hat ja kein einfaches Leben gehabt und auch sein spätes Studium, seine späte Karriere, das spielt alles hinein. Und ich muß noch einmal betonen, seine ersten Arbeiten waren wirklich Pionierarbeiten auf dem Gebiet des Jakobinismus, vor allem die *Norddeutschen Jakobiner*.[44] Was dann später gekommen ist, ist sicher nicht mehr so gut, unter anderem wegen der vielfachen Wiederholungen.

Michael Schlott: Welche konkreten Pläne hatte Walter Grab hier in Innsbruck?

Helmut Reinalter: Er hat sich hier ein institutionelles Zentrum, eine Anlaufstelle auch für ihn gedacht (ohne selbst verankert zu sein), um dann seine Vorstellungen über mich und die Forschungsstelle international verwirklichen zu können. Diese Vorstellung war unrealistisch und konnte in unserem partnerschaftlichen Arbeitsstil auch nicht verwirklicht werden. Der Arbeitsstil von Grab hätte hier nie Zustimmung gefunden.

Michael Schlott: Wie verhält es sich denn nun in Österreich? Hier hat sich die Jakobinerforschung ganz offensichtlich institutionell durchgesetzt. Worauf führen Sie das zurück?

Helmut Reinalter: Sie hat sich nicht als Jakobinerforschung durchgesetzt, sondern in Richtung der Demokratieforschung, wobei der Schwerpunkt bei uns (es gibt ja auch andere Zentren der Demokratieforschung) auf der historischen Seite lag; das gab es bis dahin in Österreich nicht. Es wird an sozialwissenschaftlichen und politikwissenschaftlichen Instituten sehr viel Demokratieforschung betrieben, doch die ist gegenwartszentriert und zukunftsorientiert, während wir vor allem die Geschichte der Demokratie aufarbeiten. Das ist etwas Neues und hat hier Anklang gefunden; der Jakobinismus ist hier nur ein Teilbereich dieser umfassenden Thematik.

Michael Schlott: Meinen Sie, daß Sie auch durchgedrungen wären, wenn das Projekt unter einem anderen Titel firmiert hätte, also etwa: Jakobinische Bewegungen?

Helmut Reinalter: Die Frage stellt sich für uns nicht, denn wir waren von vornherein der Meinung, diese Forschungsrichtung breiter anzulegen und sie in den Rahmen der Demokratieforschung zu stellen, das war auch taktisch klüger. Wobei diese Strategie für uns nicht das Entscheidende war, sondern für uns war der Sachverhalt entscheidend. Wir wollten die Anfänge der Demokratie untersuchen, und sind dann eigentlich erst auf den Jakobinismus gestoßen. Wir haben gesehen, der Jakobinismus ist auch ein wichtiger Bestandteil dieser frühen Demokratien. Der Ausgangspunkt war und ist immer noch die Erforschung der frühen Demokratie-Entwicklung in Zentraleuropa von der Spätaufklärung bis zur Revolution 1848/49.

Michael Schlott: Zu welchen literaturwissenschaftlichen Jakobinismusforschern hatten oder haben Sie Arbeitskontakte?

---

44   Grab: Demokratische Stömungen (wie Anm. 8); W. G.: Norddeutsche Jakobiner (wie Anm. 8); W. G.: Leben und Werke norddeutscher Jakobiner (wie Anm. 8).

Helmut Reinalter: Wir hatten enge Verbindungen zu Inge Stephan in Hamburg, zu Gert Mattenklott[45] und Klaus R. Scherpe.[46] Weiterhin zu Rainer Kawa; er war hier auf der Innsbrucker Tagung 1984.[47] Wir hatten auch zu früheren DDR-Literarhistorikern gute Kontake, wie z. B. zu Claus Träger[48] in Leipzig oder zu Günter Mieth,[49] zu Gerhard Steiner.[50] Dann zu italienischen Literarhistorikern, z. B. Marino Freschi in Neapel, der 1977 eine Jakobiner-Tagung organisiert hat.[51] Weitere Namen fallen mir ‚ad hoc' nicht ein; ich müßte in meinen Unterlagen nachschauen. Es sind doch sehr viele Literarhistoriker gewesen, ungefähr 15 bis 20. Zudem haben wir Kontakte zu Politologen, Soziologen und Philosophen.

Michael Schlott: Herr Reinalter, wo liegen Ihrer Ansicht nach gravierende Defizite der literaturwissenschaftlichen Jakobinismusforschung, wenn Sie denn solche sehen?

Helmut Reinalter: Eine angemessene Antwort auf Ihre Frage hängt ein bißchen von diesem (von mir auch bei uns vermißten) interdisziplinären Forschungsansatz ab und von dem Faktum, daß bei der Untersuchung oder Beurteilung des mitteleuropäischen Jakobinismus die literarhistorische oder literaturwissenschaftliche Betrachtungsweise sich zum Teil wesentlich unterscheidet von der geschichtswissenschaftlichen, wobei beide Betrachtungsweisen notwendig sind. Sie müssen allerdings zusammengeführt werden. Die Historiker sehen in erster Linie den politischen Aspekt, der politisch-soziale Aspekt steht hier eindeutig im Vordergrund. Bei den Literaturwissenschaftlern sind es die Werke, die publizistischen Erzeugnisse, wobei die Interpretation dieser Werke nicht immer der politischen Situation oder dem gesellschaftlichen Hintergrund entspricht. Man versucht ja sehr oft, textimmanent vorzugehen. Als Beispiel: Gerhard Sauders Vortrag über Rebmann in Homburg hat das verdeutlicht.[52] Es gab eine kontroverse Diskussion zwischen Sauder, Wolfgang Albrecht und mir. Man hat mir in der Diskussion vorgeworfen, ich würde bei der Unterscheidung zwischen liberalen Spätaufklärern und Jakobinern zu sehr den Begriff der Aufklärung ins Spiel bringen. Ich hatte dort festgehalten: Der wesentliche Unterschied zwischen Jakobinern und liberalen Aufklärern bestehe darin, daß sich die Jakobiner nicht mehr zufriedengaben mit theoretischer Gesellschaftskritik, mit Verschärfung des politischen Bewußtseins, sondern die Jakobiner wollten aktuell und vor Ort verändern. Sauder

---

45 Siehe dazu das Interview mit Gert Mattenklott, S. 561–589.

46 Siehe dazu das Interview mit Klaus R. Scherpe, S. 692–712.

47 Vgl. dazu: Die demokratische Bewegung in Mitteleuropa von der Spätaufklärung bis zur Revolution 1848/49. Ein Tagungsbericht. (Internationale Tagung der Innsbrucker Forschungsstelle „Demokratische Bewegungen in Mitteleuropa 1770–1850", 17. bis. 21. Oktober 1984). Hrsg. von Helmut Reinalter. Innsbruck 1988.

48 Siehe dazu das Interview mit Claus Träger, S. 315–332.

49 Siehe dazu II, 2.2.3, S. 210–213.

50 Siehe dazu das Interview mit Klaus-Georg Popp (S. 607–626, hier S. 616–619) sowie II, 2.2.1, S. 105, Anm. 401.

51 Im April 1977 fand auf Einladung des Istituto Universitario Orientale eine Tagung zum Thema „Die anderen Jakobiner. Der Jakobinismus außerhalb Frankreichs" statt. Für die inhaltliche Vorbereitung und organisatorische Durchführung zeichnete Professor Dr. Marino Freschi (Seminario di studi dell'occidente medievale e moderno) verantwortlich; vgl. dazu Helmut Reinalters Beitrag: Freimaurerei und Jakobinismus im Einflußfeld der Französischen Revolution in Österreich. In: Studi Tedeschi 21 (1978), H. 3, S. 125–143.

52 Sauder: Empfindsame und andere Reisen (wie Anm. 33).

und auch Albrecht sowie andere wandten ein – eigentlich gab es da im Grunde keine so wesentlichen Unterschiede –, man könnte das Ganze doch unter dem Begriff Aufklärung subsumieren. Damit hatte ich größte Probleme, denn ein solches Vorgehen führt zu einem diffusen Begriff von Aufklärung. Wenn man von literarhistorischen Kriterien ausgeht, gibt es in der Tat sehr viele aufklärerische Inhalte auch in der jakobinischen Literatur. Aus der Sicht der Geschichtswissenschaft bestehen allerdings auch wesentliche Unterschiede. Da fehlt es den Literaturwissenschaftlern an Interdisziplinarität, die ich für eine wichtige methodische Voraussetzung in der Jakobinerforschung halte: daß wir diese unterschiedlichen Betrachtungsweisen und Gewichtungen, die wir in den diversen Disziplinen ansetzen, prüfen und zusammenzuführen suchen. Nach meiner Auffassung wird von den Literarhistorikern die politische Intention der einzelnen Schriftsteller übersehen; man geht von literarisch-qualitativen Ansprüchen aus. Selbstverständlich gibt es einen Unterschied in der Qualität des literarischen Schaffens zwischen den deutschen Klassikern etwa und den deutschen Jakobinern. Einen solchen Qualitätsvergleich kann man jedoch nicht anlegen, weil die Intentionen dieser Autoren völlig unterschiedlich gewesen sind. Da orte ich Defizite, nach denen Sie fragten. Allerdings muß man auch feststellen, daß noch zu wenige Persönlichkeiten wissenschaftlich erforscht sind. Schauen Sie mal unseren ersten Band des *Biographischen Lexikons* an,[53] da werden Sie Leute finden, die wissenschaftlich oft überhaupt noch nicht erforscht sind. Auch das sind Defizite.

Michael Schlott: Ihre Habilitationsschrift wurde nicht nur von Walter Grab kritisiert. Sie haben auch Kritik – und, wie ich finde, harte Kritik – hinnehmen müssen von Grete Klingenstein.[54] Wie würden Sie Klingensteins Position gegenüber der Forschungsstelle und – im engeren Rahmen – der Jakobinerforschung charakterisieren?

Helmut Reinalter: Dazu zwei Aspekte. Es gibt zwischen Grete Klingenstein und mir – und das ist ja auch angeklungen in ihrer Rezension – große Auffassungsunterschiede in der Beurteilung des aufgeklärten Absolutismus in Österreich. Das ist eine wirkliche Forschungskontroverse. Sie vertritt die Auffassung, daß entscheidend sind für die Beurteilung oder für die Wertung der Bedeutung des aufgeklärten Absolutismus im Österreich des Josephinismus und Reformabsolutismus die Persönlichkeiten Maria Theresia und Joseph II. bzw. die Ratgeber und die Träger, die Verantwortlichen des Reformwerkes. Sie veranschlagt die Wirkung dieser Reformen sehr hoch und meint auch, daß mit diesen Reformen ein Modernisierungsschub in Österreich eingeleitet wurde. Das ist jetzt etwas verkürzt. Meine Position ist eine andere. Ich bin der Meinung, daß man die Reformen überschätzt. Es gibt deutlich erkennbare Grenzen dieser Reformen, es waren Reformen von oben. In Wirklichkeit hat sich Wesentliches, nämlich – in bezug auf eine bessere Qualität der Gesellschaft – nicht ergeben. Ich stelle in diesen Reformen auch starke restaurative Tendenzen fest. Das ist eine Hauptthese in meiner Habilitationsschrift, die übrigens auch sehr viel Zustimmung gefunden hat.

---

53 Biographisches Lexikon zur Geschichte der demokratischen und liberalen Bewegungen in Mitteleuropa. Hrsg. von Helmut Reinalter u.a. 2 Bde. [Bd. 1, 1992; Bd. 2.1, 2005; Bd. 2.2, 2011]. Frankfurt/Main u.a. 1992–2011; siehe dazu das Interview mit Axel Kuhn, S. 528–560, hier S. 533, 559 f.

54 Grete Klingenstein: [Rez.] Helmut Reinalter: Aufgeklärter Absolutismus und Revolution. In: Historische Zeitschrift 235 (1982), S. 434 f.

Michael Schlott: Sie haben in Ihrer Replik darauf hingewiesen.[55]

Helmut Reinalter: So ist es. Seither sind noch viele sehr anerkennende Rezensionen erschienen – von international ausgewiesenen Historikern und Spezialisten, von Leslie Bodi etwa. Für mich ist immer entscheidend, daß Mitte der 1780er Jahre, also auf dem Höhepunkt des Josephinismus (und der josephinischen Reformen) bereits der Abschwung des aufgeklärten Absolutismus in Österreich beginnt, weil zunächst Maria Theresia und noch stärker Joseph II., die sozialen Mittel- und Unterschichten fördern wollten in der Entwicklung eines politischen Bewußtseins, und die radikalsten unter diesen Politikern (in Anführungszeichen) gingen in ihren Forderungen so weit, das politische System des aufgeklärten Absolutismus als ein absolutistisches Regime zu kritisieren (auch die Regierungsweise von Joseph II). Die Kritik richtete sich also gegen das bestehende politische System und gegen die Herrscherpersönlichkeit, so daß ab diesem Zeitpunkt (als diese Kritik zunächst noch im kleinen Kreis unter den Intellektuellen ernsthaft diskutiert wurde) Joseph II. mit dem Abbau der Reformen begann, mit dem Abbau des aufgeklärten Absolutismus, weil er eine Bedrohung nicht nur für sich, sondern auch für den Staat erkannte. Das sind die Grenzen des aufgeklärten Absolutismus. Daher bin ich geneigt zu sagen – jetzt auch im Zusammenhang mit den Zielsetzungen der Innsbrucker Forschungsstelle –, daß der Reformabsolutismus in bezug auf Demokratie-Entwicklung nicht sehr viel gebracht hat in Österreich. Klingenstein sieht das anders. Das ist eine wesentliche Forschungskontroverse. Dazu kommt noch, daß mein methodischer Zugang ein anderer ist als der von Klingenstein. Sie geht von oben aus, von den Persönlichkeiten, von der Regierungsebene. Ich gehe von unten aus, vom Volke, meine Sichtweise ist die von unten, und so bin ich dazu gekommen, daß es in der Habsburger Monarchie ein breitgefächertes Protestpotential gab. Meine These deckt sich übrigens mit der marxistischen, ohne daß ich Marxist bin. Wenn man sozialgeschichtlich sauber arbeitet, kann man zu ähnlichen Ergebnissen kommen wie auch die Marxisten, ohne Marxist zu sein. Das habe ich immer wieder festgestellt. Für mich war immer interessant, daß vielleicht auch – ein Faktor neben anderen Faktoren – diese rasche Vorgangsweise Joseph II. in der ersten Reformphase sozusagen bedingt war durch dieses breitgefächerte Protestpotential von unten. Er wollte durch zügige Reformen von oben dieses Protestpotential, das vielleicht hätte für ihn gefährlich werden können, im Keime ersticken. Diese Position von mir wird von Frau Klingenstein abgelehnt. Das ist sozusagen der fachliche Aspekt in ihrer Kritik. Es kommt noch ein zweiter Aspekt hinzu, der mehr persönlicher Art ist. Mir ist es gelungen, mich als Aufklärungs- und Jakobinerforscher auch über Österreich hinaus zu etablieren. Und Sie wissen selbst, wie das ist, wenn man bislang einen Monopolanspruch zur Forschung des 18. Jahrhundert hielt, sieht man es nicht besonders gern, daß sich ein zweiter Wortführer zeigt. Das führt unweigerlich zu Spannungen.

Michael Schlott: Ich nenne Ihnen im folgenden einige Namen und möchte Sie bitten, diese Namen mit dem ‚Jakobinismus-Problem‘ in Verbindung zu bringen. Sie können dabei auch – wenn Sie mögen – frei assoziieren und nicht nur in bezug auf das ‚Jakobinismus-Problem‘ antworten, sondern alles anführen, was Ihnen im Zusammenhang unseres Forschungsprojektes zu diesen Namen einfällt: Rudolf Vierhaus.

---

55 Helmut Reinalter: Replik: Absolutismus und Revolution. Eine zusammenfassende „Zwischenbilanz" über eine kontroverse Forschungsdiskussion. In: Aufklärung – Vormärz – Revolution 2 (1982), S. 44–46.

Helmut Reinalter: Rudolf Vierhaus ist Spezialist für die deutsche Aufklärung. Er ist einem sozialgeschichtlichen Forschungsansatz verpflichtet, den er auch mit ideengeschichtlichen Aspekten zu verbinden sucht. Ich finde, daß Vierhaus wissenschaftlich sehr solide arbeitet. Nach meiner Auffassung zählt er zu den bedeutsamsten Aufklärungsforschern Deutschlands. Seine Position gegenüber der Jakobinerforschung ist eine eher distanzierte.

Michael Schlott: Hermann Weber.

Helmut Reinalter: Auch seine Position ist distanziert, was nicht heißt ausschließlich. Es sind nicht nur die genannten Namen, sondern es sind bedeutend mehr. Es ist eine sehr starke Historikerzunft. Hier etwas aufzubauen gegen den Willen dieser Zunft, ist fast unmöglich.

Michael Schlott: Trifft es zu, daß es in dieser Zunft – um in der Begrifflichkeit zu bleiben –, einige wenige Vertreter gibt, die ein starkes ‚standing' haben und letzlich darüber entscheiden können, wer an Ressourcen kommt und wer nicht, und daß sie auch über Ausgrenzungsmittel verfügen, sowohl nach links als auch nach rechts?

Helmut Reinalter: Ich meine, daß solche Ausgrenzungen für die Jakobinismusforschung nicht so entscheidend waren. Sie spielten mit hinein, das ist gar keine Frage. Im Vordergrund stehen doch aber bei den meisten Namen, die Sie genannt haben, die inhaltlichen Aspekte. Wenn jemand Projekte beantragt, muß er diese Projekte beschreiben, und ich bin davon überzeugt – wir haben die Schwächen der Grabschen Konzeption schon aufgezeigt, daß hier vor allen Dingen inhaltliche Gründe für die Ablehnung des einen oder anderen Projektes entscheidend gewesen sind. Aber oft sind die Grenzen fließend zur strategischen Ausgrenzung. Grab hat es vielleicht manchem auch nicht allzu schwer gemacht, Projekte aus den besagten Gründen abzulehnen. Ich würde nicht von vornherein sagen, daß Ausgrenzungen oder politisch-ideologische Gründe entscheidend gewesen sind für Ablehnungen; wichtig sind inhaltliche Gründe. Solche Projekte werden von zwei oder drei Fachleuten begutachtet, und wenn die übereinstimmen, dann wird dieses Projekt eben abgelehnt. Man sollte nicht immer Verschwörungen unterstellen. Das kann einmal vorkommen, daß jemand gezielt behindert wird. Doch meine ich, daß inhaltliche Gründe letzlich entscheidend sind.

Michael Schlott: Elisabeth Fehrenbach.

Helmut Reinalter: Ich kenne sie persönlich gut, ich schätze sie auch sehr, eine sehr gute Historikerin. Sie steht der Jakobinerforschung – meine ich – nicht mehr so ablehnend gegenüber wie noch zu deren Beginn. Sie hatte 1976 einen Aufsatz publiziert, da war sie noch sehr, sehr kritisch.[56] Wir waren auch zusammen auf dieser Bad Homburger Tagung zu Rebmann,[57] sie sieht das jetzt wohl doch ein bißchen anders. Ich habe den Eindruck, daß sie durchaus meine Position in der Jakobinerforschung akzeptiert, indem sie möglichst enge Definitionskriterien fordert, die Jakobiner nicht als Massenbewegung ansieht, sondern nur wenige Vertreter erkennt, die dann auch gündlich zu beschreiben sind. Sie anerkennt unsere Forschungsarbeit hier in Innsbruck.

Michael Schlott: Von Aretin haben wir bereits genannt.

---

56   Elisabeth Fehrenbach: Deutschland und die Französische Revolution. In: 200 Jahre amerikanische Revolution und Revolutionsforschung. Hrsg. von Hans-Ulrich Wehler. Göttingen 1976, S. 232–235.

57   Siehe dazu Anm. 28.

Helmut Reinalter: Er lehnt Jakobinismusforschung ab, das ist klar.

Michael Schlott: Helmut Berding?

Helmut Reinalter: Helmut Berding steht nach meiner Auffassung der Jakobinerforschung nicht negativ gegenüber. Er hat ein sehr differenziertes Urteil, wobei bei Berding auch die Außenpolitik eine große Rolle spielt im Zusammenhang mit der Jakobiner-Frage. Er hat wohl recht, obwohl die Jakobiner-Frage zunächst eine innenpolitische ist. Als außenpolitisch anzusehen sind u.a. Perspektiven auf die Entwicklung der Französischen Revolution, der Koalitionskriege, der Koalitionen zur Abwehr der Revolution, also auch der gesamte Konstitutionalismus und die gegenrevolutionären Bewegungen außerhalb Frankreichs. Berding hat eine durchaus komplexe Sicht. Der Aspekt der Außenpolitik ist vor allem wichtig in der Frage der Beurteilung des Jakobinismus, und das betont besonders Helmut Berding. Er hat ja auch einen Aufsatz von Grab aufgenommen in den Sammelband über den deutschen Jakobinismus von 1973.[58] Noch etwas ist wichtig bei Helmut Berding (und es kommt den Intentionen der Innsbrucker Forschungsstelle entgegen): daß er den Jakobinismus auch in eine bestimmte Entwicklungslinie einordnet, wobei er – das ist mein persönlicher Eindruck – vermutlich die Napoleonische Modernisierung höher einstuft als die Wirkung des Jakobinismus – das wäre noch zu prüfen. Napoleon, die Napoleonische Politik in Deutschland, die Reformen, die dadurch eingeleitet worden sind, erhalten bei Berding besondere Bedeutung. Er hat sich selber mit dem Modernisierungsproblem beschäftigt am Beispiel des Königreichs Westfalen, das war seine Habilitationsschrift.[59] Diese wichtigen Hinweise von Helmut Berding suchen wir auch in der Arbeit unserer Forschungsstelle zu berücksichtigen. Er war auch 1988 auf dem großen Historikerkongreß zum Bicentenaire in Innsbruck und hat hier ein Hauptreferat gehalten über „Soziale Protestbewegungen in Deutschland während der Französische Revolution".[60] Das ist auch ein interessanter, sehr wichtiger Ansatz bei ihm: das Verhältnis zwischen sozialen Protestbewegungen, Volksbewegungen und Jakobinismus. Diese Problematik muß ja noch genauer untersucht werden, das hat auch Helmut Berding angeregt. So steht er der Jakobinerforschung positiv und offen gegenüber, aber er bindet das Problem des Jakobinismus ein in eine Entwicklung ‚Aufklärung – Französische Revolution – Napoleon – Modernisierung seit Napoleon in Deutschland'.

Michael Schlott: Franz Dumont?

Helmut Reinalter: Der ist deutlich regionalgeschichtlich orientiert, was aber wichtig ist. Ich habe ja betont, wir brauchen mehr regionale Studien. Das Verdienst seiner Arbeit liegt darin, daß er Heinrich Scheel korrigiert und modifiziert hat. Die Arbeit ist sehr gewissenhaft, sehr genau, methodisch nicht immer innovativ. Der Hauptmangel der Arbeit liegt darin, daß Franz Dumont sich nicht von den Vorgaben seines Leh-

---

58 Walter Grab: Die deutsche Jakobinerbewegung. In: Deutschland zwischen Revolution und Restauration. Hrsg. von Helmut Berding und Hans-Peter Ullmann. Königstein/Taunus 1981, S. 208–225.

59 Helmut Berding: Napoleonische Herrschafts- und Gesellschaftspolitik im Königreich Westfalen 1807–1813. Göttingen 1973.

60 Helmut Berding: Soziale Protestbewegungen in Deutschland zur Zeit der Französischen Revolution. In: Die Französische Revolution, Mitteleuropa und Italien. Hrsg. von Helmut Reinalter. Frankfurt/Main u.a. 1992, S. 93–107.

rers Weber lösen konnte. Weber hat aus politischen Gründen erheblichen Einfluß genommen.

Michael Schlott: Also hat Scheel recht mit seinem Vorwurf?[61]

Helmut Reinalter: Dumont hat offenbar mit Webers Vorgaben übereingestimmt, sonst hätte er wahrscheinlich nicht in diese Richtung gearbeitet. Er muß also davon überzeugt gewesen sein. Er hat sich bemüht, seine Thesen auch empirisch herauszuarbeiten, das ist ihm teilweise gelungen. Er hat neue Forschungsergebnisse erzielt und manches anders beurteilt als Scheel. In einzelnen Bereichen hat er gegenüber Scheel wirklich Neues erforschen können. Ungeachtet dessen muß man sagen, daß die zwei Bände Quellenedition über die Mainzer Republik von Scheel eine solide Grundlage schaffen. Die Darstellung im dritten Band hat mich etwas enttäuscht, da ist gegenüber den Vorworten zu den beiden ersten Quellenbänden eigentlich nichts entscheidend Neues gesagt worden.[62] Man gewinnt den Eindruck, der Band ist gedehnt worden durch die Aufnahme von Aufsätzen, die zuvor schon anderorts im Druck erschienen sind.

Dumont arbeitet sicher im Lokalgeschichtlichen. Was ein bißchen bei ihm fehlt, ist die Einordnung der Mainzer Republik in den Kontext des zentraleuropäischen Jakobinismus. Das fehlt bei Dumont, das würde ich schon als Kritikpunkt anführen. Ich kann mir vorstellen, daß laufend Gespräche zwischen Weber und Dumont während der Ausarbeitung der Dissertation stattgefunden haben. Das gehört doch zur Dissertationsbetreuung, daß man die Arbeit zunächst heuristisch bespricht und über den Fortschritt der Untersuchungen diskutiert. Dabei hat zweifelsohne Weber seine Meinung kundgetan, was übrigens Dumont im Gespräch mir gegenüber auch nicht in Frage gestellt hat. Er war davon überzeugt, daß es notwendig sei, neben Heinrich Scheel über die Mainzer Republik eine weitere Arbeit zu schreiben, die Scheel korrigiert, weil Dumont das Thema anders sieht – und da stimmt Dumont sicher mit Weber überein, siehe die Kontroverse zwischen Weber und Scheel.[63] Ich habe die Dissertation ja rezensiert.[64] Dumont hat sehr viele eigene Gedanken (wie etwa die Revolutionierungs-These), aber der Einfluß von Weber ist doch spürbar.

Michael Schlott: Michael-Peter Werlein – ist Ihnen ein Begriff?

Helmut Reinalter: Sicher, doch. Zu ihm haben wir eigentlich wenig Kontakt. Er hat sich für die Innsbrucker Forschungsstelle eigentlich nie besonders interessiert, wir haben ihn auch nicht angesprochen. Ich habe einmal mit ihm korrespondiert, aber das ist dann wieder eingeschlafen.

Michael Schlott: Axel Azzola.

---

61 Vgl. Heinrich Scheel: [Rez.] Franz Dumont: Die Mainzer Republik von 1792/93. In: Zeitschrift für Geschichtswissenschaft 32 (1984), S. 71–74, hier S. 72: Scheel hält Dumont vor, daß das Thema seiner Dissertation von seinem 'Doktorvater' Hermann Weber nicht zufällig zum Zeitpunkt der Studentenrevolte *vor*gegeben worden sei; siehe dazu die Interviews mit Franz Dumont (S. 458–485, hier S. 461 f.) Heinrich Scheel (S. 665–691, hier S. 669) und Axel Kuhn (S. 528–560, hier S. 550) sowie unten, II, 2.2.1, S. 87, 89, 94.

62 Die Mainzer Republik I–III (wie Anm. 14).

63 Siehe dazu das Interview mit Franz Dumont (S. 458–485) und unten, II, 2.2.1, S. 87, 89, 94.

64 Helmut Reinalter: „Mainz ist ein fürchterliches Jakobinernest". Zu einigen Neuerscheinungen über den deutschen Jakobinismus. In: Archiv für Sozialgeschichte 27 (1987), S. 529–533.

Helmut Reinalter: Er ist mir bekannt von der Mainzer Ausstellung;[65] er hat auch am Katalog – wenn ich mich recht erinnere – mitgearbeitet. Ich kenne ihn flüchtig, habe ihn aber auch nie angesprochen und eingeladen, hier mitzuarbeiten, denn wir haben hier schon sehr viele Mitarbeiter. Für die Jakobinerforschung ist er von keiner zentralen Bedeutung.

Michael Schlott: Wie ist es mit Hellmut Haasis?

Helmut Reinalter: Hellmut Haasis hatte auch so seine Probleme mit Grab. Haasis hat den Kontakt zur Forschungsstelle gesucht aus zwei Gründen. Der erste Grund: Er war der Meinung, daß wir die einzige Institution wären, die auch so etwas wie eine Empirie- und Servicestelle wäre. Diese Einschätzung ist nicht ganz falsch. Wir arbeiten ja an mehreren Projekten; wir sind auch bereit, immer, wenn uns jemand anschreibt, Hilfestellungen zu geben, denn wir haben hier eine Quellen- und Dokumentensammlung und auch eine Bibliothek. So hat sich auch Haasis an uns gewandt – er wollte über den Valentin Probst eine Arbeit schreiben[66] und hat auch für seine Dokumentation über die deutschen Jakobiner Material gesucht.[67] Wir haben ihm Auskunft gegeben, ihm Kopien geschickt usw. Der zweite Grund ist, daß er in unserer Forschungsstelle den Versuch sieht, Jakobinerforschung intensiv zu betreiben, und Haasis war auf der Suche nach einem Ansprechpartner, weil er in Deutschland keinen hatte. Mit Grab war er zerstritten, auch sonst war er – so war mein Eindruck – ziemlich isoliert. Hier in Innsbruck hat er Anschluß gefunden und hat von sich aus angeboten, im Rahmen der Forschungsstelle mitzuarbeiten. Mit ihm haben wir relativ guten Kontakt. Ich halte ihn und seine Arbeiten auch für wichtig. Manches davon ist allerdings nicht neu, aber er hat auch Quellen ausfindig gemacht, die bisher unbekannt waren. Er ist jemand, der in den Archiven arbeitet und immer wieder etwas Neues entdeckt, also nach meiner Meinung ein guter Mann.

Michael Schlott: Kennen Sie Helmut Mathy?

Helmut Reinalter: Ja, ich kenne ihn sehr gut. Er hat in Innsbruck studiert und bei Hans Kramer seine Dissertation geschrieben. Zum Jakobinismus hat er ein gut reflektiertes Verhältnis – so ist mein Eindruck. Er hat über einzelne Mainzer Jakobiner gearbeitet, insbesondere biographisch. Aber eigentlich steht er der Forschungsrichtung insgesamt negativ gegenüber.[68]

Michael Schlott: Aber das hat sich offenbar in den letzten Jahren geändert.

---

65 Deutsche Jakobiner. Mainzer Republik und Cisrhenanen 1792–1798. Ausstellung des Bundes-
    archivs und der Stadt Mainz im Foyer des Mainzer Rathauses. Mainz 1981. Bd. 1: Handbuch.
    Beiträge zur demokratischen Tradition in Deutschland; Bd. 2: Bibliographie zur deutschen links-
    rheinischen Revolutionsbewegung in den Jahren 1792/93. Ein Nachweis der zeitgenössischen
    Schriften mit den heutigen Standorten, zusammengestellt von Hellmut G. Haasis; Bd. 3: Katalog.
66 Gemeint ist der französische Geheimagent Valentin Probst aus dem Elsaß; 1794 und 1795 befand
    er sich zeitweise in Nürnberg. Im Auftrag des Wohlfahrtsausschusses sollte er die französische
    Friedenspolitik unterstützen; vgl. Hellmut G. Haasis: Gebt der Freiheit Flügel. Die Zeit der deut-
    schen Jakobiner 1789–1805. Reinbek 1975, Bd. 1, S. 738–762. Haasis hielt 1990 einen Vortrag
    im Bayerischen Rundfunk: „In Nürnbergs revolutionärem Untergrund. Aus dem 200jährigen
    Verhörprotokoll des französischen Geheimagenten Valentin Probst"; siehe dazu auch Hellmut G.
    Haasis: Literarischer Untergrund Habsburg 1700–1800. In: Kommunikation und Information im
    18. Jahrhundert. Das Beispiel der Habsburgermonarchie. Hrsg. von Johannes Frimmel und Mi-
    chael Wögerbauer. Wiesbaden 2009, S. 217–226.
67 Haasis: Gebt der Freiheit Flügel (wie Anm. 66), 2 Bde.
68 Siehe dazu das Interview mit Franz Dumont, S. 458–485, hier S. 469–473, 475–477.

Helmut Reinalter: Ein überzeugter Jakobinerforscher ist er nicht geworden; doch beweglicher geworden ist das Verhältnis schon. Den Eindruck habe ich auch.

Michael Schlott: Anton Maria Keim.

Helmut Reinalter: Ich habe wenig Verbindung mit ihm. Ich kenne ihn nur von Mainz, natürlich auch von der Ausstellung.[69]

Michael Schlott: Könnten Sie vielleicht seine Ziele und Intentionen, seine politische Position skizzieren?

Helmut Reinalter: Er hat diese Ausstellung in Mainz sehr unterstützt und war eigentlich immer ein Ansprechpartner, wenn man irgendetwas gebraucht hat – etwa aus Mainz. Die Mehrheit der Mitarbeiter unserer Forschungsstelle steht ihm positiv gegenüber, aber mehr kann ich darüber nicht aussagen. Er hat hier nicht mitgearbeitet.

Michael Schlott: Klaus Rüdiger Scherpe hatten Sie bereits erwähnt, Gert Mattenklott hatten Sie genannt. Wie würden Sie Ihre Kontakte zu Klaus Scherpe beschreiben?

Helmut Reinalter: Ich habe ihn auf mehreren Tagungen kennengelernt – beispielsweise in Neapel[70] und in Berlin.[71] Wir haben auch ab und zu korrespondiert. Ich habe ihn als scharfsinnigen Literaturwissenschaftler kennengelernt, der weit über das Jakobinismus-Problem hinaus gearbeitet hat. Bei Scherpe war dabei stets der Gegenwartsbezug besonders interessant. Dieser Aspekt ist uns auch hier in Innsbruck wichtig: die Rezeption der Jakobiner-Problematik in der deutschen Geschichte, in der deutschen Literatur im 19. und 20. Jahrhundert ist noch ein Forschungsdefizit. Dazu arbeitet Scherpe ja, diese Rezeptionsgeschichte finde ich sehr wichtig. Doch habe ich den Eindruck, daß er das Jakobinismus-Thema nun verlassen hat. Bei Mattenklott ist es ähnlich.

Michael Schlott: Worauf führen Sie das zurück?

Helmut Reinalter: Beide sind sozusagen klassische Vertreter der Forschung zum Literarischen Jakobinismus, doch finden sie heute andere Themen aktuell, vor allem Literatur und Demokratie im 20. Jahrhundert – ein sehr wichtiges Thema, das man noch sehr viel erforschen muß.

Michael Schlott: Aktuell in welchem Sinne?

Helmut Reinalter: ‚Aktuell‘ im Sinne von ‚gegenwartsnah‘. Allerdings würde ich nicht sagen, daß der Jakobinismus wissenschaftlich unaktuell wäre. Aber mit den Themen, die Mattenklott und Scherpe heute bevorzugen, kann man in politisch aktuelle Diskussionen eingreifen. Ich habe den Eindruck, daß beide politisierende Literarhistoriker sind. Das meine ich nicht im abwertenden Sinne, sondern durchaus positiv. Beider Kontakte zur Forschungsstelle sind nie sehr intensiv gewesen.

Michael Schlott: Wie ist es mit Horst Denkler?

Helmut Reinalter: Denkler hat sich nie besonders interessiert für uns; er hat keinen Kontakt gesucht.

Michael Schlott: Axel Kuhn.

---

69   Siehe dazu Anm. 65 sowie das Interview mit Franz Dumont, S. 458–485, hier S. 469–477.
70   Conferenza tenuta all'Istituto Universitario Orientale il 22 aprile 1977; siehe Anm. 51.
71   Die demokratische Bewegung (wie Anm. 35).

Helmut Reinalter: Ich kenne ihn schon sehr lange; er war einer der ersten, der hier aktiv mitgearbeitet hat. Er steht voll hinter der Forschungsstelle, obwohl es zwischen ihm und mir auch gewisse Auffassungsunterschiede gibt – auch in der Beurteilung des Jakobinismus. Aber ich schätze Kuhn als wirklichen Exponenten in dieser Forschungsrichtung; er hat sehr gute Arbeiten geschrieben. Ich habe es zutiefst bedauert, daß das Verhältnis zwischen Kuhn und Grab immer angespannter wurde. Zwischen Kuhn und Grab gab es auch eine Forschungskontroverse – wie Sie wissen – in der Beurteilung der Jakobiner-Frage.[72]

Michael Schlott: Es ist vermutlich – das entnehme ich zumindest Ihren bisherigen Antworten – nutzlos, noch einmal zu fragen, welche bundesrepublikanischen Historiker Ihrer Ansicht nach bedeutenden Einfluß auf die Vergabe von Drittmitteln haben und im weiteren Sinne die Steuerung von Forschungsentwicklung in der Hand haben. Sie möchten sich offenbar dazu nicht äußern.

Helmut Reinalter: Ich möchte keine Namen nennen. Es sind etablierte Historiker, nicht nur an Universitäten und Lehrstühlen, sondern auch außerhalb, denken wir etwa an das Max-Planck-Institut für Geschichte oder an andere außeruniversitäre Forschungseinrichtungen, wo doch sehr viele Einflußmöglichkeiten bestehen.

Michael Schlott: Sie erläuterten bereits, was die Jakobinismusforschung durch die Mitteleuropa-Perspektive hinzugewonnen hat. Was steckt hinter diesem Programm, was ist – unabhängig von der geographischen Erweiterung des Forschungsspektrums – gemeint?

Helmut Reinalter: Wir haben damals lange darüber nachgedacht, wie wir die Forschungsstelle benennen. Wir waren uns klar über die Ziele, über die Projektschwerpunkte usw., erst dann ist das Problem der Bezeichnung aufgetreten. Wir haben hin und her diskutiert, und es sind Vorschläge gekommen wie „Internationale Forschungsstelle Demokratische Bewegungen in Deutschland, Österreich und Schweiz". Das sind Länder, die wir untersuchen. Aber dann hätten wir Italien auch dazunehmen müssen, und das könnte dann problematisch werden. Dann ist – nicht zuletzt auch unter dem Einfluß von Walter Grab und Alain Ruiz – im Hinblick auf die französischen und italienischen Kollegen der Vorschlag gemacht worden, warum nicht der Begriff Mitteleuropa? Ich habe damals schon gewisse Bedenken geäußert, weil mir auf Grund der damals laufenden Mitteleuropa-Diskussion (und, speziell in Österreich) klar war, daß der Begriff besetzt ist.[73] Er ist ideologisch und politisch besetzt; dahinter steht auch, was Österreich betrifft, ein Projekt, d. h. also eine ganz bestimmte Intention.

Michael Schlott: Sie meinen Kreiskys Drehscheiben-Politik?

Helmut Reinalter: Ja, aber interessanterweise auch die ÖVP und solche Leute, die auch ein ÖVP-Programm für Europa haben. Das hat sich jüngst, um 1990, geändert; die Mitteleuropa-Diskussion hat einen völlig anderen Stellenwert bekommen, weil sich ja auch Wesentliches in den politischen Strukturen verändert hat. Meinen damaligen Bedenken wurde entgegengehalten: Das ist für uns kein geopolitischer Begriff, sondern ein pragmatischer Sammelbegriff für Länder, Staaten, die wir wissenschaftlich untersuchen im zentraleuro-

72   Siehe dazu das Interview mit Axel Kuhn, S. 528–560, hier S. 530.
73   Vgl. etwa Erhard Busek und Emil Brix: Projekt Mitteleuropa. Wien 1986; Rudolf Jaworski: Die aktuelle Mitteleuropadiskussion in historischer Perspektive. In: Historische Zeitschrift 247 (1988), H. 3, S. 529–550.

päischen Raum. Ich habe dem deshalb zugestimmt, um nicht die ganze Sache scheitern zu lassen an der Namensgebung, die war für mich sekundär. Wichtig waren für mich Zielsetzung, Intentionen, Projekte, Finanzierung usw. Aber seit ein paar Jahren – das geht von mir aus – spreche ich immer mehr von Zentraleuropa und nicht von Mitteleuropa, weil ich meine, daß der Begriff Zentraleuropa weniger negativ besetzt ist als der Begriff Mitteleuropa. Zur Pragmatik des Begriffs: Wir meinen damit Deutschland, d. h. das Deutsche Reich, wir meinen die gesamte Habsburger Monarchie und die Schweiz. Und wenn ich sage „die gesamte Habsburger Monarchie", dann auch die italienischen Staaten der Habsburger Monarchie, insofern spielt Italien hier auch hinein. Wir verbinden damit eigentlich kein politisches Programm.

Michael Schlott: Axel Kuhn hält dafür, daß die deutsche Jakobinerforschung auf dem Wege sei, die bisher dominierende nationale Perspektive zu überwinden und Anschluß an die (auf eine 200jährige Entwicklung zurückblickende) internationale Revolutionsforschung zu finden. Dies könne nur – wie er sagt – „durch die kontinuierliche Zusammenarbeit aller Experten gelingen".[74] Ich möchte Ihnen angesichts dieser Prognose eine Einschätzung vortragen, die mir in informellen vorbereitenden Gesprächen zu diesen Interviews vorgestellt worden ist. Sie lautet sinngemäß: Die deutsche Jakobinismusforschung muß als letztes Paradigma politisch ausgerichteter Historiographie und Literaturwissenschaft angesehen werden, das durch Methodenwechsel und Modernisierungstheorien der Sozialgeschichte erledigt wurde. Die Jakobinismusforschung ist aus der Aufklärungsforschung völlig ausgeschieden. Die unmittelbare politische Instrumentalisierung des Forschungsgegenstandes verstellte die Möglichkeit einer produktiven Reaktion auf neue sozial-, mentalitäts- und kulturgeschichtliche Ansätze. Eine sehr hartes Urteil, oder?

Helmut Reinalter: Diese Kritik ist größtenteils berechtigt. Nur besteht der Hauptfehler dieser Kritik darin, daß davon ausgegangen wird, es gebe eine Richtung der Jakobinerforschung; das stimmt eben nicht, es gibt verschiedene Richtungen. Die Ausrichtung der Innsbrucker Forschungsstelle unterscheidet sich wesentlich z. B. von der Grabschen Richtung, von der Scheelschen Richtung, von anderen Richtungen. Es gibt keine einheitliche Jakobinerforschung. Am meisten stört mich an der aktuellen Jakobinerforschung, daß sie methodisch nicht sehr innovativ ist. Es ist in der Tat so, daß moderne Ansätze in der Geschichtswissenschaft und darüber hinaus kaum erprobt werden. Wir in Innsbruck wollen solche Ansätze methodisch realisieren, indem wir etwa – ich nenne Beispiele aus der politischen Ideengeschichte – den Revolutions-Begriff untersuchen, das Republik-Verständnis, das Demokratie-Verständnis oder die gegenrevolutionären Bewegungen, den frühen Konservatismus, die Unterscheidung von Demokratismus vs. Liberalismus, die sozialkritische Bewegung. Wir wollen die Protest-Bewegung, die Protest-Forschung mit einbeziehen und sind auch in Verbindung mit Protest-Forschern wie Grießinger etwa, der die Handwerker-Bewegung untersucht hat.[75] Für uns ist das Verhältnis Volksbewegung und Jakobinismus von Interesse – ich habe selber darüber gearbeitet. Dafür wollen wir vor allem das methodische Instrumentarium der modernen Sozialgeschichtsschreibung nutzen. Den wichtigen begriffsgeschichtlichen Aspekt haben wir ja schon angesprochen; wesentlich ist

---

74 Siehe dazu das Interview mit Axel Kuhn, S. 528–560, hier S. 553.
75 Andreas Grießinger: Das symbolische Kapital der Ehre. Streikbewegungen und kollektives Bewusstsein deutscher Handwerksgesellen im 18. Jahrhundert. Frankfurt/Main u. a. 1981.

die mentalitätshistorische Perspektive, auch der Alltag. Wir müssen uns über die Biographien hinaus das Umfeld der Jakobiner ansehen: Woher kommen sie, welche familiären Konstellationen gibt es? Zeigen sich Brüche in den Biographien, Wandel in der politischen Denkweise, gibt es ein Renegatentum? Aufstandsbereitschaft; das Problem der Macht und weitere solche Apekte sind sehr wichtig. Es geht beispielsweise um den Erfahrungsbereich von Angst – mit Blick auf die Mentalitätsgeschichte. Es geht um die Kommunikationsformen, das Feiern von Festen – der Jakobinerklub war ja nicht nur ein strategisches Instrument oder eine rationale Institution, sondern da sind auch Feste gefeiert worden: also Festkultur in Jakobinerklubs oder im Jakobinismus. Solche Sachverhalte muß man stärker thematisieren. Nach meiner Meinung ist die Kritik an der begrenzten Methodologie der Jakobinerforschung berechtigt – auf der einen Seite eben Heinrich Scheel, auf der anderen Seite Walter Grab.

Michael Schlott: Herr Reinalter, wie beurteilen Sie die Rolle und den Einfluß von Verlagen im Hinblick auf die Akzeptanz bzw. Ablehnung von Wissensansprüchen der Jakobinerforschung? Welche Überlegungen sind für Sie ausschlaggebend bei der Wahl von Verlagen? Trifft es zu, daß große, renommierte Verlage – ich weiß jetzt gar nichts über die österreichischen Verhältnisse – kein Interesse mehr zeigen für die Jakobinismusforschung, kein Interesse daran haben, entsprechende Quellenwerke zu edieren?

Helmut Reinalter: Ich kann diese Auffassung überhaupt nicht teilen. Sie widerspricht auch meinen persönlichen Erfahrungen, auch den Erfahrungen meiner Mitarbeiter. Wir haben diesbezüglich keine Probleme. Wichtig ist, daß entsprechenden Verlagen qualitativ gute Arbeiten angeboten werden. Aber sie müssen von der Darstellungsform so gestaltet sein, daß sie ein breiteres, interessiertes Publikum ansprechen. Wir haben im Lang-Verlag unsere Reihe *Aufklärung – Vormärz – Revolution*,[76] die hat sich sehr gut verkauft. Die Zusammenarbeit mit dem Lang-Verlag ist bestens; das gilt auch für den Böhlau-Verlag, einen eher konservativer Verlag, der meine Habilschrift gedruckt hat. Ich habe im Österreichischen Bundesverlag publiziert, bei Suhrkamp, beim Fischer-Verlag und habe nur beste Erfahrungen. Wenn die Qualität stimmt, dann drucken die Verlage. Politische Gründe etwa spielen da nach meiner Meinung überhaupt keine Rolle.

Michael Schlott: Aber der Publikumsbezug muß schon sein?

Helmut Reinalter: So ist es. Wir haben auch mit den Lektoren der genannten Verlage sehr gute Erfahrungen gemacht. Ich sehe auch nicht, daß es einen Unterschied gibt zwischen österreichischen und deutschen Verlagen.

Michael Schlott: Mehrere Regionen des Jakobinismus sind inzwischen ausführlich beschrieben worden, Norddeutschland durch Grab, Süddeutschland durch Scheel, Mainz durch Dumont, das Rheinland durch Kuhn. Und der Name Reinalter steht für Österreich, Mitteleuropa, Zentraleuropa. Es gibt zudem – Sie sagten es – eine beachtliche Reihe von Biographien. Unter wissenschaftstheoretischen Aspekten stellt sich mir die Frage: Kann die Jakobinismusforschung zu befriedigenden Ergebnissen gelangen, solange sie sich auf regional- und personengeschichtliche Arbeiten konzentriert, und zwar ohne unter einem gemeinsamen begrifflichen Konsens zu agieren? Nach meiner Auffassung ist das noch nicht der Fall.

---

76   Aufklärung – Vormärz – Revolution (wie Anm. 37).

Helmut Reinalter: Das ist ein Forschungsprozeß, der ganz verschiedene Aspekte hat. Zunächst fassen wir ja unser Projekt *Biographisches Lexikon*[77] auf als eine Grundlagenforschung zur Bestimmung des zentraleuropäischen Jakobinismus. Wir haben das *Biographische Lexikon* sehr breit angelegt. Wir nehmen Liberale und Demokraten auf und wollen sehen, wieviele Personen da zusammenkommen und wo die Unterschiede der einzelnen Persönlichkeiten liegen, und wollen das auch beim zweiten Band so handhaben. Der Schwerpunkt des Lexikons gilt den unbekannten und vergessenen Namen. Da sind wir auf sehr interessante Ergebnisse gestoßen. Wir haben festgestellt, daß es einige gibt, die durchaus den engeren Kriterien des Jakobinismus entsprechen, die bisher gar nicht erwähnt worden sind oder die man falsch eingeschätzt hat. Man hat völlig falsch zugeordnet, indem man ein Werk herausgegriffen hat, das man genauer untersucht hat, andere Werke hat man übersehen. In Wirklichkeit zeigt sich, daß in anderen Werken ganz wichtige jakobinische Aspekte enthalten sind, viel wichtiger als in den angeblichen Hauptwerken. Man muß hier stark differenzieren und muß sich möglichst alles anschauen, um zu einem Ergebnis zu kommen. Das kann oft nur ein Zwischenergebnis sein. Also gehen wir induktiv-generalisierend vor. Wir wollen nicht zuerst die Jakobiner-Definition und dann alles deduktiv ableiten. Statt dessen: breite Quellenbasis, viele regionale Untersuchungen, dann die Kriterien herausschälen. Dafür sind heuristische Arbeitshypothesen vorgegeben, aber wir haben noch keine Theorie und keine feste Definition am Beginn unserer Projekte gehabt; diese Definitionskriterien entwickeln sich jetzt langsam. Das geht parallel mit dem Forschungsprozeß, mit dem Verlauf unserer Projekte.

Michael Schlott: Aber es liegen Ihrer Ansicht nach noch nicht genügend Details vor.

Helmut Reinalter: Nein, wir sind immer noch vorsichtig – unsere Definitionsangebote sind noch nicht endgültig, weil die empirische Basis noch immer nicht ausreicht. Es kommt noch etwas hinzu, was Sie in Ihrer Fragestellung vermutlich übersehen haben: Wir arbeiten nicht nur biographisch. Wir arbeiten auch an Quelleneditionen, das gehört ja ebenfalls zur Grundlagenforschung mit dem Ziel, zu einer historisch angemessenen, objektiven Zuordnung des Jakobinismus zu kommen. Uns interessiert der historische Ort des Jakobinismus, des mitteleuropäischen Jakobinismus. Dazu brauchen wir diese Grundlagenforschung. Wir haben jetzt im Fischer-Verlag das *Lexikon zu Demokratie und Liberalismus* herausgebracht.[78] Dieses Lexikon ist sozusagen die unverzichtbare Ergänzung zu den biographischen Arbeiten, die wir hier leisten. Im Unterschied zu Grabs Vorgehen sind das nicht unsere Hauptarbeiten, sondern es sind Forschungsvoraussetzungen. Dieses Lexikon ist strukturell aufgebaut, d.h., wir wollen jetzt mit dem Lexikon das gesellschaftliche, politische, kulturelle Umfeld erhellen, um die einzelnen Persönlichkeiten, die wir im ersten Band bearbeitet haben, in ihren Verflechtungen mit diesem Umfeld zu dokumentieren. Der nächste Schritt wird dann ein Handbuch sein, in dem wir beides verbinden. Wir haben also jetzt einen Block Biographie, wir haben einen Block Kontextbezüge, wir haben die Quelleneditionen und wollen das alles nach einigen Jahren als abgeschlossene Projekte einfließen lassen in ein Handbuch zur Geschichte des zentraleuropäischen Jakobinismus.

---

77   Biographisches Lexikon (wie Anm. 53).
78   Lexikon zu Demokratie und Liberalismus 1750–1848/49. Hrsg. von Helmut Reinalter. Frankfurt/Main 1993.

Es ist zu hoffen, daß wir in der Einleitung eine einigermaßen überzeugende Definition des Begriffs des Jakobinismus liefern können.

Michael Schlott: Noch einmal grundsätzlich, Herr Reinalter, welche wichtigen wissenschaftsexternen Faktoren – welche Faktoren, die nicht zum sogenannten rationalen Diskurs der Wissenschaft gehören – müssen Ihrer Ansicht nach in einer wissenschaftsgeschichtlichen Beschreibung und Analyse der Jakobinismusforschung unbedingt berücksichtigt werden? Wenn Sie mit einem solchen Projekt konfrontiert wären und zunächst einmal Ideen generieren sollten, woran würden Sie zunächst denken?

Helmut Reinalter: Sie meinen jetzt vor allem die exogenen Faktoren, das war der Kern ihrer Fragestellung? Ich kann die Frage nur aus meiner persönlichen Sicht beantworten – nämlich warum ich mich für diese Forschungsrichtung engagiert habe. Ich bin ein überzeugter Demokrat, bin aber doch relativ unzufrieden über die realen demokratischen Verhältnisse, nicht nur in Österreich.

Michael Schlott: Wie ist denn Ihr Demokratie-Begriff – klassisch?

Helmut Reinalter: Durchaus. Nur meine ich, daß die heute praktizierte Demokratie etwas verstaubt ist und daß die Gewichte demokratischer Entscheidungen sich verschoben haben, daß vieles heute undurchsichtig geworden ist, daß das Parlament nicht mehr die Rolle spielt wie früher; auch die Regierungen nicht mehr so einflußreich sind wie früher, daß es Lobbies gibt, daß der vorparlamentarische Raum sehr wichtig geworden ist, wo oft Entscheidungen gefällt werden, die gar nicht mehr nachvollziehbar und undurchschaubar geworden sind. Eine solche Demokratie hat Strukturdefekte. Ich bin ein politisch sehr engagierter Staatsbürger, auch als Wissenschaftler, ich trenne dies nicht. Mein gesellschaftspolitisches (nicht parteipolitisches) Engagement und meine wissenschaftliche Tätigkeit kann und will ich auch nicht trennen, so daß sich mir die Frage stellt: Wenn man ernsthaft einen Beitrag leisten will zur Verbesserung der Demokratie als Staatsbürger und dazu Möglichkeiten auch im beruflichen Bereich nutzen will, dann muß man sich Klarheit verschaffen über die Anfänge und die Entwicklung der Demokratie. Denn ohne diese historische Perspektive wird man die gegenwärtigen Situationen nicht angemessen beurteilen können. Was ich jetzt sage, hängt mit meinem Geschichtsverständnis zusammen; ich befasse mich mit der Vergangenheit nicht um der Vergangenheit willen, sondern um die Gegenwart besser zu verstehen, um kurzfristige und mittelfristige Zukunftsentwicklungen vielleicht besser abschätzen zu können. Das ist für mich die Legitimation meiner Tätigkeit als Historiker, als Forscher und als akademischer Lehrer, weil ich der Meinung bin, daß die Gesellschaft, die das bezahlt, ein Recht darauf hat zu erfahren, warum ich das überhaupt mache. Das ist eine Legitimationsfrage: Die Gesellschaftsrelevanz meiner Arbeit ist für mich sehr wichtig. Eine Entsprechung dieser Auffassung habe ich gefunden im Ansatz der historischen Sozialwissenschaft, die gesellschaftlicheVoraussetzungen von Ereignissen untersucht und auch die Folgewirkungen. Darum sagte ich zu Beginn, mein Geschichtsverständnis orientiere sich am Konzept der historischen Sozialwissenschaft in Verbindung mit Mentalitätsgeschichte und Alltagsgeschichte, weil nach meiner Auffassung die historische Sozialwissenschaft diese beiden Bereiche noch nicht hinreichend thematisiert. Das wollte ich nochmals verdeutlichen, ehe ich zur Beantwortung Ihrer Frage komme. Ich befasse mich also beispielsweise mit dem Jakobinismus im Rahmen der Anfänge der Demokratie aus der Überlegung heraus: Wenn ich verstehe, wie das damals gelaufen ist, kann das für mich vielleicht eine Persepktive sein, um Möglichkeiten zu erkennen, die Demokratie in Österreich zu verbessern. Das hat nichts mit der Wurzelzieh-Methode von Walter Grab zu tun, sondern meine Überlegung geht eigentlich in eine ganz andere Richtung als die von Walter Grab. Er will rechtfertigend zeigen, es gab Demokraten. Aber eigentlich sehe ich bei ihm nicht so recht die Verknüpfung zur Gegenwart. Ich habe eher den Eindruck, daß er Traditionsbestände aufzeigen will. Das ist antiquarisch; mein Ansatz ist ein gegenwartszentrierter – ein aktueller, aktiver, auch affektiver. Ich will einen Beitrag leisten zur Verbesserung der Strukturdefekte der derzeitigen Demokratie.

Michael Schlott: Das impliziert auch die Darstellungsformen der wissenschaftlichen Arbeit, den von Ihnen angesprochenen Publikumsbezug.

Helmut Reinalter: Richtig.

Michael Schlott: Inwieweit ist es gelungen – ich denke, diese Frage hängt eng zusammen mit dem, was Sie eben ausgeführt haben –, die Lehrpläne und Geschichtsbücher Österreichs zu erobern, oder – weniger martialisch formuliert: Ist es gelungen, Forschungsergebnisse zum mitteleuropäischen oder zentraleuropäischen Jakobinismus in die österreichischen Lehrpläne oder Geschichtsbücher zu überführen? In der Bundesrepublik Deutschland ist es so gut wie nicht gelungen.

Helmut Reinalter: Da sprechen Sie einen Punkt an, der mir leider Sorge bereitet. Es ist uns sicherlich gelungen, in die wissenschaftlichen Standardwerke hineinzukommen, dort besser vertreten zu sein. Ich darf ein konkretes Beispiel herausgreifen: Erich Zöllners *Geschichte Österreichs* ist ein Standardwerk; früher hat Zöllner das Thema Österreichische Jakobinerbewegung in zwei Sätzen abgehandelt, und jetzt ist ein ganzer Absatz aufgenommen worden.[79]

Michael Schlott: Also der Sprung in die kodifizierende Literatur ist gelungen?

Helmut Reinalter: Ja – aber leider ist der Sprung nicht geglückt, was die Schulbücher betrifft. Es liegt am System der Vergabe von Schulbüchern bzw. der Überarbeitung, der Neuauflagen von Schulbüchern. Dafür sind Kommissionen zuständig, in denen immer wieder dieselben Leute sitzen, und die wollen keine Veränderungen. Weil dort Schulpraktiker und keine Experten der Universitäten vertreten sind, kommt es zu keiner Rückkopplung, d. h., diese Schulbücher weisen nicht den aktuellen Forschungsstand aus, sondern es sind Schulbücher, die immer wieder in neuen Auflagen unverändert herauskommen.

Michael Schlott: Aber es dürfte doch für Sie nicht allzu schwierig sein, entsprechende Kontakte aufzubauen und hier Veränderungen herbeizuführen.

Helmut Reinalter: Das ist auch geleistet worden, hat aber bisher keinen Erfolg gebracht. Resonanz gefunden haben wir allerdings in den anspruchsvolleren Standardwerken und Handbüchern für die Studierenden der Universitäten.

Michael Schlott: Dann ist das eine ähnliche Situation wie in der Bundesrepublik Deutschland. In der einen oder anderen Literaturgeschichte wird das Thema Jakobinismus behandelt, auch in dem einen oder anderen Handlexikon. Es gibt vielleicht ein, zwei Unterrichtsmodelle, aber sonst nichts. Herr Reinalter, Kuhns Forschungsbericht „Jakobiner im Rheinland" schließt mit einem Aufruf zur kontinuierlichen Zusammenarbeit aller Exper-

---

79   Erich Zöllner: Geschichte Österreichs. Von den Anfängen bis zur Gegenwart. 8. Aufl. Wien 1990.

ten, um die Regionalisierung der mitteleuropäischen Jakobinerforschung zu überwinden.[80] Wie stehen Sie zu diesem Vorschlag? Ich kenne Ihre „Antikritik"[81] dazu.

Helmut Reinalter: Wir müssen beides im Auge behalten: sowohl-als-auch, nicht entweder-oder.

Michael Schlott: Warum sieht Kuhn das anders?

Helmut Reinalter: Er meint, das könnte zu einer Provinzialisierung der Forschung führen. Da hat er nicht ganz unrecht. Eine gewisse Gefahr besteht darin, daß Heimat-Forschung betrieben wird. Man muß die entstehenden regionalen Studien, in einen größeren Zusammenhang stellen. Das ist sehr wichtig, das ist beispielsweise auch die Aufgabe der Innsbrucker Forschungsstelle. Wir sammeln hier die regionalen Untersuchungen, die noch weiter forciert werden sollen, und versuchen dann, sie zusammenzuführen, um zu einem Gesamtbild und einer Gesamtbeurteilung des zentraleuropäischen Jakobinismus zu kommen. Also sowohl-als-auch, beides ist notwendig: in die Breite zu gehen und die regionale Forschung zu forcieren (weil wir ja selbst nicht in der Lage sind, Regional-Forschung zu betreiben) und gleichzeitig auch das Überregionale oder das Gemeinsame nicht zu vernachlässigen. Nach meiner Auffassung kann man nur auf der Basis sehr fundierter Regional-Forschungen zu verallgemeinernden Aussagen kommen. Ich kann mir das umgekehrt schon vorstellen, aber es ist viel schwieriger, weil man dann falsifizieren muß: Man hat die Theorie und muß ständig korrigieren. Da ist es doch besser, zuerst die breite Palette der Regional-Forschungen zu haben und – darauf aufbauend – zu verallgemeinernden Aussagen zu kommen.

Michael Schlott: Welche disziplin*internen* Normen existieren Ihrer Ansicht nach bei der Evaluierung oder auch Sanktionierung von Wissensansprüchen?

Helmut Reinalter: Auch hier kann ich nur von den Erfahrungen der Forschungsgruppe berichten. Wenn wir beispielsweise ein Projekt vorbereiten, ist zunächst einmal die Idee des Projektes da, die wird zur Diskussion gestellt. Entscheidend für den Eintritt in ein neues Projekt sind primär neue Forschungsergebnisse und neuer Erkenntnisgewinn, dann ein überschaubarer Zeitraum; es muß innerhalb von einigen Jahren realisierbar sein. Wenn wir der Meinung sind, daß eine Idee verwirklicht werden könnte, die sich auch in einem finanziellen Rahmen, der machbar ist, bewegt, dann bilden wir eine Projektgruppe, suchen nach der Zielsetzung des Projekts die Mitarbeiter aus; sie müssen fachlich qualifiziert und zu diesem Themenbereich ausgewiesen sein und sie müssen über ein gewisses methodologisches Niveau verfügen. Methodische Innovation ist sehr gefragt, wobei wir stark in Richtung Interdisziplinarität gehen und multiperspektivisch arbeiten, also sozialwissenschaftlich, ideengeschichtlich, literarhistorisch, philosophisch usw. Wichtig ist eine Darstellungsform, der auch interessierte Leser außerhalb des engeren wissenschaftlichen Publikums folgen können. Das sind die wesentlichen Standards, die wir uns selbst stellen. Ihnen zu folgen wird bei einem Projekt besser möglich sein, beim anderen weniger. Leider kommt es auch vor, daß Mitarbeiter aussteigen, so daß wir in Schwierigkeiten geraten. Es

---

80   Axel Kuhn: Jakobiner im Rheinland: ein neues Resümee. In: Aufklärung – Vormärz – Revolution 1 (1981), S. 29–36
81   Helmut Reinalter: „Antikritik". Eine Stellungnahme zu Axel Kuhns Literaturbericht. In: Aufklärung – Vormärz – Revolution 1 (1981), S. 37.

ist überhaupt nicht einfach, in Teams Projekte durchzuführen. Das habe ich beispielsweise beim *Biographischen Lexikon*[82]erfahren. Auf der anderen Seite profitiert jeder Mitarbeiter sehr, weil ja laufend Arbeitsgespräche stattfinden; die haben ihren Wert, ganz unabhängig davon, wie das Projekt läuft. Die Leitung eines solchen Erfahrungsaustausches ist eine wichtige wissenschaftliche Aufgabe.

Michael Schlott: Welche Lehrveranstaltungen haben Sie zum mitteleuropäischen Jakobinismus durchgeführt, und welche Qualifikationsschriften sind zu diesem Thema bei Ihnen entstanden?

Helmut Reinalter: Lehrveranstaltungen kündige ich nicht regelmäßig an, sondern nur dann, wenn sie in das Semesterprogramm hineinpassen. In meinen Pflicht-Lehrveranstaltungen – wie etwa dem Überblick zur *Geschichte der Neuzeit* wird der zentraleuropäische Jakobinismus von immer berührt: Was hier fruchtbar ist, das sind die Möglichkeiten, Diplomarbeiten, Hausarbeiten, Dissertationen und auch Seminararbeiten zu vergeben – davon mache ich reichlich Gebrauch. Aus diesem Fundus lassen sich in jüngster Zeit für die Schriftenreihe immer wieder auch Publikationen entwickeln. Ich bin in vielen Fällen auch Betreuer und Gutachter von ausländischen Arbeiten – oft Zweitbetreuer für Arbeiten aus der Bundesrepublik, die sich für unsere Schriftenreihe eignen. Zudem werde ich von Autoren, für die ich kein Zweitgutachten zu erstellen hatte, angeschrieben und gebeten, ihr Manuskript zu prüfen und es eventuell für den Druck in unserer Schriftenreihe zu empfehlen.

Michael Schlott: Ich bin des öfteren darauf hingewiesen worden, daß die wissenschaftliche Beschäftigung mit dem Jakobinismus, zumindest in der Bundesrepublik Deutschland, für manch eine Karriere schädlich gewesen sei und ist. Können Sie so etwas für Österreich bestätigen? – Frage 1.

Frage 2: Hatten Sie oder haben Sie in der Fakultät, im Institut oder generell im Wissenschaftsbetrieb in Ihrer Forschungslandschaft Schwierigkeiten zu überwinden, die etwa vergleichbar wären mit den Schwierigkeiten, die Grab – und nicht nur er – in der Bundesrepublik hatten? Läuft es hier in Österreich wohl ein wenig liberaler als in Deutschland?

Helmut Reinalter: Für mich gilt allerdings, daß ich bei der Gründung der Forschungsstelle schon Professor und damit etabliert war. Ich könnte mir schon vorstellen, daß es bei jemandem, der noch am Anfang seiner Karriere steht, nicht gerne gesehen würde, wenn Jakobinismusforschung auf dem Programm steht. Es gibt auch hier in Österreich Gegner dieser Forschungsrichtung; Vertreter der politisch konservativen Geschichtsschreibung sind sicher nicht sehr erfreut über dieses Zentrum in Innsbruck. Doch selbst aus dem konservativen Eck in Österreich wird unsere Forschungsleistung durchaus anerkannt, daß wir zur Komplettierung einer bestimmten Epoche in Österreich beitragen und das Bild dieser Epoche modifizieren. Unsere wissenschaftliche Arbeit wird akzeptiert (und daher haben wir auch im Grunde keine besonderen finanziellen Schwierigkeiten): Wir geben die Schriftenreihe[83] heraus und das *Jahrbuch*,[84] wir publizieren regelmäßig zu unseren Projekten. Allerdings habe ich doch schon manche Probleme gehabt, wenn auch keine existentiellbedrohlichen. Wenn jemand so wie ich hier in Tirol in Österreich über Geheimgesellschaf-

---

82 Biographisches Lexikon (wie Anm. 53).
83 Schriftenreihe der Internationalen Forschungsstelle (wie Anm. 38).
84 Aufklärung – Vormärz – Revolution (wie Anm. 37).

ten arbeitet, über Freimaurerei und über Jakobinismus, wird man schon in eine bestimmte Schublade gesteckt. Na ja, aus dem Freimaurer- und Jakobinerforscher wird rasch ein Freimaurer und womöglich ein revolutionärer Demokrat – das sind simple Gleichsetzungen, aber sie bleiben einem nicht erspart. Für mich und für mein Selbstverständnis ist das nie zu einem Problem geworden. Und wie Sie sagten, herrscht hier vielleicht doch ein liberaleres Wissenschaftsklima als in Deutschland.

Michael Schlott: Bitte korrigieren Sie mich, wenn Sie meinen, das sei bei meinen folgenden Ausführungen nötig: Mitte der 1970er Jahre etwa wird das Spektrum deutscher Jakobinerforschung um zwei Perspektiven erweitert. Regional – wir sagten es – Mitteleuropa; gegenstandsbezogen – Freimaurer und Illuminaten. Ende der 1970er Jahre kommt ein dritter Aspekt hinzu – Reiseliteratur.

1975 wurde die „Deutsche Gesellschaft für die Erforschung des 18. Jahrhunderts" gegründet, ein Jahr später bereits fand in der Lessing-Akademie ein interdisiziplinäres Symposion „Freimaurer und geheime Gesellschaften" statt. Im Juli 1978 wurde in Bremen der Forschungsschwerpunkt „Literatur der Spätaufklärung" eingerichtet.[85] Hans Graßl hielt auf der Freimaurer-Tagung einen Vortrag,[86] den man als Frontalangriff gegen die Jakobinerforscher Scheel und Grab bezeichnen könnte, ich sehe das jedenfalls so. 1977 fand in Neapel eine Tagung über europäischen Jakobinismus statt, an der auch Sie teilgenommen haben.[87] Wie erklären Sie sich diese allenthalben zu beobachtende Erweiterung des Forschungsinteresses? Man könnte beinahe vermuten, es habe sich um eine organisierte Erweiterung des Forschungsspektrums gewesen unter der leitenden Idee, daß diese Forschungsrichtung kaum länger existieren könne, wenn sie sich nicht umorientiert und erweitert. Meines Erachtens war es die Innsbrucker Forschungsstelle, die das Spektrum – wohlgemerkt, es lag ja von Anbeginn im Kalkül – erweitert hatte, aber eben auch die Antennen ausgefahren hat in andere Richtungen. Wie ist die Erweiterung dieses Forschungsinteresses zu erklären?

Helmut Reinalter: Man mußte die Forschungsrichtung schlichtweg aus sachlichen Gründen erweitern. Es gab ja schon eine breitere Jakobinerforschung; man kannte die daran beteiligten Kollegen in Frankreich, Italien, viele in Deutschland, hier in Österreich und man hat realisiert, daß es eigentlich viel mehr als bisher angenommen gibt, viel mehr als nur etwa Heinrich Scheel oder Walter Grab, sondern das ist eine breite internationale Richtung. Selbst in England hat man begonnen, in dieser Richtung zu forschen. Es war in diesen Jahren an der Zeit, die Thematik zu erweitern durch internationale Konferenzen, durch größere Forschungsprojekte usw. Trotz der unterschiedlichen Ansätze und Beurteilungen hat man gesehen, da entsteht etwas Neues, Wichtiges. Es gab auch Bemühungen, diesen Aufbruch zu koordinieren, z.B. hat sich Marino Freschi in Neapel sehr darum bemüht, allerdings mit wenig Erfolg – das ist ein schwieriges Unterfangen. Man hat dann auch die osteuropäische Forschung einbezogen, was mir für unser Innsbrucker Institut immer ein Anliegen war. Es gibt interessante polnische und russische Forschung in der Jakobinismus-Arbeit. So ist aus dem kleinen Schneebrett schon fast so etwas wie eine Lawine entstanden.

---

85   Siehe dazu das Interview mit Hans-Wolf Jäger, S. 500–527, hier S. 519–521.

86   Hans Graßl: Tragende Ideen der illuminatistisch-jakobinischen Propaganda und ihre Nachwirkungen in der deutschen Literatur. In: Geheime Gesellschaften. Hrsg. von Christian Ludz. Heidelberg 1979, S. 335–366.

87   Siehe dazu Anm. 70.

Nur hatte man schon Probleme, das alles gut geordnet weiterzuführen. Die Aufbruchstimmung mit einer erklecklichen Anzahl von Kongressen war bald wieder vorbei, weil sich Gegenkräfte (wie immer, wenn Neues entsteht) mobilisiert hatten und weil die Exponenten der Jakobinerforschung sich uneins gewesen sind. Diese Situation war einer der Gründe, ein Motiv, es in Innsbruck zu versuchen, um zu konsolidieren und zu erweitern. Es ist hier nicht ganz das geworden, was ich erwartet habe – die internationalen Kontakte etwa sind nicht so intensiv ausgebaut worden, wie ich das eigentlich gewünscht hätte. Wir haben sehr gute Kontakte zu Frankreich, wir haben gute Kontakte zu Deutschland, zu Italien weniger gute. Man ist ja auch immer angewiesen auf die Aktivität der Mitarbeiter vor Ort. Wir haben ein Korrespondentennetz aufgebaut, das am Anfang sehr gut funktioniert hat, aber da und dort doch gewisse Lücken offen ließ. Es ist schwer, solche Lücken zu schließen, weil sich unter den beteiligten Personen häufig Wechsel vollziehen und die Koordination erschwert wird. Das sind mehr Organisationsfragen, die da hineinspielen, aber die sind ja auch sehr wichtig.

Michael Schlott: 1977 wurde in Neapel auch über den Jakobinismus in Norwegen referiert.[88] Es gibt also auch Beispiele in den skandinavischen Ländern?

Helmut Reinalter: Ja, auch dort gab es Anhänger der Französischen Revolution, und es entstehen Forschungsprobleme wie im Falle des deutschen Jakobinismus. Ich habe den Eindruck, daß dort die Forschung noch lange nicht so weit ist, klare Zuordnungen zu treffen. Das sind eigentlich Spezialisten für die Zeit der Französischen Revolution, die allgemein über die Französische Revolution gearbeitet haben wie etwa Tønnessen, die aber auch ihre Staaten im Zeitalter der Französischen Revolution untersuchen – also das Verbindende ist hier die Französische Revolution. Mein Eindruck ist, daß es auch in den skandinavischen Ländern ein breites Spektrum gibt von radikalen Aufklärern, Gegnern des Feudalismus, Sympathisanten der Französischen Revolution und Girondisten, also Anhängern der ersten Phase der Französischen Revolution usw. Das ist ein breites Spektum wie in Deutschland oder in Österreich auch. Die Kollegen in Skandiavien neigen allerdings dazu, alle diese Sympathisanten unter dem Sammelbegriff des nationalen Jakobinismus zusammenzufassen, das ist nach den bisherigen Erfahrungen der Jakonismusforschung problematisch.

Michael Schlott: Herr Reinalter, wer ist Anton Pelinka?

Helmut Reinalter: Er ist Professor der Politikwissenschaft hier an der Universität Innsbruck.

Michael Schlott: Er hat hervorgehoben, wie sehr Geschichtswissenschaft und Sozialwissenschaften kooperieren können, ja kooperieren müssen.[89] Sie selbst bekräftigen diese Position im zweiten Band Ihrer Reihe in Ihrem Forschungs- und Literaturbericht „Geheimgesellschaften und Freimaurerei" und plädieren erneut für die Öffnung von einer verstehenden Historie zu einer Geschichts- und Sozialwissenschaft, ohne die empirische Aufarbeitung des Quellenmaterials zu vernachlässigen.[90] An solchen Aussagen wird meines

---

88   Kare D. Tønnesson: Questions de Jacobinisme en Norvège. In: Annali. Sezione germanica. Studi Nederlandesi. Studi Nordici 20 (1977), S. 337–352.

89   Anton Pelinka: [Rez.] Helmut Reinalter: Der Jakobinismus in Mitteleuropa, 1981. In: Aufklärung – Vormärz – Revolution 2 (1982), S. 54 f.

90   Helmut Reinalter: Geheimgesellschaften und Freimaurer im 18. Jahrhundert. In: Aufklärung –

Erachtens erkennbar, wie die zunächst auf provinziale Quellen konzentrierte Jakobinerforschung Anschluß an die Sozialgeschichte gesucht und wohl auch gefunden hat. Welche wissenschaftspolitischen und strategischen Erwägungen – mit Blick auf die Durchsetzung von Wissensansprüchen – standen hinter dieser Entwicklung? Oder resultiert sie aus rein sachlichen, wissenschaftsimmanenten Interessen?

Helmut Reinalter: Zunächst geht es wohl um ein wissenschaftsimmanentes, sachliches und methodisches Interesse, weil wir gesehen haben, wenn man sozialgeschichtlich arbeitet, kann man auch tiefer in das Problem ‚Jakobinismus' eindringen, man kann ihm mehr Aspekte abgewinnen. Allerdings haben wir damit durchaus politische, auch wissenschaftspolitische Interessen verknüpft, und das tun wir auch heute noch. Wir sind der Meinung, daß man das Zeitalter der Französischen Revolution in Zentraleuropa in der wissenschaftlichen Wahrnehmung modifizieren muß, daß es da Defizite, Verengungen, einseitige Beurteilungen und Bewertungen gibt. Das wollen wir alles relativieren, ohne – wie etwa Grab – in den Fehler zu verfallen, in das andere Extrem zu wechseln, um dann diesen Bereich hochzustilisieren und als den vielleicht wichtigsten des Revolutionszeitalters hinzustellen. Das wäre genauso falsch wie umgekehrt. Also man muß zu einem ausgewogenen Urteil kommen, muß besonders herausfinden, wo der historische Ort dieser Jakobiner war, worin ihre Leistung bestand – was sie bewirkt haben, was sie nicht bewirkt haben, und warum dies so war. Das ist das Entscheidende. Also: das Primäre sind wissenschaftsimmanente Gründe, aber dazu kommen noch verstärkende gesellschaftspolitische Überlegungen und ergänzende wissenschaftspolitische Motive.

Michael Schlott: Was ist aus diesem Programm, das Sie bereits zu Beginn der 1980er Jahre formuliert und angemahnt haben, geworden? Wie hat es sich entwickelt? War es erfolgreich? Sie sprachen vorhin davon, daß Ihnen das eigentlich immer noch zu wenig sei, daß zu wenig methodische Innovation die zentraleuropäische Jakobinismusforschung beflügle.

Helmut Reinalter: Es ist sicher noch zu wenig. Aber wir haben doch einiges erforschen können. Wir haben auch sehr viel publiziert, aber das Programm ist bei weitem noch nicht erfüllt. Es sind noch Grundlagenforschungen zu machen, es fehlt noch der zweite Band des *Biographischen Lexikons*.[91] Wir wollen auch mit Konferenzen, Arbeitsgesprächen und Tagungen bestimmte Bereiche außerhalb der Projekte erfassen. Und es gibt Themen, die noch zu bearbeiten sind wie beispielsweise das Republik-Verständnis vor der Französischen Revolution und dann unmittelbar im Einflußfeld der Französischen Revolution.[92] Uns interessiert vor allem auch das Republik-Verständnis der politischen Aufklärung mit den Ansätzen zur Demokratie und zum Parlamentarismus – da ist noch einiges zu verdeutlichen. Weiterhin wären die Anfänge der politisch-ideologischen Strömungen abzugrenzen – Valjavec hat ja als einer der ersten darüber gearbeitet, auch Jörn Garber baut auf Valjavec sehr stark auf.[93] Wir müssen, die Unterschiede dieser Strömungen und auch die Gemeinsamkeiten herausarbeiten. Das ist noch zu wenig herausgearbeitet, wie Elisabeth

---

91   Biographisches Lexikon (wie Anm. 53).

92   So erschien einige Jahre nach dem Interview: Republikbegriff und Republiken seit dem 18. Jahrhundert im europäischen Vergleich. Hrsg. von Helmut Reinalter. Frankfurt/Main u. a. 1999.

93   Siehe dazu I, 1.2, S. 8; II, 2.2.1, S. 63, 69, 85, 100, 116.

Fehrenbach mit Recht feststellt.[94] Wichtig ist zudem für uns die Unterscheidung zwischen der politischen Spätaufklärung und der Französischen Revoluion – was ist eigentlich der qualitative Unterschied? Das ist eine sehr schwierige Frage, weil eigentlich wissenschaftlich noch nicht genau genug erforscht ist, vielleicht auch nie erforscht werden kann, wie sich dieser Sprung zwischen der Krise des Ancien Régime und dem Beginn der Französischen Revolution ereignet hat; da muß ja ein Verdichtungsprozeß stattgefunden haben. Es gibt dazu Theorien, Hypothesen, Erklärungsmodelle. Wir sind uns ziemlich einig über die langfristigen Ursachen; wir wissen auch einige kurzfristige Anlässe der Revolution. Aber wie sich das Revolutionsgeschehen tatsächlich formiert hat, das ist – so meine ich – allein mit rationalen Mustern nicht zu beantworten; auch das Irrationale spielt da hinein. Da kann uns vielleicht die Mentalitätsgeschichte weiterhelfen.

Michael Schlott: Dann lassen Sie mich die Frage gleich anschließen: Wie beurteilen Sie den Ansatz der französischen mentalitätsgeschichtlichen Forschungen, auch in bezug auf die Jakobinerforschung? Ich denke hier an die internationale Arbeitstagung von 1985,[95] ich denke auch an Vovelle.[96] Warum werden diese Ansätze so zögerlich rezipiert?

Helmut Reinalter: Die Ansätze werden schon – so sehe ich es – von ihrer Bedeutung her erfaßt. Das Problem ist nur, daß daraus ein sehr anspruchsvolles Forschungsprogramm resultiert. Seit kurzem gibt es jetzt die ersten konkreten Versuche einer Gesamtdarstellung zum Alltagsleben der Französischen Revolution. Es gab früher Einzeluntersuchungen von Teilbereichen; Vovelle hat im Grunde auch nur Teilbereiche untersucht. Unlängst erschien von einem französischen Historiker die erste Alltagsgeschichte der Französischen Revolution; sie ist noch nicht vollständig.[97] Es ist ein sehr anspruchsvolles Programm, und es gibt auch noch viel zu wenig Detailbereiche, die erforscht sind. Ich denke da an Franz Dumont, der das sehr stark macht. In diesem sehr anspruchsvollen Forschungsprogramm stehen wir am Anfang, weil überhaupt die Mentalitätsgeschichte Zentraleuropas sehr spät zum Forschungsgegenstand wurde. Selbst die historische Sozialwissenschaft hat sich dafür in den 1960er Jahren nicht geöffnet. Erst im folgenden Jahrzehnt hat sich die Alltagsgeschichte in Deutschland langsam zu entwickeln begonnen in Deutschland, dasselbe gilt für Österreich. Die erste Stufe war die moderne Sozialgeschichtsschreibung, 1962 eigentlich erst in einem historisches Seminar in Heidelberg durch den Arbeitskreis von Werner Conze eingeführt. Dann kam die Bielefelder Schule – historische Sozialwissenschaft, und dann kam erst die Alltags-Forschung und die Mentalitätsgeschichte. Und auch die Problemgeschichte von Foucault und anderen findet langsam Eingang in die Geschichtswissenschaft, aber zeitlich

94 Elisabeth Fehrenbach: Vom Ancien Régime zum Wiener Kongreß. München u. a. 1981; 5. Aufl.: 2008, S. 152–161.

95 Conférence organisée par l'Institut français et l'Université d'Innsbruck ,Deutschland und die Französische Revolution', 15. März 1985.

96 Vgl. Michel Vovelle: La Recherche à la veille du Bicentenaire de la Révolution Française. In: Die demokratische Bewegung in Mitteleuropa (wie Anm. 47), S. 235–242; M. V.: Die Französische Revolution. Soziale Bewegung und Umbruch der Mentalitäten. Mit einem Nachwort des Autors zur deutschen Ausgabe und einer Einführung von Rolf Reichardt. Aus dem Franz. von Peter Schöttler. Wien 1982; Frankfurt/Main 1989.

97 Jean P. Bertaud: Alltagsleben während der Französischen Revolution. [La vie quotidienne en France au temps de la révolution 1789–1795. 1983]. Aus dem Franz. von Christine Diefenbacher. Freiburg/Breisgau 1989.

sehr verzögert im Vergleich zu Frankreich oder dem angloamerikanischen Raum, England oder den USA, wo das alles viel früher passiert ist. Daher – das ist die Antwort auf Ihre Frage – wurden bislang diese Forschungsansätze in der Jakobinerforschung noch kaum erprobt. Wir sind jetzt dabei, solche Forschungen aufzunehmen; das wird noch ein großes Stück Arbeit für die Innsbrucker Forschungsstelle sein.

Michael Schlott: Hieße das nicht, den zweiten Schritt vor dem ersten zu tun?

Helmut Reinalter: Wir sind jetzt ganz gut bestückt, was die politischen Strukturen betrifft, das politische Umfeld, das Bedingungsgefüge. Wir sind einigermaßen informiert über die Persönlichkeiten des Jakobinismus, auch biographisch. Wir sind recht gut informiert, was die soziale Seite des Problems betrifft; aber was fehlt, ist eben der Alltag, sind die Aspekte der Mentalitäten. Über den biographischen Zugang kann man übrigens auch schon etwas zu den Mentalitäten sagen, beispielsweise zu diesem politischen Wandel im Denken, in den Beziehungen zur Französischen Revolution, in den Beziehungen zur deutschen Situation usw. – das ist auch Mentalitätsgeschichte. Aber es ist bei weitem nicht vollständig, man muß das noch viel systematischer betreiben.

Michael Schlott: Sie arbeiten eng mit Vovelle zusammen?

Helmut Reinalter: Wir arbeiten wissenschaftlich intensiv zusammen: Ich bin Mitglied der Internationalen Kommission zur Geschichte der Französischen Revolution, einer Kommission; Vovelle leitet die Kommission. Ich bin der österreichische Vertreter in dieser Kommission, bin als Nachfolger von Eberhard Schmitt hineingewählt worden; von dieser Tätigkeit her kenne ich Vovelle sehr gut. Ich kenne ihn zudem als Vorstand des Instituts für die Geschichte der Französischen Revolution an der Sorbonne in Paris. Wir haben uns auf vielen Tagungen getroffen. 1984 ist er nach Innsbruck gekommen, er war 1988 bei meinem Kongreß in Innsbruck,[98] er hat ein Vorwort geschrieben zu meinem Suhrkamp-Band *Die Französische Revolution in Mitteleuropa*[99] usw. Vovelle lebt jetzt wieder in der Provence in Aix, er ist ja emeritiert. Die Kontakte haben sich jetzt vermindert; er wird demnächst zu einer Tagung über „Republik-Begriff und Republiken in Europa"[100] (seit der Aufklärung) nach Innsbruck kommen.

Michael Schlott: Über die Sozialgeschichte, die von Ihnen ja präferiert wird, haben zu Beginn der 1980er Jahre insbesondere Themen zur Reiseliteratur Einzug in das Forschungsfeld gehalten. Ich möchte damit nicht sagen, daß die Jakobinismusforschung die Voraussetzung für die Etablierung der Reiseliteraturforschung war. Dennoch kann man nicht verkennen, daß sich innerhalb der Jakobinismusforschung sozusagen eine Transferleistung vollzogen hat, weg von der ausschließlich auf Jakobinismus konzentrierten Forschung, hin zur Reiseliteratur. Paradigmatisch sind etwa Buchtitel, die zuvor etwa lauteten ‚Revolutionäre Demokraten in Paris‘, heute dagegen ‚Reisen in das revolutionäre Frankreich‘.

Helmut Reinalter: Ich meine, daß dafür im gewissen Maße die Mentalitätsgeschichte verantwortlich ist. Wir wissen, daß Mentalitätsgeschichte nur auf eine bestimmte Gruppe von

---

98 Vgl. dazu: Die Französische Revolution, Mitteleuropa und Italien (wie Anm. 60).

99 Helmut Reinalter: Die Französische Revolution und Mitteleuropa. Erscheinungsformen und Wirkungen des Jakobinismus. Seine Gesellschaftstheorien und politischen Vorstellungen. Mit einem Vorwort von Michel Vovelle. Frankfurt/Main 1988.

100 Vgl. dazu: Republikbegriff und Republiken (wie Anm. 92).

Quellen zurückgreifen kann, d.h. nicht jede Quelle eignet sich für Mentalitätshistorie. Die bevorzugten Quellen, die wirklich etwas hergeben für den mentalitätsgeschichtlichen Ansatz, sind persönliche Lebensberichte und Briefe. Der Brief als Quelle hat wieder an großer Bedeutung gewonnen; auch in der Geschichtswissenschaft hatte man Briefe geringgeschätzt; jetzt weiß man, wie bedeutsam Briefe im Zusammenhang mit der Mentalitätsgeschichte sind. Vielfach sind Briefe ja Reiseberichte. Diese neue Hochschätzung eines bestimmten Genres von Quellen ist ein Grund für die Transformation, die Sie angesprochen haben. Ein zweiter Grund ist, daß in der Tat zur Zeit der Französischen Revolution deutsche Intellektuelle, Schriftsteller usw. viel gereist sind, nicht nur nach Frankreich. Das hängt auch mit der Tradition der Aufklärung zusammen, die Aufklärung war ein reisefreudiges Zeitalter. Frankreich wird bevorzugtes Reiseziel nach 1789, vor allem in der ersten Phase der Revolution, aber auch später haben wir deutschsprachige Reisende als Miterlebende der Radikalisierung der Revolution. Die Jakobinerforschung sieht, wie wichtig die Berichte dieser Reisenden sind, Forsters *Parisische Umrisse*[101] oder Rebmanns Reise nach Holland und Frankreich.[102]

Michael Schlott: Eine letzte Frage. Sie haben in *Aufklärung – Vormärz – Revolution* darüber berichtet, daß die neuen Kontakte zur *Deutschen Gesellschaft für die Erforschung des 18. Jahrhunderts* vertieft werden konnten.[103] Welche bundesdeutschen Institutionen, Wissenschaftsinstitutionen und Personen würden Sie als Ihre wichtigsten Arbeitspartner bezeichnen? Und: Wie ist es Ihnen gelungen, eine so beträchtliche Zahl von Sponsoren und Geldgebern zu aktivieren? Im ersten Band der Schriftenreihe, in dem Sie darüber berichten, wie Ihre Arbeitsstelle errichtet worden ist, geben Sie eine Auflistung.[104]

Helmut Reinalter: Diese bevorzugten Partner unserer Forschungsstelle sind – abgesehen von den Persönlichkeiten, über die wir schon gesprochen haben – auch Einrichtungen und Institutionen, und dazu gehört die „Deutsche Gesellschaft zur Erforschung des 18. Jahrhunderts" und ihre Präsidenten seit den 1980er Jahren.[105]

Michael Schlott: Waren Sie in Wolfenbüttel auf der Tagung „Freimaurer und geheime Gesellschaften"?[106]

Helmut Reinalter: Ich war eingeladen und wäre da gern hingekommen, aber ich hatte hier berufliche Verpflichtungen. Wir haben ja dann in Trient etwas ähnliches veranstaltet. „Freimaurer und Geheimgesellschaften" – eine sehr interessante Tagung,[107] wobei wir uns von

---

101 Georg Forster: Parisische Umrisse. In: G.F.: Revolutionsschriften 1792/93. Bearb. von Klaus-Georg Popp. Berlin 1990, S. 593–637.

102 Georg Friedrich Rebmann: Holland und Frankreich in Briefen, geschrieben auf einer Reise von der Niederelbe nach Paris im Jahr 1796 und dem fünften der französischen Republik. Paris und Kölln [i.e. Hamburg] 1797–1798. Hrsg. von Hedwig Voegt. Berlin 1981.

103 Helmut Reinalter: Tätigkeitsbericht des Projektleiters. In: Aufklärung – Vormärz – Revolution 3 (1983), S. 6–8.

104 Vgl. Forschungsprojekt „Demokratische Bewegungen in Mitteleuropa 1770–1850" (wie Anm. 3).

105 Rudolf Vierhaus (1980–1984), Rainer Gruenter (1984–1988), Werner Schneiders (1988–1992), Wilhelm Voßkamp (1992–1994), Martin Fontius (1994–1996).

106 Siehe dazu: Geheime Gesellschaften (wie Anm. 86).

107 Vgl. dazu: Aufklärung und Geheimgesellschaften. Zur politischen Funktion und Sozialstruktur der Freimaurerlogen im 18. Jahrhundert (Tagung des Istituto storico italo germanico und der Internationalen Forschungsstelle „Demokratische Bewegungen in Mitteleuropa 1770–1850", Trient 29. bis 30. November 1985). Hrsg. von Helmut Reinalter. München 1989.

Wolfenbüttel deutlich abgehoben haben durch den sozialgeschichtlichen Zugang.[108] Die Kooperationen mit der DGEJ sind intensiv, insbesondere über Carsten Zelle, der regelmäßig in unserem *Jahrbuch* schreibt und uns informiert über die Aktivitäten der DGEJ, aber auch darüber hinaus. Er ist ein sehr aktiver Partner; und es gibt noch weitere Partner und Korrespondenten in Deutschland; dazu finden sich Hinweise auch im Autorenverzeichnis des *Jahrbuchs*. Gute Verbindungen bestehen zur Historischen Kommission in Berlin, zu Otto Büsch, der 1977 gemeinsam mit Grab und Monika Neugebauer-Wölk die Tagung zur demokratischen Bewegung in Mitteleuropa durchgeführt hat.[109] Dann das Interdisziplinäre Zentrum zur Erforschung der Europäischen Aufklärung an der Universität Halle; ich bin mit Monika Neugebauer-Wölk und besonders mit Richard Saage in Verbindung; er veranstaltet Ende März 1995 eine interessante Tagung zu *Jakobinismus und Utopie*, dort werde ich über Hebenstreits Modell eines gemeinwirtschaftlichen Systems sprechen.[110]

Michael Schlott: Hatten Sie Kontakte zu Thomas Höhle?

Helmut Reinalter: Ja, er hatte mich auch nach Halle eingeladen; ich konnte leider nicht hinfahren.

Michael Schlott: Wie ist es mit der Lessing-Akademie?

Helmut Reinalter: Dorthin gibt es keine Kontakte; wir haben kein besonderes Interesse erkennen können.

Michael Schlott: Gibt es Anknüpfungen an Max-Planck-Institute?

Helmut Reinalter: Nein, von hier aus nicht, weil sich das Göttinger Institut[111] immer etwas reserviert gezeigt hat. Der einzige Kontakt war die Tagung über Vereinswesen, da war die Max-Planck-Gesellschaft für Geschichte von sich aus beteiligt; dabei also hat sie ihr Interesse gezeigt an unserem Projekt über Aufklärungsgesellschaften; es gab Gespräche, aber nicht mehr. Daran war Jörn Garber beteiligt, der mit uns zusammenarbeitet und den Kontakt vermittelt hatte. In engem Austausch stehen wir mit der Herzog-August-Bibliothek in Wolfenbüttel. Was weitere Institutionen betrifft: Wir haben Verbindung zur Reimers-Stiftung in Bad Homburg, sehr gute Kontakte zum Deutschen Historischen Institut in Paris,[112] zu Jürgen Voss, und schließlich auch zur Deutschen Forschungsgemeinschaft.

Michael Schlott: Herr Reinalter, ich darf mich für dieses ausführliche und sehr informative Gespräch herzlich bei Ihnen bedanken.

---

108 Zu den ,Abweichungen' vgl. auch: Freimaurer und Geheimbünde im 18. Jahrhundert in Mitteleuropa. Hrsg. von Helmut Reinalter. Frankfurt/Main 1983.

109 Vgl. dazu: Die demokratische Bewegung in Mitteleuropa (wie Anm. 35) sowie das Interview mit Walter Grab, S. 486–499.

110 Helmut Reinalter: Die Gesellschaftsutopie des Wiener Jakobiners Franz Hebenstreit und der Jesuitenstaat in Paraguay. In: Die Politisierung des Utopischen im 18. Jahrhundert. Hrsg. von Monika Neugebauer-Wölk und Richard Saage. Berlin und New York 1996, S. 198–212.

111 Das Max-Planck-Institut für Geschichte in Göttingen wurde 1956 als eine Forschungseinrichtung der Max-Planck-Gesellschaft gegründet und im Jahr 2007 umgewandelt in das Max-Planck-Institut zur Erforschung multireligiöser und multiethnischer Gesellschaften.

112 Das Institut ist hervorgegangen aus der 1958 in Paris eingeweihten „Deutschen Historischen Forschungsstelle"; seit 1. Juli 1964 wird es als eine unselbständige Bundesanstalt geführt. In der Forschung zu wissenschafts- und gesellschaftspolitischen Themen nimmt es für die Geisteswissenschaften eine wichtige Vermittlerfunktion zwischen Deutschland und Frankreich ein.

Heinrich Scheel

HEINRICH SCHEEL (1915–1996), 1929 Besuch der reformpädagogischen Schulfarm Scharfenberg, 1935 Studium der Geschichte, Germanistik und Anglistik an der Humboldt-Universität zu Berlin, 1941 Wetterdienst-Inspekteur der deutschen Luftwaffe, seit Kriegsbeginn in Kontakt mit dem Widerstandskreis um Harro Schulze-Boysen, 1942 in Berlin zusammen mit anderen Mitgliedern der ‚Roten Kapelle' verhaftet, Zuchthausstrafe und einjährige Zwangsarbeit im Aschendorfer Moorlager, 1944 Fronteinsatz in einem Bewährungsbataillon, amerikanische Kriegsgefangenschaft, 1947 Staatsexamen für das Höhere Lehramt und Direktor der Schulfarm Scharfenberg, 1949 Doktorand an der Humboldt-Universität zu Berlin, 1956 Promotion und Wechsel an die Akademie der Wissenschaften zu Berlin, 1960 Habilitation und Professur für Deutsche Geschichte.

1969 ordentliches Mitglied der Akademie der Wissenschaften, 1972–1984 Vizepräsident der Akademie der Wissenschaften, 1980–1990 Präsident der Historiker-Gesellschaft der DDR.

HEINRICH SCHEEL war für Deutsche Geschichte einer der bekanntesten Vertreter marxistischer Historiographie in der DDR. Bereits mit seiner (1956 akzeptierten) Dissertation wandte er sich der Jakobinismusforschung zu, für die er sich auch im weiteren Verlauf seiner erfolgreichen akademischen Karriere einsetzte. Eingebunden war dieses Forschungsfeld in SCHEELS prinzipielles Interesse an der Ideen- und Gesellschaftsgeschichte der Aufklärung (und ihrer Folgen) in Deutschland, zu dem auch die Zusammenarbeit mit dem Literaturwissenschaftler Werner Krauss beitrug.

Das Interview wurde am 2. Februar 1995 in Berlin geführt.

Michael Schlott: Herr Scheel, was hat Sie bewogen, Ihre Forschungsaktivitäten auf den süddeutschen Jakobinismus zu konzentrieren? Wie hat das eigentlich begonnen – Jakobinismusforschung in der DDR? Aus welchen Forschungsrichtungen hat sie sich entwickelt? Gingen die ersten Impulse von der Historiographie oder von der Literaturwissenschaft aus?

Heinrich Scheel: Nach dem Ende des l000jährigen Nazi-Reichs stellte sich den deutschen Historikern mit Notwendigkeit die Aufgabe, eine neue deutsche Geschichte zu schreiben. Daraus ergab sich Anfang 1952 im Gebiet der DDR die Gründung von drei Instituten an den drei größten Universitäten in Berlin, Leipzig und Halle. Sie nannten sich „Institute für Geschichte des Deutschen Volkes". Das war ein Programm! Diese Geschichte sollte sich nicht in der üblichen Geschichte von Staatsaktionen erschöpfen, nicht à la Ranke dem Primat der Außenpolitik huldigen ‚et cetera'. Es ging um die Geschichte des Volkes, um die Aktionen und Reaktionen bei einschneidenden Ereignissen. Natürlich war das eine Art

Auftragsforschung, wenn man so will. Aber dieser Auftrag reizte mich ungemein. Nach einigen Jahren, die ich in der Volksbildung verbracht hatte, zog es mich mit Macht wieder an die Universität zurück, wo ich mein Staatsexamen gemacht hatte, um nun an der bislang stets vernachlässigten Geschichte des deutschen Volkes mitwirken zu können.

Es war mehr oder weniger Zufall, daß unser Institut in Berlin sich dabei vornehmlich auf den Zeitraum von der Französischen Revolution bis zur 1848er Revolution konzentrierte. So bin ich zur Jakobinismus-Thematik gekommen,[1] einfach aus der Beschäftigung mit dieser Zeit, mit den Volksbewegungen in dieser Zeit heraus; also ganz und gar nicht ‚per ordre di Mufti‘. Und ich war natürlich nicht der einzige. Unabhängig von mir hat Hedwig Voegt in Leipzig sich als Literaturwisssentschaftlerin mit dem jakobinischen Literaten Rebmann beschäftigt,[2] um ihn aus der Versenkung herauszuholen und publik zu machen. Ihre Arbeit über Rebmann war eine der ersten Veröffentlichungen in der DDR in Sachen des deutschen Jakobinismus. Insofern war sie eine Bahnbrecherin, und es versteht sich, daß wir in Berlin mit Hedwig Voegt Kontakt aufnahmen.

Der deutsche Jakobinismus war inzwischen ein Forschungsgegenstand geworden, der selbstverständlich die Aufmerksamkeit eines solchen Mannes wie Werner Krauss weckte, der nicht nur in der spanischen und in der französischen, sondern auch in der deutschen Aufklärungsforschung Maßstäbe setzte;[3] in diesem Zusammenhang sollten auch seine Schüler – so Winfried Schröder[4] und Martin Fontius – genannt werden. Die Literaturhistoriker drängte der Gegenstand im besonders starken Maße zu eigenen Forschungen. Beispielsweise haben sich Klaus R. Scherpe[5] in Berlin und Gert Mattenklott[6] in Marburg dabei auf meine Arbeiten gestützt und das auch nie verheimlicht –, aber natürlich wurden ihre Ergebnisse ebenso wichtig auch für mich. Auch wenn andernorts meine Arbeiten als Bezugspunkt nicht herausgestellt wurden, war mir doch immer entscheidend, die Jakobinismus-Sache voranzubringen als persönlich genannt zu werden. Ohne namhaft gemacht zu werden, hatte ich dennoch deutlich das Gefühl, daß ich es bin, auf den sich auch Inge Stephan in ihrer Arbeit über den Literarischen Jakobinismus[7] vornehmlich stützte. Ich habe es ihr nie angekreidet, denn mir kam es darauf an, daß die deutschen Jakobiner etwas wurden.[8] Ich habe Inge Stephan akzeptiert und gelobt. Auch wenn ich nicht glaube, daß sie der große Motor war, hat sie dennoch die Sache vorangebracht.

Michael Schlott: An welchen Punkten an legen Sie besonderen Wert auf eine Abgrenzung zur literaturwissenschaftlichen Jakobinismusforschung?

---

1   Vgl. Heinrich Scheel: Die revolutionär-demokratischen Volksbewegungen in Südwestdeutschland von 1795 bis 1801. (Phil. Diss. Humboldt-Universität) Berlin 1956.
2   Hedwig Voegt: Die deutsche jakobinische Literatur und Publizistik 1789–1800. Berlin 1955.
3   Siehe dazu die Interviews mit Martin Fontius (S. 255–270, hier S. 255–257) und Claus Träger (S. 315–332, hier S. 315 f., 319–321).
4   Vgl. u. a. Autorenkollektiv unter Leitung von Winfried Schröder: Französische Aufklärung. Bürgerliche Emanzipation, Literatur und Bewußtseinsbildung. Leipzig 1974.
5   Siehe dazu das Interview mit Klaus R. Scherpe, S. 692–712.
6   Siehe dazu das Interview mit Gert Mattenklott, S. 561–586.
7   Inge Stephan: Literarischer Jakobinismus in Deutschland (1789–1806). Stuttgart 1976; siehe dazu I, 1.2, S. 8; II, 2.2.1, S. 88, 121, 130–133.
8   Vgl. dazu: „Die Jakobinismus-Forschung ist hoffähig geworden". Interview [Manfred Köhler] mit Heinrich Scheel über die Mainzer Republik, die deutschen Jakobiner und sein eigenes Leben. In: Mainzer Geschichtsblätter 8 (1993), S. 30–44.

Heinrich Scheel: Der Jakobinismus ist tatsächlich eine historische Erscheinung, die von allen möglichen Seiten angegangen zu werden das Recht hat – und es ist gut, daß er von vielen Seiten angegangen worden ist. Der deutsche Jakobinismus, der da steht, ist etwas geworden. Dazu haben nach und mit mir viele Historiker beigetragen wie Walter Grab[9] aus Tel Aviv, Jürgen Voss vom Deutschen Historischen Institut in Paris,[10] Axel Kuhn[11] aus Stuttgart, Helmut Reinalter[12] aus Innsbruck, Erwin Dittler[13] aus Kehl, Hellmut G. Haasis[14] aus Reutlingen und andere. Neben den schon genannten Literaturwissenschaftlern sollten natürlich auch vor allem Claus Träger,[15] dann Jost Hermand[16] und Harro Segeberg[17] nicht unerwähnt bleiben. Vergessen werden darf auch der Theaterwissenschaftler Gerhard Steiner nicht – heute 90jährig –, zumal ihm das besondere Verdienst zukommt, die große Georg-Forster-Edition bei der Berliner Akademie der Wissenschaften begründet und auf den Weg gebracht zu haben.[18]

Und die Beschäftigung mit dieser Thematik reißt nicht ab. Immerhin hat der Landtag von Rheinland-Pfalz 1993 den 200. Jahrestag des Rheinisch-deutschen Nationalkonvents von 1793 festlich begangen.[19] – 200 Jahre mußten vergehen, ehe auf dieser relativ hohen

---

9 Siehe dazu das Interview mit Walter Grab, S. 486–499.

10 Vgl. etwa: Deutschland und die Französische Revolution. 17. Deutsch-Französisches Historiker-kolloquium des Deutschen Historischen Instituts Paris (Bad Homburg, 29. September bis 2. Oktober 1981). Hrsg. von Jürgen Voss. München und Zürich 1983; Jürgen Voss: Deutsch-französische Beziehungen im Spannungsfeld von Absolutismus, Aufklärung und Revolution. Ausgewählte Beiträge. Bonn und Berlin 1992.

11 Siehe dazu das Interview mit Axel Kuhn, S. 528–560.

12 Siehe dazu das Interview mit Helmut Reinalter, S. 627–664.

13 Vgl. etwa Erwin Dittler: Jakobiner am Oberrhein. Kehl 1976.

14 Siehe dazu I, 1.4, S. 27 f., Anm. 60; II, 2.2.1, S. 103–105, 111.

15 Siehe dazu das Interview mit Claus Träger, S. 315–332.

16 Vgl. u. a.: Von deutscher Republik. 1775–1795. Hrsg. von Jost Hermand. Bd.1: Aktuelle Provokationen; Bd. 2: Theoretische Grundlagen. Frankfurt/Main 1968.

17 Siehe dazu das Interview mit Harro Segeberg, S. 713–725.

18 Georg Forsters Werke. Sämtliche Schriften, Tagebücher, Briefe. Berlin 1958ff. Diese erste Edition des Gesamtwerks wurde 1953 an der Deutschen Akademie der Wissenschaften zu Berlin für 18 Bände konzipiert. Zur Durchführung des Vorhabens wurde im damaligen Akademie-Institut für deutsche Sprache und Literatur eine Arbeitsstelle gegründet, die zunächst Gerhard Steiner und von 1970 bis 1981 Horst Fiedler leitete. Ab 1972 war die Akademie der Wissenschaften der DDR mit dem Zentralinstitut für Literaturgeschichte der Träger der Edition; in den 1990er Jahren wurden die Editionsarbeiten ohne Unterbrechung von der Berlin-Brandenburgischen Akademie fortgeführt, um die Bände 19 (Chronik von Leben und Werk, Nachträge und Berichtigungen, Verzeichnisse und Register) und 20 (Georg-Forster-Bibliographie) ergänzt und als Editionsprojekt im Jahr 2000 abgeschlossen. Als erster Band erschien 1958 Band 9; bis 1989 waren zudem die Bände 1 bis 5, 7 und 8 sowie 11 bis 18 publiziert worden. Bis 2011 stand die (im Akademie Verlag Berlin erscheinende) Werk-Ausgabe noch nicht vollständig zur Verfügung. Zur Konzeption und zur Publikationsgeschichte der Edition sowie zu den Bearbeitern der einzelnen Bände vgl. ‹http://forster.bbaw.de›; siehe dazu das Interview mit Klaus-Georg Popp (S. 607–626, hier S. 616–619, sowie II, 2.2.1, S. 105, Anm. 401).

19 Vgl. etwa: Die Publizistik der Mainzer Jakobiner und ihrer Gegner. Zum 200. Jahrestag des Rheinisch-Deutschen Nationalkonvents und der Mainzer Republik. Katalog zur Ausstellung der Stadt Mainz im Rathaus-Foyer vom 14. März bis 18. April 1993. Bearb. von Klaus Behrens. Mainz 1993; siehe dazu auch das Interview mit Franz Dumont, S. 458–585.

staatlichen Ebene derartiges möglich wurde. Aber immerhin! Eine Festschrift ist vom Landtag herausgegeben worden, an der ich mit vier Beiträgen vertreten bin.[20] Im Wappensaal des Deutschhauses in Mainz – heute Sitz des Landtages von Rheinland-Pfalz – habe ich in diesem Zusammenhang am 15. März 1993 einen Vortrag über „Die Mainzer Republik im Urteil der Geschichtsschreibung" gehalten.[21]

1994 übersendete mir Uwe Schmidt – er war mir bis dahin unbekannt – aus Ulm sein Buch über die Bürgeropposition in Ulm, Reutlingen und Esslingen[22] mit einer handschriftlichen Widmung: „Für Heinrich Scheel mit freundlichen Grüßen aus dem wilden Süden". Ich habe mich darüber irrsinnig gefreut und gleich Erwin Dittler in Kehl angerufen, um ihn auf diese sehr gediegene Arbeit aufmerksam zu machen. Was ich in meinen *Süddeutschen Jakobinern*[23] über diese Dinge zu sagen wußte, hat hier eine großartige Vertiefung erfahren. Benedikt Erenz hat in der *Zeit* unter der Rubrik „Das politische Buch" eine vorzügliche Besprechung dieser Arbeit geliefert, in der es wörtlich heißt: „Er ist den Spuren, die Heinrich Scheel, Walter Grab, Hellmut G. Haasis, Axel Kuhn und andere in den vergangenen Jahrzehnten gesichert haben, den ‚Spuren der Besiegten', hartnäckig weiter nachgegangen."[24]

1995 erreichte mich – es sind erst einige Wochen vergangen – das Büchlein des mir bislang unbekannten Markus Kutter aus Basel *Die Schweizer und die Deutschen; es hätte auch ganz anders kommen können* ...[25] Es ist hervorragend geschrieben und blendend ausgestattet. Seine handschriftliche Widmung: „Für Heinrich Scheel, ohne den dieses Buch nicht hätte geschrieben werden können."

1995 – so hoffe ich – wird bei Frommann-Holzboog auch noch der zweite Band des auf insgesamt vier Bände angelegte Werks von Holger Böning und Reinhart Siegert über *Volksaufklärung* erscheinen.[26] Es ist dies ein bio-bibliographisches Handbuch zur Popula-

---

20 Die Mainzer Republik, der Rheinisch-Deutsche Nationalkonvent. Hrsg. vom Landtag Rheinland-Pfalz. Redaktion: Doris M. Peckhaus und Michael-Peter Werlein. Mainz 1993; darin Heinrich Scheel mit den Beiträgen: Die Mainzer Republik – Historie oder Politikum? (S. 121–127); Vorbereitung und Durchführung der Wahlen in Mainz und auf dem Lande (S. 149–155); Die Arbeit des Rheinisch-Deutschen Nationalkonvents und der zweiten Allgemeinen Administration (S. 157–164); Andreas Josef Hofmann, Präsident des Rheinisch-Deutschen Nationalkonvents (S. 172–177).

21 Vgl. Heinrich Scheel: Die Mainzer Republik im Urteil der Geschichtsschreibung. Die Wertschätzung hat bei den Historikern deutlich zugenommen. In: Mainz. Vierteljahreshefte für Kultur, Politik, Wirtschaft, Geschichte 13 (1993), S. 93–103.

22 Uwe Schmidt: Südwestdeutschland im Zeichen der Französischen Revolution. Bürgeropposition in Ulm, Reutlingen und Esslingen. Stuttgart 1993.

23 Heinrich Scheel: Süddeutsche Jakobiner. Klassenkämpfe und republikanische Bestrebungen im deutschen Süden Ende des 18. Jahrhunderts. Berlin 1962 (2. Aufl.: 1971; 3. Aufl.: 1980); zeitgleich mit der letzten Auflage erschien das Buch zudem im Tops Verlag in Vaduz (Liechtenstein).

24 Benedikt Erenz: Freiheitsfunken. Gab es in Deutschland eine demokratische Tradition? In: Die Zeit (Nr. 48 vom 25. November 1994).

25 Markus Kutter: Die Schweizer und die Deutschen. Es hätte auch ganz anders kommen können ... Zürich 1995; Frankfurt/Main 1997.

26 Holger Böning und Reinhart Siegert: Volksaufklärung. Biobibliographisches Handbuch zur Popularisierung aufklärerischen Denkens im deutschen Sprachraum von den Anfängen bis 1850. Stuttgart-Bad Cannstatt 1990–2001. Bd. 1: H. B.: Die Genese der Volksaufklärung und ihre Entwicklung bis 1780. Stuttgart-Bad Cannstatt 1990; Bd. 2.1 und 2.2.: R.S. und H. B.: Der Höhepunkt der Volksaufklärung 1781–1800 und die Zäsur durch die Französische Revolution. Mit Essays zum

risierung aufklärerischen Denkens im deutschen Sprachraum von den Anfängen bis 1850. Für diesen Band habe ich ein Essay zum volksaufklärerischen Schrifttum der Mainzer Republik geliefert.[27]

Michael Schlott: Herr Scheel, Ihnen ist vorgeworfen worden, daß Sie in Ihren Arbeiten im Grunde genommen nur die geläufigen marxistisch-leninistischen Klassen- und Sozialschemata appliziert hätten.[28]

Heinrich Scheel: Ach, das ist doch absoluter Quatsch. Dieser Schwachsinn kommt aus der kleinkarierten Ecke Mainzer Geschichtsschreibung, die früher vornehmlich durch Helmut Mathy vertreten wurde und die jetzt Franz Dumont anführt. Was Mathy von der marxistischen Geschichtsschreibung mitbekommen hat, war blanker Unsinn und sah wörtlich so aus: Die Mainzer Republik sei in der DDR „als der erste Arbeiter- und Bauern-Staat auf deutschem Boden gefeiert worden" oder – wieder wörtlich – „zum ersten demokratischen Zentrum Deutschlands gemacht, das sich in einer proletarischen Revolution gegen den klassenfeindlichen Feudalismus erhoben habe" oder – wieder wörtlich – „als fortschrittliches politisches Modell einer fast sozialen Demokratie auf deutschem Boden interpretiert".[29] Das ist Unsinn bis zum Geht-nicht-mehr, das ist absolute Ahnungslosigkeit.

Michael Schlott: Mathy ist Lokalhistoriker?

Heinrich Scheel: Na ja, gut. Aber Lokalgeschichtsschreibung muß doch nicht zwangsläufig so hoffnungslos beschränkt sein. Im übrigen ist Franz Dumont nicht anders als Mathy Lokal- bzw Regionalhistoriker; er kennt Mainz und die umliegenden Dörfer – auch wenn ihn jetzt die Edition der Sömmering-Briefe ernährt.[30] Unser Kleinkrieg hat eine Vorgeschichte.[31] Dumonts Doktorvater und ehemaliger Mainzer Ordinarius Hermann Weber hatte sich 1978 kritisch gegen den Mainzer Kulturdezernenten Anton Maria Keim gewendet,[32] weil dieser sich im Lokalblatt über meinen ersten Band der Mainzer Republik anerkennend geäußert und gefragt hatte, warum derartiges nicht in Mainz herausgebracht werden konnte.[33] Der AStA der Universität Mainz lud daraufhin im Sommer des gleichen Jahres Weber und mich zu einem Streitgespräch ein, dem sich Weber allerdings versagte.[34] 1981 kam dann

---

volksaufklärerischen Schrifttum der Mainzer Republik und dem der Helvetischen Republik von H. B. und Heinrich Scheel. Stuttgart-Bad Cannstatt 2001.

27 Ebd., Bd. 2.1, Die Volksaufklärung der Mainzer Republik (1792/1793) und ihr literarischer Niederschlag (S. LXV–LXXIX).

28 Siehe dazu das Interview mit Franz Dumont, S. 458–485.

29 Die drei Zitate bei Helmut Mathy: Als Mainz französisch war. Studien zum Geschichtsbild der Franzosenzeit am Mittelrhein 1792/93 und 1789–1814. Hrsg. vom Institut für Staatsbürgerliche Bildung in Rheinland-Pfalz. Mainz 1968, S. 14.

30 Samuel Thomas von Sömmering: Briefwechsel 1761/65 – Oktober 1784. Hrsg. und eingel. von Franz Dumont. Stuttgart 1996; Briefwechsel November 1792 – April 1805. Hrsg. und eingel. von Franz Dumont. Basel 2001.

31 Siehe dazu das Interview mit Franz Dumont (S. 458–485, hier S. 461–468) sowie II, 2.2.1, S. 86–95.

32 Der Herr Bürgermeister und die „Mainzer Republik". Eine Entgegnung des Mainzer Historikers Professor Dr. Hermann Weber. In: Allgemeine Zeitung (Mainz), (Nr. 279 vom 7. Dezember 1976).

33 Anton Maria Keim: Die „Mainzer Republik". Zu einer Edition aus der DDR. In: Allgemeine Zeitung (Mainz), (Nr. 269 vom 25. November 1976).

34 Vgl. dazu: asta-info. Hrsg vom AStA der Uni Mainz – Fachschaftsrat Geschichte: Die Mainzer

eine von Keim initiierte erste Ausstellung zur Geschichte der Mainzer Republik im Mainzer Rathaus zustande,[35] die von einem Sammelband begleitet wurde, in dem ich als erster,
Dumont als zweiter zusammen mit vielen anderen Autoren zu Worte kam.[36] Ein bißchen
ausgleichende Gerechtigkeit war hier am Werk, denn die Gestaltung der Ausstellung war
unter Dumonts Leitung erfolgt. Das in diesem Zusammenhang im Ratssaal veranlaßte Po-
diumsgespräch bediente Weber mit der Verlesung eines halbstündigen Statements, das der
Mainzer Republik jede Spur eines demokratischen Charakters bestritt. Meine gegenteilige
Auffassung konnte ihn nicht bewegen, nochmals das Wort zu nehmen – er hatte ja schon
alles gesagt; von der Anwesenheit Dumonts war wieder nichts zu spüren. Aber er erfüllte
das von keiner nennenswerten Sachkenntnis belastete Postulat seines Meisters mit einer
Dissertation, die 1982 im Druck erschien[37] – mein zweiter Band der *Mainzer Republik* lag
1981 vor.[38] Ich habe Dumonts Opus damals rezensiert,[39] sehr kritisch, aber auch anerkennend im Hinblick auf seine gründliche Quellenkenntnis. Er hat nicht einen einzigen meiner
drei Bände rezensiert und ist mir bei den vielen Malen, die ich in Mainz auftrat, immer aus
dem Wege gegangen. Erst 1993 – zum 200. Jahrestag des Rheinisch-deutschen Nationalkonvents – hat er zugeschlagen. Er hat eine unveränderte Neuauflage seiner Dissertation
herausgebracht, angereichert lediglich durch eine Rufmordstory, die einzig mich bezielt.[40]

Michael Schlott: Offenbar fühlte er sich sehr getroffen?

Heinrich Scheel: Ich möchte wissen, weswegen. Ich halte vieles von ihm für durchaus
nützlich und sage es auch. Besonders schätze ich seine Quellenkenntnisse. Er hat zahlreiche kleinere Arbeiten geschrieben, die keine großen theoretischen Ansprüche stellen, aber
den Leser mit handfesten Fakten zur Geschichte der Mainzer Republik bedienen. Ich habe
sie alle mit Gewinn benutzt und jede einzelne mit den nötigen bibliographischen Angaben
aufgeführt, so daß jeder sie unmittelbar zur Kenntnis nehmen kann. Darüber hinaus habe
ich mit Aufmerksamkeit registriert, daß Dumont offensichtlich unter dem Eindruck der

---

Republik 1792/93 im ideologischen Kreuzfeuer. Dokumentation des AStA und des Fachschaftsrates Geschichte aus Anlaß des Vortrages von Prof. Dr. Dr. Heinrich Scheel an der Universität
Mainz am 28. Juni 1978.

35 Deutsche Jakobiner. Mainzer Republik und Cisrhenanen 1792–1798. Ausstellung des Bundesarchivs und der Stadt Mainz im Foyer des Mainzer Rathauses. Bd. 1: Handbuch. Beiträge zur
demokratischen Tradition in Deutschland; Bd. 2: Bibliographie zur deutschen linksrheinischen
Revolutionsbewegung in den Jahren 1792/93. Ein Nachweis der zeitgenössischen Schriften mit
den heutigen Standorten, zusammengestellt von Hellmut G. Haasis; Bd. 3: Katalog. Mainz 1981.

36 Heinrich Scheel: Der historische Ort der Mainzer Republik. In: Deutsche Jakobiner (wie Anm. 35),
Bd. 1, S. 17–24; Franz Dumont: Die Mainzer Republik von 1792/93. In: Deutsche Jakobiner (wie
Anm. 35), Bd.1, S. 25–36.

37 Franz Dumont: Die Mainzer Republik von 1792/93. Studien zur Revolutionierung in Rheinhessen
und der Pfalz. Alzey 1982 (2., erw. Aufl.: 1993). Zur zweiten Auflage siehe: Die Mainzer Republik.
Historie und Politikum. Ein Interview [von Bernd Blisch] mit Franz Dumont zur Neuauflage seines Buches zur Mainzer Republik. In: Mainzer Geschichtsblätter 8 (1993), S. 45–48.

38 Die Mainzer Republik II. Protokolle des Rheinisch-deutschen Nationalkonvents mit Quellen zu
seiner Vorgeschichte. Hrsg. von Heinrich Scheel. Berlin 1981.

39 Heinrich Scheel: [Rez.] Franz Dumont: Die Mainzer Republik von 1792/93, 1982. In: Zeitschrift
für Geschichtswissenschaft 32 (1984), H. 1. S. 71–74.

40 Vgl. Dumont: Die Mainzer Republik (wie Anm. 37), 2., erw. Aufl., darin S. 540–559: Historie und
Politikum. Die Mainzer Republik in Wissenschaft und Öffentlichkeit der Achtziger Jahre.

200-Jahrfeier des alten Nationalkonvents sogar zu bislang so nicht geäußerten neuen Erkenntnissen vorgestoßen ist. Am 15. März 1993 habe ich im Landtagsgebäude einen Vortrag „Die Mainzer Republik im Urteil der Geschichtsschreibung" gehalten,[41] den ich mit einem Zitat aus einem Dumont-Artikel schloß, weil er mir zwar nicht vielversprechend, aber doch bemerkenswert erschien. Aus dem Beitrag, den Dumont zum Jubiläums-Buch des Landtags beigesteuert hatte, zitierte ich die folgenden so noch nicht von ihm gehörten Sätze: „Zu einer ‚demokratischen Kultur' (die Dumont allerdings in einer verklausulierten und schwer verständlichen Weise begriffen wissen wollte) hat die Mainzer kurze Republik regional einen großen Beitrag geleistet. Er steigert ihre historische Bedeutung, die sie ohnehin als Beispiel für die ‚expansion révolutionnaire' Frankreichs und als erstes demokratisches Experiment in Deutschland besitzt."[42] Dies zitierend, schloß ich mit zwei Worten: „Nun denn!" Es erübrigt sich beinahe zu erwähnen, daß Dumont bei diesem meinem Vortrag nicht zu meinen Hörern gehörte. Drei Tage zuvor, am 12. März 1993, hatte übrigens der Südwestfunk die kühne Idee, ein einstündiges Streitgespräch zwischen Dumont und mir zu organisieren. Natürlich war ich einverstanden und fand mich pünktlich ein. Dumont hatte auch zugesagt, aber es dann offensichtlich wieder einmal mit der Angst zu tun bekommen und statt seiner den Politikwissenschaftler Helmut Klapheck geschickt.[43] Klapheck, redegewandt und intelligent, trug zwar nur die alten Thesen Dumonts vor, aber er formulierte so gut, daß ich an diesem Streit Gefallen fand und dies auch am Ende äußerte, indem ich ihm meinen Dank für dieses Gespräch aussprach. Dieser selbe Klapheck aus Ingelheim brachte es dann jedoch fertig, in der *FAZ* am 1. April 1993 die Frage zu stellen, „weshalb bei den 200-Jahrfeiern der ‚Mainzer Republik von 1792/1793' eine Persönlichkeit wie Professor Dr. Dr. h.c. Heinrich Scheel mit vier Beiträgen im Jubiläumsbuch des Landtags und der thematisch zentralen Vortragsveranstaltung in den Mittelpunkt gerückt wurde." Das von ihm mir zugeordnete Sündenregister gipfelte in der hirnlosen Behauptung, an der Berliner Akademie der Wissenschaften „die rücksichtslose ideologische Gleichschaltung von fast 20.000 Mitarbeitern in ideologisch empfindlichen Berufen betrieben" zu haben. Er schloß: „Bleibt anzumerken, daß die Angelegenheit die CDU-Opposition im Tiefschlaf fand. Bis heute regte sich niemand zum Widerspruch."[44]

---

41   Scheel: Die Mainzer Republik im Urteil (wie Anm. 21).

42   Ebd.

43   Auf Anfrage des Herausgebers vom 7. September 2011 äußerte Franz Dumont sich zu Scheels Ausführungen folgendermaßen: Er, Dumont, habe gegenüber dem Interviewer, Simon Vogler, geäußert, er werde sich die Sache überlegen. Dumont habe schließlich definitiv abgesagt mit der Begründung, Heinrich Scheel möge zuvor seine persönlichen Angriffe öffentlich zurücknehmen. Vorher sei Dumont nicht bereit, öffentlich mit ihm zu diskutieren. Simon Vogler habe Dumont gefragt, ob er jemanden wisse, der es statt seiner übernehmen könnte. Dumont habe daraufhin Helmut Klapheck angegeben.

44   Helmut Klapheck (Ingelheim) reagierte in der *Frankfurter Allgemeinen Zeitung* (Nr. 77 vom 1. April 1993) mit einem Leserbrief unter dem Titel „Im Mainzer Jubiläumsbuch" auf René Wagners Artikel vom 18. März 1993: „René Wagner hat in seinem Artikel ‚1793 ein absolutes Novum' (F.A.Z. vom 18. März) mit seinen präzisen Seitenhieben die hintergründigen Kontroversen um eine rheinland-pfälzische Jubiläumsfeier aufleuchten lassen. Zu erklären bleibt, weshalb bei den ‚200-Jahr-Feiern der Mainzer Republik von 1792/1793' eine Persönlichkeit wie Professor Dr. Dr. h. c. Heinrich Scheel mit vier Beiträgen im Jubiläumsbuch des Landtags und der thematisch zentralen Vortragsveranstaltung in den Mittelpunkt gerückt wurde. Scheel hat nicht nur als

Michael Schlott: Sagt Klapheck?

Heinrich Scheel: Sagt er! Natürlich gab es auch andere Stimmen, so die von Benedikt Erenz am 12. März 1993 in der ZEIT. Darin beklagte er den Verlust deutscher republikanischer Traditionen aus dem ausgehenden 18. Jahrhundert. „All das war vergessen, ging verloren im brunzdummen 19. Jahrhundert, als Deutschlands Bürger, spätestens nach der Revolution von 1848, auf Kaiser und Nation setzten statt auf Parlament und Republik. All das mußte erst in unseren Tagen mühsam wieder aufgespürt werden – pflichtgemäß von den Historikern der DDR, langsam, gegen die zähe Ignoranz der alten Nazi- und nationalkonservativen Professoren, auch von jungen Jakobinern im Westen."[45] Das hat er sehr schön gesagt, ich habe es gelesen und dabei gedacht: Na ja, „pflichtgemäß", aber ich bin darüber nicht ins Stolpern geraten. Nicht so Fritz Klein, der am 15. März dem ihm befreundeten „lieben Benedikt Erenz" schrieb: „Warum zum Teufel ‚pflichtgemäß'? Ist es denn so ganz und gar unvorstellbar (die Frage ist verallgemeinerungsfähig), daß da im wilden Osten Leute am Werk waren, die das Vernünftige und Richtige, das sie, halten zu Gnaden, eben von Zeit zu Zeit doch auch taten – das räumen Sie in diesem Falle ja immerhin ein – taten, weil sie es richtig und gut und überfällig fanden? Sie kennen sich ja offenbar aus und wissen, wer das Hauptverdienst in der DDR in diesem Zusammenhang hatte, Heinrich Scheel, ein Mann, der aus dem Nazizuchthaus kam, ein ambitionierter, leidenschaftlicher Historiker, der einfach meinte, die Geschichte der Mainzer Republik gehöre in das Geschichtsbild eines demokratischen Deutschlands. Pflichtgemäß – ich bin gar nicht so sicher, daß die Ausführlichkeit und sachliche Gründlichkeit Scheels in dieser Sache nur die reine Freude war für diejenigen, die den DDR-Historikern ihre Pflichten zumaßen. Wie dem aber auch sei, hier war einer am Werke, nicht weil er dazu kommandiert war, sondern weil er es wollte, weil er den Gegenstand wichtig fand, ihm das liebevolle Interesse zuwandte, ohne welches bedeutsame Geschichtsschreibung nicht möglich ist." Fritz Klein übersandte mir eine Ablichtung: „Lieber Heinz, vielleicht macht Dir das Briefchen Spaß. Herzlich Fritz." Dies tat es!

Michael Schlott: Welche Bedeutung hatte die Debatte um den Abschnitt 1789 bis 1815 im *Lehrbuch der Geschichte Deutschlands*?[46] Genauer: Welche Bedeutung hatte diese Debatte für Ihre Jakobinismusforschungen?

Präsident der Historiker-Gesellschaft der DDR noch im Februar 1989 die von René Wagner zitierte Grußadresse an den ‚hochverehrten Genossen Erich Honecker' verantwortet. Er hat auch als SED-Sekretär der Akademie der Wissenschaften der DDR die rücksichtslose ideologische Gleichschaltung von fast 20 000 Mitarbeitern in ideologisch empfindlichen Berufen betrieben. Er ist Träger von vier der acht ranghöchsten DDR-Orden: Banner der Arbeit, Nationalpreis, Karl-Marx-Orden, Großer Vaterländischer Verdienstorden in Gold. Dieser Orden erwies er sich auch in seinem wissenschaftlichen Werk würdig. Seine Trilogie über die ‚Mainzer Republik' betont in jedem Kapitel mehrfach den notwendigen ‚richtigen Klassenstandpunkt' gerade bei der Deutung eines solchen geschichtlichen Ereignisses. So rechtfertigt er in diesem Sinne die im Zuge des Revolutionsterrors geschehene Guillotinierung des Generals Custine, der 1792 Mainz für Frankreich eroberte, dann aber scheiterte, damit, daß er eben Platz machen mußte für ‚bessere Revolutionsgeneräle' (Bd. III, S. 52). Bleibt anzumerken, daß die Angelegenheit die CDU-Opposition im Tiefschlaf fand. Bis heute regte sich niemand zum Widerspruch."

45 Benedikt Erenz: Noch ein Wunsch für das neue Berlin. 500 km bis Mainz. In: Die Zeit (Nr. 11 vom 12. März 1993).

46 Joachim Streisand: Deutschland von 1789 bis 1815. (Von der Französischen Revolution bis zu den Befreiungskriegen und dem Wiener Kongreß). Berlin 1959 (4., durchges. Aufl.: Berlin 1977).

Heinrich Scheel: Die erste Debatte zu diesem von Joachim Streisand bearbeiteten Zeitabschnitt fand im Winter 1955/56 im Rahmen des sogenannten Autorenkollektivs unter dem
Vorsitz von Alfred Meusel statt, dem die Leitung des gesamten Unternehmens oblag. Es
vereinte zunächst einmal alle Autoren, die für die Abfassung bestimmter Zeitabschnitte
verantwortlich waren, ergänzt um andere Historiker, die sich durch Sachkenntnisse für
den zur Diskussion stehenden Zeitabschnitt ausgewiesen hatten. Ich zum Beispiel war kein
Autor, gehörte dem Autorenkollektiv also auch nicht an, war aber als Gutachter hinzugezogen worden. Mein Gutachten bestätigte den guten Gesamteindruck des Streisandschen
Entwurfs, nannte aber als Hauptschwachstellen die Darstellung der sozialökonomischen
Situation in Deutschland, der Volksbewegungen, der preußischen Politik und der Einschätzung der französischen Kriege. Die heftigste Diskussion ergab sich um den letztgenannten
Punkt. Ich vertrat thesenartig dazu folgende Auffassung: Die Kriege Frankreichs sind bis
1795/96 gerechte Verteidigungskriege, wobei das Element der Plünderung und Eroberung
besonders nach dem 9. Thermidor stark zunimmt, ohne jedoch schon zu dominieren; von
seiten der Koalition sind es von Anbeginn ungerechte Eroberungskriege. Auf beiden Seiten ungerecht sind die Kriege im Zeitraum von 1796 bis 1806/07, was selbstverständlich
progressive Wirkungen von seiten Frankreichs nicht ausschließt. Ab 1807 sind die französischen Kriege weiterhin ungerecht, während die unterjochten Völker einen gerechten
Befreiungskanpf zu führen beginnen. Damit hatte ich mir ein halbes Dutzend engagierte
Gegner – darunter auch Meusel – auf den Hals geladen, die zwar mehr oder weniger mit
den Begriffen gerecht und ungerecht hantierten, aber den Charakter des jeweiligen Krieges
im Grunde nur von seiner progressiven Wirkung her bestimmten. Auf meine Seite schlugen
sich – wenn auch zum Teil mit abweichenden Zäsuren – ein anderes halbes Dutzend. Meusel konstatierte abschließend als Ergebnis die Herausarbeitung von zwei entgegengesetzten
Konzeptionen und überließ es dem Autor, sich nach gründlicher Erwägung der Argumente
für eine von ihnen zu entscheiden. Eine Fortsetzung und dabei auch eine entschiedene
Verschärfung dieses Streits erfolgte ein knappes Jahr später auf einer Arbeitstagung des
Instituts für Geschichte an der Deutschen Akademie der Wissenschaften zu Berlin vom
18. November 1956. Das Protokoll dieser Tagung erschien im Druck beim Akademie-Verlag, Berlin 1958, unter dem Titel *Zur Frage des Charakters der französischen Kriege in
Bezug auf die Entwicklung in Deutschland in den Jahren 1792 bis 1815*.[47] Hier stellte ich
meine Auffassung zunächst in zehn Thesen vor, denen ich ein umfangreiches Referat folgen ließ.[48] Mein Widerpart war Heinz Heitzer vom Institut für Gesellschaftswissenschaften
beim ZK der SED, der sich mit sechs Thesen begnügte, aber ein ähnlich umfangreiches
Referat hielt.[49] Es ist keine Frage, daß er mit größerem Kaliber auf mich schoß. Vom Kräfteverhältnis zwischen der kapitalistischen und feudalen Gesellschaftsordnung in Europa
ausgehend, bemühte er Lenin – für mich allerdings nicht überzeugend –, um 1805/06 als
Zäsur für die Verwandlung der Verteidigungskriege Napoleons in Eroberungskriege anzusetzen. Bezeichnend für den angeschlagenen Ton war der Schlußsatz seines Referats:
„Ich bestreite, daß es heute derartig neue, umwälzende Forschungsergebnisse gibt, die

47 Zur Frage des Charakters der französischen Kriege in Bezug auf die Entwicklung in Deutschland
    in den Jahren 1792 bis 1815. Protokoll der Arbeitstagung des Instituts für Geschichte an der Deut-
    schen Akademie der Wissenschaften zu Berlin vom 18. November 1956. Berlin 1958.
48 Heinrich Scheel: Thesen (S. 1–4), Referat (S. 7–30), Schlußwort (S. 79–82). In: ebd.
49 Heinz Heitzer: Thesen (S. 4–6), Referat (S. 30–47), Schlußwort (S. 83–87). In: ebd.

berechtigen würden, Lenins Einschätzung zu korrigieren."[50] Nichtsdestotrotz fand ich in
der Diskussion nicht nur Gegner wie Alfred Meusel, sondern auch Fürsprecher wie Gerhard Schilfert und Brigitta Mühlpfordt.[51] In einem vornehmlich gegen Meusel gerichteten
nachgereichten Diskussionbeitrag setzte Engelberg dessen Gleichsetzung von fortschrittlich und gerecht „füglich in Zweifel".[52] Dasselbe hatte ich in meinem Schlußwort getan:
„Ich lehne das progressive Ergebnis als entscheidendes Kriterium für den Begriff des gerechten Krieges ab."[53] Die Diskussion zu dieser Problematik hat mich in meiner Jakobinismusforschung in keiner Weise verunsichern können. Diese Diskussion erschien im Druck
1958. Ich habe mich mit meinen *Süddeutschen Jakobinern* 1960 habilitieren können. Der
Akademie-Verlag druckte das Buch 1962. 1971 brachte er es in zweiter und 1980 in dritter
Auflage heraus. Zeitgleich mit dieser letzten Ausgabe erschienen sie auch im Topos Verlag
AG in Vaduz (Liechtenstein). Meine *Jakobinischen Flugschriften aus dem deutschen Süden* brachte ich 1965 heraus.[54] Die zweite Auflage folgte 1980 im Berliner Akademie-Verlag und im Topos Verlag. Das war mein Fundament, mein Sockel, auf dem ich mich wohlfühlte und von dem ich schwerlich heruntergeschubst werden konnte. Im übrigen besaß ich
noch ein zweites Standbein, das ebenso nicht von Pappe war, nämlich das Preußen nach
Jena und Auerstedt, das durch seine Reformen die bürgerliche Revolution von oben begann,
die am Ende durch Bismarck ebenso von oben vollendet wurde. Ich rettete die von Hans
Haussherr verfolgte Idee, die von Georg Winter begonnene Aktenpublikation zur Reorganisation des preußischen Staats unter Stein und Hardenberg, die über einen ersten Band
(1931) nie hinausgekommen war,[55] fortzusetzen, indem ich mich der beiden Mitarbeiterinnen Doris Schmidt und Helga Gottfriedt annahm, die sich schon mit der Materialsichtung
beschäftigt hatten. Wir knüpften zeitlich an Winter an, aber gingen konzeptionell anders
heran, indem wir den ursprünglichen Gegenstand – die Reform der Oberbehörden – in den
größeren Zusammenhang der Verfassungs- und Verwaltungsgeschichte einbetteten, in den
er gehört. Bei dieser breiten und tiefer reichenden Form der Publikation mußte die zeitliche
Begrenzung enger gefaßt werden, als ursprünglich veranschlagt war. In den Jahren 1966,
1967 und 1968 konnten wir drei Bände mit insgesamt 1200 Seiten unter dem Titel herausbringen: *Das Reformministerium Stein, Akten zur Verfassungs- und Verwaltungsgeschichte
aus den Jahren 1807/08.*[56] Es hat große Mühe gemacht und viel Zeit gekostet, um dieses
Unternehmen 1986 mit einem neuen gewichtigen Band von 820 Seiten fortzusetzen: *Von
Stein zu Hardenberg, Dokumente aus dem Interimsministerium Altenstein/Dohna.*[57] Im Zusammenhang mit diesem Standbein sei nebenher hier vermerkt, daß der von Ernst Engel-

---

50   Heitzer: Referat. In: ebd., S. 47.
51   Alfred Meusel: Diskussionsbeitrag (S. 54–59); Gerhard Schilfert: Diskussionsbeitrag (S. 67–69);
     Brigitta Mühlpfordt: Diskussionsbeitrag (S. 69–71). In: ebd.
52   Ernst Engelberg: Nachgereichter Diskussionsbeitrag (S. 88–94). In: ebd., S. 94.
53   Scheel: Schlußwort. In: ebd, S. 82.
54   Jakobinische Flugschriften aus dem deutschen Süden Ende des 18. Jahrhunderts. Hrsg. von Heinrich Scheel. Berlin 1965.
55   Die Reorganisation des preußischen Staates unter Stein und Hardenberg. Erster Teil: Allgemeine
     Verwaltungs- und Behördenreform. Hrsg. von Georg Winter. Bd. 1. Leipzig 1931.
56   Das Reformministerium Stein. Akten zur Verfassungs- und Verwaltungsgeschichte aus den Jahren 1807/08. Hrsg. von Heinrich Scheel. Bearbeitet von Doris Schmidt. 3 Bde. Berlin 1966–1968.
57   Von Stein zu Hardenberg. Dokumente aus dem Interimsministerium Altenstein/Dohna. Bearb.
     von Doris Schmidt. Hrsg. von Heinrich Scheel und D. S. Berlin 1986.

berg in einem Essay über Clausewitz (1957) gebrauchte[58] und von mir in der genannten Quellenedition aufgegriffene Begriff der „Revolution von oben"[59] auch zu einem heftigen Meinungsstreit geführt hat, der über weite Strecken ein Kolloquium bestimmte, das am 18. Juni 1981 zum Thema „Preußische Reformen – Wirkungen und Grenzen. Aus Anlaß des 150. Todestages des Freiherrn vom und zum Stein" durchgeführt wurde. Die Beiträge zu diesem Kolloquium liegen gedruckt in den *Sitzungsberichten der Akademie der Wissenschaften der DDR*, Jahrgang 1982, Nr. l/G vor.[60]

Michael Schlott: Herr Scheel, trifft es zu, daß die Universitäten in der DDR bis etwa 1969/70 über relativ autonome Strukturen verfügten, das heißt also, daß erst nach den Prager Geschehnissen der staatliche Zugriff auf den Wissenschaftsbetrieb einsetzte?[61]?

Heinrich Scheel: Das kann ich weder bestreiten noch bestätigen. Ich war an der Humboldt-Universität am Institut für Geschichte des deutschen Volkes von 1952 bis 1956 tätig. Wir waren damals mehr oder weniger alle blutige Anfänger und hatten ganz andere Sorgen als die, gegängelt zu werden. 1956 bin ich mit der Gründung des Akademie-Instituts für Geschichte endgültig zur Akademie der Wissenschaften übergewechselt.

Michael Schlott: Aber dann sind Sie doch genau der richtige Ansprechpartner, dann müßten Sie doch auch in diesem Zusammenhang etwas über die Funktion des Akademiewesens sagen können.

Heinrich Scheel: Das Kernstück der Akademie war die Gelehrtengesellschaft, die aus rund 150 ordentlichen Mitgliedern bestand, die sich in geheimer Abstimmung durch jährliche Zuwahlen regenerierte. Das wissenschaftliche Leben dieser Sozietät spielte sich in den Plenarversammlungen und in den Klassen ab. Zu diesen Veranstaltungen gesellten sich die ebenfalls von den ordentlichen Mitgliedern gewählten korrespondierenden und auswärtigen Mitglieder, die jedoch kein Stimmrecht besaßen. Bevor ich als Mitarbeiter des neuen Instituts für Geschichte antreten konnte, hatte ich vor der Klasse, die Philosophie, Geschichte, Staats-, Rechts- und Wirtschaftswissenschaften vertrat, Rede und Antwort zu stehen. Die Gelehrtengesellschaft war denkbar ungeeignet, sich so einfach vor einen Karren spannen zu lassen; sie war zu abgehoben, zu hoch. Als es beispielsweise der Par-

---

58 Ernst von Engelberg: Carl von Clausewitz in seiner Zeit. In: Vom Kriege. Hinterlassenes Werk des Generals Carl von Clausewitz. Eingeleitet von Prof. Dr. Ernst Engelberg und Generalmajor a.D. Otto Korfes. Berlin 1957; E. v. E.: Über die Revolution von oben. Wirklichkeit und Begriff. In: Zeitschrift für Geschichtswissenschaft 22 (1974), 1183–1211.

59 Heinrich Scheel: Vorwort des Herausgebers. In: Das Reformministerium Stein (wie Anm. 56), S. xii–xx, hier S. viii: „Den Begriff der Revolution ‚von oben' hat Engels Mitte der achtziger Jahre auf die Bismarcksche Reichsgründung geprägt. Die Revolution von oben steht im Gegensatz zur Revolution von unten, in der – wie 1789 bis 1794 in Frankreich – die Bourgeoisie mit den Volksmassen die feudalen Verhältnisse radikal verändert". Im Vorwort des Herausgebers (S. vii) wird Engelberg zitiert, der die preußischen Reformen „als Musterbeispiel einer bürgerlichen Revolution von oben bezeichnet" hatte.

60 Preußische Reformen – Wirkungen und Grenzen. Aus Anlaß des 150. Todestages des Freiherrn vom und zum Stein. Berlin 1982 (Sitzungsberichte der Akademie der Wissenschaften der DDR. Gesellschaftswissenschaften Jahrgang 1982, Nr. l/G).

61 Diese standardisierte Frage geht zurück auf eine Aussage von Martin Fontius: „In den Anfangsjahren verfügten die Universitäten in der DDR noch über relativ autonome Strukturen, erst später sind die aufgehoben worden." Siehe dazu II, 2.1.2, S. 51 f., Anm. 148.

teiführung 1965 darum ging, den aufmüpfigen Robert Havemann restlos auszugrenzen,[62] war man sehr daran interessiert, daß auch die Gelehrtensozietät ihn, der als korrespondierendes Mitglied der Klasse Chemie angehörte, aus ihren Reihen vertrieb. Es kam in der Tat auf Antrag einzelner Mitglieder zu einer Abstimmung im Plenum mit dem Ergebnis, daß der Ausschluß Havemanns mehrheitlich abgewiesen wurde. Nur mit irgendeinem Trick und eindeutig statutenwidrig erreichte man das angestrebte Ziel. Was nun die Institute, Forschungsstellen, Laboratorien etc. bei der Akademie angeht, so müssen Sie wissen, daß die Masse den Bereichen der Physik, der Chemie, den Biowissenschaften, der Medizin und den Geo- und Kosmoswissenschaften zugeordnet war; ihr Verhältnis zu den Geistes- und Sozialwissenschaften betrug etwa 6 zu 1. Was sie alle von den Universitätsinstituten unterschied, das war ihre eindeutige Konzentration auf die Forschung, während an den Universitäten der Lehrbetrieb an erster Stelle stand. Der Lehrbetrieb ist ein Multiplikator ‚par excellence' und zieht die Aufmerksamkeit der zuständigen staatlichen Behörden ungleich stärker auf sich als eine Forschungsstelle. Wenn Ihre Frage also impliziert, daß es an den Universitäten liberaler als an der Akademie zuging, so bin ich entschieden gegenteiliger Meinung. Sehr deutlich wird das, wenn Sie einmal unter die Lupe nehmen, wie die Partei- und Staatsführung mit ihren eigenen unsicheren Kantonisten umging, die sie entweder aus der Partei hinauswarf oder sie aus leitenden Funktionen entfernte oder darüber hinaus sie sogar ins Zuchthaus steckte. Sie mußten ja irgendwo bleiben, auch die nach Strafverbüßung wieder entlassenen Zuchthäusler. Sie landeten entweder im staatlichen Archivwesen oder an unserer Akademie! Die einstigen Politbüromitglieder Rudolf Herrnstadt und Karl Schirdewan landeten beim Archivwesen, Fred Oelssner dagegen beim Institut für Wirtschaftswissenschaften der Akademie; Wolfgang Harich kam von Bautzen aus als Lektor in unseren Akademie-Verlag und nahm maßgeblichen Anteil an der Herausgabe der Werke von Ludwig Feuerbach;[63] Ronald Lötzsch wurde als hervorragender Sorabist ins Akademie-Institut für Slawistik gesteckt; Winfried Schröder landete bei Werner Krauss im Akademie-Institut für romanische Sprachen und Kultur; den Philosophen Herbert Crüger, dem ich persönlich sehr nahe stand, rettete ich nach drei Jahren Bautzen vor der Versenkung ins Berliner Stadtarchiv, indem ich dessen Leiter von der völligen Untauglichkeit Crügers überzeugte, der daraufhin beim Akademie-Institut für Philosophie unterkam. Die Universität mit ihrer Breitenwirkung ist von der Partei- und Staatsführung niemals als Auffangbecken für Gestrauchelte in Erwägung gezogen worden; die ‚Ansteckungsgefahr' erschien viel zu groß. Die Akademie galt dagegen als eine Art Naturschutzpark, in dem mehr oder weniger seltsame Vögel nicht besonders auffielen. Natürlich war der Staat an hervorragenden Forschungsergebnissen der Akademie-Institute interessiert sowohl aus Gründen des eigenen Ansehens als auch der praktischen Nutzanwendung. Das ist natürlich überall auf der Welt so. Aber Ihnen geht es ja um einen spezifischen staatlichen Zugriff, der geeignet ist, die streng wissenschaftliche Forschung ideologisch zu verbiegen. So etwas gibt und

62 Vgl. dazu: Die Entlassung: Robert Havemann und die Akademie der Wissenschaften der DDR 1965/66. Eine Dokumentation. Hrsg. von Silvia Müller. Berlin 1996.
63 Ludwig Feuerbach: Gesammelte Werke. Hrsg. von der Berlin-Brandenburgischen Akademie der Wissenschaften durch Werner Schuffenhauer. Berlin 1967 ff.; 2011 wurden die Bände 15, 16 und 22 noch für die Publikation vorbereitet. Wolfgang Harich war der Bearbeiter für die Bände 2, 4, 6–8, 10–12; die Bände 1, 3 und 9 bearbeitete er gemeinsam mit Werner Schuffenhauer; vgl. ‹http://www.bbaw.de/forschung/feuerbach/projektdarstellung› (eingesehen am 10.11.2011).

gab es. Was Lyssenko unter Stalins Schirm der Genetik und Kulturpflanzenforschung in der Sowjetunion geschadet hat, ist schon zum Weinen; bei uns hat sich Akademie-Mitglied Hans Stubbe mit Vehemenz dagegen gewehrt, auf diesem Gebiet von der Sowjetunion zu lernen.[64] Im übrigen glaube ich, daß der gesamte naturwissenschaftliche Institutsbereich der Akademie vor staatlichen Zugriffen solcher Art weitgehend sicher war. Im geistes- und sozialwissenschaftlichen Bereich hat es zweifellos solche Zugriffe gegeben, aber dies in außerordentlich unterschiedlichem Maße. Reden wir über etwas, wovon ich mit einiger Sachkenntnis urteilen kann; reden wir von der Geschichte als wissenschaftlicher Disziplin. Dabei gehe ich davon aus, daß Sie mich als marxistischen Wissenschaftler akzeptieren, als einen Historiker also, der ein marxistisches Herangehen an die verschiedensten Gegenstände der Geschichte für durchaus sinnvoll hält und ernsthaft meint, daß die marxistische Geschichtsschreibung die Geschichtswissenschaft insgesamt durchaus vorangebracht hat. Was ich an ihr kritisiere, ist ihre dogmatische Verengung, die zu vermeiden ich immer bemüht war, ohne damit sagen zu wollen, daß mir nie Fehlurteile unterlaufen sind. Das wäre vermessen. Aber wer à la Blüm den Marxismus für tot hält[65] und daraus den Schluß zieht, daß die gesamte DDR-Wissenschaft nichts taugen kann und restlos abgewickelt zu werden verdient (wie sie auch abgewickelt worden ist, denn die übriggebliebenen Krümel kann man vergessen), ist für mich kein Gesprächspartner. Das Institut für Geschichte an der Akademie konzentrierte sich im wesentlichen auf die Erforschung der deutschen Nationalgeschichte vom Mittelalter bis zur Gegenwart; andere Bereiche übernahmen andere Institute wie das für Vor- und Frühgeschichte, für griechisch-römische Altertumskunde, für Orientforschung, für deutsche Volkskunde und andere mehr. Obrigkeitliche Zugriffe der unangenehmen Art, die der Wissenschaftlichkeit Gewalt antaten, gab es im wesentlichen nur im 20. Jahrhundert in Hinblick auf die Arbeiterbewegung (dafür war das Institut für Marxismus-Leninismus zuständig) und auf die Zeitgeschichte – hier sprach das Institut (später Akademie) für Gesellschaftswissenschaften beim ZK der SED das entscheidende Wort. Nichtsdestotrotz ist viel von dem, was im Akademie-Institut auch in diesen beiden Bereichen geleistet wurde, nicht etwa total unbrauchbar. Daß man nur ‚per ordre di Mufti' so und nicht anders schrieb – das hat es zweifellos gegeben. Ganz anders aber sieht es aus, wenn man irrigen Vorstellungen anhängt und so zu irrigen Resultaten gelangt. So etwas gibt es immer und überall und ist nur in einem offenen Meinungsstreit zu korrigieren.

Michael Schlott: Herr Scheel, Sie haben bereits den Namen Werner Krauss genannt. Können Sie etwas sagen über die Bedeutung der beiden großen literaturwissenschaftlichen Schulen, der romanistischen Krauss-Schule und der germanistischen Scholz-Schule – wenn man das so zuspitzen darf?

---

64 Stubbe widerlegte in den 1950er Jahren mit seinen Mitarbeitern im Gaterslebener Institut durch experimentelle Arbeiten die wissenschaftlichen Ansichten Lyssenkos zur Vererbung erworbener Eigenschaften und trug damit dazu bei, daß in den Akademie-Instituten in der DDR weiterhin genetische Forschung möglich war. Auf diese Weise konnte verhindert werden, daß der sogenannte Lyssenkoismus in der DDR zu ähnlich schwerwiegenden personellen, materiellen und volkswirtschaftlichen Folgen sowie einem Stillstand der biologischen Wissenschaften wie in der Sowjetunion führte.

65 Der Katholik Norbert Blüm, der ehemalige Bundesminister für Arbeit, hatte im Sommer 1989 vor Werftarbeitern in Danzig erklärt: „Marx ist tot, Jesus lebt."

Heinrich Scheel: Zur Scholz-Schule[66] kann ich kaum etwas sagen. Er hat mich einige Male aufgesucht und auch mit mir telefoniert, aber ich habe keine einzige seiner *Faust*-Vorlesungen[67] gehört. Er gehörte zu den ganz schwierigen Menschen, denen bestimmte normale Fähigkeiten einfach abgingen. Er produzierte massenhaft Gedanken, aber brachte kein einziges Buch zustande. Er hatte Schüler, die ihn hören konnten und die für ihn durchs Feuer gingen; aber es war notgedrungen ein kleiner Kreis. Ich könnte Ihnen keinen einzigen mehr nennen. Das sah beim Werner Krauss, einer zweifellos überdimensionalen Figur, ganz anders aus. Er konnte sich mündlich wie schriftlich mit höchster Präzision mitteilen, er war ein immenser Sachkenner und zugleich ein hervorragender theoretischer Kopf, ein konzeptioneller Denker. Er war ein Genie mit all den merkwürdigen Besonderheiten, die genialen Menschen so oft eigen sind. Er schrieb Verse, verfaßte Romanfragmente, ja, sogar einen ganzen kafkaesken Roman, den er buchstäblich mit gefesselten Händen von der Nazi-Justiz als zum Tode Verurteilter in den Zuchthäusern Plötzensee und Lehrter Straße 61 geschrieben hatte: *PLN, die Passionen der halkyonischen Seele*, erstmalig bei Vittorio Klostermann in Frankfurt am Main 1946 erschienen.[68] Als Lehrender hat ihn Fritz Rudolf Fries erlebt: „K. fiel, sobald er in der Tür stand, in den ersten Satz, und dieser war, wie der erste Satz im Streichquartett, entscheidend, das Thema gerafft enthaltend, ein scharfer Bogenstrich, dann das Staccato der Worte, jedes für sich artikuliert, da war kein Vorbeihören möglich, das zielte in die Mitte der Fragestellung. [...] Bei K. war alles nüchterne Präzision, die dennoch verwirrte, weil sie aus schlafwandlerischer Sicherheit kam, wie aus unterbewußten Schichten der Inspiration, im Alleingang [...]"[69] Der forschende Gelehrte konzentrierte sich vornehmlich auf die Hispanistik, die Aufklärung und die literaturwissenschaftliche Methodologie; zahlreiche Publikationen belegen es. Die Aufklärungsbewegung im 18. Jahrhundert rückte verstärkt in sein Blickfeld, weil sie für ihn im Kampf gegen den Hitler-Faschismus der ständige Bezugspunkt bei der Verteidigung des humanistischen Erbes war. Er verstand das Zeitalter der Aufklärung als einen Drehpunkt der geschichtlichen Bewegung, weil hier erstmals ein geschichtliches Weltbild entwickelt wurde, das die entscheidenden Voraussetzungen für die Herausbildung des modernen geschichtlichen Denkens schuf, das sich in Marx manifestierte. Dieser geniale Kopf war gleichzeitig ein durch und durch unpraktischer Mensch mit zwei linken Händen. Es gibt eine Unsumme von Anekdoten über ihn, die ihn in den seltsamsten Situationen schildern, aus denen er sich mit Mühe, aber gelegentlich auch wieder überraschend fix befreite. Es saß ihm dabei oft

---

66   Siehe dazu II, 2.1.2, S. 49, Anm. 139.

67   Vgl. dazu: Faust-Gespräche mit Prof. Dr. Gerhard Scholz. Wissenschaftliche Mitarbeit Ursula Püschel. Berlin 1967; die Gespräche waren 1964/65 in der Studentenzeitschrift *Forum* (hrsg. vom Zentralrat der FDJ) veröffentlicht worden. Eine zweite Auflage der Buchpublikation von 1967 erschien 1982 im Verlag Philipp Reclam jun. in Leipzig (siehe darin das Nachwort von Ursula Püschel „Eine Zeitung, ein Autor, ein Buch"); siehe auch: Faust-Gespräche 1974. Ein Gespräch zwischen Oskar Neumann und Elvira Högemann-Ledwohn mit Gerhard Scholz. In: Kürbiskern 4 (1974), S. 48–58; vgl. zudem: Ralf Klausnitzer: „So gut wie nichts publiziert, aber eine ganze Generation von Germanisten beeinflußt". Wissenstransfer und Gruppenbildung im Kreis um Gerhard Scholz (1903–1989). In: Zeitschrift für Germanistik, N.F. 20 (2010), S. 339–368, hier S. 352 und 365; ferner II, 2.1.2, S. 49, Anm. 139.

68   Werner Krauss: PLN. Die Passionen der halkyonischen Seele. Frankfurt/Main 1946.

69   Fritz Rudolf Fries: Lebenslehre oder Die Passionen der aufklärerischen Seele. In: Neue Deutsche Literatur 26 (1978), H. 11, S. 47–51, hier S. 50 f.

der Schalk im Nacken. Sein Selbstbewußtsein litt darunter nie. In seinen Tagebuchblättern 1931/1932 können Sie unter dem Datum vom 11. September 1931 den Satz lesen: „Ich bin untüchtig zum Leben geboren, aber die Gaben sind mir gegeben, mit denen ich mich selbst überleben kann." Ich habe diese Aufzeichnungen nach Krauss' Tode im Original gelesen; erst kürzlich sind sie von seinem Schüler Manfred Naumann im Fischer Taschenbuch Verlag herausgegeben worden.[70]

Michael Schlott: Eine beeindruckende Figur. In einem Aufsatz über Forster haben Sie Ihren Ausgang bei Werner Krauss genommen, mit Blick auf die „Konstellation" der deutschen Aufklärung.[71] Welche Bedeutung hatten die Grundüberlegungen von Werner Krauss für Ihre Jakobinismusforschungen?

Heinrich Scheel: Krauss war der Meinung, daß die Austrahlungskraft der französischen Aufklärung auf Deutschland im 18. Jahrhundert und damit zugleich die mit kritischer Aneignung einhergehende Rezeptionsbereitschaft bei den deutschen Aufklärern viel zu wenig beachtet und durch die Forschung erschlossen worden war. Im Gegensatz zur westeuropäischen Aufklärung, in der die intellektuelle Vorhut der privilegierten Stände aktiven Anteil nahm, war die Bewußtseinsbildung des deutschen Bürgertums im 18. Jahrhundert durch ein spezifisch bürgerliches Gepräge gekennzeichnet. Darum taugte auch die Theorie des fürstlichen Ursprungs der deutschen Aufklärung nichts. Er formulierte entgegengesetzt: „Die Aufklärung ist unter den Augen, doch außerhalb des Gesichtsfeldes und der Interessensphäre der deutschen Despoten emporgewachsen."[72] Ihr spezifisch bürgerliches Gepräge hatte eine Isolierung im Gefolge, bei der sich der fragwürdige Vorzug der Gesinnungsreinheit mit dem fraglosen Nachteil der politischen Abstinenz verband. Die Französische Revolution mit ihren vielseitigen Auswirkungen schuf eine neue Situation, so daß Krauss meine Jakobinismusforschungen mit größtem Interesse verfolgte, während ich umgekehrt wesentliche Impulse und Anregungen von ihm erfuhr. Diese Bindung an Krauss ist nicht nur wissenschaftlich motiviert gewesen, sondern gleichsam auch biographisch. Ohne voneinander zu wissen, hat uns die antifaschistische Gesinnung in die gleiche Widerstandsgemeinschaft geführt, die die Nazis unter dem von ihnen geprägten Fahndungsnamen „Rote Kapelle" zusammenfaßten. Beide wurden wir vom gleichen Senat des Reichskriegsgerichts verurteilt, und beide entgingen wir dem Todesurteil nur um Haaresbreite. Wir pflegten also auch unmittelbar persönlichen Kontakt, insbesondere nach seiner Übersiedlung von Leipzig nach Berlin. Meine Frau stand bei ihm in besonderer Gunst, denn sie gab geliehene Bücher wieder an ihn zurück, während er mir weniger traute; das war auch so eine Marotte von ihm, gegen die kein Kraut gewachsen war und die man einfach hinnahm. Ich habe meine Beziehung zu Krauss keineswegs nur für mich genutzt, sondern gleichzeitig dafür gesorgt, daß auch

70 Werner Krauss: Vor gefallenem Vorhang. Aufzeichnungen eines Kronzeugen des Jahrhunderts. Hrsg. von Manfred Naumann. Mit einem Vorwort von Hans Robert Jauß. Übersetzung der spanisch verfaßten Passagen von Fritz Rudolf Fries. Frankfurt/Main 1995, S. 128.

71 Heinrich Scheel: Begegnung deutscher Aufklärer mit der deutschen Revolution. In: Die Mainzer Republik III. Die erste bürgerlich-demokratische Republik auf deutschem Boden. Hrsg. von H. S. Berlin 1989, S. 457–471.

72 Werner Krauss: Einleitung. Zur Konstellation der deutschen Aufklärung. In: Die französische Aufklärung im Spiegel der deutschen Literatur des 18. Jahrhunderts. Hrsg. und eingeleitet von W. K. Berlin 1963, S. IX–CLXXXVII, hier S. LXXXIV; siehe ferner W. K.: Über die Konstellation der Aufklärung in Deutschland. In: Sinn und Form 13 (1961), S. 65–100 und S. 223–288.

andere Jakobinismusforscher mit ihm bekannt wurden. Ich habe zum Beispiel Walter Grab bei ihm eingeführt und mit ihm einen Teil seiner damaligen Mannschaft, mit der er seine Reihe *Deutsche revolutionäre Demokraten*[73] herausgeben wollte, also Hans-Werner Engels, Hellmut G. Haasis und Michael-Peter Werlein.

Michael Schlott: Werner Krauss hat die Aufklärungsforschung in der DDR maßgeblich beeinflußt. Es wäre wohl nicht übertrieben, in ihm sozusagen auch eine Gründerfigur der Aufklärungsforschung insgesamt zu sehen?

Heinrich Scheel: Es ist keine Frage, daß sein Einfluß in Sachen Aufklärungsforschung weit über die engen Grenzen der kleinen DDR hinausreichte. Nicht zufällig hatte er die Ehrendoktorwürde von Aix-en-Provence erhalten.[74] Studenten Marburgs haben zu seinem 75. Geburtstag eine „Krausswoche" durchgeführt, um „der Verpflichtung an eine wissenschaftliche und politische Tradition einen sichtbaren Ausdruck zu verleihen".[75] Die Klasse, der er als Akademie-Mitglied angehörte, führte 1977 in memoriam Werner Krauss ein erstes Krauss-Kolloquium mit starker internationaler Beteiligung durch, dem bis 1989 in dreijährigem Rhythmus vier weitere Kolloquia folgten.[76]

Michael Schlott: Herr Scheel, gab es in der DDR, wenn vielleicht auch nur vorübergehend, so etwas wie eine gezielte Kooperation zwischen Geschichtswissenschaft und Literaturwissenschaft im Sinne einer gemeinsamen Forschungsanstrengung, eines gemeinsamen Forschungsziels im Rahmen der Aufklärungsforschung?

Heinrich Scheel: In seinem programmatischen Aufsatz „Literaturgeschichte als geschichtlicher Auftrag", 1950 in *Sinn und Form* erschienen,[77] hat er – in Auseinandersetzung

---

73 Deutsche revolutionäre Demokraten. Hrsg. von Walter Grab. 5 Bde. Stuttgart 1971–1978 – Bd. 1 (1971): Hans-Werner Engels: Gedichte und Lieder deutscher Jakobiner; Bd. 2 (1978): Axel Kuhn: Linksrheinische deutsche Jakobiner. Aufrufe, Reden, Protokolle, Briefe und Schriften 1794–1801; Bd. 3 (1972): Alfred Körner: Die Wiener Jakobiner; Bd. 4 (1973): Gerhard Steiner: Jakobinerschauspiel und Jakobinertheater; Bd. 5 (1973): Walter Grab: Leben und Werke norddeutscher Jakobiner; siehe dazu II, 2.2.1, S. 103–107.

74 Am 27. Oktober 1971 wurde Werner Krauss von der Universität Aix-en-Provence die Ehrendoktorwürde verliehen.

75 1975 veranstaltete der Marxistische Studentenbund in Marburg eine Werner-Krauss-Woche.

76 Literaturgeschichte als geschichtlicher Auftrag: in Memoriam Werner Krauss. [Vorträge des Kolloquiums „Literaturgeschichte als geschichtlicher Auftrag: in Memoriam Werner Krauss" der Klasse Gesellschaftswissenschaften II der Akademie der Wissenschaften am 14. und 15. Juni 1977]. Hrsg. von Heinrich Scheel. Berlin 1978; zudem u.a.: Zum Problem der Geschichtlichkeit ästhetischer Normen. Die Antike im Wandel des Urteils im 19. Jahrhundert. (Vorträge des III. Werner-Krauss-Kolloquiums am 18., 19. und 20. Oktober 1983). Hrsg. von Heinz Stiller. Berlin 1986; Ideologie, Literatur und Kunst im Zeitalter der Französischen Revolution von 1789. (Vorträge des V. Werner-Krauss-Kolloquiums am 8. und 9. November 1989), dazu der Konferenzbericht von Heinz Hohenwald in: Referatedienst zur Literaturwissenschaft 22 (1990), H. 1, S. 39 f. Weitere Informationen bei: Manfred Naumann: Romanistische Abenteuer in den östlichen Gegenden Deutschlands. In: Romanistik als Passion. Sternstunden der neueren Fachgeschichte II. Hrsg. von Klaus-Dieter Ertler. Wien 2011, S. 257–272; siehe auch das Interview mit Klaus R. Scherpe, S. 692–712, hier S. 710.

77 Werner Krauss: Literaturgeschichte als geschichtlicher Auftrag. In: Sinn und Form 2 (1950), S. 65–126; auch in W. K.: Literaturtheorie, Philosophie und Politik. Hrsg. von Manfred Naumann. Bearb. von Renate Petermann und Peter-Volker Springborn. Berlin und Weimar 1984, S. 7–61.

mit den positivistischen und geistesgeschichtlichen Traditionen sowie den soziologistischen Ansätzen in Deutschland bis in die 1930er Jahre die Notwendigkeit einer Literaturwissenschaft betont, die sich an der geschichtlichen Bewegung der Literatur orientiert. Ihm ging es darum, die Geschichtlichkeit der Literatur herzustellen; er trat für eine historisch-materialistische Erforschung der literarischen Entwicklung ein, die die Dialektik beachtet und soziologistische vulgärmaterialistische Interpretationen vermeidet. Von irgendwelchen interdisziplinären Kollektivbildungen als Forschungsinstitutionen hielt er nie viel.

Michael Schlott: Gut. Vielleicht kann man die Antwort auf die Frage dahingehend zusammenfassen, daß es phasenweise gemeinsame Forschungsinteressen gab; man hat sich ausgetauscht. Aber letztlich waren es Individuen, die geforscht haben, es gab individuelle Ideen und Konzepte.

Heinrich Scheel: Absolut.

Michael Schlott: Und Krauss hat dabei dem Politbüro und der Partei gegenüber eine – sagen wir einmal – bemerkenswerte Souveränität bewahrt. Wie sehen Sie die Funktion, die Werner Krauss gehabt hat, auch als ‚Wissenschaftsmanager‘, der ein bestimmtes Konzept von Aufklärungsforschung formuliert hat, das ja wohl durchaus konvenierte mit den gesellschaftswissenschaftschaftlichen Vorstellungen der DDR, also mit einem sozialistischen Gesellschaftsverständnis?

Heinrich Scheel: Mit dem Begriff des Wissenschaftsmanagers kann ich mich im Hinblick auf Werner Krauss überhaupt nicht befreunden. Mir fällt da gleich die Tagebuchnotiz ein, die Sie in der schon genannten Edition von Manfred Naumann unter dem 29. September 1931 nachlesen können. Er schreibt da über seinen Freund, den Neurologen John Rittmeister (übrigens auch einer, der zur „Roten Kapelle" gehörte, aber von den Nazis ermordet wurde): „[Rittmeister], der mich alle vier Tage zehn Minuten besucht, um sich an meiner Unordnung zu inspirieren."[78] Krauss als Manager ist nicht vorstellbar. Die „bemerkenswerte Souveränität" jedoch akzeptiere ich ohne jede Einschränkung. Als der von ihm hochgeschätzte Peter Huchel als Chefredakteur der von der Akademie der Künste herausgegebenen Zeitschrift *Sinn und Form*[79] von der Partei abgelöst wurde, erklärte Krauss, nunmehr nicht eine einzige Zeile mehr für diese Zeitschrift zu schreiben. Dieses Wort war unumstößlich. Wenn ihm irgendetwas zu dumm wurde, was jede Art oberer Instanz da von ihm erwartete oder gar verlangte, dann schlug er keinen Krach, sondern negierte es einfach. Er ging schlicht weg und war dann nicht aufzuhalten. Der zuständige Abteilungsleiter im ZK, den er nicht ausstehen konnte, der aber pflichtgemäß die Geburtstagsgrüße des ZK zu übermitteln hatte, bekam von Krauss nie die Gelegenheit, seinen Auftrag zu erfüllen. Werner Krauss war als Sozialist ein unbestechlicher kritischer Zeitgenosse. In seinem Tagebuch können wir unter dem Datum Berlin-Hessenwinkel, 23. VIII. 66, lesen: „Politik auswegs-

---

78   Krauss: Vor gefallenem Vorhang (wie Anm. 70), S. 132.

79   Die Zeitschrift *Sinn und Form – Beiträge zur Literatur* wurde 1949 von Johannes R. Becher (1891–1958) und Paul Wiegler (1878–1949) gegründet. Erster Chefredakteur war von 1949 bis 1962 der Schriftsteller und Lyriker Peter Huchel (1903–1981). Von Anbeginn seiner Redakteurstätigkeit wurde Huchel wegen seiner systemübergreifenden künstlerischen Konzeptionen für *Sinn und Form* angegriffen und 1953 zur Kündigung seines Redaktionspostens genötigt, was durch die Intervention Bertolt Brechts verhindert werden konnte. Nach fortwährenden Angriffen und Erschwernissen seiner Tätigkeit sah Huchel sich 1962 endgültig zum Rücktritt gezwungen.

los. Antipolitik überhaupt unwegsam. Der Sozialismus bleibt einzige Lösung, trotz seiner Diskreditierung durch eine Praxis, die manche Ansprüche erfüllt, aber den Anspruch, der der Mensch ist, geflissentlich überhört und verleugnet."[80]

Michael Schlott: Herr Scheel, könnten Sie versuchen, für das Jahrzehnt zwischen 1970 und etwa 1980 die wichtigsten Veränderungen und Bewegungen in der kulturpolitischen Landschaft der DDR zu skizzieren?[81]

Heinrich Scheel: Das fällt mir sehr schwer. 1970 erfolgte ja der Wechsel von Ulbricht zu Honecker. Es ist keine Frage, daß Ulbricht ungleich intelligenter als Honecker war. Immerhin hatte er mitbekommen, daß die Planwirtschaft ein Korrektiv benötigte, das das Eigeninteresse an der Produktivitätssteigerung zu erhöhen geeignet war. Immerhin hat er gegen die schwachsinnige Prognose Chruschtschows, nunmehr in Siebenmeilenstiefeln auf den Kommunismus hinzuarbeiten, die These verfochten, daß der Sozialismus über eine lange Strecke andauern müsse, um an das Stadium des Kommunismus auch nur zu denken. Dennoch, seine penetrante Besserwisserei hing uns, insbesondere der Intelligenz, sehr früh schon zum Halse heraus. Sein dritter Beruf war nach seinen eigenen Worten der eines Historikers, und das war für uns natürlich ganz schlimm. Die von ihm konzipierte Geschichte der Arbeiterbewegung stellte die Frage der Machtergreifung und ihrer Erhaltung in den Mittelpunkt, von dem alles hin- und hergebogen wurde; es war eine reine Vergewaltigung. Ganz besonders schlimm war das 11. Plenum 1965, für das er die Verantwortung trug und das vor allem die künstlerische Intelligenz zum Buhmann der Nation machte.[82] Eine Ablösung des immer starrsinniger werdenden Ulbricht 1970 war überfällig. Honeckers Nachfolge erschien vielen problematisch, denn es war Honecker gewesen, der auf dem 11. Plenum das Hauptreferat gehalten hatte und auch als Persönlichkeit ein paar Nummern zu klein erschien. Immerhin ergriff er im betonten Gegensatz zu Ulbricht einige populäre Maßnahmen: Das Konsumangebot wurde erhöht, der Wohnungsbau forciert, die Kulturpolitik fühlbar liberaler gehandhabt. Allerdings ging es auf dem letztgenannten Sektor nur bis zur nächsten Krise gut. Die Ausbürgerung Biermanns setzte dieser Liberalisierung 1976 ein Ende. Von da an ging es wieder bergab, bis uns in den 1980er Jahren Gorbatschows Perestroika und Glasnost die Reformierbarkeit auch unseres Gesellschaftssystems in der DDR wieder glauben machten.

Michael Schlott: Herr Scheel, Die Kontroversen um die Mainzer Republik hatten in der Jakobinismusforschung auch symbolischen Charakter. Es handelte sich gewissermaßen um die Fokussierung aktueller politischer Kontroversen, um einen Wettlauf beider deutscher Staaten um die demokratisch-revolutionären Traditionen. Signifikant ist nach meinem

---

80 Krauss: Vor gefallenem Vorhang (wie Anm. 70), S. 177.

81 Die Frage diente dazu, möglichst viele Informationen über die Wissenschaftsprozesse im Jahrzehnt zwischen etwa 1970 und 1980 in der DDR zu erhalten, um beurteilen zu können, ob und gegebenenfalls inwieweit die soziologisch-sozialgeschichtliche Öffnung des disziplinären Profils der westdeutschen Germanistik von Forschungsansätzen der DDR profitiert hat; siehe dazu die Interviews mit Hans-Dietrich Dahnke (S. 218–254, hier S. 237) und Peter Müller (S. 359–375, hier S. 375).

82 Das 11. Plenum des Zentralkomitees der SED fand im Dezember 1965 statt und unterzog faktisch das gesamte aktuelle Kunstschaffen in der DDR einer rigiden dogmatischen Kritik. Die Materialien sind veröffentlicht in der Broschüre: Bericht des Politbüros an die 11. Tagung des Zentralkomitees der SED, 15. bis 18. Dezember. Berichterstatter Erich Honecker. Berlin 1966; siehe dazu II, 2.2.1, S. 51 f., Anm. 148.

Dafürhalten in diesem Zusammenhang die Kontroverse zwischen Ihnen und Walter Grab. Also: „Eroberung" oder „Befreiung"?[83] Wie würden Sie Ihr Verhältnis zu Walter Grab charakterisieren?

Heinrich Scheel: Walter Grab und ich hatten eine sehr gute Zeit miteinander. Davon zeugt ein kontinuierlicher Briefwechsel, der von 1966 bis in den Anfang der 1980er Jahre hineinreicht. Ich lernte ihn schon 1965 als Doktoranden bei Fritz Fischer kennen. Sein erster Brief an mich ist vom 18. Februar 1966 datiert und beantwortet meinen Brief vom 29. Dezember 1965. Unser Interesse aneinander war wechselseitig. Am 1. November 1966 übereignete er mir „in bester Freundschaft" seine gedruckte Dissertation,[84] der ich in einer Rezension meine volle Anerkennung zollte.[85] Nichtsdestotrotz hatten wir tatsächlich auch sachliche Differenzen. So schoß er nach meiner Meinung in seiner Entdeckerfreude über das Ziel hinaus, wenn er die Mainzer in Verbindung mit den norddeutschen Jakobinern zu Propagandisten der Revolution bis nach Berlin hinein tätig wissen wollte. Die Fäden, die er dabei zog, waren mir zu dünn, und die Furcht, die die Herrschenden allüberall äußerten, war kein überzeugendes Beweismittel. Dennoch war ich bereit, einen Artikel von ihm über die Mainzer Revolutionspropaganda nach Möglichkeit in den 2. Band unseres vom Akademie-Institut neugegründeten *Jahrbuchs für Geschichte*[86] unterzubringen. Es gelang mir nicht; also schrieb ich ihm am 2. November 1967: „Platzmangel – der Band ist um 100 Seiten stärker als vorgesehen –, die Tatsache, daß die französische Revolution schon durch einen Artikel von Soboul vertreten ist, und die Notwendigkeit, zeitnähere Themen zu behandeln, sind die Ursachen. Ich frage Sie: Was tun? Ich könnte mir vorstellen, daß Sie unter diesen Umständen eine anderweitige Veröffentlichung ins Auge fassen. Bitte teilen Sie mir Ihre Absichten mit."[87] Wie ich aus den mir von Ihnen vorgelesenen Passagen des Gesprächs mit Walter Grab entnehme,[88] hält er den Sechs-Tage-Krieg für die eigentliche Ursache; Markov habe ihn davon überzeugt. Möglicherweise hat Markov so geurteilt. Ganz bestimmt

83 Vgl. Walter Grab: Eroberung oder Befreiung? Deutsche Jakobiner und die Franzosenherrschaft im Rheinland 1792–1799. Trier 1971; zudem das Interview mit Walter Grab, S. 486–499, hier S. 492–494.

84 Walter Grab: Demokratische Strömungen in Hamburg und Schleswig-Holstein zur Zeit der ersten Französischen Republik. Hamburg 1966.

85 Heinrich Scheel: [Rez.] Walter Grab: Demokratische Strömungen in Hamburg und Schleswig-Holstein zur Zeit der ersten Französischen Republik, 1966. In: Zeitschrift für Geschichtswissenschaft 16 (1968), S. 236–238.

86 Jahrbuch für Geschichte. Akademie der Wissenschaften der DDR. Zentralinstitut für Geschichte. Hrsg. von Ernst Engelberg u. a. 1967 ff.

87 Siehe dazu das Interview mit Walter Grab, S. 486–499, S. 493 f.

88 Der Herausgeber hatte Heinrich Scheel die folgenden Ausführungen aus dem Protokoll des Gesprächs mit Walter Grab zur Kenntnis gebracht: „Walter Grab habe das Manuskript aus Tel Aviv nach Ostberlin gesandt, und Scheel habe sich in einer ersten Reaktion zufrieden gezeigt mit der abgelieferten Arbeit. Als 1967 jedoch der Sechs-Tage-Krieg die politischen Verhältnisse im Nahen Osten veränderte, habe Walter Grab vergeblich auf ein Belegexemplar des *Jahrbuchs* mit seinem Aufsatz gewartet. Aus einem Brief von Walter Markov habe er schließlich erfahren, daß das *Jahrbuch* bereits erschienen sei – allerdings ohne seinen Aufsatz. Markov habe ihm klargemacht, daß er in der gegenwärtigen politischen Situation nicht damit rechnen könne, daß Scheel den Aufsatz eines Israelis – unabhängig welchen Inhalts – in seinem *Jahrbuch* veröffentlichen würde. Scheel seinerseits erklärte jedoch, das *Jahrbuch* sei so umfangreich gewesen, daß für Walter Grabs Auf-

hat er aber nicht von Scheels *Jahrbuch* gesprochen, denn er wußte natürlich, daß Ernst Engelberg als Direktor dem Herausgebergremium, dem unter anderen auch ich angehörte, vorstand. Und in diesem Gremium hat bei der Zusammenstellung des Bandes (Redaktionschluß: 20. Juni 1967) dieser Krieg keine Rolle gespielt. Bis zu meinem nächsten von Grab behaupteten Schurkenstreich 1971 liegt mir ein glattes Dutzend Grab-Briefe vor, die von Vorstellungen, Plänen, Anregungen, Bitten überfließen und von einem freundschaftlichen Gedankenaustausch zeugen, wie man ihn sich nur wünschen kann. Es ist eine geradezu infame Unterstellung, wenn Grab behauptet, daß ich seine Studie *Eroberung oder Befreiung? Deutsche Jakobiner und die Franzosenherrschaft im Rheinland 1792–1799*[89] „wegen der aktuellen zeitgeschichtlichen und politischen Implikationen", also wegen der Parallele des Verhältnisses Mainz–Frankreich zum Verhältnis DDR–Sowjetunion, „vernichtend rezensiert" hätte. Es ging ausschließlich um eindeutige historische Fehleinschätzungen, die ursächlich mit Grabs überzogenen Vorstellungen vom historischen und gesellschaftlichen Auftrag der linksrheinischen Jakobiner bzw. Cisrhenanen zusammenhängen, die statt der Vereinigung mit Frankreich die Beseitigung des deutschen Partikularismus und Absolutismus durch eine revolutionär-demokratische Volkserhebung hätten anstreben müssen. Ich nannte es „rundheraus unhistorisch, die schmalen Schultern der linksrheinischen Jakobiner mit der Verantwortung für die bürgerliche Umwälzung in ganz Deutschland belasten zu wollen". Im übrigen erklärte ich, „über weite Strecken mit den Ausführungen des Verfassers durchaus einverstanden" zu sein.[90] 1971 edierte ich eine sorgfältig kommentierte Dokumentation zu den Statuten des Mainzer Jakobinerklubs.[91] Am 22. Dezember 1971

---

satz kein Platz mehr zu finden gewesen sei. Dabei sei es geblieben, und der Aufsatz erschien schließlich 1970 im *Archiv für Sozialgeschichte*.

1971 veröffentlichte Walter Grab dann seine Studie ‚Eroberung oder Befreiung?' und sei von Scheel in der *Zeitschrift für Geschichtswissenschaft* wegen der aktuellen zeitgeschichtlichen und politischen Implikationen (Parallele des Verhältnisses Mainz-Frankreich zum Verhältnis DDR-Sowjetunion) ‚vernichtend rezensiert' worden. Im gleichen Jahr erschien eine Veröffentlichung Scheels zu den Statuten des Mainzer Jakobinerclubs, in der er von Walter Grab aufgefundene Quellen ausgewertet habe, ohne dies entsprechend zu erwähnen. Walter Grab habe seiner tiefen Enttäuschung über dieses Verhalten in einem ausführlichen Brief an Scheel Ausdruck gegeben, woraufhin er 1972 nach Ostberlin eingeladen worden sei. Dort habe ihm Scheel zu verstehen gegeben, daß er ihn (mit der Veröffentlichung von ‚Eroberung oder Befreiung?') politisch enttäuscht hätte. Er hätte von Walter Grab nicht erwartet, daß er sich zum Apologeten der bürgerlichen Demokratie würde machen lassen. Dennoch wolle er ‚nicht mit ihm brechen'. Zu einer weiteren Zusammenarbeit sei es jedoch nicht gekommen.

Für die Konferenz *Die demokratische Bewegung in Mitteleuropa* (1977) habe Walter Grab einen Beitrag verfaßt, der sich intensiv mit der Aneignung der deutschen Jakobiner durch die DDR-Historiographie beschäftigt. Dort sei er zu dem Schluß gelangt, daß die Mainzer Jakobiner nicht als Vorläufer der DDR in ihrer konkreten historischen Gestalt betrachtet werden könnten. Der Tagungsband sei 1980 erschienen, 1983 habe Scheel in der *Zeitschrift für Geschichtswissenschaft* mit ‚seinem kommunistischen Bannstrahl' reagiert: Der persönliche Kontakt sei daraufhin erneut abgebrochen." Dazu das Interview mit Walter Grab, S. 486–499, hier S. 494.

89   Grab: Eroberung oder Befreiung? (wie Anm. 83).

90   Heinrich Scheel: [Rez.] Walter Grab: Eroberung oder Befreiung? Deutsche Jakobiner und die Franzosenherrschaft im Rheinland 1792–1799, 1971. In: Zeitschrift für Geschichtswissenschaft 19 (1971), S. 1583–1585.

91   Heinrich Scheel: Die Statuten des Mainzer Jakobinerklubs. In: Jahrbuch für Geschichte 5 (1971),

gratulierte Grab mir zu dem sehr interessanten Aufsatz und der Herausgabe der Dokumente. Gleichzeitig bedauerte er doch, daß nicht einmal eine kleine Anmerkung auf ihn verweise, der bei zwei Gelegenheiten auf die Mainzer Statuten aufmerksam gemacht habe. Er freue sich aber, daß so viel Neues und Interessantes hinzugefügt worden sei. Daß ich etwas „hinzugefügt" hätte, hielt ich schon damals für ein Zeichen zunehmender Überheblichkeit Grabs. Was er sich zweieinhalb Jahrzehnte später im Gespräch mit Ihnen leistete, ist dagegen schon frevelhafte Vermessenheit. Ihrem Gesprächsprotokoll zufolge hätte ich „von Walter Grab aufgefundene Quellen ausgewertet", „ohne dies entsprechend zu erwähnen". Die Quellen, die ich auswertete, hat Grab nie zu Gesicht bekommen, denn den Quellenfund tätigten einzig und allein meine Frau und ich im Archivdepot Lübben, wo wir Ende der 1960er Jahre wochenlang die dort aufbewahrten und kriegsbedingt verlagerten Bestände des Mainzer Stadtarchivs durcharbeiteten. Das Depot war für die allgemeine Nutzung nicht zugänglich und durfte von uns nur dank einer in Potsdam erwirkten besonderen Erlaubnis eingesehen werden. Im Packen Nr. 122, der zugleich die Mainzer Bestandsnummer 11/70 trug, stießen wir auf ein Aktenstück, das 25 unnummerierte Blätter umfaßte, die ausschließlich meiner Dokumentation zugrunde liegen. Was Grab über unser Gespräch von 1972 Ihnen zu berichten weiß, gehört vom Kopf auf die Füße gestellt. Nicht ich fühlte mich durch Grabs Veröffentlichung *Eroberung oder Befreiung?* politisch enttäuscht, sondern er war böse über meine Rezension, die er einen Verriß und eine Kröte nannte, die er schlucken mußte. Dennoch sprach niemand vom Abbruch unserer Beziehungen, und Grab irrt, wenn er behauptet, daß es zu keiner weiteren Zusammenarbeit kam. Dagegen stehen das Dutzend Briefe, das er mir bis Mitte 1974 schrieb, und meine Rezensionen aller Bände der von ihm herausgegebenen Reihe *Deutsche revolutionäre Demokraten*[92] im Laufe des Jahres 1973.[93] Die Flut von Briefen mit ihren vielen Rezensionswünschen und -anmahnungen nahm ab 1975 spürbar ab, aber führte keineswegs zu totaler Sprachlosigkeit. Noch im September 1980 kam es zu einem von ihm angeregten Zusammentreffen in Berlin, wobei er mich mit Frau Wölk bekanntmachte, die über Christoph Friedrich Cotta arbeitete.[94] Ende 1982 passierte dann etwas, was mit wissenschaftlichem Streit nichts zu tun hatte, sondern mich sehr persönlich traf. Er meldete sich telefonisch und fragte mich, wie er zu seinem Geld käme. Ich glaubte, nicht recht zu hören, aber er meinte wirklich das Geld, das er ausgegeben hatte, um meine Bücherwünsche zu erfüllen. Er hatte auch Bücherwünsche, die ich erfüllen konnte. Ich hielt das für einen kollegialen partnerschaftlichen Austausch seit anderthalb Jahrzehnten, und jetzt fragte er mich nach seinem Geld! Seitdem wurde mein Ton eisig. Am 19. Januar 1983 schrieb ich:

„Sehr geehrter Herr Kollege, In der Anlage finden Sie einige Sonderdrucke von mir, die Sie möglicherweise interessieren, darunter auch den erbetenen Forsteraufsatz. Was Ihr Buch über Schulz[95] angeht, so habe ich Sie davon unterrichtet, daß ich es an Herrn [Helmut]

303–341.

92 Deutsche revolutionäre Demokraten (wie Anm. 73).

93 Heinrich Scheel: [Rez.] Deutsche revolutionäre Demokraten, Bd. 1 (Engels, 1971). In: Zeitschrift für Geschichtswissenschaft 21 (1973), S. 241–243; H.S.: [Rez.] Deutsche revolutionäre Demokraten Bd. 4 und 5: Steiner, 1973; Grab, 1973. In: ebd., S. 1392–1393.

94 Monika Neugebauer-Wölk: Revolution und Constitution. Die Brüder Cotta. Eine biographische Studie zum Zeitalter der Französischen Revolution und des Vormärz. Berlin 1989.

95 Walter Grab: Ein Mann, der Marx Ideen gab. Wilhelm Schulz, Weggefährte Georg Büchners,

Bock weitergegeben habe; den Protokollband über das Symposion von 1977[96] habe ich von Herrn Scherpe und nicht von Ihnen bekommen, so daß ich keine Ursache gesehen habe, mich bei Ihnen dafür zu bedanken. Ich grüße Sie und wünsche Ihnen für das Jahr 1983 alles Gute."

Ich habe an seinem Symposium 1977, auf dem er ganz im Mittelpunkt glänzen konnte, aus heute mir nicht mehr gegenwärtigen Gründen nicht teilnehmen können. Sein persönlicher Beitrag dort beschäftigte sich mit der DDR-Historiographie zum deutschen Jakobinismus und gelangte zu dem Schluß, – ich zitiere hier die mir von Ihnen mitgeteilte Zusammenfassung aus dem Gesprächsprotokoll Grab – daß die Mainzer Jakobiner nicht als die Vorläufer der DDR in ihrer konkreten historischen Gestalt betrachtet werden könnten. Damit hatte er sicher recht, wer wäre schon auf einen solchen Gedanken gekommen! Nur frage ich mich, wer diesen Stuß verzapft hat. Da fällt mir eigentlich nur Mathy ein. Was Grab hier mit mir macht, ist eine Vergewaltigung meines historischen Gewissens. Es ist eine uralte Weisheit, daß jede Revolution, die die gesellschaftliche Entwicklung voranbringt, in ihrer Zielsetzung über das tatsächlich Machbare hinausweist, um das Machbare meistern zu können. Die ‚fraternité‘ der Jakobiner war nicht machbar, sondern ein Traum, den die sozialistische Bewegung aufgegriffen hat, um brüderliche Beziehungen in die Tat umzusetzen. So wird ein Schuh daraus und nicht anders! So werden historische Traditionen im Hegelschen Doppelsinne aufgehoben. Mein „Bannstrahl", von dem Grab so gern spricht – auch nach der Wende in einem Interview mit dem *Neuen Deutschland*[97] – hat ganze fünf Jahre gebraucht, um gegen ihn geschleudert zu werden. Im Vergleich zu seinem Loblied auf „meine luzide Sprache" vom 20. Mai 1966 („Da Sie es nicht nötig haben, einen Eiertanz aufzuführen und das Notwendige in aesopischer Sprache zu sagen – etwas, was ich notgedrungen bei meiner Dissertation machen mußte – kommt die materialistisch-dialektische Methode in großer Gedankenschärfe zum Ausdruck.") empfand ich seinen Auftritt elf Jahre später als ein Abdriften nach rechts in Richtung auf ein Arrangement mit westdeutschen Vorstellungen. Ich habe mir meinen Text noch einmal angesehen, finde Grabs Verdienste um die Jakobinismusforschung gewürdigt und trotz rechten Abdriftens immer noch eindeutig abgehoben von der maßgeblichen BRD-Historiographie. Das hindert Grab jedoch nicht, von einem „Bannstrahl" zu sprechen. Wahrscheinlich hat das etwas damit zu tun, daß ich damals sowohl ein Vizepräsident der Akademie als auch Präsident der Historiker-Gesellschaft war, also so etwas ähnliches wie ein Papst, der jemanden in Acht und Bann tun kann. Dazu waren meine Arme schlicht zu kurz. Als Vizepräsident wurde ich in geheimer Wahl durch die ordentlichen Akademiemitglieder gewählt; die Amtsdauer betrug vier Jahre. Als Vizepräsident amtierte ich von 1972 bis 1984, also wurde ich dreimal hintereinander gewählt. Mein Verantwortungsbereich bezog sich auf das wissenschaftliche Leben der Gelehrtengesellschaft im Plenum und in ihren Klassen. Kein einziges Institut

---

Demokrat der Paulskirche. Ein politische Biographie. Düsseldorf 1979; W. G.: Dr. Wilhelm Schulz aus Darmstadt. Weggefährte von Georg Büchner und Inspirator von Karl Marx. Frankfurt/Main 1987.

96   Die demokratische Bewegung in Mitteleuropa im ausgehenden 18. und frühen 19. Jahrhundert. Ein Tagungsbericht (Arbeitstagung „Die demokratische Bewegung in Mitteleuropa im ausgehenden 18. und frühen 19. Jahrhundert" vom 19. bis 21. Mai 1977). Bearbeitet und hrsg. von Otto Büsch und Walter Grab unter Mitarbeit von Jürgen Schmädeke und Monika Wölk. Berlin 1980.

97   Nicht ermittelt.

war mir unterstellt, auch nicht das Institut für Geschichte, dem ich als Vizepräsident nicht mehr angehörte, weil ich nur für eine Arbeit bezahlt werden konnte. Vizepräsident wurde ich, weil die Gelehrtengesellschaft mich als Forscher anerkannte, und diese Anerkennung setzte voraus, daß ich als Vizepräsident auch aktiver Forscher blieb. Die wesentlichen Teile meiner *Mainzer Republik* sind in diesen Jahren entstanden. Die dazu notwendigen Archivarbeiten im In- und Ausland sind von den knappen Tagegeldern bestritten worden, die mir wie anderen Historikern zustanden. Von meinem Tagegeld mußten allerdings immer zwei leben, nämlich außer mir auch meine Frau, die sich in die Materie eingearbeitet hatte und so den wissenschaftlichen Ertrag jeder dieser Reisen verdoppelte. Wir wählten, wenn möglich, immer das billigste Hotel am Platze, verkniffen uns das Mittagessen, lebten außerordentlich bescheiden und waren sehr glücklich. Was nun den besagten Präsidenten angeht, so ist zunächst auf einen wesentlichen Unterschied zwischen dem damaligen westdeutschen Historikerverband und der Historikergesellschaft in der DDR hinzuweisen. Der Verband war so etwas wie eine Interessenvertretung, die alle drei bis fünf Jahre zusammenkam. Unsere Gesellschaft dagegen vereinte Historiker und historisch Interessierte im weitesten Sinne auf freiwilliger Basis mit dem Ziel, sich zu Fachgremien zusammenzuschließen, um selbständige wissenschaftliche Veranstaltungen durchzuführen Da gab es dann die Fachkommissionen Ur- und Frühgeschichte, Alte Geschichte, Byzantinistik, Hansegeschichte, Stadtgeschichte, Neuzeit I und II, Neueste Zeit I und II, Agrargeschichte, Betriebsgeschichte, Geschichte der slawischen Völker, Geschichtsunterricht, Regionalgeschichte, Quellenkunde und historische Hilfswissenschaften, Wissenschafts- und Technikgeschichte. Daneben gab es eine ganze Reihe von sogenannten Bezirkskomitees, deren Aktivitäten aus regionalen Bedürfnissen erwuchsen. Sie alle führten in eigener Regie jährlich Konferenzen durch, die zuvor im gewählten Büro der Gesellschaft zu verteidigen waren, um die notwendige finanzielle Unterstützung zu bekommen. Die Bindung unserer Gesellschaft an die Akademie der Wissenschaften hatte wie die eines Dutzend anderer Gesellschaften keine andere Folge als die, in den Genuß öffentlicher Mittel zu gelangen. Dazu gehörte auch ein bescheidener Fundus harter Valuta, der es ermöglichte, in beschränktem Maße auch Gäste aus dem westlichen Ausland einladen zu lassen. Im Zentrum der Arbeit standen diese zahlreichen wissenschaftlichen Veranstaltungen, die unsere Mitglieder und Gäste zu lebhaftestem Erfahrungsaustausch über diverse wissenschaftliche Themata und Probleme zusammenführten. Die Historiker-Gesellschaft war nicht die Kommandozentrale für die DDR-Geschichtswissenschaft, denn die lag beim Rat für Geschichte, der an das Institut für Marxismus-Leninismus angebunden war. Hier entstanden sowohl das politisch-ideologische Leitreferat als auch das obligate Grußschreiben an den Staatsratsvorsitzenden; beides gehörte zum Ritual jedes Historiker-Kongresses. Der Präsident der Gesellschaft redete immer nur über Dinge, von denen er etwas verstand. Ich zum Beispiel gab auf dem VII. Historiker-Kongreß am 9. Dezember 1982 eine Zwischenbilanz über Forschungen zum deutschen Jakobinismus, und das ohne Schaum vor dem Mund.[98]

---

98 Heinrich Scheel: Forschungen zum deutschen Jakobinismus. Eine Zwischenbilanz. In: Gesellschaftliche Umgestaltungen in der Geschichte. Wege und Formen, Führungs- und Triebkräfte; Diskussionsbeiträge aus der Akademie für Gesellschaftswissenschaften beim ZK der SED in den Arbeitskreisen des VII. Historiker-Kongresses der DDR vom 6.–9. Dezember 1982 in Berlin. Hrsg. von der Akademie für Gesellschaftswissenschaften beim ZK der SED. Wiss. Redaktion: Helmut Meier. Berlin 1983; auch: Heinrich Scheel: Forschungen zum deutschen Jakobinismus.

Michael Schlott: Herr Grab berichtete mir, daß er nach einer halbjährigen Vortragsreise durch Europa und die USA zum Revolutionsjubiläum 1989 bei seiner Rückreise Ihren
dritten Band *Die Mainzer Republik* gemeinsam mit einer kurzen Notiz erhielt: „Trotz der
Kröte, die mir noch im Halse steckt, sende ich Ihnen als langjährigem Weggefährten dieses
Buch."[99]

Heinrich Scheel: Ich benutzte diesen Ausdruck, den er mir gegenüber im Hinblick auf
meine Rezension gebraucht hatte. Er antwortete am 18. September 1989 mit Dank, Gratula-
tion und der Ankündigung, sich mit der Übersendung seines im Frühjahr erschienenen Bildbandes *Die Französische Revolution. Aufbruch in die moderne Demokratie* zu revanchie-
ren.[100] Außerdem fügte er ein detailliertes Register aller Sünden bei, die ich ihm gegenüber
begangen hätte, und schloß mit den Worten: „Ich bin neugierig, ob ich auf diese Epistel
Antwort erhalte. Mit kollegialen Grüßen". Meine Antwort erfolgte prompt am 3. Oktober
1989. Ich kann sie nicht wörtlich wiedergeben, sondern nur in Gestalt meiner handschriftlichen Notiz, die ich auf der Rückseite seines Briefes noch heute vorfinde: „Dank für Brief
und Buch. Brief ohne Unterschrift – hat es etwas zu bedeuten? Ich hoffe nicht. Der Brief ein
echter Grab: Kombination von höchster Empfindlichkeit und ebensolcher Selbstgerechtig-
keit. Darum ziehe ich vor, auf seinen Inhalt nicht einzugehen; würde nur zu erneuter Verhärtung führen, an der mir nichts liegt. Gruß und Dank. H. Sl." Mir lag wirklich nichts an
einer Zuspitzung, aber natürlich war ich nicht bereit, schweifwedelnd über seinen Stecken
zu springen. Grab hat in der Zusammenarbeit mit vielen Leuten Krach gehabt, der feind-
selig endete; so mit Hellmut G. Haasis, Michael-Peter Werlein und Helmut Reinalter, den
er öffentlich als einen „Herrn Niemand" bezeichnete. Das zum einen; zum anderen war für
mich die Jakobinismusforschung abgeschlossen, denn ich hatte mich inzwischen ganz auf
die Widerstandsthematik eingestellt. 1993 veröffentlichte ich das Buch *Vor den Schranken
des Reichskriegsgerichts. Mein Weg in den Widerstand.*[101]

Michael Schlott: Herr Scheel, wie würden Sie Walter Grabs ideologische Position charakterisieren?

Heinrich Scheel: ‚Au fond' marxistisch, ganz ohne Frage. Ich habe auch nie einen Ab-
grund zwischen uns gesehen.

Michael Schlott: Wie beurteilen Sie die Bedeutung der Forschungen zum Freimaurertum und zum Jakobinismus im Hinblick auf ein differenziertes Bild des deutschen
Jakobinismus?[102]

Heinrich Scheel: Ich habe mich mit den Freimaurern nicht beschäftigt, weil ich mich
auch nicht in dem Maße wie Grab mit den jakobinischen Intellektuellen beschäftigt habe.
Seine *Norddeutschen Jakobiner* sind norddeutsche intellektuelle Zeitschriftenherausgeber.

Eine Zwischenbilanz. (Vortrag, gehalten auf dem VII. Historiker-Kongreß der DDR in Berlin, 9.
Dezember 1982). In: Zeitschrift für Geschichtswissenschaft 31 (1983), S. 313–324.

99 Interview mit Walter Grab, S. 486–499, hier S. 494.

100 Walter Grab: Die Französische Revolution. Aufbruch in die moderne Demokratie. Stuttgart 1989.

101 Heinrich Scheel: Vor den Schranken des Reichskriegsgerichts. Mein Weg in den Widerstand. Berlin 1993.

102 Vgl. dazu Walter Grab, der pauschal behauptet hat: „Die meisten Jakobiner waren Freimaurer."
W. G.: Leben und Werke norddeutscher Jakobiner. Stuttgart 1973, S. 2; siehe dazu die Interviews
mit Axel Kuhn (S. 528–560, hier S. 536 f.) und Helmut Reinalter (S. 627–664, hier S. 634 f.

Meine *Süddeutschen Jakobiner* – da sind ein paar Intellektuelle dabei; in der Mainzer Republik sind natürlich ein paar Professoren dabei. Vornehmlich aber haben mich die Bewegungen in der breiten Bevölkerung interessiert, ob es nun Ladenbesitzer oder Zunfthandwerker oder feudale Bauern waren. Daß Grab mehr in die andere Richtung ging, war nur natürlich. Im Norden sind keine französischen Revolutionstruppen einmarschiert; hier gab es eben nur Intellektuelle, die dieses epochale Ereignis reflektierten. Zweifellos gehören zu Forsters Biographie die Beziehungen zu den Freimaurerlogen – selbst bei den Rosenkreuzern ist er gelandet, die weiß Gott nicht zu den Wegbereitern der Französischen Revolution zählten. Aber das gehört mit zu jener Zeit. Bloß ich habe in dieser Richtung wenig getan und mich gefreut, wenn irgendetwas dazu erschien und mich klüger machte wie etwa Gerhard Steiners Buch *Freimaurer und Rosenkreuzer. Georg Forsters Weg durch die Geheimbünde* von 1985.[103]

Michael Schlott: Walter Grab behauptet, Steiner sei durch eine Intrige zu Fall gebracht worden.[104]

Heinrich Scheel: Wenn man Steiner hört, wird er es wohl bestätigen; wenn man Klaus-Georg Popp – einen alter Mitstreiter bei der Forster-Ausgabe und nach dem Tode von Horst Fiedler wohl der letzte – hört, wohl kaum.[105] Ich weiß es einfach nicht. Apropos Popp, er sitzt wohl immer noch am 17. Band der Forster-Ausgabe, dem letzten und interessantesten seiner Briefbände.[106] Ist sein Verhängnis die unbestrittene Akribie und das unglaublich große Wissen? So etwas gibt es.

Michael Schlott: Sie haben Franz Dumont vorwissenschaftliche Maßstäbe vorgeworfen. Ich zitiere – „das christlich-demokratische Mäntelchen mit seinen wohlklingenden Ansprüchen".[107] Haben Sie mit diesem Vorwurf seinerzeit auf Dumonts CDU-Mitgliedschaft gezielt?

Heinrich Scheel: Auf diese vorwissenschaftlichen Maßstäbe hat Dumont selbst hingewiesen; er spricht da von der „Zeit- und Standortgebundenheit" seines Erkennens.[108] Ob diese Aussage auch noch in der Auflage von 1992 nachzulesen ist, entzieht sich meiner Kenntnis.[109] Da mir die Erstauflage reicht und sein in all den Jahren zuvor nie aufgebrachter Mut zur Auseinandersetzung in der Neuauflage als Wende-Schelte Gestalt annimmt, verzichte ich auch gern auf diese Lektüre. Der Mann ist für mich nun nicht mehr satisfaktionsfähig. Ob er Mitglied der CDU war oder ist, blieb mir unbekannt. Er schwamm im Fahrwasser seines verehrten Doktorvaters Hermann Weber, von dem mir Mainzer Freunde berichteten, daß er inzwischen der CDU Valet gesagt haben soll.

---

103 Gerhard Steiner: Freimaurer und Rosenkreuzer. Georg Forsters Weg durch Geheimbünde. Neue Forschungsergebnisse auf Grund bisher unbekannter Archivalien. Berlin 1985.

104 Siehe dazu das Interview mit Walter Grab, S. 486–499, hier S. 491.

105 Siehe dazu das Interview mit Klaus-Georg Popp, S. 607–626, hier S. 616–619, sowie II, 2.2.1, S. 105, Anm. 401.

106 Band 17 (Briefe 1792–94 und Nachträge), bearbeitet von Klaus-Georg Popp, erschien bereits 1989; siehe dazu Anm. 18.

107 Heinrich Scheel: [Rez.] Franz Dumont: Die Mainzer Republik von 1792/93, 1982. In: Zeitschrift für Geschichtswissenschaft 32 (1984), S. 71–74, hier S. 72.

108 Dumont: Die Mainzer Republik (wie Anm. 37), S. 12.

109 Die bezeichnete Passage findet sich auch in der 2. Auflage (wie Anm. 37), S. 12.

Michael Schlott: Wie funktionierte das Gutachterwesen im Wissenschaftsbetrieb der DDR? Also für akademische Qualifikationsschriften in erster Linie. Welche Schleusen mußte ein Buch passieren?

Heinrich Scheel: Der Dissertant mußte zwei Gutachter bringen; es konnten auch drei sein. Natürlich konnte er die Gutachter selber vorschlagen. Ich habe selbstverständlich eine ganze Menge Gutachten geschrieben.

Michael Schlott: Es gab, wie Sie sicherlich wissen, den ‚Fall‘ des Germanisten Peter Müller, der sich ein Parteiverfahren zugezogen hat.[110]

Heinrich Scheel: Peter Müller, ich glaube, mich seiner zu erinnern als Teilnehmer eines kleinen von mir geleiteten Seminars. Er war Germanist und ein aufgeweckter Bursche. Daß er irgendwann in politische Schwierigkeiten geraten ist, weiß ich zwar nicht, aber ich könnte es mir vorstellen. Um einen Aufmüpfigen auf Vordermann zu bringen, war man sehr erfindungsreich. In meiner Gutachtertätigkeit, die einen dicken Ordner füllt, ist mir derartiges nicht begegnet. Unter meinen Gutachten findet sich übrigens auch eines, das ich auf Wunsch von Walter Grab anfertigte, um ihm beim Erklimmen der Leiter zum Professor vom Lecturer zum Senior Lecturer in Tel Aviv zu verhelfen. Außer Abendroth aus Marburg und Tiemann aus Hamburg hatte er mich angegeben, da er drei ausländische Professoren dafür brauchte. Der Chairman des Berufungskomitees, Professor Dr. S. Perlman, bat mich am 5. Mai 1967 offiziell darum, und ich antwortete am 25. Mai 1967: „Ich bin mit den historischen Arbeiten Dr. Walter Grabs seit längerem vertraut. Schon seine Vorstudien zur Dissertation über die demokratischen Strömungen in Hamburg und Schleswig-Holstein zur Zeit der Französischen Revolution führten zu schriftlichen und persönlichen Begegnungen, sobald er auf meine Publikationen stieß, die sich mit seiner Themenstellung berührten. Bereits diese frühen Begegnungen ließen mich in Dr. Walter Grab einen leidenschaftlichen, anregenden und verantwortungsbewußten Historiker erkennen, der ausgebreitete Detailkenntnisse mit einer großen Allgemeinbildung verbindet und den darüber hinaus eine ganz erstaunliche, für den Historiker ungemein nützliche Gedächtnisleistung auszeichnet. Die inzwischen von ihm erschienenen Arbeiten (auch die in Kürze erscheinenden) sind mir nahezu sämtlich gut bekannt und bestätigen meine positiven Erwartungen. Über seine 1966 in Hamburg veröffentlichte Dissertation habe ich für die *Zeitschrift für Geschichtswissenschaft* eine ausführliche und sehr anerkennende Rezension geschrieben, die in einem der nächsten Hefte des Jahrgangs 1967 gebracht wird.[111] Eine Besprechung seiner Nordeutschen Jakobiner für die gleiche Zeitschrift ist in Vorbereitung. Seine bemerkenswerten Forschungsergebnisse veranlaßten mich als einen Herausgeber des im VEB Deutscher Verlag der Wissenschaften Berlin erscheinenden Biographischen Lexikons, Dr. Walter Grab mit der Abfassung der Biographien von vier norddeutschen Demokraten aus der Zeit der französischen Revolution zu betrauen.[112] Ebenfalls als ein Herausgeber des im Akademie-Verlag Berlin erscheinenden Jahrbuches für Geschichte bestellte ich bei

---

110 Siehe dazu das Interview mit Peter Müller, S. 359–375, sowie II, 2.1.2, S. 49–55.

111 Scheel: [Rez.] Grab: Demokratische Strömungen (wie Anm. 85).

112 Walter Grab: Kurzbiographien zu Johann Friedrich Ernst Albrecht (S. 19 f.), Georg Konrad Meyer (S. 450 f.), Friedrich Wilhelm von Schütz (S. 626 f.), Heinrich Würzer (758 f.). In: Biographisches Lexikon zur deutschen Geschichte. Von den Anfängen bis 1917. Hrsg. von Karl Obermann und Heinrich Scheel. Berlin 1967.

Dr. Walter Grab die Arbeit über die Revolutionspropaganda des Mainzer Jakobinerklubs.[113] Sowohl die Biographien wie der letztgenannte Artikel erfüllten die in sie gesetzten wissenschaftlichen Erwartungen und befinden sich bereits im Druck. Die bisherigen wissenschaftlichen Leistungen Dr. Walter Grabs rechtfertigen meines Erachtens seine Promotion zum Senior Lecturer an Ihrer Universität. Daß er nicht nur als Forscher, sondern auch als Lehrer dieser Stellung entsprechen wird, kann ich zwar nicht aus eigener Anschauung bestätigen, möchte es aber aus der Kenntnis seiner Gesamtpersönlichkeit mit Sicherheit erwarten. Mit vorzüglicher Hochachtung H. Sl."

Michael Schlott: Sie haben Walter Grab den Weg geebnet?

Heinrich Scheel: Ja, natürlich. Aber ich bin ohne jede Verbitterung. Zum ersten stehe ich nach wie vor zu meinem Gutachten; zum zweiten bleiben auch Grabs Leistungen für den deutschen Jakobinismus unbestritten und sind ungleich wichtiger als der läppische Kleinkrieg zwischen uns beiden. Das Leben ist eine komplizierte Angelegenheit.

Michael Schlott: Herr Scheel, darin ist Ihnen uneingeschränkt zuzustimmen. Ich danke Ihnen sehr herzlich für dieses aufschlußreiche und offene Gespräch.

---

113 Walter Grab: Revolutionspropaganda der deutschen Jakobiner 1792/93. In: Archiv für Sozialgeschichte 9 (1969), S. 113–156.

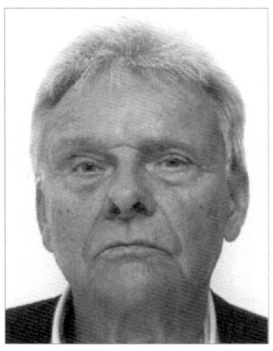

Klaus R. Scherpe

KLAUS R. SCHERPE (* 1939), 1959 Studium der Germanistik und Anglistik an der Freien Universität Berlin und an der Stanford University, 1963 Magisterexamen in Stanford, 1967 Promotion an der Freien Universität Berlin, 1968 bis 1972 Wissenschaftlicher Assistent in Heidelberg und an der Freien Universität Berlin, 1973 Professor für Neuere deutsche Literaturwissenschaft an der Freien Universität Berlin, 1993 Professor für Neuere deutsche Literaturwissenschaft (Literatur und Kulturwissenschaft/Medien) an der Humboldt-Universität zu Berlin, 2005 Ruhestand.

Den Beginn der akademischen Karriere von KLAUS R. SCHERPE bestimmten Forschungsinteressen für literarische Entwicklungen und Konstellationen im 18. Jahrhundert. Mit seiner Studie zum *Werther* und der Wirkungsgeschichte von Goethes Briefroman (1970 publiziert) sind Bezüge zur Thematisierung von ‚Empfindsamkeit' gegeben. In der Folgezeit (1972 zunächst mit einer Lehrveranstaltung) wurde der Anschluß zu den aktuellen Entwicklungen der Jakobinismusforschung hergestellt – in der interdisziplinären Diskussion mit Historikern und auch im Kontakt mit Wissenschaftlern aus der DDR. Dieses Interesse wurde in den 1980er Jahren nicht weiter ausgebaut und um 1990 nur sporadisch erneuert; es trat zurück gegenüber neuen literatur-, kultur- und mediengeschichtlichen Orientierungen.

Das Interview wurde am 31. Januar 1995 in Berlin geführt.

Michael Schlott: Herr Scherpe, Sie sind Schüler von Eberhard Lämmert. Können Sie schildern, welche Bedeutung und welche Konsequenzen es für Sie und Ihren akademischen Werdegang hatte, bei Eberhard Lämmert zu studieren? Welche Wirkung hatten die Arbeit und die Person Eberhard Lämmerts auf Ihre eigene literaturwissenschaftliche Praxis?

Klaus R. Scherpe: Ich denke, er hatte großen Einfluß auf mich durch seine Arbeitsgebiete, seine Persönlichkeit und auch seine Interessenlagen. Er war ein überzeugender Hochschullehrer, der einen einnehmen konnte für die Dinge, die ihm wichtig waren. Von dorther sind das Erzählen und die Gattung Prosa, das Einarbeiten in die *Bauformen des Erzählens*[1] eigentlich auch bei mir die Hauptkomponente gewesen. Er kommt ja von Günther Müller her, von der Morphologie,[2] also so einer Art germanistischem Ersatz für den noch

---

1   Eberhard Lämmert: Bauformen des Erzählens. Stuttgart 1955; 9., unv. Aufl.: 2004.
2   Vgl. dazu u. a. Helga Bleckwenn: Morphologische Poetik und Bauformen des Erzählens. Zum Formalismus in der deutschen Literaturwissenschaft. In: Erzählforschung 1. Theorien, Modelle und Methoden der Narrativik. Mit einer Auswahlbibliographie zur Erzählforschung. Hrsg. von Wolfgang Haubrichs. Göttingen 1976, S. 43–77.

nicht bekannten Strukturalismus.[3] Was das theoretische Interesse angeht, war es die Frage nach dem, was über Erzählstrukturen herauszufinden war, – auch vor einem anthropologischen Hintergrund. Außerdem hat Lämmert sehr früh angefangen, die Selbstreflexion der Wissenschaft zum historischen Gegenstand zu machen. Das will sagen: Wissenschaftsgeschichte zu betreiben, obwohl damals die Publikationen recht spärlich waren, nur aus den jeweiligen Anlässen heraus. Jedenfalls habe ich mich bei ihm als Hilfskraft zum ersten Mal mit der Nazi-Germanistik beschäftigt. Er hatte vier Vorträge in der Akademie zu halten. Ich habe damals das Material gesichtet – sein Interesse und diese Aufgabe, die er hatte, haben mich sehr geprägt. Heute ist das Thema aktuell, aber damals war es für uns wichtig, überhaupt zur Kenntnis zu nehmen, was geschehen war. Und dann entdeckte man natürlich auch einige der eigenen Hochschullehrer wieder in dieser Dimension.

Von seiner Persönlichkeit her war Eberhard Lämmert niemand, der zur politischen Intervention bestimmt war, doch er war ein Lehrer, der über seine Interessen – die Germanistik des 19. und 20. Jahrhunderts, NS-Germanistik – motivieren konnte, über die engeren Arbeitsfelder hinauszublicken. Es war ein Ansinnen – ohne irgendeine politische Interessennahme – Wissenschaft so anzupacken, daß man nicht nur erzählerische Bauformen behandelte, sondern auch schaute, in welchem Zusammenhang welche Bauformen jeweils zu plazieren waren. In diesem Zusammenhang zu sehen ist auch sein vergleichender Ansatz, sein Insistieren darauf, nicht nur die deutsche Literatur in Augenschein zu nehmen und letztlich auch sein Interesse für die von vielen ja verachtete Ältere Abteilung. Lämmert hat über den Teichner seine Habilitationsschrift geschrieben.[4] Er verstand es zu vermitteln, Genealogien aufzumachen, größere historische Zusammenhänge zu setzen sowohl in der Diachronie wie auch im Aktuellen. Das war schon sehr wichtig und hilfreich. Mein erstes Angebot für eine Assistentenstelle kam dann merkwürdigerweise nicht von Eberhard Lämmert, sondern von Joachim Bumke, das wird er heute gar nicht mehr wissen, er war aus Amerika nach Berlin gekommen, der mir spontan eine Assistentenstelle in der Älteren Abteilung anbot, worüber ich einen großen Schreck kriegte.

Michael Schlott: Das haben Sie abgelehnt.

Klaus R. Scherpe: Ja, das fand ich sehr schmeichelhaft, und es hat mich ermutigt, doch auf die Universitätslaufbahn zu setzen. Aber so, wie das Studium damals beschaffen war, mit Sprachkursen in Gotisch, Althochdeutsch, Mittelhochdeutsch … Ich war von der Anglistik her geschlagen durch ein sehr strenges Studium im Altenglischen und Mittelenglischen, das war nichts für mich.

Michael Schlott: Waren Sie und Ihre Generation – Sie haben es ja angedeutet – als Studenten an den Vorbereitungen zum Münchener Germanistentag von 1966 beteiligt?[5] Das

---

3 Vgl. dazu u. a. Eberhard Lämmert: Strukturale Typologien in der Literaturwissenschaft zwischen 1945 und 1960. In: Strukturalismus in Deutschland. Literatur- und Sprachwissenschaft 1910–1975. Hrsg. von Hans-Harald Müller u. a.. Göttingen 2010, S. 229–272; siehe ferner das Interview mit Eberhard Lämmert, S. 271–298, hier S. 278 f.

4 Eberhard Lämmert: Reimsprechkunst im Spätmittelalter. Eine Untersuchung der Teichnerreden. Stuttgart 1970.

5 Vgl. dazu: Nationalismus in Germanistik und Dichtung. Dokumentation des Germanistentages in München vom 17. bis 22. Oktober 1966. Hrsg. von Benno von Wiese und Rudolf Henß. Berlin 1967; Germanistik – eine deutsche Wissenschaft. Beiträge von Eberhard Lämmert, Walther Killy,

heißt, gingen womöglich wichtige Anstöße zur Auseinandersetzung des Faches Germanistik mit seiner NS-Vergangenheit von studentischer Seite aus, und wurden diese Impulse dann von Lämmert und Conrady[6] – ich will nicht sagen ‚nur' – aufgenommen und umgesetzt? Wie ist Ihre Sicht der Dinge?

Klaus R. Scherpe: Ich denke, daß die Initiative bei Leuten wie Conrady und Lämmert lag. Über Conradys Arbeitszusammenhänge weiß ich nichts. Ich habe für mich in Erinnerung, daß Lämmert die Aufgabe von der Akademie bekam, die erwähnten Vorträge zu halten. Das Interesse an der NS-Germanistik ging von hier aus. Ich war vor allen Dingen in der Anglistik tätig, hatte mit keiner politischen Organisation der Studenten etwas im Sinn – was ja in Berlin möglich gewesen wäre zu dieser Zeit. Ich kam also doch eher von der Innenseite der Wissenschaft. Was mich aber dann dazu gebracht hat, mitzutun und auch Initiativen zu versuchen, das waren negative Erfahrungen in anderen Studienbereichen. Ich habe bei Emil Dovifat und Hans Knudsen studiert und gehört, Publizistik und Theaterwissenschaft. Und schon zu jener Zeit stellte sich heraus, daß eben diese beiden prominente Akteure in der Zeit des NS waren, was mich zunächst sehr erschreckt hat. Dann kamen Arbeitsaufträge, die etwas zusammenschlossen. Ich wußte, daß Knudsen mit der NS-Theaterpolitik zu tun hatte. Ich habe auf eigene Faust nachgesehen und herausgefunden, was er mit dem Thingspiel in der Reichshauptstadt damals vorhatte. *Das Frankenburger Würfelspiel*[7] – glaube ich – hieß diese Aufführung in der Thing-Stätte im Berliner Westen, die heute „Waldbühne" heißt. Da merkte ich, wie die Geschichte dieses Lehrers Knudsen, bei dem ich im Hörsaal saß, aussah, die er uns nicht mitgeteilt hatte. Derartige Informationen habe ich Lämmert zugetragen. Die Initialzündung, denke ich, für die Aufarbeitung der Germanistikgeschichte ging von ihm aus.

Michael Schlott: Aber es ist wohl nicht abwegig anzunehmen, daß Sie ein politisches Sensorium durch die Forschungen und Aktivitäten Eberhard Lämmerts und einiger anderer entwickelt haben? Sensorium in bezug auf die politische Vorgeschichte des Faches.

Klaus R. Scherpe: Das in jedem Fall. Was ihn selber angeht, würde ich nicht sagen, daß das schon ins Politische ging. Lämmert hatte ein ausgeprägtes institutionelles Interesse und einen Instinkt für institutionelle Fragen. Das konnte man sich als Doktorand abgucken. Das hat einen beeindruckt. Und er hat auf Zusammenhänge verwiesen über die Morphologie hinaus. Das konnte man aufnehmen. Das hatte nichts zu tun mit politischem oder gar parteipolitischem Engagement. Das kam später, dann kam die Radikalisierung, so daß wir die politisch Interessierten waren und die Hochschullehrer eher zögerten.

    Karl Otto Conrady, Peter von Polenz. Frankfurt/Main 1967; 4. Aufl.: 1970.

6   Vgl. Karl Otto Conrady: Miterlebte Germanistik. Ein Rückblick auf die Zeit vor und nach dem Münchner Germanistentag von 1966. In: Diskussion Deutsch H. 100, April 1988, S. 126–143.

7   Eberhard Wolfgang Möller: Das Frankenburger Würfelspiel. Mit einem Nachwort und einer Bühnenskizze. Berlin 1936. Das von Reichspropagandaminister Joseph Goebbels in Auftrag gegebene Stück wurde im Begleitprogramm der Olympischen Spiele 1936 auf der Dietrich-Eckart-Bühne uraufgefürt und galt als Modell für die Gattung der von der nationalsozialistischen Propaganda so genannten Thingspiele. Die ersten volkstümlichen Aufführungen der historischen Begebenheit, die 1625 den oberösterreichischen Bauernaufstand auslöste, fanden 1925 statt.

Michael Schlott: Ein Interviewpartner sagte mir, Conrady sei schließlich von studentischen Gruppierungen links überholt worden.[8] Trifft das auch für Lämmert zu?

Klaus R. Scherpe: Das würde ich auch nicht so unterschreiben. Das hat man von konservativer Seite gern so dargestellt. Also diese naiven Linksliberalen, die über die Fachwissenschaft hinausgehen und sich öffnen wollten in Richtung von allem möglichen Dilettantismus, nicht zuletzt dem politischen. Die hätten dann dafür zahlen müssen, daß sie sich ‚links' engagierten. Das ist ein Schema in der Beurteilung, das stark interessegebunden ist. Natürlich gab es auch Szenen, wo Lämmert gezögert hat, wo ihm die politische Öffnung zu weit ging, wo er mir dann zu meinem *Werther*-Büchlein gesagt hat,[9] ich schriebe wie im *Spiegel*.

Michael Schlott: Sie wurden promoviert mit einer Arbeit über *Gattungspoetik im 18. Jahrhundert*.[10] Können Sie sich daran erinnern, warum – ich vermute, daß es Lämmert gewesen ist – er gerade dieses Thema empfohlen hat?

Klaus R. Scherpe: Ja, diese Empfehlung hatte einen studientechnischen Grund. Man saß in einem Hauptseminar – ich denke, es hieß „Erzählliteratur im 18. Jahrhundert" – und da wurden Themen vergeben. Da habe ich ein interessant klingendes gewählt, und dann hat sich schrittweise ein Interesse für dieses Thema herausgebildet. Lämmert hatte im Historischen einen rein genealogischen Ansatz, nicht so sehr einen sozialgeschichtlichen – das zeigt auch noch meine Dissertation. Es waren Schübe in der historischen Entwicklung, es waren evolutionäre Etappen, die interessierten. Es war eine Konstruktion von Literaturgeschichte, in der Strukturmomente eine große Rolle spielten. Es interessierte mich, wie sich bestimmte Modelle von Gattungen herausgebildet haben, nicht die einzelnen Gattungen, sondern ihre wechselseitigen Funktionen. Seit wann gab es die Trias „Epik", „Lyrik" und „Dramatik"? Dieser Ansatz hatte Wilhelm Voßkamp später interessiert.[11] Das historische Material zu sichten und in eine Diachronie zu bringen, ohne dabei dezidiert von politischer Geschichte und Sozialgeschichte zu sprechen, das war etwas, was Lämmert vermitteln konnte. Er hat dann Blanckenburgs *Theorie des Romans* herausgegeben,[12] in der bestimmte romanpraktische Fragen für das 18. Jahrhundert verallgemeinert wurden. Diese Möglichkeit, in einer literarischen Reihe einerseits zu operieren, aber dann auch in Querschnitten bestimmte Probleme auszufalten, das interessierte mich und hat sich in der Gliederung meiner Dissertation niedergeschlagen. Deswegen gibt es in dieser Arbeit einen straffenden, normativ-systematischen Teil und einen historisierenden mit Herders Gattungspoetik als Schwerpunkt. Peter Szondi hat dieses Kapitel ausführlich mit mir diskutiert.

Michael Schlott: 1968 ist Ihre Arbeit bei Metzler erschienen, 1970 folgte *Werther und Wertherwirkung*.[13] Die Frage ist unausweichlich: GerhardKaiser hat ja prompt reagiert.[14]

---

8   Siehe dazu das Interview mit Wilhelm Voßkamp und Nikolaus Wegmann, S. 402–425, hier S. 405 f.

9   Klaus R. Scherpe: Werther und Wertherwirkung. Zum Syndrom bürgerlicher Gesellschaftsordnung im 18. Jahrhundert. Bad Homburg vor der Höhe u. a. 1970; vgl. Anm. 15.

10 Klaus R. Scherpe: Gattungspoetik im 18. Jahrhundert. Historische Entwicklung von Gottsched bis Herder. Stuttgart 1968.

11 Siehe dazu das Interview mit Wilhelm Voßkamp und Nikolaus Wegmann, S. 402–425.

12 Friedrich von Blanckenburg: Versuch über den Roman. Mit einem Nachwort von Eberhard Lämmert. Faksimiledruck der Originalausgabe Leipzig 1774. Stuttgart 1965.

13 Scherpe: Werther und Wertherwirkung (wie Anm. 9).

14 Gerhard Kaiser: Zum Syndrom modischer Germanistik. Bemerkungen über Klaus Scherpe,

Ich habe auf der Herfahrt die Rezension noch einmal gelesen. Wie erklären Sie sich Kaisers Reaktion? Hat Sie das damals überrascht? Vielleicht kann man trennen, zum einen hat er sachliche Einwände vorgebracht, zum anderen ist aber doch die ‚ideologische‘ Polemik offensichtlich.

Klaus R. Scherpe: Ich kann mir das nur im nachhinein erklären. Ich war anfangs naiv und unschuldig, was die Rückwirkungen des politischen Engagements für die Fachwissenschaft angeht. Ich habe diese 70 oder 100 Seiten – ich weiß es gar nicht mehr – verfaßt in der Zeit der Vollversammlungen, zehn Minuten entfernt vom Audimax. So war das in der Tat, und dazu stehe ich auch. Das Büchlein ist ein paarmal wiederaufgelegt worden,[15] und ich habe es nicht verändert. Ich war damals von Gerhard Kaisers Reaktion äußerst überrascht. Ich wußte gar nicht, was ich getan hatte, daß da so eine Koryphäe auf acht Seiten im *Euphorion* sich mit mir befaßte. An so etwas habe ich überhaupt nicht gedacht. Wir haben in den Versammlungen gesessen, Tag und Nacht. Ich war einer der wenigen, die in diesen Tagen überhaupt wissenschaftlich etwas aufgeschrieben haben. Ich hatte keine Ahnung, daß da in Freiburg Leute sitzen, die das zum Anlaß einer Abgrenzung nehmen könnten und linke Studenten mit dem NS-Studentenbund in Zusammenhang brachten.

Michael Schlott: Es könnte damit zusammenhängen, daß Kaiser aus der sogenannten Scholz-Schule kommt.[16] Vielleicht meinte er, besser zu wissen, was eigentlich materialistische Literaturwissenschaft sei und wie man etwa Lukács auszulegen habe: was Bürgerlichkeit sei, was Bürgertum bedeute und so weiter.

Klaus R. Scherpe: Ja, wo Sie es sagen. Der eigene frühere Dogmatismus sucht seine Form der Bewältigung. Ich weiß wohl, daß er auch, was z. B. die Kritische Theorie angeht, sich als der eigentlich Kundige sah. Mag sein, daß – wie Sie sagen – das sein Weg war: ‚Ich habe mein Fach, das Patriotismus- und Pietismus-Buch.[17] Und außerdem mache ich das, was die anderen auch machen, aber unideologisch und wissenschaftlich verantwortlich.‘ Das kann ich mir so gut vorstellen. Allerdings habe ich im nachhinein dann so viele Kaiser-Geschichten aus der 1968er Zeit gehört, die persönlich sind und nicht wissenschaftlich. Es müssen da ganz persönliche Beleidigungen und Verletzungen im Spiel gewesen sein. Das kenne ich nur so vom Hörensagen. Es muß bei Kaiser eine starke Verunsicherung durch 1968 gewesen sein in Freiburg[18] und übrigens auch in der DDR. Viele Konservative fühlten sich bedroht, hatten Angst, in Legitimationszwänge hineinzugeraten. Manche haben die Polemik aber auch physisch nicht verkraftet – das hat uns Jüngeren später leid getan.

Werther und Wertherwirkung. Zum Syndrom bürgerlicher Gesellschaftsordnung im 18. Jahrhundert. Bad Homburg v. d. H. 1970. In: Euphorion 65 (1971), S. 194–199.

15   2. Aufl.: Wiesbaden 1975; 3. Aufl.: 1980.

16   Siehe dazu II, 2.1.2, S. 49, Anm. 139.

17   Siehe dazu Gerhard Kaiser: Pietismus und Patriotismus im literarischen Deutschland. Ein Beitrag zum Problem der Säkularisation. Wiesbaden 1961.

18   Gerhard Kaiser (*1927) studierte am Deutschen Theaterinstitut und an der Humboldt-Universität in Ost-Berlin. Er gehörte zum Kreis der Scholz-Schüler, verließ die DDR 1950, wurde als Historiker in München bei Franz Schnabel promoviert, wendete sich jedoch wieder der Germanistik zu, habilitierte sich in Mainz und wurde 1966 Ordinarius an der Universität Freiburg im Breisgau. Gerhard Kaiser lehrte dort bis 1990 Neuere deutsche Literaturgeschichte.

Michael Schlott: Welche Gründe gab es dafür, daß diese Generation sich hätte verunsichert fühlen können? Ging es darum, die germanistische Literaturwissenschaft nach ihren theoretischen Grundlagen zu befragen? Oder ging es um die sogenannte Ordinarienherrlichkeit? Ich denke in diesem Zusammenhang beispielsweise an Adorno …

Klaus R. Scherpe: Ja, das habe ich auch hier in Berlin erlebt. Die ganz persönliche Verunsicherung hat mich damals sehr berührt, wie Adorno bei seinem *Iphigenie*-Vortrag im Audimax der FU die Brille heruntergerissen wurde und er von jungen Damen recht provokativ angegangen wurde.[19] Das Persönliche! Man kann ja von eigenen Erfahrungen ausgehen und sich in einen Professor von damals hineinversetzen: Wenn man im Seminar etwas vorträgt, das einem wichtig ist, und dann fangen hinten die Leute an zu kichern, oder es kommen Zwischenfragen oder Störungen und es sind schlaue Leute darin, die mit Niveau eine Herausforderung der Autorität anbieten – dann fällt man selber aus dem Rahmen, in dem man normalerweise operiert, in dem man sich legitimiert. In Berlin war es die Gruppe der Maoisten um Lethen und Hartung und Safranski – sehr schlaue, provozierende Leute bis heute. Wenn solche Geister sich reinarbeiteten in die Professoren-Materie und andere Wege zeigten, dann kam es zu diesen Überreaktionen. Man müßte die Kopplungsstellen finden zwischen wissenschaftlichem Geschäft und psychologischen Faktoren.

Michael Schlott: Deswegen frage ich noch einmal nach. Nun hat Kaiser Ihnen ja einen sehr massiven Vorwurf gemacht, der da lautet – sinngemäß: Sie legten die bisherige Forschung einfach beiseite. Also es würde sich bei Ihrer Darstellung, bei Ihrer Edition und dem dazugehörigen Vorwort nicht um Anschlußforschung handeln, sondern Sie würden das bis dahin Dagewesene ignorieren. Das ist in der Tat – zumindest für den internen Diskurs – ein sehr gravierender Vorwurf.[20]

Klaus R. Scherpe: Der Vorwurf berührt mich eigentlich bis heute nicht, obwohl ich so viel Abstand habe von dem Buch. Eher hat mich damals der Vorwurf gekränkt, ich hätte Goethes *Tasso* nicht gelesen … Ich hatte nicht das Gefühl, daß ich als Schüler von Lämmert, Emrich und Szondi als naßforscher Neuerer auftrat. Ich hatte statt antiquierter Sekundärliteratur Habermas' *Strukturwandel der Öffentlichkeit* gelesen.[21] Erwähnen möchte ich, daß Kollegen von Kaiser, zum Beispiel Rainer Gruenter und die Redaktion des *Euphorion*, mich gegen Kaiser in Schutz genommen haben. Arthur Henkel sprach mich darauf an – ich war inzwischen Assistent in Heidelberg – mit einer gewissen Verlegenheit. Lämmert hat etwas gesagt, was ich bis heute erinnere – er hat gesagt: Das Schlimmste, was einem Konservativen wie Kaiser passieren kann, ist, daß er die Contenance verliert.

---

19   Adorno hielt den Vortrag „Zum Klassizismus von Goethes Iphigenie" am 7. Juni 1967. Theodor W. Adorno: Zum Klassizismus von Goethes Iphigenie. In: T. W. A.: Gesammelte Schriften. Bd. 11. Frankfurt/Main 1974, S. 495–514; vgl. auch Lorenz Jäger: Adorno. Eine politische Biografie. München 2003, S. 277–292.

20   „Problemlagen der bisherigen Forschung werden nicht aufgegriffen, sondern mit einem Gewaltstreich beiseitegeschoben, zugedeckt durch vermeintlich überlegene Ansätze, deren Überlegenheit vorwiegend darin besteht, daß sie nicht kritisch überprüft worden sind." – Kaiser: Zum Syndrom modischer Germanistik (wie Anm. 14), S. 194.

21   Jürgen Habermas: Strukturwandel der Öffentlichkeit. Untersuchungen zu einer Kategorie der bürgerlichen Gesellschaft. Neuwied 1962 (12. Aufl.: Frankfurt/Main 2010).

Michael Schlott: Sie meinen also, daß Kaisers Reaktion stark persönlich motiviert gewesen sei?

Klaus R. Scherpe: Also nicht zu meiner Person hin, das nicht, sondern von ihm her gesehen, so vermute ich – ich habe den Mann übrigens nie gesehen.

Michael Schlott: Was wollten Sie damals mit der Publikation des *Werther*-Buches[22] bewirken – wenn man das so naiv fragen kann? Und wie ist das Buch damals – einmal abgesehen von Kaiser – aufgenommen worden? Gibt es Verkaufszahlen, wie sind Sie auf den Gehlen-Verlag gekommen? Erzählen Sie die Geschichte zu diesem Buch, vor allen Dingen natürlich vor dem Hintergrund der Frage, was Sie bewirken wollten?

Klaus R. Scherpe: Nein, es war nicht so intentional, überhaupt nicht missionarisch. Ich habe den Text geschrieben, ohne mir darüber Gedanken zu machen, ob und wo ich das veröffentliche. Damals war es noch so üblich, daß die Lektoren herumreisten und noch nachfragten, so bei Eberhard Lämmert z. B. und seinen Mitarbeitern. Frau Pinkerneil wollte das Manuskript für den Gehlen-Verlag, den ich gar nicht kannte. Der wurde dann übernommen und dann ist das Buch in drei Auflagen durch mehrere Verlage gegangen.

Michael Schlott: Wie sind Sie auf das Thema gekommen? Warum *Werther*, warum *Werther*-Wirkung? Mandelkows „Probleme der Wirkungsgeschichte" kamen etwa gleichzeitig; seine rezeptions- und wirkungsgeschichtlichen Bände später.[23]

Klaus R. Scherpe: Das war später. Nein, es war der Impuls, mehr zu tun als eine Werkanalyse. Das ist schon mal klar. Es war auch der Wunsch, der dann ja zum Plakat wurde: das, was man gelernt hatte, nämlich Texte zu interpretieren, zu verbinden mit Gesellschaftlichem – also diese Sehnsucht, die eigene Wissenschaft verantwortlich zu betreiben. Man macht ein Seminar, man hat ein Interesse, die bürgerliche Emanzipation seit der Aufklärung.

Michael Schlott: Auf welche Seminarveranstaltung könnte das zurückgegangen sein?

Klaus R. Scherpe: Das muß ein Seminar über Goethes *Werther* oder über Sturm und Drang gewesen sein. Man kommt aus dem Fachinternen, und dann gibt es – sage ich so gern – ein Kopplungsmanöver: hin zu gesellschaftlichen Wirkungen vom Gegenstand aus und in der Methode. Hans Robert Jauß, der Exponent der Rezeptionsgeschichte, hat mich auch nach 15 Jahren immer nur auf dieses Buch angesprochen, was mir peinlich war.

Michael Schlott: Wenn ich richtig recherchiert habe, fällt Ihre erste Lehrveranstaltung zur jakobinischen Literatur in das Jahr 1972.[24] Sie waren damals in Heidelberg. Publikationen zum literarischen Jakobinismus haben Sie erst später vorgelegt, unter anderem in Zusammenarbeit mit Gert Mattenklott.[25] Seit wann haben Sie sich mit dem Jakobinismus-Thema beschäftigt?

---

22   Scherpe: Werther und Wertherwirkung (wie Anm. 9).

23   Karl Robert Mandelkow: Probleme der Wirkungsgeschichte. In: Jahrbuch für Internationale Germanistik 2 (1970), H. 1, S. 71–84; K. R. M.: Goethe in Deutschland. Rezeptionsgeschichte eines Klassikers. 2 Bde. München 1980 und 1989; Goethe im Urteil seiner Kritiker. Dokumente zur Wirkungsgeschichte Goethes in Deutschland. Hrsg., eingel., und komm. von K. R. M. 4 Bde. München 1975–1984.

24   Übung „Jakobinische Literatur", Universität Heidelberg, Sommersemester 1972.

25   Demokratisch-revolutionäre Literatur in Deutschland: Jakobinismus. Hrsg. von Gert Mattenklott und Klaus R. Scherpe. Kronberg/Taunus 1975.

Klaus R. Scherpe: Die von Ihnen erwähnte Lehrveranstaltung muß der Anfang gewesen sein. Dann habe ich noch einmal in Hamburg dazu ein Seminar gemacht, wo ich Walter Grab kennenlernte.

Michael Schlott: Das muß aber später gewesen sein.

Klaus R. Scherpe: Nein, so um 1972/73. Ich bin ja schon 1973 zurück nach Berlin gegangen. Und zwischendurch habe ich eine Lehrstuhlvertretung in Hamburg wahrgenommen. Das ging auf Karl Ludwig Schneider zurück. Ich hatte an sich vor, eine größere komparatistische Arbeit über den Briefroman zu schreiben. Ich habe das dann zurückgestellt und kam durch den Politisierungsschub auf den Jakobinismus. Das wissenschaftliche Ethos galt den vernachlässigten demokratischen Traditionen.

Michael Schlott: Also ging es mehr um die Gegenstände, oder waren die Gegenstände attraktiv durch die Methoden, mit denen man sie behandeln konnte?

Klaus R. Scherpe: Am Anfang stand das Vorhaben, demokratisch-revolutionäre Traditionen in Erinnerung zu rufen. Es schien uns wichtig, sich selber zurückzuerinnern an die Ursprünge des Individuums im 18. Jahrhundert, die Formierung von Subjektivität, die Frage nach einem historischen Subjekt, die Anamnese-Vorstellung, die dann in der Erbe-Theorie eine Rolle spielte. Dazu gab es Konzepte in der DDR-Forschung.[26] Ich denke, die methodische und die politische Reflexion war hier erst die zweite Instanz, wie es bei Leuten, die noch jung sind und lernen, so geht. Man faßt ein Interesse und arbeitet dann Schritt für Schritt nach, was man da erfaßt hat. Ich denke, daß es diese Lücke im Kanon war, daß wir mit bestimmten Klassik-Bildern, die wir zu übernehmen hatten, konfrontiert waren im Unterricht. Von daher kam der Impuls, auch nach etwas anderem Ausschau zu halten. Ich überlege immer noch Ihre Frage, was denn thematisch war in diesem ersten Jakobinismus-Seminar. Wir haben uns an dem Textkorpus von Claus Träger zur Mainzer Republik[27] orientiert. Ich lernte dann auch einige passionierte Lokalforscher aus der linksrheinischen Gegend kennen, Michael-Peter Werlein und Hellmut G. Haasis, die sich – nebenbei gesagt – von Walter Grab, was ihre Quellenkenntnis anging, ausgebeutet fühlten.[28]

Michael Schlott: Wer hat in Heidelberg zum 18. Jahrhundert gearbeitet und wer hätte ebenfalls Interesse an der Jakobinismusforschung haben können? Also es gab dort Peter Michelsen, Arthur Henkel und Lämmert. Es gab den Romanisten Erich Köhler, dann den Heidelberger Arbeitskreis zur Sozialgeschichte, Conze und Koselleck. Von der Philosophie wüßte ich Dieter Henrich zu nennen und Otto Pöggeler, Tugendhat und Gadamer. Kamen von den Genannten irgendwelche Anregungen?

Klaus R. Scherpe: Verzeihung, Wissenschaftsgeschichte ist nicht unbedingt eine Geschichte von Einflüssen. Bei den genannten Autoritäten habe ich die Prüfungsprotokolle geführt. Für die Jakobinismusforschung gab es keine Anschlüsse.

---

26 Vgl. dazu beispielsweise Wolfram Schlenker: Das „Kulturelle Erbe" in der DDR. Gesellschaftliche Entwicklung und Kulturpolitik 1945–1965. Stuttgart 1977.

27 Mainz zwischen Rot und Schwarz. Die Mainzer Revolution 1792/93 in Schriften, Reden und Briefen. Hrsg. von Claus Träger. Berlin 1963; siehe dazu das Interview mit Claus Träger, S. 315–322.

28 Siehe dazu II, 2.2.1, S. 103–107.

Michael Schlott: Gerhard Sauder war auch in Heidelberg.[29]

Klaus R. Scherpe: Mit Sauder bin ich freundschaftlich klargekommen. Die Heidelberger waren alle sehr vornehm und zurückhaltend. Sauder fand das alles zu holzschnittartig, was wir da machten. Nein, das habe ich alles ziemlich allein gemacht mit einer Gruppe von Studenten, die historisch und politisch interessiert waren. Ein oder zwei haben zum Jakobinismus promoviert.

Michael Schlott: Was hat Sie seinerzeit dazu bewogen, sich so intensiv mit dem Jakobinismus-Thema auseinanderzusetzen?

Klaus R. Scherpe: Wie schon gesagt, ich denke, daß das damals etwas zu tun hatte mit dem Wunsch nach einer gesellschaftlich verantwortlichen Fachwissenschaft. Dieses Schimpfwort vom „Fachidiotentum" war mächtig. Es gab diese Moral, daß man die Verpflichtung hätte, mehr zu tun als das eigene Feld zu bestellen – und zwar ohne Bedenken über das Anfängerhafte und ein mögliches Dilettieren in anderen Bereichen. Die Leistung lag darin, Zusammenhänge herzustellen, Literaturwissenschaft im gesellschaftlichen Kontext zu plazieren, im Blick auf Schulunterricht und Literaturvermittlung. ‚Medien' waren noch nicht so aktuell als Unterrichtsgegenstand der Germanistik. Bei Mattenklott und bei mir ging es niemals um Literatursoziologie, den sozialen Vorhof oder Beihof der Literatur. Nach Adorno und der Kritischen Theorie und nach dem Vorbild von Peter Szondi ging es darum, die Form des Literarischen als Gesellschaftliches zu bestimmen. Das war ein starkes Motiv und die Experimentierlust, das Gesellschaftliche in Literatur und Kunst aufzuspüren, war sehr groß.

Michael Schlott: Wenn man davon ausgeht, daß die Anfänge der Jakobinismusforschung in der Historiographie – in der Geschichtswissenschaft der DDR – liegen, was wäre dann nach Ihrer Ansicht das Spezifikum der sogenannten literaturwissenschaftlichen Jakobinismusforschung?

Klaus R. Scherpe: Genau, das ist die richtige Frage an dieser Stelle. Ich habe rasch gemerkt, als ich mich für das Thema interessierte, daß dies ein Thema der empirisch orientierten Historiker ist, und bin in diesem Zusammenhang auch auf die ideologisch motivierte Forschungskontroverse zwischen Ost und West oder Tel Aviv und Ostberlin gestoßen.[30] Mich interessierte aber etwas anderes: die Formen, die Schreibweisen und Redeweisen der politischen Agitation, also z. B. wie ein Kirchenlied umgeschrieben wurde und welche Mittel der volksnahen Agitation auf Seiten der Revolutionäre erfunden wurden, auch auf Seiten der Konterrevolution: literarische Strategien, Appellationsformen. Ein paar Beiträge, die ich damals zustande gebracht habe, sind vielleicht deshalb bis heute lesbar.

Michael Schlott: Also der Unterschied zwischen dem, was Scherpe und Mattenklott gemacht haben,[31] und dem, was Walter Grab und Heinrich Scheel[32] gemacht haben, besteht darin, daß Sie mit erprobten literaturwissenschaftlichen Methoden auf diese Gegenstände zugegriffen haben, während Grab von Anbeginn, sagen wir: methodisch unbeküm-

29   Siehe dazu das Interview mit Gerhard Sauder, S. 376–401.
30   Siehe dazu die Interviews mit Walter Grab (S. 486–499) und Heinrich Scheel (S 665–691).
31   Siehe dazu das Interview mit Gert Mattenklott, S. 561–589.
32   Siehe dazu das Interview mit Heinrich Scheel, S. 665–691.

merter, ‚transdisziplinär' gearbeitet hat. Er hat Flugschriften untersucht, aber im Grunde genommen nur nach inhaltlichen Kriterien.

Klaus R. Scherpe: Ja, wir glaubten, die Historiker-Forschung wesentlich zu ergänzen. Grab und Scheel sind nie, wenn wir uns unterhalten haben, auf die politische Rhetorik und die literarische Technik der politischen Schriften eingegangen. Was die Literaturwissenschaft da sollte, das war ihnen nicht klar. Und auch wenn Grab über Georg Büchner oder andere Autoren sprach,[33] hatte das mit literarischen oder auch wirkungsästhetischen Aspekten gar nichts zu tun.

Michael Schlott: Wie ist es zu der offenbar sehr intensiven Zusammenarbeit mit Gert Mattenklott gekommen? Haben Sie gemeinsam studiert? Waren es ausschließlich sachliche Interessen, die zur Zusammenarbeit führten? War es persönliche Sympathie, aus der ein Zweckarbeitsbündnis entstanden ist?

Klaus R. Scherpe: Von allem etwas. Wir sind eigentlich zusammengeführt worden – und da sieht man noch einmal, wie stark die Autorität der Meister war. Seine Arbeit *Melancholie in der Dramatik des Sturm und Drang*[34] und meine Dissertation[35] haben die Metzler-Reihe *Studien zur Allgemeinen und Vergleichenden Literaturwissenschaft* eröffnet, herausgegeben von Peter Szondi und Eberhard Lämmert.[36] Und die zwei Besten des Jahrgangs haben die ersten Bände bestritten. Ich habe im Studium von Mattenklott nur ganz wenig Kenntnis genommen. Wir sind eigentlich danach erst in ein paar Punkten zusammengetroffen – an Gattungsfragen war er interessiert. Ich denke fast, daß wir mehr dadurch zusammengekommen sind, daß wir in verschiedene Richtungen gingen. Er ging weg aus Berlin nach Marburg, und ich ging weg aus Berlin nach Heidelberg. Wir haben dann eifrig korrespondiert und haben über die Verlagsgeschäfte Kontakt gehalten, wo wir die Möglichkeit bekamen, eine eigene Buchreihe zu machen.[37] Wir sind nie so wie Arno Holz und Johannes Schlaf zu zweit in einer Bude gesessen. Er ist mehr so der künstlerisch-ästhetisch

---

33 Vgl. die Bibliographien zu Walter Grab in: Revolution und Demokratie in Geschichte und Literatur. Zum 60. Geburtstag von Walter Grab. Hrsg. von Julius Schoeps und Imanuel Geiss unter Mitwirkung von Ludger Heid. Duisburg 1979, S. 397–400; Die bürgerliche Gesellschaft zwischen Demokratie und Diktatur. Festschrift zum 65. Geburtstag von Prof. Dr. Walter Grab. Gestaltet von Kasseler und Marburger Freunden und Kollegen. Mit einem Vorwort von Wolfgang Abendroth. Hrsg. von Jörn Garber und Hanno Schmitt. Marburg 1985, S. 214–225; Walter Grab: Meine vier Leben. Gedächtniskünstler – Emigrant – Jakobinerforscher – Demokrat. Köln 1999, S. 410–417.

34 Gert Mattenklott: Melancholie in der Dramatik des Sturm und Drang. Stuttgart 1968; 2., erw. und durchges. Aufl.: Königstein/Taunus 1985.

35 Scherpe: Gattungspoetik (wie Anm. 10).

36 Die *Studien* erschienen im Metzler-Verlag Stuttgart. Bd. 1: Gert Mattenklott: Melancholie in der Dramatik des Sturm und Drang (1968, erw. und durchges. Aufl.: Königstein/Taunus 1985); Bd. 2: Klaus R. Scherpe: Gattungspoetik im 18. Jahrhundert. Historische Entwicklung von Gottsched bis Herder (1968); vgl. auch die Interviews mit Eberhard Lämmert (S. 271–298, hier S. 277 f.) und Gert Mattenklott (S. 561–589).

37 Literatur im historischen Prozeß. Ansätze materialistischer Literaturwissenschaft. Analysen, Materialien, Studienmodelle. Hrsg. von Gert Mattenklott und Klaus R. Scherpe. Kronberg/Taunus 1973 ff.; ab 1981 erschien diese Reihe als „Neue Folge" im Argument-Verlag und wurde herausgegeben von Karl-Heinz Götze, Jost Hermand, Gert Mattenklott, Klaus R. Scherpe, Jürgen Schutte und Lutz Winckler.

Interessierte und ich mehr der Fußgänger auf den Wegen der Rezeptionsforschung, der Poetik, der Literaturvermittlung.

Michael Schlott: Welche wichtigen anderen Arbeitskontakte gab es im Bereich der Jakobinismusforschung, speziell auch zur DDR?

Klaus R. Scherpe: Verehrt haben wir alle die Nestoren Markov, Scheel, Hedwig Voegt und Steiner, der irgendwann aus der Akademie der Wissenschaften geschaßt wurde und seine Ausgabe der Werke Georg Forsters[38] nicht weitermachen konnte.

Michael Schlott: Und germanistische Aufklärungsforschung generell, also jetzt über den Bereich Spätaufklärung und Jakobinismus hinausgedacht?

Klaus R. Scherpe: Gut, es gab die Klassik-Forschung, in der DDR nach der Scholz-Schule die Aufklärungs-Forschung zum Beispiel von Peter Weber. Sein *Lessing*-Buch[39] war dann wichtig und interessant. Peter Müller von der Humboldt-Universität haben wir erst durch die Polemik gegen mein Buch kennengelernt.[40] Jetzt lerne ich ihn wieder kennen von denen, die bei ihm studiert haben und seinen Weggang von der Humboldt-Universität sehr bedauern. Es gab damals die Parole des „forschenden Lernens", Arbeitsgruppen wurden gegründet. Unser *Grundkurs 18. Jahrhundert*[41] war ein Westberliner Produkt. Mattenklotts Arbeitskreis, zu dem ich 1973 gekommen bin, war „historisch-materialistisch" orientiert. Wir haben die gesamte Forschung aufgearbeitet. Die DDR-Forschung zum 18. Jahrhundert war uns wichtig, zum Beispiel Stolpes Studien.[42]

---

38 Georg Forsters Werke. Sämtliche Schriften, Tagebücher, Briefe. Berlin 1958 ff. Diese erste Edition des Gesamtwerks wurde 1953 an der Deutschen Akademie der Wissenschaften zu Berlin für 18 Bände konzipiert. Zur Durchführung des Vorhabens wurde im damaligen Akademie-Institut für deutsche Sprache und Literatur eine Arbeitsstelle gegründet, die zunächst Gerhard Steiner und von 1970 bis 1981 Horst Fiedler leitete. Ab 1972 war die Akademie der Wissenschaften der DDR mit dem Zentralinstitut für Literaturgeschichte der Träger der Edition; in den 1990er Jahren wurden die Editionsarbeiten ohne Unterbrechung von der Berlin-Brandenburgischen Akademie fortgeführt, um die Bände 19 (Chronik von Leben und Werk, Nachträge und Berichtigungen, Verzeichnisse und Register) und 20 (Georg-Forster-Bibliographie) ergänzt und als Editionsprojekt im Jahr 2000 abgeschlossen. Als erster Band erschien 1958 Band 9; bis 1989 waren zudem die Bände 1 bis 5, 7 und 8 sowie 11 bis 18 publiziert worden. Bis 2011 stand die (im Akademie Verlag Berlin erscheinende) Werk-Ausgabe noch nicht vollständig zur Verfügung. Zur Konzeption und zur Publikationsgeschichte der Edition sowie zu den Bearbeitern der einzelnen Bände vgl. ⟨http://forster.bbaw.de⟩. Zu Gerhard Steiner siehe die Interviews mit Walter Grab (S. 486–499, hier S. 491), Heinrich Scheel (S. 665–691, hier S. 667) und Klaus-Georg Popp (S. 607–626, hier S. 616–619) sowie II, 2.2.1, S. 105, Anm. 401.

39 Peter Weber: Das Menschenbild des bürgerlichen Trauerspiels. Entstehung und Funktion von Lessings „Miß Sara Sampson". Berlin 1970 (2. Aufl.: 1976); siehe dazu das Interview mit Peter Weber im vorliegenden Band, S. 426–455.

40 Peter Müller: Angriff auf die humanistische Tradition. Zu einer Erscheinung bürgerlicher Traditionsbehandlung. In: Weimarer Beiträge 19 (1973), H. 1, S. 109–127; H. 3, S. 92–109; siehe dazu das Interview mit Peter Müller, S. 359–375, hier S. 367, 370–372.

41 Westberliner Projekt. Grundkurs 18. Jahrhundert. Die Funktion der Literatur bei der Formierung der bürgerlichen Klasse Deutschlands im 18. Jahrhundert. Hrsg. von Gert Mattenklott und Klaus R. Scherpe. Bd. 1: Analysen, Bd. 2: Materialien. Kronberg/Taunus 1974.

42 Vgl. insbesondere Heinz Stolpe: Die Auffassung des jungen Herder vom Mittelalter. Ein Beitrag zur Geschichte der Aufklärung. Weimar 1955.

Michael Schlott: Gab es Kontakte nach Halle zur Spätaufklärungsforschung?

Klaus R. Scherpe: Zu dem Zeitpunkt persönlich noch nicht. Man darf sich das wirklich nicht so vorstellen, als hätten wir in einem formellen Informationssystem agiert.

Michael Schlott: Wie würden Sie die politisch-ideologische Position charakterisieren, aus der heraus sich die Forschungen Walter Grabs definierten?

Klaus R. Scherpe: Von Grab wußte ich relativ wenig, habe nach und nach etwas erfahren über seine eigene Biographie, eine linksliberal engagierte Politikgeschichte, emphatisch vorgetragen.

Michael Schlott: Ist er Marxist?

Klaus R. Scherpe: Ach wo. Marxist? Nein. Er, Wuthenow oder Jost Herrmand waren keine Marxisten, „engagierte Demokraten", was immer das in der Wissenschaft heißt.

Michael Schlott: Es besteht aber ein Unterschied zwischen Wuthenow und Grab.

Klaus R. Scherpe: Ich habe allein vom Engagement, dem radikal demokratischen Impetus gesprochen.

Michael Schlott: Mattenklott meint, Grab sei Marxist.

Klaus R. Scherpe: Das kann Mattenklott sagen, Grab war vor dem 20. Parteitag ‚auf Linie'.[43] Ich sehe bei Grab gar keinen gesellschaftstheoretischen Fundus. Er kam aus der biographischen Forschung. Er rekonstruiert Porträts. Ich kann Ihnen eine Anekdote erzählen. Es ging um Lenin. Es ging um die Lenin-Äußerung „Jakobiner ohne Volk" und „Jakobiner mit dem Volke". Die politische Avantgarde-Theorie war zwischen ihm und Heinrich Scheel kontrovers. In einer Anmerkung zu unserem *Jakobinismus*-Band bei Scriptor habe ich Grab zitiert und behauptet, daß er der These „Jakobiner ohne Volk" das Wort rede, und dies Argument mit Scheel verkoppelt.[44] Da hat er mich jungen Menschen in ein Restaurant am Kurfürstendamm bestellt und von mir verlangt, daß ich diese Anmerkung in der nächsten Auflage des Buches entferne. Da war ich mindestens so erschrocken wie damals mit dem *Tasso* bei Kaiser. Man ist nicht vorbereitet auf solche unkontrollierten Reaktionen von Autoritäten. Ich empfinde das heute noch stärker, weil ich nun selber in meinem neuen Tätigkeitsbereich an der Humboldt-Universität mit einer gewissen Autorität ausgestattet bin, konfrontiert mit heute wieder recht autoritätsgläubigen Studenten: Wie kommt das an, was man gesagt hat bei jüngeren Leuten aus der DDR, wenn so ein West-Professor mit seinem Wissen und seiner Lehrmeinung auftritt? – Grabs damaliges Verlangen fand ich jedenfalls unglaublich, habe mich sehr aufgeregt und mich geweigert, das zu tun, was er forderte, worauf dann die Äußerung kam, die mir bis heute nachgeht – inzwischen hat er mich noch zweimal mehr verflucht. – Er sagte: „Mit mir können Sie es ja machen, ich bin ja ein Jud'." Damit war der junge Deutsche als Opponent Schachmatt gesetzt. Und es traf sich, daß wir am nächsten Tag einen Kongreß zur demokratisch-revolutionären Literatur in Deutschland hatten in der Historischen Kommission zu

---

43   Auf dem 20. Parteitag der KPdSU (14. bis 26. Februar 1956) in Moskau prangerte Nikita Sergejewitsch Chruschtschow in einer Geheimrede die Verbrechen Stalins an.

44   Vgl. Klaus R. Scherpe: „… daß die Herrschaft dem ganzen Volke gehört!" Literarische Formen jakobinischer Agitation im Umkreis der Mainzer Revolution. In: Demokratisch-revolutionäre Literatur in Deutschland (wie Anm. 25), S. 139–204, hier S. 298, Anm. 51.

Büschs Ehren.[45] Dazu hatte ich einen Assistenten mitgebracht, der auch einiges in dem Zusammenhang gearbeitet hatte und über Georg Forster promovierte.[46] Dieser Mensch hatte „Berufsverbot", zumindest war dies angekündigt – die prozeßliche erste Instanz war entschieden.

Michael Schlott: Und da haben Sie eine Resolution verfaßt.

Klaus R. Scherpe: Und das gab einen Eklat – das wird Grab auch sehr genau erinnern, daß wir ihn da in die Enge getrieben hatten und zu etwas Aktuellem verpflichten wollten, was mit den Karlsbader Beschlüssen und der Demagogenverfolgung zu tun hatte.

Michael Schlott: Vielleicht wollte er diesen Kongreß nicht politisieren, mit Rücksicht auf Büsch …

Klaus R. Scherpe: Ich habe dann auch mit Büsch gesprochen. Die Veranstalter haben mich beiseite genommen, „ob das denn sein müßte". Dann habe ich mich mit Büsch geeinigt, daß wir keine großen Erklärungen abgeben würden, sondern eine Resolution herumgehen lassen, und wer sie unterschreiben wollte, der sollte unterschreiben.

Klaus R. Scherpe: Ich habe, während das ablief, erst bemerkt, daß Grab persönlich in die Enge getrieben war. Die Argumentation war ganz klar: ‚Du hast das Thema der demokratisch-revolutionären Bewegungen auf diesem Kongreß, und du zitierst die Karlsbader Beschlüsse mit großer Emphase. Und hier haben wir einen aktuellen Fall, und das hat nichts miteinander zu tun?'

Michael Schlott: Aber da hatte Walter Grab offenbar bereits eine Entwicklung durchgemacht. Vielleicht hätte er das zehn Jahre früher noch mitgetragen.

Klaus R. Scherpe: Gut, das kann durchaus sein.

Michael Schlott: Welche Bedeutung hatten die Forschungen von Walter Grab für Ihre Beschäftigung mit dem Jakobinismus-Thema?

Klaus R. Scherpe: Ich habe sehr bewundert, was er machte. Und habe ihn, bevor es dann zu dieser Kontroverse kam, zu vier Vorträgen an die FU eingeladen. Er hat diese Vorträge gehalten – die Studenten und ich fanden das toll.

Michael Schlott: Ich meinte die Bedeutung seiner Arbeiten für Ihre eigenen Forschungen.

Klaus R. Scherpe: Sein Aufsatz „Eroberung oder Befreiung?"[47] war für mich politisch sehr wichtig. Das war sein Beitrag in der Kontroverse mit Scheel.[48]

Michael Schlott: Wie würden Sie Walter Grabs wissenschaftliche Arbeitsweise charakterisieren?

---

45 Die demokratische Bewegung in Mitteleuropa im ausgehenden 18. und frühen 19. Jahrhundert. Ein Tagungsbericht (Arbeitstagung „Die Demokratische Bewegung in Mitteleuropa im ausgehenden 18. und frühen 19. Jahrhundert" vom 19. bis 21. Mai 1977). Bearb. und hrsg. von Otto Büsch und Walter Grab unter Mitarbeit von Jürgen Schmädeke und Monika Wölk. Berlin 1980.

46 Helmut Peitsch: Georg Forsters „Ansichten vom Niederrhein". Zum Problem des Übergangs vom bürgerlichen Humanismus zum revolutionären Demokratismus. Frankfurt/Main u. a. 1978.

47 Walter Grab: Eroberung oder Befreiung? Deutsche Jakobiner und die Franzosenherrschaft im Rheinland 1792–1799. Trier 1971; siehe dazu das Interview mit Walter Grab, S. 486–499, hier S. 492–494.

48 Siehe dazu ebd.

Klaus R. Scherpe: Man hat ihm vorgeworfen, daß er summarisch und auch strategisch typisiert – sich die Quellen demgemäß zurechtlegt, zudem, daß er so polemisch war, daß andere Leute einen Schaden davon hatten.

Michael Schlott: Sie hatten auch Kontakte zu italienischen Kollegen. Wie sind diese Verbindungen entstanden, was ist daraus geworden? Ich denke etwa an einen Kongreß in Neapel.[49]

Klaus R. Scherpe: Hans Mayer habe ich dort getroffen. Die Kontakte stammen aus der 1968er-Zeit, als die Italiener nach Berlin kamen, z. B. Marino Freschi und Montinari. Wir wurden zu verschiedenen Kongressen eingeladen. In Italien war ein ganz anderes politisches Klima als bei uns. Die meisten Kollegen waren Mitglieder des PCI (Partido Comunista Italiano). Das haben wir wie politischen Exotismus erlebt, bei uns dagegen die relative Ferne zur Parteipolitik und zur praktischen Politisierung.

Michael Schlott: Herr Scherpe, ich möchte Sie um einen Kommentar bitten zu einer Einschätzung, die mir in informellen vorbereitenden Gesprächen zu diesen Interviews vorgestellt worden ist. Sie lautet sinngemäß: Die deutsche Jakobinismusforschung muß als letztes Paradigma politisch ausgerichteter Historiographie und Literaturwissenschaft angesehen werden, das durch Methodenwechsel und Modernisierungstheorien der Sozialgeschichte erledigt wurde. Die Jakobinismusforschung ist aus der Aufklärungsforschung völlig ausgeschieden. Die unmittelbare politische Instrumentalisierung des Forschungsgegenstandes verstellte die Möglichkeit einer produktiven Reaktion auf neue sozial-, mentalitäts- und kulturgeschichtliche Ansätze.

Klaus R. Scherpe: Eine interessante Aussage. Die typisch besserwisserische Retrospektive. Allein, die Möglichkeit, sozial-, mentalitäts- und kulturgeschichtliche Ansätze so schön zu sortieren, hatte man damals nicht. Daß die Jakobinismusforschung ein Paradigma politisch ausgerichteter Historiographie und Literaturwissenschaft war, glaube ich, kann man so akzeptieren, wenn man „politisch" als eine Motivation versteht. Unakzeptabel ist die latente Entgegensetzung von „politisch" und „wissenschaftlich". Die Jakobinerforschung hat die genannten Möglichkeiten erschlossen, nicht verstellt. Das polemische Pathos, was in dieser Äußerung retrospektiv durchschlägt, war damals auch unseres in bezug auf die Germanistik der 1960er Jahre. Daß die Jakobinismusforschung aus der Aufklärungsforschung völlig ausgeschieden ist? Wer hat sie denn ausgeschieden? Die interessengebundene Wertigkeitsfrage. Da gibt es also Aufklärungsforschung, die etwas wert ist, und dann gibt es eine abtrünnige Jakobinismusforschung, die dilettiert hat.

Michael Schlott: Merkwürdigerweise findet die Jakobinismusforschung keine Anschlüsse etwa an mentalitätsgeschichtliche Modelle, während es ja, bezogen auf unsere andere Fallstudie zur Empfindsamkeitsforschung, zu einer Öffnung des Forschungsfeldes gekommen ist.

Klaus R. Scherpe: Aber das ist doch gerade das Interessante, daß wir einen Besuch gemacht haben bei der historischen Forschung – das muß man einfach so ehrlich sagen. Die Empfindsamkeitsforschung hatte kein historisch-politisches Problem.

---

49 Die Konferenz „Der europäische Jakobinismus (il giacobinismo europeo)" fand am 22. April 1977 am Istituto Universitario Orientale in Neapel statt.

Michael Schlott: Könnte nicht auch Sauders damalige Ansicht damit zusammenhängen? Es sei ihm alles zu holzschnittartig, was Sie gemacht haben?[50]

Klaus R. Scherpe: Das bezog sich polemisch auf das unterschiedliche Wissenschaftsethos: ‚close reading' und Textstudium gegen das ‚Gesellschaftliche', das mit einer bestimmten Gesellschaftstheorie operierte. Das waren die unwissenschaftlichen Ideologen in positivistischer Sicht der Dinge.

Michael Schlott: Sie haben 1989 einen Aufsatz publiziert, in dem Sie in einer Anmerkung erklären, daß Sie hier an Ihre alten Forschungen anknüpfen.[51]

Klaus R. Scherpe: Warum nicht?

Michael Schlott: Herr Scherpe, recht früh hat in der Jakobinismusforschung auch die Konzentration auf Reiseliteratur eine – wenn auch zunächst untergeordnete – Rolle gespielt. Wie erklären Sie die seit Ende der 1970er Jahre zu konstatierende Trendwende von der Erforschung jakobinischer Literatur hin zum Gegenstand Reiseliteratur?

Klaus R. Scherpe: Sie meinen Hans-Wolf Jäger zum Beispiel?[52] Was für eine Wende? Darüber habe ich nicht nachgedacht.

Michael Schlott: Ich frage anders: Welche Perspektiven sehen Sie für die künftige Entwicklung der Jakobinerforschung, oder meinen auch Sie, daß das Ende der Fahnenstange erreicht sei? Ich gebe einige Bezugspunkte vor: Ich denke etwa an das tradierte Epochenschema, an die Klassikdebatte, an den gesamten Bereich der kodifizierenden Literatur, an den traditionellen Literaturbegriff, auch an den Bereich der Institutionen.

Klaus R. Scherpe: Also an alles. Ich habe kürzlich daran gedacht, wieder ein Seminar zur historisch-politischen Literatur zu machen und mir dazu einige Fragen vorgelegt. Zum Beispiel: In welchem Kontext könnte man das, was 1791 bis 1793 in der Folge der Französischen Revolution in Deutschland passierte, noch einmal historisch rekonstruieren? Zum Beispiel im Rahmen einer Geschichte der literarischen Intelligenz über die Verantwortlichkeit von Literatur und Wissenschaft. Ich versuche, mir – wie vorhin schon angedeutet – die Mentalität literarischer, kultureller, wissenschaftlicher Intelligenz historisch vorzustellen. Jetzt gibt es wieder Leselisten am Institut. Bei Kanonfragen kehrt das alte Thema von Integration und Ausschluß wieder. Da würde ich schon ein paar Sachen einbauen, fordern, daß man nicht nur nach Autoren und Werken verfährt, sondern nach Tendenzen des Schreibens, Redens und Lesens. Kanonfragen sind Klassikerfragen. Das wäre für die Zeit um 1800 in der Tat in Frage zu stellen. Die politisierte Literatur bleibt in der Germanistik bis heute auf der Strecke. Das gegenwärtige Desinteresse an Institutionen, das Sich-Zurückziehen von Ansprüchen, die über den Eigennutz an Wissenschaft hinausgehen – eine Mentalität, die an den Universitäten heute sehr verbreitet ist: Dem könnte man historische Beispiele entgegenstellen.

---

50   Siehe dazu das Interview mit Gerhard Sauder, S. 376–401, hier S. 393.

51   Klaus R. Scherpe: Der „allgemeine Freund – das Vaterland". Patriotismus in der Literatur der Mainzer Republik. In: Monatshefte für deutschen Unterricht, deutsche Sprache und Literatur 81 (1989), H. 1, S. 19–26.

52   Vgl. beispielsweise: Reisen im 18. Jahrhundert. Neue Untersuchungen. Hrsg. von Wolfgang Griep und Hans-Wolf Jäger. Heidelberg 1986; siehe dazu das Interview mit Hans-Wolf Jäger, S. 500–527.

Michael Schlott: Wo liegen Ihrer Ansicht nach Defizite der literaturwissenschaftlichen Jakobinismusforschung, und zwar sowohl methodischer als auch inhaltlicher Art, nach Ihrem Verständnis?

Klaus R. Scherpe: Ich sagte schon: Das wesentliche Defizit lag darin, daß wir keine Historiker waren. Da waren zwei Richtungen, die nie so richtig zusammenkamen: die einen im historischen Wissen ausgewiesen, bis hin in die lokalen Details, und auch darauf beharrend – und dann auf der anderen Seite Literaturwissenschaftler, die sich für literarische und rhetorische Strategien interessierten. Diese Diskrepanz würde ich heute nicht mehr so hinnehmen. In jungen Jahren glaubt man noch, mit einem Set von fünf Fakten auszukommen ... heute würde ich wahrscheinlich erst einmal 20 nehmen, bevor ich es wagte, genauere Aussagen zu machen.

Michael Schlott: Ich möchte Sie um eine Beurteilung des folgenden Erklärungsansatzes bitten:

> Seit Beginn der sechziger Jahre wächst eine Riesenzahl von ‚Forschern' heran, von Leuten, die sich für bestimmte Stellen an den Hochschulen, auch z. T. in anderen Forschungsinstitutionen in erster Linie durch den Nachweis eigener Forschung und durch Publikationen von entsprechenden Ergebnissen qualifizieren müssen und die nur mit der Präsentation weiterer Forschungsleistungen weiterkommen, ja auch nur eine Gehaltserhöhung erwarten können. Da mußten nun die Mengen von Universitätsgermanisten nach lohnenden Objekten für ihre Forschungen suchen. Nahe lagen natürlich zunächst die standardisierten und kanonisierten Autoren und Themen, die bis zur Erschöpfung abgegrast wurden. Dann wurden neue Namen und Bereiche entdeckt, oder man muß eher sagen: meist *wieder* entdeckt, wenn man an die damals zum großen Teil vergessenen Leistungen der Literaturgeschichtsschreibung im 19. Jahrhundert denkt, in der schon unendlich viel an historischem Material mindestens faktographisch aufgearbeitet, wenn auch nicht immer zureichend und befriedigend ausgewertet und interpretiert war.[53]

Unter diesem ‚Innovationsdruck' verfielen „einige Kollegen von der neueren Literatur" in „modischen Opportunismus", fahndeten „weil es schick war, nach jeder Jakobinermütze", und deckten „mit einer wahren Lust am Zwang und an der Notwendigkeit – in merkwürdigem Gegensatz zu dem gleichzeitigen Ruf nach Freiheit, nach Befreiung auf allen Gebieten – überall gesellschaftliche Zwänge, Kausalitäten, Repressionen" auf, „nur teilweise übrigens, um sie wirklich abzuschaffen."[54] Sehen wir einmal ab vom polemischen Vorwurf des modischen Opportunismus, so ließe sich folgern, die Entstehung der Jakobinismusforschung sei u. a. auf implizite Karriereprobleme eines Massenfaches zurückzuführen. Wie beurteilen Sie diesen Erklärungsansatz?

Klaus R. Scherpe: Ich kann mit beiden Komponenten nicht viel anfangen. Der Begründungszusammenhang ist so richtig wie nichtssagend; falsch ist der konstruierte Kau-

---

53 Richard Brinkmann: Deutsche Literaturwissenschaft in der Bundesrepublik Deutschland. In: Alexander von Humboldt Stiftung. Mitteilungen H. 40 (1982), S. 23–30, hier S. 24; siehe auch die Interviews mit Eberhard Lämmert (S. 271–298, hier S. 296), Walter Müller-Seidel (S. 299–314, hier S. 304 f.), Georg Jäger (S. 334–358, hier S. 351 f.), Hans-Wolf Jäger (S. 500–527, hier S. 524 f.) und Gert Mattenklott (S. 561–589, hier S. 564 f.).

54 Brinkmann: Deutsche Literaturwissenschaft (wie Anm. 53), S. 24 f.

salschluß. Die „modischen" Opportunisten, darüber brauchen wir nicht zu reden. Das ist immer wieder der zentrale Vorwurf der Etablierten gegenüber Innovationen. Was die Karriere angeht: Es hagelte Berufsverbote für linke Germanisten! Damals war man noch nicht so ausgebufft, da waren die Passion und das Engagement für die Sache wirklich ein starkes Motiv. Ich kann mir heute vorstellen, daß in Richtung Feminismus oder Medien als Karriereloch direkt geplant werden kann. Damals war dererlei noch nicht so kenntlich. Ich hatte im Gegenteil immer das Gefühl: Ich mache hier etwas, was mir nur Schaden bringt, und wenn ich das mache, muß ich irgendwie dafür auch zahlen. Wie hätte ich mich in Heidelberg mit Herrn Kaiser als auswärtigem Gutachter habilitieren sollen? Ich hatte Emigrationspläne, die ganze Zeit über. Ich hatte in Amerika in Stanford eine Stelle angeboten bekommen. In Stanford war ich als Anglist und habe meinen M.A. gemacht.

Michael Schlott: Dann trifft es Ihrer Ansicht nach auch nicht zu, was andere Interviewpartner meinen beobachtet zu haben: daß viele ehemals in der literaturwissenschaftlichen Jakobinismusforschung aktive Wissenschaftler ihre Forschungsinteressen peu à peu anderen, und zwar erfolgträchtigeren Gegenständen zugewandt haben. Das wäre nach Ihrem Dafürhalten eine vordergründige Betrachtungsweise?

Klaus R. Scherpe: So ist es. Im Vergleich zu heute war meine Generation noch gut dran. Bildungspolitisch, obwohl politisch diskriminiert, haben die 1968er viel erreicht. Es wurden neue Hochschulen gegründet. Es gab Stellen.

Michael Schlott: Nehmen wir beispielsweise Inge Stephan, die mit der Jakobinismusforschung inzwischen ganz offensichtlich nicht mehr befaßt ist, jedenfalls nicht produktiv.

Klaus R. Scherpe: Ja, warum denn nicht, warum sollte man nicht neue Interessen gewinnen? Wir geben seit vielen Jahren zusammen eine Reihe heraus, *Literatur im historischen Prozeß*.[55] Und inzwischen machen wir zusammen eine neue Reihe im Böhlau Verlag, anläßlich derer wir öfter zusammenkommen.[56] Weigel, Stephan – nach ihren Aktivitäten wie etwa Kongresse (aber eben nicht nur feministische) habe ich eigentlich von ihr und von anderen Frauen nicht den Eindruck, daß ihr Auftreten nur ‚feministisch' wäre. Das ist zwar eine Dominante, aber es geht Inge Stephan damals wie heute um historische Forschung, es geht um Psychoanalyse. Sie hat u. a. ein Buch über die Frauen und Freud geschrieben.[57] Und wenn Sie ihre vielen Publikationen ansehen, gewinnen Sie einen anderen Eindruck.

Michael Schlott: Davon bin ich überzeugt. Es ist zumindest schwer nachvollziehbar für meine Generation, daß ein akademischer Werdegang nicht geplant werden muß. Das ist etwas, was wir nicht mehr begreifen. Ich zumindest kann es nicht begreifen und glaube auch nicht, daß eine akademische Karriere, ganz gleich, in welchen Zeiten, sich als eine Kette von günstigen Zufälligkeiten erklären läßt.

---

55 Literatur im historischen Prozeß (wie Anm. 37); ab 1986 gehörten Inge Stephan und Sigrid Weigel dem Herausgebergremium an.

56 Literatur – Kultur – Geschlecht. Studien zur Literatur- und Kulturgeschichte. Hrsg. von Inge Stephan und Sigrid Weigel in Zusammenarbeit mit Jost Hermand, Gert Mattenklott, Klaus R. Scherpe und Lutz Winckler. Köln und Weimar 1992 ff.

57 Inge Stephan: Die Gründerinnen der Psychoanalyse. Eine Entmythologisierung Sigmund Freuds in zwölf Frauenporträts. Stuttgart 1992.

Klaus R. Scherpe: Es ist heute anders. Ich nehme diesen unglaublichen Narzißmus wahr, diese Selbstbezoghenheit, die Gier und die Not nach Distinktion.

Michael Schlott: Herr Scherpe, in der Rekonstruktion des wissenschafts- und fachgeschichtlichen Prozesses seit Ende der 1960er Jahre und zu Beginn der 1970er Jahre lassen sich zwei Haupttendenzen ausmachen, die man schlagwortartig als Politisierung und Soziologisierung bezeichnen könnte. Wie beurteilen Sie im Rückblick diese fachgeschichtliche Entwicklung und welche wichtigen wissenschafts- und gesellschaftspolitischen Konsequenzen hat diese Entwicklung gezeitigt? Ich gehe davon aus, daß Sie sich zu den ‚Politisierern' zählen würden?

Klaus R. Scherpe: Summa summarum sicher, obwohl ich mit Ihrer Unterscheidung nicht viel anfangen kann, selber auch kein politischer Aktivist war.

Michael Schlott: Sie haben vorhin selber das Stichwort ‚Politisierung' ins Gespräch gebracht.

Klaus R. Scherpe: Gut, in bezug auf eine Verantwortlichkeit der eigenen Arbeit im gesellschaftlichen Zusammenhang. Jenseits meiner Arbeit habe ich für mich nie einen verbindlichen Begriff des Politischen gefunden. Ich habe die Vokabel für mich selbst übersetzt als „moralisch verantwortlich".

Michael Schlott: Aber wie sind denn solche Passagen, wie Sie sie im Editorial zum ersten Band der Reihe *Literatur im historischen Prozeß*[58] gemeinsam mit Mattenklott formuliert haben, zu verstehen, daß im Rahmen – wie Sie schreiben – einer „praxisorientierten Aneignung auch vergangener Gestalten des Bewußtseins" das Problem der „Wertbildung" zentral sei? Das heißt, hier ist doch offenbar der Versuch unternommen worden, im Medium der Germanistik zur Bildung von Werten beizutragen.

Klaus R. Scherpe: Ich sagte es gerade, moralisch sozial verantwortlich; aus dem eigenen Arbeitsbereich heraus der Versuch nach Orientierung, Identitätsbildung.

Michael Schlott: Was wäre demgegenüber beispielsweise eine rein soziologische Fragestellung?

Klaus R. Scherpe: Ich meine eine Literatursoziologie, die nur die sozialen Bedingungen der Literatur erforscht. Wir haben dies damals polemisch mit dem Begriff ‚Szientismus' in verschiedenen Varianten belegt.

Michael Schlott: Welche heuristischen Vorzüge bietet Ihrer Ansicht nach eine materialistisch orientierte Literaturwissenschaft in der wissenschaftlichen Auseinandersetzung mit der politischen und sozialen Emanzipation des Bürgertums im 18. Jahrhundert?

Klaus R. Scherpe: Man kann nicht so ohne weiteres nach Vor- und Nachteilen unterteilen. Es ist sicher immer diese Projektion da. Eine materialistische Literaturwissenschaft schuf Orientierung, stellte die Geltungsfragen, thematisierte die Rolle der Intellektuellen im Aufklärungs- und Emanzipationsprozeß. Der Preis für den Erwerb von Orientierungswissen war seine Dogmatisierung.

---

58 Literatur der bürgerlichen Emanzipation im 18. Jahrhundert. Hrsg. von Gert Mattenklott und Klaus R. Scherpe. Kronberg/Taunus 1973.

Michael Schlott: Herr Scherpe, Peter Müller hat Ihnen anläßlich Ihres *Werther*-Buches – das wissen Sie ja – vorgeworfen, Sie seien ein pseudolinker Avantgardist und zeigten weltanschauliche Unsicherheit.[59] Jetzt hatten Sie zwei Ohrfeigen, eine von Kaiser,[60] und eine von Müller. Es gibt eine eher zaghafte Verteidigung im *Grundkurs*.[61] Warum haben Sie so moderat reagiert?

Klaus R. Scherpe: Ich war in Heidelberg, und Mattenklott initiierte an der FU die Arbeitsgruppe, die den *Grundkurs 18. Jahrhundert* erarbeitete. Ich kam dazu und habe, weil ich für diese ‚Wertherei‘ zuständig war, den *Werther*-Beitrag geliefert. Es war bekannt, daß einige der studentischen Mitarbeiter eine größere Nähe zur DDR-Literaturwissenschaft als Mattenklott und ich hatten. Dazu kam Müllers Rezension in den *Weimarer Beiträgen*, zweiunddreißig Seiten in zwei Folgen. Ich erinnere mich, daß die DDR-Freunde in der Arbeitsgruppe sich darüber furchtbar aufregten. Die Meinung war, die wollten dort drüben offiziell ein Exempel statuieren. Der FU-Linksradikalismus, eine Leninsche „Kinderkrankheit“, war der Feind. Und so wurde ich zum Marcuse-Fan. Müller hatte offenbar einen Text erwischt – nämlich meinen –, den er als exemplarisch erachtete für den kleinbürgerlichen Linksradikalismus. Einige Leute in dieser Arbeitsgruppe hatten gute Kontakte zur DDR und haben offenbar dort gegen Müller – oder wer da immer zuständig war – interveniert. Man wollte Mattenklott und mich ja gewinnen als liberale Bündnispartner (oder „nützliche Idioten“ im Sinne Lenins). Das war so der strategische Hintergrund. Ich weiß nicht, ob ich scharf oder sanft reagiert habe. Auf Kaiser habe ich ja überhaupt nicht reagiert, außer im Vorwort in der nächsten Auflage.[62] Diese Müller-Affäre hat mich nicht so getroffen. Ich habe mir das dann so klargemacht, daß die Aufregung über mein Büchlein offenbar ein politisches Strategieproblem war von Leuten, mit denen ich so direkt nichts zu tun hatte. Später habe ich gehört, daß Peter Müller Nachteile hatte durch diese Rezension. Das tat mir eigentlich sehr leid. Ich habe ihn nie persönlich kennengelernt. Er hat mir dann irgendwann seine *Sturm-und-Drang*-Bände[63] geschickt und „Werther Herr Scherpe“ darauf geschrieben. Die Geschichte mit dem *Tasso* in Kaisers Verriß war für mich vehementer.[64] Kaiser schrieb ganz offensichtlich so ausführlich, um zu verhindern, daß diese Linken womöglich in der Universität avancierten. Das Verhältnis zur DDR-Literaturwissenschaft an der Akademie war wichtiger. Mattenklott und ich wurden zu Krauss-Kolloquien in Berlin eingeladen, für die Hans Robert Jauß und Manfred Naumann kooperierten.[65]

---

59 Vgl. Müller: Angriff auf die humanistische Tradition (wie Anm. 40), S. 110; zudem das Interview mit Peter Müller, S. 359–375.

60 Vgl. Kaiser: Zum Syndrom modischer Germanistik (wie Anm. 14).

61 Klaus R Scherpe: Natürlichkeit und Produktivität im Gegensatz zur „bürgerlichen Gesellschaft“. Die literarische Opposition des Sturm und Drang: Johann Wolfgang Goethes „Werther“. In: Westberliner Projekt (wie Anm. 41), Bd. 1, S. 189–215.

62 Scherpe: Werther und Wertherwirkung (wie Anm. 9); 2. Aufl.: Wiesbaden 1975.

63 Sturm und Drang. Weltanschauliche und ästhetische Schriften. 2. Bde. Hrsg. von Peter Müller. Berlin und Weimar 1978.

64 Siehe Anm. 14.

65 Literaturgeschichte als geschichtlicher Auftrag: in Memoriam Werner Krauss. [Vorträge des Kolloquiums „Literatugeschichte als geschichtlicher Auftrag, in Memoriam Werner Krauss“ der Klasse Gesellschaftswissenschaften II der Akademie der Wissenschaften, 14. und 15. Juni 1977]. Hrsg. von Heinrich Scheel. Berlin 1978; zudem u. a.: Zum Problem der Geschichtlichkeit ästhetischer Normen. Die Antike im Wandel des Urteils im 19. Jahrhundert (Vorträge des III. Werner-

Michael Schlott: Ihren Informationen zufolge hat Müller aufgrund dieser Rezension Repressalien erfahren?

Klaus R. Scherpe: Das weiß ich nur vom Hörensagen.

Michael Schlott: Herr Scherpe, wie lautet die Bezeichnung des Lehrstuhles, den Sie jetzt in Berlin innehaben?

Klaus R. Scherpe: Wir haben ihn gerade benannt. Es geht um Neuere deutsche Literaturwissenschaft, und dann kommt eine Klammer – die Lehrstühle sind alle spezifiziert – da heißt es Literatur und Kulturwissenschaft/Medien.

Michael Schlott: Was ist unter der Bezeichnung Kulturwissenschaft zu verstehen?

Klaus R. Scherpe: Es geht auch hier um eine Wissenschaft des Zusammenhangs. Zur Zeit habe ich ein Seminar zur Briefkultur im 18. Jahrhundert und eins über „Wahrnehmung der Fremde in Literatur und Film", ein anderes Thema „Literaturwissenschaft und Ethnographie". Die Vorlesung halte ich über das Thema der Erzählbarkeit der Großstadt, darin sind Architektur, Soziologie, Städtebau und Film miteinander verbunden.

Michael Schlott: Hat das etwas mit ‚humanities' zu tun?

Klaus R. Scherpe: Mit den ‚cultural studies'. Mein zweites akademisches Land ist nach wie vor Amerika. Ich bin jedes zweite Jahr in den USA, 1991/92 hatte ich an der Stanford University den „German chair" und habe dort meinen Bewerbungsvortrag für die Humboldt-Universität geschrieben.

Michael Schlott: Also ist dieser Lehrstuhl auch direkt auf Sie zugeschnitten?

Klaus R. Scherpe: Nein, ich mußte mich zuschneiden, das in den USA Gelernte einzubringen: das ethnologische und anthropologische Interesse, medienwissenschaftliche Aspekte und „Mass culture".

Michael Schlott: Wenn Sie Ihre akademische Karriere zurückverfolgen, erscheint Ihnen Ihr Werdegang in der Retrospektive als konsequent? Sehen Sie Brüche, Kontingenzen, Unabwägbarkeiten? Welche biographischen und wissenschaftlichen Zusammenhänge sehen Sie zwischen Ihrer jetzigen Position bzw. Ihren jetzigen Forschungsaktivitäten und den früheren?

Klaus R. Scherpe: Das wäre wohl etwas viel konstruktiver Aufwand für eine eher schlichte Laufbahn. Überhaupt in diesen Beruf hineingekommen zu sein, das empfinde ich nach wie vor als ein großes Glück. Diese Möglichkeit, die soziale Absicherung zu haben für Dinge, die man ohnehin gerne tut, das empfinde ich nach wie vor als ein großes Privileg. Damit war ich immer so zufrieden, daß ich mir keine großen Karrieresprünge vorgenommen habe. In meiner wissenschaftlichen Biographie habe ich mich etwas ruckartig

---

Krauss-Kolloquiums am 18., 19. und 20. Oktober 1983). Hrsg. von Heinz Stiller. Berlin 1986; Ideologie, Literatur und Kunst im Zeitalter der Französischen Revolution von 1789. [Vorträge des V. Werner-Krauss-Kolloquiums am 8. und 9. November 1989], dazu der Konferenzbericht von Heinz Hohenwald in: Referatedienst zur Literaturwissenschaft 22 (1990), H. 1, S. 39 f. Weitere Informationen bei Manfred Naumann: Romanistische Abenteuer in den östlichen Gegenden Deutschlands. In: Romanistik als Passion. Sternstunden der neueren Fachgeschichte II. Hrsg. von Klaus-Dieter Ertler. Wien 2011, S. 257–272; siehe dazu das Interview mit Heinrich Scheel, S. 665–691, hier S. 686.

bewegt, weil ich auf aktuelle Themen und Probleme stets eingegangen bin bis heute. Und ich erschrecke manchmal darüber, daß wissenschaftliche Motive und Interessen, die ich für meine eigenen halte, auf einmal populär sind, die Postmoderne-Problematik,[66] das Interesse für fremden Kulturen und für die Medien.

Die Frage nach Brüchen und Kontinuitäten interessiert mich dabei schon. Was mich im Rückblick zum Beispiel stört, das ist eine gewisse Naivität im Umgang mit der DDR-Literaturwissenschaft.

Michael Schlott: Können Sie das konkretisieren?

Klaus R. Scherpe: Wir wußten ganz vage, daß, wenn wir auf einem Kongreß waren oder einen Kollegen besucht haben, die Gesprächspartner darüber berichten mußten. Wir haben uns darüber nicht mehr Gedanken gemacht. Das Diskussionsklima war nach den Veranstaltungen auch immer so herzlich und so gesellig, daß man vielleicht nicht bemerkt hat, daß Institutsdirektoren anwesend waren, die dafür sorgten, daß jüngere Leute Karriere machten oder auch nicht. Diese damalige Unkenntnis sorgt mich eigentlich mehr als die Tatsache, daß wir 1973, wenn auch mit drei Vorbehalten, die Widerspiegelungstheorie verteidigt haben. Auch bezüglich des Schicksals von Peter Müller werfe ich mir vor, daß ich bis auf den heutigen Tag so wenig dazu sagen kann.

Michael Schlott: Ich bin eigentlich erstaunt darüber.

Klaus R. Scherpe: Ich auch, Herr Schlott. Andere Leute aus Ost und West haben mehr aus ihrem Wissen und Verschweigen gemacht.

Michael Schlott: Herr Scherpe, das war sicherlich ein geeignetes Schlußwort. – Ich danke Ihnen sehr herzlich für dieses Gespräch.

---

66 Vgl. etwa: Postmoderne. Zeichen eines kulturellen Wandels. Hrsg. von Andreas Huyssen und Klaus R. Scherpe. Reinbek 1989.

Harro Segeberg

HARRO SEGEBERG (* 1942), Studium der Germanistik, Geschichte, Philosophie und Pädagogik in Hamburg und Tübingen, 1973 Promotion in Hamburg, 1983 Professor für Neuere deutsche Literatur und Medien in Hamburg, 1984 Habilitation, 2007 Ruhestand.

HARRO SEGEBERG hat in den 1970er und frühen 1980er Jahren im Zusammenhang seiner Forschungsinteressen an einer Phase der Spätaufklärung in der deutschsprachigen Literatur um 1800 und an der Geschichte des ‚politischen Schriftstellers‘ viel beachtete Beiträge zur Diskussion über den ‚Literarischen Jakobinismus‘ veröffentlicht. In seinem wissenschaftlichen Engagement der Folgezeit wurde dieser Forschungsschwerpunkt nicht weiter entwickelt; Autoren des Zeitraums von 1850 bis 1950, die Zusammenhänge von Literatur- und Technikgeschichte sowie medienwissenschaftliche und filmhistorische Forschungen erhielten besonderes Gewicht.

Das Interview wurde am 19. November 1999 in Hamburg geführt.

Michael Schlott: Herr Segeberg, warum haben Sie einen nicht geringen Teil Ihrer Forschung auf den deutschen Jakobinismus konzentriert? Galt Ihr Interesse methodologischen Fragen oder galt es dem Gegenstand?

Harro Segeberg: Ich denke, der Auslöser war sicherlich ein Interesse am Gegenstand. Dazu muß man sich vor Augen führen, daß die Germanistik in der zweiten Hälfte der 1960er Jahre unter dem Eindruck stand, daß die Literaturgeschichtsschreibung zu den Jahrzehnten um 1800 zu revidieren sei, vor allen Dingen zu revidieren im Hinblick auf die bis dahin nahezu ausschließliche Fokussierung auf die Weimarer Klassik. Auch der akademische Lehrer, bei dem ich promoviert worden bin, Adolf Beck, hat sich als ausgewiesener Hölderlin-Forscher an diesen Unternehmungen beteiligt. Daher besteht auch heute für mich kein Zweifel daran, daß mein Interesse in allererster Linie dem Gegenstand Spätaufklärung galt. Ich war einfach interessiert an der Geschichte der Spätaufklärung als einer Strömung, die nun keineswegs, wie man bis dahin sagte, mit dem Sturm und Drang und der Weimarer Klassik erledigt gewesen ist, sondern die bis in die frühen 1810er und 1820er Jahre hineinreichte. Dieses Interesse ergibt sich beispielsweise bereits aus dem Gegenstand meiner Dissertation über Friedrich Maximilian Klinger.[1] Jakobinismus als Fragestellung war daher

---

1   Harro Segeberg: Friedrich Maximilian Klingers Romandichtung. Untersuchungen zum Roman der Spätaufklärung. Heidelberg 1974.

für mich von Anbeginn immer interessant in diesem Kontext, und ich habe mich daher nie
als jemand verstanden, der sich als ‚nachgeborener' Jakobiner identifikatorisch oder sonstwie von diesem Gegenstand affiziert fühlte; mein Interesse galt, wie gesagt, von vornherein
der Geschichte der gesamten deutschen Spätaufklärung.

Nun war es naheliegend, daß in dem Augenblick, in dem man sich mit dem Jakobinismus auseinandersetzte, und das galt vor allen Dingen für meinem Aufsatz von 1974,[2] die
von Anfang an mitgegebenen methodologischen Fragestellungen und Probleme nicht zu
umgehen waren: Jakobinismus ist ein Begriff aus der französischen Revolutionsgeschichte,
auch da nicht unumstritten, und dieser Begriff wird nun übertragen auf den Bereich der
deutschen Literatur- und Geistesgeschichte. Damit hängt zusammen: Jakobinismus ist im
französischen Kontext ein eminent politisch-praktischer Begriff, der nun angewandt wurde
auf eine Literatur, die den Sprung in die politische Praxis zwar beabsichtigte, dieses aber
nur im Ausnahmefall (wie der Mainzer Republik) und selbst dann nur unter erschwerten
Bedingungen umsetzen konnte.

Wenn man dazu in das Werk der damals maßgebenden Autoren hineinschaute, womit
in erster Linie das Œuvre von Walter Grab gemeint ist,[3] dann wurde einem schnell klar,
daß dort solche Fragen nicht interessierten oder, wenn sie überhaupt gestellt wurden, im
Gestus des Bekennertums gelöst werden sollten. Hier mußte es einfach einen deutschen
politischen Jakobinismus gegeben haben, wie immer das auch zu definieren war. Da mir
dies nicht genügte, wurde für mich schnell klar, daß man in Ermangelung vorhandener
Begrifflichkeiten während der Beschreibung des Gegenstandes selber versuchen mußte,
adäquate Begriffe auszubilden. Dadurch war von Anfang an, vom Gegenstand her, auch ein
methodologisches Interesse vorgegeben.

Michael Schlott: In einem Interview, das ich bereits 1994 mit einem germanistischen
Jakobinismusforscher geführt habe, wurde ich mit der Aussage konfrontiert, daß Sie sich
„recht früh" aus der Jakobinismusforschung verabschiedet hätten.[4] Möchten Sie sich dazu
äußern?

Harro Segeberg: Das liegt wahrscheinlich daran, daß ich mich an den eher dogmatisch
verkrampften Versuchen, einen möglichst konsistenten und exklusiven deutschen Jakobinismus zu definieren, von Anfang an nicht beteiligt hatte. Selbst in dem Aufsatz von 1974[5]
ist ja viel von liberaler Spätaufklärung die Rede, und es wird versucht, Jakobinismus aus
dem Konzept einer liberalen Spätaufklärung als deren Radikalisierung zu entwickeln. Dafür konnte man, wie vor allem die Aufsätze von Walter Grab zeigten, nur wenig Dialog-
bereitschaft unter den selbsternannten Gralshütern der Jakobinerforscher erwarten. Auf
diese Erfahrungen habe ich so reagiert, daß ich versucht habe, den von mir bevorzugten
‚weicheren' Kontext weiter auszuarbeiten, so etwa in der *Geschichte der deutschen Literatur* bei Žmegač in meinem Beitrag zur Spätaufklärung,[6] in einem Artikel zum Verhält-

---

2   Harro Segeberg: Literarischer Jakobinismus in Deutschland. Theoretische und methodische Über-
    legungen zur Erforschung der radikalen Spätaufklärung. In: Deutsches Bürgertum und literari-
    sche Intelligenz 1750–1800. Hrsg. von Bernd Lutz. Stuttgart 1974, S. 509–568.
3   Siehe dazu das Interview mit Walter Grab, S. 486–499.
4   Siehe dazu das Interview mit Hans-Wolf Jäger, S. 500–527, hier S. 512.
5   Segeberg: Literarischer Jakobinismus (wie Anm. 2).
6   Harro Segeberg: Die Spätaufklärung. In: Geschichte der deutschen Literatur vom 18. Jahrhun-

nis zwischen Weimarer Klassik, Frühromantik und Spätaufklärung,[7] dann bei Mandelkow im *Neuen Handbuch der Literaturwissenschaft* (1982) in meinem Beitrag über politische Schriftsteller zwischen 1789 und 1815[8] sowie in einer Rezension für das *Internationale Archiv für Sozialgeschichte der Literatur*[9] und schließlich in einem Beitrag zum Bicentenaire-Kongreß 1989 an der Sorbonne.[10] Deshalb ist der Eindruck, daß ich mich früh aus der Jakobinismusforschung verabschiedet habe, nur dann richtig, wenn die auf exklusive Begriffsbestimmungen bedachte Forschung gemeint ist. Sich daran zu beteiligen war für mich schon seit der Stellungnahme von Adolf Beck zu dem Streit um Bertaux nicht sinnvoll.[11]

Wenn man aber – wie übrigens auch Hans-Wolf Jäger – die Spätaufklärung als zentrales Forschungsthema nennt, so reicht für mich die Beschäftigung von der Mitte der 1960er Jahre in Haupt- und Oberseminaren von Adolf Beck über die Dissertation, über die Aufsätze zum Jakobinismus[12] und über den politischen Schriftsteller[13] bis in die erste Hälfte der 1980er Jahre – und insofern habe ich mich eigentlich von nichts verabschiedet. Mitte der 1980er Jahre hat es dann einfach eine Schwerpunktverlagerung gegeben, weil ich das Gefühl hatte, das Problem sei nun wirklich ausdiskutiert, und zum anderen, weil ich es sinnvoll fand, in der Habilitation einen anderen Schwerpunkt zu setzen.[14]

Michael Schlott: Würden Sie die Bestimmung „recht früh" verabschiedet für Ihre ehemalige Hamburger Kollegin Inge Stephan für angemessen halten?

Harro Segeberg: Auch Frau Stephan hat mit ihrer Arbeit über Seume ja auch als Forscherin zur Spätaufklärung angefangen, danach aber ganz auf die Karte ‚exklusiver' Jako-

---

    dert bis zur Gegenwart. Hrsg. von Victor Žmegač. Bd. I.1: 1700–1848. Königstein/Taunus 1978, S. 349–413.

7   Harro Segeberg: Deutsche Literatur und Französische Revolution. Zum Verhältnis von Weimarer Klassik, Frühromantik und Spätaufklärung. In: Deutsche Literatur zur Zeit der Klassik. Hrsg. von Karl O. Conrady. Stuttgart 1977, S. 243–266.

8   Harro Segeberg: Von der Revolution zur „Befreiung". Politische Schriftsteller in Deutschland (1789–1815). In: Europäische Romantik I. Hrsg. von Karl R. Mandelkow. Wiesbaden 1982, S. 205–248.

9   Harro Segeberg: [Rez.] Sigfrid Gauch: Friedrich Joseph Emerich – ein deutscher Jakobiner, 1986. In: Internationales Archiv für Sozialgeschichte der deutschen Literatur 13 (1988), S. 244–252.

10 Harro Segeberg: Le nationalisme cosmopolite en Allemagne à la lumière de la Révolution Française. In: L'Image de la Révolution Française. Communications présentées lors du Congrès Mondial pour le Bicentenaire de la Révolution. Sorbonne, Paris 6.–12. Juillet. Dirigé par Michel Vovelle. Oxford 1990, Bd. 2, S. 748–756.

11 Vgl. Adolf Beck: Hölderlin als Republikaner. In: Hölderlin-Jahrbuch 15 (1967/68), S. 28–52; siehe dazu ferner II, 2.2.3.

12 Segeberg: Literarischer Jakobinismus (wie Anm. 2); H.S.: Die Spätaufklärung (wie Anm. 6); ferner H.S.: Literatur als Mittel der Politik im deutschen Jakobinismus. In: Text & Kontext 4 (1976), S. 3–30; H.S.: „Was gehn uns im Grunde alle Resultate an, wenn wir Wahrheiten feststellen!" – Überlegungen zum Stand der Jakobinismusforschung, veranlaßt durch zwei Neuerscheinungen über Georg Friedrich Rebmann (1768–1824). In: Internationales Archiv für Sozialgeschichte der deutschen Literatur, 1. Sonderheft: Forschungsreferate. Tübingen 1985, S. 160–182.

13 Segeberg: Von der Revolution zur „Befreiung" (wie Anm. 8).

14 Harro Segeberg: Literarische Technik-Bilder. Studien zum Verhältnis von Technik- und Literaturgeschichte im 19. und frühen 20. Jahrhundert. Tübingen 1987.

binismus gesetzt und sich damit in ihrem Sammlung-Metzler-Band,[15] was ich ausgesprochen schade fand, in ein Unternehmen verrannt, an dem ich einfach nicht weiterarbeiten
wollte.

Wenn ich selber mich in meiner Habilitationschrift anderen Themen zugewandt habe,
dann hat dies sicherlich auch damit zu tun, daß ich den Eindruck hatte, man wurde in den
Jakobinismus-Debatten eigentlich nur mißverstanden, wenn man hier einmal von dem Austausch mit Jörn Garber absieht. So sah ich mich etwa in einem Aufsatz von Gerhard Kaiser[16] zum Kronzeugen dafür ernannt, daß es bis dahin eigentlich keine ernstzunehmende
Beschäftigung mit dem Jakobinismus gegeben habe, und das war nun genau das, was ich
eigentlich nicht sagen wollte. Da hatte ich das Gefühl, nun endgültig zwischen allen Stüh-
len zu sitzen, und dazu hatte ich einfach keine Lust.

Michael Schlott: Herr Segeberg, Sie haben bereits mehrfach den Namen Walter Grab ins
Feld geführt. In dem bereits angeführten Interview wurde mir erklärt, Sie hätten damals
sachlich „einiges zurechtgerückt" in einem Aufsatz[17] und daraufhin habe Walter Grab Sie
1977 nicht zur Konferenz[18] nach Berlin eingeladen.[19] Das sei eine Provokation gewesen,
denn Sie seien damals schon einer der profiliertesten Kenner der Materie gewesen.

Harro Segeberg: Ja nun, dieser Aufsatz von 1974, von dem ja schon die Rede war. Er ist
erschienen in einem Sammelband der Reihe *Literatur- und Sozialwissenschaften*[20] (so etwas gab es einmal!), den Bernd Lutz herausgegeben hat, und wurde von Grab rezensiert in
der *Frankfurter Rundschau*. Diese *Rundschau*-Rezension war so wie immer bei Grab: Er
stimmt zu, findet alles interessant, merkt dann aber doch an, für die nächste Auflage müß-

---

15   Inge Stephan: Literarischer Jakobinismus in Deutschland (1789–1806). Stuttgart 1976.
16   Gerhard Kaiser: Über den Umgang mit Republikanern, Jakobinern und Zitaten. In: Deutsche Vier-
     teljahrsschrift für Literaturwissenschaft und Geistesgeschichte 49 (1975), Sonderheft „18. Jahr-
     hundert", S. 226*–242*; Harro Segeberg wird dort in der ersten Fußnote erwähnt.
17   Segeberg: Literarischer Jakobinismus (wie Anm. 2).
18   Vgl. dazu: Die demokratische Bewegung in Mitteleuropa im ausgehenden 18. und frühen 19. Jahr-
     hundert. Ein Tagungsbericht. (Arbeitstagung „Die demokratische Bewegung in Mitteleuropa im
     ausgehenden 18. und frühen 19. Jahrhundert", 19. bis 21. Mai 1977). Bearb. und hrsg. von Otto
     Büsch und Walter Grab unter Mitarbeit von Jürgen Schmädeke und Monika Wölk. Berlin 1980.
19   Siehe dazu das Interview mit Hans-Wolf Jäger, S. 500–527, hier S. 514.
20   Von 1971 bis 1979 erschienen in der Reihe „Literaturwissenschaft und Sozialwissenschaften"
     (J.B. Metzlersche Verlagsbuchhandlung Stuttgart) 11 Bände (der angesprochene Aufsatz findet
     sich in Band 3). Bd. 1: Literaturwissenschaft und Sozialwissenschaften. Grundlagen und Modell-
     analysen. Mit Beiträgen von Horst A. Glaser u. a. 1971; Bd. 2: Germanistik und deutsche Nation
     1806–1848. Hrsg. von Jörg J. Müller [d. i. Jörg J. Berns]. 1974; Bd. 3: Deutsches Bürgertum und
     literarische Intelligenz 1750–1800. Hrsg. von Bernd Lutz. 1974; Bd. 4: Erweiterung der materia-
     listischen Literaturtheorie durch Bestimmung ihrer Grenzen. Hrsg. von Heinz Schlaffer. 1974;
     Bd. 5: Literatur im Feudalismus. Hrsg. von Dieter Richter. 1975, Bd. 6: Einführung in Theorie,
     Geschichte und Funktion der DDR-Literatur. Hrsg. von Hans-Jürgen Schmitt. 1975; Bd. 7: Der
     liberale Roman und der preußische Verfassungskonflikt. Analyseskizzen und Materialien. Hrsg.
     von Bernd Peschken und Claus-Dieter Krohn. 1976; Bd. 8: Zur Modernität der Romantik. Hrsg.
     von Dieter Bänsch. 1977; Bd. 9: Wolfgang Hagen: Die Schillerverehrung in der Sozialdemokratie.
     Zur ideologischen Formation proletarischer Kulturpolitik vor 1914. 1977; Bd. 10: Kunst und Kultur
     im deutschen Faschismus. Hrsg. von Ralf Schnell. 1978; Bd. 11: Legitimationskrisen des deut-
     schen Adels 1200–1900. Hrsg. von Peter U. Hohendahl und Paul M. Lützeler. 1979.

ten die und die Fehler noch korrigiert werden. Ich ironisiere das jetzt einmal: Hier sei ein Datum falsch und dort müsse die haarsträubend falsche Schreibung eines Vornamens korrigiert werden. Vor allem aber: Diese wichtige Frühschrift, die schon Jakobinisches vor dem Jakobinismus erkennen lasse, werde nicht erwähnt, und schließlich: Die Revolutionsfahne in XY sei bereits zwei Tage früher gehißt worden – und so weiter. Am Schluß gab es dann im fraglichen Fall noch eine Bemerkung über meinen Aufsatz, nach dem Motto: Jenseits aller Vernunft ist der Beitrag von Harro Segeberg, der nun wirklich von nichts Ahnung hat. Es waren drei Schmetter-Sätze.

Um sich deren Wirkung vorzustellen, muß man sich vergegenwärtigen, daß dies die erste Rezension war, die ich über irgendetwas, das ich geschrieben hatte, gelesen habe, und ich war daher mit diesem ganzen Rezensentenwesen überhaupt noch nicht vertraut. So habe ich dann in meiner Naivität an die *Frankfurter Rundschau* geschrieben und darin eine ganz kurze Stellungnahme formuliert,[21] aus der eigentlich nur hervorgehen sollte, daß es doch fair gewesen wäre, wenn Herr Grab zumindest zu erkennen gegeben hätte, daß er selbst in dem von ihm zerzausten Aufsatz ziemlich heftig kritisiert wurde. Das hatte er nämlich mit keinem Wort erwähnt. Danach habe ich dann mit einigen Leuten telefoniert, ich bekam sogar Beileidsanrufe aus Bremen und so weiter – aber auf meine Bemerkung, ob man nicht vielleicht doch etwas unternehmen sollte, wurde mir bedeutet, das sei eben mit Grab so, den müsse man so nehmen wie er ist. Schließlich habe er seine Verdienste, und daher sei er einfach der, der für die Jakobinismusforschung spreche. Diese Geschichte mit Berlin habe ich dann über Jörn Garber erfahren, und ihm soll Grab sinngemäß gesagt haben: Alle ja, aber Segeberg nicht! Da wußte ich sozusagen, wo ich nicht hingehörte.

Nun muß ich aus der Rückschau sagen, daß der Ton meines Aufsatzes schon ein bißchen heftig war. Aber so ist das eben, man schreibt den ersten Aufsatz, ist Ende zwanzig, gerade Assistent geworden und glaubt nun, man müsse die Germanistik neu erfinden. Übrigens möchte ich in diesem Zusammenhang nicht unerwähnt lassen, daß Inge Stephan – wir waren damals beide Assistenten bei Heinz Nicolai in Hamburg – es spontan angeboten hat, meine Dissertation über Klinger in der *Frankfurter Rundschau* zu besprechen, um einen zweiten Super-GAU oder besser: ,Super-Grab' zu verhindern.[22] Man sieht, wir beide waren zu dieser Zeit durchaus nicht miteinander verfeindet und in Sachen Wissenschaftsbetrieb lernfähig.

Michael Schlott: Ausgrenzung ist eben doch ein sehr schmerzhafter Vorgang?

Harro Segeberg: Es war eine Form von Ausgrenzung, die übrigens schon vorher einsetzte. So hatte auch Scherpe Artikel über Jakobinismus geschrieben,[23] die in der Sache ziemlich nah an meiner Linie standen. Gleichwohl wurde mir dann aber vorgehalten, daß

---

21 Die Stellungnahme wurde nicht veröffentlicht. Grabs Rezension erschien unter dem Titel „Komplizierte Wechselbeziehungen. Literarische Intelligenz und deutsches Bürgertum". In: Frankfurter Allgemeine Zeitung vom 13. Mai 1975.

22 Inge Stephan: Schließlich verbot er seinen eigenen Roman. Friedrich Maximilian Klingers spätaufklärerische Dichtungen. In: Frankfurter Allgemeine Zeitung vom 21. Februar 1976.

23 Vgl. Klaus R. Scherpe: „… daß die Herrschaft dem ganzen Volk gehört!" Literarische Formen jakobinischer Agitation im Umkreis der Mainzer Revolution. In: Demokratisch-revolutionäre Literatur in Deutschland: Jakobinismus. Hrsg. von Gert Mattenklott und Klaus R. Scherpe Kronberg/Taunus 1975, S. 139–204; K. R. S.: Literarische Praxis des deutschen Jakobinismus. Revolutionsliteratur im Spiegel konterrevolutionärer Literatur. In: Weimarer Beiträge 29 (1983), S. 2169–2176.

ich Habermas zitiert habe, was auch stimmte.[24] Dabei hatte ich nur übersehen: Habermas durfte man als wirklich Linker damals nicht mehr zitieren. Der galt als irgendwie bürgerlich, was sicherlich auch mit seinem wirklich unglücklichen – und auch sogleich zurückgezogenen – Linksfaschismus-Vorwurf von 1967 zu tun hatte.[25]

Was nun Grab selber angeht, so habe ich ihn nur ein einziges Mal hier in Hamburg, 1971, wenn ich mich nicht irre, kennengelernt. Das war eine der Veranstaltungen im Hause von Hans-Werner Engels, und sie spielte sich so ab, daß man bei Herrn Engels eingeladen war, aber im Nebenzimmer saß Herr Grab. Zu ihm wurde dann einer nach dem anderen geleitet, man wurde kurz einvernommen, so auch ich. Das Gespräch begann höflich und freundlich, aber als ich auf seine Frage, ob ich nicht auch fände, daß Klinger eigentlich doch ein Jakobiner sei, antwortete, davon könne nun wirklich nicht die Rede sein, war das Gespräch schnell zu Ende. Grab war einfach ein Monopolist, der durchaus freundlich sein konnte, aber er mußte immer derjenige sein, der das Sagen hatte.

Michael Schlott: Ich möchte Sie um eine Einschätzung der folgenden Aussage eines anderen Interviewpartners bitten: „Ich meine, man hat sich in der Diskussion der 1970er Jahre um die Frage der eigenständigen ästhetischen Qualität der jakobinischen Texte weitgehend herumgedrückt. Ich würde mich in meiner damaligen Perspektive auch gar nicht ausnehmen. Aber man hat die Frage der Ästhetik zu einer der literarischen Technik funktionalisiert, und damit war man natürlich weitgehend ‚aus dem Schneider‘, was die Niveaubestimmung von Texten anging. Sie erinnern sich vielleicht an den Aufsatz von Segeberg in dem Lutzschen Sammelband *Deutsches Bürgertum und literarische Intelligenz*.“[26]

Harro Segeberg: Das würde ich so nicht sehen, denn mir ging es ja in dem genannten Aufsatz gerade darum, Kriterien für eine Ästhetik zu finden, die es erlaubte, ästhetische Qualität und politische Intentionen nicht gegeneinander auszuspielen, sondern in dem von Benjamin entliehenen Begriff einer operativen Ästhetik zusammenzuführen. Insofern würde ich sagen, da ist man keineswegs aus dem Schneider, aber man hat ein anderes Niveau, eine andere Ebene der Diskussion erreicht. Dies sollte mit Hilfe der Anleihe bei dem Aufsatz von Benjamin über den operierenden Schriftsteller erreicht werden.[27] Solche Ideen

---

24 Vgl. Segeberg: Literarischer Jakobinismus (wie Anm. 2), etwa S. 515, Anm. 62 und 65; S. 518, Anm. 88.

25 Am 9. Juni 1967 fand in Hannover – im Anschluß an die Beerdigung des Studenten Benno Ohnesorg, der am 2. Juni 1967 in West-Berlin von dem Polizisten Kurras erschossen worden war – ein Kongreß des Sozialistischen Deutschen Studentenbundes statt, zu dem Jürgen Habermas als Redner eingeladen war. An seine Hörer richtete er u. a. die Mahnung: Die „Befriedigung daran, durch Herausforderung die sublime Gewalt in manifeste Gewalt umzuwandeln, ist masochistisch, keine Befriedigung also, sondern Unterwerfung unter eben jene Gewalt." Dem widersprach Rudi Dutschke in seiner Rede und forderte den Aufbau von „Aktionszentren" an den Universitäten der BRD. Habermas erkannte in Dutschkes Rede eine „voluntaristische Ideologie […], die man […] ‚linken Faschismus‘ nennen" könne.

26 Interview mit Gerhart Pickerodt, S. 590–606, hier S. 592.

27 Vgl. Segeberg: Literarischer Jakobinismus (wie Anm. 2), S. 513, mit Bezug auf Walter Benjamin: Der Autor als Produzent. (Ansprache im Institut zum Studium des Faschismus in Paris am 27. April 1934). In: W. B.: Gesammelte Schriften II.2. Hrsg. von Rolf Tiedemann und Hermann Schweppenhäuser. Frankfurt/Main 1980, S. 683–701.

ließen sich auch auf die funktionale Reiseliteratur der Spätaufklärung übertragen, mit der ich mich dann in der Folgezeit weiter beschäftigt habe. Hier hat mich schon früh die Figur Forster fasziniert, über den ich gerade jetzt wieder einen Aufsatz für die *Georg-Forster-Studien* geschrieben habe.[28] Auch bei Forster hatte ich von Anbeginn den Eindruck, daß der Reichtum, aber auch die Gebrochenheit dieser Figur in der Stilisierung zum konsequenten Jakobiner, der er allenfalls in seinen letzten Lebensmonaten und dann auch auf eine eher fatalistische Weise war, nicht aufging. Dagegen war er ein brillanter Ästhetiker, er hat die *Reise um die Welt* geschrieben,[29] er war ein herausragender Anthropologe, und wenn man zum Beispiel heute in die *Georg-Forster-Studien* hineinschaut, dann sieht man, daß die Frage: ‚Jakobinismus – ja oder nein'? dort auch angesprochen wird, aber Forster interessiert doch im wesentlichen als Anthropologe, als Naturwissenschaftler, als Völkerkundler und als Autor von Reiseliteratur. Auf der anderen Seite meine ich aber auch, daß Forster ein Beispiel dafür ist, wie sich ein Autor als wissenschaftlicher Gegenstand durchsetzen kann, gerade auf dem Umwege über die Jakobinismusforschung – denn der Name Forster ist ja sicher ins Gespräch gekommen durch die Jakobinismusforschung. Im Gespräch gehalten hat er sich jedoch, weil Forster immer mehr war. Jakobinismus war – so gesehen – eher ein Einstieg, um in dieses Werk insgesamt hineinzugelangen, und ich würde sagen, die Forster-Rezeption, die erhöhte Aufmerksamkeit für Forster, ist eines der besonders positiven Ereignisse der Jakobinismusforschung. Da hat Gerhard Steiner sicherlich das herausragende Verdienst.[30] Forster ist ein Name geworden, der eine Rolle spielt, auch in der Ästhetik-Diskussion der Jahre um 1800, gleichberechtigt neben den Autoren aus dem Bereich Frühromantik, Weimarer Klassik und anderen. Das wäre ohne die Jakobinismusforschung so wahrscheinlich nicht geschehen.

Michael Schlott: Ich finde es allerdings bemerkenswert, daß in diesem Fall gewissermaßen literatur-externe Kriterien angeführt werden, um den Platz in der Literaturgeschichte zu legitimieren.

Harro Segeberg: Was aber sind dann demgegenüber interne Kriterien? Forschung bewegt sich ja nicht von allein, sondern bedarf immer der externen Anstöße. Entscheidend ist nur die Frage, ob sie dann darüber hinausgeht oder sich in den Debatten über Externes erschöpft.

Michael Schlott: Ich möchte noch einmal auf Inge Stephans „Literarischen" Jakobinismus kommen. Wo liegt aus Ihrer Sicht die Spezifik dieses Ansatzes?

Harro Segeberg: Wenn ich selbst von Literarischem Jakobinismus gesprochen habe, dann war meine Idee damals, den Jakobinismus nicht als politischen Begriff zu verstehen, auf den man dann Ästhetisches mehr oder weniger beliebig anwendet, sondern in dem politischen Begriff von vornherein genuin ästhetische Aspekte zu verankern. Frau Stephan hat das dann aufgenommen und in eine ganz andere Richtung gewendet, indem sie die These vertreten hat: In Deutschland sei eben der Literarische Jakobinismus so wichtig, weil es

28 Harro Segeberg: Forsters „Ansichten vom Niederrhein". Zur Geschichte der Reiseliteratur als Wissensspeicher. In: Georg-Forster-Studien 5 (2000), S. 1–15.

29 Georg Forster: A Voyage round the world. Bearb. von Robert L. Kahn. Berlin 1968 (2., unveränd. Aufl.: 1986).

30 Siehe dazu das Interview mit Klaus-Georg Popp, S. 607–626, hier S. 616–619, sowie II, 2.2.1, S. 105, Anm. 401.

einen politischen nicht gegeben habe.[31] Das konnte auf einen Historiker so wirken, als
wollte jemand behaupten, die eigentliche Politik finde in der Literatur statt und nicht in der
politischen Praxis. Der Sache nach ging es bei dem Begriff für mich darum, einen genuin
literarhistorischen Begriff für das Phänomen Jakobinismus zu finden. Claus Träger hat das
ja auch in *Mainz zwischen Rot und Schwarz* versucht.[32]

Für mich ist übrigens auch der Name Heinrich Scheel wichtig. Er hat mit seinem Band
über *Süddeutsche Jakobiner*[33] wirklich neue Kontinente an zeitgenössischer politischer Gebrauchsliteratur erschlossen, und da spielte es am Ende gar keine Rolle mehr, ob das nun
Jakobiner waren oder nicht.

Michael Schlott: Eine andere Forscherin – aus der Frühphase der Jakobinerforschung – ist
Hedwig Voegt. Sie hat eigentlich (zu) wenig Resonanz gefunden. So wurde sie beispielsweise sowohl von Scheel als auch von Walter Grab geradezu marginalisiert. Hedwig Voegt
hatte indes bereits über Mainz geschrieben, und vor allem hatte sie dabei konzediert, daß
es Jakobiner im eigentlichen Sinne auf deutschem Boden nie gegeben habe, vielleicht mit
der einzigen Ausnahme der Mainzer Republik. Wie erklären Sie es, daß es – und zwar
nicht nur in der Jakobinerforschung – immer wieder vorkommt, daß solche Vorläufer mit
geradezu hartnäckiger Konstanz ignoriert werden? Daß man sich über bereits Erreichtes
hinwegsetzt?

Harro Segeberg: Nun ja, wenn Sie das letzte Argument von Frau Voegt nehmen – sie
sagt: es gibt in Deutschland eigentlich keine Jakobiner, die Ausnahme ist Mainz, und das
war nur unter den Ausnahmebedingungen der Besetzung möglich –, dann ist doch klar, daß
eine solche Forschungshypothese nicht in die Ziele einer Forschung hineinpaßt, in der es
darum geht, dezidiert jakobinische Traditionen in Deutschland nachzuweisen. Ein bißchen
ist sie ja jetzt rehabilitiert durch die dreibändige Rebmann-Ausgabe,[34] wo sie entsprechend
gewürdigt wird und Anerkennung erfährt.

Michael Schlott: Wo liegen Ihrer Meinung nach die fachgeschichtlichen Wurzeln der germanistischen Jakobinerforschung? Ich will das detaillierter fassen: Hat es Ihres Wissens
eine eigenständige fachgeschichtliche Tradition der Jakobinerforschung gegeben, oder war
es die Geschichtswissenschaft, die den eigentlichen Anstoß gegeben hat? Ist es richtig, daß
die germanistische Jakobinerforschung ihr Einfallstor gewissermaßen über die bereits viel
früher etablierte Fragestellung nach dem Einfluß der Französischen Revolution auf das
deutsche Geistesleben hatte. Ich denke etwa an die Arbeiten von Stern.[35]

Harro Segeberg: Meine erste Bekanntschaft mit dieser ganzen Forschungsrichtung kam
hier in Hamburg über Fritz Fischer. Er kannte natürlich die Arbeiten von Fritz Stern, aber

---

31 Vgl. Stephan: Literarischer Jakobinismus (wie Anm. 15), S. 45–49.
32 Mainz zwischen Rot und Schwarz. Die Mainzer Revolution 1792/93 in Schriften, Reden und Brie-
    fen. Hrsg. von Claus Träger. Berlin 1963.
33 Heinrich Scheel: Süddeutsche Jakobiner. Klassenkämpfe und republikanische Bestrebungen im
    deutschen Süden Ende des 18. Jahrhunderts. Berlin 1962.
34 Georg Friedrich Rebmann: Werke und Briefe in drei Bänden. Hrsg. von Hedwig Voegt u.a. Berlin
    1990.
35 Vgl. Alfred Stern: Der Einfluß der Französischen Revolution auf das deutsche Geistesleben. Stutt-
    gart und Berlin 1928.

vor allen Dingen die von Valjavec.[36] Wir haben sie damals zur Vorbereitung auf seine
Seminare alle gelesen und kannten deswegen alle diese Namen, mit denen Grab dann später ständig operierte. Grab ist ja auch bei Fischer promoviert worden. Nur, man kann nicht
sagen, daß die Jakobinerforschung deshalb in der Geschichtswissenschaft ein etabliertes
Forschungsfeld vorfand, sondern das waren auch dort Außenseiter. Denn daß Fischer in den
1960er Jahren Seminare über Französische Revolution und Rückwirkungen der Französischen Revolution in Deutschland machte (wo ich übrigens mein erstes Referat über Jakobinismus, nämlich über die Mainzer Republik geschrieben habe), hatte etwas mit dem Autor
Fischer zu tun, der durch den *Griff nach der Weltmacht*[37] damals so etwas wie der linke
Outcast der Geschichtswissenschaft war. Daß der Begriff Jakobinismus dann über das eher
konservative Buch von Frau Fehrenbach[38] in der zünftigen Geschichtsschreibung verankert
wurde, ist eigentlich eine ganz interessante witzige Entwicklung!

Aber auch in der Germanistik hat es Arbeiten gegeben, auch aus dem Bereich der
Philosophiegeschichte, die sich mit diesem Phänomen der politischen Literatur auseinandergesetzt haben. Eines der am besten informierten Bücher über die politische Strömungen
nach 1806, mit denen ich mich dann ja auch später auseinandergesetzt habe, stammt von
Otto Tschirch aus den 1930er Jahren.[39] Das ist weltanschaulich furchtbar, aber da finden Sie
Autoren wie Buchholz und Massenbach, die Bonapartisten nach 1806, von denen ja lange
nie jemand gesprochen hat. Da allerdings muß man Hans-Werner Engels in Schutz nehmen, der als erstes dafür einen Riecher hatte und das unter dem Stichwort Spätjakobiner
plazierte.[40]

Michael Schlott: Ist nach Ihrer Kenntnis in der Jakobinismusforschung jemals die Probe
aufs Exempel gemacht worden mit Blick auf den Unterschied zwischen einer Definitions-
frage und einer empirischen Frage?

Harro Segeberg: Ich denke schon, denn ohne meinen Beitrag von 1974[41] überschätzen zu
wollen: Es war richtig, einen externen Begriff zu nennen, wie etwa „operative Ästhetik",
und zu sagen, was er bedeutet, damit man eine klare Vorstellung von dem hat, was man
eigentlich sucht. Und im nächsten Schritt versucht man dann, induktiv über das historische
Material herauszufinden, welche Phänomene es gibt, die sich mit diesem Begriff decken.
Das Problem beim Jakobinismus ist einfach, daß die Deckung immer nur im Ausnahmefall zustandekommt. Jakobinismus ist keine Regelerscheinung, sie kann keine sein unter

---

36   Fritz Valjavec: Die Entstehung der politischen Strömungen in Deutschland 1770–1815. Unveränd.
     Nachdruck der Erstausgabe von 1951. Mit einem Nachwort von Jörn Garber. Kronberg/Taunus;
     Düsseldorf 1978; F. V.: Geschichte der abendländischen Aufklärung. Wien 1961.

37   Fritz Fischer: Griff nach der Weltmacht. Die Kriegszielpolitik des kaiserlichen Deutschland
     1914/1918. Düsseldorf 1961 (zahlreiche Neuauflagen).

38   Elisabeth Fehrenbach: Vom Ancien Régime zum Wiener Kongreß. München u.a. 1981 (5. Aufl.:
     2008).

39   Otto Tschirch: Geschichte der öffentlichen Meinung in Preußen vom Baseler Frieden bis zum
     Zusammenbruch des Staates (1795–1806). 2 Bde. Weimar 1933 und 1934.

40   Vgl. (als Neudruck der beiden Publikationen in der Reihe „Haidnische Althertümer") Christian
     von Massenbach: Historische Denkwürdigkeiten zur Geschichte des Verfalls des preußischen
     Staats seit dem Jahre 1794. [1809]; Friedrich Buchholz: Gallerie preußischer Charaktere. [1808].
     Mit einem Nachwort von Hans-Werner Engels. Frankfurt/Main 1979.

41   Segeberg: Literarischer Jakobinismus (wie Anm. 2).

den damaligen politischen und literarisch-ästhetischen Bedingungen in Deutschland. Deshalb ist die radikale Jakobinerforschung auch dadurch zusammengebrochen, daß sie diesen Punkt nie hat einsehen wollen: Wie auch immer man es aufzieht – man kommt zum Ergebnis, es ist eine Ausnahme-Erscheinung, die man in den Rahmen einer Radikalisierung von politischer Spätaufklärung stellen kann. Wer das nicht einsieht, hat den Schritt von der Definitions-Forschung zur empirischen Forschung nicht getan, und ich habe mir für diesen ersten Typ Jakobinismusforschung in einem Rezensionstitel einmal die schöne Anspielung eines Rebmann-Zitats erlaubt: „Was gehn uns im Grunde alle Resultate an, wenn wir Wahrheiten feststellen".[42]

Michael Schlott: Gibt es sachliche Zusammenhänge etwa zwischen Ihren Forschungen zu Klinger und Ihren Arbeiten zur Jakobinerforschung, also könnte man im weitesten Sinne von einem Kontinuum sprechen?

Harro Segeberg: Dazu möchte ich drei Dinge sagen: Wenn ich meine prägenden wissenschaftlichen Erlebnisse nennen sollte, dann wäre das zuerst das Oberseminar von Jochen Bleicken, einem Althistoriker, bei dem ich gelernt habe, daß man Hypothesen heuristischer Natur abgrenzen muß von Hypothesen, die man verifizieren kann. Also, auf welche Weise man den Status seiner Argumente deutlich machen muß, wie genau man mit Quellenkritik umgehen muß, das habe ich bei ihm gelernt. Zweitens: die Oberseminare bei Fritz Fischer. Fischer war ein politisch hochmotivierter Mensch, der aber nie auf den Gedanken gekommen wäre, die politische Motivation vor das sachliche Interesse zu setzen. Also eine solche vordergründige Instrumentalisierung, obwohl man ihm das immer vorgeworfen hat, die hat es bei ihm so nicht gegeben. Und drittens schließlich Adolf Beck, Hölderlin-Forscher, auch sehr positivistisch ausgerichtet, immer an Fakten orientiert, aber da gab es darüber hinausgehend eine erstaunliche Liberalität. Wenn Sie so wollen, habe ich in gewisser Weise zumindest versucht, die dadurch mitgegebenen Ansprüche auch dort aufrecht zu erhalten, wo ich mich anderen Forschungsfeldern zugewandt habe.

Michael Schlott: Stichwort: Reiseliteratur. In Westdeutschland wandten sich Hans-Wolf Jäger, Wolfgang Griep und Johannes Weber dem Thema zu.[43] Vielleicht ein wenig überspitzt formuliert: Ein Gutteil der bundesdeutschen Reiseliteraturforschung ist Spätaufklärungsforschung mit jakobinischer Zielrichtung, also etwa: Reise in die Revolution …

Harro Segeberg: Ja, *Reise in die Revolution*[44] ist ja von Karsten Witte; das stand ja unter dem Einfluß von ,1968', das war eigentlich Jakobinerforschung ,avant la lettre'. Hinter der Reiseliteraturforschung zur Spätaufklärung steckte, denke ich, der Versuch, von einer zu eng definierten Jakobinismusforschung wegzukommen, und mit dieser Zielrichtung hatten dann auch die ersten Symposien, an denen ich teilgenommen habe, Reiseliteratur, Roman und Autobiographie zum Thema.[45]

---

42   Segeberg: „Was gehn uns im Grunde alle Resultate an" (wie Anm. 12).
43   Siehe dazu das Interview mit Hans-Wolf Jäger, S. 500–527, hier S. 519–522.
44   Karsten Witte: Reise in die Revolution: Gerhard Anton von Halem und Frankreich im Jahre 1790. Stuttgart 1971.
45   Siehe Harro Segeberg: Die literarisierte Reise im späten 18. Jahrhundert. Ein Beitrag zur Gattungstypologie. In: Reise und soziale Realität am Ende des 18. Jahrhunderts. Hrsg. von Wolfgang Griep und Hans-Wolf Jäger. Bremen 1983, S. 14–31.

Michael Schlott: Wir haben über Grab und Scheel gesprochen; nennen Sie bitte die aus Ihrer Sicht für die westliche Jakobinerforschung wichtigsten Akteure.

Harro Segeberg: Wenn ich Wichtigkeit bewerte nach öffentlicher Wirksamkeit, sind es Mattenklott und Scherpe gewesen – unter anderem durch ihre relativ frühe Berufung an die Freie Universität Berlin. Peitsch war Wissenschaftlicher Assistent bei Klaus Rüdiger Scherpe.[46] Auch durch das *Westberliner Projekt*[47] waren das sicherlich zunächst die entscheidenden Namen. Dann müßte man noch Hans-Wolf Jäger nennen, dessen Buch *Politische Metaphorik*[48] seinen Ursprung hatte in einem Vortrag, gehalten bei der Tagung der Vereinigung der deutschen Hochschulgermanisten 1967 in Bochum.[49] In empirischer wie begrifflicher Hinsicht fand ich von Anfang herausragend Jörn Garber. In der Geschichtswissenschaft ist neben Grab und Scheel auch Träger zu nennen.

Michael Schlott: Scheel auch für die westdeutsche Geschichtswissenschaft?

Harro Segeberg: Ja, Scheel hat auch in Westdeutschland eine wirklich ganz große Rolle gespielt.

Michael Schlott: Wie ist es mit dem Dauer-Einwand, der insbesondere immer wieder von Historikern oder von bestimmten Historikern formuliert wird – auch darauf sind Sie schon eingegangen, es läßt sich ja kaum vermeiden –, es habe doch so etwas wie einen deutschen Jakobinismus überhaupt nicht gegeben? Das sei ein spezifisch französisches Phänomen, und man könne hier nur sehr bedingt vergleichen. Monika Neugebauer-Wölk hat dazu in der Wangermann-Festschrift einiges relativierend festgestellt.[50] Wie sehen Sie es?

Harro Segeberg: Dazu ist zu sagen, daß es in der französischen Historiographie in den 1980er Jahren einen starken Umschwung gegeben hat, den man vielleicht mit den Namen Soboul, Furet und Richet charakterisieren kann. Soboul war der Historiker, der bei den Jakobinerforschern immer zitiert wurde, weil er die aufsteigende Linie vertrat: Die Revolution beginnt liberal, radikalisiert sich, aber sie verliert eben, weil sie in ihrer Zeit zu weit geht.[51] Furet und Richet hingegen sagen: 1792 ist nicht der Höhepunkt, ab diesem Zeitpunkt ist das ein Entgleiten; das eigentliche Ziel der Revolution sind 1791 die konstitutionelle Monarchie und der Thermidor 1795[52] – das ist natürlich für einen Jakobinerforscher ein Sakrileg, wenn der Thermidor das Eigentliche wäre! Später hat Vovelle sehr stark versucht,

---

46   Siehe dazu das Interview mit Klaus R. Scherpe, S. 692–712.
47   Westberliner Projekt: Grundkurs 18. Jahrhundert. Die Funktion der Literatur bei der Formierung der bürgerlichen Klasse Deutschlands im 18. Jahrhundert. Hrsg. von Gert Mattenklott und Klaus R. Scherpe. Bd. 1: Analysen; Bd. 2: Materialien. Kronberg/Taunus 1974.
48   Hans-Wolf Jäger: Politische Metaphorik im Jakobinismus und im Vormärz. Stuttgart 1971; siehe dazu auch II, 2.2.1, S. 88, 122, 124 f.
49   Siehe dazu das Interview mit Hans-Wolf Jäger, S. 500–527, hier S. 507 f.
50   Monika Neugebauer-Wölk: Jakobinerklubs in der Typologie der Sozietätsbewegung. Ein Versuch zur politischen Bewegung der Spätaufklärung im Alten Reich. In: Ambivalenzen der Aufklärung. Festschrift für Ernst Wangermann. Hrsg. von Gerhard Ammerer und Hanns Haas. München 1997, S. 253–273.
51   Vgl. Albert Soboul: La révolution française (1789–1799). Paris 1951; A. S.: Die Große Französische Revolution. Ein Abriß ihrer Geschichte (1789–1799). Übers. aus dem Franz. von Joachim Heilmann. Frankfurt/Main 1973.
52   François Furet und Denis Richet: La révolution. Paris 1965; F. F. und D. R.: Die Französische Revolution. Übers. aus dem Franz. von Ulrich Friedrich Müller.Frankfurt/Main 1968.

über die Mentalitätsgeschichte das entgegengesetzte Argument wieder scharf zu machen,[53] wobei man dann unter Jakobinismus gar nicht mehr die Berg-Partei versteht, sondern im Grunde alles, was so an politischen Vorstellungen über den liberalen Konstitutionalismus hinausgeht. Ich kenne den Aufsatz, den Sie meinen, jetzt nicht, aber es scheint mir, daß aus der französischen Perspektive die Identifikation von Jakobinismus mit der Berg-Partei sich erst ex post hergestellt hat.

Michael Schlott: Wie beurteilen sie die Einschätzung, Helmut Reinalter habe lediglich die Ansätze von Walter Grab aufgenommen, diese aber institutionell effizienter fortgeführt?[54]

Harro Segeberg: Von dem Titel seiner Arbeiten her gesehen, kam es in der Tat mir immer so vor, als ob er im Grunde jemand ist, der Konzepte von Grab aufnimmt und nun auf ganz Mitteleuropa erweitert. Eines der Bücher heißt ja *Die Demokratische Bewegung in Mitteleuropa*.[55] Was er jetzt wirklich in seinem Institut macht, kann ich im einzelnen nicht beurteilen, weil ich das zu wenig verfolgt habe. Wenn ich mir einige Titel anschaue, hat man das Gefühl, daß das mit Jakobinismusforschung nicht im eigentlichen Sinne etwas zu tun hat.

Michael Schlott: Demokratische Bewegungen in Europa ...

Harro Segeberg: Ja, ja. Es war natürlich klar, das war immer in gewisser Weise ein Konkurrenz-Unternehmen zu dem *Jahrbuch des Instituts für Deutsche Geschichte*[56] in Tel Aviv, und sowohl Grab als auch Reinalter sind nicht nur Forscher, sondern vor allen Dingen Forschungsmanager, Forschungsstrategen, Wissenschaftspolitiker ...

Michael Schlott: Herr Segeberg, Sie haben das letzte Wort, also die Gelegenheit, Sachverhalte hinzuzufügen, von denen Sie meinen, sie müßten unbedingt berücksichtigt werden. Ich bitte Sie, Ihre Ausführungen mit der Antwort auf eine letzte Frage zu verbinden: Sind Sie der Ansicht, daß die Beschäftigung, auch die kritische Beschäftigung mit dem Jakobinismus und der Jakobinismusforschung, Ihrer Karriere geschadet hat?

Harro Segeberg: Nun ja, es gibt Leute, für die das im Gegenteil sehr karriereträchtig gewesen ist; Scherpe und Mattenklott sind dafür die Paradebeispiele ...[57] Aber es hat natürlich auch eine Reihe von Leuten gegeben, bei denen es eher karrierehemmend war, doch ich denke, weniger deswegen, weil sie sich mit Jakobinismus beschäftigt haben, sondern weil

---

53 Michel Vovelle: La mentalité révolutionnaire. Société et mentalités sous la Révolution française. Paris 1985; M. V.: Die Französische Revolution. Soziale Bewegung und Umbruch der Mentalitäten. Mit einem Nachwort des Autors zur deutschen Ausgabe und einer Einführung von Rolf Reichardt; übers. von Peter Schöttler. Wien 1982; Frankfurt/Main 1989.

54 Siehe dazu das Interview mit Helmut Reinalter, S. 627–664.

55 Die demokratische Bewegung in Mitteleuropa von der Spätaufklärung bis zur Revolution 1848/49. Ein Tagungsbericht. (Internationale Tagung der Innsbrucker Forschungsstelle „Demokratische Bewegungen in Mitteleuropa 1770–1850", 17. bis 21. Oktober 1984). Hrsg. von Helmut Reinalter. Innsbruck 1988.

56 Die geschichtswissenschaftliche Fachzeitschrift wird vom Minerva Institut für Deutsche Geschichte der Universität Tel Aviv seit 1972 herausgegeben; Walter Grab war der erste Herausgeber. Die ersten 15 Jahrgänge wurden als *Jahrbuch des Instituts für Deutsche Geschichte* im israelischen Nateev-Verlag veröffentlicht. Ab Band 16 (1987) erschien die Zeitschrift als *Tel Aviver Jahrbuch für deutsche Geschichte* im Bleicher-Verlag Gerlingen. Mit Band 30 (2002) wurde das Jahrbuch vom Wallstein Verlag Göttingen übernommen.

57 Siehe dazu die Interviews mit Gert Mattenklott (S. 561–589) und Klaus R. Scherpe (S. 692–712).

sie einfach nicht in der Lage waren, den engen Horizont einer auf Exklusivität bedachten Definitions-Forschung zu überschreiten.

Was meine eigene wissenschaftliche Entwicklung angeht, so war es für mich sicherlich sehr wichtig, daß ich mich nie wirklich auf die Definitionskämpfe habe eingrenzen lassen, sondern immer breiteren Forschungsinteressen gefolgt bin. Und daran habe ich auch dort festgehalten, wo ich nach der Jakobiner- und Aufklärungsforschung in meinen Arbeiten über Storm und Ernst Jünger sowie zur Technik- und Mediengeschichte der Literatur und zur Mediengeschichte des Films neue Schwerpunke gesetzt habe. Darin hat sich fortgesetzt, daß ich mich eigentlich nie als Literaturwissenschaftler in einem exklusiven Sinne verstanden habe, sondern immer auch als Historiker. Heute würde man sagen: als Kulturhistoriker.

Michael Schlott: Das kann ich gut nachvollziehen. Noch ein Wort, nicht nur in eigener Sache …?

Harro Segeberg: Sie meinen generell zur Jakobinismusforschung?

Michael Schlott: Ja, ich könnte mir vorstellen, daß ich lediglich einen Bruchteil dessen thematisiert habe, worüber Sie Auskunft erteilen könnten.

Harro Segeberg: Also, ich würde sagen, rückblickend betrachtet, die Jakobinismusforschung in dem empirischen Sinne, so wie sie sich konstituiert hat, war wichtig als Anregung, war wichtig, um bestimmte Wissenschaftsverständnisse aufzubrechen. Sie hat eine große Chance vertan, und das war die Chance, sozusagen aus dem selbstgeschneiderten Gefängnis der exklusiven Begriffe auszubrechen, in die Richtung einer Mentalitätsgeschichte des politischen Intellektuellen in Deutschland am Ende des 18. Jahrhunderts und im 19. Jahrhundert. Ich erwähnte es vorhin, Analogien zwischen Ernst Moritz Arndt und Forster, und solche Aspekte. Das ist eigentlich schade, und das müßte man eigentlich noch machen. Eine in sich zusammenhängende Geschichte des politischen Schriftstellers von 1770 bis 1850. Das müßte man machen!

Michael Schlott: Aber das müssen andere machen?

Harro Segeberg: Ja.

Michael Schlott: Herr Segeberg, schön, daß wir es doch noch geschafft haben, dieses Gespräch zu führen! Ich danke Ihnen sehr herzlich dafür.

Vierter Teil: Anhang

4.1 Literaturverzeichnisse

Die bibliographischen Angaben wurden den entsprechenden Publikationen sowie den digitalisierten Repräsentationen im WWW, autorbezogenen Werkverzeichnissen und dem Karlsruher Virtuellen Katalog (vorzugsweise dem Katalog der Deutschen Nationalbibliothek Leipzig und Frankfurt am Main) entnommen.

4.1.1 Literaturverzeichnis zur Aufklärungsforschung

Verzeichnet werden Forschungsliteratur und Quellen-Texte (auch in Neu-Editionen) zur Literatur-, Kultur- und Gesellschaftsgeschichte des ‚langen 18. Jahrhunderts‘ (1690–1830) sowie Publikationen zu den Forschungsfeldern ‚Empfindsamkeit‘ und ‚Jakobinismus‘.

A

Abusch, Alexander: Der Irrweg einer Nation. Ein Beitrag zum Verständnis deutscher Geschichte. [Mexico 1945]. Berlin 1946; 8., neu durchges. und erw. Aufl. mit Nachworten des Autors von 1949 und 1960. Berlin 1960.

Abusch, Alexander: Hölderlins poetischer Traum einer neuen Menschengemeinschaft. In: Weimarer Beiträge 16 (1970), H. 7, S. 10–26.

Adorno, Theodor W.: Parataxis. Zur späten Lyrik Hölderlins. In: T. W. A.: Noten zur Literatur 3. Frankfurt/Main 1965, S. 156–209.

Adorno, Theodor W.: Zum Klassizismus von Goethes Iphigenie. In: T. W. A.: Gesammelte Schriften. Bd. 11. Frankfurt/Main 1974, S. 495–514.

[Akademie der Wissenschaften der DDR]: Preußische Reformen – Wirkungen und Grenzen. Aus Anlaß des 150. Todestages des Freiherrn vom und zum Stein. Berlin 1982 (Sitzungsberichte der Akademie der Wissenschaften der DDR. Gesellschaftswissenschaften Jahrgang 1982, 1/G).

Albrecht, Wolfgang: „Kunstperiode“ als Epochenbegriff? In: Weimarer Beiträge 29 (1983), H. 11, S. 1998–2002.

[Alewyn, Richard]: Bericht zu den Veranstaltungen der Berliner Ortsgruppe der Gesellschaft für Ästhetik und allgemeine Kunstwissenschaft im Winter 1931/32 und im Sommer 1932, [darin (S. 349 f.) zum Vortrag „Die Empfindsamkeit und die Entstehung der modernen Dichtung“ von Richard Alewyn am 20. Juni 1932]. In: Zeitschrift für Ästhetik und allgemeine Kunstwissenschaft 26 (1932), S. 387–397.

Alewyn, Richard: [Rez.] Georg Jäger: Empfindsamkeit und Roman, 1969. In: Germanistik 11 (1970), S. 315.

Alewyn, Richard: [Rez.] Was ist Empfindsamkeit? Gerhard Sauders Buch ist überall da vortrefflich, wo es nicht von seinem Thema handelt. In: Frankfurter Allgemeine Zeitung, Nr. 263 vom 12. November 1974, S. 4L.

Alewyn, Richard: Klopstocks Leser. In: Festschrift für Rainer Gruenter. Hrsg. von Bernhard Fabian. Heidelberg 1978, S. 100–121.

Alt, Peter-André: Aufklärung. Lehrbuch Germanistik. Stuttgart und Weimar 1996.

Altenhein, Hans-Richard: Geld und Geldeswert im bürgerlichen Schauspiel des 18. Jahrhunderts. Köln Phil. Diss. 1952

Altenhein, Hans-Richard: Geld und Geldeswert. Über die Selbstdarstellung des Bürgertums in der Literatur des 18. Jahrhunderts. In: Fritz Hodeige (Hrsg.): das werck der bucher. Von der Wirksamkeit des Buches in Vergangenheit und Gegenwart. Horst Kliemann zum 60. Geburtstag. Freiburg/Breisgau 1956, S. 201–213.

[Anger, Alfred]: Dichtung des Rokoko. Nach Motiven geordnet und hrsg. von Alfred Anger. Tübingen 1958 (Deutsche Texte, 7).

Anger, Alfred: Literarisches Rokoko. Stuttgart 1962; 2., durchges. und erg. Aufl. 1968 (Sammlung Metzler, 25).

Appell, Johann Wilhelm: Werther und seine Zeit. Zur Goethe-Literatur. Leipzig 1855; 4., verb. und verm. Aufl. Oldenburg 1896.

Aretin, Karl Otmar von: Vom Deutschen Reich zum Deutschen Bund. Göttingen 1980 (Deutsche Geschichte, 7).

Aretin, Karl Otmar von und Karl Härter (Hrsg.): Revolution und konservatives Beharren. Das Alte Reich und die Französische Revolution. Kolloquium „Deutschland und die Französische Revolution", Mainz 1989. Mainz 1990 (Veröffentlichungen des Instituts für Europäische Geschichte, Beiheft 32).

[AStA der Uni Mainz – Fachschaftsrat Geschichte]: asta-info. Die Mainzer Republik 1792/93 im ideologischen Kreuzfeuer. Dokumentation des AStA und des Fachschaftsrates Geschichte aus Anlaß des Vortrages von Prof. Dr. Dr. Heinrich Scheel an der Universität Mainz am 28. Juni 1978.

[AStA der Uni Mainz (Red.: Michael-Peter Werlein u. a.)]: Wir und die Mainzer Republik. Zur Aktualität deutscher Jakobiner. asta-dokumentation zur mainzer jakobinerwoche [23. bis 28. November 1981]. Mainz 1981.

Atkins, Stuart Pratt: The testament of Werther in poetry and drama. Cambridge, MA 1949 (Harvard Studies in Comparative Literature, 19).

Aurnhammer, Achim u. a. (Hrsg.): Gefühlskultur in der bürgerlichen Aufklärung. Tübingen 2004 (Frühe Neuzeit, 98).

Deutsche Jakobiner. Mainzer Republik und Cisrhenanen 1792–1798. Ausstellung des Bundesarchivs und der Stadt Mainz im Foyer des Mainzer Rathauses. Mainz 1981. Bd. 1: Handbuch. Beiträge zur demokratischen Tradition in Deutschland; Bd. 2: Bibliographie zur deutschen linksrheinischen Revolutionsbewegung in den Jahren 1792/93. Ein Nachweis der zeitgenössischen Schriften mit den heutigen Standorten, zusammengestellt von Hellmut G. Haasis; Bd. 3: Katalog.

Azzola, Axel und Michael-Peter Werlein: Demokratie in Mainz, eine verfassungstheoretische Betrachtung. In: Deutsche Jakobiner. Mainzer Republik und Cisrhenanen 1792–1798. Ausstellung des Bundesarchivs und der Stadt Mainz im Foyer des Mainzer Rathauses: Bd. 1: Handbuch. Beiträge zur demokratischen Tradition in Deutschland. Mainz 1981, S. 37–44.

B

Baasner, Frank: Der Begriff „sensibilité" im 18. Jahrhundert. Aufstieg und Niedergang eines Ideals. Heidelberg 1988.

Balet, Leo und E. Gerhard [Eberhard Rebling]: Die Verbürgerlichung der Kunst, Literatur und Musik im 18. Jahrhundert. Straßburg u. a.; Leiden 1936 (Sammlung musikwissenschaftlicher Abhandlungen, 18).

Barkhausen, Jochen: Die Vernunft des Sentimentalismus. Untersuchungen zur Entstehung der Empfindsamkeit und empfindsamen Komödie in England. Tübingen 1983.

Barner, Wilfried: Das 18. Jahrhundert als Erprobungsfeld neuer Forschungsansätze. [1988]. In: W. B.: Pioniere, Schulen, Pluralismus. Studien zu Geschichte und Theorie der Literaturwissenschaft. Tübingen 1997, S. 353–364.

Bartsch, Kurt: Die Hölderlin-Rezeption im deutschen Expressionismus. Frankfurt/Main 1974.

Beck, Adolf: Hölderlin als Republikaner. In: Hölderlin-Jahrbuch 15 (1967/68), S. 28–52.

Beck, Adolf: Zu Pierre Bertaux' „Friedrich Hölderlin". In: Hölderlin-Jahrbuch 22 (1980/81), S. 399–424.

Becker, Eva D.: Der deutsche Roman um 1780. Stuttgart 1964 (Germanistische Abhandlungen, 5).

Beckermann, Thomas und Volker Canaris (Hrsg.): Der andere Hölderlin. Materialien zum „Hölderlin"-Stück von Peter Weiss. Frankfurt/Main 1972.

[Behrens, Klaus]: Die Publizistik der Mainzer Jakobiner und ihrer Gegner. Zum 200. Jahrestag des

Rheinisch-Deutschen Nationalkonvents und der Mainzer Republik. Katalog zur Ausstellung der Stadt Mainz im Rathaus-Foyer vom 14. März bis 18. April 1993. Bearb. von Klaus Behrens. Mainz 1993.

Behrens, Wolfgang u. a.: Der literarische Vormärz 1830 bis 1847. München 1973.

Berding, Helmut: Napoleonische Herrschafts- und Gesellschaftspolitik im Königreich Westfalen 1807–1813. Göttingen 1973 (Kritische Studien zur Geschichtswissenschaft, 7).

Berding, Helmut: Soziale Unruhen in Deutschland während der Französischen Revolution. Göttingen 1988 (Geschichte und Gesellschaft, Sonderheft 12).

Berding, Helmut: Soziale Protestbewegungen in Deutschland zur Zeit der Französischen Revolution. In: Helmut Reinalter (Hrsg.): Die Französische Revolution, Mitteleuropa und Italien. Frankfurt/ Main u. a. 1992 (Schriftenreihe der Internationalen Forschungsstelle „Demokratische Bewegungen in Mitteleuropa 1770–1850", 6), S. 93–107.

Berensmeyer, Ingo: Empfindsamkeit als Medienkonflikt. Zur Gefühlskultur des 18. Jahrhunderts. In: Poetica 39 (2007), S. 397–422.

[Berg, Christa u. a.]: Handbuch der deutschen Bildungsgeschichte. Gesamtwerk in sechs Bänden. Hrsg. von Christa Berg, August Buck, Christoph Führ, Carl-Ludwig Furck, Notker Hammerstein, Ulrich Herrmann, Georg Jäger, Karl-Ernst Jeismann, Dieter Langewiesche, Peter Lundgreen, Detlev K. Müller, Karl Wilhelm Stratmann, Heinz-Elmar Tenorth und Rudolf Vierhaus. München 1987–1998.

Berghahn, Klaus L.: [Rez.] Alois Wierlacher: Das bürgerliche Drama, 1968. In: German Quarterly 44 (1971), S. 109–111.

Berghahn, Klaus L. und Reinhold Grimm (Hrsg.): Utopian vision – technological innovation – poetic imagination. Heidelberg 1990.

Berghahn, Klaus L. und Hans U. Seeber (Hrsg.): Literarische Utopien von Morus bis zur Gegenwart. Königstein/Taunus 1983.

Bertaud, Jean P.: Alltagsleben während der Französischen Revolution. [La vie quotidienne en France au temps de la révolution 1789–1795. 1983]. Aus dem Franz. von Christine Diefenbacher. Freiburg/ Breisgau 1989.

Bertaux, Pierre: Hölderlin: Essai de biographie intérieure. Paris 1936.

Bertaux, Pierre: Le lyrisme mythique de Hölderlin. Contribution à l'étude du rapport de son hellénisme avec sa poésie. Paris 1936.

Bertaux, Pierre: Hölderlin und die Französische Revolution. In: Hölderlin-Jahrbuch 15 (1967/68), S. 1–28.

Bertaux, Pierre: Hölderlin und die Französische Revolution. Frankfurt/Main. 1969.

Bertaux, Pierre: Ist Hölderlin heute noch aktuell? In: Die Welt vom 21. März 1970; Geistige Welt, S. I.

Bertaux, Pierre: War Hölderlin Jakobiner? In: Ingrid Riedel (Hrsg.): Hölderlin ohne Mythos. Neue Positionen der Hölderlin-Forschung. Göttingen 1973, S. 7–17.

Bertaux, Pierre: Hölderlin – Sinclair: „ein treues Paar"? In: Christoph Jamme und Otto Pöggeler (Hrsg.): Homburg vor der Höhe in der deutschen Geistesgeschichte. Studien zum Freundeskreis um Hegel und Hölderlin. Stuttgart 1981 (Deutscher Idealismus, 4), S. 189–193.

Berthold, Christian: Fiktion und Vieldeutigkeit. Zur Entstehung moderner Kulturtechniken des Lesens im 18. Jahrhundert. Tübingen 1993 (Communicatio, 3).

Beutin, Wolfgang u. a. (Hrsg.): Deutsche Literaturgeschichte. Von den Anfängen bis zur Gegenwart. Stuttgart 1979.

Beyer, Waltraud: [Rez.] Peter Weber u. a.: Kunstperiode, 1982. In: Weimarer Beiträge 29 (1983), H. 3, S. 545–551.

Biedermann, Friedrich Karl: Deutschlands geistige, sittliche und gesellige Zustände im Achtzehnten Jahrhundert. Leipzig 1854 (Bd. 1), 1867 (Bd. 2.1), 1875 (Bd. 2.2), 1880 (Bd. 2.3).

Biedermann, Friedrich Karl: Culturgeschichtliche Briefe über Fragen der deutschen Literatur. An Prof. Dr. Hrm. Hettner in Dresden. In: Westermanns Illustrierte Deutsche Monatshefte, Nr. 47, August 1860, S. 555–560: Erster Brief (Ueber Berechtigung und Prinzip einer culturgeschichtlichen

Behandlung der Literatur); Nr. 49, Oktober 1860, S. 47–64: Zweiter Brief (Der Gellertcultus und die Poesie der Empfindsamkeit im vorigen Jahrhundert, culturgeschichtlich beleuchtet); Nr. 50, November 1860, S. 207–216: Dritter Brief (Lessing); Nr. 52, Januar 1861, S. 425–435: Vierter Brief (Die deutsche Literatur nach Lessing)

Biedermann, Friedrich Karl: Deutschland im 18. Jahrhundert. Ausgabe in einem Band. Hrsg. und eingel. von Wolfgang Emmerich. Frankfurt/Main u. a. 1979.

Binder, Wolfgang: Votum zur Diskussion der Frankfurter Hölderlin-Ausgabe. In: Hölderlin-Jahrbuch 19/20 (1975–1977), S. 510–518.

Birk, Heinz: Bürgerliche und empfindsame Moral im Familiendrama des 18. Jahrhunderts. Bonn 1967.

Blanckenburg, Friedrich von: Versuch über den Roman. Mit einem Nachwort von Eberhard Lämmert. Faksimiledruck der Originalausgabe Leipzig 1774. Stuttgart 1965.

Blasberg, Cornelia und Franz-Josef Deiters (Hrsg.): Geschichtserfahrung im Spiegel der Literatur. Festschrift für Jürgen Schröder zum 65. Geburtstag. Tübingen 2000.

Blisch, Bernd und Hans-Jürgen Bömelburg: 200 Jahre Mainzer Republik. Von den Schwierigkeiten des Umgangs mit einer sperrigen Vergangenheit. In: Mainzer Geschichtsblätter. Veröffentlichungen des Vereins für Sozialgeschichte Mainz e.V. (1993), H. 8, S. 7–29.

Bloch, Ernst: Schiller und Weimar als seine Abbiegung und seine Höhe. In: Schiller in unserer Zeit. Beiträge zum Schillerjahr 1955. Hrsg. vom Schiller-Komitee 1955. Redaktion Franz Fabian. Weimar 1955, S. 155–170; Wiederabdruck als: Weimar als Schillers Abbiegung und Höhe. In: E. B.: Literarische Aufsätze. Gesamtausgabe. Bd. 9. Frankfurt/Main 1977, S. 96–117.

Bode, Johann Joachim: Journal von einer Reise von Weimar nach Frankreich. Hrsg. von Hermann Schüttler. München 1994.

[Böckmann, Paul]: Hymnische Dichtung im Umkreis von Hölderlin. Eine Anthologie. Mit Einleitung und Erläuterungen hrsg. von Paul Böckmann. Tübingen 1965 (Schriften der Hölderlin-Gesellschaft, 4).

Böckmann, Paul: Die Französische Revolution und die Idee der ästhetischen Erziehung in Hölderlins Dichten. In: Wolfgang Paulsen (Hrsg.): Der Dichter und seine Zeit. Politik im Spiegel der Literatur. 3. Amherster Kolloquium zur modernen deutschen Literatur 1969. Heidelberg 1970, S. 83–112.

Böning, Holger: Heinrich Zschokke und sein „Aufrichtiger und wohlerfahrener Schweizerbote". Die Volksaufklärung in der Schweiz. Bern u. a. 1983 (Phil. Diss. Bremen 1982: Die Volksaufklärung in der Schweiz).

Böning, Holger: Eudämonia, oder deutsches Volksglück. Ein Beitrag zur Geschichte konservativer Publizistik in Deutschland. In: Text & Kontext 13 (1986), H. 1, S. 7–36.

Böning, Holger (Hrsg.): Französische Revolution und deutsche Öffentlichkeit. Wandlungen in Presse und Alltagskultur am Ende des 18. Jahrhunderts. München 1992 (Deutsche Presseforschung, 28).

Böning, Holger (Hrsg.): Deutsche Presse. Biobibliographische Handbücher zur Geschichte der deutschsprachigen periodischen Presse von den Anfängen bis 1815. Kommentierte Bibliographie der Zeitungen, Zeitschriften, Intelligenzblätter, Kalender und Almanache sowie biographische Hinweise zu Herausgebern, Verlegern und Druckern periodischer Schriften. Bisher erschienen: Bd. 1.1, 1.2, und 1.3, bearb. von H. B. und Emmy Moepps: Hamburg und Stuttgart-Bad Cannstatt. 1996; Bd. 2, bearb. von H. B. und E. M.: Altona, Bergedorf, Harburg, Schiffbek, Wandsbek. Stuttgart-Bad Cannstatt 1997; Bd. 3.1 und 3.2, bearb. von Britta Berg und Peter Albrecht: Braunschweig-Wolfenbüttel, Goslar, Blankenburg, Braunschweig, Clausthal, Goslar, Helmstedt, Hildesheim, Holzminden, Schöningen, Wolfenbüttel. Stuttgart-Bad Cannstatt 2003.

Böning, Holger: „Ein wahrer Philosophischer Royalist": Gottlob Benedict von Schirach und seine publizistische Tätigkeit. In: Christoph Weiß (Hrsg.): Von „Obscuranten" und „Eudämonisten". Gegenaufklärerische, konservative und antirevolutionäre Publizisten im späten 18. Jahrhundert. St. Ingbert 1997, S. 403–444.

Böning, Holger: Periodische Presse. Kommunikation und Aufklärung. Hamburg und Altona als Beispiel. Bremen 2002 (Presse und Geschichte – Neue Beiträge, 6).

Böning, Holger und Reinhart Siegert (Hrsg.): Volksaufklärung. Biobibliographisches Handbuch zur Popularisierung aufklärerischen Denkens im deutschen Sprachraum von den Anfängen bis 1850. Stuttgart-Bad Cannstatt 1990–2001 – Bd. 1: H.B.: Die Genese der Volksaufklärung und ihre Entwicklung bis 1780. Stuttgart-Bad Cannstatt 1990; Bd. 2.1 und 2.2: R.S. und H.B.: Der Höhepunkt der Volksaufklärung 1781–1800 und die Zäsur durch die Französische Revolution. Mit Essays zum volksaufklärerischen Schrifttum der Mainzer Republik und dem der Helvetischen Republik von H.B. und Heinrich Scheel. Stuttgart-Bad Cannstatt 2001.

Böning, Holger u.a. (Hrsg.): Volksaufklärung. Eine praktische Reformbewegung des 18. und 19. Jahrhunderts. Bremen 2007 (Presse und Geschichte – Neue Beiträge, 27).

Böschenstein, Bernhard: [Rez.] Maurice Delorme: Hölderlin et la Révolution française, 1959. In: Germanistik 1 (1960), S. 345.

Boeschenstein, Hermann: Deutsche Gefühlskultur. Studien zu ihrer dichterischen Gestaltung. 2 Bde. Bern 1954 und 1966.

[Böttcher, Kurt]: Erläuterungen zur deutschen Literatur. Hrsg. vom Kollektiv für Literaturgeschichte im Volkseigenen Verlag Volk und Wissen unter Leitung von Kurt Böttcher. Berlin 1952–1967; Bände zu: Klassik, Aufklärung, Sturm und Drang, Romantik, Vormärz.

Braemer, Edith: Goethes Prometheus und die Grundpositionen des Sturm und Drang. Weimar 1959 (Beiträge zur deutschen Klassik, Abhandlungen 8).

Brecht, Bertolt: Der Hofmeister von Jakob Michael Reinhold Lenz [Bearbeitung]. In: B.B.: Große kommentierte Berliner und Frankfurter Ausgabe. Stücke 8. Berlin und Weimar; Frankfurt/Main 1992, S. 319–371 (Bertolt Brecht Werke, 8).

Briegleb, Klaus: Lessings Anfänge 1742–1746. Zur Grundlegung kritischer Sprachdemokratie. Frankfurt/Main 1971 (Athenäum-Paperbacks: Germanistik, 7).

Brinkmann, Richard u.a.: Deutsche Literatur und Französische Revolution. Sieben Studien von Richard Brinkmann, Claude David, Gonthier-Louis Fink, Gerhard Kaiser, Walter Müller-Seidel, Lawrence Ryan, Kurt Wölfel. Göttingen 1974.

Brinkmann, Richard: Romantik als Herausforderung. Zu ihrer wissenschaftlichen Rezeption. Einführungsvortrag. In: R.B. (Hrsg.): Romantik in Deutschland. Ein interdisziplinäres Symposion. Stuttgart 1987, S. 7–37 (Sonderband der Deutschen Vierteljahrsschrift für Literaturwissenschaft und Geistesgeschichte).

Brüggemann, Fritz: Gellerts Schwedische Gräfin. Der Roman der Welt- und Lebensanschauung des vorsubjektivistischen Bürgertums. Eine entwicklungsgeschichtliche Analyse. Aachen 1925 (Veröffentlichungen des deutschen Instituts an der Technischen Hochschule in Aachen, 1).

Brüggemann, Fritz: Der Kampf um die bürgerliche Welt- und Lebensanschauung in der deutschen Literatur des 18. Jahrhunderts. In: Deutsche Vierteljahrsschrift für Literaturwissenschaft und Geistesgeschichte 3 (1925), S. 94–127.

Brüggemann, Fritz: Klingers Sturm und Drang. In: Zeitschrift für deutsche Bildung 2 (1926), S. 203–217.

Brunner, Otto u.a. (Hrsg.): Geschichtliche Grundbegriffe. Historisches Lexikon zur politisch-sozialen Sprache in Deutschland. 8 Bde. in 9. Stuttgart 1972–1997.

Bruyn, Günter de: Märkische Forschungen. Erzählung für Freunde der Literaturgeschichte. Halle/Saale u.a. 1978.

Buck, Theo (Hrsg.): Goethe-Handbuch. Bd. 2: Drama. Stuttgart und Weimar 1996.

[Büsch, Otto und Walter Grab]: Die demokratische Bewegung in Mitteleuropa im ausgehenden 18. und frühen 19. Jahrhundert. Ein Tagungsbericht. (Arbeitstagung „Die demokratische Bewegung in Mitteleuropa im ausgehenden 18. und frühen 19. Jahrhundert", 19. bis 21. Mai 1977). Bearb. und hrsg. von Otto Büsch und Walter Grab unter Mitarbeit von Jürgen Schmädeke und Monika Wölk. Berlin 1980 (Einzelveröffentlichungen der Historischen Kommission zu Berlin, 29).

Büsch, Otto und Monika Neugebauer-Wölk (Hrsg.): Preußen und die revolutionäre Herausforderung seit 1789. Berlin und New York 1991; Nachdruck 2011 (Veröffentlichungen der Historischen Kommission zu Berlin, 78).

Burdorf, Dieter: Edition zwischen Gesellschaftskritik und ‚Neuer Mythologie'. Zur „Frankfurter Hölderlin Ausgabe". In: Hölderlin entdecken. Lesarten 1826–1993. Beiträge zu der Ausstellung „Hölderlin entdecken. Zur Rezeption seiner Dichtungen 1826–1993", gezeigt in der Universitätsbibliothek Tübingen vom 7. Juni bis 2. Juli 1993 anläßlich der Jahrestagung der Hölderlin-Gesellschaft. Tübingen 1993, S. 165–199.

Burdorf, Dieter: Wege durch die Textlandschaft. Zum Stand der Edition von Hölderlins später Lyrik. In: Wirkendes Wort 2 (2004), S. 171–190.

C

Chocomeli, Lucas: Jakobiner und Jakobinismus in der Schweiz. Wirken und Ideologie einer radikal-revolutionären Minderheit 1789–1803. Bern u. a. 2006 (Freiburger Studien zur Frühen Neuzeit, 11).

Clausewitz, Carl von: Vom Kriege. Hinterlassenes Werk des Generals Carl von Clausewitz. Hrsg. von Ernst Engelberg. Berlin 1957.

Cottebrune, Anne: „Deutsche Freiheitsfreunde" versus „deutsche Jakobiner". Zur Entmythisierung des Forschungsgebietes „Deutscher Jakobinismus". Bonn-Bad Godesberg 2002 (Gesprächskreis Geschichte, 46).

Christians, Heiko: Über den Schmerz. Eine Untersuchung von Gemeinplätzen. Berlin 1999 (Acta Humaniora).

D

[Dahnke, Hans-Dietrich]: Lehrbriefe für das Fernstudium der Oberstufenlehrer. Geschichte der deutschen Literatur von 1789 bis 1806. Für das Fernstudium verfaßt. Als Manuskript gedruckt. Hrsg. von der Pädagogischen Hochschule Potsdam.1958.

Dahnke, Hans-Dietrich: Literarische Prozesse in der Periode von 1789 bis 1806. In: Weimarer Beiträge 27 (1971), H. 11, S. 46–71.

Dahnke, Hans-Dietrich: Sozialismus und deutsche Klassik. In: Werner Mittenzwei (Hrsg.): Wer war Brecht. Wandlung und Entwicklung der Ansichten über Brecht. Berlin 1977, S. 555–579.

[Dahnke, Hans-Dietrich]: Geschichte der deutschen Literatur. Bd. 7: 1789–1830. Von einem Autorenkollektiv. Leitung und Gesamtbearbeitung Hans-Dietrich Dahnke (1789–1806) und Thomas Höhle in Zusammenarbeit mit Hans-Georg Werner (1806–1830). Berlin 1978.

Dahnke, Hans-Dietrich: Zur Situation der Klassik-Forschung in der DDR. In: Paolo Chiarini und Walter Dietze (Hrsg.): Deutsche Klassik und Revolution. Texte eines literaturwissenschaftlichen Kolloquiums. Rom 1981, S. 15–50.

Dahnke, Hans-Dietrich: Schönheit und Wahrheit. Zum Thema Kunst und Wissenschaft in Schillers Konzeptionsbildung am Ende der achtziger Jahre des 18. Jahrhunderts. In: Helmut Brandt und Manfred Beyer (Hrsg.): Ansichten der deutschen Klassik. Berlin und Weimar 1981, S. 84–118.

Dahnke, Hans-Dietrich: Klassisches Erbe in der DDR. In: Genius huius Loci. Weimarer kulturelle Entwürfe aus fünf Jahrhunderten. Ausstellungskatalog Weimar 1992, S. 203–227.

Dahnke, Hans-Dietrich in Zusammenarbeit mit Alexander S. Dmitrijew u. a. (Hrsg.): Parallelen und Kontraste. Studien zu literarischen Wechselbeziehungen in Europa zwischen 1750 und 1850. Berlin 1983.

Dahnke, Hans-Dietrich und Bernd Leistner (Hrsg.): Debatten und Kontroversen. Literarische Auseinandersetzungen in Deutschland am Ende des 18. Jahrhunderts. 2 Bde. Berlin und Weimar 1989.

Dahnke, Hans-Dietrich und Bernd Leistner: Von der „Gelehrtenrepublik" zur „Guerre ouverte". Aspekte eines Dissoziationsprozesses. In: H.-D. D. und B. L. (Hrsg.): Debatten und Kontroversen. Literarische Auseinandersetzungen in Deutschland am Ende des 18. Jahrhunderts. Bd. 1. Berlin und Weimar 1989, S. 13–38.

Dainat, Holger und Wilhelm Voßkamp (Hrsg.): Aufklärungsforschung in Deutschland. Heidelberg 1999 (Beihefte zum Euphorion, 32).

Danneberg, Lutz u. a.: Germanistische Aufklärungsforschung seit den siebziger Jahren. In: Das Achtzehnte Jahrhundert 19 (1995), H. 2 (20 Jahre DGEJ: Aufklärungsforschung – Bilanzen und Perspektiven), S. 172–192.

David, Claude: Goethe und die Französische Revolution. In: Richard Brinkmann u. a.: Deutsche Literatur und Französische Revolution. Göttingen 1974, S. 63–86.

Dehrmann, Mark-Georg: Moralische Empfindung, Vernunft, Offenbarung. Das Problem der Moralbegründung bei Gellert, Spalding, Chladenius und Mendelssohn. In: Sibylle Schönborn und Vera Viehöver (Hrsg.:) Gellert und die empfindsame Aufklärung. Vermittlungs-, Austausch- und Rezeptionsprozesse in Wissenschaft, Kunst und Kultur. Berlin 2009 (Philologische Studien und Quellen, 215), S. 53–65.

Deicke, Günther: Zum 200. Geburtstag Friedrich Hölderlins. In: Sinn und Form 22 (1970), S. 865–872.

Delorme, Maurice: Hölderlin et la Révolution française. Monaco 1959.

Demel, Walter: Gebhardt. Handbuch der deutschen Geschichte. Bd. 12: Reich, Reformen und sozialer Wandel, 1763–1806. 10., völlig neu bearb. Aufl. Stuttgart 2005.

Demokratie- und Arbeitergeschichte. Jahrbuch. Hrsg. von der Franz-Mehring-Gesellschaft. Bd. 1–4/5 (1980–1985).

Denkler, Horst und Hans Otto Horch (Hrsg.): Conditio Judaica. Judentum, Antisemitismus und deutschsprachige Literatur vom 18. Jahrhundert bis zum Ersten Weltkrieg. Interdisziplinäres Symposion der Werner-Reimers-Stiftung Bad Homburg, 2. Teil. Tübingen 1989.

Diderot, Denis: Gründe, meinem alten Hausrock nachzutrauern. Zwei Essays. Aus dem Franz. von Hans Magnus Enzensberger. Berlin 1992.

Dietze, Walter: Klassisches literarisches Erbe und sozialistisches Traditionsverständnis. In: Impulse. Aufsätze, Quellen, Berichte zur deutschen Klassik und Romantik. Folge 1. Berlin und Weimar 1978, S. 9–43.

Dietze, Walter (Hrsg.): Herder-Kolloquium 1978. Weimar 1980.

Dilthey, Wilhelm: Das Erlebnis und die Dichtung. Lessing, Goethe, Novalis, Hölderlin. Leipzig 1906; 15. Aufl. Göttingen 1970 (Kleine Vandenhoeck-Reihe, 191).

Dittler, Erwin: Jakobiner am Oberrhein. Kehl 1976.

Dittler, Erwin: Der Regierungskommissar Johann Dittler, ein Mainzer Jakobiner in der Pfalz. In: Jahrbuch des Instituts für Deutsche Geschichte 15 (1986), S. 165–191.

Dockhorn, Klaus: Die Rhetorik als Quelle des vorromantischen Irrationalismus in der Literatur- und Geistesgeschichte. In: Nachrichten von der Akademie der Wissenschaften in Göttingen aus dem Jahre 1949. Philologisch-Historische Klasse. Göttingen 1949, S. 109–150.

Dockhorn, Klaus: Macht und Wirkung der Rhetorik. Vier Aufsätze zur Ideengeschichte der Vormoderne. Bad Homburg u. a. 1968 (Respublica literaria, 2).

Doktor, Wolfgang: Die Kritik der Empfindsamkeit. Bern u. a. 1975 (Regensburger Beiträge zur deutschen Sprach- und Literaturwissenschaft. Reihe B: Untersuchungen, 5).

Dotzauer, Winfried: Freimaurergesellschaften am Rhein. Aufgeklärte Sozietäten auf dem linken Rheinufer vom Ausgang des Ancien Régime bis zum Ende der napoleonischen Herrschaft. Wiesbaden 1977 (Geschichtliche Landeskunde, 16).

Dotzauer, Winfried: Quellen zur Geschichte der deutschen Freimaurerei im 18. Jahrhundert unter besonderer Berücksichtigung des Systems der Strikten Observanz. Frankfurt/Main u. a. 1991 (Schriftenreihe der Internationalen Forschungsstelle „Demokratische Bewegungen in Mitteleuropa 1770–1850", 3).

Düntzer, Heinrich: Aus Goethe's Freundeskreise. Darstellungen aus dem Leben des Dichters. Braunschweig 1868.

[Stadt Duisburg]: 2. Duisburger Akzente, 4. bis 23. April 1978: „Goethe und Co. Traum und Wirklichkeit der deutschen Klassik". Dokumentation der Vorträge von Karl Richter, Lothar Bornscheuer, Hans Schwerte, Walter Grab, Fritz Martini, Bodo Lecke und Karlheinz Nowald. Duisburg 1978.

Dumont, Franz: Die Mainzer Republik von 1792/93. In: Deutsche Jakobiner. Mainzer Republik und Cisrhenanen 1792–1798. Ausstellung des Bundesarchivs und der Stadt Mainz im Foyer des Mainzer Rathauses. Bd. 1: Handbuch. Beiträge zur demokratischen Tradition in Deutschland. Mainz 1981, S. 25–36.

Dumont, Franz: Mainzer Jakobiner-Nachlese. Eine Bilanz der Ausstellung im Rathaus. In: Allgemeine Zeitung (Mainz) vom 10. Dezember 1981.

Dumont, Franz: Die Mainzer Republik von 1792/93. Studien zur Revolutionierung in Rheinhessen und der Pfalz. Alzey 1982; 2., erw. Aufl. 1993 (Alzeyer Geschichtsblätter, Sonderheft 9).

Dumont, Franz: [Rez.] Sigfrid Gauch: Friedrich Joseph Emerich – ein deutscher Jakobiner, 1986. In: Aufklärung – Vormärz – Revolution. Jahrbuch der internationalen Forschungsstelle „Demokratische Bewegungen in Mitteleuropa 1770–1850" 7 (1988), S. 180 f.

Dumont, Franz: Von Mainz nach Hambach? Kontinuität und Wandel im Lebensweg rheinischer und pfälzischer Jakobiner. In: Volker Rödel (Hrsg.): Die Französische Revolution und die Oberrheinlande (1789–1798). Sigmaringen 1991, S. 205–221 (Oberrheinische Studien, 9).

Dumont, Franz: Die Mainzer kurze Republik. In: Die Mainzer Republik. Hrsg. vom Landtag Rheinland-Pfalz. Redaktion: Doris M. Peckhaus und Michael-Peter Werlein. Mainz 1993, S. 107–120.

[Dumont, Franz]: Die Mainzer Republik. Historie und Politikum. Ein Interview [von Bernd Blisch] mit Franz Dumont zur Neuauflage seines Buches zur Mainzer Republik. In: Mainzer Geschichtsblätter 8 (1993), S. 45–48.

Dumont, Franz: Georg Forster als Demokrat. Theorie und Praxis eines deutschen Revolutionärs. In: Horst Dippel und Helmut Scheuer (Hrsg.): Georg-Forster-Studien I. Berlin 1997, S. 125–153.

E

Engelberg, Ernst von: Carl von Clausewitz in seiner Zeit. In: Vom Kriege. Hinterlassenes Werk des Generals Carl von Clausewitz. Eingel. von Prof. Dr. Ernst Engelberg und Generalmajor a. D. Otto Korfes. Berlin 1957.

Engelberg, Ernst von: Über die Revolution von oben. Wirklichkeit und Begriff. In: Zeitschrift für Geschichtswissenschaft 22 (1974), S. 1183–1211.

Engelhardt, Ulrich: „Bildungsbürgertum". Begriffs- und Dogmengeschichte eines Etiketts. Stuttgart 1986.

Engels, Hans-Werner: Gedichte und Lieder deutscher Jakobiner. Stuttgart 1971 (Deutsche revolutionäre Demokraten, 1).

[Engels, Hans-Werner] Christian von Massenbach: Historische Denkwürdigkeiten zur Geschichte des Verfalls des preußische Staats seit dem Jahr 1794 [Amsterdam 1809]; Friedrich Buchholz: Gallerie preußischer Charaktere [Berlin 1808]. Mit einem Nachwort von Hans-Werner Engels. Frankfurt/Main 1979 (Haidnische Alterthümer).

Engelsing, Rolf: Der Bürger als Leser. Die Bildung der protestantischen Bevölkerung Deutschlands im 17. und 18. Jahrhundert am Beispiel Bremens. In: Archiv für Geschichte des Buchwesens 3. Frankfurt/Main 1961, Sp. 205–368.

Engelsing, Rolf: Der Bürger als Leser. Lesergeschichte in Deutschland 1500–1800. Stuttgart 1974.

Erenz, Benedikt: Noch ein Wunsch für das neue Berlin. 500 km bis Mainz. In: Die Zeit, Nr. 11 vom 12. März 1993.

Erenz, Benedikt: Freiheitsfunken. Gab es in Deutschland eine demokratische Tradition? In: Die Zeit, Nr. 48 vom 25. November 1994.

Erhard, Johann Benjamin: Über das Recht des Volks zu einer Revolution und andere Schriften. Hrsg. und mit einem Nachwort von Hellmut G. Haasis. München 1970 (Reihe Hanser, 36).

Erhardt-Lucht, Renate: Die Ideen der Französischen Revolution in Schleswig-Holstein. Neumünster 1969 (Quellen und Forschungen zur Geschichte Schleswig-Holsteins, 56).

Erhart, Walter: Entzweiung und Selbstaufklärung. Christoph Martin Wielands „Agathon"-Projekt. Tübingen 1991 (Studien zur deutschen Literatur, 115).

Erler, Gotthard (Hrsg.): Wanderschaften und Schicksale. Reisebilder von Goethe bis Chamisso. Rostock 1975.

Erler, Gotthard (Hrsg.): Spaziergänge und Weltfahrten. Reisebilder von Heine bis Weerth. Rostock 1976.

Erler, Gotthard (Hrsg.): Streifzüge und Wanderungen. Reisebilder von Gerstäcker bis Fontane. Rostock 1978.

F

Faber, Karl-Georg: Wo steht die rheinische Jakobinerforschung heute? In: Rheinische Vierteljahrsblätter 42 (1978), S. 503–515.

Fabian, Franz (Red.): Schiller in unserer Zeit. Beiträge zum Schillerjahr 1955. Weimar 1955.

[„Faust-Diskussion. Probleme der Ästhetik"]. In: Das Argument 18 (1976), H. 99, S. 731–733: Editorial. Faust-Diskussion; S. 734–746: Literarische Komplexität und der Komplex Ökonomie (Gert Mattenklott); S. 747–771: Geschichte und ästhetische Erkenntnis. Zur Mummenschanz-Szene in „Faust II" (Gerhart Pickerodt); S. 772–779: Fausts Ende. Zur Revision von Thomas Metschers „Teleologie der Faust-Dichtung" (Heinz Schlaffer); S. 780–792: Faust, Ökonomie, Revisionismus und Utopie. Antwort auf Metschers Essay „Faust und die Ökonomie" (Gerhard Bauer und Heidegert Schmid Noerr).

Fehervary, Helen: Hölderlin and the left. The search for a dialectic of art and life. Heidelberg 1977 (Reihe Siegen, 3).

Fehrenbach, Elisabeth: Deutschland und die Französische Revolution. In: Hans-Ulrich Wehler (Hrsg.): 200 Jahre amerikanische Revolution und Revolutionsforschung. Göttingen 1976, S. 232–235 (Geschichte und Gesellschaft; Sonderheft 2).

Fehrenbach, Elisabeth: Vom Ancien Régime zum Wiener Kongreß. München u. a. 1981; 5. Aufl. 2008 (Oldenbourg Grundriß der Geschichte, 12).

Fehrenbach, Elisabeth: [Rez.] Franz Dumont: Die Mainzer Republik von 1792/93, 1982. In: Historische Zeitschrift 237 (1983), S. 722–723.

Fischer, Peter (Hrsg.): Reden der Französischen Revolution. München 1974.

Fischer, Rotraut: Reisen als Erfahrungskunst. Georg Forsters „Ansichten vom Niederrhein": die „Wahrheit" in den „Bildern des Wirklichen". Frankfurt/Main 1990. (Athenäums Monografien. Literaturwissenschaft, 94)

Fleck, Robert: Internationaler Historikerkongreß in Innsbruck, 19. bis 23. Oktober 1988. In: Aufklärung – Vormärz – Revolution 8/9 (1988/89), S. 100–104.

Fontius, Martin: [Rez.] Frankfurter Gelehrte Anzeigen 1772, 1971. In: Referatedienst zur Literaturwissenschaft 4 (1972), H. 2, S. 171–174.

Fontius, Martin: Zur Ideologie der deutschen Kunstperiode. In: Weimarer Beiträge 23 (1977), H. 2, S. 19–42.

Fontius, Martin: Nachlese zum Begriff ‚Kunstperiode'. In: Weimarer Beiträge 29 (1983), H. 3, S. 526–544.

Fontius, Martin: [Art.] Kunstperiode. In: Wörterbuch der Literaturwissenschaft. Hrsg. von Claus Träger. Leipzig 1986, S. 284.

Fontius, Martin: Französische Revolution und deutsche Aufklärung (Festvortrag Kamenzer Lessing-Tage Jan./Feb. 1989). In: Erbepflege in Kamenz. Schriftenreihe des Lessing-Museums, H. 11. Kamenz 1991, S. 5–18.

Fontius, Martin: [Rez.] G. F. Rebmann: Werke und Briefe in drei Bänden, 1990. In: Referatedienst zur germanistischen Literaturwissenschaft 24 (1992), S. 361–364.

Forster, Georg: A voyage round the world, in his Britannic Majesty's sloop, Resolution, commanded by Capt. James Cook, during the years 1772, 3, 4, and 5. In two volumes. London 1777 (dt.: Reise um die Welt. 2 Bde. 1778/80).

[Forster, Georg]: Ausgewählte kleine Schriften von Georg Forster. Hrsg. von Albert Leitzmann. Stuttgart 1894 (Deutsche Literaturdenkmale des 18. und 19. Jahrhunderts, 46/47).

[Forster, Georg]: Tagebücher Georg Forster. Hrsg. von Paul Zincke zusammen mit Albert Leitzmann. Berlin 1914 (Deutsche Literaturdenkmale des 18. und 19. Jahrhunderts, 149).

Georg Forsters Werke. Sämtliche Schriften, Tagebücher, Briefe. Hrsg. von der Deutschen Akademie der Wissenschaften zu Berlin / Institut für deutsche Sprache und Literatur. Berlin 1958 ff.

Forster, Georg: Ansichten vom Niederrhein, von Brabant, Flandern, Holland, England und Frankreich im April, Mai und Junius 1790. Bearb. von Gerhard Steiner. Berlin 1958 (Georg Forsters Werke, 9).

Forster, Georg: A Voyage round the world. Bearb. von Robert L. Kahn. Berlin 1968; 2., unveränd. Aufl. 1986 (Georg Forsters Werke, 1).

Forster, Georg: Werke in vier Bänden. Hrsg. von Gerhard Steiner. Frankfurt/Main 1967–1970.

Forster, Georg: Briefe. Hrsg. von Gerhard Steiner. Frankfurt/Main 1970.

Forster, Georg: Erinnerungen aus dem Jahr 1790 in historischen Gemälden und Bildnissen von D. Chodowiecki, D. Berger, Cl. Kohl, J. F. Bolt und J. S. Ringck [1793]. In: G. F.: Kleine Schriften zu Philosophie und Zeitgeschichte. Bearb. von Siegfried Scheibe. Berlin 1974, S. 263–352 (Georg Forsters Werke, 8).

Forster, Georg: Briefe bis 1783. Bearb. von Siegfried Scheibe. Berlin 1978 (Georg Forsters Werke, 13).

Forster, Georg: Briefe 1784–Juni 1787. Bearb. von Brigitte Leuschner. Berlin 1978 (Georg Forsters Werke, 14).

Forster, Georg: Briefe 1790–1791. Bearb. von Brigitte Leuschner und Siegfried Scheibe. Berlin 1980 (Georg Forsters Werke, 16).

Forster, Georg: Briefe Juli 1787–1789. Bearb. von Horst Fiedler. Berlin 1981 (Georg Forsters Werke, 15).

[Forster, Georg] Briefe an Forster. Bearb. von Brigitte Leuschner u. a. Berlin 1982 (Georg Forsters Werke, 18).

Forster, Georg: Briefe 1792–1794 und Nachträge. Bearb. von Klaus-Georg Popp. Berlin 1989 (Georg Forsters Werke, 17).

Forster, Georg: Parisische Umrisse. In: G. F.: Revolutionsschriften 1792/93. Bearb. von Klaus-Georg Popp. Berlin 1990, S. 593–637 (Georg Forsters Werke, 10.1).

Frick, Werner: Providenz und Kontingenz. Untersuchungen zur Schicksalssemantik im deutschen und europäischen Roman des 17. und 18. Jahrhunderts. Tübingen 1988 (Hermea, N. F. 55).

Friedrich, Hugo: Abbé Prevost in Deutschland. Ein Beitrag zur Geschichte der Empfindsamkeit. Heidelberg 1929 (Beiträge zur neueren Literaturgeschichte, 12).

Frölich, Carl Wilhelm: Über den Menschen und seine Verhältnisse. Hrsg. und eingel. von Gerhard Steiner. Neudruck der Ausgabe von 1792. Berlin 1960 (Quellen und Texte zur Geschichte der Philosophie).

Frölich, Henriette: Virginia oder Die Kolonie von Kentucky. Mehr Wahrheit als Dichtung. Hrsg. von Gerhard Steiner. Berlin 1963.

[Frühwald, Wolfgang u. a.]: Studien und Texte zur Sozialgeschichte der Literatur. Hrsg. von Wolfgang Frühwald, Georg Jäger, Dieter Langewiesche, Alberto Martino. Tübingen 1981 ff.

Furet, François: Drei mögliche Geschichten der Französischen Revolution. [1971]. In: F. F.: 1789 – Jenseits des Mythos. Hamburg 1989, S. 97–227.

Furet, François und Denis Richet: Die Französische Revolution. [La révolution. Paris 1965]. Übers. aus dem Franz. von Ulrich Friedrich Müller. Frankfurt/Main 1968.

G

Gadamer, Hans-Georg: Die Gegenwärtigkeit Hölderlins. In: Hölderlin-Jahrbuch 23 (1982/83), S. 178–181.

Gaier, Ulrich: Späte Hymnen, Gesänge, Vaterländische Gesänge? In: Johann Kreuzer (Hrsg.): Hölderlin-Handbuch. Leben – Werk – Wirkung. Stuttgart und Weimar 2002, S. 162–174.

Gansberg, Marie Luise: Der Prosa-Wortschatz des deutschen Realismus, unter besonderer Berücksichtigung des vorausgehenden Sprachwandels 1835–1855. Bonn 1964 (Abhandlungen zur Kunst-, Musik- und Literaturwissenschaft, 27).

Garber, Jörn: Ideologische Konstellationen der jakobinischen und liberalen Revolutionsrezeption in Deutschland (1790–1810). In: J.G. (Hrsg.): Revolutionäre Vernunft. Texte zur jakobinischen und liberalen Revolutionsrezeption in Deutschland 1789–1810. Kronberg/Taunus 1974, S. 170–236.

Garber, Jörn: Politische Spätaufklärung und vorromantischer Frühkonservativismus. Aspekte der Forschung. In: Fritz Valjavec: Die Entstehung der politischen Strömungen in Deutschland 1770–1815. Unveränd. Nachdruck der Erstausgabe von 1951. Mit einem Nachwort von J.G. Kronberg/Taunus; Düsseldorf 1978, S. 543–592.

Garber, Jörn und Hanno Schmitt (Hrsg.): Die bürgerliche Gesellschaft zwischen Demokratie und Diktatur. Festschrift zum 65. Geburtstag von Prof. Dr. Walter Grab. Gestaltet von Kasseler und Marburger Freunden und Kollegen. Mit einem Vorwort von Wolfgang Abendroth. Marburg 1985.

Garber, Klaus: Die Geburt der ‚Kunst-Religion‘. Richard Alewyns Empfindsamkeits-Projekt im Spiegel der späten Bonner Vorlesungen. In: K.G. und Ute Széll (Hrsg.): Das Projekt Empfindsamkeit und der Ursprung der Moderne. Richard Alewyns Sentimentalismusforschungen und ihr epochaler Kontext. München 2005, S. 67–87.

Garber, Klaus und Ute Széll (Hrsg.): Das Projekt Empfindsamkeit und der Ursprung der Moderne. Richard Alewyns Sentimentalismusforschungen und ihr epochaler Kontext. München 2005.

Gassenmeier, Michael: Der Typus des Man of Feeling. Studien zum sentimentalen Roman des 18. Jahrhunderts in England. Tübingen 1972 (Studien zur englischen Philologie, 16).

Gauch, Sigfrid: Friedrich Joseph Emerich – ein deutscher Jakobiner. Studien zu Leben und Werk. Frankfurt/Main u. a. 1986 (Europäische Hochschulschriften. Reihe 1: Deutsche Sprache und Literatur, 934); (Phil. Diss Mainz: Offene und verdeckte Schreibweisen im literarischen Jakobinismus. 1985).

Geisinger, Hansjürgen: Freiheitswille gegen Untertanengeist. Die linksrheinische deutsche Jakobinerbewegung im Schulunterricht. In: Demokratie- und Arbeitergeschichte. Jahrbuch. Hrsg. von der Franz-Mehring-Gesellschaft. Bd. 1 (1980), S. 126–139.

Geitner, Ursula: Die Sprache der Verstellung. Studien zum rhetorischen und anthropologischen Wissen im 17. und 18. Jahrhundert. Tübingen 1988 (Communicatio, 1).

Geschichte der deutschen Arbeiterbewegung in acht Bänden. Autorenkollektiv: Walter Ulbricht (Vorsitzender), Horst Bartel, Lothar Berthold (Sekretär), Ernst Diehl, Friedrich Ebert, Ernst Engelberg, Dieter Fricke, Fritz Globig, Kurt Hager, Werner Horn, Bernard Koenen, Wilhelm Koenen, Albert Schreiner, Hanna Wolf.. Berlin 1966.

Geschichte der deutschen Literatur. Von den Anfängen bis zur Gegenwart. Bd. 1–5. [Bd. 3 ist nicht erschienen]. Hrsg. von Klaus Gysi u. a. Berlin 1960–1990.

Geschichte der deutschen Literatur. Von den Anfängen bis zur Gegenwart. Bd. 6–11. Hrsg. von Hans-Günther Thalheim u. a. Berlin 1973–1979; Bd. 12 hrsg. von Hans Joachim Bernhard u. a. Berlin 1983.

Giesecke, Michael: Der Buchdruck in der frühen Neuzeit. Eine historische Fallstudie über die Durchsetzung neuer Informations- und Kommunikationstechnologien. Frankfurt/Main 1991.

Gilli, Marita: Französische Arbeiten über den Jakobinismus in Mitteleuropa (1960–1983). In: Aufklärung – Vormärz – Revolution 3 (1983), S. 33–38.

Glaser, Horst Albert (Hrsg.): Deutsche Literatur. Eine Sozialgeschichte. Bd. 1–9. Reinbek 1980–1991; Bd. 10. Bern u. a. 1995.

Göbel, Klaus und Manfred Wichelhaus (Hrsg.): Aufstand der Bürger. Revolution 1849 im westdeutschen Industriezentrum. Wuppertal 1974.

Goethe, Johann Wolfgang von: Litterarischer Sansculottismus. In: Die Horen. 2. Bd., 5. St. (1795), S. 50–56.

Goethe, Johann Wolfgang Goethe: Unterhaltungen deutscher Ausgewanderten. In: J.W.G.: Sämtliche Werke. Briefe, Tagebücher und Gespräche. I. Abt., Bd. 9, hrsg. von Wilhelm Voßkamp und Herbert Jaumann. Frankfurt/Main 1992, S. 993–1119.

Goethe, Johann Wolfgang: Briefe. Historisch-kritische Ausgabe. Im Auftrag der Klassik-Stiftung Weimar/Goethe- und Schiller-Archiv hrsg. von Georg Kurscheidt und Elke Richter. Bd. 2.1: Texte. Berlin 2009.

Grab, Walter: Demokratische Strömungen in Hamburg und Schleswig-Holstein zur Zeit der ersten französischen Republik. Hamburg 1966 (Veröffentlichungen des Vereins für Hamburgische Geschichte, 21).

Grab, Walter: Norddeutsche Jakobiner. Demokratische Bestrebungen zur Zeit der Französischen Revolution. Frankfurt/Main 1967 (Hamburger Studien zur neueren Geschichte, 8).

Grab, Walter: Kurzbiographien zu Johann Friedrich Ernst Albrecht (S. 19 f.), Georg Konrad Meyer (S. 450 f.), Friedrich Wilhelm von Schütz (S. 626 f.), Heinrich Würzer (S. 758 f.). In: Biographisches Lexikon zur deutschen Geschichte. Von den Anfängen bis 1917. Hrsg. von Karl Obermann und Heinrich Scheel. Berlin 1967.

Grab, Walter: Die Revolutionspropaganda der deutschen Jakobiner 1792/93. In: Archiv für Sozialgeschichte 9 (1969), S. 113–156.

Grab, Walter: Eroberung oder Befreiung? Deutsche Jakobiner und die Franzosenherrschaft im Rheinland 1792–1799. Trier 1971 (Schriften aus dem Karl-Marx-Haus Trier, 4).

Grab, Walter (Hrsg.): Deutsche revolutionäre Demokraten. 5 Bde. Stuttgart 1971–1978.

Grab, Walter: Leben und Werke norddeutscher Jakobiner. Stuttgart 1973 (Deutsche revolutionäre Demokraten, 5).

Grab, Walter: Von Mainz nach Hambach. Zur Kontinuität revolutionärer Bewegungen und ihrer Repression 1792–1832. In: Imanuel Geiss und Bernd J. Wendt (Hrsg.): Deutschland in der Weltpolitik des 19. und 20. Jahrhunderts. Fritz Fischer zum 65. Geburtstag. Düsseldorf 1973; 2. Aufl. 1974, S. 50–69.

Grab, Walter: Französische Revolution und deutsche Geschichtswissenschaft. In: Jahrbuch des Instituts für deutsche Geschichte 3 (1974), S. 11–43.

Grab, Walter: Eulogius Schneider. Ein Weltbürger zwischen Mönchszelle und Guillotine. In: Gert Mattenklott und Klaus R. Scherpe (Hrsg.): Demokratisch-revolutionäre Literatur in Deutschland: Jakobinismus. Kronberg/Taunus 1975, S. 61–138 (Literatur im historischen Prozeß, 3/1).

Grab, Walter: Klassik und literarischer Jakobinismus. Ideale und Illusionen der deutschen Intelligenz im Zeitalter der Französischen Revolution. In: 2. Duisburger Akzente, 4. bis 23. April 1978: „Goethe und Co. Traum und Wirklichkeit der deutschen Klassik". Dokumentation der Vorträge von Karl Richter, Lothar Bornscheuer, Hans Schwerte, W. G., Fritz Martini, Bodo Lecke und Karlheinz Nowald. Duisburg 1978, S. 29–42.

Grab, Walter: Ein Mann, der Marx Ideen gab. Wilhelm Schulz, Weggefährte Georg Büchners, Demokrat der Paulskirche. Eine politische Biographie. Düsseldorf 1979.

Grab, Walter: Freyheit oder Mordt und Todt. Revolutionsaufrufe deutscher Jakobiner. Berlin 1979.

Grab, Walter: Zur Definition des mitteleuropäischen Jakobinismus. In: Die demokratische Bewegung in Mitteleuropa im ausgehenden 18. und frühen 19. Jahrhundert. Ein Tagungsbericht. (Arbeitstagung „Die demokratische Bewegung in Mitteleuropa im ausgehenden 18. und frühen 19. Jahrhundert", 19. bis 21. Mai 1977). Bearb. und hrsg. von Otto Büsch und Walter Grab unter Mitarbeit von Jürgen Schmädeke und Monika Wölk. Berlin 1980 (Einzelveröffentlichungen der Historischen Kommission zu Berlin, 29), S. 3–22.

Grab, Walter: Die deutsche Jakobinerbewegung. In: Helmut Berding und Hans-Peter Ullmann (Hrsg.): Deutschland zwischen Revolution und Restauration. Königstein/Taunus 1981, S. 208–225.

Grab, Walter: Die politischen Konzeptionen und Kämpfe des deutschen Jakobiners Georg Friedrich Rebmann. In: Jahrbuch des Instituts für deutsche Geschichte 11 (1982), S. 389–397.

Grab, Walter: Neuerscheinungen über den deutschen Jakobinismus. In: Archiv für Sozialgeschichte 23 (1983), S. 662–669.

Grab, Walter: Ein Volk muß seine Freiheit selbst erobern. Zur Geschichte der deutschen Jakobiner. Frankfurt/Main und Wien 1984.

Grab, Walter: Eulogius Schneider – ein Weltbürger zwischen Mönchszelle und Guillotine. In: W. G. (Hrsg.): Ein Volk muß seine Freiheit selbst erobern. Zur Geschichte der deutschen Jakobiner. Frankfurt/Main und Wien 1984, S. 109–166.

Grab, Walter: Die Theorie und Praxis der deutschen Jakobiner. In: W. G. (Hrsg.): Ein Volk muß seine Freiheit selbst erobern. Zur Geschichte der deutschen Jakobiner. Frankfurt/Main und Wien 1984, S. 33–62.

Grab, Walter: Der Jakobinerklub von Altona. [1966/67]. In: W. G. (Hrsg.): Ein Volk muß seine Freiheit selbst erobern. Zur Geschichte der deutschen Jakobiner. Frankfurt/Main und Wien 1984, S. 319–344.

[Festschrift Walter Grab] Die bürgerliche Gesellschaft zwischen Demokratie und Diktatur. Festschrift zum 65. Geburtstag von Prof. Dr. Walter Grab. Gestaltet von Kasseler und Marburger Freunden und Kollegen. Mit einem Vorwort von Wolfgang Abendroth. Marburg 1985.

Grab, Walter: Dr. Wilhelm Schulz aus Darmstadt. Weggefährte von Georg Büchner und Inspirator von Karl Marx. Frankfurt/Main 1987.

Grab, Walter: Die Französische Revolution. Aufbruch in die moderne Demokratie. Stuttgart 1989.

Grab, Walter: Politische Ideale und Illusionen der deutschen Intelligenz in der Epoche der Französischen Revolution. In: Deutschland und die Französische Revolution 1789/1989. Eine Ausstellung des Goethe-Instituts zum Jubiläum des welthistorischen Ereignisses. Leitung: Uwe Martin. Stuttgart 1989, S. 9–13.

Grab, Walter: „Jüdischer Selbsthaß" und jüdische Selbstachtung in der deutschen Literatur und Publizistik 1890 bis 1933. In: Horst Denkler und Hans Otto Horch (Hrsg.): Conditio Judaica. Judentum, Antisemitismus und deutschsprachige Literatur vom 18. Jahrhundert bis zum Ersten Weltkrieg. Interdisziplinäres Symposion der Werner-Reimers-Stiftung Bad Homburg. 2. Teil. Tübingen 1989, S. 313–336.

Grab, Walter: [Art.] Jakobinismus. In: Europäische Enzyklopädie zu Philosophie und Wissenschaften. Hrsg. von Hans Jörg Sandkühler. Bd. 2. Hamburg 1990, S. 721–733.

Grab, Walter: Reform und Geschichte: Die Modernisierung des deutschen Judentums. In: Shulamit Volkov und Elisabeth Müller-Luckner (Hrsg.): Deutsche Juden und die Moderne. München 1994, S. 1–8.

Grab, Walter: Jakobinismus und Demokratie in Geschichte und Literatur. 14 Abhandlungen. Mit einer Einführung von Hans Otto Horch. Frankfurt/Main 1998 (Forschungen zum Junghegelianismus, 2).

Grab, Walter und Uwe Friesel: Noch ist Deutschland nicht verloren. Eine historisch-politische Analyse unterdrückter Lyrik von der Französischen Revolution bis zur Reichsgründung. München 1970; 3. Aufl. 1980.

Graf, Sieglinde: Bayerische Jakobiner? Kritische Untersuchung sog. „jakobinischer Flugschriften" aus Bayern Ende des 18. Jahrhunderts. In: Zeitschrift für bayerische Landesgeschichte 41 (1978), S. 117–171.

Graßl, Hans: Tragende Ideen der illuminatistisch-jakobinischen Propaganda und ihre Nachwirkungen in der deutschen Literatur. In: Christian Ludz (Hrsg.): Geheime Gesellschaften. Heidelberg 1979, S. 335–366. (Wolfenbütteler Studien zur Aufklärung, V/1).

Grathoff, Dirk (Hrsg.): Studien zur Ästhetik und Literaturgeschichte der Kunstperiode. Frankfurt/Main u. a. 1985 (Giessener Arbeiten zur Neueren Deutschen Literatur und Literaturwissenschaft, 1).

Greis, Jutta: Drama Liebe. Zur Entstehungsgeschichte der modernen Liebe im Drama des 18. Jahrhunderts. Stuttgart 1991 (Germanistische Abhandlungen, 69).

Griep, Wolfgang: Johann Pezzls Jugendjahre (1756–1780). Bremen 1983.

Griep, Wolfgang: Studien zur Reiseliteratur und satirischen Novellistik in der Spätaufklärung. Phil. Diss. Bremen 1984.

Griep, Wolfgang und Hans-Wolf Jäger (Hrsg.): Reise und soziale Realität am Ende des 18. Jahrhunderts. Heidelberg 1983 (Neue Bremer Beiträge, 1).

Griep, Wolfgang und Hans-Wolf Jäger (Hrsg.): Reisen im 18. Jahrhundert. Neue Untersuchungen. Heidelberg 1986 (Neue Bremer Beiträge, 3).

Grießinger, Andreas: Das symbolische Kapital der Ehre. Streikbewegungen und kollektives Bewußtsein deutscher Handwerksgesellen im 18. Jahrhundert. Frankfurt/Main u. a. 1981.

Grillparzer, Franz: Werke. 3 Bde. Ausgew. und eingel. von Claus Träger. Berlin 1967.

Grimminger, Rolf (Hrsg.): Hansers Sozialgeschichte der deutschen Literatur vom 16. Jahrhundert bis zur Gegenwart. 12 Bde. München 1980–2009.

Grimminger, Rolf (Hrsg.): Deutsche Aufklärung bis zur Französischen Revolution 1680–1789. München 1980 (Hansers Sozialgeschichte der deutschen Literatur vom 16. Jahrhundert bis zur Gegenwart, 3).

Grundriß der deutschen Geschichte. Von den Anfängen des deutschen Volkes bis zur Gestaltung der entwickelten sozialistischen Gesellschaft in der DDR. Klassenkampf – Tradition – Sozialismus. Hrsg. vom Zentralinstitut für Geschichte der Akademie der Wissenschaften / Hrsg.-Kollektiv: Ernst Diehl u. a. Berlin 1979.

Grus, Stefan: Die frühen Mainzer Lesegesellschaften 1782–1793. In: Mainzer Zeitschrift 81 (1986), S. 123–41.

Güssmer, Claudia: Revolutionär-demokratische Literatur in Deutschland 1790–1800. Ein Forschungsbericht. In: Weimarer Beiträge 29 (1983), H. 12, S. 2151–2160.

Gundolf, Friedrich: Shakespeare und der deutsche Geist. Berlin 1911.

H

Haasis, Hellmut G.: Gebt der Freiheit Flügel. Die Zeit der deutschen Jakobiner 1789–1805. 2 Bde. Reinbek 1975.

Haasis, Hellmut G.: Bibliographie zur deutschen linksrheinischen Revolutionsbewegung in den Jahren 1792/93. Die Schriften der demokratischen Revolutionsbewegung im Gebiet zwischen Mainz, Worms, Speyer, Landau, Sarre-Union, Saarbrücken und Bad Kreuznach. Kronberg/Taunus 1976.

Haasis, Hellmut G.: Spuren der Besiegten. 3 Bde. Reinbek 1984.

Haasis, Hellmut G.: Literarischer Untergrund Habsburg 1700–1800. In: Johannes Frimmel und Michael Wögerbauer (Hrsg.): Kommunikation und Information im 18. Jahrhundert. Das Beispiel der Habsburgermonarchie. Wiesbaden 2009, S. 217–226.

Habermas, Jürgen: Strukturwandel der Öffentlichkeit. Untersuchungen zu einer Kategorie der bürgerlichen Gesellschaft. Neuwied 1962 (Politica, 4); 12. Aufl. Frankfurt/Main 2010.

Haferkorn, Hans-Jürgen: Der freie Schriftsteller. Eine literatursoziologische Studie über seine Entstehung und Lage in Deutschland zwischen 1750 und 1800. In: Börsenblatt für den Deutschen Buchhandel. Archiv für Geschichte des Buchwesens 33. Frankfurter Ausgabe. 19. Jg., Nr. 8a vom 28. Januar 1963, Sp. 125a–219b.

Hahn, Hans-Werner: Altständisches Bürgertum zwischen Beharrung und Wandel. Wetzlar 1689–1870. München 1991.

Halem, Gerhard Anton von: Blicke auf einen Theil Deutschlands, der Schweiz und Frankreichs bey einer Reise vom Jahre 1790. Neuausgabe hrsg. von Wolfgang Griep und Cord Sieberns. Bremen 1990.

Hammer, Klaus u. a.: Fragen der Romantikforschung. Zur Arbeitstagung in Leipzig vom 2. bis 4. Juli 1962. In: Weimarer Beiträge 9 (1963), H. 1, S. 173–182.

Hammerstein, Notker (Hrsg.): Universitäten und Aufklärung. Göttingen 1995 (Das achtzehnte Jahrhundert: Supplementa, 3).

Hansen, Klaus Peter: Die empfindsame Theologie Nathaniel Hawthornes. Rheinbach-Merzbach 1986 (Literaturwissenschaftliche Monographien, 4).

Hansen, Klaus Peter (Hrsg.): Empfindsamkeiten. Passauer Interdisziplinäre Kolloquien II. Passau 1990.

Hansen, Klaus Peter: Emotionalität und Empfindsamkeit. In: K. P. H.: Empfindsamkeiten. Passauer Interdisziplinäre Kolloquien II. Passau 1990, S. 7–13.

Hansen, Klaus Peter: Neue Literatur zur Empfindsamkeit. In: Deutsche Vierteljahrsschrift für Literaturwissenschaft und Geistesgeschichte 64 (1990), S. 514–528.

Hauck, Gerhard: Die Zusammensetzung des Mainzer Jakobinerklubs von 1792/93. Mainz 1973 (Staatsexamensarbeit

[Hauff, Maria u. a.]: „Ins Stammbuch geschrieben …". Studentische Stammbücher des 18. und 19. Jh. aus der Sammlung des Stadtarchivs Göttingen. Bearb. von Maria Hauff u. a. Göttingen 2000 (Elektronische Ressource / CD-ROM, Veröffentlichungen des Stadtarchivs Göttingen, 7).

Hauschild, Hans-Ulrich: Die idealistische Utopie. Untersuchungen zur Entwicklung des utopischen Denkens Friedrich Hölderlins. Frankfurt/Main und Bern 1977.

Hausmann, Frank-Rutger: Oppositionelle Literatur zur Zeit der Französischen Revolution. In: Henning Krauß (Hrsg.): Literatur der Französischen Revolution. Eine Einführung. Stuttgart 1988, S. 192–209.

Heidsieck, Arnold: [Rez.] Lothar Pikulik: Leistungsethik contra Gefühlskult, 1984. In: Colloquia Germanica 20 (1987), S. 92–94.

Heine, Heinrich: Säkularausgabe. Werke, Briefwechsel, Lebenszeugnisse. Hrsg. von den Nationalen Forschungs- und Gedenkstätten der deutschen Literatur in Weimar und dem Centre National de la Recherche scientifique in Paris. Berlin; Paris 1970 ff.

Heine, Heinrich: Historisch-kritische Gesamtausgabe der Werke. 16 Bde. Hrsg. von Manfred Windfuhr im Auftrag der Landeshauptstadt Düsseldorf. Hamburg 1973–1997.

Heine, Heinrich: Die romantische Schule. In: Historisch-kritische Gesamtausgabe der Werke. Bd. 8.1. Bearb. von Manfred Windfuhr. Hamburg 1979, S. 121–249.

Heinz, Jutta: [Art.] Empfindsamkeit. In: Metzler Lexikon Literatur. Hrsg. von Dieter Burdorf u. a. 3., völlig neu bearb. Aufl. Stuttgart und Weimar 2007, S. 187 f.

Heise, Wolfgang: Hölderlin. Schönheit und Geschichte. Berlin und Weimar 1988.

Henkel, Arthur: Was ist eigentlich romantisch? In: Festschrift für Richard Alewyn. Hrsg. von Herbert Singer und Benno von Wiese. Köln und Graz 1967, S. 292–308.

Herder, Johann Gottfried: Vom Erkennen und Empfinden der menschlichen Seele. In: J. G. H.: Schriften zu Philosophie, Literatur, Kunst und Altertum 1774–1787. Hrsg. von Jürgen Brummack und Martin Bollacher. Frankfurt/Main 1994, S. 327–393. (Johann Gottfried Herder Werke, 4).

Hermand, Jost (Hrsg.): Das Junge Deutschland. Texte und Dokumente. Stuttgart 1966.

Hermand, Jost (Hrsg.): Der deutsche Vormärz. Texte und Dokumente. Stuttgart 1967.

Hermand, Jost (Hrsg.): Von deutscher Republik. 1775–1795. Bd. 1: Aktuelle Provokationen; Bd. 2: Theoretische Grundlagen. Frankfurt/Main 1968 (sammlung insel, 41.1 und 41.2).

Hermand, Jost: Von Mainz nach Weimar (1793–1919). Studien zur deutschen Literatur. Stuttgart 1969.

Hermand, Jost: In Tyrannos. Über den politischen Radikalismus der sogenannten „Spätaufklärung". In: J. H.: Von Mainz nach Weimar (1793–1919). Studien zur deutschen Literatur. Stuttgart 1969, S. 9–52.

Hermand, Jost (Hrsg.): Von deutscher Republik 1775–1795. Texte radikaler Demokraten. Frankfurt/Main 1975.

Hermand, Jost und Manfred Windfuhr (Hrsg.): Zur Literatur der Restaurationsepoche 1815–1848. Forschungsreferate und Aufsätze. Friedrich Sengle zum. 60. Geburtstag von seinen Schülern. Stuttgart 1970.

Hermlin, Stephan: Scardanelli. Ein Hörspiel. Berlin 1970.

Herrlinger, Wolfgang: Sentimentalismus und Postsentimentalismus. Studien zum englischen Roman bis zur Mitte des 19. Jahrhunderts. Tübingen 1987 (Studien zur englischen Philologie, 26).

Herrmann, Leonhard: Klassiker jenseits der Klassik. Wilhelm Heinses „Ardinghello" – Individualitätskonzeption und Rezeptionsgeschichte. Berlin und New York 2010 (Communicatio, 41).

Herwegh, Georg: Ein Verschollener. (In: Deutsche Volkshalle. Hrsg. von Johann Georg August Wirth. Nr. 40 vom 8. November 1839). In: G. H.: Über Literatur und Gesellschaft (1837–1841). Bearb. und eingel. von Agnes Ziegengeist. Berlin 1971, S. 92–95 (Deutsche Bibliothek. Studienausgaben zur neueren deutschen Literatur, 6).

Herzig, Arno: Unterschichtenprotest in Deutschland 1790–1870. Göttingen 1988.

Herzig, Arno: Der Einfluß der Französischen Revolution auf den Unterschichtenprotest in Deutschland während der 1790er Jahre. In: Helmut Berding (Hrsg.): Soziale Unruhen in Deutschland während der Französischen Revolution. Göttingen 1988, S. 202–217.

Herzig, Arno: Der Sturm auf das Haus des Metzgermeisters Lanz 1794 in Altona. In: Helmut Reinalter (Hrsg.): Die Französische Revolution, Mitteleuropa und Italien. Frankfurt/Main u.a. 1992, S. 109–113 (Schriftenreihe der Internationalen Forschungsstelle „Demokratische Bewegungen in Mitteleuropa 1770–1850", 6).

Heuer, Uwe-Jens: Allgemeines Landrecht und Klassenkampf. Die Auseinandersetzungen um die Prinzipien des Allgemeinen Landrechts Ende des 18. Jahrhunderts als Ausdruck der Krise des Feudalsystems in Preußen. Berlin 1960.

[Heydebrand, Renate von u.a.]: Münchener Studien zur literarischen Kultur in Deutschland. Hrsg. von Renate von Heydebrand, Georg Jäger und Jürgen Scharfschwerdt. Frankfurt/Main 1986 ff.

Hochmuth, Ingeborg: Menschenbild und Menschheitsperspektive in Hölderlins Trauerspielfragmenten „Der Tod des Empedokles". In: Wissenschaftliche Zeitschrift der Friedrich-Schiller-Universität Jena. Gesellschafts- und sprachwissenschaftliche Reihe 21 (1972), H. 3 (Hölderlin-Colloquium), S. 437–446.

Hocks, Paul und Peter Schmidt: Literarische und politische Zeitschriften 1789–1805. Von der politischen Revolution zur Literaturrevolution. Stuttgart 1975.

Höhle, Thomas (Hrsg.): Reisen in das revolutionäre Frankreich. Halle/Saale 1995.

Hölderlin, Friedrich: „An die Deutschen". In: Der Revolutionär (1919), H. 1, S. 3 f.

Hölderlin, Friedrich: Hyperions „Scheltrede an die Deutschen". In: Ludwig Rubiner (Hrsg.): Die Gemeinschaft. Dokumente einer geistigen Weltwende. Potsdam 1929, S. 9–13.

Hölderlin, Friedrich: Sämtliche Werke. („Große Stuttgarter Ausgabe"). 8 Bde. Hrsg. von Friedrich Beißner und Adolf Beck. Stuttgart 1946–1985.

Hölderlin, Friedrich Hölderlin. Eine Auswahl von Johannes R. Becher mit einer Einführung von Georg Lukács. Berlin 1952.

Hölderlin, Friedrich: Hyperion oder Der Eremit in Griechenland. Mit einem Nachwort von Kurt Kanzog. Leipzig [1955].

Hölderlin, Friedrich: „[Über die Verfahrungsweise des poetischen Geistes]". In: Große Stuttgarter Ausgabe. Bd. 4.1. Stuttgart 1962, S. 241–265.

Hölderlin, Friedrich: Empedokles. Erste Fassung. In: Große Stuttgarter Ausgabe. Bd. 4.1. Stuttgart 1962, S. 1–85.

Hölderlins Werke in zwei Bänden. Ausgew. und eingel. von Herbert Greiner-Mai. Weimar 1963.

Hölderlin, Friedrich: Sämtliche Werke, Briefe und Dokumente. („Frankfurter Ausgabe"). 20 Bde. und 3 Supplemente. Historisch-Kritische Ausgabe. Hrsg. von Dietrich E. Sattler. Frankfurt/Main; Basel 1975–2008.

Hölscher, Uvo: Empedokles und Hölderlin. Frankfurt/Main 1965.

Hölscher, Uvo: Ansprache des Präsidenten zur Eröffnung der 21. Jahresversammlung vom 7. bis 10. Juni 1990 in Tübingen. In: Hölderlin-Jahrbuch (1990/91), S. 314–320.

Hofmann, Werner (Hrsg.): Caspar David Friedrich und die deutsche Nachwelt. Frankfurt/Main 1974.

Hofmann, Werner (Hrsg.): Johan Tobias Sergel 1740–1814. Kunst um 1800. Ausstellungskatalog. München und Hamburg 1975.

Hohendahl, Peter Uwe: Empfindsamkeit und gesellschaftliches Bewußtsein. Zur Soziologie des empfindsamen Romans am Beispiel von „La Vie de Marianne", „Clarissa", „Fräulein von Sternheim" und „Werther". In: Jahrbuch der Deutschen Schillergesellschaft 16 (1972), S. 176–207.

Hohendahl, Peter Uwe: Der europäische Roman der Empfindsamkeit. Wiesbaden 1977 (Athenaion-Studientexte, 1).

Hohendahl, Peter Uwe: Geschichte, Opposition, Subversion. Studien zur Literatur des 19. Jahrhunderts. Köln u.a. 1993 (Literatur, Kultur, Geschlecht, Kleine Reihe, 4).

Hohenwald, Heinz: Tagungsbericht zu: Ideologie, Literatur und Kunst im Zeitalter der Französischen Revolution von 1789. [Vorträge des V. Werner-Krauss-Kolloquiums am 8. und 9. November 1989]. In: Referatedienst zur Literaturwissenschaft 22 (1990), H. 1, S. 39 f.

Horster, Detlef: [Rez.] Pierre Bertaux: Friedrich Hölderlin. In: Frankfurter Hefte. Zeitschrift für Kultur und Politik 34 (1979), S. 69 f.

Hünich, Fritz Adolf: Aus der Wertherzeit. In: Jahrbuch der Sammlung Kippenberg 4 (1924), S. 249–281.

Huyssen, Andreas und Klaus R. Scherpe (Hrsg.): Postmoderne. Zeichen eines kulturellen Wandels. Reinbek 1989.

I

Iggers, Georg G.: The German conception of history. The national tradition of historical thought from Herder to the present. Middletown, CT 1968.

Im Hof, Ulrich: Das Europa der Aufklärung. München 1993.

[Institut für Geschichte an der Deutschen Akademie der Wissenschaften zu Berlin]: Zur Frage des Charakters der französischen Kriege in Bezug auf die Entwicklung in Deutschland in den Jahren 1792 bis 1815. Protokoll der Arbeitstagung des Instituts für Geschichte an der Deutschen Akademie der Wissenschaften zu Berlin vom 18. November 1956. Berlin 1958.

[Institut für Geschichte der Deutschen Akademie der Wissenschaften zu Berlin]: Deutsche Geschichte in Daten. Hrsg. vom Institut für Geschichte der Deutschen Akademie der Wissenschaften zu Berlin. Berlin 1967.

J

Jäger, Georg: Empfindsamkeit und Roman. Wortgeschichte, Theorie und Kritik im 18. und frühen 19. Jahrhundert. Stuttgart u. a. 1969 (Studien zur Poetik und Geschichte der Literatur, 11).

Jäger, Georg: Die Wertherwirkung. Ein rezeptionsästhetischer Modellfall. In: Walter Müller-Seidel (Hrsg.): Historizität in Sprach- und Literaturwissenschaft. Vorträge und Berichte der Stuttgarter Germanistentagung 1972. München 1974, S. 389–409.

Jäger, Georg: Die deutsche Leihbibliothek im 19. Jahrhundert. Verbreitung – Organisation – Verfall. In: Internationales Archiv für Sozialgeschichte der deutschen Literatur 2 (1977), S. 96–133.

Jäger, Georg: Schule und literarische Kultur. Sozialgeschichte des deutschen Unterrichts an höheren Schulen von der Spätaufklärung bis zum Vormärz. Bd. 1: Darstellung. Stuttgart 1981.

Jäger, Georg: Die Bestände deutscher Leihbibliotheken zwischen 1815 und 1860. Interpretation statistischer Befunde. In: Reinhard Wittmann und Bertold Hack (Hrsg.): Buchhandel und Literatur. Festschrift für Herbert G. Göpfert. Wiesbaden 1982, S. 247–313.

Jäger, Georg: Die Leiden des alten und neuen Werther. Kommentare, Abbildungen, Materialien zu Goethes „Leiden des jungen Werthers" und Plenzdorfs „Neuen Leiden des jungen W.". Mit einem Beitrag zu den Werther-Illustrationen München 1984 (Hanser Literatur-Kommentare, 21).

Jäger, Georg: Historische Lese(r)forschung. In: Werner Arnold u. a. (Hrsg.): Die Erforschung der Buch- und Bibliotheksgeschichte in Deutschland. Wiesbaden 1987, S. 485–507.

Jäger, Georg: Das Zeitungsfeuilleton als literaturwissenschaftliche Quelle. Probleme und Perspektiven seiner Erschließung. In: Wolfgang Martens (Hrsg.): Bibliographische Probleme im Zeichen eines erweiterten Literaturbegriffs. Zweites Kolloquium zur bibliographischen Lage in der germanistischen Literaturwissenschaft. Weinheim 1988, S. 53–71.

Jäger, Georg gemeinsam mit Valeska Rudek: Die deutschen Leihbibliotheken zwischen 1860 und 1914/18. Analyse der Funktionskrise und Statistik der Bestände. In: Monika Dimpfl und G. J. (Hrsg.): Zur Sozialgeschichte der deutschen Literatur im 19. Jahrhundert, Teil 2. Tübingen 1990, S. 198–296.

Jäger, Georg: Freundschaft, Liebe und Literatur von der Empfindsamkeit bis zur Romantik: Produktion, Kommunikation und Vergesellschaftung von Individualität durch „kommunikative Muster ästhetisch vermittelter Identifikation". In: SPIEL 9 (1990), H. 1, S. 69–87.

Jäger, Georg: Buchhandel und Wissenschaft. Zur Ausdifferenzierung des wissenschaftlichen Buchhandels. Siegen 1990.

Jäger, Georg und Jörg Schönert: Die Leihbibliothek als literarische Institution im 18. und 19. Jahrhundert – ein Problemaufriß. In: G. J. und J. S. (Hrsg.): Die Leihbibliothek als Institution des literarischen Lebens im 18. und 19. Jahrhundert. Organisationsformen, Bestände und Publikum. Arbeitsgespräch in der Herzog-August-Bibliothek Wolfenbüttel, 30. September bis 1. Oktober 1977. Hamburg 1980, S. 7–60. (Wolfenbütteler Schriften zur Geschichte des Buchwesens, 3).

Jäger, Georg und Heinz-Elmar Tenorth: Pädagogisches Denken. In: Handbuch der deutschen Bildungsgeschichte. Hrsg. von Christa Berg u. a. Bd. 3: 1800–1870. Von der Neuordnung Deutschlands bis zur Gründung des Deutschen Reiches. Hrsg. von Karl-Ernst Jeismann und Peter Lundgreen. München 1987, S. 71–104.

Jäger, Hans-Wolf: Die Resignation als Gefühl – Stimmung – Haltung. Phil. Diss. Freiburg/Breisgau 1960.

Jäger, Hans-Wolf: [Art.] Johann Gottfried Herder. In: Neue Deutsche Biographie. Bd. 8 (1969), S. 595–603.

Jäger, Hans-Wolf: Zur Poetik der Lehrdichtung in Deutschland. In kritischen Zusätzen zu L. L. Albertsens Buch „Das Lehrgedicht". In: Deutsche Vierteljahrsschrift für Literaturwissenschaft und Geistesgeschichte 44 (1970), S. 544–576.

Jäger, Hans-Wolf: Politische Kategorien in Poetik und Rhetorik der zweiten Hälfte des 18. Jahrhunderts. Stuttgart 1970 (Texte Metzler, 10).

Jäger, Hans-Wolf: Politische Metaphorik im Jakobinismus und im Vormärz. Stuttgart 1971 (Texte Metzler, 20).

Jäger, Hans-Wolf: Diskussionsbeitrag: Zur Frage des ‚Mythischen' bei Hölderlin. In: Ingrid Riedel (Hrsg.): Hölderlin ohne Mythos. Neue Positionen der Hölderlin-Forschung. Göttingen 1973, S. 81–90.

Jäger, Hans-Wolf: Gegen die Revolution. Beobachtungen zur konservativen Dramatik in Deutschland um 1790. Walter Müller-Seidel zum 60. Geburtstag. In: Jahrbuch der Deutschen Schillergesellschaft 22 (1978), S. 362–404.

Jäger, Hans-Wolf: Lehrdichtung. In: Rolf Grimminger (Hrsg.): Deutsche Aufklärung bis zur Französischen Revolution. München 1980, S. 500–544 (Hansers Sozialgeschichte der deutschen Literatur vom 16. Jahrhundert bis zur Gegenwart, 3).

[Jäger, Hans-Wolf]: Arbeitsprogramm des Forschungsschwerpunkts „Literatur der Spätaufklärung an der Universität Bremen". Bremen 1983.

Jäger, Hans-Wolf: „Die Literatur der Spätaufklärung". Ein Forschungsschwerpunkt der Universität Bremen. In: Jahrbuch der Wittheit zu Bremen 27 (1983), S. 141–162.

Jäger, Hans-Wolf: Weltbürgertum in der deutschen Lehrdichtung des 18. Jahrhunderts. In: Gonthier-Louis Fink (Hrsg.): Cosmopolitisme, Patriotisme et Xénophobie en Europe au Siècle des Lumières. Strasbourg 1986, S.175–186.

Jäger, Hans-Wolf: Goethe reist auch traditionell. Ein Vortrag. Friedrich Sengle zum 80. Geburtstag. In: Goethe Yearbook 5 (1990), S. 65–84.

Jäger, Hans-Wolf: Landschaft in Lehrdichtung und Prosa des 18. Jahrhunderts. In: Heike Wunderlich (Hrsg.): Landschaft und Landschaften im achtzehnten Jahrhundert. Heidelberg 1995, S. 117–141.

Jäger, Hans-Wolf: Fürst auf Reisen. Herzog Carl Eugen im revolutionären Paris. In: Studia Germanica Gedanensia 3 (1997), S. 139–149; auch in: H.-W. J.: Vergnügen und Engagement. Ein gutes Dutzend Miszellen. Bremen 2001, S. 169–183.

Jäger, Hans-Wolf: Didaktische Dichtung. In: Goethe Handbuch in vier Bänden. Bd. 4.1. Hrsg. von Hans-Dietrich Dahnke und Regine Otto. Stuttgart und Weimar 1998, S. 203–206.

Jäger, Hans-Wolf: [Art.] Reiseliteratur. In: Reallexikon der deutschen Literaturwissenschaft. Bd. 3. Hrsg. von Jan-Dirk Müller u. a. Berlin und New York 2003, S. 258–261.

Jäger, Hans-Wolf: Anakreontiker als Lehrdichter. In: Manfred Beetz und Hans-Joachim Kertscher (Hrsg.): Anakreontische Aufklärung. Tübingen 2005 (Hallesche Beiträge zur europäischen Aufklärung, 28), S. 223–238.

Jäger, Hella: Naivität. Eine kritisch-utopische Kategorie in der bürgerlichen Literatur und Ästhetik des 18. Jahrhunderts. Kronberg/Taunus 1975.

Jahrbuch des Instituts für Deutsche Geschichte. Hrsg. von der Universität Tel Aviv, Forschungszentrum für Geschichte. 1972–1986; fortges. ab 1987 als Tel Aviver Jahrbuch für deutsche Geschichte.

Jamme, Christoph: [Rez.] Christoph Prignitz: Friedrich Hölderlin, 1976. In: Hegel-Studien 17 (1982), S. 261 f.

Jamme, Christoph: „Ein ungelehrtes Buch". Die philosophische Gemeinschaft zwischen Hölderlin und Hegel in Frankfurt 1797–1800. Bonn 1983.

Jarausch, Konrad H.: Deutsche Studenten 1800–1970. Frankfurt/Main 1984.

Jean Paul: Leben des vergnügten Schulmeisterlein Maria Wutz in Auenthal. Eine Art Idylle. Berlin: Matzdorff 1793.

Jenisch, Daniel: Ueber Prose und Beredsamkeit der Deutschen. In: Berlinisches Archiv der Zeit und ihres Geschmacks 1 (1795) Teil 1: S. 249–256; Teil 2: S. 373–377.

Jenisch, Daniel: Berichtigung eines auffallenden Mißverständnisses in den Horen (1795, St. V, S. 50–56: Litterarischer Sansculottismus). Nebst einer Nacherinnerung der Redaktoren. In: Berlinisches Archiv der Zeit und ihres Geschmacks 2 (1795), September, S. 23–145.

Jentzsch, Monika: Jakobinerforschung in Österreich. In: Aufklärung – Vormärz – Revolution 8/9 (1988/89), S. 11–16.

Jørgensen, Sven Aage u. a.: Aufklärung, Sturm und Drang, Frühe Klassik. 1740–1789. München 1990 (Geschichte der deutschen Literatur von den Anfängen bis zur Gegenwart, 6).

K

Kaim-Kloock, Lore: Gottfried August Bürger. Zum Problem der Volkstümlichkeit in der Lyrik. Berlin 1963 (Germanistische Studien).

Kaiser, Gerhard: Pietismus und Patriotismus im literarischen Deutschland. Ein Beitrag zum Problem der Säkularisation. Wiesbaden 1961.

Kaiser, Gerhard: Zum Syndrom modischer Germanistik. Bemerkungen über Klaus Scherpe, Werther und Wertherwirkung. Zum Syndrom bürgerlicher Gesellschaftsordnung im 18. Jahrhundert. Bad Homburg v. d. H. 1970. In: Euphorion 65 (1971), S. 194–199, auch in: G. K.: Antithesen. Zwischenbilanz eines Germanisten 1970–1972. Frankfurt/Main 1973, S. 185–196.

Kaiser, Gerhard: Idylle und Revolution. Schillers „Wilhelm Tell". In: Richard Brinkmann u. a.: Deutsche Literatur und Französische Revolution. Göttingen 1974, S. 87–128.

Kaiser, Gerhard: Über den Umgang mit Republikanern, Jakobinern und Zitaten. In: Deutsche Vierteljahrsschrift für Literaturwissenschaft und Geistesgeschichte 49 (1975), Sonderheft „18. Jahrhundert", S. 226*–242*.

Kallweit, Hilmar: Zur „anthropologischen" Wende in der zweiten Hälfte des 18. Jahrhunderts – aus der Sicht des „Archäologen" Michel Foucault. In: Wolfgang Küttler u. a. (Hrsg.): Geschichtsdiskurs. Bd. 2: Anfänge modernen historischen Denkens. Frankfurt/Main 1994 S. 17–47.

Kalmbach, Gabriele: Der Dialog im Spannungsfeld von Schriftlichkeit und Mündlichkeit. Tübingen 1996 (Communicatio, 11).

Kamprath, Edmund: Das Siegwartfieber. Culturhistorische Skizzen aus den Tagen unserer Großväter. In: Programm des K. K. Staats-Ober-Gymnasiums zu Wiener-Neustadt am Schlusse des Schuljahres 1876/77. Wiener-Neustadt 1877, S. 3–26.

Kanzog, Kurt: Hölderlin im Urteil seiner Zeit. Ein Beitrag zur Wirkungsgeschichte Hölderlins. Phil. Diss. Leipzig 1957.

Kawa, Rainer: Georg Friedrich Rebmann (1768–1824). Studien zu Leben und Werk eines deutschen Jakobiners. Bonn 1980 (Abhandlungen zur Kunst-, Musik- und Literaturwissenschaft, 290).

Keim, Anton Maria: 11mal politischer Karneval. Weltgeschichte aus der Bütt. Geschichte der demokratischen Narrentradition vom Rhein. Mainz 1966.

Keim, Anton Maria: Die Mainzer Republik. Verdammung und Mythos einer bürgerlichen Revolution [7 Folgen]. In: Das Neue Mainz (1967), H. 3, S. 2–4; H. 4, S. 8 f.; H. 5, S. 9; H. 6, S. 4 f.; H. 7, S. 3 f.; H. 8, S. 6 f.; H. 9, S. 4 f.

Keim, Anton Maria: Die „Mainzer Republik". Zu einer Edition aus der DDR. In: Allgemeine Zeitung (Mainz), Nr. 269 vom 25. November 1976.

Keim, Anton-Maria: Einführung. In: Deutsche Jakobiner Mainzer Republik und Cisrhenanen 1792–1798. Ausstellung des Bundesarchivs und der Stadt Mainz im Foyer des Mainzer Rathauses. Mainz 1981. Bd. 1: Handbuch. Beiträge zur demokratischen Tradition in Deutschland, S. 13 f.

Keim, Anton Maria und Helmut Mathy: Hambach 1832–1982. Ereignis, Grundwerte, Perspektiven. Ein politisches Lese- und Bilderbuch zur Geschichte von Freiheit und Demokratie. Mainz 1982.

Kerner, Georg: Jakobiner und Armenarzt. Reisebriefe, Berichte, Lebenszeugnisse. Hrsg. von Hedwig Voegt. Berlin 1978.

Keßler, Mario: Jakobinismus, Demokratie und Arbeiterbewegung. Der Historiker Walter Grab. In: Jahrbuch für Forschungen zur Geschichte der Arbeiterbewegung 1 (2002), S. 55–67.

Klapheck, Helmut: Zum Artikel „Im Mainzer Jubiläumsbuch" von René Wagner (18. März 1993). In: Frankfurter Allgemeine Zeitung, Nr. 77 vom 1. April 1993; Briefe an die Herausgeber, S. 12.

Klapheck, Helmut und Franz Dumont (Hrsg.): Als die Revolution an den Rhein kam. Die Mainzer Republik 1792/93. Jakobiner – Franzosen – Cisrhenanen. Beiträge und Materialien für den Unterricht. Mainz 1994.

Klein, Wolfgang: „Aufklärer fehlen". Das 18. Jahrhundert in SED-Akten 1945–1950. In: Das 18. Jahrhundert. Mitteilungen der Deutschen Gesellschaft zur Erforschung des 18. Jahrhundert 18 (1994), H. 2, S. 138–149.

Kleinert, Susanne: Nicolas de Bonneville. Studien zur ideengeschichtlichen und literaturtheoretischen Position eines Schriftstellers der Französischen Revolution. Heidelberg 1981 (Phil. Diss. Erlangen-Nürnberg 1979).

[Klenke, Claus-Volker]: Georg Forster in interdisziplinärer Perspektive. Beiträge des Internationalen Georg-Forster-Symposions in Kassel, 1. bis 4. April 1993. Hrsg. im Auftrag der Georg-Forster-Gesellschaft e.V. von Claus-Volker Klenke in Zusammenarbeit mit Jörn Garber und Dieter Heintze. Berlin 1994.

Klingenstein, Grete: [Rez.] Helmut Reinalter: Aufgeklärter Absolutismus und Revolution, 1990. In: Historische Zeitschrift 235 (1982), S. 434 f.

Klotz, Günther u. a. (Hrsg.): Literatur im Epochenumbruch. Funktionen europäischer Literaturen im 18. und beginnenden 19. Jahrhundert. Berlin und Weimar 1977.

Kluckhohn, Paul: Die Auffassung der Liebe in der Literatur des 18. Jahrhunderts und in der Romantik. Halle/Saale 1922.

Knigge, Adolph Freiherr: Des seligen Herrn Etatsraths Samuel Conrad von Schaafskopf hinterlassene Papiere, von seinen Erben herausgegeben. Mit einem Nachwort von Iring Fetscher. Frankfurt/Main 1965.

Knigge, Adolph Freiherr: Der Traum des Herrn Brick. Essays, Satiren, Utopien. Hrsg. von Hedwig Voegt. Berlin 1968.

Knigge, Adolph Freiherr: Joseph's von Wurmbrand, Kaiserlich abyssinischen Ex-Ministers, jezzigen Notarii caesarii publici in der Reichsstadt Bopfingen, politisches Glaubensbekenntniß, mit Hinsicht auf die französische Revolution und deren Folgen. Hrsg. von Gerhard Steiner. Frankfurt/Main 1968.

Koch, Peter: Selbstbildung und Leserbildung. Zu Form und gesellschaftlicher Funktion der „Ansichten vom Niederrhein". In: Gerhart Pickerodt (Hrsg.): Georg Forster in seiner Epoche. Berlin 1982, S. 8–39.

Kocka, Jürgen: Gebhardt. Handbuch der deutschen Geschichte. Bd. 13: Das lange 19. Jahrhundert. 10., völlig neu bearb. Aufl. Stuttgart 2002.

Körner, Alfred: Die Wiener Jakobiner. Stuttgart 1972 (Deutsche revolutionäre Demokraten, 3).

Kommerell, Max: Schiller als Psychologe. In: Jahrbuch des Freien Deutschen Hochstifts 1934/1935,
S. 177–219.

Korff, Hermann August: Voltaire im literarischen Deutschland des XVIII. Jahrhunderts. Ein Beitrag
zur Geschichte des deutschen Geistes von Gottsched bis Goethe. Heidelberg 1917.

Korff, Hermann August: Geist der Goethezeit. Versuch einer ideellen Entwicklung der klassisch-
romantischen Literaturgeschichte. 4 Bde. Leipzig 1923–53; 2. Aufl. 1954.

Kortum, Hans und Reinhard Weisbach: Unser Verhältnis zum literarischen Erbe. Bemerkungen zu
Peter Müllers „Zeitkritik und Utopie in Goethes ‚Werther‘". In: Weimarer Beiträge 16 (1970), H. 5,
S. 214–219.

Koschorke, Albrecht: Körperströme und Schriftverkehr. Mediologie des 18. Jahrhunderts. München
1999.

Koselleck, Reinhart: Kritik und Krise. Zur Pathogenese der bürgerlichen Welt. Freiburg/Breisgau 1959;
6. Aufl. 1989.

Koselleck, Reinhart: Preußen zwischen Reform und Revolution. Allgemeines Landrecht, Verwaltung
und soziale Bewegung von 1791 bis 1848. Stuttgart 1967 (Industrielle Welt, 7).

Kossok, Manfred (Hrsg.): Vergleichende Revolutionsgeschichte. Probleme der Theorie und Methode.
Berlin 1988.

Krauss, Werner: Zur Periodisierung der Aufklärung. In: W. K. und Hans Mayer (Hrsg.): Grundpositionen der französischen Aufklärung. Berlin 1955, S. VII–XVI.

Krauss, Werner: Tendenzen der Akademien im Zeitalter der Aufklärung. In: Spektrum. Mitteilungsblatt für die Mitarbeiter der Deutschen Akademie der Wissenschaften 7 (1960), S. 121–127.

Krauss, Werner: Le cousin Jacques, Robespierre et la Révolution française. In: Annales Historiques
de la Révolution française 32 (1960), S. 305–308; zudem in: W.K.: Aufklärung I: Frankreich. Hrsg.
von Winfried Schröder. Bearbeitet von Renate Petermann und Peter-Volker Springborn. Berlin und
Weimar 1991, S. 738–741 (Werner Krauss: Das wissenschaftliche Werk, 5).

Krauss, Werner: Über die Konstellation der Aufklärung in Deutschland. In: Sinn und Form 13 (1961),
S. 65–100 und S. 223–288.

Krauss, Werner: Französische Aufklärung und deutsche Romantik. In: Wissenschaftliche Zeitschrift
der Karl-Marx-Universität Leipzig. Gesellschaftswissenschaftliche Reihe 12 (1963), S. 496–501; zudem in: W.K.: Aufklärung III. Deutschland und Spanien. Hrsg. von Martin Fontius. Textrevision
und editorische Anmerkungen von Renate Petermann und Peter-Volker Springborn. Berlin und New
York 1996, S. 216–230 (Werner Krauss: Das wissenschaftliche Werk, 7).

Krauss, Werner: Das Mittelalter in der Aufklärung. In: Heinrich Bihler (Hrsg.): Medium Aevum Roma-
nicum. Festschrift für Hans Rheinfelder. München 1963, S. 223–231.

Krauss, Werner (Hrsg.): Die französische Aufklärung im Spiegel der deutschen Literatur des 18. Jahrhunderts. Berlin 1963.

Werner Krauss: Einleitung (Zur Konstellation der deutschen Aufklärung / Der Weg der deutschen Aufklärung nach Frankreich). In: Die französische Aufklärung im Spiegel der deutschen Literatur des
18. Jahrhunderts. Hrsg. und eingeleitet von W. K. Berlin 1963, S, IX–CLXXXVII.

Krauss, Werner: Fontenelle und die Aufklärung. München 1969.

Krauss, Werner: Die Aufklärung in Spanien, Portugal und Lateinamerika. München 1973.

Krauss, Werner: Cervantes und seine Zeit. Hrsg. von Werner Bahner. Bearbeitet von Horst F.Müller.
Berlin und Weimar 1990 (Werner Krauss: Das wissenschaftliche Werk, 2).

Krauss, Werner: Spanische, italienische und französische Literatur im Zeitalter des Absolutismus.
Hrsg. von Peter Jehle. Textrevision und editorische Anmerkungen von Horst F.Müller. Berlin und
New York 1997 (Werner Krauss: Das wissenschaftliche Werk, 3).

Krauss, Werner: Essays zur spanischen und französischen Literatur- und Ideologiegeschichte der Moderne. Hrsg. von Karlheinz Barck. Textrevision und editorische Anmerkungen von Renate Petermann und Peter-Volker Springborn. Berlin und New York 1997 (Werner Krauss: Das wissenschaftliche Werk, 4).

Krauss, Werner: Aufklärung I. Frankreich. Hrsg. von Winfried Schröder. Bearbeitet von Renate Peter-mann und Peter-Volker Springborn. Berlin und Weimar 1991 (Werner Krauss: Das wissenschaftliche Werk, 5).

Krauss, Werner: Aufklärung II. Frankreich. Hrsg. von Rolf Geißler. Bearb. von Renate Petermann und Peter-Volker Springborn. Berlin und Weimar 1987 (Werner Krauss: Das wissenschaftliche Werk, 6).

Krauss, Werner: Aufklärung III. Deutschland und Spanien. Hrsg. von Martin Fontius. Textrevision und editorische Anmerkungen von Renate Petermann und Peter-Volker Springborn. Berlin und New York 1996 (Werner Krauss: Das wissenschaftliche Werk, 7).

[Krauss, Werner und Hans Kortum]: Antike und Moderne in der Literaturdiskussion des 18. Jahrhun-derts. Hrsg. und eingel. von Werner Krauss und Hans Kortum. Berlin 1966 (Schriften des Instituts für romanische Sprachen und Kultur, 3).

Kreutz, Wilhelm: Zwischen Aktualität und Traditionsvermittlung. Zur neuen Jakobinismusforschung in Deutschland. In: Neue Politische Literatur 25 (1980), S. 189–201.

Kreutz, Wilhelm: Von der „deutschen" zur „europäischen" Perspektive. Neuerscheinungen zu den Aus-wirkungen der Französischen Revolution in Deutschland und der Habsburger Monarchie. In: Neue politische Literatur 31 (1986), S. 415–441.

Kreuzer, Helmut: Die Bohème. Beiträge zu ihrer Beschreibung. Stuttgart 1968.

Krüger, Renate: Das Zeitalter der Empfindsamkeit. Kunst und Kultur des späten 18. Jahrhunderts in Deutschland. Leipzig 1972.

Kuczynski, Jürgen: Hölderlin – Die Tragödie des revolutionären Idealisten. In: J.K.: Gestalten und Werke. Soziologische Studien zur deutschen Literatur. Berlin und Weimar 1969, S. 83–107 und S. 457f.

Kuczynski, Jürgen: Geschichte des Alltags des deutschen Volkes 1600–1945. 5 Bde. Berlin; Köln 1980–1982; Bd. 6: Nachträgliche Gedanken. Berlin; Köln 1985.

Kuhn, Axel: Der schwierige Weg zu den deutschen demokratischen Traditionen. In: Neue politische Literatur 18 (1973), S. 430–452.

Kuhn, Axel: Jakobiner im Rheinland. Der Kölner konstitutionelle Zirkel von 1798. Stuttgart 1976 (Stutt-garter Beiträge zur Geschichte und Politik, 10).

Kuhn, Axel: Linksrheinische deutsche Jakobiner. Aufrufe, Reden, Protokolle, Briefe und Schriften 1794–1801. Stuttgart 1978 (Deutsche revolutionäre Demokraten, 2).

Kuhn, Axel: Die Stellung der deutschen Jakobinerklubs in der Frühgeschichte deutscher Parteien. In: Die demokratische Bewegung in Mitteleuropa im ausgehenden 18. und frühen 19. Jahrhundert. Ein Tagungsbericht. (Arbeitstagung „Die demokratische Bewegung in Mitteleuropa im ausgehenden 18. und frühen 19. Jahrhundert", 19. bis 21. Mai 1977). Bearb. und hrsg. von Otto Büsch und Walter Grab unter Mitarbeit von Jürgen Schmädeke und Monika Wölk. Berlin 1980 (Einzelveröffentlichungen der Historischen Kommission zu Berlin, 29), S. 73–82.

Kuhn, Axel: Jakobiner im Rheinland: ein neues Resümee. In: Aufklärung – Vormärz – Revolution 1 (1981), S. 29–36.

Kuhn, Axel: Freiheit, Gleichheit, Brüderlichkeit. Debatten um die Französische Revolution in Deutsch-land. Hannover 1989.

Kuhn, Axel (Hrsg.): Volksunruhen in Württemberg, 1789–1801. Stuttgart-Bad Cannstatt 1991 (Aufklä-rung und Revolution, 2).

Kuhn, Axel: Schwarzbrot und Freiheit. Die Tübinger Studentenbewegung zur Zeit Hölderlins und He-gels. In: Volker Schäfer (Hrsg.): Bausteine zur Tübinger Universitätsgeschichte, Folge 6. Tübingen 1992, S. 9–62.

Kuhn, Axel: Studentenbewegungen zur Zeit der Französischen Revolution, vornehmlich an der Stutt-garter Hohen Carlsschule. In: Helmut Asmus (Hrsg.): Studentische Burschenschaften und bürger-liche Umwälzung. Berlin 1992, S. 54–64.

Kuhn, Axel: „Die besten jungen Köpfe Wirttembergs gewinnen". Reinhard und die Wetzlarer „Freunde der Wahrheit", Kerner und die Tübinger Studentenbewegung 1794/95. In: Aus südwestdeutscher

Geschichte. Festschrift für Hans-Martin Maurer. Dem Archivar und Historiker zum 65. Geburtstag. Im Auftrag des Württembergischen Geschichts- und Altertumsvereins und der Kommission für Geschichtliche Landeskunde hrsg. von Wolfgang Schmierer u. a. Stuttgart u. a. 1994, S. 560–579.

Kuhn, Axel: Republikvorstellungen deutscher Jakobiner. In: Helmut Reinalter (Hrsg.): Republikbegriff und Republiken seit dem 18. Jahrhundert im europäischen Vergleich. Frankfurt/Main u. a. 1999, S. 83–99.

Kuhn, Axel: Rastatt – ein Zentrum südwestdeutscher Revolutionsversuche 1797/99. In: Bernhard Kirchgässner und Hans-Peter Becht (Hrsg.): Stadt und Revolution. Stuttgart 2001, S. 37–53 (Stadt in der Geschichte, 72).

Kuhn, Axel u. a.: Revolutionsbegeisterung an der Hohen Carlsschule. Stuttgart-Bad Cannstatt 1989 (Aufklärung und Revolution, 1).

Kuhn, Axel und Jörg Schweigard: Studentenbewegungen zur Zeit der Französischen Revolution, vornehmlich an der Stuttgarter Hohen Carlsschule. In: Helmut Asmus (Hrsg.): Studentische Burschenschaften und bürgerliche Umwälzung. Berlin 1992, S. 54–64.

Kuhn, Axel und Jörg Schweigard: Freiheit oder Tod! Die deutsche Studentenbewegung zur Zeit der Französischen Revolution. Köln u. a. 2005 (Stuttgarter historische Forschungen, 2).

Kurz, Gerhard: [Rez.] Gisbert Lepper: Friedrich Hölderlin, 1972. In: Germanistik 13 (1972), S. 728.

Kurz, Gerhard: [Rez.] Johannes Mahr: Mythos und Politik in Hölderlins Rheinhymne, 1972. In: Germanistik 14 (1973), S. 657.

Kurz, Gerhard: Mittelbarkeit und Vereinigung. Zum Verhältnis von Poesie, Reflexion und Revolution bei Hölderlin. Stuttgart 1975.

Kurz, Gerhard: [Rez.] Rainer Nägele: Literatur und Utopie, 1978. In: Germanistik 20 (1979), S. 488.

Kurz, Gerhard: Höhere Aufklärung. Aufklärung und Aufklärungskritik bei Hölderlin. In: Christoph Jamme und G. K. (Hrsg.): Idealismus und Aufklärung. Kontinuität und Kritik der Aufklärung in Philosophie und Poesie um 1800. Stuttgart 1988, S. 259–282.

Kutter, Markus: Die Schweizer und die Deutschen. Es hätte auch ganz anders kommen können … Zürich 1995; Frankfurt/Main 1997.

L

Lachenicht, Susanne: Information und Propaganda. Die Presse deutscher Jakobiner im Elsaß (1791–1800). München 2004 (Ancien Régime, Aufklärung und Revolution, 37).

Lämmert, Eberhard: Bertaux, Hölderlin und die Deutschen. In: E. L.: Das überdachte Labyrinth. Ortsbestimmungen der Literaturwissenschaft 1960–1990. Stuttgart 1991, S. 232–238.

Lamprecht, Oliver: Das Streben nach Demokratie, Volkssouveränität und Menschenrechten in Deutschland am Ende des 18. Jahrhunderts. Zum Staats- und Verfassungsverständnis der deutschen Jakobiner. Berlin 2001 (Schriften zur Verfassungsgeschichte, 63).

[Landtag Rheinland-Pfalz]: Die Mainzer Republik, der Rheinisch-Deutsche Nationalkonvent. Hrsg. vom Landtag Rheinland-Pfalz. Redaktion: Doris M. Peckhaus und Michael-Peter Werlein. Mainz 1993.

Langen, August: Der Wortschatz des deutschen Pietismus. Tübingen 1954.

Langewiesche, Dieter: Liberalismus in Deutschland. Frankfurt/Main 1988.

Langewiesche, Dieter (Hrsg.): Liberalismus im 19. Jahrhundert. Deutschland im europäischen Vergleich. Dreißig Beiträge. Göttingen 1988 (Kritische Studien zur Geschichtswissenschaft, 79).

Lankheit, Klaus: Der kurpfälzische Hofbildhauer Paul Egell 1691–1752. München 1988.

Laufenberg, Heinrich: Hamburg und sein Proletariat im achtzehnten Jahrhundert. Eine wirtschaftshistorische Studie zur Geschichte der modernen Arbeiterbewegung im niederelbischen Städtegebiet. Hamburg 1910.

Lepenies, Wolf: Melancholie und Gesellschaft. Frankfurt/Main 1969.

Lepenies, Wolf: Melancholie und Gesellschaft. Mit einer neuen Einleitung: Das Ende der Utopie und die Wiederkehr der Melancholie. Frankfurt/Main 1998.

Lessing, Gotthold Ephraim, Moses Mendelssohn, Friedrich Nicolai. Briefwechsel über das Trauerspiel. Hrsg. und komm. von Jochen Schulte-Sasse. München 1972.

Lessing, Gotthold Ephraim: Werke. Hrsg. von Herbert G. Göpfert. Bd. 2. München 1971.

Lessing, Gotthold Ephraim: Briefwechsel über das Trauerspiel. [1756/57]. In: G. E. L.: Werke. Bd. 4: Dramaturgische Schriften. Bearb. von Karl Eibl. München 1973, S. 153–227; 831–838

Lichtenberg, Georg Christoph: Ausführliche Erklärung der Hogarthischen Kupferstiche. Göttingen: Diterich 1794–1799.

Liefland, Wilhelm E.: Die Einheit des Jahrhunderts des Lichts. Empfindsamkeit – ein Germanist auf dem Wege zum Materialismus. In: Frankfurter Rundschau vom 3. Januar 1974, S. 18.

Liepe, Wolfgang: [Art.] Empfindsame Dichtung. In: Reallexikon der deutschen Literaturgeschichte. Begründet von Paul Merker und Wolfgang Stammler. 2. Aufl. Neu bearb. und unter redaktioneller Mitarbeit von Klaus Kanzog hrsg. von Werner Kohlschmidt und Wolfgang Mohr. Bd. 1 (1958). Unveränd. Neuausgabe Berlin und New York 2001, S. 343–345.

Ludz, Peter Christian (Hrsg.): Geheime Gesellschaften. Heidelberg 1979 (Wolfenbütteler Studien zur Aufklärung, V/1).

Lukács, Georg: Fortschritt und Reaktion in der deutschen Literatur. Berlin 1947.

Lukács, Georg: Die Zerstörung der Vernunft. Berlin 1954.

Lukács, Georg: Hölderlins Hyperion. [1934]. In: G. L.: Werke. Bd. 7: Deutsche Literatur in zwei Jahrhunderten. Frankfurt/Main 1964, S. 164–184.

Lunačarskij, Anatolij: Das Schicksal Hölderlins. In: Internationale Literatur. Zentralorgan der Internationalen Vereinigung Revolutionärer Schriftsteller 5 (1935), H. 6, S. 92–95.

Luserke, Matthias: Die Bändigung der wilden Seele. Literatur und Leidenschaft in der Aufklärung. Stuttgart und Weimar 1995 (Germanistische Abhandlungen, 77).

M

Mahr, Johannes: [Rez.] Hans-Ulrich Hauschild: Die idealistische Utopie, 1977. In: Germanistik 21 (1980), S. 675.

Mahr, Johannes: [Rez.] Stephan Wackwitz: Friedrich Hölderlin, 1985. In: Germanistik 29 (1988), S. 932 f.

Mandelkow, Karl Robert: Goethe in Deutschland. Rezeptionsgeschichte eines Klassikers. 2 Bde. München 1980 und 1989.

Mann, Otto: Lessing. Sein und Leistung. Hamburg 1949.

Mann, Otto und Rotraut Straube-Mann: Lessing-Kommentar. München 1971.

Mann, Thomas: Goethe und Tolstoi. [1921]. In: T. M.: Gesammelte Werke. Bd. 9: Reden und Aufsätze 1. Frankfurt/Main 1960, S. 58–173.

Markov, Walter: Grenzen des Jakobinerstaats. In: Werner Krauss und Hans Mayer (Hrsg.): Grundpositionen der französischen Aufklärung. Berlin 1955, S. 209–242.

Markov, Walter: Die Utopia des Citoyen. In: Festschrift Ernst Bloch zum 70. Geburtstag. Hrsg. von Rugard Otto Gropp. Berlin 1955, S. 229–240.

Markov, Walter (Hrsg.): Jakobiner und Sansculotten. Beiträge zur Geschichte der französischen Revolutionsregierung 1793–1794. Berlin 1956.

Markov, Walter in Verbindung mit Georges Lefèbvre (Hrsg.): Maximilien Robespierre 1758–1794. Beiträge zu seinem 200. Geburtstag. Berlin 1958.

Markov, Walter: Robespierristen und Jacquesroutins. In: W. M. in Verbindung mit Georges Lefèbvre (Hrsg.): Maximilien Robespierre 1758–1794. Beiträge zu seinem 200. Geburtstag. Berlin 1958, S. 159–217.

Markov, Walter: Jacques Roux oder vom Elend der Biographie. Berlin 1966 (Sitzungsberichte der Deutschen Akademie der Wissenschaften zu Berlin, Klasse für Philosophie, Geschichte, Staats- und Wirtschaftswissenschaften, 1966/6). 2. Aufl. Leipzig 2009.

Markov, Walter: Die Freiheiten des Priesters Roux. Berlin 1967. Neuaufl. Leipzig 2009.

Markov, Walter: Jacques Roux. Scripta et Acta. Berlin 1969.

Markov, Walter: Exkurse zu Jacques Roux. Berlin 1970 (Abhandlungen der Deutschen Akademie der Wissenschaften zu Berlin).

Markov, Walter: Jakobiner in der Habsburger-Monarchie. In: Helmut Reinalter (Hrsg.): Jakobiner in Mitteleuropa. Innsbruck 1977, S. 291–312.

Markschies, Johannes-Lothar: Das Heilige bei Hölderlin. Eine literarhistorische Untersuchung über den Grundwert der Hölderlinschen Dichtung. Phil. Diss. Leipzig 1950.

Martens, Wolfgang: Die Botschaft der Tugend. Die Aufklärung im Spiegel der deutschen Moralischen Wochenschriften. Stuttgart 1968.

Martens, Wolfgang: Der Literat als Demagoge. In: Elger Blühm (Hrsg.): Presse und Geschichte. Beiträge zur historischen Kommunikationsforschung. Bremen 1977, S. 100–136.

Martin, Uwe: Vorwort. In: Deutschland und die Französische Revolution 1789/1989. Eine Ausstellung des Goethe-Instituts zum Jubiläum des welthistorischen Ereignisses. Leitung: Uwe Martin. Stuttgart 1989, S. 7 f.

Martino, Alberto: Geschichte der dramatischen Theorien in Deutschland im 18. Jahrhundert I: Die Dramaturgie der Aufklärung (1730–1780). Tübingen 1972.

Mathy, Helmut: Anton Joseph Dorsch (1758–1819). Leben und Werk eines rheinischen Jakobiners. In: Mainzer Zeitschrift 62 (1967), S. 1–55.

Mathy, Helmut: Als Mainz französisch war. Studien zum Geschichtsbild der Franzosenzeit am Mittelrhein 1792/93 und 1789–1814. Hrsg. vom Institut für Staatsbürgerliche Bildung in Rheinland-Pfalz. Mainz 1968.

Mathy, Helmut: Georg Wedekind. Die politische Gedankenwelt eines Mainzer Medizinprofessors. In: Festschrift für Ludwig Petry. Hrsg. von Johannes Bärmann u. a. Teil 1. Wiesbaden 1968, S. 177–205 (Geschichtliche Landeskunde, 5).

Mathy, Helmut: Felix Anton Blau (1754–1789). Ein Mainzer Lebensbild aus der Zeit der Aufklärung und der Französischen Revolution. In: Mainzer Zeitschrift 67/68 (1972/1973), S. 1–39.

Mathy, Helmut: Andreas Josef Hofmann (1752–1849). Professor für Philosophie in Mainz und Präsident des rheinisch-deutschen Nationalkonvents. In: Jahrbuch der Vereinigung „Freunde der Universität Mainz" (1973), S. 15–45.

Mathy, Helmut: Eine neue Quelle zur Jugendgeschichte von Andreas Josef Hofmann, Präsident des Rheinisch-Deutschen Nationalkonvents. In: Winfried Dotzauer (Hrsg.): Landesgeschichte und Reichsgeschichte. Festschrift für Alois Gerlich zum 70. Geburtstag. Stuttgart 1995, S. 321–334.

Mattenklott, Gert: Melancholie in der Dramatik des Sturm und Drang. Stuttgart 1968 (Studien zur Allgemeinen und Vergleichenden Literaturwissenschaft, 1) erw. und durchges. Aufl. Königstein/Taunus 1985.

Mattenklott, Gert: Ästhetischer Überfluß und revolutionäre Askese. Zum Verhältnis von literarischem Jakobinismus und deutscher Klassik. In: Annali. Sezione germanica. Studi Tedeschi 21 (1978), H. 3, S. 113–124.

Mattenklott, Gert: Drama: Gottsched bis Lessing. In: Deutsche Literatur. Eine Sozialgeschichte. Hrsg. von Hans Albert Glaser. Bd. 4. Reinbek 1980, S. 277–298.

Mattenklott, Gert und Klaus R. Scherpe (Hrsg.): Literatur der bürgerlichen Emanzipation im 18. Jahrhundert. Kronberg/Taunus 1973 (Literatur im historischen Prozeß, 1).

Mattenklott, Gert und Klaus R. Scherpe (Hrsg.): Westberliner Projekt: Grundkurs 18. Jahrhundert. Die Funktion der Literatur bei der Formierung der bürgerlichen Klasse Deutschlands im 18. Jahrhundert. Bd. 1: Analysen; Bd. 2: Materialien. Kronberg/Taunus. 1974 (Literatur im historischen Prozeß, 4/1 und 4/2).

Mattenklott, Gert und Klaus R. Scherpe (Hrsg.): Demokratisch-revolutionäre Literatur in Deutschland: Vormärz. Kronberg/Taunus 1974 (Literatur im historischen Prozeß, 3/2).

Mattenklott, Gert und Klaus R. Scherpe (Hrsg.): Demokratisch-revolutionäre Literatur in Deutschland: Jakobinismus. Kronberg/Taunus 1975 (Literatur im historischen Prozeß, 3/1).

May, Kurt: Das Weltbild Gellerts in der Dichtung. Frankfurt/Main 1928.

Mayer, Hans: Georg Büchner und seine Zeit. Wiesbaden 1946; Berlin 1947

Mayer, Hans: Lessing, Mitwelt und Nachwelt. In: Sinn und Form 6 (1954), H. 1, S. 5–33.

Mayer Hans: Zur heutigen Lage der Romantikforschung. In: Wissenschaftliche Zeitschrift der Karl-Marx-Universität Leipzig. Gesellschaftswissenschaftliche Reihe 12 (1963), S. 493–496.

Mazauric, Claude: [Art.] Jakobiner. In: Europäische Enzyklopädie zu Philosophie und Wissenschaften. Hrsg. von Hans Jörg Sandkühler. Bd. 2. Hamburg 1990, S. 716–721.

Meid, Volker: Metzler-Literatur-Chronik. Werke deutschsprachiger Autoren. Stuttgart und Weimar 1993.

Meyer-Krentler, Eckhardt: [Rez.] Lothar Pikulik: Leistungsethik contra Gefühlskult, 1984. In: Lessing Yearbook 18 (1986), S. 285–287.

Michel, Karl Markus (Hrsg.): Politische Katechismen. Volney, Kleist, Heß. Frankfurt/Main 1966.

Michel, Wilhelm: Das Leben Friedrich Hölderlins. Bremen 1940; 3. Aufl. 1949; Neudruck (mit einem Geleitwort von Friedrich Beißner) Darmstadt 1963.

Michelsen, Peter: Laurence Sterne und der deutsche Roman des achtzehnten Jahrhunderts. Göttingen 1962 (Palaestra, 232).

Michelsen, Peter: Der unruhige Bürger. Studien zu Lessing und zur Literatur des achtzehnten Jahrhunderts. Würzburg 1990.

Middell, Katharina und Matthias Middell in Zusammenarbeit mit Manfred Kossok und Michel Vovelle (Hrsg.): 200. Jahrestag der Französischen Revolution. Kritische Bilanz der Forschungen zum Bicentenaire. Leipzig 1992 (Beiträge zur Universalgeschichte und vergleichenden Gesellschaftsforschung, 1).

Middell, Matthias: Jakobinismusforschung in der DDR – Ein Resümee. In: Aufklärung – Vormärz – Revolution 8/9 (1988/89), S. 32–45.

Middell, Matthias: La Révolution française et l'Allemagne: du paradigme comparatiste à la recherche des transferts culturels. In: Annales historiques de la Révolution française 317 (1999), S. 427–454.

Mieth, Günter: Hölderlins Tübinger Hymnen. Wirklichkeit und Dichtung. Phil. Diss. Leipzig 1965.

Mieth, Günther: Friedrich Hölderlin. Dichter der bürgerlich-demokratischen Revolution. Versuch eines Grundrisses. Berlin 1978 (Neue Beiträge zur Literaturwissenschaft, 41) [Diss. B. Univ. Leipzig 1976]; 2. Aufl. 2001.

Mieth, Günther: Krise und Ausklang der deutschen Aufklärung? Gedanken zur Periodisierung der deutschen Literatur am Ausgang des 18. Jahrhunderts. In: Helmut Brandt und Manfred Beyer (Hrsg.): Ansichten der deutschen Klassik. Berlin und Weimar 1981, S. 301–312.

Mieth, Günter: Friedrich Hölderlin. Dichter einer revolutionären Übergangszeit. In: Weimarer Beiträge 35 (1989), H. 5 , S. 773–780.

Miller, Norbert: Der empfindsame Erzähler. Untersuchungen an Romananfängen des 18. Jahrhunderts. München 1968 (Literatur als Kunst).

Minder, Robert: Hölderlin unter den Deutschen. In: R.M. (Hrsg.): Dichter in der Gesellschaft. Frankfurt/Main 1966, S. 63–83.

Molitor, Hansgeorg: Vom Untertan zum Administré. Studien zur französischen Herrschaft und zum Verhalten der Bevölkerung im Rhein-Mosel-Raum von den Revolutionskriegen bis zum Ende der napoleonischen Zeit. Wiesbaden 1980 (Veröffentlichungen des Instituts für Europäische Geschichte, 99).

Moschek, Walter: Schillers zeitkritisches Drama „Kabale und Liebe" und die Möglichkeiten seiner unterschiedlichen Behandlung in der sozialistischen Schule. Phil. Diss. Leipzig 1972.

Mühlpfordt, Günther: Deutsche Präjakobiner. Karl Friedrich Bahrdt und die beiden Forster. In: Zeitschrift für Geschichtswissenschaft 28 (1980), S. 970–989.

Müller, Friedrich, genannt Maler Müller: Werke und Briefe. Hrsg. von Rolf Paulus und Gerhard Sauder. Heidelberg 1996.

Müller, Peter: Zeitkritik und Utopie in Goethes Roman „Die Leiden des jungen Werthers". Analyse zum Menschenbild der Sturm- und Drang-Dichtung Goethes. Berlin 1965 (Phil. Diss. Humboldt-Univ.).

Müller, Peter (Hrsg.): Der junge Goethe im zeitgenössischen Urteil. Berlin 1969.

Müller, Peter: Zeitkritik und Utopie in Goethes „Werther". Berlin 1969; 2., überarb. Aufl. 1983 (Germanistische Studien).

Müller, Peter: [Rez.] Gert Mattenklott: Melancholie in der Dramatik des Sturm und Drang, 1968. In: Referatedienst zur germanistischen Literaturwissenschaft 1 (1969), H. 3, S. 27 f.

Müller, Peter: Angriff auf die humanistische Tradition. Zu einer Erscheinung bürgerlicher Traditionsbehandlung. In: Weimarer Beiträge 19 (1973), H. 1, S. 109–127; H. 3, S. 92–109.

Müller, Peter: Goethes „Prometheus". Sinn- und Urbild bürgerlichen Emanzipationsanspruchs. In: Weimarer Beiträge 22 (1976), H. 3, S. 52–82.

Müller, Peter (Hrsg.): Sturm und Drang. Weltanschauliche und ästhetische Schriften. 2 Bde. Berlin und Weimar 1978.

Müller, Peter: Glanz und Elend des deutschen „bürgerlichen Trauerspiels". Zur Stellung der „Emilia Galotti" in der zeitgenössischen Dramatik. In: Helmut Brandt und Manfred Beyer (Hrsg.): Ansichten der deutschen Klassik. Berlin 1981, S. 9–44.

Müller, Peter: Epochengehalt und nationales Kolorit des deutschen Sentimentalismus in frühen ästhetischen Schriften Goethes und im „Werther". In: Hans-Dietrich Dahnke in Zusammenarbeit mit Alexander S. Dmitrijew u. a. (Hrsg.): Parallelen und Kontraste. Studien zu literarischen Wechselbeziehungen in Europa zwischen 1750 und 1850. Berlin 1983, S. 108–139.

Müller, Peter (Hrsg.): Sturm und Drang. Ein Lesebuch für unsere Zeit. Berlin 1992.

[Müller, Peter]: Jakob Michael Reinhold Lenz im Urteil dreier Jahrhunderte. Texte der Rezeption von Werk und Persönlichkeit, 18.–20. Jahrhundert. Hrsg. von Peter Müller unter Mitarbeit von Jürgen Stötzer. Bern u. a. 1995.

Müller-Rastatt, Carl: Hölderlin (geboren 20. März 1779, gestorben 7. Juni 1843). Vortrag, gehalten bei der Gedenkfeier der Literarischen Gesellschaft in Hamburg am 26. Januar 1920. Hamburg 1920.

Müller-Seidel, Walter: Schillers Kontroverse mit Bürger und ihr geschichtlicher Sinn. In: W. M.-S. und Wolfgang Preisendanz (Hrsg.): Formenwandel. Festschrift für Paul Böckmann. Hamburg 1964, S. 294–318.

Müller-Seidel, Walter: Hölderlins Dichtung und das Ereignis der Französischen Revolution. Zur Problemlage. In: Hölderlin-Jahrbuch 17 (1971/72), S. 119–125.

Müller-Seidel, Walter: Deutsche Klassik und Französische Revolution. In: Richard Brinkmann u. a.: Deutsche Literatur und Französische Revolution. Göttingen 1974, S. 39–62.

Müller-Seidel, Walter: Die Geschichtlichkeit der deutschen Klassik. Literatur und Denkformen um 1800. Stuttgart 1983.

Muschg, Adolf: Die Aufgeregten von Goethe. Politisches Drama in 40 Auftritten. Zürich 1971.

N

Nägele, Rainer: Literatur und Utopie. Versuche zu Hölderlin. Heidelberg 1978 (Literatur und Geschichte, 11).

Nägele, Rainer: Text, Geschichte und Subjektivität in Hölderlins Dichtung: „Uneßbarer Schrift gleich". Stuttgart 1985 (Studien zur allgemeinen und vergleichenden Literaturwissenschaft, 27).

Nalewski, Horst: Friedrich Hölderlin. Naturbegriff und politisches Denken. Phil. Diss. Leipzig 1963.

Namowicz, Tadeusz: Der Streit um die „Kunstperiode". In: Weimarer Beiträge 31 (1985), H. 4, S. 679–685.

Neugebauer-Wölk, Monika: Revolution und Constitution. Die Brüder Cotta. Eine biographische Studie zum Zeitalter der Französischen Revolution und des Vormärz. Berlin 1989 (Einzelveröffentlichungen der Historischen Kommission zu Berlin, 69).

Neugebauer-Wölk, Monika: Jakobinerklubs in der Typologie der Sozietätsbewegung. Ein Versuch zur politischen Bewegung der Spätaufklärung im Alten Reich. In: Gerhard Ammerer und Hanns Haas (Hrsg.): Ambivalenzen der Aufklärung. Festschrift für Ernst Wangermann. München 1997, S. 253–273.

Neugebauer-Wölk, Monika: Die Statuten des Stuttgarter Jakobinerklubs. Strukturen für Konstitutionsgesellschaften in Deutschland. In: Erich Donnert (Hrsg.): Europa in der Frühen Neuzeit. Festschrift für Günter Mühlpfordt. Bd. 2: Frühmoderne. Weimar u. a. 1997, S. 455–480.

Nickisch, Reinhard M. G.: Die Stilprinzipien in den deutschen Briefstellern des 17. und 18. Jahrhunderts. Mit einer Bibliographie zur Briefschreiblehre (1474–1800). Göttingen 1969. (Palaestra, 254).

O

Obermann, Karl und Heinrich Scheel (Hrsg.): Biographisches Lexikon zur deutschen Geschichte. Von den Anfängen bis 1917. Berlin 1967.

Oellers, Norbert: Vision und Revolution 1790 und 1970. Peter Weiss' Hölderlin-Drama. In: Michael Hofmann (Hrsg.): Literatur, Ästhetik, Geschichte. Neue Zugänge zu Peter Weiss. St. Ingbert 1992, S. 79–97.

Opitz, Kurt: [Rez.] Pierre Bertaux: Hölderlin und die Französische Revolution, 1969. In: Germanistik 11 (1970), S. 758.

Ott, Manfred und Sabine Ott: Hölderlin und revolutionäre Bestrebungen in Württemberg unter dem Einfluß der Französischen Revolution. Köln 1979 (Pahl-Rugenstein – Hochschulschriften Gesellschafts- und Naturwissenschaften, 14; Serie Literatur und Geschichte).

Otto, Regine und Bernd Witte (Hrsg.): Goethe-Handbuch. Bd. 1: Gedichte. Stuttgart und Weimar 1996.

P

Packalén, Sture: Zum Hölderlin-Bild in der Bundesrepublik Deutschland und der DDR, anhand ausgewählter Beispiele der produktiven Hölderlin-Rezeption. Stockholm 1986 (Studia Germanistica Upsaliensia, 28).

Padberg, Stephan: Georg Forsters Position im Mainzer Jakobinismus. Politische Reden und praktische Erfahrungen beim Aufbau des „rheinisch-deutschen Freistaats". In: Gerhart Pickerodt (Hrsg.): Georg Forster in seiner Epoche. Berlin 1982, S. 39–93 (Argument-Sonderband 87. Literatur im historischen Prozeß, N. F. 4).

[Pädagogische Hochschule Potsdam]: Lehrbriefe für das Fernstudium der Oberstufenlehrer. Geschichte der deutschen Literatur von 1789 bis 1806. Für das Fernstudium verfaßt von Dr. Hans-Dietrich Dahnke. Als Manuskript gedruckt. Potsdam 1958.

Pahl, Johann Gottfried: Ulrich Höllriegel. Kurzweilige und lehrreiche Geschichte eines Württembergischen Magisters aus dem Jahre 1802. Hrsg. von Johannes Weber. Frankfurt/Main 1989.

Panzer, Marita A.: Die Große Landgräfin Caroline von Hessen-Darmstadt. Regensburg 2005.

Peitsch, Helmut: Das Allgemeinmenschliche im Konzept des bürgerlichen Nationaltheaters. Gotthold Ephraim Lessings Mitleidstheorie. In: Mattenklott, Gert und Klaus R. Scherpe (Hrsg.): Westberliner Projekt: Grundkurs 18. Jahrhundert. Die Funktion der Literatur bei der Formierung der bürgerlichen Klasse Deutschlands im 18. Jahrhundert. Bd. 1: Analysen. Kronberg/Taunus 1974, S. 147–188.

Peitsch, Helmut: Georg Forsters „Ansichten vom Niederrhein". Zum Problem des Übergangs vom bürgerlichen Humanismus zum revolutionären Demokratismus. Frankfurt/Main u. a. 1978 (Europäische Hochschulschriften. Reihe 1: Deutsche Literatur und Germanistik, 230).

Peitsch, Helmut: Rückblick von außen auf eine Diskussion: „Kunstperiode". In: Weimarer Beiträge 31 (1985), H. 4, S. 685–694.

Pelinka, Anton: [Rez.] Helmut Reinalter: Der Jakobinismus in Mitteleuropa, 1981. In: Aufklärung – Vormärz – Revolution 2 (1982), S. 54 f.

Pellegrini, Alessandro: Friedrich Hölderlin. Sein Bild in der Forschung. Berlin 1965 (zuerst: Florenz 1956).

Peters, Hermann Josef: Niklas Vogt, der letzte Geschichtsprofessor an der kurfürstlichen Universität Mainz. In: Tradition und Gegenwart. Studien und Quellen zur Geschichte der Universität Mainz.

Besorgt durch Hermann Weber. Teil 1: Aus der Zeit der kurfürstlichen Universität. Wiesbaden 1977, S. 241–249 (Beiträge zur Geschichte der Universität Mainz, 11).

Petzold, Emil: Hölderlins Brot [!] und Wein. Ein exegetischer Versuch. Sambor 1896; Nachdruck (hrsg. von Friedrich Beißner) Darmstadt 1967.

Pezold, Klaus: [Rez.] Pierre Bertaux: Hölderlin und die Französische Revolution, 1969. In: Weimarer Beiträge 17 (1971), H. 1, S. 213–219.

Pezzl, Johann: Faustin oder Das philosophische Jahrhundert. Mit Erläuterungen, Dokumenten und einem Nachwort von Wolfgang Griep. Reprografischer Druck der 1. Ausgabe Zürich 1783. Hildesheim 1984.

Pfotenhauer, Helmut: Literarische Anthropologie. Selbstbiographien und ihre Geschichte – am Leitfaden des Leibes. Stuttgart 1987 (Germanistische Abhandlungen, 62).

Pickerodt, Gerhart: Geschichte und ästhetische Erkenntnis. Zur Mummenschanz-Szene in Faust II. In: Das Argument 18 (1976), Nr. 99 [Faust-Diskussion], S. 747–771.

Pickerodt, Gerhart: Die Stellung der deutschen Jakobinerclubs in der Frühgeschichte deutscher Parteien. In: Die demokratische Bewegung in Mitteleuropa im ausgehenden 18. und frühen 19. Jahrhundert. Ein Tagungsbericht. (Arbeitstagung „Die demokratische Bewegung in Mitteleuropa im ausgehenden 18. und frühen 19. Jahrhundert", 19. bis 21. Mai 1977). Bearb. und hrsg. von Otto Büsch und Walter Grab unter Mitarbeit von Jürgen Schmädeke und Monika Wölk. Berlin 1980 (Einzelveröffentlichungen der Historischen Kommission zu Berlin, 29), S. 73–82.

Pickerodt, Gerhart (Hrsg.): Georg Forster in seiner Epoche. Berlin 1982 (Argument-Sonderband, 87. Literatur im historischen Prozeß, N. F. 4).

Pickerodt, Gerhart: Aspekte der Aktualität Georg Forsters. In: G. P. (Hrsg.): Georg Forster in seiner Epoche. Berlin 1982, (Argument-Sonderband, 87. Literatur im historischen Prozeß, N. F. 4) S. 4–8.

Pickerodt, Gerhart: Forster in Frankreich 1793. Die Krise der Revolution und die Krise des revolutionären Individuums. In: G. P. (Hrsg.): Georg Forster in seiner Epoche. Berlin 1982 (Argument-Sonderband, 87), S. 93–116.

Pickerodt, Gerhart: Penthesilea und Kleist. Tragödie der Leidenschaft und Leidenschaft der Tragödie. In: Germanisch-Romanische Monatsschrift, N. F. 37 (1987), H. 1, S. 52–67.

Pickerodt, Gerhart: Heinrich von Kleist: Der Widerstreit zwischen Mechanik und Organik in Kunsttheorie und Werkstruktur. In: Hanno Möbius und Jörg Jochen Berns (Hrsg.): Die Mechanik in den Künsten. Studien zur ästhetischen Bedeutung von Naturwissenschaft und Technologie. Marburg 1990, S. 157–168.

Pickerodt, Gerhart: Zwischen Erfahrung und Konstruktion. Kleists Bildentwürfe in den Pariser Briefen des Jahres 1801. In: Jahrbuch der Deutschen Schillergesellschaft 38 (1994), S. 89–115.

Pickerodt, Gerhart: Wahrnehmung und Konstruktion. Elemente der Ästhetik Georg Forsters. In: Georg Forster in interdisziplinärer Perspektive. Beiträge des Internationalen Georg-Forster-Symposions in Kassel, 1. bis 4. April 1993. Hrsg. im Auftrag der Georg-Forster-Gesellschaft e.V. von Claus-Volker Klenke in Zusammenarbeit mit Jörn Garber und Dieter Heintze. Berlin 1994, S. 275–285.

[Pickerodt, Gerhart] Georg-Forster-Bibliographie: Fortsetzung. Zusammengestellt von Miriam Rudolph. In: Georg-Forster-Studien 5 (2000), S. 231–234.

Pickerodt, Gerhart: „Bin ich der Teufel? Ist das der Pferdefuß?" Beantwortung der Frage, warum Kleists Dorfrichter Adam den linken Fuß zeigt. In: Kleist-Jahrbuch 2004, S. 107–122.

Pickerodt, Gerhart: „Mein Cherubim und Seraph". Engelsbilder bei Heinrich von Kleist. In: Kleist-Jahrbuch 2006, S. 171–187.

Pickerodt, Gerhart: „zerrissen an Leib und Seele". Studien zur Identitätsfrage bei Heinrich von Kleist. Marburg 2011.

Pikulik, Lothar: „Bürgerliches Trauerspiel" und Empfindsamkeit. Köln und Graz 1966 (Literatur und Leben, N. F. 9).

Pikulik, Lothar: Leistungsethik contra Gefühlskult. Über das Verhältnis von Bürgerlichkeit und Empfindsamkeit in Deutschland. Göttingen 1984.

Pikulik, Lothar: Frühromantik. Epoche – Werke – Wirkung. München 1992 (Arbeitsbücher zur Literaturgeschichte).

Pilling, Dieter: Christian Thomasius' „Monatsgespräche". Untersuchung zur literarischen Form. (Phil. Diss. B) Leipzig 1988.

Plenzdorf, Ulrich: Die neuen Leiden des jungen W. Rostock; Frankfurt/Main 1973.

[Post, Hermann]: Tagebuch seiner Reise in den Jahren 1716 bis 1718 (Diarium itineris sui per Germaniam, Italiam, Helvetiam, Galliam & Belgium ex observationibus, literis et schedulis post reditum patriam). Nach der Handschrift hrsg., eingel. und komm. von Hans-Wolf Jäger. Mit einem Beitrag von Heikki Solin. Bremen 1993.

Prignitz, Christoph: Friedrich Hölderlin. Die Entwicklung seines politischen Denkens unter dem Einfluß der Französischen Revolution. Hamburg 1976 (Hamburger philologische Studien, 40).

Prignitz, Christoph: Hölderlin als Kritiker des Jakobinismus und als Verkünder einer egalitären Gesellschaftsutopie. In: Jahrbuch des Instituts für Deutsche Geschichte 8 (1979), S. 103–123.

Prill, Meinhard: Bürgerliche Alltagswelt und pietistisches Denken im Werk Hölderlins. Zur Kritik des Hölderlin-Bildes von Georg Lukács. Tübingen 1983 (Studien und Texte zur Sozialgeschichte der Literatur, 10).

Prodoehl, Hans Gerd: Individuum und Geschichtsprozeß. Zur Geschichtsphilosophie Georg Forsters. In: Gerhart Pickerodt (Hrsg.): Georg Forster in seiner Epoche. Berlin 1982, (Argument-Sonderband, 87. Literatur im historischen Prozeß, N. F. 4), S. 149–197.

R

Radczun, Evelyn: Zu der Bewältigung der Wirklichkeit und der Gestaltung der Menschheitsperspektive in Hölderlins Roman „Hyperion oder der Eremit in Griechenland". Berlin 1968 (Phil. Diss. Humboldt-Univ.).

Rasch, Wolfdietrich: Freundschaftskult und Freundschaftsdichtung im deutschen Schrifttum des 18. Jahrhunderts. Vom Ausgang des Barock bis zu Klopstock. Halle/Saale 1936 (Deutsche Vierteljahrsschrift für Literaturwissenschaft und Geistesgeschichte. Buchreihe, 21)

Rasch, Wolfdietrich: Herder. Sein Leben und Werk im Umriß. Halle/Saale 1938 (Handbücherei der Deutschkunde, 1).

Rebmann, Georg Friedrich: Hans Kiekindiewelts Reisen in alle vier Weltteile und andere Schriften. Hrsg. von Hedwig Voegt. Berlin 1958.

Rebmann, Georg Friedrich: Historisch=politische Miscellen aus dem Jahrhundert der Contraste für unbefangene Leser. [Mainz 1805]. In: G. F. R.: Hans Kiekindiewelts Reisen in alle vier Weltteile und andere Schriften. Hrsg. von Hedwig Voegt. Berlin 1958, S. 517–527.

Rebmann, Georg Friedrich: Kosmopolitische Wanderungen durch einen Teil Deutschlands. Hrsg. und eingel. von Hedwig Voegt. Frankfurt/Main 1968.

Rebmann, Georg Friedrich: Holland und Frankreich in Briefen, geschrieben auf einer Reise von der Niederelbe nach Paris im Jahr 1796 und dem fünften der französischen Republik. Paris und Kölln [i.e. Hamburg] 1797–1798. Hrsg. von Hedwig Voegt. Berlin 1981.

Rebmann, Georg Friedrich: Ideen über Revolutionen in Deutschland. Politische Publizistik [1797]. Hrsg. mit einem Essay „Rebmanniana, die Publizistik eines deutschen Jakobiners" von Werner Greiling. Leipzig; Köln 1988.

Rebmann, Georg Friedrich: Werke und Briefe in drei Bänden. Hrsg. von Hedwig Voegt u. a. Berlin 1990.

Rebmann, Andreas Georg Friedrich: Jena fängt an, mir zu gefallen. Stadt und Universität in Schriften und Briefen. Mit einem Anhang. Hrsg. und mit einer Einleitung von Werner Greiling. Jena 1994. (Schriften zur Stadt-, Universitäts- und Studentengeschichte Jenas, 8).

Rebmann, Andreas Georg Friedrich: Obscuranten-Almanach. Paris 1789–1801. Hildesheim 1997 (Mikrofiche).

Reden-Dohna, Armgard von (Hrsg.): Deutschland und Italien im Zeitalter Napoleons. Deutsch-italienisches Historikertreffen in Mainz vom 29. Mai bis 1. Juni 1975. Wiesbaden 1979 (Veröffentlichungen des Instituts für Europäische Geschichte, Mainz, Beiheft 5: Abt. Universalgeschichte).

Reichardt, Rolf: Von der politisch-ideengeschichtlichen zur soziokulturellen Deutung der Französischen Revolution. Deutschsprachiges Schrifttum 1946–1988. In: Geschichte und Gesellschaft 15 (1989), H. 1, S. 115–143.

Reichardt, Rolf und Eberhard Schmitt (Hrsg.): Handbuch politisch-sozialer Grundbegriffe in Frankreich 1680–1820. München 1985 ff. – H. 1–10, hrsg. von R. R. und E. S; H. 11–15, hrsg. von Hans-Jürgen Lüsebrink in Verbindung mit Gerd van den Heuvel und Annette Höfer.

Reichardt, Rolf und Geneviève Roche (Hrsg.): Weltbürger – Europäer – Deutscher – Franke. Georg Forster zum 200. Geburtstag. Ausstellungskatalog. Mainz 1994.

Reimann, Paul: Hauptströmungen der deutschen Literatur 1750–1848. Beiträge zu ihrer Geschichte und Kritik. Berlin 1956.

Reimann, Paul: [Rez.] Hedwig Voegt: Die deutsche jakobinische Literatur und Publizistik, 1955. In: Weimarer Beiträge 2 (1956), H. 3, S. 394–399.

Reinalter, Helmut: Aufklärung, Absolutismus, Reaktion. Die Geschichte Tirols in der zweiten Hälfte des 18. Jahrhunderts. Wien 1974.

Reinalter, Helmut: Die gesellschaftspolitischen Vorstellungen der österreichischen Jakobiner. In: Jahrbuch des Instituts für Deutsche Geschichte 6 (1977), S. 41–80.

Reinalter, Helmut: Aufklärung, Bürgertum und Revolution. Versuch eines Literaturüberblicks in historischer Absicht. In: Innsbrucker Historische Studien 1 (1978), S. 291–320.

Reinalter, Helmut: Freimaurerei und Jakobinismus im Einflußfeld der Französischen Revolution in Österreich. In: Studi Tedeschi 21 (1978), H. 3, S. 125–143.

Reinalter, Helmut: Aufgeklärter Absolutismus und Revolution. Zur Geschichte des Jakobinertums und der frühdemokratischen Bestrebungen in der Habsburgmonarchie. Wien u. a. 1980 (Veröffentlichungen der Kommission für Neuere Geschichte Österreichs, 68).

Reinalter, Helmut: Der Jakobinismus in Mitteleuropa. Eine Einführung. Stuttgart u. a. 1981.

Reinalter, Helmut: „Antikritik". Eine Stellungnahme zu Axel Kuhns Literaturbericht. In: Aufklärung – Vormärz – Revolution 1 (1981), S. 37.

Reinalter, Helmut: Geheimgesellschaften und Freimaurer im 18. Jahrhundert in Mitteleuropa. In: Aufklärung – Vormärz – Revolution 2 (1982), S. 27–42.

Reinalter, Helmut: Replik: Absolutismus und Revolution. Eine zusammenfassende „Zwischenbilanz" über eine kontroverse Forschungsdiskussion. In: Aufklärung – Vormärz – Revolution 2 (1982), S. 44–46.

Reinalter, Helmut (Hrsg.): Freimaurer und Geheimbünde im 18. Jahrhundert in Mitteleuropa. Frankfurt/Main 1983.

Reinalter, Helmut: Tätigkeitsbericht des Projektleiters. In: Aufklärung – Vormärz – Revolution 3 (1983), S. 6–8.

Reinalter, Helmut: Neue Forschungen zur Geschichte des Jakobinismus in Mitteleuropa. In: Archiv für Sozialgeschichte 25 (1985), S. 557–563.

Reinalter, Helmut: „Mainz ist ein fürchterliches Jakobinernest.". Zu einigen Neuerscheinungen über den deutschen Jakobinismus. In: Archiv für Sozialgeschichte 27 (1987), S. 529–533.

Reinalter, Helmut: Die Französische Revolution und Mitteleuropa. Erscheinungsformen und Wirkungen des Jakobinismus. Seine Gesellschaftstheorien und politische Vorstellungen. Mit einem Vorwort von Michel Vovelle. Frankfurt/Main 1988.

Reinalter, Helmut (Hrsg.): Die demokratische Bewegung in Mitteleuropa von der Spätaufklärung bis zur Revolution 1848/49. Ein Tagungsbericht. (Internationale Tagung der Innsbrucker Forschungsstelle „Demokratische Bewegungen in Mitteleuropa 1770–1850", 17. bis 21. Oktober 1984). Innsbruck 1988 (Vergleichende Gesellschaftsgeschichte und politische Ideengeschichte der Neuzeit, 6).

Reinalter, Helmut (Hrsg.): Aufklärung und Geheimgesellschaften. Zur politischen Funktion und Sozialstruktur der Freimaurerlogen im 18. Jahrhundert. (Tagung des Istituto storico italo germanico

und der Internationalen Forschungsstelle „Demokratische Bewegungen in Mitteleuropa 1770–1850",
Trient 29. bis 30. November 1985). München 1989 (Ancien Régime, Aufklärung und Revolution, 16).

Reinalter, Helmut: Der Jakobinismusbegriff in der neueren Forschung. In Erhard Lange (Hrsg.): Französische Revolution und deutsche Klassik. Beiträge zum 200. Jahrestag. Weimar 1989, S. 120–134 (Collegium philosophicum Jenense, 8).

Reinalter, Helmut (Hrsg.): Die Französische Revolution, Mitteleuropa und Italien. Frankfurt/Main u. a. 1992 (Schriftenreihe der Internationalen Forschungsstelle „Demokratische Bewegungen in Mitteleuropa 1770–1850", 6).

Reinalter, Helmut (Hrsg.): Lexikon zu Demokratie und Liberalismus 1750–1848/49. Frankfurt/Main 1993.

Reinalter, Helmut: Die Gesellschaftsutopie des Wiener Jakobiners Franz Hebenstreit und der Jesuitenstaat in Paraguay. In: Monika Neugebauer-Wölk und Richard Saage (Hrsg.): Die Politisierung des Utopischen im 18. Jahrhundert. Berlin und New York 1996 (Hallesche Beiträge zur Europäischen Aufklärung / Schriftenreihe des Interdisziplinären Zentrums für die Erforschung der europäischen Aufklärung der Martin-Luther-Universität Halle-Wittenberg, 4), S. 198–212.

Reinalter, Helmut: Rebmann und der mitteleuropäische Jakobinismus. In: Elmar Wadle und Gerhard Sauder (Hrsg.): Georg Friedrich Rebmann (1768–1824). Autor, Jakobiner, Richter. Sigmaringen 1997 (Schriften der Siebenpfeiffer-Stiftung, 4), S. 83–93.

Reinalter, Helmut (Hrsg.): Republikbegriff und Republiken seit dem 18. Jahrhundert im europäischen Vergleich. Frankfurt/Main u. a. 1999 (Schriftenreihe der Internationalen Forschungsstelle „Demokratische Bewegungen in Mitteleuropa 1770–1850", 28).

Reinalter, Helmut u. a. (Hrsg.): Biographisches Lexikon zur Geschichte der demokratischen und liberalen Bewegungen in Mitteleuropa. 2 Bde. [Bd. 1, 1992; Bd. 2.1, 2005; Bd. 2.2 , 2011]. Frankfurt/Main u. a. 1992–2011 (Schriftenreihe der Internationalen Forschungsstelle „Demokratische Bewegungen in Mitteleuropa 1770–1850", 7, 39, 43).

Reinbold, Wolfgang: Mythenbildung und Nationalismus. „Deutsche Jakobiner" zwischen Revolution und Reaktion (1789–1800). Frankfurt/Main 1999 (Freiburger Studien zur frühen Neuzeit, 3).

Reincke, Olaf: Romantik-Konferenz in Frankfurt/Oder. In: Weimarer Beiträge 24 (1978), H. 7, S. 147–157.

Reincke, Olaf: Nachwort. In: O Lust, allen alles zu sein. Deutsche Modelektüre um 1800. Hrsg. von O. R. Leipzig 1978; 3. Aufl. 1989, S. 395–416.

Reincke, Olaf: Germaine de Staëls Abhandlung über Deutschland und ihre Auseinandersetzung mit dem deutschen Sentimentalismus. In: Hans-Dietrich Dahnke in Zusammenarbeit mit Alexander S. Dmitrijew u. a. (Hrsg.): Parallelen und Kontraste. Studien zu literarischen Wechselbeziehungen in Europa zwischen 1750 und 1850. Berlin 1983, S. 140–173.

Reinhardt, Volker: Reformer oder Revolutionäre? Deutscher und italienischer Jakobinismus im Vergleich. In: Zeitschrift für historische Forschung 21 (1994), H. 2, S. 203–220.

REPERTORIVM ALBORVM AMICORVM, als ⟨http://www.raa.phil.uni-erlangen.de/index.shtml⟩ (eingesehen am 10.03.2012).

Reschke, Renate: Geschichtsphilosophie und Ästhetik bei Friedrich Hölderlin. Über den Zusammenhang von Epochenwandel und Ästhetik. Berlin 1972 (Phil. Diss. Humboldt-Univ.).

Reschke, Renate: Vom Wagnis der Legendenzerstörung. Anmerkungen zu einem neuen Hölderlin-Buch von Pierre Bertaux. In: Weimarer Beiträge 26 (1980), H. 12, S. 14–35.

[Rieck, Werner und Hans-Heinrich Reuter]: Geschichte der deutschen Literatur. Bd. 6: Vom Ausgang des 17. Jahrhunderts bis 1789. Von einem Autorenkollektiv. Leitung Erster Teil (1700–1770): Werner Rieck in Zusammenarbeit mit Paul Günther Krohn, Zweiter Teil (1770–1789): Hans-Heinrich Reuter in Zusammenarbeit mit Regine Otto. Berlin 1979

Riedel, Manfred: [Art.] Bürger, Staatsbürger, Bürgertum. In: Geschichtliche Grundbegriffe. Historisches Lexikon zur politisch-sozialen Sprache in Deutschland. Hrsg. von Otto Brunner u. a. Bd. 1. Stuttgart 1972, S. 672–725.

Riedesel, Friederike von: Mit dem Mut einer Frau. Erlebnisse und Erfahrungen im amerikanischen Unabhängigkeitskrieg. Hrsg. nach Dokumenten von Wolfgang Griep. Stuttgart und Wien 1989.

Roessler, Wilhelm: Die Entstehung des modernen Erziehungswesens in Deutschland. Stuttgart 1961.

Rogalla von Bieberstein, Johannes: Die These von der Verschwörung 1776–1945. Philosophen, Freimaurer, Juden, Liberale und Sozialisten als Verschwörer gegen die Sozialordnung. Frankfurt/Main u. a. 1976 (Europäische Hochschulschriften, Reihe 3: Geschichte und ihre Hilfswissenschaften, 63); 2. verb. und verm. Aufl. 1978.

Rosenberg, Rainer: [Rez.] Gert Mattenklott und Klaus R. Scherpe: Demokratisch-revolutionäre Literatur in Deutschland: Jakobinismus, 1975. In: Weimarer Beiträge 22 (1976), H. 10, S. 162–174.

Rosenstrauch-Königsberg, Edith: Jakobinische und präjakobinische Literatur in der Habsburger Monarchie. Hedwig Voegt in Verehrung gewidmet. In: Wissenschaftliche Zeitschrift der Karl-Marx-Universität Leipzig. Gesellschafts- und sprachwissenschaftliche Reihe 32 (1983), S. 549–562.

Roßberg, Julia: Der „geteilte Schiller". Die Schillerfeiern 1955 und 1959 in beiden deutschen Staaten. Weimar 2009.

Roth, Udo: [Art.] Vormärz. In: Reallexikon der deutschen Literaturwissenschaft. Bd. 3. Hrsg. von Jan-Dirk Müller u. a. Berlin und New York 2003, S. 803–805.

Ruiz, Alain: Universität Jena Anno 1793/94. Ein jakobinischer Student und Geheimagent im Schatten Reinholds und Fichtes. In: Julius H. Schoeps und Imanuel Geiss (Hrsg.): Revolution und Demokratie in Geschichte und Literatur. Zum 60. Geburtstag von Walter Grab. Duisburg 1979, S. 95–132.

Ryan, Lawrence: [Rez.] Alessandro Pellegrini: Friedrich Hölderlin, 1965. In: Germanistik 7 (1966), S. 610 f.

Ryan, Lawrence: Friedrich Hölderlin. 2., verb. und erg. Aufl. Stuttgart 1967 (Sammlung Metzler. Realienbücher für Germanisten, Abt. D: Literaturgeschichte).

Ryan, Lawrence: Hölderlin und die Französische Revolution. In: Festschrift für Klaus Ziegler. Hrsg. von Eckehard Catholy und Winfried Hellmann. Tübingen 1968, S. 159–179.

S

Saine, Thomas P.: Black bread – white bread. German intellectuals and the French Revolution. Columbia, SC 1988.

Sattler, Dietrich E.: Friedrich Hölderlin, „Frankfurter Ausgabe". Editionsprinzipien und Editionsmodell. In: Hölderlin-Jahrbuch 19/20 (1975–1977), S.112–130.

Sattler, Dietrich E.: Friedrich Hölderlin. 144 fliegende Briefe. 2 Bde. Darmstadt und Neuwied 1981.

Sauder, Gerhard: Der reisende Epikureer. Studien zu Moritz August von Thümmels Roman „Reise in die mittäglichen Provinzen von Frankreich". Heidelberg 1968 (Heidelberger Forschungen, 12).

Sauder, Gerhard: Positivismus und Empfindsamkeit. Erinnerung an Max von Waldberg (mit Exkursen über Fontane, Hofmannsthal und Goebbels). In: Euphorion 65 (1971), S. 369–408.

Sauder, Gerhard: Empfindsamkeit. Bd. 1: Voraussetzungen und Elemente. Stuttgart 1974.

Sauder, Gerhard: Empfindsamkeit. Bd. 3: Quellen und Dokumente. Stuttgart 1980.

Sauder, Gerhard: Der empfindsame Kreis in Darmstadt. In: Darmstadt in der Zeit des Barock und Rokoko (Ausstellung). Mathildenhöhe, 6. September bis 9. November 1980. Katalog, bearb. von Brita von Götz-Mohr u. a. Bd. 1. Darmstadt 1980, S. 167–175.

Sauder, Gerhard: „Bürgerliche" Empfindsamkeit? In: Rudolf Vierhaus (Hrsg.): Bürger und Bürgerlichkeit im Zeitalter der Aufklärung. Heidelberg 1981 (Wolfenbütteler Studien zur Aufklärung, 7), S. 149–164.

Sauder, Gerhard: Empfindsamkeit und Frühromantik. In: Silvio Vietta (Hrsg.): Die literarische Frühromantik. Göttingen 1983, S. 85–111.

Sauder, Gerhard: [Art.] Empfindsamkeit. In: Wörterbuch des Christentums. Hrsg. von Volker Drehsen u. a. Gütersloh und Zürich 1988, S. 282 f.

Sauder, Gerhard: Empfindsamkeit – Sublimierte Sexualität. In: Klaus P. Hansen (Hrsg.): Empfindsamkeiten. Passauer Interdisziplinäre Kolloquien II. Passau 1990, S. 167–177.

Sauder, Gerhard: Spielarten der Empfindsamkeit in England, Frankreich und Deutschland. In: Siegfried Jüttner und Jochen Schlobach (Hrsg.): Europäische Aufklärung(en). Einheit und nationale Vielfalt. Hamburg 1992, S. 106–116.

Sauder, Gerhard: Max von Waldbergs Heidelberger Seminarbuch (1912–1921/22). In: Mitteilungen des Marbacher Arbeitskreises für Geschichte der Germanistik 3 (1992), S. 24–29.

Sauder, Gerhard: [Rez.] Ulrich im Hof: Das Europa der Aufklärung, 1993. In: Lenz-Jahrbuch 3 (1993), S. 228–232.

Sauder, Gerhard: Konkupiszenz und empfindsame Liebe. J.M.R.Lenz' „Philosophische Vorlesungen für empfindsame Seelen". In: Lenz-Jahrbuch 4 (1994), S. 7–29.

Sauder, Gerhard: Empfindsame und andere Reisen von G. F. Rebmann. In: Elmar Wadle und G.S. (Hrsg.): Georg Friedrich Rebmann (1768–1824). Autor, Jakobiner, Richter. Sigmaringen 1997, S. 134–145 (Schriften der Siebenpfeiffer-Stiftung, 4).

Sauder, Gerhard: Empfindsamkeit. Tendenzen der Forschung aus der Perspektive eines Betroffenen. In: Aufklärung. Interdisziplinäres Jahrbuch zur Erforschung des 18. Jahrhunderts und seiner Wirkungsgeschichte 13 (2001) [Themenschwerpunkte: Empfindsamkeit (hrsg. von Karl Eibl), Politische Theorie (hrsg. von Diethelm Klippel)], S. 307–338.

Sauder, Gerhard (Hrsg.): Theorie der Empfindsamkeit und des Sturm und Drang. Stuttgart 2003.

Sauder, Gerhard: Die andere Empfindsamkeit. Alewyns Kritik an den Thesen von Gerhard Sauder. In: Klaus Garber und Ute Széll (Hrsg.): Das Projekt Empfindsamkeit und der Ursprung der Moderne. Richard Alewyns Sentimentalismusforschung und ihr epochaler Charakter. München 2005, S. 103–112.

Sauder, Gerhard: [Rez.] Sibylle Schönborn und Vera Viehöver: Gellert und die empfindsame Aufklärung, 2009. In: Monatshefte 103 (2011), H. 3, S. 446–450.

Sautermeister, Gert und Ulrich Schmidt (Hrsg.): Zwischen Restauration und Revolution: Literatur des Vormärz 1815–1848. München 1998 (Hansers Sozialgeschichte der deutschen Literatur vom 16. Jahrhundert bis zur Gegenwart, 5).

Scharfschwerdt, Jürgen: Die pietistisch-kleinbürgerliche Interpretation der Französischen Revolution in Hölderlins Briefen. Erster Versuch zu einer literatursoziologischen Fragestellung. In: Jahrbuch der Deutschen Schillergesellschaft 15 (1971), S. 174–230.

Scharfschwerdt, Jürgen: Die Revolution des Geistes in Hölderlins „Hymne an die Menschheit". In: Hölderlin-Jahrbuch 17 (1971/72), S. 56–73.

Scharfschwerdt, Jürgen: Friedrich Hölderlin. Der Dichter des „deutschen Sonderweges". Stuttgart u.a. 1994.

Scheel, Heinrich: Die revolutionär-demokratischen Volksbewegungen in Südwestdeutschland von 1795 bis 1801. Berlin 1956 (Phil. Diss. Humboldt-Univ.).

Scheel, Heinrich: Süddeutsche Jakobiner. Klassenkämpfe und republikanische Bestrebungen im deutschen Süden Ende des 18. Jahrhunderts. Berlin 1962 (Deutsche Akademie der Wissenschaften zu Berlin. Schriften des Instituts für Geschichte I, 13); 2. Aufl. 1971, 3. Aufl. 1980.

Scheel, Heinrich (Hrsg.): Jakobinische Flugschriften aus dem deutschen Süden Ende des 18. Jahrhunderts. Berlin 1965 (Deutsche Akademie der Wissenschaften zu Berlin. Schriften des Instituts für Geschichte I,14).

Scheel, Heinrich (Hrsg.): Das Reformministerium Stein. Akten zur Verfassungs- und Verwaltungsgeschichte aus den Jahren 1807/08. Bearb. von Doris Schmidt. 3 Bde. Berlin 1966/68 (Deutsche Akademie der Wissenschaften zu Berlin. Schriften des Instituts für Geschichte I, 31, A–C).

Scheel, Heinrich: Deutscher Jakobinismus und Deutsche Nation. Ein Beitrag zur nationalen Frage im Zeitalter der Großen Französischen Revolution. Berlin 1966 (Sitzungsberichte d. Deutschen Akademie der Wissenschaften zu Berlin, Klasse für Philosophie, Geschichte, Staats-, Rechts- und Wirtschaftswissenschaften, 1966/2).

Scheel, Heinrich: [Rez.] Walter Grab: Demokratische Strömungen in Hamburg und Schleswig-Holstein zur Zeit der ersten französischen Republik, 1966. In: Zeitschrift für Geschichtswissenschaft 16 (1968), S. 236–238.

Scheel, Heinrich: Die Statuten des Mainzer Jakobinerklubs. In: Jahrbuch für Geschichte 5 (1971), S. 303–341.

Scheel, Heinrich: [Rez.] Walter Grab: Eroberung oder Befreiung? Deutsche Jakobiner und die Franzosenherrschaft im Rheinland 1792–1799, 1971. In: Zeitschrift für Geschichtswissenschaft 19 (1971), S. 1583–1585.

Scheel, Heinrich: [Rez.] Deutsche revolutionäre Demokraten. Bd. 1: Engels, 1971. In: Zeitschrift für Geschichtswissenschaft 21 (1973), S. 241–243; Deutsche revolutionäre Demokraten. Bde. 4 und 5: Steiner, 1973; Grab, 1973. In: Zeitschrift für Geschichtswissenschaft 21 (1973), S. 1392–1393.

Scheel, Heinrich: Die Begegnungen deutscher Aufklärer mit der Revolution. Berlin 1973 (Sitzungsberichte des Plenums und der Klassen der Akademie der Wissenschaften der DDR 1972, 7).

[Scheel, Heinrich]: Die Mainzer Republik I. Protokolle des Jakobinerclubs. Hrsg., eingel., komm. und bearb. von Heinrich Scheel. Berlin 1975 (Schriften des Zentralinstituts für Geschichte, 42).

Scheel, Heinrich (Hrsg.): Literaturgeschichte als geschichtlicher Auftrag: in Memoriam Werner Krauss. [Vorträge des Kolloquiums „Literaturgeschichte als geschichtlicher Auftrag: in Memoriam Werner Krauss" der Klasse Gesellschaftswissenschaften II der Akademie der Wissenschaften am 14. und 15. Juni 1977]. Berlin 1978

Scheel, Heinrich (Hrsg.): Die Mainzer Republik II. Protokolle des Rheinisch-deutschen Nationalkonvents mit Quellen zu seiner Vorgeschichte. Berlin 1981 (Schriften des Zentralinstituts für Geschichte, 43).

Scheel, Heinrich: Der historische Ort der Mainzer Republik. In: Deutsche Jakobiner. Mainzer Republik und Cisrhenanen 1792–1798. Ausstellung des Bundesarchivs und der Stadt Mainz im Foyer des Mainzer Rathauses. Bd. 1: Handbuch. Beiträge zur demokratischen Tradition in Deutschland. Mainz 1981, S. 17–24.

Scheel, Heinrich: Die Mainzer Republik – Historie oder Politikum? Kritische Anmerkungen aus Anlaß einer Ausstellung. In: Zeitschrift für Geschichtswissenschaft 30 (1982), H. 6, S. 498–510.

Scheel, Heinrich: Forschungen zum deutschen Jakobinismus. Eine Zwischenbilanz. (Vortrag, gehalten auf dem VII. Historiker-Kongreß der DDR in Berlin, 9. Dezember 1982). In: Zeitschrift für Geschichtswissenschaft 31 (1983), S. 313–324.

Scheel, Heinrich: Forschungen zum deutschen Jakobinismus. Eine Zwischenbilanz. In: Gesellschaftliche Umgestaltungen in der Geschichte. Wege und Formen, Führungs- und Triebkräfte; Diskussionsbeiträge aus der Akademie für Gesellschaftswissenschaften beim ZK der SED in den Arbeitskreisen des VII. Historiker-Kongresses der DDR vom 6. bis 9. Dezember 1982 in Berlin. Hrsg. von der Akademie für Gesellschaftswissenschaften beim ZK der SED. Wiss. Redaktion: Helmut Meier. Berlin 1983.

Scheel, Heinrich: [Rez.] Franz Dumont: Die Mainzer Republik von 1792/93, 1982. In: Zeitschrift für Geschichtswissenschaft 32 (1984), H. 1, S. 71–74.

Scheel, Heinrich: Jakobinismus in Paris und Mainz. In: Zeitschrift für Geschichtswissenschaft 33 (1985), S. 416–423.

Scheel, Heinrich: Die Mainzer Republik 1792/93, ein deutsch-französisches Phänomen. In: Die Große Französische Revolution und die Frage der revolutionären Demokratie im Revolutionszyklus 1789 bis 1871. Dem Wirken Heinrich Scheels gewidmet. Berlin 1987, S. 8–24. (Sitzungsberichte der Akademie der Wissenschaften der DDR. Gesellschaftswissenschaften, Jg. 1986, Nr. 10/G); zudem in: Jahrbuch des Instituts für Marxistische Studien und Forschungen 14 (1988), S. 341–355.

Scheel, Heinrich (Hrsg.): Die Mainzer Republik III. Die erste bürgerlich-demokratische Republik auf deutschem Boden. Berlin 1989 (Schriften des Zentralinstituts für Geschichte, 44).

Scheel, Heinrich: Die Mainzer Republik im Spiegel deutscher Geschichtsschreibung. [1969]. In: H. S. (Hrsg.): Die Mainzer Republik III. Die erste bürgerlich-demokratische Republik auf deutschem Boden. Berlin 1989 (Schriften des Zentralinstituts für Geschichte, 44), S. 295–335.

Scheel, Heinrich: Begegnung deutscher Aufklärer mit der deutschen Revolution. In: H. S. (Hrsg.): Die Mainzer Republik III. Die erste bürgerlich-demokratische Republik auf deutschem Boden. Berlin 1989 (Schriften des Zentralinstituts für Geschichte, 44), S. 457–471.

[Scheel, Heinrich]: „Die Jakobinismus-Forschung ist hoffähig geworden". Interview [von Manfred Köhler] mit Heinrich Scheel über die Mainzer Republik, die deutschen Jakobiner und sein eigenes Leben. In: Mainzer Geschichtsblätter 8 (1993), S. 30–44.

Scheel, Heinrich: Die Mainzer Republik im Urteil der Geschichtsschreibung. Die Wertschätzung hat bei den Historikern deutlich zugenommen. In: Mainz. Vierteljahreshefte für Kultur, Politik, Wirtschaft, Geschichte 13 (1993), S. 93–103.

Scheel, Heinrich: [Art.] Die Mainzer Republik – Historie oder Politikum? / Vorbereitung und Durchführung der Wahlen in Mainz und auf dem Lande / Die Arbeit des Rheinisch-Deutschen Nationalkonvents und der zweiten Allgemeinen Administration / Andreas Josef Hofmann, Präsident des Rheinisch-Deutschen Nationalkonvents. In: Die Mainzer Republik, der Rheinisch-Deutsche Nationalkonvent. Hrsg. vom Landtag Rheinland-Pfalz. Redaktion: Doris M. Peckhaus und Michael-Peter Werlein. Mainz 1993, S. 121–127 / 149–155 / 157–164 / 172–177.

Scheel, Heinrich: Die Volksaufklärung der Mainzer Republik (1792/1793) und ihr literarischer Niederschlag. In: Volksaufklärung. Biobibliographisches Handbuch zur Popularisierung aufklärerischen Denkens im deutschen Sprachraum von den Anfängen bis 1850. Hrsg. von Holger Böning und Reinhart Siegert. Teilbd. 2.1: Der Höhepunkt der Volksaufklärung 1781–1800 und die Zäsur durch die Französische Revolution. Stuttgart-Bad Cannstatt 2001, S. LXV–LXXIX.

Scheel, Heinrich und Doris Schmidt (Hrsg.): Von Stein zu Hardenberg. Dokumente aus dem Interimsministerium Altenstein/Dohna. Bearb. von Doris Schmidt. Berlin 1986 (Schriften des Zentralinstituts für Geschichte, 54).

Scherpe, Klaus R.: Gattungspoetik im 18. Jahrhundert. Historische Entwicklung von Gottsched bis Herder. Stuttgart 1968 (Studien zur Allgemeinen und Vergleichenden Literaturwissenschaft, 2).

Scherpe, Klaus R.: Werther und Wertherwirkung. Zum Syndrom bürgerlicher Gesellschaftsordnung im 18. Jahrhundert. Bad Homburg vor der Höhe u. a. 1970; 2. Aufl. Wiesbaden 1975; 3. Aufl. 1980.

Scherpe, Klaus R.: Natürlichkeit und Produktivität im Gegensatz zur „bürgerlichen Gesellschaft". Die literarische Opposition des Sturm und Drang: Johann Wolfgang Goethes „Werther". In: Gert Mattenklott und K. R. S. (Hrsg.): Westberliner Projekt: Grundkurs 18. Jahrhundert. Die Funktion der Literatur bei der Formierung der bürgerlichen Klasse Deutschlands im 18. Jahrhundert. Bd. 1: Analysen. Kronberg/Taunus 1974 (Literatur im historischen Prozeß, 4/1), S. 189–215.

Scherpe, Klaus R.: „... daß die Herrschaft dem ganzen Volk gehört!" Literarische Formen jakobinischer Agitation im Umkreis der Mainzer Revolution. In: Gert Mattenklott und K. R. S.: Demokratisch-revolutionäre Literatur in Deutschland: Jakobinismus. Kronberg/Taunus 1975 (Literatur im historischen Prozeß, 3/1), S. 139–204.

Scherpe, Klaus R.: Die Räuber. In: Walter Hinderer (Hrsg.): Schillers Dramen – Neue Interpretationen. Stuttgart 1979, S. 9–36; auch in: Rainer Nägele (Hrsg.): Dramen des Sturm und Drang. Interpretationen. Stuttgart 1987, S. 161–211.

Scherpe, Klaus R.: Poesie der Demokratie. Literarische Widersprüche zur deutschen Wirklichkeit vom 18. bis zum 20. Jahrhundert. Köln 1980 (Kleine Bibliothek, 161).

Scherpe, Klaus R.: „Räuber" – theatralisch. In: Der Deutschunterricht 35 (1983), H. 1, S. 61–77; auch in: Dirk Grathoff (Hrsg.): Studien zur Ästhetik und Literaturgeschichte der Kunstperiode. Frankfurt/Main u. a. 1985 (Gießener Arbeiten zur neueren deutschen Literatur und Literaturwissenschaft, 1), S. 209–232.

Scherpe, Klaus R.: Literarische Praxis des deutschen Jakobinismus. Revolutionsliteratur im Spiegel konterrevolutionärer Literatur. In: Weimarer Beiträge 29 (1983), H. 12, S. 2169–2175.

Scherpe, Klaus R.: Der „allgemeine Freund – das Vaterland". Patriotismus in der Literatur der Mainzer Republik. In: Monatshefte für deutschen Unterricht, deutsche Sprache und Literatur 81 (1989), H. 1, S. 19–26.

Schings, Hans-Jürgen: [Rez.] Gert Mattenklott: Melancholie in der Dramatik des Sturm und Drang, 1968. In: arcadia 6 (1971), H. 2, S. 215–219.

Schings, Hans-Jürgen: Melancholie und Aufklärung. Melancholiker und ihre Kritiker in Erfahrungsseelenkunde und Literatur des 18. Jahrhunderts. Stuttgart 1977.

Schings, Hans-Jürgen (Hrsg.): Der ganze Mensch. Anthropologie und Literatur im 18. Jahrhundert. DFG-Symposium 1992. Stuttgart 1992 (Germanistische Symposien. Berichtsbände, 15).

Schlott, Michael: Germanistische Jakobinismusforschung 1965–1990. In: Transactions of the Ninth International Congress on the Enlightenment, Münster 23–29 July 1995. Vol. III. Oxford 1996 (Studies on Voltaire and the Eighteenth Century, 348), S. 1539–1543.

[Schlott, Michael]: Wirkungen und Wertungen. Adolph Freiherr Knigge im Urteil der Nachwelt (1796–1994). Eine Dokumentensammlung. Eingel., erl. und hrsg. von Michael Schlott. Unter Mitarbeit von Carsten Behle. Göttingen 1998 (Das Knigge-Archiv. Schriftenreihe zur Knigge-Forschung, 1).

Schlott, Michael: „Politische Aufklärung" durch wissenschaftliche „Kopplungsmanöver". Germanistische Literaturwissenschaft und geschichtswissenschaftliche Jakobinerforschung zwischen 1965 und 1990. In: Holger Dainat und Wilhelm Voßkamp (Hrsg.): Aufklärungsforschung in Deutschland. Heidelberg 1999 (Beihefte zum Euphorion, 32), S. 79–97.

Schlott, Michael: [Art.] Jakobinismus. In: Reallexikon der deutschen Literaturwissenschaft. Bd. 2. Hrsg. von Harald Fricke u. a. Berlin und New York 2000, S. 193–196.

Schmidt, Erich: Richardson, Rousseau und Goethe. Ein Beitrag zur Geschichte des Romans im 18. Jahrhundert. Jena 1875; Obraldruck 1924.

Schmidt, Siegfried J.: Die Selbstorganisation des Sozialsystems Literatur im 18. Jahrhundert. Frankfurt/Main 1989.

Schmidt, Uwe: Südwestdeutschland im Zeichen der Französischen Revolution. Bürgeropposition in Ulm, Reutlingen und Esslingen. Stuttgart 1993 (Forschungen zur Geschichte der Stadt Ulm, 23).

Schmittlein, Raymond: Un récit de Guerre de Goethe: Le Siège de Mayence. Bd. 1: Vérité et Roman; Bd. 2: Traduction et Notes historiques; Bd. 3: Iconographie. Mainz und Baden-Baden 1951–1961.

Schmölders, Claudia: Das Vorurteil im Leibe. Eine Einführung in die Physiognomik. Berlin 1995. 2., durchges. Aufl., 1997; 3. Aufl. 2007.

Schneider, Gerhard: Studien zur deutschen Romantik. Leipzig 1962.

Schneider, Peter: Lenz. Eine Erzählung. Berlin 1973.

Schneider, Peter: Mainzer Republik und Französische Revolution. Mainz 1990.

Schöffler, Herbert: Protestantismus und Literatur. Neue Wege zur englischen Literatur des achtzehnten Jahrhunderts. Leipzig 1922 (Englische Bibliothek, 2) 2. unv. Aufl. 1958.

Schön, Erich: Der Verlust der Sinnlichkeit oder die Verwandlungen des Lesers: Mentalitätswandel um 1800. Stuttgart 1987 (Phil. Diss. Konstanz 1984: Über die Entstehung unserer Art zu lesen).

Schönborn, Sibylle und Vera Viehöver (Hrsg.): Gellert und die empfindsame Aufklärung. Vermittlungs-, Austausch- und Rezeptionsprozesse in Wissenschaft, Kunst und Kultur. Berlin 2009.

Schönert, Jörg: Konstellationen und Entwicklungen der germanistischen Forschung zur Aufklärung seit 1960. In: Holger Dainat und Wilhelm Voßkamp (Hrsg.): Aufklärungsforschung in Deutschland. Heidelberg 1999 (Beihefte zum Euphorion, 32), S. 39–48.

Schoeps, Julius H. und Imanuel Geiss unter Mitwirkung von Ludger Heid (Hrsg.): Revolution und Demokratie in Geschichte und Literatur. Zum 60. Geburtstag von Walter Grab. Duisburg 1979 (Duisburger Hochschulbeiträge, 12).

Scholz, Gerhard: Der Dramenstil des Sturm und Drang im Lichte der dramaturgischen Arbeiten des jungen Friedrich Schiller: Stuttgarter Aufsatz von 1782 und Mannheimer Rede 1784. Interpretation unter Berücksichtigung der frühen Dramen der sog. „Klassischen Periode". Phil. Diss. Rostock 1957.

[Scholz, Gerhard]: Faust-Gespräche mit Prof. Dr. Gerhard Scholz. Wissenschaftliche Mitarbeit Ursula Püschel. Berlin 1967; 2. Aufl. Leipzig 1982.

[Scholz, Gerhard] Faust-Gespräche 1974. Ein Gespräch zwischen Oskar Neumann und Elvira Högemann-Ledwohn mit Gerhard Scholz. In: Kürbiskern 4 (1974), S. 48–58.

Schröder, Jürgen: [Rez.] Lothar Pikulik: Leistungsethik contra Gefühlskult, 1984. In: Arbitrium 7 (1989), S. 313–315.

[Schröder, Winfried]: Französische Aufklärung. Bürgerliche Emanzipation, Literatur und Bewußtseinsbildung. Hrsg. von einem Autorenkollektiv unter Leitung von Winfried Schröder. Leipzig 1974.

Schröder, Winfried: [Art.] Präromantik. In: Wörterbuch der Literaturwissenschaft. Hrsg. von Claus Träger. 2. Aufl. Leipzig 1986, S. 410.

Schüttler, Hermann: Die Mitglieder des Illuminatenordens. München 1991 (Deutsche Hochschuledition, 18).

[Schulte-Sasse, Jochen]: Briefwechsel über das Trauerspiel. Gotthold Ephraim Lessing, Moses Mendelssohn, Friedrich Nicolai. Hrsg. und komm. von Jochen Schulte-Sasse. München 1972.

Schultz, Hartwig: „Revolutionäre Verse" bei Hölderlin und Weiss. In: Text + Kritik H. 37 (1973), S. 19–25.

Segeberg, Harro: Friedrich Maximilian Klingers Romandichtung. Untersuchungen zum Roman der Spätaufklärung. Heidelberg 1974.

Segeberg, Harro: Literarischer Jakobinismus in Deutschland. Theoretische und methodische Überlegungen zur Erforschung der radikalen Spätaufklärung. In: Bernd Lutz (Hrsg.): Deutsches Bürgertum und literarische Intelligenz 1750–1800. Stuttgart 1974, S. 509–568 (Literaturwissenschaft und Sozialwissenschaften, 3).

Segeberg, Harro: Literatur als Mittel der Politik im deutschen Jakobinismus. In: Text & Kontext 4 (1976), S. 3–30.

Segeberg, Harro: Deutsche Literatur und Französische Revolution. Zum Verhältnis von Weimarer Klassik, Frühromantik und Spätaufklärung. In: Karl O. Conrady (Hrsg.): Deutsche Literatur zur Zeit der Klassik. Stuttgart 1977, S. 243–266.

Segeberg, Harro: Die Französische Revolution und ihre Wirkungen / Die Spätaufklärung. In: Victor Žmegač (Hrsg.): Geschichte der deutschen Literatur vom 18. Jahrhundert bis zur Gegenwart. Bd. I/1: 1700–1848. Königstein/Taunus 1978, S. 331–348 / S. 349–413.

Segeberg, Harro: Von der Revolution zur „Befreiung". Politische Schriftsteller in Deutschland (1789–1815). In: Karl R. Mandelkow (Hrsg.): Europäische Romantik I. Wiesbaden 1982. (Neues Handbuch der Literaturwissenschaft, 14), S. 205–248.

Segeberg, Harro: Die literarisierte Reise im späten 18. Jahrhundert. Ein Beitrag zur Gattungstypologie. In: Wolfgang Griep und Hans-Wolf Jäger (Hrsg.): Reise und soziale Realität am Ende des 18. Jahrhunderts. Bremen 1983 (Neue Bremer Beiträge, 1), S. 14–31.

Segeberg, Harro: „Was gehn uns im Grunde alle Resultate an, wenn wir Wahrheiten feststellen!" – Überlegungen zum Stand der Jakobinismusforschung, veranlaßt durch zwei Neuerscheinungen über Georg Friedrich Rebmann (1768–1824). In: Internationales Archiv für Sozialgeschichte der deutschen Literatur, 1. Sonderheft: Forschungsreferate. Tübingen 1985, S. 160–182.

Segeberg, Harro: [Rez.] Sigfrid Gauch: Friedrich Joseph Emerich – ein deutscher Jakobiner, 1986. In: Internationales Archiv für Sozialgeschichte der deutschen Literatur 13 (1988), S. 244–252.

Segeberg, Harro: Le nationalisme cosmopolite en Allemagne à la lumière de la Révolution Française. In: L'Image de la Révolution Française. Communications présentées lors du Congrès Mondial pour le Bicentenaire de la Révolution. Sorbonne, Paris; 6.–12. Juillet. Dirigé par Michel Vovelle. Vol. II. Oxford 1990, S. 748–756.

Segeberg, Harro: Forsters „Ansichten vom Niederrhein". Zur Geschichte der Reiseliteratur als Wissensspeicher. In: Georg-Forster-Studien 5 (2000), S. 1–15.

Sengle, Friedrich: Baruch-Börne als Kritiker Deutschlands und deutscher Dichtung. In: Weltkampf 19 (1941), H. 3, S. 129–144.

Sengle, Friedrich: Wieland. Stuttgart 1949; Nachdruck 1961.

Sengle, Friedrich: Der Romanbegriff in der ersten Hälfte des 19. Jahrhunderts. In: F.S.: Arbeiten zur deutschen Literatur 1750–1850. Stuttgart 1965, S. 175–196.

Sengle, Friedrich: Biedermeierzeit. Deutsche Literatur im Spannungsfeld zwischen Restauration und Revolution 1815–1848. 3 Bde. Stuttgart 1971– 1980 – Bd. 1 (1971): Allgemeine Voraussetzungen, Richtungen, Darstellungsmittel; Bd. 2 (1972): Die Formenwelt; Bd. 3 (1980): Die Dichter.

Seume, Johann Gottfried: Prosaschriften. Mit einer Einleitung von Werner Kraft. Darmstadt 1974.

Sieburg, Friedrich: Hölderlin. In: Die neue Schaubühne 2 (1920), S. 121–124.

Sieburg, Heinz-Otto: Literaturbericht über französische Geschichte der Neuzeit. Veröffentlichungen 1945 bis 1963. In: Historische Zeitschrift, Sonderheft 2: Literaturberichte über Neuerscheinungen zur außerdeutschen Geschichte. Hrsg. von Walther Kienast. München 1965, S. 277–427.

Siegrist, Christoph: Das Lehrgedicht der Aufklärung. Stuttgart 1974 (Germanistische Abhandlungen, 43).

Soboul, Albert: Les Sans-culottes parisiens en l'an II. Paris 1958.

Soboul, Albert: Die Große Französische Revolution. Ein Abriß ihrer Geschichte (1789–1799). [La révolution française (1789–1799). Paris 1951]. Übers. aus dem Franz. von Joachim Heilmann. Frankfurt/Main 1973.

Sömmering, Samuel Thomas von: Briefwechsel 1761/65 bis Oktober 1784. Hrsg. und eingel. von Franz Dumont. Stuttgart 1996.

Sömmering, Samuel Thomas von: Briefwechsel November 1792 bis April 1805. Hrsg. und eingel. von Franz Dumont. Basel 2001.

Sonntag. Die kulturpolitische Wochenzeitung. Hrsg. vom Deutschen Kulturbund, Nr. 48 vom 26. November 1967, S. 3–8 [zu Peter Müllers Dissertation über Goethes „Werther", 1965].

Sossenheimer, Maria Anna: Georg Friedrich Rebmann und das Problem der Revolution. Revolutionserfahrungen, Revolutionsinterpretationen und Revolutionspläne eines deutschen Republikaners. Frankfurt/Main 1988.

Stagl, Justin: Der wohl unterwiesene Passagier. Reisekunst und Gesellschaftsbeschreibung vom 16. bis zum 18. Jahrhundert. In: Boris Il´ich Krasnobaev u. a. (Hrsg.): Reisen und Reisebeschreibungen im 18. und 19. Jahrhundert als Quellen der Kulturbeziehungsforschung. Berlin 1980, S. 353–384.

Stammen, Theo und Friedrich Eberle (Hrsg.): Deutschland und die Französische Revolution. Darmstadt 1988.

Stanitzek, Georg: Blödigkeit. Beschreibungen des Individuums im 18. Jahrhundert. Tübingen 1989 (Hermea. Germanistische Forschungen, N. F. 60).

Steffen, Hans (Hrsg.): Formkräfte der deutschen Dichtung vom Barock bis zur Gegenwart. Göttingen 1963. 2., durchges. Aufl. 1967.

Steffen, Hans (Hrsg.): Die deutsche Romantik. Göttingen 1967. 4. Aufl. 1989.

Steffen, Hans (Hrsg.): Das deutsche Lustspiel. 2 Bde. Göttingen 1968 und 1969.

Steiner, Gerhard: Der Traum vom Menschenglück. Leben und literarische Wirksamkeit von Carl Wilhelm und Henriette Frölich. Berlin 1959 (Habil.-Schrift Humboldt-Univ.).

Steiner, Gerhard: [Art.] Forster, Johann Reinhold. In: Neue Deutsche Biographie. Bd. 5 (1961), S. 301 f.

Steiner, Gerhard: [Art.] Forster, Johann Georg Adam. In: Neue Deutsche Biographie. Bd. 5 (1961), S. 301.

Steiner, Gerhard: Franz Heinrich Ziegenhagen und seine Verhältnislehre. Ein Beitrag zur Geschichte des utopischen Sozialismus in Deutschland. Berlin 1962 (Quellen und Texte zur Geschichte der Philosophie, 5).

Steiner, Gerhard: Theater und Schauspiel im Zeichen der Mainzer Revolution. Ein Beitrag zur Geschichte des bürgerlich-revolutionären Theaters in Deutschland. In: Hans-Werner Seiffert (Hrsg.): Studien zur neueren deutschen Literatur. Berlin 1964, S. 97–163.

Steiner, Gerhard: Johann Reinhold Forsters und Georg Forsters Beziehungen zu Rußland. In: Veröffentlichungen des Instituts für Slawistik der Deutschen Akademie der Wissenschaften zu Berlin. Nr. 28/II. Berlin 1968, S. 245–311; 430–450.

Steiner, Gerhard: Jakobinerschauspiel und Jakobinertheater. Stuttgart 1973 (Deutsche revolutionäre Demokraten, 4).

Steiner, Gerhard: Georg Forster. Stuttgart 1977 (Sammlung Metzler, 156).

Steiner, Gerhard: Freimaurer und Rosenkreuzer. Georg Forsters Weg durch Geheimbünde. Neue Forschungsergebnisse auf Grund bisher unbekannter Archivalien. Berlin 1985.

Steiner, Gerhard: Das Theater der deutschen Jakobiner. Dramatik und Bühne im Zeichen der Französischen Revolution. Berlin 1989.

[Steiner, Gerhard und Manfred Häckel]: Forster. Ein Lesebuch für unsere Zeit. Von Gerhard Steiner und
Manfred Häckel unter Mitarbeit von Lu Märten. Weimar 1952.

Steinhilber, Horst: Von der Tugend zur Freiheit. Wandel studentischer Mentalitäten von 1740 bis 1800
(auf der Basis von Stammbüchern). Hildesheim 1995 (Historische Texte und Studien, 14).

Steinmetz, Horst: Das deutsche Drama von Gottsched bis Lessing. Ein historischer Überblick. Stuttgart
1987.

Stellmacher,Wolfgang: Herders Shakespeare-Bild. Shakespeare-Rezeption im Sturm und Drang. Dynamisches Weltbild und bürgerliches Nationaldrama. Berlin 1978 (Germanistische Studien).

Stemme, Fritz: Karl Philipp Moritz und die Entwicklung von der pietistischen Autobiographie zur
Romanliteratur der Erfahrungsseelenkunde. Phil. Diss. Marburg 1950.

Stemme, Fritz: Die Säkularisierung des Pietismus zur Erfahrungsseelenkunde. In: Zeitschrift für deutsche Philologie 72 (1953), S. 144–158.

Stephan, Inge: Johann Gottfried Seume: ein politischer Schriftsteller der deutschen Spätaufklärung.
Stuttgart 1973.

Stephan, Inge: Literarischer Jakobinismus in Deutschland (1789–1806). Stuttgart 1976 (Sammlung
Metzler, 150).

Stephan, Inge: Klassik und Jakobinismus. Eine noch immer aktuelle Kontroverse. In: Erhard Lange
(Hrsg.): Französische Revolution und deutsche Klassik. Beiträge zum 200. Jahrestag. Weimar 1989
(Collegium philosophicum Jenense, 8), S. 81–94.

Stern, Alfred: Der Einfluß der Französischen Revolution auf das deutsche Geistesleben. Stuttgart und
Berlin 1928.

Sternberger, Dolf: Heinrich Heine und die Abschaffung der Sünde. Hamburg u. a. 1972.

Stewart, William E.: Die Reisebeschreibung und ihre Theorie im Deutschland des 18. Jahrhunderts.
Bonn 1978 (Literatur und Wirklichkeit, Bd. 20).

Stiller, Heinz (Hrsg.): Zum Problem der Geschichtlichkeit ästhetischer Normen. Die Antike im Wandel des Urteils im 19. Jahrhundert. (Vorträge des III. Werner-Krauss-Kolloquiums am 18., 19. und
20. Oktober 1983). Berlin 1986.

Stolpe, Heinz: Die Auffassung des jungen Herder vom Mittelalter. Ein Beitrag zur Geschichte der Aufklärung. Weimar 1955 (Beiträge zur deutschen Klassik. Abhandlungen, 1).

Streisand, Joachim: Deutschland von 1789 bis 1815. (Von der Französischen Revolution bis zu den
Befreiungskriegen und dem Wiener Kongreß). Berlin 1959; 4., durchges. Aufl. 1977 (Lehrbuch der
deutschen Geschichte, 5).

Streller, Siegfried: Der gegenwärtige Prometheus. In: Goethe-Jahrbuch 101 (1984), S. 24–41.

Stüssel, Kerstin: Poetische Ausbildung und dichterisches Handeln. Poetik und autobiographisches
Schreiben im 18. und beginnenden 19. Jahrhundert. Tübingen 1993 (Communicatio, 6).

Suratteau, Jean-René: Sur les travaux des historiens des deux Allemagnes intéressant la Révolution
française. Essai d'historiographie comparée et tendances actuelles. In: Annales historiques de la
Révolution française 56 (1984), S. 190–203.

Szondi, Peter: Der andere Pfeil. Zur Entstehungsgeschichte von Hölderlins hymnischem Spätstil. Frank-
furt/Main 1963.

Szondi, Peter: Versuch über das Tragische. Frankfurt/Main 1961; 2. durchges. Aufl. 1964.

Szondi, Peter: Hölderlin-Studien. Mit einem Traktat über philologische Erkenntnis. Frankfurt/Main
1970.

Szondi, Peter: Tableau und coup de théâtre. Zur Sozialpsychologie des bürgerlichen Trauerspiels. Mit
einem Exkurs über Lessing. In: P.S.: Lektüren und Lektionen. Versuche über Literatur, Literaturtheorie und Literatursoziologie. Hrsg. von Jean Bollack. Frankfurt/Main 1973, S. 13–43.

Szondi, Peter: Studienausgabe der Vorlesungen. Aus dem Nachlaß hrsg. von Jean Bollack u. a. 5 Bde. Frankfurt/Main 1973–1975

Szondi, Peter: Die Theorie des bürgerlichen Trauerspiels im 18. Jahrhundert. Der Kaufmann, der Hausvater und der Hofmeister. Hrsg. von Gert Mattenklott. Mit einem Anhang über Molière von Wolfgang Fietkau. Frankfurt/Main 1973 (Studienausgabe der Vorlesungen, 1).

T

Techtmeier, Wolfgang: Brissot und die Kritik am Eigentum in der zweiten Hälfte des 18. Jahrhunderts. Berlin 1961 (Phil. Diss. Akademie der Wissenschaften 1960: Brissot und der Cercle social. Ein Beitrag zum Problem Aufklärung und Revolution).

Tenorth, Heinz-Elmar: Schulmänner – Volkslehrer – Unterrichtsbeamte. Ergebnisse und Probleme neuerer Studien zur Sozialgeschichte des Lehrers in Deutschland. In: Internationales Archiv für Sozialgeschichte der Literatur 6 (1981), S. 198–222.

Tervooren, Klaus: Die Mainzer Republik 1792/93. Bedingungen, Leistungen und Grenzen eines bürgerlich-revolutionären Experiments in Deutschland. Frankfurt/Main 1982.

Thalheim, Hans-Günther: Zur Literatur der Goethezeit. Berlin 1969 (Germanistische Studien).

Thamer, Hans-Ulrich: [Art.] Jakobiner. In: Lexikon der Aufklärung. Hrsg. von Werner Schneiders. München 1995, S. 191–193.

Thümmel, Moritz August von: Wilhelmine, oder der vermählte Pedant. Leipzig: Weidmann 1764.

Thurmair, Gregor: Anmerkungen zur Frankfurter Hölderlin-Ausgabe. In: Hölderlin-Jahrbuch 22 (1980/1981), S. 371–389.

Tiemann, Hermann: Hanseaten im revolutionären Paris (1789–1803). Skizzen zu einem Kapitel deutsch-französischer Beziehungen. In: Zeitschrift des Vereins für Hamburgische Geschichte 49/50 (1964), S. 109–146.

Tønnesson, Kare D.: Questions de Jacobinisme en Norvège. In: Annali. Sezione germanica. Studi Nederlandesi. Studi Nordici 20 (1977), S. 337–352.

Träger, Claus: Hölderlins „Hyperion" als Widerspiegelung der progressivsten Tendenzen der Französischen Revolution. In: Wissenschaftliche Zeitschrift der Karl-Marx-Universität Leipzig. Gesellschafts- und sprachwissenschaftliche Reihe 4/5 (1952/1953), H. 9/10, S. 511–516.

Träger, Claus: Das dramatische Frühwerk Franz Grillparzers. Studien zur Krise des bürgerlichen Geschichtsbewußtseins. Phil. Diss. Leipzig 1958.

Träger, Claus: Georg Forster und die Verwirklichung der Philosophie. In: Sinn und Form 14 (1962), S. 625–649.

Träger, Claus: Aufklärung und Jakobinismus in Mainz 1792/93. In: Weimarer Beiträge 9 (1963), H. 4, S. 684–704.

Träger, Claus (Hrsg.): Mainz zwischen Rot und Schwarz. Die Mainzer Revolution 1792/93 in Schriften, Reden und Briefen. Berlin 1963.

Träger, Claus: Geschichte und Literaturgeschichte. Johann Gottfried Herder und die Krise des historischen Denkens. Greifswald 1964 (Habil.-Schrift

Träger, Claus: Ideen der französischen Aufklärung in der deutschen Romantik. In: Weimarer Beiträge 14 (1968), H. 1, S. 175–186.

Träger, Claus: Ursprünge und Stellung der Romantik. In: Weimarer Beiträge 21 (1975), H. 2, S. 37–73; auch in: Klaus Peter (Hrsg.): Romantikforschung seit 1945. Königstein/Taunus 1980, S. 304–334.

Träger, Claus unter Mitarbeit von Frauke Schaefer (Hrsg.): Die Französische Revolution im Spiegel der deutschen Literatur. Leipzig; Frankfurt/Main 1975.

Träger, Claus: Aufklärung – Sturm und Drang – Klassik – Romantik. Epochendialektik oder „Geist der Goethezeit"? In: C. T.: Studien zur Erbetheorie und Erbeaneignung. Leipzig 1981, S. 247–271.

Träger, Claus und Christel Schulz: [Art.] Sentimentalismus. In: Wörterbuch der Literaturwissenschaft. Hrsg. von C. T. Leipzig 1986; 2. Aufl. 1989, S. 471–473.

Trommler, Frank: Sozialistische Literatur in Deutschland. Ein historischer Überblick. Stuttgart 1976.

Trunz, Erich: Seelische Kultur. Eine Betrachtung über Freundschaft, Liebe und Familiengefühl im Schrifttum der Goethezeit. In: Deutsche Vierteljahrsschrift für Literaturwissenschaft und Geistesgeschichte 24 (1950), S. 214–242.

Tschirch, Otto: Geschichte der öffentlichen Meinung in Preußen vom Baseler Frieden bis zum Zusammenbruch des Staates (1795–1806). 2 Bde. Weimar 1933 und 1934.

U

Uffhausen, Dietrich: Der Wanderer. Anmerkungen zum Erstling der Frankfurter Hölderlin-Ausgabe. In: Hölderlin-Jahrbuch 19/20 (1975–1977), S. 519–554.

Unger, Rudolf: Hamann und die Aufklärung. Jena 1911; 2. Aufl. 1925 4., unveränd. Aufl., 1968.

Unger, Rudolf: Hamann und die Empfindsamkeit. Ein Beitrag zur Frage nach der geistesgeschichtlichen Struktur und Entwicklung des neueren deutschen Irrationalismus. In: R. U.: Aufsätze zur Literatur- und Geistesgeschichte. Berlin 1929 (Neue Forschung, 2), S. 17–39.

V

Valjavec, Fritz: Die Entstehung der politischen Strömungen in Deutschland 1770–1815. München 1951.

Valjavec, Fritz: Geschichte der abendländischen Aufklärung. Wien 1961.

Valjavec, Fritz: Die Entstehung der politischen Strömungen in Deutschland 1770–1815. Unveränd. Nachdruck der Erstausgabe von 1951. Mit einem Nachwort von Jörn Garber. Kronberg/Taunus; Düsseldorf 1978.

Victor, Walther (Hrsg.): Hölderlin. Ein Lesebuch für unsere Zeit. Weimar 1954; 16.–25. Tsd. 1960.

Viering, Jürgen: Schwärmerische Erwartung bei Wieland, im trivialen Geheimnisroman und bei Jean Paul. Köln 1976 (Literatur und Leben, N. F. 18).

Viering, Jürgen: [Art.] Empfindsamkeit. In: Reallexikon der deutschen Literaturwissenschaft. Bd. 1. Hrsg. von Klaus Weimar u. a. Berlin und New York 1997, S. 438–441.

Voegt, Hedwig: Die deutsche jakobinische Literatur und Publizistik 1789–1800. Berlin 1955.

Voegt, Hedwig: Robespierres Reden im Spiegel der Publizistik Georg Friedrich Rebmanns. In: Walter Markov in Verbindung mit Georges Lefebvre (Hrsg.): Maximilien Robespierre 1758–1794. Beiträge zu seinem 200. Geburtstag. Berlin 1958, S. 505–517.

Vollhardt, Friedrich: Aspekte der germanistischen Wissenschaftsentwicklung am Beispiel der neueren Forschung zur „Empfindsamkeit". In: Holger Dainat und Wilhelm Voßkamp (Hrsg.): Aufklärungsforschung in Deutschland. Heidelberg 1999 (Beihefte zum Euphorion 32), S. 49–77.

Vollhardt, Friedrich: Der Ursprung der Empfindsamkeitsdebatte in der ‚Tafelrunde' um Richard Alewyn. In: Klaus Garber und Ute Széll (Hrsg.): Das Projekt Empfindsamkeit und der Ursprung der Moderne. Richard Alewyns Sentimentalismusforschungen und ihr epochaler Kontext. München 2005, S. 53–63.

Voß, Johann Heinrich: Gesang der Neufranken. Für Gesetz und König. Melodie des Marseillermarsches. In: Sämtliche Gedichte von J. H. V. Vierter Teil. Oden und Lieder. Königsberg 1802, S. 212–219.

Voß, Johann Heinrich: Werke in einem Band. Hrsg. von Hedwig Voegt. Berlin 1966.

Voss, Ingrid und Jürgen Voss: Die „Revue Rhénane" als Instrument der französischen Kulturpolitik am Rhein (1920–1930). In: Archiv für Kulturgeschichte 64 (1982), S. 403–451.

Voss, Jürgen (Hrsg.): Deutschland und die Französische Revolution. 17. Deutsch-Französisches Historikerkolloquium des Deutschen Historischen Instituts Paris (Bad Homburg, 29. September bis 2. Oktober 1981). München und Zürich 1983 (Beihefte der Francia, 12).

Voss, Jürgen: Deutsch-französische Beziehungen im Spannungsfeld von Absolutismus, Aufklärung und Revolution. Ausgewählte Beiträge. Bonn und Berlin 1992 (Pariser historische Studien, 36).

Voßkamp, Wilhelm: Theorie und Praxis der literarischen Fiktion in Johann Gottfried Schnabels Roman „Die Insel Felsenburg". In: Germanisch-Romanische Monatsschrift 49, N. F. 18 (1968), S. 131–152.

Voßkamp, Wilhelm: [Rez.] Norbert Miller: Der empfindsame Erzähler, 1968. In: Zeitschrift für deutsche Philologie 88 (1969), S. 621–626.

Voßkamp, Wilhelm: Dialogische Vergegenwärtigung beim Schreiben und Lesen. Zur Poetik des Briefromans im 18. Jahrhundert. In: Deutsche Vierteljahrsschrift für Literaturwissenschaft und Geistesgeschichte 45 (1971), S. 80–116.

Voßkamp, Wilhelm: Romantheorie in Deutschland von Martin Opitz bis Friedrich von Blanckenburg. Stuttgart 1973 (Germanistische Abhandlungen, 40).

Voßkamp, Wilhelm (Hrsg.): Utopieforschung. Interdisziplinäre Studien zur neuzeitlichen Utopie. 3 Bde. Stuttgart 1982.

Voßkamp, Wilhelm: Utopie als Antwort auf Geschichte. Zur Typologie literarischer Utopien in der Neuzeit. In: Hartmut Eggert u. a. (Hrsg.): Geschichte als Literatur. Formen und Grenzen der Repräsentation von Vergangenheit. Stuttgart 1990, S. 273–283.

Vovelle, Michel: La Recherche à la Veille du Bicentenaire de la Révolution Française. In: Helmut Reinalter (Hrsg.): Die demokratische Bewegung in Mitteleuropa von der Spätaufklärung bis zur Revolution 1848/49. Ein Tagungsbericht. (Internationale Tagung der Innsbrucker Forschungsstelle „Demokratische Bewegungen in Mitteleuropa 1770–1850", 17. bis. 21. Oktober 1984). Innsbruck 1988, S. 235–242.

Vovelle, Michel: Die Französische Revolution. Soziale Bewegung und Umbruch der Mentalitäten. [La mentalité révolutionnaire. Société et mentalités sous la Révolution française. Paris 1985]. Mit einem Nachwort des Autors zur deutschen Ausgabe und einer Einführung von Rolf Reichardt; übers. von Peter Schöttler. Wien 1982 (Ancien Régime, Aufklärung und Revolution, 7); Frankfurt/Main 1989.

W

Wackwitz, Stephan: Friedrich Hölderlin. Stuttgart 1985 (Sammlung Metzler, 215), 2., überarb. und erg. Aufl. 1997.

Wadle, Elmar und Gerhard Sauder (Hrsg.): Georg Friedrich Rebmann (1768–1824). Autor, Jakobiner, Richter. Sigmaringen 1997 (Schriften der Siebenpfeiffer-Stiftung, 4).

Wagner, Michael: Die „deutschen Jakobiner" im internationalen Vergleich. Anmerkungen zu einem vernachlässigten Forschungsgegenstand. In: Francia (1998), S. 211–224.

Wagner, René: 1793 ein absolutes Novum. Vor zweihundert Jahren wurde die Mainzer Republik gegründet. In: Frankfurter Allgemeine Zeitung vom 18. März 1993.

Wahl, Rainer: „Meine Geschichte" – Aus den Erinnerungen von Andreas Wasserburg. In: Deutsche Jakobiner. Mainzer Republik und Cisrhenanen 1792–1798. Ausstellung des Bundesarchivs und der Stadt Mainz im Foyer des Mainzer Rathauses. Bd. 1: Handbuch. Beiträge zur demokratischen Tradition in Deutschland. Mainz 1981, S. 245–250.

Waldberg, Max von: Der empfindsame Roman in Frankreich. Erster Teil. Die Anfänge bis zum Beginne des XVIII. Jahrhunderts. Straßburg und Berlin 1906.

Waldberg, Max von: Zur Entwicklungsgeschichte der „schönen Seele" bei den spanischen Mystikern. Stuttgart und Berlin 1910 (Literarhistorische Forschungen, 41).

Walser, Martin: Hölderlin zu entsprechen. Rede, gehalten zum 200. Geburtstag des Dichters am 21. März 1970 im Württembergischen Staatstheater Stuttgart. In: Hölderlin-Jahrbuch 16 (1969/1970), S. 1–18.

Walser, Martin: Umgang mit Hölderlin – Zwei Reden. Frankfurt/Main 1997.

Wang, Bingjun: Rezeptionsgeschichte des Romans „Die Leiden des jungen Werther" von Johann Wolfgang Goethe in Deutschland seit 1945. Frankfurt/Main u. a. 1991 (Europäische Hochschulschriften. Reihe 1: Deutsche Sprache und Literatur, 1259).

Wangermann, Ernst: Von Joseph II. zu den Jakobinerprozessen. [From Joseph II to the Jacobin trials. Oxford 1959]. Wien 1966; mit Neuausgaben in der Folgezeit.

Wangermann, Ernst: Josephiner, Leopoldiner und Jakobiner. In: Die demokratische Bewegung in Mitteleuropa im ausgehenden 18. und frühen 19. Jahrhundert. Ein Tagungsbericht. (Arbeitstagung „Die demokratische Bewegung in Mitteleuropa im ausgehenden 18. und frühen 19. Jahrhundert", 19. bis 21. Mai 1977). Bearb. und hrsg. von Otto Büsch und Walter Grab unter Mitarbeit von Jürgen Schmädeke und Monika Wölk. Berlin 1981, S. 95–114.

Wangermann, Ernst: Österreichische Aufklärung und Französische Revolution. In: E. W. u. a. (Hrsg.): Die schwierige Geburt der Freiheit. Das Wiener Symposion zur Französischen Revolution. Wien 1991, S. 183–192.

Wangermann, Ernst: [Rez.] Wolfgang Reinbold: Mythenbildung und Nationalismus, 1999. In: Das achtzehnte Jahrhundert und Österreich. Jahrbuch der Österreichischen Gesellschaft zur Erforschung des 18. Jahrhunderts 16 (2001), S. 166–167.

Wangermann, Ernst: Ansätze des demokratischen Denkens in Österreich im späten 18. Jahrhundert. In: Johann Dvořák (Hrsg.): Aufklärung, Demokratie und die Veränderung der gesellschaftlichen Verhältnisse. Texte über Literatur und Politik in Erinnerung an Walter Grab (1919–2000). Frankfurt/ Main u. a. 2011, S. 9–18.

Warning, Rainer: Die Komödie der Empfindsamkeit: Steele/Marivaux/Lessing. In: Eckhard Heftrich und Jean-Marie Valentin (Hrsg.): Gallo-Germanica: Wechselwirkungen und Parallelen deutscher und französischer Literatur (18.–20. Jh.). Festschrift für Roger Bauer. Nancy 1986, S. 13–28.

Warning, Rainer: Einige Hypothesen zur Frühgeschichte der Empfindsamkeit. In: Sebastian Neumeister (Hrsg.): Frühaufklärung. München 1994, S. 415–423.

[Weber, Hermann]: Der Herr Bürgermeister und die „Mainzer Republik". Eine Entgegnung des Mainzer Historikers Professor Dr. Hermann Weber. In: Allgemeine Zeitung (Mainz), Nr. 279 vom 7. Dezember 1976.

Weber, Hermann (Hrsg.): Aufklärung in Mainz. Wiesbaden 1984.

Weber, Johannes: Aus der Jugendreise eines Franzosenfressers. Ernst Moritz Arndt in Paris (1799). In: Wolfgang Griep und Hans-Wolf Jäger (Hrsg.): Reisen im 18. Jahrhundert. Neue Untersuchungen. Heidelberg 1986 (Neue Bremer Beiträge, 3), S. 241–270.

Weber, Johannes: Goethe und die Jungen. Über die Grenzen der Poesie und vom Vorrang des wirklichen Lebens. Stuttgart 1989.

Weber, Johannes: Wallfahrten nach Paris – Reiseberichte deutscher Revolutionstouristen von 1789 bis 1802. In: Hermann Bausinger u. a. (Hrsg.): Reisekultur. Von der Pilgerfahrt zum modernen Tourismus. München 1991. 2. Aufl. 1999. S. 179–188.

Weber, Johannes: Wallfahrten ins gelobte Land der Freiheit. Deutsche Revolutionsbegeisterung in satirischen Reiseromanen. In: Hans-Wolf Jäger (Hrsg.): Europäisches Reisen im Zeitalter der Aufklärung. Heidelberg 1992 (Neue Bremer Beiträge, 7), S. 340–359.

Weber, Martin: Georg Christian Gottlieb Wedekind 1761–1831. Werdegang und Schicksal eines Arztes im Zeitalter der Aufklärung und der Französischen Revolution. Stuttgart und New York 1988.

Weber, Peter: [Rez.] Adolph Freiherr Knigge: Der Traum des Herrn Brick, 1968. In: Referatedienst zur germanistischen Literaturwissenschaft 1 (1969), S. 39 f.

Weber, Peter: Das Menschenbild des bürgerlichen Trauerspiels. Entstehung und Funktion von Lessings „Miß Sara Sampson". Berlin 1970 (Germanistische Studien); 2., erg. Aufl. 1976.

Weber, Peter: [Rez.] G. E. Lessing, M. Mendelssohn, F. Nicolai. Briefwechsel über das Trauerspiel. Hrsg. und komm. von Jochen Schulte-Sasse, 1972. In: Weimarer Beiträge 22 (1976), H. 3, S. 179–182.

Weber, Peter: [Rez.] Gerhard Sauder: Empfindsamkeit. Bd. 1, 1974. In: Weimarer Beiträge 23 (1977), H. 4, S. 177–181.

[Weber, Peter]: Kunstperiode. Studien zur deutschen Literatur des ausgehenden 18. Jahrhunderts. Von einem Autorenkollektiv. Leitung: Peter Weber. Berlin 1982.

Weber, Peter: Zum Begriff der „Kunstperiode". In: Dirk Grathoff (Hrsg.): Studien zur Ästhetik und Literaturgeschichte der Kunstperiode. Frankfurt/Main u. a. 1985 (Gießener Arbeiten zur Neueren Deutschen Literatur und Literaturwissenschaft, 1), S. 77–102.

Weber, Peter: Literarische und politische Öffentlichkeit. Studien zur Berliner Aufklärung. Hrsg. von Iwan Michelangelo D'Aprile und Winfried Siebers. Berlin 2006.

Weber, Peter: Lessings „Minna von Barnhelm". Zur Interpretation und literarhistorischen Charakteristik des Werkes. In: P. W.: Literarische und politische Öffentlichkeit. Studien zur Berliner Aufklärung. Hrsg. von Iwan Michelangelo D'Aprile und Winfried Siebers. Berlin 2006, S. 61–104; zuerst in: Hans-Günther Thalheim und Ursula Wertheim (Hrsg.): Studien zur Literaturgeschichte und Literaturtheorie. Gerhard Scholz anläßlich seines 65. Geburtstages gewidmet von Schülern und Freunden. Berlin 1970, S. 10–57.

Weber, Walter: „Jakobinismus". Zum Topos einer zweiten Aufklärung nach 1968. In: Harro Zimmermann (Hrsg.): Schreckensmythen, Hoffnungsbilder: die Französische Revolution in der deutschen Literatur. Essays. Frankfurt/Main 1989, S. 346–372.

Weerdenburg, Oscar van: Hölderlin, ein poetischer Clausewitz? Hölderlin und die Französische Revolution. In: Gonthier-Louis Fink (Hrsg.): Les Romantiques allemands et la Révolution française. Die deutsche Romantik und die Französische Revolution. Actes du Colloque International. Strasbourg, 2.–5. November 1989. Strasbourg 1989, S. 65–77.

Wegmann, Nikolaus: Diskurse der Empfindsamkeit. Zur Geschichte eines Gefühls in der Literatur des 18. Jahrhunderts. Stuttgart 1988.

Wehler, Hans-Ulrich: Deutsche Gesellschaftsgeschichte. Bd. 1: Vom Feudalismus des Alten Reiches bis zur defensiven Modernisierung der Reformära 1700–1815. München 1987.

Weimar, Klaus und Harald Fricke: Das neue Reallexikon der deutschen Literaturwissenschaft (Ein Interview). In: Internationales Archiv für Sozialgeschichte der deutschen Literatur 22 (1997), H. 1, S. 177–186.

Weingarten, Michael: Menschenarten oder Menschenrassen. Die Kontroverse zwischen Georg Forster und Immanuel Kant. In: Gerhart Pickerodt (Hrsg.): Georg Forster in seiner Epoche. Berlin 1982 (Argument-Sonderband, 87. Literatur im historischen Prozeß, N. F. 4), S. 117–148.

Weiss, Peter: Die Verfolgung und Ermordung Jean Paul Marats dargestellt durch die Schauspielgruppe des Hospizes zu Charenton unter Anleitung des Herrn de Sade. Frankfurt/Main 1965.

Weiss, Peter: Hölderlin. Stück in zwei Akten. Frankfurt/Main 1971.

Wellmann-Bretzigheimer, Gerlinde: Zur editorischen Praxis im Einleitungsband der Frankfurter Hölderlinausgabe. In: Hölderlin-Jahrbuch 19/20 (1975–1977), S. 476–509.

Werner, Claus: Zur Geschichtsauffassung Nicolas de Bonnevilles. In: Werner Krauss und Walter Dietze (Hrsg.): Neue Beiträge zur Literatur der Aufklärung. Berlin 1964, S. 221–237.

Werner, Claus: Die französische und deutsche Freimaurerei des 18. Jahrhunderts und ihr Verhältnis zur Aufklärung. Berlin 1966 (Phil. Diss. Akademie der Wissenschaften).

Werner, Hans-Georg: [Rez.] Peter Müller: Zeitkritik und Utopie in Goethes „Werther", 1969. In: Weimarer Beiträge 16 (1970), H. 7, S. 193–199.

Werner, Hans-Georg: [Rez.] Walter Grab und Uwe Friesel: Noch ist Deutschland nicht verloren, 1970. In: Deutsche Literaturzeitung 93 (1972), Sp. 350–352.

Werner, Hans-Georg (Hrsg.): Lessing-Konferenz Halle 1979. 2 Bde. Halle/Saale 1980.

Werner, Hans-Georg (Hrsg.): Bausteine zu einer Wirkungsgeschichte: Gotthold Ephraim Lessing. Berlin 1984.

Werner, Hans-Georg: Nochmals: „Kunstperiode". In: Weimarer Beiträge 31 (1985), H. 9, S. 1551–1565.

Wertheim, Ursula: Gesellschaftliche Verantwortung des Dichters und nationale Aufgabe der Dichtung in der poetischen Konzeption Friedrich Hölderlins. In: Wissenschaftliche Zeitschrift der Friedrich-Schiller-Universität Jena. Gesellschafts- und sprachwissenschaftliche Reihe 21 (1972), H. 3: Hölderlin-Colloquium, S. 375–394.

Wierlacher, Alois: Das bürgerliche Drama. Seine theoretische Begründung im 18. Jahrhundert. München 1968.

Wiese, Benno von: Herder. Grundzüge seines Weltbildes. Leipzig 1939.

Wiese, Benno von: Listiger Träumer im Tübinger Turm? Pierre Bertaux' These vom „völlig gesunden Hölderlin". In: Die Welt vom 17. Februar 1979; Geistige Welt, S. V.

Wieser, Max: Der sentimentale Mensch. Gesehen aus der Welt holländischer und deutscher Mystiker des 18. Jahrhunderts. Gotha und Stuttgart 1924.

Wild, Reiner: Die Vernunft der Väter. Zur Psychographie von Bürgerlichkeit und Aufklärung in Deutschland am Beispiel ihrer Literatur für Kinder. Stuttgart 1987.

Wilharm, Heiner: Politik und Geschichte. Jakobinismusforschung in Deutschland. Bd. 1: DDR; Bd. 2: Bundesrepublik. Frankfurt/Main u. a. 1984 (Europäische Hochschulschriften. Reihe 3: Geschichte und ihre Hilfswissenschaften, 212).

Willems, Gottfried: Goethe – ein „Überwinder der Aufklärung"? Thesen zur Revision des Klassik-Bildes. In: Germanisch-Romanische Monatsschrift, N. F. 40 (1990), S. 22–40.

Winkler, Eugen Gottlob: Gestalten und Probleme. Hrsg. von Hermann Rinn. Leipzig 1937.

Winkler, Eugen Gottlob: Dichtungen, Gestalten und Probleme. Nachlaß. In Verbindung mit Hermann Rinn und Johannes Heitzmann hrsg. von Walter Warnach. Pfullingen 1956.

Winter, Eduard: Der Josefinismus und seine Geschichte. Beiträge zur Geistesgeschichte Österreichs 1740–1848. Brünn u. a. 1943 (Prager Studien und Dokumente zur Geistes- und Gesinnungsgeschichte Ostmitteleuropas, 1).

Winter, Eduard: Frühaufklärung. Der Kampf gegen den Konfessionalismus in Mittel- und Osteuropa und die deutsch-slawische Begegnung. Zum 250. Todestag von Gottfried Wilhelm Leibniz im November 1966. Berlin 1966 (Beiträge zur Geschichte des religiösen und wissenschaftlichen Denkens, 6).

Winter, Eduard (Hrsg.): Wegbereiter der deutsch-slawischen Wechselseitigkeit. Berlin 1983 (Quellen und Studien zur Geschichte Osteuropas, 26).

Winter, Georg (Hrsg.): Die Reorganisation des preußischen Staates unter Stein und Hardenberg. Erster Teil: Allgemeine Verwaltungs- und Behördenreform. Bd. 1. Leipzig 1931

Winter, Georg: Beginn des Kampfes gegen die Kabinettsregierung bis zum Wiedereintritt des Ministers vom Stein. Leipzig 1931 (Allgemeine Verwaltungs- und Behördenreform; Publikationen aus den Preußischen Staatsarchiven, 93).

Winter, Hans-Gerd Winter: Gesellschaft und Kultur von der Jahrhundertmitte bis zur Französischen Revolution. Wandlungen der Aufklärung. In: Victor Žmegač (Hrsg.): Geschichte der deutschen Literatur. Vom 18. Jahrhundert bis zur Gegenwart. Bd. I/1, 4., unveränd. Aufl. Weinheim 1996, S. 175–193.

Witte, Bernd (Hrsg.): Vormärz – Biedermeier – Junges Deutschland – Demokraten. 1815–1848. Reinbek 1980 (Deutsche Literatur. Eine Sozialgeschichte. Hrsg. von Horst Albert Glaser, 6).

Witte, Karsten: Reise in die Revolution: Gerhard Anton von Halem und Frankreich im Jahre 1790. Stuttgart 1971.

Wölk, Monika: Jakobiner und Frühliberale in Norddeutschland im Jahrzehnt der Französischen Revolution. In: Aufklärung – Vormärz – Revolution 3 (1983), S. 38–53.

Wolf, Christa und Gerhard Wolf: Ins Ungebundene gehet eine Sehnsucht. Gesprächsraum Romantik. Prosa, Essays. Berlin 1985.

Wolf, Werner: Ursprünge und Formen der Empfindsamkeit im französischen Drama des 18. Jahrhunderts (Marivaux und Beaumarchais). Frankfurt/Main 1984.

Wuthenow, Ralph-Rainer: Republikanische Rede. In: Jahrbuch des Instituts für Deutsche Geschichte 1 (1972), S. 29–51.

Wuthenow, Ralph-Rainer: Die erfahrene Welt. Europäische Reiseliteratur im Zeitalter der Aufklärung. Mit zeitgenössischen Illustrationen. Frankfurt/Main 1980.

Z

Zelle, Carsten: [Rez.] Lothar Pikulik: Leistungsethik contra Gefühlskult, 1984. In: Archiv für das Studium der neueren Sprachen und Literaturen 223 (1986), S. 141–146.

Zelle, Carsten: Von der Empfindsamkeit zum l'art pour l'art. Zu Richard Alewyns geplantem Sentimentalismus-Buch. In: Euphorion 87 (1993), S. 90–105.

Zelle, Carsten: „Zerstörung der Vernunft"? Alewyns Sentimentalismus-Entwurf und Viëtors Fin de siècle-Projekt – ein Vergleich. In: Klaus Garber und Ute Széll (Hrsg.): Das Projekt Empfindsamkeit und der Ursprung der Moderne. Richard Alewyns Sentimentalismusforschungen und ihr epochaler Kontext. München 2005, S. 89–102.

Žmegač, Viktor: Geschichte der deutschen Literatur vom 18. Jahrhundert bis zur Gegenwart. 3 Bde. Königstein/Taunus 1978–1984.

Zöllner, Erich: Geschichte Österreichs. Von den Anfängen bis zur Gegenwart. 8. Aufl. Wien 1990.

4.1.2 Literaturverzeichnis zur Wissenschaftsforschung

Verzeichnet werden Publikationen zur Geschichte der Wissenschaften (mit Schwerpunkten für Literatur- und Geschichtswissenschaft) im gesellschafts-, politik- und ideengeschichtlichen Zusammenhang (Forschungsliteratur, exemplarische Veröffentlichungen zu disziplinenspezifischen Methodologien und Quellen-Texte zur Gesellschaftsgeschichte). Nicht einbezogen werden in der Regel Lexika und bibliographische Handbücher.

A

Abusch, Alexander: Lukács' revisionistischer Kampf gegen die sozialistische Literatur [1958]. In: A. A.: Humanismus und Realismus in der Literatur. Aufsätze. 2. Aufl. Leipzig 1969, S. 166–180.

Achnitz, Wolfgang: Frühling, Sommer, Herbst und Winter. Herkommen und Nachwirken der „Wellentheorie" Wilhelm Scherers. In: Cord Meyer und Ralf G. Päsler (Hrsg.): Vorschen, denken, wizzen. Vom Wert des Genauen in den „ungenauen Wissenschaften". Festschrift für Uwe Meves zum 14. Juni 2009. Stuttgart 2009, S. 287–308.

Adam, Wolfgang: Einhundert Jahre „Euphorion". Wissenschaftsgeschichte im Spiegel einer germanistischen Fachzeitschrift. In: Euphorion 88 (1994), S. 1–72.

Adam, Wolfgang: Arthur Henkel (13. März 1915 bis 4. Oktober 2005). In: Euphorion 100 (2006), S. 5–9.

Adam, Wolfgang u. a. (Hrsg.): „Weimarer Beiträge". Fachgeschichte aus zeitgenössischer Perspektive. Zur Funktion und Wirkung einer literaturwissenschaftlichen Zeitschrift der DDR. Frankfurt/Main u. a. 2009.

[Agde, Günter]: Kahlschlag. Das 11. Plenum des ZK der SED. Studien und Dokumente. Berlin 1991.

Albrecht, Günter u. a. (Hrsg.): Schriftsteller der DDR. Leipzig 1974.

Alewyn, Richard: Die Universität als moralische Anstalt. In: Die Zeit vom 27. November 1964, S. 17.

Alewyn, Richard: Ad me ipsum. In: Richard Alewyn. Mit unveröffentlichten Dokumenten und Fragmenten aus dem Nachlaß und einem Beitrag von Klaus Garber. (Ausstellungsführer). Universitätsbibliothek der Freien Universität Berlin. Berlin 1982, S. 31–34.

Althusser, Louis: Ist es einfach, in der Philosophie Marxist zu sein? [1975] In: L. A.: Ideologie und ideologische Staatsapparate. Aufsätze zur marxistischen Theorie. Aus dem Franz. übers. von Rolf Löper, Klaus Riepe und Peter Schöttler. Hamburg und Berlin 1977, S. 51–88 (Positionen, 3).

B

Baasner, Rainer: Günther Müllers morphologische Poetik und ihre Rezeption. In: Wilfried Barner und Christoph König (Hrsg.): Zeitenwechsel. Germanistische Literaturwissenschaft vor und nach 1945. Frankfurt/Main 1996, S. 256–267.

Balzer, Friedrich-Martin und Helge Speith (Hrsg.): Deutsche Misere. Die Auseinandersetzung um den Philosophen Hans Heinz Holz (1970–1973). Marburg 2001.

Barck, Karlheinz u. a.: Literatur und Gesellschaft. Zur literaturwissenschaftlichen Position von Werner Krauss. In: Werner Mittenzwei (Hrsg.): Positionen. Beiträge zur marxistischen Literaturtheorie in der DDR. Leipzig 1969, S. 555–605; 677–688.

Barck, Karlheinz u. a. (Hrsg.): Ästhetische Grundbegriffe. Studien zu einem historischen Wörterbuch. Berlin 1990.

Barck, Karlheinz u. a. (Hrsg.): Ästhetische Grundbegriffe. Historisches Wörterbuch in sieben Bänden. Stuttgart und Weimar 2000–2005.

Bark, Joachim (Hrsg.): Literatursoziologie. 2 Bde. Stuttgart u. a. 1974.

Barner, Wilfried: Rezeptions- und Wirkungsgeschichte. In: Helmut Brackert und Jörn Stückrath (Hrsg.): Literaturwissenschaft. Grundkurs 2. Reinbek 1981, S. 102–124.

Barthes, Roland: Histoire et littérature. In: Annales 15 (1960), S. 524–537.

Barthes, Roland: Literatur oder Geschichte. In: R. B.: Literatur oder Geschichte. Aus dem Franz. übers. von Helmut Scheffel. Frankfurt/Main 1969, S. 11–35.

Barthes, Roland par Roland Barthes. Paris 1975.

Baum, Hanna: 20 Jahre Hochschulwesen in der Deutschen Demokratischen Republik 1949–1969. Auswahlbibliographie. Berlin 1969 (Schriftenreihe der Universitätsbibliothek zu Berlin, 6).

Becher, Johannes R. u. a. (Hrsg.): Die Linkskurve. Monatsschrift des Bundes proletarisch-revolutionärer Schriftsteller Deutschlands. Berlin 1929/1–1932/4. Frankfurt/Main 1971; unveränd. Neudruck 1978.

Walter Benjamin: Der Autor als Produzent. (Ansprache im Institut zum Studium des Faschismus in Paris am 27. April 1934). In: W. B.: Gesammelte Schriften II.2. Hrsg. von Rolf Tiedemann und Hermann Schweppenhäuser. Frankfurt/Main, S. 683–701.

Berbig, Roland (Hrsg.): In Sachen Biermann. Protokolle, Berichte und Briefe zu einer Ausbürgerung. Berlin 1994.

Bertaux, Pierre: Wie ich Germanist wurde. In: Siegfried Unseld (Hrsg.): Wie, warum und zu welchem Ende wurde ich Literarhistoriker? Eine Sammlung von Aufsätzen aus Anlaß des 70. Geburtstages von Robert Minder. Frankfurt/Main 1972, S. 27–38.

Bertaux, Pierre: Zwischen Deutschland und Frankreich. Marburg 1984 (Marburger Universitätsreden, 9).

Binder, Christoph: Die Entwicklung des Controllings als Teildisziplin der Betriebswirtschaftslehre. Eine explorativ-deskriptive Untersuchung. Wiesbaden 2006.

Blasberg, Cornelia und Franz-Josef Deiters (Hrsg.): Geschichtserfahrung im Spiegel der Literatur. Festschrift für Jürgen Schröder zum 65. Geburtstag. Tübingen 2000.

Blaschke, Karlheinz: Als bürgerlicher Historiker am Rande der DDR. Erlebnisse, Beobachtungen und Überlegungen eines Nonkonformisten. In: Karl Heinrich Pohl (Hrsg.): Historiker in der DDR. Göttingen 1997, S. 45–93.

Bleckwenn, Helga: Morphologische Poetik und Bauformen des Erzählens. Zum Formalismus in der deutschen Literaturwissenschaft. In: Wolfgang Haubrichs (Hrsg.): Erzählforschung 1. Theorien, Modelle und Methoden der Narrativik. Mit einer Auswahlbibliographie zur Erzählforschung. Göttingen 1976, S. 43–77 (Zeitschrift für Literaturwissenschaft und Linguistik, Beiheft 4).

Bloch, Ernst: Offener Brief. Protest gegen Anwürfe der Parteileitung der SED am Institut für Philosophie der Karl-Marx-Universität Leipzig (22. Januar 1957). In: Bloch-Almanach 3 (1983), S. 19–32.

Bock, Helmut: Es gibt kein historisches „Niemandsland". Zu aktuellen Problemen des Erbes und der Tradition im Sozialismus von heute. In: Helmut Meiner und Walter Schmidt (Hrsg.): Erbe und Tradition in der DDR. Die Diskussion der Historiker. Köln 1988, S. 218–239.

Boden, Petra: Julius Petersen. Ein Wissenschaftsmanager auf dem Philologenthron. In: Euphorion 88 (1994), S. 82–102.

Boden, Petra: Universitätsgermanistik in der SBZ/DDR. Personalpolitik und struktureller Wandel 1945–1958. In: P. B. und Rainer Rosenberg (Hrsg.): Deutsche Literaturwissenschaft 1945–1965. Fallstudien zu Institutionen, Diskursen, Personen. Berlin 1997 (Literaturforschung), S. 119–149.

Boden, Petra: Reformarbeit als Problemlösung. Sozialgeschichtliche und rezeptionstheoretische Forschungsansätze in der deutschen Literaturwissenschaft der 60er und 70er Jahre – eine Vorbemerkung und drei Interviews [mit Walter Müller-Seidel, Eberhard Lämmert und Wolfgang Iser]. In:
Internationales Archiv für Sozialgeschichte der deutschen Literatur 28 (2003), H. 1, S. 111–170.

Boden, Petra und Dorothea Böck (Hrsg.): Modernisierung ohne Moderne. Das Zentralinstitut für Literaturgeschichte an der Akademie der Wissenschaften der DDR (1969–1991) (Beihefte zum Euphorion, 47) Heidelberg 2004.

Boden, Petra und Bernhard Fischer: Der Germanist Julius Petersen (1878–1941). Bibliographie, systematisches Nachlaßverzeichnis und Dokumentation. Marbach/Neckar 1994.

Böckmann, Paul: Formgeschichte der deutschen Dichtung in zwei Bänden. Bd. 1: Von der Sinnbildsprache zur Ausdruckssprache. Der Wandel der literarischen Formsprache vom Mittelalter zur Neuzeit.
Hamburg 1949. 4, Aufl. 1973.

Boehlich, Walter: Der deutsche Germanistentag. Aufforderung, das Kind mit dem Bade auszu-
schütten. In: Die Zeit vom 28. Oktober 1966. Wiederabdruck in: Helmut Peitsch und Helen Thein
(Hrsg.) W. B. Die Antwort ist das Unglück der Frage. Ausgewählte Schriften. Frankfurt/Main 2011,
S. 241–249.

Boehlich, Walter (Hrsg.): Der Hochverratsprozeß gegen Gervinus. Frankfurt/Main 1967.

Boehlich, Walter: Der deutsche Germanistentag. Oder: Lehren aus einem unfreiwilligen Lernprozeß.
In: Die Zeit, Nr. 43 vom 25. Oktober 1968, S. 22 f.

Bogner, Alexander u. a. (Hrsg.): Experteninterviews. Theorien, Methoden, Anwendungsfelder. 3. Aufl.
Wiesbaden 2009.

Bogner, Alexander und Wolfgang Menz: Experteninterviews in der qualitativen Sozialforschung. Zur
Einführung in eine sich intensivierende Methodendebatte. In: A. B. u. a. (Hrsg.): Experteninterviews.
Theorien, Methoden, Anwendungsfelder. 3. Aufl. Wiesbaden 2009, S. 7–31.

Borck, Karl Heinz und Rudolf Henß: Der Berliner Germanistentag 1968. Vorträge und Berichte. Heidelberg 1970.

Brackert, Helmut und Eberhard Lämmert (Hrsg.): Reader zum Funk-Kolleg Literatur. 2 Bde. Frankfurt/
Main 1976–1977.

Brackert, Helmut und Eberhard Lämmert (Hrsg.): Funk-Kolleg Literatur. 2 Bde. Frankfurt/Main 1977–
1978.

Bramke, Werner: Freiräume und Grenzen eines Historikers im DDR-System. Reflexionen sechs Jahre
danach. In: Karl Heinrich Pohl (Hrsg.): Historiker in der DDR. Göttingen 1997, S. 28–44.

Brinkmann, Richard: Deutsche Literaturwissenschaft in der Bundesrepublik Deutschland. In: Alexander von Humboldt Stiftung. Mitteilungen H. 40 (1982), S. 23–30.

Buch, Hans Christoph (Hrsg.): Literaturmagazin 4. Die Literatur nach dem Tod der Literatur. Reinbek
1975.

Bürger, Peter: Theorie der Avantgarde. Frankfurt/Main 1974.

Busch, Ulrich: Friedrich Nietzsche und die DDR. In: Utopie Kreativ. Hrsg. von der Rosa-Luxemburg-
Stiftung. H. 118, August 2000, S. 762–777.

Buselmeier, Karin u. a. (Hrsg.): Auch eine Geschichte der Universität Heidelberg. Mannheim 1985;
2., unveränd. Aufl. 1986.

Bußhoff, Heinrich: Komplementarität und Politik. Zu einer interdisziplinär orientierten Begründung
des Politischen und der Politischen Wissenschaft. Würzburg 1990.

C

Cassirer, Ernst: Philosophie der symbolischen Formen. 3 Bde. Berlin 1923–1929.

Clemen, Wolfgang: Keine Grenzen des Bücherwachstums? Wie Sekundärliteratur die Literatur zu
überwuchern droht. In: Süddeutsche Zeitung, Nr. 76 vom 30./31. März 1974, S. 97.

Conrady, Karl Otto: Einführung in die Neuere deutsche Literaturwissenschaft. Reinbek 1966 (rowohlts
deutsche enzyklopädie, 252/253).

Conrady, Karl Otto: Miterlebte Germanistik. Ein Rückblick auf die Zeit vor und nach dem Münchner Germanistentag von 1966. In: Diskussion Deutsch H. 100, April 1988, S. 126–143.

Creswell, John W.: Qualitative inquiry and research design. Choosing among five approaches. 2nd ed. London und New Delhi 2008.

D

Dahnke, Hans-Dietrich: Sozialismus und deutsche Klassik. In: Werner Mittenzwei (Hrsg.): Wer war Brecht. Wandlung und Entwicklung der Ansichten über Brecht. Berlin 1977, S. 555–579.

Dahnke, Hans-Dietrich: Autobiographische Aufzeichnungen. Typoskript 2012.

Dainat, Holger und Wilhelm Voßkamp (Hrsg.): Aufklärungsforschung in Deutschland. Heidelberg 1999 (Beihefte zum Euphorion, 32).

Dainat, Holger: Germanistische und klassische Philologien seit 1945. In: Heinz-Elmar Tenorth (Hrsg.): Geschichte der Universität Unter den Linden 1810–2010. Bd. 6: Selbstbehauptung einer Vision. Berlin 2010, S. 441–460.

Danneberg, Lutz: Zur Theorie der werkimmanenten Interpretation. In: Wilfried Barner und Christoph König (Hrsg.): Zeitenwechsel. Germanistische Literaturwissenschaft vor und nach 1945. Frankfurt/Main 1996, S. 313–342.

Danneberg, Lutz und Michael Schlott: Über die Reichweite quantitativer Verfahren in der Wissenschaftsforschung zur germanistischen Literaturwissenschaft: ein Werkstattbericht. In: Mitteilungen des Marbacher Arbeitskreises für Geschichte der Germanistik 7/8 (1994), S. 8–17.

Danneberg, Lutz und Friedrich Vollhardt: Sinn und Unsinn literaturwissenschaftlicher Innovation. Mit Beispielen aus der neueren Forschung zu G. E. Lessing und zur „Empfindsamkeit". In: Aufklärung. Interdisziplinäres Jahrbuch zur Erforschung des 18. Jahrhunderts und seiner Wirkungsgeschichte 13 (2001) [Themenschwerpunkte: Empfindsamkeit (hrsg. von Karl Eibl), Politische Theorie (hrsg. von Diethelm Klippel)], S. 33–69.

Diersen, Inge: Zu Georg Lukács' Konzeption der deutschen Literatur im Zeitalter des Imperialismus. In: Weimarer Beiträge 4 (1958), H. 4, S. 18–25.

Dornhof, Dorothea: Forschungsfeld: Gesellschaftswissenschaften. Legitimations- und Geltungsansprüche marxistischer Literaturwissenschaft in der frühen DDR. In: Jahrbuch für Internationale Germanistik 27 (1995), H. 1, S. 14–35.

Dyck, Joachim: Die Dauerkrise der Germanistik. Methodenrausch im Vakuum. Ein Plädoyer für historische Selbstbesinnung statt Anpassung an ungewisse Zukünfte. In: Die Zeit, Nr. 43 vom 16. Oktober 1987, S. 71 f.

E

Eckert, Rainer u. a. (Hrsg.): Krise – Umbruch – Neubeginn. Eine kritische und selbstkritische Dokumentation der DDR-Geschichtswissenschaft 1989/90. Mit einem Nachwort von Jürgen Kocka. Stuttgart 1992.

Ehlich, Konrad: Zum Textbegriff. In: Annely Rothkegel und Barbara Sandig (Hrsg.): Text – Textsorten – Semantik. Hamburg 1984 (Papiere zur Textlinguistik, 52), S. 9–25.

Ehlich, Konrad: Textsorten – Überlegungen zur Praxis der Kategorienbildung in der Textlinguistik. In: Roger Mackeldey (Hrsg.): Textsorten, Textmuster in der Sprech- und Schriftkommunikation. Festschrift zum 65. Geburtstag von Wolfgang Heinemann. Leipzig 1990 (Wissenschaftliche Beiträge der Universität Leipzig: Reihe Sprachwissenschaft), S. 17–30.

Ehrlich, Lothar: Die Goethe-Gesellschaft im Spannungsfeld der Deutschland- und Kulturpolitik der SED. In: L. E. und Gunter Mai (Hrsg.): Weimarer Klassik in der Ära Ulbricht. Köln u. a. 2000, S. 251–282.

Eichhorn, Jaana: Geschichtswissenschaft zwischen Tradition und Innovation. Diskurse, Institutionen und Machtstrukturen der bundesdeutschen Frühneuzeitforschung. Göttingen 2006.

Elias, Norbert: Über den Prozeß der Zivilisation. Soziogenetische und psychogenetische Untersuchungen. Bern u. a. 1969; 22., neu durchges. und erw. Aufl. Frankfurt/Main 1998.

Emrich, Berthold: [Art.] Literatur und Geschichte. In: Reallexikon der deutschen Literaturgeschichte. Begründet von Paul Merker und Wolfgang Stammler. 2. Aufl. neu bearb. und unter redaktioneller Mitarbeit von Klaus Kanzog hrsg. von Werner Kohlschmidt und Wolfgang Mohr. Bd. 2 (1965). Unveränd. Neuausgabe Berlin und New York 2001, S. 111–143.

Emmerich, Wolfgang: Lyrik des Exils. Stuttgart 1985; Neuausgabe 1997.

Emmerich, Wolfgang: Kleine Literaturgeschichte der DDR. Darmstadt 1981 [mit Neuausgaben und Erweiterungen in der Folgezeit].

Enzensberger, Hans Magnus: Gemeinplätze, die Neueste Literatur betreffend. In: Kursbuch 15 (1968), S. 187–197.

Erklärung der Sieben. In: Die Zeit vom 4. Dezember 1964, S. 17

F

Faber, Karl-Georg: Theorie der Geschichtswissenschaft. München 1971. 5., erw. Aufl. 1982.

Feuerbach, Ludwig: Gesammelte Werke. Hrsg. von der Berlin-Brandenburgischen Akademie der Wissenschaften durch Werner Schuffenhauer. Berlin 1967 ff.

Fieguth, Rolf (Hrsg.): Literarische Kommunikation. Kronberg/Taunus 1975 (Scriptor-Hochschulschriften, 8).

Fink, Heidrun: Der Nachlaß von Richard Alewyn im Deutschen Literaturarchiv. In: Mitteilungen des Marbacher Arbeitskreises für Geschichte der Germanistik 4 (1992), S. 16–18.

Finker, Kurt: Zum Widerstandskampf kleinbürgerlicher und bürgerlicher Nazigegner in Deutschland. [1979]. In: Helmut Meier und Walter Schmidt (Hrsg.): Erbe und Tradition in der DDR. Die Diskussion der Historiker. Berlin 1989, S. 103–111.

Fischer; Fritz: Griff nach der Weltmacht. Die Kriegszielpolitik des kaiserlichen Deutschland 1914/18. Düsseldorf 1961. [Mit Neuausgaben in der Folgezeit].

Fischer, Fritz: Krieg der Illusionen. Die deutsche Politik von 1911 bis 1914. Düsseldorf 1969.

Fohrmann, Jürgen: Das Projekt der deutschen Literaturgeschichte. Entstehung und Scheitern einer nationalen Poesiegeschichtsschreibung zwischen Humanismus und Deutschem Kaiserreich. Stuttgart 1988.

Fohrmann, Jürgen und Wilhelm Voßkamp (Hrsg.): Von der gelehrten zur disziplinären Gemeinschaft. Stuttgart 1987 (Deutsche Vierteljahrsschrift für Literaturwissenschaft und Geistesgeschichte 61, Sonderheft).

Fohrmann, Jürgen und Wilhelm Voßkamp (Hrsg.): Wissenschaft und Nation. Studien zur Entstehungsgeschichte der deutschen Literaturwissenschaft. München 1991.

Fohrmann, Jürgen und Wilhelm Voßkamp (Hrsg.): Wissenschaftsgeschichte der Germanistik im 19. Jahrhundert. Stuttgart und Weimar 1994.

Fontius, Martin: Literaturgeschichte im Prisma von Begriffsgeschichte. Berlin 1988 (Habil.-Schrift Humboldt-Univ.

Fontius, Martin: Werner Krauss und die Deutsche Akademie der Wissenschaften. In: lendemains 18 (1993), H. 69/70, S. 225–238.

Fricke, Harald und Klaus Weimar: Begriffsgeschichte im Explikationsprogramm. Konzeptuelle Anmerkungen zum neubearbeiteten „Reallexikon der deutschen Literaturwissenschaft". In: Archiv für Begriffsgeschichte 39 (1996), S. 7–18.

Fricke, Harald u. a. (Hrsg.): Reallexikon der deutschen Literaturwissenschaft. 3 Bde. 3., neubearb. Aufl. Berlin und New York 1997–2003.

Fries, Fritz Rudolf: Lebenslehre oder Die Passionen der aufklärerischen Seele. In: Neue Deutsche Literatur 26 (1978), H. 11, S. 47–51.

Frühwald, Wolfgang: Palimpsest der Bildung. Kulturwissenschaft statt Geisteswissenschaft. In: Frankfurter Allgemeine Zeitung vom 8. Mai 1996, S. 41.

Fügen, Hans Norbert: Die Hauptrichtungen der Literatursoziologie. Ein Beitrag zur literatursoziologischen Theorie. Bonn 1966 (Abhandlungen zur Kunst-, Musik- und Literaturwissenschaft, 21);
6. Aufl. 1974.

G

Gadamer, Hans-Georg: Wahrheit und Methode. Grundzüge einer philosophischen Hermeneutik. Tübingen 1960; 7. Aufl. 2010.

Gadenne, Volker: Empirische Forschung und normative Wissenschaftstheorie. Was bleibt von der Methodologie des kritischen Rationalismus? In: Andreas Diekmann (Hrsg.): Methoden der Sozialforschung. Wiesbaden 2006 (Kölner Zeitschrift für Soziologie und Sozialpsychologie, Sonderheft 44),
S. 31–50.

Gallas, Helga: Marxistische Literaturtheorie. Kontroversen im Bund proletarisch-revolutionärer
Schriftsteller. Berlin 1971 (collection alternative, 1) 17.–21. Tsd. 1974; Neuausg. 1978.

Gansberg, Marie Luise und Paul Gerhard Völker: Methodenkritik der Germanistik. Materialistische
Literaturtheorie und bürgerliche Praxis. Stuttgart 1970 (Texte Metzler, 16) 4., teilw. überarb. Aufl.,
1973.

Geisler, Hans Joachim (Hrsg.): Notizen zur Geschichte des Bundes Freiheit der Wissenschaft. Berlin
2001.

Geiss, Imanuel: Restauration – Stagnation – produktive Krise. In: I.G. und Rainer Tamchina (Hrsg.):
Ansichten einer künftigen Geschichtswissenschaft. Bd. 1: Kritik – Theorie – Methode. München
1974,), S. 15–23 (Reihe Hanser, 153/154).

Geiss, Imanuel und Rainer Tamchina (Hrsg.): Ansichten einer künftigen Geschichtswissenschaft. Bd. 1:
Kritik – Theorie – Methode; Bd. 2: Revolution – ein historischer Längsschnitt. München 1974 (Reihe
Hanser, 153/154); Frankfurt/Main u.a. 1980.

Germanistik – eine deutsche Wissenschaft. Beiträge von Eberhard Lämmert, Walther Killy, Karl Otto
Conrady, Peter von Polenz. Frankfurt/Main 1967.

Gervinus, Georg Gottfried: Einleitung in die Geschichte des neunzehnten Jahrhunderts. Hrsg. von Walter Boehlich. Frankfurt/Main 1967.

Girndt, Helmut: [Art.] Idealtypus. In: Historisches Wörterbuch der Philosophie. Hrsg. von Joachim Ritter und Karlfried Gründer. Bd. 4. Darmstadt 1976, Sp. 47 f.

Goldstücker, Eduard (Hrsg.): Weltfreunde. Konferenz über die Prager deutsche Literatur [Schloß
Liblice, 18. bis 20. November 1965]. Prag 1967.

Gomperz, Heinrich: Die Wissenschaft und die Tat. Wien 1934.

Grab, Walter: Meine vier Leben. Gedächtniskünstler – Emigrant – Jakobinerforscher – Demokrat. Köln
1999.

Grimm, Gunter E.: Rezeptionsgeschichte. Grundlegung einer Theorie. Mit Analysen und Bibliographie. München 1977.

Groeben, Norbert: Literaturpsychologie. Literaturwissenschaft zwischen Hermeneutik und Empirie.
Stuttgart u.a. 1972 (Empirische Literaturwissenschaft, 1).

Groeben, Norbert: Rezeptionsforschung als empirische Literaturwissenschaft. Paradigma- durch Methodendiskussion an Untersuchungsbeispielen. Kronberg/Taunus 1977 (Empirische Literaturwissenschaft, 1); 2., überarb. Aufl. Tübingen 1980.

Groeben, Norbert: [Art.] Rezeptionsforschung. In: Reallexikon der deutschen Literaturwissenschaft.
Bd. 3. Hrsg. von Jan-Dirk-Müller u.a. Berlin und New York 2003, S. 288–290.

Grohnert, Dietrich: Wilhelm Scherers „Wellentheorie" oder wie man Literaturgeschichte in ein System
zwingen kann. In: Jahrbuch Ostrava 4 (1998), S. 19–34.

Grotewohl, Otto: Amboß oder Hammer. Rede an die deutsche Jugend zum Todestage von Goethe,
gehalten auf der Goethefeier in Weimar am 21. und 22. März 1949. In: Deutsche Kulturpolitik.
Reden von Otto Grotewohl. Mit einer Einleitung von Nationalpreisträger Johannes R. Becher. Dresden 1952, S. 57–79.

Gumbrecht, Hans Ulrich: Faszinationstyp Hagiographie. Ein historisches Experiment zur Gattungstheorie. In: Christoph Cormeau (Hrsg.): Deutsche Literatur im Mittelalter. Kontakte und Perspektiven. Hugo Kuhn zum Gedenken. Stuttgart 1979, S. 37–84.

H

Habermas, Jürgen: Der philosophische Diskurs der Moderne. Zwölf Vorlesungen. Frankfurt/Main 1985.
Hager, Kurt: Die entwickelte sozialistische Gesellschaft. Aufgaben der Gesellschaftwissenschaften nach dem VIII. Parteitag der SED. Referat auf der Tagung der Gesellschaftswissenschaftler am 14. Oktober 1971. Berlin 1971.
Hager, Kurt: Zu Fragen der Kulturpolitik der SED. Berlin 1972.
Hager, Kurt: Tradition und Fortschritt. Festvortrag zum 35jährigen Bestehen der Akademie der Künste der DDR. In: Sinn und Form 37 (1985), H. 3, S. 437–456.
Hahn, Reinhard: „Sein Einflußpotential bestand in seinen Schülern": Gerhard Scholz und sein Kreis. Zur Schulenbildung in der Germanistik der DDR. In: Jahrbuch für Universitätsgeschichte 12 (2009), S. 133–156.
Harich, Wolfgang: Revision des marxistischen Nietzschebildes? In: Sinn und Form 39 (1987), H. 5, S. 1018–1053.
Hartmann, Nicolai: Der Aufbau der realen Welt. Grundriß der allgemeinen Kategorienlehre. [1940]. 2. Aufl. Berlin 1949. 3. Aufl. 1964.
Haß, Ulrike und Christoph König (Hrsg.): Literaturwissenschaft und Linguistik von 1960 bis heute. Göttingen 2003 (Marbacher Wissenschaftsgeschichte, 4).
Hehl, Ulrich von u.a. (Hrsg.): Geschichte der Universität Leipzig 1409–2009. Bd. 3: Das zwanzigste Jahrhundert 1909–2009. Leipzig 2010.
Heinemann, Gustav: Die Geschichtsschreibung im freiheitlich demokratischen Deutschland. Gerechtigkeit für die Kräfte im Kampf um die politische Mündigkeit des deutschen Volkes. Verantwortung des Bürgers für die freiheitlichen Traditionen und ihre moralische Verpflichtung. (Rede bei der Schaffermahlzeit in Bremen vom 13. Februar 1970). In: Bulletin des Presse- und Informationsamtes der Bundesregierung, Nr. 21 vom 17. Februar 1970, S. 203 f.
Heise, Wolfgang: Zur ideologisch-theoretischen Konzeption von Georg Lukács. In: Weimarer Beiträge 4 (1958), H. 4, S. 26–41.
Hermand, Jost: Emil Staigers Goethe-Bild. In: Joachim Rickes (Hrsg.): Bewundert und viel gescholten. Der Germanist Emil Staiger (1908–1987). Vorträge des Internationalen Forschungskolloquiums und der Ausstellung zu Emil Staigers 100. Geburtstag vom 5. bis 9. Februar 2008 in Zürich. Würzburg 2009, S. 41–53.
Hoeft, Brigitte (Hrsg.): Der Prozess gegen Walter Janka und andere. Eine Dokumentation. Reinbek 1990.
Honecker, Erich: Bericht des Politbüros an die 11. Tagung des Zentralkomitees der SED, 15. bis 18. Dezember. Berlin 1966.
Horkheimer, Max und Theodor W. Adorno: Dialektik der Aufklärung. Amsterdam 1947.

I

Iggers, Georg G.: Geschichtswissenschaft in der ehemaligen DDR aus der Sicht der USA. In: Konrad H. Jarausch (Hrsg.): Zwischen Parteilichkeit und Professionalität. Bilanz der Geschichtswissenschaft der DDR. Berlin 1991 (Publikationen der Historischen Kommission zu Berlin), S. 57–73.
Internationales Archiv für Sozialgeschichte der deutschen Literatur. Hrsg. von Wolfgang Frühwald, Georg Jäger, Dieter Langewiesche, Alberto Martino. Tübingen 1976 ff.
Iser, Wolfgang: Der implizite Leser. Kommunikationsformen des Romans von Bunyan bis Beckett. München 1972 (Theorie und Geschichte der Literatur und der schönen Künste, 31). 3. Aufl. 1994.

J

Jäger, Georg: Der Forschungsbericht. Begriff – Funktion – Anlage. In: Hans-Henrik Krummacher (Hrsg.): Beiträge zur bibliographischen Lage in der germanistischen Literaturwissenschaft. Kolloquium der Deutschen Forschungsgemeinschaft. Bonn 1981, S. 73–92.

Jäger, Hans-Wolf: Gesellschaftkritische Aspekte der Germanistik. In: Jürgen Kolbe (Hrsg.): Ansichten einer künftigen Germanistik. München 1969, S. 60–71 (Reihe Hanser, 29).

Jäger, Hans-Wolf: Beschreiben, um zu verändern. Hinweise auf den Werkkreis Literatur der Arbeitswelt. In: Jahrbuch für Internationale Germanistik 3 (1971), H. 2, S. 107–118.

Jäger, Hans-Wolf: Hölderlin-Edition an einer Gewerkschaftsuniversität. In: Klaus-Michael Bogdal und Oliver Müller (Hrsg.): Innovation und Modernisierung. Germanistik von 1965 bis 1980. Heidelberg 2005 (Studien zur Wissenschafts- und Universitätsgeschichte, 8), S. 109–116.

Jäger, Lorenz: Adorno. Eine politische Biografie. München 2003.

Jakubowski, Franz: Der ideologische Überbau in der materialistischen Geschichtsauffassung. [Nachdruck der Phil. Diss. Basel 1935, eingel. von Arnhelm Neusüß]. Frankfurt/Main 1968.

Jauß, Hans Robert: Literaturgeschichte als Provokation der Literaturwissenschaft. Konstanz 1967 (Konstanzer Universitätsreden, 3).

Jauß, Hans Robert: Literaturgeschichte als Provokation. Frankfurt/Main 1970.

Jauß, Hans Robert: Racines und Goethes Iphigenie. Mit einem Nachwort über die Partialität der rezeptionsästhetischen Methode. In: neue hefte für philosophie 4 (1973), S. 1–44.

Jauß, Hans Robert: Werner Krauss – wiedergelesen. In: lendemains 18 (1993), H. 69/70, S. 192–219.

Jaworski, Rudolf: Die aktuelle Mitteleuropadiskussion in historischer Perspektive. In: Historische Zeitschrift 247 (1988), H. 3, S. 529–550.

Jodl, Angelika: Der schöne Schein als Wahrheit und Parteilichkeit. Zur Kritik der marxistischen Ästhetik und ihres Realismusbegriffs. Frankfurt/Main 1989 (Münchener Studien zur Kultur in Deutschland, 9).

K

Kaiser, Gerhard: Antithesen: Zwischenbilanz eines Germanisten 1970–1972. Frankfurt/Main 1973.

Kaiser, Gerhard: Neue Antithesen eines Germanisten 1974–1975. Kronberg/Taunus 1976.

Kaiser, Gerhard: Rede, daß ich dich sehe. Ein Germanist als Zeitzeuge. Stuttgart und München 2000.

Kaiser, Gerhard und Friedrich A. Kittler: Dichtung als Sozialisationsspiel. Studien zu Goethe und Gottfried Keller. Göttingen 1979.

Kallweit, Hilmar und Wolf Lepenies: Literarische Hermeneutik und Soziologie. In: Jürgen Kolbe (Hrsg.): Ansichten einer künftigen Germanistik. München 1969, S. 131–142. (Reihe Hanser, 29).

Kapferer, Norbert: Das Feindbild der marxistisch-leninistischen Philosophie in der DDR 1945–1988. Darmstadt 1990.

Kassner, Rudolf: Melancholia. Eine Trilogie des Geistes. 2. Aufl. Leipzig 1915.

Kaufmann, Hans: Bemerkungen über Realismus und Weltanschauung. In: Weimarer Beiträge 4 (1958), H. 4, S. 42–50.

Kaufmann, Hans: Versuch über das Erbe. Leipzig 1980.

Kayser, Wolfgang: Das sprachliche Kunstwerk. Eine Einführung in die Literaturwissenschaft. Bern 1948; 20. Aufl. Tübingen und Basel 1992.

Kittler, Friedrich A.: Aufschreibesysteme 1800, 1900. München 1985; 4. Aufl. 2003.

Kelle, Udo und Susann Kluge: Vom Einzelfall zum Typus. Fallvergleich und Fallrekonstruktion in der qualitativen Sozialforschung. 2., überarb. Aufl. Opladen 2010 (Qualitative Sozialforschung, 15).

Klausnitzer, Ralf: Fallstudien als Instrument der interdisziplinären Wissenschaftsforschung. Am Beispiel der disziplinübergreifenden Rezeption des „Gestalt"-Konzepts in den 1930er/1940er Jahren. In: Jörg Schönert (Hrsg.): Literaturwissenschaft und Wissenschaftsforschung. Stuttgart und Weimar 2000 (Germanistische Symposien – Berichtsbände, 21), S. 209–256.

Klausnitzer, Ralf: „So gut wie nichts publiziert, aber eine ganze Generation von Germanisten beein-
    flußt". Wissenstransfer und Gruppenbildung im Kreis um Gerhard Scholz (1903–1989). In: Zeit-
    schrift für Germanistik, N. F. 20 (2010), S. 339–368.
Knepler, Georg: Nach 25 Jahren. Rede anläßlich des Jubiläums der Berliner Musikhochschule. In:
    G. K.: Gedanken über Musik. Reden, Versuche, Aufsätze, Kritiken. Berlin 1980, S. 8–18.
Koch, Hans (Hrsg.): Georg Lukács und der Revisionismus. Eine Sammlung von Aufsätzen. Berlin
    1960.
[Koch, Hans]: Zur Theorie des sozialistischen Realismus. Hrsg. vom Institut für Gesellschaftswissen-
    schaften beim ZK der SED, Lehrstuhl für Marxistisch-Leninistische Kultur- und Kunstwissenschaf-
    ten. Gesamtleitung: Hans Koch. Berlin 1974; 2. Aufl. 1975.
Kocka, Jürgen: Vereinigungskrise. Zur Geschichte der Gegenwart. Göttingen 1995.
[König, Christoph]: Internationales Germanistenlexikon 1800–1950. Hrsg. und eingel. von Christoph
    König. 3 Bde. Berlin und New York 2003.
Kolbe, Jürgen (Hrsg.): Ansichten einer künftigen Germanistik. München 1969 (Reihe Hanser, 29);
    2., durchges. und erg. Aufl. 1969; 4., rev. Aufl. 1970; 5. Aufl. 1971.
Kolbe, Jürgen (Hrsg.): Neue Ansichten einer künftigen Germanistik. München 1973 (Reihe Hanser,
    122).
Krauss, Werner: PLN. Die Passionen der halkyonischen Seele. Frankfurt/Main 1946.
Krauss, Werner: Literaturgeschichte als geschichtlicher Auftrag. In: Sinn und Form 2 (1950), S. 65–126;
    zudem in: W. K.: Literaturtheorie, Philosophie und Politik. Hrsg. von Manfred Naumann. Bearb. von
    Renate Petermann und Peter-Volker Springborn. Berlin und Weimar 1984, S. 7–61 (Werner Krauss:
    Das wissenschaftliche Werk, 1).
Krauss, Werner: Grundprobleme der Literaturwissenschaft. Zur Interpretation literarischer Werke. Mit
    einem Textanhang. Reinbek 1968 (rowohlts deutsche enzyklopädie, 290/291).
Krauss, Werner: Literaturtheorie, Philosophie und Politik. Hrsg. von Manfred Naumann. Bearbeitet
    von Renate Petermann und Peter-Volker Springborn. Berlin und Weimar 1984 (Werner Krauss: Das
    wissenschaftliche Werk, 1).
Krauss, Werner: Vor gefallenem Vorhang. Aufzeichnungen eines Kronzeugen des Jahrhunderts. Hrsg.
    von Manfred Neumann. Mit einem Vorwort von Hans Robert Jauß. Übersetzung der spanisch ver-
    faßten Passagen von Fritz Rudolf Fries. Frankfurt/Main 1995.
Krauss, Werner: Sprachwissenschaft und Wortgeschichte. Hrsg. von Bernhard Henschel. Mit einer
    Bibliographie von Horst F. Müller. Berlin und New York 1997 (Werner Krauss: Das wissenschaft-
    liche Werk, 8).
Krauss, Werner: Briefe 1922–1976. Hrsg. von Peter Jehle unter Mitarbeit von Elisabeth Füllmann und
    Peter-Volker Springborn. Frankfurt/Main 2002.
Krenzlin, Leonore: Gerhard Scholz und sein Kreis. Bemerkungen zu einem unkonventionellen Ent-
    wurf von wirkender Literatur und Literaturwissenschaft. In: Gerhard Scholz und sein Kreis. Zum
    100. Geburtstag des Mitbegründers der Literaturwissenschaft in der DDR. Beiträge eines Kolloqui-
    ums. Berlin 2004, S. 5–26 (Pankower Vorträge, 63).
Kuhn, Axel: Das faschistische Herrschaftssystem und die moderne Gesellschaft. Hamburg 1973.

L

Lämmert, Eberhard: Bauformen des Erzählens. Stuttgart 1955; 9., unv. Aufl. 2004.
[Lämmert, Eberhard u. a.]: Germanistik – eine deutsche Wissenschaft. Beiträge von Eberhard Lämmert,
    Walther Killy, Karl Otto Conrady und Peter von Polenz. Frankfurt/Main 1967; 4. Aufl. 1970.
Lämmert, Eberhard: Rezeptions- und Wirkungsgeschichte der Literatur als Lehrgegenstand. In: Jür-
    gen Kolbe (Hrsg.): Neue Ansichten einer künftigen Germanistik. München 1973, S. 160–173 (Reihe
    Hanser, 122).
Lämmert, Eberhard: Das überdachte Labyrinth. Ortsbestimmungen der Literaturwissenschaft 1960–
    1990. Stuttgart 1991.

Lämmert, Eberhard: Ein Zeuge seiner Generation. Zur Beisetzung Herbert Singers am 24. Juni 1970. In: E. L.: Das überdachte Labyrinth. Ortsbestimmungen der Literaturwissenschaft 1960–1990. Stuttgart 1991, S. 69–72.

Lämmert, Eberhard: Die Geisteswissenschaften in der Hochschulpolitik des letzten Jahrzehnts (zur Eröffnung des Deutschen Germanistentages in Passau 1984). In: E. L.: Das überdachte Labyrinth. Ortsbestimmungen der Literaturwissenschaft 1960–1990. Stuttgart 1991, S. 136–159.

Lämmert, Eberhard: Der lange Anlauf. Von der Evaluierung zur Chancengleichheit der Wissenschaftler in Ost und West. In: Merkur 526, 47. Jg. (1993), S. 30–45.

Lämmert, Eberhard: Ein Weg ins Freie. Versuch eines Rückblicks auf die Germanistik vor und nach 1945. In: Wilfried Barner und Christoph König (Hrsg.): Zeitenwechsel. Germanistische Literaturwissenschaft vor und nach 1945. Frankfurt/Main 1996, S. 411–417.

Lämmert, Eberhard: Der Weg nach München. Eine historische Versuchsstrecke für den verantwortungsvollen Umgang mit einer Nationalphilologie. In: Germanistik – eine politische Wissenschaft. Ein Kolloquium im Jüdischen Museum in Wien am 11. September 2000. Hrsg. von Christoph König, Klaus-Michael Bogdal und Hans-Harald Müller. Mitteilungen des Marbacher Arbeitskreises für Geschichte der Germanistik 21/22 (2002), S. 19–25.

[Lämmert, Eberhard: Gespräch mit Petra Boden. In:] Petra Boden: Reformarbeit als Problemlösung. Sozialgeschichtliche und rezeptionstheoretische Forschungsansätze in der deutschen Literaturwissenschaft der 60er und 70er Jahre – eine Vorbemerkung und drei Interviews. In: Internationales Archiv für Sozialgeschichte der deutschen Literatur 28 (2003), H. 1, S. 111–170; hier S. 137–157.

Lämmert, Eberhard: Strukturale Typologien in der Literaturwissenschaft zwischen 1945 und 1960. In: Hans-Harald Müller u. a. (Hrsg.): Strukturalismus in Deutschland. Literatur- und Sprachwissenschaft 1910–1975. Göttingen 2010, S. 229–272.

Laitko, Hubert: Umstrukturierung statt Neugründung. Die dritte Hochschulreform der DDR. In: Berichte zur Wissenschaftsgeschichte 21 (1998), H. 2/3, S. 143–158.

Lakatos, Imre: Die Geschichte der Wissenschaft und ihre rationalen Rekonstruktionen. (History of science and its rational reconstructions. 1971). In: Werner Diederich (Hrsg.): Theorien der Wissenschaftsgeschichte. Frankfurt/Main 1974, S. 55–119.

Lamnek, Siegfried: Qualitative Sozialforschung. Bd. 2: Methoden und Techniken. München und Weinheim 1989.

Lejeune, Philippe: Der autobiographische Pakt. Frankfurt/Main 1994; 5., überarb. Aufl. 2010.

Liepert, Anita und Camilla Warnke: Bemerkungen zur marxistisch-leninistischen Erbe-Diskussion. In: Deutsche Zeitschrift für Philosophie 21 (1973), H. 7, S. 1096–1110.

Lindemann, Helmut: Gustav Heinemann. Ein Leben für die Demokratie. Stuttgart u. a. 1978.

Die Linkskurve. Monatsschrift des Bundes proletarisch-revolutionärer Schriftsteller Deutschlands. Berlin 1929/1–1932/4. Hrsg. von Johannes R. Becher u. a. Frankfurt 1971; unveränd. Neudruck Frankfurt/Main 1978.

Lotman, Jurij M.: Kunst als Sprache. Untersuchungen zum Zeichencharakter von Literatur und Kunst. Hrsg. von Klaus Städtke. Aus dem Russ. von Michael Dewey. Leipzig 1981.

Luhmann, Niklas: Soziologische Aufklärung. Aufsätze zur Theorie sozialer Systeme. Köln und Opladen 1970.

Luhmann, Niklas: Gesellschaftsstruktur und Semantik. Bd. 1. Frankfurt/Main 1980.

Luhmann, Niklas: Soziologische Aufklärung. [1967]. In: Peter Pütz (Hrsg.): Erforschung der deutschen Aufklärung. Königstein/Taunus 1980, S. 32–58.

Luhmann, Niklas: Soziologische Aufklärung 3. Soziales System, Gesellschaft, Organisation. Opladen 1981; 5. Aufl. Wiesbaden 2009.

Luhmann, Niklas: Selbststeuerung der Wissenschaft. In: N. L.: Soziologische Aufklärung 1. Aufsätze zur Theorie sozialer Systeme. 8. Aufl. Wiesbaden 2009, S. 291–316.

[Lukács, Georg] Georg Lukács und der Revisionismus. Eine Sammlung von Aufsätzen. Hrsg. von Hans Koch. Berlin 1960.

Lukács, Georg: Zur Soziologie des modernen Dramas. [1909]. In: G. L.: Schriften zur Literatursoziologie. Neuwied 1961, S. 261–295 (Soziologische Texte, 9).

Lukács, Georg: Geschichte und Klassenbewußtsein. Studien über marxistische Dialektik. [1923]. Amsterdam 1967.

Lux, Anna: Die Leipziger Germanistik von der Novemberrevolution bis zur frühen DDR im Vergleich
mit den Germanistischen Instituten in Berlin und Jena. Phil. Diss. Leipzig 2010.

Lyotard, Jean-François: Der Widerstreit. [Le Différend. Paris 1983]. Übers. von Joseph Vogl. Mit einer
Bibliographie zum Gesamtwerk Lyotards von Reinhold Clausjürgens. München 1987.

M

Maffeis, Stefania: Zwischen Wissenschaft und Politik. Transformationen der DDR-Philosophie 1945–
1993. Teil II: Fallstudie der Nietzsche-Rezeption 1945–1994. Frankfurt und New York 2007, S. 143–
220.

Mandelkow, Karl Robert: Probleme der Wirkungsgeschichte. In: Jahrbuch für Internationale Germanistik 2 (1970), H. 1, S. 71–84.

Mandelkow, Karl Robert (Hrsg.): Goethe im Urteil seiner Kritiker. Dokumente zur Wirkungsgeschichte
Goethes in Deutschland. 4 Bde. München 1975–1984.

Mandelkow, Karl Robert: Die literarische und kulturpolitische Bedeutung des Erbes. In: Hans-Jürgen
Schmitt (Hrsg.): Die Literatur der DDR. München 1983 (Hansers Sozialgeschichte der deutschen
Literatur vom 16. Jahrhundert bis zur Gegenwart, 11), S. 78–119.

Mandelkow, Karl Robert: Goethe in Deutschland. Rezeptionsgeschichte eines Klassikers. 2 Bde. München 1980–1989.

Mann, Thomas: Kultur und Sozialismus. [1928]. In: T. M.: Gesammelte Werke in dreizehn Bänden.
Bd. 12: Reden und Aufsätze 4. Frankfurt/Main 1960, S. 639–649.

Mannheim, Karl: Konservatismus. Ein Beitrag zur Soziologie des Wissens. Hrsg. von David Kettler
u. a. Frankfurt/Main 1984.

Markov, Walter: Zur Krise der deutschen Geschichtsschreibung. In: Sinn und Form 2 (1950), S. 108–
155.

Marks, Erwin: Gerhard Steiner – ein Mitgestalter der Frühphase des Bibliothekswesens der DDR. In:
Zentralblatt für Bibliothekswesen 99 (1985), H. 5, S. 193–233.

Marx, Karl: Kritik des Gothaer Programms. Randglossen zum Programm der deutschen Arbeiterpartei.
[1891]. In: K. M. und Friedrich Engels. Werke. Bd. 19. Berlin 1982, S. 13–32.

Marx, Karl: Grundrisse der Kritik der politischen Ökonomie. In: K. M. und Friedrich Engels. Werke.
Bd. 42 und 43. Berlin 1983 und 1990.

Mayer, Hans (Hrsg.): Meisterwerke deutscher Literaturkritik. Bd. 1: Aufklärung. Klassik. Romantik.
Berlin 1954; 3. Aufl. 1964.

Mayer, Hans: Zur Gegenwartslage unserer Literatur. In: Sonntag. Die kulturpolitische Wochenzeitung.
Hrsg. vom Kulturbund zur demokratischen Erneuerung Deutschlands, 2. Dezember 1956.

Mayer, Hans: Ein Deutscher auf Widerruf. 2 Bde. Frankfurt/Main 1982 und 1984.

Mayer, Hans Otto: Interview und schriftliche Befragung. Entwicklung, Durchführung, Auswertung.
4. Aufl. München 2008.

Medvedev, Žores A.: Der Fall Lyssenko. Eine Wissenschaft kapituliert. Hamburg 1971.

Mehring, Franz: Die Lessing-Legende. Zur Geschichte und Kritik des preußischen Despotismus. Berlin
1893; Neudruck Berlin 1953.

Mehring, Franz: Gesammelte Schriften. 15 Bde. Hrsg. von Thomas Höhle u. a.. Berlin 1960–1968.

Mergel, Thomas: Die Bürgertumsforschung nach 15 Jahren. Hans Ulrich Wehler zum 70. Geburtstag.
In: Archiv für Sozialgeschichte 41 (2001), S. 515–538.

Metscher, Thomas: Faust und die Ökonomie. Ein literarhistorischer Essay. In: Vom Faustus bis Karl
Valentin. Der Bürger in Geschichte und Literatur. Berlin 1976, S. 28–155. (Argument-Sonderband,
AS 3).

Meyer, Urs: Rhetorik: Begriffsgeschichte 20. Jahrhundert. In: Gert Ueding (Hrsg.): Rhetorik. Begriff – Geschichte – Internationalität. Tübingen 2005, S. 71–78.

Mieth, Günther: Vier Fragen an Hedwig Voegt. In: Weimarer Beiträge 29 (1983), H. 12, S. 2037–2039.

Mittenzwei, Werner: Erprobung einer neuen Methode. Zu Brechts ästhetischer Position. In: W. M. (Hrsg.): Positionen. Beiträge zur marxistischen Literaturtheorie in der DDR. Leipzig 1969, S. 59–100; 612–619.

Mittenzwei, Werner: Aufgaben und Auftrag des Zentralinstituts für Literaturgeschichte. In: Weimarer Beiträge 16 (1970), H. 5, S. 10–30.

Mittenzwei, Werner: Brechts Verhältnis zur Tradition. Berlin 1972 (Literatur und Gesellschaft).

Mittenzwei, Werner (Hrsg.): Dialog und Kontroverse mit Georg Lukács. Der Methodenstreit deutscher sozialistischer Schriftsteller. Leipzig 1975.

Mittenzwei, Werner: Die Intellektuellen. Literatur und Politik in Ostdeutschland 1945–2000. Berlin 2003.

Mittenzwei, Werner u. a.: Kunst und Literatur im antifaschistischen Exil: 1933–1945. 7 Bde. Leipzig 1978–1981.

Mix, York-Gotthart (Hrsg.): „Ein Oberkunze darf nicht vorkommen". Materialien zur Publikationsgeschichte und Zensur des Hinze-Kunze-Romans von Volker Braun. Wiesbaden 1993 (Veröffentlichungen des Leipziger Arbeitskreises zur Geschichte des Buchwesens, Schriften und Zeugnisse zur Buchgeschichte, 4).

Molendijk, Arie L.: Aus dem Dunklen ins Helle. Wissenschaft und Theologie im Denken von Heinrich Scholz. Amsterdam und Atlanta, GA 1991.

Müller, Dorit: Die Erzählforscherin Inge Diersen (1927–1993). Ein Beitrag zur Konfliktgeschichte der DDR-Germanistik. In: Zeitschrift für Germanistik, N. F. 20 (2010), H. 2, S. 369–387.

Müller, Hans-Harald: Wissenschaftsgeschichte und Rezeptionsforschung. Ein kritischer Essay über den (vorerst) vorletzten Versuch, die Literaturwissenschaft von Grund auf neu zu gestalten. In: Jörg Schönert und Harro Segeberg (Hrsg.): Polyperspektivik in der literarischen Moderne. Studien zu Theorie, Geschichte und Wirkung der Literatur. Karl Robert Mandelkow gewidmet. Frankfurt/Main u. a. 1988 (Hamburger Beiträge zur Germanistik, 1), S. 452–479.

Müller, Harro und Nikolaus Wegmann: Tools for a genealogical literary historiography. In: Poetics 14 (1985), S. 189–196.

Müller, Horst F.: Werner-Krauss-Bibliographie. In: Werner Krauss: Sprachwissenschaft und Wortgeschichte. Hrsg. von Bernhard Henschel. Mit einer Bibliographie von H. F. M. Berlin und New York 1997. S. 473–639 (Werner Krauss: Das wissenschaftliche Werk, 8).

Müller, Peter: Heinz Stolpe (1922–1976) als marxistischer Klassikforscher. In: Hans-Günther Thalheim (Hrsg.): Heinz Stolpe: Aufklärung, Fortschritt, Humanität. Studien und Kritiken. Berlin und Weimar 1989, S. 500–525.

Müller, Silvia (Hrsg.): Die Entlassung: Robert Havemann und die Akademie der Wissenschaften der DDR 1965/66. Eine Dokumentation. Berlin 1996 (Schriftenreihe des Robert-Havemann-Archivs, 1).

Müller-Seidel, Walter:[Zur Eröffnung einer] Diskussion über das Neue in der Literaturwissenschaft. In: Jahrbuch der Deutschen Schillergesellschaft 37 (1993), S. 1–8.

[Müller-Seidel, Walter: Gespräch mit Petra Boden. In:] Petra Boden: Reformarbeit als Problemlösung. Sozialgeschichtliche und rezeptionstheoretische Forschungsansätze in der deutschen Literaturwissenschaft der 60er und 70er Jahre – eine Vorbemerkung und drei Interviews. In: Internationales Archiv für Sozialgeschichte der deutschen Literatur 28 (2003), H. 1, S. 111–170; hier S. 117–137.

Münchener Studien zur literarischen Kultur in Deutschland. Hrsg. von Renate von Heydebrand, Georg Jäger und Jürgen Scharfschwerdt. Frankfurt/Main u. a. 1986 ff.

N

Nahke, Eva-Maria: [Art.] Scholz, Gerhard. In: Internationales Germanistenlexikon 1800–1950. Hrsg. und eingel. von Christoph König. Bd. 3. Berlin und New York 2003, S. 1649–1651.

[Naumann, Manfred]: Gesellschaft – Literatur – Lesen. Literaturrezeption in theoretischer Sicht. Von Manfred Naumann (Leitung und Gesamtredaktion) u. a. Berlin und Weimar 1973; 3. Aufl. 1976.

Naumann, Manfred: Literaturgeschichte oder Politästhetik? Erinnerungen an die Literaturwissenschaft nach 1945 in der Ostzone. In: Walter H. Pehle und Peter Sillem (Hrsg.): Wissenschaft im geteilten Deutschland. Restauration oder Neubeginn nach 1945? Frankfurt/Main 1992, S. 164–176.

Naumann, Manfred: Ein aufgeklärter Gelehrter aus Deutschland: Werner Krauss. In: lendemains 18 (1993), H. 69/70, S. 211–224.

Naumann, Manfred: Romanistische Abenteuer in den östlichen Gegenden Deutschlands. In: Klaus-Dieter Ertler (Hrsg.): Romanistik als Passion. Sternstunden der neueren Fachgeschichte II. Wien 2011 (Fachgeschichte Romanistik, 2), S. 257–272.

Neugebauer-Wölk, Monika u. a. (Hrsg.): 25 Jahre Deutsche Gesellschaft für die Erforschung des 18. Jahrhunderts. Zur Geschichte einer Wissenschaftlichen Vereinigung (1975–2000). Göttingen 2000.

Nietzsche, Friedrich: Die Geburt der Tragödie aus dem Geist der Musik. Berlin 1872; 1886 als: Die Geburt der Tragödie oder Griechentum und Pessimismus.

Friedrich Nietzsche: Ecce homo. Faksimileausgabe und Transkription der Handschrift. Hrsg. von Karl-Heinz Hahn. Bd. 1: Faksimile; Bd. 2: Transkription von Anneliese Clauss; Bd. 3: Kommentar von Karl-Heinz Hahn und Mazzino Montinari. Leipzig; Wiesbaden 1985

P

Peitsch, Helmut: Tradition und kulturelles Erbe. In: Kulturpolitisches Wörterbuch Bundesrepublik Deutschland/Deutsche Demokratische Republik im Vergleich. Hrsg. von Wolfgang R. Langenbucher u. a. Stuttgart 1983, S. 687–692.

Peitsch, Helmut: Die Ausnahme und die Regel. Zur Vorgeschichte von Claus Trägers Beiträgen zur Wissenschaftsgeschichte. In: Marion Marquardt u. a (Hrsg.): Kritische Fragen an die Tradition. Festschrift für Claus Träger zum 70. Geburtstag. Stuttgart 1997, S. 310–331 (Stuttgarter Arbeiten zur Germanistik, 340).

Peter, Klaus (Hrsg.): Romantikforschung seit 1945. Kronberg/Taunus 1980 (Neue Wissenschaftliche Bibliothek, 93).

Pfadenhauer, Michaela: Auf gleicher Augenhöhe. Das Experteninterview – ein Gespräch zwischen Experte und Quasi-Experte. In: Alexander Bogner u. a. (Hrsg.): Experteninterviews. Theorien, Methoden, Anwendungsfelder. 3. Aufl. Wiesbaden 2009, S. 99–116.

Pfeiffer, Helmut: [Art.] Rezeption. In: Reallexikon der deutschen Literaturwissenschaft. Bd. 3. Hrsg. von Jan-Dirk-Müller u. a. Berlin und New York 2003, S. 283–285.

Pfeiffer, Helmut: [Art.] Rezeptionsästhetik. In: Reallexikon der deutschen Literaturwissenschaft. Bd. 3. Hrsg. von Jan-Dirk-Müller u. a. Berlin und New York 2003, S. 285–288.

Pfister, Christian: Bevölkerungsgeschichte und historische Demographie. 2. Aufl. München 2007 (Enzyklopädie deutscher Geschichte, 28).

Pohl, Karl Heinrich: Einleitung: Geschichtswissenschaft in der DDR. In: K. H. P. (Hrsg.): Historiker in der DDR. Göttingen 1997, S. 5–27.

Prodoehl, Hans Gerd: Theorie des Alltags. Berlin 1983 (Soziologische Schriften, 39).

R

Raddatz, Fritz J.: Traditionen und Tendenzen. Materialien zur Literatur der DDR. Frankfurt/Main 1972.

Raible, Wolfgang: Zum Textbegriff und zur Textlinguistik. In: Janos S. Petöfi (Hrsg.): Text vs. sentence. Basic questions of Text Linguistics. First part. Hamburg 1979 (Papiere zur Textlinguistik, 29), S. 63–73.

Raible, Wolfgang: Was sind Gattungen? Eine Antwort aus semiotischer und textlinguistischer Sicht. In: Poetica 12 (1980), S. 320–349.

Raulff, Ulrich: Ein Historiker im 20. Jahrhundert. Marc Bloch. Frankfurt/Main 1995.

Reimann, Paul: Legendenbildung und Geschichtsfälschung in der deutschen Literaturgeschichte. In: Unter dem Banner des Marxismus 4 (1930), H. 2, S. 264–275; 376–400.

Reimann, Paul: Bemerkungen über aktuelle Aufgaben der Literaturwissenschaft. In: Weimarer Beiträge 4 (1958), H. 3, S. 400–412.

Reschke, Renate: Nietzsche stand wieder zur Diskussion. Zur marxistischen Nietzsche-Rezeption in der DDR der 80er Jahre. In: Hans-Christoph Rauh und Hans-Martin Gerlach (Hrsg.): Ausgänge. Zur DDR-Philosophie in den 70er und 80er Jahren. Berlin 2009 (Forschungen zur DDR-Gesellschaft), S. 203–244.

Richter, Dieter: Das politische Kinderbuch. Eine aktuelle Dokumentation. Darmstadt 1973.

Richter, Dieter: Märchen, Phantasien und soziales Lernen. Berlin 1974 (Basis Theorie, 4).

Richter, Heinrich Moritz: Aus der Messias- und Wertherzeit. Wien 1882.

Rickes, Joachim u. a. (Hrsg.): 1955–2005. Emil Staiger und „Die Kunst der Interpretation" heute. Bern u. a. 2007 (Publikationen zur Zeitschrift für Germanistik, N. F. 16).

Rickes, Joachim (Hrsg.): Bewundert und viel gescholten. Der Germanist Emil Staiger (1908–1987). Vorträge des Internationalen Forschungskolloquiums und der Ausstellung zu Emil Staigers 100. Geburtstag vom 5. bis 9. Februar 2008 in Zürich. Würzburg 2009.

Rosenberg, Rainer: Zur Begründung der marxistischen Literaturwissenschaft in der DDR. In: Petra Boden und R. R. (Hrsg.): Deutsche Literaturwissenschaft 1945–1965. Fallstudien zu Institutionen, Diskursen, Personen. Berlin 1997, S. 203–240.

Rosenberg, Rainer u. a. (Hrsg.): Der Geist der Unruhe. 1968 im Vergleich. Wissenschaft – Literatur – Medien. Berlin 2000.

Roshnowski, Konstantin: Für eine marxistisch-leninistische Darstellung der Rolle der Volksmassen in der Literatur. Kritische Gedanken zu den kritischen Bemerkungen Hans-Günther Thalheims. In: Weimarer Beiträge 5 (1959), H. 2, S. 237–251.

Rossmann, Kurt: Wissenschaft, Ethik und Politik. Erörterung des Grundsatzes der Voraussetzungslosigkeit in der Forschung. Mit erstmaliger Veröffentlichung der Briefe Theodor Mommsens über den „Fall Spahn" und der Korrespondenz zu Mommsens öffentlicher Erklärung über „Universitätsunterricht und Konfession" aus dem Nachlaß von Lujo Brentano. Heidelberg 1949.

Rühle, Jürgen: Das warme und das kalte Rot. Ernst Bloch im Netzwerk der SED. In: Bloch-Almanach 4 (1984), S. 75–84.

S

Saadhoff, Jens: Germanistik in der DDR. Literaturwissenschaft zwischen „gesellschaftlichem Auftrag" und disziplinärer Eigenlogik. Heidelberg 2007 (Studien zur Wissenschafts- und Universitätsgeschichte, 13).

Sauder, Gerhard: „Sozialgeschichte der Literatur": ein gescheitertes Experiment? In: KulturPoetik 10 (2010), H. 2, S. 250–263.

Scheck, Frank Rainer (Hrsg.): Erobert die Literatur! Proletarisch-revolutionäre Literaturtheorie und -debatte in der Linkskurve 1929–1932. Köln 1932.

Scheel, Heinrich: Das Verhältnis der Klassiker des Marxismus zu den Anfängen der bürgerlichen revolutionären Demokratie in Deutschland. In: Sitzungsberichte der Akademie der Wissenschaften der DDR; Jg. 1975, Nr. 11/G. Berlin 1975.

Scheel, Heinrich: Vor den Schranken des Reichskriegsgerichts. Mein Weg in den Widerstand. Berlin 1993.

Schenk, Günter (Hrsg.): Erbe – Tradition – Kultur. Auswahlbibliographie zur Erbetheorie und Erbeforschung in der DDR von 1947 bis Dezember 1983. Jugendobjekt der FDJ-Grundorganisation „Franz Mehring" der Sektion Marxistisch-Leninistische Philosophie der Martin-Luther-Universität Halle-

Wittenberg. Halle/Saale 1985 (Wissenschaftliche Beiträge. Reihe A: Gesellschaftswissenschaftliche Beiträge, 77).

[Scherer, Wilhelm]: Wilhelm Scherer – Erich Schmidt, Briefwechsel. Mit einer Bibliographie der Schriften von Erich Schmidt. Hrsg. von Werner Richter und Eberhard Lämmert. Berlin 1963.

Schernus, Wilhelm: Narratology in the mirror of codifying texts. In: Greta Olson (Hrsg.): Current trends in Narratology. Berlin und New York 2011, S. 277–296.

Schiller, Dieter u. a.: Probleme des Erbes, des Erbens, der Erben. Notizen über ein wissenschaftliches Kolloquium im tausendjährigen Weimar. In: Weimarer Beiträge 22 (1976), H. 2, S. 126–143.

Schlenker, Wolfram: Das „Kulturelle Erbe" in der DDR. Gesellschaftliche Entwicklung und Kulturpolitik 1945–1965. Stuttgart 1977.

Schlenstedt, Dieter: Ankunft und Anspruch. Zum neueren Roman in der DDR. In: Sinn und Form 18 (1966), H. 3, S. 814–835.

Schlenstedt, Dieter: Schöngeistige Lesehilfe. Nachwort. In: Volker Braun: Hinze-Kunze-Roman. Halle/Saale und Leipzig 1985, S. 197–223.

Schlott, Michael: „Freiräume" und „Gegengewichte" – Walter Müller-Seidels Leipziger Studienzeit. (2011). In: ‹http://www.walter-mueller-seidel.de/symposium_2-7-11.php› (eingesehen am 02.04.2012).

Schmidt, Siegfried J.: Grundriß der empirischen Literaturwissenschaft. 2 Bde. Braunschweig 1980 und 1982 (Konzeption empirische Literaturwissenschaft, 1).

Schmidt, Siegfried J.: Diskurs und Literatursystem: Konstruktivistische Alternativen zu diskurstheoretischen Alternativen. In: Jürgen Fohrmann und Harro Müller (Hrsg.): Diskurstheorien und Literaturwissenschaft. Frankfurt/Main 1988, S. 134–158.

Schmidt, Siegfried J.: Der Kopf, die Welt, die Kunst. Konstruktivismus als Theorie und Praxis. Wien 1992 (Nachbarwissenschaften, humanwissenschaftliche Studien, 1).

Schober, Rita: Unser Standpunkt. In: Weimarer Beiträge 16 (1970), H. 7, S. 5–9.

Schönert, Jörg: [Art.] Sozialgeschichte. In: Reallexikon der deutschen Literaturwissenschaft. Bd. 3. Hrsg. von Jan-Dirk Müller u. a. Berlin und New York 2003, S. 454–458.

Schönert, Jörg: Vom gegenwärtigen Elend einer Sozialgeschichte der deutschen Literatur. In: J.S.: Perspektiven zur Sozialgeschichte der Literatur. Beiträge zu Theorie und Praxis. Tübingen 2007, S. 5–22 (Studien und Texte zur Sozialgeschichte der Literatur, 87).

[Scholz, Gerhard] Gerhard Scholz und sein Kreis. Zum 100. Geburtstag des Mitbegründers der Literaturwissenschaft in der DDR. Beiträge eines Kolloquiums. Berlin 2004 (Pankower Vorträge, 63).

Schumann, Peter: Gerhard Ritter und die deutsche Geschichtswissenschaft nach dem Zweiten Weltkrieg. In: Mentalitäten und Lebensverhältnisse. Beispiele aus der Sozialgeschichte der Neuzeit. Rudolf Vierhaus zum 60. Geburtstag. Hrsg. von Mitarbeitern und Schülern. Göttingen 1982, S. 399–415.

Segeberg, Harro: Literarische Technik-Bilder. Studien zum Verhältnis von Technik- und Literaturgeschichte im 19. und frühen 20. Jahrhundert. Tübingen 1987 (Studien und Texte zur Sozialgeschichte der Literatur, 17).

Sell, Roger D.: Literature as communications. The foundations of mediating criticism. Amsterdam und Philadelphia 2000.

Friedrich Sengle: Baruch-Börne als Kritiker Deutschlands und deutscher Dichtung. In: Weltkampf 19 (1941), H. 3, S. 129–144.

Sengle, Friedrich: Vorschläge zur Reform der literarischen Formenlehre. Stuttgart 1967; 2., verb. Aufl. 1969.

Sengle, Friedrich: Binsenwahrheiten. Vorläufige Bemerkungen zu dem Thema Fehlerquellen der sozialgeschichtlichen Literaturwissenschaft. In: Jahrbuch der Deutschen Schillergesellschaft 22 (1978), S. 657–673.

Sengle, Friedrich: Literaturgeschichtsschreibung ohne Schulungsauftrag: Werkstattberichte, Methodenlehre, Kritik. Tübingen 1980.

Simon, Elisabeth: Aufgaben der „Thesen zur Geschichte der deutschen Nationalliteratur von den

Anfängen der deutschen Arbeiterbewegung bis zur Gegenwart". In: Weimarer Beiträge 10 (1964), H. 1, S. 56–76.

Simon, Tina: Rezeptionstheorie. Einführung und Arbeitsbuch. Frankfurt/Main u. a. 2003 (Leipziger Skripten, 3).

Spranger, Eduard: Die Stellung der Werturteile in der Nationalökonomie. In: Schmollers Jahrbuch für Gesetzgebung, Verwaltung und Volkswirtschaft im Deutschen Reiche 38 (1914), H. 2, S. 33–57.

Spranger, Eduard: Der Sinn der Voraussetzungslosigkeit in den Geisteswissenschaften. Berlin 1929; Sonderausgabe (als unveränd. Nachdruck der 1. Aufl. von 1929) Darmstadt 1963.

Staadt, Jochen: Der Rußlandspezialist. Von der Heydrich-Stiftung zur Humboldt-Universität. Eine Karriere in zwei Diktaturen. In: Zeitschrift des Forschungsverbundes SED-Staat 26 (2009), S. 68–77.

Städtke, Klaus: Beispiele der Deformation wissenschaftlichen Denkens in den Geisteswissenschaften der früheren DDR. In: Leviathan. Berliner Zeitschrift für Sozialwissenschaft 19 (1991), H. 1, S. 32–43.

Staiger, Emil: Die Kunst der Interpretation. Studien zur deutschen Literaturgeschichte. Zürich 1955.

Stake, Robert E.: Case Studies. In: The handbook of qualitative research. Edited by Norman K. Denzin and Yvonna S. Lincoln. 2nd ed. London und New Delhi 2000, S. 435–454.

Steiner, Gerhard: Lebendige Familienforschung und Familiengeschichte. Mit einem Geleitwort von Ludwig Finckh. Osterwieck am Harz 1934 (Die nationalsozialistische Erziehungsidee im Schulunterricht). 2., verm., nach dem amtlichen Erlaß über „Vererbungslehre und Rassenkunde im Unterricht" bearb. Aufl. Osterwieck und Berlin 1935; 3. Aufl. 1937.

Steinwachs, Burkhart: Bericht über die Lage der geisteswissenschaftlichen Forschung in der ehemaligen DDR. In: B. S. (Hrsg.): Geisteswissenschaften in der ehem. DDR. Berichte. 2 Bde. Konstanz 1993, Bd. 1, S. 11–91.

[Stephan, Inge und Sigrid Weigel]: Literatur – Kultur – Geschlecht. Studien zur Literatur- und Kulturgeschichte. Hrsg. von Inge Stephan und Sigrid Weigel in Zusammenarbeit mit Jost Hermand, Gert Mattenklott, Klaus R. Scherpe und Lutz Winckler. Köln und Weimar 1992 ff.

Strauß, David Friedrich: Das Leben Jesu, kritisch bearbeitet. Bd. 1. 2. verb. Aufl. Tübingen 1837.

Stubbe, Hans: Über die deutsch-russisch-sowjetischen Wechselbeziehungen im Bereich der Naturwissenschaften, insbesondere der Biologie und Landwirtschaftswissenschaften. Berlin 1967 (Sitzungsberichte der Deutschen Akademie der Landwirtschaftswissenschaften zu Berlin. Bd. 16, H. 11).

Studien und Texte zur Sozialgeschichte der Literatur. Hrsg. von Wolfgang Frühwald, Georg Jäger, Dieter Langewiesche, Alberto Martino. Tübingen 1981 ff.

Suhling, Ursula: Rebellische Literatur – Quelle moralischer Kraft. Hedwig Voegt (1903 bis 1988). Erinnerungen und Biographisches. Mit einem Beitrag von Dr. Evamaria Nahke. Nachwort Dr. Wolfgang Beutin. Hamburg 2007 (Willi-Bredel-Gesellschaft, Geschichtswerkstatt e.V.).

Szondi, Peter: Schriften I und II. Hrsg. von Jean Bollack u. a. Frankfurt/Main 1978.

Szondi, Peter: Briefe. Hrsg. von Christoph König und Thomas Sparr. Frankfurt/Main 1993.

T

Tenbruck, Friedrich: Die Wissenschaftslehre Max Webers. Voraussetzungen zu ihrem Verständnis. [1986]. In: F. T.: Das Werk Max Webers. Gesammelte Aufsätze zu Max Weber. Hrsg. von Harald Homann. Tübingen 1999, S. 219–260.

Thalheim, Hans-Günther: Kritische Bemerkungen zu den Literaturauffassungen Georg Lukács' und Hans Mayers. Zur Frage der Unterschätzung der Rolle der Volksmassen in der Literatur. In: Weimarer Beiträge 4 (1958), H. 2, S. 138–171.

[Thalheim, Hans-Günther] Materialien zur Geschichte der marxistischen germanistischen Literaturwissenschaft in der DDR. Gespräch mit Hans-Günther Thalheim. In: Zeitschrift für Germanistik 3 (1982), H. 3, S. 261–277.

Thalheim, Hans-Günther und Ursula Wertheim (Hrsg.): Studien zur Literaturgeschichte und Literaturtheorie. Gerhard Scholz anläßlich seines 65. Geburtstages gewidmet von seinen Schülern und Freunden. Berlin 1970 (Germanistische Studien).

Thierse, Wolfgang und Dieter Kliche: DDR-Literaturwissenschaft in den siebziger Jahren. Bemerkungen zur Entwicklung ihrer Positionen und Methoden. In: Weimarer Beiträge 31 (1985), H. 2, S. 267–308.

Topitsch, Ernst: Die Freiheit der Wissenschaft und der politische Auftrag der Universität. [1968]. 2., um ein Nachwort erw. Aufl. Neuwied und Berlin 1969 (Soziologische Essays).

[Träger, Claus] Materialien zur Geschichte der marxistischen germanistischen Literaturwissenschaft in der DDR. Leonore Krenzlin im Gespräch mit Claus Träger. In: Zeitschrift für Germanistik 4 (1983), H. 2, S. 142–155.

U

Ulbricht, Walter: Die gegenwärtige Lage und die neuen Aufgaben der Sozialistischen Einheitspartei Deutschlands. Referat und Schlußwort auf der II. Parteikonferenz der SED, Berlin, 9. bis 12. Juli 1952 (mit Anhang: Beschluß der II. Parteikonferenz der SED zur gegenwärtigen Lage und zu den Aufgaben im Kampf für Frieden, Einheit, Demokratie und Sozialismus). Berlin 1952.

Unger, Rudolf: Literaturgeschichte als Problemgeschichte. Zur Frage geisteshistorischer Synthese, mit besonderer Beziehung auf Wilhelm Dilthey. Berlin 1924 (Schriften der Königsberger Gelehrten Gesellschaft. Geisteswissenschaftliche Klasse, 1.1).

[Universität Bremen]: Forschungsbericht der Universität Bremen, Bd. 1 (1980–1982). Bremen 1983.

V

Vogt, Annette: Die Berliner Humboldt-Universität von 1945/1946 bis 1960/1961. Berlin 2012 (Reprint; gekürzte Fassung des Kapitels 2 in: Geschichte der Universität Unter den Linden 1810–2010. Biographie einer Institution, Bd. 3: Von 1945 bis zur Gegenwart. Hrsg. von Konrad H. Jarausch u. a. Berlin 2012).

Voßkamp, Wilhelm: Gattungen als literarisch-soziale Institutionen. Zu Problemen sozial- und funktionsgeschichtlich orientierter Gattungstheorie und -historie. In: Walter Hinck (Hrsg.): Textsortenlehre – Gattungsgeschichte. Heidelberg 1977 (Medium Literatur, 4), S. 27–42.

Voßkamp, Wilhelm: Literaturgeschichte als Funktionsgeschichte der Literatur (am Beispiel der frühneuzeitlichen Utopie). In: Thomas Cramer (Hrsg.): Literatur und Sprache im historischen Prozeß. Vorträge des Deutschen Germanistentages, Aachen 1982. Bd. 1: Literatur. Tübingen 1983, S. 32–54.

Voßkamp, Wilhelm: Literatursoziologie: Eine Alternative zur Geistesgeschichte? „Sozialliterarische Methoden" in den ersten Jahrzehnten des 20. Jahrhunderts. In: Christoph König und Eberhard Lämmert (Hrsg.): Literaturwissenschaft zwischen 1910 bis 1925. Frankfurt/Main 1993, S. 291–303.

W

Walkenhaus, Ralf: Konservatives Staatsdenken. Eine wissenssoziologische Studie zu Ernst Rudolf Huber. Berlin 1997.

Walther, Joachim: Sicherheitsbereich Literatur. Schriftsteller und Staatssicherheit in der Deutschen Demokratischen Republik. Durchges. Ausg. Berlin 1999.

Weber, Marianne: Max Weber. Ein Lebensbild. Mit einer Einleitung von Günther Roth. München u. a. 1989.

Weber, Max: Wissenschaft als Beruf. [1919] In: M. W.: Gesammelte Aufsätze zur Wissenschaftslehre. Hrsg. von Johannes Winckelmann. 6., ern. durchges. Aufl. Tübingen 1985, S. 582–613.

Wegmann, Nikolaus: Zurück zur Philologie? Diskurstheorie am Beispiel einer Geschichte der Empfindsamkeit. In: Jürgen Fohrmann und Harro Müller (Hrsg.): Diskurstheorien und Literaturwissenschaft. Frankfurt/Main 1988, S. 349–364.

Wehler, Hans-Ulrich: Geschichtswissenschaft heutzutage: Aufklärung oder „Sinnstiftung"? [1989]. In: H.-U. W.: Die Gegenwart als Geschichte. Essays. München 1995, S. 189–201.

Weimar, Klaus: Geschichte der deutschen Literaturwissenschaft bis zum Ende des 19. Jahrhunderts. München 1989.

Weimar, Klaus und Harald Fricke: Das neue „Reallexikon der deutschen Literaturwissenschaft" (Ein Interview). In: Internationales Archiv für Sozialgeschichte der deutschen Literatur 22 (1997), H. 1, S. 177–186.

Werber, Niels: Literatur als System. Zur Ausdifferenzierung literarischer Kommunikation. Opladen 1992.

Wertheim, Ursula: Die marxistische Rezeption des klassischen Erbes. Zur literaturtheoretischen Position von Gerhard Scholz. In: Werner Mittenzwei (Hrsg.): Positionen. Beiträge zur marxistischen Literaturtheorie in der DDR. Leipzig 1969, S. 473–527.

Wiese, Benno von und Rudolf Henß (Hrsg.): Nationalismus in Germanistik und Dichtung. Dokumentation des Germanistentages in München vom 17. bis 22. Oktober 1966. Berlin 1967.

Wissenschaftsgeschichte der Geisteswissenschaften. Am Beispiel von „Poetik und Hermeneutik" mit fünf Beiträgen. In: Internationales Archiv für Sozialgeschichte der deutschen Literatur 35 (2010), H. 1, S. 46–142.

Wissenschaftsrat: Stellungnahme zu den außeruniversitären Forschungseinrichtungen der ehemaligen Akademie der Wissenschaften der DDR auf dem Gebiet der Geisteswissenschaften und zu den Forschungs- und Editionsabteilungen der Akademie der Künste zu Berlin. Köln 1992.

Y

Yin, Robert K.: Case study research. Design and methods. Beverly Hills, CA, u.a. 1984.

Z

Zeitzeugen im Gespräch. [Podiumsgespräch mit Frank-Rutger Hausmann, Peter Uwe Hohendahl, Eberhard Lämmert, Werner Mittenzwei und Gould Schurmann; Moderation: Hartmut Eggert; Berlin, 11. Juni 1998]. In: Rainer Rosenberg u.a. (Hrsg.): Der Geist der Unruhe. 1968 im Vergleich. Wissenschaft – Literatur – Medien. Berlin 2000 (Literaturforschung), S. 303–333.

[Zentralinstitut für Geschichte der Akademie der Wissenschaften der DDR]: Klassenkampf, Tradition, Sozialismus. Von den Anfängen der Geschichte des deutschen Volkes bis zur Gestaltung der entwickelten sozialistischen Gesellschaft in der Deutschen Demokratischen Republik. Grundriß. Hrsg. vom Zentralinstitut für Geschichte der Akademie der Wissenschaften der DDR. Berlin 1974.

4.2 Glossarregister

Das Glossarregister war zunächst als einfaches Namenregister geplant und wurde im Laufe der Arbeit benutzerfreundlich umgestaltet und ergänzt. Verzeichnet sind nunmehr nahezu alle historischen natürlichen Personen, die im Haupttext und in referierenden Passagen der Fußnoten des vorliegenden Bandes genannt werden. Für diejenigen Personen, die den Tätigkeitsbereichen der Wissenschaften zugeordnet werden können oder in unterschiedlichen Verbindungen dazu stehen, wurden die wichtigsten Ereignisse ihrer beruflichen (vorzugsweise wissenschaftlichen) Karriere zu ermitteln versucht (Jahr und Ort der Promotion bzw. Habilitation sowie nach Möglichkeit die Abfolge der wichtigen Dienstverhältnisse). Für alle anderen Personen werden in der Regel das Geburts- und ggf. das Todesjahr angegeben sowie ein (für die öffentliche Wahrnehmung) kennzeichnendes Schlagwort und die wichtigsten biographischen bzw. beruflichen Stationen.

Für diese Daten finden sich in den zur Verfügung stehenden Quellen häufig konkurrierende Angaben (so etwa bei Promotionen und Habilitationen die Zeitangaben zum Einreichen der Qualifikationsschrift vs. die Zeitangaben zum Abschluß des Qualifikationsverfahrens oder bei Berufungen die Zeitangaben für die Erteilung des Rufes vs. die Zeitangaben zum Beginn des Dienstverhältnisses). Zudem variiert die Zuverlässigkeit der jeweils zu erreichenden Quellen. Die hier getroffenen Festlegungen orientieren sich deshalb an einer abgestuften Gewichtung der Quellen in folgender Hierarchie: (1) Mitteilungen der zu kommentierenden Person (oder zugeordneten Institutionen) auf einer offiziellen Web Site (Home Page) oder auf direkte Anfrage; (2) Daten aus *Kürschners Gelehrtenkalender* und dem Online-Katalog der Deutschen Nationalbibliothek Leipzig und Frankfurt/Main; (3) Daten aus renommierten Handbüchern wie beispielsweise dem *Internationalen Germanistenlexikon 1800–1950* (Berlin und New York 2003); (4) Angaben aus personenbezogenen Datenbanken wie *Deutsche Biographie* (‹www.deutsche-biographie.de›) oder Verzeichnissen zur Germanistik an deutschen Hochschulen (‹www.germanistenverzeichnis.phil.uni-erlangen.de›) oder den Professorenkatalogen einzelner Universitäten; (5) Angaben in kommentierten Personenregistern zuverlässiger wissenschaftlicher Publikationen wie etwa in dem „Annotierten Personenregister" zu *Werner Krauss: Briefe 1922 bis 1976* (Frankfurt/Main 2002). Zudem wurden die Suchmaschinen des WWW genutzt und die dort vorgefundenen Angaben miteinander im Hinblick auf die jeweils einzuschätzende Zuverlässigkeit verglichen. Auf eine vollständige Auflistung aller herangezogenen Findemittel wird hier aus Platzgründen verzichtet.

Solange zu den aufsteigenden Zeitangaben des hier erstellten Registers kein neuer Ort genannt wird, gilt weiterhin der mit der ersten Jahreszahl verbundene Ort (im Verlauf der akademischen Karriere steht die Ortsangabe für die dort lokalisierte Universität). Sind für ein Jahr bzw. eine Zeitphase mehrere Ereignisse einzutragen, werden sie (getrennt durch Komma) der nur einmal gesetzten Zeitangabe zugeordnet. In der Regel wird eine Beschäftigungs- oder Amtsphase mit dem Ausgangsjahr eingeleitet, die Beendigung wird ersetzt durch das Ausgangsjahr der Folgebeschäftigung; sind die Zeitphasen nicht kontinuierlich zu verbinden, werden die jeweiligen Phasen mit Jahreszahlen für Beginn und Beendigung abgegrenzt. Ereignisse, die während einer solchen Zeitphase zu verzeichnen sind, werden in Klammern eingetragen.

Trotz intensiver Recherchen konnten die erwünschten Daten nicht zu allen verzeichneten Personen ermittelt werden. Das Glossarregister beansprucht also keine enzyklopädische Vollständigkeit, weil die Suche nach den entsprechenden Daten aus arbeitsökonomischen Erwägungen nicht über ein jeweils vertretbar erscheinendes Maß ausgedehnt werden sollte: Seinen Zweck als begleitende ‚biographische Handreichung' wird das Register hoffentlich dennoch erfüllen, zumal die entsprechenden Recherchen über den Untersuchungszeitraum 1965–1990 hinaus nach Möglichkeit bis hinein in die Gegenwart verfolgt worden sind.

Auf die Ermittlung ‚eigentlicher' Namen wird (bis auf wenige Ausnahmen) verzichtet; angeführt werden diejenigen Namen, unter denen die entsprechenden Personen in der Öffentlichkeit präsent waren oder sind bzw. unter denen sie selber wahrgenommen zu werden wünsch(t)en (z.B. bei Paul Celan oder Anna Seghers). In wenigen Fällen wird mit dem Zusatz [n. e.] (nicht ermittelt) gearbeitet; in der Regel jedoch gilt: Wenn entsprechende Daten (etwa das Geburts- oder Sterbejahr) nicht verzeichnet sind, so konnten sie nicht ermittelt werden. Hat eine Person unterschiedliche Promotionsbezeichnungen aufzuweisen, so wird dies nicht mit der Angabe des Doktortitels verzeichnet, sondern durch einen entsprechenden Klammerverweis, z.B. Prom (iur.) bzw. Prom (phil.) oder Prom (rer.nat.). Auf die Verwendung der Kategorie ‚Dichter' sowie entsprechender gattungsbezogener Spezifikationen (Lyriker, Dramatiker, Epiker, Romancier u. dergl.) wird verzichtet und statt dessen pauschal die Bezeichnung ‚Schriftsteller' eingesetzt. Historische Personen, die in der Forschung undifferenziert als Jakobiner bezeichnet werden, obwohl ein solcher Status aufgrund kontroverser Forschungsdebatten auch als ungesichert bzw. vorläufig angesehen werden kann, werden der Einfachheit halber in einfachen Anführungszeichen als ‚Jakobiner' (unter Angabe ihres jeweiligen historischen Hauptwirkungsfeldes) verzeichnet. In das Register wurden zudem alle namentlichen Querverweise auf Interviews im vorliegenden Band aufgenommen (z.B. siehe dazu das Interview mit …).

Abkürzungen

Institutionen, Einrichtungen

Neben den nachstehend erläuterten Abkürzungen werden gängige Abkürzungen wie ‚Inst[itut], Fak[ultät], Univ[ersität/ersity], st[ell]v[ertretend], Vors[sitz/ende(r)], Red[aktion/Redakteurin bzw. Redakteur] benutzt.

Für folgende Institutionen werden Abkürzungen eingesetzt: **TH/TU** (Technische Hochschule/Universität), **PH** (Pädagogische Hochschule), **FH** (Fachhochschule), **MPI** (Max-Planck-Institut), **HAB** Wolfenbüttel (Herzog August Bibliothek), **IZEA** Halle/Saale (Internationales Zentrum für die Erforschung der Europäischen Aufklärung), **DGEJ** (Deutsche Gesellschaft für die Erforschung des 18. Jahrhunderts); **AdW** zu Berlin (Deutsche Akademie der Wissenschaften zu Berlin), **AdW** der DDR (Akademie der Wissenschaften der DDR – ab 1972), **ZIL** (Zentralinstitut für Literaturgeschichte der Akademie der Wissenschaften der DDR – 1969 bis 1991), **ZfL** (Zentrum für Literatur- und Kulturforschung Berlin: für das 1996 begründete ‚Zentrum für Literaturforschung' und die Vorgänger-Institu-

tion ‚Zentrum Literaturforschung' [auch ‚Forschungsschwerpunkt Literaturwissenschaft']
der Fördergesellschaft Wissenschaftliche Neuvorhaben – 1992 bis 1996), **ÉNS** (École Normale Superieure), **CRNS** (Centre National de la Recherche Scientifique), **ÉHESS** (École
des Hautes Études en Sciences Sociales), **ÉPHE** (École Pratique des Hautes Études)

Titel, Funktionen, Positionen, Qualifikationen

Agrég (Agrégation=Berechtigung zum Unterricht an Höheren Schulen), **MConf** (Maitre
de conférence, in etwa: AssP),) **AkadR/Oberr** (Akademische Rätin bzw. Akademischer
Rat, Oberrätin bzw. Oberrat); **AssP** (Assistant Professor); **D** (Direktorin bzw. Direktor), svD (stellvertretende[r] Direktorin bzw. Direktor); **DÉtudes** (Directeur d'études, in
etwa: Doz./Prof.), **Doz** (Dozentur, auch im Sinne von ‚Wahrnehmung einer Doz', auch
Lehrtätigkeit in der Rolle von Privatdozenten); **GastP/HonP** (Gastprofessur/Honorar-
professur), **GP** (Lehrtätigkeit an Höheren Schulen, in Frankreich: Professeur agrégé);
Hab (Habilitation); **L** (Leiterin bzw. Leiter, Leitung); **Lic** (Licence), **MConf** (Maître de
conférence, in etwa: Assistenzprof.), **Oberass** (Oberassistenz); **P** (Professur, auch als
‚Wahrnehmung einer P'; keine Differenzierung nach ao.Prof., o.Prof., Associate Prof.,
Full Prof., [ao.] Prof. mit Lehrauftrag, [o.] Prof. mit vollem Lehrauftrag); **Pr** (Präsidentin
bzw. Präsident); **Prom** (Promotion); **R** (Versetzung in den Ruhestand, Emeritierung);
VertrP (Vertretung einer Professur); **VPr** (Vizepräsidentin bzw. Vizepräsident); **WM**
(Wissenschaftliche Mitarbeiterin bzw. Wissenschaftlicher Mitarbeiter); **WAss** (Wissen-
schaftliche Assistentin bzw. Wissenschaftlicher Assistent); **WRat** (Wissenschaftliche
Rätin bzw. Wissenschaftlicher Rat).

A

Abendroth, Wolfgang (1906–1985), Rechtswissenschaftler, Politologe – 1935 Prom Bern, 1937 Haftstrafe (NS-politische Gründe), 1947 Hab, Doz Halle/S., 1948 P Leipzig, 1948 Jena, 1948 Übersiedelung nach Bremen, 1949 P Hochschule für Arbeit, Politik, Wirtschaft Wilhelmshaven-Rüstersiel, 1951
Marburg/L., 1972 R.   577–579, 601, 690
Abusch, Alexander (1902–1982), Journalist, Schriftsteller, Kulturpolitiker – 1954 svMinister für Kultur,
1956 Staatssekretär, 1958 Minister für Kultur, 1961 svMinisterpräsident der DDR.   85, 194–196, 199,
201 f., 206 f., 219
Ackermann, Anton; eigentlich Eugen Hanisch (1905–1973), Politiker (KPD, SED) – 1919 Freie Sozialistische Jugend, 1926 KPD (Bezirksleiter Erzgeb./Vogtland), 1928–1931 Intern. Lenin-Schule Mos-
kau, 1933 L illegale KP-Org. Groß-Berlin, 1935 Mitglied Politbüro, 1936–1937 Teilnahme am Spanischen Bürgerkrieg, 1949–1953 Staatssekretär im Ministerium für Auswärtige Angelegenheiten; 1950
Mitglied ZK der SED, 1958–1961 hochrangiger Funktionär für Kultur und Bildung in der Staatlichen
Plankommission der DDR.   325
Adelung, Johann Christoph (1732–1806), Bibliothekar, Sprachforscher, Lexikograph.   115
Adenauer, Konrad (1876–1967), Politiker (CDU) – 1949–1963 Bundeskanzler der BRD.   70, 105, 314,
458, 469, 483 f., 622
Adorno, Theodor W. (1903–1969) Philosoph, Soziologe, Musiktheoretiker, Komponist – 1924 Prom
Frankfurt/M., 1931 Hab, Doz, 1933 Entzug der Venia legendi (NS-politische Gründe), 1934 Emigra-
tion Großbritannien, 1938 USA (Zusammenarbeit mit Max Horkheimer), 1949 P Frankfurt/M.   167,
203, 280, 409, 417, 593, 697, 700

Agulhon, Maurice (*1926), Historiker (Neuere Geschichte) – 1950 GP Toulon, 1952 Marseille, 1954 Forschungstätigkeit CNRS Paris, 1957 Lehrtätigkeit Aix-en-Provence, 1969 Prom Paris I, P Aix-Marseille, 1972 Paris I, 1986 Collège de France, 1997 R.   628

Albrecht, Heinrich Christoph (1762–1800), Philologe, Publizist – ‚Jakobiner' in Hamburg und Flensburg.   133

Albrecht, Wolfgang (*1952), Literaturwissenschaftler (Neuere deutsche Literatur) – 1978 Prom Halle/S., WM Inst für klassische deutsche Literatur Weimar, 1988 Hab Halle/S., 1992 Goethe- und Schiller-Archiv der Klassik Stiftung Weimar; 2004–2006 Pr International Lessing Society.   246, 642 f.

Alewyn, Richard (1902–1979), Literaturwissenschaftler (Neuere deutsche Literatur) – 1925 Prom Heidelberg, 1929 WAss Berlin, 1931 Hab, Doz, 1932 P Heidelberg, 1933 Entlassung (NS-politische Gründe), Emigration Frankreich (1933–1935 GastP Sorbonne), Österreich (Privatgelehrter), 1939 P Queens College Flushing (NY), 1949 Köln, 1955 FU Berlin, 1959 Bonn, 1967 R.   33, 38‒41, 250, 272, 274‒276, 278‒284, 341 f., 348‒350, 384‒389, 391, 410‒413, 450

Allemann, Beda (1926–1991), Literaturwissenschaftler (Neuere deutsche Literatur und Komparatistik) – 1953 Prom Zürich, 1955 Hab, 1955 Doz FU Berlin, ÉNS Paris, Leiden, 1962 P Kiel, 1964 Würzburg, 1967 Bonn.   276

Althusser, Louis (1918–1990), Philosoph – 1948 Agrég (Philosophie), DÉtudes ÉNS Paris, 1954 Dekan Literatur-Inst. ÉNS Paris, 1980 Patient der psychiatrischen Anstalt Centre Hospitalier Sainte Anne Paris, 1983 Entlassung.   448

Altmeier, Peter (1899–1977), Politiker (CDU) – 1947–1969 Ministerpräsident von Rheinland-Pfalz.   470 f.

Anger, Alfred (1927‒2012), Literaturwissenschaftler (Neuere deutsche Literatur) – 1954 Prom Köln, Hab [n. e], Lehrtätigkeit USA, u. a. City College of New York (NY).   282 f., 385

Anton, Herbert (*1936), Literaturwissenschaftler (Neuere deutsche Literatur) – 1964 Prom Heidelberg, 1969 Hab, 1970 P Düsseldorf, 2001 R.   380

Apel, Karl-Otto (*1922), Philosoph – 1950 Prom Bonn, 1961 Hab Mainz, 1962 P Kiel, 1969 Saarbrücken, 1972 Frankfurt/M., 1990 R.   605

Appel, Wilhelm von (1875–1911), Sekr. Östereich. Staatsbahn, Schriftsteller, Journalist – erster Chefredakteur der Zs. *Muskete*.   35

Aretin, Karl Otmar von (*1923), Historiker (Neuere Geschichte) – 1952 Prom München, 1958 WAss MPI für Geschichte Göttingen (1962 Hab), 1964 P Darmstadt, 1988 R; 1968–1994 D Inst. für Europäische Geschichte Mainz.   119, 468, 479, 490, 497, 499, 549, 632 f.

Arndt, Hans-Joachim (1923–2004), Soziologe, Politologe – 1952 Prom Heidelberg, 1968 P, 1989 R. 401

Arndt, Ernst Moritz (1769–1860), Schriftsteller.   330, 725

Arnim, Ludwig Achim von (1781–1831), Schriftsteller.   163, 272

Atkins, Stuart Pratt (1914–2000), Literaturwissenschaftler (Neuere deutsche Literatur und Komparatistik) – 1938 Prom Yale Univ., New Haven (CT), Instructor of German Dartmouth College, Hanover (NH), 1941 Harvard Univ. und Radcliff College, Cambridge (MA), 1946 Princeton Univ. (NJ), AssP Harvard Univ., Cambridge (MA), 1948 P, 1965 Univ. of California, Santa Barbara (CA), 1984 R.   39, 338

Auerbach, Erich (1892–1957), Literaturwissenschaftler (Romanistik und Komparatistik) – 1913 Prom (iur.) Heidelberg, 1921 Prom (phil.) Greifswald, 1929 Hab, Doz Marburg/L., 1930 P, 1935 Entlassung (NS-politische Gründe), Emigration Istanbul, 1936 P Istanbul, 1947 Übersiedelung USA, 1948 GastP Pennsylvania State Univ., Philadelphia (PA), 1949 Inst for Advanced Studies Princeton (NJ), 1950 P Yale Univ., New Haven (CT).   260

Aulard, François Alphonse (1849–1928), Historiker (Neuere Geschichte) – 1871 GP Nîme, Nice, 1877 Prom Sorbonne, 1878 Lehrtätigkeit Univ. Aix-en-Provence, Montpellier, Dijon, Poitiers, 1886 P Sorbonne, 1922 R.   110

Azzola, Axel (1937–2007), Rechts- und Sozialwissenschaftler – 1966 Prom Marburg/L., 1971 Hab, 1972 P Darmstadt, 1998 Staatssekr. der Landesregierung Mecklenburg-Vorpommern im Ministerium für Gesundheit und Soziales, 2000 R.   91, 469, 474, 647

Bruford, Walter Horace (1894–1988), Literaturwissenschaftler (Neuere deutsche Literatur) – 1919 M.A. Cambridge, 1920 Lecturer Univ. of Aberdeen, 1923 Reader, 1929 P Univ. of Edinburgh, 1951 Cambridge, 1961 R.   4

de Bruyn, Günter (*1926), Schriftsteller.   480

Buchholz, Friedrich (1768–1843), Schriftsteller, politischer Publizist, Sozialtheoretiker.   721

Büchner, Georg (1813–1837), Schriftsteller, Publizist.   124, 155, 227, 327, 562, 701

Bürger, Gottfried August (1747–1794), Schriftsteller.   84

Bürger, Peter (*1936), Literaturwissenschaftler (Romanistik) – 1959 Prom München, 1970 Hab Erlangen-Nürnberg, 1971 P Bremen, 1998 R.   527

Büsch, Otto (1928–1994), Historiker (Neuere Geschichte, Sozial- und Wirtschaftsgeschichte) – 1952 Prom FU Berlin, 1970 P PH Berlin-Lankwitz (ab 1980 FU Berlin).   664, 704

Bumke, Joachim (1924–2011), Literaturwissenschaftler (Ältere deutsche Literatur) – 1953 Prom Heidelberg, 1958 Hab, 1961 AssP Johns Hopkins Univ., Baltimore (MD), 1962 P Harvard Univ., Cambridge (MA), 1965 FU Berlin, 1969 Köln, 1994 R.   276, 693

Burke, Kenneth Duva (1897–1993), Journalist, Schriftsteller, Literaturtheoretiker – ab 1937 Lehraufträge an Universitäten und Colleges der USA, 1943–1961 Lehrtätigkeit am Bennington College (VT), 1967 Harvard Univ., Cambridge (MA).   588

Busche, Jürgen (*1944), Journalist, Literaturkritiker, Schriftsteller – 1971 Prom Münster, 1972 Red., Ressortleiter und Chefred. u. a. bei *Frankfurter Allgemeine Zeitung, Hamburger Morgenpost, Süddeutsche Zeitung, Wochenpost,* in jüngster Zeit als freier Autor.   272

Buselmeier, Michael (*1938), Schriftsteller, Publizist – 1967 M.A. Heidelberg, 1972–1976 literaturwiss. Lehraufträge an Hochschulen der BRD, freiberuflich tätig in Heidelberg.   383

C

Campe, Joachim Heinrich (1746–1818), Schriftsteller, Pädagoge.   135, 519

Carl Eugen (1728–1793), 1737 Herzog von Württemberg.   523

Canetti, Elias (1905–1994), Schriftsteller.   401

Caroline Henriette, Prinzessin von Pfalz-Zweibrücken (1721–1774), 1741 Landgräfin von Hessen-Darmstadt.   387

Cassirer, Ernst Alfred (1874–1945), Philosoph – 1899 Prom Marburg/L., 1906 Hab Berlin, 1919 P Hamburg (1929–1930 Rektor), 1933 Emigration Großbritannien, GastP Oxford, 1935 P Göteborg, 1941 GastP Yale Univ., New Haven (CT), 1944 GastP Columbia Univ., New York City (NY).   575, 588

Celan, Paul, (1920–1970), Schriftsteller.   281

Christian VII. (1749–1808), 1766 König von Dänemark und Norwegen, Herzog von Schleswig-Holstein.   116

Christians, Heiko (*1963), Literatur- und Medienwissenschaftler – 1995 Prom Köln, 1996 WAss, 2002 Hab, Lehrkraft für besondere Aufgaben Univ. Potsdam (Inst. für Künste und Medien), 2006 VertrP Potsdam, 2008 P (Medienkulturgeschichte).   410

Chruschtschow, Nikita Sergejewitsch (1894–1971) – Politiker, 1953–1964 Erster Sekr. des ZK der KPdSU, 1958–1964 Ministerpräsident der UdSSR.   682, 703

Clauer, Carl Gottlieb Daniel von (gest. 1793 oder 1794), Jurist, Schriftsteller, ‚Jakobiner‘.   135

Clemen, Wolfgang (1909–1990), Literaturwissenschaftler (Anglistik) – 1933 Prom Bonn, 1938 Hab Köln, VertrP Kiel, 1943 P, 1946 München, 1974 R.   403

Cone, Carl B. (1916–1995), Historiker – P Univ. of Lexington (KY).   489

Conrady, Karl Otto (*1926), Literaturwissenschaftler (Neuere deutsche Literatur) – 1953 Prom Münster, 1957 Hab, 1958 Doz Göttingen, 1961 P Saarbrücken, 1962 Kiel, 1969 Köln, 1991 R.   275 f., 404–406, 408, 415, 528, 531 f., 694 f.

Constant, Benjamin (1767–1830), Schriftsteller, Staatstheoretiker, Politiker.   268

Conze, Werner (1910–1986), Historiker (Neuere Geschichte, Sozial- und Wirtschaftsgeschichte) – 1934

Prom Königsberg, 1940 Hab, 1951 P Münster, 1957 Heidelberg, 1979 R.   284, 342 f., 357, 401, 487, 661, 699

Cotta, Christoph Friedrich (1758–1838), Jurist, Publizist, Politiker – 1792–1794 ‚Jakobiner' in Mainz und Straßburg.   135, 490, 536, 685

Cotta, Johann Friedrich (1764–1832), Verleger, Politiker, 1787 Übernahme der (1659 in Tübingen gegründeten) Cottaschen Verlagsbuchhandlung; 1814 Deputierter beim Wiener Kongreß.   490, 536

Crüger, Herbert (1911–2002), Politiker, Publizist – 1933 illegale Tätigkeit für die KPD, 1934 Haftstrafe (NS-politische Gründe), 1935 Emigration ČSR, 1937 Barcelona, 1938 Studium in Zürich, 1940 Internierung, 1946 Ministerialbeamter der Hessischen Landesregierung, 1951 Übersiedelung in die DDR, Aspirantur Rostock, 1953 Doz HU Berlin, 1958 Haftstrafe (politische Gründe), 1961 vorzeitige Entlassung, WM AdW Berlin, 1976 R.   676

Curtius, Ernst Robert (1886–1956), Literaturwissenschaftler (Romanistik und Mediävistik), Literatur- und Kulturkritiker – 1910 Prom Straßburg, 1913 Hab Bonn, 1914 P, 1920 Marburg/L., 1924 Heidelberg, 1929 Bonn, 1951 R.   279

Custine Adam-Philippe, Comte de (1740–1793), Generalleutnant der französischen Rheinarmee 1792–1793.   92 f., 672

D

Dahnke, Hans-Dietrich, siehe die biographische Notiz zum Interview im vorliegenden Band, S. 218.   4, 14, 27, 48–56, 75, 81 f., 193–195, **218–254**, 257, 312, 316, 359 f., 375, 427 f., 450, 580, 602, 610, 615, 682

Dalberg, Karl Theodor Anton Maria von (1744–1817), Erzbischof, Staatsmann, Schriftsteller.   480

Damm, Augustin Joseph, Student der Philosophie und Rechtswissenschaften, Hofmeister in Wetzlar, 1783 Immatrikulation in Würzburg, 1791 Hofmeister, 1792–93 Rechtspraktikant in Kirrweiler (Pfalz), 1793 in Würzburg gemeinsam mit Aloys Popp Vorbereitungen zur Organisation der revolutionären student. Vereinigung „Menschheitsbund".   79

Danneberg, Lutz, siehe die biographische Notiz im vorliegenden Band, S. 841.   3, 17, 44–46

Danzel, Theodor Wilhelm (1818–1850), Philologe (Neuere deutsche Literatur, Literaturgeschichtsschreibung, Ästhetik) – 1841 Prom Jena, Privatgelehrter in Hamburg, 1845 Hab, Doz Leipzig.   328

David, Claude (1913–1999), Literaturwissenschaftler (Neuere deutsche Literatur) – 1937 Agrég (Deutsch), 1938–1939 GP Reims, 1945 Lille, 1946 Lehrtätigkeit Faculté des Lettres Lille (1951 Prom Sorbonne), 1954 P, 1957 Faculté des Lettres Paris, 1970 Paris IV, 1984 R.   121, 304, 310, 382, 594, 599

Dedner, Burghard (*1942), Literaturwissenschaftler (Neuere deutsche Literatur) – 1969 Prom Tübingen, 1972 P Indiana Univ., Bloomington (IN), 1976 P Marburg/L., 2007 R.   579

Dehrmann, Mark-Georg (*1975), Literaturwissenschaftler (Neuere deutsche Literatur) – 2005 WM Osnabrück (2006 Prom FU Berlin), 2008 AkadR Hannover.   47

Deicke, Günter (1922–2006), Schriftsteller, Übersetzer, Kulturjournalist – 1947 Kulturredakteur Weimar, 1951 Verlagslektor Berlin, 1952 Red. *neue deutsche literatur*, 1959 Verlagslektor, 1970 Freier Schriftsteller.   205

Delorme, Maurice (1926–1958), Literaturwissenschaftler (Hölderlin-Forscher).   8, 157, 167, 179, 306 f.

Denkler, Horst (*1935), Literaturwissenschaftler (Neuere deutsche Literatur) – 1963 Prom Münster, 1964 WAss Frankfurt/M., 1965 Mannheim, 1968–1969 P Univ. of Massachusetts, Amherst (USA), 1973 FU Berlin, 2000 R; 2001–2002 P Univ. Opole.   545, 649

Diderot, Denis (1713–1784), Philosoph, Publizist, Schriftsteller.   235, 257, 264, 279–281, 380, 570

Diersen, Inge (1927–1993), Literaturwissenschaftlerin (Neuere deutsche Literatur) – 1954 Prom HU Berlin, 1964 Hab, Doz, 1965 P, 1971 (nach Parteiverfahren) Tätigkeit im Kulturbereich des VEB Chemiekombinats Bitterfeld, 1973 Rückkehr HU Berlin, 1988 R.   49, 54, 249 f., 360, 429

Dietze, Walter (1926–1987), Literaturwissenschaftler (Neuere deutsche Literatur) – 1956 Prom Leipzig, 1961 Hab, Doz, 1963 P, 1975 GeneralD der Nationalen Forschungs- und Gedenkstätten der klassischen deutschen Literatur in Weimar, 1982 R.   241 f.

Elias, Norbert (1897–1990), Kulturphilosoph, Soziologe, Psychologe, Schriftsteller – 1924 Prom Breslau, Hab-Vorbereitung Heidelberg, 1930 WAss Frankfurt/M., 1933 Emigration Frankreich, 1935 Großbritannien, 1939 ForschungsAss London School of Economics and Political Science, 1940 Internierung, 1941 Lehrtätigkeit Erwachsenenbildung der Univ. of London in Leicester, 1954 Lecturer Univ. of Leicester, 1962 R; 1962 P Univ. of Ghana, Accra, 1964 Privatgelehrter (1975 Wohnsitz Amsterdam). 42, 392

Emerich, Friedrich Joseph (1773–1802), Jurist, Schriftsteller, ‚Jakobiner'. 458, 490

Emmerich, Wolfgang (*1941), Kultur- und Literaturwissenschaftler (Neuere deutsche Literatur) – 1968 Prom Tübingen, AssP Univ. of Georgia. Athens (GA) und State Univ. of New York (NY), 1971 AssP Bremen, 1978 P Bremen, 2006 R. 526

Emrich, Wilhelm (1909–1998), Literaturwissenschaftler (Neuere deutsche Literatur) – 1933 Prom Frankfurt/M., 1944 Hab Berlin, 1944–1945 und 1948–1951 Lehrtätigkeit Hermann-Lietz-Schule Buchenau, 1949 Doz Göttingen, 1952 WAss, 1953 P Köln, 1959 FU Berlin, 1978 R. 562, 697

Engelberg, Ernst (1909–2010), Historiker (Neuere Geschichte) – 1934 Prom Berlin, Haftstrafe (NS-politische Gründe), 1935 Emigration Schweiz, 1941 Lektorat für deutsche Sprache Istanbul, 1948 Doz PH Potsdam, 1949 P Leipzig, 1960 D Inst. für deutsche Geschichte AdW zu Berlin, 1969 L Forschungsstelle für Methodologie und Geschichte der Geschichtswissenschaft AdW zu Berlin/AdW der DDR, 1974 R. 331, 674, 684

Engels, Friedrich (1820–1895), Staats-, Gesellschafts- und Wirtschaftstheoretiker, Historiker, politischer Publizist. 219, 371, 576, 675

Engels, Hans-Werner (1941–2010), Lehrer, Historiker (Neuere Geschichte, Hamburger Lokalgeschichte), Publizist – 1968 Erstes Staatsexamen Hamburg, 1971 Zweites Staatsexamen, 1974 Höherer Schuldienst Hamburg, 1995–1999 WM Hamburger Schulmuseum, 1999 R. 104 f., 127, 129, 459, 471, 473, 481, 514, 680, 718, 721

Engelsing, Rolf (1930–1986), Historiker (Sozial- und Wirtschaftsgeschichte) – 1955 Prom Göttingen, 1965 Hab FU Berlin, später P. 348

Enzensberger, Hans Magnus (*1929), Schriftsteller. 569 f.

Epstein, Klaus W. (1927–1967), Historiker (Neuere Geschichte) – 1953 Prom Harvard Univ., Cambridge (MA), 1960 AssP, 1963 P Brown Univ., Providence (RI). 443

Erben, Johannes (*1925), Sprachwissenschaftler (Deutsche Sprache) – 1949 Prom Leipzig, WM ‚Deutsches Wörterbuch (Brüder Grimm)', 1953 Hab, Doz HU Berlin, 1954 P, 1959 AbteilungsL Inst. für deutsche Sprache und Literatur AdW zu Berlin, 1961 svD, 1965 P Innsbruck, 1979 Bonn, 1990 R. 608, 612

Erdmann, Karl Dietrich (1910–1990), Historiker (Neuere Geschichte) – 1934 Prom Marburg/L., Lehrtätigkeit Höhere Schulen, 1938 Schuldienst beendet (NS-politische Gründe), Tätigkeiten in der Industrie, 1945 WAss Köln, 1947 Hab, 1951 P, 1953 Kiel, 1978 R. 98, 405, 407, 409, 528

Erenz, Benedikt (*1959), Journalist – 1984 Red. *Die Zeit*, 1998 L Ressort ‚Geschichte'. 668, 672

Erhardt-Lucht, Renate, Historikerin (Neuere Geschichte) – 1969 Prom Kiel. 592

Erhart, Walter (*1959), Literaturwissenschaftler (Neuere deutsche Literatur) – 1990 Prom Tübingen, 1996 Hab Göttingen, 1997 P Greifswald, 2007 Bielefeld. 410

Erler, Gotthard (*1933), Germanist, Journalist, Lektor, Verleger – 1954 Erstes Staatsexamen Leipzig, Journalist und Mitarbeiter im Aufbau-Verlag Berlin, 1964 Lektor Aufbau-Verlag Berlin und Weimar, 1975 L Klassik-Ressort (1978 Prom Greifswald), 1990 Cheflektor Aufbau-Verlag, 1992 Geschäftsführer, 1998 R. 524

F

Faber, Karl-Georg (1925–1982), Historiker (Neuere Geschichte) – 1952 Prom Mainz, dann WM in unterschiedlichen Institutionen, 1965 Hab Mainz, 1967 P Saarbrücken, 1976 Münster. 464, 483

Fabian, Bernhard (*1930) Anglist (Literaturwissenschaftler) – 1955 Prom Marburg/L., 1960 Hab, 1962 P Münster, 1996 R. 399

Graumann, Carl Friedrich (1923–2007), Psychologe – 1952 Prom Köln, 1959 Hab Bonn, 1962 GastP Duquesne Univ., Pittsburgh (PA), 1963 P Heidelberg, 1991 R.   284

Greiling, Werner (*1954), Historiker (Neuere Geschichte) – 1984 Prom Jena, 1990–1994 Forschungsaufenthalte MPI für Geschichte Göttingen, Univ. München, CNRS Paris, Historisches Kolleg München, 1996 Hab Jena, 1997 Oberass, 2004 P.   267, 478, 557

Greiner-Mai, Herbert (*1927), Literaturwissenschaftler (Neuere deutsche Literatur), Verlagslektor, Herausgeber.   194

Greis, Jutta (*1959), Literaturwissenschaftlerin (Neuere deutsche Literatur), Kulturanalytikerin, Innovationsberaterin – 1989 Prom Münster.   423

Griep, Wolfgang (*1948), Literaturwissenschaftler (Neuere deutsche Literatur) – 1982–1987 WM Forschungsschwerpunkt Spätaufklärung Univ. Bremen (1984 Prom), 1989 ProjektL Überseemuseum Bremen, 1991 L Forschungsstelle zur historischen Reisekultur Eutiner Landesbibliothek, 2006 Verlagsleiter.   126, 399, 449, 518, 520, 522–524, 722

Grillparzer, Franz (1791–1872) Schriftsteller.   329

Grimm, Gunter E. (*1945), Literaturwissenschaftler (Neuere deutsche Literatur) – 1970 Prom Tübingen, 1981 Hab, 1983 P, 1988 Würzburg, 1994 Duisburg bzw. Duisburg-Essen, 2010 R.   149

Grimm, Jacob (1785–1863), Philologe, Historiker – 1808 Bibliothekar des Königs Jérôme von Westphalen in Kassel, 1813 Legationssekretär im auswärtigen Dienst des Landes Hessen, 1816 Bibliothekar Kassel (1819 Dr. phil. h.c. Marburg/L.), 1830 P Göttingen, 1837 Entlassung (politische Gründe), 1841 P Königlich-Preußische AdW zu Berlin.   328

Grimm, Reinhold (1931–2009), Literaturwissenschaftler (Neuere deutsche Literatur und Komparatistik) – 1956 Prom Erlangen, 1956 Lehrtätigkeit Erlangen, Frankfurt/M., 1966 GastP Columbia Univ., New York City (NY), 1967 P Univ. of Madison, Wisconsin (WI), 1990 Univ. of California, Riverside (CA), 2003 R.   417

Grimm, Wilhelm (1786–1859), Philologe, Jurist – 1806 Advokaturexamen, 1814 Bibliothekssekretär Kurfürstliche Bibliothek Kassel (1819 Dr. phil. h. c. Marburg/L.), 1830 Bibliothekar Univ. Göttingen, 1835 P, 1837 Entlassung (politische Gründe), 1841 P Königlich-Preußische AdW zu Berlin.   328

Grimminger, Rolf (*1941), Literaturwissenschaftler (Ältere und Neuere deutsche Literatur) – 1969 Prom München, 1974 Hab, 1976 P Bielefeld, 2006 R.   309, 390, 414, 573 f.

Groeben, Norbert (*1944), Psychologe, Literatur- und Medienwissenschaftler – 1971 Prom Münster, 1972 Hab (Psychologie) Heidelberg, 1980 P (1982 Hab, Doz [Allgemeine Literaturwissenschaft] Siegen, 1993 HonP Mannheim), 1994 P (Psychologie) Köln.   284

Grotewohl, Otto (1894–1964), Politiker (SPD und SED), 1949–1964 Ministerpräsident der DDR.   229, 325

Gruenter, Rainer (1918–1993), Literaturwissenschaftler (Ältere und Neuere deutsche Literatur) – 1949 Prom Köln, Lektorat King's College London, 1952 WAss Köln (1956 Hab FU Berlin), 1957 UmHab, Doz Köln (1958 GastP Heidelberg), 1960 P FU Berlin, 1965 Mannheim (1968–1969 Rektor), 1972 Wuppertal (1972–1983 Gründungsrektor), 1983 R.   276, 378, 399, 663, 697

Günther, Ignaz *(*1725–1775), Bildhauer, Stukkateur.   381

Günther, Vincent Joachim (1930–1976) – Literaturwissenschaftler (Neuere deutsche Literatur) – 1960 Prom Bonn, 1970 Hab, 1974 P Mainz.   274

Gundolf, Friedrich (1880–1931), Literaturwissenschaftler (Neuere deutsche Literatur), Schriftsteller – 1903 Prom Berlin, schriftstellerische Tätigkeit, 1911 Hab, Doz Heidelberg, 1917 P.   156, 312, 581

Guthke, Karl Siegfried (*1933), Literaturwissenschaftler (Neuere deutsche Literatur) – 1956 Prom Göttingen, 1958 AssP Univ. of California, Berkeley (CA), 1959 P, 1965 P Toronto, 1968 P Harvard Univ., Cambridge (MA) (bis R); 1971–1973 Pr Lessing-Gesellschaft.   367, 396

Gysi, Klaus (1912–1999), Journalist, Kulturpolitiker (SED) – 1966–1973 Kulturminister der DDR.   318, 331

I

Iggers, Georg G. (*1926), Historiker, Geschichtstheoretiker − 1951 Prom Chicago, 1950–1963 Doz an Colleges in Little Rock und New Orleans, 1965 P Univ. Buffalo (NY), 1997 R. 487

Iser, Wolfgang (1926–2007), Literaturwissenschaftler (Anglistik) − 1950 Prom Heidelberg, 1957 Hab, 1960 P Würzburg, 1963 Köln, 1967 Konstanz, 1991 R. 289

J

Jacobi, Erwin (1884–1965), Jurist (Staats-, Kirchen-, Verwaltungs- und Arbeitsrecht) − 1907 Prom Leipzig, 1912 Hab, Doz, 1916 P, 1920 Greifswald, Leipzig, 1933 Entlassung (NS-politische Gründe), 1945 P Leipzig, 1958 R. 322

Jacobi, Friedrich Heinrich (1743–1819), Schriftsteller, Philosoph. 581

Jäckel, Eberhard (*1929), Historiker (Neuere Geschichte) − 1955 Prom Freiburg/Br., 1956 WAss Kiel, 1961 Hab, Doz, 1967 P Stuttgart, 1997 R. 528, 534 f.

Jäger, Georg, siehe die biographische Notiz im vorliegenden Band, S. 334. 6, 27, 36, 39 f., 137, 296, 303 f., **334–358**, 365, 377, 408, 422, 501, 506–508, 510, 525, 564, 707

Jäger, Hans-Wolf, siehe die biographische Notiz im vorliegenden Band, S. 500. 4, 27, 62, 88, 121–127, 162, 176, 304, 335, 340, 345, 351 f., 399 f., 444, 449, 459, **500–527**, 544, 564, 571, 579, 601, 604, 658, 706 f., 714–716, 722 f.

Jäger[-Mertin], Hella (*1940), Literaturwissenschaftlerin (Neuere deutsche Literatur) − 1974 Prom Bremen, später Lehrbeauftragte Kassel. 335, 502

Jahn, Jürgen, Literaturwissenschaftler (Neuere deutsche Literatur) – Red. *Sonntag*, L Lektorat Literaturwissenschaft Aufbau-Verlag. 249, 368

Jamme, Christoph (*1953), Philosoph − 1981 Prom Bochum, WM Hegel-Archiv (1990 Hab), 1994 P Jena, 1997 Lüneburg. 152, 184 f., 190

Janka, Walter (1914–1994), Verlagsleiter, Publizist, Dramaturg – 1933 Haftstrafe (NS-politische Gründe), 1935 Ausweisung in die ČSR, 1936 Mitglied des Ernst-Thälmann-Bataillons im Spanischen Bürgerkrieg, 1939 Internierung in Frankreich, 1941 Emigration Mexiko, 1942 L Verlag ‚El Libro libre‘, 1947 Rückkehr nach Ost-Berlin, 1948 Mitglied im Vorstand der DEFA, 1950 svGeschäftsführer Aufbau-Verlag Berlin, 1953 Verlagsleiter, 1957 Haftstrafe (politische Gründe), 1960 vorzeitige Haftentlassung, 1962 Dramaturg bei der DEFA, 1973 freie publizistische Tätigkeit. 259, 300

Jarausch, Konrad (*1941), Historiker (Neuere Geschichte) − 1969 Prom Univ. of Wisconsin, Madison (WI), danach Post-Doc Shelby Cullom Davis Center, Princeton, 1968 AssP, dann P Univ. of Missouri, Columbia (MO), 1983 Univ. of North Carolina, Chapel Hill (NC), 1998 Co-D Zentrum für Zeithistorische Forschung in Potsdam, 2006 R. 553

Jauß, Hans Robert (1921–1997), Literaturwissenschaftler (Romanistik) − 1952 Prom Heidelberg, 1957 Hab, 1959 P Münster, 1961 Gießen, 1966 Konstanz. 150, 285, 289, 302, 366, 380, 567, 580, 698, 710

Jean Paul, d.i. **Johann Paul Friedrich Richter** (1763–1825), Schriftsteller. 377, 411

Jelenski, Manfred, Kultur- und Filmjournalist, 1953 Prom HU Berlin. 49

Jenisch, Daniel (1762–1804), Theologe, Schriftsteller. 247

Jens, Walter (*1923), Philologe (Klassische Philologie, Neuere deutsche Literatur und Allgemeine Rhetorik) − 1944 Prom Freiburg/Br., 1947 WAss (Klassische Philologie) Tübingen, 1949 Hab, Doz, 1956 P, 1962 P (Klassische Philologie und Allgemeine Rhetorik, zugleich 1985 HonP Hamburg), 1988 R. 122

Jerusalem, Karl Wilhelm (1747–1772), Jurist. 50, 368

Jodl, Angelika (*1956), Sprachdozentin − 1983–1985 Mitarbeiterin der Münchner Forschergruppe zur Sozialgeschichte der Literatur, 1988 Prom München. 347

Jørgensen, Sven Aage (*1929), Literaturwissenschaftler (Neuere deutsche Literatur) − 1959 M.A. Kopenhagen, 1961 Amanuensis, 1968 P, 1999 R. 420

Koschorke, Albrecht (*1958), Literaturwissenschaftler (Neuere deutsche Literatur) – 1989 Prom München, 1991 WAss Würzburg, 1994 WM FU Berlin (1997 Hab, VertrP München), 1998 Heisenberg-Stipendium DFG, 2000 VertrP Konstanz, 2001 P.   47

Koselleck, Rainer (1923–2006), Historiker (Neuere Geschichte und Sozialgeschichte) – 1954 Prom Heidelberg, Lecturer Bristol, 1957 WAss Heidelberg (1965 Hab), 1966 P Bochum, 1968 Heidelberg, 1974 Bielefeld, 1988 R.   4, 284, 343, 357, 401, 404, 410, 414–417, 419, 443, 699

Kramer, Hans (1906–1992), Historiker (Neuere Geschichte) – 1929 Prom Wien, 1937 Hab Innsbruck, 1947 P, 1976 R.   648

Krauss, Werner (1900–1976), Literaturwissenschaftler (Romanistik) – 1929 Prom München, 1932 Hab, Doz Marburg/L., 1942 Strafprozeß (NS-politische Gründe), 1943 Todesurteil, dann Haftstrafe, Entzug der Venia legendi, 1946 P Marburg/L., 1947–1962 Leipzig (1951–1952 P HU Berlin, 1955 L Arbeitsstelle zur Geschichte der deutschen und französischen Aufklärung, ab 1959 an AdW zu Berlin, 1956 D Inst. für romanische Sprachen und Kulturen AdW zu Berlin), 1965 R.   4, 48 f., 54, 58, 73, 81–83, 221, 229–231, 235, 247, 255–261, 263 f., 266, 268, 270, 292, 300, 302, 315 f., 318–324, 326–332, 361 f., 380, 412, 431, 439, 443, 567 f., 580, 609 f., 613, 665 f., 676–682, 710

Krenzlin, Leonore (*1934), Literaturwissenschaftlerin (Neuere deutsche Literatur) – 1959–1964 WAss HU Berlin, 1970 WM ZIL Berlin (1978 Prom), 1990 R.   49, 317

Kreutz, Wilhelm (*1950), Historiker (Neuere Geschichte), Literaturwissenschaftler (Neuere deutsche Literatur) – 1978–1990 WM, dann WAss Mannheim (1982 Prom), 1992 Hab, Doz, 1993–1995 VertrP Rostock, 2002 Lehrtätigkeit Höhere Schulen Mannheim.   552

Kreutzer, Hans-Joachim (*1935), Literaturwissenschaftler (Neuere deutsche Literatur) – 1964 Prom Hamburg, 1966 WAss Münster, 1968 Göttingen (1975 Hab), 1977 P Regensburg, 2001 R.   318

Kreutzer, Leo (*1938), Literaturwissenschaftler (Neuere deutsche Literatur und Komparatistik) – 1964 Prom Tübingen, 1969 Hab Hannover, 1974 P, 2002 R.   285

Kreuzer, Helmut (1927–2004), Literaturwissenschaftler (Neuere deutsche Literatur), Medienwissenschaftler – 1956 Prom Tübingen, 1960 WAss Stuttgart (1965 Hab), 1967 P Saarbrücken, 1970 P Bonn, 1972 Gründungssenator und P Siegen, 1992 R.   318

Krüger, Renate (*1934), Kunsthistorikerin, Publizistin – 1958–1965 Staatl. Museum Schwerin, 1966 Prom Greifswald, freiberufliche Autorin von Sachbüchern, Essays und Belletristik.   364, 437

Kuczynski, Jürgen (1904–1997), (Wirtschafts-) Historiker – 1925 Prom Erlangen, 1926 Stipendiat und Statistiker USA, 1930 Rückkehr nach Deutschland (bis 1932 Wirtschaftsred. *Die Rote Fahne*), 1936 Emigration Großbritannien, journalistische und publizistische Tätigkeit, 1944–1945 Statistiker (Oberst US-Army), 1945 Rückkehr nach Ost-Berlin, Zentralverwaltung für Finanzen der SBZ, 1946 P HU Berlin, L Inst. für Wirtschaftsgeschichte, 1956 AbteilungsL Inst. für Geschichte AdW zu Berlin, 1964 L Arbeitsstelle für Wirtschaftsgeschichte, 1968 R.   200 f.

Kühne, Erich (1908–1983), Literaturwissenschaftler (Neuere deutsche Literatur) – 1932 Prom Wien, 1933 Journalistische Tätigkeit Ostrau, München, 1935 Verwaltungstätigkeit (u. a. Reichspropagandaministerium), 1941 Unterrichtstätigkeit, 1946 Verlagslektor, 1948 Aspirantur HU Berlin, 1951 Hab, Doz, 1953 Doz Halle/S., 1955 P Rostock, 1973 R.   49

Kühnl, Reinhard (*1936), Politikwissenschaftler – 1966 Prom Marburg/L., WAss (1971 Hab), P (bis R), 1973 GastP Tel Aviv.   576, 601

Kuhn, Axel, siehe die biographische Notiz im vorliegenden Band, S. 528.   18, 27, 62 f., 88, 105, 134, 461, 475 f., 481, 483, 490, 496, 512, **528–560**, 631, 634 f., 643, 647, 649–652, 655 f., 667 f., 688

Kuhn, Hugo (1909–1978), Literaturwissenschaftler (Ältere deutsche Literatur) – 1935 Prom Tübingen, 1939 Hab, 1944 Doz, 1947 P, 1954 München, 1977 R.   273, 276, 403 f., 501

Küntzel, Heinrich (*1931), Literaturwissenschaftler (Neuere deutsche Literatur) – 1966 Prom Heidelberg.   382

Kunisch, Hermann (1901–1991), Literaturwissenschaftler (Ältere und Neuere deutsche Literatur) – 1929 Lehrtätigkeit an Höheren Schulen Herdecke/Ruhr (1930 Prom Münster), 1935 WM ‚Deutsches

Leisewitz, Johann Anton (1752–1806), Jurist und Schriftsteller.   6, 563

Leistner, Bernd (*1939), Literaturwissenschaftler (Neuere deutsche Literatur) – 1971 Prom Leipzig, Lektorat Skopje, 1974 Oberass Leipzig, 1976 WM Nationale Forschungs- und Gedenkstätten der klassischen deutschen Literatur in Weimar (1982 Hab Leipzig), 1988 Doz Literaturinst. Leipzig, 1990 GastPen Oldenburg, Frankfurt/M., Tübingen, 1992 P Chemnitz, 2004 R.   242

Leitzmann, Albert (1867–1950), Literaturwissenschaftler (Ältere und Neuere deutsche Literatur) – 1889 Prom Freiburg/Br., 1891 Hab, Doz Jena, 1894 WM Goethe- und Schillerarchiv Weimar, 1896 Doz Jena, 1898 P, 1935 R.   105, 620

Lenin, Wladimir Iljitsch (1870–1924), Politiker (Sozialdemokratische Arbeiterpartei Rußlands), Führer in der Oktoberrevolution 1917, Begründer der Sowjetunion.   84, 229, 538, 576, 632, 673 f., 703, 710

Lenz, Jakob Michael Reinhold (1751–1792), Schriftsteller.   4, 6, 375, 393 f., 399, 562 f.

Lepenies, Wolf (*1941), Soziologe, Wissenschaftshistoriker – 1967 Prom Münster, 1970 Hab FU Berlin, ab 1977 Forschungstätigkeit als Directeur d'études associé am Maison des sciences de l'homme Paris, nach wiederholten Forschungsaufenthalten ab 1982 Mitglied der School of Science am Inst for Advanced Study Princeton (USA), 1984 P FU Berlin, 2006 R; 1986–2001 Rektor Wissenschaftskolleg zu Berlin.   42, 391, 411, 582

Lepper, Gisbert (*1938), Literaturwissenschaftler (Neuere deutsche Literatur) – 1969 Prom Frankfurt/M. [n.e.] P Frankfurt/M. (bis R).   184, 190

Leśnodorski, Bogusław (1914–1985), Historiker (Neuere Geschichte) – 1938 Prom Krakau, 1947 Hab, 1950 P Warschau.   489

Lessing, Gotthold Ephraim (1729–1781), Schriftsteller, Kunst- und Literaturtheoretiker.   4, 6, 18, 66, 83, 220 f., 232, 235, 241, 257, 268, 281, 300, 316, 320, 330, 358, 365, 367, 371, 373, 426, 430, 433, 436, 438, 440, 443, 445, 526, 537, 562 f., 565, 571, 575, 577, 600, 658, 664, 702

Lethen, Helmut (*1939), Literaturwissenschaftler (Neuere deutsche Literatur), Kulturwissenschaftler – 1970 Prom FU Berlin, 1971 WAss, 1977 P Utrecht, 1996 Rostock, 2004 R.; 2007 D Internationales Forschungszentrum Kulturwissenschaften Wien.   697

Liefland, Wilhelm (1938–1980), Lyriker, Musikkritiker – 1969 M.A., journalistische Tätigkeit, insbesondere für *Frankfurter Rundschau* und *JazzPodium.*   376

Lips, Eva (1906–1988), Ethnologin – 1933 Emigration USA, 1934 WM Columbia Univ., New York (NY), 1937 Howard Univ., Washington (DC), 1939 Columbia Univ., New York (NY), 1948 Rückkehr nach Leipzig, 1950 L Inst. für Ethnologie und Vergleichende Rechtssoziologie Univ. Leipzig, 1951 Prom, 1951–1955 Oberass und komm. D des Inst. (1954 Hab), 1955 Doz, 1957 P, 1966 R.   322

Lips, Julius (1895–1950), Ethnologe, Soziologe – 1919 Prom (phil.) Leipzig, 1925 Prom (iur.), 1928 Hab, Doz Köln, 1931 P, 1933 Entlassung (NS-politische Gründe), Emigration USA, 1934 P Columbia Univ., New York (NY), 1937 Howard Univ., Washington (DC), 1940 Columbia Univ., New York (NY), 1945 New School for Social Research New York, 1948 P Leipzig (1949 Rektor).   322

Locke, John (1632–1704), Philosoph, Politiker.   59

Löffler, Anneliese (*1928), Literaturwissenschaftlerin (Neuere deutsche Literatur) – 1953 SED-Landesparteischule, dann Zensorin ‚Amt für Literatur', Oberreferentin und SektorenL in der Hauptverwaltung Verlage und Buchhandel (1967 Prom PH Potsdam), Chefred. *Weimarer Beiträge*, 1972 P HU Berlin, 1979 svD für Forschung.   266

Lotman, Jurij (1922–1993), Literaturwissenschaftler, Semiotiker – 1950 Diplom Leningrad, 1950 Lehrtätigkeit Inst. f. Lehrerausbildung Tartu (Estland), 1954 Doz Tartu (1960 Prom), 1963 P.   267, 340

Lottes, Günther (*1951), Historiker (Neuere Geschichte) – 1977 Prom Erlangen-Nürnberg, 1984 Hab, 1986 P Regensburg, 1993 Gießen, 1999 Potsdam; 1999–2007 D Forschungszentrum Europäische Aufklärung in Potsdam.   489

Ludwig XVI. (1754–1793) 1774 König von Frankreich.   495, 523

Ludz, Peter Christian (1931–1979), Politikwissenschaftler – 1956 Prom FU Berlin, 1957 WAss, 1967 Hab, Doz, 1970 P Bielefeld, 1973 München.   531

R

Radczun, **Evelyn** (*1930), Literaturwissenschaftlerin (Neuere deutsche Literatur) – 1959–1961 Doz Arbeiter- und-Bauernfak., 1961 Aspirantur, 1968 Prom HU Berlin, WAss. 194, 204 f.

Raible, **Wolfgang** (*1939), Sprachwissenschaftler (Romanistik und Allgemeine Sprachwissenschaft) – 1965 Prom Kiel, WAss Köln, 1971 Hab, P (zugleich Oberass Bielefeld), 1975 Siegen, 1978 Freiburg/Br., 2007 R. 293

Ranke, **Leopold von** (1795–1886), Historiker – 1817 Prom Leipzig, 1818 GP Frankfurt/O., 1824 P Berlin, 1871 R. 665

Rasch, **Wolfdietrich** (1903–1986), Literaturwissenschaftler (Neuere deutsche Literatur) – 1927 Prom Breslau, 1933 Hab, Doz Halle/S., 1939 VertrP Würzburg, 1941–1945 P, 1948 Doz, 1949 P, 1958 P Münster, 1971 R; 1971–1985 Gast-Lehrtätigkeit München. 39, 338, 437, 502, 508, 515

Raulff, **Ulrich** (*1950), Historiker, Publizist – 1977 Prom Marburg/L., journalistische Tätigkeit, 1994 Red. Feuilleton *Frankfurter Allgemeinen Zeitung* (1995 Hab HU Berlin), 1997 RessortL, 2001 Leitender Red. Feuilleton *Süddeutsche Zeitung*, 2004 D DLA Marbach/Neckar. 573

Rebmann, **Andreas Georg Friedrich** (1768–1824) politischer Publizist, Schriftsteller. 125, 135, 176, 253, 267 f., 354 f., 489, 492 f., 495, 513, 518, 557, 630, 635–637, 642, 645, 666, 720, 722

Reclus, **Élie** (1827–1904), Ethnologe, Journalist, Anarchist. 165

Reclus, **Jean Jacques Élisée** (1830–1905), Geograph, Journalist, Anarchist. 165

Rehm, **Walther** (1901–1963), Literaturwissenschaftler (Neuere deutsche Literatur) – 1923 Prom München, 1928 Hab, Doz, 1937 P, 1938 Gießen, 1943 Freiburg/Br. 500, 600

Reichardt, **Rolf** (*1940), Historiker (Frühe Neuzeit und Neuere Geschichte) – 1969 Prom Heidelberg, 1971 Fachreferent UB Mainz (bis R), 1999 HonP Gießen; L DFG-Projekt ‚Lexikon der Revolutions-Ikonographie'. 269, 467, 478, 544

Reimann, **Paul**, auch: Paul Reim, Pavel Reiman (1902–1976), Literaturwissenschaftler (Neuere deutsche Literatur) – 1923 Prom, Hab Leipzig, danach journalistische Tätigkeit in ČSR, 1933 Moskau, 1935 Rückkehr Prag, 1939 Emigration Großbritannien, 1945 Rückkehr ČSR, Tätigkeiten für die KPČ, 1952 WM Inst. für die Geschichte der KPČ, 1955 svD, 1962 D, 1969 P (Deutsche Literatur) Prag, 1970 Berufs- und Publikationsverbot (politische Gründe). 62, 68, 83–85, 200

Helmut Reinalter, siehe die biographische Notiz im vorliegenden Band, S. 627. 4, 18, 27, 61 f., 118 f., 461, 469 f., 512, 528, 537, 539, 552, 555, 559 f., **627–664**, 667, 688, 724

Reinbold, **Wolfgang**, (*1964), Historiker – 1997 Prom Fribourg, 2001 Presse- und Öffentlichkeitsarbeit Stadt Offenburg, 2012 svPressesprecher der Stadt Offenburg. 136–138, 146

Reincke, **Olaf**, Literaturwissenschaftler (Neuere deutsche Literatur) – 1974 Prom HU Berlin. 48 f., 59, 237

Reschke, **Renate** (*1944), Literatur- und Kulturwissenschaftlerin (Geschichte des ästhetischen Denkens) – 1972 Prom HU Berlin, WAss, 1975 Doz Filmhochschule Potsdam-Babelsberg (1983 Hab HU Berlin), 1984 Doz (Geschichte der Ästhetik) HU Berlin, 1993 P, 2009 R. 163, 203, 208

Reuter, **Fritz** (1810–1874), Schriftsteller. 244

Reuter, **Hans-Heinrich** (1923–1978), Literaturwissenschaftler (Neuere deutsche Literatur) – 1947 Lehramtsprüfung, Schuldienst Zwickau, 1954 Doz Pädagogisches Inst. Leipzig (1957 Prom Jena), 1958 freiberufliche wiss. Tätigkeit, 1961 svD Goethe- und Schiller-Archiv Weimar (1967 Hab Jena), 1967–1972 D Inst. für deutsche Literatur der Nationalen Forschungs- und Gedenkstätten in Weimar. 241

Richardson, **Samuel** (1689–1761), Schriftsteller. 34 f., 37, 58, 365

Richet, **Denis** (1927–1989), Historiker (Neuere Geschichte) – Wiss. Tätigkeit ÉPHE Paris, P Tours sowie ÉHESS Paris. 723

Richter, **Dieter** (*1938) Literaturwissenschaftler (Ältere deutsche Literatur, Märchenforschung), Kulturwissenschaftler, Publizist – 1969 Prom Göttingen, WAss, 1972 P Bremen, 2004 R. 526

Richter, **Karl** (*1936), Literaturwissenschaftler (Neuere deutsche Literatur) – 1963 WAss München (1966 Prom, 1970 Hab), VertrPen Mainz, Saarbrücken, Münster, 1972 Doz München, 1973 P Saarbrücken, 2002 R. 313

Richter, **Werner** (1887–1960), Literaturwissenschaftler (Ältere und Neuere deutsche Literatur) − 1910 Prom Berlin, 1913 Hab, Doz Greifswald, 1916 GastP Konstantinopel, 1919 P Greifswald, 1920 Ministerialrat Hochschulabteilung im Preußischen Ministerium für Wissenschaft, Kunst und Volksbildung Berlin, 1925 Ministerialdirektor und AbteilungsL, 1932 HonP Berlin, 1933 P, Zwangsemeritierung (NS-politische Gründe), 1939 Emigration USA, P Elmhurst College, Chicago (IL), 1948 Muhlenberg College, Allentown (PA), 1949 P Bonn (1951 Rektor), 1955 R; 1955–1959 VertrP Bonn.   272

Riedel, **Andreas von** (1748–1837), Österreichischer Offizier, Mathematiker, Publizist.   104, 135

Riedel, **Manfred** (1936–2009), Philosoph − 1960 Prom Heidelberg, 1968 Hab, 1970 P Erlangen-Nürnberg (1980–1981 P New School for Social Research New York), 1992 P Halle/S. (1992–1993 P Jena), 2004 R.   401

Ries, Thorsten, siehe die biographische Notiz im vorliegenden Band, S. 841.

Riha, **Karl** (*1935), Literaturwissenschaftler (Neuere deutsche Literatur), Schriftsteller − 1965 WAss Frankfurt/M., 1969 Prom, WAss TU Berlin (1972 Hab), 1975 P Siegen, 2000 R.   285

Rilla, **Paul** (1896–1954), Literaturwissenschaftler, Literaturkritiker, Essayist – 1945 Kulturred. *Berliner Zeitung*, Editor Lessings *Gesammelte Werke in zehn Bänden*, publiziert 1954−1958.   220, 361

Ritschel, **Wolfgang**, Literaturwissenschaftler, Editor (Rebmann-Ausgabe).   267

Ritter, **Gerhard G. B.** (1888–1967), Historiker (Neuere Geschichte) − 1911 Prom Heidelberg, 1921 Hab, Doz, 1924 P Hamburg, 1925 Freiburg/Br., 1956 R.   98

Ritter, **Joachim** (1903–1974), Philosoph − 1925 Prom Hamburg, 1932 Hab, Doz, 1946 P Münster, 1968 R.   403

Roessler, **Wilhelm** (1910–2002), Erziehungswissenschaftler, Sozialpsychologe − 1942 Prom Bonn, 1943 Lehrtätigkeit an Höheren Schulen Bonn, 1957 Doz. Inst. für Erziehungswissenschaft Univ. Bonn, 1962 Hab, 1964 P Bochum.   337, 348

Rohrmoser, **Günter** (1927–2008), Sozialphilosoph − 1955 Prom Münster, 1961 Hab Köln, 1961 P PH Münster, HonP Köln, 1976 P Hohenheim, GastP Stuttgart, 1996 R.   274

Rommel, **Gabriele** (*1953), Literaturwissenschaftlerin (Neuere deutsche Literatur) − 1979 Prom Leipzig, 1992 Hab, 1992 D Novalis-Forschungsstätte für Frühromantikforschung und Novalis-Museum Schloß Oberwiederstedt.   328

Rose, Günter, journalistische Tätigkeit, u. a. Red. *Sonntag*.   249

Rosenberg, Alfred (1893−1946), NS-Ideologe, Propagandist der NS-Rassen-Ideologie.   515

Rosenberg, **Rainer** (*1936), Literaturwissenschaftler (Deutsche Philologie und Fachgeschichte) − 1959 Prom Jena, 1965 WM Inst. für deutsche Sprache und Literatur AdW zu Berlin / ZIL Berlin (1974 Hab), 1980 P, 1991 ProjektL ZfL Berlin, 2001 R.   13, 78

Rosenstrauch-Königsberg, Edith (1921–2003), Literaturwissenschaftlerin (Deutsche Literatur), Historikerin − 1939 Emigration Devonshire, dann London und Manchester, 1946 Rückkehr nach Österreich, 1971 Prom Wien, freie wissenschaftliche Tätigkeit.   632, 635

Roshnowski, Konstantin, Germanist (Moskau).   226

Rothacker, **Erich** (1888–1965), Philosoph, Kulturanthropologe, Psychologe − 1912 Prom Tübingen, 1920 Hab, Doz Heidelberg, 1924 P, 1928–1945 und ab 1947 Bonn, 1956 R.   303

Rothe, **Arnold** (*1935), Literaturwissenschaftler (Romanistik) − 1964 WAss Köln (1965 Prom, 1969 Hab), 1970 P Heidelberg, 2000 R.   284

Roux, **Jacques** (1752–1794), Priester und Politiker.   270

Rüdiger, **Horst** (1908–1984), Literaturwissenschaftler (Neuere deutsche Literatur, Komparatistik) − 1932 Prom Heidelberg, freiberufliche wissenschaftliche Tätigkeit Hamburg (1933–1935 unbezahlte Mitarbeit als WAss Univ. Hamburg), 1938 Lektorat, Lektorat Bologna der Deutschen Akademie (ab 1942 L), 1945 Lehrtätigkeit an der Lehrerbildungsanstalt Meran, 1947 Mitbegründer und Redakteur der Zs. *Der Standpunkt* (Meran), 1949 Lektorat Mailand, 1950 Lehrtätigkeit Pavia, 1958 P Mainz, 1962 Bonn, 1973 R.   276

Rühl, **Philippe Jakob** (1737–1795), Abgeordneter für das Elsaß im Französischen Nationalkonvent.   495, 587

Ruiz, **Alain** (*1938), Literaturwissenschaftler (Neuere deutsche Literatur) – 1960 Agrég (Deutsch), 1963 GP Marseille, 1964 Lehrtätigkeit Aix-en-Provence, 1969 Doz Aix-Marseille (1979 Hab Paris III), 1980 P Aix-en-Provence, 1994 Bordeaux III, 2006 R. 136, 490, 559, 650

Ryan, Lawrence (*1932), Literaturwissenschaftler (Neuere deutsche Literatur) – 1954 B.A. Sydney, 1960 Prom Tübingen, 1959 Doz, Reader Sydney, 1967 P Massachusetts/Amherst, 1996 R; 1999 HonP Tübingen. 121, 125, 152–154, 157 f., 176–178, 190 f., 213, 304, 59

S

Saage, **Richard** (*1941), Politikwissenschaftler – 1972 Prom Frankfurt/M., 1973 WAss, dann AkadR Göttingen (1981 Hab), 1984 P, 1992 Halle/S., 2006 R. 664

Safranski, **Rüdiger** (*1945), Philosoph, Literaturwissenschaftler (Neuere deutsche Literatur), Schriftsteller – 1972 WAss FU Berlin (1976 Prom), 1977 Doz Erwachsenenbildung, 1985 freier Schriftsteller. 697

Saine, **Thomas P**. (*1941), Literaturwissenschaftler (Neuere deutsche Literatur) – 1968 Prom Yale Univ., New Haven (CT), 1969 AssP, 1972 P, 1975 Univ. of California, Irvine (CA), 2005 R. 527

Saint-Just, **Antoine de** (1767–1794), Schriftsteller, Revolutionär, Mitglied des Pariser Jakobinerklubs. 495

Sartre, **Jean-Paul** (1905–1980), Philosoph, Schriftsteller. 500

Sattler, **Dietrich E**. (*1939) Literatur- und Editionswissenschaftler – 1972–2008 Arbeiten zur Neu-Edition Friedrich Hölderlin, 1978–2004 WM Bremen. 187–190, 521

Sauder, Gerhard, siehe die biographische Notiz im vorliegenden Band, S. 376. 7 f., 27 f., 33–36, 38–43, 45–47, 56, 58 f., 126, 250, 282 f., 293, 336 f., 341–344, 346, 350, 363 f., 366 f., 375, **376–401**, 413–416, 419, 422, 431, 436–439, 441, 443–445, 450, 507, 519, 523, 584, 636 f., 642, 700, 706

Sautermeister, **Gert** (*1942), Literaturwissenschaftler (Neuere deutsche Literatur) – 1967 Verlagslektor, 1970 Prom München, Doz im Fortbildungsbereich des DGB, 1974 P Bremen, 2005 R. 526, 579

Schalk, **Fritz** (1902–1980), Literaturwissenschaftler (Romanistik) – 1927 Prom Wien, WAss Hamburg (1932 Hab), 1933 P Rostock, 1936 Köln, 1970 R. 412

Scharfschwerdt, **Jürgen** (*1938), Literaturwissenschaftler (Neuere deutsche Literatur) – 1967 Prom München, WAss, dann Oberass (1975 Hab), 1980 P, 2003 R. 152, 168–175, 185, 189, 307

Scheel, **Edith** (1916–2009), geb. Schumann, verheiratet mit Heinrich Scheel. 685

Scheel, Heinrich (1915–1996), siehe die biographische Notiz im vorliegenden Band, S. 665. 18, 27 f., 52, 60, 62 f., 68 f., 73–81, 83, 85–88, 90–95, 98 f., 109, 128 f., 131, 136, 145 f., 160 f., 172, 177, 203, 206, 208, 222, 237, 267 f., 292, 324, 360, 375, 459, 461–467, 469, 471–475, 478, 481, 484, 489, 491–494, 497, 499, 506, 529–531, 533, 550, 559, 566 f., 591, 616 f., 623 f., 626, 629–631, 633 f., 636, 646 f., 651 f., 652, 658, **665–691**, 700–704, 711, 720, 723

Schelling, **Friedrich Wilhelm Joseph** (1775–1854), Philosoph. 208, 212, 303, 556

Schelsky, **Helmut** (1912–1984), Soziologe – 1935 Prom Leipzig, 1938 WAss Königsberg (1939 Hab), 1940–1941 WAss Budapest, 1949 D Akademie für Gemeinwirtschaft Hamburg, 1953 P Hamburg, 1960 Münster, D Sozialforschungsstelle der Univ. Münster in Dortmund (bis 1965), 1970 Bielefeld, 1973 Münster, 1978 R.; HonP Graz. 415

Scherer, **Wilhelm** (1841–1886), Literaturwissenschaftler (Deutsche Philologie) – 1862 Prom Wien, 1864 Hab, Doz, 1868 P, 1872 Straßburg, 1877 Berlin. 272 f., 287

Schernus, **Wilhelm**, siehe die biographische Notiz im vorliegenden Band, S. 841.

Scherpe, Klaus R., siehe die biographische Notiz im vorliegenden Band, S. 692. 27, 55, 62, 88, 127–129, 131 f., 134, 277, 285 f., 291 f., 296, 304, 314, 352 f., 367 f., 370–372, 374 f., 393, 401, 407 f., 435, 447 f., 481 f., 525, 545, 564, 567, 571, 575 f., 580 f., 583–585, 596, 604, 642, 649, 666, 686, **692–712**, 717, 723 f.

Schieder, **Wolfgang** (*1935), Historiker (Neuere Geschichte) – 1960 WAss Heidelberg, (1962 Prom), 1970 P Trier, 1991 Köln, 2000 R. 487, 490

Schiller, **Dieter** (*1933), Literaturwissenschaftler (Neuere deutsche Literatur) – 1955 WAss HU Berlin, 1959 Oberass, 1965 Prom, WM Inst. für deutsche Sprache und Literatur der AdW zu Berlin, 1966

Schmittlein, Raymond (1904–1974), frz. General, Kulturpolitiker – 1934 Agrég (Deutsch), Lehrtätigkeiten im Pädagogischen Auslandsdienst Frankreichs in Kaunas und Riga, 1945 L Direction de l'Education Publique in der Französischen Besatzungszone (veranlaßte u.a. die Gründung der Univ. Mainz 1946), 1951–1956 und 1958–1967 Mitglied der Französischen Nationalversammlung. 463

Schmölders, Claudia (*1944), Literatur- und Kulturwissenschaftlerin, Publizistin – 1973 Prom FU Berlin, 1975–1999 Verlagslektorin und Editorin (1997 Hab HU Berlin), 1998 Doz HU Berlin, freie Kulturwissenschaftlerin. 410

Schnabel, Franz (1887–1966), Historiker (Neuere Geschichte) – 1910 Prom Heidelberg, 1911 Lehrtätigkeit an Höheren Schulen Mannheim, Karlsruhe, 1922 Hab, P Karlsruhe, 1936 R (NS-politische Gründe), 1945 LandesD für Unterricht und Kultus in Nordbaden, 1947 P München, 1962 R. 71, 311, 403 f., 409, 696

Schnabel, Johann Gottfried (1692–1751/58), Schriftsteller. 407

Schneider, Eulogius (1756–1794), Priester, Professor für Literatur und Schöne Künste Universität Bonn (1791 aus politischen Gründen entlassen), schriftstellerisches Engagement für die Französische Revolution, Hrsg. der Zs. *Argos*, zeitweilig Pr Straßburger ‚Jakobinerklub‘, Zivilkommissar und Ankläger beim Revolutionstribunal. 135, 495

Schneider, Ferdinand Josef (1879–1954) Literaturwissenschaftler (Neuere deutsche Literatur) – 1902 Prom Prag, 1906 Hab, Doz, 1914 P, 1921 Halle/S., 1949 R. 221, 240

Schneider, Gerhard (1929–2007) Literaturwissenschaftler (Neuere deutsche Literatur) – [n.e.] Prom HU Berlin, dann WAss, später Aspirant, Lektor Aufbau-Verlag, L Abt. Literaturwiss. Akademie-Verlag. 230

Schneider, Karl Ludwig (1919–1981), Literaturwissenschaftler (Neuere deutsche Literatur) – 1950 Prom Hamburg, WAss, 1958 Hab, Doz, 1960 VertrP Münster, 1960 P Hamburg, 1981 R. 275, 699

Schneider, Peter (1920–2002), Rechtswissenschaftler (Öffentliches Recht) – 1948 Prom Zürich, 1949 WAss Tübingen (1955 Hab), 1956 P Mainz (1969–1974 Rektor, 1974–1980 Pr). 393 f., 476, 469

Schneiders, Werner (*1932), Philosoph – 1960 Prom Münster, 1979 Hab Trier, dann P Münster (bis R); 1988–1992 Pr DGEJ. 663

Schober, Rita (*1918), Literaturwissenschaftlerin (Romanistik) – 1945 Prom Deutsche Univ. Prag, 1946 WAss Halle/S., 1952 Doz HU Berlin (1954 Hab), 1957 P, 1978 R; 1975–1990 Vors. des Nationalkomitees für Literaturwissenschaft der Akademie der Wissenschaften der DDR. 263, 372

Schöffler, Herbert (1888–1946), Literaturwissenschaftler (Anglistik) – 1911 Prom Leipzig, 1914 WAss (1918 Hab), 1923 P Bern, 1926 Köln, 1941 VertrP Göttingen, 1942 P. 37, 338

Schön, Erich (*1949), Literaturwissenschaftler (Neuere deutsche Literatur, Literatursoziologie und Literaturdidaktik) – 1984 Prom Konstanz, Lehrtätigkeit Konstanz, Zürich, 1996 Hab Konstanz, 1997 P Köln. 344

Schöne, Albrecht (*1925), Literaturwissenschaftler (Neuere deutsche Literatur) – 1952 Prom Münster, 1954 WAss Göttingen (1957 Hab), 1958 P Münster, 1960 Göttingen, 1990 R; 1980–1985 Pr Internationale Vereinigung für Germanische Sprach- und Literaturwissenschaft. 276, 593

Schönert, Jörg, siehe die biographische Notiz im vorliegenden Band, S. 842. 3, 126, 400, 444, 510, 519

Scholz, Gerhard (1903–1989), Literaturwissenschaftler (Neuere deutsche Literatur, Skandinavistik) – 1932 Staatsexamen Höheres Lehramt Breslau, 1936 Emigration ČSR, Schweden, 1946 Rückkehr Ost-Berlin, 1946 WAss Pädagogische Fakultät HU Berlin, 1947 Referent des Pr der Deutschen Zentralverwaltung für Volksbildung, 1949 D Goethe-Schiller-Archiv Weimar (ab 1950 auch der Nationalen Forschungs- und Gedenkstätten der klassischen deutschen Literatur sowie P Jena/Theaterinst. Weimar), 1953–1956 WM für Aufbau des Museums für deutsche Geschichte in Berlin, 1958 Prom Rostock, 1959 P HU Berlin, 1969 R. 49 f., 54 f., 71, 74, 221–223, 225, 232–236, 241, 247–250, 257 f., 262–265, 311 f., 315 f., 319–321, 359–361, 364 f., 369, 371, 373, 428 f., 432–436, 438, 440, 613 f., 677 f., 696, 702

Scholz, Heinrich (1884–1956), Theologe, Philosoph, Logiker – 1909 Prom (theol.) Berlin, 1910 Hab, Doz, 1913 Prom (phil.) Erlangen, 1917 P Breslau, 1921 Kiel, 1928 Münster, 1952 R. 135

T

Techtmeier, Wolfgang (1935–2000), Literaturwissenschaftler (Romanistik) – 1967 Prom HU Berlin, dann WM Inst. für romanische Sprachen und Kultur der AdW zu Berlin, 1969 ZIL Berlin.   258

Tervooren, Klaus (*1955), Historiker, Lehrer.   482

Thalheim, Hans-Günther (*1924), Literaturwissenschaftler (Neuere deutsche Literatur) – 1951–1953 WM Goethe-Schiller-Archiv Weimar, 1954 Prom Jena, 1957 P HU Berlin (1961 Hab Jena, ab 1965 auch D Inst. für deutsche Sprache und Literatur der AdW zu Berlin, ab 1969 ZIL, ab 1978 BereichsL), 1989 R; 1973–1979 L Herausgeberkollektiv *Geschichte der deutschen Literatur* (Bd. 6–11).   49 f., 213, 223 f., 231, 248, 262, 264, 301, 312, 359–361, 369, 428–430, 436, 445 f., 451, 455, 609 f., 612, 614 f.

Theodorakis, Mikis (*1925), Komponist, Schriftsteller, Politiker.   504

Theunissen. Michael (*1932), Philosoph – 1955 Prom Freiburg/Br., 1959 WAss FU Berlin (1964 Hab), 1967 P Bern, 1971 Heidelberg, 1980 FU Berlin, 1998 R.   284

Thieme, Hans (1906–2000), Rechtshistoriker – 1929 Prom Leipzig, 1931 Hab, Doz Frankfurt/M., 1935 Doz Leipzig, 1938 P Breslau, 1940 Leipzig, 1946 Göttingen, 1953 Freiburg/Br., 1974 R.   443

Thümmel, Moritz August (1738–1817), Schriftsteller.   376, 379 f., 382

Tieck, Ludwig (1773–1853), Schriftsteller.   38, 198

Tiemann, Hermann (1899–1981), Romanist, Bibliothekar – 1923 Prom Göttingen, 1928 Bibliotheksrat Staats- und Universitätsbibliothek Hamburg, 1945 D (1945 Hab Hamburg, 1951 auch P), 1967 R.   98, 496, 690

Titzmann, Michael (*1944), Literaturwissenschaftler (Neuere deutsche Literatur) – 1971 WAss München (1972 Prom, 1982 Hab), 1985 P Passau, 2009 R.   340

Töpelmann, Sigrid (*1936), Literaturwissenschaftlerin (Neuere deutsche Literatur) – 1962 WM HU Berlin, 1970 einbezogen in SED-Parteiverfahren gegen Inge Diersen, 1972 Ende des Dienstverhältnisses an der HU Berlin (politische Gründe), Lektorin im Aufbau-Verlag Berlin und Weimar (1974 Prom HU Berlin), 1982 L Lektorat für zeitgenössische deutschsprachige Literatur, 1991 R.   54, 249 f.

Topitsch, Ernst (1919–2003), Philosoph und Soziologe – 1946 Prom Wien, 1948 WAss (1951 Hab), 1956 P, 1962 P (Soziologie) Heidelberg, 1969 Graz, 1989 R.   144

Träger, Christine (*1934), Literaturwissenschaftlerin (Neuere deutsche Literatur) – 1972 Prom Leipzig, 1986 P (bis R).   394

Träger, Claus, siehe die biographische Notiz im vorliegenden Band, S. 315.   4, 18, 27, 29, 49, 52, 58 f., 73, 82 f., 199, 204 f., 221, 235, 256 f., 259, 267 f., 300 f., **315–332**, 394, 427 f., 443, 446, 471, 481 f., 491, 505, 529 f., 566–568, 599, 602, 610 f., 616, 625 f., 642 f., 666 f., 699, 720, 723

Treitschke, Heinrich von (1834–1996), Historiker, Publizist – 1854 Prom (iur.) Freiburg/Br., 1858 Hab, Doz Leipzig, 1863 P Freiburg/Br., 1866 Kiel, 1867 Heidelberg, 1873 Berlin; 1871–1884 Mitglied des Reichstags.   488, 621

Trenck, Friedrich von der (1727–1794) preuß. Offizier, Schriftsteller.   113, 135

Trier, Jost (1894–1970), Sprach- und Literaturwissenschaftler (Ältere deutsche Literatur) – 1923 Prom Freiburg/Br., Lehrtätigkeit Marburg/L., 1928 Hab, Doz, 1932 P Münster (1956–1957 Rektor), 1963 R.   403

Trunz, Erich (1905–2001), Literaturwissenschaftler (Neuere deutsche Literatur) – 1931 Prom Berlin, WAss, 1933 Lektorat Amsterdam, 1935 WAss Freiburg/Br. (1937 Hab), 1938 Doz, 1940–1945 P Deutsche Univ. Prag, 1945 freier Wissenschaftler, 1950 GastP Münster, 1955 P, 1957 Kiel, 1970 R.   403, 405 f., 411, 413

Tschirch, Otto (1858–1941), Pädagoge, Regionalhistoriker – 1882 Lehramtsprüfung Berlin, 1882 Höherer Schuldienst Berlin, ab 1883 Brandenburg (1884 Prom Halle, 1902 auch P), 1921 R; 1921–1929 Stadtarchivar Brandenburg, 1923–1939 L Heimatmuseum Brandenburg.   721

Tugendhat, Ernst (*1930), Philosoph – 1958 Prom Freiburg/Br., 1960 WAss Tübingen (1966 Hab), 1966 P Heidelberg, 1975 WM Max-Planck-Inst. zur Erforschung der Lebensbedingungen der wissenschaftlich-technischen Welt in Starnberg, 1980 P FU Berlin, 1992 Univ. Católica Santiago de Chile, 1998 R, Rückkehr nach Tübingen; 1999 HonP Tübingen.   284, 699

W

4.3 Herausgeber und Kooperationspartner

Lutz Danneberg (*1951) – Studium der Mathematik in Hamburg und Göttingen, der Soziologie, Germanistik und Philosophie in Hamburg, 1986 Promotion in Philosophie in Hamburg, 1990 Habilitation in Philosophie sowie in Neuerer deutscher Literaturwissenschaft in Bern, 1991 Professor für Methodologie und Geschichte der Hermeneutik und Germanistik an der Humboldt-Universität zu Berlin, 2009–2010 Senior Fellow am FRIAS Freiburg i. Br.
Forschungsschwerpunkte: Geschichte der Methodologie in den Geisteswissenschaften und der Hermeneutik sowie der Wissenschaftsauffassung und Philosophie während des Nationalsozialismus.
(Professor Dr. Lutz Danneberg, Institut für deutsche Literatur, Humboldt-Universität zu Berlin, Unter den Linden 6, 10099 Berlin)

Thorsten Ries (*1974) – 1994 Studium der Germanistik, Politischen Wissenschaft und Psychologie in Hamburg und Baltimore (USA), 2003 Magister Artium, 2003–2009 Wissenschaftlicher Mitarbeiter in mehreren Projekten am Institut für Germanistik II der Universität Hamburg, darunter ,Germanistische Aufklärungsforschung', 2010 Praktijkassistent Duitse Letterkunde an der Universiteit Gent (Belgien).
Forschungsschwerpunkte: Literatur des 18. und 20. Jahrhunderts, Theorie der Literatur, Theorie und Praxis der Editionswissenschaft, Wissenschaftsgeschichte, Digital Humanities.
(Thorsten Ries M. A., Afdeling Duits, Vakgroep Letterkunde, Universiteit Gent, Blandijnberg 2, B-9000 Gent)

Wilhelm Schernus (*1950) – 1979 Studium der Allgemeinen Literaturwissenschaft, Deutschen Philologie und Philosophie in Hamburg, 1988 Magister Artium, 1991 Wissenschaftlicher Mitarbeiter im Forschungsprojekt ,Zur Theorie und Methodologie der Textinterpretation', 2001 Wissenschaftlicher Mitarbeiter in der ,Forschergruppe Narratologie', 2004 Promotion, 2009 Redakteur und Assistant Editor *The living handbook of narratology.*
Forschungsinteressen: Literaturtheorie, Narratologie, Wissenschaftsgeschichte.
(Dr. Wilhelm Schernus, Institut für Germanistik II, Universität Hamburg, von Melle-Park 6, 20146 Hamburg)

Michael Schlott (*1957) – 1977 Studium der Philosophie und Germanistik in Hamburg, 1983 Erstes Staatsexamen, 1988 Vorbereitungsdienst für das Lehramt an Höheren Schulen in Schleswig-Holstein, 1990 Promotion in Hamburg und Zweites Staatsexamen in Kiel, Gymnasiallehrer in Eutin, 1992 Wissenschaftlicher Mitarbeiter im DFG-Projekt ,Germanistische Aufklärungsforschung' in Hamburg, 1995 Wissenschaftlicher Assistent am Institut für Germanistik der Universität Magdeburg, 1997 Wissenschaftlicher Assistent am Lehrstuhl für Literatur der Frühen Neuzeit der Universität Gießen, 2000 Wissenschaftlicher Mitarbeiter in der Arbeitsstelle ,Edition des Briefwechsels von Johann Christoph Gottsched (1700–1766)' an der Sächsischen Akademie der Wissenschaften zu Leipzig.
Forschungsschwerpunkte: Fachgeschichte der Germanistik, Sozial-, Kultur- und Wissensgeschichte der Literatur des 18. und 19. Jahrhunderts, Editionsphilologie (Mitherausgeber der historisch-kritischen Edition ,Gottsched-Briefwechsel').
(Dr. Michael Schlott, Sächsische Akademie der Wissenschaften zu Leipzig, Karl-Tauchnitz-Straße 1, 04107 Leipzig)

Jörg Schönert (*1941) – 1961 Studium der Germanistik und Anglistik in München, Zürich und Reading (GB), 1968 Promotion und 1977 Habilitation in München. Lehrtätigkeit für ‚Neuere deutsche Literatur' von 1968 bis 1983 an den Universitäten München und Heidelberg sowie an der RWTH Aachen, von 1983 bis 2007 an der Universität Hamburg. Forschungsschwerpunkte: Fachgeschichte der Germanistik, Literaturtheorie und Methodologie, Narratologie, Sozial- und Wissensgeschichte der Literatur vom 18. bis 20. Jahrhundert.
1996 bis 1998 Präsident der Deutschen Gesellschaft für die Erforschung des 18. Jahrhunderts.
(Professor Dr. Jörg Schönert, Institut für Germanistik II, Universität Hamburg, von Melle-Park 6, 20146 Hamburg)

Friedrich Vollhardt (*1956) – Studium der Germanistik, Philosophie und Theologie in München und Freiburg, 1981 Erstes Staatsexamen, 1984 Promotion in München, Wissenschaftlicher Assistent am Literaturwissenschaftlichen Seminar der Universität Hamburg, 1992 Habilitation für Neuere deutsche Literatur, 1993 Professor an der Otto-von-Guericke Universität Magdeburg, 1996 an der Justus-Liebig-Universität Gießen, 2004 Ordinarius an der Ludwig-Maximilians-Universität München.
Forschungsschwerpunkte: Literatur der Frühen Neuzeit, Literatur- und Wissenschaftsgeschichte, Klassische Moderne.
(Professor Dr. Friedrich Vollhardt, Institut für deutsche Philologie, Schellingstraße 3, 80799 München)